培文书系·心理学译丛

[英]迈克尔·艾森克（Michael Eysenck）　吕厚超 等译

心理学
Psychology
国际视野
An International Perspective

上

北京市版权局著作权合同登记　图字：01-2006-7139 号

图书在版编目（CIP）数据

心理学：国际视野（上下册）／（英）迈克尔·艾森克（Eysenck, M. W.）著；吕厚超等译．—北京：北京大学出版社，2010.2

（培文书系·心理学译丛）

ISBN 978-7-301-16250-7

I. 心…　II. ①迈…②吕…　III. 心理学－教材　IV. B84

中国版本图书馆 CIP 数据核字（2009）第 206890 号

Michael W. Eysenck
Psychology: An International Perspective
All rights reserved.
Authorised translation from the English language edition published by Psychology Press, a member of the Taylor & Francis Group.

书　　　名：	心理学：国际视野（上下册）
著作责任者：	[英] 迈克尔·艾森克　著　吕厚超　等译
责任编辑：	徐文宁
标准书号：	ISBN 978-7-301-16250-7/B·0852
出版发行：	北京大学出版社
地　　　址：	北京市海淀区成府路 205 号　100871
网　　　址：	http://www.pup.cn　电子信箱：pw@pup.pku.edu.cn
电　　　话：	邮购部 62752015　发行部 62750672　编辑部 62750112　出版部 62754962
印　刷　者：	北京大学印刷厂
经　销　者：	新华书店
	850 毫米 × 1168 毫米　16 开本　69.5 印张　1500 千字
	2010 年 2 月第 1 版　2010 年 2 月第 1 次印刷
定　　　价：	90.00 元

未经许可，不得以任何方式复制或抄袭本书之部分或全部内容。
版权所有，侵权必究。举报电话：010-62752024　电子信箱：fd@pup.pku.edu.cn

献给我的挚爱威廉（William）

学而不思则罔，思而不学则殆。

——孔子（前551—前479）

目 录

(上册)

致 谢		4
英文版前言		5
中文版序		7
译者序		9
第1章	导言	1
第1部分	**生物心理学**	**27**
第2章	行为的生物基础	31
第3章	动机和体内平衡	73
第4章	意识状态	113
第5章	情绪、压力及应对	159
第2部分	**认知心理学**	**207**
第6章	注意和成绩限制	213
第7章	视觉	243
第8章	条件作用和学习	289
第9章	记忆	323
第10章	思维	375
第11章	语言	417
第3部分	**个体差异**	**467**
第12章	智力	471
第13章	人格	499

致　谢

顾　　问：Evie Bentley, Hans-Werner Bierhoff, Roz Brody, Alan Carr, David Carey, Jo-Anne Cartwright, John Cartwright, Tony Cassidy, Susan Cave, Colin Cooper, Richard Dafters, Dmitry Davydov, Terry Dowdall, George Erdos, Philip Erwin, Eamon Fulcher, Usha Goswami, Ruth Green, Trevor Harley, Peter Hayes, Paul Hibbard, Casper Hulshof, Barbara Krahe, Daniel Lagace-Seguin, Nick Lund, John Pearce, Donald Pennington, Rosey Phillips, Ken Richardson, S. Ian Robertson, Mark Rogers, Curtis Samuels, Kevin Silber, John Stirling, Rolf Ulrich, Nick Wade, Wim Waterink, Robyn Young

编　　辑：Lucy Farr
产品经理：Mandy Collison
执行编辑：Sarah Webb
排版编辑：Liz Quarterman
校 对 者：Lesley Edwards
公正阅读者：Frances Auty, Dawn Booth, Katherine Carson, Eleanor Flood, Annette Musker, Lesley Winchester
著者索引：Ingrid Lock
主题索引：Lewis Derrick
排　　版：Newgen Imaging Systems (P) Ltd
卡 通 画：Sean Longcroft, Foghorn Studio, Brighton
封面设计：Terry Foley, ami design
印　　刷：Book Print SL, Spain

英文版前言

撰写一部覆盖心理学大多数领域的著作所得到的奖励之一在于，你可以在这一过程中学到很多东西。近些年来心理学研究出现了一种"爆炸"趋势，这恰好满足了我想了解所有这些领域究竟丰富到何种程度的愿望。现在，我们已经从几个不同的角度——认知的、社会的、发展的和生物心理学的——对人类行为的复杂性有了很好的了解。而且我们拥有关于个体差异的主要维度以及造成人格和智力存在个体差异因素的大量知识。最后，从最重要的实用角度来看，心理学家已经获得了众多关于心理障碍的知识，这使我们拥有大量非常有效的治疗手段，可以解除成千上万个体以前所承受的痛苦。总之，本书的主旨在于传递这样一个信号，即心理学已经迎来了一个全面发展和作为成功科学的时代。

贯穿本书的主题之一，就是心理学跨文化取向的重要性。在刚刚过去的一段时间中，人们曾含蓄地（甚或是明确地）假设，美国大学生的行为代表了生活在迥然不同的文化中所有时期的人的行为！这一假设在很多年前就被有力地证明是错误的，当今的心理学家仍在继续了解我们在不同文化背景中所观察到的相似性和差异性背后的原因。

这里我要向阅读本书初稿或部分初稿的所有人表达我真诚的谢意，尤其是 Evie Bentley、Roz Brody 和 Susan Cave 等人。他们纠正了我的一些错误并指出了一些重要的疏漏之处，这些建议极大地提升了成书的质量。正如很多作者经常责无旁贷地所讲的那样（对我来说则绝对是真的），书中任何错误都由我来承担。我也要感谢 Mike Forster、Lucy Farr、Mandy Collison 及心理出版社的其他人，他们在本书动笔之初给我提供了大量帮助和鼓励，并在必要时给予我极大的耐心。心理出版社的负责人 Mike Forster 有着不可思议的技巧，经常为本书的撰写提出源源不断的好主意。更重要的是，他对我迄今 20 多年的"写书活动"给予了非常大的支持，这鼓励着我一如既往，永不言退。

最后，我要对家人在我写书过程中给予的全部支持表示感谢。没有他们的支持，我的生活将会变得无比乏味，本书的写作也无从谈起。谨以此书献给我的儿子 William，尽管他认为医学比心理学要更重要、更有趣。

迈克尔·W. 艾森克
澳大利亚悉尼

中文版序

贯穿本书的关键主题之一是心理学跨文化取向的重要性。在不远的过去，很多心理学家似乎还潜在地认为美国大学生的行为代表着生活在文化迥异的社会中所有人的行为！该假设多年前已被证明是不正确的，心理学家现在正把关注点转移到理解在不同文化中观察到的相似性和差异性背后原因的任务上。

我很高兴看到本书中文版的面世，也很荣幸有机会为本书中文版作序。我对跨文化差异抱有浓厚的个人兴趣，并有幸在我的学术生涯中访问过60多个不同的国家。这些旅行的主要目的是参加国际学术会议或访问各高校的心理学系。多年来，在这些旅行中我曾多次荣幸地受邀访问中国，我已故（2009）的好友Jimmy Chan教授曾多次给予我热情的接待。例如，2002年我参加了在北京举行的大脑—心理发展国际学术会议（International Conference on Brain-Mind Development）。我记得，会议中由中国研究者报告的杰出研究（很多研究都使用了最先进的脑成像技术），给我留下非常深刻的印象。对未来寄予无限希望的是大多数研究均是由前途无量的青年研究者进行的。现今引起世人广泛关注的一个事实是，中国日益成为世界上越来越重要的经济强国。而相对来说不为人知的（但事实如此）则是，中国心理学的飞速发展及其在世界上所扮演的日益重要的角色。

我相信中国读者会喜欢这部书并在学习和研究中发现该书的有益之处。中国学生向来以学术思维严谨著称，我希望这本书能使他们以创造性的方式应用书中所包含的信息。我在这里谨向吕厚超博士表示感激之情，他付出大量宝贵时间和精力完成本书的翻译工作。尽管我多次访问中国，但我所掌握的中文实在太差，因此无法充分欣赏我认为必然是一部优秀的译著。

迈克尔·艾森克
俄罗斯，圣彼得堡
2010年1月11日

译者序

进入21世纪以来，心理学在国内获得长足发展。心理学与人们社会生活的关系越来越密切，不同社会领域对心理学的需求日益增加，心理学的重要作用正迅速得到全社会的认可，成为一门广受欢迎的学科。截至2003年，国内高等院校开设心理学系（院）的单位已达60多所（引自《心理学与生活》译者序，王垒，2003）。本科生、研究生的招收规模也逐年增加。在心理学迅猛发展的今天，对心理学专业图书，尤其是心理学导论性质教材的需求与日俱增。普通心理学作为心理学的一个分支，处于基础学科地位，既是心理学专业的入门课，也是重要的专业基础课。

国内出版翻译过一系列优秀的基础心理学课程教材，像较早期曹日昌的《普通心理学》（1963）、克雷奇等的《心理学纲要》（周先庚等译，1981）等。自1990年代以来，国内的普通心理学教材日趋丰富，本土心理学家的著作如《心理学导论》（第1版、第2版）（黄希庭，1991，2007），《普通心理学》（修订版）（彭聃龄，2004），《普通心理学》（孟昭兰，1994），《现代心理学：现代人研究自身问题的科学》（张春兴，1994），《普通心理学》（叶奕乾，2008），等。随着中国心理学与世界各国心理学的联系日益加强，国内一些出版社也陆续组织相关心理学专家翻译出版了很多优秀的国外心理学教科书，为国内心理学学习者和研究者提供了更丰富的学习教材，例如［美］格里格、津巴多等的《心理学与生活》（第16版）（王垒，王甦等译，2003），［美］津巴多等的《津巴多普通心理学》（第5版）（王艺佳译，2008），［英］艾森克的《心理学：一条整合的途径》（阎巩固译，2005），［美］迈尔斯等的《心理学》（第七版）（黄希庭等译，2006），［美］库恩等的《心理学导论：思想与行为的认识之路》（第11版）（郑钢等译，2007）等。

目前国内出版的大多数翻译教材都源于美国。诚如张厚粲教授（2000）在一篇序言中援引本书作者——英国心理学家迈克尔·艾森克教授所讲："美国教材具有较高的可读性与良好的产品价值，然而，这些教材对非美国心理学工作者的贡献甚少述及，这对于青年学者广泛学习各国心理学家的先进经验、拓展知识领域显得不足。"本书恰好弥补了这个缺憾。如果说《心理学与生活》是美国许多大学广泛使用并被其他很多国家选用的经典教材，那么本书（《心理学：国际视野》）可以视为从跨文化观点阐述和理解心理学的优秀教材。2005年，华东师范大学出版社出版了艾森克主编的《心理学：一条整合的途径》，这是一部集多位心理学家所长的心理学著作。与2005版相比，《心理学：国际视野》是艾森克的专著，既可看作2005版的姊妹篇，也可视为2005版的进一步发展，但更强调心理学研究的跨文化取向。作者在英文版序言和中文版序言中反复强调："贯穿本书的关键主题之一是心理学跨文化取向的重要性。"书中的内容印证了作者所强调的研究取向。在阐述有关理论或观点时，不仅仅涉及英美等主要西方国家心理学家的支持证据，也对亚洲（如中国、韩国、日本等）、非洲等心理学家的贡献进行阐释，凸显了跨文化研究的重要性。

本书结构合理，内容丰富，资料翔实。本书是一大部头著作，原书近1000页，共六部分，23章，为学习者了解和研究心理学提供了基本轮廓。涵盖了第一部分生理心理学（行为的生理基础，动机，意识状态，情绪、压力和应对）；第二部分认知心理学（注意，视觉，条件作用和学习，记忆，思维，语言）；第三部分个体差异（智力，人格）；第四部分发展心理学（认知发展的具体能力和一般理论，日常生活中的社会发展，依恋和友谊）；第五部分社会心理学（社会心理学的认知取向，社会行为和关系，群体过程，群际过程）；第六部分变态心理学（走近变态，治疗方法）。在每一大部分开篇，作者首先概括介绍本部分的基本内容和基本概念，使读者迅速获得本部分的基本信息，为深入理解其后的详细内容提供铺垫。在每一章节中，不仅详细阐述心理学的理论和概念，还通过案例研究、讨论要点、补充人物等为读者提供进一步的信息；不仅在每部分内容结束后进行评价和点评，还通过关键研究评价进行扩展；不仅在阐述内容时注重关键术语的分析，还通过提问形式提出进一步的问题供读者思考；不仅注重内容的丰富，还大量利用了插图、图表，使读者更容易理解所论述的内容。作者在每章之后进行小结，与开篇呼应，较为符合读者的阅读习惯。总之，本书是一部注重跨文化取向、内容翔实丰富、结构体系合理的著作，相信能为心理学的学习者和研究者提供丰富的资料。

本书翻译分工如下：吕厚超、李敏（前言和致谢，第1、2、3、6、7、8、9章）；罗婷婷（第4、5章）；刘璐（第10章）；敖灵敏（第11章）；姚景照（第12、13、16、17章）；李永鑫（第18、19、21、22章）；皮锋（第14、15章）；牟波（第20、23章）。宁菊阳参与翻译了第2、6章，并参与修改了第13、16、17、19、22、23章。敖灵敏参与了修改了第9、15、18、20、21章。郭婧也参与了部分章节的修改。陈小静和丁晓雁在翻译前期做了大量的工作。梁曾帧、袁莲花、艾树灵分别尝试翻译了第3章、第8章和第9章，后经吕厚超和其他人员进行了大量修改。最后由吕厚超对全书译稿进行校对和翻译风格的统一。

本书最终得以翻译出版，要感谢所有参与翻译和修改的成员，他/她们放弃了节假日的休息时间参与书稿的校对与翻译，本书凝聚着他/她们辛勤的汗水。感谢作者迈克尔·艾森克教授百忙之中为本书撰写中文版序。

最后，还要感谢我尊敬的导师黄希庭教授多年来对我的教诲和影响，是他把我带入心理学的神圣殿堂。正是由于当年参与翻译他主译的《认知心理学》（2000）一书，才使我对翻译国外心理学权威著作产生了兴趣。先生勤奋严谨的治学态度和创新求实的探索精神是我毕生积极向上的无限动力。

尽管在翻译过程中力求忠实于原作者的观点和风格，但由于本书内容繁多，时间仓促，翻译过程中必定存在很多不当之处，敬请专家和读者批评指正。

吕厚超
2010年1月19日夜
于西南大学学府小区

第1章 导 言

本章概要

- **什么是心理学？**
  心理科学的重要性

  心理学的定义
  心理学的多样性
  生物心理学
  认知心理学
  个体差异
  发展心理学
  社会心理学
  变态心理学
  心理学方法：实验的和非实验的
  心理学的科学基础

- **"心理学仅仅是常识"**
  我们都是心理学家吗？

  理解和预测人类行为
  不可预料的心理后果
  事后诸葛亮偏见

- **世界范围的心理学**
  国际视野

  北美/西方心理学的优势
  最杰出的50位心理学家
  跨文化心理学
  通用因素：构念
  研究中的文化偏差
  关注行为上的性别差异：进化心理学；
  　伍德与伊格里的生物社会理论
  个体主义与集体主义社会

- **心理学学习**
  制定学习计划

  TEE取向：理论、证据、评价
  动机——目标设置
  有效地阅读著作：SQ3R取向
  研究论文——开发批判性思维
  时间管理
  克服计划谬误

什么是心理学？

开篇之初，我们首先来考察"心理学"这一术语的含义。最常见的定义是：心理学是有关行为的科学研究，因为大多数心理学家都承认观察和测量行为的重要性。但是，这一定义过于狭窄。原因在于心理学家的主要兴趣通常是想要理解人类或其他物种成员为什么会按某种特定的方式行动。为了获得这一理解，我们必须考虑内部过程和动机。因此，我们给出下面这一界定：

心理学是一门使用行为证据和其他证据来理解使得人类（和其他物种成员）像他们实际作出的那样行动的内部过程的科学。

心理学的多样性

阅读本书时，你可能会对心理学家在理解人类行为时所采取的多种方法感到困惑。这些方法之所以存在，是因为我们的行为是由多种因素联合决定的，例如：

- 呈现给我们的具体刺激。
- 最近的经历（如，塞车）。
- 遗传天赋。
- 生理机制。
- 认知系统（感知、思维、记忆等）。
- 社会环境。
- 文化环境。
- 先前生活经历（包括童年经历）。
- 个体特征（包括智力、人格、心理健康等）。

这种认为（对一件事情）有多种层面解释的观点，可以通过一个具体的实例来说明。假设某人野蛮地攻击另一人，反复击打对方头部和身体。我们如何理解这一行为？它可能在某种程度上取决于这个人从父母那里遗传的基因；也可能取决于攻击者的童年经历，例如，家庭暴力；还可能部分取决于最近发生的充满压力的经历，如遇上严重堵车。攻击者的临床史也可能与此相关，例如，他可能有精神病史或反社会行为史。它还可能取决于攻击者的思想和情感（例如，对方惹烦了他）；也可能取决于社会因素，例如，表现出攻击行为的人可能认为对方侮辱了他的家人。此外，它还可能与攻击者的心理状态有关：其内部机体状态被高度唤醒或煽动起来。最后，它还可能取决于文化因素，因为在某些文化中表现出攻击行为要比在其他文化中更容易被接受（或更不被接受）。

上述案例的主要观点是：对攻击者的行为不存在单一的、"正确的"（correct）解释。事实上，上述多种因素都可能导致这一攻击行为。因此，如果我们想要理解人类行为，心理学的范围必须更为广泛。艾森克认为心理学是一门多学科科学，并指出"心理学曾得到心理学家、神经学家、社会学家、动物学家、人类学家、生物学家和其他学科专家的丰富和发展"(Eysenck, 1994b, p.15)。

心理学内部的主要取向有生物心理学、认知心理学、个体差异、发展心理学、社会心理学、变态心理学。我们将在下面的内容中考察每种取向涉及的内容及该取向具有重要性的原因。在考察每种取向时,我们将会为在该取向内部所讨论的主题给出某些标示。不过,多数主题都会与几种取向相关,因此将不同的主题分配给不同的取向也有其局限性。例如,人格主要在个体差异取向中涉及。但是,人格的个体差异可能部分地取决于遗传因素(生物学取向)、认知过程(认知取向)、发展因素(发展取向)、社会过程(社会取向)。因此,这些取向并非像人们通常想象中那样彼此之间相互分离。

生物心理学

很难想象查尔斯·达尔文(Charles Darwin, 1809—1882)的《物种起源》(Origin of Species)对人们思考自己的方式究竟产生了多么巨大的影响。1859年该书出版之前,大多数人都认为只有人类具有心灵(souls),因此我们与其他物种存在本质区别。这种人类从其他物种进化而来的观点表明,对人类具有重要性的看法需要重新审视。但是,很多人都发现,很难接受把人类仅看做动物王国成员的观点。

达尔文(1809—1882)

达尔文是一位生物学家而非心理学家,但是他对进化的看法却对心理学具有几点重要的意义。第一,心理学家发现,从生物学的角度考察心理学很有价值。第二,达尔文强调遗传的重要性,认为后代通常与父母相似。这向心理学家表明:应该探讨遗传在影响人类行为中的作用。第三,达尔文关注物种成员之间的变异,进化会有选择地有利于某些成员而不利于其他成员(例如,适者生存)。这使人们对解释智力和人格的个体差异中遗传因素的作用产生了巨大兴趣。

生物心理学的研究范围是什么呢?它主要涉及从生物学角度去理解人类行为。例如,身体内部的生理过程、大脑的具体机能等。生物心理学将会在本书第2—5章进行阐述,包括大范围的主题。例如,我们会考察遗传、情绪、压力、饥饿、性、睡眠、药物的影响,以及荷尔蒙和神经递质所扮演的角色。

为什么生物心理学取向对心理学如此重要?第一,每个人(同卵或单卵双胞胎除外)都具有其独特的基因组,基因会影响我们的智力、人格和行为。第二,我们的动机系统(如,饥饿、性)的发展是生存和把我们的基因传给下一代的生物指令(biological imperative)的结果。第三,生物心理学家所研究的过程,事实上在所有的人类行为中都有所涉及。

认知心理学

重视思维和其他心理过程的人类认知研究,起源于柏拉图(Plato)和亚里士多德(Aristotle)。两千年来,它在心理学中一直占据统治地位。但在20世纪前半叶,由于**行为主义**(behaviourism)的影响,它相对被忽视了,行为主义是一种强调行为而

行为主义:一种美国心理学派,强调测量可观察的行为。

认知解释在某种程度上受到了信息加工概念的启发，如"输入"、"加工"、"网络"等术语。

非内部过程的心理取向。与行为主义相反，认知心理学家主要强调"认知"（在《柯林斯英语词典》(*Collins English Dictionary*)中被界定为"获得知识的心理活动或过程"）中所包括的内部过程和结构，同时也对可观察的反应感兴趣，这些反应在某种程度上提供了这些潜在过程和结构的有关信息。

认知心理学的重要性在1950年代中期日趋明显。此时，几位重要的认知心理学家（如, Donald Broadbent, Jerome Bruner, George Miller, Herb Simon 等）开始详细探索认知过程和结构。但即便是他们也未能充分意识到认知心理学日后在整个心理学领域中会成为一种占统治地位的取向，并对社会取向、发展取向和变态取向产生巨大的影响。

认知心理学有几个主要研究领域，如注意、感知、学习、记忆、问题解决、语言等。总的来说，这些研究领域使我们理解了介于刺激呈现（例如，电视节目"谁想成为百万富翁？"中的一个问题）与反应（例如，正确或错误的回答）之间的复杂过程。认知心理学的所有主要领域将在第6—11章进行探讨。

认知心理学取向为何如此重要？第一，如前所述，理解认知心理学家提出的人类认知，会对社会心理学、发展心理学和变态心理学产生巨大的影响。第二，认知心理学家的观点在计算机设计和其他系统中已经得到切实的应用，这使我们的使用变得相当便利。第三，通过使用积累的有关人类认知的知识，帮助脑损伤患者恢复某些丧失的认知技能变得日益可能。

个体差异

高尔顿爵士（1822—1911）

个体差异的系统研究始于达尔文的表弟弗兰西斯·高尔顿爵士（Francis Galton, 1822—1911）的工作。1869年高尔顿《遗传的天才》(*Hereditary Genius*)的出版，成为个体差异研究上的一个里程碑，先前人们对这一主题不感兴趣，现在则是大吃一惊。正如墨菲与考瓦奇所指出的那样："在作为心理学研究主题的一部分之前，个体差异从未得到认真对待。这一忽视在以前的正统心理学中成了一种最独特的盲点。正是由于达尔文主义，而非之前的心理学历史，才使人们对这一问题产生了兴趣。"（Murphy & Kovach, 1972）

从原则上来讲，个体差异研究应该包括不同年龄的儿童、正常人群与非正常人群、健康个体与脑损伤个体等之间的比较。但是事实上，个体差异研究者主要关注智力和人格（本书第12—13章讨论）。有关智力和人格的一个关键问题是，尽力理解这些特征存在个体差异的因素。如前所述，有证据表明，我们的智力和人格受到遗传因素、发展因素、认知因素和社会因素的影响。

个体差异心理学取向为什么如此重要呢？第一，智力和人格方面的个体差异会影响大多数行为方式，其影响程度通常与行为赖以表现的情境同样重要。第二，如果我们的教育体制是有效的，我们就应考虑单个儿童所拥有的独特技巧和能力。第三，在现实情境中，使用个体的智力和人格方面的信息是必须的。例如，在人事选拔中，选拔出其个人特征最符合应聘职位的候选人非常重要。

发展心理学

现今人们普遍认为,无论是出于自身利益还是为了帮助我们理解成人思维和行为的目的,研究儿童心理学都是很重要的。但是,直到弗洛伊德的精神分析理论在20世纪早期被广泛接受,人们才对发展心理学给予足够注意。在那之后,发展心理学的最大推动力主要来自皮亚杰(Jean Piaget,1896—1980)的工作,他花了几十年时间来研究儿童的思维和智力发展。

发展心理学主要关注童年期的变化以及童年经历对成人行为的影响。冒着过于简单化的风险,我们认为有两个主要发展领域非常重要。第一,认知发展,涉及儿童发展出处理日益复杂的任务的技能。第二,社会发展,涉及儿童发展出各种社会技能,并与其他人进行有效交往。我们将在第14—17章对认知发展和社会发展进行详细讨论。

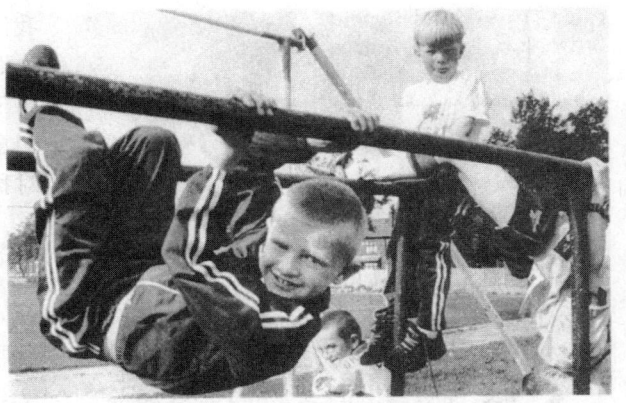

我们童年时期的经历会对成人时期的生活产生巨大的影响

发展心理学取向为何如此重要?第一,通过考察成人在童年期的经历类别,我们可以获得对成人行为的理解。第二,如果我们理解了促进良好认知发展的因素,我们的处境将会有助于改善教育体制,从而可以比现在更为全面地开发儿童潜力。第三,如果我们更清晰地理解了影响社会发展的因素,将会有助于确保尽可能多的儿童发展良好的社会技能。

社会心理学研究我们与他人和社会的关系

社会心理学

社会心理学在心理学中是最后一个被全面接受的领域。正如汤姆森在他的历史性评论中所说的那样:"直到二战之后,社会心理学才得以充分融合并在学术上得到更多的关注。"(Thomson, 1968, p.370)

社会心理学涵盖众多主题,本书第18—21章将会对其中某些主题进行讨论。一些社会心理学家关注个体过程(如,态度和信仰)。其他社会心理学家则强调友谊和人际关系网络,这些网络刻画了日常生活的社会交往。还有一些社会心理学家考察与内群体关系相关的更广泛的主题,像偏见、歧视等。

社会心理学取向为什么如此重要?第一,毋庸置疑,我们都是社会性动物,要与其他人发生不间断的联系。即使一个人独处,我们也会利用社会知识去诠释生活的意义,也会对我们卷入其中的社会事件进行反思。第二,社会心理学家已经发现,

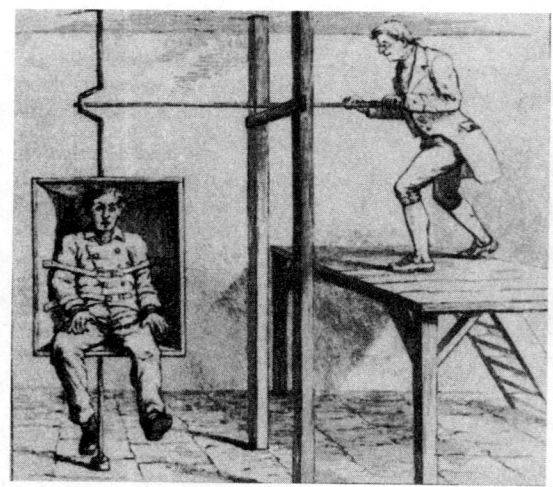

这幅1818年的插图展示了当时治疗抑郁的一种方法

威廉·贺加斯（William Hogarth）的《浪子行径：伯利恒场景》(The Rake's Progress: Scene in Bedlam)。一群心理障碍患者坐在伯利恒（Bethlehem）医院，即有名的伦敦疯人院。幸运的是，自18世纪这幅画作完成以来，治疗手段已有了很大进步。

我们在感知自己和他人时存在许多歪曲和偏差。因此，全面理解我们的社会认知的优势和局限性是有必要的。第三，我们的行为受到他人的影响程度，通常要比我们意识到的大得多。再次强调一下，充分认识到社会对我们日常行为的强烈影响是十分必要的。

变态心理学

许多世纪以来，用来治疗心理障碍患者的手段相当野蛮。人们认为心理障碍是由魔鬼或其他超自然力量引起的。"治疗"心理疾病的流行做法基于这样一种观点：尽可能作出一些让魔鬼感到厌烦的事情，例如把患者浸入热水、鞭打、忍饥挨饿、折磨等。众所周知，弗洛伊德（Sigmund Freud，1856—1939）是首位大力倡导采用心理治疗取向的心理学家，并提出了精神分析疗法。

变态心理学不仅关注对心理障碍患者提出有效的治疗手段，也处理像开发出满意的心理障碍诊断、心理障碍分类和理解导致心理障碍的众多因素的体系。这些关键问题将在本书第22—23章详细考察。

变态心理学取向为什么如此重要？第一，变态心理学的长期主要目标之一在于，为了防止出现心理障碍，必须详细理解心理障碍背后的各种因素。第二，随着我们对心理障碍诊断和分类能力的提高，临床心理学家和精神病学家针对心理障碍个体确定适宜治疗手段的能力也会随之提升。第三，变态心理学研究在治疗方面已得到切实改善，从而极大地降低了人类的痛苦。

心理学研究方法

如上所述，心理学家使用几种不同的方法来获取对人类行为的详尽理解。但在哪个/哪些方法是获取那一理解的最好方法上，它们彼此之间也有所不同。很多人都认为心理学与其他科学相似，因为在实验室条件下进行的详尽、控制良好的实验，很可能会获取那一理解。书中大多数研究都属这一类型。不过，这类研究也存在着潜在的局限。对心理学研究来说，获得**生态学效度**（**ecological validity**，指研究结论适用于日常生活）很重要，但是这在某些实验室研究中甚为缺乏。

生态学效度：研究结论适用于现实生活的程度。

一些心理学家认为，确保生态学效度的最佳途径就是使用大量的非实验法。例如，可以在日常生活中进行观察、访谈，或者通过案例研究进行详细的历时性研究。

因此，心理学家能够使用的技术非常广泛。艾森克（Eysenck, 2000）、格雷维特与福扎诺（Gravetter & Forzano, 2002）对各种非实验法（包括其优势和局限）进行了较为详细的讨论。

研究人的最佳方式是什么？对于这个问题，不存在明确的答案。每种方法都有其优势和不足，每种方法都会有比其他方法更为适宜的场合。不过，**实验法（experimental method）**尤为重要。它涉及对环境的某些方面加以控制（自变量），以便评估其对被试行为的影响（因变量）。科学哲学家告诉我们，在因果关系与确定性之间建立联系是不可能的。但是，实验法相对于其他方法具有更大的优势，因为它使我们可以相信自变量确实对因变量产生了影响。

心理学家希望能够通过整合从所有研究方法中得出的信息，从而最终实现心理学的目标。阅读本书你会发现，这方面已有了长足进步。不过，我们距离真正实现这些目标还为时尚早！

> **实验法**：一种研究取向，操纵环境的某些方面（自变量）以便观察该操纵对独特行为的某些方面产生的影响（因变量）。

心理学是门科学吗？

人们并未对这一问题达成共识。不过，我们将会通过探讨心理学符合主要科学标准的程度，从而在回答这一问题上取得进展。下面我们首先就来确定这些标准：

1. **控制观察（controlled observations）**。在大多数科学中（天文学和其他少数科学除外），实验通常都会包括观察某些具体操控（例如，把两种化学物质混合起来）产生的效应。将其应用到心理学上，通常包括观察操作环境对被试行为的影响。

2. **客观性（objectivity）**。通常认为科学要求用客观的方式收集数据。不过，说科学家应该尽可能做到客观则要更为现实。波普尔（Popper, 1969, 1972）指出，科学观察是理论驱动的而非客观的。他在演讲中告诫观众的一句著名论断是："观察！"对这一论断最明显也是最直接的反驳就是："观察什么？"这一论断表明，如果对所期望的事物一无所知，任何人也不能进行任何观察。因此，你观察什么，部分取决于你想看到什么。

3. **检验理论预测（testing theoretical predictions）**。做科学实验通常是为了检验某些理论预测。这一点不言而喻，因为原则上讲可以做的实验数量是无穷的，科学理论的任务就在于确定哪些实验是有价值的。

4. **可证伪性（falsifiability）**。根据波普尔（Popper, 1969）的观点，科学的特点是可证伪性，即科学理论可能会潜在地被证据推翻。你可能会觉得这听起来有些奇怪，并认为应把重点放在证明理论的正确性上。然而，它们可能永远都不能被证明是正确的。即使一种理论已经得到成百上千次实验结果的支持，它在将来仍有可能被推翻——可能会在该理论一直未曾在那里进行过检验的某些文化中。

> **可证伪性**：一种观点，认为所有科学理论原则上都可能被特定的研究结论推翻。

5. **可重复性（replicability）**。科学研究具备可重复性非常重要，这意味着很多（或绝大多数）科学研究的结果是可以复制或重复的。如果我们每进

> **可重复性**：科学研究的特征之一，认为实验结论可以重复。

在哥白尼指出行星（包括地球）围绕太阳运转之前，所有的天文学理论都以地球是宇宙中心这一范型为基础。这种后哥白尼科学时代的彻底变化就是范型的例子。

范型：库恩认为，范型是一种赢得广泛支持的一般理论取向。

行一次实验都得到不同的结果，我们永远也不会取得任何进步。

6. 范型的使用（use of a paradigm）。按照库恩（Kukn, 1962, 1977）的观点，科学的最基本成分是范型，范型是为任何既定研究领域中大多数成员普遍接受的一般理论取向。库恩认为，科学的发展存在三个不同的阶段。第一，前科学阶段，该阶段无范型，也未形成普遍接受的理论取向。第二，规范科学阶段，该阶段形成了普遍接受的范型。第三，革命科学阶段，通用范型存在的问题不可调解，最终被不同的范型推翻并取代（即范型转移）。

上述科学标准心理学能满足多少呢？一些心理学研究能满足所有的（或者几乎是所有的）标准。我们在书中可以看到，在很多使用实验法的研究中，被试的行为都是在控制条件下进行观察的。数据收集通常采取相对客观的方式（例如，通过计算机记录被试的反应），大多数实验的设计都是为了检验各种理论预测。另外，大多数心理学理论都具有可证伪性，尽管并非所有的理论都是绝对正确。例如，难以（或不可能）想象有研究结论可以推翻弗洛伊德认为心理包括三个部分（本我、自我和超我；见第 13 章）的观点。而且，很多心理学结论都具有可重复性。

库恩（Kuhn, 1962）认为，心理学尚未发展出范型，因此仍处于前科学阶段。支持这一观点的事实是：心理学是一门严重分裂的学科，并且与其他几门学科（包括生物学、生理学、生物化学、神经病学、社会学等）存在联系。这种分裂和多样性，使得心理学不可能形成共同的范型或一般理论取向。

瓦伦丁（Valentine, 1982, 1992）倡导另外一种不同的观点。她宣称行为主义可以视为基本上形成了范型。正如她所指出的那样，行为主义通过其主张——心理学是对行为的研究，行为可以在控制实验的条件下进行观察——对心理学产生了巨大的影响。不过，行为主义对心理学产生的最大影响主要在方法论方面，它强调行为测量的研究方法。相反，库恩的范型更多的与一般理论取向有关。因此，行为主义并未形成范型，库恩把心理学置于前科学阶段可能是正确的。

在我看来，心理学存在的主要问题与控制条件下观察的标准有关。使用实验法时我们可以在控制条件下操纵某些变量。但是，我们未必能够操纵所有感兴趣的变量。更明确地讲，如果我们想研究即时情景（immediate situation）对行为的影响，可以较方便地使用实验法。但是，除了即时情景之外我们的行为还会受到其他众多因素的控制，这些因素大都无法操纵。这些因素包括近期事件（如，与男友一起划船）、身体健康状况、人格、童年时期的事件（如，父母离异）、遗传因素、文化期望等。我们不能控制（或难以控制）这些因素这一事实，限制了心理学作为一门完整科学学科的发展。

"心理学仅仅是常识"

心理学一个与众不同的特征就是,在某种程度上人人都是心理学家。所有的人都在观察别人和自己的行为,人人都能意识到自己的思维和情感。心理学家的主要任务之一就是预测(各种情境下可能作出的)行为,行为预测在日常生活中非常重要。我们越能更好地预测在某个既定情景中人们会作出何种反应,我们的社会交往就可能越满意越有益。

"人人都是心理学家"这一事实,使得许多人都低估了科学心理学的成就。如果科学心理学的结论等同于常识,那么可以断定这些结论对我们未知的领域毫无贡献。另一方面,如果这些结论不等同于常识,人们又经常会说:"我不信!"

心理学不比常识强多少这一观点存在几个问题。它误导我们认为常识构成了一套连贯的有关行为的假设。如果我们将谚语视作常识观点的提出者,就会明白这一点。一个与情侣分开的女孩子如果想起谚语"眼不见心不烦"可能会变得很伤心。但是如果她告诫自己"别离情更深",反而可能会振奋起来。

其他一些成对的谚语也表达了相反的含义。例如,"三思后行"与"犹豫不决"相反,"人多力量大"与"人浮于事"相反。由于常识包含了对人类行为的矛盾看法,因此不能用作解释行为的基础。

心理学不过是常识这一观点,也可以通过考察心理学研究进行反驳,因为心理学研究结论通常是无法预料的。一个著名的例子是米尔格莱姆(Stanley Milgram, 1974)的工作,具体内容我们将会在第20章详细讨论。主试把被试两人一组进行配对,让其在一项非常简单的学习任务中分别担任教师和学生的角色。要求"教师"在"学生"作出错误回答时给予电击,每次再错都要提高电击强度。在180伏特时,"学生"大叫"我受不了了",在270伏特时,反应变成了痛苦的尖叫。如果"教师"不愿进行电击,主试(心理学教授)会强迫他/她继续电击。

你是否愿意在这一实验中实施最大强度(可能导致死亡)的450伏特的电击呢?你认为会有多大比例的人这样做?米尔格莱姆(Milgram, 1974)发现,所有人都拒绝以个人名义作出这种事情。一所一流医学院的精神病学家预测,可能仅有千分之一的人会给予450伏特的电击。然而事实上,米尔格莱姆的被试中有60%的人都给予了最大强度的电击,这是精神病学专家预测人数的600倍!由此也可看出,人们对权威的遵从和服从远远超出了他们的想像。并且存在一种赞同权威人物(像心理学教授)决定的强烈倾向。

总之,常识在理解和预测人类的行为中几乎毫无用处。大多数心理学家都认为,实现这些目标的最佳方式就是通过实验法或是其他心理学研究者利用的方法。心理学研究的丰硕成果将会在本书中得到充分体现。

"三思而后行"对"迟疑失良机"

事后诸葛亮偏见

事后诸葛亮偏见：由于受到事后诸葛亮的影响而表现出事后聪明的倾向。

我们已经看到，把心理学研究结论等同于常识的假设是错误的。那么，为什么会有那么多人宣称大多数心理学研究结论不足为奇且未包含任何新的内容呢？换言之，他们为什么总是认为"我早就知道了"呢？菲施霍夫与贝思（Fischhoff & Beyth, 1975）确定了该问题答案的重要内容。他们在尼克松总统出访中国和苏联前夕，让美国学生对出现各种结果的概率进行估计。出访结束后，再让学生做同样的估计，但是不能考虑已经真实发生的事情。尽管有这些指导语，但受事后诸葛亮偏见影响的被试所给出的已经真实发生的事件的概率，要大大高于事件发生前的估计。被试把事件已经发生的知识增加到他们已经知晓的内容中，他们根本不记得那些不确定事物本来的面目。这种事后聪明的倾向称为**事后诸葛亮偏见**（hindsight bias）。斯洛维奇与菲施霍夫（Slovic & Fischhoff, 1977）实施了一项类似的研究，让被试预测一系列科学实验的结果。告诉一些被试一系列实验中第一项实验的结果，并告诉他们做预测时不许使用这一信息。被试认为，如果一个结果已经出现过，那么在接下去的实验中其出现概率要高很多。这是另一个事后诸葛亮偏见的例子。

事后诸葛亮偏见

事后诸葛亮偏见非常有影响力并且难以消除。在另一项研究中，菲施霍夫（Fischhoff, 1977）把事后诸葛亮偏见告诉给被试，并鼓励他们避免该偏见。但是，这对于该偏见的大小影响甚小，甚或毫无影响。事后诸葛亮偏见给心理学教师带来了很大问题，因为它会"制造"一批对任何心理学知识都没感觉的学生！

世界范围的心理学

大多数心理学研究都是在西方世界尤其是在美国进行的。根据罗森斯维格（Rosenzweig, 1992）的统计，世界上 56000 名心理学研究者中 64% 是美国人。他们对心理学教科书的影响甚至更大。例如，考虑一下巴伦与伯恩（Baron & Byrne, 1991）所著的社会心理学教科书。书中引用的研究 94% 来自北美，欧洲占 2%，澳大利亚占 1%，其余 3% 来自世界上其他地域。史密斯和邦德考察了几部社会心理学和组织心理学教科书，总结如下："在这些英语教科书中，所抽样的社会行为和组织行为的总体，几乎全都局限在少数国家的研究中，这些国家还不到全世界 200 多个国家的 12%，所占人口还不足世界人口的 10%。"（Smith & Bond, 1998, p.3）

尽管存在上面刚刚说到的情况，但是北美心理学家并未占据所有席位。海格布鲁姆等人（Haggbloom et al., 2002）确定了 20 世纪前 100 名最杰出的心理学家。他们的入选标准包括每个人的作品在杂志中被引用的情况、在入门教科书中被引用的情况及在问卷调查（让心理学家们确定20世纪最伟大的心理学家）中被提及的次数等。在前100名最杰出的心理学家中，仅有不足20%的人是非美国人，并且几乎全都是欧洲人。非美国心理学家包括：皮亚杰、弗洛伊德、H. J. 艾森克、荣格、巴甫洛夫、沃尔夫冈·柯勒、约瑟夫·沃尔夫、唐纳德·布洛德本特、阿德勒、迈克尔·罗特、亚历山大·鲁利亚、列弗·维果斯基、阿摩司·特韦尔斯基、冯特、安娜·弗洛伊德。下表按顺序列出了前50名最杰出的心理学家。这些心理学家（并非所有心理学家！）的研究将会在书中相应章节进行讨论。

精神分析学家弗洛伊德及其女儿、精神分析学家安娜·弗洛伊德逃离祖国奥地利纳粹的迫害后于1938年抵达巴黎。随后他们前往伦敦，第二年弗洛伊德在伦敦逝世。安娜做了儿童心理学领域的大部分工作，直到1982年去世。

	人名		人名		人名
1	斯金纳	18	勒温	35	R. B. 扎荣茨
2	皮亚杰	19	唐纳德·赫布	36	恩德尔·塔尔文
3	弗洛伊德	20	乔治·米勒	37	赫伯特·西蒙
4	班杜拉	21	克拉克·赫尔	38	乔姆斯基
5	费斯汀格	22	杰洛米·卡甘	39	爱德华·琼斯
6	罗杰斯	23	荣格	40	查尔斯·奥斯古德
7	沙赫特	24	巴甫洛夫	41	阿什
8	尼尔·米勒	25	沃尔特·米歇尔	42	戈登·鲍尔
9	桑代克	26	哈里·哈洛	43	哈罗德·凯利
10	马斯洛	27	J. P. 吉福德	44	罗杰·斯佩里
11	阿尔伯特	28	杰洛米·布鲁纳	45	爱德华·托尔曼
12	埃里克·埃里克森	29	希尔加德	46	米尔格莱姆
13	H. J. 艾森克	30	劳伦斯·科尔伯格	47	阿瑟·詹森
14	威廉·詹姆斯	31	塞利格曼	48	李·克隆巴赫
15	大卫·麦克莱兰	32	乌尔里希·尼泽	49	约翰·波尔比
16	雷蒙德·卡特尔	33	唐纳德·坎贝尔	50	沃尔夫冈·柯勒
17	约翰·华生	34	罗格·布朗		

跨文化心理学

本书的中心主题在于，心理学需要通盘考虑全世界人类经历和行为的丰富性和多样性。然而，需要指出的是，只有为数极少的心理学研究是在世界上其他地方（像非洲国家）进行的。上述主题在几个章节中都有所涉及，但在这里我们首先对这一主题进行概述。我们要探讨的内容统称为**跨文化心理学**（cross-cultural psychology），主要关注世界文化的相似性和差异性。什么是文化？依据史密斯和邦德的观点，文化是"一种具有共同意义的相关组织系统"（Smith & Bond，1998，p.39）。例如，"工作"一词在日本有着与其他国家不同的含义。在日本，它通常包括正式工作时间之余的茶饮活动及与同事共享其他休闲活动。费斯克（Fiske，2002，p.85）提出了一个较为广泛的定义：

跨文化心理学：一种心理学取向，强调不同文化之间的相似性和差异性。

这是一种认为别的文化是"欠发达的"或"原始"的趋势

语言在不同的文化中有不同的含义。例如，日本人所理解的"工作"与其他文化有所不同，因为它包括了与同事社交的要求。

文化是一种社会传递或社会建构的集合体，由实践活动、资格能力、观点、图示、符号、价值观、规范、机构、目标、组织规则、人工制品及客观环境的调节活动等构成。

研究广泛的文化为什么如此重要？第一，心理学的大多数理论主要（或绝对）是以关于生活在西方社会的人的研究结论为基础。如果存在重要的文化差异，我们的理论在适用性上就会受到很大限制。这只有通过进行跨文化研究才能揭示。第二，文化对人类的行为有着显著的影响。因此，要想全面理解人类行为，就必须研究文化因素。第三，跨文化研究允许我们在众多相互竞争的理论中判断哪些理论能够提供最准确、最全面的描述。第四，跨文化研究指出了哪些方面的人类机能和行为具有普遍性，哪些具有文化差异。一般而言，我们认为基本心理过程（例如，运动探查（detection of movement）、注意能力狭窄（limited capacity of attention）、颜色知觉）在各种文化中具有很大的相似性。相对而言，大多数社会行为都可能受文化背景的影响。

个别性构念对共同性构念

贝里（Berry，1969）强调个别性构念与共同性构念之间的区别，这一区分最初是由语言学家派克（Kenneth Pike）作出的（音位／非音位）。**文化个别性构念（emic constructs）** 在既定文化中具有具体性，因此在不同文化之间差别很大。相反，**跨文化共同性构念（etic constructs）** 是在所有文化中均适用的通用因素。"家庭"的概念就是跨文化共同性构念的例子。贝里认为，心理学史中充斥着把实际是个别性构念误认为共同性构念的例子。下面讨论的智力研究可以说明这一点。

人们通常认为，智力在不同的文化中是由问题解决、推理、记忆等方面的相同能力来界定的。贝里（Berry，1974）强烈反对这种观点。他提出一种称为文化相对论（cultural relativism）的观点，认为智力的含义在不同的文化中存在差异。例如，斯滕伯格指出："在前文化社会中对生存至关重要的协调技能（例如，拉弓射箭的运动技能），对于文明社会或'较发达社会'中大多数人的智力行为也许作用甚微。"（Sternberg，1985，p.53）在西方文化中，智力通常是指个体有效思维和解决复杂问题的能力。但另一方面，在很多非西方国家中，智力通常是用带有更多社交／交际意义的术语来进行界定，包含社会责任、与他人合作、展现各种社会技能等含义（见

文化个别性构念：不同文化之间具有很大差异的构念。见跨文化共同性构念。

跨文化共同性构念：在所有文化中都适用的通用因素。见文化个别性构念。

第 12 章)。

跨文化心理学的大多数研究均涉及不同国家之间的对比。但是,国家通常并不能视为等同于文化。就像史密斯和邦德指出的:"当我们在不同的国家文化之间进行比较时,我们有丧失探索世界上大多数国家存在的多样性的风险。"(Smith & Bond, 1998, p.41)例如,考虑集体主义(以群体为中心的生活取向)与个体主义(以自我为中心的生活取向)之间的区别。正如下面要讨论的那样,大多数证据都表明美国文化是个体主义的而非集体主义的。范德鲁与科恩(Vandello & Cohen, 1999)发现,这一点在西部山区(Mountain West)和大平原地区同样如此。不过,集体主义倾向在南部诸州非常盛行,因此并不存在单一的美国文化。

人们经常假设,美国研究中发现的大多数现象都能在几乎是其他所有文化中观察到。这一假设可能并不正确。例如,史密斯和邦德考察了几个在美国研究中发现的众所周知的现象。他们总结如下:"众多证据一致成功验证的唯一主题是有关顺从的研究。"(Smith & Bond, 1998, p.31)顺从权威的研究(见本章前文)已经揭示出大多数被试令人惊讶地愿意对他人实施可能致命的电击(Milgram, 1963, 1974)。

阿米尔与沙伦(Amir & Sharon, 1987)在以色列的不同群体中重复了六项美国研究的结论。在美国研究中有 64 个重要结论,但仅有 24 个结论在以色列被试中得到重复。有 40 个美国研究结论未能得到重复。另外,以色列研究中有 6 个新的结论是美国研究未曾得到的。总之,这一研究表明,在社会行为方面存在相当强烈的文化差异。

文化之间的主要差异是什么呢?韦斯滕(Westen, 1996, p.679)生动地表达了这些差异:

> 按照 20 世纪西方的标准,几乎每个生活在当代西方之外的人都是懒惰的、被动的、缺乏勤奋的。相反,按照人类历史上多数文化的标准,大多数西方人都是自我中心的和狂热的。

偏见

人们经常宣称西方心理学家对文化差异感觉迟钝。例如,豪伊特与同事(Howitt & Owusu-Bempah, 1990)认为,有确切的证据表明,很多心理学研究中都存在种族偏见。他们考察了 1962—1980 年间每一期《英国社会和临床心理学杂志》(*British Journal of Social and Clinical Psychology*)。他们沮丧地发现,西方人格测验在非西方文化中的使用都是不适宜的。正如他们指出的:"尝试从研究对象所在国的角度而非根据西方人的眼光来探索像加纳人人格结构或中国人人格结构的研究是不存在的。"(Howitt & Owusu-Bempah, 1990, p.399)

豪伊特与同事(1994)宣称,他们在阿特金森等人(Atkinson, Atkinson, Smith & Bem, 1993)所著的著名教科书中发现了种族主义的证据。他们指出,阿特金森等人倾向于把西方文化和非西方文化都进行集中分类。他们在谈到有关非洲部落的研究时也是这样做的,而没有详细说明已经对哪个部落或哪些部落进行过研究。豪伊

功夫猎手（上图）和跳传统舞蹈的马赛族人（下图）。西方科学家倾向于把所有非洲部落归为一类，然而实际上，不同的部落拥有不同的文化。

特和同事（1994，p.165）认为："由此带来的累积效应就是，白人及其生活方式是'自然的'……黑人及其文化则是一种例外。"

豪伊特和同事（1994）的核心观点是，阿特金森等人对其他文化的评价，是依据美国和欧洲的科技文化成就进行的。在豪伊特和同事（p.163）看来，"不符合专断的欧洲中心标准的文化经常被描述为'原始的'、'落后的'或者至多是'发展中的'。宗教信仰、道德、团体精神等在这种种族主义意识形态联盟的方桌上被忽视了。"

总之，许多西方心理学家在跨文化差异方面都比较迟钝。有时这会给人们留下一个错误的印象，认为一些文化要"优于"其他文化，而非两者之间仅仅是存在差异。出现这一现象自有其原因所在，但令人欣慰的是，这种或外显或内隐的种族主义正在减弱。

性别差异的起源

如前所述，跨文化研究的结论可用来在相互竞争的理论中进行裁定。例如，伍德和伊格里（Wood & Eagly，2002）阐述了有关性别差异起源的两个重要问题。第一，为什么有些活动（如狩猎）几乎总是由男人完成，而另一些活动（如做饭）主要由女人完成？第二，男人为什么经常比女人拥有更高的地位和权力？

这里我们考察两种能够为这些问题提供答案的理论取向。首先是**进化心理学**（**evolutionary psychology**），它假设人类行为和人的心理机能依赖于自然选择（该取向将会在第2章详细讨论）。伍德和伊格里（Wood & Eagly，2002，p.704）认为：

进化心理学：人类行为与人的心理机能部分依赖于自然选择的看法。

> 进化心理学家假设，不同社会中男人的活动反映了相互竞争获取资源以便引起女人的注意……考虑到女人逐渐进化而来的对能为其自身及子女提供资源的男人的偏好……男人对父权的确定和获取防御性资源的期望，应该在他们控制女人的性行为的全部跨文化倾向中逐步形成……男人进化出的获取资源和控制女人性行为的偏向，应该在权力、地位和通用资源的等级中得以体现。

按照这种理论，在所有的文化中，男人应该对获取资源（如食物）负主要责任，从而也就拥有权力和地位。

第二，伍德和伊格里提出了生物社会理论。该理论认为：

每种性别活动的跨文化模式，反映了女人的生育角色和男人的体格和力量……一定程度上讲，男人和女人从生物学角度分化出有效地从事不同的活动，较容易从事能产生地位和权力活动的一方在性别层级中要更具优势。(Wood & Eagly, 2002, p.704)

按照这种理论，跨文化差异是真实存在的。在一些社会中，获取资源（如食物）需要体格和力量，此外，女人的生育角色使她们难以投入获取资源的活动中。在这样的社会中，男人从事获取资源的活动并拥有权力和地位。相反，在另一些社会中，获取资源不需要体格和力量，女人的生育角色在资源获取中并不构成障碍。在这样的社会中，男女双方在获取资源和权力、地位方面较为平等。

证据

按照生物社会理论，在获取食物资源方面，如果涉及狩猎或捕鱼等活动，男人比女人投入更多，但是如果涉及采集食物，男人的投入要少于女人。埃姆伯（Ember, 1986）分析了181个非工业化社会。

与长毛象搏斗的能力深受女士的欢迎

在狩猎或捕鱼方面，99%社会中的男人对于获取食物的贡献大于女人。相反，如果涉及采集活动，则是女人在获取食物方面是主要贡献者。

为什么在采集社会中女人的生育角色不会阻止她们成为主要投入者呢？施莱格尔与巴里（Schlegel & Barry, 1986）发现，在这些社会中，女人生育孩子后存在较长期的性别禁忌。这对减少生育孩子的数量有影响，因此女人拥有较多的时间从事食物采集活动。

从进化取向来预测男人在所有的文化中都拥有比女人更高的权力和地位，并未得到证据支持。怀特（Whyte, 1978）考察了93个非工业化社会，发现在67%的社会中男人支配妻子。在30%的社会中两性平等，女人支配丈夫的社会仅占3%。按照生物社会理论，如果男人在从事生死攸关的任务时比女人具有更好的条件，那么在这样的社会中男人应该具备支配权。最明显的证据来自以下发现：在经常进行战争的非工业化社会中，男人尤其处于支配地位（Goldstein, 2001）。此外，在经济贡献方面男人大大高于女人的非工业化社会中，男人通常也处于支配地位（Schlegel & Barry, 1986）。

❖ 评价

⊕ 跨文化研究极大地提高了我们对行为性别差异的理解。
⊕ 跨文化研究反驳了简单的进化论解释，为生物社会理论提供了支持。
⊕ 生物社会理论也为近几十年来在高度工业化社会中妇女地位的实质性改变提供了解释。正如伍德和伊格里指出的："传统劳动分工和父权制[男性优势]的削弱，是妇女通过避孕和相对安全的流产获得较高生育控制权（出生率显著下降），和有利于男性体格和力量的生产活动的比例呈下降趋势的结果。"（Wood & Eagly, 2002, p.721）

- 跨文化研究主要关注非工业化文化，因此在某些方面具有局限性。
- 因果关系的方向通常不够清晰。例如，经常进行战争的社会会造成男性支配优势，但是男性支配优势的社会通常在引发战争中也会起到一定作用。

个体主义对集体主义

个体主义：强调独立、个人责任和个人独特性的文化特征。

集体主义：强调互相依赖、责任分享和群体成员资格的文化特征。

很多心理学家都认为，在强调个体主义（individualism）的文化和强调集体主义（collectivism）的文化之间存在重要差异。奥瑟曼等人（Oyserman, Coon & Kemmelmeier, 2002, p.5）对这些术语进行了界定："[我们可以把]个体主义界定为强调个人——个人目标、个人独特性、个人控制的世界观——而忽视社会……集体主义的核心成分则是群体约束个体并使个体相互负责这一假设。"

奥瑟曼等人探讨了通过27个不同问卷所评价的个体主义和集体主义成分。他们确定了六个个体主义成分和八个集体主义成分：

个体主义	集体主义
1. 独立的（自由的、控制个人的生活）	1. 相关的（把亲近的他人作为自身的一部分考虑）
2. 目标（为个人目标和成就而奋斗）	2. 归属（乐于归属群体）
3. 胜任的（个人竞争和成功）	3. 义务（乐于作为群体成员作出牺牲）
4. 独特的（关注个人独特的特征）	4. 融洽（关心群体的融洽）
5. 私我了解（保持思想的隐私）	5. 建议（向亲近他人征求建议）
6. 直接沟通（清楚地表达自己想要的和需要的事物）	6. 背景（通过环境改变自我）
	7. 等级（强调地位）
	8. 群体（具有在群体中工作的偏好）

个体主义和集体主义的第一个理论说明是由霍夫斯泰德（Hofstede, 1980, 1983）提出的。他认为，个体主义和集体主义是相对立的。个体主义文化是强调独立性和个人责任的文化，集体主义文化则是强调依赖性和群体成员资格的文化。

证据

个体主义和集体主义存在文化差异的第一个具有说服力的证据是霍夫斯泰德（Hofstede, 1980）报告的。他在一家大型跨国企业（IBM）中对来自40多个国家的工人进行了工作价值观调查。霍夫斯泰德（Hofstede, 1983）后来又把样本扩大到其他国家。在个体主义上得分最高的国家包括美国（第1位）、澳大利亚（第2位）、英国（第3位）、加拿大和荷兰（并列第4位）。霍夫斯泰德（Hofstede, 1980, 1983）假设在个体主义上得分最低的国家在集体主义上得分应该最高。在个体主义上得分最低的国家包括危地马拉（第53位）、厄瓜多尔（第52位）、巴拿马（第51位）、委内瑞拉（第50位）。远东一些国家和地区（像印尼、韩国、台湾地区、泰国）在个体主义上得分也很低。

霍夫斯泰德（Hofstede，1980）从其研究中得出的重要结论之一是，个体主义与根据国家财富所测量的现代性呈正相关（0.82）。这表明，较富裕的国家一般都是个体主义的，可能是因为在这些国家基本上不需要依赖他人。研究者（Kashima & Kashima，2003）也得出了个体主义与国家财富之间存在正相关的结论。

人们通常认为，西方文化中个体的生活满意度主要取决于他们对积极或消极情绪状态的内心体验。换言之，那些生活满意度最高的人拥有更多积极的情绪体验和较少的消极体验。不过，苏等人（Suh et al.，1998）在一项涉及40个国家的研究中发现，这种情况在个体主义文化中比在集体主义文化中更为适用。事实上，生活满意度更多的受与集体主义文化（而非个体主义文化）中生活满意度的期望相关的文化规范的影响。这些结论的意义在于：生活满意度取决于个体主义文化中个人的情感和体验，但却依赖于集体主义文化中较广泛的社会背景（如，文化规范）。

在个体主义和集体主义的理论和研究方面也存在着越来越多的批评。例如，霍夫斯泰德（Hofstede，1980）的研究尽管非常丰富，但也存在明显的缺陷。就像史密斯和邦德（Smith & Bond，1998，p.49）指出的："他所用的样本多为男性，得出的结论仅仅来自市场和服务部门，收集的数据至少是在25年前进行的。"

我们已经了解到个体主义和集体主义的概念都是非常广泛的，奥瑟曼等人（2002）还确定了个体主义的六个成分和集体主义的八个成分。正如费斯克（Fiske，2002，p.83）指出的："IND["个体主义"一词英文的缩写]把托马斯·潘恩（Thomas Paine）、梵高（Vincent van Gogh）、甘地（Mahatma Gandhi）、乔丹（Michael Jordan）、赫夫纳（Hugh Hefner）、希特勒（Adolf Hitler）聚集成一类！"至于集体主义，它"把各类群体和网络与社会制约联系起来。社会性的种类多种多样，我们没有理由相信在文化上强调各类人际关系、成员资格或义务会与强调其他类别存在正相关。"（Fiske，2002，p.82）

除了个体主义和集体主义的广义分类之外，也可以通过其他方式对文化进行简易分类。例如，史密斯和施瓦茨（Smith & Schwartz，1997）认为，在文化的差异性上存在两个主要维度。第一，个体与群体关系的文化观。用他们使用的术语来说，一些文化具有自治特征（与个体主义有紧密联系），另一些文化具有包含特征（与集体主义相似）。第二，如何激发责任行为和分配资源的文化观。一些文化相信平等，另一些文化则相信等级（接纳不平等）。

史密斯和施瓦茨的理论取向产生了四种文化类型：

1. 特殊神宠论（particulrism，个体主义+等级）。这类文化发现于中欧和东欧的几个国家（例如，俄

尽管同在西欧，但是史密斯和施瓦茨（Smith & Schwartz，1997）的研究表明，法国（上图）和西班牙（下图）具有不同的文化类型。法国属于"普遍主义"类别（个体主义+平等），西班牙属于"平行集体主义"类别（集体主义+平等）。

罗斯、捷克共和国、罗马尼亚）。

2．普遍主义（universalism，个体主义＋平等）。这类文化在北欧、西欧、美国、澳大利亚和新西兰较为盛行。

3．垂直集体主义（vertical collectivism，集体主义＋等级）。这类文化在一些亚太国家中最为常见（例如，印度尼西亚、韩国、日本）。

4．平行集体主义（horizontal collectism，集体主义＋平等）。这类文化在南欧一些国家占主导地位（例如，希腊、土耳其、西班牙）。

特里安第斯等人（Triandis et al., 1993）及格尔范德等人（Gelfand, Triandis & Chan, 1996）对霍夫斯泰德（Hofstede, 1980, 1983）的理论观点进行了强烈的批评。特里安第斯等人获得了几个不同文化中集体主义和个体主义的测量数据。他们的主要结论认为，个体主义和集体主义从根本上说是相互独立或彼此不相关的。这与霍夫斯泰德认为个体主义和集体主义存在负相关的观点正好相反。格尔范德等人给美国学生呈现一些与个体主义（例如，选择个人目标、有野心的）、集体主义（例如，家庭安全、互惠）和权力主义（例如，服从、行为失常惩罚）相关的概念，最后得出两个主要结论。第一，个体主义和集体主义彼此不相关。第二，在个体主义与权力主义之间存在强烈的负相关，这表明是权力主义而不是集体主义与个体主义相对立。总之，个体主义者试图控制自己的生活，权力主义者则试图控制他人的生活。

通常假定在文化层面上正确的内容在该文化中的个体层面同样正确。换言之，个体主义文化中的个体几乎全部是个体主义的（个人中心的），而集体主义文化中的个体也基本上是集体主义的（集体中心的）。不过，这种观点也未必完全正确。特里安第斯等人（Triandis et al., 2001）对几个文化进行了研究。生活在个体主义文化中的个体大约60%是个人中心的，生活在集体主义文化中的个体大约60%是集体中心的。因此，在个体与其所在的文化之间只存在中等程度的匹配趋势。

❖ 评价

- ⊕ 这是一种个体主义和集体主义的重要差别。
- ⊕ 个体主义与集体主义之间的区别影响非常大，较其他差别引起更多的跨文化研究。
- ⊕ 相对于集体主义文化而言，生活满意度在个体主义文化中更多的取决于内部情绪情感；然而在集体主义文化中，生活满意度更多的取决于与生活满意度的希望有关的文化规范（Suh et al., 1998）。
- ⊖ 很多跨文化研究都以错误的假设为基础：文化层面上正确的内容在该文化中的个体层面上同样正确。
- ⊖ 个体主义与集体主义存在强烈负相关的假设是可疑的，因为经常发现两者并不相关（Gelfand et al., 1996；Triandis et al., 1993）。
- ⊖ "个体主义"和"集体主义"的划分是广义的、模糊的。
- ⊖ 个体主义和集体主义存在某种程度的重叠。例如，奥瑟曼等人（2002, p.20）指出："也许对美国人来说，归宿感和寻求建议的意识［集体主义的两个成分］分成了在群体中选择成员资格的情感和与他人相关的愉快感——这是两个与在个体主义价值观框架内发展起来的人际关系概念较为相称的 / 相当的概念。"

- 只有人们能够有意识地获得有关自身及其所在文化的所有相关信息，对评估个体主义和集体主义的问卷的强烈依赖才是适宜的。但是，"大多数当代理论和实地调查都认为，文化是由多样的、联系松散的成分构成，只有一部分成分是清晰可述的 [能够表达的]。"（Oyserman et al., 2002, p.20）

学习心理学

本书的设计主要在于提供详细的（但是可理解的）心理学描述。因此，对于准备开始学习心理学并想得到该学科通俗易懂的入门知识的所有学生来说，本书应该是有价值的。为了成功地学习心理学，需要具备良好的知识层次并理解心理学的理论、研究、方法和概念。另外，你也需要有效地分析和解释你掌握的知识。

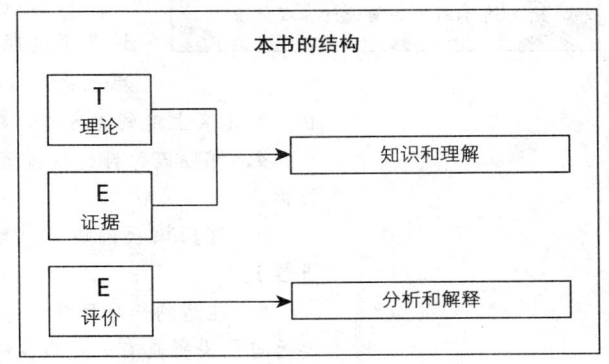

本书的结构设计有助于实现上述目标。通贯全书我使用了一种称为 **TEE（Theory Evidence Evaluation）**的方法。多数主题的讨论都始于理论（T），然后是证据（E），最后以评价（E）进行总结。评价通常涉及对所要讨论的理论或观点优势或局限的考察。优势或正面特征以"＋"号表示，局限或负面特征以"－"号表示。有时候评价要点也会同时具有正面和负面特征，毕竟事物并不总是十全十美的！

学习技巧

相对于其他学生而言，学习心理学的学生将会发现更易于发展良好的学习技巧（至少理论上如此）。这是因为心理学原理是学习技巧的核心。例如，学习技巧有助于提高有效的学习和记忆，而学习和记忆正是心理学的核心内容。学习技巧也与动机和养成良好的学习习惯有关，而动机和学习习惯也是心理学的核心内容。下面我将把关注点集中在具体的建议上，而不是模糊的泛泛而谈（像"努力学习"、"集中注意"等）。

TEE 方法：基于三种内容——理论（T）、证据（E）和评价（E）——的学习方法

动机

大多数人都会发现，很难长时间（像整个大学期间）维持高度的动机状态。那么如何让自己处于良好的动机状态呢？正如第 3 章所讨论的，人类动机通常取决于我们如何思考未来及如何思考我们为自己设定的各类目标。埃德温和洛克（Edwin & Locke, 1968）提出了一种较有影响的目标设置理论。根据这一理论的最初含义，我们的工作成绩主要取决于目标难度：我们为自己设定的目标越难，我们的成绩可能越好。伍德等人（Wood, Mento & Locke, 1987）回顾了检验该假设的 192 项研究，

> **目标或目的**
> - 必须是现实的、可达成的
> - 必须能够扩展能力
> - 必须分解为较小的短期目标
> - 必须清晰、明确、具体
>
> **成绩**
> - 必须是可测量的
> - 必须给予反馈信息
> - 达成后必须进行奖励
> - 达不到时必须进行客观评价

发现其中 175 项研究支持该假设。

你可能也能想到,动机肯定不仅仅包括目标难度。例如,它也包括目标承诺。如果你不全身心投入到获得优秀成绩的目标上,那么你为自己设定取得优秀的心理学考试成绩的目标就毫无意义。有关目标设置理论的研究(Locke & Latham, 1990)表明,目标设置在下面七种情境中是最有效的:

1. 你必须为自己设置有难度但可以达到的目标。
2. 你需要尽可能全身心投入到达成该目标上,比如可以采用把设置的目标告诉他人的办法。
3. 你应该集中精力于这些在一定期限内(比如,不超过几个星期)可达到的目标上。需要把长期目标(例如,在班上获得心理学成绩第二名)分解为一系列短期目标(例如,在下次论文上得到优秀的分数)。
4. 你应该为自己设置清晰的目标,避免设置诸如"要学好"之类的模糊目标。
5. 你应该获得达成目标过程的反馈信息(与老师或朋友一起检查你的进程)。
6. 在达到一个目标时你应该具有愉快的体验,但要避免得意自满,同时要为自己设置具有一定难度的未来目标。
7. 你应该努力从失败中吸取教训,对于失败的原因要绝对诚实:确实"仅仅是不幸运吗"?

如果你能做到以上七点,你激励自己的努力就有可能获得成功。如果你为自己设置了非常清晰的中期目标并得到了反馈信息,但是目标不可能达成,你将会降低而不是提高你的动机水平。

在激励自己取得优秀学习成绩时,还有一个被洛克所忽略的重要内容。如果你打算达到取得优秀学习成绩的目标,你必须抵制来自朋友或其他人的干扰。通过实施所谓的执行意图也许能够很好地做到这一点(见第 3 章)。**执行意图(implementation intentions)** 是一些达到某个目标或其他目标的详细计划,通常包括何时、何处完成必须任务/工作的信息。执行意图的含义通常不限于此,也可能包括为了避免分心而进行的事先计划。例如,假设本周你有一场非常重要的考试,并考虑到你的朋友可能会打扰你的学习。你执行意图的部分内容可能是:每天你要把大部分时间花在学习上,在每天的学习获得满意进展时可以把社交活动安排在晚上进行。

执行意图:详细说明个体如何达到设定目标的意图。

阅读技巧:书籍

你可能会花费时间阅读心理学书籍,但是以尽可能有效的方式进行阅读显然也非常重要。莫里斯(Morris, 1979)提出了一种 SQ3R 方法,结果证明非常有用。SQ3R 代表浏览(Survey)、质疑(Question)、阅读(Read)、背诵(Recite)、回顾(Review),表示有效阅读的五个阶段。我们将针对本书任一章的阅读任务来考察这

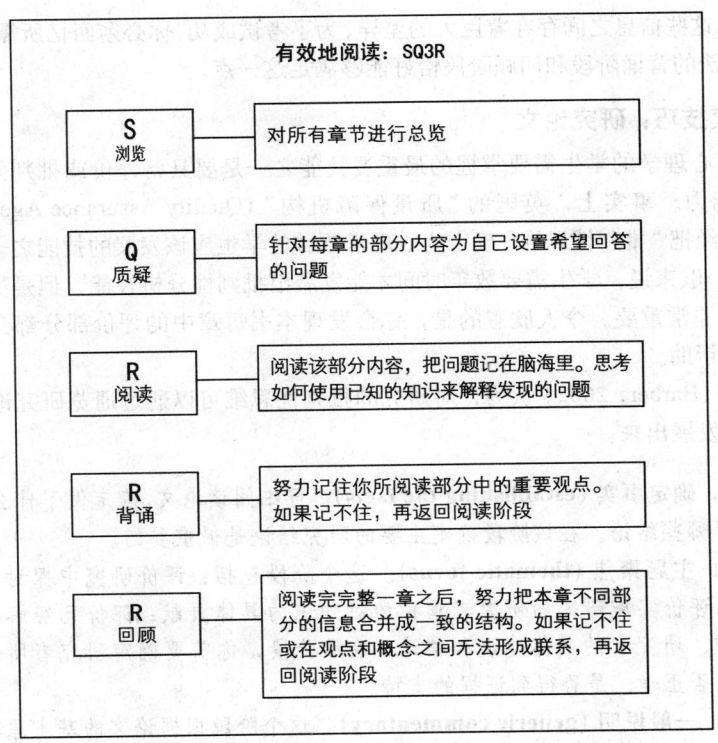

五个阶段。

浏览阶段要获得本章信息组织方式的总览。如果该章有摘要,将很容易达到这一目标。否则,你就要通览整章,找到要讨论的主题,以及这些主题相互之间如何联系。

质疑阶段适用于章节不超过 3000 字的较短的内容。该阶段的本质在于,你应该思考希望在这部分内容中能够提供答案的相关问题。

阅读阶段涉及通读质疑阶段确定的每部分小的内容。该阶段包括两个主要目标。第一,试着回答前一阶段思考的问题。第二,试着把本章该部分提供的信息与之前你所掌握的有关该主题的知识进行整合。

背诵阶段涉及记住你所阅读的该章内容中的所有关键要点。如果有一些内容未记住,你应该返回阅读阶段。

回顾阶段出现在阅读完整章之后。如果一切顺利,你会记住本章的重要观点,并能把各部分的信息整合为一致的结构。如果做不到这些,你应返回阅读过程的早期阶段。

SQ3R 方法非常有效的主要原因在于,它能确保你不会仅仅以被动、盲目的方式进行阅读。相反,它鼓励你以非常主动、超前的方式去阅读材料。正如艾森克(Eysenck,1998)指出的,SQ3R 方法之所以有效还有另外一个重要原因。如果你以被动的方式阅读本书某一章,如果该章的材料似乎较为熟悉,你可能会确信自己理解了所有内容。不过,把信息组织为熟悉的内容与在容易产生紧张的考场上随心所欲地使用这些信息之间存在着巨大的差异。为了考试成功,你必须回忆所需要的信息。SQ3R 方法的背诵阶段和回顾阶段恰好能够满足这一点。

阅读技巧:研究论文

学习心理学的学生需要掌握的最重要技能之一是要具备评价或批判分析心理学研究的能力。事实上,英国的"质量保障机构"(Quality Assurance Agency,简称 QAA)已经把"批判性思维"确定为心理学领域的学生应该发展的技能之一(Barber, 2002)。一般来说,学生需要数年时间才能发展出批判性分析技能,但是尽快地发展这些技能非常重要。令人欣慰的是,你会发现本书每章中的评价部分都会在这方面对你有所帮助。

巴伯(Barber, 2002)认为,对研究的批判性思维可以通过通览研究论文的四个连续阶段发展出来:

1. **确定事实(establishing the facts)**。仔细阅读论文,确定做了什么研究、得出了哪些结论。在该阶段确定主要的研究结论是很重要的。
2. **主题聚焦(thematic focus)**。这个阶段包括:评价研究中探讨的具体主题;评价实施研究的研究者宣称的对知识的具体贡献;评价已经解决的具体问题、研究者的具体建议和结论。在该阶段,你需要确定研究者所倡导的观点是否正确、是否得到证据的支持。
3. **一般说明(generic commentary)**。这个阶段根据论文的基本原理、逻辑性、陈述、统计分析、理论的重要性等内容确定论文的优势和不足。在该阶段,你需要考察该研究是否对我们的理解作出了重要贡献。
4. **研究建议(research proposal)**。按照巴伯(Barber, 2002, p.98)的观点,这个阶段"需要考察对已经完成的研究尚需进行哪些替代性研究,取得了什么进展(从围绕所阐述的主题进行的推理到分析结果的方式)"。如果你是名大一学生,你完全可以暂时忘掉这个阶段!

时间管理

对于一周内除去睡眠的大约 100 个小时你是如何利用的?我敢猜测诚实的回答是:对大部分时间的去处你可能只有模糊的概念。由于时间是一种珍贵的"日用品",因此有效地利用时间是一个明智的选择。下面是一些如何实现这一目标的建议:

- 除去别的约定和社会活动之外,为一周内可利用的工作时间制定时间表。也要指出哪些时间不能用于工作。你可能会感到很惊讶,有那么多的时间可用于工作。然后在你的时间表上标明在不同的时间上分配了学习时间的科目,以及每天你准备在每门科目上花费的时间。
- 确定适合你自己的、合理的注意时间范围(可能是 30—40 分钟)。留出本周内用于学习的几个时间段。自己承诺很好地利用这些时间段进行学习。
- 需要指出的是,学习习惯越好,要付出的努力就越少,开始学习时要抵制的事情也越少。

- 任何人都不可能具备无限的注意力。最初的高度注意力过去之后，注意力水平会降到最小。此时需要定期休息以使你恢复注意力的高峰。因此，你要确保用于学习的时间是现实的。通过短暂的（10分钟）休息你也许能够提高注意力水平。记住：学习期间要避免分心（如，看电视）。
- 在学习期间，可能会出现想做其他事情的倾向（例如，观看电视节目的结尾，喝茶等）。这说明已养成了不好的习惯。你必须严格要求并告诫自己这是你用于学习的时间，这是你应该做的事情。以后你会有用于做其他事情的时间。这一点起初做起来很难，但却会越来越容易。

计划谬误

大多数人都很熟悉计划谬误，尽管可能从未这样称呼它。卡内曼与特韦尔斯基（Kahneman & Tversky, 1979）最先对计划谬误进行了系统研究。他们把**计划谬误**（**planning fallacy**）界定为："即使知道大多数类似计划都是推迟完成，仍然坚信自己的计划会如期完成的倾向。"

计划谬误：低估完成工作任务所需时间的倾向。

我们为什么会遇到计划谬误呢？卡内曼与特韦尔斯基（Kahneman & Tversky, 1979）对单一信息（singular information，关注当前任务）和分散信息（distributional information，关注过去已完成的类似任务）进行了区分。当我们确定需要多长时间能完成当前任务时，我们通常利用了单一信息而忽略了分布信息。按照卡内曼与特韦尔斯基的看法，正是由于没有考虑到以前未坚持时间表所导致的失败，才产生了计划谬误。

比勒等人（Buehler, Griffin & Ross, 1994）也发现了计划谬误的证据。平均来说，学生完成主要工作任务的时间比预期要晚22天。这种低估完成任务时间的倾向在那些被明确告知研究目的是为了检验人的预测准确性的学生中也同样大量存在。比勒等人还发现，学生在预测其他学生的完成时间时比预测自己更为准确。原因在于，他们在对其他学生进行预测时更多的利用了分散信息。

避免计划谬误很重要，如果你错过了提交论文的时间，你就可能丢掉学分。避免计划谬误的主要方式有三种。第一，始终意识到计划谬误的存在，会使你更准确地预测完成时间。第二，充分利用上次完成论文或作业所用的时间。第三，关注完成任务期间可能出现的各种困难：寻找合适书籍的问题、组织论文的问题、患病等等。这种关注可以纠正低估完成时间的倾向。

如何成功地学习心理学

- 为自己设置困难而清晰的短期和中期目标，并全身心投入。
- 在学习过程中做一名积极的参与者：阅读教科书时保持清楚的目的，避免被动和不投入。
- 遵循TEE策略：确保了解主要理论和观点及相关证据，知道如何进行评价。
- 记住：心理学的每种理论和研究都有某种程度的局限性，不要害怕指出这一点！
- 努力掌握关键技巧。
- 避免计划谬误。

小 结

什么是心理学？

心理学是使用行为和其他证据来理解行为背后的内部过程的科学。几类不同因素共同决定着大多数人类行为。心理学主要取向包括生物学取向、认知取向、个体差异取向、发展取向、社会取向和变态取向。每种取向都会关注一个独特的主题,并证明具有实用性和现实应用性。理解人类行为是一项复杂的任务,因此心理学家设计了一些实验法和非实验法来理解人类行为。把一门学科看做科学的标准包括:控制观察、客观性、检验理论预测、可证伪性、可重复性和范型的使用。一些心理学研究能满足大多数(或全部)上述标准。不过,有些影响人类行为的因素不能进行实验操作,这限制了心理学作为一门完整科学学科的发展。

"心理学仅仅是常识"

"常识构成了一整套有关行为的假设"是一种误解,这可以从谚语研究中得到证实。很多心理学研究结论(像米尔格莱姆的研究)与大多数人所预测的结果大相径庭。除此之外,事后诸葛亮偏见也使很多人低估了心理学的成就。

世界范围的心理学

20世纪前100位最杰出的心理学家中大约20%是非美国人,这100位心理学家大都来自欧洲。区分文化个别性构念(特定文化具体性)和跨文化共同性构念(跨文化普遍性)非常重要。从历史上看,西方心理学家经常忽视文化差异,但是这一情形正在发生快速变化。跨文化研究不仅自身非常有趣,也被用来裁定相互竞争的理论。例如,行为性别差异的跨文化研究支持生物社会理论而非进化理论。文化可被区分为个体主义的和集体主义的。个体主义和集体主义常被认为彼此对立,但经常似乎并不相关。两类文化(个体主义和集体主义)的范围非常广泛,整体文化水平上正确的观点未必在该文化中的个体水平上也正确。

学习心理学

想要学好心理学,你需要掌握心理学理论和研究的详尽知识。同样重要的是,你要能评价这些知识,并进行有效评判。本书使用了TEE取向,清晰地确定了理论、证据和评价。为了获得最大的动机,你应该为自己设定有一定难度、清晰、中期的目标,并投入其中。你应该获取反馈信息,鼓励自己向成功迈进,客观公正地分析失败,并形成清楚的实施意图。有效地阅读教科书涉及浏览、质疑、阅读、背诵、回顾五个阶段。这是一种主动学习的重要方法。通过评价心理学研究的优势和不足来发展批判性思维非常重要。有效的时间管理包括设计和坚持时间表,允许学习时进行短暂休息,并避免计划谬误。

深入阅读

- Eysenck, M.W. (2000). *Psychology: A student's handbook*. Hove, UK: Psychology Press. Chapters 30–32 provide a gentle introduction to research methods in psychology.
- Eysenck, M.W. (2002). *Simply psychology* (2nd ed.). Hove, UK: Psychology Press. The author of this book was attempting to present psychology in a very accessible way to new students of the subject. Only you can decide whether he achieved this goal.
- Gravetter, F.J., & Forzano, L.-A.B. (2002). *Research methods for the behavioural sciences*. New York: Thomson/Wadsworth. This book discusses in detail the main research methods available to researchers in psychology.
- Gravetter, F.J., & Wallnau, L.B. (1998). *Essentials of statistics for the behavioural sciences*. New York: Thomson/Wadsworth. Numerous statistical tests used to analyse data obtained from psychological studies are discussed fully in this textbook.
- McBride, P. (1994). *Study skills for success*. Cambridge, UK: Hobsons Publishing. This book provides simple and effective strategies to help students to enhance their study skills and achieve their academic goals.
- Smith, P.B., & Bond, M.H. (1998). *Social psychology across cultures* (2nd ed.). London: Prentice Hall. The major findings from cross-cultural research are discussed in a well-informed and critical fashion.

第1部分
生物心理学

- **行为的生物基础**
  进化论和遗传
  神经系统
  突触和神经递质
  药物与行为
  内分泌系统和激素

- **动机和体内平衡**
  需要理论
  体内平衡：温度和饥饿
  性和性行为
  工作动机和绩效

- **意识状态**
  意识
  身体节律
  睡眠
  做梦
  催眠

- **情绪、压力与应对**
  什么是情绪？
  有多少种情绪？
  情绪理论
  情绪的生理系统
  压力
  压力与疾病
  压力应对

生物心理学（biological psychology，通常缩写为 biopsychology）可以界定为"依据遗传学、进化论、生理学，尤其是神经系统生理学来研究行为和经验"（Kalat, 1998, p.1）。一般来说，生物心理学涉及采用生物学方法来研究心理学并获得对人类（和动物）行为的理解。

我们可以在生物心理学的领域内确定几种取向。按照皮内尔（Pinel, 1997）的观点，共有五种取向，下面我们分别进行简要介绍。第一，生理心理学（**physiological psychology**）。该取向的主要内容是，可以对非人类动物的神经系统进行直接处理，以观察这些处理对行为的神经机制造成的影响。这些处理可以采取多种形式，包括外科手术、电刺激或使用化学药品。这些处理通常并不像我们所想象的那样能提供有用的信息。我们可以考虑一个试图揭示电视机工作原理的类似例子（我可从没这样尝试过！）。如果我们破坏电源插头，电视机将不能工作。但若因此而认为电源插头是我们能在电视屏幕上看到清晰的彩色画面的最主要原因，就显得很好笑了！

出于伦理考虑，上述大多数干预措施均不能简单地应用于人类被试。在使用非人类物种来理解人类机能的研究的适当性上，存在某些争议。一般而言，如果人类研究有显著的支持证据，我们就可对来自非人类动物的发现适用于人类抱有信心。

第二，**精神药理学**。精神药理学（psychopharmacology）与生理心理学相似，但它更为明确地强调各种药物对神经活动和行为的影响。一般来说，精神药理学研究的应用要多于生理心理学的研究，因为精神药理学的研究更注重疗效好副作用小的药物的开发。另外，精神药理学家也会考察各种非法药物对大脑和行为的破坏性影响。其他药物学家对基础研究更感兴趣。他们认为研究药物的影响能阐明发生在大脑中的详细的化学过程。

第三，**心理生理学**（psychophysiology），研究生理活动与心理过程之间的关系。大多数心理生理学研究都会使用人类被试。心理生理学家采用多种测量指标，像心律、皮肤传导性、瞳孔扩张和脑电图（EEG，基于对头皮脑电活动的记录）。在过去20年间，事件相关电位（ERP）已成为最流行的研究认知过程（如，注意）的 EEG 技术之一。从本质上讲，将相同的刺激反复呈现多次，然后抽取每次刺激后有关刺激发生时间的 EEG 片段并进行排序。将这些 EEG 片段进行平均产生单一波形，称为事件相关电位或 ERP。ERP 提供了刺激呈现后大脑活动时间历程的详细信息。

近些年来，已经开发了几种脑成像技术，更多的技术仍处在开发过程中。这些技术（例如，PET 扫描、功能性 MRI）提供了个体从事一些任务时不同脑区活动的信息。有关脑成像的详细信息，参见本书认知心理学部分的导言。

第四，**神经心理学**（neuropsychology），主要关注评估人类脑损伤对心理机能和行为的影响。神经心理学家常常使用包括 MRI（MRI 见认知心理学部分的导言）在内的各种技术，来确定大脑的哪个或哪些部位遭到了损伤。神经心理学与认知神经心理学（见认知心理学部分的导言）有许多相似之处。其他神经心理学家研究神经机能完好的个体，以此理解行为的脑机制。例如，安尼特（Annett, 1999）对右利手和左利手个体的认知差异进行了大量研究。

第五，**比较心理学**（comparative psychology），考察各物种行为的相似性和差

生物心理学：一种动物心理学和人类心理学取向，强调生物因素的作用。

生理心理学：一种生物心理学取向，通过手术和其他干预手段研究行为的神经机制。

精神药理学：一种生物心理学取向，注重药物对大脑活动和行为的影响。

心理生理学：一种生物心理学取向，研究基础为人类被试的生理活动与心理过程之间的关系。

神经心理学：生物心理学的一种取向，强调脑损伤区与认知和行为的联系。

比较心理学：生物心理学的一种取向，研究物种之间的生物和行为差异。

异性。比较心理学家也根据进化史和当前行为的适应性对不同物种进行比较，尽管他们的根本兴趣常常在于利用其他物种的信息来解释人类行为。实际上，本书对非人类物种的探讨相对较少。

在五种主要的生物心理学取向中，哪一种更能理解人类行为呢？对这个问题无法简单地回答。正如皮内尔所指出的："由于五种研究取向都存在缺陷，因此，大部分生物心理学的问题很少能通过采取相同的一般取向的单一实验或单一系列实验得到解决。如果不同的研究取向能够取长补短，解决问题的步伐将会加速。"（Pinel，1997，pp.11–12）

生物心理学的另一研究取向与上述取向稍有不同。该取向称为**进化心理学**（**evolutionary psychology**），与比较心理学有着非常密切的关系。它与比较心理学的区别之处在于，它不太强调人类与其他物种之间的比较。该取向的基本理论假设是，我们的大脑和行为的机能，在某种程度上依赖于进化的力量，这是人类历经千万年而获得的。

进化心理学：认为人类行为和心理机能在某种程度上依赖于自然选择的观点。

生物心理学的基本问题将在第2—5章进行讨论。第2章主要关注神经系统的结构及其影响行为的方式。我们将会讨论药物对行为的影响，因为许多药物都对大脑机能有直接影响。我们也会对进化心理学及遗传学对行为的影响进行说明。第3章探讨动机和体内平衡。讨论的主要问题包括控制体温和进食行为的调节机制、性与性行为，以及工作动机理论。

第4章涉及意识状态。本章一开始先讨论意识的复杂性。接着讨论身体节律、睡眠、做梦和围绕催眠而产生的争议。我们对这些问题的理解，已经取得新的进展。第5章是生物心理学部分的最后一章，主要涉及情绪和压力，检验了与情绪有关的一些问题，例如情绪的种类和性质、情绪的理论和情绪体验的生理机制。随后讨论了压力，主要关注压力的生理机制、压力与疾病的关系，以及应对压力的各种方法。

需要注意的是，除了第2—5章中所讨论的问题之外，生物心理学也与其他章节中的问题有关。例如，在讨论视觉（第7章）、智力（第12章）、人格（第13章）、利他（第19章）和心理障碍（第22章）时，我们也会考虑生物心理学的内容。此外，神经心理学和脑成像的发现也会在与学习（第8章）、记忆（第9章）和语言（第11章）等相关的内容中进行讨论。

总之，生物心理学有五种主要研究取向。生理心理学主要涉及对非人类动物的神经系统进行直接处理。精神药理学关注生理活动与心理过程之间的关系。神经心理学关心人类脑损伤对心理机能和行为的影响。比较心理学强调不同物种行为的相似性和差异性。除此之外，进化心理学也是一种影响正在日益扩大的研究取向。

第 2 章
行为的生物基础

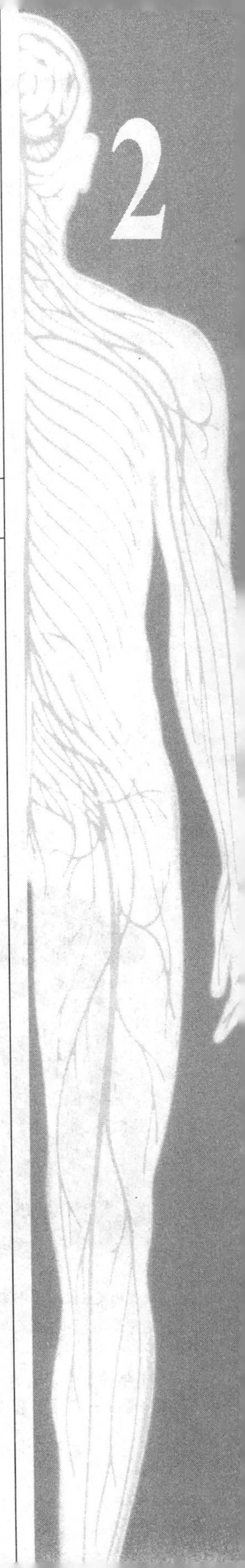

本章概要

- **进化论和遗传学**
  遗传因素

  达尔文的进化取向：变异，遗传，竞争，自然选择，适应
  选择繁殖
  遗传的作用：显性基因和隐性基因
  染色体
  天性—教养之争
  进化与行为
  个体差异
  沃森选择任务
  文化的影响

- **神经系统**
  结构及工作方式

  结构
  神经元
  中枢神经系统：后脑、中脑和前脑、脊髓
  边缘神经系统：躯体神经系统和自主神经系统

- **突触和神经递质**
  详细的电冲动

  突触和神经递质

  动作电位过程
  突触传导机制
  六类神经递质：神经肽，氨基酸，单胺类，乙酰胆碱，嘌呤，可溶性气体
  实际应用：促效药，拮抗药

- **药物与行为**
  药物如何影响行为

  心理药物：抑制剂，兴奋剂，致幻剂
  抑制剂，例如，酒精
  麻醉剂，例如，海洛因
  兴奋剂，例如，可卡因，苯丙胺
  致幻剂，例如，LSD
  大麻类，例如，大麻
  上瘾：耐药，依赖，解毒
  正奖赏理论

- **内分泌系统和激素**
  激素对行为的影响

  内分泌系统的描述
  激素的定义
  激素与神经递质的区分
  被下丘脑、脑垂体、性腺、肾上腺、甲状腺和副甲状腺、胰腺、松果体隐藏的激素
  激素的重要性

神经系统（尤其是大脑）对我们的行为有着巨大的影响，因此它在生物心理学中可谓至关重要。有鉴于此，本章大部分内容都用来阐述神经系统的功能。不过在对神经系统进行详述之前，我们首先考察进化心理学和遗传学对于理解人类行为的贡献。多布赞斯基（Dobzhansky, 1973）在一篇题为"生物学如果不以进化论为基础就一无是处"的文章中阐释了该取向的重要性。**天性—教养之争**（nature-nurture）在生物心理学中是一项重要命题。它涉及我们的行为取决于遗传（天性）或学习、环境（教养）的程度。例如，与你的毕生经历相比，你的人格在多大程度上是由遗传结构预先决定的？这一基于进化心理学（始于达尔文, 1859）的取向曾为天性—教养之争作出了很大贡献。本章将对进化论取向影响心理学的某些主要方式进行考察。

> **天性—教养之争**：人类行为取决于遗传或环境因素的程度。

把生物学取向应用于心理学中的任何一种严谨的做法，都必须系统地考察大脑及其作用机制。这是本章的一项重要主题。阐述大脑功能之前，我们首先来考察神经系统。一些神经系统（中枢神经系统）位于大脑和脊椎神经之内，其余的神经系统（周围神经系统）位于身体中枢神经系统的外部。我们将对神经系统内神经冲动传导过程进行阐述，并会讨论神经系统与内分泌系统中激素分泌过程的关系。

在本章末尾我们将关注精神病理学。为什么本章会对基本神经过程和激素分泌过程如此看重呢？这是因为药物会对基本神经过程产生影响，进而影响到我们的行为。事实上，正是由于我们对神经传导有了更深入的了解，才使得药品公司能够研发出更高级的对行为具有精细影响的药物。

进化论和遗传学

进化论取向主要与达尔文（Darwin, 1895）有关，尽管类似的观点在他之前已经由华莱士（Alfred Russel Wallace）单独提出过。达尔文试图回答像为什么某些物种会灭绝、为什么新的物种会出现这样的问题。但他对下面这一事实感到震惊——大多数物种似乎都是由其所处的环境精心设计的——并认为其他理论"【不】能解释各类生物体都能适应其生活习惯的大量事实——例如，啄木鸟和树蛙都会爬树，钩子和羽毛都能传播种子。我经常对这些适应现象感到震惊"（摘自达尔文自传，参见 Kidley, 1996, p.9）。

一些证据表明，大多数物种都经历了长时间的演变和进化。例如，对化石记录的检验表明，很多物种的形状和大小都经历过时间上的演变。不过，化石记录的价值是有限的，因为记录常常存在缺陷，所能提供的仅仅是某种动物硬件方面的信息。物种随时间演化的进一步证据，可以通

1871年关于进化论的一幅漫画。达尔文因为宣称人类的祖先是猿猴侮辱了一只大猩猩而受到指责。

过研究世界上不同地区既定物种的数量来获取。人们经常发现不同地区之间存在着差异，这些差异在气候、食物、食肉动物的密度以及其他有关生存和繁殖的环境压力的变化方面具有适应意义。

达尔文（Darwin，1895）在其自然选择理论中解释了物种在随时间演变的过程中所包括的过程，并由此阐明了上述问题。该理论基于五个重要观点：

1．变异（variation）。同一物种内的个体在身体特征（如，身高）和行为上存在差异。

2．遗传（inheritance）。同一物种成员之间的变异至少一部分是可以遗传的。因此，子代与其亲代相似的程度要大于与其他物种成员相似的程度。

3．竞争（competition）。大多数物种的个体所生育的后代数量都远远多于存活的数量。达尔文（Darwin，1895）经过计算认为，假设任何一对成年大象的预期生产率已定，且不存在生存问题，一对大象在出生 750 年之后能孕育 1900 万个后代。但事实上，在配偶、食物、生活场地等方面都存在着竞争。

4．自然选择（nature selection）。在一个物种内，能够竞争成功并可继续繁衍后代的个体所拥有的特征，通常比未能竞争成功的个体所具有的特征更能适应环境。因此，这是一种自然选择或适者生存（生存或繁殖成功，而非身体适应！）。

5．适应（adaptation）。作为自然选择的结果，子代倾向于能更好地适应环境。它们将会拥有更好地使其获取食物和繁育后代的特征。

> 你能想到任何一种经过进化而适应具体环境的动物吗？

总之，自然选择进化的关键所在是获得差别性繁殖成功（differential reproductive success）。因此，较好适应环境的物种成员比适应较差的成员更可能获得繁育机会。经过千百代的进化，这一自然选择的渐进过程会在既定物种中产生巨大的变化。不过，变化有时会发生得相当快。当在繁殖过程中单独一个基因出现突变（mutation）或改变，就会发生这种快速变化。

> **突变**：在复制过程中出现的某个基因的改变。

自然选择理论对心理学为什么如此重要？达尔文（Darwin，1895）认为，该理论既适用于行为也适用于身体特征。自从心理学在想要理解行为上投入极大关注以来，达尔文理论就与之产生了直接关系。另外，尽管存在天性—教养之争，但毋庸置疑的是，自然选择对人类大脑产生了极大的影响，而大脑则是编码/加工环境刺激时涉及最多的器官。

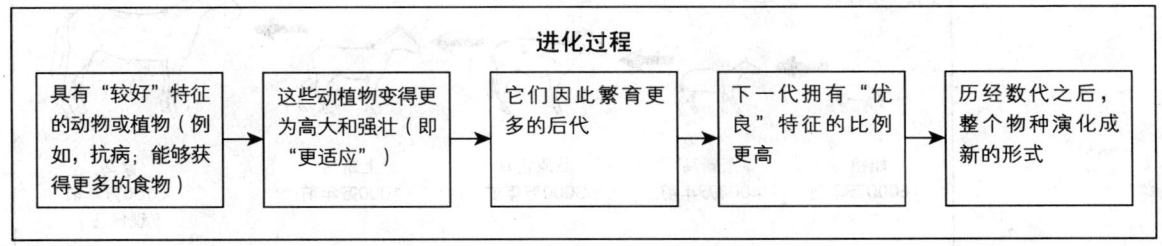

所有的狗都有同样遥远的祖先,但是选择繁殖已经产生了重大的变异。图中右边是一条大丹狗,左边是一条迷你雪纳瑞。大丹狗源于16世纪的德国,常被用来猎捕野猪,不过它们现在主要被当成宠物饲养。迷你雪纳瑞在19世纪被作为看护狗饲养。它的小尺寸使它成为一种在家饲养的理想宠物。

选择繁殖:把具有某些性状优势和劣势的动物分别进行交配,以表明性状是可以遗传的。

证据

达尔文(Darwin, 1895)的自然选择理论难以进行直接检验。原因何在呢?对一个物种的成员而言,要想获得其行为或身体外表的显著变化需要上千年甚至上百万年的时间进行自然选择,人类实验者不可能等上如此之久去获取研究结果。但达尔文(Darwin, 1895)认为,我们通过进行选择育种研究,也可在较短的时间范围内获得相关证据。**选择繁殖(selective breeding)** 的实质在于,把显示出高水平性状和特性的动物进行交配,同时把低水平性状和特性的动物进行交配。如果这些性状可以遗传,那么高水平性状和低水平性状群体相互之间应该显示出明显的差异。

达尔文本人在选择繁殖方面只进行过有限的研究。他饲养鸽子,并观察亲代与子代之间的变化。他宣称,人工条件下经过选择繁殖产生的变化与自然条件下发生的变化很类似。自从达尔文以来,有关选择繁殖的研究数不胜数(见 Plomin, De Fries & McClearn, 1997)。我们将会看到,这些研究为达尔文的理论提供了强有力的支持。

特赖恩(Tryon, 1940)做了关于迷津智鼠(maze-bright rat)和迷津愚鼠(maze-dull rat)选择繁殖的经典研究。首先让老鼠走迷津。那些在训练中很少走错道的老鼠被放在一起饲养,称为智鼠。那些经常走错道的老鼠放在一起饲养,称为愚鼠。该研究程序繁育出21代老鼠,得出令人注目的研究发现。在特赖恩的研究进行到第八代时,两组老鼠的迷津学习成绩没有任何重叠:迷津智鼠中学习最慢者也比迷津愚鼠中学习最快者要快。

特赖恩(1940)的发现清楚地表明,某些性状的变异是遗传的。但所遗传的内容并非学习能力的差异。瑟尔(Searle, 1940)通过30项不同的测验对迷津智鼠和迷津愚鼠进行比较。两组老鼠在动机测验和学习测验上均表现出差异。这

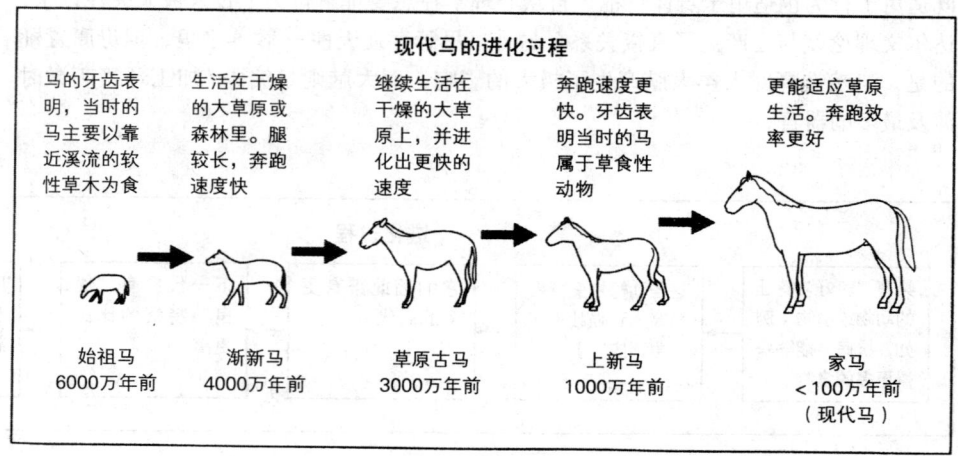

胡椒蛾的颜色变异

一发现使瑟尔断定，迷津智鼠比迷津愚鼠具有更强的进食动机，并且受到迷津中其他因素的干扰较少。

特赖恩（1940）的研究并不能表明环境是一个不重要的因素。库珀与祖贝克（Cooper & Zubek，1958）在金属笼子里饲养迷津智鼠和迷津愚鼠，并为之提供丰富的环境（例如，屏幕显示器、斜坡等）或贫乏的环境（光秃秃的笼子）。迷津智鼠的迷津学习成绩显著优于在贫乏化环境中饲养的迷津愚鼠的学习成绩。不过，最重要的发现是，在丰富的环境中饲养的迷津智鼠和迷津愚鼠的迷津学习成绩并未显示出差异。因此，如果提供了丰富的环境，迷津愚鼠的遗传劣势也就可能会消失。

案例研究：胡椒蛾

通常被认为为达尔文的理论假设提供了直接证据的研究来自凯特勒韦尔（Kettlewell，1955）。他研究了胡椒蛾的两种变体，其中一种蛾子的颜色比另一种深。颜色的差异是遗传的，深色蛾子的颜色较浅色蛾子的颜色深。两类胡椒蛾都可能被知更鸟和红尾鸟之类的鸟类根据颜色深浅捕食。凯特勒韦尔在受到工业污染的区域对停落在布满青苔的颜色较浅的树木上和无青苔覆盖的颜色较深树木上的胡椒蛾进行观察。浅色蛾在浅色树木上生存得更好，深色蛾在深色树木上能更好地生存。

根据达尔文的理论，如果深色树木的覆盖率增加，深色蛾的数量应该随之增多。由于工业革命英格兰就出现了这种情况，当时工业污染破坏了青苔，在树木上覆盖了一层煤烟灰尘。深色胡椒蛾的比例在50年内从零跃升到占存活者将近一半的数量。不过，19世纪晚期深色胡椒蛾数量减少的证据来自胡椒蛾收藏品。黑尔曼（Hailman，1992，p.126）指出，"这些收藏并非科学样本，而是出自业余爱好者之手……也许他们不喜欢丑陋的黑色蛾。"

遗传学

局部外显性：特定基因的性状，只在特定环境下影响行为。

染色体：承载基因的DNA链。

脱氧核糖核酸（DNA）：形成染色体的遗传物质分子的双螺旋结构链。

达尔文自然选择理论的一个极大缺陷是未能对遗传机制（mechanisms）进行详细说明。因此，达尔文未能回答"性状是如何从一代遗传给下一代的？"这一问题。由于历史的巧合，达尔文当时确实有这样一份回答这一问题的手稿（未被阅读或受到赏识）！该手稿是一位不出名的名叫孟德尔的修道士寄给达尔文的（参见下页关键研究）。

奥地利植物学家孟德尔（Gregor J. Mendel, 1822—1884），约摄于1880年。

我们关注孟德尔的工作主要出于两个原因。第一，他的工作有巨大的历史意义。第二，他的工作清楚地显示了某些遗传传递的基本内容。但要记住的是，人类身上所发生的事件通常要复杂得多。绝大多数人类特质（例如，智力）都是受控于大量的不同基因而非单一基因。此外，很多基因并不以显性或隐性的方式起作用。有些基因是附加物（所有的基因都对子代的表现型起作用），其他一些基因相互之间则有交互效应。另外，有些基因只有**局部外显性**（partial penetrance），这意味着它们只在特定环境下影响个体生活。例如，增强酗酒风险的基因在不允许饮酒的文化中就不会对个人生活产生影响。

基因的本质是什么呢？事实上，**染色体**（chromosomes）属于承载基因的由**脱氧核糖核酸**（deoxyribonucleic acid，即DNA）组成的链。染色体配对出现，人类的每个体细胞有23对染色体。每条DNA链由四种按特定顺序排列的核甘酸物质（腺嘌呤、胸腺嘧啶、胞嘧啶、鸟嘌呤）组成，这些链实质上形成了遗传密码。构成每个染色体的两条DNA链以双螺旋（即，螺旋结构）的形式相互缠绕。这两条链绑合在一起，

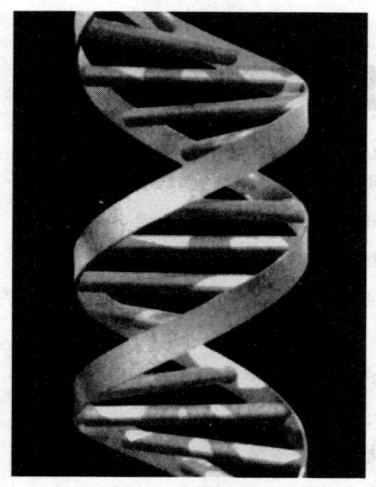

计算机合成的DNA链的一部分。DNA分子携带着所有细胞组织的遗传信息。它由两条相互缠绕的链构成。

1953年，DNA结构的发现者詹姆斯·沃森（James Watson，左）、弗朗西斯·克里克（Francis Crick，右）和他们的DNA分子结构模型的一部分。

孟德尔：遗传机制

孟德尔研究了豌豆的遗传性，其种子有绿、黄两种颜色。他对只产生绿色种子的植株后代与只产生黄色种子的植株后代进行杂交育种。结果发现，第一代豌豆都表现为绿色。但是，把第一代豌豆进行相互繁殖，四分之三的第二代种子是绿色，四分之一的第二代种子为黄色。他在豌豆的其他性征上也得出类似的发现。在所有第一代和四分之三的第二代豌豆中出现的性征称为显性性状，取决于**显性基因（dominant gene）**。在第二代豌豆中出现的性状称为隐性性状，取决于**隐性基因（recessive gene）**。例如，人类的棕色眼睛是显性的，蓝色眼睛是隐性的。

孟德尔是如何解释这些发现的呢？他认为，简单性状具有两类因素（例如，绿色种子因素和黄色种子因素），这些因素只能以一种形式出现，不会同时出现。这些能遗传的因素现在称为基因，**基因（gene）**可以界定为："被子代完整遗传下来的最小不连续单元，未受到任何损坏或混合。"（Buss，1999，p.10）每个生物体的每种简单性状都拥有两种遗传因素或遗传基因。就豌豆而言，它们可能拥有两个黄色种子基因，两个绿色种子基因，或一黄一绿。

孟德尔假设，子代随机接受"父母"一方的一个基因。如果两个基因相同（例如，都是黄色种子基因），子代就会拥有与这两种基因相关的性状（例如，黄色种子）。如果两个基因不同（例如，一个黄色种子基因，一个绿色种子基因），后代就会拥有与显性基因有关的性状。

孟德尔的发现对子代只遗传亲代性状的传统观点提出了挑战。这些发现表明，**基因型（genotype**，潜在的遗传潜力）与**表现型（phenotype**，可观察的性状）之间存在重要区别。例如，正如我们已经看到的，孟德尔发现，由第一代绿色种子繁殖的后代中四分之一是黄色种子。我们目前所关注的是第一代绿色种子的基因型与表现型之间的重要差异：在表现型水平上它们是绿色种子，但是在基因型水平上它们既具有绿色种子基因也具有黄色种子基因。

讨论要点：
1. 达尔文如何把孟德尔的发现整合到自己的理论中？
2. 为什么孟德尔的发现对心理学很重要？

一条链上的胞嘧啶与另一条链上的鸟嘌呤相结合，一条链上的腺嘌呤与另一条链上的胸腺嘧啶相结合。

有性繁殖的情况又如何呢？其间会出现**减数分裂（meiosis）**，即形成精细胞和卵细胞（又称**配子（gametes）**）的过程。具体来说，染色体分裂，在染色体对中每条都形成一个单独的配子。受精时，精细胞和卵细胞合在一起形成**受精卵（zygote）**，即已受精的卵细胞。减数分裂非常重要，因为它在人类遗传多样性方面起着至关重要的作用。

受精卵形成后发生**有丝分裂（mitosis）**，这是一个染色体数目翻倍的过程，每个细胞分裂为两个细胞，每个细胞有23对染色体。有丝分裂在整个发育过程中反复进

显性基因：当与隐性基因配对时能决定可观察性状的基因。

隐性基因：当与显性基因配对时不能决定可观察性状的基因。

基因：遗传传递的单元。

基因型：个体基因的潜在形式。

表现型：部分取决于基因型的个体的可观察性状。

减数分裂：形成配子（性细胞）的过程；染色体分裂，染色体对中的每条都形成单独的配子。

配子：由减数分裂过程形成的精细胞和卵细胞。

受精卵：经过受精的卵细胞。

有丝分裂：细胞分裂的一种形式，最初的细胞核分裂成两个，染色体数量与原先的细胞核相同。

同卵双胞胎：具有相同遗传结构的同卵双生子。

异卵双胞胎：各分享一半基因的异卵双生子。

使用双生子研究论述天性—教养之争的缺陷是什么？

行，对最初的受精卵进行大量的复制。

尤其重要的是两条性染色体 X 和 Y。雌性哺乳动物有两条 X 染色体，雄性哺乳动物的染色体是 X 和 Y。在繁殖时，雄性贡献 X 或 Y 染色体，雌性贡献一条 X 染色体。如果雄性贡献的是 Y 染色体，后代就是雄性；如果雄性贡献的是 X 染色体，后代就为雌性。

当把我们人类与其他物种进行比较时，我们会发现一些让人感到很不自在的相似性。众所周知，人类与黑猩猩有超过 98% 的染色体是相同的！更令人不安的是，有些人类基因在化学结构上与在一种称为小杆线虫（*caenorhabditis elegans*）的透明蠕虫身上发现的化学结构非常相似。这一发现意味着，在某种意义上，人类和蠕虫起源于过去的共同祖先（Wade，1997）。

行为遗传学

我们所拥有的有关遗传传递的知识，有助于我们理解家庭成员之间遗传相似性的程度（或关联度）。我们知道孩子共享父母双方各 50% 的遗传物质，兄弟姐妹也共享父母各 50% 的遗传物质，而对于孙子/女和（外）祖父母而言，该比例是 25%，对于堂/表兄弟姐妹仅仅为 12.5%。尤其重要的是，**同卵双胞胎**（**monozygotic twins**，同卵双生子）的基因结构完全相同，而**异卵双胞胎**（**dizygotic twins**，异卵双生子）仅有 50% 的基因结构相同。这是因为同卵双生子来自同一个受精卵，而异卵双生子来自两个不同的卵子。

家庭成员遗传相似性的知识为什么对心理学有价值呢？答案是显而易见的：这些知识有助于我们理解天性—教养之争。假设我们想知道某个特定特质（例如，固执）是否受遗传因素的影响。我们可以在很多家庭成员中对固执进行研究评估。如果遗传因素很重要，我们可以作出各种预测。例如，同卵双生子之间固执行为的相似程度应该高于异卵双生子。一般而言，家庭成员之间的遗传结构越相似，他们在固执特质方面也应该越相似。相反，如果环境因素是重要的，那么遗传相似性可能就无关紧要。尤其重要的是，如果仅仅是遗传因素起主要作用，那么分开抚养的同卵双生子在固执特质上也应该很相似，但是如果仅仅是环境因素起决定作用，那么同卵双生子之间在固执特质上就应该不相似（见第 13 章）。

双胞胎的遗传

同卵双胞胎（MZ）
来自一个卵细胞和一个精细胞
↓
一个受精卵
↓
分裂成两个
↓
发育成两个婴儿
100% 的相同基因

异卵双胞胎（DZ）
来自两个卵细胞和两个精细胞
↓
两个受精卵
↓
发育成两个婴儿
50% 的相同基因

该领域内想对遗传和环境作用进行更详细了解的研究者使用了**遗传率**（**heritability**）这一概念，它是指一个特定群体内由遗传因素引起的变异在已知性状中所占的比例。你可能会惊奇地发现，大多数人类行为都有某些遗传性。例如，看电视具有显著的遗传性（Plomin, Corley, DeFries & Fulker, 1990），尽管我们并没有看电视的基因！那么这是怎么发生的呢？显然，基因并未对看电视造成直接影响，因此影响肯定是间接的。例如，经常看电视的人在遗传方面可能倾向于超重并且身体欠健康。

遗传率：一个群体内由遗传因素引起的变异在某些性状（例如，身高）中所占的比例。

如前所述，遗传率是一个测量遗传因素影响某性状存在个体差异的量数，但它并不是衡量遗传决定因素的量数。我们可以通过考察布洛克的一个例子来理解这种区别（Block, 1995a；也见第12章）。遗传率对个体右手手指的数量有什么影响呢？由于遗传率仅与个体差异有关（即，你父母是谁与你有几个手指无关，除非你是巴特·辛普森（Bart Simpson，美国卡通电视剧《辛普森一家》的主角），因此我们需要考虑导致人们每只手多于或少于五个手指的因素。几乎所有因素都是环境方面的（例如，车祸或工业事故），因此遗传率很低。但是我们知道，人类每只手的手指数量是由遗传因素决定的。因此，手指数量的遗传决定因素极高，但是遗传率却很低。

遗传率还存在另一个大的缺陷。它是一个总体量数（population measure），在不同的总体之间可能存在很大差异。例如，在一些文化中，不同家庭的孩子所处的环境条件差异巨大（例如，有的孩子能接受10—20年教育，有的孩子则根本无法接受教育）。在这样的文化中，与大多数西方文化相比，环境因素对个体智力差异可能会产生更大的影响。因此，在这些文化中遗传率较低（见第12、13章的讨论）。

人们经常假设具有高遗传率的事物不会发生变化。但是这种看法是错误的。例如，可以考虑一下苯丙酮酸尿症（**phenylketonuria**，或**PKU**）。这是一种遗传性心理障碍，患者无法代谢苯丙氨酸这种氨基酸。PKU在多数情况下具有很高的遗传率。但是，严格控制日常饮食能够使苯丙氨酸的水平达到最低，从而有助于有效地预防精神发育障碍。

苯丙酮酸尿症：一种遗传性心理障碍，发病原因是由于不能代谢苯丙氨酸。

我们在本部分所描述的取向称为**行为遗传学**（**behavioural genetics**）。我们在本书其他章节也会看到，该取向被成功地应用于探讨遗传因素在智力和人格中的作用（见第12、13章）。该取向也被应用于变态心理学领域，用来评估哪些心理障碍部分地取决于遗传因素（见第22章）。有令人信服的证据表明，遗传因素在所有这些领域都是很重要的，即使对这些因素的重要性仍存在争论。

行为遗传学：一种理解行为前因后果的取向，该取向利用不同亲属之间的相似度来评估遗传因素的作用。

进化心理学

前面讨论的很多观点都可以整合到一种称为**进化心理学**（**evolutionary psychology**）的新理论取向中。进化心理学的实质是什么呢？巴斯（Buss, 1999, p.3）认为：

进化心理学：一种按照功能和适应性解释行为和心理发展的取向。

> 进化心理学关注四个基本问题：(1)心理为什么能以它本来的方式进行建构？……(2)人类心理是如何建构的——其机制和成分是什么？它们是如何

组织的?(3)其成分和组织结构的机能是什么——即,心理构建的目的是什么?(4)从当前环境尤其是社会环境输入的信息如何与人类心理结构相互作用,以产生可观察的行为?

人们可能会认为巴斯对进化心理学的界定过于宽泛,对心理学的多数取向都适用(与大卫·凯里(David Carey)的私人通信)。

平克(Pinker, 1997, p.23)阐述了进化心理学的历史根源问题,观点如下:

> 进化心理学将两场科学革命结合在一起。其一是1950年代和1960年代的认知革命,它根据信息加工和计算的方式解释了思维和情绪。其二是1960年代和1970年代的进化生物学革命,它根据复制因子(动物复制)的选择解释了复杂的生物适应结构。

实际上,进化心理学主要关注与性行为和有性繁殖有关的问题(见第3、19章)。进化心理学家认为,"大脑……是性腺[性器官]的奴仆"(Kenrick, 2001, p.15)。进化心理学家所做的主要假设见下图。**整体适宜性(inclusive fitness)** 的主要观点是:自然选择有利于生物体最大可能地通过直接繁殖的方式复制其基因,并可能通过间接帮助与其共享基因的个体(例如,直系亲属)的方式复制基因。**家族选择(kin selection)** 认为生物体的选择必须有利于其后代及其他具有遗传关系的家庭成员。**差别性亲本投资(differential parenntal investment)** 认为女性一般比男性拥有更大的亲本投资。这意味着生育孩子给女性带来的后果比男性严重得多,因此她们在选择男性配偶时更为挑剔。

生育孩子给女性带来的后果比男性要严重得多,主要表现在哪些方面?

整体适宜性:自然选择有利于生物体最大可能地复制其基因的观点。这可以通过直接繁殖或间接帮助具有遗传关系的个体的方式来获得。

家族选择:自然选择有利于生物体帮助与其具有遗传关系的个体的观点。

差别性亲本投资:女性一般比男性具有更多亲本投资的观点,这是选择配偶时更为挑剔的结果。

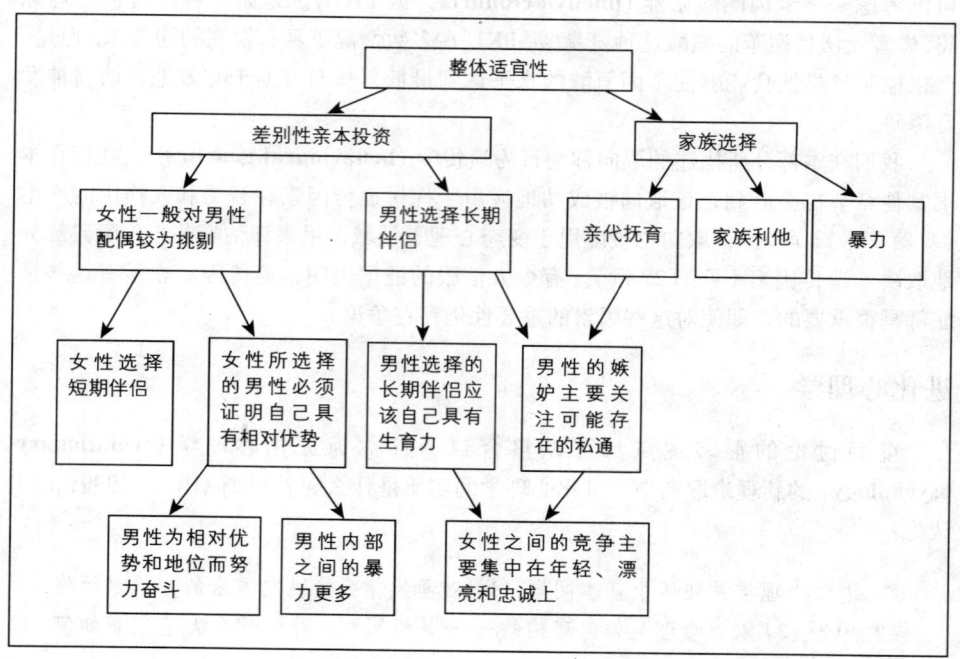

进化心理学家所主张的理论取向,顶部是较抽象的假设,底部是较具体的假设。

资料来源:Kenrick(2001)。

上页图中所显示的其他理论假设基本上直接来自于前述假设。例如，我们假设私通（发现其伴侣与其他人发生性关系）在男性身上形成的嫉妒要大大高于女性。我们的解释如下。男性只有在确保孩子确实是自己后代的情况才会实施亲本投资。如果其伴侣不忠诚，他们就不能确定孩子是否真正是自己的。相反，女性通常明确地知道孩子是自己的，不论其伴侣忠诚与否。

强调自然选择和环境适应使我们假设，进化心理学家认为人类在大多数方面都能很好地适应环境。但是这一假设是错误的，原因在于，自然选择需要经历成千上万代的时间才能产生实质的遗传变化。正如巴斯（Buss，1999，p.20）指出的："我们在现代环境中携带着石期时代的大脑。在过去食物匮乏年代追求肥胖才能适应环境的强烈愿望，现在则导致血脉堵塞和心脏病。"一般来讲，支持进化心理学的强有力证据来自即使在遥远的过去我们的行为和机能也不能很好适应环境的情形。

另外一种对进化心理学的误解是，假设行为以非常直接的方式受到遗传因素的决定。平克（Pinker，1997，p.42）阐明了这一情况：

> 自然选择……通过为行为设计"发电机"而发挥作用：信息加工和目标追求机制的程序包激起心理反应。一般而言，在我们祖先所处的环境中，心理建构的目的是产生具有适应意义的行为，但是今天发生的任何行为都是多种原因影响的结果。

最后一个有关进化心理学的普遍误解是，人们会最大可能地在下一代复制其基因（即，他们对基因遗传能够以某种直接方式有意识地进行决策）。平克（1997，p.44）认为："通过让我们享受生活、健康、性、友谊、天伦之乐，基因为后代的表现购买了彩票，在我们所进化的环境中这种胜算还是很大的。我们设定的目标都是最终基因目标的次级目标，它们进行自我复制……就我们自身而言，我们的目标……根本不是基因，而是健康、情侣、孩子和朋友。"因此，我们在传播基因中取得的成功，通常只是生活目标的副产品，而非直接方式。

证据

配偶选择、利他、嫉妒等都与上页图中的假设有关。鉴于这些主题在本书其他章节（见第3、19章）都要进行详细谈论，我们在此只进行简述。就配偶选择而言，进化心理学的主要预测是，人们会努力挑选孕育孩子机会最大的伴侣。巴斯（Buss，1989）搜集了世界上37种文化中的发现，声称为这一预测提供了证据。所有37种文化中的男性都表示他们更喜欢选择比自己年轻的女性做伴侣，但是36种文化（西班牙是个例外）中的女性更倾向于选择比自己年长的男性。这可以通过以下假设进行解释：年轻女性孕育孩子的机会更大，年长男性更可能为孩子提供充足的抚养资源。

亲代抚育和利他

"抚育婴儿"对许多动物父母而言意味着沉重的代价：就哺乳动物而言，这包括制造卵子的生物投资、胎儿在子宫内的生长发育、出生后产奶、抚养和抵御天敌花费的时间和精力等等。对于鸟类，情况类似：筑巢的投资、产卵、孵化、喂养等等。这些行为对于亲代而言毫无直接益处，因此被冠以利他的名义。如果亲代能得到其他家庭成员（即，具有相同的基因的其他成员）的帮助，这种利他行为更为明显。马米（Mumme，1992）观察到一种佛罗里达松鸡，其较年长的雏鸡充当起护年幼雏鸡的助手，因此年幼雏鸡的存活率大幅度提高。

进化心理学认为,在选择配偶的过程中,女性比男性更为挑剔。很多证据都支持这一假设(见第3章)。例如,在克拉克与哈特菲尔德(Clark & Hatfield, 1989)进行的一项研究中,男生和女生都见到一位愿意与其发生性关系的有吸引力的陌生异性。75%的男生赞同这一建议,女生则无一赞同。巴斯和施米德(Buss & Schmidt, 1993)关注在这种临时性关系中男性和女性能够接受什么。男性更愿意忍受潜在配偶的一些不良特征,例如不受别人欢迎、缺乏幽默感、暴力、愚昧等。

进化心理学所关注的另一个领域是无私或利他行为。就利他行为而言,关键问题是解释人们为什么会经常作出利他或无私行为,这与他们自身的遗传或繁殖天性明显是对立的。按照整体适宜性和家族选择的观点,个体不仅通过自身的繁殖保留其基因,也通过有助于确保亲属成员(与他们共享基因)能够繁殖的方式保留基因。由该理论取向得出的另一个主要预测是,我们更愿意对近亲表现出利他行为,而非对远亲或陌生人。伯恩斯坦等人(Burnstein, Crandall & Kitayama, 1994)为被试呈现各种情境,个体在这些情境中遇到困难,询问被试是否愿意提供帮助。主要的发现(与预测一致)是,被试更愿意帮助近亲而非其他人,当遇到严重的突发事件时尤其如此(例如,房屋被迅速掩埋,屋内只有三分之一的人可以幸免于难)。

> 进化论原理如何解释对陌生人的利他行为?

伯恩斯坦等人(1994)考察了这些假设情境,被试可能会以社会赞同的方式进行反应,与其在现实生活中的行为并不一致。不过,埃索克-瓦伊塔尔与麦圭尔(Essock-Vitale & McGuire, 1985)获得了类似的基于现实生活的资料。女性被试描述了她们接受帮助或给予帮助的情景。相对于较疏远的亲属(例如,外甥或外甥女),她们更愿意帮助近亲(例如,自己孩子),愿意的程度相差五六倍之多。另外,老年人更喜欢帮助年轻人,反之则不然。进化心理学家认为,之所以发生这种情况,是因为年轻人在未来具有更大的潜在繁殖能力。但是这项研究的解释也存在一些问题。例如,多数女性与自己孩子待在一起的时间远远超出与外甥或外甥女在一起的时间,因此家族亲密度与家庭亲密度之间的关系是混淆的。

就嫉妒而言,一些证据支持伴侣不忠诚引起的嫉妒男性大于女性的假设(见第3章)。但大多数研究都会涉及假设的情境。哈里斯(Harris, 2002)考察了夫妻间的不忠诚行为,发现男性和女性对不忠诚持有相同的悲愤态度。

进化心理学也被用来解释人类的恐惧问题。很多进化心理学家认为,假设一个物体在真正危险的时候安全所付出的代价,通常要大大高于假设一个安全物体危险所付出的代价。相应的,我们可能都有一种恐惧某个特定对象(例如,蛇)的倾向,该倾向在过去的进化中带来的危险要远远大于现在。这种倾向称为**准备状态**(**preparedness**)。托马肯等人(Tomarken, Mineka & Cook, 1989)报告了相关证据。他们向女性被试播放恐惧对象(例如,蛇、蜘蛛)和中性对象(例如,花、蘑菇)的幻灯片。每张幻灯片之后,被试以相同的频率接受一次电击、一个音调或不接受任何刺激。**共变偏差**(**covariation**)的证据是:被试估计恐惧刺激之后出现电击的概率在42%—52%之间(实际概率是33%),对刺激最恐惧的女性可能高估的程度更大。

> **准备状态**:对某些特定刺激(例如,蛇、蜘蛛等)表现出恐惧的倾向。
>
> **共变偏差**:认为实际上并不存在联系的两件事件之间具有联系的错误看法。

在另一项研究中,托马肯等人(1989)发现,如果幻灯片呈现了已损坏的插座,之后的电击就不会带来共变偏差。因此,人们更可能把与电击相关的恐惧与进化史上具有危险意义的事物联系起来,而非与现在才存在的事物相联系。所以,与基于真实经历的纯环境的解释相比,这些发现似乎与进化心理学更为一致。

我们可以把认知心理学与进化心理学进行对比。认知心理学经常假设,人类信息加工系统能够很容易地被用于解决几乎所有问题。例如,认知心理学家时常使用计算机隐喻,认为人类信息加工类似于计算机的加工。相反,进化心理学家则假设,我们的认知系统专门用于解决在人类历史上具有重大适应意义的问题。

前述两种取向对沃森选择任务(Wason, 1968;见第10章)的特定版本进行了不同的预测。在考察这些不同预测之前,我们需要考察任务的最初版本。在最初版本中,给被试呈现四张卡片:R、G、2、7,规则是:"如果卡片的一面是R,则另一面是2。"为了证明规则是否正确,被试必须决定需要选择哪张卡片。最常见的选择是卡片R和卡片2。正确答案(约有10%的被试作出这一选择)其实是卡片R和卡片7:如果卡片7的另一面是R,就推翻了规则。人们倾向于对规则证伪(*falsify*)未给予足够的关注。

认知心理学家在解释上述发现时指出,人们难以采用证伪或打破规则的方式去思考问题。进化心理学家(例如Cosmides & Tooby, 1992)认为,在人类进化史上能够发现欺骗行为是非常重要的,因为我们需要识别那些只求回报不予付出的人。科斯米德斯与图拜指出,如果沃森的选择任务以一种能显示出与觉察欺骗行为有关的规则是错误的方式来表述,人们在这个任务中的表现将会很好。他们通过变换沃森选择任务对这一预测进行检验。被试想象自己置身于酒吧的吧台前,并需要检验下面的规则:"如果一个人喝白酒,那么他/她肯定是21岁或更大。"一共有四个人:喝啤酒的人,喝汽水的人,16岁的人,25岁的人。几乎每个人都能正确地解决这个问题,选择了喝啤酒者和16岁的人。如此选择的原因在于,被试知道一个未到法定年龄的16岁的人如果饮酒,必定是在试图欺骗别人。

❖ 评估

- ⊕ "进化论可以作为一种社会科学迫切需要的基本观点(即,基本体系)。"(de Waal, 2002, p.187)
- ⊕ 进化论在诸如利他行为和配偶选择等问题上已引发出一些原创性的理论观点。
- ⊕ 进化论为自然选择会影响我们思维和行为的观点提供了合理的支持。
- ⊖ 任何一种行为都可以解释为:如果行为是受欢迎的(例如,父母教养),则在进化意义上是适应的;如果是不受欢迎的(例如,男性暴力),则不具有进化的适应意义。进化心理学家可以根据这种方式(但不是令人信服的方式)"解释"所有行为。
- ⊖ 进化心理学预测不同文化中的配偶选择存在性别差异,但却不重视跨文化差异。在巴斯(Buss, 1989)的数据中,文化因素在所有用来解释配偶偏向差异的重要因素中,其重要程度是性别的六倍(Smith & Bond, 1998)。
- ⊖ 进化心理学需要"在其解释中更多关注心理因素,减少进化因素"(de Waal, 2002, p.189)。换言之,进化与心理学的直接联系并不是很清晰。

神经系统

中枢神经系统：由大脑和脊髓所构成的躯体部分。

周围神经系统：由中枢神经系统之外的体内神经细胞所构成的躯体部分。

神经元：专门负责传导电冲动的细胞。

体细胞：含有细胞核的细胞体。

树突：神经元的一部分，负责向体细胞或细胞体传导神经冲动。

轴突：神经元的一部分，负责将体细胞的神经冲动向外传导。

静息电位：神经元未受到激活的状态，此时神经元内的电荷约为负70毫伏。

神经系统包括体内所有的神经细胞。我们将会看到，神经系统的各个部分具有特异化功能。神经系统本身由150亿—200亿个神经元和数量巨大的神经胶质构成。神经系统可以分为两个主要的亚系统：

- **中枢神经系统**（**central nervous system**）。由大脑和脊髓构成；受骨骼和环绕其周围的体液保护。
- **周围神经系统**（**peripheral nervous system**）。由体内其他所有神经细胞构成。周围神经系统可以分为躯体神经系统，负责骨骼肌（附属于我们骨骼的肌肉）的有意运动；自主神经系统，负责非骨骼肌（例如，心脏的肌肉）的非随意运动。

神经元（**neurons**）是专门负责处理电冲动的细胞，它们组成神经系统的基本单位。神经元的种类多种多样，但是多数神经元都具有以下主要特征：

- **细胞体**或**体细胞**（**soma**）包含细胞核。正是在体细胞内每个神经元的多数代谢活动才得以完成。
    - 细胞体的末端是**树突**（**dendrites**），负责接收来自其他神经元的输入，并向体细胞发送神经冲动。
    - 细胞体的另一端是**轴突**（**axon**），负责将体细胞的神经冲动传给其他神经元。

每个神经元平均向其他大约1000个神经元发送冲动。神经元在大小和具体功能上差异巨大。例如，某些大神经元历经较长距离传送信息，小神经元传送信息的距离较短。神经元可以分为感觉神经元、运动神经元和中间神经元。感觉神经元对特定类型的刺激（例如，光的特定波长）起反应，运动神经元向肌肉或腺细胞发送冲动。人类神经系统的大多数神经元属于中间神经元，负责接收来自感觉神经元或其他中间神经元的输入，并把冲动传送给运动神经元或其他中间神经元。

为了理解神经元的工作方式，我们将对膜电位进行考察，膜电位表示细胞膜内外的电位差。通过在神经元内插入一个电极并在细胞外液内插入第二个电极，可以对膜电位进行测量。**静息电位**（**resting potential**）约为负70毫伏。换言之，神经元内的电位比神经元外的电位低70毫伏。

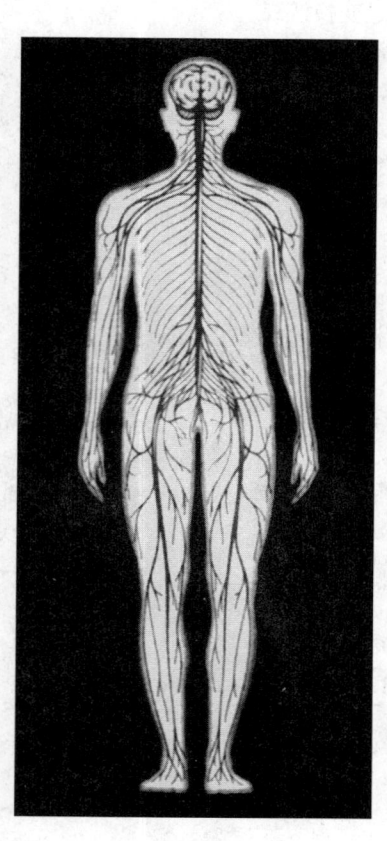

人类男性神经系统图。大脑和脊髓构成了中枢神经系统。中枢神经系统（CNS）整合所有的神经活动。由脊髓发出的31对神经形成神经网络；它们负责把CNS发出的神经冲动传送到身体的各个结构，并把发自这些结构的神经冲动传回给CNS。CNS之外的神经属于周围神经系统。

神经元内外布满**离子**（**ions**）。它们是一些微粒，有些带正电荷，有些带负电荷。神经元的静息电位是负70毫伏，实际上是由于神经元内负离子的比例高于神经元外的离子形成的。出现这种现象具有更复杂的原因。部分原因是由于钠-钾泵的作用，把钾离子泵进神经元内部而把钠离子逐出。

神经胶质（**glia**）是神经系统的细胞，大小只相当于神经元的十分之一，基本不向其他细胞传导冲动。我们对神经胶质的了解相对于神经元较为缺乏。不过，某些神经胶质在神经元死亡时能移除废弃物，其他神经胶质则会吸收神经元释放的化学物质。

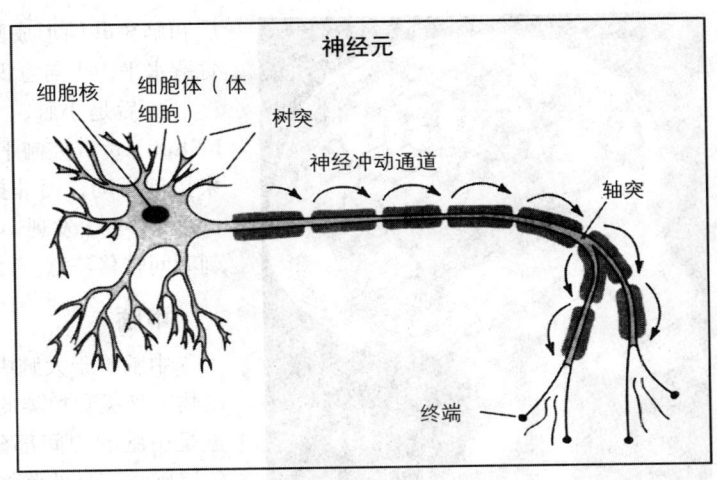

离子：带正电荷或负电荷的微粒。

神经胶质：实现各种功能（例如，吸收神经元释放的化学物质；移除死亡神经元的废弃物）的神经系统的小细胞。

脑血管屏障：一个防止血流中的大部分物质达到大脑组织而同时又允许血液自由地流向大脑的保护性机制。

髓质：包含部分网状结构，支配呼吸、消化和吞咽等活动。

脑桥：是后脑的一个结构，包含部分网状结构，与意识的控制有关。

中枢神经系统

我们将从大脑中枢神经系统开始我们的论述，然后考察脊髓神经。关于大脑，首先需要指出的是其复杂性。为了理解大脑，我们必须了解其结构和各部分的功能。业已证明研究结构（*structure*）比研究功能（*function*）更容易进行。直到最近，由于科技进步，才使我们能够通过观察活动大脑来确定不同脑区的功能（见本书认知心理学引言）。

鉴于大脑的重要性，它成为身体中受到保护最好的部位也就不足为奇了。大脑和脊髓都包裹在骨头里，并覆盖有保护性的薄膜。另外，还有一个称为**脑血管屏障**（**blood-brain barrier**）的机制。该保护性机制允许血液自由地流向大脑，但是又能确保血流中的大部分物质不会全部达到大脑组织。

大脑分为三个主要部分：后脑、中脑和前脑。这些术语只表示它们在胚胎神经系统中的位置，并未清晰地表明一个成年个体不同脑区的相对位置。下面我们将分别讨论每个脑区。

后脑

后脑位于大脑后部，由髓质、脑桥和小脑组成。**髓质**（**medulla**）位于脊髓的正上方，参与呼吸、呕吐、唾液分泌、心血管系统调节等各种重要功能的控制。**脑桥**（**pons**）位于髓质前方，髓

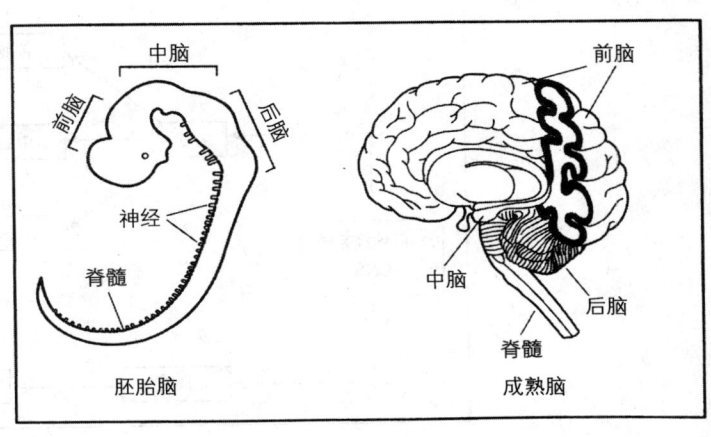

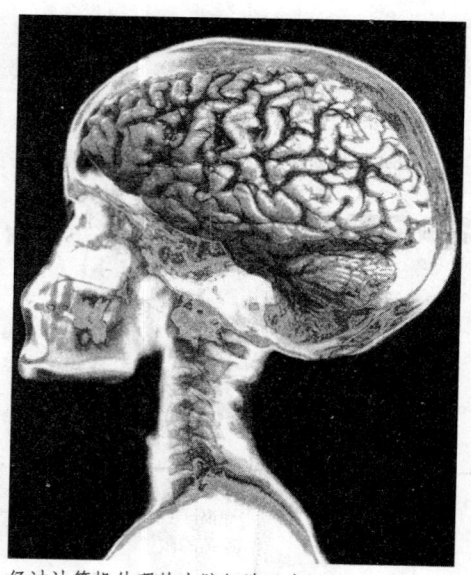

经过计算机处理的人脑细胞示意图

质和脑桥共同形成网状结构（reticular formation），负责控制觉醒水平，也与意识有关（见第4章）。

最后是小脑，它是后脑中较大的一个结构。小脑（cerebellum）负责控制平衡和运动。小脑可能更多的使用感觉信息来控制运动，而非控制真实运动本身。卡纳万等人（Canavan et al., 1994）发现，小脑受损伤的个体难以在视觉刺激和听觉刺激间转移注意。

中脑

中脑位于大脑中部，哺乳动物（包括人类）的中脑比爬行动物、鸟类和鱼类的中脑相对要小。中脑分为顶盖和被盖，被盖是中脑的中间部分。顶盖由上丘和下丘组成，两者都作为传递感觉信息的路线。被盖包含部分网状结构（其他部分存在于后脑内）和黑质。黑质（**substantia nigra**）是一个大脑结构，黑质受损可能导致多巴胺细胞（dopaminergic cells）衰竭和患帕金森病（Parkinson's disease）。

前脑

这是人脑最大、最重要的区域。前脑的外层是大脑皮层。人类大脑皮层大约90%属于新皮层，由六个层次构成。新皮层的神经元主要与同一皮层或邻近皮层内的其他神经元相联系。因此，新皮层是以柱状的形式进行组织的，每个圆柱垂直通过六个层次。大脑皮层下部存在着各种其他结构，我们对这些结构将进行简短讨论。

大脑皮层在思维、言语使用、感知及其他多种认知功能中起着至关重要的作用。大脑皮层有着很深的褶皱或凹槽。褶皱之间的凸起称为脑回。最大的褶皱是横跨大

> **网状结构**：与觉醒、睡眠调节、呼吸控制和心血管系统调节等有关的大脑的一部分。
>
> **小脑**：后脑的一部分，负责对平衡和协调的精细控制。
>
> **黑质**：中脑的一个结构，损坏这个结构可能在帕金森病的发病中起作用。

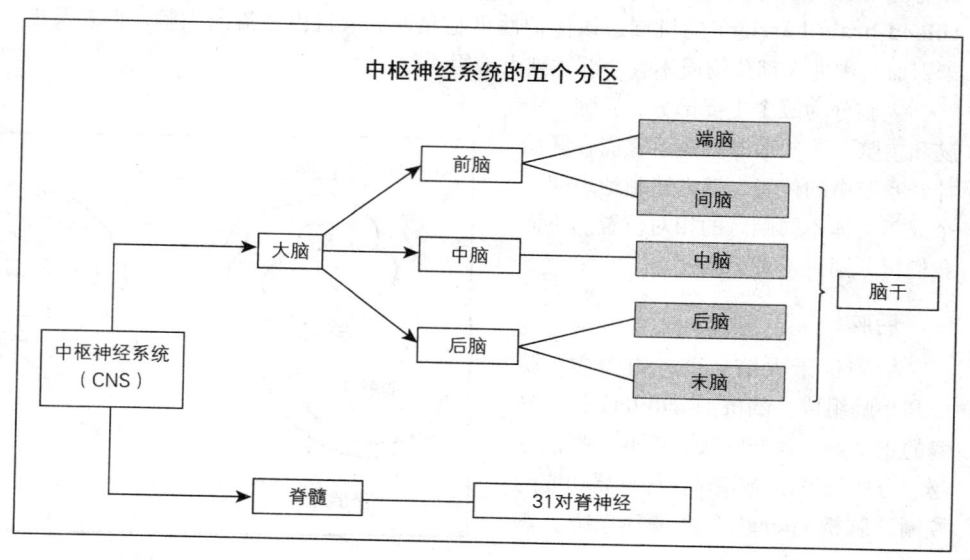

脑两半球的纵向沟。两半球之间几乎相互分离，但是通过一条称为胼胝体的桥梁联系起来。

每个半球的两个最主要特征是中央沟和外侧裂或西尔维氏裂（Sylvian fissure）（"裂"与"沟"同义）。这些特征有助于详细说明每个半球的四个区：额叶、顶叶、颞叶、枕叶。我们将依次讨论。我们对于每个区的功能的大量知识来自各种脑成像技术（见本书认知心理学引言部分的讨论）。但要牢记于心的是，大多数情况下四个区是以一种整合的方式加工信息并产生适宜的行为方式。还需牢记于心的是，大脑皮层是一张类似于碾碎后填充到盒子里的毯子（与大卫·凯里的私人通信）。这四个区是解剖学家划分出来的，也许并未形成单独的结构。

额叶位于每个半球的前部，其边界由中央沟和外侧裂形成。额叶参与运动控制。包含运动区皮层的中央前回就位于额叶。额叶前部末端是前额皮层，是一个相当大的结构。关于额叶的精确功能存在某些争议，但它参与注意控制（见第 6 章），对于活动规划和工作记忆（同时参与贮存和加工信息的能力，见第 9 章）也有着重要作用。

位于每个大脑半球顶部、额叶之后的部分是顶叶。顶叶包含中央后回，中央后回又包含负责躯体感觉的躯体感觉皮层。中央后回参与有关触觉和来自肌肉的信息加工。顶叶似乎控制有关头、眼、躯体等位置的信息，并把这些信息传递到控制运动的其他脑区（Gross & Graziano，1995）。

颞叶位于额叶的后方和顶叶的下面。包含听觉皮层的颞上回就位于大脑颞叶。对绝大多数人来说，左侧颞叶在语言加工方面起决定性作用（见第 11 章）。另外，大脑颞叶还负责一些情感行为和动机行为。因此颞叶受损有时会产生双侧颞叶切除综合症（Klüver-Bucy syndrome），有这种症状的动物在危险的物体和动物面前不再感到害怕。

枕叶位于大脑皮层的后部。对来自视觉刺

大脑皮层

人脑的外层是大脑皮层。当你观察大脑的时候，你所看到的大部分都是皮层，但是皮层仅 2 毫米厚。大脑皮层拥有一个崎岖不平、折叠的外观，正是这些褶皱大大增加了其面积。如果你把大脑皮层展平，其面积将达到 50 平方厘米。大脑皮层是灰白色的，这是因为它主要包含细胞体，而非将大脑的一个区域与另一个区域联系起来的轴突。

大脑皮层能够区分哺乳动物的大脑与低级动物的大脑。人类大脑拥有较其他哺乳动物更大的额叶（下图中较暗的区域）。大脑皮层对于感知、思维和语言使用具有极其重要的作用，并且与智力联系密切。

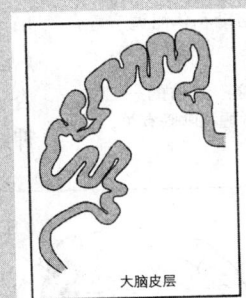

大脑皮层

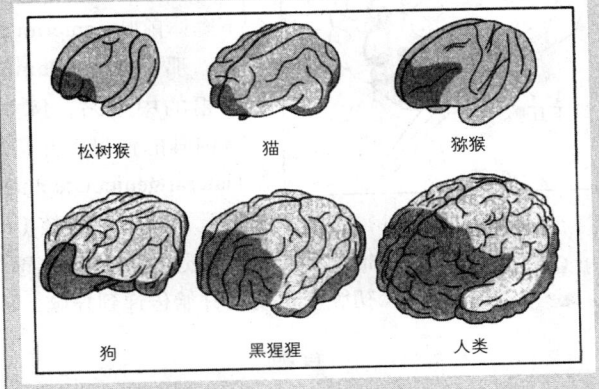

松鼠猴　　猫　　猕猴

狗　　黑猩猩　　人类

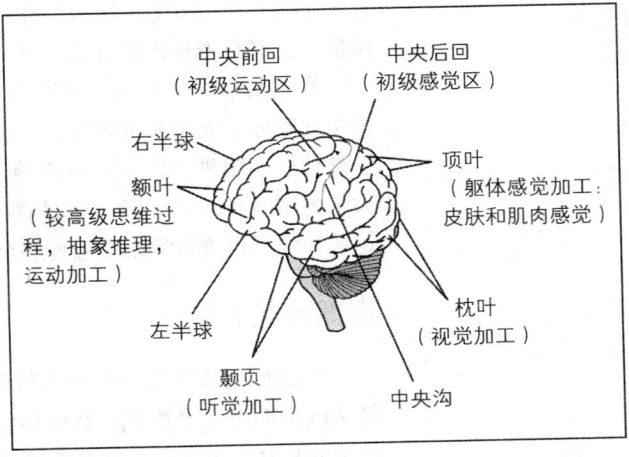

中央前回（初级运动区）　中央后回（初级感觉区）
右半球
额叶（较高级思维过程，抽象推理，运动加工）
顶叶（躯体感觉加工：皮肤和肌肉感觉）
左半球
枕叶（视觉加工）
颞叶（听觉加工）
中央沟

边缘系统：由多种结构（例如，下丘脑、海马回、杏仁核）组成的前脑的一个部分。负责情绪和动机。

海马回：前脑中与记忆有关的一个较大的结构。

下丘脑：前脑中与吃、喝、性活动和体温调节等有关的一个细小结构。

丘脑：前脑的一部分，与觉醒和睡眠有关。

激信息的加工非常重要。枕叶的后部是初级视觉皮层，损坏这个皮层会引起局部或全部视觉缺失（见第7章）。枕叶内参与视觉加工的不同区域将在第7章详细讨论。

现在我们来讨论前脑中那些位于大脑皮层下面的部分。在大脑这个部分有两列相互连接的结构，分别是边缘系统（**limbic system**）和基底神经节运动系统（basal ganglia motor system）。边缘系统由杏仁核（amygdala）、隔核（septum）、海马回（**hippocampus**）、下丘脑（hypothalamus）、扣带回皮层（cingulate cortex）、穹隆（fornix）、乳头体（mammillary body）等若干结构组成。边缘系统的主要功能是调节诸如饮食、攻击、逃避行为和性行为等多种动机行为，以及愤怒和焦虑等相关情绪（见第5章）。基底神经节运动系统由纹状体（striatum）、苍白球（globus pallidus）和杏仁核（通常被认为是边缘系统和基底神经节运动系统的组成部分）等组成。基底神经节运动系统可以帮助产生有意的运动反应。

丘脑和下丘脑是大脑内两个重要的结构。下丘脑（**hypothalamus**）比丘脑要小很多。它位于丘脑的下面，参与诸如体温、饥饿和干渴等多种功能的控制。它也参与对性行为的控制。最后，下丘脑在对内分泌（激素）系统的控制中起重要作用。例如，下丘脑与被称为身体"主腺"的脑下垂体前叶（anterior pituitary gland）直接相连。

那丘脑（**thalamus**）又是什么呢？它是将信号传递给更高级的大脑中枢的中继站。例如，内侧膝状核（medial geniculate nucleus）接收来自内耳的信号，并将这些信号发送到初级听觉皮层。同样，外侧膝状核（lateral geniculate nucleus）接收来自眼睛的信息并将这些信息传送给初级视觉皮层，腹后核（ventral posterior nucleus）接收躯体感觉（机体感觉）信息并将信息发送到初级躯体感觉皮层。此外还有相反方向的投射，例如，信息从初级视觉皮层开始传递到丘脑。

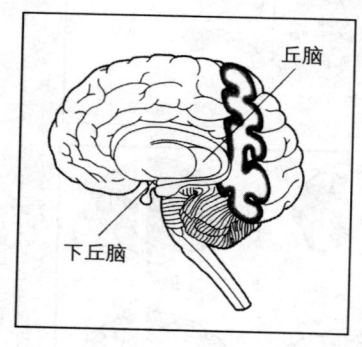

损害海马回可能产生什么问题？

脊髓

中枢神经系统里我们还没有讨论的部分只剩下脊髓。脊髓是从大脑底部一直到背部下端尾骨（coccyx bone）的一条细长结构。脊髓由24条从颈部到腰部的脊椎骨保护。这些脊椎骨内都有孔，脊髓穿过这些孔与身体的其他部位相连。

脊髓由中央部的灰质和周围部的白质组成。白质主要由有髓鞘的轴突组成，灰质由细胞体和无髓鞘轴突组成。脊髓含有31对脊神经，每条脊神经在靠近脊髓的地方被分成两根神经。一根是脊神经后根，位于脊髓后部，含有帮助传递感觉信号到大脑的感觉神经元。另一根是脊神经前根，位于脊髓前部，含有运动神经元。这些运动神经元负责将运动信号传递至骨骼肌和身体的内部器官（例如，胃、心脏）。

周围神经系统

周围神经系统由身体内不包含在中枢神经系统里的所有神经细胞组成。周围神经系统由两个部分组成：躯体神经系统和自主神经系统。躯体神经系统与身体外部环境的相互作用有关，自主神经系统与身体的内部环境有关。

第一个需要讨论的问题是周围神经系统与中枢神经系统之间的关系。周围神经系统的大多数神经发自脊髓。躯体神经系统内的一些脊神经负责接收来自骨骼肌的信号（和发送信号到骨骼肌），自主神经系统内的其他脊神经接受来自内部器官的信号（和发送信号到内部器官）。另外，中枢神经系统和周围神经系统经由 12 对脑神经相连。大多数脑神经都含有感觉纤维和运动纤维，并且几乎都在头部或颈部间来回地传递信号。最例外的是第十脑神经或迷走神经，它负责控制腹部器官和胸部器官的功能。

躯体神经系统是由将信号从眼睛、耳朵、骨骼肌和皮肤传送到中枢神经系统的传入神经（afferent nerves）和将信号从中枢神经系统传送到骨骼肌、皮肤等部位的传出神经（efferent nerves）组成的。

自主神经系统与控制内部环境的功能有关，这些内部环境包括心脏、胃、肺脏、肠子和各种腺体（例如，胰腺、唾腺、肾上腺髓质）。它之所以被称作自主神经系统，是因为它所控制的许多活动是自发的或者是自动调节的（例如，消化）。这些活动不需要我们有意识的努力，甚至当我们睡着的时候，这些活动还在继续进行。

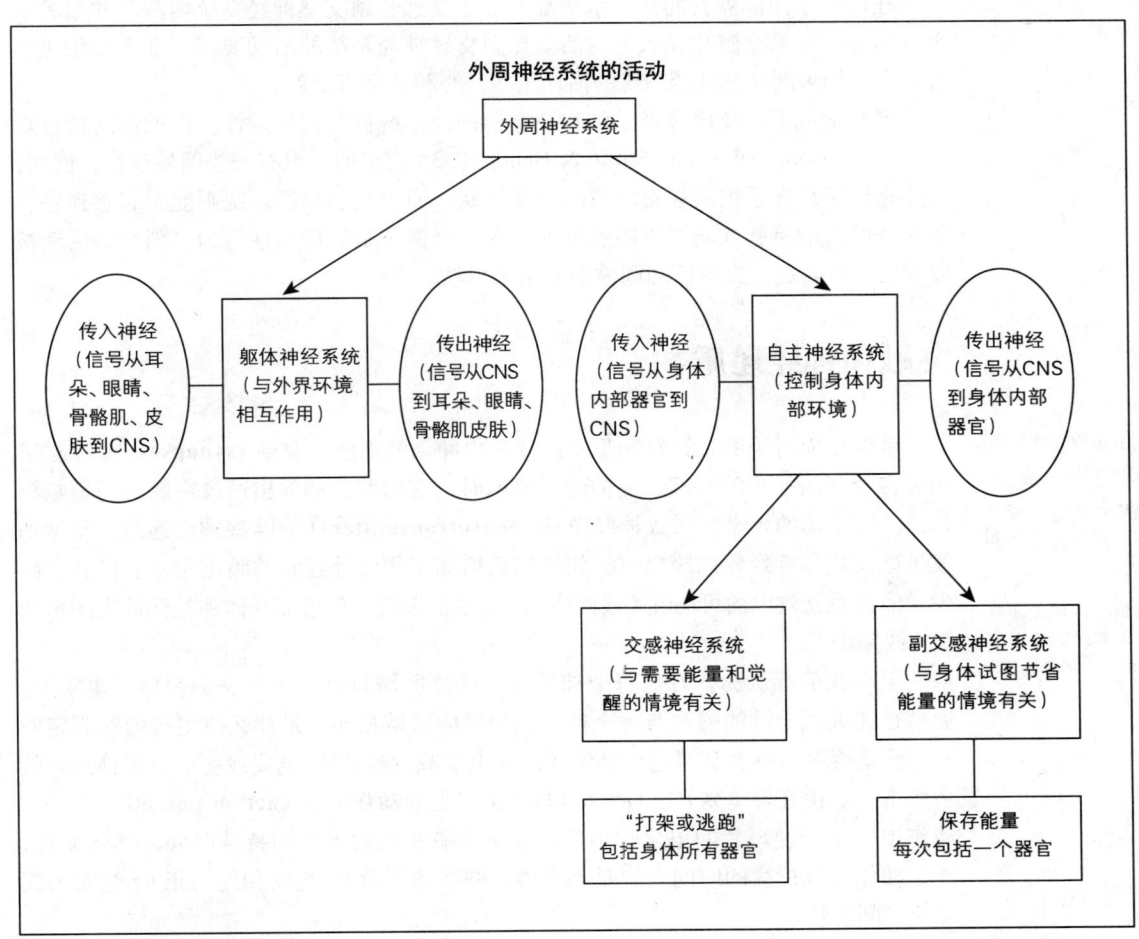

同躯体神经系统的情况类似,自主神经系统也由传入神经和传出神经组成。传入神经将感觉信号从机体的内部器官传送到中枢神经系统,传出神经将运动信号从中枢神经系统传送到机体的内部器官。

你能想出一些"打架或逃跑"反应可能被激活的情境吗?

自主神经系统又分交感神经系统和副交感神经系统。几乎身体所有的内部器官都会接收来自交感神经系统和副交感神经系统的信号。概括的说,交感神经系统和副交感神经系统的活动效应是相对的。交感神经系统一般用于需要能量和觉醒的情境(例如,打架或逃跑)。例如,身体对一个应激物的最初反应就包含交感肾上腺髓质系统(sympathetic adrenal medullary system)(见第 5 章)。实质上是分泌的肾上腺素(adrenaline)和去甲肾上腺素(noradrenaline)引起交感神经系统的觉醒增加。交感神经系统会引起心跳速率加快,胃部活动减少,瞳孔放大或扩张,以及肺部气管松弛。

相反,当身体试图节省能量时就会包含副交感神经系统。副交感神经系统会引起心跳速率放慢,胃部活动增加,瞳孔收缩和肺部气管的压缩。概括的说,交感神经系统趋向于做整体反应,副交感神经系统通常每次只影响一个器官。

任何一个内部器官的活动水平都取决于交感和副交感神经系统内活动的相关水平。例如,如果交感神经系统的活动比副交感神经系统的活动要多,那么心跳速率将变高。如果副交感神经系统的活动更多,心跳速率将变低。

通常情况下,交感神经系统和副交感神经系统彼此相反运作。但就像阿特金森等人(Atkinson, Atkinson, Smith & Bem, 1993)指出的,也有一些例外存在。例如,交感神经系统在恐惧或兴奋的状态下很活跃,而副交感神经系统则能引起感到恐惧或兴奋的人的膀胱或肠子不随意排泄。另一个例子是男性的性行为。副交感活动被要求去获得勃起,交感活动则被需要用来射精。

突触和神经递质

突触:相邻神经元之间的很小的间隙。

神经递质:通过突触并影响相邻神经元受体的化学物质。

动作电位:一种允许神经递质沿着轴突传递的短暂的电化学事件。

就像前面讨论的,神经元是专门传导电冲动的细胞。**突触**(**synapses**)是存在于相邻神经元间很小的间隙。当神经元放电时,它们就会释放出通过突触进而影响相邻神经元受体的化学物质或**神经递质**(**neurotransmitters**)。这些神经递质不是增加就是减少相邻神经元的膜电位。如果它们增加了相邻神经元的膜电位,它们就会减少受体神经元放电的可能性(或频率)。反之,它们就会增加受体神经元放电的可能性(或频率)。

至今我们都认为,好像每个神经元的受体区域只有一个单一的突触。事实上,通常存在数以千计的突触与每个神经元的受体区域相连。是什么决定着一些既定的神经元是否放电呢?如果这个神经元的膜电位减少到负 65 毫安或更少,该神经元就会放电。这由在轴(突)丘(axon hillock)产生的**动作电位**(**action potential**)组成。动作电位是一种短暂的电化学事件,通常具有相同的大小和持续时间。具体而言,一个动作电位持续的时间大约是 1 毫秒,并在约为负 65 毫安和约为正 65 毫安的膜电位之间逆转。

皮内尔（Pinel, 1997）将神经放电比作开枪。两者都有一个需要达到的阈限：其他神经元足够的刺激或对手枪扳机足够的压力。在两种情况下，超越阈限并不会增加作用的大小。如果动作电位通常大小相同，我们怎样辨别强刺激和弱刺激之间的区别呢？与一个弱刺激被呈现的情况相比，一个强刺激被呈现时会有更多的神经元放电，而且它们放电的频率也会更多。

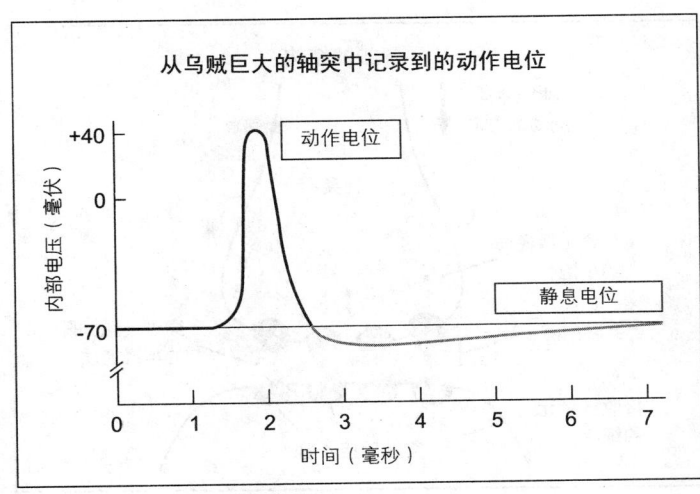

这里我们将更详细地讨论在动作电位期间发生的过程。首先，钠钾离子通道被打开。钠离子进入神经元，随后钾离子很快被逐出神经元。大约 1 毫秒后，钠离子通道被关闭，紧接着是钾离子通道。这些通道的关闭引起动作电位结束。但在动作电位开始后神经元再次放电前会有一段很短的时间；这就是所谓的**绝对不应期**（absolute refractory period）。大多神经元的绝对不应期都会在动作电位开始的 2 毫秒时间内结束，因此，这些神经元能以每秒约 500 次的频率放电。不过，还有一些神经元有时可以以每秒 1000 次的频率放电。

绝对不应期：神经元内动作电位开始后的一段很短的时间，在这段时间内神经元不再放电。

神经系统中的许多神经元都有由一层被称作髓鞘质（myelin）的脂肪鞘（fatty sheath）覆盖的轴突，而其他神经元的轴突都没有覆盖这种髓鞘质。另外，还有多数的神经元没有轴突，因此这些神经元不能产生动作电位。有髓鞘的轴突在被称为郎飞氏结（the node of Ranvier）的髓鞘（myelin sheath）中有间隙，并且动作电位会沿着轴突从一个结点跳到另一个结点。动作电位沿着有髓鞘的轴突比沿着没有髓鞘的轴突传导速度更快，它们各自的速度分别是每秒 80—100 米和每秒只有 2 米或 3 米。

突触传导

大多数的突触都是指向性的突触，意味着一个神经元神经递质释放的场所非常靠近另一个神经元神经递质接收的场所。

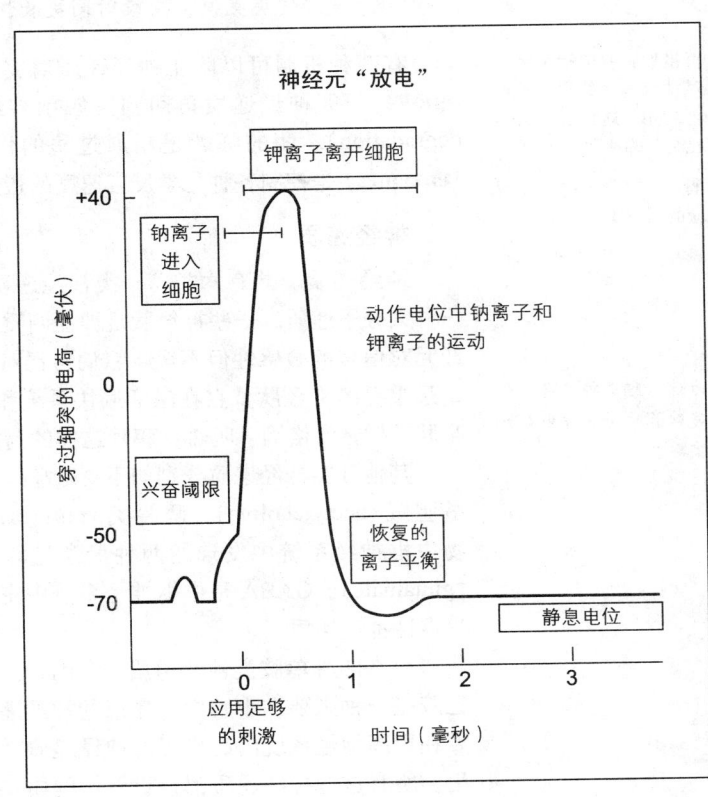

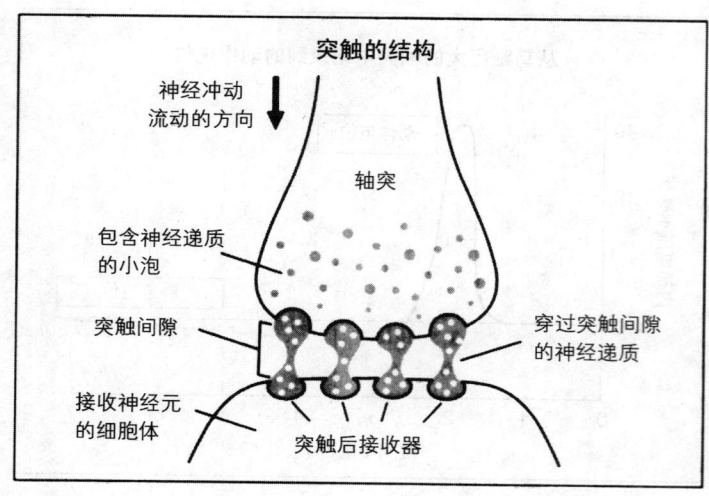

过去认为每个神经元只释放一种神经递质。现在我们已经知道许多神经元都会释放两种或两种以上的神经递质。

神经递质通过结合它的受体在突触后神经元发起反应。大多数神经递质都可以和受体的不同类型进行结合（例如，多巴胺至少有五种受体类型，5-羟色胺至少有十种受体类型），并且受体反应的实质从一种类型到另一种类型各不相同。我们可以把神经递质想象成钥匙而把受体想象成锁：对任何发生的情况来说这两者都很合适。

有两种基本的受体类型：

1. 离子通道型受体（ion-channel linked receptors）。这些受体由神经递质直接激活。

2. G 蛋白耦联型受体（G-protein linked receptors）。这些受体以一种相当复杂的方式被间接激活。神经递质对这些受体的作用（同离子通道型受体相比）是"发展更慢、持续时间更长、更扩散和更多变"(Pinel, 1997, p.95)。

再摄取：前突触神经元对神经递质的再吸收或再利用；这个过程会停止突触的活动。

酶：控制身体内化学反应的蛋白质。

有两种机制可以防止神经递质对突触长时间起作用。一种机制是**再摄取（re-uptake）**，即神经递质再回到突触前神经元。另一种机制是酶的降解（enzymatic degradation）。酶的降解是指通过酶的作用神经递质在突触内被降解或分解。**酶（enzymes）**是控制各种化学反应速度的蛋白质。

神经递质

为什么防止神经递质对突触长时间起作用如此重要？

神经递质一共有六类。一类神经递质由神经肽（neuropeptide）组成，神经肽是一种大分子递质。一些神经肽是神经调质（neuromodulator），这意味着它们会影响神经元对信号的敏感性但不影响它们自己对其他神经元发送信号。内啡肽（endorphin）是最重要的神经肽。它在激活愉快系统和抑制痛苦系统方面起着重要的作用。像内啡肽一样，海洛因、吗啡、鸦片这样的药物也会影响同样的受体。

其他五类神经递质分别如下：氨基酸（amino acids），单胺类（monoamines），乙酰胆碱（acetylcholine），嘌呤类（purines），可溶性气体（soluble gases）。在哺乳动物中枢神经系统中发现的两种最常见的氨基酸是 γ 氨基丁酸（GABA）和谷氨酸（glutamate）。GABA 是中枢神经系统中主要的抑制性神经递质，谷氨酸则是主要的兴奋性神经递质。

存在四种单胺类神经递质：多巴胺、5-羟色胺、肾上腺素和去甲肾上腺素。多巴胺是一种主要在中脑中起作用的神经递质。相反，肾上腺素和去甲肾上腺素是主要在周围神经系统内起作用的神经递质，5-羟色胺主要在靠近脑干中线的地方起作用。所有这些神经递质都很重要。例如，过去人们认为多巴胺、5-羟色胺都和精神分裂症（schizophrenia）有关（见第 22 章）。黑质中释放多巴胺的神经元坏死会引起帕金森病，它是一种与肌肉控制较差有关的病症。5-羟色胺负责调节觉醒、睡眠和情绪。肾上腺素和去甲肾上腺素负责情感和紧张（见第 5 章），以及内分泌系统的工作方式。

乙酰胆碱是乙酰胆碱神经递质类中仅有的神经递质。在神经系统中的许多突触中都发现有乙酰胆碱，包括中枢神经系统和自主神经系统中的神经系统。乙酰胆碱是包括自主神经系统在内的周围神经系统中运动神经元的最重要的化学信使。在中枢神经系统中，乙酰胆碱可以兴奋骨骼肌和抑制心肌。另外，乙酰胆碱还跟学习和记忆有关。

腺苷和三磷酸腺苷（ATP）都是嘌呤类神经递质。腺苷会抑制若干像乙酰胆碱和 5-羟色胺神经递质的释放。ATP 是一种用来向身体不同部位运送能量的神经递质。

最近可溶性气体递质比大多数其他递质发现得更多。它们包括一氧化碳（carbon monoxide）和一氧化氮（nitric oxide）。这些神经递质只存在一个非常短的时间，因为它们很快就被分解并产生其他化学物质或第二信使。

你可能会惊奇地发现存在许多神经递质，并且大多数神经递质都有多种受体类型与它们有关联。为什么事情会如此复杂呢？因为它们是人类思维和行为的复杂性所必需的。

实际应用

发现包含在突触传导中的详细过程的实际应用是什么？可能最大的收益来自那些设计用来对突触传导起特定作用的药物的发展。在这一部分，我们将考察药物影响突触传导的一些不同方式。药物对行为的影响将在后面部分讨论。

药物通过改变神经递质的作用而影响突触传导。一些药物（**促效药**（agonists））会增加一种既定神经递质对突触传导的作用。相反，其他药物（**拮抗药**（antagonists）或阻滞药）则会减少神经递质的作用。促效药和拮抗药可以分为直接起作用和间接起作用两种。直接起作用的药物的化学结构通常与神经递质中的化学结构非常相似，并会像神经递质一样影响突触受体。直接起作用的促效药会刺激突触受体，直接起作用的拮抗药则会阻止神经递质刺激突触受体。海洛因是一种直接起作用的促效药，镇定性药物氯丙嗪（chlorpromazine）是一种直接起作用的拮抗药。

间接起作用的药物也会改变神经递质的作用，但不是通过影响突触受体来实现的。兴奋性药物苯丙胺（amphetamine）是一种间接起作用的促效药，它会增加突触前末梢神经递质的释放。对氯苯丙氨酸（para-chlorophenylalanine，PCPA）是一种间接起作用的拮抗药。它通过抑制合成 5-羟色胺所需要的一种酶而使得 5-羟色胺神经递质的生成大量较少。

神经递质和药物对突触传导的作用比迄今所表明的更加复杂。皮内尔（1997）认为，神经递质的活动通常包含七个阶段或过程（我们已经讨论了其中一些阶段）：

1. 神经递质分子在酶的控制下被合成。
2. 神经递质分子储存在突触小泡里。

为什么具有兴奋性神经递质和抑制性神经递质可能很有用？

促效药：增加一种既定神经递质对突触传导的作用的药物。见拮抗药。

拮抗药：减少一种既定神经递质对突触传导的作用的药物。见促效药。

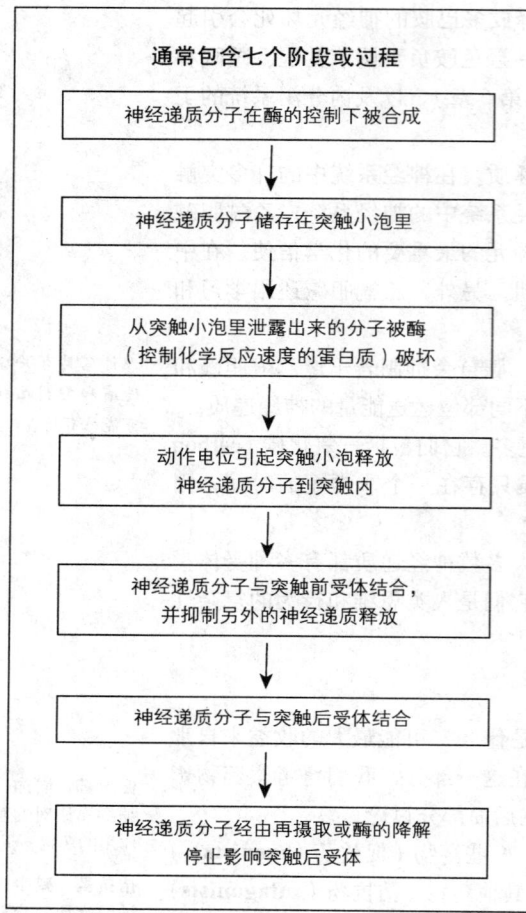

3. 从突触小泡里泄露出来的分子被酶（控制化学反应速度的蛋白质）破坏。

4. 动作电位引起突触小泡释放神经递质分子到突触内。

5. 神经递质分子与突触前受体结合，并抑制另外的神经递质释放。

6. 神经递质分子与突触后受体结合。

7. 神经递质分子经由再摄取或酶的降解停止影响突触后受体。

就像你能想象的，事实上神经递质活动中包含的多个过程意味着药物可以有多种方式来改变神经递质的活动。皮内尔（1997）确认了促效性药物活动的六种作用机理和拮抗性药物活动的五种作用机理。一些促效药会增加神经递质分子的合成（第1阶段），其他促效药则会破坏对酶的降解（第3阶段），或者阻滞对神经递质释放的抑制（第5阶段），或者阻滞再摄取过程或酶的降解过程（第7阶段）。一些拮抗药会破坏对酶的合成（第1阶段），其他拮抗药则会增加突触小泡中神经递质分子的泄露（第3阶段），或者增加对神经递质释放的抑制（第5阶段），或者阻滞神经递质分子同突触后受体的结合（第6阶段）。

药物与行为

存在数百种（可能数千种）不同的药物。媒体倾向于关注非法药物（例如，迷幻药、海洛因、可卡因），但是无数的合法药物每天都在被成千上万的人服用。这些药物包括酒精、尼古丁和咖啡因（在茶、咖啡、可乐等饮料中发现）。这一部分的侧重点是那些可能对中枢神经系统有很大损伤效应的药物，这些药物能告诉我们一些关于大脑工作方式（例如，潜在的神经递质机能）和改变心理过程的信息。不过许多药物都对行为有正面作用。这包括那些用于治疗的药物（例如，抗焦虑药物、抗抑郁药物和用来控制精神分裂症症状的药物）（见第22章）。

心理药物：对心理过程或精神过程有重要影响的药物。

心理学家对可以改变心理过程或精神过程的**心理药物**（**psychoactive drugs**）特别感兴趣。对心理药物进行分类有许多不同的方法，但是所有的方法都倾向于夸大同一类别中药物的相似性。哈密尔顿与蒂蒙斯（Hamilton & Timmons，1995）认为心理药物主要有以下三种：

1. **抑制剂（depressants）**。这些药物（例如，酒精、巴比妥酸盐）能够使人放松和产生睡意，它们具有所谓的镇定作用。
2. **兴奋剂（stimulants）**。这些药物（例如，苯丙胺、咖啡因、尼古丁）能够使人产生警觉状态，并可增加使用者的自信。
3. **致幻剂（hallucinogens）**。这些药物（例如，LSD）会使人产生精神扭曲和幻觉，并可能引起精神病症状。

上面的列表并不详尽。比方说，它忽略了麻醉剂（例如，海洛因、吗啡）或大麻等好几种危险药物，这些药物将在下面讨论。

药物通过影响神经递质来影响我们的行为（见上面的详细讨论）。两种药物类型间存在重要的区别：(1) 促效药，增加一种既定神经递质的作用；(2) 拮抗药，减少一种神经递质的作用。一些药物对突触内的神经递质直接起作用，其他药物则是间接起作用（见上面的论述）。

大多数药物都会对大脑机能产生多种作用。我们能够在设计药物用来减少精神混乱症状（例如，抗焦虑药、抗抑郁药）的情况中清楚地看到这些影响（见第 22 章）。几乎所有这些药物都有一系列不受欢迎的副作用，并且这些副作用的产生，是因为目前还未能设计出具有非常明确和特定活动方式的药物。

抑制剂

存在包括酒精和巴比妥酸盐在内的多种抑制剂药物。这里我们主要关注酒精这一被世界各地数亿人使用的药物。它被认为是一种抑制剂药物，因为它在中等剂量和超出中等剂量时会减少神经放电。那么酒精是如何做到的呢？它对神经系统有多方面的影响。

通过作用钙通道减少钙流进神经元，通过作用于 GABA 的复杂受体增加抑制性神经递质 GABA 的活动。增加兴奋性神经递质谷氨酸的结合部位的数量，减少谷氨酸在它的一些受体亚类中的作用，干扰神经元内第二信使系统。

少量酒精通常会使人感到较少焦虑、更加放松和较少拘谨（Gray, 1982）。这些情况的发生，部分是因为酒精导致 GABA 传导增加。少量酒精会刺激多巴胺通道，同时增加的多巴胺水平可能会在产生酒精的愉快效应方面起作用（Rosenzweig, Breedlove & Leiman, 2002）。大多数情况下，酒精对许多人都有镇定作用，但也使一些人变得好争论和具有攻击性。大量酒精将会让人丧失协调感，作出一些不被社会接受的行为，甚至人事不省。短时间饮用大量酒精的人随后将会经历由三个阶段组成的酒精脱瘾症状（withdrawal syndrome）。第一个阶段，在饮酒停止大约 5 个小时后他们会感到头痛、恶心、发汗和腹胀。第二个阶段，在饮酒停止大约 1 天后，他们会经历持续几个小时的痉挛。第三个阶段，出现震颤性谵妄（**delirium tremens**），包括幻觉、激动、妄想和发烧。

大剂量的酒精可以使人具有攻击性和暴力。例如，大多数谋杀罪都是由酗酒的

震颤性谵妄：由于摄取过量酒精所产生的一种包括幻觉、激动、妄想和发烧在内的状态。

人干的（Bushman & Cooper, 1990）。酒精使人具有攻击性，可能是因为它减少了人们关注那些防止清醒的个体作出攻击行为的社会及其他限制的倾向（见第19章）。

酒精在开车上的作用对社会特别重要。德鲁等人（Drew, Colquhoun & Long, 1958）惊奇地发现，小剂量的酒精会通过减慢反应时间、降低操纵效率和降低对时速计上读数的注意而影响开车。萨比与科德林（Sabey & Codling, 1975）考察了英国合法限制血液中酒精含量这样一条立法引入的作用。在这一立法引入后的第一年，在晚上10:00到早晨4:00这段主要的饮酒时间内，马路上死亡的人数降低了36%。但在早晨4:00到晚上10:00这段时间，死亡的人数只减少了7%。

霍基（Hockey, 1983）总结了酒精对作业的负面影响：降低警觉，减慢作业速度，降低作业准确性和降低短时记忆的能力。因此，酒精会损害几乎是所有任务的作业。

我们必须区别酒精对神经系统的直接作用和那些由于对酒精作用的期望而产生的作用。这种区别通过给人们不含酒精的饮料但却引导他们相信这些饮料是含有酒精的试验得到了例证。这种期望在任何既定的文化中对行为都有很大的影响（见 Hull & Bond, 1986）。例如，那些错误地认为自己饮过酒的男性被试，当他们暴露在唤醒性欲的刺激中时，不管他们是否真正喝过任何酒，他们都会报告更高的性兴奋和较少的内疚。

> 对服用"替代性药物"后的体验效用的另一个名称是什么？

酗酒

一些人（尤其是男人）由于酒精上瘾而成为酗酒者。克洛宁格（Cloninger, 1987）认为有两种酗酒者：(1) 习惯性的饮酒者，这种人差不多每天都饮酒并且发现很难戒酒；(2) 无节制的饮酒者，这种人只是偶尔饮酒，但是一旦开始就不能停下来。

为什么人们会成为酗酒者呢？克洛宁格等人（Cloninger, Bohmann, Sigvardsson & Knorring, 1985）实施了一个收养研究来估计遗传和环境对酗酒的相对重要性。遗传对男性习惯性饮酒者有重要的影响，但对女性习惯性饮酒者没有影响：如果男人的生父是一个习惯性饮酒者，他们就会趋向于成为习惯性饮酒者，不过领养他们的家庭成员的饮酒行为对他们则没有影响。男人与女人的无节制饮酒取决于遗传和环境。无节制饮酒者倾向于有一个无节制饮酒的生父母和在他们的领养家庭里有一个或一个以上的过度饮酒者。

史密斯等人（Smith et al., 1992）报道了酗酒中遗传因素重要性的更多直接证据，他们关注一种与一条染色体上明显的基因标记有关的基因。在69%的酗酒者身上发现了这种特殊的基因，与此相比，只在20%的非酗酒者身上发现了这种基因。

当然也包含其他基因。一个人饮酒后，肝脏中的酶会将酒精转换成一种有毒物质乙醛（acetaldehyde）。而另一种酶（乙醛脱氢酶）则会将乙醛转化为乙酸，乙酸是能量的一个来源。约50%的亚洲人只有较少量的乙醛脱氢酶。因此，许多亚洲人在饮酒后会感到不舒服或严重脸红。这有助于解释为什么中国人和日本人比西方世界的人饮酒要少。在这里顺便提及一下相关的用来治疗酗酒的药物安塔布司（Antabuse）。安塔布司会产生一个减少量的乙醛脱氢酶，因此，任何人在饮过酒精后接下来的两天时间内都可能病得很严重。

酗酒的后果是什么呢？它会引起肝硬化。它还会通过阻止肝脏转化维生素 B_1 而引起肝脏严重受损。维生素 B_1 缺乏会导致大脑神经元受损，最后产生柯萨科夫症候群（**korsakoff's syndrome**）式的健忘症或记忆缺失。有这种症状的病人在获得关于世界的新知识和他们自己的经历方面会有很大困难，因此，他们在这些领域的长时记忆会很差（见第9章）。

柯萨科夫症候群：由酗酒引起的大脑受损状态，特点是记忆缺失。

麻醉剂

麻醉剂是一些与鸦片具有相似作用的药物，并且在麻醉剂中已经发现了一些很危险和容易上瘾的药物。麻醉剂里含有鸦片，鸦片是由罂粟产生的一种粘稠的树脂。吗啡是鸦片主要的活性成分，海洛因和可待因都是用吗啡做的。海洛因（学名二乙醯吗啡）是因为那些用吗啡来减轻痛苦的士兵通常对吗啡上瘾而发展起来的。这使得 Bayer 制药公司在 19 世纪末将海洛因作为一种替代性药物来研发。然而，结果证明，海洛因同吗啡一样会使人上瘾。

麻醉剂会对大脑产生什么作用呢？像海洛因这样的麻醉剂会刺激大脑不同部位上专门的麻醉剂受体。为什么大脑内会存在这些麻醉剂受体呢？这是因为身体内有各种自然存在或内源性的麻醉剂。身体内自然存在的麻醉剂的两个例子是脑啡肽（**encephalin**）和 β-内啡肽（**β-endorphin**）。

脑啡肽：一种自然存在或内源性的麻醉剂。

β-内啡肽：一种自然存在或内源性的麻醉剂。

重复使用海洛因的四种主要作用如下：无痛觉或痛觉缺失、强化或奖赏、镇静和体温降低。看起来似乎分离的麻醉剂受体与每种作用都有关：

1. **痛觉缺失（analgesia）**。由中脑中一部分被称为导水管周围灰质（periaqueductal grey matter）上的麻醉剂受体产生。

2. **强化（reinforcement）**。麻醉剂的强化作用经由位于基底前脑中一部分被称为伏隔核（nucleus accumbens）上的麻醉剂受体和位于腹侧被盖区

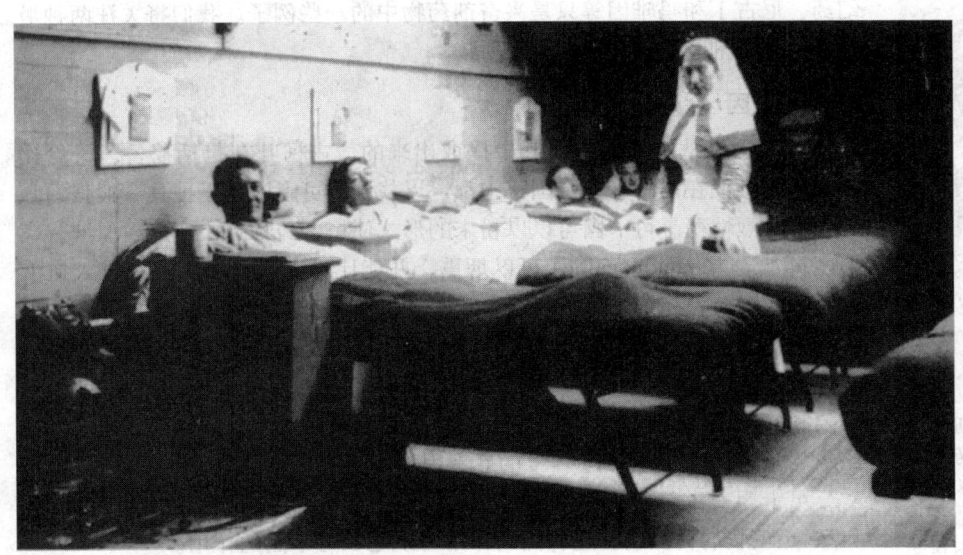

19世纪战地医院中使用的吗啡，有时会导致成瘾。

(ventral tegmental area) 上的麻醉剂受体产生。多巴胺神经递质负责大脑的奖赏系统（见下面的论述），麻醉剂会间接激活多巴胺突触。具体而言，麻醉剂会引起对神经元释放 GABA 的抑制作用，GABA 是一种抑制多巴胺释放的神经递质。因此，麻醉剂可以增加多巴胺的释放。

3. **镇静**（**sedation**）。中脑网状结构中存在相关的麻醉剂受体。
4. **降低体温**（**hypothermia**）。在视前区（preoptic area）有用来降温的麻醉剂受体。

镇痛药：一种减轻痛苦的药物。

麻醉剂对人的心理状态有什么作用？海洛因（最常用的麻醉剂）几乎立刻就能产生欣快感和极度安宁感，随后是放松和满足。吗啡也会产生相似的作用，并且吗啡作为**镇痛药**（**analgesic**）或止痛药也非常有效。不过，重复使用这些药物会有非常严重的后果（例如，攻击行为增加，与他人相处能力下降）。那些经常服用海洛因的人会对海洛因产生耐药性，既定数量的这种药物只会产生递减作用。因而一点也不奇怪：这种不断增加的耐药性，导致大多数海洛因使用者只有靠服用递增的大量海洛因来获得欣快感。

海洛因使用者会迅速对它产生依赖。因此，即使他们清醒地认识到海洛因是一种危险药物，他们也很难停止服用。如果海洛因使用者设法停止服用海洛因，他们会经历多种脱瘾症状。这些症状包括过激的行为、增加的心跳速率、发汗、失眠和无法控制的腿动。不过，这些脱瘾症状通常完全不像电影里所表现的那么剧烈。事实上，他们的症状好像患流感一样（Carlson，1994）。

兴奋剂药物

许多兴奋剂药物都会增加交感神经系统的活动。可卡因、苯丙胺、迷幻药、尼古丁和吗啡因等只是兴奋剂药物中的一些例子。我们将关注两种最重要的兴奋剂药物：可卡因和苯丙胺。

可卡因

可卡因是从古柯的植物叶中提取出来的，古柯叶在包括秘鲁、哥伦比亚和玻利维亚在内的好几个国家中都可以找到。可卡因是一种具有很强的强化性能的烈性药。可卡因可以以粉末的形式使用，药物会快速进入血液。高纯度可卡因（Crack cocaine）可以烟熏，并能比可卡因粉末更快地进入血液和大脑。因此，高纯度可卡因比可卡因粉末更易令人上瘾。

博扎思与怀斯（Bozarth & Wise, 1985）通过实验报道了可卡因效力的一些证据。在实验中，老鼠可以压按杠杆来给自己服用可卡因。经过 25 天不受限制的接触可卡因后，90% 以上的老鼠因为服用太多的可卡因而死去。相比之下，同一时间内只有 40% 的老鼠因为不受限制地接触海洛因而死去。

可卡因对大脑机能有什么作用？可卡因会阻断去甲肾上腺素、多巴胺和 5-羟色胺的再摄取。这种阻断作用可以延长可卡因的作用。

那些服用可卡因的人说，可卡因使他们感到欣快、非常清醒和强有

一个玻利维亚男人正在咀嚼古柯叶。咀嚼古柯叶被作为一种兴奋剂来减轻疲劳、饥饿和干渴。在玻利维亚，古柯植物的叶子被用作药用或宗教用途已有上千年历史。

力。可卡因也会影响他们的行为，通常使人更加健谈和精力充沛。弗洛伊德经常服用可卡因。他在1885年写道:"兴奋和持续的欣快……你感到自制力增加和拥有更多活力和工作能力。"(Freud, 1885/1950, p.9)

这种正面作用在大约30分钟左右会逐渐消失，随之而来的是抑郁和非常疲倦的感觉。服用可卡因后出现的这些负面作用有时被称作"崩溃"。经常服用可卡因的人通常会体验到像幻觉、偏执狂妄想和情绪紊乱等精神病症状。

重复使用可卡因会让人上瘾，但这看上去并不是由于生理性依赖。可卡因使用者停止服用可卡因后并非普遍表现出任何脱瘾症状，当他们服用可卡因时也没有出现对可卡因的耐药性。

> **随着时间改变**
>
> 对所有药物的态度已经改变并且还会继续随着时间而改变。当弗洛伊德第一次尝试可卡因时，他为可卡因作为一种治疗性药物而狂热，并将它推荐给包括他的朋友和家人在内的许多人。他的亲密伙伴弗莱施尔(Fleischl)因此变得对可卡因严重上瘾，最终导致他的死亡(Stevens, 1989)。现在可卡因并不被认为在治疗上是有效的。
>
> 在20世纪60年代和70年代，苯丙胺是一种抑制食欲和对减肥有帮助的处方药。但在其严重副作用为人所知以后，其实际应用便减少了，现被认为是一种很危险的药物。

苯丙胺

苯丙胺是一种作用与可卡因类似的人工合成物质。苯丙胺会使人感到非常警觉、清醒和精神充沛。苯丙胺与可卡因的一个不同之处是苯丙胺的作用通常会持续好几个小时而不是30分钟左右。当苯丙胺的作用消失后，也会出现与可卡因相似的崩溃。持续使用苯丙胺可能会产生精神病症状、高水平的愤怒和攻击行为。

苯丙胺对大脑机能有什么作用呢？苯丙胺的一个分子有与去甲肾上腺素、肾上腺素和多巴胺等神经递质相似的结构。苯丙胺会引起突触前末梢增加释放所有这三种神经递质。苯丙胺还会延长儿茶酚胺神经递质停留在突触间隙的时间，这能增强它们的作用。之所以这样，部分是因为苯丙胺会阻断儿茶酚胺进入突触前末梢进行再摄取。

许多这些药物的自然形式被其他文化使用了上百年。你能想出一些例子吗？

苯丙胺对行为的作用由霍基(Hockey, 1983)进行了总结。中等剂量的苯丙胺会加快作业速度，但这有时要以更多的错误为代价才能获得；增加注意的选择性，一些不重要的环境刺激被忽略；降低短时记忆的能力。

致幻剂

致幻剂(hallucinogens)是一些会产生视幻觉、错觉和其他思想扭曲的药物。一些致幻剂是自然存在的，另一些是合成的或制造的物质。自然存在的致幻剂包括在神奇的蘑菇中发现的二甲-4-羟色胺磷酸(psilocybin)和来自仙人掌植物中的麦司卡林(mescaline)。制造的致幻剂包括麦角二乙胺或LSD、二甲基色胺或DMT和苯环利定或苯环己哌啶(PCP)。

致幻剂：是一些会产生视幻觉和扭曲的思想的药物。

致幻药物对那些服用它的人会产生多种作用。哈尔金与惠特鲍恩(Halgin & Whitbourne, 1997, p.441)断定这些药物会:

> 引起焦虑、抑郁、牵连观念(ideas of reference)[错误地解释无关紧要的

小事具有重要的个人意义]、不能自制的害怕、过分猜疑的想法和普遍受损的机能。还主要表现在知觉变化上，例如感知强化、自我感丧失、幻觉和错觉。生理反应可能包括瞳孔扩大、心跳速度增加、发汗、心悸、视力模糊、发抖和动作不协调。

重复使用致幻剂会导致持久的知觉障碍，这通常是在好几个星期没有服用致幻剂的情况下发生。这种知觉障碍包括病理性重现（flashbacks）、幻觉、妄想和情绪变化，多数这些知觉障碍都与致幻中毒的影响相似。

在各种致幻剂中，了解最多的是 LSD 或迷幻药。它是由一名叫做霍夫曼（Albert Hoffmann）的科学家在 1943 年年底发现的。他吞咽了从真菌中提取的药物，他认为这种药物可以帮助那些有呼吸困难的人。令他没想到的是，这种药物让他在回家的路上产生了生动的幻觉。据霍夫曼描述："它是如此的不正常，以至于我真的害怕自己会变得精神错乱。"20 世纪 60 年代，LSD 在美国的由哈佛大学蒂莫西·利里（Timothy Leary）教授开创的毒品文化中扮演了一个重要角色。

当某人服用 LSD 后，生成的"旅行"通常会持续 4—12 个小时。由 LSD 产生的扭曲的思想过程可能会误导人们思考他们可以安全地从一个高楼的顶部飞下来或跳下来。如果这些妄想起作用的话，它们将会引起死亡。重复使用 LSD 似乎不会导致生理性依赖，当人们停止服用 LSD 后即使有任何脱瘾症状也非常少。LSD 是否可

20 世纪 60 年代，哈佛大学教授蒂莫西·利里（Timothy Leary）将 LSD 等药物描述成"使人感觉强烈的药"，并极力鼓吹它们的用途。他建议人们去"接收（tune in）、开始（turn on）和放弃（drop out）"这些药物，并为震惊世界的"毒品文化"的确立做了很多贡献。

能引起**心理性依赖**（psychological dependence）还不完全明确。

PCP 或 "天使尘" 的一些作用与 LSD 相似，但它是一种更危险的药物。PCP 可以使人具有攻击性、愤怒和暴力，并能产生一些精神分裂症状。它还能引起精神错乱和刻板印象行为。最糟糕的是，它可能引起高血压、抽搐，甚至昏迷。

致幻剂对大脑有什么作用？LSD 的结构与 5-羟色胺的结构相同，因此它对 5-羟色胺系统有影响。具体来说，LSD 是一种 5-羟色胺促效药，它会刺激 5-羟色胺受体。我们还知道 5-羟色胺负责对梦的控制（Carlson，1994）。如果我们将这些事实放到一起，可以推断即使个体是清醒的，LSD 对大脑的一些作用也会使人产生梦样的活动。PCP 会刺激多巴胺神经递质的释放（Gorelick & Balster, 1995）。不过，"研究继续试图发现大脑回路受到 PCP 的特别影响"（Rosenzweig, Leiman & Breedlove, 1999, p.97）。

大麻

大麻是对主要生长在温暖气候的大麻或麻类植物干叶的称呼。这种植物中主要的活性成分是 δ-9-四氢大麻酚（delta-9-tetrahydrocannabinol）或四氢大麻酚（THC）。大麻中含有许多类似 THC 的化学物质，这些化学物质中的一些可能对大脑也有作用。海希吸（hashish）同样含有 THC。海希吸比大麻更有效力，因为它含有从大麻植物的树脂中提取出来的 THC。THC 会与位于包括海马、小脑、尾状核（caudate nucleus）和新皮质等在内的大脑不同区域的受体结合（Matsuda, Lolait, Brownstein, Young & Bonner, 1990）。THC、大麻、海希吸和一些有关物质都被认为是大麻素类（cannabinoids）。THC 的一个作用是刺激多巴胺的释放。陈等人（Chen et al., 1990）在注射过 THC 后的老鼠伏隔核和前额皮质内侧都发现有释放的多巴胺。蒂托马索等人（Di Tomaso, Beltramo & Plomelli, 1996）发现，巧克力中含有少许大麻素类。这有助于解释为什么会有那么多人喜欢吃巧克力。

据中国记录，大麻因其对精神的作用而被服用至少有 6000 年的历史。它常以大麻叶烟的形式被抽食，但它也能用来咀嚼或注射。大麻的作用能持续约两个小时，但 THC 可以在身体内停留好几天。

大麻对精神过程和行为有什么作用呢？它的心理作用变化惊人，部分取决于服用大麻的人对药物的预期。小剂量大麻的作用往往相当微妙。根据全国大麻与药物滥用（问题）委员会（1972, p.68）的看法，服用小剂量大麻：

可能会体验到一种增加的欣快感；开始是不安和高兴，随后是精神恍惚，无忧无虑的放松状态；感知的变化包括时空扩展；更多生动的触觉、视觉、嗅觉、味觉和声觉；饥饿感，尤其是对糖的渴望；思维形成和表达等方面的微妙变化。

大剂量的大麻会带来更多的负面作用，包括动作协调性差、无法集中注意力、社交退缩、短时记忆受损、感觉扭曲、流眼泪和言语不清。这些负面作用中的一些作用会影响个体开车的能力。在对美国亚拉巴马州致命车祸的一项研究中发现，车祸中 17% 的司机服用了大麻（Fortenberry, Brown & Shevlin, 1986）。使用大麻

心理性依赖：服用一种既定药物所产生的强烈的愉快状态和/或没有服用这种药物时所引起的严重的脱瘾症状；或者生理性依赖的缺乏。

请给出大脑中受大麻影响的部位，并预测大麻对行为有什么作用？

> **大麻和精神病**
>
> 近年来，由于使用大麻而引起精神病的事件在许多国家都有报道。这是一种可能在昏睡周期中产生攻击的异常爆发和产生精神分裂症和/或抑郁症状的状态（Rey & Tennant, 2002）。原因可能是大麻的强度较大，即高浓度的THC，和/或对药物的基因易损性。在瑞典、荷兰、新西兰和美国进行的纵向研究都证明，使用大麻和精神病两者之间有因果关系，这种关系随着药物使用的数量而成比例地增加。现今研究主要关注：使用大麻是激发精神病的一个潜在诱因，还是它确实会引起精神病。

使得司机意识到他们应该停下来的反应较慢，不过一旦当他们决定停下来时，大麻对他们反应时间的影响则很少或没有影响（Moskowitz, Hulbert & McGlothin, 1976）。

大麻通常不会很上瘾，其任何脱瘾症状（例如，恶心、睡眠障碍）都倾向于是温和的和短暂的。不过，许多人都在长时期内定期服用大麻，这种长时间的使用会有各种可能的负面作用。第一，它可能会通过引起咳嗽、气喘和支气管炎损害呼吸功能。第二，有人声称大麻会降低人的动机水平，妨碍人们有效工作。但只有少量证据支持这种说法。布里尔与克里斯蒂（Brill & Christie, 1974）发现，使用大麻的人和没有使用大麻的人在大学的学业成绩相同。不过，长期大量使用大麻有可能导致嗜睡。

第三，有人假设长期使用大麻的男性会降低男性的性激素睾丸酮的水平，从而损害男性的性功能。但大多数证据都不支持这种假设（见 Pinel, 1997）。第四，有人认为使用大麻可能导致身体疾病，因为它会损害免疫系统功能和引起心跳加速。但是，重复试验得出的证据是，这一观点不能让人信服。

药物成瘾

为什么进行药物成瘾的研究可能会很困难？

虽然世界各地成千上万的人都声称有过一些形式的药物成瘾。但要给"成瘾"下一个很好的定义并不容易。《精神疾病诊断与统计手册》（第四版，DSM-IV；美国精神病学会，1994）谈到物质关联疾患（substance-related disorders）。那些遭受这种疾患的人通常会表现出依赖，这由"表明个体尽管有重要的物质关联问题仍在继续使用的认知的、行为的和生理的症状群"组成（p.176）。DSM-IV 中用来确认药物依赖的一些判断标准如下：耐药性（例如，为了达到一个既定的作用需要更大剂量的药物）；减少或控制使用药物的努力不成功；通常服用药物的量或时间比个体有意服用的量或时间更大或长；个体用大量时间来确信他/她有机会接近药物；使用药物的结果是个体减少或放弃重要的社交、职业或娱乐活动。

药物耐药性：由于频繁使用某种药物，使得既定数量的这种药物的作用减少。

大多数药物使用者都会形成**药物耐药性**（**drug tolerance**），这意味着任何既定数量药物的作用都会由于重复使用而趋于降低。例如，含少量酒精的饮料可能会对某个以前从来没有喝过酒的人有醉人的作用，但对有经验的喝酒者只有很小或没有作用。一点也不奇怪，药物耐药性经常导致药物使用者日益增多地服用大量的药物。

什么会引起药物耐药性呢？这有多个因素。第一，体内药物被分解或代谢的速度可能加快。就以酒精来说，肝脏会增加各种酶产生的速度，从而加速酒精的新陈代谢。第二，神经元可能会对重复使用的药物的作用变得不敏感。

第三，情境因素也相当重要。例如，利等人（Le et al., 1979）研究了老鼠在服用酒精后体温的降低。当老鼠在同一房间好几天服用酒精时，其药物耐药性会增加（即，体温逐渐减少得少了）。不过，当已经形成耐药性的老鼠在一个新的情境下服用酒精时，就没有耐药性的证明（即，体温的减少量与实验开始时一样多）。

教材上关于药物成瘾的讨论有时会给人这样一种印象：个体通常只对一种药物上瘾或只依赖一种药物。事实上，情况并不是这样。大多数药物滥用者都是两种或两种以上药物的过度使用者（Gossop，1995，p.440）。

研究药物成瘾或药物依赖有两个主要的理论研究方法。一种理论方法（身体依赖理论）认为，人们对一种药物上瘾是因为不服用这种药物是如此的令人不舒适。另一种理论方法（正奖赏理论，positive reward theory）认为，成瘾之所以发生是因为药物被视为如此的令人舒适和富有成效。我们现在就来考察与这两种理论相关的证据。

身体依赖理论

人们经常认为成瘾包含**身体依赖**（physical dependence），当身体需要一种既定的药物并且如果这种药物不再可得就会出现严重脱瘾症状时就会发生身体依赖。具体来说，它假设"身体依赖使成瘾者陷入一个吸毒和脱瘾症状的恶性循环。那些药物吸入量已经达到一个足以诱发身体依赖水平的药物使用者，由于受脱瘾症状的驱动，每次在他们给自己用药时会试图缩减药物的吸入量"（Pinel，1997，p.340）。这一理论得到许多非专家人士的拥护，但是这一理论有严重缺陷。

身体依赖：是一种身体需要一种既定药物，并且除去这种药物将产生各种脱瘾症状的状态。这种状态也被称为生理性依赖。

证据

许多药物成瘾者都经历过**解毒**（detoxification）的过程。解毒就是逐步清除使他们上瘾的药物直到药物从他们的身体内完全消失并且他们不再出现脱瘾症状。根据身体依赖理论，解毒应该能够停止成瘾。然而实际情况完全不同。事实上，只要有机会，大多数解毒成瘾者很快就会又开始服用起药物。

解毒：是一个将药物逐步从成瘾者身体中清除直到他们身体内没有药物并且也不再经历脱瘾症状的过程。

根据身体依赖理论，当某人停止服用他们已经形成依赖的药物时，应该有脱瘾作用。情况大多是这样，但也有不少例外。例如，像可卡因和苯丙胺这样的药物，就很少与严重的脱瘾症状相关（Kalat，2000）。

就像我们已经看到的，身体依赖理论很难解释即使所有的药物痕迹都从他们的身体内清除之后为什么成瘾者还会经常复发。库布等人（Koob et al.，1993）认为，可能还包含一个条件作用过程。假设一个成瘾者回到一个他/她和药物有相当多过去经验的情境中。暴露在这种情境中会产生条件性的脱瘾作用，这种条件性的脱瘾作用可能会劝诱成瘾者继续服用已经成瘾的药物。但事实上，成瘾者回到他们吸毒的环境更有可能体验到正面作用而不是负面的脱瘾作用。例如，一些海洛因成瘾者被称为"注射怪人"（needle freaks），因为他们似乎很喜欢用空的注射器注射自己。

❖ 评估

- ⊕ 身体依赖理论可以帮助解释对酒精的依赖。
- ⊕ 预测的脱瘾症状经常被发现。
- ⊖ 解毒的代表性失败与理论预期相反。
- ⊖ 理论预测的强烈脱瘾作用在一些药物中往往没有被发现（例如，可卡因、苯丙胺）。
- ⊖ 身体依赖的拥护者不强调药物的奖赏价值在成瘾或依赖中所起的作用。

正奖赏理论

正奖赏理论的关键假设由怀斯简洁地表达出来（Wise，1996，p.319）："使人成瘾药物的药理性奖赏是习惯形成的，因为它们会在促进更多自然的和生物学上的重要奖赏的大脑回路中起作用。"具体来说，它认为一些主要与奖赏有关的脑区位于前脑内侧束（穿过下丘脑的部分）、腹侧被盖区、伏隔核和脑桥。还认为重要的是，"一些更易使人成瘾的物质……会提高……伏隔核和其他多巴胺终端场所中多巴胺的浓度。"（Wise，1996，p.333）多巴胺（dopamine）是一种在包括前脑内侧束和伏隔核在内的大脑多个部分中发现的神经递质。

> **多巴胺**：一种与大脑奖赏系统有关的神经递质。

许多药物成瘾者即使药物本身似乎并没有产生多少快乐还是继续服用药物，很大程度上是由于对药物增加的耐药性。罗宾逊与贝里奇（Robinson & Berridge，1993）认为，这可以由药物本身带来的愉快作用和对服用药物预期的愉快作用间的区别来解释。最初，药物是由于本身的愉快作用而被服用，但对成瘾者来说，主要是由于对药物预期的愉快作用而服用。

证据

> 对老鼠实施大脑研究的优缺点是什么？

最先尝试将奖赏系统定位于大脑，是由奥尔兹与米尔纳（Olds & Milner，1954）报道的。他们发现，可以训练老鼠按压杠杆来接收大脑隔区的刺激。随后的研究（例如，Olds & Olds，1963）指出，边缘和间脑结构的大范围刺激也是有奖赏的，并且表明前脑内侧束特别重要。在许多这些研究中，老鼠努力工作来接收大脑的自我刺激，有时按压杠杆多达每小时2000次。这些发现表明，自我刺激很有奖赏性。从这些自我刺激研究中得出的一个关键发现是，大脑刺激多半对释放多巴胺的轴突束有奖赏，表明多巴胺在大脑的奖赏系统中起着重要作用。

自我刺激是有奖赏的大部分区域位于中脑多巴胺系统（mesotelencephalic dopamine system）内。这是一个发自中脑进入前脑不同区域的多巴胺能神经元系统。但就像在左侧图表中所看到的，许多脑区（至少在老鼠的大脑里）都显示了大脑刺激的奖赏作用。

评估中脑多巴胺系统作用的另一种方法是进行损害研究，在损害研究中系统的一些部分被损害或被破坏。好几个研究都证实了这个区域的重要性。菲比格等人（Fibiger et al.，1987）发现，损害腹侧被盖区会使自我刺激的产生出现实质性的减少。

关于多巴胺在奖赏系统和在药物成瘾中作用的证据，可以通过实施有选择地阻断多巴胺的多巴胺能拮抗药获得。这种拮抗药被发现可以减少动物的自我刺激（见Rosenzweig et al.，2002）。此外，对人类的研究揭示，多巴胺能拮抗药可以消除对可

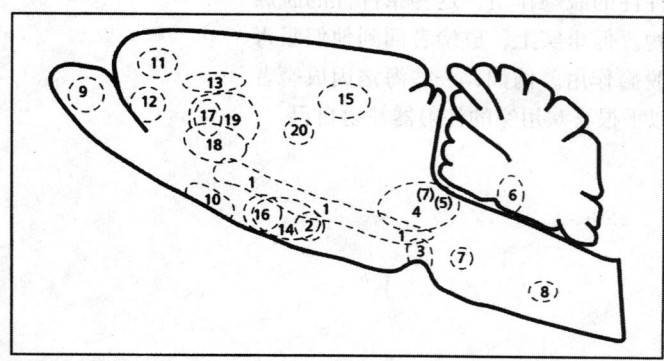

被记录的大脑刺激有奖赏作用的老鼠大脑区域。一些重要的区域是前脑内侧束（图中的1）、黑质和腹侧的部分区域（图中的3）、伏隔核（图中的18）。引自Wise（1996）。

卡因的渴望（例如，Berger et al., 1996）。它们还能消除与使用苯丙胺有关的欣快感（例如，Wise & Bozarth, 1984）。

建立包含一个与在自我刺激研究中所确定的相同奖赏系统的自然的和生物学上的重要奖赏（例如，食物、饮料、性）很重要。概括的说，那是事实（见 Wise, 1996）。另外还发现性兴奋与多巴胺的释放有关（Kalat, 2000），并发现向猴子呈现果汁会导致多巴胺水平增加（Mirenowicz & Schultz, 1996）。

上面讨论的大多数使人成瘾的药物都是通过上述奖赏系统起作用的吗？各种研究表明答案是"肯定"的。首先，最清楚的预测是滥用药物可能增加自我刺激对按压杠杆速度的作用。用苯丙胺、吗啡、可卡因、尼古丁和大麻等好几种药物做实验都证实了这一预测（Wise, 1996）。

其次，多巴胺在奖赏系统里起着至关重要的作用。就像我们看到的，好几种药物不是直接就是间接地增加多巴胺的活性。这些药物包括麻醉剂（例如，海洛因、吗啡）、兴奋剂（例如，可卡因、苯丙胺）、大麻和 PCP。其他使人上瘾的药物是否也会增加多巴胺的活性还不是很清楚。但有一些证据表明，酒精易上瘾的作用部分取决于多巴胺系统（Samson et al., 1993）。

最后，库哈等人（Kuhar et al., 1991）报道了更多关于多巴胺重要性的证据。他们以动物做实验，在实验中观察有选择地阻断多巴胺受体的药物对动物的作用。就像理论所预测的，这些药物完全破坏了可卡因的奖赏特性。

我们必须避免过分强调上述奖赏系统和多巴胺在药物成瘾中的重要性。例如，卡尔森与怀斯（Carlezon & Wise, 1996）发现，海洛因在多巴胺突触被阻断后继续具有一些奖赏作用。LSD 依附于（和刺激）5-羟色胺受体而不是多巴胺受体。小剂量的亚甲二氧基甲基苯丙胺（一般称为迷魂药）会刺激多巴胺的释放。但在大剂量的情况下，它对 5-羟色胺突触的作用会逐渐增大。

我们可以得出什么结论呢？怀斯（Wise, 1996, p.332）查阅了文献资料，作出如下总结：

> 几种更令人上瘾的物质（精神运动兴奋剂（psychomotor stimulants）、麻醉剂、尼古丁、苯环利定和大麻）结合（一起工作）有奖赏的前脑内侧束刺激，会提高——就像刺激本身所做的……——伏隔核和其他多巴胺终端场所中的多巴胺浓度。

❖ 评估

- ⊕ 正奖赏理论有助于解释对麻醉剂、兴奋剂、大麻和 PCP 等许多药物的依赖。
- ⊕ 与奖赏有关的主要脑区已被确认，并且对多种药物来说，多巴胺的关键作用也得到了确定。
- ⊖ "并非所有易上瘾药物都会引起奖赏阈限确实的减少或者提高细胞外的多巴胺水平。"（Wise, 1996）这一理论没能很好地运用到酒精、咖啡因、巴比妥酸盐和苯二氮卓类等药物中去。

内分泌系统：由许多释放激素到血液中的腺体组成的系统。

激素：释放到血液中的化学物质。

— 虽然许多脑区的刺激是有奖赏的或起增强作用，但仍不清楚是否存在一个单一的奖赏系统或是许多局部相连的奖赏系统。

内分泌系统和激素

内分泌系统（endocrine system）由脑垂体、甲状腺、副甲状腺、肾上腺、胰腺和性腺等多种腺体组成。内分泌系统不是神经系统的组成部分，但是在内分泌系统和周围神经系统之间有许多相互作用。具体而言，内分泌系统会分泌激素（来自希腊语"hormon"，意指兴奋）。**激素**（hormones）是释放到血液中的化学物质，它们是如此重要，以至于被描述为"生命的信使"。已经确认了十几种激素，新的激素还在不断被发现。

激素有不同种类。一类激素由蛋白激素（例如，胰岛素）和肽激素组成，两者都由氨基酸链构成。一般来说，蛋白激素的氨基酸链比肽激素的氨基酸链要长。另一类激素由甾类激素组成，每个甾类激素含有四个碳环。甾类激素（大多数的甾类激素将在下面进一步讨论）的例子有孕激素（progesterone）、睾丸激素（testosterone）、雌二醇（estradiol）、皮质甾酮（corticosterone）和皮质醇（cortisol）。一般来说，蛋白激素会在相当短的时间内（数秒或数分钟）产生作用，而肽激素通常需要数小时才能起作用。

激素对我们的情感和行为有重大影响。但是它们需要一段时间才能产生影响，因为大多数激素通过血液传递速度较慢。内分泌腺是无管分泌腺。它们可以和将汗液或眼泪等物质通过管和通道排出身体表面的有管或有通道的分泌腺相比。

罗森茨威格等人（Rosenzweig et al., 1999）认为，激素活动有10个一般原则：

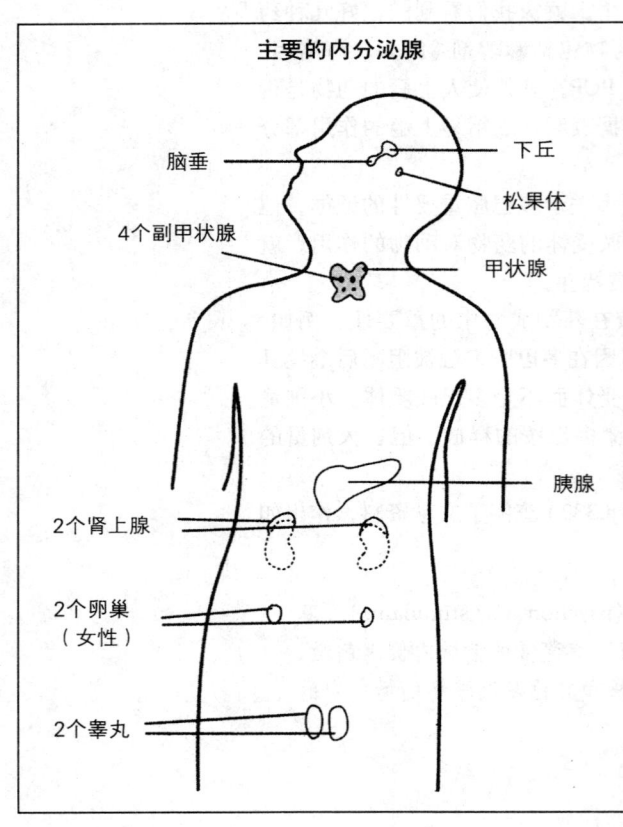

主要的内分泌腺

- 脑垂
- 下丘
- 松果体
- 4个副甲状腺
- 甲状腺
- 胰腺
- 2个肾上腺
- 2个卵巢（女性）
- 2个睾丸

你能想出有助于激素释放的一些环境因素吗？

- 大多数激素都是逐渐发挥作用。
- 激素通常会改变一些行为方式的强度和可能性，但没有更多重要的作用。
- 激素既可以通过环境因素释放，也可以通过内部因素释放。
- 大多数激素都会有多种不同作用，这些作用包括对器官、组织和行为的作用。
- 激素产生的量通常较少，并倾向于突然分泌或释放。
- 若干激素系统受到昼夜节律系统的强烈影响，因此激素水平每天都在变化。

- 激素大多对其他激素有影响。
- 激素会引起各种新陈代谢变化，并可参与蛋白质、脂类和糖类的分解。
- 任何既定激素在不同的物种之间可能会有不同的功能。
- 激素只对特定的细胞起作用，即，那些含有"识别"这种特定激素的蛋白质的细胞。

激素沟通对神经沟通

激素沟通和以神经递质作为媒介的神经沟通（先前讨论过的）之间有多方面的相似性。第一，内分泌腺为随后的释放储存激素，神经元为随后的释放储存化学物质。第二，多种化学物质（例如，肾上腺素、去甲肾上腺素、缩胆囊素（cholecystokinin））既像激素一样起作用，也像神经递质一样起作用。

激素沟通和神经沟通的主要区别是什么？一些重要区别如下：

- 神经信息快速分布（数毫秒内），激素信息分布得相当慢（数秒、数分钟，甚至数小时）。
- 神经信息通过激活肌肉和腺体直接控制身体的活动，内分泌系统经由激素在血液中的循环来间接地对身体的活动施加控制。
- 神经系统中的神经递质具有明确和非常局部的作用，激素通常遍布全身。
- 神经系统中的神经递质一般只有短暂的作用，而激素则可以长时间保留在血液中。

韦斯滕（Westen，1996，p.84）巧妙地总结了两种系统之间的区别。他认为，"通过两个系统所发生的沟通间的区别，类似于口碑传播[神经系统]和大众传媒[内分泌系统]（能同时向亿万人传递信息）间的区别"。

我们将对主要的腺体和与这些腺体有关的激素进行讨论（覆盖的范围并不详尽）。内分泌系统的各个部分将分开讨论，这可能表明这些部分在许多方面彼此独立起作用。事实上情况并不是这样。内分泌系统的构成部分之间有一个合理量的相互依赖。并且整个内分泌系统应被视为是一个更大的综合系统的组成部分。

神经系统	内分泌系统
• 由神经细胞组成	• 由无管分泌腺组成
• 通过传递神经冲动起作用	• 通过激素的释放起作用
• 快速起作用	• 缓慢起作用
• 直接控制	• 间接控制
• 神经递质明确的局部作用	• 激素遍布全身
• 短暂的作用	• 激素在血液里保留一段时间

下丘脑

下丘脑：前脑中与吃、喝、性活动和体温调节有关的一个细小结构。

内分泌系统的组成部分分布在身体的不同区域。但是大部分内分泌系统都由下丘脑（hypothalamus）控制，它是大脑底部一个细小的结构。下丘脑与脑下垂体前叶直接相连。下丘脑激素（例如，促肾上腺皮质素释放因子）会刺激脑下垂体前叶分泌激素。然后，脑下垂体前叶分泌的激素会控制其他内分泌腺的功能。但是，发生的事情并不像下丘脑控制脑下垂体前叶而脑下垂体前叶又控制其他内分泌腺这么简单。另外，内分泌腺释放的激素通常会影响下丘脑和脑下垂体前叶。具体来说，存在一个负回馈系统（Wickens，2000）：脑垂体会觉察到激素水平的增加，从而导致它所控制的激素减少释放。

脑垂体

鉴于脑垂体的重要性，它通常被认为是身体的"主腺"。脑下垂体前叶会合成多种激素，这些激素的释放由下丘脑控制。这些激素有：

- 生长激素（growth hormone），促进身体的生长。
- 催乳激素（prolactin），控制乳腺的分泌。
- 促肾上腺皮质激素（adrenocorticotrophic hormone，ACTH），控制肾上腺皮质的分泌。
- 促卵泡成熟激素（follicle-stimulating hormone），帮助控制性腺的分泌（性器官）。
- 黄体生成素（luteinising hormone），也在控制性腺的分泌中起作用。
- 促甲状腺激素（thyroid-stimulating hormone），控制甲状腺的分泌。

脑下垂体后叶（posterior pituitary gland）是下丘脑的一个分支。它会释放以下激素：后叶加压素（又称抗利尿激素，它会刺激肾脏保留身体的水分）和后叶催产素（它

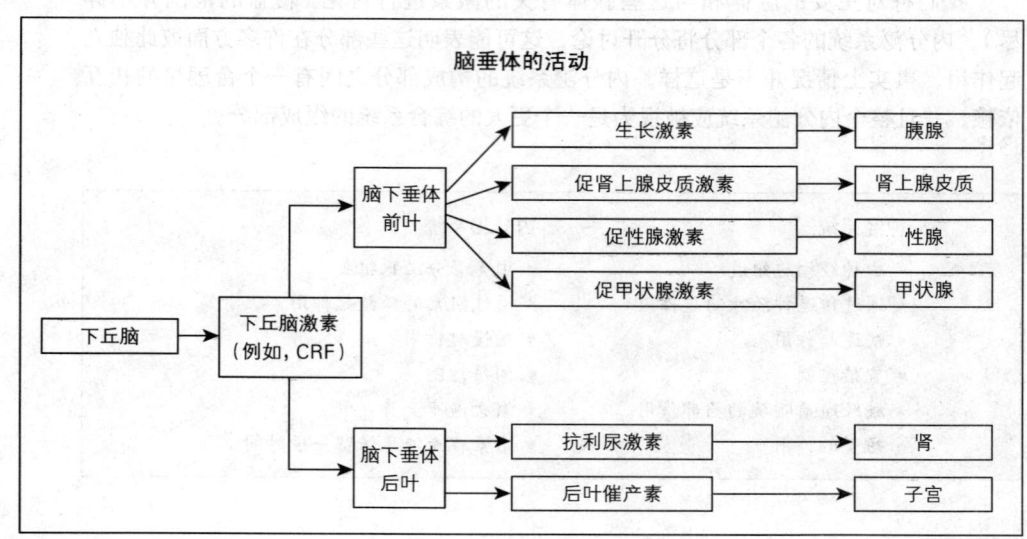

可在分娩过程中使子宫平滑组织收缩），有证据表明后叶催产素可以帮助减少紧张（见第 5 章）。此外，脑下垂体后叶还会释放少量的其他肽类。

性腺

性腺就是身体的生殖腺（见第 3 章）。男性性腺被称为睾丸，女性性腺被称为卵巢。来自脑下垂体前叶的黄体生成素会刺激性腺的活性。男性性腺产生精子，女性性腺产生卵子。性腺也会分泌多种激素：

- **雄激素（androgens）**。雄激素（有一点误导）被称为雄性类固醇激素，可在绝大多数男性性腺中发现；主要的雄激素是睾丸激素，在某种程度上会影响性驱力。
- **雌激素（oestrogens）**。主要在卵巢中产生的一系列性激素，主要的雌激素是雌二醇；它们会影响乳房生长、女性性腺发育，可能会影响性驱力。
- **促孕激素（gestagens）**。由卵巢产生的一系列激素；这些激素（黄体酮是其中主要的一种）可以帮助促进怀孕和维持怀孕。

女性灵长类有一个被称为月经周期的生殖周期，其他哺乳动物的女性有发情周期。两种生殖周期都从脑下垂体前叶分泌促性腺激素开始。这些激素刺激包围卵子的卵泡的生长。随着卵泡的发育雌二醇被分泌，同时分泌的雌二醇引起子宫的发育。然后，脑下垂体前叶分泌引起排卵的黄体生长素。

雄激素：在绝大多数的男性性腺中和少量的女性性腺中发现的一类激素。

雌激素：在绝大多数的女性性腺中和少量的男性性腺中发现的一类激素。

促孕激素：由卵巢产生的并在怀孕期间被使用的一类激素。

肾上腺

有两个肾上腺位于肾脏正上方。每个肾上腺都由一个被称为肾上腺髓质的中心部分和一个被称为肾上腺皮质的外层覆盖物组成。当肾上腺受到来自脑下垂体前叶的 ACTH 的刺激时，肾上腺分泌包括肾上腺素和去甲肾上腺素在内的多种激素。肾上腺素和去甲肾上腺素会在觉醒（例如，增加心跳速率和增加血压）和影响交感神经系统方面起作用。高水平的肾上腺素和去甲肾上腺素有时被用来作为对紧张的测量（见第 5 章）。

肾上腺皮质会释放（肾上腺）皮质酮、皮质醇、（肾上腺）皮质脂酮和皮质甾醇等糖（肾上腺）皮质激素。糖（肾上腺）皮质激素帮助将储存的蛋白质和脂肪转化为更多可使用的能量形式。它们也为抑制免疫系统服务。此外，皮质甾醇有很强的消炎作用，并且它是由肾上腺释放的对伤害作出反应的激素。

女性中哪种心理问题可以归因于激素的变化？

甲状腺和副甲状腺

包含声带的甲状腺正好位于气管的下方。甲状腺会产生提高身体新陈代谢速度的甲状腺素。甲状腺分泌过多的甲状腺素，会使人体重下降和失眠。甲状腺素分泌不足，则会引起肥胖和一般的行动迟缓。

副甲状腺靠近甲状腺。它的功能相当有限。副甲状腺会释放激素降钙素（calcitonin)。这种激素会减少骨骼中钙的释放，并会通过这种方式来防止血液中的钙水平变得过高。

胰腺

胰腺在身体的中央靠近肾上腺和胃。它会分泌两种重要激素：胰岛素和胰高血糖素（glucagon）。胰岛素会影响血液中葡萄糖的浓度，胰高血糖素会刺激葡萄糖释放进血液。胰岛素分泌不足会导致高血糖和**糖尿病（diabetes mellitus）**。这种情况具有潜在的致命性，但它可以通过注射胰岛素的方式得到控制。胰岛素分泌过多会导致低血糖、过度疲劳和头晕。胰岛素水平还会影响饮食行为（见第3章）。

糖尿病：是一种胰岛素未能产生被身体吸收的葡萄糖而引起血液中葡萄糖含量过多的情况。

松果体

松果体相当小，也就是一粒豌豆大小。它位于脑干的上方，接收来自交感神经系统的神经冲动。松果体会释放一种褪黑激素（melatonin）。这种激素通常只在夜晚释放，这能解释为什么它有时被称为吸血鬼激素（Dracula hormones）。褪黑激素是一种重要的激素，因为它在诱发睡眠方面起主要作用（见第4章）。

激素有多重要？

就像我们看到的，激素对我们的身体、感情和行为有许多不同的作用。因此，我们需要研究激素及其工作机制以达到对人类行为的全面了解。不过，有关激素重要性的最清楚的证据，可以通过考察如果各种激素水平变得不足或过多时所产生的后果来看到。例如，考察甲状腺释放水平不正常的个体。那些甲状腺释放水平过多的个体通常非常焦虑和激动。相反，甲状腺释放水平过低的个体则经常会感到抑郁和表现出认知缺损。

还有很多其他激素水平不正常的负面后果，但是这里我们只考虑两种后果。一些肾上皮质释放糖（肾上）皮质激素过多的个体会患上库欣综合症（Cushing's syndrome）。该症状的特点是抑郁、疲劳和头发分布不正常。副甲状腺缺陷会引起基底神经节钙沉积的积累，这反过来会导致一系列与精神分裂症相似的症状。总之，激素水平的不足或过多都有可能产生种种行为的、解剖学的和生理的障碍。

小　结

进化论和遗传学

达尔文认为，物种经过自然选择的过程而演变。选择繁殖的研究支持这种观点。性状通过基因从上一代传递到下一代。最重要的是受精，在受精过程中，一个卵细胞中的遗传物质与一个精细胞中的遗传物质结合形成一个受精卵。遗传因素会影响个体在智力、人格和精神障碍方面的差异。进化心理学为配偶选择、利他、嫉妒和欺骗觉察提供了线索。但是，进化心理学经常是推测的，并没有很好地解释文化对行为的影响。

神经系统

神经系统由神经元和胶质组成。神经系统可以分为中枢神经系统（大脑和脊髓）和周围神经系统。大脑有三个主要区域（后脑、中脑和前脑）。后脑包括负责平衡控制和运动控制的小脑。它还包括帮助控制呼吸、唾液分泌的髓质和心血管系统。中脑由顶盖和被盖组成。中脑中存在感觉信息传递的路线和部分网状结构。另外，中脑还包括黑质，损害黑质会导致帕金森氏症。前脑的外层部分是大脑皮层，人类大脑皮层主要由新皮质组成。大脑皮层有四个脑叶：额叶（负责对注意和工作记忆的控制）、顶叶（负责处理身体感觉和触觉信息）、颞叶（负责语言加工和一些情感行为和动机行为）和枕叶（专门负责视觉加工）。前脑还包括下丘脑和丘脑。下丘脑负责控制体温、饥饿和干渴，丘脑是感觉信号的中继站。周围神经系统由躯体神经系统（与外部环境的相互作用有关）和自主神经系统（与身体内部环境有关）组成。自主神经系统又分交感神经系统和副交感神经系统。当能量和觉醒被需要时（例如，紧张的情境）涉及交感神经系统，当能量需要被保存时则涉及副交感神经系统。

突触和神经递质

当神经元放电时，就会释放穿过突触进而影响相邻神经元受体的化学物质或神经递质。神经递质会改变相邻神经元的膜电位，减少或增加受体神经元放电的机会（或频率）并产生动作电位。在动作电位开始时，钠离子进入神经元，紧接着钾离子被逐出神经元。一共有六类神经递质。由于再摄取和酶的降解，它们对突触只有短暂的影响。突触和神经递质的知识对理解药物的作用很重要。

药物与行为

酒精是一种可以减轻焦虑的镇静剂药物。麻醉剂（例如，海洛因、吗啡）首先会产生欣快感，随之是满足感。长期使用会导致攻击行为和无能与他人相处。可卡因会使人感到欣快、强有力和非常清醒，但是重复使用会产生精神病症状。苯丙胺的作用与此相似。可卡因和苯丙胺是**多巴胺促效药（dopamine agonists）**，多巴胺会影响大脑的奖赏系统。像 LSD 和 PCP 这样的致幻剂会产生幻觉、错觉和其他思想扭曲。长期使用致幻剂会产生焦虑、过分猜疑的想法和攻击行为。致幻剂会影响 5-羟

多巴胺促效药：刺激神经递质多巴胺活性的药物。

色胺系统。大麻含有引起放松、高兴和增加性兴趣的THC。长期使用可能导致生殖功能降低和极度嗜睡。许多令人上瘾的药物（例如，麻醉剂、兴奋剂药物）都会增加多巴胺分泌和包括前脑内侧束在内的奖赏系统的活性。不过这一系统并没有很好地解释酒精、咖啡因和巴比妥酸盐的作用。

内分泌系统和激素

内分泌系统由包含脑垂体、甲状腺、副甲状腺、肾上腺、松果体、胰腺和性腺在内的许多腺体组成。内分泌腺会分泌或释放激素。激素逐渐起作用并且通常对身体大部分区域有多种作用。大部分内分泌系统都由下丘脑控制。下丘脑与释放多种激素的身体"主腺"脑下垂体前叶相连。性腺是身体的生殖腺；它们会分泌雄激素、雌激素和促孕激素。肾上腺会分泌多种激素（例如，肾上腺素、去甲肾上腺素和皮质醇）。甲状腺会产生增加身体新陈代谢速度的激素甲状腺素。胰腺会分泌胰岛素（控制血糖水平）和胰高血糖素（刺激葡萄糖释放进血液）。

深入阅读

- Buss, D.M. (1999). *Evolutionary psychology: The new science of the mind.* Boston:Allyn & Bacon. This was the first textbook on evolutionary psychology, and it describes clearly the successes (and failures) of this approach.
- Kalat, J.W. (2000). *Biological psychology* (7th ed.). Belmont, CA: Wadsworth. This text-book contains accessible accounts of the nervous system and its effects on behaviour.
- Rosenzweig, M.R., Breedlove, S.M., & Leiman, A.L. (2002). *Biological psychology: An introduction to behavioural, cognitive, and clinical newroscience* (3rd ed.). Sunderland, MA: Sinauer Associates. The biological bases of behaviour are discussed in detail in this textbook.

第 3 章
动机和体内平衡

本章概要

- **需求理论**
  动机理论

  马斯洛的需求层次；
  自我实现
  奥尔德弗的 ERG 理论

- **体内平衡：体温和饥饿**
  调节身体的内部环境

  体温
  调节机制
  体温调节系统
  饥饿和摄食行为
  什么食物适合
  体重调节系统：化学物质，下丘脑，饱足感
  饮食多样化
  肥胖

- **性和性行为**
  生理过程和进化史

  遗传多样性
  女性生殖系统
  男性生殖系统
  马斯特斯和约翰逊的性行为研究
  性激素
  性取向
  威尔逊和生物社会学
  特里弗斯的亲代投资理论
  鲍迈斯特——性行为的性别差异

- **工作动机和绩效**
  工作中影响成功的要素

  人格：A 型行为模式，控制点
  亚当斯的公平理论
  洛克的目标设置理论

动机研究对于充分理解人类行为是非常重要的。动机有助于确定我们的学业好坏，我们工作的种类，我们做的工作有多成功，以及我们怎样消磨空闲时间。动机与下面的内容密切相关：

- **行为的指向**。追求目标。
- **行为的强度**。投入行为的努力、专注度等。
- **行为的持续**。达到目标前追求目标的程度。

泰勒等人（Taylor, Sluckin, Davies, Reason, Thomson & Colman, 1982, p.160）提出了一个包括上述几个成分的定义："心理学家一般将动机理解成是一个过程或一系列过程，这些过程会以某种方式激发、引导、维持并最终终止于某个目标导向的行为序列。"比如，如果某人非常饥饿，我们就会期望他们的行为指向寻找食物和进食的目标；我们会期望他们投入很大精力去寻找食物，直至找到为止。

想要对人类动机获得充分理解是很困难的。这主要有两个原因。第一，人容易被一系列颇具迷惑性的目标所激发。我们大多数人都会有动机去吃喝，去寻找有吸引力的性伴侣，去获得高自尊，为他人喜欢，去赚钱和享受生活。我们中的一些人会有动机去成为一名伟大的运动员，去著书立说，去环游世界或是上电视。

第二，动机包含了几个在不同水平起作用的过程。例如，饥饿内驱力和饮食行为。进食行为部分地取决于基本的生理过程。然而，生理过程也会依赖各种心理因素，例如，一天中定时进食的习惯（如，正午左右）和减肥的愿望。

我们将从动机的需求理论开始讲述。大多数需求理论都有两个基本假设：

1. 人类具有一系列激励自己的需求。
2. 对一个特定个体来说，最重要的特殊需求会随时间发生变化。

需求理论是综合性的动机理论，因此可用于阐明一系列人类需要。之后，我们将讨论更具体的动机类型，包括身体调节过程、饥饿和进食行为，以及性行为。最后，我们将把注意力转移到工作动机上，例如，对于工作动机存在较大个体差异原因的考虑。生物学取向对我们理解工作动机几乎没有影响。但我们之所以在这里考察这一问题，是因为它对于理解人类动机至关重要。

需求理论

也许最著名的需求理论就是马斯洛提出的层次理论（Maslow, 1954），因此我们就从该理论谈起。之后，我们会涉及奥尔德弗（Alderfer, 1969）的生存、关系和成长需要（ERG）理论，该理论试图克服马斯洛理论的不足。

马斯洛的层次理论

你认为这个理论对所有的文化都同样适用吗？

在马斯洛看来（Maslow, 1954, 1970），大多数动机理论都存在较大的局限。它们只论述诸如饥、渴等基本的生理需要，或是避免焦虑的需要。这些理论通常忽略了很多与个体成长有关的重要需要。马斯洛通过提出基于**需求层次**（**hierarchy of needs**）的理论解决了这些问题。生理需要（例如，对食物、饮料、空气和睡眠的需要）处于需求层次的最底层。安全需要位于层次结构的第二层，包括安全、避开恐惧、受保护、有结构和秩序的需要。

需求层次的中间层是归属和爱的需要。马斯洛认为有两种类型的爱：匮乏之爱（D-love）和他人之爱（B-love）。匮乏之爱基于匮乏，是自私的，因为它只索取而不付出。但在走向 B-love 之前我们需要体验匮乏之爱，他人之爱是"造福人类的爱"。他人之爱不是自私的，是基于成长的需要而不是匮乏。在这个层次之上是自尊需要。自尊需要有两类：(1) 赞赏和尊重的需要；(2) 认为自己能胜任和成功的需要。最后一个层次是位于顶端的**自我实现**（**self-actualization**）（或发挥个人潜能）的需要。罗杰斯（Rogers, 1951）在其人格理论中使用了自我实现的概念（见第 13 章）。

马斯洛将所有底层的需要看做匮乏性需要，因为它们旨在减少不足或匮乏。需求层次顶部的需要（例如，自我实现）代表成长性需要，能促进个体成长。马斯洛对自我实现这个核心概念描述如下（Maslow, 1954）："音乐家必须演奏音乐，艺术家必须绘画，诗人必须写诗，如果他想要在内心深处与自己达成和谐。一个人能成为什么，就必须成为什么。我们可以称这种需要为自我实现。"

自我实现者的特征包括：接纳自己，自发性，自私的需要，抵抗文化的影响，移情，深厚的人际关系，民主的性格结构，创造性，具有哲理的幽默感。马斯洛（Maslow, 1954）认定，林肯和爱因斯坦都是著名的自我实现者。

我们如何衡量自我实现呢？马斯洛（Maslow, 1962）强调**高峰体验**（**peak experiences**），高峰体验出现时对世界的体验会完全到达世界的本真状态，具有幸福愉悦、惊奇和敬畏的情感。高峰体验最常发生在性交、听音乐或同时做这两件事之时。马斯洛发现自我实现者比其他人报告有更多的高峰体验。通过自我报告问卷法来评估自我实现也是可行的（例如，自我实现指数，Index of Self-Actualization）。

马斯洛的动机层次理论比平时我们所理解的要复杂得多。他认为大多数人都遵循这一需求层次逐级向上，但他也承认事实并非一贯如此——有些人在满足爱的需要之前

需求层次：在马斯洛的理论中，从需求层次底层的生理需要到位于顶部的自我实现的一系列需要。

自我实现：发现并实现个人潜能的需要。

高峰体验：伴随着极度强烈的愉悦感和惊奇感的瞬时体验。

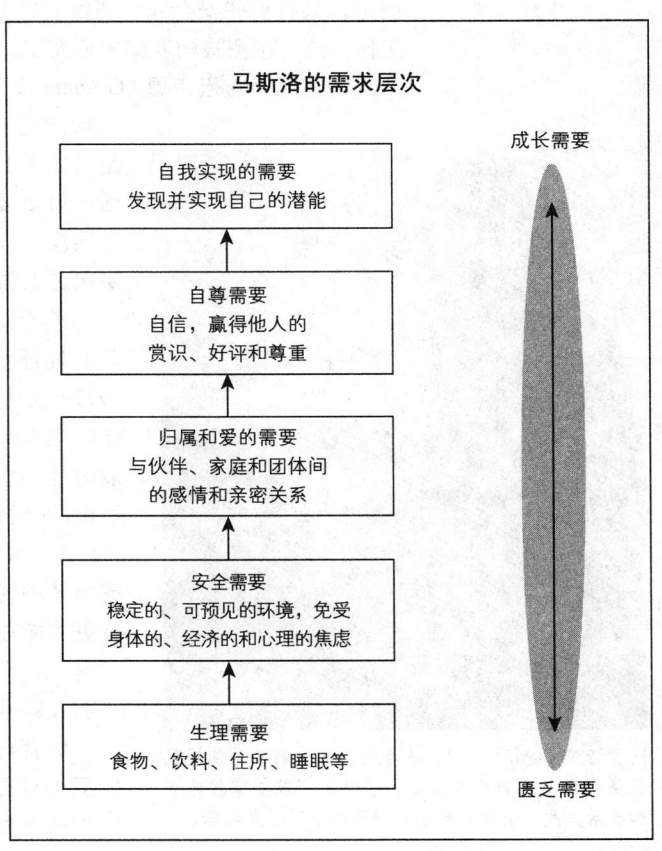

马斯洛的需求层次

必须满足自尊需要。他也接受在满足更高层次的需要之前未必需要先完全满足生理或安全需要这一事实。最后，马斯洛承认，通常情况下我们往往会同时受到多种需要的激发。例如，他宣称性往往会受到性释放需要的激发，但也可能"出于赢得或表达喜爱之情、征服或控制的感觉，或者出于感受阳刚之气或女性温柔的欲望。人类的性就是为了满足上述需要的任何一种或全部"（Burger，1993，p.337）。

证据

根据马斯洛（Maslow，1954，1970）的理论，人们通常都是在匮乏性需要得到满足之后才会关注成长性需要。这一观点隐含的意义就是，与满足匮乏性需要相比，设法满足成长性需要的人要少得多。据马斯洛（Maslow，1970）估计，美国人满足了85%的生理需要、70%的安全需要、50%的归属与爱的需要、40%的自尊需要，以及10%的自我实现需要。不过，估计所依据的数据非常有限，我们不必对这些百分数过于认真。

阿罗诺夫（Aronoff，1967）测试了下面这一预测：当较低层次的需要得到满足后，更高层次的需要才会出现。他比较了英属西印度群岛的渔民和甘蔗收割工。渔民独立地工作，通常比那些群体工作的甘蔗收割工挣钱多。甘蔗收割是一种较稳定的工作，其报酬波动远低于打鱼，甘蔗收割工甚至在生病时也会有报酬。按照马斯洛的理论，只有那些安全和自尊需要得到满足的人才会选择更具挑战性和责任感的渔民工作。这一预测被阿罗诺夫证实了。

格雷厄姆与巴卢恩（Graham & Balloun，1973）进一步证实了马斯洛的假设，即通常情况下我们只有在处于较低层次的大部分需要得到满足后才会上升到较高层次的需要。他们让37名被试描述生活中最重要的事情。正如所预料的那样，处于任一特定需求层次的人，对低于该层次需要的满足程度，显著高于该层次之上需要的满意度。

关于高峰体验的研究相当多。一般来说，对高峰体验的描述都符合马斯洛的预期。例如，拉维扎（Ravizza，1977）让从事不同运动的运动员描述自己作为运动员的"最佳时刻"（greatest moments）。他们报告体验到了一种上帝般的控制感，一种天人合一的感受，感觉自己完全沉浸在所做的事情当中，并会感到无比惊奇和狂喜。马修斯等人（Mathes et al.，1982）编制了一个高峰体验量表来评估获得高峰体验时的个体差异。高峰体验量表中的高分者比低分者更可能在日常生活中强调较高层次的价值观（例如，美、真理、正义），而较少关注较低层次的匮乏性价值观（例如，从别人那里取得而不是付出）。

尽管马斯洛关于高峰体验的观点获得了证据支持，但他至少还是在一个方面出现了错误。具体来说就是，他认为所有的高峰体验都是积极的。然而事实上，有些高

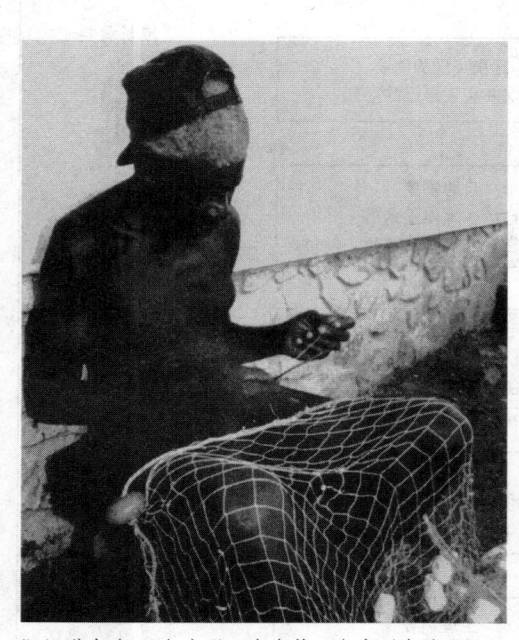

阿罗诺夫（1967）发现，大多数西印度群岛的渔民已经满足了安全和自尊需要，这使他们能够掌控收入和生活方式，但其可预见性则要远低于甘蔗收割。

峰体验是消极的,并且是发生在具有威胁性的情景中,这一点已被报道过很多次(例如,Wilson & Spencer, 1990)。

❖ 评价

- ⊕ 马斯洛的动机取向比其他取向更具综合性。例如,自我实现和自尊的需要似乎很重要,但却被排除在早期的动机理论之外。
- ⊕ 马斯洛强调人类动机较为积极和振奋人心的方面,相反,许多先前的理论(例如,弗洛伊德)则更关注人性的消极方面。
- ⊖ 自我实现这一概念比较模糊,并有研究证明,要想对其进行准确的测量较为困难。
- ⊖ 对这一理论进行研究非常困难,部分原因在于马斯洛所持有的反科学取向。就像马斯洛(Maslow, 1968, p.13)所提出的:"个体的独特性与我们所熟知的科学格格不入。因此,科学概念才显得如此糟糕。"
- ⊖ 马斯洛的假设过于乐观,认为每个人都有成为自我实现者的潜能。一般的英国人每周花费25小时看电视这一事实表明,很多人的个人成长动机并不强烈!
- ⊖ 有利于自我实现发展的环境影响未得到足够重视。事实上,自我实现的个体通常将自己的成功归因于环境因素(例如,学校教育、培养、支持型父母)。
- ⊖ 马斯洛的取向似乎与个体主义文化关联更强,而非集体主义文化(见第1章)。他强调自尊和个人成就,而集体主义文化(例如,中国)的侧重点则是合作及为群体利益而非个人利益进行工作。

> **动机和旅游业**
>
> 喀麦隆与盖特伍德(Cameron & Gatewood, 2003)认为,世界遗产景点旅游业的日益繁荣是精神动机的反映,它符合马斯洛的自我实现思想。研究表明,真实的历史知识并不是最重要的因素,在前往这些景点旅游时,人的想象力、情绪、移情和记忆才是更重要的因素。同意上述看法的典型陈述包括:
>
> - 参观有历史意义的景点和博物馆时,我喜欢在头脑中追溯当时的情景。
> - 我有时能与展览陈列的物体产生深入的心理接触。
> - 我喜欢在参观某个景点或博物馆后进行回忆。
> - 我喜欢想象历史人物的日常生活。
> - 有些景点和博物馆会在我心中激起一种"心灵"共鸣。

独特性通过哪种方式给科学提出了难题?

生存、关系、成长的需要理论

奥尔德弗(Alderfer, 1969)认为,马斯洛的层次理论在广义上是正确的。不过,他也认为马斯洛的理论过于复杂,这促使他提出了生存、关系、成长(ERG)的需要理论。根据这一理论,人主要有三种需要,而非马斯洛所认为的五种:

1. **生存的需要**。对物质(例如,金钱)和生理健康(例如,食物、水)的渴望。
2. **关系的需要**。对实现与家人、朋友和同事和谐关系的渴望。
3. **成长的需要**。对个人成长和发展的渴望。

这些需要被排列在一条水平线或连续统上,生存需要位于左端,成长需要位于右端。它们按照具体性程度进行组织。生存需要涉及物质对象,因此最具体;成长需要最不具体,因为它们根本不涉及实际物质对象。

马斯洛认为个体一般情况下会在需求层次上逐级上升。与其相反,奥尔德弗

> **动机和儿童行为**
>
> 一项在北京进行的研究表明，高动机与不顺从行为的减少有关。在这项研究中，在216名学龄前儿童玩弄熟悉的玩具时给他们录像。这些儿童可以得到一个新奇的玩具，但在被允许玩玩具之前必须等待。最顺从、也许动机最强的儿童是女孩。根据奥尔德弗（1969）的理论，这可能意味着男孩发现等待更令人泄气，因此就以不顺从的方式重新把注意力转移到别处。

（1969）认为现实要更为复杂。如果个体的一种需要得到满足（例如，生存需要），他/她会产生对更不具体需要（成长需要）的强烈渴望。但当个体的某种需要不能得到满足时，他/她就会受挫而返，重新将重点转入更具体层次的需要上。因此，例如，人们在满足成长需要的尝试中受阻，可能会把更多的时间和精力用于社交互动。

证据

瓦努斯与兹瓦尼（Wanous & Zwany, 1977）获得了一些支持ERG理论的证据。他们让工人评价23种工作需要的重要性以及他们的需要得到满足的程度。对工作需要满足程度的分析表明，成长需要的观点获得强烈支持，生存需要获得中等程度的支持，关系需要的支持度较弱。正如ERG理论所预测的，瓦努斯与兹瓦尼发现，关系需要得到高度满足的工人具有最强烈的成长需要。

瓦努斯与兹瓦尼（1977）报告的另两项发现未能支持ERG理论。首先，生存需要满足程度与关系需要无关；不过，那些生存需要得到最好满足的人应该具有最强的关系需要。其次，与关系需要得到较低满足的人相比，关系需要得到最高满足的个体认为关系需要更重要，这与理论预测相反。

舍默霍恩等人（Schermerhorn, Hunt & Osborn, 2000, p.112）指出，该理论"可能有助于解释为什么……工人的抱怨集中在工资、福利和工作条件——与生存需要有关的内容上。虽然这些需要很重要，但其重要性可能被夸大了，因为工人的工作并不能满足关系和成长的需要。"

❖ 评价

- ⊕ ERG理论是一种比马斯洛的层次理论更简单、更易检验的理论。
- ⊕ 在某一需求层次上未得到满足会导致个体关注更具体的需求这一观点，是很有价值的。
- ⊖ 三种主要需要类型（尤其是成长需要）的界定较为模糊，使评价哪种需要得到满足的程度变得很困难。
- ⊖ 可以采取多种策略来满足任一种需要，但是无法预测个体会选取哪种策略。

体内平衡：体温和饥饿

体内平衡：个体的内部环境（例如，体温）保持相对恒定的趋势。

法国生理学家克劳德·伯纳德（Claude Bernard）注意到，尽管外部环境发生巨大变化，但是身体内部环境通常会保持恒定不变。这一观察结果激发了关于**体内平衡（homeostasis）**现象的大量研究，体内平衡是个体内部环境保持相对恒定的趋势。"体内平衡"这一术语来自两个希腊词："homos"的意思是"相同"，"therme"的意思是"热"。

体内平衡最明显的例子就是体温,正常人的体温接近 98.6°F(华氏温度)或 37℃(摄氏温度)。尽管英国冬季和夏季的温差可能高达 30℃,但是内部体温保持恒定的事实则是毋庸置疑。体内平衡还有其他多种形式,例如,体内水供应的调节,氧气浓度,以及营养物质的浓度,例如葡萄糖。在每 100 立方厘米血液中,葡萄糖在血流中的浓度,需要维持在 60—90 毫克之间。如果低于这个范围,可能会导致昏迷和死亡。如果始终高于这个范围,可能会导致糖尿病或其他一些疾病。与此类似,如果我们的体温一直高于或低于正常水平几个小时,或者完全失水四五天,就可能导致死亡。

鉴于把食物、水分和温度维持在适度水平对我们具有至关重要的意义,因此我们拥有用于监控和调节这些因素的复杂系统就不足为奇了。正如卡尔森(Carlson,1994)指出的,身体内维持体内平衡状态的调节机制具有四个主要特征:

1. 系统变量。这是需要进行调节的特征(例如,温度)。

2. 设定值。最理想或最合适的系统变量值。

3. 探测器。实际或当前的系统变量值需要进行评估。

4. 修正机制。用于减少或消除实际值和理想值间的差距。

所有这些调节机制都在用来调节温度的中央供暖系统中得以显现。恒温器被设为选定的温度,并探测实际温度与选定温度之间的偏差。当温度下降太低时,中央供暖系统中的锅炉就开始起作用以恢复到设定温度。

在我们详细考察体温调节和饥饿时所涉及的体内平衡机制之前,需要明确关键

法国生理学家克劳德·伯纳德(Claude Bernard, 1813—1878)在法国大学他的实验室进行活体解剖。伯纳德的名言是:拥有独立于外部环境的自由生活,需要一个恒定的内部环境。

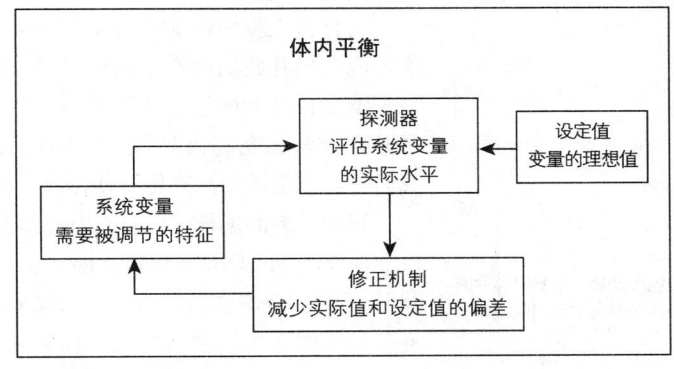

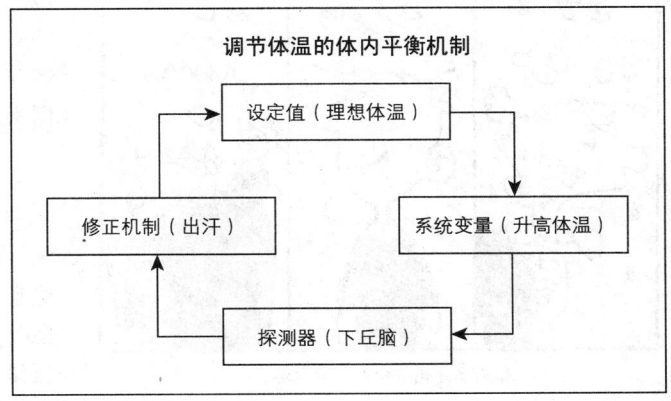

你能按照上面给出的体温调节的机制绘出饥饿的体内平衡机制图吗?

的两点。第一,我们在人类身上发现的只是近似于体内平衡过程。正如卡拉特(Kalat, 1998, p.270)指出的,这些过程"并不完全是体内平衡的,因为它们既要预测未来的需求又要对当前的需要作出反应……例如,在一个需要作出剧烈活动的威胁环境中,你可能会在开始移动之前先吓出一身冷汗。"此外,正如很多人已经发现的那样,尽管付出了代价,但要保持合适的体重是很困难的。因此,根据设定的某个区域而非具体的设定值来考虑问题才更有意义。

第二,调节体温、食物和水分的体内平衡系统均具有冗余的特征,意思是部分系统的破坏可能被其他部分系统补偿。换言之,大多数体内平衡系统都会包含若干个共同负责维护体内平衡状态的机制。这使逐步完善的进化变得有意义,因为体内平衡系统的失败往往伴随着死亡。

体温调节

体温调节对人类非常重要。试想,如果某人发高烧超过很长一段时间会出现什么后果。此人有死亡的危险,因为高温使涉及调节心率和呼吸的大脑中枢极易受到伤害。暴露在非常低的温度中可造成外层细胞膜被大量破坏,以至于体温变暖之后也无法恢复。不过,我们的体温调节也不是绝对精确。例如,我们的体温在一天中会有轻微的变化,傍晚时倾向于最高,半夜时最低(见第4章)。

为什么人类的体温通常是37℃?如果我们的体温较高也许会有一些好处,因为这可能会提升我们潜在的活动水平。然而,不利之处是,可能也会需要更多的营养物来维持较高的体温。在朗(Long, 1996)看来,如果我们的体温上升1℃,我们就将提高13%的新陈代谢率。如果我们的体温较低,我们的活动水平就会下降。此外,我们需要出更多的汗来保持低体温。总之,我们的实际体温似乎恰到好处。

正如预料的那样,我们的内部体温会受到外部温度的影响。研究者(Van Marken-Lichtenbelt, Westerterp-Plantenga & van Hoydonck, 2001)发现,在27℃的温度中暴露48个小时,会使体温显著升高。暴露在较高或较低的外部环境中,对我们完成相对复杂任务的能力经常会造成不利影响。皮尔彻等人(Pilcher, Nadler & Busch, 2002)针对温度对绩效的影响进行了元分析研究。温度超过32.2℃使平均绩效出现15%的减少量,温度低于10℃则出现了14%的减少量。这些发现表明,我们的体内平衡机制在完善地应对外部极端温度时是很困难的。

恒温动物:主要用各种内部机制调节体温的动物。

体内温度调节对人类很重要

多元系统

一般而言,体温会通过两种方式进行调节。第一,可以通过内部机制进行调节。第二,可以通过适宜形式的行为加以调节(例如,进入阴凉处,穿上外套)。使用内部机制保持合适体温的动物称为**恒温动物或温血动物(endotherms)**。相反,使用

自然选择已帮助人类应对了极端温度。表面积—体积比较高的人类比具有相同体重但表面积—体积比较低的人能更好地通过皮肤散发热量。这意味着生活在热带地区的人类（如，右图的马塞族人）比生活在寒冷地区的人类（如，左图的爱斯基摩人）更易变得更高和更苗条。一般来说确实如此。

行为方式调节体温的动物称为**变温动物或冷血动物**（**ectotherms**）。这样的动物会从环境中获得大量的身体热量。人类（以及其他哺乳动物）从本质上说是恒温动物。不过，我们明显使用了各种形式的行为来保持体温，尤其是在暴露在异常炎热或寒冷的外部环境的情况下。

罗森茨威格等人（Rosenzweig, Breedlove & Leiman, 2002）确定了作为恒温动物的优势和劣势。优势在于能够相当好地适应极端温度，能够保持相当长时间的高肌肉活动水平。劣势在于对提供能量的大量食物的需要，对保持体温的复杂内部系统的需要，以及如果体温与最理想的温度偏离太多可能会造成潜在伤害。

在体温调节过程中涉及哪些内部调节机制呢？人类至少有三种恒温器控制体温，但是下丘脑尤其重要。下丘脑的一些部件可以探测出血液温度的当前值，这通常与体温密切相关。另外，下丘脑也参与修正行为的激发。

下丘脑怎样调节体温呢？它含有对包围大脑的液体温度作出反应的受体细胞。马古恩等人（Magoun, Harrison, Brobeck & Ranson, 1938）获得了这一证据。下丘脑前叶被人工加热的猫，似乎像真的很热一样，通过喘息和血管舒张（扩大皮肤的毛细血管）作出反应，即使它们身体的其余部分低于正常体温。

下丘脑前叶（以及邻近的视前区）在身体的冷却上发挥作用，下丘脑后叶负责升高体温。例如，安德森等人（Andersson, Grant & Larsson, 1956）发现，对山羊中下丘脑前叶的电刺激会引起血管舒张和喘息。相反，破坏该区域则会造成体温过高而引起死亡。

下丘脑在调节体温中会影响自主性神经系统。当体温过高时，副交感神经系统就会开始发挥作用：引起出汗或喘息，使热量通过蒸发而散发出去。它也会引起血管舒张，向皮肤输送温血并通过放射散发热量。当体温过低时，交感神经系统开始发挥作用，引起血管收缩，皮肤毛细血管也开始收缩。通过从较冷的身体外围输送血液来保存热量。交感神经系统也能引起寒战。此外，较低的温度会引起交感神经系统刺激褐色脂肪细胞的新陈代谢（例如，躯干和脊髓中一些极其重要的器官周围的细胞），使体温上升。在有些物种中，交感神经系统也会引起皮毛竖立以便产生对

冷血动物：体温取决于环境热量，并且主要通过改变行为进行体温调节的动物。

a）侧丘脑和b）视前区的电刺激对体温调节有什么影响？

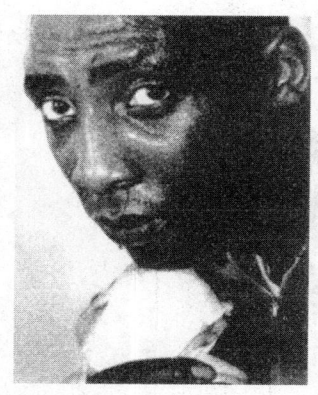

出汗是部分副交感神经系统对体温高的反应。皮肤表面汗的蒸发可以帮助冷却身体。

寒冷的附加防护。与此类似，人类在寒冷的天气中会起鸡皮疙瘩，但是由于我们的皮肤上无毛发覆盖，起鸡皮疙瘩毫无用处。

萨蒂诺夫（Satinoff, 1978）认为，基于下丘脑的调节系统最为重要，因为它有助于配合其他系统内的活动。这个系统也是最敏感的，它会对非常小的体温变化作出反应。萨蒂诺夫认为还存在另外两个系统，一个基于脑干，一个基于脊髓。这两个系统对体温的变化不如下丘脑系统敏感，并且脊髓系统的敏感性也不如脑干系统。我们可以认为这些系统形成了层次结构，下丘脑系统位于顶端。

支持萨蒂诺夫（1978）观点的证据来自把脑从脊髓中分开的脊柱动物的研究。如果仅靠下丘脑系统调节体温，脊椎动物也许无法控制自己的体温。事实上，它们表现出了一些调节自己体温的能力，表明存在一个非下丘脑系统。这些脊椎动物只有在正常体温改变2℃—3℃的情况下才会设法调节自己的体温，这表明非下丘脑系统对体温变化相对不敏感（Rosenzweig et al., 2002）。

到目前为止，我们已经关注了下丘脑和其他系统通过自主神经调节体温的方式（例如，血管舒张、出汗）。不过，体温也会受到行为反应的影响。例如，如果太冷，我们会穿更多的衣服，如一件毛衣或外套；或是增加活动。另一方面，如果太热，我们可以脱些衣服，来杯冷饮，或者去游泳。范佐伦与斯特里克（Van Zoren & Stricker, 1977）发现，不同的脑区会调节自主神经和行为反应。老鼠侧丘脑的病变使其无法通过行为调节体温，但并未减少自主神经调节体温（例如，寒战，血管收缩）。相反，老鼠视前区的病变会扰乱自主体温调节，但不影响行为调节体温。

有证据显示，在体温调节中参与行为反应控制的大脑区域不止一个。罗伯茨和穆尼（Roberts & Mooney, 1974）做了一项研究，他们研究了老鼠对热的反应。在正常情况下，暴露在越来越热的环境中的老鼠先是自己忍受，然后到处寻找较冷的地方，最后则是伸开四肢并保持不动。当为老鼠间脑和中脑中的某些小的区域加温时，罗伯茨和穆尼得到了不同的结果。每个区域倾向于只产生这些行为中的某一种，而不是刚才所描述的典型行为序列。

总之，越来越清晰的是，在人类和其他哺乳动物中，有若干机制参与维持相对恒定的体温。这些机制中的绝大部分都会影响到自主神经反应，不过某些机制也会影响升高或降低体温的行为反应。萨蒂诺夫（1978）认为，存在机制或系统层次（下丘脑系统在最重要的系统位置）的理论在广义上似乎是正确的。不过，我们尚未详细了解这些系统之间的交互作用。

饥饿

你也许会认为理解饥饿和饮食行为非常容易。当胃和身体的其他部位发出信号表明营养水平太低时，我们就会开始进食；当胃饱满时我们停止进食。生理因素和生物因素在确定饥饿和进食行为中具有重要意义。然而，事实却并非全部如此。正如维肯斯（Wickens, 2000, p.106）所指出的：

饥饿和进食行为是极其复杂的生物系统的终端，涉及大脑的各个层次，与简单的生理反应似乎并无直接联系……我们进食通常并不是因为饥饿，而是由于期望。

随着社会和文化因素在世界相对富裕地区变得日益重要，很多证据都支持维肯斯的观点。例如，我们经常进食是因为已经到了午餐和晚餐的规定时间。博尔斯（Bolles，1990）指出，我们的手表已经成为我们是否感觉饥饿的最重要决定因素之一。

德卡斯特罗夫妇（de Castro & de Castro, 1989）发现，社会因素对饮食行为有重要影响。研究者让被试写日记记录自己吃的所有食物和吃饭时出席的人数。有两个主要发现：第一，出席的人越多，食物消耗越多。第二，进食量受到自上次被试独自吃饭以来的时间的影响，而非被试与别人一起吃饭。因此，社会因素在决定进食量方面比身体能量的需要更重要。

固定的吃饭时间是一种规范，工作和社交日程都要围绕着它进行安排。

下面我们讨论参与饥饿和体重调节的生理过程。当你读到这些过程时请铭记三点。第一，会涉及若干体内平衡机制。第二，各种过程和机制通常相互作用，但我们对这些相互作用的确切性质还了解甚少。第三，许多研究已用于人以外的哺乳动物。我们通常认为参与饮食行为和体重调节的基本过程在大部分哺乳动物中是很相似的，但我们缺乏支持这一看法的确切证据。

有多少像厌食和肥胖这样的饮食失调可以为进食行为不仅仅取决于生物因素的观点提供证据？

我们为什么需要食物？

我们需要食物的主要目的有两个：(1) 供给营养，这是身体营养所需要的；(2) 供给能量。我们需要营养来促进生长、保养和修复身体结构。例如，有九种必需的氨基酸（**amino acids**，蛋白质的细分产品）是我们自身很难或不可能制造的。因此，我们只有通过适当饮食才能确保有足够量的氨基酸。除了必需的氨基酸，我们的日常饮食中还含有各种矿物质和维生素，这也是非常重要的。

氨基酸：蛋白质的分解物。

食物在能量调节中扮演着怎样的角色呢？我们先谈三点最基本的内容。第一，我们消耗的能量是以卡路里计算的。大多数成年人每天消耗 2000—3000 卡路里，有些人（例如，伐木工人）会消耗更多。第二，我们所有的活动都需要能量，并非只有步行和跑步这样的活动才需要。因此，我们呼吸、思考，甚至看电视都需要能量。第三，正如罗森茨威格等人（Rosenzweig, Leiman & Breedlove, 1999, p.366）所指出的："没有动物敢消耗尽能量或养分；必须确保任何时候都有所储备。不过，如果储备量过多，（为避免掠食者或获取猎物的）活动就会受到损害。"

罗森茨威格（Rosenzweig et al., 2002）认为，食物消耗所产生的能量主要用于三个目的。第一，用来加工摄取的食物。作为这方面的证据，你可能已注意到有时你会觉得吃饭之后比之前更暖和。第二，在体内产生的能量使我们能够四处走动并有

环法自行车赛车手一天消耗6000—10000卡路里。他们要在22个赛段中骑行3500公里，因此需要几乎不断地吃东西才能提供足够的能量应对这样艰辛的赛程。

效地利用我们的大脑。第三，我们需要能量来维持体温和其他基本功能（例如，呼吸）。为此目的所需要的能量称为基础新陈代谢。当我们被剥夺食物时，基础新陈代谢会减少，当进食过量时则会增加。前一个发现有助于解释为什么人们发现靠节食减肥如此困难。布雷（Bray, 1969）发现，低热量饮食的肥胖者在其基础新陈代谢中表现出15%的减少量。这意味着他们的能量消耗减少了，从而也就降低了饮食的效用。

现在我们考察身体如何将食物转化为能量。葡萄糖是一种在能量利用上发挥着关键作用的糖。人体获得葡萄糖的方式之一是把大糖类分子分解成简单的糖类，例如葡萄糖。葡萄糖是大脑所使用能量的主要来源。身体也可以利用葡萄糖作为能量来源，另外还用脂肪酸。如果葡萄糖不能随时获取将是非常危险的。但这种危险可以避免，因为有一个存储系统在肝脏中储存过量的葡萄糖。更具体的说，葡萄糖分子结合形成糖类，称为**肝糖**（**glycogen**）。需要时，肝脏会简单地将肝糖转换成葡萄糖分子并释放到身体循环中。

肝糖：一种由葡萄糖分子结合而形成的糖类，用来贮存能量。

脂肪组织：由脂肪细胞构成的组织。

葡萄糖是如何转化为肝糖的，肝糖又是如何转化为葡萄糖的呢？一种在胰腺中被称为胰岛素的蛋白质激素协助葡萄糖分解成肝糖。胰腺中的另一种蛋白质激素（胰高血糖素）则会协助肝糖分解成葡萄糖。

到目前为止我们还未讨论过长期能量储存。这是以脂肪细胞的形式提供的，并会形成**脂肪组织**（**adipose tissue**）。有些脂肪存在于我们吃的食物中，但脂肪也可以在人体中通过各种营养物质（如葡萄糖）进行制造。正如超重者所付出的代价一样，当我们吃的食物远远多于目前能量的需求时，一些多余的能量就会被储存在游离脂肪细胞中。

迄今为止我们的讨论已经把蛋白质激素胰岛素在能量利用上的根本意义降至最低。我们已经知道胰岛素参与葡萄糖转化为肝糖。此外，身体在利用葡萄糖时也需要胰岛素的参与。如果胰岛素不能利用，我们的身体就要依赖不饱和脂肪酸提供能量。

胰岛素的重要性在患有I型糖尿病患者的病例中可以看得特别清楚。患病后胰腺会停止产生胰岛素。因此，身体不得不利用来自脂肪酸的能量，但不能利用来自葡萄糖的能量。这会产生三个后果。第一，尽管未经治疗的糖尿病人事实上吃了大量食物，但体重却倾向于减轻。原因是他们的身体只能利用脂肪酸，它提供能量的效率远低于葡萄糖。第二，I型糖尿病患者会产生大量的尿液，这是一种分解累积在肾脏中过剩葡萄糖的方法。因此，未经过治疗的糖尿病人常会感到口渴。第三，过量的葡萄糖在身体内的循环会给身体带来伤害（例如，对视网膜）。

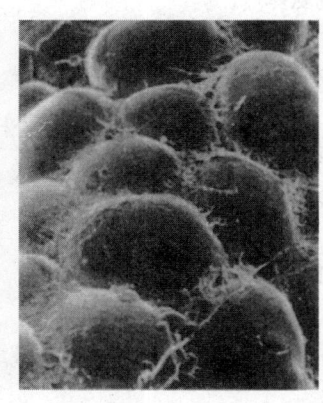

构成脂肪结缔组织的脂肪细胞电镜扫描图。脂肪结缔组织在皮肤下形成了厚厚的一层，它会隔离人体并作为储备能量储存。

I型糖尿病患者所经历的严重问题表明，胰岛素在能量利用上发挥着关键作用。更具体的说，胰岛素参与饮食和能量利用的三个过程。第一，当看到或闻到食物时，会提前释放胰岛素以便为血液中葡萄糖水平的提高做好准备。第二，胰腺释放胰岛素来响应进入胃和肠内的食物。第三，葡萄糖调节细胞（肝脏内部的细胞）检测血液中葡萄糖的增加量，并向胰腺发信号释放胰岛素。

饥饿与饱足感：化学物质

接下来我们讨论饥饿和饱足感涉及的因素。血液传染（blood-borne）化学物质参与饱足感形成的证据是由戴维斯等人（Davis et al., 1969）提出的。他们从营养充足的老鼠身上输血到食物剥夺的老鼠身上。输血之后导致食物剥夺的老鼠吃得比输血之前更少。戴维斯等人还发现，当血液来自在捐血以前已经进食45分钟的老鼠时，输液的效应最为显著。这一点非常重要，因为吃饱后大约要经历如此长的时间才能使血液中各种化学物质的水平得以大幅度提高。

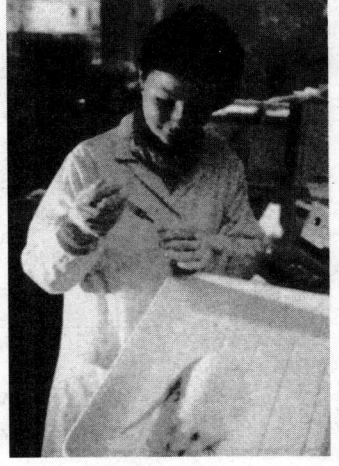

作为医学研究肥胖的一部分，一名技术人员准备对肥胖的实验室老鼠注射胰岛素。

戴维斯等人的研究没有告诉我们是什么因素导致饥饿和饱足感。现在我们知道胰岛素至关重要，水平低就会导致饥饿，水平高就会停止进食（见下文）。当采取措施以确保动物血液中的胰岛素水平降低时，动物通常会吃大量食物（Rosenzweig et al., 2002）。注射适度水平的胰岛素会使动物的进食量远远少于平常（Rosenzweig et al., 2002）。

葡萄糖水平会影响饥饿和饱足感。例如，史密斯与坎普菲尔德（Smith & Campfield, 1993）报告了葡萄糖水平低产生饥饿的证据。他们利用药物减低血糖水平。结果，食物消耗量增加。葡萄糖也会影响饱足感。拉文等人（Lavin et al., 1996）发现，将葡萄糖注入十二指肠或小肠的人类被试会迅速报告感到饱足。坎普菲尔德等人（Campfield, Brandon & Smith, 1985）通过相似的方式发现，当血糖水平降低的信号一出现就给老鼠血液注入葡萄糖，会推延老鼠的进食。

全身多个部位均可探测葡萄糖水平。不过，肝脏似乎尤为重要。它是身体内从小肠吸收营养物质的第一个器官，这意味着它很适合监测食物的摄入。肝脏内含有主要的葡萄糖探测器，这一观点的证据是由拉塞克（Russek, 1971）报告的。当葡萄糖被注射到肝门静脉（与肝脏相连）时，动物会停止进食。但当葡萄糖被注射到颈内静脉时却得到了不同的结果，此处离肝脏有相当长的距离。在此条件下，葡萄糖注射对饮食行为影响较小。

进食后肠道激素**胆囊素（cholecystokinin，CCK）**的水平迅速提高，有证据表明肠道的某个部位释放的CCK可以作为饱足的信号。皮－森耶等人（Pi-Sunyer et

胆囊素（CCK）：一种由十二指肠释放的肽激素，被视为饱足感的信号。

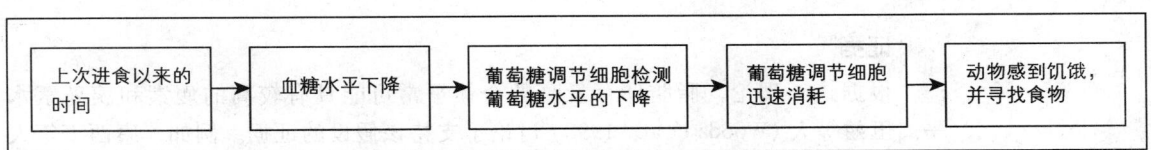

> **饥饿和大麻**
>
> 某些实证研究提供的轶事证据表明,大麻会刺激大脑的饥饿中枢。最近的研究(例如,Rogers, 2001)显示,类似大麻这样的化学物质天生就存在于大脑中并会产生"饥饿阵痛"。法国进行的研究正在寻求一种药物阻止这些类天然大麻分子的活动,并帮助肥胖者控制自己的食物摄入量从而减肥。

al., 1982)发现,尽管未造成摄食延迟,但注射CCK降低了食物的消耗量。这些老鼠的进食量远少于平常,可能因为CCK水平的提高表示胃肠系统内有足够的食物。CCK具有重要性的其他证据是库珀与多瑞斯(Cooper & Dourish, 1990)报告的。CCK接收器(receptors)的拮抗剂(antagonists)使受影响的动物的进食量多于平常。

对于CCK在抑制进食行为方面发挥重要作用的观点我们要谨慎接纳。CCK会让人产生恶心,至少有可能给动物注射CCK是因为恶心而使进食减少,而不是因为发出了饱足的信号(Chen et al., 1993)。此外,韦斯特等人(West, Fey & Woods, 1984)发现,进食前注射了CCK–8的老鼠比正常老鼠进食量少。但是,由于进食次数多,因此维持了体重。

也许你会认为影响进食行为的因素如此众多,以至于很难弄清所有的因素。事实上,我们尚未讨论某些化学物质(例如,铃蟾肽、促肾上腺皮质激素释放激素、食欲素、黑皮素),它们在饥饿和饮食中可能同样扮演着重要角色。

体重调节

区分影响饮食行为的短期和长期因素是很重要的。例如,我们可能会连续快速地吃几块巧克力饼干,因为葡萄糖水平在吃过第一块饼干之后迅速下降,这促使我们再吃另一块。相反,当我们探讨大多数人的体重为何能在较长时间内保持相对稳定时,就必须阐明长期因素。

伍兹等人(Woods et al., 1998)提出了一个关注体重调节长期因素的理论。根据他们的观点,这种体重调节主要取决于体内脂肪或脂肪组织的量要保持相对恒定。为了保持恒定,有关脂肪组织水平的信息必须传送到大脑及其他对饮食行为和饱足感具有直接影响的区域。伍兹等人认为,有两种激素(胰岛素和瘦素)发挥了关键作用。我们已经讨论过胰岛素。**瘦素**(leptin)是一种蛋白质的分泌脂肪细胞。瘦素来自希腊单词"leptos",意思是"瘦",与进食量的减少有关。

据称,当脂肪储存量超标时胰岛素和瘦素会大量分泌,如果脂肪储存量未超标只会少量分泌。这就形成了一个非常重要的体内平衡机制,因为大量的胰岛素和瘦素会抑制进食行为。

伍兹等人(Woods et al., 1998, p.1381)提出的理论具有以下基本特点:

> 脂肪的储存量会影响日常摄食行为……瘦素和胰岛素浓度降低的体重不足个体对单餐饱足感的信号不敏感,因此会进食大量食物……同理,已经饱食且体重超标的动物则会对食物产生的信号更敏感,倾向于少吃食物。

证据

根据这一理论,脂肪储存量高的个体平常可能具有较高的瘦素和胰岛素水平。伍兹等人(Woods et al., 1998)讨论了支持该假设的证据。例如,康西丁等人

瘦素:一种由脂肪细胞分泌的、能降低摄食行为的蛋白质。

肥胖者体内的瘦素水平意味着什么呢?

(Considine et al., 1996)发现，瘦素水平在肥胖者身上比正常体重者高四倍。如此之高的胰岛素水平为什么未导致肥胖者减少食物摄入量，从而减肥呢？许多肥胖者对瘦素相对不敏感，因此不能减少饥饿感，而正常体重者对瘦素则比较敏感。

正如所预料的，胰岛素和瘦素均能减少食物摄取量。例如，伍兹等人（Woods et al., 1996）发现，动物脑部注射的胰岛素越多，食物摄取量和体重的减少也就越多。坎普菲尔德等人（Campfield et al., 1995）通过相似的方式发现，当注入下丘脑的瘦素水平较高时饥饿感会减少。哈拉斯等人（Halaas et al., 1995）发现，给转基因肥胖老鼠注射瘦素，会使它们的体重在两个星期内减少30%。

瘦素是如何降低饥饿感的呢？瘦素和胰岛素均能激活下丘脑的受体，下丘脑是对摄食行为和饱足感具有重要意义的一个区域（见下文）。当瘦素激活下丘脑的受体时，会有助于抑制神经肽Y的释放(Stephens et al., 1995)。**神经肽Y(Neuropeptide Y)** 是一种激发饥饿和摄食行为的神经递质。目前已发现给下丘脑注射神经肽Y会使已饱足的老鼠立即开始进食（Wickens, 2000）。反复注射神经肽Y到下丘脑的室旁核，能在数天内变得肥胖（Stanley et al., 1986）。因此，我们面临的局面有点复杂：神经肽Y增加摄食行为，但是这种增加被瘦素阻止。结果，瘦素导致摄食行为减少和体重降低。

瘦素和胰岛素与其他化学物质如何相互作用从而影响摄食行为和饱足感的方式尚不清楚。但是我们已经了解瘦素和胰岛素均会影响饱肽的效力，如胆囊素（CKK）。例如，马特森等人（Matson et al., 1997）发现，CCK能减少进食量，但这在很大程度上取决于胰岛素和瘦素同时的释放量。

神经肽Y：一种增加摄食行为的神经递质。

❖ 评价

- ⊕ 超重的个体通常比正常超重者具有较高水平的瘦素和胰岛素。
- ⊕ 支持体重调节观点的证据主要取决于大多数人的胰岛素和瘦素水平。
- ⊖ 肥胖者通常对瘦素的影响相对不敏感，但在大多数情况下我们不知道为何如此。
- ⊖ 理论中描述的系统如何与饱足感背后的其他生理过程相互作用，目前还不是太清楚。

脑中枢：饥饿

饥饿水平部分取决于各种化学物质的水平。但要完全理解与饥饿有关的基本系统，我们需要确定负责协调化学物质水平信息的脑部控制中心。下丘脑对于饥饿调节具有重要意义。但是，假设只存在一个单一的饥饿脑中枢可能会显得有些过于简化。

对动物的早期研究表明，下丘脑在调节摄食行为上发挥了重要作用。据称（例如，Anand & Brobeck, 1951），外侧下丘脑是一个负责发起摄入食物的感觉中心。基本观点是：像葡萄糖和胰岛素水平这样的因素，能通过对外侧下丘脑的影响来控制摄食行为。

根据上述假设，外侧下丘脑的伤口（小切口）可能会引起拒绝进食（称

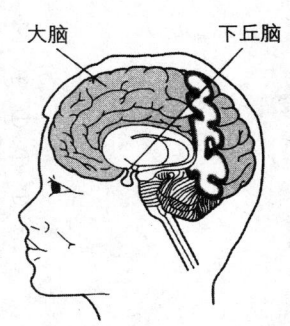

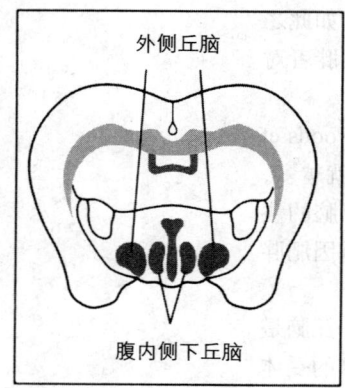

外侧丘脑

腹内侧下丘脑

为厌食症，aphagia）。阿南德和布罗贝克（Anand & Brobeck, 1951）发现，外侧核的切口会阻止老鼠进食，体重很快减轻。该研究（及其他一些研究）存在的一个潜在问题是，切口损伤了通过外侧下丘脑的含多巴胺的轴突及外侧下丘脑本身。但是，如果外侧下丘脑的损伤是由于酸性保护性轴突的通过造成的，则会引起长期进食下降（Dunnett, Lane, & Winn, 1985）。我们也可以清楚地阐明注射 6-羟多巴胺（6-OHDA）会带来什么后果，它会破坏含多巴胺的轴突，但对外侧下丘脑影响较小。接受注射的动物会变得很不活跃，但把食物放进嘴里时它们会照样正常进食（Berridge, Venier, & Robinson, 1989）。

泰特尔鲍姆和斯泰拉（Teitelbaum & Stellar, 1954）发现，老鼠外侧下丘脑的切口会引起进食大幅度减少。不过，一些老鼠会在手术后一周又开始摄食，表明脑的其他区域可能参与进食行为的启动。这些区域是什么呢？罗森茨威格等人（Rosenzweig et al., 1999, p.374）认为："在这些由于受到损伤而削弱了摄食调节的区域中，杏仁核、额叶皮质及黑质区……边缘结构，尤其是肝脏，也在向大脑发出信号从而在激活或抑制摄食方面发挥关键作用。"

基西与博伊尔（Keesey & Boyle, 1973）考察了外侧下丘脑损伤的长期影响。受到损伤的老鼠的体重一直低于正常老鼠。不过，它们都以类似的方式对食物供应进行反应。例如，损伤老鼠和正常老鼠均在可获得丰富食物（如蛋蜜乳）时显示出体重的大幅度增加。

到现在为止我们所讨论的证据都是来自老鼠。外侧下丘脑的损伤会对人类饥饿造成什么影响呢？外侧下丘脑损伤或肿瘤会对人类产生多种影响。不过，就像饥饿的下丘脑理论所预测的那样，这些损伤有时会导致相当大的体重减轻（例如，White & Hain, 1959）。

外侧下丘脑是怎样影响摄食行为的呢？卡拉特（Kalat, 2000）提出有四种方式。第一，来自外侧下丘脑的信号影响孤束核（nucleus tractus solitarius）的细胞，增强味觉和/或唾液反应。第二，外侧下丘脑的激活导致含多巴胺细胞的激发，从而影响与摄食有关的习得行为。第三，外侧下丘脑的轴突促进吸收和吞咽，使皮质细胞对看到和品尝食物的反应增强（Critchley & Rolls, 1996）。第四，外侧下丘脑的活动使胰脏释放胰岛素，也促使胃分泌更多的消化液（Morley et al., 1985）。

想想你自己的饮食习惯。还有其他哪些因素可能影响摄食行为？

❖ 评价

- ⊕ 有令人信服的证据表明，外侧下丘脑在引发摄食行为方面发挥着重要作用。
- ⊖ 外侧下丘脑遭到损伤的动物通常能痊愈并开始以正常方式进食。
- ⊖ 除了外侧下丘脑之外，其他很多区域也参与摄食行为，像额叶皮质和杏仁核。
- ⊖ 饥饿的下丘脑理论夸大了脑在控制饥饿方面的作用。

脑中枢：饱足感

赫瑟林顿与兰森（Hetherington & Ranson, 1940）认为，下丘脑在饱足感方面（停止摄食）起着决定性的作用。更具体的说，他们声称腹内侧下丘脑是导致动物终止摄食的饱食中枢。根据这一假设，腹内侧下丘脑控制终止摄食，部分是通过利用血液中各类化学物质的信息。

证据

有许多证据支持腹内侧下丘脑及周边区域参与饱食感的观点。在最初的研究中，赫瑟林顿与兰森（1940）发现，腹内侧下丘脑的损伤导致老鼠变得肥胖。人类腹内侧下丘脑的肿瘤有时会使人的体重在一个月内增加10公斤以上（例如，Al-Rashid, 1971）。不过，他们的体重最终会达到一个相当高的稳定状态。

尽管已有上述发现，但仍存在一些反对腹内侧下丘脑是饱食中枢假设的原因。第一，腹内侧下丘脑损伤的老鼠变得肥胖，但在某些方面似乎又不是很饥饿。例如，给损伤老鼠喂食尝起来有苦味的食物，由于食物含有奎宁，老鼠通常吃得很少（Sclafani et al., 1976）。事实上，它们的体重有时变得比喂食相同味苦食物的正常老鼠还要低。

第二，霍贝尔与泰特尔鲍姆（Hoebel & Teitelbaum, 1966）发现，腹内侧核损伤会通过两个阶段产生复杂的影响：动态阶段和静态阶段。老鼠在动态阶段的进食量相当于平常的2—3倍，通常持续4—12周。但在随后的静态阶段中体重并未继续增加，食物消耗会得到调节来维持动态阶段结束时的体重状态。

第三，当腹内侧下丘脑的邻近区域及腹内侧下丘脑本身受到损伤时，会发现摄食显著增加。例如，当贯穿于下丘脑的腹侧去甲肾上腺素束受损时，体重会大幅度增加（Ahlskog, Randall & Hoebel, 1975）。下丘脑的室旁核似乎也很重要。该区域受损的老鼠会比其他老鼠吃更多的食物，体重也会随之增加（Leibowitz, Hammer & Chang, 1981）。

第四，腹内侧下丘脑及周围区域受损的老鼠的摄食方式并不像预料的那样精确。根据上述理论，我们预期老鼠会比平常吃更多的食物，因为它们丧失了饱食中枢。但事实上，它们的食物通常是正常的量，但是进食次数则更多（Hoebel & Hernandez, 1993）。为什么会是这样呢？金等人（King, Smith & Frohman, 1984）发现，腹内侧下丘脑受损会导致胰岛素量长期持续增长。结果，每餐中有相当大一部分被储存为脂肪。这为受损老鼠过量进食提供了可能，因为它们缺乏日常所需的燃料。

❖ 评价

- ⊕ 腹内侧下丘脑会参与某些饱足感的形成。
- ⊖ 腹内侧下丘脑受损的动物是"苛求的、懒惰的，并表现出嗜食性的夸大反应……这些发现与腹内侧下丘脑是脑部饱食中枢的理论并不十分相符"（Wickens, 2000, p.118）。
- ⊖ 饱足感依赖于脑部的其他区域（例如，室旁核、腹侧去甲肾上腺素束）及腹内侧下丘脑。
- ⊖ 腹内侧下丘脑受损的动物仍然表现出一些比正常动物更高水平的调节体重的能力。

⊖ 腹内侧下丘脑受损的动物会更多次进食而不是大量进食，或许是因为损伤增加了胰岛素的量而不是消除了饱食中枢。

饮食多样化

一个非常重要的影响动物和人类摄食行为的因素在生物学理论中被大大忽略了，即饮食多样化。其基本观点是：我们在拥有多样化食物时（例如，美味），会比没有多样化食物时消耗更多的食物。这有助于解释为什么大量食物都富含各种口味（咸的或辛辣的）和搭配甜食。麦克罗里等人（McCrory et al., 1999）认为，最近几年西方社会超重人数大幅度增加的部分原因是由于可以随时获得比过去多得多的多样化、高能量的甜食和零食。

为什么饮食多样化的增加可能导致更大的食物消耗呢？罗尔斯（Rolls, 1981）认为，主要原因是感觉特异性满足：即任何特定口味或风味食物带来的愉快感都会随着持续地接触该食物而逐步下降。这种影响是特异性的，因为对其他口味或风味食物的愉快感通常未见降低。感觉特异性满足激励人们去消耗各种各样的食物，这有助于人们确保自己获取必需的营养，从而避免营养不良。

证据

已有研究发现，饮食多样化的增加会引起食物消耗量的增长（见 Raynor & Epstein, 2001）。例如，罗尔斯等人（Rolls, van Duijvenvoorde & Rolls, 1984）给人类被试提供一顿四道菜的食物。在饮食多样化条件下，四道菜分别是香肠、面包和黄油、巧克力甜点、香蕉。在其他条件下，给被试提供四道菜中的一种，提供四次。饮食多样化被试比自始至终只获得相同食物的被试多消耗了44%的食物，多增加了60%卡路里的热量。

多种口味的饮食多样化对于食物消耗的增加并不总是充分的因素。罗尔斯等人（Rolls, Rolls & Rowe, 1982a）给被试提供三种味道的酸乳酪（树莓，草莓，樱桃），颜色和质地都相似。这些被试不再比只提供一种味道酸乳酪的被试吃得多。

罗尔斯（Rolls, 1981）假设产生饮食多样化效应的关键机制是**感觉特异性满足**（**sensory-specific satiety**），其意思是，对任何特定食物的愉快感会随着该食物的持续消耗而稳步下降。罗尔斯等人（Rolls et al., 1984）检验了这个假设。他们把香肠、面包和黄油、马铃薯片及乳酪和薄脆饼干分类作为开胃食物，把巧克力甜点、酸乳酪、香蕉和橘子分类作为甜食。吃过一种甜食后，对所有甜食的愉快评价等级都下降了，但对开胃食物的愉快评价等级则未产生影响。与其相似，吃过一种开胃食物后就降低了对其他开胃食物的愉快评价等级，但对甜食

感觉特异性满足：已吃过的食物的愉快评价等级降低，而未吃过的食物不受影响。

许多研究断定，饮食多样化的增加引起食物消耗的增长。大量高热量食物的多样化供应，可能促进了西方社会肥胖者的增多。

则没有影响。

感觉特异性满足不仅仅局限于口味。罗尔斯等人（Rolls, Rowe & Rolls, 1982b）发现，对吃过的巧克力甜点的愉快等级评价，比起未吃过的巧克力甜点的评价会下降很多。甚至在甜点只存在颜色差异、不存在口味差异的情况下，也会出现这个结果。罗尔斯等人（1982b）还发现，对吃过的意大利面的愉快等级评价未扩展到其他仅存在形状差异的意大利面上。因此，感觉特异性满足除了味道之外还可以扩展到颜色和形状上。最近，罗尔斯夫妇（1997）发现，感觉特异性满足也适用于气味。

通常认为，消耗任一种食物只会降低该食物味道的愉快感，而不会降低吃食物的愉快感。梅拉和罗杰斯（Mela & Rogers, 1998）获得了被试吃奶酪三明治的两种评价等级。对吃奶酪三明治的愉快评价等级，远大于对奶酪三明治味道的愉快等级。

大多数有关人类饮食多样化的研究都是短期的，因此有关饮食多样化（或它的对立面）在长期饮食模式中的影响我们能够得到的信息甚少。不过，有限的证据表明，长期效应与短期影响比较类似。例如，研究人员（Cabanac & Rabe, 1976）说服被试吃只有香草味的饮食三周。在三周时间内平均减重 3.13 公斤。

> 这与许多商业饮食计划有什么相关呢？

❖ 评价

- ⊕ 饮食多样化通常会对食物消费有相当大的影响。
- ⊕ 感觉特异性满足涉及食物的味道、气味、形状和颜色，这为食物多样化和非多样化的影响奠定了基础。
- ⊖ 感觉特异性满足是否与吃过的食物味道的愉快等级降低或吃食物的愉快等级降低有关，现在尚不清楚。
- ⊖ 需要更多的研究来揭示饮食多样化（及非多样化）的长期效应是否与短期影响相似。

肥胖

饮食失调主要有两种：暴食症和神经性厌食症（第 22 章讨论）。肥胖并未被视为饮食失调，但它能引起活动下降和痛苦。肥胖（**obesity**）通常被界定为身体质量指数（BMI）超过 30，计算方式为：用个人的体重公斤数除以身高的平方。身体质量指数介于 25—30 之间的个体被认为是超重，这对我来说可是个坏消息，因为我的体重通常正好超过 25 这一身体质量指数！

> 肥胖：身体质量指数（BMI）超过 30，个人的体重公斤数除以身高米数平方。

你可能已经听专家说过西方世界正在流行肥胖症。确实如此，许多国家肥胖者的百分比都在急剧增加。在美国，22% 的成年人肥胖，54% 超重（Hill & Peters, 1998），其他国家的情况也较为类似。在澳大利亚，女性肥胖的百

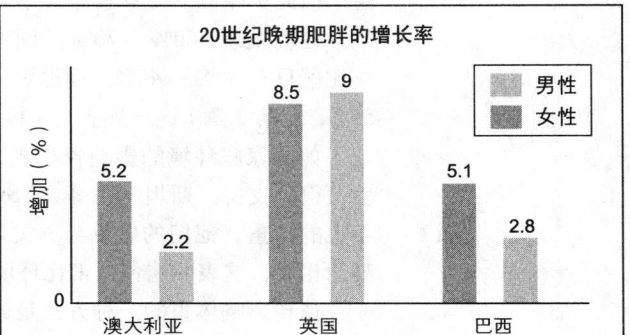

分比在 1980—1989 年间从 8% 增长到 13.2%，男性从 9.3% 增长到 11.5%（Taubes, 1998）。在英国，1980—1994 年间男性肥胖者从 6% 增加到 15%，女性从 8% 增加到 16.5%（Taubes, 1998）。在巴西，男性肥胖百分比在 1976—1989 年间从 3.1% 增加到 5.9%，女性从 8.2% 增加到 13.3%（Taubes, 1998）。

肥胖者的增加是一个很严重的问题吗？肥胖必定会与很多健康问题（例如，高血压，心脏病发作，各种癌症）相联系（Wickelgren, 1998）。不过我们现在谈的是联系，这并不证明肥胖就是致病因素。例如，肥胖的个体通常要比不肥胖的人运动少，他们的体能缺乏也许更为重要。威克尔格伦讨论了一项美国的研究，发现正常体重的身体不健康者的死亡率是肥胖或接近肥胖的身体健康者的两倍。最合理的推论是：肥胖和身体不健康是身体患病和寿命缩短的主要影响因素。

原因

要想降低肥胖的发生率（或者至少是阻止它继续增长），了解导致肥胖的因素是很重要的。我们将会看到，影响因素有很多。

肥胖发生率的增长，在某种程度上是因为大多数西方国家的居民比以前有更多的机会获得食物。如果我们采取进化论的观点，就容易理解这一因素的重要性。皮内尔等人（Pinel, Assanand & Lehman, 2000, p.1105）指出：

> 由于自然界食物的稀缺和不可预测，当食物能轻易获取时，人类和其他动物在饮食方面已经进化到生理极限，因此多余能量可以储存在体内以应对将来可能的粮食短缺。饥饿和摄食系统进化时的环境与当前人们居住的食物丰富的环境之间的巨大差异，造成当前许多国家存在过度消费的问题。

饮食多样化的增加可能与很多国家肥胖率的增加有关。麦克罗里等人（McCrory et al., 1999）考察了 10 种不同类型的多样化食物（例如，点心、蔬菜）方面的个体差异。日常饮食多样、喜欢高能量食物（糖果，点心，调味品，主菜，含碳水化合物的食物）的个体能量摄入增加，变得肥胖。进食大量水果和蔬菜的个体的体重，要比不吃蔬菜和水果的个体轻。

遗传因素有助于确定谁将（和不会）变得肥胖。研究者（Grilo & Pogue-Geile, 1991）回顾了来自成千对双胞胎的证据。同卵双生子在体重和身体质量上比异卵双生子彼此更相似。普罗敏等人（Plomin, DeFries & McClearn, 1997）报告了类似的发现。他们发现，60%—70% 的同卵双生子体重十分相似，相比之下异卵双生子的这一比例只有 30%—40%。同卵双生子比异卵双生子具有更多的遗传相似性（100% 比 50%；见第 2 章）这一事实，可以解释他们的体重相似性。

如果家庭环境的影响较小或无影响，遗传因素在决定体重方面有重要性的观点就可得到支持。斯坦卡德等人（Stunkard et al., 1986）考察了在婴儿时就被收养的成年人的体重。他们的体重与养父母的体重不相关，但却与他们亲生父母的体重有很高的相关，这表明遗传因素比环境因素更重要。

遗传影响体重的一种方式是通过新陈代谢率实现的。新陈代谢率存在个体差异，

如何将这一因素与最近肥胖儿童的增多联系起来呢？

并且必定会影响体重。罗斯和威廉斯（Rose & Williams, 1961）比较了体重、身高、年龄和活动水平都比较匹配的人。虽然进行了匹配，但在很多配对中其中一人所消耗的卡路里却是另外一人的两倍，由此可以推测他们具有较高的新陈代谢率。

我们不能简单地断定所有的肥胖者都具有较低的代谢率，虽然他们经常这样认为。研究人员（Lichtman et al., 1992）研究了肥胖者在依靠低卡路里饮食进行减肥时经历的困难。在两个星期内精确测量了他们的食物摄取量和身体活动量。被试漏报了47%的实际食物摄入量，虚报了51%的身体活动量！

尽管遗传因素很重要，但剧烈的环境变化也可能会对体重产生强大的影响。瑙鲁岛居民曾经生活水平低下。然而，该岛有充足的海鸟粪，现已成为肥料公司所使用的磷酸盐的来源。现在瑙鲁岛居民成为世界上生活水平最高的居民之一，他们购买各种昂贵的进口食品。结果，他们中的许多人都成为同代人中的肥胖者（Gibbs, 1996）。

运动量减少有助于解释肥胖的急剧增长。在过去20年里，西方一些国家每日平均摄取的卡路里确实已经下降（Hill & Peters, 1998），部分原因在于大多数人步行少开车多。运动能耗尽能量（因此也会消耗卡路里），如果卡路里的摄取多于用于能量支出的卡路里，任何人都可能变胖。因此，从长远来看，每天卡路里使用的减少，能很容易地导致肥胖。

肥胖者的**脂肪细胞**（**adipocytes**，即储存脂肪的体细胞）通常存在问题。大多数人拥有约250亿个脂肪细胞，但是一些肥胖者实际上拥有的数目更多（增生性肥胖）。也有另一种形式的肥胖症，主要问题是脂肪细胞增大而不是过度过多（肥大性肥胖）。

脂肪细胞：储存脂肪的体细胞。

❖ 评价

- ⊕ 遗传因素在决定体重和肥胖方面具有重要意义。
- ⊕ 各种环境因素（例如，更容易获取食物，饮食多样化增加，运动减少）都有利于增加肥胖。
- ⊕ 饮食多样化和新陈代谢率均在影响体重方面发挥作用。
- ⊖ 肥胖种类各种各样，影响因素不止一种。
- ⊖ 我们对肥胖的理解还不足以开发持久有效的长期减肥方案。

性和性行为

无人怀疑人类的性驱力包含各种各样的生物因素（例如，性激素）。然而这只是故事的一部分。正如韦斯滕（Westen, 1996, p.387）评论的那样："人类首要的性器官可以说不是生殖器而是大脑。"既然这是生物心理学的一章，我们就来阐述像性交所涉及的生理学过程等问题，以及人类进化史对生殖行为的影响。决定性吸引的心理因素将在第19章讨论。

有性生殖

为什么存在有性生殖？这似乎是一个老生常谈的问题，而且你可能会觉得答案是显而易见的。不过，生物学家已经在关注这个问题，因为性存在很多不利之处。用格里尔和伯克（Grier & Burk, 1992, p.319）的话来说：

> 性行为会消耗大量的时间和能量，而且这种引人注目的行为常常会增加被捕食的风险（更不用说传播寄生虫和致病菌的风险了）。最糟糕的是，从进化论的角度看，有性生殖是一种效率非常低的传递个体特定等位基因 [基因] 的方法。

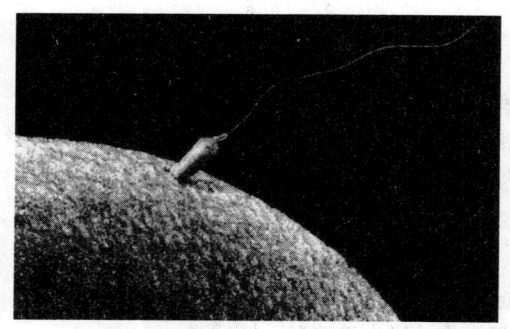

人类精子和卵子的受精，一个异配生殖的例子，配子的两性不相似。

我们都知道有性生殖所包含的一些主要进程。然而，生物学家所关注的进程却相当不同（也见第 2 章）。根据克雷布斯和戴维斯（Krebs & Davies, 1993, p.175）提供的定义："有性生殖需要通过减数分裂和融合来自两个个体的遗传物质形成配子。"这里需要考察这一定义中的一些术语。首先，配子是生殖细胞（精虫或精子；卵子或卵），可以进行受精。其次，减数分裂是一种细胞分裂形式，其中一个原子核分裂为 4 个细胞核，每个细胞核包含母核一半数量的染色体。再次，所涉及的个体包括一个男性和一个女性。在人类物种中，男性提供非常微小的、众多的、活动的配子或精子，女性提供较大的、不活动的配子或卵子。

有性生殖的进化优势是什么？最重要的是有性生殖能形成遗传多样性。正如在大的家庭中所看到的那样，父母的子孙通常在身高、形状、智力和人格方面差异显著。之所以出现这种情况（同卵双胞胎除外），主要是因为每个孩子确切的遗传结构存在差异（见第 2 章）。环境条件经常会以无法预测的方式发生变化，遗传多样性最大限度地增加了一个物种的成员适应这种变化的可能性。

为了让个体的基因传递到下一代，他/她的配子需要生存足够长的时间以便参与有性生殖。实现这个目的的一个策略就是产生几个较大的、能在不良环境中生存的配子。这个策略被女性用于排卵。另一个策略是产生大量的、活动力很强的配子，以便一个或更多配子在被其他个体受精之前使女性的卵子受精。这个策略被男性用于产生精子。

一夫一妻制在我们的文化中是正常的配偶策略。它如何使男女双方最大限度地增加生殖成功的可能性呢？你能想到在其他文化中（该文化更成功地实现了进化所要求的生殖成功率）存在的替代性系统吗？

人类女性产生相当少的卵子，男性则会产生数量巨大的精子。事实上，男性射精时所产生的足够多的精子能使大约 5 亿个女性怀孕！因此，女性配子比男性精子更加宝贵。女性通常会通过提供食物和照料子女来增大生殖成功的可能性。相反，男性常常通过使几个女性怀孕而不是照顾子女来增大生殖的成功率。

女性生殖系统

性交导致怀孕的概率取决于女性的月经周期，它通常会持续约 28 天。月经周期的关键期有：

- **卵泡期**。卵泡刺激激素水平增加引起卵泡围绕卵细胞或卵子成长；然后卵泡开始释放雌性激素（性激素），在排卵前 1—2 天达到高峰。
- **排卵期**。雌性激素刺激下丘脑促进来自垂体前叶的黄体化激素和卵泡刺激激素的释放。黄体化激素水平的提高，引起卵泡破裂释放卵子。
- **黄体期**。破裂的卵泡开始释放孕酮（一种激素）。子官内层准备植入某受精的卵子或卵。更具体的说，如果卵子已经受精，黄体酮就会引起营养物质的生成，并植入受精卵。
- **经前和月经期**。卵子或卵进入输卵管。如果未被受精，孕激素与雌性激素水平下降。

关于居住得彼此临近的妇女月经是否同步（即大约在同一时间经历月经周期的各个阶段）这一问题，尚存在争议。大多数证据都支持月经同步的观点（见 Weller & Weller, 1993）。出现这种现象的机制尚不清楚。但是，有研究者（Stern & McClintock, 1998）实施了一项有趣的（如果不是令人讨厌的话）研究，在这项研究中，让妇女把其他妇女的汗水放在自己的嘴唇上。这引起了月经同步，表明该影响至少部分地取决于**外激素**（**pheromones**）——由个体释放的影响其他人的化学物质。

性交必须在排卵期进行，以尽量增加怀孕概率。很多证据表明，女性在排卵期

外激素：个体释放的影响他人的化学物质。

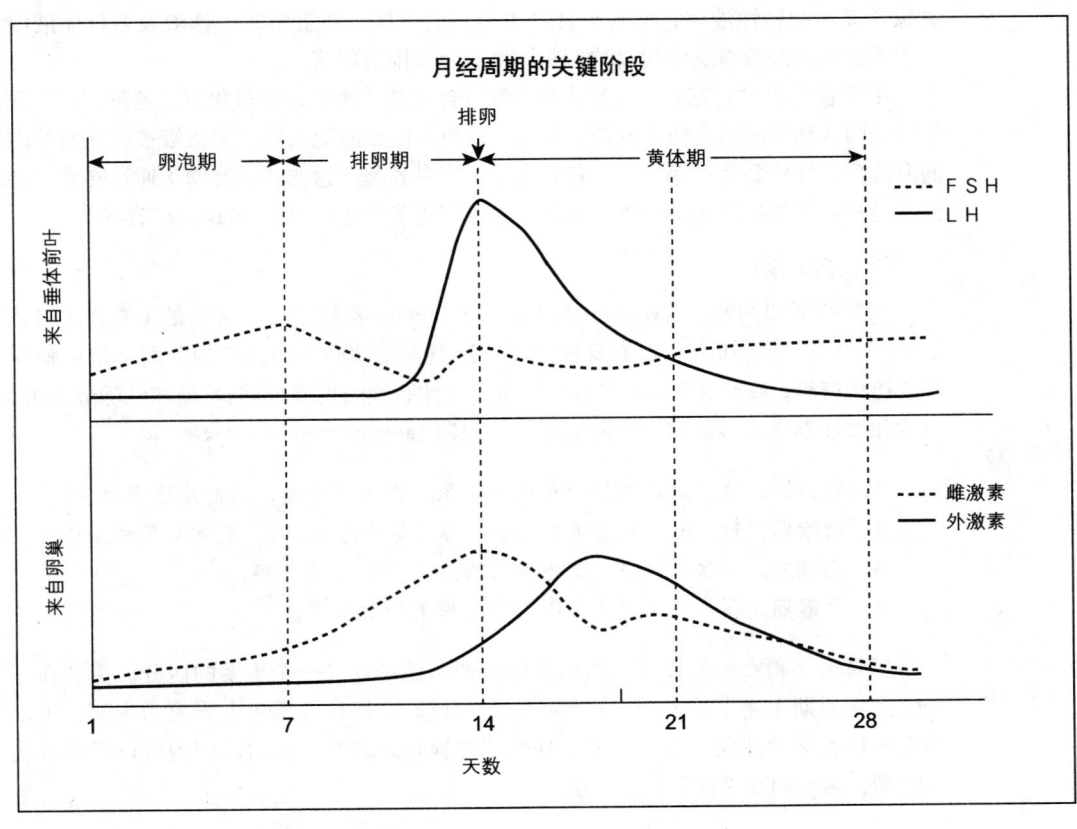

月经周期的关键阶段

想性交的可能性并不比月经周期的其他时间高,这似乎与许多进化心理学家的预测相反。不过,我们必须对性行为和性动机进行区分。正如沃伦(Wallen, 2001, p.354)指出的,

> 女性性行为的具体模式反映了受激素状态影响的性欲水平、伴侣的性欲水平和妇女或夫妻避免或实现怀孕的愿望之间的互动。

有许多证据表明女性的性欲高峰出现在排卵期。哈维(Harvey, 1987)发现,女性排卵期的性活动比月经周期的其他任何阶段都多。这并不是因为性交的增加,而是完全起因于自主性活动(即自慰)的增加。斯坦尼斯劳与赖斯(Stanislaw & Rice, 1988)请已婚妇女在两年时间里通过日记记录每天的性欲。这些妇女表示排卵期的性欲更为强烈,排卵期前几天稳步上升,排卵期之后稳步下降。范古赞等人(Van Goozen et al., 1997)发现,女性在排卵前启动的性活动比在黄体期间多3倍以上。不过,由男性启动的性活动在整个月经周期无变化。

男性生殖系统

男性的精液在睾丸中产生,然后在毗连的附睾中成熟。附睾有一个依附的小管(俗称输精管)。输精管的内层肌肉通过收缩输送精液到尿道,即贯穿整个阴茎长短的小管。这个区域有各种腺体,其中来自睾丸的输精管与尿道相互连接。例如,精囊包含浑浊的粘性液体,前列腺会产生清晰的液体。要射精时,精液及各种体液混合物(包括来自精囊及前列腺的那些液体)会被排出阴茎。

阴茎在勃起时会充血。这是因为勃起神经递质(例如,一氧化氮、乙酰胆碱)发信号给阴茎动脉的肌肉使之放松,从而导致更多的血液流入阴茎。血液被困在阴茎内的海绵庭,导致勃起。伟哥,一种经常用于应对勃起问题的药,有助于通过降低保持阴茎动脉肌肉放松的化学物质的衰竭率来保存阴茎中的血液(Goldstein, 2000)。

性反应周期

马斯特斯和约翰逊(Masters & Johnson, 1966)实施了一个著名的(或臭名昭著的)关于性行为的研究。他们直接观察和测量大约700人的性行为,而不是依赖问卷或访谈资料。基于对10000多名男性和女性性高潮的观察,马斯特斯和约翰逊认为,男性和女性都有类似的四个阶段的性反应周期(**sexual response cycle**):

> **性反应周期**:性交过程中出现的四个阶段的反应序列。

1. **兴奋期**。这一阶段包括增加肌肉紧张,性器官充血,有时皮肤泛红。
2. **持续期**。这一阶段包括唤起的最高水平,最高的心率、肌肉紧张和血压。
3. **高潮期**。在这一阶段,男性释放精液,女性阴道收缩。
4. **消退期**。逐步恢复到正常心理和生理的功能水平。

> 在这个领域采用观察法和问卷法进行研究会遇到什么困难?

尽管男性和女性的性反应周期大体相似,但仍存在一个重要的区分。男性在一个性反应周期中通常只表现出一种模式。相反,女性在性反应上要更为多变,可以确定三种类型的性反应周期。另一种性别差异是许多女性在短时间内可以经历多次性高潮,男性则几乎做不到这一点。

万斯和瓦格纳（Vance & Wagner, 1976）发现，男性与女性所拥有的与性高潮有关的主观经验非常相似。事实上，心理学家和妇科学家无法区分男性和女性对性高潮的描述。以下是万斯和瓦格纳得到的两个描述：

> 在我看来性高潮的感觉是一种最大地缓解任何类型紧张的感觉。这是我享受过的最满足的感受。这种感觉是丰富的，是我所经历过的最愉快的感觉。

> 性高潮感觉就像地狱里的天堂；巨大的快乐积累在一起，使释放快乐的美妙时刻值得留恋。

上面的描述一个为男性所写一个由女性所写。你能猜出哪条描述是谁写的吗？事实上，第一条来自女性，第二条来自男性。

激素因素

性激素主要有两类：**雄性激素（androgens）**和**雌性激素（oestrogens）**。最常见的雄性激素是睾酮，最常见的雌性激素是雌二醇。男性的雄性激素水平高于雌性激素，女性则正好相反。在未孕女性中，雌性激素（大多是雌二醇，但也有一些雌酮和雌三醇）主要由卵巢分泌。这一性别差异曾使一些人把雄性激素描述为"男性激素"，把雌性激素描述为"女性激素"。这是误导，因为男性和女性都能产生这两种激素。事实上，男性的雄性激素水平比女性约高 10 倍，女性的雌性激素水平比男性约高 10 倍。

雄性激素：性激素（如睾酮），男性的含量远高于女性。

雌性激素：性激素（如雌二醇），女性的含量远高于男性。

性激素的释放包括哪些过程呢？第一，下丘脑分泌一种被称为促性腺激素释放激素的物质。男性的下丘脑内侧视前区特别重要，而腹内侧下丘脑则对女性很重要（Wickens, 2000）。第二，然后促性腺激素释放激素会控制由腺垂体细胞黄体化激素和卵泡刺激素分泌的两种激素。第三，这两种激素释放到血液中，被运送到睾丸（男性）和卵巢（女性）。男性黄体化激素的释放会刺激睾丸中睾丸间质细胞产生性激素睾酮。另一方面，就像我们早前看到的，女性黄体化激素的释放会刺激排卵。卵泡刺激素刺激男性产生精子，使女性卵巢准备排卵。

性激素在影响人类性行为中有多重要呢？它们显然具有重要的意义，但比不上对其他物种的重要性。例如，雌性激素水平在女性排卵期是最高的。正如我们所看到的，女性性欲往往在该时期达到高峰，但对性行为的影响却不一致。请注意女性雌性激素水平在排卵期比卵泡期早期约高出 10 倍，而性欲的增加则相对比较温和。

有证据表明，被阉割男性的性激素出现了问题，他们中的大多数人都报告，随着时间推移性活动减少。典型的顺序是，射精能力丧失，随后是勃起能力丧失，最后是性兴趣消退。不过个体间差异较大。

人类的排卵是隐藏的，但在许多其他物种身上则存在明显的视觉表现形式。例如，雌狒狒（上图）的臀部在排卵期会肿胀、变红。对雄狒狒来说，这是雌性可以接受性交的信号。

> **激素和吸引力**
>
> 德克萨斯州（Davis, 2001）的一项小研究显示了女性处于繁殖高峰期时的生理及心理变化，这些变化与吸引力或性感有关。排卵期的女性曲线更优美，因为乳房更为对称且腰部会收缩一厘米左右。她们会挑选紧身衣服，裸露出较多的皮肤，更注意化妆。被试的日记也显示出对爱与性的思考增多，紧张程度降低，情绪更积极，烦恼更少。可能所有这些影响直到排卵时才会达到性激素的平衡状态。

布雷默（Bremer, 1959）考察了157个被阉割男人，他们被阉割是为了减少因性犯罪而在监狱度过的时间。约50%的人在几个星期内就变得无性欲并缺少性兴趣。不过仍有一些人继续发生性关系，但所获得的性享受较以前要少。

这些证据一般都表明男性不需要高水平的睾酮和其他性激素使性变得活跃。皮内尔（Pinel, 1997, p.286）指出："性驱力和睾酮水平在健康男性身上是不相关的，睾酮注射不会增加他们的性驱力。似乎每个健康男性的睾酮含量都远远超过激活产生性行为的神经回路所需要的量。"

性激素在女性性行为中扮演怎样的角色呢？各种证据表明，女性性冲动可能更多的取决于雄性激素（如睾酮），而非雌性激素（如雌二醇）。第一，去除卵巢的女性，雌二醇水平显著减少，但性驱力却维持在正常水平（Sherwin, 1988）。第二，通过手术绝经的女性接受雌性激素和雄性激素后比只接受雌性激素表现出更高的性欲和性满足水平（Sherwin, 1985）。第三，希福伦等人（Shifren et al., 2000）研究了65名性欲和性满足较低的手术绝经妇女，给她们提供雌性激素。那些也接受了大剂量雄性激素睾酮的女性，其性功能增加的幅度最大。第四，莫里斯等人（Morris, Udry, Khan-Dawood & Dawood, 1987）发现，已婚妇女性交的频率与其睾酮水平的相关远高于与雌二醇水平的相关。

性取向：一种对男性和女性的性吸引程度，与性行为密切相关或不相关。

性取向

区分性取向和性行为是很重要的。根据柏利等人（Bailey, Dunne & Martin, 2000, p.524）的观点，"**性取向**（sexual orientation）是一种对男性或女性的性吸引程度"。性取向和性行为通常关系较为密切，但社会和文化的压力有时却使二者表现出显著的差异。

为什么自然选择原理使同性恋具有明显的遗传因素的观点成为不可能？

在大多数国家，约5%—10%的成年人具有同性恋性取向，男性和女性都有可能是同性恋。不过，柏利等人（2000）指出了一个有趣的性别差异，尽管在他们的样本中男性和女性的同性恋百分比（92%）相同。在剩余8%中，女性比男性更可能具有轻度或中度的同性恋情感，男人则更可能成为几乎完全的同性恋。

人们已经提出了几种性取向起因的理论。一种观点认为遗传因素发挥了重要作用。另一种理论观点认为同性恋源于发展过程中某些激素的不正常水平，这些不正常水平影响了神经发育（例如，LeVay, 1993）。

> **案例研究：睾酮替代疗法**
>
> 性激素对男性性欲至关重要的其他证据来自睾酮替代疗法的研究。例如，可以考察一名38岁一战老兵的案例，他的睾丸被炮弹碎片破坏。睾酮替代疗法对他产生了显著的影响："睾酮使一个破碎男人恢复了曾认为会永远消失的男子汉气概。"（de Knuif, 1945, p.100）

证据

性取向中涉及遗传因素的问题已在几项孪生子研究中得到考察。这些研究表明，性取向部分取决于遗传。例如，柏利与皮勒德（Bailey & Pillard, 1991）研究了有孪生兄弟的男同性恋。发现同卵双胞胎的一致率（一致水平）为52%，异卵双胞胎为22%。在一项女同性恋的研究中，柏利等人（Bailey et al., 1993）发现同卵双胞胎的一致率为48%，异卵双胞胎为16%。这些数据表明，同性恋在男性和女性中都受到遗传因素的适度影响。

遗传因素影响同性恋的看法在大多数已报告的孪生子研究中似乎并不都是事实。柏利等人（Bailey et al., 2000）指出，之前孪生子研究中的志愿者知道他们在参与有关同性恋的研究。因此，他们在同意参加研究之前可能已经考虑到其孪生兄弟（姐妹）的性取向。另一个问题是，许多志愿者是通过同性恋刊物上的广告招募的，因此中度同性恋取向的个体被排除在外。

柏利等人（2000）在研究中最大限度地避免了上述问题。在男双胞胎中，同卵双胞胎的一致率为20%，异卵双胞胎为0%。在女双胞胎中，一致率为24%（同卵双胞胎）和10.5%（异卵双胞胎）。这些数据显著低于先前研究中获得的数据，表明性取向可能仅受到遗传的中度影响。

性行为的理论

在大多数社会中，性态度和性行为都存在性别差异。因此，各种理论家曾试图解释为什么会产生这些差异。许多差异都可归因于社会和文化影响。不过也有一些理论家宣称，至少某些性别差异是人类进化史的产物。下面我们就来讨论一下该领域的一些主要理论。

进化心理学

威尔逊（Wilson, 1975）提出了达尔文进化论的另一种版本，旨在解释人类性行为。通过这样做，他创立了生物社会学。**生物社会学（sociobiology）**主要的假设是，"个体应该按照内含适度性（inclusive fitness）的最大化行事。内含适度性是指将来子代中所繁衍的子孙数量，包括旁系后代和直系后代"（Smith, 1983, p.224）。换句话说，确保自己基因的遗传对人类来说存在压力。这可以直接通过繁殖得到实现。此外，亲代通过抚养子女并确保子女的生存和繁殖，从而间接地帮助了自己基因的延续。原因在于每个孩子的基因50%来自父亲，50%来自妈妈（见第2章）。

威尔逊（Wilson, 1975, p.156）认为，遗传因素在决定人类行为中所扮演的角色，具有众多重要意义："大脑中仅有极小的区域属于一块白板（tabula rasa）[干净的板块]；即使对人类来说这也是事实。剩余部分更像是一张暴露的底片，等待着被浸入冲洗的液体。"

近几年来，生物社会学逐渐被进化心理学取代。两种观点之间存在实质性的重叠。不过，**进化心理学（evolutionary psychology）**是一种更宽泛的视角（见第2章）。它关注进化史对作为人类认知和社会行为基础的心理机制的影响。总之，进化心理学家比生物社会学家更愿承认进化过程的影响几乎被社会和文化因素更改了。

生理社会学和进化心理学均受到特里弗斯的亲代投资理论的强烈影响。特里弗斯把**亲代投资（parental investment）**界定为，"父母对后代的任何投资都会增加后代

生物社会学：人类的社会行为受基因延续目的强烈影响的观点。

进化心理学：人类众多的认知和行为取决于自然选择进化进程的观点。

亲代投资：父母养育后代所投入的时间和精力。

特里弗斯（1972）把亲代投资界定为："父母对后代的任何投资都会增加后代生存（并因此繁殖成功）的可能性，但却是以父母投资其他后代的能力为代价。"在大多数文化中，女性的亲代投资都会大于男性。

生存（并因此繁殖成功）的可能性，但却是以父母投资其他后代的能力为代价"。在大多数文化中，女性的亲代投资总是远远大于男性的亲代投资。正如巴斯（Buss，1999，p.102）所指出的：

> 在人类进化史上，男性可以随意地丢弃仅花费几个小时甚至几分钟建立的偶然性伴侣关系。而女性则冒着怀孕的风险，并有可能因此而在很多年间都在遭受作出这一决定带来的代价。

女性对后代更大的亲代投资意味着什么呢？特里弗斯（Trivers，1972）认为："当某一性别的投资大大超过另一性别，后者将会相互竞争与前者交配。"因此，女性选择性伴侣通常比男性更有辨别能力，因为与一个不适合的伴侣交配的潜在后果对女性来说比对男性大得多。如果男性必须靠竞争获得与女性交配的权利，那么自然选择将会青睐那些容易获得竞争成功的特征。例如，可能导致男性比女性高大，且更具攻击性（见第19章）。

当一个孩子出生时，母亲的身份是确定无疑的，但父亲的身份则可能是不确定的。根据进化论，男性不愿意在一个未拥有自己基因的孩子身上投资（例如，金钱、时间）。因此，男性非常关心其伴侣是否忠于自己。许多男性有这样的担心是对的，因为据估计，约有14%的已婚夫妇的后代的父亲不是丈夫！相反，女性依赖于伴侣提供的资源，所以尤其关心他是否在感情上与另一名女性有牵连。由这一分析得到的预测如下：男性在自己的伴侣与另一男性发生性关系时，可能会感到最强烈的妒忌；女性在自己的伴侣与另一女性发生情感瓜葛时可能会感到最强烈的妒忌。

进化心理学家提出的另一个问题是兄弟姐妹之间几乎完全不存在乱伦。正如品克（Pinker，1997，p.455）所指出的："人们会与那些和他们互动最多的人——同事、隔壁女孩或男孩——以及最像自己的人——相同班级、宗教、种族和外表的人——发生性关系或结婚。性吸引的力量可能像磁铁一样把同胞兄弟姐妹拉拢在一起。"进化心理学家认为不会发生这样的情况，因为存在着强有力的进化原因：父母的后代有着密切遗传关系，比其他后代更不易出现基因缺陷。

由于进化心理学认为大多数人类行为都是由自然选择过程（该过程使我们成为应该的样子）直接决定的，因此经常遭到批评（见第2章）。如果进化心理学真这样认为的话，显然是错误的。不过，实际上进化心理学家认为人类行为是由多种因素决定的，其中大部分是基于社会和/或文化的因素。此外，自然选择的适应至少会对人类行为的某些方面产生影响。

证据

检验进化心理学家提出的人类性选择理论的一种方法是进行配偶首选特征的跨文化研究。如果该理论正确，男性和女性的首选特征应该存在明显的差异，并且这些差异可能存在跨文化的一致性。巴斯（Buss，1989）提出了支持这一预测的某些证据——见下面的关键研究评价。

为何男性更喜欢身体上具有吸引力的配偶呢？埃尔德（Elder, 1969）提出了令人信服的证据，即女性身体的吸引力会影响配偶选择。他获取青春期未婚女性对身体吸引力的评价等级，并在随后10年中跟踪这些女性。对来自工薪阶层背景的女性而言，她们青春期的身体吸引力与丈夫的职业地位之间的相关为+0.46。来自中产阶层背景的女性相关为+0.35。

克拉克和海特菲尔德（Clark & Hatfield, 1989）报告了支持生物社会学理论预测的证据，即在性伴侣选择中女性比男性更挑剔。有吸引力的男生或女生走近一个异性学生说："你好，我最近一直在观察，我发现你非常有魅力。你愿和我发生性关系吗？"正如你可能猜到的，男生比女生会更迫切地接受这项邀请。实际上，没有任何女生愿意接受这个邀请，但却有75%的男生会接受。一些拒绝邀请的男生还给出了理由（例如，"我的未婚妻现在就在城镇上"）。

巴斯和施密特（Buss & Schmitt, 1993）报告了另外一项女性比男性更有辨别力的证据。他们询问男性和女性在临时性关系中有关伴侣的必需标准。男性所要求的特征水平较低：迷人的、诚实的、慷慨的、好交际的、亲切的、聪明的、幽默感和情感稳定。更引人注意的是，男性比女性更不反对短期性伴侣的不良特征，例如暴力、双性恋、不被别人喜欢、自私、过度饮酒、愚昧、滥交、缺乏幽默感。

进化心理学家认为，男性比女性渴望更多的性伴侣具有进化意义。巴斯和施密特（Buss & Schmitt, 1993）阐述了这个问题，他们询问未婚美国大学生在不同时间段中最希望得到多少性伴侣。平均来说，男生在未来一年中想要6个以上的性伴侣，在一生中想要18个。相比较而言，女生在未来一年仅想要1个性伴侣，在一生中想要4或5个。

布克等人（Buunk et al., 1996）调查了美国、德国和荷兰男性和女性妒忌的重要影响因素。他们让被试描述如果他们的伴侣与另一人享受激情的性或者与异性产生了亲密的情感联系，自己是否更痛苦。在所有三个国家中，男性在想到自己的伴侣

> **女性具有滥交的天性**
>
> "如此多的男人，如此少的时间！"女演员韦斯特（Mae West）曾这样开玩笑说。但是科学家——男性科学家——则深信他们已经证明了这种看法。女性——在本性上不接受一夫一妻制——与男性一样，本性上是滥交的。生物学家认为，女性为了增加健康孩子的几率，在基因上已经决定了要和不同的男人发生性关系。
>
> 该理论有助于解释父系出错（mistaken paternity）的高发生率。一项研究表明，七分之一的人可能不是他或她称为父亲的那个男人生物学意义上的孩子。
>
> 越来越多的证据表明，来自全国各地动物王国的雌性动物——包括鸟类、蜜蜂、鱼、蝎子、螃蟹、爬行类、哺乳类——都是滥交的，最近两项报告提供了进一步的证据。滥交出自"良好基因"的理论，在大草莺身上得到例证。雌莺与雄莺一起筑巢时可能仅鸣唱一小部分曲目，但她会鸣唱一大部分曲目来寻找"偶外交配"（extra-pair copulation）的雄莺，这往往能延长寿命。她以这样的方式得到最好的后代（从配偶2那里），并使后代受到照顾（由配偶1完成）。
>
> 进化心理学教授伯克黑德（Tim Birkhead）说："我们并非都能得到心仪的伴侣，我们会作出某种安协。人类同样如此。女性也许能找到一个既善于提供食物也会照顾孩子的男人，但她不一定想让这个男人做孩子的父亲。"
>
> 男性从动物世界得到的唯一安慰是，并非所有的女性都希望自己的后代全都通过通奸获得。
>
> "如果她们完全不忠于自己的社会伴侣，她们只能被遗弃，"伯克黑德说。
>
> 引自：布朗（A. Brown, 2000）发表在9月3日《观察者》（Observer）杂志上的文章"女性具有滥交的天性"。

在所有文化中，男性和女性都看中配偶的智力和人格，进化论如何对此进行解释？

巴斯：配偶选择进化解释的跨文化证据

巴斯（Buss, 1989）获得了来自 33 个国家 37 种文化的数据（见第 2 章）。几乎在每种文化中都是男性更喜欢比自己年轻的女性，从而更可能获得良好的生殖潜能。相反，在所有文化中都是女性更喜欢年长的男性，从而更可能拥有丰厚的财力。正如所预测的那样，女性对潜在配偶经济前景重要性的评价远远高于男性。可以认为，男性比女性更重视配偶的身体魅力，因为它与生殖潜力相关。在 37 种文化的 36 种中，男性比女性更重视配偶的身体吸引力。最后，男性倾向于比女性更重视潜在配偶的贞节，但性别差异在 38% 的文化样本中表现不显著。

关键研究评价——巴斯

巴斯（Buss, 1989）的发现意义重大，但是这些发现似乎并不像所认为的那样清晰，这主要有两个原因。第一，它们其实并未显现出配偶偏好的性别差异具有跨文化一致性。事实上，在大部分测量中，较发达文化中的性别差异要小于经济欠发达文化中的性别差异，包括首选年龄差异、经济前景的重要性及对配偶贞节的重视。第二，与巴斯对偏好的评估相比，生物社会学取向更关注行为。事实上，不同文化中夫妻间的实际平均年龄差异是 2.99 岁，这与男性（2.66 岁）和女性（3.42 岁）首选年龄的差异很相似。不过，尚不清楚的是，在巴斯的其他测量中获得的偏好和行为之间是否也达到这种一致性程度。

讨论要点：
1. 该研究是否为进化观提供了强有力的支持？
2. 你认为配偶偏好在西方文化和非西方文化中存在性别差异的原因是什么？

与别人发生性关系时比女性表现出更大的痛苦趋势，女性在想到自己的伴侣与别人产生亲密的情感纠葛时感到更痛心。此外，布克等人还发现，在这三个国家中，想到自己伴侣的性外遇导致男性比女性产生更强的生理唤醒。

布克等人的调查结果正好符合进化心理学的预测。不过，也有研究者（DeSteno, Bartlett, Salovey & Braverman, 2002）认为这些发现容易让人误解，因为被试的决策会受到一种不忠行为的存在也意味着存在其他不忠行为信念的强烈影响。许多女性认为男性的情感不忠意味着性也不忠，但是男性与另一个女性有性外遇可能未投入任何真实感情。因此，女性可能认为情感不忠更痛苦，因为这更可能会引起性外遇（"双重"不忠）。

你认为进化心理学家的这项研究是否抽取了足够的文化样本？

德斯泰诺等人（DeSteno et al., 2002）创设了一种环境，让被试在执行另一项任务时判断性外遇或情感不忠是否更重要。推论是：上述情景可能让被试从两种不忠类型推论不出任何复杂的结论。如下页右图所示，当不使用加工资源对两种不忠的含义进行推论时，男性和女性都选择认为性外遇更痛心。当不对加工资源进行限制时，布克等人（1996）重复了这些发现。德斯泰诺等人总结认为："与进化论恰好相反的是，男性和女性似乎都感到 [非伴侣关系] 的性外遇比情感不忠更痛苦。"（DeSteno et al., 2002, p.1114）

对进化心理学家来说还有更坏的消息。哈里斯（Harris, 2002）指出，大多数先前的研究都只检验了对

一夫一妻制和健康

滥交的猴子和猿体内含有大量的白细胞——保护我们不感染疾病的免疫系统细胞——相比之下人类只有几个或仅有一个伴侣（Nunn, 2000）。这表明这是一个强大的免疫系统得以进化的信号，以应对拥有多个性伴侣所带来的日益增多的健康危险。

这项研究与我们有关吗？显然无关，因为人类的白细胞总数很低，这支持了我们已进化为只有较少而非大量性关系的观点。

假设的不忠而非实际的不忠所做的反应。当她检验被试对伴侣实际的不忠所做的反应时，男女之间不存在差异。男性和女性更注重情感不忠而非性外遇。这些发现与进化压力已导致男性和女性对性外遇和情感不忠的反应截然不同的观点完全不一致。

❖ 评价

- ⊕ 性态度和性行为的某些内容恰好反应了进化心理学的预测。
- ⊕ 进化心理学有助于解释性态度和性行为方面的某些性别差异。
- ⊖ 进化心理学不能很好地解释人类性行为的代际变化（例如，20世纪西方文化中性态度和性行为的巨大变化）。
- ⊖ 在实验水平上检验进化心理学的假设是非常困难的（或不可能的），因为主要变量（例如，自然选择）不容易控制。

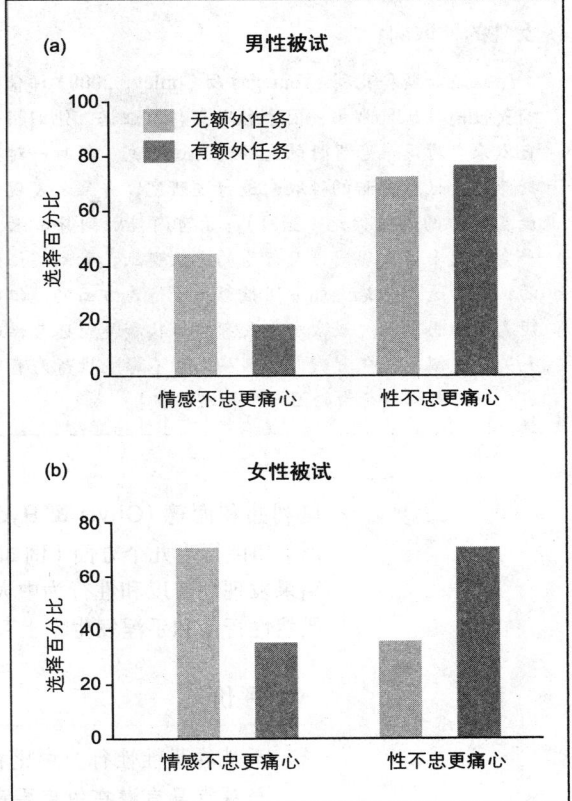

鲍迈斯特的性爱可塑性理论

鲍迈斯特（Baumeister, 2000）提出了一种人类性行为理论，该理论所依据的基础是：在天性（生物和进化因素）和教养（例如，文化）的相对影响方面存在性别差异。这个理论的主要假设如下："女性的性驱力比男性更可塑[灵活的]，表明女性具有更高的平均性爱可塑性。更确切地说，女性的性反应和性行为受文化、社会及环境因素影响的程度比男性更大。"（p.348）

鲍迈斯特假设女性受到社会和文化因素更多影响的原因是什么呢？首先，男性通常比女性更强壮有力。因此，在进化过程中男性比女性在性行为上的灵活性更少。其次，当女性对与男性发生性关系的看法从消极变得更积极时，男性和女性之间便可能出现性活动。这需要女性的可变和灵活。再次，鲍迈斯特认为，女性通常比男性的性驱力弱。因此，"与男性相比，女性可能……更容易被劝服接受代替品或获得满足的其他形式"。

证据

由鲍迈斯特的理论所得出的清楚预测是，在不同的文化中，女性的性行为比男性变化更大。巴里和谢利格勒（Barry & Schlegel, 1984）报告了与这一预测相一致的证据，他们回顾了186种文化中对青少年性行为的调查结果。在所有性行为的测量中，女性比男性表现出更大的跨文化变化。

来自这个理论的另一个预测是，遗传因素对男性性行为的影响大于女性。邓纳

> **女性的性取向**
>
> 维尼加斯和孔利（Veniegas & Conley, 2000）评估了影响女性同性恋行为相关因素的现有科学证据。他们指出一直以来只对同性恋男性的大脑进行过研究。只对一对分开抚养的女性双胞胎的性取向进行过研究，并且未发现女同性恋行为的遗传标记（基因）。子宫内接触到异常激素水平会导致女性出现同性恋行为的公认观点已受到实证研究的挑战，这表明绝大部分同性恋属于行为方面的，但也可能属于幻想中的。激素水平及身体形状和类型也与性取向无关。这似乎意味着我们对哪些因素不影响性行为有所了解，但对影响性行为的因素却知之甚少！

等人（Dunner et al., 1997）报告了与这个预测有关的证据。他们研究了1960年代"性革命"之后成长起来的人首次性交的年龄。遗传因素解释了男性首次性交年龄72%的个体差异，但在女性中仅解释了40%。

也可以根据鲍迈斯特的性爱可塑理论预测，女性可能比男性更易受密友性行为的影响。研究（Billy & Udry, 1985）发现，如果密友不是处女，女性处女在未来两年内失去童贞的可能性会多六倍。比较而言，男性密友的性状况与未来两年内失去男性童贞的可能性无关。

另外有证据表明，男性和女性性行为的差异可能少于鲍迈斯特（2000）的预测。例如，奥利弗和海德（Oliver & Hyde, 1993）对性态度八个方面（例如，婚前性行为、手淫）和性行为九个方面（例如，口交、手淫频率）存在的性别差异数据进行了元分析。结果发现性态度和性行为中大多数方面的性别差异很小（或不存在差异）。不过，在偶然性行为和手淫发生率上存在很大的性别差异。

❖ 评价

- ⊕ 天性在男性性行为中比在女性性行为中更重要、教养在女性性行为中更重要这一观点具有潜在的重要意义。
- ⊕ 女性性行为似乎比男性性行为更易受到社会和文化因素的影响。
- ⊖ 性爱可塑性存在性别差异的原因尚不清楚。但是，研究者（Hyde & Durik, 2000, p.375）提出了一个可能的解释："力量较小的群体（例如，女性）比力量较大的群体更注意使自己的性行为适应那些力量较大的群体（如，男性）。"因此，女性比男性表现出更灵活的性行为，因为她们的行为更多的受到他人的控制。

工作动机和绩效

普遍认为高水平的动机对于学业和职业生涯成功至关重要。我们将在这一部分探讨工作动机和绩效的关系。任何特定个体的工作动机水平都取决于若干因素。例如，他/她的人格可能起重要作用。员工的动机也取决于他们感到是否受到公平对待、雇佣者提供的支持和鼓励的大小，以及他们为自己制定的工作目标等。在讨论设定长期目标的作用之前，我们先简略地考察一下这些因素。我们之所以强调目标设置，是因为洛奇（Locke）的目标设置理论是影响最大的工作动机理论，并且得到了强有力的实证支持。

人格

工作动机和绩效与各种人格维度相关联。例如，责任感（独立的、刻苦的）是所谓大五人格因素的一种（见第 13 章），与工作动机稳定相关。事实上，研究者（Barrick & Mount, 1991）在一项元分析中发现，在直接预测工作绩效时，责任感这一维度要优于其他任何大五人格维度（宜人性，外倾性，神经质，开放性）。不过，这里我们只考察两种最吸引研究的人格维度：A 型行为模式和控制点。自我效能感对绩效的影响将会在第 13 章进行讨论。

A 型行为模式

A 型行为模式（type A behaviour pattern）包括"极端的竞争性成就努力、敌意、攻击性、时间的紧迫感，并为强有力的看法和精神习惯所证实"（Matthews, 1988, p.373）。该理论最初由弗里德曼和罗森曼（Friedman & Rosenman, 1959）提出，具体内容将会在第 5 章进行讨论。他们把该理论与 B 型行为模式相比较，B 型行为模式是一种较轻松的生活取向，缺乏 A 型的核心特征。

如前所见，A 型行为模式由多种多样的特征构成。马丁等人（Martin, Kuiper & Westra, 1989, p.781）揭示了这些特征是如何互相联系的：

为了取得学业成功，需要高水平的动机。

> A 型个体企图凭借努力驱动和工作指向行为来实现不切实际的绩效要求，从而维持积极的自我观；当他们意识到自己的努力遭到挫败时，会表现出攻击和敌对行为。

股票交易所是 A 型行为模式个体的理想环境

很显然，A 型个体受到高动机的激发。不过，他们的工作绩效并不必然优于 B 型个体。例如，他们的敌意和攻击性可能经常会起反作用，从而损害其工作质量。

证据

泰勒等人（Taylor, Locke, Lee & Gist, 1984）探讨了 A 型个体和 B 型个体在大学环境中进行研究的绩效。A 型个体比 B 型个体出版了更多的学术性出版物。此外，A 型个体的学术出版物质量显著高于 B 型个体——通过这些刊物被其他科学家引用的次数进行衡量。出现这些绩效差异的原因在于，A 型个体给自己设定了更高的绩效目标，他们更可能同时做几个项目，并且认为自己的自我效能感更高。

拜恩与莱因哈特（Byrne & Reinhart, 1989）研究了 432 名管理领域和专业领域的员工。A 型与专业水平之间的相关为 +0.15，表明在工作组织中 A 型个体比 B 型个体拥有更高的职位。为什么会这样呢？两位研究者还发现，A 型与每周工作的总时间存在 +0.32 的相关，与周末的工作量存在 +0.31 的相关。进一步统计分析表明，

A 型行为模式：一种人格类型，具有急躁、时间压力、竞争、敌意等特征。

想想你经常接触的人。你能把他们分为 A 型或 B 型吗？

A 型个体较高的职业水平几乎完全归因于他们较高的动机水平,这可以通过他们的工作时间得到反映。

❖ **评价**

⊕ A 型与较高的工作动机水平和努力程度稳定相关。
⊕ A 型常常(但绝非总是)与较高的工作绩效水平相关。
⊖ 把个人分为 A 型和 B 型两类确实太过于简单化了。
⊖ 工作动机和工作绩效取决于工作类型、员工利用技能的程度等,以及他们的人格。

控制点

罗特(Rotter, 1966)认为,**控制点**(**locus of control**)存在重要的个体差异,控制点是一种人格维度,与对事件发生的影响因素的感知有关。实际上,内控者一般认为报酬或结果主要取决于自己的努力。相反,外控者一般认为结果主要取决于命运、机会或其他外部因素。罗特制定了内外控制点量表来评估个体是内控的还是外控的。

可以预测内控者会比外控者表现出更高的工作绩效。为什么呢?与外控者相比,内控者认为在工作中付出更多的努力更值得,他们认为自己的努力和收到的回报密切相关。

> **控制点**:一种人格维度,与对事件发生的影响因素的感知有关。

证据

内控点员工通常比外控点员工更成功(Spector, 1982)。例如,海斯勒(Heisler, 1974)在一项政府雇员的研究中探讨了控制点与基于晋升数量、薪酬提升、受到奖励及当前薪水的效力指数之间的关系。相关为 -0.25,表明内控者比外控者的工作更有效。

里德与普理查德(Lied & Pritchard, 1976)认为,内控者比外控者具有更高的工作绩效水平,因为他们更可能期望:(1)努力会带来好的绩效;(2)好的绩效将会得到回报。第一个期望与控制点的相关为 -0.40,第二个期望与控制点的相关为 -0.20。因此,内控者比外控者更可能出现这两个期望。

通常假设内控点与职位呈正相关,因为内控点有助于得到更高的职位。不过,个体达到更高的职位也可能会影响他们的控制点。安德里萨尼和内斯特尔(Andrisani & Nestel, 1976)报告了支持的证据,他们在 1969—1971 年间对男性员工实施了一项跟踪研究。1969 年属于内控点的员工到 1971 年职位和薪水均得到提升,显著高于 1969 年属于外控点的员工。但在另一方面,两年间职位得到提升的员工变得更内控,职位下降的员工变得更外控。因此,控制点会影响工作成就,工作成就也会影响控制点。

> 这个发现的其他解释是什么?(提示:记得它是一种相关)

❖ **评价**

⊕ 内控者通常比外控者在工作中表现更好。
⊕ 内控者工作绩效更优的主要原因之一是,他们比外控者更相信付出艰辛的努力就会提升绩效和奖赏。

- 罗特（Rotter，1966）原创的量表非常概括，未具体提到工作期望。不过，更具体的问卷已编制出来（例如，Spector 的工作控制点量表，1988）。
- 控制点对工作动机和绩效的某些明显的影响可归因于工作绩效对控制点的影响。
- 控制点对工作动机和绩效的影响可能取决于各种环境因素（例如，工作性质）。

公平理论

公平理论最初由亚当斯（Adams，1965）提出用来解释人际关系的某些内容。但它已被很多学者用到工作动机中（像 Huseman, Hatfield & Miles，1987）。公平理论认为，个体会在激励的作用下获得他们所认为的公正和公平。他们通过与别人的对比来达到这一点，别人可能是同事、别处做同样工作的员工或其他群体。他们会计算投入（例如，工作努力、经验、能力）和产出（例如，工资、边际收益、地位、工作的兴趣水平）的比率，以及其他人的投入产出比率。

公平理论与动机的关系是什么？根据公平理论，当员工认为他们的投入—产出比率与作比较的员工的投入—产出比率相似时，其工作动机最高。换句话说，他们来自雇主的所得与其他具有类似能力和工作努力水平的员工所得到的相似。员工感到报酬过低的不公平时动机将相对较低，这意味着他们认为别人从投入中得到更多的收获。因此，如果一名员工获知其他大多数从事类似工作的人的工资比他/她多 25%，就会感到报酬过低的不公平。这将产生愤怒，还可能引发各种增进公平或公正的尝试，如增加产出（例如，要求涨工资）、减少投入（例如，付出更少的努力）或换工作。

> **外部激励因素**
>
> 外部激励因素包括工资、报酬、奖金和工作环境。它们在操作性条件反射中也被视为正强化。外部激励因素的力量可以通过在很多工作场所出现的怨恨得到表现，如果一名员工或一群员工得到额外或更好的奖励但未做更多的工作，就可能会引起怨恨。这种怨恨已被公平理论所预测到。

根据公平理论，如果出现报酬过高的不公平——这意味着员工认为自己正在为自己的能力和工作努力而得到比其他人更多的工资和其他收入——工作动机也会降低。你可能会认为员工在这种情况下会非常高兴，但在公平理论的假设中他们会感到内疚。因此，他们可能会采取各种纠正行动，例如：更努力地工作增加投入；歪曲情境（例如，"我事实上比大多数从事我这种工作的人做得更好"）；或者改变比较对象，把自己与有更高地位和能力的员工进行比较。

证据

动机理论的大多数研究都是在实验室条件下进行的。洛奇和亨尼（Locke & Henne，1986）评述了这一研究。他们发现报酬过低的不公平通常导致该理论所预测的更低的绩效水平。不过，报酬过高的不公平则很少引起所预期的绩效增进。

人们试图把该理论应用于工作环境中。格林伯格和奥恩斯坦（Greenberg & Ornstein，1983）研究了员工接受一个未增加工资的高职务头衔对工作绩效的影响。正如所预期的那样，得到新工作头衔的员工会增加其工作努力。研究者（Iverson &

Roy, 1994)在澳大利亚蓝领员工中开展了一项研究。那些体验到报酬过低的不公平的员工比其他员工更可能产生离职倾向，也表现出更多的求职行为。

公平理论似乎假设每个人都会受到对不公平或不公正感知的相同影响。但事实上，有证据（King, Miles, & Day, 1993）表明，个体在所谓的公平敏感性方面差异巨大。如果投入—产出比率不同于其他员工，公平敏感性高的个体会非常担心，但是公平敏感性低的个体则不会担心。

❖ 评价

- ⊕ 工作场所的公平感会影响员工的动机（例如，报酬过低的不公平可能会降低动机）。
- ⊖ 目前尚不十分清楚在该理论中员工如何选择其他员工进行比较。
- ⊖ 报酬过高的不公平通常不会使员工通过更努力工作纠正不公平。
- ⊖ 该理论忽略了公平敏感性的个体差异。

目标设置理论

目标设置理论最初由洛奇（Locke, 1968）提出，后来也做了一些修改（Locke, Shaw, Saari & Latham, 1981）。该理论现已成为一种颇具影响的工作动机方法。事实上，阿诺德等人（Arnold, Cooper & Robertson, 1995, p.220）宣称："截止1990年代，在顶尖学术期刊上发表的超过半数的动机研究均报告了目标设置理论的检验、拓展或完善。"

目标设置理论的主要成分是什么呢？第一，它假设动机的主要因素是目标，可以界定为"个体自觉去做的事情"（Locke, 1968, p.159）。某人为他/她自己制定的目标可以通过直接提问进行评估。

我们所有的目标都是有意识的吗？

第二，据预测，目标难度和绩效之间存在直接相关。洛奇（Locke, 1968, p.162）认为，"目标越难，绩效水平越高"。原因是设置的目标越难个体越努力。

第三，洛奇认为，任务绩效也取决于目标承诺，目标承诺是实现目标的决心。根据该理论，只有在目标难度和目标承诺都高的情况下才会出现高绩效。如左图所示，当目标承诺高而非低时，目标难度和绩效之间的相关才更强。

证据

有研究者（Latham & Yukl, 1975）利用从事砍伐和运输木材的员工做了一项研究。这些员工被分为三个群体：

1. 只按要求"尽力做"的员工（尽力组）。
2. 被分配给一个相当困难目标的员工（分配组）。

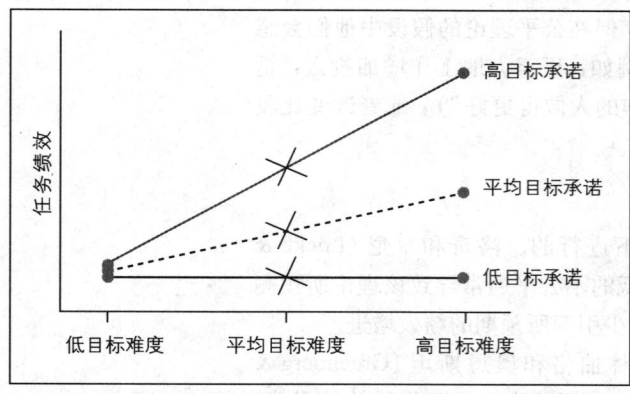

按照洛奇的目标设置理论，目标难度与目标承诺对任务绩效的影响。引自 Klein et al. (1999)。

3. 个人参与设置具体生产目标的员工（参与组）。

两位研究者发现，尽力组设定的目标最简单，因此可以预测工作绩效最差。相对而言，参与组设定的目标最难，因此工作绩效最好。与预测相一致，尽力组平均每小时完成木材量46立方英尺；分配组平均为53立方英尺；参与组平均为56立方英尺。这些差异看似不大。但是，参与组的工作绩效几乎比尽力组多出22%，任何公司都乐于把员工的生产率提高22%！

目标设置理论也被应用到激励对绩效的影响上。洛奇等人（Locke et al., 1968, p.1104）认为："只有对个人的目标和意图产生某种程度的影响，金钱激励才可能影响行为。"法尔（Farr, 1976）在一项卡片分类速度研究中，获得了支持这个假设的证据。提供经济激励使得设置的目标更高，并提高了分类速度。

厄利等人（Earley, Connolly & Ekegren, 1989）认为，当人们完成一项新任务并且可以采用多种策略时，目标设置可能会对绩效有不利影响。他们的被试执行一项涉及股票市场预言的任务。那些被分配到具体、困难目标的被试，事实上比分配到"尽力做"目标的被试完成得更差。具体、困难目标组被试比"尽力做"被试更少改变策略，因此他们可能对任务策略关注很多但却对任务绩效关注不够。

洛奇等人（Locke et al., 1981）回顾了目标设置理论的证据。目标设置在90%左右的研究中提高了绩效，尤其是在下面这些条件下：

- **目标承诺**。个体接受已设定的目标。
- **反馈**。提供关于目标进展的信息。
- **能力**。个体有足够的能力达到目标。
- **支持**。管理者或其他人员能提供激励。

克莱恩等人（Klein et al., 1999）基于74项研究对目标承诺和目标设置进行了元分析。目标承诺和任务绩效的平均相关为+0.20，这是极为显著的。元分析还为预期目标难度和目标承诺之间的相关提供了支持：目标难度较高（+0.31）时，目标承诺与绩效之间的相关比目标难度较低时（+0.16）更大。

什么因素会影响个体的目标承诺水平呢？克莱恩等人在元分析中阐明了这个问题。在付出适当努力的情况下，两个重要因素是达成目标的吸引力和达成目标的预期。克莱恩等人（1990, p.890）还确定了其他各种因素："源自高能力的高水平承诺、目标确定、任务或工作满意度、具体目标、任务经验、收到绩效反馈，以及反馈形式。"

大多数检验目标设置理论的研究均基于实验室依据。一个例外是伊尔塔等人（Yearta, Maitlis & Briner, 1995）的研究，他们研究了在大型跨国公司研究中心工作的科学家和专业人员。他们的调查结果与目标设置理论不大一致：

> 四分之三的相关表明难度和绩效之间、难度的较高水平与较低的绩效水平之间呈现中度但却是显著的关系。因此，这种相关方向与目标设置理论所预测的方向相反。(p.246)

为什么工作组织中的研究会与实验室研究得到截然不同的结果呢？首先，在工作环境中对目标的清晰界定通常比实验室条件下更困难。其次，在工作环境中达到目标的最佳途径通常达不到实验室条件下的清晰程度。因此，在工作目标清晰界定、员工知晓达到目标的适当策略的工作环境中，目标设置理论可能会得到更多的支持。

多尔等人（Doerr, Mitchell, Klastorin & Brown, 1996）在美国西北部一家鱼类加工厂做的一项研究中报告了支持上述预测的证据。员工需要尽快地清洗和包装大马哈鱼，遵循三种条件之一：个人目标；团体目标（即，所有小组成员的总产量必须达到一定水平）；控制（无具体目标）。无目标控制组加工 50 条鱼的平均时间是 702 秒，相比之下团体目标组是 570 秒，个人目标组为 538 秒。因此，目标设置引起工作环境中绩效的提高，或许是因为目标和任务具有直接性。

目标设置理论的工作环境研究和大多数实验室研究之间还存在一些其他重要差异。正如伊尔塔等人（Yearta et al., 1995, p.239）指出的：

> 控制研究中设定的目标通常是简单的、具体的，可以在较短的有限时间内完成。相反，组织中的员工常常设法同时达到多种目标，因此经常分心，所需时间也较长。最近人事管理学会报告，54% 的受访机构设置绩效要求的时限为 6—12 个月。

高尔维泽（Gollwitzer, 1999）直接阐述了人们如何在充满困难和分心的世界中从目标设置走向目标实现这个问题——这个问题在目标设置理论中未得到重视。他的核心概念是**执行意图（implementation intentions）**，即"具体说明达成目标的时间、地点和方式"（p.494）。为了了解执行意图的价值，我们来探讨一个具体例子。假定一个叫丽塔（Rita）的女学生给自己设定了一个目标，要在周六花 4 个小时复习准备即将举行的考试。但在这个过程中有一些阻碍因素。丽塔通常每天会与室友聊天达几个小时，她还喜欢看电视。因此，真正的风险在于，丽塔学习分心，复习很少内容或根本没有复习。

丽塔如何设法确保复习顺利完成呢？高尔维泽认为，这需要执行意图的参与。两个可能的执行意图如下：(1)"当我的室友敲门时，我告诉她 8:00 酒吧见"；(2)"如果我发现电视上有一些有趣的东西，我请室友录下它，这样我就可以晚点看"。如同你可能已经猜到的那样，高尔维泽所做的一个重要假设是，个体形成执行意图要比未形成意图更可能达到目标。

高尔维泽和布兰德斯塔特（Gollwitzer & Brandstatter, 1997）报告了执行意图使目标更容易实现的证据。他们给被试一个目标，完成如何在接下来的两天中度过圣诞夜的报告。告诉一半被试形成执行意图，即说明完成报告的时间和地点，另一半被试不需要说明具体的时间和地点。形成执行意图的被试 75% 完成了目标，未形成执行意图的被试仅有 33% 完成了目标。

执行意图：详细阐明个体如何达成他们为自己设定的目标的意向。

❖ 评价

⊕ 目标设置理论预测，目标设置和目标承诺在决定工作绩效的水平中通常很重要。

- ⊕ 目标设置理论有助于解释动机和绩效的个体差异：高激励员工会比低激励员工设定更高的目标，并有更高的承诺。
- ⊖ 目标设置理论在工作组织中的适用性低于实验室（Yearta et al., 1995）。
- ⊖ 个体的目标水平与其自觉意向相对应。但是，人们的动机力量并不总是能被意识到。
- ⊖ 目标设置理论不够重视目标设置和目标完成的干预过程（例如，执行意图）。
- ⊖ 当人们处在如何完成任务的学习过程时，目标设置事实上可能会削弱绩效。就像坎弗与阿克曼（Kanfer & Ackerman, 1989, p.687）指出的："当事先了解任务的内容时，动机过程的干预因素[如目标设置]可能会阻碍任务学习。在这些情况下，理解任务所必需的认知策略可能转向了自我调节活动（例如，自我评价）。"

小 结

需求理论

马斯洛基于从最底层生物需要到最高层自我实现的需求层次提出了动机理论。个体在考虑高层次需要之前倾向于先满足低层次的需要。自我实现者比其他人有更多的高峰体验。该理论具有非常综合的优点。不过，一些概念（像自我实现）不够准确，自我实现对环境支持的依赖性远高于该理论的假设。奥尔德弗（1969）基于生存、关系和成长需要提出了一个马斯洛层次理论的简化版本。根据该理论，当个体的一种需要未被满足时，他/她将关注更具体层次的需要（例如，生存需要）。该理论的局限在于没有具体阐明个体在满足需要上所使用的策略。

体内平衡：体温和饥饿

体内平衡系统拥有系统变量、设定值、探测器和修正机制。下丘脑参与探测体温变化和启动修正行动。当体温太高时副交感神经系统被激活，当体温太低时交感神经系统被激活。除下丘脑系统外，基于脑干和脊髓的体温调节系统均不太敏感。摄食行为不能通过基于能量水平维持的简单体内平衡模型进行解释。我们需要食物来供给营养和能量。能量能使我们加工摄取的食物，思考和四处走动，并维持基础新陈代谢。葡萄糖是大脑的主要能量来源，但除葡萄糖之外身体还能利用脂肪酸。Ⅰ型糖尿病患者的胰脏停止产生胰岛素，不能有效地利用来自食物的能量。葡萄糖、胰岛素和胆囊素均在饥饿和饱足感中发挥作用。体重调节取决于瘦素和胰岛素水平，它们根据脂肪组织的数量按比例分泌。外侧下丘脑参与饥饿控制，腹内侧下丘脑参与饱足控制，其他脑区也会参与。

多样化饮食比非多样化饮食使人们吃得更多，这主要是因为感觉特异性满足的作用。肥胖取决于遗传因素，也可能部分地依赖饮食多样化和新陈代谢率的个体差异。

性和性行为

有性生殖的进化优势在于它的遗传多样性，它使物种成员应对环境变化的机会达到最大化。月经周期由连续的卵泡期、排卵期、黄体期、经前和经期组成。性反应周期由兴奋期、持续期、高潮期和消退期组成。两类主要的性激素是雄性激素和雌性激素，前者在男性中含量更多，后者在女性中含量更多。两性的性动机取决于雄性激素而非雌性激素水平。遗传因素会影响儿童的性别不一致和成年人的性取向。进化心理学家认为，女性比男性更大的亲代投资意味着女性在选择性伴侣中比男性更有辨别能力，而且男性在与异性的性接触方面比女性更有竞争力。就像进化心理学所预测的那样，男性和女性偏爱的特征存在明显差异（例如，男性希望自己的妻子比自己更年轻，女性希望自己的丈夫比自己年长）。鲍迈斯特的性爱可塑性理论获得了一些支持，该理论认为女性性行为比男性性行为更多的受到社会和文化因素的影响。

工作动机和绩效

工作动机和绩效部分取决于员工的人格、责任感、A 型人格，以及具有有利影响的内部控制点。但是，人格的作用则又部分取决于环境因素，例如工作类型。根据公平理论，员工希望获得公正或公平。他们通过把自己的投入和产出与他人进行比较来实现。报酬过低的不公平常会降低动机，但是员工通常不会修正报酬过高的不公平。根据目标设置理论，任务绩效取决于目标难度和目标承诺。目标设置理论从工作组织研究中获取的支持比实验室研究要少，可能是因为工作目标的界定常常不清晰，而且很难确定实现目标的最好策略。目标设置理论没有重视目标设置和目标完成之间的干预过程。

深入阅读

- Kalat, J.W. (2000). *Biological psychology* (7th ed.). Pacific Grove, CA: Brooks/Cole Publishing Co. Reasonably detailed accounts of most of the topics discussed in this chapter are contained in this well-written textbook.
- Riggio, R.E. (2000). *Introduction to industrial/organisational psychology* (3rd ed.). Upper Saddle River, NJ: Prentice Hall. Several theories of work motivation are con-sidered in Chapter 7 of this textbook.
- Rosenzweig, M.R., Breedlove, S.M., & Leiman, A.L.(2002). *Biological psychology: An introduction to behavioural, cognitive, and clinical neuroscience* (3rd ed.). Sunderland, MA: Sinauer Associates. There are readable accounts of biological approaches to moti-vation in this textbook.

第 4 章
意识状态

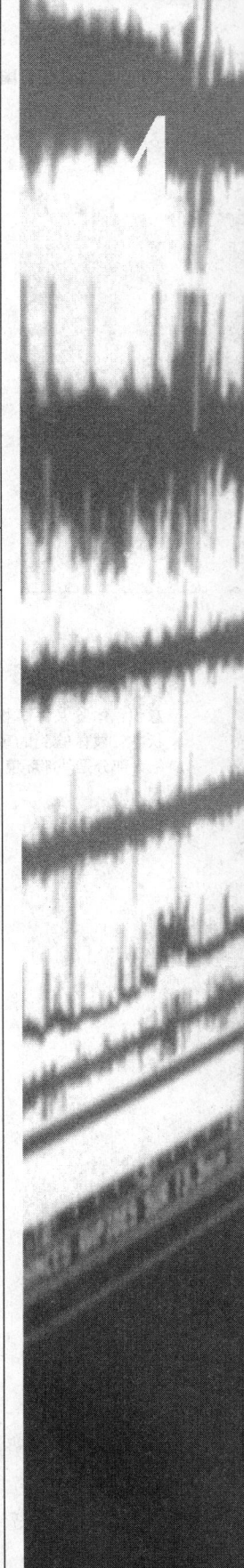

本章概要

- **意识**
  意识的研究
  意识的定义
  意识经验的特征
  现象意识与通达意识
  意识的功能理论：功能主义理论，双边论
  反对意识一元论的争议：割裂脑，分离性身份

- **身体节律**
  影响身体的节律和周期
  生理节律：昼夜节律，长日节律，短日节律
  睡眠—觉醒周期
  睡眠—觉醒周期中的生理变化
  昼夜自然周期的打乱：时差、轮班工作
  心理的日节律循环
  长日节律循环：月经前综合症
  年节律循环：季节性情感障碍

- **睡眠**
  睡眠周期的内容
  睡眠调节
  睡眠剥夺研究：心理和行为的影响
  理论：恢复/修复；适应/进化
  测量脑电波活动
  睡眠的五个阶段

- **梦**
  关注梦
  梦的定义
  梦是何时产生的
  研究梦的几大难题
  弗洛伊德的愿望实现理论
  霍布森的激活—整合理论
  雷冯素的进化假设

- **催眠**
  催眠现象
  催眠的定义
  催眠状态是如何产生的
  个体差异
  催眠状态
  四种现象：催眠性遗忘症、催眠性痛觉缺失、恍惚逻辑、注意狭窄
  变异状态观点：新分离理论
  无状态理论
  催眠的应用

我们每天都会经历意识的若干状态，其中有些状态形成了本章内容的焦点。比如，清醒状态与睡眠状态明显存在重大差异，即便在睡眠状态中，我们也必须区分梦与非梦。在一天中，我们的觉醒状态也在发生着变化，并且许多变化都是基于不同的身体节律。在讨论这些意识状态之前，我们先来思考意识的中心问题，包括什么是意识及意识有哪些功能。

改变我们意识状态的途径有很多种。比如人们使用大量的麻醉药，其中有些是合法的（如酒精），有些是违法的（如迷幻药）。麻醉药对我们意识状态的影响已经在第2章进行了详细的思考和探讨。另一个影响我们内心状态的途径是催眠。在英国，保罗·麦肯纳（Paul McKenna）及其他人在电视上的示范激发了人们对催眠状态的极大兴趣。下面可能是一个关于催眠的关键问题：催眠能否产生一种特殊的意识状态？一些心理学家说"会"，其他心理学家则说"不会"。在本章末尾我们将会根据相关证据对双方的争论进行考察。

意识

意识：体验某件事物的状态；被体验到的事物绝大部分是外部环境。

人们在与意识相关的唯一一个问题上达成了共识，那就是一致认为意识是整个心理学领域中最难研究的课题之一。什么是意识（**consciousness**）呢？根据威尔曼斯（Velmans，2000，p.6）的观点："如果一个人体验到某些事情，他就是有意识的；反过来，如果一个人没有体验，他也就没有意识。说得更详尽些，我们可以认为当意识存在时，现象性就存在。相反，现象性内容不存在就不会有意识。"

瓦伦蒂纳（Valentine，1992）确定了意识体验的几个特征：

- 它是私人的。
- 它由不同感觉通道（比如，视觉、听觉）的整合信息所构成。
- 它包括的信息是有关思想过程的产物或结果，而不是过程本身；例如，如果有人问你法国首都的名字，你在想到答案时可能意识不到涉及的过程。
- 它像小河或溪流一样不断变化。

大脑的哪些部位与意识最有关联呢？令人惊讶的是，大面积脑损伤的大多数患者仍然保持着清醒的意识（Velmans，2000）。更确切地说，脑损伤很少会导致清醒意识的全面丧失，但却经常会导致意识特定形式的丧失。例如，一些有初级视觉皮质损伤的患者会遭遇盲视，在盲视的情况下，人们意识不到呈现在其视野中特定位置的物体（见第7章）。不过，盲视患者对自己和其他事件则有完整的意识体验。

尽管如此，如果网状激活系统受损，就可能会对意识体验产生深远而全面的影响。网状激活系统位于后脑和中脑，影响着激活和睡眠状态（见第2章和本章后面的内容）。昆兰（Karen Ann Quinlan）是位21岁的女性，由于服用了微量的镇定剂并喝了点酒，她的网状激活系统大面积受损。结果，她陷入了昏迷状态（不省人事），直到她年轻的生命走向尽头（Quinlan & Quinlan，1977）。

对意识体验起关键作用的是位于间脑皮层下方的丘脑（见第2章）。丘脑是信息进入大脑皮层的通道,并且也有可能是进入意识的通道。根据一些研究者(Baars & McGovern,1996,p.80)的观点:

> 我们长期知晓的事实突出体现了丘脑在意识神经心理学方面的重要性,这一事实就是:损坏网状结构和(或)丘脑内侧核是导致意识消失、产生昏迷的唯一途径。另一方面,大脑皮质的损坏,即使面积大到半球[失去大脑的一个半球],也只会失去意识中的一些内容,而非意识本身。

接下来,我们要处理与意识有关的三个关键问题。第一,我们要考虑意识体验的性质;第二,我们要处理意识功能的问题;第三,我们要考虑是否每个人都有一种单一的整体意识,或者某些人会有两种或更多的相分离的意识。

意识经验的性质

众所周知,意识体验的内容会随着时间的改变而发生巨大的变化。我们能够有意识地知觉到雨滴飘落在屋顶上的情景,知觉到我们的行为、去年度过的暑假,以及秘密的想法,还有壮观的日落。这一变化体现了区分不同意识形态的价值。例如,我们可以区分直接经验或意识(如对环境的知觉)与反身意识(reflexive consciousness)。根据马塞尔(Marcel,1993)的一个例子,看到一头粉红色大象需要直接经验或意识,但是意识到看到那头大象的人是你,就需要反身意识。一般来说,反身意识被认为是自我意识的重要组成部分。

布洛克(Block,1995b)对两种意识做了区分:

1. **现象意识**(phenomenal consciousness),包括对视觉、听觉、触觉等的体验,相当于直接经验。

2. **通达意识**(access consciousness),包括对存储在长时记忆中的信息的觉知(如想起白天所发生的事情)。

威尔曼斯(Velmans,2000)对直接经验或现象意识进行了仔细的思考,他坚决认为我们的许多意识知觉是由我们对周围世界部分易加工的表征构成的。这一表征极大地依赖于不同的感觉系统(如视觉、听觉),并受这些感官系统局限性的影响。例如,人眼能感知的电磁频率范围是非常有限的:我们看不到无线电波、雷达波、γ射线、X射线、微波、红外线和紫外线。

证据

如果现象意识与通道意识的区别很重要,我们可能会希望找到现象意识完好而通道意识极差的脑损伤患者。CW 就是这样一个例子,他由于患有单纯疱疹脑炎而变成健忘症患者。他的现象意识完好无损,但能记起发生在他自己身上的事件却很少。据他妻子报告,"他[CW]能看见右前方的东西,但信息一到他的大脑就逐渐消失了。一切都进展得非常顺利……就像你我一样,他也能注意到他的世界。可是,一旦他转移目光,意识就消失了。因此,他的意识是间断跳跃的。"(Wilson & Wearing,

现象意识:一种意识形态,包括对视觉、听觉等的体验。

通达意识:一种意识形态,包括对存储的知识和经验的觉知。

假如动物具有意识体验的能力,那么,与人类的感知能力截然不同的动物所具有的现象意识又意味着什么呢?

1995, p.15) 实际上,他对自己亲身经历的通道意识如此匮乏,以致他一直保留的是病后刚醒来时的印象。他对一般性知识的通道意识也是相当匮乏的。尽管他曾是一位专业音乐家,但他现在一分钟只能想起四位作曲家的名字。

是否存在通道意识完好无损而现象意识匮乏的脑损伤患者呢?.布洛克(Block, 1995b)认为,这些患者看起来像"僵尸",因为他们通常表现得和正常人一样,但缺乏对环境的主观体验。伯根(Bogen, 1997)推断,裂脑患者的右半球可能与这一描述比较吻合。到目前为止我们可以说明的是,大多数裂脑患者的右半球几乎不存在现象意识。他们的右半球可能拥有较多的通道意识,但很难判断。

意识体验依赖于我们的感觉系统的有力证据,来源于对那些视觉或听觉严重受损的个体进行的研究。例如,豪肯(Sheila Hocken)出生时视力非常微弱,后来到青少年末期的时候就完全失明了。她对童年的有意识回忆不包括视觉信息。她回想起小时候住过的房子,"伴随着烤面包和做馅饼的味道,以及炉火在炉子里发出嘶嘶声和劈啪作响的声音,同时也给人以温暖。但是仅此而已。"(Hocken, 1977)与其相似,严重失聪的儿童通常不能像其他孩子一样将他们的想法体验为内部言语。他们的想法大多是以手势、符号、身体语言和面部表情的形式传达出来的(Conrad, 1979)。

虽然心理学家试图将事情困难化,但我们似乎能够熟练、有效地对视觉环境进行有意识的表征。科勒(Kohler, 1962)进行了一些研究,让被试戴上变形护目镜。当头向左转时,变形护目镜使物体看起来更狭窄,当头向右转时,物体看起来更宽大。当头上下移动时,物体看起来向一边倾斜,而后又向另一边倾斜。总体作用就是让世界看起来障碍重重。尽管存在歪曲作用,但对于戴着这种护目镜的人来说,只需几周时间视觉就能恢复正常。当他把护目镜摘掉时,要经历一个由变形护目镜造成的适应歪曲再到反歪曲的过程,而后他的视觉就会再度逐渐适应正常环境。

意识的功能

关于意识功能的理论观点可能远远超出你的理解。行为主义心理学家提出了一个极端观点。行为主义者是美国心理学家,他们在20世纪早期将心理学确立为一门科学学科,否认意识具有任何价值。根据行为主义创始人华生(John Watson)的观点:"心理学必须抛弃关于意识的时刻似乎已经来临……行为主义的唯一任务就是预测和控制行为,内省法无法成为行为主义方法的一部分。"幸运的是,近来大多数心理学家都已不再理会华生的看法。

机能主义理论

机能主义理论是最具影响力的意识观点之一。这一观点(起源于亚里士多德)的本质是,意识和心理是大脑的机能。它在本质上是一种还原论观点,认为意识的复杂性可以通过一些简单的物理术语进行解释。就像威

古希腊哲学家亚里士多德(Aristotle,前384—前322)的历史肖像。亚里士多德是西方思想史上最重要的人物之一。他在许多知识领域留下了大量作品,对后继思想家影响重大。意识与心理是脑的机能这一观点也起源于亚里士多德。

尔曼斯（Velmans, 1996b, p.4）指出的那样："还原论坚持认为科学最终会表明意识仅仅是一种大脑状态……另外，他们还坚持认为意识仅仅是一系列大脑机能，这些机能不仅仅存在于人脑中，也可以在'会思考'的机器中找到。"

> **意识体验与自闭症**
>
> 尽管我们只能对我们自己的意识体验有深切的了解，但我们也知道他人的意识体验经常会与我们的有所不同，并会试着去理解他人不同体验的原因。这一点有时则是自闭症患者所无法做到的，当前研究表明，自闭症源于大脑固化。

众多心理学家（如，Baars, 1997；William James, 1890；Mandler, 1997）通过详细描述意识在信息加工和神经元网络中的功能，发展了机能主义的观点。例如，巴尔斯（Baars, 1997）通过考察诸如"我们为了看见才看"和"我们为了听见才听"等句子，把注意与意识联系起来。他还指出，"区别在于选择体验还是意识到所选择的事件。在日常用语中，每对词的第一个词涉及注意，第二个词涉及意识。"（p.389）因此，意识内容经常由注意过程决定。根据巴尔斯的说法，注意过程看起来就像选择一个既定的电视频道，意识则像随后出现的电视屏幕上的画面（见第 6 章）。

巴尔斯与麦戈文（Baars & McGovern, 1996）提出了一个意识的功能理论。他们认为，大脑具有大量专门化的在无意识水平上有效运行的信息处理器（如，线条定向探测器、面部探测器）。这些专门化的信息处理器将信息传达到容量有限的大脑全球工作车间，在这里整合来自各种渠道的信息。巴尔斯与麦戈文认为（p.92）："大脑全球工作车间的信息相当于意识内容……意识似乎是中枢神经系统适应周围环境中新奇、富有挑战性的众多信息的主要途径。"

选择性注意与意识之间存在重要关联的观点得到了许多实证支持（见 Velmans, 2000）。但是，机能主义理论也存在重大局限。正如威尔曼斯指出的那样，意识毋庸置疑是"第一人称"现象：我们对自己的意识体验具有非常详尽的了解，但却无法直接观察他人的意识体验。机能主义理论家对意识的解释则属于"第三人称"现象，描述了与意识相关的各种过程。这为什么会成问题呢？威尔曼斯认为（p.66）：

> [机能主义]理论的发展通常是毫无顾忌的，从关于与意识有关的信息加工方式的相对合乎情理的言论，到关于什么是意识或意识起什么功能的完全不合情理的断言。例如，巴尔斯与麦戈文（1996）毫无异议地宣称，意识实际上执行着大脑全球工作车间的功能。

如果我们仔细考察计算机机能主义者（像 Sloman & Logan, 1998）的观点，我们就会清晰地看到机能主义理论的弊端。根据这些理论家的观点，"在非人类系统中，没有任何事情能够阻止心灵和意识活动，因为心理操作仅仅是一系列的运算。"（Velmans, 2000, p.73）因此，精细地模仿人类的注意和其他心理过程的程序化计算机会有意识体验！这对我来说太不可能了（对你呢？），当然，这也未被证明就是事实。不过，它是由机能主义观点发展而来的。斯洛曼（Sloman, 1997）做了进一步的研究，他指出，设计出一台会谈恋爱的机器是有可能的。这是一件多么有趣的事情啊！怎么做呢？斯洛曼认为，我们需要做的事情如下："看诗人、小说家和剧作家是如何描述爱情的，然后问自己：什么类型的信息加工机制是预先假定的。"例如，如果 X 爱

如果一个人类的生物复制品被创造出来，你认为它必然会有意识吗？

上 Y，我们希望 X 除了 Y 之外很难去想其他任何事。就个人而言，如果真有人能成功设计一台会谈恋爱的机器，我会感到很吃惊的。

双边论

机能主义理论的主要局限在于它几乎完全排除了从第三人称的角度去考察意识，也忽视了第一人称的观点。荷兰哲学家斯宾诺莎（Baruch Spinoza，1632—1677）提出了一个更广泛的观点。他（Spinoza，1677/1955，p.131）在他的双边论中指出，心理和身体仅仅是单个潜在事物的不同方面："心理与身体是统一的，是同一个事物……我们体内的积极或被动状态的指令，在本质上与我们内心积极和被动状态的指令是同步的。"威尔曼斯（Velmans，2000）在他的双边论中通过宣称意识和大脑活动是同一个过程的两个方面发展了上述理论。这个观点有什么实际应用价值呢？威尔曼斯（p.247）考察了一个他有机会观察大脑活动的情境（如，通过脑成像技术）："我了解了一些你并不了解的关于你自身心理状态的信息（其身体的表征）。但你也知道一些我不知道的关于你自身心理状态的信息（其个人体验的表现）。这些第一人称和第三人称的信息是互补的。我们需要你的第一人称信息和我的第三人称信息来完整解释当前所发生的一切。"

根据双边论，意识都有些什么功能呢？首先，威尔曼斯（Velmans，2000，p.257）指出："内心、身体和外部事件的意识表征……通常代表了这些事物及其相互之间的因果关系，使我们对发生在生活中的事件有一个相当准确的理解。尽管它们只是事件及其因果关系的表征，但是在日常实用中，我们可以把它们当做真实存在的事件及因果关系。"当我们对即将要做的事情进行决策时，这可能是非常重要的。其次，"从第一人称的观点看，[意识]如何影响我们的生活和生存是显而易见的。没有意识，生活将一无所有。没有意识，生存就没有任何意义。"（p.278）

证据

根据机能主义理论，意识在信息加工过程，尤其是在信息整合与传播（散布）过程中起着重要作用。但也正像我们将要看到的那样，意识只在至关重要的加工发生之后才产生。例如，考虑一下威尔曼斯对你阅读时发生的事情所做的解释："你能意识到书写的内容，但对所涉及的复杂的输入分析是无意识的。你也意识不到系统地整合与传播信息……更准确地说，进入意识的信息总是已经整合好的。"（Velmans，2000，p.209）

弗里斯等人（Frith，Perry & Lumer，1999）报告了意识能出乎意料地在加工后期产生的证据。被试面前有三根棒，要求他们抓住亮的那根。在一些试验中，被试一开始动手，那根亮棒就会立即变暗。要求被试用言语报告来表明他们对目标棒的意识。一个重要发现是，被试通常在进行言语报告前300毫秒，就已抓住了这个新的目标棒。

利波特（Libet，1989）报告了更重大的发现，

痛觉意识

如果你踩到一个尖锐的物体上，或者不小心端起一个非常烫的盘子，你的第一反应会跳离钉子或扔掉盘子。等我们"安全"之后才感觉疼痛。这是因为神经元（即反射弧）组织接受对威胁的反应快，而神经元传输痛觉的速度慢。显而易见，远离有害刺激更为重要，感觉到疼痛并吸取教训的时间可能较迟。

他让被试在每次选择的时候用手腕和手指进行快速的弯曲（屈折）。由此获得了三个关键的测量指标：

1. **事件相关电位**（event-related potential），显示了手腕和手指运动之前的连续变化模式（准备电位）。
2. 被试意识到有目的地移动手腕和手指的时间。
3. 肌电图记录的手部肌肉被激活的时间。

这些重要发现与利波特（Libet，1989）的其他发现惊人的一致。脑内的准备电位发生在意识到有目的地弯曲手腕和手指之前350毫秒。这意味着"随意加工的启动是无意识的，正好产生于意识到有目的的活动之前200毫秒"（Libet，1996，p.112）。意识在实际手动开始前200毫秒就已出现这一事实，为"意识加工干涉或拒绝完成随意活动提供了时间"。

根据双边论，意识心理状态与大脑生理活动形成了单一潜在过程的两个方面。如果存在单一的潜在过程，我们就会预料：生理状态会引起心理状态，心理状态也会引起生理状态。生理状态能影响心理状态具有充足的证据（如，来自治疗中药物的使用；见第23章）。尽管心理状态引起生理状态的观点获得了许多支持，但也存在争议。例如，考虑一下给患者提供含盐药片并告知含有有效成分时会发生什么事情。这种做法通常可以改善患者的生理健康状况（这称为安慰剂效应；见 Rosenzweig, Breedlove, & Leiman, 2002）。研究者（Hashish, Finman & Harvey, 1988）提供了安慰剂效应的证据。他们发现，当用超声仪来拔出智齿时，人们噘嘴和紧张的表现更少。与此相关的是，当患者被误导性地告知他们接触了超声波也获得了良好效果。因此，正如双边论所预测的那样，心理状态能影响随后的生理状态。

意识是一元的吗？

大多数人都认为他们的意识是单一的、一元的。但是，这一看法一直都在受到挑战。例如，扬（Young，1996，p.122）提出了以下观点：

> 为什么我们假设意识是一种一元的现象，需要一元的解释呢？如同许多复杂的生物现象一样，意识也涉及需要使用不同方式进行解释的内容，支持这一观点似乎显得更加合理……没必要去寻求意识问题的答案，相反，

事件相关电位：由反复刺激而产生的脑波规律或脑电记录。

你能想出其他生理状态引起心理状态，心理状态引起生理状态的例子吗？（提示：见第5章）

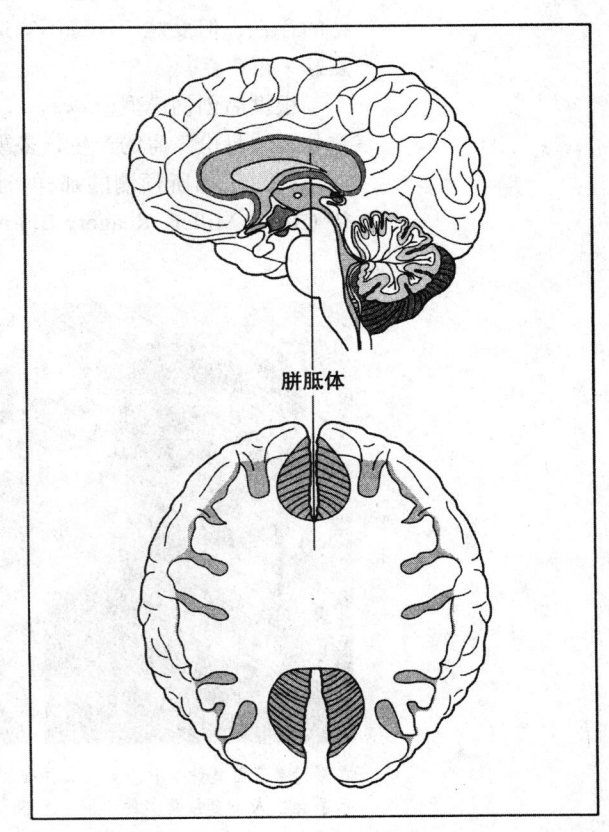

胼胝体

裂脑人：两大脑半球的大部分直接联系被切断的患者。

明确意识的哪一方面正在被讨论才是非常重要的。

有些群体可能缺乏单一的、一元的意识。例如，**裂脑人（split-brain patients）**由于手术而使左右两大脑半球之间只存在极少的联结。在大多数病例中，联结两大脑半球的胼胝体（桥梁）通过手术被切断，以便将癫痫发作控制在一个半球内。胼胝体总共有 25 亿根轴突将两大脑半球连接起来。另外还有两个连接两大脑半球的通道，但就两大脑半球之间信息传导的速度来说，胼胝体要重要得多。因此，裂脑人为确定是否可能存在两个心理或意识，两大脑半球一边一个，提供了潜在的、令人兴奋的机会。

分离性身份障碍：个体具有两种或两种以上分裂性人格的心理障碍。

另一个群体由患**分离性身份障碍（dissociative identity disorder）**的患者组成。这一障碍（也称多重人格障碍）的关键特征是个体拥有两种或两种以上的人格，但在特定的时间内只能意识到一种人格。表面上看，这些个体拥有不止一种意识，每一种都与他们的身份或人格有关。果真如此的话，他们也可能只能意识到与当时使用的特定身份有关的事件和知识。

最著名的分离性身份障碍案例可能是赛兹莫尔（Chis Sizemore），她的生活奠定了电影《三面夏娃》(*The Three Faces of Eve*) 的基础。她的一个身份是夏娃·布莱克（Eve Black），冲动淫乱。另一个身份是夏娃·怀特（Eve White），与众不同，行为拘谨，循规蹈矩。第三个身份是简（Jane），具有最稳定的性格。夏娃·布莱克知道夏娃·怀特的存在，但夏娃·怀特不知道夏娃·布莱克。简认识两个夏娃，但倾向于更喜欢夏娃·布莱克。

根据后创伤模型（Gleaves, 1996），由于童年期受虐待及遭遇其他创伤事件，导致分离性身份障碍的产生，多重人格的形成促使个体将童年的创伤经历从意识中分离出去。正如所预测的那样，许多患分离性身份障碍的人在童年期均遭受过性虐待（Ross, Miller, Reagor, Bjornson, Fraser & Anderson, 1990）。但是，也有研究者

在影片《三面夏娃》中，女演员乔安妮·伍德沃德（Joanne Woodward）用不同的表情、装扮和服饰展示了女主人公赛兹莫尔的不同"人格"。

(Lilienfeld et al., 1999) 指出，虐待儿童与分离性身份障碍之间的因果联系缺乏直接证据。

一些专家宣称，分离性身份障碍是一种**医源性障碍**（iatrogenic disorder），这意味着它是由治疗师在无意中导致或引起的。不过，格里维斯等人（Gleaves, Hernandez & Warner, 1999）报告了相反的证据。他们在 67% 的分离性身份障碍的患者身上找到了支持症状先于治疗的证据（如，医疗记录、家庭）。

医源性障碍：在治疗过程中，由治疗师无意导致的一种障碍。

证据

人们经常认为裂脑人在有效地执行功能方面有巨大的困难。其实事情并非如此。事实上，起初人们并没有意识到切断胼胝体会给裂脑人带来麻烦，这使神经生理学家卡尔·拉什利（Karl Lashley）戏谑性地想了解胼胝体的功能是否是为了阻止大脑两半球不向下凹。实际上，裂脑人能够保证通过简单地转动眼睛而使环境刺激到达两半球。发现裂脑人在表现上存在缺陷的研究者，通常只给大脑的一个半球简短地呈现视觉刺激。

大多数人（包括裂脑人）的语言能力主要都是定位于左脑。右脑语言能力的缺乏使我们难以判断大多数裂脑人的右脑是否存在意识体验。因此，研究那些右脑语言能力正常的裂脑人具有重要意义。

加扎尼加与勒杜（Gazzaniga & LeDoux, 1978）报告了来自 PS 的发现，PS 是一个右脑语言能力异常发达的裂脑人。由于左手与右脑相联系，PS 通过用左手对问题作出恰当的反应证明了他右脑意识的存在。例如，PS 能说出自己的名字、女朋友的名字、爱好、当时的心情等等。

加扎尼加等人（Gazzaniga, Ivry & Mangum, 1998）认为，PS 和其他右脑技能良好的裂脑人一样，右脑意识是非常有限的。例如，这些患者发现难以进行推理。我们考察一个在六个可能答案中选择一个最能描述两个词之间因果联系答案的决策任务（如，"流血"说明了"针"与"手指"之间的关系）。虽然这些裂脑人理解词的含义，但是他们的任务成绩很差。加扎尼加等人（1998, p.549）作出以下结论："难以想象左脑和右脑具有类似的意识体验。右脑不能进行推理，因此右脑能感触到的事物是极其有限的。它主要通过未经修饰的[朴素的]方式来处理未加工的经历。"

一些裂脑人可能具有有限的双重意识。如果他们拥有两个心理，在这些心理之间很可能会产生对话。但是，迈凯（MacKay, 1987）指出，这种情况并未发生过："尽管所有人都欣赏这一观点，但我们发现，作为人格分离的人，他们对自己的另'一半'不存在任何再认的迹象。"其中一个患者甚至还问迈凯："你就是试图使我变成两个人的那个家伙吗？"

后续的研究得到了一些更有希望的发现。拜内斯和加扎尼加（Baynes & Gazzaniga, 2000）讨论了 VJ 的案例，她的书面表达和口语是由不同的大脑半球操控的。根据拜内斯和加扎尼加（2000, p.1362）的观点，"[VJ] 是第一个裂脑人……她经常被左右手的独立作业行为弄得心烦意乱。她因为可以用左手流利地书写却看不见刺激而感到尴尬，因为不能用右手书写文字却可以大声读出并拼写单词而感到苦恼。"可以推断，来自 VJ 的证据可以解释为有限双重意识的存在。

现在我们把目光转移到分离性身份障碍患者身上。如果他们真有两个或两个以上的分离身份，那么当使用一个身份的时候，应该会遗忘其他身份。但证据是混乱的。当对记忆进行相对直接的测验（如，回忆、再认）时，他们对非当前身份通常只有少许或几乎没记忆（见 Allen & Iacono, 2001）。但当使用间接的内隐记忆（不涉及有意回忆）测验时，有更多的证据表明对非当前身份具有记忆（Allen & Iacono, 2001）。来自直接记忆测验的发现之所以不同于来自间接记忆测验的发现，是因为使用直接测验时假装遗忘其他身份更容易。研究者（Allen & Iacono, 2001, p.311）得出以下结论："实证研究无法清楚地[明显地]证实患者对不同身份的遗忘报告，这些遗忘身份的报告并不是毋庸置疑的结论。"

判断分离性身份障碍患者是否具有两个或两个以上分离身份的另一个方法是：在患者使用不同的身份时记录其心理生理反应（如，心率、事件相关电位）。例如，普特南（Putnam, 1984）发现，一个特定个体的每一种身份与自身的事件相关电位模式有关。假装使用不同身份的正常个体并未产生与伪造的身份相关的独特模式，表明在患者身上的发现也许是真实的。

如果分离性身份障碍患者真有不止一种意识，那么，就他们犯罪行为的责任而言，法律方面的含义可能是什么呢？

身体节律

身体节律大量存在，其中大部分可以简单地分为生物或生理节律和心理节律。最重要的身体节律之一是睡眠—觉醒周期，但是其他一些身体节律也会对人的行为产生重要的影响。

生物节律

人类拥有的许多生物节律都以 24 小时为周期重复运行着，这种节律称为**昼夜节律**（circadian rhythms）（源于两个意为"大约"和"天"的拉丁文词汇）。哺乳动物大约拥有 100 种不同的生物昼夜节律。例如，在一天 24 小时中，人的体温是变化的，傍晚最高大约为 37.4℃，清晨最低大约只有 36.5℃。人类昼夜节律的其他例子还有睡眠—觉醒周期和脑垂体腺激素的释放。

人类还拥有涉及生理或心理过程中周期性变化的其他身体节律。除了昼夜节律，还有长日节律和短日节律。**长日节律**（infradian rhythms）重复的周期长于一天的时间。人类长日节律的一个著名例子是通常持续 28 天的月经周期。人的月经周期的阶段性由激素的变化决定。主要包括以下四个阶段（详见第 3 章）：

- **卵泡期**。促卵泡激素导致卵泡在卵细胞周围生长，紧接着卵泡释放雌性激素。

昼夜节律：大约每 24 小时就重复出现的生物节律。

长日节律：周期长于一天的生物节律。

你知道吗？

许多激素存在昼夜节律的事实在医疗方面具有重大应用价值。当医生对患者进行血或尿采样的时候，为了恰当地评价样本，记录采样时间是非常重要的。例如，应激激素皮质醇在上午达到最高水平。如果清晨的尿样被当做当天较晚的时间采集的样本而用来检测皮质醇的水平，那么，很可能会认为这个人处于高应激状态。

最近的研究也表明，开处方时应对生物节律加以考虑。一天当中，按固定时间间隔服药的标准做法可能不仅没有效果，反而事与愿违，甚至有害。有证据表明，当服药的时间与昼夜节律相谐调时，对缓解某些特定疾病症状的效果更佳。

- **排卵期**。雌性激素导致来自前脑垂体的黄体生成素和促卵泡激素的释放量增多，引起卵泡破裂从而排出卵子。
- **黄体期**。破裂的卵泡释放出黄体酮，为受精卵植入子宫内膜做好准备。
- **经前期和月经期**。卵细胞移向输卵管；如果未受精，黄体酮和雌性激素水平下降。

短日节律（**ultradian rhythms**）指持续时间短于一天的周期。短日节律的一个好例子可以在睡眠中发现。就像本章随后要讨论的那样，人类有一个持续大约90分钟的典型睡眠周期，大多数睡眠者都会经历多次睡眠周期。

短日节律：周期短于一天的生物节律。

内源性的：基于内部生理机制。

睡眠—觉醒周期

以24小时为周期的睡眠—觉醒周期是尤为重要的，并且它与其他昼夜节律相关。例如，众所周知，体温的最高点大约出现在白天觉醒的中间时段（早傍晚），最低点大约出现在夜晚睡眠的中间时段（大约清晨3:00）。为什么睡眠—觉醒周期以24小时为一个周期呢？可能是受到了外部因素的强烈影响，比如，昼夜循环，以及每个黎明与前一个的时间间隔几乎可以精确地认为是24小时这一事实。另一个可能的原因是睡眠—觉醒周期是**内源性的**（**endogenous**），即基于内部生理机制或起搏器。

我们如何判断睡眠—觉醒周期主要决定于外部因素还是内部因素呢？一个方法是研究脱离正常昼夜循环的个体，比如，让他们一直待在黑暗中。米歇尔·西弗瑞（Michel Siffre）在一个漆黑的岩洞里呆了7个月。起初，在他的睡眠—觉醒周期中没有非常清晰的模式。但是后来他形成了以大约25小时而不是标准的24小时为周期的睡眠—觉醒周期（Green，1994）。研究者（Wever，1979）讨论了对花了几周或几个月待在一个地堡或隔绝的套房的人所做的研究，发现他们中大多数人都稳定地形成了以25小时为周期的睡眠—觉醒周期。

以上证据表明，内源性的昼夜起搏器的运行以大约25小时为一个周期。这多少有点反常，因为目前仍不清楚我们的内源性节律为什么与我们正常经历的24小时为周期的节律不一致。但是事实上，以上研究存在重大的局限性。相对来说，对被试的行为几乎没进行控制，他们可以调控自己的光照条件。研究者（Czeisler et al.，1999）比较了传统方法（也称无操纵范式）与强迫性不同步范式所产生的效果，后者是让被试接受人为设置的20或28小时的周期，他们不控制光照条件。通过无操纵范式证明了体温的昼夜节律是以25小时为周期的循环。但是用更严格的强迫性不同步方法得出的结论是，

> **案例研究：睡眠—觉醒周期**
>
> 1972年，米歇尔·西弗瑞接受了7个月研究，他自愿生活在漆黑的地下岩洞里，看不到日光，也没有任何其他有关时间的线索，没有钟表，没有电视。他很安全，膳食也很好，而且岩洞既温暖又干燥。他一直受计算机和摄像机的监视，与地表24小保持电话联系，对书籍和运动设备的身心需求得到很好的满足。在这个隔绝的环境中，他很快形成了一个有规律的睡眠和觉醒周期。令人惊奇的是，他的周期几乎是25小时，而非24小时！这是一个非常有规律的、以24.9个小时为周期的节律，以至于他每"天"都会晚将近一个小时才睡醒。由此产生的效果是：到月末的时候，他在地下"失去"了很多天，而且他认为他在地下待的时间远比他实际经历的时间要短（Bentley，2000）。

环境钟：部分决定生理节律的外部因素。

那些以20小时或28小时为周期的被试的体温昼夜节律平均周期都为24小时零10分钟。因此，内源性生理节奏起搏器的周期为24小时，但在人为环境条件下可以被延长。

由于被试可以在任何时候开灯，因此无操纵范式对生理节律起搏点的持续时间产生了高估。这是有原因的，因为灯就是一台环境钟（zeitgeber，字面意思是"定时器"），部分地控制着生理节律。在夏天你可能比冬天起得更早，这说明了你对光线这台环境钟的反应很敏捷。研究者（Czeisler et al., 1989）为证明光线是一台重要的环境钟这一观点提供了强有力的证据。当被试清晨暴露在强光下时，他们的昼夜体温节律会提前。相反，当强光出现在傍晚时，他们的昼夜体温节律会延迟。

总之，内源性的生理节奏起搏点是以24小时为周期的循环，考虑到我们都经历24小时为一天这一事实，这个循环一般来说是恰当的。除此之外，这个内源性的起搏点具有灵活性，它能够应要求而重新设置（如，飞跃了几个时区之后）。要是不具灵活性，从亚洲飞往欧洲的旅客就会在整个旅途中发现自己中午昏昏欲睡。

生理系统

在睡眠—觉醒周期中，许多脑区会出现大量的变化。布朗等人（Braun et al., 1997）在一项对整个睡眠觉醒周期进行正电子断层扫描的研究中证实了这些变化。他们发现："纹状体（由尾状核与豆状核构成）激活水平的变化表明，基底神经节可能在协调睡眠—觉醒周期方面比以前想象的更加不可或缺。"（p.1173）基底神经节是最高级的运动中枢，显然，它在觉醒状态下要比在睡眠状态下更为重要。

视交叉上核：位于下丘脑，在控制不同的生理节律，包括睡眠—觉醒循环方面是不可或缺的组织。

视交叉上核（suprachiasmatic nucleus, SCN）位于下丘脑，是影响睡眠—觉醒周期尤其重要的内部机制。我们知道视交叉上核（实际上是在空间位置上非常接近的两个核）形成了主要的生物钟。例如，视交叉上核的损伤不会减少哺乳动物的睡眠时间，而会缩短正常的睡眠—觉醒的周期（Stephan & Nunez, 1977）。其他证据来自通过外科手术将视交叉上核与大脑的其余部分相分离的研究。即使在如此极端的状况下，视交叉上核仍然呈现出生理节律循环的电活动和生化活动（如，Groos & Hendricks, 1982）。

证明视交叉上核控制睡眠—觉醒周期最有力的证据来自拉尔夫等人（Ralph, Foster, Davis & Menaker, 1990）的研究。他们把以20小时为睡眠—觉醒周期的仓鼠胎儿的视交叉上核移植到以25小时为睡眠—觉醒周期的成年仓鼠脑内。这些成年仓鼠很快便适应了以20小时为周期的睡眠—觉醒周期。

正如维肯斯（Wickens, 2000）指出的那样，大脑区域必须具备三个特征来实现生理节律起搏器的功能。到目前为止，我们只讨论了一个，即我们正在讨论的大脑区域应该

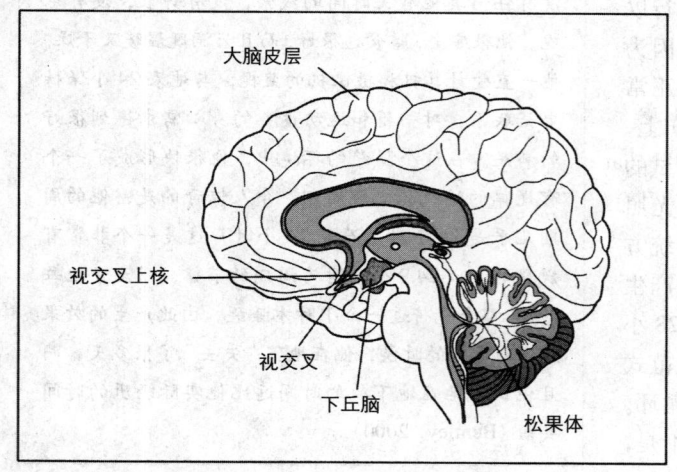

有自己的内部节律。另一个必不可少的特征是，为了适应昼夜更替模式，大脑区域还应接受视觉信息来重新调整昼夜节律。视交叉上核非常靠近视交叉，神经纤维通过视交叉到达大脑的另一侧。有一条通道（视网膜下丘脑束）从视神经分出来并投射到视交叉上核。当仓鼠的这条通道被切断以后，尽管仍能看见东西，却不能重新调整生物钟（Rusak，1977）。

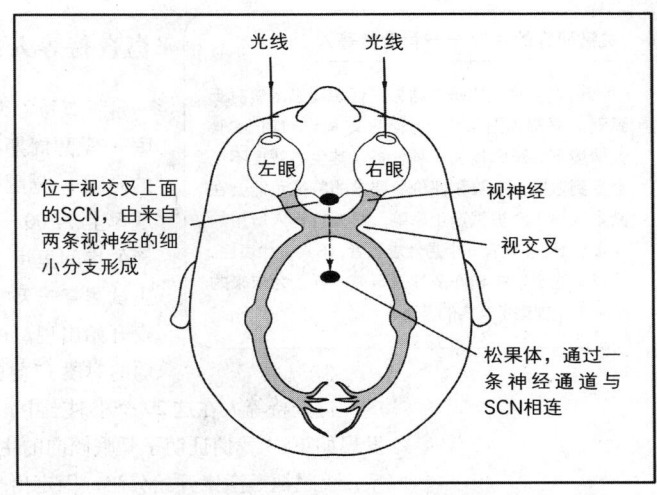

大脑的视觉通道显示出与视交叉上核（SCN）和前面的松果体的联系

人们一直假设光线信息只能通过眼睛到达大脑。但在由科幻小说联想到的一个研究中，坎贝尔和墨菲（Campbell & Murphy，1998）发现，施加于膝盖后部的光线也能改变人类体温和褪黑激素分泌的生理节律。当你接下来去度假的时候，你可能会发现，在阳光下洗脸可能有助于你长时间保持清醒！

生理节奏起搏器的第三个特性是，它必须向其他与昼夜节律行为（如，睡眠—觉醒周期）有关的脑区输出信息。视交叉上核与脑垂体腺和下丘脑的其他区域都有联系。但是，最重要的投射是通过颈上神经节到达松果腺（一种内分泌腺）。黑暗导致颈上神经节释放去甲肾上腺素到松果细胞内，紧接着 5-羟色胺变为褪黑激素。褪黑激素在睡眠—觉醒周期中发挥的关键作用将在下面进行探讨。

尽管视交叉上核很重要，但其他系统也在形成昼夜节律方面发挥作用。例如，对视交叉上核受损的仓鼠进行的研究表明，昼夜节律仍可通过一天中的有效进食模式进行确定（如，Stephan，1992）。

视交叉上核的激活导致松果腺释放**褪黑激素（melatonin）**，在光线暗淡时，褪黑激素释放得更多。褪黑激素会影响与睡眠规律有关的脑干机制，并在调控睡眠和觉醒时间上发挥着作用。松果腺上长瘤而使褪黑激素分泌减少的个体经常难以入睡（Haimov & Lavie，1996）。飞行跨越几个时区的人通常带有褪黑激素，因为它能让人两小时后就感觉昏昏欲睡（Haimov & Lavie，1996）。

褪黑激素：影响睡眠起始阶段的一种激素。

人们经常假设，在觉醒的白天，睡眠需要会逐渐增强。实际上并非如此。正如下面的关键研究所提到的那样，肖查特等人（Shochat et al.，1997）发现，睡眠压力在傍晚出现反常的下降，直到深夜才有所回升。另有研究者（Aeschbach, Matthews,

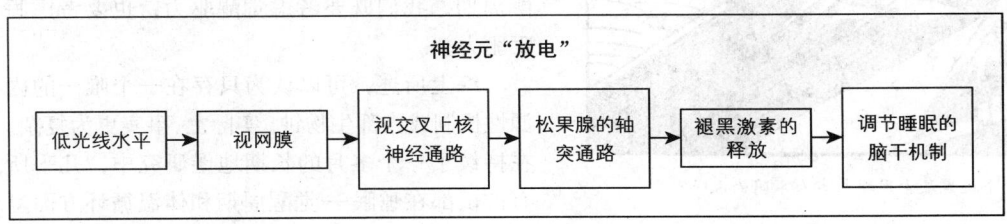

肖查特等人：褪黑激素和睡眠—觉醒周期

> **关键研究的评价——肖查特等人**
>
> 肖查特等人的研究结果在证明褪黑激素对于睡眠—觉醒周期起作用方面意义重大。但把实验室情境下的睡眠作为一项任务，其生态效度不免会受到置疑。实验和评价所要求的特征可能会在激素水平上对被试产生影响。肖查特等人所用的样本也很小，只有6个男性志愿者，不具有代表性。不过，这个研究与许多其他研究一样，为未来的研究工作铺垫了坚实的基础。

肖查特等人（Shochat, Luboshitzky & Lavie, 1997）报告了睡眠—觉醒周期涉及褪黑激素的令人信服的证据。他们采用极短的睡眠—觉醒范式，六个男被试在睡眠实验室待了29个小时，从早上7:00一直到第二天中午。在这段时间里，被试在完全漆黑的房间里用7分钟进入睡眠，反复进行20次。这种方法便于主试测查一天中不同时段的睡眠倾向。睡眠倾向最强的时段在深夜开始出现，被称为"睡眠闸门"。令人惊奇的是，睡眠倾向最弱的时段（"觉醒维持期"）出现在傍晚，即睡眠闸门之前不久。

肖查特等人在这29个小时当中，通过每小时采三次血样测查褪黑激素水平。主要发现如下："我们证明了睡眠倾向的生理节律与褪黑激素之间存在紧密、精确的时间联系；夜晚褪黑激素开始分泌，固定出现在睡眠闸门之前100—120分钟。"（p.367）褪黑激素水平的提高与睡眠倾向的增强之间的紧密联系，并不能证明它们的因果联系。但肖查特等人讨论了其他研究，证明了褪黑激素在决定睡眠倾向上起着举足轻重作用的观点。例如，患失眠症的个体，如果睡前两小时被注射褪黑激素，会很容易入睡（Rosenzweig et al., 2002）。

讨论要点：

1. 肖查特等人的研究中有哪些好的特征？
2. 他们的观点有什么局限性？

你能想出一个褪黑激素周期与常人不同的人吗？

Postolache, Jackson, Giesen & Wehr, 1997）报告了与上面一致的结果，他们发现脑电记录（如，α波、δ波、θ波）的几个方面揭示了傍晚睡眠压力的减少。

我们如何解释傍晚的睡眠压力会非常低呢？拉维（Lavie, 2001, p.293）认为，有证据"指出，在觉醒的白天的最后阶段有一股强大的维持觉醒状态的驱力，这种维持觉醒的活跃驱力在任何一个用来解释睡眠—觉醒规律的理论和模型中从未被考虑过。"为了充分理解睡眠—觉醒周期，我们既要考虑觉醒驱力，也要考虑睡眠驱力。

综上所述，可以认为只存在一个唯一的内源性机制或内部生物钟。实际上，事实更为复杂。在持续了一个多月的长期地堡研究中，几乎所有被试都在睡眠—觉醒周期和体温循环方面呈现出不同的方式（Wever，1979）。在一项年轻成人参与的研究中获得了相似的结果，这些年轻人以 30 小时或 28 小时为睡眠—觉醒周期（Boivin et al.，1997）。在被试的睡眠—觉醒周期和内源性的生理起搏器之间，两个时间表都产生了不一致。这些发现表明，内部生物钟不止一个，但是很难确定。

最后应该注意的是，在生物钟的具体功能尤其是视交叉上核如何影响生理节律行为和生理机能方面，尚存在很多内容有待我们去发现。如果你对上述所涉及的复杂内容有疑问，请去阅读潘塔等人合写（Panda，Hogenesch & Kay，2000）的论文。他们确定了八种涉及两翼昆虫生物钟的基因，十种涉及哺乳动物生物钟的基因。这些不同基因的交互作用及共同产生生理节律行为的精密方式，大都不为人所知。

时差和轮班工作的影响

在日常生活中，我们的内源性睡眠—觉醒周期与外部事件或环境钟之间通常不存在冲突。但在有些情境下（如，时差、轮班工作），则会存在真实的冲突。

人们有时认为时差的产生是由于乘飞机旅行既费时又累人。实际上，时差只有在从东往西或从西往东飞行时才会发生，它取决于内部和外部时间的不一致。例如，假如你从苏格兰飞往美国东海岸。你在英国时间上午 11:00 出发，英国时间下午 5:00 到达波士顿。但是，此时波士顿时间可能是中午。由于存在 5 个小时的差异，

对于那些在工作中频繁地跨时区的机组人员来说，时差是一个问题。

轮班工作带来的问题可能完全是由生理因素造成的吗？

案例研究：褪黑激素与机组人员

褪黑激素现在可以从美国药剂师那儿买到，一些药剂师宣称褪黑激素可以用来治疗时差。时差能导致疲劳、头疼、睡眠障碍、易怒及肠胃失调——所有这些都可能会对航班的安全性带来潜在的消极影响。有趣的是，所报告的使用褪黑激素的副作用包括许多类似的症状。虽然一些专家宣称褪黑激素也属于已知的最安全物质，但缺乏大规模的临床评价来评估其长期效果。

科学家认为，褪黑激素对生理节律的功能起着关键作用。研究表明，用褪黑激素治疗时差不仅能解决睡眠问题，也可以提高生理节律适应新时区的能力。但是，医疗机构的相关研究建议谨慎使用。褪黑激素对那些必须跨越多个时区的人来说并非一种普遍的治疗方法。有人认为，褪黑激素不应滥用，除非使用者打算在新时区待三天以上。国际机组人员经常穿越好几个时区，通常整晚由西飞到东，在地面待 24 个小时，然后白天又要返回（由东飞到西）。在睡眠时间可能延长的情况下，这个周期可能会重复几次。在这些情况下使用褪黑激素来调节生物钟，被许多科学家认为是不适宜的。

服用褪黑激素的时间非常重要。研究表明，如果被试允许在服用褪黑激素后入睡，睡眠—觉醒周期才会再度一致。那些服用了褪黑激素后无法进入睡眠的被试的生理节律周期反而延长了。更令人担心的是，褪黑激素对精细运动和认知任务的影响是不清楚的，其镇定剂效应的性质也不确定。

遗憾的是，并没有公开发表的临床研究对服用褪黑激素后的飞行成绩进行评估。美国军队积极地评估褪黑激素的航空医学用途。尽管研究还在进行，但美国任何兵种都不允许飞行员常规使用褪黑激素。重要的是，参与实验研究的机组人员在服用褪黑激素后的三个小时内并没有执行飞行任务。

> **案例研究：轮班工作**
>
> 切斯勒等人（Czeisler et al., 1982）指出，如果轮班遵循生物钟而不是与之相违背，换言之，采取早换班、而后晚换班；然后晚换班、最后又早换班的制度，那么人们更容易调整并且更不觉得疲惫。换句话说，通过每天渐进地延迟起床时间而非提前起床的方式来延长白天觉醒时间不会让人觉得有压力。切斯勒等人的观点被应用于美国犹他州化工厂，员工报告睡眠更好了，在工作上感觉更不累了，并且动机和士气也增强了。虽然自我报告并非决定性的证据，因为它完全是主观的，但经营者也报告产量增加和错误减少。因此，人们在新轮班模式是一种改进方面取得了共识。戈登（Gordon, 1986）在美国费城警局做的一项研究中也报告了类似的改进。

你可能在波士顿时间晚上大概 8：00 就会感到非常疲惫。

克莱恩等人（Klein, Wegman & Hunt, 1972）发现，向西的航班比向东的航班在调整睡眠—觉醒周期上要快得多，不管哪个方向是归途。对于向东的航班，每跨一个时区就需要 1 天的时间对睡眠—觉醒周期进行重新调整。因此，例如，从英格兰到波士顿需要 6 天的时间才能完全恢复正常。

为什么向西飞行会更容易适应时差呢？当向西飞时这一天明显加长了，而向东飞时却缩短了。过去认为内源性睡眠—觉醒周期大约是 25 小时，这使人们更适应长于 24 小时的一天而非短于 24 小时。但是，内源性生理节律周期是 24 小时而非 25 小时（Czeisler et al., 1999），这使我们更难解释为什么当我们从东向西飞时，所报告的时差反而更少。

轮班工作的情况又怎么样呢？事实上，轮班工作只存在两个问题：当你想睡觉时，你不得不工作；当你想清醒时，你又不得不去睡觉。轮班工作制度有几种不同的类型。研究者（Monk & Folkard, 1983）确定了两种主要类型：(1) 快速轮班，即员工转换到不同的工作时间之前在既定时间内只需做一到两次转换；(2) 慢速轮班，即员工转换工作时间较不频繁（如，每周或每月）。这两种轮班制度都存在问题。但是，快速轮班的情况会更好一些，因为它能使员工保持稳定的生理节律，而慢速轮班通过对个体生理节律的大范围改变，容易产生有害影响。

心理的昼夜节律

到目前为止，我们主要强调了直接依赖基础生物过程或生理过程的昼夜节律。但是也存在受基本昼夜节律影响的心理节律。例如，在一天当中，许多任务的成绩模式是相当一致的，最好成绩与最差成绩之间存在大约 10% 的变异。大多数任务的成绩最高点出现在大概中午时分（Eysenck, 1982）。为什么人们的最佳成绩出现在中午而非当天更早或更晚的某个时候呢？阿克斯泰德（Akerstedt, 1977）获得了相关证据。自我报告（通过问卷评估）的敏锐性大约在中午时分最高，肾上腺素的水平也是如此。肾上腺素是一种在自主神经系统中与高生理唤醒状态有关的激素（见第 2 章）。但是，生理唤醒的含义是相当模糊和不精确的。心理和生理激活水平在中午都达到最高，这可能解释了中午出现的最佳成绩。但这只是相关数据，难以确保中午的最佳成绩水平是否取决于激活。

怎样才能判断成绩变化是因为当天的时间还是午饭的消化呢？

布雷克（Blake, 1967）发现，大多数被试相对于上午 10：30 而言，他们下午 1：00 的成绩水平明显地降低了。这种成绩在午饭后立即降低的现象通常称为"午饭后的下跌"（post-lunch dip）。究其因，可能是消化食物所涉及的生理过程使我们感觉迟缓并降低了有效工作的能力。

长日节律

长日节律是循环周期长于一天短于一年的身体节律。长日节律最典型的例子之一是女性的月经周期。从进化的观点看，我们可能会认为女性在排卵期前后性欲最强，此时她们最具繁殖能力。在新婚的非洲女性身上也发现了这种模式（Hedricks, Piccinino, Udry & Chimbia, 1987），并且有证据表明西方社会处在排卵期的女性的性渴望也有所增强（见第3章）。

经前综合症（**pre-menstrual syndrome**，PMS）是月经周期的一个重要方面。它是指许多女性在经期前几天会有紧张、抑郁、头痛等症状的事实。不过，也有30%—40%的女性没表现出经前综合症。女性犯罪更可能出现在经期前不久而非当月的其他时间（Dalton, 1964）。这很可能是由于经前综合症。

在多数文化中都存在经前综合症的合理证据（McIlveen & Gross, 1996），这表明了生理因素（如，激素水平的变化）而非环境因素的重要性。不过，月经周期本身也会受到环境因素的影响。赖因伯格（Reinberg, 1967）报告了一个女性的案例，她在光线昏暗的岩洞里连续生活了六个月。在此期间，她的月经周期缩短到26天以内。

> **经前综合症**
> 有人（如Bunker-Rohrbaugh, 1980）指出"经前综合症"的定义代表了某些困难。综合症研究一般采用带有消极偏向的问卷，询问妇女感到"抑郁"和"焦虑"的程度，而非"高兴"程度。此外，许多西方女性对月经的态度通常是消极的，这与一些颂扬经期的非西方文化有所不同。该领域存在偏差的研究太多了。

经前综合症：许多女性在经期前不久出现的紧张、抑郁等症状。

年节律

年节律（**circannual rhythms**）是在重复出现之前持续大约一年的生物节律。它们在动物身上比人类更普遍，尤其是冬天需要冬眠的物种。本格利和费什（Pengelley & Fisher, 1957）报告了黄鼠狼存在年节律的强有力证据。他们把一只黄鼠狼放在高度控制的环境中，每天人工光照时间持续12小时，恒温0℃。这只黄鼠狼从十月份一直到来年四月份进入冬眠期，体温急剧地由冬眠前的37℃降到冬眠期间的1℃。这只黄鼠狼的年节律在某种程度上短于一年，持续时间约为300天。

一些人会遭遇到类似年节律的**季节性情感障碍**（**seasonal affective disorder**）。遭遇这种障碍的多数人会在冬天的几个月中经历极度的抑郁，有些人则似乎会在夏季经历抑郁。季节性情感障碍会引起严重的症状。不过，患季节性情感障碍的个体，与那些主要遭受绝望、体重减轻和认知损伤而引起抑郁的个体相比，所经历的痛苦更少（Michalak, Wilkinson, Hood & Dowrick, 2002）。

季节性情感障碍与褪黑激素分泌量的季节变化有关（Comer, 2001）。褪黑激素（与改善睡眠有关）主要在晚上分泌，因此冬天几个月的晚上分泌得更多。可以想象，季节性情感障碍在冬季白天非常短的北纬地区更普遍。特曼（Terman, 1998）发现，住在新罕布什尔（美国北部）的人中将近10%的人都遭遇过季节性情感障碍，而美

年节律：在重复出现之前持续大约一年的生物节律。

季节性情感障碍：几乎总是只在冬天的几个月中遭遇到的极度抑郁的一种障碍。

一名年轻的季节性情感障碍患者接受光线疗法,图中右侧的盒子里发出光线。

国南部佛罗里达州的这一比例只有2%。

光线疗法被推荐为治疗季节性情感障碍的方法。即让遭遇者早上醒来后立即暴露在强光下持续大约两个小时。业已发现这种方法可以减少甚至消除抑郁(Lam et al., 2000)。自然光线也有效。研究者(Wirz-Justice et al., 1996)发现,早上散步对季节性情感障碍的患者是有帮助的。

有证据表明,还存在自杀年节律。阿尔塔穆拉等人(Altamura, VanGastel, Pioli, Mannu & Maes, 1999)回顾了在欧洲、北美和南非所做的大量研究。自杀的高峰期是5月和6月,低谷是11、12和1月。阿尔塔穆拉等人在意大利的卡利亚里(Cagliari)得到了相似的发现。自杀率为什么会呈现这种模式尚不清楚。但是,梅斯等人(Maes et al., 1994)在比利时发现,室外温度上升后的几个星期自杀率是最高的,表明气温的升高激活了内部生理机制,从而导致自杀。阿尔塔穆拉等人还发现,自杀在一天当中的某个时刻比其他时刻更为普遍。自杀在8:00—12:30发生的频率最高,最不可能发生在20:30—0:30。

帕林卡斯等人(Palinkas et al., 2001)研究了在南极马克默多站(McMurdo Station)过冬的男性和女性的年节律。他们发现,促甲状腺激素和情感存在着年节律,在11月和7月达到高峰,在3、4月间走向低谷。这些发现表明,"越冬综合症"(包括消极的情感、焦虑和紊乱)部分是由于甲状腺功能水平低所导致的。

睡眠

睡眠是我们生活中的重要一部分。它也是人类行为最普遍的方式(除呼吸之外!)。一般占据我们三分之一的时间,尽管随着年龄的增长,这个比例会逐渐下降。了解睡眠的方式多种多样。但是,脑电图,即EEG尤其有价值。从本质上来说,EEG是使用头皮电极获得对脑电波活动的持续测量,称为记录图像。其他有用的生理测量包括来自眼电图(EOG)的眼动数据,以及来自肌电图(EMG)的肌肉运动资料。

脑电活动包括两个主要内容:频率与振幅。频率被界定为脑电图每秒记录的波的数量,振幅被界定为波的最高点与最低点之间距离的一半。频率比振幅更频繁地被用于描述脑电活动的本质。

来自生理学研究(Dement & Kleitman, 1957)的最重要发现是,提出了睡眠的五个不同阶段:

- **阶段1**:脑电图中出现α波,眼动缓慢,心率、肌肉紧张度和体温均下降;这个阶段被认为是一种松弛状态。
- **阶段2**:脑电波变得更为缓慢且幅度更大,但伴随着短暂的高频率睡眠波的爆发；几乎没有眼动活动。
- **阶段 3**：眼动电图和肌电图的记录与阶段 2 类似，但也有许多长慢 δ 波伴随着一些睡眠波；相对于前两个阶段而言，这是一个更深的睡眠阶段。
- **阶段 4**：以长慢波为主，起始阶段少量出现，眼动与肌电活动很少。与前面三个阶段相比，这是一个更深的睡眠阶段。
- **阶段 5**：快速眼动睡眠，即 REM 睡眠（**rapid eye movement sleep**），此阶段会出现快速眼动，肌电活动水平非常低，脑电图记录与阶段 1 相似（小振幅的快速脑电波）。REM 睡眠也称为矛盾睡眠，因为处在 REM 睡眠中的人比处在其他任一阶段都更难叫醒，尽管脑电图上显示大脑非常活跃。

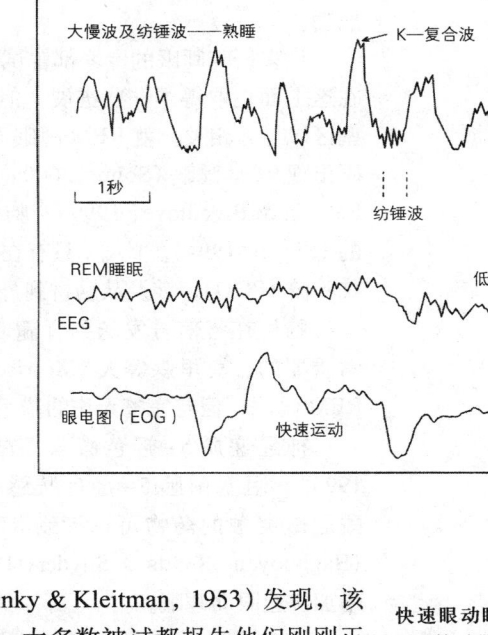

尽管阶段 1、阶段 2、阶段 3 和阶段 4 之间存在明显的差异，但通常都将其统称为**慢波睡眠**（**slow-wave sleep**）。

睡眠者经历逐步加深的前四个睡眠阶段后，他（她）会颠倒这个过程。阶段 4 过后是阶段 3，而后是阶段 2。不过，阶段 2 过后就是 REM 睡眠（阶段 5）。REM 睡眠过后，睡眠者开始下一个睡眠周期，依次经历阶段 2、阶段 3、阶段 4，而后是阶段 3，再是阶段 2，然后又是 REM 睡眠。一个完整的睡眠周期或短日周期持续时间大约为 90 分钟。大多数睡眠者在正常的晚间睡眠中会完成五个左右的短日周期。从一个周期到下一个周期，REM 睡眠时间所占的时间比上升了，但在阶段 4 所用时间反而下降了。

REM 睡眠是最有趣的睡眠阶段。研究者（Aserinky & Kleitman, 1953）发现，该阶段与做梦有关。当被试在 REM 睡眠阶段被叫醒，大多数被试都报告他们刚刚正在做梦。但是，梦不仅仅在 REM 睡眠中产生。福克斯和沃格尔（Foulkes & Vogel, 1965）发现，处在非 REM 睡眠阶段的被试报告在做梦的比例高达 50%。大约 20% 的非 REM 睡眠阶段做梦的报告与 REM 睡眠阶段做梦的报告无法进行区分。不过，REM 睡眠阶段的梦倾向于具体生动，而非 REM 睡眠阶段的梦的细节要少得多，并倾向于更多的思考和推理（Solms, 2000a）。

其他证据表明，我们不应将 REM 睡眠与梦等同。例如，脑干中产生快速眼动的部位受损并不能阻止人们做梦（Solms, 1997）。负责做梦的脑区是什么呢？根据索尔穆斯（Solms, 1997）提供的证据，前脑组织受损的个体不会做梦。但是，他们

快速眼动睡眠/REM 睡眠：快速眼动睡眠以小振幅、快速脑电波和快速眼动为特征；与做梦有关。

慢波睡眠：出现慢波 EEG 活动的睡眠，用于描述阶段 1—阶段 4 睡眠的综合性术语。

却能持续出现 REM 睡眠（见本章后面的内容）。索尔穆斯（Solms, 2000b, p.618）回顾了有关做梦的证据，并得出以下结论："'快速眼动 = 做梦'这个大胆的等式，应该替代为一个更纯粹的常用语：'睡眠（无论处于哪个睡眠阶段）中的大脑激活引起做梦'。"

睡眠调节

> 这在梦的研究中是怎样发挥作用的呢？

我们在前面了解到，视交叉上核与褪黑激素对睡眠调节都起作用。此外我们还需要考虑网状激活系统。研究者（Moruzzi & Magoun）发现，当网状组织受到电击，睡着的猫会被唤醒，出现象征唤醒状态的长时间 EEG 同步醒悟状态（desynchronisation）。他们也报告了网状组织损伤会导致动物持续性的睡眠。这些发现使得两位研究者认为网状组织与清醒状态紧密相关，这也就意味着，网状组织活动水平低会引起睡眠。但是，正如波尔波和威肖（Polb & Whishaw, 2001, p.477）指出的那样："尽管有充分的证据证明 RAS[网状激活系统]对睡眠—觉醒行为有作用，但试图将睡眠定位于网状激活系统中的某个特定结构或神经细胞群的努力并未取得成功。"

许多研究睡眠的专家都曾试图确定参与产生 REM 睡眠和慢波睡眠的区域。虽然在这上面也取得了一些进展，但由于神经系统的复杂性，我们仍然不能完全确定哪些区域与之相关。就 REM 睡眠而言，脑桥尤其重要。脑桥先天受损的人很少、甚至不出现 REM 睡眠（Solms, 2000a）。电击脑桥会引起（或延长）REM 睡眠（Rosenzweig, Leiman & Breedlove, 1999），脑桥的神经细胞似乎只有在 REM 睡眠过程中才是活跃的（Siegel, 1994）。此外，只有在 REM 睡眠期间 EEG 记录才显示出脑桥—外膝体—枕叶波（PGO），涉及从脑桥到外膝体，再到枕叶皮质的活动。

脑桥在将信号发送到脊髓，从而抑制自主神经控制身体大块肌肉方面也是非常重要的。莫里森等人（Morrison et al., 1995）发现，脑桥受损的猫仍会保留一些 REM 睡眠，但与完整无伤的猫不同，它们四处走动，好像是在表演做梦。

神经递质 5-羟色胺与乙酰胆碱也对 REM 睡眠起作用（Benington & Heller, 1995）。阻塞前脑 5-羟色胺感受器的药物可以阻止 REM`睡眠的启动，阻塞乙酰胆碱突触的药物可以抑制 REM 睡眠的持续（Rosenzweig et al., 1999）。研究者（Baghdoyan, Spotts & Snyder, 1993）发现，使用药物碳酸胆碱刺激乙酰胆碱突触会增加快速眼动睡眠。

慢波睡眠的情况又是如何呢？许多脑区似乎都参与了这种睡眠形式。例如，有一个非常靠近下丘脑的基底前脑区域，这个区域受损经常会使慢波睡眠消失。此外，慢波睡眠可以通过电击前脑下部进行诱发（Sterman & Clemente, 1962）。更具体地讲，位于中缝核正下方的孤束核受到刺激，会产生类似于在短波睡眠中出现的脑电波。不过，孤束核损伤不会扰乱睡眠（Wicken, 2000），表明它的作用是有限的。

睡眠剥夺

我们一生中大概三分之一的时间都在睡觉。总计约有 20 万个小时处于睡眠状态！

可以合理地假设睡眠肯定具有一种或多种关键功能，但业已证明要发现这些功能难度很大。解决"我们为什么睡觉"这个问题的一种方法就是剥夺人的睡眠，并观察会发生什么。睡眠剥夺个体所经历的各种困难和损伤，可能就是睡眠所要阻止的。

被剥夺睡眠时，人们通常能极好地作出应对。例如，我们可以考虑一下特里普 (Peter Tripp) 的案例。他是纽约一名唱片音乐节目播音员，为慈善事业参加了"觉醒马拉松" (wakeathon)。他设法连续八天或者说是约 200 个小时保持觉醒状态。他遭遇到错觉和幻觉（如，他的办公桌着火了，他被人下了麻醉药）。这些错觉如此严重，以至于难以检测其心理活动的确切水平。但是，他一个多星期保持觉醒并未表现出长期的影响。应当指出的是，他并不是在控制良好的条件下接受研究的。

特里普结束了 200 个小时的无睡眠后，正在打呵欠。

霍恩 (Horne, 1988) 讨论了加德纳 (Randy Gardner) 的案例，他是一名 17 岁的学生，1964 年他保持觉醒状态的持续时间长达 264 个小时或 11 天。11 天快结束时，他出现言语混乱、视力模糊，还有点偏执（如，由于功能受损，自以为别人说他愚蠢）。鉴于加德纳错过了约 80—90 小时的睡眠这个事实，他竟然没出现什么明显的问题不能不让人感到惊奇。虽然他保持清醒的时间比特里普多三天，但受睡眠剥夺的影响却明显地比特里普小。例如，在睡眠剥夺的最后一晚，他还与心理学家德门特 (William Dement) 去了一家娱乐场所。他们玩了几场篮球，每次赢的都是加德纳！

严酷的考验结束后，加德纳睡了 15 个小时。但在其后几个晚上，他恢复的睡眠还不足他失去睡眠的 25%。尽管如此，他却恢复了约 70% 的阶段 4 深睡眠和 50% 的快速眼动睡眠，其他睡眠阶段的恢复率很低。这表明阶段 4 与 REM 睡眠尤为重要。

埃弗森等人 (Everson et al., 1989) 研究了被长期剥夺睡眠的老鼠。睡眠剥夺导致代谢率提高，体重减轻，平均约 19 天后最终死亡。埃弗森 (Everson, 1993) 发现，被剥夺睡眠几天的老鼠在早期出现了身体疼痛，接着感染大量的细菌。老鼠对感染未出现发炎反应，这是很重要的，因为发炎会使其他免疫细胞攻击任何感染。

很难确定在老鼠身上的发现是否适用于人类。不过，研究者 (Lugaressi et al., 1986) 研究过一名 52 岁的人，由于大脑中与睡眠调节有关的部位受伤他根本不睡觉。毫无疑问，他变得筋疲力尽，不能正常工作。有些人遗传了一种感染性蛋白质的基因缺陷，导致丘脑退化和**致命家族失眠症** (fatal familial insomnia)。他们的睡眠很多年都正常，但在大约 35 岁或 40 岁时却停止了睡眠。患致命家族失眠症的个体，通常会在失眠开始的两年内死去 (Medori et al., 1992)。对死于致命家族失眠症的人进行尸体解剖获得的证据显示了丘脑的退化 (Manetto et al., 1992)。考虑到电击丘脑可使动物

这些睡眠剥夺个体的个案研究有什么局限性？

致命家族失眠症：一种遗传障碍，表现为人到中年时睡眠能力消失，通常在随后几个月内死亡。

产生睡眠，因此丘脑退化可能是造成失眠的原因 (Rosenzweig et al., 2002)。

我们不能得出睡眠剥夺总会带来严重后果的结论。实际上，如果睡眠剥夺的时间不太长的话，甚至具有积极作用！例如，雷内加等人 (Renegar et al., 2000) 在人类身上发现睡眠剥夺与流感症状的减轻有关，伯格曼等人 (Bergman et al., 1996) 也在老鼠身上发现睡眠剥夺与肿瘤增长减缓有关。

快速眼动睡眠的剥夺

我们在兰迪·加德纳的案例中看到，在持续了 11 天的无睡眠后，REM 睡眠的恢复比其他睡眠阶段更多。德门特 (Dement, 1960) 对 REM 睡眠和非 REM 睡眠进行了系统研究。一些被试持续几天被剥夺 REM 睡眠，其他被试被剥夺非 REM 睡眠。REM 睡眠被剥夺的被试所受的影响更严重，包括攻击性增加和注意力缺乏。被剥夺 REM 睡眠的被试会尽力弥补失去的 REM 睡眠。在实验室的第一个晚上他们平均出现了 12 次 REM 睡眠，到第七个晚上则增加到 26 次。当他们自由、不受干扰地睡眠时，大多数人用于 REM 睡眠的时间都比平时更长；这被称为反弹效应。

慢波睡眠（尤其是阶段 4 睡眠）也非常重要。例如，兰迪·加德纳经历了 11 天的无睡眠之后恢复了大部分阶段 4 睡眠。几乎所有哺乳动物都有慢波睡眠但并非都有 REM 睡眠的事实，表明了慢波睡眠的重要性。例如，多刺食蚁兽和海豚就都没有 REM 睡眠。

心理影响

睡眠剥夺前三个晚上出现的最主要问题是完成枯燥任务的成绩出现下降（见下文）。在睡眠剥夺的第四个晚上，会出现非常短暂（2—3 秒）的"微型睡眠"，在此期间个体较迟钝 (Hüber-Weidman, 1976)。另外还产生了"帽子现象"，即被剥夺睡眠的人感觉好像戴了一顶又紧又小的帽子。从第五个晚上开始，特里普报告出现了错觉。从第六个晚上开始，问题（如，部分统一感的丧失，对人与环境的应对出现更多困难）变得更加严重。兰迪·加德纳也体验过某些这样的症状。

工作成绩

人们在实验室控制条件下对睡眠剥夺个体的成绩进行了系统研究 (Eysenck, 1982)。最初三天左右的睡眠剥夺对复杂但有趣的任务几乎未产生不利影响。但是，睡眠剥夺者在单调冗长任务上的成绩很差，尤其是在早上前几个小时。一个较好的例子是警惕性任务，被试在此任务中必须探测出偶尔呈现的信号（如，微弱的灯光）。现实世界的例子是晚上在高速公路上驾车，有证据表明瞌睡在许多致命事故中发挥了重要作用 (Horne & Reyner, 1999)。

哈里森和霍恩 (Harrison & Horne, 2000) 回顾了

案例研究：太空站的睡眠问题

回溯到 1997 年，杰瑞·利宁格 (Jerry Linenger) 在和平号太空站生活了五个月。由于太空站用来模拟 24 小时昼夜循环的灯光太暗，他确实出现了睡眠问题。最好的光线刺激是穿过窗户进来的，太阳光非常非常明亮。但是由于和平号大约 90 分钟绕地球一圈，因此每 24 小时会产生 15 个昼夜循环。杰瑞说他努力地克服，但毫无用处。他看到俄罗斯同事突然间打瞌睡，在太空舱漂浮。蒙克 (Monk, 2001) 在太空站时监控过杰瑞，并报告了 90 天后宇航员睡眠质量急剧恶化的发现。蒙克认为，出现这一现象的原因是，大脑的内源性起搏器被异常的光线节律扰乱了。

睡眠剥夺对成绩影响的研究，发现睡眠剥夺影响了决策及对意外事故的有效反应，尤其是在警觉性较低的凌晨。例如，他们指出，四个核电厂（切尔诺贝利核电站，三里岛核电站，萨克拉曼多 Ranch Seco 核电站，俄亥俄戴维斯－贝思核电站）的严重灾难或较严重灾难均发生在凌晨。

睡眠剥夺对工作成绩的影响通常极小，甚至没有。例如，德鲁蒙德等人（Drummond et al., 2000）发现，睡眠剥夺虽然对自由回忆有不利影响，但它对再认记忆任务却无影响。脑成像技术显示了这一过程。在自由回忆任务中受不利影响最小的被试，他们的前额叶皮质往往最活跃。实际上，他们在这个脑区上比未被剥夺睡眠的被试更活跃。这表明被剥夺睡眠的人能通过更多的利用在认知功能上起重要作用的前额叶皮质来弥补睡眠剥夺带来的不利影响。

另一个因素可以解释未发现睡眠剥夺对成绩产生不利影响的原因。根据威尔金森（Wilkinson, 1969）的观点，"我们很难评估丧失睡眠对被试能力而非意愿的真实影响"（p.39）。威尔金森发现，如果设法激励被试（如，提供有关结果的知识），丧失睡眠对成绩的多数不利影响都能被消除。因此，就像英国最杰出的心理学家唐纳德·布罗德本特（Donald Broadbent）发现的，被剥夺睡眠被试的糟糕表现通常是由于低动机而非能力减弱。他受聘于一家电视公司担任一个节目的顾问，该节目旨在显示睡眠剥夺对成绩的不利影响。参与者在节目开始前被剥夺睡眠3—4天。但是，明亮的灯光及出现在国家电视台的兴奋氛围意味着窘迫的参与者根本无法显示出睡眠剥夺的消极影响！

睡眠剥夺研究纵览	
无睡眠的夜晚天数	影响
1	人们感觉不舒服，但还能忍受一个晚上不睡觉
2	人们有更想睡觉的冲动，尤其在清晨体温节律最低点的3:00—5:00
3	认知任务更为困难，尤其是注意枯燥的任务。在最初几个小时表现最糟
4	微型睡眠开始出现，持续约3秒钟，在此期间人们茫然地凝视周围空间，暂时丧失意识。变得易怒和困惑
5	除以上描述的情况之外，还出现了错觉，尽管认知能力（如问题解决）尚好
6	人们开始失去统一感，出现人格分裂。这被称为睡眠剥夺精神病

资料来源：Bentley（2000），第47页。

睡眠理论

人们已经提出了几种睡眠功能理论。不过，大多数理论都可以归为两大类：

1. 恢复或修复理论
2. 适应或进化理论

皮纳尔（Pinal, 1997, p.301）对这两种理论的关键内容作出了简要的描述："恢复[修复]理论把睡眠看做对觉醒造成的伤害进行修复的夜间修理工[原文如此]，适应[进化]理论则把睡眠视为要求保持安静的严厉父母，因为安静能让我们远离麻烦。"

恢复或康复理论

睡眠的重要功能可能是为了储存精力和修复机体组织。这一观点是各种修复理论或康复理论的核心，例如霍恩（Horne, 1988）和奥斯瓦尔德（Oswald, 1980）的理论。这些理论关注睡眠对生理系统的益处。根据奥斯瓦尔德的修复理论，慢波睡眠对人体的修复过程是有益的。在慢波睡眠中，脑垂体释放大量的生长激素（Takahashi, 1979），这似乎为奥斯瓦尔德的修复理论提供了强有力的支持。生长激素的释放可能会刺激蛋白质的合成，从而有助于体内组织的修复。不过，蛋白质的合成需要胰岛素及释放氨基酸进入血液，夜间的胰岛素和氨基酸水平通常较低。奥斯瓦尔德也认为大脑重要的修复过程发生在快速眼动睡眠阶段。

霍恩（Horne, 1988）提出了一个与奥斯瓦尔德的理论相类似的恢复理论。但是，霍恩强调这样一个事实：即人类拥有一些能量消耗水平较低的放松的觉醒时段。根据霍恩的理论，人体组织的修复发生在放松的觉醒时段而非睡眠阶段本身。不过，所有恢复理论的共同点都是，睡眠对健康和最基本的生存具有重要意义这一核心假设。其分歧涉及参与恢复和／或修复的精确机制。

霍恩（Horne, 2001）认为，睡眠对大脑功能的恢复，尤其是前额叶皮质的恢复是非常重要的。前额叶皮质在决策和处理意外事件方面起重要作用，并且我们已经了解到睡眠剥夺在这些能力上有极其消极的影响（Harrison & Horne, 2000）。正如霍恩所指出的那样，睡眠对大脑皮质功能的恢复起作用的观点可能最适用于高级哺乳动物种群。

证据

埃里森和希彻蒂（Allison & Cicchetti, 1976）讨论了支持生理恢复或修复理论的证据。他们调查了 39 种哺乳动物，计算出慢波睡眠和 REM 睡眠的时间。体重是慢波睡眠的最好预测因子，因为越小的哺乳动物慢波睡眠越多。与体重高度相关的代谢率也能预测慢波睡眠。不过，与恢复或修复理论无关的其他因素预测了 REM 睡眠量方面的物种差异。易受危险伤害（如，遭受捕食的威胁）也是 REM 睡眠量的最好预测因子，最脆弱的物种 REM 睡眠时间最短。

从恢复理论的视角得出的重要发现是，代谢率与慢波睡眠持续时间之间存在着联系。我们可以通过不同的方式解释这种关系。但是，可能的情况似乎是小型哺乳动物由于具有高代谢率而尤其需要睡眠的能量保存功能。

奥斯瓦尔德（Oswald, 1980）宣称重要的恢复过程发生在大脑的 REM 睡眠阶段。这一看法也获得了某些支持。新生婴儿（经历迅速的脑发育）睡眠时间的很大一部分都用于 REM 睡眠（Green, 1994）。一般来说，新生婴儿的各种发育过程比年幼儿童更重要。新生婴儿在睡眠期间对生长激素释放的更大需求，也许有助于解释新生

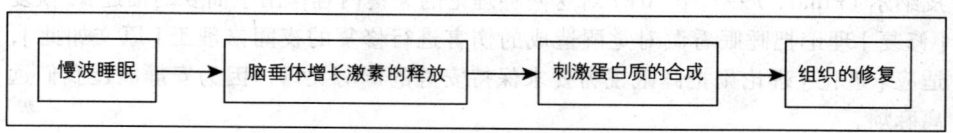

慢波睡眠 → 脑垂体增长激素的释放 → 刺激蛋白质的合成 → 组织的修复

如何检验该理论？

婴儿的睡眠时间为什么会由每天 16 个小时减少到两岁时的 12 个小时。

白天极度活跃的人和睡眠被剥夺的人的睡眠模式会发生什么变化呢？根据恢复理论，这些人对恢复或修复过程有强烈的需求。强烈的需求可能造成两种可能的结果。第一，他们往往比平时睡的时间更长。第二，他们的较大比例的睡眠时间应该被用于最重要的睡眠阶段（阶段 4 的慢波睡眠和快速眼动睡眠）。

这两个预期获得了证据支持。夏皮罗等人（Shapiro, Bortz, Mitchell, Bartel & Jooste, 1981）报告了与第一个预测有关的证据，他们研究了参与全程 57 公里的极限马拉松的运动员。极限马拉松过后的两个晚上，这些运动员比平常大约多睡一个半小时。如前所述，兰迪·加德纳在极长时间的睡眠剥夺之后，睡了 15 个小时。

尽管研究表明人们在过度的运动后需要额外的睡眠，但没有证据表明少做或不做运动的人会减少睡眠时间。

第二个预测得到了有关兰迪·加德纳研究的支持。在睡眠被长期剥夺后，REM 睡眠与阶段 4 的慢波睡眠比其他睡眠阶段得到更多的恢复。在先前所讨论的另一项研究中（Dement, 1960），REM 睡眠被剥夺的人一有机会就表现出弥补快速眼动睡眠的强烈倾向。一般来说，业已发现睡眠被剥夺者能够恢复很多（或大部分）阶段 4 的睡眠和 REM 睡眠。此外，完成极限马拉松的运动员在用于阶段 4 睡眠的时间量上呈现出显著的增多。

恢复理论与适应理论的一个重要区分是，前者认为睡眠是至关重要的，而后者有时则仅仅认为睡眠是有利的。在这一争论中，患有致命家族失眠症的人在失眠症出现后两年内死亡这一发现，支持了恢复理论而非适应理论。

睡眠的一个可能功能是修复心理功能。许多研究都发现，睡眠质量与情绪有关。失眠症患者（有顽固的睡眠问题的人）往往比睡眠正常的人更易担忧和焦虑。这种证据很难解释，但是人们对混乱睡眠的担忧和关注可能比导致担忧的混乱睡眠更能成为一个问题。不过，两者很可能是互为因果。伯瑞和韦伯（Berry & Webb, 1983）评价了自我报告的焦虑。当人们在一个特定的晚上睡得很好时，他们次日的焦虑水平比睡眠差时更低。还有研究者（Naitoh, 1975）讨论了各种与一整晚不睡对情绪影响的有关研究。这些影响一直都是消极的。与未剥夺睡眠的人相比，睡眠被剥夺的人把自己描述得更不友好、更不放松、更不温和、更不愉快。

睡眠可以恢复大脑功能，尤其是前额叶皮质的功能，霍恩（Horne, 2001）提出的这一观点又怎么样呢？脑成像研究表明，睡眠剥夺对前额叶皮质有极其重大的影响（Drummond et al., 2000；Thomas et al., 2000）。更多的支持证据来自马奎特（Maquet, 2000）的研究。正电子发射层描技术（PET）揭示出，慢波睡眠期间（尤其

你认为睡眠的所有阶段都必须服务于同一种目的吗？

是阶段4）存在大量的大脑运转停止的情况，这种运转停止已被确切地认为定位于前额叶皮质。

❖ 评价

- ⊕ 恢复理论为睡眠为什么重要和必不可少提出了几点原因。
- ⊕ 发现所有物种都存在睡眠的事实与睡眠非常重要的观点是一致的。
- ⊕ 致命家族失眠症的完全睡眠剥夺导致患者两年内死去的事实支持了睡眠至关重要的观点。
- ⊕ 睡眠被剥夺或过度激活的人会不寻常地睡很长时间及/或进行大量阶段4的慢波睡眠和快速眼动睡眠，这些发现支持恢复理论。
- ⊖ 维肯斯（Wickens, 2000, p.172）指出："该理论［恢复理论］基于一个简单事实，即尚无人能够清晰地确定通过睡眠进行恢复的具体生理过程。"
- ⊖ 恢复理论无法解释物种为什么会根据一天24小时的睡眠时间而呈现出差异。

适应或进化理论

根据不同理论家的看法（Meddis, 1979; Webb, 1968），睡眠是受进化推动的适应性行为。更明确地说，任何物种所展现的睡眠行为都取决于适应环境威胁和危险的需要。因此，例如，当动物处在无法从事进食和其他行为的睡眠期时，睡眠具有使动物保持相对静止和远离捕食者的功能。至于那些依赖视力的物种，在黑暗中睡几个小时对它们来说是适应性的。最终，睡眠实现了保存能量的有用功能。

处在被捕食危险中的物种的睡眠时间似乎应该多于捕食者。但实际上，捕食者往往比被捕食者睡得更多（Allison & Cicchetti, 1976）。这似乎与睡眠的适应理论不相一致。但是，处在被捕食危险中的物种也可能从大多数时间保持警觉状态和睡得相对较少中获益。这与夺走你的蛋糕并吃掉的例子很像，因为任何形式的发现都能通过适应或进化理论进行解释！不过，每种物种的睡眠模式受进化压力影响这一基本假设似乎是合理的，尽管难以证明。

证据

皮乐瑞（Pilleri, 1979）报告了支持睡眠模式通常由动物所面临的环境威胁进行决定的观点。生活在印度河的海豚一直受到随河流漂浮的垃圾碎片的威胁。因此，这些海豚为了保护自己不受碎片的伤害，一次只睡几秒钟。一般而言，如前所述，易受其他物种攻击的物种比那些处在很小或无威胁环境的动物睡得更少（Allison & Cicchetti, 1976）。

有合理的证据表明，大多数物种的睡眠

食草动物，比如南非小羚羊，需要花大部分时间进食，还要防御天敌，因此其睡眠相对较少。

模式是适应性的。一些不会受攻击且吃高营养食物的哺乳动物，大部分时间都在睡觉。例如，猫每天睡 14.5 个小时，狐猴每天睡 18.5 个小时。相反，食草动物需要花大部分时间吃草，同时还要防御捕食者的攻击，所以睡得相对较少。例如，绵羊每天平均睡 3.8 个小时，奶牛每天睡 3.9 个小时。

另一个适应性睡眠模式的例子是海豚，它为了呼吸必须非常频繁地浮出水面。它们没有快速眼动睡眠，每次睡眠时只在大脑的一侧出现慢波睡眠（Mukhametov, 1984）。

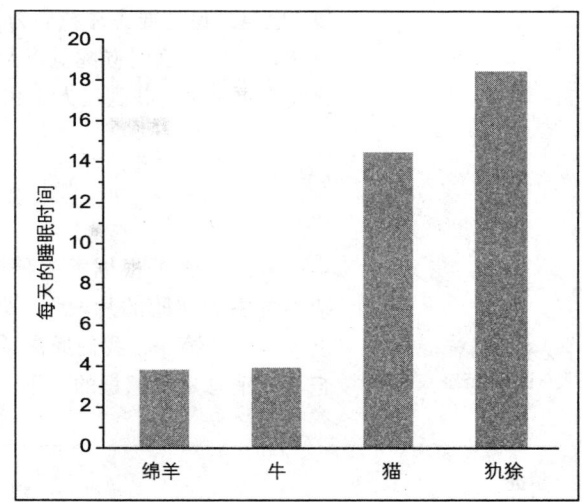

有什么证据能够表明正如适应理论所预测的那样睡眠是用于储存能量的呢？首先，大多数哺乳动物睡眠时体温稍低，表明睡眠对能量的储存有益。伯格和菲利普斯（Berger & Phillips, 1995）报告了更有说服力的证据，他们考察了食物短缺的影响。动物通过增加睡眠时间或降低体温（比平时睡眠降得更多）来应对食物短缺。但是，人类睡眠对能量储存并没什么价值。霍恩（Horne, 2001, p.302）指出："通过整晚睡觉而不是清醒地坐着放松所节省下来的能量是非常轻微的——等同于一片面包所能产生的能量。"

睡眠在适应理论中比在恢复理论中被认为更不重要。支持适应理论的一般性证据来自关于每天只定期睡很短时间却过着健康正常生活的人的报导（Meddis, Pearson & Langford, 1973）。一个给人印象尤为深刻的例子是 M 女士，一位快乐的 70 岁退休护士，她通常每天只睡一小时。她一般坐在床上阅读或写作直到凌晨两点，之后睡上一小时左右。当对她在实验室情境下进行研究时，平均每晚睡 67 分钟。

❖ 评价

- ⊕ 适应理论对物种为什么存在睡眠模式差异提供了可信的解释。
- ⊕ 适应理论家确定了有助于决定物种在睡眠时间和睡眠量上存在差异的因素（如，易受攻击、进食方式、呼吸方式）。
- ⊕ 来自大量物种的证据支持了睡眠为储存能量服务的观点。
- ⊖ 睡眠非常有用但并非必不可少的理论假设，似乎与所有物种都有睡眠的事实不一致。
- ⊖ 适应理论对由于长期的睡眠剥夺导致死亡的致命家族失眠症未给出明显的解释。

结论

你可能会感到疑惑的是，在与睡眠功能有关的两大理论中，哪种理论能提供更好的解释。恢复/康复理论与适应/进化理论为我们理解睡眠的功能都作出了重大的贡献。人们更喜欢把这两种理论看做是互补的，而不是彼此之间存在直接冲突。恢复/康复理论主要关注我们为什么需要睡觉的问题。相反,适应/进化理论所关注的问题是我们什么时候睡觉以及每天睡多久。如果我们将两种理论观点结合起来,那么我们更有可能找到与人类和其他物种睡眠功能相关的主要问题的答案。

梦

梦是什么?根据索尔穆斯(Solms, 2000a, p.849)的观点,梦是"睡眠中对复杂幻觉主观体验的片段"。爱普森(Empson, 1989)认为,梦与觉醒意识存在几个重大区别。第一,我们通常觉得很少甚至几乎不能控制我们的梦,而我们在觉醒状态下几乎总是有意识的。不过,人们偶尔也会出现**神志清醒的梦**(**lucid dreams**),

神志清醒的梦:做梦的人意识到自己正在做梦。

梦游

梦通常不会发生在 REM 睡眠阶段。REM 睡眠中的梦伴随着活动能力的丧失,可能是为了防止睡眠者把自己的梦用行动表现出来并伤害自己。人们在非 REM 睡眠中也做梦,但没那么频繁,而且活动能力也没丧失。用行动表现非 REM 睡眠中的梦是可能的,这会产生梦游。

梦游可能比人们所猜想的更普遍。所有处在 5—12 岁年龄阶段的孩子中,有 30% 的人至少有一次梦游,1%—6% 的人出现持续性梦游。男孩比女孩出现梦游的情况更频繁,在熟睡中梦游的倾向有时是从父母的一方遗传而来的。

梦游通常发生在人们入睡两个小时后,他们会突然"醒来",突然从床上坐起来。虽然他们眼睛睁得大大的,但看起来却显得无神、呆滞。当询问他们的时候,梦游者会以含糊、急促的单个词来回应。梦游者可能会表现出雷同行为,例如穿衣脱衣、开门关门、开灯关灯。梦游者似乎知道自己正要去哪儿,因为他们能避开挡道的大部分障碍物,但是对周围环境却没有意识。遗憾的是,这意味着他们不能区分卧室门和正门、抽水马桶和字纸篓。梦游的人通常不会清醒,到第二天早上也不记得自己梦游过。梦游通常会持续 5—15 分钟,并且同一天晚上可能会不止一次地发生。

虽然梦游者可以避免撞到墙和被家具绊倒,但缺乏判断力。一个梦游的儿童可能会作出一些举动,比如走进车库、坐进汽车、准备早上 4:00 去上学。他们判断力的缺乏有时是非常危险的。警察曾在午夜发现一个正在梦游的孩子爬到了树上,另一个在大街上行走。因此,梦游者总是处在伤害自己的危险当中,必须阻止他们自伤。

大部分儿童到青少年期就不再梦游了,但对少数人来说,这种模式会一直持续到成年。

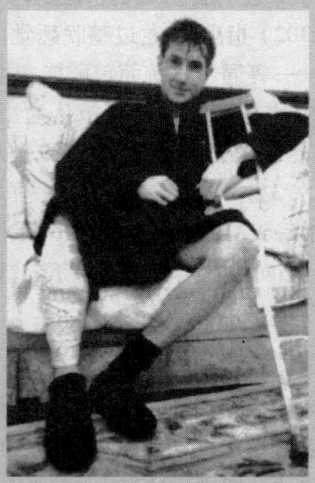

墨菲(Christian Murphy)在梦游时从一楼卧室的窗台上掉下来,但未割伤和碰伤。他母亲的梅赛德斯车就停在窗下,阻止了他的下跌。他一着地就站了起来,仍在梦游,沿着马路往前走。

即他们知道自己在做梦,有时还能控制梦的内容。例如,拉伯格等人(LaBerge, Greenleaf & Kedzierski, 1983)研究了一位女性,她能做产生性交高潮的清晰性梦。

第二,梦经常会包含一些我们清醒时看起来毫无逻辑和毫无意义的成分。例如,梦有时会包含不可能的事件或行动(如,某人在地上飘浮着),也可能包含各种幻觉和错觉。

第三,我们经常完全被我们的梦中意象所左右,反映了爱普森(Empson, 1989)描述为"梦的真诚"的内容。相反,我们觉醒时通常能将我们有意识的想法置身事外,避免受其控制。

大多数梦都发生在 REM 睡眠阶段(快速眼动睡眠)。但是,梦只发生在 REM 睡眠阶段和 REM 睡眠总与梦有关的常见观点却是完全错误的。根据索尔穆斯(Solms, 2000b, p.618)的观点:"高达 50% 的从非 REM 睡眠中被唤醒的人有梦的报告,其中 20% 的报告无论用什么标准都难以与 REM 睡眠中梦的报告相区分。"尼尔森(Nielsen, 1999)回顾了该领域的研究。平均而言,相对于非 REM 睡眠的 42.5% 来说,在 REM 睡眠中醒来的人只有 82% 的机会回忆出梦幻般的材料。与非 REM 睡眠中的梦相比,从 REM 睡眠中回忆的梦通常更逼真、更生动、更有情感,与现实生活的关系更小。

成人每天会花两个小时进行 REM 睡眠。因此,他们一年可能有 700 多个小时在做梦。这表明梦可能实现了某些或某个重要功能。就像我们很快就会看到的,各种理论家都在试图确定梦的功能。

对你的梦做一个星期的记录(梦日记),你能记住的东西有多少?你梦到的是哪类事情?

方法论问题

似乎我们并未觉得自己每晚花费两个多小时做梦。对此的解释是我们遗忘了 95% 以上的梦。这些被遗忘的梦会涉及什么内容呢?研究者通过睡眠实验(在实验中把睡眠者从 REM 睡眠中叫醒)回答了这个问题。通常被遗忘的梦往往比我们在日常生活中所记住的梦更普通、更寻常(Empson, 1989)。

上述发现非常重要,说明我们在日常生活中记住的梦一般不是梦的代表或典型。因此,仅仅基于我们通常能记住的 5% 的梦来提出一种梦的理论是不恰当的。但是,使用睡眠实验也存在着局限。霍布森等人(Hobson, Pace-Schott & Stickgold, 2000, p.803)认为:"任何一个曾在睡眠实验室睡过觉的人……都知道这是一种冷淡的、非自然状态的实验室情景,与较为自然的环境相比使人更难入睡,更难进入深度睡眠。"因此,在实验室中经历的各种梦境可能不同于日常生活中做的梦。

另一个与梦的研究(无论在实验室情境下还是在日常生活中)相关的潜在问题也仍然存在。科南(Coenen, 2000, p.923)指出:"梦是人们觉醒后的描述,专家推

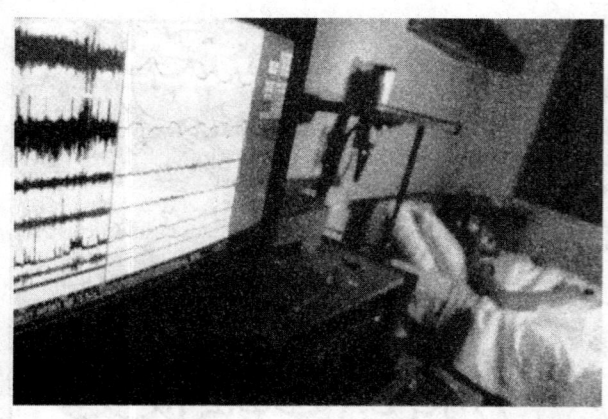

当患者睡眠时脑电图正在记录大脑活动。脑电图记录显示了大脑的电活动，可通过安放在患者头皮上的电极进行测量。

断梦与报告的方式之间存在一一对应的关系。"因此，不可能排除像记忆力差、过高估计、压抑、心理情感因素的效应等因素对回忆的影响。

弗洛伊德的愿望实现理论

最著名的梦的理论可能是由弗洛伊德（Freud, 1900）提出来的。他宣称所有的梦都代表了愿望的实现，主要是一些被压抑的欲望（如，性欲望）。这些愿望的实现对做梦者来说通常是不能接受的，这使弗洛伊德将梦描述为"黑夜的疯狂"。鉴于梦代表着不能接受的欲望，因此真实的梦及其含义（**内隐内容，latent content**）通常在做梦者意识到他/她的梦时会被歪曲成更容易接受的形式（**外显内容，manifest content**）。弗洛伊德所谓的梦的工作，将原始的无意识愿望转化为梦的报告的外显内容。梦的工作所涉及的几个机制如下：

1. 替代。梦中的某个成分被其他事物所取代（如，骑马象征性行为）。
2. 退行。思想被转化为感性认识（如，梦中人的大小反映他们对你的重要性）。
3. 凝缩。梦的几种成分被合并成单一的意象（如，失败和悲伤被转化为下降的电梯）。

内隐内容：在弗洛伊德的理论中，指难以有意识回忆的梦的隐义。

外显内容：在弗洛伊德的理论中，指梦的表面意义或被记住的含义。

我们如何根据做梦者报告的梦的显性内容来确定梦原始的内隐内容呢？事实上，这个过程涉及一些精神分析技术。做梦者针对梦的外显内容的不同方面进行联想，然后精神分析学家确定潜在的主要主题。释梦的一个重要内容涉及对梦的各种象征物进行解读。例如，添棒棒糖可能象征口交，香烟可能象征阴茎。但是，弗洛伊德自己也承认："香烟有时仅仅是香烟而已。"

尝试解释梦的真实含义时，可能会出现什么问题呢？

愿望的实现为什么是梦的主要目标呢？根据弗洛伊德的观点，我们睡眠的时候，心理不受外部环境影响，也不受施加于我们行为的各种约束的影响。但是，我们受内部因素的影响（如，基本性驱力和其他驱动力）。我们可以想象在梦中我们根据这些驱动力行事，这在现实生活中会延缓我们根据这些驱动力行事的需要。这些论据使得弗洛伊德得出这样一个结论，"梦是睡眠的守护者"。

证据

对脑损伤患者的研究，为确定对梦起关键性作用的大脑部位迎来了新的曙光。根据索尔穆斯（Solms, 2000b）的观点，当连接中脑和边缘系统及中脑与额叶的所谓"探寻系统"受损时，梦就被清除了。该系统"激发了目标寻求行为（goal-seeking behaviours）和有机体与外部世界的欲望（appetitive）互动"（Panksepp, 1985, p.273）。

索尔穆斯 (p.619) 认为:"没有一个脑系统在此功能特性上比该系统更接近弗洛伊德梦的理论中的'力比多'[性本能]。"

内隐内容向外显内容的转化,使我们希望通过弗洛伊德的理论来预测梦的性质的任务复杂化了。但是,预测大多数参与愿望实现的梦与积极情绪状态有关似乎合情合理。事实上,霍尔和卡斯特尔(Hall & Castle, 1966) 发现,在所有 1000 个梦的报告中,有 80% 的梦带有消极情绪。可以认为梦的再现(相同的事件反复出现在不同的梦中)最可能为强烈愿望的实现提供确凿的证据。扎德拉(Zadra, 1996) 在成人和儿童身上检验了梦的再现。这些梦中大约 85% 包含消极或不愉快的情绪,只有 10% 包含快乐的情绪。

> **政治与梦的内容**
>
> 梦研究协会(2001)发现,政治立场会影响梦的内容。右翼立场的人比左翼立场的人报告出更多的暴力和恐怖的梦。如果确实如此,那么弗洛伊德认为梦具有内隐内容或信息的观点就会得到支持。

❖ **评价**

- ⊕ 弗洛伊德提出了第一个有关梦的功能的系统理论,为梦经常似乎是内在的、甚至毫无意义的令人费解的发现提供了解释。
- ⊕ 正如弗洛伊德所宣称的那样,梦揭示了做梦者的思想和情感,尽管可能比他想象的少得多。
- ⊕ 做梦时一些异常重要的脑区与性动机和其他动机有关联。
- ⊖ 在当今开明宽容的社会中,对无法接受的欲望进行大量压抑是不可能的。
- ⊖ 许多梦(如,噩梦)是非常吓人的,还会唤起各种消极情绪状态,很难把这些梦看做通过歪曲方式而达到的愿望实现。
- ⊖ 通过精神分析所确定的隐梦内容通常值得怀疑,因为对显梦的解释可能在很大程度上受释梦者个人偏向的影响。
- ⊖ 弗洛伊德仅关注被自发记住的不具代表性的 5% 的梦,他的理论对其余 95% 的梦都不适用。

激活—整合理论

霍布森与麦卡利(Hobson & McCarley, 1977) 对大脑在 REM 睡眠阶段和正常觉醒期间的生理激活的事实印象深刻。这使他们提出了梦的激活—整合理论。根据这一理论,快速眼动睡眠阶段的激活状态主要依赖于负责引发梦产生的脑干。脑干的活动使脑的几个区域,例如与知觉、行为和情感反应相关的脑区产生高水平的激活状态。这种激活基本上是随机的。做梦者通过整合突发性的神经活动信息,对高水平的随机脑激活作出反应。这种整合发生在前脑,这使"由脑干发出相对嘈杂的信号而产生相当连贯的梦意象这一糟糕的工作得到充分利用"(p.1347)。这是怎样成为可能的呢?根据霍布森(Hobson, 1988) 的观点:"大脑如此专心致志地探求梦的含义,以至于在要求处理的信息很少或无信息时会赋予甚至创造出含义。"

总之,激活—整合理论的原版做了三个重要假设:

1. 梦的产生需要脑干脑桥结构的高水平激活。
2. 脑干脑桥结构的激活产生快速眼动睡眠和梦，所有的梦都发生在快速眼动睡眠阶段。
3. 前脑试图给来自脑干的随机激活的信息赋予含义，从而产生较有条理的梦。

假设2在更新版的理论中被舍弃了（Hobson et al., 2000），该理论现在被称为激活—输入—调整模型（activation-input-modulation，AMI）。不过仍然有人宣称梦的产生需要脑干脑桥的激活，但也接受这种激活（和梦）能在快速眼动睡眠与非快速眼动睡眠阶段发生。

在考虑相关证据之前，我们先来叙述一下激活—整合理论的其他内容。在REM睡眠阶段，负责产生活动的大脑皮质区受到抑制。原因是脊柱顶端存在输出阻塞，阻止了执行行动的命令。另外，通过输入阻塞物可以抑制对环境刺激的加工。但是，后脑与中脑组织则产生了类似于通常来自眼睛和耳朵的信号。做梦者通常会像解释外部刺激产生的信号那样对这些内部产生的信号进行解释。

霍布森（Hobson, 1994）发展了激活—整合理论。他指出，大脑皮质的神经递质去甲肾上腺素和5-羟色胺的水平在REM睡眠阶段比在非快速眼动睡眠和觉醒阶段更低。霍布森认为，这些去甲肾上腺素和5-羟色胺水平的下降，抑制了注意过程和有效加工能力的有效使用。这很容易使大脑将内部产生的信号误解为来自外部的刺激或反应。霍布森认为，由去甲肾上腺素和5-羟色胺的低水平导致的注意问题，可以解释我们为什么没能记住自己的梦。

证据

正如激活—整合理论假设的那样，在REM睡眠阶段脑干脑桥通常受到高度激活。霍布森等人（Hobson et al., 2000）回顾了四项评估REM睡眠阶段脑活动的PET研究。脑干的激活也存在一致性的证据。此外，前脑的某些部位在快速眼动睡眠阶段通常也会被激活。

根据这一理论，脑干受损会丧失快速眼动睡眠。正如预料的那样，大面积脑桥受损的猫，快速眼动睡眠完全消失（Jones, 1979）。来自各种研究的证据均表明，脑干先天受损的人也会丧失（或几乎丧失）REM睡眠（Solms, 2000a）。

脑桥的损伤也会造成如该理论所预测的梦的丧失吗？很难确定，部分原因是消除REM睡眠的损伤通常致使患者昏迷不醒。但索尔穆斯（Solms, 2000a）断定：有确凿证据表明，在26名患者中只有一个人的梦消失了。

激活—整合理论确实存在问题的更有

PET扫描揭示梦的大脑活动

马奎特等人（Maquet et al., 1996）的研究支持丘脑与梦有关的观点。为了保证睡得好，他对七个男志愿者首先进行轻微的睡眠剥夺。他们入睡后，让他们在PET扫描仪中保持不动。他们时不时地被叫醒，看看是否在做梦。马奎特发现梦与更大的血流量相一致，意味着作为边缘系统一部分的丘脑出现较强的活动。该脑区与记忆和情绪也有关。负责复杂思维的额叶的血流量下降。所有这些能够解释记忆和情绪的混合，以及我们在梦中经历的时间感歪曲和自我意识的降低或丧失。也能解释我们睡醒时对梦的记忆迅速消失。

说服力的证据,来自对那些很少或从不做梦的脑损伤患者的研究。索尔穆斯(Solms,2000a, p.846)回顾了 111 个案例,并得出以下结论:

> 前脑局部损伤——脑干脑桥完好无损——除一个之外所有的都是这样……用批判的眼光来看,REM 状态在所有接受睡眠周期评估的前脑受损患者中都得到完整保留。

因此,脑桥的激活与 REM 睡眠的存在并不能确保梦的产生。

激活—整合理论的另一个主要预测是,梦是相当没有逻辑甚至是稀奇古怪的。有些梦确实稀奇古怪,但这并不是问题的全部。例如,霍尔(Hall, 1966)检验了 815 个家中或实验室做梦的报告。只有约 10% 梦的报告至少包含一个"不寻常的成分"。为什么霍布斯和麦卡利(Hobson & McCarley, 1977)却宣称梦是稀奇古怪、毫无逻辑的呢?沃格尔(Vogel, 2000, p.1014)认为,这种观点"主要以早上醒来时自发回忆起来的梦的报告为依据。这些梦可能极富戏剧性、稀奇古怪,但并不是日常生活中梦的典型代表。从普通人整晚的梦中所搜集的大量样本……表明梦是单调的、有组织的日常故事。"

❖ 评价

- ⊕ 该理论以睡眠和做梦期间脑的生理活动的详细信息为基础。例如,嗅觉和味觉很少或从不出现在梦中,因为"相关神经细胞在 REM 睡眠中没被激活"(McIlveen & Gross, 1996, p.108)。
- ⊕ 梦经常受到脑干脑桥活动的激发,但是这种刺激并不是必须的(Solms, 2000a)。
- ⊕ 脑的随意活动和注意过程无法有效发挥作用使得一些梦难以理解。
- ⊖ 最初认为梦只发生在 REM 睡眠阶段的观点被有力地否定了,不得不舍弃。索尔穆斯(Solms, 2000a, p.843)指出:"REM 受脑干组织胆碱能的控制,而梦则似乎受前脑组织多巴胺能的控制。"
- ⊖ 脑干脑桥在梦的产生中的作用在该理论中被夸大了,前脑的作用则被降到最低限度(Solms, 2000a, 2000b)。
- ⊖ "对个体和群体而言,梦在时间上都是连贯的、一致的、与过去是连续的,而不是霍布斯等人强调的受脑干驱动的稀奇古怪的状态能够接纳的。"(Domhoff, 2000, p.928)

进化论假设

雷冯索(Revonsuo, 2000)认为,我们采用进化论的观点可以理解梦的功能。直到最近,人的生命依然是短暂的,环境经常会给我们带来威胁和危险。因此,"梦的产生机制倾向于选择有威胁性清醒事件并以不同的组合反复刺激,这对于发展和维持威胁躲避技巧很有价值。"(p.793)雷冯索认为,尽管现在的环境比几百或几千年前的威胁性要少,但仍有证据表明我们的梦受这些令人忧虑的事件的影响。这使雷

跨文化研究是怎样提供了与此观点有关的有用信息的呢?

冯索（p.877）提出了进化论假设，根据这一观点，"梦的心理功能是刺激威胁性事件，并预演知觉威胁和威胁躲避"。

进化论假设的主要假定已经得到证实。根据这些假定可以认为，梦应该提供外部环境的刺激，而不应被打乱。另外，我们的梦可能受日常生活中出现的极端环境威胁的极大影响。最后，在梦中发现的威胁性事件应该是现实的，以便为做梦者将来知觉威胁和躲避威胁做好准备。

证据

许多梦都包含威胁性主题这一观点得到广泛支持。例如，在一项已被提到的研究中，扎德拉（Zadra, 1996）分析了儿童和成人再现的梦。在这些梦的 40% 当中，做梦者发现自己处于危险境地。通常与追捕和追赶有关（42% 的儿童的梦和稍低于 15% 的成人的梦）。与其相似，格里格（Gregor, 1981）发现，巴西中部的 Mehinaku 印第安人报告的 60% 的梦都以威胁性情境作为主题。葛美恩等人（Germain, Nielsen, Zadra & Montplaisir, 2000）使用典型梦境问卷（Typical Dreams Questionnaire）施测于约 2000 名被试。最频繁、最典型的主题是被追捕或被追赶的危险情景。

葛美恩等人（Germain et al., 2000）报告的其他发现不符合进化论假设。性体验和下落的梦也在最普遍的主题之列，但这两个主题与雷冯索（2000）强调的几种威胁性经历没有直接联系。第九类最普遍主题（在空中飞行或翱翔）的情况与上述情况类似，一般与积极情绪有关。

霍尔和卡斯特尔（Hall & Castle, 1966）对 1000 个梦所做的研究，为进化论假设提供了复合性支持。不幸的梦（如，灾难、危险）是幸运的梦的 7 倍（分别是 411 和 58）。在消极的梦中发生的事故比在积极的梦中严重得多，这与进化论假设相一致，但难以解释数十种积极的梦的出现。

许多梦都与当前发生的事情有关。哈杰克和贝尔彻（Hajek & Belcher, 1991）研究了参与戒烟方案的吸烟者的梦，预计复吸的可能性。大多数被试在戒烟过程中及一年后，都报告了无意犯罪的梦。在这些梦中，吸烟后会产生恐惧感或内疚感。哈杰克与贝尔彻还发现，做吸烟的梦（且对吸烟感觉很糟）似乎对已戒烟者有帮助。这种梦做得最多的人比做得较少的人更不可能复吸。这表明梦确有其存在的价值！不过这都只是相关研究结论，还不能证明梦减少了吸烟行为。

纳德（Nader, 1996）报告了与预测人们经历了威胁体验后会做噩梦有关的发现。在被绑架并藏匿在卡车拖车里的儿童当中，100% 的儿童都会做有关这种经历的噩梦，经历过有生命危险的手术的儿童 83% 做噩梦，在核电站的重大事故之后暴露于辐射中的儿童 40% 做噩梦。

梦的内容的研究取决于自我报告。思考一下你自己的梦日记，确认这一方法的潜在问题。

❖ 评价

⊕ 雷冯索的进化理论基于试图理解梦中主要内容的严肃尝试。
⊕ 该假设准确预测了许多梦关注现实威胁及做梦者当前关切的事。

- 对于梦中为什么出现如此多的性经历或坠落事件，该假设仍不清楚。
- 梦到令人惧怕的事件能使我们更顺利地应对它们是令人置疑的。蒙坦格罗（Montangero，2000，p.73）指出："没有实验数据显示，噩梦过后人们逃避威胁的技能会得到提高……在危险的情况下，为了搞清楚如何逃离、如何躲到岩石后面或如何平躺在草地上，无人需要多次的预演。"
- 进化论假设的局限性在于，它未能对出现好运的梦提供现成的解释。

催眠

什么是"催眠"？这个词源自希腊词"hypnoun"，意思是使人睡觉。但被催眠了的人实际上并不是在睡觉。韦斯滕（Westen，1996，p.354）将催眠状态定义为"一种被改变了的状态，其特征为高度放松和易受暗示（倾向于服从催眠师的建议）"。正如我们将要看到的那样，关于**催眠**（hypnosis）现象是否真实、催眠是否只涉及配合催眠师期望的被催眠者等尚存在争议。催眠常被认为是种不可思议的状态，在大众心目中催眠是与欺骗和娱乐行业联系在一起的。实际上，如下所述，研究者已经开始着手揭开一些催眠之谜，发现催眠与认知神经科学之间存在有趣的联系（Raz & Shapiro，2002）。

催眠： 一种高度受暗示的状态，可能代表也可能不代表已发生变化的意识状态。

我们如何才能产生催眠状态呢？催眠一般是通过基于睡眠和放松暗示的诱导程序形成的。最初，催眠师会要求被试将注意力集中于一个给定的目标（例如，一条摆动着的表链、一个光点）。当被试全神贯注于目标时，催眠师暗示他/她放松并感到有困意，并会暗示被试感觉自己的手臂和腿越来越沉重但要放松。通常而言，进入被动的类似睡眠的催眠状态需要10—15分钟时间。然后，需要使用更多的时间来评估催眠状态的深度与强度。

人们在催眠的受暗示性方面存在非常大的个体差异，这些差异可以通过斯坦福催眠易感性量表（Stanford Hypnotic Susceptibility Scale，SHSS）和催眠易感性哈佛分量表（Harvard Group Scale of Hypnotic Susceptibility，HGSHS）进行评定。这些量表包括各种暗示语（例如，"你的手臂非常沉重，你举不起来了。""你会忘记我刚讲过的话"等）。个体遵从这些暗示语的数量，可以作为他/她对催眠的受暗示性的测量。

我们将把 SHSS 作为一个具体实例进行讨论。它由 12 个项目或暗示语构成，其中有些相当简单，许多人都会遵从这些暗示语（例如，想象一下，有一只蚊子在你耳旁嗡嗡响，你努力把它赶走）。

1940年代的一张照片，催眠师乌斯拜（Ousby）接住一位被催眠后陷入昏睡状态的女性。乌斯拜在对患者进行精神分析前使用催眠术以便治愈他们复杂的心理问题。

> **斯坦福催眠易感性量表**
>
> 1. 手臂下垂：告诉被试张开的手臂渐渐变得越来越重，手臂开始下垂。
> 2. 两手移开：当被试的手臂向前笔直地伸出时，告诉他们两只手彼此之间是相互排斥的，两手就移开了。
> 3. 蚊子幻觉：被试对有只烦人的蚊子在耳边嗡嗡响的暗示通过努力拍走它作出反应。
> 4. 味幻觉：被试接受嘴里发甜然后又发酸的暗示。
> 5. 手臂僵直：告知被试伸出的手臂变得越来越僵直，以致手臂不能弯曲。
> 6. 梦：告诉接受催眠的被试他们将会做一个与催眠有关的梦，然后将这个梦的发生状况报告出来。
> 7. 年龄退行：被试的表现与被告知的较年轻的人相一致，包括笔迹都是一致的。
> 8. 手臂不能移动：被告知手臂不能举起，被试发现果真如此。
> 9. 嗅觉丧失症（嗅觉缺失）：告诉被试家常氨水是无气味的，他们真的闻不出气味。
> 10. 幻听：被试对幻想出来的声音进行回应。
> 11. 消极视幻：当出现3个彩色盒子时告诉被试只有两个，他们真的说只看到两个。
> 12. 催眠后遗忘症：除非事先安排好符号或信号，否则被"叫醒的"被试回忆不出在催眠状态下所呈现的特定信息。
>
> 资料来源：Benltey (2000)。

另一些暗示语较难，只有比例很小的人遵从这些暗示语（例如，消极的视幻，在催眠师的暗示下他再也看不到小盒子）。在斯坦福催眠易感性量表上，约有5%的人显示出对催眠有很高的易感性，约有10%的人几乎不受暗示语的影响。

什么样的人特别容易被催眠呢？他们往往有幻想倾向，这意味着他们会报告拥有大量逼真的幻想（McIlveen, 1995）。他们在专注（absorption）方面得分也很高，麦基尔文将专注定义为"深深卷入感官经验和幻想体验的倾向"(p.11)。但是，麦基尔文认为，专注只能在那些期望自己进入催眠状态的人中才能预测对催眠的易感性。高催眠易感性的人的另一个特征是，他们比大多数人更愿意服从他人的要求。最后，年龄也是一个重要因素，催眠易感性的顶峰大约出现在10岁，在青少年期和成人早期逐步下降。

催眠状态

哪些脑区会受催眠状态的影响呢？研究者（Rainville, Hofbauer, Bushnell, Duncan & Price, 2001）通过在催眠诱导前后使用PET扫描（参阅本书中认知心理学部分的导言）对该问题进行了阐述。有证据表明，催眠是一种已改变的意识状态，因为参与意识调节的区域（如，丘脑、前扣带回皮质、中脑脑干）均受催眠状态的影响。此外，催眠还使与注意有关的大脑皮层和皮质下层的网状组织的活动增强，表明催眠状态与注意力提高有关。

人们已经报告了催眠状态中的各种现象。有些现象（如，过去生活的积极再现）是极为不可能的，有些现象则值得仔细考虑。这里我们考察四种现象：

1. 催眠性遗忘症。
2. 催眠性痛觉缺失。
3. 恍惚逻辑。
4. 注意狭窄。

催眠性遗忘症

被催眠者有时会被暗示忘记刚学的和刚做的事情。在这种情境下，他们一般会表现出高度的遗忘；这种遗忘被称为**催眠性遗忘症**（hypnotic amnesia）。这不是通常意义上的遗忘，因为如果给被催眠者提供释放信号（如，"现在你记得"），那些"被

催眠性遗忘症：在催眠状态中由暗示语引起的暂时遗忘。

遗忘的"信息通常能够回想起来。这种遗忘最突出的例子称为催眠后遗忘症。告知被催眠者当他们走出催眠状态时会忘记催眠的整个过程。大多数个体都会表现出催眠后遗忘。它不是永久性遗忘，因为对个体再次催眠并指示回忆上次催眠中所发生的事情时，催眠期间的事件通常能够被回想起来。

与催眠后遗忘症相关的一个现象是**催眠后暗示（post-hypnotic suggestion）**。信号发出后，催眠师给出一个指导语让被催眠者执行一些动作（如，当催眠师说"花粉热"（一种对花粉的过敏症）时开始打喷嚏）。催眠师告诉被催眠者他/她记不住这个指导语。在被催眠者返回正常的清醒状态时发出信号。他/她能作出特定的动作，但记不得催眠后的暗示。

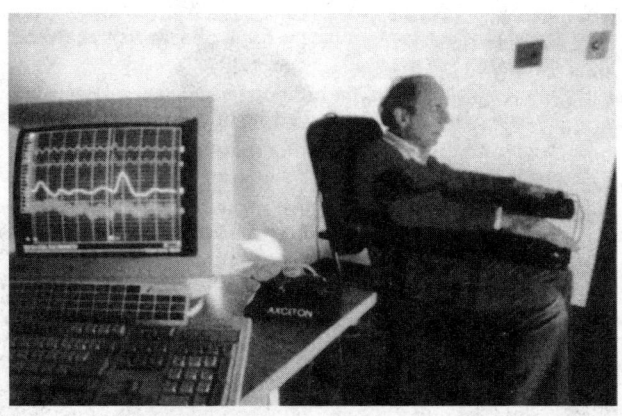

一位男士正在进行测谎仪测试。科（Coe，1989）发现当使用测谎仪询问被催眠者问题时，他们记得在催眠状态下要求忘记的任何信息。

催眠性遗忘症最简单的解释是要么被催眠者没有努力去记，要么就是他们将自己从记忆任务中分离了出来。科（Coe，1989）报告了与这些解释相一致的证据。他发现，当要求被试要诚实并在身上安装测谎仪，然后让他们观看自己行为表现的录像带时，催眠性遗忘症通常会消失。瓦戈斯塔夫（Wagstaff，1977）发现，允许指出自己是在进行角色扮演而非处在催眠的恍惚状态的被试，通常未表现出催眠性遗忘症的迹象。

催眠后暗示：被催眠时接受并执行指导语的个体，正常觉醒状态下却记不得该指导语。

催眠性痛觉缺失

当被催眠者暴露在一个非常痛苦的情境中但几乎或根本感觉不到痛苦时，就会出现**催眠性痛觉缺失（hypnotic analgesia）**现象。早在1840年代，一个叫沃德（Ward）的英国外科医生就报告了一个催眠性痛觉缺失的典型案例。他声称只需利用催眠就能在不引起被催眠者任何痛苦的前提下截掉他的腿！

在一个典型的催眠性痛觉缺失的实验室研究中，痛苦的情境包括让被试将手伸入冰冷的水中，或给他们施加压力刺激。不会体验到痛苦的暗示在催眠状态下比在正常状态下通常更有效（Hilgard & Hilgard，1983）。帕特森和詹森（Patterson & Jensen，2003）回顾了一些临床研究，使用催眠减轻剧痛（如，由手术或灼伤引起的）或慢性疼痛（如，周期性偏头痛）。催眠通常在减轻疼痛方面较为有效，经常比其他疗法像认知行为疗法、放松训练、情感支持和注意力分散更有效。帕特森和詹森（Patterson & Jensen, p.507）提出："被调查者描述为催眠的治疗方法……至少或在大部分情况下，在减轻儿童和成人与微创治疗过程有关的疼痛方面的效果要比其他方法更好。"催眠在减轻慢性疼痛方面效果一般，通常不如其他方法更有效。对于剧痛和慢性疼痛来说，高催眠易感性的人在催眠状态下表现出疼痛感最大程度的减轻。

催眠性痛觉缺失：在催眠状态中疼痛感减少。

有关催眠性痛觉缺失方面的发现让人印象深刻，但有时也会涉及顺应性或假装的痛觉缺失。斯帕诺斯等人（Spanos, Perlini, Patrick, Bell & Gwynn，1990）对被试施加疼痛刺激。那些被引导认为自己会被催眠者比那些认为自己未被催眠的人报告

当实施这种性质的研究时，需要考虑哪些伦理问题？

冷加压试验——多数人只能将手臂放在冰冷的水中保持25秒钟，而被告知不会感到任何疼痛的被催眠者则能把手臂放在冰冷的水中长达40秒钟。

的痛苦更小，在接受疼痛刺激时不管被试是否真的被催眠，均发现存在这一差异。

对催眠性痛觉缺失可能是种不可信的现象的观点，帕蒂（Pattie, 1937）报告了更多的证据，他告诉被催眠者一只手没有任何感觉。然后让他们把两只手的手指扣紧，接下来告诉他们将手臂缠绕在一起。因此他们很难判断被指定的手指在哪只手上。最后，帕蒂触摸了他们的几根手指，让他们说出手指被触摸的次数。他们报告被触摸的手指中包括两只手的手指，表明那只声称"被麻醉的"手仍然有感觉。

其他证据表明，催眠性痛觉缺失可能真会（而不仅仅像报告的那样）减轻痛苦。普莱斯和巴瑞尔（Price & Barrell, 2000）回顾了几项催眠性痛觉缺失对大脑活动影响的研究。催眠性痛觉缺失会对与疼痛有关的刺激到躯体感觉皮质的加工过程产生抑制作用。它在边缘系统激活方面也会产生变化，这可能减轻了痛苦。

恍惚逻辑

恍惚逻辑： 在被催眠的个体身上发现的一种无逻辑的思维方式。

注意狭窄： 在催眠状态下，环境信息加工量显著减少。

与催眠状态有关的另一个现象是**恍惚逻辑**（trance logic）。它是指被催眠者在思维方式上未能表现出逻辑一致性。例如，有一种被奥恩（Oene, 1959）称为"双重幻觉"的反应：当被催眠者看到某个人时，催眠师告诉他们那是对站在别处的那个人的幻觉，他们通常会报告在看到那个人的同时又看到幻想出来的形象。另一个恍惚逻辑的例子发生在被催眠者想象一把空椅子上坐着人的情景。他们通常报告是通过那个人而看到那张椅子的。相反，告诉未被催眠的人要像被催眠了一样（模仿者）进行表现，并没有表现出恍惚逻辑。

对恍惚逻辑的存在及其意义还存在一些争议。在一些研究中，催眠者与模仿者在双重幻觉反应方面没有差异（de Groot & Gwynn, 1989）。当被催眠者认为同时看到了某个人及幻想出的形象时，意味着什么呢？如果让被催眠者自己选择，他们通常更喜欢认为他们"想象了"而不是"看到了"幻想出的形象（Spanos, 1982）。这表明双重幻觉效应比人们通常设想的更不引人注目。

注意狭窄

我们接下来要考虑的现象是**注意狭窄**（attentional narrowing），即对环境信息加工的减少。例如，当告诉被催眠者将注意力只放在催眠师身上时，被催眠者通常会报告未意识到其他人。这种注意狭窄现象是否意味着被催眠者实际上处理的环境信息更少呢？米勒等人（Miller,

庞诺错觉——当矩形A与B的视网膜成像一样大时，更远的矩形（A）实际上肯定要大于更近的那个（B）。

Hennessy & Leibowitz, 1973) 报告了有趣的证据，他们给被催眠者呈现庞诺错觉 (Ponzo illusion) 图片。正常觉醒状态下的人报告说最上面的水平长方形比最下面的长方形长，而不管实际上一样长。米勒等人利用催眠暗示语，使催眠者报告说再也看不到斜线。但是，他们仍然报告了正常的庞诺错觉。因此，他们对与斜线有关的信息进行了加工，尽管他们没有意识到该加工过程。

变异状态观点：新分离理论

关于催眠的关键性问题是，催眠是否代表了一种特殊的、改变了的意识状态。这种观点最突出的支持者是希尔加德 (Hilgard, 1986)，他提出了**新分离理论 (neo-dissociation theory)**。根据这一理论，"在催眠状态中，意识被分割（分离）为单独的心理活动渠道。这一分割使我们将注意力转到催眠师，同时使我们附带地（或'下意识地'）感知到其他事件。"(McIlveen, 1996, p.24)

希尔加德 (Hilgard, 1986) 认为，我们在正常状态下的所说所做都在意识的控制之下，但在催眠状态下这种意识控制大部分都消失了。催眠现象的发生是因为通过遗忘障碍，身体系统的一部分与其余部分相分离。例如，被催眠者接触令人疼痛的刺激会表现出与疼痛有关的正常生理反应，尽管他们几乎都未报告疼痛感。这表明控制疼痛感的那部分大脑与控制基本生理反应的那部分大脑是相分离的。

被催眠者经常报告无意识控制的经历。例如，他们把对催眠师指导语的顺从描述为无意识行为，而不是安排好的蓄意行动。根据希尔加德 (Hilgard, 1986) 的观点，新分离理论更多的直接证据来自在被催眠者身上观察到的**隐藏的观察者现象 (hidden observer phenomenon)**。找一位被催眠者并给他/她以下指导语："当我把手放在你肩上，我能跟隐藏的那部分你说话，这个你了解你的身体运行情况，了解我正在对话的那部分你所不知晓的情况……你将记得一部分你知道许多正在进行的事情，这部分你可能被隐藏来与正常意识状态或被催眠的那部分你相分离。"(Knox, Morgan & Hilgard, 1974, p.842)

希尔加德 (Hilgard, 1986) 讨论了一个隐藏的观察者现象的典型例子。他利用了冷加压试验，在该试验中被试的胳膊尽可能长时间地保持在冰冷的水中。大多数人大约只能忍受 25 秒钟。但是，被告知不会感到任何疼痛的被催眠者的胳膊在水中保持了大约 40 秒钟，比未接受催眠的人报告的痛苦要小得多。被告知"处在意识之外"的隐藏的观察者报告了非常强烈的痛苦经历。因此，这些被催眠者的意识似乎分成了两部分。

希尔加德 (Hilgard, 1986) 曾用新分离理论解释各种催眠现象。催眠性遗忘症的发生是因为"被遗忘的"记忆与意识控制相分离或分割，所以不能有意识地提取。也有证据表明，催眠性痛觉缺失与意识控制是相分离的，在催眠状态下给出不会感觉痛苦的暗示语通常是有效的。如前所述，希尔加德借助冷加压试验使用隐藏的观察者

新分离理论表明，催眠揭示了更多意识流的存在。

新分离理论：根据希尔加德的理论，在催眠状态下身体的一部分与其他部分相分离。

隐藏的观察者现象：被催眠者的部分心理体验与其他部分的心理体验有所差异的一种效应。

> **催眠状态中的认知加工**
>
> 伦敦帝国大学格鲁泽里尔研究小组一直都在研究催眠状态中的信息加工过程（Gruzelier, 2002）。他们采用了头皮电极（皮肤电）和大脑其他部位的电极（皮质电）的详细脑电图。在催眠状态下，显著的变化出现在边缘系统，尤其是扁桃腺的抑制和海马的兴奋。有趣的是，这些变化只能在催眠易感者身上观察到，似乎与听觉皮质信息加工的减少有关。这解释了催眠者如何可能忽略周围环境只关注催眠师所说的内容。
>
> 研究者继续研究一种具体的加工过程，即边缘系统和额叶的错误检测系统。该系统可以监控当前活动并改变对新刺激进行反应的行为。例如，大脑接收到冲突性信息——在催眠状态中可能发生这种情况。这个错误检测系统在认知加工早期运行，可能是前意识的；甚至在被试被催眠后仍然继续运行。更有趣的是，该系统能与其他认知加工相分离，例如，当被催眠者的行为不合理或无逻辑时，它会开始起作用。从认知方面说，这可能是因为受到催眠师的控制。但是，大脑的这个错误检测系统能够意识到自己的所知与被告知的内容不相符。因此，希尔加德的隐藏的观察者就被发现了！

技术发现，"被隐藏的那部分"比身体的其他部分报告更大的疼痛感。根据希尔加德的观点，只有被隐藏的那部分不能免受遗忘障碍带来的痛苦意识的侵扰。斯帕诺斯（Spanos，1989）认为，被催眠者只是简单地报告他们认为应该报告的内容。他发现，引导"隐藏的观察者"报告高或低水平的疼痛感，取决于给予他们的期望的高低。

该理论对先前已经做了概括的意识性盾的理论有什么意义？

表面上看，被催眠者在恍惚逻辑状态下作出的无逻辑反应可以用新分离理论进行解释。我们所有的假设是，在催眠状态下意识的不同部分各自发挥作用，因此被催眠者注意不到自己报告中存在的不一致。在恍惚逻辑状态下被催眠者报告的幻觉，真的表明他们自认为看到的东西吗？鲍尔斯（Bowers，1983）获得了一些支持证据，他发现，要求做到诚实的被催眠者报告出的幻觉比未被催眠的人更加生动逼真。

❖ 评价

- ⊕ 希尔加德（Hilgard，1986）的新分离理论解释了许多催眠现象，催眠涉及某种已改变的状态的观点获得了支持。
- ⊕ 表面上看，隐藏的观察者现象的存在似乎为该理论提供了良好的支持，格鲁泽里尔（Gruzelier，2002）的最新研究也提供了支持证据。
- ⊖ 根据被催眠者报告的自认为被期望说出的内容，可以解释隐藏的观察者现象的许多论证。
- ⊖ 在被催眠者身上发现的其他许多现象，可以通过与分离理论和遗忘障碍无关的简单术语进行解释。

无状态理论

一些理论家（Wagstaff，1991）曾认为催眠状态在本质上与正常觉醒状态不存在差异。他们的理论被称为无状态理论（non-state theory）。瓦戈斯塔夫（Wagstaff，1994，p.993）指出："无状态理论家认为催眠现象可采用更通俗的心理学概念轻而易举地进行解释，这些概念主要来自社会心理学和认知心理学领域，比如态度、期望、信念、服从、想象、注意、专注、分心、放松。"

瓦戈斯塔夫（Wagstaff, 1991）认为，被催眠者的行为可以用对催眠情境的反应包括三个阶段的假设进行解释：

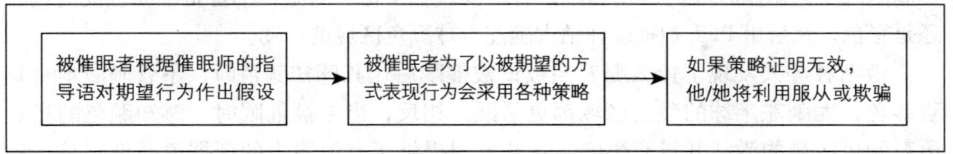

证据

有两类发现支持催眠的无状态理论。第一，与催眠有关的大多数现象在未催眠者身上也可以观察到。通常使用的设计称为"真实模仿者"设计，让被催眠者与假装被催眠的人进行比较。另一种方法是采用激励任务控制组（task-motivated control group），告诉被试即使未被催眠也要尽最大努力去体验催眠暗示语。在这两个设计中，那些假装被催眠的人能够模仿被催眠者的大多数行为（Wagstaff, 1991）。

在未被催眠控制组中发现了被催眠者行为的一般规则也存在例外。麦基尔文（McIlveen, 1995）讨论了一项研究，被试要么被催眠，要么被告知像被催眠了一样表现行为。告诉两个组一旦听到"实验"这个单词，就用手触摸自己的额头。当实验助理说了3次"实验"这个单词时，被催眠者的反应大概占了70%。相反，那些只是假装被催眠被试的反应只有7%。

如果催眠状态与正常觉醒状态没什么差异，那么我们可能会预期，在这两种状态下，大脑活动的测量指标通常也不会存在差异。但如前所见，事实并非如此。雷恩维尔等人（Rainville et al., 2001）使用PET扫描发现，催眠似乎使在大脑内形成一种已变化的意识状态，也增强了参与注意过程的部分大脑的活动。

被催眠者会像无状态理论家认为的那样故意歪曲他们对体验的报告吗？研究者（Kinnunen, Zamanky & Block, 1995）报告了反对这种可能性的证据。他们将被催眠者与假装被催眠的人（模仿者）进行比较，当问及被试的意识体验时，通过皮肤的导电性评定他们的欺骗或撒谎程度。更多的证据表明，欺骗行为存在于模仿者身上而非被催眠者身上，可能是因为模仿者知道他们只是在假装具有某种体验。最重要的是，被催眠者似乎对他们的体验没有撒谎。

我们已经知道被催眠者报告的体验不同于未催眠者。但是，通常难以确定这些差异是否表明

催眠易感性的个体差异与其他特征的变异有关，例如服从命令的意愿。这对无状态理论有什么意义？

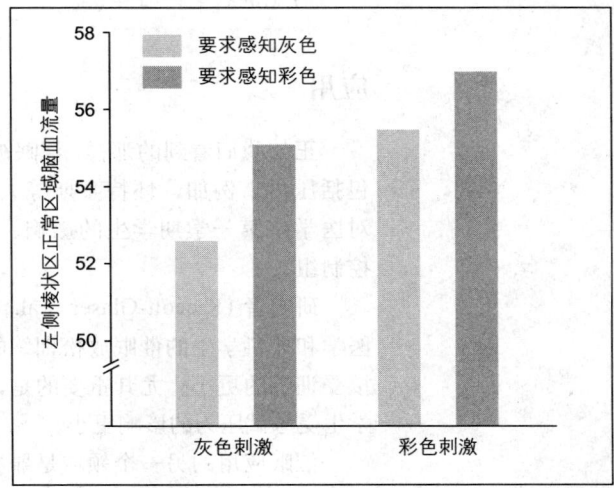

刺激（灰色与彩色）和指导语（感知灰色与感知彩色）对被催眠者左半球颜色区域激活的作用。资料来源：Kosslyn et al.（2000）。

催眠是一种独特的不同于正常觉醒状态的心理状态，而非被催眠者简单的故意歪曲。假设神经机制比报告的体验更少受故意歪曲的影响，我们就可以通过考虑具体体验的神经机制获得更有力的证据。考斯林等人（Kosslyn, Thompson, Costantini-Ferrando, Alpert & Spiegel, 2000）向高度催眠易感性被试（有时被催眠，有时不被催眠）呈现彩色刺激或不同阴暗程度的灰色刺激。告诉被试想象每个刺激，不管是不同程度的灰色还是彩色，然后用PET扫描来评估大脑左半球颜色区域的活动。

考斯林等人发现了什么呢？当被试被催眠后让其感知颜色时，不管刺激本身是否彩色，大脑左半球的颜色区域都更活跃。相反，当未被催眠时，感知颜色的指导语对颜色区域的激活并没有影响。这些发现提供了有说服力的证据说明催眠是一种独特的心理状态，因为难以发现被催眠者如何在左半球颜色区域"伪造"活动。考斯林等人（p.1283）总结认为："高度催眠易感性个体可以通过增强或减弱反应来调节基于颜色知觉的神经反应。左半球颜色区域记录了只有在被试被正式催眠时被告知要观察的信息。"

❖ 评价

- ⊕ 许多与催眠状态有关的现象也能在假装被催眠的人身上发现这一事实，为无状态理论提供了支持。
- ⊕ 催眠状态和与放松或冥想相关的状态之间存在中等强度的相似性。
- ⊕ 无状态理论为不需要任何通过新分离理论确定的复杂机制的催眠现象提供了简明的解释。
- ⊖ 行为和大脑活动中存在的某些差异在觉醒和催眠状态之间也发现了，但是这些差异难以用无状态理论进行解释。
- ⊖ 来自脑成像研究（Kosslyn et al., 2000）的证据表明，催眠形成了一种不同于正常觉醒状态的心理状态。

应用

正如我们看到的那样，催眠被广泛用于缓解痛苦，也被用来应对其他各种状况，包括压力。例如，怀特豪斯等人（Whitehouse, et al., 1996）研究了自我催眠训练对医学院第一学期学生的影响。自我催眠组报告的痛苦明显少于没有自我催眠的控制组。

研究者（Kiecolt-Glaser et al., 2001）还研究了面临重要考试且催眠易感性很高的医学和牙科学生的催眠放松训练的效果。接受催眠放松训练的学生报告的压力比没接受训练的更小。尤其重要的是，接受训练的学生的免疫系统功能比没接受训练的学生受考试压力的影响更小。

催眠应用的另一个领域是罪犯审判。媒体报告过大量案例，在这些案例中催眠似乎对遗忘的记忆再度浮现于脑海具有非常显著的效果。例如，以色列国家警察机关和其他许多警察部门曾用催眠从目击证人那里收集相关证据，例如车牌号和受通

> **案例研究：现场催眠**
>
> 近年来，电视和舞台上的催眠节目变得越来越普遍。1994年12月12日，英国议会下院举行了一场辩论，讨论关于现场催眠表演的被试所遭受的可能危害，这在英国引起对当前催眠表演及随后加强立法的全面反思。
>
> 保健专家小组在五家杂志上发表公告，要求临床医师提交相关的医疗证据。在以前25年中，25个案例报告了与现场催眠表演有关的危害。这些案例中四个案例抱怨的问题是与现场事故有关的生理失调；在催眠状态下，有两个被试从台上摔下来，另外两个在执行催眠暗示语时出现了手骨折。在其他案例中，对失调与以前参与现场催眠之间是否有联系的确认尚不明朗。常见的抱怨是头痛、头晕眼花、持续疲倦、导致嗜眠症。一些被试报告难以入睡或睡眠容易受惊扰，另一半案例还提到抑郁情绪。
>
> 在七个案例中诊断出严重的心理问题，例如极度抑郁、创伤后压力失调及长期妄想的精神分裂症。一些案例承受了相当大范围的压力。但可以确定的是，有证据表明没有一个严重的问题与现场催眠直接相关。尽管很多人遭受了参与现场催眠的痛苦，但大多数选择参与现场催眠演示的人都发现自己很愉快，未遭受不良影响。
>
> 除了服从催眠师的权威以外，现场催眠还存在其他社会因素，比如，观众的压力和来自其他志愿者的压力。研究表明，这些因素会对一些个体所遭受的不良影响起一定作用。一些被试似乎会发现在大庭广众之下现场表演无意义动作的过程以及对自己动作的失控感均令人感到不安。另外，断断续续的身体活动和放松作为表演的一部分，导致一些被试感觉疲倦劳累，感到头痛或头晕眼花。但是，这些负面影响在其他活动中可能同样会出现，很难确定它们就是现场催眠的直接后果。
>
> 现在的法律建议所有人都应该意识到，一些人，尤其是那些有情绪问题史和心理健康脆弱的人会发现，被催眠后要求在观众面前进行表演的经历很痛苦、令人不快。

缉罪犯的体貌特征。常用**记忆增强**（**hypermnesia**）这个术语来指代被称为属于催眠特征的增强的记忆。

这个证据说明了什么呢？催眠在提高目击证人回忆的信息量方面通常是有效的。例如，研究（Geiselman, Fisher, MacKinnon & Holland, 1985）发现，对目击证人进行标准化面询时，平均得到29.4个正确供述，从催眠状态下的目击证人那里平均得到38.0个正确供述。不过，缺点在于他们也会出现较多的明显错误。

普特南（Putnam, 1979）研究了使目击证人对自己所报告的内容更谨慎的催眠倾向。他给被试播放关于汽车与自行车事故的录像带，然后问几个问题，其中一些问题包括误导信息。一些被试在被催眠时被问及这些问题，其他被试没被催眠。被催眠的被试在回答中比没被催眠的被试犯了更多的错误，尤其在误导的问题上表现更明显。这些发现使普特南断定：被试"在催眠状态中更容易受到影响，因而也就更容易受到诱导性提问的影响"（p.444）。

记忆增强：记忆事件的能力增强（如，在催眠状态下）。

小 结

意识

由于我们不能直接了解他人的意识体验,因此研究意识是困难的。意识看起来不是一种一元现象,现象意识与通达意识之间存在重要差异。一些遗忘症患者有很好的现象意识,但通达意识很差。一些裂脑人提供了双重意识的含蓄证据。区分直接意识与反身意识非常重要。一些证据表明,分离性身份障碍患者会遗忘当前无效的身份,表明他们缺乏对那些身份的通达意识。

身体节律

睡眠—觉醒周期在很大程度上是内源性的,在视交叉上核这个主要起搏器的作用下,引起褪黑激素的释放。睡眠—觉醒周期也受外部线索的影响(如,昼夜更替)。睡眠—觉醒周期的紊乱(如,时差、轮班工作等)会引起疲倦与效率低下,尤其在动机低的时候表现更明显。最佳成绩出现在中午前后,此时警戒性达到顶峰。还有长日节律(如,月经周期),一些物种还存在年节律。一些证据表明人类也存在年节律(如,季节性情感障碍、自杀模式、越冬综合症等)。

睡眠

睡眠有五个阶段,一个完整的睡眠周期持续大约 90 分钟时间。网状组织和前脑下部与睡眠调节有关。如果被试处在激活状态,剥夺几天睡眠对工作成绩没什么影响。据称,睡眠的主要功能是通过生长激素的释放进行组织修复。睡眠也可以修复心理功能。睡眠被剥夺者以后的睡眠时间比平时更长,慢波睡眠也有所增加(与生长激素的释放有关)。另一个观点是睡眠可以实现适应功能。例如,睡眠使动物在晚上保持静止和安全,远离捕食者的威胁。根据适应理论,睡眠是非常有用的,但不是必须的。这似乎与动物都有睡眠以及睡眠剥夺会导致致命后果的证据不一致。

梦

我们能记住的梦不到梦的 5%,我们记得的梦比遗忘的梦更强烈、更稀奇古怪。梦与觉醒意识不同,因为我们对梦几乎无法控制。弗洛伊德认为所有的梦都代表着愿望的实现,在梦的隐性内容中表现的无意识愿望通过梦的工作转变为更易接受的显性内容形式。许多梦都具有威胁性,似乎并非体现愿望的实现。用梦的显性内容推断梦的隐性内容的任务是主观随意的。根据整合—激活理论,脑干脑桥的激活会引发梦,前脑试图赋予激活以意义。脑干的作用在该理论中被夸大了,梦通常比该理论的假设更合乎逻辑。根据进化论假设,由于做梦可以引发(并因此让做梦者做好准备)威胁性事件,因此具有功能性价值。该假设过于狭隘,不能解释做梦者如何有选择性地梦到威胁性经历。

催眠

那些最容易被催眠的人往往容易产生幻想、高度专注且相对年轻。催眠性遗忘症具有存在的证据,但它的产生可能仅仅是因为被催眠者未努力去记。另一种普遍现象是催眠性痛觉缺失,在临床情境和实验室情境中均可出现。第三种现象是恍惚逻辑(例如,同时看到某人及其幻想的形象)。但是,被催眠者通常宣称他们"想象了"而不是"看到了"幻想出的形象。根据新分离理论,意识在催眠状态下被分为各种活动渠道。在假装被催眠的人身上发现了许多与催眠状态有关的现象,表明催眠状态可能与正常的觉醒状态不存在较大差异。不过,最近的脑成像研究表明,催眠状态代表一种独特的意识形式。可以使用催眠应对压力和增强目击证人的记忆。

深入阅读

- Hobson, J.A., Pace-Schott, F.R, & Stickgold, R. (2000). Dreaming and the brain: Toward a cognitive neuroscience of conscious states. *Behavioral and Brain Sciences, 23,* 793–1121. This article and the ones following it in this issue of *Behavioral and Brain Sciences* give a very complete and up-to-date account of theory and research on the psychology of dreaming.
- Horne, J. (2001). State of the art: Sleep. *The Psychologist, 14,* 302–306. This article provides interesting insights into the nature of sleep.
- Kalat, J.W. (2001). *Biological psychology* (7th ed.). Belmont, CA: Wadsworth Thomson Learning. This reader-friendly textbook provides accessible accounts of topics such as sleep and biological rhythms.
- Rosenzweig, M.R., Breedlove, S.M., & Leiman, A.L.(2002). *Biological psychology: An introduction to behavioural, cognitive, and clinical neuroscience* (3rd ed.). Sunderland, MA: Sinauer Associates. There is good coverage of biological rhythms and sleep in this textbook.
- Velmans, M. (2000). *Understanding consciousness.* London: Routledge. The complexities of consciousness are discussed in a very coherent way in this excellent book.

第 5 章
情绪、压力及应对

本章概要

- **什么是情绪？**
  测量情绪的困难

  情绪的定义
  反应系统
  情绪对心境
  情绪为何存在？

- **有多少种情绪？**
  基本情绪研究

  面部表情研究
  跨文化一致性
  自我报告研究
  沃森的层次模型
  正负性情绪
  文化差异

- **情绪理论**
  情绪的各种观点

  詹姆斯—兰格的三阶段理论
  沙赫特与辛格的唤醒—解释理论
  认知理论
  拉扎鲁斯的认知评价理论
  帕金森的四因素理论
  鲍尔与达尔格雷什的 SPAARS

- **情绪的生理系统**
  研究脑的作用

  自主神经和内分泌研究
  潘克塞浦的七种脑—中心情绪

  检验脑：损毁、成像、药物
  帕佩兹—麦克利恩的边缘模型
  扁桃腺的重要性
  勒杜的恐惧与焦虑研究
  左脑对右脑
  神经递质的作用

- **压力**
  压力的性质

  压力定义与影响
  SAM 和 HPA 系统
  塞里叶的一般适应综合症

- **压力与疾病**
  压力的消极影响

  职业压力——失控
  生活事件与疾病
  社会再适应评定量表
  脆弱的个体差异
  压力如何导致疾病

- **压力应对**
  应对策略

  性别差异
  恩德尔与帕克的多维应对量表
  社会情境
  社会支持
  干预技术：压力预防训练、生物反馈、药物

我们生活中大多数（甚至是所有的！）重要事件都与高水平的情绪有关。当我们通过重要考试的时候，会兴高采烈；当我们开始结交新关系时，会感到激动兴奋；当我们全身心投入的事件没能成功的时候，会觉得郁闷；当我们的亲人去世时，会感到难以言说的悲伤。因此，情绪对我们的生活具有重要的作用。本章第一部分考察心理学领域的情绪及主要理论。之后考察压力。评价压力对我们身体健康的影响及应对压力的各种方式，均属于需要考察的问题。

什么是情绪？

什么是情绪？沃森与克拉克（Watson & Clark, 1994, p.89）提出了一个具有代表性的定义：

> [情绪]我们可以定义为独特的、整合的心理生理反应系统……情绪包括三个不同的反应系统：(1) 表情（通常是面部）的原型形式；(2) 持续自主的变化模式；(3) 独特的主观情感状态。

我们将会考察沃森和克拉克将上述定义运用于恐惧时的情况。当人恐惧时，通常在脸上会显现一种特殊的表情：眉毛抬升且紧皱在一起，眼睛比平时睁得更大，嘴唇倒吸，下嘴唇紧绷。就情绪的第二种成分而言，恐惧与自主神经系统活动的大幅度增强有关（如，心率加快、流汗）。最后，恐惧的人会用"紧张"、"害怕"、"吓得要死"等形容词来描述自己的主观情感状态。

反应系统

朗（Lang, 1971, 1985）也提出了与沃森和克拉克相似（但不一样）的三种反应系统：(1) 行为的；(2) 生理的；(3) 言语的或认知的（自我报告）。

当个体处在一种情绪状况下时，各种反应系统会以相似的方式进行反应吗？根据一致性理论，不同的情绪反应之间应该是一致的。因此，比如，正在公演的钢琴家，自我报告的焦虑达到最高水平，应该会有最强的自主活动和最差的表现。但事实上，这个一致性假设似乎并不适用于钢琴家。克拉斯科和克莱格（Craske & Craig, 1984）发现，不同反应系统的焦虑测量之间通常不存在显著相关。

不一致的情况大量存在。例如，贝德尔等人（Beidel, Turner & Dancu, 1985）考察了焦虑人格与非焦虑人格的被试在不同情境下的焦虑反应（如，做报告）。两组被试在压力情境下的自我报告焦虑截然不同。但就评判员评价的行为焦虑而言，这个差异就小多了。

为什么会有这么多不一致呢？一个原因是许多反应测量的效度有限。例如，心率与皮肤导电性都反映自主活动，但它们彼此之间通常只有微弱（大约 +0.3）的相关（Lacey, 1967）。另外一个复杂因素是**个体反应刻板性**（**individual response stereotypy**），这意味着个体在哪些生理指标最敏感方面是不一样的。自陈量表会受社会期

个体反应刻板性：一种在情绪性情境下表现最敏感的生理反应存在个体差异的发现。

望偏差（social desirability bias）的影响，人们会故意歪曲自己的反应来迎合社会期望（如，假装更不焦虑、更不抑郁，实际则并非如此）。

在不同情绪反应系统的测量之间为什么通常呈微弱相关这一问题上，有一个更有趣的原因。每个反应系统都会在某种程度上实现一种不同的功能，这使得每个反应系统都以部分独立的方式运行。因此，自主活动为特定行动倾向的表现提供了支持（如，趋近行为或逃避行为）；非言语行为（如，面部表情）会向他人传递信息；情绪的主观体验使个体继续追求当前的目标或改变目标。

> **无意识主观情绪反应**
>
> 墨菲和扎荣茨（Murphy & Zajonc, 1996）业已发现，对笑脸的阈下视觉会产生积极精神状态可测量的提升——4毫秒的呈现时间太短以致不能到达意识，但还是使观看者感觉更愉快。随后这种积极情绪会影响观看者对其他事物的反应，即他们的心境。

情绪与心境

情绪与心境之间的主要区别是什么呢？首先，持续时间不同：**心境**（**moods**）往往会持续很长一段时间，**情绪**（**emotions**）的持续时间通常则要短得多。沃森和克拉克（Watson & Clark, 1996, p.90）提供了一个典型的例子："极度愤怒的情绪只可能持续几秒或几分钟，烦恼急躁的心境则可能持续几小时甚至几天。"

其次，情绪通常比心境剧烈。因此，由于心境在主观情感状态方面类似于情绪，它们通常缺乏明显的面部表情及与情绪有关的自主活动的巨大变化。情绪状态通常非常剧烈，以至于成为个体注意的主要焦点。相反，心境则为我们的日常活动提供了背景，我们一般不会直接注意到自己的心境。

再次，在影响因素上情绪也不同于心境。情绪通常是由具体事件引起的（如，被辱骂），而引起一种特定心境的原因通常是不明确的。弗利杰达（Frijda, 1994, p.60）考察了情绪如何围绕事件或客体而展开："情绪暗含并包括了个体与特定客体之间的关系。一个人会因某事物而感到害怕，会因某人而气愤，也会因某事而高兴，胆怯的行为是为了躲避和远离某事物。"心境缺乏这些特征，因此与客体无关。

读者感到困惑是可以理解和体谅的，因为我已经表明情绪与心境截然不同。不过，事实上，情绪与心境之间也有动态的联系。根据弗利杰达（Frijda, 1994, p.63）的观点："每种情绪往往可以延展为一种心境……每种情绪……往往会引起心境的改变。"这种趋势也可以向相反的方向发展："心境可以引起情绪，因为心境经常会为特定的情绪降低门槛。"（p.67）

情绪能产生心境及心境也能转化为情绪这一事实意味着，我们不能在它们之间画出一条清晰的界限。情绪与心境之间的模糊界限反映在许多文学作品中，在文学作品中这两个术语有时几乎是交替使用的。

情绪有何用途？

人们普遍认为大多数情绪（尤其是消极情绪）都是没用的、不受欢迎的。由于各种各样的原因，这种看法是可以理解的。首先，事实上没有人想让自己变得焦虑或抑郁。其次，情绪经常会打乱当前的活动和行为。再次，就像研究者（Keltner & Gross, 1999, pp.467–468）指出的那样，情绪"通常缺乏逻辑、理性，缺乏有原则的

社会期望偏差：在自陈量表中作出符合社会期望的、但不准确的反应倾向。

心境：通常比情绪的持续时间长，但不及情绪剧烈的情绪体验。

情绪：通常比心境剧烈、持续时间更短的情感体验。

理智秩序及其他认知过程"。

斯金纳（Skinner, 1948, p.92）在他关于理想社会的小说《瓦尔登第二》（*Walden Two*）中提出了情绪对我们毫无益处的观点："我们都知道情绪是没用的，对我们的心灵平静和血压是有害的。"其他心理学家（像 Hebb, 1949）认为情绪会引起紊乱行为。日常经验表明，在变得情绪化之前，情绪会使我们停下正在从事的事情。例如，当我们过马路时看到一辆车迅速驶来，思索晚上的计划安排会使我们感到焦虑并采取逃避行为。

机能主义理论

尽管存在上述争议，但今天占据主导地位的观点（可以追溯到亚里士多德）仍然认为情绪是有用的，具有重要的功能。例如，艾森克（Eysenck, 1992, p.4）考察了焦虑的可能功能：

> 很明显，迅速觉察到早期的危险警报信号具有重大的生存价值……焦虑的重要目的或功能很可能会在有潜在危险的环境中促进对危险或威胁的察觉。

影片 *Tony Rome* 中的西纳特拉（Frank Sinatra）。危险导致焦虑，从而引起肾上腺素的激增。这具有适应意义，因为它能使人迅速作出反应躲避危险。

为什么心血管活动增强在 a) 短期是有用的，而 b) 长期就会产生问题呢？

与这一观点相类似，有大量证据表明，焦虑的个体比不焦虑的个体能在更大程度上选择性地注意到危险刺激（Eysenck, 1997）。

与情绪状态有关的生理活动也被认为具有功能性价值。莱文森（Levenson, 1999, p.492）指出："愤怒与恐惧能提高心血管的血流量，远远超过了被认为最适宜有机体长期生存的流量，但这对满足短期积极应对危险环境挑战的需要是最适宜的。"关于生理应激反应有用性的相关证据将在本章后面的部分予以讨论。

奥德利与约翰逊－莱尔德（Oatley & Johnson-Laird, 1987）提出了一个有重大影响的功能理论，认为共有五种基本情绪。每一种基本情绪都发生在当前目标或计划的关键时刻：

1. **快乐**。在当前目标上取得进步。
2. **焦虑**。自我保护的目标受到威胁。
3. **悲伤**。当前目标没能实现。
4. **愤怒**。当前目标受挫或受阻。
5. **厌恶**。尝味[品尝]的目标受干扰。

根据奥德利与约翰逊－莱尔德的观点，情绪对影响个体追求当前情景下具有重大生存意义或其他价值的目标提供了至关重要的功能。因此，例如，快乐鼓励个体继续当前的目标。相反，悲伤则会使人们放弃当前的（不成功的）目标，保存精力以便随后追求另一个替代性目标。焦虑会激发人们应对威胁以实现某个重要的目标。

上述理论解释有什么局限性呢？莱文森（Levenson，1999，p.493）指出："关于情绪的大多数理论解释采用的都是'以偏概全'的方法，即提供一个非常重要的模型，间接地解释所有的情绪。但是，这种做法经常导致对一些情绪的解释非常适合而对其他情绪却很差的模型的产生。"情绪的大多数机能理论更适用于消极情绪而非积极情绪。消极情绪使人们改变目标，并伴随着更易于达成那些新目标的身体变化。相反，积极情绪，比如快乐和满足，则不会引起目标改变，在自主活动方面通常也不会产生变化（Levenson，1999）。

那么，积极情绪有什么功能呢？积极情绪通常与高水平的唤醒有关，但弗雷德里克森和莱文森（Fredrickson & Levenson，1998）认为，积极情绪有时会降低与消极情绪有关的高唤醒水平。在研究中，他们测量被试在遭遇危险刺激后心血管唤醒恢复到正常状态需要多长时间。正如预测的那样，如果在危险刺激后紧接着一个引发感觉满足或愉悦的刺激，此时恢复得最快。

> **懒情**
>
> 克拉夫与西威尔（Clough & Sewell, 2000）的研究支持弗雷德里克森和莱文森的观点，因为他们在一个研究中发现静止状态引发了积极情绪，该研究将定期锻炼或进行体育运动的人与那些只从事其他休闲活动（如国际象棋或其他棋盘游戏）的人进行比较。后者在心境上比前者更积极，与前者不同的是，后者的心境并不依赖于他们表现得如何。这是一项对50位学生自陈日记的研究。

小结

尽管大多数（或所有）情绪都具有实用功能的看法得到强有力的证据支持，但情绪也可能是破坏性的、令人不快的。调和这两个明显相互矛盾的事实有可能吗？莱文森（Levenson，1999，p.496）做了一个有趣的尝试："从情绪产生之前我们试图完成任务的角度来看，随后的情绪行为可能会表现得杂乱、无组织。但从有机体生存的角度来看，情绪行为却呈现出优雅、适应和高度有组织的状态。"

有多少种情绪？

"情绪有几种？"这个问题听起来很简单。但遗憾的是，我们却找不到一个统一的答案，部分原因是这个问题本身是模糊不清的，可以通过两种方法进行解释。首先，我们需要考虑基本情绪的数量与性质。其次，需要关注可以确定的情绪的总数，尽管其中许多都属于由基本情绪衍生出来的复杂情绪。对任一种解释而言，一个复杂的因素在于，一种情绪与另一种情绪之间的界限通常是模糊的：在有些场合，我们难以准确判断正在经历的是哪种情绪。

我们将只考虑基本情绪，并且首先从面部表情和自陈量表研究的角度开始论述（基于脑机制的研究将在后面讨论）。我们为什么以面部表情作为开端呢？主要原因是我们都有丰富的面部表情,并且我们的每种基本情绪都与独特的表情有关的假设是合理的。另一个原因是它为讨论复杂而混乱的问题提供了一种可行的方法。请注意,与性行为有关的情绪(如,嫉妒)已在第2章讨论过。

面部表情

在继续阅读之前,想一想可能会让你联想到其他人特殊情绪的面部表情。你能区分几种不同的面部表情呢?

美国心理学家艾克曼(Ekman)对面部表情的重要心理意义做了最多的探究。他的研究(与其他研究者的研究一起)表明,只有少数情绪能从面部表情中得到确认。艾克曼等人(Ekman, Friesen & Ellsworth, 1972)回顾了文献资料,得出结论认为观察者能分辨出以下六种面部情绪:快乐、惊奇、愤怒、悲伤、恐惧及带有蔑视的厌恶。

艾克曼等人回顾的研究几乎全都是在西方社会中进行的。因此他们得出的面部表情与情绪之间的关系是否普遍,能否适合所有的文化是不清楚的。如果这些发现具有普遍性,那么这会巩固"快乐、惊奇、愤怒、悲伤、恐惧及厌恶是人的基本情绪"的论点。艾克曼等人(Ekman et al., 1987)进行了一项跨文化研究,被试来自十个国家(爱沙尼亚、德国、希腊、意大利、日本、英国的苏格兰、印尼的苏门达腊、土耳其、美国)。这些被试判断表现情绪的18张面部照片。结果正如艾克曼等人所总结的那样:"关于哪种情绪最强烈的跨文化一致性程度非常高。这十种文化在由表情表现出的次强烈情绪上也是一致的。"(p.712)

可以认为与面部表情有关的情绪跨文化高度一致性之所以产生,是因为几乎所有这些文化都受到西方思想的影响。例如,艾克曼和弗里森(Ekman & Friesen, 1971)在巴布亚新几内亚南弗部落做的一项研究中提出了反对这个观点的证据。那里的人们用的是石器,从不与西方媒体接触。尽管如此,南弗人所确认的面部表情与很多西方文化背景下的人也是一样的。

在情绪表情的研究中,使用照片有什么局限性?

许多面部表情的研究都是相当狭隘的、不自然的。在这些研究中经常出现的情

与情绪有关的面部表情在跨文化中通常也能识别,表明情绪的外在表现是天生的。

况是，人们往往根据指导语的要求来收缩肌肉以产生不同情绪的面部表情特征。当成功地做好之后，拍下照片呈现给观察者。除了不自然之外，这类研究还存在局限性，因为它忽视了三种主要情绪成分中的两种成分（如，自主变化、主观情感状态）。

莱文森等人（Levenson, Ekman & Friesen, 1990）阐述了上述问题。他们的被试在不知晓情绪与每种表情是什么关系的情况下，移动面部肌肉产生一种特定情绪。记录各种心理生理测量指标（如，心率、皮肤导电性、指温）。研究者得出了三个重要发现：首先，被试通常报告体验到与各种面部表情相关的预期情绪状态；其次，面部表情使自主活动发生了巨大变化；再次，每种情绪的自主变化模式是不一样的。例如，厌恶与惊奇引起的心率加快速度比气愤、恐惧、悲伤和快乐更小，恐惧是唯一与指温下降有关的情绪。总之，这些发现表明，自主产生各种面部表情产生了三种情绪成分（表情、自主变化、主观情感状态）都具有的真实情绪。

关于面部表情还有最后一个问题。假设情绪体验与面部表情之间有直接关系是不明智的。这在一定程度上是因为面部表情是为了在社会情景中进行交流，并反映潜在的情绪状态。例如，吉尔伯特等人（Gilbert et al., 1987）考察了了解人们对臭味的反应。被试在社会背景下比独自一个人时具有更多的面部反应。

❖ **评价**

⊕ 面部表情提供了涉及他人情绪体验的可观察的重要信息。
⊕ 对不同文化中面部表情的解释具有很好的一致性。
⊖ 大多数研究均涉及对伪装的面部表情的使用。事实上，除了快乐情绪以外，从情绪的自然面部表情中确认情绪非常困难（Wagner, MacDonald & Manstead, 1986）。
⊖ 被试通过从主试提供的一系列照片中选择一张来表达面部表情的跨文化差异不明显。例如，当研究者（Boucher & Carlson, 1980）允许被试用他们自己的语言来描述面部表情时，来自美国、马来西亚的人和塔木人（马来西亚土著居民）描述表情的方式并不相同。
⊖ 艾克曼（Ekman, 1993）承认，有些情绪似乎缺乏清晰、对应的面部表情（如，内疚、羞愧、敬畏），而且相同的面部表情可以表达不同的情绪（如，微笑可以表现不同的积极情绪）。

自我报告研究

我们从面部表情研究中了解到六种基本情绪的存在具有良好的证据。评价情绪或心境的另一种主要方法是自陈量表法。这些量表通常由大量的形容词构成（如，悲伤，孤独，快乐，紧张，暴躁），被试指出哪些形容词可用于描述他们"当前的"或"现在的"感受。

当我们用上述方法试图确认基本情绪或心境时会发生什么呢？旨在评价几种情绪状态的自陈量表有多种。例如，回想一下正负性情绪量表（Positive and Negative

> **自我报告法**
>
> 自我报告数据最大的问题是非常明显的——要了解这些数据有多准确或多真实是不太可能的。我们都受社会规范和社会期望的影响，都不想被看成不受社会欢迎的人，都有私人秘密。但是，对于一些研究来说，比如情绪研究，自我报告数据是不可避免的。

Affect Schedule, PANAS-X；Watson & Clark, 1994）。这个量表包括 11 个不同的子量表（恐惧, 悲伤, 敌对, 内疚, 害羞, 厌倦, 惊奇, 愉快, 自信, 注意, 平静）。另一个著名的自陈量表是心境量表（Profile of Mood States, POMS；McNair, Lorr & Droppelman, 1971）。这个量表提供了六种不同心境状态的指标。

大多数自陈量表存在的问题之一是，评价不同心境状态的量表之间存在高度相关。例如，POMS 的许多子量表与其他子量表的相关程度达 +0.60 以上。因此，一些量表测量了相当类似的心境状态，尽管赋予了不同名称。

沃森和泰勒根（Watson & Tellegen, 1985），沃森和克拉克（Watson & Clark, 1992）认为，上述证据与层次模型是一致的。在这个模型的较低层次有几种相关的（但可区分的）情绪状态。在较高层次，有两个广义的独立因素，称为消极情感和积极情感。所有的情绪或心境状态都与消极情感和积极情感所形成的二维结构有联系。沃森和克拉克（Watson & Clark, 1992, p.490）对层次模型的描述如下："较低的层次反映心境描述符（descriptors）的具体内容（即单个独立情绪的独特性），较高的层次反映其效价（即，是否代表了积极状态或消极状态）。"

通过参考下面的图形达到对该模型较高层次的清晰是可能的。消极情感维度的高水平特征通过诸如"恐惧"和"紧张"等形容词进行刻画，低水平特征通过"镇静"、"放松"等进行刻画。相反，积极情感维度的高水平特征通过"愉快"、"兴奋"等形容词进行刻画，低水平特征通过"沉闷"、"呆滞"等进行描述。在较低层次中还有更具体的情绪或心境状态。

你可能会发现，很难将积极情感和消极情感看做是彼此独立而非简单对立。巴雷特与拉塞尔（Feldman Barrett & Russell, 1998）提出了情绪的二维模型，这似乎与我们的直觉更吻合。根据该理论，有两个相互独立的维度：(1) 快乐—痛苦；(2) 唤醒—睡眠。第一个维度与情绪体验的类型（即快乐或不快乐）有关，第二个维度与情绪体验的强度有关。这个模型似乎与沃森和泰勒根（Watson & Tellegen, 1985）提出的模型相当不同，但实际上具有明显的相似性。在下图中可以发现这些相似性。此外，

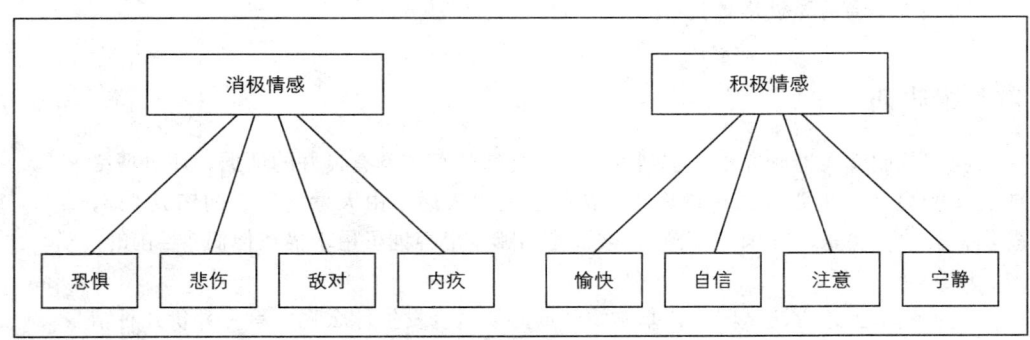

情绪的两水平层次模型。资料来源：Watson & Clark（1992）。

对情绪问卷结果的详尽分析清晰地表明，这两个理论模型是对相同二维结构的相互替代性的描述。

证据

有可能把情绪或心境状态与层次结构相匹配吗？沃森和泰勒根（Watson & Tellegen, 1985）报告了正面的证据。他们计算了来自几个主要自陈量表的数据，能够解释消极情感与积极情感这两个独立/无关维度的程度。因素分析揭示出，所有被研究的量表均测查到了这两个广义的维度。在这些量表中，约有 50%—65% 的数据变异可以通过消极情感和积极情感进行解释。

沃森和克拉克（Watson & Clark, 1992）更系统地检验了这个层次模型。他们考察了消极情感维度的较高层次以及四种与消极情感有关的低层次情绪或心境：恐惧、悲伤、敌对与内疚。根据这个模型，四种消极情感的量表都应该测量出两个方面：(1) 上述具体心境；(2) 更广义的消极情感维度。沃森和克拉克的发现证实了这个预期。每个子量表都部分地测量了旨在测量的具体心境。另外，四个子量表之间呈中等程度（大约 +0.60）的相关，因为它们同属于消极情感维度。

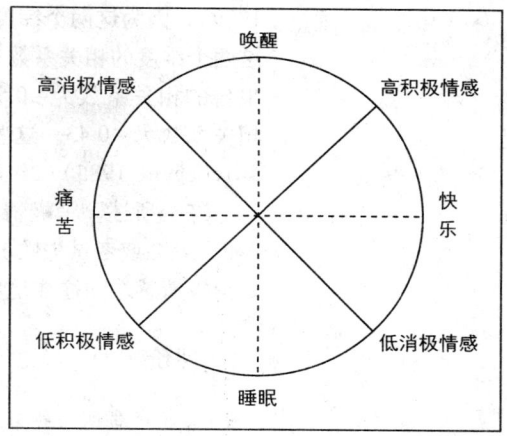

表示快乐—痛苦和唤醒—睡眠两个维度以及积极情感和消极情感（Watson & Tellegen）两个维度的情绪二维结构。资料来源：Feldman Barrett & Russell（1998）。

沃森等人（Watson, Wiese, Vaidya & Tellegen, 1999）还讨论了支持积极情感和消极情感彼此独立这种观点的其他证据。首先，与趋向和回收有关的独立生理系统是存在的。这些系统曾被赋予各种名称，但是富勒斯（Fowles, 1987）把趋向系统（approach system）称为行为激活系统，把回收系统（withdrawal system）称为行为抑制系统。根据沃森等人（Watson et al., 1999）的观点，积极情感是行为激活系统的情绪部分，消极情感是行为抑制系统的情绪部分。格雷（Gray, 1982）报告了支持证据，他认为行为抑制系统包括中隔—海马系统、额叶的新皮质投射和脑干的单胺能传入。大量研究揭示，老鼠和其他物种的中隔—海马损伤（切除部分脑）的效果，与抗焦虑药物的效果非常相似（Gray, 1982）。这表明中隔—海马系统对焦虑的消极情感是至关重要的。

为什么使用动物做情绪实验会很困难？

其次，如下所述，大脑两半球的参与在积极情感和消极情感上是不同的。更具体的说，"快乐的……个体往往在左前额叶皮质而非右前额叶皮质表现出更多相对静息的活动；相反，……不愉快的个体则表现出更多的右前额叶皮质活动。"（Watson et al., 1999, p.830）

再次，积极情感和消极情感的生理节律或日节律是极为不同的（Watson et al., 1999）。积极情感水平通常在早晨升高，一直保持较高的水平直到晚上，然后在夜间下降。相反，消极情感在一天中则未表现出一致性的变化。之所以如此，是因为我们经历的消极情感主要是对威胁的反应，而威胁的出现在一天中是不可预知的。

当人们完成自陈量表时，积极情感与消极情感这两个维度是彼此独立（正如该模型所暗示的那样）的吗？这个问题比想象中的要更复杂（Russell & Carroll,

1999），因为这两个纬度的相关程度取决于测量的内容和方式。不过，许多人都报告这两个维度的相关系数是相当接近的。格林等人（Green, Goldman & Salovey, 1993）报告的相关系数为 –0.58，而泰勒根等人（Tellegen, Watson & Clark, 1999）报告的相关系数为 –0.43。这些相当高的负相关，有时被认为体现了沃森和泰勒根（Wason & Tellegen, 1985）二维模型的局限性。

综上所述，消极情感和积极情感可能包括独立的生理系统。但是，大多数情境（如，聚会或考试失败）都能引发积极情感或消极情感。因此，无论何时，积极情感和消极情感之间往往是负相关。

❖ **评价**

- ⊕ 自我报告的证据表明，大多数情绪或心境都与积极情感或消极情感关系密切。
- ⊕ 两水平层次模型解释了大多数相关的自我报告数据。
- ⊕ 积极情感和消极情感具有单独的大脑系统是有合理证据的。
- ⊖ 认为积极情感与消极情感属于独立维度的观点不能充分解释下面这一典型发现：积极情感与消极情感之间存在中等程度负相关。
- ⊖ 所有的自我报告法都是有局限的，因为对语言具有依赖性。例如，用英语描述的情绪有 500 多种，用 Ifaluk 语的大约有 50 种，而用 Chewong 语的大约只有 7 种（Russell & Feldman Barrett, 1999）。因此，在跨语言和跨文化的情境下，情绪种类很可能存在重大（但几乎未经研究的）差异。
- ⊖ 该模型很大程度上依赖于自我报告数据，不能用来解释其他种类的数据（如，面部表情，情绪的生理指标）。

文化差异

我们知道，有证据表明不同文化的主要情绪是相当类似的（Ekman et al., 1987）。尽管如此，在情绪领域，个体主义文化（强调个人责任）与集体主义文化（强调群体）之间存在重大差异（见第 1 章有关个体主义—集体主义的讨论）。例如，研究者（Eid & Diener, 2001）研究了来自两种个体主义文化（澳大利亚，美国）的被试以及来自两种集体主义文化（中国，中国台湾）的被试。就积极情绪而言，83% 的澳大利亚和美国被试视之为称心的、适合的，只有 9% 的中国人和 32% 的台湾人这么认为。就消极情绪而言，约 40% 的澳大利亚、美国和中国台湾的被试认为是令人称心和宜人的，中国被试只有 14% 这么认为。

研究者（Eid & Diener, 2001）发现，中国被试报告了次数最少和强度最低的正向与消极情绪状态。这与认为情绪是危险的和无关紧要的、会引起疾病的典型的中国观点相一致。但是，这些发现似乎与我们自身的体验不一致。1994 年，我去西安参加一个会议，在饭桌上惊讶地听到几乎连续不断的阵阵笑声。也许上述两位研究者获得的最重要发现与骄傲和内疚情绪有关。人们通常会为个人取得的成就感到骄傲，而内疚则与未能遵守社会规范有关。因此，骄傲在个体主义文化中比内疚更被

这些文化差异在情绪表达的性质/根源方面意味着什么？

认为是令人渴望的，但在集体主义文化中内疚比骄傲更被认为是可取的。这正是两位研究者的发现。

梅斯奎塔（Mesquita, 2001）获得了进一步的个体主义（荷兰）和集体主义（土耳其与苏里南）文化中情绪差异方面的信息。个体主义文化背景下的被试，一般将情绪看做是对内部世界的反映，集体主义文化背景下的被试则更可能将情绪看做是对社会现实的反映。两组被试的情绪内容也存在差异："集体主义者的情绪作为关系现象出现，嵌入与他人的关系中，反映人际关系的状况。个体主义者的情绪……较少涉及社会环境。"(p.72)

情绪理论

多年来，人们提出了大量的情绪理论。这些理论彼此之间截然不同，部分是因为不同的理论有不同的目的。一些人主要从生理的角度来看情绪，其他人则强调与情绪有关的认知过程。还有一些理论家仍在努力为认知、生理和行为系统之间的关系提供全面的解释。我们探讨的范围从考察一些有重大历史意义的理论开始，然后讨论更现代的理论。

詹姆斯—兰格理论

1880年代中期，美国的詹姆斯（James）与丹麦的兰格（Lange）独立地提出了关于情绪的第一个主要理论。出于众所周知的原因，它便是后来的詹姆斯—兰格（James-Lange）理论。根据该理论，情绪产生必须经历以下几个连续的阶段：

1. 出现情绪刺激（如，当你过马路时，一辆车朝你飞奔而来）。
2. 该刺激引起身体变化（如，自主神经系统的唤醒）。
3. 身体变化的反馈形成情绪体验（如，恐惧或焦虑）。

詹姆斯（James, 1890, p.451）阐述了该理论的本质："如果我们设想一些强烈的情绪，然后努力将意识从情绪所产生的身体症状的所有感觉中移开，那么我们会发现什么东西都没留下。"换句话说，我们的情绪本质上是我们对自身身体症状的体验。

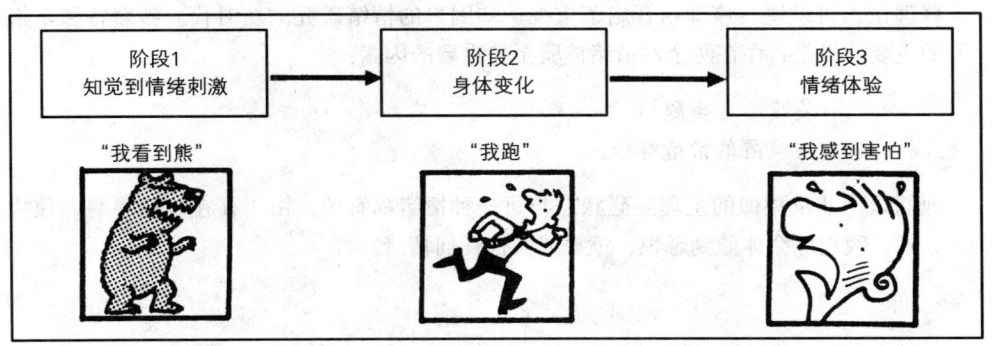

根据该理论，詹姆斯给出了一个预测事件后果的例子："我看到一只熊，我跑，然后我感到害怕。"这与更符合常识的顺序相反："我看到一只熊，我感到害怕，然后我跑。"

证据

豪曼（Hohmann，1966）报告了支持詹姆斯—兰格理论的发现。他研究了25个脊髓受损的瘫痪患者，发现他们对自己生理唤醒的知觉非常有限。唤醒体验能力最差的患者，对愤怒、悲伤、性兴奋的情绪体验大幅度下降。用一个患者的话来说就是："当我看到一些不平之事时，有时我会表现得很愤怒。我大喊大叫，咒骂，愤怒抗议……但这并不像过去的感情那么强烈。这是一种精神上的愤怒。"

随后的研究通常与豪曼的发现不一致。例如，伯蒙德等人（Bermond, Nieuwenhuyse, Fasotti & Schwerman, 1991）发现，大多数脊髓受损患者都报告了情绪强度的增强。他们甚至报告情绪的身体症状与他们受伤之前是一样的。这些发现表明，身体变化的反馈并非情绪体验所必须。

詹姆斯—兰格理论的主要假设之一是，每种情绪都与自身生理活动的具体方式有关。如前所见，有些证据表明各种情绪在自主活动方式上彼此之间确实存在差异（Levenson et al., 1990）。但是，达尔格雷什（Dalgleish, 1998, pp.466–467）指出，"尽管有些情绪可以根据生理特征进行区分，但是情绪的任何细微差别均为生理方面的区分，事实显然未必如此。"

❖ 评价

- ⊕ 生理变化常常会影响情绪的主观体验。
- ⊖ 身体变化的反馈对情绪体验来说并非必须（Bermond et al., 1991）。
- ⊖ 为了提供体验大量情绪的唯一基础，生理变化在不同情绪之间的差异并不是很明显。
- ⊖ 詹姆斯—兰格理论为情绪提供了非常有限的解释。该理论在情绪刺激呈现与启动生理变化之间起干预作用的认知加工过程方面未提供任何信息。

唤醒—解释理论

最著名的情绪理论之一是沙赫特和辛格（Schachter & Singer, 1962）的唤醒—解释理论。可以说，该理论开启了重视认知因素的情绪研究的新时代。沙赫特和辛格的主要假设是：存在两个对情绪体验至关重要的因素：

1. 高度生理唤醒。
2. 对唤醒的情绪解释。

他们认为非常相似的生理唤醒状态与每一种情绪都有关。由于存在解释唤醒的独特方式，我们才会体验到恐惧、愤怒或其他任何情绪。

证据

唤醒—解释理论最主要的预测之一是：如果既不存在高度生理唤醒也不存在情绪解释，就不可能体验到情绪。马拉努（Marañon, 1924）的一项研究支持了这个预测。被试被注射了肾上腺素，一种与自然产生的唤醒状态作用比较类似的药物。当问及他们感觉如何时，71%的人只报告了身体症状而无情绪体验。其余被试中大多数报告"好像"是情绪，即，情绪缺乏正常的强度。为什么几乎没有被试报告真实的情绪呢？他们认为自己的唤醒状态是由药物引起的，所以没有将其解释为情绪状态。

沙赫特和辛格（Schachter & Singer, 1962）拓展了马拉努的研究——见下面的关键研究。

业已证明，要重复沙赫特和辛格1962年得到的发现是很难的。例如，马歇尔和津巴多（Marshall & Zimbardo, 1979）发现，大剂量地注射肾上腺素，降低了（而不是提高了）被试在极度愉快或高兴条件下的快感。他们提出，人们可能将高度的意外唤醒水平解释为对事件引起消极状态的信号。一些研究者（Mezzacappa, Katkin & Palmer, 1999）在一项研究中报告了类似的发现，让被试观看可能产生愤怒、恐惧或愉悦的电影片段。被注射肾上腺素的被试（但误报它的效果）对恐怖电影表现出恐

沙赫特与辛格在给被试注射之前未测量他们心境的基线指标。这可能会对结果造成什么影响呢？

沙赫特和辛格：Suproxin 维生素

沙赫特和辛格的所有被试均被告知实验的目的是为了检验一种新的称为"Suproxin"的维生素化合物对视觉的效果。事实上，他们被注射的是肾上腺素（引起唤醒）或对唤醒无影响的生理盐水。一些被注射肾上腺素的被试准确地报告了药物的影响。其他被试则出现误报或错报（仅被简单地告知注射的药物是温和的，无副作用）。注射药物后，被试被安排到一个会引发他们产生欣快（愉快）或愤怒的情境。被试被安排在同一个房间，房间里一些人表现得愉快（折纸飞机、玩纸篮球），一些人表现得愤怒（对一些涉及极隐私问题的问卷的反应），这样可以让被试产生相应的情绪。

哪个组的被试最情绪化呢？应该是那些被注射了肾上腺素（因此被高度唤醒）但没有解释唤醒是由肾上腺素引起的那个组。因此，可以预测，被注射肾上腺素的误报组与错报组应该是最情绪化的。被试的情绪状态由主试和自我报告进行评估。这些发现极大地支持了预测，但是也有一些效果相当小、不明显。

讨论要点：
1. 沙赫特和辛格提出的观点与以前理论家的观点有何不同？
2. 这项研究及其理论观点的缺点是什么？

关键研究评价——沙赫特和辛格

对于这样一个经典研究来说，实施过程如此不适当着实让人感到吃惊。下面只是其中的一些问题。第一，只用单一指标脉冲率来评估生理唤醒。第二，评价情绪的评判者了解被试的处境，这可能会使他们的评价存在偏差。第三，评判者没有用标准化的编码系统来记录被试的行为。

沙赫特和辛格（Schachter & Singer, 1962）的研究没能产生有说服力的发现，原因之一可能是那些被注射生理盐水溶液的被试被置于一种情绪情境之下，从而在生理上被唤醒了。果真如此的话，他们应该产生高度唤醒和情绪解释，两者共同产生强烈的情绪状态。沙赫特和惠勒（Schachter & Wheeler, 1962）认为，阻止人们被唤醒的方法是给他们注射镇静剂来减少唤醒。被试被注射生理盐水，或肾上腺素，或无影响的物质，并且在每种情况下都告诉他们注射的物质无副作用。然后让他们观看一部幽默滑稽的影片 *The Good Humor Man*。正如预测的那样，那些注射肾上腺素（由此被唤醒）的被试感到这部影片非常滑稽，而那些注射镇静剂（由此没有被唤醒）的被试则感到最不滑稽。

惧感的增强。更重要的是，他们未对令人愤怒的电影表现出愤怒感的增强，也未对令人愉快的电影表现出愉悦感的增强。由肾上腺素引起的高度生理唤醒未能增强愤怒感及愉悦感，这与沙赫特和辛格的理论不一致。根据沙赫特和辛格的理论，肾上腺素会产生一种神经唤醒状态，因此会增强由外部刺激引起的任何情绪状态。

❖ 评价

- ⊕ 唤醒—解释理论所强调的两个因素（唤醒、情绪解释）均能影响情绪体验的性质和强度。
- ⊕ 该理论是最早的正确认识认知过程作用的理论之一。
- ⊖ 不同的情绪通常与不同的生理唤醒模式有关（Levenson et al., 1990），这与该理论相矛盾。
- ⊖ 该理论仅从旨在检验它的研究中获得微弱的支持。不管情境如何，高唤醒往往被消极地解释，事实并非如此。
- ⊖ 沙赫特和辛格关注难以解释高度唤醒水平的人工情境。这些情境与典型的日常情景的关系是不明确的。

认知理论

假如给某人呈现一个刺激（如，一只蜘蛛），结果他/她对该刺激的情感反应发生了变化。为了使情感反应发生改变，对该刺激进行认知加工是必需的吗？这个问题具有重要的理论意义。如果对所有刺激的情感反应都依赖于认知加工，那么情绪理论应该具有明显的认知特色。相反，如果认知加工在对刺激的情感反应发生过程中不是必需的，那么，颇具特色的情绪的认知取向可能更不是必需的。

扎荣茨（Zajonc, 1980, 1984）认为，刺激的情感评价独立于认知过程。根据扎荣茨（Zajonc, 1984, p.117）的观点，"情感与认知是分离的、相对独立的系统，并且……尽管它们经常联合发挥功能，但在无先前认知过程的情况下仍能产生情感。"相反，拉扎鲁斯（Lazarus, 1982, p.1021）则声称，一些认知加工是对刺激产生情感反应的重要前提："（有意义或重要的）认知评价是产生所有情绪状态的基础，也是所有情绪状态的主要特征。"

扎荣茨（Zajonc, 1980）在其情感优先假设（affective primacy hypothesis）中宣称，我们经常会对人和物进行情感性评价，尽管我们很少加工关于它们的信息。他讨论了几个支持情感优先假设观点的研究。在这些研究中，在意识水平之下非常短暂地呈现歌曲或图片等刺激，或在被试正参与某项任务时呈现这些刺激。尽管随后不能认出这些刺激，但让被试选择自己喜欢的歌曲或图片时，他们仍然更倾向于选择先前呈现的刺激而不是相似的新刺激。因此，对先前呈现的刺激有一种积极的情感反应（通过优先判断进行评价），但没有认知加工的证据（通过再认—回忆成绩进行评价）。这种现象称为单纯曝光效应（**mere exposure effect**）。

单纯曝光效应研究与一般情绪状态几乎没有显著的关联。被试对于与他们生活

单纯曝光效应：一种对先前呈现过的刺激（甚至未被有意识地觉察到）比新刺激更偏爱的效应。

无关的毫无意义的刺激会进行肤浅的喜好判断,因此只涉及极少的情感。另一个主要局限是,得出刺激未经过认知加工的结论是以再认回忆失败作为基础。把认知等同于意识是有道理的,但是数据并未把涉及自动过程和其他过程的广义的前意识加工出现的可能性考虑在内。墨菲和扎荣茨(Murphy & Zajonc, 1993, p.274)接受了可以用"认知"这个术语指代无意识过程的看法:"我们不要求情感或认知进入意识层面。"

根据情感优先假设,具有简单情感成分的刺激比具有更多认知成分的刺激被加工的速度要快得多。墨菲和扎荣茨(Murphy & Zajonc, 1993)在一系列首创研究中为该假设提供了一些支持。在这些研究中,启动刺激呈现4毫秒或1秒,接着呈现第二个刺激。在一项研究中,启动刺激由快乐与愤怒的脸构成,无事先控制的情境。启动刺激之后呈现出需要进行喜好等级评价的中文字符。当刺激只呈现4毫秒时,喜好等级评价受情感符号的影响,呈现1秒时则不受影响。推测起来,后一种条件下的被试可能意识到自己的情感反应是由启动刺激引起的,因此反应未影响他们对第二个刺激的等级评价。

在另一项研究中,墨菲和扎荣茨要求被试进行认知判断。男性或女性的面部启动图呈现后,接着呈现中文字符,这些字符用于评价女性气质。当启动面部图的呈现时间为1秒时,这些评价受启动面部图的影响,呈现4毫秒时则不受影响。墨菲和扎荣茨获得的各种结果总结如下:

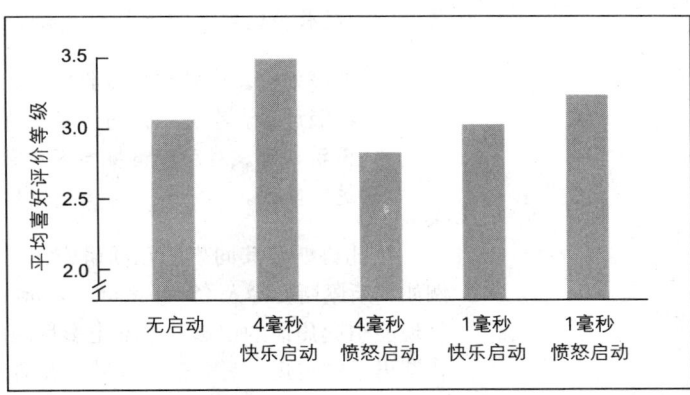

呈现快乐或愤怒启动刺激4毫秒或1秒,接着对中文字符进行喜好等级评价。资料来源:Murphy & Zajonc(1993)。

1. 情感加工有时比认知加工出现的速度快;
2. 对刺激最初的情感加工与以后的认知加工差异巨大。

结论

扎荣茨(Zajonc, 1980)和其他人为情感反应在缺少有意识认知加工的情况下也能出现的观点提供了证据,对此拉扎鲁斯(Lazarus, 1982)没有提出任何异议。就像威廉斯等人(Williams et al., 1997, p.3)指出的:"……扎荣茨的情绪能独立于有意识认知加工的观点,获得相当广泛的支持。"

一些理论家曾认为扎荣茨和拉扎鲁斯之间的争论基于一个错误的假设。鲍尔和达尔格雷什(Power & Dalgleish, 1997, p.67)认为:"扎荣茨和拉扎鲁斯关于认知与情绪的辩论中预先假定的差异是错误的……尽管使用不同的名称来命名情绪产生的不同内容是有帮助的,但'情绪'与'认知'是整合的、彼此不可分割的部分,这些部分与水和水面荡起的波纹一样不可分割。"这一观点可能夸大了情绪与认知之间的

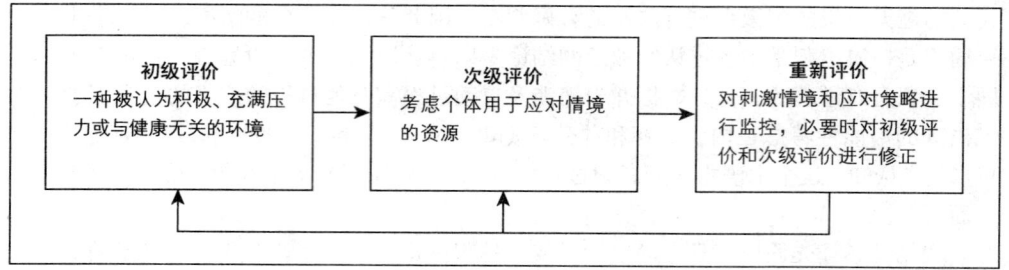

相似性。

拉扎鲁斯的评价理论

拉扎鲁斯（Lazarus, 1982, 1991）认为，认知评价（**cognitive appraisal**）在情绪体验方面具有至关重要的作用。认知评价可以分为三种更具体的评价形式：

- **初级评价**。一种被认为积极、充满压力或与健康无关的环境。
- **次级评价**。考虑个体用于应对情境的资源。
- **重新评价**。对刺激情境和应对策略进行监控，必要时对初级评价和次级评价进行修正。

拉扎鲁斯及其同事的几项研究，显示了认知评价对决定情感体验的重要意义。例如，斯佩斯曼等人（Speisman, Lazarus, Mordkoff & Davison, 1964）在各种情境中呈现能引起焦虑的电影。一部电影反映的是石器时代的一种仪式，即深深地切割青春期男子的包皮，另一部则反映的是各种车间事故。这些事故中最引人注目的是这样一个片段：一块被卡在圆锯中的木板在巨大力量的撞击下，从一个工人的腹部穿了过去，工人因剧痛不已而不停地在地上扭转翻滚，最后致命。认知评价受到声道变化的控制，然后把压力体验与无声道的控制情境进行比较。如果割包皮的电影未显示出痛苦的手术，或者在安全电影中参与的人均为演员，均能引起否认。理智化是在割包皮的电影中从人类学家看待不可思议的原始风俗的角度产生的，或者在车间电影中告诉观看者客观地考虑情境，也能产生理智化。在观看电影的过程中持续不断地获取各种唤醒或压力的心理生理测量指标（如，心率、皮肤电反应）。

否认和理智化在由心理生理测量指标所标示的压力上出现了大幅度下降。因此，在面临充满压力的事件时，操控认知评价会对生理压力反应产生重大的影响。不过，业已证明重复这些发现并不总是那么容易的（Steptoe & Vogele, 1986）。

史密斯和拉扎鲁斯（Smith & Lazarus, 1993）采纳了一个截然不同的观点。他们认为共有六个评价要素，其中两个涉及初始评价，四个涉及次级评价：

- **初级**。动机相关性。（与个人承诺有关吗？）
- **初级**。动机适当性。（与个人的目标是否一致？）
- **次级**。承担责任的程度。（谁担当荣誉或责备？）
- **次级**。关注问题的应对潜力。（这种状况能解决好吗？）

> **认知评价**：有助于决定情绪反应的性质和强度的情境性解释。

- **次级**。关注情绪的应对潜力。(这种状况能从心理上进行处理吗?)
- **次级**。未来期望。(这种状况变化的可能性有多大?)

史密斯和拉扎鲁斯(Smith & Lazarus, 1993)认为,根据所涉及的评价因素可以区分不同的情绪状态。因此,像愤怒、内疚、焦虑和悲伤,都具有动机相关性和承担责任程度的初始评价因素(这些情绪只发生在目标受阻的时候),但这些情绪在次级评价因素方面存在差异。例如,内疚涉及自责,焦虑涉及低水平或不确定的关注情绪的应对潜能,悲伤涉及较低的改变未来的期望。

史密斯和拉扎鲁斯采用了一些电影脚本,告诉被试识别剧中的中心人物。在一个剧本中,剧中人物在一门重要的课程上表现得很差,然后让他评价这个情境。让他将责任归咎到无用的教学助理身上,从而产生他责;让他接受是他自己犯了很多错误(如,在最后一刻才开始用功),从而产生自责;考虑到最后得到很差的学业记录所蕴含的巨大风险,会产生较低的关注情绪的应对潜力;让他认为他选择的学术之路不可能成功,会导致较低的改变未来的期望。评价操控通常在被试报告的情绪状态方面有预期的效果,表明评价与情绪体验之间存在密切的联系。

拉扎鲁斯(Lazarus, 1982)一直认为认知评价通常优先于情感反应,但这样的评价可能并未发生在意识水平上。强有力的证据(Ohman & Soares, 1994,本章后面讨论)表明,在缺乏意识加工的干预下情绪反应也能产生。但是,这些自主加工是否被可信地认为包含评价过程尚存有疑问。

❖ 评价

- ⊕ 评价在决定我们对刺激的情绪反应方面是非常重要的。
- ⊕ 特定情境下认知评价的个体差异有助于解释个体的情绪反应为什么各不相同。
- ⊖ 评价理论相当宽泛和模糊,难以对个体的评价进行估计。例如,拉扎鲁斯(Lazarus, 1991, p.169)提到两种评价过程——"一种是无意识或无意志控制的自动运行,另一种是有意识的、蓄意的、有意志的。"
- ⊖ 在解释像斯佩斯曼等人(Speisman et al., 1964)所做的研究时存在几个问题。实际上,声道操控可能对评价过程没有直接影响(Parkinson & Manstead, 1992)。声道的变化改变了呈现给被试的刺激信息,不同的声道可能会影响注意方向而不是解释过程本身。
- ⊖ 拉扎鲁斯的观点是一种相当有限的情绪观:"评价理论将情绪体验的范式[模型]看做个体面对威胁生存的刺激的被动臣民。"(Parkinson & Manstead, 1992, p.146)因此,拉扎鲁斯的理论不重视正常情绪体验的社会背景。

帕金森:四因素理论

我们已经讨论过的关于情绪的主要理论,经常被认为是彼此竞争的。不过,把先前理论的要素进行整合以形成综合的理论也许更为可取,帕金森(Parkinson, 1994)在其四因素理论中就采取了这种做法(后来被艾森克在 1997 年加以发展)。

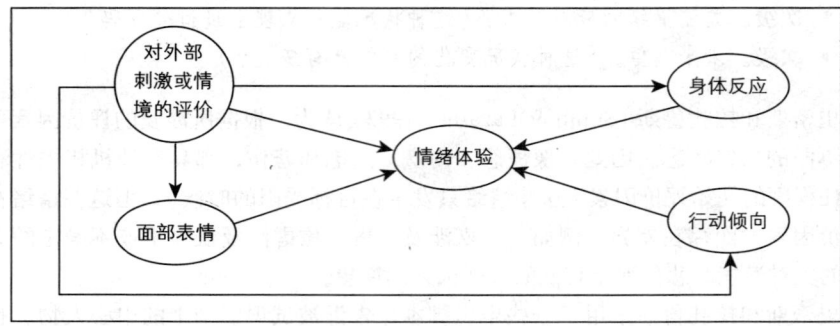

根据该理论，情绪体验取决于四个独立因素：

1. **某些外部刺激或情境的评价**。这是最重要的因素，也是拉扎鲁斯（1982，1991）所强调的。
2. **身体反应**（如，唤醒）。这是詹姆斯——兰格理论强调的因素。
3. **面部表情**。斯特拉克等人（Strack, Martin & Stepper, 1988）的一项研究体现了该因素的重要性，在此研究中，面部表情接近微笑的漫画比表情类似于皱眉头的漫画更让被试感到有趣。
4. **行动倾向**。例如，准备以威胁的方式进攻与愤怒有关，准备退却则与恐惧有关（Frijda, Kuipers & ter Schure, 1989）。

这四个因素彼此之间并不是相互独立的。对情境的认知评价会影响身体反应、面部表情、行动倾向，也会直接影响情绪体验。因此，认知评价也许是四个因素中最重要的一个。

鲍尔和达尔格雷什：SPAARS 模型

可以通过涉及不同过程的各种方式引发情绪的观点，得到越来越多的支持。基于该观点的理论有时被称为多层次理论。为什么多层次理论比我们一直讨论的单层次理论更可取呢？提斯达尔（Teasdale, 1999, p.667）指出："在主流认知心理学中，多层次取向是规范[标准]。所以，如果我们希望将认知与情绪之间的关系整合为更综合的观点，那么假设一个多层次理论就是必须的。"认知系统如此复杂，单层次理论不可能对其复杂性作出公平处理。

最有趣的多层次理论之一是由鲍尔和达尔格雷什（Power & Dalgleish, 1997）在图式命题联想与类比表征系统（Schematic Propositional Associative and Analogical Representational Systems, SPAARS）理论中提出来的。该模型的各个要素如下（见下页图）：

- **类比系统**。参与环境刺激的基本感觉加工。
- **命题系统**。这是一个至关重要的无情绪系统，包含关于世界和自我的信息。
- **图式系统**。在该系统中，来自命题系统的事实与个体当前目标的有关信息相结合，从而产生内部情境模型。如果当前目标受阻，就会出现情绪反应。

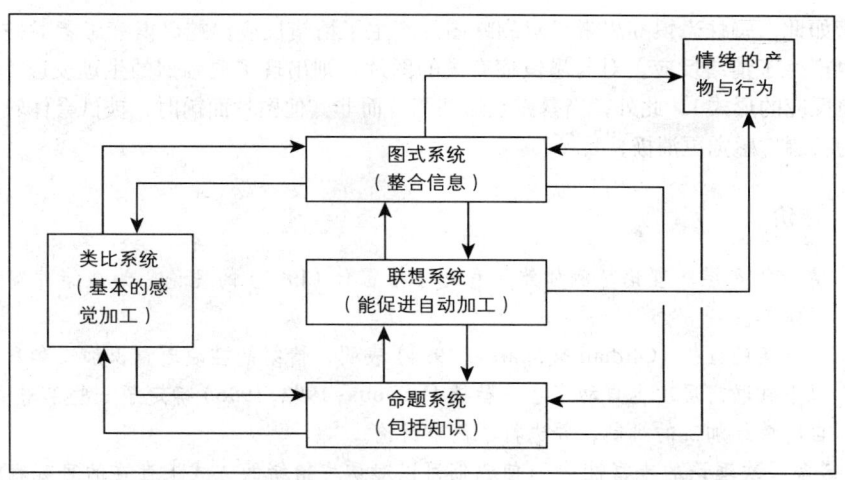

由鲍尔和达尔格雷什(1997)提出的图式命题联想与类比表征系统(SPAARS)理论

- **联想系统**。达尔格雷什(Dalgleish, 1998, p.492)描述了该系统的工作方式:"在图式层面,如果相同的事件用相同的方法进行重复加工,就会形成联想表征,因此,一旦在未来遇到相同的事件,就会自动诱发相关的情绪。"

SPAARS 理论与扎荣茨—拉扎鲁斯争论存在一些关联。根据鲍尔和达尔格雷什(1997)的观点,情绪的产生主要有两种方式。第一,当涉及图式系统时,充分的认知加工的结果产生情绪。第二,当涉及联想系统时,情绪自动产生,不需要有意识加工的参与。

在特定情境下图式系统如何决定适当的情绪呢?鲍尔和达尔格雷什借助了奥德利与约翰逊-莱尔德(1987)早期的一个理论,这在本章前面讨论过。根据该理论,存在五种基本情绪,每种情绪都发生在与当前目标或计划有关的特定时期。在 SPAARS 模型中,关于个体当前目标的信息会在图式系统中进行加工,这有助于决定情绪体验。

在这个模型中,哪些加工过程未被提及?

证据

大量研究表明,类似鲍尔和达尔格雷什(1997)的多层次理论这样的观点是正确的。一个重要的预测是在认知系统某个层次上存在情绪加工,但在认知系统的其他层次上不存在这种加工。例如,有蜘蛛恐惧症的人看见一只蜘蛛时,尽管他们可能"知道"大多数蜘蛛都是无害的,但却仍会觉得很害怕(Dalgleish, 1998)。这可以通过恐惧由联想系统自动引发的假设进行解释,但是与绝大部分蜘蛛无害有关的冲突性只是来自于命题系统。

情绪有可能在意识水平之下自动地产生吗?根据 SPAARS 模型,回答是"肯定的",因为信息在联想层次上就能自动加工,不需要命题或图式模型层次的参与。研究者(Ohman & Soares, 1994)报告了支持的证据。他们在蛇与蜘蛛恐惧症患者面前呈现蛇、蜘蛛、花和蘑菇的图片;这些图片呈现的速度非常迅速,以至于他们不能识别。

尽管如此，蜘蛛恐惧症患者仍对蜘蛛图片产生了情绪反应，蛇恐惧症患者对蛇的图片也产生了情绪反应。对与恐惧症有关的图片，则出现了更强烈的生理反应（以皮肤电反应的形式）。此外，当暴露在这些图片而非其他图片面前时，被试会体验到更多的唤醒，感觉更消极。

❖ 评价

⊕ 情绪的多层次理论，例如鲍尔和达尔格雷什（1997）的理论，为情绪冲突提供了解释。

⊕ 有真实的证据（Ohman & Soares, 1994）表明，情绪能在缺乏意识加工参与的情况下在联想层次上自动产生。勒杜（LeDoux, 1992, 1996）确定了一些参与快速、自动情绪加工的机制，并进行了简单讨论。

⊖ "多层次理论的丰富性……使我们可以对诱发情绪的方式上存在的可观察变异进行公平的处理……但是……这种建构理论的复杂性能'收买'我们的优点在于，从实证角度讲，可能弥补了在大量的各种现象的解释之间进行区分的难度。"（Teasdale, 1999, p.675）

⊖ 尽管很复杂，该理论的局限在于，过度关注认知系统如何加工环境信息，忽视了情绪的生理过程的作用。

情绪的生理系统

如前所述，有确凿的证据表明存在多种情绪。我们应该从何处寻找生理活动的特定情绪模式的证据呢？几十年来，研究的主要焦点集中在自主神经系统与内分泌系统。不过，该取向只取得了部分成功。格雷认为（Gray, 1994, p.243）：

> 这些系统[自主神经与内分泌]在本质上与内务处理功能、能量新陈代谢、组织修复等有关。如果这些功能厌烦了与特定情绪状态的具体关系，将是令人吃惊的。这是因为，例如，某种动物不管何时从事剧烈的活动，也不管活动的情绪意义如何，其能量需求可能是相同的。

尽管如此，想要全面理解情绪，显然需要考察自主神经系统与内分泌系统的作用（见第2章）。

研究者之所以关注自主神经系统和内分泌系统，是因为在不同情绪状态下研究并观察这些系统的变化较为容易。他们关注这些系统，还因为它们与情绪有关。不过，大脑在理解情绪方面尤其重要。潘克塞浦（Panksepp, 1994, p.258）认为，"情绪间最清晰的生理区别将在大脑环路中发现"。过去的研究者未对大脑给予足够的关注，因为研究大脑极为困难。但是，这种状况正在迅速改变。

潘克塞浦（Panksepp, 2000, p.143）仍然坚持认为大脑在区分情绪方面至关重要。他认为我们的主要情绪是基于"一套位于大脑中间区域的环路，这些环路将更高级

以前对大脑进行研究为什么很困难？当前哪些适宜的技术改变了这种状况？

的扣带回边缘系统、额叶皮质和颞叶皮质与中脑的情绪整合区域，如中脑导水管周围灰质联系起来。"潘克塞浦确认了以大脑为中心的七种基本情绪系统：

- 寻找 / 预期
- 狂怒 / 愤怒
- 恐惧 / 焦虑
- 淫欲 / 性欲
- 爱护 / 养育
- 惊恐 / 分离
- 娱乐 / 高兴

我们可以把上述系统与艾克曼等人（Ekman et al., 1972；前面已讨论过）根据面部表情提出的系统进行对比。好消息是，艾克曼等人确认的情绪中有三种，即愤怒、恐惧和快乐与潘克塞浦确认的情绪非常相似。坏消息是，实际上不存在重叠之处！艾克曼等人还确定了惊奇、悲伤和厌恶，这些显然都不在潘克塞浦的名单之列。

方法

一直以来有三种主要方法来理解大脑在情绪方面的作用。第一，损毁法，即考察大脑受损对情绪的影响。例如，达马西奥（Damasio, 1999）讨论了一个叫 EVR 的患者，他脑中的外环路额叶皮质由于肿瘤而受伤。EVR 能对假设的道德困境作出有效的决策，但对自己的生活却作出不合理的、糟糕的决策。根据达马西奥的躯体标记假设（somatic marker hypothesis），我们通常会使用来自情绪的"标记"信号（如，"感觉不错"）来指导我们做决定。EVR 的额叶受损使他不能运用情绪信息，这损害了他的个人决策能力。

第二，脑成像法可用于检测情绪的大脑参与。一些脑成像技术（见本书认知心理学部分的导言）可以用来满足这一目的。这些技术正被越来越多地用于揭示个体体验特定情绪时最活跃的脑域。

第三，我们可以用药物来激发（或降低）大脑某些部位的活动。然后评估这些药物对自我报告的情绪和行为的影响效果。这种方法的缺陷在于，许多药物都会提高（或降低）若干脑区的活动水平。因此，要想准确确定改变个体情绪状态的脑区的作用是很难的。

> **案例研究：菲尼亚斯·盖奇**
>
> 脑损伤与情绪之间的联系在菲尼亚斯·盖奇的病例中得到了极好的证实，他从事铁路修建工作。1848 年 9 月 13 日那天，他遭遇了一场严重的事故，爆炸中一根大铁棒穿进了他靠近左眉毛的颅骨，又从他的头顶穿出。爆炸的威力如此强劲，以致那根铁棒直到 30 米外才着地！盖奇在这场事故中存活下来，最终他的身体得到很好的恢复。但是，这场事故改变了他的人格，使他变得比以前更具攻击性、更暴躁，而且不能做长期的计划。他死后，颅骨被保存在哈佛医学院的博物馆里，达马西奥等人（Damasio, Grabowski, Frank, Galaburda & Damasio, 1994）使用涉及计算机模拟的脑成像技术对颅骨进行了再次检测。他们得出了以下结论：盖奇遭遇的脑损伤位于两侧额叶，尤其是左侧外环路额叶皮质。

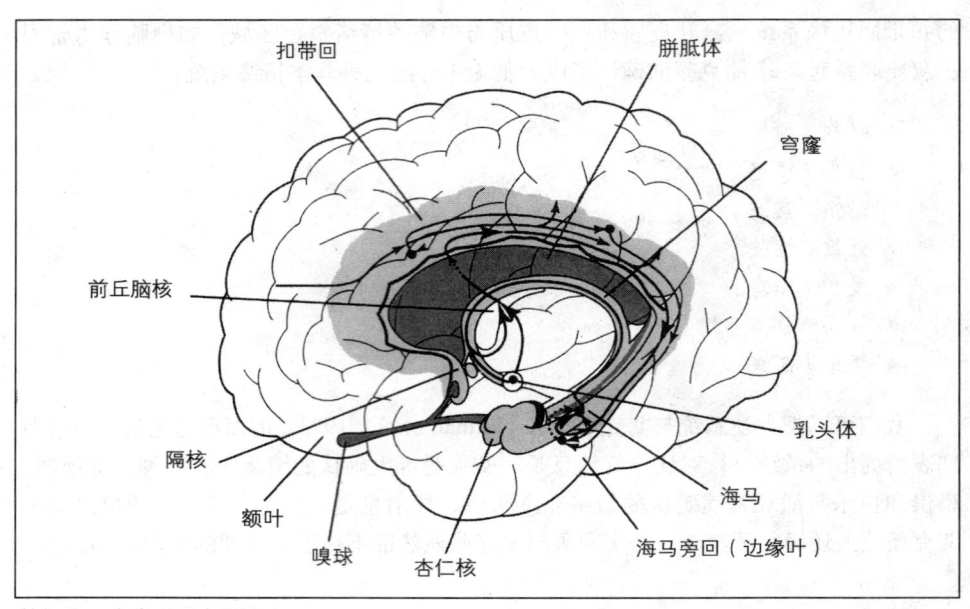

帕佩兹—麦克利恩边缘模型

帕佩兹—麦克利恩（Papez-MacLean）边缘模型

帕佩兹环路：以下丘脑、海马与丘脑为基础，与情绪有关的大脑环路或回路。

克鲁维-布西综合症：由于颞叶（包括杏仁核）的损伤而导致恐惧与愤怒情绪的急剧减少。

确定与情绪有关的关键大脑系统的首次系统尝试，是由帕佩兹完成的。他研究了狂犬病的一些案例，这种病通常会使患上它的人产生极强的攻击性。攻击性的增强则似乎与海马受损有关。帕佩兹将这些信息与来自脑损伤个体的研究结合起来，提出**帕佩兹环路（Papez circuit）**是情绪的基础。这个环路"形成了从海马到下丘脑及从下丘脑到丘脑前结节这么一个封闭的回路。该环路继续通过扣带回与内嗅皮质返回海马"（McIlveen & Gross, 1996, p.153）。

麦克利恩（MacLean, 1994）强调边缘系统的重要性，边缘系统由各种组织构成，包括杏仁核、海马、隔膜、扣带皮质。他将帕佩兹的观点发展成所谓的帕佩兹—麦克利恩边缘模型。该模型不同于最初的帕佩兹环路，因为扣带回的作用被降低了，更强调杏仁核与海马的作用。强调杏仁核的部分原因来自克鲁维和布西（Kluver & Bucy, 1939）的研究。前颞叶被移除的猴子变得更没有攻击性，几乎没有恐惧表现，而倾向于把物体放入嘴里，从事更多的性活动。这种行为模式被称为**克鲁维-布西综合症（Kluver-Bucy syndrome）**。它主要是由位于颞叶的杏仁核受损而导致的。人类的肿瘤或

扁桃体切割术

由于克鲁维和布西（Kluver & Bucy, 1939）等人的工作，美国的"神经外科医生"才得以对被判入狱的罪犯做了大量的手术。许多手术都是杏仁核被毁坏的扁桃体部分切除术。做法是将细微的电极丝通过在颅骨上钻的小洞进入杏仁核，然后通过电极丝输入强大的电流。这些接受扁桃体部分切除手术的人在恐惧与愤怒情绪上有所下降，但这种手术经常会产生不幸的副作用。例如，托马斯·R.（Thomas R.）是个34岁的工程师，他在手术后出现了错觉，无法进行工作。还有人发现他曾用袋子、碎布和报纸包着头散步。他说害怕自己大脑的其他部位可能会被毁坏，以此为自己的行为辩护。令人感到欣慰的是，扁桃体部分切除手术现在很少使用。

头部创伤均能使杏仁核受损。令人惊讶的是，杏仁核的移除有时会导致愤怒情绪增强（Bard & Mountcastle, 1948）。这些不同发现出现的原因尚不清楚，但应该注意的是，杏仁核是一个非常复杂的组织。

杏仁核

边缘系统只有部分特定区域对情绪具有主要作用。杏仁核尤其重要。卡尔德等人（Cald, Young, Rowland, Perrett, Hodges & Etcoff, 1996）与斯科特等人（Scott, Young, Calder, Hellawell, Aggleton & Johnson, 1997）报告了杏仁核对情绪产生作用的有趣证据。他研究了一位女性（DR），由于癫痫手术导致杏仁核损伤。当 DR 对别人通过各种表情表露出的情绪进行描述时，她在识别恐惧表情上尤其糟糕。在另一项研究中，DR 倾听用不同情绪语调读出的中性词，努力识别相关情绪。她在识别恐惧与愤怒情绪上非常糟糕。

这些发现给我们提供了哪些情绪方面的信息呢？斯科特等人（1997, p.256）总结认为："杏仁核毁坏后的恐惧与愤怒情绪识别的受损，反映出杏仁核参与了危险和恐惧情绪的评价。"

其他研究也表明杏仁核与恐惧情绪密切相关。有一种罕见的遗传性障碍，称为**皮肤粘膜类脂沉积症（Urbach-Wiethe disease）**，杏仁核及其邻近区域逐渐被毁。患这种病的人比大多数人体验到的恐惧及其他相关负性情绪要少得多。例如，皮肤粘膜类脂沉积症患者与其他人的不同之处在于，对严重交通事故故事的灾难部分的记忆与故事其余部分的记忆差不多（Cahill et al., 1995）。

皮肤粘膜类脂沉积症：一种杏仁核及其相关区域被毁而导致恐惧及其他负性情绪大幅度下降的疾病。

勒杜

勒杜（LeDoux, 1992, 1996）的研究关注的无一例外全是恐惧与焦虑。他强调杏仁核的作用，把它看做大脑理解刺激情绪意义的"情绪计算机"。根据勒杜的观点，情绪刺激的感官信息从丘脑同时传到杏仁核和皮质。此处的关键在于，勒杜确定了两条不同的恐惧情绪环路：

1. 涉及感觉信息详细分析的缓动丘脑—皮质—杏仁核环路。
2. 基于简单刺激特征（如，强度）的快速丘脑—杏仁核环路；这条环路忽略了皮质。

勒杜的理论与认知过程是否总先于情绪

杏仁核与脑成像

戴维森（Davidson, 1996）的脑成像研究表明，人们一旦看到干扰图像，杏仁核就会被激活。他认为，焦虑或抑郁倾向与杏仁核活动的联系异常密切。我们周围的斯多噶学派信奉者（对痛苦或困难能默默承受或泰然处之者）也许有一个更安静的杏仁核。

情绪：是生理体验还是认知体验？

一些情绪体验更生理化，其他情绪体验则更认知化。

- **生理体验**。一架喷气式飞机从你头顶呼啸而过，你会躲避并在心里体验到一种紧张情绪。过去的经验与个体差异决定了你可能报告的情绪——恐惧、惊奇、愉快。对我们每个人来说，情绪是不同的，但基础都是唤醒。这些反应与作为适应性反应的情绪更为密切。
- **认知体验**。你获知自己通过了考试，感到欣喜若狂，这可能会引发生理兴奋。

这可以解释情绪为什么有时伴随唤醒产生，有时没有唤醒也能产生。这也与勒杜认为的大脑有两条通道的观点相一致，一条更生理化，另一条则与高级加工过程更密切。

体验(见前面部分)的争论有关。勒杜(LeDoux, 1992, p.275)认为:"由来自新皮质的传入信息引起的杏仁核激活……与情绪加工晚于认知加工的经典观点是一致的,由丘脑传入信息引起的杏仁核激活则与扎荣茨(Zajonc, 1980)提出的假设相一致,该假设认为情绪加工既能先于意识也能先于认知。"

我们为什么会有两条情绪环路呢?丘脑—杏仁核环路使我们在危险的环境下快速地作出反应,因此在确保我们生存方面是有价值的。相反,皮质环路则会对环境的情绪意义进行详细评估,从而使我们作出适当的反应。

大脑两半球的差异

大脑两半球在情绪的产生上作用稍有不同。一般说来,右半球比左半球更多的涉及情绪表情与其他情绪刺激的加工。斯宾塞等人(Spence, Shapiro & Zaidel, 1996)只对一个半球呈现情绪干扰刺激。向右半球呈现的信息比向左半球呈现的信息在心率与血压上产生了更大的变化。

还有来自裂脑人(**split-brain patients**)的证据(见第4章)。这些患者做了切断连接两大脑半球桥梁——胼胝体的手术。由于实施了该手术(通常是为减少癫痫发作而进行的),大脑皮质两侧的功能变得相当独立。当信息到达皮质右侧时,割裂脑患者只能准确地分辨或识别情绪刺激与事件。

两大脑半球对情绪的作用取决于有关的情绪类型。快乐情绪主要与左额叶皮质的激活有关,不快乐情绪更多的与右额叶皮质的激活有关。托马肯等人(Tomarken et al., 1992)鉴定出一些个体的左半球比右半球更活跃,其他人则显示出相反的模式。那些倾向于左半球激活的人比右半球激活的人体验到更积极的情感,倾向于右半球激活的人则体验到更消极的情感。

希夫与拉蒙(Schiff & Lamon, 1994)报告了与积极和消极情绪状态有关的两半球差异的进一步证据。他们的被试轮流收缩脸部两边的肌肉。当脸部左侧的肌肉收缩时,通常会体验到积极情绪。相反,收缩脸部右侧肌肉则会导致消极情绪状态。

神经递质

为了理解脑对情绪的作用,只确定脑所涉及的主要脑区是不够的。我们还有必要关注这些脑区之间的沟通。这是一个很复杂的问题,我们只考察一小部分基于神经递质作用的相关证据(见第2章)。**神经递质**(**neurotransmitters**)是将电脉冲从一个神经元传递到另一个神经元的化学物质。目前已发现有50多种神经递质,其中有些与情绪有关。最重要的神经递质之一是 **5-羟色胺**(**serotonin-5**),它在调节情绪、睡眠和饮食中发挥作用。

5-羟色胺对情绪有哪些作用呢?5-羟色胺会对神经系统起抑制作用,中等水平的5-羟色胺能抑制愤怒和抑郁情绪。5-羟色胺水平低的人会发现很难抑制消极情绪状态。伯恩哈德(Bernhardt, 1997, p.48)回顾了关于愤怒与攻击性的证据,并总结认为:"在具有攻击性动物的下丘脑和杏仁核发现了较低的5-羟色胺水平。"他认为,出现这种状况是因为低水平的5-羟色胺使动物和人类对令人沮丧的刺激更敏感。

你预期哪种病人——左脑受伤或右脑受伤的病人——受损伤带来的影响更小?

裂脑人:连接大脑两半球的胼胝体被毁坏的人。

神经递质:穿过突触并影响邻近神经元感受器的化学物质。

5-羟色胺:一种影响情绪状态的神经递质。

就抑郁而言，麦克尼尔与辛伯里克（McNeal & Cimbolic，1986）所做的回顾认为：抑郁患者 5-羟色胺的水平一般都很低。德尔加多等人（Delgado et al.，1990）为已恢复的抑郁症患者设计了一种特殊的饮食来降低他们的 5-羟色胺水平。正如预期的那样，5-羟色胺水平的降低，导致大约三分之二的康复患者再现了抑郁症状。

总之，神经递质对情绪具有重要的作用。如前所见，5-羟色胺的水平会影响各种情绪，比如抑郁与愤怒。其他神经递质也与情绪有关，但限于篇幅在此不做考察（Kolb & Whishaw，2001）。

压力

人们经常说这是个"压力时代"，实际情况确实如此，报告正承受巨大压力的人比以往任何时候都要多。不过，我们尚无法确定当今大多数人的压力比古人更大。当然，我们有很多压力性事件。但是，我们的祖先则不得不与严重的传染病、较短的寿命、贫穷及几乎没节假日做斗争。如果把所有因素都考虑进来，我总感到当今的压力水平与过去在很大程度上是一样的。

当今，人们为什么更喜欢报告他们承受着压力？

什么是压力？塞里叶（Selye，1950）把压力定义为"身体对任何要求的非特异性反应"。后来他（Selye，1956）又把压力界定为"由生活带来的所有折磨的等级"。这些定义通常不是非常适用，因为压力反应的性质取决于环境，而且也未包括引起压力的因素。用术语"压力源"（stressor）来指代产生压力的任何情境，保留术语"压力"来指代我们对压力源的反应，是有意义的。

根据交换模型（transactional model）（Cox，1978），压力取决于个体及其所处环境之间的相互作用。该理论产生了斯特普托（Steptoe，1997，p.175）的定义："当要求超出个体所能调动的个人和社会资源时，压力反应就产生了。"因此，例如，驾驶对于初学驾驶的人来说充满了压力，因为他/她在满足使一辆车能正常行驶要求的能力上是有限的。而驾驶对于经验丰富的驾驶员来说则是没有压力的，因为他们相信自己的驾驶能力能够应对大多数行驶情景。

暴露于压力之下会产生什么影响呢？许多影响在性质上是生理性的，因此压力

情绪影响：
- 焦虑感与抑郁感
- 生理紧张增强
- 心理紧张增强

生理影响：
- 肾上腺素与去甲肾上腺素的释放
- 消化系统停滞
- 肺部气管扩张
- 心率增强
- 血管收缩

认知影响：
- 不专心
- 注意力更分散
- 短时记忆容量减少

行为影响：
- 缺勤次数增多
- 睡眠模式混乱
- 工作效率降低

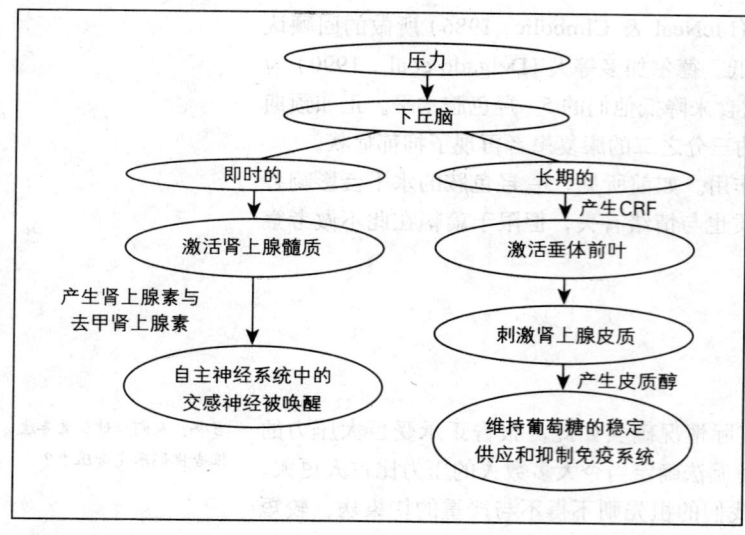

通常在生理心理学中进行考察。但是，压力承受者还可能产生其他变化。与压力有关的影响主要有四类：情绪的、生理的、认知的和行为的。上页图中列举了一些具体例子。

我们将以考察生理或身体影响作为开端。认识到压力涉及即时休克反应及随后抗休克反应是至关重要的。第一个（休克）反应主要依赖于交感神经肾上腺髓状系统（Sympathetic Adrenal Medullary System, SAM），第二个或抗休克反应涉及丘脑垂体肾上腺皮质轴（Hypothalamic Pituitary-adrenocortical Axis, HPA）。这两种反应系统（下面进行讨论）如左图所示。

交感肾上腺髓状系统

最初的休克反应涉及交感肾上腺髓状系统（SAM）。实际上，自主神经系统中交感神经的活动刺激了肾上腺髓质，即形成肾上腺的一部分。肾上腺髓质分泌肾上腺素（adrenaline）和去甲肾上腺素（noradrenaline）。这些激素导致交感神经系统的唤醒增强，副交感神经系统的活动减弱。

SAM 活动的加强使我们准备好"战斗或逃跑"。更具体的说，它还有以下影响：增强活力，增强警觉性，减弱消化系统活动，以及增加进入血流的凝血因子的释放量以减少事故造成的失血量。肾上腺素与去甲肾上腺素会增加心脏血液的排出量，导致血压上升。

SAM 活动构成了压力反应的重要部分。它是身体的一种适宜反应。因为它可使我们准备好战斗或逃跑。但是，SAM 的活动不仅仅与压力有关。当我们全神贯注于某项任务时，我们也能提高肾上腺素和去甲肾上腺素水平。此外还有我们如何感知自身内部生理状态的问题。有时我们会将 SAM 活动的增强看做压力指标，但有时我们则会将这种活动解释为兴奋或受激发。

SAM 系统通过什么途径来耗尽体力？

下丘脑垂体肾上腺皮质轴

如果连续几小时或更长时间暴露在某种特定的压力源之下，SAM 系统的活动就会逐渐耗尽体力。因此，旨在将引起的损伤降到最小程度的抗休克反应便出现了。如前所述，抗休克反应涉及下丘脑垂体肾上腺皮质轴（HPA），有关的细节将在下面进行讨论。

内分泌腺系统遍布全身。该系统的大多数内分泌腺受下丘脑控制。下丘脑是产生刺激垂体前叶激素（如，促肾上腺皮质激素释放因子，CRF）的脑底部的一个小组织。垂体前叶释放若干激素，其中最重要的是促肾上腺皮质激素（ACTH）。ACTH刺激肾上腺皮质（肾上腺的一部分）。肾上腺皮质产生各种糖皮质激素，即对葡萄糖的新陈代谢发挥作用的激素。与压力有关的关键糖皮质激素是皮质醇，该激素有时也称"压力激素"，因为在压力体验者的的尿液中发现了过量的皮质醇。

皮质醇在应对长期压力方面非常重要，因为它能维持能量的稳定供应。一般来说，在抗休克反应期间，皮质醇与其他糖皮质激素的分泌物具有多种作用。第一，为神经组织保存葡萄糖。第二，提升或稳定血糖浓度。第三，调动蛋白储备。第四，保存水分和盐分。

下丘脑垂体肾上腺皮质轴的活动在应对压力方面是非常有用的。格维尔茨（Gevirtz, 2000, pp.61–62）指出："肾上腺类固醇[比如皮质醇]在对抗身体的许多初始反应、维持临界的平衡状态方面起着重大作用。"但是，也要为此付出一定的代价。韦斯滕（Westen, 1996, p.427）指出："血液依然在提高葡萄糖（提供能量）和一些激素（包括肾上腺素和垂体激素 ACTH）水平，身体继续以极高的速度利用体内能量。实质上，有机体一直处在红色警戒状态。"HPA持续活动的不利方面是，糖皮质激素的抗炎反应会减缓伤口愈合。一般来说，糖皮质激素会抑制具有保护身体免受入侵者（比如病毒和细菌侵害）侵扰的免疫系统。当免疫反应下降时，我们就更可能生病（Kiecolt-Glaser, Garner, Speicher, Penn, Holliday & Glaser, 1984）。

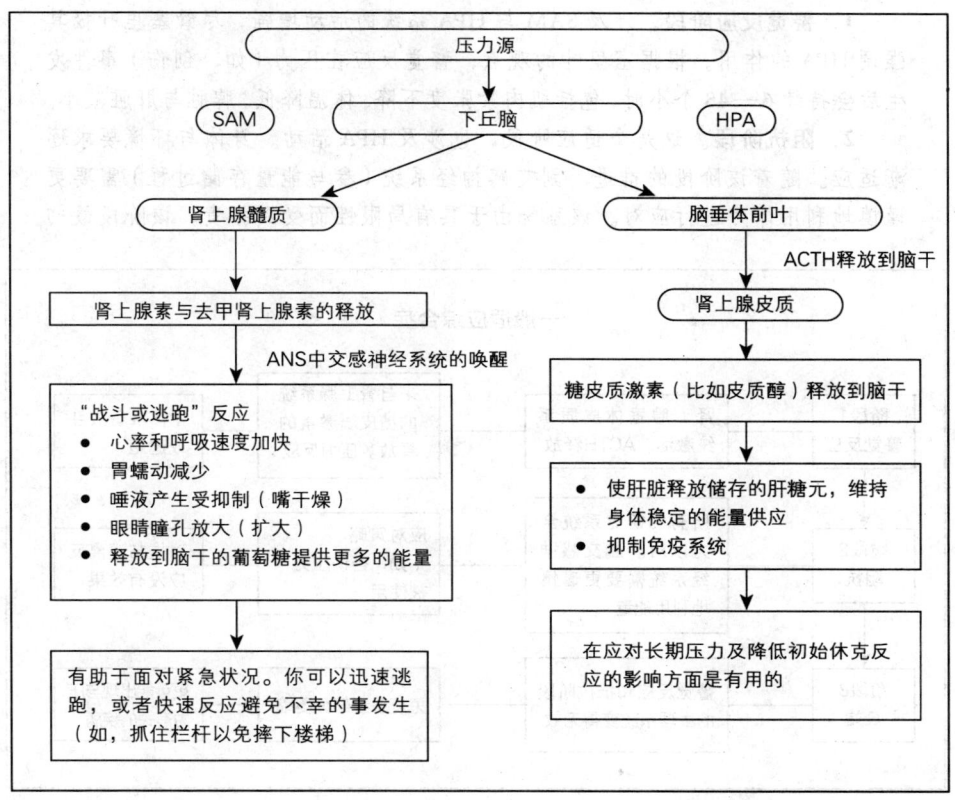

HPA 对于减轻许多压力的第一或休克反应的影响是有价值的。通过考察无肾上腺、不能产生正常糖皮质激素含量的个体，我们可以了解这一点。当暴露在压力源之下时，必须给他们提供额外的大量糖皮质激素来维持生存（Tyrell & Baxter, 1981）。但是，HPA 活动有益作用的获得必须付出相当大的代价，HPA 不能无限地持续高水平的活动状态。如果肾上腺皮质停止产生糖皮质激素，就会消除使血糖浓度维持在适当水平的能力。

我们已经讨论过 SAM 和 HPA，它们似乎是两个不同的系统。这基本上是正确的，但这两个系统之间并不能完全独立地运行。埃文斯（Evans, 1998, p.60）指出："在中枢神经系统层次上，至关重要的 SAM 和 HPA 系统可以被视为一个复合体：它们就像更下级的身体四肢。"

一般适应综合症

在历史上，塞里叶的工作是非常重要的。他最先使"压力"这个术语开始流行，在他之前压力并未作为心理学概念加以使用。塞里叶（Selye, 1950）研究了遭受各种损伤和疾病的住院患者。他注意到患者好像都表现出一种相似的身体反应模式，他称之为**一般适应综合症**（general adaptation syndrome）。他认为这一综合症包括以下三个阶段：

一般适应综合症：对压力的身体反应，由警觉反应、阻抗及随后的衰竭构成。

　　1. 警觉反应阶段。涉及 SAM 与 HPA 系统的活动增强，尽管塞里叶极其强调 HPA 的作用。根据塞里叶的观点，警觉反应在压力（如，创伤）事件发生后会持续 6—48 个小时，包括肌肉紧张度下降、体温降低、脾脏与肝脏减小。

　　2. 阻抗阶段。这是个适应阶段，也涉及 HPA 活动。身体与环境要求逐渐适应。随着该阶段的推进，副交感神经系统（参与能量存储过程）需要更谨慎地利用体力进行应对。该系统由于具有局限性而受到指责。该阶段最初

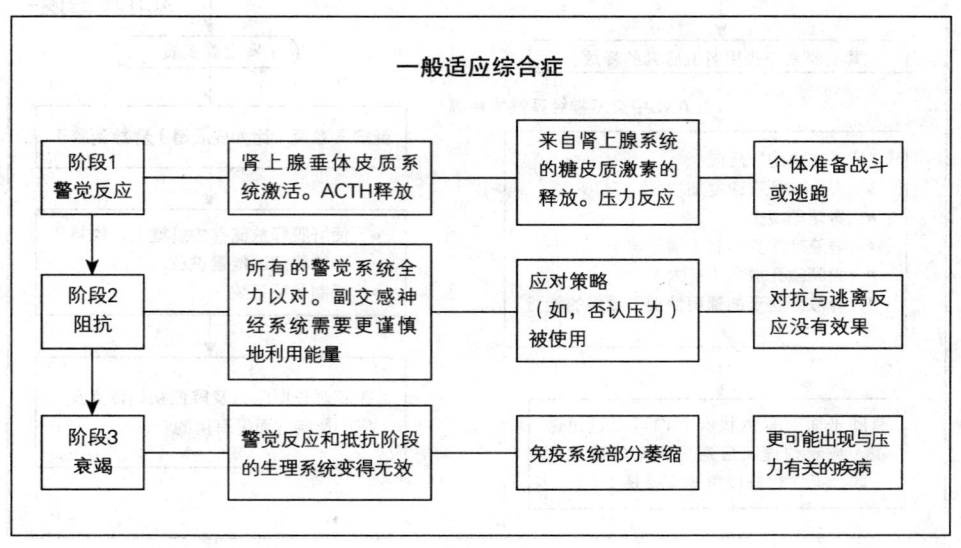

通过肾上腺的增大和某些垂体活动（如，生长激素的产生）的减少进行标记。如果压力不是太大（如，轻微损伤），身体就能恢复到接近正常的状态。

  3．**衰竭阶段**。当压力无限延长时，前两个阶段所使用的生理系统最后会变得无效。最初的自主神经系统唤醒症状会再度出现（如，心率加快、冒汗等）。极端情况下，受损的肾上腺皮质会导致副交感神经系统（新陈代谢与能量的存储）的衰竭及身体免疫系统的崩溃。此时更可能出现与压力有关的疾病（如，高血压、气喘、心脏病）。

❖ **评价**

- ⊕ 塞里叶进行了确定压力反应的主要成分的开创性研究。
- ⊕ 塞里叶恰当地强调了当前所谓的 HPA 系统。
- ⊕ 塞里叶恰当地强调了糖皮质激素的重要性。
- ⊖ 塞里叶在研究中未注意到 SAM 系统，未完全理解 HPA 与 SAM 之间的关系。
- ⊖ 塞里叶所认为的压力总引起相同生理模式的观点过于简单化了。例如，马森（Mason，1975）对引起恐惧、愤怒或不确定感等不同程度的压力源的反应进行了比较。不同压力源会产生不同的肾上腺素、去甲肾上腺素及皮质类固醇分泌模式。
- ⊖ 塞里叶的模型以牺牲情绪因素和认知因素为代价夸大了生理因素的作用。
- ⊖ 塞里叶假设人们以被动的方式对压力源作出反应。事实上，人们通常会积极地应对压力源。根据马森（Mason，1970）的观点，当人们面对压力源时，存在一种积极的心理评价过程，这会影响生理反应。赛明顿等人（Symington，Currie，Curran & Davidson，1955）比较了处在昏迷状态下的患者和有意识却濒死的患者的生理反应。更多迹象表明，有意识的患者具有生理压力，可能是因为他们对自身状态进行了心理压力评价。

压力与疾病

  压力研究的一个关键课题是压力与疾病之间的关系。这里我们讨论三种取向。第一，我们考察职业压力，尤其关注员工控制力（employee control）。第二，我们探讨压力体验（常称为**生活事件，life events**）与身体疾病或心理障碍之间的关系这个更广泛的问题。第三，我们将会阐述压力易感性存在个体差异的假设。根据这一取向，有些个体对压力尤其敏感，因此比起其他人更可能得上身体或心理疾病。需要注意的是，压力与大量的身体疾病有关，例如头痛、传染病（如，流感）、心血管疾病、糖尿病、气喘及类风湿性关节炎（Curtis，2000）。

生活事件：能提高压力水平的的经历（主要是消极的）。

职业压力

  数百万成年人都将高压力状态主要归因于职业压力。假如他们大部分人在一年你能想出其他任一种可能与工作压力有关的因素吗?

中都把约 2000 小时花在工作上,这兴许可以讲得通。据估计(Cartwright & Cooper, 1997),职业压力使美国商业部门每年损失 1500 多亿欧元。引起压力的工作环境是什么状况呢?当然,因素有很多,但卡拉塞克(Karasek, 1979)令人信服地指出,控制感缺乏可谓至关重要。他宣称,如果员工对工作具有控制感,他们就能成功地应对高要求的工作。

证据

斯派克特等人(Spector, Dwyer & Jex, 1988)评估了员工的控制感。低水平的控制感与受挫、焦虑、头痛、胃不适及看医生有关。甘斯特等人(Ganster, Fox & Dwyer, 2001)对护士进行了一项持续 5 年的职业压力研究。研究开始时控制感高,预示着在整个研究过程中使用医疗服务的次数更少,心理更健康。

马莫特等人(Marmot et al., 1997)及波斯马等人(Bosma, Stansfeld & Marmot, 1998)报告了来自对 9000 多个英国本地护理人员持续 5 年的纵向研究的发现。职级最低的员工死于心脏病的概率大约是职级最高员工的四倍。他们还更可能患癌症、中风及胃肠道疾病。这些显著差异的存在,是因为职级较低的员工比职位高的员工对工作的控制力更小。控制感通过自陈调查问卷进行评估,"客观"控制力由主管进行评估。这两项控制力指标均可预测随后患冠心病的可能性。

> **瑞典的职业压力**
>
> 弗雷南霍伊泽(Franenhaeuser, 1975)发现了工作控制感缺乏与压力水平高之间的联系。让一些伐木工人一整天不间歇地把木材搬入锯木机。这种重复单调的任务使他们完全被隔绝,因为声音极度嘈杂,而且他们搬木材的速度必须跟上机器的速度。这些工人感到孤独,控制力下降。与其他控制力较强并且未感觉被隔绝的伐木工人相比,这些工人患头痛、消化障碍(比如胃溃疡)及高血压的人数更多。

❖ 评价

- ⊕ "有确凿的证据表明,工作控制感是员工健康和幸福感的一个重要成分。"(Spector, 2002, p.136)
- ⊕ 控制感可能与生活中其他领域(如,人际关系)的压力存在强烈相关。
- ⊖ 其他一些工作因素也会影响心理幸福感。例如,沃尔(Warr, 1996)确定了以下因素:获得的金钱,技能使用机会,工作要求,多样化,身体安全,人际交往机会,环境透明度及有受尊重的社会地位。
- ⊖ 存在循环论证的嫌疑:压力经常被界定为超出应变能力的要求,而控制感则意味着要求并未超出能力范围!

生活事件与烦恼

人们普遍认为压力在导致各种疾病方面扮演着重要角色,许多有效的证据都支持这一观点。科恩等人(Cohen, Tyrrell & Smith, 1991)实施了一项控制良好的研究,在该研究中给被试含有感冒病毒的滴鼻剂。压力水平最高的被试(他们经历了许多消极生活事件并感到失控)患感冒的可能性几乎是压力水平最低被试的 2 倍。还有证据表明，压力对胃溃疡的产生有推波助澜的作用。压力经常使盐酸分泌量增多，也削弱了抵御盐酸、保护消化道的能力。因此，胃溃疡就可能产生（Pinel, 1997）。

早期有关生活事件的研究是由霍尔默斯和拉赫（Holmes & Rahe, 1967）实施的，他们指出，患者通常在发病之前的数月内经历过一些生活事件。这促使他们编制了社会再适应评定量表（Social Readjustment Rating Scale），人们在量表的43件生活事件中指出哪些事件在某段时间内（通常为6—12个月）在他们身上发生过。根据可能的影响对这些生活事件赋值。下面是从该量表中抽取出来的一些生活事件，括号里是相应的生活改变单位：

- 丧偶（100）
- 离婚（73）
- 分居（65）
- 拘留（63）
- 亲人死亡（63）
- 改变饮食习惯（15）
- 假期（13）
- 轻度违法（11）

变化也可能产生压力，即使像度假这样的愉快事情，也会带来压力。

为什么假期也被视为压力性生活事件呢？霍尔默斯和拉赫认为，任何改变（期望的或非期望的）都是有压力的。

你有时可能会感到非常压抑，尽管你没有遇到任何一件像社会再适应量表之类的测验中所包含的生活事件。这说明了烦恼（**hassles**）的潜在重要性，烦恼是"令人发怒、令人沮丧、使人痛苦的要求……描绘了日常事务与环境的相互影响"（Kanner, Coyne, Schaefer & Lazarus, 1981, p.3）。烦恼包括遇到交通拥堵、丢失要交的论文、无法让计算机做你想让它做的事。一些研究者（Stone et al., 1987）曾认为，我们的日常经历也能（而且确实）影响健康。

烦恼：日常生活中的不合理要求；能提高压力水平。

证据

拉赫（Rahe, 1968）根据海军人员前6个月的生活事件，用社会再适应量表将他们分为高风险组和低风险组。在海上航行的第一个月，高风险组成员患病的可能性是低风险组的2倍。大量使用社会再适应量表的研究发现，在1年中，经历生活改变量总分高于300的事件的人，患上严重身体疾病和心理疾病的危险性更大。这些疾病包括心脏病、糖尿病、结核病、气喘、焦虑和抑郁（Martin, 1989）。但是，生活改变量与特定疾病易感性之间的相关系数相当低，表明生活事件与疾病之间的弱相关。

塔赫等人（Tache, Selye & Day, 1979）报告了压力性生活事件在致命性疾病中具有影响的间接证据。离异者、失去配偶者、分居者患癌症的可能性远远高于已婚者。最恰当的解释是，那些没结婚的人有更大的压力，因为他们缺乏社会支持。但是要想从这些数据中得出因果关系是很困难的。也许那些离婚或分居人群最初对压力的

在无实际的压力卷入的情况下，这些事件如何直接与疾病相联系？

易感性高于结婚人群,这种压力易感性对他们崩溃的婚姻产生了影响。

在对压力生活事件的反应上存在个体和群体差异。例如,米勒和拉赫(Miller & Rahe, 1997)做了一项研究,他们比较了男性和女性对一些生活事件的反应。一般说来,在亲人死亡、受伤或患病、失业、收入减少及搬家等方面,女性比男性会体验到更多的压力。

斯通等人(Stone et al., 1987)研究了烦恼对健康的影响。他们考察了被试在呼吸道疾病发作前十天中经历的烦恼事件和渴望事件。在此期间,他们比未患呼吸道疾病的控制组被试经历了更多的烦恼事件和更少的渴望事件。

❖ 评价

- ⊕ 社会再适应量表及其他生活事件测验产生了有价值的研究。
- ⊕ 生活事件会影响与压力有关的疾病这个观点是合理的。
- ⊖ 是生活事件导致了与压力有关的疾病还是压力导致了生活事件,通常是不清楚的。例如,压力可能导致饮食习惯改变而非饮食习惯改变产生压力。
- ⊖ 生活事件的影响存在个体和群体差异。例如,分居对于已经与另一个人建立亲密关系的人来说,更不具有压力。一些测验考虑了人们经历生活事件(如,生活事件和困难量表,LEDS;见 Harris, 1997)的背景。
- ⊖ 人们经常假设几乎任意一件严重的生活事件都会导致几乎任意一种类型疾病的产生。这使人们相对忽视了较具体的影响。例如,研究(Finlay-Jones & Brown, 1981)发现,焦虑患者比抑郁患者更可能体验危险事件(包括未来的威胁),抑郁患者更可能体验失败事件(包括过去的失败)。

压力易感性

很多研究者都认为,在压力易感性上存在重要的个体差异。这会涉及各种人格维度,这里我们只关注两个主要维度:消极情感和 A 型行为模式。

消极情感

沃森和克拉克(Watson & Clark, 1984)确定了一种称为**消极情感**(**negative affectivity**)的人格维度。高消极情感者经常会体验到不愉快的情绪状态(如,焦虑、抑郁)。消极情感维度在本质上与神经质或特质焦虑是相同的(见第 13 章)。认为消极情感与压力易感性关系密切似乎是合理的。实际上,与低消极情感的人相比,高消极情感个体报告自己更有压力感和紧迫感(Watson & Clark, 1984)。

> 消极情感:一种人格维度,倾向于体验消极情感状态,比如焦虑与抑郁。

证据

沃森和本尼巴克(Watson & Pennebaker, 1989)考察了消极情感与健康关系的证据。高消极情感的个体比低消极情感的人对身体疾病的抱怨要多得多。例如,他们更可能报告有感冒、咽喉痛、头晕、胃痛、过敏性肠综合症等。

上述发现表明高消极情感的人比低消极情感的人可能会遭受更严重的健康问题,

> 你能为这个发现提供其他替代性的解释吗?

大概是因为他们的压力易感性更高。但当考虑真实的躯体疾病和死亡率而不仅仅是对健康问题抱怨的报告时，这一证据要弱得多。例如，在消极情感和死亡率之间通常不存在关系。凯恩等人（Keehn et al., 1974）报告了对大约 9000 名由于神经症而退役的军人为期 25 年跟踪研究的发现。这些军人在总死亡率上与未患神经症的控制组没有差异。谢克勒等人（Shekelle et al., 1981）讨论了来自对 2020 个中年人为期 17 年研究的发现。与消极情感有关的测量指标与总死亡率无关。

消极情感与死于心脏病之间有联系吗？研究者（Booth-Kewley & Friedman, 1987）对相关研究进行元分析，发现焦虑（与消极情感密切相关）与心脏病之间的总相关系数为 +0.14。这一低相关表明，焦虑只能解释心脏病 1.96% 的变异。

强有力的证据表明，消极情感与对健康问题的抱怨联系紧密，而不是冠心病之类的躯体疾病。如前所见，消极情感与死于冠心病之间几乎不存在联系。支持性证据来自预测心脏病的客观指标。如果说有区别的话，那也只是高消极情感个体比低消极情感个体的血压与血清胆固醇水平稍微更低（Watson & Pennebaker, 1989）。不过，高消极情感的人比其他人报告有更多的胸痛与心绞痛（Watson & Pennebaker, 1989）。

对此沃森和本尼巴克（Watson & Pennebaker, 1989, p.244）做了如下总结：

> 他们 [高消极情感的个体] 抱怨心绞痛，却没有表现更高的冠心病风险及病理学特征。他们抱怨头痛，却没有报告阿司匹林使用量的增加。他们报告各种各样的躯体问题，却尤其不可能去看医生或请假。一般来说，他们抱怨健康问题，却没有表现出健康状况差或死亡率增高的确凿证据。

为什么消极情感与对身体健康问题的抱怨有关，而与躯体疾病无关呢？高消极情感或特质性焦虑的个体具有一种**解释偏差**（**interpretive bias**）：他们比其他人更可能把不明确的刺激和情境解释为有危险的（Eysenck, 1997）。例如，艾森克等人（Eysenck, MacLeod & Mathews, 1987）用磁带录音机呈现同音词（即两个或两个以上读音相同但拼写不同的单词），这些同音词具有与危险相关和中性两种解释（如，死亡 die，染色 dye；疼痛 pain，长方框 pane）。那些高特质性焦虑或消极情感的人对这些同音词作出了更多的危险性解释。因

解释偏差：将不确定的情境用消极或令人恐惧的方式进行解释的倾向。

个案研究：不要让它使你沮丧

"好心态胜良药"是一句古老的医疗箴言。它可能比现代医学认可的观点更接近真理。或许如果患者越不抑郁、越乐观，就越可能从压力性手术中康复。

在一项关于 100 名患者由于白血病需要进行骨髓移植的研究中，发现其中 13 个患者严重抑郁。这些抑郁患者中有 12 个在手术一年内就去世了（92%），而不抑郁的患者只有 61% 在研究的两年中去逝。

其他研究考察了悲观主义的影响，发现悲观主义是死于心脏病的最大预测因子。例如，122 个人在患心脏病时接受乐观或悲观的评估。八年后，发现他们的心理状态，而不是其他任何标准危险因子，比如心脏损伤、血压升高、胆固醇水平高等与死亡的一致性较高。最悲观的 25 人中有 21 人去世，而最乐观的 25 人中只有 6 人去世。

皮特森等人（Peterson, Seligman & Valliant, 1988）研究了乐观主义者与悲观主义者。他们指出，悲观主义者倾向于将生活中的挫折解释为是由于人格中的不可变因素导致的。相反，乐观主义者则倾向于将挫折解释为是由于控制的情境引起的，并不是自己的错。皮特森等人根据哈佛大学本科生的战时经历的文章，把他们评定为乐观主义者和悲观主义者。20 多年后，悲观主义者（45 岁）更可能患慢性病。不过，其他研究则报告说，人格对疾病只有较小的影响（见正文）。

引自 Goleman（1991）。

此，消极情感与夸大刺激的威胁倾向有关，这就解释了为什么高消极情感的人会报告如此多的对躯体健康问题的抱怨。

A 型行为模式

两位心脏病学家，弗里德曼和罗森曼（Myer Fridman & Ray Rosenman，1959）认为，A 型行为模式的个体比 B 型行为的个体更有压力，因此更可能患冠心病。马修斯（Matthews，1988）将 A 型行为模式（**Type A behavior pattern**）定义为包括"极端的竞争性成就努力、敌对、攻击性、时间紧迫感，显示出精力充沛的嗓音和精神运动性作态"(p.373)。相反，B 型行为较放松，不具有 A 型行为的特征。

A 型行为模式最初是通过结构化访谈进行评价的。这个评价过程包括两类主要信息：(1) 在访谈过程中对被问问题的回答；(2) 个体的行为，包括他/她说话方式的内容（如，大声、谈话语速）。访谈者通过故意打断接受访谈的个体来评定其不耐烦和敌对倾向。A 型行为模式还可以通过各种自陈量表进行评估（如，詹金斯活动量表，Jenkins Activity Survey，简称 JAS）。

证据

A 型个体比 B 型个体更可能患冠心病的观点在西方合作群体研究（Western Collaborative Group Study）中得到检验（Rosenman, Brand, Jenkins, Friedman, Straus & Wurm, 1975）。这些发现引人注目。在研究一开始将近 3200 名没有冠心病症状的人中，A 型个体在接下来八年半的时间里患冠心病的可能性几乎是 B 型个体的两倍。即使把其他各种与心脏病有关的因素（如，血压、抽烟、肥胖）均考虑进来，也依然如此。

在罗森曼等人（Rosenman et al., 1975）所报告的西方合作群体研究中，A 型行为模式的哪个方面与心脏病关系最为密切尚不清楚。马修斯等人（Matthews, Glass, Rosenman & Bortner, 1977）对来自西方合作群体研究的数据进行了再分析，发现冠心病与 A 型行为模式中的敌对成分关系最密切。

为什么 A 型行为模式（或敌对成分）会与心脏病相关呢？甘斯特等人（Ganster, Schaubroeck, Sime & Mayes, 1991）指出，人们经常假设"[A 型个体]交感神经系统的慢性隆肿导致心血管系统退化"(p.145)。甘斯特等人将被试放在压力性情境中，记录其各种生理指标（如，血压、心率）。只有 A 型行为的敌对成分与高水平生理反应相关。这些发现（与马修斯等人的研究发现相结合）表明，高水平的敌对使交感神经系统活动增强，从而影响了冠心病的促发。

一些研究者未能发现 A 型行为模式与冠心病之间的关系。这让许多心理学家怀疑 A 型行为模式作为一个引发心脏病的因素的重要性。但是，米勒等人（Miller, Turner, Tindale, Posavac & Dugoni, 1991）对文献的回顾发现，在使用 A 型行为模式自陈量表的研究中获得了许多消极发现。最初用结构化问卷对健康人进行访谈的研究报告了 A 型行为与冠心病之间的平均相关系数为 +0.32，表明这两个变量之间具有中等程度的相关。当用结构化问卷评价 A 型行为时，重要的发现可能更为普遍，这是因为它提供了人们在压力情境下真实行为的信息。

A 型行为模式：一种以不耐烦、竞争性、时间紧迫感和敌意为特征的人格类型。

米特克（Myrtek，1995）对来自包括46789名被试的16项研究发现的综合进行了**元分析**（**meta-analysis**）。A型行为模式与冠心病之间的平均相关系数只有+0.009，这意味着A型行为模式与冠心病之间实际上不相关。A型行为模式中的敌对成分与心脏病之间的相关系数只是略微较高。

元分析：一种整合若干相似研究的发现，提供该领域全体面貌的分析。

❖ 评价

- ⊕ A型个体的人格特征会导致压力、进而可能引起躯体疾病似乎是有道理的。
- ⊖ A型行为模式包括若干成分（如，时间紧迫感、敌对、竞争性），这些成分事实上不能形成一种合乎逻辑的人格类型。
- ⊖ A型行为模式的不同测量（如，结构化问卷和詹金斯活动量表）之间仅有微弱相关（Mayes, Sime & Ganster, 1984），因此显然不能测量相同的人格维度。
- ⊖ 如果我们考虑所有的证据，充其量在A型行为模式与冠心病之间存在相当小的关联。

作用机制：压力如何引发疾病？

有确凿的证据表明压力增加了人们患病的机会。压力引发疾病的方式主要有两种：

1. **直接方式**，通过降低人体的抗病能力。
2. **间接方式**，通过让有压力的个体养成不健康的生活方式（如增加抽烟量和酗酒量）。

免疫系统

压力会通过损害**免疫系统**（**immune system**）的工作过程引发疾病。包含着大多数免疫系统细胞的人体组织是骨髓、淋巴结、胸腺、扁桃体、脾、阑尾和小肠。**心理神经免疫学**（**psychoneuroimmunology**）这个术语就是指研究压力和其他心理因素对免疫系统的影响。压力能对免疫系统产生相当直接的影响。另外，压力还能通过不健康的生活方式间接影响免疫系统。免疫系统中的细胞含有参与压力反应的各种激素和神经递质的感受器，因此了解生理性压力反应如何影响免疫系统的功能是比较容易的。

免疫系统是如何工作的呢？免疫系统中的细胞称为白血细胞（**白细胞**，**leucocytes**）。这些细胞会识别并破坏外来体（**抗原**，**antigens**），比如病毒。此外，抗原的出现会导致抗体的产生。**抗体**（**antibodies**）产生于血液中。它们是依附于抗原的蛋白质分子，

免疫系统：体内参与抵抗疾病的细胞系统。

心理神经免疫学：压力和其他心理因素对免疫系统影响的研究。

白细胞：发现和破坏抗原的白血细胞。

抗原：诸如病毒之类的外来体。

抗体：将自身依附在入侵者身上的蛋白质分子，选定入侵者，随后消灭。

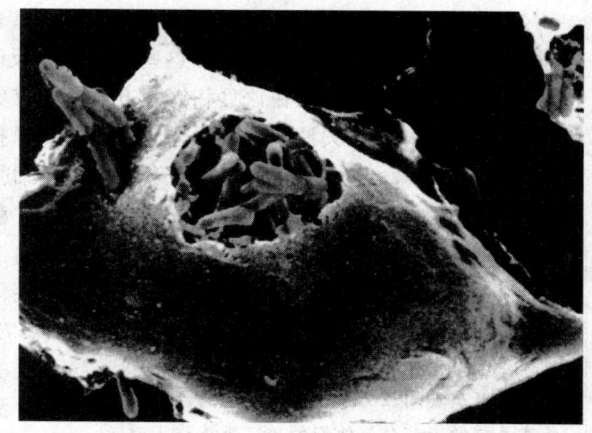

很像电影中的某种怪物，免疫系统中的白细胞通过吞噬入侵者将之杀死。照片中一个白细胞正在吞噬结核分歧杆菌。

会把入侵人体的物质视作外来物除掉。

在免疫系统中有多种白血细胞或白细胞，包括 T 细胞、B 细胞和自然杀伤细胞。T 细胞会摧毁入侵者，T 辅助细胞会增强免疫功能。这些 T 辅助细胞受艾滋病病毒（引发艾滋病）的攻击。B 细胞会产生抗体。自然杀伤细胞则会参与抵抗病毒和肿瘤的战斗。

我们如何评价免疫系统的功能呢？要获得对免疫系统功能的直接评价非常困难。不过，血液循环会在免疫组织和发炎区域之间输送免疫分因子，因此对这类血样的分析能够为免疫系统机能提供间接证据。免疫系统整体机能的三个测量指标如下：

为什么对于某些人来说，采集血样不是一个评估压力影响的好方法？

- 淋巴细胞的增加是对有丝分裂原提升的响应，有丝分裂原是淋巴细胞的活化剂。
- 自然杀伤细胞的活动水平。
- 抗体的生产，尤其是分泌型免疫球蛋白 A（sIgA）。

上述指标的高水平表示免疫系统功能良好、低水平意味着免疫功能受损这一假设是诱惑人的（但却是错误的！）。埃文斯等人（Evans, Clow & Hucklebridge, 1997, p.303）指出，我们应该"把免疫系统看做是在努力维持一种微妙的平衡状态"。因此，我们很难解释免疫系统机能的变化。在讨论相关证据时，我有时会提到免疫系统的功能受损，但这应该视为免疫系统机能的某个或多个测量指标水平的降低。

证据

谢里夫等人（Schliefer, Keller, Camerino, Thornton & Stein, 1983）发现，压力能改变免疫系统的机能。他们比较了患乳腺癌女性的丈夫的免疫系统功能。丈夫们的免疫系统功能在妻子去世后比以前更弱，表明丧亲对免疫系统有影响。

压力会影响自然杀伤细胞的毒性，这种毒性在抵抗各种感染和癌变方面具有重要作用。人们发现，高压力人群（例如，面临重大考试的学生，丧失亲人的人以及极度抑郁的人）的自然杀伤细胞毒性水平降低（Ogden, 1996）。古德金等人（Goodkin et al., 1992）研究了 HIV 呈阳性的同性恋男性自然杀伤细胞的毒性，在检验时未表现出任何躯体症状。饮食中富含维生素 A 并且不饮酒的人，他们的自然杀伤细胞毒性水平更高。这些发现也许反映了压力对免疫系统的间接影响，压力最大的人比其他人在饮食和饮酒方面会养成更不健康的生活方式。此外，那些采用积极应对方式、关注（并且表达）情绪的 HIV 携带者，比那些采用其他方式的 HIV 携带者的自然杀伤细胞毒性水平更高。这表明压力对免疫系统有直接影响。

赫伯特和科恩（Herbert & Cohen, 1993）报告了基于来自 38 项研究发现的元分析。他们报告，各种长期压力源会降低免疫系统功能诸多方面的功能。赫伯特和伯恩（p.372）总结认为："我们发现，大量证据表明压力与……人类的免疫测量指标有关系。"

到目前为止，我们已经考察了长期压力对免疫系统的影响，并且发现这些压力经常会降低其功能。但是，这些影响与短期压力截然不同，短期压力至少还能在免疫系

考试压力与疾病

研究者（Kiecolt-Glaser et al., 1986）评估了医学院学生的压力水平，并采集了两次血样：一次在考试前六周，另一次在考试期间。在考试期间压力水平上升，作为血液中免疫系统的一部分，他们的循环性杀伤 T 淋巴细胞在数量上大幅度下降。

统功能的某些方面有提升作用。例如,泽尔等人(Zeier, Brauchli & Joller-Jemelka, 1996)研究了轮班的航空交通操控员。在这次轮班中,他们表现出分泌型免疫球蛋白 A(sIgA)增多,表明免疫系统功能增强。德朗提等人(Delahanty et al., 1996)在实验室条件下调查了短期压力的影响。被试执行有干扰的心算任务,例如把手浸在 3℃ 的水中或阅读杂志。自然杀伤细胞在两项压力任务中比在阅读杂志的控制任务中更活跃,表明免疫系统机能增强。

❖ 评价

- ⊕ 压力会引起免疫系统发生变化,增加个体患各种躯体疾病的可能性。那些免疫系统已经衰弱的个体基本属于此类情况(Bachen, Cohen & Marsland, 1997)。
- ⊖ 大多数承受压力个体的免疫系统功能仍处于正常范围。这使巴钦等人(Bachen et al., 1997, p.38)断定:"心理神经免疫学 [PNI] 研究中所发现的免疫变化的性质还是数量与疾病易感性的增强有关,目前尚不清楚。"
- ⊖ 长期压力源会损害免疫系统功能,短期压力源则不会。
- ⊖ 免疫系统非常复杂,因此,很难对个体免疫系统的质量进行评估。
- ⊖ "文献中遗失的部分……是将心理因素与确实存在的疾病之间的关系归因于免疫系统变化的强有力证据。"(Cohen & Herbert, 1996, p.113)

生活方式

有合理确凿的证据表明,生活方式对疾病和寿命具有重要影响。在一项著名研究中,贝洛克与布雷斯洛(Belloc & Breslow, 1972)让美国加利福尼亚 Alameda 县的居民根据日常生活习惯指出下面七种健康行为中哪些是他们具备的:

- 不抽烟。
- 每天坚持吃早餐。
- 每天喝不多于 1—2 瓶含酒精的饮料。
- 有规律地运动。
- 每天晚上睡 7—8 个小时。
- 体重超重不超过 10%。

贝洛克与布雷斯洛发现,践行上述行为的大多数成人报告,他们比很少践行或不践行上述健康行为的人更健康。一项追踪研究在九年半之后获得更令人震惊的发现。布雷斯洛与恩斯特洛姆(Breslow & Enstrom, 1980)发现,践行上述所有七种健康行为个体的死亡率只

压力会导致不健康的生活方式

有践行三种以下健康行为个体的23%。我个人的分数是5,这的确有点令人欢欣鼓舞!

压力能通过生活风格的改变间接导致疾病。有压力的个体更可能将自己暴露于**病原体**(**pathogens**,导致躯体疾病的媒介物)中。有压力的人往往比无压力的人抽烟更多,喝酒更多,运动更少,睡眠也更少(Cohen & Williamson, 1991)。例如,体验到高水平压力的青少年比压力较小的个体更可能开始抽烟(Wills, 1985)。戒烟后在生活中遭遇较多压力的人更可能复吸(Carey, Kalra, Carey, Halperin & Richard, 1993)。就酗酒而言,许多人支持紧张缓解理论(Ogden, 1996)。根据该理论,焦虑、恐惧、抑郁等紧张状态导致了酗酒量的增加以缓解紧张水平。

布朗(Brown, 1991)报告了疾病依赖于生活方式和压力的证据。他以消极生活事件的方式,比较了身体适宜性高和身体适宜性低的学生所受压力的影响。在压力的影响下,身体不健康的学生探访健康诊所的次数增加了三倍,身体健康的人探访健康诊所的次数则未受影响。

> **病原体**:引起躯体疾病的媒介物。

应对压力

人们应对和缓解压力的方式非常有趣。备受关注的是应对(**coping**),可以界定为"行动努力和内心[心灵]努力,旨在处理(即掌控、忍受、缓解、弱化)加重或超过个人资源的内外部需求和冲突"(Lazarus & Launier, 1978, p.311)。因此,应对包括行为策略或认知策略(或二者兼具)。

首先,我们来考察应对压力的性别差异。然后,我们探讨人们在日常生活中所使用的主要应对策略。最后,我们考察用来帮助暴露在严重压力下的个体的各种干预技术。

> **应对**:为了掌控情境及/或减少需求,处理高要求情境所付出的努力。

性别差异

坎农(Cannon, 1932)认为,我们的生理压力反应使我们为斗争或逃跑做好准备。如果我们能够战胜正在攻击我们的人,我们可能会与其对抗。如果威胁较大,我们就会逃跑。这一观点一直都很流行。不过,泰勒等人(Taylor, Klein, Lewis, Gruenewald, Gurung & Updegraff, 2000)认为,男性和女性对压力的反应存在重要的差异。男性更可能采用"对抗或逃离"的反应来回应压力情境,女性则一般会采用"趋向和友好"的反应进行回应。因此,女性通过保护和照顾她们的孩子(趋向反应)以及积极地向他人寻求社会支持(友好反应)来应对压力源。其中有些效果在跨文化中也被发现。爱德华兹(Edwards, 1993)发现,在12种文化中,与男孩相比,女孩更可能向婴幼儿提供帮助和支持。

泰勒等人强调**催产素**(**oxytocin**)的作用,催产素是男性或女性在压力反应时分泌的一种激素。催产素使人更不焦虑、更和气,因此与趋向和友好反应有关。它的影响可因雄性激素而削弱,也可因雌性激素而增强。

> 你希望发现什么样的性别差异,为什么?

> **催产素**:一种为了应对压力而产生的激素,可用来削弱焦虑和增强社交活动。

证据

该理论的一个假设是,男性比女性更可能用对抗和逃离反应来应对压力情境。有关攻击的研究在某种程度上支持了这一假设。伊格里和斯蒂芬(Eagly & Steffen, 1986)进行了一项元分析发现,男性通常比女性的攻击性强,尤其是在身体攻击方面。

很多证据都表明,女性比男性更可能用趋向和/或友好的方式应对压力情境。例如,沙赫特(Schachter, 1959)发现,处在压力下的女性比男性对依附或亲近他人的渴望要大得多。实际上,他发现,处于压力下的男性依附行为的证据是如此之少,以至于在所有的后续研究中他只研究女性!研究者(Luckow, Reifman & McIntosh, 1998)回顾了在寻求和利用社会支持方面存在性别差异的26项研究。在其中25项研究中都是女性比男性寻求的社会支持多,只有一项研究不存在性别差异。

催产素与趋向和友好反应之间存在相关的大多数证据,都来自对其他物种的研究。但是,也有一些相关的人类研究。有研究(Uvnäs-Moberg, 1996)发现,哺乳期女性的催产素与安静和自我报告的友善水平有关。特纳等人(Turner et al., 1999)发现,女性的催产素水平在放松情况下上升,在悲伤情况下降低。爱交际的女性在应对压力过程中比不善交际的女性催产素增量更大。在一项对老龄女性的研究中,泰勒等人报告,被暴露于压力情境之后,催产素的较高水平与较小的皮质醇压力反应和下丘脑垂体肾上腺皮质轴(HPA)更快的恢复有关。

对催产素的大多数研究都涉及其他物种,因此可能与人类并无直接关系。但有趣的是,催产素对老鼠具有强有力的影响。通过催产素稳定下来的老鼠,随后通常会保持几周的安静,这表明催产素对缓解压力可能具有关键作用。

❖ 评价

- ⊕ 该理论是理解压力应对性别差异的一次大胆尝试。
- ⊕ 该理论有助于我们理解为什么在许多文化中,女性的平均寿命会比男性长5—7年。
- ⊖ 泰勒等人(Taylor et al., 2000, p.422)承认:"我们业已指出催产素和内源性类吗啡物质在女性应对压力方面可能具有重要作用,但是我们也提出了其他一些发挥重要作用的因素。"
- ⊖ 压力下的神经内分泌反应在不同压力源之间存在差异(Sapolsky, 1992),但该理论未谈及压力反应依赖于压力源性质的方式。

应对策略

心理学家设计了大量问卷,用于评价压力情境下所使用的应对策略的主要类型。这些问卷在很多方面都是不同的。但是从中得到的一个合理共识是:存在一些主要

行为,性别和压力

弗雷南霍伊泽(Frankenhaeuser, 1983)对工程专业男女学生和公交车男女司机应对压力源时的肾上腺素水平(一种压力指标)进行控制。结果发现男性与女性的结果不存在显著差异,这表明在一些情况下,所谓的压力反应的性别差异,被女性对男性化工作和行为模式的适应给消除了。

的应对策略。我们将基于上述假设考察一个作为例证的测量。

恩德勒和帕克（Endler & Parker, 1990）设计了多维度应对量表来评价三种主要应对策略：

- **任务—定向策略**。这包括获取有关压力情境和可替代行动过程及其可能后果的信息；还包括为了直接应对压力情境，确定重点，然后行动。
- **情绪—定向策略**。这包括维持希望和控制情绪的努力；还包括发泄愤怒和受挫的情绪，或确定无法改变的事物。
- **回避—定向策略**。这包括否定或弱化事态的严重性；还包括对压力思想的有意识抑制，及其通过自我防御思维出现的替代物。

在特质性焦虑人格维度上得分高并因此而体验到很多压力与焦虑的个体，倾向于使用情绪—定向策略和回避—定向策略，而不是任务—定向策略（Endler & Parker, 1990）。相反，特质性焦虑低的个体则倾向于使用任务—定向策略。

霍伯福尔（如 Monnier, Hobfoll & Stone, 1996）曾指出，大多数应对方法均未重视社会背景。他们的多轴应对模型确定了三个维度：(1) 主动对被动；(2) 亲社会对反社会：社会联合与寻求社会支持对反社会行为、本能行为和攻击行为；(3) 直接对间接：解决问题的直接行动或间接行动。亲社会对反社会这个维度被认为是至关重要的。应对压力最佳的个体，能确保在无压力的时候把时间和精力投入到构建强大的社会支持网中。

证据

哪种应对策略对缓解压力是最有效的呢？拉扎鲁斯（Lazarus, 1993, p.238）指出："在两种应对功能中，即关注问题的 [任务—定向] 和关注情绪的，西方价值观里存在一种崇敬前者而不信任后者的强烈倾向。对问题采取措施而不是重新评估其意义似乎更受人欢迎。"这一观点获得了某些支持。福科曼等人（Folkman et al, 1986）让人们报告过去经常使用的用来处理压力事件的应对策略，还让他们评价结果满意或不满意的程度。有计划的问题解决往往与满意的结果有关，对抗性应对（如，表现愤怒）和疏远（试图忘记问题）则与不满意的结果有关。

还有证据表明，回避定向策略通常是无效的。卡弗等人（Carver et al., 1993）研究了被诊断为患乳腺癌的女性。那些采用回避的应对方式，比如，否定或简单地拒绝努力应对的女性，比接受诊断并保持幽默感的女性的抑郁水平更高。研究者（Epping-Jordan, Compas & Howell, 1994）研究了患各种癌症的年轻女性和男性。在一年时间里，采用回避策略患者的疾病比不采用这一策略的患者的疾病变得更加严重。

尽管有上述证据，但认定某一特定的应对策略总有效而另一种策略总无效的观点是大错特错的。任何一种应对策略的效果都要取决于个体、背景及压力情境的性质。除了人们无法改善的状况，任务或问题定向的应对策略一般是有效的。例如，科林斯等人（Collins et al., 1983）在重大

你认为其他文化对这些应对策略会持有相同的看法吗？

回避定向策略

核事故发生后立即考察了三里岛周边居民的状况。采用问题定向应对策略的个体，比采用情绪定向策略的个体更抑郁。

回避定向应对策略在某些场合下也比较有效。例如，科恩和拉扎鲁斯（Cohen & Lazarus, 1973）考察了手术后住院治疗的患者所使用的应对策略。使用否认策略的患者比未使用该策略的患者表现出更快的康复速度（和更少的并发症）。

一个重要的观点是，许多压力情境都会随着时间推移发生改变，最佳应对策略同样如此。例如，福科曼和拉扎鲁斯（Folkman & Lazarus, 1985）发现，面临考试压力的学生会在考前寻求信息与社会支持。之后，在等待结果的时候，他们通常会使用回避定向策略（如，忘记所有关于考试的信息）。在不同的背景下，当个体刚患上心脏病时否定的回避定向策略是很危险的，但在随后的住院治疗期间又是有效的。如果出院后一直长时间使用这种策略，情况又会变得很危险。

❖ 评价

- ⊕ 应对策略在决定压力事件对个体身心状态的影响方面具有重要作用。
- ⊕ 在一些主要应对策略的性质上已经取得较好的共识（如，任务定向，回避定向）。
- ⊖ 在实际行为中证实的应对策略，通常不同于通过自陈量表加以评价的应对策略。
- ⊖ 通常来说，个体偏爱的应对策略才会被评价。拉扎鲁斯（Lazarus, 1993, p.241）指出："广义的应对方式不能以在具体背景中处理特定压力源的方式对个体中[个人内部]的变异进行恰当的解释和预测。"
- ⊖ 根据拉扎鲁斯（Lazarus, 1993, p.242）的观点："如果我们对被研究者的应对思想和行动有更多的了解，那么应对过程测量将会更有意义、更有用。就现状而言，应对过程的测量措施与以前一样，与个体是相分离的。"例如，如果个体不是受到激发而获取成功而是他/她本身就有远大抱负，采用回避定向应对策略来应对可能的考试失败将会更有意义。

社会支持

人们经常宣称社会支持有助于抵抗压力（Monnier et al., 1996）。但在讨论证据之前，我们需要先来考察社会支持的定义。我们需要区分结构性社会支持和功能性社会支持，前者是个人基本的社会关系网，后者与社会支持的性质有关。

根据谢弗等人（Schaefer, Coyne & Lazarus, 1981）的观点，这些社会支持对健康和幸福感的影响存在重要差异。功能性社会支持与健康和幸福感呈正相关，结构性社会支持与幸福感无关。社会关系网甚至可能与幸福感呈负相关，因为维持一个庞大的社会关系网非常耗费时间和精力。

证据

布朗和哈里斯（Brown & Harris, 1978）指出了社会支持的重要性。他们发现，61%的严重抑郁女性在前9个月中经历了压力巨大的生活事件，相比而言，不抑郁

> 社会支持对上页所概括的不同应对方式有何帮助？

社会支持是缓解压力水平的心理方法之一

的女性只有25%的人体验到此类事件。不过,许多女性在竭力处理严重的生活事件时却未变得抑郁。在经历重大生活事件的女性当中,无亲密朋友的人有37%会变得很抑郁,那些有非常亲密朋友的人只有10%变得抑郁。

豪斯等人(House et al., 1988)回顾了一些大型预期式研究,并讨论了良好社会支持价值的确凿证据。具有高社会支持的个体的死亡率远远低于只有很少社会支持的人。

社会支持如何保护人们不受各种致命因素的影响呢?一种方式是对心血管功能施加有益影响。该观点受到一些研究者(Uchino, Cacioppo & Kiecolt-Glaser, 1996)的支持,他们回顾了50多项研究。具有高社会支持的个体比没有良好社会支持的个体血压更低。上述研究者还回顾了19项研究,这些研究阐述了社会支持对免疫机能的影响。具有良好社会支持个体的免疫系统机能往往更强(如,有更强的自然杀伤细胞的反应)。

上述研究者讨论了所考察的证据,得出以下结论:"社会支持可以通过改变心血管系统、内分泌系统和免疫系统来影响死亡率。"(1996, p.145)

我们必须避免夸大社会支持的价值,尤其是在个体面临非常严重的压力源的情况下。例如,博尔格(Bolger, 1996)发现,对乳腺癌患者来说,有高度的社会支持并不能减轻她们的抑郁和疾病的发展。

干预技术

人们发明了众多干预技术来缓解很多人体验到的严重压力。在此不可能对所有的干预技术都做到一视同仁。因此,我们将着重阐述三种主要的干预技术。我们首先讨论认知干预技术(压力预防训练)。然后考察生物反馈,这是一种整合生理和心理成分的技术。最后,我们探讨压力的各种药物治疗。

压力预防训练

人们设计了一些认知疗法来治疗临床焦虑和抑郁(见第23章)。该疗法的本质是用积极合理的想法(如,"如果我足够努力,我就能完成很多事情")取代消极和不合理的想法(如,"我完全是无能的")。认知疗法被用于已遭受高度焦虑和/或抑郁的患者身上。梅钦鲍姆(Meichenbaum, 1977, 1985)指出,我们应当在人们变得非常焦虑或抑郁之前而不是之后使用认知疗法。这使他发展出了压力预防训练。

压力预防训练包括三个主要阶段:

1. 评价。 治疗师讨论个体问题的性质,以及个体对如何消除问题的看法。
2. 压力缓解技术。 个体学习各种缓解压力的技术,比如放松和自我指导。

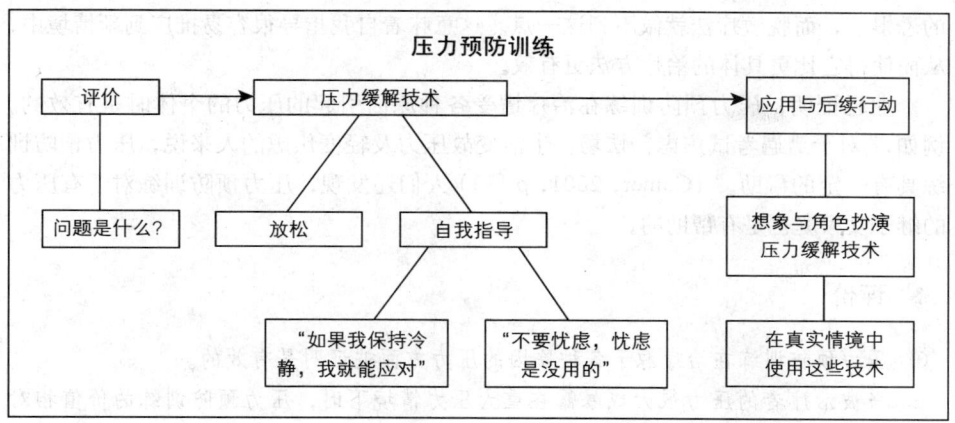

自我指导的本质是个体实践各种应对性自我陈述。自我陈述在压力情境下的不同阶段是不同的：

(a) 为应对压力源而做准备（如，"我应该做什么？"）。

(b) 面对和处理压力源（如，"放松，做一次缓慢的深呼吸"）。

(c) 应对被压迫感（如，"尽力把恐惧保持在可控水平上"）。

3. 应用和后续行动。个体想象把第二阶段学到的压力缓解技术用于困难情境，以及/或与治疗师一起参与对该情境的角色扮演。最后，技术被用于真实的生活情境。

梅钦鲍姆在压力预防训练方面发展了自己的某些早期观点。尤其要提到的是，他更强调其中所涉及的某些认知过程。例如，他认为考虑个体如何看待他们觉得特别有压力的情境非常重要。

证据

梅钦鲍姆（Meichenbaum，1977）将他的压力预防技术与所谓的脱敏行为疗法（见第23章）进行了对比。这些方法被应用于遭遇蛇恐惧症和老鼠恐惧症的个体，但只能为一种恐惧症提供治疗。这两种治疗方法在缓解或消除可治疗的恐惧症方面都是有效的。但是，压力预防在很大程度上能缓解未经治疗

用于梅钦鲍姆压力预防训练中的应对性自我陈述样例

为压力情境做好准备：
你必须做什么？
你可以制定一个应对计划。
只考虑你能做什么。这比使自己变得焦虑更好。
也许你所认为的焦虑实际上是面对它的渴望。

面对和处理压力情境：
只需使自己做好精神上的准备——你能迎接这个挑战。
脚踏实地地应对该情境。
紧张状态可以成为应对的助手和线索。
放松；一切都在你的掌控之中。做一次缓慢的深呼吸。嗯，好。

应对压迫感：
当恐惧来临时，只需暂时停下来。
关注现在：你必须做什么？
你应该预期到你的恐惧感会增加。
所发生的事并不是最坏的。

强化自我陈述：
并不像你预期的那么糟。
等待，直到你告诉治疗师有关信息。
你摆脱了超越其本身的恐惧。
你确实做到了！

的恐惧症,而脱敏疗法就做不到这一点。这意味着自我指导很容易推广到新情境中,从而使得它比更具体的治疗方法更有效。

业已证明,压力预防训练在治疗遭受各种原因引起的压力的个体时是有效的。例如,"对于遭遇考试焦虑、怯场、生活变故压力及轻度焦虑的人来说,压力预防训练具有一定的帮助。"(Comer, 2001, p.133)人们还发现,压力预防训练对于有压力的继子女家庭也是有帮助的。

❖ 评价

- ⊕ 压力预防训练在治疗源于各种原因的压力方面被证明是有效的。
- ⊖ 当被治疗者的压力很大或暴露在重大压力情境下时,压力预防训练的价值相对较小。
- ⊖ 有些人发现,在压力情境下难以使用应对性自我陈述法。

生物反馈

生物反馈经常被用来缓解压力。从本质上来说,**生物反馈**(**biofeedback**)是一种为个体提供关于他/她生理机能某些方面详细信息的技术。例如,肌肉神经电探器能够连接在个体前额肌肉上,以提供有关肌张力水平的视觉或听觉反馈。也可以使用能缓解生理压力的技术对个体进行训练。例如,放松训练,包括通过有规律和镇静的方式进行呼吸。

生物反馈训练包括三个阶段:

> **生物反馈**:一种为了促进压力缓解而为个体提供关于他们当前生理活动的信息或反馈的技术。

1. 增强对特定生理反应的意识(如,心率、肌肉张力)。
2. 在安静的条件下学习控制该生理反应的方法;除了生物反馈之外,还包括为成功控制提供奖励。
3. 将该控制迁移到日常生活情境中。

对明显的无意识过程(比如血压)施加有意识控制似乎是不可能的。但是,我们可以考虑一下表演脱身术的哈里·霍蒂尼(Harry Houdini)。在他戴上牢固的镣铐并且衣服和身子也被彻底地搜查确保未藏匿钥匙的情况下,他却从危险情境中成功地逃脱出来。他是怎么做到的呢?他把钥匙藏在咽喉中,当没人看见的时候就把钥匙反刍出来。物体卡在咽喉的自然反应是呕吐反射。但是,霍蒂尼把一些土豆片串起来练习了几个小时,直到他能控制自己的呕吐反射。

生物反馈能暂时降低心率、血压、体温和脑波节律。

人们学习用生物反馈技术来控制正常的无意识身体机能,比如心率。这项技术涉及一种控制相关身体机能和产生视听信号的机器。个体通过放松学会改变这些信号的速率,从而控制无意识机能。

尽管存在着我们不能直接控制心率和血压的事实，因为它们受自主神经系统的主动控制，但这确实发生了。不过，进行间接控制是可能的。例如，深呼吸、使用放松的方法或简单地走动等，均能导致不同生理指标的变化。

证据

我们区分了生物反馈的实验室研究和临床研究，据报告两者都具有有益的影响。维克多等人（Victor, Mainardi & Shapiro, 1978）用冷压测试做了一个实验室研究，在实验中，被试必须把手浸在冰水中30秒。暴露在冷压测试中，被试通常会出现心率加快和剧烈疼痛感。维克多等人发现，经历过生物反馈训练的被试在冷压测试中会设法降低心率，并会比没经过训练的被试报告更少的疼痛。

牛顿等人（Newton, Spence & Schotte, 1995）报告了来自一个临床研究的发现。他们发现，生物反馈在治疗背部疼痛时是有效的。生物反馈还被用来治疗严重的高血压，该技术与血压降低有关（Blanchard, 1994）。不过，生物反馈经常伴以放松训练，一些证据显示，放松训练在降低严重的高血压患者的血压方面比生物反馈发挥的作用更大（Blanchard, 1994）。

霍尔罗伊德和弗伦奇（Holroyd & French, 1994）报告了几项来自遭受紧张性头疼患者的临床研究发现。肌肉神经电探器的生物反馈，使报告的头疼次数平均降低了47%。不过，人们对这些效果是如何产生的尚存在争议。霍尔罗伊德等人（Holroyd et al., 1984）发现，肌肉神经电探器的生物反馈与紧张性头疼的缓解有关。但是，认为自己假装通过生物反馈降低肌肉张力的被试所经历的头疼更少。因此，生物反馈的有益影响可能是通过知觉控制而非直接影响生理过程而产生的。

❖ 评价

- ⊕ 一些实验室研究报告了生物反馈对压力的有益影响。
- ⊕ 在临床研究中，生物反馈的使用被发现与一些状况的缓解有关，如严重的高血压、紧张性头疼和背部疼痛。
- ⊖ 尚未清晰地理解生物反馈具有有益作用的确切原因。
- ⊖ 生物反馈的某些影响可能是由于放松训练或知觉控制（如Holroyd et al., 1984）。
- ⊖ 在那些具有紧张性和迫切感生活方式的人群中，生物反馈不可能长期成功地缓解压力。

药物治疗

缓解压力的方法之一是给人们服用抗焦虑药（也见第23章）。所

这是世界著名的美国表演脱身术专家霍蒂尼的一张照片，他多次从危险的，甚至具有潜在致命性的情境中奇迹般地逃脱。他最喜欢的戏法之一（在正文已讨论）是用生物反馈技术将钥匙藏匿在咽喉中。

据报道，练习瑜珈的人能充分减慢自己的心跳，他们能在密封的小房间中大多数人都会窒息而死的情况下存活更长时间。他们用放松来控制自己的身体系统。

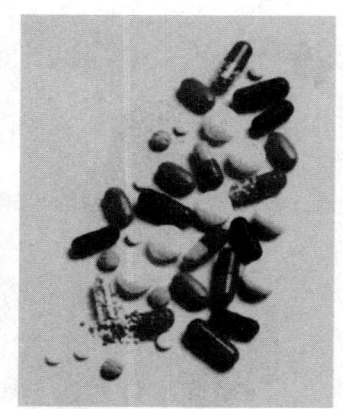

大量的抗焦虑药物,其中使用最普遍的是诸如安定和利眠宁之类的苯二氮平类药物。

使用的大部分抗焦虑药都属于苯二氮平类药物(benzodiazepines)(如,安定、利眠宁)。大脑中含有苯二氮平类药物感受器,形成了r-氨基丁酸(GABA)感受器复合体的一部分。这些苯二氮平类药物可以增强神经递质GABA的活动,这种递质会通过神经系统抑制激活。苯二氮平类药物在缓解焦虑方面非常有效,全世界成千上万的人都在使用。

尽管苯二氮平类药物很有效,但也有令人讨厌的副作用。它们通常有镇静作用,使人感觉昏昏欲睡。此外,苯二氮平类药物还能导致认知和记忆受损,有时会导致抑郁情绪,此外还与酒之间存在不可预测的相互影响(Ashton,1997)。因此,服用苯二氮平类药物的个体更可能遭遇事故。最后,许多人会对苯二氮平类药物产生依赖性,长期服用后会经历严重的退化症状(Wickens,2000)。在停止服用苯二氮平类药物前至少服用一年的个体中,只有43%的人尝试停用至少一周(Rickels et al.,1990)。

丁螺环酮(buspirone)比苯二氮平类药物更有优势。它是一种5-羟色胺拮抗剂,这意味着它能促进神经递质5-羟色胺作用的发挥。它不具备苯二氮平类药物所拥有的镇静作用,也没有明显的退化症状。不过,丁螺环酮也会产生像头疼和抑郁之类的副作用(Goa & Ward,1986)。此外,丁螺环酮应对巨大压力时,效果不如苯二氮平类药物好,因为它的药效发挥需要持续使用两周(Wickens,2000)。

β-阻滞剂(Beta blokers)是通过减少交感神经系统活动来缓解压力和焦虑的药物。它们对心脏和循环系统有直接效果,因此可以减缓心率和降低外周血压。它们的作用是针对身体的,对大脑活动没有直接影响。β-阻滞剂在降低血压与治疗心脏病方面被证明是有效的。例如,劳等人(Lau et al.,1992)考察了用于元分析的大量研究发现,发现β-阻滞剂使心脏病患者的死亡威胁降低了20%。β-阻滞剂的一个优点是不存在依赖性问题。不过,β-阻滞剂也会产生各种令人讨厌的副作用,包括四肢冰冷、疲劳、梦魇和幻觉。

抗焦虑药在缓解压力的紧张情绪方面非常有效。不过,它们未阐明导致压力的问题,而且还具有不利的副作用。苯二氮平类药物的短期使用期限一般应该限制在四周之内(Ashton,1997)。此外,它们只能用于具有严重焦虑症状的个体,药物剂量应控制在发挥有效作用的最小量。对苯二氮平类药物具有依赖性的个体应该使其用药量逐渐减少。好消息是,大约70%对苯二氮平类药物有依赖性的个体,在被鼓励戒掉之后的若干年或更长时间里都能设法戒除依赖性。

苯二氮平类药物: 也称为抗焦虑药,一种用来缓解压力水平的药物(如安定)。

丁螺环酮: 一种被用作抗焦虑药物的5-羟色胺拮抗剂。

β-阻滞剂: 通过减少交感神经系统活动来缓解压力的药物。

小 结

什么是情绪？

情绪包括不同的反应系统，例如面部或其他表情、生理活动的变化、主观的情绪状态和行为模式。不同的情绪反应系统通常只具有很小的一致性。这是因为反应指标不够完善，每一种反应系统都有其自身功能。情绪比心境更短暂、更剧烈，更频繁地由具体事件引起。情绪具有多种功能（如，焦虑有助于探测威胁的存在）。与愤怒和恐惧有关的生理变化有助于个体应对环境的挑战。情绪会影响个体追求具有最大生存价值的目标。情绪经常会打乱我们手头正在做的事，但也能引起旨在实现比当前目标更重要的目标的高度组织化行为。

有多少种情绪？

艾克曼的研究表明，通过面部表情能够可靠地确认六种基本情绪：高兴、惊奇、愤怒、悲伤、恐惧，以及带有轻蔑的厌恶。与面部表情有关的情绪存在大量跨文化的一致性，但许多研究都是基于所拍的照片。自我报告的证据与积极情感和消极情感层次模型较高层次的一致性最高，而与低层次的较具体的情绪一致性最低。积极情感和消极情感是否如模型中提到的那样彼此相互独立，尚存在异议。

情绪理论

根据詹姆斯—兰格理论，我们的情绪取决于对自己身体症状的体验。但是，生理变化的反馈对于情绪体验并不是必须的，不同情绪的生理模式差异比预期的更小。根据唤醒—解释理论，高生理唤醒及其情绪解释对情绪体验来说都是必要的。该认知理论只得到微弱支持，而且不能说明高度唤醒通常以消极方式加以解释这一发现。拉扎鲁斯的评价理论宣称认知评价有助于决定情绪体验。该理论通常不重视引发情绪的社会背景，也未考虑情绪刺激的自主加工。帕金森的四因素理论合理地综合了前面几种理论。根据 SPAARS 模型，情绪的产生既是完全认知加工的结果也是自动加工的结果。该模型通常不能进行清晰的预测，也未充分考虑生理过程的作用。

情绪的生理系统

大脑对情绪的作用通过损毁法、成像技术及药物使用进行研究。根据帕佩兹—麦克利恩的边缘模型，边缘系统对情绪产生具有重要作用。部分边缘系统（杏仁核）对恐惧和焦虑尤为重要。根据勒杜的观点，焦虑涉及两条大脑环路：通过

看到一张笑脸会增加你的积极情感

皮质的丘脑与杏仁核之间的慢反应环路，以及绕开皮质的快反应环路。愉快情绪主要涉及左侧皮质，不愉快情绪大部分涉及右侧皮质。5-羟色胺起抑制作用，中等水平的5-羟色胺能抑制愤怒和抑郁。

深入阅读

- Dalgleish, T. (1998). Emotion. In M.W. Eysenck (Ed.), *Psychology: An integrated approach.* Harlow, UK: Longman. This chapter contains a fairly detailed account of major issues in the field of emotion.
- Lewis, M., & Howland-Jones, J.M. (2000). *Handbook of emotions* (2nd. ed.). New York: Guilford Press. The chapters of this edited book contain comprehensive accounts of emotion written by leading experts.
- Pitts M., & Phillips, K. (1998). *The psychology of health: An introduction* (2nd. ed.). London: Routledge. The effects of stress on physical health are discussed in an acces-sible way in various chapters of this book.
- Wickens, A. (2000). *Foundations of biopsy chology.* Harlow, UK: Prentice Hall. Chapter 5 in this book deals with the biological aspects of emotion.

第 2 部分
认知心理学

- **注意与成绩限制**
  注意
  集中性听觉注意
  集中性视觉注意
  分配性注意
  自动加工
  不随意动作

- **视觉**
  视觉系统
  知觉组织
  知觉：准确与不准确
  颜色知觉
  运动知觉
  空间或深度知觉
  无意识知觉
  客体再认
  面部知觉

- **条件反射和学习**
  经典条件反射
  操作性条件反射
  观察学习
  内隐学习
  技巧获得和专门化

- **人类记忆**
  多储存系统
  工作记忆
  加工水平
  遗忘理论
  长时记忆理论
  健忘症
  图式理论
  日常记忆

- **思维**
  问题解决
  判断研究
  做决策
  演绎推理
  演绎推理的理论
  归纳推理
  人类思维有何缺陷

- **语言**
  言语知觉
  基本阅读过程
  讲述过程
  故事过程
  言语产生
  言语障碍
  语言和思维

认知心理学主要与认识环境和适宜行动决策中所包含的内部心理过程有关。这些过程包括注意、感知觉、学习、记忆、语言、问题解决、推理和思维。

认知心理学在心理学的其他一些领域变得越来越重要。例如，我们可以考虑一下它在发展心理学、社会心理学和变态心理学等领域的表现。为了理解婴儿如何发展成青少年和成人，就有必要考察儿童期所发生的巨大认知变化。为了理解个体在社会情境中如何与他人发生联系，我们需要理解个体记忆中储存的有关自己和他人的知识、他们对当前社会情境的解释等。为了理解遭受焦虑障碍和抑郁折磨的患者，关注患者对自身、现在和未来所具有的偏向性解释是非常重要的。

四种主要取向

认知过程的发生一般较为迅速，它们发生在不能直接进行观察的大脑内部。因此，这些过程不易进行研究。人们在面临需要完成的任务时作出的反应给我们提供了有关内部所发生的认知过程的信息，但是多数情况下他们所提供的仅仅是这些过程的间接反映。

认知心理学家如何应对在理解人类认知时所遇到的挑战呢？他们提出四种研究人类认知的主要取向（下文讨论），并假设由这四种取向所提供的整合信息是理解人类认知的最佳方式。鉴于每种取向各有优缺点，因此上述看法是有意义的。如果来自两种或多种取向的研究结论相似，我们就有信心确定这些发现是相似的和重要的。

四种主要取向如下：

- **实验认知心理学**（experimental cognitive psychology）。通常在实验室条件下针对正常个体实施实验。
- **认知神经心理学**（cognitive neuropsychology）。为了理解正常人的认知，对脑损伤患者的认知偏差模式进行研究。
- **认知科学**（cognitive science）。发展计算机模型来模拟（和理解）人类认知。
- **认知神经科学**（cognitive neuroscience）。为了识别认知过程和结构，使用某些技术研究大脑功能（例如，大脑扫描）。

> **实验认知心理学**：一种认知心理学取向，大多在实验室条件下实施实验。
>
> **认知神经心理学**：基于脑损伤患者研究的认知心理学取向。
>
> **认知科学**：基于计算模型建构的认知心理学取向。
>
> **认知神经科学**：基于使用多种技术（例如，大脑扫描）以较为直接的方式研究大脑的认知心理学取向。

四种取向之间的实际区分并不像想象中那样截然分明。像"认知科学"和"认知神经科学"这样的术语，通常以广义的方式涵盖了（甚至全部）上述四种取向。此外，很多研究都整合了多种取向的成分。例如，有一种所谓的"联结主义神经心理学"（connectionist neuropsychology），通过"损伤"或破坏计算机网络，来考察作业的结果模式是否与脑损伤患者的结果类似。该取向就整合了认知科学和认知神经心理学。

实验认知心理学

在实验室条件下利用正常人进行的实验，通常被认为控制严格和"科学"。但是，人们在实验室和日常生活中的行为方式可能会存在差异。正如希瑟（Heather, 1976, p.33）所指出的："利用人类被试经过多年实验得到的知识，是一些有关陌生人在心理实验条件下高度人为化和非常见社会背景中如何相互作用的信息。"

实验室研究存在的人为性问题，经常是通过宣称这些研究缺乏生态学效度被提及。阿瓦维拉什维利与埃利斯（Avavilashvili & Ellis，出版中）认为，**生态学效度（ecological validity）**包括两个方面：(1) 代表性；(2) 可推论性。代表性指实验情景、刺激和任务的性质。可推论性是指一项研究的结论适用于现实世界的程度。可推论性比代表性更为重要，因此我们必须确保实验研究具有可推论性。

认知神经心理学

认知神经心理学家假设，认知系统由脑内的一些**模型（module）**或认知过程构成。这些模型独自运行，因此脑损伤只对某些模型的功能造成损害，而不会影响其他模型。例如，言语和语言理解中所包括的模型或处理器是截然不同的。所以有些脑损伤患者能够理解语言却不能流利地讲话，而有些患者能够流利地讲话却不能理解语言。

认知神经心理学家希望找到某些分裂现象。当患者能正常地完成一项任务，而在另一项任务上出现严重损害时，就发生了分裂。例如，遗忘症患者能较好地完成涉及短时记忆的任务，但却在大多数长时记忆任务上表现很差（见第9章）。这些发现表明，长时记忆和短时记忆包含不同的模型。不过，人们认为脑损伤仅仅降低了完成困难（而非容易）任务的能力，而长时记忆任务要难于短时记忆任务。实际上，该解释是不正确的，因为有些脑损伤患者长时记忆较好而短时记忆较差。

上述记忆研究阐述了双重分裂现象。两项任务之间的双重分裂（double dissociation）发生的条件是：一些患者能正常地完成任务 A 却不能完成任务 B，而其他患者能正常地完成任务 B 却不能完成任务 A。双重分裂为不同模型的存在提供了强有力的证据。我们将会看到，认知神经心理学取向在人类认知研究工作尤其是在语言领域已经提供了丰富的重要信息。脑损伤患者研究大大增强了我们对像出声阅读视觉呈现的单词等简单活动背后的复杂过程的理解（见第11章）。

除了所取得的这些成功之外，认知神经心理学研究也存在一些潜在的问题。第一，我们无法观察到脑损伤对于认知功能的所有效应，因为脑损伤患者会发展出补偿性策略来应对损伤。但在实际上，这是一个很罕见的严重问题。第二，不夸大大脑的认知功能的程度是很重要的。正如巴尼奇（Banich, 1997, p.52）所指出的："大脑是由大约 500 亿个互连神经元构成的。因此，即便是可以用一个单元模块进行合理解释的复杂认知功能，也会依赖于许多相互影响的大脑区域或系统。"

第三，由于脑损伤部位基本类似的个体之间存在个体差异，因此认知神经心理取向是很复杂的。正如巴尼奇（Banich, 1997, p.55）所指出的，这些个体"在年龄、社会经济地位、教育背景等方面有着巨大的差异。在脑损伤之前，他们已经经历了不同的生活经历。在那之后，他们的生活经历也可能会发生变化。"

认知科学

认知科学家提出的计算机模型可以向我们展示，如何详细地阐述任一特定理论。这相对于先前的众多认知心理学理论而言是一个明显的优势，先前的理论表达非常含糊，难以清楚地表明从这些理论中能够作出怎样的预测。

近些年来，联结主义网络日渐流行。**联结主义网络（connectionist networks）** 通常由相互联结的基本神经单元或节点组成。大多数网络都具有不同的层次结构，通常包括输入连接层、（所谓的"隐藏单元"的）中间层和输出单元层。在这些网络中，记忆遍布于整个网络而非单一位置。

联结主义网络为什么如此盛行呢？一种原因在于，联结主义网络内数量众多的基本单元，似乎类似于大脑内的神经元。另一种原因在于，联结主义网络在某种程度上可以进行自我编程，因此当为之提供特定的输入时，它能"学会"产生具体的输出。最后，大多数先前的模型都是基于**序列加工（serial processing）**，即一次发生一个过程。相反，联结主义模型涉及**平行加工（parallel processing**，同时发生两个以上的认知过程）。这是一种优势，因为在人类认知中平行加工非常普遍。

认知科学取向除了这些明显的进步之外，也有很多局限性。第一，正如加扎尼加等人（Gazzaniga, Ivry & Mangun, 1998, p.103）所指出的："模拟研究一般是独自进行的。模拟某种特定现象可能有多种方式，但是人们在不同竞争性理论的评判性检验方面所付出的努力还很少。"第二，联结主义模型不能模拟人类大脑。它们通常使用成千上万个相互联系的单元来模拟由大脑中数以亿计的神经元来完成的认知任务。第三，有时一些研究发现可以由几种模型进行"解释"。正如卡雷和米尔纳（Carey & Milner, 1994, p.66）所指出的："从具体的输入信息中产生想得到的输出的任何神经网络，都具有很大的局限性；所阐述的每个问题都可以找到无穷尽的解决方法。"

认知神经科学

科技进步已经产生出多种以相当直接的方式来研究大脑的方法。也许你曾注意到，有关这些新技术的媒体报道可谓是铺天盖地。报刊杂志印刷了大量彩色大脑图片，以不同颜色指示出在完成任务过程中大脑受到激活的不同区域。事实上，这些技术使我们能够确定特定认知过程发生的时间（when）和地点（where）。这些信息也能使我们确定某人在执行一项任务时不同脑区受到激活的顺序。

研究大脑的各种技术在空间分辨率（确定哪个脑区在执行任务时受到激活的精度）和时间分辨率（测量这些激活的时间历程的精度）上大相径庭。一些技术所提供的大脑激活信息以毫秒计，另一些技术则仅仅在较长的时间段（例如，分钟、小时）上简要说明大脑的激活状况。与此类似，一些技术所提供的信息是单细胞水平的，而其他技术仅仅揭示较大脑区的激活状况。下面我们探讨几种目前使用的主要技术。

- **事件相关电位（event-related potential，简称 ERP）**。反复呈现某一刺激，获得多次头皮脑电活动的脑电图（EEG）记录，然后进行叠加。ERP 具有极好的时间分辨率，但其空间分辨率很差。

联结主义网络：由相互联系的基本网络或节点组成；每个网络具有不同的结构或层次（例如，输入、中间或隐藏层、输出）。

序列加工：一个过程完成之后才能开始下一个过程的加工，见平行加工。

平行加工：同时完成两种或以上认知过程的加工，见序列加工。

事件相关电位（ERP）：反复呈现刺激，由此产生脑电波或脑电图记录的规律性。

认知神经科学家所使用的技术		
方法	优点	缺点
单个单元记录	较为详细 通过较长的时间才能获得信息	有创伤 只能获得神经水平的信息
ERPs	能获得脑活动时间历程的详细信息	确定具体脑区时缺乏精确性。只能用于研究一般认知过程
PET	活动区域在3—4毫米之间 能够鉴别大量的认知活动	不能揭示脑活动的快速变化 对神经活动仅能进行间接测量 由减法技术获得结论难以解释
MRI 和 fMRI	无生物学方面的风险 能获得精确的解剖学信息 fMRI 能提供有关计时方面的良好信息	神经活动的间接测量 不能追踪大多数认知过程的时间历程
MEG	能对神经活动提供相当直接的测量 能提供认知过程时间历程的详细信息	无关的磁场源会对测量产生干扰 不能提供某一既定时间上脑区激活的准确信息

- **正电子成像术**（positron emission tomography，简称 **PET**）。该技术以正电子（某些放射性物质所放射的原子粒子）的检测为基础。PET 具有良好的空间分辨率，但其时间分辨率差。
- **磁共振成像**（magnetic resonance imaging，简称 **MRI**）。使用无线电波刺激大脑内的原子，个体周围的磁体能够检测到由此所产生的磁变化。MRI 能提供有关大脑结构的信息，可以检测到非常小的脑肿瘤。**功能性磁共振成像**（functional magnetic resonance imaging，简称 **fMRI**），可以检测大脑活动。它比 PET 更为实用，因为它能提供更精确的空间信息。但是该技术需要较长的时间才能显示出这些变化。
- **脑磁图扫描**（magneto-encephalography，简称 **MEG**）。该技术使用超导量子干涉装置（super-conducting quantum interference device，简称 SQUID）来测量脑电活动所产生的磁场。MEG 能以相当直接的方式评价神经活动，并能在毫秒级水平上提供有关认知过程时间历程的详细信息。

当被应用于仅涉及一些较容易确认的脑区的认知领域时，认知神经科学所使用的这些技术是非常实用的（与 S. Anderson 的私人通信）。这在各种知觉领域中似乎表现得更为明显（见第 7 章）。大多数高级认知功能（如，推理、决策）并未进行清晰的组织。因此，尽管大脑的很多区域受到激活，但却难以获得脑内活动事件的清晰图片。

认知神经科学一般仅能提供大脑特定认知功能活动地点（where）的信息。它不能告诉我们这些认知功能如何（how）执行——即所涉及的详细过程——的信息。不过由于近些年来我们在理论上对主要脑区功能有了越来越详细的理解，这一问题已不再成为一个问题。

正电子成像术（PET）：一种大脑扫描技术，具有优良的空间分辨率，但时间分辨率差。

磁共振成像（MRI 和 fMRI）：一种基于脑内磁变化检测的技术；MRI 提供大脑结构的信息，fMRI 提供大脑活动和过程的信息。

脑磁图扫描（MEG）：一种非损伤大脑扫描技术，以大脑活动所产生磁场的记录为基础。

小 结

全面理解大脑的工作方式是 21 世纪面临的重要科学挑战之一,人们对此已达成共识。真正令人兴奋的是,科学家最终将会找到成功迎接这些挑战的技术和途径。科学家们正在卓有成效地使用着该引言中所描述的四种取向(实验认知心理学、认知神经心理学、认知科学和认知神经科学)。事实上,我认为过去十年人们在理解人类认知方面所取得的进步已大大超过以前,并且还会有更光明的未来。

我们对认知心理学主要领域的理解,将通过以下六章加以讨论。我们从第 6 章:注意过程(例如,我们是否注意到空间中的某些物体或某个特定的区域?)开始探讨。这一章也会涉及在同一时间我们试图从事两项任务的决定因素。第 7 章是视觉。我们在这一章将对视觉过程进行全面考察,从视网膜到对周围世界的三维知觉。第 8 章是学习,这对人类而言是非常重要的。我们从基于条件反射的传统学习取向开始论述,然后探讨解释复杂学习(例如,获得专门技术)时所涉及的认知取向。

第 9 章是人类记忆,同时考察短时记忆和长时记忆。本章将关注从单个单词到整篇课文等信息的贮存和随后提取时所涉及的过程。第 10 章探讨在问题解决和推理中所涉及的更高级的心理过程。我们将会强调实验室研究发现在我们理解日常问题解决和推理中起何作用这一主题。最后,第 11 章是语言。相对于其他多数物种而言,人类获得语言是最大优势之一。本章将致力于理解语言理解和语言产生中所包含的极其复杂的过程。

第 6 章
注意和成绩限制

本章概要

- **注意**
  注意的性质和含义

  注意和意识
  集中性注意和分配性注意
  不随意动作

- **集中性听觉注意**
  选择性听觉注意理论

  切利的"鸡尾酒会"问题
  掩蔽分听觉任务和双耳分听任务
  布罗德本特的过滤器理论
  其他理论：特雷斯曼；多伊奇夫妇

- **集中性视觉注意**
  选择性视觉注意理论

  埃里克森和圣詹姆斯的变焦透镜模型
  非注意视觉刺激：单方忽略
  视觉搜索
  特雷斯曼的特征整合理论
  伍尔夫的指向性搜索理论

- **分配性注意**
  分配性注意的理论取向

  双任务研究探索
  双任务成绩——任务熟悉度、练习、
  　任务难度
  刺激的前摄和倒摄干扰——反应过程
  集中能量理论
  威尔福德的瓶颈理论和心理不应期效应
  维肯斯的多种资源模型

- **自动加工**
  注意在自动加工中的作用

  希夫伦与施奈德和有关控制加工与自动
  　加工的区别
  诺曼和沙利斯的图式激活模型
  监督性注意系统

- **不随意动作**
  无意动作的检验

  瑞森的日记研究——注意失败的五种类型
  海伊和雅克布在实验室研究中的发现
  塞伦和诺曼的图式理论

注意

认知心理学中与注意有关的部分是本章的主要关注点。注意的概念在使用时有几方面的含义。有时注意与专心含义相同,但是也指选择当前刺激的某些方面用于将来分析的能力。人们还认为在注意和唤醒之间存在密切的联系,因为被唤醒的个体比昏昏欲睡的个体对环境能投注更多的注意。不过,注意通常用于指代加工的选择性。

注意与意识有什么联系呢?巴尔斯(Baars, 1997)认为,意识受注意机制的控制。例如,可以看看如下句子:"We look in order to see"、"We listen in order to hear"。在巴尔斯(p.364)看来,"区别在于选择一种体验和意识到被选择的事件。在日常用语中,每对单词的第一个词('look'、'listen')涉及注意;第二个词('see'、'hear')则涉及意识。"因此,注意与选电视频道相似,意识则与屏幕上看到的画面相似。

我们需要在集中性注意与分配性注意之间作出区分。**集中性注意**(**focused attention**)通过给人们同时呈现两个或两个以上刺激并要求他们只对其中一个刺激作出反应进行研究。这些研究会告诉我们,人们如何选择特定的刺激而非其他刺激。集中性注意也允许我们研究选择过程的性质,以及未被注意到的刺激的命运。正在考试的学生竭力避免受到其他学生、房间外噪音等干扰,就涉及集中性注意。

分配性注意(**divided attention**)通过同时呈现两个刺激并要求对两个刺激都加以注意和反应进行研究。分配性注意研究(**双任务研究,dual-task studies**)在个体加工局限性方面提供了丰富的信息。这些研究也为我们提供了注意机制及其容量方面的信息。例如,学生在听音乐的同时能有效地完成家庭作业吗?

我们也可以通过研究**不随意行动**(**action slips**,非有意进行的行动)了解注意的工作方式。不随意行动的最重要原因是我们不能有效地注意到我们正在进行的活动。不随意行动的一个例子是给猫喂烘豆,因为烘豆罐与猫食桶看起来太相似了。

正如我们将要看到的,关于人类注意我们可以了解到很多有价值的知识。但是,大多数实验室研究与日常生活相比都可谓大相径庭,因为实验室中被试要注意的刺激是由实验指导语决定的。相反,我们在现实世界中注意到的事物,很大程度上取决于当前的目标。正如奥尔波特(Allport, 1989, p.664)所指出的:"对识别来说,重要的……并非注意和动机之间某个假想边界的位置,而是两者之间的相互依赖。"

集中性注意:人们努力注意一种刺激而忽略其他刺激的情境。

分配性注意:人们同时完成两项任务的情境;见双任务研究。

双任务研究:被试同时完成两项任务的研究;见分配性注意。

不随意行动:非有意进行的行动。

双耳分听任务:同时向被试的两耳分别呈现成对的项目,然后要求被试回忆所有项目的任务。

集中性听觉注意

早在1950年代,英国科学家切利(Colin Cherry)就对"鸡尾酒会"问题产生了兴趣:当几个人谈话时我们为何只能听到一个人的交谈?(见下页关键研究。)

布罗德本特(Broadbent, 1958)对来自**双耳分听任务**(**dichotic listening task**)的研究发现进行了讨论。实验程序如下:对一只耳朵相继呈现三个数字,与此同时向另一只耳朵呈现三个不同的数字。三对数字呈现完毕之后,被试以自己偏爱的顺序回忆数字。结果发现,被试通常会以耳朵为单位分别再现而不是成对再现。例如,

切利：鸡尾酒会问题

切利（Cherry，1953）发现，我们能够使用各种听觉信息之间的物理差异来选择自己感兴趣的内容。这些物理差异包括谈话者性别的差异、声音强度的差异、谈话者位置的差异等。切利以相同的声音同时向两只耳朵呈现两个信息（因此消除了这些物理差异），被试发现很难根据含义区分两个信息。

切利还使用掩蔽任务（shadowing task）进行研究，第一种听觉信息被掩蔽（大声地复述出来），第二种听觉信息呈现给另一只耳朵。从第二种信息或非注意信息中似乎只能获取极少的信息。倾听者即使在使用外语或以相反的发音说出第二种信息时也未觉察到。相反，物理变化（例如，插入一个纯音）通常能被检测到，倾听者能注意到说话人的性别及未注意信息的音量大小。未注意的听觉信息几乎得不到任何加工的说法得到其他证据的支持。例如，即使把未注意的单词信息反复呈现 35 次也几乎不会留下任何记忆（Moray，1959）。

讨论要点：
1. 你对切利的发现感到惊奇吗？
2. 为什么布罗德本特发现切利的研究结论非常有趣？

> **关键研究评价——切利**
>
> 关注日常生活现实的心理学家为了解释"鸡尾酒会"效应如何设计假设并实施研究呢？切利的研究是一个极好的范例。切利在实验室中使用掩蔽技术检验了自己的观点，发现被试确实能够提供未被注意信息的物理属性的信息（无论该信息是男性还是女性读出，或者使用音调代替发音）。切利的研究由于把日常生活现象移植到人为的实验室情境而遭到批评。但是，这项研究为其他研究者打开了方便之门，从布罗德本特（Broadbent）开始，人们开始构筑集中性听觉注意的精致理论。

掩蔽任务：是指存在两个听觉信息，需要将其中一个信息大声地复述出来或进行追随的任务。

如果向被试的两只耳朵分别呈现 496 和 852，那么被试的回答通常是 496852 而不是 489562。值得注意的是，多种刺激（例如，字母、单词）都能作为双耳分听任务的材料。

感觉缓冲区：在信息得到加工前将信息短时间保留的机制。

布罗德本特的过滤器理论

英国心理学家唐纳德·布罗德本特（Donald Broadbent，1958）提出了第一个详细的注意理论。他的过滤器理论是根据追随任务和双耳分听任务中所得到的发现而提出来的。过滤器理论的关键假设如下：

- 同时呈现的两个刺激或信息平行（同时）进入**感觉缓冲区**（sensory buffer）。这个区域在信息被加工系统注意或从加工系统消失之前会将信息保留很短的时间。
- 一种信息输入允许根据其物理特征通过过滤器，其他信息输入只能暂时停留在感觉缓冲区内等待后来的加工。

如图中情境，我们是如何从众多的谈话中区分并倾听其中一种谈话的呢？

用信息加工过程的比喻来模拟注意。你认为这是解释人类注意的有用方法吗？

- 过滤器会防止有限容量机制超载；该机制会对输入的信息进行完全加工。

过滤器理论解释了切利的基本发现，未被注意的信息被过滤器拒绝因而只能得到少量的加工。它也能很好地解释布罗德本特最初的双耳分听任务的作业，因为它假设过滤器根据最明显的物理特征来区别这两个信息输入（即，信息到达耳朵的时间）从而选择一个信息输入。但是，该理论未能解释其他发现。例如，它错误地假设未被注意的信息总是在信息加工的早期就被拒绝。最初的追随任务研究包括了不具备任何有关追随信息先前经验的被试，被试几乎将他们所有的加工资源都用于追随任务。安德伍德（Underwood, 1974）要求被试觉察呈现在追随信息或非追随信息中的数字。以前未做过这种实验的被试仅仅觉察到8%的非追随信息中的数字。相反，以前有过大量追随练习的被试能够觉察到67%的非追随信息中的数字。

你认为，如果采用不同的刺激材料，双耳分听任务的回忆会有不同吗？

追随任务早期研究中的两个信息非常相似（即，两者都是听觉呈现的语言信息）。奥尔波特等人（Allport, Antonis & Reynolds, 1972）发现，两个信息之间的相似性对非追随信息的记忆有很大影响。当对听觉呈现的文章进行追随的同时结合需要被试学习的单词的听觉表征（auditory presentation）时，被试对这些单词的记忆很差。但当追随信息结合图像表征（picture presentation）时，被试对这些图片的记忆就很好（90%正确）。如果两种输入信息彼此完全不同，那么它们得到的加工将比布罗德本特的过滤器理论所允许的加工更彻底。

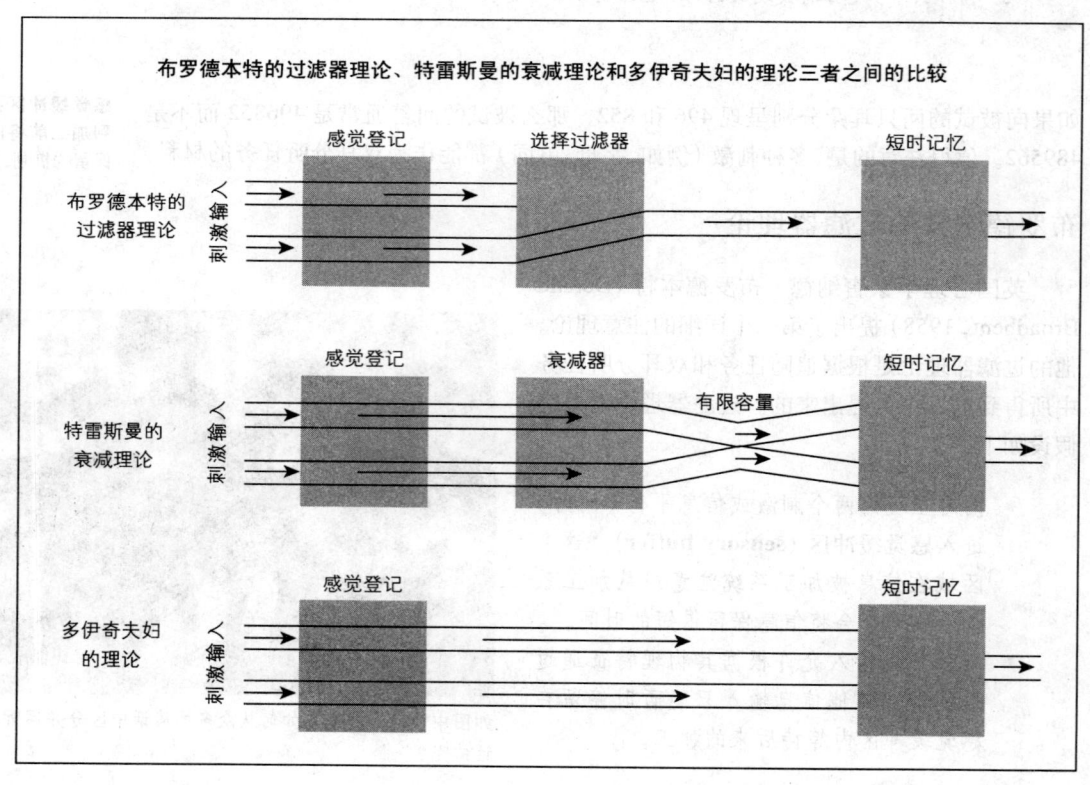

奥尔波特等人（1972）的发现有助于阐明为什么布罗德本特（1958）会得出未被注意的听觉信息得到极少的加工这样错误的结论。1958年之前的实验证据几乎都涉及两种极为相似的听觉输入。这是一些未被注意的听觉输入信息得到最小限度加工的极端条件。

布罗德本特（1958）认为对未被注意信息的意义未进行任何加工，因为被试根本未意识到其意义。但是，未被注意信息的意义可能会得到无意识的加工。冯·赖特等人（Von Wright, Anderson & Stenman, 1975）给被试两张以听觉呈现的单词列表。他们要求被试追随一个单词列表而忽略另一个单词列表。当一个先前与电击相联系的单词出现在非追随列表时，被试有时会出现生理反应。并且当一个单词和呈现的与电击相联系的单词具有相似的声音或意义时，也会出现同样的生理反应。因此，未被注意信息的某些方面根据声音和意义得到了加工。即使被试没有有意识地意识到先前电击的单词或者它们间的关联被呈现过，这些生理反应也会发生。但是生理反应只能在相对少的试验中观察到这一事实表明，未被注意信息的完全加工只能在某些时候发生。

❖ 评价

⊕ 布罗德本特的注意过滤器理论具有重要的历史意义。事实上，信息加工系统的概念以及彼此相连的不同加工过程，第一次看到了过滤器理论的曙光。
⊕ 过滤器理论可能是第一个系统的注意选择性理论，解释了许多主要发现。
⊖ 布罗德本特的过滤器理论关于未被注意的信息输入只能受到极少加工的预测太不灵活。事实上，对这种未被注意的信息输入的加工数量存在很大的可变性。
⊖ 过滤器根据输入的物理特征来选择信息的理论假设已经通过被试在双耳分听任务中使用双耳分别再现来回忆数字的趋势得到了支持。但是，任务中一个细小的变化都会产生完全不同的结果。研究者（Gary & Wedderburn, 1960）使用了双耳分听任务的一个变式，在这种变式中，"who 6 there"呈现在被试的一只耳朵，而"4 goes 1"呈现在另一只耳朵。被试报告的最佳顺序不是通常所使用的双耳分别再现；相反，报告顺序是由意义来决定的（例如，"who goes there"后面是"461"）。因此，选择既有可能在两个输入的信息加工过程之前发生，也有可能在信息加工过程之后发生。

选择性理论

特雷斯曼（Treisman, 1960）发现，选择性注意比布罗德本特所假定的更灵活。她通过追随任务发现被试有时会说出呈现在未被注意信息中的单词。这就是所谓的"突破"，当呈现在未被注意信息中的单词与呈现在注意通道中的信息的语境高度相关时，这种"突破"最有可能发生。像"突破"这样的发现使得特雷斯曼（Treisman, 1964）提出了注意的衰减理论。在这个理论中，未被注意信息的加工是衰减的或减弱的。在布罗德本特的过滤器理论中，提出瓶颈位于信息加工的早期阶段，而在特

你认为什么样的信息最有可能从未被注意的信息中突破出来得到注意？

只有重要的输入才导致反应……

雷斯曼的理论中,该瓶颈的位置更加灵活。人们似乎拥有一个"漏型"(leaky)的过滤器,使得选择性注意比布罗德本特所设想的效率要低。

根据特雷斯曼的理论,刺激加工过程是系统进行的,首先根据刺激的物理线索进行分析,然后根据刺激的意义进行分析。如果没有足够的加工容量允许对全部刺激进行分析,随后的一些分析就会忽略"未被注意"的刺激。这个理论巧妙地预测了切利(Cherry, 1953)的发现,即通常情况是会注意到未被注意的输入信息的物理特征(例如,说话者的性别)而非输入信息的意义。

未被注意的信息资源的大量加工——这个对过滤器理论而言感到棘手的问题却能通过特雷斯曼的衰减理论进行解释。但是,多伊奇夫妇(Deutsch & Deutsch, 1963)也能对同样的发现进行解释。他们声称,所有的刺激至少在某些意义方面得到分析,同时分析的还包括最重要或最相关的决定反应的刺激。该理论不同于过滤器理论与衰减理论之处在于,将瓶颈的位置靠近加工系统的后期反应阶段。

特雷斯曼的理论比多伊奇夫妇的理论更合理。后者假设所有的刺激都是根据意义来分析的,但是大部分分析过的信息快速丢失显得相当浪费。事实上,特雷斯曼和格芬(Treisman & Geffen, 1967)及特雷斯曼和赖利(Treisman & Riley, 1969)的研究,都为衰减理论而非多伊奇夫妇的理论提供了支持。

特雷斯曼和格芬要求被试追随两个听觉信息中的一个,并且告诉他们当在任何一个信息中觉察到目标单词时就拍手(tap)。根据衰减理论,对非追随信息的分析将减少,因此在非追随信息中觉察到的目标单词比追随信息中的目标单词要少。根据多伊奇夫妇的理论,应该存在对所有刺激相当完全的加工,因此可以预测在两个信息之间的觉察率应该没有差异。事实上,对追随信息或被注意信息的觉察率要更高。

多伊奇夫妇(1967)指出,他们的理论假设只有重要的输入才导致反应。特雷斯曼和格芬所使用的任务,要求被试对追随信息的目标单词作出两个反应(即,追随和拍手),而对非追随目标单词只作出一个反应(即,拍手)。追随的目标单词比非追随的目标单词更重要,因此,他们认为自己的理论可以解释这些发现。

对此,特雷斯曼和赖利通过实施一项对每个信息中的目标单词作完全相同的反应的研究作出回应。在该研究中,告诉被试当他们在每个信息中觉察到目标单词时就停止追随并拍手。结果显示,与非追随信息相比,在追随信息中觉察到的目标单词更多,这一发现与多伊奇夫妇的理论不一致。

神经生理学方面的研究为早期的选择理论提供了支持(Luck, 1998)。沃尔道夫等人(Woldorff et al., 1993)使用了呈现给追随耳朵的听觉目标的觉察任务,并且向每只耳朵呈现非目标的连续事件。从追随刺激与非追随刺激中记录到相关事件电位

(ERPs，对重复刺激的有规律性的脑电波反应）。刺激发生后20—50毫秒，对追随刺激的相关事件电位比对非追随刺激的相关事件电位要多。这表明同追随刺激相比，对非追随刺激存在衰减或减弱的加工。

❖ 评价

⊕ 对非追随的听觉输入的分析比布罗德本特最初认为的要多。

⊕ 集中性听觉注意最合理的解释可能与特雷斯曼（Treisman, 1964）假设的相一致，即集中注意之外的信息资源加工是减弱的或衰减的。

⊖ "精确地找出选择出现的位置仅仅是与注意有关的问题的一小部分，发现选择出现的位置也可能无助于我们理解出现的原因和方式。"(Styles, 1997, p.28）

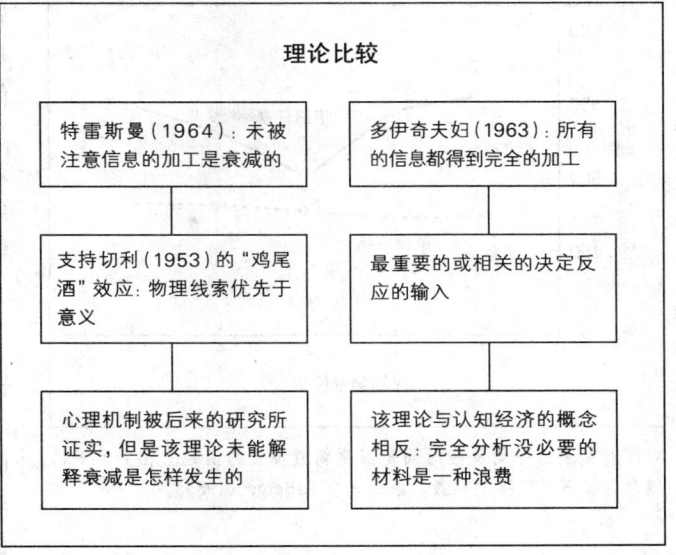

集中性视觉注意

在过去25年里，有非常多的研究者都开始研究视觉注意。为什么会这样呢？一个原因是，视觉刺激的呈现次数比听觉刺激的呈现次数更容易控制：准确地确定口头语言开始或结束的时间极为困难。另一个原因是，大多数集中性注意的早期研究都与听觉注意有关，因此，研究集中性的视觉注意将会得到更多的发现。

集中性视觉的研究数量远远超出你的想象。因此，我们仅考察两个关键问题。第一，在选择性或集中性注意里选择什么？第二，未被注意的刺激会出现什么情况？

选择什么？

对上述问题最普遍的回答是，我们会选择一个给定的空间范围或区域，例如，我们转过身去辨认声音的来源。在某种程度上，集中性视觉注意类似聚光灯：落在一个相对小的视野范围内的任何事物都能被清楚地看到，但要看到未落在注意聚光灯光束里的事物就比较困难。通过移动聚光灯可以

注意是集中在物体上还是集中在位置上？

转移注意。埃里克森和圣詹姆斯（Eriksen & St. James, 1986）提出了一个集中性视觉注意的相似（但更复杂）观点。根据他们的变焦镜头模型（zoom-lens model），注意指向视野的一个给定区域。这个集中注意的区域能够根据任务的要求增加或减少（例如，我们可以决定注意物体的一部分还是整个物体）。

论据

拉伯格（LaBerge, 1983）报告了支持变焦镜头模型的发现。向被试呈现五个字母的单词。一个要求快速反应的探测刺激偶尔代替单词（或者立即在单词后面）呈现。探测刺激可能出现在单词五个字母中任何一个字母的空间位置。在一种情况下，尝试通过让被试对单词中间的

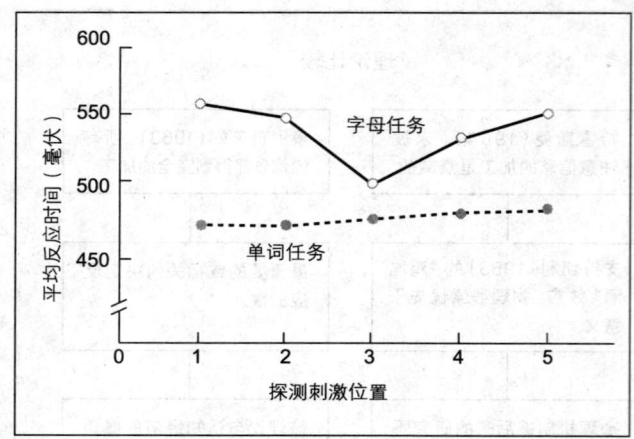

对探测刺激的平均反应时间是探测刺激位置的函数。在字母串已经呈现时再呈现探测刺激。数据来自 LaBerge (1983)。

字母进行分类将被试的注意集中到五字母单词的中间字母。在另一种情况下，要求被试对整个单词进行分类。预期这会使被试采用一条更宽的注意光束。

拉伯格假设注意的聚光灯在字母任务中会有一个很窄的光束，但是在单词任务中会有一个更宽的光束。他还假设当探测刺激落在中央的注意光束里比未落在该光束里时能得到更快速的反应。拉伯格的发现是以这些假设为基础进行预测的，即注意光束的宽度受到任务的影响。

变焦镜头模型符合我们如何使用视觉注意系统的直觉知识。但是，越来越多的证据证明该理论是错误的（或者说至少太过于简单）！根据这个模型，我们不可能表现出**分散注意（split attention）**，在分散注意中注意指向空间的两个彼此不相邻的区域。研究者（Awh & Pashler, 2000）实施了一项关于分散注意的研究。实验中，给被试呈现一个包含 23 个字母和 2 个数字的 5×5 的视觉矩阵，要求他们报告两个数字的特性。在这个矩阵呈现之前的简短时间里，向被试提供两个提示这两个数字可能出现位置的线索。但是，这些线索在 20% 的实验中是误导性的或者是无效的。所涉及的部分内容见下页柱状图。关键情境是线索无效的情境，一个数字被呈现在两个提示的位置之间。如果注意指向空间的单个区域，那么对这个数字的作业就会表现出高于随机水平。相反，如果分散注意是可能的，那么对这个数字的作业就会表现出差于随机水平。事实上，对没有呈现在提示位置上的数字比呈现在提示位置上的数字的作业要差，表明分散注意是可能的。

关于变焦镜头模型的第二个问题是，视觉注意通常指向物体而不是一个特定的空间区域。例如，考虑奥克拉文等人（O'Craven, Downing & Kanwisher, 1999）的一项研究，他们给被试呈现两个在同一位置上明显重叠的刺激（一张面孔和一座房子），其中一个刺激轻微地移动。告诉被试可以注意移动刺激的运动方向，也可以注意静止刺激的位置。

假设注意是以位置定位的。在这种情况下，被试必须注意两个刺激，因为它们

分散注意：对视觉空间中两个不相邻区域的注意。

在同一个位置。相反，假设注意是以物体定位的。那么，对注意刺激的加工就应比对未被注意刺激的加工更彻底。从 fRMI（功能性核磁共振成像）中获得的证据表明，视觉注意是以物体定位的而不是以位置定位的。

❖ 评价

- ⊕ 视觉注意在某些形式上类似聚光灯或变焦镜头。它可能更像一个变焦镜头，因为在集中性注意中视野的大小可以适当变化（LaBerge, 1983）。
- ⊕ 正如聚光灯和变焦镜头模型所预测的那样，视觉注意通常指向空间的一个单一区域。
- ⊖ 聚光灯和变焦镜头模型都假设视觉注意指向视野的一个单一区域。但是，分散注意的现象却表明视觉注意能够同时指向两个不相邻的区域。
- ⊖ 视觉注意通常指向物体而不是一个特定的空间区域（O'Craven et al., 1999）。

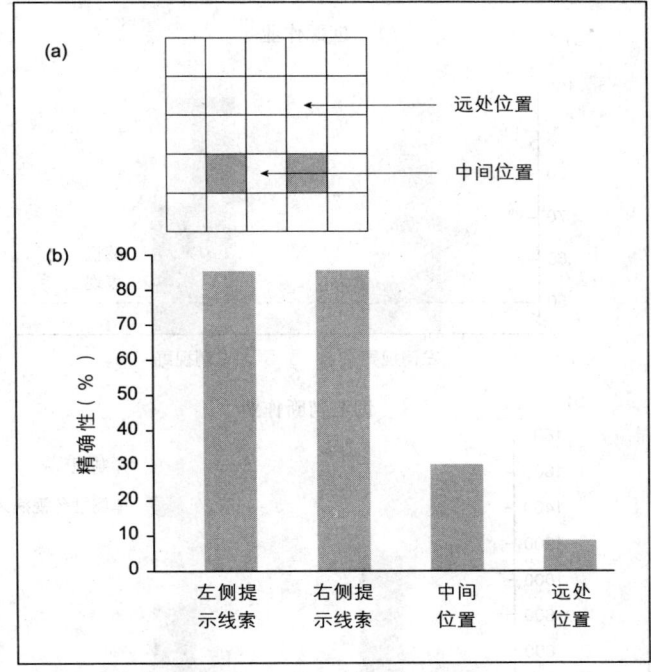

(a) 用阴影正方形安排的一个线索被提示。在 80% 的实验中目标刺激呈现在被提示的正方形上，在 20% 的实验中，目标刺激呈现在阴影正方形的中间位置和远处的位置。引自 Awh & Pashler (2000)。
(b) 目标探测是目标被提示（左侧或右侧）或不被提示（中间或远处的位置）的函数。引自 Awh & Pashler (2000)。

未被注意的刺激会出现什么情况？

未被注意的刺激又会怎样呢？认知心理学家过去认为对这种刺激的加工非常少。但是，当今的普遍观点则认为，未被注意的视觉刺激得到了合理数量的加工，只是该加工数量比注意到的刺激的加工要少。例如，研究者（Wojciulik, Kanwisher & Driver, 1998）向被试呈现包含两张面孔和两座房子的显示图片，实验任务要求被试或者注意两张面孔或者注意两座房子。当需要注意面孔时，对面孔强烈反应的大脑区域更活跃（正如功能磁共振成像所估计的那样），表明当刺激未被注意时只能得到少量的加工。但是，即使是未被注意的面孔在大脑的面孔识别区域也存在有意义的活动，表明面孔在某种程度上得到了加工。

麦格林奇 – 贝罗斯等人（McGlinchey-Berroth, Milber, Verfaellie, Alexander & Kilduff, 1993）研究了**单侧性忽视**（**unilateral neglect**）的患者，单侧性忽视是指患者没有注意到（或者未能反应）呈现在他们一侧（通常是左侧）的物体。在一个实验中，患者需要判断两个图画中的哪一个与事先立即呈现在左侧视野或右侧视野的图画相匹配。当原来的图画呈现在左侧视野时，单侧性忽视患者对图画的匹配表现在随机水平，表明左侧视野的刺激未得到加工（见下页柱状图）。

但从第二个实验中却得到了完全不同的结论，在第二个实验中，单侧性忽视的

你认为即使在缺乏外显学习的情况下未被注意的刺激也存在内隐学习吗？

单侧性忽视：是指呈现在空间一侧的刺激未得到反应的情境。

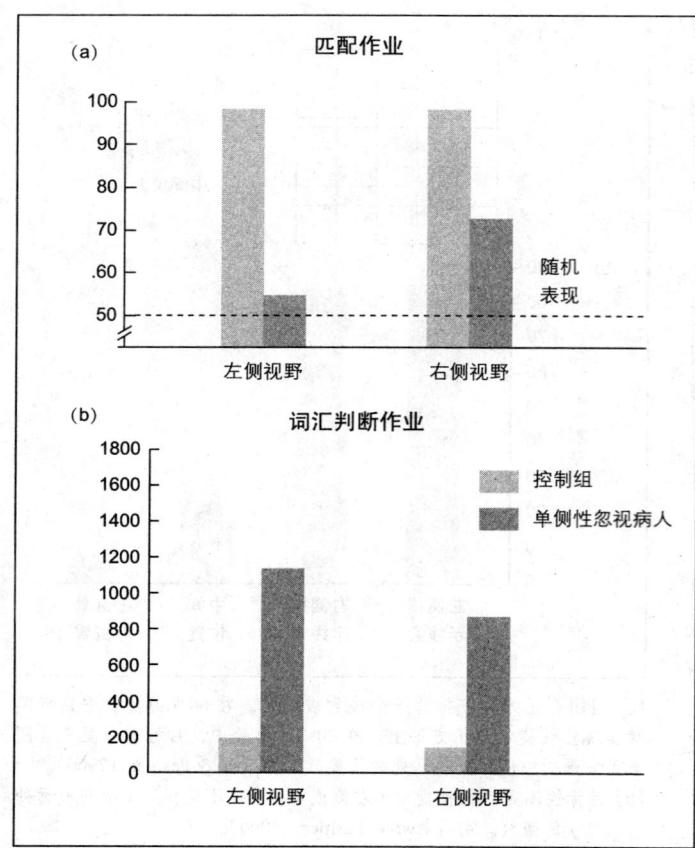

在单侧性忽视患者的匹配作业或词汇判断中,左侧视野或右侧视野中图画呈现的优先效应。资料来源：McGlinchey-Berroth et al. (1993)。

患者需要判断字母串是否能组成单词。判断时间在"肯定"实验中要快,肯定实验是指字母串出现在语义相关物体之后而不是在非语义相关物体之后(该差异称为启动效应,priming effect)。不管这个物体是呈现在左侧视野还是呈现在右侧视野,启动效应都是相同的(见左图)。这些发现表明,单侧性忽视患者对呈现在左侧视野中的刺激的意义存在某些加工。

为什么麦格林奇–贝罗斯等人(1993)两个实验中的发现会不一样呢?最简单的解释就是,单侧性忽视的患者对呈现在左侧视野中的刺激的意义进行了加工,但是未对该加工过程进行有意识的觉察。当该加工过程有意识的觉察需要用于完成作业任务(第一个实验)时,作业成绩表现为随机水平。当该加工过程有意识的觉察对任务作业来说不需要时,作业就会从对呈现在左侧视野刺激的加工中获得受益。

视觉搜索

我们在日常生活中使用集中性视觉注意的一个主要方法就是**视觉搜索**(**visual search**),即在视觉搜索中觉察一个呈现在其他刺激背景中的目标刺激。就像皮特森等人(Peterson, Kramer, Wang, Irwin & McCarley, 2001, p.287)所指出的："从早晨醒来一直到晚上入睡,我们每天花费大量时间来搜索环境……在办公室,我们可能寻找一个咖啡杯、几天前写的手稿、记在纸片上的一个同事的电话号码。"

我们怎样去研究包含在视觉搜索中的加工过程呢?通常情况下是给被试呈现一个包含可变数量项目(序列或显示图片的大小)的视觉显示图片。在一半实验中,目标刺激(比如,红色的 G)被呈现,任务是要求被试尽可能快地判断目标刺激是否在显示图片中。视觉搜索的速度和准确性的决定因素讨论如下。

特征整合理论

特雷斯曼(Treisman, 1998, 1992)区别了客体特征(例如,颜色、大小、线条方向)和客体本身。她的特征整合理论包括以下假设：

视觉搜索：从干扰刺激中尽可能快地探明一个或多个视觉目标。

- 首先是快速的平行加工过程(*parallel* process),可以对环境中客体的视觉特征进行同时加工;这个过程不依赖于注意。

- 然后是系列加工（serial process），把特征组合成客体。
- 系列加工比初期的平行加工速度慢，尤其当加工序列较大时。
- 通过注意客体位置将特征进行组合，在这种情况下，集中性注意提供了将有效特征整合为单一客体的"胶水"。
- 特征整合受到已有知识的影响（例如，香蕉通常是黄色的）。
- 当缺乏集中性注意或有关的储备知识时，来自不同客体的特征将会随机组合，从而产生"错觉性结合"（illusory conjunctions）。

论据

特雷斯曼和格拉德（Treisman & Gelade, 1980）之前就为该理论获得了支持证据。他们向被试呈现一个含有1—30个项目的视觉显示图片，要求被试从中搜索目标刺激。目标或者是一个客体（一个绿色的字母T），或者是单个的特征（一个蓝色的字母或者字母S）。当目标是一个绿色的字母T时，所有的非目标字母都具有目标字母的一个特征（即，它们或者是棕色的字母T或者是绿色的字母X）。根据预测，在觉察客体目标刺激时，需要集中性注意（因为它由特征组合进行界定），但在觉察单个特征的目标刺激时，就不需要集中性注意。

当目标刺激由组合或结合的特征（也就是，一个绿色的字母T）进行界定时，序列或显示图片的大小对觉察速度有很大影响，这或许是因为需要集中性注意（见右图）。但是，当目标由单个特征（也就是蓝色的字母或者字母S）界定时，显示图片的大小所产生的影响较小。该发现可以解释为：在对单个特征的目标刺激进行觉察时，只需要快速初期的平行加工。

当来自两个不同客体的特征被错误地认为属于同一个客体时，错觉性结合就发生了。例如，某人可能错误地认为在包含许多红色客体和许多字母X的显示图片中看到了一个红色字母X。根据特征整合理论，集中性注意的缺乏将会产生错觉性结

从这些孩子中挑出一张你不熟悉的面孔可能需要一些时间，但是如果你也在这张图片里，你要找出自己的面孔将会异常迅速！

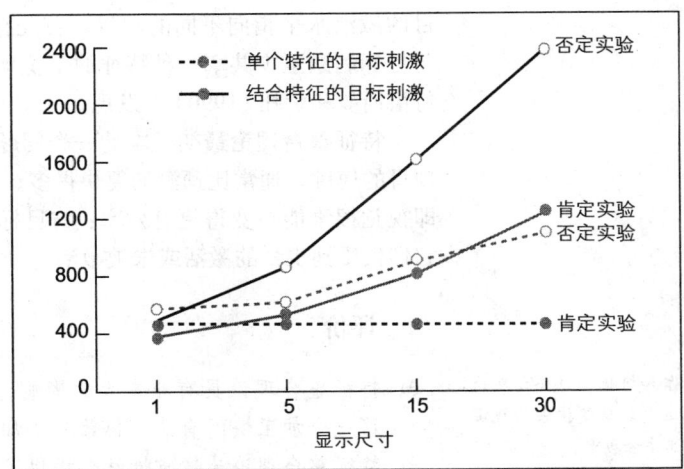

探测任务的作业速度是目标界定（结合特征对单个特征）和显示图片大小的函数。引自 Terisman & Gelade（1980）。

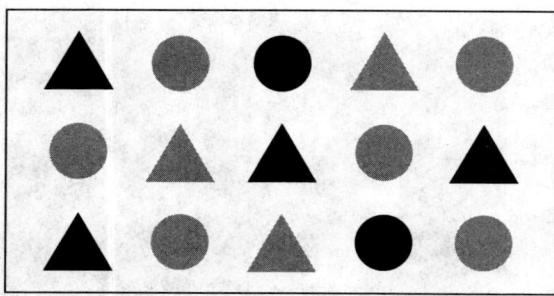

合。特雷斯曼和施米德（Terisman & Schmidt，1982）证实了这个预测。当注意广泛分散时，就会出现大量的错觉性结合，但当刺激呈现于集中性注意时，错觉性结合就不会发生。

特雷斯曼和萨托（Treisman & Sato，1990）认为，目标项目与干扰项目之间的相似程度会影响视觉搜索的时间。他们发现，对由一个以上特征界定的客体目标的视觉搜索，通常会受到至少具有一个目标特征的干扰项目的限制。例如，如果你在一个包含蓝色三角形、黑色圆环和黑色三角形的显示图片中寻找一个蓝色圆环时，常会忽略黑色三角形。这与特雷斯曼和格拉德（1980）的观点形成对比，因为他们认为没有任何刺激会被忽略。

指向性搜索理论

指向性搜索理论是由伍尔夫（Wolfe，1998）提出来的。该理论代表了特征整合理论的精炼和发展。伍尔夫利用加工过程或多或少是有效的观点替换了特雷斯曼和格拉德（1980）提出的初期必定是平行加工而随后是系列加工的假设。他为什么这样做呢？正如伍尔夫所指出的，如果利用平行加工，那么序列或显示图片的大小对觉察时间就没有影响，但是如果利用系列加工，那么序列大小对觉察时间就会产生很大的影响。事实上，大多数发现都介于这两个极端之间这一事实表明，加工很少是纯粹平行或者纯粹系列的。

根据指向性搜索理论，基本特征的初期加工产生了一个激活地图（activation map），视觉显示图片中的每个项目都有各自的激活水平。假设你在搜索红色的、水平的目标。特征加工将会激活所有的红色客体和所有的水平客体。注意将会根据项目的激活水平指向不同的项目，首先指向具有高激活水平的项目。因此可以认为，与目标刺激至少共享一种特征的干扰项目会被激活，从而减慢了视觉搜索，这就是特雷斯曼和萨托（1990）的发现。

特征整合理论最初版本的一个问题是，在项目数量很大的显示图片中寻找目标项目的速度，通常比预测的要快得多。激活地图的观点提供了一种似乎合理的方式，即视觉搜索能够变得更有效率：与目标刺激未共享任何特征的刺激会被忽略，因为它们仅受到少量的激活或未被激活。

❖ **评价**

你如何把特征整合理论运用到视觉搜索的现实生活经历中？

⊕ 特征整合理论具有非常大的影响。视觉搜索包含两个连续加工的假设（即假设第一个加工快而有效，但第二个加工慢而无效），已被人们普遍接受。

⊕ 特征整合理论为错觉性结合提供了一个合理的解释。

⊕ 随后的理论（例如，指向性搜索理论）用各种富有成效的方法发展了特雷斯曼的观点。

- ⊖ 最初的特征整合理论认为视觉搜索或者是完全平行的或者是完全系列的假设太绝对，与证据不一致（Wolfe, 1998）。
- ⊖ 最初的特征整合理论忽略了非目标刺激与目标刺激之间的相似性对视觉搜索速度的影响。不过这一疏忽被随后的理论（例如，指向性搜索理论）所纠正。
- ⊖ 我们需要发现更多关于现实生活中的视觉搜索与实验室研究的关联性。在实验室研究中，目标刺激和非目标刺激通常使用大小相似的相对简单的刺激，但这在我们的日常生活中却并不常见。

分配性注意

当人们试图同时做两件事时会出现什么情况呢？答案明显依赖于这两件"事"的性质。有时候这种尝试是成功的，例如，一个经验丰富的汽车驾驶员可以一边开车一边聊天。但是在另外的场合，当某人试着用一只手去摩擦他的腹部而用另一只手去拍打他的头部时，作业会被完全中断。

双任务研究（必须同时完成两项任务的研究）表明，通常作业会存在缺陷。一些理论家（例如，Baddeley, 1986; Norman & Shallice, 1986）认为这种作业受损通常反映了一种被描述为"注意"的单一多功能中央处理器（central processor）或中央执行器（central executive）的有限容量（见第9章）。其他理论家（例如，Allport, 1989; Wickens, 1984）对我们同时完成两项相当复杂的任务而不受破坏或干扰的外显能力印象更为深刻。这些理论家支持多种具体加工资源的观点，认为如果两项任务使用不同的加工资源，任务之间将不会受到干扰。

尽管不同的理论家提供的解释多种多样，但我们还是能够相当准确地预测两项任务能否成功地整合。因此，在继续探讨如何解释资料这个较复杂的问题之前，我们先来讨论一些事实性证据。

你认为什么因素可能影响我们同时完成两项任务的能力？

双任务作业

双任务作业依赖于几个因素。我们将关注三个最重要的因素：任务相似性（task similarity）、练习（practice）和任务难度（task difficulty）。

任务相似性

当我们想象日常生活中配合非常默契的成对活动时，脑海中通常涌现的事例可能包含两个相对不同的活动（例如，开车与聊天；看书与听音乐）。如前所述，

请关掉你的手机

信不信由你，一些学生认为认知心理学与日常生活关系不大。但是，关于分配性注意与现实问题具有直接关联的研究近年来颇受争论，即是否应该允许司机在开车的时候使用手机。例如，某人险些被两个正在使用手机但走错道路的司机撞倒，我对此事有我自己的看法。那么科学证据是怎样的呢？斯特雷耶与约翰斯顿（Strayer & Johnston, 2001）发现，当被试忙着用手提电话通话时闯红灯的概率比平常超出两倍，使用免提电话产生的影响几乎一样大。另外，使用手机还极大地降低了对觉察交通信号作出反应的速度。被试在通电话时的各种负面影响比听电话时更大，但是两种条件下的影响都很明显。

上述发现使斯特雷耶与约翰斯顿（2001, p.462）断定："[移动]电话的使用将注意从与开车紧密联系的环境中转移到认知背景中从而干扰了作业。"这一结论强有力地表明开车时应限制或禁止使用手机，在现实生活中已有十几个国家都这样做了。

当人们在学习听觉呈现的单词时追随或者复述短文（两个相似的活动），其随后对这些单词的再认成绩表现为随机水平（Allport et al.，1972）。但当需要记忆的材料由图片组成时，再认记忆表现得非常好。

相似性的种类有多种。比如，在同一感觉通道中呈现两项任务（例如，视觉或听觉任务）。两项任务也可以是相似的，因为需要作出同类的反应。麦克劳德（McLeod，1977）让被试在进行语音识别任务的同时完成一项要求作手动反应的连续跟踪任务。一些被试对语音任务作口头反应，其他被试用跟踪任务中不需要用到的另一只手对语音任务作手动反应。跟踪任务成绩在高反应相似性（对两项任务都作手动反应）实验中，比在低反应相似性（对一项任务作手动反应，对另一项任务作口头反应）实验中差很多。

特雷斯曼和戴维斯（Terisman & Davies，1973）研究了刺激通道的相似性。当两项任务中的刺激来自同一感觉通道（视觉或听觉）而不是来自不同感觉通道时，两项追踪任务间的干扰会更多。

相似性的测量通常很难。钢琴演奏和诗歌写作、开车和观看足球比赛的相似性如何？只有更好地了解完成这些任务所包含的加工过程，才能得到明智的答案。

练习

"熟能生巧"这个谚语非常适合双任务作业。例如，刚学开车的人发现几乎不可能一边开车一边聊天，但是熟练的司机却能相当容易地一边开车一边聊天（除非他们使用手机聊天）。练习重要性的证据是由斯派克等人（Spelke, Hirst & Neisser, 1976）在一项对两个叫戴安娜（Diane）和约翰（John）的学生的研究中得到的。这两个学生在不同的任务中接受了大量的练习。他们的第一项任务是一边阅读理解简短的故事一边记下听写的单词。刚开始他们发现同时做这两件事情非常困难，并且阅读速度和书写都受到很大的影响。但是经过六周的训练之后，他们的阅读速度和理解力与只进行阅读不听写时几乎一样，并且书写质量也得到了提高。

斯派克等人（1976，p.229）怀疑我们具有有限加工容量的普遍观点是否准确，根据他们自己在约翰和戴安娜实验中的戏剧性发现："人们在特定情境中发展技巧的能力如此巨大，因此也许没必要对认知容量（cognitive capacity）的有限性进行通常意义的界定。"不过，这些发现也可以通过其他方式进行解释。也许听写任务是自动完成的，因此对认知容量的要求较少，或者注意能在阅读和书写之间进行快速转换。

赫瑞斯特等人（Hrist et al.，1980）认为，听写单词的书写不是自动完成的，因为学生理解所写的单词。他们还认为，如果阅读材料比较简单或内容丰富，可以通过注意的转换来成功地完成阅读和听写这两项任务。但他们发现，即使采用内容不丰富的阅读材料，大多数被试仍能有效地阅读和听写。

赫瑞斯特等人（1980）和斯派克等人（1976）的研究是否表明两项复杂任务能够不受干扰地同时完成呢？事实上不是。赫瑞斯特等人的一个被试参加了一项不需要同时进行阅读的听写测验，所犯的错误比同时完成阅读测验和听写测验所犯错误少一半以上。

这里还有两个成功完成复杂任务的其他事例，但是任务所需要的技巧通常是高度熟

你能想出一种方法来检验斯派克等人所认为的通过练习能够不受干扰地同时完成两项复杂任务的主张吗？

练的。例如，熟练的钢琴演奏家可以一边看乐谱演奏一边复述或追随听到的演讲（Allport et al., 1972），一个熟练的打字员可以一边打字一边追随谈话（Shaffer, 1975）。通常认为这些研究为极为成功的任务组合提供了证据。但是，在作业过程中还是存在一些干扰迹象（Broadbent, 1982）。

为什么练习能够帮助双任务作业呢？第一，人们可以发展新的策略去完成任务以减小任务之间的干扰。第二，通过练习任务，对注意或其他中枢资源的需要会减少。第三，虽然某项任务初期需要利用多种具体的加工资源，但是练习可以减少所需资源的数量。这些可能性将在后面详细讨论。

熟练的打字员能够一边谈话一边注意其他刺激，但对打字速度和准确性影响较小。

任务难度

同时完成两项任务的能力依赖于任务的难度。例如苏利文（Sullivan, 1976）使用追随（复述）一个听觉信息，同时在非追随信息中觉察目标单词的任务来研究任务难度对作业的影响。通过使用内容不丰富的信息会使掩蔽任务变得更难，在非掩蔽信息中觉察到的目标单词会更少。但是，对任务难度很难进行界定。

同时完成两项任务的资源需求量可能被认为与单独完成两项任务所需要的资源总量相等。但是，同时完成两项任务的需要，通常会产生任务协调和避免干扰的新要求。邓肯（Duncan, 1979）要求被试对紧密相连的刺激作出反应，一个要求左手反应，另一个要求右手反应。每个刺激与反应之间的关系要么是对应的（例如，右侧的刺激要求用右手手指反应），要么是交叉的（例如，左侧的刺激要求用右手手指反应）。当要求对一个刺激作对应反应而对另一个刺激作交叉反应时，作业表现很差。在这种情况下，如果选择了不适当的刺激—反应关系，被试有时会感到混乱，同时所犯的错误也远远多于预测。

总结

两项任务能够同时成功完成的程度依赖于各种因素。一般来说，两个不相似的、高度熟练的和简单的任务通常能够很好地同时完成，但是，两个相似的、新异的、复杂的任务却不能同时完成。另外，同时完成两项任务而非单独完成任务时，通常会产生任务协调这种全新的问题。现在我们来考察这些（和其他）发现的理论解释。

中枢容量理论

解释双任务发现的一个最简单的方法就是假设存在一些中枢容量或资源，这些容量或资源能够在多种

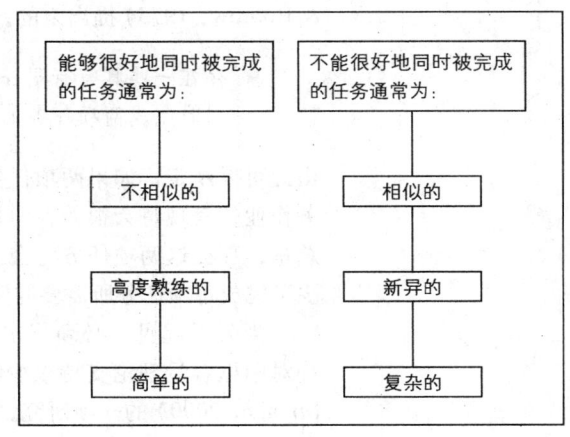

伯克等人：中枢容量的证据支持

中枢容量理论的证据支持是由伯克等人（Bourke, Duncan & Nimmo-Smith, 1996）提出来的。他们首先选择了四项尽可能彼此不同的任务：

- 随机生成（random generation）。按随机顺序生成字母。
- 原型学习（prototype learning）。从看到的各种样例中想出两个模型或原型的特征。
- 手动任务（manual task）。旋转一个螺帽从螺钉的底部到螺钉的顶部，然后从第二个螺钉的底部再到第二个螺钉的顶部，照此类推。
- 语音任务（tone task）。觉察一个目标语音的出现。

给被试四项任务中的两项任务，要求对它们同时作业，其中一项任务比另一项任务更重要。基本观点如下：如果存在一个中枢容量或总容量，那么大量需要这种容量的任务将会对其他三项任务产生很大的干扰。相反，如果一项任务需要少量的这种容量，那么对其他三项任务将会产生很小的干扰。

伯克等人（1996）从实验中发现了什么呢？第一，这些完全不同的任务彼此干扰。第二，随机生成任务对其他任务的作业产生了很大的干扰，语音任务对其他任务的干扰最小。第三，至关重要的是，随机生成任务对原型、手动和语音任务产生了很大的一致性干扰，不管是主要任务还是辅助任务，结果都是如此。语音任务对其他三项任务中任何一项都只会产生很少的干扰。因此，这些发现与总容量理论的预测相一致（见下页图）。

讨论要点：

1. 这些完全不同的任务相互干扰你觉得奇怪吗？
2. 为什么你认为随机生成任务对其他任务的干扰最大，而语音任务的干扰最小？

关键研究评价——伯克等人

如我们所看到的，伯克等人使用的四项任务彼此完全不同。如果作业仅仅依赖于非常具体的加工，那么可以推断任务之间存在很少的干扰或无干扰。然而，任务之间不可忽视的干扰是对总的中枢加工容量最有力的证明。你可能发现具有某种特长的被试很容易将一些任务组合起来；例如，一个技工可能很擅长操作螺母和螺钉。但是，伯克等人的实验被试只是刚入学的大学生，缺乏对这些任务的专业知识和技能。

你认为这四项任务对所有的人来说具有相等的难度吗？

活动中灵活使用。容量理论是由卡内曼（Kahneman, 1973）及诺曼和鲍布罗（Norman & Bobrow, 1975）提出来的。这些理论提出了两个关键假设：

- 存在一些具有有限资源的中枢容量（注意或努力）。
- 同时完成两项任务的能力依赖于这两项任务对资源的需要。

由此可以断定，如果两项任务所需要的资源比它们可以利用的资源要多，那么双任务作业的表现将会很差。但是如果两项任务所需要的资源总和少于中枢容量的资源总量，那么这两项任务将会被成功完成。练习之所以出现有益的影响，是因为它减少了完成每项任务所需要的资源。

为公平起见，必须指出其他一些虽采用与伯克等人（1996）相同的研究方法，却对中枢容量理论支持很少的研究。例如，可以考虑赫加蒂等人（Hegarty, Shah & Miyake, 2000）的一项研究。他们从图形匹配任务（被试看一个目标图形，然后判断哪一个测验图形与目标图形相同）较少需要中枢容量的早期研究中获得了证据。从理论上来说，图形匹配任务应该较少受到同时作业的其他任务的影响。但事实上，证据显示，图形匹配任务受到其他任务的严重干扰，这表明除了对中枢容量的要求之外，其他因素在决定双任务作业方面也很重要。更具体的说，赫加蒂等人认为图形匹配任务包含频繁的反应选择，这抑制了同时完成另一项任务的能力。

卡内曼（Kahneman，1973）提出了一个著名的容量理论。除了人们具有有限容量和同时完成两项任务的能力依赖于所需要的资源总量这些假设外，卡内曼还提出了如下假设：

1．唤醒水平越高，可利用的资源库（pool）或容量就越多；这种关系在高唤醒水平情况下将会被打破。（请注意像"唤醒"和"资源库"这样的术语在这里相当含糊。）

2．如何使用这些可利用容量的决策取决于分配策略。

3．分配策略由四个因素决定：

（1）长期意向（enduring dispositions）（例如，注意紧张刺激或新异刺激）。

（2）当前意愿（momentary intentions）（例如，注意你的心理学教科书而忽略电视）。

（3）需要评价（evaluation of demands）：如果没有足够的容量来同时执行两项活动，只能彻底完成其中一项活动。

（4）唤醒水平是由外界压力源产生的：高唤醒水平引起注意狭窄（narrowing of attention），并减弱区分相关和不相关线索的能力（即所谓的伊斯特布鲁克假设）。

4．个体对可利用容量的需求作出评价，这使得精力投入更多，可利用容量增加。

我们从卡内曼的容量理论中可以得到什么预测呢？首先，双任务作业依赖于每项任务对总的可利用容量的需求。伯克等人（1996）的发现支持这个预测，但是赫加蒂等人（2000）的发现却并不支持这个预测。其次，当任务需要的资源增加时，努力也需要增加。

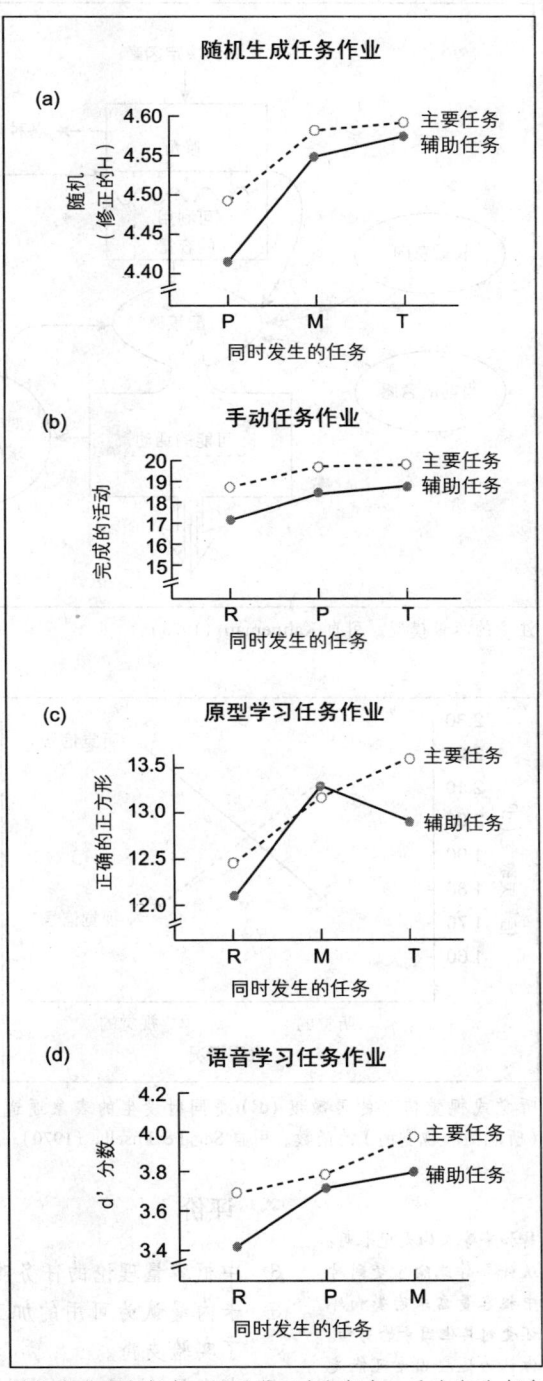

随机生成（R）任务，原型学习（P）任务，手动（M）任务和语音（T）任务的成绩是同时发生任务的函数。引自 Bourke et al.（1996）。

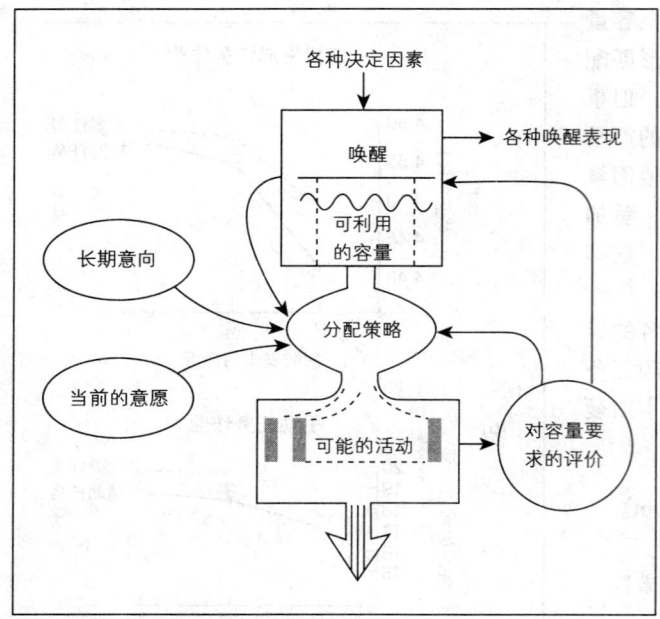

注意的容量模型。引自 Kahneman（1973）。

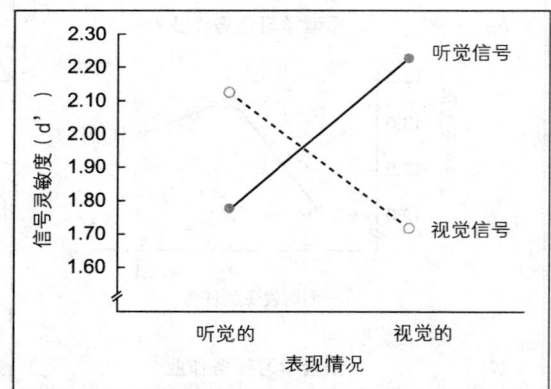

听觉或视觉信号的灵敏度（d'）是同时发生的表象通道（听觉的和视觉的）的函数。引自 Segal & Fusella（1970）。

卡内曼等人（1969）通过瞳孔扩大（pupillary dilation）作为努力的测量指标为此提供了证据。在数字转换任务中，给被试呈现四个数字，要求他们在每个数字上增加 1（例如，4826 变成 5937）。在数字呈现过程中，瞳孔扩大稳步增加，表明（但不是证明）被试在对增加的任务要求作出反应时提升了自己的努力水平。

再次，随着主要任务对容量需求量的增加，备用加工过程（spare processing，总容量与提供给主要任务的容量之间的差异量）的容量将会减少。这个预测也得到了卡内曼等人（1969）的证实。数字转换是主要任务，监控显示器以找出一个特定字母是辅助任务。正如预测的那样，在整个数字转换过程中辅助任务的作业越来越差，因为分配给主要任务的容量数量在不断增加。

根据中枢容量理论，双任务作业的主要决定因素是两项任务的难度水平。但事实上，任务难度的效应通常被任务的相似性所淹没。例如，塞加尔和福塞拉（Segal & Fusella, 1970）让被试在保持一个视觉表象或听觉表象的同时去觉察一个微弱的视觉信号或听觉信号。听觉表象任务损害听觉信号的觉察多于视觉表象任务，这表明听觉表象任务比视觉表象任务需要更多的资源。但当每项任务附加一个视觉信号觉察任务时，听觉表象任务比视觉表象任务的破坏性更小，这说明了一个相反的结论。在这项研究中，任务相似性很显然是一个比任务难度更重要的因素：当两项任务属于同一感觉通道（视觉的或听觉的）时，成绩表现最糟。

赫加蒂等人的发现表明，双任务作业除了受到对中枢容量需求的影响外，还受到其他因素的影响。你认为这些因素可能是什么？

❖ 评价

⊕ 中枢容量理论的任务难度有助于预测双任务作业的重要假设得到一些证据支持。

⊕ 卡内曼认为可用的加工容量的变化是精力消耗函数的假设是合理的，并且得到了实验支持。

⊖ 卡内曼（1973）未对他的关键术语进行清晰的界定，所谓的"非特定输入可以冠以'努力'、'容量'或'注意'等不同的标签"。与其将其等同于"努力"和"注意容量"等概念，不如认为努力引起注意的增加更好。

- 任务相似性通常对双任务作业产生重大影响的发现，使中枢容量理论处于尴尬的境地（例如，Segal & Fusella，1970）。
- 中枢容量理论并不非常具有说明性。正如奥尔波特（Allport，1989，p.647）所指出的："通过假设某一中枢容量的资源已透支可以'解释'双任务作业，通过假设两项任务所需要的资源未超出中枢容量的资源可以说明两项任务之间不存在干扰。但是，……这只是对发现的简单描述而不是解释。"

瓶颈理论

威尔福德（Welford，1952）认为，存在一个加工瓶颈，使得同时对两个不同刺激作出适当反应的决策变得很困难（或不可能）。他的观点影响了本章开篇所讨论的布罗德本特过滤器理论的发展。我们从**心理不应期**（**psychological refractory period**）的研究中获得了大量关于加工瓶颈的支持证据。有两个刺激（例如，两盏灯）和两个反应（例如，按键），任务是要求对每个刺激作出快速反应。当第二个刺激在第一个刺激后快速呈现时，通常对第二个刺激的反应速度明显变慢；这就是心理不应期效应（Welford，1952）。根据瓶颈理论，即使两个刺激与反应差异巨大，心理不应期的效应也常常存在。

心理不应期：当两个刺激同时呈现时被试对第二个刺激的反应变慢。

你能想到一种方法去检验心理不应期效应常常存在的理论吗？

论据

在几十项研究中都获得了心理不应期效应（Pashler, Johnston, & Ruthruff, 2001）。但在大多数研究中，两项任务都包含手动反应，并且人们发现很难分别控制双手。塞尔斯特等人（Selst, Ruthruff & Johnston, 1999）研究了这个问题。他们采用两项任务，一项任务要求作口头反应，另一项任务要求作手动反应。原来的心理不应期效应的时间是353毫秒，但是经过连续练习后，该时间减少到只有50毫秒。当对要求作手动反应的实验进行重复时，练习后的心理不应期效应更显著。这表明大多数（但不是全部）心理不应期效应都依赖于两项任务所要求的手动反应。

我们早先讨论过关于两项复杂任务能够很好地同时作业的研究（Hirst et al., 1980；Spelke et al., 1976）。这些发现似乎与加工过程存在瓶颈的观点不一致，因为与单独完成两项任务相比，同时完成两项任务受到很少干扰或没有干扰。但是，心理不应期效应的研究在对任何特定刺激作出准确的反应时间评估方面具有优势。在赫斯特和斯派克等人研究中获得的粗糙的测量指标，可能对加工瓶颈的觉察不太敏感。

直到最近人们才普遍假定心理不应期效应会经常出现。但是，舒马赫等人（Schumacher et al., 2001）提出了相反的证据。他们采用两项任务：(1) 分别对应低音、中音、高音说出"1"、"2"、"3"；(2) 对应电脑屏幕上的圆盘（disc）的位置按反应键。经过2064次试验后，一些被试能够像单独完成两项任务一样快速地同时完成这两项任务。因此，对一些个体来说，简单任务经过多次练习后，加工过程的瓶颈现象有可能消失。

❖ **评价**

⊕ 许多研究显示，在双任务加工过程中通常存在着瓶颈。这表明某些中央加工过程至少在性质上是系列加工，即每次只处理一项任务。

⊕ 心理不应期研究为双任务情境中的刺激加工（和反应）时间提供了准确的评估。

⊖ 心理不应期效应的幅度通常很小，因此，许多（或大多数）包含在双任务作业中的加工过程完全有可能是平行进行的。

⊖ 一些证据（Schumacher et al., 2001）表明，当需要对两项任务进行同时作业时，加工过程并不总是存在瓶颈。

多重资源

维肯斯（Wickens, 1984, 1992）认为，人拥有多重资源。他提出了一个人类加工资源的三维结构模型。根据该模型，加工过程具有三个连续的阶段（编码阶段、中央处理阶段和反应阶段）。编码阶段涉及刺激的知觉加工，通常包含视觉或听觉通道。编码阶段和中央处理阶段可能涉及空间或言语译码。最后，反应阶段涉及手动反应或口头反应。任何特定任务都可以利用如下图所示的某些加工资源。更具体的说，大多数任务均包含编码的某种形式（视觉的或听觉的），随后是中央处理（空间的或言语的），最后是反应（手动的或口头的）。

该模型有两个关键假设：

1. 存在几个资源库，根据加工阶段、通道、编码阶段和反应阶段进行区分。
2. 如果两项任务使用不同的资源库，那么人们应该能不被干扰地同时完成两项任务。

论据

多重资源模型及其任务相似性的种类会影响双任务作业的预测，得到许多理论的支持。例如，就像我们看到的，当两项任务中的刺激来自同一通道时，对同时作业会有更多的干扰（Allport et al., 1972; Treisman & Davies, 1973）。又如我们所看到的，当两项任务共享同一种反应类型时，对同时作业也有更多的干扰（Mcleod, 1977; van Selst et al., 1999）。

一般来说，支持中枢容量理论的证据，为强调多重资源重要性的模型提出了问题。根据维肯斯的模型，如果两项任务未共享任何共同的资源库，那么它们就能像单个作业那样进行同时作业。考虑一下上述伯克等人（1996）的研究，

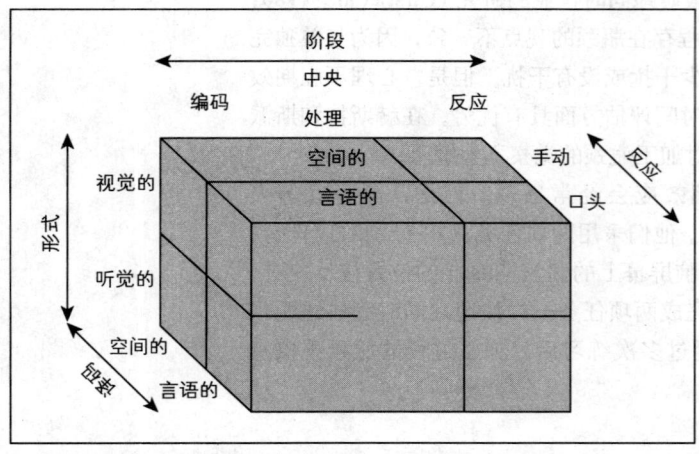

维肯斯提出的人类加工资源的三维结构。引自 Wickens (1984)。

该研究要完成四项完全不同的任务（随机组合，原型学习，手动作业，语音作业）。从维肯斯的模型中似乎可以得到这些任务彼此之间应该不存在干扰的预测。但事实上，所有的任务彼此之间都明显地存在干扰。同样，从维肯斯的模型中，也无法清楚地得知为什么用手机交谈会干扰开车这种完全不同的活动（Strayer & Johnston, 2001）。

❖ 评价

- ⊕ 维肯斯（1984, 1992）提出的多重资源模型具有合理的证据。
- ⊕ 双任务作业中干扰量的多少取决于两项任务共享共同加工资源的程度这一观点得到了一些支持。
- ⊖ 该模型只关注视觉或听觉输入，但是任务还可以通过其他通道呈现（例如，触摸）。
- ⊖ 即使两项任务使用不同的资源库时，通常也会对作业产生某些干扰（Bourke et al., 1996; Strayer & Johnston, 2001）。当两项任务所需求的中枢容量比维肯斯（1984）所确认的加工资源更普遍时，就可能出现这种干扰。
- ⊖ 该模型贬低了与协调的高水平加工和组织不同任务对资源的需求等有关的问题。

结论

将所有的理论观点（中枢容量理论，瓶颈理论，多重资源模型）联系起来似乎是一条真理。这表明对这些理论的成分进行整合或许是有用的。例如，加工系统可能具有层次结构。中央处理器或中央执行器在层次结构的顶部，参与行为的协调和控制。该层次以下是一些更具体的加工资源库。这种关带整合了中枢容量理论和多重资源模型的某些内容，可以潜在地解释大多数发现。值得注意的是，巴德雷（Baddeley, 1986）的工作记忆模型和此处提出的模型具有相似的层次结构（见第 9 章）。

自动加工

分配性注意研究中一个重要的现象是作业成绩随着练习的增加而得到显著提高。对该现象最常见的解释是，一些加工活动由于长时间的练习而变成自动化加工。对自动加工的判断标准已达成合理的共识：

- 反应迅速。
- 不减少完成其他任务的容量（即，不需要注意）。
- 不可能被意识到。
- 不可避免（即，适当刺激一旦呈现自动加工通常就会出现）。

这些标准一般很难被满足。例如，自动加工不需要注意的要求意味着它们对同时发生的需要注意的任务成绩没有影响。但是这种情况很少见（Pashler, 1998）。因而，

试想一下由于练习已变得自动化的任务的现实事例。

斯特鲁普效应：是指单词颜色与颜色单词有冲突时（例如，用绿色书写的红字），对单词书写颜色的命名将变慢的发现。

这个判断标准也就不免存在问题。在斯特鲁普效应（**Stroop effect**）中，命名书写单词颜色的速度由于使用描述颜色的单词而减慢（例如，用红色书写的"黄色"这个单词），通常认为包含了对描述颜色的单词不可避免的自动化加工。不过，卡内曼和亨尼克（Kahneman & Henik, 1979）发现，当干扰信息（即颜色单词）与需要命名的颜色在同一个位置而不是在相邻位置时，斯特鲁普效应会更大。因此，产生斯特鲁普效应的过程并不是完全不可避免的。

从符合所有判断标准的意义上来说，加工过程很少是完全自动的。我们将会在本部分后面的内容中，去考察区分完全自动加工和部分自动加工的理论观点（Norman & Shallice, 1986）。

控制加工对自动加工

施奈德和希夫伦（Schneider & Shiffrin, 1977）以及希夫伦和施奈德（Shiffrin & Schneider, 1977）区别了控制加工和自动加工。根据他们的理论，控制加工受认知容量限制，需要注意，能够在变化的环境中灵活运用。自动加工不受认知容量限制，不需要注意，一旦形成后就很难改变。施奈德和希夫伦在一系列研究中证实了这些观点（参见下面的关键研究）。

施奈德和希夫伦：控制加工对自动加工

在施奈德和希夫伦的研究中，基本情境是首先让被试记忆一个、两个、三个或四个项目（辅音或数字）；这被称为记忆集（*memory set*）。然后呈现给他们一个包含有一个、两个、三个或四个项目（辅音或数字）的视觉显示。最后，他们需要快速判断是否任一项目都在记忆集和视觉显示中呈现过。

相容图式（*consistent mapping*）和变化图式（*varied mapping*）间的区分是至关重要的。在相容图式中，只有辅音被用作记忆集的组成部分，在视觉显示中只有数字被用作干扰项目（反之亦然）。假定给某个人只有数字作为每一记忆集的组成部分。如果一个数字在视觉显示中被看到，那么它将是现有记忆集的组成部分。根据希夫伦和施奈德（1977）的观点，被试在区别字母和数字上如果有多年的练习，将会允许他们完全自动地完成相容图式任务。在变化图式中，记忆集由辅音和数字混合而成，视觉显示也一样。在这种情况下，不会使用自动加工。

为了更好地阐明相容图式与变化图式之间的关键性区别，我们来考虑每个图式的几个例子。

相容图式

记忆集	视觉显示	反应
H B K D	4 3 B 7	肯定
H B K D	9 2 5 3	否定
5 2 7 3	J 5 D C	肯定
5 2 7 3	B J G H	否定

看一下施奈德和希夫伦所使用的实验刺激，你认为程（Cheng, 1985）的推论正确吗？

变化图式		
记忆集	视觉显示	反应
H 4 B 3	5 C G B	肯定
H 4 B 3	2 J 7 C	否定
5 8 F 2	G 5 B J	肯定
5 8 F 2	6 D 1 C	否定

相容图式和变化图式情境下的作业成绩有巨大差异。记忆集和视觉显示的项目数量对相容图式的判断时间影响较小，但是对变化图式的判断时间影响却很大。根据希夫伦和施奈德 (1977) 的观点，相容图式情境中的作业，反映了平行运行的自动加工。另一方面，变化图式情景中的作业，则反映了以序列方式运行的受注意控制的加工。需要考虑的项目越多，判断时间就越慢。

自动加工是由于长时间练习而发展起来的观点由希夫伦和施奈德 (1977) 进行了研究。他们采用相容图式，记忆集的项目通常是从辅音字母 B 到 L 中抽出来的，视觉显示中的干扰项目通常是从辅音字母 Q 到 Z 中抽出来的，反过来也一样。一共有 2100 次试验，试验期间作业成绩的显著提高可能反映了自动加工的发展。

在自动加工发展起来后，用次序颠倒的相容图式再进一步进行 2400 次试验。例如，如果在开始的 2100 次试验中记忆集的项目是从字母表的前一部分中抽取出来的，那么在随后的 2400 次试验中记忆集的项目将从字母表的后一部分中抽取出来。被试几乎要接受 1000 次相反的相容图式试验，才能使作业恢复到实验开始的水平！这说明自动化加工一旦形成就很难改变。

自动加工与控制加工比起来最大的优势是运行速度非常快，并且许多自动加工可以同时发生。不过，当环境和任务发生变化时，自动加工就会处于不利地位，因为它们缺乏控制加工的适应性和灵活性。

讨论要点：
1. 希夫伦和施奈德的研究有何用处？
2. 想想日常生活中一些关于自动加工和控制加工的事例。

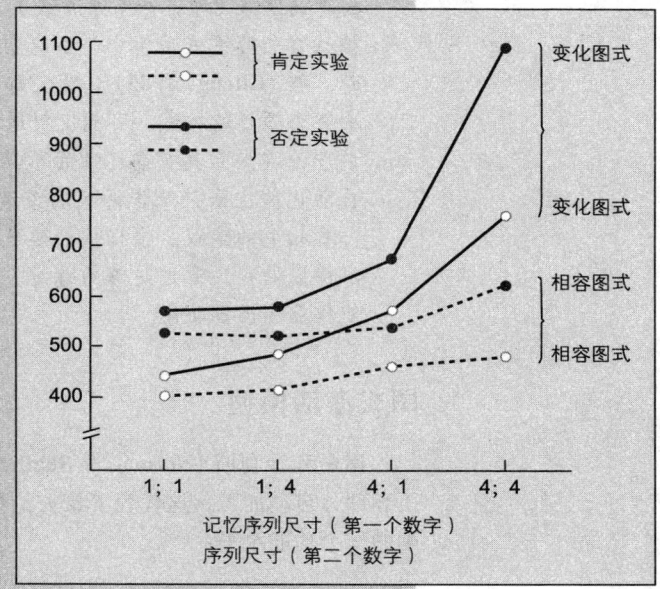

决策任务的反应时间是记忆集大小、显示集大小、相容图式和变化图式的函数。数据来自希夫伦和施奈德 (1977)。

> **关键研究评价——施奈德和希夫伦**
>
> 施奈德和希夫伦关于控制加工和自动加工的研究是借用这些实验进行验证和支持的理论的另一良好事例。有趣的是，一些广告使用相似的字母和数字组合达到了很好的效果，例如电影"SEVEN"，这例证了无视阅读的自动加工有多么困难。施奈德和希夫伦的研究提供了明显的证明，即随着时间的推移一些加工过程变得自动化，但是它未能明确说明该过程实际上是怎样发生的或者发生了什么。

❖ 评价

- ⊕ 希夫伦和施奈德（1977）对自动加工和控制加工进行了清晰的区分，并提供了支持该区分的证据。
- ⊕ 希夫伦和施奈德（1977）明确指出了练习在自动加工发展中的重要作用。
- ⊖ 自动加工平行运行并且不需要任何认知容量的理论假设意味着，当采用自动加工时，判断速度与记忆集和/或视觉显示中的项目数量之间的联系是一条没有斜率的直线（即，一条水平线）。但是，情况并非如此。
- ⊖ 被试在相容图式情境中是否凭借记忆集和寻求匹配的视觉显示进行搜索尚不清楚。程（Cheng, 1985）认为，那些知道视觉显示中的辅音字母必定属于记忆集中某个项目的被试，可能仅仅通过扫描视觉显示来寻找辅音字母。
- ⊖ 该理论观点只具有描述性而不具有解释性。比如，一些加工过程通过练习变得自动化的主张并未告诉我们该过程是如何发生的。洛根（Logan, 1988）提供了一些相关的建议。根据他的建议，练习使有关刺激以及如何处理刺激的详细信息得以储存。通过足够的练习，正确的反应可以直接从长时记忆中获得，从而使作业变得自动化。

图式激活模型

诺曼和沙利斯（Norman & Shallice, 1986）在图式激活模型中区分了完全自动加工和部分自动加工，这代表了希夫伦和施奈德（1977）理论的发展。他们确定了该模型的三个功能水平：

1. 受图式（组织好的计划，organised plans）控制的完全自动加工。
2. 部分自动加工涉及竞争调控（contention scheduling），而不具备有意监督（deliberate direction）或意识控制，当需要解决图式间的冲突时就会采用竞争调控。
3. 注意监控系统（supervisory attentional system）的有意控制，类似于工作记忆系统的中央执行器（见第9章）。

诺曼与沙利斯认为，注意监控系统位于大脑额叶。如果果真如此的话，你预期额叶受损的患者在注意测验中会有怎样的表现？

诺曼和沙利斯（1986）认为，完全自动加工发生时几乎意识不到所包含的过程。但是，如果自动加工完全不受管束，那么这种自动加工通常会干扰行为。结果就出现了所谓的竞争调控自动解决图式间冲突的过程。它根据环境信息和两个竞争图式同时被激活时的当前优先级（current priorities）来选择可利用的图式或组织好的计划。一般来说，包含竞争调控的部分自动加工比完全自动加工具有更多的有意识觉察。最后，决策和问题解决涉及高水平的注意监控系统，它允许对新异情境作出更灵活的反应。该系统可能位于大脑额叶。

沙利斯和伯吉斯（Shallice & Burgess, 1996）确认了由注意监控系统所执行的某些加工过程。例如，考虑一下我们如何应付新异的情境。沙利斯和伯吉斯认为包括三个过程：

1. 我们**构建**一个新的图式来控制行为。
2. 我们**执行**或利用这个新的图式。
3. 我们对错误进行**监督**以检验是否采用了适当的图式。

论据

如前所述，要找到满足所有自动化判断标准的自动加工的事例确实很难。这些证据表明了假设许多加工仅属于部分自动加工的价值。沙利斯和伯吉斯（1993）研究了大脑额叶受损的患者，他们的注意监控系统存在严重的问题。这些患者的行为常常好像受到竞争调控的控制。例如，当看到一副扑克牌时，他们会毫无理由地处理这些扑克牌。

沙利斯和伯吉斯（1996）提出了支持图式构建和图式执行之间存在区别的支持证据。实验中要求前额病变的患者预测哪些圆环可以填充到呈现给他们的每个卡片中。圆环填充是由不同规则决定的，因此，任务的成功完成涉及构建一个与当前规则相一致的图式。前额病变患者所犯的错误表明他们中的一些人在图式构建方面存在问题，而另一些人主要在图式执行方面存在问题。这种模式称为**双重分离**（**double dissociation**），表明在注意监控系统中图式构建和图式执行是两个分离的过程。

双重分离：指一些个体（通常是大脑受损个体）在任务 A 中表现正常，但在任务 B 中却表现很差，而其他个体则表现出相反模式的发现。

❖ 评价

- ⊕ 存在两个分离控制系统（竞争调控，监控系统）的观点解释了为什么有些过程是完全自动化的，而其他一些过程只是部分自动化的。
- ⊕ 与注意监控系统有关的一些主要过程现已得到证实。
- ⊖ 监控系统的详细功能仍然不清楚，也不知道它是否能形成一种独立的单一系统（unitary system）。
- ⊖ 许多支持图式激活模型的证据都来自对大脑受损患者的研究，因此更彻底地对健康被试进行研究对检验该模型将非常有用。

不随意动作

不随意动作（**action slips**）伴随着非有意的动作表现。当我进行书稿的文字处理时，出现了最具破坏性的不随意动作。我的电脑屏幕上有两个图标文件，其中一个文件里有 25000 个单词，另一个文件是空的。本来我想要做的是把 25000 个单词复制到那个空文件里面。结果是将空文件复制到了那个含有 25000 个单词的文件里面，这意味着书的四分之一的内容都消失了！

不随意动作：非有意作出的动作。

不随意动作通常包括注意缺乏，这在"心不在焉"这个成语里可以清楚地认识到。研究不随意动作主要有两种方法：(1) 日记研究，(2) 实验室研究。我们将依次探讨这两种方法。

你能想出自己亲身经历过的不随意动作吗？你认为不随意动作有不同类型吗？

日记研究

瑞森（Reason, 1979）要求35人在两周时间里对不随意动作记日记。结果报告了400多个不随意动作，大多数不随意动作都可归属于五个主要类别。40%的失误涉及存储失败（*storage failures*），在存储失败中，行为意图和行动被遗忘或错误地回忆。这里有一个瑞森（1979, p.74）的存储失败事例："我开始将第二个开水壶里的开水倒进一个刚刚沏好的茶壶里。"

> 你认为从日记研究中可以得出什么结论？

另外20%的错误是试验失败（*test failures*），在试验失败中，计划序列进程在关键时刻或选择点未得到足够的监控。下面是来自瑞森（1979, p.73）的一个事例："我打算去车库开车，但是当我经过通向车库的后门廊时，我停下来穿上我的雨靴和园艺夹克，好像我要去花园工作一样。"子程序失败（*subroutine failures*）可以说明其他18%的错误；这涉及动作序列各阶段的插入、遗漏或重排。瑞森（1979, p.73）给出了一个事例："我坐下来想做点事情，在开始写作之前我把手放到脸上去摘眼镜，但是我的手指出其不意地停了下来，因为我根本就没戴眼镜。"

剩下两个类别在日记研究中很少发生。辨认失败（*discrimination failures*）（11%）由辨认物体的失败组成（例如，把剃须膏误认为牙膏）。程序组合失败（*programme assembly failures*）（5%）包括动作的不适当组合。例如，"我剥开一粒糖果，把包装纸放进嘴里，把糖扔进垃圾桶"（p.72）。

❖ 评价

- ⊕ 日记研究为日常生活中的不随意动作提供了许多有价值的信息。
- ⊖ 日记研究中的百分比只是根据已发现的不随意动作得来的，我们尚不知道还有多少未发现的不随意动作。
- ⊖ 为了解释这些数字，我们需要知道每种失误可能发生但没有发生的场合的数量。因此，数量较少的辨认失败可能反映了良好辨认，也可能反映了相对缺乏需要良好辨认的情境。

实验室研究

鉴于日记研究中存在的这些问题，我们可能会认为实验室研究要更好。但是，塞伦和诺曼（Sellen & Norman, 1992）确认了实验室研究方法的潜在缺陷。他们指出，会出现很多自然发生的不随意动作，

> 当一个人心事重重或心烦意乱的时候，当有意动作和错误动作都是自动化的时候，当一个人在熟悉的环境下做熟悉的任务时。实验室情境却提供了完全相反的情况。通常会要求被试在一个陌生的环境里去完成一个不熟悉的、高度人为的任务。大多数被试在激励之下都能很好地完成任务……他们并非心不在焉。(p.334)

罗伯特森等人（Robertson et al., 1997）设计了一项任务，在这项任务中呈现一长串随机数字，被试对 3 以外的每个数字按键作出反应。未能阻止对 3 作出反应视为不随意动作。额叶受损的患者比健康的被试产生了更多的不随意动作（分别为 30% 对 12%）。这表明注意和不随意动作部分地依赖于大脑额叶。

不随意动作理论

研究者已经提出了许多不随意动作理论，包括上面讲过的瑞森（Reason, 1992）及塞伦和诺曼（Sellen & Norman, 1992）的理论。尽管这些理论相互之间有所区别，但是瑞森及塞伦和诺曼均赞同存在两种控制模式：

- **自动化控制模式（automatic mode）**。运行成绩受图式或组织计划的控制；决定成绩的图式是可利用的最强模式。

海伊和雅克布：不随意动作

尽管存在一些问题，我们还是从实验室研究中得到了一些有趣的发现。例如，海伊和雅克布（Hay & Jacoby, 1996）认为，当下面两个条件被满足时，不随意动作最有可能发生：

1. 正确的反应不是最强的反应或最习惯的反应。
2. 注意力未被完全运用到选择正确反应的任务中。

例如，假设你在寻找房子的钥匙。如果钥匙未在平常放置的地方，你可能仍然会浪费时间去那个地方找钥匙。如果你又在一个重要的约会时迟到了，你可能会发现很难集中注意力去思考钥匙可能放置的其他地方。结果，你在几个错误的地方寻找钥匙。

海伊和雅克布给被试做了一个记忆实验，他们必须根据一个先前的学习任务完成对偶联合（paired associates）（例如，knee：b_n_）。有时候来自学习任务的正确反应也是最强的反应（例如，bend）。但有时候正确反应就不是最强的反应（例如，bone）。被试有 1 秒钟或 3 秒钟的时间进行反应。

海伊和雅克布认为，当正确的反应不是最强的反应并且必须迅速作出反应时，不随意动作最有可能发生。就像所预测的那样，在此种情况下错误率是 45%，而在其他情况下错误率平均只有 30%。

海伊和雅克布（1996）的研究为什么很重要呢？正如他们自己所指出的："在实验室情境中通过直接操作不随意动作发生的概率来检验不随意动作的研究还做得很少……我们不仅操作了不随意动作，还区分了自动化反应和有意识反应在它们产生中所起的作用。"（p.1332）

讨论要点：
1. 海伊和雅克布的研究方法能否解释你最近发生的任何不随意动作？
2. 海伊和雅克布所采用的以实验为主的研究方法有什么局限性？

关键研究评价——海伊和雅克布

海伊和雅克布的研究着眼于实验室情境中的不随意动作。在这个领域实验研究较少。可见不随意动作在现实情境中很重要。例如，考虑一下战舰上的技术员必须决定一个靠近的目标是敌方的还是不是敌方的。海伊和雅克布发现，当正确反应不是最强的反应和需要快速作出反应时，不随意动作最有可能发生。这表明对这个战舰上的技术员来说，反应速度的必要性和先前的主要针对敌方目标的反应练习使他作出不随意动作（攻击一个非敌方目标）的可能性较大。

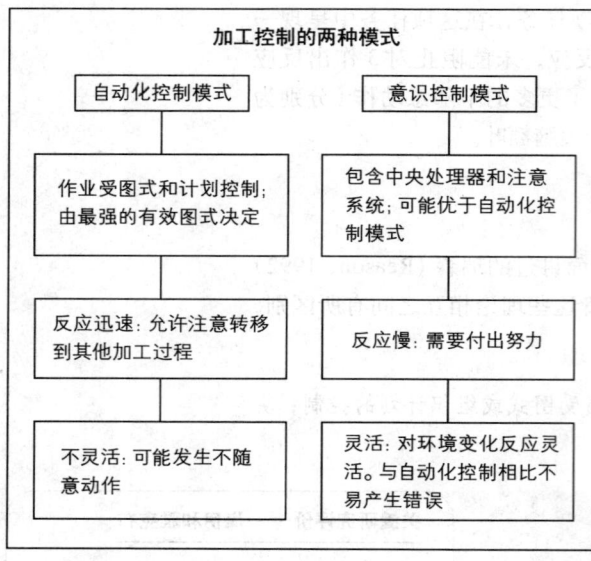

- **意识控制模式**（conscious control mode）。包含某些中央处理器或注意系统；该控制模式可能优于自动化控制模式。

自动化控制模式的优势是反应迅速并允许将注意资源贡献给其他加工活动。但它不够灵活，并且当对这种控制模式太过依赖时会产生不随意动作。意识控制模式的优势是比自动化控制模式更不易犯错误，并且能对环境的变化作出灵活反应。但它运行较慢，并且是一个需要努力的过程。

当某人处于自动化控制模式之下并且最强的有效图式或运行程序出错时，就会产生不随意动作。在瑞森（1979）的不随意动作中可以了解自动化控制模式的卷入情况。一种最常见的不随意动作涉及重复某个动作，因为第一个动作被忘记了（例如，连着刷两次牙，试图启动已经开动的汽车引擎）。就像我们在本章前面所看到的那样，未被注意的信息会非常短暂地保留一段时间然后被忘记。在自动化控制模式下刷牙或启动汽车引擎时，可以预测对所做事情的近期记忆会非常差。因此，动作通常会被重复。

你认为所有熟练任务均依赖自动化控制模式吗？除了练习，你认为还有什么因素可以决定我们使用哪种控制模式去完成一项任务？

图式理论

塞伦和诺曼（Sellen & Norman, 1992）提出了图式理论，根据该理论，动作取决于层级式排列图式或组织计划。值得注意的是，图式这个术语与记忆理论中通常所出现的图式概念有所不同（见第9章）。最高水平的图式代表总的行为意图或目标（例如，买一件礼物），较低水平的图式与实现目标过程中所包含的动作相一致（例如，从银行取钱，乘火车去购物中心）。当图式的激活水平足够高并且存在适当的触发条件（例如，当火车停靠站台时走进火车）时，特定的图式将决定动作。图式的激活水平是由当前的行为意图和直接情境决定的。

根据图式理论，为什么会发生不随意动作呢？各种可能的原因是：第一，行为意图形成时可能产生错误。第二，图式可能产生错误激活，导致激活错误的图式，或者导致正确图式的激活丧失。第三，情境可能导致活动图式的错误激发，引起行动由错误的图式决定。

瑞森记录的许多不随意动作都与图式理论有关。例如，辨认失败可能导致行为意图的形成错误。另外，对意图的存储失败可能会产生活动图式的错误激发。

尽管这些杂技演员成千上万次地练习了这些动作，但是这些动作如果变成完全自动会带来不随意动作的严重后果。

❖ 评价

⊕ 认为（如图式理论所认为的那样）不随意动作是"人类行动系统设计

的正常副产品"似乎很合理 (Sellen & Norman, 1992, p.318)。因此, 存在一个独立的行动系统, 该系统正常情况下功能很好, 但是偶尔也会产生不随意动作。

⊕ 这些理论正确地预测了不随意动作在高度熟悉的活动中最常发生, 因为自动化过程最可能与这些活动一起使用。

⊖ 与那些被认为极为重要的活动相比, 不随意动作在较为不重要的活动中更普通。例如许多马戏团的演员都能完成一些非常熟练的动作, 但是动作中的危险因素确保他们不会使用自动化控制模式。大多数理论都未对这种现象提供充分的解释。

⊖ 我们对与有意控制模式有关的注意系统知之甚少, 也不清楚是否只包含一个单一的注意系统。

⊖ 自动加工与控制加工这一区别, 对复杂的现实来说可能太过于简单化了。

小　结

认知心理学家提出了人类认知研究的四种主要研究取向：实验认知心理学, 认知神经心理学, 认知科学和认知神经科学。每一种研究取向都有其优缺点, 因此认知心理学家越来越多地在研究中使用一种以上的研究取向。这四种研究取向的提出意味着, 如今在理解人类认知和大脑方面取得了快速的进展。

集中性听觉注意

我们借用信息间的物理差异（例如, 说话者的性别）可以追随听觉信息而忽略其他信息。根据布罗德本特的过滤器理论, 过滤器根据信息的物理特征每次只允许听觉信息通过过滤器进入有限容量的机制。但是对未被注意信息的加工比布罗德本特预测的要多。根据特雷斯曼的衰减理论, 未被注意信息的加工是衰减的或减弱的。根据多伊奇夫妇的理论, 对所有刺激的分析都是根据刺激的意义进行的。证据表明, 对被注意的听觉刺激的加工比对未被注意的听觉刺激的加工更完全, 这与衰减理论最相符。

集中性视觉注意

集中性视觉注意类似一个聚光灯或变焦镜头。根据聚光灯和变焦镜头模型, 视觉注意被指向视野内的一个特定区域。有两项发现与这些模型不一致：(1) 分散性注意的存在, (2) 视觉注意通常指向物体而不是特定的区域。虽然未被注意的视觉刺激比被注意的视觉刺激得到更不完全的加工, 但是健康被试与单侧性忽视患者常常会对未被注意刺激的意义进行某种程度的加工。视觉搜索包括两个过程。第一个过程快而有效, 第二个过程慢而效率低下。视觉搜索的速度依赖于目标项目与干扰项目之间的相似性。

分配性注意

当两项任务不相似、高度熟练化且容易时, 双任务作业通常最佳。许多来自双任务研究的发现都能被中枢容量理论解释（像 Kahneman，1973）。但是，中枢容量的本质通常没有得到充分说明，并且这些理论不能轻易地解释任务相似性对双任务作业的影响。心理不应期效应的存在，提供了在加工过程中存在中央瓶颈的证明。但当熟练的被试完成两项简单任务时并不总是能发现该瓶颈。虽然来自双任务研究的一些发现可以通过维肯斯的多重资源模型所解释，但它不能解释需要不同资源的两项任务之间的相互干扰。

自动加工

一般而言，自动加工非常迅速，不需要注意，并且不可避免。但是，这些标准极少能得到满足。希夫伦和施奈德区别了自动加工和控制加工，并且表明自动加工是通过练习发展而来的。他们还表明自动加工缺乏控制加工的适应性和灵活性。根据洛根的观点，增加的信息作为练习的结果被储存在长时记忆里，并且它允许快速获得对刺激的适当反应和发展自动加工。诺曼和沙利斯区分了完全自动加工和部分自动加工。许多加工只是部分自动加工的观点，与较少的加工能满足所有自动化判断标准的发现相一致。

不随意动作

日记研究表明许多不随意动作包括存储失败、试验失败或程序失败，但是我们不知道还有多少未被我们发现的不随意动作。当正确反应不是最强的反应并且注意未能被充分运用到选择正确反应的任务中去时，不随意动作最有可能发生。从理论上来讲，一般认为有两种控制模式：(1) 自动化、图式驱动模式，(2) 意识控制模式。根据图式理论，由于行为意图形成发生错误或者图式的错误激活，均可能引发不随意动作。我们对自动加工和控制加工所包含的加工过程了解甚少，并且自动加工与控制加工这一区分也可能太过于简单。

深入阅读

- Driver, J. (2001). A selective review of selective attention research from the past cen-tury. *British Journal of Psychology, 92,* 53–78. This article contains interesting accounts of British contributions to several key topics in attention.
- Eysenck, M.W. (2001). *Principles of cognitive psychology* (2nd ed.). Hove, UK:Psychology Press. Chapter 4 of this textbook provides detailed coverage of the main topics within the field of attention.
- Pashler, H., Johnston, J.C., & Ruthroff, E. (2001). Attention and performance. *Annual Review of Psychology, 52,* 629–651. Issues relating to automatic processes and the effects of practice are discussed thoroughly.

第 7 章 视 觉

本章概要

- **视觉系统**
  眼睛的成像过程

  卡拉特的三阶段：接收、转换、编码
  视网膜的结构
  视网膜膝状体纹状皮质通路：P 通路、M 通路
  大脑区域
  特殊类别：颜色和运动

- **知觉组织**
  赋予所见事物以意义

  格式塔学家
  图形优化趋势规则
  图形背景知觉
  知觉背景的原则

- **知觉：准确还是不准确**
  背景的重要性

  文化差异
  视觉幻想
  米尔纳与古德尔的知觉行动模型
  格洛弗的计划控制模型

- **颜色知觉**
  颜色视觉的价值

  颜色的重要性：察觉、区分
  扬-赫姆霍尔兹理论
  赫林的对抗过程理论
  颜色恒常性
  兰德的视网膜皮层理论

- **运动知觉**
  研究运动如何被感知的

  接触时间估计——李的 Tau 效应理论
  知觉人类运动：点—光理论

- **空间或深度知觉**
  三维感知

  三条深度线索：单眼线索、双眼线索、错觉
  联合策略
  大小一致性

- **无意识知觉**
  下意识知觉

  无意识知觉的研究
  盲视——V1 区域受损

- **客体再认**
  三维客体

  马尔的三种视觉表象
  彼得曼的理论：几何离子
  塔尔和巴尔霍夫的理论观点
  统觉失认症和整合失认症

- **面部再认**
  再认和识别面部的特殊线索

  面部失认症研究
  法拉的模型：整体分析和局部分析
  布鲁斯与扬的八种成分模型

视觉在我们的日常生活中非常重要。例如，有了视觉，我们才能自由地走动，看见正与我们交流的人，阅读杂志和书籍，敬畏大自然的神奇，看电影、电视等。因此，大脑皮层对视觉通道的贡献大于对其他感觉通道（例如，听觉）的贡献就不足为奇了。

本章关注视觉的主要问题。第一部分涉及视觉系统和视觉的组织方式。另外还会处理与知觉精确性（或不精确性）有关的问题。然后会讨论颜色知觉、运动知觉和深度知觉所包含的过程。本章最后一部分主要关注客体再认和面部再认中涉及的过程。更具体地讲，就是我们如何组织并识别所遇到的三维刺激？如果你想对婴幼儿和儿童的视觉发展有更多了解，可以参看第14章。

当然，除了视觉通道之外，也存在其他感觉通道。听觉（例如，言语知觉）的某些内容在第11章论述。对于其他感觉通道（例如，味觉、嗅觉、触觉）我们了解较少，但是我们会在各种专业教科书中（像 Sekuler & Blake, 2002）就所了解的内容进行讨论。

视觉系统

当一个视觉刺激到达眼睛视网膜的感受器时会发生什么呢？一般而言，存在三种主要推论。第一，接收（reception），这涉及通过感受器吸收物理能量。第二，转换（transduction），在这个过程中物理能量被转换成神经元的电化学模式。第三，编码（coding），一方面，这意味着在物理刺激之间存在着直接的或一对一的联系；另一方面，这也意味着最终的神经系统活动之间存在着直接的或一对一的联系。

人类的视觉系统担负着众多复杂的加工活动。用派因（Pine, 1997, p.151）的话来讲："从投影到与眼底相联系的视觉感受器的细微、变形、混乱、两维视网膜图像中，视觉系统形成了精确的、极其详细的三维知觉。"

来自外界物体的光波通过眼睛前部的透明角膜到达虹膜。虹膜恰好位于角膜后部，给眼睛提供各种色彩。进入眼睛的光线数量取决于瞳孔，即位于虹膜中的开孔。当光线过于强烈时瞳孔变小，光线相对较暗时瞳孔变大，借此达到对光线量的控制。晶状体会把光线聚集到眼底的视网膜。每一晶状体通过眼睛的适应性调节过程调整自身形状，把图像聚焦到视网膜。

视网膜本身也很复杂。它由五种不同的细胞层组成：感受器、水平细胞、两极细胞、无长突细胞和视网膜节细胞。这些细胞的排列方式比较奇特。透过晶

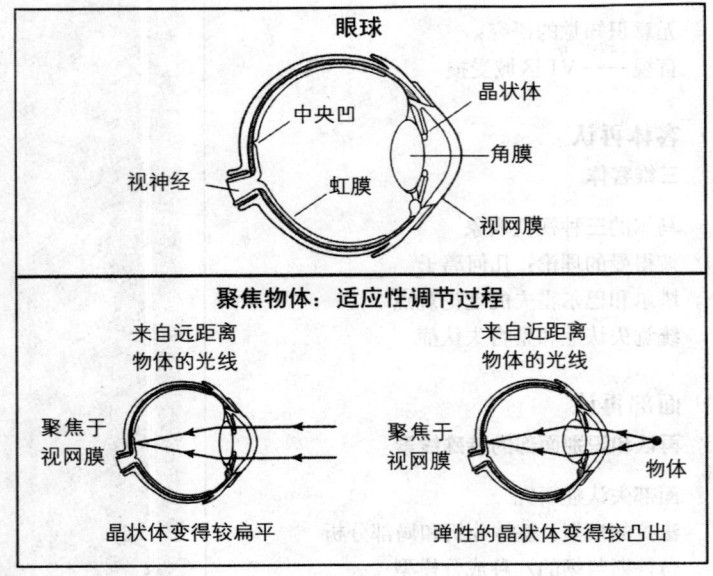

状体的光线要通过所有的细胞层才能到达眼底的感受器细胞,之后神经信息又通过各细胞层返回。来自视网膜的冲动通过视网膜前部的视神经离开眼睛。

视网膜中的视觉感受器细胞分为两类:视锥细胞和视杆细胞。视锥细胞大约600万,大多位于视网膜的中央凹或中央部位。视锥细胞专门负责颜色视觉和形状视觉(见后面的颜色知觉部分)。视杆细胞大约1.25亿,聚集在视网膜的外层边缘。视杆细胞专门负责暗光视觉和运动探查。视锥细胞和视杆细胞之间的众多差异,源于视网膜节细胞仅接受少量视锥细胞而接受大量视杆细胞的信息这一事实。因此,在较暗淡的环境下,只有视杆细胞在视网膜节细胞中产生较多的活动。

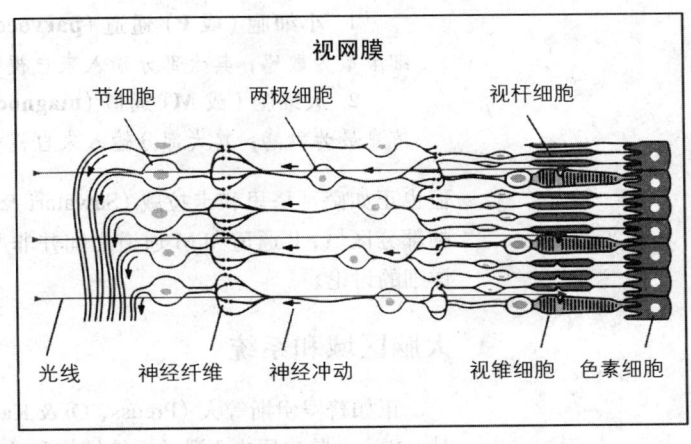

我们为什么拥有两只眼睛呢?一个重要的原因是这样能形成**双眼视差(binocular disparity)**,即任何物体的影像在两个视网膜上存在轻微区别。双眼视差为构建二维视网膜影像的三维世界任务提供了有用的信息(见本章下面内容)。

双眼视差:呈现于双眼视网膜,存在细微差别的视觉影像。

从眼球到大脑皮层

眼球与大脑皮层之间的主要通道称为视网膜膝状体纹状皮质通路(retina-geniculate-striate pathway)。该通道通过丘脑的外侧膝状体把视网膜的信息传到一级视皮层或纹状区。整个视网膜膝状体纹状皮质系统的组织方式与视网膜信息的组织方式类似。因此,当视网膜像中的两个刺激邻近时,它们在该系统更高水平中也彼此邻近。

每只眼球都拥有自己的视神经,两条视神经在视交叉点会合。在这一点上,来自每一视网膜外侧的神经节细胞轴突保留在同一侧脑半球,而来自视网膜内侧的轴突则交叉到另一侧大脑半球。然后,视觉信号沿大脑内的两条视束传递。一条视束内一半的信号来自每只眼球的左半边,其他信号则来自右半边。

通过视交叉之后,视束到达丘脑的外侧膝状体。最终,视神经冲动在扩散到附近的二级皮层区之前到达枕叶的一级视皮层。在下面的内容中,你将会发现,牢记戈尔德斯坦(Goldstein,1996,p.97)对视觉系统的概述是非常有用的:"随着我们从视网膜开始进入更深层的结构,神经元越来越需要更特异的刺激……并且越是深入大脑皮层的视觉区域,这种特异性就越强。"

这也是视网膜膝状体纹状皮质系统的另一个重要特征。该系统具有两个相对独立的通道或路径:

> **双眼视差**
>
> 你可以很容易地证明这种现象:闭上左眼,举起一支铅笔或钢笔,使右眼与举起的笔和另一个物体(例如,窗户的边缘)处在一条直线上。把笔举稳,但现在闭上右眼并睁开左眼。笔似乎从一侧跳到了另一侧!这就是由于双眼视差而引起的视差,即我们双眼视网膜上的影像存在细微区别。

1. **小细胞（或 P）通道（parvocellular pathway）**。该通道对颜色和细微细节最为敏感；其大部分输入来自视锥细胞。
2. **大细胞（或 M）通道（magnocellular pathway）**。该通道对运动刺激的信息最为敏感；其大部分输入来自视杆细胞。

但也正如萨瓦塔里和卡拉威（Sawatari & Callaway, 1996）所发现的，在有些视皮层的部分区域，P 通道和 M 通道之间并非严格分离。稍后会对这两个主要通道进行更详细的讨论。

大脑区域和系统

正如普罗伊斯等人（Preuss, Qi & Kaas, 1999, p.11601）所指出的："目前，我们对人类［大脑皮层中］视觉系统结构和功能的理解，完全取决于非人类的灵长类动物尤其是恒河猴的实验研究。"人类视觉系统与非人类视觉系统基本相似的一般假设大体是正确的，但也并非完全如此。例如，普罗伊斯等人在人类和猿类的一级视皮层系统中发现了多种重要差异。

你也许会认为大脑的某个部位对视觉加工的所有内容负责。但事实上，情形差异巨大，大脑皮层的不同部位专门针对不同的视觉机能；毫无疑问，"机能分化"这个术语正是用于描述这种情景的。恒河猴视皮层的某些主要区域如下所示。每一区域（V1、V2 等）将在下面进行讨论。需要注意的是，把相同的术语用于人类视觉系统时应该小心谨慎。

- **V1 和 V2**。这些区域（V1 是一级视皮层，V2 是次级视皮层）在视觉早期阶段有所涉及。它们包含不同的细胞群，有些细胞群负责颜色和形状，有些负责运动。
- **V3 和 V3A**。这些区域的细胞负责形状（尤其是运动物体的形状），而非颜色。
- **V4**。该区域的绝大多数细胞负责颜色，也有一些细胞负责线条定位。
- **V5**。该区域专门负责运动视觉。有关恒河猴的研究表明，该区域的细胞负责运动而非颜色（Zeki, 1993）。

有些细胞专门负责加工颜色、形状和动作，这些细胞通常发现于在结构上相对独立的视皮层的某些部位。但是，我们一

视觉信号的路径

双眼中央左视野的所有光线（蓝色）均落到两眼视网膜的右侧，这些视野的有关信息也到达右侧视皮层。而右视野的信息（灰色）到达左侧视皮层。双眼视觉的信息同时到达左右侧视皮层。

定不要夸大发生这种情况的程度。例如，可以考察利文哈尔等人（Levenhal, Thompson, Liu, Zhou & Ault, 1995）对恒河猴一级视皮层（V1）中第2、3、4层细胞的研究。他们发现，几乎没有证据支持细胞专门化的观点："我们的发现与以下假设很难吻合，即在[一级视皮层]第2、3层中，对定位、方向和颜色敏感的细胞是严格分离的。事实上，当前结果表明事实正好相反，因为这些层次中的大多数细胞对很多刺激都比较敏感。"（p.1808）

到目前为止，我们已经描绘了一幅大脑皮层中主要视觉区域的轮廓。下面我们就来对这些区域（及其功能）进行更详细的考察。但暂且不涉及V3区。正如伦尼（Lennie, 1998, p.914）所指出的："V3区是枕叶中最不可思议的部位，因为其细胞均缺乏明显的视觉特征。"

我们不对形状直觉进行详细讨论，因为它要涉及皮层的若干区域。与IT（下颞皮层）、V3区、V4区一样，V1区、V2区在形状直觉中也很重要（Lennie, 1998）。但是，IT似乎显得尤其重要。例如，研究者（Rolls & Tovee, 1995）利用猴子实施了一项研究，呈现23张脸部图形和45个其他刺激。IT中的任何一个细胞均对某些面部图形表现出强烈的反应，而对其他面部图形和非面部图形不起反应。也有更进一步的证据表明，IT中的很多神经元仅对某些特定刺激表现出非常敏感的反应（Gross, 1998）。苏加西等人（Sugase et al., 1999）发现，IT中某些神经元的活动模式呈现出有趣的时间进程。最初的神经元活动取决于物体的类型（例如，人脸、猴脸、几何体等）。但是，随后的神经元活动则取决于呈现于神经元感受野的刺激的较具体特征（例如，面部表情）。

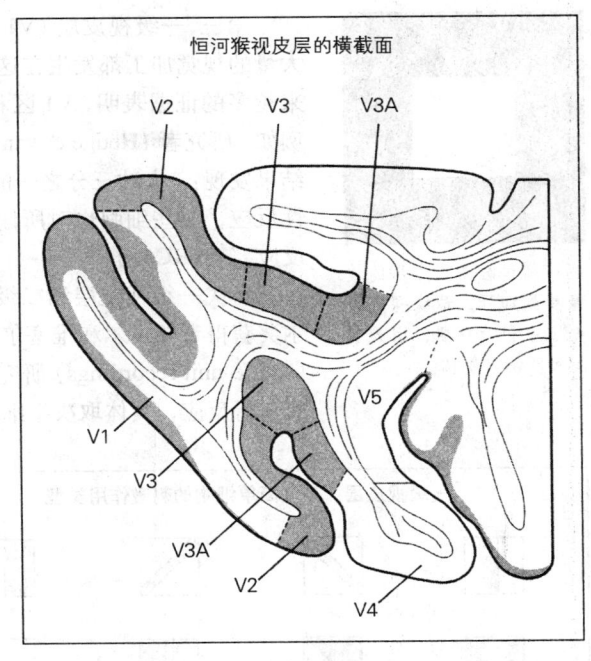

恒河猴视皮层的横截面

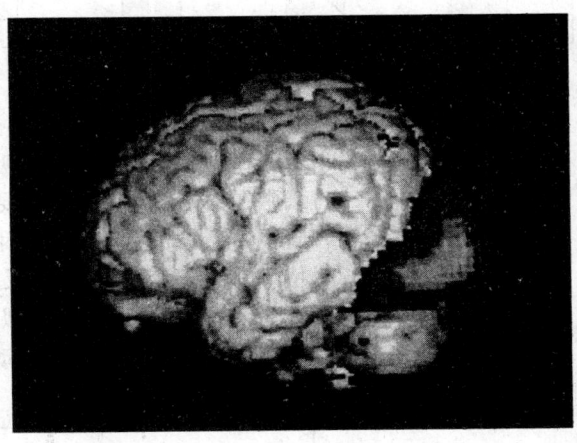

观看单词或图片时人类大脑激活区的PET扫描。所看到的是左侧大脑的左前部。大脑半球被激活的区域以彩色表示。视觉刺激已激活枕叶视觉区。

一级视皮层和二级视皮层

我们首先讨论三个重要的基本观点。第一，为了理解一级视皮层和二级视皮层的视觉加工，考察"感受野"这一概念非常重要。任一神经元的**感受野（receptive field）**是指神经元活动受光线影响的视网膜的区域。

第二，神经元之间通常相互影响。例如，**侧抑制（lateral inhibition）**现象，指由于相邻细胞的活动而导致某个细胞的活动受到抑制的现象。侧抑制具有重要意义，因为它增强了物体边缘的对比，有助于识别物体之间的界线。

感受野：视网膜的某个区域，其中的光线会影响特定神经元的激活。

侧抑制：神经元的激活引起相邻神经元活动的减弱。

248 心理学：国际视野

侧抑制过程使正方形的边缘受到加强。边缘探查在知觉中极为重要，因为它有助于界定物体。

第三，一级视皮层（V1）和二级视皮层（V2）占据着大脑皮层相当大的区域。大量的视觉加工都发生在这两个区域，但这里仅讨论所涉及的某些加工类型。越来越多的证据表明，V1区和V2区的早期视觉加工比过去所认为的要广泛得多。例如，研究者（Hedge & van Essen, 2000）研究了恒河猴对复杂图形的神经元反应。结果发现："大约三分之一的V2区细胞对各种复杂图形的特征表现出显著的差异性反应，某些细胞也对所偏爱的图形的定位、大小和/或空间频率表现出选择性反应。"(p.RC61)

有关一级视皮层和二级视皮层神经元（及其感受野）的很多知识都来自诺贝尔奖获得者胡贝尔和维塞尔（Hubel & Wiesel）的研究。他们使用单细胞记录技术（single-unit recordings）研究个体的神经元，发现很多细胞对光点以两种不同的方式进行反应，具体取决于细胞的哪个部位受到影响：

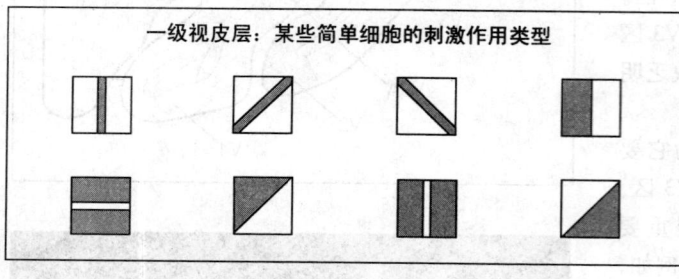

1."兴奋"（on）反应，亮光时激活比率增加；
2."抑制"（off）反应，亮光导致激活比率减少。

中心兴奋细胞（on-centre cells）对感受野中心的光线产生兴奋反应，对边缘的光线产生抑制反应；中心抑制细胞（off-centre cells）则呈现相反的模式。

胡贝尔和维塞尔（1979）在一级视皮层的感受野中发现了两类神经元的存在：简单细胞和复杂细胞。简单细胞具有"兴奋"区和"抑制"区，每一区域都为矩形。这些细胞在探查过程中具有重要作用。大多情况下它们会对明亮视野中的暗条、灰暗视野中的亮条起反应，或者对明亮和灰暗区交界的线条起反应。任何简单细胞都只对特定位置的刺激具有强烈反应，因此这些细胞的反应与特征觉察有关。

复杂细胞与简单细胞相似，它们对位于特定位置的直线刺激反应最为强烈。但是，复杂细胞的感受野较大，对活动轮廓线的反应较强烈。这也是超复杂细胞存在的证据。

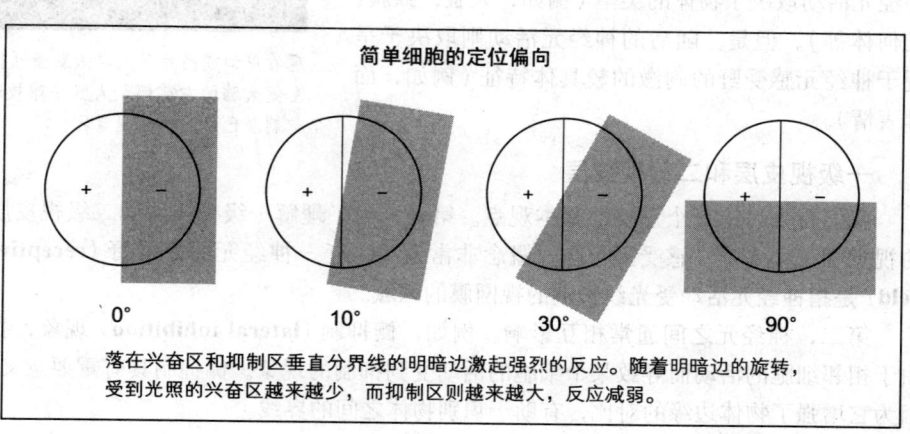

落在兴奋区和抑制区垂直分界线的明暗边激起强烈的反应。随着明暗边的旋转，受到光照的兴奋区越来越少，而抑制区则越来越大，反应减弱。

例如，有些细胞对拐角反应最为强烈，而另一些细胞则对其他各种特定的角度起反应。

皮质细胞会提供模糊的信息，因为它们对不同的刺激以相同的方式进行反应。例如，对移动缓慢的平行线反应最强烈的细胞，也许对迅速移动的平行线和缓慢移动的接近平行的线条反应程度一般。为了消除这些不明确性，我们需要综合来自众多神经元的信息。

请想一个记住简单细胞和复杂细胞存在差异的方法。

颜色加工

颜色加工和运动加工涉及大脑皮层不同区域的观点，得到卡瓦纳加等人（Cavanagha, Tyler & Favreau, 1984）研究的支持。他们呈现一个运动的栅格，由亮度相同、红绿交替的栅条组成。观察者报告栅条未出现运动，还是仅有运动的印象。卡瓦纳加等人认为，运动的展现只影响颜色加工系统，并不能激活运动加工系统，因为该系统仅对亮度差异进行反应。V4区专门负责颜色加工的证据是由利克等人（Lueck et al., 1989）报告的。他们给观察者呈现着色的或灰色的正方形和长方形。PET扫描显示，对于着色刺激V4区大约增加13%的血流量，其他区域未受到颜色的更多影响。不过，V4区并非颜色加工所涉及的唯一区域。韦德等人（Wade, Brewer, Rieger & Wandell, 2002）使用fMRI发现，除了V4区的参与之外，V1和V2区在颜色加工中也受到激活。

如果V4区专门负责颜色加工，那么该区域受到严重损伤的患者将会表现出极少的色觉或者毫无颜色知觉，而形状知觉和运动知觉正常。这在一些患者中称为全色盲（achromatopsia）。很多全色盲患者在客体再认时都存在问题，也不能识别命名颜色。尽管全色盲患者抱怨周围世界似乎缺乏颜色这一现实确实存在，但颜色加工的某些方面却得以保留。海伍德等人（Heywood, Cowey & Newcombe, 1994）研究了一名全色盲患者MS。他在从一套刺激中挑选不成对形状的任务上表现良好。该任务只有使用颜色信息才能准确完成，但是并不需要有意识地掌握该信息。正如科勒和莫斯科维奇（Kohler & Moscovitch, 1997, p.326）所总结的："当现实的知觉判断涉及形状时，MS能够以内隐的方式加工信息，但是如果判断涉及颜色，就不能使用这类信息。"

全色盲：一种脑损伤情形，表现为色觉缺失或无颜色知觉，但形状知觉和运动知觉完整。

运动加工

V5区（medial temporal, MT）主要负责运动加工。安德森等人（Anderson, Holliday, Singh & Harding, 1996）使用MEG和MRI评估了对运动刺激进行反应时的大脑活动（见本书认知心理学导言）。

V5区在运动加工中具有重要性的其他证据来自患有运动障碍（akinetopsia）的脑损伤患者的研究。在这种情形下，对静止物体的感知一般较为正常，而对运动物体则不可见。研究者（Zihl, von Gramon & Mai, 1983）研究了一名患运动障碍的女性LM，她的大脑两半球均受过脑损伤。随后的高分辨率MRI扫描揭示出LM的V5区受到双边损伤（Shipp, de Jong, Zihl, Frackowiak & Zeki, 1994）。她通过视觉能对静止物体进行良好定位，也能较好地进行颜色识别，双眼视觉功能（例如，实体镜深度知觉）正常。但是，她的运动知觉存在严重缺陷。研究者认为：

运动障碍：一种脑损伤的情形，患者不能感知运动物体，而对静止物体感知良好。

她难以把茶和咖啡倒入杯子，因为液体看起来像冰块一样是冰冻的。另外，她不能在倒水时准时停下，因为液体上升时她难以感知杯子（或水壶）内的运动。

> 你认为运动障碍患者会在日常生活中遭遇哪些问题？

LM 的病情并未随时间而好转。但她发展出很多应对运动知觉缺陷的方法。例如，她在与别人谈话时不看那个人，她发现别人的嘴唇在说话时静止不动给她带来很大烦恼（Zihl et al., 1991）。

V5 区参与运动感知的最著名的证据来自贝克斯和泽奇（Beckers & Zeki, 1995）的报告。他们使 V5 区暂时激活，这会引起短时间（但不完全）的运动障碍。但是，其他脑区也会参与运动知觉。例如，瓦伊纳（Vaina, 1998）报告了来自两名 MST 区（medial superior temporal）遭受损伤的患者的发现，该区域毗邻 V5 区和 MT 区，位于其上方。这两名患者均出现了与运动知觉有关的问题。例如，其中一名患者（RR）"经常碰撞他人、转角和其他物体，尤其是运动的目标（例如，行走的人）"（p.498）。

概览

我在前面提到了 M 通道和 P 通道在讨论视网膜膝状体纹状皮质系统时的重要性。关于与参与视觉加工的主要脑皮层区域有关的 P 通道和 M 通道的简要考察见下页。简图中呈现了三种主要方式。第一，两条通道之间存在多种相互联系。第二，人脑中可能至少有 30 或 40 个视觉区。第三，有证据表明，两条通道在皮层内变成了三条（van Essen & De Yoe, 1995）：

1. P 通道的一部分继续参与形状加工。
2. M 通道的主要部分继续参与运动加工。
3. 第三条通道包括 P 通道和 M 通道的各一部分，参与颜色和亮度加工。

M 通道和 P 通道的重要性何在呢？一些理论家（Mishkin & Ungerleider, 1982）认为，视觉的主要功能有二：第一，物体知觉（是什么？）。第二，空间知觉（在哪里？）。有相当多的证据（至少对恒河猴的研究）表明，这两种功能较好地体现了两条主要通道：

> 请思考日常生活中使用腹部通道或背部通道的任务。

1. 从脑皮层一级视觉区到前部／次级颞叶皮层的 P 通道或腹部（前部）通道专门负责物体知觉（即，是什么？）。
2. 从脑皮层一级视觉区到后部／次级顶叶皮层的 M 通道或背部（后部）通道专门负责空间知觉（即，在哪里？）。

很多证据都支持米什金和昂格雷德（Mishkin & Ungerleider, 1982）的基本观点。例如，哈克斯比等人（Haxby et al., 1994）从完成物体再认和空间任务的被试中获得了 PET 扫描。正如所预测的那样，物体再认任务在前部／次级颞叶皮层和中央颞叶皮层产生了高度激活，而空间任务则在后部／次级顶叶皮层产生了高度激活。

米尔纳和古德尔（Milner & Goodale, 1995, 1998）发展了米什金和昂格雷德

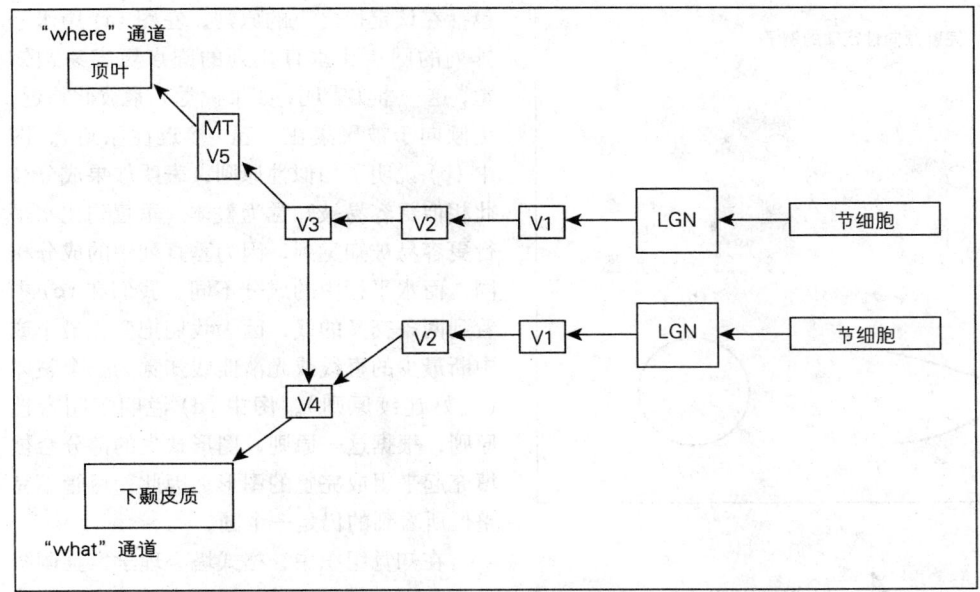

视觉所涉及的通道和脑区的简图。脑内脑区之间的相互联系（从V1起）比显示出来的要多得多，也有其他一些视觉所包括的脑区未显示出来。

（1982）的观点，稍后我们将会考察他们的理论观点。这些理论（及我们已考察的其他理论）假设，脑皮层的特定区域专门负责某种类型的视觉加工。在某种程度上说，为了实现完整的客体再认，必须对有关颜色、形状和运动的信息进行合并或整合。由此激起的争论被称为**捆绑问题**（**binding problem**），不过我们现在仍不清楚大脑是如何解决这一问题的。

捆绑问题：当需要整合不同种类的信息以进行客体再认时所引起的争议。

知觉组织

对知觉分离作出解释是很重要的，即我们能删选出哪些可利用的视觉信息归于一起，并由此形成单独的物体。一般而言，我们完成这些任务毫无问题，但是你所能达到的成就可能完全超乎想象。例如，考虑一下当你看到一辆小汽车被搁置在电线杆后面会发生什么（Palmer，2002）？为什么你会认为是一辆单独、完整的小汽车，而不是遭到破坏的两部分？

对知觉分离和知觉组织研究的第一次系统尝试是由格式塔心理学家进行的。他们是一个德国心理学家群体（包括Koffka、Kohler和Wertheimer），在两次世界大战期间移居美国。他们有关知觉组织的基本原则称为完整倾向性定律："对于一些几何上可能真实出现的组织，必须具备最优、最简单和最稳定的形状。"（Koffka，1935，p.138）

虽然完整倾向性定律是核心组织原则，但是格式塔心理学家还提出了其他一些

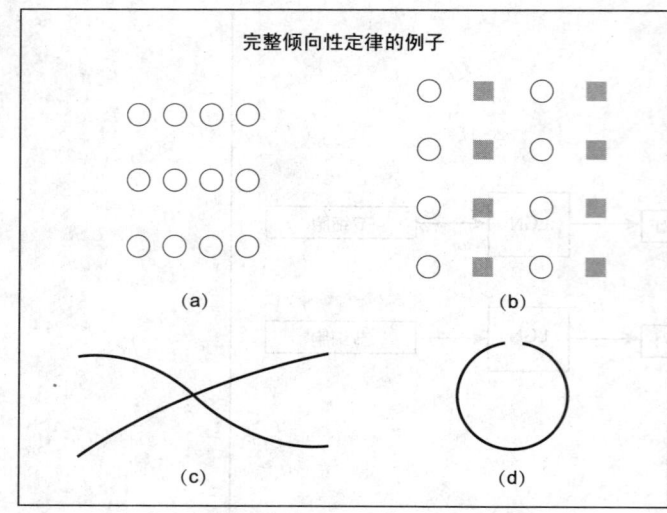

包括在该定律之下的原则。左图 (a) 中水平排列的圆点比垂直排列的圆点更容易被知觉，这一事实表明，如果视觉元素彼此临近，更倾向于被聚集在一起（接近性原则）。图中 (b) 说明了相似性原则，表明如果成分彼此相似更容易被知觉为整体。垂直列比水平行更容易被知觉到，因为垂直列中的成分相同，而水平行中的成分不同。我们在 (c) 中看到两条交叉的线，因为我们把变化最小或中断最少的直线或光滑曲线知觉为一个整体（良好连续原则）。图中 (d) 说明了闭合性原则，根据这一原则，图形缺失的部分会被填充起来组成完整的图形。因此，尽管不完整但所看到的仍是一个圆。

在知觉组织中，格式塔心理学家强调图形背景组织（**figure-ground organisation**）的重要性。视野中的重要物体或部分被看做图形，视野中的其余部分较不重要，因此构成背景。知觉组织定律使其分离出图形和背景。图形被认为具有明显的形状或结构，背景则缺乏形状。另外，图形似乎浮于背景之上。

人脸—酒杯两可图形，是图形背景图形的一个例子——哪个是图形哪个是背景呢？

你可以通过观察像人脸—酒杯图形之类的可逆图形来检验有关图形背景主张的有效性。当花瓶是图形时，它似乎浮于黑色背景之上；当人脸是图形时，它似乎浮于白色背景之上。

格式塔心理学家借助同型论（**isomorphism**）原理来解释其知觉组织的定律。根据这一原理，视觉组织体验精确地反应了脑内的相应过程。他们假设脑内存在一种电"场力"，这有助于形成稳定的知觉组织经验。

证据

韦斯坦与翁（Weisstein & Wong, 1986）发现，对图形投注的注意多于背景。他们在人脸—酒杯图形上（见上图）快速呈现垂直的细线，让被试判断线条是否垂直。当呈现的线条被被试认为是图形时，其成绩要优于线条被判断为背景的成绩。

格式塔心理学家的伪生理学观点（即，同型论原理）也未能免遭批判。拉什利等人（Lashley, Chow & Semmes, 1951）使用两只黑猩猩进行的一项研究对该理论带来很大打击。他们在其中一只黑猩猩的视觉区放置四个金箔"电极"，在另一只黑猩猩的脑皮层放置 23 个垂直穿过皮层的金属针。拉什利等人令人信服地认为这将对电场力造成严重破坏。事实上，黑猩猩的知觉能力几乎未受到影响，这表明电场力并非像格式塔心理学家所宣称的那样重要。

在格式塔心理学家看来，各种分组原则是以自下而上的方式进行操作从而形成分割和知觉组织。因此，视野中有关物体的知识并非用于决定视野是如何被分割的。与格式塔的主张相一致的证据来自韦塞拉与法拉（Vecera & Farah, 1997）的报告。

图形背景组织：将某种场景知觉为浮于不明显背景之上的物体或图形。

同型论：格式塔观点，认为物体知觉包含着以与物体自身相同的方式进行空间组织的大脑活动。

他们的被试发现，当字母以垂直而非颠倒的方式呈现时，在两个重叠、清晰的字母间较易形成分割。当字母垂直呈现时，有关字母性质的信息更容易获取，这种与物体有关的信息影响了分割过程。

格式塔学者解释了视觉吗？

为什么会产生知觉分组呢？格式塔心理学家假设知觉成分的分组发生在视觉加工的早期，但有越来越多的证据表明知觉分组通常出现在加工过程的晚期（Palmer, 2002）。例如，洛克和帕尔默（Rock & Palmer, 1990）讨论了一项实验，在黑暗中呈现平行成串的亮珠。珠子之间的垂直距离小于水平距离。按照接近律的预测，珠子应被知觉为列。当按照相反的方式呈现，珠子间的水平距离近于二维垂直距离，在三维空间也要更近于垂直距离。观察者看到珠子以垂直列的方式排列。就像洛克与帕尔默（p.51）所总结的："分类基于三维空间的邻近，而非实际视网膜的邻近。因此，邻近分类必然发生在深度知觉之后。"

如果两种或更多的分组律之间产生冲突会怎样呢？这一重要问题被格式塔心理学家忽略了，但在后来昆兰和威尔顿（Quinlan & Wilton, 1998）对此进行了阐述。他们发现，所显示的视觉成分最初是根据接近性进行分组或聚集的。但当接近律与相似律发生冲突时（见右图中的(a)），一些观察者会根据接近性分组，另一些观察者则会根据相似性分组。对于(b)、(c)中所显示的复杂排列，接近性会被忽略，此时分组倾向于基于颜色而非形状。

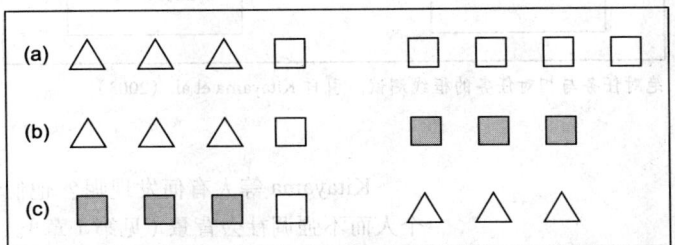

分组原则：(a) 包含接近性和相似性的排列；(b) 涉及形状和颜色的冲突；(c) 形状和颜色冲突的不同排列。

❖ 评价

⊕ "分组原则经受住了时间的考验。实际上，任一原则均未受到反驳。"（Rock & Palmer, 1990, p.50）
⊕ 格式塔学者对图形—背景组织的解释是完全正确的。
⊖ 格式塔学者对有趣的知觉现象进行了描述，而非充足的解释。
⊖ 观察者达成知觉组织而以自下而上的方式使用分组原则的假设过于简化（Vecera & Farah, 1997）。
⊖ 分组通常出现在知觉加工的后期，而非如格式塔学者假设的前期。
⊖ 在分组原则存在冲突时，格式塔学者未充分考虑问题的复杂性。

知觉：准确还是不准确

影响我们所见和视觉准确性的因素之一是背景。一个简单的例子如右图所示。每列中间的刺激相同，但是依据背景却被知觉为"B"或"13"。

关于背景信息重要性的其他证据是由帕尔默（Palmer, 1975）提供的。他以

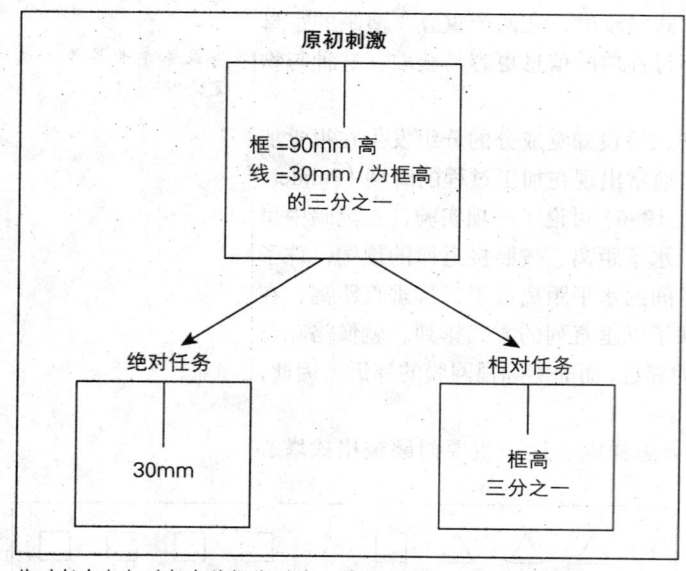

绝对任务与相对任务的框线测验。引自 Kitayama et al.（2003）。

图画的形式呈现一个场景（例如，厨房），随后以极快的速度呈现某物体的图片。该物体可能与背景相适应（例如，面包），也可能与背景不相适应（例如，邮箱）。另外还有一种未呈现背景的额外条件。与背景相适应时，正确识别物体的概率最大，无背景时概率中等，与背景不相适应时概率最小。

Kitayama 等人（Kitayama, Duffy, Kawamura & Larsen, 2003）发现了在解释背景信息时所存在的有趣的文化差异。让日本和美国被试接受框线测验。在每次试验中，呈现一个包含垂直线段的正方形框，然后呈现另一个大小相同或不同的框。任务是画一条在长度上与第一条线相同的线（绝对任务），或者画一条与周围框的高度成比例的线（相对任务）。

Kitayama 等人有何发现呢？他们认为美国文化是个体主义的，这意味着只强调个人而不强调社会背景（见第 1 章）。相反，日本文化是集体主义的，这意味着社会背景或其他背景具有极大的重要性。相对任务上的好成绩涉及对背景的解释，而绝对任务上的好成绩则意味着忽略背景。因此，可以预测美国被试在绝对任务上的成绩将优于相对任务，而日本被试则会呈现出相反的模式。而这也正是 Kitayama 等人所得到的发现。

如前所述，背景信息能使知觉更为准确或不准确。但一般而言，视觉在绝大多数情况下必须做到准确才是合理的。如果不能如此，我们就可能经常从飞机或楼梯上跌落，或者跌入悬崖，等等。不过，通常而言视觉毫无疑问总是准确的，尽管存在各种视错觉。下面我们首先讨论一些主要的视错觉，背景信息在其中起着重要的作用。然后，我们将会考察理解准确知觉或不准确知觉的条件的理论取向。

视错觉

一种最著名的视错觉是庞邹错觉（Ponzo illusion）。长线条看起来似乎像要退向远方的铁轨或公路边缘。因此，上端的平行线似乎比下段的平行线离我们更远。长方形 A 和 B 虽然在视网膜上的映像同样大，但是距离较远的长方形（A）实际感觉

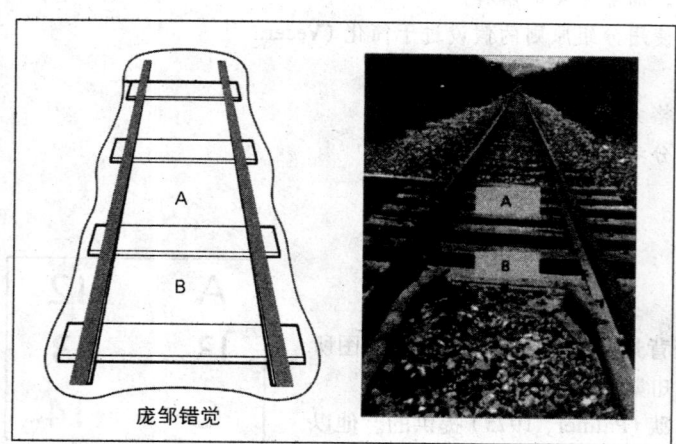

更大些。

西加尔等人（Segall, Campbell & Herkovits, 1963）报告了与格雷戈里（Gregory）的理论（见下面的关键研究）相一致的证据。他们认为，缪勒—莱尔错觉（Muller-Lyer illusion）只有那些有过"人工环境"（carpentered environment）经验的人才能感知，该环境包含了各种长方形、直线和有规则的角。西方文化中的个体生活在人工环境中，生活在部落群体中的祖鲁人则不具备人工环境。因此祖鲁人未出现缪勒—莱尔错觉。不过，这一发现仅仅意味着祖鲁人不能解释两维图画。由于西加尔等人的另一项发现，这一结论似乎不太可能。他们研究了横竖错觉，即在一个两维画面中垂直线比水平线被高估。部落中的祖鲁人所表现的横竖错觉大大超出欧洲人，可能是因为他们更熟悉较大的开阔环境。

其他研究者得出了不同的结论。格雷格和麦克弗森（Gregor & McPherson, 1965）比较了两组澳大利亚土著居民。一组居住在人工环境中，另一组居住在空旷的田野并拥有很原始的房屋。两组居民在缪勒—莱尔错觉和横竖错觉上的表现均无差异。视错觉的跨文化差异可能主要取决于训练和教育，而非取决于一个既定群体是否居住在人工环境中。

格雷戈里：大小恒常性

格雷戈里（1972, 1980）把上述对庞邹错觉的解释发展成一种视错觉的一般理论。他认为，从三维物体知觉得出的原则不适于两维图形的知觉。例如，人们通过考虑表面距离通常把既定物体知觉为恒常的大小。大小恒常性（size constancy）是指不论物体从近处还是从远处知觉都被知觉为同样大小（见本章下面内容）。大小恒常性与视网膜像的大小有区别，视网膜像随着物体的后退会变得越来越小。根据这一被误用的大小恒常性理论，这类知觉加工常被错误地用于形成某些错觉。

下面我们讨论格雷戈里的理论如何解释缪勒—莱尔错觉。图中两个鳍状物等长。但是，左边的垂直线看起来却要长于右边的垂直线。格雷戈里（1970）认为，缪勒—莱尔图形可以看做三维物体的简单透视图。左侧图看起来像一间房子的内角，右侧图像一栋建筑的外角。因此，右侧的垂直线在我们看来比鳍状物更短。由于两条垂直线在视网膜上的映像大小相同，因此大小恒常性原理表明退后的线条肯定更长。这正是缪勒—莱尔错觉的精确表述。

格雷戈里认为，诸如庞邹错觉和缪勒—莱尔错觉这样的图形可以作为三维物体通过多种方式进行处理。但是它们为什么又似乎是扁平或两维的呢？根据格雷戈里的看法，不论图形是否位于平面上，有关深度的线索均是自动加工的。正如格雷戈里所预测的那样，两维的缪勒—莱尔图形在黑暗的房间里以发光模型呈现的条件下似乎成了三维图形。但是，并非每个人都会把它们看做三维的。

讨论要点：
1. 单一的视错觉理论有可能解释所有的现象吗？
2. 质疑格雷戈里不适当使用大小恒常性理论的基础是什么？

大小恒常性：物体被感知为具有既定的大小，而不考虑网膜像的大小。

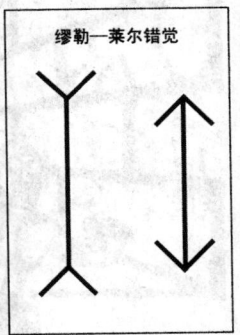
缪勒—莱尔错觉

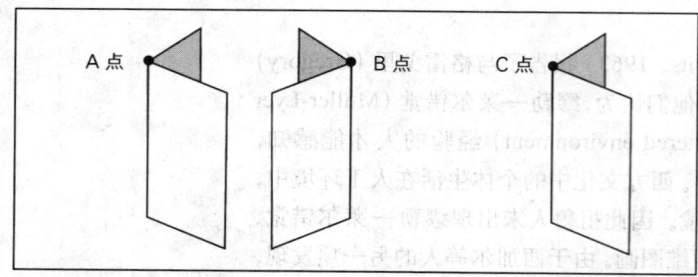

在德卢西亚与霍克伯格的研究中，三个两英尺高的鳍状物摆放在地板上，要求被试判断 A 点与 B 点的距离是否小于 B 点与 C 点的距离。尽管在这种三维情形下深度很明显，但是缪勒—莱尔错觉依然存在；这一事实不符合格雷戈里的不当使用的大小恒常性理论。中间那本书的书脊离哪本书的书脊更近？现在用尺子检查一下你的答案。

德卢西亚与霍克伯格（DeLucia & Hochberg, 1991）获得了格雷戈里的理论不充分的有力证据。他们把三个两英尺高的鳍状三维物体放在地板上。显然，所有的鳍状物距观察者的距离相同，但这时却出现了典型的缪勒—莱尔错觉。你可以亲自检验这种现象，把三本书张开放在一条线上，左边和右边的书都张开朝向右，中间的书张开朝向左。位于中间的书的书脊距离其他两本书的书脊距离相同。尽管如此，中间书脊与右侧书脊之间的距离看起来似乎更长。

马特林和弗雷（Matlin & Foley, 1997）提出了一个不正确的比较理论，根据该理论，我们对视错觉的感知受尚未断定的图形局部的影响。考伦和金古斯（Coren & Gingus, 1972）报告了支持这一理论的证据。当鳍状物的垂直线条是不同颜色时，缪勒—莱尔错觉大大减弱，因为这易于使人忽略鳍状物。

现在我们已经考察了视错觉的各种可能的解释。但是，令人迷惑不解的是，在众多的由视错觉所揭示的知觉错误或偏差与我们成功地在周围环境中移动的杰出能力之间，形成了鲜明对比。解决这一迷惑的尝试将在下文考察。

知觉—行动模型

米尔纳和古德尔（1995, 1998）提出了一个涉及再认知觉（再认和识别物体）和行动知觉（确定视觉刺激的精确位置）之间存在重要区分的理论模型。再认知觉和行动知觉之间的区分，得到来自认知神经科学和认知神经心理学证据的支持。再认知觉似乎更多的涉及前侧［前部］加工束（stream）。这是第 251 页图中所示的 P 通道。也有一条背侧［后部］加工束主要负责行动知觉，这是 M 通道（也见第 246 页的图）。但在实际上，大多数知觉过程一般都基于两种加工束。

我们为什么会拥有这两个系统呢？米尔纳和古德尔（1998, p.12）认为，背侧系统"是为了随时随地对行动进行指导，因此其产物对随后的行动毫无参考作用……它只有通过由中央系统获得的知识才

这两个怪物大小相同，但是由于深度线索暗示他们正从走廊里跑出来，因此背景中的怪物似乎比前面那个大很多。

能使我们洞察、反思并预见周围的视觉世界。"

米尔纳和古德尔（1995，1998）的知觉—行动模型能够解释为什么我们会在受到各种视错觉制约的情况下，又能自由地行走而不与周围事物发生碰撞。事实上，在视错觉出现时我们使用了再认知觉系统，而在自由走动时则使用了行动知觉系统。有人认为，行动知觉系统通常能够非常有效且不出现明显错误地发挥功能。

证据

假设我们发现一些患者的再认知觉完好但是行动知觉受损，而另一些患者则表现出相反的模式。这就形成了所谓的双分离（**double dissociation**），同时也可为知觉具有两个分离的系统的观点提供证据。正如我们将要看到的，双分离拥有支持证据。

视觉性失认（**visual agnosia**）患者再认物体时具有严重的缺陷，但通常具有相当良好的行动知觉能力。古德尔等人（Goodale et al., 1991）研究了一名视觉性失认患者 DF，她不能再认物体，甚至不能描述物体的形状、大小或方位。但当要求 DF 捡起一个石块时，她调整自己的抓握动作使之符合石块的大小。在古德尔等人的第二项研究中，让 DF 把一张卡片放入一条狭缝。她手的调整和狭缝定位的准确性与正常个体完全一样。但是，DF 使用视觉信息控制行动的能力则受到了限制。卡雷等人（Carey, Harvey & Milner, 1996）发现，DF 在试图捡起复杂物体（例如，十字架）（两种不同方向一同呈现）时不能显示正常的抓握行为。可能的情况是，再认感知系统需要协助与较复杂的刺激有关的行动控制。

再认感知良好而行动感知受损患者的情况如何呢？**视觉性失用**（**optic ataxia**）患者显示了该模式。研究者（Georgopoulos, 1997, p.142）认为，这些患者"的视觉、手或胳膊运动通常不存在缺陷，但是在无知觉障碍的情况下以视觉引导的方式估计距离时会出现严重的缺陷"。例如，研究者（Perenin & Vighetto, 1988）发现，在完成把手伸出并插入面前一条较大的有方向的狭缝时，视觉性失用患者在对手指进行适当旋转中表现出极大的困难。皮塞拉等人（Pisella et al., 2000）发现，正常个体在目标到处乱跳时能够快速地调整手的屈伸动作。相对而言，视觉性失用患者只能较为缓慢地对屈伸运动进行调整。

现在是返回视错觉的时候了。我们知道当使用再认感知系统时出现错觉具有强有力的支持，但在使用行动感知系统时会出现什么情况呢？令人吃惊的是（但与行动感知和模型不一致），许多视错觉竟然减弱或一起消失了！例如，研究者（Gentilucci et al., 1996）采用缪勒—莱尔错觉实施了一项研究。让被试指出图形的各个部分。错觉对手不运动的影响较小，但是这些影响比使用感知判断产生的影响更小。

研究者（Aglioti, Goodale & DeSouza, 1995）采用艾宾浩斯错觉报告了类似的发现。在这种错觉中，被较小的圆圈围绕的中心圆圈，看起来比被较大的圆圈围绕的相同大小的圆圈更大。研究者建立了该错觉的三维版本，获得了通常的错觉效应。更有趣的是，当被试伸出手去捡起其中一个中心圆圈时，手的最大张合度几乎完全取决于圆圈的实际大小。因此，在

你会如何检验米尔纳和古德尔的模型？

双分离：再认知觉完好但是行动知觉受损。

视觉性失认：患者再认物体时具有严重的缺陷，但通常具有相当良好的行动知觉能力。

视觉性失用：作出视觉引导的肢体抽动存在问题的情景。

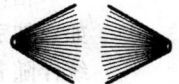

中间那本书的书脊要更接近于两边哪本书？用一把尺子检测一下你的答案。

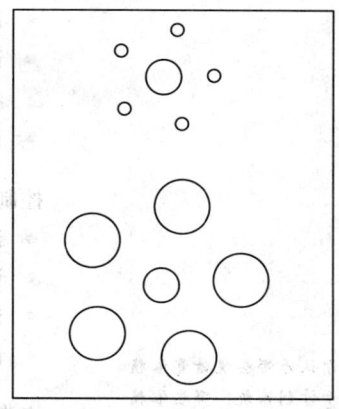

艾宾浩斯错觉

抓手大小方面显然未出现错觉。即使在被试无法对手的张合度与伸手去拿的圆圈进行比较时，研究者（Haffenden & Goodale, 1998）也获得了类似的发现。

到目前为止，我们所考察的视错觉的大多数发现都符合感知运动模型，因为这些发现表明各种视错觉对感知运动几乎或根本不产生影响。但也存在一些例外情况。在某些场合下，手和／或胳膊的运动易受视错觉的影响（Glover，出版中；也见下面的内容）。因此，不可能对感知运动模型中所有的视错觉发现都作出解释。

> 你认为相同的视错觉能"欺骗"所有文化背景的人吗？

❖ 评价

- ⊕ 运动感知和再认感知各自具有不同的系统是一个强有力的假设，已经得到很多支持。
- ⊕ 运动感知模型在最近掀起的针对身体运动发现的视错觉效应程度的兴趣中扮演着重要角色。
- ⊖ 腹小河和背部小河中出现的加工过程的理论假设过于简化。
- ⊖ 正如米尔纳和古德尔（Milner & Goodale, 1998, p.12）所承认的："一个尚待回答的重要问题是，在目的性行为产生过程中两小河如何交互作用以及如何与其他脑区相互影响。"
- ⊖ 该模型不能轻易地解释运动感知为什么有时会受到视错觉的影响。

计划—控制模型

格洛弗（Glover，印刷中）对视觉信息如何在人类动作产生中加以使用感兴趣（例如，伸手去拿一杯啤酒）。在其计划—控制模型中，他认为我们最初使用的计划系统伴随着控制系统，但是两个系统在时间上存在某些重叠。该模型在某种程度上是对米尔纳和古德尔感知运动模型的发展，但是确实作出了某些不同的预测。下面是该模型所确定的计划和控制系统的关键特征：

计划系统
- 该系统主要用于运动开始之前，但是也在运动早期使用。
- 该系统的功能在于确保运动的正确以及在需要时进行调解和校正。
- 该系统受到某些因素的影响（例如，个体目标、目标物的性质、视觉背景、各种认知过程等）。
- 该系统相对较慢，因为它使用了大量信息，并且对有意识影响较为敏感。

控制系统
- 该系统在计划系统之后使用，并且在执行动作期间运行。
- 该系统的功能是确保动作的准确并在需要时进行调整。
- 该系统仅受到目标物体的空间特征（例如，大小、形状、方向）的影响。
- 该系统相对较快，因为它使用的信息较少且对有意识影响不敏感。

> 你认为哪些视错觉依赖于计划系统，哪些依赖于控制系统？

格洛弗的计划—控制模型与理解决定知觉是否准确的因素有关。更为重要的是，感知和行动的错误和不准确来自计划系统，控制系统通常能够确保人类行为的正确并达成目标。就视错觉而言，它们的发生是因为周围视觉背景的影响。按照计划—控制模型的观点，视觉背景信息适用于计划系统而非控制系统。因此，对视错觉的反应如果依赖于计划系统通常是不准确的，但若依赖于控制系统通常就是准确的。

证据

计划—控制模型得到很多来自视错觉研究的支持。在上述所讨论的一项研究中，格洛弗和迪克森（Glover & Dixon, 2002a）发现，由空隙填充（grip aperture）所评估的艾宾浩斯错觉，随着手趋近目标而减弱。根据该模型，发生这种现象的原因在于，最初的计划过程受到错觉的影响，而随后的控制过程不受影响。

杰克逊和肖（Jackson & Shaw, 2000）使用庞邹错觉让被试抓住一个物体并抛入空中。随着被试趋近物体并捡起，食指和拇指之间的空隙填充受到错觉的影响。但是，错觉的确影响了通过抓握力进行评估的物体的重量感。这些发现意味着什么呢？从理论上讲，靠近物体的空隙填充以物体大小的感知为基础，并依赖于控制系统。比较而言，重量感涉及解释附加的各类信息（例如，物体密度），因为涉及计划系统。

格洛弗和迪克森（2001）在背景方格中呈现小长条方块，使对长条方块的方向产生误解。要求被试捡起条形方块。两位研究者的发现是，错觉对手定向的影响在动作开始早期影响较大，但是随着手趋近条形方块该影响几乎消失。该模型预测了这一点：最初动作受到易犯错误的计划系统的影响，但是随着动作的进行逐渐受控制系统的影响。

格洛弗和迪克森（2002b）使用了一项任务：被试伸手去拿一个上面写着"LARGE"或"SMALL"单词的物体。根据计划—控制模型，理解单词意义所包含的认知过程与计划系统而非控制系统有关。在伸手的早期（动作受计划系统的指引），被试表现出错觉效应，因为空隙填充在上面写着"LARGE"单词的物体上更强。在伸手的后期（动作受控制系统的指引），错觉效应减弱。

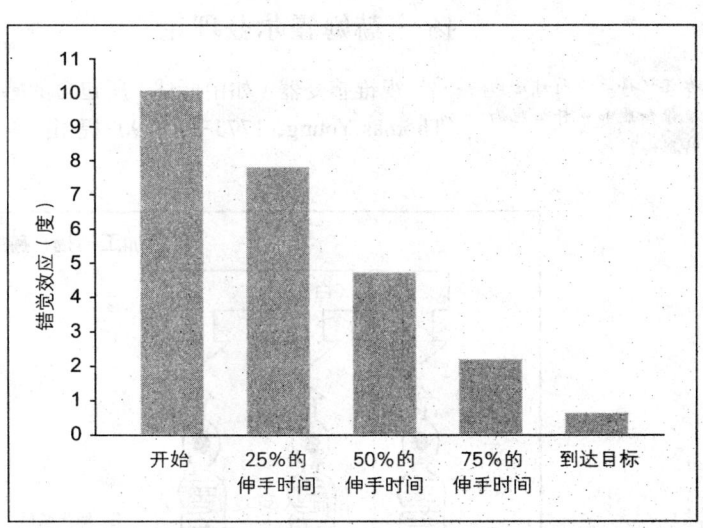

伸手抓握条形方块时，不同的时间点上方位错觉对手定向精确性的影响。数据来自 Glover & Dixon（2001）。

❖ **评价**

- ⊕ 在伸手抓握物体过程中包含了独立的计划系统和控制系统的观点得到很多支持。
- ⊕ 抓物体开始时的错误似乎主要归因于计划系统而非控制系统。
- ⊖ 计划系统中加工活动的精确数量和性质尚不清楚。

⊖ 计划—控制系统考察了身体运动而非眼睛运动，尽管事实证明眼睛和身体运动的协调是很重要的。

颜色知觉

为什么会产生颜色视觉呢？毕竟，当你在电视上看到一幅旧黑白照片时，你能轻而易举地识别呈现在眼前的活动画面的意义。颜色视觉对我们具有价值源于两个主要原因（Sekuler & Blake, 2002）：

- **探查**。颜色视觉有助于我们分辨物体及其背景。
- **辨别**。颜色视觉使我们较容易在物体之间（例如，熟的水果和生的水果）进行好的区分。

颜色具有三种属性。第一，色调，即如何区分红色、黄色或蓝色。第二，亮度，即所感受到的光线的密度。第三，饱和度，使我们能够区分一种颜色是鲜亮的还是黯淡的。

扬—赫姆霍尔兹理论

你还记得之前所讨论的视锥细胞和视杆细胞的特征码？

视锥感受器（如前所述）所包含的感光色素使其能对光产生反应。由托马斯·扬（Thomas Young, 1773—1829）提出并经赫姆霍尔兹（Hermann von Helmholtz,

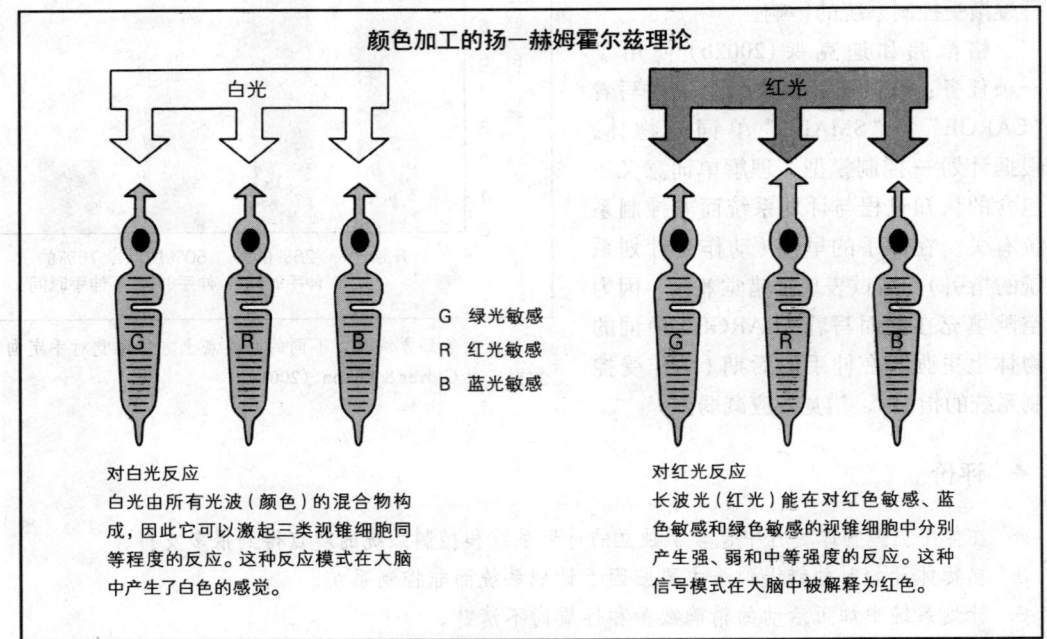

1821—1894）发展的成分或三色理论认为，存在三种不同的神经纤维，对不同波长的光反应最强烈。随后的研究认为，这些神经纤维等同于视锥细胞/感受器。一类视锥细胞/感受器对短波光最敏感，对被感觉为蓝色的刺激具有最大的反应。第二类视锥细胞/感受器对中等波长的光最敏感，对绿色刺激反应强烈。第三类视锥细胞/感受器对来自被识别为红色刺激的长波光反应最强烈。

我们如何感知其他颜色呢？根据该理论，很多刺激激活了两种甚至全部的三种视锥细胞。黄色直觉基于第二和第三类细胞，白光涉及所有三种细胞的激活。

研究者（Dartnall, Bowmaker & Mollon, 1983）利用**显微分光光度术**（**microspectrophotometry**，一种能对单个视锥细胞/感受器所吸收的各种波长的光的总量进行测量的技术）获得了支持这一理论的证据。这揭示出三种视锥细胞或感受器对光的不同波长具有最强烈的反应。每类细胞能吸收较宽的光波范围，因此我们一定不能把一类视锥细胞等同于蓝色知觉，一类等同于绿色知觉，一类等同于红色知觉。长波视锥细胞有 400 万，中波视锥细胞有 200 多万，短波视锥细胞不到 100 万（Cicerone & Nerger, 1989）。

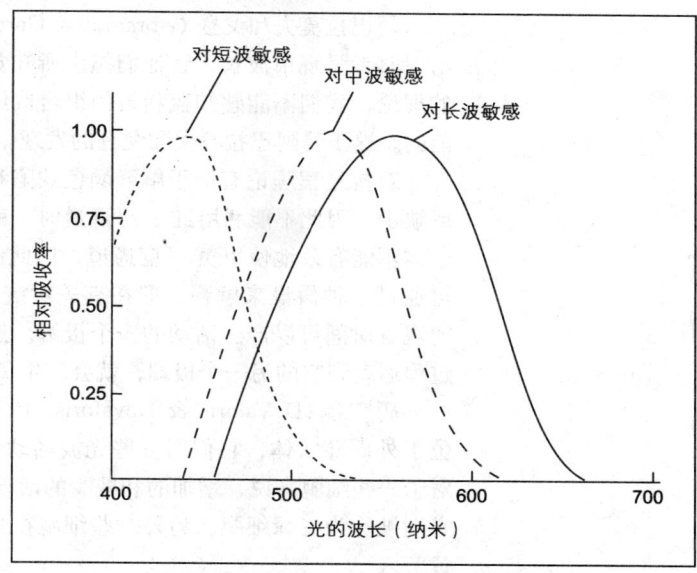

利用显微分光光度术确定的三类颜色感受器或视锥细胞

大多数颜色缺陷的个体并非完全色盲。最普遍的色盲类型是红绿缺陷，可以分辨蓝和黄，但不能分辨红和绿。也存在一些罕见的颜色缺陷的类型，例如不能感知蓝或黄，而能感知红和绿。依据扬—赫姆霍尔兹理论，我们能够解释为什么红绿缺陷属于最普遍的色盲类型，因为中波和长波视锥细胞相对于短波视锥细胞更可能遭受损害或缺少。这是一个不争的事实（Sekuler & Blake, 2002）。短波视锥细胞缺少的情况非常罕见，这会破坏对蓝和黄的知觉。但是，扬—赫姆霍尔兹理论未能解释**负后像**（**negative afterimage**）这一现象。如果你凝视某种颜色的正方形几秒钟，然后把注视转移到白色平面上，你会看到补色的后像。例如，绿色正方形产生红色的后像，蓝色正方形产生黄色的后像。

对抗过程理论（颜色视觉拮抗理论）

赫林（Ewald Hering, 1878）提出了一个对抗过程理论，用于处理扬—赫姆霍尔兹理论所不能解释的发现。赫林的核心假设是，在视觉系统中存在三种对抗过程。第一种过程在以一种方式反应时产生绿色知觉，在以相反的方式反应时产生红色知觉。第二种过程以相同的模式产生蓝色或黄色知觉。第三种过程在一个极端产生白色知觉，在另一个极端产生黑色知觉。

显微分光光度术：一种能够对单个视锥细胞/感受器所吸收的各种波长的光的总量进行测量的技术。

负后像：长时间曝光后对特定颜色光的敏感度降低。

阿巴拉莫夫和戈登（Abramov & Gordon, 1994）报告了支持该理论的证据。他们给观察者呈现单波长，让他们指出所知觉到的蓝、绿、黄或红的百分比。根据赫林的理论，我们不能感知蓝和黄的组合或红和绿的组合，但是感知其他颜色组合是可能的。这正是阿巴拉莫夫和戈登的发现。

对抗过程理论有助于解释颜色缺陷和负后像。当长波或中波视锥细胞遭到损坏或缺少并因此不能利用红—绿通道时，就会出现红—绿缺陷。缺乏短波视锥细胞的个体不能有效地使用黄—蓝通道，因此他们对这些颜色的感知就受到破坏。负后像可通过一种假设来解释，即在有关对抗过程中，延长某一给定颜色（例如，红色）的观看时间可以产生活动的一个极端。然后当注意被指向一个白色表面，此时对抗过程运动到它的另一个极端，就会产生负后像。

研究者（DeValoris & Devaloris, 1975）在猴子身上发现了对抗细胞。这些细胞位于外侧膝状体，它们对一些光波活动性表现出增加，但对另一些则表现出减少。对于一些细胞来说，增加的和减少的活动性间的过渡点发生在光谱的红绿区。因此，它们被称为红绿细胞。另外一些细胞在光谱的黄蓝区有一个过渡点，并因此被称为黄蓝区。

综合论

扬—赫姆霍尔兹理论和赫林理论都只是部分正确，它们已经被综合为二阶段理论（Sekuler & Blake, 2002）。根据这一理论，扬—赫姆霍尔兹理论所识别的来自三种视锥细胞的信号被传递到对抗过程理论所描述的对抗细胞。短波视锥细胞将兴奋信号传送到蓝黄对抗细胞，长波视锥细胞向蓝黄对抗细胞发送抑制信号。如果兴奋信号的强度强于抑制信号的强度，就会看到蓝色，反之就会看到黄色。

中波视锥细胞发送兴奋信号到红绿对抗细胞，长波视锥细胞则会发送抑制信号。如果兴奋信号强于抑制信号，就会看到绿色，反之则会看到红色。患有如前所述各种不同形式颜色直觉缺陷的个体，支持了这个理论。

颜色恒常性

颜色恒常性：指在大范围的不同视觉条件下，对任何特定物体的颜色感觉保持不变的倾向。

颜色适应：长时间的暴露下，对特定色光的敏感性降低。

颜色恒常性（colour constancy）指照明改变时物体表面的颜色保持不变的倾向。颜色恒常性表明颜色视觉不仅仅取决于物体所反射的光线的波长。如果是这样的话，同一物体在人造光下要比自然光下显得更红。实际上，在这些情况下，我们通常都表现出合理的颜色恒常性。

我们为什么能表现出颜色恒常性呢？一个因素是**颜色适应**（chromatic adaptation），在颜色适应过程中，随着时间的延长对任何特定色光的敏感性会降低。例如，如果天黑后站在外面，你会觉得家里黄色的灯光很刺眼。但是，如果你在有灯光的房里待上一会儿，灯光看起来就好像不再是黄色的。色光适应降低了任何特定的光照对于颜色恒常性的扭曲性影响。

熟悉度是颜色恒常性的第二个因素。英国人知道邮筒是鲜红色的，因此无论是在阳光照射下还是在人工路灯下，它们看起来都是相同的颜色。德尔克和费伦鲍姆

(Delk & Fillenbaum, 1995)呈现从同一橙红色纸板上剪下的各种形状。通常为红色的物体形状（例如，心脏、苹果）被认为比另外的物体形状（例如，蘑菇）更红。但是，这一证据难以区分真正的知觉效果和反应或报告偏差。

兰德（Land，1997）使用的蒙德里安风格的刺激是非常人工化的。克拉夫特和布赖纳德（Kraft & Brainard, 1999）创造了一个更加自然的视觉环境，除了蒙德里安刺激外，还包括一个包裹在锡箔里的管道、一个金字塔和一个立方体。他们获得了一些支持视网膜皮层理论的证据。决定颜色恒常性的最重要因素是局部对比，它涉及将目标物表面反射的光线与即时背景反射的光线进行对比。当不能应用局部对比时，颜色恒常性由83%降为53%。整体对比也很重要。整体对比涉及将目标物体反射的光线与整个视觉情景中的每一反射光线进行对比。当全面对比和局部对比都不能应用时，颜色恒常性下降到39%。

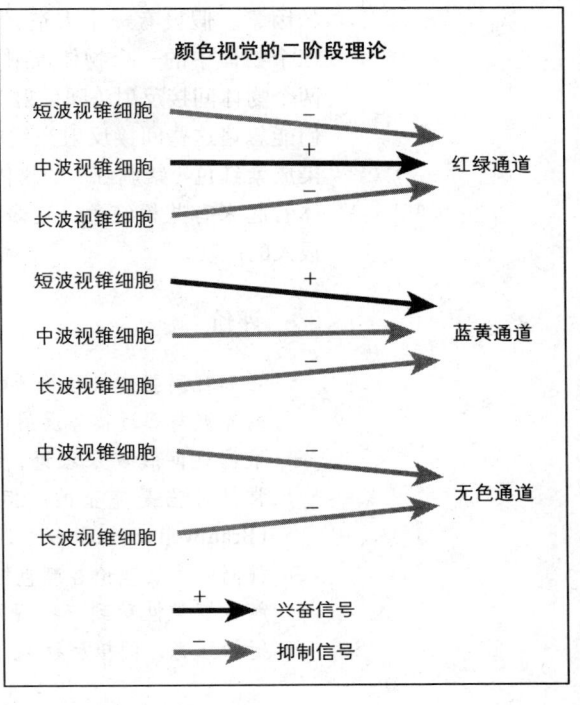

即使整体对比和局部对比都消除，仍存在一些颜色恒常性的证据，这一事实违反了视网膜皮层理论。在这些情况下观察者使用了什么信息呢？最有用的信息是来自光滑表面（例如，包裹在锡箔里的管道）的反射强光。当所有的非目标物体都被移除后，此时不能利用该信息，颜色恒常性降到11%。

布罗基等人（Bloj, Kersten & Hurlbert, 1999）确定了另一个影响颜色恒常性

兰德：我们如何解释不熟悉物体的颜色恒常性？

兰德（Land, 1997）向被试呈现两个含有不同颜色矩形形状的显示器（蒙德里安刺激）。然后他调节显示器的光线，这样两个不同颜色的矩形（每个显示器呈现一个）就会反射完全相同的光波。所看到的两个矩形是它们实际的颜色，这为不熟悉情况下的颜色恒常性提供了有力的证据。最后，兰德发现，当两个显示器的其他物体被遮住时，两个矩形看起来完全一样（因此颜色恒常性失效）。

在兰德的研究中发生了什么？根据兰德（1997, 1986）的视网膜皮层理论，我们通过比较一个表面与其相邻表面反射短波、中波、长波的能力来决定它的颜色。当这种比较无法进行时，颜色恒常性就会打破。

讨论要点：
1. 颜色恒常性为什么重要？
2. 证明兰德视网膜皮层理论证据的说服力如何？

对于熟悉物体的颜色恒常现象，你可能会怎样解释？

的因素。假设有一个人造光源照射在三个三维物体上（A、B、C）。光线可能是从三个物体中的一个物体反射到另外两个物体。结果是，一些来自 A 物体的包含另两个物体间接反射（间反射）的光线进入人眼。当我们决定一个物体的颜色时，我们能忽略这些间接反射光线的作用吗？布罗基等人设置了一种情形，在此情形下，染成紫红色（紫调红）的物体将光线反射到染成白色的物体上。观察者报告白色物体看起来有些粉红色，这表明他们在保持颜色恒常性和忽略间接反射方面取得了很大的成功。

❖ 评价

- ⊕ 正如视网膜皮层理论所预测的那样，物体的颜色知觉取决于视野中该物体反射的光波与邻近物体反射的光波间的对比。
- ⊖ 根据视网膜皮层理论，如果观察者可以看到物体或形状的周围事物，颜色恒常性应当是完整的。但是，不同研究中颜色恒常性的量从 20%—130% 不等（Bramwell & Hurlbert, 1996）。
- ⊖ 视网膜皮层理论在颜色恒常性研究中未直接考虑熟悉的物体颜色的作用。
- ⊖ 颜色恒常性受到一些视网膜皮层理论未考虑的因素的影响（例如，光滑表面反射的强光，间接反射）。

运动知觉

在历史上，大多数视觉研究都涉及静止的观察者观察一个或多个静态物体。这些研究缺少生态学效度及与我们日常生活经验的相关性。我们在环境中经常要伸手去够东西、走路、跑步或开车。有些时间我们也会处于静止状态，但环境中其他物体或生物相对我们是运动的。下面我们就来对一些重要的日常问题进行讨论。

接触时间

想象一个物体（例如，一辆车）正以稳定的速度靠近你。你如何计算出接触时间呢？或许你会估计物体的速度及其与你之间的距离，并综合来自两次估计的信息。根据不同的理论家（例如，Lee, 1980）的观点，接触时间可以使用唯一的变量进行计算，即物体视网膜图像的扩充率：图像扩充得越快，接触时间就越少。李（Lee, 1998）提出了一种衡量接触时间的指标——T 或 Tau 效应，可以定义为物体视网膜图像扩充率的倒数：T=1/物体视网膜图像扩充率。李认为，关于接触时间的信息可以直接获得并且要求的计算量很小。

为了检验李的理论，尽可能直接地操纵物体视网膜图像的扩充率是很有价值的。萨维尔斯伯格等人（Savelsbergh, Pijpers & Stantvoord, 1993）通过让被试在一个钟摆上抓住向他们飞来的泄气气球或充气球达到了这一要求。泄气气球的视网膜图像扩充率比充气球的扩充率更小。根据李的理论，被试可能会认为泄气气球到达他们的时间应该比实际到达的时间长。泄气气球达到高峰期（peak grasp closure）的时间要比充气球晚 30 毫秒，这与预测相一致。

沃恩（Wann，1996）认为，把 Tau 效应假设完全应用于萨维尔斯伯格等人的发现表明，泄气气球达到高峰期的时间比充气球晚 230 毫秒，而不是实际的 30 毫秒。沃恩（p.1043）总结说："萨维尔斯伯格等人的结果指出，Tau 效应可能仅是多重资源评价过程的一个成分。"

沃恩和拉什顿（Wann & Rushton，1995）使用了一个虚拟现实装置，该装置既可以操纵 Tau 效应变量，也可以操纵双眼变量（投射到两眼网膜的图像稍微不同）。被试的任务是用手去抓正在运动的虚拟球。用 Tau 效应和双眼变量决定被试抓取动作的时间。无论哪个变量都可以预测出，球的较早的到来会对抓取行为产生更多的影响。

Tau 效应并非观察者所用信息的唯一来源的另一证据来自佩伯等人（Peper et al.，1994）的报告。观察者判断球是否经过了其手臂所能触及的范围，他们的判断通常是正确的。但是，当球比预期的更大或更小时，他们会系统地错误判断球与他们之间的距离。因此，熟悉的大小会影响与个体观察者有关的物体运动的判断。

❖ 评价

⊕ 在决定接触时间时通常会考虑 Tau 效应。
⊖ Tau 效应不是用于估计接触时间的唯一信息源。熟悉的大小、双眼视差、视角位置和相对观察者的物体速度是其他一些重要变量（Tresilian，1995）。

生物学运动

大多数人都很善于解释他人的运动。如果我们可用的视觉信息大大减少，我们如何才能成功地解释生物学运动呢？约翰松（Johansson，1975）通过把灯放在演员的关节处（例如，腕关节、膝关节、踝关节）阐述了这一问题。演员们穿一身全黑的衣服，因此只能看到灯光，然后拍摄他们到处走动。即使只有六盏灯和较短的电影片段，也可以适当地获得对运动的人的正确知觉。

鲁尼森和弗莱霍姆（Runeson & Frykholm，1983）在演员自然地完成一系列动作或扮演异性时对他们进行录像。当演员很自然地进行表演时，观察者猜测他们性别的正确率达到 85.5%，在不自然的条件下只有 75.5% 的正确率。

你认为哪些线索有助于鲁尼森和弗莱霍姆的被试者判断演员的性别？

理论说明

我们正确感知生物运动的能力包括复杂的认知过程吗？很多证据表明它不包括认知过程。例如，福克斯和麦克达尼埃尔（Fox & McDaniel，1982）向婴儿并排呈现了两个不同的动作显示器。一个显示器由表示某人在奔跑的点所构成，另一个显示器显示了相同的活动但是以颠倒方式进行呈现。四个月大的婴儿大多数时间都在注视以正确方式呈现活动的显示器，表明它们能够察觉到生物运动。两位研究者的发现与约翰松（1975）的知觉生物运动的能力是先天的观点相一致。但是，四个月大的

在知觉实验中为什么使用婴儿作为被试是很有用的？

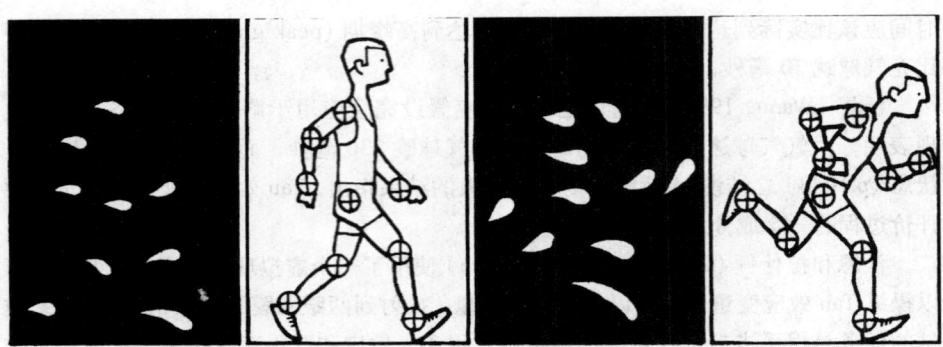

约翰松把灯放置在演员的关节处。当演员在黑暗的房间里站着不动时,观察者无法理解灯的排列。但是,只要他开始到处走,观察者就能把灯作为人的轮廓进行感知,甚至可以区分男女。

婴儿可能已经学会了感知生物运动。

观察者们是利用什么线索来作出正确的性别判断的呢?卡廷等人(Cutting, Proffitt & Kozlowski, 1978)指出,大多数男性运动时肩的左右摆动幅度相对比臀部大,女性则正好相反。之所以出现这种情况,是因为男性相对女性来说通常肩部较宽而臀部较窄。肩和臀的运动方向相反,也就是说,右肩向前运动时左臀向前运动。人们可以确定人体上身的中心距(**centre of moment**),它是肩和臀摆动时所围绕的中心参照点。中心距的位置由肩和臀的相对大小决定,男性的肩臀相对大小显著低于女性。卡廷等人发现,中心距与观察者作出的性别判断存在良好的相关。

中心距:肩和臀摆动时所围绕的人体上身的参照点。

马瑟和默多克(Mather & Murdoch, 1994)使用了人工点光源显示器(即,灯未放在人身上)。大多数早期研究都涉及横跨视线的运动,但是显示器里的"步行者"似乎既不靠近也不远离摄像头。观察者们可以利用两个相关线索来确定在电光源显示器里看到的是男还是女。这两个线索是:

1. 基于男性宽肩瘦臀而女性窄肩胖臀倾向的人体结构线索;这些结构线索形成了中心距的基础。
2. 基于走路时男性上身摆动幅度相对臀部大而女性正好相反这一倾向的动态线索。

当两种线索发生冲突时,性别判断更多依赖于动态线索而非结构线索。因此,中心距的重要性可能比卡廷等人(1978)所假设的要小。

❖ **评价**

⊕ 即使在可用的视觉信息完全枯竭时,我们仍善于觉察和解释生物运动。
⊕ 觉察生物运动的能力似乎部分地取决于中心距。
⊖ 我们知觉生物运动的能力是天生的还是依赖于某些学习经验尚不能确定。
⊖ 在性别判断中,关于结构线索和动态线索相对重要性的争议尚未达成一致。

空间或深度知觉

在视知觉中，二维的视网膜图像被转化为三维世界的知觉。在日常生活中，视觉环境里的观察者运动或物体运动常会提供深度线索。但是，此处强调的重点是，即使环境中的观察者和物体静止时也可获得的深度线索。**单眼线索**（**monocular cues**）只需使用一只眼睛，但在两只眼睛都睁开时同样适用。这些线索明显存在，因为闭一只眼睛时外部世界仍保留着深度感。**双眼线索**（**binocular cues**）需要同时使用两只眼睛。最后，**动眼神经线索**（**oculomotor cues**）是动觉的，它依赖于眼睛周围肌肉强有力的收缩感。

单眼线索

深度的单眼线索多种多样。因为它们常被画家用来创造三维效果，因此有时被称为图案线索。一种单眼线索是线条透视（**linear perspective**）。两条远离我们的平行线间的距离在远处看起来要更近些（例如，火车轨道）。这种线条复合在二维图画中可以产生很强的深度感。

干涸的河床是日常生活中纹理梯度的一个实例。随着地面远离观察者，该模式似乎越来越小，越来越不清楚。

另一个涉及透视的线索是纹理。大多数物体都有纹理，并且倾斜着远离我们的纹理物体还有纹理梯度（Gibson, 1979）。从倾斜物体的前面到背面的纹理梯度的密度（变化率）是增加的。例如，如果你看一张大幅的有图案的地毯，靠近远端的图案细节就没有靠近近端的图案细节清晰。

再一个单眼线索是插入（**interposition**），较近的物体遮盖了较远物体的一部分。卡尼兹撒（Kanizsa, 1976）的方形错觉证明了插入这一线索的作用。四个黑色的圆形之前有个强烈的白色方形的主观印象。通过知觉到一个插入的白色方形错觉我们可以搞清四个黑色扇形的意思。

另一个关于深度的单眼线索是遮蔽（阴影），或物体表面及物体周围的明暗模式。平坦的、二维表面不会有阴影，因此遮蔽为三维物体的存在提供了很好的证据。

另一个知觉深度的单眼线索是熟悉的大小。如果我们知道一个物体的实际大小，

卡尼兹撒（1976）的方形错觉

我们就可以根据网膜图像大小来估计它的距离。当被试通过窥视孔看扑克牌时，很大的牌看起来比实际距离更近，很小的牌则比实际的更远（Ittelson, 1951）。

透视的另一方面称为空气透视。光线在穿过大气层时会发生散射，尤其是在大气层布满灰尘时。因此，较远的物体失去了对照，看起来有些模糊。

最后一个单眼线索是运动视差（**motion parallax**）。这是基于视网膜物体图像的运动。例如，考虑一下，两个物体以相同的速度从左至右越过视线，

单眼线索：可以用一只眼睛也可以用两只眼睛的深度线索。

双眼线索：需要同时使用两只眼睛的深度线索。

动眼神经线索：基于眼睛周围肌肉强有力收缩感上的深度动觉线索。

线条透视：基于二维表征中平行线复合的深度线索。

插入：较近的物体遮盖较远物体一部分的深度线索。

运动视差：较近物体的视网膜图像比较远物体视网膜图像移动更快的深度线索。

但一个物体与观察者的距离比另一个远。在这种情况下，近处物体投射的图像会更快地划过视网膜。

双眼线索和动眼神经线索

此外还有三种深度线索。不过，当物体在较短的距离之外时，前两个线索（如下所述）会失去效力。第三个线索（作用更强大）在距离较远时也会失效。

1. 辐合（convergence）。当物体很近时，双眼转向内更大程度地集中在物体上；这是一种动眼神经线索。

2. 适应性调节（accommodation）。注视近物时眼睛的晶状体变厚；这是一种动眼神经线索。

3. 立体视差（stereopsis）。立体视觉取决于投射到两眼视网膜图像的不一致；这是仅有的双眼线索。

关于辐合作为一种距离线索的价值一直存有争议，因为在使用现实物体时，常会得到消极结果。适应性调节的有用性也比较一般。它作为深度线索的潜在价值仅限于即时呈现在眼前的空间内。不过，基于适应性调节的距离判断是不准确的，即使物体接近时也不准确（Kunnapas, 1968）。

作为立体镜的发明者，惠特斯通（Wheatstone, 1838）说明了立体影像的重要性。在立体镜中，向观察者呈现独立的图画或图片，这样如果实际呈现了被描述的物体，那么每只眼睛就会接收到它将要接收的信息。

立体视觉包含两个阶段。首先，输入双眼中的匹配特征需要进行识别。其次，这些特征之间的视网膜差距需要进行计算。有很多双眼神经元都接受来自两眼的输入信息，当两眼观察到匹配的特征时通常会作出最大的反应。这些双眼神经元具有

辐合：一种基于双眼视近物时向内聚焦的双眼线索。

适应性调节：注视物体时眼睛晶状体形状的调节；这一线索用于深度知觉。

立体影像：一种基于双眼视网膜呈像差距的双眼视差。

试着将你现在知道的立体知觉知识运用于你所获得的"电眼"图片的经验。

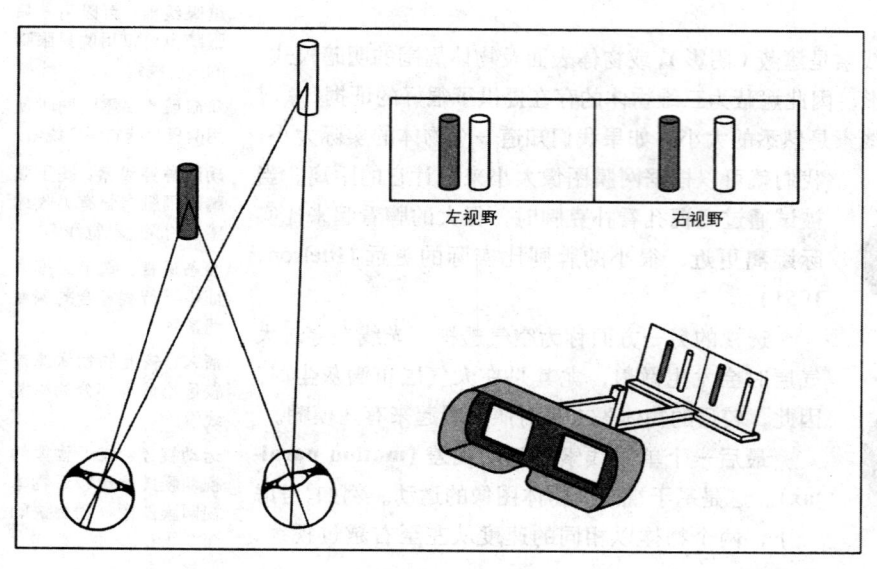

因为两眼之间存在较短的距离，因此每只眼睛都能接收到来自同一背景的稍微有些不同的网膜像。每只眼睛中同一位置的视网膜图像的差异称为双眼视差。大脑利用这些细微的差异作为确定空间深度的一种方式。这就是立体镜的原理，从不同角度获得的照片与每只眼睛的位置相一致，在观察者看来这些照片融合为三维图像。

计算视网膜差距/差异的作用。一些双眼神经元主要针对引起零差距的特征进行反应，其他神经元主要针对双眼不同区域的特征呈像进行反应。顺便说一下，当你看一张"电眼"图画时就涉及立体视觉，背景上会突然出现一个隐藏的画像。

线索信息的整合

到目前为止，我们每次都是只考察一种深度线索。而在现实世界中，我们通常会同时获得几种深度线索，因此我们必须知道来自各种线索的信息是如何结合并整合在一起的。布鲁诺和卡廷（Bruno & Cutting，1988）确定了三种策略，从两种或多种深度线索获取有效信息的观察者可以使用这三种策略。

- **可加性**。来自不同线索的所有信息进行简单相加。
- **选择性**。利用一种线索信息，忽略另一种线索信息。
- **可乘性**。不同线索的信息以倍增的方式互相作用。

布鲁诺和卡廷呈现了三个无纹理的深度平行平面。观察者单眼看显示器，有四种深度信息源：相对大小、在投影平面的高度、插入和运动视差。实验结果支持了可加性的观点。不过，视觉系统可能通常使用加权的（*weighted*）可加性——对不同深度线索的信息进行综合，但是赋予一些线索的权重比另一些的更大。

对各种深度线索信息进行整合常常是有意义的。大多数深度线索有时提供的信息都不够准确，因此完全依靠一种线索常会导致错误。相反，考虑所有可用的信息，则有助于确保深度知觉的准确性。

当深度线索彼此之间发生直接冲突时会出现什么情况呢？根据塞库勒和布雷克（Sekuler & Blake，2002，p. 347）的观点："线索之间发生冲突时深度知觉会减弱，这意味着不存在单一的、占优势的信息源。"例如，罗杰斯和考勒特（Rogers & Collett，1989）设置了一个复杂的显示器，显示器中的双眼视差和运动视差提供了关于深度的冲突信息。他们发现，将两种深度线索都加以考虑可以解决冲突。

你认为在实验室里重现现实世界中的视知觉有可能吗？

大小恒常性

判断一个物体的大小，部分取决于对物体与我们之间距离的判断。因此，深度线索有助于我们准确判断物体大小。**大小恒常性（size conatancy）**是指不管物体的视网膜图像是大还是小，任一特定物体似乎都一样大的倾向。例如，如果你看到某人向你走来，他们的视网膜图像是逐渐增大的，但他们的大小似乎不变。很多研究都获得了合理的或高度的大小恒常性（Sekuler & blake，2002）。

大小恒常性：不管视网膜图像大小，感觉到的物体大小保持不变。

我们为什么会表现出大小恒常性呢？一个主要原因就是，我们判断物体大小时会考虑到物体的显然距离。例如，如果一个物体距离很远，即使网膜投影很小，它们也会被判断为大的。当我们从飞机上或高层建筑的顶层看地面上的物体时，可能会发生大小恒常性不存在的事实，这是因为我们很难准确判断距离。这些观点被整合到大小—距离不变假设中（Kilpatrick & Ittelson，1953），根据这一假设，对于一

月亮错觉展示了大小恒常性的破裂。如果你认为月亮正在上升，你可能是为其看上去的巨大性所欺骗。对此的解释是：当月亮越过头顶时，除了广袤的天空，没有什么东西与它相关。与这一广袤性相比，月亮显得很小。靠近地平面时，有许多熟悉的物体，像树木、建筑物等，可以提供一种判断距离与大小的标准。

个特定的视网膜图像大小，物体的知觉大小与其知觉距离成比例。

霍尔韦和博林（Holway & Boring, 1941）报告了与大小—距离不变假设相一致的实验结果。被试坐在两个走廊的交叉处。一个走廊呈现测试圆形物，另一个走廊呈现对比圆形物。测试圆形物的大小和距离是可变的，被试的任务是调整对比圆形物的大小使其与测试圆形物一样大。当可以利用深度线索时，他们的成绩非常好。但当给走廊安装窗帘并要求被试通过观测孔观看（移除了深度线索）时，成绩变得很差。

如果大小判断取决于知觉距离，那么当物体的知觉距离与实际距离迥然不同时，大小恒常性就消失了。埃姆斯房间（Ames room）提供了很好的例子。该房间形状奇特：地板是倾斜的，后墙与邻墙不成直角。除此之外，当通过观测孔观察时，埃姆斯房间能形成与正常的矩形房间一样的视网膜图像。后墙的末端离观察者较远的事实，是通过使它更高伪装出来的。表明后墙与观察者成直角的线索如此强烈，以至于观察者错误地认为，站在后墙角落里的两个人距他们的远近相同。这使他们估计较近的人的大小比较远的人大很多。

关于知觉深度和熟悉大小的重要性，埃姆斯房间实验能告诉我们什么？

知觉距离和知觉大小的关系受观察者所使用的大小判断种类的影响。两位研究者（Kaneko & Uchikawa, 1997）认为，早期研究中提供给观察者的指导语往往是不清楚的。他们在线性大小知觉（物体实际看起来的大小）和视角大小知觉（表面上物体视网膜的大小）之间进行了区别。两位研究者操纵各种深度线索，发现线性大小指导语比视角大小指导语获得了更多的大小恒常性的证据。因此，大小—距离不变假设在判断线性大小时比判断视角大小更适用。

哈伯和莱文（Haber & Levin, 2001）认为，物体的知觉大小通常取决于对熟悉大小的记忆而不是它们离观察者距离的知觉信息。在他们的第一个实验里，被试完全凭借记忆来准确地估计普通物体的大小。随后，哈伯和莱文通过在近距离观看范围（0—50米）或远距离观看范围（50—100米）内向观察者呈现各种物体并要他们作出大小判断来检验他们的观点。一些隶属于各物体类别的刺激在大小或高度上几乎不变（例如，网球球拍，吉他，自行车），另一些刺激在大小上则是可变的（例如，室内盆栽植物，电视机，圣诞树）。最后是一些不熟悉的刺激（例如，椭圆形，矩形，大小不同的三角形）。

我们预期会出现什么样的结果呢？如果熟悉的大小很重要，那么对大小不变的物体的判断应优于对大小可变物体的判断，对不熟悉物体的大小判断最差。假设距

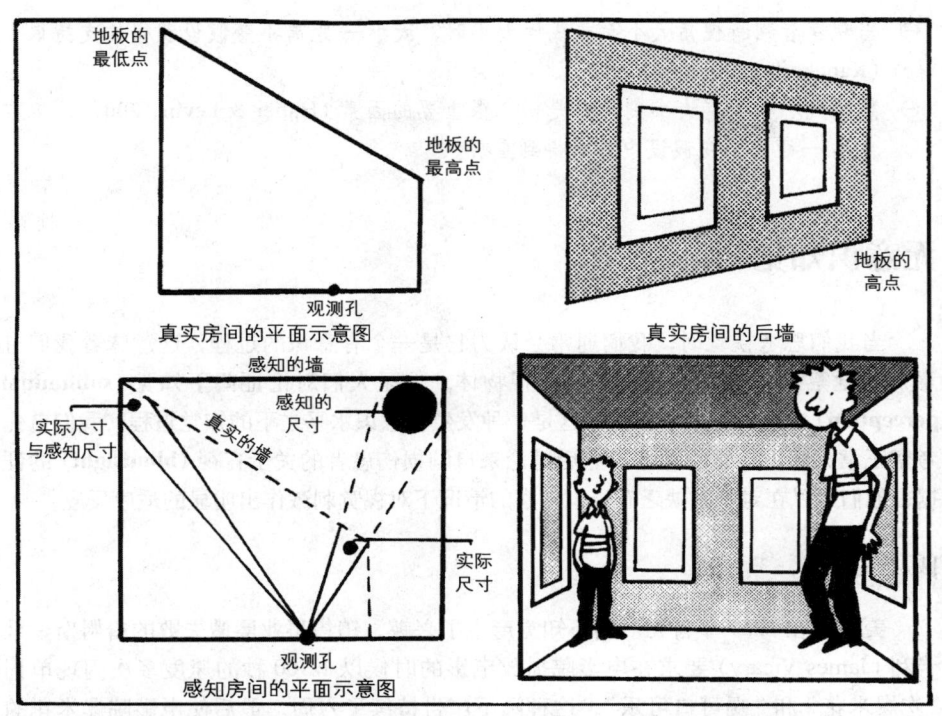

真实埃姆斯房间的维度。底部：知觉房间的计划（策略）和通过观察孔看到房间的策略。

离知觉最重要，相对于远处物体而言，对近处物体的距离估计更准确，因此，对所有类别物体的大小判断在近距离观看范围内更好。实际发现揭示了熟悉大小在大小判断准确性上的重要性。但是，我们显然不能根据熟悉的大小来解释对不熟悉物体的大小判断的相对准确性。哈伯和莱文（2001，p.1150）承认："在这个实验中，我们不知道主体是如何获得对不熟悉物体的大小判断的。"

总之，大小恒常性取决于大小熟悉度、知觉距离、给观察者的精确指导语等各种因素。但是，我们无法详细了解这些因素在进行大小判断时是如何结合到一起的。

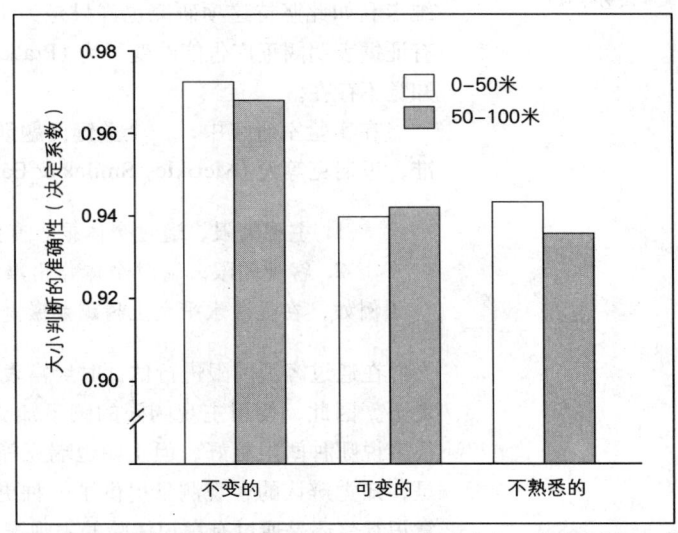

大小判断的准确性是刺激类型（不变大小、可变大小、非熟悉的）和观察距离（0—50米；50—100米）的函数。引自 Haber & Levin（2001）。

❖ 评价

⊕ 正如大小—距离不变假设所预测的那样，物体的知觉大小通常与知觉距离有关。

- 当观察者判断视角大小而非线性大小时，大小—距离不变假设获得的支持很少 (Kaneko & Uchikawa, 1997)。
- 熟悉大小在决定大小判断时是一个很重要的因素 (Haber & Levin, 2001)，但在大小—距离不变假设中并未得到重视。

无意识知觉

当我们思考视觉时，我们通常会认为它是一个有意识的过程，这意味着我们有意识地觉察到了物体或我们正在注视物体。但是人们对论证**阈下知觉** (**subliminal perception**) 也进行了诸多尝试，这是一种发生在意识水平之下的知觉过程。我们首先考察正常人阈下知觉的证据。然后讨论来自脑损伤患者的关于**盲视** (**blindsight**) 的证据，他们可以在对刺激缺乏有意识觉察的情况下对视觉刺激作出明显的适应反应。

> **阈下知觉**：发生在意识水平之下的知觉过程。
>
> **盲视**：初级视觉皮层受损患者在丧失有意识视觉的情况下对视觉刺激作出适宜反应的能力。

阈下知觉

美国人在 1957 年首先对阈下知觉产生了兴趣。销售事业屡遭失败的詹姆斯·维卡利 (James Vicary) 要求在电影院播放电影的时候以 1/300 秒的速度多次闪现单词"吃爆米花"和"喝可口可乐"。这种阈下广告持续了六周，最后使电影院爆米花的销量增加了 58%，可口可乐的销售量增加了 18%。但是，这部电影展现了（野餐）吃喝的情景，因此尚不清楚到底是阈下广告还是电影本身引起了销量上升。事实上，维卡利如此坚持这项研究也许只是为了支撑自己的生意 (Weir, 1984)，而且确实没有证据表明阈下广告能改变行为 (Pratkanis & Aronson, 1992)。但这并不意味着阈下知觉不存在。

> 你为什么认为阈下广告是非法制作的？

在实验室研究中，一个关键问题涉及用于界定视觉刺激有意识觉察的阈限和标准。迈瑞克等人 (Merikle, Smilek & Eastwood, 2001) 区分了两种阈限：

1. **主观阈限**。通过个体报告有意识觉察刺激的能力进行界定。
2. **客观阈限**。通过个体作出准确的有关刺激的迫选决策的能力进行界定（例如，在机遇水平之上猜测刺激是否属于单词）。

人们在通过客观阈限进行估计时经常表现出刺激的"意识"，即使刺激处于主观阈限之下。因此，使用主观阈限的阈下知觉在客观阈限加以使用时常常不再处于阈下。很难说哪种阈限更好。但正如迈瑞克等人 (p.120) 所指出的："一种普遍接受的观点是，知觉辨认的客观测量提供了一种更精确的方法，用于确定知觉的产生是伴随有意识觉察还是通过有意识体验的主观测量进行确定。"

证据

阈下知觉是否已经在实验室得到了验证仍有争议。早期很多研究的实施都较为粗糙 (Holender, 1986)。例如，实验中主观和/或客观阈限都要被测量很多次，因为它们会随时间发生变化。更近时间的研究较少受到批评，似乎为阈下知觉的存在提供了相当有利的证据。例如，研究者（Dehaene et al., 1998）发现，当掩蔽数字以极其短暂的速度呈现或不呈现时（客观阈限），被试不能在试验之间作出区分。随后在给被试呈现掩蔽数字后伴随着一个清晰可见的目标数字，并且需要确定该目标数字大于还是小于5。掩蔽数字与目标数字可能一致（都大于或都小于5）也可能不一致。重要的发现是，成绩在不一致试验中比在一致性试验中更慢，这说明掩蔽数字的信息被知觉到了。

假设信息的有意识觉察允许我们控制行为，而无意识觉察的信息不允许。如果果真如此，那么将会出现有意识或无意识知觉会对我们的行为产生不同影响的情景。德布纳和雅克布（Debner & Jacoby, 1994）以快速或足够长的时间呈现单词让被试有意识地感知。每个单词呈现之后，立即呈现该单词的前三个字母。被试的任务是思考除了刚刚呈现的单词之外，进入脑海的以此三个字母开头的单词。如果掩蔽单词呈现的时间足够长以便进行有意识知觉，被试会按照指导语避免使用残词补全任务中的单词。相反，如果单词的呈现时间很短，被试通常会使用该单词补全单词。这表明确实存在单词的阈下知觉，有意识觉察的缺乏意味着在单词补全任务中它的使用受到了抑制。

盲视

区域V1（初级视觉皮层）在视觉中起着很重要的作用。几乎所有来自视网膜的信号在到达其他专门化区域进行不同内容的视觉加工之前都会经过该区域。该区域部分或全部损伤的患者会丧失部分或全部视野。但是有些患者可以对呈现在"盲"区的视觉刺激进行准确的判断和区分。这些患者就表现出所谓的盲视。

研究最透彻的盲视患者是DB，魏斯克兰茨（Weiskrants, 1986）对其进行了测试。手术后DB视野的左下侧出现了盲区。但是无论视觉刺激是否在盲区呈现，DB猜测的准确性都超过了机遇水平，而且他还可以确认刺激的位置。

尽管DB表现出不错的成绩，但他似乎不具备有意识的视觉体验。魏斯克兰茨等人（Weiskrants, Warrington, Sander & Marshall, 1974, p.721）认为："当向DB呈现他伸手或判断线条方向的录像资料时，他感到异常惊讶。"但是，难以保证DB不具备有意识的视觉体验。

你能想出一种确定DB不具备有意识视觉体验的方法吗？

更近一些时候研究者又对DB进行了测试（Weiskrants, 2002）。发现DB对呈现在盲区的静止的面部表情可以准确猜测，而且还可以区分不同情绪的面部表情。他也表现出一些有意识后像的有趣证据。例如，假设刚开始你凝视一个红色方块几秒钟。随后你会经历一个蓝色方块的后像。尽管DB不能对所有最初的红色方块进行有意识觉知是一个事实，但他的确具有这种有意识的后像！

拉法尔等人（Rafal et al., 1990）报告了盲视不依赖有意识视觉经验的证据。当在视野的盲区呈现探测光线的任务时，盲视患者的表现处于机遇水平。但是，如果同时在盲区和视野的完整区域呈现光点时，患者对完整区域光点的反应会变慢。因此，不引起任何有意识觉知的光线，仍能接受足够的加工从而干扰另一项任务的视觉信息。

大脑系统

盲视的大脑机制是什么呢？这个问题并没有唯一的答案。因为盲视患者的残余视觉能力是千差万别的。科勒和莫斯科维奇（Kohler & Moscovitch, 1997）讨论了那些一侧大脑半球全部被移除的患者。这些患者对刺激探查、刺激定位、形状辨认、运动觉察都表现出存在盲视的证据。这些发现使两位研究者（p.322）得出了如下结论：结果……表明是下皮层而不是皮层区域负责调节涉及这些视觉功能的任务上的盲视。

另一个可能是存在一条不需要经过区域 V1（初级视觉皮层）就可以直接到达 V5（运动加工）的"快速"通道。研究者（Ffytche, Guy & Zeki, 1995）获得了呈现移动刺激的视觉事件相关电位，V5 区在 V1 区之前或同时激活。盲视患者甚至在 V1 区完全受到破坏时也可以使用这条通道。

❖ 评价

⊕ 从正常人阈下知觉研究中得到了阈下知觉存在的确凿证据。
⊕ 对脑损伤患者盲视的研究也得到了阈下知觉存在的良好证据。
⊕ 对阈下知觉的研究表明，潜意识并不像弗洛伊德等人认为的那么复杂。正如根瓦尔德（Genwald, 1992）所指出的那样，阈下知觉的主要成就可能是单个单词意义的部分加工。
⊖ 如果有意识觉知通过客观阈限而非主观阈限进行界定，那么阈下知觉的支持证据就比较少。
⊖ 有些盲视患者还存在残余意识视觉，该视觉的特征是"意识的一种无意义形式，对发生某事的感觉"（Weiskrants et al., 1995, p.6122）。

客体再认

现在我们把关注点转移到三维刺激的再认上。这是一个重要的话题，因为知觉的一个重要功能就是识别出现在视野中的物体。很多理论都已对客体再认进行了解释。但是，我们将主要关注马尔（Marr, 1982）、彼得曼（Biedermen, 1987）、塔尔和巴尔霍夫（Tarr & Bulthoff, 1995, 1998）提出的观点。

马尔的计算机取向 / 观点

马尔的核心假设是，在视觉过程中会形成日益复杂的三种视觉表征。第一种表征是初始简图（**primal sketch**），初始简图包含大量有关边缘、轮廓及圆块等特征的信息。初始简图有两种形式。第一，未经加工的初始简图，包含了视野中有关照度变化的信息。第二，完整的初始简图，利用未加工的初始简图的信息确认视觉客体的数量和轮廓形状。

使用初始简图形成第二种表征，称为 **2.5 维简图（2½-D sketch）**。该表征比初始

初始简图：知觉加工过程中所形成的最初表征，包括诸如边缘、轮廓等基本特征的信息。

2.5 维简图：知觉加工过程中形成的以观察者为中心的表征，包含深度、方向等信息。

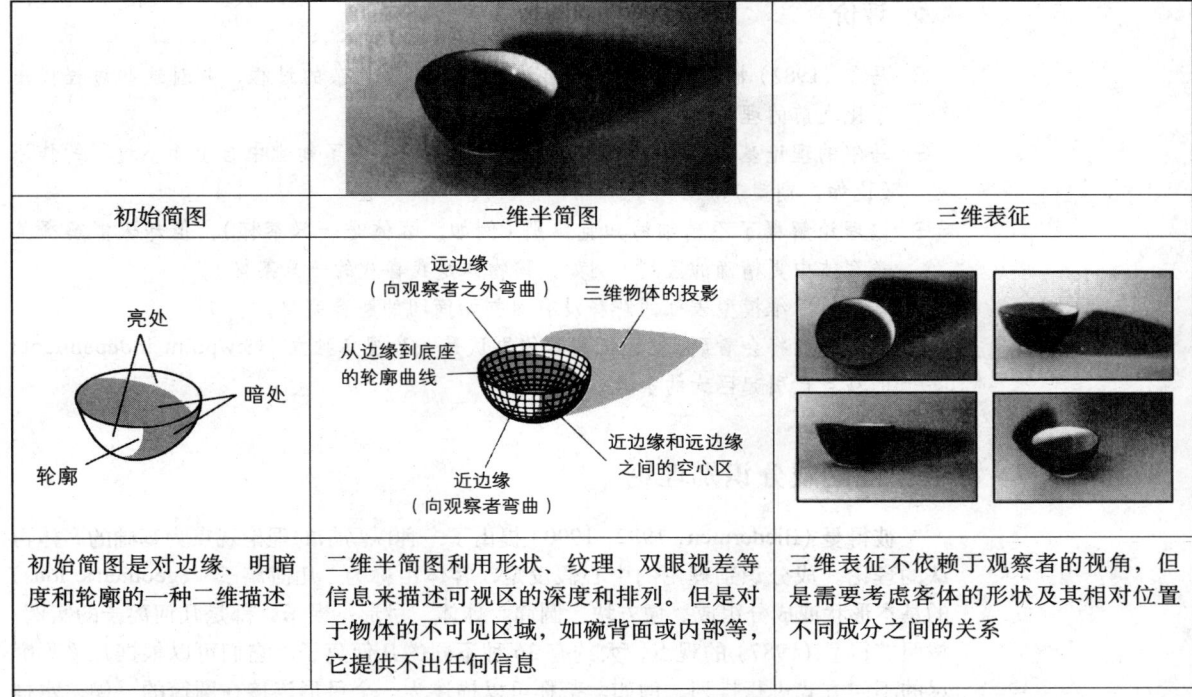

初始简图	二维半简图	三维表征
初始简图是对边缘、明暗度和轮廓的一种二维描述	二维半简图利用形状、纹理、双眼视差等信息来描述可视区的深度和排列。但是对于物体的不可见区域，如碗背面或内部等，它提供不出任何信息	三维表征不依赖于观察者的视角，但是需要考虑客体的形状及其相对位置不同成分之间的关系

注意：当使用照片呈现时，很难给出二维半简图的良好实例，因为它已经是一个二维物体，而非真实的物体。我们有关碗的功能和几何形状的知识，通常会对我们试图描述实际看到的信息而非当前呈现的信息产生干扰

简图更加详细，包括可视表面深度和方向的信息。它是一种以观察者为中心的表征，意思是其中的视觉信息依赖于观察该客体的精确角度。把初始简图转变为2.5维简图要用到哪些信息呢？主要的信息种类与形状、运动、纹理、阴影、双眼视差等有关。

最后是**三维模型表征**（3-D model representation），它是一种克服了2.5维简图局限性的完整表征。该表征整合了独立于观察者视角的三维表征（即所谓的视角独立性）。因此，该表征不会随着可见角度的变化而变化。

按照马尔等人（Marr & Nishihara，1978）的看法，客体再认涉及把三维模型表征与储存在长时记忆的一系列三维模型表征进行匹配。他们认为，中央凹陷（轮廓转换成客体的区域）最先被识别。例如就人体来说，在每个腋窝处都有一个凹陷区域。借助这些凹陷区域可以把视觉表象分成各种成分（例如，胳膊、腿、躯干、头）。最后找到每个组成部分的主轴线。

为什么要强调轴线呢？一个原因是，不管可见视角如何，计算大多数视觉物体轴线的长度和排列顺序是可以做到的。另一个原因是，有关物体轴线的信息有助于客体再认过程。正如汉弗莱斯与布鲁斯（Humphreys & Bruce，1989）指出的那样，我们很容易根据与手臂和腿相对应的各成分轴线的相对长度把人类和黑猩猩区分开来：人类的腿比手臂长，黑猩猩则相反。

三维模型表征：知觉加工过程中形成的一种表征；它独立于观察者的视角。

你认为马尔的计算机取向能解释物体所提供的所有信息吗？

❖ 评价

⊕ 马尔（1982）恰当地认为客体再认依赖于非常复杂的过程，并对这些过程提出了比之前的理论家更为详细和系统的解释。

⊖ 马尔的理论基本上是一种自下而上的理论，忽略了知觉中自上而下过程的作用（比如，期望）。

⊖ 该理论解释了不精细的知觉辨别（例如，客体是一只茶杯），但却未能解释某类客体中更精确的区别（例如，该物体是我喜欢的一只茶杯）。

⊖ 马尔对三维模型表征的解释没有对初始简图的解释完整。

⊖ 下面我们将会看到，业已证明客体再认是一个视角独立（viewpoint-independent）的观点已引起巨大的争议。

彼得曼的成分识别理论

彼得曼（Biedermen, 1987, 1990）提出了一种以马尔的理论观点为基础的客体再认的理论。成分识别理论的中心假设是，客体由称为"几何离子"（geometric ions）的基本形状或成分组成。像方块、圆筒、球体、弓形、楔子，都是几何离子的实例。按照彼得曼（1987）的观点，大约有36种不同的几何离子，它们可以根据几乎无穷尽的不同方式进行排列。例如，茶杯可以描述为一个弓形连接在圆筒的一侧，水桶可以通过两个相同的几何离子进行描述，但是弓形与圆筒的上部相连接。

到目前为止，我们所讨论的阶段仅涉及判断视觉客体的成分或离子及其关系。当这些信息可以利用时，这些信息将与储存的客体表征或结构模型进行匹配，表征或模型包含着相关离子、方位及大小等性质的信息。任何特定视觉客体的确认，都取决于哪些储存的客体表征与来自视觉客体的成分信息或离子信息作出了最佳匹配。

彼得曼的理论到目前为止只呈现了一部分。它忽视了如何对客体的成分或离子进行确认的分析。第一步是边缘抽取："早期的边缘抽取阶段，对亮度、纹理或颜色等表面特征的差异作出反应，并对客体进行线条式描述。"（Biedermen, 1987, p.117）

第二步，确定一个视觉物体如何分解为成分，并确定各部分的数目。彼得曼（1987）认为，物体轮廓的凹面部分（即，向内弯曲）在完成这项任务中尤其有价值。

客体的哪些边缘信息在不同的观察视角中仍能保持不变呢？彼得曼（1987）指出，存在五种不变的边缘特性：

- **曲率**。一条曲线上的点集。
- **平行**。互为平行的点集。
- **共端性**。边缘终止于同一点。
- **对称性**。与不对称性相对。

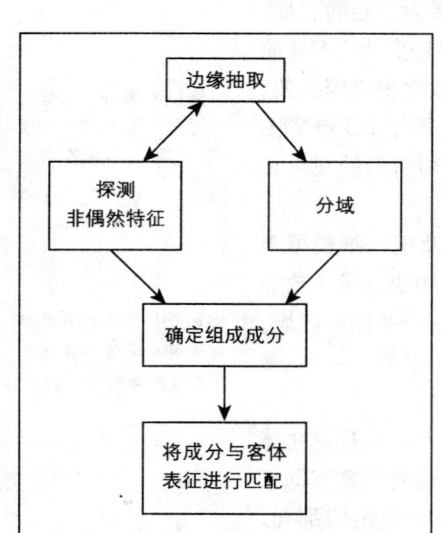

彼得曼的成分识别理论简图。
引自 Biederman (1987)。

- **共线性**。一条直线上的点集。

可视物体的成分或几何离子由这些不变性特征进行构建。因此，例如，圆筒是由凹陷边缘和两个平行边缘构成，而砖块则由三个平行边缘组成，无凹陷边缘。

根据彼得曼（1987）的观点，我们能在观察条件不理想的条件下进行物体识别有多种原因：

- 即使在只有部分边缘可见的情况下也可以探测到不变性特征（例如，曲率和平行线）。
- 如果轮廓的凹曲线是可见的，就存在使轮廓的缺失部分重新恢复的机制。
- 一般来说，用于识别复杂物体的有效信息是非常多余的。

完好图形（最左侧），保留了提供凹面信息轮廓成分的线图（中部），未保留提供凹面信息轮廓成分的线图（最右侧）。

在客体再认是视角独立还是视觉依存这一核心问题上，彼得曼的成分识别理论持什么观点呢？通常假设客体再认是视角独立的：如果观察者可以看到客体的几何离子，那么观察者的视角就不会影响对客体的再认。

彼得曼的理论能克服马尔的计算机取向所涉及的问题吗？

证据

彼得曼等人（Biederman, Ju & Clapper, 1985）检验了复杂物体即使在一些成分或几何离子缺失的情况下也能被识别的观点。快速呈现具有 6 或 9 个成分的复杂客体的线图。即使只呈现 3 或 4 个成分，被试仍然可以作出 90% 的正确识别。

彼得曼（1987）还讨论了所呈现的客体的线图逐渐减少的研究。与删除其他轮廓的成分相比，当删除提供凹曲线信息的部分轮廓时，客体再认更加困难。因此，正如该理论所预测的那样，凹曲线信息对物体识别至关重要。

彼得曼（1987）认为，基于边缘的抽取过程为客体再认提供了足够的信息。萨诺奇等人（Sanocki et al., 1998）获得了强有力的证据，认为客体再认的信息通常是不充分的。

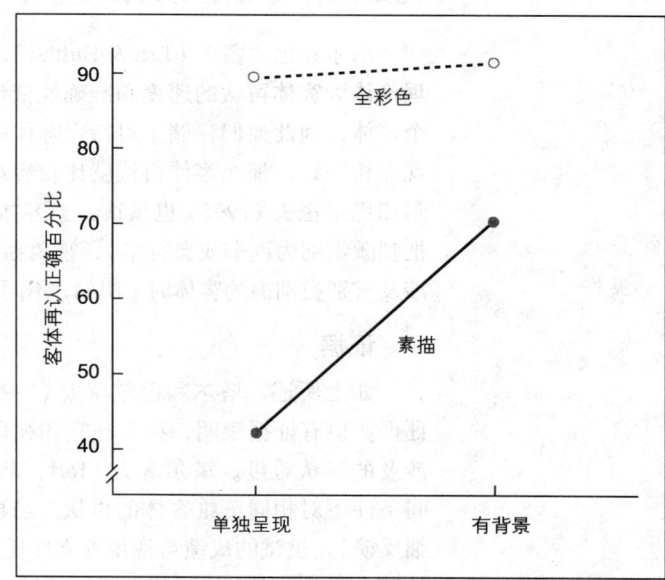

客体再认是刺激类型（边缘线条和彩色图片）和有无背景的函数。引自 Sanocki 等（1998）。

他们给被试快速呈现素描图或全彩照片，孤立地或在背景中呈现客体。素描线条的客体再认最差，尤其是在孤立地呈现客体时。

按照成分识别理论，客体再认通常不受观察者视角的影响。这种视角独立的观点与马尔（1982）的视角不变的三维模型表征相类似。塔尔和巴尔霍夫（Tarr & Bulthoff, 1995）讨论了反对视角独立观点的证据。被试接受足够的练习，从不同的特定视角识别新异的客体。

然后从不同的全新视角呈现客体。不同研究的结果非常一致："在不熟悉的环境中命名熟悉物体的反应时和错误率，随着不熟悉视角和最熟悉的视角之间的差异而逐渐增大。"（p.1500）这些发现支持视角依存性理论（见下文）。

❖ **评价**

⊕ 彼得曼（1987）对客体再认所涉及过程提供了比马尔（1982）更详细的解释。
⊕ 轮廓的凹面在客体再认中具有非常重要的作用。
⊕ 视角独立性机制在简单类别识别时似乎经常出现。
⊖ 和该理论相反，基于边缘的抽取过程有时并不能为客体再认提供充分的信息。
⊖ 客体再认通常是视角依存的过程（Tarr & Bülthoff, 1995）。
⊖ 成分识别理论只能解释相对粗糙的知觉辨认。因此，该理论允许我们确定出现在眼前的是不是一只狗，但是不能确定它是我们的宠物狗还是猫。
⊖ 彼得曼的理论忽视了背景在客体再认中的作用。

视角依存性还是视角独立性？

塔尔和巴尔霍夫（Tarr & Bulthoff, 1995, 1998）提出了一种客体再认的理论，该理论认为客体再认的速度和准确性依赖于观察者的视角。由于观察者之前经历过这个客体，因此他们存储了对特定客体的观点。如果有关客体的当前观点与所储存的观点相一致，那么客体再认就比较容易。尽管强调视角依存性的客体再认，但是塔尔和巴尔霍夫（1995）也承认，当客体再认任务涉及进行简单的类别辨认时（例如，把刺激识别为汽车或自行车），视角独立性机制是很重要的。相反，当客体再认任务涉及辨别类别内的客体时（例如，不同牌子的汽车），视角依存性机制就显得很重要。

证据

如上所述，塔尔和巴尔霍夫（1995）的研究提供了支持视角依存性客体再认的证据。也有证据表明，视角独立和视角依存机制的相对重要性，取决于客体再认所涉及的辨认难度。塔尔等人（Tarr, Willimas, Hayward & Gauthier, 1998）考察了不同条件下对相同三维客体的再认。当再认任务较简单时（例如，提供每次试验的详细反馈），被试的成绩与视角独立性任务接近。当任务较难时（例如，不提供反馈），被试主要采用观点依存性机制。

一些研究者（Vanrie, Beatse, Wagemans, Sunaert & Hecke, 2002）使用了涉及极

端视角独立性和依存性的任务。通过 fRMI 所揭示的大脑活动模式,在两项任务上存在很大的差异。在视角依存性任务中,顶叶区的活动水平高于枕叶—颞叶区的活动水平,而在视角独立性任务中,情况正好相反。两种情况下大脑活动模式存在差异这一事实,增强了在某种意义上存在视角独立和视角依存两种独立机制的观点。

❖ **评价**

⊕ 越来越多的证据表明客体再认有时是视角独立的,有时是视角依存的。
⊕ 已经确认出影响客体再认属于视角独立还是视角依存的几种因素(例如,刺激的可辨别性)。
⊖ 详细阐明客体再认主要属于视角依存性还是视角独立性的情境仍有很多工作去做。

视觉失认症

到目前为止我们仅仅探讨了基于正常视觉过程个体发现的客体再认。我们也可以通过考察客体再认受损的脑损伤患者来理解客体再认所涉及的过程。**视觉失认症(visual agnosia)**是"在拥有充分视野、视觉准确性及其他能够进行客体再认的基本视觉能力的人中出现的视觉客体再认损伤,这些人的客体再认损伤不是因为……丧失了客体的相关知识……[失认症]损伤是一种视觉再认而非命名的受损,因此在命名任务和非语言任务中表现较为明显"(Farah, 1999, p.181)。历史上,人们区分出两种形式的视觉失认症:

视觉失认症:脑损伤个体的视觉客体再认的损伤,这些个体拥有基本视觉能力和客体的相关知识。

1. **统觉失认症**:由知觉加工过程受损造成的客体再认的受损。
2. **联想失认症**:知觉过程基本完整,但是由于从记忆中获取客体相关知识存在困难而造成的客体再认受损。

统觉失认症:一种对熟悉的客体失去知觉分析能力的视觉失认症。

我们如何区分统觉失认症患者和联想失认症患者呢?汉弗莱斯(Humphreys, 1999)指出,有一种普通的练习可用于评价患者复制不能再认的客体的能力。能够复制客体的患者被认为是联想失认症,不能够复制客体的患者被认为是统觉失认症。需要指出的是,很难表明任何特定的患者能与知觉过程完整的联想失认症的标准相符合(Parkin, 1996)。因此,与以前相比该术语现在几乎已不怎么使用。

联想失认症:视觉失认症的一种形式,知觉加工过程正常,但推断客体意义的能力受损。

有一些证据表明,统觉失认症和联想失认症的脑损伤区域不同。两位研究者(Jankowiak & Albert, 1994)考察了来自使用扫描技术确认受损脑区的研究发现,认为"统觉失认症患者的大脑损伤多集中于大脑后侧如枕叶、顶叶、后颞叶这些区域,且只有这些区域双侧受损才会导致统觉失认症。较小病灶区域的损伤或单侧损伤不会造成统觉失认症"(p.436)。相反,联想失认症的大脑受损部位通常是供应颞叶和视觉皮层血液的动脉的双侧。这些动脉的受损怎么会引起大脑损伤呢?上述研究者认为,这些损伤或许破坏了把视觉信息输送到储存客体视觉信息的大脑区域的通道。

统觉失认症和联想失认症之间的区分具有不少局限性。第一,联想失认症患者的知觉能力大大优于统觉失认症患者的知觉能力,但这些能力通常不属于正常水平。

> **案例研究：错把妻子当成帽子的人**
>
> P先生是"一位优秀的音乐家，作为歌手他已经很有名声了。之后在当地一所音乐学校当老师"。正是他的学生才首次观察到他存在着某些很奇怪的问题。他有时会不认得自己的学生，或具体的说，不认识该学生的面貌。但如果学生说话，他却可以从声音上认出该学生。随着这种情况的逐渐增多，P先生变得很胆怯、沮丧和恐惧——有时又很滑稽。
>
> 最初这种情况被当成是笑话，至少他自己这样认为……但随着时间的推移，P先生的音乐能力也降低了；他不觉得自己生病……而且直到三年后P先生得了糖尿病，在这之前没出现健康问题。可能糖尿病影响了视力，带着这样的疑问，P先生让一位眼科医生为自己做了详细的检查。最后，眼科医师说："眼睛没有任何问题"，"但是你的视觉皮层受到了损伤，你并不需要我的帮助，你需要神经科医师的帮忙。"
>
> 因此，P先生就去见了萨克斯，萨克斯发现P先生在谈话时更多使用自己的耳朵而不是眼睛来判断自己的面容。另一个细节是萨克斯让P先生穿上鞋子时：
>
> "呃，"P先生说，"我忘记我的鞋子了"，他低声地说，"鞋子？鞋子？鞋子……"P先生似乎很困惑。
>
> 他一直看着地板，尽管不是盯着鞋子，他变得越来越紧张。最后，他看到了自己的双脚："这就是我的鞋子，对么？"
>
> 他听错了？还是看错了？
>
> "我的眼睛，"他解释道，他把手放到脚上，"这就是我的鞋子，不。"
>
> "也并不全错。这是你的脚。而你的鞋子在那里。"
>
> "哦。我还以为它是我的脚呢。"
>
> 他在开玩笑么？他疯了？他瞎了？
>
> 萨克斯帮助P先生穿上鞋子，并做了进一步的检查。他是视力很好，例如，他连地上的针都可以看清。但当给他呈现关于撒哈拉沙漠的图片并要求对图片进行描述时，他却以为是旅馆、露天阶梯看台或带太阳伞的桌子。萨克斯觉得很吃惊，但P先生觉得自己回答得很好，而且提醒医生是结束治疗的时间了。他伸手去拿自己的帽子，却抓住妻子的头，试图摘掉帽子。很明显，他把妻子的头错认为是自己的帽子。
>
> P先生正在遭受的症状称为视觉失认证，由某种脑损伤所导致。
>
> 引自Oliver Sacks（1985）所著的《错把妻子当成帽子的人》。

例如，联想失认症患者可以成功复制出客体，但"[他们]借以良好复制客体的过程通常具备缓慢、费力、无任何新意等特征"（Farah, 1999, p.191）。

第二，统觉失认症和联想失认症之间的区分过于简单。正如我们将要看到的，遭受各种问题困扰的患者都可以归类为统觉失认症。

第三，统觉失认症和联想失认症患者在客体再认上具有较为一般的缺陷。但是，有些视觉失认症患者具有比较特殊的缺陷。例如，在本章后面的内容中我们要讨论的人面失认症，这是一种通常对面部识别而非物体识别存在特殊问题的现象。另外一些患者可能遭受具体类别失认症（category-specific agnosia），从特定类别中进行客体再认存在缺陷（例如，活的事物）。

研究视觉失认症患者如何有助于理解正常的视觉？

一些理论家（例如，Biederman, 1987; Marr, 1982）曾提出一些理论认为客体再认涉及各种系列的加工过程。一般来说，最初的过程与识别边缘、轮廓等特征有关。随后的过程涉及形状和组成成分，例如几何离子。最后，通过刺激构建的表征与储存的表征相匹配，并会寻找最佳匹配。根据该理论观点，由脑损伤造成客体再认的受损有很多原因。对脑损伤患者的研究提供了广泛支持该观点的证据,因为视觉失认症患者具有差异巨大的损伤模式。

统觉失认症

沃林顿和泰勒(Warrington & Taylor, 1978)认为,统觉失认症的核心问题是不能达到客体恒常性,这涉及识别客体,而不管观察环境如何。他们使用成对的照片,一张是普通的或通常的情景,另一张是不常见的情景。例如,熨斗的熟悉视角是从上面进行拍照,不熟悉的视角只呈现熨斗的底部和部分把手。患者对以熟悉视角或情景呈现的图片再认成绩,优于以不熟悉视角呈现的成绩。

汉弗莱斯和里多克(Humphreys & Riddoch, 1984, 1985)认为,客体的不熟悉视角至少有两种形式:

1. 客体被缩短,因此难以确定延长部分的中心轴线。
2. 客体的显著特征被隐藏。

他们在四名患者中发现,较差的客体再认成绩是由于被缩短造成的,而非显著特征缺失。

沃林顿和詹姆斯(Warrington & James, 1988)研究了三个大脑右半球受损且患有统觉失认症的患者。他们的发现证实了之前的研究,因为三名患者在知觉分类任务(例如,他们必须对相同客体的不同版本进行分类)中都出现了严重的问题。但是,患者在涉及语义归类的各项任务中表现非常好。例如,被试知道在陈列的物体中哪个物体可以在厨房找到,他们还可以把具有相同功能和名字的图画配对(例如,两种类型的船)。

沃林顿和詹姆斯(Warrington & James, 1988)所研究的患者在日常生活中并未出现明显的问题,尽管他们的知觉归类能力严重受损。因此,视觉中的知觉归类能力并没有想象中的重要。拉奇和沃林顿(Rudge & Warrington, 1991)指出,大脑右半球有一个知觉归类系统,大脑左半球有一个语义归类系统。在基本视觉分析到语义归类之间存在一条路径,该路径不涉及知觉归类系统。

总之,"统觉受损可以视为一种患者丧失了把相同客体的不同版本进行归类的能力"(Davidoff & Warrington, 1999, p.75)。对某些患者来说(并不是全部),该损伤几乎不会影响语义知识的获取。在某种程度上,我们可以认为统觉失认症患者的主要问题是,他们发现很难从视角依存性表征转换到视角独立性表征上来。

综合失认症

汉弗莱斯(Humphreys, 1999a)提出了**综合失认症**(**integrative agnosia**)这一术语,它是指患者在整合或合并有关客体各部分的视觉信息以便识别客体方面存在严重困难。由于综合失认症患者存在知觉障碍,这种情况可以视为统觉失认症的一种形式。汉弗莱斯和里多克(Humphreys & Riddoch, 1987)研究了一位名叫 HJA 的患者,该患者可以准确地描绘他不认识的客体,也可以从记忆中回忆该客体。但他发现自己难以整合视觉信息。用 HJA 自己的话说:"如果客体单独呈现,我可以识别很多普通的客体,但是如果客体堆放在一起,我就会觉得很难。识别一根单独的香肠和

综合失认证:由于在整合或合并客体的成分上存在问题而导致的客体再认受损。

从一盘子沙拉冷食中拿一片香肠存在天壤之别。"

汉弗莱斯等人（1992）获得了HJA在组织视觉信息方面存在严重问题的证据。对大多数人来说，从众多竖立的T中找出倒立的目标T非常容易。但是，HJA的表现很慢并且容易出错，这可能是因为他发现很难把干扰因子组合在一起。

汉弗莱斯（1999a, p.555）把他对综合失认症患者的讨论总结如下："这种缺陷似乎会影响基本形状编码与获取视觉记忆表征之间的视觉加工阶段，这涉及平行知觉组织和把知觉成分整合为整体的过程。"

最近的很多证据与汉弗莱斯的观点具有广泛的一致性。伯尔曼和基姆奇（Behrmann & Kimchi, 2003）研究了两名患综合失认症的患者（RN和SM）。两名患者都有严重的客体再认问题，因为他们不能辨认呈现给他们的三分之一以上的简单客体。伯尔曼和基姆奇主要关注以下问题：两名患者的哪些知觉组织的内容是完整的，哪些不是。患者可以通过接近性或相似性对客体进行组织（见本章前文）。但是，他们在形状形成和把刺激成分整合连贯成整体上的表现很差。这些发现意味着，形状形成的过程在客体再认中具有至关重要的作用。

综述

汉弗莱斯和里多克（1993）认为，视觉客体再认包括一系列过程：特征编码、特征整合、获得储存的结构化客体描述、获得有关客体的语义知识。任何一个阶段受到损坏，都会引起视觉客体再认问题，对视觉失认症患者的研究有助于确定正常客体再认所涉及的主要过程。例如，伯尔曼和基姆奇（2003, p.38）指出："简单分组[例如，相似性或接近性]对客体再认并不充分，形状形成和建构才是最重要的。"

面部再认

我们为什么要研究面部再认呢？面部再认是我们识别人的最常用方法，因此面部识别能力非常重要。另外，面部再认不同于其他形式的客体再认。例如，考虑一下人面失认症（**prosopagnosia**）。人面失认症患者不能识别熟悉的面孔，甚至对镜中自己的面孔也不能识别。但是，他们再认其他熟悉的客体一般不存在问题。

人面失认症

为什么人面失认症患者会存在识别面孔的具体问题呢？也许需要对面孔进行更精确的区分，而非区分其他种类的客体（例如，椅子和桌子）。可以选择的是，还有一些仅用于面部再认的具体加工机制。在我们讨论相关证据之前，需要注意的是人面失认症患者通常也会保留某些面部再认。例如，两名研究者（Bauer & Verfaellie, 1998）让人面失认症患者选择与呈现的熟悉面孔相对应的名字。由于患者不具备这些面孔的外显知识，因此他们的成绩处于机遇水平。但当名字与面孔匹配时比不匹配时，出现了更强烈的皮肤电反应。这意味着熟悉的面孔具有相关的加工过程，尽管对于完成适宜名字的有意识再认不够充分。

你认为HJA在日常生活中会遇到哪些种类的困难？

人面失认证：由大脑受损引起的一种症状，患者不能识别熟悉的面孔，但是能够识别熟悉的客体。

证据

法拉（Farah，1994）发现，人面失认症患者对面部以外的刺激可以作出精确的辨认。她研究了一名因车祸而导致人面失认症的患者 LH。同时给 LH 和控制组呈现各种面部图片和成对的场景图片，然后进行再认记忆测试。LH 在场景再认上的成绩与控制组处于同一水平，但在面部再认上则完全处于劣势。

如果我们能够显示出双重分离，即一些患者的面部再认正常但是对客体的再认较差或出现视觉失认症，那么面部加工包括具体机制的观点就将得到增强。研究者确实找到了这种患者（Moscovitch, Winocur & Behrmann, 1997）。如果面部再认包括具体的加工机制，我们也许可以期望发现与客体再认和面部再认有关的独立脑区。一些研究者（Kanwisher, McDermort & Chen, 1997）使用 fMRI 比较了面部、杂乱的面部、房子和手的大脑活动。在对面部加工时，只有右侧脑回被激活。类似的，另一些研究者（Hadjikhani & Gelder, 2002）使用 fMRI 发现，正常个体对面部而非客体在中央脑回及下枕叶脑回表现出更多的激活。但是，面部失认症患者在这些区域对面部和客体表现出相同的激活水平，这表明这些区域受损在引起面部加工问题中具有重要作用。

到目前为止，关于所呈现的面部失认症的图片主要存在两个复杂的问题。首先，有证据表明面部失认症可能不只具有一种形式。两位研究者（Sergent & Poncet, 1990）让面部失认症患者评定成对面部照片的相似性。一些患者基于面部的整体相似性进行评定——正常个体一般也都采取这种方式。但是其他患者则是根据非常具体的特征（例如，头发轮廓线）进行评定。因此，这些发现表明，似乎不存在可以适用于所有面部失认症患者的理论。

其次，所有面部失认症患者在面部再认时呈现出选择性问题的观点受到质疑。三位研究者（Gauthier, Behrmann & Tarr, 1999）呈现面部和非面部客体（例如，人工雪花图片），发现面部失认症患者对两类客体的再认均不如正常个体。当患者再认具体分类的物体（例如，"我的儿子威廉"）而非一般类别的物体（"一张男性的脸"）时，表现出更严重的问题。这在日常生活中显然是一个严重问题，因为我们经常需要识别具体面孔。总之，这些发现表明，不管是否涉及面孔，至少某些面部失认症患者在复杂客体再认方面存在一定问题。

法拉的双过程模型

法拉（Farah，1994，1995）提出了客体再认的双过程模型，用于区分两个加工过程或两种分析过程：

1. **整体分析**。对客体构造或整体结构进行加工。
2. **局部分析**。对客体的成分进行加工。

法拉（Farah，1990）认为，大多数客体再认都包括这两种分析形式。不过，面部再认主要依赖总体分析，阅读单词或课文主要涉及分析加工过程。

试着想一下你自己面部再认的经历。你认为面部再认主要依赖整体分析还是局部分析？

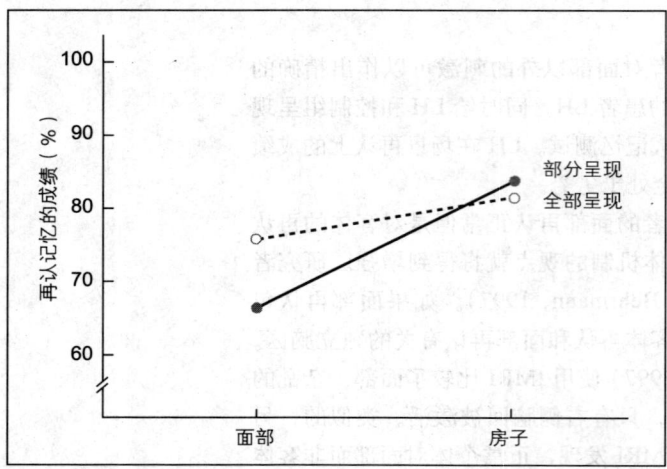

呈现整体房子和面部或仅仅呈现单个特征时房子和面部特征的再认记忆。引自 Farah（1994）。

证据

法拉（1994）报告了面部再认比客体再认更多的依赖整体分析的证据。给被试呈现面部和房子的图画，每个面孔和房子都附带着名字。然后给被试呈现完整面孔和房子或单个特征（例如，嘴巴、前门），被试的任务是确定一个特定特征是否属于其名字已呈现的个体。

当呈现完整的面部时，面部特征的再认成绩更好。比较而言，房子特征的再认成绩在全部条件和单个特征条件下非常类似。这些发现表明，整体分析对面部再认而言比客体再认更重要。

其他一些研究指出面部加工通常是整体或构造的，但情况也并非总是如此。两位研究者（Searcy & Bartlett, 1996）通过两种方式使面部照片产生扭曲：

1. **结构扭曲**（例如，把眼睛上移，把嘴巴下移）。
2. **成分扭曲**（例如，使牙齿变黑，使瞳孔模糊）。

如果面部以竖立或倒置的方式呈现，被试会给出很怪异的评定。结果表明，无论面孔的呈现是竖立的还是倒置的，通常都会发现成分扭曲。比较而言，在倒置的面孔上通常不会出现结构扭曲或整体扭曲。

法拉（1994）讨论了遭受一种或多种症状患者的证据：面部失认症、视觉失认症、**失读症（alexia**，拥有很好的口语理解能力和客体再认能力，但阅读存在问题）。根据该理论，面部失认症患者的整体或结构加工过程受损，失读症患者的分析加工过程受损，视觉失认症（统觉失认症和联想失认症）患者的整体和分析加工过程都受到损坏。

法拉（1990）考察了87名患者同时出现上述三种情况的现象。我们期望会发现什么呢？第一，视觉失认症患者（整体加工和分析加工受损）应该也患面部失认症或失读症，或患两种症状。该预测得到验证。有21名同时患上述三种症状，15名患视觉失认症和失读症，14名患视觉失认症和面部失认症，但仅有1名患者只患有视觉失认症。

第二，面部失认症和失读症之间存在双重分离。35名患者患有面部失认症却未患失读症，还有众多患失读症而未患面部失认症的患者。因此，面部再认的潜在过程和大脑系统似乎与单词再认的潜在大脑系统有所不同。

第三，该模型假设阅读和客体再认都包括分析加工过程。因此，失读症患者（其分析加工过程存在问题）的客体再认能力应该受损。这与传统上所认为的"纯"失读症患者仅仅阅读能力受损的观点形成对照。伯尔曼等人（Behrmann, Nelson &

失读证：尽管可以理解言语，但却存在严重阅读问题的症状。

Sekuler, 1998) 研究了六名似乎患"纯"失读症的患者。他们中有 5 名患者在对视觉复杂图片命名时显著慢于正常个体，这在法拉的理论中得到了预测。

也有一些证据不支持法拉的模型。例如，鲁米亚地 (Rumiati et al., 1994) 研究了一名患者 W 先生，他患有对真实客体和图片的视觉失认症。但他却未表现出任何面部失认症或失读症的症状。按照法拉的模型，视觉失认症的存在意味着 W 先生在整体或/和分析加工方面存在缺陷，因此他必然会患面部失认症或/和失读症。

❖ 评价

- ⊕ 双过程模型描述了客体再认、面部再认及阅读过程的主要相似性和差异性。
- ⊕ 正如模型所预测的那样，大多数（但不是全部）视觉失认症患者也都患有面部失认症或失读症。
- ⊖ 法拉的理论太笼统，过于简化。例如，各种视觉失认症（例如，统觉失认症和联想失认症）之间的差异被忽视了。
- ⊖ 有些视觉失认症患者未患失读症的发现 (Rumiati et al., 1994) 使该模型面临窘境。

面部再认模型

布鲁斯和扬 (Bruce & Young, 1986)、伯顿和布鲁斯 (Burton & Bruce, 1993) 提出了著名的面部再认模型。布鲁斯和扬的模型包括八种成分：

- **结构编码**。产生面部的各种表征和描述。
- **表情分析**。通过面部特征推论人们的情绪状态。
- **面部言语分析**。观察说话者的嘴唇运动有助于言语知觉。
- **直接视觉加工**。对具体的面部信息进行有选择性的加工。
- **面孔识别单元**。包含熟悉面孔的结构性信息。
- **个体身份节点**。提供关于个体的信息（例如，职业、兴趣）。
- **产生名字**。个人的名字被单独储存。
- **认知系统**。包含其他信息（例如，男演员和女演员一般拥有具有吸引力的面孔）；该系统还会影响注意过程。

对熟悉面孔的再认主要依赖结构编码、面孔识别单元、个体身份节点和产生名字几个成分。比较而言，对不熟悉面孔的加工涉及结构编码、表情分析、面部语言分析、直接视觉加工几种成分。

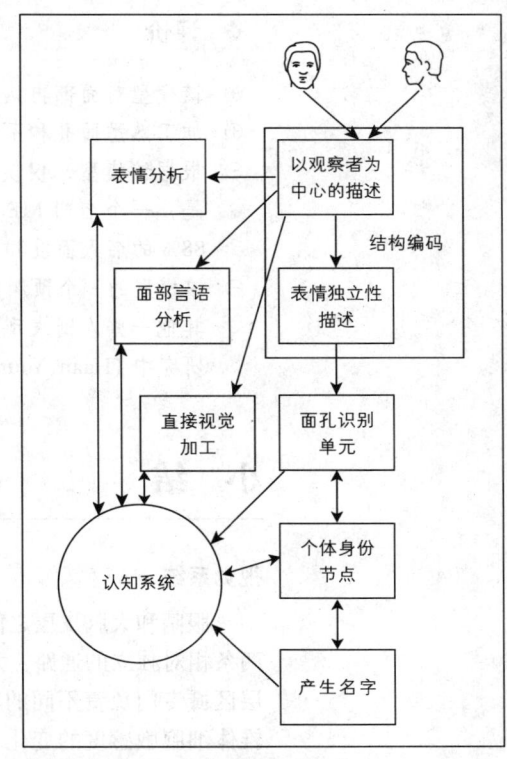

布鲁斯和扬（1986）的面部再认模型

伯顿和布鲁斯（1993）随后在其发展自瓦伦丁等人（Valentine et al., 1991）理论的相互作用激活和竞争模型中拓展了上述理论观点。该模型可以解释很多面部再认的基本现象，也可以解释面部失认症。关于该模型的信息见艾森克（Eysenck, 2001）。

证据

按照布鲁斯和扬（1986）的模型，产生名字成分仅仅通过适宜的个体身份节点就可以评价。因此，在缺乏该个体其他信息（例如，职业）的情况下，我们应该不能对面孔命名。扬等人（Young, Hay & Ellis, 1985）让被试用日记记录面孔再认过程中存在的问题。被试在对某个体一无所知的情况下，从未报告对面孔进行过命名。相反倒是经常出现这样的情况：被试记得大量有关某个体的信息，但却记不起他们的名字。

根据该模型，出现其他种类的问题也应该相当普遍。如果适宜的面孔识别单元受到激活，但是个体身份节点未被激活，可能会产生一种熟悉感，但却无法想起关于该个体的任何相关信息。这在一些情况下也常有报告。

根据上页图示可以进行进一步预测：当我们看到熟悉的面孔时，首先会获得面孔识别单元的熟悉度信息，然后是个体身份节点中有关该个体的信息（例如，职业），随后从产生名字成分中获得个体的名字。正如所预测的那样，面孔的熟悉度决策比基于个体身份节点的决策更快（Young et al., 1986b）。基于个体身份节点的决策应该快于基于产生名字成分的决策这一预测也得到了支持（Young et al., 1986a）。

❖ 评价

- ⊕ 该模型对面部再认的过程进行了详细、一致的解释。
- ⊕ 加工熟悉面孔和不熟悉面孔之间的某些差异也得到了解释。
- ⊖ 根据该模型，仅仅通过储存在个体身份节点的相关自传体信息就可以命名。但是，一个名叫 ME 的遗忘症患者，虽然不能回忆出任何自传体信息，却可以把 88% 的名人面孔和名字相匹配（de Haan, Young & Newcombe, 1991）。
- ⊖ 该模型的一个预测是，一些患者对熟悉面孔的再认优于对不熟悉面孔的再认，而其他一些人则表现出相反的模式。但是，这一预测在一项对 34 名脑损伤患者的研究中（Haan, Young, Newcombe, Small & Hay, 1993）仅获得非常微弱的支持证据。

小 结

视觉系统

眼睛和大脑皮层之间的主要通路是视网膜—膝状体—纹状皮质系统。该系统有两条相对独立的通路：大细胞通路或 M 通路和小细胞通路或 P 通路。不同的视觉皮层区域专门负责不同的功能。边缘知觉涉及侧抑制。暗适应主要取决于棒体细胞和锥体细胞敏感度的变化，但也部分取决于瞳孔收缩。来自于神经成像和脑损伤的证据表明，V4 区专门负责颜色加工，而 V5 区主要负责运动加工。

知觉组织

按照格式塔学家的观点，知觉分离和知觉组织取决于几种组织原则。只有在图形被知觉为具有明显的形状或形式时，才会有图形和背景的分离。格式塔学家描述了而非解释了知觉组织，他们忽视了知觉组织中自上而下加工的作用。他们也在组织原则发生冲突时使复杂性最小化。

知觉：准确还是不准确？

知觉的准确性部分取决于背景信息。这些信息可能引起误导，视错觉就是一个例子。有几种视错觉的理论（例如，格雷戈里误用了大小恒常性理论）。一个重要的困惑是，如何解释尽管存在由视错觉引起的众多错误和偏差，但是我们通常却能成功地应对环境。在知觉行动模型中，米尔纳和古德尔区分出独立的知觉再认系统和知觉运动系统。有证据表明，与再认知觉系统相比，即使存在视错觉知觉行动系统，也很少出现错误。格洛弗提出了一个与知觉行动模型相类似的计划控制模型。但是，一个差异在于，格洛弗认为伸手所涉及的最初运动比随后运动更容易出现错误。

颜色知觉

扬—赫姆霍尔兹理论的假设是，存在三种锥形接收细胞，在它们最敏感的光波上存在差异。该理论不能解释负后像。根据赫林的对抗过程理论，有三种对抗过程。该理论有助于解释色觉缺陷模式和负后像。整合理论认为，来自扬—赫姆霍尔兹理论的三种视锥细胞的信号被传送到赫林理论的拮抗细胞。颜色恒常性取决于色适应、客体熟悉度、反射自临近表面光线的对比。视网膜皮层理论解释了很多颜色恒常性的发现。但它忽视了影响颜色恒常性的各种因素（例如，平滑表面的反射强光、内反射）。

运动知觉

判断接触客体的时间部分取决于该客体视网膜成像的扩张率。但是，其他因素（例如，双眼视差）也是很重要的。即使只有很少的视觉信息，生物运动的判断仍非常准确。观看光点显示器时，观察者进行准确性别判断的能力，部分取决于运动中心和更多动态的线索。

空间或深度知觉

深度知觉存在单眼线索、双眼线索及眼动线索。单眼线索包括：线条透视、空气透视、纹理、对象重叠、阴影、相对大小、运动视差。双眼和眼动线索包括：辐合、调节、实体映像，这些线索只对接近的物体有效。来自不同线索的信息通常会以附加方式进行合并。大小恒常性非常依赖熟悉的大小、客体的明显距离，以及给予观察者的详细指导语。

无意识知觉

阈下广告研究并未得出关于其有效性的强有力证明。但是，很多实验室研究都获得了阈下知觉的证据，尤其是在使用主观阈限而非客观阈限时。盲视患者为无意识知觉提供了良好的证据，尽管难以确保不涉及有意识觉知过程。盲视主要取决于下皮层过程和/或直达 V5 区的通路。

客体再认

马尔（1982）认为视觉过程中形成了三种连续的表征：初始简图、2.5 维简图、三维模型表征。马尔的理论不能解释精细知觉辨别，并且忽视了自上而下的加工过程。按照彼得曼（1987）的理论，视觉客体的成分或几何离子的信息与储存的客体表征进行匹配。彼得曼在客体再认中非常强调基于边缘的抽取过程。他还提出了视角独立性理论，但是当观察者进行困难的类别内辨别时，视角依存性机制更重要。不同的大脑活动模式与视角独立机制和视角依存机制的使用有关。一些视觉失认症患者发现物体被缩短时很难进行再认，可能是因为患者很难形成三维表征。一些联想失认症患者对有生命物体的再认比无生命物体的再认存在更严重的问题，这可能是因为有生命物体相互之间存在更多的视角相似性。很多视觉失认症患者都不能轻易地把视觉特征整合为一个连贯的整体。来自视觉失认症患者的证据有助于发展正常人的客体再认理论。

面部再认

大多数面孔失认症患者进行面孔再认时都存在选择性问题，这表明面孔识别和客体再认存在重要差异。也有证据表明，特定脑区对面孔识别比对客体再认更重要。法拉（Farah，1990）认为面孔再认主要取决于整体加工，而客体再认则取决于整体加工和分析加工，阅读取决于分析加工。该理论太过于简单，不能解释视觉失认症患者并未患失读症或面部失认症的情况。布鲁斯和扬（1986）提出了一种八成分模型，根据该模型，熟悉面孔和不熟悉面孔的加工存在差异，在缺乏个体其他相关信息时无法根据面孔提取出名字。该模型后来得到伯顿和布鲁斯（1993）的发展和扩充，并获得大量的实证支持。

深入阅读

- Eysenck, M.W. (2001). *Principles of cognitive psychology* (2nd ed.). Hove, UK: Psychology Press. There is more extensive coverage of the topics discussed here in Chapters 2 and 3 of this book.
- Sekuler, R., & Blake, R. (2002). *Perception* (4th ed.). New York: McGraw-Hill. There is good introductory coverage of perception in all the main sense modalities in this American textbook.
- Wade, N.J., & Swanston, M.T. (2001). *Visual perception* (2nd. ed.). Hove, UK: Psychology Press. This book contains fascinating accounts of many visual phenomena, and is unusual in that the historical perspective is fully covered.

第 8 章
条件作用和学习

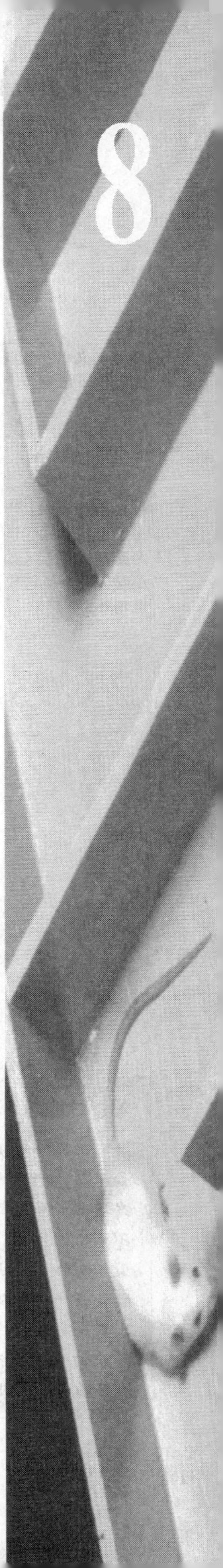

本章概要

- **经典条件反射**
  联想的重要性

  巴甫洛夫的发现：条件刺激和非条件刺激，反射和反应
  巴甫洛夫理论的解释
  雷斯考拉和瓦格纳的模型
  生态学观点
  有意识觉察的重要性

- **操作性条件反射**
  奖赏和强化的影响

  斯金纳对老鼠的研究
  初级强化物和次级强化物
  强化程序
  塑造学习
  连锁作用
  有关惩罚影响的研究
  防患学习
  塞利格曼和习得性无助
  对学习内容的探索

- **观察学习**
  人类观察学习的重要性

  观察学习的有效性/效率

  观察对学习
  观察学习的力量
  观察学习的效力

- **内隐学习**
  无学习过程的学习

  内隐学习和内隐记忆为什么要分开进行研究
  内隐学习、记忆对外显学习、记忆
  研究：人工语法学习，序列反应时任务，遗忘症患者
  理论问题

- **技能获得和专业化**
  长期学习

  认知技能对感知运动技能
  知识丰富性学习
  技能如何获得
  费特的技能获得阶段：认知的，联想的，自主的
  国际象棋研究：模板理论和综合
  安德森的 ACT 理论：组块及知识编译
  埃里克松的刻意练习研究

与其他物种相比，我们总是更擅长学习。在我们的日常生活中，学习对我们显然是极为重要的。在解决生活中的复杂问题上，成人总是比儿童训练有素，因为他们已经花了很多年时间来学习知识和技能。毫无疑问，从20世纪初心理学以一门科学的身份出现开始，关于学习的研究就成为主要的研究焦点。这可以从巴甫洛夫以及早期行为主义的代表华生的工作中看出来。

行为主义者（behaviorist）认为学习是非常重要的。不过，他们主要是考察了非常简单的学习形式，例如，当铃声响起时学习分泌唾液，或是为了得到食物奖励而学习按键。因而，更复杂的学习形式（例如，成为一名国际象棋大师，获得心理学学位）必然涉及一些不同于行为主义者所强调的过程。

学习心理学是一个巨大的、具有吸引力的领域。学习内容的复杂性从非常简单（如，压杠杆）到非常复杂（如，精通物理学）呈现出极大的变化性。另外，我们可以关注学习的早期阶段或长时间练习对学习和成绩的影响。我们还可以区分智力（或认知）技能和感知运动技能。有效地下象棋或读懂复杂的法律文件是智力技能的例子，而熟练地打网球或擅长一种乐器则是感知运动技能的例子。

> **行为主义者**：强调在控制条件下研究行为的重要性，并认为学习可以通过条件作用原理进行解释的心理学家。
>
> **经典条件反射**：学习的一种基本形式，认为学习是简单反应（如，分泌唾液）与新的或条件性刺激的联想。

经典条件反射

想象你必须去看牙医。当你躺在靠背椅上，你可能会感到恐惧。为什么你会在牙医使你疼痛之前就感到恐惧呢？那是因为你在牙医外科手术室里的所见所闻会使你预期或预测自己马上就会陷入疼痛之中。因此，你在外科手术室这一中性刺激与牙齿打孔的疼痛刺激之间建立了联想（association）。这种联想在经典条件反射中具有至关重要的意义。实质上，这种由打孔所造成的害怕是由外科手术室这一中性刺激触发的。

教科书中几乎总会关注那些不愉快的经典反射的日常案例（我也不能不为自己感到愧疚！）。但是，仍然有一些令人愉快的案例。大多数中年人都会尤其是对那些在青少年期或20几岁时流行的歌曲怀有积极情感。因为这些音乐与他们青春期所经历的各种兴奋刺激之间建立了联想（与Marc Brysbaert的私人通信）。经典条件作用也许与某些恐惧症的形成有关，例如特别惧怕某种东西（如，蛇，蜘蛛）。当中性刺激与能够引起害怕的刺激形成联系时，这一中性刺激就会让人产生恐惧反应（见第22章）。

> **习得性联想**
>
> 想象一些美好的、美味的、自己最爱的食物。例如草莓、巧克力、烤肉或咖喱？想想它的样子，你会发现你开始流口水。你旁边并没有这样的食物，你看不到，闻不到，尝不到，但是你已经意识到那是你喜爱的食物，并且这种习得性联想会使你开始分泌唾液。但是当一种你从未见过的食物摆在面前时，你并不会出现这种反应，因为你还未习得关于它的联想。当不喜欢的食物摆在你的面前时，你也不会有这种反应。习得的联想不同，反应也可能不一样。

基本发现

最著名的经典条件作用的例子来自巴甫洛夫（Ian Pavlov，1849—1936）的工作。狗（和其他动物）会在食物放进嘴里的时候分泌唾液。用学术术语来说，刚才我们提到的现象是一种非习得性反射或**无条件反射**（**unconditioned reflex**），它在嘴里食物的**无条件刺激**（**unconditioned stimulus**）与分泌唾液的**无条件反应**（**unconditioned response**）之间形成联想。巴甫洛夫发现他可以训练狗对其他刺激也分泌唾液。在他的研究中，他多次在给予食物前呈现一种声音（一种后来成为**条件刺激**（**conditioned stimulus**）的中性刺激），因此这种声音就预示着食物很快就会出现。最后，他单独呈现声音（测试刺激）而不给予食物，发现狗也会对声音分泌唾液。用专业术语来说，狗已经习得了**条件反射**（**conditioned reflex**），在这种条件反射中，**条件刺激**（**conditioned response**）（声音）与**无条件刺激**（**unconditioned stimulus**）（看见食物）建立了联系，而习得性反应或**条件反应**（**conditioned response**）就是分泌唾液。注意，在声音出现后马上给予食物对于形成条件反射是至关重要的。在学习过程中，分泌唾液（条件反应）是一种渐进式的增加。

许多以人为对象的研究也获得了类似的结果。例如，在眨眼条件反射中，在喷气（非条件刺激）之前，给眼睛一个声音刺激（条件刺激）。经过一系列的试验后，被试会对声音作出眨眼（条件反应）反应。

巴甫洛夫在他关于狗的研究中发现了经典条件作用的许多特点。其中之一是泛化。当一个声音，与先前在食物前呈现的声音一样，被单独呈现时，分泌唾液的条件性反应是最强的。当使用不同的声音时，也可以观察到少量的唾液分泌。**泛化**（**generalisation**）揭示了一个事实，即条件反应（例如，分泌唾液）的强度是由测试刺激与先前训练时的刺激的相似度决定的。

巴甫洛夫也定义了**分化**（**discrimination**）现象。假设一个特定的声音多次与食物成对出现。狗就会对这种声音分泌唾液。然后，另一个声音单独出现，所产生的唾液分泌量比第一个通过分化产生的声音少。接着，第一个声音与食物成对出现，而第二个声音从不与食物成对出现。狗对于第一个声音的唾液分泌量增加，而对于第二个声音的唾液分泌量减少。换言之，狗区分出了这两种声音。

经典条件作用的另一个特征是**实验性消退**（**experimental extinction**）。当巴甫洛夫多次单独呈现声音后，唾液的分泌会越来越少。因此，当非条件性刺激不出现时，重复呈现条件刺激会消除条件反应。这个发现被称为实验性消退。

消退并不意味着狗或其他动物丧失了相关的条件反应。消退发生后，把动物放回实验室情景中，它对声音刺激仍会有少量的唾液分泌。这被称为**自然恢复**（**spontaneous recovery**）。这表明分泌唾液的反应与其说在消退中消失了，不如说是被抑制了。

简单的理论

在经典条件作用的情景中到底发生了什么呢？有两个因素似乎特别重要。第一，条件刺激与无条件刺激的呈现必须在时间上非常接近。这有时被称为接近的联想律（接近是指在时间或空间上的接近）。第二，在经典条件反射中包含一个刺激替换的过程。条件刺激仅仅扮演无条件刺激的替换角色。例如，看见牙医的外科手术室就唤起患者对牙医给牙齿打孔的最初恐惧。

无条件反射：无条件刺激与无条件反应之间的联结。

无条件刺激：先天的、能引起无条件反应的刺激。

无条件反应：对无条件刺激作出的先天性反应。

条件反射：在经典条件作用中形成的刺激与反应之间的新联结。

条件刺激：通过学习与无条件刺激形成联结的刺激。

条件反应：当条件刺激与无条件刺激多次结合后，所习得的对条件刺激的反应。

泛化：一种对与条件刺激相似的刺激，以较为微弱的形式作出条件反应的倾向。

分化：在对另一条件刺激的反应强度减弱的同时，对一种条件刺激的条件反应强度的增强。

实验性消退：当反应未得到奖励（操作条件反射）或未出现非条件刺激（经典条件反射）时，反应的消失。

自然恢复：实验性消退后，随着时间重新出现这种反应。

俄国心理学家巴甫洛夫，一条狗，及其同事，大约拍摄于1925—1936年。

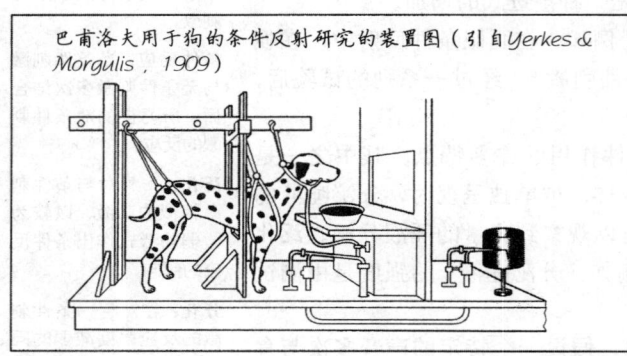

巴甫洛夫用于狗的条件反射研究的装置图（引自Yerkes & Morgulis，1909）

但是上述说法是不正确的。就第一个因素而言，当在无条件刺激呈现之前极短时间（大概半秒）呈现条件刺激时，条件作用往往最强烈，并且在无条件刺激呈现期间条件作用会一直持续下去。但当无条件刺激在条件刺激之前简短地呈现时，条件作用也很微弱，甚至不出现。这种现象称为反向条件作用（**backward conditioning**）。因此，只有接近（contiguity）是不够的。

卡明（Kamin，1969）指出，非条件刺激紧随在条件刺激之后，经典条件反射并非总是发生。实验组的动物接受伴随着灯光（条件刺激1）出现的电击，于是习得了在灯光出现时作出害怕和逃避反应。对照组的动物未接受此训练。然后两组都接受一系列在光音组合出现后被电击的训练。最后，两组动物都只接受声音刺激（条件刺激2）。结果表明，对照组只对声音刺激作出害怕的反应，实验组则对声音没有反应。到底是怎么回事呢？实验组的动物习得了光（条件刺激1）预示着电击，因此它们忽略了声音（条件刺激2）也预示着电击。而对照组的动物则习得了声音预示着电击，因为它们先前未习得其他不同的条件反射。阻塞（**blocking**）这个术语用于指在实验组动物身上发生的现象：如果一个条件刺激（如，光）已经预示着非条件刺激的开始，新的条件刺激（如，声音）就不会导致条件反应。

那么条件刺激作为非条件刺激的代替物是什么含义呢？让我们回到巴甫洛夫的研究上来。当食物出现在狗的面前，它会很自然地在咀嚼和吞咽时分泌唾液（非条件反应）。但是，条件刺激（如，声音）能够在未咀嚼和吞咽时引起唾液分泌。另外，声音往往会引起一些对食物本身根本不会发生的条件反应（如，摇尾巴，盯着经常出现食物的地方）（Jenkin et al.，1978）。条件反应和非条件反应的明显不同表明，条件刺激并不是非条件刺激的简单替代物。

你认为巴甫洛夫关于经典条件反射的理论可以解释人类的学习和行为吗？

反向条件作用：在经典条件反射中，非条件刺激在条件刺激之前出现的现象。

阻塞：由于一种条件刺激已预示了非条件刺激的出现而导致另一个条件刺激不能引起条件反应的现象。

雷斯考拉—瓦格纳模型

雷斯考拉和瓦格纳（Rescorla & Wagner，1972）提出了一个关于经典条件反射的很有影响力的理论观点，它代表着上述简单理论的巨大进步。雷斯考拉—瓦格纳模型是很复杂的，但其核心假设是，当条件刺激预示着非条件刺激的到来时，条件刺激与非条件刺激之间的习得性联想就会出现。许多预测（所有预测都获得了强有力的实证支持）都来自该假设，讨论如下。

- 该理论解释了反向条件作用无效的原因。如果条件刺激仅仅在非条件刺激之后呈现,那么并不能预示非条件刺激的出现。
- 该理论解释了阻塞现象。如果一个条件刺激已经预示了非条件刺激的到来,那么另一个条件刺激的增加不会改进人或动物预知非条件刺激出现的能力。因此,第二个条件刺激是多余的,而阻塞也就发生了。
- 我们可以解释在巴甫洛夫的实验中为什么狗听到声音就会摇尾巴并盯着经常呈现食物的地方。这恰恰是狗期待食物时表现出的行为。
- 存在一种无条件刺激预先曝光的效应:在与条件刺激成对出现之前,多次独立呈现一个无条件刺激,条件作用就会削弱(Randich & LoLordo, 1979)。根据该模型,无条件刺激在

实验情境中被预先曝光后,在刺激与背景之间就形成了联结。这使无条件刺激在条件反射训练时出现就显得不那么令人吃惊了,从而导致条件作用变弱。

证据

我们已经考察了支持雷斯考拉—瓦格纳模型的证据。但是,另外一些发现则未能支持这一模型(Miller, Barnet & Grahame, 1995)。其中一些失败来自错误的假设,这些假设通常认为条件刺激和无条件刺激的联想强度与条件反应的强度之间存在直接关系。例如,该模型假设实验性消退的发生是因为在条件刺激和无条件刺激之间有一种先天的联系。但是,自然恢复的存在表明这种联系并非先天性的。

当该模型试图解释阻塞现象时,遇到了相似的问题。根据这个模型,在第二个或受抑制的条件刺激与无条件刺激之间未形成联想。这已被证明是不对的。例如,当在实验情境之外独立呈现被抑制的条件刺激时,仍然可以引起条件反应(Balaz et al., 1982)。

❖ 评价

- ⊕ 当条件刺激预示着无条件刺激的出现时便产生了联想学习,该观点解释了经典条件作用中的很多发现。
- ⊕ 雷斯考拉—瓦格纳模型促进了其他一些经典条件反射的认知理论的发展(Gray, 2002)。
- ⊖ 经典条件作用已经变得极为复杂,该模型无法解释这些复杂性(Miller et al., 1995)。
- ⊖ 学习(条件刺激与无条件刺激之间的联想)与成绩(条件反应)之间存在直接关系的假设是不正确的。

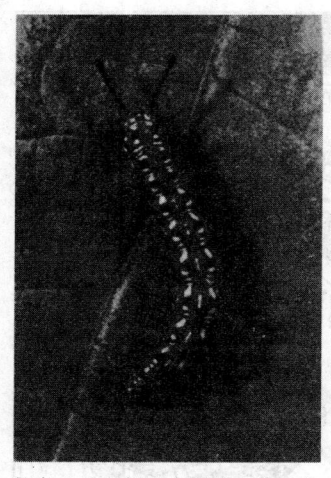

很多毛毛虫都是有毒的，甚至能致命，所以潜在的捕食者必须很快学会不去吃它们。如果捕食者在习得避免它们之前已吃了很多，那么鲜艳的颜色信号策略将是无效的。

准备状态：每个物种认定一些学习形式比其他的学习形式更"自然"、更容易的观点。

你觉得生态学家会认为哪种学习形式比其他学习形式更有用？

生态学观点

我们所形成的条件反射能够与条件刺激与无条件刺激合并后那样好吗？重视生态学观点的心理学家（例如，Hollis, 1997）所给出的答案是"不能"。在他们看来，动物和人类具有各种遗传行为倾向，有助于他们在自然环境中生存。这些行为倾向通过学习得以改进，使人和动物能够成功地应对所面临的特殊环境条件。依据这一观点，有些学习方式要比其他方式更有用，并且更容易获得。

避免有毒的食物对于所有物种来说都很重要，因此，生态学观点尤其与厌食症的习得有关。例如，考察一下加西亚和凯林（Garcia & Koelling, 1966）所做的一项很有影响的研究。他们同时使用三种条件刺激来研究经典条件作用：糖水、光、声音。这些刺激配合可以引起呕吐的无条件刺激 X 射线呈现给一些老鼠。对另一些老鼠则把上述刺激与另一个无条件刺激——电击相配合。然后，加西亚和凯林单独呈现每个条件刺激。接受了呕吐刺激的老鼠对糖水表现出厌恶，而对光和声音没有呕吐反应。相反，接受电击的老鼠竭力避免光和声音刺激，而不是糖水。因此，老鼠习得了恶心与味道的联系，以及电击和声音、光刺激的联系。

这些发现说明了什么呢？它们表明存在一种把一些刺激（而非其他刺激）联系在一起的生物准备状态（biological readiness）。例如，快速习得对一些致病食物的味觉厌恶具有明显的生存价值。这是一个被称为**准备状态**（**preparedness**）现象的例子。

觉察是必需的吗？

理解条件反射的机制很重要。这里的关键问题是要考察意识在认识条件刺激与无条件刺激之间的关系中所扮演的角色。一些专家宣称条件作用完全依赖于这些有意识觉察，另一些人则认为条件作用独立于觉察。两位研究者（Lovibond & Shanks, 2002）提出了三种条件作用和觉察的模型。在第一个模型中，对条件刺激和无条件刺激关系的自觉觉察对于条件反应的产生是很重要的。在第二个模型中，存在一个独立的学习过程，可以引发自觉觉察和条件反应，但是诱发条件反应并不需要自觉觉察。在第三个模型中，一种学习引起自觉觉察，另一种低水平的学习完全负责条件反应的产生。下面将对相关证据进行讨论。

证据

有很多实验都对条件反应和条件刺激与无条件刺激关系的自觉觉察进行了评估。根据第一个模型，两种测量应该具有非常相近的一致性，因为条件反应的产生依赖于自觉觉察。根据第二个模型，它们应该具有较近的一致性，因为两种测量依赖于同一个学习过程。根据第三个模型，觉察和条件反应是通过独立的学习过程产生的，因此觉察和条件反应之间没有必然的一致性。

两位研究者（Lovibond & Shanks, 2002）回顾了相关证据。他们得出以下结论：

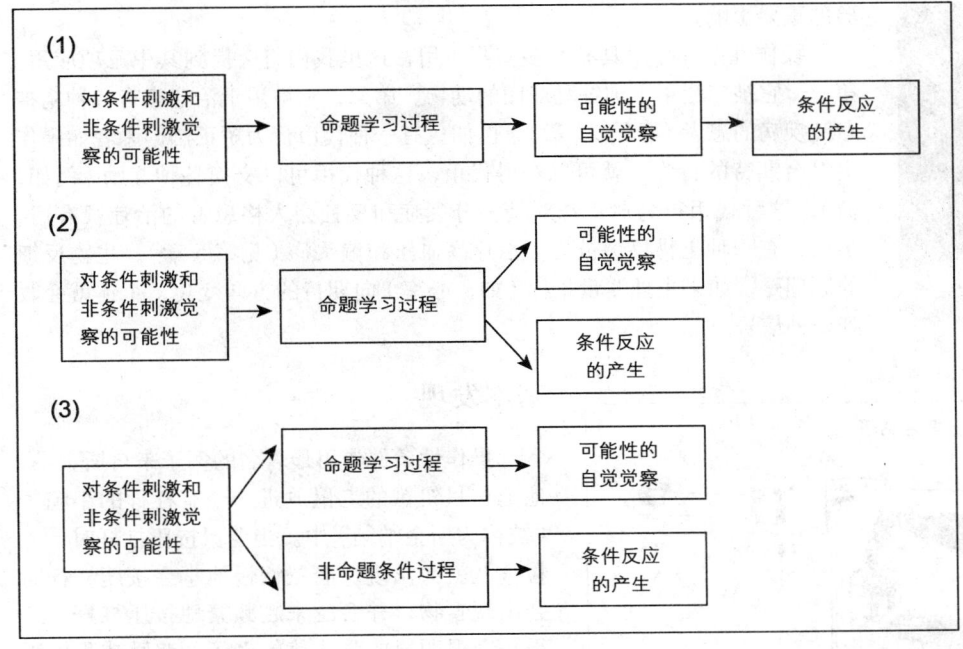

条件作用和觉察的三个模型。CS=条件刺激；US=非条件刺激；CR=条件反应。
引自 Lovibond & Shanks (2002)。

"结果更支持独立过程模型[第一个和第二个模型]。不仅关于缺乏觉察的条件作用的例子相对较少，而且它们的获取通常也借助于低估了有意识知识的觉察测量。"（p.22）另外他们还发现，自觉觉察与条件反应之间的一致性通常比第一个模型所期望的更弱，说明第二个模型是最有效的。

其他证据也和第三个模型不一致。例如，迈克纳利（McNally, 1981）最初使用一系列条件作用试验，在试验中，无条件刺激紧跟着特定的条件刺激出现。然后告诉被试无条件刺激将不再跟随条件刺激出现，这立即导致对条件刺激作出的条件反应大幅度减少。口头命令形式的命题知识（propositional knowledge）会影响条件反应，这一发现很难与命题学习（propositional learning）与条件反应无关的观点相一致。

想想你自己的学习经验。你认为你需要有意识地觉察到在获得知识吗？

操作性条件作用

在日常生活中，人们总是借助于奖赏或强化被说服按照一定的方式去表现行为。例如，年轻人由于能得到报酬而派发晨报，业余运动员由于觉得这样做会得到奖励而参加比赛。这里仅仅是两个在心理学中被称为操作性条件作用或工具性条件作用的例子。很多操作性条件作用（operant conditioning）都是以强化律（law of reinforcement）为基础：如果给予某个反应奖励或积极强化，例如食物或奖赏，该反应发生的概率就会增加。

对于斯金纳来说，操作性条件作用具有重要意义。事实上，斯金纳认为，在日常生活中，我们的学习内容和行为方式都受到我们曾经在生活中经历的条件作用经

操作性条件作用： 一种由奖励或积极强化，或不愉快的、令人厌恶的刺激进行控制的学习形式。

强化律： 如果给予一个奖励或积极强化，某种特定的反应概率就会增加。

斯金纳（Skinner, 1904—1990）

验的重要影响。

操作性条件作用具有很多实际应用，这里我们将会提到其中三项应用。第一，它被广泛用于训练马戏团的动物。第二，它被用于治疗患有各种精神紊乱疾病的患者（见第23章）。例如，有一种代币行为矫正法，患者如果作出符合期待的行为，就可以获得代币，这种代币可以交换各种奖励（例如，糖）。这种代币行为矫正法对精神分裂症和反社会人格患者的治疗很有用。第三，有一种生物反馈被用于治疗高血压和偏头痛（见第5章）。生物反馈的原理是，如果生理测量指标（如，心率）向期待的方向变化，个体就会收到一种信号。

基本发现

操作性条件作用最著名的例子来自斯金纳。他把一只饥饿的老鼠放进一个有杠杆的小箱子（被称为斯金纳箱）中。当老鼠按压杠杆时，一粒食丸就会出现。老鼠慢慢地学会按压杠杆时会出现食物，并会越来越频繁地按压杠杆。这是一个很明显的强化律的例子。奖励或积极强化在反应后立即给予比延迟给予的作用更大。

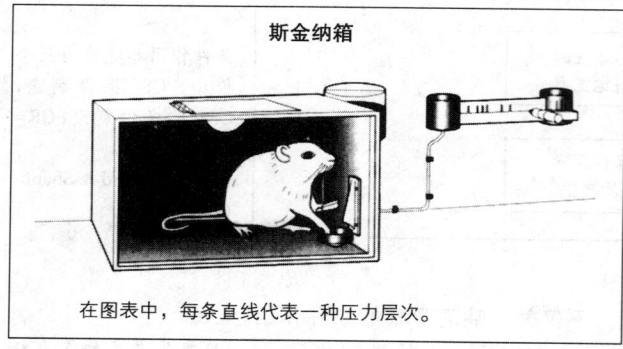

斯金纳箱

在图表中，每条直线代表一种压力层次。

如果未给予积极强化，反应的概率就会降低。这种现象称为实验性消退。与经典条件反射一样，当消退发生后也会发生一些自然恢复。

正面强化物或奖赏主要有两种类型：初级强化物和次级强化物。**初级强化物**是生存所需要的刺激（如食物、水、睡眠、空气）。**次级强化物**是指由于我们习得了它们与初级强化之间的联想而得到的奖励。次级强化物包括钱、表扬和注意。

塑造

操作性条件作用的一个特点是，在强化之前必须形成一个所需要的反应。我们如何才能使动物产生一种并非自然形成的反应呢？答案是通过塑造的方式，即通过

初级强化物：生存所必需的奖励刺激（如食物，水）。

次级强化物：由于与初级强化物相联系而得到奖励的刺激。

塑造：运用奖励或强化使行为向期待的方向渐进的变化。

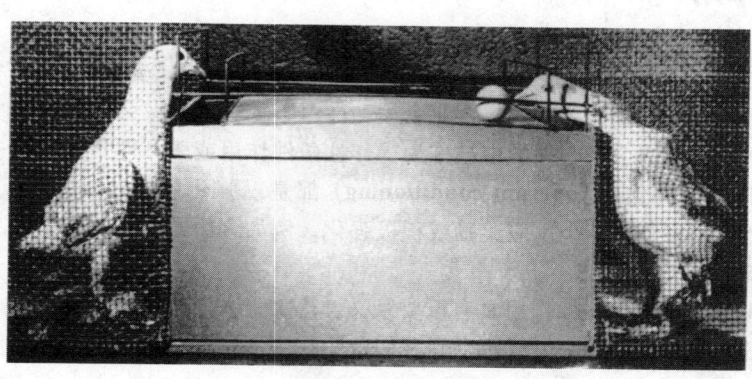

斯金纳认为，通过每次接触到桌球都进行奖励，鸽子可以学会桌球的一些基本玩法。

斯金纳：强化程序

我们倾向于持续做那些能带来奖励的事情，而停止做不会得到奖励的事情。但是，斯金纳（Skinner，1938，1953）发现了操作性条件作用的某些复杂性。我们直到现在只是看到了连续性强化，即在每一次反应之后都给予强化或奖励。而在日常生活中，我们的行动很少会得到持续强化。想一想，在只有少数反应得到奖励的部分强化时发生了什么呢？斯金纳（1938）发现了四种主要的部分强化程序：

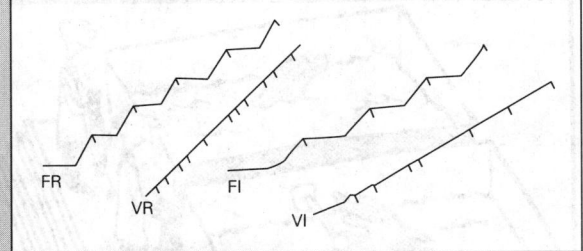

经过一段时间后四种部分强化模式的典型反应模式：FR（固定比率）；VR（变化比率）；FI（固定时距）；VI（变化时距）。引自 Atkinson 等（1996）。

- **固定比率程序（fixed ratio schedule）**：第几次（如，第五次，第十次）反应会得到奖励；员工完成一些特定目标会获得额外的金钱就是依据该程序。
- **变化比率程序（variable ratio schedule）**：平均每几次反应就会得到奖励，但是在两次奖励之间的间隔会很小或很大；这一程序常见于钓鱼和赌博。
- **固定时距程序（fixed interval schedule）**：在一个特定时距（如60秒）后发生的第一个反应会得到奖励；按周付薪的员工就是遵循该程序——他们在一个固定时距后得到奖励，但是不需要产生具体的反应。
- **变化时距程序（variable interval schedule）**：平均而言，在一个固定时距（如60秒）后的第一个反应得到奖励；但是，实际时距有时候短一些，有时候长一些；正如格罗斯（Gross，1996）提到的那样，个体经营者就是在依据变化时距得到奖励，因为他们的顾客付钱的时间是不规律的，但是无需作出具体的反应。

虽然赌徒不知道什么时候或者会不会赢钱，但他们仍然继续赌博。这是一个最成功的强化模式的例子——变化比率强化。

也许可以认为连续性强化（每次反应都得到奖励）能够比部分强化产生更好的条件作用。事实上，结果正好相反。连续性强化所引起的反应率是最低的，而变化程序（尤其是变化比率程序）引起的反应率则是最高的。这有助于解释为什么赌徒总是很难戒掉赌瘾。

如何解释消退呢？与最佳条件作用相联系的强化程序，也显示出对消退的最大抗拒。因此，经过变化比率程序训练的老鼠会在消退（没有奖励）的条件下继续作出比受其他强化训练的老鼠更长时间的反应。经过连续性强化训练的老鼠停止反应最快。连续强化导致快速消退的一个原因是，从每次实验都可以得到奖励到根本得不到奖励之间有一个明显的变化。经过变化程序训练的老鼠习惯了偶尔或不规律的奖励，因此它们需要更多的时间才能认识到它们再也不会因为反应而得到奖励了。

讨论要点：
1. 你可以举出日常生活中各种强化程序的例子吗？
2. 斯金纳的操作性条件作用的观点有什么局限性？

固定比率程序：每n次反应都会得到奖励的强化形式。

变化比率程序：平均来说，每n次反应会得到奖励，但是比率的值是变化的。

固定时距程序：在一个特定时距后产生的第一个反应会得到奖励。

变化时距程序：平均来说在特定的一个时距后产生的第一个反应给予奖励，但是时距会有某些变化。

"太好了，我只是反复地按压杠杆，就教会他们给我送鱼。"

成型塑造的方式使动物的行为慢慢地向我们期待的方向转变。假设我们想教会鸽子玩桌球。开始的时候，只要鸽子接触到桌球就会得到奖励。过上一段时间后，当它们的行为中包括类似玩桌球的动作时才会得到奖励。通过这种方式，斯金纳真的教会了鸽子桌球的基本玩法。

连锁作用

操作性条件作用可用于引发复杂的系列行为。例如，假设老鼠学会了声音出现时通过按压杠杆能够获得食物，而没有声音时按压杠杆不会获得食物。声音就成为一种**分化刺激**（**discriminative stimulus**），这意味着它的出现是获得强化的一个线索。分化刺激获得了强化的价值，因此动物可以学习作出特定的反应（如，爬梯子）以获得分化刺激。因此，老鼠可以学会为了听到能引起按压杠杆反应的声音而爬梯子。这种习得的反应序列称为**连锁作用**（**chaining**）。

两位研究人员（Pierrel & Sherman, 1963）描述了一个令人印象深刻的连锁作用的案例。一只叫 Barnabus 的老鼠通过操作性条件作用学会了以下九种系列行为：爬斜坡，推倒一个吊桥，穿过壕沟，爬楼梯，匍匐通过一个隧道，进入电梯，操作电梯，升起一面小旗子，按压杠杆获得食物。

惩罚：正面和负面

到目前为止，我们已经考察了正强化和奖励对行为表现的作用。但是，操作性条件作用也包括不愉快的或厌恶的刺激，例如电击或无反馈（failure feedback）。人类和其他物种通过可以减少出现厌恶刺激的方式来习得行为，就像他们学会可以增加积极强化和奖励的行为那样。正如我们将要看到的，他们也学会了避免可能导致积极强化或奖励消除的反应。

反应后会伴随厌恶刺激的操作性条件作用被称为**正面惩罚**（**positive punishment**）（有时简称为惩罚）。如果反应后马上出现厌恶刺激，就会降低该反应在未来发生的概率。

斯金纳认为，惩罚可以在短时间内抑制某种反应，但不会导致新的学习。埃斯特斯（Estes, 1944）报告了支持这一观点的发现。两组老鼠学习按压杠杆获得食物，然后给予一系列的消退试验。一组老鼠在消退的早期阶段每次按压杠杆会被电击，另一组则不会。惩罚在一段时间内减少了反应率（抑制）。但从长远来看，两组老鼠都作出了相同数量的反应。这表明惩罚的作用是短期的。

惩罚对行为并非总有短暂效应。埃斯特斯实验的一个特点是，老鼠只有在按压杠杆时才能得到积极强化。当可以通过一些反应得到积极强化而不是惩罚时，惩罚

分化刺激：一种刺激，当某个特定反应被奖励时出现，当反应未得到奖励时则不出现。

连锁作用：通过操作性条件反射形成的习得性反应系列。

正面惩罚：操作性条件作用的一种形式，由于伴随着一个不愉快的或厌恶的刺激而使某个反应发生的概率减低；有时简称为惩罚。

通常具有持久的作用。例如，一个儿童因为在吃饭时把他或她的手肘放在桌子上而受到惩罚，如果当他或她端正地坐着时得到了奖励，就会改掉错误的坐姿。

巴伦（Baron，1977）回顾了惩罚对儿童攻击行为的影响。他对通过惩罚减少儿童的攻击性行为提出了以下要求：

1. 攻击性行为与惩罚之间的时间间隔必须非常短。
2. 惩罚要相对强烈。
3. 惩罚的应用应该是一致的、可预知的。
4. 实施惩罚的人不应该被视为攻击行为的榜样。
5. 被惩罚的人应该明白他或她为什么会受到惩罚。

人们常常认为，给予儿童惩罚会带来各种不利影响，因此惩罚是不受欢迎的。格肖夫（Gershoff，2002）通过几项元分析明确了家长对儿童实施体罚所带来的后果。惩罚可以快速产生一种对父母期望的服从，但是常会伴随着一些不良的结果，例如：童年和成年期的攻击行为，童年和成年期的犯罪和反社会行为，童年和成年期心理健康的损害（如，抑郁症），以及成年后对自己的孩子或配偶的虐待。不过，大多数证据均为相关研究，因此我们不能确定这些结果确实是由于体罚造成的。

试想一些现实生活中正面惩罚和负面惩罚的例子。

另一种惩罚形式称为负面惩罚。在负面惩罚（**negative punishment**）中，伴随特定反应出现的积极强化物或奖励被去除掉。例如，一个小孩不好好吃饭并把食物扔到地板上，他／她的食物会被拿走。负面惩罚的典型作用是可以降低被惩罚的反应以后发生的概率。

负面惩罚：操作性条件作用的一种形式，由于伴随积极强化物或奖励的消除而使发生某个反应的概率降低。

负面惩罚在一种被称为暂停技术（time-out technique）中得到了应用。例如，一个具有攻击行为的小孩被送回他／她的房间以阻止这种行为的继续。负面惩罚与之有密切关系，因为小孩远离了令人愉悦的活动。有证据表明，暂停技术在避免正面惩罚所带来的消极影响的同时改进了儿童的行为（Rortvedt & Miltenberger，1994）。在父母比较严厉并且相对冷漠的情况下尤其会这样。

防患学习

几乎所有的司机都会在红灯时停车，因为他们要避免不这样做会带来的厌恶刺激，如交通事故或警察找麻烦等。这是一种如果采取适当行动就能避免厌恶刺激的情景，也是**防患学习**（**avoidance learning**）的一个例子。很多厌恶刺激都加强了可以阻止厌恶刺激出现的反应；它们也被称为消极强化物。

防患学习：操作性条件作用的一种形式，适当的防范反应可以阻止不愉快或厌恶刺激的出现。

正如所罗门和怀纳（Solomon & Wynne，1953）所展示的那样，防患学习是很有用的。把狗放在一个有两个隔间的装置里。光的变化作为即将呈现强电击的警告。狗可以通过跳到另一个隔间来避免被电击。大多数狗在实验刚开始阶段都受到了一些电击。但是之后，它们一般都能在剩余的 50 次甚至更多的试验中避免电击。

莫雷（Mowrer，1947）提出了一个双过程（two-process）的学习理论来解释防患学习。根据该理论，第一个过程中包含了经典条件作用。中性刺激（如，隔间的墙壁）与厌恶刺激（电击）的成对出现产生了条件性惧怕。第二个过程包含了操作性条件作用。跳到另一个隔间的防范反应得到了惧怕减少的奖励或强化。

双过程理论为防患学习提供了一个看似合理的解释。不过，防范反应的发生使惧怕减少的观点存在一些问题。所罗门和怀纳（1953）实验中的狗在 1.5 秒内对警告信号作出反应，这个时间对于惧怕反应的产生似乎太短了。在防范反应有规律地发生之后，狗并未作出似乎很焦虑的行为。因此，很难说仅仅因为惧怕的减少而激发了防范行为。

习得性无助

> 习得性无助：当意识到惩罚是不可避免的时候所出现的一种消极行为。

塞利格曼（Seligman, 1975）在厌恶刺激的基础上研究了另一种学习形式。狗被迫接受无法避免的电击。之后，把它们放进一个中间有栅栏的箱子里。狗将在一个警告信号出现后给予电击，但是它们可以跳过栅栏，到箱子的另一边来避免电击。事实上，大多数狗都是消极地接受电击，并没有学会避免或逃避电击。塞利格曼用**习得性无助**（learned helplessness）来描述在可以通过适当的动作来避免不愉快刺激的情景中的消极行为。塞利格曼同样发现，先前未接受不可避免的电击的狗可以快速学会在警告信号呈现后跳过栅栏来避免电击。这些狗正是表现出防范学习。

> 你可以思考一下，人类在哪些情况下可能会表现出习得性无助？

塞利格曼（1975）认为，从狗的实验中观察到的习得性无助与人类遭遇临床抑郁所表现出的消极无助极其相似（见第 22 章）。阿布拉穆森等人（Abramson, Seligman & Teasdale, 1978）提供了一个习得性无助过程的认知性解释。他们在自己的归因理论中认为，人们把失败归因于内部原因（他们自己）或外部原因（他人，环境）。另外，他们可能会把失败归因于一种可能在将来继续发生的稳定因素或能够很快改变的偶然因素。最后，人们还可能把失败归因于某种总体原因（与很多情况相关）或具体原因（只与一种情况相关）。

阿布拉穆森等人（1978）认为，遭受习得性无助的人们倾向于把失败归因于内部的、稳定的、总体的原因。因此，他们觉得个人应该为失败负责，并且他们认为导致当前失败的因素会在将来稳定存在，并会影响其他情景。我们刚刚所描述的正是阿布拉穆森等人所谓的"个人无助"。这是相对于"普遍无助"（universal helplessness）而言的，"普遍无助"是指个体认为所有人在解决问题时都会失败，并将失败归因于外部因素。

人们逐渐认识到，个体在面对不可控的失败时会通过各种方式作出反应。后来阿布拉穆森等人（Abramson, Metelsky & Alloy, 1989; Abramson et al., 1999）又先后对阿布拉穆森等人（1978）的认知理论进行了修改，当前一般认为经历个人无助并不足以引起抑郁症。如果要引发抑郁症，还需要额外的无助感。

> 这与阿布拉穆森等人（1978）关于内部归因和外部归因的理论有什么关联？

鲍德纳和米库林赛（Bodner & Mikulincer, 1998）认为，经历不可控的失败有时可能会引起类似妄想狂的反应而不是抑郁反应。例如，一个总在某个老师的课程中考试失败的学生，可能会认为自己持续失败的原因是那个老师在故意作弄他/她。鲍德纳和米库林赛发现，尤为重要的是注意聚焦。当人们经历个人失败把注意聚集在自己身上时，可能会产生抑郁反应。但当他们把注意集中在威胁性代理人（实验者）

身上时,他们会对持续的个人失败产生类似妄想狂的反应。

理论观点

在操作性条件作用中能学到什么呢?我们将从最简单的解释说起,该解释是由几位早期的行为主义者(如,Guthrie, 1952)提出的,并得到了斯金纳的大力支持。根据这一解释,强化或奖励加强了分化刺激(如,斯金纳箱的内部)与强化反应(如,按压杠杆)之间的联系。我们可以将这一观点与另一个认知理论(如,Tolman, 1959)进行比较,根据该认知理论,动物学会的比格思里的理论暗示的更多。托尔曼认为,操作性条件作用包括了手段目的关系的学习。**手段—目的关系**(**means-end relationship**)是指在特定的情景下产生特定的反应具有特殊的作用。例如,在斯金纳箱中按压杠杆可以引起食团的出现。

有证据表明,动物一定学会了手段—目的关系。例如,迪金森和道森(Dickinson & Dawson, 1987)训练一些老鼠按压杠杆后可以得到糖水,另一些老鼠按压杠杆后会得到干的食团。一些老鼠被剥夺了食物,另一些被剥夺了水。最后,所有的老鼠都在未提供奖励的消退条件作用下进行测试。在口渴老鼠的身上得到了关键发现。相对于以食团进行先前强化的老鼠而言,以糖水进行先前强化的老鼠在消退中表现出更多的按压杠杆的反应。为什么会出现这种差异呢?因为老鼠根据它们对期待强化物的认识来决定按压杠杆有多大的价值。口渴的老鼠希望得到喝的东西,因此对食团的期待并不能使它们热衷于按压杠杆。

奖励对比作用的存在同样表明动物获得了有关强化物的知识。例如,假设动物已经习惯了某种特定数量的强化,但是这种强化开始变少。这会产生一种**消极对比效应**(**negative contrast effect**),动物的反应率表现出明显的下降;实际上,它们的反应率小于那些自始至终都接受小强化的动物(Pecoraro et al., 1999)。

强化对于学习有多么重要呢?斯金纳认为它具有至关重要的作用,而托尔曼则并不这样认为。在托尔曼看来,强化对成绩表现或行为可能是至关重要的,但对学习而言就不那么重要了。对成绩表现不具有明显影响的学习现象称为**潜伏学习**(**latent learning**)。

潜伏学习的一些研究都聚焦在老鼠走迷宫上。探索迷宫但没有得到食物奖励的老鼠似乎

手段—目的关系:根据托尔曼的观点,在特定情景下发生的特定反应会产生特定的结果。

消极对比效应:当强化由大变小时,操作性条件作用的反应率会明显的降低。

潜伏学习:只有正强化出现时才会影响行为表现的学习。

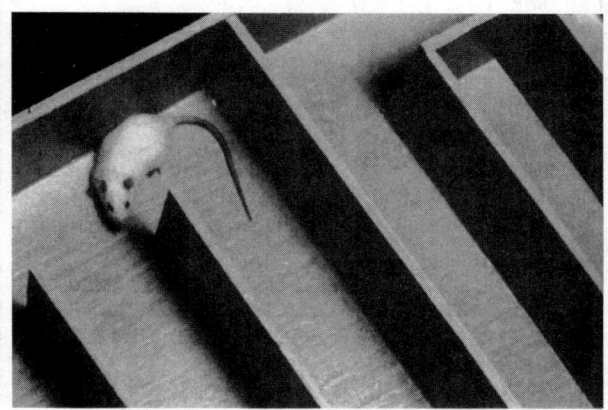

一只实验室白鼠(褐家鼠)正在走迷宫。除了实验室老鼠之外,白鼠在动物实验中是使用最为广泛的哺乳动物。

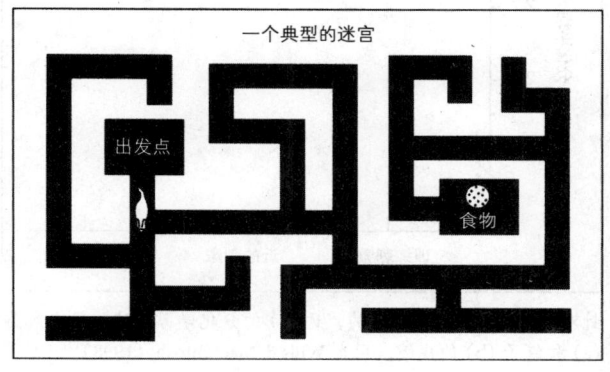

一个典型的迷宫

等势原理：指任何反应在任何刺激条件下都可以进行条件作用的观点。

只从行为中学到很少的东西。但是，当在目标箱或迷宫的中央提供食物时，老鼠会快速地朝它奔去，这表明潜伏学习发生了。在一个研究中，托尔曼和洪兹克（Tolman & Honzik, 1930）将那些在前10天走迷宫但没有得到食物奖励的老鼠和那些每天被奖励的老鼠相比较。当前者开始接受食物奖励时，其表现快速提高并赶上后者的水平。因此，潜伏学习与基于操作性条件作用的学习具有同样好的效果。但是，很难确定无奖励条件下的被试是否确实未得到奖励或强化。

操作性条件作用有什么局限呢？根据斯金纳的观点，答案是"没有"。他宣称，事实上任何反应都可以通过刺激情景进行条件作用；这被称为**等势原理**（equipotentiality）。实际上，某些形式的操作性条件作用比其他形式的更难以形成。布里兰夫妇（Breland & Breland, 1961）试图训练一只猪，使它能够将木制的筹码插进猪圈以获得奖励。猪拾起筹码，但是不断掉在地板上。用布里兰夫妇的话说，猪会"翻出来，又丢掉，再翻出来，捡起，向空中抛，丢掉，再翻出等等"。他们认为他们的发现为本能漂移（instinctive drift）提供了证据，这意味着动物的习得行为与本能行为类似。

摩尔（Moore, 1973）提供了另外的证据，证明本能行为在操作性条件作用中扮演的角色比斯金纳所认为的更大。他提供了鸽子既不为了食物也不为了水而同样啄键反应的胶片。学生们在观看鸽子啄食行为的胶片后要求回答奖励是什么。他们的正确率为87%。为了食物而啄食的鸟经常利用张开的鸟喙来敲击按键，急剧而有力。当为了水而啄键时，鸽子的嘴是闭着的，并会更长久地接触键。

我们刚刚讨论的实验说明了，从生态学的角度来看待操作性条件作用是很有用的。也就是说，动物更容易学会可以使它们适应自然环境的行为模式。加芬等人（Gaffan et al., 1983）提供了支持这个观点的证据。在T型迷宫中的老鼠需要决定向左还是向右转。假设老鼠向左转并且在迷宫的角上找到了食物。根据条件作用的原理，老鼠向左转得到了奖励，因此在接下来的训练中也应该向左转。但是，在老鼠的自然环境中，回到一个所有食物都被拿走的地点是不合情理的。加芬等人发现，在训练初期老鼠倾向于回避先前发现食物的T型迷宫的角

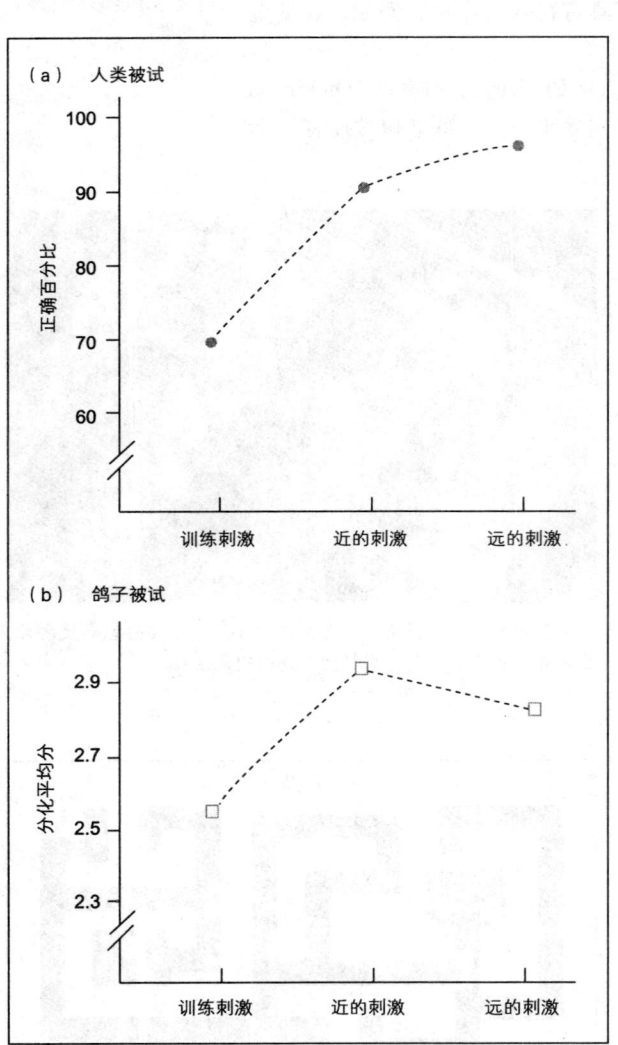

针对各种刺激（训练，近的，远的）的分化学习测试阶段中人类（a）和鸽子（b）的成绩。引自 Wills & Machintosh (1998)。

落,这与生态学观点的预测相一致。

人类的操作性条件作用包含与其他物种相同的机制吗?几乎所有在人类中发现的操作性条件作用现象都和其他物种的相同(Gray, 2002)。但是,有时也会发现差异。例如,两位研究者(Wills & Mackintosh, 1998)利用学习区分两个在亮度上有所变化的刺激(如,亮一些的刺激是积极的,暗一点的刺激是消极的)的任务,将人和鸽子进行比较。训练结束后,用一系列包含一些并未在学习阶段呈现的刺激对人和鸽子进行测试。鸽子在测试中对那些与积极刺激相似的(但是更为极端的)刺激反应最为强烈。这被称为**峰值移动**(peak shift)。但是,它们对那些比阳性训练刺激更为极端的测试刺激反应并不强烈。这种结果模式通常被认为反映了联想学习(associative learning)。比较而言,人类被试对那些比阳性训练刺激更为极端的测试刺激反应更为强烈。为什么他们能做到这一点呢?因为他们使用了如下规则,"亮的刺激按一个键,暗的刺激按另一个"。

总之,操作性条件作用比过去所认为的要复杂得多。动物和人在操作性条件作用中学习了相当多的内容,而不仅仅是一个与反应奖励相关的分化刺激。操作性条件作用在生态学观点上具有相当明确的效度。最后,由于所遵循的规则不同,很多人类学习行为与其他物种的行为存在差异似乎是显而易见的。

峰值移动:分化学习中发现的一种现象,指在测试阶段对那些比阳性训练刺激更为极端的刺激作出最大的反应。

你认为操作性条件作用可以解释人类的学习和行为吗?

❖ 总体评价

- ⊕ 操作性条件作用通常非常有效。人类和其他物种的行为可以由对强化的灵活使用所控制(如,训练马戏团的动物)。
- ⊕ 操作性条件作用被成功地用于治疗各种心理障碍(见第23章)。
- ⊕ 操作性条件作用在众多物种中都有所反应。
- ⊖ 在现实生活中,我们的学习并不仅仅是为了获得奖励而作出反应。真实的情况在于,我们从观察别人的行为中学习了大量的内容(Bandura, 1977a;见下一部分)。一般来说,操作性条件作用只能解释一些相对简单的学习形式。
- ⊖ 斯金纳过分夸大了外部或环境的因素对行为的影响,而忽略了内部原因的作用(如,目的)。正如班杜拉(Bandura, 1977a, p.27)所指出的那样:"如果行为单单是由外部的奖励或惩罚决定,那么人们的行为就会像风向标那样,不断地向不同的方向转变以使自己与他人的喜好相一致。"这个批评可能很少用于非人类物种,因为其他物种很少能像人类那样根据长期目标进行活动。
- ⊖ 操作性条件作用对行为成绩的影响超过对学习的影响。假设每当你说"地球是平的"就会得到1欧元的奖励。你也许(尤其是在缺钱的时候)会说上千句,因此强化或奖励会影响你的表现和行为。但它不可能影响你的知识和学习,以至于你真的认为地球是平的。
- ⊖ 强有力的证据表明,斯金纳对等势原理的定义是不正确的,因为他假设操作性行为条件作用不受本能行为的影响。

观察学习

如前所述,班杜拉(Bandura, 1977a, 1986)对条件作用的学习观提出了中肯的批评。斯金纳和其他操作条件作用的拥护者认为,大多数人类学习要求我们产生会得到外部替代物奖励或惩罚的反应。与其相反,班杜拉(Bandura, 1977a, 1986, 1999)则更强调**观察学习**(observational learning)的重要性,它是指学习的发生是观察他人或榜样行为的结果。根据班杜拉(Bandura, 1999, p.170)的理论:

> 人类已经将观察学习进化为一种高级能力,观察学习可以使人们通过丰富的榜样信息的传递,确保快速地扩张知识和能力。事实上,所有来自直接经验的行为、认知及情感学习,都可以通过间接(二手的)观察人们的行动及其结果来进行。

观察学习:作为观察他人(通常成为榜样)的行为结果而发生的学习。

观察学习为什么对人类如此重要呢?一个关键原因是,因为它比那些涉及特定情境中实际经验的学习(如,操作性条件作用)更为有效。在一天的时间中,你可能会观察到众多情景下人们的大量行为。比较而言,要把你在短时间内放在所有这些情境中是非常困难的(或不可能的)。并且观察他人进行危险行为的结果,要比你自己亲身经历安全得多!

班杜拉坚持认为,学习和表现之间存在重要差别。更确切地说,观察学习只在特定的环境中用行为表现出来。例如,假设观察一个以特定方式表现行为并受到惩罚的榜样。即使观察学习会发生,观察者也不愿意模仿该榜样的行为。

你认为还有哪些其他因素会决定我们是否模仿观察到的行为?

证据

大量研究表明,观察学习是有效的。大多数研究都是以儿童为被试进行的,并且表明儿童的攻击性和反社会行为受观察学习的影响(见第16章)。拉什顿(Rushton, 1975)指出了观察学习对儿童的影响。儿童观察一个在保龄球游戏中获得纪念品的榜样。然后该榜样表现出慷慨行为("把纪念品捐献给慈善机构")或表现出自私行为("把纪念品留给自己"),但是有时他们的言行是相矛盾的。在这些矛盾的情景中,儿童通常会模仿榜样的实际行为而非他/她所说的。因此,即使当他或她言行不一时,对榜样行为的观察也同样有效。

梅尔佐夫(Meltzoff, 1988)的一项研究同样为观察学习提供了强有力的证据。14个月大的婴儿观察成人用前额打开桌子上的压力敏感灯。这导致了好的观察学习:一个星期后,三分之二的婴儿都学会了用前额打开灯。这是一个令人印象深刻的发现,因为婴儿很快就会发现用双手去改变环境的价值。

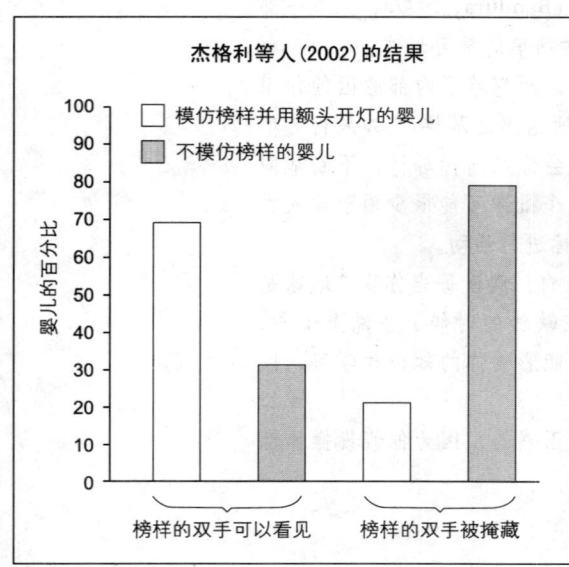

班杜拉：观察学习和玩具娃娃

班杜拉（1965）探究了观察学习和行为表现之间的关系（见第16章）。儿童观看了一场电影，电影中成人榜样向一个充气玩具娃娃表现出攻击性行为。在一种条件下，电影结束时出现另一个成人因为榜样作出这种"冠军表现"（championship performance）而给予榜样一些糖果和饮料（奖励条件）。在第二种条件下，第二个成人因为榜样的攻击性行为而责骂和拍打他（惩罚条件）。在第三种条件下，榜样既没有得到奖励也没有被惩罚（控制条件）。

班杜拉（1965）观察了玩具娃娃出现时儿童的行为。在奖励条件下和控制条件下，儿童比惩罚条件下更多的模仿了榜样的攻击行为。惩罚条件下的儿童怎么样呢？从实验发现来看，并不能清楚地说明他们是否获得了观察学习。因此，班杜拉为所有儿童都提供了一些果汁和玩具，以便观察他们从成人榜样那里学到了什么。结果显示，在惩罚条件下，儿童观察学习的数量和其他两种条件下的儿童一样多。

讨论要点：
1. 班杜拉的这个著名研究有什么局限？
2. 你认为观察学习在形成攻击性行为上的重要性如何？

> **关键研究评价——班杜拉**
>
> 在他的经典玩具研究中，班杜拉控制了成人榜样的行为。他们用榔头击打玩具，或把玩具扔到空中并说"嘭！嘣！"。他们选择这些行为，因为儿童不太可能作出这么自然的动作，因此如果这些行为产生了，研究者就可以相当自信地说，儿童是在模仿成人榜样。

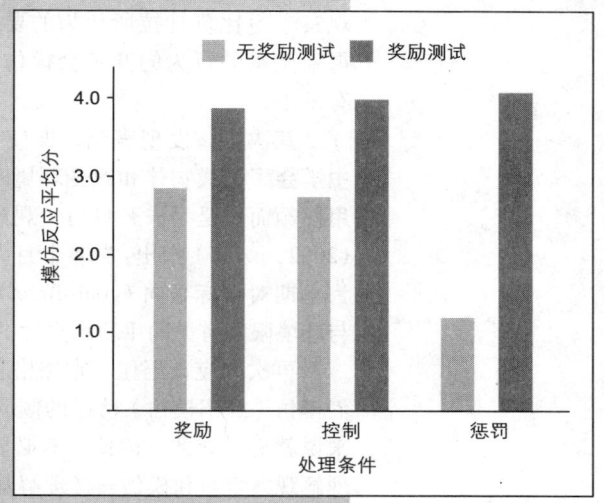

成人"榜样"和儿童攻击充气娃娃

侵犯性的成人不同的对待方式下（奖励，控制，惩罚）和测试中儿童的攻击行为得到或未得到奖励的情况下儿童对攻击行为的模仿。
数据来源： Bandura (1965)。

这个发现对影视暴力有什么影响？你认为观察影视中的暴力行为与自己表现出暴力行为有什么关系？

杰格利等人（Gergely, Bekkering & Kiraly, 2002）宣称，梅尔佐夫的研究并不像所显示的那样具有说服力。在这个研究中，榜样双手放在桌子上，这样婴儿可以看见她有意喜欢用前额，而不是用手去开灯。相应的，杰格利等人设计了第二种情景，在这种情景中，成人榜样假装很冷，把她的手用毯子包起来。这对结果产生了戏剧性的影响。当榜样的手是自由的，69%的婴儿（14个月大）重复了她用前额开灯的行为。相反，当榜样的手是不自由的，只有21%的婴儿重复了她的行为。

我们可以从杰格利等人（2002）的研究中得出什么结论呢？首先，该发现表明，观察学习比班杜拉所认为的要复杂得多。对班杜拉来说，观察榜样的成功行为或得到奖励的行为的儿童会模仿该行为。但是，当榜样的手在毯子中时，模仿并没有发生。

其次，该发现表明，即使婴儿也具备进行复杂加工的能力。婴儿已经从经验中学会了触摸物体和改变环境时，手是非常有用的。因此，当他们认为榜样是故意用前额而不是手去开灯时，观察学习仅仅影响了他们中少数人的行为。杰格利等人（2002, p.755）指出："14个月大的婴儿的模仿是在效仿[模仿]下进行的。我们认为早期对目标导向（goal-direct）行为的模仿是一种选择性的推理过程，该过程涉及与环境限制有关的手段合理性的评价。"

再次，应该记住，在杰格利等人（2002）的研究中被试只有14个月大。如果他们模仿（或不模仿）榜样的倾向依赖于复杂的思维过程，那么对于年龄更大的儿童来说就更是如此。因此，有必要考虑所有年龄阶段被试的认知过程，以便使我们像理解观察学习和模仿一样理解其他事物。

我们已经看到有很多确凿的证据都表明，观察学习在很多情景中会影响行为。但是，我们仍然无法证明一些尚无定论的问题。例如，观察学习和基于真实表现的学习具有同样的效果吗？观察学习和通过实践的学习所包含的机制是一样的还是不同的？正如我们将要看到的那样，布兰丁与普罗蒂奥（Blandin & Proteau, 2000）提供了这些问题的临时性答案。

在第一个实验中，布兰丁与普罗蒂奥（2000）让被试在三种条件之一中完成四部分计时任务：（1）先前的观察学习，（2）先前的身体练习，（3）无先前经验。在即时保持测验（immediate retention test）中的关键发现如下："允许观察者表现并形成检测错误机制的观察，同实际练习中所获得的观察同样有效……另外，与控制组相比，这些观察者具有更多的检测和改正错误的有效机制。"

在第二个实验中，布兰丁与普罗蒂奥（2000）使用了一项不同的计时任务。给一半的榜样提供错误的结果知识，会让他们在当前和以后的测试中产生系统错误。一半的观察者观察在错误结果知识条件下榜样的表现。这些观察者在接下来的计时任务中，出现了与所观察的榜样所犯的同样错误。

我们可以从上述发现中得出什么结论呢？首先，观察学习可以产生与物理实践同样多的任务学习。其次，正如布兰丁与普罗蒂奥（2000）所得出的结论："这些结果表明，观察使个体产生了与在物理实践中发生的相似的认知过程。"

❖ 评价

- ⊕ 观察学习在儿童和成人中经常发生。
- ⊕ 与真实行为相比，观察学习对随后的行为具有强大的影响。
- ⊖ 班杜拉（1999，p.173）指出："模仿不仅仅是通常所认为的简单模仿反应的过程。"相反，他认为观察者的行为应该和榜样的行为一样"体现同样的原则"。困难的是，无法判定观察者的行为事实上是否体现了相同的原则。
- ⊖ 只有微弱的证据表明观察学习在儿童语言获得中的作用。他们最初产生比成人短很多的发音，并快速发展到产生新颖的话语。儿童语言的这些内容都不能在观察学习的原则上进行预测。
- ⊖ 基于观察学习和模仿的过程比班杜拉所假设的要复杂得多（Gergely et al., 2002）。

内隐学习

平行加工理论关注信息的有意获取和恢复所涉及的过程（见第 9 章）。但是，有些学习并非如此，"内隐学习"这个术语曾被用来指代这类学习。根据弗伦什与朗格（Frensch & Runger, 2003, p.14）的观点，**内隐学习（implicit learning）**是指"未意识到学习结果的学习能力"。内隐学习和**内隐记忆（implicit memory）**具有明显的相似之处，内隐记忆是不依赖于有意识记忆的记忆（见第 9 章）。

读者可能会感到困惑：内隐学习和内隐记忆为什么不在一起讨论呢？毕竟，如果没有先前的学习就不会有记忆，而且学习必然涉及记忆系统。研究者倾向于研究内隐学习或内隐记忆，并发展出不同类型的任务。内隐学习一般采用比较复杂的、新颖的刺激材料，内隐记忆一般采用简单的、熟悉的刺激材料。因此很难通过不同的任务来比较二者的研究发现。

内隐学习和记忆系统与外显学习和记忆系统有何区分呢？雷伯（Reber, 1993）提出了五个特点：

1. 强度（robustness）。内隐系统可能不受影响外显系统的心理障碍（像健忘症）的影响。

2. 年龄独立性（age independence）。内隐学习很少受年龄或发展水平的影响。

3. 变化小（low variability）。内隐学习和记忆的个体差异比外显学习和记忆的个体差异小。

4. 智力独立性（IQ independence）。内隐任务的成绩基本不受智力的影响（见第 12 章）。

5. 过程普遍性（commonality of process）。大多数物种的内隐系统都存在共同之处。

雷伯（Reber, 1997, p.139）认为，内隐学习的存在拥有明显的证据，他引用了语言发展的案例："正规语言基本上是不相关的，也没有外显的过程，基本技能的个

内隐学习：在学习者不能有意识回忆所学知识的情况下学习复杂的信息。

内隐记忆：不依赖有意识回忆的记忆。

雷伯(1993)的内隐记忆与外显记忆的特点		
特点	内隐	外显
强度	不受心理障碍的影响(如,健忘症)	受障碍的影响
年龄独立性	很少受年龄和发展水平的影响	年龄和发展水平的影响很大
变化性	个体差异小	个体差异大
智力	成绩相对不受智力的影响	智力影响成绩
过程普遍性	大多数物种的内隐系统存在共同点	外显系统大多(独有的)在人类中存在

体差异很小,[并且]语言使用者事实上并没有掌握语言规则。"但是,考察更多的证明内隐学习的实验尝试无疑是很有用的,这正是下一部分要讨论的内容。

证据

很多内隐学习研究都涉及人工语法学习。被试最初记忆各种字符串(如,XXRTRXV,QQWMWTR),所有的字符串遵循一定的语法规则。之后给被试呈现新的字符串,要求他们判断是否符合语法规则。大多数被试虽然不能明确地用言语表达语法规则是什么,但却能够通过对符合语法和不符合语法字符串的区分显示出内隐学习的存在(见 Reber, 1993)。

对于被试在人工语法任务中所学习的内容存在很多争论。一个主要问题是,大多数人工语法只允许特定的字母对(如,TR 而不是 RT)。因此,被试表现出良好的成绩水平可能是因为认出了熟悉的字母对而不是学会了人工语法。这个问题可以通过确保符合语法和不符合语法的字符串都由相同熟悉度的字母对构成进行阐述。这样做会发生什么呢?很多证据都表明,被试并未学会人工语法的抽象规则,但这也表明如果字符串包含熟悉的字母对那么就符合语法(Channon, Shanks, Johnstone, Vakill, Chin & Sinclair, 2002)。

关于人工语法学习研究重要性的另一个问题是,所涉及的学习是内隐的还是外显的。许多在任务中表现良好的被试都不能描述潜在的语法规则,这表明他们的成绩是基于内隐学习。但在识别哪些字母在决定字母串是否符合语法规则方面具有重要意义时,相同的被试却表现出一些识别能力(Frensch & Runger, 2003)。这些证据表明,被试所学习的内容至少有些是外显的。

你认为如何测试健忘症患者的内隐和外显学习能力?

另一个经常用于研究内隐学习的任务是系列反应时任务。刺激出现在一个固定序列的不同位置,要求被试根据位置的匹配进行按键反应。例如,霍华德夫妇(Howard & Howard, 1992)使用了一项任务,在该任务中一个星号出现在屏幕中四个位置的一处,每个位置对应一个键。实验任务是尽可能快地按下对应星号的正确键。试验中星号的位置符合一套复杂的模式。被试对星号作出越来越快的反应表明他们学会了这个模式。但当要求他们预测下一个星号会出现的位置时,他们的成绩处于随机猜测水平。因此,被试明显表现出内隐学习模式,而非外显学习。

外显记忆(涉及意识记忆)和内隐记忆(不以有意记忆为基础)之间存在显著区分的强有力证据,来自对健忘症患者的研究(见第 9 章)。更确切地说,健忘症患者严重损伤了外显记忆但是内隐记忆未受丝毫损伤。与其类似,如果能发现健忘症患者具备正常的内隐学习而外显学习受损,那么内隐学习和外显学习之间的区分就会更为明显。已在一些研究中发现了这一模式。例如,诺尔顿等人(Knowlton, Ramus

& Squire, 1992）发现，健忘症患者在区分符合语法和不符合语法的字母串方面的表现与正常人一样好。因此，健忘症患者表现出完整的内隐学习。

在被试回忆在学习中曾用过的具体字母串并试图用这些字母串提高任务成绩时，诺尔顿等人（1992）获得了不同的结果。在这一条件下，健忘症患者的成绩比正常人更差，大概是因为成绩更多依赖于外显学习吧。

尽管诺尔顿等人获得了这个发现，但健忘症患者通常比正常人的内隐学习更差。例如，查农等人（Channon et al., 2002）使用人工语法任务，发现健忘症患者和常人控制组都未学会语法规则。但在区分熟悉和不熟悉的字母串时，常人控制组的成绩明显优于健忘症患者。

古丁等人（Gooding et al., 2000）报告了一项有关健忘症患者内隐学习研究的元分析。他们的主要结论是：健忘症患者对熟悉的材料具有正常的内隐学习。但当内隐学习包含新颖的或不熟悉的材料时，健忘症患者的成绩要比正常人差。

内隐学习的很多证据都存在争议，并且可能会有多种解释。不过，谢伊等人（Shea, Wulf, Whitacre & Park, 2001）在下面将要讨论的研究中报告了一个相当有力的证据，证明内隐学习可以在未有意识获得知识的情况下发生。

在谢伊等人的研究中，给被试一项任务，让他们站在一个站台上，尝试模拟电脑上出现的移动路线去移动它。被试多次完成这项任务。在每种条件下，中间部分是相同的，第一和第三部分不同。不告诉被试中间部分将保持相同。结果发现被试在中间部分的成绩比其他两部分的成绩要好，这证明被试从重复的部分获得了好处。这也表明这种学习是内隐的。三分之二的被试报告说，他们不曾想过部分模式是重复呈现的；但在随后的再认测试中，他们试图识别重复部分的成绩仅仅处于随机水平。

在第二个实验中，三个部分中两个被重复，并明确告知被试其中一个重复的部分。被试在该重复部分的成绩明显低于未被告知是重复的部分。这个结果表明，在这项任务中内隐学习优于外显学习。

如果能够发现内隐学习和外显学习所依赖的不同脑区，那么内隐学习独立于外显学习的观点将会得到更多的支持。格拉夫顿等人（Grafton, Hazeltine & Ivry, 1995）在内隐学习条件下或使序列的有意觉察变得相对容易的条件下，获得了被试学习运动序列的PET扫描。皮质运动区和运动辅助区在内隐学习中被激活。比较而言：

> 序列的外显学习和觉察需要激活以下区域：右侧前运动皮层，背外侧扣带回，顶叶中与工作记忆有关的区域，前扣带皮质，顶叶中与有意注意有关的区域，以及储存外显记忆的外侧颞叶皮质区。（Gazzaniga, Ivry, & Mangun, 1998, p.279）

因此，外显学习和内隐学习所涉及的系统存在着差异。

理论思考

一个关键的理论问题是学习是否能在很少意识到或未意识到学习内容的情况下发生。尚克斯和约翰（Shanks & John, 1994）提出了两条无意识学习的评判标准：

1. 信息标准。在觉察测试中要求被试提供的信息必须是有助于提高表现水平的信息。

2. 敏感性标准。"我们必须显示出对觉察的测试对所有相关知识都敏感。"（p.11）人们可能觉察到更多任务相关知识，而非敏感意识测试的表现，这可能使我们低估有意获得的知识。

本部分中上述研究符合这些标准吗？

尚克斯和约翰提出的两条标准很难付诸实践。但是，尚克斯和约翰认为，如果成绩测试和觉察测试彼此较为相似，敏感性标准可以进行替换。如果你回顾一下本部分所讨论的研究，你会发现，在成绩测试和觉察测试中几乎没有相似之处。但在霍华德夫妇（1992）的研究中，预测下一个星号位置的能力对成绩测试和意识测试具有重要意义。

另一个重要的理论问题涉及外显学习和内隐学习之间的关系。安德森（Anderson, 1983, 1996）提出的思维的适应控制（Adaptive Control of Thought, ACT）模型（见本章后面内容）代表了一种观点。根据ACT理论，在自动化技能发展期间，意识表征会逐渐转化成无意识表征。因此，外显学习的初期过程后跟随着内隐学习。威林厄姆与戈德特－埃斯曼（Willingham & Goedert-Eschmann, 1999）提出了另一个不同的观点，他们认为外显学习和内隐学习是平行而非先后发展的。根据该理论观点，行为表现在初期受到外显过程的支持。经过充分练习之后，当外显过程变得足够强大可以独立支持行为表现时，就获得了内隐过程。

威林厄姆与戈德特－埃斯曼得到了支持内隐学习和外显学习同时发展的证据。他们采用系列反应时任务，要求被试在较长的系列测试中，对四个不同刺激尽快作出适宜的反应，这些刺激按照特定的顺序排列。在外显学习条件下告诉被试存在一个重复的顺序，并鼓励他们记住该顺序。相反，在内隐学习条件下不告诉被试这个顺序。

随后给被试提供旨在评估其内隐知识的转换试验系列任务。这些试验中的刺激大多进行随机呈现，并告诉进行外显学习的被试测试的目的是研究当刺激随机呈现时他们的反应有多快。但在试验过程中被试未意识到的情况下，引入之前习得的顺序或新的顺序。在这项内隐知识测试中发生了什么呢？根据威林厄姆与戈德特－埃斯曼的观点："接受外显训练的被试所表现的顺序知识与接受内隐训练的被试等同，这意味着内隐知识与外显知识是同时获得的。"

阐明外显学习和内隐学习之间的关系尚需要更多的证据。有可能两种学习在简单运动任务上是同时发展的，就像威林厄姆与戈德特－埃斯曼所使用的任务，但是在复杂的或非运动任务中则是外显学习先于内隐学习。

❖ **评价**

⊕ 在控制良好的研究中已获得内隐学习和外显学习存在重要差异的证据（Howard & Howard, 1992；Shea et al., 2001）。

⊕ 大多数内隐学习都包含简单的信息片段（如，字母对）而非复杂信息（如，抽象语法知识）似乎越来越可能。
- ⊕ PET研究（Grafton et al., 1995）表明内隐学习和外显学习时不同的脑区受到激活，但是证据还不够鲜明。
- ⊖ 很难（甚至不可能）设计出觉察测验，来探测被试所有的有意识任务相关知识。
- ⊖ 来自健忘症患者的证据是不一致的。但是，他们的内隐学习通常比常人差倒是事实。
- ⊖ 内隐学习是在外显学习之后还是外显学习和内隐学习同时发生有时并不清楚。

技能获得和专业化

到目前为止本章我们主要把关注放在了学习研究上，这一学习的时间很短，任务也相当有限。在现实生活中，人们有时要花费数年时间来获得特定领域的知识和技能（如，法律，医学）。这种长期学习的最终目标是发展**专业化**（**expertise**），专业化可以定义为"在某个或多个范围[领域]中的高度熟练、完全胜任的表现"（Sternberg & Ben-Zeev, 2001, p.365）。当然，我们可以研究达到专业化的过程中所涉及的过程。这涉及关于**技能获得**（**skill acquisition**）的研究，罗森鲍姆等人（Rosenbaum, Carlson & Gilmore, 2001, p.454）对技能获得定义如下：

> 当我们说到"技能"时，我们是指一种能力，使某个领域的目标由于练习而得以实现的可能性增加。当我们提到"技能获得"时，我们是指获得有助于增加目标实现可能性的与练习有关的能力。

专业化：专家在某个领域所具有的特殊知识，如，工程师可能具有桥梁知识，或软件设计师可能具有游戏知识。

技能获得：通过增加实现某个目标机会的练习获得能力的发展。

如前所述，区分智力或认知技能和感知运动技能已成为一种惯例。认知技能包括掌握学校或大学的大多数专业课程（如，历史，心理学，医学），感知运动技能则涉及运动方面的专业化（如，曲棍球，网球）。

专业化的发展类似于问题解决，专家在其专业领域内可以非常有效地解决大量难题。但是，大多数传统的关于问题解决的研究都采用了"知识缺乏"（knowledge-lean）的问题，这意味着解决问题不需要专业训练或专业知识（见第10章）。相反，关于专业化的研究通常采用"知识丰富"（knowledge-rich）的问题，要求使用很多问题本身以外的知识。"知识丰富"问题比"知识缺乏"问题更接近日常生活问题。另外，对专家与新手的表现进行比较，有可能为我们提供更多的问题解决过程。

技能获得

假设认知技能和运动技能之间存在很大差异似乎是合理的。正如罗森鲍姆等人（2001）所指出的那样，对这两种类型的技能可以从多方面进行实质区分：

- 运动技能似乎比认知技能更基础更原始。人类比其他物种在与

职业网球需要优秀的感知运动技能

认知技能有关的大脑皮层（如，大脑皮层的联系区）上得到了更多的发展。
- 感知运动技能在表现形式上比认知技能更狭窄。例如，即使你用右手时是一个优秀的网球运动员，但在用左手时则可能表现得很糟糕。不过，网球的技巧可能有助于你学习如何打羽毛球。比较而言，如果你具备做一名诗人的很多技能，那么当你创作新诗时，无论你是用圆珠笔还是用录音机，你的诗都会很不错。
- 一般来说，我们拥有的感知运动技能知识比认知技能知识更难以用言语表达。罗森鲍姆等人（2001）指出："没有任何一个人可以成功地写出如何骑自行车或在蹦床上弹跳，从而使读者只阅读这些内容就可以成功地从事这些活动。"
- 拥有优秀认知技能的人（如，会计师）往往比较笨拙或缺乏感知运动技能，并且很多有天赋的运动员都不善交际。

虽然罗森鲍姆等人（2001）列出了上述区别，他们仍然认为智力和感知运动技能获得方面存在重要的相似性。我们可以看出他们为什么会通过考察与上述差异不一致的证据而得出这个结论。首先，一种观点认为，负责认知技能的脑区比负责感知运动技能的脑区更为不同（并且更加强大）。众所周知，小脑和运动皮层与运动的协调和控制有关。但有证据表明，这些脑区（尤其是小脑）也与认知技能（如，预测、计划）有关。不过，大量的皮质区似乎主要参与到认知技能而非感知运动技能。

决定感知运动技能是否比认知技能更具体的一种方法是研究特异性迁移。**特异性迁移（transfer specificity）**是指在一个任务上发展的技能迁移到其他任务上的程度。一般来说，可以预期感知运动技能的迁移少于认知技能的迁移。证据并不能为这些期望提供清楚的支持。例如，大多数人都能学会用不常用的手流利地书写（Newell & van Emmerik, 1989），他们甚至可以学会用脚或牙齿夹住钢笔书写。认知技能的迁移经常会受到限制。当学生发现要吃很多苦头时，通常几乎不会从一门外语的学习迁移到另一种外语的学习。埃里克松和蔡司（Ericsson & Chase, 1982）研究了数字广度（即时回忆随机数字）从 7 增加到 80 的学生（见本章后面的内容）。发现根本不存在迁移，因为他们的词汇和字母广度根本没有增加。

如何解释我们用言语表达认知技能知识比表达感知运动技能知识更容易的现象呢？如前所述，有合理的（尽管存在争议）证据表明，内隐学习既可以与认知技能同时发生，也可以和感知运动技能同时发生。另外，成年人中几乎没人能够表述产生符合语法句子的规则。因此，我们并未意识到诸如语言等重要的认知技能。

如何看待大多数人发现发展感知运动技能比认知技能更容易的观点呢？主要有两种反对意见。首先，人们在某个领域拥有比其他领域更优越的技能是因为个人偏好和兴趣，而不是因为他们在该领域具有较多的天赋。其次，假设感知运动技能能够形成一整套连贯的能力将会产生误解。当给人们提供一些感知运动技能任务进行学习时，任务之间的相关很难超过 +0.40（Schmidt & Lee, 1999）。因此，在某个感知运动任务上迅速发展技能的个体，通常在其他感知运动任务上会失败。

我们未能重视不同类型技能的相似性的原因在于，我们低估了感知运动技能的

特异性迁移：在一项任务中获得的技能迁移到其他任务的程度。

数字广度：在呈现之后立即回忆的随机数字的数量。

这些发现对我们理解感知运动技能有什么作用？

计算机在一些具体任务中的能力可能超过人类，但是它们不能掌握所有的人类技能。

复杂性。

正如罗森鲍姆等人（2001，pp.465-466）指出的那样：

> 现代科技使电脑可以击败世界国际象棋大师……但却不能使机器人像一个5岁儿童那样爬树或像农场工人那样摘草莓，这证实了一个事实，即我们对感知运动技能的心理基础的理解相对于对智力技能的理解仍然显得过于简单。

我们可以得出什么结论呢？大多数技能均为行为表现，意味着它们是以感知运动活动为基础（并受到其支持）。因此，例如，许多认知技能都要求精确的统筹和时间安排，并需要具备与外部环境可用信息相协调的精神活动（Cary & Carlson, 1999）。

技能获得的步骤

费茨（Fitts, 1964）认为，感知运动技能的获得是通过三个步骤实现的。正如上面我们的讨论所期望的那样，事实证明他的理论观点有助于解释认知技能的获得。

根据费茨（1964）的观点，首先是认知阶段。在这个阶段，个体的主要关注点在于理解所涉及的内容，但是并未试图使用他或她增加的知识。学习阶段是需要付出努力的，因为学习者必须记住正在讨论的与技能相关的大量知识。费茨和波斯纳（Fitts & Posner, 1967, p.12）认为，认知阶段学习者的行为"只是一个旧习惯的拼缝物，为放入新的模式或增加新的习惯做准备"。在该阶段，学习者会选择那些他们拥有的、与新任务相关的技能。

认知阶段之后是联想阶段。在这个阶段，学习者进行大量的练习，试图构建适合当前任务的行为模式。练习有很多作用，例如"将信息组块 [分组]，整合技能的成分，对具体任务进行适当调节"（Hampson & Morris, 1996, p.136）。因

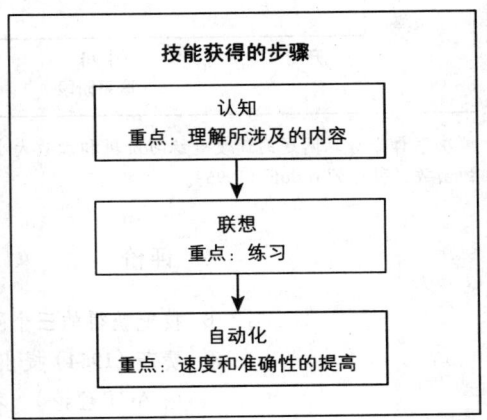

在自动化阶段，在诸如驾驶等熟练化的任务中，人们发现所涉及的过程是自动化的。

此，行为表现越来越精确，错误越来越少。联想阶段大量的练习要求根据任务的不同作出适当的变化，但是任务通常只持续几个小时。例如，实习飞行员有时在经过10个小时的训练后就要求进行第一次单独飞行（Fitts & Posner, 1967）。

第三个阶段是自动化。在这个阶段，表现的速度和精确性持续提高，即使接近完成任务时仍然保持基本不变。自动化阶段的一个关键内容是，许多（或大多数）熟练表现的成分要变得自动化（见第5章）。因此，熟练的表现者在自动化阶段通常不能描述他们是如何完成任务的。例如，当我儿子学习驾驶的时候，他问了我很多问题，诸如换档、脚踏板的用处等等。我尴尬地发现大多数问题我都不能回答，因为我的驾驶技能在多年前就已自动化了。

证据

兹布罗多夫（Zbrodoff, 1995）报告了支持技能获得的联想阶段和自动化阶段存在差异的合理性证据。他们的被试必须解决字母表算术问题。例如一个问题是 s+3=?，它涉及在字母表中从 s 向后数三个字母并得出答案是 v。需要增加（加数）的字母的数量位于2—4之间。开始的时候，当加数是2时被试的反应速度最快，当加数是4时被试的反应速度最慢，因为被试在运算时是按照字母表中一个字母一个字母进行计算的。在联想阶段，被试的反应逐渐加快。最后，被试可以在过去经验的基础上自动化地产生答案，并且加数大小的变化对此没有影响。因此，大量的练习可以使被试达到自动化阶段。

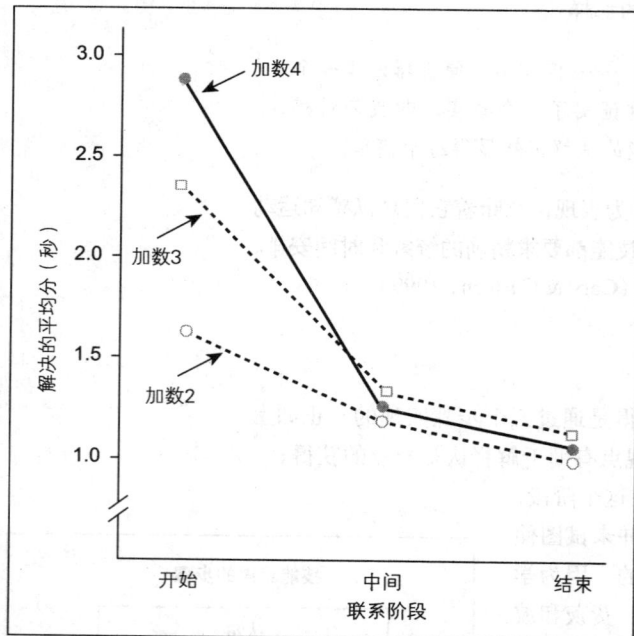

解决字母表计算问题的速度是练习阶段和加数大小（加2、3或4）的函数。引自 Zbrodoff (1995)。

❖ 评价

⊕ 技能获得的三个阶段既适合认知技能的发展也适合感知运动技能的发展。

⊕ 费茨（1964）提出的普遍理论已经发展为一种目前很有影响力的理论（Anderson 的 ACT 理论），本章前面已提到，并将在后面的内容中进行讨论。

- "三阶段顺序［序列］是理想化状态。阶段之间的界限并非像其所描述的那样明显。"（Vanlehn，1996，p. 516）
- 很难精确地知道学习者使用了哪部分技能，并且也很难确定技能是何时变成自动化的（见第5章）。

国际象棋专家

为什么一些人比另一些人更擅长下国际象棋？索罗斯（Solso，1994）在一个趣闻中提供了一个明确的答案："几年前比尔·蔡斯（Bill Chase）就专家问题发表讲话，他保证会告诉听众如何成为一个国际象棋特级大师。他的答案是：'练习。'讲完之后，我问蔡斯需要练习多久。'我忘了说需要练习多久吗？'他带着一丝嘲弄的味道说道，'一万个小时。'"

练习会得到什么好处呢？国际象棋专家的长时记忆中储存了象棋位置的详细信息，并且这种信息会使他们把当前游戏中的位置与先前的游戏联系起来。德格鲁特（De Groot，1965）首先对这个概念进行了检验，随后蔡斯和西蒙（Chase & Simon，1973）对其做了更多的研究。

蔡斯和西蒙认为，国际象棋棋手可能把要求记住的大量位置分解为大约7个组块或单元。他们的关键假设是，专家建构的组块包含了比其他棋手的组块更多的信息，因为他们可以使用更多的棋艺知识来承担记忆任务。他们要求三个棋手观察在一块棋盘上呈现的棋子位置，然后在呈现第一块棋盘的同时，要求被试在另一块棋盘上重建先前的位置。蔡斯和西蒙通过计算每次看了第一块棋盘后被试在第二块棋盘上放置的棋子数量来估算所构建的组块大小。大多数棋手专家（大师）平均组块为2.5个棋子，新手的组块平均只有1.9个棋子。最近戈波特和西蒙（Gobet & Simon，1998）提供了新的证据表明，蔡斯和西蒙低估了专家的组块大小。

我们不应该假设象棋专家比新手的唯一优势是他们存储了成千上万的棋局信息。这就像认为莎士比亚与其他作家相比的唯一优势是他拥有大量词汇。研究者（Holding & Reynolds，1982）要求棋手思考各种随机排列的棋盘位置移动的最佳方式并进行选择，这样专家棋手就不能运用他们储存的大量棋局知识。结果专家产生出比非专业棋手更优质的移动方式，这说明他们使用了更好的技能策略。

> 心理学家为什么会对专家和新手感兴趣？

模板理论

有很多象棋专业化的理论。根据模板理论（Gobet & Simon，1996），杰出的象棋棋手将他们大部分的成功都归功于他们储存的相关知识。这些知识大多以模板的形式存在，它们是比实际上的棋局更一般的扼要图解。每个模板都包括一个核心（涉及12个棋子的固定位置的信息）和许多空位（与其他棋子有关的各种信息）。当一个模板从一种象棋游戏的长时记忆中再现时，它有助于提示下一步棋的移动和下一步行动计划。

根据模板理论，杰出的棋手将他们优异的成绩大多归功于优越的基本象棋模板知识。

模板理论 (Gobet & Simon, 1996) 认为专家棋手拥有优越的基于模板的象棋知识，他们可以借此走下一步棋。这与关注策略思维和通盘考虑下一步棋如何走动的理论 (Holding & Reynolds, 1982) 形成对比。戈波特和西蒙 (Gobet & Simon, 1996) 通过研究象棋大师卡斯帕罗夫在时间限制条件下的比赛论证了模板理论。时间的减少对他的表现只有很小的影响。

这种知识可以很快被获得，并且使他们减少了考虑可以移动的位置。该理论可以与霍尔丁和雷诺德 (Holding & Reynolds, 1982) 提出的模型相比较，霍尔丁和雷诺德强调策略思考和考虑大量可能移动方式的重要性。这些理论可以通过比较一个杰出的棋手在面对一个对手和同时面对八个对手时只能使用很短的时间来走每一步棋的表现来检测。根据模板理论，在多个对手的情景下，在很大程度上减少寻找下一步棋的时间对杰出棋手的表现影响很小。准确地说，这是戈波特和西蒙 (1996) 基于前世界冠军卡斯帕罗夫的象棋比赛作出的报告。

拉斯特 (Lassiter, 2000) 对戈波特和西蒙 (1996) 的观点提出了异议。他指出，卡斯帕罗夫的比赛实力在面对同时进行的棋赛时比面对单独的对手时有明显的下降（大约 100Elo points），这种下降似乎是由于减少了搜索和评价下一步棋的机会。

拉斯特 (2000) 也讨论了专家棋手和计算机对抗的象棋比赛。当比赛必须限制在 25 分钟内完成时，相对于人类对手来说，计算机将获得大约 100Elo points（一种下棋实力的计算方式）。更令人吃惊的是，如果把时间限制在 5 分钟以内，计算机将获得 200 甚至更多的 Elo points。拉斯特 (p.172) 认为："计算机在较短的时间内变得相对更强的趋势，是由于相对于计算机来说，随着时间限制的增加，人类进行搜索—评价的能力受到了更多的阻碍。"

综合

杰出的棋手拥有各种专业知识。这些专业知识可以分成常规型（routine）和适应型（adaptive）(Hatano & Inagaki, 1986)。具有常规专业知识的人能够迅速而有效地解决相似的问题。当棋手使用标准棋盘—位置（board-position）知识时，会涉及这类专业知识。适应型专业知识是指，当遇到相对不明确的大量位置时，棋手不得不采用策略来估计情景，然后决定下一步该怎么做。早期研究 (Chase & Simon, 1973; De Groot, 1965) 主要关注常规型专业知识，但是霍尔丁和雷诺德 (1982) 更强调估计适应型专业知识的重要性。模板理论所重视的模板，提供了很多论证这两类专业化需要的知识。

安德森的 ACT 理论

安德森 (Anderson, 1983, 1993, 1996) 从费茨 (1964) 的部分工作中提出了一系列模型，旨在解释专业技能的发展。所有这些模型均基于一个被称为思维适应控制

(adaptive control of thought，ACT）的较为相似的认知结构，因此这些模型也被称为 ACTE、ACT 和 ACT-R。该理论的核心是三个相互联系的系统：

1. **陈述性记忆**。由具有内部联系的语义概念网络构成。
2. **程序性或过程性记忆**。由程序规则构成（如，别人打了你，然后你还击）。
3. **工作记忆**。包含当前正在活动的信息（见第 9 章）。

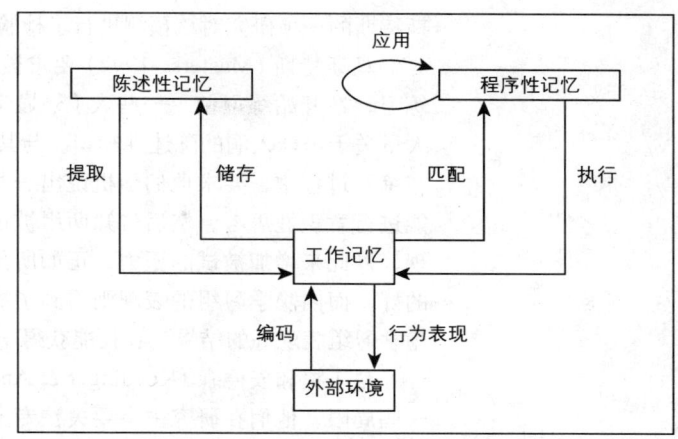

陈述性知识和程序性知识之间存在重要的区别。陈述性知识是以**组块**（**chunks**）或知识小板块的形式储存的，并且能够进行有意识提取。它可以在大量情景下使用。例如，假设你获得了大量的关于注意的陈述性知识。你可以灵活地将这些信息使用于研讨会、征文或考试作文中。相反，程序性知识通常不可能被有意识提取，当程序规则和当前的工作记忆相匹配时，它将自动地使用。程序性知识的使用与具体情景（如，我们只能在面对数字问题时，才会使用减法的程序性知识）相关，这使它缺少灵活性。

组块：整合的信息单元。

尝试把这些理论运用到你自己的知识获得经验中。这些理论能解释你的经验吗？

安德森的核心假设是，技能的获得必然包括知识编译。**知识编译**（**knowledge compilation**）是从陈述性知识向程序性知识的逐步转化及自动化的增加。这类似于费茨理论中从认知和联想阶段向自动化阶段的转化。知识编译的一个明显的例子是触摸—打字（touch-typing）技能的发展。打字速度在练习后迅速提高，一个专业打字员可以每 60 毫秒击键一次。过程的性质和速度均涉及由于练习而引起的变化。费茨和波斯纳（1967）指出，打字员最初依靠有意识规则（如，向右移动左手的食指打出字母 g）。这些规则储存在我们所认为的陈述性知识中。最后，打字变快了、准确了、自动化了，并且只依靠程序性知识。例如，在我一生中我打过大约 4 万个字，但是我发现很难告诉别人这些字是在键盘的什么地方！

知识编译：涉及从运用陈述性知识到运用程序性知识的转变，是长期练习的结果。

那么知识编译包含了什么过程呢？首先是**程序化**（**proceduralisation**），指在执行程序的过程中，将逐渐摆脱对程序性知识的提示依赖。例如，作为程序化的结果，打字员不需要思考某个字母在键盘的什么地方。其次是**合成**（**composition**），指通过减少重复动作序列来提高成绩以形成更有效的单一序列。

程序化：涉及到形成具体的情景—行动规则。

合成：减少经常重复的动作序列以形成更有效的单一序列的过程。

证据

许多研究表明，大多数任务上的广泛练习，都会导致自动化过程增加（见第 6 章）。另外，得到大量研究报告（Zbrodoff, 1995）支持的费茨的三阶段理论和 ACT 理论的预测具有一致性。ACT 理论似乎能产生一个不同的预测，根据该预测，熟练的技能表现更多依赖于程序性知识而不是陈述性知识。这意味着，那些接受陈述性知识的个体的技能表现，将比没有接受这类知识的个体受到更多干扰。下面将要讨论的马斯特斯的一项研究对该预测进行了检验。

马斯特斯（Masters，1992）要求被试对高尔夫打球入洞（400杆）进行了大量的练习。在开始练习前，一些人（外显学习）通过阅读如何打球入洞的详细说明获得大量关于击球入洞的陈述性知识。与其相对，对另一些人（内隐学习）给予特殊说明。在练习过程中，要求他们随机说出一些字母，这样他们就不会对击球中所包含的技能进行意识性思考。然后告知两组被试他们的实验报酬将依赖于在最终测试中的表现，以此来增加被试的压力。正如所预料的那样，外显学习组的表现不如他们原先的好，而内隐学习组的表现则得到了提高。据推测，对于外显学习组的表现不如内隐学习组表现好的结果，在技能获得早期阶段所得到的陈述性知识要负主要责任。

科丁格和安德森（Koedinger & Anderson，1990）的一个研究暴露了 ACT 理论的一些局限。他们在研究中主要关注专家在解决几何证明任务中的表现。专家花费大量时间在抽象或图解的水平上，并倾向于跳过在解决证明问题过程中相同的步骤。根据科丁格和安德森的观点，这些发现暴露了 ACT 理论的一些问题。首先，使用该理论很难理解为什么专家形成的图示能够如此有条理。其次，正如科丁格和安德森（p.545）针对 ACT 理论所指出的那样："对于那些被跳过的步骤的种类，我们不能期待有任何规律性……但是，这种规律正是我们所观察的对象。"因此，专家的问题解决过程更系统化，并比 ACT 理论所预测的更有条理。

❖ **评价**

- ⊕ 安德森的 ACT 理论被用于多种技能获得，例如几何学习，计算机文本编辑，以及电脑游戏（Eysenck & Keane, 2000）。
- ⊕ 专业技能的发展通常包括从使用陈述性知识到使用程序性知识这样一个渐进式的迁移过程。
- ⊖ ACT 理论非常适合于程序不变的常规专业技能的形成（如，打字），而很少涉及理论灵活的重要性。因此，该模型无法解释创造性和/或适应性的专业技能（如，构建科学理论）。
- ⊖ 专家的问题解决有时比理论预测的更系统，更有条理。
- ⊖ 我们使用产生式规则的观点可能是一种简单的虚构。正如科波兰（Copeland, 1993, p.101）所认为的那样："我的动作（做煎蛋饼的时候）可以用如果—那么的语句方式来描述：如果混合物粘住了，那么我就轻轻拍打平底锅，诸如之类。但事实却并非如此，我的动作并不是通过扫描头脑中的如果—那么的规则而产生的。"
- ⊖ 外显或陈述性学习并不总是发生在内隐或程序性学习之前（Willingham & Goedert-Eschmann, 1999）。

埃里克松：刻意练习

几乎所有人都承认：长期仔细的结构化练习在专业技能的发展中具有重要作用。

埃里克松（Ericsson, 1996）尤为强调这种重要性。他宣称，刻意练习不仅是必要的，而且对专业技能的发展也尤为重要。他强调了**刻意练习（deliberate practice）**的重要性。该练习包括四个方面：

1. 任务处于适当的难度水平（不是太简单，也不是太难）。
2. 为学习者提供关于他/她表现的反馈。
3. 学习者有充分的机会反复练习。
4. 给学习者纠正错误的机会。

> 刻意练习：学习者可以获得反馈信息并且有机会纠正错误的一种练习。

埃里克松的观点引起争议的地方是其关于内部潜能或能力对专业表现几乎没有影响的论断。埃里克松等人（Ericsson, Krampe & Tesch-Romer, 1993）认为，内部特点的影响是根据情况而变化的：长得高对某些运动来说具有优势（如，篮球）而对另一些则是劣势（如，体操）。

证据

刻意练习在专业技能的发展中表现出至关重要的作用。埃里克松等人（1993）报告了一个关于德国音乐学会小提琴家的研究。与那些接受了不同水平专业知识的18岁学生相比，这些小提琴家在过去几年里获得了大量的刻意练习。大多数小提琴家平均花费了 7500 个小时进行刻意练习，优秀的小提琴家只用了 5300 小时。

在上述研究中，我们探讨了大量刻意练习和表现水平之间的重要关系或联系。对这种关系的一种解释是，相对于那些拥有少量天赋或先前成就的人而言，拥有大量内在天赋和/或音乐成就的人决定花费更多的时间来练习。但由斯洛博达等人（Sloboda, Davidson, Howe & Moore, 1996）提供的证据报告则倾向于反对这个解释。要求达到一个特定表现水平的两组被试在练习时间上并没有差别，这表明真正成功的音乐家的巨大优势不是来自于天生巨大的音乐能力。

埃里克松和蔡斯（Ericsson & Chase, 1982）报告了另一个来自于不同任务的证据，证明刻意练习对任务产生了重要作用。SF 是一个年轻人，是美国卡内基—梅隆大学的学生。他在数字广度任务上进行了大量练习，在这个任务中，要求他立刻回忆出随机呈现的数字的正确顺序。起初，他的数字广度大约为 7 个数字，处于平均水平。在随后两年里，他每天对数字广度任务进行一小时的练习。此后，他的数字广度达到了 80 个数字。这是非常惊人的，因为几乎没有一个常人的数字广度能超过 10 或 11 个项目。不过，练习的有效作用是非常有限的，因为在学习结束后，他的字母或单词广度并未优于其他大多数人。

> 你是否认为只要经过足够的练习，任何人都可以在某个任务上成为专家，或者认为他们必须首先拥有先天的内在天赋？

SF 是怎么做到的呢？他通过使用耗时的综合知识使自己的数字记忆广度达到 18 个项目。例如，如果开始呈现的数字是 3594，他会注意到这是巴尼斯特（Banister）的世界纪录的英里数，因此这四个数字会以一个单元或组块的形式储存。他通过把这些组块组成一个等级结构来增加数字广度。

胡林等人（Hulin, Henry & Nonn, 1990）考察了 IQ 和成绩的关系。其主要发现有：(1) IQ 和表现的相关随着时间而平稳下降，(2) 在具有 5 年专业经验的个体之间，这种相关仅仅稍大于 0。因此，内在智力天赋在高水平的专业知识上几乎不重要。

很少有研究对刻意练习和内在天赋或遗传能力的数量进行过评估。霍甘和莫甘（Horgan & Morgan, 1990）报告了这样一项研究，他们关注儿童象棋手精英的进步。象棋成绩的进步主要取决于刻意练习、动机和父母的支持水平。但是，个体在非言语智力上的差异同样具有重要性，它可以解释成绩中 12% 的变异。

❖ 评价

- ⊕ 刻意练习对专业知识达到杰出水平是很必要的。
- ⊕ 刻意练习对专业知识尤为重要的观点得到一些支持。
- ⊖ 内在天赋（至少以 IQ 进行评估）在很多职业上预测了长期的事业成功（见第 12 章）。
- ⊖ 斯滕伯格与本齐夫（Sternberg & Ben-Zeev, 2001, p.302）指出，内在天赋并不重要的观点似乎并不可信："是否任何一个人只要花时间就能成为莫扎特呢？……或仅仅通过刻意练习就可以成为爱因斯坦呢？"
- ⊖ 也许愿意花费大量时间去进行刻意练习的是那些拥有极高天赋的人。如果果真如此，那么刻意练习的数量不仅反映了天赋也反映了练习本身。这使很多证据的解释变得极为困难。
- ⊖ 如果某个领域里的所有专家都拥有大量的天赋，那么天赋的个体差异不能预测专业技能水平也就不足为奇了。这有些类似于专业篮球中的情况，每个队员都很高，因此身高并不能预测表现（Detterman, Gabriel & Ruthsatz, 1998）。
- ⊖ 刻意练习转化为专业技能表现的精确方式仍需要进一步探索。可能原因是所涉及的过程可能随着专业化发展领域或任务的不同而发生变化。

小　结

经典条件作用

经典条件作用涉及在条件刺激和无条件刺激之间形成联想。经典条件作用的现象包括分化、泛化、实验性消退及自然恢复。根据雷斯考拉—瓦格纳模型，当条件刺激预示着无条件刺激到来的时候，条件刺激和无条件刺激之间的联想就习得了。这个模型解释了阻塞和无条件刺激的预先暴露效应等现象，但是未对学习和行为表现进行充分的区别。作为进化的结果，条件刺激和无条件刺激的配对比与其他刺激的匹配更容易产生经典条件作用。经典条件作用常常伴随有意识觉察到条件刺激和非条件刺激之间的关系，但是这对于条件作用的发生似乎并不是必需的。

操作性条件作用

操作性条件作用最重要的假设是，特定反应发生的可能性会在被奖励的情况下增加。部分强化比连续性强化更能导致条件作用。正面惩罚（在反应后给予厌恶刺激）和负面惩罚（反应后的奖励被取消）都可以减少以后产生被惩罚过反应的概率。在学习者产生可以避免厌恶刺激出现的反应时会发生防患学习。习得性无助是指通过适当的动作可以逃离或避免不愉快刺激的情景下出现的被动行为。在操作性条件作用中，被试获得了在特定情景下特定反应的产生可以引发具体影响的知识。操作性条件作用理论夸大了行为和环境在学习中的重要性。斯金纳错误地坚持了等势原理。操作性条件作用通常会对行为表现而非学习产生影响。联想学习与人类息息相关，但是人们也利用了很多规则和假设。

观察学习

根据班杜拉的理论，很多人类学习都是基于对他人或榜样行为的观察。相对于基于特定情景的实际经验的学习而言，观察学习通常更有效。班杜拉认为，当榜样被奖励而不是被惩罚时，观察学习将会导致模仿。事实上，复杂的认知过程也可以决定模仿是否发生。观察学习所产生的学习任务与通过实际练习产生的任务学习同样多，并且似乎包括了相似的认知过程。观察学习在理解范围上有局限。例如，它不能解释儿童的大多数语言学习。

内隐学习

据称，内隐学习与外显学习的区分如下：更加稳固、受到年龄的影响较小、较小的个体差异、更少受IQ影响、物种之间存在更多相同过程。一些复杂任务（如，人工语法学习）为内隐学习提供了证据，有研究证明，健忘症患者拥有完整的内隐学习但是外显学习受损。为了证明内隐学习，我们需要表明被试未有意识地获得相关信息。但是，很难保证觉察测试能够对被试所掌握的所有任务相关的知识进行评估。有人认为技能获得是从外显学习到内隐学习的发展过程，但是一些证据表明，外显学习和内隐学习是同时发生的。

技能获得和专业化

通常假设感知运动技能比认知技能更原始更狭窄，我们所拥有的认知技能的知识比感知运动技能的知识更多。两种类型技能之间的差异比实际假设的更不分明，而且很可能大多数甚至全部技能都是自然表现出来的。费茨（1964）宣称，技能获得经历了认知、联想、自动化三个连续的阶段，但事实上更加简练和细微。象棋专业化部分依靠对棋局知识的储存，可能是以模板的形式储存的。它同样依赖于搜寻和评价过程。根据安德森的ACT理论，专业知识的形成涉及减少对有意识获取的知识的依赖，而增加对不易获得的程序性知识的依赖。该理论更适用于常规专业化的发展，而不适于创造性知识和/或适应性知识的获得。刻意练习对达成杰出的专业技能是必需的，但是通常不够充分。

深入阅读

- Bandura, A. (1999). Social cognitive theory of personality. In L.A. Pervin & O. P. John (Eds.), *Handbook of personality: Theory and research* (2nd ed.). New York: Guilford Press. This chapter provides a thorough and up-to-date account of Bandura's theoret-ical ideas.
- Eysenck, M.W. (2001). *Principles of cognitive psychology* (2nd ed.). Hove, UK: Psychology Press. There is introductory coverage of implicit learning and expertise in this textbook.
- Gray, P. (2002). *Psychology* (4th ed.). New York: Worth. There are very clear accounts of classical and operant conditioning in Chapter 4 of this textbook.
- Robertson, S.I. (2001). *Problem solving.* Hove, UK: Psychology Press. Chapters 8 and 9 of this book contain good coverage of theory and research on expertise.
- Sternberg, R. J., & Ben-Zeev, T. (2001). *Complex cognition: The psychology of human thought.* Oxford, UK: Oxford University Press. Several chapters in this book (especially Chapter 13) provide up-to-date coverage of complex learning.

第9章 记　忆

本章概要

- **多系统储存器模型**
  记忆系统的结构

  通道特异性感觉储存器
  短时记忆储存的有限容量导致遗忘
  长时记忆
  支持和反对独立记忆储存的证据

- **工作记忆**
  有意识觉知在思维和问题解决中的作用

  生词学习过程中语音回路的作用
  工作记忆存储的视觉空间结构的观点
  作为一种注意系统的中央执行系统功能

- **加工水平**
  克雷克与洛克哈特的学习过程的理论观点

  加工和分析深度的重要性
  精致性和特殊性的重要性
  穆里斯等人的适当迁移加工理论
  外显记忆和内隐记忆
  最近的理论更新

- **遗忘理论**
  历时性记忆恶化研究

  弗洛伊德和压抑
  刺激—反应过程中的前摄干扰和倒摄干扰
  线索缺失性遗忘

- **长时记忆理论**
  长时记忆系统复杂性的理论观点

  塔尔文的情节记忆和语义记忆的区别
  陈述性记忆系统和程序性记忆系统的联系和区别

- **健忘症**
  对问题性长时记忆患者的研究

  顺行性遗忘症和逆行性遗忘症
  残余记忆的重要性
  短时记忆、技能学习、重复启动和条件作用
  健忘症理论
  图式理论
  信息以图式的形式储存，使我们形成预期
  巴特利特的图式理论
  尚克和埃布尔森的脚本—指示器—附加—标签假设

- **日常记忆**
  在现实世界中研究记忆的困难

  闪光灯记忆
  目击者证词
  自传体记忆

记忆有多重要呢？我们可以假设一下，没有了记忆我们会怎么样？如果没有了记忆，我们就会像婴儿一样再也没有熟悉的人或事了。我们不能说话、读书或写作，因为我们不记得关于语言的任何东西。除此之外，我们的人格发展也会受到很大的限制，因为我们无法记忆生活中的经验，从而我们也就丧失了自我意识。总之，没有了记忆，我们就像一个新生儿。

记忆对我们来说有很多用处。它让我们在谈话时保持谈话的节奏，在打电话时记住电话号码，考试时写出文章，阅读时理解文章的意思，碰到熟人时能认出来。记忆的丰富性显示出人类有多个记忆系统。这一章我们将详细地探讨人类记忆中的部分重要内容。

学习和记忆之间有着密切的关系（见第8章）。记忆的存在取决于先前的学习，而学习大都可以通过在记忆测验中的良好表现很好地展现出来。学习和记忆涉及三个阶段：

1. **编码阶段**（encoding） 涉及在学习材料呈现时发生的加工过程。
2. **储存阶段**（storage） 在这个阶段，作为编码结果，一些信息被存储在记忆系统中。
3. **提取阶段**（retrieval） 包含恢复（recovering）或提取记忆系统中存储的信息。

很多对学习感兴趣的研究者主要关注编码和储存，那些对记忆感兴趣的研究者则把焦点放在提取上。但是，这三个阶段彼此之间是相互依存的。

结构和过程有很大区别。结构指的是记忆系统中各部分的组织形式，过程则是在记忆系统中发生的活动。结构和过程都很重要，但是每个有关记忆的理论在这两方面都会有所侧重。

本章前半部分主要关注短时记忆，后半部分转向对长时记忆的探讨。

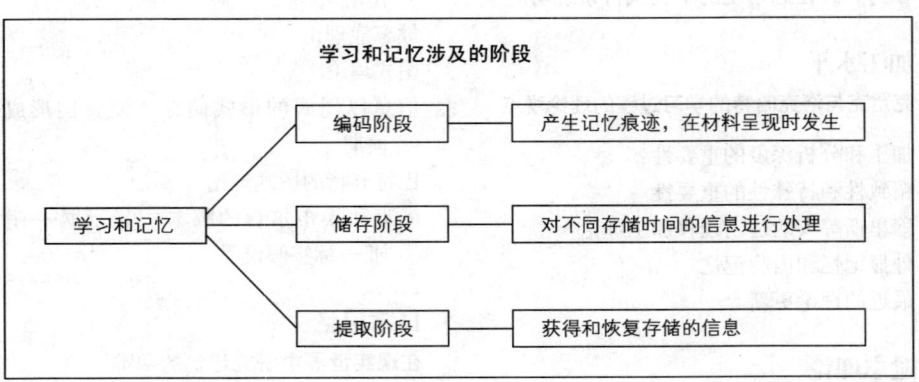

多系统存储模型

一些记忆理论家——像阿特金森和希夫林（Atkinson & Shiffrin, 1968）——对记忆系统的基本体系结构进行了描述。基于他们的观点的共同特征，我们可以确定出一个多系统储存模型（multi-store model）。记忆存储有三种类型：

- **感觉存储**（sensory stores）对信息进行短暂的保持，具有通道特异性。
- **短时存储**（short-term store）具有非常有限的容量。
- **长时存储**（long-term store）具有几乎无限的容量，可以对信息保持很长时间。

如图书馆书的储藏一样，在记忆系统中信息也是按照组织化的方式储存的。想象一下如果图书馆按照颜色或大小对图书分类，寻找一本书将会多难！

环境中的信息最初是被我们的感觉存储器所接收。这些存储器具有通道特异性（例如，视觉和听觉）。信息被短暂地保留在感觉存储器中，一些信息会进一步被短时存储加工。短时记忆中的一些信息又会被传送到长时存储中。依照阿特金森和希夫林的观点，对信息的长时存储依赖于复述，记忆痕迹的强弱和短时存储中复述的次数有直接关系。

对短时记忆和长时记忆的区分，有一段很长的历史。例如，詹姆斯（William James, 1890）强调它们区别的重要性。但难以确信的是，弗洛伊德也这么认为。他把记忆类比成儿童的一个被称为神奇画板（magic marker）的玩具。儿童在画板上写下东西，然后把这张纸扯下来，合上画板。他写的东西已经看不到了，但是他的记录还留在画板下面的复写纸上。根据弗洛伊德的观点，最上层易碎的画纸相当于短时记忆，底下看不见但却永久存在的记录相当于长时记忆。

注意领域和记忆领域之间有很多部分的交叉。布罗德本特（Brodbent, 1958）提出的注意理论（详见第6章）对多系统记忆模型的研究产生了重大影响。例如，多系统记忆模型中的感觉存储器与他提出的缓冲器存储器之间有很大相似之处，而且这两个理论都强调加工容量的有限性。

在多系统记忆模型中，记忆存储器构成了基本结构，注意和复述等加工过程则控制了信息在结构中的流动。但不管怎么说，该理论的重点在于结构而不是过程。

感觉存储器

我们的感官无时无刻不在接收着大量的信息，这些过程大多数都未引起注意。如果你正坐在一张椅子上读着这本书，你跟椅子接触的部分就能接收到触觉信息。但是你可能到现在还没有意识到那些触觉信息。刺激结束之后，信息会在各

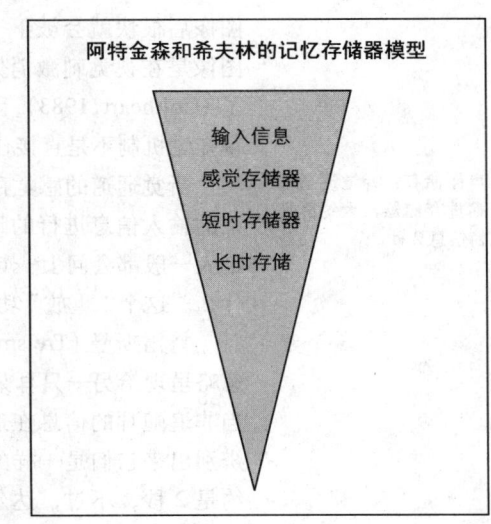

阿特金森和希夫林的记忆存储器模型

输入信息
感觉存储器
短时存储器
长时存储

图像储存：视觉通道的感觉存储器，能保留信息 0.5 秒。

个感觉通道短暂存在。这是很有用的，因为它有利于对信息做进一步分析。

斯珀林（Sperling，1960）做了关于视觉储存或**图像储存**（**iconic store**）的经典研究。在实验中，他给被试以视觉形式呈现了由三组包含有四个字母的刺激组组成的排列，呈现 50 毫秒。被试通常只能回忆出其中的四或五个字母。但是，大多数被试都说他们事实上看到的比报告出的字母数要多得多。

斯珀林猜想，被试在实验中表现出的和其自我报告之间存在差异，是因为视觉信息在刺激消失后还能存在，但是存在时间是如此之短，以至于在能把它们中的大部分报告出来之前信息已经消失。他设计了一个实验来验证这个假设。实验要求被试根据声音提示信号报告出三组刺激中的一组，即为总呈现刺激的三分之一。声音提示信号会在刺激呈现前 0.1 秒到刺激消失后 1 秒这个时间段的任一时间出现。因为三个刺激组是随机测验的，斯珀林认为可以用被试回忆出的刺激项目数乘以 3 的公式来估计被试实际上储存的总信息量。当提示信息在刺激呈现之前或之后立即呈现时，按照斯珀林提出的公式，被试似乎只储存了 9 个字母；当提示信息在刺激消失后 0.3 秒呈现时，被试存储的字母数量降为 6；在刺激之后 1 秒呈现提示信息时，被试储存的字母数量下降为 4.5。因此可以得出结论：视觉储存（visual storage）会迅速消退（据大多数估计，约在 0.5 秒以内）。

斯珀林认为视觉储存的信息是以相对原始和未被人们理解的形式存在的。不过，巴特勒（Bulter，1974）发现，当未被提示的刺激组是类似于英文单词时，被试的成绩会好一点。这似乎表明视觉储存的信息不一定都未被加工。同样的，加拿大研究人员梅里克（Merikle，1980）发现，类提示和位置提示在提高回忆成绩上同样有效，这就意味着类信息（categorical imformation）同样可以在图像存储（iconic storage）中存在。

那么，图像存储有多大的作用呢？哈伯（Harber，1983）宣称，除非试图进行闪电式阅读，图像存储和正常的知觉之间没有关系。他的理由是，某个视觉装置形成图像后很快就会被下一个视觉装置形成的图像所掩盖。哈伯犯了一个错误。他假设图像是在视觉刺激消失之后才形成的，但实际上，图像在开始呈现刺激时就已产生了（Coltheart，1983）。因此，尽管视觉环境不断在变化，但是图像信息还是可以被利用。视知觉机制不是直接作用于外界的视觉环境而是作用于图像信息。

声像储存：听觉通道的感觉存储器，大约能保持信息 2 秒。

听觉通道的感觉存储被称作**声像储存**（**echoic store**）。声像存储是对相应的未加工的输入信息进行的瞬时存储。例如，假定某人在看报的时候被问了一个问题，这个人一般都会问上一句"你刚说什么？"但是马上他就意识到自己知道对方刚才说了什么。这个"重放"功能就是声像存储在起作用。

特雷斯曼（Treisman，1964）让被试大声报告出呈现给其中一只耳朵的信息，而忽略呈现给另一只耳朵的信息。没有告诉他们呈现给他们两只耳朵的信息是一致的。当非追随耳的信息在追随耳信息之前呈现，两边的信息只有在间隔 2 秒之内才能被辨别出来它们是一样的。这表明，未被注意的听觉信息在声像存储中保持的时间大约是 2 秒。不过，达尔文、特维和布劳德（Darwin，Turvey & Crowder，1972）发现了一些信息可以在声像存储中停留至少 4 秒的证据。

短时存储和长时存储

短时间记住电话号码是我们日常生活中运用**短时存储**的一个例子。这个例子向我们揭示出短时存储的两个主要特征：

- 容量非常有限（只能记住大约 7 个数字）。
- 储存的脆弱性，任何分心都可能导致遗忘。

短时记忆的容量已经通过广度测量和自由回忆中的近因效应得到了估算。数字广度是广度测验的一种，测验中要求被试在听完一组随机组合的数字组后按照正确的顺序复述出来。不管回忆单元是数字、字母或单词，即时记忆的广度都为 7±2（Miller, 1956）。米勒宣称，短时记忆中能保持大约 7 个组块（被整合的信息单元或信息块）。例如，"IBM"对于那些熟悉"International Business Machines"公司名的人来说是一个组块，而对于那些不知道的人来说就是三个组块。由大组块（例如八个单词组成的短语）组成的记忆材料的记忆广度，要比由小组块（例如，单音节单词；Simon, 1974）组成的记忆材料的记忆广度要小。

自由回忆（free recall）中的**近因效应**（recency effect）是指，在即时回忆中，呈现材料的序列中的最后几个项目要比中间项目的记忆效果要好。在记忆材料呈现之后 10 秒再让被试回忆，近因效应会受到影响（Glanzer & Cunitz, 1966）。近因效应中的两个或三个单词在材料呈现后储存在短时存储中，因此极易遗忘。不过，比约克和惠腾（Bjork & Whitten, 1974）发现，被试在记忆材料呈现后间隔 12 秒再回忆，仍然存在近因效应。而按照阿特金森和希夫林（Atkinson & Shiffrin, 1974）的观点，此时的近因效应已经消失了。

我们应该怎样来理解上述两种近因效应呢？格伦伯格（Glenberg, 1968）认为，近因效应有点像我们看一排电线杆时发生的心理过程。近处的电线杆要比远处的电线杆特征更突出，这就有点像越是后面呈现的单词越具有区分度。更高的区分度使得后面的项目比中间的更容易辨别和回忆。

最先出现的几个项目的回忆成绩要比中间项目的回忆成绩好。这被称为**首因效应**（primacy effect）。根据阿特金森和希夫林（Atkinson & Shiffrin, 1968）的观点，复述在长时记忆中起着关键作用，因此，首因效应可被解释为最先出现的项目比后面呈现的项目得到了更多的复述。阿特金森和朗

短时存储：具有非常有限的容量，能保持信息数秒。

自由回忆：一种记忆测试方式，被试以任何顺序提取记忆的项目。

近因效应：在即时回忆中最后出现的项目比其他项目的回忆正确率要高。

首因效应：对单词表中最先出现的项目的记忆优于中间出现的项目。

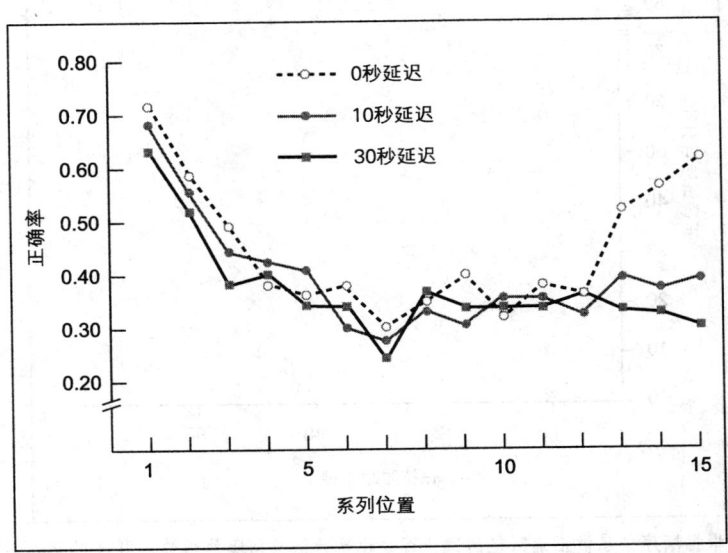

自由回忆是系列位置和插入任务时距的函数。引自 Glanzer & Cuniz (1966)。

你认为对项目开头呈现的辅音和末尾呈现的辅音的回忆存在差异（即首因效应）吗？

杜斯（Atkinson & Rundus, 1970）找到了相关证据。他们的外显的复述技术让被试在实验中可以复述每一个呈现的项目，但要求他们大声进行出声复述。结果，他们得到了自由回忆中的首因效应，并且发现最先呈现的几个项目得到了相对其他项目多得多的大量复述。这意味着首因效应要归因于额外的复述。但是，这其中还包含着其他因素。当对每一个项目复述次数相同时，首因效应有所减弱，但并没有消失（Fischler, Runders & Atkinson, 1970）。

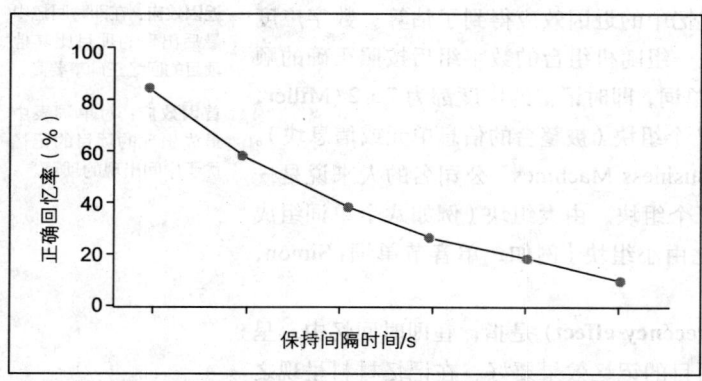

短时记忆随着时间出现遗忘，引自 Peterson & Peterson（1959）。

遗忘

为什么信息会被遗忘，或从短时记忆中消失呢？一种可能的解释是，遗忘是旧的信息被新的信息取代了。如果我们把记忆类比成一个具有有限容量的盒子，那么可以想象，只有把当前存在于盒子里的东西移出去才能装进新东西。这种观点假设人类的短时记忆由于结构限制具有很有限的容量。事实上，短时记忆的容量确实是有限的，但不是由于结构的限制，而可能是因为信息加工的限制尤其是注意的限制。

皮特森夫妇（Peterson & Peterson, 1959）做了一项关于短时记忆遗忘的经典研究。实验中，先给被试以视觉形式呈现三个辅音字母（例如，F、B、M），紧接着呈现一个三位数的数字。被试的任务是对数字进行减 3 逆运算，直到主试发出信号，然后被试再回忆刚才呈现的三个辅音字母。结果发现：当让被试在刺激呈现后立即回忆时，辅音字母的正确回忆率几乎是 100%；当间隔 18 秒再做回忆时，正确率降为 10%—20%。这些结果可以被假设认为做减法运算阻止了对辅音字母的复述，因此辅音字母的信息才会衰退得如此之快。

有理由怀疑短时记忆的遗忘主要源于信息的衰退。例如，凯佩尔和安德伍德（Keppel & Underwood, 1962）使用与皮特森夫妇一样的任务进行了实验。但第一次试验没有出现由于时间间隔而产生的遗忘，之后的实验所观察的结果类

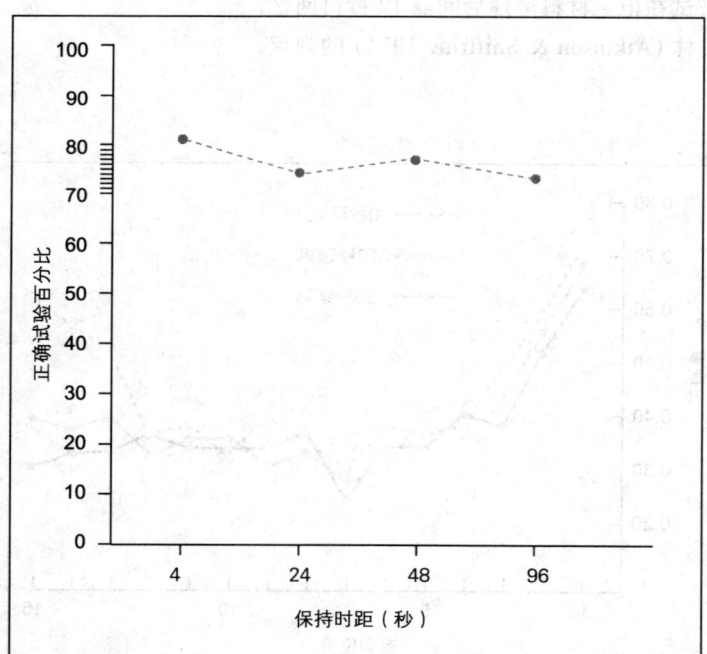

根据顺序信息被正确回忆的试验百分比作为保持间隔的函数。引自 Naime 等人（1999）。

似于皮特森夫妇的结果。对于这个发现最合理的解释可能是，第一次试验未受到前摄干扰 (proactive interference)。

奈恩、惠特曼和凯利 (Nairne, Whiteman & Kelley, 1999) 发现，如果不进行复述，信息的迅速衰退并不是不可避免的。他们向被试呈现有五个项目的单词列表，并通过两种方式降低遗忘率。首先，测验的内容仅仅是单词列表的顺序信息而不是单词本身。在测验中给被试再现五个单词，让被试按照正确的顺序编排。其次，每个实验中呈现的单词都不同，以降低前摄干扰。实验中，在保持间隔期内也安排了用以防止复述的任务（让被试大声地读出屏幕上出现的数字）。结果发现，即使保持间隔期为 96 秒也极少有遗忘发生。因此，只要没有前摄干扰并且记忆任务很简单，遗忘并不是不可避免的。

长时记忆

在 20 世纪 60 年代，复述被认为是信息进入长时记忆的主要方式。相对于短时记忆存储器，长时记忆存储器的容量几乎是无限的。大部分储存在长时记忆存储器中的信息都不会被遗忘，但却有可能随着时间推移由于其他已经学习过的信息的干扰而无法提取出来。

独立存储器

我们如何知道存在着相互独立的短时记忆存储器和长时记忆存储器呢？关于脑损伤患者的研究对此可以给我们提供令人信服的证据。逻辑是这样的：假设在大脑的不同部位有相互独立的短时记忆存储器和长时记忆存储器。那么，就必定会有长时记忆好而短时记忆不好或短时记忆好而长时记忆不好的患者。这种模式被称作**双重分离 (double dissociation)**，现实中已经发现这种实例。健忘症患者拥有完整的短时记忆，但是长时记忆却受到了损伤。与之相反的情况很少出现，但也有几个案例已被报告。例如，KF 的长时记忆学习和回忆都没有问题，但是他的数字广度却受到了严重的削弱。在某些情况下，他只能产生一个项目的近因效应 (Shallice & Warrington, 1970)。

沙利斯和沃林顿 (Shallice & Warrington, 1974) 找到了不适合多系统存储模型的证据。他们发现 KF 的短时记忆缺陷只局限于对口头表达的材料，像字母、单词和数字，并不能扩展到其他有意义的声音（像电话铃声）。因此，仅有部分短时记忆受到损伤。

多系统存储模型还存在另一个问题，长时记忆中的信息之前先要经过短时记忆存储器的处理。这意味着短时记忆存储器的损伤对长时记忆应该会有消极影响。不过我们并没有发现这种消极影响。

❖ 评价

- ⊕ 人们已经找到存在三种不同类型记忆存储的合理证据，它们的不同之处在于：(1) 持续时间，(2) 储存容量，(3) 遗忘机制，(4) 大脑损伤的影响。
- ⊕ 短时记忆和长时记忆的区别仍然是记忆研究的中心问题，对大脑损伤患者的研究可以找到相关证据。

沙利斯与沃林顿有关 KF 的发现为什么不符合多系统存储模型？

双重分离：一些个体（通常大脑受损）在任务 A 上表现得很好，在任务 B 上表现得很差，而其他个体则表现出相反的模式。

- 对短时记忆存储器的解释过于简单。例如，假设短时记忆是单一的（即总是以一种单一的方式运行）往往是错误的（Shallice & Warrington, 1974）。
- 短时记忆中的遗忘不能得到很充分的解释，但似乎涉及前摄干扰和衰退。
- 多系统存储模型对长时记忆的看法过于简单。长时记忆中储存着极其丰富的信息，简单地认为这些信息储存在单一的长时记忆存储器中是错误的（见本章后面内容）。
- 洛吉（Logie, 1999）指出，这个模型假设短时记忆存储器扮演着从感觉记忆存储器通往长时记忆大门的角色（见325页图）。然而，短时记忆存储器中加工的信息在加工之前就与长时记忆中的信息发生了联系。例如，我们对以视觉形式呈现的单词进行的言语复述，取决于先前该视觉刺激与长时记忆中储存的关于发音信息的联系。因此，在短时记忆对信息进行处理之前通往长时记忆的通道就打开了。
- 复述对增强长时记忆的作用在这个模型中被夸大了。复述对长时记忆的影响是很微小的（例如，Glenberg, Simith & Green, 1977；参见本章后面内容）。

工作记忆

多系统存储模型中关于短时记忆存储的概念是很有局限性的，尽管通常假设短时记忆是由有意识内容组成的。思考一下我们可以在意识中发现什么，我们就能看到短时记忆的局限性。正如多系统存储模型预测的那样，对单词的复述确实可以在意识中进行。但是，在意识活动中也会涉及视觉和空间信息（例如，当我们谈论著名影星时）。因此，我们的意识活动所涉及的信息范围比多系统存储模型中所说的要大。

短时存储概念还有一个主要局限。当我们思考或解决问题时，意识活动似乎很重要。相反，多系统存储模型则认为短时记忆存储器只与记忆有关。

巴德利（Baddeley, 1986）和巴德利与希契（Baddeley & Hitch, 1974）意识到上述关于短时存储概念的局限性。他们认为应该用更宽泛的工作记忆的概念代替短时存储的概念。工作记忆包括三个部分。

中央执行系统：一个通道自由的、具有有限容量的工作记忆组件。

语音回路：工作记忆的一个组件，保持基于语言的信息和发生无声发音。

视觉空间画板：工作记忆的组件，涉及对视觉和空间信息的加工。

工作记忆能够解释沙利斯和沃林顿有关KF的发现吗？

1. **中央执行系统**（central executive）具有类似于注意的有限容量，无通道限制。
2. **语音回路**（phonological loop）以语音形式对信息进行短暂保持（例如，说话时）。
3. **视觉空间画板**（visual-spatial sketchpad）专门用于视觉和空间编码。

最重要的成分是中央执行系统。它具有有限的容量，但是大部分认知任务都会用到它。语音回路和视觉空间画板是中央执行系统用来专门处理不同通道信息的下属系统。语音回路能够保持谈话中单词呈现的顺序，视觉空间画板则用来储存和控制视觉和空间信息。

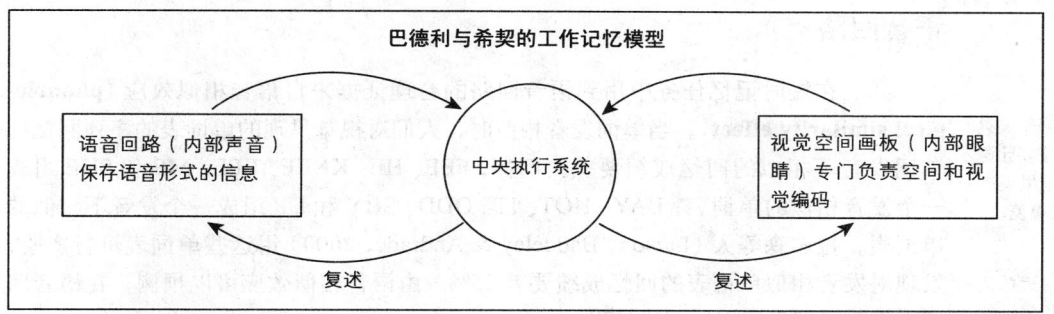

工作记忆模型可以预测两项任务是否可以同时成功地完成。工作记忆系统中的每一个部件都具有有限的容量,并且每个部件之间相互独立。由此可以得到两个推论:

1. 如果两项任务用到同一个部件,它们就不能同时成功地完成。
2. 如果两项任务用到不同的部件,它们就可能成功地同时完成,就像单独分别完成一样。

基于这个假设,人们做了大量的双重任务实验(见第6章)。例如,罗宾斯等人(Robbins, Anderson, Barker, Bradelley, Fearnyhough & Henson, 1996)研究了棋艺高手和低手下棋时短时记忆中三个部件的参与程度。实验中被试的主要任务是在完成以下三项任务之一的同时,在众多棋步之间选择下一步要走的棋步。这三项任务包括:

- 持续轻拍:这是控制条件组的任务。
- 产生随机数字:该任务涉及中央执行系统。
- 按顺时针方向在键盘区做击键动作:该任务用到了视觉空间画板。
- 快速重复单词"see-saw":该任务涉及语音回路。

> 思考一些利用工作记忆的不同或相同成分的日常生活事例。你是如何将它们较好地合并在一起的呢?

产生随机数字和在顺时针方向上的击键动作降低了下一个棋步的选择质量。因此,选择下一个棋步的过程涉及中央执行系统和视觉空间画板。但是,快速重复单词不会影响下一步棋的质量,因此选择下一步棋的过程中并没有涉及语音回路。多项同时任务在高手和低手身上得到相似的效应,这意味着高手和低手对工作记忆的运用是相同的。

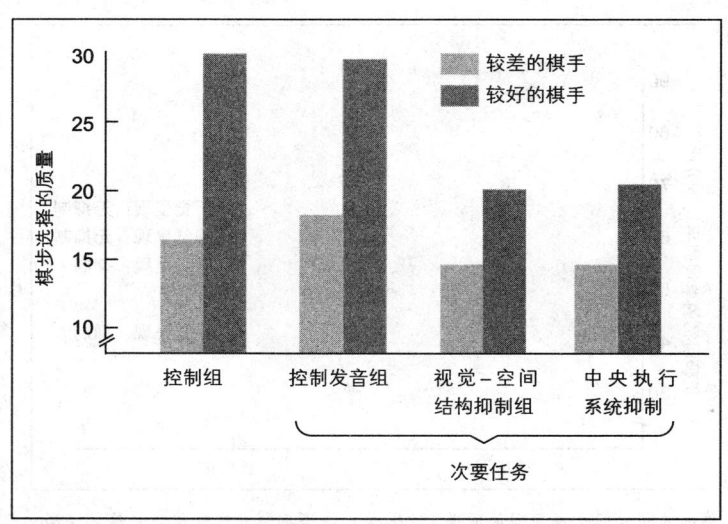

次要任务对较差和较好棋手棋步选择质量的影响。引自 Robbins 等(1996)。

语音回路

语音相似效应：当单词具有语音相似性时，要比语音不相似时视觉呈现的单词的序列回忆更差。

单词长度效应：短单词的词广度大于长单词的词广度。

我们在短时记忆任务中用到语音回路的合理证据来自语音相似效应（**phonological similarity effect**）。当单词发音相似时，人们对视觉呈现的单词表的序列回忆比单词发音不相似的回忆成绩要差。例如，FEE、HE、KNEE、LEE、ME 和 SHE 组成一个发音相似的单词表，BAY、HOT、IT、ODD、SHY 和 UP 组成一个发音不相似的单词表。拉尔森等人（Larson, Baddeley & Andrade, 2000）用这些单词表进行实验，发现对发音相似单词表的回忆成绩要差 25%。由语音相似效应可以预测，在语音回路中用到了基于语言的复述过程。

巴德利、汤姆森和布坎南（Baddeley, Thomson & Buchanan, 1975）让被试对视觉呈现的包含五个单词的词组按照正确顺序进行即时回忆，结果发现，长单词的回忆成绩不如短单词。对单词长度效应（**word-length effect**）的进一步研究显示，被试最多能回忆出的单词数是他在 2 秒内能够大声读出的单词数。这意味着语音回路的容量是由持续时间决定的。

语音回路要比巴德利和希契（Baddley & Hitch, 1974）假设的更为复杂。例如，尽管巴德利等人（Baddley et al., 1974）发现，当以视觉形式呈现时，通过抑制发音可以消除单词长度效应，但是用听觉形式呈现时则不行。巴德利（Baddeley, 1986, 1990）在其改进的理论中对语音或基于言语的存储和发音控制过程做了区分。根据巴德利的理论，语音回路包括两个部分：

语言信息的储存和提取都涉及大脑左半球吗？为什么？

- 与言语知觉有直接关系的被动语音存储。
- 与产生语音存储的言语产生有关的发音控制过程。

根据修正后的观点，以听觉形式呈现的单词和以视觉形式呈现的单词的加工过程是不同的。以听觉形式呈现的单词直接进行语音存储而不需经过发音控制过程。因此，即使抑制发音，单词长度效应仍然存在（见左图）。相反，以视觉形式呈现的单词只能通过默读进行间接的语音存储。抑制发音之所以能消除单词长度效应，是因为它阻断了语音存储的过程。

巴德利（Baddeley, 1986）修正的观点也得到神经成像研究的支持。例如，亨森、伯吉斯和弗里斯（Henson, Burgess & Frith, 2000）用 fMRI 确定与语音回路相关的脑区。他们的主要发现如下："存储和复述具有相互独立的不同的脑活动区域，与存储有关的脑区在顶叶左下方，与复述有关的脑区在额叶左前方。"在对脑损伤患者的研究中也有相似的发现（Eysenck & Keane, 2000）。这

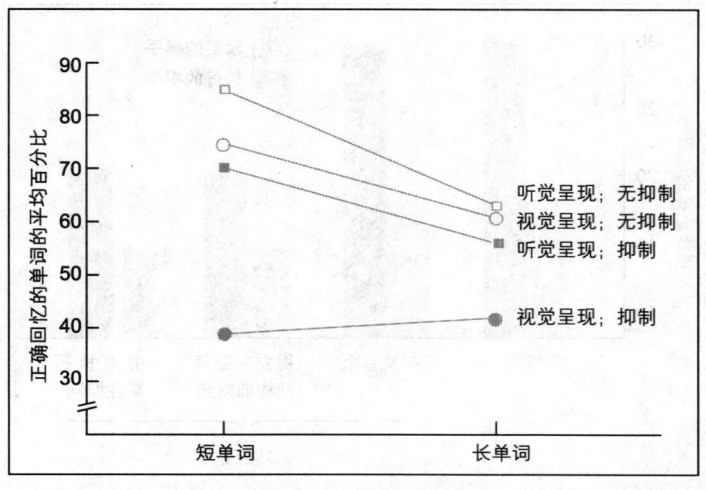

单词的即时回忆是呈现的通道（视听觉）、是否抑制发音和单词长度的函数。引自 Baddeley 等（1975）。

些发现意味着,语音存储和发音控制相互独立,位于大脑不同区域。

语音回路在我们的日常生活中有用吗?巴德利等人(Baddeley, Gathercole & Papagno, 1998, p.158)指出:"语音回路的作用是记住生单词而不是熟悉的单词。"研究者(Papagno, Valentine & Baddeley, 1991)报告了支持以上观点的证据。他们让会说地道意大利语的人学习意大利语单词和意大利—俄罗斯语单词。发音抑制极大地减慢了对外国语言单词的学习,但对意大利语单词的学习则影响不大。

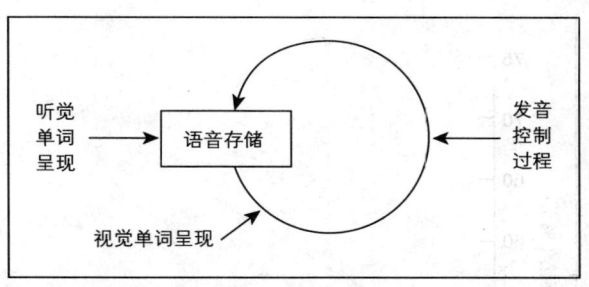

巴德利(1990)提出的语音回路系统

视觉空间画板

视觉空间画板用于对视觉信息和空间信息的短时存储和控制。就这点而论,在我们的日常生活中视觉空间结构很有用,正如巴德利(Baddley, 1997)强调的:"空间系统对地理定位和规划空间任务很重要。事实上,涉及视觉—空间操作的任务已成为智力测验的一个重要组成部分,并且在一些视觉与空间的设计和操作职业中被认为是很重要的,例如工程技术和建筑学。这些任务也用作职业选拔时的工具。"

关于视觉空间画板最完善的观点是由洛吉(Logie, 1995)提出来的。他认为视觉—空间工作记忆可以分成两部分:

- **视觉储存器(visual cache)**用于存储视觉信息和颜色。
- **内部处理器(inner scribe)**对空间信息和动作信息进行处理,复述视觉存储器中的信息并把信息从视觉存储器中传到中央执行系统。

视觉储存器:根据洛吉的观点,是视觉空间结构中用来存储视觉形象和颜色信息的部分。

内部处理器:根据洛吉的观点,是视觉空间结构中用来处理空间和动作信息的部分。

证据

奎因和麦康奈尔(Quinn & McConnel, 1996)报告了支持存在与语音回路分离的视觉空间结构的证据。他们让被试用视觉成像或机械复述的方法学习一个单词列表。学习任务的呈现情境有三种:(1)单独呈现单词表;(2)伴随强有力的视觉噪音呈现单词表(呈现随机变化的无意义圆点);(3)单词表出现的同时,呈现不相关的外语演讲。我们假设随机变化的视觉噪音会进入视觉空间结构中,不相关的演讲则进入语音回路中。

结果很明显:"在视觉图像(记忆术)指导语下的单词加工不受当前言语任务的影响,而受到当前视觉任务的干扰。机械式指导语下的单词加工则呈现出相反的干扰模式。"(Quinn & McConnell, 1996a, p.213)因此,视觉成像过程用到了视觉空间画板,机械复述则用到了语音回路。

只存在一个单独的视觉—空间结构还是存在着独立的视觉系统和空间系统呢?史密斯和乔尼德斯(Smith & Jonides, 1997)找到了证明存在两个独立系统的证据。在他们的实验中,同时呈现两个视觉刺激,紧接着呈现一个探测刺激。被试需要判

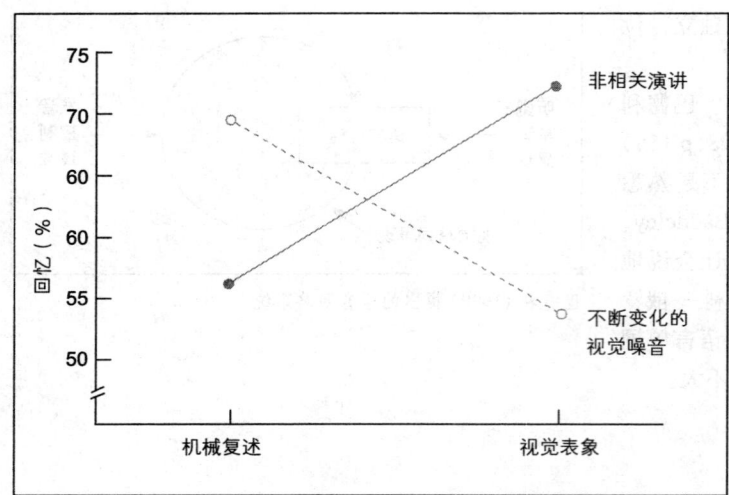

回忆百分比是学习指导语（视觉表象对机械式复述）和干扰（不断变化的视觉噪声对无关演讲）的函数。引自 Quinn & McConnell（1996a）。

断探测刺激是否和最初呈现的刺激中的某一个在同一个位置（空间任务）或具有同一种形式（视觉任务）。两项任务中的刺激是一样的，但是 PET 探测发现，两项任务发生时大脑的激活部位有着明显的不同。在空间任务中，右半球区域（前额皮质、运动前驱皮质、枕叶皮质、顶叶皮质）很活跃。相反，视觉任务则导致左半球的活跃，尤其是顶叶皮质和颞下皮质。不过，视觉系统和空间系统似乎仍然具有密切的联系。

奎因和麦康奈尔（Quinn & McConnell, 1996b）找到了与洛吉的理论相一致的证据（洛吉认为视觉空间工作记忆分为视觉存储器和内部处理器）。他们让被试用两种方式学习单词表：(1) 位置法，每个单词与不同的相似位置相联系；(2) 勾字法（pegword technique），每个单词与某些基于押韵的容易记忆的项目或勾字建立联系，"一是 bun，二是 shoe，三是 tree，四是 door，……"第一个单词列表通过与 bun 的联系形成心象，第二个单词列表与 shoe 形成心像……等等。

我们假设位置法主要需要视觉加工，勾字法则同时需要视觉和空间加工。这些假设通过视觉或空间干扰任务进行测验。正如我们所料，基于位置法的记忆成绩会被视觉任务干扰而不受空间任务的影响，意味着该学习主要依赖视觉存储器而非内部处理器。相反，基于勾字法的记忆成绩受到两种干扰任务的影响，意味着该学习涉及视觉存储器和内部处理器。

中央执行系统

中央执行系统（类似于注意系统）是工作记忆中最重要的多功能成分。巴德利（Baddeley, 1996）指出，脑皮层额叶损伤会导致中央执行系统的损坏。额叶受伤患者的行为就好像他们缺乏指导正确加工信息的控制系统。这些患者据说都患有**执行功能障碍**（dysexecutive syndrome）。

执行功能障碍：由脑损伤导致的中央执行功能受损的一种状态。

巴德利（Baddeley, 1990）确定了中央执行系统的以下主要功能：

1. 提取策略的转变。
2. 双重任务学习中的时间共享。
3. 在忽视一些信息的同时，选择性注意特定刺激。
4. 长时记忆的短暂激活。

证据

巴德利在研究中央执行系统的实验中用到的一种任务是产生随机数字或字母。在这项任务中，假设被试需要大量的注意以免产生刻板序列（stereotyped sequence）。巴德利（Baddeley，1996）报告了一项研究，研究中被试在试图产生随机数字序列的同时能在短时记忆中保持1—8个数字。当要求被试记忆的数字个数增加时，对中央执行系统的需求就会更大。正如所预测的那样，数字记忆任务增加时，产生的数字序列的随机性会减小。

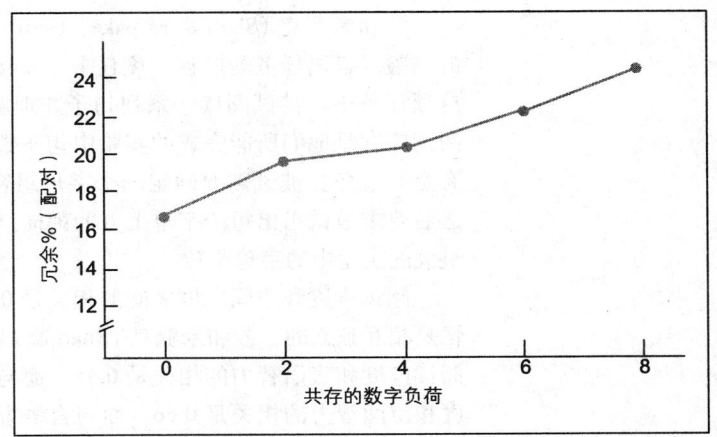

数字产生的随机性（较大的冗余意味着较少的随机性）是共存数字记忆负荷的函数。引自 Baddeley（1996）。

巴德利指出，随机数字序列产生任务中的表现，取决于迅速的转换提取策略和避免刻板的反应。该假设通过以下方式进行检验。在随机数字序列的产生任务中增加一项击打数字键的任务。这项任务可能单独完成，也可能和其他任务一起完成，如复述字母表、从1开始数数或是以间隔方式出声报告数字和字母（A1B2C3……）。随机数字序列的随机性在间隔变化任务中降低了，可能是因为该任务始终需要不断的转换提取策略。这表明，迅速的转换提取策略是中央执行系统的一项功能。

> 你能想出一些非随机的、刻板的数字/字母序列的例子吗？

中央执行系统可能会在双重任务中的时间共享和注意分配上起到重要作用，对于这一观点，巴德利（Baddeley，1996）在大量研究中进行了讨论。有一项研究涉及患有**老年痴呆症（Alzheimer's disease）**的患者。这种病会导致心理功能的慢性丧失及中央执行系统功能的衰退。最重要的是，每个患者的数字广度已经确定了。给他们进行一系列的数字广度试验，每次试验的数字广度都是他们当前已经确定的数字广度。然后，结合一项新任务重新给他们进行一些数字广度试验，任务要求被试把一个十字架放入随机排列的一组盒子中的某一个（双重任务条件）。所有的患者在双重任务条件下的数字广度都有显著下降，但是正常的控制组被试则没有一个出现这种情况。老年痴呆患者在双重任务中的注意分配有困难，这一点正好与研究中的发现相一致。

> **老年痴呆症**：一种会引起心理机能缓慢丧失的疾病。

中央执行系统更可能是由多种独立的成分组成的，而不是一个单一的系统。埃斯林格和达马西奥（Eslinger & Damasio，1985）研究了一个前任会计师EVR，他刚被取出一个大的脑瘤。EVR智商很高，在推理测验和假设检验实验中都有很好的表现，并能保持注意而不分心以及避免记忆干扰，这说明他的中央执行系统基本上是完好的。但是他在决策和判断上却存在明显的问题（例如，他经常要花费几个小时决定去哪里吃饭）。为此，他和很多工作无缘。可能的原因是，EVR的中央执行系统可能部分功能损坏，部分功能完好。这意味着中央执行系统包含两个或更多的成分。

沙和米亚克（Shah & Miyake，1996）给学生呈现言语工作记忆和空间工作记忆的测试。言语任务是阅读广度任务（Daneman & Carpenterj，1980；见第11章）。在这项任务中，被试阅读一系列句子并理解，随后回忆每个句子中的最后一个单词。阅读广度是他们所能完成的实验中句子数最大的实验的句子个数。该实验中也包含有空间任务。被试需要确定一个字母组合中每个字母的朝向是正确的还是镜像的。之后要求被试指出每个字母上方的朝向。空间广度是被试所能完成的实验中字母数最大的实验中的字母个数。

阅读广度和空间广度之间的相关是0.23，不显著。这意味着言语和空间工作记忆是相互独立的。沙和米亚克（Shah & Miyake，1996）的其他发现也支持这个结论。阅读广度和言语智力的相关是0.45，而与空间智力的相关只有0.12。相反，空间广度和空间智力的相关是0.66，而与言语智力的相关是0.07。基于这些发现，沙和米亚克提出了一个多重资源模型（multiple-resource model），在该模型中，言语和空间工作记忆被看做是相互独立的。这个模型比巴德利（Baddeley，1996）提出的模型要更为复杂。

❖ **评价**

⊕ 工作记忆比以前提出的短时记忆更具有优势，它在关注信息的短暂存储的同时也关注对信息的积极加工。因此，它与心算、言语推力、理解等活动有关。

⊕ 工作记忆可以解释很多用多通道存储模型无法解释的心理现象，尤其是我们具有的能同时进行多项任务而不会分心的能力。

⊕ 该理论很好地解释了单词长度效应、发音抑制的影响，以及各种脑损伤患者的行为表现。

⊕ 语音回路在新词的学习中是有用的。

⊕ 工作记忆模型把言语复述看做语音回路中的一种可选择的加工方式。比起多通道存储模型中把言语复述看做是核心，这种观点更切合实际。

⊕ 我们可以找到合理的证据证明视觉空间结构的存在。视觉空间结构由视觉存储和内部处理组成。

⊕ 一些心理学家（Conway, Cowan, Bunting, Therriault & Minkoff, 2002; Engle, 2002）认为，智力的个体差异部分取决于工作记忆的广度（见第12章）。很多证据都支持这种观点。

⊖ 安德雷德（Andrade, 2001, pp.286-287）认为："尽管工作记忆模型具有简练的优势，但是简练同时也是它的弱点，因为这个简练的模型无法反映实际认知过程的复杂性，而且该模型很难应用到实验室中关于短时记忆任务以外的现象中。"

⊖ 我们对中央执行系统的了解还很少。它的容量还未得到准确测量，对其功能的精确细节也一无所知。最重要的是，我们还不清楚中央执行系统是否形成了单一的系统。

加工水平

长时记忆取决于学习时所发生的加工过程这一观点可谓是显而易见。克雷克和洛克哈特（Craik & Lockhart，1972）是第一批基于这一观点而构建理论研究的心理学家。他们在其加工水平理论（levels-of-processing theory）中认为学习过程中注意和知觉决定哪些信息应该在长时记忆中存储。他们的研究方法在很大程度上受到了早期心理学家特雷斯曼（Treisman，1964，见第 6 章）的影响。心理加工有很多加工层次，从比较表层的对刺激的知觉分析（像对单词中字母特征的检测）到深层的语义分析。克雷克（Craik，1973，p.48）将加工深度界定为"意义是从刺激本身提取出来的……而不是基于刺激的分析"。

克雷克和洛克哈特（1972）的主要理论假设如下：

- 刺激的加工深度或水平对记忆率具有很大的影响。
- 深水平的分析比浅水平的分析能产生更详细、更持久和更强的记忆痕迹。

克雷克和洛克哈特区分了**维持性复述**（**maitenance rehearsal**）和**精致性复述**（**elaborative rehearsal**）。维持性复述涉及对刺激的重复性分析，精致性复述涉及对学习材料更深入的语义分析。根据加工水平理论，只有精细性加工能增进长时记忆。该观点与阿特金森和希夫林（Atkinson & Shiffrin，1968）所认为的复述总能促进长时记忆的观点有所不同。

维持性复述：以重复先前分析的形式进行的复述，见精致性复述。

精致性复述：对学习材料进行更深或语义分析的复述，见维持性复述。

证据

加工水平理论可以通过以下实验进行验证。给不同组的被试呈现相同的材料，让他们用不同的方式加工。然后评价关于长时记忆的加工任务和定向任务的效果。例如，海德和詹金斯（Hyde & Jenkins，1973）运用了以下定向任务：评估单词的愉悦性；估计每个单词在英语语言中的使用频率；检测字母 e 和字母 g 在单词表中出现的次数；选择每个单词在文章中的位置；判断单词是否能填入句中。假设（可能值得怀疑）只有评估愉悦性和估计使用频率的任务涉及意义加工。

你能想出一种维持性复述和精致性复述之间存在记忆差异的有效方法吗？

在研究中，海德和詹金斯让被试对有意义联系的单词组成的单词列表和无意义联系的单词组成的列表进行自由回忆，结果如右表所示。在对由无意义联系的单词组成的列表的回忆中，经过语义加工的要比没有经过语义加工的回忆率高出 51%，而在对与有意义联系的单词列表的回忆中，则高出 83%。

正如克雷克和洛克哈特所预测的那

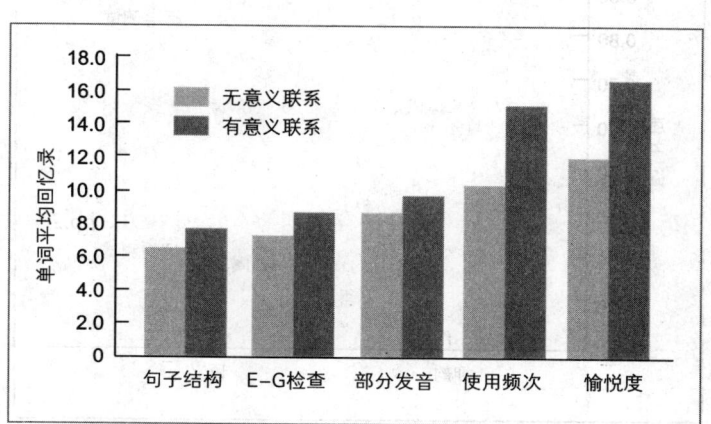

单词平均回忆量是单词类型（有意义和无意义联系）和任务导向的函数。引自 Hyde & Jenkins（1973）。

样,精致性复述总体上比维持性复述更能促进长时记忆。但与预测的相反的是,维持性复述对记忆也产生了有益的影响。格伦伯格等人(Glenberg et al., 1977)发现,对维持性复述增加九分之一的复述时间只能提高回忆率1.5%,而对再认率则能提高9%。维持性复述或许阻止了单词列表中各项目之间联系的形成,而正是这些联系比起再认来说更有利于回忆。

长时记忆并不仅仅取决于加工水平或深度。例如,加工的精细度(像对特殊类型的加工次数)和加工的差异性及独特性也很重要。克雷克和洛克哈特(Craik & Lockhart, 1975)在一项研究中显示了加工精细度的价值。实验中被试需要判断单词是否能填入句中的空白处。有些句子有详细的细节(例如,"大鸟俯冲下来叼走了挣扎中的___"),有些句子则很简单(例如,"她煮了___")。在随后对单词列表的线索性回忆中,高精细度句子中的回忆率是低精细度的两倍。

布兰斯福德、弗兰克斯、莫里斯和斯坦(Bransford, Franks, Morris & Stein, 1979)指出,差异性和独特性加工要比精细加工更有效。他们向被试呈现具有差异的而不是具有详细细节的明喻(例如,"蚊子就像医生,因为它们都会抽血。")和不具有差异性而具有详细细节的明喻(例如,"蚊子就像浣熊,因为它们都有头、脚和颌。")。具有差异性的明喻的回忆率明显优于没有差异性的明喻。

> 你认为为什么对独特性明喻的回忆优于精致性明喻?

莫里斯、布兰斯福德和弗兰克斯(Morris, Bransford & Franks, 1977)认为,信息只有在与记忆测验相关时才会被记住。他们让被试回答单词列表中的语义问题或浅显的押韵问题。之后采用两种记忆测验方式:(1)标准的再认测验(同时呈现出现过的和没有出现过的单词);(2)押韵性再认测验,不呈现单词列表中的词,要求被试选出和列表中某个词押韵的词。例如,如果测验中出现 FABLE,而单词列表中又有 TABLE,那么被试就应该选择 FABLE 这个词。

> **外显记忆**:依赖于有意识回忆的记忆;见内隐记忆。

在标准再认测验中,深层加工通常比浅层加工具有优势;但在押韵性测验中结果却相反。后一个发现并不支持深度加工总能增进长时记忆的观点。莫里斯等人提出了适当转换加工理论(transfer-appropriate processing theory)来解释他们的发现。根据这一理论,加工习得的信息是否被记住,取决于这些信息与记忆测验的相关。例如,存储的语义性信息在押韵性测验中与测验明显无关,对这个测验来说所需要的是浅层的押韵性信息。

加工水平方法旨在解释**外显记忆**(explicit memory)(像回忆、再认)测验成绩,外显记忆涉及对过去信息在意识层面上经过仔细考虑的提取。但是,我们还具有**内隐记忆**(implicit memory)

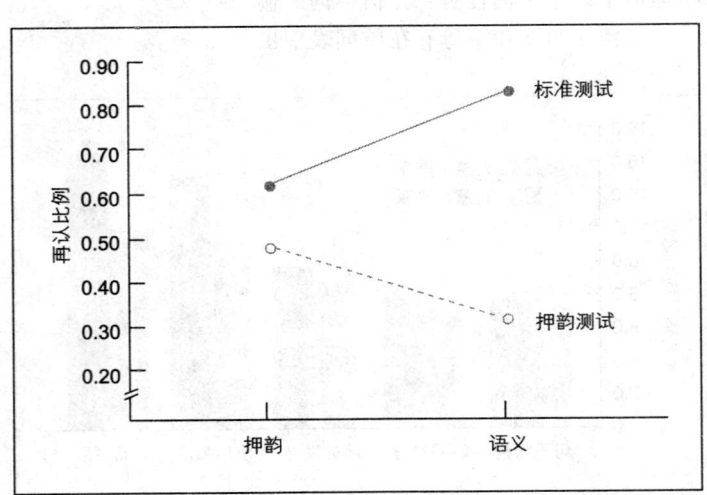

再认单词的平均比例是定向任务(语义或押韵)和再认任务类型(标准或押韵)的函数。引自莫里斯等人(1977),仅包括积极试验。

（不涉及意识层面的记忆）。可以通过让被试在单词补缺测验中写下第一个想到的单词来测验内隐记忆（例如，"_en_is"是单词 tennis 的成分）。刚听过或看过这个单词的被试更可能正确地完成测验，从而也就测验了内隐记忆。加工水平理论并不很适合内隐记忆测验。加工水平效应对内隐测验的影响很小，通常不显著（Challis & Brodbeck, 1992）。

内隐记忆：不依赖于有意识回忆的记忆；见外显记忆。

你能想出一些为考察内隐记忆加工水平而设计的实验可能存在的问题吗？

❖ 评价

- ⊕ 克雷克和塔尔文（Craik & Tulving, 1975）所发表的原创性论文具有深远的影响，已经在相关研究文献中被引用了成千上万次。
- ⊕ "加工水平理论的主要贡献之一是强调了记忆是一个过程、一种心理活动，而不是必须通过搜寻的记忆痕迹。"（Craik, 2002, p.306）
- ⊖ 克雷克和洛克哈特（Craik & Lockhart, 1972）没有强调在测验中影响加工水平效应重要性的个别记忆测验的作用（Morris et al., 1977）。
- ⊖ 与内隐记忆相比，加工水平理论能更好地解释外显记忆（Challis & Brodbeck, 1992）。
- ⊖ 很难确定学习者使用的加工水平，因为没有单独测量加工深度的方法。但是，神经成像研究发现，语义加工比浅显加工时大脑皮层的额叶左侧更活跃（Nyberg, 2002）。
- ⊖ 加工水平理论是描述性的而非解释性的。克雷克和洛克哈特（1972）并没有解释为什么深度或语义加工会如此有效。

更新的资料

洛克哈特和克雷克（Lockhart & Craik, 1990）及克雷克（Craik, 2002）承认他们的加工水平理论过于简化。同时，他们也接受莫里斯等人（Morris et al., 1997）提出的适当转化加工理论。但是，他们认为这两个理论彼此是相容的。克雷克和洛克哈特认为，适当转换理论预测在学习和提取信息时不同加工类型之间存在着交互作用（见第 337 页图），加工水平理论则预测当适当转化稳定不变时，加工深度效应才会显现。在莫里斯等人的发现中找到了支持性证据。当语义加工后用标准的再认测验或押韵加工后用押韵性测验测试时，适当转换才会很明显。不过，正如加工水平理论指出的，前者的记忆成绩要远远好于后者，因为它涉及深度或语义加工。

洛克哈特和克雷克（Lockhart & Craik, 1990）承认，他们的最初理论意味着加工进行的顺序为从较低水平的感觉加工到深层次的语义加工。他们提出了一个更为现实（但模糊）的观点："可能的情况是一个适当的模型将包括自上而下加工和自下而上加工之间的复杂交互作用，不同水平的加工有时是平行进行的，有时则是交叉进行的。"(p.95)

根据最初的加工水平理论，深度或语义加工对于好的长时记忆来说是必要的也是充分的。但是，克雷克（Craik, 2002）认为，深加工是必要的但不是充分的。正如他指出的,遗忘症患者通常具有完整的深度加工或语义加工能力,但是他们的长时记忆却常常很糟(见本章下文)。克雷克认为,这一发现意味着长时记忆涉及语义加工和整合过程,通过整合过程信息才能稳定地存储在大脑中。遗忘症患者对某些信息的长时记忆效果不好,是因为他们的整合过程能力存在缺陷。

遗忘理论

众所周知,由于学习的增加,我们对信息的记忆会随着时间的推移变得越来越差。赫尔曼·艾宾浩斯(Hermann Ebbinghaus, 1885/1913)首次对记忆随着时间的推移所发生的遗忘进行了系统研究。他以自己为被试做了大量实验。对无意义音节列表的遗忘,在第一小时或刚学完时是很迅速的,之后遗忘速度减慢。

艾宾浩斯的发现表明,遗忘功能是近似对数形式的。鲁宾和温策尔(Rubin & Wenzel, 1996)通过大量数据遗忘功能的分析确认了这一观点。自传体记忆是个例外,它的遗忘率往往很小。导致这一结果的原因可能是,自传体记忆研究中的被试通常可以自由提取他们生活中的任何记忆,这种记忆的时间间隔是数十年,而不是几秒或几小时。

大多数遗忘研究都是关于外显记忆的,均为有意识的回忆信息。不过,也有一部分研究是关于内隐记忆的,记忆成绩不需要涉及有意识的回忆信息。外显记忆和内隐记忆遗忘率的对比,已经产生了某些不一致的发现。但是,麦克布赖德等人(McBride, Dosher & Gage, 2001)发现,内隐记忆和外显记忆的遗忘率,在45分钟内本质上是一样的。

人们通常都认为遗忘是件坏事,并会想尽办法来减少遗忘。这种想法并不总是正确的。我们经常需要更新我们的知识,忘记过去的一些事情对我们的更新会很有帮助。例如,如果我们能清晰地回忆出我们以前开车时不同的时速限制,那么我们在开车时就会发现,很难记住我们正在通过的地区的时速限制。

下面将讨论关于遗忘的主要理论。正如我们将要看到的,要澄清遗忘背后的过程非常困难。或许各种理论在某种程度上都是正确的,每种理论都只能对特定情境中的遗忘进行解释。

压抑

弗洛伊德(Freud, 1915, 1943)强调遗忘过程中情绪因素的重要性。他认为那些非常恐怖的或导致焦虑的材料(像童年时期被虐待的经历)常常

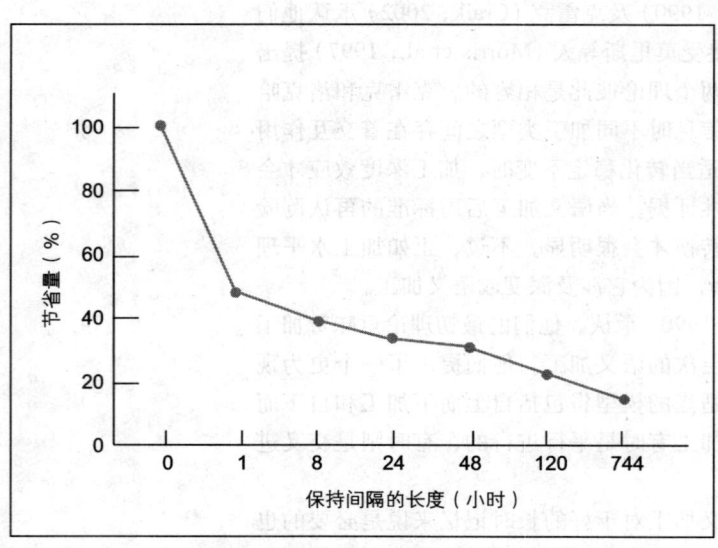

以减少的节省量作为指标的遗忘曲线。引自艾宾浩斯(Ebbinghaus, 1885/1913)。

不能进入人的意识层面，可以用**压抑**（repression）这个术语指代这种现象。根据弗洛伊德（Freud, 1915, p.86）的看法："压抑的本质在于它具有能把一些信息保持在意识之外的功能。"不过，弗洛伊德有时使用这个概念仅仅指代对情绪性经验容量的抑制（Madison, 1956）。因此，假如恐怖的材料不能引起情绪性反应，即使它能被意识到也仍然会被压抑。

> **压抑**：对灾难性事件或其他恐怖事件的动机性遗忘。

弗洛伊德关于压抑的观点来自一些患者的临床经验，这些患者对发生在自己身上的心理创伤性事件的记忆有困难。检验弗洛伊德理论时存在的一个核心问题是不能在实验条件下产生压抑，这有悖伦理原则。因此，大多数相关证据都来自非实验研究。很多成人都报告他们已经发现受压抑的关于童年时期遭受身体或性虐待的记忆。人们对这种恢复性记忆的真实性产生了强烈的质疑。总之，临床心理学家比实验室心理学家更容易相信恢复性记忆的真实性。

> 从弗洛伊德的理论中可以推论出什么问题呢？

证据

安德鲁斯等人（Andrews et al., 1999）获得了来自108位治疗师的236个患者关于压抑记忆的详细信息。他们的证据表明，有些恢复性记忆是真实的。例如，41%的患者报告说他们有支持性证据（其他一些人也报告说他们被虐待过）。那些认为大多数恢复性记忆不真实的人假设这些不真实的记忆涉及来自治疗师的直接压力。但是，安德鲁斯等人研究中的患者只有28%的人被证明引起恢复性记忆的事件发生在治疗过程中。在22%的案例中，恢复性记忆的引发发生在治疗开始之前，因此不可能受到治疗师的影响。但是，患者仍有可能由于受到媒体关于虐待源于压抑性记忆的报告的影响，才报告他们被虐待过。

与上述发现相反，利夫和费特科威契斯（Lief & Fetkewicz, 1995）研究了40个不能回忆童年期虐待性记忆的患者。在80%的案例中，治疗师都给了患者直接暗示，他们是性虐待的受害者。在68%的案例中，治疗师使用催眠（常导致错误性记忆；见第4章）来发掘记忆。在40%的案例中，治疗师让患者读大量关于性虐待的书籍。

克兰西、沙赫特、麦克纳利和皮特曼（Clancy, Schacter, McNally & Pitman, 2000）采用了一种能让大多数个体产生错误记忆的情境：给被试呈现一个由语义相关的单词组成的单词列表，结果发现未被呈现的具有语义相关的一些词被错误地再认。他们比较了那些具有对童年期性虐待的恢复性记忆的妇女和那些认为自己有过童年期性虐待但不能回忆起的妇女，以及总能记起被虐待但能冷静看待的妇女。他们的主要发现如下："报告童年期性虐待的恢复性记忆的妇女，比其他被试更倾向于在语义相关实验中发生错误再认……报告性虐待恢复性记忆的妇女，比其他被试更倾向于产生特定类型的错觉记忆。"（pp.29–30）

> **案例研究：苏珊（Susan）怎么了？**
>
> 津巴多（Zimbardo）报告了苏珊的案例，8岁那年她在和朋友玩耍时丢失了。20年后，她的这个朋友一看到自己女儿的眼睛时就会想起所发生的事情。她想起自己的父亲对苏珊进行了性骚扰并杀了她，并威胁女儿说如果她胆敢揭发这件事就会面临同样的命运。记忆恢复之后她接受了警察的调查，涉案男人被捕入狱。这是一个典型的压抑记忆恢复的例子，这种记忆符合弗洛伊德所提出的极具威胁性材料的概念。但是，无法检验该记忆是否的确受到压抑，或者是否这个朋友直到长大成人觉得想起此事足够安全时才解除压抑。

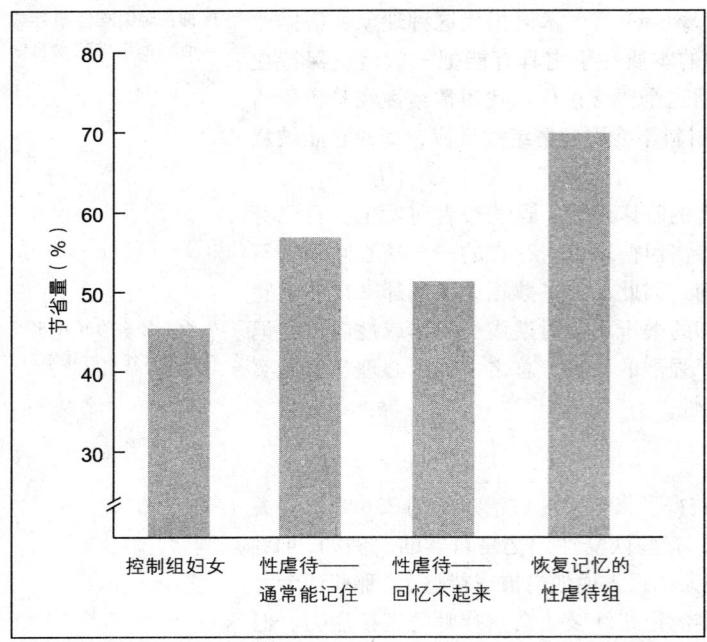

与四组妇女（控制；性虐待，通常能记住；性虐待，回忆不起来；恢复了性虐待记忆的妇女）有关的单词的错误再认。引自 Clancy et al. (2000)。

实验证据表明，人们可能被误导而认为不曾发生的事情曾经发生过。例如，切奇（Ceci，1995）让学前儿童思考真实的和虚构（但正确的）的事件。儿童发现很难在真实事件和虚构事件之间作出区分，58%的儿童详细地描述了虚构事件的细节，他们错误地认为这些事件真的发生过。经验丰富的心理学家也不能从录像带中区分出真实事件和虚构事件。

❖ **评价**

⊕ 一些恢复性记忆可能是真实的，但很多专家仍对这一结论持怀疑态度。
⊖ 一些关于恢复性记忆的报告显然是错误的，它们常常是对治疗师压力的反应（例如，Lief & Fetkewicz，1995）。
⊖ 产生恢复性记忆的妇女更容易出现错误记忆（Clancy et al.，2000）。
⊖ 说服人们相信对那些未发生的事件的记忆是真实的相当容易。
⊖ 压抑理论有局限性，我们遗忘的大多数信息并非与焦虑或创伤性事件相关。

干扰理论

干扰理论的研究可以追溯到19世纪的雨果·芒斯特伯格（Hugo Munsterberg）。多年来他一直把怀表放在固定的口袋中。当他开始把它放在其他口袋中时，他经常在别人问时间时乱摸一通。他习得了以下两个刺激之间的联系："现在什么时间，雨果？"和他从口袋中拿出怀表的反应。后来，刺激仍保持不变，但却是不同的反应与它建立了联系。

前摄干扰：由先前学习造成的记忆干扰，通常是相似的材料；见后摄干扰。

倒摄干扰：在保持期间学习其他材料产生的记忆干扰；见前摄干扰。

根据干扰理论，我们记忆当前学习内容的能力会被先前学习的内容和随后学习的内容所干扰。当先前学习的内容干扰了我们对后面学习内容的记忆时，我们称之为**前摄干扰（proactive interference）**（正如雨果和他口袋怀表的例子）。当后面的学习干扰了前面的学习时，我们称之为**倒摄干扰（retroactive interference）**。当两种不同的反应与同一种刺激有关时，前摄干扰和倒摄干扰达到最大；当两种相似的反应与同一种刺激有关时，干扰程度为中等水平；当涉及两种不同的刺激时，干扰最小（Underwood & Postman，1960）。

在目击者证词研究中获得了倒摄干扰的强有力证据，对事件的记忆受到询问前事件的干扰（见本章下文）。不过，大部分关于倒摄干扰的证据，还是来自使用关系配对单词列表的研究（见右边的表格）。

你可能会遇到的关于倒摄干扰的例子是，一个妇女结婚并改了自己姓氏。她很容易犯继续沿用未婚时的姓氏的错误，这是因为刺激保持不变（妇女），但是反应（姓氏）却变了。日常生活中有大量这样的例子。例如，当我们经常改变电脑密码时会发现很难记住新的密码，或者当我们把钥匙未放在以前通常放的位置时会忘记把钥匙放在什么地方。

安德伍德（Underwood, 1957）揭示了前摄干扰的重要性，他回顾了关于间隔24小时后的遗忘研究。如果相同实验中被试先学习15个或更多单词列表的话，大约80%已学过的材料在一天后会被遗忘；没有预先学习的被试只有约20%的材料被忘记。这些发现表明，前摄干扰会导致大量的遗忘。但是这些研究存在一个问题，由于对所有单词列表中的每一个单词列表的学习都是按照同一种标准进行（例如，所有项目在即时测验中进行正确回忆），所以被试对后面的单词列表很快就达到了标准。因此，他们接触后面单词列表的时间较少，可能学得不够透彻。当对所有单词列表的学习时间保持相同时（Warr, 1964），前摄干扰量小于安德伍德的报告。

前摄干扰			
组	学习	学习	测验
实验组	A—B（例如，猫—树）	A—C（例如，猫—脏）	C（例如，猫—脏）
控制组	—	A—C（例如，猫—脏）	A—C（例如，猫—脏）
倒摄干扰			
组	学习	学习	测验
实验组	A—B（例如，猫—树）	A—C（例如，猫—脏）	A—B（例如，猫—树）
控制组	A—B（例如，猫—树）	—	A—B（例如，猫—树）

注：对前摄干扰和倒摄干扰而言，实验组均出现了干扰。在测验时，只提供第一个单词，被试必须给出第二个单词。

测验前摄干扰和倒摄干扰的方法

你如何把复述的概念应用到这个发现中？

雅各比、德布纳和海（Jacoby, Debner & Hay, 2001）认为，前摄干扰的产生可能有两个不同的原因。首先，可能是由于先前形成的错误反应的强大力量。其次，可能是在对正确反应的提取上发生困难。换句话说，被试表现出前摄干扰可能是因为正确的反应太弱而错误的反应太强。雅各比等人发现，前摄干扰取决于错误反应的强度。

大多数干扰研究都是关注外显记忆，被试需要在意识层面上对先前学习的信息进行回忆。内隐记忆是否也很容易受到干扰的影响呢？勒斯蒂格和哈什尔（Lustig & Hasher, 2001, p.624）回顾了相关证据，答案显然是肯定的："对外显记忆和内隐记忆来说，当类似的非目标信息和目标信息竞争成为对记忆线索的潜在反应时，

对橱柜中的物品进行重新摆放后，你可能会发现自己还在原来的位置寻找物品，甚至在几周后仍然如此。这是一个干扰的例子——对旧位置的记忆受到新位置记忆的干扰。

干扰就发生了。在外显和内隐测验中，干扰的程度受到竞争项目的数量及其关系紧密程度的影响。"

❖ 评价

- ⊕ 大量的研究证实了前摄干扰和倒摄干扰的存在。
- ⊕ 前摄干扰和倒摄干扰同时存在于外显记忆和内隐记忆。
- ⊕ 前摄干扰和倒摄干扰在日常生活中似乎非常重要。
- ⊖ 干扰理论对遗忘涉及的内部加工过程未提供任何信息。
- ⊖ 显著干扰效应的产生需要特定条件（例如，相同的刺激与两种不同反应之间的配对），这意味着很多遗忘都涉及干扰之外的因素。
- ⊖ 在实验室之外习得的联系，似乎比在实验室习得的联系更不容易受到干扰（Slamecka, 1996）。

线索依赖性遗忘或提取失败

塔尔文（Tulving, 1974）认为，遗忘主要有两个原因。第一，痕迹依赖性遗忘，在这种情况下信息不再存储在记忆中。第二，线索依赖性遗忘，信息仍存储在记忆中，但是无法提取。这些信息是存在的（仍然被存储），但却是无法得到的（不能被提取）。换句话说，遗忘因提取失败而产生。人们通常认为大多数遗忘都是线索依赖性遗忘（依赖于提取失败）。本部分将讨论线索依赖性遗忘的证据。

塔尔文和普索特卡（Tulving & Psotka, 1971）对线索依赖性遗忘和干扰理论做了比较。给被试呈现 1—6 个单词列表，每个单词列表中有来自六个类别的四个单词。每个列表呈现之后，要求被试尽可能多地回忆上面的单词。这是最初学习。当所有单词列表呈现完毕之后，被试从所有单词列表中回忆单词，这是完全自由回忆。最后呈现所有类别的名称，再次要求被试从所有单词列表中回忆单词，这是完全自由线索性回忆。

在完全自由回忆中似乎出现了倒摄干扰，具体表现为在学习和回忆中随着插入的干扰性单词列表的增加，被试对单词列表中任一列表的单词回忆量减少。这一发现可以用干扰理论进行解释，干扰理论假设被试对先出现的单词列表的学习存在未学习现象。不过，这一理论并不能很好地解释完全线索性回忆中出现的现象。当被试知道类别名称时，一般不会发生倒摄干扰或遗忘。因此，在

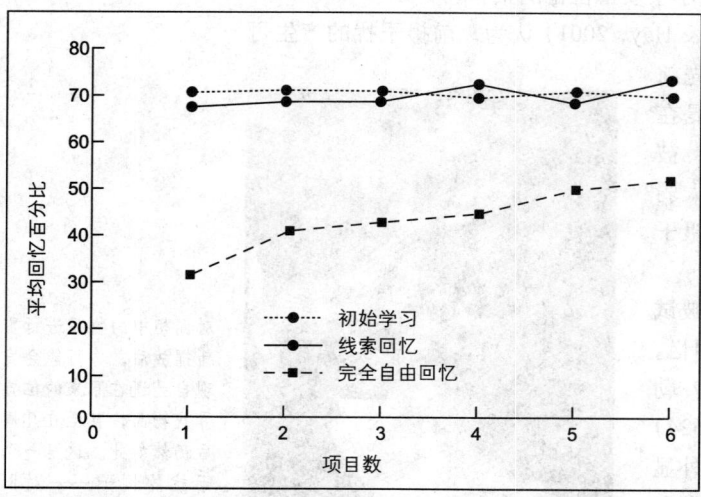

初始学习、线索回忆和完全自由回忆是插入单词项目数的函数。引自塔尔文与普索特卡（1971）。

完全自由回忆中观察到的遗忘，主要是线索依赖性遗忘和提取失败。

如果考虑到塔尔文（Tulving，1979）提出的**编码特异性原则（encoding specificity principle）**，我们可以获得一些对线索依赖性遗忘所涉及内容的理论理解。根据该原则，记忆痕迹中的信息也可以在记忆测验中获取（例如，提取线索）。两种信息资源之间重叠越多，记忆发生的可能性越大。尤为重要的是，塔尔文认为存储在记忆中的信息通常包含着背景信息。背景信息涉及外部学习环境、当前情绪状态等信息。

编码特异性原则的主要预测如下：当提取时的背景信息与记忆中存储的背景信息不同时，记忆成绩会很差（因此遗忘也更多）。根据这种观点，当个体测验时的状态（例如，情绪状态）与学习时的状态相一致时，记忆效果会更好。这一现象在电影《城市之光》（*City Lights*）中得到了很好笑的展现。在影片中，卓别林（Charlie Chaplin）把一个喝醉的百万富翁从一次自杀企图中救了出来，百万富翁作为回报和他成了好朋友。当百万富翁再次见到卓别林时，他人很清醒但却没有认出他来。不过，当百万富翁再次喝醉时，他见到卓别林时把他当成一位久未见面的老朋友，并把他带回了家。第二天早上，百万富翁又清醒了，他忘了卓别林是他请来的客人，竟然让他的男管家把卓别林扔了出去。

基尼利（Kenealy，1997）提供了状态依赖性记忆的实验证据。在一项研究中，被试看一幅地图并学习与一条特定路线有关的一系列路标提示，直到学习成绩超过80%。第二天让被试进行自由回忆测验和线索回忆测验（地图的视觉轮廓）。在被试学习和提取时，通过音乐制造快乐或悲伤的情绪状态进行背景操纵。正如预测的那样，

编码特异性原则：记忆取决于提取环境信息与记忆痕迹信息之间存在的重叠量。

你能想出一些该研究的应用吗（例如，广告）？

电影《城市之光》详细说明了心境状态独立性记忆的概念。

自由回忆和线索回忆是学习和回忆时情绪状态（快乐或悲伤）的函数。基于基尼利（Kenealy, 1997）的数据。

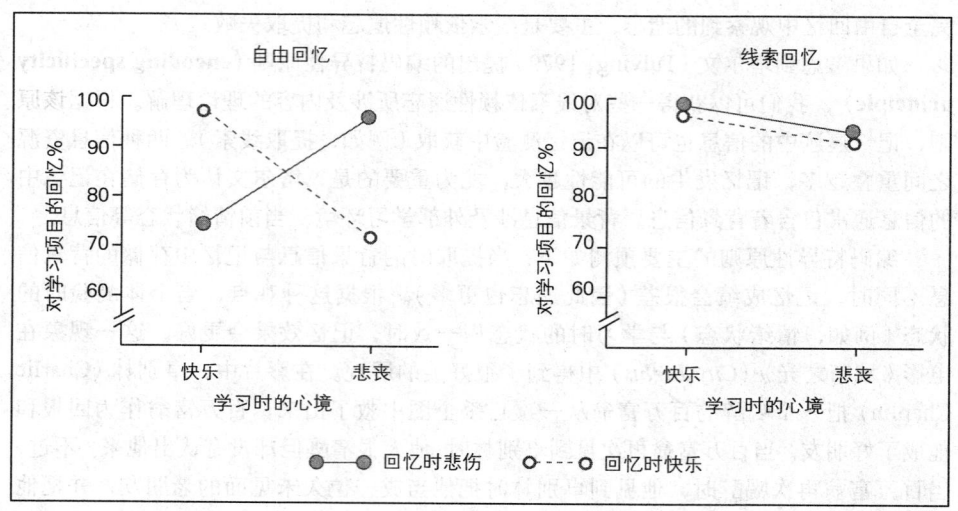

当学习背景和提取背景相同时，自由回忆成绩优于背景不同时的成绩。但是，并未发现线索回忆的背景效应。因此，背景以情绪状态的形式影响记忆，但只有在不存在其他强有力的提取线索时才有效。

编码特异性原则还得出了更进一步（更出乎意料）的预测。正如你所预期的，再认记忆一般优于回忆（例如，再认熟人的名字比回忆容易得多）。不过，根据塔尔文的观点，在具备相关背景信息的情况下，回忆要优于无相关背景信息的再认，因为记忆痕迹信息与提取环境信息之间的重叠在回忆时更多。马特（Muter, 1978）报告了相关的证据。给被试呈现一些人的名字（例如，DOYIE, FERGUSON, THOMAS）并要求被试对他们"所认出的1950年之前的名人名字划圈"。然后给被试呈现回忆线索，线索以简要描述的形式出现，并附带着名人的名字（first name），他们的姓在再认测验中出现过（例如，福尔摩斯故事的作者：Sir Arthui Conan＿；威

(a) 相同或不同背景中的回忆，数据来自 Godden & Baddeley (1975)；(b) 相同或不同背景中的回忆。数据来自 Godden & Baddeley (1980)。

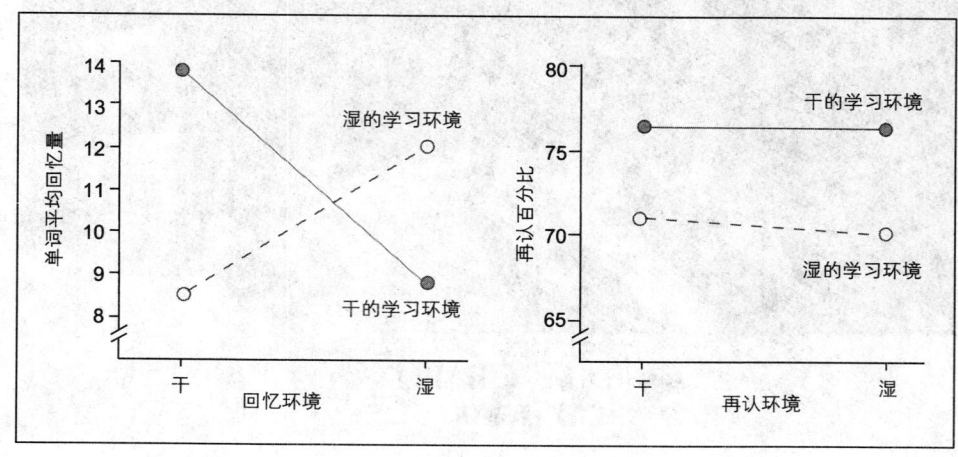

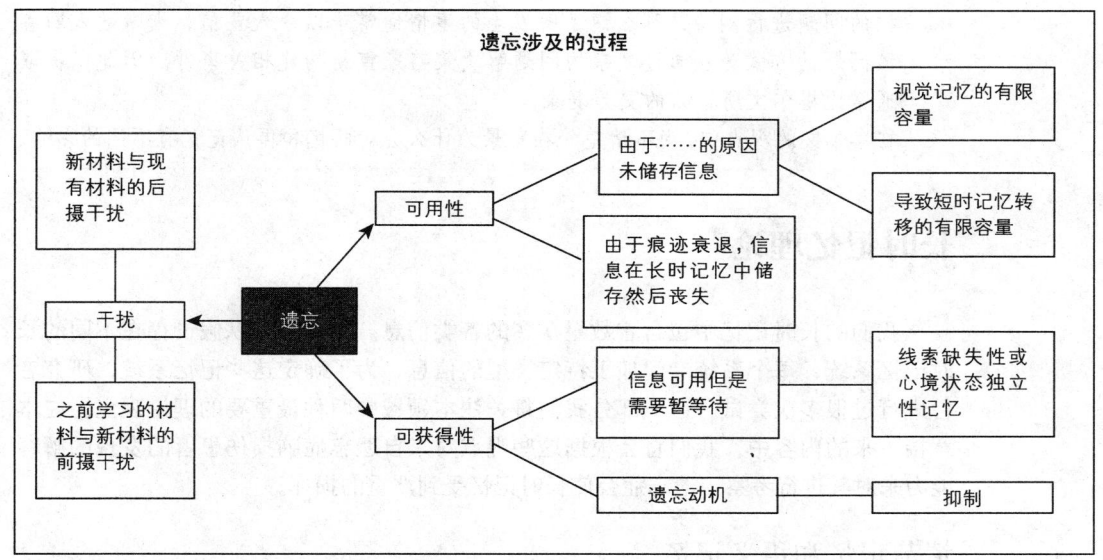

尔士诗人：Dylan__）。被试对名字的再认率只有29%，回忆率则是42%。

塔尔文认为背景以相同的方式影响回忆和再认。不过，巴德利（Baddeley, 1982）则认为情况并非如此。他指出了内在背景和外在背景的区别。**内在背景（intrinsic context）**直接影响记忆项目的意义及其重要性（例如，"草莓"相对"交通"来说是"果酱"的内在背景），**外在背景（extrinsic context）**（例如，学习所在的房间）则不会产生这种影响。根据巴德利的观点，回忆同时受内在背景和外在背景的影响，再认记忆则只受内在背景的影响。

戈登和巴德利（Godden & Baddeley, 1975, 1980）获得了相关的证据。他俩（1975）让被试在陆上或20英尺的水下学习词单，然后让他们在陆上或水下进行自由回忆或再认。那些在陆上学习的被试在陆上回忆得更好，在水下学习的被试在水下回忆得更好。学习和回忆在同一种外在背景下保持量要高出约50%。他俩后来（1980）又进行了一项类似研究，但是用再认代替了回忆。再认记忆未受到外在背景的影响。

内在背景：影响记忆信息意义的背景；见外在背景。

外在背景：不影响记忆信息意义的背景；见内在背景。

你能把这些发现运用到你自己的学习中吗？你如何运用这些发现提高你的成绩？

❖ **评价**

⊕ 正如编码特异性原则所假设的那样，记忆和遗忘常常取决于记忆痕迹中的信息和记忆测验中的信息之间的关系。
⊕ 塔尔文认为，我们在解释记忆和遗忘时需要考虑背景效应。
⊖ 在应用编码特异性原则时有陷入循环的危险：认为记忆取决于"信息重叠"，但是几乎无法测量重叠。如果我们根据记忆成绩的水平来推论信息的重叠量，会产生完全的循环推理。
⊖ 塔尔文假设提取时所获得的信息以简单而直接的方式与记忆中存储的信息进行比较，从而确定重叠的信息量。如果记忆通过询问"你六天前做了什么？"这样的问题进行测验，那么想了解发生的事情通常难以令人置信。大多数人回答该问题的方式为：通过复杂的问题解决策略来重新构建相关事件。因此，提取通常比塔尔文所认为的更为复杂。

⊖ 在塔尔文的观点中，尚不清楚外在背景为什么会对回忆和再认记忆有不同的影响。

长时记忆理论

我们的长时记忆中包含着数量众多的各类信息。因此，可以假设存在不同的长时记忆系统，每个系统专门加工特定类型的信息。为了确定这些记忆系统，研究者曾进行过很多次尝试。这一部分我们将关注本领域中两种最重要的理论观点。在本章接下来的内容中，我们将会根据这些观点对来自遗忘症脑损伤患者的发现的解释能力来对其进行考察，遗忘症会使长时记忆受到严重的损坏。

情节记忆和语义记忆

> **语义记忆**：有关一般知识、语言等的长时记忆。
>
> **情节记忆**：一种与个人的情节经历有关的长时记忆形式。

塔尔文（Tulving, 1972）认为，语义记忆（sematic memory）和情节记忆（episodic memory）之间存在区别。在他看来，情节记忆是指对特定时间或地点发生的事件或情节的存储。因此，对早餐吃什么的记忆就是情节记忆的一个例子。相反，语义记忆涉及有关世界知识存储的信息。塔尔文（Tulving, 1972, p.386）对语义记忆的界定如下：

> 语义记忆是一部心理词典，是个人所拥有的关于单词、其他言词符号及其意义和所指对象，以及相互关系的结构知识；也是有关操纵这些符号、概念和关系的规则、公式和算法的结构知识。

惠勒、斯塔斯和塔尔文（Wheeler, Stuss & Tulving, 1997, p.333）对情节记忆的界定截然不同，他们认为情节记忆取决于"回想过去某个具体时刻所经历的意识类型，和有意识地回忆某些以前的情节或状态时所体验的意识类型"。相反，语义记忆的提取缺乏有意识回忆过去的体验。它涉及客观地思考个体所熟知的事情。

语义记忆和情节记忆之间的区别发生了什么变化呢？惠勒等人（Wheeler et al., 1997, pp.348–349）认为："语义记忆和情节记忆之间的主要区别的最好描述不再根据加工时所使用的信息类型。现在它们之间的的主要区别根据主观体验的性质进行确定，主观体验伴随着编码和提取时的系统操作。"

塔尔文（Tulving, 2002, p.5）阐明了情节记忆和语义记忆的关系："情节记忆与语义记忆有很多共同特征……但它也有一些语义记忆不具备的特征……情节记忆是一种最近发展起来的、起源很早但早期受损的过去定向的记忆系统，比其他记忆系统更容易受神经功能障碍的影响。"

尽管情节记忆和语义记忆之间存在重要差异，但它们也有重要的相似性和重叠。当我们在情节记忆中存储信息时，信息通常也会在语义记忆中存储，反之亦然。提取信息时也存在某些相似之处。如果我们怀着喜悦的心情回忆去年暑假发生的事件时,我们的主观经验通常表明事件是从情节记忆中回忆出来的。但是,这些回忆出的事件中的很多概念(像沙滩、酒店),都取决于存储在语义记忆中的信息。

一些记忆研究者(例如,Parkin, 2001)对情节记忆和语义记忆之间的差异是否极为重要提出了质疑。因此,我们将关注表明这两种类记忆之间存在重要差异的证据。

证据

如果存在独立的情节记忆和语义记忆系统,似乎就可以合理地假设它们涉及不同的脑区。我们可以考察语义记忆和情节记忆最初学习或编码时的大脑活动,以及两种记忆提取时的大脑活动。惠勒等人(Wheeler et al., 1997)回顾了这一证据。在20项PET研究中,人们曾试图确定涉及情节编码而不参与语义编码的脑区。在其中18项研究中,左侧前额皮层在情节编码而非语义编码时激活水平更高。

提取时的大脑激活情况如何呢?惠勒等人报告,在26项PET研究中,有25项研究显示右侧前额皮层在情节记忆而非语义记忆提取时激活水平更高。勒佩奇等人(Lepage, Ghaffar, Nyberg & Tulving, 2000)揭示了更详细的情况。六个脑区在情节提取而非语义提取时更活跃。所有这些脑区都位于额叶,其中五个脑区位于前额皮层(三个活动强烈的位于大脑右半球,两个活动较弱的位于大脑左半球)。

本章后面的内容将对长时记忆存在问题的遗忘症患者的研究进行讨论。大多数遗忘症患者的情节记忆和语义记忆均严重受损。不过,一些遗忘症患者的情节记忆比语义记忆的损伤更为严重(例如,Vargha-Khadem et al., 1997)。这与塔尔文(Tulving, 2002)所认为的情节记忆比语义记忆更脆弱、更容易受损的观点相一致。

❖ **评价**

- ⊕ 脑成像研究的证据表明,情节记忆和语义记忆之间存在重要差异。
- ⊕ 正如我们要看到的那样,来自遗忘症患者的证据表明,情节记忆比语义记忆更脆弱,即使在语义记忆未受到损伤时也可能遭到损坏。
- ⊖ 大多数遗忘症患者的情节记忆和语义记忆均受到严重损坏的事实表明,在我们得出情节记忆和语义记忆形成了独立的记忆系统之前,需要格外谨慎。
- ⊖ 到目前为止,研究一直关注情节记忆和语义记忆的差异研究。因此,我们对它们之间的相似性及其内部关系所知甚少。

外显记忆和内隐记忆

传统的记忆测量（例如，自由回忆、线索性回忆和再认）都涉及使用直接的指导语来提取具体信息。因此，它们均可以视为外显记忆的测量（Graf & Schacter, 1985, p.501）："当任务的成绩需要有意识地回忆以前的经历时，外显记忆就发生了。"通常假设情节记忆和语义记忆是外显记忆的两种形式，**陈述性记忆**（**declarative memory**）这个术语常用来指代情节记忆和语义记忆。相反，"当任务的成绩在缺乏有意识回忆的情况下得到提高时，内隐记忆就发生了"（p.501）。

为了理解内隐记忆所包含的内容，我们考察塔尔文等人（Tulving, Scharcter & Stark, 1982）所做的一项研究。被试学习一个由多音节和相对罕见的单词（例如，"toboggan"）组成的词表。一个小时或一周之后，仅让他们进行残词填充组成一个单词（例如，"_O_O_GA_"）。一半残词的答案均来自已学过的词表，但是并未告知被试这一点。由于残词补缺测验不需要有意识回忆，因此它可以被视为一种内隐记忆测验。

内隐记忆存在的证据是，当解决办法与词表单词相匹配时，被试能正确地完成更多的残词补缺。这是重复启动效应（**repetition-priming effect**）的一个例子，当刺激多次呈现时刺激加工的速度将更快或更容易。你可能会认为，重复启动的发生是因为被试有意地搜索先前学过的词表，因此该测验实际上涉及外显记忆。但是，塔尔文等人报告了另一个与这种可能性相反的发现。再认过的靶词的重复启动效应并不比未再认过的单词显著。因此，重复启动效应与通过再认记忆评估的外显记忆成绩无关。这表明重复启动和再认记忆涉及不同的记忆形式。

如果外显记忆和内隐记忆是独立的记忆形式，那么它们可能涉及不同的脑区。沙赫特等人（Schacter et al., 1996）在一项运用 PET 扫描的研究中探讨了这个问题。当被试完成外显记忆任务时（回忆语义加工的单词），海马回非常活跃。相反，当他们完成内隐记忆任务时（残词补缺），双侧枕叶皮质的血流量减少，但是任务并未影响海马回的激活。

内隐记忆和外显记忆差异非常重要的最有力证据来自对遗忘症患者的研究。遗忘症患者一般外显记忆受损严重（情节记忆和语义记忆），但是内隐记忆非常完好。

内隐记忆形成了单一的记忆系统吗？多种内隐记忆任务（从动作技能到残词补缺）存在的事实表明，可能涉及多种记忆系统和脑区。沙赫特、瓦格纳和巴克纳（Schacter, Wagner & Buckner, 2000）认为，内隐记忆包含存在两种涉及内隐记忆的记忆系统：知觉表征系统和程序性记忆。在我们目前所涵盖的内容中，我们关注的是**知觉表征系统**（**perceptual representation system**），这是重复启动效应的基础。因此，如果刺激在连续表征中加工速度更快、更容易，就涉及知觉表征系统。相反，在动作技能和认知技能（例如，学习骑自行车，掌握阅读技能）学习中则会涉及**程序性记忆**（**procedural memory**）。

是否确实存在独立的知觉记忆系统和程序性记忆系统，尚无定论。不过，博尔德雷克和加布里艾利（Poldrack & Gabrieli, 2001）报告了它们可能不是真正独立的

陈述性记忆：类似于外显记忆的一种记忆形式，通常被认为由情境记忆和语义记忆组成。

重复启动效应：如果刺激以前呈现过或进行过加工，那么对该刺激的加工会更有效。

遗忘症患者的外显记忆和内隐记忆为什么存在差异？

知觉表征系统：参与重复启动效应的内隐记忆系统。

程序性记忆：一种基于技能记忆并类似于内隐记忆的记忆形式。

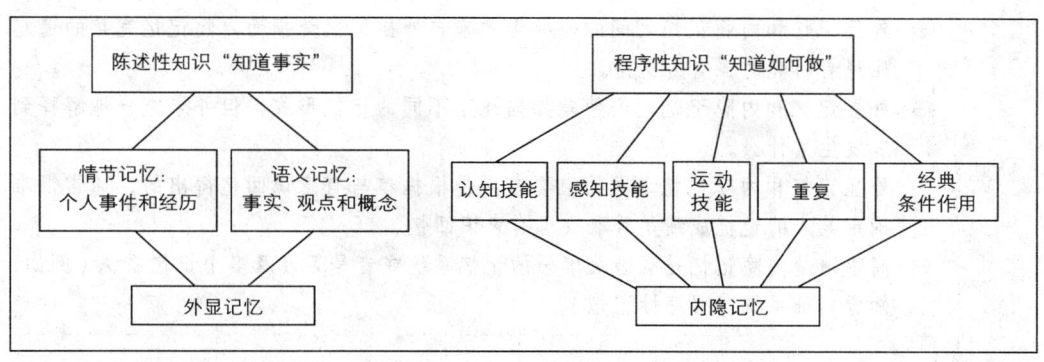

程序性知识——知道如何做（例如，像骑自行车之类的运动技能）

陈述性知识——知道事实（例如，情节记忆和语义记忆，像知道地球围绕太阳运转）

暗示性证据，他们研究了镜像阅读任务的技能学习和重复启动效应。他们使用 fMRI 评估了大脑活动并得出如下结论："所有被确定为……显示出激活时相关技能变化的脑区，也表现出长时重复启动效应，其中一些还表现出短时重复启动效应……这些数据与技能学习和重复启动效应是独立的观点不一致。"(p.80)

❖ 评价

⊕ 外显记忆和内隐记忆涉及不同脑区的发现表明，这两种记忆形式之间存在重要的差异。

- ⊕ 外显记忆和内隐记忆之间的差异得到来自外显记忆受损而内隐记忆完整的遗忘症患者研究的强有力支持。
- ⊖ 外显记忆和内隐记忆之间的差异描述了不同的记忆形式，但并未充分地解释到底发生了什么。
- ⊖ 外显记忆和内隐记忆之间的重要差异是根据参与有意识回忆得出的，通常很难确定某人的记忆成绩是否取决于有意识回忆。
- ⊖ 尚不清楚内隐记忆是否涉及单一的记忆系统或者是否涉及多个记忆系统（例如，知觉表征系统、程序性记忆）。

遗忘症

遗忘症：由脑损伤造成的一种症状，其中长时记忆存在诸多问题。

记忆研究者对遭受各种记忆问题的脑损伤患者进行了大量研究。其中尤为研究者感兴趣的是**遗忘症**（Amnesia）患者，这是一种长时记忆存在严重问题的症状。为什么遗忘症患者会成为研究的焦点呢？一个原因是，对这些患者的研究为当前的正常记忆理论提供了良好的试验台（test-bed）。另一个重要原因是，遗忘症患者研究为我们理解正常个体的记忆提出了相关理论差异。本章稍后将会对其中一些例子进行讨论。

科尔萨科夫综合症：由慢性酒精中毒导致的长时记忆（遗忘症）的严重问题。

导致患者患遗忘症的原因有多种。闭锁性头部外伤是最常见的遗忘症原因，其他原因包括双侧中风和慢性酒精中毒。大多数研究都涉及**科尔萨科夫综合症**（Korsakoff's syndrome）患者，这种症状是通过长期慢性酒精中毒形成的。对闭锁性头部外伤患者的研究较少。这些患者通常具有严重的认知损伤，使他们难以解释自己的记忆缺失。

顺行性遗忘症：遗忘症开始之后回忆已有信息的能力下降；见逆行性遗忘症。

大多数遗忘症患者都会表现出两个主要症状。首先是**顺行性遗忘症**（anterograde amnesia），在遗忘症开始之后对学过的新信息的记忆能力出现显著的受损。其次是**逆行性遗忘症**（retrograde syndrome），在遗忘症开始之前，尤其是开始前极短时间内出现的事件的记忆存在严重困难。大多数研究都关注顺行性遗忘症，科尔萨科夫（Korsakoff, 1889）描述了它的破坏性影响：

逆行性遗忘症：遗忘症开始之前出现的事件记忆损伤；见顺行性遗忘症。

他不记得是否吃过晚餐，是否已经起床。患者有时会忘记刚刚发生的事情：你进来和他交谈，然后出去了一会儿；当你再次进来时，患者居然不能回忆起刚才和你待在一起过。

大脑中两个区域的脑结构（即被称为间脑的皮质下区域和被称为内侧颞叶的皮质区域）损伤可能导致遗忘症。科尔萨科夫综合症患者的间脑受到损伤，尤其是内侧丘脑和乳头状突起细胞，但通常额叶皮质也会受到损伤。其他患者是内侧颞叶区域受到损伤。疱疹性脑炎、缺氧症（由缺氧所致）、梗塞或硬化（涉及组织及器官硬化）等均可导致这种损伤。

脑成像技术的最新发展使我们能在患者清醒的状态下准确地评估脑损伤的部位。阿格里顿和布朗（Aggleton & Brown, 1999, p.426）根据由神经成像研究得出的证据提出了一种新理论："传统上对颞叶遗忘症患者和间脑遗忘症患者之间的区分会使人误解：两组患者都同样遭受了功能系统的损伤……这一被提到的海马—间脑系统负责情节信息编码，允许信息储存在空间背景和时间背景中。"

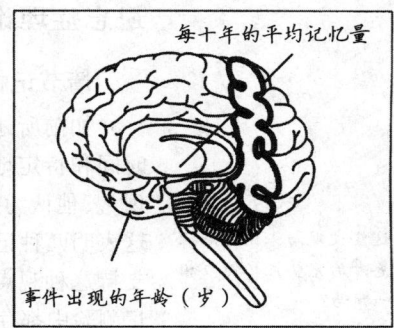

顺行性遗忘症和逆行性遗忘症是否涉及不同的脑区呢？里德和斯夸尔（Reed & Squire (1998)）在一项对四个遗忘症患者的研究中报告了存在这种事实的证据。核磁共振成像（MRI）检查显示四个患者均有海马回损伤，但是只有两个患者还有颞叶损伤。这两个颞叶损伤患者比其他两个患者表现出更严重的逆行性遗忘症，表明逆行性遗忘症与颞叶有关。

残余学习能力（residual learning ability）

遗忘症患者通常对遗忘症发病之后所学信息的记忆表现很糟糕。但是，重要的是要发现在遗忘症患者身上保存相对完好的学习和记忆内容。受损或未受损的遗忘症记忆能力之间的比较，可能有助于完成鉴定遗忘症患者受到影响的记忆过程和/或记忆结构的任务。遗忘症患者所保留的一些主要记忆能力如下（见 Spiers, Maguire & Burgess, 2001）：

1. **短时记忆**。在数字广度上，遗忘症患者和正常人的表现几乎一样好（随机数字的即时顺序回忆；Butters & Germak, 1980）。

2. **技能学习**。遗忘症患者能以正常的速率学习序列反应时、镜像追踪和追视盘（Gabrieli, 1998）。镜像追踪是用笔尖追踪由镜子反射出的图像轨迹。追视盘是用手追踪移动靶。

3. **重复启动**（repitition priming）。遗忘症患者在很多任务中显示出正常或接近正常的重复启动效应（见本章前文）。例如，瑟马克等人（Cermak, Talbot, Chandler & Wolbarst, 1985）使用了一项知觉辨认任务，需要对以最短的时间呈现的单词进行正确的辨认。一些单词被启动过，也就是说它们之前曾在要学习的词单中出现过。遗忘症患者显示出与控制组相似的启动效应，即启动词呈现后的探测时间少于未启动单词。

4. **条件作用**（conditioning）。很多遗忘症患者显示出正常的眨眼反射（Gabieli, 1998）。这是经典条件反射的一种形式，个体学会对之前与向眼睛吹气相配对的声音眨眼睛。

我们很难在这些不同的记忆能力之间找到相似之处。不过，一个共同主题是，大多数记忆不需要有意识地回忆先前的刺激或事件。更具体地讲，对技能学习、重复学习和条件化的评估都是基于成绩的行为测量，而不是把之前学过的知识提取到意识层面的能力。

遗忘症理论

情节记忆和语义记忆

如前所述，塔尔文 (Tulving, 1972, 2002) 区分了情节记忆（涉及对发生在特定时间和特定地点的事情或情节的有意识回忆）和语义记忆（涉及有关世界的一般知识）。他认为，与语义记忆相比，遗忘症患者通常对情节记忆具有更多的顺行性遗忘，这表明两种记忆类型之间存在重要差异。施皮尔斯等人 (Spiers et al., 2001) 报告了支持这种观点的证据，他们回顾了 147 个遗忘症患者的案例。在所有患者的情节记忆测验中都存在受损的证据，但一些患者具有一定的形成新语义记忆的能力。

这些发现与上述遗忘症患者的完整记忆能力相一致吗？

瓦尔加-卡德姆等人 (Vargha-Khadem et al., 1997) 报告了情节记忆和语义记忆相互独立的最具说服力的证据。他们研究了两个患者（贝丝和乔恩），患者小时候在有机会形成语义记忆之前双侧海马回遭受损伤。两个患者对日常活动、电视节目等的情节记忆能力极差。但是，他们都进入正常的学校，言语发展水平、识字能力和事实性知识（例如，词汇）都在正常范围内。瓦尔加-卡德姆等人 (Vargha-Khadem, Gadian & Mishkin, 2002) 在乔恩 20 岁时进行了一项追踪研究。作为一名年轻成人，他有着很高的智力水平（IQ=114），语义记忆一直显著优于情节记忆。

瓦尔加-卡德姆等人 (1997) 对这些发现的解释是：情节记忆和语义记忆依赖不同的脑区。但是，为什么如此众多的遗忘症患者在情节记忆和语义记忆方面都存在严重问题呢？根据瓦尔加-卡德姆等人的观点，在海马回内部或海马回周围区域中，情节记忆和语义记忆的脑区相互之间非常接近。因此，情节记忆的脑区受损，通常也会影响到语义记忆有的脑区。

情节记忆和语义记忆之间的差异也受到逆行性遗忘症（对遗忘症发作之前事件的记忆受损）研究的支持。卡普尔 (Kapur, 1999) 回顾了相关证据。她发现一些患者对情节记忆具有逆行遗忘症而对语义记忆则没有，另一些患者表现出相反的模式。这些发现表明，情节记忆和语义记忆被存储在不同的脑区。

❖ 评价

- ⊕ 顺行性遗忘症研究表明，情节记忆比语义记忆更容易受到脑损伤干扰的损害。
- ⊕ 逆行性遗忘症研究支持情节记忆和语义记忆之间存在着差异，因为通常只有一种或另一种记忆受到影响。
- ⊖ 情节记忆和语义记忆的差异未阐明大多数遗忘症患者具有完整的重复启动效应和技能学习的发现。
- ⊖ 大多数遗忘症患者的情节记忆和语义记忆受损的事实对该差异的价值提出质疑。

外显记忆和内隐记忆

沙赫特 (Schacter, 1987) 认为，当对遗忘症患者采用外显记忆测验时（要求有意回忆）对他们很不利，但是他们在内隐记忆测验（不要求有意回忆）上则会表现出正常水平。正如该理论所预期的那样，大多数（绝非所有）遗忘症患者都在对最近获得的情节记忆和语义记忆测验中表现出较差的成绩。大多数动作技能研究和各种重复启动效应研究也与沙赫特的理论观点相一致，因为它们基本属于内隐记忆任务，遗忘症患者的任务成绩较为正常或接近正常。

外显记忆和内隐记忆能够解释遗忘症患者的记忆缺陷吗？

一个经常谈及的与克拉帕雷德（Claparede，1911）有关的轶事与沙赫特的观点相一致。他在和他的一个遗忘症患者握手之前把一颗大头针藏在手中。此后，她（患者）似乎很不情愿和他握手，但是由于无法解释原因而感到很尴尬。该患者的行为清晰地揭示出她对已发生的事情具有长时记忆，但是不需要有意回忆该事件。因此，存在内隐记忆而非外显记忆。

格拉夫等人（Graf, Squire & Mandler, 1984）报告了引人注目的发现。给被试呈现词单，每个词单后跟随四个记忆测验中的一个。三个测验是常规的外显记忆测验（自由回忆、再认记忆、线索回忆），第四个测验（残词补缺）涉及内隐记忆。在最后一个测验中，给被试呈现三个字母的词干（例如，STR___），让被试写下他们想到的以这些字母开头的第一个单词（例如，STRAP, STRIP）。内隐记忆根据写出的单词与先前列表中的单词的匹配程度进行评估。遗忘症患者在三个外显记忆测验中比正常人显著的差，但在内隐记忆测验中则与正常人表现一样好。

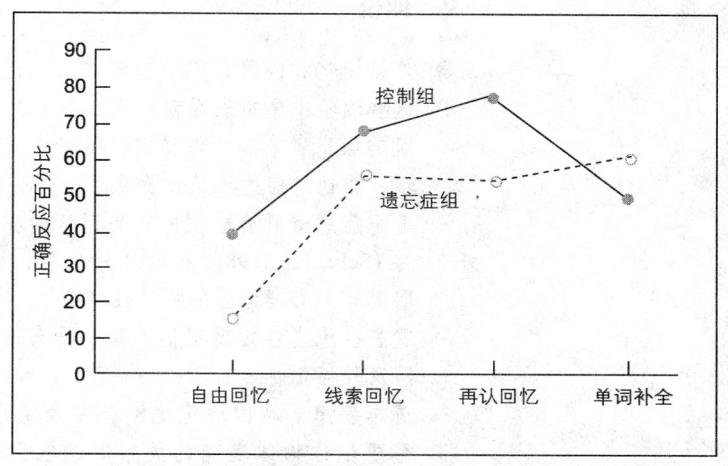

遗忘症患者和控制组的自由回忆、线索回忆、再认记忆和单词补全，数据来自格拉夫等人（1984）所报告的不同实验。

遗忘症患者并非总是在内隐记忆中表现较好。例如，瑞安等人（Ryan, Althoff, Whitlow & Cohen, 2000）在三种条件下给遗忘症患者和正常被试呈现真实生活场景的彩色图片：

1. 之前未呈现过的新颖场景。
2. 重复的旧场景。
3. 操作过的旧场景，其中一些物体的位置被改变了。

一个关键的测量指标是临界区（即，在操纵条件下发生系统改变的场景的一部分）的眼注视比例。健康控制组在操纵条件下比其他两种条件下对临界区给予显著更多的注视。之所以出现这种情况，是因

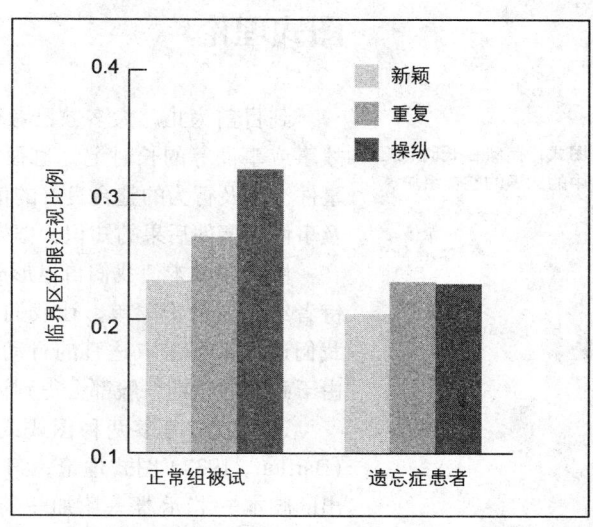

临界区眼注视比例是实验条件（新异、重复和操纵）和组别（健康控制组和遗忘症患者）的函数。引自 Ryan 等（2000）。

为这些被试对最初场景中物体之间的关系具有内隐记忆。相反，遗忘症患者在控制条件下则未对临界区给予更多的注视，因为他们对之前呈现的场景成分之间的关系具有内隐记忆。

该证据表明，遗忘症患者对简单的信息具有完好的内隐记忆（像单独动作或单词；Claparede, 1911；Graf et al., 1984）。不过，遗忘症患者对复杂信息的内隐记忆受损（像事物之间的关系；Ryan et al., 2000）。迄今为止，我们还未形成一种充分解释这些发现的理论。

❖ 评价

- ⊕ 外显记忆和内隐记忆的差异在长时记忆的分类测验中非常重要，遗忘症患者在这些测验中通常表现较差或表现不差。
- ⊕ 遗忘症患者一般在内隐记忆测验中成绩较好而在外显记忆测验中成绩较差的发现，为遗忘症的理论化提供了一个有用的起点。
- ⊖ 遗忘症患者具有缺损的外显记忆的观点并不能解释他们的记忆缺陷。正如沙赫特（Schacter, 1987, p.501）指出的，内隐记忆和外显记忆"是主要关注个体提取时有关心理体验的描述性概念"。
- ⊖ 遗忘症患者在短时记忆测验中具有较正常成绩的发现并不合适，因为这些测验涉及外显记忆。
- ⊖ 遗忘症患者在内隐记忆测验中表现水平正常并非一贯如此。当任务复杂并且需要记住物体之间的关系时，他们就会表现出受损的内隐记忆（Ryan et al., 2000）。

图式理论

图式：存储在长时记忆中的知识的整合组块。

到目前为止，大多数已考察的研究都是涉及单词、图片或句子。然而，考察对故事或事件等的长时记忆也很重要。该领域的理论关注**图式**（**schemas**，有关世界、事件、人及行为的整合良好的信息库）。脚本和框架是较为具体的图式类型。脚本涉及事件和事件后果的知识，框架是有关客体和位置属性的知识。

图式或脚本使我们得以形成预期。例如，在餐馆中，我们会预期被带到餐桌旁，侍者给我们一份菜单，让我们点食物和饮料等。如果这些期望中任何一个被违背，我们通常就会采取适宜的行动。例如，如果没菜单，我们会试图引起侍者的注意。由于我们的预期一般都会得到证实，因此，图式使世界成为一个相对可预期的场所。

这里我们考察两种图式或脚本理论。第一个是具有重大历史意义的巴特利特（Bartlett, 1932）图式理论。第二个是尚克和阿贝尔森（Schank & Abelson, 1977）提出的脚本—指示器—附加—标签假设（script-pointer-plus-tag hypothesis）。

巴特利特的图式理论

依据巴特利特的看法，我们从故事中回忆起什么不仅取决于故事本身，也取决于我们以图式形式存储的与故事有关的先前知识。他通过向被试（大多为剑桥大学

巴特利特：魔鬼之战

在1932年的一项研究中，巴特利特让英国被试阅读一个北美印第安人的民间传说"魔鬼之战"（the war of the ghosts），之后让他们回忆这个故事。故事的部分内容如下：

一天晚上，两个来自Edulac的年轻人下河捕海豹，当他们到达河边时，周围雾气弥漫，一片寂静。突然，他们听到战争号角的声音，他们想："可能是远征队。"于是，他们逃到岸上，躲在一棵大树后面。这时候来了一些独木舟，他们听到船桨划水的声音，一艘独木舟朝他们划来。独木舟上坐着五个人，他们问这两个年轻人："你们意下如何？我们想带你们到河上游同一个部落打仗。"

……一个年轻人跟着去了，另一个回家了。[原来船上的五个人是魔鬼，在与他们并肩作战之后，年轻人返回村子并讲述他的奇遇]……他说："我看到魔鬼了，我们一起战斗。许多同伴战死了，敌人也死了很多……他们说我受伤了，但我并未感到不适。"

他说完后安静下来。当太阳升起的时候他倒下了。一团黑色的东西从他嘴里流出来。他的脸逐渐扭曲……他死了。(p.65)

一个被试对故事的回忆（两个星期后）：

有两个魔鬼。他们在河上。有一艘独木舟出现在河里，上面载着五个人。魔鬼之间的战争开始了……他们发起了战争，有些人受伤了，有些人被杀了。有一个魔鬼受了伤但不觉得痛。他坐着独木舟回到了村子。第二天他死了，他的嘴里冒出一些黑色的东西，并且村民们叫道："他死了。"(p.76)

巴特利特发现，被试的回忆歪曲了故事的内容和最初的故事风格。故事被简化了，有些短语和词汇改变成更接近英语语言和概念（例如，用"船"代替了"独木舟"）。他还发现了一些其他类型的错误，如精简作用和锐化作用。

讨论要点：
1. 你认为巴特利特的理论为什么一直如此具有影响力？
2. 你是否认为巴特利特发现的各类错误和歪曲在其他材料中也会存在？

关键研究评价——巴特利特

巴特利特的研究很重要，因为它以图式的形式提供的第一批证据表明，我们的记忆内容在某种重要程度上取决于先前的知识。

不过，巴特利特的研究也容易受到批评。他未给被试提供具体的指导语（Bartlett, 1932, p.78："我认为出于试验的目的，最好尽量不要影响被试的程序。"）。因此，巴特利特观察到的一些歪曲可以归于有意识的猜测而非记忆缺陷。高尔德和斯蒂芬森（Gauld & Stephenson, 1967）发现，那些强调需要精确回忆的指导语，几乎减少了一半通常所观察到的错误。

对巴特利特研究的另一个批评是，他的研究方法缺乏客观性。一些心理学家认为，控制良好的实验是得出客观数据的唯一途径。巴特利特的方法在某种程度上是偶然性的。他仅仅让被试组在各种间隔期内回忆故事，这种回忆不具备特定的条件。可能的情况是，其他因素影响了被试的表现，例如回忆故事时的外周环境，或者也可能是歪曲仅仅是被试的猜测，而非真实的记忆歪曲，因为被试试图使自己的回忆显得更连贯和完整。

另一方面，我们则会认为他的研究比那些回忆无意义音节或词单的研究更具生态学效度。近些年来，巴特利特所进行的那类研究日益增多，更多内容请看"日常记忆"。

如果在北美印第安人被试中进行同样的实验，你希望获得什么发现？

的学生）呈现一些内容与他们的先前知识产生冲突的故事检验了这一看法。预测是：阅读不同文化故事（像北美印第安文化）的人会产生歪曲的故事记忆，使得故事从自己文化背景的观点看更为常见和易于接受。

巴特利特的发现支持上述预测。尤其应该注意的是，大量的回忆错误与使这个故事读起来更像英文故事相一致。他使用**合理化**（rationalisation）这个术语指代此类错误。巴特利特报告了支持该预测的发现。他还发现了其他种类的错误，包括精简作用（flattening，不能回忆起不熟悉的细节）和锐化作用（sharpening，特定细节的精致化）。

合理化：在巴特利特的理论中，故事回忆的扭曲倾向与记忆者的文化传统相一致。

巴特利特假设对呈现的精确材料的记忆会随着时间而遗忘，基于图式的记忆则不会遗忘。因此，合理化错误（基于图示知识）在较长的保持间隔期在数量上会增加。苏林和杜林（Sulin & Dooling, 1974）报告了支持性证据。他们向一些被试呈现有关杰拉尔德·马丁（Gerald Martin）的故事："马丁努力削弱现有政府的力量以满足他的政治野心……他变成一个冷酷无情、无法控制的独裁者。他统治的最终结果是国家的颠覆。"（p.256）

给其他被试呈现同样的故事，但是主角的名字是阿道夫·希特勒。那些被告知故事是关于希特勒的被试比其他被试更可能错误地相信他们阅读的一句话："他尤其憎恨犹太人，因此迫害他们。"他们有关希特勒的图式知识歪曲了对他们阅读内容的回忆。正如巴特利特所预测的，这种歪曲在较长的保持时间内，要比在较短的保持时间内更为频繁。

关于人类记忆的可靠性，巴特利特的发现能给我们提供什么信息？

巴特利特认为记忆歪曲的发生主要是因为提取时出现的图式驱动的重构过程。不过，图式也会影响故事理解。例如，布兰斯福德和约翰逊（Bransford & Johnson, 1972, p.722）给被试呈现一段文字，从中很难找到哪些图式是相关的。短文的部分内容如下：

> 程序很简单。首先，你把项目分成不同的组。当然，分成一堆可能也就够了，但这要取决于你总共需要多少组。除非是你由于缺少第二步的设备而必须去往别处；否则，你已经准备得很好了。

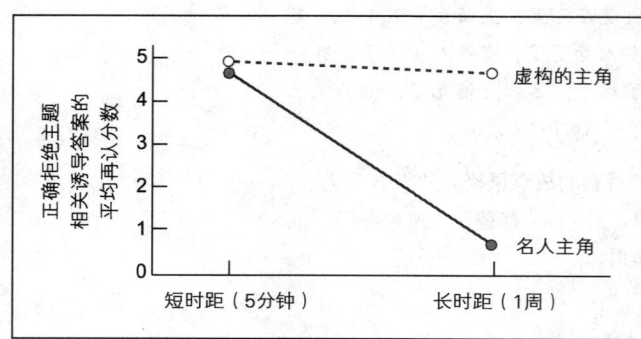

主题诱导答案的正确拒绝是主角（马丁或希特勒）和保持时间的函数。数据来自 Sulin & Dooling (1974)。

在缺少标题的情况下听到这篇短文的被试认为不可理解，平均仅仅回忆出 2.8 个概念单元。相反，那些之前给予标题"洗衣服"的被试发现短文易于理解，平均回忆出 5.8 个概念单元。相关图式知识之所以产生影响，是因为它有助于理解短文。布兰斯福德和约翰逊支持构建性理论，根据这一理论，图式知识会影响对短文或其他材料解释和理解的方式。

安德森和皮克特（Anderson & Pichert, 1978）报告了支持巴特利特的更多证据。被试站在窃贼或对买房感兴趣的人的角度阅读一个故事。他们站在被赋予的立场尽可能多地回忆这个故事之后，转换到另一个角度再次回忆这个故事。在第二次回忆中，被试比第一次回忆更多的回忆出仅对第二个角度或图式更为重要的信息。

人们对巴特利特的主要发现能否在更自然的环境下进行重复提出质疑。怀恩和洛吉（Wynn & Logie, 1998）在大学开学的第一个星期，以2周到6个月的不同间隔时间，对学生回忆所经历的"真实生活"事件进行测试。他们发现："在整个测试过程中，最初的正确率保持不变，也未随时间发生相应的变化，表明很少用到重构过程。"（p.1）之所以出现这种情况，部分原因是学生没有时间形成很多相关的图式。

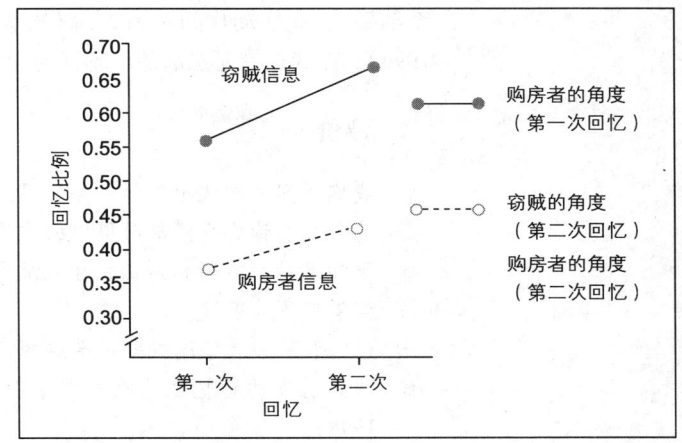

回忆是提取时不同角度的函数。基于安德森和皮克特（Anderson & Pichert, 1978）的数据。

如果我们试图按照特定图式的激活来解释语篇理解和记忆，那么我们确实需要得到关于这些图式特征的独立证据。这些证据通常不易获取，但在鲍尔、布莱克和特纳（Bower, Black & Turner, 1979）的一项研究中提供了相关证据。让学生列举出20种与各种事件有关的行为或事件（例如，在餐馆吃饭，参加演讲）。被试间具有很大的一致性，表明不同的人拥有相似的图式。当鲍尔等人呈现能够引发具体图式或脚本的故事时，他们发现未提及的图式相关行为经常被错误地回忆或再认。

根据图式理论，自上而下加工在故事理解过程中会形成大量的推论。大多数早期研究都为这一假设提供了支持。例如，布兰斯福德、巴克利和弗兰克斯（Bransford, Barclay & Franks, 1972）给被试呈现如下句子："三只海龟在一根漂浮的圆木上休息，一只鱼在它们下面游。"他们认为可能得出鱼在圆木下面游的推论。为了检验该假设，给接受随后再认记忆测验的被试提供以下句子："三只海龟在一根漂浮的圆木上休息，一只鱼在它下面游。"大多数被试自信地认为该推论就是最初的句子。事实上，他们的自信水平与再认记忆测验中再次呈现最初句子时的自信水平一样高！

格雷泽、辛格和特拉巴索（Graesser, Singer & Trabasso, 1994）认为，大多数图式理论都不能明确说明人们阅读故事时得出何种推论。他们在基于如下假设的语义后搜索理论（search-after-meaning）中补救了这个漏洞：

- **读者目标假设**。读者针对说明他们目标的语篇构建意义。
- **一致性假设**。读者试图为语篇构建一致性意义。
- **解释性假设**。读者试图解释与语篇有关的行为、事件和情景。

如果读者的目标不要求他们理解文章的意义（例如，在校稿时），或文章缺乏一致性，或他们缺少理解文章的必要背景知识，他们将得不出任何推论。即使读者确实进行了意义后搜索，也无法正常地得出某些推论：有关未来发展的推论（符合因果关系结果）、完成动作的精确方式（次级目标—行动）和作者的意图（Graesser er al., 1994）。图式理论无法清楚地解释为什么无法得出这些推论（见第 11 章）。

❖ **评价**

- ⊕ 我们以图式形式出现的有关世界的结构化知识会影响文章理解和回忆。
- ⊕ 我们在阅读或听故事时得出的推论，部分取决于我们的图式知识。
- ⊕ 正如巴特利特所预测的，由图式导致的记忆歪曲在较长保持间隔期比较短保持间隔期更为普遍。
- ⊖ 巴特利特夸大了图式知识造成的记忆歪曲数量。
- ⊖ 图式引发的记忆歪曲在自然条件下比实验室条件下更不普遍（Wynn & Logie, 1998）。
- ⊖ 图式特征通常缺乏独立的证据。因此，大多数图式理论较缺乏可验证性。
- ⊖ 图式理论通常预测读者在阅读文章而非实际处在某种场合时会得到更多的推论。

脚本—指示器—附加—标签假设

尚克和阿贝尔森（Schank & Abelson, 1977）提出了脚本—指示器—附加—标签假设。它由各种有关基于脚本或图式的故事记忆的假设构成：

- 来自故事的信息与记忆中的潜在脚本或图式信息进行合并。
- 故事中的行为可能典型（与潜在的脚本或图式相一致）或不典型（与潜在的脚本不一致）。
- 非典型行为的信息为潜在的脚本分别贴上了标签。
- 典型行为的再认记忆差于不典型行为的再认记忆，因为故事中出现的典型行为难以与未在故事中出现的典型行为进行区分。
- 对非典型行为的最初回忆优于典型行为的回忆，因为它们在记忆中被贴上了独特的标签。
- 在较长的保持间隔期内对非典型行为的回忆差于对典型行为的回忆，因为回忆越来越依赖潜在的图式或脚本。

证据

大多数研究都支持以下预测：在所有的保持间隔期内，对非典型行为的再认记忆优于对典型行为的记忆（Davidson, 1994）。不过，关于回忆的研究发现较不一致。戴维森详细阐明了这些不一致。她使用与故事无关的常规非典型行为和干扰故事的非典型行为。例如，在一个关于看电影的故事中，"萨拉向萨姆提到屏幕很大"属于前一种类型，而"另一对个子很高的夫妇坐在他们前面挡住了视线"属于后一种类型。在短的保持间隔期内（1 个小时）对两种非典型行为的回忆都优于对典型行为的回忆，这与预测相一致。一周之后，常规非典型行为的回忆成绩差于典型行为或脚本行为，但是干扰性非典型行为的回忆优于典型行为。

此时到底发生了什么呢？推测起来，在长的保持间隔期对干扰性非典型行为的良好回忆，是因为它们与潜在的脚本或图式具有清晰的区分。正如戴维森（Davidson, 1994, p.772）所总结的："当前图式理论的部分问题是，它们未能明确地阐明不同的非典型行为是如何进行回忆的。"

日常记忆

大多数人类记忆研究都是在实验室中进行的，很可能与现实生活毫无关联。这一问题导致众多研究者去研究日常记忆。就像科里亚特和戈尔德史密斯（Koriat & Goldsmith, 1996）所指出的，很多日常记忆研究者和其他记忆研究者对三个问题的回答有所不同：

1. 应该研究什么记忆现象？在日常记忆研究者看来，人们日常所经历的各类记忆现象应该成为研究的焦点。

2. 应该如何研究记忆？日常记忆研究者强调记忆研究的生态学效度。生态学效度包括两个方面:（1）代表性；(2) 概括性（Kavalilashvili & Ellis，出版中）。代表性是指实验情境、刺激和任务的自然性，概括性则是指研究发现适用于真实生活的程度。概括性比代表性更重要。

3. 应该在何处研究记忆现象？一些日常记忆研究者支持在自然情境下进行研究。

你会如何检验日常记忆？

事实上，问题并不像目前所认为的这么简单和单一。正如科里亚特和戈尔德史密斯所指出的："尽管三个维度——什么、如何和何处——在记忆研究的现实性中是相关的，但它们在逻辑上却并非相互依存。例如，很多日常记忆的研究问题都可以在实验室中进行研究，很多自然情境中的记忆研究也可以通过严格的实验控制进行检验。"(p.168)

尼瑟（Neisser, 1996）确定了传统记忆研究与日常生活记忆研究之间的重要差别。传统记忆研究一般鼓励被试在记忆成绩中尽量准确。相反，日常记忆研究则基于"记忆是目的行为的一种形式"这一观点。这种取向涉及关于日常记忆的三个假设：

1. 具有目的性。
2. 具有个人属性，这表明它受到个体人

> **日常记忆研究：两个日常记忆研究的对比例证**
>
> 格林（Green, 1995）测量了诸如警觉性、反应速度及记忆的认知表现，然后让被试完成一个问卷。他的测试所表现出的记忆和其他缺陷主要出现在节食者中——与饮用了两单位酒之后的预期缺陷相同。进一步研究证实了他的发现，但是仅针对那些为减肥而节食的人，而不是出于医疗原因而节食的人。那些试图减肥但未成功的人具有最大的记忆缺陷。格林指出，这些缺陷的原因是心理性的，是焦虑/压力与思考食物、节食、体重时心理加工容量使用的整合。
>
> 钱（Chan, 1998）调查了在12岁以前至少接受过六年音乐课程的女性，以及从未受过音乐培训女性的记忆。她的被试均为职业音乐家。她发现两组被试的视觉记忆无差异，但是具有音乐背景的女性在与语音有关的记忆测验中表现得更好——也许是因为她们的大脑中存在额外的声音加工经验。她认为，这些发现也许可以应用于语言损伤患者的治疗。

当你得知戴安娜王妃遭遇致命车祸时你在做什么？为什么如此多的人对此事件及其他极为情绪化的重要事件具有鲜活的记忆？

闪光灯记忆：对灾难性事件的详细生动的记忆。

个体因素和文化因素为什么会影响事件的记忆？

格和其他特征的影响。

3. 受情境需要（像给观众留下印象的愿望）而非准确需要的影响。

例如，当你告诉别人在最近晚会上发生的事情时，你可能会故意省略自己醉后的言行，而故意夸大对晚会成功的积极作用！

我们将主要关注日常记忆研究的三个主题：闪光灯记忆、目击者证词和自传体记忆。重大世界性事件的闪光灯记忆研究本身就很让人感兴趣。目击者证词研究可能比其他记忆研究具有更大的现实价值。自传体记忆因与我们的日常生活休戚相关，近年来成为一个热门研究。

闪光灯记忆

一些全球性事件（像世贸大厦倒塌、黛安娜王妃逝世）是如此剧烈，以至于给我们留下了非常鲜明、详细的记忆。布朗和库里克（Brown & Kulik, 1977）使用术语闪光灯记忆（**flashbulb memories**）来描述这些记忆。他们认为，特殊的神经机制可能会受到这些事件的激活，因为这些事件被个体视为令人震惊并会对生活产生实际的影响。该机制在记忆系统中会永久性地"印刻"着这些事件的细节。有人宣称闪光灯记忆是准确的并能长时间持续，常包括以下种类的信息：信息源（提供信息的人），听到消息的地点，正在发生的事件，个体的情绪状态，他人的情绪状态，事情对个体的影响。

康韦等人（Conway et al., 1994）研究了有关1990年撒切尔夫人辞职的闪光灯记忆。对该事件的回忆被英国人认为是令人震惊和影响深远的。因此，从理论上来说应该产生闪光灯记忆。在11个月后，发现86%的英国被试存在闪光灯记忆，其他国家则只有29%。这些英国被试都是学生，赖特等人（Wright, Gaskell & Muircheartaigh, 1998）怀疑这些发现能否在更具代表性的样本中进行复制。他们发现，在18个月之后，被抽取的英国人中只有12%能够清楚地记得撒切尔夫人的辞职。

很多专家（例如，Nesser, 1982）出于各种原因对闪光灯记忆持怀疑态度。第一，闪光灯记忆能被清晰地记得可能是因为它们经过了反复复述，而不是因为在听到重大事件时所进行的加工。第二，通常很难核查所报告的闪光灯记忆的准确性，很多都是错误的。

第三，温宁海姆等人（Winningham, Hyman & Dinnel, 2000）认为，这些重大事件的记忆在发生后的最初几天里常会发生改变并有所发展，因此闪光灯记忆并非是在个体听到这些事件时就完全形成。他们通过研究美国人听到辛普森无罪释放的事件记忆检验了自己的观点。辛普森曾经是美国的足球明星，他被指控在1994年谋杀了前妻（Nicole Brown Simpson）和他的朋友（Ron Goodman）。温宁海姆等人的重要发现来自如下被试：他们在无罪裁决后的最初五个小时接受提问，并在八个星期后进行重测。如果这些被试具有真实的闪光灯记忆，那么两次测验的回忆应该非常相似。但事实上，在两个测验中有77%的被试的回忆发生了显著变化，部分是因为在无罪宣告的前几天他们听到了更多有关该事件的信息。

总之，在一些研究中获得了闪光灯记忆的证据（Eysenck, 2001），显而易见的是，很多人强烈地认为他们对某些特定的事件形成了闪光灯记忆。例如，我清楚地记得当我听到撒切尔夫人辞职的消息时正在和两位同事（Matryn Barrett 与 Duncan Harris）讨论去西班牙的旅游。但是，很难证明闪光灯记忆在某些重要方式上与普通记忆存在差异。

目击者证词

数以千计的人由于单纯地根据目击者证词而被送入监狱。即使错误辨认率很低，但却仍然存在许多无辜的人因为目击者证词的不可靠而在监狱受苦。目击者证词常常是不准确的，因为目击者最初经常不能意识到罪犯在作案或发生其他事件，因此无法给予完全注意。另外，目击证人的事件记忆是不牢靠的，很容易被事后询问（事后信息）或信息所歪曲。我们首先就来考察这种脆弱性的证据。

心理学家发现目击者证词极为不可靠，但是法官却倾向于认为这些证词非常可靠。

事后信息

洛夫特斯和帕尔默（Loftus & Palmer，1974）在其著名的研究中证明了目击者的记忆是非常不可信的，很容易被事后信息所歪曲（参见下面的关键研究）。

即使在质询方式上存在微不足道的差异，也会对回答产生显著影响。洛夫特斯和赞尼（Loftus & Zanni，1975）给被试看了一段汽车车祸的短片，然后问他们各种问题。问一些目击者："你看到前灯破碎了吗？"问其他目击者："你看到已破碎的前灯了吗？"事实上，在这个短片中并没有破碎的前灯，但是后一种询问暗示了存在破碎的前灯（这称为诱导性提问）。因此被询问看到前灯是否破碎的被试中只有7%的人回答看到了；而被询问是否看到了已破碎的前灯的被试中则有17%的人回答看到了。

关于人类记忆的可靠性，这些发现说明了什么？

事后信息也并不总是会歪曲目击者的报告。尤伊尔和卡特歇尔（Yuille & Cutshall，1986）发现，现实生活的回忆是非常准确的。他们分析了对一些人的问询记录，这些人目睹了一个人被枪击、另一个人受重伤的犯罪事件。这些报告来自犯罪事件发生后警察问询和数月后研究人员的访谈。尤伊尔和卡特歇尔发现，所回忆信息的准确性和数量未随着时间的推移而减少。尤其重要的是，目击者的描述未受到警察诱导性提问的歪曲。这些发现表明，事后信息在现实生活中对记忆的歪曲比在实验室中更小。

大多数研究仅提供了目击者对不重要的细节记忆受事后信息歪曲的证据。事实上，重要细节的记忆歪曲通常远小于不重要细节的记忆歪曲（例如，Heath & Erickson，

> **关键研究评价——洛夫特斯和帕尔默**
>
> 从方法论上讲，该研究控制良好，尽管是以学生作为被试（一般认为学生未必代表总体样本）。不过，该实验缺乏生态学效度，因为被试并非真正的目击者，而一般认为现实生活中目击者的情绪会影响回忆。一方面，电影短片所包含的信息量达不到现实生活中获得的信息量；另一方面，目击者事先知道会给他们播放一些有趣的信息，因此会全神贯注地注意。在现实生活中，目击者所看到的很多事情通常是出人意料的，经常不会给予事件或事故过多的关注，因此该研究缺乏世俗现实性。该研究在现实生活中具有应用前景，尤其是在作为法庭上目击者证词的凭证，以及警察局录音质询的使用方面非常有用。

洛夫特斯和帕尔默：诱导性提问

洛夫特斯和帕尔默给被试播放多起车祸的幻灯片。然后让被试描述发生的事情，并回答具体问题。一些人被问道："汽车相撞时速度是多少？"询问其他被试时则使用动词"猛撞"（smash into）代替"撞击"（hit）。控制组被试未被问及汽车速度的问题。估计的速度受到问题中所使用的动词的影响，当使用"猛撞"这个动词时估计的平均时速为 41 英里，而使用"撞击"时平均时速为 34 英里。因此，该问题所隐含的信息影响了对车祸的回忆方式。

一个星期以后，问所有的被试："你看到过破碎的玻璃吗？"事实上，在这起事故中并没有破碎的玻璃。但是曾经被用"smash"一词询问的被试中有 32% 回答他们见到破碎玻璃。被用"hit"询问的被试中有 14% 回答看到了破碎玻璃，控制组被试的比例仅为 12%。因此，我们的事件记忆较不可靠，很容易被歪曲。

讨论要点：

1. 我们有多大的自信确保这些实验室发现与现实生活中的发现相类似？
2. 这项研究的应用前景如何？

1998）。这在某种程度上降低了有关事后信息研究的实际重要性。

为什么事后信息常会歪曲目击者的报告内容呢？一般来说，我们当前的信息仅仅是倒摄干扰（见本章前文）。对所涉及信息的某些理解可以根据资源监控机制而获得（Johnson, Hashtroudi & Lindsay, 1993）。记忆探测器（例如，提问）能够激活与之具有信息重叠的记忆痕迹。个体根据所拥有的信息决定任何被激活的记忆资源。如果某种资源的记忆与其他资源的记忆相似，就会增加资源被错误认定的概率。如果目击者错误地把错误信息资源归属到初始事件，错误信息就将构成事件回忆的一部分。

来自资源监控机制的重要预测如下：能够增加一种资源的记忆与另一种资源记忆相似性的任何操作，都会提高资源错误认定的可能性。艾伦和林赛（Allen & Lindsay, 1998）在间隔 48 个小时的情况下给被试呈现两张叙述性故事幻灯片，描述在不同情境中不同人的两起不同事件。因此，被试知道第二张幻灯片所包含的事后信息与第一张幻灯片所描述的事件无关联。但是，这两个事件的某些细节非常相似（例如，一听百事可乐和一听可口可乐）。这导致资源的错误归属，同时也使被试用事后信息的细节替代了事件本身的细节。

洛夫特斯（Loftus, 1979）认为，诱导性提问信息会永久性地改变事件的记忆：先前形成的记忆痕迹"被重写/覆盖"和破坏。在一项研究中，她给被试 25 美元以获得准确回忆。他们的回忆仍然受到他们听到的诱导性信息的歪曲，表明信息可能遭到破坏。不过，洛夫特斯的观点并未得到普遍接受。多德森和赖斯伯格（Dodson & Reisberg, 1991）使用内隐记忆测验表明，错误信息并没有破坏事件的最初记忆。他们断定，错误信息只是使这些记忆难以提取。

洛夫特斯（Loftus, 1992）还强调错误信息接受（*misinformation acceptance*）的主张：被试"接受"了事后呈现给他们的误导性信息，并随后认为它构成了该事件记忆的一部分。因此，存在一种随着时间推移而接受事后信息的倾向。

该领域的很多研究可以借用巴特利特的图示理论进行解释（本章前文已进行讨论）。巴特利特认为，提取涉及重构过程，所有可获得的有关事件信息，均根据"曾经肯定正确的内容"用于建构事件的细节。由于这个原因，与以前经历的事件有关的新信息就会通过为构建提供不同基础的方式影响事件的回忆。

面部识别

目击者经常被要求描述罪犯的面部特征，并可能通过列队辨认嫌疑犯的方式从很多人中辨认罪犯。因此，目击者需要善于进行面部识别。实验室试验中的面部记忆通常很准确，但是日常生活中的面部识别却常常很糟糕。布鲁斯（Bruce, 1982）指出，实验室的面部识别通常为被试呈现学习和测验时均相同的图片，这种做法与列队辨认嫌疑犯的情况存在巨大差异。她发现，在实验室研究中，如果学习和测验的图片相同，面部识别的准确率为90%，但当背景和表情发生改变时，正确率就会降到60%。

比尔斯和帕金（Beales & Parkin, 1984）研究了看到某人的背景对面部识别的影响。当学习和测验的背景相同时，对照片的面部识别优于使用不同背景的面部识别。格罗杰（Groeger, 1997, p.182）指出了这些发现的重大局限："尽管当个体在不同位

你能想出任何一种改善警察阵容可靠性的其他办法吗？

我知道他穿着紧身衣

> **个案研究：古董店谋杀案**
>
>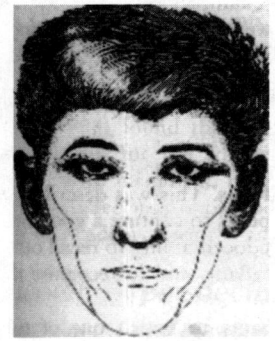
>
>
>
> 1961年3月，埃德温·布什（Edwin Bush）前往伦敦路易斯·迈耶（Louis Meier）经营的古董店，并对晚礼服佩剑和一些短剑产生了兴趣。此后不久布什再次来到店里，并与迈耶先生的店员巴腾（Elsie Batten）说话。
>
> 第二天迈耶发现了巴腾的尸体。她被刺穿身体，一把乳白色把柄的匕首还留在胸前的伤口中。警察对迈耶进行了问询，并根据他的回忆使用"面相拼合器"（identikit）绘出一幅嫌疑犯的面部肖像。根据另一个目击者罗伯茨（Paul Roberts，布什试图把剑卖给他）的回忆得到了另一幅嫌疑犯的面部肖像。两个目击者的回忆惊人的相似，因此警察把两张照片放在一起进行拍照，把照片发给所有警力并要求警方在媒体上公布，希望能识别出该嫌疑犯。
>
> 几天后，科尔（PC Cole）值班时看到一个与嫌疑犯描述相吻合的人。这个人遭到拘留——他就是布什。警局安排了列队辨认嫌疑犯，不过迈耶并未作出正确识别。但是，罗伯茨立即辨认出布什。布什写了一份完整的承认谋杀行为的供述。
>
> 负责调查的侦探说：
>
> 这个案件非常有趣，因为成功地逮捕罪犯是使用一种称为"面相拼合器"的美国系统的直接结果。这是美国第一次使用这种设备，但是它的操作如此需要技巧并且合成"肖像"如此有效，因此警察才能够认出并逮捕他……
>
> 不幸的是，日常生活中的面部识别通常都不会这么好！
>
> 引自网站：www.met.police.uk/history/bush.htm

置进行刻画或他们的外表有所不同时辨认判断可能是不可靠的，但是这些困难也许只适用于那些目击者并不认识的人。"

列队辨认嫌疑犯出现错误的概率，受到目击者是否被告知罪犯可能不在队列中的影响（Wells，1993）。这对现实生活中的嫌疑犯队列是很重要的，因为目击者可能会认为警察不会安排列队辨认嫌疑犯，除非他们非常确信真正的罪犯就在队列中。

韦尔斯（Wells，1993，p.560）认为，目击者在列队辨认嫌疑犯时会使用相对判断（*relative judgment*）："目击者选择与队列中其他成员相对较最类似罪犯的成员。"一种降低目击者依赖相对判断的方式是采取序列队列，即一次只出现队列或辨认嫌疑犯列队中的一名成员。

自信心

大多数人都认为，目击者的自信心是他/她辨认准确性的良好预测因子。这种看法通常是错的。例如，珀费科特和霍林斯（Perfect & Hollins，1996）给被试进行再认记忆测验，他们记忆影片中一个被绑架女孩的信息和有关一般知识问题的信息。记忆的准确性与对有关影片中问题的自信度无关，但与一般知识问题有关。珀费科特和霍林斯（p.379）对上述差异解释如下："个体在一般性知识中对自己的优势和不足非常了解……因此，例如，个体通常非常清楚自己在体育方面是倾向于比别人更好还是更差。但是，目击事件不会受这种了解的影响：例如，被试不可能知道他们在记忆事件中被试的头发颜色上……与别人相比是更好还是更差。"

珀费科特和霍林斯发现，目击者通常在准确答案中比在错误答案中表现得更自信。因此，他们在某种程度上能够决定自己记忆的质量，尽管他们不知道自己在记忆事件的细节上是否比别人好或差。

目击者的自信度与准确性之间的关系通常较弱。斯波尔等人（Sporer, Penrod, Read & Cutler, 1995）对几项研究进行了再分析，他们区分了选择者（作出积极辨认的目击者）和非选择者。在非选择者中，自信度与准确性几乎不相关。但是在选择者组中，平均相关是+0.41，这表明自信程度与准确性之间具有中等程度的相关。

证实偏见

目击者证词可能会被证实偏见（**confirmation bias**）所歪曲。当记忆的内容受到观察者的预期的影响时，就会出现这种现象。例如，给来自美国两所大学（普林斯顿大学和达特茅斯学院）的学生播放这两个学校参加足球赛的电影。学生显示出强烈的倾向，报告他们的对手比自己的球队犯了更多的错误。

证实偏见：由于受到个体期望而非真实事件的影响所形成的记忆扭曲。

武器聚焦

另一个涉及目击者证词的因素是**武器聚焦**（**weapon focus**）。洛夫特斯（Loftus, 1979, p.75）对这一概念做了如下描述："武器似乎占据了受害者的大量注意，除此之外，还导致从环境中回忆其他细节的能力、回忆有关攻击者细节的能力，以及后来对攻击者的再认能力下降。"

武器聚焦：目击者过分关注罪犯的武器而不能回忆罪犯和环境中其他信息的现象。

洛夫特斯等人（Loftus, Loftus & Messo, 1987）让被试观察下面其中一个连续事件：(1) 一个人拿着枪对着出纳员并得到一些现金；(2) 一个人把支票拿给出纳员并得到一些现金。洛夫特斯等人记录了被试的眼动，发现被试看枪的眼动次数多于看支票的次数。另外，在武器条件下，对与枪/支票无关的细节的记忆更差。

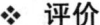

❖ 评价

- ⊕ 目击者的记忆是很脆弱的，容易受到倒摄干扰的影响。
- ⊕ 事件后信息容易歪曲目击者对事件回忆的证据表明，在询问目击者时需要十分谨慎。
- ⊕ 另一个重要发现是，目击者的自信度通常不是辨认准确性的良好预测因子。
- ⊖ 事件后信息与微小的、不重要的细节相比更不会歪曲目击者对关键细节（像凶器）的记忆。
- ⊖ 事件后信息在真实生活中比在实验室里更不易歪曲目击者的记忆（Yullie & Cutshall, 1986）。

自传体记忆

康韦和鲁宾（Conway & Rubin，1993，p.103）认为，"**自传体记忆（autobiographical memory）**是一种对个人生活事件的记忆"。就其本身而论，它与我们的主要生活目标相关。自传体记忆和情节记忆（如前所述）有很多重叠，因为对个人事件和情节的回忆都会涉及这两种记忆。但也存在两点差异：(1) 琐事在情节记忆中比自传体记忆中更容易出现；(2) 情节记忆常会有种再体验的感觉，自传体记忆则并非必然如此。

自传体记忆：对个体生活事件的记忆。

幼年期遗忘症：几乎完全丧失 0—3 岁期间的记忆。

记忆恢复碰撞：老人的记忆倾向于集中在 10—30 岁（尤其是 15—25 岁）。

毕生记忆

假如我们让 70 岁的老人在线索词（例如，指代一般物体的名词）的提示下思考个人记忆。他们回忆出的大多数记忆会来自生命中的哪些阶段呢？鲁宾等人（Rubin, Wetzler & Nebes, 1986）回答了这个问题。他们的发现具有不同的特征：

- **幼年期遗忘症（infantile amnesia）**，对生命中前 3 年的记忆几乎完全丧失。
- **记忆恢复碰撞（reminiscence bump）**，由 10—30 岁（尤其是 15—25 岁）之间数量惊人的记忆构成。
- 20 岁之前的记忆**保持功能**，较旧的记忆比新近记忆更难回忆。

记忆恢复碰撞在不到 30 岁的年轻人身上一般不会出现，在 40 岁的个体身上也未发现。但在老年人中几乎总是可以找到。鲁宾等人（Rubin, Wetzler & Nebes, 1986）发现，70 岁的老人显示出以下的记忆恢复碰撞：特别值得纪念的书籍、生动的记忆、被试想写进书中的有关自己人生的记忆、学术奖获得者名字，以及当前事件的记忆。

你的自传体记忆主要来自一生中哪个阶段？请简要列个清单——你有记忆恢复碰撞现象吗？

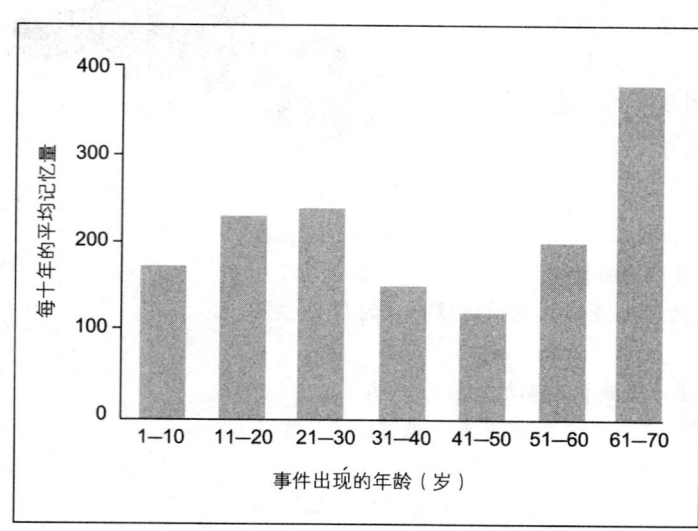

老年时对过去事件的记忆是十年内发生事件的函数。基于鲁宾等（Rubin et al., 1986）。

理论观点

豪和卡里奇（Howe & Courage，1997）将幼年期遗忘症与 2 岁末期的认知性自我的出现联系起来（见第 16 章）。豪和卡里奇（p.499）所做的重要假设如下："在生命的第二年后期认知性自我的发展……提供了一个组织记忆的新框架。"可以推测，人们早期自传体记忆的下限应该在 2 岁左右。这与文献（Rubin, 2000）中的发现基本一致。不过，很难表明自我意识的产生是决定性因素。

豪和卡里奇还假设学习和记忆所使用的过程（像复述）在儿童期就得到发展。因此，有很少一部分自传体记忆来自 2—5 岁。在鲁宾（Rubin, 2000）的文献回顾中，生命前 10 年的记忆只有 22% 来自 2—5 岁。

社会交互作用理论认为："自传体记忆的主要功能是形成生活史，并通过个体的过去经历告诉别人你是一个什么样的人。"（Harley & Reese，1999，p.1338）由该理论可以推论出，父母向儿童讲述过去事件的方式会影响儿童的自传体记忆。更具体地讲，他们区分了两种父母怀旧风格（maternal reminiscing style）：高度精致化（对过去的经历进行详细讨论）和低度精致化。如果母亲拥有高度精致化的怀旧风格，那么 19—32 个月大的儿童将会报告出更多的自传体记忆。另外，正如豪和卡里奇所预测的那样，较早获得自我再认的儿童，会比较晚获得自我再认的儿童报告出更多的自传体记忆。

记忆恢复碰撞

现在我们转向记忆恢复碰撞。鲁宾等人（Rubin et al.,1998,pp.13—14）认为："记忆的最好情形是延续到提取时的稳定期的开始阶段。"大多数成人都拥有一个始于成年早期的稳定期，因为直到此时成人的统一感才得到发展。成年早期的记忆通常具有新颖优势，因为它们在成人统一感开始不久便已形成。新颖性和稳定性这两个因素由于以下原因形成了强烈记忆：

1. **稳定性** 来自生命稳定期的生活事件更可能成为将来生活事件的模型。这为作为线索事件的稳定组织提供了认知结构。
2. **新颖性** 这使我们投入更多努力去找寻其意义。
    相对缺乏**前摄干扰**（**proactive interference**，来自先前学习的干扰）。
    产生区别性记忆（见本章前文）。

前摄干扰：由先前学习造成的记忆干扰，通常是相似的材料；见倒摄干扰。

新颖性（像首次经历）在促进自传体记忆的可获得性方面是一个重要因素。例如，研究者（Pillemer, Goldsmith, Panter & White, 1998）利用中年被试进行了一项研究，让他们从 20 多年前大学第一年中回忆四种记忆事件。他们的主要发现是，41% 的自传体记忆来自大学学期的第一个月。

鲁宾等人（1998）及康韦和普莱德尔-皮尔斯（Conway & Pleydell-Pearce, 2000）认为，记忆恢复碰撞一般只延伸到 30 岁左右，因为自我及其目标自此之后不会出现很大的改变。由此可以推论，那些在 30 岁之后自我及其目标发生重大改变的个体的记忆恢复碰撞出现应该较晚。康韦和哈克（Conway & Haque, 1999）发现，年老的孟加拉国人除了在 10—30 岁之间出现典型的记忆恢复碰撞之外，在 35—55 岁期间还会出现第二次记忆恢复碰撞。第二次记忆恢复碰撞是由于巴基斯坦和孟加拉国人之间长期持续的冲突，并最终导致独立的孟加拉的建立。

这种保持功能仅引起为数较少的实证或理论兴趣。通常认为它仅仅反应了随着时间而出现的一种典型的遗忘现象。

日记研究

一般很难评估个体对其生活事件回忆的准确性。瓦格纳（Wagenaar, 1986）通过实施记录六年间 2000 多件事件的日记研究解决了这个问题。他对每件事均记下

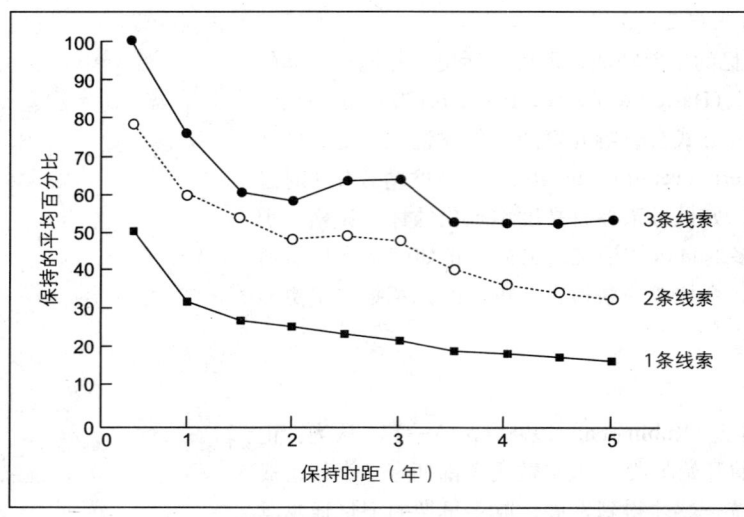

对个人事件的记忆是有效的线索数量和保持时间长度的函数。引自 Wagenaar(1896)。

有关事件的地点、人物、内容、时间，以及针对每件事所评价的愉悦性、显著性、稀有性和情绪性。然后他通过单独或联合的方式使用人物、内容、地点和时间信息线索检验了他的记忆。"内容"信息提供了最有用的提取线索，或许是因为自传体记忆是以类别进行组织的。按照有用性的递减顺序排列，排在"内容"信息之后的线索分别是"地点"、"人物"和"时间"信息。"时间"信息本身几乎完全无效。呈现的线索越多，回忆的合成概率就越大（见左图）。不过，即使同时使用三种提示线索，一半的事件仍然会在五年内遗忘。当这些被遗忘的事件涉及另一个人时，该个体可以提供有关该事件的更进一步信息。在几乎所有场合下这都足以证明瓦格纳记住了这件事。因此，大多数生活事件可能都储存在长时记忆之外。较高的显著性、情绪卷入和愉悦性水平都与较高的回忆水平有关，尤其是高显著性和高稀有性。显著性和情绪卷入的影响在 1—5 年的保持间隔期内仍然很强烈，愉悦性的影响则会随着时间而下降。

你认为日记研究结果的概括性如何？

当瓦格纳（Wagenaar, 1994）对自 1986 年研究以来的 120 件非常愉悦和不愉悦的记忆事件进行详细分析时，出现了一种更为复杂的图景。当他人在事件中发挥重要作用时，愉悦性事件比非愉悦性事件的记忆更好。不过，当瓦格纳本人发挥重要作用时情况则相反，或许是因为他倾向于自我批评（Groeger, 1997）。

自我记忆系统

根据康韦和普莱德尔-皮尔斯（2000）的看法，我们拥有自我记忆系统，它由自传体知识库和工作自我的当前目标所构成。自传体知识库具有三个水平：

1. 人生阶段。通常包括由当前的主要情景所限定的重要时间段（像大学本科阶段）。康韦和普莱德尔-皮尔斯（2000, p.262）认为："人生阶段的内容代表了有关该阶段共同特征的主题性知识……以及有关该阶段时距的时间知识。"

2. 一般事件。包括重复性事件（像去运动俱乐部）和单一事件（像在澳大利亚度假）。

3. 事件—具体性知识。该知识由与一般事件和从几秒到几小时跨度的时间段有关的图像、情感和其他细节构成。

我们如何评估自传体知识库所包含的信息呢？根据这个理论，我们有一个工作自我，它与现在自我和将来自我有关。工作自我中当前已激活的目标决定了提取哪些自传体记忆。另外，工作自我的目标会影响储存在自传体知识库中的记忆类型。因此，"自传体记忆主要是对在达成目标的过程中有关成功和失败经历的记录"（Conway & Pleydell-Pearce，2000，p.262），并且反映出我们是什么样的人。

根据这个理论，自传体记忆通常会通过生成性提取（generative retrieval）进行评估，在生成性提取中"记忆通过工作自我的目标结构和自传体知识库的交互作用进行积极、有目的的建构"（Conway, Pleydell-Pearce & Whitercross，2001，p.495）。也存在直接提取，自传体记忆似乎会自发地进入意识中。

证据

脑损伤患者研究为存在三种自传体知识库的观点提供了证据。研究者尤为感兴趣的是**逆行性遗忘症**（**retrograde amnesia**）的案例，逆行性遗忘症患者对脑损伤以前的事情出现大量遗忘。康韦和普莱德尔–皮尔斯（Conway & Pleydell-Pearce, 2000, p.263）讨论了一些患有严重逆行性遗忘症患者的研究，逆行性遗忘症患者"不能提取具体记忆，但可以从保留较完整的遗忘症所包括的阶段获取人生阶段知识和一般知识"。因此，事件具体性知识比人生阶段知识和一般知识更容易消退或受到干扰。

逆行性遗忘症：对脑损伤以前所经历过的事件的记忆的丧失。参见顺行性遗忘症。

你能想出一些事件具体性知识比人生阶段知识或一般事件知识更易丧失的原因吗？

康韦和普莱德尔–皮尔斯的一个关键假设是，自传体记忆与自我关系密切。这一观点获得了支持。例如，沃伊克等人（Woike, Cershkovich, Piorkowski & Polo, 1999）考察了具有两种人格类型的个体：(1) 动因性人格类型（agentic personality type），主要关注独立、成就和个人权力；(2) 公共人格类型（communal personality type），主要关注相互依存及与他人的相似性。动因型个体会回忆出与受控制和羞辱有关的情绪性自传体记忆，公共型个体则回忆出与友谊和爱有关的情绪性自传体记忆。这些发现表明，自传体记忆回忆受到工作自我目标的影响。

康韦和普莱德尔–皮尔斯认为，通过生成性提取而产生的自传体记忆，是被构建的（constructed）而非简单地复制（reproduced）。康韦（Conway, 1996）报告了两项支持性发现。首先，他发现人们提取自传体记忆比提取其他记忆要花更长的时间。例如，他们需要花费大约 4 秒时间提取自传体记忆，相比之下证实个人信息（像银行名称）只需要大约 1 秒钟。似乎提取构建性的记忆要比提取复制性信息花更长的时间。其次，康韦发现，包含在自传体记忆中的信息，是在两种截然不同的情境下形成的。如果自传体记忆是复制的，它们在不同的提取中应该具有高度相似性。

本特森（Berntsen, 1998）研究了生成性提取和直接提取之间的区别。生成性提取通过呈现线索诱发自传体记忆进行评估，直接提取的评估则是让被试记录在不经过任何努力尝试提取的情况下直接进入意识的自传体记忆。直接提取比生成性提取所产生的更多的自传体记忆多为具体事件（分别为 89%、63%）。本特森（Berntsen, 1998, p.136）认为："我们的记忆中保存着大量的情节记忆，这些记忆通常不能通过自愿 [生成性] 提取获得，但是通过非自愿 [直接] 提取却很容易获得。"

❖ **评价**

⊕ 康韦和普莱德尔－皮尔斯（2000）提出了当前最具综合性的自传体记忆理论。

⊕ 该理论的几个核心假设（像自传体记忆的层次结构、自传体记忆和自我的紧密关系）得到证据的很好支持。

⊖ 工作自我与自传体知识库相互作用以产生特定自传体记忆回忆的精确方式尚未阐明。

⊖ 一些证据支持了生成性提取和直接提取之间的差异性（Berntsen，1998），但还需要进行更多的研究。

小 结

多储存模型

在多储存模型中有三种记忆储存类型：感觉储存、短时储存和长时储存。感觉储存是通道特异性的，信息保留的时间非常短暂。短时储存的容量非常有限。由于干扰、注意分散和消退，信息很容易从该储存器中丧失。来自脑损伤患者的证据支持短时记忆储存和长时记忆储存之间的区分。记忆储存在持续时间、储存容量和遗忘机制上存在差异。多储存模型过于简化，夸大了复述的作用。

工作记忆

工作记忆系统由中央执行系统、语音回路和空间模板组成。两项任务只有在使用工作记忆系统的不同成分时，才可能同时成功地完成。语音回路由被动语音储存和发音过程组成。它的主要功能是协助学习新单词。空间模板由视觉储存器和内部处理器组成，可能存在独立的言语系统和空间系统。中央执行系统涉及多种功能，例如转化提取策略、时间共享和选择性注意，以及对长时记忆的暂时激活。可能存在独立的言语和空间工作记忆系统。

加工水平

根据加工水平理论，学习时得到深度加工或语义加工的信息的长时记忆更好。另外，精致性复述能促进长时记忆而维持性复述则做不到这一点。一些证据支持了这些理论假设。不过，长时记忆取决于加工的精致程度和差异性，以及加工深度。长时记忆也依赖于储存的信息与记忆测验要求之间的关系（适当传输加工理论）。该理论对外显记忆测验比对内隐记忆测验的应用性更强。最后，该理论对某种记忆现象提供的是一种描述而非解释。

遗忘理论

遗忘函数除少部分之外（例如，自传体记忆）通常为对数形式。有关儿童期虐待的恢复性记忆的证据尚存在争议。前摄干扰和倒摄干扰的存在具有强有力的证据。

不过，实质性干扰效应的形成需要特定的条件，干扰理论很少涉及遗忘过程。大多数遗忘都是线索依赖性的，当提取时的背景信息与记忆中储存的信息存在差异时遗忘更多。

长时记忆理论

情节记忆和语义记忆之间存在重要差异，情节记忆比语义记忆更多的涉及前额叶皮质。不过它们之间也存在某些相似之处和内部联系。内隐记忆和外显记忆之间存在重要差异。PET研究揭示，在内隐记忆和外显记忆任务中存在显著的不同脑区的激活。内隐记忆具有不同的类型（例如，知觉性的和概念性的）。

遗忘症

大多数遗忘症患者都会受到逆行性遗忘症和顺行性遗忘症的折磨。遗忘症患者具有较完整的短时记忆、技能学习、重复启动和条件化。遗忘症患者通常在获取新的情节记忆和语义记忆方面存在很大困难，但是情节记忆更可能受损。遗忘症患者一般具有相对完整的内隐记忆，外显记忆严重受损。不过，遗忘症患者对需要进行整合的信息的内隐记忆通常存在损伤。

图式理论

图式是整合良好的信息库，它可以使我们形成预期并进行推论。巴特利特发现，基于图式的系统性歪曲（例如，合理化）会随时间推移而增加。图式可能会影响理解和提取过程。根据脚本—指示器—附加—标签假设，在较长的保持时间内，非典型行为的再认记忆通常优于典型行为的再认记忆，而对非典型行为的回忆则差于典型行为。不过，在所有的保持间隔内，对干扰性非典型行为的回忆在任何时候都优于典型行为。大多数图式理论的可检验性较低。由故事理解作出的推论范围远少于大多数图式理论的预测。

日常记忆

闪光灯记忆是生动详细的。据称它们涉及特殊的神经机制，不过，闪光灯记忆在很多重要方式方面不同于日常记忆这一看法，尚缺乏清晰的证据。目击者的事件记忆很容易受到以前信息的歪曲。这是倒摄干扰的一个例子，在某种程度上可以通过资源监测机制进行理解。当学习与测验之间的面部表情出现变化或背景发生改变时，面部识别会受到削弱。目击者的自信度通常是辨别准确性较差的预测因子。目击者证词的其他问题源于证实偏见和武器聚焦。自传体记忆被组织成人生阶段、一般事件和事件具体性知识。自我和主要生活目标有助于确定储存和提取何种自传体信息。自传体记忆主要通过生成性提取进行评估，但也能通过直接提取进行自发性评估。通过生成性提取产生的自传体记忆是构建的而非再生的。

深入阅读

- Eysenck, M.W. (2000). *Principles of cognitive psychology.* Hove, UK: Psychology Press. The topics discussed in this chapter are dealt with in more detail in Chapters 5 and 6 of this book.
- Haberlandt, K. (1999). *Human memory: Exploration and applications.* Boston: Allyn and Bacon. Several chapters in this book (e.g., 4, 5, and 10) provide readableaccounts of major topics within long-term memory.
- Tulving, E., & Craik, F.I.M. (2000). *The Oxford handbook of memory.* New York: Oxford University Press. This excellent book contains numerous chapters dealing with the topics discussed in this chapter.

第10章 思　维

本章概要

- **问题解决**
  从认识问题到问题解决
  定义
  清晰的问题界定与含糊的问题界定之间的区别
  桑代克的尝试—错误学习理论
  顿悟和功能固着研究
  信息加工理论
  纽厄尔和西蒙的计算机模拟方法

- **判断研究**
  计算各种可能性的概率
  贝斯定理
  基础率信息
  代表性启发法
  可得性启发法
  主观概率
  启发法的价值

- **决策**
  在两个或多个可能性中选择一个
  期望理论：客观价值和主观价值
  厌恶损失研究
  风险寻求和风险规避；框架效应
  泰特洛克的社会机能主义方法
  忽略偏见

- **演绎推理的理论**
  跟随假设而来的必然结论
  条件推理的规则：假言推理，否定后件推理
  沃森选择任务
  社会契约理论
  三段论推理：前提和偏见
  跨文化差异

- **演绎推理的理论**
  关于心理逻辑错误的解释
  布雷恩的抽象规则理论
  约翰逊-莱尔德的心理模型观点

- **归纳推理**
  事实决策
  沃森的关系规则
  证实偏差
  模拟环境研究
  类比推理

- **人类思维的缺陷**
  日常思维对实验室情景
  理性差异
  有限理性

本章我们来介绍一种高级认知过程——思维。它分为问题解决、决策、判断、演绎推理和归纳推理，以及在第 8 章已详细讨论过的专门技术等相关问题。要记住，我们在处理各种任务时使用的是相同的认知系统。因此，不同思维形式之间的区别带有很多主观色彩和表面性。不过，仍然有必要作出某些区分。例如，问题解决涉及形成各种可能性，然后从中选择以达到目标。比较而言，在决策中，当可能性出现时只需在其中选择一种可能性即可。判断则属于在决策中关于计算出一个或多个事件发生的可能性的部分。最后，推理是指根据一系列信息得出结论的过程。

本章所讨论的许多认知过程与借助传统智力测验进行评估的过程极为相似（见第 11 章）。但是读者却很少看到这两个研究领域的交叉。为什么呢？最初的智力研究是考虑到实际应用的，需要对一个人的智力作出精确的评价（如，确诊弱智儿童，人才选拔）。相对的，认知心理学家关注在认知任务执行中的具体过程，因此他们更侧重于提供一个关于这个过程的具体解释。不过，已有一些认知心理学家（如，Stanovich & West, 2000；Sternberg, 1985）开始弥补智力研究和认知心理学之间的空白。

问题解决

根据迈耶（Mayer, 1990, p.284）的观点，问题解决是"当问题解决者找不到明显的解决方法时，把特定情境转换成目标情境的认知加工过程"。这一定义表明，问题解决包括三个主要方面：

- 它是有目的的（如，目标定向）。
- 它涉及认知过程而非自动化过程。
- 问题只在找不到解决问题所需的相关知识时才会出现。因此，大多数人所认为的问题（如，数学计算），对某些具有相关专门知识的人（如，一个数学家）来说，可能并不会成为一个问题。

界定清晰的问题和界定含糊的问题具有重要的区别。界定清晰的问题中所有方面都是很清楚的，包括它的初始状态、由初始状态到目标状态的系列过程、目标状态。当我们解决问题时，目标状态就会很明显地出现。例如，迷宫就是一个界定清晰的问题，逃离它（或是像在汉普顿迷宫（Hampton Court maze）中到达中心区）就是目标。

比较而言，界定含糊的问题不是很清楚。假设你把钥匙锁在了车里并且不想造成任何损坏进入车内，

思维的形式

问题解决	从认识到问题的存在到经过一系列步骤解决了问题或达到目标状态的认知活动。
决策	从许多呈现的选项或可能性中选择一个。
判断	决策的一种成分，涉及计算各种可能性事件的概率。
演绎推理	如果假设各种表述都正确，决定必然得出什么结论；与逻辑的关系最为密切的思维形式。
归纳推理	在可得到的信息的基础上决定特定的表述或假设是否正确；是一种科学家和侦探常用的思维形式。

逃离迷宫或达到迷宫中央是界定清晰问题的一个例子。当问题得以解决时情况将非常明了。

但是你又有很着急的事情需要赶到另一个地方，周围也没有人可以帮助你，在这种情形下，确定最佳方案可能会很难。

大多数日常问题都是界定含糊的问题，但是专家们主要关注界定清晰的问题。为什么会这样呢？一个重要的原因是，界定清晰的问题具有最佳的解决策略。因而我们就可以确定人类问题解决者采用的策略中存在的错误和不足。

知识丰富（knowledge-rich）问题和知识贫乏（knowledge-lean）问题之间存在更重要的区别。知识丰富问题的解决需要解决者拥有诸多相关知识，知识贫乏问题则不要求拥有这样的知识。大体上，大部分传统的问题解决研究均涉及知识贫乏问题的使用，而专业化（如，国际象棋大师；见第8章）研究则涉及知识丰富性问题。

如何取出锁在车里的钥匙属于界定含糊的问题。很难确定最佳的解决方案。

格式塔观点

一些最早的问题解决研究是由桑代克（Thorndike, 1898）完成的。他将一只饥饿的猫置于关闭的笼子里并把一盘食物放在笼外可见的地方。这个笼子可以在笼中的一根杆被碰到时打开。一开始，猫到处乱窜并抓笼子的边缘，一段时间后，猫碰到了笼中的那根杆打开了门。在重复尝试后，猫逐渐学会需要做什么。最后它们几乎可以很快碰杆获得食物。桑代克对猫的表现并不惊讶，并将这种随意行为称为**试错学习**（**trial-and-error learning**）。

在1920—1930年代之间，格式塔学派的德国心理学家对桑代克的观点提出了质疑。他们认为桑代克的问题情景是不公平的，因为在猫的行为（碰杆）和希望的结果（笼子打开）之间是完全任意的关系。

桑代克的观点与格式塔学派观点的主要区别，反应了**再造式问题解决**（**reproductive problem solving**）和**产生式问题解决**（**productie problem solving**）之间的区分。再造式问题解决涉及先前经验的再利用，这是桑代克研究的重点。产生式问题解决是对问题的重组。这比再造式问题解决更复杂，但格式塔学派认为一些物种能够达到这种问题解决的较高水平。

顿悟

科勒（Kohler, 1925）指出了动物可以进行产生式问题解决。在他的一项研究中，一只叫Sultan的猩猩被关在笼中，只能通过把笼子里的两根棍子连在一起才可以够到笼子外面的香蕉。猩猩一开始不能完成任务。但是之后它似乎忽然明白了如何解决这个问题，并且快速地将两根棍子连接起来。科勒认为，猩猩突然重组了问

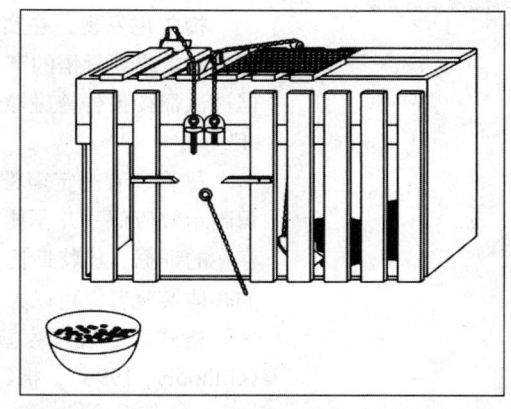

桑代克通过把猫放在迷笼中揭示了试错学习。猫最终发现如何走出笼子，并在随后的试验中立即如此行事。这是一个工具性学习的例子。

试错学习：问题解决的一种类型，通过产生较为随机的反应而非思维过程达到问题的解决。

再造式问题解决：问题解决中，先前经验被直接用于解决现在的问题；

产生式问题解决：问题解决中，问题通过一些方法重新建构。

握住一根绳子时,另一根根本够不到的"两根绳子"问题。

顿悟:为了产生解决方案而突然对问题的重新建构。

你认为有可能确定顿悟中的认知过程吗?你如何发现它的实质?

题。这就是所谓的顿悟(**insight**)(经常伴随"啊哈体验")。

科勒对猩猩顿悟的证明研究中至少存在一个潜在的困难。猩猩早年生活在野外,在实验之前它们可能获得了关于棍子及如何将棍子连接起来的信息。伯奇(Birch, 1945)发现,笼中饲养的猩猩几乎未显示出科勒所观察到的顿悟式问题解决的证据。

人类问题解决的研究是什么情况呢?梅尔(Maier, 1931)进行了一个人类问题解决中重新构造的著名研究,在该研究中给被试提供"两根绳子"或"钟摆"问题。被试被带到一个有多样东西的房间(像杆子、钳子、伸缩绳),房顶的不同位置挂着两根绳子,任务是将两条绳子系在一起。但是被试发现,握住其中一根绳子时,另一根根本够不到。最"顿悟"(但很少出现)的解决方法是"钟摆方案"——把钳子系在其中一根绳子上,使它像钟摆一样来回摆动。这样,在握着一根绳子时,在另一根绳子摆动时握住它就可以了。

梅尔也发现,在实验前如果让被试偶尔碰撞绳子以引起绳子的摆动,会有利于问题的重组或顿悟的产生。不久之后,被试在随后的实验中会很快采取钟摆解决方案。但被试很少报告曾碰撞过绳子。这一发现常被称为无意识暗示效应(**unconscious cue effect**)。

尽管享有一定声誉,但梅尔的研究其实是相当不严谨的。尤为重要的是,无意识暗示效应似乎并不能重复(与J. Evans的私人通信)。不过,有意识暗示效应具有存在的证据。巴特斯比等人(Battersby et al., 1953)发现,通过强调与问题解决有关的客体实验者,可以大大减少被试解决钟摆问题的时间。

格式塔心理学家宣称顿悟包含特殊的过程,因此与一般的问题解决截然不同(Gilhooly, 1996)。梅特卡夫和维贝(Metcalfe & Wiebe, 1987)报告了相关的研究。他们记录了被试在解决顿悟问题和非顿悟问题中的"兴奋"(warmth)的感觉(接近解决方案)。在非顿悟问题中兴奋有一个渐进的增长。比较而言,在顿悟问题中,兴奋程度在找到解决方法时会突然明显增加,之前则会保持相同的低水平的兴奋度。这些发现表明(但未证明),顿悟是特殊的,并且是以全或无的方式发生。

斯库勒、奥尔森和布鲁克斯(Schooler, Ohlsson & Brooks, 1993)报告了顿悟和非顿悟问题存在重要区别的其他证据。他们要求被试用语言报告正在进行的通往问题答案过程的步骤。结果表明,语言表达只影响被试解决顿悟问题而不是非顿悟问题的能力。原因是非顿悟问题包含了一系列可以自我监视

尝试错误还是顿悟学习?

这里的问题是,只移动两个盒子而使这个由9个盒子组成的正方形变成三角形。

■ ■ ■
■ ■ ■
■ ■ ■

一些人可能会拿出纸笔并尝试多种方案——尝试错误。另一些人可能只是看和思考,用这种方法解决问题。当他们得出答案时内心的"啊—哈"是顿悟学习的标志(答案见第415页)。

并且易于语言报告的步骤，而顿悟问题则包含了突然的重新建构，该过程与使用语言报告问题解决者的思路的要求相冲突。

功能固着

过去的经验常常有利于我们解决问题。但邓克尔（Duncker, 1945）指出，事情并不总是这样。

他研究了**功能固着**（**functional fixedness**），指出我们常常因为不能摆脱事物用途的固有观念，而影响我们灵活地解决问题。在邓克尔的实验中，给被试一支蜡烛、一盒图钉，还有些别的东西。他们的任务是把蜡烛固定在桌子靠着的那面墙上并且不让蜡油滴到下面的桌子上。

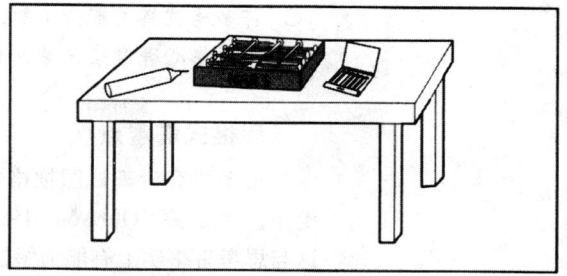

蜡烛问题中呈现给被试的物体（钉子）

大多数被试都尝试直接把蜡烛钉到墙上或者融化它粘贴到墙上。只有少数人决定将图钉的盒子用做蜡烛的支架，然后把盒子钉到墙上。根据邓克尔的研究，被试将盒子的功能固着为一个容器而不是一个支架。如果实验一开始盒子是空的，被试会更多的选择它作为支架来使用，也许是因为这使盒子看起来不像一个容器。

维斯伯格与萨尔斯（Weisberg & Suls, 1973）指出，在邓克尔的研究中被试不能解决问题大多是因为他们没有注意到盒子的存在。当要求未解决该问题的被试回忆实验中呈现的用来解决问题的材料时，54%的被试未记起盒子。

功能固着：问题解决中的一种缺陷，个体在解决问题时主要关注物体的可能功能或用处，而忽略其他更多的不常见的用处。

邓克尔认为，在他的研究中之所以会出现功能固着，是因为被试以前有关盒子的经验而导致的。不过，他并没有获得直接证据。卢钦斯（Luchins, 1942）采用了更高级的实验方法，通过在实验中提供经验对被试以前的经验进行控制。他使用三个不同容量的水罐进行实验。被试的任务是想象将水从一个罐倒入另一个罐中，最后使每个罐中有特定量的水。

卢钦斯最引人注目的发现，可以通过仔细考察他的一个研究得到详细说明。问题如下：A 罐可以装 28 夸脱水，B 罐 76 夸脱，C 罐 3 夸脱。任务是使其中任一罐中装满 25 夸脱水。答案并不难，装满 A 罐，然后从 A 中倒水填满 C 罐，留 25 夸脱水在 A 罐中。95% 的之前给予过类似问题的被试都能解决。其他被试在之前进行了关于三个罐子之间来回换水的同样复杂的训练。这些被试中，只有 36% 的被试用简单的方法完成了任务。这些发现使卢钦斯断定："心向——习惯化在大脑中形成一种机械状态，一种对问题的盲目态度；个体不关注问题本身的价值，而是用以前采用的方法机械地去模拟。"

你认为卢钦斯的两组被试的成功率为什么会有如此大的差别？

❖ 评价

- ⊕ 格式塔心理学家揭示了问题解决包含了产生式过程及再造式过程。
- ⊕ 过去的经验可能不利于（而不是利于）当前的问题解决（如，功能固着）。因此，一些问题不能通过简单地利用已习得的反应进行解决。
- ⊕ 格式塔研究揭示了重组的重要性，并为顿悟提供了有影响的证据。

- ⊖ 许多格式塔的概念（如，顿悟、重组）相当模糊并且难以测量。
- ⊖ 格式塔心理学家未阐明顿悟的基础过程。

后格式塔观点

很多研究者都试图把格式塔观点的重要内容整合到问题解决的信息加工过程理论中。奥尔森（Ohlsson, 1992, p.4）认为："顿悟出现在绝境 [受阻碍] 的背景中，这与思考者事实上有能力解决问题的情况不太一致。"奥尔森理论的关键假设如下：

- 问题解决者头脑中当前问题的表征或建构方式作为记忆探测器从长时记忆中提取相关信息（例如，算子或可能行动）。
- 该提取过程基于长时记忆中知识概念和项目的广泛激活（见第9章）。
- 当表征问题的方式不允许提取算子或可能的行动时就会出现僵局或阻碍。
- 表征问题出现改变时僵局被打破，因此允许问题解决者获得长时记忆中的必需知识。
- 改变问题表征的方式如下：
  - 增加新的问题信息或精致化。
  - 限制解除，消除之前容许存在的抑制。
  - 重新编码，对问题表征的某些内容重新解释（例如，把一对钳子重新解释为钟摆问题中驱动机械运转的钟摆）。
- 当僵局被打破并且提取的知识算子足以解决问题时，就出现了顿悟。

证据

改变问题表征往往会带来解决方案。一个著名的例子是所谓的残缺棋盘问题。一开始，棋盘被32张多米诺骨牌完全覆盖，每张占两格。然后从棋盘的对角切掉两个黑方格。请问剩下的62个方格能被31张骨牌覆盖吗？卡普兰和西蒙（Kaplan & Simon, 1990）要求被试在尝试解决这个问题时出声思考。他们都从想象用骨牌覆盖方格的方式开始思考。但是，这一策略是无效的，因为存在758148种多米诺骨牌的排列方式！

为了解决残缺的国际象棋棋盘问题，你必须形成新的问题表征，例如精致化和重新编码。如果你把每张骨牌表征成覆盖一个白方格和一个黑方格的物体（重新编码），并且把残缺棋盘表征为失去了两个白方格（或两个黑方格）（精致化），那么31张骨牌不能覆盖残缺棋盘就会变得很明了。

雅尼夫和迈耶（Yaniv & Meyer, 1987）发现，被试获取相关贮存信息的最初尝试常常是不成功的。不过，这些不成功的尝试激活了储存在长时记忆中的其他概念。因此，被试更有可能识别所呈现的相关信息。

诺布里奇等人（Knoblich, Ohlsson, Haider & Rhenius, 1999）证

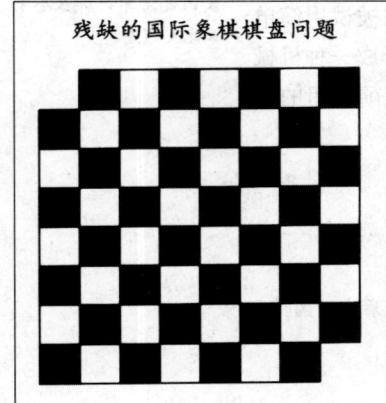

残缺的国际象棋棋盘问题

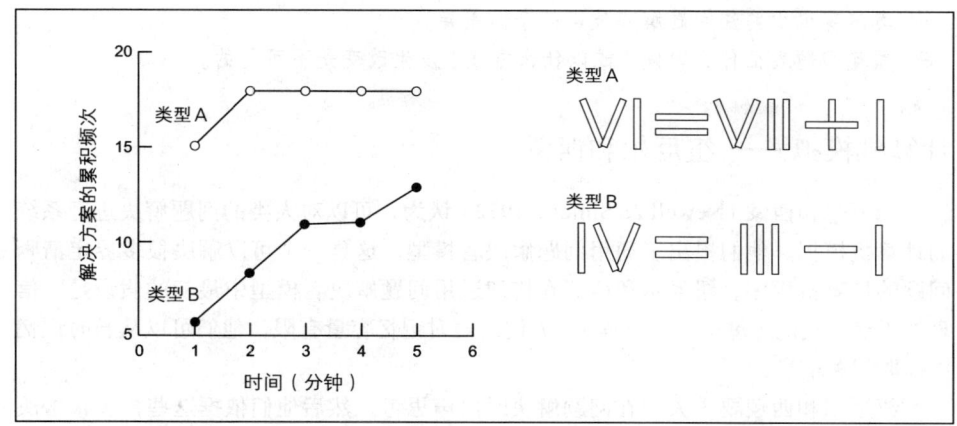

诺布里奇等人所使用的火柴棍问题,及其研究中为解决这类问题所产生的累积解决方案比率。

明了限制在减少顿悟概率中的重要作用。他们给被试呈现上图所示的问题。如你所见,你需要知道每个罗马数字的具体含义!被试的任务是移动一根火柴使原来不正确的算术表达式成为正确的。A 型问题只需要变换等式中的两个值(如,VI = VII + I 变成 VII = VI + I);比较而言,B 型问题涉及等式表征的根本改变(如,IV = III − I 变为 IV − III = I)。诺布里奇等人发现,被试在问题 A 上要比在问题 B 上更难减少普通的计算限制(以产生顿悟)。

是什么因素导致了顿悟问题上的限制消除和问题解决呢?考虑一下众所周知的九点问题,你必须连续画四条直线把九个点连在一起而不能把笔离开纸张。希勒(Scheerer,1963)认为,人们常常不能解决这一问题,原因在于九个点在知觉上组成了正方形,人们总是在方形的轮廓中连线,这样就阻碍了问题解决。如果告诉被试连线时可以突破正方形的限制,被试的成绩就会大大提高。但麦格雷戈等人(Macgregor, Ormerod & Chronicle, 2001)发现,这些线索的适用性较为一般。他们认为很多人在正方形内画线,是因为该方法最初允许一些点可以通过孤立的线进行连接。被试只有在反复经历失败后才会放弃正方形内残留的限制并向顿悟的答案移动。

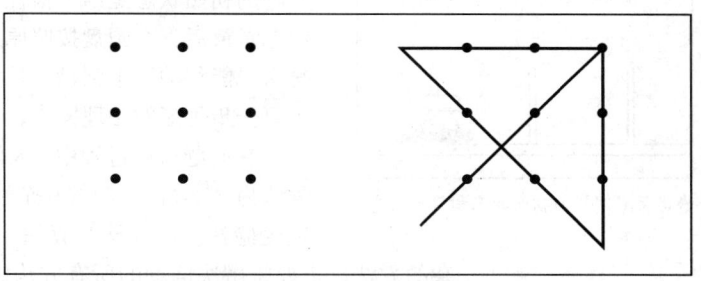

希勒的九点问题。要求你画四条连续的直线,在笔不离开纸面的情况下连接九个点。大部分人因为假定所有的线必须在九个点形成的正方形内而难以解决问题。用格式塔的术语来说,被试固着在形状上,导致功能固着状态。

❖ 评价

- ⊕ 奥尔森认为问题重构(即,改变表征)时出现顿悟是一种有用的观点。
- ⊕ 在解决顿悟问题中限制解除非常重要。
- ⊕ 奥尔森的理论是格式塔观点的改进,因为该理论更明确地说明了顿悟机制。

- 奥尔森很少关注问题解决技术的个体差异。
- 预测问题表征什么时候（或以什么方式）发生改变是不可能的。

计算机模拟——纽厄尔和西蒙

你认为一个计算机程序可以完全概括和模拟人类的问题解决吗？

纽厄尔和西蒙（Newell & Simon, 1972）认为，可以对人类的问题解决进行系统的计算机模拟。他们提出了通用问题解决者模型，这是一个可以解决很多界定清晰问题的计算机程序。纽厄尔和西蒙在构建通用问题解决者模型中最初的假设是，信息加工是序列的（每次一个过程），人们的短时记忆容量有限，他们可以从长时记忆中提取相关信息。

纽厄尔和西蒙要求人们在问题解决时出声思考。然后他们依据这些口头报告决定解决每个问题所使用的一般策略。最后，纽厄尔和西蒙详细、充分地说明了通用问题解决者在编程序时所用到的问题解决策略。在通用问题解决者模型中，问题表征为问题空间。问题空间由问题的初始状态、目标状态、所有可以用来改变当前状态的心理操作（如，移动）及问题的中间状态组成。因此，问题解决过程包括一系列不同的知识状态。这些知识状态位于初始状态和目标状态之间，它们通过心理操作来实现从一种知识状态到下一个状态的转变。

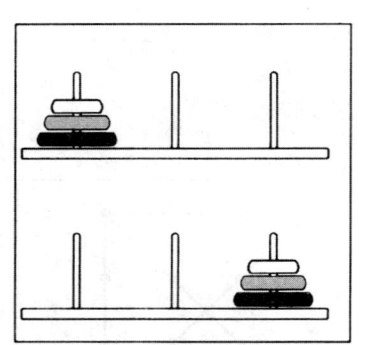

哈诺伊塔问题的初始状态和目标状态

上述观点可以用哈诺伊塔问题（Tower of Hanoi problem）来说明。问题的初始状态是第一根柱子上有三个自上而下大小渐增的圆盘。目标状态是最后三个圆盘按照原来的大小顺序排列在第三根柱子上。规则是每次只能移动一个圆盘，且大圆盘不能放在小圆盘上面。这些规则限制了每一步可能的心理操作。

在问题解决过程中，人们如何选择心理操作或移动呢？纽厄尔和西蒙认为，大多数问题的复杂性意味着我们严重地依赖**启发法**（**heuristics**）或经验法。启发法与**算法**（**algorithms**）形成对照，算法是一种比较复杂的方法，需要将解决问题的所有方法进行一一尝试。启发法中最重要的是**手段目的分析法**（**means-ends analysis**）：

1. 注意问题的当前状态和目标状态之间的差异。
2. 设置子目标减小初始状态和目标状态之间的差异。
3. 选择可以实现子目标的心理操作。

启发法：问题解决中所使用的经验法则或类似的方法。

算法：确保问题解决的方法或程序。

手段目的分析法：问题解决的一种观点，逐渐减少初始状态和目标状态之间的差异。

手段目的分析法是一种启发式而非算法，因为（在使用时）不能确保问题得到解决。

手段目的分析法的使用方式可以用哈诺伊塔问题来说明。在问题早期阶段中，合理的子目标是尝试将最大的圆盘放在最后的柱子上。如果最大的圆盘必须放在中间或最后的柱子上，手段目的分析法会让圆盘放在最后的柱子上。

纽厄尔和西蒙在 11 个截然不同的问题上（如，字母序列完成、传教士和野人问题、哈诺伊塔）使用了通用问题解决者。通用问题解决者模型可以解决所有的问题，但它与人类解决问题的方式存在差别。

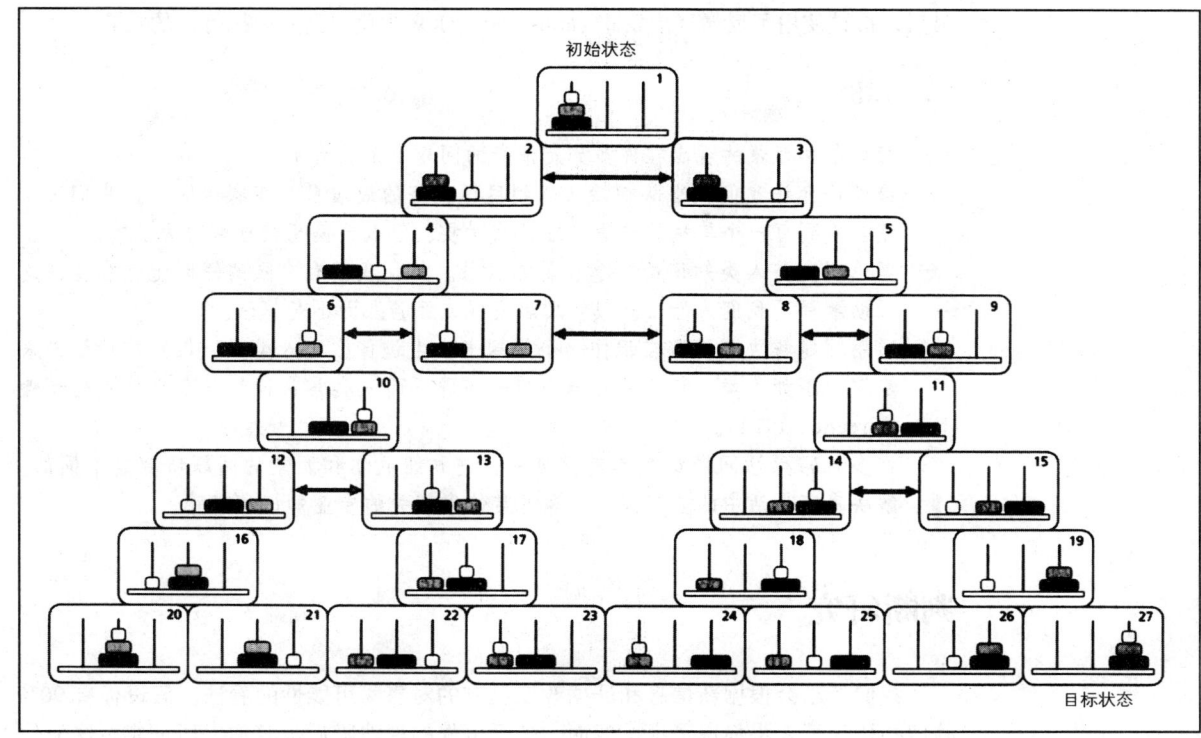

使用手段目的分析法,上图揭示了哈诺伊塔问题中合理移动的问题空间。如果方框彼此接触或被箭头连接,这表示可以使用合理的操作从一种状态向另一种状态移动。

证据

托马斯(Thomas, 1974)认为,在解决问题时,当人们为了减少当前状态和目标状态之间的差异需要进行暂时的转换时,会经历很多困难。换言之,当手段目的分析法不起作用时,人们会出现暂时的困惑。他使用了矮人和海怪问题的变式——传教士和野人过河问题。该问题的标准形式为:三个传教士和三个野人需要乘坐一条小船到对岸去,小船只能乘两个人,在任意一边河岸上,传教士的人数必须超过野人数量,否则野人就要吃掉传教士。因此,一次运一个传教士和一个野人返回起点,似乎偏离了解决方案。如同预测,被试在这一步上体验到极度的困难。但是,通用问题解决者未发现这步特别困难。

你认为通用问题解决者为什么未发现这步特别困难?

托马斯也获得了被试设置子目标的证据。被试通常会以很快的速度执行很多步骤,而在下面的快速移动出现之前会出现较长时间的停顿。这表明被试把问题分成了三或四个主要的子目标。

西蒙和里德(Simon & Reed, 1976)研究了传教士和野人问题的一个更复杂的版本。可以通过11步进行解决,但被试平均使用了30步来解决该问题。证据显示,被试最初采用平衡策略(balancing strategy),即单纯地保证河两岸的传教士和野人数目相等。之后,被试才转移到手段目的分析策略,即关注运送更多的人到河的对岸。

最后，被试使用了反循环启发式（anti-looping）来避免回到先前执行过的状态。

❖ 评价

- ⊕ 纽厄尔和西蒙的观点在许多界定清晰的问题上是很有用的。
- ⊕ 该理论允许我们找出从初始状态到目标状态的最短系列步骤。因此，我们可以完全看到每一个单独的被试是在什么时候、怎么样偏离最佳解决办法的。
- ⊕ 理论研究与人类知识的信息加工相联系。如，我们有有限的短时记忆容量，这帮助解释了我们为什么一般使用启发式或经验法而不是算法。
- ⊖ 通用问题解决者模型在记住一个问题上发生过什么比人类强。但它在计划未来步骤上不如人类：它只关注一个单一步骤，而人类常常计划一个小的系列步骤（Greeno, 1974）。
- ⊖ 许多日常生活问题都是界定模糊的。这和纽厄尔和西蒙的问题研究是不同的。解决真实生活中的界定模糊问题通常依靠相关的专业知识和经验。

判断研究

我们经常会根据新信息和证据改变已有的对事物可能性的看法。假设你有90%的信心认为某人跟你说了谎。然而，关于事件的说法随后被其他人所证实，这使你认为你被骗的可能性只有60%。日常生活中充满了我们的信念力量被新信息加强或减弱的事例。

托马斯·贝斯（Thomas Bayes）提供了一种思考这些事例的更精确的方法。他提出了一个数学公式，我们可以借助这一公式计算新信息对原有概率的影响。贝斯关注有两种信念或假设（如，X在说谎和X没在说谎）的情景，他揭示了新信息或数据如何改变了两种假设的概率。贝斯定律（Bayes' theorem）中最为重要的观点是：在获得新信息之前，我们需要考虑两种假设的相对概率。相对概率形成**基础比率信息**（**base-rate information**），科勒（Koehler, 1996, p.16）把基础比率信息界定为"在总体中一个事件发生或一个特征出现的相对频率"。

基础比率信息：总体中事件发生的相对概率。

考虑一下特维尔斯基和卡内曼（Tversky & Kahneman, 1980）所使用的出租车问题。在这个问题中，一辆出租车在晚上肇事逃逸。这个城市的出租车中，85%属于绿车公司，15%属于蓝车公司。一个目击证人在法庭上指认肇事出租车是蓝车公司的。但是，在适宜的视觉条件下对她辨认出租车的能力进行测试时，她的错误率为20%。肇事出租车为蓝色的概率是多少呢？如果你的观点与该研究中大部分被试的观点相符，你的答案就会是，肇事车属于蓝车公司的概率为80%。

上面的答案是错误的，因为它忽略了基础比率信息，即85%的车属于绿色公司而只有15%的车属于蓝色公司。如果让你在不知道目击者证词的情况下推断肇事车属于蓝色公司的概率，你可能会说概率是15%。我们需要做的是遵循贝斯定律，同时考虑目击者和基础比率信息。当这些步骤做完之后，我们得到的正确答案是 41%。因此，尽管目击者说肇事车是蓝色的，但基础比率信息更偏向于证实绿车是肇事车。

忽略或使用基础比率

我们是否可以通过改变出租车问题来使人们考虑基础比率呢？特维尔斯基和卡内曼通过强调绿车公司应该对本市 85% 的出租车事故负责来改变出租车问题。这一改变使得出租车公司肇事记录与出现事故应承担责任之间呈现一种很明显的因果关系。给予改变版本问题的大多数被试指出，肇事车属于蓝车公司的平均概率是 60%。

还有很多旨在考察基础比率使用情况的研究。这里我们将详细考察卡斯赛尔斯等人（Casscells, Schoenberger & Graboys, 1978）及科斯米德斯和图拔（Cosmides & Tooby, 1996）的相关研究。卡斯赛尔斯等人使用的问题如下：

> 如果某种检测方法检测一种发病率为 1/1000 的流行病被误诊为阳性的比率是 5%，假设你对患者的症状一无所知，那么检查结果为阳性的人真正患上这种疾病的概率是多少？

45% 的职员和哈佛医学院的学生忽略了基础比率，得出了错误答案：95%。只有 18% 的被试得出正确答案（2%）。为什么 2% 是正确的呢？根据基础比率，1000 人中有 999 人不会受到这种疾病的困扰。但是，1000 个检查结果为阳性的人中有 50 人的检查结果是错误的。因此，检查结果错误的人数是真正患者数的 50 倍（1000 人中只有 1 人真正患病），所以检查结果为阳性的人只有 2% 的几率真正患病。

科斯米德斯和图拔强调与问题相关的各种类型中个体的频次。部分指导语表述如下："1000 个美国人中有 1 个患 X 病，1000 个完全健康的人中 50 个检查出为阳性。检测出呈阳性的人中有多少人真正患该病呢？"

科斯米德斯和图拔发现，当问题以频次的方式呈现时，与最初的 12% 形成鲜明对比的是，76% 的被试得到正确答案。该差异的最可信的解释是，计算频次比计算概率更简单（Johnson-Laird et al., 1999）。

结论

科勒（Koehler, 1996, p.1）综述了使用基础比率信息的研究结果，认为该文献"不支持传统观点所认为的人们习惯于忽视基础比率。相反，文献表明基础比率信息经常被人们利用"，并有合理证据支持这种观点。不过，更具实用性的是人们在日常生活中使用基础比率信息的程度。科勒（p.14）认为："由于在自然环境中基础比率信息是模糊、不可靠和不稳定的，因此针对这些信息的简单使用法则是不存在的。在这种情况下，基础比率信息的诊断价值比很多实验中的基础比率信息要小得多。"

在现实生活中，甚至专家也通常未能有效地使用基础比率信息。霍夫雷格等人（Hoffrage et al., 2000）给医学院高年级学生四项真实的诊断任务，任务包含以概率或频次呈现的基础比率信息。这些专家很少注意以概率形式给出的基础比率信息，但是在以频次形式出现时则表现出较好的成绩。

你认为为什么会有如此多的人都得出错误的答案？

代表性启发法

代表性启发：认为具有代表性的或具有典型意义的事件发生的概率会更高的假设。

合取性错误：联合在一起的两个事件比其中任一件更容易发生的错误信念。

我们为什么不能有效利用基础比率信息呢？特维尔斯基和卡内曼（1973）认为，我们通常会使用一种称为**代表性启发法**（representativeness heuristic）的简单启发法或经验法则来作出判断。当人们使用这种启发策略时，他们会认为"具有代表性的或具有典型意义的事件发生的概率会高一些，如果一个事件与总体或一类事件中绝大部分事件相似，那它就是有代表性的事件"（Kellogg，1995，p.385）。在代表性启发法研究中，人们的任务是判断一个物体或事件 A 属于某一类别或过程 B 的概率。假设向你提供对一个人的描述，要求你估计他/她从事某种职业的概率。你可能做的事情就是，估计对该人的描述与你头脑中存在的关于职业刻板印象之间相似程度的比例。

特维尔斯基和卡内曼研究了人们对代表性启发法的使用。向被试提供如下描述："杰克是一个 45 岁的已婚男人，有四个孩子。他性格很保守，做事认真，有进取心。对政治和社会问题不感兴趣，大部分空闲时间都花在各种个人爱好上，如在家做木匠活、航海和玩数字魔方等。"（p. 241）被试需要判断杰克是工程师（或律师）的概率。并告诉被试这段描述是从 100 段描述中随机选择的。告诉一半被试这 100 种描述中有 70 个描述的是工程师，30 个描述的是律师；告诉另一半被试 70 个描述的是律师，30 个描述的是工程师。

特维尔斯基和卡内曼发现了什么呢？被试判定杰克是一个工程师的平均概率是 0.90，他们几乎未关注 100 个描述中大部分是律师或工程师。因此，被试忽略了基础比率信息（即，100 个描述中 70∶30 的比例）。

代表性启发法更显著地用于引起**合取性错误**（conjunction fallacy）。它是指人们错误地认为两个事件（A 和 B）的合取或结合比单独一个事件更有可能发生。特维尔斯基和卡内曼（Tversky & Kahneman, 1983）基于以下描述得到合取性错误的证据：

琳达 31 岁，单身，直率并且非常聪明。她毕业于哲学专业。作为学生时，她热衷于歧视和社会公正问题，并参与了反核能游行。

要求被试根据琳达可能属于每一类的概率对八种工作种类排序。其中三类是银行出纳员、女

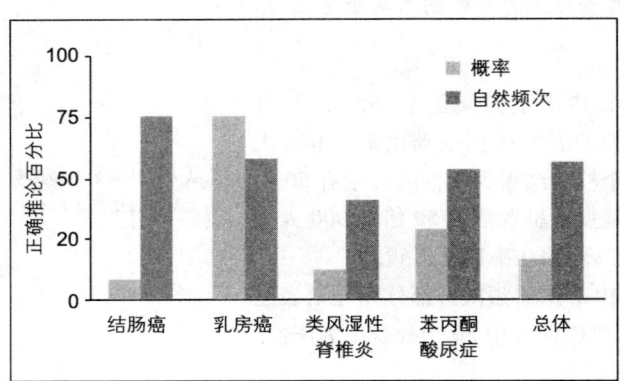

以概率或频次方式呈现的四个现实任务，医学院学生的正确推论百分数。引自 Hoffrage 等人（2000）。

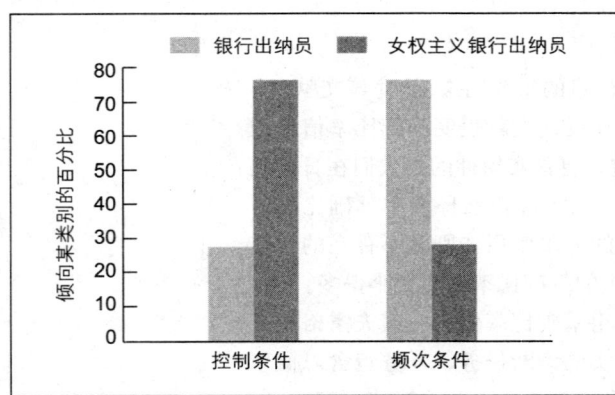

在频次条件和控制条件下琳达问题的成绩。引自 Fiedler（1988）。

权主义者和女权主义的银行出纳员。大多数被试认为属于女权主义的银行出纳员比女权主义者或银行出纳员的比率要大。这是不对的，因为所有女权主义的银行出纳员都属于银行出纳员或女权主义者这一更大的类别！

菲德勒（Fiedler，1988）将原始版琳达问题的成绩与频次版的成绩进行比较，要被试指出符合琳达描述的100个人中有多少个是银行出纳员、有多少个是银行出纳员和激进的女权主义者。频次版中表现出合取错误的被试比例较低。频次版的成绩可能更好，因为人们更习惯处理频次问题而非概率。

> **案例研究：选择六合彩数字**
>
> 一般来说，人们对随机性和可能性的理解都是很弱的，这可以通过六合彩通常选择的数字类型得到证明。即使声称理解任意特定数字的人也可能发出以下的声音和绝望："噢，我永远不可能赢——一排四个的数字！"或"我所有的数字都在20以下，我最好扩展一点以得到更好的模式。"事实上，统计数据表明，你在选择数字时其实是在有偏向的或集中数字中进行权衡：你不会再赢，但在你所做的不可能事件中，你更不可能与他人分享你的奖品。

可得性启发法

特维尔斯基和卡内曼（1983）还研究了另一种启发法或经验法则。这就是可得性启发法（**availability heuristic**），即根据从长时记忆中提取相关信息的难易程度来估计事件发生的频率。被试对取自小说中的2000个以"ing"和"-n-"结尾的7字母单词的频率评定等级。多数人认为更多的单词以"ing"结尾。该结论就来自可得性启发法的使用。但这却是完全错误的，因为所有以"ing"结尾的单词也以"-n-"结尾。

在日常生活中，使用可得性启发法常常会产生错误。利希腾斯坦等人（Lichtenstein，Slovic，Fischoff，Layman & Combs，1978）要求人们判断不同死亡原因的相对可能性。被试认为那些引起公众更多注意的死亡（如谋杀）比引起公众较少注意的死亡（如自杀）发生的可能性更大，而事实正好相反。

在判断事件发生的概率时，人们并非常常使用可得性启发法。例如，布朗（Brown，1995）给被试呈现类别—样例（category-exemplar）词对（如国家—法国），每个类别词呈现多次。每次呈现类别词的同时呈现样例词，呈现的样例词要么每次都相同（相同情景），要么不相同（不同情景）。被试的任务是判断每个类别词出现的频率并说出判断策略。在情景不同时，60%的被试报告使用了可得性启发法。但在相同情景中则很少有人使用可得性启发法策略，差不多70%的被试在这种情景下报告他们在完成任务时没有使用任何明确的策略。

支持理论

特维尔斯基和科勒（Tversky & Koehler，1994）提出了一种关于主观概率（subjective probability）的支持理论（support theory），它在某种程度上可以看成可得性启发法观点的拓展。该理论的关键理论假设是，任何既定事件发生的概率或多或少取决于事件的描述方式。因此，我们需要区别事件本身及对它们的描述。例如，你几乎会毫无疑问地认为自己在下个暑假死亡的概率极低，但是，如果以下面的方式问你，死亡似乎就更可能发生："下个暑假你死于疾病、心脏病、地震、恐怖袭击、内战、车祸、飞机失事或其他任何原因的概率是多少？"

可得性启发法：一种经验法则，以估计提取相关信息的事件发生频率为基础。

你如何检验可得性启发法在人们做判断时的作用？

根据支持理论，任何事件的发生概率都会受到事件描述程度的影响。

为什么第二种情况下假期死亡的主观概率比第一种高呢？根据支持理论，表述明确的事件比表述不明确的事件在主观上具有更高的发生概率。这一理论预测主要有以下两方面的原因：

- 事件表述明确可以使人们注意到事件原来未被明确表述的内容。
- 记忆的局限性意味着，如果未提供信息，人们就会记不住所有的相关信息。

证据

大多数证据都与支持理论相一致（Tversky & Koehler, 1994）。例如，约翰逊等人（Johnson, Hashtroudi & Lindsay, 1993）给一部分被试提供假设的出于任何原因住院治疗的健康保险，给另一部分被试提供各种疾病和事故的健康保险。这两种保险的内容是一样的，但是被试更愿意对后者付出更多的保金。明确提及疾病和事故可能使得住院治疗显得更必要，从而提高了支付保金的价值。

令人惊奇的是，当事件的描述非常清楚时，那些遇到表述不详尽的问题时可以凭借知识经验把问题详细化的专家，也会表现出主观概率偏高的现象。例如，雷德尔迈耶等人（Redelmeier et al., 1995）向斯坦福大学医生描述一位妇女腹痛的症状。要求一组医生分别判断出两种诊断结果（肠胃炎和宫外孕）的概率，以及其他诊断结果的概率；另一组医生分别判断五种诊断结果（其中包括肠胃炎和宫外孕）的概率以及其他诊断结果的概率。前一组医生判断其他诊断结果的主观概率是 0.5，后一组判断除了肠胃炎和宫外孕之外其他可能结果的主观概率是 0.69。这表明，即使对专家来说，明确表述的事件发生的主观概率也比较高。

❖ **评价**

⊕ 人们在许多情况下都会使用各种启发法或经验法则。
⊕ 即使基础比率信息有用时，人们也常常会部分或全部忽略。
⊖ 特维尔斯基和卡内曼未提出详细说明各种启发法使用时间和方式的过程模型。

- 一些判断错误的发生,仅仅是因为被试错误地理解了问题的部分内容。例如,20%—50%被给予琳达问题的被试认为"琳达是一个银行出纳员",似乎意味着她在女权运动中并不活跃(Gigerenzer,1996)。
- 问题表述上的细微差别会产生巨大的、难以解释的影响。例如,当问题以频率表述时,结果常常好于使用概率表述(Cosmides & Tooby,1996;Fiedler,1988)。
- 在许多已研究的问题上存在巨大的个体差异(Stanovich & West,2000)。高智商个体通常比正常智商个体较少使用错误的启发法。

启发法有价值吗?

从上述所讨论的研究中可以明显看出,启发法或经验法则常常导致错误的判断或思维。吉格伦泽、托德和ABC研究组(Gigerenzer, Todd & ABC Research Group, 1999)以及戈尔德斯坦和吉格伦泽(Goldstein & Gigerenzer, 2002)认为,启发法在许多情况下都很有价值;实际上,他们1999年出版的书就冠以《使我们变聪明的简单启发法》(*Simple Heuristics That Make Us Smart*)的名称。在这些书中,重在强调快速简易的启发法,即"使用现实心理资源做决策时心理适应工具所采用的简单规则"(Todd & Gigerenzer,2000,p.727)。这些启发法只用于单理由决策:"只要找到可以区分所考虑的两个选项,立即停止寻找线索。"(p.733)

吉格伦泽及其同事主要关注**识别启发法**(**recognition heuristic**),即根据这个物体以前是否出现过在两个物体之间把它挑选出来。例如,假设问你汉堡和科隆哪个城市的人口更多?如果你只听说过汉堡这个城市的名字,你可能会采用识别启发法并猜测汉堡是人口更多的城市。识别启发法在其他现实情景中也会用到(如,预测足球赛结果或决定在两家公司中哪家投资)。

识别启发法是有局限性的,因为如果某人对两个物体(像城市)都认识它就不起作用了。在这些情况下,人们假设个体会采用"取最优"(take the best)策略,即

识别启发法:从两个物体或选项中选出认为熟悉的那个。

哪些动物睡眠最久?如果你不知道树獭,根据识别启发法你可能会认为是猫。(树獭每天睡20小时,猫大概睡14.5小时。)

你认为人们为什么常常依赖识别启发法?

"选择最优的,忽视其他的"。更具体的说,线索(如,认识这个城市吗?这个城市有足球俱乐部吗?这个城市有大学吗?)搜索是按照增强有效性的顺序进行的。一旦发现能在两个选项间进行区别(如,一个城市有足球俱乐部而另一个没有)的线索,就立即作出判断。

证据

当给被试提供判断两个城市中哪个更大这一任务时,90%的被试在一个城市被识别而另一个未被认出的时候使用了识别启发法(Goldstein & Gigerenzer, 2002)。你可能会认为该发现没有任何意义,因为你觉得在这个过程中许多被试可能没有使用其他有效的信息来帮助其进行判断。但是,即使告知被试哪个德国城市有足球队,并且有足球队的德国城市一般比没有足球队的城市大,90%的被试依然使用了识别启发法(Goldstein & Gigerenzer, 2002)。

人们为什么会使用识别启发法呢?首先,它可以快速地使用,并且几乎不会对使用该方法的人增加认知需求的负担。其次,它的有效性处在中等水平:戈尔德斯坦和吉格伦泽报告,认出一个城市的人数与该城市人口的相关系数为+0.60 和 +0.66。

戈尔德斯坦和吉格伦泽向美国学生和德国学生呈现成对的美国城市和德国城市,并要求他们选出每对中较大的那个城市。通常会认为被试对属于自己国家的城市选择的成绩更好,因为他们对这些城市有更多的了解。但是,这里的缺陷在于,当一对中的两个城市都被认出时,他们就不会采用识别启发法(中度有效)。结果给人留下深刻的印象:美国和德国的学生在自己的城市上比其他国家的城市上表现得更差。

托德和吉格伦泽(Todd & Gigerenzer, 2000)比较了多种策略的有效性,包括以下几种:

1. 简化原则。随机选择线索。

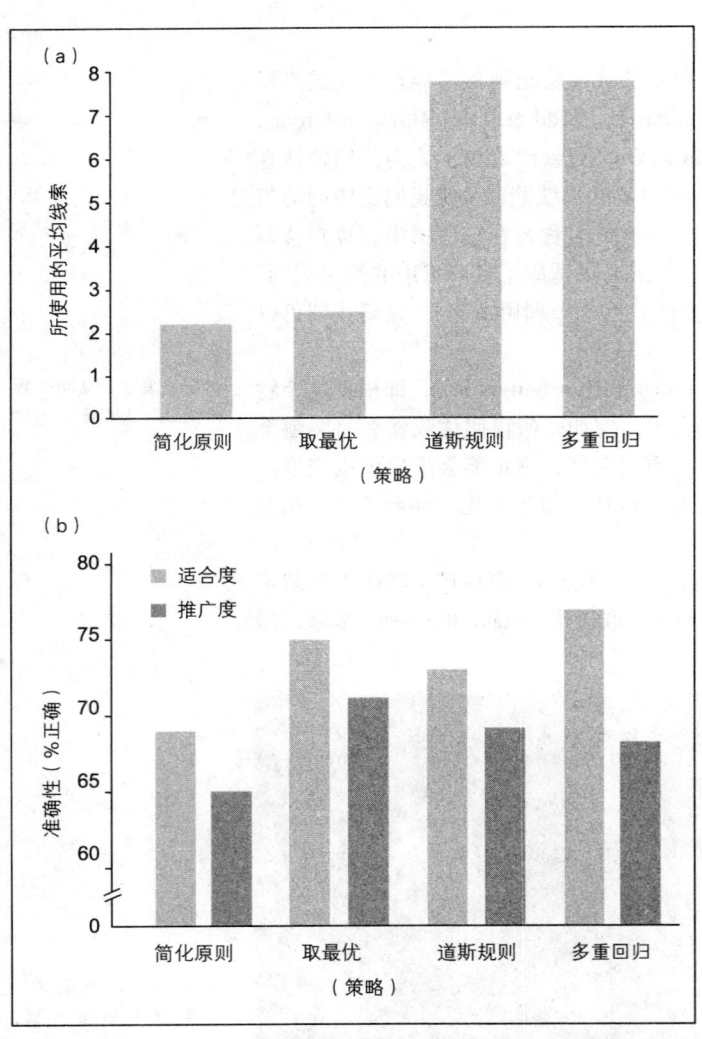

(a) 节约度(使用的线索)是策略的函数。资料来自 Todd & Gigerenzer (2000)。

(b) 适合度(正确回答)和推广度(在新数据上的正确性)是策略的函数。资料来自 Todd & Gigerenzer (2000)。

2. **取最优**。如上所述。
3. **道斯规则**（Dawes's rule）。支持和反对特定选择的线索数量之间的差异决定着最后的选择。
4. **多重回归**。用最佳的方式衡量并计算所有的线索。

然后计算这些策略有效性的三种度量值。第一是节约度（frugality），使用线索数量的平均数。第二是适合度（fitting），使用每种策略时的成功率。第三是推广度（generalisation），当策略被应用到未在训练中出现过的部分数据时的成功百分比。

结果如上页图所示。简单启发式（取最优）远比简化策略有效。道斯规则和多重回归的有效性不相上下，即使都使用了较少的线索。另外，简单启发法表现出比其他策略更好的推广度，这使托德和吉格伦泽（2000，p.736）作出如下推论：简单启发法的简单性原则"允许它们在面对环境变化时保持不变，并使它们能够很好地推广到其他情景中"。

布罗德（Broder，2000）发现，人们使用取最优启发法的程度取决于获得信息的代价。在他的一项研究中，被试假装是股票经纪人，并且必须在每次试验中在两只股票中选择一只。获得股票信息的代价有高有低。当代价高时，65%的被试使用取最优启发法，代价低时只有15%的被试使用。因此，如果获得进一步信息相对容易且廉价，大多数人都不会把自己限制在需要最优启发法的有限信息中。

❖ 评价

- ⊕ 简单启发式在某些情景中很有效并且正确。
- ⊕ 简单启发式在必须快速做决定时特别有用。
- ⊖ 当很容易获得进一步信息时，简单启发式通常无法发挥作用（如，Broder，2000）。
- ⊖ "可能不是简单启发式使我们变得聪明……而是我们借助于简单启发式来完成我们以前不熟练的任务。"（Chater，2000，p.745）
- ⊖ 在许多情况下我们可以采用很多启发式，但是该理论并不允许我们预测究竟会选择哪种启发式（Newstead，2000）。

决策

如前所述，决策和问题解决之间具有明显的相似性。决策需要使用问题解决中的成分，因为个体通常需要从一系列选项中选择最好的。所有的选项在决策时都会呈现，但这些选项需要在问题解决中产生。

生活中充满了决策（如，度假地点、伴侣、职业选择）。通常，每个选项都有其利益和代价，并常常使决策变得相当困难。我们如何决定去做什么呢？曾有假设认为，大多数人表现得很理性，因此会选择最优的选项。该假设构成了常规理论中的重要

你如何描述自己的决策过程？不同的决策之间存在差异吗？

部分，只关注人们应该如何决策而不关注他们实际上如何做决策。例如，根据纽曼和摩根斯坦（Neumann & Morgenstern, 1974）提出的效用理论（utility theory），我们试图把效用最大化，效用是我们赋予结果的主观价值。当我们需要在简单选项中进行选择时，我们可以借助下面的公式来估计每个选择的预期效用或预期价值：

预期效用 = 特定结果的概率 × 结果的效用

我们马上就会看到，决策的规范理论得到的支持较少。我们的决策常会受到很多情绪因素、社会因素和其他因素的影响，因而并不完全符合这些理论的预测。

前景理论

如我们所见，根据规范理论可以认为理性决策者在决策时应该使价值或效用最大化。但是由于以下两个原因，通常难以做到这一点。第一，不同结果的客观概率常常是未知的。因此，我们必须依赖基于我们所认为的每种结果可能性的主观概率。第二，我们需要区分各种结果的主观价值和客观价值。例如，如果需要在工资高但无职业安全感和工资较低但有职业安全感的工作之间进行决策，一些人可能赋予经济报酬更高的价值而不看重职业安全感，但其他人则可能作出相反的选择。

卡内曼和特维尔斯基（Kahneman & Tversky, 1984）认为，决策的规范理论存在的问题远远高于仅仅根据有关决策进行的简单预测。根据前景理论（prospect theory），决策的重要内容不仅仅是理性的。更具体的说，我们的决策受到决策是否涉及得与失的强大影响。他们提出了一个与得失价值有关的价值函数。如左图所示，损失引起的主观价值的变化，远远大于等量的收益引起的变化。从人们对潜在的损失比对潜在的收益更敏感的观点中可以获得什么启示呢？最直接的预测是，人们决策时将会尽可能减少任何损失发生的机会，即使这样做意味着放弃潜在的收益。与前景理论有关的证据讨论如下。

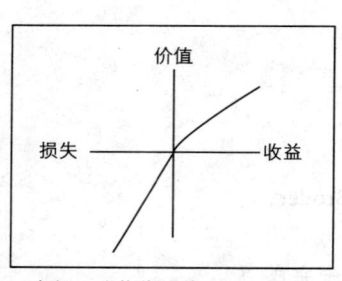

一个假设的价值函数。
引自 Kahneman & Tversky (1984)。

损失规避：对潜在损失比对潜在收益更敏感的倾向。

风险寻求：一种风险寻求倾向，在个体考虑可能的损失时尤其容易出现。

降低代价效应：用额外资源证明某些先前的承诺（例如，赔了夫人又折兵）。

得与失

前景理论的支持证据来自一种所谓损失规避（loss aversion）现象的研究，即个体对损失比收益更敏感。特维尔斯基和沙菲尔（Tversky & Shafir, 1992）为被试提供了一场赌博，被试有50%的机会赢得200美元，有50%的机会输掉100美元。根据规范理论，所有的被试都可能接受这次赌博，因为平均会得到可能的50美元收益。然而，只有三分之一的被试同意接受打赌，因为比起潜在的收获他们更关心潜在的损失。

很多人发现，损失金钱的想法如此厌恶，以至于他们情愿从事风险寻求（risk seeking）行为来避免损失。卡内曼和特维尔斯基（1984）让被试在肯定输掉800美元和有85%的概率输掉1000美元而有15%的概率不会输之间进行选择。大多数人都选择了损失规避，尽管这一决策使得平均预期损失从800美元增加到850美元！

与风险寻求相类似的一种现象称为降低代价效应（sunk-cost effect），此时可以使用额外的资源证明之前的投资。道斯（Dawes, 1988）讨论了一项研究，告诉被试两个人为周末度假支付100美元不可退还的定金。在前往度假地的途中，两人感到身体不适，他们觉得留在家中可能比度假地更舒服。他们是继续前往度假地还是回家？很多被试都认为两人应该继续前往目的地以免损失100美元：这就是降低代价效应。该决策在某种程度上似乎是错误的：它包含了额外的花费（休假地的花费和在家的花费），虽然没有在家舒服。

你必须丢掉她来抓我，你会觉得你有那么幸运吗？

当决策只涉及收益而不关注损失时会出现什么情况呢？卡内曼和特维尔斯基发现，大多数人更喜欢800美元的肯定收益，不喜欢有85%的概率获得1000美元，而同时又有15%的概率什么也得不到。这称为风险规避（**risk aversion**），甚至在风险决策的期望值大于肯定收益（分别为850和800美元）的概率时也会出现。根据前景理论，较大收益的主观价值并不一定高于较小收益的主观价值，因此为了试图增加收益量而使人参与冒险的诱因较小。

一些人可能比其他人更愿进行风险决策，但对这些个体差异很少进行研究。一个例外是洛佩斯（Lopes, 1987）进行的研究，他用简短的问卷确认风险规避和风险寻求的被试。被试必须在风险程度不同的六合彩中进行选择。正如所预测的那样，风险规避的被试倾向于规避风险较大的六合彩，风险寻求的被试情况则完全相反。洛佩斯（pp.274–275）得出以下结论："风险规避者似乎受安全欲望的激发，风险寻求者似乎受潜在欲望的激发。"

框定效应

风险决策经常受到无关情景的影响，如呈现问题的精确方式。这种现象称为**框定效应（framing）**。一些框定效应可以通过损失规避进行解释。例如，特维尔斯基和卡内曼（Tversky & Kahneman, 1987）研究了亚洲疾病问题（Asian disease problem）的框定效应。告知被试美国可能爆发一种亚洲疾病，预计将有600人死于此病。提出了两种行动方案：方案A允许200人获救；方案B有三分之一的概率使600人获救，有三分之二的概率一个人也无法获救。当选项以这种方式表达时（强调获救的人数），72%的被试选择方案A。即使这两种方案（若反复实施几次）平均都能使200人获救，也会出现上述情况。这阐明了关注收益时风险规避的现象。

特维尔斯基和卡内曼（Tversky & Kahneman, 1981）也在反向框定效应变式（negatively framed version）中使用了亚洲疾病问题。在这种变式中，告诉被试方案A会导致400人死亡，方案B有三分之一的可能无人死亡，有三分之二的概率600人都死亡。问题其实与正向框架效应相同，但被试的决策存在明显差异。在反向框定效应变式中，78%的被试选择方案B。因此，这说明了关注损失时的风险寻求行为。

王（Wang, 1996）指出，在亚洲疾病问题中，对公平的考虑会影响决策。被试

风险规避：一种规避风险的倾向，在个体考虑到可能的收益时尤其容易出现。

框定效应：无关情景内容对决策的影响。

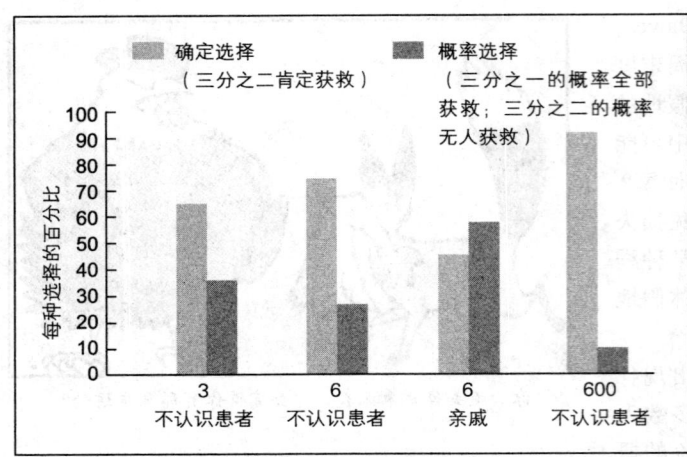

公平性操作对选择选择性获救者和非选择性获救者的影响。引自 Wang (1996)。

在三分之二的患者确定获救（确定选择）和三分之一的概率所有患者都获救及三分之二的概率无人获救（概率选择）之间进行选择。患者组由 3 名、6 名和 600 名被试不认识的患者组成，或由 6 名患者（被试亲戚）组成。平均而言，确定选择的获救人数是概率选择的两倍。但是概率选择似乎更公平。优先选择受小组人数、小组成员与被试之间关系的影响。可以推测，人数较少的组（尤其是亲戚）选择概率选择的被试百分比的增加，是因为与公平性有关的社会背景和心理因素在这些情况下被认为更重要。

在现实生活决策中也发现了框定效应。班克斯等人（Banks et al., 1995）研究了两份劝说女性进行乳房或胸部检查的录像带的效果。两盘录像带都包含了相同的医学事实，但是一个强调乳房检查的收益，另一个关注不进行乳房检查的风险。正如前景理论所预测的那样，在接下来 12 个月内，有更多的观看风险关注录像带的女性进行了乳房检查。

你认为前景理论可以解释日常生活中所有的决策吗？

❖ 评价

- ⊕ 前景理论中的重要假设——人们更重视损失而非收益——得到许多实验室研究和现实生活研究的支持。
- ⊕ 前景理论研究在揭示决策规范理论的某些局限时具有重要作用。
- ⊖ 正如哈德曼和哈里斯（Hardman & Harries, 2002, p.76）所指出的："价值功能……缺乏明显的理论基础……价值功能是行为描述但又无法超越行为描述。"
- ⊖ 该理论不重视风险决策意愿中的个体差异（Lopes, 1987）。
- ⊖ 也许前景理论的最大局限是低估了情绪和社会因素对决策的影响（Wang, 1996）。这些因素将在下文进行考察。

社会功能主义研究

在实验室中，人们通常针对假设情景进行决策，他们的朋友和家人既不知道也不关心这些决策。相比之下，其他人通常都会了解我们在现实生活中的决策，因此我们认为需要向他人证明我们的决策。这样的考虑使得泰特洛克（Tetlock, 2002）提出了社会功能主义理论（social functionalist approach），该理论充分考虑了决策的社会背景。根据这种观点，人们经常像一个有直觉力的政客一样采取行动，因为他们在决策时一个很重要的关注点涉及"预测其他人可能会对另外的行动措施提出的反对意见，同时又要精心打造阻止这些反对意见的理由"（p.454）。由泰特洛克的观点可以看出,"决策受到广泛的社会和情绪因素的影响"具有强有力的证据。

证据

沙菲尔、西蒙森和特维尔斯基(Shafir, Simonson & Tversky, 1993)指出了证明自己有道理的需要是如何影响决策的。被试想象有机会购买到极便宜的夏威夷度假,但是优惠明天就截止。他们有三个选择:(1)购买度假;(2)决定不购买度假;(3)先付5美元定金(不可退还),保留两天之内可以享受优惠的机会。要求所有的被试假设他们刚刚参加完一场很难的考试。在第一种情况下他们知道通过了考试。在第二种情况下他们知道未通过考试。第三种情况是被试要到第二天才知道是否通过考试。

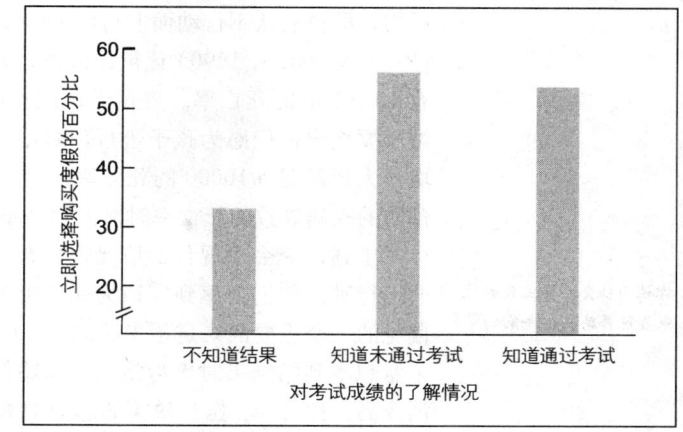

选择立即购买度假的百分比是通过考试、未通过考试以及不知道是否通过考试的函数。引自 Tversky & Shafir (1992)。

你认为三组被试会怎样选择呢?在通过考试或未通过考试的被试中,大多数人都立即决定购买度假。但是,那些尚不知道成绩的被试只有32%的人立即决定购买。通过考试的被试把度假作为奖励,未通过考试的被试把假期作为安慰。但是,对那些不知道考试结果的被试来说,就找不到合适的度假理由。

泰特洛克(Tetlock, 2002)的理论观点很好地解释了降低代价效应(使用额外资源证明以前投资的适当性)的很多发现。西蒙森和斯陶(Simonson & Staw, 1992)要求被试决定低度啤酒还是无酒精啤酒应该得到市场支持(例如,打广告)中的额外300万美元。然后告诉被试啤酒生产公司的总裁作出了与他们相同的决策,但已证明市场支持是无效的。然后被试必须决定如何在两种啤酒间分配用于额外市场支持的1000万美元。在高责任条件下,告诉被试决策信息要与其他学生和教师分享,并要求他们允许记录关于决策的访谈。在低责任条件下,告诉被试他们的决策将被保密,并且被试的任务成绩与管理效果或智力无关。

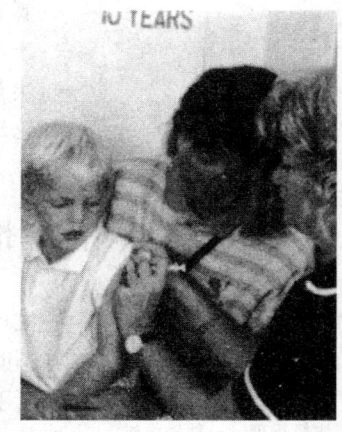

里托夫和巴伦发现,当询问被试是否为孩子接种疫苗预防疾病时,往往出现忽略偏见。即使孩子得病的概率高于接种疫苗的危险,许多人仍然选择不进行预防接种,从而把孩子置于危险的境地。

你认为被试会作出什么决策呢?被试在高责任条件下比低责任条件下表现出更明显的降低代价效应(即,与以前一样,把大部分额外的钱投入啤酒销售上)。在高责任条件下,被试通过增强承诺体验到更强烈的证明以前无效的行为措施(在某种啤酒上的无效投资)的需要。

人类成年人通常无疑比孩子或其他物种会经历更多的证明自己的需要。由此我们可能很希望在孩子或其他物种上发现的降低代价效应小于人类成年人。研究得到的结果正是如此(Arkes & Ayton, 1999)。这是一些引人注目的发现,因为成人通常比孩子或其他物种会犯更少的错误。

忽略偏见:进行风险决策时更喜欢不行动而非行动的倾向。

人们必须向自己和他人证明自己行动的需要是**忽略偏见(omission bias)**出现的

原因，即更喜欢不行动而非行动（prefer inaction to action）这一倾向。里托夫和巴伦（Ritov & Baron, 1990）让被试假设，如果未进行预防接种，他们的孩子在流感期间有 10/10000 的死亡率。疫苗无疑能预防孩子感染流感，但具有潜在的致命副作用。被试要指出他们愿为孩子进行预防接种的疫苗本身造成的最大死亡率。可接受的平均最大风险是 5/10000 的死亡率。因此，当疫苗致死的可能性显著低于由疫苗可以预防的疾病导致的死亡率时，人们会不给孩子进行预防接种！

上述研究会出现什么情况呢？被试认为，如果孩子的死亡是由于他们的行动而非不行动，他们会感到应该为此负更多的责任。这就是忽略偏见的一个例子。忽略偏见的一个重要因素是预先后悔（anticipated regret），这在由于个体自己的行为造成了意想不到的结果时更为常见。忽略偏见和预先后悔影响着许多现实生活决策，像消费品、性行为、医疗决策的选择（Mellers, Schwartz & Cooke, 1998）。

> 你认为社会功能主义的观点能解释跨文化决策吗？

❖ 评价

⊕ 决策常常受社会因素及向自己和他人证明我们的决策的需要的影响。
⊕ 许多所谓的错误和偏见（例如，忽略偏见）可以通过社会功能主义观点进行解释。
⊖ 泰特洛克的社会功能主义观点未进行详细的预测，因此很难测量。
⊖ 决策受很多社会因素的影响，我们离形成一种可以解释这些社会影响的综合理论还相差甚远。

演绎推理

推理与问题解决有关，因为试图解决推理问题的人具有明确的目标，而解决方案则不明晰。不过，问题解决和推理通常是区分对待的。推理问题与其他种类的问题有所不同，因为推理问题的根源往往在于形式逻辑系统。但是两个领域之间也存在明显的重叠。尤其重要的是，有些推理问题可以使用逻辑规则进行解决这一事实，并不必然意味着这就是人们通常解决问题的方式。

演绎推理：一种思维过程，根据一般原理推出新结论。

演绎推理和归纳推理之间存在重要区别。**演绎推理**（deductive reasoning）（本部分讨论）允许我们在假设其他表述都成立的时候得出必然的结论。例如，如果我们假设汤姆比迪克高，迪克比哈里高，汤姆比哈里高的结论就必然成立。比较而言，**归纳推理**（inductive reasoning）（下节讨论）涉及从具体信息中归纳出一般结论，但是结论并不必然成立。例如，数十项实验都为某个特定的理论提供支持，我们可能会认为该理论就是正确的。但是，我们不能排除未来的实验认为该理论不正确的可能性。

归纳推理：推理的一种形式，从具体信息中得出一般结论。

研究者已经研究了各种类型的演绎推理。这里我们主要关注条件推理和三段论推理。我们在对相关研究进行讨论之后，将会考察对这些发现所做的理论解释。

条件推理

条件推理的研究主要用于确定人类的推理是否合乎逻辑。它起源于命题演算，其中的逻辑算子，像"非"、"似乎"、"那么"、"当且仅当"等均包含在命题中。例如，条件推理中的下述问题：

前提
如果下雨，弗雷德会被淋湿。
现在在下雨。
结论
弗雷德被淋湿了。

这个结论是有效的。这阐明了一个称为假言推理（modus ponens）的重要推理规则："如果 A，那么 B"，一旦给出 A，我们就可以肯定地推出 B。

推理的另一个重要规则是否定后件推理（modus tollens）：从前提"如果 A，则 B"和前提"非 B 为真"，必然得到结论"非 A 为真"。这种推理规则如下例所示：

前提
如果下雨，则弗雷德被淋湿。
弗雷德未被淋湿。
结论
未下雨。

人们通常在假言推理上比否定后件推理上表现得更好。埃文斯（Evans, 1989）

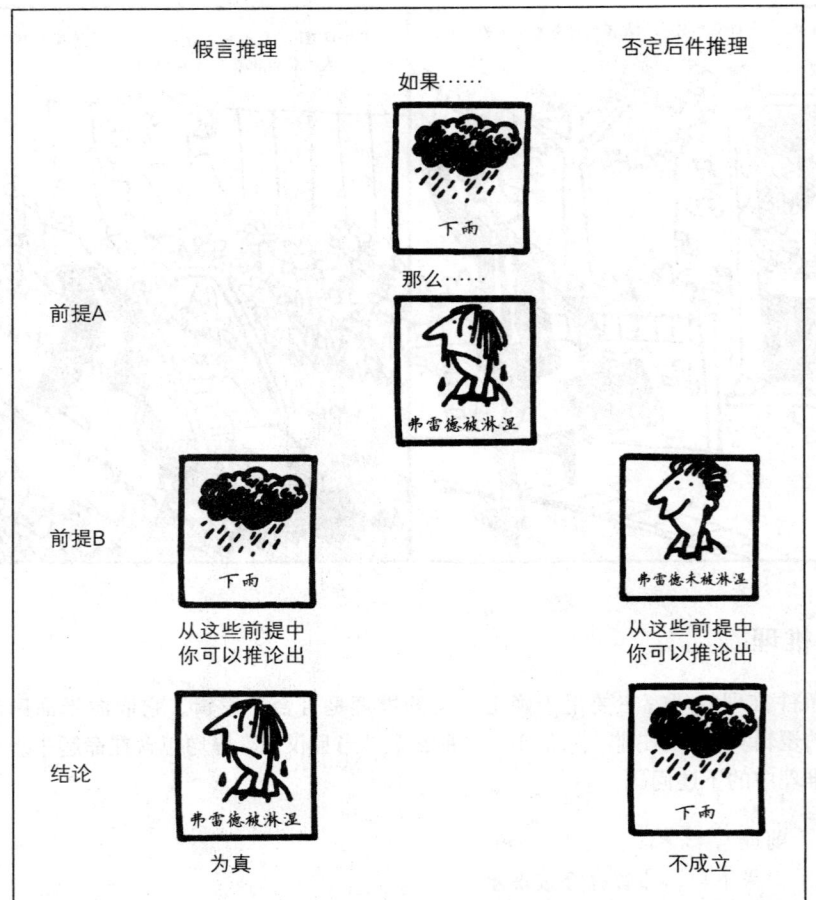

你认为为什么人们在否定后件推理中会比在假言推理中犯更多错误？

回顾了文献并总结认为，在假言推理时犯的错误很少，但在否定后件推理中常常有超过 30% 的错误率。

另外两种推理现在仍值得考虑。第一种称为肯定后件（affirmation of the consequent），第二种称为否定前件（denial of the antecedent）。下面是一个肯定后件的例子：

前提
如果下雨，则弗雷德被淋湿。
弗雷德湿了。
结论
因此，下雨了。

下面是一个否定前件的例子：

前提

如果下雨，则弗雷德被淋湿。

没有下雨。

结论

因此，弗雷德没被淋湿。

大部分人认为上面两个结论都是成立的，但实际上它们都不正确。在第一个例子（肯定后件）中，弗雷德湿了并不非得下雨（如，他可能跳进游泳池）。在第二个例子（否定前件）中，弗雷德可能是在游泳池中被弄湿了。不过，埃文斯等人（Evans, Clibbens & Rood, 1995）发现，当问题以抽象形式呈现时，21% 的被试会得出无效的肯定后件的推论。当问题以抽象形式出现时，超过 60% 的被试得出无效的否定前件的推论。

沃森的选择任务

这个被证明在阐明人类推理方面尤其有用的任务，是大约 45 年前由英国心理学家彼得·沃森（Peter Wason）发明的，故被称为沃森选择任务（见下页的关键研究）。

理论视角

根据科斯米德斯（Cosmides, 1989）的社会契约论（social contract theory），人们在进化过程中已经形成了探测欺骗者的认知策略。社会契约论基于以下协议：只有在某人付出适当的代价（如，购买车票）时，他才可能获取利益（如，乘坐火车）。人们有"探测骗子算法"（计算程序），允许他们鉴别欺骗行为（如，未购买车票乘坐火车）。

社会契约论与沃森的选择任务有什么关系呢？欺骗者是规则破坏者，选择任务的优秀成绩要求被试考虑伪造规则而非证实规则的正确性。因此，当任务关注欺骗时，沃森选择任务的成绩应该优于不关注欺骗的任务。

吉格伦泽和胡克（Gigerenzer & Hug, 1992）检验了社会契约论。他们所使用的一项任务基于 Kulumae 部落的以下规则："如果一个人吃了木薯根，则他脸上肯定有文身图案。"在 Kulumae 部落中已婚男性是通过脸上的文身图案来识别的。选择任务所使用的四张卡片是"有文身图案"，"无文身图案"，"吃木薯根"，"吃 molo 果"。在任务的欺骗变式中，木薯根被描述成一种罕见的催眠剂。告诉被试规则旨在向已婚男性提供罕见的木薯根，由此减少婚前性行为。在不欺骗变式中，指导语告诉被试采纳人类学家的观点。

社会契约论得到强有力的支持。在欺骗任务变式中，约 85% 的被试翻看了正确的卡片，与无欺骗变式中只有 40% 形成鲜明对比。

奥克斯福德（Oaksford, 1997），蔡特和奥克斯福德（Chater & Oaksford, 1999）提出了信息获取模型（information gain model）。根据这个模型，大部分人在日常生活中已经形成了有效、有用的推理过程。这些过程的目的是为获取最大量的信息提供服务，经常会在沃森选择任务进行使用。

沃森——一项用于研究演绎推理的选择任务

在沃森选择任务的标准版本中，在桌子上摆放四张卡片。每张卡片的一面有个字母另一面有个数字。告知被试适用于四张卡片的规则：(例如，"若卡片的一面为字母R，则另一面为数字2")。任务是仅选择那些为了确定规则是否正确而需要翻看的卡片。

在最常使用的一项选择任务的变式中，四张卡片的可见符号如下：R，G，2，7，规则如上所述。你会对这个问题给出什么答案呢？大多数人选择R卡片或2和R卡片。如果你这样做，那么你的答案是错的！你需要知道卡片是否违背了规则。从这个角度来看，2卡片是不相关的。如果2卡片背面有一个R，那么所有这一切说明规则可能正确。如果背面是其他字母，那么我们可能发现不了任何有关规则有效性的信息。

正确答案是选择带R和7的卡片，只有10%的大学生作出了正确选择。7卡片是必须的，因为如果它的背面是R，规则将肯定被证明不能成立。沃森选择任务和三段论推理之间有着惊人的相似。对7卡片的选择来自否定后件推理规则：从前提"如果卡片的一面是R，则卡片的另一面是2"和"7卡片上没有数字2"，可以在逻辑上得出7卡片的另一面不应该是R。如果是，就说明规则的前提肯定不正确。因此，沃森选择任务的错误表现，反映了人们在做否定后件推理时所存在的普遍错误。

一些研究者认为，沃森任务的抽象性质使其难以得到解决。沃森和夏皮罗（Wason & Shapiro, 1971）使用了四张卡片（曼彻斯特，利兹，汽车和火车）和规则"我每次去曼彻斯特都坐汽车"。任务是为证明规则的正误需要翻看的那些卡片。正确答案是需要翻看曼彻斯特卡片和火车卡片。结果62%的被试得出正确答案，这与以抽象形式呈现沃森选择任务时仅仅12%的正确率形成鲜明对比。

沃森和夏皮罗的发现表明，具体、有意义材料的使用提高了沃森任务的成绩。不过，格里格斯和考克斯（Griggs & Cox, 1982）在美国佛罗里达州的学生中使用了与沃森和夏皮罗相同的任务。他们并没有发现有意义任务具有较高的成功率，可能是因为大部分美国学生对曼彻斯特和利兹缺乏直接经验。

讨论要点：
1. 你认为为什么大多数人觉得沃森选择任务的原始版本较难？
2. 沃森选择任务如何才能变得较简单？

为了确定规则是否正确你需要翻看哪些卡片（尽可能少选）？

规则：如果卡片的一面是R，则另一面是2。

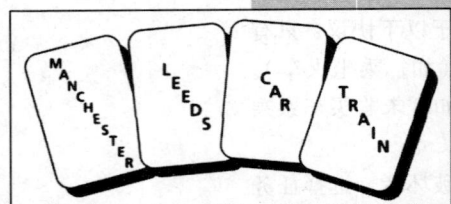

一个较具体的沃森选择任务。

奥克斯福德（Oaksford, 1997）给出了验证"所有的天鹅都是白色的"这一规则的例子。根据形式逻辑，人们可能会尝试寻找天鹅和非白色的鸟。但是，形式逻辑在应用到现实生活时存在着一个问题：只有一些鸟是天鹅，并且大多数鸟不是白色的，因此寻找非白色天鹅会耗费很多时间和精力。因而，在现实生活中通过寻找白色的鸟看它们是不是天鹅也许更有意义。

科比（Kirby，1994）获得了人们在沃森选择任务上遵从追求最大信息目标的证据。在抽象水平上，我们可以把沃森选择任务的规则视为如下形式："如果一张卡片的一面是 p，则另一面是 q。"为获得最大量的信息，随着 p 出现概率的增加，被试越来越倾向于选择非 q 卡片（沃森认为应该选择的卡片），越来越少地选择 q 卡片。这正是科比的发现。

❖ **评价**

- ⊕ 社会契约论具有合理的支持，在问题关注打破社会契约时沃森选择任务的成绩将非常好。
- ⊕ 信息获取模型也有合理的支持，该模型的优势在于能将沃森选择任务与现实生活中的规则验证联系起来。
- ⊖ 即使问题与社会契约无关，一些被试也给出了沃森选择任务的正确答案。因此，社会契约论对沃森选择任务的成绩仅提供了有限的解释。
- ⊖ 社会契约论与其他推理任务基本无关。
- ⊖ 信息获取模型未能对计算从选择卡片中获取预期信息所包括的认知过程提供说明（Johnson-Laird，1999）。

三段论推理

三段论推理的研究已有两千多年的历史。一个三段论推理由两个必然得出结论的前提或陈述构成，你必须根据前提判断结论是否有效。结论的有效（或无效）仅仅取决于是否在逻辑上来自前提。因此，现实生活中结论的有效性是不相干的。考虑下面的例子：

前提
所有的孩子都是服从的。
朱丽叶和威廉是孩子。
结论
因此，朱丽叶和威廉是服从的。

该结论在逻辑上是从前提推理出来的。因此，不管你如何看待孩子的服从，它都是成立的。

上例中的前提都是具有"所有 A 均为 B"的全肯定前提（universsal affirmative premise）。但是，三段论推理中的前提具有各种不同的形式：部分肯定前提（"一些 A 是 B"），全否定前提（"没有 A 是 B"）和部分否定前提（"一些 A 不是 B"）。

偏差

人们常常在三段论推理中犯错误，部分是因为各种偏差的存在。例如，**信念偏差**（**belief bias**），指人们不管逻辑上是否成立只接受可信的结论，拒绝不可信的结论。

信念偏差：根据结论是否可信确定三段论结论是否有效的倾向。

该理论能解释人类的推理吗?

例如，奥克希尔等人（Oakhill, Garnham & Johnson-Laird, 1990）呈现的三段论如下：

前提
所有的法国人都是酒徒。
一些酒徒是美食家。
结论
因此，一些法国人是美食家。

该结论非常可信，并且受到很多人的赞同。但是，该结论事实上是无效的，在逻辑上并非来自前提的推理。

气氛效应：如果结论的形式与前提的形式相一致就接受结论的倾向。

另一个使推理任务成绩较差的影响因素是**气氛效应**（**atmosphere effect**）（Wood-worth & Sells, 1935），即三段论推理的前提的形式会影响我们对结论形式的期望。例如，如果两个前提均包括单词"所有的"，那么结论也将是全称结论。气氛效应也得到一些中度的支持（Gilhoody, 1996），但是它预测的错误往往比实际的更多。

转换错误：由于把陈述从一种形式错误地转换成另一种形式，而造成在三段论推理中出现某种错误。

另一个导致较差成绩的因素是**转换错误**（**conversion error**），即一种形式的陈述被错误地转换成不同形式的陈述。查普曼夫妇（Chapman & Chapman, 1959）发现，被试常常假设"所有的 A 都是 B"意味着"所有的 B 都是 A"，以及"一些 A 不是 B"意味着"一些 B 不是 A"。切拉索和普罗维特拉（Ceraso & Provitera, 1971）尝试通过更明白地仔细解释前提（如，"所有 A 都是 B"被表述为"所有 A 都是 B，但是一些 B 不是 A"）来避免产生转换错误。这使得被试的成绩得到大幅度提高。

❖ **评价**

⊕ 许多人都容易在三段论推理中出现偏差。
⊖ 关注偏差和错误的解释提供的是某种描述而非解释。例如，一个合适的解释应该指出人们为什么转变表述或者受到前提"气氛"的影响。

演绎推理的跨文化差异

大部分西方人都愿意尝试解决与处于假设情景中的假设个体有关的推理问题。不过在这方面存在很大的文化差异，某些文化中的成员更喜欢依赖于具体证据而非假设陈述。例如，考虑下面非洲格贝列（Kpelle）部落的一个男人与一名西方实验者之间的讨论（Scribner, 1975, p.155, 引自 Sternberg & Ben-Zeev, 2001）：

实验者：假设所有的格贝列人都是稻农。史密斯先生（这是一个西方名字）不是稻农。请问史密斯先生是格贝列人吗？
被　试：我本身不知道这个人。我也没有见过他本人。
实验者：只是假设这种情况。
被　试：如果我本人认识他，我可以回答这个问题；但是既然我本人不认识他，所以我不能回答这个问题。
实验者：试试以格贝列人的感觉回答。
被　试：如果你认识一个人，那么关于这个人的问题你才可以作出回答。但是如果你不认识这个人，如果出现了关于他的问题，对你来说回答是困难的。

上述讨论清晰地显示出文化和文化之间推理形式的不同。格贝列人采用了理性的观点，即他不愿意接受实验者假设情景的有效性，而更乐于依靠自己的经验和外部世界的知识。对于演绎推理的跨文化差异需要更多的系统研究。

⊖ 大部分基于偏差的观点都不能解释一些个体为什么在三段论推理中试图避免偏差和错误。

演绎推理的理论

我们知道人们在大量的推理任务中会犯错误。人们提出了一些推理理论来解释这些错误，但在这里我们只关注两种主要理论。第一，抽象规则理论（例如，Braine, 1994, 1998），该理论认为人们基本上是有逻辑的，但是如果误解了推理任务也可能犯错误。第二，心理模型取向（例如，Johnson-Laird, 1983, 1999）。该取向认为，人们会形成前提表征的心理模型，并使用这些心理模型（而非规则）得出结论。

抽象规则理论

根据抽象规则理论，人们在遇到推理任务时会使用心理逻辑（mental logic）。如果人们误解或错误地表征推理任务，就可能导致无效推论。但在经历了最初的误解之后，人们就会进入逻辑推理过程。

我们将重点陈述由布雷恩（Braine, 1978）首先提出随后经过很多研究者（Braine, Reiser & Rumain, 1984；Braine, 1994, 1998）发展和拓展的抽象规则理论（abstract-rule theory）。该理论认为，人们首先理解论证的前提，然后将其转换成抽象规则（像假言推理规则），由此进行推论。

布雷恩等人（Braine et al., 1984）认为，人们推理时出现错误主要有三个原因：

1. **理解错误**。推理问题的前提被错误地解释（如，转换错误）。
2. **启发不充分**。被试的推理过程不能定位在正确的推理线索上。
3. **加工错误**。被试不能全身心投入当前任务中，或者遭受记忆过载。

证据

我们通过考察该理论对诸如肯定后件的推理错误的解释，可以了解该理论的实际应用效果。我们在本章前面的内容中探讨了一个这类推理错误的例子，这个例子中曾错误地假设前提——"如果现在下雨，那么弗雷德就会淋湿"和"弗雷德被淋湿了"——会产生有效的结论，"因此，现在正在下雨"。根据布雷恩等人的观点，这类错误的发生是因为转换错误："如果下雨弗雷德就会被淋湿"被转换成"弗雷德湿了，那肯定下过雨了！"为什么会发生转换错误呢？根据布雷恩等人的观点，我们总是假设其他人会给我们提供我们需要了解的信息。如果有人说，"如果下雨，弗雷德就会淋湿"，那么假设下雨是唯一可能使弗雷德变湿的原因就是合理的。

布雷恩等人获得了支持他们理论的证据。例如，他们通过提供额外的、表述清晰的前提，来尽力阻止被试在肯定后件的三段论推理中误解前提：

你能想出其他一些我们在推理时能否得到有效结论的决定因素吗？

前提
如果下雨，那么弗雷德就会被淋湿。
如果下雪，那么弗雷德就会被淋湿。
弗雷德被淋湿了。
结论
?

当使用了额外的前提时，被试更可能正确地认为不存在有效的结论。

根据布雷恩等人的观点，人们具有一种与假言推理相一致的心理规则。因此，基于假言推理的三段论问题较容易解决，而且不会造成理解方面的问题。但伯恩（Byrne, 1989）指出，这通常是不正确的。她呈现了如下类型的三段论推理，该推理的附加前提可能存在也可能不存在。

前提
如果她要写论文，那么她会在图书馆学习到很晚。
* 如果图书馆一直开着，那么她会在图书馆学习到很晚。
她要写论文。
结论
?

当呈现附加前提时，被试更不可能得出有效的假言推理的结论（例如，"她将在图书馆学习到很晚"）；这就是众所周知的背景效应。因此，推理过程比理论假设更为复杂（更缺乏逻辑性）。

❖ **评价**

⊕ 抽象规则观点仅仅通过较少的推理规则解释了很多实验发现。
⊕ 理解错误和启发不充分毫无疑问会在演绎推理中导致许多问题。
⊖ 该模型的认知成分未明确界定，因此通过该模型可以作出什么预测尚不够清晰。
⊖ 抽象规则观点主要应用于命题推理，它能否成功地用于其他形式的推理还是一个未解之谜。
⊖ 该理论不能充分地解释背景效应（Byrne, 1989）。

心理模型

演绎推理最有影响的观点之一是约翰逊－莱尔德（Johnson-Laird, 1983, 1999）的心理模型理论。约翰逊－莱尔德（Johnson-Laird, 1999, p.130）认为，"推理仅仅是通过其他形式实现的理解的延续"。这个观点具有重要的潜在意义，因为当我们理解句意时通常不会使用逻辑过程。因此可以断定，我们不应该再认为当推理成功时思维就合乎逻辑、推理失败时思维就不合乎逻辑。相反，当使用恰当的心理模型时会产生成功的思维，当使用不恰当的心理模型时，不成功的思维就会出现。

什么是**心理模型**（mental model）呢？约翰逊-莱尔德（1999，p.116）认为："每种心理模型代表着一种可能性，它的结构和成分获得了可能性发生的不同方式。"该界定比较模糊，不够清晰，因此这里我们将考察一个具体的例子。

心理模型：一种事物可能状态的表征，特别适用于演绎推理。

前提
台灯在床的右边
书在床的左边
闹钟在书的前面
花瓶在台灯的前面
结论
闹钟在花瓶的左边

约翰逊-莱尔德（Johnson-Laird，1983）认为，人们会使用前提中所包含的信息来建构如下心理模型：

| 书 | 床 | 台灯 |
| 闹钟 | | 花瓶 |

很容易看出，"闹钟在花瓶左边"的结论源于该心理模型。我们不能建构与前提一致但与结论不一致的心理模型的事实表明，该结论是有效的。

人们很容易（但错误）假设心理模型通常产生表象。有些确实如此，但也存在很多例外。例如，在心理模型中可以表征命题否定，但是不能形成表象。

人们假设心理模型的建构涉及工作记忆的有限容量（见第9章）。因此，当一个问题需要建构几个心理模型而非一个模型时，人们发现很难进行准确推理。一个更具体的推测来自该模型的另一个假设，称为事实原则（principle of truth）："个体通过构建仅在外显上表征正确而非错误的心理模型，而使工作记忆的负荷尽量减到最小。"（Johnson-Laird，1999，p.116）因此，当一个问题需要对错误进行表征时，人们往往会在推理过程中犯较多的错误。

你认为不同人的心理模型都基于相同的策略吗？除了建构心理意象之外，你如何得到有效的结论？

证据

约翰逊-莱尔德验证了人们建构心理模型的能力受限于工作记忆有限容量的观点。被试需要指出从一套前提中可以得出什么有效的结论。通过操纵与前提相一致的心理模型的数量，可以改变对工作记忆的容量要求。当前提仅允许建构一个心理模型时，78%的被试得出了有效的结论。当需要建构两个心理模型时，该数字下降到29%；当需要建构三个心理模型时则下降到13%。

根据这个理论，建构心理模型要耗费很多时间。因此，需要建构几个心理模型的推理问题比只需建构一个心理模型的推理问题要花费更多的时间。贝尔和约翰逊-莱尔德（Bell & Johnson-Laird，1998）认为，建构单一心理模型是为了证实事情的可能性，但是为了证明事情的不可能，必须建构所有的心理模型。相对而言，为了证明事情的

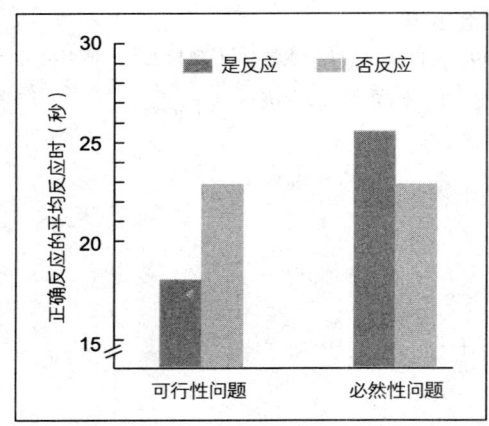

对可能性问题和必然性问题正确反应（是和否）的平均反应时（秒）。引自 Bell & Johnson-Laird(1998)。

必然性（necessary）必须建构所有的心理模型，但要证明事情的不必然性（not necessary）仅需建构单一的心理模型。贝尔和约翰逊－莱尔德使用了由前提构成的推理问题，这些前提伴随着可能性问题（例如，"贝齐可能会参加这个游戏吗？"）或必然性问题（例如，"贝齐一定会参加这个游戏吗？"）。

根据这个理论，当正确答案是"是"而非"否"时，人们应该对可能性问题作出较快的反应。但当正确答案是"否"而非"是"时，人们应该对必然性问题作出较快的反应。这正是贝尔和约翰逊－莱尔德的发现。

约翰逊－莱尔德等人（Johnson-Laird et al., 1999）讨论了事实原则（principle of truth），根据该原则，大部分心理模型只表征真实的事件而忽略错误的事件。从该原则可以断定，当给予的推理问题需要考虑虚假事实时，大多数人都会犯系统性和可预测的错误。约翰逊－莱尔德和戈德瓦格（Johnson-Laird & Goldvarg, 1997）检验了这个预测。被试接到如下问题：

对于特定的一手牌，下面的前提只有一个是正确的：
(1) 手中有一张王或一张 A，或两者都有。
(2) 手中有一张王后或一张 A，或两者都有。
(3) 手中有一张 J 或一张 10，或两者都有。
手中有可能有一张 A 吗？

你认为正确答案是什么呢？约翰逊－莱尔德和戈德瓦格发现，99%的被试给出的答案是"是"，在假定正确答案是"否"的情况下，该答案的比例出奇的高。约翰逊－莱尔德和戈德瓦格认为，被试形成了这些前提的心理模型。因此，例如，第一个前提产生了如下的心理模型：

王
　　　　A
王　　　A

这些心理模型表明 A 是可能的，第二个前提形成的心理模型也能得出这样的结论。但这是个错误答案，因为它忽略了基于只有一个前提是正确的事实的虚假事实问题。如果 A 在手中，那么前提（1）和前提（2）将是正确的，这与只能有一个前提正确的要求不一致。因此，被试过分重视事实原则可能导致几乎所有人都得出错误推理。约翰逊－莱尔德（JohnsonLaird, 1999）认为，在这个问题上出现的错误推理，不能通过抽象规则观点进行预测。

❖ 评价

⊕ 这个理论能够对大量问题的推理成绩进行解释。

- ⊕ 该理论的大多数假设都已得到实验验证。
- ⊕ 推理包括了与正常理解相类似的过程这一观点是很有影响的,也是我们具备心理逻辑性观点的强有力的替代性观点。一个重要的潜在观点是,在大多数推理研究中所使用的人工问题,可能比通常假设的情况更接近现实生活。
- ⊖ 对心理模型形成的过程未进行详细说明。约翰逊-莱尔德和伯恩(Johnson-Laird & Byrne, 1991)认为人们会使用背景知识来建构心理模型,但该理论未详细说明我们如何决定哪些信息应该包括在心理模型中。
- ⊖ 当解决推理问题时,通常很难计算出人们需要建构的心理模型数量(Bonatti, 1994)。
- ⊖ 该理论倾向于忽略个体差异。例如,斯滕伯格和韦尔(Sternberg & Weil, 1980)发现,推理任务中的一些被试使用基于表象或空间关系的心理模型策略,另一些被试使用基于言语或语言加工的演绎规则策略,但是大部分被试都是同时使用这两种策略。
- ⊖ 心理模型观点预测,依赖于多种模型的演绎推理很难进行。然而,人们通常并不能建构所有可能的心理模型(O'Brien, Braine & Yang, 1994)。

归纳推理

正如本章前面所述,归纳推理是从涉及具体事例的前提中归纳出概括性的结论。归纳推理的一个关键特征是,根据有效论据归纳出的结论通常(不必然)是正确的。例如,考察一下这个前提,"所有的相关实验都发现学习取决于奖励或强化"。我们可以使用这些信息得出概括性结论,"学习总是取决于奖励或强化"。这个结论似乎是合理的。不过,也许将来的实验可能揭示出一种在缺乏奖励时也能进行学习的环境。

我们经常在归纳推理中使用范畴。例如,我们知道蝙蝠属于哺乳动物的范畴,并且哺乳动物会抚育自己的后代。因此,即使在我们不是很确定的情况下,我们也很可能推断蝙蝠也会抚育自己的后代。乔伊等人(Choi, Nisbert & Smith, 1997)认为,东亚人在日常生活中较美国人更少使用范畴。为了支持这个观点,他们发现,在归纳推理中,美国人比韩国人更可能自发地使用各种范畴。他们还认为应该有例外情况:集体主义文化(例如,韩国)的成员在对人进行描述时比个体主义文化(见第1章)的成员更多的使用社会范畴(例如,年龄、职位、社会地位)。正如所预测的那样,在归纳推理问题中,韩国人比美国人更多的使用社会范畴。因此,文化因素对归纳推理具有系统性的影响。

你认为推理中应该存在文化差异吗?

假设检验:关系规则

沃森(Peter Wason, 1960)设计的一项归纳推理任务引起了人们很大的兴趣。他告诉被试2、4、6三个数字遵从一个简单的关系规则。被试的任务是产生三个数字的集合,并给出每种选择的原因。每一项选择之后,主试指出数字集合是否遵从主试心目中的规则。这项任务仅仅是为了揭示规则的性质。规则显然非常简单:"三个数字按升序排列。"不过,产生这个规则大多数被试都花费了很长的时间,而且只有21%的被试能在第一次尝试中得出正确规则。

在沃森的关系规则问题中成绩为什么这么差呢?沃森认为,被试表现出了**证实偏向(confirmation bias)**,即他们试图通过生成数字集合来证实最初的假设。例如,如果被试的最初假设或规则为第二个数字是第一个数字的两倍,第三个数字是第一个数字的三倍,被试就会倾向于生成与假设相一致的数字集合(例如,6 12 18;50 100 150)。证实偏向和尝试假设不确认的失败,阻止了被试用正确的一般规则更换过于狭隘和具体的初始假设。

> 证实偏向:更关注证实某种假设的证据,而不关注否定证据。

特韦尼等人(Tweney et al., 1980)发现了一种通过关系规则问题减少人们依赖证实偏向的方法。他们告诉被试主试在头脑中有两个规则,他们的任务是识别这两个规则。其中一个规则生成 DAX 三倍数(triple),另一个规则生成 MED 三倍数。还告诉被试 2、4、6 是一个 DAX 三倍数。被试无论什么时候生成三个数字的集合,都告诉他们该数据集是符合 DAX 规则还是 MED 规则。正确答案是,DAX 规则是按升序排列的任意三位数字,而 MED 规则则包括了任何其他的数字集合。

特韦尼等人发现了什么呢?超过 50% 的被试在第一次尝试中得出了正确答案。成功率如此高的原因在于被试不需要关注不确认假设。他们可以通过确定 MED 规则来确定 DAX 规则,因此他们不必进一步否定 DAX 规则。

结论

沃森(Wason, 1968)认为,被试在他的任务上的行为与科学家检验假设的行为具有很大的相似性。更确切的说,他认为科学家通常设计实验来证实已有的假设。他还认为这不是一个优秀的策略,因为科学假设不能被无可争议地证实。科学哲学家波普尔(Popper, 1972)指出,科学理论的显著特征是证伪性(*falsifiability*),意思就是该理论有可能被证伪或被否定。

科雷曼和哈(Klayman & Ha, 1987)认为,沃森研究中的被试试图从正面验证假设,而不是如沃森所宣称的证实假设。正面验证(positive test)涉及确定这些与假设相一致的数字集合是否遵从或不遵从关系规则。相反,反向验证(negative test)涉及确定与假设不一致的数字集合是否遵从关系规则。科雷曼和哈指出,正面验证策略比反向验证策略更高效。例如,当只有较少的数字序列与关系规则匹配时,更可能得到证伪的

> **波普尔观点的应用**
>
> "学习通常取决于奖励或强化"的假设不能被证明是正确的,但是可以证伪。因此,想检验该假设的研究者应该关注识别情景或识别证明该假设不成立的被试类型。例如,在其他文化中进行的研究可能表明生活在非西方文化的人相对不受奖励的影响。

我希望我已经决定检查,如果它未受热就不会爆炸,而不是相反!

结果。但在沃森（Wason, 1968）所使用的非正常条件下，很多数字序列与规则相匹配，因此需要反向验证来得到证伪结果。

假设检验：模拟的研究环境

迈纳特、多尔蒂和特韦尼（Mynatt、Doherty & Tweney, 1977）在一个旨在模拟真实研究环境的设备中研究了沃森（1968）研究所提出的一些问题。给被试呈现通过计算机生成的显示物，这些显示物包含若干亮度可以变化的形状。并且有一个亮点在屏幕上移动，当亮点靠近某些而非其他特定目标时就会停止运动。被试的任务是想出一种假设来解释亮点的运动。正确的假设是当亮点靠近灰暗目标时就会停止运动。但是，被试对任务的最初经验导致他们大部分人形成的假设是：物体形状在决定亮点是否停止中具有重要作用。

迈纳特等人研究的一部分重要内容是，探明被试在最初经验的影响下会选择两种环境中的哪一种：

1. 他们的观察将可能证实最初不正确的假设的环境。
2. 检验其他假设的环境。

这些模拟的实验室研究能为现实生活中的假设检验过程提供完整的理解吗？在现实生活环境中还可能涉及其他哪些因素？

迈纳特等人发现，大部分被试选择了第一种环境，由此为证实偏向提供了证据。不过，获得证伪最初假设信息的被试，则倾向于拒绝最初假设而非固执地坚持假设。

邓巴（Dunbar, 1993）也使用了模拟环境研究。给被试提供困难的任务，他们需要使用基于计算机的分子遗传学实验室对一些基因受其他基因控制的方式提供解释。在现实生活中如果解决这个问题就能获得诺贝尔奖，由此也足见这项任务的难度！引导被试关注基因控制是通过激活实现的假设，实际上基因控制是通过抑制实现的。

邓巴发现，那些仅仅试图寻找与激活假设相一致的数据的被试都未能解决问题。相反，真正解决该问题的 20% 的被试为自己设置了试图对不一致发现进行解释的目标。根据被试的自我报告，他们大部分都开始于"激活是关键的控制加工"的假设。然后他们通过各种具体方式运用这一假设，依次关注作为电位激活剂（potential activator）的基因。通常来说，只有当所有的各种激活假设被证明不成立时，一些被试才会关注与一般激活假设不匹配的数据的解释。

模拟研究环境与真实研究环境的发现的相似性程度有多大呢？米特洛夫（Mitroff, 1974）研究了作为月球地质学专家而参与阿波罗太空计划的地质学家。他们投入了大部分时间试图证实而非证伪他们的假设，但是他们却不反对证伪其他科学家假设的观点。他们对证实而非证伪的关注，与在模拟研究环境被试中的发现很相似。但是，真正的科学家比模拟环境研究中的被试更不情愿

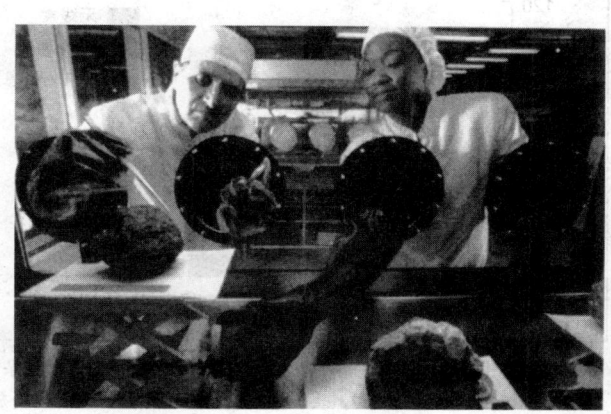

米特洛夫（1974）发现，真正的科学家，比如月球地质学家，比模拟环境研究中的被试更不情愿放弃他们的假设。

放弃他们的假设。以下是出现这一现象的两个主要原因：

- 真正的科学家强调信守作为激励因素的既定观点的价值。
- 真正的科学家比实验被试更可能把相反的发现归因于测量工具存在缺陷。

类比推理

很多问题都可以使用**类比推理**（analogical reasoning）进行解决，在这个过程中问题解决者会注意到当前问题与过去曾解决过的一个或多个问题之间的相似性。类比推理是一种涉及问题解决的归纳推理形式。类比推理已经证明了在科学史中的重要性。相关的例子包括人类信息加工的计算机模型、气体的台球模型（billiard-ball model of gases）和血液循环系统的压力模型。

斯皮尔曼（Spearman, 1927）使用类比问题实施了一些研究，其形式为"A 对 B 就如 C 对 D"（例如，"南对北就如上对下"）进行研究。被试的任务是判断类比是否正确，或者最后的项（D）缺失需要补充完整。斯皮尔曼得到类比推理和智商之间存在 +0.80 的相关，表明成功的类比推理与智力之间有着密切关系。

人们在什么情境下才能成功地使用以前的适当问题来解决当前问题呢？所有人都一致认为，成功的类比推理取决于当前问题和过去问题之间的相似性。陈（Chen, 2002）认为，这两类问题之间存在三种主要的相似性：

1. **表面相似性**。两类问题所共有的与解决方法无关的细节（例如，具体目标）。
2. **结构相似性**。两类问题所共有的一些主要成分之间的因果关系。
3. **程序相似性**。两类问题所共有的把解决问题的原理转化为具体操作的程序。

> **类比推理**：归纳推理的一种形式，涉及到探测当前与以前问题之间的相似性。
>
> 你认为依赖类比推理解决问题存在什么缺陷？

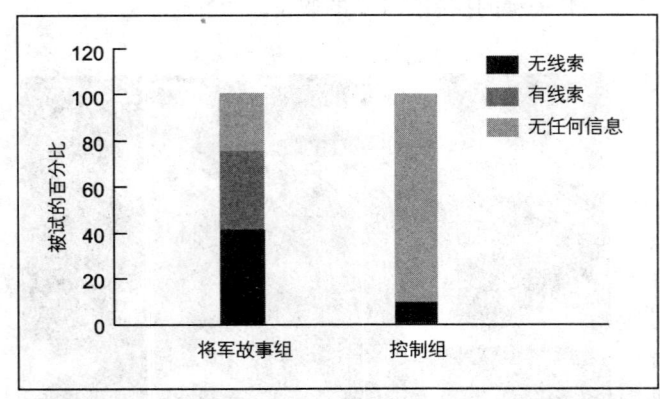

当给被试提供类比（将军故事条件）或仅让他们解决问题（控制条件）时，吉克与霍利约克（1980，实验4）的实验结果所显示的解决放射问题的被试百分比。需要指出的是，在解决问题之前，在将军故事组条件下，只有不到一半的被试不得不使用类比故事的线索。

正如我们将要看到的，这些形式的相似性均会影响类比推理。

证据

吉克和霍利约克（Gick & Holyoak, 1980）使用了邓克尔的放射问题（Duncker, 1945），一名胃部患恶性肿瘤的病人只能通过一种特殊的射线才能挽救生命。但是，摧毁肿瘤的足够强度的射线也会损伤健康组织，而对健康组织不会造成伤害的射线又太弱以至于不能摧毁肿瘤。

只有约 10% 的被试努力解决该问题。答案是从不同方向对肿瘤实施几束低强度的射线。但是，给另一组被试提供三个故事进行记忆。其中一个故事与放射问题具有结构相似性。这是一个将军通过把军队同时从不同的几条道路汇聚到要塞,并最终占领了要塞的故事。当告诉被试在三个故事中其中一个可能与解决放射问题有关时,约 80% 的被试能解决这个问题。但当不提供线索时,只有约 40% 被要求记忆故事的被试解决了问题。因此,相关信息在长时记忆中储存的事实,并不能保证它一定会被使用。

为什么吉克和霍利约克研究中的大部分被试不能自发地利用他们记忆的故事呢?基恩(Keane,1987)认为这可能是因为故事和问题之间缺乏表面相似性。他给被试呈现语义相近的故事(有关使用射线治疗癌症的手术)和语义不相关的故事(将军和要塞的故事)。他们在讲座中听到这一故事,然后让他们参加几天后的实验。对于接受相近类比的被试,在给予放射问题时,88% 的人能自发地再次尝试。比较而言,给予类比度较低故事的被试只有 12% 的人能自发地再次尝试。

人们通常认为,能意识到当前问题和以前问题之间存在重要相似性的问题解决者,几乎一定能解决问题。陈(Chen,2002)对这个假设提出了质疑。他认为人们可以使用以前的问题来达到对解决当前问题所需方法类型的理解,但是如果两种问题不具备程序相似性,仍不能解决问题。

陈通过研究"称象"问题——一个男孩需要称一头大象的重量,但是只能找到每次最多能称 200 磅重物的体重秤——支持了上述观点。一般方法是基于等重原理,即使用很多较轻的等同于大象体重的物体,然后在秤盘上分别称这些小物体的重量。这个解决方案可以通过使用两种不同的程序或具体操作来实施:

- 把大象放在船上,并在船的水平线上做标记。然后把小物体放进船中,直到水平线达到标记线。最后分别称这些小物体。
- 用一条长绳子挂在大树枝上,绳子的一端拴住大象,另一端系一个容器。通过不断在容器中放一些物体使绳子达到平衡。最后分别称这些小物体的重量。

如果给被试提供的最初故事在结构和程序相似性方面类似于称象问题,他们对问题的解决将会显著优于被提供的最初故事仅包含与问题具有结构相似性的被试。在后一种条件下,很多被试抓住了基于等重原理的一般解决方案,但是找不到解决这个问题的适宜程序。因此,有效的类比推理通常需要同时具有与当前问题的程序和结构的相似性。

❖ 评价

- ⊕ 在类比推理问题中决定问题解决者是否利用过去相关知识的一些因素已得到确认。
- ⊕ 过去问题与当前问题之间的表面相似性、结构相似性和程序相似性都非常重要。
- ⊖ 在实验室中,通常仅仅通过使用在实验早期提供的适当类比就可以解决类比问题。相对而言,在日常生活中,过去知识和当前问题之间的符合度或匹配度通常是不精确的。
- ⊖ 很少有研究关注类比推理问题成绩的个体差异。

人类思维有何缺陷？

人们在实验室条件下进行推理或决策时经常犯错误。不过，这些发现也存在某种程度的矛盾，因为大多数人都能相当好或非常好地处理日常生活问题。我们为什么在实验室条件下经常不能解决推理和其他问题呢？

埃文斯和奥弗（Evans & Over, 1997）通过区分两种类型的合理性（合理性 1 和合理性 2）回答了上述问题。埃文斯和奥弗（p.403）认为，"当人们达到基本目标、保持活力、在世界上努力前行或与他人进行相互交流取得普遍成功时"，他们就具有了个人合理性或合理性 1。这种形式的合理性取决于在潜意识水平中运行的内隐认知系统。合理性 1 使我们可以有效地处理日常生活。

相反，"当人们按照由诸如形式逻辑或概率理论所认可的正当原因行事时"，就会表现出非个人合理性或合理性 2（Evans & Over, 1997, p.403）。这种形式的合理性取决于在意识水平运行的外显认知系统；它与合理性 1 的区别在于：它允许我们以一种假设的方式思考将来。埃文斯（Evans, 2000）详细阐明了合理性 2 的本质："合理性 2 涉及 G（智力的一般因素）因素的个体差异……因此智力——从 G 因素的意义而言——取决于有效使用外显思维系统。"实验室研究关注合理性 2，即使在合理性 1 不存在的情况下合理性 2 仍可能犯错误。

合理性 1 和合理性 2 之间的区分是很有用的。我们可以认为埃文斯和奥弗已经描述了两种形式的合理性，但却并未对人类合理性提供解释性的说明。

奥克斯福德（Oaksford, 1997）认为，人们的推理能力比起初所认为的更为理性。他指出现实世界推理和实验室推理存在很大的差异。人们通常基于不完整的信息进

你认为人类推理的实验室研究能够解释日常生活推理或这些情景之间所存在的差异吗？

在这个情境中，如果你使用合理性 1 而不是合理性 2 进行推理，你的行为会有什么不同？

目标	• 离开学校去车站坐火车 • 在途中去邮箱投信 • 在途中去超市买很多东西	
信息	• 超市距离学校比火车站近 • 邮箱距离火车站比学校近 • 从超市经过邮箱去火车站距离稍远	
行动计划	合理性 1 • 首先寄信 • 然后返回超市 • 最后到车站	合理性 2 • 首先到最近的目的地（超市） • 然后到信箱投信 • 最后到车站
推理	如果我先去寄信，虽然要走较远的路，但我就可以不用带很多购买的东西。	这是最短的路线，而且不需要多走路。

合理性 1 ⟶
合理性 2 ⟶

行日常决策，但是在实验室研究中通常则并非如此。现实世界也存在其他情况，在现实世界中人们会接触到大量的冗余或不必要的信息，这在大部分实验室研究中是不存在的。在日常生活中，人们的推理策略通常非常适用，但在实验室中可能就不行。正如奥克斯福德（p.260）所认为的那样："人们在推理中出现的很多错误和偏差，可能是把日常概率策略应用到实验室的结果。"

在我们使用启发式或经验规则的时候也会出现类似的争论。莫尔和霍金森（Maule & Hodgkinson, 2002, p.71）指出：

> 通常……人们必须判断随时间改变的情境或事物，因此使我们花费大量精力作出的精细判断显得不适宜。在这些情况下，基于更简单、更少精力投入的启发式的近似推断可能更合适。

约翰逊-莱尔德的心理模型理论，就是一个基于把日常生活中的加工过程应用到实验室推理问题假设的观点的例子。更具体的讲，约翰逊-莱尔德认为，通常在语言理解中所涉及的过程被应用到推理问题中，这些加工过程通常不能提供此类问题的完整表征。该理论观点的成功应用表明，人们通常会把日常生活中的思维和推理策略应用到实验室中。

并非所有人都赞同现有的观点。一些专家（像 Shafir & LeBoeuf, 2002）认为，有理由关注人类的决策和推理。他们指出，有许多控制良好的研究显示出人类思维存在严重的缺陷、歪曲和错误。事实确实如此，但是不夸大人类思维的局限性也是非常重要的。例如，斯塔诺维奇和韦斯特（Stanovich & West, 1998）发现，与认知能力较低的个体相比，高认知能力的个体在大量任务中表现出更多的理性思考和错误及偏差较少的证据。

总之，可以认为大多数人都会表现出**有限理性**（**bounded rationality**）（Simon, 1955），这意味着他们只有在加工范围内才会表现出理性行为，由此制定出切实可行（但不是理想的）的问题解决方案。西蒙（Simon, 1990, p.7）认为，有限理性是很正常的，因为"人类的理性行为是通过剪刀修剪成形的，剪刀的两个刀片分别代表了任务环境的结构和行为者的计算能力"。

有限理性：只在加工范围内才表现出理性行为。

小　结

问题解决

　　心理学家通常研究界定清晰的问题，但是大多数日常问题都是界定不清楚的。格式塔心理学家强调产生式问题解决。顿悟常常受到功能固着的影响。格式塔心理学家所使用的很多概念都是模糊的。纽厄尔和西蒙基于像手段目的分析的启发法生成人类问题解决的计算机模拟。他们所使用的都是一些被试毫无相关具体知识的问题，这些问题与大多数日常生活问题相去甚远。

判断研究

　　在决定事件发生的概率时，我们经常不能充分利用基础比率信息，部分是因为对代表性启发法的依赖。合取错误详细阐述了代表性启发法的应用，但由于误解问题，有时也可能发生这种错误。另外一种在判断研究中经常使用的启发式是可获得性启发式。根据支持理论的观点，当以外显术语进行描述时，任何特定事件似乎都更可能发生。启发式（像再认启发式，取最优启发式）有时非常有效。我们尚缺乏具体阐述各种启发式使用时间和时间方式的过程模型。

决策

　　决策者对潜在损失比潜在收益更敏感的观点，得到损失规避现象的支持。框架效应和优势原则的打破，提供了反对标准决策理论的证据。决策者经常会受情绪、社会和政治因素的影响。例如，忽略偏见的一个关键原因是，当个体自身的行为导致意料不到的结果时，预期后悔的水平更高。

演绎推理

　　在条件性推理（尤其是在沃森选择任务）中会犯很多错误。根据社会契约论观点，在沃森的任务中，当关注欺骗条件时沃森选择任务的成绩会显著优于不关注欺骗时的成绩。根据信息获得模型，人们在沃森任务中明显的推理错误，在日常生活中也许非常有效和适用。有证据表明，人们试图把从各种选择中获得的信息最大化。由于信念偏差和转变错误，三段论推理经常是错误的。但是，关注偏差和错误的说明提供了一种描述而非解释。

演绎推理的理论

　　根据抽象规则理论，人们在处理推理任务时会使用心理逻辑。当人们错误理解或错误解释推理问题时，就会得出无效的推论。根据心理模型理论，推理使用了与语言理解非常相似的加工过程。人们构建推理任务前提的心理模型，然后利用这些心理模型决定结论有效还是无效。可能的心理模型全集通常不能形成的两个主要原因是：(1)心理模型的建构涉及工作记忆的有限加工资源；(2)建构心理模型的趋势是这些模型只表征正确事实而不表征错误事实。心理模型观点有效解释了各种推理任

务的成绩,并在需要考虑虚假事实时能够预测非常差的成绩。

归纳推理

沃森基于简单的关系规则设计了一项归纳推理任务。这项任务的成绩出奇的差,沃森认为这是由于存在证实偏差。他还认为,科学家在研究中通常也会错误地使用相同的偏差。有证据表明,被试使用正向验证策略而非证实偏差,正向验证策略通常比负面验证策略更高效。在模拟研究环境中也得到了与沃森关系规则任务相似的发现,有证据表明真正的科学家关注证实假设而非证伪假设。类比推理研究表明,使用以前问题解决当前问题的可能性,取决于两类问题的表面、结构及程序相似性。

人类思维的缺陷如何?

在我们有效处理日常环境的能力和我们无法很好地完成很多实验室推理任务之间,存在明显的矛盾。可能的解释是,存在两种类型的合理性:个人合理性(或合理性1)和非个人合理性(或合理性2)。以心理模型理论作为例证的另一种观点是,当在实验室中遇到推理问题时,人们通常会使用他们的日常思维策略和推理策略。大多数人在实验室和日常生活中解决问题时都会表现出有限理性。

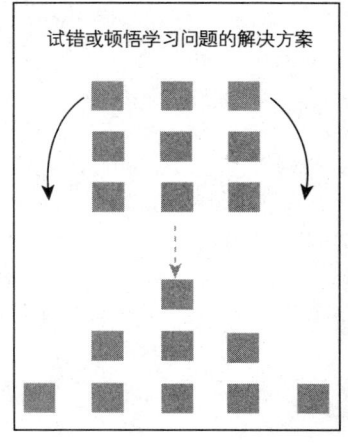

试错或顿悟学习问题的解决方案

深入阅读

- Eysenck, M.W. (2001). *Principles of cognitive psychology* (2nd ed.). Hove, UK:Psychology Press. This book contains a detailed introduction to problem solving and reasoning.
- Eysenck, M.W., & Keane, M.T. (2000). *Cognitive psychology: A student's handbook* (4th ed.). Hove, UK: Psychology Press. Nearly all the topics discussed in this chapter are discussed more fully in this book.
- Johnson-Laird, P.N. (1999). Deductive reasoning. *Annual Review of Psychology, 50,* 109–135. This article contains a good account of major theoretical approaches to deductive reasoning.
- Robertson, S.I. (2001). *Problem solving.* Hove, UK: Psychology Press. The area of problem solving is covered thoroughly in this well-written textbook.
- Sternberg, R.J., & Ben-Zeev, T. (2001). *Complex cognition: The psychology of human thought.* Oxford, UK: Oxford University Press. Chapters 5–8 provide useful introductory coverage of reasoning, problem solving, and decision making.

第 11 章 语 言

本章概要

- **言语知觉**
  言语理解的问题

  口语词识别
  韵律特征
  唇读
  单词识别理论
  听觉分析系统
  深度失语症

- **阅读基本过程**
  我们如何阅读单词和句子

  研究方法
  单词辨认
  交互激活模型
  大声阅读
  双通道联结模型
  阅读障碍
  阅读中眼睛如何运动
  句子语法分析

- **语段加工**
  理解上下文的句子

  推论
  最低限度假设
  语义后搜索理论

- **故事加工**
  选择性理解和记忆

  结构—整合模型
  事件—索引模型

- **言语产生**
  言语交流

  格赖斯合作原则
  格赖斯四个最大化：数量、质量、关系、风格
  语篇标记与韵律线索
  言语错误
  产生过程：概念化、构成、发音
  言语计划
  扩散激活理论
  莱维特等人的 WEAVER++ 模型

- **言语障碍**
  言语障碍研究

  布罗卡失语症
  威尼克失语症
  命名障碍
  语法缺失症
  杂乱性失语症

- **语言和思维**
  探索语言和思维的关系

  沃尔夫假设——语言决定思维
  跨语言研究

如果没有语言，我们的生活将会完全不同。我们与他人的社会交往极大的依赖于语言，掌握一门语言对所有学生来说都可谓至关重要。我们比我们的前辈拥有更多的知识，主要是因为知识以语言的形式从一代传到下一代。

哈利（Harley，2001，p.5）认为，语言可被定义为："一种能够用来交流的符号和规则系统。"鹦鹉可以说出某些单词，但是不能真正运用语言，因为它们既不会使用这些语言规则，也不能用语言进行交流。哈利指出，有时我们很难判定语言是否正在被使用。例如，关于教黑猩猩语言是否成功至今还存在争论（见第14章）。

幼儿如何获得语言这一令人着迷的问题将在第14章进行详细讨论。本章我们将介绍基于成人被试的语言研究中的五个主要领域。首先讨论言语知觉，其次关注阅读的基本过程；接着是**语段**（**discourse**）理解（书面的或口头的），这是一个比通常研究的言语知觉或阅读更大的单元；再次是语言产生，研究流畅的交谈所涉及的复杂认知过程；最后是语言和思维的关系，主要关注语言是否影响或决定思维。

言语知觉

听者在试图理解言语时会面临许多问题：

> **语段**：书面文字或连续的言语。
>
> **音素**：表达意义的基本语音。
>
> **协同发音现象**：言语因素的产生会受到以前产生的语音以及以后发音准备的影响。

- **语速** 语言的速率最高为每秒12个音素（**phonemes**，基本语音），因此需要快速加工。令人惊讶的是，我们能够理解速度高达每秒50—60个语音的人造语言。
- **分割问题** 言语通常由连续变化的声音模式组成，这些声音必须被分割成单词。
- **协同发音现象**（**co-articulation**） 在正常言语中，一个语音片段的产生会受到随后产生的语音片段的影响，协同发音现象的存在意味着任何给定音素的声音模式不是恒定不变的，这会给听者带来麻烦。
- **个体差异** 听者必须承认不同说话者之间存在显著的个体差异，包括口音上的差异（Sussman, Hoemeke & Ahmed, 1993）。

单词识别

一个关键问题是，确定口语词识别所涉及的加工过程。首先我们讨论单词识别所涉及的一些主要加工过程，然后我们探讨口语词识别中的相关理论。口语词识别通常是自下而上加工或数据驱动加工（由听觉信号引起）与自上而下加工或概念驱动加工（产生于语境）共同作用的结果。但是，关于信息是如何从这两种加工方式整合起来完成单词识别的，至今还存在分歧。

口语由许多整合各种特征的语音或音素构成。这些音素的特征如下：

- **产生方式**（口腔音、鼻音、摩擦音，涉及气流的部分阻塞）。
- **发音位置**。

- 浊音：喉部振动发出浊音而不是清音。

单词识别的自下而上加工会利用特征信息的观点，得到了米勒和奈斯利（Miller & Nicely, 1955）的支持。他们在噪音背景上给被试提供听觉形式的辅音识别任务。最容易混淆的辅音是那些只有一个特征不同的辅音。

沃伦夫妇（Warren & Warren, 1970）获得了基于上下文的自上而下加工参与言语知觉的证据，他们研究了**音素恢复效应**（**phonemic restoration effect**）。被试听到下面一个句子，句子的一小部分被一个无意义声音所代替（用星号表示）：

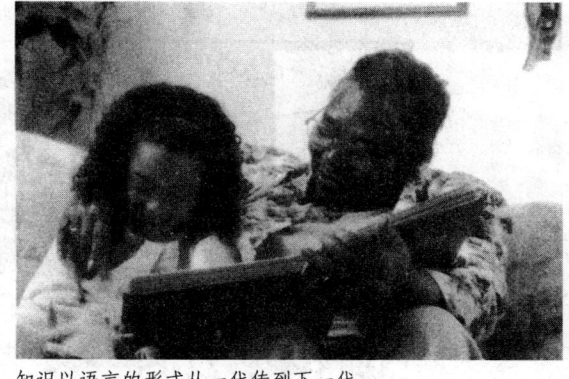

知识以语言的形式从一代传到下一代

- It was found that *eel was on the axle.
- It was found that *eel was on the shoe.
- It was found that *eel was on the table.
- It was found that *eel was on the orange.

对句子关键成分（即，*eel）的知觉受到句子上下文的影响。对于第一个句子，被试听到了"wheel"（车轮）；第二个句子被试听到了"heel"（鞋跟）；第三、第四个句子被试分别听到了"meal"（一顿饭）和"peel"（剥落）。听觉刺激在所有情况下都是相同的，因此所有的差异只能是背景信息。

是什么原因引起了音素恢复效应呢？萨缪尔（Samuel, 1997, p.98）认为，主要有两种可能的解释。第一，被试可能仅仅猜测缺失的音素（"大概未真正注意到词项是缺失的"）。第二，被试可能通过知觉的方式恢复了缺失音素（"缺失音素信息自上而下的真正形成"）。萨缪尔进行的一项复杂的实验，支持了第二种解释而非第一种。

音素恢复效应：听者未意识到听觉呈现的句子中某个音素被删除的现象。

韵律模式

口语包含许多**韵律线索**（**prosodic cues**）（例如，重音、音调）。听者可以利用这些线索形成句法或语法结构。例如，在歧义句"The old men and women sat on the bench"（老年男子与妇女坐在长椅子上）中，妇女可能年老也可能不年老，如果妇女不年老，那么单词"men"的发音时间就会相对长一些，并且"women"中的重读音节在音高上会突然升高。如果句子的意思是妇女年老，那么这些韵律特征均不会出现。比奇（Beach, 1990）发现，听者通常能够准确地解释韵律信息，并会对这些信息迅速加以利用。

韵律线索：像重音、音调等口语的特征。

唇读

很多人（特别是听觉困难者）都已意识到，需要利用唇读来理解言语。但是，这对正常人来说似乎难以令人相信。麦格克和麦克唐纳（McGurk & MacDonald, 1976）证明了唇读的重要性。他们播放一个人反复说"ba"（吧）的录像。然后改变

在日常生活中，你意识到使用了唇读吗？

人们通过解释韵律模式来理解一个有歧义的句子

声道，此时在显示"ba"嘴唇动作的同步录像中反复发出声音"ga"（嘎）。被试报告听到"da"（哒），这反映了听觉信息与视觉信息的融合。

麦格克效应：所听到的声音受唇动影响的发现。

这种所谓的麦格克效应（**McGurk effect**）是极为强烈的。格林等人（Green, Kuhl, Meltzoff & Stevens, 1991）发现，即使呈现女性面孔和男性声音，仍存在该效应。他们认为关于音高的信息在言语加工早期就已变得无意义了，这正是麦格克效应在视觉和听觉之间出现性别不匹配时也会发生的原因。

单词识别理论

关于口语识别的理论有很多。不过，其中有两种理论（群组理论和TRACE模型）最具影响性，下面我们就来看一下这两种理论。

群组理论

马斯伦－威尔逊和泰勒（Marslen-Wilson & Tyler, 1980）提出了基于以下假设的群组理论（cohort theory）：

- 在听觉呈现单词的早期，那些听者熟知并且与已听过的发音顺序相一致的单词受到激活；这种单词的集合体就是"单词初始群组"（word-initial cohort）。
- 群组中的单词如果与所呈现单词的进一步信息不相匹配，或者与语义或其他情景不一致，这些单词就会被消除。
- 只有在背景信息和来自单词本身的信息仅仅在单词初始式群组中留下一个单词时，所呈现单词的加工才会继续进行，这就是单词的"识别点"（recognition point）。

根据群组理论,各种知识来源(例如,单词的、句法的、语义的)通过各种复杂方式彼此整合和交互作用,以便对口语进行有效的分析。

马斯伦-威尔逊和泰勒使用单词监控任务检验了他们的理论观点,在这个任务中,被试必须尽快地识别以口头呈现的句子中事先指定的靶词。这些句子包括正常句、句法句(语法正确但句子没有意义)和随机句(由无关词组成)。靶词是特定类别的成员,一个与特定词押韵或与特定词相同的词。

根据群组理论,来自靶词的感觉信息与来自句子其他部分的背景信息可以同时使用。正如所料,当存在足够的背景信息时,对较长单词的完全感觉分析是不必要的。当句子上下文包含了无用的句法或语义信息(即,随机句)时,才有必要听完整个单词。

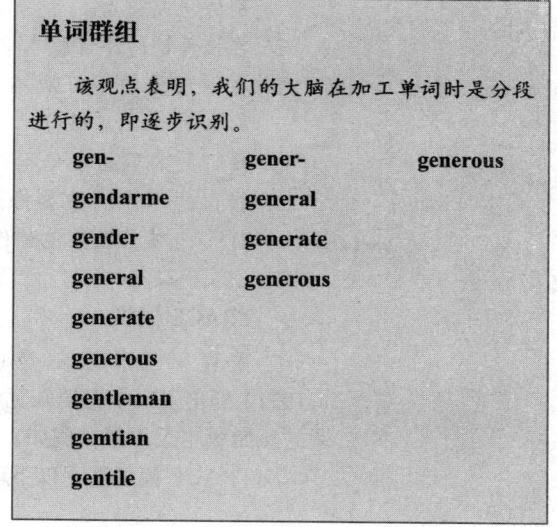

人们在最初的群组理论中假设,如果口语词最初的音素较模糊,通常不能进行识别。不过有研究者(Connine, Blasko & Titone, 1993)描述了一项研究,其中以"ent"结尾的口语词在"d"和"t"之间具有模糊的起始音素。当靶词呈现时,单词"dent"和"tent"均被激活。这个发现与最初的理论不一致。

马斯伦-威尔逊(Marslen-Wilson, 1990)以及马斯伦-威尔逊和沃伦(Marslen-Wilson & Warren, 1994)对群组理论进行了修订。在最初的版本里,单词可以在单词组群之内或之外。在修订的版本中,备选词的激活水平存在差异,因此是否属于群组成员只是一个程度问题。马斯伦-威尔逊假设初始单词群组包含了具有相似起始音素的单词,而非仅仅局限在具有所呈现单词最初音素的单词上。该修订版本解释了上一段中研究者的发现。

在最初和修正的群组理论之间还存在第二个主要差异。在原始版本中,背景信息在加工早期就会影响单词识别。在修订版本中,背景的影响出现较晚。有证据支持该修订理论。例如,兹韦泽卢德(Zwitserlood, 1989)发现,只有在口语词进行单独确认之后,背景才会产生影响。

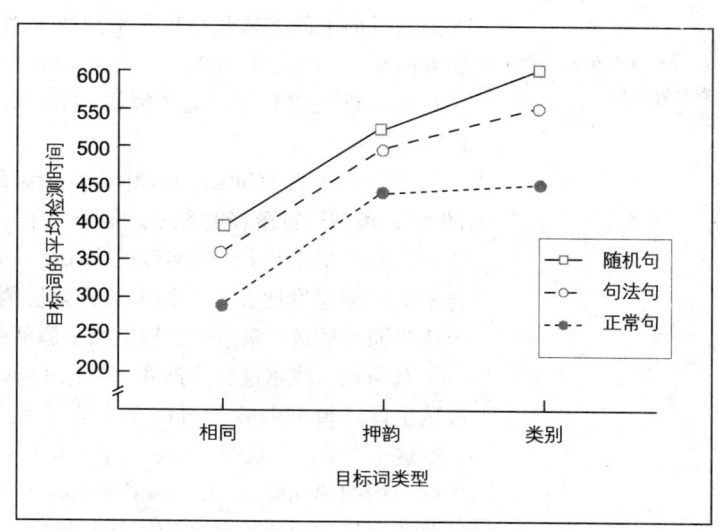

句子中呈现的靶词的检测时间。引自马斯伦-威尔逊和泰勒(Marslen-Wilson & Tyler, 1980)。

❖ 评价

⊕ 群组理论是一种有影响力的口语识

别的研究观点。
- ⊕ 在该理论的修订版本中，单词群组的成员身份是灵活的这一假设似乎是正确的。
- ⊕ 在该理论的修订版本中，背景影响通常出现较晚的假设得到了支持（例如，Zwitserlood, 1989）。
- ⊖ 修订版的群组理论不如原始版更简洁。正如马萨罗（Massaro, 1994, p.244）所指出的那样，"这些修正在使模型与实证结果相一致方面是必要的；但这些修订……使检验其他替代模型变得更困难"。

TRACE 模型

麦克莱兰和埃尔曼（McClelland & Elman, 1986）与麦克莱兰（McClelland, 1991）提出了一个言语知觉的网络模型。他们的言语知觉的 TRACE 模型与群组理论的原始版本很相似。例如，这两种理论都认为几种信息源相互整合完成单词识别。

TRACE 模型基于以下理论假设：

- 在三个不同的加工水平上具有独立的加工单元或结点：特征（例如，浊音、产生方式）、音素和单词。
- 特征结点与音素结点相连，音素结点与单词结点相连。
- 各水平之间的联系是双向的，而且只起促进作用。
- 在同一水平之内各单元或结点之间也存在联系；这些联系是抑制的。
- 结点间根据激活水平和内部联系的强度产生相互影响。
- 随着兴奋和抑制沿着结点传播，便形成了激活模式。
- 被识别的单词取决于可能的备选词的激活水平。

TRACE 模型适用于学习新单词吗？

TRACE 模型假设自下而上加工与自上而下加工在言语知觉时相互作用。自下而上激活以向上的方式从特征水平到音素水平再到单词水平。自上而下激活则以相反的方向从单词水平到音素水平再到特征水平。自上而下加工参与口语词识别的证据已在本章前文进行了讨论（例如，Marslen-Wilson & Tyler, 1980; Warren & Warren, 1970）。

卡特勒等人（Cutler, Mehler, Norris & Segui, 1987）研究了一种本身可以通过 TRACE 模型进行解释的现象。他们采用一种音素监控任务，被试在任务中检测目标音素。他们发现了字词优势效应（word superiority effect），当音素在单词中呈现过时，音素的检测速度比在非单词中的音素检测更快。根据 TRACE 模型，这种现象是由于从单词水平到音素水平的自上而下激活引起的。

马斯伦-威尔逊、莫斯和范哈伦（Marslen-Wilson, Moss & van Halen, 1996）向被试呈现诸如 p/blank 这样的"单词"，起始音素一半介于 a /p/ 和 a /b/ 之间。他们想了解这个"单词"是否会促进与 plank（木板；如木头）或 blank（空格；如页码）有关的单词的单词确认（lexical decision）。TRACE 模型预测，由于扩散激活，会出现显著的促进效应或启动效应。与其相反，最初的群组理论则假设，只有与所呈现单词的起始音素相匹配的词才会被激活。因此，应该不会出现启动效应。研究发现更支持群组理论而非 TRACE 模型。

TRACE 模型预测言语知觉依赖于自下而上与自上而下加工的交互作用。但这一观点并未得到马萨罗（Massaro, 1989）使用音素判别任务的证实。来自刺激可分辨性的自下而上效应和来自语音背景的自上而下效应均会影响成绩。不过，它们是以独立而非交互作用的方式产生的这种影响。

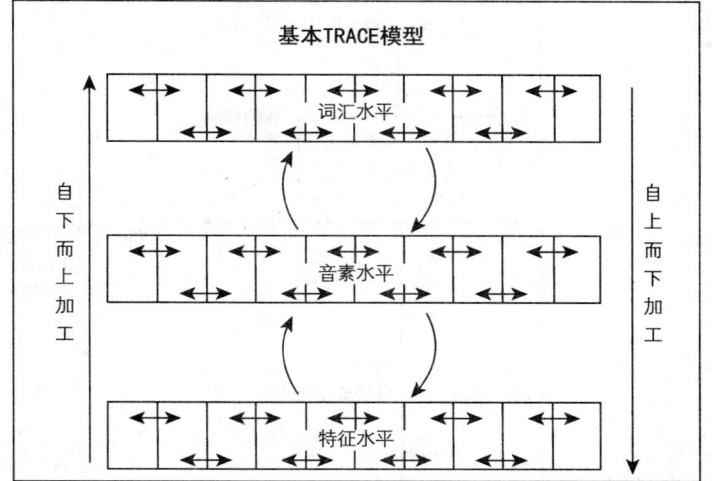

基本TRACE模型

❖ 评价

- ⊕ TRACE 模型可以解释很多现象（例如，字词优势效应）。
- ⊕ 该模型认为口语词识别依赖于自下而上加工和自上而下加工的假设是正确的。
- ⊖ TRACE 模型预测，言语直觉依赖于自下而上加工和自上而下加工的交互作用。这可能是错误的（例如，Massaro, 1989）。
- ⊖ TRACE 模型预测，与所呈现的单词语音相似的单词会受到立即激活，即使它们与所呈现的单词在起始音素上不匹配也是如此。这一预测未得到支持（Marslen-Wilson et al., 1989）。
- ⊖ 就像普罗托帕帕斯（Protopapas, 1999, p.420）指出的，人们从 TRACE 模型中"并未学到什么东西。它是把预先出现的交织在一起，去获得它的所有非凡的结果"。

段落小结

口语词识别的理论变得越来越相似。大多数理论家均认同一些备选词的激活发生在单词识别的早期。他们还认为单词识别的速度说明大多数所涉及的过程是平行加工（同时）而非序列加工。备选词的激活水平在程度上是有变化的，而非很高或很低，在这一点上也已达成普遍共识。最后，几乎所有的理论家都赞同自下而上和自上而下加工以整合的方式进行单词识别。群组理论修正版与 TRACE 模型均包含了所有这些假设。

很难确切地知道背景信息何时在口语词识别中加以运用。更具体的讲，尚不清楚背景信息是否会在听者搜索到单一的备选词之前或之后影响加工过程。

认知神经心理学

在听到一个口语词后立即口头复述显然很简单。但是，很多脑损伤患者即使听力良好也会在这类任务上面临困难。对这些患者的详细分析表明，可以使用各种过程重复口语词。

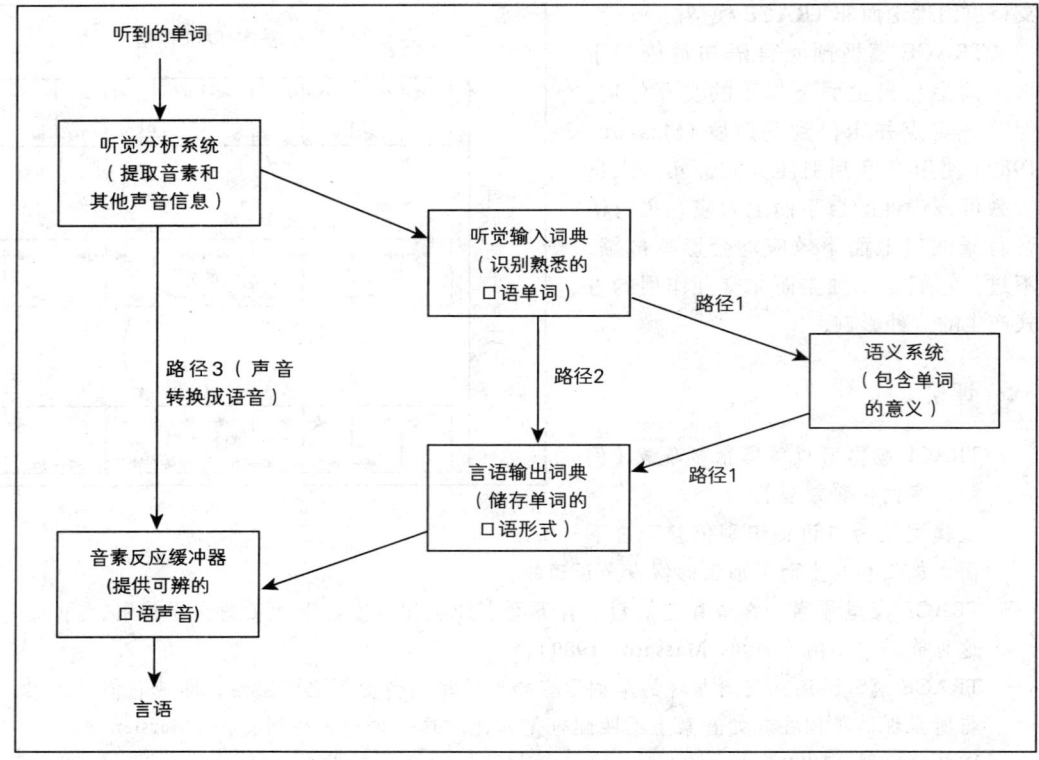

口语词的重复与加工。引自埃利斯和扬（Ellis & Young, 1988）。

埃利斯和扬（Ellis & Young, 1988）利用来自这些患者的信息，提出了一种口语词加工的模型（参见上图修正版）：

- 听觉分析系统（auditory analysis system）：从声波中提取音素或其他声音。
- 听觉输入词典（auditory input lexicon）：包含了听者熟悉的口语词信息，但不包含其意义。该词典允许通过恰当的单词单元的激活识别熟悉单词。
- 语义系统（semantic system）：单词的意义储存在语义系统中（参考**语义记忆**（**semantic memory**；第9章的讨论）。
- 言语输出词典（speech output lexicon）：提供单词的口语形式。
- 音素反应缓冲器（phoneme response buffer）：提供可分辨的口语声音。

语义记忆：储存在长时记忆中有关外界的一般性知识。

你认为该模型可以解释一系列不同的神经损伤吗？

这些成分能用于各种组合中，并在听到单词和说出它之间形成三条不同的路径。关键假设是说出一个口语词可以通过三条路径来实现，我们将对这一假设给予最多的关注。但在讨论之前，我们首先要来考察一下听觉分析系统在言语知觉中的作用。

听觉分析系统

假设一名患者仅遭受听觉分析系统的损伤，从而形成音素加工障碍。这样的患者将会出现对单词和非单词的言语知觉缺陷，尤其是对于那些包含有难以辨认的音素的单词。不过，这样的患者一般拥有完整的言语产生、阅读和书写能力，及对非言语环境声音（例如，咳嗽、口哨）进行正常知觉的能力；听力也未受损。符合这种模式的患者可能会遭遇"纯粹词聋"（pure word deafness）。

如果纯粹词聋的患者仅存在严重的音素加工障碍，那么在他们获得其他种类的信息时，言语知觉应该得到改善。奥卡达等人（Okada, Hanada, Hattori & Shoyama, 1963）研究了一名能够利用背景信息的纯粹词聋患者。当他们都提到同一主题时——与未提到相比，患者对口头问题的理解更好。

"纯粹词聋"的一个重要内容是听觉障碍是高度选择性的，并且不适合于非言语声音。萨福伦等人（Saffran, Marin & Yeni-Komshian, 1976）研究了一位"纯粹词聋"患者，该患者不能复述口头言语而且听力理解也很差。但他却能分辨非言语声音和乐器声音。

纯粹词聋：对口语词的知觉存在严重障碍，但对非言语环境声音的知觉不存在障碍的症状。

词义聋：在通常不理解意义的情况下能重复听到的单词的症状。

- **路径 1.** 这条路径利用听觉输入词典、语义系统和言语输出词典。它说明无脑损伤的人如何识别和理解熟悉单词。如果脑损伤患者只能利用这条路径（也许附加上路径 2），那么他将能正确说出熟悉单词。但在说出不熟悉单词和非单词时将出现严重困难，因为它们未进入听觉输入词典，因此需要使用路径 3。麦卡锡和沃林顿（McCarthy & Warrington, 1984）描述了一位患者 O.R.F.，似乎比较符合上述情况。O.R.F. 复述单词比复述非单词更为准确（分别为 85% 和 39%），表明路径 3 受到严重损伤。
- **路径 2.** 如果患者能够利用路径 2，但路径 1 和 3 受到严重损伤，那么他们应该能够复述熟悉单词，但不理解这些单词的意义。此外，他们在非单词上也存在问题，因为通道 2 不能处理非单词信息。最后，由于这些患者能使用输入词典，因此他们可以区分单词与非单词。
- **患词义聋**（word meaning deafness）（一种罕见的症状）的患者正好符合上述描述。最明显的案例是富兰克林等人（Franklin, Turner, Ralph, Morris & Bailey, 1996）所研究的 O 博士。O 博士表现出"书面单词理解方面未受损的证据，但听觉理解受到损害，尤其是对抽象或可想象性较低的单词理解"（p.1144）。他重复单词的能力优于重复非单词的能力（分别为 80% 和 7%）。最后，O 博士对单词和非单词的区分几乎是完美的。
- **路径 3.** 仅损伤路径 3 的患者在知觉和理解口头熟悉单词方面显示出较好的能力，但在知觉和重复不熟悉单词和非单词时则会出现障碍。**听觉性语音失认症**（**auditory**

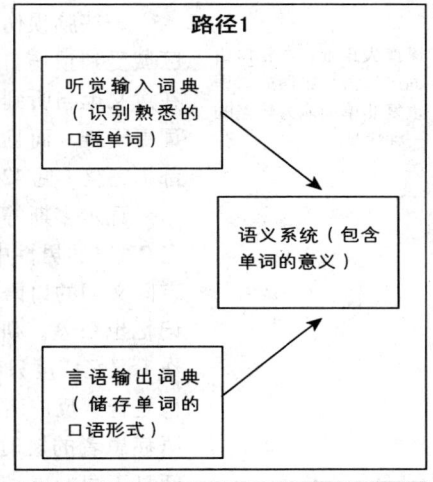

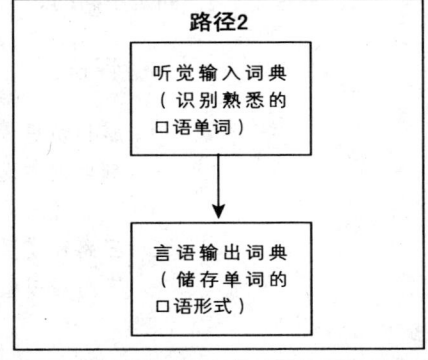

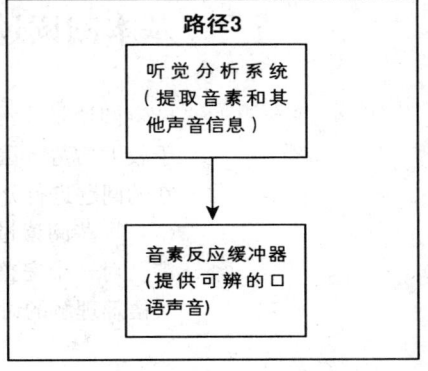

听觉性语音失认症：知觉不熟悉单词和非单词的能力弱，但对于熟悉单词知觉能力较好的情况。

phonological agnostic）患者正是这种情况。有研究者（Beavois, Dérouesné & Bastard, 1980）研究了这种患者。他们的患者 J.L. 的口头重复和听写熟悉口语词的能力几近完美，但是重复和听写非单词的能力却很差。不过他非常擅长阅读非单词。J.L. 具有完整的区分单词与非单词的能力，表明他提取输入词典信息是没问题的。

深度失语症

深度失语症：重复口语词产生语义错误或口语重复非单词能力较差的一种状况。

一些脑损伤患者在言语知觉方面存在着广泛的问题，表明言语知觉系统的某些区域受到损伤。例如，**深度失语症**（deep dysphasia）患者在重复口头单词（即说出在意义上与听到的单词相关的词）时会产生语义错误。他们在重复抽象词时比具体词更困难，而且重复非单词的能力也很差。听到的单词与言语之间的三条路径可能都不完整（见 424 页图）。语义错误的出现，表明语义系统受到了某些损伤。

瓦尔多斯等人（Valdois, Carbonnel, David, Rousser & Pellat, 1995）研究了一名 72 岁的男性中风患者 E.A.。他表现出深度失语症的所有症状，例如试图重复具有同义词的口语词时出现大量语义错误。此外，E.A. 对听觉和视觉词语材料的短时记忆也很差。研究者们讨论了六名深度失语症患者，他们的短时记忆遭受严重损伤（记忆广度只有 1—2 个项目）。这些发现使他们提出：加工系统的部分损伤（也许是音素反应缓冲器）可导致深度失语症和短时记忆障碍。不过，另外三个深度失语症患者的短时记忆只受到轻微损害，因此导致深度失语症的因素在不同患者之间是不同的。

❖ 评价

⊕ 脑损伤患者在重复和理解口语词的能力方面显示出不同的受损模式，表明在听到单词和说出单词之间可能有多条路径。
⊕ 一般说来，由三路径模型所预测的各类障碍已得到确认。
⊖ 三路径模型是相当复杂的，其有效性只有在更进一步研究之后才会变得更清晰。
⊖ 三路径模型是一个具有局限性的观点，因为它只关注单个单词的言语知觉。

基本阅读过程

阅读是非常重要的，因为在多数社会中，如果成人不能进行有效阅读，就会处于较大劣势。因此，我们需要充分揭示阅读过程，以便对阅读能力较差的读者所存在的问题进行分类。

一些阅读过程涉及从单个单词和句子中识别和抽取意义，而其他阅读过程可能涉及对一个完整故事或语篇的全面理解。这里我们主要关注单个的单词和句子，有关语篇理解的讨论留待本章后文进行。

研究方法

研究阅读可以利用多种方法。例如，用于评估单词辨认所需时间的各种技术。像**单词决定任务**（**lexical decision**，即决定字母串能否构成一个单词）和**命名任务**（**naming task**，尽快地说出一个单词）。这些技术可以确保在规定时间内进行特定的加工。不过，正常阅读过程会受到附加任务的干扰，而且单词决定和命名过程所涉及的详细过程也尚不清楚。

巴罗塔、保罗和斯皮勒（Balota, Paul & Spieler, 1999）认为，阅读涉及多种加工过程，包括正字法（**orthography**，单词拼写）、音韵特征（**phonology**，单词发音）和词义等。命名任务强调正字法与音韵特征之间的联系，单词决定任务则强调正字法与词义间的联系。因此，命名任务和单词决定任务就其所需要的加工而言是有局限的。

在阅读过程中记录眼动的方法具有三大优势：(1) 提供了详细的即时记录；(2) 比较严谨；(3) 可以用来研究单词、句子和整篇文本的加工过程。不过，我们很难确定在眼睛注视期间到底发生了什么（例如，读者辨认出他/她正在注视的单词了吗？）。

单词识别

大学生一般每分钟可阅读约 300 个单词，因此平均约每 200 毫秒辨认一个词；但是，很难精确地确定单词辨认一般需要多少时间，部分原因是由于"单词辨认"的意义不准确。该术语是指获得单词的名字及其意义。不过，当每一次眼睛注视开始 50 毫秒之后出现掩蔽刺激时，阅读速率仅仅下降约 15%（Rayner, Inhoff, Morrison, Slowiaczek & Bertera, 1981）。这表明两种情况下的单词辨认都是非常迅速的。

自动加工

雷纳与塞雷诺（Rayner & Sereno, 1994）认为单词辨认通常是相当自动化的。如果你考虑到大多数大学生都已阅读了 2000 万—7000 万词汇的话，你会觉得这一说法更说得通。据称自动化过程是不可避免的，也是意识不到的（见第 6 章）。单词辨认不可避免要涉及自动化过程的证据来自**斯特鲁普效应**（**Stroop effect**）（Stroop, 1935）。单词的印刷颜色能够进行尽快的命名，当单词是有冲突的颜色名称时（例如，单词"蓝"（"BLUE"）以黑色印刷），命名速度会变慢。斯特鲁普效应表明，即使人们不去加工单词，单词的意义仍能被提取。

奇斯曼和梅里克尔（Cheesman & Merikle, 1984）重复了斯特鲁普效应。他们也发现，即使颜色命名在意识水平以下呈现时斯特鲁普效应仍然存在，这表明单词辨认可能不需要有意识察觉。

背景效应

单词辨认会受背景的影响吗？卢卡斯（Lucas, 1999）针对单词提取的背景效应

单词决定任务：被试必须决定字母串能否构成单词的任务。

命名任务：必须尽快说出视觉呈现的单词的任务。

正字法：有关单词拼写的信息。

音韵特征：有关单词或单词成分的声音信息。

斯特鲁普效应：当单词的印刷颜色与单词本身的意思不一致时所产生的干扰效应。

黑	蓝	黑
蓝	蓝	黑
黑	蓝	蓝
蓝	黑	黑

亲自尝试一下斯特鲁普效应。当用不同颜色印刷时，你是否需要更长的时间说出单词？

元分析：基于某一特定问题众多研究的合并数据进行的统计分析。

进行了一项元分析（**meta-analysis**，基于跨研究合并数据进行的统计分析）。在这些研究中，背景句子均包含一个歧义单词（例如，一个人在岸上花了一整天时间钓鱼。"The man spent the entire day fishing on the *bank*"）。歧义单词后紧跟一个靶词，需要完成命名或单词决定任务。靶词与句子背景中歧义词的意思要么相对应（例如，river，河流），要么不对应（例如，money，钱）。总之，卢卡斯发现：仅存在较小的背景效应，当靶词与句子中歧义词的意思相对应时，单词辨认速度更快。

字母辨认与单词辨认

常识表明，对印刷纸张上单词的识别涉及两个连续的过程：

字词优势效应：当字母出现在单词中比出现在非单词中时更容易辨认的发现。

1. 对单词中单个字母的辨认。
2. 单词辨认。

但是，字母辨认必须在单词识别之前完成的观点可能是错误的。考虑一下**字词优势效应**（**word superiority effect**）（Reicher，1969）。首先快速呈现一个字母串，然后呈现掩蔽刺激。任务是判断两个字母中哪一个出现在特定位置上（例如，第三个字母）。字词优势效应可以通过当字母串能形成单词时比不能形成单词时的成绩更好来进行界定。

交互激活模型

麦克莱兰和鲁梅尔哈特（McClelland & Rumelhart，1981）提出了一种颇具影响力的交互激活模型（interactive activation model）。根据这一模型，视觉单词识别涉及自下而上和自上而下的加工过程。麦克莱兰和鲁梅尔哈特提出的一些主要理论假设如下：

- 三个水平上的识别单元为：特征水平，字母水平，单词水平。
- 当检测到字母的某一特征时（例如，字母右侧的垂直线段），激活会传递到包含该特征的所有字母单元（例如，H、M、N），而抑制传递到其他所有字母单元。
- 当单词中处于某一特定位置的字母被辨认时，激活就传递到包含该位置字母的所有四字母单词单元的单词水平上，而抑制则传递到所有其他单词单元。
- 被激活的单词单元提高了形成该单词的字母所在字母水平单元的激活水平（例如，单词 SEAT 的激活将提高字母 S、E、A、T 在字母水平的激活水平），而抑制所有其他字母单元的活动。
- 在系统的每一水平上，一个特定单元的激活将会导致竞争单元的抑制或压抑。

麦克莱兰和鲁梅尔哈特的视觉单词识别的交互激活模型。引自埃利斯（Ellis，1984）。

证据

从上述假设可以推测，视觉单词识别取决于直接来自书面文字的自下而上的加工过程，该加工通过激活和抑制从特征水平开始，经过字母水平，到达单词水平。自上而下加工也涉及从单词水平至字母水平的激活和抑制过程。字词优势效应的产生，是因为单词水平对字母水平的自上而下的影响。假设呈现单词"SEAT"，然后询问被试第三个字母是"A"还是"N"。如果 SEAT 的单词单元在单词水平被激活，那么这将提高字母 A 在字母水平的激活水平，并抑制字母 N 的激活水平。

常用词或高频词要比低频词或不常用词更容易识别这一发现，可以通过如下假设进行解释：要么高频词的单词和字母单元之间形成了更为强烈的联系，要么高频词具有较高的静态激活水平。可以从这些解释中推测：由于高频词具有更多的从单词水平至字母水平的激活，因此高频词比低频词具有更显著的字词优势效应。不过，事实上，字词优势效应对常见词和低频词都是一样的（Gunther, Gfoerer & Weiss, 1984）。

麦克莱兰和鲁梅尔哈特的模型能解释所有单词的识别吗？

❖ **评价**

⊕ 交互激活模型很有影响力。
⊕ 该模型解释了很多现象（例如，字词优势效应）。
⊖ 该模型也有局限性，只是旨在解释以大写字母书写的四字母单词的单词识别。
⊖ 该模型不能很好地解释低频词和高频词的字词优势效应均相同的发现（Gunther et al., 1984）。
⊖ 从最初的模型中可以推测人们在单词识别任务上的成绩不应该是变化的，这与已有的证据相矛盾（Ellis & Humphreys, 1999）。因此，麦克莱兰（McClelland, 1993）提出的模型包含了变化或随机的加工过程。

单词命名

假定有人让你朗读下列单词：

CAT FOG COMB PINT MANTINESS FASS

这看似比较简单，但实际上又具有某些潜在的复杂性。例如，你怎么知道字母"b"在单词"comb"中是不发音的，单词"hint"（提示）与"pint"（品脱）是不押韵的？据推测，你所具有的有关单词如何发音的具体信息可能未储存在长时记忆中。但这不能解释你如何知道非单词"mantiness"和"fass"的发音。也许，非单词的发音是通过类比真实的单词来实现的（例如，"fass"的发音与"mass"押韵）。另一种可能是，人们利用规则把字母串转化成了声音。

心理学家对脑损伤患者的研究为什么是有意义的？

对阅读技能受损的脑损伤患者的研究，已经证明在理解阅读所涉及的加工过程和结构中是有用的。该研究指出，存在几种阅读障碍，具体要视参与阅读的认知系统哪些部分受到了损伤。下面我们就来讨论对脑损伤个体与无损伤个体大声朗读进行考察的理论。

双通道联结模型

最具影响力的阅读理论之一是双通道联结模型（dual route cascaded model）（Coltheart, Rastle, Perry, Ziegler & Langdon, 2001），该模型的基本假设如右图所示。关键信息是在印刷文字与口语之间存在三条路径，所有路径均从视觉分析开始（用于辨认和组合印刷体字母）。也许你会感到有些迷惑不解：为什么三条路径却被称作双通道模型呢？原因在于词汇或词典搜寻路径（路径2和3）与非词汇路径（路径1）之间存在着极其重要的差异。

路径1（形—音转换） 路径1不同于其他路径，它利用了形—音转换。这一路径可能涉及对不熟悉单词和非单词的发音，即利用规则把字母或字母组（形）转换成音素（音）。但有研究者（Kayak & Marcel, 1981）认为，对不熟悉单词和非单词的发音，实际上是通过与熟悉单词的对比而实现的。他们发现，正常读者对非单词的发音，有时变成了寻求与刚刚呈现过的真词的押韵过程。例如，被试对像"raste"这样的非单词的发音，一般是通过与"taste"（味道）押韵而实现的，但是如果在此之前呈现单词"caste"（阶级），它的发音就更可能通过与单词"mast"（桅杆）押韵而实现。

如果脑损伤患者只能使用路径1，那么我们会希望发现什么呢？形—音转换规则的使用，使得具有规则的拼写—发音对应关系的单词得以准确发音，但是对不规则单词则不会如此。如果一个不规则词（例如，"pint"）具有适用于它的形—音转换规则，那么它应该具有与"hint"相押韵的发音。最后，形—音转换规则可用于对非单词的发音。

那些只使用路径1的人被称为表层失读症患者（Marshall & Newcombe, 1973）。**表层失读症（surface dyslexia）** 是一种患者在阅读不规则单词时存在特定问题的症状。例如，表层失读症患者M.P.能较好地阅读非单词，对常用和不常用规则单词的阅读正确率也在90%以上。比较而言，尽管对常用的不规则单词的阅读正确率大约为80%，但对不常用的不规则单词的阅读正确率仅为40%（Bub, Cancelliere & Kertesz, 1985）。

路径2 词汇加语义系统（lexicon plus semantic system） 通道2是成年读者通常使用的路径。其基本观点是，数以千计的熟悉单词的表征均储存在拼写输入词典（orthographic input lexicon）中。视觉呈现的单词会激活视觉输入词典。然后从语义系统中获得该单词的意义，而后在语音输出词典中产生该单词的发音模式。

我们如何辨认只使用路径2而未使用路径1的患者呢？患者完好的视觉输入词典意味着他们在朗读熟悉单词（规则和非规则）时应该不存在困难。不过，他们使用形—音转换能力的丧失，使得他们朗读那些相对不熟悉的单词和非单词变得极其困难。

语音失读症与这种预测模式相当吻合。**语音失读症（phonological dyslexia）** 是一种在阅读不熟悉单词和非单词时存在特定问题的症状。第一例进行过系统报告的语音失读症患者是R.G.（Beavois & Dérouesné, 1979）。R.G.能成功阅读100%的

表层失读症：一种能阅读正规单词但不能阅读非规则单词的症状。

语音失读症：一种在拼读不熟悉词和非单词时存在困难的症状。

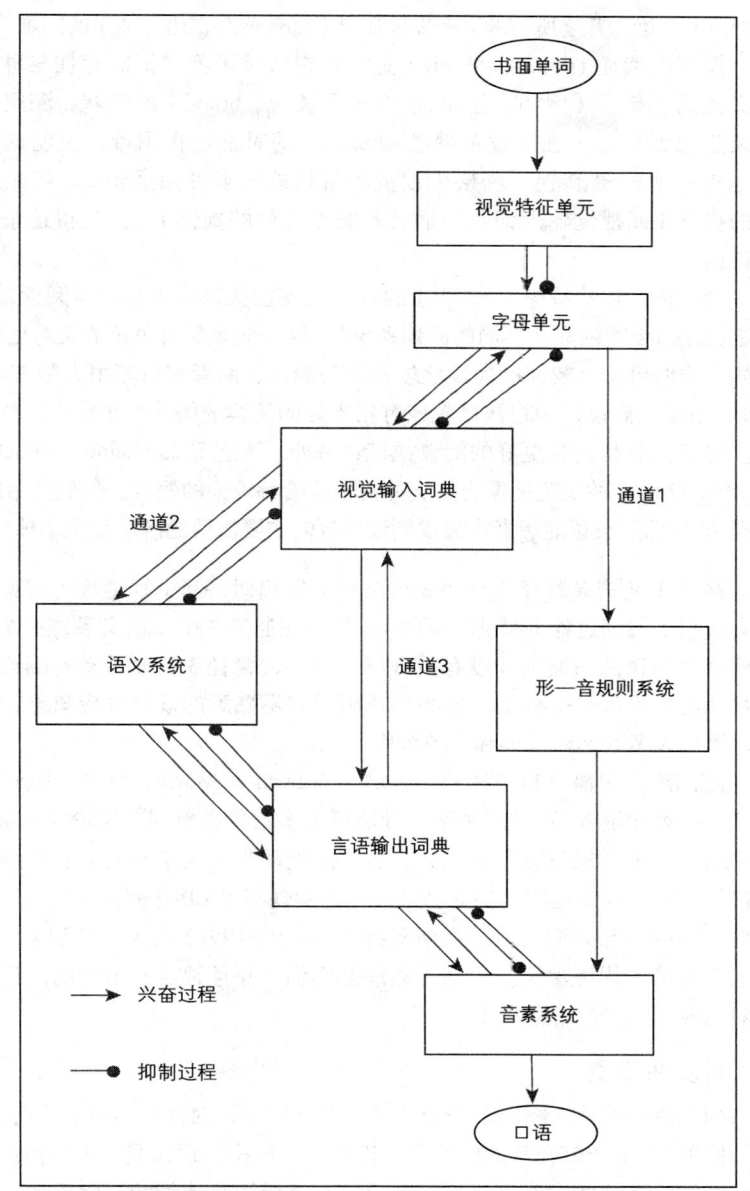

双通道联结模型。引自柯尔特哈特等人（2001）。

40个真词，但只能阅读10%的40个非单词。福奈尔（Funnell, 1983）在患者W.B.身上报告了类似的结果。他阅读真词的正确率为85%。但他完全不能阅读非单词，表明他根本不能使用路径2。

关于语音失读症有各种不同的理论，根据哈姆和西登博格（Harm & Seidenberg, 2001）的研究，常见的语音（声音）加工问题是语音失读症的原因所在。这与实验证据

区分不同种类的失读症为什么如此重要？

深层失读症：一种在阅读不熟悉词时存在某种困难以及出现语义性阅读错误（例如，把单词"missile"读成"rocket"）的症状。

是一致的，因为几乎所有的语音失读症患者都普遍存在语音加工的困难（Harley, 2001）。

深层失读症（**deep dyslexia**）是一种在阅读不熟悉词时存在某种困难以及出现语义性阅读错误（例如，把单词"ship"读成"boat"）的症状；深层失读症与语音失读症患者相似，在阅读不熟悉词和非单词时都存在困难，说明这类患者不能有效地进行形—音转换。深层失读症患者可能主要使用通道2，但是语义系统自身内的损伤（或视觉输入词典与语义系统连接处的损伤），会使得这条路径倾向于发生错误。

根据柯尔特哈特等人（2001）的看法，"深层失读症不是正常阅读系统的损坏，而是定位在右半球的完全不同的阅读系统"，这一假设是有争议的且与已有证据不一致。例如，我们可以比较深层失读症患者和裂脑人，两者都只能用大脑右半球（参见第4章）；根据该假设，两组被试应该有相当好的阅读成绩。但事实上，绝大多数深层失读症患者比裂脑人有更好的阅读成绩；另外，莱恩等人（Laine, Salmelin, Helenius & Marttila, 2000）的实验证据也不支持柯尔特哈特等人的假设。他们使用脑磁图（MEG）发现46岁深层失读症患者在完成阅读任务时主要激活的区域是左半球。

路径3 纯词典路径 路径3与路径2很相似，其中视觉输入词典与口语输出词典均参与了阅读过程（参见上页图）；但是在通道3中，语义系统被绕过去了，因此那些用来朗读的书面词并没有被理解。另外，路径3的使用者对阅读成绩的期望与路径2的使用者是一样的，熟悉的规则词和不熟悉的规则词应该能被正确地拼读出来，而绝大多数不熟悉词和非单词则不能。

施瓦茨、萨福兰和马林（Schwartz, Saffran & Marin, 1980）报告了一位62岁女性老年痴呆症患者WLP的个案，她能读大多数熟悉单词，无论规则与否；但却常常声明这些单词对她没有任何意义。她不能把动物的名字与对应图片连到一起，但却能很好地大声读出这些动物的名字。这些发现与WLP在阅读时忽略了语义系统的观点是一致的，与其相类似，克斯莱特（Coslett, 1991）发现一位患者WT，该患者能很好地阅读不规则单词，但却不能理解它们；并且她对非单词的阅读也相当差，这说明她根本不能使用路径1。

计算机模型

柯尔特哈特等人提出了一个详细的网络模型，对他们的观点进行了全面的验证。他们使用7981个单音节词检验了该模型，所依据的假设是：主要由词汇路径和非词汇路径加工激活的发音决定着命名反应。该模型是连续的，因为系统中一个水平的激活将被立即传递到其他水平。

柯尔特哈特等人发现，在模拟中该模型对7981个单词中的7898个（99%）单词发音正确。另外，它能正确地读出7000个单音节非单词的98.9%。根据这一模型，词汇与非词汇路径都参与了命名任务，因此两个路径不是独立进行的。格鲁斯科（Glushko, 1979）报告的证据与该假设相一致。他比较了两类非单词的命名时间：（1）具有不规则邻近词的非单词（例如，"have"是"mave"的不规则邻近词，而"gave"和"save"则是规则邻近词）；（2）只具有规则邻近词的非单词。前一类非单词的命

你认为此处所讨论的模型能解释所有语言的阅读吗？

名较慢，表明词汇路径在非单词阅读中会影响非词汇路径。

❖ **评价**

- ⊕ 双通道联结模型清楚地指出了阅读中所涉及的主要路径。
- ⊕ 该模型对像表层失读症和语音失读症等障碍提供了极好的解释，也能解释正常个体的阅读成绩。该模型成功地模拟了出声阅读和命名任务中的18种效应（Coltheart et al., 2001）。
- ⊖ 该模型包含31种变量，这意味着绝大多数数据都应与该模型相一致。
- ⊖ 正如柯尔特哈特等人（2001, p.236）所承认的那样，"中文、日文和韩文书写系统与英文书写系统存在如此不同的结构性差异，因此，像DRC（双通道模型）这样的模型不能简单地加以应用：例如，单音节非单词在中文手写体和日文汉字中甚至无法进行书写，因此，出声阅读中词汇路径和非词汇路径之间的差异可能是不存在的。"
- ⊖ 该模型对阅读只提供了极为有限的解释，因为它强调单个单音节词的发音而不是对语篇的理解。

联结主义观点

在双路径观点中，研究者假设朗读不规则单词和非单词需要单独的机制。这与普劳特等人（Plaut, McClelland, Seidernberg & Patterson, 1996）提出的联结主义观点（connectionist approach）形成鲜明的对比，根据联结主义观点："关于拼写—发音对应关系的所有系统知识被用于拼读所有类型的字母串［单词与非单词］。通过基于字母串如何与所有已知单词及其发音相联系的协作性和竞争性交互作用……可以解决各种可能发音之间的冲突。"因此，普劳特等人假设，单词与非单词的发音基于高度交互作用的系统。

规则单词	不规则单词
fantasy	Chemistry
meet	hierarchy
passenger	sapphire
swiss	Worcester
不一致性词	
through, cough, sought, thorough, rough	

这两种观点可以通过考虑规则性和一致性之间的差异进行比较。双通道理论家把单词分为两个类别：规则的，意味着其发音可以通过规则产生；不规则的，意味着其读音不是基于规则的。对规则单词的发音通常会更为迅速一些。相反，普劳特等人认为，单词在一致性（单词读音与拼写较为相似的单词读音之间的相似程度）上是变化的。高度一致性单词的发音比不一致单词的发音更为准确和迅速，因为有更多可利用的知识支持这些单词进行正确发音。正如联结主义模型所预测的那样，一致性对单词命名的预测通常优于规则性的预测（Glushko, 1979）。

普劳特等人根据下面两个主要观点进行了各种计算机模拟：

1. 单词或非单词发音受到基于与其发音相似的所有单词发音的一致性的强烈影响。
2. 单词发音更多的受到高频词而非低频词或生僻词的影响。

随着字母的视觉形式与字母组合（字形单元，grapheme units）及其对应音素（音素单元，phoneme units）之间形成联系，计算机模拟的网络学会了正确的单词发音。该网络接受了 2998 个单词的长期训练，训练结束后，网络的学习成绩与成年被试的成绩在以下一些方面非常类似：

- 不一致性单词的命名比一致性单词的命名用时更长。
- 生僻词的命名比常用词用时更长。
- 生僻词的一致性效应比常用词更大。
- 与大多数成年读者一样，网络对 90% 多的非单词能"正确"发音。

联结主义观点能解释不同种类的失读症障碍吗？

上述模拟并未考虑语义信息。但是，普劳特等人扩展了网络模型，把语义信息包括进去。这种网络学习阅读规则单词和不规则单词的速度，比缺少语义信息的网络模型快得多。

表层失读症和语音失读症

普劳特等人（1996, p.95）完善了表层失读症的下述理论："单词发音的部分语义支持减少了利用语音路径掌握所有单词的必要性，当这种支持因脑损伤而消除时，表层失读症阅读模式就出现了。"普劳特等人通过"损毁"网络以降低或消除来自语义信息的贡献对该理论进行了检验。网络的阅读成绩在高频规则单词和低频规则单词及非单词上表现都很好，在高频不规则单词上较差，在低频不规则单词上最差。这与表层失读症患者得到的阅读成绩呈现出相同的模式。

语音失读症的情况如何呢？普劳特等人（1996, p.99）仅概括地考察了这一障碍："严重损伤语音路径而使语义对语音的贡献（相对）完整的网络损毁，将能复制语音

英语包括了高度的不规则性，因此相同的发音规则不能应用到具有相似拼法的所有单词上。

耕地（plough）　　咳嗽（cough）　　面团（dough）

失读症的基本特征。"

❖ 评价

- ⊕ 证据支持单词与非单词阅读涉及交互系统的关键假设。
- ⊕ 联结主义观点避免了双通道模型中规则单词与不规则单词之间存在的显著差异。这是更可取的，因为这种严格区分的观点并未得到证据的支持。
- ⊕ 正如联结主义观点所预测的那样，单词与非单词的发音速度和正确率更多的依赖于一致性而非规则性。
- ⊖ 正如普劳特等人（1996，p.108）所宣称的："语义通道的加工性质仅以最粗略的方式进行了描述。"
- ⊖ 联结主义观点对各种关键问题仅仅提供了粗略的解释，例如，语音失读症中损伤的性质。
- ⊖ 普劳特等人（1996）为检验该理论而进行的计算机模拟仅使用了单音节词，因此对多音节词的适用性尚不清楚。

眼动

阅读时，我们的眼睛似乎是平稳地在页面上移动。实际上它们是快速跳动的（**眼跳，saccades**）。眼跳遵循弹道学原理（一旦启动，其方向就不能改变）。眼动中存在着倒退现象，即眼睛在文本中向后移动，这一现象占整个眼跳的10%。眼跳需要大约10—20毫秒来完成，并被持续大约200—250毫秒的注视进行分隔。每次眼跳

眼跳：快速、不平稳的眼部运动。

眼跳式眼动：下一次眼跳通过隐蔽注意在当前注视加工期间进行计划。

的长度大约是八个字母或空格。只有在每次注视期间才能从文本中抽取信息，而不是在眼跳期间。

知觉广度被定义为每次注视获取有用信息所具有的文本的容量大小。它受文章难度、字体大小等因素的影响。不过，它通常会扩展到注视点左侧不超过3—4个字母和右侧15个字母的范围内。

E-Z 读者模型

赖歇尔等人（Reichle, Pollatsek, Fisher & Rayner, 1998）在其 E-Z 读者模型（E-Z Reader model）（该名称在美式英语中更容易理解，因为"Z"的发音是"zee"！）中解释了阅读时的眼动模式。约有 80% 的实义词（名词、动词和形容词）受到注视。但只有 20% 的功能词（冠词、连词、介词和代词）受到注视，我们需要确定导致这些词被"跳过"或未受到注视的因素。

E-Z 读者模型旨在解释下面的发现（Reichle et al., 1998）：

- 注视生僻词的时间长于常见词。
- 对句子上下文中更容易预见的词的注视时间会更少。
- 未受到注视的词一般是常见的、短的或可预见的。
- 当某个词前面出现生僻词时，则对该词的注视时间更长：即"溢出效应"（spillover effect）。

> 这些发现是你所期望的吗？它们对你是否具有直观的意义？

该模型最显著的特征是什么呢？可能读者会注视一个单词直到加工完成，然后才去注视下一个单词。但这一方法存在两个主要问题：

1. 执行一个眼动程序约需 150—200 毫秒。如果读者根据这种简单模型行为的话，那么他将浪费时间去等待眼睛运动。
2. 读者不能安全地跳过单词，因为他们直到注视到该单词才能了解其意义。

我们如何才能避免这些问题呢？赖歇尔等人认为，只有在对当前注视的单词得到部分加工的情况下才会出现下一次眼动。这极大地缩短了完成当前单词加工与注视下一个单词的眼动之间的时间。任何多余时间都被用于启动下一个单词的加工，如果下一个单词的加工能够足够快地完成，就可以跳过该单词。

赖歇尔等人强调了 E-Z 读者模型的几个一般假设：

1. 读者检测他们正在注视的单词的频次。
2. 完成单词使用频率的检测意味着启动眼动程序。
3. 读者也参与**词汇通达**（lexical access），即所储存的单词信息（例如，语义信息）能从**词典**（lexicon）中提取出来。完成这一过程比频次检测所需的时间更长。
4. 某单词的词汇通达的完成是内部注意转移到下一单词的信号。
5. 完成常用词的频次检测和词汇通达的时间快于生僻词。
6. 完成可预测单词的频次检测和词汇通达的时间快于不可预测的单词。

> **词汇通达**：进入词典的过程。
>
> **词典**：有关单词的知识，包括其意义、拼写、发音和语法规则等。

假设 2 和假设 5 共同预测了注视常用词的时间少于注视生僻词的时间，这与已有证据相一致。根据该模型，读者在完成一个单词的词汇通达和加工视网膜中央凹之外下一个单词的下次眼动之间需要花费一些时间。这种近窝区加工所用的时间量在注视生僻词时比注视常用词更少。因此，对生僻词之后单词的注视时间通常多于对常用词之后单词的时间注视（即前述溢出效应）。

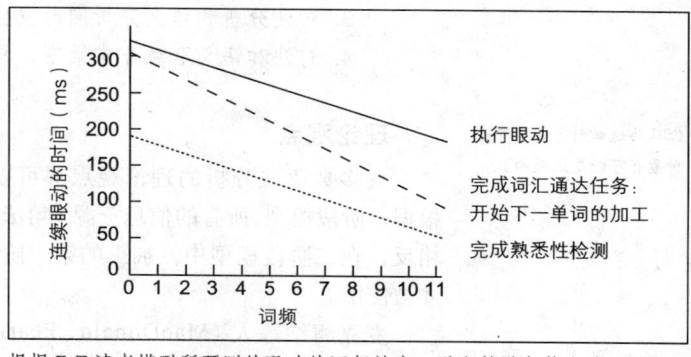

根据 E-Z 读者模型所预测的眼动的词频效应。引自赖歇尔等人（1998）。

为什么那些常用的、可预测的或短的单词比其他词更可能被忽略或未受到注视呢？根据该模型，一个单词在前一个单词还受到注视时就完成了词汇通达，此时就会跳过该单词。这种现象更可能发生在常用的、可预测的或短的单词上，因为这些单词的词汇通达比其他单词更快（假设 5 和假设 6）。

根据这一模型，读者在加工的早期阶段就完成了词频检测。塞雷纳等人（Sereno, Rayner & Posner, 1998）报告了对这一预测的支持。他们发现，在单词加工的事件相关电位（150 毫秒）上出现了词频效应。

❖ 评价

⊕ E-Z 读者模型详细阐述了阅读中决定眼动的因素。
⊕ 总的来讲，该模型的预测与实际眼动数据保持较好的一致性，这表明阅读是逐词进行的，在眼睛的中央凹区域具有一定数量的近窝区加工。
⊖ E-Z 读者模型忽视了阅读中的高水平认知过程的参与。例如，读者会对歧义句"Since Jay always jogs a mile seems like a short distance"中的单词"seems"注视很久，但该模型不能解释这一现象。
⊖ 动作计算系统（motor programming system）如何把移至下一个单词的信号转换成适宜长度的眼跳，现在尚不清楚。

语法分析

语法分析（parsing） 是对句子的句法（语法）结构的分析。什么是语法呢？从本质上来说，语法涉及句子中单词的组合方式，因为句子的意义主要取决于该句子中单词的顺序。关于句法（语法）分析和语义（意义）分析之间的关系存在诸多争议。至少有四种主要可能：

1. 句法分析通常早于（并影响）语义分析。
2. 语义分析常常先于句法分析。

语法分析：对句子句法（语法）结构的分析。

3. 句法分析和语义分析同时发生。
4. 句法和语义联系非常紧密,具有密切关系(与Altmann的私人通信)。

理论观点

> 你认为这四种可能中哪一种最有可能是正确的?

大多数语法分析的理论观点都可以分为一阶段或二阶段模型(Harley, 2001)。根据一阶段模型,所有的信息资源(句法和语义)都可被同时用来形成句子句法结构。相反,在二阶段模型中,加工的第一阶段仅使用到句法信息,语义信息在第二阶段才被使用。

麦克唐纳等人(MacDonald, Pearlmutter & Seidenberg, 1994)提出了约束理论(constraint-based theory),该理论是最具影响的平行加工模型。麦克唐纳等人认为,所有的相关信息源或限制条件可以立即被语法分析器所利用。句子的竞争性分析同时被激活(尤其是对歧义句),并会根据激活程度对这些分析进行等级排列。从各种限制条件中得到最多支持的句法结构被高度激活,其他句法结构很少被激活。

> 你认为语法分析理论适用于所有语言吗?

弗雷泽和雷纳(Frazier & Rayner, 1982)提出花园路径模型(garden-path model),该模型是最具影响的二阶段模型。根据这一模型,选择初始句法结构时未涉及意义。最简单的可能句法结构是基于以下两个基本原则而选出的:

1. **最少修饰原则(principle of minimal attachment)**。产生最少结点(结点指一个句子的核心部分,如名词短语和动词短语)的语法结构最受欢迎。
2. **后期闭合原则(principle of late closure)**。如果语法允许,句子中出现的新词会被用来修饰短语或从句。

证据

许多语法分析研究都关注歧义句。为什么会这样呢?因为句法分析通常很快就会完成,致使研究所涉及的过程变得尤为困难。不过,观察读者处理歧义句时面临的各种问题,能够揭示语法分析过程的有关信息。

有相当的证据表明,读者通常遵循花园路径模型所预测的最少修饰原则和后期闭合原则(Harley, 2001)。但理论之间最重要的差异是,语义因素是否影响初始句法结构的构成,而且很多相关证据都不支持花园路径模型。根据该模型,先前的背景不会影响歧义句的初始语法分析。塔嫩豪斯等人(Tanenhaus, Spivey-Knowlton, Eberhard & Sedivy, 1995)报告了相反的证据,他们给被试呈现句子"把苹果放在盒子里的毛巾上(Put the apple on the towel in the box)"。根据花园路径模型,"在毛巾上"(on the towel)应该首先被理解为放置苹果的地方,因为这是最简单的句法结构。但当视觉背景中存在两个苹果,一个在毛巾上、另一个在桌布上时,上述情况并没有发生。在那种背景下,被试把"在毛巾上"(on the towel)解释为确定哪个苹果可以被移动的方式。因而,背景影响了句法分析。

皮克林和特拉克斯勒(Pickering & Traxler, 1998)报告了与约束理论一致的发

现。他们向被试呈现如下句子:

1. As the woman edited the magazine amused all the reporters.
   （由于这位女士编辑这本杂志，愉悦了所有记者。）
2. As the woman sailed the magazine amused all the reporters.
   （由于这位女士浏览这本杂志，愉悦了所有记者。）

这两个句子在句法上完全相同，因此根据花园路径理论，它们应该以相同的方式进行加工。但是，支持错误句法结构的语义限制在句子(1)中比在句子(2)中更大。这些限制使得句子(1)的读者在需要放弃时（即，当动词"amused"被扩展时）更难改变不正确的句法分析。正如所料，眼动数据表明，对动词和动词后区域的注视时间在句子(1)中要更长。

博兰和布洛杰特(Boland & Blodgett, 2001)获得了反对约束理论的证据，他们研究了如下例子的错误语境效应：

As they walked around, Kate looked at all of Jimmy's pets.
（他们四处走动时，凯特看到了吉米的所有宠物。）
She saw her duck and stumble near the barn.
（她看到她的鸭子在谷仓附近绊倒了。）

当语境出现误导时，阅读时间就放慢了，这更符合约束理论而非花园路径理论。不过，一些重要发现表明，带有误导性的语境影响句法加工比约束理论预测的要晚。因此，就当前背景而言，所有的信息源都可立即用来影响句法加工的观点是不正确的。

❖ 评价

- ⊕ 有相当多的实验证据支持这两种理论的主要理论假设。
- ⊕ 有证据表明语义因素（例如，语境）会影响初始句法分析，这与约束理论（而非花园路径模型）的预测相一致。
- ⊖ 在假设所有信息源都可被立即用于建构句法结构方面，约束理论可能是不正确的（例如，Boland & Blodgett, 2001）。
- ⊖ 约束理论假设一些句法结构可以通过语言处理器来形成。但目前尚无直接证据支持该假设。
- ⊖ 大多数证据不能清楚地区分这两种理论。哈利（Harley, 2001, p.264）指出："花园路径模型的鼓吹者认为，宣称支持约束理论的效应之所以出现是由于句法分析的第二阶段开始很快，许多被认为考察第一阶段的实验事实上考察的是第二阶段。"

语段加工

到目前为止，这一章里我们主要关注了有关口头和书面单词的辨别和发音所涉及的基本过程。我们通常接触到的都是语段形式的口头或书面单词，这些语段由连贯的段落构成（例如，故事、新闻报道）。句子加工和段落加工之间的重要区别是什么呢？格雷泽等人（Graesser, Millis & Zwaan, 1997, p.164）认为："一个脱离语境的句子通常容易产生歧义，而一个处于语段背景中的句子则很少出现歧义……故事和日常经验均包括人们追寻目标的各种行动、抵达目标所遇到的当前障碍事件、各种人际冲突及情绪反应。"

推论

为了理解语段，我们需要获得所储存的相关知识。在我们使用这些知识进行推论以填充我们所听或所读内容的频繁空隙时，这种现象表现得尤为明显。通过阅读下面的小故事，我们可以形成有关推论的某些观点（Rumelhart & Ortony, 1977）。

1. 玛丽听说冰淇淋售货车快来了。
2. 她记得那些零花钱。
3. 她跑进那所房子。

在阅读这个故事时，你可能会作出各种推论。可能的推论如下：玛丽想去买冰淇淋；买冰淇淋需要花钱；在冰淇淋货车到来之前玛丽只有不多的时间去取钱。这三个假设并未进行外显的阐述。我们作出的结论如此自然，以至于我们经常意识不到我们正在进行推论。

我们可以对逻辑推理、连接推理和精致推理进行区分。**逻辑推理**（**logical inferences**）仅取决于单词的含义。例如，我们可以推断寡妇是女性。**连接推理**（**bridging inferences**）可在当前文本的部分内容与之前的内容之间建立一致性联系，**精致推理**（**elaborative inference**）则仅仅为文本内容添加一些细节。

> "萨姆痛了整个晚上。早上牙医拔掉他的牙并补好。"
> 逻辑推理：萨姆是男性。
> 连接推理：牙医治愈了萨姆的牙。
> 精致推理：萨姆很早就打电话给牙医进行紧急预约。治疗治愈了疼痛。

大多数理论家都认为读者通常会进行逻辑推理和连接推理，这两种推理对全面理解是很重要的。研究者争论更多的是进行精致推论或不重要推论的自动化程度。辛格（Singer，1994）比较了一个测试句子（例如，牙医拔出一颗牙齿）在三种语境下所用的时间：(1) 语境信息已经明确地呈现；(2) 需要使用连接推理来理解测试句；(3) 需要使用精致推理。条件(1)和条件(2)的验证时间很快并且相同，表明连接推理在阅读理解期间是自动进行的。但是，条件(3)的验证时间显著较慢，因为精致推理不能自动进行。

试想一种记忆逻辑推理、连接推理和精致推理之间差异的方法。

最简单的连接推理形式涉及**首语重复**（**anaphora**），首语重复是指一个代词或名词必须通过上文出现的某一名词或名词短语进行识别（例如"弗雷德把割草机卖给了约翰，然后他又把他浇花园的软管卖给了他"）。这需要使用连接推理来说明"他"是指弗雷德。

作出恰当的首语推理常常取决于代词及其所指代名词之间的距离，这就是所谓的**距离效应**（**distance effect**）。不过，克利夫顿和费雷拉（Clifton & Ferreira, 1987）指出，距离并不总是重要的。如果相关名词仍然是语段的主题，那么阅读包含名词的关键短语的时间会更快，距离本身并未产生任何影响。

最低限要求假设

人们在阅读文章或听演讲时会进行各种推论。为什么要进行推论？在既定条件下读者可能作出哪些推论？麦库恩和拉特克利夫（McKoon & Ratcliff, 1992, p.440）提出了**最低限要求假设**（*minimalist hypothesis*），根据这一假设，策略性推论是读者在实现目标的过程中形成的。此外，一些推论是自动生成的：

- 一些自动化推论依赖于易于获得的信息，因为这些信息构成了读者一般性知识的一部分，或因为这些信息在文章中进行了直接表述。
- 一些自动推论使读者理解了当前正在阅读的文本的内容。

那些支持最低限要求假设的研究者宣称，自动产生的推论数量非常有限。比较而言，那些支持建构主义观点的研究者（例如，Bransford，1979）认为，阅读过程中会形成大量的自动推论。根据建构主义理论家的观点，这些自动推论有助于对听到或读到的内容进行全面理解。

逻辑推理：仅取决于单词意义的推理。

连接推理：增加当前文本内容与之前文本内容一致性的推理。

精致推理：为正在阅读的文本添加细节的推理。

首语重复：用一个介词或名词来代表先前出现过的名词或名词词组。

证据

麦库恩和拉特克利夫比较了上述两种理论。他们认为，从建构主义（而非最低限要求假设）的观点看，从像"这位女演员从十四层楼跌落"这样的句子中会自动得出"她死了"的推论。被试阅读几篇包含这种句子的短文，然后进行再认记忆测验，该测验包含了代表着从所呈现的句子推论的关键测验词（例如，关于女演员句子中的单词"死了"）。对这些关键词的正确反映是"否"。但若被试已经形成了推论，他们就可能出错。正如最低限要求假设所预测的那样，被试很少出错。

多舍和科比特（Dosher & Corbett, 1982）报告了更多与最低限要求假设相一致的证据。他们使用了工具性推论（例如，在"玛丽搅拌她的咖啡"这一句子中，"勺子"就是工具性推论）。为了确定读者在阅读中是否产生这些工具性推论，多舍和科比特使用了一种独特的程序。如果单词最近曾经受到激活，那么命名单词的印刷颜色所需要的时间就会减缓。因此，如果句子"玛丽搅拌咖啡"激活了单词"勺子"，那么就会减缓对单词"勺子"印刷颜色的命名时间。在控制条件下，所呈现的单词与前述句子没有关系。

多舍和科比特发现了什么呢？在具有正常阅读指导语的情况下，无证据表明已形成了工具性推论。但当要求被试猜测每个句子的工具时，就形成了工具性推论。正如麦库恩和拉特克利夫（1992）所假设的那样，上述发现清楚地表明，能否得出推论取决于读者的意愿或目标。这些发现与最低限要求假设相一致，但与建构主义理论相矛盾。为了获得完整的理解，有必要推论搅拌咖啡时所使用的工具，但是这种工具性推论并不是正常得出的。

麦库恩和拉特克利夫假设局部推论是自动进行的，以有助于理解当前文本的部分内容，但全局推论（将极为分散的语境信息联系起来的推论）不是自动进行的。他们采用了包含整体目标（例如，暗杀总统）和一两个局部或子目标（例如，使用步枪）的短文检测了这些假设。局部推论是自动化的，全局推论则不是。与结构主义观点相比，这些发现与最低限要求假设要更一致，在结构主义理论中，未对局部推论和全局推论进行区分。

❖ **评价**

- ⊕ 最低限要求假设阐明了哪些推论是自动得出的。
- ⊕ 最低限要求假设强调自动推论和策略推论之间的区别。只有在与读者目标相一致时才能进行推论的观点是很重要的。
- ⊖ 最低限要求假设低估了读者在慢慢阅读享受一篇文章时得出推论的数量（Graesser et al., 1997）。
- ⊖ 我们并不总能从假设中准确地预测会得出哪些推论。例如，如果"必要信息"容易获得就能作出自动推论，但这很难确定。

你认为在非实验条件/正常阅读下该研究能反映我们在阅读时使用的推论吗？

语义后搜索理论

格雷泽、辛格和特拉巴索(Graesser, Singer & Trabasso, 1994)提出了与最低限要求假设相类似的语义后搜索理论(search-after-meaning theory)。根据该理论,读者基于以下原则进行语义后搜索:

- **读者目标假设(reader goal assumption)**:读者根据自己的目标构建关于文本的意义。
- **一致性假设(coherence assumption)**:读者试图建构逻辑一致性或整体一致性的文本意义。
- **解释假设(explanation assumption)**:读者试图解释文中所描述的行为和事件。

根据这一理论,如果读者的目标不要求建构文章的意义表征(例如,校对);如果文章缺乏一致性、或者读者缺乏必要的知识背景去理解文章,他们就不会去进行语义后搜索。即使读者的确进行了语义后搜索,某些理论也通常不能根据该理论得出,例如,有关未来发展的理论(因果结论);完成行动的确切方式(子行动);以及文章作者的意图。

证据

大多数支持最低限要求假设的发现也与语义后搜索理论相一致(见前文的讨论)。但这两个理论之间也存在一些重要区别。例如,语义后搜索理论预测读者会进

比尔进入房间之前小心地打开灯

读者目标假设	一致性假设	解释假设
目标:确定某天的时间	灯和房间的关系	对行为和事件的解释
推论:晚上	推论:灯的开关在房间里面	推论:某事引起比尔对房间的注意并困扰着他,因此他进房间之前打开灯,并小心地走进房间

推理类型	询问答案	语义后搜索理论的预测	最低限要求的预测	正常发现
1. 指示性	如何应用于前面的单词?(例如,首语重复)	✓	✓	✓
2. 结构角色分配	该名词的作用(例如,施事者、宾语)是什么?	✓	✓	✓
3. 因果性前件	由什么引起的?	✓	✓	✓
4. 上位目标	主要目标是什么?	✓		✓
5. 主题	整体主题是什么?	✓		?
6. 角色的情绪反应	该角色的感觉如何?	✓		
7. 因果结论	下面会发生什么?		✗	
8. 工具性	使用什么来完成?		✗	
9. 次级目标—行动	如何实施行动?		✗	

研究一下该文本框:哪个理论得到大多数证据的支持?

通常得出的推理类型,以及来自语义后搜索和最低限要求假设观点的预测。引自格雷泽等人(1994)。

行各种全局推理。这包括与文章的上位或主要目标有关的推论及与故事主人公的情绪反应有关的推论。

下图中描述了九种不同类型的推论。根据格雷泽等人的观点,语义后搜索理论假设通常能得出六种推论,最低限要求假设则仅能得到三种推论。该证据似乎与语义后搜索理论更为一致,而不太符合最低限要求假设。

❖ **评价**

⊕ 语义后搜索理论对通常得出的推论类型提供了清晰的说明。

⊕ 该理论预测所得到的推论多于最低限要求假设,而少于结构主义假设。证据更好地支持语义后搜索理论的预测,而非其他竞争性理论的预测(Graesser et al., 1994)。

⊖ 当读者缺乏较多的背景知识并进行快速阅读时,语义后搜索理论比最低限要求假设可能更不正确(Graesser et al., 1997)。

⊖ 该理论未完全考虑个体差异。例如,业已发现工作记忆容量大的个体比工作记忆容量小的个体更容易进行精致性推理(Calvo, 2001)。

图式:储存在长时记忆中的知识组块(例如,关于世界或事件的知识)。

故事加工

如果有人让我们给他们讲述最近读过的一则故事或一本书,我们可能会讲解主要事件和主题,省略细微的细节。因此,我们对故事的描述是高度选择性的,主要取决于其意义。实际上,我们可以随机地从故事中提取一些句子,想象一下被提问者将会出现什么反应!

有研究者(Gomulicki, 1956)指出了理解和记忆故事的选择性方式。一组被试根据呈现在面前的故事写摘要,另一组被试从记忆中回忆该故事。给予摘要又要求回忆的第三组被试发现很难将它们分开。因此,故事记忆类似于人们主要关注重要信息的摘要。

我们如何加工和记忆故事,部分取决于我们所拥有的**图式**(schemas,整合良好的关于世界、事件、人和行动的信息组块)形式的相关知识。第9章对两种主要图式理论(巴特利特的理论和脚本—指示器—附加—标签假设)进行了详细讨论。图式理论与理解从故事中记忆的信息极为相关,这也是为什么在记忆那一章对其进行讨论的原因。下面我们考察较多地关注故事理解所涉及过程的主要理论。

文森特·凡高的《巴黎人小说(黄皮书)》。我们对故事或书本的回忆是选择性的,即,我们可能记得主题、人物和情节,但却不记得个体差异。

金茨的结构—整合模型

金茨（Kintsch，1988，1994）提出了结构—整合模型。根据这一模型，理解过程包含如下几个阶段：

1. 文本中的句子转变成表征其意义的命题。
2. 这些命题进入短时缓冲器并形成命题网络。
3. 每一个从文本中建构的命题均从长时记忆中提取彼此关联的命题（包括推论）。
4. 从文本建构而来的命题与从长时记忆中提取的命题共同形成了精细命题网络（*elaborated propositional net*）；该网络包含很多无关命题。

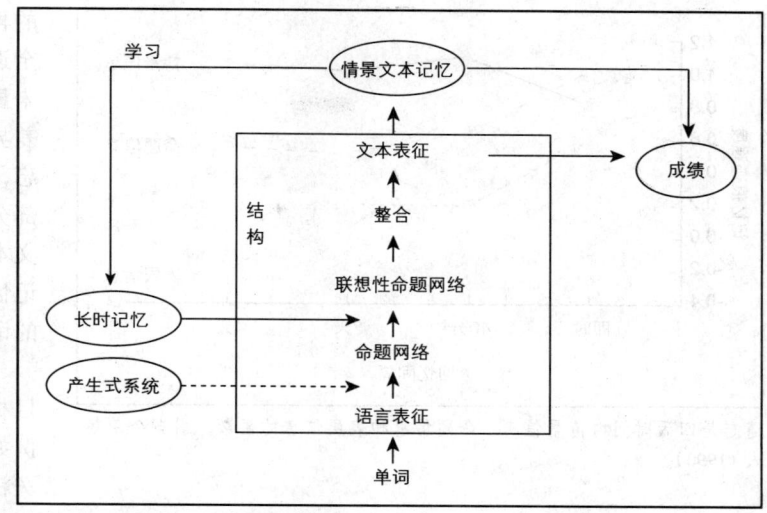

结构—整合模型。引自金茨（Kintsch，1994）。

5. 然后使用扩散激活过程选择文本表征的命题；高度关联的命题束吸引了大多数激活并且最有可能包含在文本表征中：这就是整合过程。
6. 文本表征是一种储存于情景文本记忆中的组织型结构；如果两个命题在短时缓冲器里一起加工，那么关于任何两个命题之间关系的信息也会被包括进来。
7. 表征的三个水平构建如下：
    - 表层表征（文本本身）。
    - 命题表征或文本库（由文本形成的命题）。
    - 情景表征（描述文本中相关情景的心理模型）。图式有助于构建情景表征或模型。

根据这一理论，精致命题网络的构建过程是无效率的，因为其中包含很多无关命题。这基本上是一种自下而上的观点，因为精致命题网络的构建忽视了整体文本主题所提供的背景。相反，"大多数其他的理解模型都试图详细阐明强烈的、'明智'的规则，这些规则受到图式的指导，能够恰好进行正确的理解，恰如其分地激活适当的知识并进行适当的推论"（Kintsch, Welsch, Schmalhofer & Zimny, 1990, p.136）。这些强势规则非常复杂并且缺乏灵活性。被整合到结构—整合模型的弱势规则要更为适用，几乎适用于各种情景。

你认为金茨提出的三水平表征是正确的吗？你还能想到其他表征吗？

证据

金茨等人（Kintsch et al., 1990）检验了文本加工会产生三水平表征（表层、命题和情景）的理论假设。给被试呈现文本，然后立即或在四天的时间范围内检验被试

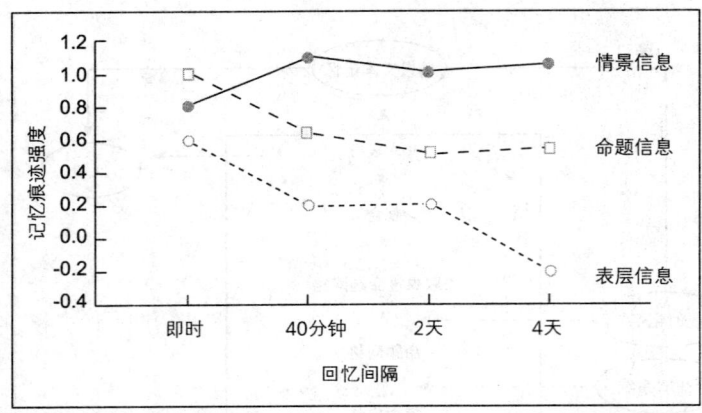

遗忘是四天时间内情景信息、命题信息和表层信息的函数。引自金茨等人（1990）。

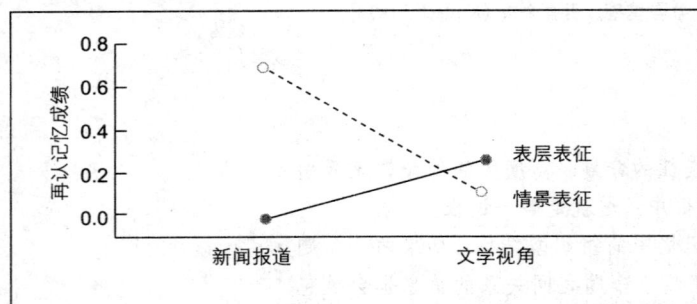

对文学故事和新闻报道故事的表层表征和情景表征的记忆。引自兹万（1994）。

的再认记忆。表层表征出现了快速和完全遗忘，情景表征的信息在四天时间内未显示遗忘。命题信息与背景信息存在差异，因为命题信息随着时间会逐渐遗忘，与表层信息存在差异是因为仅存在部分遗忘。正如金茨所预测的那样，对文本意义的最完整表征（即情景表征）的记忆最好，对最不完整表征（即表层表征）的记忆最差。

兹万（Zwaan，1994）认为，读者的目标会影响不同表征水平建构的程度。例如，某些正在阅读小说摘要的人可能关注文本本身（例如，措辞、表达格式），由此形成强烈的表层表征。相反，某些正在阅读报刊的人可能倾向于关注随时更新的现实世界情景的表征，由此形成强烈的情景表征。兹万设计了一些被描述为小说摘要或新闻故事的文本。正如所预测的那样，表层表征的记忆在文学故事上更好，情景表征的记忆在新闻报道故事上更好。

根据该模型，在阅读文章时，拥有大量相关知识的人比其他人更容易建构命题表征和情景表征。相反，相关知识很少的人可能主要形成表层表征。凯利斯等人（Caillies, Denhiere & Kintsch, 1992）向被试呈现一些说明软件包用法的文本，被试的知识表现为从无到精通等不同水平，他们发现了支持该模型各种预测的证据。

❖ 评价

⊕ 在结构—整合模型中，对文本信息与读者的知识进行合并的方式做了详细阐述。
⊕ 构建三水平表征的观点以及相关知识和读者的目标影响哪些水平被建构的观点，均得到很好的支持。
⊕ 对扩散激活的强调指出了故事加工与单个单词加工之间存在重要的相似性。
⊖ 情景表征并非总能进行建构，即使个体拥有足够的相关知识能够这样做。有限的加工容量常会限制情景表征的形成（Zwaan & van Oostendopo, 1993）。
⊖ 根据这一模型，可以首先考察各种推论，这些推论在读者意识到之前大部分被遗弃了。这一关键理论假设未得到恰当的验证。
⊖ 与金茨（Kintsch, 1988, 1994）所确定的三水平相比，也许还存在更多的表征水平。例如，格雷泽等人（1997）确定的体裁水平，它与文本性质有关（例如，叙述、描写）。

事件—索引模型

金茨（Kintsch, 1988, 1994）的结构—整合模型在有关构建情景模型所涉及的加工过程方面是不具体的。不过，兹万、朗格斯顿和格雷泽（Zwaan, Langston & Graesser, 1995a）提出了事件—索引模型来弥补这一缺陷。根据该模型，读者在阅读故事时会监控情景演化的五个方面或索引。

1. **故事主角（protagonist）**：与前一事件相比，当前事件的主要人物或角色。
2. **时间性（temporality）**：当前事件与前一事件发生时间之间的关系。
3. **因果性（causality）**：当前事件与前一事件的因果关系。
4. **空间性（spatiality）**：当前事件的空间背景与前一事件的空间背景之间的关系。
5. **意向性（intentionality）**：角色的目标与当前事件之间的关系。

证据

事件—索引模型的主要预测是，上述五个方面或索引（例如，时间上的倒叙形式）所表现出的不连续性（意外的变化），都会为情景模型构建制造困难。兹万、马格里亚诺和格雷泽（Zwaan, Magliano & Graesser, 1995b）报告了支持该预测的支持证据。被试阅读时间不连续性的句子所花费的时间，比阅读时间连续性的句子多出 297 毫秒。另外，他们发现，阅读因果不连续的句子比阅读因果连续的句子多花费 201 毫秒。兹万等人在另一项实验中发现，故事事件的阅读时间是五个方面中出现了与之前事件的不连续性的数量的函数。他们还指出，五个方面的每个方面都会对阅读时间产生各自的影响。

根据这一模型，读者通常会更新他们的情景模型以解释文本中所描述的情景变化。可以推测，与当前情景模型不相关的先前信息比相关的信息更不易获得。拉德万斯基和科普兰（Radvansky & Copeland, 2001）通过向被试呈现如下的短故事检验了这一预测，短故事的第二句包含"拎起"（picked up）或"放下"（set down）这样的词组：

沃伦整个下午都在百货店购物。他拎起/放下他的包去看围巾。他已经花费了一整天时间在购物。他想再买的话会太重而拿不动。

上述故事之后紧跟着单词"包"（bag），被试必须判断该单词是否在故事中出现过。拉德万斯基和科普兰认为，当在第二句使用词组"拎起"时，包在故事的末尾仍会成为当前情景模型的一部分；但在使用单词"放下"时，就不会出现这种情况。

> 这一发现支持事件—索引模型吗？

正如所料，被给予"放下"单词的被试更不可能识别出现在故事中的单词"包"。

❖ 评价

- ⊕ 事件—索引模型对情景模型建构的强调得到了保证。
- ⊕ 事件—索引模型确定了创建和更新情景模型的关键过程。
- ⊖ 该模型仅明确地关注某些文本理解的过程。
- ⊖ 根据这一模型，当文本出现不连续时，读者将会进行推论。这些推论在读者具有理解全篇文本的目标时更可能进行（见本章前文最低限要求假设的讨论），但是该模型并未考虑读者的目标。
- ⊖ 在该模型中，五种情景内容被认为是相互独立的。然而事实却远非如此：文本理解通常涉及对来自这五种内容的信息进行合并和整合。

言语产生

对绝大多数人来说（那些有严重障碍的人除外），言语几乎全部出现在社会背景的交往中。格赖斯（Grice, 1967）认为，成功沟通的关键是合作原则，根据这一原则，听说双方应该努力合作。

除了合作原则，格赖斯还提出了四种说话者应该注意的原则：

- **数量原则（maxim of quantity）**：说话者应尽可能提供丰富的信息，但并非越多越好。
- **质量原则（maxim of quality）**：说话者应该诚实。
- **关系原则（maxim of relation）**：说话者应该说与情景相关的事情。
- **风格原则（maxim of manner）**：说话者应该尽量使所说的内容易于理解。

应该说什么（数量原则）取决于说话者想要表达什么（通常称之为指示物），说话者也有必要了解必须对指示物进行区分的物体。如果其他球员均为男性成人，那么说"那个男孩足球踢得不错"就是充分的；但是如果其中一些人也是男孩的话，就不充分。在后一种情况下，说话者需要说得更加具体（例如，"那个红头发的男孩很擅长踢足球"）。

你能想出其他的有关准备的演讲和随意交谈间的不同吗？

如果你曾准备过一次命题演讲，你可能会发现演讲在很多方面与自主交谈大相径庭。例如，一些单词和短语（"喂"、"你知道"、"哦"）在自主交谈中比命题演讲中用得广泛得多。这些语段标记（discourse marker）不直接对口语内容起作用，但仍然很有用。弗劳尔迪和陶罗扎（Flowerdew & Tauroza, 1995）发现，与演讲录像带缺乏语段标记相比，听众对保留语段标记的录像演讲的理解更好。我们为什么会使用语段标记呢？根据福克斯·特里（Fox Tree, 2000, pp.392–393）的观点，段落标记被用于"显示礼貌……消除人际关系困难，认同社会团体……，像'哦'、'然后'、'现在'和'喂'等语段标记，有助于听者通过指明话题转换何时出现来处理说话者的话题转换和关注点……'不管怎样'和'尽管如此'可用于话题转移结束的标记和转向先前的话题。"

言语产生的另一个内容是韵律线索的使用。这些线索包括韵律、重音和音调，它们使听者易于理解说话者所表达内容的真正意义。李（Lea，1973）分析了几百个自然产生的口头句子，发现音韵线索通常会提供句法边界（例如，句末）信息。不过，大多数人都很少利用韵律线索。基萨和亨利（Keysar & Henly, 2002）要求被试阅读歧义句并表达具体的含义，然后让听者判定所表达的两种含义中哪个是真正的意图。说话者未使用（或未有效地利用）韵律线索，因为听者仅仅猜对 61%（概率 = 50%）。部分问题在于说话者高估了自己的表现。他们认为听者理解了真正意图的 72%，这显著高于实际数据。

言语错误

很难确定言语产生中所涉及的过程，部分是因为它们的发生速度太迅速（我们平均每秒说出 2—3 个单词）。一种方法关注口语中出现的错误。戴尔（Dell, 1986, p.284）指出，"高度复杂系统的内部工作机制，常常通过系统出现故障的方式加以揭示。"

研究者收集了各种口语错误（Garrett, 1975; Stemberger, 1982），这些口语错误由研究者亲自听到的错误组成。该方法不够精确，因为一些类型的错误比其他错误更容易检测。因此，我们应该对不同类型口语错误的百分比持怀疑态度。

这里我们将会考察一些主要的口语错误类型，然后讨论其理论意义。很多口语错误与选择正确的单词存在的问题有关（词汇选择，lexical selection）。一种简单的词汇选择错误是语义替代（semantic substitution），即一个正确的单词被一个语义相近的单词所代替，例如"我的网球拍在哪里？"替代"我的球拍在哪里？"被替代单词几乎与正确单词属于同一类别（例如，名词替代名词）。

混淆（blending）是另一种词汇选择错误（如"天空晴朗"替代"天空蔚蓝"或"阳光灿烂"）。另一种词汇选择错误是单词互换错误（word-exchange error），即两个单词互换了位置（如"我必须要让那座房子离开那只猫"（I must let the house out of the cat.）替代"我必须让那只猫离开那座房子"（I must let the cat out of the house.））。单词互换错误所涉及的两个单词在句子中的距离，通常比语音互换错误（两个语音互换位置）所涉及的两个单词之间的距离更远（Garrett, 1980）。

词素互换错误（morpheme-exchange error）是指位置适当的曲折成分（inflection）或后缀与错误的单位相搭配（例如，"他已经装了两个包裹"（He has already trunked tow packs））。这些错误表明曲折成分或后缀的位置确定取决于负责确定词干（例如，trunk、pack）位置的相对独立的过程。词干的确定似乎先于曲折成分的增加。曲折成分的改变通常同与之相联系的新词干相一致。例如，在短语"the forks of a prong"中，"s"的发音以与单词"forks"相适宜的读音进行朗读，而与原单词"prongs"中"s"的读音不同。

最著名的口语错误之一是首音互换（spoonerism），在这种错误中首字母或两

个或更多单词的首字母互换位置。斯普纳（William Archibald Spooner）牧师给出了几个值得注意的句子，如"你在我每节神话课上都发出嘘嘘声（You have hissed all my mystery lectures）"和"主/上帝把豹子从兽群中移开（The Lord is a shoving leopard to his flock）"。唉，斯普纳牧师所给出的大多数例子都是他艰辛努力的结果。在首音互换中辅音总是和辅音互换，元音总是和元音互换，而且互换的音素通常发音相近（Fromkin, 1993）。

言语产生过程

所有理论家都认为言语产生涉及各种通常以特定顺序出现的过程。例如，莱维特（Levelt, 1989）确定了三个主要加工过程：

1. 概念化（conceptualisation）：说话者对他/她想传递的信息进行计划。

2. 构成（formulation）：说话者把潜在信息转化成具体句子，然后确定单词的发音以便说出来。

3. 发音（articulation）：说话者把句子的单词转化成言语。

我们首先考察概念化或计划阶段。然后我们将探讨两个非常重要的言语产生理论。

言语计划

根据克拉克和卡尔森（Clark & Carlson, 1981）的观点，说话者必须考虑所谓的"共同基础"。两个人之间的共同基础包括他们之间的相互信任、期望和知识。如果你无意中听到两个朋友的谈话，你可能很难听懂他们所谈的内容，因为你缺乏他们所拥有的共同基础。

霍顿和基萨（Horton & Keysar, 1996）对以下两种理论观点进行了区分：

1. 初始设计模型（initial design model）：说话者进行交谈的初始计划应该全面考虑与听者的共同基础。

2. 监控调整模型（monitoring and adjustment model）：说话者起初根据可利用的信息对交谈的内容进行计划，未考虑听者的立场。然后他们对计划进行监控和修改以考虑共同基础。

霍顿和基萨检验了这些模型。当被试有足够时间对谈话进行详细计划时，他们的描述与初始设计模型相一致。但当他们没有足够时间时其描述更符合监控调整模型，这可能是因为监控和调整的发生缺乏足够的

当你无意中听到两位朋友的交谈时，共同基础的重要性是很明显的。由于你缺乏他们共享的共同基础，因此你很难理解他们相互交谈的内容。

时间。总之，在以初始设计模型为基础进行操作时，我们的交流更有效。但当交谈计划常常过度时，加工通常要求考虑听者的知识。

产生流利言语的任务常会加重我们加工系统的负担，特别是在说外语的时候。例如，我发现，用法语谈话，哪怕是几分钟都会使我精疲力竭！史密斯（Smith, 2000）确定了两种谈话计划时降低加工负担的方法。第一，提前准备，这涉及产生以前使用过的短语。阿尔滕伯格（Altenberg, 1990）认为，我们言语的70%由我们重复使用的单词组合所组成。第二，陈述不详（under-specification），这涉及使用简化的表述。史密斯给出了这样的例子："Wash and core six cooking apples. Put them in an oven"。在这个例子中，单词"them"指代"six cooking apples"。正如史密斯（p.342）所总结的："说话者试图……尽可能多地把加工负担转移给听话者。"

我们在说话时会进行计划吗？或者在我们开始说话之前就已完成了计划呢？费雷拉和斯维茨（Ferreira & Swets, 2002）发现，在没有时间压力时，说话者对要说的内容能够进行完整的计划。但当说话者有时间压力时，说话的同时就会进行某些计划。因此，在某些情况下，说话之前尽可能多地提前计划是可能的。

扩散激活理论

戴尔（Dell, 1986）以及戴尔和奥西格哈（Dell & O'Seaghdha, 1991）提出了扩散激活理论。该理论的关键假设（包括言语产生涉及四个水平的观点）如下：

- **语义水平（semantic level）**：所说内容的含义；该水平未在该理论中详细考察。
- **句法水平（syntactic level）**：计划谈话中单词的语法结构。
- **词素水平（morphological level）**：计划谈话的句子中的词素（语义或词型的基本单位）。
- **语音水平（phonological level）**：句子中发音的基本单位或音素。
- 每一水平形成一种表征。
- 言语计划中的加工在所有四个水平上同时发生，是平行的和交互式的。但在较高水平上（例如，语义和句法），它的加工通常更迅速。
- 每一水平都有一些**分类规则（categorical rule）**。这些规则是可接受的项目类别和类别组合的限定条件。
- 存在一个**词汇词典（lexicon）**。它包含了概念、单词、词素和音素的结点。当一个节点受到激活时，它会把兴奋传递到与其相联系的各结点。
- **嵌入规则（insertion rule）**根据如下标准在每一个水平的表征上选择所包含的项目：隶属于适当类别的扩散度最高的结点会被选定。例如，如果句法水平上的类别规则规定，在句法表征的某一特殊点上需要动词，其节点被高度激活的动词就将被选定。被选择单词的激活水平立即减少为零，以防被重复选择。
- 当不正确项目的激活水平高于正确项目的激活水平时，**言语错误（speech errors）**就会发生。

你认为扩散激活模型在多大程度上能解释言语错误？你能想出该理论存在的其他问题吗？

扩散激活水平	解释	例子
语义的	观点的抽象表征	
句法的	概要，包括语法	主语　动词　冠词　宾语
词素的	适当位置的词汇	我　　想要　一块　饼干
语音的	有关发音的信息	Ai　　want　 ei　 bisket

"我想要一块饼干"分解为扩散激活的各水平

证据

该理论会预测什么类型的错误呢？第一，由于类别规则的作用，这些错误应该属于合适的类别（例如，一个不正确的名词取代一个正确的名词）。正如所料，大多数错误确实属于合适的类别（Dell, 1986）。

第二，很多错误应该是预期错误（anticipation error），句子中的单词过早地被说出（如"The sky is in the sky"）。这种现象发生的原因是，在言语计划阶段，句子中所有的单词都倾向于受到激活。正如所料，说话者产生了很多预期错误。

第三，预期错误经常转换成互换错误，互换错误是指一个句子中两个单词的位置发生了互换（例如，"我必须给信写我的妻子"（I must write a wife to my letter））。必须注意的是，选定项目的激活水平会立即降低为零。因此，如果"妻子"（wife）被过早选定，它在句子中就不太可能被成功地选到正确的位置上。这就会使先前未被选择且高度激活的项目（例如"信"（letter））出现在错误的位置上。许多口语错误均是互换错误的类型。

第四，预期错误和互换错误通常只涉及句子内部相对靠近的单词之间的位置互换。那些与当前正被考虑的句子成分有关的单词，通常会比位于句子更远位置的单词激活水平更高。

词汇偏差效应：言语错误由单词而非由非单词构成的倾向。

第五，言语错误通常由实际单词组成（**词汇偏差效应，lexical bias effect**）。研究者（Baars, Motley & MacKay, 1975）快速呈现词对，然后要求被试尽快地口头报告这两个单词。可以重新组合成两个新单词的词对（例如，"lewd rip"转换成"rude lip"）的错误率是不能形成新词（例如，"luke risk"转换成"ruke lisk"）词对的两倍。

第六，各种加工水平之间会发生灵活交互作用的观点，意味着言语错误的产生可能具有多种原因而非一种。戴尔（Dell, 1986）引用了别人的例子："let's stop"（让我们停下来）代替"let's start"（让我们开始）。该错误毫无疑问是语义错误。但它也是语音错误，因为替代词（"stop"）与适当单词（"start"）共享一个发音。对单词替代错误而言，口头词与计划说出的单词在发音上比随机期望的单词更为相似（Dell & O'Seaghdha, 1991）。

第七，根据扩散激活模型，当不正确单词的激活比正确单词激活更高时，言语错误就产生了。因此，当不正确单词容易获得时，会出现很多口语错误。格拉泽

(Glaser, 1992)在一项研究中检验了这个预测,在该研究中,被试对图片命名(例如,桌子的图片)。当每张图片的呈现伴随着诱导单词(例如,椅子)时,错误量应该大量增加。事实上,这仅引起错误率的少量增加。关于该研究,罗洛夫斯(Roelofs, 2000, p.82)总结如下:"在实验条件下,如果多个单词受到激活……几乎不产生任何错误。但是戴尔的模型却预测了大量的错误。"

戴尔等人(Dell, Burger & Svec, 1997)发展了扩散激活理论,认为大多数言语错误都可归为两类:

1. 预期的(anticipatory)。过早的发音或说出单词(例如,用"cuff of coffee"替代"cup of coffee")。
2. 持续的(perseverated)。过晚的发音或说出单词(例如,用"beef needle"替代"beef noodle")。

需要指出的是,戴尔等人的理论只关注这些言语错误。

戴尔等人的研究证实,由于专业演说者比非专业演说者更能预先计划所讲内容,因此专业演说者的口语错误更多的应该是预期性的,而非持续性的。

关键假设是,专业演说者比非专业演说者更能预先计划所讲内容,因此他们的言语错误更具有预期性:"练习以过去为代价而提高当前和未来的激活水平。因此,当成绩提高时,持续错误就会变得相对不常见。"(Dell et al., 1997, p.140)因此,当前和未来声音与单词激活水平的提高,会阻止过去对当前言语的侵扰。

戴尔等人让被试进行大量的绕口令词组练习(例如,五只疯狂的肥青蛙(five frantic fat frogs);33个抖动的手指(thirty-three throbbing thumbs))。随着被试对该任务越来越熟练,错误数量下降。不过,一个重要发现是(正如所料),预期错误的比例则有所上升。

❖ 评价

- ⊕ 言语产生涉及四个水平的假设与证据相一致。
- ⊕ 扩散激活理论对言语产生中出现的最常见错误进行了精确(和相当准确)的预测。
- ⊕ 该理论对激活扩散的重视在言语产生和其他认知活动之间建立了联系(例如,单词识别,McClelland & Rumelhart, 1981)。
- ⊕ 原则上,通过被认为在言语产生中出现的广泛扩散激活,促进了我们生产新颖句子的倾向。
- ⊖ 扩散激活理论关注个别单词,而不强调与信息建构有关的较为广泛的主题。
- ⊖ 该理论预测了言语错误的性质和数量。但它不能预测产生口头单词所用的时间。
- ⊖ 当不相关单词与相关单词同时受到激活时,该理论预测了过多的错误。

莱维特的理论观点

莱维特等人（Levelt, Roelofs & Meyer, 1990a）提出了被称为WEAVER++（通过激活和验证进行词形编码）的计算机模型。根据这一模型，言语产生过程涉及沿网络向前传播的激活。该网络具有三个主要水平。在网络的最高水平上，是表征词汇概念的节点。在第二个水平上，是表征来自心理词典的词条或抽象单词的节点。在最低水平上，是表征以词素和音素形式出现的词形节点。

该模型揭示了单词产生如何从意义（词汇概念和词条或抽象单词）向发音的转换。莱维特等人（1999a, p.2）指出了单词意义及其发音之间的"主要断层"，并认为跨越这种断层在言语产生中是极为重要的。口语词产生的早期阶段涉及确定产生哪个单词，晚期阶段则涉及确定词形、语音表征和发音的具体细节。莱维特等人认为，抽象词选择和词条选择（**lemma selection**）在有关单词的语音信息被提取之前就已完成。因此，言语产生涉及一系列以序列形式相互伴随的加工阶段。

词条选择：言语产生的早期阶段对抽象词的选择。

证据

词汇化（**lexicalization**）是指"在言语产生过程中我们把单词所蕴含的意义转换成声音的过程：我们把实义词的语义表征（意义）转换成语音表征或形式（其声音）"（Harley, 2001, p.359）。莱维特等人认为，单词化是一个在词条或抽象单词转换成词形过程中发生的重要过程。

词汇化：在言语产生过程中把单词的意义转换成其声音表征的过程。

"舌尖现象"状态支持莱维特等人的观点。我们都有过这样的经验，即心中有了某个概念或主意，但却怎么也找不到合适的词来表达。这种令人挫败（甚至尴尬）的情形就是舌尖现象状态。布朗和麦克尼尔（Brown & McNeill, 1966, p.325）指出，被试在这种状态下"似乎正在经历一种轻度折磨，有点像想打喷嚏但又打不出来的感觉"。他们向被试呈现了一些生僻词在词典中的定义，然后让被试判断所界定的单词。例如，"一种用来测量角距的航海工具，尤其适用于测量大海中太阳、月亮和星星的高度"，可以界定单词"六分仪"（sextant）。当词条和抽象词受到激活但不能说出来时，就会出现舌尖现象。

支持WEAVER++中一般理论的其他证据来自脑成像研究。因德弗雷和莱维特（Indefrey & Levelt, 2000）考察了58项脑成像研究，被试在这些研究中对图片或物体进行命名。他们发现，言语产生过程主要发生在大脑左半球。左侧颞中回在呈现275毫秒的图片或物体时被激活，可以认为这反映了词条提取所涉及的加工过程。此后，脑部活动发生在大脑区域附近，反映了有关物体名称音素信息的加工过程。

莱维特等人认为，在他们的序列加工模型中，单词的语音信息只能在抽象单词或词条选择完成之

言语练习过程中的大脑PET扫描。PET扫描被叠加在黑白的三维MRI扫描图上。大脑的前部在左侧。扫描图显示了与言语有关的大脑激活区（较暗的区域）。这些区域位于大脑额叶的言语中枢。

后才能获得。相反，其他研究者（例如，Dell et al., 1997）则认为语音加工可以发生在词条选择完成之前，因此这两个阶段并不是相互完全独立的。基于该假设的理论观点常被称为级联模型（cascade model）。

我们如何检验这些模型呢？根据级联模型的观点，语音加工可以发生于词条选择完成之前，而这种情况在莱维特等人的模型中是不可能的。莫塞拉和米奥佐（Morsella & Miozzo, 2002）报告了检验这两个模型的尝试。实验中给被试呈现两张颜色图片，一张图片与另一张有重叠。被试的任务是对特定颜色的图片（目标图片）命名，而忽略另外颜色的图片（诱导图片）。一些诱导图片与目标图片具有语音相关性（在发音上相关）（例如，"bell"作为呈现"bed"的诱导物），其他图片在语音上不相关（例如，"hat"作为呈现"bed"的诱导物）。

根据莱维特等人的模型，诱导图片名称的语音特征不应该被激活。因此，目标图片的命名速度不应该受到两张图片是否具有语音相关的影响。相反，级联模型（Dell, 1986）则预测诱导物的语音特征常常受到激活。因此，当伴随语音相关的诱导物而非语音不相关的诱导物时，目标图片的命名更迅速。级联模型预测了这些发现，但与莱维特等人模型的预测截然相反。

> 想一想你自己所经历的舌尖现象状态。莱维特等人的理论能在多大程度上解释这些现象？

❖ 评价

- ⊕ WEAVER++对各种情景下单词产生的速度进行了详细的预测。
- ⊕ WEAVER++是一个完美的模型，言语产生过程通常以序列形式发生的观点可能是正确的。
- ⊕ 言语产生通常是相对可靠的，因此莱维特等人比戴尔更关注可靠言语的事实是有道理的。
- ⊖ WEAVER++不易解释同时能对多个单词进行语音加工的发现（Morsella & Miozzo, 2002）。
- ⊖ 正如莱维特、罗洛夫斯和迈耶（Levelt, Roelofs & Meyer, 1999b, p.63）所承认的那样，"WEAVER++模型主要用于解释潜在[时间]数据，而非言语错误"。例如，莱维特等人（1999a）发现，WEAVER++模型所预测的互换错误远远少于被试实际产生的错误。
- ⊖ WEAVER++模型与单个单词的产生最为相关，在完整句子产生所涉及的复杂过程方面提供的信息相对较少。

言语障碍

通过研究有言语障碍的脑损伤患者，我们可以了解很多言语产生所涉及的加工过程。认知神经心理学取向为什么具有价值呢？主要因为它能让我们了解到言语产生的不同方面（例如，词条选择、句法加工、单词命名）相互分离的程度。如果它们是真正分离的，那么可以预期，我们就能找到言语产生的一方面出现障碍而另一

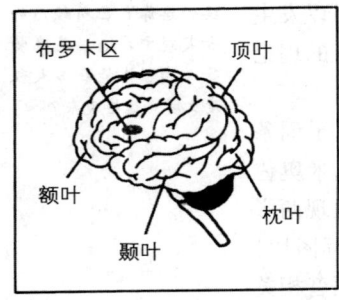

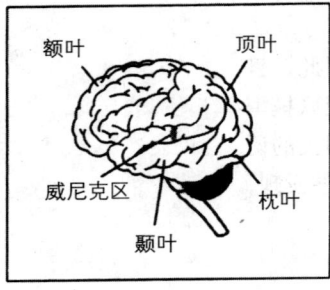

布罗卡失语症：一种涉及言语不流畅和语法错误的失语症。

威尼克失语症：一种言语理解受损但对缺乏实义词表现出流畅性的失语症。

失语症：由于脑损伤所导致的语言能力受损。

你认为对这些障碍进行分类有用吗？

方面保持完好的脑损伤患者。

为方便起见，我们将根据综合症或标签对患者进行分类。但要注意这些综合症过分简化了事实，因为患特定综合症的患者很少具有相同的症状。

布罗卡和威尼克失语症

早在 19 世纪以前，研究者就对布罗卡失语症和威尼克失语症进行了区分。布罗卡失语症（**Broca aphasia**）患者具有缓慢、不流畅的言语。另外他们产生句法（语法）正确句子的能力也很差，即使他们的言语理解能力相当完好。威尼克失语症（**Wernicke aphasia**）患者具有流畅、较符合语法但缺乏意义的言语。另外，他们具有非常严重的言语理解障碍。

根据传统的观点，这两种不同的失语症（**aphasia**）涉及大脑左半球的不同脑区。布罗卡失语症据称源于左侧额叶（即布罗卡区）受损，威尼克失语症源于后颞叶（即威尼克区）出现损伤。

证据

目前的研究只为传统的观点提供了有限的证据。德布莱泽（De Bleser, 1988）研究了六例症状非常明显的流畅性失语症或威尼克失语症患者和七例症状非常明显的非流畅性失语症或布罗卡失语症患者。脑损伤区域可以通过 CT 扫描（计算机断层扫描）进行评估。六名流畅性失语症患者中仅有四名损伤了威尼克区，其他两名既损伤了布罗卡区也损伤了威尼克区。在七名非流畅性失语症患者中，有四名损伤了布罗卡区，其他三名损伤了威尼克区。

PET 研究为威尼克区参与言语理解提供了更为清晰的证据。例如，霍华德等人（Howard et al., 1992）比较了两种实验条件，其中正常被试重复真实单词或听倒序词，并对每一刺激说出相同的单词。在前一种条件下，威尼克区的激活水平更高。

根据传统观点，布罗卡失语症患者在言语语法方面比威尼克失语症患者具有更严重的问题。但迪克等人（Dick, Bates, Wulfeck, Utman, Dronkers & Gernsbacher, 2001）认为，威尼克失语症患者在言语语法上具有严重的问题，只是由于英语本身的性质，这些问题对于讲英语者是不显著的。他们比较了来自说几种语言的人的发现，得出以下结论："对丰富的屈折语 [例如，意大利语、德语、匈牙利语] 言语产生的研究表明，威尼克失语症患者产生的语法错误在数量和严重性上与布罗卡失语症患者所产生的错误类似……英语语法形态 [由意义的基本单元构建单词] 系统如此有限，以至于很少有机会出现语法替代错误。"（p.764）

❖ **评价**

⊕ 威尼克失语症和布罗卡失语症之间的区分具有某些证据。

⊖ 威尼克失语症和布罗卡失语症的大脑损伤区域比传统上所假设的情况复杂得多。

⊖ 具有相同综合症的患者仍然表现出不同的症状，这一事实降低了像威尼克失语症或布罗卡失语症之类综合症的有用性。
- 威尼克失语症患者常常出现与布罗卡失语症患者同样多的语法错误，这一发现混淆了两种失语症的区别。

命名障碍

一些患者遭受**命名障碍**（anomia）的困扰，命名障碍是命名物体的能力受损。这些患者在命名上出现困难主要有两个原因（Levelt et al., 1999a）。第一，患者可能在词条选择上存在困难（思考适当的单词概念），在这种情况下命名错误在意义上类似于正确单词。第二，选择正确词条之后，在寻找单词的合适语音形式上存在问题。

> **个案研究："Tan"**
>
> 保罗·布罗卡（Paul Broca）的第一位最出名的神经生理患者是"Tan"：这样称呼是因为该患者只能发出"tan-tan"的声音。多年来，Tan 一直右侧瘫痪，并因患传染性褥疮而成为外科医生布罗卡的患者。布罗卡发现，Tan 的言语理解似乎相对完好。布罗卡对该患者出现这样的状况感到很好奇，Tan 过世后，布罗卡对其进行的尸体解剖发现，其在现今称为布罗卡区的脑区出现损伤。Tan 的大脑用防腐剂保存在巴黎博物馆里，受损的脑区清晰可见。

霍华德和奥查德－莱斯利（Howard & Orchard-Lisle, 1984）报告了一例语义损害（词条选择受损）的命名障碍患者。患者 J.C.U. 在以图片显示的物体命名方面表现非常差，除非给她提供第一个音素或发音作为线索。如果单词的第一个音素与图片所显示的物体关系密切，患者 J.C.U. 就常会得出错误答案。患者 J.C.U. 能够提取某些语义信息，但这在详尽阐述她所看到的物体方面通常是不够的。

命名障碍：患者在给物体命名时存在巨大困难的情况。

凯和埃利斯（Kay & Ellis, 1987）研究了患者 E.S.T.，他存在提取单词语音形式的困难。他在很多任务上的整体表现良好，说明他在词条或抽象词选择上不存在真正的问题。但他表现出很明显的命名障碍，这一点可以从他对一张图片的描述中看出来：

> 哦……两个儿童，一个女孩一个男孩……那个……那个女孩，他们在一个…并且他们的……，他们的妈妈站在他们的后面，他们在厨房里……那个男孩正在试图去拿……一个……嗯，烹调……锅的一部分……他正站在一个……站在一个……我把它叫座位。

E.S.T. 的言语基本符合语法，他最大的问题在于寻找单词而非常用词。我们如何理解 E.S.T. 的命名障碍呢？凯和埃利斯认为他的症状与舌尖现象很相似。

有些命名障碍患者在对词条选择和寻找单词的正确发音形式上都存在困难。例如，拉尔夫等人（Lambon Ralph, Sage & Roberts, 2000）研究了患者 G.M.，当相关单词在需要命名的图片出现之前刚好呈现（例如，在桩柱图片出现之前呈现单词"梯子"），G.M. 的命名成绩非常差。出现这种情况的原因在于，相关单词的呈现干扰了词条选择。当只有图片呈现时，G.M. 有时无法对它进行命名。但他几乎总能猜对单词的音节数，表明他提取到了正确的单词。因此，有些单词命名困难的发生是因为他不能详细地确定单词的音素信息。

总之，有关命名障碍的大多数证据都与 WEAVER++ 模型的假设相一致，即词

> 你认为之前讨论的患者遭受的损伤可能会怎样在日常生活中展现自己？

条选择在所选单词的音素或发音特征加工之前就已完成。但拉尔夫等人发现，即使词条选择没有完成，G.M. 也常能获得相关的音素信息。这表明命名过程存在时间上的重叠而不是纯粹以序列方式进行的。

语法缺失症

根据大多数言语产生的理论，确定言语的句法或语法结构以及产生实义词以符合语法结构，具有相对独立的阶段（Dell et al., 1986）。因此，能够发现恰当的单词但却不能根据语法规则对单词进行组织的脑损伤患者应该是存在的。这样的患者被认为患了**语法缺失症**（**agrammatism**）或非流畅性失语症。语法缺失症患者通常能形成包含实词（例如，名词、动词）的短句，但缺少功能词（例如，the、in、and）和尾词。这是有道理的，因为功能词有助于提供句子的语法结构。最后，通常假设语法缺失症患者不能理解句法结构复杂的句子。

> **语法缺失症**：言语缺乏语法结构，并省略功能词和尾词的症状。

证据

萨福兰、施瓦茨和马丁（Saffran, Schwartz & Marin, 1980a, 1980b）研究了语法缺失症患者。例如，让一名患者描述一个女士亲吻一个男士的照片，描述如下："亲吻……女士亲吻……那个女士是……那位女士和那位男人，那位女士……正在接吻。"萨福兰等人还发现，当要求描述两个活动生物的图片时，语法缺失症患者在把两个名词进行正确排序中存在极大的困难。

语法缺失症患者在加工功能词时具有特殊困难的观点也得到证据的支持。比亚索等人（Biassou et al., 1997）给这些患者提供阅读单词的任务。这些患者在功能词上所犯的错误远远多于在实义词上所犯的错误。

语法缺失症患者的句法缺陷会影响到语言理解吗？伯恩特等人（Berndt, Mitchum & Haendiges, 1996）对语法缺失症患者理解主动句和被动句的研究进行了元分析。他们总结认为，一些（但绝非全部）语法缺失症患者主要存在言语理解障碍。

❖ 评价

- ⊕ 语法缺失症研究大体支持言语产生涉及形成言语语法结构的句法水平的观点（Dell et al., 1986）。大多数语法缺失症患者（包括功能词困难）所存在的问题似乎都包括该加工水平。
- ⊖ 语法缺失症患者的症状各有不同。例如，米塞利等人（Miceli, Silveri, Romani & Caramazza, 1989）发现，有些患者在言语中省略了更多的介词而非定冠词，其他患者则表现出相反的模式。
- ⊖ 有些语法缺失症患者在语言理解上仅表现出很小的问题（Berndt et al., 1996）。
- ⊖ 语法缺失症患者症状的迥然不同，对确定语法缺失症的意义提出了很现实的质疑。

杂乱性失语症

语法缺失症患者具有较好的寻找想说的单词的能力，但是不能形成合乎语法的句子。我们可以预期，应该可以发现具有相反模式的患者：他们说话基本符合语法，但在寻找正确单词方面具有很大困难。这可能就是遭受**杂乱性失语症（jargon aphasia）**或流畅性失语症患者的症状，在这种障碍中，寻找单词存在的问题如此巨大，以至于患者常会创造一些新词（人造单词）。

埃利斯等人（Ellis, Miller & Sin, 1983）研究了杂乱性失语症患者 R.D.。他对一张童子军营地的地图做了如下描述（他想说的单词在括号内）："*A b-boy is swi'ing（SWINGING）on the bank with his hand（FEET）in the stringt（STREAM）. A table with orstrum（SAUCEPAN?）and … I don't know … and a three-legged store（STOOL）and a strane（PAIL）-table … near the water.*"（一个男孩光着手（脚）在（小溪）边的浅水里跑来跑去，一张桌子，上面有一个（炖锅）……我不知道……一张三条腿的商店（凳子）和（提桶）——桌子，桌子……靠近水边。）与其他大多数杂乱性失语症患者一样，当 R.D. 所需要的单词不是常用词时，他会创造更多的人造词。

大多数杂乱性失语症患者（即使那些具有良好言语理解能力的患者）在很大程度上并未意识到他们正在制造新词，因此不会进行修正。这是为什么呢？可能主要有两个原因：(1) 他们不具备足够的单词知识来探测新词；(2) 他们具有足够的知识，但常常不能有效地使用。相关证据一般支持后一种原因（见下文）。

马厄等人（Maher, Rothi & Heilman, 1994）研究了杂乱性失语症患者 A.S.，A.S. 表现出较好的听觉单词理解能力。在给 A.S. 播放言语错误时比犯错时对言语错误的探测更好。A.S. 犯错时探测自己言语错误的能力较弱，因为他没有足够的加工资源同时说话并监控言语。类似的，马歇尔等人（Marshall et al., 1998）研究了杂乱性失语症患者 C.M.，该患者具有较好的理解能力。给他两项任务：图片命名；重复在命名任务中产生的单词。C.M. 在重复任务中比在命名任务中能更好地检测新语或人造词。他在重复任务中检测到 95% 的新语，说明他具有相当多的单词知识。

杂乱性失语症：脑损伤情况下言语基本符合正确语法，但在寻找正确单词方面存在很大困难。

❖ 总评

- ⊕ 认知神经心理学证据为言语产生的主要理论提供了某些支持。例如，来自命名障碍患者的发现表明了词汇化两阶段理论的价值（Levelt et al., 1999a）。
- ⊕ 语法缺失症和杂乱性失语症为言语产生中句法计划和实义词提取的独立阶段理论提供了证据。这里我们称其为**双重分离（double dissociation）**；一组具有良好的句法计划能力但单词提取能力较差，另一组则表现出相反的模式。
- ⊖ 患有任何特定综合症（例如，语法缺失症）的患者，在症状上变化如此之大，以至于得不出适用于所有患者的推论。
- ⊖ 来自脑损伤患者的证据通常不够详细，无法使我们在主要理论之间进行选择。

双重分离：一些个体（常为脑损伤患者）在任务 A 上表现良好但在任务 B 上很差，其他个体则表现出相反模式的发现。

语言与思维

本章及前面两章所讨论的主要语言过程提出了语言和思维的关系问题。例如，说和写两者都是把有关想说或想写内容的思维（潜在信息）转换成语言的活动。一般而言，语言是我们最常用的和他人交流思想的媒介。

沃尔夫假设

沃尔夫（Benjamin Lee Whorf, 1956）提出了最负盛名的语言和思维内部关系的理论。他是一名保险公司的防火官员，但他把空闲时间都用于研究语言学。根据他的语言相对论假设（hypothesis of linguistic relativity），即**沃尔夫假设（Whorfian hypothesis）**，语言会决定或影响思维。对沃尔夫假设的各版本进行区分非常有用（Miller & McNeill, 1969）。根据强势假设，语言决定思维。我们的思维过程受到我们思维时所用语言的限制。该假设意味着某种语言所表达的思想不能通过第二种语言表达。这就是可译性问题：某种语言的所有句子都能准确地译成第二种语言的句子吗？可译性具有相当多的反对强势假设的证据。

根据沃尔夫假设的弱势版本，语言影响感知。最后，弱势假设仅宣称语言影响记忆。亨特和阿格诺里（Hunt & Agnoli, 1991, p.379）提出了一个沃尔夫假设的认知解释："不同语言传递不同类型的信息。当对某一主题进行推论时，人们会考虑计算的代价。人们所使用的语言将会在某种程度上决定这些代价。在这种意义上，语言确实会影响认知。"因此，我们的母语有助于确定不同认知过程的计算代价，而这则可能会影响我们的思维方式。

证据

对世界上各种语言的不定期调查揭示出它们之间存在显著差异。例如，菲律宾Hanuxoo人对不同种类的大米有92种名称，阿拉伯语中有数百个与骆驼相关的单词。因此，不同语言的差异影响思维是有可能的。但更可能出现的情况是，不同的环境条件会影响人们思维的事物，这反过来则会影响他们的语言使用。因此，这些差异的出现是因为思维影响了语言。

人们在颜色分类和记忆中可能存在的文化差异方面已经进行了大量研究。根据沃尔夫假设，颜色分类与记忆应该随着被试的母语而发生变化。相反，海德（Heider, 1972）认为，颜色分类和记忆是普遍存在的，因此不会随一种语言变化为另一种语言而发生变化。她受到伯林和凯（Berlin & Kay, 1969）工作的影响，他们认为基本的颜色术语共有11种（白、黑、红、黄、蓝、绿、棕、紫、粉、橙、灰），虽然有些语言并不具有所有这11个颜色词。这些语言通常具有与"黑"和"白"相对应的单词，但通常不具有与"紫"、"粉"、"橙"和"灰"相对应的单词。

海德（Heider, 1972）充分利用了以下事实：在英语中发现了所有11种基本颜色单词，每种单词通常都有一种公认的最佳颜色或焦点色（focal colour）。

沃尔夫假设：语言决定或影响思维方式的观点。

沃尔夫假设对不同文化的语言具有什么样的潜在意义？

英语中的基本颜色词

白
红
绿
黑
黄
蓝
棕
紫
橙
粉
灰

说英语的人发现记忆焦点色比非焦点色更容易，海德怀疑这种情况是否同样适用于达尼人（Dani）。达尼人是一个生活在印度尼西亚新几内亚（Indonesian New Guinea）的石器时代的农业部族，他们的语言只有两种基本颜色术语："mola"表示明亮和暖色调，"mili"表示暗和冷色调。

我们期望获得什么发现呢？如果颜色记忆是普遍的，那么达尼人应该和说英语者相似，即记忆焦点色优于非焦点色。另一方面，如果语言在颜色记忆中起重要作用，那么达尼人的成绩应该与说英语者的表现存在巨大差异。事实上，海德发现，达尼人和说英语的美国人在焦点色再认优于非焦点色再认上较为相似。这些发现不支持沃尔夫假设，因为它认为语言对颜色记忆影响很少或毫无影响。

罗伯逊等人（Roberson, Davies & Davidoff, 2000）认为，海德未真正证明颜色分类是普遍的并因此不依赖于语言。他们指出了海德选择的刺激存在问题，即她所用的焦点色在感觉上比非焦点色更容易分辨。因此，罗伯逊等人所用的焦点色在可区分性上与非焦点色完全相同。他们选用两组被试：英语被试和 Berinmo 人被试。Berinmo 属于巴布亚新几内亚石器时代文化部族，他们的语言中只有五种基本颜色术语。罗伯逊等人（p.382）完全未重复出海德的发现："当……排除焦点色的可区分性优势时，再认记忆中焦点色的优势在说英语被试和 Berinmo 被试中均消失了。"

罗伯逊等人还进一步指出了语言对颜色知觉和记忆具有明显的影响。他们在一个实验中研究了**类别知觉**（**categorical perception**）：当人们对刺激进行分类时，他们发现对属于不同类别刺激的分辨，比属于相同类别刺激的分辨更容易。在英语语言中，我们有"绿"和"蓝"的颜色类别，而 Berinmo 人只有"nol"（大概类似于绿）和"wor"（大概类似于黄）。罗伯逊等人给英语被试和 Berinmo 被试呈现三种颜色刺激，然后让他们选出两种最相似的颜色。

类别知觉：对刺激进行分类，结果发现对属于不同类别刺激的分辨比属于同一类别刺激的分辨要更容易。

我们期待有什么发现呢？假设其中两个刺激在英语中通常被描述为"绿"，第三个刺激被描述为"蓝"。根据类别知觉的观点，说英语者应该认为两个"绿"刺激最相似。但是，没有理由相信 Berinmo 被试也会作出相同的选择，因为他们的语言无法对绿色和蓝色进行区分。相似的，给 Berinmo 被试呈现两个"nol"刺激和一个"wor"刺激，他们应该选择两个"nol"刺激，但是我们不能期望英语被试也会作出同样的选择。

沃尔夫假设是否解释了语言如何影响思维？

罗伯逊等人发现了什么呢？正如沃尔夫假设所预测的那样，语言决定着成绩/表现。如上图所示，英语被试和 Berinmo 被试显示出明显的基于自己语言的类别知觉的证据。

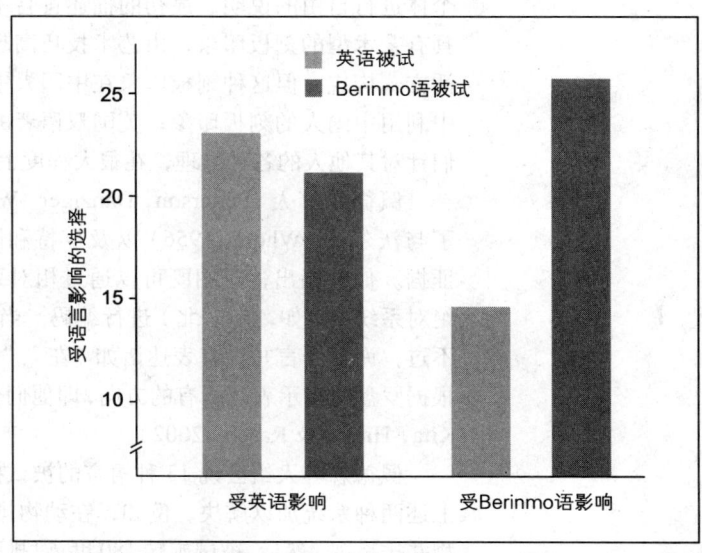

语言（英语和 Berinmo 语）对英语被试和 Berinmo 被试选择相似配对刺激的影响。引自罗伯逊等人（2000）。

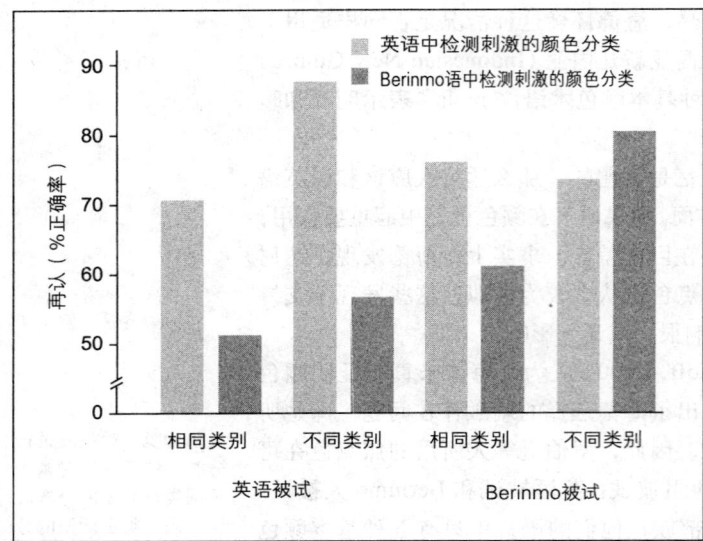

语言（英语和Berinmo语）对英语被试和Berinmo被试再认记忆的影响。引自罗伯逊等人（2000）。

罗伯逊等人进而把注意力转向类别知觉对记忆的影响。首先向被试呈现目标刺激，紧跟着同时呈现两个检测刺激。被试必须指出两个检测刺激中哪一个与目标刺激相匹配。如果与两个检测刺激属于同一颜色类别相比，被试对两个检测刺激属于不同颜色类别的再认记忆任务表现更好的话，那么类别知觉就得以证实。因此，当检测刺激跨越绿—蓝颜色边界时，说英语的人应该具有较好的再认记忆，但这与Berinmo被试无关。相反，当检测刺激跨越nol—wor颜色边界时，Berinmo被试应该表现出较好的成绩，而这也与英语被试无关。这正是实验的发现（见左图）。

我们花费大量的时间讨论了罗伯逊等人的发现，因为他们为沃尔夫假设提供了具有说服力的证据。罗伯逊等人（p.396）总结认为："颜色相似性判断背后的驱动力是语言……我们认为语言对颜色类别具有十分深远的的影响。该影响是根深蒂固的而不是肤浅的，适用于知觉和记忆两种过程。"

霍夫曼、劳和约翰逊（Hoffman, Lau & Johnson, 1986）提供了语言如何影响思维的有趣证据。中英双语者阅读关于个体的描述，然后要求他们使用英语或汉语对个体进行自由的说明。最初的描述符合中国人或英国人的刻板印象。例如，英国人具有艺术型的刻板印象，由艺术技巧高超、喜怒无常和紧张的性情及吉普赛式的生活方式构成，但这种刻板印象在中国人中并不存在。中国双语者的思维在自由印象中利用中国人的刻板印象，英国双语者的思维则利用英国人的刻板印象。因此，我们针对其他人的各种推理，在很大程度上会受到我们思维时所用语言的影响。

佩德森等人（Pederson, Danziger, Wilkins, Levinson, Kita & Senft, 1998）报告了与沃尔夫（Whorf, 1956）以及亨特和阿格诺里（Hunt & Agnoli, 1991）相一致的证据。他们指出，空间既可以通过相对系统（例如，左、右、上、下）也可以通过绝对系统（例如，南、北）进行编码。当然，在英语语言中我们可以利用两个系统。不过，许多语言并没有表达诸如"左"、"右"、"前"、"后"等概念的单词。他们通常根据罗盘的指示表达所有的方向，即他们仅仅根据绝对系统进行空间编码（Levinson, Kita, Haun, & Rasch, 2002）。

佩德森等人给会说13种语言的被试提供各种空间推理任务，这些任务可以使用上述两种系统加以解决。例如，在动物排列任务（animals-in-a-row task）中，三个动物并排呈现。然后，被试旋转180度，对排列进行重新复原，以便与起初的排列相匹配。重要的发现是：被试对系统的选择在很大程度上取决于其母语中空间编码的优势系统，而之所以这样则可能是因为他们这样做会更容易完成任务。

❖ 评价

- ⊕ 沃尔夫假设近些年来得到越来越多的支持。正如哈利（Harley, 2001, p.87）所总结的："现在有大量证据表明语言因素影响认知过程。甚至颜色知觉和记忆……都显示出语言的某些影响。"因此，相关证据支持沃尔夫假设的弱势版本。
- ⊕ 当任务的使用在他们所采用的观点中（例如，Hoffman et al., 1986; Pederson et al., 1998）被赋予某些灵活性时，甚至沃尔夫假设的强势版本也得到某些支持。
- ⊖ 我们对语言如何影响认知过程仍缺乏详细的解释。例如，亨特和阿格诺里（Hunt & Agnoli, 1991）认为，计算代价的估计有助于我们确定语言是否影响认知，但是我们很难对这些代价进行测量。
- ⊖ 沃尔夫（Whorf, 1956）认为很难改变语言对认知的影响，亨特和阿格诺里（Hunt & Agnoli, 1991）则认为这是很容易的。我们尚不清楚在这上面到底谁是正确的。

小 结

言语知觉

听者在言语中会遇到线性问题、非恒定性问题和分割问题。对音位恢复效应的研究表明，背景信息以自上而下的方式影响言语知觉。听者常常利用韵律线索。唇读的作用通过麦格克效应可以显示出来。根据群组理论的初始版本，单词的初始发音被用于建构单词初始群组，通过利用来所呈现的单词和背景的附加信息可以把单词初始群组减少到仅仅一个词。群组理论当前更为灵活。根据 TRACE 模型，自下而上加工与自上而下加工在言语知觉时会发生交互影响。该假设可能是不正确的，自上而下加工的重要性可能被夸大了。来自脑损伤患者的证据表明，说出一个口语词可以通过三个不同通道来实现。纯词聋患者的言语知觉存在问题，因为其听觉分析系统的语音加工过程受损。词义聋患者能重复熟悉的单词但不理解其意义，但是对非单词也存在问题。听觉性语音失认症患者的通道 3 受损。深度失语症患者可能三条通道都遭受损伤，或者短时记忆系统受损。

基本阅读过程

单词辨认受背景的影响。根据交互激活模型，单词辨认取决于自上而下加工和自下而上加工过程。字词优势效应的发生是因为加工的单词水平对字母水平产生了自上而下的影响。该模型不能解释字词优势效应大小不受词频影响的发现，只能预测包含四个字母的单词再认。根据双通道级联模型，在书面单词和口语之间存在两条主要路径，一条主要用于熟悉单词，另一条用于不熟悉单词和非单词。该理论得到来自表层失语症和语音失认症证据的支持。但该模型不能解释对诸如汉语、日语和韩语的命名成绩。普劳特等人 (Plaut et al., 1996) 认为，单词和非单词发音基于一个高度激活的系统。他们对语音失语症提供了粗略的解释，但很少涉及阅读中语义加工的作用。根据 E-Z 读者模型，在阅读中只有在当前注视的单词完成部分加工时才能计划下一次眼动。当前注视单词的词汇提取任务的完成，使注意转移到下一个单词。该模型忽略了较高水平的认知过程对注视时间的影响。语法分析有很多理论。根据一阶段模型，所有的信息资源一起被用于构建句子的句法结构。相反，二阶段模型的第一阶段仅仅使用句法信息，语义信息在第二个阶段才使用。证据倾向于支持一阶段模型。

语段加工

连接推理和精致推理之间存在重要的区别，连接推理最简单的形式涉及首语重复。根据最低限要求假设，几乎不会进行自动推理。另外，可以进行策略性推论或目标定向推论。根据结构主义的观点，为了促进全面理解，需要进行大量的自动推理。根据语义后搜索理论，读者根据自己的目标进行语义后搜索。有关证据与语义后搜索理论最为一致。

故事加工

故事记忆与摘要很相似。据称所有故事的结构都与故事语法相一致，但是在其主要特征上未取得一致。根据金茨的结构—整合模型，文本表征形成三个水平：表层表征、命题表征和情景表征。相关证据支持这一假设，但是由于加工容量有限有时不能形成情景表征。有可能存在其他表征水平（例如，体裁水平）。根据事件—索引模型，读者监控着发展情景模式的五种特征或索引。该模型只关注涉及文本理解的一些过程，而未充分考虑读者的目标。

言语产生

只有在具有足够的加工时间时，说话者才能充分理解他们与听者之间的共同基础。根据戴尔的扩散激活模型，言语产生涉及表征的四个水平：语义、句法、词素和语音。嵌入规则根据正在完成项目的激活水平选择包括在每一水平表征中的项目。当不正确项目比正确项目具有更高的激活水平时，就会产生言语错误。扩散激活理论不能预测产生口语词所花费的时间。根据莱维特的 WEAVER++ 模型，抽象单词或词干选择在获得有关单词的语音信息之前就已完成。该模型得到舌尖现象的支持，但很少涉及言语错误。扩散激活模型和 WEAVER++ 模型都未能详细阐述与说话者信息建构有关的问题。

言语障碍

一些命名障碍患者在思考合适的单词概念方面存在问题，另一些患者则在寻找合适的语音形式上存在困难。语法缺失症患者能找到合适的单词，但不能根据语法对它们进行排序。相反，杂乱性失语症患者能基本按照语法规则说话，但是不能找到合适的单词。他们制造新词，由于他们同时说话和监控自己言语的能力有限，因此常常检测不到这些新词。来自语法缺失症和杂乱性失语症患者的证据表明，在言语产生中，句法计划和实义词提取是两个独立的过程。但是，来自脑损伤患者的证据不够详细，未能促进理论的发展。

语言和思维

根据沃尔夫假设的弱势版本，语言影响思维。支持性证据在于语言能影响知觉加工和颜色记忆。亨特和阿格诺里对沃尔夫假设提出一种认知解释，根据该解释，任何特定的语言都会使以某种方式思考比以另一种方式思考更容易。该理论得到在任务的使用中给予被试一定灵活性的支持。

深入阅读

- Eysenck, M.W. (2001). *Principles of cognitive psychology* (2nd ed.). Hove, UK:Psychology Press. Chapters 7 and 8 of this book provide more detailed coverage of the topics discussed here.
- Harley, T. (2001). *The psychology of language: From data to theory* (2nd ed.). Hove, UK: Psychology Press. This is an excellent book covering the main topics in the psychology of language in a detailed but accessible way.
- Sternberg, R.J., & Ben-Zeev, T. (2001). *Complex cognition: The psychology of human thought*. Oxford, UK: Oxford University Press. Issues relating to language and the relationship between language and thought are discussed in an introductory way in Chapters 9 and 10 of this textbook.

III

第3部分
个体差异

- **·智力**
  - 智力和智力测验
  - 因素理论
  - 遗传和环境
  - 环境影响
  - 智力理论
- **·人格**
  - 弗洛伊德的精神分析理论
  - 人本主义理论
  - 人格评价
  - 人格特质理论
  - 社会认知理论

大多数心理学著作（包括本书）都致力于那些具有高度概括性和几乎能适用于每个人的行为理论研究。以第6—11章所论及的认知心理学为例，认知心理学家普遍认为，每个人（脑损伤患者除外）都运用相同的注意和知觉过程，都有一个工作记忆系统，都采用相同的学习策略，都会随着时间推移忘记一些信息，都会在阅读的同时作出一定的推理，等等。在社会心理学（第18—21章）中，这些情境也是相同的。社会心理学假设人们倾向于顺从权威，遵从群体其他成员的观点，喜爱与他们某些方面相似的人，对某些情形会表现出偏见等等。

上述研究方法已经证明是成功的，也产生了许多非常重要的、具有普遍适用性的结果。但是，正如我们在书中这一部分将要看到的，强调普遍适用的概括性方法忽略了许多重要的内容。这种方法所丧失的是人类行为的无比多样性，而这种多样性对于我们来说，在日常生活中的每时每刻都能明显地感受到。例如，有些人在长时记忆方面优于另一些人，有些人在注意力控制方面优于另一些人；有些人不屈从于权威，有些人则一味顺从权威；有些人根本没有先入之见，有些人却对一些少数群体的观点抱有固执的偏见。

如前所述，我们经常会意识到个体差异，这是第12章和第13章的主题。个体差异对我们的行为有很大的影响。例如，当你在写课程论文需要某些建议时，你会发现一些人比另一些人更容易接近，其中的原因可能是这些人更友好或更博学。同样，当我们择友时，也会充分考虑个体差异。因此，我们更愿意与那些看起来与我们有共同特点、热情和善于交际以及能保守秘密的人结为朋友。

在此还有必要提及克隆巴赫（Cronbach, 1957）的一篇很重要的论文。他认为，在心理学中有两种科学学科，其一致力于对一般规律的探索，另一则致力于对个体差异的研究。克隆巴赫最重要的观点认为，心理学要完全发挥它的潜力，就要一心一意地设法把这两个学科合二为一。他认为两个学科之间并没有必然的矛盾，因而在一种方法之内同时考虑一般规律和个体差异应该是可能的。令人失望（也有点让人惊奇）的是，自克隆巴赫写下这篇发人深省的文章至今已经过去了约50年，但在他所建议的方向上并没有更多的研究出现。

个体差异内容

现在我们再回到有关个体差异的问题上。个体差异的哪些方面最为重要呢？考虑到个体表现出来的许多完全不同的行为方式，这个问题很难回答。实际上，如果你坐下来列一张清单，你可能会发现在你所认识的人中，他们在许多重要、有趣的方面都存在着差异。但是，理论心理学家和职业心理学家通常主要（正确或错误）强调个体在智力和人格方面的差异，尽管对个体差异中其他方面（例如，社会态度）的一些研究也已开展。

职业心理学非常重视个体差异。就心理学的这一分支而言（例如，Arnold, Cooper & Robertson, 1995），在人事选拔时，对求职者的智力和人格进行测评极为常见。正如我们将要看到的，强调个体差异的这些方面是有充足理由的，部分是由于智力高的个体比智力低的个体具有更好的工作绩效和职业发展，尤其是当有关工作相当复杂时（Gottfredson，1997）。

在现实生活中，个体在智力方面的差异至关重要。例如，与其他方面的差异相比，个体智力方面的差异能够更为有效地预测个体的学业成绩和职业成功。一般来说，智力较高的个体比智力较低的个体在进行认知要求的作业时会更快、更准确。

你可能会觉得智力的个体差异在预测完成复杂任务和工作的能力方面非常明显。但是，这种差异也与一系列其他生活成果有关。例如，智力较高的个体比智力较低的个体在结婚五年内离婚的可能性要小（在美国分别为9%和21%，见Gottfredson，1997）。此外，智力较高的女性有不合法子女的可能性只有智力较低女性的四分之一，被关进监狱的可能性也只有智力较低女性的七分之一（Gottfredson，1997）。

在许多真实生活情景中，个体在人格方面的差异对个体行为的预测也很重要。例如，就像我们将在第13章看到的，我们的人格有助于确定我们的幸福程度以及会有多少朋友。此外，人格类型和许多精神障碍之间存在有趣的联系。很难确定你所拥有的人格确实会影响你形成某一特定精神障碍的可能性，但有证据表明它是可能的。

当我们提到个体差异时，无疑会首先想到人格。我们知道凯特总是快乐和友好的，而苏却是冷淡和不自信的。如果我们喜欢凯特和苏，那么，我们很有可能会问自己：为什么她们的人格如此迥异？是凯特的童年比苏的童年更幸福、更安全吗？这种不同是源于基因吗？是遗传因素与环境的某种程度的共同作用或交互作用造成了她们的差异吗？正如我们将在第13章看到的，心理学家已经确定了人格的主要维度，并且在解释促成个体人格差异的因素上正在不断取得进步。

对于研究个体差异的学者来说，有三个至关重要的问题。首先，考察个体差异的本质，例如智力和人格结构，是很重要的。更具体地讲，即什么是人类智力的主要成分？什么是人格的主要维度？这些是非常重要的问题，因为我们可以观察个体在成百上千的高难度任务中表现出的能力差异，而且在英语语言中，单是描述人格不同方面的形容词就有1500个之多。

其次，弄清了人格和智力结构之后，就需要确定这些个体差异的起因。例如，某些个体较其他人更聪明或更外向，是因为他们的遗传构成？还是因为生活经历？或者是因为二者的共同作用？

再次，我们还需要了解那些直接造成个体行为和人格差异的内在机制。可能包含多种完全不同的机制（例如，心理的、认知的）。例如，一些个体之所以具有焦虑人格的一个原因，可能是因为他们较其他人更倾向于对同样的环境作出更危险的解释。

总之，第一个问题涉及描述，后两个问题涉及解释。就心理学和自然科学的一般情况而言，在描述性水平上提供答案比在解释性水平上被证明更为容易。

第 12 章 智　力

本章概要

- **智力测验**
  智力的本质和测验智力的各种方法

  "智力"概念的定义和范围
  智力测验，如，IQ
  信度和各种效度的重要性

- **因素理论**
  使用因素分析测量智力的尝试

  斯皮尔曼的二因素理论
  瑟斯通的七因素理论
  卡特尔对液体智力和晶体智力的区分
  综合所有理论的层次结构理论

- **遗传和环境**
  有关智力的天性—教养之争

  智力中遗传因素和环境因素的相互依赖
  智力测量的问题：基因型和表现型
  双生子研究和家庭研究
  领养研究——选择性安置偏差
  遗传率

  研究团体和文化之间可能存在的遗传差异

- **环境影响**
  环境因素的影响

  共享环境和非共享环境的区别
  弗林效应——西方 IQ 的提高
  萨米洛夫等人的十种环境因素
  跨文化比较的困难
  丰富环境以提高智力的尝试：提前操作和卡罗莱纳州初学者项目

- **智力理论**
  智力测验的其他理论观点

  邓肯等人的"一般智力"概念
  加德纳的多元智力理论
  "智力"的定义
  情绪智力的探讨
  迈耶等人的多因素情绪智力量表
  把智力与工作记忆联系起来，如，通过测量阅读广度

法国心理学家比奈（1857—1911）

智力：从经验中学习和适应环境的能力

与心理学中的其他任何领域相比，在智力研究上存在更多的争议。一些研究者认为，个体的智力差异在理解人们为什么会以不同于他人的方式行事时很重要，其他研究者则认为智力基本上是一个毫无价值的概念。一些研究者（例如，H.J.Eysenck，1981）认为，个体的智力差异几乎完全归因于遗传，而其他人（例如，Kamin，1981）则宣称，只有环境因素才是最重要的。非常遗憾的是，许多心理学家关于智力的观点都是受其自身信仰的影响，而不是来源于相关的证据。因此，强调证据本身显得尤为重要。

在进一步探讨之前，我们首先要考虑"智力"的含义。通常认为，那些擅长抽象推理、问题解决和制定决策的人比不擅长这些心理活动的人更聪明。有关智力（**intelligence**）的一个较为合理的定义是由斯滕伯格和本齐夫（Sternberg & Ben-Zeev，2001，p.368）给出的："从经验中学习和适应周围环境的能力。"

有关智力定义的最大问题是智力所包含的能力范围。那些能熟练达成自己的目标、适应都市环境的个体必定非常聪明吗？对他人的需要较敏感的人就被认为拥有情绪智力吗？对这些问题并没有明确的答案。但是，现在大多数心理学家都承认，智力的定义应包括个体所在的文化和社会所重视的技能（例如，街头智力）。斯滕伯格和德特曼（Sternberg & Detterman，1986）邀请了24名智力方面的专家给智力下定义。他们都强调了文化的作用，认为在一种文化中被认为聪明的行为在另一种文化中则不一定如此。

斯滕伯格和考夫曼（Sternberg & Kaufman，1998）提供了有关智力含义文化差异的有趣讨论。一般来讲，我们能区分个体主义文化和集体主义文化（见第1章）。在个体主义文化（例如，美国、北欧）中，强调个体的独立性和承担自己行为的责任。在集体主义文化（例如，许多亚洲和非洲文化）中，更强调群体而不是个体。由此可以推测，在集体主义文化中，"智力"的定义倾向于强调社会性因素。例如，赞比亚的切瓦成年人将强调社会责任、顺从和合作等作为智力的主要成分（Serpell，1982）。在津巴布韦，描述智力的词是"*ngware*"，它意味着在社会关系中小心谨慎。扬和斯滕伯格（Yang & Sternberg，1997）研究了中国台湾人所持有的智力概念，其中被认为重要的一个因素是人际关系智力（**interpersonal intelligence**），即理解他人并与他人友好相处的能力。

智力概念的文化差异确实存在，但这种差异通常也不是很大。斯滕伯格等人（Sternberg、Conway、Ketron & Bernstein，1981）发现，美国人的智力概念包括三种成分：言语能力、实际的问题解决能力和社交能力。对社交能力的重视，意味着美国人的观点与集体主义文化中成员的观点并没有很大差异。

大多数心理学家都接受智力概念在解释行为的某些个体差异方面非常有用的观点。但是，豪（Howe，1990，p.499）则反对这种观点：

> 对于有助于揭示不同操作水平的潜在原因的重要任务来说，没有有力的证据表明智力概念在其中起着重要作用。就解释性理论而言，该构念似乎是过时的。

"智力"概念的使用有时纯粹是描述性的，这无疑是正确的。例如，假设我们认为克里斯汀在一系列复杂的认知任务中比约翰表现好是因为她更聪明。这并未能为克里斯汀的优异表现提供充分的解释。不过，智力测量常常具有很好的预测力。在某个时候实施的智力测验能以中等程度的准确性对将来的学业成绩和职业成功作出预测（Makcintosh, 1998）。这些发现表明"智力"概念具有解释力。

有关儿童智力发展的问题将在第14章和第15章探讨。最为重要的是，有关认知发展的理论（例如皮亚杰的和维果斯基的理论）也将在第15章讨论。其他与智力直接相关的材料，特别是与技能获得和专门化技能有关的部分，已在第8章进行过讨论。

智力测验

第一个真正意义上的智力测验是由法国人比奈（Alfred Binet）编制的。在20世纪初，他编制了辨别智障儿童的智力测验，以便给他们提供特殊教育。1905年，比奈及其同事西蒙编制了一套测量理解、记忆和其他认知过程等范围更广的测验。这导致后来许多智力测验的产生。其中最著名的测验有1916年斯坦福大学推出的斯坦福—比奈测验、韦克斯勒儿童智力量表、韦克斯勒成人智力量表修订版（Wechsler, 1981）和1970年代的英国能力量表。

你可能会如何测量智力？

这些（和其他）测验测量了智力的多个方面。许多测验都包括词汇测验，在测验中要求被试努力对单词的意义进行解释。测验也经常包括类比问题（例如，"帽子对于头就像鞋子对于___"和空间能力测验（例如，"如果我开始向北走，然后向左，然后再向左，那么我面对的是什么方向？"）。

所有主要的智力测验都拥有重要的相似性。智力测验都有说明应该如何实施测验的指导手册。这一点很重要，因为指导语经常会影响被试的分数。这些测验的相似性还表现在它们都是**标准化测验（standardised tests）**。测验的标准化允许对想施测的年龄组中较大的、具有代表性的样本进行施测。个体得分的意义可以通过将自己的得分与他人的得分作比较进行评价。

标准化测验：对较大的、有代表性的样本进行施测，以便个体的得分能与他人的得分进行比较的测验。

使用大多数标准化测验获得个体作业的多种测量指标是有可能的。这些测量指标大多具有相当具体的特性（例如，算术能力或空间能力）。不过，最有名的测量指标是通常所说的一般**智力商数（intelligence quotient）**或智商（IQ）。它反映的是智力测验中所有子测验的成绩，因此被认为是对智力的全面测量。

智力商数：一般智力的测量指标，其总体均数是100，标准差约为15。

如何计算IQ呢？个体的测验成绩是通过与标准化样本中其他同龄组的儿童得分或其他成人的得分进行比较而获得的。大多数智力测验经过精心设计以使总体分数呈正态分布，但值得注意的是，我们并不知道智力的"真实"分布是什么样子。平均数是由所有被试分数之和除以被试总数计算出来的，正态分布是一条钟形曲线，在该曲线上大于平均数的分数与小于平均数的分数一样多（见下页图）。大多数的分数都会聚集在平均数附近，离平均数越远，获得该分数的人数就越少。正态分布中分数的离散程度通常用统计量标准差来表示，标准差是对每个分数离散程度的测量。

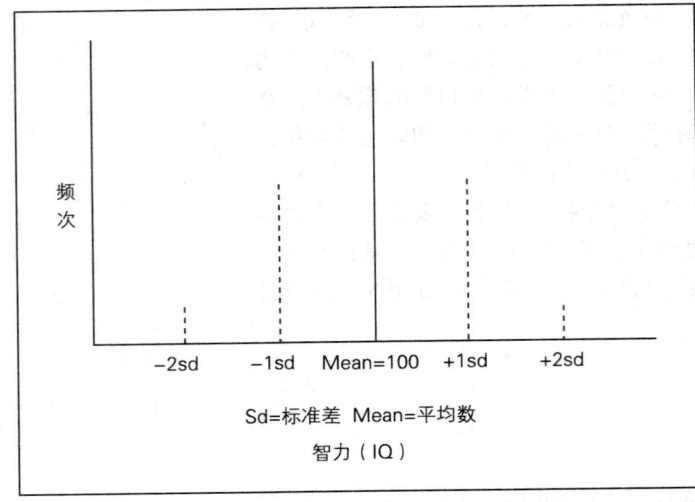

在正态分布中，68% 的分数落在离平均数正负一个标准差范围内，95% 的分数落在正负两个标准差范围内。

智力测验的平均数是 100，标准差是 16。因此，IQ 是 116 意味着位于平均数之上一个标准差，它表明该个体比总体中 84% 的人要聪明。这是因为 50% 的人在平均数之下，还有 34% 的人落在平均数与一个标准差之间。

通常，智商高的人并非在智力成套测验的所有测验上都表现很好，智商低的人也并非在每个测验上都表现很差。因此，测验的编制通常会获得对各种能力的测量（例如，数字的、空间的、推理和知觉速度等）。我们可以通过考查个体在这些能力上的成绩剖面图获得对他/她的智力更准确的评价，而不是仅仅关注智商。

信度

所有好的智力测验都具有较高的信度。**信度**（**reliability**）指测验提供一致性结果的程度。假设某人在一次智力测验中得到智商是 125，但是在较短的时间间隔后用同样的测验重测，得到的智商为 95。如果出现这种情况，该测验显然是不可信的，而且不能作为测量智力这种相对不变特质的工具。信度常用重测法进行评估。大量被试在两个不同的时间接受同一个测验。然后求所有被试在两次测验上得分的相关。相关越高（两组分数间关系的度量），该测验的信度就越高。相关最高可达 +1.00，表明两组分数之间完全一致或信度良好。相关为 0.00 则表明毫无信度。

重测法的缺点是当被试进行第二次测验时，他们可能记得第一次测验时的一些答案。由于这一错误的原因，可能会得到较高的信度系数。此外，还有可能由于被试熟悉了该智力测验而产生练习效应（由于练习而导致成绩提高）。事实上，大多数标准化智力测验都具有良好的信度。信度相关系数一般在 +0.85 到 +0.90 之间。几乎接近最佳信度。

效度

所有好的智力测验都具有良好的**效度**（**validity**），效度指测验测量到它所要测量的心理特质的程度。请注意，该领域专有名词的变化是相当大的，任何特定形式的效度都可以用两个（或三个）术语来描述：

1. **表面效度**（**face validity**）是最简单的效度形式。表面效度只关注测验内容从表面上看是否相关。例如，算术能力测验中若是包含语言测验，那么

你如何知道你的测验是否是可信的？

信度：测验提供一致性结果的程度。

效度：测验测量到想要测量的心理特质的程度。

表面效度：通过检验项目的内容来评价测验是否测量到它所要测的内容。

该测验的表面效度就会较低。

2．**同时效度**（**concurrent validity**）是指把智商与某些外部效标或标准求相关，在实施智力测验时我们具备效标的信息。例如，我们会期望智力高的个体在学校表现很好、在事业上取得成功等等。智力测验成绩与所选择的效标有关。

3．**预测效度**（**predictive validity**）与同时效度非常相似，只不过预测效度的效标测量是在测验之后获得的。

4．**结构效度**（**construct validity**）是基于假设测验的一种效度形式。假设我们在理论上认为高智力的一个重要内容是较快的加工速度。那么我们可以预测：测验中得分高的被试在完成简单反应时任务时比得分低的被试更快，该预测已多次得到证实（Jensen，1998）。

5．**区分效度**（**discriminant validity**）是在智力测验与测量不同能力或性格的测验不相关时得到的。例如，一个好的智力测验应该与旨在测量人格各层面的测验不相关。

大量的效度研究都集中在同时效度和预测效度上。基于这两种效度形式的研究方法最明显的局限是，几乎所有使用的效标都受到智力和其他因素的影响。例如，学业成功在某种程度上取决于智力。但它也取决于动机和父母的鼓励等。尽管如此，智商和多种效标之间仍存在中等程度的相关（Mackintosh，1998）。智商分数通常与学业成绩存在+0.50左右的相关，与职业地位的相关约为+0.5到+0.6，与收入的相关在+0.3左右。此外，智商与职业绩效的相关在+0.15到+0.30之间。

戈特弗雷德森（Gottfredson，1997）详细回顾了有关处理日常生活中复杂问题的智力和能力的文献。亨特（Hunter，1986）报告了智力与职业绩效关系的综合发现。智力的预测效度（智力与工作绩效相关）在复杂程度低的工作中只有+0.23（例如，捕虾者、剥玉米壳机器的操作工），但在复杂程度高的工作中却升至+0.58（例如，生物学家、城市流通管理者）。因此，高智力在处理复杂信息加工时特别有用。

智力在日常生活中的其他方面也很重要。正如戈特弗雷德森（Gottfredson，1997，p.79）所总结的：

> 高水平的认知能力能系统地提高个体有效处理现代生活中一般需求的概率（例如，储蓄、使用地图和交通时刻表、看懂表格和理解新闻等）。

现在我们再回到智商与教育成就具有中等强度相关的话题上来。人们通常认为（例如 H.J.Eysenck，1979）智商测验在很大程度上测量的是先天能力，而教育成就仅仅是对已掌握知识的测量。因此，智力测验要比教育成就的测量更有价值，因为智力测验可以使我们更准确地预测个体在未来能达到的水平。艾森克（H.J.Eysenck）宣称，与

同时效度：通过将测验分数与某些当前可获得的相关效标（例如，学业成绩）的相关来评价测验是否测量到它所要测的心理特质。

预测效度：通过检验测验分数预测某些未来效标（例如大学成绩）的程度来评价测验是否测量到它想要测的内容。

结构效度：通过使用测验来检验某些理论预测来评价该测验是否测量到它想要测的内容。

区分效度：通过表明测验与测量其他特性的测验不相关来评价该测验是否测量到它想要测的心理特质。

你如何确保你的测验确实是测量智力的？

彩虹项目

美国耶鲁大学的罗伯特·斯腾伯格和同事们正在编制一个范围上比IQ测验更广的智力测验（Sternberg，2003）。他们的彩虹项目包括设计测验并在15所教育机构对新测验进行试测。该测验不仅测量分析能力，还测量创新和实践能力。来自前1000名学生的数据很令人振奋，表明彩虹测验"显著并大幅度地提高了对以后大学成功进行预测的准确性"。更令人鼓舞的是，该测验似乎比IQ测验更具有包含性（inclusive），从而增加了其多样性，因为在创新和实践测验中表现非常好的学生，比在视觉记忆和分析测验中表现突出的学生更具有种族多样性。

决定教育成就的个体差异相比，遗传因素在决定 IQ 的个体差异方面更重要。事实绝非如此简单，因为教育成就和智力的个体差异几乎同等程度地取决于遗传因素（Mackintosh, 1998）。

上述发现之所以重要有两个原因。第一，这些发现表明，"成就、才能和能力测验间的差异其实很模糊"（Mackintosh, 1998, p.333）。第二，这些发现表明，智力测验在测量先天能力或预测将来成就上可能并不比教育成就测验具有显著的优越性。

因素理论

在 20 世纪上半叶，斯皮尔曼、瑟斯通和伯特等研究者试图使用因素分析的统计技术来确定智力的主要层面。因素分析的第一步是对多个个体进行一系列测验，获得每个个体在每个测验上的分数。然后计算这些测验间的相关。如果两个测验间的相关程度较高，就意味着在一个测验上得分较高的被试在另一个测验上的得分也较高。关键假设是，彼此之间高相关的两个测验测量了智力的相同层面或因素。同时也假设，彼此之间相关很低或根本不相关的两个测验测量的不是智力的相同因素。因此，相关模式可以用来确定智力的相同因素。

	测验 1	测验 2	测验 3	测验 4
测验 1	—	+0.85	+0.12	+0.10
测验 2	+0.85	—	+0.08	+0.11
测验 3	+0.12	+0.08	—	+0.87
测验 4	+0.10	+0.11	+0.87	—

我们可以通过考察左表来简单地分析究竟什么是因素分析。我们能从该相关矩阵中抽取多少个因素呢？答案是两个。测验 1 和测验 2 彼此呈高相关，因此它们测量了相同的因素。测验 3 和测验 4 相关也很高（但与测验 1 和测验 2 不相关），因此它们形成第二个不同的因素。

因素分析有多种形式。尤为重要的是因素分析方法之间的区别，这些方法能确定本质上不相关的独立因素或正交因子，并能确定彼此间呈中等相关的相关因素。

斯皮尔曼

g：智力的一般因素。

英国心理学家查尔斯·斯皮尔曼（Charles Spearman, 1923）提出了第一个智力因素理论。在他的二因素理论中，存在一个他称为"g"的一般智力因素。斯皮尔曼支持这种一般因素，因为在实践上成套智力测验中所包含的所有测验彼此之间正相关。大多数这些正相关相当低，因此我们不能简单地根据一般因素来解释所有数据。因此，斯皮尔曼认为存在与每个测验相关的特殊因素。

瑟斯通（L.Thurstone, 1938）认为，没有必要假设存在智力的一般因素。他指出，从成套智力测验中抽取的一般因素可能与从另一成套智力测验中抽取的一般因素不相同。桑代克（R.Thorndike, 1987）也阐述了这一问题。他对从六套独立测验中抽取的一般因素上的测验相关或负荷进行了评价。桑代克发现，两套不同测验中 g 负荷

你认为哪些因素对智力有帮助？

间的相关在+0.52至+0.94之间。因此，从不同成套智力测验中获得的一般因素虽然相似，但相互之间决非完全相同。

瑟斯通

瑟斯通采用了一种不同的基于简单结构的因素分析方法。这使他确定了七个因素，并称之为基本心理能力。这些基本心理能力依次为：归纳推理、语文理解、数字能力、空间能力、知觉速度、记忆和言语流畅性。

瑟斯通（Thurstone，1938）在其智力理论中忽略了一般因素。但他确定的所有七种基本能力彼此呈正相关。因此，瑟斯通七因素的因素分析也产生了一般因素（Sternberg，1985）。

卡特尔

卡特尔（Cattell，1963，1971）使用从因素分析中得到的证据对智力的两种主要类型进行了区分：液体智力和晶体智力。**液体智力（fluid ability）**是一种在处理新情境和新问题时使用的智力类型，大概相当于非言语推理。相反，**晶体智力（crystallised ability）**是一种需要运用以前获得的知识和思维方式时所使用的智力类型，相当于言语智力。一般认为晶体智力受液体智力的影响，液体智力则不受晶体智力的影响。

大量证据支持晶体智力和液体智力的区别。例如，博杜塞尔和克斯廷（Beauducel & Kersting，2002）将液体智力和晶体智力的测量与伯林智力结构模型（BIS）所评定的智力成分进行了比较。液体智力与BIS中的加工能力和记忆相关，晶体智力中的知识和加工速度相关。总之，液体智力和晶体智力之间的差异就像所预测的那样且很有意义。

卡特尔（Cattell，1963，1971）认为，一般因素在决定液体智力的个体差异上比决定晶体智力的个体差异上更为重要。卡特尔（Cattell，1971）从双生子研究中为他的观点提供了证据。但是，霍恩（Horn，1994）回顾了相关文献，认为一般因素在晶体智力和液体智力中同样重要。

根据卡特尔（Cattell，1963）的观点，液体智力比晶体智力更早出现下降。但这一观点只得到了有限的支持。例如，沙尔（Schaie，1996）对被试从53岁到81岁进行了长达28年的纵向研究，结果发现液体智力的下降程度只是稍微高于晶体智力的下降程度。

总之，液体智力与晶体智力间的区分是很重要的。但对这两种智力本质的理论解释还比较少，卡特尔的观点也只得到少量的实证支持。

液体智力：在处理新异问题和情境时所使用的一种智力形式。

晶体智力：基于已有知识和思维方式的智力形式。

区别晶体智力和液体智力有什么用处？

层次结构理论

一些研究者（例如，Carroll，1986；Vernon，1971）认为，斯皮尔曼和瑟斯通观点的合成可能为人类智力的结构提供充分的说明。这种合成包括一个三级层次结构理论。在层次结构的最上层是由斯皮尔曼提出的一般智力因素。在层次结构的中间

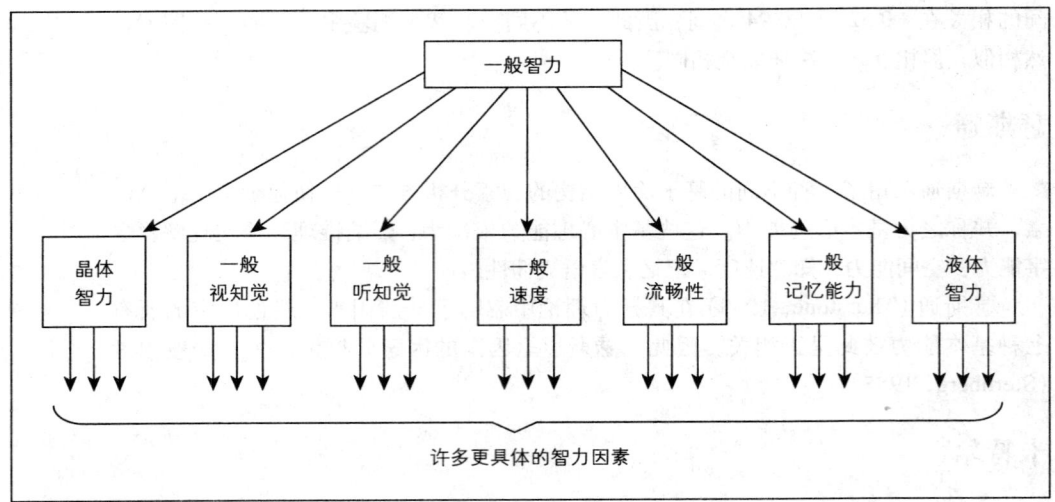

卡罗尔（1986）的三级智力层次结构模型

层有六个或七个群因素，它们比一般因素更具体。瑟斯通的七种基本能力就是群因素。卡罗尔也确定了七个群因素，但对这些因素性质的看法与瑟斯通有些不同。根据卡罗尔的观点，这七个群因素分别是：一般记忆能力，一般听知觉，一般流畅性，液体智力，晶体智力（知识），一般视知觉和一般速度。在层次结构的最下层，是像斯皮尔曼（Spearman, 1923）所提出的许多具体因素（例如，拼写能力）。

卡罗尔（Carroll, 1993）讨论了与基于因素分析的层次结构理论相关的证据，因素分析的 460 个数据集来自对 13 万多人 60 多年的研究。大体而言，一共有三个层次，处于中间层的能力与卡罗尔（Carroll, 1986）所提出的那些能力较为相近。

❖ 评价

- ⊕ 因素观在智力结构方面提供了合理的一致性。
- ⊕ 智力一般因素的证据证明，智商可以作为智力的一般测量进行广泛应用。
- ⊖ 因素分析是描述性的而不是解释性的。正如麦金托什（Mackintosh, 1998, p.230）所认为的："因素分析只不过是描述不同智商测验之间的关系。这并不等同于对人类能力结构的揭示。对人类能力结构的揭示只能通过心理学理论的发展和检验来实现。"
- ⊖ 因素分析很少或未能说明包含在智力行为中的认知过程和心理机制。
- ⊖ 因素分析的局限性在于它像一个制香肠的机器：你从中得到什么取决于你最初往里面放了什么。例如，如果未给被试进行创造性测验，因素分析就不会出现创造性因素。

遗传和环境

为什么一些儿童和成人比其他儿童和成人更聪明呢？一般认为只涉及两个因素：遗传和环境。遗传由每个人的先天禀赋构成，环境由每个人在生活过程中所处的情境和经历的经验构成。人们普遍认为智力的个体差异取决于遗传和环境。

有时人们假设遗传和环境对个体的智力水平具有独立作用（independent effect）。但是，实际情况较为复杂。普罗闵（Plomin, 1990）确定了先天禀赋和环境共变（covariation）或相互依赖的三种类型。

环境能在多大程度上提高我们的智力？

1．主动性共变（active covariation）。当不同遗传能力的儿童寻找能增强他们遗传差异的环境时，就会发生主动性共变。例如，高遗传能力的儿童可能阅读多种书籍并与其他同样聪明的儿童交朋友，低遗传能力的儿童可能主动寻求那些低智力要求的环境。

2．被动性共变（passive covariation）。当高遗传能力的父母比低遗传能力的父母为儿童提供更多启迪智力的环境时，被动性共变就会发生。

3．反应性共变（reactive covariation）。当个体受遗传影响的行为有助于决定他人如何对待他/她时，就会发生反应性共变。

迪肯斯和弗林（Dickens & Flynn, 2001）以篮球成绩为例来说明遗传和环境完全独立起作用的假设是难以置信的。根据该假设：

> 好的教练、不断的练习、对篮球的专注，以及其他所有影响成绩的环境因素，肯定与对人的高、瘦和良好的协调能力等有帮助的遗传因素无关。果真如此的话，我们随机地为大学生篮球队挑选选手，就能在专业教练的指导下和紧张的训练中取得好成绩，而不需要考虑选手的体格、速度和兴趣等。

基因型：个体的遗传潜能。

表现型：个体可观察到的特征，它取决于个体的基因类型和经验。

当然，事实上，那些有杰出篮球天分的个体，比那些无篮球天赋的个体更有可能使自己置身于有利于发展篮球技能的环境中。

该领域的研究者所面临的一个关键问题是缺乏实验控制。在伦理上我们不能通过繁衍计划来控制遗传，也不能过多地控制儿童发展的环境。此外，我们不能准确地评价个体的遗传潜能（即**基因型**，genotype）。我们只能直接测量可观察到的特征（即**表现型**，phenotype）。

正在进行的一项研究称为"智力基因"。人类基因组计划的完成意味着人类所有的基因都已明确，其中一些基因与智力有关。乔尼等人（Chorney et al., 1998）发现，34%的高智商儿童具有IGF2R基因，而只有17%的一般智商儿童具有这种基因。这是一个很令人鼓舞的发现（即使它仅仅是相关），IGF2R可能是形成智力的一种基因。但是，智力毫无疑问取决于多种基因的联合作用，因此，认为任何一个基因就是智力基因是非常错误的。

我们可以看到一个人的表现型，但其基因型却是隐藏的。

家庭研究

评价遗传和环境在决定智力的个体差异上各自所起的作用，最好的方法是对双生子的研究。同卵双生子（**monozygotic twins**）来自同一个受精卵，因此本质上具有同样的基因类型。相反，异卵双生子（**dizygotic twins**）来自两个不同的受精卵。因此他们的基因类型并不比同胞兄弟姐妹更相似，也就是说，他们平均共享50%的基因。如果遗传影响智力，那么同卵双生子比异卵双生子在智力上应该更相似。另一方面，如果环境因素非常重要，那么同卵双生子在智力上应该不会比异卵双生子更相似。

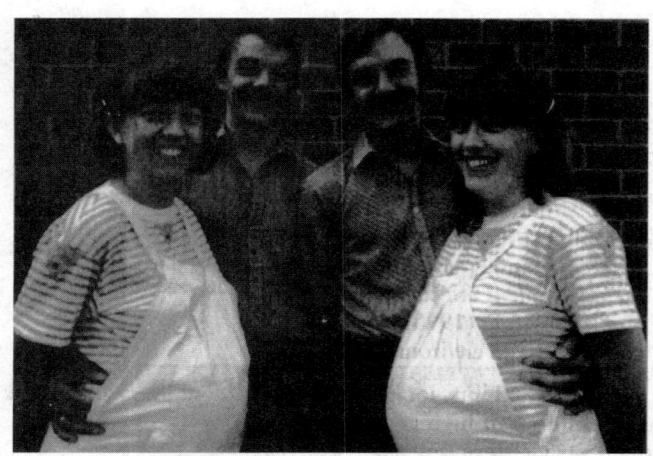

科利斯特双胞胎：同卵双胞胎兄弟娶了同卵双胞胎姐妹。

同卵双生子：同卵双生子来自同一个受精卵，具有完全相同的基因类型。

异卵双生子：异卵双生子来自两个不同的受精卵，共享50%的基因。

同卵双生子所表现的智力相似程度通常以相关的形式进行报告。相关系数为+1.00意味着一对双生子有非常相似或相同的智商，相关系数为0.00则意味着这对双生子的智商根本不相关。布沙尔和麦古（Bouchard & McGue, 1981）回顾了111项双生子研究，发现同卵双生子的平均相关为+0.86，异卵双生子为+0.60。麦卡特尼等人（McCartney, Harris & Bernier, 1990）也在随后报告的元分析中获得相似的发现：同卵双生子的平均相关为+0.81，异卵双生子为+0.59。

同卵双生子比异卵双生子在智力上更为相似的事实表明，遗传在决定智力的个体差异上起着至关重要的作用。不过该结论基于同卵双生子所处环境的相似程度与异卵双生子相同这一假设。但事实上，对待同卵双生子的方式比异卵双生子更为相似，例如：父亲照顾、一起玩耍、穿同样的衣服及由同一个老师教育（Loehlin & Nichols, 1976）。

很重要的一点是，对上述发现不能做过度解释。尽管对待同卵双生子的方式比异卵双生子更为相似，但这种差异较小，似乎对双生子智力上的差异几乎没有影响（Loehlin & Nichols, 1976）。而且，父母可能对待同卵双生子比异卵双生子更相似，因为他们会对同卵双生子受遗传影响较大的行为相似性作出反应（即，反应性共变）。

从双生子研究中获得有关智力的结论存在什么问题？

我们还需要考虑环境的另一方面：出生前的环境。所有异卵双生子在子宫中有独立的胎盘，而三分之二的同卵双生子共享一个胎盘，这意味着大多数同卵双生子出生前的环境比异卵双生子更为相似。难道这很重要吗？菲尔普斯等人（Phelps, Davis & Schartz, 1997）讨论了表明事实可能如此的证据。他们发现：共享一个胎盘的同卵双生子，比具有独立胎盘的同卵双生子在智力上更为相似。

在一些研究中，会使用在不同家庭里分开抚养的同卵双生子。这种双生子配对对判断遗传和环境因素在决定智力的相对重要性方面特别有价值。那些认为遗传因素极为重要的人会期望这些双生子在智力上彼此相似；相反，那些赞成环境论观点的人则会认为把双生子置于不同的环境中能确保他们在智力上不相似。

相关发现广泛支持遗传论的观点。根据布沙尔和麦古（1981）的评论（不考虑伯特（Burt, 1955）的很不确定的数据），同卵双生子的平均相关系数为+0.72。这个数字无疑比环境论者期望的要高。但是，分开抚养的同卵双生子比共同抚养的同卵双生子的相关低这一事实，也为环境因素的重要性提供了证据。

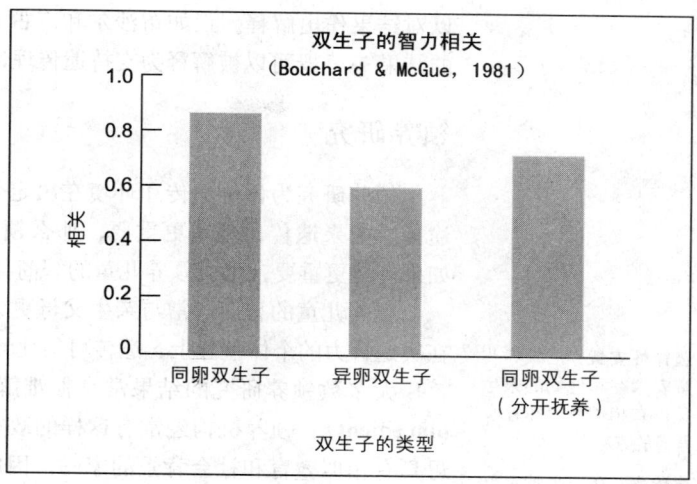

从分开抚养的同卵双生子研究中得到的证据也具有局限性。事实上，半数以上分开抚养的同卵双生子生活在同一家族的不同支系。其他同卵双生子在分开之前实际上也在一起生活了好多年。因此，许多同卵双生子事实上已经历了相似的环境。

布沙尔等人（Bouchard, Lykken, McGue & Tellegen, 1981）对40多对同卵双生子进行了研究，这些同卵双生子在平均5.1个月大的时候被分开，并且在一起生活的时间平均只有9.2个月。尽管这些双生子在婴儿时就被分开，但他们智商间的相关仍为+0.75。布沙尔等人还发现，分开抚养的同卵双生子在智商上的相似性，很少取决于分开时的年龄或后来他们接触的多少。

布沙尔等人（1990）的发现表明：分开抚养的同卵双生子在智商上的相似性，主要取决于遗传因素而非环境因素。不过，这些研究中的同卵双生子在总体上并不具有代表性：他们中几乎没有智障者或特别愚钝的父母。因此，从分开抚养的同卵双生子研究中得到的发现能否普遍推广到整个总体，尚不是很清楚。

研究者对评价不同亲属间智商的相似性也进行过多种尝试。布沙尔和麦古（1981）进行了各种元分析，并得出以下平均相关。

关系	平均相关
共同抚养的同胞兄弟姐妹	+0.47
分开抚养的同胞兄弟姐妹	+0.24
共同抚养的单亲及其子女	+0.42
分开抚养的单亲及其子女	+0.22
同父异母或同母异父的兄弟姐妹	+0.31
堂兄弟姐妹或表兄弟姐妹	+0.15
养父母与养子女	+0.19

这些发现表明，基因相似性越多的亲属在智商上也越相似。但与基因相似性较少的亲属相比，基因相似性较多的亲属一般生活在更为相似的环境中。这就使得难

以对结果作出解释。正如布沙尔和麦古（1981）所总结的："大多数家庭相似性研究的结果……既可以被解释为支持遗传理论，也可以被解释为支持环境理论。"

领养研究

领养研究为评价遗传和环境在决定个体智力差异的相对重要性方面提供了另一途径。如果遗传比环境更重要，那么领养儿童的智商与亲生父母的智商更为相似。如果环境更重要，那么领养儿童的智商与养父母的智商更相似。

领养儿童的智商通常与亲生父母更为相似（Mackintosh, 1998）。这些结果表明：在决定智力的个体差异上，遗传可能比环境更重要。

大多数领养研究的结果常常很难解释。一个关键问题是**选择性安置**（selective placement）：领养机构经常有这样的政策，就是设法把婴儿安置在同他们的亲生父母具有相似教育和社会背景的家庭。因此，领养儿童与他们亲生母亲间的智商相似性就有可能发生，因为他们生活在一个他们母亲也有可能提供的相似环境中。

凯普伦和杜因（Capron & Duyne, 1989）对领养儿童实施了一项重要研究。与其他大多数领养研究相比，该研究最大的优点是很少或没有社会安置的证据。凯普伦和杜因选取了四组完全不同的领养儿童，包括社会经济地位高或低的亲生父母和社会经济地位高或低的养父母之间所有四种可能的组合。预测相当简单，如果遗传因素至关重要，那么所测量的领养儿童的智力应该主要取决于亲生父母的社会经济地位；但是如果环境因素更重要，那么智力应该更多的取决于养父母的社会经济地位。事实上，亲生父母与养父母社会经济地位的影响是相当的。因此，在决定领养儿童智力上，遗传因素和环境因素具有同等的重要性。

选择性安置：把领养儿童安置在和他们的亲生父母有相似教育和社会背景的家庭。

遗传率：在一个特定群体内由遗传引起的变异占总变异（遗传变异和环境变异的总和）的比率。

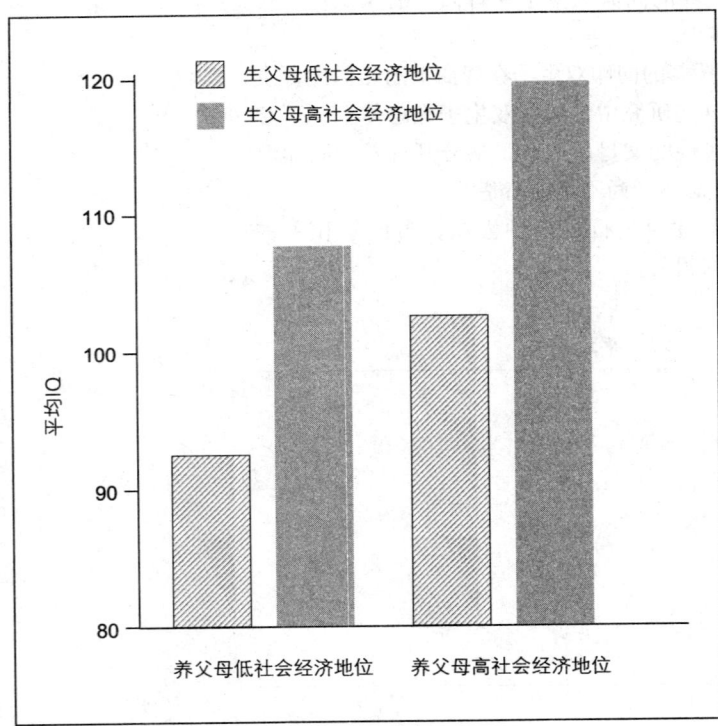

领养儿童的平均智商是他们亲生父母的社会经济地位（低对高）和养父母社会经济地位（低对高）的函数。引自凯普伦与杜因（1989）。

遗传率

证据表明，遗传和环境在决定智力上都起着重要的作用。那些设法将遗传和环境对智力的贡献更具体化的研究者广泛使用了**遗传率**（heritability）这一概念。遗传率是在一个特定群体内，由遗传引起的变异占总变异（遗传和环境变异的总和）的比率。因此，遗传率的测量只提供了有限的信息。更具体的说，遗传率告诉了我们一些遗传因素在引起智力的个体差异上所起的作用，但这与基因决定论（genetic determination）不同。

如果我们考察一个有启发性的例子，就可能理解遗传率与基因决定论间的区别（Block, 1995a）。人类每只手的手指数量几乎完全由遗传因素决定。不过，遗传率只和个体差异有关，因此在这个例子中，要评价遗传率，我们需要考虑导致少数个体每只手多于（或少于）五个手指的因素。这些个体差异主要取决于环境因素，例如遭遇工业事故或车祸，或在胎儿发育时期经历并发症等。因此，手指数量的基因决定率非常高，而遗传率却很低。

遗传率还有另一个重大缺陷。它是一个总体量数，在不同总体之间可能存在很大变化。一般来讲，那些生活在特定文化中人经历的环境因素越相似，在决定智力的个体差异上遗传因素所起的作用就会越大。布雷斯（Brace, 1996）讨论了遗传率跨文化变化的证据，发现生活在富裕的美国白人郊区的人，比生活在美国城市贫民区的人具有更高的智力遗传率。

麦金托什（Mackintosh, 1998, p.93）在回顾相关证据后得出了一个相当谨慎的结论：

> 在现代工业社会，智商的显著遗传率可能在约为 0.30—0.75 之间，数据和模型都不能证明更精确的说法是正确的……如果没有一些武断和简单化的假设，根本不可能得到遗传率的任何估计。

因此，智力个体差异的 30%—75% 可以归因于遗传因素。

我们需要提及的最后一点是，普罗闵（Plomin, 1988, p.420）认为，遗传对智商个体差异的影响，"从婴儿期的 20% 提高到儿童期的 40% 再到成人期的 60%"。有大量证据都支持他的观点（例如，Bishop, Cherny, Corley, Plomin, DeFries & Hewitt, 2003）。虽然我们不清楚为什么智力遗传率在人的整个一生中都在增加，但一个可能的原因是青少年和成年人在很大程度上能够选择和控制自己的环境，这就减少了环境对智力的直接影响。因此，在人的整个发展过程中智力遗传率的提高可能反映了普罗闵（Plomin, 1990）所谓的主动性共变（前文已讨论）。

群体差异

美国白人和黑人之间智商的平均差异约为 15 个百分点，但大约 20% 的黑人的智商高于白人的平均智商。大多数心理学家都认为，白人和黑人之间的这种差异，是由黑人遭受的环境剥夺所致。但是，詹森（Jensen, 1969）和艾森克（H.J.Eysenck, 1971）却颇有争议地认为可能还包括遗传差异。

在试图探索不同文化之间的智商差异中可能会产生什么问题？

对于这个争议问题需要说明的第一点是，我们不能实施限定性（definitive）研究。我们不能精确测量黑人所经历的剥夺水平，也不能对白人和黑人的先天禀赋进行比较。

第二点是群体内的遗传因素在决定智力的个体差异上起着重要作用的证据，并未支持团体间的智力差异也取决于遗传因素的观点。假如我们比较当前每个 20 岁英国人的身高，我们可能发现大约 95% 的个体身高差异取决于遗传。但是，如果我们

智商测验、领养研究和双生子研究总评

智商测验	领养研究	双生子研究
智商是否属于智力的适宜测量还存在争议	选择性安置使我们难以确定遗传和环境的作用	经常出现环境相似性
通常未考虑文化差异	与双生子研究相比，领养研究对遗传的控制较差	分开托养的双生子事实上由同一家族的不同支系抚养
		双生子在分开之前共同生活了若干年

具有100年前20岁英国人身高的详细记录，我们就会发现他们平均比现在矮几英寸。这是由于在过去一个世纪里营养和膳食的巨大改善。在这种情况下，群体内的变异（例如现在20岁的人）几乎完全取决于遗传，而群体间的变异则受到环境因素的强烈影响。

证据

黑人的智力测验成绩差于白人的一个主要原因是环境剥夺。麦金托什（Mackintosh, 1986）比较了英格兰的白人儿童和西印度群岛儿童。他们对一些儿童在父亲职业、兄弟姐妹数量、家庭收入和其他与剥夺有关的指标上进行了匹配，而另一些儿童未进行匹配。在一项研究中，非匹配组间存在9个百分点差异，匹配组间只存在2.6个百分点差异。因此，当两个组在剥夺水平上相同时，他们在智力上几乎没有差异。

蒂泽德等人（Tizard, Cooperman & Tizard, 1972）报告了一项有关黑人儿童、白人儿童和混血儿童的研究，这些儿童生活在英国社区托儿所这个相似环境里。白人儿童的平均智商为101，混血儿童为105，黑人儿童为104。在美国，斯卡尔和温伯格（Scarr & Weinberg, 1983）发现，被白人父母领养的儿童不论其亲生父母的肤色如何都有相似的智商。

人们曾经认为大多数智力测验对白种人具有优势偏向。我们可以通过建构"文化公平"测验来设法避免这种偏向，这种测验主要由某一群体成员熟悉而另一群体成员不熟悉的抽象和非言语项目组成。不过，这种文化公平测验通常会比传统测验在跨文化团体上产生更大的智力差异（Sternberg, 1994）。通过专为美国黑人设计的文化同质性黑人智力测验（Black Intelligence Test of

大多数智力测验都是由西方社会中产阶级的白人心理学家设计的。因此，测验可能会低估那些来自其他文化或社会背景中的人的智力。

Cultural Homogeneity，BITCH）得出了截然不同的发现。美国白人儿童在该测验上并不比美国黑人儿童做得更好，有时表现则更差（Williams，1972）。

❖ 评价

- ⊖ 种族差异问题基本上毫无意义，因为它基于白人和黑人会形成独立的生物群体这一错误的假设。
- ⊖ 这个问题缺乏科学价值，因为它不可能为我们提供任何有关人类智力加工过程的信息。无论有何发现，我们都应该努力为每个人提供好的机遇。
- ⊖ 令人深感遗憾的是，一些心理学家极力宣扬未经证实和在政治上具有煽动性的观点。

环境影响

我们已经看到环境因素（以及遗传因素）在决定个体智力差异上的重要性。双生子研究和领养儿童研究被用来评价两类环境影响：共享环境和非共享环境。**共享环境（shared environment）** 指在家庭内部使儿童彼此相似的所有共同影响；这些影响包括父母对教育的态度和父母的收入等。**非共享环境（non-shared environment）** 指所有对任何特定儿童独特的影响（例如，不同的同伴体验）。普罗闵（Plomin，1988，1999）考察了相关证据。双生子和领养研究表明，大约 20% 的智力个体差异是由于非共享环境。就共享环境而言，"这些有助于家庭成员 g 因素相似性的共享环境影响在儿童期很重要，大约能够解释 1/4 的变异，但在青春期后就不再重要了"（Plomin，1999，p.C26）。这种情况有可能发生，因为与儿童相比青少年和成年人在很大程度上能选择适合他们自己的环境。

弗林（Flynn，1987，1994）报告了环境因素对智力具有重大影响的惊人证据。他从 20 个西方国家获得了证据，每种证据都表现出 **弗林效应（Flynn effect）**：最近几十年来大多数西方国家的平均智商出现了快速增加。更具体的说，弗林（Flynn，1987）报告：非言语智商每十年增加 2.9 个百分点，言语智商增加 3.7 个百分点。这种快速增加不能归结于遗传因素。哪些环境因素可以解释弗林效应呢？下面是一些可能的因素：

1. 教育年限增加。
2. 更多接触信息的机会（例如，电视、因特网）。
3. 与几十年前相比，现在普通个体的职业认知复杂性增加。
4. 一般来说，中层阶级家庭数量大幅度增加。

迪肯斯和弗林（Dickens & Flynn，2001）试图使弗林效应（表明在西方社会对智力的重大环境影响）与表明同一国家的智力遗传率也相当高的其他证据相一致。本质上，他们认为环境对智力有强烈影响，但是遗传率的测量低估了环境对智力的影响。

你认为哪些环境因素有助于智力的发展？

共享环境：对一个特定家庭中的儿童具有共同作用的环境影响。

非共享环境：对特定个体具有独特性的环境影响。

弗林效应：最近几十年在多数西方国家的平均智商出现快速增加。

这是如何发生的呢？根据迪肯斯和弗林（p.347）的观点，"高智商使个人进入使智商更高的较好环境中，等等"。换言之，个体寻求与他们的基因型或智力潜能相匹配的环境。遗传率的测量综合了基因型的直接影响和基因型对个体为自己所选环境的间接影响。实际获得的信息是遗传率测量在某种程度上取决于环境影响和基因影响，这也是这些测量夸大遗传因素对智力个体差异影响的原因。

戈特弗雷德（Gottfried, 1984）进行了一项元分析，以评估几种环境因素在影响儿童智力方面的相对重要性。提供适宜的游戏材料、父母参与儿童活动，以及多样化的日常刺激机会，是儿童今后智商的最佳预测因子。遗憾的是，戈特弗雷德的发现实际上是相关性质的，因此未能显示出因果关系。耶茨等人（Yeats, MacPhee, Campbell & Ramey, 1983）在一项幼儿的纵向研究中考察了因果关系问题。母亲的智商对2岁儿童智商的预测优于各种环境因素。不过，环境因素（例如，父母参与儿童活动）对相同4岁儿童智商的预测优于母亲的智商。因此，富有刺激性的家庭环境的有益影响，可能随着儿童的成长而变得更强烈。

文化差异

如前所述，每种文化所认为的智力行为各不相同。这使我们难以对智力进行跨文化比较，正如特里安第斯（Triandis, 1994, p.58）所强调的：

> 当我们在另一种文化中对某些事物进行测量时，我们最有可能得到该问题的答案。他们掌握我们的技法能否与我们对自己技法的掌握达到同样的水平呢？或者相反，他们是否很好地掌握了自己的技法……不同的生态学[环境]重视不同的技法。

科尔等人（Cole, Gay, Glick & Sharp, 1971）报告了西方文化成员和非洲格贝列部落成员之间的一个有趣差异。当我们对概念分类时，通常按层级分类（例如，我们把不同类的动物分为鱼、鸟等类别，然后冠以"动物"的概念）。相反，格贝列人按功能分类（例如，"鱼"和"吃"可能归为一类，因为我们吃鱼）。但当科尔等人让格贝列人像傻子那样进行分类时，结果截然不同。接受这些指导语的格贝列部落成员与西方人一样按层级的方式进行分类！

不足为奇的是，任何特定文化的成员都会倾向于强调在那种文化中至关重要的知识和技能。例如，斯滕伯格（Sternberg & Ben-Zeev, 2001）对肯尼亚儿童进行了研

萨米洛夫等人：罗切斯特纵向研究

萨米洛夫等人（Sameroff et al., 1987, 1993）在纽约州实施了一项纵向研究，调查可能与幼儿智力迟滞有关的因素。他们选择了孕妇及随后生育的 215 个儿童作为研究的一部分，对这些儿童在 4 岁和 13 岁时的智商进行测量（此时样本中还剩下 152 个家庭）。这些家庭代表了许多社会经济背景、母亲年龄群体和其他兄弟姐妹的数量。

萨米洛夫等人确定了十个与低智商有关的家庭危险因素：

1. 母亲有精神病史。
2. 母亲未受过高等教育。
3. 母亲有严重的焦虑。
4. 母亲对儿童发展具有苛刻的态度和价值观。
5. 婴儿期母子之间缺乏积极的互动。
6. 抚养人从事半技术性的工作。
7. 家庭中有四个或更多的孩子。
8. 父亲不在家居住。
9. 儿童属于少数民族群体。
10. 在儿童生命的前四年，家庭遭受了 20 件或更多的压力性事件。

如右图所示，在与儿童有关的危险因素数量与儿童的智商之间存在明显的负相关。4 岁时该相关为 −0.58。13 岁时为 −0.61。在 4 岁时，高风险儿童的智商在 85 以下的可能性是低风险儿童的 24 倍。据计算，平均来说每个危险因素会使儿童的智商分数下降 4 个百分点。

讨论要点：

1. 选择一个危险因素并说明它可能如何影响智力的发展。
2. 该研究的政治含义是什么？

> **关键研究评价——萨米洛夫等人**
>
> 萨米洛夫等人确定的所有十个危险因素是否与儿童的智商具有因果关系尚不清楚。例如，考虑一下母亲未受过高等教育和抚养人从事半技术性工作与儿童的低智商相关的证据。可能的情况是，遗传因素在环境因素的产生和儿童低智商形成方面起着一定的作用。

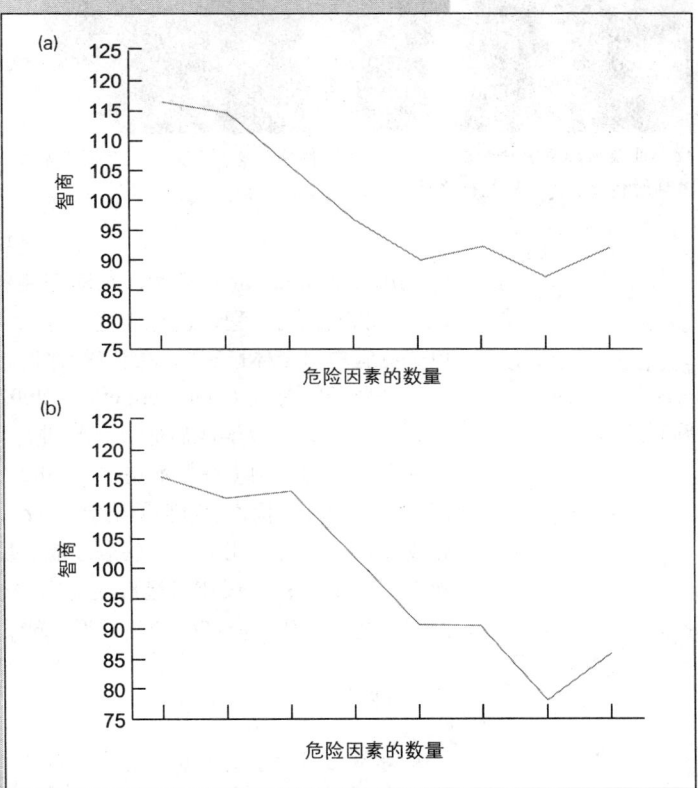

这些图显示了智商与环境危险因素数量之间的负相关。上图呈现的数据是 4 岁儿童（平均年龄）的智商分数，下图呈现的数据是 13 岁儿童（平均年龄）的智商分数。

究，这些儿童拥有相当多有助于抵抗他们国家传染病的天然草药的知识。那些拥有最多这类知识的肯尼亚儿童在标准化语言智力测验中通常比其他儿童表现更差。这意味着肯尼亚文化中很重要的技能与西方文化中的重要技能非常不同。

一个重要的文化差异可能是：非西方文化中的儿童比西方文化中的儿童在学校里考虑假设性或非常抽象问题的经验更少。例如，考虑一下努讷斯（Nunes, 1994）对非常贫穷的巴西儿童所做的一项研究。这些儿童均为街头小贩，他们中的多数人是很成功的，因为他们在卖东西时能进行复杂的算术计算。但当他们试图解决学校里类似的算术问题时，成绩却相当糟糕。

我们已经看到在评价其他文化的智力时存在许多问题。我们如何才能获得关于其他文化成员智力的更准确信息呢？斯滕伯格等人（Sternberg et al., 2002）阐述了动态测验（dynamic testing）的有用性，在动态测验中个体在两个不同时间内接受测验，并强调学习和变化的过程。这与传统的静态测验（static testing）形成对比，静态测验是在单个测验中对个体已有的技能进行评价。

斯滕伯格等人（Sternberg et al., 2002）分两次对坦桑尼亚儿童的液体智力进行了各种测验。为了教给他们通过测验进行评价的某些技能，一些儿童在两次测验中间接受了短暂的干预（每人不超过一小时）。在第二次测验时，所有液体智力测验的成绩都有实质性的提高。斯滕伯格等人（p.154）总结认为，在困难环境下成长的儿童"具有较高水平的潜在能力，这些潜在能力反映在正在形成的能力而非已形成的能力上。动态测验是一种尝试获得已形成能力的过去传统静态测量指标的方式，也是一种评价由这些潜在能力所产生的正在形成能力的途径。"

这些儿童所拥有的诸如经商、讨价还价和经营能力等街头生存技能无法通过传统智力测验进行测量。

在理解使某人具有智力的内容上，各种文化之间有何不同？

❖ 评价

⊕ 环境因素对智商发展具有很大的影响，这在弗林效应中可以清楚地看到。
⊕ 对智力具有有益或有害影响的环境因素的各种具体内容都得到确定。
⊕ 在被认为重要的技能和知识方面似乎存在重要的文化差异。
⊕ 动态测验比静态测验能更好地评价其他文化中儿童可能具有的潜在能力。
⊖ 业已证明在环境因素与智力之间很难建立因果关系。
⊖ 我们对某些环境因素影响智商的原因和方式尚缺乏清楚的理论理解。

丰富环境

如果我们能确定提高智力的环境因素，那么为生活条件差的儿童提供有益的丰富环境将是可能的。这种做法最有名的尝试可能是操作提前（Operation Headstart），它在1960年代被引进美国。不过，此外还有许多其他的丰富项目（像卡罗莱纳州初学者项目（Carolina Abecedarian Project））。

操作提前

操作提前强调提供广泛的学前教育，但有时也扩展到为儿童的父母提供帮助和教育。此外还包括一些关于治疗和激励的建议。

启蒙项目通常可使智商相当快速地提高约 10 个百分点（Lazar & Darlington, 1982）。此外，它对教育成就也有有益的影响。但是，这些在智力上的收益，随着儿童入学基本上全部消失。进入学校系统两年之后，那些接受过启蒙项目的儿童与未接受过该项目的儿童在学业成绩上一般没有差异。

启蒙项目中教师的能力和资源均差别很大。研究者（Schweinhart & Weikart, 1985）总结认为，优秀的启蒙项目的益处包括，"在儿童早期智力成绩的提高，在小学期间较好的学校安置和学业成绩的提高；青春期较低的犯罪率及 19 岁时较高的高中毕业率和就业率"。

李等人（Lee, Brooks-Gunn, Schnur & Liaw, 1990）对参加过启蒙项目、或曾上过幼儿园、或二者都没有经历过的儿童进行了为期 20 年的跟踪研究。启蒙项目的益处逐年下降，不过参加过该项目的儿童与未参加该项目并且也未上过幼儿园的儿童相比仍表现出某些优势。但在参加过该项目和上过幼儿园的儿童之间几乎不存在差异。

卡罗莱纳州初学者项目

在卡罗莱纳州初学者项目（Carolina Abecedarian Project）中，雷米等人（Ramey, Bryant & Suarez, 1985）对那些母亲智商在 70—85 之间的处境不良的儿童进行了研究。这些儿童中有些从几周大就接受每周 5 天的教育计划，这种情况一直持续到 5 岁。这远远多于启蒙项目中的教育时间。初学者项目也设置控制组，他们与未接受教育计划的处境不良儿童非常类似。

该项目中儿童的平均智商远远高于 3 岁同龄控制组的儿童（分别为 102 和 84）。这个差距在 5 岁时仍然很大（分别为 102 和 93）；在 12 岁时，一些差异仍然存在。

卡罗莱纳州初学者项目也对其他组进行了研究，例如接受干预计划的 5—8 岁的处境不良的儿童（Campbell & Ramey, 1994）。该项目在这些孩子中产生的益处非常小，可能是因为他们已经开始上学的缘故。

> **音乐课会让人变得丰富起来吗？**
>
> 位于英国萨默塞特的威尔斯克斯德尔学校教授 4—8 岁的儿童。该校教师报告，音乐家的确比非音乐家能取得更好的考试成绩。这与肖（Shaw, 1997）在加利福尼亚进行的研究相一致。78 名 3—4 岁的儿童接受了七巧板智力（jigsaw-puzzle ability）测验。然后三分之一的儿童学习钢琴课程，三分之一的儿童学习计算机课程，剩余三分之一作为控制组不给予额外的学习。9 个月后对这些儿童进行重测。只有学习钢琴的儿童组的测验成绩提高了 35%。该研究表明，额外的音乐经验可能对与创造力和智力有关的大脑区域有影响。

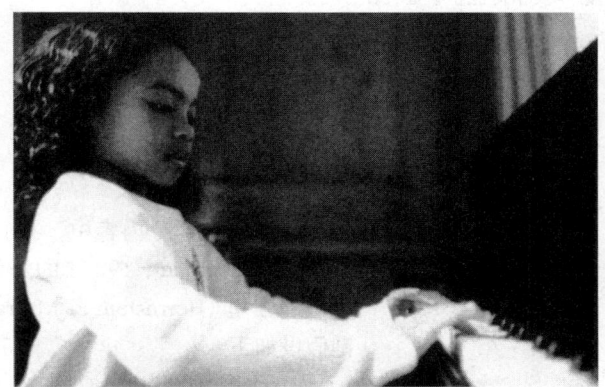

一些研究表明音乐课可以提高智力

诸如操作提前等丰富项目为儿童提供了广泛的学前教育

❖ **评价**

⊕ 针对处境不良儿童的丰富项目通常在智商和教育成就上获得较为快速的提高。

⊖ 丰富项目产生的许多有益影响在儿童接受全日制学校教育期间的前几年就消失了。

⊖ 我们不了解丰富项目影响儿童发展的原因和方式。但是，详细的知识教学和激励增强是两种可能的原因。

⊖ 干预项目所产生的高智商分数对学业成功的预见性小于"自然"产生的高智商分数(Miller & Bizzell, 1983)。因此，通过丰富环境引起的高智商，可能不如丰富环境缺乏引起的相同智商有用。

智力理论

在本章大部分内容中，我们考察了传统智力理论的诸多方面。智力理论源于斯皮尔曼(Spearman, 1927)的开创性工作，随后得到艾森克(Eysenck, 1979)、赫恩斯坦和默里(Herrnstein & Murray, 1994)等其他研究者的支持。传统智力理论的关键假设如下：

- 个体在单一心理过程中的差异可以通过智力的一般因素或智商来评价。
- 智力测验为人类智力提供了充分的评价。
- 智力主要取决于遗传因素。例如，艾森克(H. J. Eysenck, 1979)认为："智商测验所测量的智力具有很强的遗传基础(genetic basis)，遗传因素可以解释80%的总体变异。"
- 智力在很大程度上是遗传的这一事实，意味着很难改变个体的智力水平。

传统智力理论可能会受到怎样的批评？

所有这些假设大致正确。成套智力测验中几乎所有的单个测验都彼此相关的事实与单个潜在的心理或认知过程是有责任的假设相一致。但也存在其他可能性。正如麦金托什(Mackintosh, 1998, p.230)所指出的："有可能所有的智商测验测量的是很多不同的过程，但是不同的测验组所测量的这些过程之间具有某些重合。"

对一般智力观点的最新支持来自邓肯等人(Duncan et al., 2000)的研究。当被试完成与智力的一般因素具有高度相关的一系列任务时，他们使用PET扫描来确定最活跃的脑区。主要发现是，在几乎所有任务的作业中，前额皮层的一个特定区域非常活跃。邓肯等人(p.457)总结认为："该结果表明，'一般智力'来自特定的前额系统，该系统在控制行为的多样性方面尤为重要。"

传统智力测验评价智力所有主要内容的假设遭到越来越多的攻击。正如我们很快就会看到的,很多当代研究者推翻了该假设。他们指出传统智力测验中存在的重要疏漏,并认为传统智力测验对在生活中取得成功所必需的多种实践智力并未提供充分的评价。

智力主要取决于遗传的假设也值得怀疑。如前所述,我们无法评估个体智力的基因决定性。我们所能做的是对遗传率进行评价,而遗传率只测量了在一个总体内遗传因素在产生智力个体差异上的作用。遗传率的估计表明,大约50%(不是80%)的智力个体差异取决于遗传因素,然而即使这样也可能有所高估。

个体的智力水平难以改变的假设,源于遗传率在决定智力上是最重要的观点。既然这种观点不正确,智力可能发生巨大变化也就不足为奇了。一个著名的例子是弗林效应,多个国家的智商在最近几十年中都有了很大的提高。

如果传统智力理论具有局限性,我们就必须考虑其他理论观点,其中一些理论观点会在下面进行讨论。

加德纳的多元智力理论

加德纳(Gardner, 1983)强烈地认为,传统理论取向建立在对智力的相对狭隘的理解之上。根据加德纳的观点,有七种独立的智力而不是单一的一般因素。他所确认的七种智力如下:

1. 逻辑—数学智力(logical-mathematical intelligence)。这在解决抽象的逻辑问题或数学问题时尤其重要。

2. 空间智力(spatial intelligence)。当决定如何从一个地方到另一个地方、如何把行李箱放在车后备箱里时,使用这种智力。

3. 音乐智力(musical intelligence)。在像演奏乐器或唱歌等主动的音乐过程中和欣赏音乐等被动的音乐过程中所使用的智力。

**4. 身体运动智力(bodily-kinaesthetic intel-

ligence)。在运动和跳舞等活动中参与对身体运动精细控制的能力。

5．言语智力（**linguistic intelligence**）。参与到输入（读和听）和输出（写和说）等语言活动的能力。

6．内省智力（**intrapersonal intelligence**）。根据加德纳等人（Gardner et al.,1996,p.211）的观点，"内省智力取决于能使人们区分自己情感的核心过程"。

7．人际智力（**interpersonal intelligence**）。根据加德纳等人（1996）的观点，"人际智力利用核心能力来识别和区分他人的情感、信念和意图"。

加德纳（Gardner, 1998）在他原先确定的七种智力之外又增加了自然观察者智力（*naturalist intelligence*）。自然观察者智力通过那些能感知自然界模式的个体表现出来。达尔文就是一个具有杰出自然观察者智力的著名人物。更具体地讲，加德纳认为，可能还存在另外两种智力：精神智力（*spiritual intelligence*）和存在智力（*existential intelligence*）。精神智力基于对宇宙问题的关注，认为精神是生命的存在状态。存在智力基于对存在的终极问题的关注。

什么是智力？

为了确定是否确实存在七种智力，我们需要考虑我们所谓的"智力"是什么意思。根据沃尔特斯和加德纳（Walters & Gardner, 1986, p.165）的观点，智力可以定义为"在某种特定文化背景中允许个体解决具有重要意义的问题或时尚产品的一种能力或一系列能力"。

如前所述，因素分析过去曾是确定不同智力类型的主要方法。但是，加德纳（Gardner, 1983）提出了一种不同的方法，这种方法以下面一系列新的标准为依据。第一，智力取决于可以确定的脑结构。第二，脑损伤患者的研究表明，一种智力受损而其他智力并未受到破坏。第三，智力应该涉及某些具体认知操作的使用。第四，关于智力应该具有表现出非凡智力（或智力缺陷）的特殊个体。第五，应该具有相关的进化史，即智力的发展导致对环境适应性的提高。第六，智力应该得到适当的智力测验的支持。

加德纳提出的七种（或八种，或十种）智力可能满足他的判断标准，但是难以肯定。一个重要的问题是，对他所提出的一些智力找不到很好的测量指标。例如，人际智力就很难评价。福特和提萨克（Ford & Tisak, 1983）实施了几项人际智力和社会智力测验，发现它们之间的平均相关只有 +0.36。因此，没有证据支持社交智力或社会智力这个重要因素。很可能的情况是，在试图测量像精神智力或存在智力等非常模糊的概念时，也会出现相似的问题。

加德纳（1983）提出的智力标准还存在其他问题。这些标准非常宽松，因此一些具体技能似乎也能满足这些标准。例如，面部识别和学习外语的能力就是两个例子（Mackintosh, 1998）。

证据

尽管加德纳的多元智力理论很流行，但令人惊讶的是，该理论几乎没有直接的

加德纳为证明他的多元智力理论而挑选的三个人物：斯特拉文斯基（音乐智力）、毕加索（空间智力）和甘地（人际智力）。

相关支持证据。加德纳（Gardner，1993）的工作是一个例外，他使用该理论研究创造性。他挑选了七个人，他们都在20世纪初期在七种智力的某一方面表现出非凡的创造性。逻辑—数学智力的代表是爱因斯坦，其他杰出人物分别是毕加索（空间智力）、斯特拉文斯基（音乐智力）、格拉汉姆（Martha Graham）（身体运动智力）、艾略特（言语智力）、弗洛伊德（内省智力）和甘地（人际智力）。

　　加德纳发现，这些富有创造力的天才的教养具有很大的相似性。除了格拉汉姆，他们都是在对其提出严格的道德要求并促使他们满足优秀标准的家庭中抚养的。不出所料，他们七位都极具远大抱负。这使他们牺牲了生活的其他方面，并对家庭造成了很大伤害。他们孩童般的品质也给加德纳（p.32）留下了深刻的印象，他们每个人所表现的行为就像一个"充满奇异念头的孩子"。最后，这些富有创造力的天才的生活表明，环境因素在使他们将某种智力发展到杰出的水平中起着重要作用。毕加索是唯一一个在儿时就显现出明显天赋的人。其他六位甚至在20岁时也未显示出非凡创造力和未来成功的明显迹象。

　　加德纳的观点最明显的局限性是，他的发现可能只适用于为了研究而挑选的那七位杰出人物。例如，几乎所有加德纳所挑选的富有创造力的天才都拥有相对舒适的童年。然而，很多加德纳未曾考虑的杰出个体都有非常凄惨的童年。两次诺贝尔奖获得者泡林在7岁时失去了父亲，后来又成了孤儿。由于父亲无力挣足够的钱，米开朗基罗在13岁时就去做学徒工，这意味着他必须很早就离开学校。达芬奇是私生子，童年时很少与母亲生活在一起。

　　检验多元智力理论的另一种方法是以该理论为基础的教育干预或教育计划，多个研究团体已经对此展开研究。但正如斯滕伯格和考夫曼（Sternberg & Kaufman，1998，p.493）所指出的，"很多项目未进行评价，其他项目的评价似乎仍在继续进行，因此此时此刻很难说结果将会如何"。卡拉汉等人（Callahan, Tomlinson & Plucker,

1997）所实施和评估的干预项目是个例外。他们的项目基于加德纳的多元智力理论，但却未能显著提高学生的成绩和学生的自我概念。

情绪智力：理解自己和他人情绪的能力。

❖ 评价

⊕ 加德纳的智力观比其他大多数观点的范围更广。

⊕ 加德纳最初提出的七种智力中每一种都有某些支持性证据。

⊖ 七种智力彼此之间呈正相关，而加德纳（Gardner, 1983）则假设它们是独立的。加德纳等人（Gardner et al., 1996, p.213）认为："正相关的获得是因为心理测量学指标不仅检测某种特定智力内部的能力，还检测完成简答题和纸笔测验所使用的技巧。"该观点并未获得强有力的支持。

⊖ 音乐智力和身体运动智力在西方文化日常生活中不及其他智力重要，因为许多非常成功的人都是音盲，并且身体协调性很差。

⊖ 该理论是描述性的而非解释性的，而且未能解释每种智力的工作机制。正如豪（Howe, 1997, p.131）所指出的："加德纳的理论大部分属于描述性贡献……甚至不尝试回答至少传统理论无法回答的基本问题，即为什么一些人比另一些人更聪明的问题。"

情绪智力

最近几年有关情绪智力一直存在争论（Matthews, Zeidner & Roberts, 2002）。该术语是由戈尔曼（Goleman, 1995）普及的。但它最初似乎起源于萨洛韦和迈耶（Salovey & Mayer, 1990, p.189），他们把**情绪智力**（emotional intelligence）定义为："个体控制自己及他人的情绪，对它们作出区分，并利用这些信息指导自己思想和行为的能力。"因此，他们似乎认为情绪智力包括了加德纳称作内省智力和人际智力的内容。相反，戈尔曼采用了一个更宽泛、更模糊的定义，该定义在科学界可能毫无用处。

迈耶等人（Mayer, Caruso & Salovey, 1999）开发了多因素情绪智力量表（Multi-Factor Emotional Intelligence Scale）。这个量表以情绪智力由四种主要的能力构成的观点为依据：

1. 识别自己和他人的情绪（例如，识别面部表情）。

测测你的情商

测量任何一种智力都极为困难，但是情绪智力包含了个体在看法上是基本乐观还是悲观。这表明我们对争论、挫折和阻碍的反应就是情商的线索。

测测你自己！请看下面五个例子，并选择A或B作为答案。

1. 假期里你长胖了，现在减不下去。
   A 我从来就不瘦
   B 最近的时尚饮食不适合我
2. 你在运动中重重地摔倒了。
   A 我从来就不擅长运动
   B 地板很滑
3. 你对你的朋友发脾气。
   A 我们经常争吵
   B 他\她肯定有什么烦心事
4. 你确实感到乏力和筋疲力尽。
   A 我从来没有机会放松
   B 这个月我特别忙
5. 你忘记了好朋友的生日。
   A 我记不住生日
   B 这周我要考虑的事情太多了

A越多：你倾向于自己承担挫折——你天生是悲观的。

B越多：你相信生活中的挫折能够克服——你天生是乐观的。

2．使用情绪推动思想和行为（例如，在体验到适宜的情绪之前想象一种情感）。

3．对情绪的理解和推断（例如，了解情绪是如何随时间发展和变化的）。

4．调节自己和他人的情绪（例如，在情绪状态下评价各种行为过程）。

证据

戴维斯等人（Davies，Stankov & Roberts，1998）报告了阐述情绪智力问卷和其他情绪智力测量指标所评价内容的系统尝试。他们实施了几种情绪智力测量，并进行了旨在测量智力和人格主要维度的测验。他们发现，情绪智力与传统上所评价的智力无关。通过自陈量表（例如，情绪移情测量、情绪控制测量）评价的情绪智力与各种人格维度有关。更具体地讲，高水平的情绪智力与高水平的外倾性和低水平的神经质相关（见第13章）。

戴维斯等人也采用各种客观测验评价情绪智力。例如，使用不同的测验要求被试判断他们在面对面孔、颜色、音乐片段或声音间隔时会出现何种情绪。这些测验的信度通常较低，表明他们不能适当地评价情绪智力。戴维斯等人（p.1013）得出以下令人失望的结论："[情绪智力]问卷测量与'已确定的'人格特质联系密切，而情绪智力客观测验的信度通常很差。"

更多前景看好的发现来自因素情绪智力量表，该量表主要评价迈耶等人（Mayer et al.，1999）所确定的情绪智力的四个方面。实质上是要求被试完成一系列与情绪智力有关的任务（例如，识别在面部、乐谱、平面设计和故事中出现的情绪）。我们如何判断某特定答案是否"正确"呢？迈耶等人通过两种不同的方式对正确性进行了评价：（1）一致性评分（被试的答案与其他被试的答案相一致的程度）和（2）专家评分（被试的答案与迈耶和卡鲁索两位"专家"答案的一致性程度）。这两类评分都有合理的测量信度。

情绪智力概念的有用程度如何？

多因素情绪智力量表总分与一般智力之间具有中等程度的相关。基于一致性的分数与一般智力的相关为+0.29，基于专家的分数与一般智力的相关为+0.40。这些相关表明，情绪智力可以视为智力的一种形式，但是它与传统上所评估的智力是适当分离的。基于一致性的总分与一些人格测量因子（例如，宜人性、低神经质）具有中等程度的相关，但是基于专家的总分几乎与所有人格维度的相关都很低。因此，多因素情绪智力量表所评价的情绪智力不是简单地测量人格。

多因素情绪智力量表还存在一个比较麻烦的问题。基于一致性的总分与基于专家判断的总分之间只有+0.48的相关，因此，一致性评分所评价的情绪智力与专家评分所评价的情绪智力有很大的不同。令人遗憾的是，我们对一种评分类型优于另一种评分类型并没有可靠的证据。

❖ **评价**

⊕ 情绪智力可能是指一种在成功处理日常生活方面非常重要的能力。

⊕ 多因素情绪智力量表相对于以前的评价情绪智力的方法代表着明显的进步。该量表具有合理的信度，它对情绪智力的测量与人格和传统的智力测量截然不同。
- 大多数情绪智力测量都有严重的缺陷。自陈测验评价传统的人格特质，客观测验通常缺乏足够的信度。
- "是否存在某些连人格、智力和应用心理学研究领域的心理学家至今还不理解的情绪智力问题，仍然不能确定。"（Roberts, Zeidner & Matthews, 1998, p.200）

工作记忆

智力在多大程度上与记忆相联系？

假设认知心理学对我们理解智力具有巨大帮助似乎是合理的。毕竟，认知心理学的很多主题（例如，推理、问题解决）与智力具有明显的相关。令人奇怪的是，只是在过去大约25年里，认知心理学才对我们思考智力产生了实质性的影响。这里我们将考察一种理论取向，它以包含在信息加工和贮存中的工作记忆系统的观点为依据（Baddeley, 1986）。事实上，有大量证据（见第9章）表明，工作记忆（尤其是中央执行系统）参与协调和监控一系列的认知过程。就此而论，一些研究者（例如，Conway, Cowan, Bunting, Therriault & Minkoff, 2002；Engle, 2002；Lohman, 2001）曾认为，工作记忆容量的个体差异可能是智力个体差异的基础。根据恩格尔（Engle, 2002, pp.21–22）的观点，工作记忆"与一般流体智力密切相关……并且可能与一般智力是同形 [形式相似] 的"。

阅读广度：个体能够回忆所有阅读理解句子中最后单词的最大数量；一种测量工作记忆容量的方法。

评价工作记忆容量有多种方法。其中一种最流行的方法是**阅读广度（reading span）**（Daneman & Carpenter, 1980）。被试阅读一系列需要理解的句子，然后回忆每个句子最后的单词。阅读广度就是被试能做到这一点的最多的句子数量。

证据

康韦等人（Conway et al., 2002）对被试进行了流体智力和各种工作记忆容量测验（例如，阅读广度）。他们发现，工作记忆容量和流体智力之间存在很强的联系。为了进一步探讨这种关系，他们还使用了短时记忆容量测验（字词广度）和加工速度测验（例如，快速判断两个字母或模式相同还是不同）。短时记忆容量和加工速度都未能预测流体智力，表明这些因素都不能解释工作记忆容量与流体智力的关系。

康韦等人从自己的研究中得出了什么结论呢？首先，他们推测工作记忆容量可能构成一般智力的基础。其次，他们指出工作记忆任务和流体智力测验的共同之处在于，它们都需要控制性注意和使用适当的策略。

艾克曼等人（Ackerman, Beier & Boyle, 2002）实施了一项类似的研究，他们在研究中评估了工作记忆容量、一般智力和加工速度。他们发现，工作记忆容量与一般智力的相关约为+0.57，这表明工作记忆容量在决定智力的个体差异上可能很重要。不过，他们还发现加工速度与工作记忆容量的相关比与智力的相关更强。因此，工作记忆容量和智力中所涉及的能力可能存

西方教育的影响

斯滕伯格（Sternberg, 1997, 2003）在智力中确定了两种主要过程：记忆和分析。但他也指出传统的西方教育和技能学习都基于这些过程，因此我们具有一种自我实现预言：由于教育体制使用记忆和分析技能来测量学习和评价智力，因此在记忆和分析能力上有天赋的学生学习良好，并被认为较聪明。

在重要差异。

到目前为止，我们一直假设存在一种单一的工作记忆容量。但也有研究者（Shah & Miyake，1996）驳斥了这一观点，认为存在独立的言语和空间工作记忆系统。两位研究者获得了以下测量指标：言语智商、空间智商、字词广度和空间广度。最后一项任务是让被试判断一组字母中的每个字母是正常方位还是镜像方位。然后，被试必须指出该字母上部所指的方向。空间广度是被试能完成上述要求的最多字母数量。阅读广度与言语智力高度相关而与空间智力不相关，空间广度与空间智力高度相关而与言语智力不相关。这种模式与独立的言语和空间系统的观点相一致。

❖ 评价

- ⊕ 通过关注认知心理学家所确定的关键系统（例如，工作记忆），可以对智力的个体差异进行更深入的了解。
- ⊕ 工作记忆容量与智力之间具有中等程度的相关。
- ⊖ 工作记忆容量和智力中所涉及的能力之间具有重要差异（Ackerman et al., 2002）。
- ⊖ 工作记忆容量和智力的相关证据是相关性的。因此，很难确定是工作记忆容量影响了智力还是智力影响了工作记忆容量。
- ⊖ 通常认为存在独立的工作记忆。但也可能存在相对独立的言语和空间工作记忆（Shah & Miyake，1996）。

小 结

智力测验

所有良好的智力测验都具有三个特征。它们是标准化测验，具有良好的信度和效度。信度通常用重测法进行评估，效度通常用同时效度和预测效度进行评估。智商与教育成就和职业地位具有中等程度的相关。智商测量先天能力而教育成就仅仅测量已有知识的假设未得到证据的支持。

因素理论

因素分析可以用来确定人类智力的结构。斯皮尔曼宣称，智力具有单一的一般因素（"g"）和许多具体因素，瑟斯通则认为智力包括七种基本心理能力。这两种观点可以综合成一个三级水平的层级模型，一般因素在最上层，基本心理能力或群因素在中间层，具体因素在最底层。因素分析是描述性的而非解释性的，对智力行为中潜在的认知过程涉及甚少。

遗传和环境

遗传和环境对智力的某些影响是相互依赖的而不是独立的。双生子研究表明，遗传因素在决定智力的个体差异上起着重要作用，领养研究也得出了同样的结论。西方社会的智力遗传率约为0.5。但是，遗传率是一个具有局限性的测量指标，不能评价遗传决定性。团体差异研究表明，环境因素（例如，剥夺）可以解释黑人与白人智力的大部分（或全部）差异。

环境影响

共享环境和非共享环境都会影响儿童的智力水平，但在成人期共享环境变得不再重要。环境因素对智商具有重要影响的强有力证据来自弗林效应，该效应指在过去大约50年里大多数西方国家的智商得到了快速提高。一些环境因素（例如，母亲有精神病史、母子间极少的良性互动）与儿童的智力有关，但很难表明它们之间存在因果效应。为处境不良儿童提供丰富环境的尝试（例如，预先操作（Operation Headstart））通常产生了有益影响，但这种影响会随时间而减弱。难以对不同文化的智力进行比较。在评价某些其他文化的智力时，使用动态测验可能优于静态测验。

智力理论

传统智力理论认为智力大部分是由遗传决定的，是相对不变的，并能通过智力测验进行充分评价。这些假设并不完全正确。加德纳提出了多元智力理论，他在该理论里声称确定了七种或八种独立的智力。但是，这些智力并不是独立的，并且加德纳的观点主要是描述性的。情绪智力也可能很重要。业已证明要说明情绪智力不同于之前确定的智力和/或人格测量存在很大困难，但现在有了新的进展。工作记忆容量与智力之间具有很强的联系，但对工作记忆容量构成智力基础的程度还存在争议。

深入阅读

- Mackintosh, N.J. (1998). *IQ and human intelligence.* Oxford, UK: Oxford University Press. This is a truly excellent book by a leading British psychologist. It is notable for its fair-minded approach and numerous insights.
- Matthews, G., Zeidner, M., & Roberts, R.D. (2002). *Emotional intelligence: Science and myth.* Cambridge, MA: MIT Press. This book provides a balanced assessment of our current knowledge of emotional intelligence.
- Sternberg, R.J., & Ben-Zeev, T. (2001). *Complex cognition: The psychology of human thought.* Oxford, UK: Oxford University Press. Several chapters (especially Chapter 11) contain good introductory discussions of topics relating to intelligence.

第 13 章 人 格

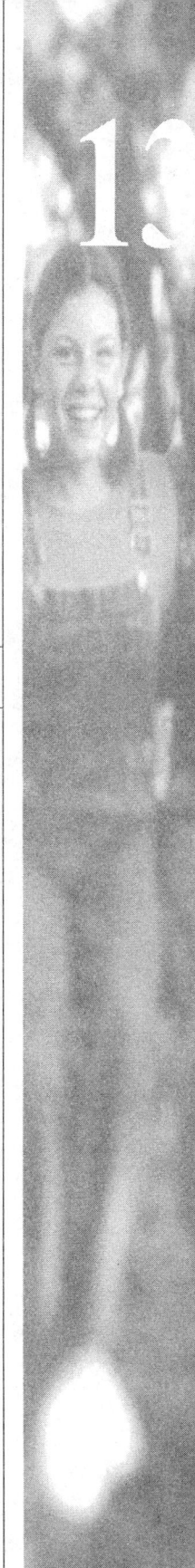

本章概要

- **弗洛伊德的精神分析取向**
  该理论基于童年早期在人格发展中的重要性

  弗洛伊德观点的概括介绍：本我、自我、超我
  弗洛伊德提出的三个心理层次：意识、前意识、潜意识
  防御机制，包括压抑
  弗洛伊德的心理性欲发展的五阶段理论：口唇期，肛门期，生殖器期，潜伏期，生殖期

- **人文主义取向**
  罗杰斯人格人本主义取向的应用

  罗杰斯的来访者中心疗法
  强调自我概念、理想自我和自我实现
  歪曲和否认的防御机制

- **人格评估**
  四种测量人格方法的讨论

  信度和五种主要效度类型的解释
  自陈问卷和效标锁定法

  等级评定
  客观测验
  投射测验

- **人格特质理论**
  使用多种特质界定人格的尝试

  因素分析的应用
  卡特尔的特质理论和 16PF
  艾森克的特质理论：神经质、外倾性、精神质
  五因素理论：外倾性、宜人性、责任心、情绪稳定性和文化
  跨文化特质研究

- **社会认知理论**
  班杜拉的个体差异观点

  观察学习的观点
  替代性强化机制
  自我效能和人格之间的关系
  行为的自我调节

各种各样的人格特征是我们在与他人交往时最有趣的事情之一。有的人总是愉快而友善，有的人总是冷漠而消沉，有的人却是好斗和怀有敌意。本章我们将尝试去理解这些人格的个体差异。

"人格"一词是什么意思呢？根据柴尔德（Child, 1968, p.83）的观点，人格由"较为稳定的、内在的因素构成，这些因素使个体的行为始终如一，并且不同于其他人在相同情境下的行为"。这一定义中有四个关键词：

1. **稳定性**。人格随着时间的推移而保持相对一致或不变。
2. **内在性**。人格是内在的，我们如何行为在某种程度上是由我们的人格决定的。
3. **一致性**。如果人格随着时间推移保持一致，并且如果人格决定行为，那么我们可以预期人的行为会相当一致。
4. **差异性**。当我们谈到人格时，我们假设存在相当大的个体差异，使人们在相似情境下作出不同的行为。

决定成人人格的主要因素是什么呢？如果你向六位心理学家提出这个问题，会得到六种不同的答案。根据弗洛伊德的观点，成人的人格主要受童年经历的影响，尽管他承认生物因素同样重要。根据罗杰斯和马斯洛等人本主义心理学家的观点，人格主要取决于个体的成年经历。与弗洛伊德的观点相反，他们认为：假如个体改变他/她的自我概念，人格就很容易被改变。卡特尔（Cattell）、艾森克（H.J.Eysenck）、科斯塔（Costa）和麦克雷（McCrae）等人格特质理论心理学家，强调遗传因素在决定人格上的重要性。最后，班杜拉等社会认知心理学家宣称：个体的行为差异主要取决于特定的学习经历（例如，那些涉及奖惩的经历）。

上述观点哪个是正确的呢？所有观点都有合理之处。因此，成人人格以非常复杂的方式依赖于遗传、童年经历、自我概念的发展和特定的学习经验。

你也许会惊讶地发现：每个人都有其独特人格这一观点，在人类历史上只是最近才得到普遍认可。在文艺复兴之前，人们将自己看成是家庭、村庄或组织的成员，而不是独立的个体。事实上，在亚洲国家，很多人至今仍是这样认为的（见本章后文）。

根据温特和巴伦鲍姆（Winter & Barenbaum, 1999）的观点，人格的现代研究根源于19世纪和20世纪初出现的三个重要发展。第一，随着人们越来越多意识到每个人都有其独立的身份，个体主义获得了发展。第二，得益于弗洛伊德的巨大影响，人们越来越关注人类的非理性和无意识。第三，越来越强调测量。例如，高尔顿（Galton, 1883, p.79）认为："塑造我们行为的性格是一种明确、持久的'事物'，因此……尝试测量它是合理的。"

本章我们将关注那些对我们理解人格有过贡献的重要理论家。这是探讨人格领域最普遍的方式。不过这提出了一个有趣的观点：

的确，弗洛伊德、荣格、阿德勒、苏利文、罗杰斯和马斯洛等人的生活和深刻见解构成了极其有趣的阅读材料，他们的历史性贡献凸显了在人格研究中心必将持续存在的一些人际关系问题。但我们也很可能会问这样一个问题：为什么无人使用这些著名人物的观点作为整个课程的中心内容来教授认知心理学、社会心理学、发展心理学或变态心理学呢？(Singer & Kolligan, 1987, p.535)

为什么人格方面的大多数书籍和课程就像一次通过墓地的行走呢？原因之一是，大多数主要的人格理论都与特定的个体紧密相关。此外，不同的理论家对人格有着完全不同的见解。因此，通过关注主要人格理论家的观点（有时是一些极端的观点），我们就能理解人格研究中的重要问题和争议。

弗洛伊德的精神分析取向

弗洛伊德（Sigmund Freud, 1856—1939）是历史上最具影响力的心理学家，他因发展了精神分析而享有声誉，精神分析是第一个治疗精神障碍的系统方法（见第22章）。不过，他还对心理学作出了其他众多贡献。与本章内容关系最为密切的是他的心理性欲发展理论。在对弗洛伊德的一些重要理论观点进行较为概括的介绍之后，我们将立即转而讨论该理论（见第16章）。

弗洛伊德假设心理可分为三个部分。第一部分是**本我**（**id**）。它包含性本能和攻击本能，位于潜意识中。性本能被称为力比多（libido）。本我按照快乐原则行事，强调立刻满足。第二部分是**自我**（**ego**）。它是有意识的、理性的心理，在生命的最初两年里形成。自我按照现实原则行事，考虑环境中正在发生的事情。第三部分是**超我**（**superego**）。它大约在儿童5岁的时候形成，此时儿童在称为**认同**（**identification**）的过程中采纳了同性父母的许多价值观。超我部分是意识的，部分是潜意识的，由良心和自我理想组成。良心作为儿童受惩罚的结果而形成，使儿童对不良行为表现感到内疚。自我理想通过奖赏的应用而形成。它使儿童在好的行为表现之后感到自豪。

弗洛伊德还假设存在三个心理层面：意识、前意识和潜意识。意识由那些当前处于注意中心的思想组成。前意识由能够容易从记忆中恢复并进入意识的信息和观点组成。潜意识由很难（或几乎不可能）进入意识的信息组成。

在发展过程中，自我和超我的出现具有重要意义，尤其是当心理的三个层面出现冲突时。例如，在本我和超我之间经常存在冲突。产生这种冲突的原因是，本我渴望立刻得到满足，而超我则要顾及道德

本我：包含性本能的心理部分。

自我：有意识的、理性的心理。

超我：与道德问题和文化价值观有关的心理部分。

认同：儿童对同性父母信念和行为的模仿。

弗洛伊德对心理学作出了众多贡献，包括精神分析的发展、心理性欲发展理论。

标准。冲突导致焦虑，焦虑被自我认为颇具威胁性。自我通过各种**防御机制**（defense mechanisms）来保护自己，防御机制是各种减轻焦虑的方式（见第 22 章）。最重要的防御机制是**压抑**（repression），它涉及把容易引起焦虑的事物排除在意识之外。其他防御机制是移置（将冲动从一个威胁性的对象转移到威胁性较小的对象）和否认（拒绝接受威胁事件的存在）。移置的一个例子是，当上司当众批评你时，你会踢你的猫或狗；否认的一个例子是，拒绝接受某种重要的关系正处于破裂的巨大危险中。

弗洛伊德观点的一个重要含义是，有关威胁的信息和／或童年的创伤性事件可以在潜意识中储存很多年。因此，这些信息会影响相关个体的成年生活。事实上，弗洛伊德的中心假设之一是，对患精神障碍成人的治疗，应该以获得追溯到童年期威胁性材料为主要内容（见第 22 章）。

总之，弗洛伊德的心理理论代表了一种动机理论、一种认知理论和一种社会心理理论。本我包含基本的动机力量，自我与认知系统相一致，超我或良心则通常会使家庭和社会的价值观内化。不过，弗洛伊德并未真正发展出社会和认知的观点，因此认为他是一位社会理论家或认知理论家是一种误导。

心理性欲发展理论

弗洛伊德认为，儿童在生命的前五年所具有的经验非常重要。他们的人格在这个时期迅速发展，成人的人格在很大程度上取决于童年早期的经验。弗洛伊德的大多数人格发展观点都包含在他的心理性欲发展理论中。根据该理论，儿童会经历五个阶段：

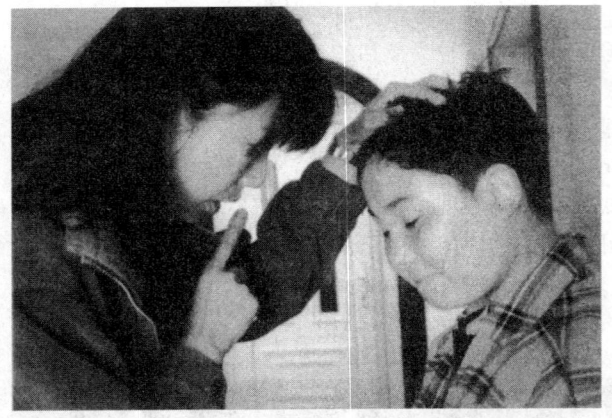

根据弗洛伊德的观点，良心是作为儿童受惩罚的结果而形成的。

防御机制：自我用于保护自己免于焦虑的策略。

压抑：弗洛伊德所认为的容易引起焦虑的材料被排除在意识之外的观点。

俄狄浦斯情结：弗洛伊德的观点，认为 5 岁左右的男孩惧怕父亲、想得到母亲。

1. **口唇期**（oral stage）。这个阶段一直持续到 18 个月，婴儿在此阶段体验到各种口腔、嘴唇和舌头活动的乐趣。在这个阶段儿童也可能遇到问题（假如，遭遇突然的断奶）。这些问题可能使成人形成口唇接受型人格（很依赖他人）或口头攻击型人格（怀有敌意和刚愎自用）。

2. **肛门期**（anal stage）。这个阶段处于 18 个月到 36 个月之间，肛门区成为这一时期最重要的快感中心。排泄训练在此阶段出现。在这一阶段遇到问题的儿童，可能成为肛门滞留型人格（吝啬、固执和守规则）或慷慨大方和乐善好施的人。

3. **生殖器期**（phallic stage）。这个阶段在 3 岁到 6 岁之间。这一时期，阴茎或阴蒂成为最重要的动情区。男孩在 5 岁左右获得**俄狄浦斯情结**（Oedipus complex），即他们对自己的母亲怀有性欲望，并由此而害怕父亲。这种情结

弗洛伊德的心理性欲发展阶段

阶段	大概年龄	总结
口唇期	0—18个月	满足来自吃、吸吮等
肛门期	18—36个月	对肛门区感兴趣，并从中得到满足
生殖器期	3—6岁	生殖器成为快感的来源
潜伏期	6岁到青春期	男孩和女孩很少待在一起
生殖期	从青春期开始	生殖器成为性快感的主要来源

希腊作家索福克勒斯（Sophocles）写的剧本《俄狄浦斯王》，该剧本于公元前约425年第一次在雅典上演。它是根据无心杀死自己父亲并和母亲结婚的底比斯国王——俄狄浦斯的神话而改编的。

通过与其父亲的认同而得以解决。女孩存在一个相似的过程，它以恋父情结（Electra complex）（该术语并不为弗洛伊德所用）为基础，即她们对父亲怀有性欲望。在这个阶段遭遇问题的人会形成生殖器型人格。具有这种人格的男人爱虚荣和有自信，具有这种人格的女人则努力奋斗，追求超越男人的优越感。

4. 潜伏期（latency stage）。这个阶段从6岁一直持续到青春期。在这个阶段，男孩和女孩经历相对较少的性感受，并且相互不太理睬。

5. 生殖期（genital stage）。这一阶段始于青春期。在这个阶段，性快感的主要来源是生殖器。它与生殖器期的重要区别是，生殖期的焦点是与他人的性快乐。在前四个阶段避免了问题的儿童在成人期形成生殖型人格。具有这种人格的人成熟，能够爱和被爱。

根据弗洛伊德的观点，如果儿童在任何一个心理性欲阶段由于未得到足够的满足而遭遇挫折，就会出现严重的后果。如果儿童在任何一个特定阶段获得过多的满足，同样会出现严重的后果。什么后果最有可能出现呢？弗洛伊德认为，挫折或过度满足会导致**固着（fixation）**，即基本的性能量在成人期仍然依附于那个阶段。当成人具有严重问题时，他/她将表现出**退化（regression）**，他们表现出类似于儿童的行为。成人通常会退回到固着在儿童期的心理性欲阶段。这部分理论的重要含义是，成人的精神障碍通常根源于童年期的问题和困境。

固着：长期停留在心理性欲发展的某个特定阶段。

退化：当遭遇严重压力时退回到发展的早期阶段。

证据

我们首先考察弗洛伊德有关人格测量观点的含义。如果弗洛伊德知道21世纪的心理学家普遍采用自陈问卷（self-report questionnaire）评价人格，毫无疑问他会很吃惊。他感到吃惊可能是由于完成这种问卷的个体只能利用有意识获得的与他们自身有关的信息。弗洛伊德对潜意识力量的强调，意味着他认为基于问卷的方法是不适当的。

有很多证据表明，从意识中获取的信息通常极其有限。例如，尼斯比特和威尔逊（Nisbett & Wilson, 1977）进行了一项研究。在该研究中，向被试呈现五双大致相

有用的记忆术

为了帮助你记住弗洛伊德心理性欲发展的阶段，下面的记忆术源自每个阶段的首字母："老年退休者爱青菜"（Old Age Pensioners Love Greens！）。

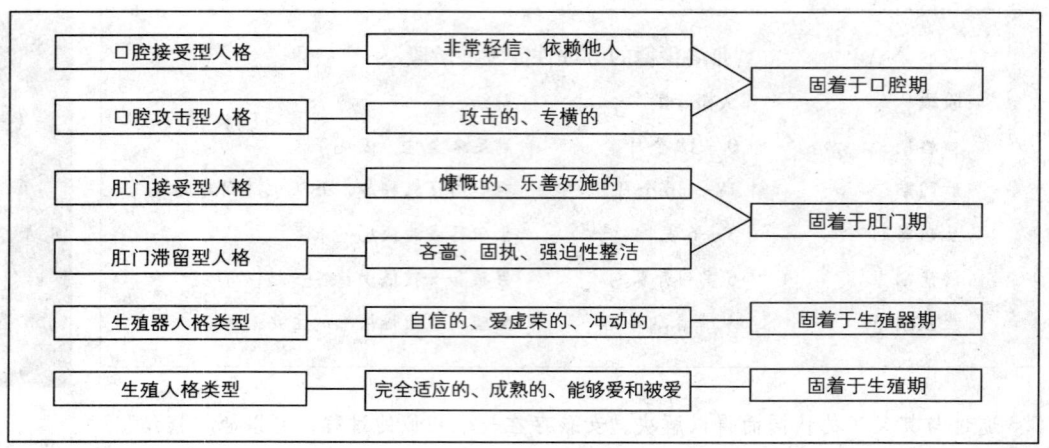

同的长筒袜,然后请他们判断哪双是最好的。大多数被试都选择了最右边的那双,因此他们的判断实际上都受到相对空间位置的影响。不过,被试并未指出空间位置是他们作出这种选择的原因。实际上,他们强烈否认空间位置在其决定中所起的任何作用。相反,他们把长筒袜的颜色、质地等细微的差别作为重要的原因。

有合理的证据支持弗洛伊德所坚持的一般观点,因为童年经验明显影响到人格的发展(Westen, 1998)。但这并不等同于认为有证据支持弗洛伊德的具体理论假设。米克尔森、凯斯勒和谢弗(Mickelson, Kessler & Shaver, 1997)考察了一个由 5000 多个成人组成的随机样本。童年时失去父母或父母离异,与成年期较低的依恋安全感和较高的不安全依恋有关。那些童年时经历严重创伤(假如,严重被忽视、性侵犯)的成人,比其他成人更可能产生焦虑性依恋。

我们早期的童年经验会以何种方式影响我们的人格?

弗朗兹等人(Franz et al., 1996)也报告了表明童年经验具有长期影响的证据。41 岁成人的抑郁水平,能够很好地通过他们 5 岁时父母的冷漠进行预测。另外,对童年痛苦经验(例如,父母离婚、频繁搬家、失去父母)的总体测量,预测了中年时的抑郁水平。

关于大多数研究所发现的童年经验与成人问题之间关系的研究发现,存在严重的问题。我们所掌握的仅仅是相关证据,我们不能使用相关来证明因果关系。例如,假设一个具有严重情绪问题的成人,他父母使他的童年很痛苦。有可能不愉快的童年经验促进了成年时情绪问题的产生。但是同样有可能的是,父母和孩子共同的遗传因素起到了这种作用。肯德勒等人(Kendler et al., 1992)实施了一项双生子研究,尽可能在统计上把遗传因素的影响从他们的研究结果中排除出去。结果他们仍然发现,由分离(例如,离婚)造成的父母丧失与成年生活中的抑郁有关,而由死亡造成的父母丧失与成年生活中的抑郁无关。肯德勒等人(Kendler et al., 1996)在一个类似的双生子研究中发现,童年时由分离造成的父母丧失与酗酒倾向有关,并且这种关系在遗传因素的影响被排除后仍然存在。

有证据支持弗洛伊德所确认的某些人格类型。例如,克兰与斯托里(Kline & Storey, 1997)发现,肛门滞留型人格的三个主要特征(固执、吝啬与整洁)经常在同一个人身上出现。也有证据表明一些人具有口腔接受型人格的全部特征,而其他人则具有口腔攻击型人格的全部特征(Kline, 1981)。

证明弗洛伊德提出的某些人格类型存在的证据,并未表明这一理论是正确的。弗洛伊德认为这些成人的人格类型取决于具体的童年经验,但是,几乎没有确信的证据表明情况确实如此。

在弗洛伊德所认为的童年时被压抑的威胁性和/或创伤性事件以后能被恢复的假设上存在激烈的争论。本书第9章中较为详细地讨论了与此相关的证据,故在这里只简单提一下。安德鲁斯等人(Andrews et al., 1999)从200多个成人患者身上获得了关于这种恢复记忆的详细资料,他们的发现表明:许多恢复的记忆可能是真实的。例如,41%患者的主张存在支持性证据(例如,其他人报告曾遭到同一个人的虐待)。

与此相反,也有一些患者承认他们报告了童年虐待的错误记忆。例如,利夫和费特科维奇(Lief & Fetkewicz, 1995)研究了40位患者,他们否认对童年虐待的"记忆"。这些患者普遍认为他们这样做是屈从于治疗师的压力。在大约80%的这些病例中,治疗师直接暗示患者是性虐待的受害者。相反,在安德鲁斯等人(Andrews et al., 1999)所研究的患者中,只有少量来自治疗师过多压力的证据。总的来看,恢复记忆的证据缺乏说服力。

弗洛伊德自己报告的支持他理论观点的证据是非常不可信的。他的证据主要来自约12例个案研究,大部分个案研究完全没有说服力。例如,以著名的小汉斯个案为例,据称它阐明了俄狄浦斯情结的发展。当汉斯3岁时,他开始对自己的阴茎表现出很大的兴趣。他母亲就吓唬他,扬言要把他的阴茎割下来。在他大约5岁时,他看到一辆马拉车翻倒在他的一侧。这使他产生了对马的恐惧,他害怕马嘴周围黑色的东西和马眼睛前面的东西。由于对马的恐惧,他甚至不愿离开安全的房间。

弗洛伊德诊断小汉斯遭受了俄狄浦斯情结。根据弗洛伊德的观点,小汉斯受到了母亲的性吸引,但又非常害怕父亲因此而惩罚他。小汉斯对父亲的恐惧转变为对马的恐惧,弗洛伊德认为,马的黑色口罩和眼罩类似于小汉斯父亲的小胡子和眼镜。小汉斯害怕马而使他留在家里的事实,给他可以有更多时间与他母亲(据说他受到了母亲的性吸引)在一起创造了重要的有利条件。

大多数人都不相信弗洛伊德对小汉斯的解释。很少有证据表明汉斯渴望与母亲发生性关系或非常害怕父亲。此外,小汉斯强烈的性兴奋以某种方式转变成一种极度焦虑状态的观点也是不真实的。

> **案例研究:恢复的记忆?**
>
> 莉迪亚·卡维(Lydia Carvey)的案例由《星期天时报》(*Sunday Times*)进行了报道(Driscoll, 1998)。卡维夫人在中年时患了抑郁症并住进医院。在药物治疗和精神疗法的帮助下,她回忆起童年时受到父亲的性虐待。后来,她认识到自己记错了。遗憾的是,她父亲在她获得这种认识之前就已去世了。
>
> 由锡德尼·布兰顿(Sydney Brandon)教授主持的英国精神病学家皇家学院的一个工作小组,详细审查了诸如此类的个案研究。他们的报告总结认为,这些恢复的记忆不应该被认为是完全真实的。

使用个案研究来产生或支持人格理论会出现什么问题?

❖ **评价**

⊕ "弗洛伊德……描绘了一幅宏大的画面,并提出了能够解释一系列令人震惊的可观察现象的清晰阶段和结构理论。"(Westen & Gabbard, 1999, pp.89–90)

- ⊕ 成人人格在某种程度上取决于儿童早期的经验。
- ⊕ 弗洛伊德所提出的人格理论很可能是第一个系统的人格理论。
- ⊕ 至少弗洛伊德提出的某些人格类型似乎确实存在。
- ⊕ 具有某种特定人格类型的个体比其他个体更易于出现精神障碍的观点,是有力的和令人信服的(见第22章)。
- ⊖ 很难准确地确定某个特定成人具有什么样的童年经历。
- ⊖ 很难证明早期的童年经历确实决定着多年后的成人人格,因此该理论难以进行检验。
- ⊖ 弗洛伊德关于动机在人格中的作用的看法过于简单。正如韦斯滕和加巴德(Westen & Gabbard, 1999, p.66)所指出的那样:"并不是所有的动机都可以简化为性和攻击;亲密动机并非一律都可简化为性欲望;也不是所有的动机(尤其是攻击性动机)都会增强并要求发泄。"
- ⊖ 与弗洛伊德的假设相比,成人人格更多的取决于遗传和青春期及成年期的经历(本章后面进行讨论)。
- ⊖ 弗洛伊德的阶段理论意味着人格发展以一种比实际情况更为有序的方式出现。
- ⊖ "精神分析学家从来都是从作为其知识产生和假设检验的主要模式的个案研究法[基于个别患者]中进行推论,这严重地削弱了他们自身的基础。"(Westen & Gabbard, 1999)

现象学:一种关注个体对经验进行直接报告的方法。

马斯洛(上)和罗杰斯(下),人本主义心理学取向的两位主要发展者。

人本主义取向

心理学的人本主义取向主要由罗杰斯和马斯洛于1950年代在美国提出,但是罗杰斯将该取向更系统地应用于人格。根据卡特赖特(Cartwright, 1979, pp.5-6)的观点,人本主义心理学"关心对人类有意义的主题,尤为关注个体生活中的主观经验和独特的、不可预测的事件"。人本主义心理学家一直关注像个人责任、自由意志及有关自我成长和自我实现的个体奋斗等问题。至关重要的是,人本主义心理学家极其依赖**现象学**(phenomenology),现象学涉及个体在进行报告时只报告纯粹经验,而不需对其进行解释。根据罗杰斯(Rogers, 1951, p.133)的观点:"这种个人的、现象学的研究类型……比传统'注重实际'的实证方法更有价值。虽然这类研究常被心理学家嘲笑为'仅有自我报告',但它确实最深刻地洞察到经验所具有的意义。"

罗杰斯的来访者中心疗法

罗杰斯(Carl Rogers, 1902—1987)将自己大部分职业生涯都投注在寻找改善治疗心理障碍患者的方法上。这一探寻过程使他发展了来访者中心疗法,但后来又被称为以人为中心的疗法(见第22章)。这里我们主要关注奠定了以人为中心疗法基础的一般理论观点。

罗杰斯(Rogers, 1951、1959, 1967)认为,"自我"概念对理解人类行为具有至关重要的作用。例如,他(Rogers, 1967, p.108)在讨论他的来访者的问题时谈到这种观点:

> 在个体所抱怨的问题情境的水平之下——在有关学习、妻子或雇主的困扰后面……——存在着一种中心探寻。对我而言,似乎每个人都在心底问:"我到底是谁?我怎样才能与隐含在所有表面行为之下的真实自我取得联系?我怎样才能成为我自己?"

罗杰斯研究取向的核心概念是**自我概念**(**self-concept**),它是指个体关于他/她自己作为独特个体以及与他人有关的个体的看法和情感。关注点主要是那些能意识到的自我成分,因为罗杰斯认为不可能对存在于意识水平之下的自我成分进行系统研究。另一个核心概念是**理想自我**(**ideal self**),它是个体最想拥有的自我概念。罗杰斯假设幸福的人的自我概念和理想自我之间的差异比相对不幸福的人要小,这是不足为奇的。

我们怎样评价自我概念和理想自我呢?一种方式是使用 **Q 分类法**(**Q-sort method**)。采用这种方法,首先向被评价的个体呈现大量卡片,每张卡片都包含与个人有关的一个陈述(例如,"我是一个友善的人";"我在大多数时间里都很紧张")。个体的第一项任务是判断哪些陈述最好地描述了自己,哪些陈述对于自己的描述位居第二,依次类推,直到最不能描述自己的陈述。然后,关于个体理想自我的评价也严格遵循同样的程序。最后,研究者计算两种分类之间的差异。

> 你怎样描述你的理想自我?
>
> **自我概念**:人们关于自己的一套信念、知识和情感。
>
> **理想自我**:个体最喜欢拥有的自我概念。
>
> **Q 分类法**:一种为了评价个体的自我概念和理想自我,对陈述进行等级评定的技术。

人格发展的人本主义观点

1951 年罗杰斯出版了《来访者中心疗法》(*Client-centred therapy*)一书,该书概述了他的治疗方法和人格理论。

他从每个个体都是他经验世界的中心这一假设开始。对这个私人世界的感知和思想,永远只能真正地被个体自己了解,而不能通过外部测量进行描述。因此,并不需要"真实"现实的概念。每一个体的现实都是他们自己的感知。理解行为的最好角度是个体自身的内部参照框架。

罗杰斯认为,个体是作为一个完整的有机体作出反应,而不是一系列刺激—反应的联结。他还认为人具有一种基本倾向,这种倾向促使他们努力实现、维持和增进自己生命。人都有自主倾向——即对独立的渴望、自我决定的期望,以及朝向社会成熟的努力。

随着孩子的成长,他或她逐渐学会把"我"(意识的自我概念)从世界的其他部分区分出来。自我概念的形成是个体与环境交互作用的结果。与自我概念有关的价值观(即,自尊)或者来自直接经验,或者来自别人对你的评价。

个体在一生中根据以下三种方式中的一种来同化经验:(1)把经验组织成为自我概念,(2)把经验作为无关信息完全忽略,(3)歪曲经验,因为它与自我不一致。自我概念的同化是最常见和最健康的方式。当一个人作出显然与他的自我概念不一致的事情时,他会否认,例如他会说"那不是我自己"。在许多心理适应不良的病例中,患者说"我不知道我为什么做了那件事",或者"当我做那些事情时,我完全不是自己了"。罗杰斯指出,这里的问题在于他们的行为未整合到他们的自我概念中,因此就不能被控制。当他们接受了自己时,他们才能从心理上得到成长。

一致性：个体的自我概念和经验之间不存在冲突。

自我实现：实现自己作为人类的全部潜能的动机。

否认：对自我概念与经验之间不一致的反应，即否认经验。

曲解：对自我概念与经验之间不一致的反应，即错误地记忆经验。

无条件的积极关注：完全接纳某人，不管他/她的行为如何。

价值条件：设置完全接纳某人所需要满足的条件。

罗杰斯强调**一致性**（congruence）的重要性。在他看来，一致性意味着在个体的自我感知和经验及行为之间不存在冲突。一般而言，我们在日常生活中都会尽力保持一致性："有机体所采用的大多数行为方式，是那些与自我概念相一致的行为方式。"（Rogers, 1951, p.507）因此，我们具有达成一致性的动机。罗杰斯（Rogers, 1951, p.487）也认为我们具有**自我实现**（self-actualisation）和全面实现我们作为人类的潜能的强烈动机："有机体具有一种基本的倾向和努力——实现、保持及提高有机体经验。"

如果我们体验到不一致性时（例如，我们举止粗野，即使我们认为自己很文雅），会出现什么情况呢？根据罗杰斯的观点，不一致通常会产生焦虑，并且可能引起我们进行防御性反应。两个重要的防御过程是否认和曲解。**否认**（denial）涉及在意识层面拒绝接受已发生的经验。**曲解**（distortion）比否认更常出现，涉及错误地记忆与自我感相一致的经验（例如，"我确实未表现出任何粗野行为"）。

根据罗杰斯的观点，在健康成长过程中，父母应给予孩子**无条件积极关注**（unconditional positive regard），即不管孩子的行为如何，父母都应完全接纳。因此，这些孩子为了达成一致性不需要否认或曲解自己的经验。相反，一些父母给孩子强加了**价值条件**（conditions of worth），这意味着孩子必须以特定的方式行事才能被父母接纳。这很容易造成不一致。假设父母要求孩子在任何时候都保持礼貌才能得到积极关注，那么当这些孩子不礼貌时就会产生不一致。

证据

罗杰斯的总体观点是相当反科学的。因此，很少有确信的证据支持或反驳他的理论观点。不过这里我们要考察几项相关研究。高夫等人（Gough, Lazzari & Fioravanti, 1978）使用Q分类法确认了一些在自我概念和理想自我之间存在较大差距的空军军官，以及仅有很小差距的空军军官。根据罗杰斯的观点，只有较小差距的空军军官应该在心理上调整得更好。当所有的军官都被他人进行等级评定时，那些具有较小差距的军官被认为有效率、合作和开朗，那些具有较大差距的军官则被认为不友好、不善合作和让人困惑不解。

罗杰斯认为真实自我和理想自我之间的细微差距被视为成熟标志的观点，可能过于简单化。凯茨和兹格勒（Katz & Zigler, 1967）评价了11岁到17岁学生的真实自我和理想自我。根据罗杰斯的理论，年龄较大的学生真实自我和理想自我之间的差距应该小于年龄较小学生之间的差距，但结果却恰恰相反。另外，在最聪明的学生中这种差距更大。我们可以通过假设不断增长的成熟使个体对自己的行为和内部标准之间的差距变得更加敏感来解释这些结果。

罗杰斯假设我们受动机的驱使以保持自我概念和经验之间的一致性。该假设获得间接证据的支持。休恩等人（Suinn, Osborne & Winfree, 1962）给被试的任务是，回忆其他人用来描述他们的形容词。他们对那些与自我概念相一致的形容词回忆最好，而对与自我概念不一致的形容词回忆最差。阿伦森与梅提（Aronson & Mettee, 1968）考察了自我概念和行为之间的关系。他们认为高自尊个体不可能欺骗，因为这些行为与他们的自我概念不一致。相反，在低自尊和欺骗之间具有更少的不一致，因此欺骗在自尊心低的人当中应该更普遍。他们的发现支持这些预测。

根据罗杰斯的观点，适应良好的个体的自我概念，是一致的、完整的。多纳霍等人（Donahue, Robins, Roberts & John, 1993）研究了这一假设。被试要指出他们的情感和行为在各种角色（例如，女儿、学生、朋友）上的类似程度。看上去适应良好（假如，高自尊、无焦虑、不压抑）的个体通常具有完整的自我概念，因为他们认为自己在各种社会角色中实质上是同一个人。相反，那些适应不良、低自尊的个体在各种社会角色上差异巨大。这些发现为罗杰斯提供了合理的、强有力的支持。

> 我们的自尊如何影响我们的行为？

❖ 评价

- ⊕ 罗杰斯很关注人们关心的主要问题，像使人们的自我概念更接近他们的理想自我。
- ⊕ 罗杰斯的理论观点使他提出了来访者中心（或以个人为中心）疗法，这种疗法被证明具有中等程度的效果（见第22、23章）。
- ⊖ "很难评价罗杰斯的理论，因为它更像个人的哲学观，而不是一种正式、具体的心理学理论。"（Cooper, 1988, p.22）
- ⊖ 罗杰斯对现象学的强烈依赖，意味着他未能系统地探索潜意识过程和结构。
- ⊖ 很少有研究直接阐明我们的主要动机力量是获得自我实现这一假设。
- ⊖ 罗杰斯的观点具有局限性。成人人格部分取决于童年期经验，部分取决于遗传因素，但这些影响成人人格的因素却在很大程度上被罗杰斯忽略了。

人格评估

如果我们要获得对人格的较好理解，那么发展测量人格的有效方法是很重要的。研究者已经发展出四种主要的人格测验：

1. 问卷。
2. 等级评定。
3. 客观测验。
4. 投射测验。

我们将简略考察所有四种人格测验。与智力测验一样（见第12章），有用的人格测验具有三个特征：(1) 高信度，(2) 高效度，(3) 标准化。信度（reliability）是指一个测验产生一致性结果的程度。评价信度的常用方法是重测法。这种方法是使用同一个测验在两个不同的时间对相同的个体进行施测，然后求分数间的相关。正如你所想象的

> 信度：测验产生一致性结果的程度。

有时在同一个家庭里，人格也存在很大的差异。

那样，当两次测验之间具有较长的时间间隔时，相关会下降，可能是因为人格会随时间发生某种程度的变化。另一种评价人格的方法是，计算测验项目的内部一致性或聚合性。内部一致性的标准测量指标是克龙巴赫α系数（Cronbach's alpha）。该测量指标的技术性定义为：该测验与其他具有相似项目的相同长度测验的估计相关。

效度（validity）指一个测验测量到它想要测量的心理特质的程度。效度之所以重要，是因为"人格研究者和评价者的结论将会根据他们认为所测量的内容形成。如果他们所测量的内容不是他们认为所要测量的内容，研究者就会得出错误结论"（Carver & Scheier, 2000, p.43）。

评估测验效度的几种主要形式如下：

1．**同时效度（concurrent validity）**。这是最重要的效度类型。这一测验与旨在测量的潜在构念的有关外部测量或效标相关。例如，假设一项测验旨在测量外倾性。我们可以采用其他人的评价作为效标。如果那些在测验中得分高的人也被其他人认为是外向的、那些在测验中得分低的人被其他人认为是内向的，那么，该测验就具有高同时效度。同时效度通常用相关系数的形式来表达。相关系数的值在 0.00（表明测验对其他一些测量的预测能力为零）和 +1.00（表示极好的预测能力）之间。

2．**预测效度（predictive validity）**。除了效标的评价是在人格评估之后进行之外，该效度与同时效度相同。假如，我们可以用**特质焦虑（trait anxiety**，体验高水平焦虑的倾向）测验分数预测在今后五年里产生焦虑障碍的可能性。

3．**结构效度（construct validity）**。涉及对包括感兴趣的人格维度的一个或多个假设的检验。例如，假设一种理论认为焦虑使人忧心忡忡并因此破坏了他们完成复杂任务的能力。我们可以通过比较高特质焦虑的个体和低特质焦虑的个体在完成复杂任务上的能力来检验该假设。

4．**区分效度（discriminant validity）**。表明一项测验未对它不想测量的特征进行测量是很重要的，这就是区分效度所评价的内容。例如，假设我们通过说明特质焦虑与学业成绩呈负相关而获得某个特质焦虑测验的结构效度。我们有可能会得到这一发现，因为特质焦虑与智力呈负相关，低智力则会导致较差的学业成绩。因此，通过证明特质焦虑测验与智力不相关来说明区分效度是有效的。我们通过考察旨在评估焦虑和抑郁的个体差异的测验，可以看出区分效度的重要性。沃森与克拉克（Watson & Clark, 1984）对诸如此类的许多测验进行了讨论。他们发现，那些声称测量焦虑的测验常常与抑郁测验呈高相关（大约 +0.7），反之亦然。因此，这些测验是不合格的，因为它们缺乏区分效度。

5．**表面效度（face validity）**。这是最简单的效度形式。指测验所包括的项目种类与测验旨在测量的结构似乎具有明显相关的程度。不过，如果人们发现测验旨在测量的特征（例如，不诚实、犯罪倾向）具有威胁性或不受欢迎，那么表面效度高就可能存在问题。在这些情况下，高表面效度很容易使回答者歪曲他们的反应。

在结束讨论效度问题之前，应该告诫你的是，那些用来指代不同效度形式的术语在不同的教科书中是有所不同的。因此，如果这里提供的定义与其他书本中的定

效度：测验测量到它想要测量的心理特质的程度。

同时效度：测验与一些有关外在效标的相关程度，这些外在效标的相关信息在测验时能够获得；见预测效度。

预测效度：测验与一些在测验实施后进行评价的有关外在效标的相关程度；见同时效度。

特质焦虑：一种基于在多种情境中所经历的焦虑数量的人格维度。

结构效度：问卷能够评价它旨在测量的心理特质的程度，基于使用该问卷检验包括了包含在问卷中的人格特质的假设。

区分效度：测验未评价到假设它不能评价的特征的程度。

表面效度：测验项目与测验旨在测量的结构似乎具有明显相关的程度。

义不一致，你不要感到惊讶！最后是标准化。**标准化（standardisation）**涉及对大量具有代表性的样本群体进行测验，以便个体测验分数的意义可以通过与他人测验分数的比较而得到评价。因此，例如，外倾性测验中的 19 分就其本身而言毫无意义。但是，如果我们知道只有 10% 的人拥有如此高的分数，那么这个 19 分就会立刻变得很有意义。

> **标准化**：对大量有代表性的样本群体实施测验，以便个体的测验分数能够与他人的分数进行比较。

关于标准化还有一个重要问题。例如，假设我们设计了一个特质焦虑测验，而且确信已进行了恰当的标准化。我们能够假设这种标准化的标准几年后仍然适合吗？特温格（Twenge, 2000）所报告的令人信服的证据表明，答案是"不"。她对评价儿童或大学生特质焦虑的研究进行了元分析。她发现，儿童和大学生的特质焦虑的平均分，在过去 50 年里出现了大幅度增加。例如，我们可以考察一下斯皮尔伯格状态-特质焦虑量表的分数（Spielberg, Gorsuch & Lushene, 1970）。在 1968—1993 年间，男大学生的特质焦虑平均分从 36.37 增长到 40.73。同一时期，女大学生的平均分从 37.94 增长到 41.92。更为显著的是，"1980 年代普通美国儿童比 1950 年代儿童精神病患者报告有更多的焦虑"（p.1007）。这意味着测验需要不断地再标准化以使其效用最大化。

> 什么因素可以解释特质焦虑的平均分数在过去 50 年里增加的原因呢？

问卷

评估人格最常见的方法是采用自陈问卷。该方法要求人们判断有关他们思想、情感和行为的各种陈述是否真实。题目样例如下：你是否很情绪化？你有很多朋友吗？你喜欢参加大量社交活动吗？问卷法易于使用。它还具有个体可能比其他人更了解自己的优势。构建人格问卷时可采用三种主要方法：第一，理论法，这是最流行的一种方法。其实质是：测验设计者从理论上考虑决定到底测量什么，然后设计一个问卷对其进行测量。这种方法在 H.J. 艾森克的研究工作中进行了举例说明，具体会在下面进行讨论。第二，实证法。该方法与理论法有很大不同，因为测验设计者最初对问卷所包括的人格特征数量或性质并没有清晰的观点。他/她编制的问卷项目尽可能多的涵盖人的人格，然后依靠合适的统计程序精确地揭示测验所测量的内容。卡特尔（参见本书第 178 页）就采用了这种实证方法。

问卷法易于使用，它的优点是以极少的代价就可以收集到大量数据。

第三，还有一种**效标锁定法（criterion-keying approach）**。我们先从效标组（例如，那些过分关注自己健康的忧郁症患者）入手。然后设计大量问卷项目，对忧郁病患者和其他群体进行施测。那些忧郁病患者的答案不同于其他群体答案的项目构成疑病症量表。例如，如果忧郁症患者对"与果酱相比你更喜欢杏子酱吗？"等问题倾向于回答"是"，而其他群体回答"不"，那么该项目就将包括在疑病症量表中。

> **效标锁定法**：问卷设计的一种取向，基于兴趣组和其他组存在区分的选择项目。

明尼苏达多相人格问卷

也许效标锁定法最著名的例子就是明尼苏达多相人格问卷 (MMPI) (Hathaway & McKinley, 1940)。MMPI 最初于 1940 年出版，后来又进行过几次修订。最初的 MMPI 包含 10 个量表，大多数量表都有相关的精神病学调查。这些量表（罗列如下）的项目很容易选择，因为它们能够区分具有相关症状的患者和其他患者。

- 疑病
- 抑郁
- 歇斯底里
- 精神病态
- 男性化—女性化
- 妄想狂
- 神经衰弱
- 精神分裂症
- 轻度躁狂
- 社会内向

效标锁定法的明显优势是它直接关注量表与相关效标的关系。但是 MMPI 也存在很多问题。首先，测验设计者严重地依赖他们所采用的精神病诊断（例如，精神分裂症）是有效的假设。鉴于精神病诊断一般不可靠且效度低（见第 22 章），因此这是一个值得怀疑的假设。其次，在测验编制过程中所使用的样本具有种族和地域方面的局限性，因为大多数被试都来自明尼苏达州。根据这个有限的样本获得的发现，可能不适用于其他地区的其他种群。

情况就是这样，即使没有明显的原因表明为什么该项目能够区分忧郁症患者和其他人。

局限性

许多人格问卷具有各种各样的局限性。其中一个问题是默许反应定式 (**acquiescence response set**)。这是一种不考虑项目内容，对所有项目都作出"是"回答的倾向。默许反应定式可以通过认真选择项目进行评价。例如，如果我们想测量特质焦虑，那么一半项目可设计成如果做"肯定"回答则表明高焦虑，其余项目设计成如果做"否定"回答则表明高焦虑。任何对这两种项目均做"肯定"回答的人就显示出默许反应定式。

也许人格问卷最严重的问题是个体可能会伪造自己的反应。这种伪造通常会以**社会赞许性偏向**(**social desirability bias**) 的形式显现，即一种以社会赞许性的方式对问卷项目进行反应的倾向。因此，例如对"你是否很情绪化"这个问题，社会赞许性的回答显然是"不"而非"是"。

应对社会赞许性效应的一种方法是使用说谎量表或社会赞许性量表。这些量表通常由社会赞许性的答案不可能是真实答案的项目组成（例如，"你总是说闲话吗？""你总是信守诺言吗？"）。如果某人对大多数问题都以社会赞许性的方式来回答，那么可以认为他们伪造了自己的反应。当然，这对真正高尚的人群是不公正的！

社会赞许性偏向的问题在人事选拔中似乎尤为重要。正如库克 (Cook, 1993, p.144) 所指出的那样："没有一个申请销售职位的人会对'我不很喜欢与陌生人交谈'这句话说真话，也没有一个想参加警察部队的人会坦承他/她有很多不受欢迎的熟人。"但也并不能必然推测出，社会赞许性的"校正"分数将会改善某些状况。奥尼斯等人 (Ones, Viswesvaran & Reiss, 1996) 也阐述了这个问题，他们发现，当社会赞许性效应按照统计方式消除时，人格测量对工作绩效评定的预测能力几乎不受影响。这使奥尼斯等人总结认为："由于社会赞许性的可能性而使工业组织心理学家对使用人格量表进行人事选拔持保留意见，是无事实根据的。"

大多数众所周知的人格问卷都是标准化测验（例如，卡特尔 16 种人格因素问卷或 16PF；艾森克人格问卷或 EPQ；神经质、外倾性、开放性人格问卷或 NEO-PI）。几乎所有重要的人格问卷都具有良好或非常好的信度。例如，如果两次测验之间的间隔较短，卡特尔的 16PF 和艾森克人格问卷的重测信度约为 +0.80 或 +0.85。

默许反应定式：对问卷项目不考虑其内容就回答"是"的反应倾向。

社会赞许性偏向：对问卷项目作出社会期望的回答而不是诚实回答的倾向。

业已证明，设计高效度的问卷比设计高信度的问卷要更为困难。为什么会这样呢？请记住，大多数评价效度的方法都涉及将问卷分数与某些外部效标求相关（例如，外倾性分数与朋友数量的相关）。简言之，问题在于我们尚未找到理想的外部效标。通过考察采用朋友数量作为外倾性的外部效标的具体例子，我们可以详细阐述这一问题。大部分人都同意外向的人通常比内向的人拥有更多的朋友，但无人会认为个体的外倾水平是决定他/她拥有多少朋友的唯一因素。因此，大多数人格问卷的效度通常至多是中等水平。

不同的工作适合不同的人群。在证券交易所这种压力极大的工作氛围中，内向、易紧张并且对自己的判断和决策信心较低的人不可能取得成功，也不可能感到快乐。

测量效度有更好的方法吗？一个非常有前景的方法涉及对通常所称的共识效度进行评价。**共识效度**（consensual validity）是同时效度或预测效度的一种形式，涉及两类信息的比较：(1) 来自被试的自陈问卷分数；(2) 观察者针对同样的人格层面对这些被试的等级评定。该方法基于自陈问卷的局限性与等级评定的局限性存在差异这一假设。自陈问卷的缺陷在于人们也许会提供对自己过分有利的印象，等级评定的缺陷在于评定者对被评定者可能只有限的信息。因此，如果自陈问卷和等级评定的数据之间存在合理的相似性，那将会是一个令人印象深刻的成就。麦克雷和科斯塔（McCrae & Costa, 1990）报告了一个颇有前景的发现。他们使用了 NEO-PI，该量表提供了对五种主要人格因素的测量。从大量被试那里得到自陈问卷的数据，并从他们的配偶和同伴那里获得五种人格因素的等级评定。自陈问卷分数和配偶分数之间的平均相关是 +0.56，自陈问卷分数与同伴分数之间的平均相关是 +0.50。因此，自陈问卷和等级评定数据之间存在合理的一致性，所以具有相当好的共识效度。

共识效度：自陈问卷分数与等级评定分数的相关程度。

你如何评价别人的人格？

等级评定

人格评估的第二种形式是等级评定，在等级评定中观测者提供有关他人行为的信息。典型的情况是，给被评定者一系列不同的行为（例如，"开始谈话"），然后根据这些行为的内容对被评定者进行等级评定。评定者观察被评定者的不同情境越多，他们的等级评定可能越准确。等级评定相对于自陈问卷具有一些优点。填写问卷的人可能会歪曲他们的反应以表现出一种受欢迎的印象（社会赞许性偏向），这一问题尤其不适用于观察者的等级评定。但是，等级评定自身也存在问题。首先，不同的评定者对被评定的行为项目可能有不同的解释。例如，"以友好的方式对待他人"这个项目，非常好交际的评定者比不好交际的评定者可能认为该项目包含与他人更多的人际互动。其次，大多数评定者可能只在日常生活中自己所发现的某些情境中观测别人。一些在工作中显得不太热情或冷漠的人，在工作环境之外可能非常随和并且很友好。评定者对被评定者持有的偏见，可能会明显地导致对被评定者人格的不准确评估。尽管使用等级评定评估人格存在局限性，但它们通常具有良好的信度。

使用等级评定量表测量人格，会遇上什么特别的困难？

那效度如何呢？对等级评定数据效度最具说服力的证据基于共识效度的评价，即在等级评定数据与自陈问卷数据之间求相关。如前所述，共识效度只达到中等的高水平（McCrae & Costa, 1990）。

客观测验

客观测验：在实验室条件下以一种不引人注目的方式评价人格的方法。

人格评估的第三种形式涉及**客观测验**（**objective tests**）的使用。客观测验有几百种，都是在被试不知道实验者测量什么的实验条件下对其行为进行测量。例如，让被试吹气球直至破裂是对胆怯的测量，而人们踮起脚尖站立时的摇摆程度则是对焦虑的测量。

客观测验相对来说不受可能影响自陈问卷反应的故意歪曲问题的制约。原因在于被试未意识到自己的人格正在被评估，因此也不具有以一种方式而非另一种方式进行反应的特别动机。但是，客观测验也存在很多严重问题。通常难以了解某个特定的客观测验实际上要测量什么，而且结果常常会受到程序中较细微变化的巨大影响。大多数客观测验的信度和效度都很低，因此就评价人格来说其价值并不大（Cooper, 2002）。

投射测验

投射测验：一种评价人格的方法，要求被试去完成一个非结构化测验（例如，描述墨迹）。

评估人格的第四种方法是**投射测验**（**projective tests**）。让被试完成一个非结构化的任务（例如，为图片编造一个适合的故事，描述在墨迹中看到的事物）。投射测验的基本原理是，人们面对这种非结构化任务时会揭示出内心中最真实的自我。很多投射测验的使用者都支持这种心理动力（psychodynamic）的方法。

最著名的投射测验是瑞士精神病学家赫尔曼·罗夏（Hermann Rorschach）1921年编制的罗夏墨迹测验（Rorschach Inkblot Test）和亨利·穆雷（Henry Murray）编制的主题统觉测验（Thematic Apperception Test）（Morgan & Murray, 1935）。罗夏测验的标准形式包括十张墨迹图片。被试说出每张墨迹图片可能代表什么，并指出墨迹图片的哪些部分构成了他们反应的基础。主题统觉测验重点强调内容，给被试呈现各种不同的墨迹图片并询问他们"图片里发生了什么事情？""是什么原因导致此事件的发生？""接下来会发生什么？"等问题。对这些故事作出随意解释，并考虑个体自己的个人经历。目的是确定个体潜在的动机冲突。投射测验的成功性如何呢？

尽管这种测验很流行，但其信度和效度通常很低（Eysenck, 1994a）。之所以出现这种情况，主要有两个原因。第一，这种测验的非结构化性质意味着被试的反应经常取决于他们当前的心境或顾虑，而非其深层次的人格特征。第二，对投射测验反应的解释带有非常大的主观性，意味着这些解释更多的取决于解释者的专业水平。非专业的解释会降低测验的效度，解释的主观性则会降低测验的信度。

祖宾等人（Zubin, Eron & Shumer, 1965）讨论了与创造性可以通过众多人类的动态性反应（movement responses）得到指示这一观点有关的

罗夏墨迹测验的一个样例

效度。实际上,优秀的艺术家并不比普通人具有更多的此类反应。一般来说,可以用被试反应的三个方面——内容、位置和决定因素——来解释它们的意义。内容指被试所看到的事物性质,位置指产生这些反应的墨迹图的部位;决定因素是指影响反应选择的墨迹特征(例如,颜色,形状)。大多数罗夏墨迹测验专家都认为,位置和决定因素比内容更能提供有用信息。但证据表明,内容比另外两种测量指标具有更大的效度(参见 Eysenck, 1994a)。

人格特质理论

最有影响的人格理论之一,基于人格由多种特质组成的观点。**特质(traits)** 可以定义为"用来评价和解释行为的显著、持久、相对稳定的特征"(Hirschberg, 1978, p.45)。例如,微笑、健谈、参与社会活动和拥有很多朋友,共同构成了交际性人格特质的基础。大多数人格特质都呈正态分布,大多数人在交际性、特质焦虑等特质上都接近平均值。

特质:共同形成人格的相对持久的广泛特征。

因素分析

因素分析(被大多数特质理论家所使用)利用自陈问卷、等级评定或其他人格测验项目的内部相关的信息。如果两个项目彼此相关很高,可以认为它们测量的是相同的因素或相同的人格特质;如果两个项目没有相关,那么它们测量的就是不同的因素。例如,开朗的、在社交情境中觉得放松、想参加团体活动等项目,在外倾性因素下相关程度较高。

应用于人格领域的因素分析具有各种局限性。首先,它只能揭示包含在因素分析项目中的因素。例如,如果与交际性有关的项目未包含在因素分析里,交际性因素就不会出现在因素分析里。因此,因素分析就像一个香肠绞肉器,从机器里出来什么取决于你最初往里面放了什么。

其次,因素分析是一种统计技术,因此只能为理论和研究提供指导准则。为了确信人格特质是很重要的,有必要收集另外的证据说明人格特质在日常生活中的重要性。例如,考虑一下特质焦虑。通过发现患焦虑性障碍的患者通常在特质焦虑测验中具有很高的分数,可以在某种程度上在特质焦虑与现实世界之间建立联系(Eysenck, 1997)。

再次,因素分析涉及作出一些主观武断的决定。从任何特定的数据中提取出来的因素或特质数量(和性质),都取决于对数据进行因素分析的精确形式。假如,因素理论家必须确定是否允许

微笑、健谈、参与社会活动和拥有众多朋友,共同构成了交际性人格特质的基础。

正交因素：独立的或彼此不相关的人格因素或特质。

斜交因素：在某种程度上彼此相关的人格因素或特质。

因素或特质彼此相关。就正交因素（orthogonal factors）来说，所有因素之间必须彼此无关，在艾森克的理论及大五模型中都使用了正交因素。但是，卡特尔更喜欢使用斜交因素（oblique factors），即因素或特质在某种程度上彼此相关。这种方法潜在的优势是能确定大量的人格特质，而且它似乎对人格结构提供了更丰富、更有益的描述。

以上两种方法都有局限性。对正交因素或独立因素的依赖是主观的，因为没有明显的原因说明为什么重要的人格特质应该彼此无关。对斜交因素的依赖经常产生一些彼此相似的特质，并且这些特质在不同研究中很难一致地获得。哪种方法更好呢？确定哪种方法更好的唯一方法，就是研究实证证据（下文讨论）。

卡特尔的特质理论

特质理论家所面临的最严重的问题之一是，如何确保其问卷包含了所有重要的人格特质。卡特尔对这一问题采取了独特的实证方法。他使用了**基本词汇假设**（fundamental lexical hypothesis），根据该假设，任何主要的语言都包含描述所有主要人格特质的词汇。

基本词汇假设：认为词典包含了描述所有主要人格特质词的观点。

卡特尔对这种假设的使用，使他接触到奥尔波特和奥德伯特（Allport & Odbert, 1936）的工作。他们在字典里一共找到18000个与人格有关的词语，其中4500个词语表示对人格的描述。把部分同义词及偏僻词排除后，4500个词语缩减为160个特质词语。卡特尔（Cattell, 1946）又从人格文献中增加了11个词汇，一共产生171个特质名称。他宣称这些特质名称几乎覆盖了人格领域中所有重要的内容。

卡特尔还保留了数目庞大的潜在特质。因此，他利用以前多项等级评定研究的发现确认了高度相关的特质。他认为这些特质彼此基本相似，反映出一个单一的潜在特质。卡特尔通过这种方式保留了35种特质。他称之为表面特质（face traits），因为它们很容易被观察到。在等级评定研究中对这些表面特质进行研究。对卡特尔来说，这些等级评定研究的发现表明存在大约16种根源特质（source traits），它们是隐含在表面特质中的基本特质。

在从卡特尔称为生活（L）数据的等级评定数据中发现16种特质后，不知疲倦的卡特尔又使用问卷（Q）和客观测验（T）数据研究人格特质。Q数据是通过多选题获得，例如"你的情绪状态有时使你似乎不切实际，甚至你自己也这样认为？是/否。"T数据通过使用各种客观测验获得（见前文）。卡特尔起初认为L数据、Q数据和T数据均会产生相同的人格特质。实际上，他在L数据和Q数据产生的特质之间发现了合理的相似性，但是T数据则产生了完全不同的特质。

证据

卡特尔设计的最著名的测验工具是16种人格因素问卷，一般称为16PF。该问卷旨在评价16种人格因素，一些因素与智力和社会态度有关，而不是与狭义的人格有关。16PF的结构基于卡特尔认为人格特质经常彼此相关这一假设，因此该问卷所包含的因素是斜交而不是正交。

尽管16PF广受欢迎，但它还不够充分。对该测验的系统因素分析表明，它并未真正测量16种不同的人格特质。例如，鲍维特和凯恩（Bawett & Kine, 1982）使用16PF对近500名被试进行了测验。然后他们对数据进行五种不同的因素分析，有些因素与卡特尔提出的因素非常一致。两位研究者在每次因素分析中得到7—9个因素，这些因素通常与卡特尔提出的因素并无相关。

> **卡特尔16PF的因素**
>
> 请记住每对因素表示一种连续体。
>
> 缄默的——外向的 　　　　坚强的——柔弱的
> 迟钝的——聪慧的 　　　　信赖随和——怀疑的
> 情绪激动——情绪稳定 　　现实的——富于想象的
> 谦逊的——好强的 　　　　直率的——精明的
> 严肃的——轻松兴奋 　　　平静的——忧虑的
> 权宜敷衍——有恒负责 　　保守的——试验的
> 害羞畏怯——冒险敢为 　　依赖团体的——自立的
> 　　　　　　　　　　　　随意的——支配的
> 　　　　　　　　　　　　松弛的——紧张的

现在的情况如何呢？一个关键问题是，卡特尔提出的某些因素非常相似。例如，以下几个评估焦虑的因素彼此高度相关：平静—忧虑，放松—紧张，情绪激动—情绪稳定。任何详尽的因素分析都会揭示出，这三个因素实在是太相似，以至于无法彼此区分。

❖ 评价

- ⊕ 卡特尔对基本词汇假设的使用是一种潜在的确定主要人格特质的合适方法。
- ⊕ 卡特尔综合多种方法（问卷、等级评定和客观测验）信息的尝试是彻底和系统的。
- ⊖ 鉴于几十年的研究，很明显，卡特尔基于斜交因素的方法并不比基于正交因素或不相关因素的方法更有用（见下文）。
- ⊖ 卡特尔的观点并无理论性或解释性。正如卡特尔（Cattell, 1957, p.50）自己所承认的："我一直对早在数据之前建立的理论持怀疑态度。"
- ⊖ 在16PF中大约只有八种不同的人格特质，因此卡特尔的问卷存在严重的缺陷。

艾森克的特质理论

艾森克（H. J. Eysenck, 1947）赞同卡特尔认为因素分析有助于发现人格的结构。但是，这两位理论家在正交或不相关因素和斜交因素的使用上存在分歧。卡特尔通常强调斜交或相关因素，他认为唯有在这个水平上才有可能提供最丰富信息的人格描述。相反，艾森克认为正交因素或独立因素更可取，因为斜交因素通常很弱，以致它们不能被一致获得。

艾森克最初尝试使用因素分析确定700名神经障碍患者的主要正交因素。神经质和外倾性这两个因素或特质相当好地解释了精神病医师在39个量表上的等级评定。**神经质（neuroticism）**是一种由焦虑、紧张、沮丧及其他消极情绪状态组成的特质。神经质类似于特质焦虑，二者测量的相关约为+0.7。**外倾性（extraversion）**是一种主要由交际性构成的人格特质，但包含冲动性成分。

神经质：H.J.艾森克确定的一种人格维度，得分高的人具有焦虑、沮丧和紧张等特征。

外倾性：H.J.艾森克确定的一种人格维度，得分高者比得分低者更爱交际和冲动。

> **人格维度**
>
> 诸如外倾性之类的人格维度位于连续体的一端，与其相反的特质位于连续体的另一端。人格测验不能简单地决定一个人是外倾还是内倾，而是把他们置于连续体的某个相关的点上，表明他们外倾性/内倾性的程度（如下图所示）。这个人更外向而非内向。
>
> ```
>         1 2 3 4 5 6 7 8 9 10
> 外倾性 ························●························ 内倾性
> （爱交际、开朗的、积极的）              （不爱交际、安静的、消极的）
> ```

大多数后来对正常和非正常群体的研究，都证实了神经质和外倾性因素的重要性。艾森克人格问卷就是为测量这两种因素而编制的。尤其重要的是，这两种因素被合并进卡特尔的16PF。卡特尔所确定的斜交或相关因素称为一阶因素，当对这些一阶因素进行因素分析时，有可能从16PF中获得正交的二阶因素。索伊尔和布林克霍恩（Sauille & Blinkhorn, 1981）精确地完成了这样的分析，发现从16PF中产生了类似于外倾性和神经质的二阶因素。

精神质：H.J. 艾森克确定的一个人格维度，得分高者具有攻击性、不友善和无同情心。

内脏脑：在H.J. 艾森克理论中构成精神质个体差异基础的海马回、杏仁核、扣带回和自主神经系统的其他成分。

艾森克（Eysenck, 1978）增加了第三个人格因素，他称之为**精神质**（**psychoticism**）。精神质得分高者是"自我中心的、攻击性的、冲动的、缺乏人情味、冷漠、对他人缺乏同情与关心、不关心别人的权利与福利"（Eysenck, 1982, p.11）。艾森克人格问卷（EPQ）测量了精神质、外倾性和神经质。正如EPQ所评价的那样，这三个因素几乎毫不相关，也就是说它们是独立因素或正交因素。

精神质、外倾性和神经质这三个人格维度来自哪里呢？根据艾森克（Eysenck, 1982, p.28）的观点，"遗传因素在主要人格维度中贡献了三分之二的变异"。遗传因素如何产生人格的个体差异？艾森克（Eysenck, 1967）认为，遗传影响了部分生理系统的反应性。一般认为内倾者比外倾者具有更高的皮层唤醒（大脑活动）水平，因为内倾者的网状结构更为活跃（见第4章）。假设我们认为大多数人喜欢中等唤醒水平，低唤醒水平被认为是单调的，高唤醒水平被认为是紧张的。未被唤醒的外倾者寻求刺激以获取想得到的中等唤醒水平，唤醒过度的内倾者则避免刺激。这对内倾者和外倾者可观察的行为具有一定的意义。外倾者比内倾者花费更多的时间与别人交际及冲动行事，内倾者对于生活则采取了更为谨慎保守的态度。

电影《鬼店》（*The Shining*）中的尼古尔森（Jack Nicholson）——也许这种性格会在艾森克的精神质人格因素上得分高——他是攻击性的、冲动的、缺乏人情味、冷漠，对他人缺乏同情心和关心。

根据艾森克（Eysenck, 1967）的观点，那些神经质水平高的人比神经质水平低的人的**内脏脑**（**visceral brain**）具有更高的激活程度，内脏脑由大脑的几个部分构成（海马回、杏仁核、扣带回、膈膜和下丘脑）。当情境充满压力时，神经质水平高的人和神经质水平低的人之间的生理差异被认为更大。最后,构成精神质基础的生理系统较为模糊。

总之,艾森克的人格理论观点基于四个重要假设:第一,他认为通过关注少量独立或不相关人格因素而非大量的相关特质,我们能达到对人格的更好理解;第二,他认为人格的个体差异绝大部分取决于遗传因素——许多其他理论家也指出了这种可能性,但几乎没有研究去验证它;第三,艾森克认为因素分析所揭示的人格因素并非必然重要的因素,为了证明它们的重要性,必须表明在每个因素上得分高和得分低的人在行为方面具有可预测的差异;第四,他认为我们应该发展解释性理论以说明每个

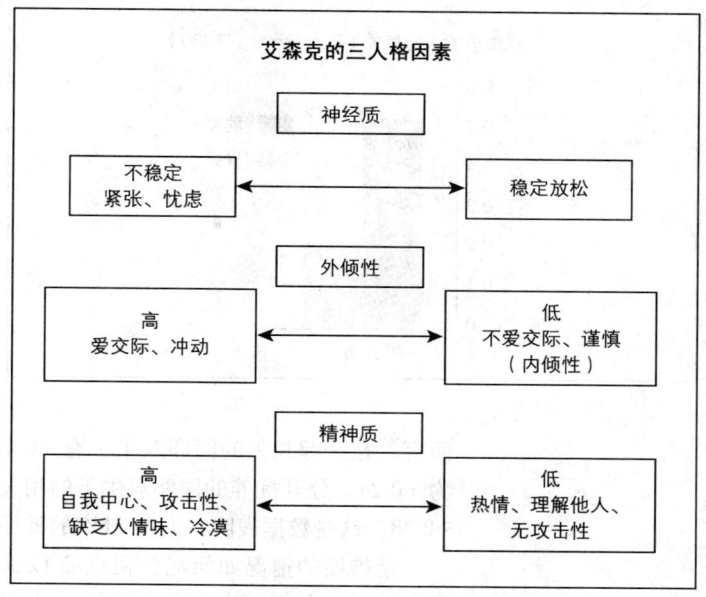

人格因素或特质上的个体差异,这可以通过研究生理功能的个体差异来完成。

证据

我们首先讨论通过考察在艾森克三个人格因素上的个体差异取决于遗传因素的程度而得到的证据。这个问题最好的解决方法是同卵双生子配对和异卵双生子配对。从本质上来讲,同卵双生子具有100%的相同基因,异卵双生子具有50%的相同基因。因此,如果遗传对决定人格的个体差异很重要,同卵双生子就应比异卵双生子在人格上更相似。如果这项研究包括被分开抚养和一起抚养的双生子配对,就能得出更精确的结论。但是,正如你所想象的,很难找到很多对被分开抚养的双生子!

佩德森等人(Pedersen, Plomin, McClearn & Friberg, 1988)报告了最完整的双生子研究。他们对95对分开抚养的同卵双生子、150对一起抚养的同卵双生子、220对分开抚养的异卵双生子和204对一起抚养的异卵双生子的外倾性和神经质进行了评价。几乎一半的双生子在1岁前就被分开了,其余的大部分是在5岁前分开的。但是,在很多情况下分开的双生子是在同一家族不同支系进行抚养,这通常意味着他们并未被置于完全不同的环境。应该注意,人们对待一起

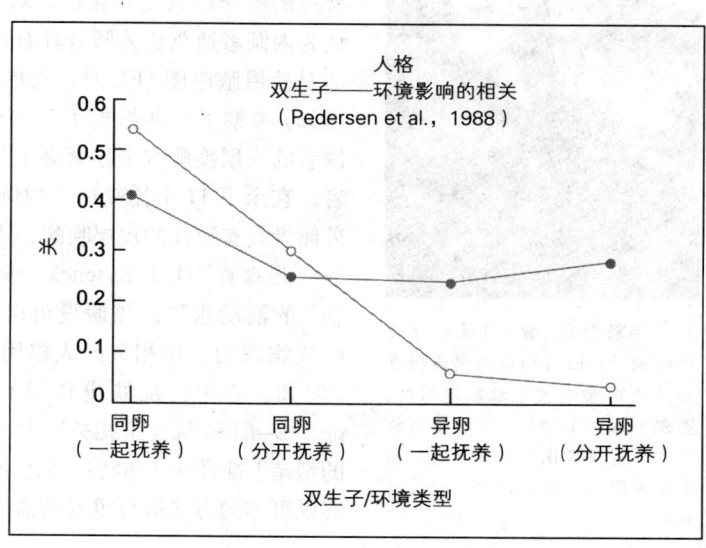

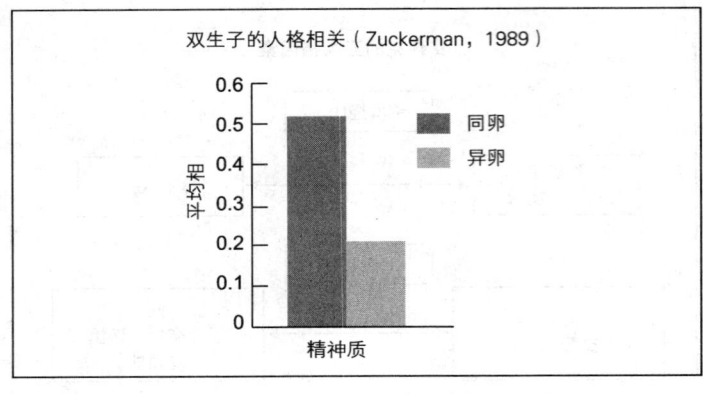

抚养的同卵双生子的方式，比对待一起抚养的异卵双生子更为相似（Loehlin & Nichol, 1976）。

佩德森等人发现了什么呢？就外倾性而言，在一起长大的同卵双生子有+0.54的相关，在一起长大的异卵双生子的相关为+0.06。被分开抚养的同卵双生子的相关为+0.30，被分开抚养的异卵双生子的相关为+0.04。佩德森等人认为，这些发现表明，约41%的外倾性个体差异可归因于遗传因素。就神经质而言，在一起长大的同卵双生子有+0.41的相关，在一起长大的异卵双生子的相关为+0.24。分开抚养的同卵双生子的相关为+0.25，分开抚养的异卵双生子的相关为+0.28。这些数据表明，大约31%的神经质个体差异取决于遗传。

精神质的情况如何呢？祖克曼（Zuckerman, 1989）讨论了四项双生子研究的发现。同卵双生子相关系数的中数为+0.52，异卵双生子的是+0.21。由此看来，约有40%—50%的精神质个体差异源于遗传因素。

迄今为止所讨论的发现，通常来自文献报告。普罗闵等人（Plomin, DeFries & McClearn, 1997）对大量双生子研究进行综述后总结认为，遗传因素可以解释40%的人格个体差异。但是所有双生子研究方法学的局限性（例如，分开抚养的双生子并未置于完全不同的环境）意味着我们需要对结论抱持谨慎态度。但在三个人格维度每个维度上40%的个体差异估计值可归因于遗传因素，该数值毫无疑问远远小于艾森克（Eysenck, 1982）所认为的数值。

现在我们转向有关艾森克人格因素的生理基础的证据。得到大量证据支持的唯一因素是外倾性，对于外倾性我们记得艾森克（Eysenck, 1967）认为内倾者通常比外倾者具有更高的皮层唤醒水平。检验该假设的一种方法是使用脑电图（EEG），它提供了脑电波活动的测量指标。盖尔（Gale, 1983）考察了一共报告了38个实验比较的33项研究。在22个比较中内倾者的皮层唤醒水平显著高于外倾者，在5个比较中内倾者显著低于外倾者。在余下11个比较中，内倾者与外倾者无差异。因此，内倾者通常比外倾者具有更高的皮层唤醒，但很明显的是在某些情形下事实也并非如此。

艾森克（H. J. Eysenck, 1967）认为神经质的个体差异取决于"内脏脑"的活动水平。该假设可以通过在压力和无压力条件下对神经质（或特质焦虑的密切相关的人格因素）水平高和低的个体进行各种间接测量（例如，心率、皮肤电传导）进行验证。法伦伯格（Fahrenberg, 1992, pp.212–213）综述了相关证据，总结如下："几十年的研究未能证实曾认为的情绪[神经质]和特质焦虑之间的生理关联。在不同研究和实验室中能够以可靠的方式进行重复的清晰发现几乎不存在。"

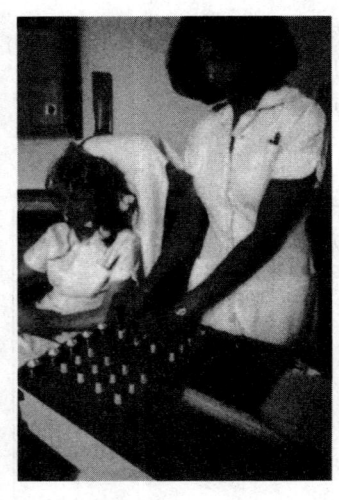

一位年轻妇女（背景）正在接受EEG检验。EEG测验通过连接在头皮上的微电极记录脑电活动。盖尔（Gale, 1983）回顾了使用该技术对内倾者比外倾者具有更高皮层唤醒水平的假设进行检验的研究。

艾森克未能区分神经质或特质焦虑得分低的两类个体。温伯格等人（Weinberger, Schwartz & Davidson, 1979）对真低焦虑者（他们随和、无防御性）和压抑者（他们受到极度控制、具有防御性）进行了区分。尽管这两个群体在特质焦虑和神经质上得分都低，但他们的生理反应存在很大差异。例如，考察一项研究（Derakshan & Eysenck, 1997），这项研究记录了学生当众演讲时的心率。如下图所示，真低焦虑者比高焦虑者表现出更少的生理反应，这与艾森克的理论相一致。不过，压抑者提供了反对该理论的有力证据：他们的特质焦虑或神经质较低，但是他们的生理活动水平与高特质焦虑或高神经质个体的生理活动水平一样高。

上述发现意味着什么呢？实质上，艾森克假设所有在特质焦虑或神经质上得分低者均彼此相似是错误的。实际上，真低焦虑者和压抑者之间存在众多差异。

艾森克的一些理论假设通过研究行为或表现得以验证。例如，考虑一下内倾者比外倾者具有更高皮层唤醒水平的假设。这可以通过使用持久而单调的**警戒任务**（vigilance task）进行检验。警戒任务的一个例子是观察钟表盘上转动的指针以觉察偶然出现的连跳。正如你所想象的，大多数警戒任务的成绩都随时间推移有所下降。在警戒任务中生理唤起水平也随时间的推移趋于下降（Davies & Parasuraman, 1982），这表明低唤醒水平可能促使产生差的警戒成绩。如果是这种情况，内倾者（通常更为唤醒）应该比外倾者在警戒任务中成绩更好。

警戒任务：通常是一种持久而单调的任务，在该任务中需要探测偶然出现的目标刺激。

M. 艾森克（M. Eysenck, 1988）综述了与外倾性和警戒作业有关的12项研究。在其中5项研究中内倾者的成绩显著优于外倾者，但在其余7项研究中内倾者与外倾者的成绩不存在差异。因此，该理论性预测只具有有限的支持。

我们已讨论的发现表明，人格的个体差异仅具有中等程度的预测价值。但是，艾森克和格洛萨斯－马蒂塞克（Grossarth-Maticek）在几项由大型烟草公司资助的研究中报告，人们的寿命极大地取决于其人格而非其他因素（例如，他们是否吸烟）。格洛萨斯－马蒂塞克等人（Grossarth-Maticek, Eysenck & Vetter, 1988）考察了四种人格类型：类型1（无助与抑郁）、类型2（唤醒与侵犯）、类型3（摇摆不定：在类型1与类型2之间波动）、类型4（个人自主或控制）。后续研究（Amelang & Schmidt-Rathjens, 1992）表明，类型1和类型2在神经质上一般较高，类型4在神经质上较低。格洛萨斯－马蒂塞克等人预测，类型1易患癌症，类型2易患冠心病，类型4最健康。他们通过对大群体被试

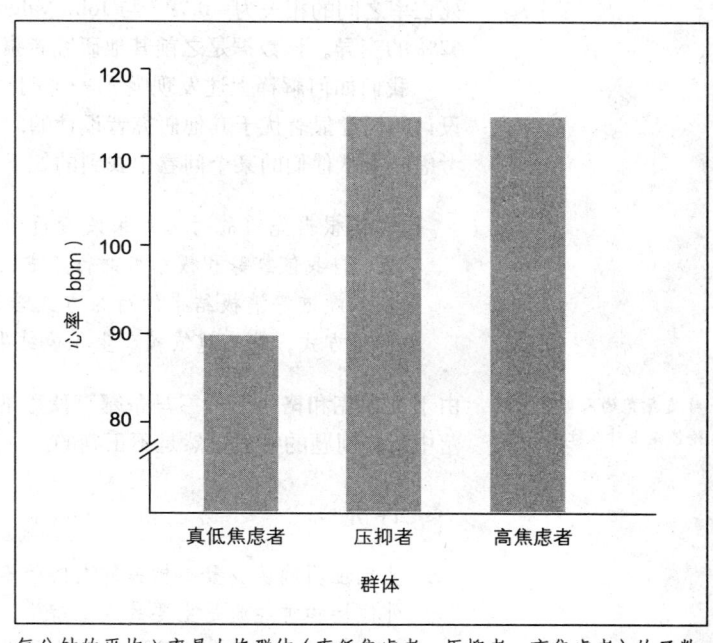

每分钟的平均心率是人格群体（真低焦虑者、压抑者、高焦虑者）的函数。引自 Derakshan & Eysenck (1997)。

进行为期15年的研究证实了这些预测。

格洛萨斯－马蒂塞克等人（1988）发现了什么呢？我们可以根据相对风险来说明他们的发现。例如，如果类型1 20%死于癌症，类型4 10%死于癌症，那么，类型1的相对风险是20%/10%=2.00。一项为期40年的研究发现，吸烟者与未吸烟者相比死亡的相对风险是3.15（Doll, Wheatley, Gray & Sutherland, 1994）。由于抽烟通常被认为是导致可预防死亡的主要原因，因此类型3的相对风险非常大。在格洛萨斯－马蒂塞克等人的一项研究中，与类型4相比，类型1死于癌症的相对风险为55.6，类型2死于冠心病的相对风险为58.8（Lee, 1991）。因此，类型1或类型2人格的健康风险几乎是吸烟风险的20倍！李总结认为："艾森克的结果过于超出了我作为一位流行病学家的经验，以至于我发现确实很难把它们当做真的来接受。"阿梅朗等人（Amelang, Schmidt-Rathjens & Matthews, 1996）完全不能重复格洛萨斯－马蒂塞克等人（1988）的发现。另外，平均而言低神经质个体应比高神经质个体寿命更长的预测，实际上未得到证据支持（Watson & Pennebaker, 1989）。

> 如果在死亡率和人格之间建立了某种联系，心理学家能做什么呢？

格洛萨斯－马蒂塞克等人（1988）宣称类型1具有非常不同于类型2的人格特征，这正是他们易患不同疾病的原因。但有研究者（Amelang & Schmidt-Rathjens, 1992）发现，类型1和类型2的问卷测量分数相关非常高（+0.81）。因此，它们实际上测量了相同的潜在人格因素（即，神经质）。

格洛萨斯－马蒂塞克和艾森克（Grossarth-Maticek & Eysenck, 1995）报告了非常引人注目的发现。他们设计了自我调节问卷（Self-Regulation Inventory），高分者的神经质较低。格洛萨斯－马蒂塞克和艾森克评估了15年间的死亡率。自我调节和死亡率之间的相关为－0.79（与John Valentine的私人通信），自我调节解释了死亡率62%的变异。该数据是之前其他研究者报告的人格与死亡率之间相关的6倍！

我们如何解释上述发现呢？一个明显的答案是，艾森克和格洛萨斯－马蒂塞克设计的问卷显著优于其他研究者设计的问卷。请记住，好的测验项目是简短而明晰的，考虑一下从他们的某个问卷中找到的如下典型项目：

> 你根据先前的行为结果改变行为吗？即你会重复过去曾导致诸如满意、幸福、自我依靠等积极结果的行为方式，并终止曾导致诸如焦虑、无助、抑郁、兴奋、烦恼等消极结果的行为方式吗？换言之，你学会了放弃导致消极结果的行为方式，越来越依赖产生积极结果的行为方式吗？

> 对艾森克的人格特质理论能提出什么批评呢？

由于艾森克和格洛萨斯－马蒂塞克使用的项目极为冗长且模棱两可，因此，前面段落中所提问题的答案显然是不正确的。

❖ 评价

- ⊕ 业已证明确认少量不相关的人格因素比大量相关的人格因素更有用。
- ⊕ 外倾性和神经质是主要的人格特质。
- ⊕ 艾森克对他的三种人格特质的个体差异的潜在过程尝试进行全面解释。
- ⊖ 精神质不是一种主要的人格特质。它的命名不精确，与精神病态（psychopathy）

而非精神症（psychosis）具有更密切的关系。
- 遗传决定三个人格维度上个体差异的作用比艾森克所宣称的要小得多。
- 艾森克提出的人格的生理学基础几乎未得到证据支持。
- 该理论强调生理活动的个体差异，但事实上忽略了认知过程的个体差异或许也很重要的可能性。例如，强有力的证据表明，神经质或特质焦虑得分高的个体比得分低的个体会以更具威胁的方式解释模棱两可的刺激（参见 M. Eysenck，1997）。这有助于解释神经质得分高的个体所体验到的较高水平的焦虑。
- 寿命几乎完全取决于自我调节或神经质的观点未被普遍接受。
- 艾森克的著作从头至尾缺乏不可缺少的科学客观性。佩尔文（Pervin，1993，p.290）指出："艾森克倾向于摒弃他人的贡献，夸大自己观点的实证支持……他经常忽略矛盾的发现。"

五因素理论

近些年来，几位理论家认为存在五种主要人格特质。这种观点演变成了著名的人格大五模型或五因素人格模型，但它现在越来越被认为是一种理论。需要注意的是，有关这些因素或特质确切性的看法只存在很小的差异。

诺曼（Norman，1963）报告了早期的重要研究。一些学生小组在卡特尔的几个等级评定量表上相互评分。然后对这些等级评定量表得分进行因素分析，出现了以下五个正交或无关因素：

1. **外倾性**（extraversion）（例如，善谈的、好交际的）。
2. **宜人性**（agreeableness）（例如，善良的、合作的）。
3. **责任心**（conscientiousness）（例如，负责的、勤奋的）。
4. **情绪稳定性**（emotional stability）（例如，平静的、镇静的；一般与神经质相反）。
5. **文化**（culture）（例如，艺术性敏感的、富有想象力的）。

麦克雷和科斯塔（McCrae & Costa，1985）提出了最有影响的五因素理论的版本，基于神经质（neuroticism）、外倾性（extraversion）、宜人性（agreeableness）、责任心（conscientiousness）和经验开放性（openness to experience）五个因素。最后一个因素代替了文化，由好奇心、兴趣广泛、创造性和想象力进行界定。科斯塔和麦克雷（Costa & McCrae，1992）制定了测量这五个因素的 NEO-PI 五因素量表，每个因素被划分为六个层面。例如，外倾性的六个层面分别是热情、合群、坚持己见、活跃、寻求兴奋与积极情感。（如果你想记住科斯塔和麦克雷五个因素的名称，注意每个因素首字母可以组成单词 OCEAN。）

是什么导致五个因素的个体差异呢？五因素理论的提倡者通常假设每个因素的个体差异部分取决于遗传因素。有人也假设环境因素很重要，但尚没有系统的研究对这些因素进行详细确认。

科斯塔和麦克雷的 NEO-PI 量表的五因素
经验开放性（O）
责任心（C）
外倾性（E）
宜人性（A）
神经质（N）

科斯塔和维迪格（Costa & Widiger, 1994, p.2）认为："假设不同形式的精神机能障碍[精神障碍]与基本人格倾向的正常变异有关，似乎是合理的。"该假设与各种人格障碍（例如，反社会型人格障碍、回避型人格障碍）具有最为明显的关联（见第22章）。科斯塔和维迪格认为人格障碍可以看做人格特质的极端变体。从这一假设能得出什么预测呢？首先，具有人格障碍的个体倾向于在某些大五人格因素上出现极端分数。

共罹症：同时在同一个体身上出现两种或更多精神障碍。

其次，如果所有的人格障碍都在少数几个人格因素上出现极端分数，那么可以预期很多个体将患更多种的人格障碍。两种或多种障碍的同时发生称为**共罹病（comorbidity）**。根据这一理论，在与大五因素的相似得分模式相关的人格障碍之间更可能出现共罹症。

证据

已多次发现与麦克雷和科斯塔（McCrae & Costa, 1985, 1990）所提出的因素非常类似的五种特质或因素。例如，戈尔伯格（Goldberg, 1990）收集了1000多个描述人格的词汇。学生根据这些词汇进行自我描述，然后对数据用10种不同的方法进行因素分析。较一致的结果是抽取了五个因素：情感稳定性（emotional stability）（与神经质相反）、宜人性（agreeableness）、责任心（conscientiousness）、外向性（surgency）（与外倾性很相似）、智慧（intellect）（类似于开放性）。

性别会以何种方式引起人格差异？

戈尔伯格根据479个常用特质词汇进行了第二次研究。在这项研究中，他获得了自陈和等级评定数据。他在两种数据中均发现了支持相同的五因素的有力证据，并得出以下结论（p.1223）："对在自我描述或同伴描述（等级评定）中的英语特质形容词进行的大样本分析，将会推导出大五因素结构的一个变体。"

有合理证据表明大五因素量表是有效的。例如，麦克雷和科斯塔（McCrae & Costa, 1990）将五种人格因素的每种因素的自陈测量与配偶等级评定进行了比较。自陈测量与配偶等级评定数据之间的所有相关均为中等偏上：神经质为+0.53，外倾性为+0.53，宜人性为+0.59，责任心为+0.57，开放性为+0.59。麦克雷等人（McCrae, Costa, del Pilar, Rolland & Parker, 1998）获得了相似的发现。为什么相关未能更高呢？麦克雷等人让很多对夫妻确认特定项目出现大量不一致的原因。对项目的特殊理解以及把项目与不同时期相联系是两个主要原因。出乎意料的是，由社会赞许性偏向造成的自陈数据的歪曲似乎很少见。

有关效度的其他证据来自波诺伦（Paunonen, 2003）对同时效度的研究。他发现，所有五个因素与各种外部效标之间显著相关（见下页图，基于四个学生样本的平均分数）。一般来说，这些相关与理论预测相一致。

人们进行了各种尝试以理解遗传在决定五因素个体差异上的作用。假如，麦克雷等人（Loehlin, McCrae, Costa & John, 1998）进行了一项关于大五因素的双生子研究。所有五个因素的个体差异在中等程度上是由遗传因素所决定。如前所述，已有证据表明，人格上约40%的个体差异可归于遗传因素（Plomin et al., 1997）。普罗闵等人区分了共享环境（对双胞胎或兄弟姊妹具有相似影响的环境因素）和非共享

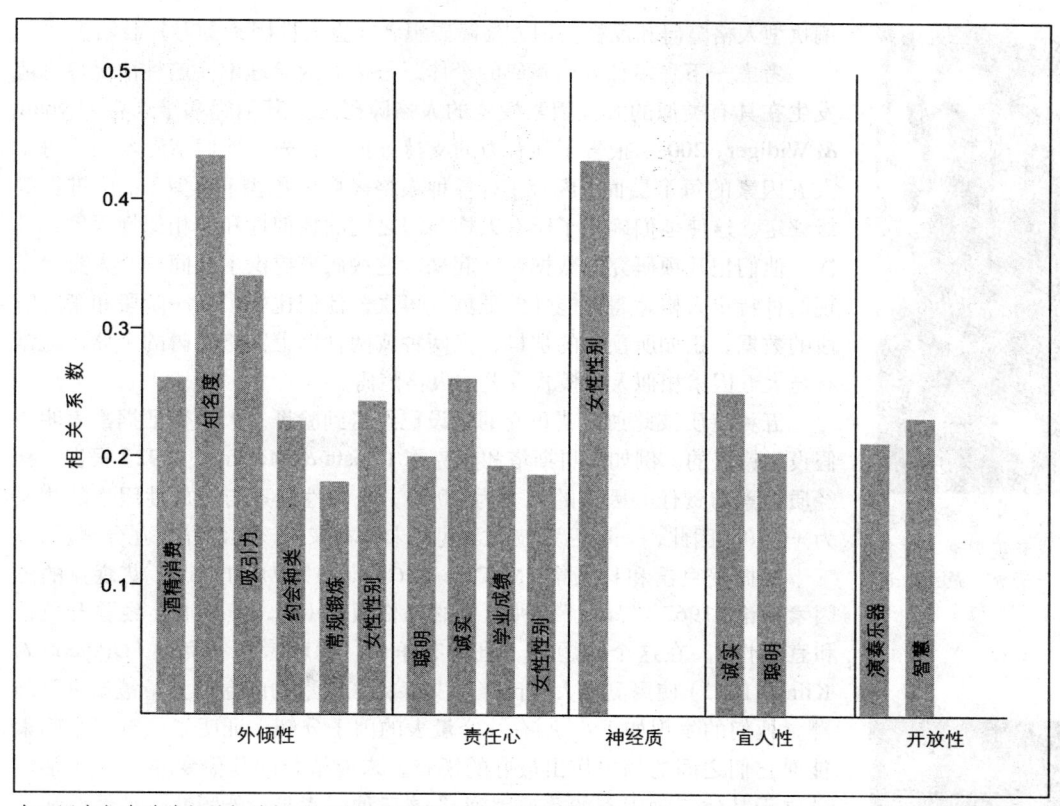

大五因素与多种外部效标的相关。基于波诺伦(2003)的数据。

环境（影响特定个体的独特的环境因素）。他们通过对证据的回顾总结认为：非共享环境解释了60%的人格变异，共享环境的贡献几乎为零。因此，充满压力的家庭环境产生焦虑型儿童的观点似乎是不正确的。

博克瑙等人(Borkenau, Riemann, Angleitner & Spinath, 2001)指出，几乎所有对遗传和环境因素在人格的个体差异贡献方面的估计，均取决于自陈数据（即完成问卷的被试）。他们让评判者根据与大五因素有关的各种形容词量表，对同卵双生子和异卵双生子进行等级评定。这些等级评定的数据表明，大五因素中40%的个体差异可归因于遗传，35%归因于非共享环境，25%归因于共享环境。这些发现表明，遗传因素对人格个体差异的贡献在不同的自陈数据和等级评定数据上仍保持相当的一致性。但令人困惑的是，共享环境似乎在评定数据中比自陈数据更为重要，我们至今也无法解释这个发现。

人格障碍可以根据五因素理论进行理解的普遍观点，已在多项研究中得到验证（见第22章的进一步讨论）。人格障碍个体在大五因素上应该具有极端分数的具体预测，获得了大量支持(Widiger, Verheul & van den Brink, 1999)。例如，维迪格和科斯塔(Widiger & Costa, 1994)发现，精神分裂型人格障碍和回避型人格障碍患者在外倾性因素上得分很低。另外，这两个群体在神经质上得分较高。边缘型人格障碍、

为了确定人格的个体差异是否取决于遗传因素或环境因素，进行了大量的双生子研究。最终的证据表明，人格上40%的个体差异取决于遗传因素。

在其他物种中发现了人格因素的某些个体差异。例如，格斯林和约翰在黑猩猩中观察到外倾性和神经质的个体差异以及责任心上的个体差异。

偏执型人格障碍和反社会型人格障碍患者在宜人性因素上得分很低。

考虑一下患多种人格障碍的个体。根据五因素理论，这种情况最可能发生在具有类似的大五因素模式的人格障碍上。莱纳姆和维迪格（Lynam & Widiger, 2001）报告了强有力的支持证据。首先，他们请专家根据每个大五因素的每个层面[内容]对各种人格障碍的原型[典型]案例进行等级评定。这使他们确定了所有人格障碍之间的相似性和非相似性程度。其次，他们把几项研究的数据合并起来，这些研究提供了在同一个人身上发现两种特定人格障碍可能性的证据。再次，他们比较了第一阶段和第二阶段的数据。正如所预测的那样，患两种或两种以上人格障碍的个体，通常有与大五因素相似人格模式有关的人格障碍。

五种特质彼此独立或正交的假设已经得到验证。大多数证据都表明该假设是错误的。例如，科斯塔和麦克雷（Costa & McCrae, 1992）报告，神经质因素与责任心因素的相关为–0.53，外倾性因素与开放性因素的相关为+0.40。因此，一些因素彼此之间并未像本来应该的那样相互分离。

根据麦克雷和科斯塔（McCrae & Costa, 1999）的观点，艾森克的三因素理论（1967）忽略了三种主要的人格因素（即，责任心、经验开放性和宜人性）。在这个问题上一直存有争议。德赖考特和克兰（Draycott & Kline, 1995）使用测量大五因素和艾森克三因素的问卷对大量被试进行施测。他们的发现如下："所有八个量表的因子分解，证明了仅有三个因素能对它们之间的相关作出最好的解释。未能解释的其他变异……未形成独立于其他三种因素的重要因素。"这三种因素是：外倾性、神经质和精神质或涉及低责任心的倔强。

为什么宜人性和经验开放性未作为重要因素出现呢？宜人性与精神质因素的相关为–0.47，与神经质因素的相关为–0.41，因此代表了艾森克两个因素的合并。经验开放性与外倾性因素的相关为+0.61，可能是因为两种因素的高分者都喜欢新奇事物。

人们有时认为基本人格因素在其他物种中应该也可以观察到。格斯林和约翰（Gosling & John, 1999）考察了大五的跨物种证据。他们报告了黑猩猩、其他灵长类动物甚至孔雀鱼和章鱼等众多物种在外倾性和神经质上存在个体差异的证据。很多物种（不包括孔雀鱼和章鱼）在宜人性上表现出个体差异，可能是因为所有的章鱼都令人不快。在一些其他物种上也发现了经验开放性的各层面（例如，好奇心）的个体差异，但是只有黑猩猩在责任心上显示出个体差异。

❖ 评价

⊕ 大五人格特质已在自陈数据和等级评定数据中重复获得，每种特质的个体差异受到遗传因素中等程度的影响。

⊕ 大五取向以艾森克的早期理论为基础，并扩展了该理论。

- ⊕ 所有五个因素的共识效度和同时效度都已确定。
- ⊕ 大五人格特质与各种人格障碍之间存在显著相关，该理论使我们能预测哪些人格障碍最有可能（或最不可能）被同时发现。
- ⊖ 一些大五因素彼此相关，因此这些因素并非真正独立。
- ⊖ 一些因素（例如，开放性、责任心）可能没有其他因素重要。
- ⊖ 大五取向实质上是描述性的，不能对各种因素的潜在过程提供充分解释。
- ⊖ 正如麦克雷和科斯塔（McCrae & Costa, 1999, p.147）所承认的那样，我们对某些关键问题并未得到答案："难道五因素理论不应该解释为什么存在五个因素而非六个？以及为什么是这些因素而非其他因素？"
- ⊖ 大五特质可能反映了相当肤浅的人格层面。根据麦克亚当斯（McAdams, 1992, p.333）的观点，"五因素模型实质上是一种陌生人心理学——对某人进行快速而简单的描述"。

跨文化视角

确定人格结构的大多数尝试均关注各种西方文化。因此，揭示主要人格维度（例如，大五）是普遍性的还是具有文化特异性就显得很重要。遗憾的是，阐述该问题通常采用的方法具有局限性，即把西方文化中开发的人格问卷对一些其他文化的个体进行施测。为什么这种方法具有局限性呢？假设我们发现大五人格因素也在一些非西方文化中出现。这就表明大五并不完全是文化特异性的。但是，该方法不能告诉我们是否存在对某些正在接受检验的文化具有特异性的其他人格维度。为了获得较为完整的图景，我们也需要使用本土化人格测量工具，这些人格测量是对每种特定文化中形成的人格进行评估。令人感兴趣的是，可以了解这些本土化测量工具是否评价了西方人格问卷遗漏的人格层面。

为什么使用为西方文化设计的人格测验来测量其他文化群体会存在问题？

证据

特里安第斯和苏（Triandis & Suh, 2002）回顾了跨文化人格研究。西方研究所确定的主要人格维度在非西方文化中也经常发现。例如，巴雷特等人（Barrett, Petrides, Eysenck & Eysenck, 1998）分析了在34个国家获得的艾森克人格问卷的数据。该测验测量了外倾性、神经质及精神质，重要的发现是，这些因素在所有34个国家都明显存在。类似的，麦克雷等人（McCrae et al., 1998）发现，这些旨在评估大五因素的测量工具的因素结构在一些不同文化中非常相似。约翰和斯里瓦斯塔瓦（John & Srivastava, 1999, p.109）对他们的综述总结如下："跨语言研究表明，大五可以在德语中重复。非西方语言和文化的证据较复杂，第五个因素[开放性]通常显示出最弱的可复制性。"

斯蒂尔和奥尼斯（Steel & Ones, 2002）讨论了40个不同国家所报告的艾森克人格问卷的发现。他们善意地为作者提供了这些调查结果的详细统计分析（包括说谎量表的平均分，该量表旨在探测故意歪曲反应），结果如下页表所示。国家的主观幸福感在那些高外倾性、低神经质和低说谎量表分数的国家中一般较高。这使你可以对你们国家的主观幸福感的相对水平有一些了解!

使用本土化测量的研究经常表明,人格的一些方面是具有文化特异性的。例如,有研究者(Cheung & Leung, 1998)在中国和中国香港进行了中国人格评价量表(Chinese Personality Assessment Inventory)和大五项目的调查。他们发现了除开放性

精神质、外倾性、神经质和说谎量表在 40 个国家或地区的平均分

国家或地区	精神质	外倾性	神经质	说谎	样本量
澳大利亚	6.96	19.31	15.48	7.58	654
孟加拉国共和国	4.24	19.5	12.29	19.15	1075
巴西	3.99	17.63	14.20	17.93	1396
保加利亚	4.17	18.60	14.96	15.12	1038
加拿大	4.28	18.05	12.77	13.92	1257
中国	6.79	13.75	14.50	20.41	1000
捷克斯洛伐克	9.14	19.52	14.09	11.47	1912
埃及	4.40	18.57	17.36	21.37	1330
芬兰	4.90	16.26	14.60	11.57	949
法国	5.49	17.75	15.09	14.59	811
德国	6.23	18.40	13.68	10.96	1336
希腊	5.49	20.40	18.32	16.61	1301
中国香港	7.05	16.73	14.61	14.37	732
匈牙利	3.86	16.57	14.58	15.63	962
冰岛	3.52	19.19	13.90	10.53	1144
印度	8.17	22.80	16.26	18.38	981
伊朗	4.52	17.69	16.05	17.13	624
以色列	3.60	22.62	8.51	17.39	1050
意大利	4.43	18.37	16.66	16.89	802
日本	4.80	16.50	16.78	9.62	1318
韩国	4.97	16.49	18.71	15.74	1200
黎巴嫩	2.30	19.26	14.17	20.30	1239
立陶宛	5.01	16.45	15.10	17.50	1404
墨西哥	4.49	20.63	14.15	15.41	988
荷兰	2.88	17.36	11.52	16.09	876
尼日利亚	3.58	24.50	9.43	17.76	430
挪威	2.22	18.65	10.33	11.68	802
葡萄牙	2.49	18.94	15.27	14.12	1163
波多黎各	4.43	21.01	14.15	17.01	1094
罗马尼亚	3.51	18.45	13.31	17.14	1014
俄罗斯	3.41	16.55	18.04	14.18	1067
西西里	5.89	17.36	17.16	16.42	785
新加坡	4.36	17.42	13.02	16.32	994
西班牙	2.97	17.11	16.24	15.81	1030
斯里兰卡	4.27	18.67	12.09	20.86	1027
乌干达	6.06	19.44	15.78	13.56	1476
英国	3.84	18.03	14.97	12.11	1198
美国	3.32	21.53	15.20	9.46	879
南斯拉夫	7.46	17.32	14.37	17.94	971
津巴布韦	6.50	19.75	14.65	15.20	838

资料来源:Steel & Ones (2002)。

因素以外的其他四个大五因素的证据。此外，他们还获得了一个与大五因素无关的中国传统因素。

有研究者（Katigbak, Church, Guanzon-Lapensa, Carlota & del Pilar, 2002）使用菲律宾版本的大五人格因素测验以及三个本土化问卷对菲律宾学生进行了测量。结果发现，存在中等强度的证据支持大五因素的存在。对本土化问卷的分析也表明存在社会好奇（例如，流言蜚语）和冒险等人格维度。

文化之间的差异可能比迄今为止所表明的更为深刻。通常认为个体主义文化与集体主义文化之间存在重要区分（见第1章），前者强调个人责任，后者强调群体义务。在集体主义文化中，决定行为的半永久性（semi-permanent）人格特质的整体观点，在集体主义文化也许更不适用——在该文化中，人们假设个体是可变的，会做任何必需的事情以符合群体期望。例如，研究者（Norenzayan, Choi & Nisbett, 1999）发现，西方文化的人把人格特质看做是稳定的，东亚人则把人格特质看做是更加灵活和可变的。与这种分析相一致，有证据表明人格特质在集体主义文化中不能像在个体主义文化中那样预测行为（Church & Katigbak, 2000）。

❖ **评价**

⊕ 与人格的文化相似性和差异性有关的研究数量有了显著增加。
⊕ 在很多文化中都发现了支持艾森克三种人格因素和大五因素的证据。
⊖ 当使用本土化人格测量工具时，经常有证据表明存在西方文化强调范围之外的人格维度。
⊖ 大多数跨文化研究严重依赖从学生样本中收集的数据。非西方文化的学生比非学生更可能受到西方思想和价值观的影响（Triandis & Suh, 2002）。因此，这些研究可能使不同文化的人格差异减少到最低程度。
⊖ 个体行为上的差异取决于半永久性人格特质或因素的观点，在个体主义文化中可能比在集体主义文化中更有意义。

使用学生样本研究人格有什么缺陷？

特质取向的总评

人格特质取向具有几个优势。第一，比较科学，并随着时间而表现出切实的进步。第二，特质取向形成了人格结构的粗略描述。很多研究都得出共同的结论：责任心、外倾性、宜人性和神经质均为重要的人格特质，经验开放性构成第五种特质。第三，双生子研究表明，遗传因素在决定人格的个体差异方面是很重要的。

特质取向的缺点是什么呢？第一，"特质理论尤其不能说明人格的工作方式……或它如何影响行为，以及人如何将特质表现到行为上"（Carver & Scheier, 2000, p.86）。第二，特质理论通常假设人格在时间上是稳定的。人格虽然比较稳定，但不如智力更稳定（Conley, 1984）。正如佩尔文和约翰（Pervin & John, 1997, p.295）所指出的："证明人格的稳定性并指出这种稳定性的原因——遗传（气质）因素、环境选择和塑造是一回事……完全忽略对变化如何发生的进行说明则是另一回事。"第三，特质取向的批评者抨击个体在不同情景中保持一致行为的假设。米歇尔（Mischel, 1968）认

新异的、正式的公众场景　　　　　　熟悉的、非正式的私人场景

跨情景一致性：个体在不同情境中以相同方式进行反应的程度。

你认为人们在何种程度上可能改变他们的人格？

你能想到情境变量比人格特质更能决定行为的情形吗？

为，事实上几乎不存在**跨情景一致性**（cross-situational consistency），跨情景一致性涉及任一特定个体在不同情境中以相似的方式表现行为。特质理论家假设可以根据人格特质预测行为，因此他们预测跨情景一致性的程度是相当高的。米歇尔的文献综述揭示出，在任何特定的情景中，人格测量与行为的相关很少超过 +0.30。这意味着人格对行为个体差异的解释不超过 9%。米歇尔总结认为，人格对行为的预测很弱，而且行为几乎完全取决于个体所处的情境。

米歇尔对特质取向的批评具有某些有益作用。但他未对人格影响和情境影响进行直接比较，因此他实际上并不知道情境因素是否比人格能更好地预测行为。萨拉松等人（Sarason, Smith & Diener, 1975）计算了 138 个实验中人格和情境各自解释变异（个体之间的行为差异）的百分比。平均而言，情境解释了 10.3% 的变异，人格解释了 8.7% 的变异。因此，行为实质上更多的取决于情境而非人格并不是事实。

方德和奥泽（Funder & Ozer, 1983）报告了情境因素并非极其重要的进一步证据。他们强调一些经典研究中情境因素的影响，例如米尔格莱姆（Milgram, 1974）的权威服从研究（见第 20 章）和达利与拉塔内（Darley & Latané, 1986）的旁观者干预研究（见第 19 章）。这些研究所操纵的在理论上非常重要的情境因素与行为之间的平均相关，大约占变异的 +0.38 或 14%，仅仅略高于人格与行为之间的相关。

爱普斯泰恩（Epstein, 1977）认为，如果我们求少量的不可靠行为的相关，那么跨情境一致性将会很低。他对基于两个行为样本的社交性等级评定计算相关。当每个行为样本仅持续 1 天时，相关仅为 +0.37。但当每个行为样本持续 14 天时，相关上升到 +0.81。他总结认为，考察长期行为样本时，跨情境一致性较为显著。

如果我们仅仅关注行为更多的取决于人格还是更多的取决于情境的问题，我们就会忽略正在发生的事情的某些复杂性。行为经常涉及人格与情境的交互作用。阿特金森等人（Atkinson, Atkinson, Smith & Bem, 1993）区分了交互作用的三种不同类型：

1. **反应性交互作用**（reactive interaction）。在特定的情境中行为存在个体差异，因为个体在解释情境的方式上存在差异。
2. **唤起性交互作用**（evoactive interaction）。他人对我们的行为在某种程度上取决于我们对他们的行为。

3. 主动性交互作用（proactive interaction）。我们经常决定将自己置身于哪种情境。例如，弗海姆（Furham，1981）发现，外倾者比内倾者更常选择社交情境。

社会认知理论

美国心理学家班杜拉出生于1925年，多年来，他一直都在费尽心力发展他的行为个体差异观点。最初，他在行为主义传统的框架内做了大量工作（见第8章）。因此，他认为我们需要非常谨慎地研究环境以理解人们的行为方式。他还认为，通过表现受奖赏的反应而不表现受惩罚的反应，可以产生学习。但是，他逐渐提出了一种更为复杂的观点（Bandura，1986，1999）。他把他的社会认知理论与行为主义的一些关键差异区别如下："人是自我组织、主动、自我反省和自我调节的，而不仅仅是由外部事件塑造和引导的反应性有机体[如行为主义的观点]。"（Bandura，1999，p.154）说得更具体点就是，各种认知过程和策略在决定个人如何行为方面是很重要的。在特定情境中出现行为的个体差异，在某种程度上是因为个体在认知过程上存在差异。

> 认知过程如何解释个体差异？

如果我们考察下页的图，就能更清晰地了解班杜拉的社会认知观点与一些其他观点存在何种差异。行为主义者和一些特质理论家支持班杜拉的单侧因果作用（unilateral causation）。就行为主义者来说，他们强调外部环境决定行为的观点。对于特质理论家来说，他们假设个人因素（例如，人格特质）决定行为。班杜拉认为这两种观点都过于简单，而根据三元互动因果作用（见下页图）进行考虑则要更为现实。什么是**三元互动因果作用**（triadic reciprocal causation）呢？其基本观点是：个人因素（例如，认知和情感事件）、环境及行为均相互影响。例如，我们的行为和动机经常会影响我们所处的确切环境。因此，环境影响我们，但我们也会帮助自己决定我们的环境。

> **三元互动因果关系**：班杜拉的个人因素、环境和个体行为三者相互影响的观点。

班杜拉（Bandura，1999）强烈地主张，我们只有在全面考虑人们所处的特定情境或环境后，才能预测他们的行为。他把这种观点与大多数理论家的观点做了比较，这些理论家通常使用包含各类普通问题的问卷：

> 在这种"一刀切"（one size fits all）的观点中，由于删除了人们处理情景的信息，这些项目也就脱离了背景……在无条件通则下，期望人格量表会阐明个人因素在跨情景多样环境下不同工作领域中对心理社会功能的贡献是不现实的。（p.160）

班杜拉对人的传统特质取向进行了严厉批评。那么，他赞同哪种人格观点呢？根据班杜拉（Bandura，1999，p.187）的观点：

> 自我体现了所有的天赋、信念系统及广泛的结构和功能，个人的动因作

用通过自我得以实施，而不是作为一种离散的[独立的]实体存在于某个特定的地方……"人格"是整合的自我系统，其中之前确认的构成成分以复杂的交互作用的方式运行。

这种整合的自我系统的某些最重要的成分将在下面讨论。

观察学习

班杜拉（Bandura, 1977b, p.12）认为：

通过观察他人的行为及行为的结果，几乎所有来自直接经验的学习现象都可以在替代性（二手经验）基础上发生。借助观察的学习能力，使人们能够获得大量、整合的行为模式，而不需要通过乏味的尝试错误慢慢形成这些行为模式。

观察学习（observational learning）或模仿这个术语是指通过观察他人的行为进行学习（见第8章）。

对观察学习的强调，完全不同于行为主义者为了产生受奖赏反应和避免产生受惩罚反应而对学习的强调。在现代社会，观察学习可能变得越来越重要，因为我们学习的很多内容都基于对电视和电影中人物的观察。

根据班杜拉（Bandura, 1986）的观点，在任何特定情境中获得的观察学习的数量，取决于榜样的特征。如果榜样具有吸引力、可信赖、与观察者相似，并且能力强，那么观察者通过对他们的模仿，要比对于那些不具备这些特征的榜样，会出现更多的观察学习。布鲁尔和万（Brewer & Wann, 1998）让大学生观看正在完成拼图任务的榜样的录像。当榜样被描述为拥有社会权力（例如，他是一名专家）时所获得的观察学习，要多于榜样不具备社会权力的情况。

班杜拉认为，与观察学习有关的一个关键因素是他提出的替代性强化。当个体观察他人受奖赏或受惩罚的行为时，就会发生**替代性强化**（vicarious reinforcement）；如果行为受到奖赏而非惩罚，他们就更可能模仿这种行为。班杜拉（Bandura, 1977b）明确说明了替代性强化影响观察者行为的几种心理机制：

1. **动机的**（motivational）。替代性强化能激励观察者模仿（或避免模仿）

行为决定性因素的各种因果模型。资料来源：Bandura（1999）。

观察学习：一种基于观察和模仿榜样行为的学习形式。

替代性强化：他人获得的强化或奖赏对个人的行为具有强化作用的情境。

榜样的行为。

2. **信息的**（informative）。替代性强化提供与特定行为方式后果有关的信息。

3. **影响力**（influenceability）。在看到榜样对类似强化如何反应后，观察者可能更受某种特定强化方式的影响。

4. **情绪学习**（emotional learning）。替代性强化可引起观察者本身的情绪唤起或恐惧。

5. **榜样地位的改变**（modification of model status）。如果榜样受到奖赏，替代性强化能使观察者提高对他/她的评价，如果榜样受到惩罚则会降低对他/她的评价。

6. **评估**（valuation）。替代性强化能够改变观察者对正在实施强化的人和作为榜样的人的看法。例如，当看到一个人遭受不公正的惩罚可能使观察者不喜欢惩罚者，而同情被惩罚者。

我们需要在学习和表现之间进行区分。例如，考虑一下某人观察榜样以某种行为方式行事并受到了惩罚。观察者可能很好地学习该榜样的行为。但是，这种学习不会影响表现，因为观察者可能不想体验以与榜样相同的行为方式所带来的消极后果。

证据

对观察学习已进行过很多次研究（见第16章）。例如，班杜拉和罗森塔尔（Bandura & Rosenthal, 1966）进行了一项被试观察榜样的研究。该榜样是实验者的同盟，被拴在各种电器设备上。当蜂鸣器响起时，榜样从他坐着的椅子扶手上迅速把手收回，并显出痛苦状。此后不久所出现的情况是，被试开始以恐惧的方式对蜂鸣器作出反应。

班杜拉等人（Bandura, Ross & Ross, 1963）指出了对学习和表现加以区分的重要性。当榜样的行为受到奖赏而非受惩罚时，儿童更可能模仿榜样的行为。因此，榜样行为的后果会影响观察者的表现。但当给予儿童很有吸引力的诱因让他们模仿榜样的行为时，观看到榜样受奖赏行为的儿童和观看到榜样受惩罚行为的儿童之间的差异就消失了。这两组儿童都以相同的程度习得了榜样的行为。

库克和米内卡（Cook & Mineka, 1989）从猕猴身上获得了观察学习的证据。所有猕猴都观看一盘录影带，在录影带中一只猴子似乎对玩具蛇、玩具鳄鱼、玩具兔或花产生了强烈恐惧反应。那些猕猴观看了玩具蛇或玩具鳄鱼的录像后，也建立起了对这些客体的恐惧反应，但对玩具兔或花却未产生这些恐惧反应，可能是因为这些玩具兔或花在现实世界中并不构成危险。这些发现对班杜拉的观点提出了一些质疑，他们认为观察学习可能取决于我们的进化史，在进化史中形成对蛇和鳄鱼的恐惧是可取的。班杜拉没有明确考虑进化史在影响观察学习是否发生上的重要性。

❖ **评价**

⊕ 观察学习和替代性强化在诸多研究中被证明是两种重要现象。

在观察过别人之后，我们的行为会在多大程度上发生改变？

- ⊕ 观察学习有助于我们理解在任何特定情境中存在行为个体差异的原因。
- ⊖ 我们的进化史影响着我们是否通过观察恐惧性榜样而习得恐惧反应。
- ⊖ 根据班杜拉的观点（1999, p.173）："模仿并非通常所认为的直接模仿反应的过程。模仿的判断和行为可能在具体内容上有所不同，但却体现了相同的规则。"这是相当模糊的，通常难以确定观察者的行为是否的确（或未能）与榜样的行为一样"体现了相同的规则"。

自我效能感

自我效能感：个体关于自己成功处理一项特定任务或情境的能力的信念。

自我效能感的概念在班杜拉的社会认知理论中可谓至关重要。**自我效能感（self-efficacy）**指个体对他们处理一项特定任务或情境以及实现预期结果的能力的信念。用班杜拉（Bandura, 1977a, p.391）的话说，自我效能感判断所关心的"不是个人拥有的技能，而是个体对自己拥有的技能能做什么的判断"。自我效能感被认为可以预测行为的多个方面。班杜拉（1997a, p.194）认为：

> 假定具有适当的技能与足够的动机，……效能期望是一个主要的决定性因素，决定着人们的行为选择、努力程度，以及在应对压力情境时能坚持多久。

在任何特定情境中，个体的自我效能感取决于四个主要因素：

1. 个体在那种情境中成功和/或失败的**先前经验**（previous experiences）。
2. 相关的**替代性经验**（relevant vicarious experiences）（例如，如果你看到他人成功应对某种情境，这可能增强你的自我效能信念）。

在一个情境中，以前的成功使个体更可能相信他们会再次成功，以前的失败则可能使个体不愿再对这种情境投入更多的努力或表现出更大的兴趣。

3. 言语（或社会）劝说。如果某人令你信服地认为你拥有在某种情境中成功所需要的技能，你的自我效能感就会增加。

4. 情绪唤醒。高唤醒水平通常与焦虑和失败有关，并有助于降低自我效能感。

证据

自我效能感通常用来预测行为。例如，泽沃尔托夫斯基（Dzewaltowski, 1989）记录了 328 名学生七周时间内的锻炼量。在这段时间之前，泽沃尔托夫斯基获得了各种因素的测量（例如，学生的行为意图），这些因素可以预测学生的锻炼量。当面临竞争性要求时，他们对参加体育项目能力的自我效能感是一个最好的独立预测指标。自我效能感与锻炼行为的相关为 +0.34。

丹尼斯和戈尔德伯格（Dennis & Goldberg, 1996）针对 54 名肥胖妇女实施了一项研究，让她们参与一个为期 9 个月的营养和减肥项目。那些自我效能感高的妇女被归为自信者，那些自我效能感低的妇女被归为不自信者。在 9 个月的时间里，自信者的减肥效果比不自信者的减肥效果更为显著，这表明自我效能感在成功减肥上具有重要作用。

斯塔杰克维奇和同事（Stajkovic & Luthans, 1998）对 114 项与自我效能感和工作绩效的关系有关的研究进行了元分析。自我效能感和绩效之间的平均相关为 +0.38，这意味着自我效能感可以解释个体间 14% 的绩效变异。然后他们（p.252）计算出该相关等同于绩效提高了 28%，这与其他变量引起的增长形成有利的对比："由自我效能感引起的 28% 的绩效增加，比元分析中其他变量引起的绩效增加更大，如目标设定（10.39%……）、反馈干预（13.6%……）或组织行为调整（17%……）对绩效的影响。"

斯塔杰克维奇和同事（1998）也发现自我效能感与绩效关系的强度受两个因素的影响：任务复杂性和研究环境（实验室和现场）。与复杂任务相比，自我效能感在简单任务中与高任务绩效的相关更强烈。此外，在实验室环境中，自我效能感与绩效之间的相关强度始终比在自然现场环境中更高。因此，在实验室中，自我效能感与简单任务绩效之间的平均相关为 +0.54，而在现场情境中仅为 +0.20。为什么会存在这些差异呢？可以认为，当被试拥有有关任务的详细信息，或有关成功完成任务所采取的最佳策略等信息时，自我效能感与绩效的相关达到最大。在自然环境中完成复杂任务的被试，通常没有充足的信息来作出准确的自我效能感判断。

卡帕拉等人（Capara, Barbaranelli & Pastorelli, 1998）比较了自我效能感和大五人格因素预测学业成绩和同伴偏爱方面的效力。除了开放性对学业成绩的预测之外，大五人格因素几乎没有任何预测力。相反，学业和自我调节的自我效能感，均能预测学业成绩和同伴偏爱。

贾奇和博诺（Judge & Bono, 2001）进行了一项元分析来考察广义的自我效能感和情绪稳定性（低神经质）对工作绩效的影响。两个因素与工作绩效均存在显著相关。广义的自我效能感与工作绩效之间的平均相关为 +0.23，情绪稳定性与工作绩效之间

的平均相关为 +0.19。

❖ 评价

- ⊕ 经常发现自我效能感与绩效之间存在强烈的联系（Stajkovic & Luthans, 1998），而且这些联系通常比其他变量与绩效的联系更大。
- ⊕ 认知过程（例如，自我效能判断）在决定动机的个体差异上起着重要作用（也见第 3 章关于目标设定研究的讨论）。
- ⊖ 当任务很难和/或任务是在自然条件下而不是在实验室完成时，自我效能感就不能很好地预测成绩。
- ⊖ 自我效能判断仅仅基于个体有意识的内部过程。
- ⊖ 关于因果关系存在一些棘手的问题。人们假设自我效能感在决定成绩方面具有重要作用。但是，过去的成绩毫无疑问有助于决定自我效能判断，因此难以解释自我效能感与成绩之间的关系。

自我调节

自我调节：使用自己的认知过程来调节和控制自己的行为和目标。

班杜拉（Bandura, 1986）认为，我们的行为经常取决于自我调节。**自我调节（self-regulation）** 指个体使用自己的认知过程来调节和控制自己的行为，通常涉及如果达到某一特定绩效标准就进行自我奖赏的过程。因此，我们的行为通常受控于内部因素，而非行为主义者所强调的外部因素（例如，奖赏或强化）。班杜拉（Bandura, 1977a, pp.128–129）提供了生动的例子来支持这种观点："试图把和平主义者变成侵略者或者把虔诚的信徒变成无神论者的任何人，都会很快地充分意识到个人行为控制源的存在。"

在什么情景下，你会有意识地努力控制自己的行为？

班杜拉（Bandura, 1986）详细阐明了自我调节所涉及的过程：

1. **自我观察（self-observation）**。个体观察自己的行为（例如，自己的工

行为主义者认为，我们的行为方式受到外部奖赏的强烈影响。

作质量、生产率)。

  2．**判断过程**(**judgmental processes**)。个体对个人标准、标准常模(例如，他人的表现)，以及影响行为表现的个人因素或外部因素作用的考虑。

  3．**自我反应**(**self-reaction**)。当行为达到或超过个人标准时，个体体验到自豪或自我满意的积极自我反应。相反，当行为与个人标准存在差距时，个体体验到自我批评或不满。

  根据行为主义者的观点，我们受以某种特定方式为行为提供的外在奖赏(例如，金钱)的强烈影响。自我调节观点的核心是自我强化也很重要，自我强化基于我们对自己行为的内部反应。用班杜拉的话说(Bandula, 1999, p.176)：

> 人们追求能给他们带来自我满足和体现自我价值的行为过程，抑制那些可能会让他们自责的行为……借助于自我反应评价的行为进行自我调节，是人类特有的能力……自我评价给行为以方向并为行为提供了动机。

  自我调节不应被视为完全独立于观察学习和自我效能感。例如，观察他人有助于我们决定把什么设定为合理的绩效标准，并会影响我们的行为或绩效的哪些内容成为自我观察的主要关注点。班杜拉(同上)详细阐明了自我调节和自我效能感之间的部分关系：

> 当人们达到所追求的标准后，自我效能感强的人通常会为自己设定更高的标准。

证据

  使用自我调节策略的人通常比很少使用这些策略的人表现得更好。例如，基特桑塔斯(Kitsantas, 2000)考察了隶属于三种群体的大学生的自我调节和自我效能感：减肥失败的超重学生、以前超重但减肥成功的学生，以及体重正常的学生。所有被试完成一个问卷，该问卷可以揭示出他们所采用的自我调节策略类型，以及他们对成功使用这些策略的能力的自我效能信念。所考察的自我调节策略如下：目标设定和/或计划(例如，理想体重)、自我监控以便跟上减肥的进度、体重控制进展的自我评价，以及为减肥而寻求帮助的努力尝试。

  基特桑塔斯发现了什么呢？第一，减肥失败的超重学生比另外两组学生使用更

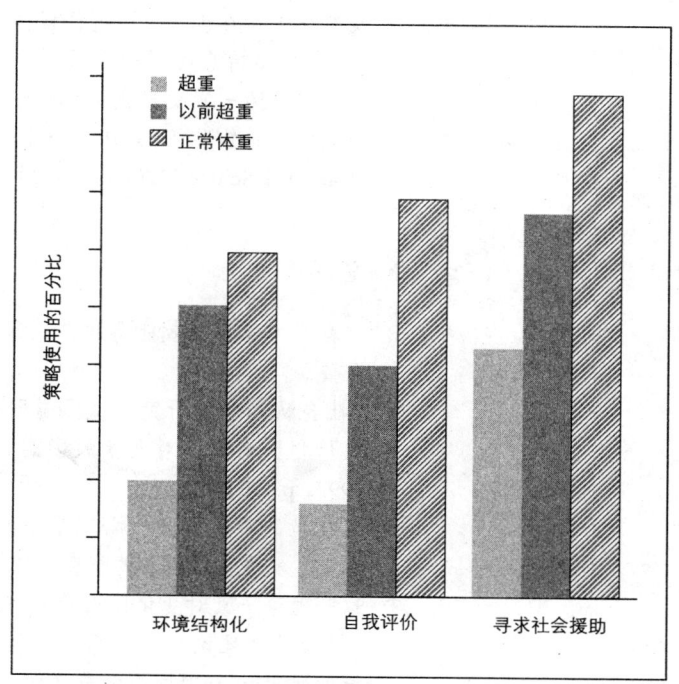

超重、以前超重和正常体重被试对各种自我调控策略的使用。数据来自 Kitsantas (2000)。

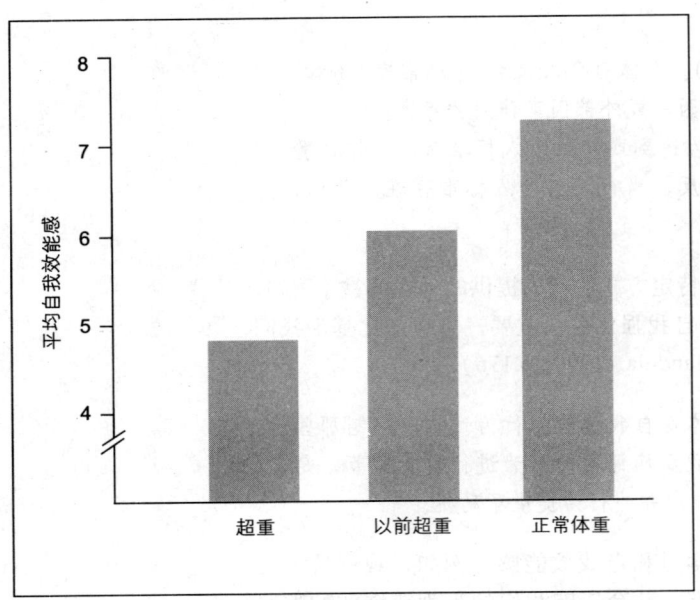

超重、以前超重和正常体重群体的自我效能感。数据来自 Kitsantas（2000）。

少的自我调节策略（如上页图所示）。在对减肥进展的自我评价上尤其如此，减肥失败的超重学生对这种策略的使用远少于其他组的学生。第二，减肥失败的超重学生的自我效能感水平低于其他两组学生（如左图所示）。第三，只有与高自我效能感相结合，几种自我调节策略的使用才是有效的。总之，想减肥（或保持正常体重）的个体应该使用多种自我调节策略，并拥有成功实施这些策略的强烈的自我效能信念。

❖ 评价

⊕ 人类的很多行为都受自我强化的激励，而非外部奖赏的直接激励。

⊕ 在以前的大多数理论中，决定动机和行为的内部因素（例如，自我观察、自我反应）的作用被忽视了。

⊖ 许多因素都会影响自我调节，因此，若是有证据不支持该理论，可以用该证据没有被包括在该研究中进行解释。

⊖ "行为的维持有时不需要明显的外部强化物。在这种情况下，[社会认知]理论家断言行为一直受自我强化的支持……如果自我强化有时能解释行为，那它为什么并不总能胜任？为什么外部强化是必需的？如何确定何时需要何时不需要？"（Carver & Scheier, 2000, p.372）

❖ 总评

⊕ 观察学习、自我效能感和自我调节对确定具体情形下特定个体的行为方式都很重要。

⊕ "社会认知理论研究并试图说明那些大多数人均感兴趣的真实现象——攻击、父母和大众媒介对儿童的影响……以及生命控制感的增加。"（Pervin & John, 1997, p.445）

⊕ 班杜拉的观点在健康心理学中非常具有影响。人们采取健康行为方式（例如，戒烟、减肥、锻炼）的程度，在很大程度上取决于自我效能感等因素。

⊕ 这一理论一直对变化保持开放态度，并越来越强调认知过程和自我调节。

⊖ "社会认知理论由于既不系统也不统一而受到批判。一些重要主题曾进行过广泛的研究……但尚不清楚这些主题是如何相互联系的。"（Hergenhahn & Olson, 1999, p.372）例如，观察学习、自我效能感和自我调节之间的关系并不完全清楚。

- 社会认知理论过于强调认知因素而不重视情绪因素。很多人类动机和行为都深受我们的情绪而非冷静思考的影响。
- "社会认知理论很少提及生物学、荷尔蒙或成熟过程对人格发展的影响。"（Hergenhahn & Olson，1999，p.372）
- 班杜拉主要强调在具体情境而不是在广泛的生活领域中预测和理解人们的行为。因此，尚不清楚他的社会认知理论能对人格的个体差异提供多少理解。

小 结

弗洛伊德的精神分析取向

根据弗洛伊德的观点，成人人格的发展取决于童年早期的经验。他确定了心理性欲发展的五个阶段：口唇期、肛门期、生殖器期、潜伏期和生殖期。遭遇问题的成人，倾向于回到他们所固着的心理性欲发展阶段（像儿童那样思考问题）。特定的人格类型与每个阶段的固着有关。弗洛伊德认为童年经验会影响成人人格的发展这一观点是正确的。有证据支持弗洛伊德所确定的某些人格类型，但尚不清楚这些人格类型是否出于他所提出的原因而得以发展。弗洛伊德夸大了性驱力在人格发展中的重要性，而忽视了遗传因素和成年经验的作用。

人本主义取向

人本主义心理学家强烈地支持对现象学的依赖。根据罗杰斯的观点，如果个体的自我概念与理想自我之间存在很大差距，个体将是不快乐的。有证据支持这种假设。罗杰斯认为人们会在动机的作用下去消除自我概念与经验之间的不一致，这一假设也得到一些证据的支持。不过该理论也存在不少局限性：未研究潜意识过程；该取向在严格意义上是不科学的；遗传因素和童年经验对成年人格的影响在很大程度上被忽略了。

人格评估

有应用价值的人格测验都有较高的信度和中等效度，并且是标准化的。标准化通过将个体的测验分数与他人的分数进行比较来评价个体测验分数的意义。人格测量的发展可基于某些理论观点或更纯粹的实证观点。人格评估主要包括四种类型：自陈问卷、等级评定、客观测验和投射测验。许多问卷都具有较高的信度和中等效度，但其价值由于社会赞许性偏向而受到限制。等级评定通常有较高的信度和中等效度。评定者可能对被评定者仅有部分了解，因为他们只在某些情境中观察被评定者。客观测验通常不受故意歪曲问题的影响。但是，大多数客观测验的信度和效度都较低，几乎所有的投射测验也同样如此。

人格特质理论

卡特尔在构建 16PF 测验时使用了基本词汇假设。他发现，来自问卷和等级评定数据的特质具有合理的一致性，但在客观测验中却发现了迥然不同的特质。16PF 包含的特质比卡特尔所声称的少得多，并且他的观点也不是非常具有理论性。艾森克区分了三种无关的人格因素（外倾性、神经质和精神质）。正如所预测的那样，艾森克三个因素上的个体差异在中等程度上取决于遗传因素。在确定这些人格因素的生理基础方面，几乎未取得任何进展。事实上，艾森克忽视了认知系统，并且经常不坚持实施和报告科学研究的被普遍接受的规则。五因素理论认为共有五个主要人格因素。这些因素的个体差异部分取决于遗传因素，但是这些因素彼此之间的相关比它们应有的相关更高。五因素中的一些因素（例如，开放性）可能不及其他因素有用，五因素理论是描述性的而非解释性的。个体所表现的跨情境一致性比特质理论者所认为的更少。然而，行为几乎受到人格和情境同等程度的影响。

社会认知理论

根据班杜拉的社会认知理论，个人因素（例如，认知事件）、环境和行为均会相互影响，我们只有在考虑了当前情境时，才能准确地预测人们的行为。班杜拉声称，行为取决于观察学习、自我效能感和自我调节。自我效能判断与行为表现之间存在相当强烈的相关，尤其是在实验室条件下完成简单任务时。自我调节包括自我观察过程、判断过程及自我反应，更多的依赖自我强化而非外部奖赏。社会认知理论过于强调认知因素而对情绪因素关注不够，并且忽视了遗传因素在决定个体差异上的作用。此外，该理论几乎未阐明在大量的情境中所观察到的人格个体差异。

深入阅读

- Carver, C.S., & Scheier, M.F. (2000). *Perspectives on personality* (4th ed.). Boston: Allyn & Bacon. The authors of this textbook provide an accessible and clear account of the main theoretical approaches to personality.
- Cooper, C. (2002). *Individual differences* (2nd ed.). London: Arnold. This book provides an interesting introduction to both personality and intelligence research. It has the advantage over most other textbooks of discussing methods of assessment as well as theory and research.
- Pervin, L.A., & John, O.P. (Eds.) (1999). *Handbook of personality* (2nd ed.). New York: Guilford Press. This edited book has contributions by leading theorists in personality research (e.g., McCrae & Costa, Bandura).
- Triandis, H.C., & Suh, E.M. (2002). Cultural influences on personality. *Annual Review of Psychology, 53*, 133–160. This review chapter provides a detailed account of cross-cultural similarities and differences in personality.

培文书系·心理学译丛

[英]迈克尔·艾森克（Michael Eysenck） 吕厚超 等译

心理学
Psychology
国际视野
An International Perspective

目 录

（下册）

第 4 部分　发展心理学　541
 第 14 章　认知发展：具体能力　545
 第 15 章　认知发展：一般理论　583
 第 16 章　日常生活中的社会性发展　615
 第 17 章　社会性发展：依恋和友谊　665

第 5 部分　社会心理学　705
 第 18 章　社会心理学的认知取向　709
 第 19 章　社会行为与社会关系　747
 第 20 章　群体过程　803
 第 21 章　群际过程　851

第 6 部分　变态心理学　883
 第 22 章　走近变态　887
 第 23 章　治疗方法　955

 参考文献　993

第 4 部分
发展心理学

- **认知发展：具体能力**
  感知发展
  记忆发展
  语言获得
  心智理论

- **认知发展：一般理论**
  皮亚杰的理论
  维果斯基的理论
  信息加工的观点

- **日常生活中的社会发展**
  自我发展
  性别发展
  亲社会行为
  反社会行为
  道德发展

- **社会发展：依恋和友谊**
  依恋
  剥夺的影响
  离异和日托的影响
  育儿的跨文化差异
  同伴关系
  父母、同伴或基因？

本书的这一部分（第14—17章）主要涉及发展心理学的问题。发展心理学主要关注从出生到成年这段时期的心理变化。但也有一些发展心理学家对整个生命过程中的变化都感兴趣。我们首先讲述婴幼儿期和童年期，因为这是一个会发生剧烈变化的人生阶段。

发展心理学对理解成人行为起着十分关键的作用。成年人现在的状况在很大程度上取决于儿童时期所拥有的各种经历。换句话说，正如沃兹沃斯（William Wordsworth）在他的作品《彩虹》（*The Rainbow*）中指出的："儿童是人类的父亲。"（The child is the father of the Man.）童年期非常重要这一事实意味着，社会有责任确保给儿童提供所需的机会和帮助，使他们能够发展成为适应社会的成功成人。

还应指出的是，对儿童的研究其本身是非常吸引人的，尤其是对父母来说。作为一个家长，至今我仍清晰地记得，在我女儿弗勒（Fleur）两岁三个月的时候，她曾使我处于尴尬境地。当时我们坐在一艘横渡海峡的渡船上，我对她说："快看，弗勒，那儿有艘小船。""爸爸，那不是小船，是快艇。"听到她的回答，我顿时感到非常尴尬。我的另一个女儿朱丽叶（Juliet）4岁时对我说："教授至少应该知道所有事情。"这也让我感到很是难为情。

发展生态学

布朗芬布伦纳（Bronfenbrenner, 1979）在发展心理学研究中提出了一种非常有影响的观点。根据他的生态学模型，我们应该从儿童成长的生态或社会文化环境来研究他们。更明确的说，布朗芬布伦纳认为，发展只有在各种"类似于一套俄罗斯娃娃"进行排列的环境结构中才会产生（p. 3）。生态学模型有四种基本结构或系统：

- **小系统**：小系统由儿童在一种特殊环境中的直接经验构成。在日常生活中，儿童通常会遇到各种小系统（例如，学校小系统、家庭小系统）。大多数发展性研究都关注单独小系统中的儿童行为。
- **中系统**：该系统由儿童的各种小系统之间的内在关系构成。例如，儿童在学校交朋友的能力可能部分取决于儿童与父母在家中关系的稳定性。
- **外系统**：该系统由那些儿童非直接经历的因素（例如，父母的工作环境、大众媒体）构成，但是仍对儿童具有间接的影响。
- **大系统**：该系统由一般的文化概念和思想体系构成，能对儿童产生各种间接的影响。例如，如果儿童的父母在社会上享有很高的地位和声誉，就会影响儿童在家里的行为。

布朗芬布伦纳（1979）的生态学观点具有吸引力的原因主要有两个。第一，它有助于将社会心理学和发展心理学的相关领域整合起来。第二，它比大多数发展心理学理论的范围更为广泛，大多数理论通常主要强调具体小系统的水平。不过，布朗芬布伦纳的观点存在的一个缺陷在于，它不能得出许多精确而又可验证的预测。

由布朗芬布伦纳的观点可以推断，发展心理学家应该进行跨文化研究。这样的研究有助于阐明大系统在影响儿童的发展中所扮演的角色。大多数发展研究仍然只在美国和欧洲进行，但是近些年来跨文化研究越来越受到重视。

证据

在接下来的四章里，我们将会从各种角度考察跨文化研究。例如，在第16章我们会讨论不同文化中男女期望的跨文化差异；第17章介绍育儿的跨文化差异。在此，我们将主要考察两种重要的文化差异。第一，个体主义（即重视个人的责任与个人成就）和集体主义（即强调群体）（见第1章）。我们期望集体主义文化中的儿童会比个体主义文化中的儿童表现出更多的合作、一致行为（见下文）。

托宾等人（Tobin, Wu & Mussen, 1989）通过观察发现了美国（注重个体主义）和中国（注重集体主义）在学前教育上的差异。美国儿童在行为方面彼此之间差异很大，有时他们甚至会因为喜欢相同的玩具而争吵。老师也不会试图让儿童的行为一致，甚至允许他们争吵。中国儿童的行为则恰恰相反，他们受到严格的束缚，例如他们甚至同一时间去厕所。老师希望儿童能相互帮助、相互合作。争夺玩具之类的行为简直不能接受。

艾森伯格与穆森（Eisenberg & Mussen, 1989；见第16章）考察了以利他或无私帮助他人的形式出现的合作行为。他们报告，儿童的利他行为在非工业或集体主义文化中要比在工业或个体主义文化中更常出现。

个体主义文化与集体主义文化对儿童和成年人智力行为的理解也有所不同（见第12章）。斯滕伯格与考夫曼（Sternberg & Kaufman, 1998）回顾了这些证据，并认为集体主义文化对智力的定义要比个体主义文化包含更多的社会因素（例如，体谅他人、社会责任）。例如，居住在肯尼亚乡村的人们认为智力包含服从、分享和关心他人。这些文化差异影响着儿童的成长并会进一步影响他们的行为（Smith, Cowie & Blades, 2003）。

第二，文化在财富和寿命方面也存在巨大的差异，但是需要指出的是，富有国家更可能比贫穷国家注重个体主义（Hofstede, 1980）。在预期寿命比贫穷国家的预期寿命较长的富有国家中，童年期和青少年期的持续时间通常较长。事实上，人们时常认为青少年期只存在于西方文化中！例如，考虑一下居住在卡拉哈里沙漠的亢人。当这种文化中的儿童进入青春期时，他们已经学会了捕猎和收集食物的技术，这使他们不仅可以养活自己也可得到经济上的独立（Cole & Cole, 2001）。

发展心理学的研究方法

发展心理学中的很多研究仍涉及实验室研究。实验室研究存在风险，因为研究发现可能与日常生活的关系非常有限。不过，研究者已经非常清楚地认识到这种风险，并正在不断地增加在自然环境（例如，学校操场，见第16, 17章）中进行研究的数量。

自然环境研究的主要优点是，更可能为儿童的日常生活和行为提供相关的发现，其弱点在于它们比实验室研究更不易控制。例如，在操场上控制儿童的活动是很困难的。处理这些问题的最适当方法是既进行实验室研究也进行自然实验研究。如果从两类研究中获得的发现较为相似，那么我们对这些理论的真实性及将其应用于日常生活就会比较有信心。

过去的大多数儿童研究通常都会涉及获得较为简单的反应测量指标（例如，反应时）。不过，对较为复杂的行为类型进行评估的研究也在与日俱增。导致出现这种变化的两个关键原因是：第一，录像记录设备的易得性意味着儿童的行为可以重复播放，由此确保了对行为丰富信息的分析；第二，分析复杂数据的电脑软件包目前得到广泛运用，从而极大地简化了数据分析。

第14—17章的构成

发展心理学的范围极其广泛，但是可以认为它主要涉及认知发展和社会发展。发展心理学的这四章内容反应了这一基本的区别。第14—15章涉及认知发展，第16—17章是社会发展。第14章主要关注各种重要能力的发展，包括知觉、记忆、语言和心智理论。第15章的重点转到认知发展的一般理论，包括皮亚杰和维果斯基提出的极有影响力的观点。第16章讲述社会发展中各个方面的发展情况，例如，道德发展、亲社会或反社会行为的发展、性别发展。最后，我们在第17章考察了社会发展最重要、最一般的内容，包括儿童对父母或重要家庭护理员的依恋，亲情剥夺和离异的后果，友谊，同伴（同龄的儿童）关系。

请不要从这些章节的构成中推论出认知发展和社会发展彼此是完全分离的。事实上，认知发展受社会发展的影响，社会发展也在某种程度上依赖于认知发展。因此，这两种主要形式的发展之间的联系将会贯穿于这四章之中。

第 14 章
认知发展：具体能力

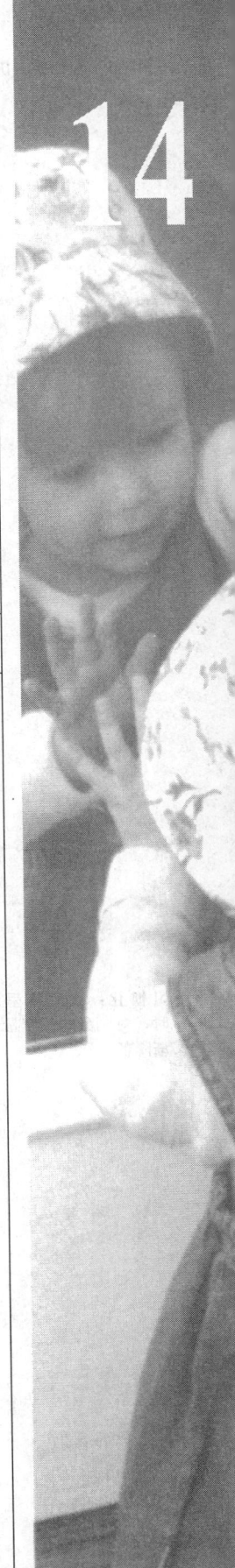

本章概要

- **知觉发展**
  评价婴儿的感知能力

  不同的研究方法
  新生儿的视听能力
  面部知觉的研究与理论
  深度知觉
  大小和形状恒常性
  知觉的理论观点

- **记忆发展**
  记忆提高过程的解释

  基本过程和容量：工作记忆
  记忆策略：复述，组织策略
  元记忆
  内容知识：脚本
  内隐和外显记忆
  幼儿期遗忘
  目击者证词；面试者偏见

- **语言获得**
  语言发展

  语言发展的阶段：咿呀学语，单词句，电报式语言，进一步发展
  由内及外的理论：乔姆斯基的语言习得机制与语言的普遍存在；关键期假设
  由外及内的理论：儿童导向言语，皮亚杰的认知观点和托马瑟罗的结构主义观点

- **动物语言获得**
  教授动物语言的尝试

  语言的定义
  对各种使用黑猩猩进行研究的讨论

- **心智理论**
  归因发展

  使用错误信念任务进行的评估
  自闭症儿童的心智理论缺陷的探索

感知发展

新生儿能够听到、看到多少东西呢？过去人们通常认为是"非常少"的。19世纪末，詹姆斯（William James）将新生儿的世界描绘成一个"用眼睛、耳朵、鼻子和内脏一起捕捉信息形成的喧闹的混乱世界"。这意味着儿童受到来自所有感觉通道信息的轰击，只是不能赋予这些信息以意义。詹姆斯的观点低估了婴儿的能力。很多基本的感官很早就在发挥作用，婴幼儿在他们的世界里并不是无助的观察者。

一个引人注意的研究进展发现，即使胎儿也会有一些感知学习能力。例如，基西列维斯基等人（Kisilevsky et al., 2003）让38个月大的婴儿听一段他们母亲的磁带录音和一个陌生女性朗读一首诗的录音。结果发现：当婴儿听到母亲朗读时，心率升高；但当听到陌生人朗读时，心率却降低。这表明婴儿很早就能辨别不同的声音。

研究方法

想要评估婴儿的感知能力是比较困难的，因为他们无法告诉我们他们能看见什么。尽管如此，人们仍然开发出几项可以用来评估婴儿视觉能力的技术。不过，这些技术或方法更可能低估而不是高估婴儿的感知能力：

- **行为法** 可以利用各种行为测量来揭示婴儿的感知能力。例如，研究者（Bueterworth & Ciicchetti, 1978）在一个房间里对婴儿进行测试，房间的墙壁和天花板朝向或远离婴儿移动。婴儿会失去平衡感，这种平衡感的丧失通常是以研究者所期待的方式出现的。
- **偏爱法** 当两种或更多的刺激同时出现时，实验者只观察哪种刺激最吸引婴儿。如果婴儿一贯偏好一种刺激而非其他刺激，他们就能在这些刺激之间进行区分。录音带的使用意味着儿童的注视方向能够非常精确地建立。
- **习惯法** 反复呈现同一个刺激，直到婴儿不再注视它。这就是所谓的"**习惯化**"（habituation）。当婴儿习惯了一个刺激时，再给他/她呈现不同的刺激。如果婴儿对新刺激有所反应，就说明他/她已把这两种刺激区分开来。习惯化对婴儿有用，因为它能引导婴儿探索新的环境。
- **眼动法** 婴儿的眼动能揭示他们的视觉信息。例如，如果给婴儿呈现一个移动的刺激，记录婴儿的眼动轨迹。根据轨迹就能判断他们是否能辨认移动的刺激和背景。
- **生理学方法** 各种生理学方法都能加以利用。判断婴儿能否辨认两种刺激的一种方法是测量对刺激的事件相关电位（脑波活动）。如果婴儿对两种刺激表现出不同的心率或呼吸率，就意味着婴儿能够感知两种不同的刺激。
- **视觉强化法** 对呈现给婴儿的刺激进行控制。例如，研究者（Stqueland & Delucia, 1969）给婴儿一个连接着电线的奶嘴，由此可以评估婴儿的吮吸率。只有吮吸率提高时，才会呈现刺激。如果未提高，则撤销刺激。婴儿吮吸率的提高与婴儿感兴趣的刺激有关。

习惯化：当反复呈现时，对刺激的注意量逐渐降低。

视觉的基本内容

新生儿的一些视觉能力与成年相比存在很大缺欠。例如，新生儿的视敏度很低。我们可以通过以下方式来评估新生儿的视敏度：呈现黑白交替的线条，然后逐渐缩小线条的宽度，最后直到在视觉看来分辨不出黑白条。为了能让新生儿探测到黑白线条的独立存在，这些线条宽度需要扩大到成年人观察这些线条的30倍宽（Braddick & Atkinson, 1983）。

新生儿另一个视觉局限源于这样一个事实：在出生前三个月内，他们眼睛的焦距是固定的。较大的婴儿和成年人能够根据物体距离的不同而改变眼睛的晶状体，使之聚焦（见第7章）。新生婴儿则没有自动调节眼睛晶状体的能力。他们只能看到距他们8英尺的物体。正如研究者（Hrarris & Butterworth）指出的那样，当母亲抱着婴儿时，婴儿与母亲脸的距离就是婴儿能够清晰看到物体的距离。这种情况并非偶然。

研究者（Bueterworth & Ciicchetti）移动房间的图示。房间的墙和天花板可以移动，尽管地板是固定的。儿童体验到平衡感的丧失，前后摇动依赖于房间移动的方式。

尽管新生儿观察事物的能力要在出生后三个月才能明显提高，但有证据表明新生儿眼动是相当系统而非随机的（Haith, 1980）。尤其重要的是，新生儿眼动还表明他们在寻找物体的边缘。一旦他们探测到物体的边缘，他们之后的眼动就会倾向于变小，以便维持更近的视觉聚焦（Haith, 1980）。这些发现表明，婴儿的视觉强调刺激物的具体或局部特征。与之相反，成人的知觉则倾向于受刺激物的整体或一般特征的主导，而非局部视觉信息（Kinchi, 1992；见第7章）。不过，也有研究者（Cassia, Sinnion, Milani & Umitta, 2002）发现，出生一到三天的婴儿在整体视觉信息优于局部视觉信息方面与成人类似。

当使用上述概括方法时，你能想出一些可能影响婴儿行为的意想不到的因素吗？

在生命的前几周婴儿的色觉可能不存在。特勒（Teller, 1997）考察了相关依据并认为新生儿也许不具备色觉。不过，"婴儿出生两个月后就已出现基本视觉。大多数婴儿都能区别红、蓝、绿，但是不能分辨黄色和黄绿色"（p.2197）。

视觉的另一个基本内容是双眼视差（见第7章）。投射到两只眼睛的视网膜图像存在差异或视差，这有助于产生深度知觉。特勒回顾的证据表明，最早在3—6个月大的婴儿中发现了双眼视差。

到现在为止我们仅仅考察了视觉能力。那么婴儿是否擅长将视听信息进行整合以确定声源呢？有证据表明他们尤其擅长这样做。例如，在一项研究中（Muir & Field, 1979）给新生婴儿呈现两个拨浪鼓，其中一个置于婴儿左侧，另一个置于婴儿右侧。只有一个拨浪鼓发出声音，大多数婴儿都喜欢注视发出声音的拨浪鼓而非不发出声音的拨浪鼓。

婴儿能将视听信息有机的结合在一起。斯莱特等人（Slater, Brown & Badenodn, 1997）的另一个例子可以更进一步证明这一点。最初给新生儿多次呈现视听配对（例

新生儿能够把视听信息联系起来，例如，听到拨浪鼓的声音去看拨浪鼓。

如，听到"UM"时立刻呈现一条红线）。此后，提供给婴儿两种类型的配对：一种是之前出现过的，一种是没有出现过的。结果表明他们更倾向于选择没出现过的配对，并试图告诉实验者他们已经非常熟悉之前出现过的配对。

发展过程

正如我们所看到的那样，甚至新生儿也拥有一些基本感知能力，包括非随机眼动、某些联系视听信息的能力，以及知觉中整体视觉信息优于局部视觉信息。另外，在生命初期，其他视觉能力也在以令人吃惊的速度发展。哪些过程奠定了这些变化的基础呢？就视敏度和视觉调节而言，成熟的变化（maturational change）才是至关重要的。例如，新生婴儿的视力范围比较大的婴儿更短，瞳孔也较小。因此，与稍大的婴儿相比，可视刺激物的映像会落在视网膜较小的区域上。色觉的发展可能也依赖于成熟的变化（Teller, 1997）。

双眼视差的作用更为复杂。班克斯等人（Banks, Aslin & Letson, 1975）研究了由于童年期患斜视后来被矫正而出现双眼视差缺陷的成人。双眼视差的程度通过以下进行评定：被试首先用一只眼睛凝视一些倾斜的格子，然后另一只眼睛凝视垂直的格子。双眼视差正常的个体出现了倾斜的视觉后效，垂直格子似乎向原方格相反的方向出现倾斜。

班克斯等人的发现取决于出现斜视的年龄和实施矫正手术的年龄：

1. 出生时或出生后不久斜视，30个月大时手术。会出现较为正常的倾斜后效，说明存在合理的双眼视差。
2. 2—7岁时诊断出斜视，诊断后2—3年实施手术。会出现一定程度的倾斜后效，因此也存在双眼视差。
3. 出生或出生后不久出现斜视，4—20岁实施手术。出现倾斜后效的证据很少，因此很少或几乎不出现双眼视差。

上述发现表明，在生命早期双眼的发展存在一个关键期或敏感期。如果儿童在生命早期由于斜视而未能发展出双眼视差的话，那么以后就不可能再发展了。

面部知觉

范茨（Fantz, 1961）使用偏好法研究面部知觉。他向婴儿（年龄在4天到5个月之间）展示成对的面部形状的圆盘，并测量注视每个圆盘的时间。这些圆盘中有真实的脸、错乱的

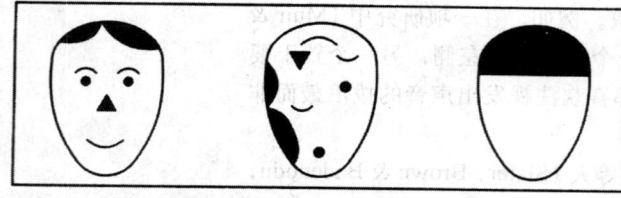

范茨的研究所使用的面部图形

脸和空白的脸。所有年龄的婴儿都是注视真实的脸时间最长而注视空白的脸时间最短，这表明面部识别的能力要么是天生的要么是出生不久习得的。要获得有关面部识别是否天生的更为清晰的证据，需要使用新生婴儿做被试。约翰逊等人（Johnson et al., 1991）研究了刚出生一个小时的婴儿。这些婴儿更多追踪真实的面部而非那些错乱但对称的面部，这表明面部知觉的某些方面不依赖于学习。

沃尔顿等人（Walton, Bower & Bower, 1992）给1—4天大的婴儿呈现母亲的脸和其他与母亲的脸形相似的脸的录像。12个婴儿中有11个表现出对自己母亲脸的偏爱，这说明婴儿在很早的年龄阶段就能区别不同的脸。帕斯卡利斯等人（Paschalis et al., 1995）在4天大的婴儿身上重复了这些发现。但当用围巾把外部面部特征（例如，头发）遮盖起来时，婴儿不能区分母亲和不熟悉妇女的脸。

研究者（Simion, Valenza, Macchi Cassia, Turati & Umilta, 2002）认为，婴儿对像脸型刺激物的明显偏爱，反映了他们对上半部具有更多成分的任何视觉刺激表现出更一般的倾向。他们发现，即使刺激物看起来不像面部，婴儿依然偏爱上半部而非下半部具有较多成分的刺激。图拉蒂等人（Turati, Simion, Milani & Umilta, 2002）报告了另外的证据。当上半部的成分数量保持恒定时，1—3天大的婴儿未对像脸型刺激表现出比不像脸型刺激更多的偏好。更为重要的是，与下半部仅包括像脸部的组合刺激相比，婴儿更喜欢上半部仅包括不像脸部的组合刺激（见反向图）。这些发现表明："由于面部属于较广泛的刺激类别，其特征是该模式的上半部包含大量的高对比度区域，因此婴儿倾向于注视面部特征。"（p.881）

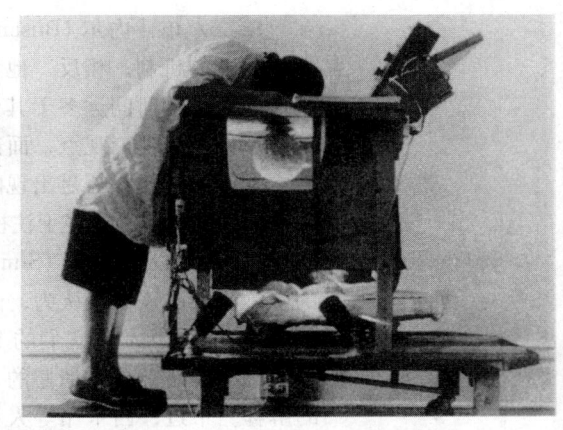
范茨观察婴儿如何对视觉刺激反应所使用的实验装置

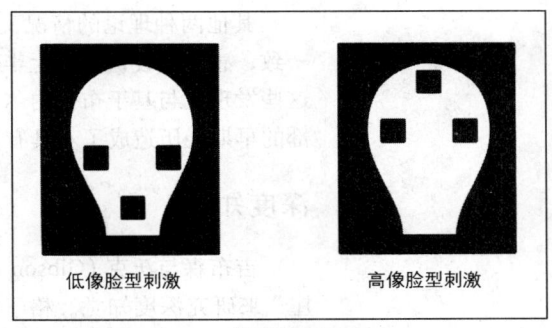
新生儿更偏爱高像脸型的刺激（右图所示），而非低像脸型刺激（左图所示）。引自图拉蒂等人（2002）。

理论观点

大量的证据表明，婴儿更偏爱具有自然排列特征的像脸型刺激，而不喜欢具有非自然排列特征的像脸型刺激或不像脸型的刺激。业已清楚的是，几天大的婴儿更喜欢关注母亲而非其他女性。但在如何解释这些发现方面仍存在相当大的理论争议。我们在这里考察三种主要理论。

第一，默顿与约翰逊（Morton & Johnson, 1991）的理论。他们认为，人类婴儿出生时就具有一套包含人类面部信息结构的机制。这种机制称为CONSPEC，因为它所包含的有关面部的信息与同种个体（同一物种的成员）有关。更确切的说，CONSPEC是以三点（两只眼睛一只嘴巴）组成的三角形信息形式对脸部形状刺激进行反应的。

新生儿对像脸型刺激的偏爱为什么非常有用？

第二，布什内尔（Bushnell，1991）提出的理论。他认为婴儿不具备天生的专门加工面部的机制。相反，他认为新生儿的面部偏好是快速学习的结果。新生婴儿注视母亲面部的时间远多于其他任何刺激，这就使他们出生4天就形成对目前面部的偏爱。根据该理论观点，面部知觉的发展与其他物体的知觉发展是很类似的。面部知觉发展的主要特征是出现的速度较迅速，但之所以出现这种情况仅仅是因为婴儿注视面部的时间远远多于注视其他物体的时间。

第三，西米昂等人（Simion et al.，2002）和图拉蒂等人（Turati et al.，2002）提出的感觉假设。该假设认为，面部毫无特别之处。它们比其他视觉刺激物更容易受到偏爱的唯一原因是，它们的上半部分比下半部分包含了更多的成分。

胜利者是……？遗憾的是，尚不清楚哪种理论能够对面部识别和知觉作出最好的解释。不过，西米昂等人和图拉蒂等人的发现很难与默顿和约翰逊的CONSPEC机制相一致。CONSPEC通常应该更偏爱像脸型刺激而非不像脸型刺激，但是图拉蒂等人则报告了一些与这种预测不一致的发现。

其他两种理论的情况又如何呢？西米昂等人和图拉蒂等人的发现与感觉假设相一致，感觉假设认为对上半部包含更多成分刺激的偏爱导致了对面部的偏爱。但是，这些发现也与基于布什内尔（1998）观点的另一种观点相一致，该观点认为婴儿对面部的早期经历造成了对具有类似特征刺激的偏爱。因此，最后结论还有待分晓。

深度知觉

吉布森与沃克（Gibson & Walk，1960）通过设计玻璃罩桌子（见左下图）的"视崖"来研究深度知觉。格子图案被放置在桌子一半的玻璃下面（"浅"滩），另一半在远离玻璃之下（"深"渊）。6个半月到12个月的婴儿被放在桌子浅滩的一边，然后鼓励他们爬过视崖的边缘到达桌子深渊的那一边获得玩具。大多数婴儿对这些奖励毫无反应，表明他们已经具备一些深度知觉的成分。这与双眼视差（有助于深度视觉）通常在6个月的婴儿身上得到发展的证据相一致（Teller，1997）。

阿道夫（Adolph，2000）认为，深度知觉的形成远比吉布森和沃克所假设的要复杂得多。她认为婴儿的动作发展包括一系列步骤，先是坐，接着爬、摇晃着走，然后走。以前的研究者强调婴儿掌握的一般性知识（例如，深度信息和跌落之间的联系）阻止了它们爬过视崖。相反，阿道夫的摇晃模型（sway model）则是基于婴儿的知识是高度特异化的假设。根据该模型，婴儿坐立时学会了如何躲避危险的裂缝，但随后便不得不在爬行时也要学会如何躲避这些裂缝。

阿道夫通过研究较熟悉坐而不熟悉爬的9个月

吉布森和沃克的"视崖"图示。6个半月到12个月的婴儿即使在妈妈呼喊时也不愿爬过"视崖"边缘，表明他们感知到了由方格图案所形成的跌落感。

大的婴儿获得了对摇晃模型的支持。研究的重要发现是，"坐立时婴儿能成功地躲避危险的裂缝，但当试图爬行时则会掉进危险的裂缝里"（p.290）。阿道夫（p.294）总结如下："婴儿必须一步一步地……学会如何发现……自己可允许的蹒跚学步的范围，并利用这些信息对行动进行预先控制。"

阿特伯瑞等人（Arterberry, Yonas & Bnsen, 1989）用不同的方式研究了深度知觉。给 5—7 个月大的婴儿呈现两个距离他们相同的视觉物体。不过，两个物体被放在利用线条透视（基于平行线辐合的深度线索）和纹理梯度（从近到远纹理密度的变化率增加）原理处理过的格子布上，这使得一个物体看起来比另一个更近。大多数 7 个月的婴儿会伸手去够"较近"的物体，而 5 个月大的婴儿则未出现这种行为，这为深度知觉提供了证据。

总之，大多数深度知觉的内容均来自约 6 个月大的婴儿。不过，婴儿有效运用深度知觉的能力取决于任务和动作发展的阶段。

大小恒常性：不管视网膜映像的大小如何，物体被知觉为具有特定的大小。

形状恒常性：不管观察的角度如何，物体被知觉为具有特定的形状。

大小恒常性和形状恒常性

几乎所有的成年人都会表现出**大小恒常性（size constancy）**和**形状恒常性（shape constancy）**。大小恒常是指一个特定物体不管距离我们多远都会被知觉为相同的大小；形状恒常是指一个物体不管方向如何都被看做具有相同的形状。因此，我们才能看到事物"真实的一面"，而不会被呈现在视网膜的信息变化所欺骗。我们也有很大的兴趣揭示婴儿是否也具有大小恒常性和形状恒常性。正如我们将要看到的，有证据表明婴儿至少具有部分大小和形状恒常性。其他在这里未讨论的证据也表明婴儿具有其他各种恒常性。

用习惯法进行的研究表明，大小恒常性是一种与生俱来的视觉能力。例如，斯莱特等人（Slater, Mattock & Brown, 1990）首先通过多次试验使新生儿熟悉或大或小的两个立方块。然后相继呈现这两个立方块。较大的方块比较小的方块在距离新生儿较远的地方呈现，两个立方块在视网膜上的成像大小相同。所有的婴儿都较长时间地注视较远的新的方块，因为他们对旧的方块已经习惯了。他们能区分两个视网膜映像大小相同的方块这一事实表明，新生婴儿至少具备某种程度的大小恒常性。

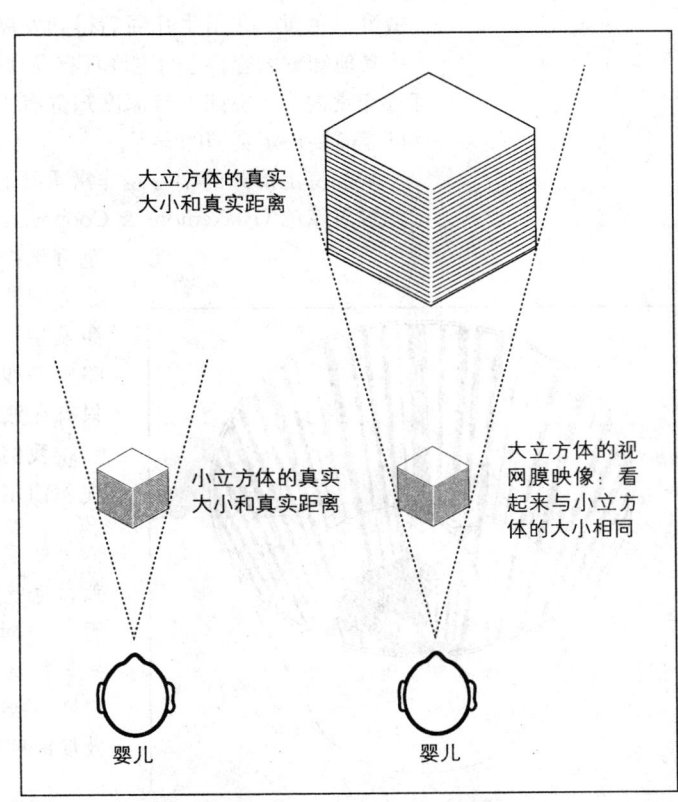

两个不同大小的立方体在视网膜上投射的映像大小相同，这依赖于其与观察者之间的距离。

斯莱特和莫里森（Slater & Morison, 1985）使用习惯法研究了新生婴儿（平均年龄为1天, 23个小时）的形状恒常性。首先给新生儿呈现以不同角度出现的形倾物体（方形或梯形），直到他们对物体习惯化。然后以新异的角度和新的形状给他们呈现相同的形状。新生儿更多会注意新的形状，而非以新异的角度呈现的相同形状。因此，婴儿对以新异角度出现的相同形状已经习惯化，表明婴儿至少拥有部分形状恒常性。

斯莱特等人（1990）和斯莱特及莫里森（1985）的发现是否表明新生婴儿具有与成人相同水平的大小与形状恒常性呢？绝对不是。但毋庸置疑的结论是，新生婴儿具有某些区分特定大小或形状的熟悉物体和不同大小或形状的新异物体的能力，这是一项非常不同的棘手工作。

从其他文化的婴儿大小恒常性研究中我们能学到什么？

理论观点

知觉的发展非常复杂，因为不同的知觉能力会在不同的年龄阶段以不同的形式得到发展。视觉的某些内容（例如，视听信息的联系，面部知觉的内容，大小及形状恒常性的内容，总体特征优于局部特征）似乎在出生或出生不久就会表现出来。这说明视觉能力要么是天生的要么是出生后快速习得的。视觉的其他内容（例如，视敏度、色觉）在出生几周后得到发展，但这些发展取决于一些成熟因素。还存在一些其他知觉内容，它们也许具有发展的关键期和敏感期（例如，双眼视差）。最后，有些知觉内容（例如，与深度知觉有关的内容）仅仅在出生后几个月得到发展，并且可能需要特定类型的学习。

某些特定形式的学习是非常重要的观点已在动物研究中得到证明。例如，布莱克莫尔与库珀（Blakemore & Cooper, 1970）养了一些猫，将这些猫置于仅有水平或垂直黑白条纹的环境中。自此以后，这些猫只会对熟悉方向的视觉刺激发生反应，而不对不熟悉方向的刺激发生反应（例如，在垂直线条环境中饲养的猫会忽略水平线条）。从视觉皮层神经元获取的记录揭示出，只有在熟悉方向环境中呈现线条时才会产生神经活动。

我们如何解释各种视觉能力在发展中出现的顺序呢？凯尔曼（Kellman, 1996, pp.40–41）认为：

> 知觉能力出现的顺序与生态学效度十分相似，也就是说，最能详细说明环境的信息最先被采用……对于婴儿而言，综合感知完全没有精确感知显得重要。如果婴儿的成长在这个意义上是为了规避风险，那么我们可以期待感知能力会按生态学效度的顺序出现。

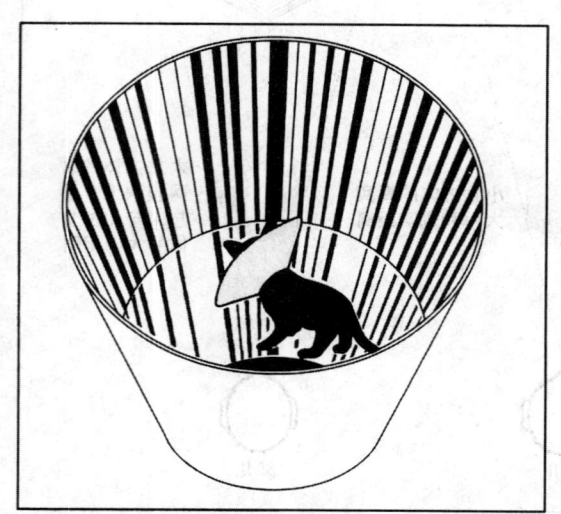

布莱克莫尔与库珀（1970）研究猫的视觉发展所使用的实验装置

斯派克等人（Spelke et al., 1993）报告了与此观点的预测相一致的证据。他们给3、5、9个月大的婴儿和成人呈现一些简单但不熟悉的展示物（见右图）。每个展示物既可被知觉为单独物体，也可作为两个组合的物体。决定每个展示物被视为包含一个或两个物体的因素是什么呢？格式塔心理学家认为，我们使用各种原则决定哪些视觉情景的一些部分可以归为一起。例如，相似性原则：如果两个刺激很相似（例如，颜色和质地），我们就很容易把它们归为一个整体。正如格式塔理论所预测的那样，成人会使用各种原则。相反，婴儿则是把大部分展示物看做单独的物体。他们使用了邻近性原则（彼此临近的视觉成分归为一个整体），而极大地忽略了其他格式塔原则（例如，相似性原则）。如果我们假设邻近性是哪些视觉成分会被知觉为同一整体最准确的预测因子，那么将是言之有理的。

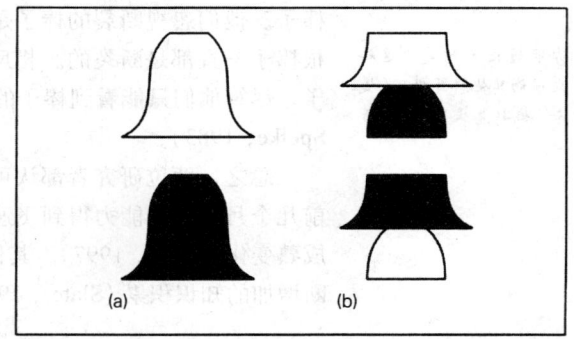

两类展示物的语义描述：(a) 同类展示物；(b) 异类展示物。引自 Spelke 等人（1993）。

特勒（Teller, 1997）和斯莱特（Slater, 1990, 1998）提出了婴儿知觉的其他理论观点。特勒（p.2196）强调新生儿发现自己的情景：

> 婴儿的敏锐度和相对敏感性虽然非常弱，但仍可以测量。他们的……眼动揭示了分析较大的、高对比度物体运动方向的能力……但却不能揭示婴儿的立体深度知觉、对低对比度物体或精细空间细节的反应能力，也不能表明他们具有色觉。他们的视觉世界的标志可能不是喧嚣繁芜的，而是充满低对比敏感性的混沌、空间过滤的模糊，以及单调 [黑—和—白] 的乏味。

斯莱特（Slater, 1990, p.262）总结了婴儿的知觉技能：

> 刚出生时不存在任何类似成人水平的运作模式 [无感觉]，但是婴儿早期却能令人吃惊地达到这种水平，引发了最近提出的"胜任婴儿"（competent infant）的概念……早期的知觉能力伴随着认知缺陷，而且很多知觉表征的重新组织取决于认知结构的发展和建构，因为认知结构是到达由事物、人、语言、事件组成的世界的通道。

斯莱特（1998）为"胜任婴儿"的观点提供了更详细的支持。

毋庸置疑，婴儿的视觉在很多方面都与成人存在着巨大差异，尤其是在对视觉刺激赋予含义或重要性方面。例如，假设你正在看一个物体，但是某人用布把这个物体盖上。我敢保证你会认为拿掉这块布该物体还在那里，但是一个儿童可能就不会这样认为（见第 15 章）。皮亚杰认为，这些发现意味着婴儿缺乏物体的守恒，也就是说婴儿没能意识到，物体即使没在视野之内也仍会继续存在。

斯莱特等人（Slater et al., 1990）提供了婴儿感知物体的能力不如成人的证据。他们给新生儿呈现一个视觉显示器，可以看到一根棒子在盒子后面从一边移到另一边。新生儿从来看不到整个棒子，但他们可以看到盒子上部和下部棒子的上端或下端。当把一根完整的棒子和一根断裂的棒子同时呈现给新生儿，他们会选择注视完整的棒子。他们忽视断裂的棒子是因为他们已经习惯了，也许他们会认为盒子后面的那根棒子一直都是断裂的。相反，观看相同显示器的成人则会认为只有一根完整的棒子，尽管他们只能看到棒子的两端，三四个月大的婴儿也能做到这一点（Kellman & Spelke, 1983）。

你能想出一种关于这些发现的其他解释吗？（提示：偏好意味着什么？）

总之，两位研究者都认可新生儿会很快掌握视觉的某些主要内容，并在生命的前几个月使视觉能力得到飞速、极大的改善。这些改善主要取决于视觉基本内容的成熟变化（Teller, 1997）。其他视觉发展可能更多的取决于认知系统的发展和儿童不断增加的知识积累（Slater, 1990, 1998）。

记忆发展

在儿童的成长过程中，记忆信息的能力会逐步增强。一个关键问题是，如何理解这种逐步的增强。西格勒（Siegler, 1998）认为，主要有四种可能的解释：

1. **基本过程和容量**。例如，短时记忆或工作记忆的容量可能增加。
2. **记忆策略**。儿童随着自身发展获得更多的记忆策略，并有效地进行运用。
3. **元记忆（metamemory）**。元记忆"是有关记忆的知识，元记忆的发展就是监控和调节记忆行为能力的发展"（Goswami, 1998, p.206）。
4. **内容知识**。较大的儿童比年幼的儿童拥有更多的知识，这使得他们更容易学习和记忆新的信息。

元记忆：关于记忆及记忆如何工作的知识。

下面对四种解释进行讨论。有证据显示，所有四种解释都有一定的解释力。不过该领域的大多数研究也都具有某些重要缺陷。正如奥恩斯坦与黑登（Ornstein & Haden, 2001, p.204）所指出的那样："由于大多数文献都基于横断式实验，因此关于儿童个体的记忆发展过程我们知之甚少。"换句话说，我们对涉及这些技能和策略的发展过程尚缺乏清楚的认识。这只能通过纵向研究进行提供，但是纵向研究的数量相对较少。

基本过程和容量

短时记忆：允许同时加工暂时存储信息的系统。

人类信息加工系统最重要的部分之一是短时记忆（见第9章）。短时记忆（**working memory**）使我们能在暂时储存一些信息的同时加工其他信息。需要使用短时记忆任务的一个实例如下（Swanson, 1999）。给被试呈现一个句子，"现在假设有人请你带他去榆树街8651号的超市"。任务是回忆街道的名称，然后回忆街道号。

上面所描述的任务提供了对言语短时记忆的评价。斯万森（Swanson, 1999）曾用这种任务及其他任务测量了6—57岁各个年龄段人的言语短时记忆和视觉—空间短时记忆。两种记忆形式在45岁之前从儿童到成人都在不断提高。短时记忆在儿童阶段的发展可能主要有两种方式：(1) 记忆容量可能增加；(2) 短时记忆的容量可能保持不变，但是使用效率有所提高。斯万森试图通过以下途径区分这两种形式：如果被试在短时记忆任务上不能得出正确答案，他们会向其提供包含部分正确答案的提示（例如，"最后一个数字是1"）。如果年龄较小的儿童由于记忆容量有限而在短时记忆任务上表现不佳，这样的提示对提高他们的成绩可能并没有什么作用。但若信息以无效方式进行储存，这种提示就很可能会提高他们的表现。

斯万森发现，线索提示只有利于年龄较小的儿童，而非年龄较大的儿童和成人。因此，他（p.986）认为短时记忆容量在儿童期是增加的。他还发现，短时记忆的年龄差异较好地预测了儿童在阅读和算术上的成绩。这表明记忆容量在认知发展中是一个重要因素。

记忆策略

成人会使用多种记忆策略（例如，口头复述）来帮助自己学习和记忆。年龄较大的儿童比年幼儿童会更多的利用复述。例如，弗拉维尔等人（Flavell, Beach & Chinsky, 1996）在一项图片学习任务中发现，只有10%的5岁儿童运用了复述，60%的7岁儿童运用了复述，10岁儿童的复述达到85%。年龄也会影响复述活动的性质。当要求7岁及7岁以上的儿童大声复述他们正在学习的清单时，所有组的总复述量很类似（Cuvo, 1975）。不过，年幼儿童的复述常常局限于复述单个单词，年龄较大的儿童则常会将几个单词组合在一起进行复述。

假如要求成人记住包含四个单词的清单，这四个单词属于以随机顺序呈现的六个类别中的一个。他们通常会使用组织策略，依据类别对单词进行复述和回忆。这种组织策略提高了清单的回忆成绩。儿童会使用这种策略吗？施奈德（Schneider, 1986）给7

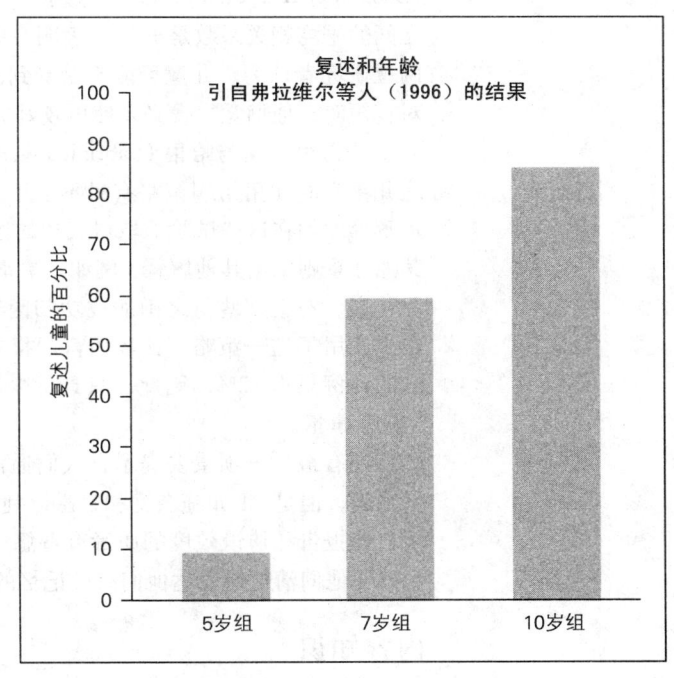

岁组和10岁组儿童呈现属于这些类别的图片。每种类别的图片或者高度相关（例如，桌子、台灯、沙发）或者弱相关（例如，火炉、书包、石桌）。告诉儿童先把图片分类，然后测试其图片的回忆成绩。大约60%的10岁儿童会将图片分类，比较而言7岁儿童只有10%。年龄较大的儿童会根据类别标签以深思熟虑的方式对图片归类，对强相关和弱相关图片的归类较为相似。相反，年幼儿童更可能把强相关而非弱相关的图片归为一类，几乎不使用类别。

即使年龄非常小的儿童有时也会偶尔使用记忆策略。奥恩斯坦与黑登（Ornstein & Haden, 2001, p.203）认为："18个月大的婴儿遇到回忆主试把吸引他们的玩具藏起来之前玩具所在位置的任务时，他们开始表现出使用像言语表达、注视、用手指等记忆策略的雏形。"

这对于年龄较大和年龄较年幼儿童的记忆组织方式意味着什么？

元记忆

随着儿童年龄的增长,他们表现出越来越多的元记忆证据,元记忆是关于自身记忆和记忆如何工作的知识。例如,研究者(Yussen & Levy, 1995)让多组(学龄前儿童,9岁儿童,大学生)被试预测自己的记忆广度,然后把预测结果与真实广度进行比较。学龄前儿童的预测结果与真实广度之间的差异显著高于其他两组。平均来看,学龄前儿童认为他们能回忆出八个项目,但事实上他们平均只能记得三件。比较而言,9岁儿童高估了约一个项目,大学生的预测较为准确。

一个关键问题是,儿童的元记忆能否预测他们的记忆成绩。施奈德与普雷斯利(Schneider & Pressley, 1989)基于60项研究实施了一项元分析。元记忆和记忆成绩之间的平均相关系数是+0.41,表明它们之间具有中度相关。为什么相关不能更强呢?两位研究者认为,儿童可能不是受到激励而使用所掌握的记忆策略,当单词清单相对较短时,他们觉得没必要使用较好的记忆策略,等等。

法布里修斯与哈根(Fabricius & Hagen, 1984)创设了一种情景使6岁组和7岁组儿童有时使用组织策略有时不使用。当使用组织策略时回忆成绩更好。然后让儿童解释他们在这些试验上取得成功的原因。一些儿童把成功归因于组织策略的运用,其他儿童则给出其他解释(例如,更动脑筋)。一周后在一个不同情景中再次测试这些儿童。对于那些将之前的成功归因于组织策略的儿童,99%的人在第二种情况下再次使用了这一策略,比较而言,将之前的成功归因于其他因素的儿童使用组织策略的比例只占32%。因此,只具备少许元记忆知识可能是一件危险的(或至少是无效的)事情。

还有最后一项重要提示。人们通常使用自我报告法或访谈法来评估儿童的元记忆知识。但是,正如施奈德和普雷斯利(Schneider & Pressley, 1997)所指出那样:"对于自我报告和访谈效度的质疑有着悠久的历史……年幼儿童的语言表达能力往往不足以使他们清楚地表达他们有关记忆的知识。"

内容知识

如果相关的知识量对于记忆成绩具有重要的决定性影响,那么一个知识丰富的儿童可能比一个知识贫乏的成人记忆的效果更好。有研究者(Chi, 1978)检验了这一预测,他把精通棋艺的10岁儿童和对象棋一窍不通的成人作为被试,测试他们对残余棋局棋子数量和残余棋局布局的回忆情况。结果发现:成人对棋子数量的回忆成绩优于儿童,儿童对棋子布局的回忆成绩优于成人50%(见下页表)。

施奈德等人(Schneider, Gruber, Gold & Opwis, 1993)对象棋专家儿童和达到专业水平的成人进行比较。专家儿童与专家成人对棋局的回忆成绩一样好,并且两组都显著优于非专家儿童和成人。因此,对棋局的记忆在很大程度上取决于专业化而非年龄。

儿童很小的时候就知道生活中的很多事情会以类似形式重复发生。例如,在饭店吃饭涉及服务员引座、点菜、吃饭、付账、离开饭店。年幼儿童以**脚本**(script,

脚本:与一般事件有关的知识结构。

表明一般事件典型顺序的知识结构）的形式存储了很多这样的信息，这些脚本使得儿童（或成人）易于快速地理解日常事件。

儿童在很小的时候就已获得了各种脚本。鲍尔与塔尔（Bauer & Thal，1900）研究了21—22个月大儿童的脚本知识。他们向儿童呈现一系列动作（例如，给玩具熊洗澡，包括把玩具熊放进浴缸、用海绵擦洗、用毛巾擦干）。在一种条件下，动作系列以错误或不正常的方式呈现。即使以错误顺序呈现动作系列，儿童仍倾向于以正确的顺序回忆动作系列。之所以出现这种情况，可能是因为儿童已经具备了相关的脚本。

图示和脚本的相似之处在于它们都涉及信息的群集组织。但是，图示包含了有关物体或背景而非动作一般顺序的信息（见第9章）。年幼儿童既具有图示也具有脚本。例如，布雷德与班纳姆（Blade & Banham，1990）向儿童呈现了一个仅缺少锅的真实厨房的模型。当后来儿童重新组建该厨房模型时，他们的成绩通常很准确。不过，约60%的儿童在进行重组时把锅包含在内，表明儿童有关厨房的语义知识歪曲了对之前看到的模型的记忆。在这个特殊的研究中，语义知识损害了记忆，但通常却提高了记忆成绩（见第9章）。

内隐记忆

到目前为止我们讨论的研究均涉及**外显记忆**，因为记忆测验需要有意识的回忆信息。外显记忆与**内隐记忆**形成鲜明对比，内隐记忆是一种不依赖有意识回忆的记忆形式（见第9章）。儿童在年龄很小的时候就能表现出非常好的内隐记忆。实际上，儿童的内隐记忆通常与成人的一样好。例如，研究者（Naito，1900）研究了5岁组、8岁组、11岁组的儿童和成人。他们执行一项残词补全任务，给他们呈现一些单词的字母，然后思考进入脑海的第一个单词（靶词）。在完成这项任务之前，被试执行其他涉及某些靶子词的任务。如果被试之前遇到过靶子词并成功完成了较多的残词补全任务时，他们就会表现出内隐记忆。内隐记忆成绩在5岁儿童到成人的所有年龄组上都相同。相反，研究发现年龄较大儿童和成人的外显记

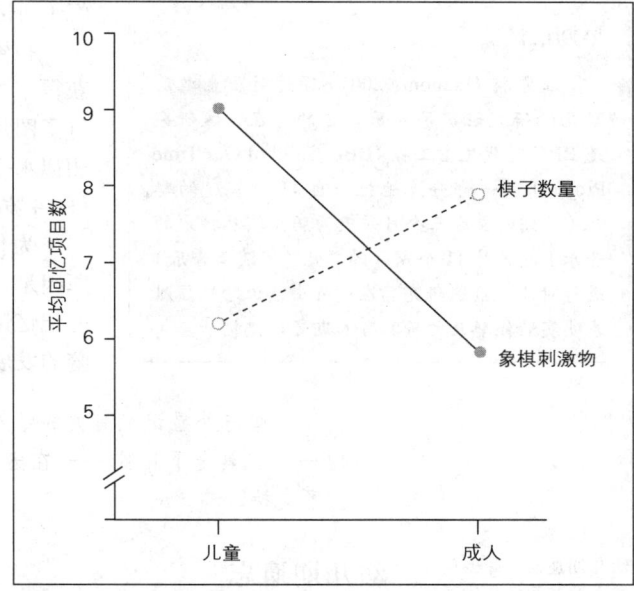

拥有专业象棋知识的儿童和缺乏专业象棋知识的成人对棋局和数字的即时回忆。引自 Chi（1978）。

施奈德等人（1993）发现，年龄并不会影响对棋局的记忆。

外显记忆：依赖有意识回忆的记忆；见内隐记忆。

内隐记忆：不涉及有意识回忆的记忆；见外显记忆。

> **早期记忆**
>
> 拉蒙特（Lamont, 2001）通过对出生之前婴儿的研究证实了音乐记忆的存在，该研究是 BBC 时代儿童工程（BBC Child of Our Time Project）的一部分。她把来自 11 个家庭的婴儿（孕期的最后三个月每天为胎儿演奏特定的音乐）与另外 11 个家庭的婴儿（不演奏音乐）进行对比。虽然研究尚在进行中，但结果强烈表明实验组婴儿的确具有长期音乐记忆。

忆（回忆靶子词）显著优于年幼儿童。

拉索等人（Russo, Nichelli, Gibertoni & Gonia, 1995）获得了类似的结果。他们对 4 岁儿童、6 岁儿童和成人进行了图片的内隐记忆和外显记忆测试，所有被试均表现出相似水平的内隐记忆。不过，外显记忆在成人组中表现最好，4 岁儿童组表现最差。

为什么内隐记忆的全面发展早于外显记忆呢？一个原因是，外显记忆依赖随着年龄发展的元记忆和各种复杂的记忆策略，而内隐记忆则并非如此。另一个原因则与大脑的发展有关。西格勒（Siegler, 1998, p.181）认为：

> 一些与外显记忆有关的结构，尤其是前额皮层成熟非常晚……而其他结构——尤其是下丘脑——在出生几个月后就足够成熟了，从而为内隐加工提供了支持。

幼儿期遗忘：青少年或成人无法回忆童年早期的事件。

引发性模仿：一种记忆评估的方法，给婴儿呈现动作序列，然后让他们进行模仿。

幼儿期遗忘

当成人试图从自己的童年回忆事件或经历时会出现什么情况呢？最引人注目的发现是，大多数人发现很难（或不可能）记得回溯到人生最初三四年所发生的事情。通常用**幼儿期遗忘**（infant amnesia）这一术语描述成人无法回忆早年的经历（见第 9 章）。

幼儿期遗忘最明显的解释是，非常年幼的儿童根本不可能形成长时记忆。但事实也并非完全如此。对于几乎不具备语言能力的婴儿进行记忆评估并不容易。但是，最近的许多研究（Baucer, 2002）采用了一种称为引发性模仿的有效方法。**引发性模仿**（elicited imitation）是使用一些物体产生动作序列（例如，用木槌敲击金属薄片），然后让婴儿进行模仿。9 个月大的婴儿在一个月的时期内记住了单个的动作，约 40% 的婴儿能按照正确的顺序产生这些动作（Bauce, 2002）。这种能力发展迅速，因为接触过动作序列的 16 个月大的婴儿在 12 个月后仍有 60% 还能按照正确的顺序作出这些动作（Baucer, Wenner, Dropic & Wewerca, 2000）。

弗洛伊德（Freud, 1915）认为，幼儿期遗忘是由于早期创伤性经历或其他恐惧经历的意识受到压抑和驱逐。这种解释显然不恰当，因为它无法解释我们为什么不能回忆积极或中性的经历。

豪和卡里奇（Howe & Courage, 1997）把幼儿期遗忘与 2 岁末自我的出现联系起来。约 20 个月大的婴儿在视觉自我识别（self recognition）现象中显示出自我意识发展的迹象，这包括对镜中的自我形象以自我抚摸的方式进行反应、腼腆地笑、厌恶地注视等（见第 16 章）。几个月后，婴儿开始使用诸如你、我（I, me）等单词。豪和

在约 20 个月时，婴儿开始表现出视觉自我识别及自我意识。

卡里奇（p.499）的主要理论假设如下：

> 2岁末认知自我的发展（以视觉自我识别作为指标）提供了一个记忆组织的新框架。随着这种认知的发展……我们见证了自传体回忆的出现和幼儿期遗忘的消失。

豪和卡里奇还认为学习和记忆中所使用的过程（例如，复述）在童年期也得以发展，因此2—5岁间的自传体记忆可能相对较少。

正如上述理论观点所预测的那样，早期记忆很少出现在人生的前两年，对2—5岁期间的记忆也相对较少。但我们并不能便由此得出结论认为，有清晰的证据表明自我意识的出现与早期记忆的年龄有关。自我意识形成的年龄与最早的自传体记忆出现的时间大致相同这一事实，很可能是一种巧合。

社会交互作用的观点（例如，Fivush, Haden & Reese, 1996）也可以解释幼儿期遗忘。社会交互作用论认为："自传式记忆的最基本功能是形成人生历史，并通过个人的过去经历告知其他人自己是个什么样的人。"（Harley & Reese, 1999, p.1338）哈利和里斯认为，家长与孩子讨论过去的方式会影响儿童的自传体记忆。更确切的说，他们区分了两种母亲怀旧的方式：高度细致化的方式（详细谈论过去的事件）和低度细致化的方式。他们认为，母亲采用高度细致化方式的儿童，比母亲采用低度细致化方式的儿童对早期童年往事的报告会更完整。

哈利和里斯评估了母亲与孩子谈论过去经历的风格以及儿童在19个月大的自我识别。他们还评估了相同年龄的儿童语言产生。然后他们考察了儿童在19—32个月之间的自传体记忆。他们的发现支持社会交互作用论和认知性自我的观点："无论儿童的语言或非言语记忆技巧如何，母亲的怀旧方式和儿童的自我识别都是……儿童很早就能谈论过去的强有力的预测因子。"

考虑一下你自己的早期记忆，估计这些事件发生时的大概年龄。你的经历与两位研究者的理论观点相一致吗？

在父母与儿童的互动和过去的重要性方面存在重要的文化差异。因此社会交互作用论认为，幼儿期遗忘也应该存在文化差异。麦克唐纳等人（MacDonald, Uesiliana & Hayne, 2000）证实了这一预测。亚洲成人（主要是中国人）最早记忆的平均年龄为58个月，新西兰欧洲人是43个月，新西兰毛利人是33个月。麦克唐纳等人认为，毛利人具有最早的记忆是因为他们在文化上非常重视过去的重要性。亚洲被试的最早记忆年龄还存在很大的性别差异，女性报告的记忆比男性晚很多。这可能反映了中国家庭更重视儿子而非女儿的经历和成就的倾向。

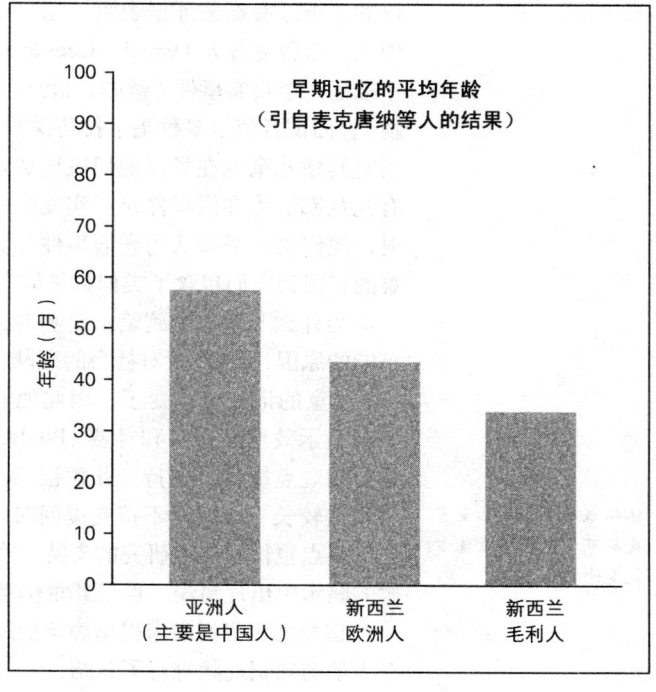

早期记忆的平均年龄
（引自麦克唐纳等人的结果）

目击者证词

最近在许多国家的性虐待诉讼中，儿童作证的人数出现惊人的增加。这引发了很多有关儿童所提供的信息准确性方面的重要问题，也引起了众多研究（Bruck & Ceci, 1999）。正如我们将要看到的，有关证据通常表明儿童是易受暗示的，这对于事件回忆会导致系统错误（成人目击者易受暗示性的讨论见第 9 章）。总之，易受暗示性在童年期呈现下降的趋势（Bruck & Ceci, 1999）。

汤普森等人（Thompson, Clarke-Steward & Lepore, 1997）研究了面试者偏见对儿童记忆的影响。5 岁和 6 岁儿童目击两件事件中的一件。在无罪事件中，一名叫切斯特（Chester）的清洁工在玩具室清洗玩具布娃娃和其他一些玩具。在虐待事件中，切斯特以轻微虐待的方式粗暴地对待布娃娃。然后一部分儿童由一名控诉面试者（他认为清洁工具有虐待性）进行提问，另一部分儿童由辩解[无罪]面试者（他认为清洁工的行为是无罪的）进行提问，剩余儿童由中立性面试者（他不做任何暗示）进行提问。面试者提问之后及两周之后，儿童的父母让儿童描述清洁工所做的事情。

汤普森等人发现，当儿童被中立者询问时，其证词记忆通常比较准确。这是非常重要的，因为这一点表明儿童在不受暗示性影响时能准确地记忆事件。但当被控诉面试者或辩解面试者询问时，儿童的解释通常会符合面试者的暗示。因此，当面试者是控诉者时，儿童会报告清洁工的行为具有虐待性，但当面试者是辩解者时，儿童就会报告清洁工的行为无罪。当父母询问儿童中性问题时，他们对事件的描述与他们对面试者的回答相一致。

年幼儿童会受到汤普森等人研究中引人注目的面试者偏见的影响并没有什么奇怪的。不过有确凿证据表明，儿童在很多情况下易受到暗示（Bruck & Ceci, 1999）。例如，布鲁克等人（Bruck, Ceci & Hembrooke, 1997）让学龄前儿童分别在五种情景下描述两个真实事件（例如，最近一次受罚）和两个虚假事件（例如，看见小偷偷食物）。面试者使用多种暗示技巧说服儿童认为虚假的事件是真实的。例如，告诉儿童当时其他儿童也在场，他们应该尽量虚构正在讨论的事件。第三次询问时，几乎所有儿童都认为虚假事件是真实发生的。随后当儿童被采取非暗示观点的面试者询问时，他们仍然坚持认为虚假事件是真实的。区分真实事件和虚假事件的描述是很困难的，因为它们包含了类似数量的自然陈述和细节（例如，有关的谈话）。

为什么儿童在受到暗示影响时会对事件产生系统性的歪曲报告呢？主要有两个可能的原因：(1) 儿童对社会的顺从，也就是说他们常会按照面试者的期望进行描述；(2) 儿童的记忆被改变了，因此他们才最终相信自己的歪曲报告。两种原因都可能引起暗示效应。普尔和林赛（Poole & Linsay, 1996）的研究发现，为社会责任非常重要的观点提供了支持。儿童被暗示性面试者反复提问后会产生错误记忆。但当儿童经过较长一段时间不接受提问时，很多错误记忆就会消退。儿童的记忆可能会改变的观点也得到几项研究的支持，在这些研究中，尽管警告儿童面试者可能会在他/她的暗示中出现错误，但是儿童仍然继续产生错误记忆（Bruck & Ceci, 1999）。

迄今为止我们尚未得出确定的结论。布鲁克和切奇（Bruck & Ceci, 1999, p.434）对当前的知识现状进行了总结：

儿童起初可能并不是有意迎合暗示，但是经过重复的暗示性提问后，他们可能最终相信并把暗示整合到记忆中。不过，依据错误信念的强度，儿童可能最终忘掉其错误报告从而恢复之前的主张，尤其是在暗示性询问已经停止很长时间的情况下。

语言习得

年幼儿童学习语言的速度很是惊人。到2岁时，大多数儿童都会使用成千上百条语言信息进行交流。到5岁时，儿童已经掌握了母语的大部分语法规则。不过，很少有父母有意识去关注语法规则。因此，年幼儿童在未经过很多正式教育的情况下简单地"无意识地学会了"语法规则。

语言发展的阶段

语言发展可以分为**接受性语言**（语言理解）和**产生性语言**（语言表达或说话）。1岁儿童（及成人）的接受性语言优于产生性语言。有时这种差别是非常大的。贝茨等人（Bates, Bretherton & Synder, 1998）发现，虽然一些儿童仅仅能说出几个单词，却能理解150多个单词。

儿童需要学习四类有关语言的知识：

1. **语音** 语言的发音系统。
2. **语义** 单词和句子所表达的含义。
3. **语法** 说明如何把单词组合成句子的整套语法规则。
4. **语用学** 决定根据背景修改语言的规则（例如，我们对年幼儿童说话会使用比对成人说话更简单的语言）。

儿童通常会按照上面的顺序获得这些种类的知识。他们首先学会发音，再学会理解这些声音的意义。最后，他们学会语法规则及如何根据语言情景改变说话的内容。

梅勒等人（Mehler, Jusczyk, Dehaene-lambertz, Dupoux & Nazzi, 1994）报告了在生命非常早的时期某些语音内容就已获得发展的证据。他们发现，

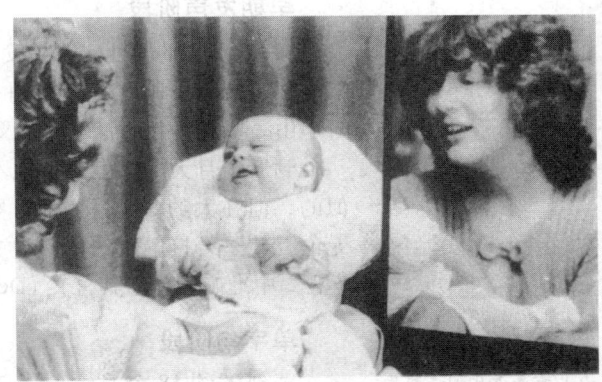
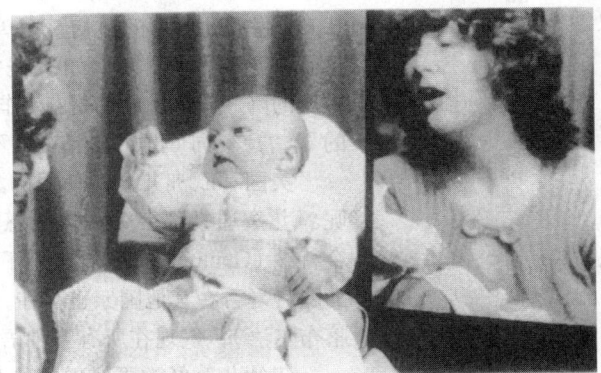
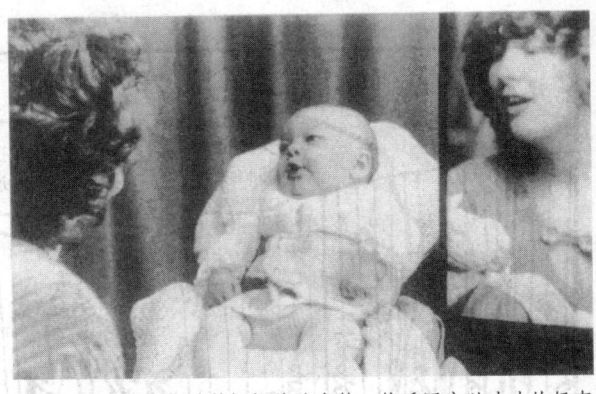

一个六周大的女孩对着妈妈的脸发笑，然后回应以咕咕的轻声低语和明显的手部动作。在第三幅图中，母亲正在模仿先前她的孩子的话音。引自 Trevarthen (1980)。

4天大的法国婴儿就能区分俄语和法语，这表明儿童对法语有明显的偏爱。萨福伦等人（Saffran, Aslin & Newport, 1996）提供了更复杂的语音学习的证据，他们创造了由三个无意义音节组成的人工"单词"语言。给8个月大的婴儿呈现包括这些"单词"的连续语音流。一个关键发现是，这些婴儿能够区分组成单词的音节序列和未组成单词的音节序列。

早期发声阶段

3—5周大的婴儿会开始发出"咕咕"声，反复发出类似元音字母的声音（例如，"呜……呜……呜……"）。到了4—6个月大，婴儿开始牙牙学语。婴儿发出的咿呀声由一些对婴儿而言毫无意义的元音和辅音的组合构成。

到6个月大时，世界各地不论是失聪的还是听力完好的婴儿的牙牙学语都是相似的。但在大约8个月大时，婴儿开始表现出他们所听到的语言的迹象。事实上，无论婴儿是否接触过法语、中文、阿拉伯语或英语，成人通常都会从他们的"咿呀学语"中准确地猜出其含义（DeBoysson-Bardies, Sagart & Durand, 1984）。

单字句阶段

直到大约18个月大时，年幼儿童仍局限于单字发音阶段。内尔森（Nelson, 1973）将婴儿使用的最初50个单词进行分类。最大的类别是物品（例如，"猫"、"车"），接下来是具体物体（例如，"爸爸"、"妈妈"）。年幼儿童所使用的其他四种类别（按频次的降序排列）分别是：动作词（例如，"去"、"来"），修饰词（例如，"我的"、"小的"），社交词（例如，"请"、"不"）及功能词（例如，"为了"、"哪里"）。

美国和欧洲儿童所使用的大约三分之二的单词与物体和人物有关。这是为什么呢？儿童通常都会关注自己感兴趣的事物，这些事物主要包括他们周围的人或物。金特纳（Gentner, 1982）实施了一项研究，以考察儿童早期学习的名词多于其他类词的趋势是否在其他国家也存在。他们研究了五种语言（德语、日语、英语、土耳其语、喀布尔语），发现在所有五种语言中名词的学习构成了最早、最大的单词词汇。

年幼儿童经常弄错单词的意义。他们常会把一些单词用来指代不应该指代的物体，这被称为扩展过度（over-extension）。令人相当尴尬的是，我年幼的女儿把每个男士都称为"爸爸"。相反的一种错误称为扩展不足（under-extension）。例如，年幼儿童可能认为"麦片"这个单词仅仅用来指代他/她早上当做早点的某种品牌的麦片。

麦克尼尔（McNeil, 1970）把单字句阶段称为独词句期（**holophrastic period**）。在这个时期，年幼儿童试图用自己发出的单词表达更多的意思。例如，一个婴儿指着一个球说"球"可能意味着他/她想玩

在儿童思考他们遇到的物体的方式上，这些错误能揭示出什么？

独词句期：语言发展的一个阶段，婴儿产生有意义的单字句。

球。由于注意范围有限、词汇量小，婴儿只能使用单字语言。但是，他们有限的认知发展是另一个相关因素。

电报式语句阶段

语言发展的第二阶段是**电报式语句阶段**（**telegraphic period**），该阶段大约开始于 18 个月。该名称的由来是因为该时期儿童的语言就像发电报。电报每一个字的费用都很高，因此发电报者会尽量缩短电报内容。电报内容只包括名词和动词等单词，像"一个"、"和"、"那个"等功能词、代词、介词常被省略。年幼儿童讲话同样如此，不过似乎比电报还要简单。

电报式语句阶段：语言发展的一个阶段，儿童的语言像电报一样被缩减。

尽管年幼儿童在很大程度上只限于双词句，但是他们仍能传达大量的信息。一个特定双词句在不同的情景中可以表达不同的含义。"爸爸，椅子"可能意味着"我想坐爸爸的椅子"，"爸爸在椅子上坐着"，或"爸爸，坐到你的椅子上！"不过我们要意识到判定儿童真正想要传达的意思是很主观的，这可能涉及研究者或父母的主观妄想。

布朗（Brown, 1973）认为，年幼儿童具有一套基本的顺序规则：一个句子由主语 + 谓语动词 + 宾语 + 地点状语构成（例如，"爸爸在家吃午饭"）。他们的电报式语言也遵循基本顺序规则。例如，一个包含主语、谓语的话语也遵循主语 + 谓语的顺序（例如，"爸爸走路"）而不是相反的顺序（"走路爸爸"）。类似的，谓语动词和宾语会按照谓语动词 + 宾语的顺序说出来（例如，"喝可乐"）。各地的儿童都会遵循该基本顺序规则形成双词句。

继续发展

儿童的语言发展基本上出现在 2—5 岁之间。例如，根据词素（有意义的语言单位）数量进行测量的最长的句子长度为：儿童的词素从 24 个月时的 4 个增加到 30 个月时的 8 个（Fenson et al., 1994）。一个重要的变化基于**语法形态**（**grammatical morphemes**）的学习。包括介词、前缀、后缀（例如，"in"、"on"，复数 s、"a"、"the"）等，它们有助于改变单词和词组的意义。所有儿童都以同样的顺序学会各种语法形态，从简单的形态（例如，句子中的"in"和"on"）开始，一直到复杂的形态（例如，把"they are"缩减为"they're"）。

语法形态：变更意义的修饰成分（例如，前缀、后缀）。

过度规则化：在不适用规则的情景下使用语法规则。

儿童仅仅是简单模仿成人的语言而不学习规则吗？认为他们不模仿成人的证据来自儿童的语法错误。例如，儿童会说"狗跑了"（"The dog runned away"），而成人则不可能说出这样的句子。可以推测儿童犯这样的错误是因为他/她运用了以下规则：动词的过去时态通常是在现在时态后加"-ed"而形成。在不具备运用该规则的情况下使用了语法规则，称为**过度规则化**（**over-regularisation**）。

可以认为过度规则化的出现是因为儿童在模仿其他儿童的语言。但这并不能解释伯克（Buerko, 1958）的研究发现。给儿童呈现两幅构想的动物或鸟的图片。然后告诉他们："这是一只 wug，这是另一只 wug。现在有两只____。"即使年幼儿童也得出了合乎规范的复数形式"wugs"，

这是一个 wug。

这是另一个 wug。
它们有两个。
有两个____。

尽管事实上他们之前从未听到过这个单词。

最后,该阶段的儿童很好地掌握了语用学知识,这样他们所说的话就会更符合语境。研究者(Shatz & Gelman, 1973)分析了4岁儿童与2岁儿童或成人谈论一个新玩具时所说的话。与成人交谈时他们使用了更长、更复杂的句子。

词汇和句法

我们已经看到,年幼儿童在词汇和句法方面表现出飞速的发展。例如,词汇量从18个月时的20个单词增加到28个月时的200个单词(Harris & Butterworth, 2002)。不久之后,大约从22个月起,由于句法的大幅度发展,儿童所使用的句子的复杂性表现出快速增加(Fenson, et al., 1994)。

贝茨和古德曼(Bates & Goodman, 1999)认为,我们不应该把词汇发展和句法发展视为彼此独立的形成过程。相反,这两种形式的发展是紧密相连的。作为这方面的证据,他们发现,儿童20个月时的词汇量是28个月时句法发展的最佳预测因子。贝茨和古德曼也讨论了来自语言发展严重受损(例如,由大脑损伤所致)儿童的发现。这些儿童的词汇发展和句法发展通常也会受到类似的损伤。

语言获得理论

人们提出了大量理论来解释儿童的语言获得,这些理论大致可以分为"由内到外"和"由外到内"两种(Hirsch-Pasek & Golinkoff, 1996)。根据"由内到外"理论家(例如,Chomsky, Pinker)的观点,语言习得主要取决于先天因素,而只在中等程度上依赖后天经验。相反,"由外到内"理论家(例如,Brunter, Tomasello)则认为儿童的经验在语言获得中具有非常重要的作用。

"由内到外"理论家和"由外到内"理论家之间还存在其他分歧(Harris & Butterworth, 2002)。例如,大多数"由内到外"理论家都宣称,语言发展相对独立于其他形式的认知发展和社会发展。相反,"由外到内"理论家则认为语言发展涉及一般认知机制和社会机制(例如,知觉或思维所涉及的机制)。下面将会对支持和反对这两种观点的证据进行讨论。切记,先天因素和经验在语言获得中均具有至关重要的重要性。如果的确如此,那么也许应该在当前的"由内到外"和"由外到内"理

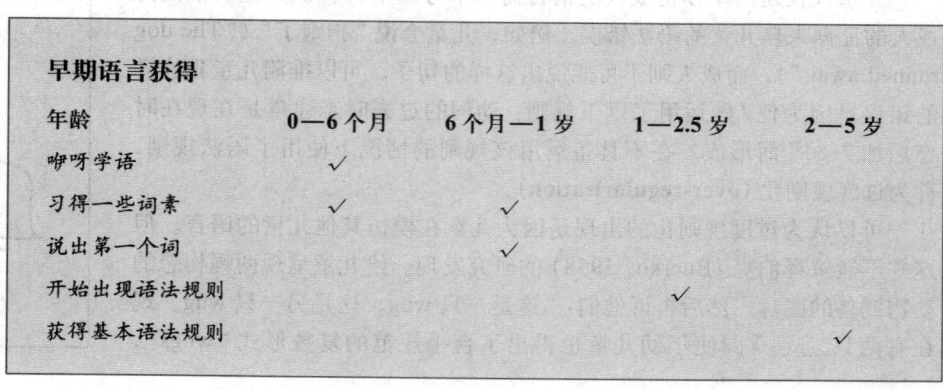

早期语言获得

年龄	0—6个月	6个月—1岁	1—2.5岁	2—5岁
咿呀学语	✓			
习得一些词素	✓	✓		
说出第一个词		✓		
开始出现语法规则			✓	
获得基本语法规则				✓

论之间寻求理论的折中。

"由内到外"理论

"由内到外"或先天主义理论家认为，儿童生来就具有人类语言的结构知识。例如，乔姆斯基（Chomsky，1965）认为，人类拥有一种由先天语法结构知识组成的**语言获得机制**（**language acquisitiondevice**）。儿童需要接触（和经历）由其父母和他人提供的语言环境来发展语言。简单来说，这种经验决定了特定儿童将会学习何种具体语言。后来，乔姆斯基（Chomsky，1986）用通用语法的思想替代了语言获得机制的观点，这构成了先天语言知识的重要部分。根据乔姆斯基的原理与参数理论（principles and parameters theory）的观点，有一种**语言普遍性现象**（**linguistic universals**），这是在几乎所有语言中发现的共同特征。语言普遍性分为本质普遍性和形式普遍性。本质普遍性关系到所有语言共同的类别（例如，名词和动词）。形式普遍性主要涉及一般形式的语句规则和语法规则。

乔姆斯基（1986）认为，不同的语言具有不同的语言参数。例如，在有些语言（例如，英语）中所有句子都必须有一个语法主语，而其他语言（例如，意大利语）则不需要。语言之间的这种差异通过被称为代词丢失（pro-drop, pronoun drop 的缩写）的参数进行处理。该参数具有两种可能的背景，一种针对英语那样的语言，一种针对意大利语那样的语言。参数是如何设定的呢？乔姆斯基认为，任何参数的设定都会通过接触特定语言中的句子进行"接触"。

平克（Pinker，1984，1989）极为赞同乔姆斯基的观点。但他认为接触语言比仅仅"触发"参数背景具有更重要的作用。根据平克的观点，儿童使用一种他称为"语义引导程序"（semantic bootstrapping）的过程把单词归类到合适的词类中。这通过平克所称的"联系规则"来实现。假设一个年幼儿童听到一个句子，"威廉正在扔砖头"，而此时他正在观看一个男孩作出这个动作。该儿童从他/她的观察中会得出"威廉"是行为者，"石头"是物体，"扔"是动作。儿童具有先天的词类知识，能够运用联系规则确定"威廉"是句子的主语，"石头"是宾语，"扔"是动词。

证据

乔姆斯基（1986）认为存在很多语言普通性（例如，单词顺序）。考虑一下句子中表述主语、动词和宾语时最喜欢的单词顺序。共有六种可能的顺序，其中的两种（宾语—动词—主语，宾语—主语—动词）在世界范围的语言中尚未发现（Greenbery，1963）。最普遍的单词顺序是主语—宾语—动词（44% 的语言），接下来是在英语中发现的主语—动词—宾语的单词顺序（35% 的语言）。在 98% 的语言中主语位于宾语之前，这可能是因为人们习惯于在句子中首先考虑主语。

乔姆斯基（1986）认为语言普遍性是天生的，但也存在其他的可能性。考虑一下名词和动词的语言普遍性，名词指物体而动词指动作。物体和动作在所有语言中都是可以区分的，可能是因为这一区分是一种如此显著的环境特征。

另一些支持天生语法观点的研究是由比克顿（Bickerton，1984）实施的。他提出了语言生物程序假设（language bioprogramme hypothesis），根据这种观点，即便儿

如何验证这个理论？

语言获得机制：一种语法结构的先天知识。

语言普遍性：每种语言共有的特征。

童在早期未接触到正常的语言，他们仍能创造一种语法。支持这种假设的证据来自对中国、日本、朝鲜、波兰、葡萄牙和菲律宾劳工的研究，这些劳工在大约100年前被带到夏威夷甘蔗种植园。为了彼此交流，这些劳工发明了一种简单且缺乏基本语法结构的混杂语言。下面是一个混杂语的例子："Me cape buy, me check make"，意思是"他买我的咖啡，他给我开了张支票"（Pinker, 1984）。

比克顿（1984）的核心发现在于，这些劳工的后代发明了一种称为夏威夷克里奥耳语（Hawaiian Creole）的语言。这是一种规范、合乎语法的语言。下面是该语言的一个例子："Da firs japani came ran away from japan come"，其意思是"第一批到达这里的日本人是从日本跑过来的"。

遗传语言学研究已经宣称支持语言是部分天生的观点。戈普尼克（Gopnik, 1990, 1994a）考察了一位名叫 Ks 的一家三代人。该家庭中大约一半家庭成员具有特定的语言缺陷（语言获得能力很差，但非言语智力水平基本正常）。该家庭受影响和未受影响成员的模式表明这种家族病涉及某种显性基因。戈普尼克（1990）提出了特征丧失假设（feature-blindness hypothesis），根据该假设，受影响个体的基因结构使他们难以标记语法特征，如数量、性别、时态等。另一种可能性是这种基因影响了发音。

❖ 评价

- ⊕ 乔姆斯基的理论潜在地解释了为什么几乎所有儿童都能迅速掌握母语。
- ⊕ 乔姆斯基的理论受到混杂语言发展成为克里奥耳语的方式的支持。它还受到遗传语言学研究的支持（但更具争议性），整个家族都患有某种特定的语言缺陷。
- ⊕ 该理论使我们懂得这样一个事实：语言是基于规则的，尽管很少有人能外显地表达这些规则。
- ⊖ 乔姆斯基（1980, p.80）认为"先天性假设是一种容易驳倒的假设"，但要驳倒它却存在很多难以克服的障碍。例如，乔姆斯基认为非常年幼的儿童能够获得大量的语法知识。但当他们的语言表现未能与所宣称的知识或能力相符合时，还存在一些挽救该理论的方法。正如毕晓普（Bishop, 1997, p.130）所指出的："问题是……记忆和注意缺陷、喜欢特殊选择的偏见或动机因素都会干扰儿童证明这种知识的能力。"
- ⊖ 乔姆斯基认为，儿童听到的语言中所包含的信息，不足以让儿童从杂乱的声音中归纳出语法规则。这一观点并不具有说服力。正如后文所讨论的，母亲及其他成人常常使用简短的句子与儿童交谈，这有助于儿童的语言获得。
- ⊖ 先天语法的总体观点似乎令人难以置信。根据毕晓普（1997, p.123）的观点："使先天语法成为尤为独特的观点的事实在于，先天知识必须足够普遍才能解释儿童对意大利语、日语、土耳其语、马来语的获得，以及先天性失聪儿童手语的获得。"

关键期假设

你是否发现年幼期学习母语比长大后学习其他语言更容易？看起来学习母语似乎要更为容易。伦内伯格（Lenneberg, 1967）和其他先天论者认为，这种共同的经验支持了**关键期假设（critical period hypothesis）**。这一假设认为，语言学习取决于生物成熟，并且年龄越小学习语言越容易。约翰逊与纽波特（Johnson & Newport, 1989）报告了支持性证据，他们研究了美国的中国及韩国移民。当要求决定句子在语法上是否正确时，年龄较小时移民美国的人比较大时移民美国的人的成绩更好。这说明句法学习可能存在关键期。

伦内伯格（1967）宣称，出生时大脑两半球具有相同的潜能。但是，随着时间的发展两半球的功能越来越专门化和固定化（这被称为单侧优势），语言功能通常主要定位于左半球。可以推测，年幼时大脑左半球受到损伤，可以通过语言功能转移到右半球加以克服。青少年时期如果大脑受损，这种转移将会变得非常困难，因为此时语言已稳固地定位在左半球。这些假设具有证据支持。一些癫痫患者接受过脑半球皮质剥除术，整个大脑半球都被移除。儿童在4岁或5岁之前被移除左半球并未阻止他们获得正常的语言发展，而这若是发生在成人身上，则会对其语言能力产生非常严重的影响（Harley, 2001）。

原则上说，检验关键期的最佳方式是考察幼年期无机会学习语言的儿童。有很多关于一出生就被遗弃的野生儿或野孩的报道。例如，在法国南部一个荒野里发现的"阿维隆野孩"（Wild Boy of Aveyron）。一名法国教育家 Itard 博士试图教他语言，但他只学会了两个单词。

> **案例研究：基妮**
>
> 基妮（Genie）13岁前一直在一所隔离房间里度过自己大部分时光（Curtiss, 1977）。她几乎不与他人联系，如果发出任何声音均会受到惩罚。在1970年基妮被解救出来之后，她学习了一些语言，尤其是词汇。不过她表现出非常差的学习语法规则的能力。对来自基妮的证据的解释存在一些问题。她遭受了严重的社会和语言剥夺，她父亲隔离她的"正当理由"是他认为她的智力非常迟钝。因此，基妮学习语言的能力局限性可能具有多种原因。
>
> 伦理问题：剥夺研究是一个非常有用的例子，我们可以从中进行推论，但是它们很少能够提供被认为科学的数据。由考察剥夺效应而引起的某些伦理问题是什么呢？心理学家应该关心剥夺感的补偿吗？例如，对与基妮相类似的个体的语言支持。
>
> 与此有关的伦理问题是否重于心理学家在理解上取得的任何实际进步呢？

关键期假设：语言学习取决于生物成熟、成熟之前更易完成语言学习的假设。

这支持关键期假设吗？你能想出其他可能的解释吗？

❖ 评价

- ⊕ 句法及语音学习可能存在关键期（或至少是敏感期）。
- ⊕ 弱化版的关键期假设也获得了支持，根据该假设，错过关键期将很难获得某些语言（Harley, 2001）。
- ⊖ 几乎没有任何证据表明词汇学习存在关键期，许多语言技能在关键期之后也可以获得。
- ⊖ 某些单侧优势在出生时或之后不久就已出现，这比伦内伯格所假设的更早。例如，婴儿一周大时，其左半球对言语声音的反应远远超出对非言语声音的反应。

由外到内理论

一些由外到内理论强调经验在儿童获得语言中的核心作用。我们将讨论这些理论中最重要的一种理论，由托玛瑟罗（例如，Tomasello & Brooks, 1999）提出的结构主义理论。在讨论之前，我们先来考察由外到内理论和由内到外理论之间出现的一种主要分歧。实质上，由外到内理论家认为儿童所接受的语言输入足以进行语言获得，而由内到外理论家则对此持怀疑态度。下面我们就从儿向语言（Child Directed Speech）的研究开始讨论，这与这一分歧关系密切。

儿向语言

在大多数文化中，儿童语言学习的一个关键环境因素是其母亲和/或监护人提供的指导。当母亲（或父亲）对儿童讲话时，他们会使用简短的句子；这就是所谓的儿向语言（**child-directed speech**）。随着儿童使用语言的发展，父母对儿童说话的长度和复杂度也在逐渐增加。也许更为重要的是母亲使用的句子比儿童生成的句子略长些、更为复杂（Bohannom & Warren-Leubecher, 1989）。另外，儿向语言通常涉及较慢的语速、有限词汇的使用及对关键单词的强调（Dockrell & Messer, 1999）。

父母以及成年人还试图通过扩张的方式帮助儿童的语言发展。扩张（**expansion**）包括更完整、更符合语法的儿童语言的模式。例如，儿童会说"狗出去"（dog out），母亲会纠正说："狗想出去"（dog want to go out）。萨克森（Saxon, 1997）认为，扩张为儿童提供了自己不正确的语言和正确语言之间的即时比较。例如，儿童会说"他射杀了鱼"（He shooted the fish），成人则会纠正说"他射杀了鱼（he shot the fish）！"由于儿童更可能重复成人的扩张语言而非其他语言，因此儿童通常会比较彻底合理地对扩张语言进行加工（Farrar, 1992）。

什么因素决定着由父母所使用的儿向语言的精确形式呢？克拉克-斯图尔特等人（Clarke-Stewart, Vanderstop & Killian, 1979）发现，儿向语言主要受儿童的理解水平而非语言表达的影响。这是很有意义的，因为成人使用儿向语言的目的是为了与儿童进行有效交流。

哈里斯等人（Harris et al., 1986；见左图）报告了母亲与儿童的谈话方式影响儿童语言发展的证据。他们发现，母亲对16个月大的儿童所说的话中78%与儿童所关注的物体有关。不过，如果儿童2岁时的语言发展较差，那么情况会有所不同。在这些儿童中，母亲与16个月大的儿童所说的话中只有49%与儿童所关注的物体有关。

儿向语言有助于儿童学习词汇。例如，韦茨曼与斯诺（Weitzman & Snow, 2001）考察了影响儿童7岁时词汇量的因素。词汇量最大的儿童的母亲在与他们说话时会使用很多较复杂的词汇。另外，他

儿向语言：与年幼儿童讲话时，母亲和其他成人所使用的简短句子。

扩张：由成人或年龄较大的儿童提供的较完整和较具体的儿童语言模式。

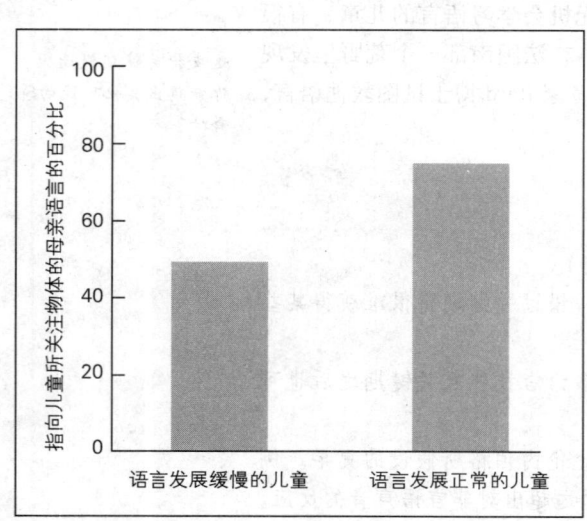

在语言发展缓慢或正常的儿童中，与儿童当前所关注的物体有关的母亲语言的百分比。引自哈里斯等人（1986）。

们的母亲也倾向于以有益的方式使用这些较复杂的词汇（例如，对每个词的意义提供确切的信息）。

综上所述，你可能已经形成了一种观点，认为语言获得在很大程度上依赖儿向语言。但是，大多数证据都仅仅是相关性的。接触儿向语言最多的儿童获得语言也最快这一发现，并不能证明儿向语言就是语言获得速度的原因。另一种可能性是，成人对那些较容易获得语言的儿童会使用更多的儿向语言。

跨文化研究表明，儿向语言可能对儿童的语言获得并不是必要的。希夫林（Schieffelin, 1990）研究了新几内亚的 Kaluli 人。成人以对待成人的方式与年幼儿童讲话，不过 Kaluli 儿童仍以正常的速率获得语言的发展。但是，很少使用儿向语言的文化可能会为儿童学习语言提供另外的帮助。例如，奥克斯与希夫林（Ochs & Schieffelin, 1995）认为，这些文化中的儿童参与了社会和公共活动，这有助于达成共识和语言发展。

在所有文化中，对快速获得语言至关重要的是必须努力激发年幼者学习语言的兴趣。例如，在西方国家，获得语言最快的儿童其母亲会向儿童询问很多问题并给予充分的回答（Howe, 1980）。在其他文化中，激发儿童学习语言可能更多取决于儿童是否参与公共活动。

> 为什么在某些文化中参与公共活动具有较大的激励作用？你能想出一些使用这些活动的文化例子吗？

❖ 评价

- ⊕ 年幼儿童听到的语言通常与他们当前的理解水平相适应。
- ⊕ 儿向语言在词汇学习中可能尤其有用。
- ⊖ 跨文化研究对儿向语言对于正常语言获得具有重要影响的观点提出了质疑。
- ⊖ "一些研究报告了儿向语言与以后语言活动之间的相关，但却未能找到这种关系。另外，由于这些研究不是实验……因此难以确定儿向语言和儿童语言获得之间是否存在因果关系。"（Messer, 2000, p.138）

认知和结构主义观点

皮亚杰（见第 15 章）认为，儿童只有在发展适当的认知能力之后才能获得语言。更具体的说，他宣称儿童形成了有关自己经历过的事件和世界的结构知识的图示。儿童在发展语言之前需要形成各种认知过程和结构（例如，图示），这被称为**认知假设**。该假设的实质是语言发展取决于先前的认知发展。

这一理论观点获得了某些支持。在认知水平上，年幼儿童对早期出现过的物体的思考能力高于未出现过的事物。这在语言学习上有所反应。儿童对与影响视觉物体变化有关的单词（例如，移动、向上）的学习要早于与物体无关的单词（例如，"走"）(Tomasello & Farrar, 1986)。

根据皮亚杰的认知假设，认知发展缓慢的儿童语言发展也应该是缓慢的。这种情况时有发生（但并非总是如此）。例如，可以考虑一下患**威廉斯综合症**（Williams syndrome）的儿童，这是一种罕见的遗传病，患者通常没有正常的面部特征（"顽童

威廉斯综合症：一种罕见的遗传病，通常智商低下，但语言发展基本正常。

面容"),智商通常在 50 左右。他们的认知发展缓慢,视觉空间能力尤其较差。不过,他们的语言能力相对较好,通常拥有大得惊人的词汇量(Tager-Flusberg,1999)。这些发现似乎不符合认知假设。但应该注意的是,患威廉斯综合症儿童的语言发展的开始时间晚于健康儿童。

托玛瑟罗根据皮亚杰的部分观点提出语言获得的理论。他的结构主义理论的实质如下:

> 儿童习得特定语言的言语能力是一个循序渐进的过程,开始于基于具体单词和音素的较具体的语言结构,然后根据各种语言类别、图示和结构进一步形成更抽象、更多产的语言结构。(Tomasello & Brooks,1999,p.161)

根据托玛瑟罗的理论,儿童的语言发展基于他们对日常生活中所经历的情景或事件的认知理解。他们逐渐发现学习名词很容易,部分是因为名词一般是指代情景中的具体人或物。相反,学习动词就会较难,这是因为它们的含义通常比较抽象。托玛瑟罗(Tomasello,1992)提出了动词岛假设(verb island hypothesis),该假设认为年幼儿童起初会独立对待每个动词,因为在他们看来每个动词似乎都有自己的孤立结构。

儿童的多数语言知识获得较慢的观点,与从内到外理论或先天论形成鲜明对照。根据这些理论,儿童会很快地把正在学习的语言的具体特征与抽象的一般语法联系起来,然后产生数量众多的复合语法的语言。我们可以把结构主义和先天论具有明显差异的假设与语言的生成性或创造性联系起来。根据托玛瑟罗的结构主义理论,年幼儿童最初应该表现出非常有限的生成性。而先天论则认为,年幼儿童在他们的语言表达方面很快就表现出高度的生成性和创造性。

证据

结构主义的中心假设是语言学习的最初阶段(尤其是动词)应该比较慢。托玛瑟罗(Tomasello,1992)基于对自己女儿 2 岁时生活的观察报告了支持性证据。她仅在某种句子结构中使用动词(例如,"切割 ___"),表明了学习的局限性。其他动词可以在几种句子结构中加以使用(例如,"画___"、"在 ___上画 ___"、"为了___画 ___")。这些动词之间的差异与动词岛假设(如上所述)相一致。

托玛瑟罗等人(Tomasello, Akhta, Dodson & Rekan, 1997)曾经教 18—23 个月的儿童学习两个新名词和两个新动词。儿童使用名词比使用名词表现出更多的创造性:他们使用新名词所产生的组合是新动词的 10 倍。动词的创造性相对缺乏,与结构主义观点而非天生论观点更为一致。

结构主义者的主要假设之一是,学习语言与学习其他事物在很多方面具有相似之处。柴尔德与托玛瑟罗(Childer & Tomasello, 2002)在一项教给 2 岁儿童新动词和新名词的研究中对该问题进行了阐述。学习方式为集中学习(一天学完)和分散学习(学习持续两周)。分散学习的儿童生成动词和名词的能力优于集中学习的儿童。业已发现分散学习在很多学习任务上比集中学习更有效(Dempster, 1996),因此,柴尔德和托玛瑟罗(Childer & Tomasello, 2002)的发现指出了语言学习和其他形式的学习之间存在的重要相似性。

几项研究发现，学习英语的年幼儿童在词汇量中通常名词多于动词。根据托玛瑟罗的理论，因为动词更抽象、更复杂，因此学习起来更难。不过，最显而易见的解释仅仅认为年幼儿童所听到的名词远多于动词。柴尔德与托玛瑟罗在上述研究中通过比较新名词和新动词的呈现次数阐述了该问题。当要求儿童回忆单词时，他们能回忆起的名词是动词的三倍，从而为托玛瑟罗的理论提供了实证支持。

❖ 评价

- ⊕ 语言获得取决于各种感知过程和认知过程的观点是有道理的。
- ⊕ 根据结构主义观点的预测，儿童在早期语言（尤其是动词）获得中创造性相对较差。
- ⊕ 有证据表明语言学习与其他各种学习较为相似（Childer & Tomasello, 2002）。
- ⊕ 根据托玛瑟罗理论的预测，儿童在学习英语时名词学习比动词学习慢。
- ⊖ 需要更彻底的纵向研究来说明认知过程是如何影响语言获得的。
- ⊖ 从理论层面说，在从最初的具体语言结构向较一般的抽象图示的过渡中，我们需要更详细地说明儿童所使用的过程。

动物语言习得

动物能否获得语言的问题历来一直引人关注。它可以告诉我们有关语言性质的某些信息，因为它迫使我们仔细思考语言到底为何物。最后，这个议题具有重要的理论意义。一些研究者（像乔姆斯基）认为，语言是人类特有的，因为只有人类成员才具有掌握语言的机制。因此，只需证明其他物种成员也可获得语言就可推翻乔姆斯基的理论。

在开始讨论之前，我们需要确定某些界定语言的准则或标准。霍基特（Hockett, 1960）提出了几种语言的标准，具体如下：

- **语义性**（semanticity）。单词或其他符号必须具有意义。
- **任意性**（arbitrariness）。字形或字音与意义之间必须具有任意的联系。
- **置换性**（displacement）。在被描述的物体未出现时也能产生语言。
- **多义度**（prevarication）。具有分辨谎言和玩笑的能力。
- **生成性**（productivity）。具有无穷无尽数量的可用于交流思想的不同观点。

依据

大多数其他物种的语言获得研究都以黑猩猩为研究对象，主要是因为它们是具有智力和社会性的动物。教黑猩猩语言的研究最早源于加德纳夫妇（Allen & Beatrice Gardner, 1969）的工作。他们教一个名叫 Washoe 的 1 岁雌猩猩美国手势语。经过 4 年训练，Washoe 知道了 132 种手势，并可以把这些手势以一种全新的方式进行组合

> **能与 Washoe 交流的好处**
>
> Washoe 5 岁时离开了加德纳夫妇的照料。12 年后当他们再次重逢时，Washoe 很快就认出了他们，然后便开始玩起了自她离开加德纳夫妇后再也没有玩过的游戏。这显然引发了对 Washoe 自身经历伦理问题的争议，以及这些发现是否证明了这些研究过程的争议。
>
> 另外一个故事与 Washoe 生育了一个不健康的婴儿有关。训练者为了治疗的需要，把小猩猩带走了，后来返回后告诉 Washoe 她的孩子已经死了。Washoe 以为训练者带着她的孩子回来了，很热情地作出"婴儿"的手势。训练者用手势回应"它死了，一切都结束了"。Washoe 耷拉着脑袋走到墙角，停止了手势。能与人类进行交流对 Washoe 来说可能是一件好事——也可能是一件坏事，取决于你如何看待它。

（显示出生成性非常有限的证据）。例如，当她看见一只天鹅时，会以手势示意是"水鸟"。她似乎也掌握了一些语法知识。例如，她会用手势表示"挠我痒"或"我的婴儿"而很少将其表示为"痒挠我"或"婴儿我的"。鉴于黑猩猩所取得的这些成绩，加德纳夫妇断定她掌握了语言。

我们可能不应该接受加德纳夫妇的结论。研究者 (Rewace, Petitto, Sandeb & Bever, 1979) 分析了 Washoe 在一部电影中所表现出的行为。Washoe 大多数符合语法的手势序列只有在她模仿她老师的手势时才会出现。模仿能力与掌握语法规则的能力是大相径庭的。另外，Washoe 学会的很多手势与黑猩猩平时所作的手势相同。这些手势包括"抓搔"（抓痒手势）和"抓"（抓的手势）。这些手势不符合霍基特的任意性标准。最后，加德纳夫妇进行了一些一厢情愿的思考：失聪的手势语译员所观察到的 Washoe 行为中的手势远远少于她的训练员。

Washoe 是一只普通的大猩猩，倭黑猩猩（Bonobo chimpanzee）似乎比其他猩猩更聪明、更善于交往。因此，萨维吉－朗博等人 (Savage-Rumbaugh, McDonald, Sevcik, Hopkins & Rupert, 1986) 研究了一个名叫 Kanzi 的雄性倭黑猩猩。

萨维吉－朗博后来又获得了令人难忘的发现 (Leake, 1999)。另一只名叫 Panbanisha 的侏儒黑猩猩终生在笼子里接受使用语言的训练。萨维吉－朗博试图使用教儿童的方式来教 Panbanisha 学习语言：他们在日常生活中接触语言，使用语言谈论未来计划，并逐渐适应这种语言。萨维吉－朗博专门设计了一种包括 400 个语言符号的小键盘。当她按动一系列的按键时，电脑会把这些序列转换成人工合成的声音。为了确保在自然的社会环境中学习语言，萨维吉－朗博在她房子周围的大森林边上散步时，会持续使用语言符号进行对话。Panbanisha 14 岁时大约学会了 3000 个词汇，而且善于按照正确的语法顺序对一系列文字符号进行组合。例如，她可以组成诸如"我可以要一杯加冰咖啡吗？""我正在考虑吃点什么东西"之类的句子。

Panbanisha 也证明了多义度现象。一个实验把盒子里的糖果换成了昆虫。当另一个人准备打开盒子时，第一个实验者问 Panbanisha 那个人在找什么。Panbanisha 的回答是"糖果"。这表明了多义度现象和洞察他人心理状态的能力。

萨维吉－朗博拿着一个 Kanzi 用来和她交流的显示符号文字的木牌。

萨维吉－朗博等人：Kanzi

萨维吉－朗博等人（Savage-Rumbaugh et al., 1986）教给 Kanzi 使用包含被称为符号文字的几何图案的键盘。起初，他通过观察妈妈（Matata）的训练进行学习。在 17 个月的时间里，他学会了理解将近 60 个左右的符号文字，并能生成近 50 个。Kanzi 的理解能力也相当好。在一次口语理解测试中，Kanzi 对 109 个单词作出了正确反应，对另外 105 个语句（例如，"Kanzi，去帮我把小刀拿来"）也作出了适当的反应。

Kanzi 有时可以通过耳机接收口头指令

Kanzi 的语言学习能力比 Washoe 以及其他受过语言训练的黑猩猩都要好。例如，它的语言表达 80% 都是自发的，而大多数 Washoe 的语言都不是。Kanzi 还能理解"追赶 Kanzi"和"Kanzi 追赶"之间的差异。他甚至能够区分非常细微的差异，例如"把松针插在球上"和"你能把球放在松针上吗？"另外，Kanzi 在 46 个月时，已经学会了将近 50 种文字符号，并能生成 800 种文字符号的组合（例如，"葡萄吃"（Grape eat），"多喝"（More drink））。

萨维吉－朗博等人（Savage-Rumbaugh, Murphy, Sevcik, Brakke, Williams & Rumbaugh, 1993）把 Kanzi 的语言能力和一名叫 Alia 的 2 岁女孩的语言能力进行了对比，他们都在符号文字和英语口语方面接受过综合训练。Kanzi 和 Alia 都通过语序来区分句子的含义，并且他们总体上都表现出类似的成绩水平。但当使用以下句型时（去 Y 处取物体 X），Kanzi 的表现优于 Alia；Kanzi 的正确率为 82%，Alia 的正确率仅为 45%。存在这种差异的原因在于，Kanzi 花了大量时间从特定位置提取物体。

> **典型案例分析——对萨维吉－朗博等人研究的评论**
>
> 迄今为止萨维吉－朗博等人的研究前景都是非常光明的，并且还揭示了非人类动物的某些能力。但也有研究者（Terrave, 1979）认为，Kanzi 仅仅是"使用各种技巧去获得他想要的东西"。其他评论家认为，黑猩猩将声音和物体联系起来是不足为奇的。有一次，在要求 Kanzi "给那条狗打一针"时进行录像。Kanzi 捡起他面前地上的一支注射器，扯掉针帽，给玩具狗打了一针。但是 Kanzi 是否有可能仅仅通过训练把声音"狗"与他面前毛茸茸的东西联系起来，并在听到"注射"时就会按照程序执行打针的行动呢？Kanzi 确实理解他正在做什么吗？

上述发现能否表明 Kanzi 已经掌握了语言呢？大多数专家出于各种原因而保持怀疑态度。首先，Kanzi 表现出有限的句法知识，尤其是在有效地运用词序来理解句子方面。但是，句法也取决于词法（例如，复数形式）和功能词的使用（例如，冠词、介词等）。Kanzi 从不使用词法和功能词汇（Koko, 1999）。其次，Kanzi 的语言使用远不及年幼儿童的复杂。例如，Kanzi 所生成的平均语言长度最多只有 1.5 个词素（最小的语义单位），而 Alia 18 个月时的平均语言长度为 2 个词素，2 岁时达到 3 个词素以上。再次，Kanzi 的语言使用是否满足霍基特的语言标准尚存在怀疑。例如，他的语言表现出非常有限的生成性和置换性（例如，他很少提及过去或未来的事件）。更具争议的是，在语义性方面（Kanzi 赋予词汇和符号语言的意义）也存在担忧。例如，就像研究者（Seidenberg & Petitto, 1987）所指出的，Kanzi 用"草莓"这个词表达他想要草莓或他想去草莓生长的地方，或者指代草莓本身。因此，他赋予词汇的意义通常与我们赋予词汇的意义存在差异。

讨论要点：

1. 你对 Kanzi 的指令语言有何印象？
2. Kanzi 和其他黑猩猩的成绩存在哪些局限性？

> **案例研究：对萨维吉－朗博的采访**
>
> 问：你们的黑猩猩会说话吗？
>
> 答：他们不会说话。他们只能指出键盘上的印刷符号。他们的声道与我们的不同，不能发出人类的声音。但是，他们可以发出各种黑猩猩的声音。我认为他们是靠这些声音进行彼此交流的。现在，黑猩猩不能像我们一样讨论同样的事情。他们也不能把我们词汇中的单词翻译成他们的语言。但是从我观察的情况来看，我认为他们可以交流很复杂的事情。我举个例子，几周以前，我们的一个研究人员玛丽（Mary Chiepela）与 Panbanisha 一起在院子里。玛丽似乎听到有只松鼠，因此她拿起键盘说"有只松鼠"。而 Panbanisha 却说"是狗"。没过多久，三只狗出现了，并朝着 Kanzi 所在的那幢楼走去。玛丽问 Panbanisha："Kanzi 会看见狗吗？"Panbanisha 看着玛丽说"A 形架"。A 形架是这个森林的一个特殊区域，那里的小屋上有一个 A 形架。玛丽后来走到 A 形架前面，在那里发现了狗所留下的新鲜足迹。Panbanisha 没有看见狗却知道狗在哪儿。这似乎就是黑猩猩之间互相传递的信息："你周围有个危险的动物。是一条狗，它正在朝你走来。"
>
> 问：当猩猩指键盘上的一些符号时，你怎么知道他们不是仅指旧事？
>
> 答：我们通过说英文单词或给他们展示图片对 Kanzi 和 Panbanisha 进行测试。我们知道他们会找出与单词或图片相对应的文字符号。如果我们对他们未学习过语言的兄弟姐妹做同样的测试——他们会失败。我们多次通过他们的行为进行证实。例如，如果 Kanzi 说"苹果追赶"，意味着他想做追赶苹果的游戏，我们说"好吧，开始"。之后他会捡起一个苹果跑开，并对着我们笑。
>
> 问：一些评论家说你们的所有的黑猩猩猿所做的一切都是模仿你们？
>
> 答：如果他们模仿我，那么他们将重复我所说的话，但他们没有。他们会回答我的问题。我们也有数据表明他们言语中只有 2% 是对我们的即时模仿。
>
> 问：尽管如此，科学界的很多人仍指责你们过度解释了你们的黑猩猩的所作所为。
>
> 答：的确有人这样认为。但是他们没有一个人愿意待在这里耗费时光。他们的观点是：有一种东西叫人类语言，除非 Kanzi 能做人类所做的所有事情，否则就不能认为他具有语言能力。他们拒绝考虑 Kanzi 所做的事情——可被理解为——语言。这甚至不是一种对 Kanzi 行为的否定，而是一种对事实的否定。他们要求 Kanzi 做人类能做的所有事情，这本身就是不合理的。Kanii 永远做不到这一点。但这并不能否认他所做的事情。
>
> 引自 Claudia Dreifus（1998），"她与黑猩猩交谈，黑猩猩根据这些谈话反过来与她交谈"。《纽约时报》，4月14日。

Panbanisha 有个儿子叫 Nyota，他 1 岁时掌握的词汇量相当于 18 个月大的婴儿。他能指出代表他喜欢的食物的标志，例如姆姆巧克力、草莓、葡萄等。萨维吉－朗博认为 [见 Leake 的报告，1999]："他 [Nyota] 比同龄的 Kanzi……或 Panbannisha 要更聪明。"

❖ 评价

⊕ 黑猩猩已经学会了数十或数百种手势或符号文字形式的单词。他们的手势显示出符合霍基特的几种语言标准，例如任意性、多义度和语义性。

⊕ 黑猩猩对自己所用的手势和符号问题具有某些理解，但是他们的理解与我们的理解有所不同。

- ⊕ 像 Kanzi 和 Pnabanisha 这样的侏儒黑猩猩已经表现出某些能力。
- ⊖ 黑猩猩显示出较少的生成性证据，很少提及很久未见过的物体（置换性）。因此，一些语言标准丧失了或几乎丧失了。
- ⊖ 黑猩猩未显示出充分掌握了句法，因为他们不能使用词法或功能词。
- ⊖ 黑猩猩的语言通常比年幼儿童的更短、更缺乏意义。
- ⊖ 正如乔姆斯基（引自 Atkinson, Atkinson, Smith & Bem, 1993）所指出的："如果动物具有生物学上的语言优势，但是直到现在尚未启用，这可能成为一个进化奇迹，就如同找到了一个教会人类飞翔的小鸟。"

"他说世界贸易的经济衰退会对香蕉供应产生不利的影响，会导致利率下降。"

心智理论

心智理论研究出现了急剧增加。例如，韦尔曼等人（Wellman, Cross & Watson, 2001）报告了一项基于 178 项研究的元分析。心智理论究竟是什么呢？阿斯廷顿与詹金斯（Astingson & Jenkins, 1999, p.1311）认为，心智理论"包含了通过人们所具有的信念、需求、目的、情绪等而理解社会互动的思想"。为了让某人掌握心智理论，极为重要的是他们必须理解他人有关世界的看法与自己看法的不同。心智理论的发展似乎代表了儿童社会发展的里程碑，因为儿童如果一直认为他人的想法与自己的看法相同，其社会交往必然非常有限。

心智理论曾借助于各种错误信念任务进行评估。例如，威默与珀纳（Wimmer & Perner, 1983）使用模型为儿童呈现以下故事：一个名叫马克西（Maxi）的男孩把一些巧克力放进一个蓝色橱柜里。在他出去的时候，母亲进来把巧克力换到了绿色橱柜里。儿童需要指出，当马克西返回房间时，会在哪里寻找巧克力？大多数 4 岁儿童都错误地认为马克西会在绿色橱柜里寻找，这表明这些儿童还未形成心智理论。相反，大多数 5 岁儿童都给出了正确答案。

业已提出多种关于儿童心智理论发展的解释。许多研究者都认为，儿童的信息加工、记忆及语言技能的发展对心智理论的获得起着重要作用（Flavell, 1999）。阿斯廷顿与詹金斯提出了一种更具体的解释，认为语言发展是成功完成错误信念任务的关键。

里格斯等人（Riggs et al., 1998）认为，儿童需要发展自己的推理能力以成功地完成错误信念任务。例如，接受马克西问题的儿童必须想象一种情形（蓝色橱柜中

你考虑过向被捕获的灵长类动物教授语言在伦理上合理吗？

心智理论：对他人可能与自己具有不同信念、情感和意图的理解。

的巧克力），如果他妈妈不把巧克力移到绿色橱柜中，这些情形将会存在。这被称为反推理，里格斯等人宣称，反推理对于成功完成错误信念任务至关重要。

哈里斯（Harris, 1992）认为，儿童不具备关于他人信念的理论。儿童能意识到自己的心理状态和他人的信念，并能通过模仿过程或角色替换来理解他人的心理状态和信念。可以确定的是，成人常常通过模仿来预测他人对各种情况的反应。例如，如果我们听说某人的友谊刚破裂，我们可以通过设身处地的想象来推测她可能出现的反应。该解释与里格斯等人提出的一种观点有关。在想象到他人感知自己的情景时，我们仅能准确地预测他人在错误信念任务中的信念。

证据

韦尔曼等人（Wellman et al., 2001）在他们的元分析中，令人信服地证明了3—5岁儿童在错误信念任务上具有很大的发展变化。一般说来，大部分3岁儿童在错误信念任务上表现极差，而大多数5岁儿童则表现极好。因此，大约4岁时心智理论就已获得了发展。

如何解释这些相似性和差异性？

心智理论在不同文化中是否会以类似的方式发展呢？韦尔曼等人报告了来自七个国家（美国、英国、韩国、澳大利亚、加拿大、奥地利和日本）的相关发现。所有七个国家中3—5岁儿童在错误信念任务上的表现都显著提高，表明不同文化中理解心智理论的发展是类似的。不过，其中澳大利亚和加拿大儿童的心智理论发展最快，奥地利和日本儿童的心智理论则发展最慢。

特定儿童在标准错误信念任务上取得成功的发现，并不必然意味着他/她就已发展出完善的心智理论。珀纳与威默（Perner & Wimmer, 1985）考察了"二级信念"的概念，它比通常所研究的一级信念更为复杂。多二级信念包含另一个人对第三个人有关信念的理解（例如，"我认为约翰认为玛丽去商店买冰激凌了"）。珀纳和威默发现，仅在大约6岁时儿童才开始显现出拥有二级信念的证据。

在4岁之前心智理论的某些成分是否出现这一点上尚存在较大争论。例如，我们可以考察一下奥尼尔（O'Neill, 1996）的一项研究。2岁儿童（断然地被认为太小而不具备心智理论）在父母在场和不在场两种情况下观察放置在高高书架上的很有吸引力的玩具。儿童随后让父母答应自己拥有该玩具。父母在场的儿童比父母不在场的儿童更倾向于说出玩具的名称并指向玩具所在的方位。因此，即使2岁的儿童也能意识到别人具有的知识。

根据里格斯等人（1998）的观点，进行反事实推理的能力是成功完成错误信念任务的基础。可以推测，在错误信念任务上失败的儿童，在其他需要反事实推理的任务上也会失败。研究者（Zaitchik, 1990）使用了一项复杂程度与错误信念任务相类似的摄影任务，但该任务不需要心智理论。年幼儿童观察用宝丽来相机为放在垫子上的玩具照相。在他们等待照片期间，实验者把玩具移到盒子之上。当询问儿童玩具将会出现在照片的哪个位置时，大多数3岁儿童都说在盒子上，大部分4岁儿童则说在垫子上。这些发现与错误信念任务上获得的结果非常相似，并与成功完成错误信念任务需要反事实推理而非心智理论的观点相一致。

里格斯等人通过向3—4岁的儿童讲述故事检验了该理论。在故事中,马克西和他母亲把巧克力放在橱柜中。当马克西去上学时,他母亲用一些巧克力做了个蛋糕,然后把剩余巧克力放在冰箱里。之后,马克西放学回到家。询问儿童一项标准错误信念问题("马克西认为巧克力在哪里呢?")。还询问他们第二个问题("如果妈妈没做蛋糕,巧克力会在哪里呢?")。正确回答这个问题需要反事实推理,而不需要理解错误信念。

里格斯等人发现了什么呢?他们发现,在错误信念问题上正确的儿童在推理问题上通常也正确,而在错误信念问题上错误的儿童在推理问题上通常也错误。因此,他们得出结论:不充分的反事实推理是导致错误信念任务失败的首要原因。但这并非全部事实。哈里斯等人(Harris, German & Mills, 1996)发现,很多3岁儿童即使由于年龄太小而不能成功完成错误信念任务,但他们可以进行反事实推理。他们给3岁儿童讲了一个小女孩的故事,这个女孩由于穿了件毛衣而不是大衣而患了感冒。很多儿童都意识到(使用反事实推理),如果这个女孩穿了外套是可以避免感冒的。

阿斯廷顿与詹金斯(Astington & Jenkins, 1999)进行了一项3岁儿童的纵向研究,来检验语言发展奠定了错误信念任务表现随年龄而提高的基础这一理论。给儿童提供各种心智理论任务(例如,错误信念任务)和语言能力测量。结果强有力地支持该理论:"早期语言能力能够预测以后的心智理论任务成绩……但早期心智理论不能预测以后的语言测试成绩……语言对于心理发展理论是非常重要的。"(p.1311)

自闭症:一种严重的心理障碍,沟通技巧非常糟糕,语言发展具有严重缺陷。

自闭症

一些研究者(例如,Aron-Cohen, Leslie & Frith, 1985; Leslie, 1987)认为自闭症儿童缺乏心智理论。自闭症(**autism**)是一种非常严重的症状,根据《心理障碍诊断和统计手册》(American Psychiatric Association, 1994;见第22章),自闭症有三个症状:

1. 质性社会互动受损(例如,使用非语言行为的严重障碍)。

2. 质性沟通受损(例如,不愿使用语言开始或维持谈话)。

3. 受限的重复、刻板的行为模式(例如,持续使用特定路线和程序)。

莱斯利(Leslie, 1987)认为,自闭症儿童的核心问题是他们不能理解他人具有不同于自己的观点和知识,这被称为"心盲"(mind-blindness)。他们也不理解行为如何受信念和思想的影响。因此,他们不具备心智理论。如此一来,自闭症儿童也就不能理解社会环境、不能有效地与他人进

电影《雨人》因霍夫曼(Dustin Hoffman)对自闭症成人的准确描写而备受赞扬。

萨莉—安妮测试。C表示儿童观察，E表示实验者。

行沟通。

布伦-科恩等人（Buron-Cohen et al., 1985）报告了相关证据。给心理年龄为4的自闭症儿童和唐氏综合症儿童，以及正常的4岁儿童呈现如下故事：萨莉（Sally）把她的玻璃弹珠放在篮子中。然后就出去了。安妮（Anne）拿起萨莉的弹珠放到自己的盒子里。而后萨莉散步回来。她会在哪里找她的弹珠呢？与20%的自闭症儿童相比，80%多的正常儿童和唐氏综合症儿童都正确地指出在篮子里。因此，自闭症儿童未考虑到他们拥有萨莉不具备的知识这一事实，也未认识到其他儿童具有不同于他们的观点。

自闭症儿童在大多数错误信念任务上存在巨大的困难，因此似乎缺乏心智理论。不过，可能的情况是，他们在这些任务上的成绩反映了一般认知缺陷而非心智理论的特殊问题。研究者（Leslie & Thaiss, 1992）使用两组儿童阐述了这一问题：平均年龄12岁、心理年龄为6的自闭症儿童；平均年龄和心理年龄均为4岁的正常儿童。给他们提供基于Zaitchik（1990）所使用的错误信念任务和摄影任务。

两组儿童的成绩模式具有很大差异（见下页图）。正常儿童认为这两项任务非常简单，而自闭症儿童在错误信念任务上的成绩显著差于摄影任务上的成绩。由于只有错误信念任务需要心智理论，因此这些发现表明，自闭症儿童具有与心智理论有关的特定缺陷。

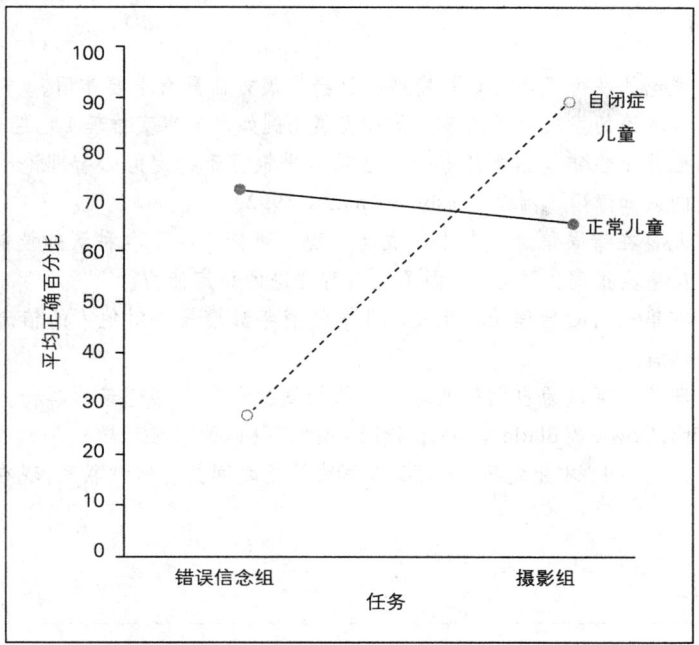

自闭症和正常儿童在错误信念任务和摄影任务上的成绩。基于 Leslie & Thaiss（1992）的数据。

案例研究：自闭症患者的智力

并非所有的自闭症内容都像想象的那样消极。一些自闭症儿童拥有惊人的艺术才能，并且在绘画方面比其他儿童更早地表现出丰富的细节和角度。

塞尔夫（Selfe, 1983）研究了一个名叫娜蒂亚（Nadia）的自闭症女孩。当她只有5岁时，虽然不能说话且具有严重的运动障碍，却能凭记忆画出马、小公鸡、骑兵等非常真实的画。

自闭症患儿童和成人所表现出的其他才能还包括心算的本领，例如，能够算出500年之前任何一天是星期几。有些天才的自闭症音乐家从未接受过正规训练，仅通过耳朵倾听就可以学习演奏乐器。

这些才能在某种程度上可能都与自闭症儿童关注世界太少有关，因此他们对某些事物或过程的细节可能更为全神贯注。

卡纳（Kanner, 1943）把这些天赋称为"才能之岛"，表明自闭症儿童智力的其他内容被隐藏在"困难之海"的表面之下。

5岁自闭症患者娜蒂亚的作品（左），以及平均年龄6岁半儿童的作品（右）。

❖ **评价**

⊕ 心智理论的获得可能在认知发展和社会发展方面具有重要作用。
⊕ 与心智理论的发展有关的某些认知发展（例如，反事实推理）已经得以确定。
⊕ 自闭症儿童在错误信念任务上的困难似乎根源于特定的心智理论缺陷而不是较一般的认知障碍（例如，Leslie & Thaiss, 1992）。
⊖ 正常儿童在错误信念任务中的成功表现，可能反映了各种认知技能的发展（例如，反事实推理、语言），而不是心智理论的特定能力。
⊖ 不存在单一的心智理论；相反，儿童随着年龄增长会对他人的信念获得日益深入的理解。
⊖ 心智理论的观点为自闭症儿童面临的问题提供了不甚完善的解释。史密斯等人（Smith, Cowie & Blade, 2003, p.481）指出：" 具体的语言问题……迷恋行为或 [自闭症儿童] '才能之岛' 与心智理解力缺乏之间具有何种联系，现在尚不清楚。"

小 结

知觉发展

婴儿不能告诉我们他们看到了什么。不过，已经提出各种评估婴儿视觉能力的方法，例如行为法、喜好法、习惯法、眼动法、生理法和视觉强化法。新生儿在一些基本视觉方面存在缺陷，例如视敏度差、不能分辨颜色、缺乏双眼视差。婴儿天生就表现出对面部（而不是非面部）的偏好，但尚不清楚这是否反映了快速学习或更喜欢上半部包含更多成分的物体。婴儿在生命早期就表现出某种程度的视觉恒常性。某些视觉发展（例如，视敏度）取决于生理成熟的变化，而其他方面的发展（例如，深度知觉，对刺激赋予意义）则依赖于学习。

记忆发展

在幼儿时期，儿童的记忆功能获得很大进步。原因之一是工作记忆容量的增加。其二，在学习过程中，年龄较大的儿童比年幼儿童更可能使用复述或组织策略。第三，儿童已发展出良好元记忆。但是，元记忆与记忆成绩之间只达到中等程度的相关，表明儿童通常不能以有效的方式使用有关记忆的知识。第四，年龄较大的儿童比年幼儿童拥有更多的知识，而且相关知识一般会提高记忆成绩。大多数这类知识都以脚本的形式存储。内隐记忆通常比外显记忆提前多年获得较完善的发展。早期记忆的最早年龄取决于自我统一的发展以及父母与儿童的交互作用。儿童的目击报告往往是不正确的，这可能是由于社会责任和记忆的真实改变造成的。

语言获得

婴儿到18个月大时还局限在单字句语言阶段。接下来是电报式语言时期，此时

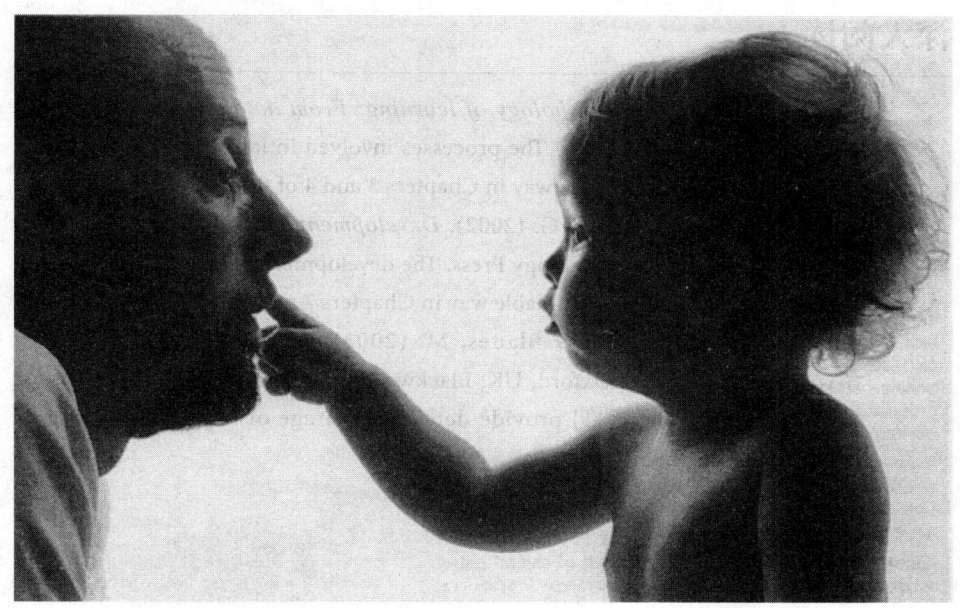

不重要的单词被省略了。之后,儿童学习语法形态。词汇发展和语法发展之间具有紧密的联系。我们拥有语言获得机制的观点得到以下证据的支持:即使生命早期未接触过正常语言,儿童也可以形成语法。但是先天语法的观点几乎未获得支持性证据。儿向语言有助于儿童语言的获得,但也许并不是至关重要的。根据结构主义理论,语言学习与其他学习种类相似,均表现为从具体/特定到抽象/一般。

动物语言获得

教给黑猩猩语言的尝试与学习语言的能力是否只属于人类的理论争议有关。一些倭黑猩猩已经学会了几百种手势或符号文字,并表现出理解这些符号以及将它们进行组合形成更复杂含义的能力。但是,几乎没有证据证明黑猩猩的生成性和置换性,并且未完全掌握句法。

心智理论

儿童4岁时形成确认他人的信念、意图和情感的能力。正常儿童心智理论的发展似乎依赖于一般的认知能力和技能(例如,语言发展、反事实推理)。心智理论的获得通常由错误信念任务进行评估,但是这些任务也许不能准确地评估儿童对心智理论的了解程度。自闭症儿童发现错误信念任务非常困难,似乎存在特定的心智理论缺陷。但是,自闭症儿童具有很多不能事先通过心智理论缺乏进行解释的症状(例如,特定语言问题)。

深入阅读

- Harley, T. (2001). *The psychology of learning: From data to theory* (2nd ed.). Hove, UK: Psychology Press. The processes involved in language acquisition are discussed in an approachable way in Chapters 3 and 4 of this textbook.
- Harris, M., & Butterworth, G. (2002). *Developmental psychology: A student's handbook.* Hove, UK: Psychology Press. The development of language in the early years of life is covered in a readable way in Chapters 7 and 8 of this textbook.
- Smith, P.K., Cowie, H., & Blades, M. (2003). *Understanding children's development* (4th ed.). Oxford, UK: Blackwell. Several chapters in this textbook (e.g., Chapters 10 and 11) provide detailed coverage of important aspects of cognitive development.

第 15 章
认知发展：一般理论

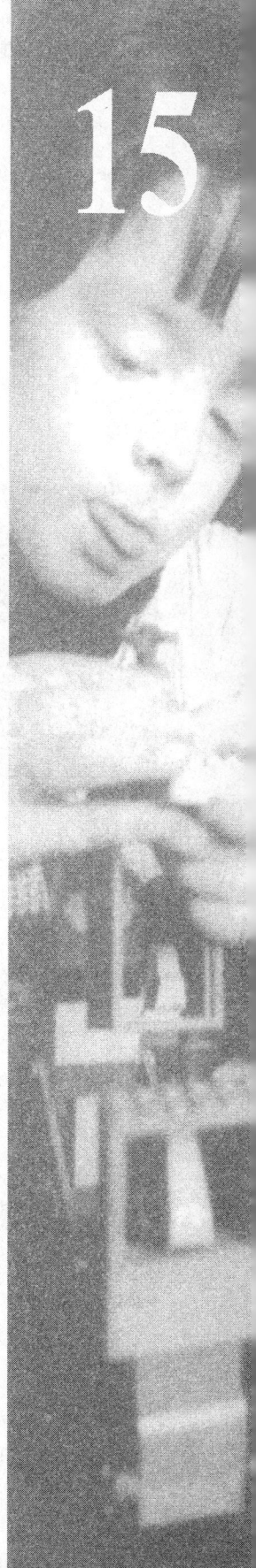

本章概要

- **皮亚杰的理论**
  皮亚杰的自我发现观概述

  皮亚杰学派的概念：顺应、同化、图式、平衡化

  感觉运动阶段

  前运算阶段

  具体运算阶段

  形式运算阶段

  理论评价

  洛伦佐和马查多的辩护

  教育启示

- **维果斯基的理论**
  维果斯基的社交互动观概述

  维果斯基的四个阶段

  最近发展区和支架式教学

  语言发展

  理论评价

  教育启示；同伴辅导

  维果斯基和皮亚杰的比较

- **信息加工取向**
  信息加工理论

  新皮亚杰学派：帕斯奎尔－莱昂和凯斯

  西格勒的重叠波模型

  教育启示

在上一章,我们考察了儿童期各种认知能力(例如,知觉、记忆、语言)的剧烈变化。这一章的重点转向更一般或更全面的认知理论。皮亚杰提出了第一个全面系统的认知发展理论。不过,本章也提出了其他几种认知发展的理论观点,包括维果斯基的理论和信息加工理论。

研究认知发展非常重要的一个原因在于它和教育的相关性。如果我们能了解学习和认知发展所涉及的过程,那么就有可能改善教育制度,使学生受益。我们也会讨论各种理论对教育所具有的意义。

皮亚杰的理论

瑞士心理学家皮亚杰(1896—1980)

皮亚杰(Jean Piaget, 1896—1980)是很多领域的专家。读大学时他研究生物学和哲学,此后他在家乡瑞士的湖畔研究软体动物的适应性而获得博士学位。后来他又去了苏黎世研究实验心理学。但他最为知名的还是作为一名有史以来最具影响的发展心理学家。皮亚杰对发展认知作出了最全面的解释,不过这里我们仅提供一个概略的说明。

皮亚杰对儿童如何学习和适应周围世界非常感兴趣。为了适应和调节,儿童与外部世界之间必然存在连续不断的交互作用。皮亚杰认为存在两个重要过程:

- **顺应(accommodation)**:个体的认知结构由于处理外界环境的需要而发生改变。换言之,个体调整自身以适应外部世界。
- **同化(assimilation)**:个体根据自身已有认知结构处理新环境的变化。换言之,调整对外部世界的解释以适应个体。

同化支配顺应的最明显的例子是游戏,个体根据自己的想象解释现实(例如,把木棍当成枪)。相反,顺应支配同化的最明显的例子则是模仿,即简单模仿他人的行为。

皮亚杰学派还有两个核心概念:图式和平衡化。**图式(schema)**指用于指导行动的结构化知识。婴儿发展的第一个图式是身体图式,此时他们认识到"我"和"非我"之间存在重要的差异。身体图式有助于婴儿探索和感知外部世界。

平衡化(equilibration) 基于个体需要在变化的环境中保持稳定的内部状态(平衡)这一观点。当儿童未能成功地根据已有图式解释其经验时,就会产生一种**不平衡(disequilibrium)** 或失衡的不愉快状态。然后儿童会使用同化和顺应恢复平衡状态。因此,不平衡会激发儿童学习新的知识和技能以达到理想的平衡状态。

理论上我们可以区分出两类研究者。一类认为认知发展仅涉及儿童获得知识数量的变化以及思维时使用知识效率的变化。这些研究者认为,认知在发展过程中不存在根本差异。第二类研究者(像皮亚杰)则宣称,青少年的思维方式与儿童期的思维方式存在天壤之别。

皮亚杰认为,所有儿童都要经历各种阶段。他的阶段理论在下面会有详细讨论。这里仅考察一些主要假设。第一,认知发展必须具有足够的变化以便确认各个独立

顺应:在皮亚杰的理论中,个体认知结构为适应外部环境而发生的改变。

同化:在皮亚杰的理论中,个体使用已有认知结构来处理新环境的变化。

图式:在皮亚杰的理论中,用以指导行动的结构化知识。

平衡化:使用顺应和同化来达到平衡状态。

的认知阶段。第二,虽然不同儿童到达某个特定阶段的年龄可能有所不同,但是各阶段的顺序对所有儿童均相同。第三,界定每个阶段的认知操作和认知结构应该形成整合的统一体。

阶段理论能够解释发展变化的复杂性。但是,它们往往会高估各个阶段之间的差异性而低估特定阶段的可变性。换句话说,它们有可能使认知发展变得比实际情况更简洁、更精简。皮亚杰承认,处在某个特定阶段的儿童并非总是使用该阶段典型的思维模式,他创造了一个术语**水平滞差(horizontal decalage)** 来指代这种状态。

游戏中同化支配顺应的一个例子——把纸箱当做交通工具

皮亚杰认为,认知发展有四个主要阶段。第一阶段为感知运动阶段,从出生至大约 2 岁。第二阶段为前运算阶段,从 2 岁一直持续到 7 岁。第三阶段为具体运算阶段,通常出现在 7 岁至 11、12 岁之间。第四阶段是形式运算阶段,紧跟着具体操作阶段。

根据皮亚杰的观点,年幼儿童通过操作客体应对环境。因此,感知运动发展是基本的**动作智力(intelligence in action)**。随后,在前运算思维阶段,知觉思维占优势。从 7 岁起,思维越来越多地受到逻辑数理推理的影响。在具体运算阶段,逻辑推理仅能使用于真实可见的物体。在形式运算阶段,年龄较大的儿童或成年人能使用逻辑思维去分析潜在事件或抽象观点。

皮亚杰是如何获得支持自己理论观点的证据的呢?他对传统实验法的价值提出质疑,而采取了一种非结构化和较不正式的方法。更具体的说,皮亚杰大量使用**临床法(clinical method)**,即实验者以非正式的方式询问儿童以探知儿童理解各种问题的性质。

哪种游戏可以证明顺应支配同化?

水平滞差:儿童表现出的明显不协调,特定的认知能力只在某些情景而不在其他情景出现。

临床法:皮亚杰用于评价儿童理解问题的基于询问的非正式方法。

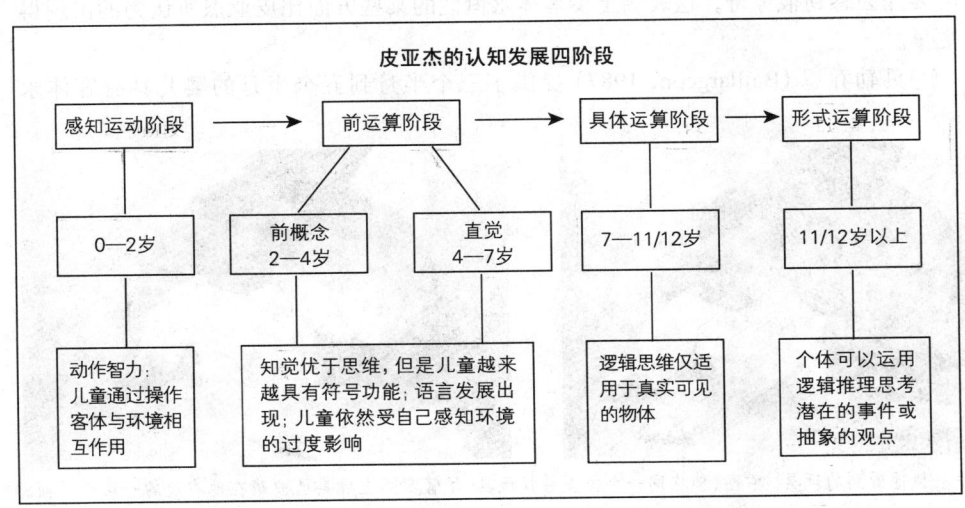

感知运动阶段（0—2岁）

该认知发展阶段从出生持续到 2 岁左右，婴儿主要通过动作和探索周围世界学习大量的知识。最初，婴儿的图式主要由先天反射构成，例如吸吮。不过，这些反射会随着经验发生某些变化。例如，婴儿在很小的时候就学会改变嘴唇的形状以便更有效地吸吮乳汁。

该阶段的主要成就是"客体永恒性"（object permanence）。这意味着当物体未在视野之内时也能认识到物体是存在的。在感知运动阶段的早期，婴儿对客体永恒性毫无意识：其字面意思是"看不见，就不存在"。客体永恒性随着儿童主动摸索周围的环境而发展。在 1 岁末，婴儿开始表现出所谓的坚持寻找（preservative search）。这是指婴儿在之前发现物体的位置去寻找物体，而非在最后看到物体的位置去寻找物体。更具体的说，实验者将物体藏在位置 A，婴儿成功地找到物体。此后，把物体藏到位置 B，但是婴儿仍然错误地在位置 A 寻找。正是由于这个原因，坚持寻找通常才被称为 A–非–B 错误。

根据皮亚杰的观点，A–非–B 错误的发生，是因为婴儿未把物体看做独立于自己行为的客体存在。坚持寻找显示了客体永恒性的某些特征。不过皮亚杰认为，只有在感知运动阶段末期，才能形成完整的客体永恒性。

模仿的发展是感知运动阶段的另一个重要成就。模仿可使婴儿向自己已掌握的行为中增加大量的内容。它发展缓慢，随着时间的推移变得越来越精确。在感知运动阶段末期，婴儿会表现出延迟模仿（deferred imitation）的证据，这是一种模仿之前所见行为的能力。

证据

客体永恒性的发展速度似乎比皮亚杰所认为的更迅速。例如，鲍尔（Bower, 1982）将一个玩具藏在屏幕后。几秒钟后屏幕升起，玩具已不见了。三、四个月大的婴儿会感到很惊奇。这表明至少客体永恒性的某些方面比皮亚杰所认为的出现得更早。

贝勒乔恩（Baillargeon, 1987）提供了三个半月到五个半月的婴儿具有客体永

正如儿童在学习阅读之前必须学习字母表一样，皮亚杰界定了一系列所有儿童在发展过程中必须经历的阶段。

客体永恒性：当看不到物体时仍能意识到物体仍然是存在的。

坚持寻找：错误地在之前发现物体的位置而不是在最近被藏的位置寻找物体；又称 A–非–B 错误。

延迟模仿：在皮亚杰的理论中，模仿之前所观察的行为的能力。

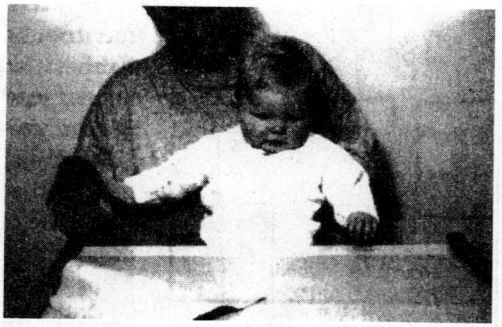

婴儿伸手去抓他看到的玩具。右图，他在同一个位置寻找玩具，尽管实际上玩具已被藏在他右边的一块布下面。

恒性的证据。所有婴儿都观看一个起初平放于桌子上的固体屏幕，屏幕被提起，翻转180°后又平放在桌子上。然后放置一个盒子，使屏幕在碰到盒子之前只能旋转112°。但是，由于盒子受到屏幕的遮挡，因此婴儿实际上看不到屏幕碰到了盒子。分为两种条件，在控制组条件下，婴儿看到屏幕翻转了112°停下来。在实验组条件下，婴儿看到屏幕翻转了180°，但是由于盒子的阻挡屏幕翻转180°是不可能的。在婴儿不知道的情况下，在屏幕翻转到90°时，盒子通过天窗被拿走了。主要的发现是：在"不可能"条件下，婴儿注视屏幕的时间更长。根据贝勒乔恩的观点，之所以出现这种情况，是因为婴儿记得盒子曾出现过，因而在盒子未能阻挡屏幕的翻转时感到很惊奇。换言之，他们显示出对盒子的客体永恒性，比皮亚杰所认为的要早出现了几个月。

里维拉等人（Rivera, Wakeley & Langer, 1999, p.433）不同意贝勒乔恩的观点，认为："解释实验发现不需要下面的丰富解释信息：在这种范式中，婴儿的行为基于有关立体物的物理属性的表征推理。"里维拉等人发现，5个月的婴儿在正在移动180°的遮掩物上寻找用了同样多的时间，而不管移动是否可能实现。从这些新发现中能得出什么结论呢？里维拉等人（p.433）认为："这些发现支持如下假设：婴儿长时间地注视明显不可能实现180°的旋转［而非112°旋转］，仅仅是因为婴儿喜欢注视移动时间长的事件。"不过大多数证据都表明，客体永恒性的发展的确早于皮亚杰的预测。

根据皮亚杰的观点，延迟模仿在2岁末才会出现。但是，梅尔特佐夫（Meltzoff, 1985, 1988）发现，延迟模仿比皮亚杰所认为的会早几个月出现。梅尔特佐夫（Meltzoff, 1985）使用了一个由塑料管连接两个木块组成的哑铃。三组14个月大的婴儿接受以下某个条件：(1)观察实验者将玩具拆开（模仿条件）；(2)观察实验者拿着玩具绕圈（控制条件）；(3)把玩具交给婴儿（基线条件）。24个小时后所有的婴儿都得到玩具。在模仿条件下，45%的婴儿立刻拆开玩具，而在其他两种条件下，平均只有7.5%的婴儿拆开玩具。因此，第一种条件下的婴儿表现出明显的延迟模仿证据。

你能解释在这项研究中为什么必须设置控制条件和基线条件吗？

梅尔特佐夫（Meltzoff, 1988）扩展了他先前的研究。他再次利用模仿、控制及基线条件研究14个月大的婴儿。不过这次婴儿需要模仿六个动作，初步观察与模仿检验之间的时间间隔为一周。尽管事实上婴儿必须在较长的时间间隔中记住六个动作，但模仿组婴儿仍表现出延迟模仿的明显证据。

皮亚杰的某些解释未能得到支持。皮亚杰假设，表现出坚持寻找或A-非-B错误的婴儿记不住藏玩具的位置。但是，贝勒乔恩与格雷伯（Baillargeon & Graber, 1988）进行了一项研究：八个月大的婴儿看到玩具被藏在两个屏幕其中一个后面。15秒后婴儿看到一只手将玩具从之前所藏的屏幕后取出，或者从另一

贝勒乔恩和格雷伯发现，八个月的婴儿在看到原来被放在左边屏幕后的杯子从右边屏幕后被取出时感到很惊奇。

个屏幕后取出。婴儿只对从"错误"屏幕后取出的玩具感到惊奇,表明他们确实记住了玩具的放置位置。因此,坚持寻找不出现的原因仅仅是因为错误记忆。

巴特沃斯(Butterworth, 1977)提供了记忆失败不能解释 A-非-B 错误的更多证据。他发现,即使物体完全出现在位置 B,婴儿仍会犯这类错误并在位置 A 去寻找!

皮亚杰对坚持寻找的解释还存在另一个问题。他认为坚持寻找的发生是因为年幼儿童认为物体的位置取决于它们自己的动作,并由此断定:如果儿童仅仅被动地在物体第一次出现的位置观察到物体,他将不会表现出坚持寻找。实际上,婴儿在这些条件下表现出的坚持寻找与允许他们在第一个位置寻找物体时表现出的坚持寻找同样多(Eysenck, 2000)。

❖ 评价

⊕ 皮亚杰对 2 岁以前儿童的认知发展提供了详细、清晰的解释。
⊕ 皮亚杰确定了儿童 2 岁以前出现的多种主要学习类型(例如,客体永恒性)。
⊖ 延迟模仿和客体永恒性的发展比皮亚杰所认为的要更早。
⊖ 皮亚杰认为由于错误记忆而发生坚持寻找或 A-非-B 错误的观点过于简单。
⊖ 年幼儿童认为物体的存在取决于自己动作的观点未得到证据的支持。

前运算阶段(2—7岁)

度过认知发展感知运动阶段的儿童还不能进行"真正"的思维。他/她主要是通过直接动作进行操作,与其相对,前运算阶段的儿童则变得越来越具备符号功能。语言发展与前运算阶段儿童的认知发展有关。不过皮亚杰认为,语言发展主要是基础认知改变的结果,而不是认知发展本身的结果。

儿童在前运算阶段的五年中表现出相当多的认知发展。因此,皮亚杰将前运算阶段分为两个子阶段:前概念阶段(2—4岁)和直觉思维阶段(4—7岁)。前概念阶段与直觉思维阶段的儿童之间所存在的两种认知差异,涉及序列思维和综合思维。序列任务要求儿童基于单一特征(例如,高度)按顺序排列物体。皮亚杰与西明斯卡(Piaget & Szeminska, 1952)发现,前概念阶段的儿童很难完成任务,甚至直觉思维阶段的儿童也经常会采用尝试—错误法。

综合思维是一种有限的思维形式,只考虑某些相关的信息。这种思维可以通过让儿童选择相似物体的任务得到揭示。直觉思维阶段的儿童通常会准确地完成这项任务,例如选择一些黄色物体或正方形物体。前概念阶段的儿童则表现出综合思维。他们选择的第二个物体在某个维度(例如,大小)上与第一个物体相同,但是第三个物体与第二个物体则是在另一个维度(例如,颜色)

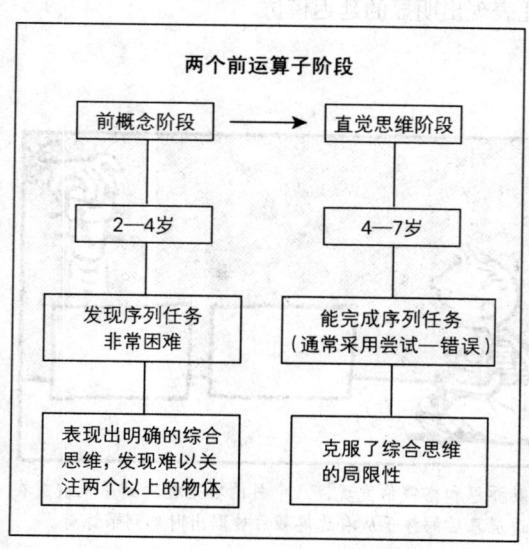

皮亚杰：守恒

前运算阶段的儿童很容易受他们对周围环境感知的影响。他们通常只注意整个环境的某个方面（这被皮亚杰称为集中偏向（centration））。集中偏向产生错误的方式在守恒研究中表现出来。守恒（conservation）是指对视觉呈现物体的某些方面的理解不会因为感知内容的改变而改变。根据皮亚杰的观点，守恒奠定了儿童理解不变性的基础，这涉及除非增减某些部分，否则物体的数量不会发生改变。

集中偏向：仅注意情景的一个方面。

守恒：在表面出现各种变化的情况下数量仍维持恒定的原则。

在数量守恒的经典研究中，皮亚杰给儿童呈现两个大小和形状相同并盛有相同液体的玻璃杯。当儿童认同两个杯子装有同样数量的液体时，把其中一个杯子的液体倒进另一个更高更薄的不同玻璃杯中。然后问儿童，两个玻璃杯（原来的杯子和新杯子）是否盛有相同量的液体，或其中一个杯子里的液体是否更多。前运算阶段的儿童未表现出守恒。他们要么认为新杯子中的液体更多（"因为它更高"），要么认为原来的杯子中有更多的液体（"因为它更宽"）。在这两种情况下，儿童仅注意或关注一个维度（例如，高度或宽度）。

前运算阶段的儿童在守恒任务上的失败，部分是因为集中偏向。但是根据皮亚杰的观点，儿童还缺乏极重要的内化认知操作。在守恒任务上两种认知操作尤其重要：可逆性和去中心化。可逆性（reversibility）涉及在心理上取消或逆转某些已完成的操作。可逆性能使我们认识到把液体从一个容器倒入另一个容器的效应仅通过把液体倒回原来的容器就可以抵消。去中心化（decentration）涉及同时考虑情景的两个方面或更多方面的能力。就数量守恒而言，去中心化涉及同时考虑高度和宽度。

关键研究评价——皮亚杰

皮亚杰使用液体守恒任务来说明前运算阶段的儿童缺乏可逆性和去中心化的内化认知运算。不过，试着对来自非西方国家的儿童进行相同的实验可能会很有趣，比如说来自非洲卡拉哈里沙漠灌木地带的人，他们可能对装满水的玻璃量杯不熟悉。他们是否表现出守恒呢？缺乏守恒是否必然意味着这些儿童不能去中心化呢？

讨论要点：
1. 守恒能力在何种现实生活情景中显得很重要？
2. 皮亚杰研究的局限性是什么？

序列任务要求儿童基于某单一特征（如高度）按顺序排列物体

在这项经典研究中两次询问儿童相同的问题。这对他们的反应会产生什么影响呢？

可逆性：在心理上对动作或操作进行取消或逆转的能力。

去中心化：一种认知操作，涉及同时考虑情景的两个方面或更多方面的能力。

皮亚杰三山任务所用到的模型图。从某个角度向儿童呈现该模型，然后向儿童呈现从其他角度拍摄的模型照片，让儿童指出站在其他标记点的人所看到的是哪幅风景。前运算阶段的儿童通常会选择从他们自己观看模型的角度看到的风景。

上相同。因此，综合思维的出现是因为年幼儿童同时可以关注两个物体，并且发现难以同时考虑几个物体的特征。

自我中心

皮亚杰认为前运算阶段儿童的思维具有自我中心的特征。**自我中心**（egocentrism）即假设有关事物的某种思维方式是唯一可能方式的倾向。皮亚杰使用三山任务研究了前运算阶段儿童的自我中心思维。儿童观看一个三座山的模型，然后判断哪幅照片显示了从不同角度观看模型的人所看到的视野。8岁以下儿童通常会根据他们自己观看风景照片的方式选择照片。皮亚杰认为，出现这种错误是因为他们无法摆脱自我中心的视角。

自我中心也涉及在自我和周围环境之间缺乏区分性，这使儿童无法清楚地区分心理事件和物理事件。这样也就产生了：

- **现实性**。认为心理事件总伴随物理事件的倾向。
- **泛灵论**。赋予物理客体或事件以心理属性的倾向。
- **人为性**。认为物理客体和事件均为人造的倾向。

自我中心：某人的思维方式是唯一可能性的假设。

皮亚杰（Piaget, 1967, p.95）提供了如下现实性的例子："恩格尔（8岁半）：你做梦时梦在哪里呢？——在我旁边。——你做梦的时候眼睛是闭上的吗？——梦在哪里？——在那里。"

当儿童认为风吹拂山峦能感觉到山时，他就表现出泛灵论。年幼儿童经常把意识赋予所有事物。人为性的例子与我3岁的女儿弗勒有关。当时我们在温布顿公园，我告诉她当我数到十的时候太阳就会出来。当太阳真的出来时，她非常自信地认为自己的父亲能控制太阳，经常在阴天请求我让太阳出现！

证据

很多人都认为皮亚杰低估了儿童表现守恒的程度。说得更确切点，他们认为皮亚杰所用的任务使儿童难以揭示他们相关知识的全部范围。例如，惠达尔与波波卡（Wheldall & Poborca, 1980）认为，儿童经常在皮亚杰所用的守恒任务上失败，是因为他们不理解问题。因此，他们设计了一个液体守恒任务的非言语版本。该版本以操作性辨别学习为基础，不需要使用语言。仅有28%的6—7岁的被试在标准言语守恒版本中表现出守恒，但当使用非言语版本进行测验时，有50%的被试表现出守恒。这些发现表明，误解语言是造成不守恒的一个因素。不过，另一半被试在非言语版本中未表现出守恒的事实表明，肯定还涉及其他因素。

儿童未表现出数量守恒是因为他们认为实验者试图改变数量（见下页关键研究）的观点，得到莱特、白金汉与罗宾斯（Light, Buckingham & Robins, 1979）的支持。

他们对5岁和6岁的儿童进行配对测试，给每对儿童提供形状相同、装有相同数量长形贝壳的玻璃杯。告诉儿童这些贝壳将用于竞赛游戏，因此必须保证它们数量相同。然后实验者假装注意到一个玻璃杯边沿严重受损，因此使用起来比较危险。实验者把贝壳倒入另一个形状不同的玻璃杯中，然后问儿童每个玻璃杯中的贝壳是否一样多。在偶然变换条件下，70%的儿童表现出守恒；而在标准化故意变换条件下，只有5%的儿童表现出守恒。由此可以推测：当变化被认为仅仅是偶然情况时，似乎是不太重要的。

皮亚杰宣称守恒涉及对不变性的理解，并认为守恒任务是评价儿童对理解不变性的适宜方式。不过埃尔金德与舍恩菲尔德（Elkind & Schoenfeld, 1972）反对这种观点，认为判断儿童是否理解不变性的最简单方法是给他们呈现单一数量（例如，液体玻璃杯），然后改变该数量（例如，倒入一个不同形状的容器）。认为数量保持不变的儿童，表现出守恒及对不变性的理解。

比较而言，在皮亚杰的守恒任务中，儿童必须经过三个步骤：(1)确定两种数量最初是否相等；(2)确定已改变的数量是否仍然等于最初的数量；(3)确定改变量是否等于其他未改变的量。根据埃尔金德与舍恩菲尔德的观点，该任务评价的是等量守

麦加里格尔与唐纳森："调皮的泰迪熊"

麦加里格尔与唐纳森（McGarrigle & Donaldson, 1974）也指出，改变守恒任务呈现的方式会引起巨大的差异。他们给6岁儿童两排筹码。所有儿童一致认为每排筹码的数量相同。在一种条件下，实验者故意弄乱一排筹码。只有40%的试验表现出数量守恒。这个发现表明，大多数儿童缺乏表现数量守恒所必须的基本胜任力/能力。但是，第二种条件下的发现却截然不同，在这种条件下，"调皮的泰迪熊"以一种看似偶然的方式打乱了一排筹码。在此条件下，70%的试验表现出数量守恒。

麦加里格尔与唐纳森为什么在这两种条件下会发现如此大的差异呢？在"调皮的泰迪熊"条件下得到高成绩水平，可能是因为大多数儿童对数量守恒具有某些理解。在另一种条件下，实验者故意改变条件的事实可能使儿童认为实验者有意改变了其中一排筹码的数量。不管正确与否，事实在于此条件下的成绩未能反映基本的胜任/能力水平。但应指出的是，埃莫斯等人（Eames, Shorrocks & Tomlinsom, 1990）未能重复麦加里格尔与唐纳森的发现。

> **关键研究评价——麦加里格尔与唐纳森**
>
> 最近的研究表明，麦加里格尔与唐纳森也可能存在错误。可能的情况是，儿童过于受"调皮的泰迪熊"的吸引以至于未真正注意到转换，这就是使用"调皮的泰迪熊"时他们认为排列未发生改变的原因。为了检验这种可能性，摩尔与弗莱（Moore & Frye, 1986）摆放泰迪熊，其实增加（或拿走）一个筹码。儿童报告没有发生变化，这表明他们根本未注意到排列。
>
> 但也有证据为麦加里格尔与唐纳森的发现提供了支持。如前所见，莱特等人（Light et al., 1979）发现，儿童的数量守恒很大程度上取决于由实验者引起的变化是不是故意的。可能的情况是：儿童表现出守恒的比例受多种因素的影响（例如，实验者是否故意改变情景；儿童是否注意到改变）。

讨论要点：

1. 你认为为什么麦加里格尔与唐纳森会在两种条件下发现如此大的差异？
2. 未能成功地区分成绩和能力之间的差异会给皮亚杰的理论带来什么问题？

恒而非同一性守恒（conservation of identity）。

埃尔金德与舍恩菲尔德评价了同一性守恒（即，最初只呈现一种数量）和等量守恒（即，与皮亚杰研究中的做法相同，最初呈现两种数量）。4 岁儿童在同一性守恒上的成绩明显优于等量守恒。这些发现意味着什么呢？根据格斯瓦米（Goswami, 1998, p.244）的观点，"虽然两 [类任务] 均测量对不变性的理解，但是同一性守恒对这种理解提供了相对纯净的测量，而等量守恒则另外要求理解转换性 [按顺序排列物体]。"

休斯（Hughes, 1975）认为，三山任务（用于测试自我中心思维）的成绩较差，是因为它与儿童的经验无关。他使用以下装置检验了此观点：两堵墙以直角交叉形成一个类似加号（+）的形状。把一个男玩具娃娃和一个玩具警察放进这个装置，问儿童玩具警察是否能看到男玩具娃娃。然后，告诉儿童把男玩具娃娃藏起来使警察看不到。几乎所有儿童都能做到这一点，并且错误也得到纠正。最后，摆出第二个玩具警察，告诉儿童把男玩具娃娃藏起来使两个警察都看不到。根据皮亚杰的观点，儿童会把玩具藏起来使自己也看不到，因此他们不能完成这项任务。事实上，90%的 3 岁半到 5 岁儿童都成功地完成了这项任务。休斯总结认为，他的任务成绩明显优于皮亚杰三山任务成绩的主要原因在于，他的任务对于儿童来说更有意义、更有趣。但也可以认为该任务比皮亚杰的任务更简单。

年幼儿童并非完全自我中心的强有力证据来自倾听他们与年龄更小儿童的谈话（Eysenck, 2001）。例如，我曾听到我儿子威廉与比他小 2 岁的妹妹朱丽叶的谈话。那时他 4 岁，他以一种比对父母更简单的方式与妹妹说话。

❖ **评价**

- ⊕ 皮亚杰确定了前运算阶段儿童思维的一些局限性。
- ⊕ 皮亚杰提供了一致性的理论解释，认为该阶段的儿童缺乏重要的认知操作（例如，可逆性）。
- ⊖ 皮亚杰经常采用儿童认为难以理解的任务，使用儿童更容易理解的任务版本已获得不同发现。
- ⊖ 皮亚杰的守恒任务可能评估了等量守恒，尽管它旨在评价同一性守恒。
- ⊖ 皮亚杰低估了前运算阶段儿童的认知能力，而高估了他们表现自我中心思维的程度。不过，一些皮亚杰的批评者也可能高估了前运算阶段儿童的认知能力（详见下文）。

具体运算阶段（7—11 岁）

具体运算阶段的儿童已经消除了前运算阶段表现出的很多认知局限性。例如，他们表现出对守恒、可逆性、去中心化等的理解。一般而言，皮亚杰认为从前运算思维到具体运算思维的转变涉及感知思维独立性的增强。这种转变的基础在于各种逻辑或数理性认知操作运算的发展，例如数学符号（+，−，÷，×，<，>，=）所蕴含的操作。最重要的认知运算是可逆性,这涉及通过想象相反的变化来抵消感知变化的效应。在具体运算阶段,儿童可以使用仅仅与特定的具体环境有关的各种认知运算。在随后的形式运算阶段,思维就摆脱了即时情景。

皮亚杰认为,认知运算通常会合并或整合为系统或结构。例如,"大于(>)"的运算其实不能在独立于"小于(<)"运算的情况下进行考虑。有些人不能全面理解"A大于B"的含义,除非他/她认识到这种表述意味着"B小于A"。皮亚杰用术语**群集(grouping)**来指代这些具有逻辑关系的运算集。

具体运算阶段的儿童能完成哪些之前不能完成的任务呢?一个例子基于**传递性(transitivity)**的观点,传递性使三种要素能够按照正确顺序排列。例如,如果马克比彼得高,彼得比罗伯特高,那么根据传递性的观点就可推论出马克比罗伯特高。具体运算阶段的儿童能够解决刚才讨论的那类问题,但不能应用传递性观点解决抽象问题。

皮亚杰认为,只有在具体运算阶段儿童才能证明传递性。不过存在与此相反的证据。例如,皮尔斯与布莱恩特(Pears & Bryant, 1990)发现了检验儿童理解传递性相对简易的方式。首先给4岁儿童呈现一些小塔,每个塔由两种颜色的砖组成(例如,红砖在黄砖之上,黄砖在绿砖之上,绿砖在蓝砖之上)。这些小塔提供了儿童建造大塔的相关信息,因为大塔中砖的颜色与小塔中砖的颜色相一致。因此,大塔的塔顶为红色,从上到下依次是黄色、绿色、蓝色。在儿童建造大塔之前,问他们各种问题以测试他们的传递性知识(例如,"在你要建造的塔中哪种颜色的砖位置更高,黄砖还是蓝砖?"),儿童在这项任务上表现相当好,表明他们进行传递性推理比皮亚杰所认为的要早几年。

皮亚杰认为,儿童可能会发现在某些任务上达到守恒要比在其他任务上更容易。数量守恒(例如,认识到在两排物体中即使一排中的物体相距更近也认为两排物体的数量相同)涉及较简单的运算。儿童需要做的是把两排中的每个物体进行配对。相反,可以考虑体积守恒。这可以通过把两个相同的粘土球放入两个相同的透明容器中使两个水杯中的水升到相同的位置进行检验。把一个粘土球捏成一种新的形状,如果儿童认为这不会改变水的量,则表现出守恒。体积守恒据说比数量守恒更难达到,因为它要考虑液体和体积守恒所涉及的运算。正如所料,体积守恒通常在数量守恒几年之后才能获得(Tomlinson-Keasey, Eisert, Kahle, Hardy-Brown & Keasey, 1979)。

大多数儿童都是以相同的顺序获得各种形式的守恒。最早是在约6岁或7岁时的数量守恒和液体守恒。然后是大约7岁或8岁

群集:在皮亚杰的理论中,指一套具有逻辑关系的运算集。

传递性:基于能进行序列排列的各物体之间的关系;理解传递性的儿童能以正确的顺序摆放至少三种物体。

用于检验数量守恒的一项任务。询问儿童在重新排列之前和之后,两排珠子的数量是否相同。

这个装置检验体积守恒。当新形状的泥球被重新放回杯子之后,问儿童杯子里的水是否重新处于同一水平。体积守恒通常在11或12岁才能获得。

时的物质或数量守恒和长度守恒,接下来是 8 岁到 10 岁之间的重量守恒。最后则是大约 11 岁或 12 岁时的体积守恒。不过,文化差异(皮亚杰经常忽视这一点)也非常重要。例如,研究者(Price-William, Gordon & Ramirez, 1969)发现,墨西哥制陶工的孩子在使用酒杯的体积守恒方面发展缓慢,但当泥球被捏成椭圆形时却发展很快。古曼(Ghuman, 1982)研究了居住在印度旁遮普地区农民的孩子。这些儿童帮助父母称量大米、玉米等农产品,他们理解重量守恒的年龄较早。因此,在任一特定文化中,儿童的具体经验都会影响获得守恒的速度。

这些发现对儿童的教育有什么意义?

❖ 评价

- ⊕ 7—11 岁之间儿童的认知发展大致如皮亚杰所描述的那样。
- ⊕ 具体运算阶段的儿童通常会习得大量与数学或逻辑有关的认知运算(例如,可逆性、去中心化)。
- ⊖ 具体运算阶段的儿童所获得的大量新知识几乎与数学或逻辑无关。
- ⊖ 获得守恒中所存在的文化差异大大超乎皮亚杰理论的预期。
- ⊖ 皮亚杰低估了决定守恒任务成绩的具体经验的重要性。例如,儿童经常会在对不熟悉的物体表现出体积守恒之前对熟悉的物体表现出物质的体积守恒(Durkin, 1995)。这在某种程度上与皮亚杰基于阶段的认识发展描述不一致。

形式运算阶段(11 岁以上)

形式运算思维涉及根据外部世界的多种可能状态进行思维的能力。这使思维摆脱了当前现实的束缚。因此,处于形式运算阶段的青少年和成年人既可以进行抽象思维,也可以进行认知发展前一阶段的具体思维。最初,皮亚杰认为该阶段始于 11 或 12 岁。但是,他和其他研究者发现,该年龄段的大多数儿童表现出很少的形式运算的证据。因此,他把该阶段的起始年龄更改为 15—20 岁(Piaget, 1932)。

英海尔德与皮亚杰(Inhelder & Piaget, 1958, p.279)对判断某人是否使用形式运算提出了如下建议:

> 分析被试所用的的证据。如果他们未能超越实证一致性[可观察的相似性]的观察,那么他们完全可以通过具体运算进行解释,并且无法确保我们认为较复杂的思维机制正在运行的假设。另一方面,如果被试[参与者]把特定的一致性作为几种可能组合之一的结果进行理解,那么这会使他通过观察其结果验证自己的假设,因此我们知道涉及命题运算。

因而,形式运算思维需要考虑大多数或所有的因素组合,而具体运算思维只需考虑少量的组合。

使用何类问题来研究形式运算思维呢?皮亚杰所使用的一项任务是:给被试呈现一些重物和一条能伸缩的绳子。被试的任务是确定什么因素决定着由重物通过一个洞悬挂在一条绳子上组成的钟摆的摆动频率。经常会考虑的因素包括绳子长度、所悬物体的重量、被试的推力及钟摆到达的位置。实际上，只有绳子的长度是相关因素。

当给前运算阶段的儿童呈现这个问题时，他们通常错误地认为他们推动钟摆的力量是主要因素。具体运算阶段的儿童往往认为钟摆摆动的频率受绳子长度的影响，但是他们不能将这一因素从其他所有因素中分离出来。相反，很多形式运算阶段的儿童都可以成功地解决这一问题。根据皮亚杰的观点，解决钟摆问题的能力需要理解复杂的组合系统。

布拉德梅茨（Bradmetz, 1999）使用各种皮亚杰学派的任务评估了 62 名 15 岁儿童的形式运算思维。他还评估了一般智力。该研究得到两个主要发现。第一，62 名被试中只有 1 名表现出形式运算思维的实质证据。这一发现与皮亚杰的理论推理相悖，因为他认为很多（或大多数）15 岁儿童都达到了形式运算阶段。应该注意的是，布拉德梅茨的发现与其他研究者的发现相一致。第二，形式思维测验的总成绩与一般智力的相关为 +0.61。这表明与形式思维有关的认知能力与通过传统智商测验进行评价的能力极为相似。

让儿童确定什么因素影响钟摆的摆动频率。让他们考虑钟摆的重物、绳子长度、他们的推力和钟摆被推的方向。

❖ **评价**

- ⊕ 皮亚杰用于评价形式运算的任务与一般智力关系密切。
- ⊖ 只有较少的青少年和成人表现出达到形式运算阶段的明显证据（Bradmetz, 1999）。
- ⊖ 即使在某些任务中表现出达到形式运算阶段的成人，通常也并非在所有任务上都如此。例如，本书作者对几乎所有计算机问题的反应都是生气地低声咕哝，而不是使用形式运算思维！
- ⊖ 成人在日常生活中解决问题并不具备唯一完美的方法，仅仅使用数理—逻辑结构也不能解决该现象。因此，详细的理解数学或逻辑在大多数成人思维中仅有有限的价值。

你认为是否存在超越形式运算的认知发展？如果有，可能是什么形式？

为皮亚杰辩护

多数专家都认为皮亚杰的理论取向不适当，他们提出的很多批评一直都在进行讨论。不过，洛伦佐与马查多（Lourenco & Machado, 1996）为皮亚杰所受的批评进行了强有力的辩护，这里我们就来考察他们的观点。洛伦佐与马查多所提出的中心论点（1996, p.146）是，很多研究者高估了儿童的能力："由于普遍认为皮亚杰低估了年幼儿童的能力，因此他的批评者往往未能意识到自己如何成为反面观点的牺牲者，犯了假阳性错误（false-positive error）（即，赋予儿童运算能力……而这些能力则仅仅处于前运算阶段）。"

年幼儿童的能力是否被高估或夸大这一普遍性问题，将根据贝勒乔恩（Baillargeon, 1987）的研究以及麦加里格勒与唐纳森（McGarrigle & Donaldson, 1974）的研究进行考察，这两项研究此前已进行过讨论。贝勒乔恩发现，当遮挡物的移动未受到盒子的阻碍时婴儿感到很惊奇，她断定这表明婴儿已经获得了客体守恒。洛伦佐与马查多（1996，p.144）认为，这些发现"表明直觉排列（perceptual array）中的某些内容已发生改变，但是并未提供有说服力的证据说明某种概念能力（例如，客体守恒）对婴儿的惊奇反应负责"。

洛伦佐与马查多所提出的论点具有某些实质性内容。如前所述，在贝勒乔恩的研究中表现惊奇的婴儿也许缺乏完整的客体守恒。不过，我们仍然不得不询问什么证据可以证明婴儿具有客体守恒。因此，明显无视诸如贝勒乔恩所提出的客体守恒的有力证据，可能会使皮亚杰的理论观点根本无法验证，这是相当危险的。

麦加里格勒与唐纳森发现，当一排筹码被实验者故意弄乱时，40%的6岁儿童表现出数量守恒，但当筹码被"调皮的泰迪熊""意外"弄乱时，则有70%的儿童表现出数量守恒。我们能假设70%的6岁儿童获得数量守恒了吗？当然不能。当意外条件出现在故意条件之后时，仅有55%的儿童表现出数量守恒（而当意外条件先于故意条件时，有85%的儿童表现出数量守恒）。仅仅是改变条件顺序就能对儿童的成绩产生巨大影响这一发现表明：很多6岁儿童所具有的数量守恒是非常不稳定的！

从本部分可以得到什么实际信息呢？实验者已经发现了简化皮亚杰学派问题的巧妙方式，以致大多数儿童均能在早于皮亚杰所预测的年龄段解决问题。不过，儿童在未深入理解守恒的情况下也能对守恒任务提供准确的答案。关键问题在于，皮亚杰的批评者关注儿童是否提供正确答案，而皮亚杰则对儿童能否深入理解更感兴趣。

❖ 总评

- ⊕ 皮亚杰的理论是一种解释儿童如何从不理性、无逻辑到理性、有逻辑的极富雄心的尝试。
- ⊕ 皮亚杰对儿童期儿童思维的变化方式提供了第一次详细的解释，他仍是认知发展方面最重要的理论家。
- ⊕ 儿童学习某些基本运算（例如，可逆性）以及这些运算能使他们解决众多问题的观点是很有价值的。
- ⊖ 诸如皮亚杰的阶段理论高估了各阶段之间的差异而低估了每个阶段内的差异。例如，具体运算阶段的儿童在对不熟悉材料表现出数量守恒之前就对熟悉材料表现出数量守恒（Durkin, 1995）。因此，成功的表现取决于特定的学习经历和皮亚杰所强调的一般认知运算。在本质上，认知发展的进行并不像皮亚杰所认为的那样具有系统性。
- ⊖ 皮亚杰低估了年幼儿童的认知技能，但是低估程度可能低于他的批评者所认为的程度。他采用对儿童而言相当抽象且缺乏意义的任务，对儿童的语言能力具有很高的要求。儿童在这些任务上的表现显著劣于对他们具有意义、能以简单语言对他们进行解释的类似任务上的表现。

- 皮亚杰详细描述了认知发展的主要变化，但对造成这些变化的因素并未提供适当的解释。因此，皮亚杰告诉了我们认知发展涉及的内容（what），却未告诉我们这种发展的原因（why）和方式（how）。
- 皮亚杰忽视了认知发展中社会因素的作用。例如，儿童从与成人和其他儿童的社会交往中学到很多社交知识，但皮亚杰并未详细考察这些学习（参见下文）。

教育启示

皮亚杰本人并不非常看重他的理论在教育实践中的用处。但是，很多教育界人士却十分重视。《普劳顿报告》（Plowden Report）在 1960 年代末期指出，应将皮亚杰的观点应用于学校（Peaker, 1971）。若干年后，纳菲尔德科学教学法（Nuffield Science approach to education）就以皮亚杰学派的观点为基础，即认为儿童应该积极参与学习，且具体的实践工作应该先于较抽象的科学内容。下面我们来考察皮亚杰学派的理论应用于教育的三种方式（Gross, 1996）。

1. 儿童能学什么？

根据皮亚杰的观点，儿童可学内容取决于们当前的认知发展阶段。因此，他们"准备"学习的内容是非常受限的。儿童只能使用他们已经掌握的各种认知结构和运算来成功地完成任务。

上述预测只得到部分支持。人们已经进行多种尝试向学前儿童教授具体运算。完成具体运算任务的能力通常在 7 岁左右才会习得。因此根据皮亚杰学派的观点，年龄较小的儿童是不可能成功完成这些任务的。但为 4 岁儿童提供适当训练，通常能在这些任务上获得较好的成绩（Brainerd, 1983）。皮亚杰似乎低估了儿童处理新异类型的智力挑战的能力。

2. 儿童应该如何教？

根据皮亚杰的观点，当儿童进行积极的**自我发现**（self-discovery）时，学习效果最好。儿童使用同化和顺应过程积极卷入自己周围的世界。教师可以通过创设**不平衡状态**鼓励儿童进行自我发现，在这种不平衡状态中，儿童已有的图式和认知结构是不适当的。通过询问儿童困难问题并鼓励他们问问题，可以创设不平衡状态。

上述某些观点适用于儿童游戏组实践和正在玩玩具的儿童。根据皮亚杰的观点，当儿童主动参与自我发现的过程时，能从游戏组和玩具中获益更多。在皮亚杰所谓的掌握游戏中，儿童会在几种不同情景下使用新的运动图式。这有助于增强儿童的学习。

皮亚杰的优先教育法（preferred educational approach）与较传统的方法形成对比。在传统方法中，儿童被动地接受教师传授的知识。皮亚杰认为，这种方法（称为**辅导训练**（tutorial training））远不及自我发现有效。用他自己的话说就是："我们每次教授给儿童某些内容，但我们也阻止了儿童自己发现的机会。"

跨文化研究几乎并不支持皮亚杰的观点。例如，亚洲国家的大多数教师采用的

自我发现：一种主动的学习法，鼓励儿童在学习中发挥他/她的积极性。

辅导训练：一种传统的教学法，教师把知识传授给较被动的学生。

> **法国链接**
>
> 拉里维等人（Larivee et al., 2000）对瑞士和法国的法语研究者的工作进行的概述，显示了皮亚杰的观点是如何发展的。儿童间的正常变异——心理学家称为个体差异——被视为未来研究的重要领域。对环境的不同敏感性和对解决问题的策略或方法的不同偏好，都可能导致不同的发展轨迹。当前，发展阶段的单路径模式已不再适用于一种或两种文化的儿童群体。

都是辅导训练而不是皮亚杰所主张的自我发现。但是，亚洲儿童的学业成绩显著优于大多数其他文化儿童的成绩（Dworetzky, 1996）。为了对皮亚杰公平起见，应该注意到，与教学风格并不直接相关的社会文化因素似乎非常重要。例如，斯蒂格勒、李和斯蒂文森（Stigler, Lee & Stevenson, 1987）发现，日本和台湾儿童在数学课上仅花费 5% 的时间从事其他活动（例如，和同学讲话、在教室里走动），而美国学生却花费 20% 的时间从事这些活动。也许解释亚洲学生数学成绩优异的最重要的唯一因素是：亚洲教师用于教学的时间是美国教师的 2—3 倍。

布雷纳德（Brainerd, 1983）回顾了不同教学风格的相关研究。他总结认为，"尽管自我发现能促进学习，但是通常不如辅导训练有效"。梅多（Meadow, 1994）则得出了一个与此相似但更具广泛性的结论："皮亚杰学派的理论强调单个儿童实质上是他自己发展的独立建构者，这种强调忽视了他人对认知发展的贡献，并排除了教学和文化影响。"

社会—认知冲突

新皮亚杰学派的多伊斯与马格尼（Doise & Mugny, 1984）发展了不平衡的观点。他们认为，认知发展涉及对由于接触到他人的不同观点而产生的**社会—认知冲突**（**socio-cognitive conflict**）的解决。因此，他们比皮亚杰更强调学习的社会因素。

阿梅斯与默里（Ames & Murray, 1982）在一项研究中报告了社会—认知冲突重要性的证据，该研究中的 6、7 岁儿童在守恒任务上出现失败。一些儿童给予正确反馈，另一些儿童接触已经对守恒有所了解的儿童。还有一些儿童则与守恒失败但提供不同错误答案的儿童配对。最后一种条件下的儿童在守恒能力上表现出最大的进步。之所以出现这种情况，可能是因为在这种条件下社会—认知冲突和详细考虑任务的需要最强烈。

新皮亚杰学派也强调**社会标记**（**social marking**）的重要性，这涉及个体的认知理解与某些社会规则的冲突。多伊斯等人（Doise, Rijsman, van Mebl, Bressers & Pinxten, 1981）研究了最初未显示出守恒的 4—6 岁儿童的液体守恒。通过提醒儿童他们都可以获得同样奖赏的社会规则，在一些配对儿童中引入社会标记。其他配对儿童未进行规则提醒。社会标记条件下的儿童看到了社会规则和两个容器中液体量明显不同之间的冲突，这有助于他们表现守恒。

3. 应该教给儿童什么？

皮亚杰宣称，认知发展涉及儿童获得多种图式和认知结构（例如，操作）。很多图式基于数学或逻辑原则。因此，学习数学和逻辑以及为这些原则提供说明的理科知识，对儿童来说是非常有用的。至关重要的是学习材料必须不能太复杂且不能超出儿童现有的图式。根据皮亚杰的观点，儿童只有在具备相关的基本图式时才能进

社会—认知冲突：由于接触到其他人的不同观点而形成的观念冲突。

社会标记：个体的认知理解与社会规则之间的冲突。

行有效学习。但遗憾的是，皮亚杰所强调的认知结构对多种学习（像外语、历史）的价值是非常有限的。因此，他的方法只适用于学校的某些学科。

维果斯基的理论

维果斯基（Lev Vygotsky，1896—1934）是一位苏联心理学家，他强调认知发展在很大程度上取决于社会因素的观点。他于1917年毕业于莫斯科大学，即苏维埃革命那年。维果斯基是遭受斯大林迫害的百万未被提及的人之一，他的各种著作在俄罗斯也受到压制。因此，很少有人了解他毕生的工作，他因患肺结核而英年早逝。实际上，他的著作直到1960年代和1970年代之间才开始被译成其他语言。

皮亚杰建议儿童的学习材料不应该太复杂或对儿童而言太高深，因为儿童只有在具备相关的基本图式时才能进行有效学习。

根据维果斯基的观点（Vygotsky，1930/1981，p.163）："社会关系或人与人之间的遗传[发展]关系奠定了高级功能及其关系的基础。"说得更确切些，维果斯基（p.163）认为："儿童文化发展的任何功能似乎是两面的，或位于两个平面。首先是社会水平，然后是心理水平。"正如德金（Durkin，1995）所指出的那样，儿童像一个学徒，他们直接从社会交往或与已经具备他们所缺乏的知识和技能的年长儿童和成人的交流中进行学习。显然，维果斯基是正确的。但是，你只要去浏览一下认知心理学的任何教科书（包括Eysenck与Keane 2000年出版的教科书），你就会发现几乎没有任何心理学家考虑社会因素。

苏联心理学家列夫·维果斯基（1896—1934）

维果斯基的观点与皮亚杰的观点形成鲜明对比，皮亚杰强调个体通过自我发现过程获得知识。但是两者也有某些相似之处。例如，维果斯基和皮亚杰都一致认为，活动构成了学习和思维发展的基础。另外，他们都认为，当呈现给儿童的信息与他们的当前知识和能力密切相关时，学习效率最高。

维果斯基认为，概念形成包括四个阶段。他基于一项研究确定了这四个阶段，在这项研究中给儿童一些带有无意义音节标签的木块。每个无意义音节被用于指明具有某些特征的木块（例如，圆而薄）。儿童的任务是在概念形成任务中确定每个无意义音节的意义。维果斯基的四个阶段如下：

1. **模糊混合阶段（vague syncretic stage）**。儿童不能使用系统策略，几乎不理解概念。

2. **复合阶段（complex stage）**。使用非随机化策略，但是这些策略不能成功地发现每个概念的特征。

3. **前概念阶段（potential concept stage）**。使用系统策略，但每次仅局限于关注一个特征（例如，形状）。

4. **成熟概念阶段**（mature concept stage）。使用每次与多个特征有联系的系统策略，最后成功地形成概念。

上述研究是维果斯基为数不多的研究中的一个，正因如此该研究很有意义。同样有趣的是，维果斯基的发现与皮亚杰使用不同任务所得到的发现很相似。维果斯基发现，儿童在概念形成时出现问题，是因为儿童仅关注刺激的某种突出或显著特征。这与皮亚杰的自我发现极为相似，认为前运算阶段儿童在守恒任务上失败的原因在于他们仅关注情景的一个方面。

最近发展区和支架式教学

维果斯基认知发展理论的核心观点之一是**最近发展区域**（zone of proximal development）。维果斯基（1978, p.86）将其界定为"由独立解决问题决定的实际发展水平与通过成人指导或与能力强的同伴合作解决问题的潜在发展水平之间的差距"。

最近发展区的两个方面极为重要。第一，当儿童经过自我检验发现明显缺乏某些特定技能时，在具有必需知识的人所提供的社会背景中表现更为有效。第二，当某个儿童的理解水平受到中等程度的挑战时，他/她最可能迅速掌握新知识并体验不到失败感。维果斯基认为，儿童在最近发展区的程度上存在差异：那些从指导中获得最大益处的儿童，比获得较少益处的儿童拥有更大的最近发展区。

伍德、布鲁纳与罗斯（Wood, Bruner & Ross, 1976）发展了维果斯基最近发展区理论的理念。他们引入**支架式教学**（scaffolding）概念，指像成人等经验丰富的人为了帮助儿童发展认知技能而提供的背景。有效的支架式教学意味着儿童在任何时候都不需走太多弯路。

支架式教学的另一个重要方面是，随着儿童知识和自信的增加，会逐渐消除外来的支持。

伍德等人（Wood et al., 1976）界定了支架式教学的五个主要组成部分。第一，招募（recruitment）。确保每个儿童对任务感兴趣。第二，自由度减少。教师为了让

维果斯基学派的这些观点如何应用于教育？

最近发展区：在维果斯基理论中指儿童正在发展但尚未完全发挥作用的能力。

支架式教学：由成人或经验丰富的人提供的背景，有助于儿童发展认知技能。

给他留下这些工具，这个男孩能为妹妹做一个生日蛋糕吗？他妈妈使用支架式教学创设了一种情景，他在这个情景中进入了最近发展区。

学习者受益而简化任务。第三，方向管理。教师提供鼓励并说服儿童坚持完成任务。第四，关键特征标记。教师关注任务的重要方面。第五，示范。教师把儿童的部分解决方案转化为完整的解决方案，以期儿童能够模仿（或改善）这一方案。

语言

维果斯基很重视儿童语言的发展。他认为在发展的第一阶段语言和思维本质上毫无联系。因此，年幼儿童就有"前智力言语"（pre-intellectual speech）和"前语言思维"（pre-verbal thought）。在第二阶段，语言和思维平行发展，且不存在相互影响。在第三阶段，儿童开始使用他人的语言并通过自言自语（私我语言）来帮助自己思维和问题解决。此处的一个重要概念是**相互主观性**（**intersubjectivity**），即最初对任务持不同观点的两个个体达成共识的过程。

相互主观性：对某项任务持不同观点的两个人协调观点使其更为相近的过程。

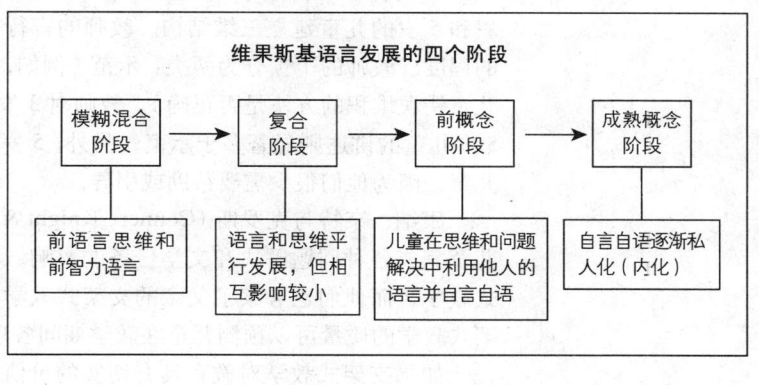

最后，私我言语常用于问题解决，并且语言在思维发展中也会发挥一定作用。因此，随着年龄增长，语言对认知发展越来越重要。自言自语最初声音很大，后来变得越来越内化。一般而言，当儿童从与他人的社会交往中获得知识时，语言发挥着至关重要的作用。伯克（Berk, 1994, p.62）描述了所涉及的一些过程："当儿童和与指导者[提供指导的人]讨论一项有挑战性的任务时，指导者予以口头指导并提供策略。儿童将对话中的语言整合成自己的私我语言，并用它指导自己独立完成任务。"

维果斯基有关语言功能的观点是非常复杂的。但是，他的主要观点认为语言具有两种截然不同的功能："最初，语言具有调节和沟通功能。随后，语言还担负了其他功能，并改造儿童学习、思维和理解的方式。语言成为一种思维手段或工具，不仅为表征外部世界提供'编码'或体系，也提供了自我调节的方法。"（Wood, 1998, p.29）维果斯基（1962, p.17）给出了如下自我调节功能的例子：当儿童发现他没有蓝色铅笔给图画着色时："铅笔在哪儿呢？我需要一只蓝色铅笔。没关系，我可以用红色铅笔画，然后再用水弄湿；这样它的颜色就会变深，看上去像蓝色。"

如果父母支持和鼓励尝试通过游戏进行学习，他们就能在技能掌握上给孩子提供良好的开端。

维果斯基有关语言在认知发展中所起作用的观点与皮亚杰的观点可谓大相径庭。冒着"过度简化"（作者经常被指控的一种罪名）的危险，维果斯基认为认知发展关键取决于语言发展及其使用。相反，皮亚杰则认为认知发展通常先于语言发展（并且几乎不受其影响）。

最后，维果斯基认为，儿童能够通过游戏学习很多东西。根据维果斯基的观点（Vygotsky, 1976, p.522），"在游戏中，儿童的表现超乎他的平均年龄，优于其在日常生活中的表现，在游戏中他达到了自己的最佳状态。"这是为什么呢？儿童在做游戏时通常利用了自己所处文化的很多知识。例如，他们扮演消防员或医生，或者利用他们的文化所特有的玩具做游戏。这种与他们自身文化的关系促进了学习。

证据

基于最近发展区和支架式教学的教学方法是十分有效的。伍德等人（1976）开展了支架式教学的首次系统研究。给一位成年教师（Gail Ross）的任务是教会3岁、4岁和5岁的儿童建立三维结构。教师的言行在很大程度上取决于儿童努力完成任务的程度。教师的干预分为两类：示范（例如，将方块组合在一起）或讲述（例如，问儿童错误堆积的方块是否正确）。教师对3岁儿童的示范显著多于讲述，但对4岁和5岁儿童的讲述则显著多于示范。另外，5岁儿童从教师处得到的帮助显著少于4岁儿童，因为他们很少需要帮助或引导。

康纳、奈特与克罗斯（Conner, Knight & Cross, 1997）研究了支架式教学对2岁儿童完成各种问题解决和文学任务的影响。以前的大多数研究仅仅关注母亲的支架式教学，而他们也考察了父亲的支架式教学。父亲和母亲同样擅长支架式教学，支架式教学的质量可以预测儿童在教学期间各项任务上的成绩。

如果支架式教学对教育具有切实的价值，那么它的有益影响应该在最初的教学之后仍然有效。因此，康纳等人（1997）又进行了后续研究。最初接受较好支架式教学的儿童，比起初得到不良支架式教学的儿童持续表现得更好。

莫斯（Moss, 1992）回顾了在学前期由母亲提供支架式教学的研究。母亲的支架式教学策略主要包括三个方面。第一，母亲教授孩子他们自己不会使用的新技巧。第二，母亲鼓励自己的孩子保持曾自发表现出的问题解决技巧。第三，母亲试着说服孩子丢弃不成熟和不恰当的行为方式。总之，支架式教学似乎是促进学前儿童学习的一个有效技巧。

沃茨等人（Wertsch, McNamee, Mclane & Budwig, 1980）获得了支持维果斯基认为最初的学习始于社会背景观点的证据。母亲和她们2—4岁的孩子建造一辆与他们看到的模型相似的卡车。当年龄较小儿童的母亲注视某个模型时，她们的孩子90%的情况下会去注视该模型。但是，年龄较大儿童的注视行为受其母亲的行为影响较小。因此，正如维果斯基的理论所预期的那样，以母亲注视行为为形式的社会因素对年龄较小儿童的影响，显著大于对年龄较大儿童的影响。

维果斯基关于内部言语在思维中很有价值的观点获得了支持。贝伦德（Behrend, Harris & Cartwright, 1992）使用唇语和可观察的嘴唇运动作为内部言语的测量指标。内部言语使用最多的儿童在困难任务上的成绩，优于较少使用内部言语的儿童。伯克（Berk, 1994）发现，6岁儿童在解决数

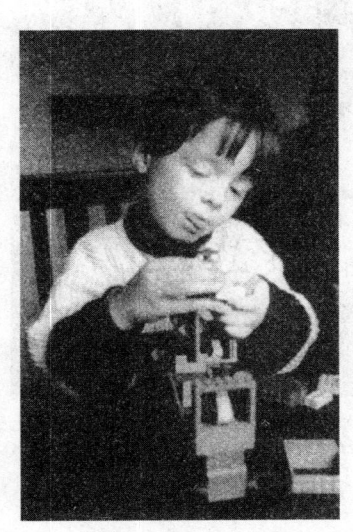

在解决困难和新异任务时，那些运用内部言语的儿童比未用内部言语的儿童表现更好。

学问题时平均花费60%的时间自言自语。那些对当前需要解决的问题包含各种评论的内部言语的儿童，在随后一年的数学成绩也较好。这证实了维果斯基认为自我指导言语有助于儿童指导自己行为的观点。这种自我指导言语可能使儿童更易注意当前的任务。

维果斯基认为随着儿童成绩水平的提高私我语言会变得更加内化。伯克（Berk，1994）讨论了一项研究，4岁和5岁儿童在三个时期制作乐高玩具（Lego）模型。正如维果斯基所预测的那样，随着儿童模型制作的成绩越来越好，他们的语言也逐渐变得越来越内部化。因此，正如维果斯基所认为的那样，当儿童遇到不能完全理解的新奇任务时，私我言语对他们是极有意义的。

❖ 评价

- ⊕ 儿童的认知发展取决于社会背景以及成人和其他儿童提供的指导。皮亚杰低估了社会环境的重要性，维果斯基由于承认社会环境在认知发展中的关键作用而得到赞誉。根据维果斯基的观点，可以推测不同文化的认知发展应该存在重要差异，而皮亚杰则认为各地儿童都以相同的顺序经历相同的认知发展阶段序列。智力行为上存在巨大文化差异的事实（第12章）表明，维果斯基的观点是正确的。
- ⊕ 有证据表明，内部言语有助于年幼儿童的问题解决活动。
- ⊖ "他[维果斯基]的著作中的很多内容都是推测性的，一些地方是自相矛盾的……维果斯基关于人类发展的观点很难称为完全成熟的理论。"（Wood, 1998, pp.37—39）
- ⊖ 维果斯基夸大了社会环境的重要性。儿童认知发展的速率更多的取决于内部因素（例如，动机水平、学习兴趣），而非维果斯基所认为的外部因素。
- ⊖ 维果斯基未明确阐明哪些种类的社会交往最有利于学习（例如，一般鼓励或具体指导）。维果斯基及其追随者相对不关注语言用于社会互动的确切方式。
- ⊖ 像父母和儿童之间的社会互动通常并不具有有益的影响，因为所有的父母都知道这需要付出代价。社会互动可能引起对抗、固执、听不进对方的话，而不是受到启发。事实上，社会互动有时会使事情变得更糟而非更好。
- ⊖ 维果斯基认为社会互动由于提供了指导促进了认知发展。但是，莱特等人（Light, Messer & Joiner, 1994）在一项基于计算机的任务中发现，儿童在配对时比单独时学得更好，甚至另一个儿童只是在场而不说话。这就是所谓的**社会促进（social facilitation）**，出现这种现象是因为其他人在场具有激励作用（参见第20章）。
- ⊖ 大多数早期的支架式教学研究都涉及成人决定儿童应该学什么，然后安排使学习最大化的情景。但是，日常生活中的儿童比成人更可能发起互动并决定要讨论什么（Smith, Cowie & Blades, 2003）。

> 回顾一下你做事时使用内部言语或自言自语的情景（或者你观察到儿童自言自语的情景）。它们与维果斯基自我指导言语的观点相符吗？

教育启示

我们已考察的大多数证据都与教育密切有关。维果斯基对教育实践的主要贡献

为了成为一名有效指导者，这位父亲需要在他儿子单独操作时不予干扰，但在儿子遇到麻烦时则应随时提供帮助。

> **案例研究：编织**
>
> 格林菲尔德与拉维（Greenfield & Lave, 1982）在一项对 Zinacanteco 墨西哥人的研究中报告了最近发展区和支架式教学在典型的西方文化以外的文化中非常有效的证据。想学习编织技巧的年轻女孩起初都会花费几乎一半的时间观察熟练编织女工。之后，这些女孩在获得必需的技能时受到熟练女编织工的严密监督。熟练女工通常擅长提供帮助，因此这些女孩会停留在最近发展区之内。最后，这些女孩发展出足够的技能，便能承担起独立编织的责任。

是他提出的观点：当社会背景中有经验丰富的成人指导、鼓励儿童的学习时，学习效果最好。因此，儿童通常由已通过支架式教学和最近发展区掌握了某些技能的指导老师教授必需的技能。当儿童表现成功时，有效的教师或指导者通常会减少对他们学习过程的控制，但当儿童开始犯错时则会增加对他们的监控。

教授儿童的教师可能以集中方式关注儿童的最近发展区，在这一问题上维果斯基的看法不是很明确。但维果斯基（Vygotsky, 1934/1987, p.209）确实提到，"通过示范、引导问题及介绍任务解决方案的原始成分"帮助儿童。古德曼夫妇（Goodman & Goodman, 1990）讨论了教师在教学中尝试利用最近发展区的方式，并确定了五个指导原则：(1) 尽量不干扰；(2) 提问；(3) 提供有用的线索；(4) 指出异常和不连贯之处；(5) 指出被忽视的信息片段。

赫德加德（Hedegaard, 1996）对 9—11 岁的丹麦儿童进行了一项关注最近发展区的纵向研究。他的宏伟目标是为儿童整合关于物种进化、人类起源及社会历史性变化方式的相关信息。该观点的实质涉及最近发展区内以群体方式一起工作的儿童。例如，儿童有时会分组合作，有时会参与全班讨论。大多数儿童都显示出高水平动机，他们的兴趣从明确具体（例如，北极熊对北极的适应）转到更抽象和更一般（例如，进化的潜在原理）。

同伴辅导

可以认为理想的指导者是比被教的儿童年龄稍大且经验更丰富的儿童。这些指导者能够把有用的知识传递给被教的儿童。他们应该也知道自己一两年前的知识和理解的局限性，这有助于他们在年龄较小儿童的最近发展区内展开工作。我们刚才描述的这种方法称为**同伴辅导**（**peer tutoring**），它已在学校中变得越来越流行。

同伴辅导：一名儿童教另一名儿童，教的儿童通常比被教的儿童年龄稍大。

同伴辅导通常很有效。巴尼尔（Barnier, 1989）观察了 6 岁和 7 岁儿童在各种空间和观点采集任务上的成绩。那些接受 7 岁和 8 岁儿童指导者短期辅导的儿童，比未接受辅导的儿童表现更优秀。同伴辅导的优势在各种文化中都有所发现。研究者（Ellis & Gauvain, 1992）对完成迷宫游戏的 7 岁纳瓦霍族（译者注：北美印第安人）儿童和欧美儿童进行了比较。他们由一名或两名一起工作的 9 岁指导者进行指导。两种文化的儿童在接受两名指导者时的收益优于只有一名指导者时的收益，收益在两种文化中相同。但是，指导者的教学风格可能存在一些文化差异。例如，欧美指导者多进行语言指导，通常较不耐心。这种不耐心也许可以解释纳瓦霍族儿童为什么会比欧美儿童犯更少的错误。

维果斯基和皮亚杰

福曼与卡兹登（Forman & Cazden, 1985）发现，维果斯基所推崇的合作和新皮亚杰学派所推崇的冲突都很重要。他们研究了进行化学反应实验的9岁儿童。儿童之间的合作在准备实验仪器的早期就非常有用。但是后来当他们决定如何进行实验（例如，哪些元素的结合会产生哪种效应）时，冲突似乎比合作更有用。这一结论表明：任一特定的教学方法都可能在某些情景中比在其他情景中更起用。

从表面上看，来自维果斯基思想的教学方法似乎与皮亚杰的方法大相径庭。正如德弗里斯（DeVries, 2000）所指出的，维果斯基似乎更强调促进儿童学习的外部因素（例如，指导者、教师），而皮亚杰则更强调内部因素（例如，适应），认为儿童会控制学习过程。实际上，维果斯基和皮亚杰均完全意识到内部因素和外部因素的重要性，因此形成调和这两种观点的教育实践是有可能的（DeVries, 2000）。

同伴辅导：一个女孩教她的妹妹数数。

❖ 评价

- ⊕ 在社会情景中会产生很多有效的学习。
- ⊕ 由同伴或教师提供的支架式教学在促进学校的有效学习中非常有效。
- ⊖ 德金（Durkin, 1995, p.375）指出，维果斯基的总体观点基于模糊的假设："有效的指导者与热切的学生之间的合作，将会产生最好的学习效果。"事实上，正如萨罗门与格鲁布森（Salomon & Globerson, 1989）所指出的，该假设通常是不正确的。例如，如果学习者和指导者的地位过于悬殊，那么学习者可能并不能参与到学习过程中。另一个可能性是萨罗门和格鲁布森所谓的"联合反对任务"，即指导者和学习者都认为该任务不值得做。
- ⊖ 维果斯基学派的观点较其他观点更适用于某些类型的任务，例如支架式教学能成功地应用于各种建设性任务中。与此形成对比的是，豪等人（Howe, Tolmie & Rodgers, 1992）研究了与理解沿斜坡向下运动有关的任务上的同伴辅导。结果发现：同伴辅导几乎毫无益处，而考虑潜在的思想则被证明更有用。
- ⊖ 维果斯基（Vygotsky, 1930/1981, p.169）忽视了儿童天生的好奇心和学习过程中动机的重要性："我们从未发现过天生就具备算术能力的儿童……这些都是来自环境的外在变化，但无论如何也不是内部发展过程。"

你认为文化差异可能会影响在教学情境中是冲突还是合作更有用到什么样的程度？

信息加工取向

在过去30多年中，研究者已经提出了几种认知发展的信息加工理论。这些理论具有一些共同的关键假设（Siegler, 1998）。第一，思维涉及信息加工，因此该理论

> **天性或教养?**
>
> 很多儿童发展研究者都认为，认知发展多为教养（受环境因素的影响）而非天性（由基因决定）。但普莱斯等人（Price et al., 2000）对约2000对威尔士和英国的2岁同性双胞胎的语言和非语言认知发展进行了对比研究，对上述假设提出质疑。这些发现表明，与所谓的正常范围的个体差异具有"中等程度遗传性"相比，语言技能的延迟发展具有高遗传性。这也就意味着，遗传影响可能是信息加工和认知发展的主要因素，可能与儿童所处的环境同样重要。

强调与信息加工有关的过程和结构。第二，详述描述认知变化的潜在过程而不是简单地描述儿童在不同年龄段的表现，是非常重要的。第三，认知变化的产生源于自我矫正过程（Siegler, 1998）：儿童注意到自身活动的结果，从而引起以后思维和行为的改变。

一些理论家试图把皮亚杰的主要观点整合到信息加工理论中。但是，信息加工理论远不如皮亚杰的理论全面。不过，信息加工理论比皮亚杰的理论对认知发展的具体内容常能提供更为详尽的描述。

这里我们主要考察两种认知发展的信息加工取向。第一，帕斯奎尔-莱昂与凯斯（Pascual-Leone & Case）提出的新皮亚杰学派的理论。第二，近些年来颇具影响力的西格勒（Siegler）的重叠波模型。另外，在第14章我们已经根据知觉、记忆和语言对信息加工取向进行过讨论。

新皮亚杰学派的理论

帕斯奎尔-莱昂（Pascual-Leone, 1984）和凯斯（Case, 1974）深受皮亚杰理论观点的影响。他们认同皮亚杰关于儿童积极构建自己理解的观点，以及儿童从前具体思维到具体思维再到抽象思维的观点。不过，他们的观点与皮亚杰的观点在某些重要方面存在差异。第一，在信息加工取向中他们强调考察认知发展的需要。第二，他们宣称关注认知过程的具体成分比关注皮亚杰所强调的较一般的图式更可取。第三，他们认为认知发展取决于心理容量或心理能力的增加。

根据帕斯奎尔-莱昂（1984）的观点，心理容量的一个主要方面是M，即儿童在特定时间内能注意或处理的认知图式或认知单元的数量。M随着儿童的成长而增加，这对于认识发展很重要。帕斯奎尔-莱昂认为，M或加工容量的增加源于神经系统的发展。

帕斯奎尔-莱昂与凯斯的信息加工取向以认知图式或基本认知单元的概念为主要内容，这与皮亚杰的图式很相似。凯斯（Case, 1974）确定了三种图式：

1. 形象图式。"主体所熟悉的信息项目或他能识别的知觉结构的内部表征。"从照片中认出自己的学校就用到了形象图式。

2. 操作图式。"功能（规则）的内部表征，可用于一系列形象图式，旨在生成新的系列。"例如，确定两张照片照的是同一个学校就涉及操作图式。

3. 执行图式。"在面临特殊的问题情景时能加以使用的程序的内部表征，旨在达到特殊目的。"这些图式决定着在特定情境中使用哪些形象图式和操作图式。

根据这一理论，儿童解决问题的能力取决于四个基本因素。第一，儿童可利用的图式范围。第二，随着年龄增加而增强的M能力或心理容量。第三，儿童使用可利用的所有 M 能力的程度。第四，儿童赋予知觉线索和所有其他线索的相对重要性。

凯斯（1974）指出，新图式可以通过修改现有图式来形成。另外，新图式也可以通过几种现有图式的合并或扩展来获得。

证据

信息加工理论适用于皮亚杰的很多发现。例如，皮亚杰发现 7 岁以下的儿童一般意识不到当水从一个容器倒入另一个细长的容器时水的量保持不变。皮亚杰认为，这是因为这些儿童不理解守恒逻辑。根据帕斯奎尔－莱昂（1984）的观点，这通常是因为儿童没有足够的心理能量去掌握所有的相关心理图式。假设通过向容器中填满珠子并允许儿童数出珠子的数量而使守恒任务变得更容易，会出现什么情况呢？皮亚杰可能仍会认为儿童不能表现出守恒，因为他们没学会基本逻辑，而凯斯和帕斯奎尔－莱昂则可能预测更多的成功，因为对心理能量的要求减少了。当实施这项研究时，研究发现支持新皮亚杰学派而非皮亚杰的观点（Bower, 1979）。

新皮亚杰学派观点的价值也可以通过凯斯（Case, 1992）所讨论的一项研究得到证实。10—18 岁的青少年画一幅母亲的图片，母亲正从她家的窗户向外眺望，并且脑海中浮现出自己和儿子正在马路对面公园里捉迷藏的情景。年龄较小的被试发现很难完成这项任务。他们能画出房子中的母亲和公园中的男孩，但是他们不具备足够的心理能力将图画的两部分整合在一起。相反，年龄较大的被试就能画出完整的图画，因为他们具有较多的心理能力。

M 能量或心理能力和工作记忆容量之间存在很大的相似性（参见第 9 章）。工作记忆涉及在加工其他信息的同时储存某些信息的能力。斯旺森（Swanson, 1999）发现，儿童期工作记忆的容量会逐步增加（参见第 14 章）。她还发现工作记忆容量的年龄差异可以预测儿童的阅读和算术成绩。这两个发现都与新皮亚杰学派的观点相一致。

> **学习第二语言**
>
> 帕斯奎尔－莱昂（Pascual-Leone, 2000）指出，高级认知功能可能是从低级认知功能逐渐发展进化而来，这是一个不易通过实验进行研究的过程。这就是理论指导的研究（例如，信息加工取向的使用）如此重要的原因。例如，对青春期前第二语言习得的研究表明，第二语言习得越晚，使用越不充分。结论是：在年幼时，有限但逐渐增加的信息加工容量与基础语言的简单成分相符。随着被学习的语言结构越来越复杂，信息加工能力也以互补性的方式逐步发展，因此二者的发展是同步的。

学生的心理能量水平会如何影响所写的论文质量？

❖ 评价

- ⊕ 皮亚杰的许多任务都可以借助信息加工进行解释。
- ⊕ 儿童解决很多问题出现失败取决于记忆局限性或 M 能力不足，而非如皮亚杰所宣称的缺乏必要的逻辑结构或其他结构。
- ⊕ 凯斯和帕斯奎尔－莱昂等研究者使用的概念（例如，不同种类的图式）比皮亚杰理论中的图式更容易评估。
- ⊖ 通常很难估计解决一项任务需要多少种图式，也无法确定某特定儿童实际上使用多少种图式。
- ⊖ 很难计算某人的心理能量。简单地假设成功来自充足的心理能量而失败源于心理能量不足是有风险的。
- 对策略变化和M能量或心理能力变化进行区分非常困难。正如梅多斯（Meadows, 1986, p.41）所指出的："如果想在M空间大小的变化和大小恒定空间的使用方式的变化之间进行区分，测量M能量大小的尝试必须使策略和策略需要保持不变。"实际上，凯斯（Case, 1985）承认：儿童的认知发展可能更多的取决于策略改变，而非基本心理能量。

重叠波模型

根据西格勒（Siegler, 1998）的观点，即使非常年幼的儿童在面临复杂任务时通常也会使用规则或系统的目标导向法来解决问题。当任务不熟悉，或任务涉及数量比较（例如，重量、距离），或问题中的一个维度比其他维度更突出或明显时，儿童最可能使用规则解决问题。但是，大多数问题（例如，算术、拼写、语言使用）都不具备这些特征。西格勒认为，儿童有可能使用各种策略来处理这些问题，这些策略是每次试验都会发生变化的目标导向法。西格勒和陈（Siegler & Chen, 2000）对规则和策略之间的相似性和差异性提供了一个很好的描述。

西格勒（Siegler, 1998）提出了重叠波模型来解释儿童对策略和规则的使用。其主要假设是：儿童在任何特定时间都具有各种思考问题的方式和策略。这些策略相互竞争，那些更有效的策略会逐渐取代较无效的策略（见左图）。

是什么过程使得儿童的策略选择变得更有效呢？根据该模型，儿童通过考虑使用每种策略解决问题的速度和准确性，掌握了越来越具体的知识。这使他们能更经常地选择最优策略，并获知通常最有效的策略未必对所有类型的问题都有效。

西格勒方法的一个主要特征是他使用了**微发生法（microgenetic method）**。该方法涉及进行短期纵向研究，可以在认知策略出现变化时进行观察。这是一种超乎你想象的更有用的方法。例如，皮亚杰及其追随者对认知发展变化非常感兴趣。但是，他们进行的横断实验（例如，对不同年龄段的儿童同时进行测试）并未使他们观察到所发生的这些变化！

微发生法：试图通过实施纵向研究来观察认知策略的变化。

与纵向研究（无论长期还是短期）有关的问题是什么？

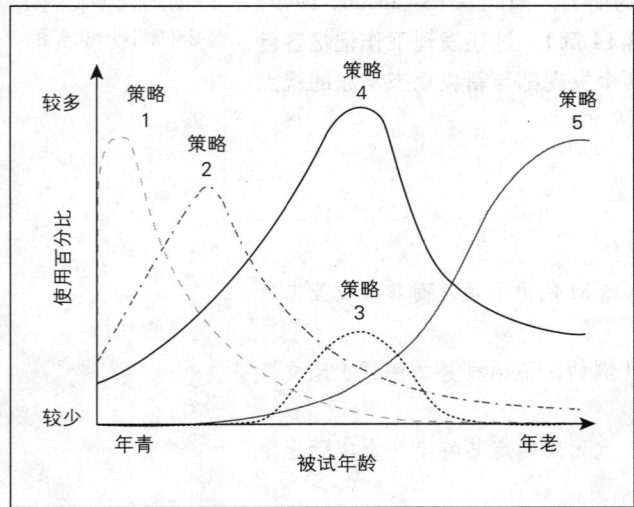

西格勒的重叠波模型

证据

西格勒（Siegler, 1976）基于平衡秤问题（balance-scale problem）进行了一项规则使用的著名研究。给儿童提供一个支点或支轴两侧各有四个短桩的平衡秤。然后借助楔子使平衡秤保持不动的同时向一些短桩上附加重物。儿童预测当楔子移走时会出现什么情况。5岁及5岁以上的儿童一般会给出基于规则的答案，但是规则的性质随着年龄的改变而发生变化。

5岁儿童一般采用简单的规则预测较多重物的一边将下沉（规则1），未考虑重物与支轴之间的距离。9岁儿童通常使用规则2或规则3，既考虑了物体重量又考虑了离支轴的距离。根据规则2可以预测重物较多的一边将下沉。如果重物数量相等，可以预测重物离支轴较远的一边将下沉。规则3与规则2相似，除了当一边重物较多但另一边的重物离支轴较远时会出现猜测之外。

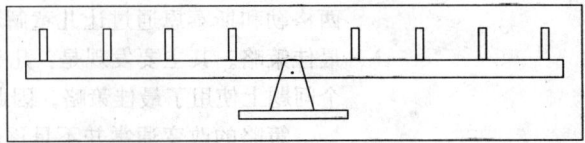

西格勒（1976）使用的平衡秤类型

西格勒和陈（Siegler & Chen, 1998）进行了一项研究，给4岁和5岁儿童呈现平衡秤问题。平衡秤两侧的重物相同，但是一边的重物离支轴较远。儿童在每次试验中均会得到有关正确答案的反馈，然后让他们进行解释。令人感兴趣的是确定使儿童在该任务上获得规则2的因素。一个最重要的因素是在解释平衡秤运动时注意到距离的潜在意义。例如，认为"这些重物在这儿，那些在那儿"的儿童一般都掌握了规则2。

西格勒（Siegler, 1998）讨论了来自使用策略而非规则的各种任务（例如，加法、乘法、拼写、记忆）的发现。一个比较一致的发现是：大多数儿童在处理每项任务时至少使用三种不同的策略。因此，重叠波模型的中心假设已使用几种任务得以证实。

儿童是如何开始使用新策略的呢？西格勒和詹金斯（Siegler & Jenkins, 1989）报告了相关证据。他们对给予解决加法问题任务（例如，3 + 8）的4岁和5岁儿童进行了研究。年幼儿童所使用的最有效的策略之一是累加策略或最小化策略，这意味着从较大的数字开始并以此为起点进行累加。因此，在我们的例子中，儿童将从8开始累加，9，10，11。在这项研究中没有一个儿童最初就使用了累加策略。

为了研究累加策略的发展，西格勒和詹金斯给儿童提供大约30个时间段用于解决加法问题。结果，几乎所有的儿童都在某个时间发现了累加策略。儿童通常在第一次使用新策略之前会比平常花费更多的时间解决问题，这表明他们对最优策略的使用进行了仔细思考。

根据重叠波模型的观点，儿童应该在发现累加策略之后继续使用其他策略。这正是西格勒和詹金斯发现的结果。但是，已发现累加策略的儿童在第八周的学习中对所呈现的某些挑战性问题会更常使用该策略。诸如"26 + 2"之类的问题，使用累加策略很容易解决，但是使用其他策略（例如，从1开始一直数）则非常难以解决。

西格勒和詹金斯的研究还有最后一个有趣的发现。一些使用累加策略（最小化）的儿童对最小化策略几乎完全不了解。事实上，有些儿童甚至完全否认使用该策略，尽管录像证据非常明显地表明他们确实使用过！这一发现表明内隐知识能够指导儿童进行策略选择。

西格勒和斯特恩（Siegler & Stern, 1998）还获得了儿童采用仅基于内隐知识的有效策略的证据。给7岁儿童提供A + B − B（例如，18 + 24 − 24）形式的反演问题（inversion problem）。我们知道解决这类问题的最佳策略是仅仅说出第一个数字。但是，大多数儿童最初都是把前两个数字相加然后再减去第三个数字。经过大量练习之后，儿童解决反演问题的速度明显快于起初的速度，表明他们使用了最佳策略。

西格勒和斯泰恩通过让儿童解释每次解决问题的做法，评估儿童是否有意识地使用最佳策略。其主要发现是：几乎90%的儿童在报告使用最佳策略之前都在一个或多个问题上使用了最佳策略。因此，采用有效策略并不取决于意识到这个策略。

策略的改变通常并不是逐步发生的。例如，阿里巴里（Alibali, 1999）对9—11岁的儿童学习解决数学等值问题（例如，3 + 4 + 5 = ? + 5）进行了研究。一些儿童得到如何解决问题以及答案是否正确的反馈的直接指导；一些儿童仅得到反馈；另一些儿童既无直接指导又无反馈。虽然大多数儿童都表现出逐渐的策略变化，但是接受详细直接指导的儿童则表现出迅速的策略变化。

是什么因素导致了策略的改变呢？阿里巴里发现：反馈本身引起了策略改变，但在使儿童采用正确策略上却是无效的。直接指导和反馈会使儿童采用正确的策略，尤其是在直接指导包含有关正确程序详细信息的情况下。

微发生法揭示了当提供专门训练时儿童使用的策略能在较短时期内发生改变的有趣方式。但是，人们对这些策略变化是否与儿童在自然环境中经历较长的时间显示出的策略变化相同提出了质疑。换言之，基于使用微发生法的发现可能并不适用于现实世界。

西格勒与斯维蒂纳（Siegler & Svetina, 2002）在一项研究中对上述问题进行了阐述，在该研究中给儿童提供矩阵问题，儿童必须选取一个物体完成矩阵或视觉排列。使用微发生法研究的6岁儿童在11周时间里就这项任务进行7次实验。这些获得有关正确答案反馈的儿童在7次实验中正确成绩从25%提高到50%。同时实验者也进行了部分横断研究，对6岁、7岁和8岁儿童在每次实验中解决问题的情况进行测试。8岁儿童的正确率最高（78%），7岁儿童为48%，6岁儿童为20%。在微发生法研究和横断研究部分所出现的大部分错误是重复的（使用当前的物体未正确地完成矩阵）。总的结论如下："微观发生的变化与年龄相关的变化被证明非常相似。在几乎所有能够在微发生背景和横断背景中进行评价的测量中，显著的变化既可能出现在两种背景中，也可能在两种背景中都不出现。"（Siegler & Svetina, 2002, p.806）

❖ 评价

- ⊕ 研究短期纵向研究中儿童策略的变化是非常有价值的，因为可以在这些变化出现时进行观察。因此，微发生法代表了以前认知发展观的显著进步。
- ⊕ 儿童在某些任务上系统地使用规则，导致儿童改变规则的因素已得以确认。
- ⊕ 微发生法引起认知策略的改变比自然条件下引起的变化速度更快，但是两种情况下产生的变化则是类似的（Siegler & Svetina, 2002）。
- ⊖ 儿童在解决特定类型的问题时通常具有多种策略，认知发展部分地取决于这些策略的竞争。
- ⊖ 有效策略的使用最初通常是无意识的（Siegler & Stern, 1998）。
- ⊖ "尽管策略选择的计算机模拟详细指出了……在策略之间进行的选择是如何随着时间发生变化的，但是尚不存在如何发现新策略的相似模型。"（Siegler, 1998, p.97）

⊖ "该理论似乎最适用于儿童能够使用界定清晰策略的领域;它适用于策略未进行清晰界定的领域还有待证实。"(Siegler,1998,p.97)

教育启示

信息加工取向对教育有几点重要的启示。例如,教师应该对他们想要传递给学生的信息进行仔细的任务分析。这对确保有效地呈现材料是非常有价值的。确定某些儿童不能正确地完成任务的原因也很重要。如果教师对完成任务所需的信息和过程有清晰的了解,他们就能分析儿童犯错误的原因,以查明哪些规则或过程被用错了。

西格勒的研究提供的清晰证据表明,儿童经常采用不适宜的规则和策略,因为他们仅以某些相关信息为基础(Siegler,1976)。如果儿童要发展适宜的规则或策略,他们开始考虑所有的相关信息是至关重要的。这可以很自然地出现(例如,Siegler & Che6n,1998),或者使用详细的直接指导将儿童的注意力吸引到这些信息上(例如,Alibali,1999)。

信息加工取向的其他教育启示如下:

1. 信息加工系统的某些成分(例如,注意、短时记忆)的容量非常有限。因此,教师应该对任务进行描述以便这些有限的容量不至于超载。

2. 儿童从获得有关认知过程的**元认知知识(metacognitive knowledge)**中获益颇多。这些知识涉及对各种认知过程(例如,认识到意义加工将提高长时记忆)价值的理解。

> **元认知知识**:与学习有关的各种认知过程有用性的知识。

对于第一个启示,贝克和卡朋特(Beck & Carpenter,1986)认为,儿童经常发现难以理解他们所读的内容,因为他们的加工容量只关注识别单个单词或部分单词。因此,他们给儿童提供大量识别和使用诸如音节等分词(sub-word)的练习。这使单词再认的速度和准确性得到大幅度提高,同时也提高了对阅读材料的理解力。

对于第二个启示,儿童甚至成人通常缺乏重要的元认知知识。例如,为了全面理解一篇文章,读者需要关注文章的结构,确定其主题。但是,儿童通常缺乏这种元认知知识,只关注单个单词和句子而不是整体结构。佩林卡与布朗(Palincsar & Brown,1984)对儿童思考正在阅读的文章的结构进行了专门训练。这使他们的理解能力获得显著提高。

> 这些观点在多大程度上适用于你自己(过去和现在)的教育经历?

❖ 评价

⊕ 信息加工观点对教育的有用性已得到证明。它为确定成功完成任务所需要的过程和策略提供了方法。
⊖ 仍然存在很多难以确定潜在过程的任务。
⊖ 通常很难准确评价儿童的能力局限性,因此不易预测超载出现的时间。
⊖ 信息加工观点通常在还未明确阐明儿童如何获得执行任务的过程时,就指出了完成任务会涉及什么过程。

小 结

皮亚杰的理论

　　皮亚杰认为,平衡状态是通过顺应和同化过程获得的。他提出了认知发展的四个阶段:感知运动阶段,该阶段的发展是行为智力;前运算阶段,该阶段思维由知觉支配;具体运算阶段,该阶段逻辑思维适用于真实可见的物体;形式运算阶段,该阶段逻辑思维能适用于潜在事件或抽象观点。他的认知发展理论得到广泛支持。不过,皮亚杰在某种程度上低估了儿童的认知能力,低估了认知发展的分散性和非系统性,并且他对认知发展只是进行了描述而非解释。根据皮亚杰的理论,儿童能够学到的东西取决于他们当前的认知发展阶段。他宣称当儿童进行主动性自我发现过程时,学习最有效。他还认为学习像数学、逻辑学和自然科学等学科对认知图式的发展很有价值。实际上,主动性自我发现通常不如传统的辅导训练有效。新皮亚杰学派赋予冲突尤其是社会认知冲突以极大的重要性,并将其作为一种提高学校有效学习的方式。

维果斯基的理论

　　维果斯基强调认知发展在很大程度上取决于社会因素和语言习得的观点。儿童在他人帮助下达到的水平高于依靠自己达到的水平;二者之间的差异就是最近发展区。支架式教学在认知发展中具有重要作用。社会学习并不总是有效,维果斯基低估了儿童自身对他/她的认知发展的贡献。根据维果斯基追随者的观点,由教师或同伴辅导提供的支架式教学是一种有效的学习形式。有证据表明基于支架式教学和最近发展区的教学在多种文化中都有效。

信息加工取向

　　信息加工观点认为,认知发展与知识和心理能力或 M 能量的增加有关。在凯斯的理论中,儿童随着时间发展会不断增加他们的图式(基本认知单元)范围、心理能力及使用 M 能量的能力。很难确定哪些图式被用于测量 M 能量。根据西格勒的重叠波模型,任何儿童在解决问题时通常都会用到多种策略。这些策略相互竞争,更有效的策略会逐渐取代较无效的策略。西格勒大量使用微观发生法,涉及使用短期纵向研究观察策略的变化。策略变化受反馈、直接指导和内隐知识的影响。根据信息加工理论,教学应该基于对完成各项任务所需要的知识和过程的全面理解。教学还应关注防止短时记忆超过负荷、分析儿童所犯的错误、培养儿童的元认知知识。

深入阅读

- Goswami, U. (1998). *Cognition in children.* Hove, UK: Psychology Press. An excellent introduction to the main theories and research on cognitive development.
- Harris, M., & Butterworth, G. (2002). *Developmental psychology: A student's handbook.* Hove, UK: Psychology Press. This book provides good coverage of Piaget's and Vygotsky's theoretical approaches to cognitive development.
- Smith, P.K., Cowie, H., &; Blades, M. (2003). *Understanding children's development* (4th ed.) Oxford, UK: Blackwell. Chapters 12, 13, and 15 provide detailed introductory coverage of the main theories of cognitive development.

第16章
日常生活中的社会性发展

本章概要

- **自我发展**
  社会性发展的一个重要方面

  自我概念的定义——"主体我"和"客体我"
  自我概念与自尊
  童年早期的自我意识
  自我描述和比较
  自尊

- **性别发展**
  刻板印象、同一性、态度和行为

  "男孩还是女孩？"——性别角色刻板印象
  性别与性
  少数可观察的性别差异
  心理动力学理论
  社会学习理论——观察学习、奖赏方法
  认知发展理论：发展的三个阶段
  性别图式理论
  生物学理论
  最近的理论发展
  不同文化中的期望和刻板印象

- **亲社会行为**
  为什么有些人乐于助人、善于合作？

  亲社会行为与反社会行为
  霍夫曼的四阶段移情理论
  父母行为的重要性
  媒体对行为的影响
  性别差异
  跨文化差异

- **反社会行为**
  为什么有些人不乐于助人、不善于合作？

  攻击的定义
  敌对性攻击对工具性攻击
  什么是攻击行为？
  发展变化
  媒体对行为的影响
  社会学习理论——模仿
  生物学取向
  家庭动力学
  跨文化差异

- **道德发展**
  道德的影响

  道德的定义
  弗洛伊德的理论
  皮亚杰的认知发展理论
  科尔伯格的认知发展理论
  吉利甘的理论

随着儿童的成长，他们会快速形成他们是谁的意识，与他人的社会接触大量增加，并对自己的社会地位有更清楚的意识。几类学习构成儿童社会行为发展的基础，并且这些不同的学习以复杂的方式互相影响。但是，冒着过于简化的风险，我们有必要对它们进行区分：(1) 儿童获得有关自己以及自己属于哪类人的知识；(2) 允许儿童对自己行为承担越来越多责任的学习。

本章第一部分涉及儿童获得的有关自己的知识。此处至关重要的是自我概念的发展，它回答了儿童关于"我是谁？"的问题。自我概念包括多个方面。其中一个尤为重要的方面是由儿童的性别提供的，因为儿童的自我概念受到他们是男孩还是女孩的强烈影响。

本章第二部分与儿童学习控制自己行为的方式有关，以使自己可以在各种社会情境中有效地活动。一个重要方面是儿童逐渐增加的亲社会行为或助人行为，以及他/她对反社会行为或攻击行为通常只会起反作用的认识。另一个重要方面是道德发展。如果儿童要融入社会，他们必须学会明辨是非，从而掌握监控大多数行为的准则。

总之，本章主要论述与儿童逐渐增加的自我知识和自我控制有关的社会性发展内容，这些内容使得他们可以在日常生活中与他人发生联系。与儿童主要的社会依恋和友谊有关的更广泛的问题将留在下一章讨论。

自我发展

自我发展在社会性发展中的重要性是不言而喻的。根据谢弗（Schaffer, 1996, pp.154-155）的观点："在所有的社会概念中，自我概念是最基础的……由于自我决定着我们每个人如何解释现实以及我们寻找哪些经历使其与自我形象相一致，所以它起着非常重要的作用。"成人的自我概念将在第 18 章详细讨论。

在试图理解自我发展时存在两个重要问题。第一，自我存在于个体内部，因此很难进行实验研究。第二，自我是复杂的，由多个方面组成。例如，詹姆斯（William James, 1890）对自我的两个方面做了重要区分：

1. 作为经验主体的"我"（"I"）或自我。这个自我是认知的主体（self as knower），用于解释我们的日常经验。

2. 作为经验客体的"我"（"me"）或自我。这个自我是被认知的客体（self as known），当我们试图从自己的年龄、能力、性别、人格等方面来理解自己时用的就是这个自我。

上述区分与刘易斯（Lewis, 1990）对存在自我（类似于"主体我"）和绝对自我（类似于"客体我"）的区分非常相似。绝对自我包括自我作为能够被他人感知的客体的意识。根据刘易斯的观点，我们是世界上唯一具有绝对自我或自我意识的物种。

对于自我不同方面的认识还有其他一些方式。尤其重要的是下面两个术语：

● **自我概念（self-concept）**。这是自我的认知成分。它由我们拥有的有关自己

自我概念：关于自我的总体思想和观点；包括自尊和自我形象。

属于哪类人的知识和信息组成。
- **自尊**（**self-esteem**）。这是自我的评价成分。它涉及个体觉得自己有价值和自信的程度。

自尊：自我概念的一部分，与个体对自己的看法有关。

自我概念与自尊之间有很多重叠之处。例如，形成自我概念的大量有关自己的信息在决定自尊方面起着重要作用。自我概念受多种因素的影响。但是，我们与他人的关系尤为重要。库利（Charles Cooley，1902）使用"镜像自我"（looking-glass self）来表达自我概念反映了他人评价的观点。因此，我们倾向于像他人看待我们那样看待自己。我们生命中最重要的人（例如，伙伴、父母、密友）对我们的自我概念具有非常强烈的影响。

米德（George Herbert Mea）认为，自我概念是我们在与他人的交往中出现的。根据米德（Mead，1934）的观点："自我是这样的……它不是与生俱来的，而是在社会发展过程中产生的。也就是说，自我的发展是他[原文如此]对整体过程以及过程中其他个体的反应结果。"

你认为在完全隔绝的环境中长大的个体会有自我意识吗？

童年早期：自我意识

研究童年早期**自我意识**（**self-awareness**）的发展很困难，在某种程度上这是因为年幼儿童没有足够的语言表达他们可能具有的关于自己的思想。不过，刘易斯与布鲁克斯-甘恩（Lewis & Brooks-Gunn，1979）以及其他人所进行的一系列给人留下深刻印象的研究揭示了自我意识的一个层面，该层面涉及视觉性自我再认（visual self-recognition）。简要来说，就是在婴儿的鼻子上涂一红点，并把他放在镜子前。那些能认出自己的映像并伸手摸自己的鼻子而不是摸镜子中鼻子的婴儿，至少已表现出一些自我意识。顺便提一下，研究发现：使用这项任务，黑猩猩学会了在镜子中认出自己，而短尾猿、狒狒和长臂猿则没有学会（Gallup，1979）。

刘易斯与布鲁克斯-甘恩所报告的关于人类婴儿的发现是很清楚的。实际上，在出生第一年里没有婴儿表现出自我意识的明显证据。大约70%的21—24个月大的婴儿表现出自我意识。15—18个月大的婴儿中有50%表现出中等程度的自我意识，他们中大约25%会触摸自己的鼻子。婴儿是依据什么信息表现出视觉性自我再认的呢？主要有两种可能性：

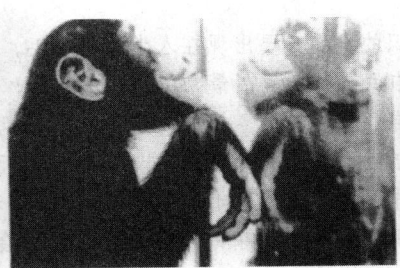

黑猩猩能学会识别镜中的自己，并利用镜子来检查它们不能轻易看到的某些身体部位。

- **偶然线索**（contingency clues），基于镜像的移动恰好与婴儿自己的移动相一致的事实。
- **特征线索**（feature clues），根据婴儿脸部和身体的细节。

这些可能性可以通过向儿童呈现事先录制的关于他们自己的录像带或照片进行区分。对这些刺激物的自我意识，必定是由于使用了特征线索而不是偶然线索。

刘易斯与布鲁克斯-甘恩进行了各种研究，总结出自我意识发展的四个阶段：

1. 直到3个月左右，婴儿对自己或他人的形象几乎没有或没有反应。
2. 3—8个月，婴儿有了视觉性自我再认的最初迹象，因为他们仅依赖偶然线索。
3. 8—12个月，婴儿根据偶然线索提高了自我意识，并开始使用特征线索。
4. 12—24个月，儿童发展出仅根据特征线索就能识别自己的能力。

我们能够断定几乎所有儿童在2岁以后就完全具有表现视觉性自我再认的能力吗？波维内利等人（Povinelli, Landau & Perilloux, 1996）认为答案是"否定"的。他们的独创性想法是：向年幼儿童呈现几分钟前拍摄的儿童自己的宝丽来一次成像照片或录像。当照片或录像显示儿童头上粘有一个大标签时，大多数4岁的儿童都会伸手去取。相反，2岁或刚3岁零几个月的孩子则通常不去取标签。因此，年幼儿童比年长儿童更难意识到自己几分钟前的样子可以预示现在的样子，这表明他们仅具有即时性自我感。

视觉性自我再认只是自我意识的一个方面，它的发展与自我意识其他方面的发展可能并不一致。刘易斯等人（Lewis, Sullivan, Stanger & Weiss, 1989）阐述了这一问题。他们认为很多情绪（他们称为"自我参照情绪"（self-referential emotion））都会涉及自我意识及对自己与他人关系的思考。例如，当我们感到自己以别人认为不适当的方式行事时会感到尴尬。刘易斯等人通过观察年幼儿童在成人面前跳舞时的反应，检验了以自我参照情绪形式表现的自我意识的存在。他们还通过使用镜子观察年幼儿童是否会擦掉自己鼻子上的红点，检验了以视觉性自我再认形式表现的自我意识的存在。当要求跳舞时，那些能够在镜子中认出自己的儿童大都会感到难堪，这表明两种活动都反映了相同的潜在自我意识。

❖ 评价

- ⊕ 自我意识的发展主要出现在人生的第二年。
- ⊕ 视觉性自我再认的发展最初依赖偶然线索，后来依赖偶然线索和特征线索。
- ⊖ 对引起自我发展的因素还知之甚少。不过凯斯（Case, 1991）认为，当婴儿认识到自己的行为对人和物有影响时，就产生了"主体我"。相反，当婴儿观察自己的动作（例如，观察自己的手里拿着一个玩具）时，就产生了"客体我"。
- ⊖ 自我意识的发展是复杂的，在不同的时间会出现不同方面。有研究者（Bullock & Lutkenhaus, 1990）发现，自我的视觉内容（例如，视觉性自我再认）出现的时间早于自我的非视觉内容（例如，儿童自己的名字）。

自我概念

自我概念在发展过程中是如何发生变化的呢？随着儿童在更多的情境中与更多的人交往，他们获得越来越多的关于自己的信息，因此自我概念明显变得更加复杂。此外，自我概念在童年后期会变得更为一致（Schaffer, 1996）。年幼儿童的自我概念通常相当易变，并会随特定经验而变。

戴蒙与哈特

戴蒙与哈特（Damon & Hart, 1988）认为，儿童的自我描述可分为四种主要类型：

1. **身体特征（physical features）**。即外部特征（例如，身高、超重）。
2. **活动（activities）**。即儿童花时间所做的事情（例如，"我喜欢踢足球"）。
3. **社会特征（social characteristic）**。将自己和他人联系起来的自我描述（例如，"我有一个哥哥和一个姐姐"）。
4. **心理特征（psychological characteristic）**。即内部特征（例如，"我很友好"）。

根据戴蒙与哈特的观点，自我概念在整个童年期有着相同的主题，因为在大多数自我描述中都包括这四种类型。但在童年期，身体特征会变得较不重要，心理特征则变得更加重要。

哈特等人（Hart, Fegley, Chan, Mulvey & Fischer, 1993）报告了6—16岁儿童中四种自我描述类型重要性的详细证据。大多数类型的相对重要性在6—16岁之间并未发生很大改变。但是，9岁或10岁儿童较6—8岁儿童更少根据活动来描述自己，与11—13岁儿童相比则赋予心理特征更大的重要性。

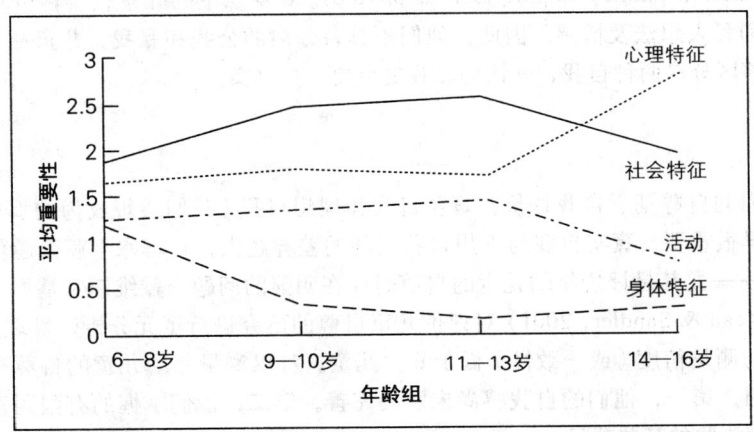

四种自我描述特征（身体特征、活动、社会特征、心理特征）的平均重要性是年龄的函数。引自哈特等人（1993）。

威尔曼与戈尔曼（Wellman & Gelman, 1987）指出，自我描述包括两种心理或内部特征：(1) 性格（如，人格特质），相对持久；(2) 内部状态（如，感到悲伤），短暂。7岁前的儿童一般不把性格包括在自我描述里，但是3岁儿童则会把心理特征以内部状态的形式应用到自己的描述里（Eder, 1990）。谢弗（Schaffer, 1996）为这种差别提供了一个有趣的解释。内部状态通常与当前可见的情境直接相关，因此很容易确定。相反，性格更抽象，涉及基于多种情境的复杂推论。

戴蒙与哈特认为，随着儿童慢慢长大，他们会逐渐根据自己与他人的关系思考自我，因此自我概念越来越多地用社会性术语进行定义。他们提出了一种基于自我概念的三种不同水平的理论：

> 什么因素会潜在地限制年幼儿童的自我描述？

1. **类别认同**（**categorical identification**）（4—7岁）。这个水平上的儿童会根据各种个人或个体特征描述自己（例如，"我7岁了"，"我很高兴"）。

2. **比较评价**（**comparative assessments**）（8—11岁）。这个水平儿童的自我描述通常建立在与其他儿童比较的基础上（例如，"我比大多数孩子跑得快"、"我比其他孩子更聪明"）。

3. **人际影响**（**interpersonal implications**）（12—15岁）。在这个水平上，自我描述包含了儿童的特征对人际关系的影响（例如，"我很友好，因此我有很多朋友"、"我理解人，所以他们会问我问题"）。

鲁贝尔等人（Ruble, Boggiano, Feldman & Loebl, 1980）报告了儿童在大约7岁或8岁时才开始将自己和其他儿童进行系统比较的证据。5—9岁的儿童将球投入一个隐藏的篮球筐里，然后被告知他们的表现与其他儿童相比处于什么水平。9岁儿童判断自己的表现时会考虑其他儿童的表现，而7岁以下的儿童则很少这样做。不过，鲁贝尔（Ruble, 1987）指出，7岁以下的儿童确实会根据非常明显的特征（例如，"我比汤姆高"）与其他儿童进行比较。

到目前为止，我们尚未考察自我概念的最终发展。塞尔曼（Selman, 1980）区分了公我（self-as-public）和私我（self-as-private）。6岁以下的儿童很难区分他们的公共行为和私人想法及情感。因此，他们不具备分离的公我和私我。儿童从大约8岁开始能够区分这两种自我，并认为私我更重要、更真实。

自尊

人们的自尊基于自我评价。真实自我和理想自我（我们最想成为的那类人）之间的差异很重要。真实自我与理想自我之间的差异越大，自尊水平就会越低。在评价自尊——尤其是评价年幼儿童的自尊时存在明显的问题。戴维斯-基恩与桑德勒（Davis-Kean & Sandler, 2001）对评价儿童自尊的研究进行了元分析，发现4岁和5岁儿童的测量信度（或一致性）低于6岁儿童。难以测量年幼儿童的自尊有两个可能的原因。第一，他们的自我感尚未发展完善。第二，他们掌握的有限语言使他们难以理解测验的某些项目。

哈特的理论

哈特（Harter, 1987）认为，童年早期的儿童自我感相当不连贯，但通常对自己具有非常积极的看法。不过在童年中期，儿童的自尊水平则倾向于降低。为什么会这样呢？根据哈特的观点，儿童的自尊日益受到他人（例如，朋友、教师）评价的影响，并且他人的看法通常比每个儿童自己的看法要更现实、更不乐观。

哈特还强调了儿童关于自己能力的评价对自尊的重要性。儿童开始关注自己在越来越多领域的能力水平。这反映出随着儿童开始上学、发展友谊等，他们与他人的接触日益增多。哈特认为儿童的自尊水平在很大程度上取决于他们的能力感。那些认为自己在多方面都有能力的儿童，比那些认为自己没有能力的儿童具有更高的自尊水平。

哈特和派克（Harter & Pike, 1984）、哈特（Harter, 1982）研究了自尊的发展。在哈特和派克的研究中，向4—7岁的儿童呈现配对图片，让他们指出每对图片中与自己更接近的图片。这些图片与认知能力、身体能力、同伴接纳和母亲接纳四个领域有关。儿童的反应表明他们从两个类别评价自尊：(1) 能力（认知的和身体的），(2) 接纳（同伴的和母亲的）。

哈特（Harter, 1982）使用哈特自尊量表评价了8—12岁儿童的自尊。除了一般自我价值感之外（例如，"我是个好人"），这些儿童在认知能力、社交能力和身体能力上存在区别。因此，与哈特和派克（Harter & Pike, 1984）所研究的年幼儿童相比，这些儿童似乎是以更复杂的方式看待自尊。

哈特（Harter, 1987）扩展了这些研究。他让儿童在五个领域进行自我评定：学习能力、运动能力、社会接纳、身体外貌和行为举止。儿童对每个领域的能力以及做好每个方面让自己感觉良好的重要性进行了评定。最后，儿童完成总体自我价值感量表。

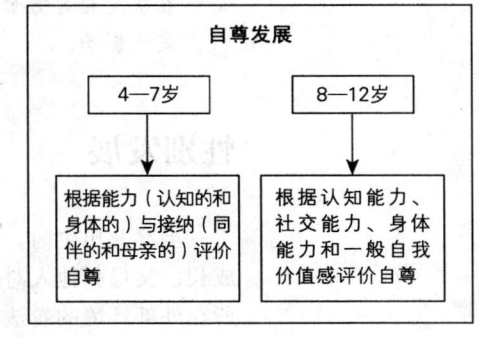

哈特发现了什么呢？首先，任何方面的能力不足都与低自尊有关。其次，在儿童认为很重要的领域中能力不足尤其与低自尊有关。例如，如果儿童认为运动不重要，那么较差的运动能力对其自尊几乎没有影响。再次，每个儿童的自尊在不同领域通常存在较大差异。7岁或8岁左右的儿童会整合五个领域的信息达到总体或一般自尊水平。相反，年幼儿童的自尊感则更多的与能力和能力不足的具体领域有关。

为什么特定年龄儿童的自尊会存在如此大的个体差异呢？哈特考察了儿童从四个来源获得的社会支持的强度：父母、同学、朋友和教师。在8—11岁儿童中，所有四种支持源均预测了总体自尊，其中同学和父母是最重要的支持源。11—13岁儿童也呈现出相同的基本模式。

库伯史密斯（Coopersmith, 1967）考察了父母在10—12岁男孩中的作用。高自尊男孩的父母倾向于具有以下特征：

- 他们普遍接纳自己的孩子。
- 他们对孩子的行为设定明确的限制。
- 他们允许孩子在限制范围内管理自己的生活,并行使合理的自由。

高自尊男孩的父母通常也具有高自尊。相反,低自尊男孩的父母则倾向于专横或过于放任。

> 这里提及的哪些因素可能是移入其他具有不同文化国家的移民低自尊的原因?

❖ 评价

- ⊕ 儿童对自己各种领域能力的评定与自尊水平具有相当密切的关系。
- ⊕ 随着儿童更全面地融入社会,他们试图提高自己能力的领域数量也越来越多。
- ⊕ 自尊的个体差异在某种程度上取决于父母、同学、朋友和教师提供的支持。
- ⊖ 哈特过分依赖儿童的自陈报告。这种方法存在局限性,因为儿童缺乏有意识的精细自我意识,可能会提供歪曲的反应。
- ⊖ 哈特的大多数发现是相关性的,这就使得难以评估因果关系。例如,他假设无能感会引起低自尊。但是,低自尊也可能导致儿童低估自己的能力水平。
- ⊖ 哈特(Harter, 1987)关注影响自尊的环境因素。但是,麦圭尔等人(McGuire, Neiderhiser, Reiss, Hetherington & Plomin, 1994)对双胞胎、兄弟姐妹和同父异母或同母异父的兄弟姐妹进行的一项研究发现,遗传因素也会影响自尊的个体差异。一个家庭中所有孩子共有的共享环境因素(例如,社会阶层、家庭大小)在决定自尊方面几乎无关,但是每个孩子特有的非共享环境因素则对自尊具有重大影响。

性别发展

当婴儿出生时,所有人都会问一个关键问题:"是男孩还是女孩?"随着儿童的成长,父母和他人对待他的方式也会受其性别的影响。成长中的儿童有关自己及其所在外部环境的看法越来越取决于他是男还是女。例如,大多数 2 岁儿童都能准确地为自己和他人贴上男或女的标签。事实上,9—12 个月大的婴儿就会对陌生男性和女性的照片作出不同的反应(Brooks-Gunn & Lewis, 1981)。到 3 岁左右时,差不多三分之二的儿童都是更喜欢和同性儿童玩耍(LaFreniere, Strayer & Gauthier, 1984)。从 3 岁或 4 岁开始,儿童对适于男性和女性的活动(例如,料理家务)和职业(例如,医生、护士)会产生相当固定的刻板印象。这被称为**性别角色刻板印象**(**sex-role stereotype**)。总之,个体的性别通常在影响其自我概念方面具有尤为重要的作用。

性别角色发展的文献中包含各种令人困惑的术语。术语"性"(sex)常被用来指生物学差异,"性别"(gender)则指由社会所决定的方面。不过,这种明显的区别在实践中却往往是模糊的。其他常用的术语是"性别认同"和"性别角色行为"。**性别**

> **性别角色刻板印象**:由文化决定的有关适当的男性和女性行为的信念。
>
> **性别认同**:男孩或女孩对自己分别是男性或女性的意识。

认同（gender identity）本质上是指儿童或成人对自己是男性还是女性的意识。**性别角色行为**（sex-typed behavior）是指与占优势的性别角色刻板印象相一致的行为。

伊根与佩里（Egan & Perry, 2001）指出，性别认同不仅仅是指意识到某人是男性或女性。更具体的讲，性别认同还包括认识到自己属于某种性别的典型成员、对自己生物学性别的满意感，以及为了使自己符合性别角色刻板印象而体验到来自父母和同伴的压力感。伊根与佩里评估了10—14岁男孩和女孩性别认同的各个方面。平均而言，在认识到自己是属于典型的男孩还是女孩、对自己生物学性别的满意感，以及为了使自己遵照性别角色刻板印象而体验到来自他人的压力感方面，男孩比女孩得分更高。这些发现表明，儿童和社会通常均认为男孩遵守男性行为的刻板观念，要比女孩遵守女性行为的刻板观念更为重要。

性别角色行为：与性别角色刻板印象相一致的行为。

可观察的性别差异

一些有关性别角色行为的观点正在被人们放弃或是逐渐走向衰落。如今很少还会有人认为男性应该出去工作，无需照顾家庭和孩子，而女性则应待在家里，只照料家庭和孩子。不过，很多刻板印象仍然存在，因此考察男孩和女孩的实际行为非常重要。

多数可观察的行为性别差异通常都处于中等程度。但是，格罗姆伯克与海因斯（Golombok & Hines, 2002）在一个评论中确定了儿童在生命的前两年中存在的少量性别差异。与男婴相比女婴倾向于与成人更亲密，但男孩较女孩对自己不能控制的情境会感到更为不安。此外，女孩通常要比男孩更早学会说话。

在英国，女孩在几乎所有的学校科目上都优于男孩。1997年，14岁男孩和女孩在不同科目上成绩达标的百分比如下（男孩的百分比在括号里）：现代外语67%（51%）、历史62%（50%）、地理63%（54%）、设计与技术64%（49%）和信息技术52%（47%）。如果有什么区别的话，那就是：男孩和女孩学业成绩方面的大多数差异在14岁后会进一步增加。

一般而言，两性间的差异比通常认为的要更少、更小。为什么表面和现实之间会存在这样的差距呢？一个原因是，我们通常会误解我们感觉到符合刻板印象的证据。康德利夫妇（Condry & Condry, 1976）

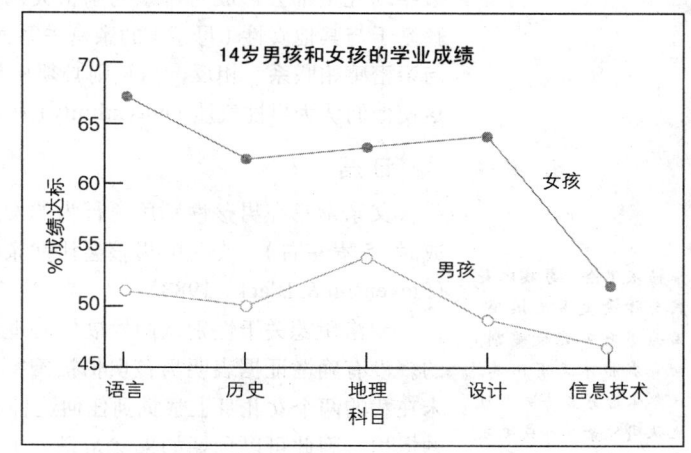

学习和性别行为

在英国，女孩在［英国英语］普通中等教育证书（GCSE）考试上的成绩通常优于男孩，并且从2000年以来，在（英国中学生的）高级考试和［英国英语］全国性课程考试上也是如此。但在一些大学里，如牛津大学，男生在获得一级荣誉学位上优于女生。这种表面上的反常可能是由男孩认为学习"不酷"造成的，因此他们不像女孩那样长时间或刻苦学习。但是梅兰比等人（Mellanby et al., 2000）在大学的一项研究发现，男生在复习方法上更冒险，但比女生更有抱负。

让大学生观看一个婴儿的录像。解释婴儿行为的方式取决于该婴儿名叫戴维还是黛娜。如果婴儿名叫戴维，那么他对（打开盒盖即行跳起的）玩偶盒的反应会被认为是"愤怒"，但是如果婴儿名叫黛娜，则会被认为是"焦虑"。

心理动力学理论

弗洛伊德认为，"解剖学结构即命运"（"anatomy is destiny"）。他宣称，男孩会形成恋母情结（或俄底浦斯情结）（Oedipus complex），他们对自己的母亲怀有性欲望，同时又对父亲怀有强烈的恐惧。某些部分恐惧的产生是因为男孩认为父亲会阉割自己。恋母情结通过对父亲的认同来解决。根据弗洛伊德的观点，认同在性别角色行为发展中具有重要作用。

弗洛伊德（Freud, 1933）认为，女孩"通过与男孩所享有的极优越的资质的比较而受到伤害"，为此她们责怪自己的母亲。女孩会形成恋父情结（electra complex），她们对自己的父亲怀有性欲望并视自己的母亲为情敌。女孩形成性别角色行为是因为得到父亲的奖励，她们把父亲视为自己情感的寄托。

霍多罗夫（Chodorow, 1978）提出另一种心理动力学理论，根据该理论，大多数年幼儿童都会形成与母亲的亲密关系。然后这种关系会设定未来关系的模式。女孩基于与其他女性（母亲）的亲密关系而形成性别认同感，并将女性气质（feminity）与亲密感相联系。相反，男孩则必须从与母亲的亲密关系中脱离才能形成性别认同，这使他们认为男性气质（masculinity）和亲密感是分离的。

证据

父亲常常在男孩性别角色行为的发展中起着重要的作用。据称，在恋母情结形成时（5岁左右），丧父的男孩会比父亲一直健在的男孩表现出较少的性别角色行为（Stevenson & Black, 1988）。

弗洛伊德关于性别认同发展的心理动力学理论在所有其他方面几乎都是不正确的。没有确凿证据表明男孩惧怕被阉割或女孩遗憾未长阴茎（作为父亲，我的确从未在我的两个女儿身上察觉到任何这种遗憾！）。弗洛伊德认为认同过程取决于害怕的惧怕，因此可以预期如果父亲是一个令人害怕的人，那么男孩对父亲的认同会最强烈。事实上，男孩更认同亲切、支持性的父亲而非专横且凶狠的父亲（Mussen & Rutherford, 1963）。

根据该理论，男孩比女孩会遭受更多的惧怕，因为男孩可能被阉割，而女孩根本没有阴茎。这意味着男孩将更强烈地认同父亲并形成更强的性别角色。是否存在性别角色在两性强度上具有差异的证据呢？

❖ 评价

- ⊕ 性别发展的心理动力学理论是确定理解性别发展阶段的首次系统性尝试。
- ⊖ 弗洛伊德重视同性父母对儿童性别发展的影响，但却使异性父母、其他家庭成员和其他儿童的影响减少到最低限度。
- ⊖ 弗洛伊德忽视了认知因素在性别角色行为发展中的重要性（见下文科尔伯格的理论）。

社会学习理论

根据社会学习理论（Bandura, 1977a），性别发展是儿童经验的结果。一般来说，儿童会学会按照被奖赏和避免受到惩罚的方式行事。由于社会对男孩和女孩的行为方式具有某些期望，因此运用社会给予的奖赏和惩罚会产生性别角色行为。

班杜拉（1977a）还认为，儿童通过观察各种同性榜样的行为可以学会性别角色行为，这些榜样包括其他儿童、父母和教师。这被称为**观察学习（observational learning）**。通常认为儿童的很多性别角色行为的观察学习都依赖于媒介，尤其是电视。

证据

性别角色行为在某种程度上是通过直接教导学会的。法戈特与莱恩巴赫（Fagot & Leinbach, 1989）对儿童进行了一项长期研究。甚至在2岁之前，父母就鼓励儿童的性别角色行为而阻止他们不适当的性别行为。例如，女孩玩布娃娃会受到奖赏，爬树则会受到阻止。那些使用大量直接教导的父母的孩子倾向于以最符合性别角色的方式行事。但是这些发现并不完全具有代表性。利顿与罗姆尼（Lytton & Romney, 1991）以及格罗姆伯克与海因斯（Golombok & Hines, 2002）综述了大量有关父母教养孩子的研究。对父母来说，鼓励性别相符行为和阻止性别不符行为只有中等程度的倾向。但是难以解释这种差异。出现这种差异可能是因为父母想促进性别角色刻板印象。另外也可能因为他们的儿子具有与女儿不同行为方式的预先倾向，父母只是简单地对事态作出反应。（我个人似乎比较能够接受这个解释，因为最初我打算以完全相同的方式对待我的两个女儿和儿子。）该综述也表明男孩和女孩会得到同样的父母关爱、对成功的鼓励、约束和互动。

奖赏或强化通常并不像社会学习理论家所预期的那样有效。例如，法戈特（Fagot, 1985）研究了21—25个月儿童的行为。当男孩受到其他男孩称赞或强化时，其行为就会受到影响，但在受到教师或女孩的称赞时却很少影响行为。尤其需要注意的是，法戈特发现，教师通常会强化或奖励发生在他/她附近的安静活动，但这并不影响男孩参加打闹游戏或玩玩具卡车和玩具汽车的倾向。女孩的行为会受到教师和其他女孩的影响，但只中等程度地受到男孩的影响。

佩里与伯西（Perry & Bussey, 1979）研究了观察学习。让8岁或9岁儿童观察男性和女性成人榜样选择中性活动（例如，挑选苹果或梨）。之后，他们通常都会作出与同性成人榜样相同的选择。这些发现表明，观察学习在性别发展中具有重要作用。不过，巴克利等人（Barkley, Ullman, Otto & Brecht, 1977）综述了相关文献发现，在81项研究中只有18项研究中的儿童表现出赞成同性榜样的倾向。

4—11岁的儿童每天观看3个小时的电视，一年下来就是1000个小时。如果与电视的接触不会通过观察学习对孩子有关自己的看法及性别角色行为产生影响，将是不可思议的。大部分研究都表明，看电视和性别角色行为之间存在中等程度的联系。

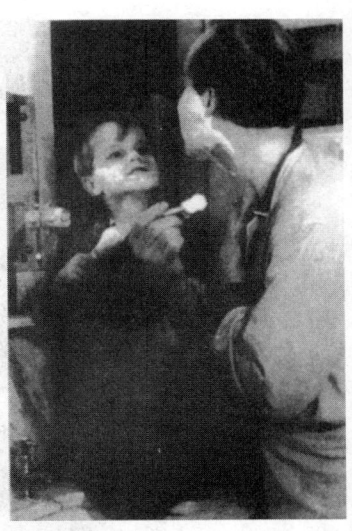

父亲在儿子性别角色行为的发展中可能起重要作用

观察学习：通过观察他人的行为学习模仿他人。

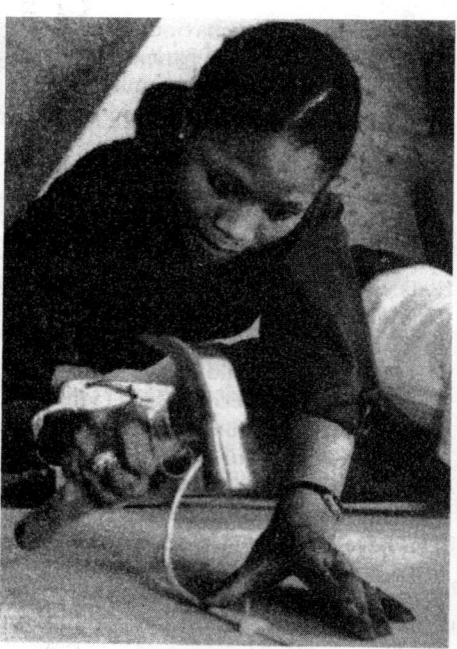 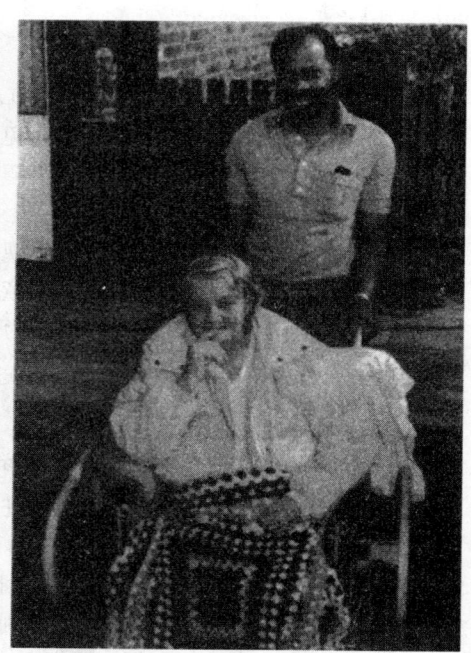

人们发现显示男性和女性参加非传统性别角色刻板活动的电视节目在观众中会引起某些态度改变，但对行为的影响较小。

弗吕与麦吉（Frueh & McGhee, 1975）研究了4—12岁儿童看电视的习惯。那些看电视最多的儿童倾向于根据偏爱的性别类型的玩具表现较多的性别角色行为。但这只是一个相关证据，因此我们并不清楚看电视是否会引发性别角色行为。

威廉（William, 1986）在加拿大三个城镇中检验了性别角色刻板印象："北方电讯（Notel）"（无电视频道）、"联合电信公司（Unitel）"（一个频道）和"Multitel"（四个频道）。有电视城镇的儿童比无电视城镇的儿童具有更强烈的性别角色刻板印象。在研究过程中，北方电讯在获得一个电视频道后，儿童的性别角色刻板印象随之增加。

约翰斯通与艾特玛（Johnston & Ettema, 1982）报告了电视影响性别发展的证据。在 Freestyle 中，有一系列可以模仿非传统机会和活动的电视节目。这些节目引起了脱离性别角色刻板印象的显著态度改变，并且这些变化在9个月后仍然存在。但是，它们对行为的影响相对较小。

❖ 评价

- ⊕ 社会学习取向强调出现性别发展的社会背景。
- ⊕ 正如社会学习理论家所宣称的那样，一些性别角色行为的发生是因为受到奖赏，而避免不适当的性别行为则是因为受到阻止或惩罚。
- ⊕ 观察学习可能在性别角色行为的发展中具有重要作用。
- ⊖ 直接教导和观察学习对性别角色行为的影响是相当有限的。

- 社会学习理论家把年幼儿童看做被动的个体,认为可以通过奖赏或惩罚来教会他们如何行事。实际上,儿童对自己的自我发展作出了积极的贡献。这一批评并不适用于即将讨论的布西与班杜拉(Bussey & Bandura,1999)的社会认知理论。
- 社会学习理论家错误地假设学习过程在每个年龄阶段都很相似。例如,考虑一下观看一男一女共同进餐电影的幼儿和青少年。幼儿的观察学习可能关注同性个体的进餐行为,而青少年则可能关注他\她的社会行为。
- 社会学习理论关注具体行为方式的学习。但是,儿童也会进行大量的一般性学习。例如,儿童似乎获得了性别图式(有关性别的结构化信念;Martin & Halverson,1987),社会学习理论对此很难作出解释。

> 已经多次观察到性别角色的文化差异。这在何种程度上支持社会学习理论?

认知发展理论:科尔伯格

科尔伯格(Lawrence Kohlberg,1996)提出认知发展理论来解释性别角色行为。该取向的本质可以通过与社会学习理论的比较得以彰显。科尔伯格(p.85)认为:"儿童性别角色的概念是自我体验积极构建的结果,而不是社会训练的消极产物。"更具体的讲,科尔伯格假设性别发展与儿童基本的认知发展紧密相关。

科尔伯格的理论与社会学习理论之间还存在其他一些重要区别。根据社会学习理论,儿童发展性别认同是注意同性榜样的结果。根据科尔伯格的理论,这种因果关系以相反的方向进行:儿童关注同性榜样是因为他们已形成一致的性别认同。更具体的讲,儿童发现符合一致性性别认同的行为会得到奖赏:"我是个男孩;因此我想做男孩的事情;因此有机会做男孩的事情时……会得到奖赏。"(Kohlberg,1966,p.89)相反,社会学习理论家则认为,受奖赏的行为是他人认为适当的行为。

性别认同这一概念在科尔伯格的认知发展理论中至关重要。性别发展包含三个阶段:

1. 性别认同(2岁到3岁半)。男孩知道自己是男孩,女孩知道自己是女孩。但是他们认为改变性别是可能的。

2. 性别稳定(3岁半到4岁半)。认识到性别在时间上是稳定的(例如,男孩将成为男人),但未认识到性别在不同情境中仍然是稳定的(例如,穿异性经常穿的衣服)。当玩具娃娃穿上透明衣服,因此在它的穿着和性别特征之间出现不一致,该阶段的儿童会根据衣着决定玩具娃娃的性别(McConaghy,1979)。

3. 性别一致性(4岁半到7岁以上)。这一阶段的儿童认识到性别在不同时间和情境中仍然保持不变。性别一致性的获得与皮亚杰关于该年龄阶段儿童获得身体特性守恒的观念具有明显的相似性(参见第15章)。

科尔伯格的性别认同发展阶段		
基本性别认同	**性别稳定**	**性别一致性**
2—3.5 岁	3.5—4.5 岁	4.5—7 岁以上
有性别意识,但相信性别可以改变	意识到性别不随时间而变化,但随情境而变化	不管时间或情境如何,认识到性别仍然保持不变

证据

儿童似乎都经历了科尔伯格提出的三个阶段。在一项跨文化研究中,芒罗等人(Munroe, Shimmin & Munroe, 1984)发现,四种文化中的儿童在达成全面性别认同的过程中经历了相同的阶段顺序。

科尔伯格理论的一个预测是:那些达到性别一致性阶段的儿童比处于性别发展早期阶段的儿童更注意同性榜样的行为。斯莱比与弗雷(Slaby & Frey, 1975)对这一预测进行了验证。他们对 2—5 岁儿童的性别稳定性进行了评价,并把儿童分配到性别稳定性水平高的组或性别稳定性水平低的组。然后向他们呈现一部男女完成各种活动的电影。性别稳定性水平高的儿童比性别稳定性水平低的儿童更倾向于注意同性榜样。

年幼儿童的很多证据都支持性别认同的一致性和性别角色行为具有中等强度的关系。这与该理论相符,因为该理论假设性别认同更一致的儿童会表现出更多的性别角色行为。但是,相关研究并未提供因果关系的证据。因此有必要实施纵向研究来提供更明确的证据。法戈特与莱恩巴赫(Fagot & Leinbach, 1989)研究了 16 个月到 4 岁的儿童。他们将被试分为早标记组(27 个月前就表现出性别标记或性别认同)和晚标记组(27 个月后才表现出性别标记),早标记组在 16 个月到 27/28 个月时就表现出越来越多的性别角色游戏,而晚标记组则未表现出来。

科尔伯格理论的批评者(例如,Huston, 1985)宣称,在儿童表现出性别认同或性别稳定性之前几个月时就发现了行为的性别差异。更具体的讲,休斯顿讨论了 14 个月到 2 岁的婴儿表现出性别角色行为的研究。如果认为这些发现具有**表面价值**(**face value**),那么它们似乎提供了反对科尔伯格认知发展理论的有力证据。但是,也存在反对这些发现具有表面价值的论据。首先,正如马丁等人(Martin, Ruble & Szkrybalo, 2002, pp.917-918)所指出的:

> 这些早期的性别差异(24 个月前)只在少数经常使用健在父母(他们可能会影响儿童对玩具的选择)的研究中得到证明,性别差异只在某些玩具和行为上较为显著……在自然或实验室条件下对儿童进行观察的大量可用的研究表明,性别分化行为(gender differentiated behaviour)在 2 岁左右或 2 岁后的儿童身上更为明显。

这一发现支持哪些理论?

其次,与大多数研究所认为的相比,24 个月以下的婴儿可能具有更多的性别知识。例如，很多儿童在出生后第一年就能区分男性和女性面孔，辨别男性和女性声音，并可察觉男女面孔与性别相关物体间的相互关系（Martin et al., 2002）。

❖ 评价

- ⊕ 性别认同的发展似乎经历了科尔伯格提出的三个阶段。
- ⊕ 正如该理论所预测的那样，性别认同的完全获得增加了性别角色行为。
- ⊕ 性别发展涉及儿童与周围世界积极互动的观点是有价值的，这与他们如何与周围世界的互动取决于他们达到性别认同的程度相类似。
- ⊖ 有人认为年幼儿童在获得性别认同之前会产生一些性别角色行为，但是该证据并不令人信服。
- ⊖ 科尔伯格（1966, p.98）认为："形成恒定的性别认同的过程是……概念发展一般过程中的一部分。"这一观点通常忽略了决定某些早期性别角色行为的外部因素（如，父母的奖罚）。更具体的讲，科尔伯格过于强调儿童个体，而不够关注影响性别发展的社会背景。
- ⊖ 科尔伯格可能夸大了认知因素在引发性别角色行为中的重要性。

性别图式理论

马丁与霍尔沃森（Martin & Halverson, 1987）提出了一种迥然不同的认知发展理论，称为性别图式理论。他们认为，已获得性别认同的2岁或3岁儿童会开始形成性别图式，**性别图式**（gender schemas）由有关性别的结构化信念构成。第一个形成的图式是内群体/外群体图式，由哪些玩具和活动适合男孩、哪些玩具和活动适合女孩的结构化信息构成。另一个早期的图式是自我性别图式，包含如何以性别角色的方式行事的信息（例如，女孩如何打扮布娃娃）。性别图式的最初发展所涉及的一些过程可能包括社会学习理论家所强调的内容。

图式一致性行为

性别图式理论的一个关键方面是，儿童不仅仅是被动地对周围世界作出反应这一观点。相反，儿童所拥有的性别图式有助于他们决定他们关注什么、怎样解释周围世界，以及回忆哪些经验。因此，"性别图式通过为加工社会信息提供结构组织来'建构'经验"（Shaffer, 1993, p.513）。

图式不一致行为

刻板印象的玩具

霍洛威（Holloway, 1999）引用了英国拉夫堡大学的一项研究，发现与电脑在男孩中的普及程度相比，电脑在女孩中的普及程度更低，这与电脑被刻板地认为是"男孩玩具"有关。这是因为，除了收发邮件之外，电脑被认为是格斗或运动游戏的工具，这些游戏对女孩并没有吸引力。

证据

根据这一理论，儿童会利用性别图式来组织和理解他们的经验。如果他们接触到与图式不一致的信息（如，男孩为布娃娃梳头发），他们就会歪曲信息以适应图式。马丁与霍尔沃森（1983）证实了这个预测。他们向5岁和6岁的儿童呈现与图式一致的行为图片（例如，女孩玩布娃娃）和与图式不一致的行为图片（例如，女孩玩玩具手枪）。一周后发现，与图式不一致的行为通常被错记为与图式一致的行为（例如，是男孩在玩玩具手枪）。

布拉德巴德等人（Bradbard, Martin, Endsley & Halverson, 1986）报告了支持性别图式理论的另一项研究。他们向4—9岁的男孩和女孩呈现中性性别的物品（如，防盗警铃、比萨切割工具）。告诉他们一些物体是"男孩"物品，其他是"女孩"物品。研究得出两个重要发现。第一，儿童花更多的时间去玩被认为与他们性别相符的物品。第二，甚至一周以后，儿童仍记得任何给定的物品是"女孩"物品还是"男孩"物品。

马斯特斯等人（Masters, Ford, Arend, Grotevant & Clark, 1979）的一项研究也支持性别图式理论。贴在玩具上的性别标签（例如，"这是女孩的玩具"）比玩这个玩具的榜样性别更易影响4—5岁儿童对玩具的选择。因此，儿童的行为更多是由性别图式决定的，而不是由模仿同性榜样的愿望决定的。

瑟宾等人（Serbin, Powlishta & Gulko, 1993）发现，处于童年中期的男孩和女孩在其性别图式中具有相等数量的性别刻板知识。性别图式理论的自然预测是：男孩和女孩在性别角色行为之间不存在差异。然而事实上，男孩比女孩表现出更多的性别角色行为，并且这种性别差异很难根据该理论得到解释。

❖ 评价

- ⊕ 性别图式理论有助于解释为什么儿童的性别角色信念和态度在童年中期以后通常较少变化。性别图式之所以能够保持是因为与图式一致的信息受到注意和记忆。
- ⊕ 该理论认为儿童会根据自己现有的知识主动去解释世界。
- ⊖ 该理论夸大了个体儿童在性别发展中的作用，不够重视社会因素的重要性。
- ⊖ 获得性别图式与行为之间的联系可能较弱。正如布西与班杜拉（Bussey & Bandura, 1999, p.679）所指出的："儿童不会将自己归类为'我是女孩'或'我是男孩'，并依照不同情境和活动领域进行行动。"
- ⊖ 该理论并未真正解释性别图式的形成以及采取这种形式的原因。
- ⊖ 该理论未能解释男孩比女孩表现出更多的性别角色行为的发现（Serbin et al., 1993）。

生物学理论

男孩和女孩之间存在许多明显的生物学差异。这些生理差异在发展的早期阶段会产生不同性别之间的荷尔蒙差异（参见第 3 章）。例如，从 6 周左右开始，男性胎儿比女性胎儿具有更多的雄性荷尔蒙——睾丸激素，而雌性激素的情况则正相反。曾有人认为基本的生物因素和激素因素在性别发展中是很重要的。但是，威勒曼（Willerman, 1979）指出："不应该对男女之间的遗传差异期望太多。因为两性之间有 45/46 的染色体是相同的，不同的一条染色体（Y）只包含极少量的遗传物质。"

检验性别发展生物学理论的理想方法是研究在**性别身份**（sexual identity）（基于生物因素）和他们受到社会的对待方式之间具有明显区别的个体。例如，如果个体出生时是男孩但被当做女孩对待，那么在他们的性别发展过程中是生物因素重要还是社会因素重要呢？虽然尚未进行过理想的研究，但接近理想的研究将在下面讨论。

性别身份：基于生物学因素的男性或女性。

什么是理想的研究？为什么未能实施？

证据

从动物研究中获得了支持性别发展生物学取向的启发性证据。例如，扬等人（Young, Goy & Phoenix, 1964）给怀孕的猴子注射睾丸激素。这种雄性激素在她的雌性后代身上产生了更强的攻击性和更高频率的打闹游戏。在一些人类婴儿中也发现了荷尔蒙异常。例如，在先天性肾上腺肥大患者中，肾上腺在生命早期会产生大量雄性激素。

莫尼与厄哈特（Money & Ehrhardt, 1972）讨论了女性在出生前接触雄性荷尔蒙的案例，包括一些先天性肾上腺肥大的案例。即使她们的父母把她们当女孩对待，她们也倾向于做假小子。她们和男孩打闹，逃避较传统的女性活动。此外，她们喜欢玩积木和汽车而不是布娃娃。不过，这些女孩中很多都注射了可的松（Cortisone）激素以防止她们在解剖结构上变得过于男性化。可的松会提高活动水平，这可能使她们的行为更像期望男孩作出的行为。另外，父母知道自己孩子的激素异常，这也可能会影响她们的行为。

莫尼与厄哈特还报告了社会因素可能优于生物因素的证据。他们研究了男性同卵双生子，其中一人的阴茎在切除包皮时受到严重损伤。他在 21 个月时做了变性手术。父母将他当女孩对待，这影响了他的行为。他索要诸如布娃娃和布娃娃的房子之类的玩具，而他的兄弟则索要车库。他比同胞兄弟更爱干净，行为更细致。戴蒙德（Diamond, 1982）对同卵双生子中变成女孩的那个实施了跟踪研究。研究表明，生物因素是很重要的。该女孩的朋友很少，对男性或女性都没有安全感，并且认为男孩的生活比女孩的好。

只有很少的案例表明生物性别的发展是复杂的。例如，在英国，大约 500 人具有女性化综合症（testicular feminising syndrome）。他们是男人，因为他们有男性染色体和睾丸。但是，他们的身体对雄性荷尔蒙睾丸激素却没有反应。因此，他们发育成女性体形，胸部也发育了。温特（Daphne Went）女士患有女性化综合症。虽然她有男性染色体，但她看起来却像个女人，结婚后领养了两个小孩，她的女性角色做得很成功（Goldwyn, 1979）。

研究者（Imperato-McGinley, Guerro, Gautier & Peterson, 1974）对多米尼加共和国的巴蒂斯塔家族进行了研究。该家族中的四个儿子出生时都表现出女性特征，并被当女孩抚养。但大约 12 岁时，他们的男性生殖器开始发育，看起来像正常的青年男性。虽然四个儿子都曾作为女孩来抚养（都认为自己是女孩），但他们很好地适应了男性角色。根据格罗斯（Gross, 1996, p.584）的解释，"他们都履行男性角色，做男人的工作，和女人结婚并作为男人被接纳"。因此，生物因素可能比社会因素更重要。

科勒尔与海因斯（Collaer & Hines, 1995）综述了众多研究中令人困惑和不一致的发现。他们认为，至少有三种效应存在良好的证据。第一，雄性激素整体上提高了儿童参加打闹游戏和身体活动的可能性。第二，在童年早期接触高水平雄性激素会影响青少年的性别取向。第三，雄性激素导致攻击行为增加。

❖ 评价

- ⊕ 生理因素在性别发展中具有一定的作用。
- ⊕ 过多的雄性激素可能使儿童身体更活跃，更具攻击性。
- ⊖ 生物学理论未解释社会因素对性别发展的影响。
- ⊖ 生物学理论不能解释最近几十年在西方社会中出现的性别角色的大量变化。
- ⊖ 生物学理论预测男女角色和地位在不同文化中应该是相对稳定的，但实际上存在大量的跨文化差异（Wood & Eagly, 2002，参见下文）。

最近的理论发展

父母可能试图以多种方式阻止他们认为不适当的性别行为。穿着裙子爬树比穿着裤子或短裤爬树要更困难。

至此你可能已获得这样的印象，即大多数性别发展理论彼此完全不同。实际上，现在的性别发展理论之间的差异比以前的差异更少。正如马丁等人（Martin et al., 2002, p.904）所指出的：" 众所周知，不论哪一种理论取向，认知因素、环境因素和生物因素都很重要。" 例如，性别发展的社会学习取向已扩展为社会认知理论（Bussey & Bandura, 1999）。

社会认知理论类似于社会学习理论，因为促进性别发展的三个影响模型是相同的。第一，观察学习或模仿。第二，积极体验，即儿童通过发现自己行动的结果（积极的或消极的）来习得性别角色行为。第三，直接教导，即他人教给儿童性别认同和性别角色行为。这些影响模型在很大程度上取决于外部环境（例如，榜样出现）。

除了上述影响模型之外，布西与班杜拉（Bussey & Bandura, 1999）确认了影响性别发展的各种其他机制。例如，儿童利用自我调节机制将自己的行为与自己应该如何行事的标准做比较。此外，当儿童决定模仿他人行为的哪些方面时，他们通常会选择那些自己认为可以增加自我效能感和控制感的行为方式。总之，布西与班杜拉提出的社会认知理论不同于传统的社会学习理论，因为性别发展既取决于外部因素（例如，奖赏和惩罚），也取决于一系列内部认知机制。就这一点而论，它与科尔伯格的认知发展理论和性别图式理论等认知理论更接近。不过，一个重要差异在于，布西与班杜拉假设儿童在获得性别概念之前就已经表现出性别角色行为，但却未能清楚地表明可能性如何。

麦考比（Maccoby, 1998, 2002）指出，在几乎所有的文化中，儿童都偏爱同性伙伴，这种偏爱在童年期和青春期通常会日益增加。在大多数文化中，男孩的同伴群体通常较大且具有竞争性，而女孩的同伴群体相对较小且具有合作性。根据麦考比的观点，儿童在这些同性群体中的经验可能会对其性别发展产生重大影响。

男孩似乎存在一种与生俱来的倾向比女孩更喜欢较大的群体。贝内森等人（Benenson, Apostolaris & Parnass, 1997）允许六个儿童的同性群体根据自己想玩的游戏活动组织自己。女孩倾向于将同性群体分成两组或三组，男孩则倾向于形成更大的组。组的大小会影响相互作用的种类。贝内森等人（Benenson, Nicholson, Waite, Roy & Simpson, 2001）发现，规模较大的组比规模较小的组有更多的冲突和竞争（无论这些组是仅由男孩组成还是仅由女孩组成）。相反，规模较小的组则会比规模较大的组更多的考虑他人的需要和看法。有趣的是，首选组规模（preferred group size）的性别差异，可能会影响性别角色行为的发展。

马丁与法布斯（Martin & Fabes, 2001）报告了支持麦考比（Maccoby, 2002）观点的证据。那些花费大量时间与同性群体相处的男孩在性别角色行为上表现出最大的增长（例如，更多的打闹游戏、更偏爱性别角色玩具、接触成人的时间更少）。同样，花费大量时间与同性群体相处的女孩其性别角色行为也大量增加（例如，更偏爱性别角色玩具、攻击性降低、接触成人的时间更多）。不过，与同性群体相处的时间对性别角色行为的影响是否存在直接的因果关系，还有待考察。

最初导致儿童归属于同性群体的因素是什么呢？法戈特（Fagot, 1985）提供了部分答案，他发现，表现出性别认同的年幼儿童，会比尚未认同性别或标记性别的儿童花费更多的时间与同性群体相处。

文化差异

在西方社会，男孩被鼓励形成**工具性角色**（instrumental role），在工具性角色中他们的行为坚定自信、好竞争且独立。相反，女孩则被鼓励形成**情感性角色**（expressive role），在与他人交往中表现出合作、支持和敏感。当然这属于刻板印象，我们已经看到现实行为中的差异相当小。

近些年来在大多数西方社会中都发生了巨大变化。30年前，女性与男性相比很少有人上大学。现在一些国家（如，西班牙）的女大学生数量已超过男大学生。在就业上也存在类似的情况。尽管存在这些变化，很多刻板印象却几乎未发生改变。伯根与威廉姆斯（Bergen & Williams, 1991）发现，在美国，1988年的性别刻板印象观念与1972年的非常相似。

在大多数西方社会中，现在的女大学生都要比男大学生更多。

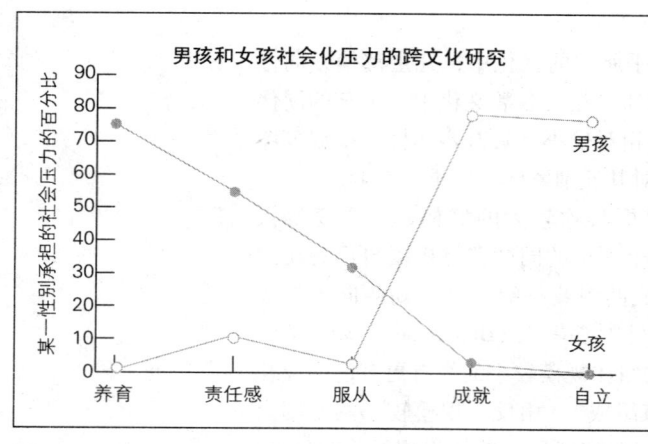

巴里等人（Barry, Bacon & Child, 1957）探讨了 110 个非工业化国家的社会化压力（socialisation pressures）。他们考察了五个特征：

- 养育（nurturance）（支持性的）
- 责任感（responsibility）
- 服从（obedience）
- 成就（achievement）
- 自立（self-reliance）

在 75% 的非工业化社会中，养育女孩比养育男孩具有更多的压力，但未表现出相反的模式。55% 的社会认为责任感对女孩来说比对男孩更重要，10% 的社会表现出相反的模式。在 32% 的社会中更强调女孩的服从，3% 的社会却相反。男孩在获得其他两个特征上比女孩具有更多的压力。79% 的社会认为成就对男孩来说更重要（3% 的社会则相反），77% 的社会认为自立对男孩更为重要，但没有一种社会认为自立对女孩更重要。

这些发现表明女性的情感性性别角色刻板印象和男性的工具性性别角色刻板印象是非常普遍的。威廉斯与贝斯特（Williams & Best, 1990）获得了一些相关发现。与在美国发现的性别刻板印象相似的刻板印象，也在亚洲、欧洲、大洋洲、非洲和美洲的其他 24 个国家出现。

尽管性别角色刻板印象具有许多跨文化相似性的证据，但在不同文化中仍存在重要差异。伍德与伊格里（Wood & Eagly, 2002）考察了 181 个非工业化社会的性别角色。在 67% 的社会中男性占主导地位，尤其是在那些福利高、男性对经济的贡献大于女性的社会中。但在 30% 的社会里男女都不占主导地位，在 3% 的社会里女性占主导地位。就获取食物的责任而言，也存在较大的文化差异。在依靠打猎和捕鱼为生的社会里男性起支配性作用，当涉及食物收集时女性起主要作用。

哪种理论未得到性别角色中文化差异的实证支持？

❖ 评价

- ⊕ 在其他方面存在很大差异的文化中，对男孩和女孩的一些文化期望和刻板印象也较为相似。
- ⊕ 男性应该采用工具性角色而女性应该采用情感性角色的观念在许多文化中都普遍存在。
- ⊖ 有越来越多的证据表明（Wood & Eagly, 2002），对男性和女性的期望及在他们的行为上存在的文化差异比过去所认为的要大。
- ⊖ 期望和实际行为之间可能存在很大差异。我们需要进行更多的研究，对不同年龄男孩和女孩的行为进行系统观察，以检验文化期望的差异是否与行为差异相匹配。

亲社会行为

你肯定遇到过一些非常乐于助人并善于合作的人，也遇到过一些好斗和不友好的人。社会心理学家使用"反社会行为"和"亲社会行为"这两个术语来描述这些截然不同的对待他人的方式。反社会行为是指损害或伤害他人的行为。相反，**亲社会行为（pro-social behaviour）**则是指"任何自愿的、有意的行为，不管这种行为是昂贵的捐助、中立的影响还是有益的影响，都对接受者产生积极的或有益的结果"（Grusec, Davidov & Lundell, 2002, p.2）。亲社会行为比**利他主义（altruism）**更普遍，利他主义是自愿的助人行为，这种行为使他人受益但并不对实施利他行为的人提供明显的自我增益（self-gain）。利他主义通常被认为取决于移情。**移情（empathy）**是指为了理解他人的需要而分享他人情感的能力。

是儿童的亲社会行为更普遍还是儿童的反社会行为更普遍呢？正如谢弗（Schaffer, 1996, p.269）所指出的，弗洛伊德和皮亚杰对儿童提供了相当消极的描述，强调他们倾向于从事反社会行为而不是亲社会行为："在这些诸如自私、自我中心、攻击和不合作的描述中出现的儿童，从本身来讲对他人不感兴趣并且不理解其他人的需要和要求。"正如我们将看到的，弗洛伊德和皮亚杰的观点可能过于悲观。例如，艾森伯格-伯格与韩德（Eisenberg-Berg & Hand, 1979）研究了4岁和5岁的学前儿童。他们记录了每次观察到亲社会行为（例如，分享、安慰）的证据，发现平均来说每个儿童每小时表现出五到六次亲社会行为。

亲社会行为：旨在有益于他人的合作、关爱或助人的行为。

利他主义：亲社会行为的一种形式，需要个体付出代价并受到助人愿望的激励。

移情：理解他人观点并分享他人情感的能力。

移情

研究者已经提出很多有关移情发展的理论。这里我们关注霍夫曼（Hoffman, 1987）的理论，该理论认为移情发展有四个主要阶段：

- **阶段1：普遍性移情（global empathy）**。这一阶段始于1岁期间，在婴儿可以清楚地辨认自己和他人之前。当其他婴儿哭时，幼儿有时可能也会哭，但这是一种不自觉的反应而不是真正的移情。
- **阶段2："自我中心的"移情（"egocentric" empathy）**。这一阶段始于生命的第二年，自我意识的发展使儿童认识到是其他人而不是他本人遭受了痛苦。但是，儿童仍不能清晰地区分他人的情感状态与自己的情感状态。
- **阶段3：对他人情感的移情（empathy for another's feeling）**。这一阶段始于2—3岁。它是基于对他人所经历的各种情感具有清楚认识（和共情）的真正移情。
- **阶段4：对他人生活状况的移情（empathy for another's life condition）**。这一阶段始于童年后期。这一阶段的儿童认识到他人具有不同的身份和生活经历，这使他们即使在不清楚别人行为的情况下也能理解他人的感受。

看到他人难过时，即使非常小的儿童也会表现出关心。

证据

为什么使用这些研究难以研究儿童的移情？

霍夫曼理论的一个重要预测是，即使2岁的儿童也可能表现出真正的移情。扎恩－韦克斯勒等人（Zahn-Waxler, Robinson & Emde, 1992）的研究支持这一预测。在这项研究中，母亲在孩子出生第二年记录了他们对他人痛苦经验的反应，并将痛苦分为儿童引起的或不是由儿童引起的。正如所料，当儿童引起了痛苦时，他们通常不太可能表现出移情和利他主义。

扎恩－韦克斯勒等人获得了有关13—20个月的儿童在10%的不是由自己引起的他人痛苦的场合中产生移情关注的证据。这种移情关注采取了多种形式，包括伤心或不安的面部表情和表达性关注（如，"对不起"）；在23—25个月儿童中有更多的移情关注；在他们碰到自己没有责任的他人痛苦的场合时，他们会对25%的场合表现出移情。

扎恩－韦克斯勒等人获得了对他人痛苦作出利他行为的证据。儿童表现出的利他行为包括分享食物、拥抱、给哭泣的婴儿奶瓶。对不是由儿童引起的痛苦作出利他行为的反应随着年龄增长明显增多。更具体的讲，13—15个月的儿童在9%的场合中出现利他行为，18—20个月的儿童在21%的场合中出现利他行为，23—25个月的儿童在49%的场合中出现利他行为。

2岁以后，儿童对自己的情绪和他人的情绪形成更多的意识，能意识到产生不同情绪的各类情境，以及在这些情境中最有效的各种帮助（Schaffer, 1996）。但这并不必然意味着儿童在整个儿童期均会表现出渐增的亲社会行为。在这一点上证据并不一致。海伊（Hay, 1994）报告了3—6岁儿童亲社会行为的减少，但其他人（例如，Eisenberg, 1989）则并没有发现这种减少。已经清楚的是，儿童表现出亲社会行为的频率和类型，越来越取决于情境以及遭受痛苦的人的具体内容（Eisenberg, 1989）。

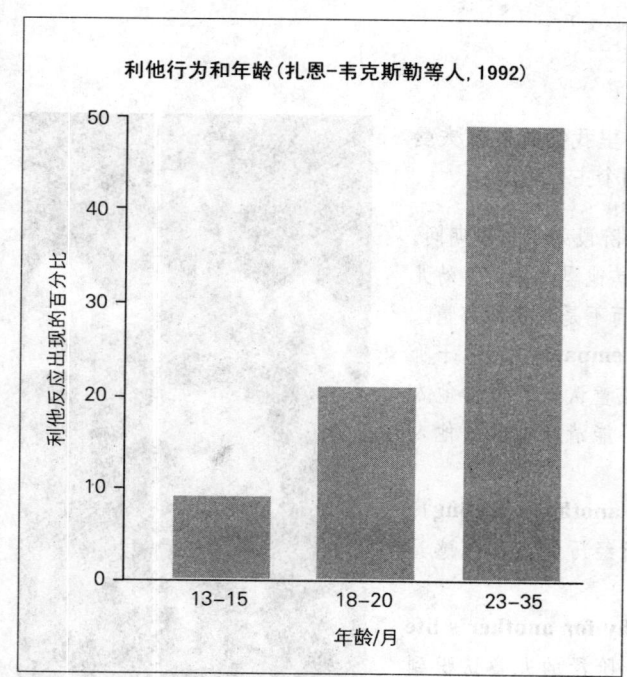

利他行为和年龄（扎恩－韦克斯勒等人，1992）

为什么特定年龄儿童的亲社会行为会存在如此大的差异呢？部分答案似乎与遗传因素有关。扎恩－韦克斯勒等人对14—20个月的同卵双生子和异卵双生子进行了研究。他们的母亲报告了孩子的各种亲社会行为（例如，表达关心、试图帮忙）。同卵双生子比异卵双生子表现出的亲社会行为在数量上更相似，这表明遗传因素具有重要作用。但是，扎恩－韦克斯勒等人在观察双生子对模拟痛苦的反应时则获得了截然不同的发现。没有确切的证据表明同卵双生子比异卵双生子具有更相似的亲社会行为。

❖ 评价

⊕ 正如该理论所预测的那样，有证据表明儿童非常小的时候就具有真正的移情。
⊕ 霍夫曼（1987）提出的移情发展的四个阶段得到普遍支持。
⊖ 该理论忽视了遗传因素在影响移情个体差异上的作用。
⊖ 该理论几乎未提及父母行为影响移情发展的确切方式。

父母的影响

父母的行为在决定孩子表现亲社会行为的程度方面具有重要作用。根据格鲁塞克等人（Grusec et al., 2002）的观点，父母可以通过三种方式帮助孩子内化亲社会价值观。第一，父母需要让孩子感觉到父母的敏感和同情心。第二，父母要给孩子提供无条件的认可。第三，无论何时如果孩子的要求合理父母就要积极响应。正如我们将看到的，这一观点得到了合理的支持。

扎恩-韦克斯勒等人（Zahn-Waxler, Radke-Yarrow & King, 1979）以及罗宾逊等人（Robinson et al., 1994）的研究揭示出：与父母具有温暖和关怀关系的儿童，最有可能表现出高水平的亲社会行为。此外，父母行为的具体形式也与儿童的亲社会行为存在一致性联系。儿童学会将自己的亲社会行为归因于内部因素（如，"我是个乐于助人的人"）而不是外部因素（如，"我帮助他是为了得到奖励"）可能很重要。例如，法波斯等人（Fabes, Fultz, Eisenberg, May-Plumlee & Christopher, 1989）发现，外部奖励不是产生亲社会行为的有效方法。他们对一些儿童作出承诺，如果为生病住院的孩子整理彩色方形纸会得到玩具。未给执行相同任务的其他儿童提供任何奖励。此后，告诉所有儿童他们可以继续把彩色方形纸分类，但不会因此得到任何奖励。曾受到奖励的儿童不太可能像未受到奖励的儿童一样继续提供帮助。这种影响在父母认为使用奖励能使孩子表现更好的儿童身上表现得最为强烈。

为什么奖励在产生亲社会行为和利他行为上会如此无效呢？那些由于助人行为而得到奖励的人是受到想获得奖赏的激励而不是受帮助他人愿望的激励。因此，取消奖励往往会引起助人行为的终止。

格鲁塞克（Grusec, 1988）让4—7岁儿童的母亲记录孩子的有意助人行为。母亲对这些亲社会行为几乎总是给予积极反应（例如，感谢、微笑、表扬）。相反，当孩子未能助人时，母亲则倾向于对孩子进行道德说教、皱眉或要求孩子为他人着想。

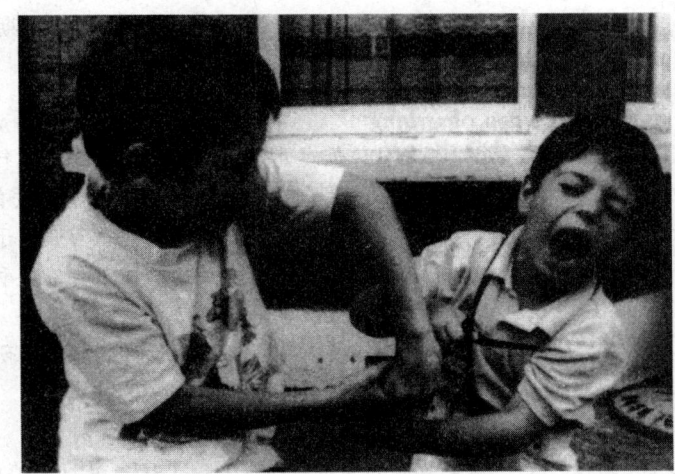

如果攻击性行为儿童的母亲重视其他孩子的受伤程度，那么攻击性儿童更可能产生同情心并停止不受欢迎的行为。

谢弗（Schaffer, 1996）认为，五种父母行为在教育孩子利他人方面具有独特的价值：

1. 提供清晰、明确的指导（如，"你绝不能打别人，因为你将伤害他们，让他们难过"）。例如，研究者（Krevans & Gibbs, 1996）发现，当父母反复要求孩子考虑自己的行为对别人可能造成的影响时，孩子更可能对他人产生移情并表现出亲社会行为。

2. 情绪确认。应以一种较为情感性的方式为儿童提供指导。

3. 将利他和亲社会特征赋予儿童（例如，"你是一个非常乐于助人的男孩"）。

4. 父母的模范作用。父母应该表现出利他行为。

5. 移情式和温情式教养。婴儿期形成安全型依恋的儿童在童年后期会表现出更多的移情（Wasters, Wippman & Sroufe, 1979）。

模仿什么样的榜样最有效？

格鲁塞克等人（Grusec, Saas-Kortsaak & Simutis, 1978）阐述了亲社会行为会更多受榜样行为的促进还是受榜样话语的促进这一问题。8—10岁的儿童玩赢弹子球的游戏，所赢弹子球的一部分或全部可以赠送给较差的儿童。在儿童玩游戏之前先让他们观察一个成人玩这个游戏。这个成人或者赠送一半弹子球或者一个都不赠送，她要么劝告儿童拿出一半弹子球要么不劝告儿童拿出弹子球。看到成人赠送弹子球的大多数儿童自己也会这样做，而劝告对赠送弹子球只有很小的影响。因此，儿童受榜样行为的影响比受榜样劝告的影响更大。令人失望的是，当三周后他们再次做这个游戏时，仅有少数儿童捐赠了弹子球。

很多关于利他主义或亲社会行为的研究都是相当人工化的。扎巴塔尼等人（Zarbatany, Hartmann & Gelfand, 1985）认为，对"真正的"利他主义和符合成人期望的行为进行区分很重要。他们发现年长儿童比年幼儿童似乎更慷慨，但这主要是因为年长儿童更乐意对成人的期望作出反应。格鲁塞克等人发现，如果儿童只是去迎合榜样对他们的期望，那么可以预期观察学习对亲社会行为不具有长期影响。

❖ **评价**

⊕ 父母对儿童的亲社会行为和利他行为具有重要影响。

⊕ 与儿童高水平的亲社会行为有关的各种父母特征已得到确认（例如，温暖关心的亲子关系、将亲社会行为归因于内部因素）。

⊖ 亲社会行为发展的个体差异在某种程度上取决于遗传因素和父母的影响（Zahn-Waxler et al., 1992）。

⊖ 一些据称探讨利他行为的实验室研究可能主要评价的是对成人期望的迎合。

媒体的影响

观看电视节目能增加亲社会行为或助人行为吗？几项研究报告了观看电视节目能增加亲社会行为或助人行为的证据。弗雷德里奇与斯泰恩（Friedrich & Stein,

1973）曾研究了美国学前儿童，他们观看过亲社会电视剧本《邻居罗格斯先生》(Mister Rogers' Neighborhood)。这些儿童记住了节目中的很多亲社会信息，他们比那些观看了中性内容或攻击性内容电视节目的儿童表现出更多的乐于助人和合作的行为方式。如果他们对节目中的亲社会事件进行角色扮演，那么他们会表现得更乐于助人。

赫罗尔德（Hearold, 1986）综述了 100 多项关于亲社会电视节目对儿童行为产生影响的研究，认为这些节目通常会使儿童以更助人的方式行事。实际上，亲社会节目对亲社会行为的有益影响几乎是暴力节目对攻击行为不利影响的两倍。但对助人行为的评价常常是在观看亲社会节目后马上进行的，因此亲社会电视节目是否具有长期的有益影响尚不清楚。

为什么观看亲社会电视节目会增加儿童的助人行为呢？一种可能性是在这个过程中包含了观察学习，儿童只是在模仿他们观察到的亲社会行为。在萨格斯基等人（Sagotsky, Wood-Schneider & Konop, 1981）进行的一项研究中，让 6 岁和 8 岁儿童观看榜样的合作行为。两个年龄的儿童在合作行为上都表现出即时增加。但只有 8 岁儿童在 7 周后还继续表现出增加的合作行为。

灵犬莱西和助人行为

斯普拉夫金等人（Sprafkin, Liebert & Poulos, 1975）研究了 6 岁儿童。一些儿童观看《灵犬莱西》(Lassie) 的剧情，在这个电影中一个男孩冒着生命危险从一个矿井里救出一只小狗。其他儿童组观看不同的《灵犬莱西》的剧情，其中未涉及助人行为，或者他们观看情景喜剧《布雷迪家庭》(The Brady Bunch) 的片断。看完节目后，所有的儿童都有机会帮助一些遇难的小狗。但是，如果他们要帮助小狗，就不得不停止参加可能赢大奖的游戏。那些观看了从矿井里营救小狗节目的儿童平均花 90 多秒时间帮助小狗，而观看其他节目的儿童只花了不到 50 秒钟。

❖ 评价

- ⊕ 亲社会电视节目可以促进儿童的亲社会行为。
- ⊖ 亲社会电视节目对儿童亲社会行为的长期有益影响可能相当微弱甚或不存在。
- ⊖ 虽然观察学习可能具有一定的作用，但我们无法清晰而准确地解释为什么亲社会电视节目会对亲社会行为产生有益的影响。

性别差异

在大多数西方文化中，人们都会假设女孩比男孩更有同情心并会表现出更多的亲社会行为。有一些证据支持这种假设。例如，奥勒乌斯与恩德雷森（Olweus & Endresen, 1998）研究了青春期男孩和女孩在阅读一段关于不幸同学的描述时所表现出的移情能力。不管这个不幸的同学是男孩还是女孩，年长的青春期女孩都比年幼的青春期女孩表现出更多的移情关心。当描述的是一个不幸的女孩时，男孩表现出与女孩相同的移情发展模式。但当描述的是一个不幸的男孩时，年长的青春期男孩却比年幼的青春期男孩对不幸男孩表现出较少的移情关心，这可能是因为关心另一个男孩被认为与他们的男性认同相冲突。

在使用亲社会行为处理困境方面，女孩似乎通常要比男孩更熟练。例如，奥斯特曼等人（Osterman, Bjorkqvist, Lagerspetz, Landau, Fraczek & Pasorelli, 1997）研究了芬兰、以色列、意大利和波兰的 8 岁、11 岁和 15 岁儿童。在所有四种文化中，女孩比男孩更可能采用建设性的方法或利用第三方解决冲突。为什么存在这种性别差异呢？一种可能性是女性比男性更善于解释他人的行为，另一种可能性是女性较弱的体力意味着她们不得不去寻找解决冲突的非体力方法。

格鲁塞克等人（Grusec et al., 2002）回顾了关于亲社会行为性别差异的证据。他们指出，当亲社会行为通过直接观察而不是通过自陈量表来评价时，亲社会行为的性别差异通常较小。此外，当亲社会行为涉及分享或帮助而不仅仅是表示关心或友善时，亲社会行为上表现出的性别差异更小。

跨文化差异

我们已经谈到了奥斯特曼等人对四种文化（芬兰、意大利、以色列、波兰）中儿童亲社会行为的研究。他们发现，在上述四种文化中，8—15 岁儿童在用于解决冲突的策略之间的发展变化非常相似。尽管存在这些相似之处，但仍存在一些差别。在解决冲突的途径方面，以色列和芬兰的儿童通常比意大利或波兰的儿童更具有建设性。

到目前为止，我们讨论的大部分研究都是在西方个体主义的文化中开展的，这也就意味着强调的是个体自己的利益而不是他人的利益。因此，假设在强调集体福利的集体主义文化中有更多关于利他行为和亲社会行为的证据是合理的。怀廷夫妇（Whiting & Whiting, 1975）报告了在利他主义方面存在重要的跨文化差异的证据。他们考察了六种文化（美国、印度、冲绳岛、菲律宾、墨西哥和肯尼亚）中 3—10 岁儿童的行为。结果发现：在一个极端上，100% 的肯尼亚儿童具有高水平的利他主义；而在另一个极端上，只有 8% 的美国儿童是利他主义的。儿童表现出最多亲社会行为的文化，是那些妇女对家庭经济作出最大贡献并经常给孩子分派任务的文化。

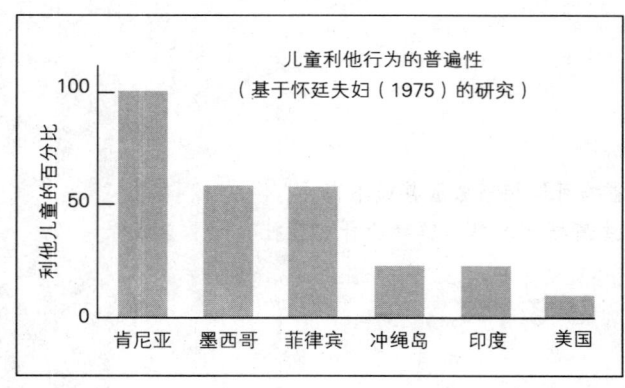

儿童利他行为的普遍性
（基于怀廷夫妇（1975）的研究）

罗巴切克夫妇（Robarchek & Robarchek, 1992）比较了两种文化：

1. 舍麦人（Semai）生活在马来西亚的热带雨林，他们的文化强调将家庭和社会的合作和相互支持看做一个整体。

2. 来自亚马逊地区的瓦欧雷尼人（Waorani）生活在非常个体主义的社会中，他们一贯好斗。如果遭受袭击，该群体的成员主要关注如何救自己，而不是帮助家庭或社会中的其他成员。

正如所想象的那样，有相当多的证据表明舍麦儿童的亲社会行为和利他行为多于瓦欧雷尼儿童的亲社会行为和利他行为。

艾森伯格与穆森（Eisenberg & Mussen, 1989）回顾了几项利他行为跨文化差异的研究，并得出如下结论："大多数在墨西哥村庄长大的孩子、居住在[美国]西南部居留地的霍皮儿童，以及居住在以色列基布兹的青少年，都比他们'典型的'中产阶层美国同伴更周到、更友善和更合作。"

上述发现意味着什么呢？它涉及两个主要因素。第一，诸如大部分美国地区和冲绳岛这样的工业化和个体主义文化很强调竞争和个人成功。这种强调可能减少了合作和利他主义。第二，诸如肯尼亚、墨西哥和霍皮这些非工业化和集体主义文化中的家庭结构与个体主义文化中的家庭结构截然不同。非工业化社会的儿童常被委以重要的家庭责任（例如，照看年幼小孩），这些责任有助于发展利他行为。

大多数专家都认为，非工业化和集体主义文化中的成员，比工业化和个体主义文化中的成员有更多的利他行为。但这可能并不完全正确。研究者（Fijneman, Willemsen & Poortinga, 1996）发现，生活在集体主义社会中的人，会比生活在个体主义社会中的人期望从别人那里得到更多的帮助。因此，他们帮助他人的动机可能基于期望从别人那里得到回报，而不是利他行为。集体主义社会与个体主义社会是相似的，因为这两种社会中的个体都期望付出的帮助略多于得到的回报。因此，在个体主义和集体主义文化中都存在互惠和互换准则，这两种文化中利他主义的水平可能几乎不存在差异。

> 如果这是事实，那么我们能够在所有文化中对相同的行为都标上利他的标签吗？

❖ 评价

- ⊕ 儿童表现出的亲社会行为的数量存在明显的跨文化差异。
- ⊕ 集体主义文化中的儿童通常比个体主义文化中的儿童表现出更多的亲社会行为。
- ⊖ 需要从多种不同文化中获得证据，以阐明哪些文化因素是儿童亲社会行为最重要的决定因素。
- ⊖ 集体主义文化中的儿童表现出更多的亲社会行为是因为他们真的更利他还是因为他们期待得到更多的帮助作为回报，在这个问题上存在某些争论。

反社会行为

反社会行为有各种不同的形式。青少年的违法行为是反社会行为的法律定义，它包括在商店内行窃、故意破坏他人（或公共）财产，以及暴力和攻击行为。其中攻击行为尤为重要，它也是本节关注的重点。**攻击行为（aggression）**是指故意伤害他人（参见第 19 章），可以被定义为"任何一种旨在伤害或损伤其他有机体的行为，而这一有机体则试图竭力避免这种伤害"（Baron & Richardson, 1993）。这种伤害必

> **攻击行为**：旨在伤害或损伤其他生命的行为。

我们可以通过人们的面部表情和肢体动作,来区分攻击行为和打闹游戏。

须是故意的。例如,一个人在冰上滑倒不小心撞到别人,这不能算攻击行为。攻击性儿童经常缺少朋友并被其他儿童拒绝。

通常要对敌对性攻击和工具性攻击进行区分(见第19章)。敌对性攻击是指旨在伤害他人的愤怒、冲动行为,工具性攻击则是有计划的、旨在达到某些目的的行为(例如,偷钱)。但这一区分将复杂的现实过分简单化了。大多数攻击行为都是由多个因素决定的,通常涉及工具性动机和愤怒(Bushman & Anderson,2001)。

判断一种特定行为是否具有攻击性存在很多问题。关键的测量问题是攻击行为包括伤害他人的意图,而有时很难知道儿童是否是有意产生的伤害。但琼斯(Jones,1972)认为,我们可以合理而明确地区分攻击行为和打闹游戏。对两种情境中面部表情和肢体动作的分析表明:实施攻击行为的孩子会皱眉、推、抓、打其他孩子。相反,参与打闹游戏的儿童则经常会大笑,他们跳、跑并和其他儿童扭成一团。另一个重要区别是,当两个儿童都想要同一个玩具时,经常会发生攻击行为,而不会发生打闹游戏。

发展趋势

在攻击行为的数量和表现类型上,其发展过程存在着非常明显的变化。在生命的前几年,攻击行为的数量通常会逐渐减少,但继而又可能增加。霍姆伯格(Holmberg,1980)研究了12—42个月的儿童。在12个月时,大约50%的指向其他孩子的所有行为似乎都具有攻击性意图,但在42个月时,这个比例急剧下降到17%。凯恩斯(Cairns,1986)在一项关于男孩和女孩自我报告的攻击行为和观察的攻击行为的研究中报告,攻击行为随后逐渐增多。男孩(而不是女孩)在9—14岁时表现出攻击行为增多。

你认为为什么9—14岁的女孩没有表现出攻击性行为的增多?

在攻击行为表达的发展过程中存在一些变化。正如谢弗(Schaffer,1996,p.279)所指出的:

> 随着儿童年龄的增长,存在一种攻击行为开始变得越来越多地使用言语而不是身体形式来表达的趋势。2岁儿童除了通过直接的肢体动作来表达攻击行为之外似乎别无选择;10岁时,儿童开始以羞辱、取笑、嘲弄等方式伤害他人。

哈图普(Hartup,1974)研究了4—7岁的儿童。这些儿童的攻击行为在总量上呈现一种稳定的下降趋势。但更详细的分析揭示出,只是有计划的攻击行为(有时称为工具性攻击)呈下降趋势,基于愤怒的攻击行为数量在一定程度上仍保持稳定。

来自攻击行为纵向研究的一个显著发现是,大多数儿童在整个童年期攻击行为的水平表现出相当的稳定性。例如，埃伦（Eron，1987）发现，具有攻击性的 8 岁儿童在 18 岁时也倾向于具有攻击性。实际上，那些 8 岁时具有攻击性的儿童在 18 岁时有警方记录的可能性是其他儿童的三倍。他们比其他儿童更有可能参与犯罪活动及在 30 岁前对配偶实施暴力行为。

帕特森等人（Patterson, DeBaryshe & Ramsey, 1989）认为，导致反社会行为的因素在发展过程中会发生变化。就童年早期而言，父母监督和管教的缺乏可能导致行为问题。在童年中期，这些行为问题可能导致学业失败并遭到大多数其他儿童的拒绝。因此，儿童在童年晚期加入其他不良儿童的群体，可能导致违法行为。

伯恩特与基弗（Berndt & Keefe, 1995）以及佩蒂特等人（Pettit et al., 1999）报告了支持帕特森等人理论的证据。伯恩特与基弗在 13—14 岁儿童中发现，那些拥有爱捣乱朋友的儿童在随后的 6 个月中经常表现出捣乱行为的增加。佩蒂特等人在 12 岁和 13 岁儿童中发现，那些被教师认定具有行为问题的儿童通常来自不安全的邻里社区，其父母未能对他们进行监管或监督他们与其他儿童的活动。

埃伦（1987）发现，那些在小时候具有攻击性的儿童比其他儿童更有可能在成人时参与犯罪活动。

帕特森等人（Patterson, Reid & Dishion, 1992）研究了青少年罪犯。他们对"早期犯罪者"（early starters）和"后期犯罪者"（late starters）进行了区分。早期犯罪者通常在儿童中期遭到其他儿童拒绝，继而成为反社会同伴群体的核心成员。他们通常在 10 岁或 11 岁左右开始犯罪，而且经常重复犯罪。相反，后期犯罪者在童年早期和中期表现出较正常的社会行为，但当他们在青春期加入反社会同伴群体时开始卷入反社会行为。他们最早的犯罪行为大约出现在 15 岁，他们更可能彻底停止犯罪。

法林顿（Farrington, 1995）对伦敦工人阶级的男孩开展了一项纵向研究。早期犯罪者被宣判犯罪的人数平均是后期犯罪者的两倍。法林顿确定了导致不良行为的七个危险因素：活动过度、注意缺陷、智力和学业成绩差、家境贫穷、父母管教不严、家庭犯罪、在学校招惹事端等。作为一名一直生活在伦敦并认为伦敦是世界上最大的城市之一的居民，看到那些男孩离开伦敦后更不可能犯罪的报道着实让人感到难过。

媒体的影响

在西方社会，平均年龄 16 岁的儿童已在电视上观看了大约 13000 起暴力谋杀事件，这可能对他/她的行为产生某些影响。事实上，在儿童已观看电视暴力事件的数量与行为攻击性之间存在正相关。这可能是观看暴力节目引发了攻击行为。另一方面，也有可能天生具有攻击性的儿童比没有攻击性的儿童选择了更多的暴力节目。

为什么观看暴力电视节目会增加攻击行为呢？根据班杜拉的社会学习理论，其

人们经常讨论电影和电视中所描述的暴力是否导致暴力行为的问题，这个问题由于与奥利弗斯通的电影《天生杀人狂》（*Natural Born Killers*）有关而引起激烈的争论。电影本身审视了媒体对暴力的关注以及如何将其美化。

中一个因素是观察学习或模仿（参见第 8 章）。其基本观点是，我们通过观察电视中表现攻击行为的人而习得了攻击行为的方式，并且这种行为可在随后进行模仿。另一种可能性是由于我们在电视和电影里看到如此众多的暴力行为，以至于我们逐渐对暴力行为的反应性（和情感关注）降低。这种反应性的减少，可能会引起对暴力行为接受程度的增加。

电视暴力导致攻击行为的另一个原因是由于认知启动（cognitive priming）（Josephson, 1987）。根据这一观点，暴力电视节目和电影中出现的攻击性线索引起了攻击性想法和感受。例如，当要求大学生写他们观看暴力电影的感想时，他们报告了大量攻击性的想法、愤怒的增加及高水平的生理唤醒。

证据

埃伦（Eron, 1987）实施了一项重要的攻击行为的纵向研究，对 600 多名 8 岁儿童进行了长达 22 年的研究。儿童在 8 岁时观看的电视暴力的数量能很好地预测其 18 岁时的攻击和犯罪水平。但同样是 8 岁儿童，那些最常观看电视暴力的儿童明显比其他儿童更具有攻击性。因此，这项研究的证据表明，观看暴力节目会引起攻击行为并且攻击性会导致更多观看暴力节目。

安德森等人（Anderson et al., 2001）报告了一项纵向研究，儿童在 5 岁、青春期（16—18 岁）时观看的电视节目，与青春期的攻击行为、学业成绩有关。有中等程度的证据表明，5 岁时观看暴力电视节目与青春期的攻击行为和学业成绩差相关只出现在女孩身上。男孩或女孩在青春期观看暴力电视节目与攻击行为或学业成绩之间无关。

进行这类研究会引起道德伦理问题吗？

莱恩斯等人（Leyens, Camino, Parke & Berkowitz, 1975）报告了一项最彻底的实验研究，他们使用比利时的在校青少年罪犯作为被试。他们住在四间宿舍里，其中两间宿舍的青少年有高水平的攻击行为，另外两间宿舍的青少年攻击行为水平较低。在一个专门的电影周里，两间宿舍的男孩（一间的攻击行为水平高，一间的攻击行为水平低）只看暴力电影，另外两间宿舍的男孩只看非暴力电影。

观看暴力电影的男孩其身体攻击行为有所增加，但是观看非暴力电影的男孩其身体攻击行为并未增加。关于言语攻击行为的结果较复杂。攻击性宿舍的男孩在观看暴力电影之后言语攻击行为增加，但是攻击性低宿舍的男孩在观看暴力电影之后言语攻击行为实际上在减少。最后，暴力电影的影响在观看之后显著强于以后的影响。该研究的整体局限在于，实验者未明确区分真实攻击行为和假装的攻击行为。

到目前为止，我们所考察的研究表明，暴力电视和电影会导致攻击行为的增加。但在其他研究中则发现，电视节目对攻击行为并没有影响。海尼甘等人（Hennigan,

> **案例研究：电影暴力**
>
> 电影《天生杀人狂》自1994年搬上银幕以来就饱受争议，并引发了关于观看激烈的暴力片对人类心理影响的长期争论。该影片讲述了一对年轻夫妇米基(Mickey)和马洛里·诺克斯(Mallory Knox)的故事，他们在整个美国进行了肆无忌惮的杀人行为，并扬言要随机结束52个人的生命。他们对自己所犯罪行的轻狂态度被媒体描绘成令人兴奋的和惊心动魄的，结果他们的谋杀行为捕获了崇拜他们的易受影响的一代年轻人的想象。崇拜冷血杀手的说法似乎有点牵强附会，但是对虚构的米基和马洛里的反应和对其他现实生活中杀手的反应之间表现出惊人的相似性。《天生杀人狂》至少与12起谋杀案有直接联系，包括发生在法国的两起，法国国防部指责该影片为罪犯提供了灵感。
>
> 1998年10月，法国法院宣判雷伊(Florence Rey)20年有期徒刑。因为她参与了一个使5人丧生的枪杀案件。她承认与男友(Audry Maupin)所犯的罪行，后者在枪杀中被击毙。枪案发生后，在雷伊和男友合住的公寓套房里发现了《天生杀人狂》的宣传资料。新闻媒体由此称这对情侣为"法国天生杀人狂"。由于该影片中庸俗的多重谋杀消失并被叛逆者的迷人形象取而代之，使其既富有吸引力又令人兴奋。不久以后，巴黎的年轻人就穿着印有这个已定罪妇女照片的T恤。这是真实的谋杀者首次在公共场合被崇拜。
>
> 在赫伯特(Veronique Herbert)和她男友(Sebastian Paindavoine)的案件中发现了该电影与谋杀之间的强烈关系，他们将受害者骗入圈套并将其刺死。他们不具备杀人动机，赫伯特将罪责归咎于《天生杀人狂》。她说："该影片符合我的心态，可能是我混淆了现实和梦境。我好像被魔法控制了一样，想干掉某个人……这种杀人的念头一直困扰着我。"鉴于这样的证词，谁还能否认《天生杀人狂》里描述的暴力行为与赫伯特与其男友的可怕行为之间的联系呢？
>
> 审查办公室(Pro-censorship lobby)认为，该影片与随之而来的暴力犯罪为屏幕暴力会迅速转化成街道暴力的观点提供了确凿的证据。杀人幻想，尤其是在罪犯不必为杀人行为负责的虚幻世界里，可能会成为现实。这些对该影片的指控不能被驳回，并且米基和马洛里与现实生活杀手的相似之处激起了有关这个主题的争论。但一个反对审查的论断则声称：《天生杀人狂》是对无情的媒体与美国社会的讽刺，任何暴力行为都应由社会来负责，而不是影片本身。

> **案例研究：圣赫勒拿岛**
>
> 心理学家在南大西洋的圣赫勒拿岛开展了一项研究，这个地方因拿破仑在这里度过他的余生而出名。当地的土著居民直到1995年才第一次收看到电视节目，但是没有证据表明电视对儿童产生了不利影响。根据查尔顿(Charlton, 1998)的观点：
>
> 观看暴力电视使儿童变得暴力的观点还未被证实，在圣赫勒拿岛上的研究是迄今最清晰的证据。圣赫勒拿岛上的儿童观看的暴力电视在数量上与英国儿童相同，并且在很多情况下他们观看的电视节目也与英国儿童相同。但是他们并没有发生和复制在电视中看到的暴力行为。
>
> 是什么因素使圣赫勒拿岛的儿童免受电视暴力的影响呢？查尔顿认为："主要的因素是这些儿童生活在稳定的家庭、学校和社区环境当中，这就是圣赫勒拿岛的儿童似乎不受所看电视暴力影响的原因。"

童年早期接触暴力形象的儿童经常把它们带入游戏中。他们如何区分游戏情境和现实生活的行为表现呢？

Del Rosario, Cook & Calder, 1982) 开展了一项研究。他们利用了如下事实：美国联邦通信委员会在1949年年底到1952年年中拒绝发行新的电视许可证。因此，电视进入美国部分地区的时间比其他地区早2年或3年。根据美国联邦调查局的犯罪统计，有电视地区和无电视地区的犯罪水平并没有差异。当电视被引入一个新的地区时，并未导致暴力犯罪的增加。

伍德等人（Wood, Wong & Chachere, 1991）回顾了28项与媒体暴力对儿童和青少年攻击行为的影响有关的实验研究和现场研究。虽然两类研究都表明媒体暴力导致对陌生人、同学和朋友更多的攻击行为，但是总的影响很微弱并且未达到统计上的显著性。伍德等人所回顾的研究表明，媒体暴力对儿童的攻击行为具有相当即时或短期的影响。

考姆斯托克和佩克（Comstock & Paik, 1991）对1000多项有关媒体暴力影响的发现进行了回顾。他们认为媒体暴力具有强烈的短期影响，尤其是轻微的攻击行为，但其长期影响较微弱。他们确定了倾向于增加媒体暴力对攻击行为影响的五个因素：

1. 暴力行为的出现作为一种获得自己所需的有效方法。
2. 实施暴力的人被描绘成与观众相似。
3. 暴力行为真实地呈现，而非以诸如卡通的形式呈现。
4. 暴力行为对受害者造成的伤害未表现出来。
5. 观众在观看暴力行为时情绪兴奋。

认知启动：先前呈现的与攻击行为有关的线索可能导致某人出现攻击行为的现象。

考姆斯托克和佩克所确定的第二个因素表明，观察学习或模仿有助于解释媒体暴力可能引发儿童攻击行为的原因。还有证据表明可能涉及**认知启动**（**cognitive priming**）。约瑟夫森（Josephson, 1987）向加拿大男孩放映了一个以枪战形式表现的暴力电视节目，在节目中，狙击手相互用对讲机沟通。其他男孩观看一个摩托车越野赛团队的非暴力节目。在所有男孩都看完节目之后，让他们玩室内曲棍球游戏。在游戏开始之前，裁判或使用对讲机，或使用录音带给男孩做比赛说明。那些观看了暴力节目并通过对讲机接受信息的男孩在曲棍球游戏中比观看同一暴力节目但通过录音带接受信息的男孩更具攻击性。因此，对讲机充当了攻击行为的认知启动器或认知线索。

是具有攻击性的儿童选择玩攻击性的视频游戏，还是玩攻击性的视频游戏使得儿童具有攻击性？

近些年来，儿童玩视频游戏的时间急剧增加。这同样适合于某些成人，本书作者也会花费大量时间徒劳地试图在视频俄罗斯方块游戏上达到自己孩子的成绩。最令人担忧的是，如此众多的游戏中都包含暴力。非常年幼的儿童在玩暴力性游戏后常常表现出更多的攻击行为，但对较大儿童的影响通常较小（Griffiths, 2000）。不过研究者（Wiegman & van Schie, 1998）在11岁左右的荷兰儿童中发现，喜欢暴力视频游戏的儿童比不喜欢暴力视频游戏的儿童有更多的攻击行为。对男孩来说尤其如此，部分因为每天花30多分钟玩视频游戏的男孩是女孩的四倍。这些发现难以解释，因为可能天生具有攻击性的儿童对暴力视频游戏更着迷。

❖ 评价

- ⊕ 媒体暴力和玩暴力游戏可能导致儿童短期性攻击行为增加，但影响一般较弱。
- ⊕ 观察学习和认知启动是媒体暴力导致攻击行为增加的两种方式。
- ⊖ 大多数研究仅关注单一暴力节目对行为的短期影响，很少提及长时间观看大量暴力节目所产生的长期影响。
- ⊖ 对于媒体暴力为什么会增加攻击行为的原因，仅仅存在有限的理论解释。

社会学习理论

根据班杜拉的社会学习理论，攻击行为作为儿童特有经验的结果而习得。班杜拉（Bandura, 1973）指出："攻击行为采取的具体形式、表现的频率，以及选择攻击的具体对象，在很大程度上是由社会学习因素决定的。"

根据班杜拉的理论，观察学习或模仿在产生攻击行为方面具有至关重要的作用。观察学习包括对他人行为的仿效或模仿。当儿童的攻击行为通过为所欲为或得到关注而受到强化或奖赏时，也可以获得攻击行为。

证据

班杜拉等人（Bandura, Ross & Ross, 1963）向年幼儿童播放了两部电影中的其中一部。一部电影放映的是一名成年女性榜样对一个大Bobo玩偶进行攻击。另一部电影放映的是该成年女性榜样未对玩偶实施攻击。那些观看了榜样对玩偶实施攻击行为的儿童更可能攻击Bobo玩偶。

班杜拉（Bandura, 1965）对Bobo玩偶实施攻击行为进行了另一项研究（参见第8章）。第一组儿童仅观看一个成

观察学习

在班杜拉负责的数百项研究中，一项突出的研究是——Bobo玩偶（Bobo doll）研究。他录制了一段他的一位年轻女学生踢打Bobo玩偶的电影。假若你并不知道Bobo玩偶是一种可充气的、蛋形气球状的物体，当你将它击倒时在其底部有一个平衡块能使它倒退回来。如今它上面可能有达斯·维德的画，但当时它只是"Bobo"小丑。

电影中该女子猛击小丑并高喊"sockeroo！"她踢它、坐在上面、用小锤子击打，并高呼各种攻击性的语言。班杜拉向学前班被试播放该片，可能正如你所预测的那样，这些被试很喜欢它。然后让他们去游戏室玩耍。当然，在游戏室里有几个拿着笔和剪贴板的观察人员、一个全新的Bobo玩偶和几个小锤子。

你的预测可能与观察员所记录的情况相同：许多小孩击打Bobo玩偶。他们猛击它，并高喊"sockeroo"，踢它，坐在上面，用小锤子击打，等等。换句话说，他们十分准确地模仿了电影中年轻女士的行为。

最初这些似乎只是一个实验，但是请考虑：这些儿童在未因为与榜样的行为相接近而受到奖励的情况下就改变了自己的行为！这对于普通家长、教师或儿童的临时观察员似乎并不寻常，也不符合标准的行为学习理论。班杜拉将这种现象称为观察学习或模仿，他的理论通常被称为社会学习理论。

摘自 http://www.ship.edu/~cgboeree/bandura.html

人榜样踢打和猛击 Bobo 玩偶的电影。第二组儿童观看同样的电影，但这次榜样因自己的攻击行为受到另一成人的奖赏。第三组儿童也观看同样的电影，但这次榜样却因自己的攻击行为受到另一成人的惩罚。

那些看到榜样获得奖赏和看到榜样既没获得奖赏也没得到惩罚的儿童比看到榜样受惩罚的儿童对 Bobo 玩偶实施了更多的攻击行为。可以认为那组看到榜样受惩罚的儿童所记住的榜样的攻击行为少于另外两组儿童。但当对模仿攻击行为进行奖赏时，所有三组儿童都表现出模仿榜样攻击行为的相同能力。

一名儿童攻击 Bobo 玩偶

休斯曼等人（Huesmann, Lagerspitz & Eron, 1984）以及埃伦等人（Eron, Huesmann & Zelli, 1991）报告了与班杜拉的理论一致的证据。休斯曼等人发现，在相同年龄对父母和孩子进行评价时，两代人的攻击行为具有很大的相似性。埃伦等人扩展了这个发现，对三代人攻击行为的相似性进行观察。攻击行为的跨代相似性可能在某种程度上取决于遗传因素，但也可能涉及观察学习。

❖ 评价

- ⊕ 很多攻击行为都是习得的，通常涉及观察学习和模仿。
- ⊕ 社会学习理论有助于解释个体表现攻击行为的精确形式。
- ⊖ 班杜拉始终未能区分真正的攻击行为和打闹行为，班杜拉观察到的大量攻击行为仅仅是打闹行为（Durkin, 1995）。
- ⊖ 班杜拉高估了儿童模仿榜样行为的程度。儿童很容易模仿对玩具的攻击行为，但是不太可能模仿对其他儿童的攻击行为。
- ⊖ Bobo 娃娃有一个保持平衡的底座，因此被击倒后又会弹回来，恢复原样。这赋予它一种新的价值。研究者（Cumberbatch, 1990）报告，那些不熟悉 Bobo 娃娃的儿童模仿攻击这个娃娃的行为可能，是以前玩过 Bobo 娃娃儿童的五倍。
- ⊖ 班杜拉强调引发攻击行为的外部因素或环境因素，但却忽视了也可能涉及的内部因素（例如，遗传因素、激素因素）。

生物学取向

根据生物学取向的观点，一些个体在遗传上比其他个体具有更高水平的攻击行为倾向。也有人认为男性比女性更具攻击性的倾向也可以归因于生物学因素。例如，男性比女性具有更高水平的性激素（睾丸激素），这有助于解释他们较强的攻击性。

证据

来自双生子研究和领养研究的发现表明，遗传因素在产生攻击行为和**反社会行为**（**anti-social behaviour**）的个体差异方面具有一定的作用。例如，李与瓦尔德曼（Rhee & Waldman, 2002）对调查反社会行为（例如，反社会人格混乱、攻击行为、

反社会行为：损害或伤害他人的行为。

青少年犯罪）的 51 项双生子和领养研究进行了元分析。他们发现，反社会行为中 41% 的变异是由遗传因素造成的，43% 是由非共享环境影响（同一家庭内孩子之间的不同影响）造成的，16% 是由共享环境影响造成的。这些数据对男性和女性都非常相似，这表明遗传因素对两性的反社会行为都有相当强烈的影响。遗传因素对儿童、青少年和成人的影响是相似的。但是随着年龄的增长，共享环境因素的影响逐渐下降，而非共享环境因素的影响则逐渐增加。

埃利等人（Eley, Lichtenstein & Stevenson, 1999）在一项对瑞典和英国的同卵双生子和异卵双生子进行的研究中发现，对攻击性行为（例如，打架、欺凌）和非攻击性反社会行为（例如，偷窃、逃学）进行区分是很重要的。他们的重要发现是，攻击性反社会行为受遗传因素的影响多于非攻击性反社会行为。

米勒斯与凯里（Miles & Carey, 1997, p.50）对一些涉及遗传因素影响攻击行为个体差异的研究进行了元分析，得出以下结论："遗传影响总体上较为强烈，可以解释攻击行为 50% 的变异。"但这一结论仅适用于基于自陈报告和父母等级评定的研究。当儿童的攻击行为通过对实验室行为的观察评定进行评价时，没有证据表明遗传因素影响了攻击行为的个体差异。正如米勒斯与凯里（p.207）总结的那样："鉴于几乎所有关于人格遗传学的重要结论都来自于自陈或父母报告，因此这个最新结论对……攻击行为研究具有鲜明而重要的意义。"

男性比女性更具有攻击性的假设仅得到有限支持。伊格里与斯蒂芬（Eagly & Steffen, 1986）对有关性别差异的大量相关研究进行了元分析。男性比女性更具有攻击性仅存在较小的总趋势。身体攻击方面的性别差异大于言语攻击和其他心理的攻击形式。为什么男性会比女性更具有攻击性呢？根据伊格里与斯蒂芬的看法，女性对于表现攻击行为感到更多的内疚和焦虑，她们更担心实施攻击行为可能会给自己带来危险。

伊格里与斯蒂芬所综述的大多数研究基于青少年或成人被试。泰格（Tieger, 1980）对考察攻击行为发展趋势的研究进行了回顾，发现 5 岁以下儿童攻击行为的性别差异几乎未获得证

自陈报告与父母等级评定及实验室观察评定各有什么样的偏差？

研究表明男孩比女孩更具有身体攻击性，但比约克韦斯特等人（1992）发现，女孩会比男孩表现出更多的间接攻击。

据支持。

我们已经看到有些证据表明男性比女性更具有攻击性。但就间接攻击而言却存在一个重要例外。比约克韦斯特等人（Bjorkqvist, Lagerspetz & Kaukiainen, 1992）研究了青春期男孩和女孩的身体攻击、言语攻击和间接攻击（例如，说闲话、写恶意的字条、散布谣言）。男孩比女孩表现出更多的身体攻击，女孩表现出的间接攻击则显著多于男孩。

如前所述，男性的性激素即睾丸激素的水平更高，这种激素可能与攻击性有关。例如，具有攻击行为和反社会行为的青少年男孩具有非常高的睾丸激素水平（Olweus, 1985）。不过这一证据实质上只具有相关性，使得这些发现难以解释。高水平的睾丸激素可能导致攻击行为，但也有可能是攻击行为引起高水平的睾丸激素。

攻击行为的任何性别差异都可能取决于社会化过程而非生物因素。康德利与罗斯（Condry & Ross, 1985）获得的证据表明，成人更容忍男孩的攻击行为，而较少容忍女孩的攻击行为。这些成人观看两个儿童在雪地里粗野地打闹。儿童穿着防雪服，因此成人无法分辨他们是男孩还是女孩。告诉一半成人这两个孩子是男孩，告诉另一半成人是女孩。重要的发现是，同样的行为当明显涉及女孩时比涉及男孩被认为具有更强的攻击性。因此，在哪些行为可以接受方面，成人对男孩要比对女孩更宽容。

❖ 评价

- ⊕ 双生子研究表明，遗传因素在形成攻击行为的个体差异上具有一定的作用。
- ⊕ 睾丸激素的水平与攻击行为的水平有关，但尚不清楚前者能否引起后者。
- ⊖ 攻击行为的性别差异通常比生物学取向的提倡者所期望的更小。
- ⊖ 生物因素与社会及其他环境因素交互作用的复杂方式被忽视了。

强制性家庭过程

一直有很多研究在探讨父母行为的某些方面与孩子的攻击行为的相关。例如，非常具有攻击性的儿童其父母往往出于无法预料的原因体罚孩子（Eron & Huesmann, 1984），具有攻击性的青春期男生其母亲对他们的攻击行为非常容忍（Olweus, 1980）。这些相关研究的问题在于，我们不能肯定是父母的行为导致了孩子的攻击行为。例如，天生具有攻击性的儿童可能导致父母对他们实施体罚，而不是父母的惩罚导致了孩子的攻击行为。研究者（O'Connor, Deater-Deckard, Fulker, Rutter & Plomin, 1998）报告了出现这种情况的部分证据。他们对领养儿童进行了研究。这些儿童当中有些儿童的亲生母亲具有反社会行为史，因此这些儿童被认为具有遗传风险。这些儿童从养父母那里得到更多的消极控制（例如，敌意），可能是因为他们的基因遗传使他们的表现比不存在遗传风险的孩子更具有攻击性。

帕特森（Patterson, 1982）认为，我们需要详细地研究家庭交互作用的动力机制，以便充分理解为什么有些儿童比其他儿童更具有攻击性。在理论层面上，帕特森认为重要的是家庭作为整体的机能,而不仅仅是孩子或父母的行为。更具体的讲,帕特森认为,在高攻击性孩子的家庭中存在相互挑衅。父母和孩子的行为都具有帕特森所谓的强制性品质,这种强制性品质会直接导致家庭中其他成员攻击行为的增加。

证据

帕特森(Patterson,1982)和帕特森等人(Patterson et al.,1989)进行了一项研究,观察了攻击性水平高的儿童与家里其他家庭成员间的相互作用。将这种家庭的相互作用模式与家中无攻击性孩子的家庭的相互作用模式进行比较。帕特森和帕特森等人发现,在攻击性孩子的家庭中,存在着攻击性迅速增加的典型模式。首先,孩子表现出攻击行为(例如,拒绝做母亲要求的事情);其次,母亲作出攻击性回应(例如,愤怒地对着孩子叫嚷);再次,孩子以更具攻击性和更敌对的方式反抗(例如,反过来冲着母亲叫嚷)。最后,母亲比上次更具攻击性地进行回应(例如,打儿子)。我们刚刚描述的行为模式被帕特森(1982)称为**强制性循环**(**coercive cycle**):父母或孩子攻击行为的少量增加,引起对方相应的或更多的攻击行为。

根据帕特森等人(1989)的观点,在具有攻击性的家庭中,父母和孩子表现出的大多数攻击行为可以视为阻止对方攻击自己的尝试。但在这些家庭中,这些尝试往往会激起进一步的攻击行为。采取这种攻击性方法解决困难情境的儿童,经常会遭到同龄人的排斥,因此他们在社会适应中会遭遇严重问题。

帕特森等人(1989)还报告,攻击性家庭中的父母很少给予孩子关爱甚至鼓励。关爱的缺乏可能导致原本具有攻击性的男孩为引起父母的注意而表现出攻击性。

强制性循环:一种行为模式,即家庭中一个成员(比如,孩子)的攻击行为引起攻击性回应,然后依次循环下去。

❖ 评价

- ⊕ 强制性循环经常发生在攻击性家庭里。
- ⊕ 强调家庭动力在形成攻击性儿童方面的作用很有价值。
- ⊖ 造成强制性循环发展的首要因素仍不清楚。
- ⊖ 遗传因素在解释为什么有些家庭父母和孩子均有攻击性(McGue, Brown & Lykken, 1992)上可能很重要。

文化差异

大多数关于反社会行为发展的研究均是在西方文化中进行的。陈等人(Chen, Greenberger, Lester, Dong & Guo, 1998)对13岁和14岁的欧裔美国人、华裔美国人、台湾的中国人和北京人的不当行为(例如,考试作弊、打架及故意破坏公物)进行了调查。所有四个组的自陈报告的不当行为水平是相当的,每组男性的不当行为水平都比女性的不当行为水平高。欧裔和华裔美国人表现出的不当行为数量与中国青少年组相比更多的受同伴赞成与否的影响,可能是因为美国青少年比中国青少年花费更多的时间与同伴相处。

菲尔德曼等人（Feldman et al.，1991）研究了年龄较大的中国香港、澳大利亚和美国青少年。结果发现中国青少年的不当行为水平比澳大利亚和美国青少年低。我们如何解释这项研究与陈等人（1998）的研究在结论上的不同呢？同伴对不当行为的赞成是西方文化中的青少年表现出许多不当行为的原因。但是，年龄较小的西方青少年比年龄较大的西方青少年更多的受到家庭的影响，很可能正是这种渐渐变弱的家庭影响，促成了西方青少年高水平的不当行为。

根塔等人（Genta et al.，1996）研究了8—14岁意大利儿童的欺凌行为，并将他们的发现与在挪威、西班牙、日本和英国获得的结果联系起来。在所有这些文化中，男孩要为大多数欺凌行为负责，年龄较大的儿童比年龄较小的儿童更不可能遭到欺负。一种显著的文化差异是：意大利比其他四种文化具有更多的欺凌行为。

以你对这些文化的了解，你认为意大利的欺凌行为为什么更普遍？

道德发展

"道德"一词是什么意思呢？根据谢弗（Shaffer，1993）的观点，**道德（morality）**是指"一套有助于个体辨别是非并根据辨别采取行动的准则或观念"。道德是很重要的，因为如果在是非问题上不能达成一致意见，社会就不能有效地运行。当然，社会存在道德与伦理问题（例如，动物实验），特定的社会成员对这些问题可能具有截然不同的观点。但是，如果在所有重要的道德问题上都存在争论，社会就会变得混乱。这里我们主要关注童年期儿童道德发展的变化。

道德：个体用来辨别是非的准则。

人类道德具有三种成分：

1．认知成分。与我们如何思考道德问题及如何进行是非决策有关。
2．情感成分。与道德思想和道德行为相关的情感（例如，负罪感）有关。
3．行为成分。与我们如何行为有关。涉及我们撒谎、偷窃、欺骗或举止体面的程度。

我们为什么要区分这些成分呢？首先，这些成分之间通常存在显著的差异。例如，虽然我们可能在认知水平上知道欺骗是错误的，但是我们仍然可能在行为水平上实施欺骗。一些人过着无可指责的生活（行为成分），但仍然感到内疚（情感成分）。其次，不同道德成分之间的区分在比较道德发展理论时是有用的。弗洛伊德强调情感成分，皮亚杰和科尔伯格关注认知成分，社会学习理论家则关注行为成分。

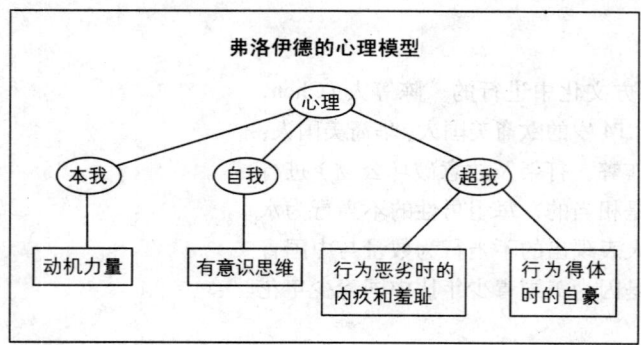

弗洛伊德的精神分析理论及其超越

弗洛伊德认为人的心理由三部分构成：本我、自我和超我（参见第 22 章）。本我涉及动机力量（例如，性本能）；自我与有意识思维有关；超我与道德问题有关。超我分为良心和自我理想。当我们的行为恶劣时，良心会使我们感到内疚或羞耻。当我们面对诱惑而行为得体时，自我理想则会使我们感到自豪。

弗洛伊德认为，超我会在 5 岁或 6 岁时形成。男孩对母亲产生性欲望，导致与父亲之间强烈的敌对状态。这被称为**恋母情结（Oedipus complex）**。它使男孩感到恐惧，因为自己比父亲弱小得多。这种情形通过男孩模仿或照搬父亲的信念及行为的**认同（identification）**过程得以解决。在认同过程中，男孩采纳了父亲的道德标准，导致超我的形成。根据弗洛伊德的观点，超我是"恋母情结的继承者"。

弗洛伊德认为类似的过程也发生在年龄大致相同的女孩身上。女孩形成的**恋父情结（electra complex）**基于对父亲的欲望。这种情结通过女孩与母亲的认同以及采纳母亲的道德标准而得以解决。弗洛伊德宣称女孩与母亲的认同没有男孩与父亲的认同那么强烈，因此女孩形成的超我弱于男孩。这是性别偏向（gender bias）的一个例子，性别偏向将在后面讨论。但是弗洛伊德承认："大多数男人远远落后于男性理想（masculine ideal）[就超我的强度而言]。"

证据

弗洛伊德获得的主要证据由他的患者对童年经验的解释组成。这种证据的说服力很弱，因为它依赖于患者容易出错的记忆。梅多斯（Meadows, 1982, p.162）所确认的另一个问题是："鉴于对某人未经历过恋母情结、未体验到阴茎嫉妒等的证明可能被认为这个人对恋母情结、阴茎嫉妒等具有完美的压抑 [动机性遗忘]，因此可能不存在反驳证据。"

弗洛伊德认为对同性别父母的惧怕影响了超我的发展。因此，具有攻击性及对孩子实施大量体罚的父母可能希望孩子具有很强的超我。事实上，结果则是事与愿违。经常利用打屁股和其他惩罚形式的父母，倾向于拥有举止恶劣及很少体会到内疚和羞耻的孩子（Hoffman, 1988）。

弗洛伊德关于女孩的超我弱于男孩的假设遭到了反驳。霍夫曼（Hoffman, 1975）讨论了这样一些研究，对儿童的行为进行独立评价以考察他们是否会做那些被禁止去做的事情。在大多数研究中男孩和女孩不存在差异。当存在性别差异时，是女孩而不是男孩更好的抵制了诱惑。但是，抵制诱惑的能力可能并不是超我强度的良好测量标准。跨文化研究已经证实了霍夫曼的发现。斯纳雷（Snarey, 1985）回顾了来自世界各地 15 种文化的 17 项研究，仅在其中三项研究中发现了道德发展的性别差异。

我们应该如何看待弗洛伊德关于良心或超我在 5 岁或 6 岁左右形成以及良心或超我对儿童行为具有强烈影响的假设呢？研究者（Kochanska, De Vet, Goldman, Murray & Putnam, 1994）研究了 26—41 个月大的儿童。在这些儿童中，一些儿童虽然年龄远未到 5 岁，但已表现出超我的证据（例如，犯错后似乎内疚、承认所做

恋母情结：在弗洛伊德的精神分析理论中，年幼男孩对自己母亲怀有性欲望从而体验到与父亲的敌对状态。

认同：在弗洛伊德的精神分析理论中，儿童对同性别父母信念和行为的模仿。

恋父情结：在弗洛伊德的精神分析理论中，年幼女孩对父亲的欲望。

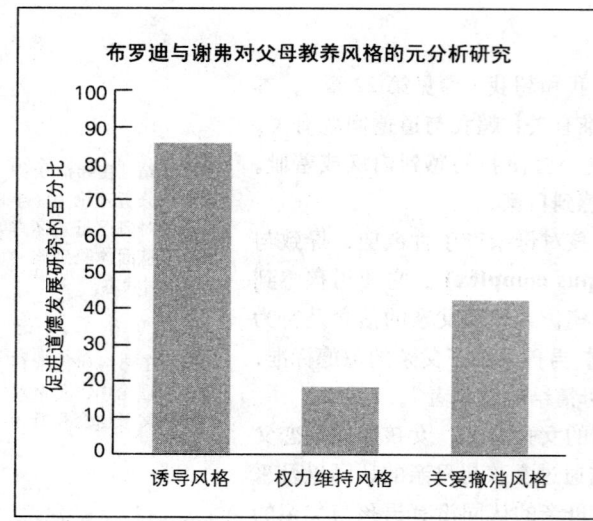

布罗迪与谢弗对父母教养风格的元分析研究

为什么每种父母管教风格都能有效地影响道德发展？你认为哪种最有效？

的坏事）。在实验情境中，具有超我的儿童比没有超我的儿童犯错误更少，从而支持了弗洛伊德关于拥有超我与更多道德行为相关的观点。

虽然弗洛伊德的理论存在问题，但他关于儿童道德发展非常依赖父母的假设却得到支持。霍夫曼（Hoffman，1970）确定了父母所使用的三种主要方式：

1．诱导型（induction）。解释为什么某种行为是错误的，并特别强调该行为对他人的影响。

2．权力维持型（体罚式管教）（power assertion）。利用打屁股、取消特权及激烈的言辞对孩子进行控制。

3．关爱撤销型（love withdrawal）。当孩子行为举止恶劣时，拒绝给予孩子关心或爱。

布罗迪与谢弗（Brody & Shaffer，1982）综述了父母管教方式影响道德发展的研究。86%的研究表明，诱导型风格增进了道德发展。比较而言，仅有18%的研究表明权力维持型风格增进了道德发展，42%的研究表明关爱撤销型增进了道德发展。在82%的研究中，权力维持型对儿童道德发展产生了负面影响，因此是一种非常无效的父母管教方式。权力维持型父母常会培养出具有攻击性和不关心他人的孩子（Zahn-Waxler et al.，1979）。体罚构成权力维持方法的重要部分。很多人原则上并不赞成体罚，但是它的影响并非总是负面的。有研究者（Larzelere，2000）回顾了对儿童实施体罚的文献，并得出结论认为体罚有时候很有效。但是，如果想使体罚有效，体罚必须不能严重，不要在父母生气时使用，体罚时辅之说理，并仅限于2—6岁的儿童。

诱导给孩子提供了促进道德推理发展的有用信息，因此是一种有效的父母管教方式。它还鼓励孩子考虑他人，而体谅他人的需要和情感对于道德发展是很重要的。这些结论告诉，父母使用诱导风格管教孩子与儿童良好的道德发展有关。存在这种联系的主要原因可能是诱导性管教方式有益于孩子的道德发展，但可能这也并不是全部的事实。表现良好的孩子更有可能使父母以讲道理、诱导性的方式对待他们。相反，举止恶劣、有攻击性的孩子则可能促使父母采用权力维持型的管教方式。因此，父母的管教方式会影响孩子的行为，但孩子的行为也会影响父母的管教方式。

❖ 评价

⊕ 弗洛伊德提出了第一个道德发展的详细理论。
⊕ 弗洛伊德的基本假设是父母对儿童的道德发展具有重要影响，很多道德价值观在生命早期就获得了。该假设是正确的。
⊕ 年幼儿童良心的发展在道德发展中起着重要作用。

- 弗洛伊德夸大了同性父母在儿童道德发展中的作用。异性父母和其他孩子通常也具有重要作用(Shaffer, 1993)。
- 良心的形成似乎比弗洛伊德设想的更早(Kochanska et al., 1994)。
- 弗洛伊德过于重视道德的情感因素,而忽视认知过程。
- 弗洛伊德宣称儿童在大约5岁或6岁时在道德发展上取得的进步比后来在童年期或青春期取得的进步更为显著。事实上,道德推理的重大变化发生在10—16岁之间(Colby, Kohlberg, Gibbs & Lieberman, 1983)。

皮亚杰的认知发展理论

根据皮亚杰的观点,儿童的思维会经历一系列阶段(参见第15章)。早期阶段强调儿童能看到和听到什么,晚期阶段则涉及以抽象方式思考那些可能从未发生的事件的能力。皮亚杰认为,儿童道德推理的发展也会经历许多不同的阶段。

皮亚杰通过与不同年龄的儿童玩弹子游戏形成了自己有关道德推理的观点。他对儿童理解游戏规则的程度以及儿童认为遵守游戏规则的重要性等感兴趣。他的观察使他提出了道德发展的以下几个阶段:

1. 前道德阶段(0—5岁)。这个阶段的儿童对规则或道德的其他方面理解甚少。

2. 道德实在论阶段或他律道德阶段(他律的意思是"服从外部强加的规则")(5—10岁)。这个阶段的儿童思维相当刻板——他们认为不管情况如何都必须遵守规则(例如,即使说谎能宽慰某人的感情,也认为说谎是不对的)。这个阶段的儿童认为规则是由重要他人(例如,父母)制定的,并认为行为的糟糕程度源于行为的结果而不是行为者的意图。在此阶段儿童的道德推理具有另外两个重要特征。第一,他们相信**抵罪性惩罚**(**expiatory punishment**),即行为越不听话,受到的惩罚就应该越重。但是,他们未考虑惩罚应该与罪行相符。例如,一个把刚刚烤好的烤饼掉在地上的孩子应该被打屁股而不是必须帮忙烤另一块饼。第二,5—10岁之间的儿童非常赞同公平的观念。这使他们相信**内在公正性**(**immanent justice**),这是一种淘气行为总会受到某种方式惩罚的观点。

3. 道德相对论阶段或自律道德(10岁以上)。这个阶段的儿童对道德问题的思考更加灵活。他们认识到道德规则是从人类关系中演化而来的,人们的道德标准存在着差异。他们也认识到大多数道德规则有时是可以被打破的。

弗洛伊德的方法

弗洛伊德所使用证据的主要来源是成人对童年期的记忆。但是,这类证据不仅容易受到回忆者的歪曲,还不能被证实或证伪。弗洛伊德不去诊断儿童患者,而是对父母进行干预,有时仅仅通过信件,从而使得他对特定行为的解释只是推测。弗洛伊德认为恋母情结和恋父情结处于无意识阶段,儿童按照他或她自己的方式与同性父母取得认同从而度过这些阶段。但是,如果这些阶段是无意识的,那么我们除了间接通过儿童行为的解释来证明它们确实发生过外,别无他法。

对心理动力学取向的更普遍的批评源于这些理论的阐述方式。弗洛伊德的理论倾向于"逆向工作"(work backwards),例如,结果导致假设的形成。弗洛伊德未能像分析曾经发生的行为那样对行为进行大量的预测。最后,必须考虑到弗洛伊德生前所处的历史时期。弗洛伊德的患者大多来自中产阶级家庭,他们受到当时严格纪律制度的约束。在那个历史时期,家庭对成长中的儿童最具有影响。然而今天,同伴群体、学校甚至电视等外部压力在儿童发展过程中已证明可能与他们成长的家庭一样具有影响力。

抵罪性惩罚:惩罚量与行为的糟糕程度应该匹配的观点,但并不认为惩罚的形式应该与罪行相符。

> **皮亚杰的道德发展阶段**
>
> **前道德**
> 0—5岁
> 几乎不理解规则或道德的其他方面
>
> **道德实在论（他律道德）**
> 5—10岁
> 刻板思维：必须遵守规则
> 通过行为的结果判断行为
>
> 相信：
> · 抵罪性惩罚
> · 内在公正性
>
> **道德相对论（自律道德）**
> 10岁以上
> 灵活看待道德问题的能力得到发展
> 理解人们道德标准的差异；规则可以被打破并且错误行为并不总是受到惩罚
>
> 相信：
> · 回报性惩罚

如果一个带着枪的狂徒要求你告诉他你母亲在哪里，那么此时说谎是完全可以接受的，你可以说你不知道。这个阶段与前一阶段存在着重要的区别。第一，此时的儿童认为行为的错误更多取决于个体的意图而不是行为结果。第二，这一阶段的儿童相信**回报性惩罚**（reciprocal punishment）而不是抵罪性惩罚。因此，惩罚应该与罪行相符。第三，这一阶段的儿童已经认识到人们经常犯错误但又会设法逃避惩罚。因此，他们不再相信内在公正性。

回报性惩罚：惩罚的形式应该与罪行相符的观点。

为什么道德推理在童年期会发生变化呢？皮亚杰认为这其中涉及两个主要因素。第一，年幼儿童思维的自我中心性，他们仅是从自己的角度看待世界。在7岁左右时，儿童的自我中心性有所减少。他们越来越多地意识到其他人的不同观点，这使他们的道德推理能力更加成熟。第二，由于受到其他同龄儿童不同观点的影响，年龄稍大的儿童道德观念的灵活性有了发展，这使他们对自己的价值观产生质疑。相反，大部分年幼儿童的道德观念相当刻板。他们对行为好坏的认识很大程度上取决于父母的反应。

在更为广泛的水平上，皮亚杰认为不平衡提供了促使道德推理能力发展的动机力量。儿童逐渐意识到他们的推理存在不一致的情况，这使他们改变自己的推理方法以恢复平衡。

证据

大多数西方社会儿童的道德发展都是按照皮亚杰提出的道德发展阶段进行的。也有证据支持该理论的许多细节。例如，皮亚杰认为处在道德实在论阶段的儿童根据行为结果判断行为，而不是根据行为者的意图。皮亚杰（Piaget, 1932）为这一观点找到了支持性证据。他告诉处在该阶段的儿童说，一个名叫约翰的男孩在开门时打碎了放在门后面的15个杯子。再告诉

这些儿童有一个名叫亨利的孩子在尝试取一些果酱时打碎了1个杯子。即使约翰不知道门后有杯子，这些儿童仍然认为约翰比亨利更淘气，因为他打碎的杯子更多。

皮亚杰关于道德发展的实证研究受到了严厉的批评。例如，给儿童提供的道德问题经常对他们的记忆提出很大的要求，这些问题本身相当抽象且脱离社会日常生活的现实。皮亚杰认为 0—5 岁的儿童基本不能理解规则或道德推理，如果我们考察一下杜恩（Dunn, 1987）对这一观点的检验，就能看出其中一些批评的正确性。杜恩通过对儿童的自然观察发现，儿童获得道德推理的某些方面比皮亚杰的研究所认为的更早。例如，2 岁儿童在和哥哥姐姐一起做游戏时会考虑规则和角色。2 岁儿童只在和哥哥姐姐游戏时才正确表现出玩游戏的能力，而在和其他儿童或他们父母玩时却不能。这是为什么呢？原因在于，年幼儿童经常具有想赶上哥哥或姐姐表现的动机，并且哥哥姐姐可能更善于与他们沟通。

用自然观察法研究道德推理能力的局限性是什么？

杜恩还发现，2 岁儿童普遍能意识到自己正在违反某一规则。例如，当几个孩子当着妈妈的面以戏谑的方式做了一个被禁止的动作时他们都笑了起来，或者在一个孩子被禁止抠鼻孔后会走到沙发后面去抠鼻孔。总之，处在具有情感意义家庭环境中的年幼儿童表现出的道德推理的能力，比面临人为道德问题时所显示的道德推理能力要高得多。

皮亚杰也低估了处在道德实在论阶段的儿童考虑行为者意图的能力。考斯坦佐等人（Costanzo, Coie, Grumet & Famill, 1973）使用了一些故事，故事中人物行为的意图有好有坏，行为的后果有积极的也有消极的。正如皮亚杰所发现的那样，当行为后果消极时，年幼儿童几乎总是忽略行为者的意图。但当结果积极时，他们可能像年龄较大的儿童一样考虑行为者的意图。

皮亚杰认为道德实在论阶段的儿童会不加批判地遵守父母或其他权威人物的规则。但这只适用于某些诸如诚实及禁止偷窃等父母指定的规则。他们并不太愿意让父母制定及实施他们可以和谁交朋友或在他们空闲时间里应该做什么的规则（Shaffer, 1993）。

我们已经看到皮亚杰严重低估了年幼儿童道德推理能力的发展。与此同时他则高

皮亚杰的道德故事

皮亚杰使用道德故事研究儿童所持的道德判断。下面的例子是对一名儿童的简单访谈。

故事 1：一个名叫约翰的小男孩在他的房间里。有人叫他吃饭。他向餐厅走去。但是在门后有把椅子，椅子上有个盘子，里面放着 15 个杯子。约翰不知道门后有这些东西。他进门时，门碰到了盘子，"砰"的一声，15 个杯子掉在地上全都摔碎了。

故事 2：有个名叫亨利的小男孩。一天他妈妈不在家时，他试图从橱柜里取出果酱。他爬上一把椅子，伸手去取果酱。可是果酱放得太高，他够不到。在他尝试取果酱的过程中，他弄翻了一个杯子。结果杯子掉在地上摔碎了。

以下是一个处在道德实在论阶段儿童的典型反应：

发问者："第一个男孩做了什么？"
儿童："他打碎了 15 个杯子。"
发问者："第二个男孩呢？"
儿童："由于他动作太猛，打碎了一个杯子。"
发问者："这两个男孩中，哪一个更淘气？"
儿童："第一个，因为他碰翻了 15 个杯子。"
发问者："假如你是他们的爸爸，你最会惩罚哪个男孩？"
儿童："打碎 15 个杯子的那个。"
发问者："为什么这个男孩打碎了 15 个杯子？"
儿童："开门太用力打翻了杯子。他不是故意的。"
发问者："为什么另一个男孩打碎了一个杯子？"
儿童："因为他笨手笨脚的。当他拿果酱时，杯子掉在了地上。"
发问者："为什么他想取果酱？"
儿童："因为就他一个在家。他妈妈不在。"

皮亚杰（Piaget, 1932, p.122, 129）

估了年龄较大儿童道德推理能力的发展——他认为 10 岁和 11 岁儿童的道德推理能力已经达到了成人水平。但就像科尔比等人（Colby et al., 1983）在一项研究（我们马上就会对其进行更详细的讨论）中发现的，10 岁和 16 岁儿童的道德思维具有很大变化。

❖ 评价

- ⊕ 皮亚杰认为在一般认知发展与特定的道德发展之间存在紧密联系的观点是正确的。
- ⊕ 西方社会的大部分儿童都表现出皮亚杰所预测的从道德实在论到道德相对论的转变。
- ⊕ 皮亚杰通过设计短故事来阐述道德观点的方式发展了道德发展领域的研究。
- ⊖ 自然观察法不支持皮亚杰基于道德问题的一些发现。
- ⊖ 年幼儿童对道德的认识比皮亚杰所设想的更为复杂，他们的道德思维比皮亚杰所宣称的更为高级。
- ⊖ 皮亚杰夸大了 10—11 岁儿童的道德推理水平（Colby et al., 1983）。
- ⊖ 皮亚杰认为儿童道德推理能力的发展是儿童对道德问题的认知不平衡或不一致的结果，对此他未能提供明确的证据。
- ⊖ 皮亚杰强调儿童对道德问题的看法，却不够重视道德的行为成分和情感成分。

科尔伯格的认知发展理论

科尔伯格（Kohlberg, 1927—1987）赞成皮亚杰提出的我们需要关注儿童的认知结构以了解他们对道德问题如何思考的观点。不过科尔伯格的理论在某些方面又不同于皮亚杰的。例如，科尔伯格（1976）认为，道德推理的发展经常持续到青春期和成年早期。

为什么儿童的道德推理在发展过程中会发生变化呢？科尔伯格（1976）赞同皮亚杰的观点，即儿童对道德问题认识的不平衡（个体观点的不一致），提供了导致道德推理发展的动机力量。

证据

科尔伯格假设所有的儿童都遵循道德发展阶段的相同顺序。检验该假设的最好方法是开展纵向（长期）研究以观察儿童的道德推理水平在时间上的变化。考尔比等人（Colby et al., 1983）对 58 名美国男性进行了长达 20 年的研究。10—16 岁的儿童在阶段 1 与阶段 2 的道德推理水平上存在明显的下降，但同一时期在阶段 3 与阶段 4 的道德推理水平却补偿性地上升（见 660 页左下图）。科尔伯格的理论最值得赞叹的是，所有被试的发展过程都准确地按照预期的道德阶段顺序进行。但该理论更让人担心的是，仅有约 10% 的个体在他们 30 岁时表现出阶段 5 的道德推理水平，而实际上根本不存在任何支持阶段 6 中道德推理的证据。

斯纳雷（Snarey, 1985）回顾了来自 27 种文化中的 44 项研究。几乎所有文化中

科尔伯格：道德两难问题

科尔伯格使用的主要实验方法包括向被试呈现一系列的道德两难问题。每个两难问题都要求被试判断是赞成某种法律或其他道德原则更可取，还是为了满足人的基本需要而拒绝该道德原则。为了阐明科尔伯格（1963）的做法，这里我们来探讨他的一个道德两难问题：

> 在欧洲，一位患癌症的妇女即将死去，有一种药可能可以救治，这种药是这个小城的药剂师最近发明的，药剂师要价 2000 美元，是造这种药成本的十倍。病人的丈夫海因茨借遍所有认识人的钱，但只能凑齐药剂成本的一半。他对药剂师说，便宜点卖给他，或者先让他用药，钱以后再付，但药剂师不同意。丈夫很绝望，最后他破门进入药剂师的仓库，偷走了治他妻子病的药。

这个两难问题中的道德原则是偷窃是错误的。但是，正是海因茨想帮助他患病妻子的良好动机导致他去偷药。准确的说，由于对偷药存在众多支持和反对的争议，这就是道德两难问题。

科尔伯格通过从这类道德两难问题中获得的证据发展了自己的理论。他同意皮亚杰关于儿童在道德发展中遵循相同阶段的观点。但是，科尔伯格的道德发展的三个水平（每个水平有两个阶段）却不同于皮亚杰的道德发展三阶段：

水平 1：前习俗道德。在这个水平，正确或错误取决于可能带来的奖励或惩罚，而不是考虑道德问题。该水平的阶段 1 基于**惩罚和服从定向（punishment-and-obedience orientation）**。这一阶段的儿童认为偷窃是错误的，因为这种行为违背了权威，会受到惩罚。该水平的阶段 2 基于受到奖励的行为是正确的观念。处在阶段 2 的儿童比处在阶段 1 的儿童更多的关注他人的需要，但这主要基于如果你帮助别人，别人也帮助你。

水平 2：习俗道德。水平 2 与水平 1 之间的最大差异是他人的观点和需要在水平 2 比在水平 1 中更重要。在水平 2 中，人们非常关注他人对其行为的认可，以及避免由于错误行为而受到他人指责。在阶段 3 中，强调具有良好意图以及与大多数人观念中好的行为相一致的行为方式。在阶段 4 中，儿童认为履行个人责任以及服从权威的原则与规则很重要。

水平 3：后习俗或原则性道德。处于后习俗或原则性道德最高水平的人认为权威人物的原则或规则有时可以被打破。有关公正的抽象观念以及尊敬他人的需要都可以超越服从原则和规则的需要。在阶段 5 中，人们越来越认识到道德上正确的事情有别于法律上正确的事情。最后，在阶段 6 中，个体形成了自己的良心原则。个体会考虑将受道德判断影响的每个人的可能观点。科尔伯格（1981）将此描述为一种"道德音乐椅"。实际上，极少有人处在阶段 6。

讨论要点：
1. 你认为科尔伯格使用两难问题来研究道德发展的适当性如何？
2. 你对科尔伯格基于阶段的道德发展取向有什么看法？

关键研究评价——科尔伯格

科尔伯格的理论阐明了皮亚杰理论中的某些问题，因为他的理论更灵活，并且不受以具体年龄为基础的发展阶段的局限。元分析表明科尔伯格理论框架的六个阶段适用于大多数文化，个体按照相同的顺序经历各种阶段几乎是一种普遍存在的情况。但是，个体的经验差异或文化差异可能会影响他们通过这些阶段的速度。例如，与西方儿童相比，某些文化的儿童在更小的时候就会工作、结婚，或被看做成人社会中的正式成员。这些个体可能比西方儿童更早通过了科尔伯格的发展阶段。另外，一些西方儿童的生活背景不同于具有较强道德是非意识、带有刻板性的和谐家庭背景，这些家庭儿童的道德发展水平可能落后于科尔伯格的道德发展阶段。这也可能对儿童的道德发展具有深刻的影响。

你认为来自个体主义文化和集体主义文化的人会认为习俗道德和后习俗道德存在差异吗？

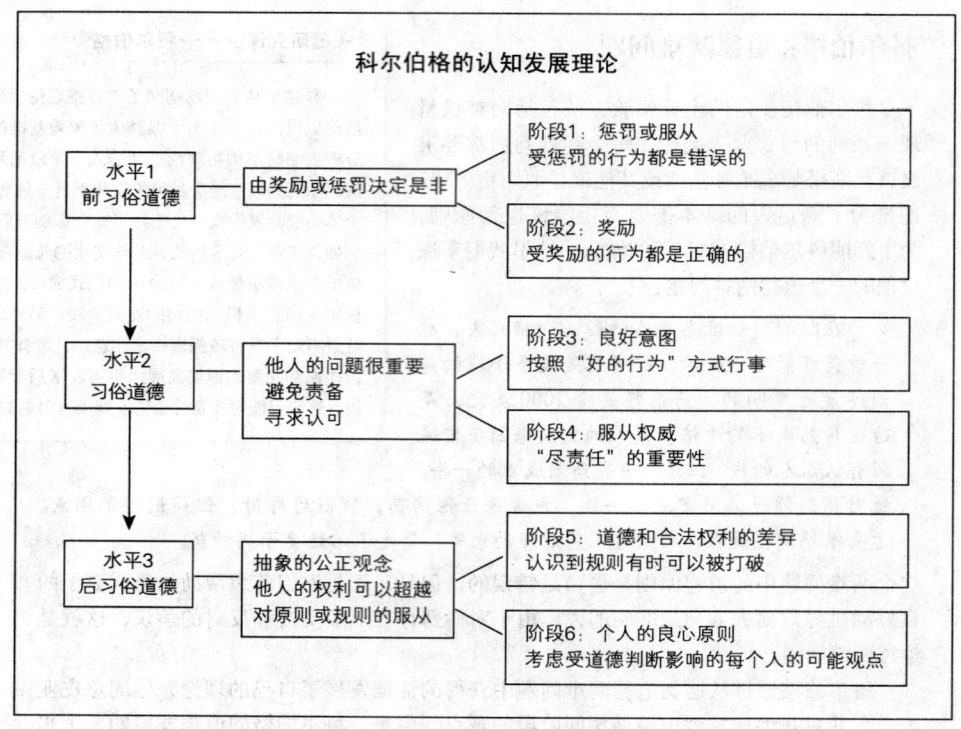

的个体均以相同的顺序、在大约相同的时间经历了由科尔伯格提出的道德发展的前四个阶段。几乎没有证据表明人们可以跳过道德发展的任何阶段或返回之前的某个阶段。但是,更多的证据表明,与大部分农村或村庄文化相比,西方文化中存在着更多达到阶段5道德推理水平的个体。根据斯纳雷的观点,这并不意味着生活在西方文化中的个体道德推理水平优于生活在其他文化中的个体,而是反映了大多数西方文化对个体主义的重视,例如,人类生活被赋予更大的价值。

跨文化比较表明,西方文化并非总是具有良好的表现。例如,研究者(Naito, Lin & Gielen, 2001)比较了西方文化和东亚文化中的道德发展。在青少年中,一致性的证据表明,东亚文化的青少年比西方文化的青少年更早达到道德发展的后几个阶段。这可能是因为在东方文化中对权威更为尊敬。

沃克等人(Walker, Gustafson & Hennig, 2001)考察了有关道德问题思考的不平衡或不一致为儿童进入道德推理的下一阶段提供了动力的假设。他们实施了一项纵向研究,

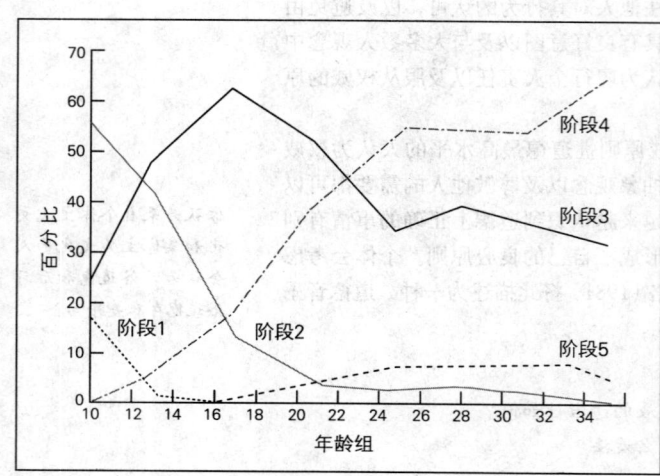

给儿童提供各种道德两难问题。针对每个两难问题，对儿童的道德推理水平（基于科尔伯格的六阶段）进行独立评价。该研究假设处在道德推理阶段的儿童在不平衡状态下对每个两难故事的看法存在差异。正如所料，那些处于不平衡状态的儿童（尤其是那些推理水平高于最常见的推理阶段的儿童），最可能在随后的道德推理中出现快速发展。

科尔伯格认为特定种类的一般性认知能力必须出现在个体道德推理发展之前。例如，处在阶段 5 个体的道德推理使用抽象原则（如，公正原则），这可能要求他们擅长抽象思维。研究发现（Tomlinson-Keasey & Keasey, 1974），那些表现出阶段 5 道德推理水平的 11 岁和 12 岁女孩在一般性认知发展测验中很擅长抽象思维。但也有一些女孩能够抽象思维，却没有表现出阶段 5 的道德推理水平。因此，抽象思维能力是一个人达到后习俗道德阶段 5 的必要（但非充分）条件。

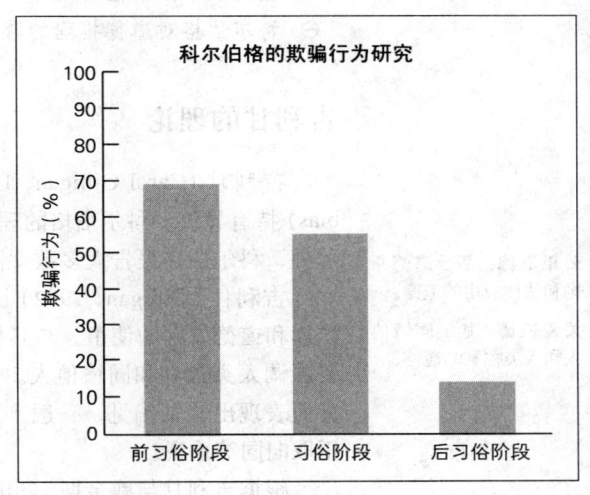

个体对道德两难问题的判断可能无法预测他们的现实生活行为。这方面的证据较不一致。桑特洛克（Santrock, 1975）发现，儿童的道德推理水平无法预测他们是否会欺骗。但是，成人中存在的较多证据表明，道德推理阶段能预测行为。科尔伯格（1975）比较了不同道德推理水平学生的欺骗行为。大约 70% 的处于前习俗道德水平的学生有欺骗行为，而只有 15% 的处于后习俗道德水平的学生表现出这种行为。处于习俗道德水平的学生居中（55%）。研究者（Kutnick & Brees, 1982）在回顾了科尔伯格道德推理阶段与行为之间关系的证据后认为，这种关系通常并不密切。

跨文化研究表明，道德推理比科尔伯格所认为的更具多样性。例如，施韦德（Shweder, 1990）比较了印度的印度教徒和生活在芝加哥的美国人。亲戚去世后，印度教徒认为吃鸡、鱼或理发是严重的逾规行为，因为这会降低死者超度的机会。但这些行为不会被美国人认为不符合道德。相反，很多芝加哥儿童比印度儿童更认为性别不平等是重要的道德问题。

也有研究者（Isawa, 1992）比较了日本人和美国人在遇到科尔伯格有关一个男人为患癌症的妻子偷药的问题时所采用的道德推理。两组的道德推理阶段是相同的。但是，日本被试认为那个男人不应该偷药，这样才能使妻子更清白纯洁；而美国被试则认为，为了延长妻子的生命，他应该去偷药。

为什么道德推理水平与行为之间可能存在不一致？

❖ 评价

- ⊕ 几乎在所有文化中，儿童都依次经历了科尔伯格所划分的不同道德推理阶段。
- ⊕ 科尔伯格的理论优于皮亚杰的理论，因为它更详细更准确地解释了道德发展。
- ⊕ 不平衡推动了儿童道德推理的发展（Walker et al., 2001）。

- ⊖ 大多数人并不能发展到高于阶段 4 的水平（Colby et al., 1983；Snarey, 1985）。
- ⊖ 难以清楚地区分道德推理的阶段 5 和阶段 6（Colby et al., 1983）。
- ⊖ 科尔伯格关注人们对人工两难问题所做的道德判断，而不是对现实道德行为所做的道德判断，但这些判断通常并不能准确地预测行为（Kutnick & Brees, 1986）。
- ⊖ 科尔伯格没有详细考虑道德的情感成分。例如，像羞耻和内疚等情感发展在道德发展中是很重要的（Eisenberg, 2000）。
- ⊖ 科尔伯格对道德推理的跨文化差异未给予足够的重视。

吉利甘的理论

吉利甘（Carol Gilligan, 1977, 1982）对她认为的科尔伯格的性别偏向（sexist bias）持有异议。科尔伯格的理论最初以男性被试访谈为基础，因此出现了这种偏向。此外，科尔伯格报告大多数女性处于道德发展的阶段 3，而男性则处于阶段 4。

公正道德：基于道德原则和法律应用的道德。

关爱道德：基于同情他人和人类福利的道德。

吉利甘（Gilligan, 1982）认为男孩形成了**公正道德**（morality of justice），关注法律和道德原则的使用。与其相反，女孩则形成了**关爱道德**（morality of care），主要强调人类福利和同情他人。吉利甘认为，科尔伯格通过认为公正道德优于关爱道德而表现出性别偏见。一般来说，吉利甘认为道德推理理论应该给予关爱取向和公正取向同等重视。

根据吉利甘与威金斯（Gilligan & Wiggins, 1977）的观点，上述性别差异源于儿童早期。在大多数社会中，女性都是儿童的主要照看者，女孩通过对母亲的强烈依恋学会了关爱道德。相反，男孩较少依恋母亲。他们倾向于认同父亲，父亲经常被视为权威人物。这种认同过程使男孩形成了公正道德。

证据

正如贾弗与海德（Jaffee & Hyde, 2000）所指出的那样，很难验证吉利甘关于道德取向来源的观点。但是，贝内森等人（Benenson, Morash & Petrakos, 1998）研究了与自己 4 岁或 5 岁孩子玩耍的母亲。女孩似乎比男孩更依恋母亲。例如，女孩和母亲更亲近，与母亲有更多的目光交流，似乎从与母亲的玩耍中得到更多乐趣。但是，仅凭这一证据并不能认为这些发现就表明女孩比男孩更强烈地认同母亲。

贾弗与海德报告了关注道德取向中可能存在性别差异的最全面的研究综述。他们对 113 项道德推理研究进行了元分析。总体说来，男性比女性表现出更多公正推理的趋势非常小；女性比男性表现出更多关爱推理的趋势稍大（但仍很小）。根据贾弗与海德（2000, p.719）的看法：

> 这些较小的影响（刚刚进行过描述），与 73% 测量公正推理的研究以及 72% 测量关爱推理的研究发现，均未发现显著的性别差异，这使我们得出这样一个结论：尽管明显的推理取向有可能存在，但是这些取向与性别可能并没有强烈的相关。

❖ **评价**
- ⊕ 道德推理存在性别差异,吉利甘预测了这些差异。
- ⊖ 道德推理的性别差异较小,男性和女性都会使用公正推理和关爱推理。
- ⊖ 业已证明难以对道德推理中所认为的性别差异来源进行研究。部分问题在于吉利甘所使用的一些概念(如,父母认同、平等与不平等)不能进行很好的测量。

小 结

自我发展

存在着"主体我(I)"(作为经验主体的自我)和"客体我(me)"(作为经验客体的自我)。儿童对镜中形象的反应表明,他们的自我感在 2 岁末才开始形成。自我概念在发展过程中越来越复杂,并且包含了更多的人际影响。哈特认为儿童的自尊取决于他们在五个领域的胜任感。那些父母接纳、为他们的行为设定明确的限制、允许他们形成控制感的儿童,倾向于拥有高自尊。

自我发展

大多数社会对男性和女性的行为和态度都有所期望。但是,性别差异比通常所认为的更小。心理动力学理论认为,解剖学结构决定了最终命运,意味着性别发展在很大程度上取决于生物因素。弗洛伊德认为,在性别角色行为发展中,对同性父母的认同具有重要作用。但相关证据并不支持这一观点。根据社会学习理论的观点,性别发展是通过直接学习和观察学习发生的。正如所料,性别角色行为的产生有时是由于受到了奖励,一些不符合性别角色的行为由于受到阻止而加以避免。社会学习理论家强调学习具体形式的行为而不是一般形式的学习,他们倾向于把儿童看成被动而非主动的。根据科尔伯格的理论,儿童发展性别认同有三个阶段:基本性别认同,性别稳定性及性别一致性。有证据支持这三个阶段,性别一致性的获得引起预期中性别角色行为的增加。但是,科尔伯格过于强调性别认同发展的内部过程,而不重视外部因素(例如,奖赏)。根据性别图式理论,获得基本性别认同的年幼儿童开始形成性别图式。与性别图式不一致的信息容易被记错。性别发展的生物学理论只得到有限的证据支持。女性情感性刻板印象和男性工具性刻板印象在不同文化中普遍存在。

亲社会行为

移情在亲社会行为中具有重要作用。根据霍夫曼的观点,移情发展经历四个阶段:普遍性移情、自我中心的移情、对他人情感的移情、对他人生活状况的移情。任何特定年龄的儿童所表现出的亲社会行为数量上的个体差异,部分取决于遗传因素,部分取决于父母行为。观看电视中的亲社会行为或助人行为,有助于儿童表现出更多的亲社会行为。

反社会行为

随着儿童的成长，他们会越来越多的以言语形式而非身体形式表达攻击性。媒体暴力有时会导致儿童攻击行为的短期增加，可能还具有长期效应。但是，观察学习可能引起嬉戏打闹而非真正的攻击。遗传因素会影响攻击行为的个体差异。攻击行为的性别差异很小，但是男性通常具有更多的身体攻击行为。儿童期攻击行为的增加可能是家庭相互作用动力的结果（例如，强制性循环）。

道德发展

道德具有情感、认知及行为三种成分。弗洛伊德强调儿童的道德发展取决于5岁或6岁时对同性父母的认同。这是一种很有局限性的理论。根据皮亚杰的观点，儿童道德推理水平的发展经历了三个重要阶段。道德发展是随着儿童自我中心的减少和更多的受同伴的影响而产生的。年幼儿童对道德的看法比皮亚杰所认为的更为复杂也更为成熟。皮亚杰关注道德推理而非道德行为。科尔伯格在他的六阶段理论中扩展了皮亚杰的理论。该理论重点讨论道德推理而非道德行为，忽视了道德推理的情感因素和跨文化差异。吉利甘认为男性偏爱公正道德而女性偏爱关爱道德的观点，只得到中等程度的支持。

深入阅读

- Cole, M., & Cole, S. R. (2001). *The development of children* (4th ed.). New York: Worth. This book provides an introduction to key topics in social development.
- Shaffer, D. R. (2000). *Social and personality development* (4th ed.). Belmont, CA: Wadsworth. There is detailed and up-to-date material on topics such as moral devel-opment and sex-role identity in this book.
- Smith, P. K., Cowie, H., & Blades, M. (2003). *Understanding children's develop-ment* (4th ed.). Oxford, UK: Blackwell. Several chapters in this excellent textbook (espe-cially 6 and 8) contain good introductory accounts of topics discussed in this chapter.

第 17 章
社会性发展：依恋和友谊

本章概要

- **依恋**
  依恋的影响

  波尔比的依恋发展的五阶段
  弗洛伊德的解释
  安斯沃斯和贝尔的陌生情境
  依恋是后期生活的预言因子
  母性敏感性研究
  遗传假设

- **剥夺的影响**
  分离如何影响认知的发展

  波尔比的母性剥夺假设
  分离的阶段：抗议、绝望、脱离
  抑郁
  拉特的丧失/剥夺研究
  家庭关系
  极度缺失

- **离婚和日托的影响**
  离婚和日托越来越普遍

  离婚的不利影响；性别差异
  赫瑟林顿等人的危机期和适应/调整期
  长期影响
  日托的影响
  依恋研究
  埃瑞尔等人的儿童发展测量

- **养育子女的跨文化差异**
  大量的育儿实践

  研究的局限性
  文化期望和价值观
  教养方式
  集体主义社会与个体主义社会
  依恋类型——陌生情境

- **同伴关系**
  相互作用和友谊

  社交能力
  同伴等级评定：受欢迎的、有争议的、
  　　一般的、被忽略的、被拒绝的
  认知和情感差异
  克里克和道奇的社会信息加工模型
  艾森伯格和法波斯的情绪性和情绪调节
  　　理论
  社交能力不足
  友谊及其跨时间的重要性

- **父母、同伴或基因？**
  理解因果关系因素

  行为遗传学的定义
  父母与儿童消极行为的联系
  哈里斯的群体社会化理论
  个体差异

人是社会性的动物，因此在社会性发展领域中婴儿具有大量的早期学习是不足为奇的。在上一章，我们考察了社会性发展的一些方面，包括自我发展、性别发展、道德发展，以及亲社会行为和反社会行为的变化。但是，对社会性发展至关重要的是婴儿和儿童与他人形成温暖、积极和深厚的关系。本章将致力于研究各种类型的关系，从相对微弱而短暂的关系到非常强烈而持久的关系。实际上，在人类的发展过程中，没有什么能比这些关系的形成更为重要。

依恋：婴儿与他人形成的一种相对强烈而持久的情感联系。

对婴儿而言，至关重要的是依恋（**attachment,** 一种强烈而持久的情感联系），依恋通常是婴儿与其母亲或其他重要的照料者之间形成的特有关系。正如我们将看到的，许多证据都表明，婴儿所形成的依恋的性质和强度对他们将来的心理幸福感具有深远的影响。一些儿童或者从来不与其他成人形成强烈的依恋，或者这些依恋遭到破坏。研究人员一直比较关注的是，剥夺（尤其是母爱剥夺）可能对儿童的社交和智力产生严重的长期影响。

儿童的社会性发展和情感发展在某种程度上取决于父母的育儿实践。抚养子女的方式因文化而异，这使进行跨文化研究变得很重要。正如所料，育儿实践反映了占主导地位的文化价值观，这也是父母将这些价值观传递给下一代的一种方式。

儿童对父母或其他重要成人依恋的成功与否，仅仅构成他们社会性发展的一部分。对儿童来说，发展社会技能和社交能力以便能够成功地与其他儿童交往也是很重要的。与此相关的是，儿童通常会与同伴（其他同龄儿童）形成友谊。正如我们将要看到的，拥有朋友的儿童比起缺少朋友的儿童会更快乐、更受人欢迎。

依恋

根据谢弗（Shaffer, 1993）的观点，依恋是"两个人之间的一种亲密的情感联系，具有相互喜爱和保持亲近[亲密]愿望的特征"。发展心理学家对很多事情都持有异议，但几乎所有人都同意，形成强烈的依恋对婴儿和儿童是至关重要的。

婴儿的主要依恋通常是与母亲的依恋。不过，婴儿也可能与自己经常接触的其他人形成强烈的依恋（Schaffer & Emerson, 1964）。通常是父亲，但有时也可能是其他亲戚。婴儿在童年早期形成的最初依恋是非常重要的，因为它是儿童与他人发生毕生社会联系和情感联系的起点。随着儿童的成长，依恋会向他们传达可以从成人那里得到什么的观念，并构成他们人格发展的基础。

韦斯顿与梅因（Weston & Main, 1981）获得了婴儿常常与父亲和母亲形成依恋的证据。他们使用了陌生情境程序（稍后叙述）和44名婴儿。12名婴儿与父母有安全依恋，11名婴儿只与母亲有安全依恋，10名婴儿只与父亲有安全依恋，11名婴儿与父母有不安全依恋。

波尔比（Bowlby, 1969, 1988）提出了一种颇具影响力的解释，认为依恋发展包括五个主要阶段：

1. 婴儿对他人作出反应，但是对每个人作出反应的方式是相似的。

2. 在 5 个月左后或年龄更小时，婴儿开始对其他人进行一致性的区分（参见第 14 章）。例如，与其他人相比，婴儿对母亲或其他重要的照料者露出更多的微笑。此外，当婴儿苦恼时，母亲或照料者对他/她的安慰比其他人的安慰要更有效。这一阶段见证了依恋的开始。

3. 在 7 个月左右时，婴儿试图保持与母亲或重要照料者的亲密关系。在这个阶段，当母亲离开时，婴儿通常会变得明显不安（例如，哭泣），表现出"分离抗议"（separation protest）。该阶段的另一特征是，婴儿开始表现出对陌生人的害怕。

4. 从 3 岁左右开始，儿童与照料者之间的依恋发展成波尔比所提出的目标矫正的伙伴关系（goal-corrected partnership）。这意味着儿童开始考虑照料者的需要，而不是只关注照料者能为他/她提供什么。

5. 从大约 5 岁以后，儿童对母亲或其他照料者的依恋较少取决于亲近。儿童已形成人际关系的内部工作模型，因此当儿童一段时间未看到照料者时，仍然可以维持强烈的依恋。

早期观点

弗洛伊德（Freud, 1924）对婴儿与其母亲的依恋提出了一种简单的解释："襁褓中的婴儿需要感觉到母亲存在的原因，仅仅是因为他已经凭经验知道母亲能及时地满足他的所有需要。"因此，婴儿对母亲的最初依恋是因为母亲是食物、安慰和温暖的提供者。

弗洛伊德关于早期依恋的观点来源于他的心理性欲发展理论（参见第 13 章）。根据他的理论，心理性欲发展的第一个阶段是口唇期。这一阶段大约会持续 18 个月，婴儿在这一阶段通过吸吮母亲的乳房等口腔体验获得许多满足。因此，弗洛伊德（1924, p.188）认为母亲的重要地位是"独一无二、无与伦比的，已成为儿童整个一生中不可更改的最初和最强烈的情爱对象，以及以后所有情爱关系的原型"。

弗洛伊德的观点太过于简单。即使是幼猴的依恋行为也不仅仅取决于食物的供给。哈里·哈洛（Harry Harlow, 1959）对幼猴进行了一些研究。这些幼猴必须在两

尽管幼猴在左边的金属母猴那里得到食物，但当受到玩具熊鼓手的惊吓时，它却会跑到布母猴那里寻求安慰 (Harlow, 1959)。

印刻效应：一些物种（比如，鹅）的幼崽对它们遇到的第一个移动对象产生跟随和建立关系的强烈倾向。

个代理（或替代）母亲之间进行选择，一个母猴由金属丝制成而另一个母猴全身用布包裹。金属母猴向一些幼猴提供牛奶，布母猴向其他幼猴提供牛奶。研究发现非常明确。甚至当布母猴未给它们提供牛奶时，幼猴也会花大量时间与她相处。

谢弗与爱默生（Schaffer & Emerson, 1964）提供了更多反对弗洛伊德理论的证据。在大约40%的人类婴儿中，那些给他们喂食和换尿布的成人并不是他们最依恋的人。因此，并不存在弗洛伊德所假设的食物和依恋行为之间的简单联系。婴儿最可能与那些对他们有回应并以触摸和玩耍的方式为他们提供大量刺激的成人形成依恋。

生态学家研究了自然环境中的动物。其中一位生态学家（Konrad Lorenz）在一些鸟类动物的幼崽中发现，它们倾向于跟随它们看到的第一个移动对象，并且此后继续跟随这个对象。这被称为**印刻效应（imprinting）**。它只出现在鸟类动物生命中短暂的关键期。当印刻效应形成之后，通常不可改变，从这种意义上讲，鸟类动物将会继续跟随这个使其产生印刻效应的对象。

根据波尔比（Bowlby, 1969）的观点，在婴儿身上发现了类似印刻效应的现象。他讨论了单变现象（mono-

洛伦兹孵化了一些小鹅并精心安排以使自己成为它们看到的第一个对象。从那时起，它们到处跟着他并且未表现出对真正母亲的认可。小鹅形成了它们跟随对象的印象（印刻）。

> **案例研究：多情的火鸡**
>
> 一些心理学家研究了激素对火鸡的影响。在一个房间里有35只发育成熟的雄性火鸡。如果你走进房间，火鸡会逃到最远的角落里。如果你走近它们，火鸡会沿着墙走以便与你保持最大的距离。这是野生火鸡相当正常的行为。但在另一个房间，有一群火鸡则表现出完全不同的行为。当你走进房间时，这些火鸡会同时就地停住欢迎你、看着你、将尾部的羽毛张开成求爱时的扇形、低着头并笨重地走向你。它们很明显有交配的意图。（幸运的是，求爱中的火鸡出奇的缓慢，因此你可以轻易地躲开它们的趋近。）
>
> 两组火鸡有什么差异呢？第一组火鸡在远离人类的环境中喂养，而第二组火鸡则在很小的时候被注射了雄性激素（睾丸酮）。激素产生了一种人为的敏感期，火鸡在这个时期对它们的同伴——一名男性实验者产生了印刻效应。随后，这些火鸡对雌性火鸡表现出极小的兴趣，但是每当看到男性人类时它们就会被唤醒——显示它们的尾羽并昂首阔步地前行。
>
> 曾有研究表明，这种学习如此强烈并且似乎不可更改的原因是，它发生在高唤醒时期（当注射激素时）。在现实生活中也可能涉及激素。也许对这些鸟类动物来说，一个移动的对象可能产生愉快感，这种愉快引发了内啡肽（身体产生的一种类似鸦片的生化物质）的产生，内啡肽接着产生了一种有利于学习的最佳唤醒状态。
>
> 引自霍夫曼（Howard S. Hoffman, 1996）

tropy）的概念，根据这一概念，人类婴儿具有与某个特定个体形成强烈联系的先天倾向。这一特定个体通常是（但并非总是）婴儿的母亲。他还认为存在着关键期，在关键期必然出现婴儿与母亲或其他照料者的依恋。关键期会在1—3岁之间的某个时间结束。此后，婴儿不再可能与母亲或其他人建立强烈的依恋关系。

陌生情境测验

为了全面理解婴儿的依恋行为，我们需要测量依恋行为的有用方法。安斯沃斯与贝尔（Ainsworth & Bell, 1970）创设了陌生情境程序。在八个简短的连续情节中观察婴儿（通常约12个月大）。婴儿有时与母亲在一起，有时与母亲和陌生人在一起，有时只与陌生人在一起，有时则独自一个人。研究者详细记录婴儿对陌生人的反应、与母亲分离的反应，以及与母亲重聚的反应。使用陌生情境的跨文化研究在本章后面有详细讨论。

根据婴儿对这些情境的反应，可以将其与母亲的依恋归结为三种依恋中的一种：

1. **安全型依恋**（secure attachment）。母亲的离开让婴儿感到痛苦。但当母亲回来后，他会很快恢复到满意状态，并立即寻求与母亲的接触。这类婴

这对成人关系和教养有什么启示呢？

单变现象：波尔比提出的概念，婴儿具有与母亲形成强烈联系的先天倾向。

安全型依恋：婴儿对母亲的一种强烈而满意的依恋，当母亲离开又回来时，婴儿与她的接触会重新开始。

儿对母亲和陌生人的反应截然不同。大约 70% 的美国婴儿表现出安全型依恋。

2. **反抗型依恋**（**resistant attachment**）。母亲在场时婴儿感到不安全，而当母亲离开时他又变得很痛苦。当母亲回来时他又拒绝与母亲接触，并且对陌生人很警觉。大约 10% 的美国婴儿表现出反抗型依恋。

3. **回避型依恋**（**avoidant attachment**）。婴儿不寻求与母亲的接触，当与母亲分离时表现出很少的痛苦。在母亲回来时避免与母亲接触。婴儿对待陌生人的方式与对待经常回避他／她的母亲的方式相似。大约 20% 的美国婴儿表现出回避型依恋。

陌生情境测验（如上所述）的原始版本是为婴儿设计的，因此强调婴儿接近或远离母亲的动作以及婴儿是否哭泣。陌生情境测验也可以评估 3 岁和 4 岁儿童的依恋。但是，考虑到儿童所表现出的更多的行为多样性也是非常重要的（例如，跟父母说话的内容和方式；情感的口头表达；参见 Bar-Heim et al., 2000）。当按照上述要求进行时，4 岁儿童与婴儿一样表现出三种相同的依恋类型（安全型，反抗型，回避型）（Bar-Heim et al., 2000）。有证据表明，在陌生情境中存在第四种依恋行为。梅因、卡普兰与卡西迪（Main, Kaplan & Cassidy, 1985）认为，一些婴儿表现出所谓的混乱型依恋（disorganised and disoriented attachment）。这些婴儿似乎缺乏应对陌生情境的一致性策略，他们的行为常常是令人费解的接近与回避的混合物。

弗雷利与斯皮克（Fraley & Spieker, 2003）认为，将所有儿童的依恋模式分为三种（或四种）类别过于简单。例如，两个儿童可能都被归入回避型依恋，但是一个儿童可能比另一个儿童表现出更多的回避行为。因此，他们建议从两个维度评估儿童的依恋行为要更有意义。第一，亲近寻求对回避策略维度，该维度与儿童试图和

反抗型依恋：婴儿对母亲的一种不安全依恋。

回避型依恋：婴儿对母亲的一种不安全依恋，当母亲离开又回来时，婴儿会回避与她的接触。

这项研究是通过美国婴儿进行的。你认为其他文化中的儿童也都会以相同的方式行事吗？

陌生情境实验中的八个阶段

阶段	房间里的人	程序
1（30 秒）	母亲或照料者、婴儿、实验者	实验者将其他人带进房间，并尽快离开
2（3 分钟）	母亲或照料者、婴儿	母亲或照料者坐下，婴儿可自由探索
3（3 分钟）	陌生人、母亲或照料者、婴儿	陌生人进入房间，片刻之后与母亲或照料者交流，然后与婴儿交流。母亲或照料者离开房间
4（3 分钟）	陌生人、婴儿	陌生人继续设法与婴儿交流和玩耍
5（3 分钟）	母亲或照料者、婴儿	母亲或照料者回来时，陌生人离开。这个阶段结束时母亲或照料者再次离开
6（3 分钟）	婴儿	婴儿独自在房间里
7（3 分钟）	陌生人、婴儿	陌生人回来并设法与婴儿交流
8（3 分钟）	母亲或照料者、婴儿	母亲或照料者回来并与婴儿交流，陌生人离开

母亲保持身体接近的程度有关。第二，愤怒和反抗策略对情感信任维度，该维度与儿童对依恋对象行为的情感反应有关。如右图所示，安全型依恋与高水平的亲近寻求和高水平的情感信任有关，反抗型依恋与高水平的亲近寻求和高水平的愤怒、反抗有关，回避型依恋与低水平的亲近寻求和高水平的情感信任有关。

这种维度法是否比安斯沃斯的类别法更可取呢？关注维度具有两方面的优势。首先，更灵活，因为它不要求将每个儿童的依恋行为归为少量类型中的某个类型。其次，更敏感。例如，维度法会考虑儿童依恋行为的细微差异，但类别法通常则会忽略这些差异。

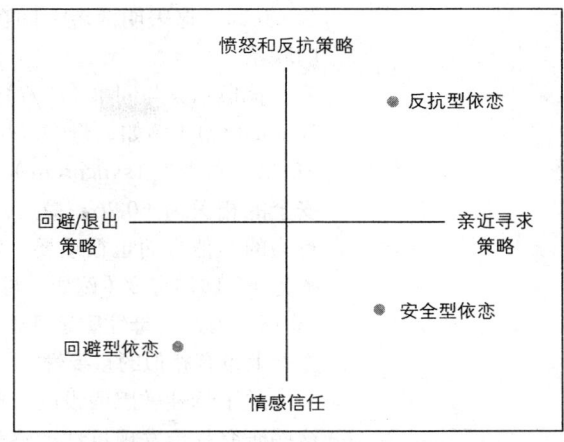

二维结构中安全型依恋、反抗型依恋和回避型依恋的位置（亲近寻求对回避/退出；愤怒和反抗对情感信任）。基于弗雷利与斯皮克（2003）。

婴儿的依恋可以预测以后童年期的依恋吗？一些证据表明依恋具有时间上的稳定性。例如，沃特纳等人（Wartner et al., 1994）发现，12个月大的婴儿在陌生情境中的依恋类型与6岁时的依恋有很大的相似性。但巴海姆等人（Bar-Heim et al., 2002）在一项研究中发现了一种更复杂的情况。14—24个月儿童的依恋类型相当一致，64%的儿童仍保持相同的依恋类型。但是，14—58个月儿童的依恋类型稳定性较小，只有38%的儿童保持相同的依恋类型。巴海姆等人发现，与依恋类型未发生变化的14—58个月的儿童相比，依恋类型发生变化的儿童更可能拥有报告大量消极生活事件的母亲。

婴儿的依恋可以预测数年后的社会性发展和认知发展吗？虽然证据有些不一致，但是斯塔姆斯等人（Stams, Juffer & van IJzendoorn, 2002）报告了有关领养儿童的积极发现。他们评估了12个月大时儿童的母子依恋安全，然后评估6年后儿童的社会性发展和认知发展。12个月大时表现出安全依恋的儿童在7岁时具有较好的社会性发展和认知发展。早期的不良性情和母亲的敏感性反应（下文讨论）也预测了社会性发展和认知发展，但是小于依恋安全的预测程度。

依恋理论

为什么有些婴儿具有与母亲的安全型依恋，而其他婴儿却没有呢？根据波尔比（1969）的观点，依恋对象对婴儿信号反应的敏感性是至关重要的。安斯沃斯等人（1978, p.152）也表述了这样的观点，他们提出了母性敏感假设："通常与婴儿依恋的安全—焦虑维度相联系的母性行为最重要的一个方面是……对婴儿信号和沟通的敏感反应。"

安斯沃斯等人（1978）对26个家庭进行了研究，他们详细观察了第一年全年中母亲与婴儿之间的互动。母亲的敏感性（包括准确感知婴儿的信号并及时而恰当地对信号作出反应的能力）和婴儿的依恋安全之间存在非常强烈的联系（相关为+0.78）。德伍尔夫与同事（de Wolff & van IJzendoorn, 1997）对评价母性敏感和儿童依恋安全的大量研究进行了元分析。他们报告母性敏感与婴儿依恋安全之间的相关为+0.24。这表明两者之间存在中等强度的联系,但远远小于安斯沃斯等人所报告的联系。

德伍尔夫与同事(1997)也考察了与敏感性相关的母亲行为的其他方面。相互性(mutuality)(例如,母亲和婴儿对同一对象的积极交流)与婴儿依恋安全的相关为+0.32,同步性(synchrony)(母亲和婴儿之间互补和相互奖赏的互动)与婴儿依恋安全的相关为+0.26。最后,德伍尔夫与同事发现,与敏感性几乎无相似性的母亲行为的其他方面也很重要。刺激(母亲指导婴儿的任何行动)与婴儿依恋安全的相关为+0.18,态度(例如,母亲对婴儿的积极情感表达)与婴儿依恋安全的相关也为+0.18。因此,母性敏感性也很重要,但母亲行为的几个其他方面在决定婴儿的依恋类型上也有相似的重要性。

关于母性敏感假设的大多数研究均具有局限性,因为这属于相关性研究,并且这些研究基于发现母性敏感和依恋类型之间的关系。这些研究不能揭示母性敏感的差异导致依恋类型的差异。例如,可能是儿童的安全依恋倾向引起母亲更多的敏感性行为。阐述因果关系问题的一种有效方式是使用干预,以增加母性敏感性。根据母性敏感假设,这种基于实验法的干预将会导致安全依恋型儿童的数量显著增加。

三位研究者(Bakermans-Kranenburg, van IJzendoorn & Juffer, 2003)对51项研究进行了元分析,在这些研究中使用干预增加积极的母亲行为(例如,敏感性、反应、卷入)。干预在提高母亲的教养敏感性方面通常是成功的,干预倾向于使儿童形成更安全的依恋。更具体的讲,58%其母亲受过教养敏感性训练的婴儿,比母亲未受过训练的一般婴儿具有更安全的依恋。

由于夸大了母亲在婴儿依恋发展中的作用,母性敏感假设受到了批评。例如,你也许想知道父亲在影响婴儿的依恋模式方面究竟起什么作用(如果有的话)。德伍尔夫与同事(1997)对8项评估父亲敏感性的研究进行了元分析。一个重要发现是,父亲敏感性和父子依恋之间的相关为+0.13。因此,父亲敏感性与婴儿对父亲的依恋安全之间存在中等强度的相关。但是,该相关显著小于母性敏感与母子依恋安全之间的相关。

母性敏感假设另一个可能的局限性在于忽略了婴儿自身的作用。例如,我们知道遗传因素在决定人格的个体差异方面具有重要作用(参见第13章),因而遗传因素也完全可能影响婴儿的依恋类型。该假设可以通过比较基因100%相同的同卵双生子和基因50%相同的异卵双生子进行检验。如果假设正确,同卵双生子在依恋类型方面应该比异卵双生子表现出更多的一致性(协调型)。

芬克尔等人(Finkel, Wille & Matheny, 1999)报告了支持遗传假设的证据。同卵双生子依恋类型的一致性比例是66%,远

高于异卵双生子48%的一致性比例。但是，异卵双生子依恋类型的一致性比例非常低，甚至低于随机值。奥康纳与克罗夫特（O'Connor & Croft, 2001）进行了一项关于学龄前同卵双生子和异卵双生子的研究。同卵双生子依恋类型的一致性比率为70%，异卵双生子为64%。这个细微差异表明，依恋类型中14%的个体差异是由遗传因素决定的。总之，遗传因素可能在某种较小程度上影响儿童的依恋类型。如果婴儿的依恋模式在很大程度上取决于其遗传因素，那么与母亲具有安全依恋的婴儿通常应该与父亲也具有安全依恋，而与母亲具有不安全依恋的儿童应该与父亲也具有不安全依恋。但事实上，母子依恋和父子依恋之间只存在+0.17的中等相关。这表明婴儿与母亲和父亲的依恋主要取决于父母特征。

你认为依恋对象的丧失与最初从未形成过依恋具有相同的效应吗？

❖ **评价**

- ⊕ 大量研究都证实了陌生情境测验以及安斯沃斯与贝尔（1970）所确定的三种依恋类型的实用价值。
- ⊕ 决定依恋类型的各种因素（例如，母性敏感、父亲敏感）已得到确认。
- ⊕ 婴儿的依恋类型在一定程度上预测了其未来的社会性发展和认知发展（Stams et al., 2002）。
- ⊕ 发展心理学中一些最全面的跨文化研究都使用了陌生情境测验（见下文）。
- ⊖ 陌生情境程序以实验室为基础，代表了一种相当人工的依恋研究方法。布朗芬布伦纳（Bronfenbrenner, 1979）指出，婴儿在实验室里的依恋行为比在家里的依恋行为通常更强烈。
- ⊖ 由于依赖相关性数据，因此婴儿强烈的早期依恋是否直接影响以后的社会性发展和情感发展尚不清楚。
- ⊖ 用维度法代替安斯沃斯的依恋类型法可能更受欢迎。

剥夺的影响

我们已经考察了决定儿童对母亲或其他照料者形成的依恋性质的某些因素。当然，在现实世界中，环境（例如，父母离婚或父亲/母亲去世）可能会破坏儿童的依恋甚或完全阻碍依恋的形成。在本章这一部分，我们将讨论儿童与生命中最重要的一个或多个成人的分离对其产生的影响。但要注意的是，剥夺对年龄更大的儿童也会产生严重影响。例如，12岁前母亲去世的女孩，要比其他女孩更可能在成人生活中变得极度抑郁（Brown & Harris, 1978）。

母性剥夺假设

约翰·波尔比（John Bowlby, 1907—1990）是一位儿童精神分析学家，他致力于研究母亲和儿童之间的关系。根据他（Bowlby, 1951）的观点，"婴儿和儿童应该体验到与他［原文如此］母亲（或具有长期母亲身份的人）之间温暖、

儿童精神分析学家波尔比（1907—1990）。"婴儿期和童年期母亲的爱对心理健康犹如维生素和蛋白质对身体健康同等重要。"（Bowlby, 1953）

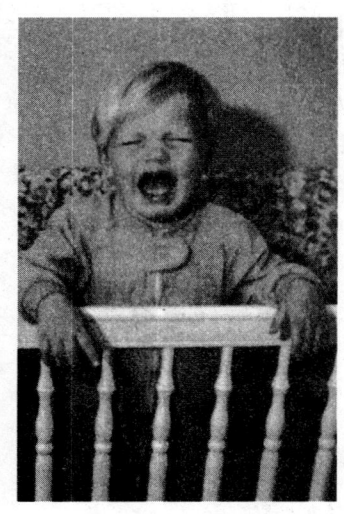

母亲分离会对儿童产生严重的情感影响。儿童对分离反应的第一阶段称为抗议：儿童长时间哭泣的强烈阶段。

亲密和持续的关系，并且双方都能在这种关系中感受到满意和愉快"。没有人会不同意这种说法。但是，波尔比随后提出了更有争议的母性剥夺假设。根据这个假设，在生命早期打破母子联系可能会对儿童的智力发展、社会性发展和情感发展产生严重影响。波尔比还声称，母性剥夺的很多消极影响是永久且难以改变的。

大多数研究都是关注剥夺的长期影响。不过我们将首先考虑剥夺的某些短期影响。即使与母亲非常短暂的分离，也会对儿童产生严重的情感影响。罗伯逊与波尔比（Robertson & Bowlby, 1952）研究了通常因为母亲去医院而与母亲分离一段时间的儿童。儿童对分离的反应包括三个阶段：

1．**抗议（protest）**，通常非常强烈；儿童长时间哭泣，有时显得惊慌失措。

2．**绝望（despair）**，完全丧失希望；儿童常常缺乏热情并对周围环境表现出极少的兴趣。

3．**冷漠（detachment）**，该阶段的儿童似乎以较不痛苦的方式行事。如果母亲在这个阶段重新出现，儿童并不会以极大的兴趣来回应她。

过去人们认为处于冷漠阶段的儿童已经很好地适应了与母亲的分离。实际上，儿童所表现出的冷静行为常常隐藏着潜在的痛苦。当母亲重新出现时，儿童所表现出的冷漠通常只是表面现象而非真实情况，正如事实所表明的那样，儿童将会随时间推移重新建立与母亲的依恋。

短期分离所产生的这些消极影响是不可避免的吗？罗伯逊夫妇（Robertson & Robertson, 1971）报告的证据表明是可以避免的。他们在自己家中照顾那些与母亲分离的儿童，并采取各种措施将儿童可能体验到的任何痛苦降到最低程度。首先，他们确保儿童在真正分离之前先参观过他们的家，以使这些儿童熟悉新环境。其次，他们尽量向儿童提供他们熟悉的日常生活。最后，他们与儿童讨论其母亲。这个方法被证明是成功的，这些儿童比大多数与母亲分离的儿童表现出更少的痛苦。

证据

波尔比的母性剥夺假设部分地建立在戈德法布（Goldfarb, 1947）和斯皮茨（Spitz, 1945）的工作基础之上。斯皮茨（Spitz, 1945）在南美洲参观了一些非常贫穷的孤儿院和其他慈善机构。孤儿院里的大多数儿童从教职人员那里得到很少的温暖和关心，结果他们变得缺乏感情。很多儿童都患有**依赖性抑郁症（anaclitic depression）**，一种包括无可奈何的无助和爱好丧失的状态。

戈德法布（Goldfarb, 1947）比较了两组来自一所贫穷且教职人员不够的孤儿院的婴儿。一组婴儿在被领养前仅在孤儿院度过了人生的最初几个月。另一组婴儿在被领养前已经在孤儿院度过3年。两组婴儿在12岁前进行多次测验。在孤儿院度过3年的儿童在智力测验上的表现劣于其他儿童。他们在社交方面不成熟，并且更可能具有攻击性。

戈德法布和斯皮茨的发现对母性剥夺假设提供的支持少于波尔比的假设。他们

依赖性抑郁症：一些未得到很好照顾的儿童所体验到的一种状态；包括爱好的丧失和无助感。

所研究的慈善机构在一些方面存在着不足，除母性剥夺外，那里的儿童普遍缺乏激励和关爱。因此，我们不能解释如下发现：他们可能源于母亲的缺失，或者源于贫乏的机构条件，或是源于两种因素的共同作用。

波尔比（1946）提供了母性剥夺可能具有严重长期影响的证据。他将曾经犯罪的青少年与其他未犯罪但情绪焦虑的青少年做了对比。32%的少年犯表现出**情感缺乏精神障碍（affectionless psychopathy）**，但没有一个情绪焦虑的青少年表现出这种障碍。这是一种缺乏内疚和自责的精神障碍。波尔比发现，64%患情感缺乏精神障碍的少年犯在儿童早期经历过剥夺。相反，只有10%未患情感缺乏精神障碍的少年犯经历了母性剥夺。这些发现表明母性剥夺能导致情感缺乏精神障碍，但在后来的研究中未能重复这些发现。

情感缺乏精神障碍：在少年犯中发现的一种精神障碍，包括缺乏内疚和自责。

剥夺：儿童已经与某人形成亲密关系，但后来与此人分离时的状态。见缺失。

缺失：儿童从未与任何人形成亲密依恋的状态。

剥夺与缺失

拉特（Rutter，1981）认为，应该重新解释波尔比（1946）关于情感缺乏精神障碍的发现。他指出，剥夺和缺失之间存在重要差异。当儿童已经形成重要的依恋，但后来与主要的依恋对象分离时，会产生**剥夺（deprivation）**。相反，当儿童从未与任何人形成亲密关系时，才会产生**缺失（privation）**。波尔比研究中的很多少年犯在童年早期都经历了家庭和主要照料者的某些变化。这给拉特带来的启示是，儿童后来出现的问题源于缺失而非波尔比所宣称的剥夺。拉特认为，缺失的影响比剥夺的影响更严重、更持久，由此可以推断缺失经常导致"最初阶段的执着、依赖的行为，接下来是寻求关注、放荡不羁、乱交朋友，最后是缺少内疚、不能遵守规则和不能形成长久友谊的人格特征"。

单变性假设

根据波尔比的**单变性假设（monotropy hypothesis）**，婴儿只形成一种强烈的依恋，并且通常是对母亲的依恋。事实上，情况并非总是如此。谢弗与爱默生（Schaffer & Emerson，1964）在如前所述的一项研究中，在婴儿1岁期间多次拜访婴儿的家。到婴儿10个月时，59%的婴儿都形成了一种以上的依恋，到婴儿18个月时该数字上升到87%。在婴儿更大时，只有一半左右的婴儿主要对母亲产生依恋，同时30%的婴儿主要对父亲产生依恋。因此，只有较少的婴儿会如波尔比所假设的那样只对母亲产生强烈依恋。

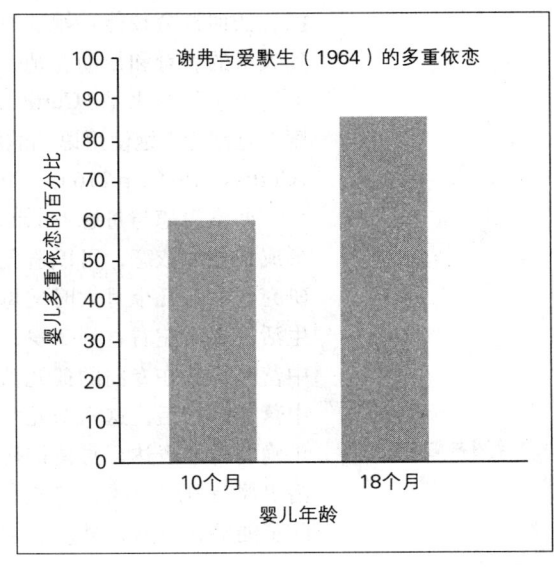

谢弗与爱默生（1964）的多重依恋

尽管存在上述发现，但可能仍然存在如果儿童接触多个照料者，那么他们的社会性发展会受到不利影响的情况。罗伊、拉特与皮克勒斯（Roy, Rutter & Pickles，2000）考察了从问题家庭中领走的6岁儿童。一些儿童得到领养，因此他们的主要照料来自领养家庭。其他儿童得到慈善机构的照料，因此他们有多个照料者。两组儿童的学习成绩都低于来自完好家庭的儿童。但是，慈善机构的儿童比领养家庭的儿童表现出更多的情绪困扰、漫不经心和极度活跃，这很可能源于多人照料。

剥夺的原因

波尔比（Bowlby, 1951）认为，剥夺本身会引起长期困难。与其相反，拉特（Rutter, 1981）认为，剥夺的影响取决于导致分离的精确原因。他研究了9—12岁的男孩，这些男孩在很小的时候就已与母亲分离了一段时间。总的来说，那些适应良好的男孩是由于诸如住房问题或生理疾病等因素而与母亲相分离。那些适应不良的男孩则大多是由于家庭内的社会关系问题（例如，精神疾病）而与母亲相分离。因此，是家庭不和谐而不是分离本身造成了儿童的困难。

波尔比（1951）认为，母性剥夺的消极影响不能逆转或消除。不过，大多数证据并不支持他的观点，并且指出即使缺失也并非总是具有永久性影响。蒂泽德（Tizard, 1977, 1986）以及蒂泽德与霍杰斯（Tizard & Hodges, 1978）报告了有关这一问题的充分证据（参见下页的关键研究）。

伤害的不可逆性：极度缺失

一些研究者研究了极度缺失和孤立对儿童的影响。令人非常惊讶的是，这些儿童通常适应良好。有研究者（Koluchova, 1976）研究了一对同卵双生子，他们7岁前的大部分时间被锁在地窖里。他们被虐待，经常挨打，几乎不能交谈，主要靠手势而非言语进行交流。9岁左右时这对双生子被人领养。14岁时，他们的行为基本正常。到20岁时，他们的智力已高于平均水平，并与领养家庭的成员建立了良好关系。

柯蒂斯（Curtiss, 1989）讨论了吉妮（Genie）的案例，她在洛杉矶自己家的橱柜里度过了大部分童年时光（参见第14章）。她很少与家里的其他成员接触，并且不允许发出任何声音。当她被人发现时已经13岁半了。她食不果腹，不能站立，并且没有任何社会技能。她那时候听不懂语言也不能说话。在被发现后的几年中，她受到大量的教育和帮助。她完成不依赖语言任务的能力迅速提高，并在几项知觉任务上达到了正常水平（Curtiss, 1989）。但是，吉妮的社会技能仍然有限，这在某种程度上是因为"她使用语调的技能很差，只有非常熟悉她的人才能理解她想要说什么"（Curtiss, 1989, p.216）。

弗洛伊德与丹恩（Freud & Dann, 1951）提供的有趣证据表明，儿童与其他儿童形成强烈的依恋，可以避免因失去双亲和生活在恶劣环境下带来的严重伤害。他们研究了六名几个月大时父母在集中营被杀害的战争孤儿。这些婴儿在集中营里共同生活了2年左右直到3岁，他们遭遇到一些痛苦的经历，比如目睹绞刑。他们在集中营时被放在专门的孤儿营区，除了彼此接触之外很少与他人接触。在二战结束集中营被解放后，这六个儿童被送到英格兰。从集中营营救出来时，他们还未发展出正确的言语表达，身体偏瘦，对成人怀有敌意。但是，他们彼此非常依恋。根据弗洛伊德与丹恩的观点，"这些儿童的积极感情仅仅以他们自己的群体为中心……他们除了能够在一起之外没有别的希望，当彼此分离时，即使是短暂的分离都会使他们

霍杰斯与蒂泽德：缺失的长期影响

该研究的一个评论是有些儿童在研究结束前就"退出"了。这留下一个有偏差的样本，因为那些不能被追踪或不愿参加的儿童可能不同于仍然留在研究中的儿童。事实上，蒂泽德与霍杰斯报告，仍然留在研究中的领养儿童，比退出研究重新回到自己家庭的儿童更早表现出更多的适应问题。这就留下了一个"较好"的领养儿童样本，并可以解释他们为什么表现较好。

非常重要的一点是，需要指出同一儿童群体内部存在较大的个体差异：一些重新回到自己家庭的儿童实际上具有良好的家庭关系，而一些领养儿童则没有。

由于这是自然情境实验，因果无法假设，因此不能认为缺失导致了长期的消极社会影响——这充其量也只不过是一个推论而已。

> **关键研究评价——霍杰斯与蒂泽德**
>
> 蒂泽德（Tizard, 1977, 1986）以及蒂泽德与霍杰斯（Tizard & Hodges, 1978）研究了7岁前一直生活在慈善机构的儿童。每个儿童到2岁时平均有24个不同的照料者。缺乏与任何成人形成强烈、持续关系的机会，这意味着他们遭受了母性剥夺。尽管如此，这些儿童4岁半时的平均智商是105。因此，慈善机构可能并没有阻碍儿童的认知发展。
>
> 研究者也研究了这些儿童在8—16岁时的发展过程。一些儿童回到自己家中，其他儿童被人领养。大多数领养儿童都与养父母形成了亲密关系。不过那些回到自己家的儿童却并非如此，因为他们的父母经常不能确定自己是否想让孩子回来。这两组儿童在学校都遇到了困难。根据蒂泽德与霍杰斯（1978）的观点，他们都有"一种对成人注意几乎无法满足的愿望，与同伴群体建立良好关系也存在困难"（p.114）。
>
> 霍杰斯与蒂泽德（Hodges & Tizard, 1989）发现，当领养儿童16岁时，他们的家庭关系与那些没有孩子离开家的家庭关系一样好。但是，返回自己家庭的16岁儿童对父母表现出很少的情感，父母对他们也不是很关爱。两组儿童在与其他同龄青少年的关系上也很相似。他们不可能像其他儿童那样拥有特别亲密的朋友或把其他青少年作为情感支持的来源。

讨论要点：
1. 蒂泽德与霍杰斯的研究在何种程度上增加了有关剥夺影响的知识？
2. 我们如何解释领养儿童和返回自己家庭的儿童表现出不同的行为模式？

感到局促不安"（p.131）。

随着时间推移，六名儿童开始对成人照料者产生依恋。此外，他们在社会层面和使用语言方面发展迅速。很难确认先前的经历是否对他们产生了长期的不利影响。其中一名（Leah）接受了精神援助，另一名（Jack）有时感到非常孤独和寂寞（Moscovitz, 1983）。不过在随机选择的六名成人中，无一例外都发现了类似的问题。

斯丘斯（Skuse, 1984, p.567）综述了关于极度剥夺案例的研究，并总结如下："在不存在遗传或先天异常 [非遗传和出生时就存在]，也无严重营养不良史的情况下，遭受这种剥夺的受害者都具有显著的预后（prognosis）。社会适应中

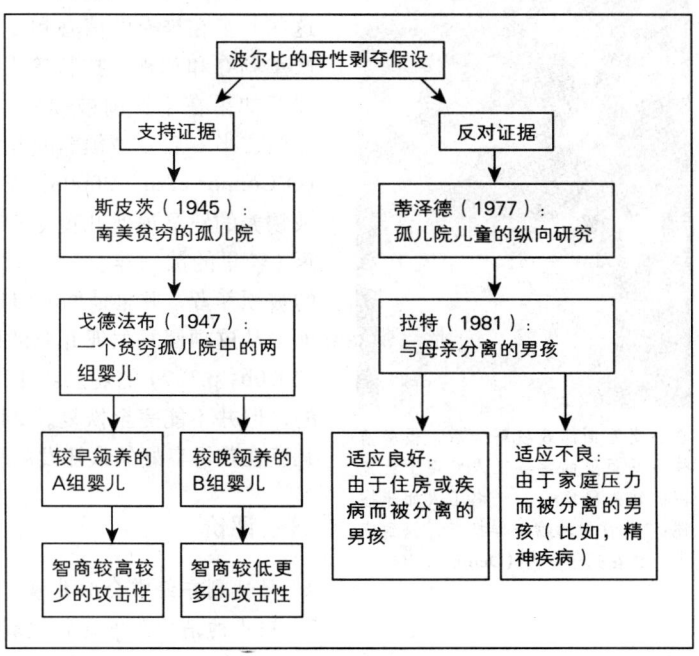

这些遭受可怕经历的孤儿很小的时候就生活在集中营里。他们一旦离开集中营就表现出很快的社会性发展和语言发展。该照片是1945年他们从奥斯维辛集中营被释放时拍摄的。

在齐奥塞斯库政权解体后,很多前往罗马尼亚的慈善工人发现了大范围的缺失现象——一名工人如此描述:"儿童像动物一样抚养,拴到床上,放在笼子中。"(Dennett, 2003)

的一些细微缺陷可能长期存在。"当儿童在严重剥夺后,受到具有爱心和同情心照料者的照顾最可能产生积极的结果。

在斯丘斯的综述之后,从罗马尼亚儿童的研究中又报告了一些发现,这些儿童在被有同情心和爱心的英国家庭领养之前,在自己国家受到了严重剥夺和忽视。拉特等人(Rutter et al., 1998)发现,4岁的罗马尼亚儿童如果在半岁前被领养,他们的认知发展差不多处于正常水平,而那些在半岁后才被领养的儿童则具有明显较差的认知发展。奥康纳等人(O'Connor et al., 2000b)报告了6岁儿童的发展,涉及在24—42个月被领养的罗马尼亚儿童(较晚的被领养者)和在6—24个月被领养的儿童(较早的被领养者)之间的比较。较晚被领养者的认知发展劣于较早的被领养者,并且他们的整体发展和情绪调节也较差。

从这项罗马尼亚儿童的研究中能得出什么结论呢?根据奥康纳等人(2000b, p.387)的观点:"即使经历长期剥夺,得到有效的弥补也是可能的,但并不能完全恢复。"24个月后被领养的儿童比24个月前被领养的儿童在获得良好的认知发展和社会性发展方面更困难。

❖ 评价

⊕ 母性剥夺经常会对儿童产生长期和短期的不利影响。
⊖ 缺失的消极影响通常比剥夺的消极影响更大。与大多数人的观点相反,波尔比认为，大约25%（而非100%）的儿童遭受到母性剥夺的长期伤害（与德怀尔（Diana Dwyer）的私人通信）。因此，他的理论比通常所认为的更准确。

- 认为婴儿只形成一种强烈依恋的单变性假设是不正确的，但是拥有多个照料者也可能是不利的。
- 当母性剥夺源于家庭内部社会关系等相关因素而非其他因素（例如，生理疾病）时，对儿童具有更大的伤害性影响。因此，家庭不和谐比剥夺本身对儿童的消极影响更大。
- 母性剥夺（甚至缺失）的很多（甚至大多数）不利影响是可逆的，尤其当这种剥夺或缺失相对短暂时。

> **案例研究：赖利一家**
>
> 让·赖利（Jean Riley，54岁）和丈夫彼得（Peter，58岁）从罗马尼亚领养了两个儿童，现在分别为17岁和9岁。当他们第一次见到Cezarina时，她斜视，肮脏，生理发展大约晚了4年。他们首先解决了Cezarina的生理问题，此后她便获得了很好的发展。不过，Cezarina在一些让和彼得看来似乎重要的事情上有点"落后"。但让能理解这种情况，因为当一个孩子必须挣扎求生时，彻底的体检似乎显得不再重要。
>
> 让认为Cezarina是聪明的，但是需要重复强化信息。她还努力理解笑话和讽刺，尽管这可能是因学习语言的困难所致。让认为Cezarina是幼稚的、情感不成熟的。Cezarina认为自己最初受到挫折，因为她不能交流。她还认为自己与其他女孩不同，尽管她也喜欢相同的事情，比如时尚和流行音乐等。让为儿童领养机构经营家长网络（Parent Network），这是一家为领养这些儿童的人服务的组织。Cezarina在一定程度上从早期贫穷的经验中恢复了过来。（摘自《妇女》杂志中一篇文章报道，1998年9月21日。）
>
> 拉特等人（1998）对111名在2岁前被英国家庭领养的罗马尼亚儿童开展了一项重要研究。这些孩子刚到英国时有着严重的发展缺陷，但是两年后他们表现出飞速发展的进步。
>
> 这些发现为大多数儿童能够从极其困难和痛苦的童年中恢复过来的观点提供了进一步支持。

离婚和日托的影响

近些年来，西方社会（以及世界上很多其他文化）中破坏儿童依恋的一些主要来源已变得越来越普遍。例如50年前，在英国不足5%的婚姻是因离婚而结束。如今这个数字已上升到40%，美国的这一比例甚至更高。因此，离婚对儿童可能产生的消极影响受到研究者越来越多的关注，一点也不让人惊奇。

在大多数西方社会中出现的另一个主要变化是，母亲出去工作的人数大量增加。在一些国家，大约50%的儿童在母亲出去工作期间一周内有几天被送到日托中心。相反，几十年前带儿童的母亲很少出去工作。

在这一部分，我们将考察大量增加的离婚和日托对儿童的影响。更具体的讲，我们将阐明儿童是否会因此而感到痛苦的问题。当然，常识表明，离婚的不利影响可能比日托的不利影响更大。离婚会在影响儿童的环境中产生重要和持久的变化，而日托儿童通常则会在每周的许多时间里体验到来自父母的关爱。但照波尔比（1969）的依恋理论，在儿童早年的生活中，母亲和儿童之间关系的任何剥夺，都会损害儿童的社会性发展和情感发展。

离婚

需要记住的一点是，"离婚并不是一个孤立事件，而是一个复杂的需要大量调整的过渡系列"（Dworetzky，1996，p.381）。首先是使儿童痛苦的婚姻冲突。其次是离婚后的真正分离。最后是父母和儿童需要作出的各种调整。这些调整通常包括搬家、钱不够用，以及当父母找到新伴侣和可能再婚时对新关系的反应。

超过一半的父母离婚儿童会在两年内与未照顾他们的父亲或母亲（几乎总是父亲）失去联系。这种影响比父亲去世的影响更大。正如赫瑟林顿（Hetherington, 1979, 1989）所指出的那样，父母离婚的儿童通常认为虽然自己反对父母离婚，但他们还是选择了离婚。这会在他们身上产生即使在父亲去世时也很少发现的愤怒感。此外，儿童经常会感到内疚，认为自己可能应对父母离婚负有部分责任。

证据

赫瑟林顿等人（Hetherington, Cox & Cox, 1982）历时两年研究了离婚对4岁中班儿童的影响。他们将离婚后的第一年称为**危机阶段**（crisis phase）。在这段时间里，母亲（照顾儿童的人）比以前变得更严格，关爱减少。作为回应，儿童以更具攻击性和固执的方式行事，这在男孩身上表现尤为明显。在这一年里，无监护权的父亲通常变得不再严格并经常宽待自己的孩子。

离婚2年后通常是**适应阶段**（adjustment phase）。儿童的日常生活更有规律。此外，母亲又会以更耐心和理解的方式对待孩子。总之，这一阶段比前一阶段存在较少的情感痛苦。但是，与父母未离婚的儿童相比，该阶段的男孩倾向于与母亲有更糟糕的关系。另外，父母离婚的男孩表现出更多的反社会行为和不服从行为。

赫瑟林顿（Hetherington, 1988）进行了离婚后6年的追踪研究。在该时期，70%的离婚母亲已再婚。父母离婚的儿童比完整家庭的儿童更独立并对决策更有影响力。儿子在与母亲的交往中继续表现出不服从，母亲也很难实施控制。

> 你认为离婚的影响在所有文化中都相同吗？

常常发现女孩比男孩更难适应母亲的再婚。为什么会这样？根据赫瑟林顿（Hetherington, 1989, p.7）的观点，"单亲家庭的女孩比完整家庭的女孩扮演着更有责任和影响力的角色，与母亲的关系比男孩与离婚母亲的关系更积极。她们可能看到了自己的独立性以及与母亲的关系都受到继父的威胁"。相反，男孩通常会将继父看做一个角色榜样和提供支持的人（Vuchinich et al., 1991）。

离婚的消极影响会持续多久呢？沃勒斯坦（Wallerstein, 1987）对那些父母在他们2岁半至18岁时离婚的儿童进行了一项研究。当父母分居和离婚时，几乎所有的儿童都感到非常痛苦，18个月后状况仍是如此。父母离婚5年后，仍有30%左右的儿童表现出明显的沮丧。

沃勒斯坦发现，即使父母离婚10年后，这些儿童仍将父母离婚看做他们生活中最不幸的事件。由于未成长在父母俱在的家庭中，他们通常觉得自己受到了严重剥夺。与这种短期影响相反，女孩遭受到更多的长期影响。很多女孩害怕被男人拒绝和背叛。

沃勒斯坦所报告的离婚的不利影响，明显大于在其他大多数研究中得到的不利影响。一个可能的原因是沃勒斯坦获得被试的方法：给被试提供他们希望得到的咨询。这很可能鼓励了那些尤为不幸的家庭参与到这项研究中。

本部分所描述的离婚的不利影响适用于大多数年龄的儿童。但是，为什么有些影响对青少年会比对年幼儿童更严重呢？主要有两个原因：第一，青少年更能理解父母离婚是由于他们的关系已破裂而不是由于自己所做的事情。第二，大多数青少年已经开始与其他青少年形成亲密的依恋,因此在他们的生活中家庭相对来说已不那么重要。

我们已经关注了离婚对儿童的消极影响。不过,赫瑟林顿与斯坦利-黑根(Hetherington & Stanley-Hagan, 1999)强调,父母离婚的影响可变性极大。一些父母离婚的儿童所遭受的长期影响会持续到成年。例如,奥康纳等人(O'Connor, Thorpe, Dunn & Golding, 1999)在大部分20多岁的妇女中发现,在童年时期经历过父母离婚的妇女比未经历过父母离婚的妇女更可能患严重抑郁(分别为17%和12%)。相反,由于必须应对经历父母离婚的后果,一些父母离婚的儿童则变成非常能干和有爱心的成人(Hetherington & Stanley-Hagan, 1999)。

> **离异的影响被高估了吗?**
>
> 赫瑟林顿(Hetherington, 2002)的一项总计2500名被试、1400个家庭、长达25年的研究表明,父母离婚对儿童的不利影响可能被高估了。她的结论是:父母离婚两年后,绝大多数儿童都能很好地正常生活。总之,大约80%的儿童能够应对且生活正常。但这也意味着,20%的儿童不能妥善应付或正常生活——该比例是来自正常家庭比例的两倍。这些儿童存在社会和/或情感问题,应该得到帮助。

离婚影响的大多数研究都存在一个主要局限。正如奥康纳等人(O'Connor, Gaspi, DeFries & Plomin, 2000a, p.435)所指出的那样:"研究离婚与儿童问题之间经常可观察到的联系,已经假设环境仅仅起间接作用。很少考虑离婚与儿童适应之间的联系可能反映了父母和儿童行为的共享遗传影响。"这是令人遗憾的,因为遗传因素对于决定哪对夫妻将离婚具有一定的作用。例如,约金等人(Jockin, McGue & Lykken, 1996)发现,人格与离婚可能性之间存在显著相关,众所周知,人格的个体差异在一定程度上取决于遗传因素(参见第13章)。

我们如何研究遗传因素在儿童对离婚反应上的影响呢?答案并不简单,因为父母将基因和环境都提供给了自己的亲生孩子。奥康纳等人认为,最好的方法是考察四种家庭:

1. 血缘家庭:无离婚。
2. 血缘家庭:离婚。
3. 领养家庭:无离婚。
4. 领养家庭:离婚。

领养家庭的儿童与养父母没有共同的基因,因此在这种家庭里离婚的不利影响可以推测一定是由环境因素造成的。相反,在血缘家庭里,离婚的不利影响可能因为遗传因素、环境因素,或两种因素都有。如果这两种家庭中离婚的不利影响是相当的,那么这些影响可以归因于环境因素。如果离婚的不利影响在血缘家庭中比在领养家庭更大,那么这就表明遗传因素发挥主要作用。

奥康纳等人(2000a, p.435)在科罗拉多领养计划(The Colorado Adoption Project)中使用了上述四种家庭类型。他们的发现如下:"父母的离婚史与儿童的自尊、社交能力及学业能力等指标之间的联系,可能受到遗传因素的部分影响,而离婚与儿童的精神机能障碍[精神障碍]之间的联系则可能归因于环境的间接作用。"因此,遗传因素在导致离婚对儿童的有害影响方面似乎起着一定的作用,但环境因素也很重要。

还有最后一点需要提及。在离婚之前夫妻间几乎总会发生激烈的冲突和不愉快,因此离婚对儿童的某些不利影响可能要归因于这些冲突而非离婚本身。切林等人（Cherlin et al., 1991）阐述了这个问题。他们考察了在英国和美国进行的在父母离婚前后对儿童的行为问题和学习成绩进行评估的纵向研究。他们的重要发现是，儿童在父母离婚前后均表现出行为问题和较差的学习成绩。这就意味着，儿童在父母离婚前的一段时期和从离婚本身中均遭受着父母冲突的痛苦。

日托

那些一周内几天都被放在日托中心的婴儿会因此遭受痛苦吗？正如我们将要看到的那样，答案可能取决于家庭的性质和母亲工作时所提供的照料婴儿的方法。

如前所述，研究者利用陌生情境测验进行了很多研究。总体上讲，36%其母亲有全职工作的婴儿具有不安全依恋（回避型依恋或反抗型依恋），与此形成对比的是，29%其母亲不工作或只有兼职工作的婴儿具有不安全依恋（Clarke-Stewart, 1989）。我们很难解释这些发现。例如，可能是由于决定全职工作的母亲跟婴儿的情感联系少于那些整天在家的母亲。工作母亲的婴儿具有不安全依恋的另一种可能原因是："40个小时的日托对婴儿而言并不是难以承受的，但40个小时的工作对母亲而言却是难受的。"（p.270）

你会如何解释不同日托之间的差异？

贝尔斯基（Belsky, 1988）研究了出生第一年就被定期送到日托中心的婴儿。这些婴儿比其他婴儿更可能对母亲表现出回避型依恋。根据贝尔斯基（p.401）的观点："在出生第一年开始出现的大量非母亲照顾体验，与通过陌生情境进行评价的不安全母子依恋之间存在非常强烈的联系。"贝达与布鲁克斯－甘恩（Baydar & Brooks-Gunn, 1991）报告了支持贝尔斯基认为日托的消极影响最可能在儿童1岁前出现的证据。如果母亲在儿童1岁前就开始工作，那么对儿童的认知发展会存在消极影响。但是，如果母亲等到儿童1岁后再重返工作岗位则对儿童没有消极影响。大多数日托研究发现，在母亲外出工作和未外出工作的儿童之间几乎不存在（如果有的话）情感和智力发展差异（Clarke-Stewart, 1989）。例如，卡甘等人（Kagan et al., 1980）考察了五年以上的日托经历对儿童的影响。他们的语言发展速度和他们与母亲及其他儿童的关系与在家庭中抚养的儿童一样好。有证据表明那些处于不利地位的儿童事实上会从优质日托中获益（McCartney et al., 1985）。

母亲外出工作的儿童可以通过各种方式进行照顾，对这些方法进行比较是很有趣的。梅尔休伊什等人（Melhuish et al., 1990）研究了托儿所照顾的婴儿、请人照顾的婴儿和亲戚照顾的婴儿。婴儿18个月时，三组婴儿在依恋母亲方面不存在差异。3岁时，所有婴儿表现出相同的认知发展水平。但是，

卡甘等人发现，日托儿童的语言发展及其与其他儿童的关系与在家照顾的儿童一样好。

托儿所照顾的儿童词汇命名水平最低。从社会性方面来看，接受托儿所照顾的儿童比其他两组儿童表现出更多的亲社会行为（例如，合作、分享）。

斯卡尔（Scarr, 1997）综述了儿童照顾影响的证据。她讨论了一项对1000多名婴儿的研究，在这项研究中发现，通过陌生情境测验评估的母亲依恋根本不受婴儿所接受的外界刺激数量的影响。斯卡尔指出，在决定儿童的社会性发展方面，在家接受的照顾远比在日托中心的照顾重要。不过，低收入家庭的儿童经常可以从优质日托中获得大量好处。斯卡尔（p.147）通过下面肯定的方式总结了她的综述："在大量的安全环境中，儿童照顾的质量差异对大多数儿童的发展只产生较小的暂时性影响，只有少数例外……在美国和其他国家的研究中均未发现任何长期影响。"

梅尔休伊什等人发现，接受托儿所照顾的儿童比亲戚或请人照顾的儿童表现出更多的合作和分享行为。

厄瑞尔等人（Erel, Oberman & Yirmiya, 2000）报告了相似的发现，他们对有关日托影响的研究进行了最全面的元分析。他们将日托与儿童发展的七种测量相联系，他们将其描述为如下结果变量：

1. 与母亲的安全型依恋对不安全型依恋。
2. 依恋行为：回避和反抗（反映不安全型依恋），探究（反映安全型依恋）。
3. 母亲与儿童的互动：对母亲反应、对母亲微笑、听母亲的话等。
4. 适应：自尊、无问题行为等。
5. 与同伴的社会交往。
6. 与非父母成人的社会交往。
7. 认知发展：学业成绩、智商等。

厄瑞尔等人还考察了各种可能影响日托对儿童发展测量产生影响的其他因素。这些因素包括：每周的日托时间、儿童开始日托的年龄、日托的月数，以及儿童的性别。

厄瑞尔等人（2000, p.737）的主要发现简单明确："所有七种结果变量的综合平均加权效应量不显著且数值很小这一事实表明，至今为止研究未能为儿童发展与其所接受的照顾类型存在正相关或负相关的观点提供支持。"这一结论得到另外发现的支持：不管儿童每周日托的时间、在日托中心的月数及儿童的性别等如何，日托对所有七种测量均无影响。

假设我们关注接受日托的儿童。日托质量（例如，照料者对儿童提供的言语刺激，激励性玩具的供应）对年幼儿童的发展会有什么影响呢？国家儿童健康与发展研究所（NICHD）对1000多名儿童实施了大量研究。他们发现母亲与家庭对儿童的影响远远大于日托质量的影响。不过这些因素之间存在交互作用：如果母性敏感缺乏或

> **儿童养育质量的重要性**
>
> 由国家儿童健康与发展研究所资助的美国早期儿童养育科研网在十个不同地点配备了26个专职研究人员。他们在APA（1999）年度会议上报告的发现，强调了儿童养育质量而非持续时间对儿童发展的至关重要性。高质量的儿童养育可以促进儿童的认知发展——但是高质量要求2岁以下的儿童—教员的比例为3∶1，每个年龄组人数不超过6个，以及经过正式培训的儿童照顾者。低质量的儿童养育，无论在家还是在外，均与准备入学的准备不足和较差的言语能力有关（早期儿童养育科研网，1999）。

日托质量很差，那么儿童更可能表现出不安全依恋（NICHD，1997b）。

发现日托质量与儿童发展之间存在关系，并不足以表明日托质量对儿童发展具有因果影响。为什么呢？因为那些接受高质量照顾的儿童比接受低质量照顾的儿童通常拥有受过良好教育和更积极反应的父母（NICHD，1997b）。因此，很难确定是父母的教养还是日托应该对日托质量和儿童发展之间的关系负责。

上述问题在上面提到的国家儿童健康与发展研究所的相关研究中得到了阐述，后者对0—4.5岁的1000多名儿童进行了研究。该研究获得了家庭环境的详细信息，以便将日托质量的影响与家庭环境的影响进行区分。当控制家庭环境的影响时，日托质量的影响非常有限："尽管在儿童养育质量与儿童养育后果之间可能存在因果联系，但该方面的证据较混乱，而且这种'影响'即使存在，也不大……并仅限于认知结果。"（NICHD，p.467）更具体的讲，日托质量会影响儿童的记忆和语言能力，但不会影响其社会性发展（例如，社交能力、行为问题）。

总之，日托一般对年幼儿童没有消极影响。一种例外可能是对出生第一年的婴儿进行大量日托（Baydar & Brooks-Gunn，1991；Belsky，1988），但即使在这种情况下日托的消极影响也相当小。此外，低质量的日托对儿童的认知发展可能产生较小的不利影响（NICHD，2003）。在评估日托对儿童的影响时，我们需要考虑母亲的地位。例如，哈里森与昂格勒（Harrison & Ungerer，2002）对母亲在婴儿出生第一年就返回工作岗位的家庭进行了研究。在婴儿12个月时，对工作完全投入且很少担心非家庭儿童养育的母亲，与未投入工作且非常担心儿童养育的母亲相比，最有可能与孩子形成安全依恋。

抚养子女的跨文化差异

到目前为止，本章主要关注了美国和英国儿童的早期依恋和社会化过程。然而，不同文化中的育儿实践（child-rearing practice）存在重要差异，这些差异不可避免地会影响儿童的社会行为。

在继续讨论之前需要注意两点：第一，当我们在育儿实践及儿童的行为与发展上发现有趣的跨文化差异时，很可能会认为是前者引起了后者。然而，跨文化研究通常为相关研究，因此并不能证明育儿实践和儿童的发展之间存在因果关系。

第二，假设一些文化比其他文化具有更好的育儿实践是很危险的。在特定文化中需要全面考虑该文化育儿实践的适宜性。例如，如果父母生活在非常贫穷和受威胁的文化中，他们可能很少有时间照顾自己的孩子。巴西东北部的贫困家庭中就有

育儿经验存在文化差异。尽管在很多文化中希望儿童在很小的时候就独立谋生是不可接受的,但是这些孟加拉国的拾荒者为他们家庭的幸福作出了重要的经济贡献。

这样的例子(Scheper-Hughes,1992)。这个地区中不能正常发育的儿童在生病时通常得不到照顾。这听起来很残酷。但当我们认识到这些家庭生活在约 50% 的儿童 5 岁前就会夭折的艰难环境中时,就会更理解他们的处境。在这些情况下,只对那些有着最佳生存机会的儿童提供适当的照顾是有道理的。

雷文(Raven,1980)在爱丁堡家访项目中指出了试图将文化价值强加于育儿实践的危险性。在这个项目中,鼓励工薪阶层的母亲采纳中产阶级的方式经常与孩子交流。最后的结果是,她们对自己的抚育技巧变得越来越不自信。正如梅多斯(Meadows,1986,p.183)所评论的:"'好的教养'的某些成分取决于家庭外的社会对儿童和家庭的限制和要求。"因此,儿童育儿实践的形成是因为它们在本文化中"起作用"。

育儿实践

我们在本章前面已经看到生活在西方文化中的婴儿通常有一个以上的照料者,因而会形成对多人的强烈依恋(Weston & Main,1981)。跨文化研究表明,在许多文化中,多人负责照顾婴儿是一种常见方式。例如,威斯纳与加里莫尔(Weisner & Gallimore,1977)考察了近 200 种非工业化文化中的婴儿照顾。母亲是唯一的照料者这一情形,实际上只占这些文化的 3%。在婴儿期由多人而非母亲一个人照顾婴儿,占这些文化的 40%,而且这一比例在儿童早期还会上升到 80%。

一些研究在跨文化的育儿实践方面发现了重要的相似性,但其他研究则未发现这种相似性。在这些报告了相似性的研究中，有一项研究是凯勒等人（Keller et al., 1988）实施的。他们观察了四种文化的母亲和婴儿：德国、希腊、亚纳玛尼印第安人和特洛布里恩岛人，发现了母子沟通模式在所有四种文化中相似的证据。例如，在每一种文化中，母亲和婴儿之间的对话及其眼神交流的方式都表现出明显的相似性。

相反，也有研究者（Rabain-Jamin, 1989）发现，法国母亲和生活在巴黎的西非母亲对待自己10—15个月婴儿的方式截然不同。本土的法国母亲与自己的孩子说话更多。她们也更可能通过边指着物体边给物体命名并谈论物体的方式整合言语和非言语信息。西非母亲表达了育儿实践方面差异的本质："我们把玩具给孩子是让他们玩。你们给孩子玩具是为了教给他们在未来可能有用的知识。我们觉得当孩子大一点时会学得更好。"（p. 303）

我们期望何时可以发现育儿实践的文化差异呢？这些差异通常反映了对较大儿童和成人的文化期望的差异。例如，考虑一下上段中的研究者所报告的法国母亲和西非母亲的差异。法国文化期望儿童未来能够用几年时间接受正规教育，高水平的言语能力是这种教育的一个重要组成部分。相反，西非文化则期望儿童在很小的时候就有能力应付日常生活中的实践要求。育儿实践上的差异，似乎是为达到这些文化目标而精心设计的。

文化价值观

不同文化的育儿实践在文化价值观的传承上是非常重要的。例如，文化在对个体主义和集体主义的强调上存在差异（Hofstede, 1980；参见第1章）。个体主义文化（例如，美国）强调个人的成就，而集体主义文化（例如，日本和中国）则强调集体努力和共同合作。伯恩斯坦等人（Bornstein et al., 1990）发现，日本母亲鼓励婴儿注意她们，然后母亲再将他们的注意力引向环境的某些方面。相反，无论儿童关注环境还是关注母亲，美国母亲都会给予子女支持与鼓励。这些发现表明，日本母亲主要关注婴儿的人际发展，美国母亲则主要关注婴儿的主动性发展。

哈伍德与维勒（Harwood & Willer, 1991）也报告了类似的发现。英裔美国妈妈对婴儿的独立性信号作出赞同的反应，这与个体主义的英美文化相符。相反，波多黎各文化属于集体主义文化，这种文化中的母亲会对婴儿表现出的顺从和社交行为作出肯定的反应。

布朗芬布伦纳（Bronfenbrenner, 1970）报告了育儿实践可以通过培养集体主义思想来影响儿童社会性发展的合理证据。他采访了苏联、英国、美国和西德的12岁儿童。告诉一些儿童交谈是完全保密的，告诉其他儿童只有他们的同伴知道交谈，剩下的儿童则被告知交谈结果将会在家长—教师会上公布。

与其他三个国家的儿童相比，苏联儿童的答案在每种情况下都表现出较少的反社会行为。德国、英国和美国的儿童在认为只有同伴知道访谈内容时更愿意承认反社会行为，而苏联儿童即使在此情况下也会拒绝承认反社会行为。那时苏联教育制度旨在培养儿童的集体归属感，这也为苏联儿童较低水平的反社会行为提供了最明显的解释。

在这些文化的儿童中，这些差异能在何种程度上导致被认为存在问题的不同行为？

教养方式

有几种教养方式已得到确认。最有影响的一种观点是由麦科比与马丁（Maccoby & Martin, 1983）提出的。他们确认了教养方式的两个维度：(1) 要求严格对要求不严格；(2) 反应对无反应。根据他们的观点，主要有四种教养方式：

1. 权威型（Authoritative）：要求严格 + 有反应；
2. 专制型（Authoritarian）：要求严格 + 无反应；
3. 纵容型（Permissive）：要求不严格 + 有反应；
4. 不参与型（Uninvolved）：要求不严格 + 无反应。

德科维奇与简森斯（Dekovic & Janssens, 1992）研究了6—11岁的儿童。父母是权威型的儿童倾向于友好且受欢迎，父母是专制型的儿童则容易遭到其他儿童的拒绝。权威型父母与专制型父母之间的区别在非西方文化中似乎也很重要。陈等人（Chen, Dong & Zhou, 1997）调查发现，在北京的8岁儿童中，与拥有专制型父母的儿童相比，拥有权威型父母的儿童更受欢迎、更少遭到拒绝。

集体主义社会与个体主义社会在要求严格—要求不严格维度上也存在教养方式的差异（Triandis, 1994）。集体主义社会的父母对儿童的要求相对来说更严格，因为他们希望自己的孩子成为具有合作意识的、服从的社会成员。相反，个体主义社会的父母对孩子

研究（Rohner & Pettengill, 1985）发现，韩国等集体主义文化中的儿童，认为接纳并要求严格的父母比接纳但要求不严格的父母更有爱心。

的要求不严格并鼓励孩子成为独立的人。儿童似乎受到涉及育儿实践的文化期望的影响。例如，南韩（中等程度的集体主义文化）的儿童认为接纳并要求严格的父母，比接纳但要求不严格的父母更有爱心（Rohner & Pettengill, 1985）。

有反应—无反应这个维度的情况如何呢？跨文化研究表明，如果儿童的父母有反应（接纳）而不是无反应（拒绝），那么几乎所有社会中的儿童在社会性发展方面都能做得很好。无反应的教养方式与攻击、不良行为、难以保持亲密关系及喜怒无常相关（Rohner, 1986）。罗纳（Rohner, 1975）进行了大量的跨文化研究，在这些研究中针对父母接纳与拒绝来对文化进行评价。不同文化的父母接纳与儿童自尊的相关为 +0.72，表明了儿童的高自尊与父母接纳存在联系这一普遍趋势。具有接纳或父母慈爱的文化也拥有低敌意水平（相关为 -0.48）和低依赖性（相关为 -0.30）的儿童。

在试图理解儿童的社会性发展时，考虑父母的教养方式是很有必要的。但是，对父母教养方式进行分类的大多数尝试均有局限性。例如，麦科比与马丁所提出的两个维度的观点并未明确提到父母热情，而热情可能对儿童的社会性发展具有重要影响。一些证据表明，大多数西方心理学家所建立的教养方式的分类方法，在运用

到非西方文化中时都不太适宜。例如，达令与斯滕伯格（Darling & Steinberg，1993）讨论了一项研究，当美国儿童的家庭从欧洲而非非洲移民时，其教养方式更好地预测了他们的社会行为。

依恋风格

各种文化中的婴儿依恋风格均可通过安斯沃斯与贝尔（1970）设计的陌生情境测验进行研究，已在本章前文进行了讨论。萨吉等人（Sagi et al., 1991）报告了对美国、以色列、日本和德国婴儿的研究发现。他们对美国婴儿的研究发现与安斯沃斯与贝尔所报告的发现相似：71%表现出安全型依恋，12%表现出反抗型依恋，17%是回避型依恋。以色列婴儿与美国婴儿的表现存在差异，62%表现出安全型依恋，33%表现出反抗型依恋，只有5%表现出回避型依恋。这些婴儿生活在以色列的集体农场，大部分时间由家庭成员之外的成人照顾。但是，他们与自己的母亲具有亲密关系，因此并不容易焦虑和回避。

日本婴儿被对待的方式完全不同于以色列婴儿。日本母亲几乎从不让自己的孩子单独与陌生人在一起。虽然日本和以色列的育儿实践不同，但日本婴儿却表现出与以色列婴儿相似的依恋风格：68%是安全型依恋，32%是反抗型依恋，无人是回避型依恋。由于婴儿单独与陌生人相处时面临着全新的情境，因此根本不存在回避型依恋。

以色列和日本儿童表现出反抗型依恋出于截然不同的原因。以色列儿童习惯与母亲分离，但是很少遇到完全陌生的人。因此，他们的抗拒行为是由陌生人出现造成的。相反，日本儿童在出生第一年几乎从未与母亲分离过，这是他们反抗型依恋行为的主要原因。有研究（Takahashi，1990）证实，很多12个月大的日本婴儿表现出反抗型依恋行为，但也发现很少有2岁婴儿表现出反抗型依恋。其原因可能是，

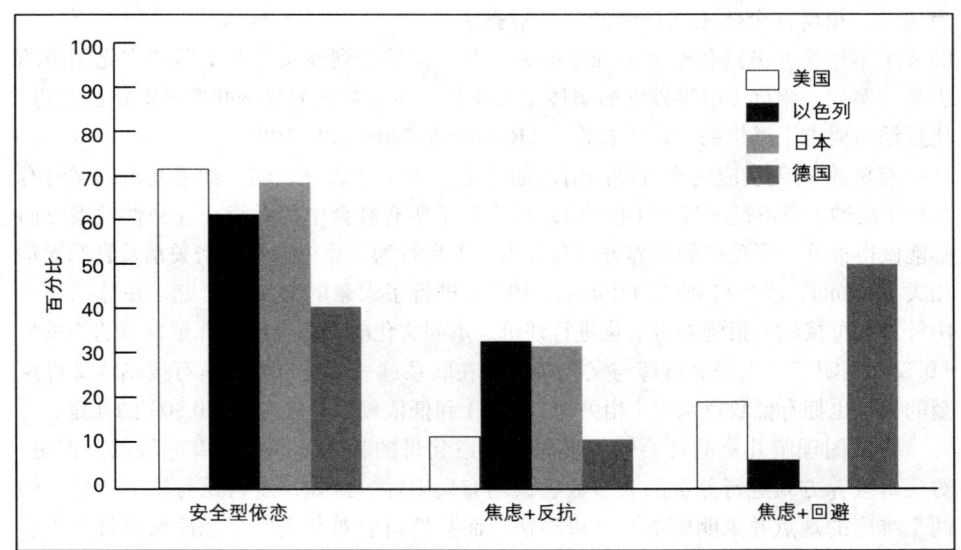

来自不同国家儿童的依恋类型的差异。该图概括了萨吉等人（1991）以及安斯沃斯和贝尔（1970）的研究。

日本婴儿在1岁后与母亲分离的时间越来越多。日本婴儿表现出这些行为是因为他们没有与母亲分离的经历这一观点，得到杜雷特等人（Durrett et al., 1984）研究的支持。他们关注因母亲忙于工作而必须把孩子交给其他人照顾的日本家庭。这些家庭的儿童表现出与美国儿童相似的依恋风格。

最后，德国婴儿表现出与其他三组婴儿不同的依恋风格。仅有40%属于安全型依恋，低于回避型依恋婴儿的数量（49%）。剩余11%属于反抗型依恋。格罗斯曼等人（Grossman, Spangler, Syess & Unzner, 1985）获得了非常相似的发现。他们指出，德国文化要求在父母和儿童之间保持一定的人际距离："他们的理想是培养独立的、不依赖的婴儿，这些婴儿不对父母提要求但必须无条件地服从父母的命令。"（p.253）

> **探讨文化差异**
>
> 罗思鲍姆等人（Rothbaum et al., 2000）指出，心理学关于依恋的假设延缓了不同文化间的理解过程。他们明确指出，基本假设因文化而异——例如，日本北海道大学的研究表明，在日本文化中，婴儿的探险行为会受到制止或阻止，他们认为西方的育儿实践比自己的差。在西方，通常鼓励婴儿去探险，因为这被视为有益行为和智慧行为。这个简单的差异表明了早期关系是如何适用不同环境和文化的。

萨吉与卢克维茨（Sagi & Lewkowicz, 1987）报告了为什么德国儿童比其他文化中的儿童表现出较少安全依恋的进一步证据。德国父母以一种消极方式看待安全依恋行为的某些方面，认为这样会把儿童宠坏。

美国、以色列、日本和德国截然不同的育儿实践对儿童的依恋风格具有重要的影响。不过，大约三分之二的美国、以色列、日本婴儿都对母亲表现出安全型依恋。这表明，培养对母亲怀有安全型依恋儿童的目标，可以通过不同的方式来实现。

陌生情境测验可以成功地用于研究与西方国家的文化截然不同的其他文化的儿童依恋吗？特鲁等人（True, Pisani & Oumar, 2001）获得了能够进行研究的证据。他们采用陌生情境测验修订版研究了东马里的多冈文化，这是一种以农业为基础、本质上属于一夫多妻（男人拥有一个以上的妻子）的文化。在10—12个月的多冈婴儿中，67%表现出安全型依恋，25%表现出混乱型依恋，8%表现出反抗型依恋，没有回避型依恋（0%）。多冈婴儿和大多数西方文化婴儿的主要差异是，混乱型依恋的发生率较高和回避型依恋的发生率较低。为什么混乱型依恋的比例会如此高呢？因为混乱型依恋婴儿的母亲最可能表现出恐惧或令人恐惧的行为，这些行为是由三分之一左右的多冈婴儿会在5岁前夭折这一事实造成的。

两位研究者（Van Ijzendoorn & Kroonenberg, 1988）对有关陌生情境测验的各种研究进行了元分析。他们的一个主要发现是，在文化内发现的差异是文化间差异的1.5倍。认为存在单一的英国文化或美国文化的观点过于简单：事实上，在大多数大国之中都存在许多亚文化。两位研究者还发现，在所有的研究中，儿童所表现出的三种主要依恋风格（不包括混乱型依恋）的总体百分比，与安斯沃斯的原始数字相当接近。

你认为这些文化间的差异可能在多大程度上大于文化内的差异？

尽管存在上述发现，对文化差异进行某些归纳还是可能的。根据德金（Durkin, 1995, p.106）的观点："类型B（安全型依恋）是最常见的类型，类型A（回避型依恋）在西欧国家中相对更普遍，类型C（反抗型依恋）在以色列和日本更为常见。"

❖ 评价

⊕ 跨文化研究揭示了育儿实践及母婴关系方面的重要文化差异。
⊕ 教养方式的文化差异似乎会影响儿童的依恋模式和社会性发展。
⊖ 正如科尔夫妇（Cole & Cole, 1993, pp.235-236）所指出的那样："陌生情境测验内涵上的文化差异，使我们难以推论母子情绪关系的本质，当把一种文化中发现的模式用于推理另一种文化时，会导致错误的结论。"
⊖ 跨文化研究中对陌生情境测验的极大依赖意味着，有关依恋行为文化差异的结论基于一系列相当狭隘的实证发现。

同伴关系

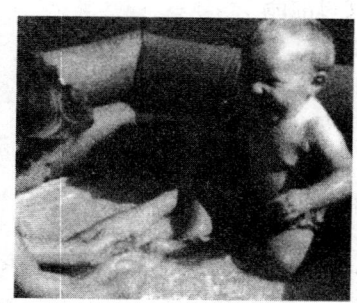

6个月左右的婴儿开始与其他同伴玩耍，随着他们身体、认知和语言技能的发展会逐渐完善自己的沟通。

几乎所有年龄段的儿童都会花大量时间与同伴（年龄大致相同的个体）相处。即使在很小的时候，婴儿就已表现出对同伴和社会交往感兴趣的明显迹象。例如，研究者（Tremblay-Leveau & Nadel et al., 1996）实施了一项研究，该研究涉及彼此熟悉的成对的11—24个月的婴儿。每对婴儿与熟悉的实验者交往。研究者感兴趣的是，当儿童不能参与实验者与另一儿童的互动时所出现的反应。当被排斥时，11个月的儿童与另一儿童交流（例如，微笑、站在实验者与另一儿童之间）的可能性是未被排斥时的5倍；24个月的儿童在被排斥时与另一儿童交流的可能性，则会增加到未被排斥时的8倍。因此，即使婴儿也会寻求同伴的关注。

同伴关系中一个最突出的发展变化是与同性伙伴交往的偏好显著增加。麦科比（Maccoby, 1998）综述了表明这种情况在世界上众多文化中都会发生的证据。从3岁左右开始，儿童偏爱与同性同伴而不是异性同伴玩耍。当他们开始上学时，4—12岁儿童与同性同伴在操场上玩耍的百分比稳定增加。在友谊方面也发现了这种同性偏好。从童年中期到青春期，儿童最要好的朋友通常都是同性朋友。

儿童会用各种方式与同伴交往。但是，关于儿童同伴交往的研究通常划分为两个主要方面。第一，我们可以关注儿童与同伴积极愉快交往的能力。这些研究使得我们可以确认儿童在社交能力（social competence）和社会地位上的个体差异。第二，我们可以研究儿童之间的友谊模式。在这些研究中，重点是儿童与具体同伴的相对亲密的友谊。这两个方面相互联系，在这个意义上我们可以预期，社交能力强的儿童会比社交能力不足的儿童拥有更多的朋友。但是，社交能力不足的儿童拥有亲密的朋友，或者有社交能力且受欢迎的儿童没有亲密的朋友也是完全可能的。下面我们将依次考察这两类研究。

社交能力

评估儿童与同伴交往的程度有多种不同的方法。例如，观察技术可以用来测量不同类型的社会行为（例如，微笑、攻击行为）。另一种方法是采用同伴等级评定法，即一个组中的所有儿童根据受欢迎程度或一些相似维度相互进行等级评定。可使用等级评定的信息确定组中最受欢迎和最不受欢迎的儿童。这两种方法经常会得到类似的发现（Bukowski & Hoza, 1989）。

你能想到在社交能力中所涉及的行为上存在任何可能的文化多样性吗？

上述方法能使我们根据儿童被其他儿童接纳的程度对其进行分类。不同研究者在所提出的社会分类数目和性质方面存在差异。但是，科伊尔等人（Coie, Dodge & Coppotelli, 1982）所提出的分类框架很有代表性。他们对大量 8 岁、11 岁和 14 岁儿童进行研究，让他们确定自己最喜欢和最不喜欢的三个同班同学。根据这些信息（及多种行为描述），科伊尔等人提出了五种类别：

1. **受欢迎的**（通常最受欢迎，很少最不受欢迎）。
2. **有争议的**（通常最受欢迎，也往往最不受欢迎）。
3. **一般的**（有时最受欢迎，有时最不受欢迎）。
4. **被忽视的**（很少最受欢迎，也很少最不受欢迎）。
5. **被拒绝的**（很少最受欢迎，往往最不受欢迎）。

哪些因素与最受欢迎和最不受欢迎有关呢？与最受欢迎有关的主要因素是支持同伴、与同伴合作、领导同伴及有吸引力。与最不受欢迎有关的主要因素是扰乱团体、与老师发生冲突、打架和自负。

假设所有归属同一类别的儿童具有相似的行为是很吸引人的（但却是错误的）！例如，研究者（Cillessen et al., 1992）通过考虑多种证据（例如，同伴等级评定、行为观察、教师等级评定）对近 100 名被拒绝的儿童进行了详细研究。结果发现，近一半被拒绝儿童具有攻击性，且倾向于不合作、不诚实。约八分之一的被拒绝儿童表现为顺从和腼腆，其余被拒绝儿童则表现出很少的极端行为。正如所预期的那样，因为攻击性而被拒绝的儿童比其他被拒绝儿童更可能在一年后继续成为被拒绝群体中的一员（分别是 58% 和 34%）。

可以想象被拒绝儿童对同伴所持的有关自己的看法缺乏洞察力。麦克唐纳与科恩（MacDonald & Cohen, 1995）在一项 7—12 岁儿童的研究中对该问题进行了探讨。被拒绝儿童对哪些儿童喜欢自己的预测不及其他儿童准确。但是，他们非常擅长预测谁不喜欢自己，比受欢迎的儿童表现出更强这方面的能力。之所以这样，也许是因为被拒绝儿童过于关注其他儿童的消极反应，而对其他儿童所作出的积极反应关注不够。

社交能力的基础是什么？

如前所述，一些儿童社交能力强（因此往往受欢迎），另一些儿童则缺乏社交能力（因此往往被拒绝或被忽略）。不足为奇，与儿童社交能力水平有关的一个重要因素是他们对自己母亲或其他重要成人的安全依恋。例如，斯塔姆斯等人（Stams et al., 2002）在之前所讨论的一项研究中评价了 12 个月大的被领养儿童对养母的依恋。12 个月大时具有安全依恋的儿童，在 7 岁时比 12 个月大时不具有安全依恋的儿童表现出更好的社交能力和一般社会性发展。

社交能力高和社交能力低的儿童之间存在的主要差异是什么？正如勒梅赖斯与阿西尼奥 (Lemerise & Arsenio, 2000) 所指出的，相关文献提供了两个主要答案。第一，可能存在认知差异，社交能力强的儿童在社会信息加工方面更有技巧 (Crick & Dodge, 1994)。第二，可能存在情感差异。社交能力不足的儿童体验到许多消极情绪，并且其情绪调节或控制能力较差 (Eisenberg & Fabes, 1992)。这两种理解社交能力的观点将在下面详细讨论。

社会信息加工

克里克与道奇 (Crick & Dodge, 1994) 提出了一种强调社会信息加工重要性的模型。他们指出，社会行为包括六个步骤，为了证明社交能力必须成功完成每个步骤：

1. 对情境中社会线索的注意和编码（例如，另一儿童的非言语行为）。
2. 理解或解释这些社会线索（例如，判断为什么其他人会以某种特定方式行事）。
3. 为情境选择目标或期望的结果（例如，结识一个新朋友）。
4. 考虑对情境的可能反应（例如，为他人提供帮助）。
5. 对可能的反应进行评价，并选择最可能实现期望目标或结果的一种反应。
6. 作出所选择的反应。

通过上述谈论内容可以假设这六个步骤是按照严格的顺序依次发生的。但是，下图中的循环结构和反馈环路则表明该假设是不正确的。根据克里克与道奇 (p.77) 的观点："个体同时进行多重社会信息加工活动……个体不断地参与所提出的每个加工步骤。"

该模型如何解释年长儿童比年幼儿童具有更高水平的社交能力和调节能力呢？首先，儿童的社会信息数据库随着年龄增长不断增加。因此，他们具有更多可能的反应以供选择，他们逐渐获知更多产生任何特定反应可能结果的信息。第二，儿童显示出加工能力和/或速度方面的提升，这些提高使他们能够更有效地加工社会信息。

证据

斯特拉斯伯格与道奇 (Strassberg & Dodge, 1987) 发现，解释社会线索（第二步）的个体差异，有助于解释为什么有些儿童具有更好的社会适应能力。让被拒绝儿童和未被拒绝儿童观看其他儿童游戏的录像，然后让他们对所看到的内容进行解释。被拒绝儿童比未被拒绝儿童更可能对录像中的社会交往提供带有攻击性的解释。

克里克与拉德 (Crick & Ladd, 1990) 评估了社交能力中反应评价（步骤5）的作用。给儿童呈现一种情境，让他们评价如果他们以某种特定方式反应时会出现什么结果。预测口头攻击会产生积极结果的儿童，倾向于是被同伴拒绝的儿童。此外，与未被忽视的儿童相比，被忽视儿童预测独断行为会导致更多的消极后果。

道奇等人 (Dodge et al., 1986) 将该模型应用于幼儿园或刚入学儿童。首先向这些儿童播放儿童游戏的录像，并问他们一些问题，以此评价他们对社会信息加工的每个不同步骤将会出现什么结果的意识。然后让他们加入两个其他儿童正在进行的

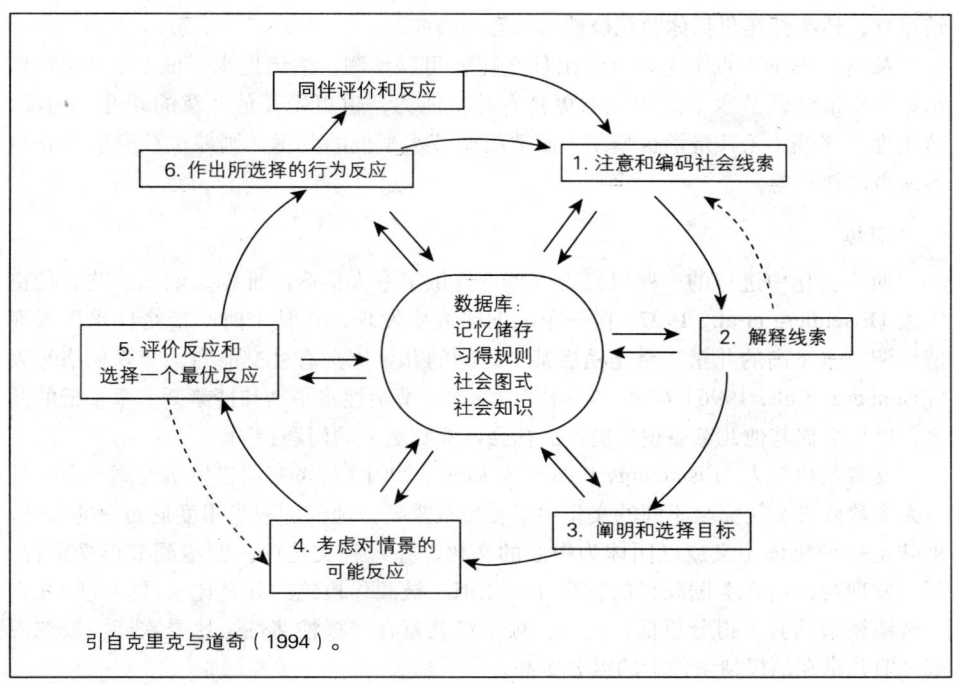

引自克里克与道奇（1994）。

积木游戏中。正如所料，在录像任务中成绩最好的儿童，在加入积木游戏后表现出了最好的社交能力。

❖ **评价**

- ⊕ 该模型为儿童社会信息的认知加工提供了详细的解释。
- ⊕ 将社会信息加工技能与社交能力测量联系起来存在合理的证据。
- ⊖ 社会信息加工与社交能力之间的关系并不强烈，这表明社交能力还取决于该模型所忽略的其他因素。
- ⊖ 考虑社会情境中自己的行为和他人的行为与考虑其他事情完全不同。一个重要差异是，社会信息加工更可能涉及强烈的情绪，但是克里克与道奇的模型很少提及情绪加工。

情绪和调节

艾森伯格与法布斯（Eisenberg & Fabes, 1992）认为，社交能力上的个体差异主要取决于两个因素：情绪性和情绪调节。他们将情绪性定义为"个体在体验自己情绪的典型强度上存在的稳定个体差异"(p.122)。比较而言，情绪调节指控制、调整及管理情绪反应和行为的能力。根据儿童情绪性的高低和情绪调节水平的高低可以将儿童分为四类。最近，艾森伯格尤为关注消极情绪性（例如，生气、焦虑）而非情绪性，情绪性还包括体验积极情绪状态的倾向。

从这一理论观点中可以推论出什么呢？可以预测，情绪性水平低（尤其是消极情绪）而情绪调节水平高的儿童更具有社交能力，也更受其他儿童的欢迎。相反，情绪性水平高（尤其是消极情绪）而情绪调节水平低的儿童，则缺少社交能力并且容易被同伴拒绝。

证据

西方文化中进行的一些研究为该理论提供了令人信服的证据。例如，艾森伯格等人（Eisenberg et al., 1997）在一项纵向研究中发现，在某个时间情绪性水平低而情绪调节水平高的儿童，会比稍后某个时间的儿童更具有社交能力。艾森伯格等人（Eisenberg et al., 1996）在另一项研究中发现，情绪性水平高和情绪调节水平低的儿童，以后会比其他儿童表现出更差的社会机能和更多的问题行为。

艾森伯格等人（Eisenberg, Pidada & Liew, 2001）想考察消极情绪性调节在一种与大多数西方文化完全不同的文化中是否也很重要。他们选取了印度尼西亚的爪哇，爪哇是一种集体主义或以团体为中心的文化，在这种文化中，情绪调节极受重视。研究发现与以前在美国获得的发现非常相似。被同伴拒绝的儿童比未被拒绝的儿童在情绪调节测验上得分更低。此外，被拒绝儿童在消极情绪性上比受欢迎、被忽视或一般儿童在消极情绪性上的得分更高。

艾森伯格等人（Eisenberg et al., 2001）还发现，性别差异与西方文化中获得的性别差异很类似。男性在消极情绪性方面的等级评定高于女性，而在情绪调节方面的等级评定低于女性。可能也正是因为如此，才会有更多的男性比女性更不受欢迎，并且男性在社会技能方面的等级评定也更低。

❖ 评价

- ⊕ 当试图理解社交能力上存在的个体差异时，强调情绪因素是有意义的。
- ⊕ 情绪性（特别是消极情绪性）和较差情绪调节的结合与社交能力缺乏、拒绝及行为问题有关。
- ⊖ 消极情绪性与情绪调节之间存在中等程度的负相关（Eisenberg et al., 2001），因此这两个维度并不是完全独立的。
- ⊖ 该理论对于同伴交往中的认知加工几乎不能提供任何信息。勒莫莱斯与阿西尼奥（Lemerise & Arsenio, 2000）指出，将该理论与克里克与道奇（1994）的模型相联系可以取得一些进步。主要假设是：消极情绪性水平高和情绪调节水平低的儿童在社会信息加工的每个步骤中均存在不足。
- ⊖ 该理论对情绪调节发展中的潜在过程未提供详细的解释。
- ⊖ 该理论因果关系的方向经常不明确：高消极情绪性和差情绪调节可能导致儿童被拒绝，但拒绝本身也可能增加消极情绪性和损坏情绪调节。

社交能力不足的后果

大量证据表明，被同伴拒绝或忽视的儿童，在其日后生活中可能会经历各种情绪与行为问题（Deater-Deckard, 2001）。例如，凯利等人（Keiley, Bates, Dodge & Pettit, 2000）发现，在幼儿园被同伴拒绝的儿童，比其他儿童更可能在童年中期和青春期出现行为问题。米勒-约翰逊等人（Miller-Johnson, Cole, Maumary-Gremaud, Lochman & Terry, 1999）报告，在学校被同伴拒绝的儿童，更可能在青春期表现出极端形式的不良行为。那些性格内向、避免与同伴交往的儿童有时会被忽视和拒绝。这些儿童很容易受到焦虑和抑郁等情绪的影响（Rubin, Bukowski & Parker, 1998）。

很难解释诸如前一段中所描述的那些发现。与具有社交能力的儿童相比，被同伴拒绝或忽视的儿童更可能生活在贫困中并经历了严厉的教养（Deater-Deckard, 2001）。因此，很难表明儿童与同伴的相处困难对以后诸如行为不良或抑郁等问题负有直接责任。通过考察儿童转学不得不适应新同伴群体时所出现的情况可以对该问题进行某些阐明。伯恩德等人（Berndt, Hawkins & Jiao, 1999）发现，有稳定友谊的11或12岁儿童从一所学校转到另一所学校时，比其他儿童更不可能表现出退缩行为的增加。类似的，芬泽尔（Fenzel, 2000）发现，转学后在形成新同伴群体时有压力感的儿童，会表现出自我价值感的大幅度降低。因此，有暗示性的证据表明，与同伴相处困难会导致各种问题。

友谊

很多关于儿童友谊的研究都涉及对有朋友儿童和没朋友儿童进行比较。但很显然，这种做法过于简单，因为每种友谊之间差异巨大（Hartup, 1996）。例如，友谊在质量方面就存在明显的差异，不管该朋友在同伴中的地位是高是低，等等。有证据表明，友谊质量比数量更重要。伯恩特（Berndt, 1989）研究了11或12岁的转学儿童。友谊质量与儿童在转学期间所得到的友谊支持呈正相关。但是，朋友数量事实上与友谊支持呈负相关。

友谊具备什么特征呢？布科夫斯基等人（Bukowski, Hoza & Boivin, 1994）通过编制友谊质量量表提供了相关证据。该问卷包含五个旨在评价友情、亲密、帮助、安全和冲突的分量表。布科夫斯基等人让10—12岁的儿童在所有分量表上对朋友和其他同伴进行等级评定。在四个分量表（友情、帮助、安全和亲密）上朋友比非朋友一致获得高分。另外，六个月后还保持友谊的朋友，比六个月后未能保持友谊的朋友在这些分量表上得到更高的分数。相反，朋友通常会比非朋友在冲突分量表上得到更低的分数，尽管在以后六个月里保持友谊和未保

友谊是同伴关系的重要组成部分

持友谊的朋友不存在差异。

纽科姆与巴格韦尔（Newcomb & Bagwell, 1995）在一项确定刻画友谊关系因素而非非友谊关系因素的元分析中得到了相似的结果。不足为奇的是，友谊表现出更多积极参与的证据（社会接触、交谈、合作和积极影响）。友谊也与亲密、忠诚、相互喜欢、平等和相似性等多种关系属性有关。另外两个与友谊有关的因素是冲突管理和任务活动。冲突管理是指当冲突产生时进行更有效的协商，任务活动是指有效地关注当前的工作。

方茨等人（Fonzi et al., 1997）提供了玩游戏时必须共享游戏设备或轮流完成任务的8岁儿童朋友之间存在冲突管理的证据。朋友比非朋友更可能提出建议、商量游戏进行的方式，而且更可能达成协议、更使人愉快。

正如想象的那样，儿童的朋友通常与他们自身比较相似。但是，朋友的某些特质比其他特质更相似。至关重要的是被称为声誉突出性（reputational salience）的特质，它是决定儿童地位的至关重要的特质。朋友通常在高声誉突出性特质上比低声誉突出性特质上更相似。查理曼（Challman, 1932）发现，朋友通常在社会合作这一高声誉突出性特质方面很相似。但是，朋友在智力这种低声誉突出性特质上非常不相似。类似的，哈兹拉格等人（Haselager et al., 1995）在11岁儿童中发现，朋友在反社会行为（一种高声誉突出性的特性）上比在亲社会行为和社会退缩上更相似。

友谊的性质会随着年龄而变化吗？

纽科姆与巴格韦尔（Newcomb & Bagwell, 1995）考察了儿童从学前期到青春期早期其友谊的性质是否存在系统变化。从学前期（到5岁左右）到童年期（约6—9岁），儿童与朋友的积极交往大量增加，从童年期到青春期早期（约10—13岁）继续保持小幅度的提高。但是，儿童与非朋友的积极交往也有所增多，因此可以得出如下似乎令人吃惊的结论："在三个年龄段的每个水平上，虽然友谊的总体行为表现与非友谊关系存在显著差异，但这些总体差异的相对大小在三个年龄段之间并不存在差异。"（p.340）

与友谊有关的关系属性（例如，亲密、忠诚）会随年龄增长出现较多令人信服的变化。这些关系属性从学前期到青春期早期均有系统增加。根据纽科姆与巴格韦尔（1995, p.340）的观点："业已假设青少年的友谊比年幼儿童的友谊拥有更多亲密特征……当前的元分析发现为这种与年龄相关的差异提供了强烈的实证支持。"

哈图普与斯蒂文森（Hartup & Stevens, 1997, p.356）认为，友谊具有一个深层结构和一个表层结构："我们用**深层结构**指代关系的社会意义（本质），用**表层结构**指代在特定时刻或特定情境中赋予其特征的社会交换。"然后哈图普与斯蒂文森进一步作出两个主要预测：(1)在发展过程中，友谊的深层结构不发生改变；(2)在发展过程中，友谊的表层结构以各种方式发生改变。

根据哈图普和斯蒂文森的观点，互惠或相互关系在友谊的深层结构中是至关重要的。因此，所有年龄段的友谊都建立在给予和索取平衡的基础上。但是，给予什么和索取什么（表层结构）会随年龄而变化。古德诺与伯恩斯（Goodnow & Burns, 1995）发现，儿童对友谊的期望，通常会围绕着相当具体的互惠和共同的兴趣（例如，

"我给他们食物,因此他们也给我食物",p.120)。在学龄儿童中,互惠采取的是共享利益的形式(例如,"好朋友就是喜欢你、和你一起共度时光、原谅你并且不会真正打击你的人",p.120)。

在青春期,朋友之间互惠的种类截然不同。当青少年描述自己理想的朋友时,他们认为他/她在理解和信任的意义上应该是支持自己的人。因此,从年幼儿童的共同活动到主要学生时代的共享利益,再到青春期的情感互惠过程中,互惠和相互性的性质都会发生改变。

❖ 评价

- ⊕ 众多研究表明,儿童的友谊在整个童年期和青春期具有某些相似性(像互惠、积极参与)。
- ⊕ 大量研究表明,从童年期到青春期儿童友谊的特征是存在某些差异(亲密性、复杂性)。
- ⊖ 大多数关于儿童友谊的研究为不同年龄段的友谊模式提供了实证数据,但却未能验证任何清晰的理论预测。
- ⊖ 大部分研究都属于横断研究,研究了某个时间上不同年龄儿童的友谊。因此,我们对很多友谊随时间发生的动态变化知之甚少。例如,我们对引起友谊变强和变弱的过程缺乏详细的理解。

有(或没)朋友的后果

不足为奇,有朋友的儿童通常能比没朋友的儿童获得较好的社会性发展。根据哈图普(Hartup,1996,p.4)的观点:"没有任何数据表明有朋友的儿童比没朋友的儿童更差。"但是,很难说明拥有朋友是决定性因素。毕竟,有朋友的儿童在很多方面都和没朋友的儿童存在差异,例如有更强的社交能力、更积极响应的父母等(Hartup,1996)。这个问题在一些纵向研究中得到某种程度的阐述,在这些研究中对儿童进行了为期几个月的跟踪调查。例如,伯恩德等人(Berndt et al.,1999)在上述一项研究中发现,与一个或更多好朋友一起转校的儿童比没有好友陪同转校的儿童遭受较少的心理困扰。拉德(Ladd,1990)发现,在幼儿园结交新朋友的儿童,比未结交新朋友的儿童在学业成绩上表现出更大的进步。

巴格韦尔等人(Bagwell,Newcomb & Bukowski,1998)的研究是第一项检验如下假设的研究:在长期纵向研究中童年期友谊在社会性发展和情感发展中具有重要作用。巴格韦尔等人确认了一些拥有或没有密友的 11 和 12 岁儿童。他们还通过评价同伴拒绝获得了社交能力的测量数据。所有儿童被一直追踪到 23 岁。拥有朋友的儿童在成人期有更强的自我价值感。此外,在 11 岁时拥有朋友的儿童比没有朋友的儿童在成人期更不可能患抑郁症。那些既没朋友又遭到同伴拒绝的儿童,比其他儿童更可能在青春期和成人期出现不良行为。

同伴拒绝本身与后来的某些消极影响有关。例如,11 或 12 岁时被同伴拒绝与较差的学习成绩、较低的抱负水平和较少参与社会活动有关。

父母、同伴，还是基因？

本章（和前一章）所讨论的证据表明，儿童的发展受到父母对待方式的强烈影响。但是，事情可能并没这么简单。例如，考虑一下高水平的父母消极性和/或敌对状态与青少年儿童的反社会行为之间的关系。假设是父母行为导致儿童较差的适应性似乎很自然。但也存在其他可能性。例如，儿童的反社会行为可能引起父母以敌意方式作出反应。在本章这一部分，我们将关注阐释这些发现意义的尝试。

行为遗传学

> **行为遗传学**：研究决定行为的遗传因素和环境之间的交互作用。

理解一些引起儿童社会性发展因果因素的方法被称为行为遗传学。**行为遗传学**（**behavioral genetics**）可以定义为："基因如何与环境相互作用来决定诸如智力、人格和心理健康等行为特征的科学研究。"（Shaffer, 2000）从该方法中获得的主要发现将在下面讨论。

我们首先回到如何解释父母的消极行为与儿童的反社会行为有关这一事实的问题。奥康纳等人（O'Connor, Deater-Deckard, Fulker, Rutter & Plomin, 1998）从行为遗传学的视角考察了这个问题（参见第16章）。他们研究了领养儿童，一些儿童的亲生母亲在儿童出生前具有反社会行为史。人们假设：其母亲有反社会行为史的领养儿童，在遗传上具有反社会行为的风险。研究者对这些儿童的养父母采用敌意、内疚感引导和退出领养关系的形式进行消极控制的倾向性进行了评估。

> 这些研究者为什么选择领养儿童进行研究？

奥康纳等人获得的主要发现如下："从童年中期到青春期早期，有遗传风险的儿童比没有遗传风险的儿童受到养父母更多的消极控制。"因此，有反社会行为遗传风险的儿童激起或引发了养父母的消极行为。因此，儿童的遗传因素会影响父母的消极行为与儿童的反社会行为之间的关系。

奥康纳等人未发现父母的消极行为完全是由领养儿童的遗传因素引起的。父母的行为取决于很多因素，包括经济问题、婚姻关系质量及父母童年时的自身经历（Hetherington, 1993）。

行为遗传学家确定了决定同一家庭内儿童相似或不相似程度的三种影响类型。第一，遗传影响。第二，共享环境影响，由同一家庭儿童共同拥有的环境影响构成（例如，父母的行为）。如果弗洛伊德和其他理论家是正确的，那么一个家庭内所提供的共享环境影响应该对儿童的人格发展具有重要影响。第三，非共享环境影响，这是每个儿童特有的经验。需要注意"非共享环境"这个术语具有某种程度的误导性。正如韦斯腾（Westen, 1998, p.349）所指出的："它[非共享环境]包括不同儿童作出不同反应的共享事件……因此，即使环境事件相同并因此是共享的，但是与父亲或母亲的早期分离对性格上具有高消极情绪的儿童比性格随和的儿童具有更大的影响。"

利林（Loehlin, 1985）获得较典型的发现，我们将关注他的研究。他测量了同卵双生子、异卵双生子及在同一家庭成长但无血缘关系的儿童的多种人格特质（参见第13章）。使用相关来评价属于不同类别儿童在人格特质方面的相似程度。同卵双生子在人格方面较相似，各种特质之间的平均相关为 +0.50。异卵双生子较不相似，平均相关为 +0.30。与当前的讨论最有关的是，在同一家庭成长但没有血缘关系的儿童之间的平均相关是 +0.07，意味着他们彼此之间根本不相似。因此，共享环境对他们的人格发展只有极小的影响。

研究共享环境对人格的影响还有另一种方法。我们可以比较一起长大和分开长大的同卵双生子以及一起长大和分开长大的异卵双生子之间的人格相似性（参见第13章）。如果共享环境很重要，那么在同一家庭里一起长大的同卵双生子比分开长大的同卵双生子的人格应该更相似，并且当比较一起长大的异卵双生子和分开长大的异卵双生子时也应该有同样的结论。事实上，一起长大的双生子相互之间的相似性仅仅略高于分开长大的双生子（Bouchard, Lykken, McGue, Segal & Tellegen, 1990；Pedersen, Plomin, McClearn & Friberg, 1998；Shields, 1962）。

遗传因素可以解释大约 40% 的人格个体差异（参见第13章），共享环境只有很少的影响。由此可以推论非共享环境很重要。根据哈里斯（Harris, 1995, p.459）的观点："一般来讲，成人人格特征 40%—50% 的变异属于无法解释或非共享的部分。"下一小节我们就来讨论哈里斯确定影响人格的主要非共享环境因素的尝试。

研究双生子的一个问题是同卵双生子非常少。可确认又被分开抚育的同卵双生子更少。这意味着双生子样本根本不能代表总体并且样本规模也很小。因此，尽管双生子研究给我们提供了有用的观点进行思考，但这类研究并非真正具有说服力。

❖ 评价

- ⊕ 行为遗传学家已经表明，遗传因素会影响儿童环境的重要方面（例如，父母对待他/她的方式）。
- ⊕ 已经表明，人格发展的个体差异主要取决于非共享环境而非共享环境。
- ⊖ "行为遗传学家未尝试直接测量[如果有也很少]环境影响或详细说明环境如何作用于个体从而影响其行为……仅仅通过假设由我们的基因以未知的方式所影响的未指明的环境因素以某种方式塑造了我们的能力、行为和性格是不能解释发展过程的。"（Shaffer, 2000, p.85）

群体社会化理论

哈里斯（Harris, 1995, 2000）在提出她的发展的群体社会化理论时，使用了行为遗传学家和其他研究者的发现。她认为，主要有两种方式可以解释共享环境为什么对人格发展只有很少的影响。第一，可能是"父母的行为对儿童未来成为成人所拥有的心理特征没有影响"（p.458）。第二，在同一家庭长大的儿童可能在家里具有不同的经历，例如，由于父母对待他们的方式非常不同。当我成为父亲时，我决定为什么家庭中的每个儿童会受到父母的不同对待?

对我所有的孩子(两个女孩和一个男孩)都一视同仁。但我很快便意识到这不是个好主意,因为他们具有如此不同的人格和兴趣。根据哈里斯的群体社会化理论,父母对儿童的人格发展没有长期影响。也就是说,"如果我们把儿童留在家里、学校、邻居家或他们所属的文化和亚文化群体中,但经常变换父母的位置,那么儿童将会发展成同一种成人。"(Harris, 1995, p.461)显然,这是一个很有争议的假设,该假设似乎与本章及前面章节中所讨论的很多证据都不一致。

哈里斯(Harris, 1995)承认儿童会在家庭环境中学到很多社会行为。但是,一个关键的理论假设是,这种学习不能推广到其他情境中。因此,家庭环境中的学习非常依赖背景。根据哈里斯(p.462)的观点:"儿童分别学会了在家里(或在父母面前)如何行事及不在家里如何行事……在家里,他们可能因错误受训斥,因适当的行为而受表扬;在外面,他们可能因错误而受嘲笑,而行为适当时却受忽略。"

根据这一理论,家庭环境因素被认为在社会性发展中是不重要的。哪些因素被认为重要呢?哈里斯(1995, p.481)认为:"童年期和青少年同伴群体的经历……解释了人格发展的环境影响。"我们可以将该假设与我们前面的讨论相联系,在前面的讨论中我们已经看到非共享环境因素在决定人格发展方面比共享环境因素更重要。根据群体社会化理论,同伴群体经历是非常重要的非共享环境因素。

证据

根据群体社会化理论,社会化和人格发展很大程度上取决于儿童所拥有的同伴群体经历。支持该观点的证据已在本章前面进行了讨论。例如,巴格韦尔等人(1998)发现,那些被同伴拒绝的11岁儿童比其他儿童在12年以后具有较少的社交生活和较差的工作绩效。迪特-迪卡德(Deater-Deckard, 2001)综述了表明童年期的同伴拒绝和回避同伴交往与以后的各种情感和行为问题(例如,反社会行为、抑郁)的有关证据。我们在第16章所讨论的研究表明,同伴群体经历在性别发展中极为重要(Maccoby, 1998)。从更细微的层面来讲,我孩子的口音从他们开始全日制学习并接触更多的同伴后就演变成伦敦东区口音了。

一个关键的理论预测是,父母和家庭对儿童社会发展的影响很小。之前所讨论的一些证据与该预测有关。例如,奥康纳等人(O'Connor et al., 1998)发现,父母行为对儿童行为的一些显著影响是由儿童的遗传因素造成的。这一证据表明,很多研究者夸大了父母因素在决定儿童发展中的重要性。

哈里斯承认父母行为对儿童的各种影响。但她预测这些影响仅限于家庭环境而不会普及到其他情境。有研究者(Forgatch & DeGarmo, 1999)报告了与这种预测相一致的证据。他们观察了一个旨在改进父母育儿方式的干预方案的效果。这

父母重要吗?

英国总督学贝尔(David Bell)的确认为父母很重要。他(2003)提出的当今抚养的5岁儿童"比以往儿童在入学时准备更不充分的"主张,是基于他认为在该群体中儿童的社会技能、行为技能和言语技能都处在空前最低水平的观点。他把这些儿童描述成不听话、不能安心学习和保持安静。他还指出,有些儿童不能恰当地交谈或使用刀叉。贝尔认为,父母管教的缺失和贫乏的刺激是主要原因。其他研究者则认为,主要原因是使用电视和录像作为"儿童的照顾者"而不是使用真实的人和儿童交流互动。

个干预方案引起了儿童在家行为的显著改善，但对教师对儿童在学校的评定并没有产生影响。

其他证据似乎与家庭中事件对儿童的社会化几乎没有影响的假设相矛盾。例如，如本章前面所述，父母经常会强烈地影响儿童的依恋行为。另外也如本章前面所述，如果通过剥夺或缺失而使儿童缺乏父母的情感支持，将会产生很严重的后果。研究者（East & Rook, 1992）也证明了家庭影响的重要性。他们研究了在学校与同伴相对脱离的儿童。与兄弟/姐妹有牢固关系的儿童，比缺乏这种关系的儿童在学校里表现出更少的适应困难。

出生顺序似乎是一种可能对儿童的社会化具有重要影响的家庭因素。头胎出生的儿童通常比其他兄弟姐妹更大、更强壮，并且至少在生命的第一年他们具有不必为争取父母的关注而竞争的优势。此外，承认自己喜欢某个孩子胜过其他孩子的80%的美国母亲和86%的英国母亲都认为自己更喜欢年幼的孩子（Dunn & Plomin, 1990）。尽管如此，经常发现出生顺序对成人人格没有影响（Dunn & Plomin, 1990），这与该理论相一致。

保卢斯等人（Paulhus, Trapnell & Chen, 1999）报告了出生顺序可能很重要的证据。他们指出，以前的大多数研究采用的都是家庭间设计，这意味着出生顺序不同的个体来自不同的家庭。这种方法的问题是，很难保证各个家庭在社会阶层、父母人格等各方面是相似的。一种更可取（和更敏感）的方法是采用家庭内设计，在这种设计中出生顺序不同的个体来自同一家庭。这是保卢斯等人采取的方法。他们发现头胎出生的孩子通常最有抱负和最负责任，而较后出生的孩子最可能是自由的、叛逆的和讨人喜爱的。这些发现与群体社会化理论的预测相反，因为它们表明家庭的影响可能对人格和成就具有强烈效应。

非共享环境因素在解释社会化的个体差异方面通常比共享环境因素更重要的发现，与父母对儿童只有少量影响的观点相一致。但也存在其他可能性。例如，可以假设父母以不同的方式对待孩子，这种区别对待会影响孩子的发展。这些父母影响可以归为非共享环境影响。另外还可以假设孩子对父母的行为作出不同的反应。这些父母行为对儿童发展的任何影响也可以归为非共享环境影响。

对前面段落中所提到的可能性也有一些证据支持。例如，伯格曼等人（Bergeman, Plomin, McClean, Pederson & Friberg, 1998）在分开抚养的同卵双生子中发现，高家庭冲突只与冲动性倾向的儿童冲动性的增加有关。在神经质倾向儿童中，频繁的家庭活动与神经质（体验消极情绪的倾向，参见第13章）的减少有关。但在无神经质倾向的儿童中，频繁的家庭活动却与儿童神经质的增加相关。因此，一些非共享环境影响反映了父母行为对家庭中儿童的不同效应。

❖ 评价

- ⊕ 群体社会化理论代表了对非共享环境因素比共享环境因素对儿童社会化发展具有更大影响这一发现进行解释的系统性尝试。
- ⊕ 很多以前的研究者夸大了家庭共享经历在影响儿童社会性发展中的重要性。

- ⊕ 越来越多的证据表明，儿童在同伴群体中的经历对社会性发展具有持久的影响。
- ⊖ 社会化的个体差异更多取决于非共享环境因素而非共享因素的发现可以通过多种方式进行解释，但该发现未必意味着父母的影响较弱或不存在。
- ⊖ "在采纳'某种背景中的经历在此背景之外绝对无影响'这一观点时，哈里斯提出了一种与最近的研究和理论不一致的高度分离的自我（highly compartmentalised self）。"(Vandell, 2000, p.703)
- ⊖ 哈里斯（Harris, 1995, 2000）宣称父母、兄弟姐妹和教师对儿童的社会化都只有极小的影响，这一观点太过偏激且未得到证据的支持。

小　结

依恋

婴儿的主要依恋对象通常是母亲，但是也经常存在与他人的强烈依恋。根据波尔比的观点，儿童的依恋发展会经历几个阶段，儿童逐渐形成目标矫正的同伴关系和这种关系的内部工作模型。根据心理动力学观点，婴儿最初依恋母亲是因为母亲是食物的来源。这种解释过于简单。波尔比宣称婴儿具有与某个特定个体形成强烈联系的先天倾向，并且存在一个这种联系肯定出现的关键期（3岁结束）。事实上，母亲与婴儿之间的关系会随时间而发展，并不是出生后马上就固定的。来自陌生情境测验的证据表明，婴儿对母亲主要有四种依恋类型：安全型依恋、反抗型依恋、回避型依恋及混乱型依恋。根据安斯沃斯的照料假设，母亲（或其他照料者）的敏感性在决定依恋类型时是至关重要的。该假设忽视了婴儿及父亲的作用，显然还不完整。

剥夺的影响

根据波尔比的母性剥夺假设，在生命早期打破儿童与母亲的联系会对儿童的社会性、情感及智力发展带来严重的长期影响，也会产生像抗议、绝望、脱离等短期影响。但是，缺失的影响通常比剥夺的影响更严重，只有少数儿童仅对母亲具有强烈依恋。当剥夺是由家庭内的社会关系问题造成时，比由生理疾病或住房问题造成时更可能导致长期问题。波尔比认为母性剥夺带来的不利影响通常是不可逆转的。但对经历了极度缺失和孤立的儿童进行的大多数研究，并不支持不可逆转的观点。

离婚和日托的影响

父母离婚后，儿童通常会经历一个危机期然后进入适应期。女孩通常比男孩能更好地应对父母的离婚，但有时却很难适应母亲的再婚。一些儿童或青少年在父母离婚十年后依然感到沮丧。离婚对儿童自尊及社会能力的某些明显影响取决于父母的遗传影响。离婚之前的父母冲突与离婚本身都会对儿童产生不利影响。大多数有关日托的研究表明，它很少（或不）影响儿童对母亲的依恋、社会性发展或学业发展。

但对每周会经历长时间日托的1岁以下婴儿来说，情况可能并不如此。

育儿的跨文化差异

育儿实践的文化差异通常反映了成人的文化期望和价值观的差异。集体主义社会的父母对儿童要求严格，希望儿童顺从和合作。相反，个体主义社会的父母对儿童要求不严格，希望儿童独立。父母的反应因文化而异，但是父母的无反应或拒绝几乎普遍与儿童的不良后果（例如，低自尊、违法行为、攻击行为）有关。大多数文化中的大多数婴儿都具有安全型依恋风格。但是，回避型依恋风格在西欧比其他地方更常见，而反抗型依恋风格在以色列和日本相对更普遍。大多数跨文化研究都不能证明因果关系。

同伴关系

对儿童最喜欢和最不喜欢同伴的等级评定产生了五种社交类型：受欢迎的、有争议的、一般的、被忽视的和被拒绝的。社交能力包括关注社会线索、解释社会线索、选择目标、获得可能的反应、选择一个最优反应和作出该反应。但是，社交能力无疑取决于低消极情绪性和情感调节等情绪因素。友谊涉及积极参与和各种关系属性（例如，亲密性）。年长儿童的友谊比年幼儿童表现出更多的积极参与和更多的亲密性等关系属性。友谊的深层结构（互惠性）在整个发展过程中保持改变，表层结构（即，社会交换）则会发生改变。有朋友的儿童似乎在各个方面（例如，更高的自我价值感、较少的抑郁症状）都优于无朋友的儿童。

父母、同伴还是基因？

行为遗传学家研究了遗传因素和环境因素在决定行为上的交互作用。父母消极控制与儿童反社会行为之间的联系，在某种程度上是由儿童影响父母行为的遗传因素决定的。人格的个体差异主要取决于遗传因素和非共享环境。根据群体社会化理论，同伴影响是影响社会化最重要的环境因素，而父母和家庭影响对家庭外的儿童行为仅有很少的长期影响。群体社会化理论关于父母、兄弟姐妹及老师不会影响儿童社会化的假设过于极端，某种社会背景中的经历对其他社会背景不产生影响的观点也是不正确的。

深入阅读

- Harris, M., & Butterworth, G. (2002). *Developmental psychology: A student's band-book*. Hove, UK: Psychology Press. The course of social development from infancy, through the preschool years and the school years is discussed in an authoritative way in this excellent textbook.
- Shaffer, D.R. (2002). *Social and personality development* (4th Ed.). Belmont, CA: Wadsworth. Most of the main topics in social development are discussed in detail.
- Smith, P.K., Cowie, H., & Blades, M. (2003). *Understanding children's development* (4th Ed.). Oxford, UK Blackwell. This textbook contains a detailed but accessible introductory account of the processes involved in social development.

第 5 部分
社会心理学

- **社会心理学的认知取向**
  态度
  态度改变和说服
  归因理论
  自我

- **社会行为和关系**
  亲社会行为
  攻击
  人际关系的形成
  亲密关系的发展
  关系的稳定和终止

- **群体过程**
  服从权威
  从众
  基本群体特征
  群体表现
  群体决策
  领导
  集体行为

- **群际过程**
  社会认同理论
  刻板印象
  偏见和歧视
  减少偏见和歧视

社会心理学：研究个体或群体的思想、情感和行为如何受他人影响。

以下四章我们将关注社会心理学。奥尔波特（Allport, 1935）把社会心理学（social psychology）定义为："个体的思想、情感和行为如何受他人现实的、想象的和隐含的存在所影响的科学研究。"当然，其他心理学领域（例如，认知心理学、情绪心理学）也关注个体的思想和感情。但是，社会心理学关注他人对个体的影响，甚至是当这些人不在现场或实际不存在时对个体的影响。例如，大多数人即使在没人看到他们的情况下也不会在街道上乱扔垃圾（Hogg & Vaughan, 2002）。一个关键原因是，我们的社会传统认为乱扔垃圾是不受欢迎的。因此，我们不乱扔垃圾是因为社会中大多数人不赞成扔垃圾的行为。

一些社会心理学家认为，几乎我们所有的行为都具有社会维度。例如，希瑟（Heather, 1976, pp.31–33）讨论了实验室实验的社会性质：

> 心理学实验……是涉及陌生人在场的社会情境……多年来使用人类被试进行实验所获得的大多数知识，都是有关陌生人如何在心理实验的人造环境和罕见的社会背景中相互作用的信息。

我认为，社会心理学是心理学研究中最迷人同时又是困难最多的领域。说它迷人是因为，我们大多数人都热衷于试图理解我们自己以及我们朋友和熟人的社会行为。说它困难是因为，业已证明解释复杂的社会行为极为困难。几乎所有社会行为的内容都会受到如此众多因素的影响，以至于很难找到某个根本不具影响的因素。

社会心理学的研究方法

曼斯泰德和塞明（Manstead & Semin, 2001, p.84）指出："实验法是社会心理学的主导研究方法……社会心理学研究的标准指导原则……倾向于把实验法视为首选的研究方法。"实验法经常应用于社会现象的实验室研究。另外，社会心理学家还进行现场实验，即在现实世界的自然情境中进行实验研究。就像我们将会在下面四章中看到的，我们通过实验掌握了很多人类社会行为的信息。不过，实验法也有很多不足之处（下页讨论）。

第一，大多数实验都会涉及操纵某些情境因素（自变量）以观察其对行为的影响（因变量）。假设我们想研究社会指责（social disapproval）对某个人行为的影响（例如，"请不要做那件事！"）。这些影响很大程度上取决于当前的社会情境。例如，如果指责者是权威人物（例如，你的老板）同时又是在正式场合，那么你的行为要比指责者是陌生人同时是在非正式场合（例如，酒馆）的情况下更可能受到影响。占优势的社会情境的影响意味着，"独立考察的刺激事件很少能引起可预测的社会行为"（Gergen, 1978, p.509）。

第二，即使我们发现操纵某些自变量会对行为产生一致性影响，我们还是难以对这些发现作出解释。曼斯泰德和塞明（2001, p.106）对这个问题进行了清晰的说明："一名实验者认为通过调节过程 Z 来证明 X 对 O 的影响，另一名实验者则会根据另外的中介过程进行解释……该问题的核心……在于，社会心理学家感兴趣的现象经常会引发一系列事件。"因此,社会行为常会受到各种内部过程(例如,对情境的解释;他人对某人行为反应的想法)的影响,但是实验未必能使我们识别这些内部过程。

第三,吉登斯(Giddens,1982,p.16)认为:"人类是……能够——并易于——把理论和研究融入他们行为当中的代理人。"因此,了解社会心理学的有关研究发现能使个体对行为进行修正,并因此使该理论遭受淘汰。例如,假设你在社会心理学课本上看到,撒谎的人倾向于眼珠不转地盯着他的说话对象。此后,当你歪曲事实时你可能就会确保自己不会盯着其他人看!

社会心理学家还使用多种非实验法,这里我们简要介绍其中几种方法。第一,调查法,使用问卷或面谈获取详细信息。调查法的优点之一是,可以在短时间内从大量个体中获得大量信息。

第二,现场研究,指研究者仅观察群体的社会行为(例如,操场上的儿童,青少年群体)。现场研究可以获得丰富的信息,但对这些信息通常难以作出合理的解释。

第三,档案研究,使用非心理学家(例如,政府部门)以前搜集的有意义数据来说明社会问题。例如,霍夫兰和西尔斯(Hovland & Sears,1940)想要检验挫折—侵犯假设,该假设认为挫折导致侵犯。假定美国棉花价格的下跌会导致挫折,并且处私刑(lynching)的数量可以作为攻击的测量指标。不出所料,棉花价格最低的那几年私刑数量最多。

第四,个案研究,对个体或群体进行非常详细的研究。个案研究对于研究稀有现象(例如,应对自然灾害、神秘的巫术)具有特别重要的价值。大多数个案研究的局限性在于,研究者的理论信念可能会影响其对证据所做的解释。

总之,社会心理学家在研究中会使用各种研究方法,并且揭示了有关人这一社会性动物的大量信息。但也要牢记,社会行为是很复杂的,现有的研究方法还存在局限性。

解释层面

社会心理学是一个复杂的研究领域,部分因为它与其他学科及心理学中其他领域存在密切联系。例如,社会人类学、社会学、社会语言学等学科均与社会心理学存在密切联系,心理学领域的认知心理学及个体差异研究也与社会心理学具有联系。可以推测,社会心理学家使用了几种解释层面。多伊斯(Doise,1986)认为,社会心理学有四种解释层面。

  1. 内省层面(intrapersonal level)。关注每个个体的心理过程(例如,对社会情境的解释)。

  2. 人际及情境层面(interpersonal and situational level)。仅关注特定时间、特定情境中个体之间的相互影响。

  3. 地位层面(positional level)。与前一个层面类似,但是考虑了即时情境之外的角色或社会地位(例如,地位、身份)。

4. **意识形态层面（ideological level）**。关注一般社会信仰和社会认同对社会行为的影响。

欧洲的社会心理学与美国的社会心理学截然不同。大多数欧洲社会心理学家都认为，社会心理学应该包括多伊斯所确定的四个层面。与其相反，很多美国社会心理学家主要对内省层面，尤其是对个体解释社会环境的方式感兴趣。

第18—21章的结构

第18—21章会探讨社会心理学的哪些主题呢？第18章主要关注社会心理学的认知取向，这在最近几十年间引起了大家广泛的兴趣和重视。这些认知取向强调**社会认知（social cognition）**，"即影响社会行为并受其影响的认知过程和结构"（Hogg & Vaughan, 2002, p.651）。由于关注个体考虑及解释自己和他人社会行为的方式，该领域的大多数研究均处于内省水平。

社会认知：加工并理解社会情境和行为。

我们将从态度开始讨论社会心理学的认知取向，态度是对他人、群体或客体的信仰和情感。在日常生活中，我们经常尝试理解我们或他人以某种方式表现行为的原因。各种归因理论对这个问题进行了直接阐述，该问题也将在第18章进行讨论。在我们的长时记忆里所储存的与社会有关的所有信息中，有关我们自己及自我概念的信息尤为重要。第18章通过考察自我的各种视角得出了结论。请注意，认知过程和认知结构几乎在社会心理学的各个领域均非常重要，因此在第19—21章中也会就某些方面对该问题进行讨论。例如，第21章的大部分内容都涉及我们考虑社会中其他群体的方式。

第19章关注与作为个体的他人的交往，主要强调情绪侧面。例如，假设对他人抱有积极印象，我们就可能会对他们表现出更多的有益行为。相反，如果我们对他人形成消极印象，我们就可能表现出攻击行为。在更亲密的层次上，亲密的情感关系可能导致结婚。这些人际关系将在第19章详细讨论。

第20章涉及大量群体过程。有很多重要现象都与群体有关，包括从众压力、领导者的权变（emergence）及群体凝聚力的发展。本章讨论了有关这些问题的解释，并对大型群体或人群的行为进行了某些分析。

第21章涉及各种群体内行为，尤其是那些冲突群体的群体内行为。本章的关键主题是偏见和歧视，以及如何消除这些偏见和歧视。为了充分理解偏见，考察我们对其他社会群体形成刻板印象的原因和方式是非常重要的。

总之，我们浏览这些章节时是自然发展的。第18章关注个体的思维和认知结构，第19章主要考察我们如何对待其他个体，第20章分析了群体现象，第21章提供了对群体内冲突的解释。正如你所见，社会心理学的研究领域是非常广泛的！

第 18 章
社会心理学的认知取向

本章概要

- **态度**
  态度如何影响我们的行为

  测量:自陈问卷
  测量问题:社会赞许性偏见,虚拟通灵器,
  　　内隐态度
  态度的功能
  态度和行为的关系
  根据态度预测行为的理论:理性行为、
  　　计划行为

- **态度改变和说服**
  研究改变态度的方式

  说服信息的重要性
  麦吉尔德的说服五因素
  佩蒂与魏格纳的精致似然性模型
  启发式系统模型
  费斯汀格的认知失调理论

- **态度理论**
  人们为什么以某种方式行动

  特质归因和情境归因

  凯利的归因理论——协变原理
  对应推理理论
  基本归因误差
  行动者—观察者效应
  跨文化差异
  吉尔伯特与马隆的修正模型
  特洛普与冈特的整合模型

- **自我**
  社会因素对自我概念的影响

  自我的定义
  社会认同理论
  独立我与相依我的文化差异
  自我概念的变化
  自我表现动机
  自尊:特泽的自我评价维持模型、自我
  　　服务偏见、错误独特性偏见
  自尊的重要性,文化差异

态度

哪些因素会影响我们在社会情景中的行为呢？众多因素都在起作用，包括我们的人格、以前相似情境的经历、他人的期望，以及与他们的关系。社会心理学家越来越多地认为，理解社会行为的一种重要方法是研究个体思考其自身、其所属群体及其他社会群体的方式。

很多早期社会认知研究都关注**态度**（attitudes）。奥古斯蒂诺斯与沃克（Augoustinos & Walker, 1995, p.13）认为，"态度就是评价。它们使个人定位于某个客体或态度参照物。所有的态度都具有所指对象，即'思维的对象'或'刺激物'……它们把信息从一个人转达到另一个人；态度具有社会性"。更具体的说，态度具有情感成分（即，态度表示人们对某种客体的感情），态度也具有认知成分（即，态度是人们对客体的观念和信念）。正如我们下面将要看到的，人们进行了无数次尝试，想要发现态度预测行为的程度。

有关态度的大多数讨论都在本章进行。不过第 21 章也会涉及其他相关资料，尤其是刻板印象的那部分内容。

测量问题

态度不能直接进行观察，由此引发出一个态度测量的问题。最常见的态度测量方法是使用自陈问卷。通常的做法是给被试呈现各种陈述句（例如，"美国电影通常比英国电影好"，"大多数美国电影比较肤浅"）。用 5 点记分（有时是 7 点记分）（例如，非常同意，同意，不确定，不同意，非常不同意）让被试对每个陈述句作出同意或不同意的程度。我所描述的这种记分方法称为**利克特量表**（Likert scale）。

这种态度测量方法最大的问题是人们可能不愿意诚实作答。更具体的说，他们可能会表现出**社会赞许性偏见**（social desirability bias），即故意歪曲其反应以使他们显得比实际上更受社会的欢迎。当人们的实际态度在社会上不受赞许时（例如，对少数民族的消极看法），尤其可能出现这种偏见。一般来说，"使用这些测量（自陈量表）的必需假设是，个体具有准确报告其态度和信念的能力和动机，并假设敢于接受检验"（Cunningham, Preacher & Banaji, 2201）。

为把这些问题减到最小，研究者进行过各种尝试，这里我们讨论其中三种尝试。第一，我们可以使用生理测量。例如，卡乔波和佩蒂（Cacioppo & Petty, 1979）记录了人们在讨论前和讨论过程中面部肌肉的变化，谈话者针对饮酒或接待时间的大学制度较严格或较宽松进行辩论。讨论之前，那些对所谈话题持赞成态度的学生呈现出一种面部肌肉模式，那些持不赞成态度的学生呈现出另一种面部肌肉模式。卡乔波和佩蒂还发现，在讨论过程中，这两种模式的差异更大。这些发现表明，面部肌肉可以提供有关某人对某个主题是否赞同的有用信息。

第二，**虚拟通灵器**（bogus pipeline）：让被试与一台形状奇特的机器相连，告诉他们这台机器可以检测他们所说的任何谎言。主要发现是，当被试与虚拟通灵器相

态度：对个人、群体或事物的信念，这些信念具有评价成分（如，好和坏）。

利克特量表：态度测量的一种方法，被试指出对各种陈述句同意或不同意的程度。

社会赞许性偏见：回答问卷时照社会喜好回答而非诚实回答的倾向。

虚拟通灵器：一种装置，把被试与机器相连，告诉他们该机器可以检测他们所说的任何谎言。

连时，比在标准条件下完成态度量表更可能揭示社会不赞许的态度（例如，种族歧视和其他种类的歧视）(Jones & Sigall, 1971)。例如，有研究者(Tourangeau, Smith & Rasinski, 1997)发现，使用虚拟通灵器能使人们承认使用可卡因、频繁的口交及酗酒。尽管这种方法对于减少社会赞许性偏见具有一定的效用，但现在已很少使用虚拟通灵器。这种方法会引发很多严重的道德问题，例如欺骗和侵犯个人隐私。

第三，对各种**内隐态度**（implicit attitudes）评估技术的使用日益增多，内隐态度不受意识和控制的支配（参见第21章更全面的讨论）。例如，坎宁安等人(Cunningham et al., 2001)研究了评价性启动。被试必须快速判断单词具有积极意义还是消极意义，积极词按一个键，消极词按另一个键。在即将呈现每个单词之前，短暂地呈现白人或黑人的脸。通过把试验分成两组对被试的表现进行计分：(1)白人脸伴随积极词，黑人脸伴随消极词；(2)白人脸伴随消极词，黑人脸伴随积极词。第一组试验的错误显著少于第二组试验的错误。这意味着被试对黑人抱有消极态度。有趣的是，标准化外显态度自陈量表（当代种族歧视量表(Modern Racism Scale)）并不能揭示这种偏见态度。

面部表情为我们的态度提供了线索

我们为什么会有态度？

几乎每个人都会对大量的群体、客体和主题产生成千上万种态度，这表明态度肯定对我们具有某种价值。谢维特(Shavitt, 1989)认为态度可以实现以下四种功能：

1. **知识功能**。态度只包括客体的有限信息，但却对这些客体的反应提供了有效且相对省力的方法。
2. **实用功能**。态度有助于我们以获得奖励避免惩罚的方式表现行为。出现这种情况是因为我们对特定物体持赞成或反对态度基于过去有关该物体的经验。
3. **维持自尊**。态度可以使我们与喜欢的对象（例如，一个成功的足球队）保持一致，这可以维持或增强我们的自尊。
4. **社会认同功能**。态度提供了一种表达个人价值观和认同与自己持同样态度的社会群体的方式。

内隐态度：不受意识和控制支配的态度。

态度和行为

态度和行为之间有着什么样的关系呢？合理的假设似乎是：我们首先形成各种态度，然后这些态度有助于我们确定对这些态度物体的行为。这些假设似乎是常识，但只得到中等程度的实证支持。例如，拉皮埃尔(LaPiere, 1934)报告了一项经典研究，表明态度和行为之间存在巨大差异。他是一个白种人，与一对年轻的中国夫妇一起环游美国。尽管当时对亚洲人具有强烈的偏见，拉皮埃尔却发现66个旅店只有一家旅店拒绝他们住宿，他们所驻足的所有184个餐馆都接待了他们。后来，拉皮埃尔给所有的旅店和餐馆写信询问他们是否愿意接待中国旅客。共有128家公司的所有者作出回应，90%以上的人表示他们不会接待。

从更广阔的视野来看，我们可以转向威克（Wicker, 1969）的研究。他总结了32项对态度和行为之间的关系进行检验的研究发现。态度和行为的相关很少超过+0.3，平均相关是+0.15。正如威克（p.65）所总结的："总体来说，这些研究表明，更可能的情况是态度与外显行为无关或仅存在弱相关，而非与行为强烈相关。"

态度在多大程度上决定我们的行为？

态度和行为之间并非总存在巨大差异。例如，人们对主要政党的态度与其实际投票行为之间存在较强的关系（Franzoi, 1996）。什么因素决定了态度和行为之间关系的强弱呢？第一，与态度和行为是否在相同的**具体性水平**上进行测量有关。态度的一般测量通常不能预测非常具体的行为类型。拉皮埃尔（1934）的研究也是这种情况。旅馆和餐馆所有者的行为是对具体、穿着考究、口语标准并有白人陪同的中国夫妇的反应。相反，旅馆和餐馆所有者填写问卷的态度则是针对普遍意义上的中国旅客。

第二，**时间间隔**。正如所料，如果态度和行为评估之间的时间间隔较长，二者的关系将会变弱（在拉皮埃尔1934年的研究中时间间隔是6个月）。例如，我们可以预期根据选举前一周的民意测验结果预测投票行为，要比根据选举前一个月的民意测验结果的预测准确性更高（Fishbein & Coombs, 1974）。

第三，**直接经验**。通过直接经验形成的态度对行为的预测，明显优于缺乏这些经验所形成的态度（Fazio & Zanna, 1981）。这可能是因为基于直接经验的态度通常更强、更清晰。

理性行为和计划行为理论

我们已经看到，如果研究的实施非常认真，那么通过态度较好地预测行为通常是可能的。但有大量证据表明（例如，Asch, 1951；Milgram, 1963；详见第20章）：在社会情境下，人们的行为通常会受到社会因素（例如，他人的观点和期望）的强烈影响。因此，我们需要基于行为取决于态度和社会因素这一假设的理论。菲什拜因与阿杰赞（Fishbein & Ajzen, 1975）在他们的理性行为理论中恰好做到了这一点。该理论后来又由阿杰赞（Ajzen, 1985, 1991）在其计划行为理论中得到进一步发展和扩充。

社会因素如何影响我们的态度？

理性行为理论的关键假设如下：

- 态度测量应该在行动、客体、背景和时间等方面与行为测量相一致（相容性原则）。
- 行为在某种程度上取决于个体的主观标准，该主观标准反映了个体作出（或避免）某种行为时所感受到的社会压力。
- 个体的行为取决于他/她的行为意图，即他打算如何行为。行为意图反过来也取决于对行为和主观标准的态度。
- 对行为的态度取决于行为信念（对作出某种行为可能引起某种后果的信念）和结果评估（个体对每种结果的评估）。
- 主观标准取决于规范信念（个体认为他人期望他/她以某种方式行为的程度）以及遵从动机（个体想遵从这些期望的程度）。

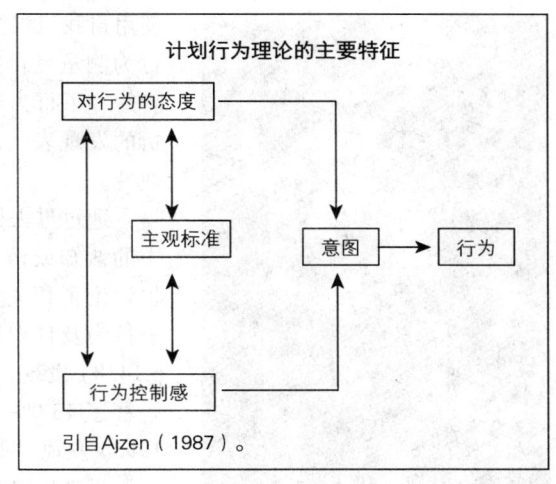

阿杰赞（Ajzen, 1985, 1991）认为理性行为理论具有局限性，因为它仅关注受个体控制的行为形式。因而他扩展了该理论，增加了一个行为控制感因素，作为影响行为意图和行为本身的另一个因素，从而提出了计划行为理论（见上图）。该理论假定，如果人们认为自己对某种行动具有很强的控制，他们就更可能形成完成特定行动的意图。

在行为控制感较低的情境中，计划行为理论比理性行为理论的解释力更好。例如，考察一名对戒烟持积极态度的吸烟者，主观标准也支持戒烟的意图。根据理性行为理论可以推测该吸烟者会戒烟。但实际上，很多吸烟者认为吸烟是一种瘾，因此很难戒掉。这些吸烟者的行为控制感较低，因此可以（准确地）预测他们通常不会戒烟成功。

证据

很多证据都支持理性行为理论。例如，斯梅塔纳和阿德勒（Smetana & Adler, 1980）获得了 136 位等待知道孕检结果女性的问卷数据。该问卷涵盖了该理论的所有成分（例如，对堕胎或不堕胎后果的信念，对堕胎的态度）。重要的发现是，怀孕女性堕胎（或不堕胎）意图与实际堕胎行为的相关为 +0.96。

范登普特（Van den Putte, 1993）对 150 个理性行为理论的检验结果进行了元分析。有两个主要发现：第一，态度、主观标准与行为意图的总相关为 +0.68。第二，行为意图与行为的相关是 +0.62。因此，该理论对行为提供了相当准确的预测。

范登普特所考察的大多数研究存在很大的局限性。这些均为相关研究，态度、意图和行为测量经常是同时获得的。根据这些证据很难弄清楚行为是否取决于态度和意图。克劳斯（Kraus, 1995）对 88 项研究进行了元分析，在这些研究中，在行为之前对态度进行评估。态度和行为的总相关为 +0.38，这表明（但不能证明）态度能引起或决定行为。

尽管理性行为理论存在成功之处，但计划行为理论则要更受欢迎。阿米蒂奇与康纳（Armitage & Conner, 2001）对 185 项研究进行了元分析。行为控制感（仅包括在计划行为理论中）对行为的预测具有显著作用。总之，计划行为理论解释了意图 39% 的变异，解释了行为 27% 的变异。在

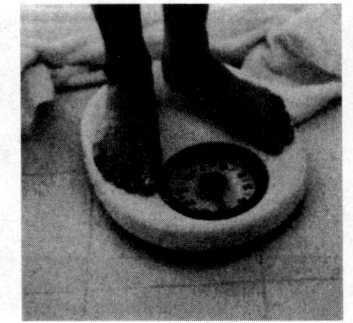

计划行为理论比理性行为理论更能解释节食者的减肥失败。行为控制感低阻止了成功减肥。

新年决定（例如，参加健身）通常难以坚持。除了意图（计划的行为），经常是过去的行为决定着我们的行动。

使用自我报告法对行为进行测量时，这个理论对行为的预测力更高。当行为测量是自我报告时，对行为的预测比客观测量或观察更有效，前者解释了行为31%的变异，后者仅解释了21%的变异。总之，该元分析的发现表明，计划行为理论对意图和行为的预测具有中等程度的有效性。

通过过去行为预测行为，通常比使用理性行为理论和计划行为理论中的认知或信念更有效。康纳与阿米蒂奇（Conner & Armitage, 1998）也讨论了相关发现，他们确定了七个实验，在这些实验中可以获得过去行为及计划行为理论所强调的因素的信息。康纳和阿米蒂奇（1998, p.1438）发现，"当把意图和行为控制感考虑进去之后，过去行为平均解释了13.0%的行为变异。"例如，诺曼与史密斯（Norman & Smith, 1995）发现，被试过去参加体育锻炼的次数比他们的认知（例如，意图）更能预测几周时间内参加体育锻炼的量。

有研究者（Ouellette & Wood, 1998）对过去行为、态度和当前行为研究进行了元分析。他们认为，当前行为受过去行为的影响主要有两种方式。第一，通常在特定情境下（在车里使用安全带）出现的训练良好的行为类型会成为习惯性行为，是自动加工的结果。第二，尚未较好习得的行为及在一些情境下曾使用的行为受有意加工的控制。对这类行为来说，过去行为可通过改变意图间接影响当前行为。康纳和阿米蒂奇（1998）报告了支持这一观点的证据，他们在11项研究中发现，过去行为解释了7.2%的意图变异。因此，过去行为对当前行为（例如，通过改变意向）的某些影响，可以通过计划行为理论进行解释，但是某些（基于自动加工的）行为不能通过该理论解释。

❖ 评价

我们的行为在多大程度上是理性决策的结果？

- ⊕ 理性行为理论和计划行为理论为理解态度和行为之间的关系提供了一个整体框架。
- ⊕ 这些理论所强调的因素通常会影响行为意图和实际行为。
- ⊕ 计划行为理论代表了理性行为理论的一种进步。
- ⊖ 计划行为理论假设我们会对如何行为作出理性决策。但是，我们的行为通常受情绪的影响。
- ⊖ 这些理论从根本上说旨在解释对各种可能性进行有意考虑所产生的行为。但是，人们经常以基于自动或内隐过程的习惯方式表现行为。这或许可以解释新年决定为什么几乎不能引起行为发生持久的改变。
- ⊖ 理性行为和计划行为理论所阐述的整体观点均基于非常具体的、有限的态度观。伯纳（Böhner, 2001, p.280）认为，这些理论"使用了行为态度的狭义定义（有关行为结果概率和价值的信念），并把态度概念作为一种行为预测因子归类为背景"。

态度改变和说服

了解说服和态度改变所涉及的因素为什么很重要呢？一个重要原因与日益增长的预防医学领域有关，该领域强调预防胜于治疗，防患于未然。为了使预防医学发挥作用，人们需要养成健康的生活方式，说服技术在这方面具有重要作用。就像我们将会在下面的例子中看到的，事情常常是，说起来容易做起来难。

约150万美国人感染能导致艾滋病（AIDS）的艾滋病病毒（HIV），HIV在西欧及世界上其他地区广泛存在。人们经常错误地认为该疾病主要发现于同性恋者之中。实际上，世界上75%的艾滋病感染者是异性恋者。因此，每个人都要以使感染HIV和AIDS风险最小化的方式表现行为，是非常重要的。最有效的方法是使用避孕套（除了避免性接触之外！）。说服信息强调使用避孕套的重要性（所谓的安全性行为），并强调如果不这样所带来的致命威胁的后果。尽管这些信息具有重要作用，但通常都会被忽视。例如，美国的一项研究报告，仅有17%的异性恋者习惯使用避孕套（Miller, Turner & Moses, 1990）。

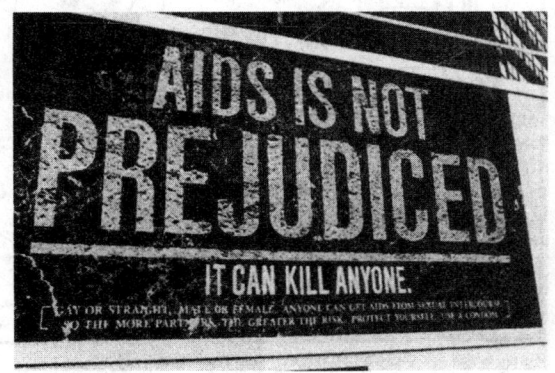

尽管很多公共健康机构都在大力提倡安全性行为，但是美国的一项研究发现，仅有17%的异性恋者习惯使用避孕套。

金布尔、罗宾逊和穆恩（Kimble, Robinson & Moon, 1992）揭示了有关安全性行为和AIDS的说服信息为何收效甚微的秘密。他们研究了大学生，大多数学生都把相对陌生和对性过度焦虑的人视为具有潜在危险的性伙伴。大学生们认为，如果他们处于关爱的关系中，感染AIDS的风险会非常小。用一名大学生的话来说就是（p.926）："当你了解这个人……一旦你开始信任他时……你就不会使用避孕套。"遗憾的是，并没有证据支持哪些性伙伴危险、哪些安全的观点。

五种因素

说服某人改变态度的最有效方式是什么？根据麦圭尔（McGuire, 1969）的观点，说服涉及五种因素：

1. 信息源（source）。信息源在吸引力、影响力、可信度等方面存在很大差异。

2. 信息（message）。所呈现的信息可能引起你的深思，也可能激起你的情绪，它可能包括也可能不包括众多事实，等等。

3. 通道（channel）。信息可以通过视觉或听觉的形式呈现，同时使用这两种感官通道（例如，电视广告）时最为有效。

4. 接受者（recipient）。说服信息的有效性部分取决于接受者所投注的注意程度、他/她的人格、当前态度及智商。

说服人们做一些小事比说服他们做一些大事更容易

你尝试使用过哪些策略去说服他人改变其态度？

5. 目标行为（target behaviour）。说服人们做一些小事（例如，为某政党投票）比说服他们做大事（例如，花几周时间为该政党拉选票）更容易。注意，不改变态度也可以改变行为，反之亦然。

信息源

沟通信息源需要具备什么特征才会具有说服性呢？沟通者可靠、有吸引力、具备专业知识和信誉、与信息接受者相似，通常比不具备这些特征的沟通者更能引起较大的态度改变（Petty & Cacioppo，1981）。霍夫兰与魏斯（Hovland & Weiss，1951）的研究，表明了信息源特征的重要性。给被试呈现一些有关吸毒的信息，让他们相信该信息来自一个享有很高声誉的医学杂志或报纸。当信息被认为来自医学杂志时，由沟通所引起的态度改变程度要多两倍。

两种偏见可能会使我们忽视信息来源（Deaux & Wrightsman，1988）。第一，**报告偏差（reporting bias）**，当我们认为信息源未说明真相时就会发生这种偏差。例如，寻求连任的政客可能会认为经济状况比实际情况更好。第二，**知识偏差（knowledge bias）**，当我们认为信息源知识可能不准确时就会发生这种偏差。例如，非常富有的人可能对无家可归者面临的问题知之甚少。

报告偏差：当我们认为信息源不可靠时忽视该信息的倾向。

知识偏差：当我们认为信息源不准确并缺乏详细知识时忽视该信息的倾向。

信息

当我们试图说服某人接受某种观点时，我们可能只是呈现该观点的一个方面。另一种方法是同时呈现观点的两个方面，但要找出反面观点的不足。哪种方法更有效呢？霍夫兰等人（Hovland，Lumsdaine & Sheffield，1949）报告了一项研究，让美国士兵收听对日战争将持续两年以上的广播。从两种角度报道比从一种角度报道能使那些本来认为战争将会持续两年以下的士兵产生更多的态度改变。他们已经熟悉了支持战争很快结束的某些观点，因此会发现单方面报道存在偏差。相反，那些一开始就认为战争将持续很长时间的士兵，受单方面信息的影响更大。

拉姆斯泰恩与詹尼斯(Lumsdaine & Janis, 1953)对给予单方面或两方面信息的人进行了一项研究。那些接受两方面信息的人受后面信息的影响较小，这些信息反对最初所支持的观点。之所以出现这种情况，是因为他们已经意识到第二种信息中所呈现的反面观点，并且也清楚地知道这些反面观点的不足。

> **先存信念 (pre-existing belief)**
>
> 霍夫兰等人(Hovland et al., 1949)的发现证明，先存信念会极大地影响接受信息的方式。用行话来说就是："我们喜欢自己的偏见得到验证"。对态度敏感性可能具有强烈影响的其他因素还包括群体从众、自我意象或自我概念。我们怎样看待自己及我们所认同的人，比广告和宣传对我们观点的影响更大。媒体中有很多受到很少注意甚至受到负面注意但却很受欢迎的行为样例，像文身和刺青。

罗斯曼与萨洛韦(Rothman & Salovey, 1997)回顾了旨在提升健康行为信息有效性的相关研究。他们发现，信息的形成方式很重要。如果被提升的健康行为产生了积极效果(例如，每天慢跑)，那么，根据收益而非避免损失的方式形成的信息就会更有效。但当被提升的行为涉及疾病诊断(例如，乳房自检)时，情况则正好相反。

恐惧

情绪性信息(emotional messages)会比非情绪性信息更有效吗？证据是具有争议性的，我们必须区分态度改变和行为改变。利文撒尔、辛格和琼斯(Leventhal, Singer & Jones, 1965)播放关于破伤风的电影。观看高恐惧电影的被试对破伤风及破伤风接种价值的态度，比观看低恐惧电影的被试引起更大的态度改变。不过，两组被试在实际接受破伤风接种上并无差异。因此，沟通比行为对态度具有更为不同的影响。

我们如何确保高恐惧沟通对态度和行为都产生影响呢？利文撒尔(Leventhal, 1970)发现，当高恐惧沟通伴随如何避免恐惧结果的指导语出现时，才会影响态度和行为。让吸烟者观看一部电影，电影中一名年轻人的X射线表明他患了肺癌，然后电影显示肺癌手术。当要求被试购买杂志而非香烟，并且当他们有吸烟的冲动时让他们喝水时，该电影对减少吸烟行为的效果更为有效。

罗杰斯(Rogers, 1983)提出了保护动机理论来解释威胁性信息的作用。该理论认为，威胁性信息在接受者中会引起两种过程：

1. 恐惧评估 (threat appraisal)。这涉及评估危险的严重性，以及个体对可能结果的易感性。

> **恐惧和吸烟**
>
> 恐惧信息本身似乎对吸烟态度的改变并无太大影响。这些信息公布几十年之后，1990年代初英国死于肺癌的人数为每年25000多人，75000多人死于相关疾病，如冠心病(Department of Health, 1992)。在欧洲，约30%的年青人经常吸烟，但也有不同的情况，例如45%的葡萄牙年青人仍然继续吸烟(Steptoe & Wardle, 1992)。

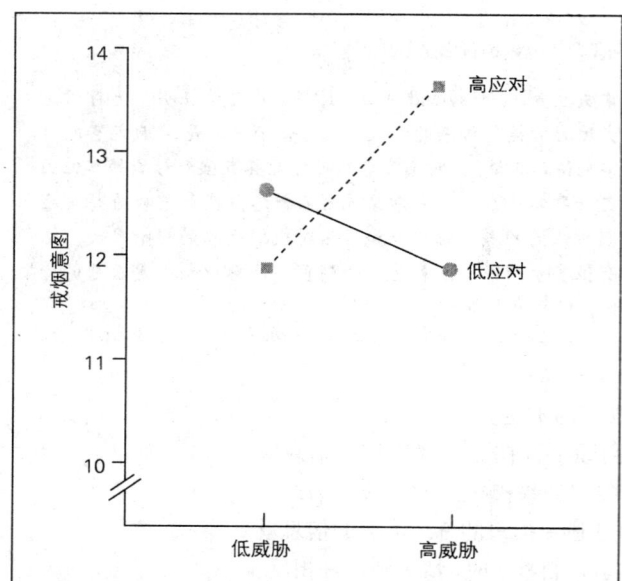

避免香烟意图的强度是威胁度（高、低）和应对容易度（高、低）的函数。基于 Sturges & Rogers（1996）的数据。

2. 应对评估（coping appraisal）。这涉及接受者对她/他使用所需要的应对行为避免负面结果能力的评估。

保护动机理论的关键预测是，威胁与应对评估具有交互作用。具体来说就是，当应对评估高时，提高威胁使采取推荐行为的意图更强，但当应对评估低时却会导致更弱的意图。如果告知你某件事具有严重威胁，但你怀疑是否有能力避免，你可能会更多的关注减少恐惧水平，而不是采取合适的应对策略。实际上，甚至还会出现"反向效应"（boomerang effect），即采取应对行为的意图比起初还低。

斯特契斯与罗杰斯（Sturges & Rogers, 1996）在一项烟草使用危险性的研究中检验了该理论。让年轻人听说服信息的录音，录音里面在辩论烟草的危害是中等还是严重、戒烟容易还是困难。结果获得了威胁与应对所预测的交互作用，并指出了"反向效应"对高威胁和低应对群体的作用（见左图）。

渠道

蔡肯与伊格里（Chaiken & Eagly, 1983）比较了对以声音、视频或书面形式呈现的信息函数的态度改变程度。对于简单信息，录像带最有效，书面形式效果最差。但对复杂信息，书面形式最有效，录音带效果最差。书面形式对于复杂信息之所以具有优势，可能是因为书面信息加工较慢，并且如果有必要被试可以回过头再看。

接受者

女性比男性更容易受到信息的说服吗？早期一些研究表明该问题的答案是肯定的。但是，随后的研究并不支持这一结论。伊格里与卡利（Eagly & Carli, 1981）对这个问题进行的元分析发现，重要的是男性和女性对信息主题的相对熟悉度。女性比男性更容易受男性更熟悉的主题影响，但对女性较熟悉的主题来说，情况正好相反。换言之，熟悉度和知识使我们更不容易受态度改变的影响。

达克、霍格与特里（Duck, Hogg & Terry, 1999）研究了第三者效应（**third-person effect**），这是大多数个体均具有的一种信念，认为自己比他人更不易受说服信息的影响。研究者让学生指出艾滋病广告对自己、其他学生、非学生及普通大众的影响程度。结果出现了明显的第三者效应，学生认为自己比其他人更不容易受艾滋病广告的影响。不过，那些强烈地把自己定位为学生的学生，在与其他学生进行比较时，并未表现出任何第三者效应。

为什么有些人比其他人更容易被说服？

第三者效应：认为自己比其他人更不容易受说服信息影响（比如，广告）的信念。

目标行为

毫不奇怪,当要求人们做相对简单且容易的事情时,比让他们做较困难的事情时,他们要更容易被说服。西奥蒂尼等人(Cialdini et al., 1978)揭示了这一现象。当要求一些人自愿参加实验时,56%的人同意参加。要求另一些人自愿参加一个早上7:00就开始的实验,可能会有不舒服的体验,只有31%的人同意参加。机智的实验者在前一组被试同意参加实验后告诉他们实验将在早上7:00开始,结果发现大多数被试仍会遵守约定。因此,当你说服人们改变其态度和行为时,可以事先不告诉他们所有的情况!

双过程模型

我们已经考察了影响态度改变的几种因素。到目前为止,我们所讨论的大多数研究都缺乏对过程的理论解释。这种情况通过两个主要的双过程模型得到了弥补:精致似然性模型(elaboration likelihood model)(例如,Petty & Wegener, 1998)和启发式系统模型(heuristic-systematic model)(例如,Chaiken, Gimer-Sorolla & Chen, 1996)。根据这两个模型,人们一般具有坚持正确态度的动机。不过,出于各种原因,他们也许不能或不愿彻底地加工说服信息(例如,缺乏相关知识、信息与个人关系不大)。

精致似然性模型假设,信息的接受者可以用两种截然不同的方式加以说服,涉及两条不同的路径:

1. **中心路径(central route)**。涉及说服信息的详细考察和精致化。
2. **边缘路径(peripheral route)**。涉及更多的受信息的非内容层面(例如,论据的数量)和背景(例如,沟通者的吸引力)而非信息内容的影响。使用这种路径的个体几乎不关注说服信息。

决定使用哪条路径的因素是什么呢?人们经常使用周边路径,因为他们关注大多数信息的时间和资源有限。如果他们的动机和能力很高,他们会使用中心路径。因此,那些对信息中所讨论的主题感兴趣的个体,以及具有相关背景知识的人,尤其可能进行中心加工。

精致似然性模型的最后一个假设是,在认知需要上存在一致性的个体差异。高认知需要的个体在多种主题上均具有努力思考的动机。当接到相关信息时,这类个体比低认知需要的个体更可能进行中心路径加工,该预测已得到广泛支持(Cacioppo et al., 1996)。

根据精致似然性模型,中心加工通常比边缘加工能引起更强烈、更持久的态度。佩蒂(Petty, 1995, p.230)解释了该预测的主要原因:

> 我们在态度改变之前进行认真思考时,可能正在非常频繁地对态度和相应的知识结构进行评估。这种认知活动可能会增加联系的数量,增强潜在的态度结构中认知成分之间的联系。这可能使态度结构更具有内部一致性、更容易理解、更持久。

你在什么情况下改变了对他人或观点的态度?

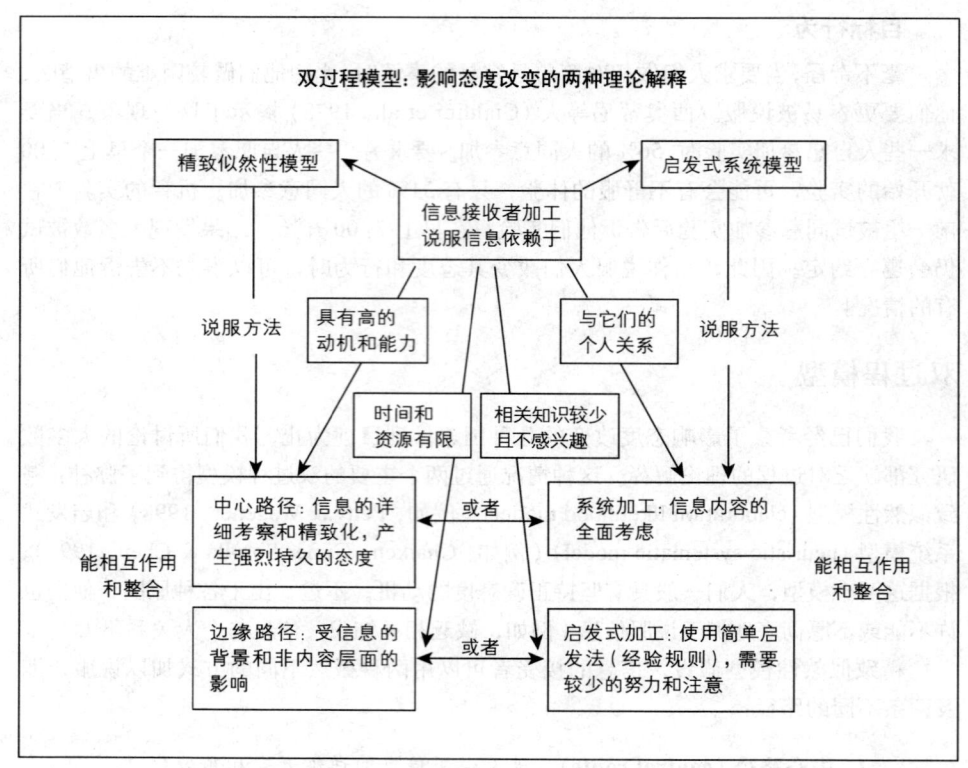

启发式系统模型与精致似然性模型类似，均基于两种加工过程可以应用于说服信息的假设。系统加工与中心路径非常类似，因为它涉及对信息内容进行详细考察。当信息具有个人相关性，当接受者已对信息主题形成强烈的态度，以及当接受者具有高认知需要时，更可能使用这种加工形式。

启发式加工与周边路径类似，因为它几乎不需要努力和注意。对说服信息非常不感兴趣（或了解不充分）的个体，通常会使用简单的启发加工或经验规则（例如，"统计数据不会撒谎"、"与专家意见保持一致"、"像我这样的人通常是正确的"）。

在启发式系统模型中，启发式加工和系统加工具有什么关系呢？当信息模糊时，接受者最初可能进行启发式加工。这种启发式加工可能使随后的系统加工产生偏差，产生与最初的启发式加工的含意相一致的态度。

这两个颇具影响力的双过程模型存在什么关键差异呢？伯纳（Bohner, 2001, p.263）指出："ELM[精致似然性模型]提供了更综合的框架，对需要付出努力的加工和各种低努力加工进行了整合。"启发式系统模型的优势则在于，有关两种过程彼此相互作用方式的假设更具体。

证据

佩蒂等人（Petty, Cacioppo & Goldman, 1981）检验了精致似然性模型，获得了说服具有两个独立路径的良好证据（详见下面的关键研究）。

你认为为什么有些态度比其他态度更不容易改变？

佩蒂等人：说服的两条路径

佩蒂等人（1981）检验了精致似然性模型。让学生阅读一条信息，该信息强烈支持应该引进新的大范围考试的观点。所有学生都需要通过这项考试才能毕业。告知一些被试明年将引进这种考试，以给他们提供使用中心路径的强烈动机。告知其他被试10年内不会发生改变，因此他们不会受到任何改变的影响。这旨在产生彻底加工这些信息的较低动机，因此他们可能使用周边路径。

佩蒂等人准备了各种版本的信息。这些信息或者属于专业知识高的信息源（卡内基高等教育委员会），或者属于专业知识低的信息源（当地的高中课程）。信息中的论据质量也有所不同。有基于统计数据或其他数据的强有力论据，也有基于个人观点和奇闻轶事的无力论据。

佩蒂等人发现了什么呢？对于期望使用中心路径的学生来说，论据质量是决定他们如何被说服的主要因素。相反，对于那些期望使用周边路径的学生来说，信息源是影响说服的主要因素。因此，似乎存在两种独立的说服路径。

讨论要点：
1. 说服信息通过中心路径或周边路径对你产生影响了吗？
2. 哪种动机因素会使某些人更密切地关注说服信息？

> **关键研究评价——佩蒂等人**
>
> 佩蒂等人的研究可能存在的问题在于：被试组不均衡；与所有认知加工水平有关的因素在两组之间存在如此的差异，以至于无法对他们的反应进行合理的比较。关键变量的操作（例如，信息源质量）确实能证明这些因素对决定所接收的信息反应的重要性，但是，干涉变量的概率，例如第二个边缘路径组的低关注水平和/或低回忆水平表明，组间的直接比较可能是有问题的。被试对评估的感情需要在研究之前进行测量，以便进行后面的比较。一般来说，在考试中表现不好的学生可能对信息进行消极反应，而不考虑其内容、情境或是否直接影响他们。

精致似然性模型认为，由中心路径加工引起的态度改变将会持续更久，该预测已得到多次检验。佩蒂考察了相关证据（Petty，1995，p.232）："态度改变持久性的研究表明，人们对说服信息的论据加工越详细，由该信息引起的态度改变……在时间上可能越持久。"

根据我们正在探讨的两个模型，信息接受者可以平行的方式（同时）使用中心或系统加工，以及边缘或启发式加工。伍德与卡尔格伦（Wood & Kallgren，1988）报告了支持性证据。被试阅读一篇采访报告，内容是一个学生反对土地保护。告诉被试该学生可能是专家或非专家，可能可爱或不可爱。最后，就有关土地保护的知识对学生进行评价。

上述研究有什么发现呢？第一，那些对土地保护了解最少的被试，仅仅受学生可爱程度的影响。这表明缺乏相关知识的人更可能使用启发式加工，"如果沟通者不令人喜欢，就不赞成他的观点"。第二，所有被试组都均等地受到学生专业知识的影响，表明他们都使用了启发式加工，"同意专家的意见"。第三，土地保护知识最多的被试主要使用中心或系统加工，故其信息回忆量多于其他两组被试。因此，那些拥有较多相关知识的人会同时使用中心/系统加工和边缘/启发式加工。

蔡肯（Chaiken，1987）报告了启发式影响态度改变的更多直接证据。在一项研究中，让一些被试记忆与启发式有关的八个短语，其长度暗示了强度（例如，"越

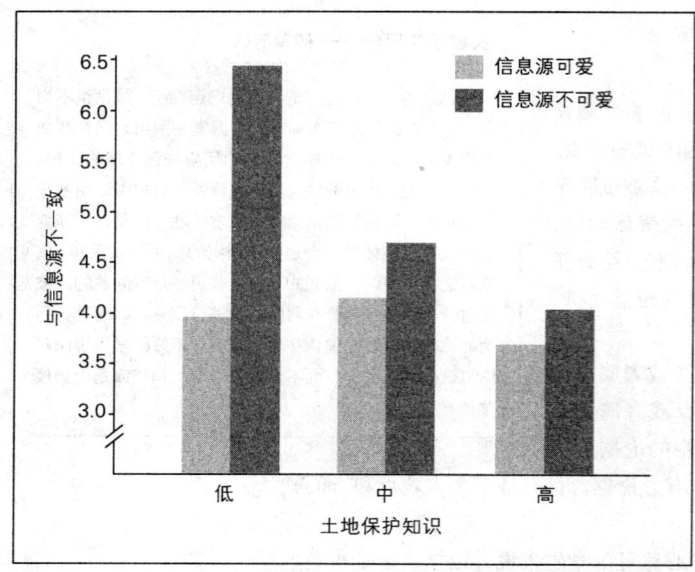

与信息源不一致是土地保护知识（低、中、高）和信息源可爱程度（可爱或不可爱）的函数。数据来自 Wood & Kallgren（1988）。

多越愉快"）。此后，被试收到一条信息，说话者宣称具有两条或十条理由支持强制性考试。当演讲者宣称具有十条而不是两条理由时，被试表现出更多的态度改变，可能是因为他们使用了短语中所包含的启发式。

当信息不明确时启发式加工能使随后的系统加工出现偏差这一观点，得到了研究支持。研究者（Chaiken & Maheswaran，1994）给被试呈现一条有关新自动应答录音电话 XT100 的信息，同时宣称这些信息的来源可信度低（Kmart，一家折扣连锁店）或可信度高（消费者报告（Consumer Reports），一本享有很高声誉的产品检测杂志）。不出所料，当信息不明确时，信息源的可信度仅仅影响系统加工和对新自动应答电话的态度，可能是因为信息可信度影响到该条件下的启发式加工。

❖ **评价**

你会如何说服一名吸烟者放弃吸烟的习惯？

⊕ 本部分所讨论的两种模型比以前的理论对态度改变提供了更充分的解释。
⊕ 态度改变通常取决于背景信息（例如，沟通者的可爱程度、沟通者的专业知识）和信息内容。
⊕ 决定加工主要是中心/系统加工还是边缘/启发式加工的几个因素已得到确定。
⊖ 说服信息具有两种加工形式的观点过于简化。正如佩蒂（Petty，1995，pp.208-209）所承认的，"最好把说服的中心和边缘路径视为落在了态度改变策略的连续体［连续直线］上，这些改变策略在它们所需要的信息评估的努力程度方面存在差异"。
⊖ 精致似然性模型假设中心过程和边缘过程可以同时发生。不过，尚不清楚这些加工过程交互作用和彼此整合的方式。
⊖ 根据启发式系统模型，未进行系统加工的信息（例如，信息源的可爱程度）通过来自长时记忆的启发式提取影响态度。但几乎没有研究对该假设进行过直接检验。

认知失调理论

一种颇具影响的理解态度（以及态度和行为的关系）的观点，是由费斯汀格

(Festinger，1957)提出的认知失调理论。该理论认为，有两种心理冲突的认知或思维的人会体验到认知失调(**cognitive dissonance**，由两种认知不协调而产生的一种不舒服状态)。这种状态驱使个人减少失调。失调可以通过改变一种或两种认知，或者引入新的认知来减少。

我们可以在吸烟者身上找到认知失调的最常见的例子。他们认识到吸烟可能引发某些疾病，同时他们又经常吸烟。他们如何减少认知失调呢？一种方法是停止吸烟，另外一种方法是说服自己吸烟的危害性并没有通常所认为的那样大。吉本斯等人(Gibbons, Eggleston & Benthin, 1997)报告了相关证据。准备戒烟的吸烟者认为吸烟非常危险，这是他们决定戒烟的一个因素。但当这些人又开始吸起烟来时，他们又认为吸烟并没有他们以前所认为的那么危险！这种态度改变有助于为他们再次开始吸烟的决定进行辩解。

费斯汀格(Festinger, 1957)认为，人们经常会通过改变态度来解决态度和行为之间的不协调。因此，与其说态度改变了行为，还不如说有时候是行为决定态度。我们如何在某人的态度和行为之间引起不协调呢？一种方法称为**诱发依从**(**induced compliance**)，说服人们以与自己态度不一致的方式表现行为。另一种方法称为**努力辩护**(**effort justification**)，人们付出很大的努力达到某些较不重要的目标。

认知失调：当某人具有两种不协调的认知时所产生的不舒服状态。

诱发依从：通过劝说人们表现出与态度相反的行为来引发认知失调。

努力辩护：当人们付出大努力却达成一个价值很小的目标时所形成的态度和行为的冲突。

证据

有关诱发依从的最著名的研究之一，是由费斯汀格和卡尔史密斯(Festinger & Carlsmith, 1959)完成的。被试用1个小时完成各种枯燥的任务(例如，把盘子里的线轴拿空又重新放入盘中)。此后，实验者让每个被试告诉下一个被试实验非常有趣。对于这一撒谎，给被试1美元或20美元。最后，让所有被试提供他们喜欢所完成任

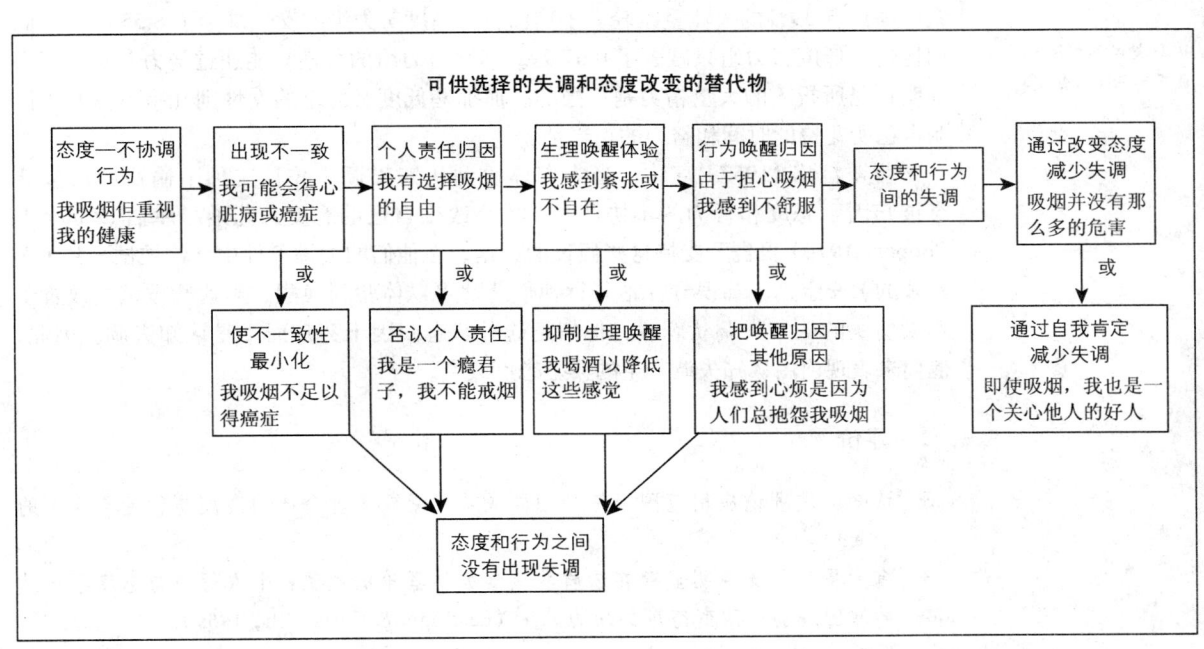

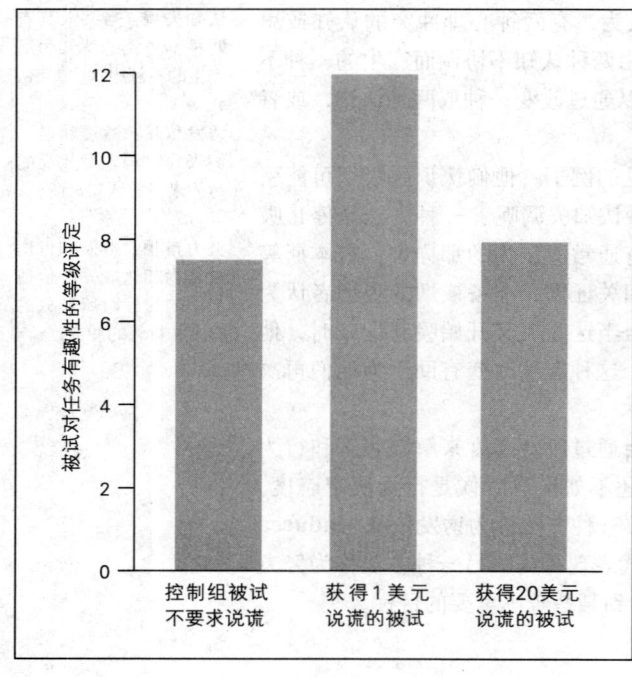

认知失调如何解释为新成员举行的入会仪式？

务的程度。

你认为哪一组会对该实验表达出更积极的看法呢？操作性学习或工具性学习的提倡者（见第8章）可能会坚定地认为，该实验更多的奖励获得20美元的被试，因此他们应该更积极地看待该实验。实际上，那些获得1美元的被试比获得20美元的被试对实验的看法要更积极（见左图）。事情为什么会是这样呢？根据费斯汀格和卡尔史密斯（1959）的看法，那些获得20美元的被试认为钱是撒谎的充足理由，因此很少出现认知失调。相反，那些获得1美元的被试则会出现大量的认知失调。当他们知道实验无趣却要说实验很有趣时，这么少的钱不足以为撒谎提供充足的理由。他们不能改变撒谎，因此减少失调的唯一方法就是改变对实验的态度，从而认为实验确实有趣。

两位研究者（Axsom & Cooper, 1985）针对**努力辩护（effort justification）**进行了一项研究。他们把一些女性节食者分派到高度努力组，她们花费大量时间完成需要努力（但不相关）的任务，例如，读绕口令；把其他女性安排到低度努力组，任务不需花费太多时间和太多努力，但是仍然与减肥无关。结果发现，高度努力组的女性比低度努力组的女性更可能减肥。例如，六个月后，前一组中有94%的人体重减轻，后一组中则只有39%的人体重减轻。平均而言，高度努力组的女性减少了8.55磅，与此相比较，低度努力组只减去了0.07磅。高度努力组的女性只能通过努力刻苦减肥来证明自己所投入的大量精力是正当的。而那些低度努力组的女性则几乎不需去证明自己所花费的时间和努力的正当性。

费斯汀格（1957）宣称，当人们体验到认知失调，并且这种不愉快的内部状态被归因于态度和行为的不协调时，才会改变自己的态度。扎纳与库伯（Zanna & Cooper, 1974）报告了支持这些假设的证据。在他们的关键条件中，给被试一片（无药效的）安慰剂，却误导性地告诉他们药片可以体验到唤醒。当这些被试被放置于不太愉快的认知失调状态时，他们把这种状态归因于药片而不是认知失调。因此，他们未表现出由认知失调产生的典型态度改变。

❖ **评价**

⊕ 认知失调理论应用范围很广，已被成功应用到多种个体的态度与行为不协调的情景中。

⊕ 有大量证据支持明显存在矛盾的认知失调理论的预测：个人行动与态度不一致的原因越弱，改变态度的压力越大（Festinger & Carlsmith, 1959）。

- 很多发现也可以通过贝姆（Bem，1972）的自我知觉理论进行解释，根据该理论，我们经常通过关注行为及其所处的环境来推断我们的态度。当人们认为某种观点与自己起初的态度密切相关时，自我知觉理论比认知失调理论解释得更好（Fazio, Zanna & Cooper, 1977）。不过，当人们认为某种观点与起初的态度存在不协调时，认知失调理论则要比自我觉知理论解释得更好（Fazio et al., 1977）。
- 费斯汀格和卡尔史密斯（1959）所发现的诱发失调效应，未能在中国被试中重复（Hiniker, 1969），也未能在韩国被试中得到重复（Choi, Choi & Cha, 1992）。不能重复这些发现的原因可能在于，集体主义社会对认知一致性的需要比个体主义社会更弱（见第1章）。另有研究者（Kashima et al., 1992）发现，澳大利亚人比日本人认为态度和行为间的一致性更重要。集体主义社会的人强调以社会可接受的方式行事，即使这种行为与自己的观念相矛盾。
- 该理论忽视了重要的个体差异。例如，我们可以考虑一下**自我监控**（**self-monitoring**，使用来自他人的线索控制自己的行为）这种人格特质。当态度和行为出现不协调时，高自我监控者比低自我监控者会体验到更少的认知失调（Franzoi, 1996）。

为什么一些文化比其他文化更不重视态度和行为间的一致性？

归因：关于行为原因的信念。

特质归因：认为某人的行为是由内部特征或素质引起的。

情境归因：认为某人的行为是由所处的情境而非人格或素质引起的。

归因理论

在日常生活中，弄清楚他人以某种特定方式行事的原因是非常重要的。例如，假设某个你曾有过一面之缘的人很友好。他们可能真的喜欢你，或者他们想从你这里得到某些东西，或者他们只是出于礼貌。为了了解如何对待他们，探知他们表面友好下面的原因是很有用的。

海德（Heider，1958）认为，每个人都是朴素的科学家，他们把可观察的行为和不可观察的原因联系在一起。由此我们产生了归因（**attributions**），即关于他人如此行为的原因的信念。海德区分了内部归因（基于所观察个体内部的原因）和外部归因（基于个体外部的原因）。内部归因被称为**特质归因**（**dispositional attributions**），外部归因被称作情境归因（**situational attributions**）。当我们认为某人的行为是由于他们的人格或其他特征引起的，就是进行特质归因。相反，把某人的行为归因于当前的情境，就是进行情境归因。

上述区别可以通过考察一名工作节奏非常缓慢并且效率很差的男性员工进行说

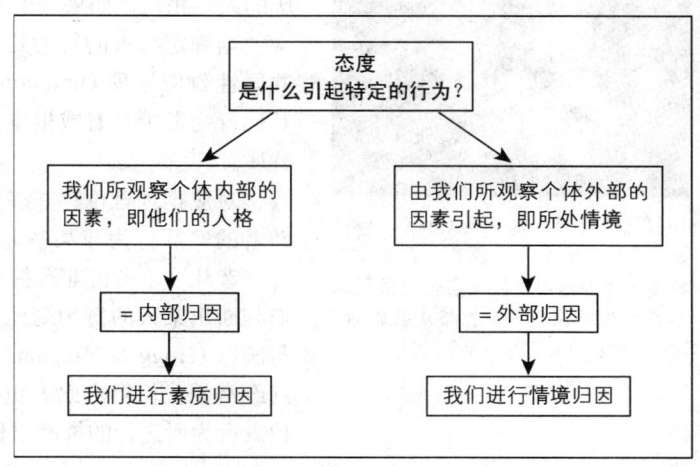

> **非共同性效应原理：你会买哪辆汽车？**
>
> | 汽车A | 汽车B | 汽车C |
> |---|---|---|
> | 无铅汽油 | 含铅汽油 | 柴油机 |
> | 动力方向盘 | 动力方向盘 | 动力方向盘 |
> | 安全气囊 | 安全气囊 | 安全气囊 |
> | 保养昂贵 | 保养便宜 | 保养便宜 |
>
> 如果你买汽车A，我们可以推断无铅汽油对你很重要。因为动力方向盘或安全气囊与其他两辆车是共同的，所以你不是根据这两点做决定的。我们还可能推断你比较爱护环境。

明。特质归因可能认为他懒惰或无能。情境归因可能认为要求他做的工作不适合他的技能，或者他所效力的公司未能有效地管理他所做的工作。

自从海德（1958）作出的贡献以来，众多理论家提出的归因理论都基于他的观点。接下来我们讨论两种最重要的理论。首先我们会简要考察一下琼斯和戴维斯（Jones & Davis, 1965）提出的对应推理理论。其次我们会探讨凯利（Kelley, 1967, 1973）的归因理论。最后我们会对较近期的归因理论进行考察。

对应推理：把行动者的行为归因于某种素质或人格特质。

对应推理理论

对应推理理论（Jones & Davis, 1965）认为，我们使用有关他人的行为及其效应的信息进行**对应推理**（correspondent inference），行为被归因于特质或人格特征。这是如何得出的呢？首先，存在着某人的行为效应是否有意图的问题。与无意图行为相比，我们更可能对意图行为作出对应推理。

其次，当行为的效应不为社会所赞许时，我们更可能作出对应推理。例如，某人在社交场合非常粗鲁，我们可能认为他/她是一个令人讨厌的人。相反，如果一个人举止礼貌，我们就会觉得对此人知之甚少。

当确定个人的行为是否与潜在特质相一致时，我们也可以使用非共同性效应原理（non-common effects principle）。如果他人的行为与其他行为很少具有或根本不具备非共同效应，我们就可推断出潜在的特质。

对应推理理论存在多种局限性。第一，它假设观察者通过比较行动者的实际行为与某些非选择行动作出共同性效应的判断。实际上，观察者几乎不考虑非选择行动（Nisbett & Ross, 1980）。第二，即使我们判断出某人的行为毫无意图，经常还可以进行对应推理。正如霍格与沃恩（Hogg & Vaughan, 2002）所指出的，粗心行为是无意图的，但却经常使我们得出此人粗心的结论。第三，正如我们即将看到的，对他人行为所进行的推断过程，比对应推理理论所认为的更为复杂。

我们认为汤姆·汉克斯（Tom Hanks）是一个非常好的人，因为他在影片中经常是这样的形象。我们是根据可观察的行为对他的真实性格进行推断。这是"对应推理"的一个例子。

凯利的归因理论

凯利（Kelly，1967，1973）扩展了归因理论。他认为，人们进行因果归因的方式，取决于他们可利用的信息。当你具有来自多种渠道的大量相关信息时，你可以发现被观察行为及其可能原因的协变性（covariation）。例如，如果某人总是使你感到不快，可能是因为他是一个令人讨厌的人，或者也可能是因为你不是太可爱。如果你具有他如何对待其他人的信息，并且你知道其他人如何对待你，你就可以知道事情的真相。

在日常生活中，我们经常只具有来自一次观察的信息，并以此指导我们进行因果归因。例如，你看见一辆汽车撞死一只狗。在这种情境下，你会使用因素构造或分类的信息。如果路上结冰或天空有雾，这将增加你对司机的行为做情境归因的可能性。如果天气晴朗，路上没有其他车辆，你可能会对司机的行为做性格归因（例如，他是个技术差的粗心司机）。

协变原理：当某个结果出现时，这个因素也出现，但当这个结果不出现时，这个因素也不出现，因而就把这个结果归因于这个因素。

协变性

根据凯利（Kelly，1967）的理论，人们使用协变原理（covariation principle）来进行因果归因。该原理认为："当某效应出现时，该效应可归因于当前出现的条件，当某效应不出现时，该条件也不出现。"（Fincham & Hewstone，2001，p.200）凯利认为，当个体具有来自多次观察的信息时，会使用协变原理。在解释某人的行为时我们会使用三类信息：

什么因素有助于你确定某人的消极行为可归因于素质而非情境？

1. **共同性（consensus）**。其他人在相同情境中以相同的方式表现行为的程度。
2. **一致性（consistency）**。个体通常以当前的行为方式表现行为的程度。
3. **区分性（distinctiveness）**。个体在当前情境中的行为与他人在场时的行为存在差异的程度。

人们在决定是进行特质归因还是进行情境归因时，会使用共同性、一致性和区分性的有关信息。如果某人的行为具有高共同性、高一致性和高区分性，我们通常

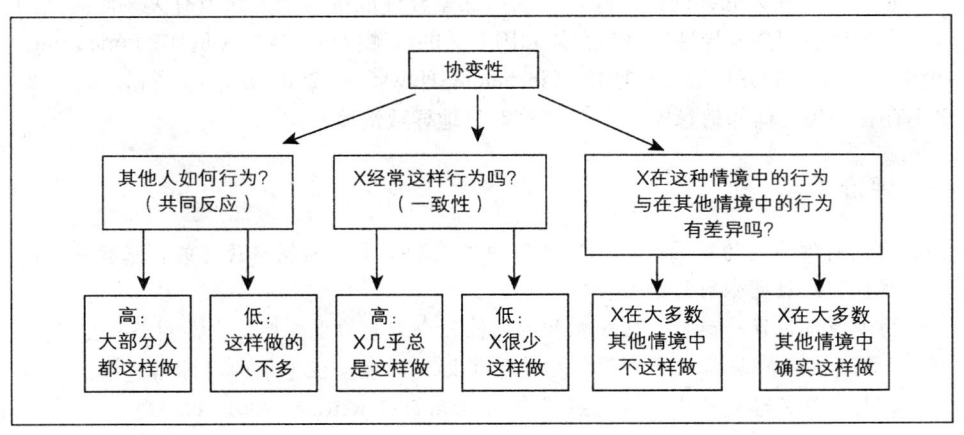

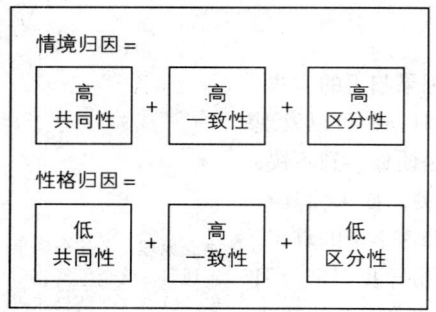

会进行情境归因。例如，假定每个人对贝拉都很粗鲁；玛丽过去总是对贝拉很粗鲁；玛丽对其他人不粗鲁。那么，玛丽就可将自己的行为归因于贝拉较不受欢迎而非自己较不受欢迎。

相反，如果某人的行为具有低共同性、高一致性和低区分性，我们就会进行特质归因。例如，只有玛丽对苏珊粗鲁；玛丽过去经常对苏珊粗鲁；玛丽对其他人都很粗鲁。则是玛丽不受欢迎。

证据

麦克阿瑟（McArthur，1972）检验了凯利的归因理论。他给美国被试呈现八种基于凯利所确定的三个因素的可能信息模式：共同性、一致性、区分性，每个因素都具有高和低两个水平。被试对所描述的事件进行因果归因。例如，考虑这个句子，"尼尔在布朗教授的课堂上睡着了"。尼尔睡觉的事实可归因于个人因素（即，尼尔），可归因于环境因素（例如，上课的教室很热），或者归因于个体（即，布朗教授）。

期望出现什么结果呢？如果尼尔过去在布朗教授的课堂上也睡觉，而其他学生不睡觉，并且尼尔在其他老师的课堂上也睡觉。那么，尼尔在布朗教授的一节课上睡觉这一事实，应该归因于尼尔（个人）。如果尼尔过去在布朗教授的课堂上睡觉，其他学生也是如此，并且尼尔在其他老师的课堂上没睡觉。那么，尼尔在布朗教授的一堂课上睡觉这一事实，应该归因于布朗教授（个体）。最后，如果尼尔过去在布朗教授的课堂上没睡觉，这会使被试将尼尔在布朗教授的一堂课上睡觉这一事实归因于环境（例如，尼尔昨晚喝多了）。

麦克阿瑟报告了支持凯利理论的某些证据。不过，被试使用共同性信息少于凯利的预测。因此，人们对个体行为的因果归因，很少受"绝大部分人"或"极少部分人"以相同方式表现行为的信息的影响。高共同性表明情境因素较强，低共同性表明情境因素较弱。因此，这些发现表明，在进行行为归因时，美国人不重视情境因素的重要性。与此相反，有研究者（Cha & Nam，1985）发现，韩国被试能够有效地利用共同性信息，从而考虑了情境因素。归因中存在文化差异的原因，下文有详细讨论。

你认为人们在进行因果归因之前能在多大程度上使用协变原理？

随后的研究为低共同性、高一致性和低差异性应该与个人归因有关，而高共同性、高一致性和高差异性应该与个体归因有关的预测提供了支持（例如，Forsterling，1989）。但也正如芬彻姆与休斯顿（Fincham & Hewstone，2001，p.201）所指出的，"似乎不存在一种具体的信息模式……能够明显地导致情境归因"。

❖ 评价

- ⊕ 我们对他人行为的因果归因以复杂的方式取决于我们能够获得的信息模式这一观点，经证明很有影响力。
- ⊕ 协变原理以及一致性、区分性和共同性三个因素的重要性至少得到部分支持。
- ⊖ "虽然被试的归因似乎表明他们使用了协变原理，但他们的实际信息加工过程却与凯利的理论存在天壤之别。"（Fincham & Hewstone，2001，p.202）

- 检验该理论的实验在很大程度上是人工的，因为它们为被试进行因果归因提供了所需要的所有协变信息。在现实生活中，人们通常会根据有限的信息进行因果归因。
- 即使在日常生活中有关一致性、共同性和区分性的信息唾手可得，这些信息通常也不会影响我们的思维（与 Pennington 的私人通信）。

基本归因错误

社会认知中一个众所周知的错误或偏差是基本归因错误（**fundamental attribution error**），又称对应偏差（**correspondence bias**），即夸大特质（或人格）对行为归因的影响而弱化情境因素的作用。假定你第一次遇见某个人，发现他相当粗鲁且烦躁易怒。你可能会坚定地认为他具有某种令人不快的人格，而忽略他正在头疼或遭受问题困扰的可能性。

人们为什么会犯基本归因错误呢？我们喜欢认为生活是公平的，喜欢强调特质因素与下面的观点相一致，即"我们劳有所得，问有所求，期有所获"（Gilbert, 1995, p.108）。另外，基本归因错误有助于使我们的生活具有可预测性。如果他人的行为主要取决于其性格，而不是根据情况不同而发生很大变化，这可使他们将来的行为更具有可预测性。

> 基本归因错误：一种夸大人格或特质对行为影响的倾向。

证据

基本归因错误是琼斯和哈里斯（Jones & Harris, 1967）发现的。他们给被试呈现一些反对或赞成卡斯特罗古巴政府的短文。告诉被试短文作者已经选择了支持哪一方（选择条件），或是告诉被试短文作者是按要求写一篇支持或反对卡斯特罗的文章作为考试的部分内容（非选择条件）。被试的任务是估计短文作者对卡斯特罗的真实态度。

被试对情境有所注意（无论短文作者是否有选择），但是远未达到应该达到的程度。严格说来，在非选择条件下得不到有关短文作者真实态度的任何结论，但被试明显受到这种条件下作者观点的影响。

费恩、希尔顿和米勒（Fein, Hilton & Miller, 1990）认为，当别人有充足的理由隐瞒自己的真实态度时，人们不可能低估情境因素在决定行为中的重要性。他们让被试阅读一篇名叫"罗伯·泰勒"的学生针对争议问题所撰写的短文。告诉一些被试让罗伯写这篇短文是为了支持（或反对）某种观点。告诉另一些被试允许罗伯选择所要表达的观点；但是，评价罗伯的教授对该问题具有强硬的看法。然后告诉被试，罗伯的短文表达了与教授看法相一致的观点。

那些认为罗伯被指定表达某种观点的被试出现了基本归因偏差，认为罗伯的真实态度就是文章所表达的态度。相反，那些认为罗伯有充足理由隐瞒真实态度（即，取悦教授）的被试则得出短文并未反映罗伯真实态度的结论。因此，当人们明显具有潜在的行为动机时，我们不会犯基本归因偏差。例如，我们会预期政客们纯粹出于情境的原因（例如，为了获得提升）而表达与其党派相一致的观点。

> 为什么我们很容易假设人们的行为是素质而非情境的结果呢？

导致基本归因偏差的因素是什么呢？也许最重要的因素是感知突显（perceptual salience）：他人的行为在观察者看来通常比情境更为显著或突出。麦克阿瑟与波斯特（McArthur & Post，1977）报告了知觉突显重要性的证据。观察者观察两个人并倾听其谈话。谈话的一方通过明亮灯光的照射显得突出，另一个人处在昏暗的灯光下显得不突出。与不突出个体的行为相比，处于突出位置个体的行为，被谈话的观察者评定为更多由特质或人格所引起，而较少由情境因素引起。

❖ 评价

- ⊕ 作为行为的原因，人们经常夸大特质的重要性，而降低情境的作用。
- ⊖ 基本归因错误在日常生活中并没有像在实验室中那么重要。在日常生活中，我们认识到，很多人（例如，政客、二手汽车销售商）都隐藏了可能影响他们行为的动机。

行动者—观察者效应

假设一位母亲正在与儿子探讨他考试不佳的原因。儿子可能认为考题非常难、评分不公平。母亲则可能强调孩子懒惰、缺乏动机。因此，儿子认为自己的行为取决于各种外部或情境因素，母亲则关注她儿子的内部或特质因素。

琼斯和尼斯比特（Jones & Nisbett，1972）认为，上述例子所涉及的过程在众多情况下都会出现。根据他们的观点（p.80），"对行动者来说，有一种把行为归因于情境要求的普遍趋势，而观察者则倾向于把相同的行为归因于稳定的个人特质"。这种现象通常被称为行动者—观察者效应（actor-observer effect）。

证据

尼斯比特等人（Nisbett, Caputo, Legant & Maracek，1973）让被试根据一系列特质形容词（例如，紧张—平静）对自己、好友、父亲、敬仰的熟人和沃尔特·科隆凯特（Walter Cronkite，美国著名电视节目主持人）进行等级评定。被试可以选择其中一个形容词并认为这取决于情境。被试在描述自己时比描述别人更倾向于认为取决于情境。尼斯比特等人认为，人们在判定自己的行为时，比判定别人的行为更能意识到情境因素的重要性。

行动者—观察者效应： 个体将自己的行为归因于情境因素、观察者将相同的行为归因于特质或人格因素的一种倾向。

为什么在归因中会出现行动者与观察者差异呢？一个可能的原因源于我们能看见他人而看不到我们自己这一事实。我们能够看到情境，这使我们夸大了它在决定我们行为中的重要性。斯托姆斯（Storms，1973）检验了使用注意焦点或显著性来解释行动者—观察者效应的观点。两名被试参加了"初次相识"谈话，另外两名被试对他们进行观察。对谈话录了两段录像，一段站在行动者的角度，另一段站在观察者的角度。当行动者和观察者从自己的角度观看录像时，通常会出现行动者—观察者效应。但在行动者和观察者从对方角度观看录像时，行动者—观察者效应就消失了。当人们观察了自己的行为后，通常会将行为归因于特质因素而非情境因素。

弗兰克与基洛维奇（Frank & Gilovich, 1989）获得了支持斯托姆斯（1973）发现的证据。他们也使用了"初次相识"谈话。一段时间之后，要求被试从自己或行动者的角度、从外部或观察者的角度回忆他们在谈话中的行为。那些采用行动者角度的被试，主要使用了行为的情境归因。但那些采用观察者角度的被试，则对行为进行了特质归因。

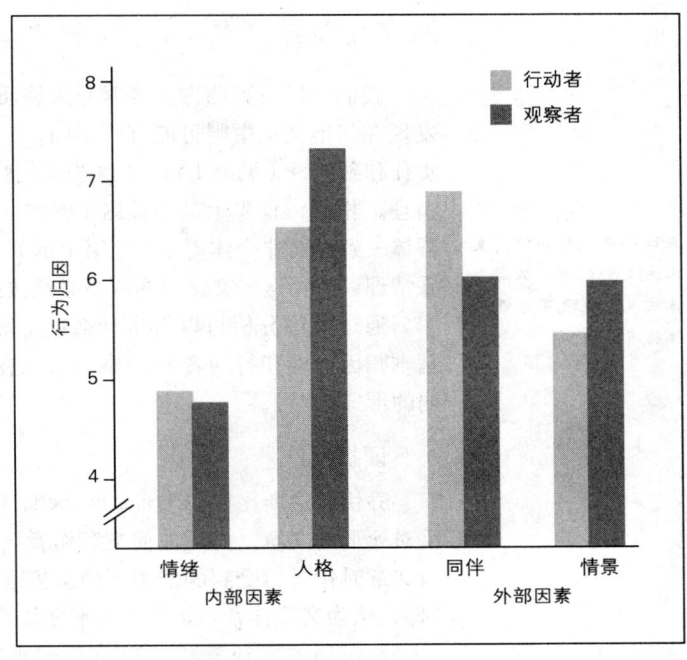

罗宾斯等人（Robins, Spranca & Mendelsohn, 1996）认为，行动者—观察者效应的表述过于模糊。各种内部和外部因素都可能影响归因，我们需要确定有关的具体因素。他们让成对的学生互动，然后评定影响他们自己行为和同伴行为的各种因素的重要性。有两种内部因素（人格、情绪）和两种外部因素（同伴、情境）。在实验中和初次遇到某人时均包含情境因素。

主要发现如上图所示。行动者—观察者效应支持内部因素（人格）和外部因素（同伴）获得了支持。但该效应对其他内部因素（情绪）未获得支持，这些发现与预测其他外部因素（情境）的结论相反。因此，行动者—观察者效应的一般观点被过度简化了。为什么行动者的归因会受到某种外部因素（同伴）而非其他因素（情境）的强烈影响呢？也许是因为行动者更多关注其同伴而非情境的一般内容。

❖ 评价

- ⊕ 在某些情况下行动者—观察者效应获得了较合理的一致性证据。
- ⊕ 行动者—观察者效应解释了人们之间出现的某些误解。例如，学生可能会将其糟糕的考试分数归因于坏运气，父母则把糟糕的分数归因于动机缺乏。
- ⊖ 行动者—观察者效应并不像当初所认为的那么常见。
- ⊖ "如果不阐明是哪些内部因素和哪些外部因素，观察者将行为归因于内部因素而行动者将行为归因于外部因素的断言就会毫无意义。"（Robins et al., 1996, p.385）

跨文化差异

我们已经看到西方人经常夸大特质因素对决定他人行为的重要性。但是，这些发现在其他文化中则可能有所不同。大多数西方文化是个体主义文化，强调个人的责任和独立性（见第1章）。这些文化强调对人们行为的内部或特质的解释似乎合乎情理。相反，世界上其他地区（例如，东亚）的很多文化都是集体主义文化，强调群体一致性而非个体需要（见第1章）。这些文化强调对人们行为的情境解释似乎合乎情理，因为这些文化中的成员必须按照他人的期望作出反应。

通过上述分析可以得出什么结论呢？一个主要预测是：与个体主义文化相比，基本归因错误和行动者—观察者效应在集体主义文化中是不存在的（或仅以某种微弱的形式存在）。

> 在解释他人行为时，集体主义文化为什么比个体主义文化更不可能关注特质因素？

证据

乔伊与尼斯比特（Choi & Nisbett, 1998）让美国被试和韩国被试阅读一篇支持或反对死刑的文章。告诉他们文章作者已被授意支持问题的一方，尽量让被试认识到写文章时作者感受到的情境压力。美国被试比韩国被试表现出更强的基本归因错误（即，认为文章作者表达了他/她的真实态度）。

两位研究者还考察了行动者—观察者效应的文化差异。被试完成两项任务：(1) 评定文章作者表达真实态度的程度；(2) 被试在与作者相同的条件下写一篇文章，并评定自己表达真实态度的程度。美国被试表现出行动者—观察者效应，认为文章作者比他们自己更大程度地表达了真实态度。与其相反，韩国被试则认为文章作者更不可能比自己表达真实态度。

乔伊等人（Choi, Nisbett & Norenzayan, 1999）探讨了自己的一项研究，在这项研究中，给美国学生和韩国学生呈现有关行为原因的各种观点。一种是特质观（例如，"人们如何行为基本上取决于其人格"），另一种是情境观（例如，"人们如何行为主要取决于他们所处的情境"）。两组学生对特质观点显示出较强的一致性水平。不过，韩国学生比美国学生更赞同情境的观点。

乔伊等人（1999）提出了一个有趣的问题：因果归因的个体主义取向或集体主义取向哪一种更为准确呢？这里的问题相当复杂，至今尚无明确的答案。但是，乔伊与尼斯比特（1998）的研究提供了相关证据。他们发现，韩国学生认为他人的行为与自己的行为一样均受到情境因素的强烈影响，美国学生则并非如此。这些发现支持在解释他人行为时集体主义文化的成员比个体主义文化的成员通常要更为准确的观点。

❖ 评价

⊕ 有越来越多的证据表明，在对他人行为的归因上存在重要的文化差异。
⊕ 基本行为偏差和行动者—观察者效应在个体主义文化比在集体主义文化中更普遍。
⊕ 在个体主义文化和强调特质因素之间以及在集体主义文化和强调情境因素之间似乎存在强烈的联系。

- 所有文化被分为集体主义和个体主义的观点过于简单。
- 特定文化的成员对他人行为要么进行情境归因要么进行特质归因的观点过于简单。

> 个体主义文化和集体主义文化之间的区别过于简化的程度有多大？

修正模型与整合模型

近些年来，研究者已经尝试发展了一些理论模型，用于详细说明对他人行为进行归因的潜在机制。在这一部分我们关注两种模型：修正模型和整合模型。

吉尔伯特与马隆（Gilbert & Malone, 1995）提出了一个修正模型来解释我们将他人行为归因于特质因素的倾向。该模型涉及三个连续的阶段：

1. **分类（categorisation）**。观察者将行动者的行为归为一般类别（例如，"弗雷德的表现很焦虑"）。
2. **特征化（characterisation）**。观察者推论出行动者具有相应的特质或人格特征（例如，"弗雷德是一个焦虑的人"）。
3. **修正（correction）**。观察者通过考虑情境因素修正（2）中的推论（例如，"情境具有压力性，因此弗雷德其实并不是一个焦虑的人"）。

> 你是如何理解"认知负荷"这个术语的？

至关重要的是，可以在理论上假设前两个阶段是自动进行的，只使用很少的加工资源，而第三个阶段则需要付出努力并使用大量的加工资源。当观察者处于**认知负荷**之下（即，忙于别的事情）因而没有充足的加工容量进行修正时，第三个过程会被忽略。主要预测是，当他们处于认知负荷之下时，把他人行为归因于特质因素的倾向会很高；当未处于认知负荷之下从而可以修正他们最初的特质推论时，该倾向会较小。

特洛普与冈特（Trope & Gaunt, 2000）提出了整合模型，该模型包括两个连续的阶段：

1. **行为确认（behaviour identification）**。观察者使用特质和情境的综合信息描述行动者的行为（例如，"弗雷德的表现很焦虑"）。这种描述主要受突出或显著信息的影响。
2. **诊断性评估（diagnostic evaluation）**。观察者使用阶段 1 中所确认的行为对特质假设（例如，"弗雷德是一个焦虑的人"）和情境假设（例如，"弗雷德处于压力非常大的情境中"）进行比较。换句话说，观察者整合了可利用的信息来确定行动者行为的原因。

> 当你进行因果归因时，你的思维过程的有意识程度如何？

根据该模型，阶段 1 相对而言是自动化的，阶段 2 则需要付出较多努力。处于认知负荷之下的观察者很少使用或根本不使用阶段 2，因而，在阶段 1 行为者的行为解释（特质的或情境的）无论多么显著或突出，都将得到支持。

证据

吉尔伯特等人（Gilbert, Pelham & Krull, 1988）让被试观看一名妇女行为表现很焦虑的录像带。被试听不到她在说什么，但假定她所说的主题内容包含在录像带的副标题中。在一种条件下，是诱发焦虑的话题（例如，隐藏秘密）。在另一种条件下，

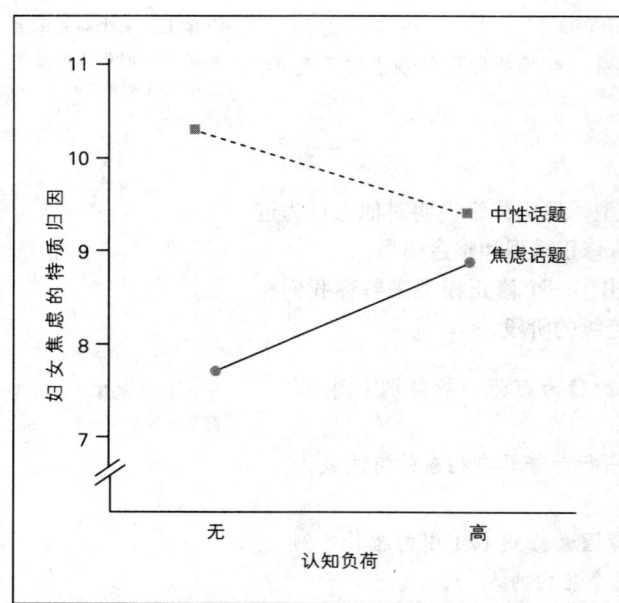

妇女焦虑行为归因为人格或特质的强度是她所说话题（中性的和焦虑的）和被试认知负荷（无和高）的函数。数据来自吉尔伯特等人（1988）。

话题较为中性（例如，环球旅行）。事实上，除了副标题之外，两种条件下的被试看到的是完全相同的录像带。

研究者告诉一半被试记忆话题的内容（认知负荷），另一半被试仅仅只是观看录像。随后要求被试指出该妇女的焦虑在多大程度上可归因于其特质。正如所料，当该妇女谈论中性话题时，仅仅观看录像的被试给出了较强的特质归因（见左图）。出现这种情况的原因是，当这位妇女谈论中性话题时，她的焦虑行为不能归因于话题。具有认知负荷的被试作出了同样的特质归因，而不论所谈话题如何。吉尔伯特等人认为，出现这种情况是因为这些被试忙于学习话题的内容，而不能进行产生情境归因所需要的努力加工过程。

吉尔伯特等人（1988）的发现可以用这两种理论来进行解释。如果下面的两个因素均存在，我们可以直接比较这两种理论：(1)被试所体验到的认知负荷，(2)情境信息是显著的或突出的。根据修正模型，在这些情况下应该作出特质归因。根据整合模型，应该作出情境归因。假设具有认知负荷（记忆数字）的被试阅读一篇据称由赞成大麻合法化的人所写的文章。通过录音机呈现该文章的一些说明使情境信息变得突出。特洛普与冈特（2000）发现，在这些情况下，当确定了文章作者是否真正表达他/她对大麻的态度时，被试会合理地考虑情境因素。因此，这些发现支持整合模型的预测而不支持修正模型的预测。

❖ **评价**

- ⊕ 我们对他人行为的归因，受到较自动加工和需要较多努力加工的影响。
- ⊕ 当我们进行需要付出努力的认知加工时，与不需要进行努力的认知加工相比，对他人行为的归因通常是不同的。
- ⊕ 有证据支持修正模型和整合模型，但是整合模型已被证明更为成功。
- ⊖ 自动加工和努力加工之间的区别过于简单（见第6章）。
- ⊖ 需要更多的研究对解释他人行为的潜在过程进行更精确的确认。

❖ **总评**

- ⊖ 决定我们对他人行为进行归因的一些因素已经确定。
- ⊖ 研究因果归因是很重要的，因为我们对他人的行为在某种程度上取决于我们对他人行为的归因。例如，婚姻归因会影响以后的婚姻满意度或不满意度（见第

- 内部或特质原因与外部或情境原因之间的差别通常较不明确。内部归因（例如，"我买车是因为我喜欢红色的车"）与外部归因（例如，"我买车是因为车是红色的"）之间经常几乎不存在差异（Robins et al., 1996）。
- "心理实验……在获得精确的（统计上准确）归因信息中是最糟糕的工具之一。因为选择代表性的情境或被试不需要任何努力，因此这些实验不能揭示人们通常在正常情况下所进行的种种归因。"（Gilbert & Malone, 1995, p.28）
- 归因误差和偏差（例如，基本归因偏差，行动者—观察者效应）在集体主义文化中通常不易发现。

在帮助我们理解其他人的行为时，实验法有什么缺点？

自我

我们首先来考察"自我"的定义。鲍迈斯特（Baumeister, 1998）认为，自我的一种界定标准是整体性或单一性。他认为自我主要包括三个方面：

- "反思意识（reflexive consciousness）体验……对自我的本质是至关重要的。反思意识是指人们对自我意识的体验。"（p.682）
- "离开社会背景的自我是不可想象的，自我对人际关系和人际交互至关重要。自我是联系他人的把手和工具。"（p.680）
- "自我是一个进行选择和决策、激发行为和承担责任的实体。"（p.682）

我们需要区分自我和自我概念。鲍迈斯特（Baumeister, 1995, p.58）将自我概念（self-concept）定义如下："任何特定个体所拥有的有关他/她自己的总的整体信息……自我概念由大量以某种一致、可用的方式进行组织或整合的自我图式构成。"因此，自我概念由储存在长时记忆中有关自我的组织信息所构成。

自我概念：个体所拥有的有关自己的整体信息。

自我概念受各种因素的影响。不过，我们与他人的关系是一个非常重要的因素。库利（Charles Cooley, 1902）使用"镜像自我"（looking-glass self）这一术语来表达自我概念反映了他人评价的观点。因此，我们倾向于像他人看待我们一样看待我们自己。我们生活中的重要他人（像同伴、父母、挚友）通常对我们的自我概念具有最大的影响。

你如何向他人描述你自己？

詹姆斯（William James, 1890）区分了自我概念的两个方面：作为经验主体的"我（I）"或自我，以及作为经验客体的"我（me）"或自我。年幼儿童最初发展出一种与他人的分离感。这就是"我（I）"。随后，"我（me）"开始发展，这涉及被他人作为客体感知的自我意识。自我发展在第16章有详细讨论。

斯特赖克（Stryker, 1997）认为，自我概念对社会心理学非常重要：

> 社会心理学必须包含自我概念……以获得快速发展；因为是自我概念或自我定义的集合组成了自我，去协调社会与行为以及行为与社会之间的关系。（p.321）

鉴于自我研究对社会心理学的至关重要性，你可能会理所当然地期望我们目前已经对自我及其对社会过程的影响有着清晰的了解。然而事实却并非如此。正如鲍迈斯特（Baumeister, 1995, p.52）指出的那样，"[在自我研究中]研究取向、方法和观点的多样性与主题和问题的多样化存在联系，因此不存在整合的自我心理学。"

社会认同理论

理解自我概念最重要的研究取向之一是社会认同理论。该理论最初由泰弗尔（Tajfel, 1969）提出，但是此后已经历了极大的发展（例如，Turner et al., 1987）。该理论在第 21 章会有详细讨论，因此这里我们主要关注与自我概念最密切的一些内容。个人认同和社会认同之间的区分非常重要，两者均有助于界定自我感。**个人认同/统一性（personal identity）**基于我们的个人关系和特征，包括我们区别于他人的各种方式（例如，在人格方面）。相反，**社会认同（social identity）**则基于各种群体（例如，学生、妇女、欧洲人）的成员身份。其他大多数有关自我的理论取向，几乎无一例外地强调个人认同，而忽略了自我受各种社会认同的强烈影响这一观点。但是，社会认同是非常重要的。特纳与奥克斯（Turner & Oakes, 1997, p.356）认为："心理属于个体……但是它们的内容、结构和功能毫无疑问是社会塑造的，与社会相互依赖。"

我们拥有大量的个人认同和社会认同："我们拥有多少所归属的群体，我们就拥有多少社会认同，我们拥有多少人际关系和我们认为自己拥有多少特异性品质，我们就拥有多少个人认同。"（Hogg & Vaughan, 2002, p.126）

是什么原因决定着在特定的情境中哪种认同处于主导地位或突出呢？社会认同理论认为涉及几个因素（Turner, 1999）。一个重要因素是，当前情境和我们各种个人和社会认同之间的适合度或匹配性。例如，如果我参加我女儿学校的典礼，我作为父母的身份将占主导地位。如果我参加心理学会议，那么我作为心理学家的身份就会起主导作用。

主导性个人或社会认同也取决于当前动机和目标。例如，很多人（至少在西方文化中）都喜欢以提升自尊的方式认识自己。因此，如果我们所属的某个群体既有威望又很成功，我们更可能接纳我们所属群体的社会认同。

特纳（Turner, 1999）讨论了其他两个影响我们认同的因素。第一，我们的过去经验。例如，如果过去把自己认同为心理学家使我感到高兴，那么这会增加在各种情境下把自己认同为心理学家的可能性。第二，当前期望。例如，如果我认为和我交往的人对作家比对心理学家持有更积极的倾向，那么我可能也会接纳作家的身份而非心理学家！

个人认同和社会认同之间的关系如何呢？特纳（Turner, 1999, p.12）认为："随着共享的社会认同逐渐凸显……个体倾向于更少的将自己作为一个与众不同的个体进行界定和看待，而倾向于更多的把自己视为某种共同社会类别成员[社会认同]中可互换的代表。"因此，例如，接纳女性社会认同的妇女将会关注她与其他妇女类似的方式，而忽略与其他大多数妇女不同的方式。换言之，通常情况是，社会认同的增强必然伴随着个人认同的降低。

个人认同：那些依赖于我们的个人关系和特征或特质的自我概念的层面。

社会认同：那些依赖于我们所属的各种群体的自我概念的层面。

你认为你的个人认同和社会认同的区别是什么？

证据

鉴于本章后面所讨论的大多数研究均涉及个人认同，这里我们主要探讨社会认同。我们认为社会认同比个人认同更重要的情境是什么呢？埃利默斯等人（Ellemers, Spears & Doosje, 2002）认为，当某个我们高度效忠的群体处于威胁之中时，社会认同尤为重要。在这些情况下，社会认同可导致极端的个人自我牺牲，像日本空军敢死队神风队队员或自杀式爆炸者。

在很多情况下，个体对群体的忠诚如此强烈，以至于他们愿意接受继续忠诚于该群体所带来的任何消极后果。例如，巴尔特森（Baltesen, 2002）探讨了荷兰一家 Baan IT 公司的员工。这些员工均隶属于一个非常虔诚的社团，因此在他们中间具有非常强烈的社会认同感。即使在公司遭遇严峻的经济问题时，他们仍然留在公司。他们对这些问题的反应是：每天祈祷，希望公司走出困境。

社会认同理论的一个主要假设是，群体成员希望自己的群体以积极的方式（例如，更成功、更有活力）区别于其他群体。但在一些情境下，群体难以与众不同并被积极地认识。在这些情况下，人们可能会预测，对基于群体成员身份的区分性社会认同的需要，将比得到积极认识的群体更为重要。例如，波兰在历史上多次被侵略，因此波兰人民应该具有强烈的国家认同感。正如所料，波兰学生愿意接受自己拥有与作为波兰人有关的各种消极特征（例如，酗酒、争吵、粗俗），目的是维持对国家的社会认同（Mlicki & Ellemers, 1996）。

是什么原因导致社会认同发生改变？德鲁里与赖歇尔（Drury & Reicher, 2000）认为，一个关键因素是对某群体的群体内观点和群体外观点之间的差异。例如，很多参与长期反对在伦敦东北部修建 M11 号连接道路项目的人，最初认为自己属于与警察具有中立关系的居民。但当他们发现自己被警察视为不负责任时，他们改变了自己的社会认同，并在思维方式上变得更激进。用一名女性参与者的话说就是："后来我变得非常坚决，决定继续参与此事，我甚至认为我不会再过一种普通的生活了。"(p. 594)

当一个我们并非高度忠诚的群体受到威胁时，事情又会如何呢？存在各种可能性，其中一种可能是不再认同当前的群体。这在西奥蒂尼等人（Cialdini, Borden, Thorne, Walker, Freeman & Sloan, 1976）的研究中得到了说明。在这项研究中，让学生们描述自己大学的足球队赛后几周的情况。当球队获胜时，学生一般使用代词"我们"；当球队输球时，学生更喜欢使用代词"他们"。因此，如果当前群体处于威胁之中时，微弱的社会认同感就会消失。

❖ **评价**

⊕ 我们的自我感是多变的，在特定时间处于主导地位的认同感，部分取决于当时的情境（Turner, 1999）。
⊕ 业已证明个人认同和社会认同之间的区分是有用的。
⊕ 以前的理论取向倾向于忽视社会认同，然而社会认同对自我感似乎极其重要。
⊖ 精确地确定特定个体拥有哪种个人认同和社会认同是不容易的。

- 我们通常不能预测在特定情境下哪种认同处于主导地位，因为其中涉及相当多的因素。
- "我们如何理解社会自我是 [不] 清楚的，社会自我会随着我们所属的群体而不断变化。"（Ellemers et al., 2002, p.164）

独立我和相依我

有研究者（Markus & Kitayama, 1991）认为，关于自我概念存在较大的文化差异。生活在像美国这种个体主义文化中的人（见第1章）具有**独立我**（**independent self**）：个体被视为"一个独立的、自治的个体，这个实体（a）包含一个独一无二的内部特征结构（例如，特质、能力、道德、价值观），（b）以内部特征的结果作为主要的行为表现"（p.244）。相反，生活在集体主义文化中（例如，东亚）的人则存在**相依我**（**interdependent self**）：他们主要根据他们的人际关系和群体成员来界定自己。

独立我：把自己看做是独立的人，他们的行为受自己内部性格决定。

相依我：把自己看做受自己的人际关系和群体成员决定。

证据

我们采用所谓的20项句子测验（Twenty Statements Test）这一简单技术来研究关于自我概念的文化差异。这种测验要求被试对"我是谁？"这个问题提供20种回答。使用该测验的大多数研究获得的证据揭示了所预测的自我概念的文化差异（Smith & Bond, 1998）。例如，特里安第斯等人（Triandis, McCusker & Hui, 1990）比较了美国大陆、夏威夷、中国香港、希腊及中国学生对测验的反应。在把自己视为某个社会类别或群体的成员方面，中国学生的反应远远多于其他群体的学生。

研究者（Gudykunst, Gao & Franklyn-Stokes, 1996a）在一项对美国、英国、日本和中国被试的研究中，获得了自我概念的文化差异影响社会过程的有趣证据。美国和英国被试报告在社会情境下监控自己的行为多于中国和日本被试。相反，中国和日本被试则报告他们在社会情境中更多的监控他人的行为以保证自己的行为更具有社会适宜性。

克洛斯与马德森（Cross & Madson, 1997）认为，独立我和相依我的区分适用于性别差异。他们指出："美国男性被认为构建和保持着独立的自我构念（self-construal），女性则被认为构建和保持着相依的自我构念（self-construal）。"（p.5）

克洛斯与马德森回顾了大量支持自己观点的研究。例如，克兰西与多林格（Clancy & Dollinger, 1993）进行了一项研究，让男性和女性将描述自己的图片进行归类。女性选择的大多数图片显示她们

当 Masake Owade 于1993年嫁给日本皇太子 Naruhito 时，她放弃了自己的外交生涯及自己作为人的合法存在。尽管这对于很多西方女性来说很难理解，但从日本文化的视角来看，他们重视与他人及群体的联系而牺牲小我，因此她作出这个决定也就不难理解了。

与别人在一起（例如，家庭成员），男性选择的大多数图片中则只有他们自己。

要求男性和女性根据不同的维度评价自己的研究可谓是多种多样。男性通常会根据独立性（例如，权力、自足）而非相依性（例如，社会性、讨人喜欢）对自己进行较积极的评价。女性则呈现出相反的模式（Cross & Madson, 1997）。

斯泰恩、纽科姆与本特勒（Stein, Newcomb & Bentler, 1992）报告了另一项揭示自我概念性别差异的研究。依存性测量预测了两年后女性而非男性的自尊水平，表明依存性对女性具有更重要的作用。独立性测量则预测了两年后男性而非女性的自尊水平，这提供了男性的自我概念比女性的自我概念更依赖独立性的证据。

性别或文化如何影响我们把自己视为"独立的"或"相依的"？

❖ 评价

- ⊕ 在看待自我的方式上存在重要的文化差异，独立我和相依我之间的区别就体现了这些差异。
- ⊕ 独立我和相依我的区别阐明了自我的某些性别差异。
- ⊖ 仅使用两种类别（例如，独立、依存）描述自我过于简单化。
- ⊖ 该理论取向基于自我随着时间相对不变的假设。不过，社会认同理论家们获得的证据表明，自我观随着社会背景的变化会发生相当大的变化。
- ⊖ 当认为男性通常比女性更不关心他人时，克洛斯与马德森（Cross & Madson, 1997）也许误解了相关证据。证据至少与以下观点相一致，"男性和女性同样爱好交际，同样关心如何和他人建立关系——但局限在不同的领域中。女性……主要关注并投资少量的亲密关系；男性则倾向于投资大量的社会关系"（Baumeister & Sommer, 1997, pp.38-44）。

改变自我

我们的自我概念受到社会因素的强烈影响，因此自我概念的改变也取决于社会因素。琼斯等人（Jones et al., 1981）提出了另外一种观点，根据这种观点，自我感念仅仅通过他们所称的偏差扫描（biased scanning）进行改变。如果人们选择性地关注有关自我的储存信息，就会歪曲他们的自我概念。例如，如果某人在长时记忆中搜索其以内向方式表现行为的情境，这就会使其认为自己是内向的。泰斯（Tice, 1992）进行了一项研究，让被试回答一些另有用意的问题。例如，被试可能会被问到一些使他们关注自我概念中内向方面的问题（例如，"对于嘈杂、拥挤的聚会，什么最使你感到苦恼？"）。这些另有用意的问题在公开场合、人际情景或私人场合、无别人存在的匿名场合（对着录音机说）进行提问。然后评估自我概念的改变。

我们能在什么程度上改变我们的自我概念？

预期会得到什么结果呢？根据偏差扫描假设，这些问题在两种条件下（即，公开场合和私人场合）应该引起自我概念的变化。相反，如果需要社会和人际因素来引起变化，那么自我概念仅在公开场合条件下才发生改变，而这也正是研究的发现。因此，自我概念的改变取决于社会因素（例如，公开承诺）而非仅仅取决于偏差扫描。

自我表现

社会生活的一个重要方面是**自我表现**（**self-presentation**），自我表现可以界定为"人们试图向别人传递有关自己或自己形象的信息"（Baumeister，1998，p.703）。鲍迈斯特认为，有两种主要动机会影响我们的自我表现。第一，工具性动机：我们表现自己以获得他人的奖励。第二，表现性动机：我们以与我们的价值观相一致的方式表现自己，以建立我们的自我认同感。

证据

人们的自我表现经常会受到以特定方式表现自我所具有的潜在奖励的影响。研究者（Kowalski & Leary，1990）让被试向上司描述自己，事先告诉被试这名上司有权或无权决定他们以后完成哪些任务。只有在上司有控制权力时，被试为了给上司留下深刻印象才会改变自我表现——可能是因为只有在这些情况下这样做才会带来切实的好处。

我们一般都会以受人欢迎的方式努力表现自己。不过，泰斯等人（Tice et al.，1995）指出，这种研究的大部分内容涉及陌生人，可能并不适用于与朋友的人际交往。他们发现：在和朋友谈话时，自我表现倾向于适中和中立；在与陌生人谈话时，则倾向于受人欢迎。之所以出现这种现象，可能是因为朋友比陌生人更能觉察到我们夸大自己能力的倾向。

当我们表现自己以获得他人奖赏的需要与为了迎合自己的价值观而表现自己的需要之间存在冲突时，会出现什么情况呢？研究者（Wicklund & Gollwitzer，1982）研究了这个问题。男性被试完成一项假人格测验，然后提供鼓舞人心的或令人丧气的反馈。随后他们同一位名叫黛比的女孩交流，这名女孩事先就清楚地表明她喜欢自信和自我提高的人或者喜欢谦虚和自贬的人。得到令人丧气反馈的被试在黛比面前以自信和自夸的方式表现自己，即使他们认为她不喜欢这类人。相反，当他们认为黛比喜欢谦虚的人时，得到鼓励反馈的被试会以适度的方式表现自己。

我们从上述研究中可以得出什么结论呢？第一，自我表现有时主要取决于获得他人奖赏的需要，有时主要取决于构建我们认同感的需要。第二，自我认同感相对稳定的个体常常会为了获得他人的奖赏而表现自己。第三，自我认同感不稳定的个体的自我表现，受其建立较清晰的自我认同感这一需要的影响。

自尊

自我概念的一个重要方面是**自尊**（**self-esteem**）。这是自我概念的评价性部分，主要指个体有关自己的价值感和自信感。伊拉佐伊（Eranzoi，1996，p.51）给出了自尊的简单定义："个体对他/她的自我概念的评价。"

一些研究者（例如，Baumeister，1995；Tesser，1988）认为，大多数人都具有维持或提升自尊的较高动机。因此，很多社会行为都可看做服务于自尊最大化的目标。不过，其他研究者（Swann，1987）则认为，人们具有更高的维持自己**一致性信念**（**consistent beliefs**）的动机。根据自我一致性理论，人们喜欢认为自己了解自

自我表现：个体试图向他人传递有关自我信息的方式。

向陌生人描述你自己时你会使用哪三个因素？你会对不同的人选择使用不同的因素吗？

自尊：自我概念评价性的部分，与自我价值感和自信感有关。

己。如果他们允许用有关自己的积极信息提高自尊水平，他们就不得不改变自己的自我概念，这会引起烦恼和不安。因此，人们看重维持有关自我的一致性信念，即使很多信念是消极的。

特泽（Tesser, 1988）提出了自我评价维持模型，该模型主要涉及个体维持和提升自尊的方式。他认为个体的自尊取决于他/她与他人的关系。有两个主要过程可以提高自尊：

1. **自省过程**。个体因他人的成功而感到高兴；关系越近，对自尊的有利影响越大。
2. **比较过程**。个体通过比别人表现更好来提高自己的自尊；同样，关系越近，影响越大。

个体的自信表现反映了自尊的程度

这两个过程几乎是互相对立的，因此我们需要知道何时应用每个过程。特泽认为：当成功处于个体自我概念的中心时，使用比较过程；而当成功的表现与个体自我概念关系不大时，则使用自省过程。如果个体体验到失败而不是成功，这两个过程有可能导致自尊降低。该理论认为，人们试图使用反省和自我比较过程来提高自尊。

自我服务偏见：接受成功的荣誉而否认失败的责任的倾向。

证据

如果人们具有提升自尊的动机，我们可以预期他们会将成功的荣誉归因于内部或特质因素（例如，"我工作努力"，"我能力超群"）。相反，他们会通过把失败归因于外部或情境因素（例如，"任务太难了"，"我没有充足的时间准备"）来否认失败的责任。这种接受成功的荣誉而否认失败的责任的倾向被称为**自我服务偏见**（self-serving bias）。

一些研究报告了自我服务偏见的证据。例如，伯恩斯坦、斯蒂芬与戴维斯（Bernstein, Stephan & Davis, 1979）考察了考试成绩好或考试成绩差的学生。成绩好的学生通常把好成绩归因于智力、努力学习或两者兼有。成绩差的学生则将成绩归因于运气不好或蹩脚的教师。坎贝尔与塞迪基德斯（Campbell & Sedikides, 1999）对有关自我服务偏见的研究进行了元分析。与自我服务偏见一样，成功总是归因于内部因素。不过，失败有时归因于内部因素，有时归因于外部因素。

为什么对失败的归因如此不一致呢？

人们发现美国学生高估自己的学业成绩而低估好友的成绩，日本学生高估自己的学业成绩但是更高估朋友的学业成绩，这表明集体主义文化中的学生具有高估他人胜于自己的动机。

杜瓦尔与西尔维亚（Duval & Silvia, 2002）让自我关注（self-focused）的被试相信失败可能或不可能伴随着进步。当随后的进步可能存在时，被试对失败进行内归因；但当随后的进步不存在时，被试则对失败进行外归因。

自我服务偏见在个体主义文化中比在集体主义文化中表现得更强烈（Smith & Bond, 1998）。例如，研究者（Kashima & Triandis, 1986）要求美国学生和日本学生记忆幻灯片上风景画的详细信息。两组被试都倾向于根据情境因素（例如，运气）解释成功，而根据任务难度解释失败。不过，美国学生更倾向于根据高能力解释成功而不是根据低能力解释失败，日本学生则表现出相反的模式。

维持或提升自尊的努力是自我服务偏见的核心吗？与通常低自尊的个体相比，通常高自尊的个体表现出更多自我服务偏见的证据（Shrauger, 1975）。但这些发现并不能证明自我服务偏见提高了自尊。质疑提升自尊的努力是否重要有两个原因。第一，失败通常归因于内部因素，这会导致自尊降低（Duval & Silvia, 2002）。第二，如前所述，集体主义文化中的成员比个体主义文化中的成员更不可能表现出自我服务偏见。

错误独特性偏差：认为自己比其他大多数人更好的一种错误倾向。

强调提升自尊也见于**错误独特性偏见**（**false uniqueness bias**），这是一种认为自己比其他大多数人都好的倾向。这种偏见一直在北美人群中被发现（Campbell, 1986）。不过，即使根据在日本文化中对成功至关重要的特质对自己进行等级评定时，日本人也未表现出错误独特性偏见（Heine, Lehman, Markus & Kitayama, 1999）。

检验特泽（Tesser, 1988）的自我评价维持模型的尝试还有多种。例如，特泽、坎贝尔与史密斯（Tesser, Campbell & Smith, 1984）评估了美国学生对自己和同班好友成绩的估计。当成绩涉及与自我概念有关的活动时，他们高估自己的成绩（但未高估好友的成绩），可能是因为涉及比较过程。相反，他们在无关活动中则会高估朋友的成绩（但未高估自己的成绩），可能是因为涉及反思过程。

研究者（Isozaki, 1994）使用日本被试重复了特泽等人（1984）的研究，获得了对特泽（Tesser, 1988）模型的部分支持证据，学生在相关学科上倾向于高估自己的成绩。但是，他们更高估朋友的成绩，表明学生具有高估他人胜于自己的动机。这就是我们在集体主义文化中所预期的结果，这种文化强调群体团结而非个人成就。

高自尊重要吗？

个体拥有高自尊非常重要似乎是显而易见的，这也正是西方文化中大多数人所认为的。但是，正如鲍迈斯特（Baumeister, 1998, p.659）所指出的，"有关自尊的有益、适应性结果的证据还极其缺乏"。不过，有合理证据表明高自尊与愉悦的情绪状态有关。例如，坎贝尔等人（Campbell, Chew & Scratchley, 1991）让人们写日记，记录其日常经历的情绪反应。低自尊个体比高自尊个体体验到更少的愉悦及积极情绪。因果关系的方向尚不明确：可能是高自尊有助于引发积极情绪，但也有可能是体验到较多的积极情绪提升了自尊。

考尔文、布洛克与方得（Colvin, Block & Funder, 1995）报告了高自尊可能具有消极结果的证据。他们确认了一些对自己的评价显著优于朋友的个体。当在实验室进行研究时，这些个体打断别人、表现出敌意、社会适应困难、让他人感到愤怒。一般来说，这些自尊心膨胀的个体显得既傲慢又自我中心。

鲍迈斯特、斯马特与博丹（Baumeister, Smart & Boden, 1996）确认了与高自尊有关的另一种消极效应。他们发现，人际暴力在高自尊人群中比在低自尊人群中发生得更为频繁。当高自尊个体具有的有关自己的积极看法受到他人怀疑时，极可能发生攻击行为。

恃强凌弱是现实生活中的一种问题行为，这种行为在某些情况下可能与不现实的高自尊有关。这种情况又被称为"自恋人格"，与不恰当行为有关，例如过度反应或攻击行为（Ronningstarn & Gunderson, 1990）。

文化差异

与自尊有关的各种偏差存在重要的文化差异。海因等人（Heine et al., 1999）认为，大多数人都会努力维持或增强自尊的观点，在所有文化中并非都是正确的，尤其是在集体主义文化中。他们通过考察来自北美和日本文化的大量证据支持了上述观点。他们的理论认为，两种文化的关键差异在于与自尊具有密切关系的自信概念的价值。北美文化赋予自信极大的重要性。相反，在日本文化中：

> 说一个个体自信具有消极的隐含意义，因为这反应了自信妨碍了依存性，或者揭示了某人未能认识到更高的优秀标准并因此继续自我提高，或两种情况兼具。个体自尊的动机……在于与获得联系和达成人际和谐的动机的不一致。（p.785）

为了支持自己的理论，海因等人（1999）讨论了一些未发表的研究，在这些研究中，欧裔加拿大学生和日本学生根据自己想拥有的程度对 20 种特质进行等级评定。欧裔加拿大学生把自信评为他们最想拥有的特质，日本学生则将自信评为最不想拥有的特质。

为什么自尊和自信在北美比在日本被认为更重要？

研究者（Kitayama, Markus, Matsumoto & Norasakkunkit, 1997）让美国和日本学生指出他们对各种成功和失败情境会作出怎样的反应。日本学生认为失败情境比成功情境与他们的自尊更有关，美国学生则表现出相反的模式。日本学生在失败情境中所估计的自尊降低比在成功情境中所估计的自尊增加的程度要大，美国学生的情况则正好相反。因此，日本人更为自我批评，较不关注提高自己的自尊。

证据表明：日本学生提升自尊的动机远低于美国学生。日本人有可能通过积极对待自己所属群体来提高自尊吗？这种可能性缺乏实证支持。例如，研究者（Heine

& Lehman，1997）发现：北美人比日本人对自己所属群体的评价更积极，并认为其他人看待自己的群体也比日本人积极。

总之，在高自尊的重要性方面存在重要的文化差异。正如海因等人（Heine et al.，1999，p.785）所总结的：

> 传统的自尊理论基于北美努力获得高自尊的个体主义自我观。相反，日本（及其他地区）最具特征的自我观与北美的自我观存在差异……在日本，维持自我批评的观点对于形成有价值、具有文化适宜性的自我才是至关重要的。

小 结

态度

态度的自我报告测量容易受到歪曲，这使我们发展了生理测量、内隐态度评价及虚拟通灵器（bogus pipeline）。态度会对知识、功利主义、维持自尊及社会认同功能产生影响。态度和行为之间通常存在弱相关。但当态度在相同的特异性水平及相似的时间点进行测量，以及通过直接经验形成态度时，这种关系较强。根据计划行为理论，我们的行为受到行为意图、行为控制感、主观标准和态度的影响。该理论忽略了我们的行为取决于情绪因素和自动或内隐加工的程度。

态度改变及说服

当沟通者可靠、有吸引力、与被试相似，以及具有相关专业知识时，态度改变量最大。提供双方面论据通常比提供单方面论据更加有效。当信息中的威胁感高以及应对能力感也高时，态度或行为的改变最大。根据双过程理论，人们能够通过中心路径（系统加工）或边缘路径（启发式加工）加工的信息被说服。中心路径所引起的态度改变持续时间一般较长。双路径理论过于简化，很可能存在若干加工策略，这些策略所涉及的需要付出努力的程度有所不同。根据认知失调理论，认知失调会引发不适宜状态及对认知一致性的需要。不过，这种需要在高自我监控者和集体主义社会中表现并不明显。

归因理论

对应推理理论认为，我们会使用有关人们的行为及其影响的信息去推断其意图和个人倾向。根据凯利的归因理论，我们会使用有关共同性、一致性和区分性的信息对他人基于协变原理的行为进行归因。通常人们会夸大特质的重要性而减少情境因素作为他人行为原因的重要性（基本归因错误、行动者—观察者效应）。这些效应在集体主义文化中比在个体主义文化中更不常见。我们对他人行为的归因常常取决于我们是相当透彻地加工所得信息还是仅仅进行表面加工。当我们不能进行需要付出努力的加工时，显著信息（特质的或情境的）对我们的归因影响更大。

自我

我们的自我概念受到社会因素的强烈影响，自我概念的改变也是如此。社会认同理论认为，我们具有一些个人认同和社会认同，在任何特定时间上起主导作用的认同取决于我们所处的情境。生活在个体主义文化中的人具有独立我，生活在集体主义文化中的人具有相依我，但是个体主义和独立我的区别过于简化。很多人都具有增强自尊的动机，这在自我服务偏见和错误独特性偏见中有所反应。但是，日本人比美国人增强自尊的动机更弱。

深入阅读

- Baumeister, R.F. (1998). The self. In D.T. Gilbert, S.T. Fiske, & G. Lindzey (Eds.)., *The handbook of social psychology* (4th ed.). New York: McGraw-Hill. Baumeister provides a masterly account of theory and research on a notoriously complex topic.
- Hewstone, M., & Stroebe, W. (2001). *Introduction to social psychology* (3rd ed.). Chapters 5, 7, and 8 provide up-to-date accounts of several of the main topics in social cognition.
- Hogg, M.A., & Vaughan, G.M. (2002). *Social psychology* (3rd ed.). There is detailed coverage of nearly all the topics discussed in this chapter in Chapters 2-6 of this excellent textbook.
- Smith, E.R., & Mackie, D.M. (2000). *Social psychology* (2nd ed.). Philadelphia: Psychology Press. Several chapters in this textbook (e.g., 4, 7, and 8) deal with relevant key topics in an introductory way.

第 19 章
社会行为与社会关系

本章概要

- **亲社会行为**
  我们为什么经常会不计回报地帮助他人？

  利他主义的进化论取向
  为什么有些人更乐于助人
  巴特森的移情—利他主义假设
  西奥迪尼的消极状态减轻模型
  非西方研究简介
  此种背景中的旁观者干预
  皮利亚文等人的旁观者模型

- **攻击**
  与攻击有关的一系列理论的验证

  攻击的定义
  班杜拉的社会学习理论
  多拉德等人的挫折—攻击假设
  伯科维茨的线索唤醒理论及武器效应
  巴伦的消极情绪逃逸模型
  齐尔曼的兴奋—迁移理论
  攻击的其他生物学因素
  文化差异
  安德森的四阶段一般攻击模型
  酒精的影响
  关系内攻击

- **人际关系的形成**
  人际关系形成和维持的讨论

  接近性的重要性
  外表和所谓的吸引力—匹配假设
  第一印象及随后的假设
  人格相似性及差异
  巴斯及其他研究者关于配偶选择因素研究
  如何维持人际关系

- **亲密关系的发展**
  亲密关系的内容

  爱和喜欢的测量
  自我表露引起吸引
  相关归因行为
  满意和公平理论
  承诺的投资模型；优越感

- **关系稳定性及终止**
  探讨婚姻关系的维持与终止

  婚前关系破裂
  满意度和幸福研究
  婚姻稳定性的因素
  三种理论：莱文杰的情感模型；戈特曼的银行账户模型；卡尼和布拉德伯里的易损性—压力—适应模型
  不同文化的爱情和婚姻

本章关注我们对他人作出反应（和交互作用）的主要方式。一个重要的例子是亲社会行为。它是指对他人表现出积极的行为，甚至在付出一定代价的情况下也要尽最大努力帮助别人。攻击或反社会行为是一种更消极的行为，因为它涉及试图故意伤害他人。我们在本章将讨论决定成人的亲社会行为和反社会行为或攻击行为的主要因素。

你可能会觉得亲社会行为和反社会行为仅仅是同一维度上两个相反的极端，然而事实却并非如此。亲社会行为和反社会行为或攻击行为在很大程度上是彼此独立的（Krueger, Hicks & Mcgue, 2001）。因此，具有高亲社会行为水平的个体表现出低水平攻击行为的一般倾向是不存在的，反之亦然。

本章还涉及人际关系，主要关注决定最初我们是否受别人吸引的因素，维持友谊或其他关系的因素，以及导致关系破裂的因素。我们将会对人际关系中所涉及的几种过程理论进行详细考察。正如我们将要看到的那样，不同文化背景中人际关系（尤其是婚姻）的某些方面存在相当大的差异。

与人际关系早期阶段有关的一些问题可以在实验室中进行研究。例如，假设我们想知道外表在决定最初的相互吸引中是否重要。我们可以向被试呈现不同人物的照片，每张照片上附带着某些传记信息。然后我们就可以知道，愿意与每个人约会更多的取决于外表还是传记信息。不过，在实验室中研究人际关系发展的后期阶段要更为困难。

亲社会行为

本章的这一部分主要关注亲社会行为，在第16章我们也从发展的视角对其进行了讨论。助人行为和**亲社会行为**（**pro-social behavior**）之间有很多重叠，但是比尔霍夫（Bierhoff, 2001, p.286）阐明了它们之间的区别："'亲社会行为'的定义比[助人行为]更狭隘，因为亲社会行为中的行为旨在改善受助者的处境，行为者的动机并不是为了履行职业义务，并且受助者是个人而非团体。"

亲社会行为一些最明显的例子是我们通常所说的利他主义。**利他主义**（**altruism**）是一种自愿助人行为，利他主义的人要付出一定的代价，通常涉及移情。**移情**（**empathy**）是一种分享他人情感及理解他人观点的能力。巴特森（Batson, 1995, p.355）认为，移情包括：

> 与他人的福祉相一致的他人取向的情感。如果感到他人需要帮助，那么移情还包括同情感、怜悯感、亲切感等。移情通常被认为是一种……采纳他人观点的产品，这意味着想象他人如何受到他/她所处情境的影响。

下面我们将首先考察与亲社会行为和利他主义有关的两个重要的一般问题。然后我们再继续探讨一些主要理论。

亲社会行为：旨在惠及他人的合作、亲切或助人的行为。

利他主义：亲社会行为的一种形式，个体要付出一定代价，其动机是希望帮助他人。

移情：理解其他人的观点并分享他们情感的能力。

为什么会存在利他主义？

为什么会存在利他主义这个问题已由深受达尔文（1859）自然选择理论影响的研究者进行了最系统的考察。根据自然选择理论，存在着自然选择或适者生存（在繁殖成功而非身体适应的意义上）。以利他主义或自我牺牲的方式表现行为的人类（或其他物种的成员），与非利他的个体相比生育很多后代的机会可能更少。由此似乎可以推论：自然选择过程应该会导致利他主义逐渐消失。为什么这种情况没有发生呢？

进化心理学（evolutionary psychology，一种基于人类行为常常使用进化论的术语进行理解这一观点的研究取向）的倡导者宣称，个体更关注确保自己基因的存活而非自身的生存。值得注意的是，大多数人在意识层面上并未意识到这种关注。这为利他行为提供了一种可能的解释："如果一位母亲在从掠夺者手中救下三个子女的过程中死去，那么她就挽救了自己1.5倍的基因（因为每个后代都继承了母亲一半的基因）。因此，从基因的角度来讲，一种明显的利他主义行为可能转变为极度的自私。"（Gross，1996，p.413）这一解释背后潜在的观点是亲缘选择（**kin selection**）。亲缘选择是指个体通过帮助亲属的生存来确保自己基因的生存。

进化论的一个重要含义是，更可能对亲近的亲属而非其他个体表现出利他行为，因为我们与亲属共享更多的基因。基因学家霍尔丹（J. B. S. Haldane）对这种观点进行了总结。他认为他愿意为他的两个兄弟或八个堂兄弟（姐妹）牺牲自己的生命。

亲缘选择这一概念有助于解释人们为什么通常会对自己的家庭成员表现出利他行为。不过，我们还需要其他的解释原则来解释对非亲属的利他行为。进化心理学家（例如，Trivers，1971）通过强调互利主义（**reciprocal altruism**）对此进行了解释，其总结大致可以表述为"互惠互利"。因此，利他行为之所以发生，是因为对他人表现利他行为的个体也期望从他人那里得到回报。特里弗斯认为，在期望得到回报的情况下提供帮助这一策略，最可能在某些特定条件下被采用：

- 帮助别人的代价较小，得到的回报却很大。
- 我们可以识别那些只接受帮助而不回报的骗子。

证据

关于亲社会行为和利他行为的研究很少与亲缘选择直接相关。一个例外是伯恩斯坦等人（Burnstein, Crandall & Kitayama，1994）进行的研究，在研究中他们让被试在亲属关系（遗传关系）、性别、年龄、健康状况和财富等方面存在差异的各种个

父母在自己孩子身上投入了大量的时间和资源，这可以通过人际关系的生物学理论进行解释——如果父母能够帮助自己的孩子生存下来并取得成功，他们传递基因的概率就会提高。

为什么有人会舍己救人？

进化心理学：一种基于很多人类行为可以使用进化论的术语进行理解这一观点的取向。

亲缘选择：通过帮助亲属生存来增加个体基因生存可能性的观点。

互利主义：如果个体预期到他人将会作出利他反应，他们就会对他人表现出利他行为。

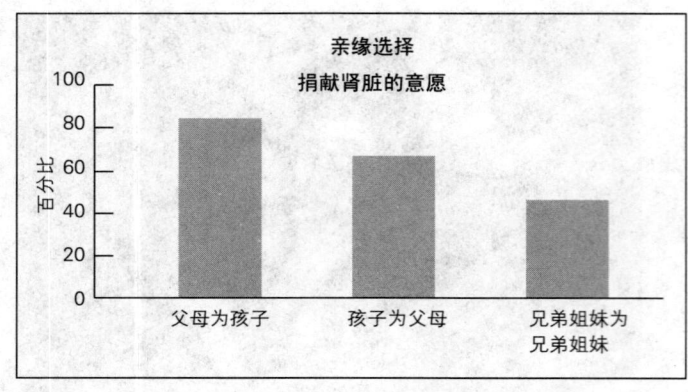

亲缘选择
捐献肾脏的意愿

父母为孩子　孩子为父母　兄弟姐妹为兄弟姐妹

体之间选择提供帮助。他们的重要发现是，选择受到亲属关系的强烈影响，并且这一趋向在生死攸关的情境中比在不太重要的情境中表现得尤为强烈。与其相似，费尔纳与马歇尔（Fellner & Marshall, 1981）发现，86%的人愿为自己的孩子捐献肾脏，67%的人愿为父母捐献肾脏，50%的人愿为兄弟姐妹捐献肾脏。

有研究者（Korchmaros & Kenny, 2001）认为，把基因关系或亲属关系和情感亲密性区分开来很重要。他们让大学生选择最可能为哪个家庭成员提供救命帮助。利他行为部分取决于亲属关系或遗传关系，部分取决于情感亲密性，这表明进化心理学并不能解释所有的利他行为。不足为奇，遗传关系和情感亲密性之间存在着相当紧密的联系。

已从跨文化研究中获得了支持互利主义观点的证据。研究发现（Fijneman, Willemsen & Poortinga, 1996），集体主义文化中的个体要比个体主义文化中的个体会向他人提供更多的帮助（见第1章关于集体主义和个体主义的讨论）。不过，生活在集体主义文化中的个体，也会比生活在个体主义社会中的个体期望从他人那里获得更多的帮助。因此，大多数文化中都存在互利主义，个体所给予的帮助通常与他们期望得到的回报大致相等。

集体主义文化比个体主义文化更可能表现出利他行为的原因是什么？

当我们能识别那些只接受帮助而不提供任何帮助的骗子时，互利主义才是一种有效的策略。在小团体中实施互惠互利要比在大团体中更容易，因此，在小团体中应该存在更多利他主义的证据。斯特布莱（Steblay, 1987）进行了一个元分析，认为生活在大城市的个体更不愿为别人传达电话信息、更不愿帮助走失的儿童、更不愿提供举手之劳、更不可能为迷路的人指明方向。

研究者在囚犯困境的两难背景中研究了互利行为或合作行为。在典型版本中，给两名参与者提供一种他们同时遭到逮捕的假设情境。这两名"囚犯"分开关押，每个囚犯都接受"警察"的审问。每个囚犯均接到相同的建议：如果他或她（A）同意坦白并提供另一囚犯（B）犯罪的证据，那么A就将被释放而B则将受到严重的惩罚。每个参与者都有两种选择：与伙伴合作保持沉默，或坦白一切。

当参与者相互合作时都会有所收获，因为每个人都将受到相同程度的惩罚（只有很少或不存在对他们不利的证据）。如果都坦白，他们都会有所损失，因为此时就有了对他们两人均不利的证据，并且得到的惩罚也会更加严重。但是，如果一人保持沉默而另一人坦白，那么坦白者将会被释放而不受刑罚，另一个人则将受到更严重的惩罚。此时囚犯所面临的困境是每个囚犯都不能确定另一囚犯的决定。

阿克塞尔罗德（Axelrod, 1984）让62名科学家在重复囚犯实验时为囚犯困境提出获胜的策略。最有效的策略就是针锋相对（tit-for-tat），相当于互利主义。这涉及在第一次选择合作的个体。在第二次，该个体会以另一人在第一次所采取的行事方式来行事。此后,个体只是简单地模仿另一人前一次的行为。针锋相对策略之所以起作用,是因为它鼓励另一人采取合作行为,而不鼓励他/她表现出自私行为。

库尔曼与马什洛(Kuhlman & Marshello, 1975)比较了针锋相对策略对其他两种策略(100%合作和100%不合作)的影响。针锋相对策略在促使另一人产生高水平合作时是最有效的策略。即使在那些主要对追求自身利益感兴趣的个体身上也是如此。

当再次重复囚犯困境时,参与者不可能再次使用针锋相对策略,因此未来不需要合作。例如,我们可以考虑一下在英国电视上曾短时播出的称为"撑船(shafted)"的系列片。节目结束时,每位参赛者必须私下指出(不了解对方的情况)他/她是希望与别人分享奖金还是希望自己拥有全部奖金。如果两个人投票表决分享奖金,他们各获得50%。如果一人决定希望获得所有奖金而另一人决定分享奖金,那么前者会得到所有的钱。最后,如果两人都决定拥有所有奖金,他们将得不到任何奖金。在最后一次节目中,奖金大约有22万英镑。两个参赛者投票表决希望拥有所有奖金。当他们意识到两人均未得到奖金时,观察他们的面部表情是件很残忍的事。事实上,由于如此残酷,以致该系列片在那期节目后便寿终正寝了。

进化心理学取向对我们理解利他主义有何帮助?

❖ 评价

- ⊕ 进化心理学家已经为助人行为和利他行为的存在提出了具有说服力的原因(亲缘选择、互利主义)。
- ⊕ 进化论取向解释了个体对亲属比对非亲属更可能表现出利他行为的原因。
- ⊕ 进化心理学家(与其他心理学家不同)阐述了利他主义为什么对人类如此重要这一重要问题(McAndrew, 2002)。
- ⊖ 正如我们即将看到的那样,有许多证据表明人们有时也会对陌生人表现出利他行为,这些行为不能完全根据亲缘选择或互利主义进行解释。
- ⊖ 进化论取向忽略了多种因素(例如,情感亲密性、社会学习、人格),这些因素有助于确定利他行为出现与否的精确环境。

谁乐于助人?

有些人通常会比其他人更乐于助人,一些研究确认了与助人行为有关的个体特征。例如,施瓦茨(Schwartz, 1977)认为,人们会基于他们所持有的价值观而拥有一系列个人标准或行为标准。其中一些标准与帮助他人及承担为他人谋福祉的责任有关。施瓦茨认为,个体在根据自己的个人标准行事时会体验到自我满意感,在不根据自己的个人标准行事时则会体验到羞耻感或自尊降低。正如所料,施瓦茨发现那些最爱助人的人所拥有的个人标准均与助人及为他人承担责任有关。

为什么有些人比其他人更乐于助人?

比尔霍夫等人(Bierhoff, Klein & Kramp, 1991)研究了在交通事故中帮助伤者的急救人员(first-aider)。这些急救人员在社会责任心上的得分较高。他们还倾向于具有内控型人格,即他们认为自己能够掌握自己的命运。

克鲁格等人(Krueger et al., 2001)研究了男性同卵双生子和异卵双生子的利他主义，发现利他主义的个体差异更多取决于环境因素而非遗传因素。在人格的积极情绪维度上得分高的个体（即，高社会性和高外倾性），比那些在该维度上得分低的个体更可能利他，两个因素之间的相关为 +0.44。相反，利他主义与人格的消极情绪维度（焦虑和抑郁）几乎无相关，相关仅为 -0.10。

移情—利他主义假设

巴特森（Barson, 1987）宣称，当我们观察到某人痛苦时，会出现两种主要的情绪反应（描述每种反应的形容词在括号内）：

- **移情关注**。关注他人的痛苦并表示同情，具有减少这种痛苦的动机（同情的、仁慈的、温柔的）。
- **个人痛苦**。关注自己的不适，具有减少不适的动机（烦恼的、不安的、担心的）。

根据巴特森的移情—利他主义假设，利他行为或无私行为主要由移情关注而非个人痛苦所推动。

证据

巴特森等人（Batson, Duncan, Ackerman, Buckley & Birch, 1981）以及巴特森等人（Batson et al., 1988）检验了移情—利他主义假设，并总结认为利他行为是由移情推动的——参见下面的关键研究。

西奥迪尼等人（Cialdini, Brown, Lewis Lucc & Neuberg, 1997）对亲社会行为取决于移情关注的观点提出了挑战。他们认为最重要的因素是同一感（oneness），可以将其界定为"一种分享、整合或相互联系的个人认同感"（Cialdini et al., 1997, p.483）。他们使用了一些有人需要帮助的情境（例如，两名儿童，其父母死于一场车祸）。需要帮助的人是附近的一个陌生人、一个熟人、一个好朋友或一个亲密的家庭成员。同一感比移情感能更好地预测亲社会行为。更重要的是，对同一感的效应进行控制之后，移情关注对亲社会行为的影响也很小。

❖ 评价

- ⊕ 巴特森（Batson, 1995）在一篇对超过25项研究的综述中指出，利他行为常常取决于移情。
- ⊕ 鉴于大多数实验研究的都是对陌生人的移情和利他，研究结果是正向的让人吃惊。正如巴特森（Batson, 1995, p.367）所指出的："对以下个体更可能体验到[同情]感：(a) 对我们友善、与我们有亲戚关系或在某些方面与我们相似的人；(b) 与我们有情感依恋的人；(c) 我们认为应该负责的人；或 (d) 我们采纳其观点的人。"
- ⊖ 很难确保人们提供帮助是由于利他的原因，而不仅仅是为了避免他人的指责或与不提供帮助所带来的罪恶感。
- ⊖ 同一感在决定亲社会行为方面可能比移情关注更重要（Cialdini et al., 1997）。
- ⊖ 自私的动机常常超过真正的关心。巴特森等人（Batson, O'Quinn, Fultz,

巴特森等人：移情—利他主义假设的检验

巴特森等人（Batson et al., 1981）设计了一种情境来检验移情—利他主义假设。让女学生观察一个受过多次轻微电击的名叫伊莱恩（Elaine）的女孩，并询问她们是否愿替伊莱恩接受剩余的电击。告诉一些学生如果她们愿意可以随时退出实验，告诉其他学生如果她们拒绝替伊莱恩接受电击就必须留下观看伊莱恩遭受电击。所有学生都服用了安慰剂药物（即一种无任何作用的药物）。不过，研究者给学生提供了关于药物的错误信息，因此她们可以将自己对伊莱恩的反应解释为移情关注或个人痛苦。（值得商榷的是，所有被试是否相信这个似乎不太可能的故事！）

不论是否能轻易地逃脱这个情境，大部分具有移情关注感的学生都愿主动承受剩下的电击。相反，当逃脱很困难时，大部分感受到个人痛苦的学生也能承受剩下的电击；但当逃脱变得很容易时，很少有人愿意承受剩余的电击。因此，那些感受到个人痛苦的学生帮助伊莱恩的动机是如果不提供帮助会产生受到指责的恐惧，而不是出于帮助伊莱恩的真正意愿。

巴特森等人认为，那些感受到移情关注的学生是出于无私的原因帮助伊莱恩。但也存在其他可能。例如，他们可能希望避免自我批评或社会的指责。为了检验这些可能性，巴特森等人（1988）对1981年的研究进行了修改。告诉一些女性被试如果在一项困难的数学任务中表现良好，她们才能替伊莱恩承受电击。那些帮助伊莱恩的动机仅仅是为了避免社会指责和自我批评的学生可能会提供帮助，但是她们随后会故意在数学测验中表现很差。这可能会被认为是逃脱帮助的简单方法。许多感受到个人痛苦的学生正是这样做的，并且在数学任务中表现出较低的水平。不过，大部分感受到移情关注的学生则会自愿帮助伊莱恩，并在数学任务中表现很好。她们拒绝采取简单的方法逃脱帮助行为的做法表明，她们帮助伊莱恩的意愿是真实的。

> **关键研究评价——巴特森等人**
>
> 巴特森等人的研究旨在检验移情—利他主义假设，但是，除了移情或者甚至实验情境的要求特征之外，其他心理机制可能也会起一定作用，例如对社会指责的恐惧。学生可能很容易猜到实验者对她们关心他人的水平感兴趣，因此她们会按照社会期望或被社会接纳的方式去行事。
>
> 推测心理学家如此经常的在实验中使用电击的原因可能也很有趣，尽管电击仅能起到刺激的作用。轻微的电击通常用于动物实验，但在人类实验中使用电击通常显得不自然和人工化。在现实生活中，人们又能遇到几次这样的情况呢？

讨论要点：

1. 该研究为移情—利他主义假设提供了良好的检验吗？
2. 你认为人们为了表现出利他行为需要体验到移情吗？

Vanderplas & Isen, 1983）发现，当伊莱恩接受轻微电击时，86%感受到移情关注的被试愿意替她接受电击，但当伊莱恩接受严重电击时，该比例降到了14%。

- 该实验曾强调那些只对被试具有中等影响的短期利他行为。在现实生活中，利他行为可能会涉及为体弱多病的亲人提供多年的持续照顾。尚不清楚同样的过程是否包含在这两种情境中。
- 移情—利他主义假设忽视了个体差异。例如，奥利纳夫妇（Oliner & Oliner,

> **移情和行为障碍**
>
> 斯特雷耶与科恩（Strayer & Cohen, 1988）研究了儿童的移情和利他主义。他们为儿童播放描写各种情绪行为的录像片段，这些情绪行为包括悲伤、幸福、愤怒等。然后在两个量表上给儿童打分。一个是认知量表，与儿童理解录像中人物的感受方式有关；另一个是情感量表，测量观看录像的个体与录像中表现出的情绪产生共情或分享的程度。与那些不存在反社会行为问题的儿童相比，存在反社会行为问题的儿童在情感量表上的得分尤其糟糕，这似乎与反社会群体的社会赞许性知觉有关。

1983）研究了一些英雄人物，他们曾在欧洲纳粹战争中冒着生命危险营救犹太人，该研究宣称发现了利他主义人格的证据。

消极状态减轻模型（negative-state relief model，又称负向状态解除模式）

西奥迪尼等人（Cialdini, Schaller, Houlihan, Arps, Fultz & Beaman, 1987）提出了消极状态减轻模型来解释移情会导致助人行为的原因。该模型认为，同情受害者的人通常会因此感到悲伤。他们会通过帮助受害者来减轻自己的悲伤。因此，消极状态减轻模型强调从事助人行为的自私原因。相反，移情—利他主义则认为这些原因是无私的。

根据消极状态减轻模型，如果通常在移情中发现的悲伤不存在，那么移情关注将不会引起助人行为。该模型还包括如下观点，即当助人行为的回报很高而代价很低时，最可能发生助人行为。因此，当助人很容易且回报很高时，处于消极情绪状态的人比处于中性情绪状态的人更容易助人（例如，这样做可以减轻消极情绪）。

西奥迪尼等人（1987）采用与巴特森等人（1981）相同的情境检验了消极状态减轻模型。被试服用无任何实际作用的安慰剂药物。但是，实验者则宣称这些药物能够"稳定"被试的情绪并防止情绪发生变化，这种说法可能不会被所有被试完全接受！西奥迪尼等人预测，如果助人行为不能使悲伤情绪降低，那么被试可能很少愿去帮助接受电击的学生。这一预测得到了支持：感受到移情关注的被试如果服用了安慰剂则较不可能提供帮助。

巴特森等人（1989）设置了一种情境，在该情境中，消极状态减轻模型与移情—利他主义假设的预测存在差异。在关键条件下，告诉处于移情状态的被试即使他们拒绝提供帮助也会预期到情绪改善的体验，然后给他们提供帮助他人的机会。根据消极状态减轻模型，被试的悲伤将会减少这一事实会减少助人行为。相反，根据移情—利他主义假设，被试高水平的移情则可以引发助人行为。研究发现支持移情—利他主义假设的预测，而不支持消极状态减轻模型的预测。

汤普森等人（Thompson, Cowan & Rosenhan, 1980）报告了悲伤并不总是会引发助人行为的证据。当他们让学生想象一个行将死亡的朋友正在体验的感受时，导致了助人行为的增加。但当他们让学生去想象自己对这种情境的反应时，助人行为却没有增加。这表明人们过于关注自己的情绪状态以至于未能帮助确实需要帮助的人。

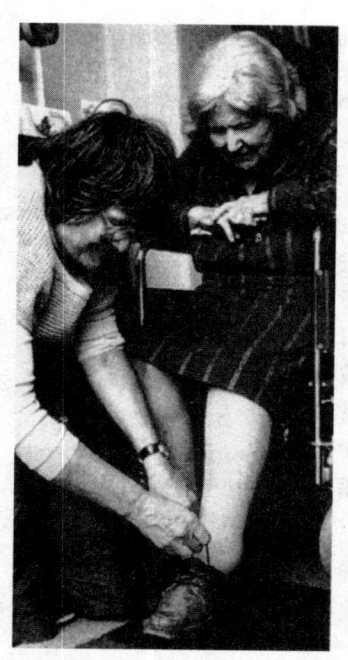

在与实验情境相反的现实生活中，利他行为可能涉及多年的承诺而非一时的冲动。

当你看到他人处于痛苦或为难之中时，你有何感受？

❖ 评价

- ⊕ 移情关注有时会引起利他行为,因为利他行为减轻了助人者的消极情绪状态(例如,悲伤)。
- ⊕ 消极状态减轻模型未能解释我们可能受到无私动机的推动而产生助人行为的可能性,这与一些证据不一致(例如,Batson et al., 1989)。
- ⊖ 消极情绪更可能增加成人而非儿童的助人行为(Franzli, 1996)。因此,该模型未能预测儿童的助人行为。
- ⊖ 该模型只适用于轻微的消极情绪。根据这一模型,强烈的消极情绪不会引发助人行为。
- ⊖ 难以明确区分无私的助人行为和利他的助人行为,可能的情况是大量的助人行为均包括这两种动机形式。

像1985年"拯救生命"(Live Aid)义演援助这种旨在为慈善事业筹款的活动,依靠的就是观众的高水平移情关注。

跨文化差异

到目前为至,我们讨论的大多数研究都是在美国进行的。假设在一种文化中正确的事情在其他文化中也正确是非常危险的。就利他主义而言,这种危险可能尤为重大,因为美国是一种与众不同的文化,因为在美国占统治地位的生活取向基于自身利益,而非对他人的利他关注。

亲社会行为和利他行为的跨文化研究在第16章已进行了讨论。有合理的证据表明,生活在非西方文化或集体主义文化中的儿童要比生活在西方文化或个体主义文化中的儿童有更多的利他行为。艾森伯格与穆森(Eisenberg & Mussen, 1989)对多项利他主义的跨文化差异研究进行了综述,总结认为与美国儿童相比,非西方文化的儿童更合作、体贴和善良。

我们在解释上述发现时需要谨慎。如前所述,研究者(Fijneman et al., 1996)发现,生活在集体主义文化中的个体比生活在个体主义文化中的个体更期望从别人那里得到帮助。集体主义文化的儿童之所以表现出亲社会行为,可能是因为他们期望得到他人的帮助而非他们的动机完全是利他主义的。

> **文化和童年的助人行为**
>
> 怀廷夫妇(Whiting & Whiting, 1975)将童年的助人行为与文化背景联系到一起。集体主义文化对利他主义有很强的期望,这是一种重要的社会规范。作为一种以互相支持为基础的文化,这对那些具有重要地位的人很有意义,因为他们对集体作出了贡献。研究者发现,在肯尼亚和墨西哥这两个集体主义文化中,儿童被要求担负起照料兄弟姐妹和做家务等家庭责任。与那些需要提供报酬才做家务和提供其他帮助的美国儿童相比,这两个国家的儿童表现出更多的助人行为。美国文化是个体主义文化,即它重视个体,认为个体自身的权利很重要,同时认为为个人的收益而奋斗的规范是有价值的。
>
> 更多的研究表明,在基布兹(集体主义群体)成长的以色列儿童比在城市家庭(较为个体主义的群体)中成长的同龄人表现出更多的助人行为。

旁观者干预

我们这个时代最令人难忘的印象是，有人在城市中受到猛烈攻击时却没人帮助他。这种不愿提供帮助的行为在基蒂（Kitty Genovese）的案例中表露无遗。1964年3月的一个早晨，凌晨3:00，基蒂在纽约下班回家时被刺死。有38名目击者从自己的公寓里看到了这起谋杀，但却无人出来干涉，仅有一个人报了警。

警察问目击者为什么他们未提供任何帮助。根据《纽约时报》上的一篇报道：

> 警察说大部分人告诉他们，自己不敢打电话是因为非常害怕，但当问到怕什么时，他们却给出许多毫无意义的回答。"人们在案发现场保持沉默我们是可以理解的，"雅各布斯（Jacobs）中尉说，"但当他们待在自己家中，电话就在附近，他们为什么还会害怕报警呢？"

责任扩散

达利与拉塔内（John Darley & Bibb Latané, 1968）试图解答基蒂为什么未得到看到她被攻击的许多目击者的帮助。根据两位研究者的观点，当周围只有一名旁观者而不是多名时，受害者的处境可能会更好。在这种情况下，帮助受害者的责任就牢牢地落在一个人身上，而不是分散在很多人身上。因此，目击者或旁观者就会有个人责任感。如果一个违法行为或其他事件有很多目击者，就会出现责任扩散（**diffusion of responsibility**），即每个人由于未提供帮助只承担很少的谴责。在这种情况下，个

责任扩散：一种随着事件目击者人数的增加责任感减少的现象。

案例研究：基蒂谋杀案

1964年3月13日大约凌晨3:20，身为酒吧经理28岁的基蒂正在下班回家的路上，她家位于纽约Queens中产阶层小区。她停好车，开始走向大约30米远的她所居住的两层公寓。当走到路灯旁边时，一名后来证实叫做莫斯利（Winston Mosely）的男人抓住了她。她大声叫喊。附近公寓的灯亮了。基蒂大叫："哦天哪，他刺伤了我，救命呀！"公寓的一扇窗户打开了，一个男人喊道："放开她！"莫斯利往上看了一眼，耸耸肩，顺着街道走开了。当基蒂挣扎着站起来时，公寓的灯灭了。几分钟后攻击者转身返回并又开始进行袭击，并再次刺伤了她。基蒂再次大叫："我要死了！我要死了！"公寓的灯又一次亮起，很多附近公寓的窗户也打开了。攻击者再次离开，上了他的车开走了。当一辆城市公交车经过时，基蒂蹒跚着站起来。此时是凌晨3:35。莫斯利返回并在楼梯底部的出入口找到了受害人基蒂。他强奸并第三次刺伤了她——这次是致命的。直到3:50警察才接到第一个报警电话。他们行动迅速并在两分钟内就赶到现场，但是基蒂已经死了。

唯一报警的人是基蒂小姐的邻居，他透露自己是在经过反复思考并给朋友打电话征求建议后才报警的。他说："我不想被牵涉进去。"半个小时后出现了另外38名这起事件的目击者。基蒂的很多邻居都听到了她的叫喊声并通过窗户看到了她被人袭击，但却始终无人前去救助。这一消息震惊了美国并登上了全美新闻的头条。人们感到疑惑的是：当可能提供帮助时为什么无人提供帮助，甚至早点报警。城市和道德的败坏、无动于衷及冷漠只是所提供的众多解释中的一些解释。两位社会心理学家拉塔内和达利对这些解释感到不满意，并进行了一系列研究来确定情境因素是否会影响人们为他人提供救助。他们得出的结论是，在场的其他旁观者人数越多，个体越不可能提供帮助。

人责任感就会较弱。

我们还需要考虑社会规范或由文化决定的行为期望。例如，**社会责任规范**（**norm of social responsibility**）：我们应该帮助那些需要帮助的人。达利与拉塔内（1968）认为，这一规范在只有一个人而不是多个旁观者看到受害者的厄运时会更加有效。

达利和拉塔内（1968）将被试放置在单独的房间里，让他们戴上耳机。要求他们对着麦克风讨论个人问题，并可以通过耳机听到他人对讨论的贡献。研究者引导他们认为有一个、两个、三个或六个人参与讨论。事实上，所有其他被试的明显贡献均为磁带录音。

每个被试都听到在讨论中其他被试中一个人具有癫痫倾向，尤其是在努力学习或考试时。后来他们听到他说：

> 我—呃—我—嗯—我已得到一件—呃—卡壳—呃—呃—发生的事物并—并—并且我真的—呃—用到了一些帮助所以如果一些人能够—呃—呃—帮助—呃—呃—帮助—呃—嗯—嗯—嗯［窒息的声音］……我要死了—呃—呃—我……要死了—呃—救命—呃—呃—卡壳—呃……［窒息的声音，沉默］。

在那些认为自己是唯一知道有人患有癫痫的人中，100%都离开了房间并报告了紧急情况。但是，如果他们认为还有另外5个旁观者时，只有62%的被试作出了反应。那些认为自己是唯一旁观者的被试比那些认为还有另外5个旁观者的被试更迅速地作出了反应：他们中50%的人在癫痫发作开始的45秒内进行了报告，而认为还有另外5个旁观者的被试则没有一个人进行报告。

还有另外两个有趣的发现。第一，认为还有另外5个旁观者的被试否认这种看法影响了其行为。因此，人们并未完全意识到决定他们是否帮助他人的因素。第二，那些未报告紧急情况的被试并不是无动于衷或不关心。大多数人手发抖，手心出汗，似乎比报告紧急情况的被试在情绪上更加唤醒。

除了责任扩散，一些研究者还确定了决定是否对受害人提供帮助的其他因素。下面我们将会考察其中一些因素，然后讨论有关理论（如果你现在就想浏览，也可直接去看有关理论！）。

对情境的解释

在现实生活中，很多情境都是模糊的。例如，在街上晕倒的人可能是心脏病发作，或仅仅是喝酒喝多了。不足为奇的是，如果这种情境被解释为一种真实的紧急情况，那么旁观者向受害者提供救助的机会会大大提高。布里克曼等人（Brickman, Rabinowitz, Karuza, Coates, Cohn & Kidder, 1982）实施了一项研究，在该研究中，被试听到书架倒在另一被试身上，随后是一声尖叫。当其他人将该情境解释为紧急情况而非不用担心时，被试会更迅速地提供帮助。

在很多事故中，对那些与事故有直接关系的人之间关系的理解，对旁观者的行为具有重要的影响。肖特兰与斯特劳（Shotland & Straw, 1976）安排一对男女在路人面前打架。在一种条件下，女人大叫："我不认识你。"在第二种条件下，女人喊道："我

社会责任规范：应该给需要帮助的人提供帮助的文化期望。

什么因素会影响你对身陷困境的人提供帮助？

为什么与干预陌生人之间的冲突相比你更不愿意干预家庭争吵?

不知道当初为什么会嫁给你。"当旁观者认为打架双方是陌生人时,65%的人进行了干预,而当他们认为是一对夫妻时,只有19%的人进行了制止。因此,旁观者不愿卷入陌生人的私人生活。基蒂未得到帮助,可能是因为旁观者认为她和男性攻击者之间具有亲密关系。事实上,旁观者中的一位家庭主妇就说:"我们以为这只是一场恋人间的争吵。"

受害者特征

大多数旁观者都会受到受害者特征的影响。皮利亚文等人(Piliavin, Rodin & Piliavin, 1969)在纽约的地铁里上演了一些突发事件,一位男性受害者蹒跚着前行并晕倒在地上。他或者拿着黑色的手杖,看上去头脑清醒,或者满身酒气,还拿着一瓶酒。当旁观者认为他是"酒鬼"而非"病人"时,较不可能提供帮助。人们认为酒鬼要为自己的困境负责,因此不乐意去帮一个可能呕吐或满口脏话、臭气熏天的酒鬼。

有些人使我们比其他人更可能提供帮助,其特征如何呢?

旁观者特征

休斯顿等人(Huston, Ruggiero, Conner & Geis, 1981)认为,那些具有相关技能或专业知识的旁观者最可能帮助受害者。例如,假设飞机上一名乘客突然昏倒,一名女乘务员寻求帮助。假设医生比那些没有医术的人更可能提供帮助是合情合理的。休斯顿等人发现,那些在危险的紧急情况下帮助别人的人,通常受过相关技能的训练(例如,救生、急救、自卫)。

伊格里和克劳利(Eagly & Crowley, 1986)综述了助人行为性别差异的文献。当情境危险或旁观者在场时,男性比女性更可能提供救助。男性更愿帮助女性而不是其他男性,尤其是富有吸引力的女性。相反,女性对男性和女性提供帮助的可能性则是相等的。

旁观者最可能帮助与自己相似的受害者(Hogg & Vaughan, 2002)。莱文(Levine, 2002)在一项当某人遭受身体伤害时旁观者干预的研究中发展了这一观点。他的重要发现是,当受害者被描述为属于旁观者内群体的人时,要比被描述为属于旁观者

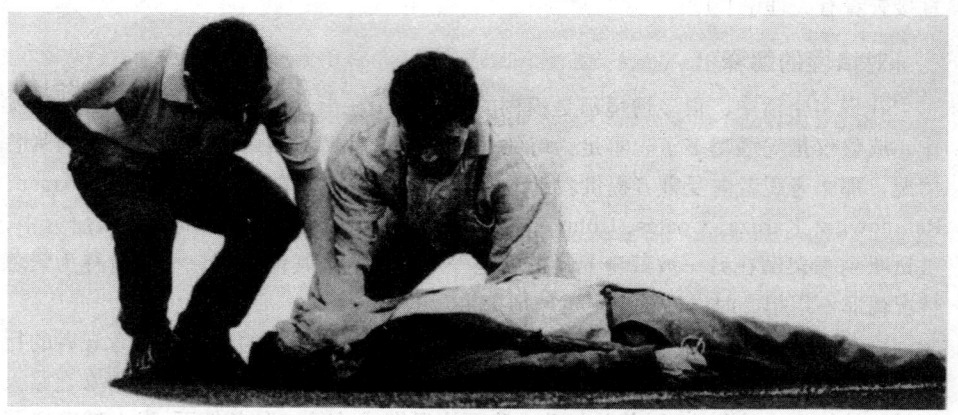

能够提供一些相关技能的旁观者,要比不知道如何做的旁观者更可能提供帮助。

> **迟到的撒马利亚人**
>
> 达利和巴特森（Darley & Batson, 1973）的研究评估了一所神学院学生——他们在那里学习成为牧师或神父——的助人行为。
>
> 这些学生要在附近一座大楼前演讲——一半学生谈论圣经寓言"慈善的撒马利亚人"；另一半学生谈论自己最喜欢的工作。所有学生被分成三组，告诉他们以下内容之一：
>
> - 你比日程表提前，因此有足够的时间。
> - 你很准时。
> - 你迟到了。
>
> 在去演讲的途中，他们路过一个晕倒在大楼出入口处的"受害者"，其实他是研究者的一名助手，该受害者咳嗽不止并痛苦呻吟。观察这些学生是否会停下来帮助受害者。
>
> 达利和巴特森发现，学生演讲的话题似乎对助人行为没有影响。但是，时间压力感则对助人行为产生了影响。研究结果如下：
>
> | 小组的情况 | 帮助的百分比（%） |
> |---|---|
> | 早于安排的时间 | 63 |
> | 准时 | 45 |
> | 迟到 | 10 |
>
> 令人奇怪的是，在"迟到"条件下，几个准备演讲"慈善的撒马利亚人"的学生竟然径直跨过受害者而未提供帮助。

外群体的人更可能获得帮助。

加特纳与多维迪奥（Gaertner & Dovidio, 1977）发现，旁观者与受害者之间的相似性并非总是重要的。他们使用了一种情境，即白人被试听到隔壁房间里的受害者被一堆落下来的椅子砸到的声音。当不能确定是否情况紧急时（受害者未发出尖叫），白人被试帮助白人受害者比帮助黑人受害者更迅速。当受害者发出尖叫时，结果则有所不同，因为这明显是一个紧急情况。在这种情况下，黑人受害者获得救助的速度与白人受害者是一样的。这些发现表明，如果情况异常严重，帮助与自己相似的人的偏爱就会消失。

旁观者在遇到紧急情况时会考虑他们正在参与的活动。巴特森等人（Bstson, Cochrane, Biederman, Blosser, Ryan & Vogt, 1978）让被试从一座建筑物到另一座建筑物执行一项任务。途中他们路过一个跌倒在楼梯上的男学生，该学生咳嗽不止并痛苦呻吟。与被试被告知任务不重要时有 80% 的被试对学生提供了帮助相比，当被试被告知任务重要时只有 10% 的被试停下来帮助学生。

决策模型

我们如何使这些发现具有理论意义呢？拉塔内和达利（Latané & Darley, 1970）提出了决策模型。根据这一模型，旁观者要在通过五个步骤的决策序列，并对每个步骤均回答"是"之后，才会对受害者提供帮助。完整的决策序列如下（相关研究如括号内所示）：

你拥有的时间量在多大程度上会影响你是否帮助他人？

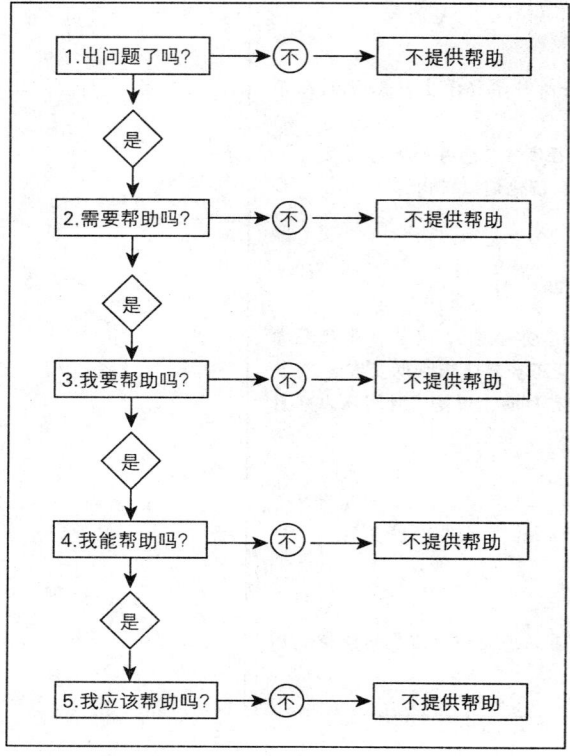

步骤1：出问题了吗？
步骤2：该事件或事故会被理解为需要帮助的情境吗？（Brickman et al., 1982；Shotland & Straw, 1976）
步骤3：旁观者应承担个人责任吗？（Darley & Latané, 1968；Piliavin et al., 1969）
步骤4：旁观者应提供什么样的帮助？（Huston et al., 1981）
步骤5：步骤4所确定的帮助应该实施吗？（Batson et al., 1978）

❖ 评价

⊕ 实验证据支持该模型认为旁观者不提供帮助具有多种原因的假设。
⊕ 决策模型为旁观者经常不提供帮助的原因提供了可能的解释。如果旁观者在决策序列中的任一步骤上给出"不"的答案，帮助就不会出现。
⊖ 该模型未能对决策中所涉及的过程提供详细的解释。例如，我们需要更多的了解在步骤1、2和3中作出"是"的决策及在步骤4或5中作出"不"的决策所涉及的过程。
⊖ 该决策模型忽略了情感因素对旁观者行为的影响。焦虑或受惊吓的旁观者不可能仔细考虑包含在该模型中的五个决策阶段。

唤醒/代价—奖赏模型

皮利亚文等人（Piliavin, Dovidio, Gaertner & Clark, 1981）提出了唤醒/代价—奖赏模型。根据这一模型，旁观者在决定是否帮助受害者之前要经历五个步骤：

1. 逐渐意识到某些人需要帮助；这取决于注意。
2. 唤醒体验。
3. 解释线索并给正在体验的唤醒状态贴上标签。
4. 确定与不同行为相联系的奖赏和代价。
5. 作出决定并实施。

其中第四个步骤最为重要，应该进行更详细的考虑。助人或不助人中所涉及的一些主要奖赏和代价如下（括号内是一些相关研究）：

决定介入帮助处在困境中的人时需要付出什么代价？

- **助人的代价**。身体伤害、耽误进行其他活动（Batson et al., 1978；Piliavin et al., 1969）。

> **网络时代旁观者的冷漠**
>
> 以色列研究者（Barron & Yechiam, 2002）假定，人们在认为自己被当做个体而非群体时，会更好地对他人的询问作出反应。研究者在雅虎网站上捏造了一个名叫萨拉（Sarah）的虚拟人物，她想询问一所技术学院的有关课程。萨拉把一些电子邮件发给个人，一些邮件发给由五人组成的群体。
>
> 结果显示，如果通讯录里还有其他四个人的地址，那么该样本中50%的人根本就不回复邮件，相比之下只有36%的单个收件人不回复邮件。并且与16%的群体样本相比——近33%的单个收件人在回信中给了非常有帮助的回答，以及其他有用信息。
>
> 这表明，自动发电子邮件给一群人不如发给个人的效果好。无论是请求志愿者帮忙准备办公室的周年蛋糕，还是商业广告商试图增加网站的点击率，将邮件发给个人都是有效的。因此，其启示在于，要想实现真正有效，人们需要单独沟通。如果他们认为自己是群体中的一部分，那么他们可能认为其他人会按要求作出反应，因此自己不需要做任何事情。这样一来他们也就变成了真正意义上的旁观者！

- **不助人的代价**。忽略个人责任、内疚、来自他人的批评、忽略相似性（Darley & Latané, 1969）。
- **助人的奖赏**。受害者的表扬、对自己掌握的相关技能非常有用的满足感（Huston et al., 1981）。
- **不助人的奖赏**。可以一如既往地继续进行其他活动（Batson et al., 1978）。

> 什么证据可以支持人们通常在行动之前思考助人的奖赏和代价的观点？

❖ 评价

- ⊕ 旁观者经常会考虑与助人和不助人有关的可能奖赏和代价。
- ⊕ 唤醒/代价—奖赏模型比决策模型在决定是否提供帮助的过程中提供了更完整的解释。
- ⊖ 唤醒/代价—奖赏模型意味着旁观者会慎重考虑情境中的所有因素。实际上，旁观者经常是在未进行深思熟虑的情况下冲动地作出反应。
- ⊖ 旁观者在帮助受害者之前并非总需要体验到唤醒。例如，拥有很多相关经验的人（例如，对心脏病发作作出反应的医生）在未产生唤醒时也会提供有效的帮助。

攻击

本章的这一部分关注攻击，第16章也从发展的角度对攻击进行了探讨（包括媒体暴力影响的讨论）。**攻击**（**aggression**）是指：

> 任何直接指向其他个体的行为，实施该行为的直接目的是对他人造成伤害。另外，实施者肯定知道该行为会伤害到目标，并会促使目标躲避此行为。（Bushman & Anderson, 2001, p.274）

攻击：故意对他人造成伤害的行为。

在这幅图中,攻击的主要目的是通过盗窃书包得到"奖赏",而非伤害某人。这是一个工具性攻击的例子。

如果有人惹恼你或使你不快,你会怎么做?

需要注意的是,伤害必须是故意的。有人在滑冰时摔倒并无意撞到别人可能会给其造成伤害,但这不该被视为攻击。还需要注意的是,受害者必须希望避免伤害。抽打一个希望从这种行为中获得性快感的受虐狂并不构成攻击。

很多教科书都在敌意性攻击和工具性攻击之间进行了区分。敌意性攻击是由愤怒导致的冲动行为,旨在伤害别人。2001年发生的一个事例就能说明这一点,英国政客普雷斯科特(John Prescott)在别人向他扔东西后殴打了一名公众。相反,工具性攻击是有计划的行为,伤害别人是用于达到一定目的的手段(例如,偷钱)。一般认为敌意性攻击基于自动加工,工具性攻击基于控制性加工或有意加工(见第6章)。

尽管区分敌意性攻击和工具性攻击相当普遍,但最好还是不要进行这样的区分。正如布什曼与安德森(Bushman & Anderson, 2001)指出的,这种区分在两个方面过于简单、粗糙。首先,大多数攻击行为可能是自动加工和控制性加工共同作用的结果。其次,攻击行为通常基于多种动机,并且经常会涉及工具性动机和愤怒。

判断某种特定行为是否属于攻击行为取决于如何解释该行为。这些解释可能会受到观察者的信念和知识的影响。例如,布卢门撒尔等人(Blumenthal, Kahn, Andrews & Head, 1972)研究了美国男性对学生示威游行中警察和学生行为的态度。对警察持消极态度的学生认为,警察的行为是暴力和具有攻击性的,静坐或进行其他活动的学生是非暴力的。相反,对警察持积极态度的男性则并不把警察对学生的殴打或使用看成暴力。而且他们还会反过来把学生的静坐指责为应该受到逮捕的暴力行为。

我们如何判断一个人是否作出了攻击行为呢?根据弗格森与鲁尔(Ferguson & Rule, 1983)的观点,主要有三个标准:

- 对他人或客体造成了实际伤害。
- 目的是伤害。
- 违反规范,违背法律和社会规范的可观察行为。

互惠规范在判断一种行为是否属于攻击行为中至关重要。根据**互惠规范(norm of reciprocity)**,如果有人对你做了什么,你以相同的方式对待他是合理的。布朗和特德斯奇(Brown & Tedeschi, 1976)报告了互惠规范适用于攻击行为的证据。对他人发起敌意行为的人被认为具有攻击性且不公平。相反,一个人被激怒后攻击他人则被认为是公平的和非攻击性的。

> **攻击和个人历史**
>
> 在儿童中似乎存在两类攻击行为(Dodge, 1997)。自卫、情绪性且可能猛烈攻击他人的被动攻击性儿童(reactively aggressive children)可能来自不稳定的家庭,他们在家中可能遭受过身体虐待或父母嫌弃。
>
> 另一方面,主动攻击性儿童的情绪很少波动,但是善于算计并恃强凌弱,似乎是从角色榜样或同伴那里学会了这种行为。这可能是一种社会学习形式,因为这些主动攻击性儿童期望自己的行为能给他们带来奖赏。

社会学习理论

班杜拉（Bandura, 1973）提出了解释攻击行为的社会学习理论（见第16章）。该理论认为，大量的攻击行为取决于观察学习或模仿。**观察学习（observational learning）**是指观察他人的行为，随后进行模仿。更具体的讲，受奖赏的攻击行为会被模仿，受惩罚的攻击行为则通常不会被模仿。

众多有关儿童的研究表明，儿童经常会模仿他们看到的攻击行为（见第16章）。但是，班杜拉高估了儿童（和成人）对榜样行为的模仿程度。社会学习理论是有局限性的，因为它未考虑攻击行为倾向的个体差异，也未全面阐明决定某人是否表现攻击行为的认知过程（例如，对情境的解释）。一般而言，社会学习理论忽略了生物学因素在影响攻击水平中的作用（见第16章）。

> **社会学习和电视中的攻击**
>
> 休斯曼（Huesmann, 1996）的纵向研究首次对小学女生观看电视的习惯提出质疑。研究始于1970年代中期。在20岁左右时，研究者对最初384名被试中221名被试进行了跟踪研究，通过计算机程序从她们的密友或配偶那里获得对其行为的评价。观看具有女性角色榜样特征的攻击性电视节目（例如，霹雳娇娃）的数量，与成年时的反社会行为水平相关。虽然不能表明此中存在因果关系，但休斯曼认为，6—8岁年龄组的儿童特别容易受到这种影响。

挫折—攻击假说

考虑一下你表现出攻击行为的情景。很多情况下可能都会涉及挫折情境。多拉德等人（Dollard, Doob, Miller, Mowrer & Sears, 1939）在他们的挫折—攻击假说中认为，挫折与攻击之间存在紧密的联系。他们假设挫折通常会引起攻击，攻击则通常会由挫折引起。但在很多情况下，对挫折源（例如，如果他/她是你的老板）表现出攻击行为是危险的或鲁莽的。因此，多拉德等人认为，攻击有时会从挫折源转移到其他人身上。例如，如果某个有权力的人使你遭受了挫折，你可能会把攻击行为转向你的宠物狗或猫。

米勒等人（Miller, Sears, Mowrer, Doob & Dollard, 1941）很快便认识到，最初的挫折—攻击假说过于简化。因此，他们对假设进行了修改，认为攻击是对挫折的主导性反应，但所产生的具体行为则会受到情境中其他因素的影响。

观察学习：一种基于观察和模仿榜样行为的学习形式。

证据

杜布和西尔斯（Doob & Sears, 1939）让被试想象他们在16种挫折情境中会有什么样的感受。在一种情景中，被试想象自己在等公交车，但是公交车司机没停车就直接开走了。大多数被试都报告说，他们在16种挫折情境中都感到愤怒。但要注意的是，愤怒并不必然产生攻击行为。

帕斯托（Pastore, 1952）区分了正当挫折和不正当挫折。他认为，主要是由不正当挫折产生了愤怒和攻击。杜布和西尔斯获得了挫折—攻击假说强有力的支持证据，因为他们采用的情境包括了不正当挫折。帕斯托针对杜布和西尔斯所使用的正当挫折情境设计了不同的情景版本。例如，公交车未停的情境被重新描述为公交车已经下班了。正如所料，正当挫折引起的愤怒水平，大大低于不正当挫折引起的愤怒水平。

是什么使你感到愤怒？

最近有更多的证据支持挫折—攻击假说。卡塔拉诺等人（Catalano, Novaco & McConnell, 1997）在旧金山进行了一项研究，他们在该研究中考察了失业与暴力之间的关系。他们发现，失业（挫折的原因）人数的少量增加与暴力（攻击）的增加有关。

个体经常会把攻击行为转移到其他人而非应该为消极内部状态或挫折负责的人这一假设，已经得到多次验证。马库斯 - 纽霍尔等人（Marcus-Newhall, Pedersen, Carlson & Miller, 2000）对 82 项关于替代性攻击的研究进行了元分析，得出结论认为相关证据为替代性攻击的存在提供了强有力的支持（见第 22 章）。

❖ 评价

- ⊕ 挫折是引起攻击行为的一个主要因素。
- ⊕ 攻击常会指向某个人而非挫折的原因，即经常会出现替代性攻击。
- ⊖ 挫折—攻击假说过于简化，尽管它认为挫折并非总能引起攻击。
- ⊖ 挫折—攻击假说忽略了一些与攻击行为有关的重要因素，包括人格、由情境特点唤起的想法、对攻击行为的奖赏和代价的感知等。

线索—唤醒理论

伯科维茨（例如，Berkowitz, 1974）认为，挫折会产生一种通常称为愤怒的情绪唤醒状态。它并不会直接导致攻击行为。攻击性线索（例如，手枪或其他武器）的出现也很重要。通过经典条件作用过程，几乎任何刺激都可以成为攻击线索，在条件作用过程中，刺激与攻击行为产生了联系。这种理论观点称为线索—唤醒理论，代表了早期挫折—攻击假设的完善。

你为什么认为挫折在攻击中具有如此重要的作用？

证据

线索—唤醒理论已经得到武器效应（**weapons effect**）的支持，仅仅通过看到武器（例如，手枪）就会引起攻击的增加。武器效应是由伯科维茨和勒佩奇（Berkowitz & LePage, 1967）提出的。男大学生受到另一学生的电击，这名学生是实验者的助手。然后给男大学生提供机会让他电击助手。在一种条件下，电击仪器旁放着一把左轮手枪和一把短枪。在另一种条件下，电击仪器旁边没有放任何东西。枪的出现使得电击的平均次数由 4.67 次上升到 6.07 次。根据伯科维茨（Berkowitz, 1968, p.22）的观点：

武器效应：看到武器引起的攻击行为的增加。

> 枪不仅使暴力行为成为可能，还可以对暴力行为起到刺激作用。手指扣动扳机，但是扳机也同样拉动手指。

卡尔森等人（Carlson, Marcus-Newhall & Miller, 1990）对 56 项与攻击线索对攻击行为影响有关的研究进行了元分析。正如线索—唤醒理论所预测的那样，这些线索通常会增加消极唤醒个体的攻击行为。但是，与攻击有关的线索甚至对先前未受到挫折的个体也会产生攻击的想法，这似乎与该理论相反。

你在多大程度上认为检验攻击模型的实验室研究能够说明日常生活中的暴力行为？心理学家还可以怎样调查攻击的性质？

伯科维茨根据经典条件反射对武器效应进行解释的正确性值得怀疑。可能的情况可能仅在于，攻击线索指出了在那种情境中攻击行为是可接受的。

❖ 评价

- ⊕ 线索—唤醒理论比挫折—攻击假说对攻击行为提供了更充分的解释。
- ⊕ 与攻击有关的线索有助于确定攻击行为。
- ⊖ 几乎没有证据表明与攻击有关的线索由于之前经典条件反射的过程而变得有效。
- ⊖ 线索—唤醒理论忽视了个体差异和生物学因素在攻击行为中的作用。
- ⊖ 线索—唤醒理论未充分考虑个体在评估情境和决定作出适当行为中的认知过程。

认知—新联结主义取向（cognitive-neoassociationistic approach）

伯科维茨（Berkowitz，1989）发展了线索—唤醒理论，并形成一种更具普遍性的有关攻击的认知—新联结主义取向（见下图）。根据这一取向，令人厌恶或不愉快的事件（例如，挫折事件、环境压力）会引起负面情绪。这种负面情绪会激活长时记忆中的联结网络。这将会对与情绪、认知及打斗和逃跑有关的表达性驱动模式（expressive motor patterns）产生影响。

根据这种理论取向可以进行各种预测。第一，攻击行为可由产生较高水平负面情绪的各种情境所引起。这与人们认为愤怒几乎总是由人际冲突引起的基本常识截然不同。第二，愤怒情绪可由有关攻击或敌意的想法、攻击行为及负面情绪增加所引起。

证据

伯科维茨等人（Berkowitz, Cochran & Embree，1981）报告了支持上面第一个预测的证据。他们通过要求一些被试把手放在冰冷的水中引发负面情绪。与把手放在温水中的其他被试相比，这些被试对另一个因表现不好而遭受惩罚的人给出了更多突发的不愉快噪音。

伯科维茨与海默（Berkowitz & Heimer，1989）获得了支持上面第二个预测的证据。他们让被试把手放在冰水或温水中，同时让他们想象惩罚或某些非攻击性事件。想到惩罚并把手放在冰水中的被试感到愤怒感增加。它们还会导致攻击行为的增加，这种攻击行为表现为向他人发出更多突发的不愉快噪音。

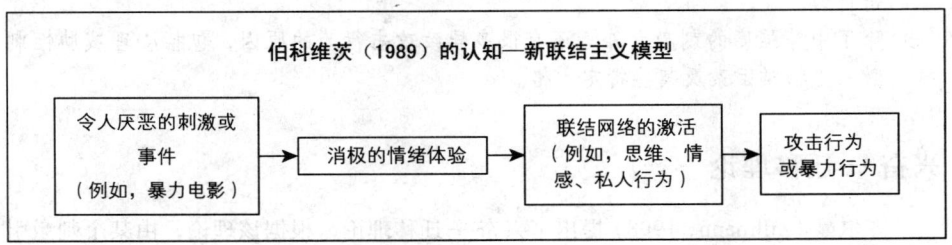

伯科维茨（1989）的认知—新联结主义模型

认知—新联结主义取向与线索—唤醒理论有着相似的优点和缺点。不过，它是一种更具一般性、更广泛的攻击理论。该理论的缺陷在于存在某种程度的模糊性，因此较难进行验证。

负面情绪逃逸模型

巴伦（Baron, 1977）提出了负面情绪逃逸模型。根据这一模型，随着不愉快刺激（例如，噪音、高温）的强度逐渐增强，它们通常会导致攻击行为的增加。这是因为攻击行为可以减少或消除由不愉快刺激引起的负面情绪。但当这种不愉快刺激变得非常强烈时，攻击行为反而会减少。这是因为人们试图逃离这种高强度刺激，或者变得非常消极和疲倦。

证据

巴伦和贝尔（Baron & Bell, 1976）通过观察被试对他人实施电击的意愿程度，研究了高温对攻击的影响。当温度在33℃—35℃时，通常会增加攻击的水平。但是，极度的高温反会引起对被试提供消极评价的他人攻击水平的降低。在这些情况下被试非常紧张。如果他们对他人实施电击，他们必须应付自己的愤怒反应，而他们对应付增加的压力则感到无能为力。

安德森（Anderson, 1989）考察了温度对各种攻击行为（例如，攻击、强奸、谋杀）的影响。随着温度增加，所有这些攻击行为也随之增加，在极度高温的情况下也未见任何减少的迹象。安德森夫妇（Anderson & Anderson, 1996）发现，暴力犯罪在美国较热的城市要比较冷的城市更普遍。难以解释这些发现，因为大多数最热的城市都在南部一些州，而最冷的城市则在北部一些州。因此，这些发现可能仅仅表明存在一种"暴力的南方文化"。不过他们发现，暴力犯罪率与城市的温暖程度而非地理位置具有更强烈的联系。

攻击行为为什么会与温度有关？

❖ 评价

- ⊕ 大多数实验室检验都支持该模型，来自现实生活情境的数据也对该模型提供了部分支持。
- ⊕ 业已发现多种导致攻击的令人厌恶或不愉快的刺激。
- ⊖ 现已证明，在现实生活中要比在实验室中更难表明非常强烈的不愉快刺激会使攻击减少。可能是因为在实验室中比在现实生活中更容易逃避不愉快刺激。另外，在现实生活中强烈的激发刺激更可能引起高水平的负面情绪，从而引发攻击行为。
- ⊖ 除了中等强度的刺激之外，还有很多导致攻击行为的原因，包括心理威胁性刺激、生物学因素及某些特定人格。

兴奋—迁移理论

齐尔曼（Zillmann, 1998）提出了兴奋—迁移理论，根据该理论，由某个刺激引起的唤醒会发生迁移，并增强由第二个刺激引起的唤醒。在决定对第二个刺激的情绪反应方面，重要的是对已迁移唤醒所做的解释。例如，假设某人在非常炎热的一天冒犯了你，你通常可能不会计较。但是，由于炎热的天气已使你更唤醒，你可能会变得非常具有攻击性。但该理论认为，只有当你把这种唤醒状态归因于冒犯而非温度，这种情况才会发生。对人们唤醒水平的解释是非常重要的这一观点，与沙赫特和辛格（Schachter & Singer, 1962）在他们的情绪双因素理论中的理论观点相似（见第5章）。

证据

齐尔曼等人（Zillmann, Johnson & Day, 1974）的研究提供了兴奋—迁移的实验性范例——参见关键研究。

齐尔曼和布赖恩特（Zillmann & Bryant, 1984）考察了观看某些暴力色情电影的影响。这种接触使得男性和女性对激怒他们的人表现出较高的攻击水平，可能是由于他们所观看的电影的唤醒特性引起的。有点令人奇怪的是，看过暴力色情电影后，男性和女性都建议对强奸犯给予更仁慈的制裁，齐尔曼和布赖恩特认为，这种情况之所以会发生，可能是因为观看暴力色情电影减少了被试对他人性攻击的关注。

极度高温常会导致攻击行为这一发现（见上文），与兴奋—迁移理论相一致。为什么会这样呢？尽管很多人认为高温会降低唤醒，但事实上高温却增加了唤醒水平。因此，在热天体验到的唤醒，可能会被错误地归因于人们所处的情境，换句话说就是发生了兴奋迁移。

齐尔曼等人：兴奋—迁移理论

在齐尔曼等人（1974）的研究中，男性被试由实验者的助手激怒。一半被试先休息6分钟，然后蹬健身车踏板90秒，另一半被试先蹬健身车踏板然后再休息。紧接着，所有被试选择对刚才激怒他们的人实施电击的水平。此时两组被试都处于中等唤醒水平，因为蹬踏板对唤醒的影响会持续几分钟。

你认为会发生什么呢？齐尔曼等人预测刚刚结束蹬踏板的被试会将他们的唤醒水平归因于蹬踏板，因此不会对激怒他们的人表现出攻击行为。相反，那些刚休息了6分钟的被试则会将自己的唤醒水平归因于激怒他们的人，因此他们会通过给予强烈的电击表现出攻击行为。研究结果与这些预测相一致。

讨论要点：

1. 你认为兴奋迁移在日常生活中会经常发生吗？
2. 考虑一下人们对唤醒原因进行归因的方式。

> **关键研究评价——齐尔曼等人**
>
> 与很多社会心理学实验一样，齐尔曼等人的研究也引发了一些伦理问题。如果被试不知道研究的真实性质他们会同意参加研究吗？但是如果被试事先知道了研究的真实意图，还可能进行实验吗？那些表现出较强攻击性和准备给予强烈电击的人，在事后处理这些可能不受欢迎的自我认识时会不会存在问题呢？

> ❖ **评价**
>
> ⊕ 无法解释的唤醒可以导致兴奋——迁移理论所预测的愤怒和攻击的增加。
> ⊖ 该理论存在较大的局限性。在现实生活中,我们通常知道自己被唤醒的原因,因此该理论并不适用于这些情境。
> ⊖ 该理论夸大了唤醒在产生攻击方面所起的作用。
> ⊖ 该理论未能为解释情境和唤醒的方式提供详细的说明。

生物学因素

人类的攻击行为显然在某种程度上取决于生物学因素。里和瓦尔德曼(Rhee & Waldman, 2002)报告了某些最有说服力的证据。他们对51项调查反社会行为(例如,反社会人格障碍、攻击行为、行为不良)的双生子研究和收养研究进行了元分析。他们发现,反社会行为41%的变异可归因于遗传影响,43%的变异取决于非共享环境的影响(同一家庭孩子所受到的不同影响),16%的变异是由共享环境影响导致的。男性和女性的数据非常相似,这表明反社会行为受到两性遗传因素的强烈影响。

范古赞等人(Van Goozen, Frijda & Van de Poll, 1995)报告了性激素可能影响攻击行为的有趣证据。他们研究了接受3个月的性激素治疗以适应新性别的变性人(男性变成女性或女性变成男性)。女性变成男性的变性人对处于令人厌恶和挫折情境中的个人录像作出非常强烈的攻击反应。相反,男性变成女性的变性人则只有很弱的攻击反应。

范古赞等人提供了更多令人信服的关于性激素重要性的证据。他们研究了接受3个月性激素治疗前后的变性人。女性变成男性的变性人在接受了雄性激素后,攻击行为有增加的趋势。相反,男性变成女性的变性人由于被剥夺了雄性激素,其愤怒和攻击行为有降低的趋势。

> **皮质醇和攻击**
>
> 麦克伯内特(McBurnett, 2000)研究了男孩唾液中的皮质醇水平与暴力行为的关系。他发现,7—12岁儿童低水平的皮质醇(一种紧张激素)与对同学咨曲或好斗行为三倍的增加量之间存在联系。这些反社会行为比具有较高或不稳定皮质醇水平的同伴出现更早且更持久。这表明问题性攻击可能具有生物学根源。

跨文化影响

攻击和暴力行为经常发生。在过去5600年中发生了大约15000次战争,差不多每年2.7次。但也有证据表明,在攻击水平上存在跨文化差异。例如,1991年美国披露了各国的谋杀率。最严重的国家是墨西哥,谋杀率约为20/100000,其次是巴西(谋杀率约为15/100000)。谋杀率最低的国家是英国、埃及

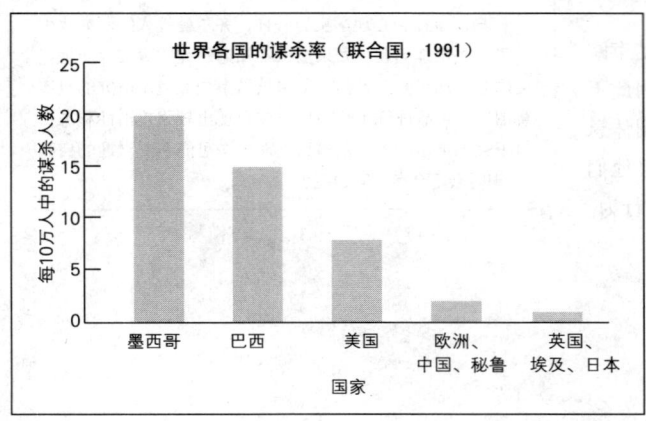

和日本，谋杀率约为 1/100000。大部分欧洲国家的谋杀率都较低，约为 2/100000，中国和秘鲁的谋杀率差不多也是 2/100000。但是，美国的谋杀率却达到 8/100000。

一些国家内部也存在有趣的文化差异。在美国，南方白人和北方白人之间就存在重要的差异。具体来讲，科根等人（Cogan, Bhalla, Sefa-Dedeh & Rothblum, 1996）认为，在南方存在一种"荣誉文化"，侮辱被视为对人们名誉的冒犯。他们安排实验者的助手去侮辱分别在北方或南方成长的密歇根大学的男学生。该助手撞到被试并辱骂他是"蠢猪"。正如所料，南方学生受到侮辱的影响更大并且变得更具攻击性。例如，受到侮辱或未受侮辱的被试在一条狭窄的走廊碰见径直向他们走来的助手。来自南方的受辱学生在"临阵退缩"和"让路"之前比其他学生离助手的距离更近（见右图）。

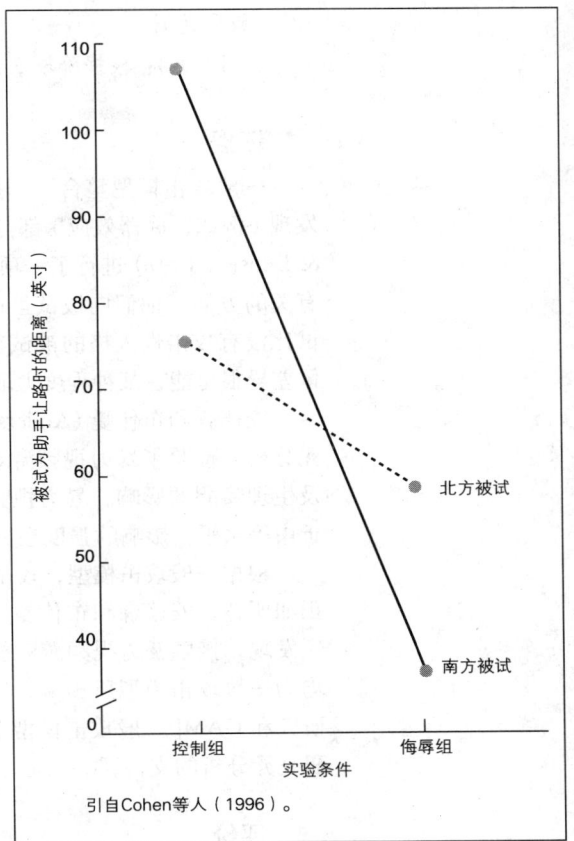

引自Cohen等人（1996）。

一般攻击模型

攻击行为的哪种理论取向最适当呢？正如我们已看到的，有证据表明，由一些重要的研究者所确认的所有关键因素均在攻击中具有一定的作用。安德森等人（Anderon, Anderson & Deuser, 1996）以及安德森和布什曼（Anderson & Bushman, 2002）提出了一个包括大多数因素的模型。他们的一般攻击模型如右图所示。你可以看到，该模型主要包括四个阶段：

阶段1：在这个阶段，重要变量是情境线索（例如，武器出现）和个体差异（例如，攻击性人格）。例如，克鲁格等人（Krueger et al., 2001）发现，消极情感性（涉及焦虑和抑郁的人格维度）与反社会行为或攻击行为的相关为 +0.28。

阶段2：阶段1的内容可能对阶段2产生各种影响，包括情感（例如，敌意感）、唤醒（例如，自主神经系统的激活）、认知（例如，敌意的想法）。所有这些影响都是相互联系的。

阶段3：阶段2的内容会引发评估过程（例如，对情境的解释、可能的应对策略、表现出攻击行

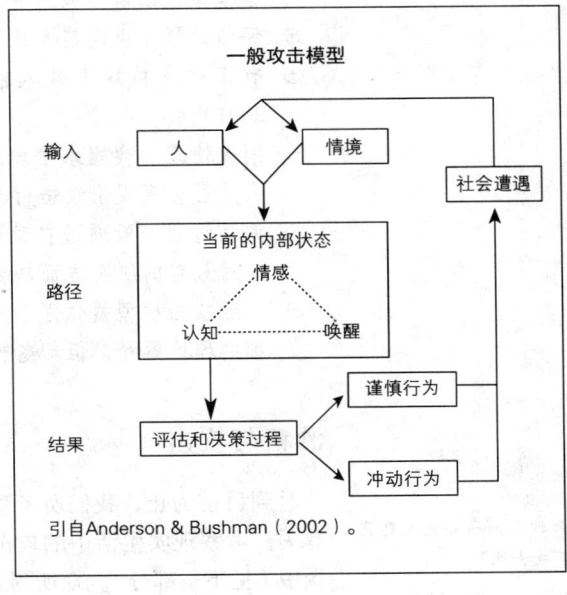

引自Anderson & Bushman（2002）。

为的后果)。

阶段4：根据阶段3评估过程的结果，个体决定是否表现攻击行为。

证据

一般攻击模型整合了一些先前理论的成分。因此，至今为止我们所讨论的很多发现（例如，武器效应）都与该模型的预测相一致。另外，迪尔等人（Dill, Andeson & Deuser, 1997）进行了一项研究以检验该模型的某些方面，尤其是与对情境的解释有关的方面。他们向被试呈现一段两个人在争吵的录像。那些具有攻击性人格的被试比没有攻击性人格的被试在相互争吵中感觉到更多的攻击和敌对。攻击行为的个体差异很可能在某种程度上取决于对特定情境的认识和解释的差异。

安德森和布什曼（Anderson & Bushman, 2001）对有关暴力视频游戏研究进行了元分析，检验了暴力视频游戏对攻击行为、攻击性认知或想法、攻击性情感或情绪及生理唤醒的影响。暴力视频游戏所提供的情境线索与攻击行为有关。总体影响处于中等水平，影响的强度在男性和女性、儿童和成人中是相似的。

根据一般攻击模型，攻击性认知或想法在攻击性人格的发展中具有决定性作用。正如所料，安德森和布什曼发现，接触暴力视频游戏确实增强了攻击性认知。他们还发现，接触暴力视频游戏能引发攻击性情感或情绪并提高生理唤醒，这两个方面均为一般攻击模型所预测。安德森和布什曼（2001, p.358）的结论如下："来自以前研究和GAM[一般攻击模型]的每个理论预测均得到当前可得的关于暴力视频游戏研究元分析的支持。"

❖ 评价

- ⊕ 该模型比以前的理论更注重实际，因为它包含了更多的相关因素和过程。
- ⊕ 评估过程在决定某人是否表现出攻击行为方面可能具有至关重要的作用。
- ⊕ 有证据支持攻击性人格和反社会人格（见第16章和第22章，Krueger et al., 2001）。
- ⊖ 消极情感、唤醒水平和消极认知均会对行为产生复杂的影响，通常很难预测某人是否会表现出攻击行为。
- ⊖ 评估过程一般通过自我报告法进行评估，但是个体可能会对情境评估和自己的应对策略的所有方面缺乏足够的意识。
- ⊖ 一般攻击模型提供了较一般的理论框架，而不是对产生攻击行为的因素进行详细的理论解释，但却忽视了生物学因素。

酒精与攻击

为什么酒精会使人更具有攻击性？

到目前为止，我们所考察的很多研究都与实验室条件下产生的较低的攻击水平有关。考察现实生活中的攻击也很重要，它们通常发生在酒精、亲密关系及家庭背景中（见下一部分）。众所周知，在饮酒和身体攻击之间存在联系。这种情况之所以会发生，在某种程度上是因为酒精可能导致攻击，但在某种程度上也可能是因为很多有暴力行为的人更喜欢饮酒。

研究者已经提出一些理论来解释酒精为什么会导致攻击行为。根据抗焦虑—去抑制（anxiolysis-disinhibition）模型（例如，Sayett, 1993），酒精之所以会导致攻击，是因为它降低了焦虑。当人们清醒时，他们会因害怕报复和惧怕社会指责而抑制其攻击行为。

斯蒂尔与约瑟夫斯（Steele & Josephs, 1990）提出了抑制冲突模型。根据该模型，清醒状态下的个体会体验到抑制冲突。**抑制冲突（inhibition conflict）**的本质在于存在着导致攻击行为的线索（例如，激怒），但是这种行为受到了其他线索的抑制（例如，目击者在场、社会规范）。那些饮酒的个体通常只会注意较小范围的线索，不太可能体验到抑制冲突。说得更具体点就是，他们通常只会注意令人恼火的情境和人，并忽略了抑制线索。因而他们才会表现出攻击行为。

抑制冲突：清醒个体（饮酒的人除外）对抑制攻击及与激怒有关的线索进行了加工，因此未出现攻击行为的观点。

证据

伊托等人（Ito, Miller & Pollock, 1996）对49项有关酒精和攻击的研究进行了元分析，并报告酒精对攻击行为具有中等程度的影响。他们的发现为抗焦虑—去抑制模型和抑制冲突模型提供了一些支持。我们首先探讨抗焦虑—去抑制模型，该模型认为酒精会降低焦虑（见 Gray, 1982），使人们更具有攻击性。根据这个模型可以推测，当情境中具有很强的焦虑—激怒线索时，与情境中缺乏这种线索相比，酒精对攻击行为的影响会更大。正如所料，醉酒个体比清醒个体更具攻击性的倾向在强烈的焦虑—激怒线索出现时达到最大。

根据抑制冲突模型，喝醉的人之所以会比清醒的人具有更多的攻击行为，是因为他们对抑制冲突较少作出反应。正如所预测的那样，酒精会增加攻击行为，尤其是在涉及高度抑制冲突的情境中。该理论认为，当个体饮酒量较低及抑制冲突水平较低时，几乎不存在攻击行为。但伊托等人在这些情境中发现了攻击行为的增加。

蔡克纳等人（Zeichner, Pihl, Niaura & Zacchia, 1982）获得了与抗焦虑—去抑制模型而非抑制冲突模型更一致的证据。告诉饮酒或未饮酒的被试可以电击他人，被电击的人则可通过对被试发出令人不愉快的噪音进行报复。在关键条件下，被试必须在每次试验后记下他们给予的电击水平及接受的噪音水平。该情境是人为安排的，以便使得噪音水平的增加与任一电击水平的增加相一致。

贺加斯在1750年代创作了一幅名为《杜松子酒巷》（*Gin Lane*）的版画，它刻画了由对杜松子酒上瘾所引发的各种问题。我们从图中可以看到：一个妇女丢掉自己的孩子、人们打架、典当自己的财产。

可以根据这两个模型作出什么预测呢？根据抑制冲突模型，迫使醉酒被试注意他们攻击行为的消极后果将使他们关注这些抑制线索，从而减少他们的攻击水平。根据抗焦虑—去抑制模型，这些抑制线索不会使醉酒被试产生焦虑，因此通常应该是酒精引起攻击行为的增加。这些发现支持抗焦虑—去抑制模型的预测而非抑制冲突模型的预测。

❖ 评价

- ⊕ 酒精（尤其是中等剂量的酒精）确实会导致攻击行为增加。
- ⊕ 抗焦虑—去抑制模型为酒精影响攻击行为提供了合理的解释，比抑制冲突模型得到更多的实验支持。
- ⊖ 酒精在实验室研究中比在现实生活中可能会引起更多的攻击行为。正如伊托等人（1996，p.77）所指出的："实验室研究……旨在专门通过设置被试认为表现出攻击行为很惬意并愿这样做的情境来促进攻击的产生。比较而言，大多数现实世界情境仅包含较少的攻击—煽动线索和较多的抑制线索。"
- ⊖ 攻击行为倾向于在某种程度上取决于人格（例如，Krueger et al., 2001）。但是，抗焦虑—去抑制模型或抑制冲突模型均未系统考虑个体差异。

亲密关系中的攻击

现实世界里的攻击经常发生在亲密关系和家庭中。例如，斯特劳斯等人（Straus, Gelles & Steinmetz, 1980）在一项对2000多户美国家庭的调查中发现，28%的已婚夫妇发生过旨在伤害对方的身体攻击。另外，超过70%的父母承认他们曾对自己的孩子扇耳光和（或）打屁股，20%的父母报告他们曾用其他物体打过自己的孩子。正如盖利斯（Gelles, 1997, p.1）所总结的那样："人们更可能在自己家里被其他家庭成员而非在其他地方或被他人所杀害、身体攻击、伤害、毒打或打屁股等。"

什么样的家庭生活使盖利斯得出结论认为你"更可能被其他家庭成员……而非其他人……所杀害"？

阿彻（Archer, 2000）指出，有关亲密关系同伴之间的攻击和暴力存在两种相反的观点。家庭冲突研究者（例如，Straus, 1990）认为，亲密关系中的攻击为行为是相互的。因此，男性和女性对攻击行为所承担的责任大致相等。相反，很多女权主义理论家则认为，亲密关系中的暴力行为通常涉及男性攻击者和女性受害者。

为什么在亲密关系中会存在如此众多的攻击行为呢？盖利斯认为，当人们认识到攻击所带来的奖赏大于可能付出的代价时，攻击行为就会发生。出于以下原因，一些亲密关系中的攻击行为或暴力行为的代价被认为相对较低：

1. 相对缺乏外部社会控制，因为外人不愿进行干涉或牵涉其中。
2. 男性和女性之间的权力不平等，男性拥有更多的权力和更大的体力。
3. 一些男性非常肯定地认为暴力行为是男人形象的组成部分。

证据

阿彻（Archer, 2000）对82项与异性恋关系中身体攻击有关的研究进行了元分析，并总结如下：

> 当根据具体行为进行评估时，女性比男性更可能对她们的伴侣使用身体攻击，并且使用得更频繁，尽管起到的作用很小……当根据身体攻击的后果进行评估时（可见的创伤或需要医治的创伤），男性比女性更可能伤害他们的伴侣，但是需要再次强调的是，其所产生的影响也相当小。(p.664)

因此，在亲密关系中女性比男性更可能表现出攻击行为，但是男性则更可能使另一方遭受身体伤害。因此，家庭冲突理论家和女权主义理论家的观点得到某种程度的支持。但是，元分析中的大多数研究都是在美国进行的，因此，上述发现可能并不适用于其他文化背景。

人们可能会认为，在亲密关系中女性的大多数攻击行为都是出于对男性身体攻击的一种自卫。但没有证据支持这种观点。斯特劳斯（Straus, 1993）报告了来自存在身体攻击的已婚家庭的发现。女性承认在53%的案例中攻击行为是由她们引发的。

正如我们所看到的，在西方文化中，男性对女性的攻击和女性对男性的攻击在水平上是相当的。但是跨文化证据表明，在很多非西方文化中，男性对女性的身体攻击多于女性对男性的身体攻击（Archer, 2000）。为什么会存在这些跨文化差异呢？首先，在大多数西方文化中，男性和女性都赞同当攻击者是男性而非女性时身体攻击更严重这一规范（Arias & Johnson, 1989）。其次，与一些男性占主导地位的其他文化相比，男性有权控制妻子行为的观念在西方文化中更不流行。阿彻（p.668）还指出了其他一些原因：

文化背景以何种方式与家庭暴力相联系？

> 当女性联盟较弱并且在女性缺乏亲缘支持时，男性对女性的攻击……更普遍……这种情况通过强大的男性联盟变得更严重——在男性联盟存在的地方，女性要依靠男性获得资源……男性之间也存在着明显的不公平——因而一些强大的男性可以控制女性的性欲。

人际关系的形成

人际关系的形成涉及很多因素。人际关系有多种类型，从浪漫的爱情关系到工作场合的一般朋友。这里我们主要关注四种决定我们选择朋友和浪漫伙伴的主要因素：接近性、外貌吸引力、印象形成及人格和态度相似性。然后我们会探讨有关配偶选择和关系维持的问题。

接近性

接近性或邻近性会影响我们对朋友和我们可能与之形成某种关系的人的选择。费斯汀格等人（Festinger, Schachter & Back, 1950）研究了随机分配到17栋不同的两层公寓的已婚毕业生。他们的亲密朋友中大约三分之二

友谊的出现和维持主要发生在彼此临近和拥有相似业余爱好的人之间。

都住在同一栋楼。住在同一栋楼的亲密朋友是住在其他楼的两倍。

接近性的重要性在于能使浪漫关系发展为婚姻关系。博萨德（Bossard, 1932）在考察了费城 5000 个结婚证后，发现了一种结婚的人彼此之间居住很近的明显趋势。这种趋势可能已不再符合当今的实际情况，因为人们现在通常比 1930 年代的流动性更大。

外貌吸引力

当遇到陌生人时，我们首先会注意其外表。包括他们如何穿着打扮、干净还是邋遢，还经常包括对他们外貌吸引力的评价。人们在一个人是否具有外貌吸引力方面彼此之间通常易于达成一致。脸蛋长得与幼儿脸蛋相似的女性常被认为有吸引力。因此，大眼睛、小鼻子和小下巴的女性照片被认为有吸引力。不过，宽颧骨和窄脸颊也被认为具有吸引力（Cunningham, 1986），这些特征在幼儿中并不常见。

卡宁厄姆（Cunningham, 1986）还研究了男性的外貌吸引力。拥有方下巴、小眼睛、薄嘴唇等特征的男性被女性认为是有吸引力的。这些特征被视为成熟的象征，因为在儿童身上很难发现这些特征。

什么特征使你认为某人真正具有吸引力？

典型面孔也被认为具有吸引力。朗格卢瓦等人（Langlois, Roggman & Musselman, 1994）发现，男性和女性的电脑合成面孔或"典型"面孔，要比构成合成图片的独特面孔更有吸引力。为什么会这样呢？朗格卢瓦等人发现，典型面孔比独特面孔会被认为更熟悉，并认为正是这种熟悉感使得典型面孔似乎更有吸引力。典型面孔还比独特面孔更对称，而对称则与吸引力有关（Grammer & Thornhill, 1994）。

布里格姆（Brigham, 1971）发现，男性和女性都认为外貌有吸引力的个体是举止优雅、好交际、风趣、独立、令人兴奋及性感。令人惊讶的是，这些假设大多数都是真的。朗格卢瓦等人（Langlois, Kalakanis, Rubenstein, Larson, Hallam & Smoot, 2000）进行了元分析，发现外貌有吸引力的成人与外貌无吸引力的成人之间存在一些显著差异。下面括号里的数字是每种特征所占的比例（前者代表有吸引力的人）。有吸引力的个体更自信（56% 和 44%）、有更好的社交技巧（55% 和 45%）、身体更健康（59% 和 41%）、更外向（56% 和 44%）、有更多的性经历（58% 和 42%）。因此，外表固然美，内在更为优！

你在何种程度上认为所有文化对构成漂亮和吸引力的内容存在一致的看法？

朗格卢瓦等人（2000）进行了进一步的元分析以评估文化内和文化间评价面孔吸引力的一致性程度。他们发现，文化内的人们在谁有吸引力和谁没有吸引力的问题上存在很大的一致性。也许令人惊讶的是，跨文化研究中也存在高度相似的一致性程度。不过，主导性社会群体的现有标准对吸引力的等级评定也具有一定的影响。在北美文化中，白皮肤比黑皮肤被大多数人认为更有吸引力。甚至非裔美国大学生也表现出对较白肤色的偏爱（Bond & Cash, 1992）。

对外貌吸引力的等级评价还受到其他因素的影响。美国西部乡村歌手吉利（Mickey Gilley）确定了影响外貌吸引力的一个因素，他在一首歌中这样唱道："是不是很有趣，是不是很奇怪／当他开始独自面对孤寂的夜晚／他的想法开始改变"，接

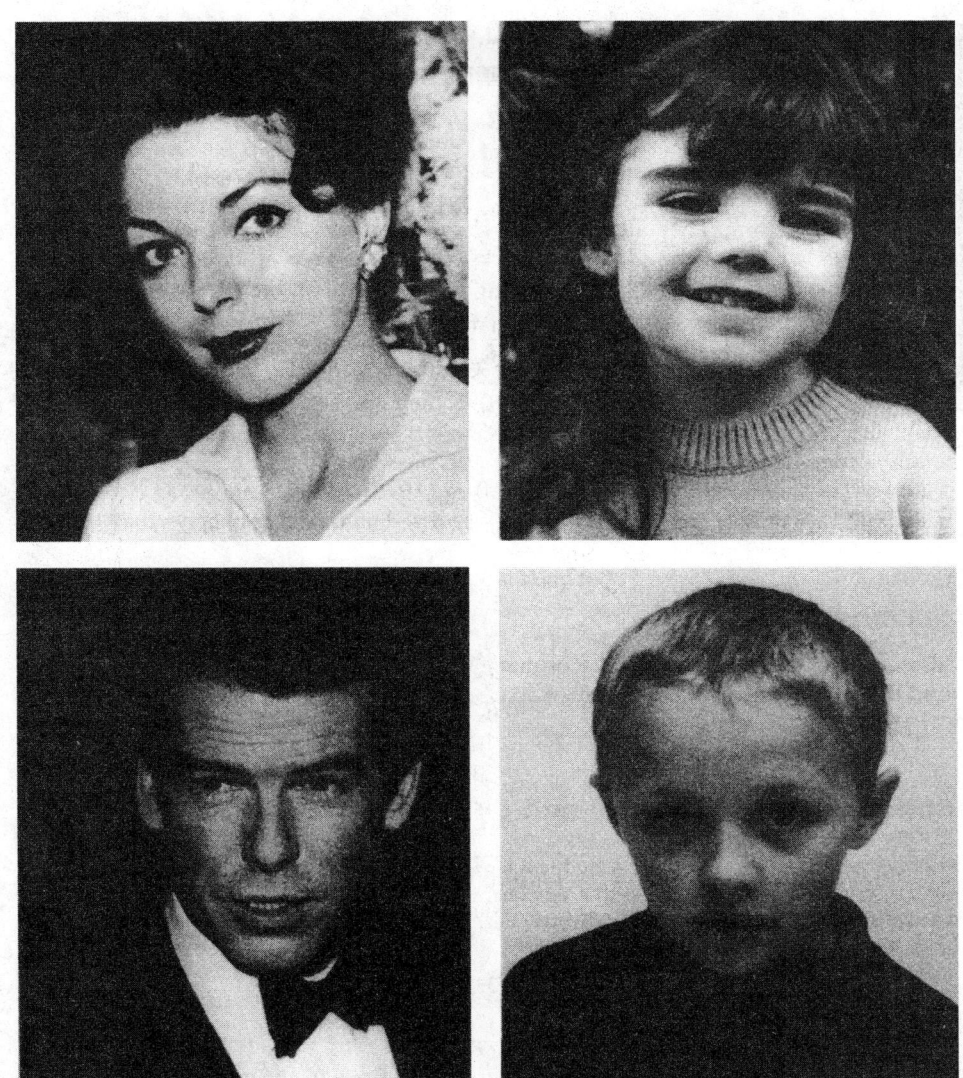

科林斯（Joan Collins，上左）符合卡宁厄姆的"有吸引力女性"的特征——请注意她的特征与小女孩（上右）的相似程度。但是，布鲁斯南（Pierce Brosnan，下左）看上去则与小男孩（下右）差别很大。

下来是"所有女孩在下班时都那么漂亮／她们看起来宛如电影明星"。心理学家发现吉利的看法是正确的：星期四晚上在酒吧的人认为，异性在午夜时比晚上 10:30 时更有吸引力（Eysenck & Eysenck, 1981）。

斯蒂芬等人（Stephan, Berscheid & Walster, 1971）确定了另一个因素。他们让男大学生们阅读一篇具有诱惑情节能引起性唤醒的文章，或是一篇不能引起性唤醒的有关银鸥性行为的文章。然后让他们评价一个漂亮的金发女郎的吸引力。正如你所猜到的那样，性唤醒的学生比没有性唤醒的学生认为这个女孩更有吸引力。

格拉默和桑希尔（Grammer & Thornhill, 1994）发现，人们认为对称的面孔具有吸引力。

安德森等人（Anderson, Crawford, Nadeau & Lindberg, 1992）报告了一项有趣的研究，以食物供给的可靠性为基础对54种文化中女性体型的偏好进行归类——参见下面的关键研究。

匹配假设

沃尔斯特等人（Walster, Aronson, Abrahams & Rottman, 1966）——参见下页的关键研究——发现，我们经常会被那些外貌吸引力水平与自己相当的人所吸引，并称之为匹配假设（**matching hypothesis**）。沃尔斯特夫妇（Walster & Walster, 1969）检验了该假设——参见下页的关键研究。

范戈尔德（Feingold, 1988）对评价关系双方外貌吸引力的研究进行了元分析。情侣双方外貌吸引力水平的平均相关为+0.49。这表明夫妻之间通常在外貌吸引力上较为相似，从而支持了匹配假设。

加西亚等人（Garcia et al., 1991）在对初次相遇的男女双方进行交往的研究中发现了外貌吸引力影响行为的详细证据。男性的外貌吸引力与双方的积极思想

安德森等人：文化和外貌吸引力

安德森等人（1992）对54种文化中的女性体型偏好进行了研究。他们把这些文化分为食物供给非常稳定的文化、食物供给中等可靠的文化和食物供给非常不可靠的文化。将不同女性的体型偏好分为肥胖体型、中等体型和苗条体型。研究结果如下：

偏好	食物供给			
	非常不可靠	中等不可靠	中等可靠	非常可靠
肥胖体型	71%	50%	39%	40%
中等体型	29%	33%	39%	20%
苗条体型	0%	17%	22%	40%

鉴于西方文化过分关注女性的苗条，因此令人吃惊的是，安德森等人所研究的大多数文化中的人更喜欢肥胖女性而不是苗条女性，尤其是在食物供给中等不可靠或很不可靠的文化中。这些文化差异之所以会发生，可能是因为在食物供给不可靠的文化中，肥胖女性比苗条女性在食物短缺的情况下更容易生存，也能更好地为她们的孩子提供食物。在食物供给可靠的文化中，该因素是无意义的。在这些文化中，肥胖女性和苗条女性被认为具有同等的吸引力。

讨论要点：

1. 为什么对女性体型的偏好会存在如此巨大的文化差异？
2. 随着国家变得越来越富，进食障碍是否也会变得越来越普遍？

> **关键研究评价——安德森等人**
>
> 安德森等人的这项研究是非常重要的，因为该研究指出，在女性体型的偏好上存在相当大的文化差异。但我们需要记住的是，该研究在本质上是一种相关研究，我们从相关研究中不能建立因果关系。因此，我们不敢确保女性体型偏好的文化差异确实取决于食物供给的可靠性而非文化存在差异的其他因素。

沃尔斯特等人：匹配假设

沃尔斯特等人（1966）组织了一场舞会，给参加舞会的学生随机分配异性舞伴。在舞会进行到一半时，让学生填写一份问卷，给出对自己舞伴的看法。然后将这些看法与学生外貌吸引力的评价等级进行比较。外表越有吸引力的学生越受到舞伴的喜欢。不过沃尔斯特等人6个月后发现，如果学生和舞伴的外貌吸引力相似，他们更可能约会。

沃尔斯特等人认为，我们最初会被漂亮或英俊的人吸引。但是我们会意识到那些更有吸引力的人不可能发现我们的吸引力。因此（或许有些不情愿！）我们就会开始被那些与我们的外貌吸引力相当的人所吸引。这被称为匹配假设，由沃尔斯特夫妇（1969）进行了检验。他们组织了另一场舞会。但是，这一次参加舞会的学生事先就相互认识。这使学生有可能更多去思考他们要寻找的舞伴所具有的特征。正如匹配假设预测的那样，学生更喜欢外貌吸引力与自己大致相当的人。

讨论要点：
1. 匹配假设在你的经验中正确吗？
2. 为什么外貌吸引力在约会行为和亲密关系中会具有如此重要的作用？

关键研究评价——沃尔斯特等人

沃尔斯特等人的匹配假设认为，人们会被与自己外貌吸引力相当的人所吸引。在很多情境中可能确实如此，但它未考虑很多可能影响我们认为谁有吸引力的社会因素。虽然亲密关系也可以发生在吸引力水平存在较大差异的人之间，但却是通过一起工作或彼此临近而相互具有一定的了解。此时除了纯粹的外貌吸引力之外，相识的途径和方法也会起作用。在其他情境中，通常被认为很有吸引力的人会发现他人认为自己难以接近。一些人可能会认为，吸引力较小的同伴更不可能出现很有吸引力的同伴的背叛，因此对亲密关系更加自信。

和情感有关，也与他们微笑的数量有关。女性的外貌吸引力与双方之间的爱慕、交往质量评价及交往过程中谈话的数量具有强烈的相关。总之，女性的外貌吸引力比男性的外貌吸引力更会影响交往。

印象形成

决定我们是否吸引他人的因素之一是他们给我们留下的第一印象。阿什（Asch, 1946）认为，我们使用了**内隐人格理论（implicit personality theory）**，该理论假设一个具有某种特定人格特质的人会具有各种其他的相关特质。例如，假如你知道某个学生是一个通常很焦虑的人。那么你就可以预期他/她的学习缺乏条理，他/她对自己的能力缺乏信心。

阿什还认为，人格的关键方面（中心特质）比人格的其他方面（边缘特质）更会影响我们形成对他人的印象。最后，阿什宣称，第一印象在决定我们对他人的整体看法上具有至关重要的作用。换句话说，首次呈现给我们的关于他人的信息，要比以后呈现的信息更会影响我们对这个人的印象。我们使用**首因效应（primacy effect）**这个术语来指代这种影响。

在一项研究中，阿什（1946）给被试一个包含七个形容词的词单，这些词用来描述一个想象的人物X。给所有被试提供以下六个形容词：聪明的、熟练的、勤奋的、

匹配假设预测了基于外貌吸引力的匹配。事实上，正如梦露（Marilyn Monroe）和米勒（Arthur Miller）的情况那样，外貌吸引力可以与智慧相匹配。

不考虑他人留给我们的第一印象有多难？

内隐人格理论：我们推论具有特定人格特质的人也具有其他相关特质的假设。

首因效应：我们对他人的印象受到我们首次见到他们时第一信息的强烈影响。

果断的、实际的、谨慎的。第七个形容词是热情的或冷漠的、礼貌的或迟钝的。然后让被试选出最能描述 X 的其他形容词。

结果非常明确。形容词"热情的"和"冷漠的"是中心特质,对如何解释有关 X 的所有其他信息具有显著的影响。例如,当 X 热情时,91% 的被试认为他大度,94% 的被试认为他和善。相反,当 X 冷漠时,只有 8% 的人认为他大度,17% 的人认为他和善。因此,人们认为热情的人具有其他一些令人满意的特质,而冷漠的人则大多拥有不受欢迎的特质。

阿什研究的一个局限性是过于人为化。凯利(Kelley,1950)进行了一项人为化较低的研究,让学生对一名事先被描述为非常热情或非常冷漠的客座讲师进行评定。当讲师被描述为热情时,他在很多维度上(例如,社交性、宜人性、幽默)都得到了更积极的评价。热情—冷漠的操纵也影响了学生的行为:当讲师被描述为较热情时,学生与讲师之间的交流更多,并提出了更多问题。

阿什通过给被试呈现关于他人的积极和消极的混合信息研究了首因效应。首因效应确实存在:首先听到积极特质的被试会比首先听到消极特质的被试形成更好的印象。

是什么因素导致了印象形成过程中的首因效应呢?当人们认为他们根据最初信息形成对他人的准确印象时,他们就不会对以后的信息给予太多的注意。贝尔莫尔(Belmore,1987)发现,被试在阅读描述其他人的语句时,在每一连续语句上花费的时间越来越少。另外,在首因效应的程度上也存在个体差异。克鲁格兰斯基与韦伯斯特(Kruglanski & Webster,1996)考察了**闭合需要**(**need for closure**,降低模糊性和不确定性的愿望)高和低的个体。高闭合需要的个体通常比思想更开放的低闭合需要的个体具有更大的首因效应。

除了热情—冷漠维度,还存在其他一些中心特质。例如,罗森博格等人(Rosenberg, Nelson & Vivekananthan,1968)宣称,以下两个维度在印象形成中至关重要:

1. 社会评价。该维度好的一端包括像好交际、受欢迎和热情等形容词,差的一端则包括像不善社交、冷漠和易怒等形容词。

2. 智力评价。该维度的范围从熟练的、坚持的(好的一端)到愚蠢的、笨拙的(差的一端)。

对于这种观点存在不一致的支持证据。例如,冯克(Vonk,1993)发现,有三个维度似乎是至关重要的:评价(好—坏)、权势/力量(potency)(强—弱)、社会定向(合群的—独立的)。阿什的热情—冷漠维度构成评价维度的重要部分,尚无证据支持存在独立的智力维度的观点。

人格理论家经常认为,评价他人人格的关键维度与社会心理学家所确认的维度是截然不同的(见第 13 章)。例如,麦克雷与科斯塔(McCrae & Costa,1985)发现了支持人格评价中五个独立维度的证据:开放性、责任心、外向性、宜人性和神经质。外向性维度与冯克(1996)的社会定向存在大量的重叠,但是其他两个维度之间似乎只存在中等程度的相关。

闭合需要:个体差异的一个维度,在该维度上得分高的个体具有降低模糊性和不确定性的动机。

❖ 评价

- ⊕ 正如内隐人格理论所预测的那样，在印象形成中一些特质要比其他特质更重要。
- ⊕ 印象形成中存在首因效应。
- ⊖ 除了阿什所强调的热情—冷漠维度，还存在其他重要维度。但是，有关这些其他维度的准确性尚存在争议。
- ⊖ 通过形容词词表让人们对想象的他人形成印象是非常人为化的。它可能涉及与日常生活中所使用的非常不同的过程。

相似性

你认为朋友或处于恋爱中的人在人格上通常是相似还是不相似呢？一种观点是，性格相似的人彼此之间更可能形成亲密关系（"物以类聚"）。另一种观点则是，人格不相似的人更可能成为朋友或形成亲密关系（"异性相吸"）。温奇（Winch，1958）赞同后一种观点。他认为已婚夫妇如果具有互补性需要，他们会更幸福。例如，一个支配性强的人和一个顺从的人结婚，他们可以满足各自的需要。

拥有与自己相似的朋友和伴侣有什么好处？

温奇发现人格存在差异的已婚夫妇要比人格相似的已婚夫妇更幸福。但大多数证据则表明，人们更倾向于与和自己相似的人形成亲密关系。伯吉斯与沃林（Burgess & Wallin，1953）从1000对已订婚夫妇中获得了详细信息，包括42种人格特征的信息。异性相吸的观点未获得证据支持。14种人格特征（例如，易受伤情感、社会事件的领导者）在夫妻内部存在明显的相似性，但是相似度并不高。

态度的相似性在吸引中也是一个重要因素。例如，伯恩（Byrne，1971）发现，被试认为与自己态度相同的陌生人要比与自己态度不同的陌生人更有吸引力。罗森鲍姆（Rosenbaum，1986）阐明了这些发现的意义，他在研究中增加了一个控制条件，不提供任何有关陌生人态度的信息。态度不相似的陌生人不及控制组的陌生人更受喜欢，但是态度相似的陌生人受喜爱的程度则与控制组的陌生人相当。因此，我们不喜欢与自己态度不同的人，但也并非必然就会喜欢与自己态度相同的人。

一些研究者重复了罗森鲍姆的态度不相似会降低喜爱程度的发现。但是，态度相似性通常则会增加喜爱程度（例如，Singh & Ho，2000），尽管这些影响小于态度不相似对喜爱的影响。为什么态度不相似会比态度相似对喜爱的影响更大呢？可能是因为当我们发现他人的态度与我们的态度具有本质不同时，我们会感到威胁和害怕分歧。

布鲁尔（Brewer，1968）对东非的30个部落进行了跨文化研究。任何特定的部落喜欢其他部落成员的程度，在很大程度上取决

拥有相似的休闲活动是同性友谊的一个重要内容

于态度的相似感。第二个重要因素是两个部落之间的距离。

斯普雷彻（Sprecher，1998）研究了相似性在异性友谊、同性友谊和浪漫关系中的重要性。兴趣和休闲活动的相似性在同性友谊中非常重要，态度和价值观的相似性也很重要。但这两种相似性在异性友谊和浪漫关系中则较不重要。斯普雷彻还发现，背景的相似性在所有三种关系中均相对不重要。

为什么我们更会被与我们有相似态度的人吸引呢？康登与克拉诺（Condon & Crano，1988）提供了部分答案。他们发现，被试之所以会被与自己有相似态度的人吸引，是因为被试推断这个人会积极地评价自己。因此，我们喜欢与自己相似的人，这会使我们认为与自己相似的人也喜欢我们。

总之，各种相似性（例如，态度相似性、人格相似性）在建立友谊和浪漫关系上都是很重要的，这在不同文化中似乎也是正确的。相似性之所以重要，可能是因为我们期望与自己相似的人喜欢我们。不相似对喜欢的消极影响通常大于相似性对喜欢的积极影响，可能是因为我们认为不相似的他人不喜欢并会威胁到我们。

配偶选择

在配偶选择方面也许最重要的发现是因为喜欢而喜欢。我们倾向于与在外貌吸引力、态度和人格上与自己较相似的人成为伴侣。巴斯（Buss，1985）在考察过历史性证据后得出结论，认为这种因为喜欢而喜欢的倾向在过去50年中基本上没有发生改变。

巴斯（Buss，1989）对世界各地37种文化进行了研究。在所有这些文化中，男性都喜欢比自己年轻的女性，除西班牙外所有女性都喜欢比自己年长的男性。巴斯还发现，在几乎所有的文化中，男性和女性都认为善良和聪慧的个人品质是很重要的。

男性喜欢较年轻的女性而女性喜欢较年长的男性有着各种原因。一种解释是进化心理学提供的，试图借助进化的术语来解释人类的社会行为。进化心理学家认为（例如，Buss，1989），男性和女性都认为异性最吸引人之处是能使繁衍后代的概率最大化并因此使他们的基因传到下一代的特征。较年轻的女性之所以受较年长男性的喜欢，是因为年龄大的女性生育孩子的能力降低。类似的，女性喜欢较年长的男性，则是因为他们更可能满足后代的需要。

进化心理学所提供的取向是有缺陷的（也见第3章的讨论）。进化心理学家并未解释为什么几乎在所有文化中男性和女性都认为善良和聪慧比年龄更重要。说得更具体些就是，在巴斯（1989）的数据中，文化解释了择偶偏好中14%的变异，而性别只解释了2.4%的变异（Smith & Bond，1998）。其次，决定婚姻配偶选择的因素在不同文化中有很大差异。进化心理学家在解释社会行为时均低估了文化因素。

尽管进化心理学取向存在着局限，它却也一直以一些有趣的方式在进行扩展。甘奇斯塔德与巴斯（Gangestad & Buss，1993）认为，外貌具有吸

在巴斯的研究中，男性喜欢比自己年轻的女性，女性喜欢比自己年长的男性。但当年龄差距很大时，这种亲密关系在公众眼里甚至会引起更多的注意。

引力的个体对疾病有更好的抵抗能力。这使他们预测，在一些存在大量病原体（引起疾病的病菌）的文化中，外貌吸引力将会受到高度重视。他们在巴斯（1989）所研究的 29 种文化中证实了这一预测，并发现该预测对男性和女性都正确。甘奇斯塔德（Gangestad, 1993）认为，女性比男性更不看重外貌吸引力，因为她们经济来源的相对缺少使得她们较为依赖男性所提供的经济和其他资源。因此，那些来自能为她们提供良好经济来源文化的女性，会比缺乏经济来源的女性更看重男性的外貌吸引力。甘奇斯塔德从巴斯的跨文化数据中获得了支持该假设的证据。

> 男性和女性会在何种程度上寻找伴侣身上的不同点？

范戈尔德（Feingold, 1990）进行了各种元分析，发现男性在浪漫的相互吸引（romantic attraction）中比女性更注重外貌吸引力。但当基于自我报告数据而非行为数据时这种性别差异更大，这表明女性还未完全意识到她们重视男性外貌吸引力的重要性。例如，斯普雷彻（Sprecher, 1989）发现，女性将她们体验到的男性吸引力归因于他的挣钱能力和表达能力而不是外貌吸引力，而男性则宣称他们受到女性外貌吸引力的强烈影响。事实上，在选择伴侣时，男性和女性均受到外貌吸引力的相同影响。在一项详尽的元分析中，朗格卢瓦等人（Langlois et al., 2000）发现，外貌吸引力对于男性和女性是同等重要的。

巴斯（1989）在他的跨文化研究中发现，在几乎所有文化中外貌吸引力对男性的影响均大于对女性的影响。不过，这一影响相对较小，因为性别只解释了外貌吸引力重要性中不足 10% 的变异。

范戈尔德（Feingold, 1992b）对关注男性和女性希望潜在伴侣具备什么特质的自我报告研究（以美国研究为主）进行了元分析。结果发现最大的性别差异与地位和抱负有关，女人比男人认为这些特质更重要。这为进化心理学取向提供了适度的支持。

人际关系的维持

下面我们简要考察一下人际关系（例如，友谊）形成后维持各种人际关系所涉及的一些因素。我们首先回到斯普雷彻（Sprecher, 1998）关于最初吸引的决定因素的研究上。在浪漫关系、同性友谊和异性友谊中，至关重要的两个因素是他人人格的吸引力和他/她的热情和善良。浪漫关系的其他重要因素是互相喜欢及态度和价值观的相似性。对异性友谊来说，互相喜欢和社交技巧相似性很重要。对同性友谊来说，兴趣和休闲活动的相似性及接近性很重要。

> 如何维持人际关系？

阿盖尔和弗海姆（Argyle & Furnham, 1983）通过让被试在 15 个满意度量表上根据满意度对九种不同关系进行评定，获得了各种不同关系相似性和差异性的了解。数据分析得到三个独立的因素：物质和工具性帮助、社会和感情支持、共同兴趣。每个因素上得分最高和得分最低的关系如下：

因素	得分最高的关系	得分最低的关系
物质和工具性帮助	配偶	邻居
	父母	同事
	同性朋友	

因素	得分最高的关系	得分最低的关系
社会和情感支持	配偶	邻居
	同性朋友	上级
	父母	同伴
共同兴趣	配偶	邻居
	同性朋友	同事
	异性朋友	青春期子女

上述发现表明,我们会从对我们最重要的关系中(配偶、同性朋友、异性朋友)获得最大满意度。不重要的关系(邻居、同事)通常与高满意度无关。

阿盖尔和弗海姆还发现,配偶是冲突和满意度的最大来源。假设当回报远远超过代价时婚姻的满意度最高似乎是合理的。根据这一假设,霍华德和道斯(Howard & Dawes, 1976)发现,用主要回报(性行为)的频率减去主要代价(争吵)的频率这个简单的公式,可以很好地预测婚姻满意度。

埃舍尔等人(Eshel, Sharabany & Friedman, 1998)让17—19岁的以色列青少年评价他们与异性情侣之间以及与最好的同性朋友之间的现实和理想的亲密性。异性情侣的现实亲密性和理想亲密性均高于与最好的同性朋友的亲密性。另外,对这两类关系而言,理想的亲密性大于现实的亲密性。因此,青春期晚期的青少年期望获得更多浪漫关系的亲密性而非亲密友谊的亲密性。

规则

大多数人际关系都会受到潜规则的控制。运用于人际关系的规则会随关系性质而变化。但是,阿盖尔等人(Argyle, Henderson & Furnham, 1985)在让被试评定一些规则在22种关系中的重要性时发现了一些一般规则。最常见的六种重要规则(按重要性的降序排列)如下:

1. 尊重他人的隐私。
2. 不私下与他人讨论私事。
3. 在谈话过程中注视对方的眼睛。
4. 不当众批评他人。
5. 不沉迷于与他人的性活动。
6. 试图报答所有的恩惠、帮助或赞誉。

我们如何知道这些规则确实很重要呢?阿盖尔等人研究了破裂的友谊。正如所预测的那样,"在很多情况下,友谊的中断都可归因于破坏了特定规则,尤其是回报性规则及与第三方关系的规则,例如,不嫉妒、保密"(Argyle, 1988, pp.233–234)。

在某些规则的重要性上存在有趣的文化差异。

例如，中国香港人和日本人比英国人或意大利人更可能遵守服从上级、维持群体和谐及避免丢面子等规则（Argyle, Henderson, Bond, Lizuka & Contarello, 1986）。

在人际关系中，规则具有什么作用呢？阿盖尔和亨德森（Argyle & Henderson, 1984）认为，一些规则（被称为调节规则）能减少关系中的冲突，因为它们指出了什么是我们能接受的。还有一些奖励规则，则能确保每个人提供适当的奖励。

性别差异

男性友谊通常没有女性友谊亲密。为什么会这样呢？赖斯等人（Reis, Senchak & Solomon, 1985）考察了各种解释。第一，男性对亲密的定义与女性不同。这种解释遭到否定，因为男性和女性对录像片中人们交往的亲密性的评定并不存在差异。

第二，在友谊亲密性上可能并不存在真正的差异，不过男性更不喜欢将自己的行为视为亲密行为。但赖斯等人让被试指出在一段真实交谈中所揭示的亲密程度，这些交谈经过了精心剪辑，因此完全不清楚谈话声音来自男性还是女性。当谈话来自女性时，男性和女性被试都认为谈话更亲密。

第三，男性可能缺乏同性亲密所需要的社交技巧。赖斯等人让男性和女性与自己最好的朋友进行一次亲密的交谈。男性和女性一样能够很好地完成该任务，表明他们具有形成亲密友谊必须的技巧。在否认上述所有解释之后，赖斯等人得出结论，认为是妇女的社会角色（包括照顾孩子）驱使她们形成亲密的鼓励性关系。

如果真是这样的话，你认为男性和女性在亲密关系取向上的差异性如何？

亲密关系的发展

关于"亲密关系"我们该如何理解呢？根据伯奇德与赖斯（Berscheid & Reis, 1998, p.199）的观点，大多数专家：

> 都需要使用交往模式来揭示亲密双方经常影响彼此的行为（即，认知的、情感的、意欲的[动机的]），一方对另一方的影响是多种多样的（例如，并不限于少数情境中的某些行为），该影响是很强烈的，此外，所有这些特性在相当长的时间中均为构成关系双方交往模式的特征。

难以从科学的角度评估亲密关系的发展。例如，我们不能简单地在实验情境下研究人们坠入爱河的过程！实际上，我们通常会使用问卷来评估关系的形成过程、关系的满意度等。这些问卷很容易受到社会赞许性偏差（对问题给出符合社会期望但不正确的答案）的影响。例如，大多数英国的已婚夫妻都声称他们婚姻幸福或非常幸福。但是，40%的婚姻以离婚告终，表明很多已婚夫妇并不像他们所说的那样幸福。

亲密关系的研究强调两人之间的交往模式。正如伯奇德与赖斯（1998, p.198）所指出的："两人之间的关系被认为不属于两者中的任何个人，恰恰相反，它存在于双方的交往之中。"决定这些交往的因素远多于决定个人行为的因素。例如，亲密关系中的交往模式取决于双方的特征、这些特征和谐及不和谐的程度，以及双方所处的情境。

爱情

我们对与我们形成亲密关系或浪漫关系的人所投注的感情通常都会包括爱的成分在内。休斯顿等人（Huston, Caughlin, Houts, Smith & George, 2001）报告了爱情在新婚夫妇中重要性的证据。与结婚很久才离婚或未离婚的夫妇相比，结婚两年就离婚的夫妇在结婚两个月后便开始不爱对方。

区分爱情和喜欢非常重要。鲁宾（Rubin, 1970）使用鲁宾爱情量表和鲁宾喜欢量表对爱情和喜欢进行了区分。爱情量表中的项目主要测量三个因素：(1) 渴望帮助另一人，(2) 对另一人的依赖需要，(3) 排他和专注感。喜欢量表中的项目则主要测量对他人能力的尊重、他人在态度和其他特征上与自己的相似性。

研究者（Dermer & Pyszczynski, 1978）评估了接触性唤醒材料对男性的影响。对于吸引他们的女性，这种操纵提高了他们在爱情量表上的得分，但未提高在喜欢量表上的得分。因此，性唤醒可以提升爱情而不能增加喜欢。

斯滕伯格与格拉杰克（Sternberg & Grajek, 1984）发现，在鲁宾量表上，爱情分数和喜欢分数对情侣的相关为 +0.72，对好朋友的相关为 +0.66，对母亲的相关为 +0.73，对父亲的相关为 +0.81。这些高相关意味着鲁宾量表不能充分区分爱情和喜欢。

哪些成年人更容易陷入爱河并与他人形成情感性亲密行为呢？根据依恋或配对—结合理论（pair-bonding theory）（Bowly, 1979；Hazan & Shaver, 1987, 1994；见第17章），该问题的答案存在于儿童期。与自己的照料者（例如，母亲）形成强烈和安全情感联系的儿童，通常会成为具有亲密情感的成人。研究者（Klohnen & Bera, 1998）在一项纵向研究中检验了该理论。他们研究了 21—52 岁被确定为回避型依恋（例如，不信任的、独立的）和安全型依恋（例如，信任的、情感外露的）的女性。两组女性多年后还存在很大的差异。例如，在 43 岁时，安全型依恋女性 95% 的人已经结婚，并且她们中只有 24% 的人离婚。相反，回避型女性仅有 72% 的人已经结婚，并有 50% 的人离婚。

回避型和依恋型女性之间的差异似乎源于儿童期。回避型女性在儿童期可能就已遭受到更多的丧失双亲之痛、体验过公开的冲突和不愉快的生活环境。

斯滕伯格的爱情三元论

斯滕伯格（Sternberg, 1986）提出了爱情三元论。该理论认为，爱情由三种成分组成：亲密、激情和决定/承诺。斯滕伯格（p.120）将它们定义为：

> 亲密成分是指爱情关系中的亲近感、同一感、纽带感……激情成分是指引起爱情关系的浪漫、外貌吸引力、性的完满以及其他相关现象的驱力。决定/承诺成分，就短期而言是指一人爱上他人的决定，就长期而言是指维持爱情的承诺。

这三种成分的相对重要性在短期关系和长期关系上是不同的。激情成分在短期关系中最重要，决定/承诺成分则最不重要。但在长期关系中，亲密成分最重要，激情成分最不重要。

斯滕伯格认为存在多种爱情类型，它们由三种成分构成不同的组合：

- 喜欢或友谊（liking or friendship）。包括亲密，但不包括激情或承诺。
- 浪漫之爱（romantic love）。包括亲密和激情，但不包括承诺。
- 伴侣之爱（companionate love）。包括亲密和承诺，但不包括激情。
- 空洞之爱（empty love）。包括承诺，但不包括激情或亲密。
- 愚蠢之爱（fatuous love）。包括承诺和激情，但不包括亲密。
- 迷恋之爱（infatuated love）。包括激情，但不包括亲密和承诺。
- 完美之爱（consummate love）。这是爱情的最强烈形式，因为它包括所有三种成分（承诺、激情和亲密）。

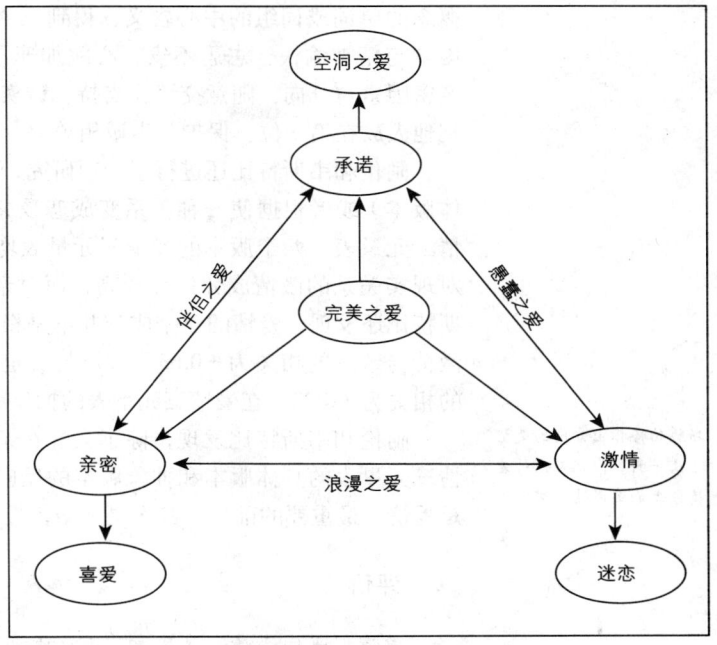

证据

有证据支持强烈的爱情并非必需包括性欲的观点。戴蒙德（Diamond, 2003）提供了区分性交配系统（见第3章）与之前所讨论的依恋或配对—结合系统的证据。例如，哈特菲尔德等人

> **你爱谁？**
>
> 谁是我们最爱和最喜欢的人？斯滕伯格和格拉杰克（Sternberg & Grajek, 1984）发现，男性对他们爱人的爱和喜欢通常多于对父亲、母亲、同龄兄弟姐妹或亲密朋友的爱和喜欢。女性对她们爱人及亲密朋友的爱和喜欢也多于对父亲、母亲或同龄兄弟姐妹的爱和喜欢。但是，男性和女性的不同之处在于，女性对爱人和对同性最好朋友的爱是相同的，但是喜欢最好的朋友胜于爱人。
>
> 斯滕伯格和格拉杰克还发现，某人对家庭中某一成员爱的程度可以预测他们对其他家庭成员爱的程度。例如，一个非常爱自己父亲的人通常也会很爱他的母亲和同龄兄弟姐妹。但是，从某人对其家庭成员爱的程度并不能预测其对爱人和最好朋友爱的程度。

（Hatfield, Sprecher, Traupmann Pillemer, Greenberg & Wexler, 1988）让4—18岁的青少年评估他们对异性男朋友和异性女朋友的感情。在各个年龄阶段爱情的强度是相似的，这表明在产生强烈的爱情感时并不需要性唤醒和性渴望。布雷恩（Brain, 1976）讨论了喀麦隆、美拉尼西亚、危地马拉和萨摩亚等国家中异性恋男性之间无性爱关系的激情友谊。

斯滕伯格爱情三元论的适当性如何呢？阿伦和韦斯特比（Aron & Westbay, 1996）在一些研究中报告了支持该理论的良好证据。他们让被试指出68个描述爱情

概念的单词或词组的中心含义，得到三个与斯滕伯格的三个成分相似的因素。激情因素与精神愉快、忐忑不安、心跳加速、凝视对方、奇妙感觉和性激情密切相关；亲密因素与外向、随意交谈、支持、诚实和理解密切相关；承诺因素与奉献、承诺、把他人放在第一位、保护和忠诚相关。

阿伦和韦斯特比还进行了一项研究，他们让被试根据目前或最近的恋爱关系（具体版本）或者根据使一种关系变成恋爱关系（抽象版本）的因素完成斯滕伯格的爱情三元量表。两个版本的爱情三元量表均获得了斯滕伯格的三个因素。但是，人们对现实关系的激情成分评分较高，而对亲密和决定/承诺成分评分较低。阿伦和韦斯特比还发现，爱情的三个成分并不是相互独立的。在爱情三元量表的具体版本中，激情与亲密的相关为+0.63，激情与决定/承诺的相关为+0.62，亲密与决定/承诺的相关为+0.72。在爱情三元量表的抽象版本中，所有这些相关均偏低。

阿伦和韦斯特比发现，除了女性在亲密因素上得分稍低之外，男性和女性对爱情三元量表的具体版本和抽象版本的反应方式非常相似。对男性和女性来说，亲密是爱情中最重要的部分，其次是承诺，最不重要的是激情。

> 斯滕伯格指出爱情的类型不止一种。你认为他对爱情分类的实用性如何？

❖ 评价

- ⊕ 爱情似乎由激情、亲密和决定/承诺三个因素构成。
- ⊕ 不同种类的爱情关系可以描述为斯滕伯格所确定的三种爱情成分的不同组合模式。
- ⊖ 三种成分彼此之间的相关非常高，因此并不是完全独立的。
- ⊖ 从自陈问卷中获得了有关爱情成分的证据，但是自陈问卷仅评估了可以用词语来表达或可以进入意识的爱情层面。

自我表露

> **自我表露**：向他人披露自己的个人信息或隐私。

奥尔特曼和泰勒（Altman & Taylor, 1973）提出了社会渗透理论（social penetration theory）。根据这一理论，关系的发展涉及**自我表露**（**self-disclosure**，把自己的个人信息或隐私透露给他人）程度的增加。陌生人最先遵守自我表露的规范，意味着他们将自己的表露程度与他人的相匹配。这一理论认为，高度的自我表露常会使自己对别人有更大的吸引力，并且随着吸引力的增加，人们的自我表露也会随之增加。

证据

自我表露常常与吸引力相关。科林斯与米勒（Collins & Miller, 1994）在一项自我表露研究的元分析中得到一些发现。第一，透露有关自己大量隐私信息的个体，会比透露很少隐私信息的个体更受人们的喜欢。第二，个体对自己喜欢的人会比对中立的人透露更多的个人信息。第三，向他人透露个人信息的个体通常会因之而更喜欢那个人。

通常认为，女性在各种关系中的自我表露程度要高于男性。研究者（Dindia & Allen, 1992）综述了来自 205 项研究的相关证据。一般来说，女性比男性更喜欢向异性伴侣和亲密朋友自我表露。但在男性和女性对男性朋友的自我表露程度上不存在差异。自我表露的大多数性别差异较小，几十年来一直保持相对稳定。

自我表露的研究强调真实信息的透露。不过，自我相关情感的表露在亲密关系的发展中可能要更重要。林（Lin, 1992）阐述了这个问题，他让被试在 10 天时间中详细记录他们的社交情况。那些比大多数其他被试透露更多真实信息的被试，也倾向于透露更多的

一般来说，女性会比男性向同性朋友透露更多有关自己的个人信息和敏感信息。

个人情感。不过，进一步分析揭示出，关系的亲密性更多取决于情感性自我表露的程度，而非真实信息自我表露的程度。

跨文化研究表明，不同文化中的自我表露存在差异。研究者（Gudykunst, Matsumoto, Toomey & Nishida, 1996b）发现，个体主义文化中的个体比集体主义文化中的个体有更多的自我表露（见第 1 章）。另外，个体主义文化中的个体倾向于提供个人信息，集体主义文化中的个体则倾向于提供集体成员的信息。

为什么美国人比中国人更容易自我表露？

我们一定不要夸大相互自我表露在形成亲密关系中的重要性。例如，赖斯和帕特里克（Reis & Patrick, 1996）在他们的亲密模型中认为，只有在对方对个体表露的反应使他/她感到被理解和被尊重，自我表露才会导致亲密。林（Lin, 1992）报告了支持该模型的证据，他测量了所感知的回应性（例如，对方对个体的表露作出恰当反应的程度）。林发现，所感知的回应性比自我表露的程度能更好地预测关系亲密性。

❖ **评价**

⊕ 在亲密关系的发展中，自我表露增加是最重要的因素之一。
⊕ 亲密——爱情的核心内容（Aron & Westbay, 1996）——通常与自我表露相关。
⊖ 在伴随所感知的回应性时，自我表露才会对关系亲密性产生重要影响（Lin, 1992）。
⊖ 对事实表露和情感表露进行区分很重要，但却经常被忽略。

归因

关系中的双方常常会试图通过各种归因了解彼此的行为（见第 18 章）。芬彻姆（例如，Fincham & Hewstone, 2001）认为，消极事件或消极行为的归因尤为重要。我们可以对苦恼维持归因（distress-maintaining attribution）和关系增进归因

为什么我们解释彼此行为的方式在帮助维持关系方面会如此重要？

(relationship-enhancing attribution) 进行区分。苦恼维持归因是那些把对方的消极行为归因于他/她的特征（例如，人格）的归因，被认为是稳定的（即，可能再次发生）、普遍的（即，与婚姻的其他方面相关）。比较而言，关系增进归因则正好相反，认为对方应对积极行为而非消极行为负有个人责任。

从归因理论的角度可以推论出关系的两个主要预测。第一，苦恼维持归因会降低婚姻满意度。第二，配偶的归因可以预测彼此的行为。

证据

布拉德伯里和芬彻姆（Bladbury & Fincham, 1990）回顾了关于已婚夫妇对彼此行为归因的研究。婚姻质量低的夫妇要比婚姻质量高的夫妇更可能将消极行为归因为稳定的、普遍的、属于伴侣的个人特征。反过来，他们则倾向于把积极行为归因为具体的和不稳定的原因。

核心问题是因果关系问题：是消极归因导致了对婚姻的不满，还是对婚姻的不满引起了消极归因呢？芬彻姆和布拉德伯里（Fincham & Bradbury, 1993）在一项对已婚夫妇为期12个月的纵向研究中阐明了该问题。研究开始时所做的归因预测了随后的婚姻满意度，而婚姻满意度水平则并未预测后来的归因。这些发现表明，因果关系主要是从归因到婚姻满意度。

已婚夫妇所做的归因会影响他们对待彼此的行为。例如，布拉德伯里和芬彻姆（Bradbury & Fincham, 1992）发现，对行为作出苦恼维持归因的妻子，要比对行为作出关系增进归因的妻子更可能对丈夫的消极行为作出消极反应。也许这仅仅意味着婚姻满意度较低的夫妇具有消极归因并在彼此之间作出消极行为。但是，布拉德伯里和芬彻姆发现，即使通过统计方法将婚姻满意度的差异从数据中消除，妻子的消极归因与她们对丈夫消极行为的消极反应之间的关系仍然显著。

❖ 评价

- ⊕ 配偶相互进行的归因与婚姻满意度和他们对待彼此的行为相关。
- ⊕ 消极归因会导致婚姻满意度降低，反之则不成立。
- ⊖ 归因理论在其所考察的解释种类方面是非常狭隘的。正如普拉纳尔浦与里弗斯（Planalp & Rivers, 1996）所指出的那样，婚姻双方通常会根据有关他/她的具体知识和关系来解释配偶的行为，而不是根据归因理论的抽象维度（例如，稳定—不稳定）进行解释。

⊖ 归因信息几乎都是来自自我报告数据。这些数据可能很容易受到故意曲解的影响并忽略个体未意识到的自动加工过程。

公平理论及其超越

很多理论家（例如, Hatfield, Utne & Traumann, 1979）都提出了公平理论，根据该理论，人们期望从关系中得到的回报与他们为别人提供的回报成比例。但该理论认为，如果关系双方接受现状，那么不公平就是可以容忍的。沃尔斯特等人（Walster, Walster & Berscheid, 1978）把公平理论的主要假设表述如下：

1．个体试图将得到的回报最大化而将付出最小化。
2．公平的产生是通过协商实现的；例如，一方可以通过每周购物来弥补自己未参加一周两次的运动。
3．如果关系不公平或不平等，就会产生痛苦，尤其是处于劣势的一方。
4．劣势的一方会尽最大努力使关系变得更公平，尤其是在非常不公平的时候。

证据

哈特菲尔德等人（Hatfield et al., 1979）让新婚夫妇根据他们对婚姻的贡献指出他们从婚姻中得到的回报比贡献多还是比贡献少。他们还要求这些新婚夫妇指出他们的满意、幸福、恼怒和内疚程度。回报比贡献少的人对婚姻的整体满意度最低，并且容易体验到愤怒。回报比贡献多的人其次（他们倾向于感到内疚），认为婚姻平等的夫妇婚姻满意度最高。回报大于贡献的男性与平等婚姻的男性对婚姻的满意度相同，但是回报大于贡献的女性对婚姻的满意度则要比平等婚姻的女性更低（Argyle, 1998）。

认为婚姻平等的夫妇最幸福、回报小于贡献的夫妇最不幸福的发现得到一些研究（Buunk & Van Yperen, 1991）的重复验证。但是，这些发现仅只适用于高交换取向的人（即，期望关系中的一方作出回报后，另一方也立即给予回报）。不论回报大于贡献、回报小于贡献，还是回报等于贡献，低交换取向的人都有较高的婚姻满意度。

普林斯等人（Prins, Buunk & Van Yperen, 1993）发现了女性认为公平很重要的有力证据。处于不公平关系中的已婚女性，要比处于公平关系中的已婚女性更容易出现婚外恋。但在已婚男性中并未发现这种情况。

共同承担家务是在平等关系中协商的结果，在这种关系中每一方都认为对方承担了共同的责任。

你认为根据回报和付出看待我们友谊和亲密关系的有效性如何？

❖ 评价

- ⊕ 公平理论解释了在婚姻关系尤其是在个体主义文化的婚姻关系中发现的某些满意和不满意。
- ⊖ 公平理论忽略了文化差异。例如，格根等人（Gergen, Morwe & Gergen, 1980）发现，欧洲学生偏爱在亲密关系中回报平等分配的公平，而美国学生则偏爱基于回报与投入成稳定比例的公平。
- ⊖ 很多幸福的已婚夫妇并不太关注公平。默斯泰恩等人（Murstein, MacDonald & Cerreto, 1977）发现，关注公平的夫妇要比不关注公平的夫妇在婚姻适应性上明显较差。
- ⊖ 凯特等人（Cate, Lloyd & Long, 1988）发现，浪漫关系的满意度取决于回报（例如，性满意度、爱、地位）而非精确的公平。

投资模型

是什么决定了个体对他/她当前关系的承诺呢？常识表明，决定性因素是个体对他/她的伴侣的吸引和爱的程度。没有人会怀疑吸引力和爱的重要性，但是投资模型（例如，Rusbult, 1983；Rusbult, Martz & Agnew, 1998）认为还存在其他重要因素。根据这一模型，三个因素共同决定了个体对关系的承诺水平：

- **满意度**。基于亲密关系双方的付出和回报，以及对他们认为他/她应该得到的回报和付出的评估。
- **备选可能的可知特性**。如果不存在其他有吸引力的选择（例如，可替代的伴侣、毫无承诺的单身），个体会对当前的关系更忠诚。
- **投资大小**。对关系投入的时间、努力、金钱、个人牺牲越多，承诺越强烈。

投资模型是韦塞尔奎斯特等人（Wieselquist, Rusbult, Foster & Agnew, 1999）提出的，他们指出，个体的努力被对方准确地感知到是非常重要的。他们认为，当下面的序列事件发生时，对亲密关系的承诺和信任水平会很高："(a) 信赖促进强烈的承诺, (b) 承诺增进亲关系行为 (pro-relationship acts), (c) 亲关系行为被对方感知, (d) 亲关系行为的感知提高对方的信任, (e) 信任增加了双方依赖这种关系的意愿。" (p.942)

证据

拉斯布尔特（Rusbult, 1983）在一项对异性夫妇的纵向研究中，为投资模型提供了有说服力的证据。上述三个因素（满意度、备选可能的可知特性、投资大小）中任何一个发生改变，都会引起预期的承诺发生改变。正如该模型所预测的那样，亲密关系中回报的增加与承诺的增加相关。不支持该模型的唯一发现是，增加付出通常并不能减少满意度或承诺。

伦德（Lund, 1985）获得了支持投资重要性的良好证据。时间感、努力和资源上的投资，是对亲密关系承诺的一个良好预测因子。事实上，它是一种比亲密关系所提供的回报更好的预测因子。

拉斯布尔特和马茨（Rusbult & Martz, 1995）研究了曾在避难所寻求安全的受虐女性。她们大多数均体验到对婚姻关系的不满意，但是很多妇女仍然决定回到虐待她们的男性身边。根据她们对虐待自己的男人的感情，不可能预测哪些妇女会回到伴侣身边。重要的是她们在婚姻关系中的投资程度（例如，共同的孩子）以及备选可能的缺乏（例如，没有足够的金钱独立生活）。

根据投资模型，个体会将他们当前的关系与各种备选可能进行比较。拉斯布尔特等人（Rusbult, van Lange, Wildschut, Yovetich & Verette, 2000）发展了这种观点，认为人们会对自己的关系与其他人的关系进行比较。他们发现了大量支持优越感现象（phenomenon of perceived superiority，认为自己的关系比其他人的关系更好）的证据。优越感增加了夫妻的幸福感，并有助于他们应对问题和困难。

拉斯布尔特等人（Rusbult et al., 2000）发现，优越感取决于对亲密关系的承诺：承诺程度高的夫妇具有更多的优越感。在已婚夫妇中，较多承诺的伴侣通常表现出更多优越感的证据。最为重要的是，已婚夫妇的优越感水平能够预测 20 个月后的适应水平，还可以预测婚姻是否能维持下去。

韦塞尔奎斯特等人（1999）进行了两项纵向研究，一项是未婚学生亲密关系的研究，一项是对已婚夫妇的研究。他们获得了支持上述形成信任和承诺的六阶段序列的证据。

当承诺水平很低时会发生什么呢？研究者（Buunk & Bakker, 1997）发现，低承诺个体更可能出现婚外性行为。在很多情况下，他们会与一个或更多人发生不安全的性行为，并会不采取任何措施使自己的伴侣免受这种行为带来的危险。

处于虐待关系中的女性为什么会回到她们伴侣的身边？

❖ 评价

- ⊕ 关系承诺取决于备选对象的吸引力、对关系的投资大小及对关系的满意度。
- ⊕ 优越感是承诺的一个重要结果，有助于维持关系。
- ⊖ 承诺的三个决定因素并不是完全独立的。例如，对关系非常满意的个体更可能对关系进行大量投资。
- ⊖ 大多数研究关注的都是短期关系而非长期关系（Buunk, 2001）。
- ⊖ 投资模型忽视了个体差异。例如，由于童年经历而不信任他人的个体，不可能像其他个体那样对关系作出完全承诺。

关系稳定性和终止

本部分主要关注导致婚姻维持和终止的因素。但是，在婚前关系的维持和终止中所涉及的过程可能较为相似，我们首先就来探讨这些关系。关系经常会因为其中一方与他人发生了婚外情而破裂。事实上，哈里斯（Harris, 2002）发现，在将近

60%的离婚案例中，都是婚外情导致了关系解体。感情不忠和性的不忠对关系的影响在第3章已进行过详细讨论。

李（Lee, 1984）认为，婚前关系的破裂通常会持续一段时间，而非仅由一件事所引起。他认为关系破裂包括五个阶段：

1. **不满意（dissatisfaction）**。双方或一方认识到双方关系存在严重问题。
2. **暴露（exposure）**。将问题阶段发现的问题全部公开。
3. **协商（negotiation）**。对暴露阶段提出的问题进行大量讨论。
4. **尝试解决（resolution attempts）**。双方尝试解决在协商阶段讨论的问题。
5. **终止（termination）**。如果尝试解决问题失败，关系即告终止。

李基于100多对婚前浪漫关系破裂的研究确定了五个阶段。暴露阶段和协商阶段是关系破裂中最剧烈也是最劳神的阶段。曾经最稳定的关系需要花费很长时间经历关系终止的五个阶段。其意义在于：关系越重要，越值得为它的维持而努力争取。

下面我们来考察随着时间发展婚姻将会出现什么问题。横断研究（例如，Glenn & McLanahan, 1982）表明，婚龄和婚姻满意度之间呈U型关系。第一个孩子出生后，婚姻满意度会急剧下降，只有在最后出生的孩子离开家时，婚姻满意度才会再次提高。这些横断研究的局限性在于，要求很多人回忆婚姻中不同阶段的婚姻满意度，其中有些甚至是发生在30年前甚或更早。显而易见，在如此久远的时间段内进行回忆可能会不准确。

纵向研究涉及在两个或更多的时间段获取数据。它们通常能比横断研究揭示更多内容，因为它们提供了随时间变化的信息。瓦利恩特夫妇（Vaillant & Vaillant, 1993）报告了一项纵向研究，让已婚夫妇指出在40年中几个阶段的婚姻满意度。在婚姻过程中，丈夫的婚姻满意度一直保持相当稳定，而妻子的婚姻满意度则出现了中度的下降。瓦利恩特夫妇的发现与大多数其他研究者的发现之间的差异，可能是因为他们未让被试回忆很久以前的感情。但是，他们的研究与其他研究者的研究还存在一个重要区别：他们的男被试均毕业于哈佛大学，因此通常经济非常富裕。他们的财富有助于他们避免由于抚养孩子而带来的压力。

高离婚率和大量婚姻问题的媒体报道，致使很多人认为婚姻是医治不幸和痛苦的秘方。事实上，大多数证据都表明了截然相反的观点（参见下面的关键研究）。

人们有时会宣称婚姻对男性的好处大于对女性的好处。我们可以通过计算男女双方的"幸福差距"来检验这种观点，幸福差距是非常幸福的已婚个体与未婚个体百分比之间的差异。伍德等人（Wood, Rhodes & Whelan, 1989）对94项研究进行了元分析，发现幸福差距在两性之间几乎完全相同。

为什么结婚的人相对会更幸福呢？如前所述，阿盖尔和弗海姆（Argyle & Furnham, 1983）发现了决定人们对不同关系满意水平的三个因素：物质和工具性帮

李（Lee, 1984）的关系破裂模型

- **不满意阶段**：认识到关系中的问题
- **暴露阶段**：将问题公开化
- **协商阶段**：讨论问题
- **尝试解决阶段**：双方尝试解决问题
- **终止阶段**：如果尝试解决问题失败，则关系终止

当试图研究亲密关系时，会遇到什么特殊困难？

布拉德伯恩：婚姻幸福

布拉德伯恩（Bradburn, 1969）在一项对美国人的研究中发现，35% 的已婚男性和 38% 的已婚女性认为他们"非常幸福"。这些比例远高于未婚男性和未婚女性（18%）。在那些已经结婚但目前分居、离婚或寡居的人当中，认为自己"很幸福"的比例甚至更低。例如，只有 7% 的分居男性或寡居男性认为自己"很幸福"。

布拉德伯恩关于承认自己"不太幸福"的人数百分比的发现，强化了婚姻有益的结论。不到 10% 的已婚者认为自己"不太幸福"。这与 40% 的分居者以及 30% 以上的离婚者认为自己"不太幸福"形成鲜明对照。从未结过婚的人比已婚的人更不幸福。但是，他们比已婚但不再处于结婚状态的人更幸福，他们中大约 17% 的人认为"不太幸福"。

这些发现需要慎重解释。离婚者比已婚者更不幸福可能主要是因为他们离婚的事实。但也有可能是天生不幸福和抑郁的人比天生幸福和随和的人更可能离婚。

讨论要点：
1. 为什么已婚者通常会比未婚者更幸福？
2. 幸福的自我报告测量有什么局限性？

> **关键研究评价——布拉德伯恩**
>
> 布拉德伯恩的研究发现，大多数已婚者都宣称与单身的人相比自己很幸福，40% 的单身者认为自己"不太幸福"。但是，这项研究是 1969 年在美国进行的，这个时期结婚受社会规范的制约，生活在一起的夫妇如果有婚外情会被认为是无法容忍的。当陌生人询问有关某人的家庭幸福需求特征时，可能会影响已婚夫妇的回答，也会影响单身者的回答，因为在 1969 年单身者是非常渴望结婚的。

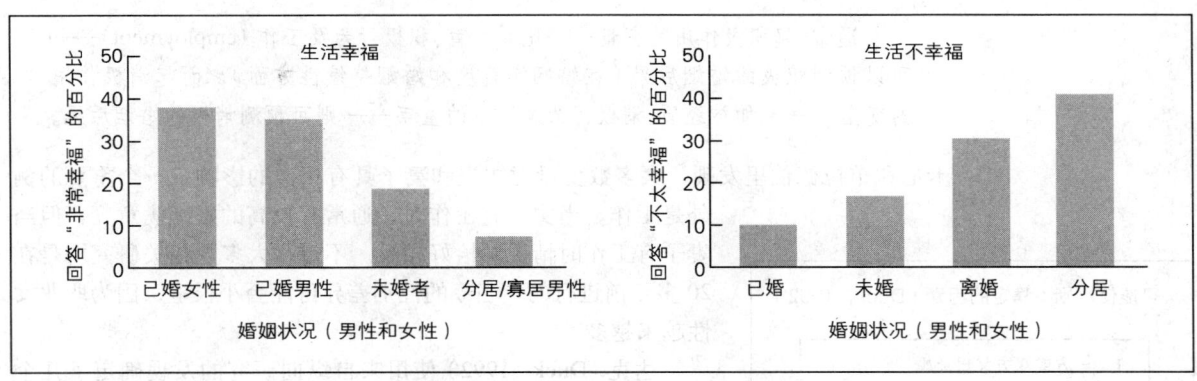

助、社会和情感支持，以及共同爱好。在所有三个因素的任何一类非性关系上，尤其是在物质和工具性帮助上，配偶都比其他个体被评定为更高。

对布拉德伯恩的发现需要进行谨慎的解释。离婚的人没有已婚的人幸福主要是因为他们离婚了。也可能是天生不幸福和抑郁的人比天生幸福和随和的人更可能离婚。一些证据表明，幸福和适应良好的人更可能结婚且更可能维持婚姻（例如，Mastekaasa, 1994）。但是，这些影响相对较弱，并且仅能解释婚姻和幸福之间的某些关系。

还有另外两点需要提及。第一，表明婚姻与高幸福感水平有关的很多研究，都是在很久以前进行的。当今的婚姻所产生的有益影响少于过去的婚姻。不过，证据通常并不支持这种观点（Diener, Suh, Lucas & Smith, 1999）。第二，同居而不结婚的人数急剧增加，一个主要原因是同居者认识到婚姻中存在很多明显的缺陷。例如，传统观念（虽然有点悲哀，但常常更符合事实）认为，已婚妇女除了要保持全职工作外，还要包揽几乎所有的家务。

婚姻成功与失败

婚姻中的哪些因素会使一些婚姻比其他婚姻更成功？

婚姻稳定性：一种婚姻状态（持续还是以分居或离婚结束）。

什么因素决定了哪些婚姻或亲密关系可以持续、哪些不能持续呢？一种常见的看法是：新婚夫妇是极为幸福和乐观的，只是正式结婚后数年里出现的问题和困难才导致的离婚。休斯顿等人（Huston, Niehuis & Smith, 2001b）粉碎了这一荒诞的看法。他们发现，新婚夫妇在彼此相爱的程度上存在很大的差异。结婚时彼此深爱的新婚夫妇一般比结婚几年后才进入婚姻状态的新婚夫妇会更幸福。另外，结婚 7 年就离婚的人，其新婚时的爱和激情要少于结婚 7—13 年后才离婚的人。休斯顿等人将这些发现整合到他们的持续—动态模型（enduring-dynamics model）中。根据这一模型，婚姻过程中所发生的大量事件可以从恋爱阶段以及刚刚结婚时两个人的亲密性（或缺乏亲密性）上进行预测。

卡尼和布拉德伯里（Karney & Bradbury, 1995, p.18）综述了来自大量纵向研究的证据，这些研究关注与婚姻质量或婚姻满意度以及**婚姻稳定性**（**marital stability**）（婚姻是持续还是以分居或离婚结束）有关的因素。他们得出了以下结论：

> 通常，起积极作用的变量——比如教育、积极行为及工作（employment）——可以预测积极的婚姻后果（在婚姻满意度和婚姻持续性方面），而起消极作用的变量——比如神经质、消极行为及不幸的童年——则可预测消极的婚姻后果。

卡尼和布拉德伯里发现，大多数变量对丈夫和妻子具有相似的影响。一个重要的例外是工作。当丈夫有工作时，通常有较高的婚姻满意度，但当妻子有工作时情况却恰好相反。不过，大多数相关研究均是在 20 多年前进行的，当今的性别差异可能会小很多，因为职业女性越来越多。

达克（Duck, 1992）使用来自纵向研究的发现确定了几个使婚姻更脆弱、更容易终止的因素。第一，父母离婚者的婚姻更可能以离婚告终。第二，早婚者的婚姻可能不及晚婚者的婚姻更长久。可能的解释是年轻人还不够成熟，还未完全形成自己的成人人格，并且不太可能拥有稳定的收入或全职工作。

第三，来自非常不同的文化、种族或宗教信仰等背景的夫妇的婚姻，不及来自相似背景的夫妇的婚姻稳定。一个原因是，不同的背景可能会使他们对婚姻产生截然不同的期望。第四，社会经济地位较低和/或受教育程度较低群体的婚姻更可能以离婚结束。这些婚姻的双方通常很年轻，从而增加了离婚的可

可能使婚姻不稳定的因素（Duck, 1992）

1. 一方或双方父母离婚
2. 双方都很年轻
3. 双方来自完全不同的背景
4. 双方来自较低的社会经济背景和/或双方的受教育程度较低
5. 一方或双方在婚前有很多性伴侣

能性。第五，婚前有很多性伴侣者的婚姻更不稳定。那些有很多浪漫关系的人发现很难作出使婚姻维持下去所需要的长期承诺。

达克所确定的五个因素只说明了部分情况。一些成功和稳定婚姻的双方具有所有这些易损性因素，还有一些婚姻的双方虽然没有这些因素，但婚姻却很短暂。因此，一些因素可能较为复杂。例如，考虑一下受教育程度较低的人更容易离婚这个事实。真正重要的并不是受教育程度本身，而是他们对拥有自己的住所以及在受教育程度较低的情况下拥有合适的全职工作的期望降低。

大多数纵向研究的数据都有局限性。例如，在卡尼和布拉德伯里所综述的纵向研究中，75%的样本主要由中层阶级的白人夫妇构成。另外，这些研究过于依赖自我报告和访谈数据，这两种方法都容易受到歪曲（例如，社会赞许性偏差）的影响。

理论

研究者已经提出了一些理论来解释长期亲密关系和婚姻的维持或终止。一些主要的理论观点将在本部分进行讨论。

情感模型

莱文杰（Levinger, 1976）提出了凝聚力模型（cohesiveness model），他在这个模型中认为，婚姻得以维持取决于三个主要因素：

1. 关系的吸引力（例如，情绪安全感、性满足）。
2. 离婚的障碍（例如，社会规范、经济压力）。
3. 有吸引力的备选对象的出现（例如，更合意的伴侣）。

莱文杰（Levinger, 1999）后来又增加了第四个因素——备选关系的障碍。例如，如果一位妇女喜欢的男性已经结婚并有家庭，那么该妇女多半不太可能离开她的丈夫。当婚姻缺乏吸引力、脱离关系的障碍较弱、存在很多具有吸引力的备选对象、追求有吸引力的备选对象障碍较少时，最有可能离婚。

刘易斯和斯帕尼尔（Lewis & Spanier, 1979）发展了这种观点。他们把婚姻满意度和婚姻稳定性看成两个独立维度。这使他们确定了四种婚姻类型：满意和稳定的婚姻，满意但不稳定的婚姻，不满意但稳定的婚姻，不满意和不稳定的婚姻。不满意但稳定的婚姻之所以能够维持，是因为存在很多限制离婚的障碍。相反，满意但不稳定的婚姻通常更易失败，是因为脱离婚姻关系的阻碍很少并且存在有吸引力的备选对象。

导致夫妻决定分开的关键因素有哪些？

证据

正如莱文杰的凝聚力模型所预测的那样，婚姻满意度与婚姻稳定性之间通常只存在很弱的相关。卡尼和布拉德伯里（1995）在他们的综述中报告，妻子的婚姻满意度与婚姻稳定性之间的平均相关为+0.33，丈夫的婚姻满意度与婚姻稳定性之间的平均相关为+0.13。阿特里奇等人（Attridge, Berscheid & Simpson, 1995）在一项对120名成人的婚前关系的纵向研究中报告了类似的发现。他们测量了通常认为能说明关系满意度的 13 种变量（例如，承诺、爱、关系亲密度、自我表露及积极情感体验）。所有 13 种变量在单因素上的负荷称为稳定综合指数（stability composite index）。该因素上的得分不能很好地预测夫妻是会继续在一起还是会分离："即使使用夫妻双方在稳定综合指数上的数据……我们也只能解释婚前恋爱关系稳定性三分之一的变异。"（p.262）

支持该模型的有力证据来自尤迪（Udry, 1981）对美国夫妇的纵向研究。从这些夫妇中获得了有关婚姻满意度、在无现有配偶的情况下他们感到更好或更坏的程度，以及用与现有配偶相当或更优秀的备选对象替代配偶的容易程度等方面的信息。尤迪发现，优秀的婚姻备选对象比婚姻满意度能更好地预测婚姻稳定性（或终止）。

怀特和布斯（White & Booth, 1991）访谈了一些已婚人士，对他们的婚姻满意度水平、婚姻关系的备选对象、离婚障碍（例如，住房、孩子）进行了评估。8 年后再次对这些人进行访谈。当备选对象较少而离婚障碍较多，以及在研究开始时婚姻满意度就很高的情况下，婚姻稳定性也更高。两位研究者（p.19）认为："离婚率上升的发生，不是因为婚姻不幸福，而是因为在离婚障碍减少和备选对象增加的情况下，导致离婚所必需的婚姻幸福的阈限值比过去更低。"

❖ 评价

⊕ 莱文杰的社会交换理论有助于解释婚姻不满意为什么不能强有力地预测离婚。
⊖ 该理论未能解释引起最初成功的婚姻最终失败的过程。
⊖ 该理论未提供使婚姻更具吸引力的各种因素的详细说明。

银行—账户模型

戈特曼（Gottman, 1993, 1998）关注已婚夫妇在讨论问题时，尤其是会引起冲突的问题时所采用的适应过程。他一直认为，通过直接观察比通过自陈问卷更可能理解包含在婚姻中的过程。

戈特曼（Gottman, 1993）使用了 79 对夫妇的录像证据，这些夫妇讨论当天发生的事件、意见不一致的问题及愉快的话题。婚姻稳定的夫妇平均的积极评论次数是消极评论次数的五倍，而婚姻不稳定的夫妇出现积极评论的次数仅有消极评论次数的 80%。

婚姻稳定的夫妇与婚姻不稳定的夫妇之间的区分被证明是很重要的。戈特曼（Gottman, 1993）发现，19% 婚姻不稳定的夫妇在测试的四年期间离婚，相比之下只有 3% 婚姻稳定的夫妇在测试的四年期间离婚。在不稳定婚姻中，52% 的丈夫和 48% 的妻子在四年期间都认真考虑过离婚问题。相反，在稳定婚姻中，这两个比例分别为 18% 和 33%。

戈特曼（Gottman, 1998）综述了对已婚夫妇交往的观察研究，得出结论认为，区分幸福夫妻和不幸福夫妻有七种一致性模式。不幸福的夫妻表现出：

1. 积极性对消极性的比值很低（Gottman, 1993）。

2. 更多消极的相互影响：一方出现的消极情绪会引起另一方表现出消极情绪。
3. 更多的批评、蔑视和阻碍。
4. 妻子提出要求而丈夫回避模式的证据更多。
5. 冲突时普通积极情感的证据更少。
6. 有关对方消极和稳定的归因。
7. 生理唤醒增加。

在交往过程中，为什么幸福夫妻会比不幸福夫妻有如此少的消极情绪呢？正如我们前面所看到的那样，幸福婚姻的双方会把配偶的消极行为归因于情境而非人格。因此，他们并不认为需要作出消极的反应。

易损性—压力—适应模型（vulnerability-stress-adaptation model）

卡尼和布拉德伯里（Karney & Bradbury, 1995）提出了婚姻的易损性—压力—适应模型（见下图）。根据该模型，三个主要因素决定了婚姻质量和婚姻稳定性或持续性：

1. **持久的易损性**。包括高神经质水平（与焦虑和抑郁有关的人格维度；见第13章）和不愉快的童年。
2. **压力事件**。包括短暂和长期持续的压力事件，例如疾病、失业、贫穷。
3. **适应过程**。包括解决困难的建设性应对策略和破坏性应对策略。

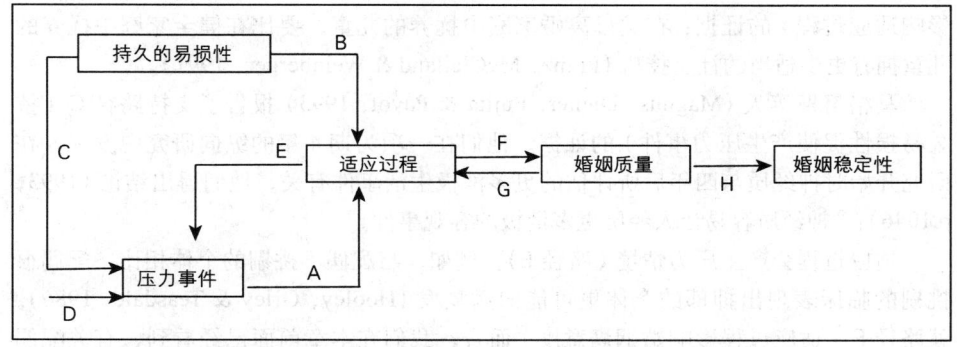

婚姻的易损性—压力—适应模型。引自卡尼和布拉德伯里（1995）。

该模型认为，适应过程对婚姻满意度具有直接影响。相反，持久的易损性和压力事件会通过对适应过程的作用而对婚姻满意度产生间接的影响。例如，具有高神经质或父母曾离婚的已婚人士，通常具有较低的婚姻满意度。根据这个模型，神经质和父母离婚与婚姻满意度存在消极相关的原因，是因为它们导致个体使用了不利于适应的过程（例如，消极沟通对积极沟通高比率）。该模型的其他方面包括如下假设：持久的易损性在引发压力事件中具有一定作用，适应过程会产生压力情境。

易损性—压力—适应模型认为（Karney & Bradbury, 1995, p.24），婚姻经常会通过下面的恶性循环而破裂：

(a) 压力事件对夫妻的适应能力提出挑战，(b) 这促使这些压力事件永久存在或恶化 (c) 这反过来又更进一步挑战他们的适应能力，甚至打击他们的适应能力。这种恶性循环最可能发生在具有持久易损性的夫妻身上。

证据

卡尼和布拉德伯里（1995）讨论了 115 项有关婚姻质量和婚姻稳定性的研究，这些研究几乎考察了 200 个变量。有证据表明，持久易损性、压力事件和适应过程等主要因素，影响了婚姻满意度和稳定性。我们首先讨论持久易损性这一因素。丈夫和妻子的神经质与婚姻满意度和婚姻稳定性的相关大约为 –0.20，丈夫与妻子的不幸童年之间也存在类似的发现。压力对婚姻满意度具有强烈的消极影响，而对婚姻稳定性只有较小的影响。就适应过程而言，消极行为和不适当归因与较低的婚姻满意度相关，但对婚姻稳定性几乎没有影响。

存在多条路径将模型中的主要因素相互连接起来这一假设是至关重要的。接下来我们就来考察与这些路径有关的证据。奥布里等人（Aubry, Tefft & Kingsbury, 1990）报告了支持路径 A 的证据（压力事件影响适应过程），他们发现，失业压力与配偶之间较多的消极交往和较少的建设性交往有关。另外，有研究者在一项日记研究中发现，消极的婚姻交往在有压力的日子中比无压力的日子中要更常见（Halford, Gravetock, Lowe & Scheldt, 1992）。在以下发现中获得了支持路径 B（持久易损性影响适应过程）的证据：在父母离婚家庭中抚养的儿童，要比在健全家庭中抚养的儿童拥有更少适当的社交技巧（Franz, McClelland & Weinberger, 1991）。

马格努斯等人（Magnus, Diener, Fujita & Pavot, 1993）报告了支持路径 C（持久易损性促使产生压力事件）的证据。他们在一项为期 4 年的纵向研究中发现，在研究开始时神经质与四年后所评估的更多消极生活事件有关。他们得出结论（1993, p.1046）："神经质容易让人经历更多消极的客观事件。"

适应过程会产生压力情境（路径 E）。例如，与配偶不挑剔的个体相比，配偶很挑剔的临床表现出抑郁的个体更可能旧病复发（Hooley, Orley & Teasdale, 1986）。就路径 F（适应过程影响婚姻满意度）而言，我们在本章前面已经看到，有关配偶行为的归因会影响婚姻满意度（Fincham & Bradbury, 1993）。就路径 G（婚姻满意度影响适应过程）来说，最初对丈夫满意的妻子在结婚的前两年里会变得更有感情，而对妻子满意的丈夫在相同时间段中也会变得更不消极（Huston & Vangelisti, 1991）。

路径 H 的情况如何呢？如前所述，卡尼和布拉德伯里（1995）在元分析中发现，丈夫的婚姻满意度和婚姻稳定性之间呈显著正相关，妻子的婚姻满意度和婚姻稳定性同样如此。

❖ 评价

- ⊕ 与婚姻的维持和终止有关的大多数因素均与该模型所强调的三种广泛因素直接相关。
- ⊕ 有证据支持该模型中存在的连接各因素的所有路径。
- ⊖ 根据该模型，婚姻质量和婚姻稳定性取决于多个因素复杂的交互作用。但是，几乎没有研究检验这些复杂性。
- ⊖ 该模型未对建设性适应过程和破坏性适应过程提供详细的说明。
- ⊖ 该模型夸大了婚姻满意度的作用，忽视了婚姻的外部因素（例如，有吸引力的选择对象的出现）对婚姻稳定性的影响。

> 从这个旨在解释长期关系为什么会破裂的模型中你看出了什么特殊问题？它们适用于不同的文化吗？

文化差异

大部分西方文化均为个体主义文化，大部分东方文化则均为集体主义文化（见第 1 章）。因此可以预期，在西方文化中，个体会独自做决定并为自己的生活承担责任。相反，在东方文化中，可以预期，个体会把自己看成家庭和社会群体的一部分，他们的决定会受到他们对他人义务的强烈影响。有研究者（Hsu, 1981）对这种差异做了总结："美国人会问：'我认为如何？'中国人会问：'别人会说些什么？'"因此，

后现代主义观点

那些赞同后现代主义观点的人（例如，Wood & Duck, 1995），对大多数人际关系研究的价值提出质疑。后现代主义的观点认为，需要根据所处的背景或环境来考察人际关系。解释现有证据的方式多种多样，但很难或不可能确认一种解释比另一种解释更好。

社会目的

拉尔基（Lalljee, 1981）提出了相关的观点。他认为，我们需要考虑人们解释自己行为时背后的社会目的。例如，当两个人离婚时，他们通常会对婚姻的破裂作出不同的解释。每一方都想表明是另一方不可理喻的行为导致了离婚。鉴于人们具有为自己对他人的行为进行辩护的需要，因此很难判断事情的真相。后现代主义者进一步宣称，不可能发现单一的"真相"。在穆雷和霍姆斯（Murray & Holmes, 1993）进行的一项研究中发现，有关某人关系的讲述很容易被改变以适应尴尬的事实。这表明真相是一个非常灵活的概念。

话语分析（discourse analysis）

很多后现代主义者认为，通过话语分析可以获得理解人际关系的进程。话语分析涉及对人们的书面信息或口头交流进行定性分析；通常是在非常自然的条件下进行录音。在加维（Gavey, 1992）的一部著作中，有一个有趣的话语分析的例子。她研究了被迫发生性关系的六名女性的性行为。下面是一个妇女所说的部分内容：

> 他一直在说，我们只、只做这个或我们只做那个，就是这样。这可能持续了一个小时……因此在我说"不"之后的一小时左右，他说"噢，来吧，来吧"，最后我想："上帝……我们不妨休息、平静、安静几个小时吧。"

这个例子表明，话语分析可以提供有关关系性质的有力证据。但是，加维及其他使用话语分析的研究者常常只从少量被试获得证据。这就产生了一个问题，即所获得的研究结果是否能推广到大样本中。另外也存在一些有关程序效度的问题。例如，我们可能会希望某人在面对自己的伴侣、亲密朋友、熟人和陌生人时以截然不同的方式描述性经验。

在很多非西方文化中，包办婚姻是很正常的。有证据表明，婚姻满意度的平均水平在包办婚姻和自由选择伴侣的婚姻中是相同的。

个体主义西方文化中的个体倾向于强调潜在配偶的人格，而集体主义东方文化中的个体则更喜欢基于社会地位的包办婚姻。

集体主义文化比个体主义文化更传统。我们可以预期他们更不可能接受婚前同居，因为他们认为这样做的后果更不幸福。正如所预测的那样，在集体主义文化中，同居男女的生活满意度低于已婚个体或单身个体；相反，在个体主义文化中，同居男女则要比已婚个体或单身个体更幸福、拥有更高的生活满意度（Diener et al., 1999）。

> 话语分析如何向我们提供比实验研究对人类关系的更深理解？

我们一定不要夸大个体主义文化和集体主义文化之间的差异。即使在包办婚姻属于正常规范的社会中，在婚姻伴侣选择上通常也会存在某些限制因素。例如，德蒙克（De Munck, 1996）研究了斯里兰卡穆斯林社区的婚姻实践。该社区非常强调包办婚姻，浪漫爱情在婚姻伴侣的选择中仅作为一个相关因素。在个体主义社会中，父母经常会竭力影响孩子的婚姻选择。

莱文等人（Levine, Sato, Hashimoto & Verma, 1995）报告了来自印度、巴基斯坦、泰国、墨西哥、巴西、中国香港、菲律宾、澳大利亚、日本、英国和美国等国家和地区有关爱情和婚姻的证据。一个社会的个体主义与建立婚姻所必须的爱情之间的相关为+0.56。因此，个体主义社会中的成员认为爱情在婚姻中很重要的趋势，要比集体主义社会中的成员更强烈。

当询问被试"如果爱情从婚姻中完全消失……最好的做法是否一刀两断并开始新生活"时，莱文等人发现了截然不同的结果模式。对这个问题的回答，在个体主义文化和集体主义文化中不存在差异。

> 为什么人们会认为"基于爱情的婚姻"比包办婚姻更容易破裂？

包办婚姻会比爱情婚姻更快乐还是更不快乐？两种婚姻婚姻满意度的平均水平似乎是相同的。研究者（Yelsma & Athappily, 1988）比较了印度的包办婚姻和印度、北美的爱情婚姻。在大多数情况下，包办婚姻的个体至少是与爱情婚姻的个体同样幸福。另有研究者（Gupta & Singh, 1982）研究了印度斋浦尔的已婚夫妇。在结婚的前五年，因爱情而结婚的人比包办婚姻的人更相爱。但五年后，包办婚姻的人比爱情婚姻的人变得越来越相爱。

小 结

亲社会行为

　　进化心理学家认为，亲缘选择和互利主义是构成利他行为的重要因素。根据巴特森的移情—利他主义假设，当我们看到他人处于痛苦中时，我们只有体验到移情关注而非个人痛苦时才可能表现出利他行为。大部分研究仅关注短期的无足轻重的利他行为。根据消极状态减轻模型，我们帮助受害者是为了减轻我们自己的悲伤情绪。一些证据与该模型不一致，该模型忽略了我们帮助他人具有无私动机的可能性。非工业化和集体主义文化的成员，要比工业化和个体主义文化的成员似乎具有更多的利他行为。但是，这两种文化中的个体都希望给予的帮助稍多于自己得到的回报。由于责任扩散，旁观者经常不情愿进行干预。根据达利和拉塔内的决策模型，旁观者会对情境进行解释，决定是否应该承担这个责任，然后决定应该提供什么帮助。唤醒/代价—奖赏模型认为，旁观者会首先解释自己的唤醒状态，然后评估助人行为的代价和奖赏。

攻击

　　根据社会学习理论，攻击行为取决于观察学习。根据挫折—攻击假说，攻击由挫折所引起。该假设过于简单。根据线索—唤醒理论，攻击可能由相关环境线索引起（比如，武器效应）。根据认知—新联结主义观点，厌恶事件会引起消极情感，然后激活长时记忆中的联结网络。根据负面情绪逃跑模型，中等强度的不愉快刺激可以导致旨在减少由该刺激引起的消极情感的攻击行为。根据兴奋—迁移理论，由刺激引起的唤醒可以迁移并且增加到由第二个刺激引起的唤醒上。如果对唤醒来源作出错误解释，可能会引起攻击性增加。这些误解在日常生活中可能很少见。根据一般情感攻击模型，攻击行为主要取决于评估过程。该模型很复杂，只能进行很少的精确预测。酒精导致攻击行为是因为减少了焦虑。对西方文化中亲密关系内部攻击行为的研究表明，女性比男性更可能表现出攻击行为，但是男性会比女性施以更多的身体伤害。在男性拥有大多数权力的文化中，男性的攻击行为远远超过女性的攻击行为。

人际关系的形成

　　接近性是人际关系发展中的一个重要因素。外貌吸引力在人际关系发展中很重要，较典型或对称的面孔更受欢迎。西方社会偏爱苗条的女性，而在食物供应不足的社会中则是肥胖的女性更受欢迎。关系中的双方倾向于具有相当的外貌吸引力水平。当我们对某人形成第一印象时，我们主要受中心特质（例如，热情、聪明）和首次出现的信息的影响。我们会被那些与自己具有相似人格和态度的人吸引，因为我们推测他们可能会对我们作出积极的评价。在择偶偏好方面存在很大的文化差异。但是，大多数文化中的男性都是更喜欢年轻的女性，而女性则更喜欢年长的男性。在具有众多致病病原体的文化中，外貌吸引力在择偶偏好方面是一个更重要的因素。

有机会获得财富和其他资源的女性，会比其他文化中的女性在择偶偏好上更注重外貌吸引力。

亲密关系的发展

爱情由亲密、激情和决定/承诺三种成分组成。根据这三种成分的相对卷入程度可以区分出不同的爱情类型。喜欢与爱情有区分，喜欢的主要特征是亲密。自我表露与吸引力和亲密呈正相关，因为它表明我们相信他人并且希望他人了解自己。女性对自己的恋爱伴侣比男性有更多的自我表露。情绪性自我表露与亲密的相关比真实的自我表露更高。只有一方对这种表露的反应被另一方感知到时，自我表露才能引起亲密关系。对配偶的消极归因会增加对他/她的消极行为，并导致婚姻满意度降低。平等的浪漫关系通常会比不平等的浪漫关系更幸福，但是对浪漫关系的满意度更多取决于对方提供的奖赏。关系承诺取决于满意度、可感知的备选可能的质量及投资规模。

关系的稳定和终止

已婚个体比未婚个体更幸福，但是婚姻满意度会随着时间逐渐降低。与离婚有关的因素包括父母离婚、青少年婚姻及来自不同的背景。根据莱文杰的凝聚力模型，婚姻稳定性取决于关系的吸引力、扫除婚姻的障碍、有吸引力备选对象的出现及备选对象周围的障碍。正如所料，婚姻稳定性与婚姻满意度只存在中等程度的相关。当消极沟通多于积极沟通时，婚姻通常会以离婚结束。根据卡尼和布拉德伯里（1995）的观点，婚姻满意度和婚姻稳定性取决于持久的易损性、压力事件及适应过程。前两个因素通过对适应过程的影响进而影响婚姻满意度。易损性—压力—适应模型忽视了婚姻外部因素的作用（例如，吸引人的备选可能的出现）。在个体主义文化中，爱情对于婚姻关系的确立要比在集体主义文化中更重要。包办婚姻的个体与恋爱婚姻的个体同样幸福。

深入阅读

- Anderson, C.A., & Bushman, B.J. (2002). Human aggression. *Annual Review of psychology*, *53*, 27–51. This chapter by two leading experts provides an overall framework for research on human aggression.
- Hewstone, M., & Stroebe, W. (2001). *Introduction to social psychology* (3rd ed.).Oxford, UK: Blackwell. There is good coverage of pro-social behaviour, aggressive behaviour, friendship, and close relationships in Chapters 9, 10, and 12 of this edited book.
- Hogg, M.A., & Vaughan, G.M. (2002). *Social psychology* (3rd ed.). New York: Prentice Hall. Introductory accounts of the topics covered in this chapter are given in Chapters 12, 13, and 14 of this textbook.

第 20 章 群体过程

本章概要

- **服从权威**
  米尔格莱姆的服从研究

  理论及某些重复研究

- **从众**
  从众研究

  从众的需要／愿望
  谢里夫的游动效应研究
  阿什的线段长度及其他研究；跨文化研究
  少数／多数和公开／隐秘之影响——莫斯科维奇的研究

- **基本群体特征**
  各种群体特征的讨论

  群体凝聚力
  社会规范的形成
  双生活周期理论——群体社会化理论
  认知模型

- **群体绩效**
  群体绩效与个体绩效

  社会助长——扎荣茨的驱力理论和其他
  群体绩效下降——拉塔内等人的社会惰化研究；社会补偿
  群体决策的相对不正确性

- **群体决策**
  试图解释群体极化的几种理论

  社会比较理论——以最积极的关注为目标
  信息理论——大众中分享的有说服力的事实
  自我归类理论——组织内与组织外
  群体思维——"挑战者号"悲剧

- **领导**
  所探讨的领导问题

  人格特质——伟人论
  领导风格的有效性：民主型、独裁型、放任型、任务型及社会情绪
  情境因素——菲德勒的权变模型
  巴斯的交易型和变革型领导风格

- **集体行为**
  拥挤人群中个体行为改变的方式和原因

  探讨拥挤行为——骚乱、足球比赛、示威
  人群中的匿名——去个性化
  攻击的触发因素——突生规范理论
  群体规范的影响——社会认同模型

我们的言（和行）会受到他人的严重影响。他们拥有关于世界的有用知识，关注他们的所言通常是明智的。此外，我们希望被人喜欢，希望融入社会。因此，有时我们会隐藏真实的想法，试图以迎合他人的方式行事。这些问题均涉及**社会影响**（social influence），社会影响是指"个人或团体在某个特定方向上运用社会力量改变他人的态度或行为。社会力量是指可用于促使这种改变的力量"（Franzoi, 1996, p.258）。

社会影响：使用社会力量引起他人的态度和行为发生改变。

当个体行为取决于权威人士（例如，警察、医生）的命令时，就会出现社会影响。我们首先考察服从权威。不过，大多数社会影响都是发生在群体内，本章其他内容将会关注群体及其对群体成员信念和态度的影响。群体的含义是什么呢？布朗（Brown, 2000a, p.3）认为：

> 当两个或两个以上的人认定自己属于群体成员，以及群体的存在至少得到一个其他 [个人或群体] 承认时，群体就出现了。

群体过程有很多种，包括从众压力、群体凝聚力和群体规范。群体绩效通常不同于个体绩效。在群体内部，我们需要考虑领导的角色，他是对群体成员最具影响力的人。最后，社会或群体影响还会影响个体在拥挤人群和暴乱中的行为。

在你阅读本章时，请想一想你每天遇到的个体和群体。这些个体和群体会比其他个体和群体更多的影响你的行为吗？为什么你会认为是这样呢？我们将会看到，该领域的一个关键发现是，我们的行为受他人影响的程度通常要比我们认为的更多。

服从权威

几乎在所有社会中，都会有一些人被赋予的权力和权威高于其他人。例如，在我们的社会中，父母、教师和管理者具有不同程度的权威。这在大多数情况下不会引起任何问题。如果医生告诉我们每天服药三次，大多数人都会认为他/她是专家并照其所说的去做。

大多数人会在多大程度上愿意服从权威呢？如果一个权威人士要求你做你认为错误的事情，会出现什么情况呢？历史的教训是：在受到命令时，很多人都会以完全违反道德原则的方式行事。例如，艾希曼（Adolf Eichmann）由于在二战中下令屠杀成千上万名犹太人而罪孽深重。他否认任何道德责任，声称他只是在执行别人的命令。最著名的服从权威研究是米尔格莱姆（Milgram, 1963, 1974）完成的，具体情况将在下一页的关键研究中进行讨论。

如果人们不太顺从权威，社会将如何获益？

证据

米尔格莱姆的研究是 1960 和 1970 年代在美国进行的，了解相似的发现能否在其他文化和其他时间出现是很重要的。邦德和史密斯（Bond & Smith, 1966）探讨了相关的跨文化证据。遗憾的是，该程序的关键内容因文化而异，致使难以解释所得到的发现。不过，完全服从的被试比例在一些国家非常高。在米尔格莱姆的研究过

米尔格莱姆：服从权威

米尔格莱姆（Milgram，1963，1974）报告了他在耶鲁大学进行的几个实验。被试两两配对，以教师和学习者的身份进行一项简单学习测验。事实上，"学习者"通常是米尔格莱姆雇来的一个以某种方式作出特定行为的同谋者。告诉"教师"当"学习者"每次给出错误答案时给予电击，每错一次就增大电击强度，即使学习者患有心脏病也要如此。其实他们对实验仪器做了调整，因此学习者并不会受到电击，但是教师却是毫不知情。在180伏时，学习者大叫："我忍受不了疼痛。"在270伏时，反应变成了痛苦的尖叫。最高电击强度是450伏，几乎是致命的。如果教师不愿实施电击，实验者会强迫他/她继续下去。

你认为你愿意实施最高（可能致死）450伏的电击吗？米尔格莱姆发现，他问的每一个人都否认他们就自己而言会这样做。他还发现110个人类行为专家（例如，精神病学家）中每个人都预测没人会实施450伏的电击。事实上，约有65%的被试（无性别差异）均按照标准程序给予最高电击，这与专家的预测截然不同！

实验中最引人注目的完全服从是基诺（Pasqual Gino）的例子，他是一名43岁的水质检测员。在实验结束时，他在考虑："天哪，他死了。好吧，既然都这样了，就结束了他。我继续这个过程直到450伏。"

米尔格莱姆（像 Milgram，1974）根据这个基础实验进行了几项变动。他发现，减少服从权威的方式主要有两种：

1. 增加学习者陷入困境的显著性。
2. 减少实验者的权威或影响。

第一个因素的影响通过在四种条件下的服从对比进行研究，这四种条件是让学习者意识到他/她所实施的痛苦程度上存在差异（完全服从被试的百分比在括号内）：

- 接触—接近。被试必须强迫学习者的手接触电击按钮（30%）。
- 接近。学习者距离被试一米远（40%）。
- 声音反馈。能听见但看不见受害者（62%）。
- 远距离反馈。听不见也看不见受害者（66%）。

米尔格莱姆（Milgram，1974）通过在一处破败的办公楼而不是在耶鲁大学做实验，减少了实验者的权威。完全服从被试的比例从耶鲁大学的65%降到破败办公楼的48%。通过电话指令而非坐在被试旁边降低了实验者的影响。这将服从比例从65%降到了20.5%。这种远距离效应有助于解释通过空投炸弹杀人比近距离开枪射击的压力感更小。最后还可通过使用普通大众而非衣冠楚楚的科学家降低实验者的权威。这使完全服从的比例降到了20%。

在一项进一步研究中，米尔格莱姆（Milgram，1974）使用了3名教师，其中2人是实验者的同谋。在一种条件下，两名同谋进行反叛，拒绝实施高强度电击。在这种情况下，只有10%的人完全服从。两名同谋不愿服从实验者的事实，极大地降低了实验者对被试的影响。最后，当两个实验者给出矛盾的命令时（一个实验者要求教师继续，另一个实验者要求他/他停止），没有一个被试完全服从。

讨论要点：
1. 大多数人仅仅是满不在乎地服从权威吗？
2. 决定是否服从权威的主要因素是什么？

> **关键研究评价——米尔格莱姆**
>
> 米尔格莱姆有关服从权威的工作，历来被认为存在很大争议。他最惊人的发现是，三分之二的被试实施了最高450伏的电击，而专家则预测没有一个人会这么做。不过需要强调的是，大多数实施最高电击的人并不情愿这样做，在他们身上表现出明显的压力和内在冲突的迹象。出现这一现象的部分原因可能是米尔格莱姆的实验发生在1970年代，而1960年代的社会和政治运动改变了叛逆的态度和个体主义。米尔格莱姆的发现与某些人的行为（如纳粹集中营守卫）相类似，他们抗议说他们只是服从命令（稍后详细讨论）。但其他研究表明，在现实生活情境中，当有人挑战权威时服从水平会降低。实施像米尔格莱姆最初的实验研究在今天可能会因涉及伦理问题而不被允许，但是他的工作至少表明从众和服从取决于很多因素，远比人们想象中的更普遍。

米尔格莱姆的研究可以消除哪些批评，你认为这些批评适当吗？

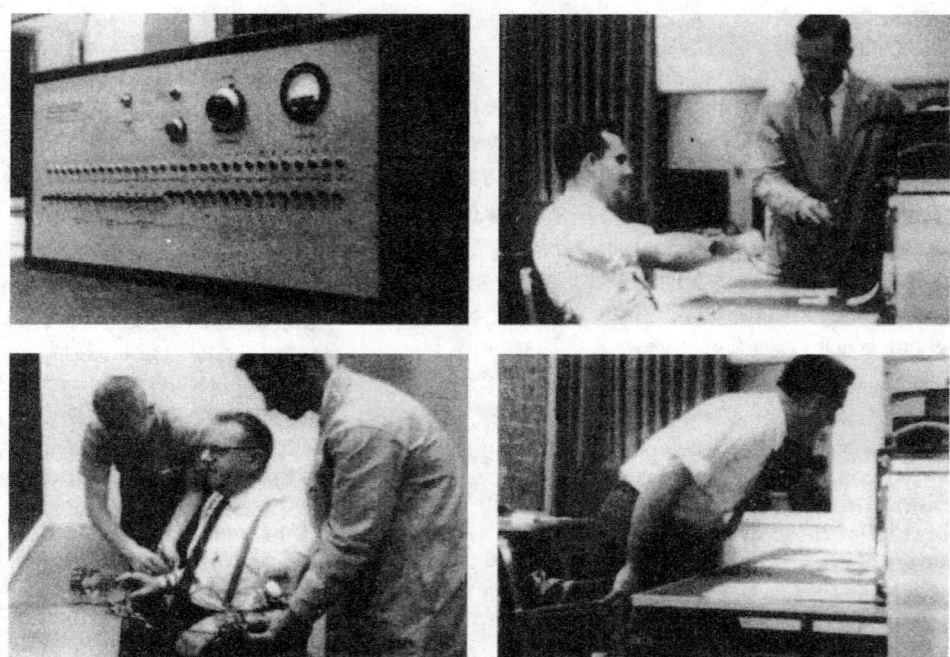

米尔格莱姆的"服从"实验。左上图:"电击箱";右上图:实验者向"教师"展示电击箱;左下图:把"学习者"捆绑在仪器上;右下图:一名"教师"拒绝继续实验。

去多年之后的很多案例中,该比例在意大利、西班牙、德国、澳大利亚和荷兰达到80%或更高。因此,在很长一段时期内,众多文化中均存在大量的权威服从。但是,几乎所有的权威服从研究都是在发达的工业化国家中进行的,尚不清楚在非工业化国家中会出现什么结果。

约三分之一的被试在米尔格莱姆的研究中未完全服从权威这一事实表明,可能存在重要的个体差异。但尚不清楚为什么有些人会比其他人更服从。根据范·阿维梅特(Van Avermaet, 2001, p.438)的观点,

> 在米尔格莱姆的情境中,人格特征未表现出差异:他的分析仅揭示了性别、不同职业、人格量表不同得分个体之间的细微差异。

米尔格莱姆(1974)所报告的通常不显著的发现出现了一个例外。表现出独立行为迹象的被试倾向于在F(法西斯主义)量表上得分低,该量表是对权威态度的测量(见第21章)。

米尔格莱姆的研究是在实验室进行的,在较现实的情景中研究服从权威将会更具实际价值。霍夫林等人(Hofling, Brotzman, Dalrymple, Graves & Pierce, 1996)进行了一项现实生活研究,22名护士接到一个自称"史密斯医生"的电话,要求她们检验一种名叫Astroten的药是否有效。当她们进行检验时,发现瓶子上写着最大剂量是10毫克。她们向史密斯医生汇报时,他告诉她们给患者20毫克的剂量。

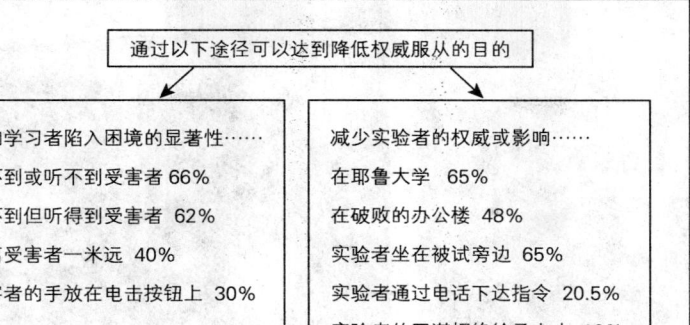

护士本应有两个很好的理由拒绝按要求去做：第一，药的剂量是最大安全剂量的两倍；第二，护士并不认识史密斯医生，她们只应该接受她们所认识医生的指示。但是，护士所接受的训练使她们服从了医生的指令。在医疗系统中有一个明确的权威结构，医生比护士处于更权威的位置。正如你可能猜到的那样，权威结构比医院的规则更能影响护士的行为。所有护士中只有一人未按史密斯医生的要求去做。当问护士其他护士在这种情景中会怎么做时，她们都预测其他护士不会遵从这种指示。因此，表现服从权威的压力比护士所想象的更严重。

最近，勒萨等人（Lesar, Briceland & Stein, 1997）在美国医院一项用药失误研究中报告了类似的发现。他们的主要发现是，护士通常都会遵照医生的指示，即使她们有足够的理由怀疑这些指示的正确性。不过，兰克与雅各布森（Rank & Jacobsen, 1977）发现，当护士们有机会事先与其他护士交流时，只有11%的护士遵从医生的命令给病人过高的剂量。

米尔格莱姆的研究在多大程度上证明了服从权威更多取决于情境因素而非人格因素？

理论解释

在米尔格莱姆的实验情景中，为什么会有那么多人表现为服从？米尔格莱姆（Milgram, 1974）认为有三个主要原因：

1. 我们的经验告诉我们权威通常是可信的、合法的，因此服从权威通常是适当的。例如，如果进行紧急手术的人不服从主管医师的命令，结果可能是灾难性的！

2. 实验者给出的指令可能合理也可能不合理，被试很难注意到他们何时被要求作出不合理的行为。

3. 被试被置于一种"代理"（agentic）状态，在此状态中他们成为权威人物的工具，根据自己的良知终止行为。被试处于代理状态下的态度如下："我没有责任，因为有人命令我这么做！"根据米尔格莱姆（1974）的观点，这种采纳代理状态的倾向"是我们致命的本性缺陷，从长远观点来看只给我们这个种族提供了适度的生存机会。"

绝对的服从权威可能会产生灾难性后果。图片显示了纳粹党成员在 1935 年纳粹党大会期间列队走过纽伦堡（左图）。在经历了长达 10 年的迫害、关押和种族屠杀之后，1945 年战争将要结束时奥斯维辛集中营的幸存者（右图）。

米尔格莱姆（1974）可能有些太过悲观。大多数服从的被试都在实验者的要求和自己的良知之间体验到强烈的冲突。他们看起来很紧张、不停出汗、咬嘴唇、拳头不时握紧又松开。这些行为并未表明他们处于代理状态。

米尔格莱姆及其他学者认为，他的发现与纳粹德国的恐怖主义之间存在联系。但是，我们一定不要夸大这些相似性。第一，米尔格莱姆的研究所依据的价值观是深入理解人类学习和记忆的积极价值观，这与纳粹德国的价值观是对立的。第二，在米尔格莱姆的研究中，大多数被试都受到严密监视，以确保他们服从，而这在纳粹德国则是不必然的。第三，米尔格莱姆的大多数被试都处于巨大的冲突和焦虑状态。相反，实施暴行的纳粹德国通常并不关心道德问题。

在米尔格莱姆的研究中，被试的真实行为为什么会与大多数人的预期相差如此悬殊呢？部分原因在于**基本归因错误**（**fundamental attribution error**，见第 18 章），它是一种低估决定他人行为的情境因素和高估人格因素的作用。如果让我们确定在米尔格莱姆的研究中有多少表现出完全服从，我们可能会倾向于这样去想："只有疯子才会对别人实施大量电击。疯子是很少的，因此只有极少一部分人会完全服从。"这一推理只关注个体被试的特征。相反，米尔格莱姆研究中的被试受情境因素的影响，例如实验者坚持要求被试继续实施电击、实验者的专家身份等。

基本归因错误：夸大他人的人格和其他特征在决定行为中的重要性的倾向。

❖ 评价

- ⊕ 高度服从权威在很长一段时间内在多种文化中都存在。
- ⊕ 米尔格莱姆的发现在心理学史上被认为是最预想不到的发现。
- ⊕ 米尔格莱姆的发现与很多日常情景具有直接关系（例如，医生和护士，教师和学生）。
- ⊖ 尚不完全清楚应该如何解释这些发现，米尔格莱姆关于代理状态的观点具有局限性。

> **案例研究：米莱大屠杀**
>
> 米莱大屠杀是越南战争中最具争议性的著名事件之一。1969年12月14日，4小时之内，近400名越南村民被杀。下面的记录摘自CBS新闻对一名参与屠杀的士兵的采访。
>
> **Q**：你们围拢了多少人？
> **A**：我们在村子中央集合了大约四五十个人。我们把他们放在那儿，他们看起来像一座小岛，就在村子中央，我想说……而且……
> **Q**：都是什么人——男人，女人，孩子？
> **A**：男人，女人，孩子。
> **Q**：还有婴儿？
> **A**：对，还有婴儿。我们让他们蜷缩成一团。我们让他们蹲坐着，卡利中尉（Lieutenant Calley）走过来说："你知道如何处理他们，对吗？"我说是的。所以我想当然的认为他只是让我们看着他们。然后他离开了。10或15分钟后他又回来了，说道："你们怎么还没杀掉他们？"我告诉他我没想到你让我们杀死他们，你只是让我们监视他们。他说："不，我想让他们死。"因此——
>
> **Q**：他对所有人这样说还是只对你说了？
> **A**：哦，我正好面对着他。但是其他三四个人也听到了，因此他后退了大概10—15英尺，然后向他们射击。他告诉我开枪射击。所以我也开始开枪了，我朝人群射出四弹夹子弹。
> **Q**：你打了四弹夹用你的……
> **A**：M–16。
> **Q**：那大概有多少弹夹——我的意思是，多少——
> **A**：每个弹夹携带17发子弹。
> **Q**：所以你大概开了67枪。
> **A**：对。
> **Q**：那么你杀了多少人呢？当时？
> **A**：哦。我下意识地就开枪了，所以你不能——你只是对他们扫射，所以不知道杀了多少人，因为他们死得太快了。我大概杀了10或15个人。
> **Q**：男人、女人还是孩子？
> **A**：男人、女人和孩子。
> **Q**：还有婴儿？
> **A**：对，婴儿。

- 这些发现并没有我们通常所认为的那样富有戏剧性。正如琼斯（Jones，1988，p.32）所认为的那样："一旦实验者极为活跃的作用进行了详细说明，[米尔格莱姆的研究中]遵从的程度就很好理解了。这一点在早期实验报告中并不是非常明确。"
- 米尔格莱姆的研究存在一些严重的道德问题。第一，被试未给出同意声明。第二，他们不能在不想进行实验时随意中断实验（例如，如果他们想停下来，实验者敦促他们继续）。第三，被试经受了大量的冲突和不安。尽管存在这些严重问题，米尔格莱姆的研究中仍有84%的被试报告他们很乐意参与实验（Milgram，1974）。

从众

从众（conformity）可以定义为屈服于群体压力，这是一些我们几乎都经历过的现象。例如，假设你和朋友去看电影。你认为这部电影不好看，但你所有的朋友都认为非常棒。你可能会通过假装同意他们的看法而不是成为一个与众不同的怪人，

从众：公开服从群体压力。

服从和从众的区别	
服从	**从众**
出现在等级制度中。行为者认为上级有权规定行为。将一种地位与另一种地位相联系。强调权力	在地位相同的人中规定行为。强调接纳
所采取的行为不同于权威人物的行为	所采取的行为与同伴的行为相似
行为规定明确	与群体保持一致的要求通常不明确
被试把服从作为对自己行为的解释	被试不认为服从是对自己行为的解释

从而表现出从众。

从众研究在三个方面不同于服从研究。第一，被试可以决定做什么而不是被命令以特定的方式行事。第二，被试通常与群体中试图影响自己的成员地位平等，而在服从研究中他/她通常比发布命令的人地位低。第三，在从众研究中被试的行为主要受接纳需要的影响，而服从则取决于社会权力。

从众不受欢迎吗？

在你阅读了有关从众的研究后，你可能会认为对群体压力的从众是不受欢迎的。有一些例子可以说明其正确性，例如，可以考虑一下罗德尼·金（Rodney King）的案例。他是一名黑人，受到四名洛杉矶警官的殴打。殴打过程被当地一位市民用录像机录了下来，并当庭呈现给陪审团。录像显示出金是警察暴力的受害者，但是警察却被判无罪。过后，一名陪审团成员洛亚（Virginia Loya）承认把有罪表决改成了无罪，因为她感到了对其他陪审团成员观点从众的压力。她这样做的同时并不相信他人的观点。用她自己的话说："录像带对我来说是有力的证据。他们[其他陪审团成员]看不到。在我看来，他们是瞎子，眼镜擦不干净。"

但是，从众并非总是不受欢迎。例如，假设你所有学习心理学的朋友都对某个心理学问题持有相同观点，但他们的观点与你的观点不同。如果他们比你更了解这个问题，你很可能会与他们保持一致而不是坚持自己的观点！

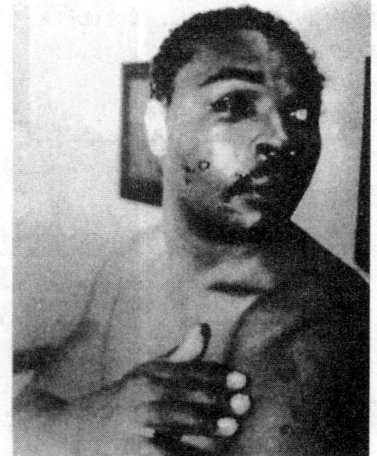

群体决策可以使人否认摆在眼前的证据。该图片显示的是罗德尼·金（Rodeny King），一名在1992年被洛杉矶警察殴打录像中的受害者。几周后参与此事的四个警察被告上法庭。

游动效应：在黑暗房间里静止的光点似乎会移动的错觉。

为什么人们喜欢根据服从命令而非与群体规范相一致解释自己的行为？

谢里夫

第一个重要的从众研究是由谢里夫（Muzafer Sherif, 1936）完成的，他使用了**游动效应**（**autokinetic effect**）。如果我们在黑暗的房间观看静止的光点，我们眼睛的细微移动会使光看起来在动。在谢里夫的关键条件中，被试首先单独测试，然后在三人小组中测试。让他们说出灯光移动的程度和方向。每个被试迅速形成自己的判断标准。当三个具有不同判断标准的个体组成一个小组时，他们倾向于作出非常相似的判断。小组判断标准迅速取代每个小组成员个人判断标准这一事实，表明存在从众。

谢里夫（Sherif, 1936）还使用了另一种条件，个体首先在三人小组进行，之后单独测试。小组标准再一次在组内形成。当小组成员单独测试时，他们对灯光移动的判断仍然反映出小组的影响。

❖ 评价

- ⊖ 谢里夫（1936）使用了非常人为的情境，尚不清楚他的发现与日常生活有多大关系。
- ⊖ 谢里夫的情境中没有"正确"答案。人们在不具备决策的明确方法时，依赖他人的判断是不足为奇的。
- ⊖ 从众效应可以通过安排所有被试（一人除外）给出相同的判断进行更直接的评估，了解这样做对唯一的真被试具有什么影响。雅各布斯与坎贝尔（Jacobs & Campell, 1961）使用游动效应法进行了这种实验，他们发现了从众的有力证据。

阿什型从众研究

阿什（Solomon Asch, 1951, 1956）完善了谢里夫极有影响的从众研究——参见下页关键研究。

有时可以认为阿什仅发现了强烈的从众效应，因为他使用了对被试没有真正重要性的平凡任务。巴伦等人（Baron, VanDello & Brunsman, 1996）阐述了任务重要性的问题。他们给被试一项目击证词准确性任务，该任务既可被描述为初步研究（低重要性），也可被描述为建立供警方使用的测试标准（高重要性）。当任务简单时，高重要性指导语比低重要性指导语更不易引起从众（见右图）。但当任务困难时，高重要性指导语比低重要性指导语引起了更多的从众。因此，如果被试对自己的信念缺乏十足的信心，那么在重要性任务中就会发现强烈的从众效应。

阿什的从众研究在整个社会心理学中是最有名的研究之一。但因阿什使用了陌生人群体，因此他们之间非常缺乏社会性！假设我们通过让被试把群体中的其他成员认为归属于一个内群体或外群体，而引进更多的社会性因素。埃布拉姆斯等人（Abrams, Wetherell, Cochrane, Hogg & Turner, 1990）完成了这一实验，他们使用心理学导论课的一年级学生做被试。实验同谋被介绍为来自附近大学心理学专业的大一学生（内群体）或来自同一所大学古代史专业的一年级新生（外群体）。你可能会预测被试受内群体的影响大于外群体的影响。但是，影响效应的大小富有戏剧性：当其他群体成员属于内群体时，在58%的试验中出现了从众，但当他们属于外群体时该比例下降到了8%。因此，从众效应在很大程度上取决于个体把其他群体成员归为内群体成员还是外群体成员。

类似的，埃布拉姆斯等人（Abrams et al., 1990）

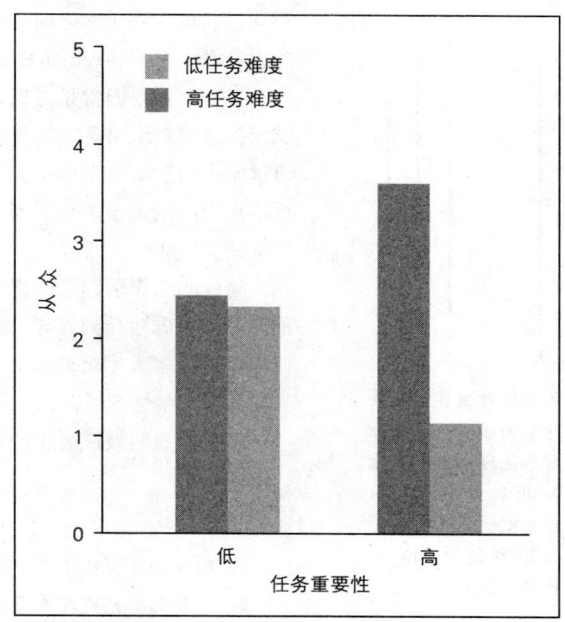

作为任务重要性与任务难度函数的从众试验的平均数。引自巴伦等人（1996）。

阿什：从众和群体压力

阿什（Asch, 1951）创设了一种情境，在这种情境中，通常是 7 个人围坐在一起看呈现的图片。他们的任务是大声说出三条线段（A、B 或 C）中的哪一条与给出的标准线段一样长，实验者要求群体内的成员按顺序作答。被试中除一人之外均为实验者的同谋，并告诉他们在某些试验中要给出相同的错误答案。唯一的真被试在每个试验中都是最后一个（或倒数第二个）给出答案。承受这种群体压力的被试的表现，与无实验者同谋的控制组的表现进行比较。

阿什的发现富有戏剧性。在实验者同谋都给出错误答案的关键试验中，真被试也在不同研究的试验中给出了 33% 到 37% 的错误答案。这一比例与控制条件下错误率低于 1% 形成对比。因此，正确答案是显而易见的，可以预期所有被试都应回答正确。但受同谋错误判断影响的被试，仅有 25% 左右的人在研究过程中避免了错误，这与控制条件下 95% 的比例形成对比。阿什（Asch, 1956）操作了实验情境的各个方面以充分理解从众行为背后的因素。从众效应随着实验者同谋从一名增加到三名而增加，但从三名增加到十六名时未出现增加。不过也曾发现实验者同谋超过三个时，从众出现少量增加（Van Avermaet, 2001）。

另一个重要因素是，真被试是否具有在所有试验中均给出正确答案并且总在真被试回答之前就给出答案的同谋支持者。阿什（Asch, 1956）发现，这种支持者的出现使得试验中的从众效应降到了 5%。更令人惊奇的是，在同谋者的答案甚至比其他同谋者更不正确的情况下，会引起从众的大幅下降。因此，其他群体成员之间任何的不一致均可减少从众。

阿什的工作引起了道德争议。他未向被试提供完全知情说明书，致使他们在实验程序的关键方面受到误导（例如，同谋在场）。另外，他们被置于困难而尴尬的境地。博格多诺夫等人（Bogdonoff, Klein, Shaw & Back, 1961）获得了阿什型情景中的被试具有高度情绪性的证据，他们发现，阿什情境中被试的自主神经唤醒水平有极大提高。这一发现也表明被试处于冲突情境中，难以决定是报告他们的所见还是与他人的观点一致。

讨论要点：
1. 阿什的发现能适用于他在研究中所使用的人为情境之外吗？
2. 阿什的研究是在美国进行的。这些发现为什么可能在其他文化中会有所不同？

> **关键研究评价——阿什**
>
> 阿什由于从众研究而知名。在一种正确答案很明显的情境中，人们却在 35% 左右的试验中选择不正确答案。只有 25% 的被试在所有试验中均给出正确答案，尽管其他被试给出了不正确答案。剩下 75% 的被试至少表现出与同谋的观点相一致的倾向。更多的人选择与同谋被试的观点相一致而不是给出正确答案。不过，这项实验是 1950 年代在美国进行的，当时"自己的事情自己做"还未被社会接受。而且，阿什的被试被置于一种困难而尴尬的境地，由于当时特定的主导文化而可能导致较高的从众水平。当被试具有支持者在场时，该支持者在被试反应之前给出了正确答案，对不正确反应的从众会急剧下降到 5%。这表明社会压力和冲突情境中的感受，可能是最初研究之所以出现意想不到的高从众水平的主要因素。

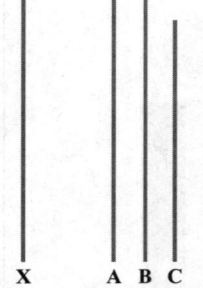

阿什给被试显示类似这样的线段。你认为哪条线段在高度上最接近 X 线段？A、B 还是 C？你认为为什么会有超过 30% 的被试选择 A？

指出，谢里夫（1936）的发现可能取决于他的被试认为自己属于某个群体这一事实。因此，埃布拉姆斯等人进行了一项类似于谢里夫的研究，被试组由3个真被试和3个实验者同谋组成。这些同谋者最初对光点移动距离的估计比真被试的估计多出5厘米。在关键条件下，让真被试认为他们与实验者同谋（给他们不同的标签并一起完成之前的任务）属于不同的群体。关键发现如下："实验者同谋对形成规范的影响，随着他们不同类别的成员身份对被试更突出[明显]而有所降低。"(p.97)

多伊奇和杰勒德（Deutsch & Gerard, 1955）认为，由于信息影响或规范影响，人们可能在阿什型研究中从众。当由于个体认为他人具有更好的知识或判断而从众时，会出现**信息影响（informational influence）**；当个体希望受群体其他成员的喜欢或尊重时，会出现**规范影响（normative influence）**。后一种影响在产生从众效应中可能是至关重要的。

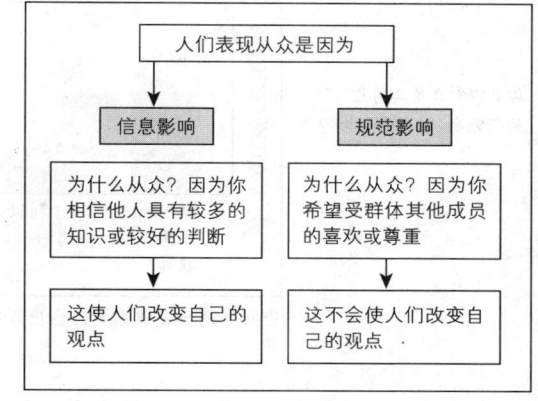

艾伦与莱文（Allen & Levine, 1971）获得了信息影响的证据。在一种条件下，真被试具有一个总给出正确答案的支持者。当支持者由于视力不佳而使他判断的信息价值变低时，从众的下降幅度远小于支持者视力正常时的幅度。

多伊奇与杰勒德报告了规范影响重要性的证据。他们向群体成员承诺：如果他们犯很少的错误，就可得到百老汇戏剧门票作为奖赏，以此增加群体成员的相互依赖性。这一操作比未提供奖赏的良好表现组产生了两倍的从众。

埃布拉姆斯等人认为，信息影响和规范影响的区分价值不大。他们认为，阿什情境中所有形式的有效影响，取决于被视为内群体成员的其他群体成员："从众的基础是主观不确定性，这种不确定性源于内群体成员的比较。"(p.108) 如前所述，他们的发现为这一观点提供了强烈支持。

信息影响：由于群体中他人拥有更多的知识而使某人从众时所出现的影响。

规范影响：为了受群体中他人的喜欢或尊重而产生从众时所出现的影响。

跨文化研究

阿什研究的一个可能局限在于，它是在1940年代末1950年代初在美国进行的。美国人可能不同于其他文化的人，可能的情况是，美国人在"自己的事情自己做"这一点成为风尚之前更愿从众。因此，阿什所发现的高度从众可能反应了二战刚结束后美国的特殊文化。

佩林与斯宾塞（Perrin & Spencer, 1980）在1970年代末在英国重复了阿什的研究。他们发现几乎不存在从众的证据，这使他们认为阿什效应是"时代的产物"。不过，他们使用的被试是受过准确测量训练的工程专业学生。史密斯和邦德（Smith & Bond, 1998）考察了美国使用阿什任务的各种研究。他们总结认为，自1950年代早期以来，从众现象出现了稳步下降。

史密斯与邦德（Smith & Bond, 1998）认为，在阿什进行研究的1950年代之后，从众下降了。

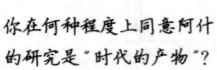

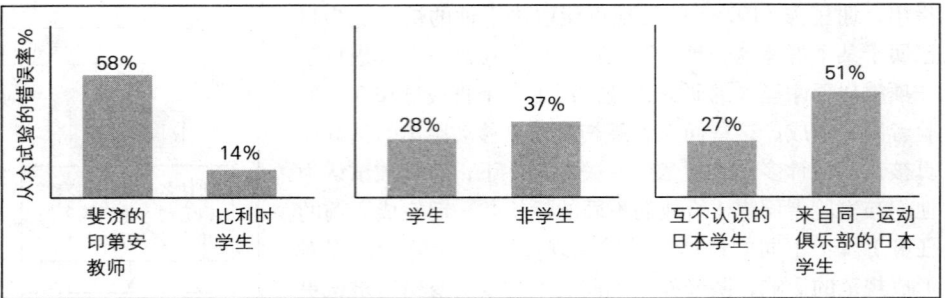

当阿什的研究被重复时会出现跨文化差异

20多项其他跨文化从众研究均使用了阿什的实验设计，史密斯和邦德总结了这些研究的发现。在这些研究中，被试给出的错误答案平均而言是31.2%，稍低于阿什报告的比例。最高的错误答案比例是斐济的印第安教师给出的58%，最低的比例（除了Perrin & Spencer, 1980）是比利时学生的14%。

从这些从众研究中可得出另外两点。第一，学生被试在26%的从众试验中犯错，非学生被试则在37%的试验中犯错。学生在思考时可能比非学生更独立，或者他们较高的智力水平使他们对自己的观点更自信。

第二，威廉和索贡（William & Sogon, 1984）发现：日本学生在不认识其他群体成员时在27%的试验中出错，但在所有群体成员均属于同一运动俱乐部时则增加到51%。因此，如果我们喜欢或尊重群体其他成员，从众会更高。阿什（Asch, 1951, 1956）的研究具有局限性，因为学生相互之间基本均为陌生人。

个体主义文化与集体主义文化在这上面存在差异吗？个体主义社会（例如，英国、美国）强调个体对自己幸福感的责任以及个体统一感的个人需要。集体主义文化（例如，中国）则强调群体需要高于个体需要，也强调群体认同感。史密斯和邦德（1998）分析了几个国家中100多项阿什型研究。从众在亚洲、非洲及其他集体主义文化（37.1%的试验）的被试中比来自北美和欧洲个体主义文化的（25.3%）被试更高。这些发现可以根据个体主义文化中更强的个人责任感进行解释。

金和马库斯（Kim & Markus, 1999）报告了支持邦德和史密斯结论的其他证据。他们考察了个体主义文化（美国）和集体主义文化（韩国）的大量杂志广告，认为这些广告反映了特定文化的信念和价值观。他们发现：韩国广告更强调从众性而非独特性，美国广告则恰好相反（见左图）。

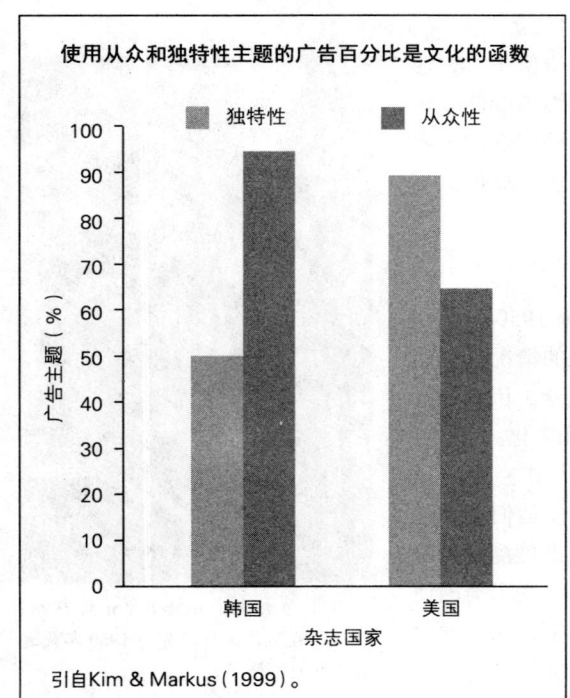

❖ **评价**

⊕ 阿什的发现很有影响力,因为他发现,即使在正确答案非常明显的明确情境中也会存在大量的从众。
⊕ 阿什确定了决定所观察到的从众数量的关键因素(例如,同谋数量、支持者在场与不在场)。
⊕ 阿什的发现在最初研究过去多年之后的很多国家中都得到了重复验证。
⊖ 阿什仅考察了不重要情境中的从众,在这种情境中未考虑被试坚守的信念。不过,有时在重要任务中也发现了从众效应(Baron et al., 1996)。
⊖ 阿什的情景存在局限性,因为他仅评估了陌生人之间的从众。事实上,从众效应在朋友中(Williams & Sogon, 1984)或被认为属于内群体的成员中表现得更为强烈(Abrams et al., 1990)。
⊖ 阿什实际上并未确切地解释为什么存在从众效应,因为他未确定潜在的心理过程。

少数人影响多数人

阿什关心群体内多数人对少数人(通常是一个人)的影响。然而,社会影响是在两个方向上运行:多数人影响少数人,但反过来少数人也会对多数人施加影响。该领域最完善的理论是莫斯科维奇(Moscovici, 1976, 1980)的理论,下面我们就来考察他的观点。

谁是成功改变占主导地位世界观的历史伟人?

当少数人影响多数人时会出现什么情况呢?根据莫斯科维奇的双过程理论,群体成员中来自少数人的意见分歧会使多数成员确认他们关注少数人所提出的论点中所包含的信息过程。这通常会引起**转变**(**conversion**),出现更多的私人影响而非公众影响,即更多的影响个人信念而非公众行为。这种私人影响是微妙的、间接的。少数人也会对多数人造成影响,莫斯科维奇(Moscovici, 1980)认为,当少数成员提出一种清晰的观点并始终如一地坚持时,最常出现这种情况。

转变:少数人对多数人的影响,基于使多数人认为其观点是正确的说服。

依从:多数人对少数人的影响,基于其力量。

多数人影响少数人的情况又是如何呢?莫斯科维奇(Moscovici, 1980)认为,少数成员受比较过程的影响,在比较过程中会关注自己的观点与多数人观点之间的差异。这会引起共识需要(need for consensus),并常会导致**依从**(**compliance**),即受公众影响而非私人影响。因此,对公众行为的影响大于对私人信念的影响。依从发生时通常非常迅速,不会进行大量思考;相比之下,转变就要更为费时,并且只有在认知冲突和详细思考后才会产生。

一个重要的少数人影响多数人的现实生活例子是20世纪早期的妇女参政运动。较小的妇女参政权论者群体,强烈提倡允许妇女投票这一最初并不盛行的观点。她们的努力加上对此案件的公正审理,最后使多数人接受了她们的观点。

证据

莫斯科维奇等人(Moscovici, Lage & Naffrenchoux, 1969)发现,少数人需要保持一

致性才能影响多数人的判断。给 6 人被试组呈现不同强度的蓝色幻灯片，每个被试必须说出一种颜色。实验者的两个同谋在每次试验或三分之二的试验中报告"绿"。当少数人反应一致时，多数人作出"绿"反应的百分比是 8%。但当少数人反应不一致时，这一比例只有 1%。

莫斯科维奇和珀森纳兹（Moscovici & Personnaz, 1980, 1986）使用了与莫斯科维奇等人（1969）相同的基本方法。每个被试都接触一名实验者同谋，该同谋总是把明显的蓝色说成是绿色。告诉被试大多数人（82%）都会作出类似同谋者的反应，或仅有少数人（18%）会作出类似反应。被试大声说出每张幻灯片的颜色，然后再秘密地写下后像的颜色。被试并不知道后像通常是互补色（例如，呈现蓝色后的黄色）。当被试单独或受大多数人影响时，后像被报告为黄色。关键发现是：当被试受少数人影响时后像变成了紫色，表明他们确实"看见"了绿色幻灯片。因此，少数人的影响产生了微妙的私人效果。不过，重复验证这些发现出现了某些失败（Hogg & Vaughan, 2002）。马丁（Martin, 1998）发现，后像颜色的转变主要发生在被试密切关注蓝色幻灯片的时候。因此，莫斯科维奇和珀森纳兹的发现可能反映了注意过程而非本质上的少数人影响。

正如莫斯科维奇的双过程理论所预测的那样，内梅瑟等人（Nemeth, Mayseless, Sherman & Brown, 1990）发现，少数人比多数人更能使群体成员进行更彻底的加工。被试听词单，多数人或少数人始终注意属于特定类别的单词。然后对所呈现的单词进行回忆测试。当受到少数人的注意时，被关注的单词回忆更好，可能是因为这些单词经过更系统的加工。

伍德等人（Wood, Lundgren, Ouellette, Busceme & Blackstone, 1994）对检验莫斯科维奇理论的研究报告了各种元分析。他们确定了三种从众效应：

1. **公众影响**，个体在群体面前的行为受他人观点的影响。
2. **直接的私人影响**，个体对群体所讨论问题的个人观点出现了改变。
3. **间接的私人影响**，个体有关相关问题观点的改变。

根据莫斯科维奇理论的预期，在大多数研究中，多数人比少数人具有更多的公众影响。此外，少数人比多数人具有更多的间接私人影响，尤其是在他们的观点很一致的时候。不过，多数人比少数人具有更多直接私人影响。伍德等人（1994, p.335）总结认为，他们的综述"为有别于多数人影响的少数人的独特影响模式提供了清晰证据"。

大卫与特纳（David & Turner, 1999）认为，少数人的影响只有在少数人被视为内群体而非外群体的成员时才会出现。被试是受到极端女权主义者少数人观点影响的中度女权主义者。当其他被试被认为几乎全是反女

小群体要改变大群体的观点，可以采用什么样的策略？

```
          三种从众效应
     ┌────────┼────────┐
  公众影响  直接私人影响  间接私人影响
     │        │           │
 个体在群体  个体的个人   个体对于相关
 面前的行为  观点        问题的观点
 发生改变   发生改变     发生改变
     │                    │
 多数人的观点              少数人的观点在
 更有影响                  具有一致性时更
                          有影响
```

权主义者时，被试会受少数人的影响，但当其他被试被认为属于中度女权主义者时则不受少数人的影响。为什么会这样呢？当大多数被试被认定为反女权主义者时，极端女权主义者更可能被视为内群体（女权主义者和非女权主义者）的成员。相反，当大多数女权主义者被认定为中度女权主义者时，极端女权主义者被归为外群体。

❖ 评价

- ⊕ 少数人经常会影响多数人。
- ⊕ 少数人对多数人的影响主要采取私人协定而非公众协议的方式，当多数人影响少数人时则发现了相反的模式。
- ⊖ 莫斯科维奇可能夸大了少数人和多数人施加影响的方式之间的差异。正如史密斯和麦基（Smith & Mackie, 2000, p.371）所总结的："总的来说，少数人和多数人都是通过相同的方式施加影响。"
- ⊖ 少数人对直接私人测量的影响不及多数人这一普遍发现，不易通过双过程理论进行解释。
- ⊖ 多数人通常与少数人在某些方面存在差异（例如，力量、地位）。由多数人和少数人施加的社会影响的任何差异，均取决于力量或地位，而非仅仅取决于群体内少数人或多数人的立场（Van Avermaet, 2001）。
- ⊖ 莫斯科维奇发现了少数人影响的强烈证据，可能是因为他使用了较不重要的任务（例如，颜色命名）。少数人影响对于在现实生活中处理重要问题的少数人和多数人影响较小（Hogg & Vaughan, 2002）。

基本群体特征

群体具有各种形态和规模，它们的目标也存在极大的不同（例如，建造大桥、爬山、娱乐）。但是，几乎所有群体都具有某些共有的关键特征。例如，每个群体都有一定的凝聚力水平，可以非常高，也可以非常低，凝聚力水平对其功能也具有不同的影响。每个群体还拥有规范，表明可接受或期望的行为种类。群体成员需要遵守大多数被其他群体成员完全接受的规范。最后，个体与群体的关系存在系统性改变。例如，个体对群体的承诺会随他／她完全成为群体成员而增加，但当他／她对群体越来越不满意时又会降低。

> 为什么你会归属于你所在的群体？

群体凝聚力的三个因素、社会规范及随时间而发生的动态变化将在下面进行讨论。其他群体特征也会有所提及。

群体凝聚力

正如布朗（Brown, 2000a）指出的，群体凝聚力的概念曾以多种方式进行过界定。通常把凝聚力等同于群体成员彼此喜爱（人际吸引）的程度。但这存在着局限

服从群体规范是群体成员资格的一部分。在足球运动中,支持者服从规定的规范,如穿特定的衣服、唱特定的歌曲。

性,因为它把极大群体(例如,足球观众)中所体现出的群体凝聚力排除在外。"根据群体成员受群体思想的吸引力、其共有的原型意象(**prototypical image**)[理想例子]的印象,以及它如何在典型的成员特征和行为中进行反应"(p.46)对**群体凝聚力**(**group cohesiveness**)进行界定要更为可取。

霍格和哈迪(Hogg & Hardie, 1991)在一项有关澳大利亚足球队的研究中表明,群体凝聚力的两种含义截然不同。在团队作为一个整体所具有的吸引力方面,个体的凝聚力水平与群体规范有关。但是,这种意义上的凝聚力,与对其他团队成员人际吸引的测量无关。

群体凝聚力具有什么意义呢?人们通常认为主要影响在于高凝聚力团队比低凝聚力团队表现更好。与该预测有关的证据会在下面进行讨论。

证据

穆伦和库珀(Mullen & Copper, 1994)对49项研究进行了元分析。总的来说,群体凝聚力和群体绩效的平均相关仅为+0.25,这表明群体凝聚力并不是绩效的重要决定因素。不过这仅仅是一个平均比例。穆伦和库珀发现,凝聚力和绩效在某些团体(例如,运动队)要比在其他团体(例如,实验室团队)中相关更高。此外,基于人际吸引的凝聚力与群体绩效的相关,弱于基于承诺的凝聚力与群体所完成任务之间的相关。

群体凝聚力在决定群体绩效方面似乎没有人们所认为的那样重要。穆伦和库珀所报告的另一个发现表明,群体凝聚力的效应可能比至今为止我们所认为的更低。上述相关性证据并不能让我们确定凝聚力是否有助于决定绩效,或者绩效是否有助于决定凝聚力。总之,这些证据表明,绩效对凝聚力的影响比凝聚力对绩效的影响更强烈。

凝聚力对绩效具有不同影响的一个原因在于,有凝聚力的群体通常比无凝聚力的群体有更清晰和有力的规范。为什么会产生不同的影响呢?西肖尔(Seashore, 1954)发现,工作绩效与群体规范相关。当存在支持型管理风格时,员工群体通常会设置高绩效标准并表现出高生产力。但当存在敌意型管理风格时,员工群体通常会设置低绩效标准并表现出低生产力。

区分群体凝聚力对绩效和满意度的不同影响是很重要的。斯佩克特(Spector, 2000, p.277)指出:"群体凝聚力……与群体内的工作满意度相关。高凝聚力群体成员比低凝聚力群体成员的满意度更高。"一种原因可能在于,有凝聚力的群体中存在较多的社会支持。这有助于解释有凝聚力群体的成员比无凝聚力群体的成员能更好的应对压力的发现(Bowers, Weaver & Morgan, 1996)。

群体凝聚力:群体成员被群体思想吸引的程度。

社会规范

我们所说的社会规范是什么意思呢？根据史密斯与麦基（Smith & Mackie, 2000, p.594）的观点，**社会规范**（**social norms**）是"群体成员认为正确和适当的、普遍接受的思考、感受或行为方式"。西奥迪尼与特罗斯特（Cialdini & Trost, 1998）区分了描述性规范、指令性规范和主观性规范。描述性规范"源自在任何特定情形下他人所做的事情。观察他人可以提供在新异或模糊情境中什么是'正常的'信息"（p.115）。指令性规范"详细说明了'应该'做什么，以及群体的道德准则。指令性规范通过承诺给予社会奖赏或惩罚来激发行为"（p.157）。个人的主观规范由个人愿意认同的重要他人所持的指令性规范组成。

社会规范具有几个目的。第一，它们可以提供有关合适行为的指导，尤其是在模糊情境中。第二，大部分群体规范都与群体目标有关，使得群体更容易达到目标。第三，规范有助于维持（甚至提高）群体认同。

证据

纽科姆（Newcomb, 1961）报告了规范形成的经典研究。该研究在美国一所小型私立学院班宁顿（Bennington）学院进行。在这所学院，占主流的自由主义政治风气与大部分学生极端保守的上流社会家庭背景形成了强烈的反差。新生入学后不久正值总统选举。大部分新生都支持保守的共和党候选人而不是自由的民主党候选人罗斯福（分别为62%和29%），很少人支持社会党或共产党的候选人（9%）。相反，54%的大三、大四学生都支持罗斯福，28%的人支持社会党或共产党，相比之下仅有18%的人支持共和党。因此，班宁顿学院自由主义的规范随时间的发展变得比学生的父母所坚持的保守主义规范对学生更重要。纽科姆等人（Newcomb, Koenig, Flacks & Warwick, 1967）发现，在离开班宁顿学院25年后，这些学生比同龄、同社会阶层的其他团体在政治观点上更自由。

谢里夫夫妇（Sherif & Sherif, 1964）进行了另一项社会规范的经典研究，他们在美国几个城市中调查了一些男性青少年帮派。很多这样的帮派在标记（例如，徽章）以及被认为适合帮派成员的服装方面具有严格的规范。也许强调着装是因为它可以提供区分帮派的极为重要的方式。另外，大多数帮派对性行为和如何与外界（如父母和警察）打交道也有规范。普通的帮派成员被要求遵从大量严格的社会规范，但是大多数帮派领袖都具有某些任意行事的自由。

马克斯等人（Marks, Mirvis, Hackeet & Grandy, 1986）研究了规范对绩效的影响。他们对允许（或不允许）为自己的工作团队设置规范的美国机械操作员进行了比较。设置规范的团队两年间的生产率增加了20%，未设置规范的团队

> **社会规范**：基本被一个群体或文化中的成员所接受并会影响其行为的规则和标准。

> 为什么群体规范被认为是有益的？

洛杉矶瘸子帮（Crips）成员。帮派认同通过衣着风格、性行为和如何与外界打交道等严格规范加以体现。

只增加了 4%。另外，缺勤率在设置工作规范的团队中也要更低。

有些规范对行为具有巨大的影响。例如，社会互惠规范，我们根据这些规范作出回报（见第 19 章）。当轮到你买饮料时如果你未能在这一轮买到饮料，你就会发现这种规范的力量！社会承诺规范（我们应该履行承诺）也具有强有力的影响。莫里亚蒂（Moriarty, 1975）在纽约海滩上进行了一项研究，研究者的同谋明显地偷了研究者的收音机。当附近的日光浴者之前同意密切注意着收音机时，95% 的人阻止了"盗窃"。相反，在没有先前社会承诺的情况下只有 20% 的人试图阻止盗窃。

很多规范都存在着明显的跨文化差异。施韦德等人（Shweder, Mahapatra & Miller, 1990）让印度与美国的儿童和成人根据其所认为的严重性对 39 项违背规范的行为进行排序。两个国家的居民之间几乎没有一致性。例如，印度儿童的观念里两种最严重的违反规范的行为是："父亲死后第二天长子理发并吃鸡肉"；"村里的寡妇每周吃两三次鱼"。

文化如何影响群体规范？

阿吉利等人（Argyle, Henderson, Bond, Lizuka & Contarello, 1986）考察了英国、意大利、中国香港和日本的各种社会规范或规则。他们总结认为，东方"关于服从、避免丢面子、维持群体关系和谐及限制情感表达的规则多于 [西方]"。

历时性动态变化

大多数群体的一个（常被忽略的）关键特征是，随着有些人加入群体而其他人离开群体而呈现出历时性的动态变化。理解这些变化有各种不同方式。例如，塔克曼（Tuckman, 1965）确定了五个连续的阶段：

1. **形成**，群体成员相互之间彼此了解。
2. **动荡**，涉及一定量的冲突。
3. **规范**，凝聚力和共同规范形成的阶段。
4. **执行**，涉及有效、相对无压力的运行阶段。
5. **中止**，群体终止。

群体社会化：群体成员和群体彼此影响的动态过程。

莫兰和莱文（Moreland & Levin, 1982）提出了一种很有影响的观点。他们强调**群体社会化（group socialisation）**，即关注群体与群体成员之间的关系（见下页图）。该理论有三个重要特征。第一，个体对群体的承诺水平随时间而变化。第二，存在角色转变，个体与群体之间的关系发生变化。第三，与角色转变有关，群体社会化包括五个阶段：

当你加入一个新群体时你有何感觉？

1. **调查阶段**。未来的群体成员评估自己是否想加入群体，群体是否接纳他们。接纳之后，存在一个进入群体的角色转变。
2. **社会化阶段**。群体给新成员传授规范和目标，新成员试图改变群体以适应自己。如果该阶段成功完成，将会引起群体接纳的角色转变。
3. **维持阶段**。成员进行角色协商。不满意群体中自己角色的成员可能产生对群体的部分分离，这种角色转变称为背离。

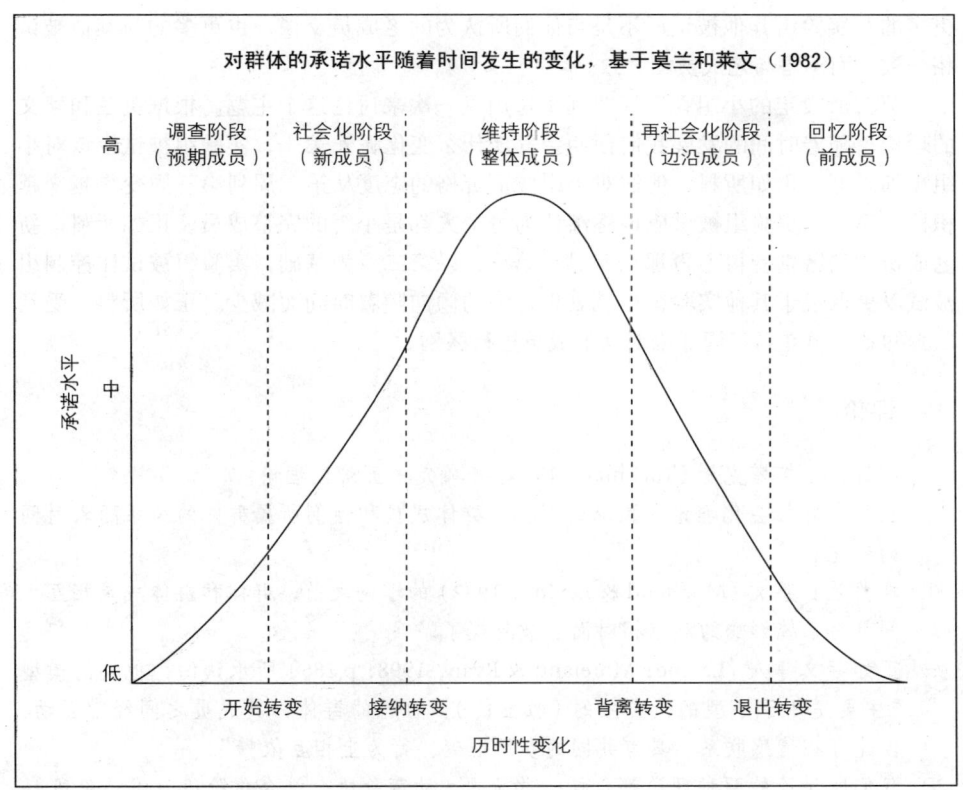

4. **再社会化阶段**。背离之后可能伴随着试图把成员带回群体的尝试。如果这些尝试失败，那么随之而来的角色转变就是退出。

5. **回忆阶段**。成员离开群体后，有时会出现关于群体身份的愉快回忆。

群体如何随时间而改变？

证据

艾森斯塔特（Eisenstar，1990）提供了支持塔克曼五阶段理论的证据。他研究了筹建压缩机新生产线的阿什兰公司（Ashland）。新组建的团队具有成功的形成阶段，部分是因为团队成员之间频繁的互动。在动荡阶段出现了问题：生产工人需要培训，但培训师担负着其他繁重任务。因此，生产工人感觉受到忽视，而培训师则感到应接不暇。随着第一批压缩机出厂日期的临近，规范阶段出现了。一名工人说："当时所有人都捆绑在一起……没人说不，每个人都同意干。"执行阶段进展也很顺利，压缩机被评定为高质量。最后，由于对压缩机需求的下降，回忆阶段来临了。

莫兰（Moreland，1985）报告了支持莫兰和莱文（1982）认为群体新成员和老成员之间存在差异这一观点的某些证据。他建立了五人讨论小组——其实所有人都是小组的新成员。每组的两名被试（实验组被试）被告知其他三个人（控制组被试）已经在此之前见过两次面。实验组被试起初比控制组被试更焦虑。更重要的是，他们更多的与实验组其他被试而不是与他们所认为的老成员交谈，也更多的与其他被试相一致，而不是与老成员相一致。

莫兰所设定的小组在三周时间里每周见一次来讨论这个主题。根据莫兰和莱文的理论，随着时间的发展我们预期会发现什么变化呢？第一，实验组被试应该对小组更加忠诚。正如所料，他们对小组成员资格的态度从第一周到第三周变得越来越积极。第二，实验组被试应该逐渐认为每个人都是小组的完整成员。正如所料，新老成员间的区别变得不再那么明显。第三，以第二点为基础，实验组被试比控制组被试以更取悦于其他实验组被试表现行为的倾向随着时间而减少。正如所料，受到欺骗的新成员在第三周并未对其他成员进行区别。

❖ 评价

- ⊕ 有证据支持塔克曼（Tuckman，1965）所确定的五阶段理论。
- ⊕ 正如群体社会化理论所预测的那样，群体成员和他们所属群体的关系随着时间而变化。
- ⊕ 在莫兰和莱文（Moreland & Levine，1982）的理论之前，群体和群体成员相互之间具有系统影响的观点相对而言被忽视了。
- ⊖ 正如莱文等人（Levine，Moreland & Ryan，1998，p.285）所承认的，他们的模型"主要适用于小型的、自主的（独立的）、自愿的群体，其成员之间经常互动、彼此存在情感联系、具有共同的参照框架、行为上相互依赖"。
- ⊖ 我们所讨论的两种理论都包括一些阶段（动荡阶段、社会化阶段、维持阶段），在这些阶段中个体和群体之间可能会出现紧张状态。这些紧张状态更可能出现个体主义文化而非集体主义文化中。

群体绩效

有什么证据表明与群体一起工作可以提高绩效？

个体行为在群体中比独自一人时在很多方面都会表现出较大差异。甚至有证据表明个体行为会受到他人在场的影响，即使这些人很被动或未打算与个体组成群体。在这一部分，我们将考察他人对个体任务绩效产生的某些有益和不利影响。最后我们将会讨论群体是否会比个体作出更准确判断的问题。

社会助长

在他人面前完成任务会如何影响你的行为？

社会助长：与个人独自完成任务相比，他人在场提高了绩效。

想象一下你独自或在他人面前尽快完成一项任务的情境。他人在场会提升还是会降低你的绩效？这在很大程度上取决于任务简单还是复杂。简单任务的绩效通常会仅仅是由于他人在场而得到提升，即使他们表现冷淡、不做任何反应。这种效应称为**社会助长**（**social facilitation**）。需要指出的是，社会助长出现时，这些在场的他人并未在真正意义上组成群体。反过来，他人在场通常会削弱困难任务的绩效。

邦德和泰特斯（Bond & Titus, 1983）在对 241 项研究的元分析中，获得了支持这些结论的证据。不过，社会助长效应的幅度通常较小，他人在场仅解释了 0.3%—3% 的绩效变异。尽管如此，社会助长仍是一种常见的现象，在很多物种中都有所发现。例如，鸡和鱼在同类其他成员在场的情况下进食更多（成对老鼠交配次数也会更多）。

理论

社会助长的经典研究取向是扎荣茨（Zajonc, 1965）的驱力理论。根据该理论，他人在场会增加唤醒和驱力。为什么会出现这种情况呢？扎荣茨认为，为了防止他人作出不可预期的行为，我们需要保持警觉状态。高唤醒会增加个体执行任务时的优势或习惯反应的概率。这会导致个体在简单任务上的成绩提高，因为在简单任务上正确反应通常占优势。但是，高唤醒会导致在复杂或困难任务上的成绩降低，因为在这些任务上正确反应不占优势。

扎荣茨认为，他人在场是天然的唤醒。其他研究者还指出了个体在他人在场时更为唤醒的其他原因。科特雷尔（Cottrell, 1972）提出了评价忧虑模型（evaluation apprehension model），该模型基于他人在场时由于对忧虑或关切的评估而引发唤醒的假设。巴伦（Baron, 1986）提出了分心—冲突理论，认为他人在场时唤醒或驱力的提高，是由关注他人和任务而造成的分心引起的。

蒙泰尔与休格特（Monteil & Huguet, 1999）还提出了另一种唤醒理论。他们的理论基于**伊斯特布鲁克假设**（**Easterbrook hypothesis**），该假设认为唤醒的提高导致对一些相关线索的注意变得狭窄。这种注意变窄有利于提高简单任务绩效，因为它们只包含很少的线索。相反，在复杂任务上注意变窄则会降低绩效，因为这些任务涉及大量的线索。

伊斯特布鲁克假设：唤醒的提高导致对少量相关线索注意范围缩小的观点。

证据

扎荣茨的驱力理论可以解释很多发现。不过，他人在场时唤醒提高的原因远多于他所认为的原因。例如，评价忧虑通常是一个很重要的因素。艾洛与科尔布（Aiello & Kolb, 1995）考察了对员工进行电子监控下的绩效情况，电子监控使他们处于压力、被评价的忧虑之中。技术熟练员工的绩效在被监控时优于未被监控时的绩效，与此同时，监控则降低了低技能员工的绩效。

施密特等人（Schmitt, Gilovich, Goore & Joseph, 1986）在一项被试完成简单和困难任务的研究中报告了反对**评价忧虑**（**evaluation apprehension**）重要性的证据。被试在三种条件下完成任务：一种是单独完成（个体条件），一种是被蒙住眼睛并戴着眼罩的实验者同谋在场（他人在场条件），或受到实验者的密切注视（评价忧虑条件）。与个体条件相比，在他人在场条件下简单任务完成较快，复杂任务完成较慢。他人在场条件和评价忧虑条件之间只存在很小的差异，表明社会助长效应取决于他人在场。

评价忧虑：关心他人对自己的评价或评判；有时认为能引起唤醒的提高。

巴伦的分心—冲突理论也得到某些支持，因为已发现多种形式的分心（例如，闪光灯、噪音、移动）产生了社会助长效应（Baron, 1986）。不过，尚不清楚灯光或

为什么他人出现会导致觉醒，觉醒又会怎样影响绩效？

斯特鲁普效应： 在快速命名单词印刷颜色，以及单词本身与颜色名称具有冲突时产生的干扰效应。

噪音对绩效的影响过程，是否与他人在场对绩效的影响过程相同。

来自蒙泰尔和休格特理论的预测，通常与扎荣茨驱力理论的预测大体一致。不过情况也并非总是如此。休格特等人（Heguet, Galvaing, Monteil & Dumas, 1999）考察了他人在场对**斯特鲁普效应（Stroop effect）**的影响，即对单词的印刷颜色尽快地命名。当单词本身与颜色名称冲突时（例如，单词"红"被印成绿色），被试的反应会变慢。这项任务只包含一些线索，因此休格特等人预测可能存在社会助长效应。扎荣茨的理论可以得出相反的预测。比如说单词是优势或习惯反应，因此他人在场会损害被试的成绩。事实上，他人在场时斯特鲁普效应更小，从而支持蒙泰尔和休格特的理论。

所有基于唤醒的理论都存在一个问题。唤醒的测量（例如，心率、皮肤电反应）常常不能反映他人在场时唤醒提高（Bond & Titus, 1983）。可以认为这些理论中的唤醒更多是一种心理概念而非生理概念。但是，如果迎合这种观点，那么就不存在独立的证据表明在他人在场的情况下唤醒的确提高了。

❖ 评价

- ⊕ 少数他人在场通常会在简单任务上产生社会助长效应，而损害困难任务的成绩。
- ⊕ 可能的情况是，社会助长效应通常取决于唤醒的提高。
- ⊕ 线索使用理论解释了大多数数据。它优于其他理论之处在于它强调社会助长效应的机制（即，注意过程）。
- ⊖ 界定简单任务和困难任务有多种方式（例如，使用优势或非优势反应，依赖少数或多种线索），但对确认两类任务之间的关键差异尚很少进行尝试。
- ⊖ 尚不能确切地了解为什么他人在场会导致唤醒的增加，尽管经常涉及评价忧虑和分心。
- ⊖ 这些理论具有一定的有效性，但是每种理论最适用的领域尚不清楚。

社会惰化

社会惰化： 当自己的产出与群体中其他成员的产出合在一起时，个体所付出的努力少于自己单独工作的倾向。

假设给你一项尽量大声叫喊的简单任务。当你单独一人或在群体中被命令尽量大声叫喊时，你叫喊的声音大小会一样吗？拉塔内等人（Latané, Williams & Harkins, 1979）对这一问题提供了明确的答案。在两人小组中每个人的声音会比单独一人时降低29%，而在六人小组中则降低了60%（见下页图）。

拉塔内等人认为，小组内成绩下降可能有两个原因：(1) 协调损失，由于群体成员同步努力所存在的问题；(2) **社会惰化（social loafing）**，个体在群体中完成任务的动机降低）。他们通过虚拟小组在两种可能性之间进行区分。在虚拟小组中，被试戴上眼罩，通过耳机听很大的噪音，并让他们相信自己是在作为小组成员完成任务。虚拟小组中个体喊叫的声音明显比独处时叫喊的声音小。这种成绩降低可能反映了社会惰化，因为个体不存在调和自己努力的需要。

拉塔内等人还发现，真实小组个体的表现显著差于虚拟小组的个体，这可能是因为协调损失在真实小组中存在，在虚拟小组中不存在。

社会惰化现象相当普遍，在从拔河、游泳到出主意和评定诗歌等任务中均发现了该现象。例如，可以考虑一下头脑风暴小组，其目标是在规定时间内尽可能多的提出各种想法。当每个小组所提出的想法数目与每个个体单独提出的想法数目进行比较时，可以发现头脑风暴小组所提出的想法一般较少(Stroebe & Diehl, 1994)。部分原因是社会惰化。但也存在生产阻碍，因为在特定时间内只有一名小组成员可以发表言论。

卡劳和威廉斯(Karau & Williams, 1993)在一项元分析中发现，在78项研究中，近80%均存在社会惰化的证据。不过，社会惰化在个体主义社会中要比在集体主义社会中更为普遍，在集体主义社会中更强调照顾集体而非个人利益。厄利(Earley, 1993)使用了办公模拟任务，模拟来自一个个体主义社会(美国)和两个集体主义社会(中国和以色列)的见习经理和经理。有三种条件：(1)单独工作，(2)在群体中与来自相同地区并具有相同兴趣的人一起工作，(3)在群体中与来自不同地区且志趣不同的人一起工作。美国经理持续表现出社会惰化，他们单独工作时比在群体中更努力。相反，中国和以色列经理在与被认为与自己类似的人一起工作时比在另两种条件下更努力。因此，当他们强烈认同自己的群体时，会表现出**社会补偿**(social compensation，社会惰化的反面)。

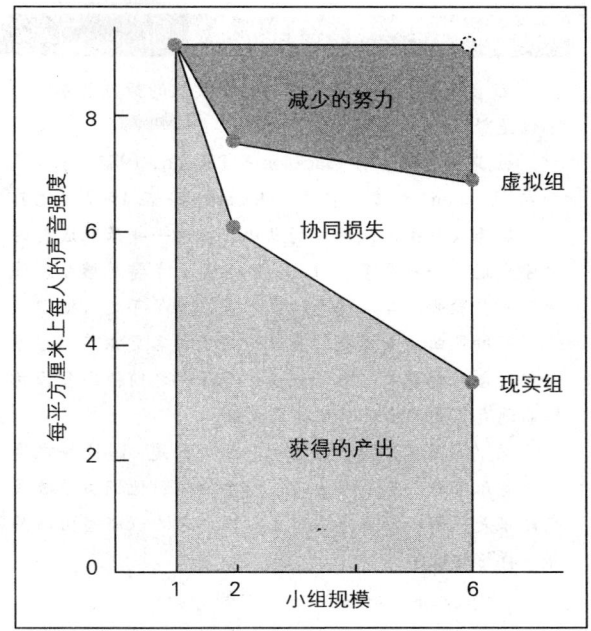

作为减少努力和小组努力错误协同的结果，在1、2和6人现实组和虚拟组中每人产生的声音强度。引自拉塔内等人(1979)。

在某些情境下也在个体主义文化中发现了社会补偿。普拉克斯与希金斯(Plaks & Higgins, 2000)认为，美国学生具有确保群体绩效适当的动机。如果他们预计群体中其他成员表现较差，这将激励他们增加自己的努力。告诉被试他们的分数将和同伴的分数合并。当他们认为同伴未起作用时，他们的数学任务成绩比认为同伴起作用时高出30%；在词汇任务上提高14.5%。社会惰化或社会补偿的存在似乎取决于个体对形成合适的群体或团队绩效所需条件的评估。

卡劳和威廉斯在元分析中发现，如果任务重要或/和群体成员认为任务重要，社会惰化会减少或消失。沃切尔等人(Worchel, Morales, Paez & Deschamps, 1998)指出了第二个因素的影响。所有被试最初单独制作纸链条，然后在小组中完成相同的任务。当不存在其他小组时，获得了惯常的社会惰化效应。其余被试在其他小组出现时完成小组任务，这旨在提升群体认同。这些被试在小组情境中比单独一人表现更好(即，社会补偿)。当所有小组成员穿同样颜色的衣服时社会补偿尤为强烈，可能是因为这强化了对群体的认同感。

社会惰化为什么在个体主义文化中会比在集体主义文化中更盛行？

社会补偿：个体在群体任务上为了弥补其他群体成员的不良绩效而付出的额外努力。

> **案例研究：社会惰化（"我的朋友帮忙很少"）**
>
> 社会惰化也反映出合作任务中较低的努力质量，而不仅是努力的数量。
>
> 杰克逊和帕吉特（Jackson & Padgett, 1982）分析了列农（Lennon）和麦卡特尼（McCartney）在1967年之前和之后为披头士乐队谱写的歌曲。在这一年乐队成员的关系出现了一些裂痕。但是，列农和麦卡特尼继续合作谱写一些歌曲。令人惊奇的发现是，1967年之后他们独立谱写的歌曲质量更高，在流行榜上排名更靠前，超过合作时谱写的歌曲。另一方面，1967年之前他们合作的歌曲则有极高的水平而且非常成功。
>
> 合作成果出现这一变化的一种解释是，1967年之后两个音乐家中必有一个出现了社会惰化。他们关系破裂的结果是，两人都未准备付出相同的努力以谱写出与早年一样好的歌曲。
>
> 引自 Jackson, J.M. & Padgett, V.R.（1982）。

理论

吉恩（Geen, 1991）认为，社会惰化的发生有三个原因。第一，群体中的个体预计其他人未努力工作，因此断定他们是惰化的。第二，当群体中的个体获知自己的个人贡献未被认同时，会降低单独完成任务时所具有的受他人评价的关切度。第三，群体中的个体对于要达成的绩效通常缺乏明确的标准。

有证据支持吉恩对社会惰化的三种解释（Hogg & Vaughan, 2002）。但是，正如菲尔丁和霍格（Fielding & Hogg, 2000）所认为的，最重要的是个体认同群体的程度。当采取措施提高对群体的社会认同时（例如，具有相似的成员、强调群体的重

纯粹的懒惰还是社会惰化？

要性、提高群体内认同），社会惰化要么减少要么被社会补偿所取代（Worchel et al., 1998）。社会认同取向也得到跨文化差异的支持，在强调群体重要性的集体主义文化中社会惰化的证据较少。大多数研究都使用了完成无意义工作的陌生人群体，这正是社会惰化容易广泛出现的情境。

❖ 评价

- ⊕ 在很多研究中均发现了社会惰化。
- ⊕ 确认个体动机如何受在群体中与他人一起工作的影响具有极现实的重要性。
- ⊕ 已经发现一些造成社会惰化的因素，例如缺乏群体参与、缺乏对评价的关注、缺乏清晰的绩效标准。
- ⊖ 日常生活中的社会惰化可能远远少于实验室中的社会惰化，因为我们大多不会花费大量时间与陌生人一起完成无意义的群体工作。
- ⊖ 除了极少的例外（例如，Fielding & Hogg, 2000），社会惰化理论并未给予群体内认同的作用足够的重视。

为什么在实验室中研究社会惰化会存在问题？

群体判断（group judgements）

人们经常认为群体判断通常会比个人判断更准确。该假设被用于证实当需要进行重要的判断或决策时应该广泛利用工作组织内的群体或团队。该假设似乎很有道理，因为群体所拥有的专业知识比个体单独工作时所拥有的知识更多。

群体通常会比个体更准确吗？吉格尼和哈斯蒂（Gigone & Hastie, 1997）回顾了三到十五名成员的小群体在各种任务中提供量化判断的研究（例如，估计历史日期、汽车价格、课程分数、赛马比赛名次）。所有这些任务都有明确答案，因此易于比较群体和个体的准确性。个体成绩的相关信息通常通过让每个群体的成员在参与群体讨论之前单独进行判断来获取。群体判断比群体成员的平均表现变化更大，群体通常表现出较高的错误率。群体判断的不准确性比群体成员判断的平均值高出约20%。

在一些研究中群体比个体表现更好。例如，亨利（Henry, 1993）研究了三人小组对像尼罗河长度等常识问题的回答。在82.2%的问题上小组的正确性高于成员的平均正确性；在40.7%的问题上小组比最正确的个体成员的答案更准确。但在大多数研究中，群体判断并未比个体判断表现出这种优越性，群体判断的正确性通常都要低于群体成员判断的均值。

吉格尼和哈斯蒂进行了各种分析以更精确地说明为什么群体判断不如个体判断。他们得出如下结论："群体判断的不正确性比个体判断的均值高出约20%。这种群体的相对劣势源于他们更可能作出差异更大判断的倾向。"（Gigone & Hastie, 1997, p.162）

大型集团组织经常利用团队进行重大决策，认为这种方式会增加可利用的知识及所做决策的正确性。但很多研究都表明，事实并非如此。

群体决策

你认为群体和个体决策之间存在差异吗？很多人都认为群体行事更谨慎，其决策建立在所有（或大多数）群体成员共识的基础上。但事实上，很多或大多数群体并不是这样做的。具体来说，经常会发生**群体极化**（**group polarisation**），即"群体起初较折中的观点通过群体互动变得更为极端"（Smith & Mackie, 2000, p.346）。

群体极化：群体产生较极端决策的倾向。

史密斯和邦德（Smith & Bond, 1998）报告了除美国以外的六个国家中所发现的群体极化。但他们也指出，（出于不明原因）在德国、利比里亚、中国台湾和乌干达等国家和地区进行的研究中并未发现群体极化。此处我们需要再次说明的一点是，群体极化的大多数研究使用了特定类型的群体，这些群体未指定领导者，其中的大学生之前相互之间也不认识。

该研究还存在另一个重要局限。正如布朗（Brown, 2000a, p.199）所指出的："几乎所有研究……均是在实验室条件下使用专门小组进行的，在小组中决策任务较新颖——更重要的是——结果几乎全部是假设性的[想象的]。决策很少具有真实的结果。"因此，尚不清楚群体极化是否是一种可以应用到大多数真实群体的现象。

为什么群体决策会比个体决策更极端？

业已提出几种理论来解释群体极化。几种主要理论在下面会依次讨论。

社会比较理论

根据桑德斯和巴伦（Sanders & Baron, 1977）的观点，群体中的个体希望凸显自己，希望得到其他成员积极的评价。如果个体看到其他群体成员比自己更认可具有社会价值的目标，他们会改变对该目标的立场，以赢得其他群体成员的积极看待。

社会比较理论的一个核心预测是，当在社会情境中确定明确的社会价值时，将会出现更多的群体极化。巴伦和罗珀（Baron & Roper, 1976）在一项似动效应研究中检验了这一预测：静止的光点在黑暗的房间里看起来似乎在移动（本章前文已讨论）。告诉被试移动量的高估是高智商的表现。重要的发现是，成员听到他人估计的群体比成员单独估计的群体给出了更高的估计。

伊森伯格（Isenberg, 1986）对33项群体极化研究进行了元分析。社会比较对群体极化具有相当强的整体影响。但是，这些影响在讨论附带价值或情绪的问题时，比讨论事实问题时表现得更为强烈。

信息理论

伯恩斯坦和维诺克（Burnstein & Vinokur, 1973, 1977）提出了一种群体极化的简单解释。他们认为群体极化取决于群体成员之间信息的交换。实质上，这是一种群体中所讨论的大部分信息支持大多数群体成员持有的观点。接触大量有力事实和论据使群体成员比起初已接受这些观点的成员越来越趋向于采取更极端的立场。

伯恩斯坦和维诺克（1973）设定了一种信息理论预测和社会比较理论预测存在差异的情境。告诉被试，群体的每位成员将根据指导语为实验者给出的观点提供证据。

实际上，告诉一半群体成员支持自己的观点，而另一半群体成员反对自己的观点。我们能作出什么预测呢？根据社会比较理论的观点，任何群体中都不会出现群体极化。原因在于被试不知道其他群体成员的真正观点，因此不可能进行社会对比。根据信息理论的观点，其他群体成员提供的信息在他们论证自己的观点时可能更详细，更具说服力。因此，论证自己观点的群体比反对自己观点的群体具有更多的群体极化。结果与信息理论的预测相一致，而与社会比较理论的预测不一致。

有些研究不支持信息理论。例如，朱伯等人（Zuber, Crott & Werner, 1992）在开始小组讨论之前，给一些实验小组呈现一长系列的相关论据。可以预测：在所有小组成员能获得如此众多信息的情况下，会出现更多的群体极化。事实上，无论事先是否给被试提供相关论据，都出现了相当程度的群体极化，这是反对信息理论的证据。

群体中所讨论的信息在支持大多数人所拥有的信息方面通常存在偏向。斯塔泽与泰特斯（Stasser & Titus, 1985）给假设性人事选拔小组的四名成员提供讨论 3 个候选人各自优点的任务。事先给选拔小组的成员提供有关候选人的信息，对一些选拔小组的成员提供所有候选人的信息，对一些成员只提供其中一个候选人的信息。关键发现是：小组讨论主要关注所有选拔小组成员的共享信息，非共享信息通常被忽略。因此，如果最佳人选的相关信息起初是非共享信息，那么选拔小组通常不能选出最佳候选人。

对群体而言，讨论共享信息而非非共享信息是非常普遍的。拉尔森等人（Larson, Richards, Moneta, Holmbech & Duckett, 1996）考察了诊断病例的医学专家。共享信息更可能比非共享信息被引入讨论中，并且通常会在讨论过程的早期进行讨论。

强调共享信息为群体中大多数人的观点提供了明确的支持。个体为什么不愿讨论非共享信息呢？斯图尔特与斯塔泽（Stewart & Stasser, 1995）给出了该问题的合理答案。他们发现非共享信息的有效性通常会受到质疑，因为它不能得到其他群体成员的认可。

信息理论忽视了群体可利用的信息源的重要性。我们的观点更容易受朋友而非敌人、专家而非非专家的影响。当群体成员听到来自内群体而非外群体的相同观点时，他们的态度会改变更多（Mackie & Cooper, 1984）。

在前一页所讨论的元分析中，伊森伯格发现，有说服力的论据会对群体极化产生强烈的整体影响。但是，这些影响在讨论事实问题而非附带情绪或价值问题时会表现得更强烈。

自我分类理论

像自我分类理论等社会认同理论的发展，为理解群体极化提供了有趣的观点（Turner, 1987）。该理论的起点在于假设群体的观点来自较普通的社会背景。具体来说，内群体成员通常希望把自己的群体与其他群体区分开来。他们通过采纳相对极端的个人观点把自己与外群体的观点进行区分而做到这一点。尤为重要的是，这种观点最能代表群体本身的共同特征和最能明确将之与外群体进行区分的整合。这种

在群体决策研究中，我们为什么会关注小组决策？

观点称为原型。

麦基与库珀(Mackie & Cooper, 1984)获得了内群体和外群体发挥作用的证据。学生被试听一段录音,在录音中,其他群体成员认为大学入学标准化考试应该保留,或是认为这些考试应该取消。录音中的群体被确定为外群体或内群体。正如所料,内群体对听录音的小组比外群体具有更强烈的影响,因此产生了群体极化。正如该理论所预测的那样,由外群体引起的听录音的成员观点的变化,倾向于与该群体所提倡的观点相反。

一些研究为自我分类理论提供了更详细的支持。例如,霍格等人(Hogg et al., 1992)发现,群体在面对一个较危险的外群体之后会变得比以前更加谨慎。相反,在面对一个更谨慎的外群体后他们会变得更加冒险。自我分类理论几乎是唯一一个能为外群体观点对群体极化产生的影响进行解释的理论。

❖ 评价

⊕ 群体极化是一种重要现象,在很多国家均已发现。
⊕ 此处所讨论的三种理论取向解释了一些发现,即每种理论取向都确定了造成群体极化的某些因素。
⊖ 大多数研究都是人为的,具有局限性,关注陌生人群体作出毫无真实结果的决策。
⊖ 大多数群体极化研究的人为性是一个严重问题。研究者(Semin & Glendon, 1973)研究了在一年内进行 28 项工作评估的英国商业组织委员会,所有委员在小组讨论之前进行单独评估。结果并未发现存在群体极化的任何证据。

群体思维

群体内导致群体极化的过程有时可能会产生灾难性后果。这在群体屈从于詹尼斯所称的群体思维时尤其如此。詹尼斯(Janis, 1972, p.8)认为,群体思维是"一种不惜任何代价取得一致的心理驱力,在凝聚力强的决策群体中压制了异议和其他方案的评价"。他比较了群体思维和警惕性决策,在警惕性决策中,会对各种选择进行严格的评估和开诚布公的讨论。

群体思维有一些明显的例子(例如,挑战者号航天飞机)。一些工程师警告说在寒冷气温下发射航天飞机会很危险。原因在于低温可能导致火箭增压机的 O 形环密封圈(O-ring seals)不能工作,从而引发灾难性的爆炸。1986 年 1 月 28 日早上,气温低于零摄氏度。但是,由于挑战者号将首次把一名普通人(一名叫 Christa McAuliffe 的教师)送入太空,它的发射引起公众的极大兴趣。美国国家航空航天局(NASA)决定按期发射。挑战者号在升空 72 秒后爆炸,机上所有 7 人全部丧命。爆炸正是由于 O 形环密封圈无法工作引起的。

是什么原因导致了群体思维呢?根据詹尼斯(Janis, 1982)的观点,群体思维发生时具有五个典型特征:

你如何理解群体思维这个术语?

1. 群体的凝聚力非常强。
2. 群体仅考虑某些方案。
3. 群体与来自群体外的信息相隔绝。
4. 群体由于巨大的时间压力而非常紧张。
5. 群体受到强有力领导者的控制。

上述五个因素使得群体产生了不受侵害的幻觉，群体成员对自己的决策能力极度自信。群体成员经常审查自己的想法，甚至作为"思想守卫者"阻止他人发表不符合群体共识的观点。例如，想想反对挑战者号发射的工程师。他被劝说改变自己的想法，"在被告知除去工程师的头衔后，又给其戴上了一个管理职位的头衔"。

证据

一些极其糟糕的政治决策似乎具有群体思维的特征。例如，在召开一系列会议后肯尼迪总统同意入侵古巴的猪猡湾。这次入侵是一场灾难，由于有关潜在危险的准确信息在总统开会时被最小化或压制，这次入侵才得以通过。泰特洛克等人（Tetlock, Peterson, McGuire, Chang & Feld, 1992）详细考察了詹尼斯（1982）用于支持自己观点的八个案例。他们认同詹尼斯的观点，即表现出群体思维的群体通常具有一名强有力的领导者和高度的从众。但与詹尼斯的理论相反的是，表现出群体思维的群体通常比其他群体的凝聚力更小（而不是更大）。另外，相关证据并未说明

案例研究：群体思维

在诸如陪审团和大型组织管理委员会中，与群体观点保持一致具有重要意义。在这些群体中，个体的行为方式可能非常重要。詹尼斯（Janis, 1972）发明了"群体思维"这个术语来描述在这些情境中人们的思维如何受到从众的灾难性影响。詹尼斯给自己十来岁的女儿描述"猪猡湾"灾难，女儿对他作为一名心理学家能否解释这些专家为什么会作出如此糟糕的决定提出质疑。（猪猡湾入侵发生在1961年。肯尼迪总统和政府顾问组作出了一系列错误决策，导致了极其失败的入侵古巴猪猡湾事件——该事件具有灾难性的原因是在被勒索价值53万美元的食品和药品后，古巴方面才释放了1000名战俘；这次入侵还引发了古巴导弹危机和核战争威胁。）詹尼斯认为，一些群体因素通常会提高从众水平并导致糟糕的决策。

- 群体因素。群体成员希望得到他人的悦纳，因此通常会做一些被群体成员接受的事情。
- 决策压力。群体在达成一个决定时感受到压力。为了降低压力感，他们试图尽快并在毫无论证的情况下达成决议。
- 孤立。群体经常在孤立状态中工作，这意味着无法对他们的思维方式提出质疑。
- 机构因素。通常来说那些被委以较高职位的人倾向于更从众，基于如下原则：好士兵才能成为好司令。
- 领导者。群体具有一名强有力的领导者，他/她很清楚希望群体做什么。

处于压力情境下会引发群体思维。更进一步来说，具有群体思维群体的悲观性和刻板性远远少于詹尼斯所认为的情况。

泰特洛克等人认为，过程合理性（即，严格性和群体思维）与结果成功之间的关系远不如詹尼斯所认为的强烈。他们讨论了决策严格但结果完全不成功的案例（例如，1980年初的伊朗人质解救计划）。

克雷默（Kramer, 1998）也对詹尼斯搜集的证据提出批评，认为很多错误决策受到政治影响的程度至少与受到有缺陷群体过程的影响相当。例如，挑战者号的悲剧在很大程度上也可归因于美国国家航空航天局非常急切地吸引公众的积极评价以维持政府的财政支持水平。如果美国国家航空航天局不进行这次发射，就会招致负面的公众评价以及对其能力的指责。相似的，入侵古巴的决定也是为政治所驱使。1960年代初，反共产主义情绪非常高涨。如果入侵共产主义的古巴取得成功，将会极大地提高肯尼迪的声望。

詹尼斯所使用的大多数案例还存在另一个重要缺陷。大量有关诸如挑战者号发射或入侵猪猡湾等实际发生的事件信息的讨论，都是基于相关人员的回忆。他们中的很多人可能会故意歪曲回忆，例如声称自己当时反对决策的程度远远超出实际情况。

穆伦等人（Mullen, Anthony, Salas & Driskell, 1994）对关注群体思维的研究进行了元分析。正如詹尼斯的预测，当其他引发群体思维的因素同时出现时，高群体凝聚力降低了群体决策的质量。但当其他因素不存在时，高群体凝聚力对群体决策只产生了较少的影响或是毫无影响。

彼得森等人（Peterson, Owens, Tetlock, Fan & Martorana, 1998）研究了七家美国首席公司在成功时期和困难时期的高层管理团队。群体思维的征兆倾向于出现在困难时期，严格决策的征兆通常出现在成功时期。但正如彼得森等人（p.272）所总结的那样："成功群体显示出某些群体思维的征兆，不成功群体也显示出某些严格决策的迹象。"因此，把决策划分为群体思维或严格决策的做法过于简单化。

如何才能减少群体思维呢？克鲁恩等人（Kroon et al., 1991）发现，在群体中，如果个体认为自己对决策负有责任时，会质疑群体的观点。波斯特梅斯等人（Postmes, Spears & Cihangir, 2001）认为，凝聚力是有价值的，因为它强化了群体规范。凝聚力强的群体在支持严格、独立思考的规范下，要比热衷于维持一致性的群体表现得更好。尤为重要的是，群体成员在具有严格规范的群体中，更可能在彼此之间分享信息。其他一些建议是：应该授权独立的专家或故意唱反调的人提出不同的观点，群体领导者应该进行非指示性指导，鼓励每个群体成员都说出自己的观点。

❖ **评价**

- ⊕ 群体思维是一种真实现象，已在多种背景中得到证明。
- ⊕ 正如詹尼斯的预测，强有力的领导者和从众压力等因素提高了群体思维发生的可能性。
- ⊖ 詹尼斯认为群体思维需要高度凝聚力的假设是不正确的，处于威胁情境中并非像他所宣称的那样重要。

- 所有决策均具有群体思维或严格决策特征这一假设有些过于简化。
- 群体思维并非必然导致失败；严格决策也不一定就能确保成功。
- 正如布朗（Brown，2000a，p.215）所指出的："詹尼斯可能夸大了社会心理过程的重要性，而牺牲了更广泛的社会政治因素。"

领导

对领导进行定义并不容易。一直以来人们曾根据个体人格特征、行为类型、群体过程、互动模式等对其进行界定。不过，布朗（Brown，2000a，p.91）提出了一种能反映**领导者**（**leaders**）实质的合理定义：

> 领导者真正的特征是他们对群体中的其他人施加的影响多于他们自身受到他人的影响。

你在多大程度上认为任何人都可以成为伟大的领导者？

领导者：群体中对群体成员最有影响的个体。

伟人论

是什么因素决定了谁会承担群体的领导角色？根据领导的伟人论，领导者拥有区分于他人的特定人格特征或其他特征。因此，例如我们可以想象，更聪明、支配性更强的个体更可能处于领导的位置，比其他人成为更有效的领导者。不过，快速思考一下著名的领导人你会发现，他们的人格特质存在巨大的差异。例如，布莱尔（Tony Blair）、布什（George Bush）和曼德拉（Nelson Mandela）具有迥然不同的人格。

证据

曼（Mann，1959）考察了关注领导者人格特质的研究。超过 70% 的研究表明，领导身份感与聪慧性、顺应性、外向性、支配性、男性气质和保守性存在正相关。不过，大多数相关都很弱。曼（p.266）总结认为："任何特质……与绩效的相关绝不会高于 0.25，大多数中度相关接近 0.15。这些相关表明领导者与下属在人格方面只存在很小的差异。"

斯托格迪尔（Stogdill，1974）在其综述中得出了相似的结论。他报告领导者倾向于比下属更聪慧、更自信、更有社交能力、更具支配性和成就取向。但这都是一些普遍较小的效应。因此，根据成员的人格准确地预测谁将成为群体的领导者是不太可能的。

领导的伟人论现在通常已经遭到抛弃。不过，它的缺点可能被夸大了。洛德等人（Lord, de Vader & Alliger, 1986）指出，人格测量与领导力相关较低的一个原因是由于测量的信度较低。他们对曼（Mann，1959）所讨论的研究进行了元分析，修正了测量和其他因素的低信度。聪慧性与领导感知的相关从 +0.25 上升到 +0.52，男—女性气质与领导感知的相关从 +0.15 上升到 +0.34。

洛德等人考察了自从曼的综述发表后的一些研究。在修正了数据的低信度后，

领导者拥有共同特征吗？

领导感知与聪慧性的相关为 +0.50，与外向性的相关为 +0.26，与顺应性的相关为 +0.24。洛德等人（p.407）总结认为："人格特质与领导感知之间的相关程度比一般文献所认为的更高、更稳定。"

男性和女性在领导风格上存在稳定的差异吗？伊格里与约翰逊（Eagly & Johnson, 1996）回顾了组织背景中 150 多项有关领导的研究。男性和女性领导者之间领导风格的相似性明显高于差异性。例如，男性和女性领导均为任务导向。性别差异很小的原因在于女性领导者比男性领导者更可能让下属参与决策，更不可能独裁和专横。

迄今为止，我们已经考察了有可能成为领导者的人所具有的人格特质问题。其中一个特殊问题是，确定在提高群体绩效方面较有效的领导者的人格特征。赫斯林（Heslin, 1964）回顾了相关文献，发现聪慧性与群体绩效强烈相关，最高相关达到 +0.60。另外，顺应性与群体绩效具有稳定相关。霍根等人（Hogan, Curphy & Hogan, 1994）也回顾了有关该问题的相关研究。他们总结认为，管理绩效可以通过诸如认知能力等各种人格特质进行预测。伊格里等人（Eagly, Karau & Makhijani, 1995）对比较男性和女性领导者有效性的研究进行了元分析，发现在有效性上并不存在整体差异。不过，男性在男性化领导角色中要比女性表现更好，而女性则是在女性化领导角色上比男性表现更好。

可能的情况似乎是，有效领导者的特征取决于所讨论的群体目标和规范，而不像伟人论所认为的那样是固定不变的。例如，领导一个青少年帮派可能比领导一个花卉摆放小组需要更具攻击性的手段。海恩斯等人（Hains, Hogg & Duck, 1997）研究了开会讨论社会问题的大学生。在每个小组中，随机选择一名学生作为领导者。在小组成员强烈认同自己群体的小组中，观点与小组的一般观点相类似的领导者，要比自己的观点与群体中其他成员的观点存在差异的领导者被认为更有效。因此，有效的领导者需要使群体规范表现出有效性，这表明有效领导的特征比伟人论所认为的要更灵活。

❖ 评价

- ⊕ 人格与领导感知和领导绩效之间存在可预测的相关。
- ⊕ 这些相关虽然不强烈，但在预测谁将取得领导地位以及特定个体作为领导者的有效性如何等方面还是很有用的。
- ⊕ 仅有相对较少的人格特征和能力特征（例如，聪慧性、顺应性、外向性）与领导感知和绩效具有相对稳定的相关。
- ⊖ 任一特定领导风格的有效性取决于群体所处的特定情境。不过，伟人论忽略了决定谁将成为领导者及其有效性如何的情境的重要性。
- ⊖ 成为一名有效领导者所需要的人格特征随着群体规范的不同而不同（Hains et al., 1997）。

领导风格

领导研究的一个关键问题是确定主要的领导风格。一个相关问题是确定哪些领导风格更有效或更无效。在这一部分，我们将探讨阐述这些问题的早期尝试，同时也别忘了还有大量的其他最新尝试。

领导者的风格有何不同？

民主型、专制型和放任型领导者

卢因等人（Lewin, Lippitt & White, 1939）研究了三种领导风格（专制型、民主型和放任型）对模型制作俱乐部中 10 岁男孩的影响。专制型领导者告诉男孩做什么，跟谁一起工作。他们不与男孩讨论问题，也不表达对他们观点的兴趣。民主型领导者允许男孩选择其他男孩一起工作，并鼓励他们作出自己的决定。民主型领导者会参与很多活动。最后，放任型领导者几乎不参与对群体的管理。他们把男孩丢在一边，任由他们想做什么就做什么，不鼓励也不批评。

共有三个俱乐部和三个成人领导者。任一俱乐部的男孩仅接受一种领导风格，分别由三名成人领导者依次提供。为了达到这一目的，成人领导者在每个俱乐部中采用不同的领导风格。

民主型领导通常最成功。工作进展良好，男孩之间有很好的合作并彼此喜欢，他们在领导者离开房间后会继续工作。放任型领导最不成功。不管领导者在不在房间，男孩都未取得任何进展，当出现问题时他们会变得很沮丧，彼此之间表现出攻击性。专制型领导导致了最富生产性的工作绩效，因为所制作的人工模型最多。但是，男孩之间具有攻击性，当领导者离开后通常都会停止工作。

> **领导和团体动力**
>
> 乔治（George, 1995）研究了主要为美国零售商工作的团队。她发现，明确个体的绩效以及奖赏努力工作的人会显著增强较好的工作表现。惩罚绩效不好的个体似乎并不会阻止其他团队成员的不努力。与工作质量和数量均无关的奖赏和惩罚，在促进好的工作表现和阻止不良工作表现上是无效的。该研究的信息清楚地表明，有效的领导会奖赏好的工作表现但不会谴责不良员工。

❖ 评价

- ⊕ 卢因等人（1939）的研究是研究领导风格的第一次系统尝试之一。
- ⊕ 民主型和专制型领导风格的差异影响了某些后续研究（见下文）。
- ⊖ 民主型领导风格在 1930 年代的美国最被认可，但在其他文化中则较不成功。
- ⊖ 专制型和放任型成人领导者比民主型领导者更不成功。如果领导者天生就是专制型或放任型，也许专制型或放任型领导可能更有效。
- ⊖ 民主型领导风格在无威胁的儿童俱乐部背景中是成功的，即使与最高水平的绩效无关。但是，面临紧急情况需要快速决策的团队可能最需要专制型领导。
- ⊖ 卢因等人（1939）的发现并不适用于其他文化。米德（Meade, 1985）发现，中国香港和印度的青少年男孩比较喜欢专制型领导。

任务型领导者和社会—情感型领导者

贝尔斯（Bales, 1950）介绍了一种非常有影响的研究群体内地位差异的方法。他设计了**互动过程分析法**（**interaction process analysis**），让观察者把群体成员的行为编码为各种类型。互动过程分析法包含四种一般行为类别，每一类别包括三个亚类别（亚类别如括号内所示）：

- 积极的社会—情感行为（表现为团结、放松、同意）。
- 任务行为（提建议、发表看法、提供指导）。
- 信息交换（征求方向、征求观点、征求建议）。
- 消极的社会—情感行为（不同意、紧张、对抗）。

贝尔斯和斯莱特（Bales & Slater, 1955）把互动过程分析法运用于小群体。他们发现，任何群体的成员在启动和接收的行为类型上存在极大的不同。更具体的说，群体内通常会有两类领导者：任务型领导者和社会—情感型领导者。**任务型领导者**（**task leader**）会引发大量的任务行为，不赞同他人，表现出对抗，达成协议，征求方向、观点和建议，以及所有消极的社会—情感行为。任务型领导与卢因等人（1939）所确认的专制型领导风格很相似。相反，**社会—情感型领导者**（**socio-emotional leader**）会引发各种积极的社会—情感型行为，他们征求方向、观点和建议，表现出紧张，接受团结、放松、方向、建议和观点。社会—情感型领导者的特征与民主型领导风格较为相似（Lewin et al., 1939）。

贝尔斯和斯莱特发现，同一个人很少既是任务型领导者又是社会—情感型领导者。为什么会这样呢？一个原因是，任何个体都不可能拥有充分实现这两种功能的不同特质。另一个原因是，任务型领导者更倾向于唤起其他群体成员的敌意，当面临如此众多的消极社会情感型行为时他很难提供有效的社会—情感型领导。

史密斯等人（Smith, Misumi, Tayeb, Peterson & Bond, 1989）考察了美国、英国、日本和中国香港的领导风格。他们发现，领导者的任务取向和社会—情感行为在所有四个国家和地区中均受到重视。但是，表现每种行为的适宜方式在不同文化之间也存在差异。例如，工作环境中的领导者需要评估其他员工的绩效。在英国和美国通常采取面对面的评估，但在中国香港和日本则经常是通过同事进行评估。

❖ 评价

- ⊕ 任务取向领导和社会—情感型领导在很多文化中均受到重视。来自一些国家和地区（例如，芬兰、日本、中国香港和瑞典）的证据表明，大多数群体既有任务型领导者也有社会—情感型领导者（Nystedt, 1996）。
- ⊕ 任务型领导和社会—情感型领导的区分非常重要，影响了很多领导理论（例如，Fiedler，见下文）。
- ⊖ 贝尔斯认为，高任务型领导的个体倾向于在社会—情感型领导上较低，反之亦然。但事实上，有些个体在两种领导风格上得分都很高（Sorrentino & Field, 1986）。
- ⊖ 该取向强调领导的行为。但是，他/她的有效性在很大程度上取决于群体所处的情境。例如，当需要迅速作出决定时，拥有任务型领导者可能是非常重要的。

互动过程分析法：贝尔斯设计的一种方法，观察者根据各种类别对群体成员的行为进行编码。

任务型领导者：在群体中引发最多任务型行为并设置任务目标的个体。

社会—情感型领导者：群体中引发最多积极的社会—情感行为的个体。

你认为区分任务型领导者和社会—情感型领导者有何用处？

菲德勒的权变模型

很多研究者认为，研究领导者的人格或行为以及实施领导的情境都是非常重要的。根据这种观点，任何特定领导风格的有效性因（即取决于）群体所处的状况而异。因此，基于这种观点的理论通常称为权变模型。菲德勒（Fiedler，1967，1978）提出了最具影响的权变模型，下面我们将对其进行详细探讨。

菲德勒的权变模型包含四种基本成分。一种涉及领导者的人格，其他三种涉及领导者所处的情境特征。领导者的人格根据他对最不喜欢同事的喜爱程度进行评定。最不喜欢同事（least preferred co-worker，LPC）量表需要领导者在18个量表上对最难共事的同事进行评定（例如，友好—不友好，愉悦—不愉悦）。高分者（高 LPC）通常会把他们最不喜欢的同事评定为相对比较受欢迎；他们被认为采取了关系导向或周全的领导风格。相反，低分者（低 LPC）则被认为较为任务导向。

共有三种情境因素，它们共同决定了领导者情境的有利性：

1. 领导者—成员关系。 领导者与其他群体成员的关系从非常好到非常不好差异很大。

2. 任务结构。 群体所完成任务的结构化程度从高度结构化、高目标明晰度到低结构化、低目标明晰度差异较大。

3. 地位权力。 如果领导者有权雇用和解雇、提升工资或职位、得到组织支持，领导地位的权力和权威就高；如果缺乏这些因素，领导地位的权力和权威就低。

如果领导者希望更有效，需要考察哪些情境因素？

如果任一特定的领导情景在三种情境因素上均被区分为高或低，我们就可以得

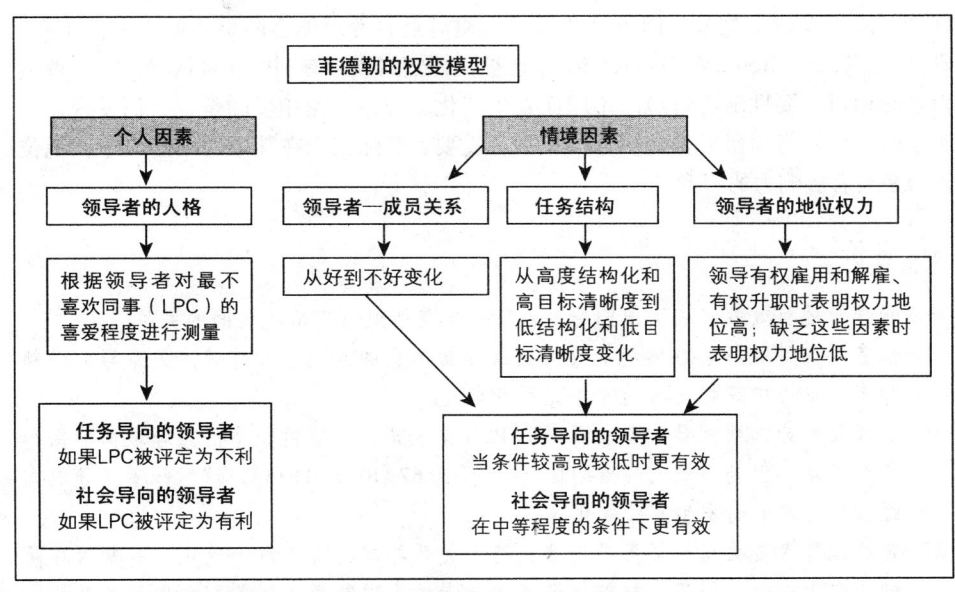

根据菲德勒的权变模型，决定领导者有效性的人格因素和情境因素。

到八种可能的结合或八种情景有利性水平。对领导最有利的情境是具有良好的领导—成员关系、高度任务结构化、高地位权力；最不利的情境是不良的领导—成员关系、缺乏任务结构、领导者的地位权力低。根据菲德勒的观点，在这些情境因素中，最重要的是领导—成员关系，最不重要的是地位权力。

菲德勒权变模型的关键理论假设是：任务导向的领导者（低LPC）在情境非常有利或非常不利的情况下，要比关系导向的领导者（高LPC）更有效，但是相反的情况仅在情境处于中等程度有利的情况下才出现。菲德勒为什么会作出这些假设呢？当情境非常有利时，领导者不需要过度关心关系问题，因为群体的士气非常高。当情境非常不利时，群体的情绪可能不会得到很大改善，因此关注手头的任务对领导者是最有效的。当情境处于中等程度的有利性时，关系导向的领导者即使在任务不明确、几乎毫无权力的情况下也能改善群体的士气。

在什么情况下你更喜欢拥有一个任务导向的领导者而非关系导向的领导者？

证据

大多数研究都为菲德勒的模型提供了某些支持。菲德勒和波特（Fiedler & Potter, 1983）总结了来自100多项研究的发现，在这些研究中，根据群体绩效来评估领导的有效性。任务导向的领导者（低LPC）在情境因素的有利性较高或较低时，比关系导向的领导者更成功，当情境的有利性处于中等水平时，则会出现相反的情况。

施里希姆等人（Schriesheim, Tepper & Tetrault, 1994）对来自1282个群体的数据进行了元分析。他们的发现与菲德勒和波特的发现达成广泛的共识。施里希姆等人（p.572）得出以下结论："此处所得出的发现令人振奋，应该看做为权变模型在整体上提供了谨慎的支持。"但是，情境有利性的微小差异有时会引起任务导向领导者或关系导向领导者有效性方面的巨大差异，这与该理论相反。

菲德勒认为，最重要的情境因素是领导—成员关系，最不重要的是地位权力。这种观点可能过于刻板，因为这些因素的相对重要性可能会随情境的不同而不同。研究者（Singh, Bohra & Dalal, 1979）让被试评定对领导有利的几种情境。三种情境因素的相对重要性随着情境的不同而发生变化。与该理论相反的是，人们发现，在四项研究中，每项研究都表明地位权力很重要；实际上，在其中两项研究中，地位权力是最有影响力的因素。

❖ 评价

- ⊕ 领导者的有效性取决于他们的个人特征与其所处特定情境之间的关系。
- ⊕ 任务导向的领导者在情境非常有利或非常不利的情况下最有效，关系导向的领导者在情境中等程度有利的情况下最有效。
- ⊖ 菲德勒认为，根据最不喜欢同事（LPC）量表进行评定的个体的领导取向能保持相对稳定。但是，量表的重测信度只有+0.67（Rice, 1978），这意味着领导取向经常会随时间而发生某些变化。
- ⊖ 宣称领导者要么属于任务导向要么属于关系导向的观点过于简化。有些人在两种导向上得分均很高。被群体选为领导者的人通常既是任务导向也是关系导向

(Sorrentino & Fiedler, 1986)。

- 在最不喜欢同事（LPC）量表上获得中等分数的人在大多数研究中都受到忽视。肯尼迪（Kennedy, 1982）发现，在大多数情境中，他们比任务导向和关系导向的领导者更有效。另外，他们的绩效很少受情境的影响，这一点与菲德勒强调领导者和情境的互动相反。
- 权变模型存在一些概念上的混淆。宣称领导——成员关系是情境的唯一功能非常不明智，因为很显然，领导者的特征（例如，热情、宜人性）会影响他/她与群体其他成员的关系。
- 菲德勒的权变模型在群体随时间发展而出现的动态过程方面未能提供相关信息。例如，决定领导者升迁或降职的因素是什么？

交易型领导和变革型领导

一些研究者曾认为，最有效的领导者是那些具有超凡魅力、有灵感或变革型的人。在这方面巴斯（Bass, 1985）的理论可能最具影响力，他区分了交易型领导和变革型领导。**交易型领导（transactional leadership）**涉及领导者和下属的各种交换或交易，**变革型领导（transformational leadership）**则涉及激励下属，说服他们放弃自我利益以达成领导的愿景。巴斯认为交易型领导是有效的，但是变革型领导通常更有效。

阿沃里奥等人（Avolio, Bass & Jung, 1999）阐明了交易型领导和变革型领导所包含的内容。他们报告了基于3786名被试的发现，这些被试使用多因素领导行为问卷（Multifactor Leadership Questionnaire）对他们的领导进行描述。研究者确认了六种因素：

1. **领袖气质/灵感**。领导者给下属提供清晰的目标感，并说服他们认同自己。
2. **智力激励**。领导者鼓励下属质疑解决问题的常规方法。
3. **个别关注**。领导者试图理解下属的需要，试图使他们发展自己的潜力。
4. **不定期奖励**。领导者让下属明白他的期望，如果取得成功会得到什么奖励。
5. **排除性主动管理（active management-by-exception）**。领导者监控下属的绩效，为纠正他们的问题提供帮助。
6. **消极——回避式领导**。领导者只在问题严重时才出面。

阿沃里奥等人所报告的关键发现是，数据的因素分析得出两个相关因素：变革型领导和交易型领导。变革型领导因素主要基于领袖气质/灵感和智力激励因素，交易型领导因素则基于个别关注和不定期奖励。

证据

一些研究表明，交易型领导和变革型领导都有效。豪厄尔和豪尔-梅伦达（Howell & Hall-Merenda, 1999, p.681）讨论了几项有关交易型领导的研究，总结认为"大多数研究发现表明，不定期奖励[交易型领导的重要因素]领导对个体下属的绩效具有积极影响"。有研究者（Yammarino, Spangler & Bass, 1993）对美国海军学院的193

交易型领导：领导和下属之间存在交易或交换的一种领导形式。

变革型领导：一种基于激励和魅力的领导形式。

使得有魅力的领导取得成功的因素是什么？

名学生进行了一项纵向研究。研究开始时获得的变革型领导的测量分数,预测了后来的绩效评估。

罗斯和奥弗曼(Ross & Offermann, 1997)研究了美国空军军官,每名军官领导大约120名军校学员。在变革型领导上得分高的军官通常自信、注重培养、务实。拥有变革型领导者的学员对他们的领导都很满意。但在数学、军事和学业成绩测量方面,相同的学员并不比拥有非变革型领导的学员更优秀。

洛等人(Lowe, Kroeck & Sivasubramiam, 1996)对20多项研究进行了元分析。在产生工作团队的有效绩效方面,变革型领导通常优于交易型领导。另外,变革型领导的这种优势在各种群体中均已获得,例如实验室研究中的学生领导、护理主管和德国银行经理。

克里克帕特里克与洛克(Klirkpatrick & Locke, 1996)指出,大多数研究在本质上都是相关研究。由于领导者对其下属的影响,变革型领导可能与下属的绩效相关。但是,可能的事实还在于当判断领导者是否变革型领导时,下属运用了自己有关领导者成功的相关知识。克里克帕特里克与洛克在一项实验研究中区分了这些可能性,在研究中训练有素的演员假扮变革型或非变革型领导。当领导者表明一种愿景(例如,给下属自信,或提高他们对高绩效的期望)并为实现这种愿景提供建议时,群体在激励性生产任务上的绩效更高。这些发现表明,变革型领导对群体绩效具有直

案例研究:天堂之门(Heaven's Gate)集体自杀

自1997年3月27日以来,每天的报纸上都有关于39人在加利福尼亚兰乔圣菲牧场的山顶大厦自杀的新闻。随着这起事件的曝光,人们得知受害者是一个自称"天堂之门"邪教祭礼的信徒。天堂之门祭礼出现在1970年代,由阿普尔怀特(Marshall Applewhite)和内特尔斯(Bonnie Nettles)领导。他们把自己描绘成"太空时代牧羊人",目的是把人们带向更高层的生存空间。

该组织神明的领导者宣称自己是"人类之上王国"的外太空代表,通过他们极富魅力的教唆,信徒们相信自己的身体仅仅是一个容器。通过禁欲、禁毒、禁酒、改名和断绝与家人朋友的所有关系,信徒能够升入太空、摆脱束缚他们的"容器"或身体,进入到天堂。信徒们被引诱相信海尔-波普彗星的出现是他们动身进入外太空纯净空间的信号。

研究者发现,集体自杀似乎是一起精心策划的事件。集体自杀历时三天,涉及三个群体,是一场平静的宗教仪式。有些信徒显然帮助过他人,然后给自己注射致命剂量的毒剂。他们躺在小床或床垫上,胳膊放在身旁,每名受害者都携带着身份证明。该组织的每个信徒死前都留下一段简短的录音。所讲内容是他们相信自己要去一个更美好的地方。

有三件事对信徒的概念至关重要。信徒根据"我们"和"他们"进行思考,把任何不同于自己的人看做"他们"。使用强烈但精巧的教化招募并控制信徒。第三个成分是具有超凡魅力的领导者的出现,他使人们追随他的信念。崇拜者通常信奉组织外的一切都是邪恶的、有危险的;组织内的一切在领导者的教化下都是安全、独特的救赎之路。

信徒领导者对皈依者必须极具吸引力。他/她必须满足信徒的基本需要以便使人们完全信任、依赖和相信。像阿普尔怀特与内特尔斯这种极有魅力的领导者会给追随者指出目标和生命的意义。无条件的奉献使38名天堂之门的成员自愿结束了自己的生命。阿普尔怀特是第39个集体自杀者。

接影响。但是，采取有魅力沟通方式的领导者（例如，声音有活力，自信，直接的目光接触，丰富的面部表情）并不比采取中性或无魅力沟通方式的领导者更有效。

遗憾的是，一些变革型领导者使用自己的技巧产生了灾难性后果。例如，阿普尔怀特（Marshall Applewhite）是一位变革型领导者，他声称他的天堂之门团队已抵达新的进化阶段，在该阶段他们不再需要自己的身体。在他们抛弃自己的躯体之后，他们将与海尔-波普彗星一起遨游太空。基于这些主张，阿普尔怀特在1997年3月劝说近40名成员集体自杀。

> 你为什么认为有关领导的研究忽视了下属的作用？

❖ 评价

- ⊕ 交易型和变革型领导都有效，变革型领导通常比交易型领导更有效。
- ⊕ 变革型领导或魅力型领导理论关注在其他理论中被忽视的一些因素（例如，未来愿景、给下属自信）。
- ⊖ 变革型领导或魅力型领导的观点可能夸大了领导者对下属的影响，而减少了下属对领导者的影响。
- ⊖ 根据霍格和沃恩（Hogg & Vaughan, 2002, p.322）的观点，太多的变革型领导"可能会造成功能紊乱，因为它赋予领导者过多的权力，通过持续变化扰乱了群体。变革型领导的这种局限性没有得到研究者的详细阐述"。
- ⊖ 如果达成群体目标可能伤害群体成员或某些其他群体，那么变革型领导者可能是有害的。

集体行为

个体在群体中的行为表现通常会与其独处或与朋友一起时的行为表现存在很大差异。例如，20世纪上半叶美国南部的私刑暴动杀害了2000多人（多为黑人）。参与这些暴行的人如果不属于高度情绪化人群的一部分，就不会作出这样的行为。

勒朋（Le Bon, 1895）是一名法国新闻工作者，他提出了可能是第一个群体行为理论。根据他的理论，群体中的人：

> 在进化阶梯中降低了几个阶层，他是……根据本能行事的生物……[他可以]被引诱作出与他最明显的兴趣和最为人熟知的习惯相反的行为。群体中的个体是很多粒沙子中的一粒。

勒朋指出，是"心理整体性原则"使得人群的表现类似暴徒。他还使用"社会蔓延"这个术语来描述不理智和暴力情绪和行为在人群中迅速传播的方式。

群众并非总以无意识的方式行事。考虑一下发生在礼堂或其

拥挤的人群是否总会产生消极的行为？

他公共建筑中的大火,由于所有人都争先恐后地逃生,一些人会被烧死。这似乎是无意识和不理智行为。但是,只有每个人都能有序地走出安全出口并相信其他人也会这么做,情况才会改观。由于通常缺乏这种信任,因此最理智的行为可能像其他任何人所做的一样,试图第一个冲出失火的建筑。

勒朋夸大了群众的盲目性。认为群众可能表现糟糕的部分原因是,那些表现较好的行为通常都被媒体忽视了。汤普森(Thompson,引自 Postmes & Spears, 1998, p.229)讨论了18世纪英格兰发生的粮食暴动:"这场暴动受到了遏制,而不是无序,这一点值得注意;毫无疑问,[集体]行为受到压倒一切的普遍共识的支持。"

群众行为

赖歇尔(Reicher, 1984)研究了英国布里斯托尔圣保罗地区的民间骚乱,该骚乱殃及警察和主要黑人社区。当时发生了大量暴力事件,很多人严重受伤,一些警车被毁。但是,群众行为比人们所想象的情况得到了更多的控制。群众对警察实施了暴力,但未袭击和毁坏当地的商店和民房。另外,群众的活动仅限于社区中心的一小片地带。如果群众有意作出暴力行为,那么暴力就会波及周边地区。最后,参与者否认在此过程中丧失了自己的身份认同。实际上,相反的情况更接近事实,因为他们在群体中体验到自豪感的提升。

考虑一些群众既积极又消极的例子?

赖歇尔提出的理论认为,群众中的个体通常不像平常那样关注自己,相反他们更为关注情境及为他们如何行为提供线索的群众中的其他人。这使他们对群体规范作出回应。这些群体规范有时赞同挑衅行为,但更常认可负责任的行为。该理论后来被赖歇尔等人(Reicher, Epears & Postmes, 1995)发展为去个性化效应的社会认同模型,具体会在下文进行讨论。

马什等人(Marsh, Rosser & Harré, 1978)报告了群众通常具有共同社会目的的进一步证据。他们分析了足球迷的行为,发现了持久的社会结构和行为模式的证据(例如,仪式般的挑衅行为)。最能遵循这些规则和规范的球迷在群体中最受尊敬,也最有影响力。

尽管足球迷具有形成高度挑衅性群体的刻板印象,马什等人却发现,很少发生对立双方球迷之间无限制的打斗。例如,支持主场球队的球迷认为在比赛后把客场球迷逐出场地是自己的一项权利,但是对立双方的球迷彼此之间会保持一定距离。足球迷经常使用暴力语言,作出具有威胁性的姿势,但是这些动作很少转化成实际的争斗。

在足球比赛中身体暴力是由何而来的呢?根据马什等人的观点,大部分身体暴力都由涉及个体的孤立事件组成,而非源于足

每周都有成千上万的球迷观看比赛,但只有极少数球迷表现出足球流氓行为。

球球迷的暴力意图。但是，拉塞尔与戈尔茨坦（Russel & Goldstein, 1995）比较了荷兰乌特勒支球队的男性支持者和非球迷，发现支持者在精神病态或反社会倾向测量上得分显著较高。

沃丁顿等人（Waddington, Jones & Critcher, 1987）考察了一些大型的示威游行。他们认为警察在阻止群众暴乱方面具有关键性作用。警察应尽可能少用武力，并应就自己的行动向当地社区居民进行解释。另外，警察和示威游行组织者需要紧密合作，双方都应在与群众沟通技巧方面进行全面培训。如果可行，防止群众暴力的最好办法是经常让群众进行自我管理。

沃丁顿等人认为，群众的暴力行为通常取决于群众所处的情境而非群体中个体的特征，并讨论了支持这一观点的证据。他们比较了1984年英国矿业工人大罢工的两次集会，只有一次集会引发了暴力行为。与和平集会不同，引发暴力的这次集会受到警察的控制而非集会组织者的控制。这次暴力集会未与警察进行仔细计划，未能全面考虑防止大量人群被迫进入狭小的区域。

去个性化

勒朋认为，民众或暴民中个体的匿名性，在消除正常的社会约束和引发暴力中具有重要作用。最近的研究者（例如，Diener, 1980; Zimbardo, 1969）已经接受了勒朋的部分理论。他们根据去个性化（**deindividuation**）这一概念进行了解释，去个性化是指在人群和暴乱中发生的个人身份认同感的丧失。在高唤醒、匿名性和责任分散（例如，责任在群体的成员中扩散）的条件下，最可能发生去个性化。

去个性化：在人群中或戴面具时可能发生的个人认同感的丧失。

根据迪纳（Diener, 1980）的观点，去个性化是通过自我意识的降低产生的，并会产生以下效应：

- 对自己的行为监控较差。
- 对个人行为社会评价的关心减少。

为什么有些人在人群中会丧失自我感？

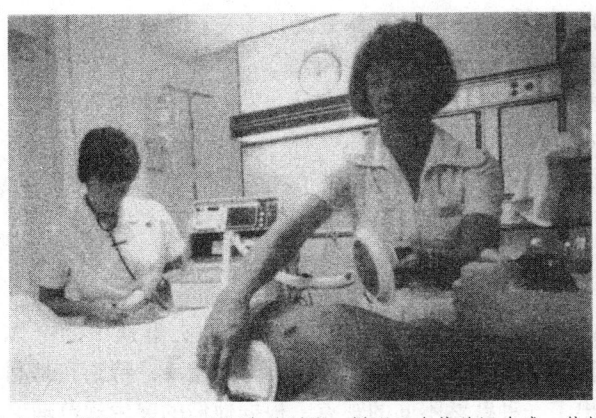 

左图：制服，例如护士所穿的制服，增强了个体的匿名感，使她们更可能与制服有关的角色相一致。
右图：约翰逊与唐宁指出了津巴多去个体化的被试所穿服装与三K党服装的相似性。

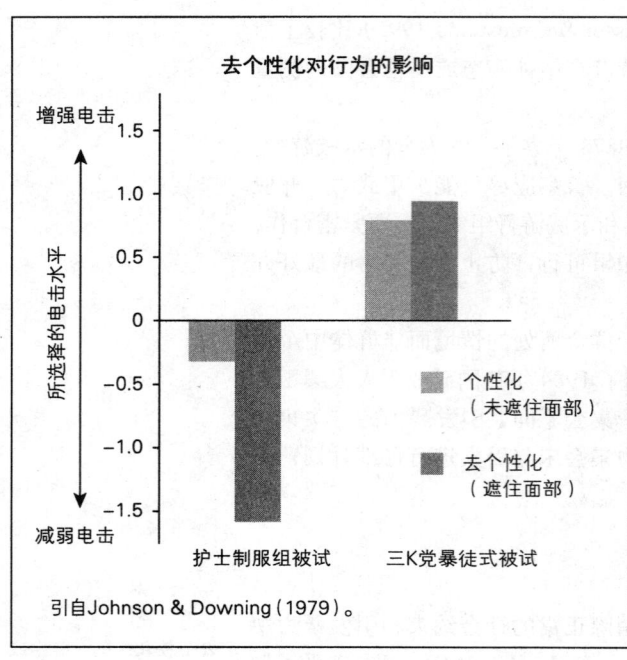

引自Johnson & Downing (1979)。

- 对冲动行为的约束减少。
- 理性思考能力减弱。

证据

津巴多（Zimbardo, 1970）报告了一项去个性化研究。告诉女性被试在米尔格莱姆类型的研究中（见本章前文）对其他女性实施电击。通过让她们穿上实验服并戴上头套，一半被试产生了去个性化。另外，实验者把她们描述为一个群体而非个体。这些去个性化的被试给予的电击强度是那些穿自己衣服、被作为个体看待的被试的两倍。

约翰逊与唐宁（Johnson & Downing, 1979）指出，在津巴多的研究中，去个性化被试的着装与三K党（一个对美国黑人进行多次暴力行动的秘密组织）的着装相似。穿护士服的去个性化被试实际给予的电击比穿自己衣服的被试更少。因此，去个性化有时对行为具有良性而非不良影响。

曼（Mann, 1981）分析了报纸上的相关新闻报道，这些报道描述了民众观察他人跳桥、跳楼或其他建筑来威胁自杀。人群中的民众经常戏弄并怂恿潜在的自杀者跳楼。民众的这种挑衅行为在人群中的个体相对匿名（并因此去个性化）时更可能出现，可能是因为群体规模较大或者是因为事件发生在天黑之后。

❖ 评价

- ⊕ 去个性化能导致群体和民众出现反社会行为或攻击行为。
- ⊕ 匿名性（去个性化的关键成分）通常会导致群体表现出不良行为，可能是因为它降低了个体因反社会或非法行为而受惩罚的可能性。
- ⊖ 去个性化并不总是会导致群体和群众表现出不良行为；实际上，它也会具有相反的影响（例如，Johnson & Downing, 1979）。
- ⊖ 其他理论发展（见下文）比基于去个性化的解释提供了对群体行为更适当的解释。

去个性化何时会使人们以积极而非消极的方式行为呢？

突生规范理论

根据津巴多（Zimbardo, 1969）和迪纳（Diener, 1980）的观点，群众中的个体会变得去个性化，因此更不可能遵守社会规范或行为标准。与其相反，特纳和基利安（Turner & Killian, 1972）提出了一种截然不同的观点。根据他们的突生规范理论（emergent-norm theory），群众中的个体要表现出侵犯行为需要具备两个因素：

1. 群体应该形成一种推崇使用侵犯行为的群体规范。
2. 群众中个体的身份要明确，这会增加他们背离群体规范的社会压力。

当这两个因素出现时，群体中的个体就会遵从新的或突生规范。

让我们考察一个涉及突生规范理论的例子。假设示威游行队伍与警察发生了冲突。此事可能形成人们保护自己免受警察伤害的新规范，这可能会使他们向警察扔石块儿。群体中被他人认同的个体会感受到遵从扔石块行为的强大压力。

证据

曼等人（Mann, Newton & Innes, 1982）比较了去个性化和突生规范的观点。他们的被试观察两个人的讨论，他们可以对听到的内容通过按压按钮产生噪音作出反应。他们或者匿名或者身份明确，被给予的虚假信息表明群体规范是侵犯性的（强噪音）或非侵犯性的（弱噪音）。根据去个性化理论，匿名个体应该比身份明确的个体更具有侵犯性。这正是曼等人的发现。

也有一些证据支持突生规范理论，因为被告知存在侵犯性群体规范而非非侵犯性规范时，被试的侵犯性表现得更强。但在接触侵犯性群体规范的身份明确被试中，侵犯水平最高的预测并没有得到支持。总之，研究发现更支持去个性化理论而非突生规范理论。突生规范理论的一个问题在于，群体规范通常是如何形成的尚不完全清楚。

去个性化效应的社会认同模型

赖歇尔等人（Reicher et al., 1995）以及波斯特梅斯和斯皮尔斯（Postmes & Spears, 1998）提出了去个性化效应的社会认同模型（社会认同理论见第21章的讨论）。该模型整合了去个性化理论和突生规范理论的内容。根据去个性化理论，当个体变得去个性化时，他们的行为会变得无拘无束并不受社会的限制。根据赖歇尔等人的模型，情况正好相反：当个体在群体中变得去个性化时，他们的行为受到主导群体规范的强烈影响。这一主张与本章之前所讨论的表明在群体情境中具有强烈从众效应的发现较容易吻合。

波斯特梅斯与斯皮尔斯（Postmes & Spears, 1998）强调了去个性化效应社会认同模型的三个主要假设：

1. 去个性化并非必然导致丧失自我，而是会减少对个人认同的关注。
2. 去个性化增加了对情境群体规范（在特定情境中大多数人认为合适的行为）反应或一致性。这能产生受到独特控制和限制的行为，或是产生攻击行为。
3. 去个性化相对于一般社会规范（指未考虑特定背景的行为标准）而言是中性的。

根据社会认同模型，匿名性（或它的对立面，可见性）改变了内群体和外群体（例如，警察）之间的权力关系。当个体匿名时，就外群体而言，会降低外群体对个体

当人们等待着向威尔士王妃戴安娜致敬时,出现了什么规范?

行为负责、鼓励抵制外群体及通过自己的行为表达群体规范的能力。当个体匿名时,就内群体而言,会降低互相支持的能力。因此,他们的行为符合群体规范并抵制外群体的可能性会降低。

证据

根据该理论,去个性化通过群体成员可能引起也可能引不起反社会行为,这取决于主导群体规范。例如,考虑一下1997年8月31日黛安娜王妃的辞世。这一悲剧事件使得大量悲伤的民众表现出悲伤和失落感(符合情境群体规范),但却并没有造成一般社会规范的任何破坏。

波斯特梅斯与斯皮尔斯对有关群体或群众行为的60项研究进行了元分析。去个性化理论只得到中等程度的支持。旨在引起去个性化的操纵控制(例如,匿名性、大型群体)与反规范行为(破坏一般行为规范的行为)相一致。但是,去个性化操纵与反规范行为之间的平均相关仅为0.09,意味着去个性化引发与一般社会规范相反行为的趋势非常微弱。

波斯特梅斯与斯皮尔斯所做的其他分析甚至愈发削弱了去个性化理论的基础。首先,该理论假设匿名性操纵引发反社会行为的原因在于它们降低了个体的自我意识。但是,证据并未为此观点提供支持。其次,有强有力的证据表明,旨在增加去个性化的操纵增加了个体对情境群体规范的遵从,而去个性化理论的预测则是它应导致减少对群体规范的遵从。

波斯特梅斯与斯皮尔斯的各种发现,可以很容易地通过去个性化效应的社会认同模型来进行解释。根据该模型,个体在群体中通常会采纳群体的社会认同,并且他们的行为取决于情境群体规范。这正是波斯特梅斯与斯皮尔斯(p.253)所报告的重要发现:

> 最令人激动的发现是,匿名性、大型群体和自我意识降低等引发去个性化的条件,促进了对群体规范的遵从。因此,社会心理学家所确认的在集体行为形成中具有关键作用的因素,似乎产生了具体形式的社会规范而非社会规范的瓦解。

根据社会认同模型,个体对外群体的匿名性增加了对群体规范的认同,而个体对内群体的匿名性通常则减少了对群体规范的遵从。第一个预测已在几项研究中获得支持(例如,Reicher et al., 1995)。赖歇尔等人(Reicher, Levine & Gordijn, 1998)对第二个预测进行了检验。心理学专业的一年级学生对有关说谎问卷的陈述句进行反应(例如,"如果未做好研讨会的准备,捏造一些借口是很合适的"),告诉他们事后必须与学院里的一名教工讨论各种问题。一些学生可以被其他人看到(他们坐成一个圆圈),其他学生则坐在隐蔽处。正如所料,与可以被其他学生看到的学生相比,对其他内群体成员匿名的学生更不会同意说谎是可以接受的。可能是可见性增加了学生对内群体权力的感知,使他们更乐意认可与外群体(学院教工)的信念相反的陈述。

❖ 评价

- ⊕ 去个性化对于增加群体的从众行为是很重要的,它的影响可能是积极的(例如,黛安娜王妃辞世之后),也可能是消极的。
- ⊕ 去个性化的社会认同模型解释了群体和群众行为的很多现象(例如赖歇尔(1984)所发现的控制性攻击,前面已讨论过)。
- ⊕ 社会认同模型认为去个性化增加了对群体规范遵从的假设得到大量的支持。
- ⊕ 匿名性对行为的影响取决于匿名性影响群体间权力关系的方式。
- ⊖ 大型群体的成员可能会体验到愉快或极度的兴奋,但该模型并未对这些情绪状态进行更多的说明。
- ⊖ 很难对个人认同和社会认同这样的重要概念进行测量。

小　结

服从权威

　　米尔格莱姆发现,在研究中,65%的被试愿对另一个人实施可能致命的电击,而精神病学家则预测没人会这样做。当学习者的困境增加和/或实验者的权威下降时,权威服从较低。在大多数国家均发现了高度的权威服从。根据米尔格莱姆的观点,个体之所以服从是因为命令逐渐从合理变得不合理,个体进入一种"代理"状态。由于基本归因错误,权威服从在某种程度上被低估了。

从众

　　阿什发现,即使群体的反应明显存在错误,人们也会在35%的情况下以与群体相一致的方式进行反应。支持者在场会显著降低从众行为,但当群体成员彼此相悦时,从众行为会增加。阿什情境中的从众行为在美国呈现出逐年下降的趋势。从众在集体主义文化中比在个体主义文化中更突出。阿什情境中的从众,很大程度上取决于规范的影响,但也受到信息的影响。根据莫斯科维奇的观点,多数人对少数人具有公共影响而非私人影响(依从),少数人对多数人具有私人影响而非公共影响。但是,多数人通常会比少数人具有更多的直接个人影响。多数人和少数人所表现出的社会影响的差异取决于权力或地位。

基本群体特征

　　群体凝聚力与群体绩效通常仅存在中度相关,并在很大程度上取决于绩效对凝聚力的影响。我们可以把社会规范分为描述性规范、指令性规范和主观性规范。规范为人们在模糊情境中以适当方式表现行为提供了指导,有助于维持群体认同。即

集体行为：当你的个人空间受到侵犯时，你会怎么做？

使在个体离开群体多年后，群体规范仍会影响他们的行为。根据群体社会化理论，个体会经历群体社会化的五个阶段，从一个阶段到另一个阶段转变的标志是角色转换。一般来讲，个体对群体的承诺在前三个阶段会逐渐增加，而在后两个阶段则会逐次降低。

群体绩效

在他人在场的情况下，个体完成简单任务的成绩优于单独完成任务的成绩，但是对于困难任务情况则恰好相反。根据扎荣茨的驱力理论，他人在场会引起唤醒，这产生了优势或习惯性反应。唤醒也可通过评价焦虑或分心而引起。人们经常发现社会惰化，但在任务很重要或群体成员认为群体很重要时则不会出现社会惰化。社会惰化在集体主义社会中比在个体主义社会中更不普遍。群体判断经常不及个人判断精确，部分原因是群体判断的变化性更大。

群体决策

根据社会比较理论，群体极化的发生是因为个体希望得到群体成员的积极评价。根据信息理论，群体极化取决于群体成员之间的信息交流。根据社会归类理论，群体成员希望把自己与其他成员区分开来。所有三种理论均得到某些支持。大多数群体极化研究使用的都是陌生人群体，在工作情境中群体极化如此普遍的原因尚不清楚。根据詹尼斯的观点，当群体凝聚力强、与外界信息相隔绝、存在时间压力及受到支配性领导者的控制时，通常会出现群体思维。事实上，高度的凝聚力并不是必需的，詹尼斯忽视了社会—政治因素。

领导

根据领导的伟人论，领导者拥有区分于他人的特定人格特征或其他特质。领导者通常比非领导者更聪慧、更外向、支配性更强。根据菲德勒的权变模型，领导的有效性取决于他/她的人格与情境有利性（例如，领导—成员关系）的交互作用。正如所料，当情境的有利性高或低时，任务取向的领导者比关系取向的领导者更容易获得成功，而在中度情境有利性的条件下情况则正好相反。变革型领导通常比交易型领导更有效，但是变革型领导通过持续变化或设置误导性目标会损害群体。

集体行为

群体中的个体对群体规范反应强烈，这会产生攻击行为或富有社会责任的行为。群众暴力通常取决于社会背景而非群体中个体的特征。去个性化据说能产生匿名感，减少理性思维，导致冲动行为。根据去个性化社会认同模型，当群体中的个体变得去个性化时，他们更易受到群体规范的强烈影响。此外，匿名性也会影响群体间的权力关系，因此，匿名性对内群体的影响通常不同于对外群体的影响。这是对社会认同理论预测的良好支持。

深入阅读

- Brown, R.(2002). *Group processes* (2nd ed.). Oxford, UK: Blackwell. Most of the topics dealt with in this chapter are discussed in a very accessible way in this textbook.
- Hewstone, M., & Stroebe, W.(2001). *Introduction to social psychology* (3rd ed.). Oxford, UK:Blackwell. Chapters 13 and 14 contain readable and up-to-date accounts of research on social influence and on group performance, respectively.
- Hogg, M.A., & Vaughan, G.M.(2002). *Social psychology* (3rd ed.). London: Prentice Hall.Several chapters in this book (especially 7,8, and 9) provide clearaccounts of key group processes.
- Smith, E.R., & Mackie, D.M. (2002). *Social psychology* (2nd ed.). Philadelphia, PA: Psychology Press. This introductory textbook covers group processes in a clear and readable way.

第 21 章　群际过程

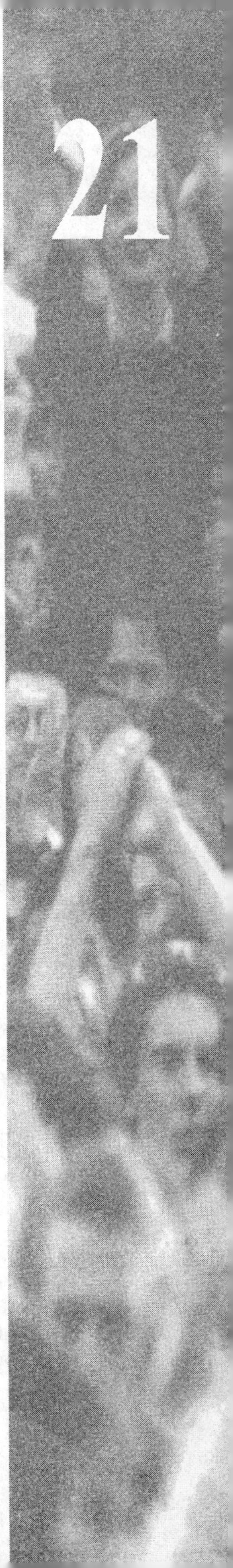

本章概要

- **社会认同理论**
  运用社会认同理论探讨群际过程

  内群体偏差
  特纳的自我归类理论
  小群体范式
  自尊的影响

- **刻板印象**
  一种认知世界的图式

  刻板印象的定义；刻板印象的精确性
  测量问题：社会赞许性偏见；内隐联想
  　测验
  社会功能和动机功能：认知及社会途径
  刻板印象的形成——外群体同质效应
  维持——一致性、注意、启动、合适、
  　归因对行为的影响
  刻板印象的改变

- **偏见和歧视**
  关于社会群体评价和以群体成员为导向
  　的行动的影响

  偏见和歧视的区别
  奥尔波特关于歧视形成的五阶段理论
  种族偏见；可恶的种族主义
  性别偏见；"玻璃天花板"
  阿多诺等人的权威人格：E 量表，F 量表
  谢里夫和罗伯岩洞研究；其他关于群际
  　冲突的研究
  社会认同理论的应用

- **减少偏见和歧视**
  各种方法的讨论

  奥尔波特的群际联系假设
  其他类似方法：拼图式班级模式；废除
  　种族隔离
  改变群体认同：去归类、突显归类和再
  　归类

日常生活中到处都有群体间互动的例子。就像不同群体与不同国家之间发生过的无数次战争所显示的那样，其中一些互动具有重要的政治和/或历史意义。也有一些互动在小范围内发生（例如，竞争性团体运动、不同群体间的工作讨论）。如果我们从广义上定义"群体"，那么我们几乎每天都会与其他群体（和那些我们认为是我们自己的群体）的成员进行交往。因此，研究群体间的互动和行为至关重要。

我们应该如何定义群体过程或群体行为呢？霍格和沃恩（Hogg & Vaughan, 2002, p.384）提出了一个合理的定义："受到认为他人和自己是不同社会群体成员这一认识影响的任何感知、认知或行为，都是群体行为。"社会心理学家已经对群体之间产生的问题给予了相当的关注。因此，我们要探讨的群体过程范围包括刻板印象、偏见和歧视。最后，我们将会考虑如何减少或消除偏见和歧视。

社会认同理论

近些年来，人们越来越倾向于用社会认同理论来解释众多群际过程。社会认同理论是一个强有力的宽泛理论，并一直被成功地用来说明群体内发生的众多过程（参见第20章）。

社会认同理论由亨利·泰弗尔（Henri Tajfel, 1978, 1981）提出。此后，该理论由泰弗尔和特纳（Tajfel & Turner, 1986）得到拓宽和发展。该理论认为，我们有理解和评价我们自己的需要。这个需要通过我们自认为是社会群体的一员来完成。按照泰弗尔（Tajfel, 1981, p.255）的看法，社会认同是"个体自我概念中源自他们对成为群体一员及成为群体一员的价值与情感意义的认识的那一部分"。我们都会根据我们属于什么群体和我们认同什么样的群体而形成不同的社会认同。这些社会认同包括种族群体、国籍、工作群体、社会群体等。所以，例如，一个人可以同时把自己看成学生、网球队队员和伦敦人。

人们拥有各种不同的社会认同为什么如此重要呢？社会认同理论认为，积极的社会认同可以提高个体的自尊。形成积极社会认同的一个主要方式是，在个体所在群体与一些其他相关群体之间作出自己更受欢迎的比较：**内群体偏差（ingroup bias）**或内群体偏袒。这种内群体和外群体之间的比较就是我们所说的群体区别。泰弗尔与特纳（Tajfel & Turner, 1986）认为，群体区别在下列情形中非常可能发生：

内群体偏差：在和外群体比较的时候，人们对自己所属的内群体有更多的赞许的倾向。

1. 个体对自己的内群体身份的认同。
2. 很容易引起群体间作比较的情境。
3. 用外群体来与内群体进行比较，可能是因为他们在本质上有更多的相似性。

你认为你有多少种社会认同。把它们描述出来。

根据社会认同理论，很容易产生群体区别。因此，我们倾向于认同我们自己是群体内的一员。即使我们的群体与其他群体差别很少，我们也能与他们区分开来。接下来我们就会看到，这种预测一直都是用我们所说的最小群体范式来检测。我们的社会认同部分取决于我们与别的群体成员的比较，泰弗尔（Tajfel, 1979, p.188）

曾简洁地表达过："我们之所以是我们，就因为我们不是他们。"

社会认同理论预测，当个人对所在群体与其他群体进行比较时，内群体偏差或赞许就会发生。按照这一理论，内群体偏差是一种极为常见的现象。当某人认同一个特殊群体时，这种现象几乎随时都会发生。此外，社会认同理论已经在社会心理学里其他一些领域中得到了应用。例如，第20章中讨论过的与该理论相关的群体极化理论。在本章后面，我们将会运用社会认同理论来消除刻板印象和减少群体间的偏差和偏见。

自我归类理论（**self-categorisation theory**）（例如，Turner，1985，1999）代表社会认同理论的一种发展方向。根据自我归类理论，把自己归为一个群体成员的过程会导致社会认同和群体内赞许现象的发生。这样的自我可以在不同的层面上进行归类。在**个人认同**（**personal identity**，基于个人或特质的自我概念）和**社会认同**（**social identity**，基于整个群体成员的自我概念）之间有一个重要区别。例如，一位女性更可能会用她的个人认同来归类（例如，苏珊的朋友、认真对待生活）。不过，当她和一群其他女性在酒吧时，她可能会把自己归类为一个女性，这会导致她强调自己与其他女性的相似性及与男性的差异性。

决定个人认同或社会认同在特定时间内起主导作用的因素是什么呢？特纳（Turner，1999）认为有四个因素：

1. 个人过去的经验。
2. 个人现在的期望。
3. 个人当前的动机、需要和目标。
4. 个人的多种认同与当前场景之间的契合：更适合当前场景的认同将被选用。

社会认同理论和自我归类理论之间的关系是什么呢？两个理论很相似，它们有着相同的预测作用（与 Cinnirella 的私人通信）。不过，自我归类理论在社会心理学中的应用范围比社会认同理论更为广泛。自我归类理论的提出原本主要是被用来说明群际过程。特纳对这两个理论的发展起着核心作用，他（Turner，1999，p.7）指出："它们是不同的理论，但是它们相互

个人认同：个体在自己特质或特性基础上的一种自我判决。

社会认同：个体在作为群体成员一分子的基础上对自我的感觉判断。

猫王歌迷俱乐部的成员……一种社会认同？

之间又有关联性和互补性,从同样广泛的社会心理学视角来研究不同的内容。由于这一原因,有时在使用'社会认同'这个术语时(在更广泛的层面上),实际上涉及这两个理论。"我们此处用的也是上述所说的这两种理论。

证据

根据社会认同理论,我们有一种形成社会认同的强烈需要。正如预期的那样,个体很容易对几乎算不上是群体的微型群体形成社会认同。例如,泰弗尔等人(Tajfel, Flament, Billig & Bundy, 1971)进行的一项研究就用到了一个所谓的**最小群体范式 (the minimal group paradigm)**,在这项研究中,14岁和15岁的男孩子在速示条件下对看到的圆点数进行估计。他们被随机分配到两个最小群体中的一个中去:高估者组和低估者组。之后,他们奖赏点数(点数可以换成钱)给被认同为属于相同群体或不同群体的其他个体。相对于群体间成员来说,几乎所有的男孩都给予群体内成员更多的点数,从而表现出内群体偏见。

泰弗尔等人的发现,一直在关于最小群体的研究中得到重复(Brown, 2000b)。在现实生活的研究中,也有关于内群体偏差的证据。布朗(Brown, 1978)报告了一个关于工厂工人的研究:在同一家工厂,这些工人在维持自己部门与其他部门之间的工资差别上有很高的动机。哪怕这样做会导致他们的个人收入减少,他们仍会这样做。

社会认同理论认为,内群体偏差是个体认同内群体的一个直接结果。不过,也有其他方式来解释这种现象。拉比、肖特和维泽(Rabbie, Schot & Visser, 1989)在他们的内群体互惠假设中认为,是自我利益引起内群体偏差。根据这一假设,个体给予自己的内群体成员而不是外群体成员更多馈赠,是因为他们期望在内群体中其他成员那里得到更多的回报。他们做了这样一个实验,实验中的被试只接受外群体成员的馈赠。由于这些参与者没有从内群体成员那里得到利益,因此他们表现出对外群体而不是内群体的赞许。

盖特纳和因斯科(Gaertner & Insko, 2000)使用最小群体所做的实验报告,是支持内群体互惠假设的又一证据。研究者告知一些被试,与其他内群体成员和多数外群体成员相比,他们不会得到任何好处。在这样的条件下参与者没有表现出内群体偏差,这可能是因为其他内群体成员不能回馈他们什么好处,因而他们可能会这样去想:"如果我不能得到好处,那么别人也别想得到!"

在最小群体范式中,几乎所有内群体偏差或赞许的证据都涉及积极成果的分配(例如,积分、钱)。社会认同理论预测,个体在分配消极成果时也应显示出内群体偏差或赞许。因此,个体惩罚外群体成员要比内群体成员更加严厉。事实上,大多数研究都没有支持这样的预测。例如,穆门迪等人(Mummendey et al., 1992)让被试给内群体成员和外群体成员分配持续时间不同的令人厌恶的刺耳声音。与预期相反,研究者并没有发现内群体赞许的证据,实际上很多被试分配给两个群体的消极成果都是一样的。

上述发现有两个潜在的重要性。第一,它说明社会认同理论的解释能力是有限的。第二,它说明在解释偏见和歧视时,社会认同理论缺乏相关。有选择地把消极结果

最小群体范式:随意建立起的群体,群体中的成员相互之间没有交流。

为什么我们总是更喜欢我们自己的群体而不是其他群体?

分配给外群体而不是内群体很明确地说明有偏见和歧视，然而一个很明显的事实是，内群体赞许并没有产生这样的选择性分配负面结果。这些问题将会在本章后面具体讨论。

对涉及消极结果时却没有发现外群体偏差这一现象，加德姆和布朗（Gardham & Brown, 2001）给出了一个解释。他们觉得，被试可能会认为实验者要求对别人执行中等程度的惩罚多少有些不太合适。这就有可能导致他们重新对情境进行设置，即所有的被试都反对主试。在一定意义上，内群体和外群体之间的不同，有可能被大部分内群体参与者反对主试所替代。在这些情况下，也就没有理由去期望出现内群体赞许。

上面的解释听起来可能会让人觉得有些费解。但是，加德姆与布朗用最小群体所做的实验得到了证据支持。当分配积极成果时，可以发现典型的偏差效应。不过（与前面穆门迪等人的研究相一致），当分配消极结果（发出讨厌的噪音、处置小部分钱）时，没有证据显示存在内群体偏差。重要的是，分配消极结果的群体成员所感觉到的认同，没有分配积极成果的群体成员的多。因而，在分配消极结果的群体中没有内群体偏差，首先是因为他们对内群体有较少的归属感。

关于为什么在实验室研究中人们对外群体有较少的歧视还有另外一种原因。即在众多的内群体偏差研究中，仅仅唤起了人们很弱的情绪。我们很可能需要产生强烈的消极情绪（例如，仇恨、厌恶），才能使自己对外群体的伤害感到理所当然（Brewer, 2001）。例如在二战中，那些对自己身为德国人有着强烈认同的德国人对犹太人的迫害，要远强于那些有较少认同的德国人（Goldhagen, 1996）。休斯顿、鲁宾及威利斯（Hewstone, Rubin & Willis, 2002）讨论了与强烈情绪有关的歧视外群体的例子。

社会认同理论有一个关键预测：内群体偏差能增加个体的自尊或积极特性。不过特纳（Turner, 1999, p.20）强调指出，可以用多种方法提高个体的自尊或积极特性，有很多因素决定着内群体偏差是否会发生：

> 内群体偏差……是个体获得积极独特特征的很多个体及群体策略中的一个。决定内群体偏差是否会发生的相关因素包括：(a) 与某个群体自我认同的程度……(b) 与社会认同相关的一些特征，它可能作出一种社会比较；(c) 认知的内群体关系的社会结构；(d) 对比维度与内群体地位关系的相关性；(e) 外群体与特定的比较判断的相关性。

多数证据都支持内群体偏差会提升内群体成员的自尊。例如，莱米热与史密斯（Lemyre & Smith, 1985）对他们的被试进行随机分组。允许一部分被试给予一个内群体或外群体成员奖赏，由此就可显示出是否存在内

归属一个群体可能会以怎样的方式提升你的自尊？

需要创造出强烈的消极情绪，才能让内群体成员觉得其对某个外群体的伤害行为是正当的。

群体偏差。剩下的参与者必须给予两个内群体中或两个外群体中某个群体成员奖赏，这样就不会显示出内群体偏差。那些表现出内群体偏差的被试，比那些没有表现出内群体偏差的被试拥有更高的自尊。

埃布拉姆斯与霍格（Abrams & Hogg，1988）从两个方面假设自尊可能与内群体偏差有关。第一，就像我们讨论的那样，内群体偏差或赞许会增加自尊。第二，起初拥有较低自尊的个体会表现出更多的内群体偏差，因为他们有更强的动机去提高自己的自尊。

鲁宾和休斯顿（Rubin & Hewstone，1998）回顾了与上述两个预测相关的研究。他们发现，12个研究中有9个有证据支持第一个预测。但是，19个研究中只有3个有证据支持第二个预测。例如，克罗克等人（Crocker et al.，1987）发现，拥有高自尊的个体比拥有低自尊的个体表现出更多的认同。阿伯森、希利和罗梅罗（Aberson, Healy & Romero，2000）通过大量的元分析研究，验证了鲁宾与休斯顿的结论。

根据社会认同理论，身份高贵的内群体成员拥有较多的自尊，因而表现出内群体偏差的需求很弱。穆伦、布朗和史密斯（Mullen, Brown & Smith，1992）进行了一个与这个问题相关的42项研究的元分析。实际上，身份高贵的内群体成员比身份卑微的内群体成员表现出更多的内群体偏差，而且这一效应在实验室环境比在自然环境中表现得更加明显。

为什么在集体主义文化下，当内群体失败而不是个体成功的时候人们会表现出更多的内群体偏差？

当个体很好地完成任务而他们所属的群体没能完成时，我们会期望他们作出怎样的反应呢？根据社会认同理论，我们可能会认为他们表现的内群体偏差将会减少。个体对一个群体的认同会增强他们的自尊，但当群体失败时事情就不是这样了。在后面这种情况下，个体可能会多多少少脱离这个群体，从而也就会表现出较少的内群体偏差。陈等人（Chen, Brochner & Katz，1998）认为，上述推理更多适用于个体主义文化，而不太适合集体主义文化。集体主义文化中的人们更加注重群体而不是个人的成功。就像陈等人（p.1491）表述的那样："只有当个体所在的群体优越时个体才算成功，这样的信念会被整合入集体主义文化里的社会化中。"因此陈等人预测，集体主义文化中成功的个体，在他们所属的内群体失败时会增加（而不是减少）内群体偏差（例如，"我将与我的内群体同甘共苦"）。

陈等人对中国学生和美国学生的研究证实了他们的预测。关键情境是个人成功而他们的内群体失败。在这样的条件下，美国学生评价外群体比评价内群体时表现出更多的赞许（参见左图）。相对来说，就像预测的那样，中国学生在评价内群体时比评价外群体表现出更多的赞许。陈等人

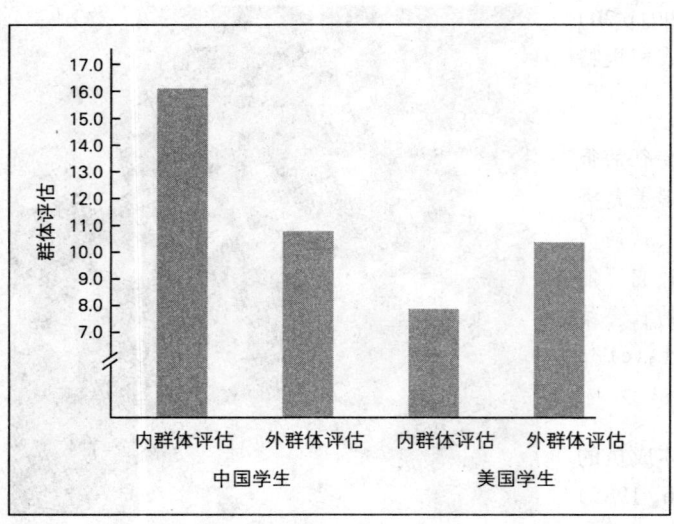

个体成功内群体失败的中国学生和美国学生对内群体和外群体的评估。
数据来源：陈等人（1998）。

(p.1500)总结认为:"对来自不同文化背景的人们来说,内群体赞许会受到不同心理过程的支配。"

❖ 评价

- ⊕ 社会认同理论和自我归类理论的核心假设是:我们的自我概念更多依赖于我们认同的群体,这一假设已经得到相当多论据的支持。
- ⊕ 社会认同理论已被成功应用于社会心理学里的很多现象中,包括内群体偏差、刻板印象、偏见和减少偏见、群体极化。
- ⊖ 社会认同理论和自我归类理论都相当复杂。这使得在特定环境中弄清楚究竟是哪一个理论在进行预测变得很困难。
- ⊖ 低自尊个体比高自尊个体表现出更多的内群体偏差这一预测,还没有得到证据支持。
- ⊖ 激励个体去认同不同群体以完成个人自我提升这一看法,与个体主义文化相比,较少适用于集体主义文化(Chen et al., 1998)。
- ⊖ 社会认同理论主要关注个体用来提高其社会认同的意识策略,而不怎么关注与社会行为有关的自动化过程。
- ⊖ 根据社会认同理论,人们非常容易接受社会认同。但对这个过程也有一些(未知)限制。就像奥古斯蒂诺斯与沃克(Augoustinos & Walker, 1995, p.131)指出的:"人们不会接受任何强加给他们的社会同化;他们会主动追索、避开、抵抗、辩论及协调社会认同。"
- ⊖ 社会认同理论强调群体认同及内群体偏差背后的认知过程,忽视了情感因素和动机因素。

刻板印象:对社会群体不准确和简单化的见解(通常是消极的),通常基于容易识别的特征(像性别、种族等)。

刻板印象

在讨论群际过程时考虑刻板印象现象是非常重要的,**刻板印象**(**stereotype**)是指"对一个人们基于已定的特点和情感而形成的群体的描述或印象"(Smith & Mackie, 2000)。刻板印象就是涉及由个体组成的特殊群体的图式,以及相关的一系列信息流。例如,许多人都认为英国人是睿智的、宽容的和矜持的,即使我很肯定你认识的英国人中有很多都缺乏这样一些特点!这个例子并不具有多少代表性,因为许多刻板印象都是消极的和有失偏颇的。

费斯克(Fiske, 1998, p.357)这样定义刻板印象、偏见和歧视:"刻板印象被视作是最主要的认知成分,偏见被视作是最有影响力的【情绪】成分,歧视被视作是各种分类反应(即对那些觉得明显不同于自己所属群体的群体成员的反应)中最主要的行为成分。"但要注意的是,一些研究者将偏见定义得更为宽泛,包含认知及情感因素在内。

很多人对英国人都有这样一种刻板印象,认为他们是睿智的、宽容的和矜持的。

> **欧洲：南北的分化**
>
> 林森与哈根道尔（Linssen & Hagendoor, 1994）曾评估过欧洲几个国家学生相互间的刻板印象：英国，法国，德国，意大利，北爱尔兰，丹麦和比利时。学生被试的任务是评测在这七个国家中任何一个国家人们占有各种各样性格的百分比。结果清晰地显示出欧洲南部和北部有着不同的刻板印象。主要的不同之处在于，北部的人比南部的人效率更高。南部的人比北部的人更有人情味。

人们经常认为刻板印象在很大程度上是不精确的。但事情也并非总是这样。例如，特里安第斯及其同事（Triandis & Vassiliou, 1967, p.324）在研究过来自希腊和美国的人后得出如下结论："当刻板印象是从那些拥有关于被刻板化群体第一手资料的人们中形成的时，大多数刻板印象都还是有一定的真实性的。"麦考利与斯蒂特（McCauley & Stitt, 1978）询问了众多美国群体，以评估成年美国白人和美国黑人中没有完成高等教育、私生子、暴力犯罪等的百分比。对大多数问题人们的评价都不相同，由此表明存在刻板印象。接着两位研究者将评估结果和相关的政府统计进行比较。在约一半问题上，参与者低估了两个群体间的差异。因此，刻板印象有时也有一定的真实性。

有三种情况可以导致刻板印象的不精确（Judd & Park, 1993）。一是刻板误差，使得一些团体性质被低估或高估，二是效价误差，它以一贯的趋势去认为另外一个团体是太积极还是太消极。三是离中趋势的误差，团队成员被或多或少认为和实际情况相比有所改变。贾德与帕克回顾了相关文献，发现就三种形式的刻板误差而言，内群体的刻板印象一直要比外群体的刻板印象精确。一般来说，外群体刻板印象更容易涉及偏见、夸大的信念、过度泛化。

测量问题

怎样测量刻板思维？凯茨与布拉利（Katz & Braly, 1933）进行了第一次系统的关于刻板印象的研究，他们让学生指出一系列团体（像德国人、黑人、英国人）的典型特点，得到的结果极其一致：德国人是高效率的和国家主义的，黑人则被认为是幸运的和迷信的。

上面的研究方法迫使参与者产生刻板印象，不论他们实际上是否会按照刻板印象方法去思考。麦考利与斯蒂特（McCauley & Stitt, 1978）采用一种更好的方法来研究关于德国人的刻板印象。他们询问被试这样的问题："这个世界上大约百分之多少的人是有效率的"和"百分之多少的德国人是有效率的"。前一问题的平均答案是50%，后一问题的平均答案则是63%。由此可见，大多数人并不认为所有的德国人都是有效率的。通常的感觉是觉得他们比其他国家的人更有效率，这是一个较少极端的刻板印象现象。

有两个主要问题困扰着传统的问卷测量方法。第一，**社会赞许性偏差**（**social desirability bias**），那些对其他团体抱有非常消极刻板印象的个体，会感觉到装作他们的刻板印象比他们实际抱有的少是社会所赞许的。第二，个体不会很清晰地意识到刻板印象中的某些方面，因此，当一份调查问卷呈现在眼前时，个体可能缺乏准确报告其刻板印象的能力。

传统的问卷调查法提供了一个测量外显态度和刻板印象的方法。但也有必要去

社会赞许性偏差：一种表现出社会希望的而不是自己真实想法的倾向。

测评那些不依赖个体意识控制的态度和刻板印象。有几种方法来测量内隐刻板印象。例如,我们可以研究意识水平以下的刻板印象的自动激发。在一个这样的研究中,威滕布林克、贾德与帕克(Wittenbrink, Judd & Park, 1997)向实验对象呈现单词"黑人"和"白人",呈现速度是如此之快,以至于他们不能清晰地意识到。威滕布林克等人假定这些词语不会激发白人参与者对白人和黑人所抱有的刻板印象。

对意大利人的部分刻板印象是,认为他们都是很好的厨师。

上述假设是这样得到验证的:在阈限下(意识层面下)呈现词语"黑人"或"白人",然后让被试迅速作出语言性的选择。在这个任务里,被试需要决定在一连串的词句中是否有呈现出的那个词语。在一些实验中,词语会涉及关于黑人或白人的刻板印象。例如,像"无知"、"贫困"和"懒惰"等这类白人一贯对黑人持有的负面刻板印象的词语,与"睿智"、"独立"和"雄心"这些关于白人的积极性刻板印象的词语。最主要的预测如下:在任一单词决定任务中,有部分积极刻板印象的词语的反应速度应快于中性词语。就像下页图表所示,词语"黑人"会引起对黑人刻板印象的消极方面,词语"白人"则会引起关于白人刻板印象的积极方面。

威滕布林克等人也探讨了这样的问题:是否他们对刻板印象偏见的间接测量与一种更加直接的测量(现代种族主义量表)相关?总的来说,那些在刻板印象偏见的间接测量中出现的多数偏见,在直接测量或外显测量中同样存在。

由格林瓦尔德等人(Greenwald, McGhee & Schwartz, 1998)设计的内隐联想测验(IAT),可以用来评估无意识的态度和刻板印象。我们将会考虑甘宁汉等人(Gunningham, Preacher & Banaji, 2001)所使用的这一测试的版本。在一些试验中,实验者将一系列面孔呈现给被试,并要求他们在呈现白人面孔时按一个键,呈现黑人面孔时按另一个键。在另外一些试验中,让他们按下相同的两个键去指出哪些词语是褒义的、哪些词语是贬义的。在第一种实验情境中,白人面孔和褒义词语归为一类来使用一个键,黑人面孔和贬义词语归为一类使用另一个键;在第二种实验情

你认为图中这些人各自都有什么样的个人特点?

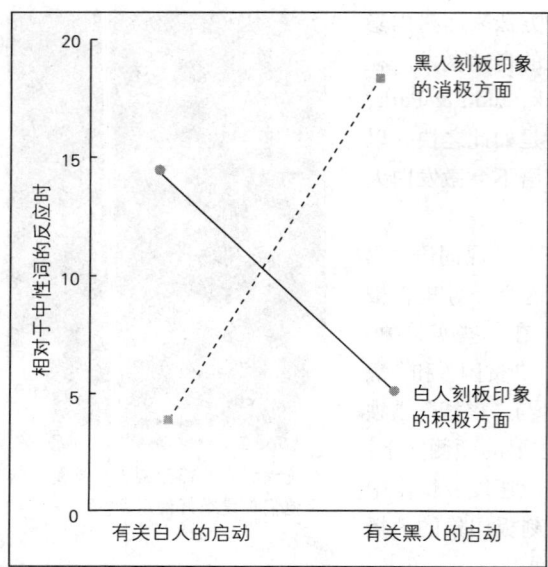

易化效应（反应加速）是启动刺激（白人或黑人）和单词类型（与黑人刻板印象的消极方面或白人刻板印象的积极方面相关）的函数。基于威滕布林克等人（1997）。

境下，白人面孔和贬义词语共同使用一个键，黑人面孔和褒义词语使用另一个键。

如果被试没有任何偏见，他们在两种情况下的反应时应该没有差别。但甘宁汉等人发现，实验1中的反应速度明显快于实验2中的反应速度。这表明，关于亲近白人和抵制黑人的内隐刻板印象确实存在。

外显刻板印象和内隐刻板印象有什么不同？甘宁汉等人发现：三种不同的关于种族主义的内隐刻板印象的测验成绩，均与一个外显种族刻板印象测验（当代种族主义量表）的成绩呈正相关。平均相关系数为+0.35，从而揭示出这样一个趋势（这一趋势并不明显）：一个有内隐种族刻板印象的人，也会有外显种族主义刻板印象。更让人吃惊的是，被试在内隐测量中比在外显测量中显露出更多的偏见，表明间接测量评估偏见是无法通过问卷调查法揭示出来的。

内隐刻板印象是否完全不受意识控制而自动激发呢？这个问题一直饱受争议。不过大多数证据都表明，刻板印象的自动化激发来自那些最直接被搜索到的标记（像黑人、白人）。当你遇到一个来自意大利的年轻白人律师，你极少有可能会自动出现关于白人的刻板印象（Macrae & Bodenhausen, 2000）。现已证明，在研究中提供那些无意识的、无心的、不费力的意识进程中的自动化进程的证据是困难的（参见第6章）。在现实生活中，刻板印象过程要比刻板印象自动化激发这一概念所暗示的更加灵活、更有适应性（Macrae & Bodenhausen, 2000）。

我们为什么会有刻板印象？

刻板印象有何作用？

刻板印象为认知我们置身其中的这个世界提供了一种简单而经济的方法（Macrae & Bodenhausen, 2000）。因而，比如说，我们可以迅速将我们第一次遇到的人依据他们的性别、年龄、衣着等进行归类。不过，刻板印象并非只有简化个体需要执行的信息加工量的功能。它也有重要的社会功能和动机功能。它们通过允许我们将我们自身与其他群体成员清晰地区分开，可以帮助我们获得一种社会认同感（Oakes, Haslam & Turner, 1994）。这两种理论取向将会在下面进行探讨。

认知方法

就像我们已经看到的，关于刻板印象的一种观点是：我们之所以使用它们，是因为它们能够减少当我们遇到或想到他人时所需要的认知加工量。这是怎样发生的呢？有些理论家认为（Devine, 1989）：不论什么时候遇到一个既定群体，相关的刻板印象就会自动被激发。不过这也产生了相应的问题，因为我们遇到的大部分人都可以根据不同的方式（像女性、年轻的、法国人、学生）来进行归类，所以应该有许多刻板印象被同时激发。麦克雷与博登豪森（Macrae & Bodenhausen, 2000）认为，在这种情况下事情会这样发生：所有相关的刻板印象都被激活，随之通过竞争获得心理优势，不占优势的刻板印象会受到抑制。

证据

麦考雷等人（Macrae, Milne & Bodenhausen, 1994）通过要求他们的被试同时执行两项任务检验了认知经济（cognitive economy）这一概念。一项任务是给参与者提供一些人名和人格特质，然后要求他们形成关于各种各样想象中的人物的印象。另一项任务是，听取磁带上的信息后做一个阅读理解。在印象信息任务中，有一半被试选择使用刻板印象来告知假想人物从事什么工作。实验者的想法是：被告知一个人是比如说一个二手车售货员或医生，将会激发出对于从事那类工作的人所具有的刻板印象。其余被试则未被给予这一与刻板印象相关的信息。

这项研究的主要发现是：在两项任务上，使用刻板印象的被试都表现得更好。这表明，使用刻板印象可以节省宝贵的认知资源，因为刻板印象提供了关于一个人或一些事物的一个简要（可能正确也可能不正确）总结。

辛克莱与孔达（Sinclair & Kunda, 1999）提供了关于相关的刻板印象能被抑制的有说服力的证据。按照他们的说法，当我们认为另外一个人很好时，我们总会激发正面的刻板印象而抑制负面的刻板印象。相反，当我们觉得某些人很坏时，我们就会激发我们的负面刻板印象而抑制正面的刻板印象。

辛克莱与孔达检验了上述假说，他们让白人被试参加人际技能测量，然后通过录像对他们的表现进行反馈。在严格条件下，这一反馈（或者正面或者反面）由一个黑人医生提供。控制组的被试得不到任何反馈。之后会有一个关于刻板印象激发的测验。这是一个语言性质的测验，让被试尽可能快地决定是否每串句子中都有那样一个单词。一些词语与黑人刻板印象有关（像黑色、犯罪、爵士乐），其他词语则与医生的刻板印象相关（像睿智的、受教育的、谨慎

刻板印象可以帮助我们获得一种社会认同感

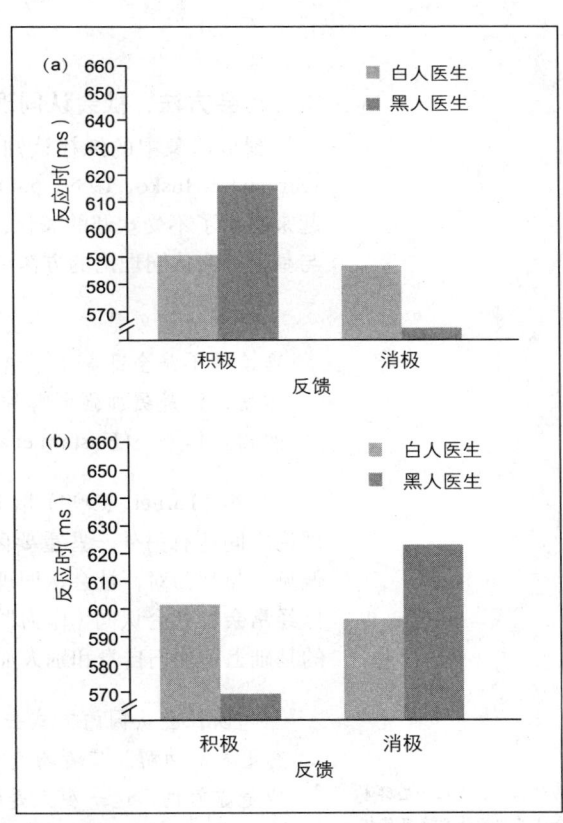

被试对与黑人相关词语（a）和与医生相关词语（b）的反应速度，是白人医生或黑人医生的反馈（积极或消极）的函数。引自辛克莱与孔达（1999）。

的）。实验者认为：快速反应表明相关的刻板印象被激发，慢速反应则表明相关的刻板印象被抑制。

就像上页图中所示，参与者从黑人医生那里接收到正面的反馈，激发了关于医生的刻板印象并抑制了关于黑人的刻板印象。收到负面反馈信息的被试则表现出相反的模式。就像辛克莱与孔达（1999，p.903）总结的那样："对于同一个人，不同的个体会出于不同的目的考虑而用不同的刻板印象透镜去感知他。同一名黑人，可能会因传递出赞扬而被看做医生，因为传递出批评而被看成一名黑人。"

❖ 评价

- ⊕ 刻板印象可以减少所需求的认知过程的数量。
- ⊕ 认知过程能主动抑制与情境无关的一些刻板信息。
- ⊖ 就像我们很快将会看到的，刻板印象要比认知方法中所显示的更加灵活。
- ⊖ 任一刻板印象的性质都会随其用于特定社会背景下的功能的不同而不同（参见下文）。

社会方法：社会认同理论

刻板印象中的纯粹认知方法在很多方面都是有局限性的。斯特罗布与英斯科（Stroebe & Insko, 1989, p.4）认为："作为应用于社会群体的认知表现，刻板印象看起来暗示了不受欢迎的僵化、持久性及缺少从一种应用到另一种应用的变通性。"这与基于社会认同理论的方法形成了鲜明对比：

> 刻板印象是在一个动态的内群体关系背景下表现并起作用……社会认同理论并不是全部集中于这样一种角色，即哪种认知会在刻板印象的源起中起作用，而是更加强调哪种社会因素在形成这些认知过程中起作用及两者之间的相互作用。（Hastam et al., 1992）

特纳（Turner, 1999）指出，在对刻板印象的看法上，社会认同理论和其他多数理论之间还有另外一些重要区别。其他多数理论认为刻板印象代表非理性和稳固的偏见。与其相对，社会认同理论则宣称，刻板印象是必须的（甚至是值得要的），个体经常会在社会认同（作为群体成员）而不是人格认同（作为拥有独特个性的个体）的基础上把他们自身和别人加以分类。按照特纳的看法（p.26）：

> 以社会认同的方式去看待人们，并不会比以人格认同的方式去看待人们有更多的曲解。二者均是相同分类过程的产物。"个体差异是真实的而社会相似是虚假的"这一观点是错误的。认为一种分类方法在根本上比其他分类更真实的观点是不公正的。

为什么社会中的一些群体会比其他群体更有可能拥有消极的刻板印象？

证据

就像社会认同理论所预测的，很多证据都表明社会背景会影响刻板印象的性质。

例如，辛尼雷拉（Cinnirella，1998）做了一项研究，在这项研究中，一些英国学生被分派去完成以下三项任务中的一项：

1. 只提供评价英国人的刻板印象。
2. 只提供评价意大利人的刻板印象。
3. 提供评价英国人和意大利人的刻板印象。

根据自我归类理论，当与关于意大利人的刻板印象相比较时，关于英国人的刻板印象会一直得到强调，因为那提供了两个群体之间的明显区别。这一预期得到证实，因为比起任务1来，在任务3的情况下，关于英国人的一些刻板印象（保守的、勤勉的）得到更多的认可。根据这一理论，由于存在内群体比外群体更受欢迎的倾向，比起任务2来，在任务3的情况下，关于意大利人的刻板印象将会得到更少的肯定。这一预测也得到证实：与仅仅考虑他们自身相比，当将意大利人与英国人相比较时，意大利人被评价为比英国人有着更少的勤勉、智慧和进取。

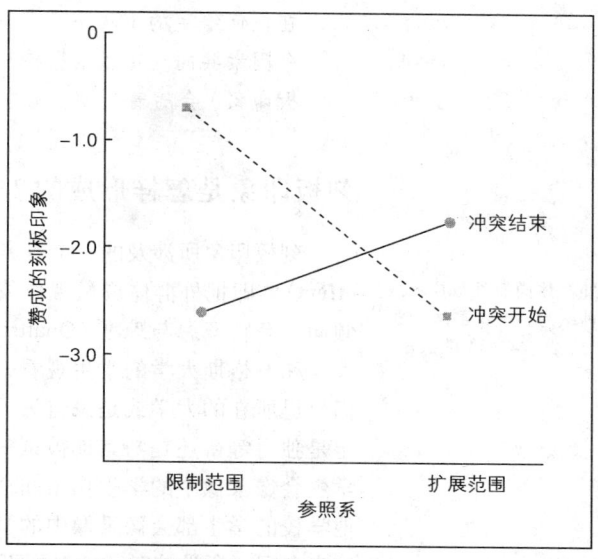

澳大利亚学生对美国所持的刻板印象是时间（1991年海湾战争的开始对结束）与参照系（有限的范围对扩大的范围）的函数。数据来源：哈斯拉姆等人（1992）。

哈斯拉姆等人（Haslam et al., 1992）发现，刻板印象是有灵活性的，并会受到社会背景的影响。研究者在1991年海湾战争开始和结束两个时段，分别评估了澳大利亚学生所抱有的对美国的刻板印象。这些学生要么用澳大利亚和英国作为参照系（有限的范围），要么用澳大利亚、英国、伊拉克和俄国作为参照系（扩大的范围）。对美国刻板印象的赞成，随测试时间（冲突开始对冲突结束）和参照系（参见右上图）而变化。当参考框架仅仅包括澳大利亚和英国时，学生（反战占主导地位）随着时间发展表现出在刻板印象赞成上的减少。相反，当参考框架包括一个国家（像伊拉克），而这个国家又正好与澳大利亚有官方冲突，那么学生会随着时间发展表现出对美国的刻板印象的赞成增加。这种情况之所以会发生，是因为当与伊拉克相比时，美国被当成了内群体。这些发现表明，刻板印象在相当程度上会随着它们从中产生的社会背景（战前对战后；参照系）而变化。

❖ 评价

- ⊕ 社会认同理论指出，刻板印象会受到当前社会背景的影响。因此，它们是有灵活性的，不像认知方式所暗示的那样僵化不变。
- ⊕ 有证据（像最小群体范例）强烈表明：通过社会认同来认识自己和他人是很自然的，并且是不可避免的。
- ⊖ 尽管刻板印象具有跨情境的可变性，但仍有可能大多数刻板印象都拥有一个相对来说不可改变的核心意义（就像认知心理学家所表明的那样）。

○ 在任何给定的情境下，个人刻板印象的精确性是很难预测的，因为它同时由几个因素共同决定。根据特纳（1999, p.26）的观点："与所有的预测一样，它们（刻板印象）会随着预期、需求、价值观及感知者的意图的不同而不同。"

刻板印象是怎样形成的？

外群体同质性效应：一种认为另一个群体的成员彼此非常相似的认知。

刻板印象所涉及的一个有名的因素是**外群体同质性效应**（**outgroup homogeneity effect**），即把外群体成员视作彼此非常相似或相像（像"他们都一样"）的一种认知倾向。夸特罗恩与琼斯（Quattrone & Jones, 1980）验证了这一效应。来自普林斯顿大学和罗格斯大学的学生观看一个关于一名学生的录像带，这名学生据说是来自他们自己所在的大学或是来自另一个大学，在实验者安装试验设备时，这名学生要决定是独自等待还是与其他被试一起等待。然后要求被试估计来自同一所学校的其他学生会像录像中的学生作出同样反应的百分比。被试倾向于猜测，几乎所有来自其他学校的学生都会像录像中的学生那样作出相同的选择。但当录像中的学生与被试均来自同一所学校时，情况则不是这样。

奥斯特罗姆与塞迪基德斯（Ostrom & Sedikides, 1992）回顾了外群体同质性效应方面的证据。这一效应的证据获得是相当一致的，但一般来说数量较少。不过，这一效应在现实生活群体中要比在一个人为的、实验室群体中表现得更加明显。

有研究者（Vanbeselaere, 1991）报道了关于外群体同质性效应可能带有偏见和歧视的证据。研究者引导被试相信外群体成员是同质的或异质的（彼此互不相像）。内群体成员会歧视同质性的外群体，但面对异质性的外群体时则不会这样。

刻板印象是怎样影响我们对别人的看法的？

刻板印象是怎样得以维持的？

启动或首因效应（看到或听到刻板信息）会使刻板印象得到维持。

刻板印象形成后，有多种因素会帮助它们维持下去（Hilton & von-Hippel, 1996）。一般来说，与我们的刻板印象相一致的信息会被加入并存储到我们的记忆中，而那些与我们的刻板印象不一致的信息则常会被忽略或忘记。博登豪森（Bodenhausen, 1988）研究了许多美国人对西班牙裔人所抱有的负面刻板印象。在他的初步研究中，美国被试扮演一名法官。对于他们中的一些人，被告被描述为卡洛斯·拉米雷兹（Carlos Ramirez），一个西班牙语发音的名字；对于另一些人，被告被描述为罗伯特·约翰逊（Robert Johnson）。认为被告是拉米雷兹的被试，比认为被告是约翰逊的被试判了被告更重的罪。由此可以看出，刻板印象会导致有偏差的信息加工。

在第二个研究中，博登豪森想要了解更多关于所涉及过程的信息。他认为刻板印象会引导被试关注符合他们刻板印象的信息，或者会导致被试通过扭曲一些信息来支持他们的刻板印象。为了阻止被试有选择性地只关注那些与他们的刻板印象相一致的信息，博登豪森要求他们按照每个信息是否支持被告的方式迅速评估这些信息，这时拉米雷兹被"法官"判的罪不再比约翰逊多。由此可以看出，刻板印象会使我们去关注支持它的信息而忽略其他信息。

维持刻板印象的另一个因素是首因效应。看到或听到刻板信息，会增加以一贯的刻板方式思考和行动的倾向。例如，研究者（Rudman & Borgida, 1995）让男人们观看电视广告，其中女人被描述得很性感。结果，男人们对他们下一个所看到的女人认为很性感的倾向大大增加。他们更多关注她的外表而不是她所说的内容，他们会更多问一些与性有关的问题，他们更多关注她的身体。

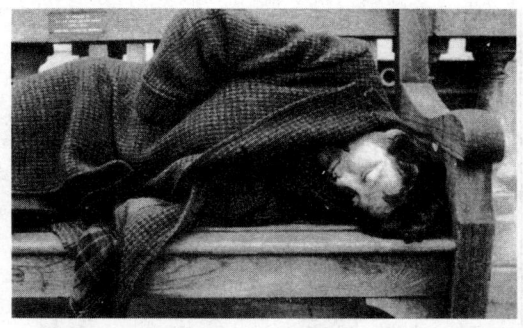

对于图中这个熟睡的人，我们更可能用情境因素进行判断（比如，他病了，忘了家里的钥匙）还是用特质因素进行判断（比如，他失业了，喝醉了，就在这里躺下了）?

到目前为止所说的可能会让人认为，多数人都趋向于记住与他们的刻板观点相吻合或相一致的信息，而忘掉不吻合或不一致的信息。事实上，情况要比这复杂得多。研究者（Stangor & McMillan, 1992）进行了一次元分析，以确定哪种信息更容易被记住。在一些有着较弱或中等刻板印象的人群中，与刻板印象不吻合的信息一般来说比中等信息能被更好地记住。不过，对于拥有强烈刻板印象的人来说，吻合的信息则要比不吻合的信息更容易被记住。因而，维持刻板印象的记忆过程只适用于那些拥有强烈刻板印象的人。

最后，刻板印象也会被各种归因过程所维持。当一个人的行为可以进行多种解释时，对这种行为的归因依赖于这种行为与相关的刻板原型是否一致。正如我们在第 18 章所看到的，行为可以归因于特质或内部因素（像个性）或是归因于情境因素。与刻板印象相一致的行为，要比与刻板印象不一致的行为，更有可能被归因于特质因素（Jackson, Sullivan & Hodge, 1993）。在考虑外群体时，我们更倾向于用特质归因来解释其积极行为而非消极行为（Hewstone & Jsapars, 1984）；相反，在考虑内群体时，我们则更倾向于用特质归因来解释其消极行为而非积极行为。

上述发现意味着什么？当我们将一个人的行为归因于特质因素时，我们期盼着这种行为能被重复。另一方面，将行为归因于情境因素时，我们的行为更有可能随着情境的改变而变化。因此，我们期盼与刻板印象相一致的行为在未来会持续，但对与刻板印象不一致的行为就不是这样。

刻板印象和行为

令人遗憾的是，关于刻板印象和行为之间的关系，目前我们知道得还很少。正如费斯克（Fiske, 2000, p.312）指出的："刻板印象研究需要一个唤醒……应该重视对预测行为的研究。"一些证据表明，刻板印象与对其他群体的消极行为和歧视仅有微弱的关联。例如，多维迪奥等人（Dovidio, Brigham, Johnson & Gaertenr, 1996）进行的元分析表明，刻板印象上的个体差异与歧视的相关仅有 +0.16。因此，刻板印象和歧视行为之间的相关非常弱。

有研究者（Dijksterhuis & van Knippenberg, 1998）报告了一个有趣的关于刻板印象会怎样影响行为的例子。有三组被试参加这一实验。第一组花 5 分钟来想象一个典型或刻板的教授，列举适合于这样一个人的行为、生活方式和外表。第二组针对一个典型或刻板的秘书用同样方式来做。第三组或控制组不考虑任何刻板印象。然后让所有的参与者回答来自 Trivial Pursuit（一种棋盘游戏）中的问题。关注刻板教授的被试正确回答的问题数目最多，关注刻板秘书的被试表现最差（参见左表）。因此，对教授的刻板印象（智力和知识作为其关键因素）的激活，使被试表现出与教授一样的行为。现在你该知道想要在 Trivial Pursuit 游戏中击败别人该去做些什么了吧！

我们怎样才能改变刻板印象？

大多数研究都已表明，想要长时间地改变对一个人所抱有的刻板印象相当困难。事情为什么会是这样呢？一个广为接受的解释建立在亚类型模型的基础之上（Drewer, Dull & Lui, 1981）。按照这一模型，违反其所处群体刻板印象的个体，会被简单归入一个独立的亚类型中，从而被视作群体中一个不具代表性的个体。例如，假设我们有一个关于德国人有效率的刻板印象，但是我们却碰到一个无效率的德国教授。这可能会使我们推论出关于德国教授这一亚类型的成员是无效率的，但是其他所有德国人则仍是有效率的（Weber & Crocker, 1983）。

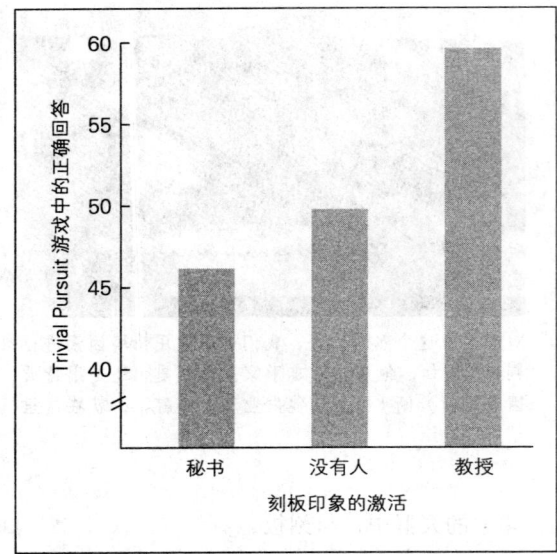

在 Trivial Pursuit 游戏中所得到的成绩，是刻板印象激活（秘书、无人、教授）的函数。数据来源：Dijksterhuis & Van Knippenberg（1998）。

孔达与奥勒森（Kunda & Oleson, 1995）预测，人们对于那些偏常者（打破刻板印象的人），会利用有关他们的一切信息来证明将其归入亚类型是正当的，进而将他们视作不具代表性。他们给被试看一份采访一位内向律师斯蒂夫的复印件。他是一个偏常者，因为人们对美国律师的刻板印象是他们都很外向。为了向被试提供一些（不足信的）将斯蒂夫归入亚类型的背景，他们中的一部分人会被告知这位律师在一家小公司工作或是在一家大公司工作。

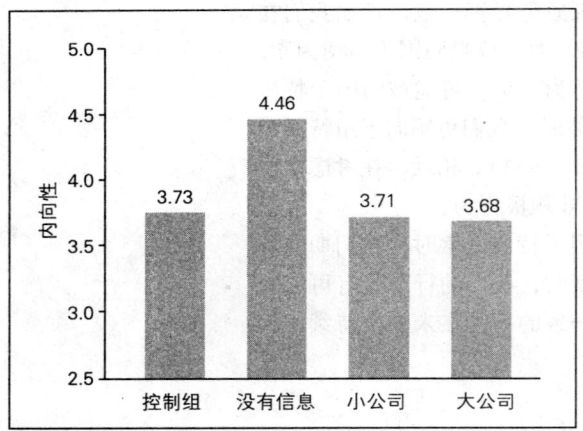

没有特殊信息（控制组）或读过一篇关于斯蒂夫具体信息（其他条件）后对律师内向性的看法。引自孔达与奥勒森（1995）。

对于其余被试则不向他们提供有关斯蒂夫工作场所的任何信息，也不让看有关他的采访。在实验结束时，这些被试要对律师内向或外向的程度进行评估。

研究结果见左表。控制组的评价代表了标准的刻板印象观念，即斯蒂夫不是内向的。那些被给予律师是在大公司或小公司工作材料的被试，都维持了他们原来的刻板印象，他们利用那一信息避免将斯蒂夫概化到一般律师的印象上。作为对比，那些没有被给予任何信息的被试则改变了他们的刻板印象，将其看得更为内向。

偏见和歧视

许多人都认为偏见和歧视是同一回事。其实它们之间有一个重要区分。**偏见**（prejudice）是一种态度，**歧视**（discrimination）则是指行为或行动。史密斯与麦凯（Smith & Mackie, 2000, p.156）认为，偏见是指"对一个社会群体及其成员所持有的积极或消极评价"。偏见与刻板印象不同，它更多强调情感因素而较少强调认知因素。歧视涉及直接对一些群体成员采取消极或负面活动（像侵略）。

偏见：一种态度，因为某人与某个群体的关系而对这个人有一种消极看法。

歧视：直接对其他群体成员采取的负面行动或行为。

我们在第 18 章中看到，态度和行为之间经常会存在差异。事情经常是：个体对一些群体抱有消极态度（从而产生偏见），但这却并不会在他们的行为上反映出来（因此他们并没有表现出歧视）。这一点是在拉皮埃尔（Lapiere, 1934；参见第 18 章）的研究中被发现的，在这项研究中，对中国人有偏见但却没有歧视。多维迪奥等人（Dovidio et al., 1996）进行了一次元分析，发现偏见和歧视的相关仅为 +0.32，这说明它们之间的相关并不强烈。一般说来，避免歧视（能被他人完全观察到）要比避免偏见（他人不容易观察到）有更大的压力。

歧视有多种形式。奥尔波特（Allport, 1954）认为歧视有五个阶段。在特定情境下（像在纳粹德国），歧视的水平会快速地从前一个阶段向下一个阶段增长。以下就是奥尔波特所说的五个阶段。

1. 反对措辞。直接对某一群体进行言语攻击。
2. 回避。这一群体被系统地回避；这样可以更简单地识别其他群体成员（在纳粹德国，犹太人佩戴大卫之星）。
3. 歧视。在公民权利、工作机会、俱乐部成员资格等方面，这一群体比起其他群体有更差的待遇。
4. 身体袭击。这一群体的成员受到袭击，他们的财产受到破坏。
5. 灭绝。故意杀死这一群体的所有成员（像纳粹分子建立毒气室来谋害犹太人）。

在本章前面我们看到，有很多评估与偏见相连的刻板印象的方法。在外显刻板印象（其中的个体完全能够意识到）和内隐刻板印象（个体意识不到）之间有一个重要区别。一般来说，内隐刻板印象要比外显刻板印象更容易产生偏见。

在社会中的大部分群体中，一直都发现有偏见和歧视。不过，很容易识别的群体倾向于有最多的偏见和歧视。这有助于解释为什么种族、性别和年龄这三个分类最容易被用来

对某一特定群体的歧视，有时会通过具有区分作用的视觉特征（像肤色、穿着）得到帮助。不过，有时少数群体成员与多数群体之间并没有清晰的区分，也会被迫与他们自己产生认同。这一点可以在纳粹德国统治时期看到，当时犹太人必须在他们的衣服上别上大卫之星，从而使他们成为种族仇恨的中心。

20 世纪 60 年代初，西印度群岛居民大举移居英国。议员鲍威尔（MP Enoch Powell）警告人们留意伴随劳动力市场混乱而来的社会不安定的危险。他的"血流成河"的演讲，被很多人视作是一种遣返移民的号召，并同时被支持移民和反对移民的人所引用。

产生刻板印象、偏见和歧视（Fiske，1998）。为了更多的了解有关偏见和歧视的研究，我们将主要关注种族主义，它可能是研究最多的偏见形式。不过，我们也会简单的看一下性别歧视。

种族主义

种族主义：因为他人所属的种族或民族而反对他人的偏见和/或歧视。

种族主义（racism）可被定义为：因为他人所属的种族和民族而反对他人的偏见和歧视。我们可以从20世纪在一些国家发生的大屠杀中看到种族主义的罪恶，像德国、前南斯拉夫、卢旺达及南非。有一些表面证据表明，种族主义在像美国和英国这样的国家正在下降。例如，大量的问卷调查表明，在种族主义态度上已有实质性的减少（Hogg & Vaughan，2002）。但是，这种减少更多属于表面现象而非实质性的。费斯克（Fiske，2002）指出，西方社会中仅有约10%的个体有明显且公开的种族偏见。此外，多达80%的人拥有多种多样微妙的种族偏见，这导致了"尴尬或危险的社会互动、难以启齿的言辞、无法验证的假设、刻板的判断及自发的忽略"。我们在本章前面看到，当运用微妙的、间接的测量方法时，要比使用一些直接的方法更能证明存在种族主义刻板印象（Wittenbrink et al.，1997）。

反向种族主义：一种混合信念，既相信人人平等，又对其他种族成员抱有负面情感。

多维迪奥与格特纳（Dovidio & Gertner，1991）认为，大多数人都显示出了他们所称的反向种族主义。反向种族主义（aversive racism）可被定义为："对一个种族群体成员的态度，既包括平等主义的社会价值观（相信应该平等），又对其有负面的情感，致使个体避免去与群体成员进行互动。"（Franzoi，1996，p.405）"矛盾的种族主义"这一概念与此比较相似（Mcconahay，1986）。有着矛盾种族主义的个体，在他们的"人人平等、同情受压迫者"信念和"个体应对发生在其身上的事情负责"信念之间会体验到更多的冲突。结果，许多美国白人乐意赞扬成功的黑人，但却对看起来不乐意认真工作的黑人持有消极评价。

斯维姆等人（Swim, Aikin, Hall & Hunter, 1995）指出，当代种族主义有三种表现方式。第一，当代的种族主义者否认对少数民族群体有偏见和歧视；第二，他们在少数群体要求与多数群体平等对待的问题上显得非常厌烦和缺乏耐心。第三，他们对少数群体希望接受正向行动来帮助他们的远景感到愤愤不平。

证据

我们可以通过观察人们对一个模糊场景的解释是否会因其主要人物是白人或黑人而有所不同来研究种族主义。邓肯（Duncan，1976）做了这项研究，他要求美国白人学生去观察一个白人和一个黑人的谈话。当这名白人轻微推了一下这名黑人时，只有13%的学生将这一行为解释为暴力行为。相反，当这名黑人轻微推了一下这名白人时，则有73%的学生将这一同样的行为解释为暴力行为。

普费弗与奥格洛夫（Pfeifer & Ogloff，1991）做了一个有关白人大学生阅读强奸故事的研究。案件中的被告可能是黑人也可能是白人。最主要

马丁·路德·金之所以能成功地领导民权运动，可能是因为他通过自己既是黑人又是受过教育、有着比他领导的运动所代表的人更高的社会经济地位而挑战了角色符合。

的发现是：人们认为黑人被告比白人被告的罪行更重。但在提醒被试要注意避免偏见时，这种效应则消失了。

克罗斯比等人（Crosby, Bromley & Saxe, 1980）回顾了那些采用非常谨慎的方法研究偏见和歧视的研究。白人对黑人的歧视在他们所考察的实验室和现场研究中发生的概率在44%，在白人被试与黑人受害者不会谋面的情况下这一概率尤其高。

种族偏见甚至会影响基本的认知过程。佩恩（Payne, 2001）进行了一项研究：向被试短暂地呈现男性面部（白人或黑人）的照片。然后再向被试呈现一个图片，让他们迅速判断这个图片是一把手枪还是一个工具。当预先呈现一个黑人面孔时，白人被试更倾向于把工具误判为手枪，这看起来像是自动完成的。高外显偏见的人比低外显偏见的人表现出了更多的种族偏见，那些认为不应体验或表现出偏见的个体表现出的种族偏见则较低。

性别歧视

性别歧视（sexism）纯粹是因为个体的性别而产生的偏见。可能是最常见的性别歧视假设是：女性比男性更有同情心，男性则更自信和更有能力。这些假设在世界上很多地方一直都有发现，包括澳大利亚、欧洲、北美和南美等国家（Deaux, 1985）。布罗沃曼等人（Broverman, Broverman, Clarkson, Rosencrantz & Vogel, 1981）的研究结果则更让人感到迷惑。他们要求临床医生鉴别健康成人、健康男性和健康女性的特征。健康成人和健康男性的特征非常相似，包括像自立、决断和自信这样的形容词。相反，用来描述健康女性的形容词则有依赖、顺从和情绪化。

性别歧视：仅仅是因为他们性别的原因而对他们产生的歧视。

性别歧视在众所周知的"玻璃天花板"（glass ceiling）现象中表现得非常明显：多数西方社会中的女性在能力上与男性是相同的，但在比较高的职位（如总统）上，女性所占比例不到10%。伊格里与卡瑙（Eagly & Karau, 2002）在他们的角色一致理论中对这一情形作出了解释。基于这一理论，女性在试图获得顶级职位时，会因两种偏见的存在而受阻。

女性是否更有爱心？

谢尔丹与金（Sherdan & King, 1972）做了一项实验，要求男女被试给小狗实施电击，他们实施电击时能够听见小狗的哀嚎。不是所有男性被试都实施了最大量电击，但是所有女性被试都实施了最大量电击。

这是否意味着女性更缺少爱心呢？是否关于女性的刻板印象有误呢？或者是否是女性一直被社会化成按照男性告诉她们的去做和不要有自己看法的结果？女性是否是盲目的追随者、有依赖性、不适合当领导？

1. 男性通常评价女性的领导潜力比男性的要低。原因在于已知的领导特征（像果断、行为导向能力和激励性）和感知的女性温柔角色（像助人、有同情心、有教养）之间存在巨大差异。

2. 以果断和行动导向为主从而与期望相一致的领导行为，当在男性身上表现出来时，要比在女性身上表现出来更受欢迎。

证据

作为上述种种偏见的一个结果，许多国家的人们都是更偏好男上司。例如，西蒙斯（Simmons, 2001）发现，盖洛普在上世纪90年代中期在22个国家进行的调查表明，人们更加偏向男上司。戴维森与伯克（Davison & Burke, 2000）报告了关于女性偏见更强有力的证据。他们进行了一项元分析研究，给被试看求职者的履历或完整求职表，让其评估求职者的受雇就业能力。其中向一半被试呈现的履历附有男性名字，向另一半被试呈现同样的履历，但却是女性名字。戴森与伯克发现存在一个明显的趋势，男性比女性在工作方面更容易被评价为男性性别类型。关于这项研究适宜的表述是，大多数领导职位都是男性性别类型的。

伊格里等人（Eagly, Makhijani & Konsky, 1992）的一项回顾研究也支持了角色一致理论，其中领导行为被描述和归于一个男性或女性。在他们对61项研究的元分析中有一个一致的趋势：当由女性被试完成时，对领导行为的评价非常低。更为重要的是，当这种行为是典型的男性行为（像命令的或专制的）时，低估女性领导行为的趋势会变得更大。

根据角色一致理论，特殊形式的一些偏见形式阻碍了女性为获得领导角色所做的努力。另外一种观点是，对女性存在非常广泛的偏见。不过，女性经常被评价得比男性更受欢迎，这一点在内隐偏见和外显偏见研究中都有发现（Capenter, 2001）。

甚至到了现在，许多国家的人们仍然表达了对男老板而不是女老板的偏好。

你认为性别歧视在多大限度上仍在限制着女性的志向与职业远景？

❖ **评价**

- ⊕ 角色一致理论认定的针对女性的两种偏见形式确实存在并让女性很难成为领导。
- ⊕ 正如角色一致理论预测的那样，对女性领导的偏见普遍存在，这一点在跨文化中以及女性和男性中一直都有发现。
- ⊕ 角色一致理论对数据的解释比另一种基于普遍女性偏见假说的理论要准确得多。
- ⊖ 在大部分研究和元分析中，偏见效应只占数据可变性的1%—5%。因此，并不清楚这样的效应是否能完全解释"玻璃天花板"。

权威人格

权威人格：以固守传统价值、对其他群体存在敌意、一丝不苟及服从权威为特征的一种人格特征。

阿多诺等人（Adorno, Frenkel-Brunswik, Lecinson & Sanford, 1950）认为具有**权威人格**（**authoritarian personality**）的人更容易产生偏见。权威人格包括下列特征：

- 固守传统价值。
- 对其他群体有普遍的敌意。
- 一丝不苟。
- 服从权威。

阿多诺等人认为，童年经历非常重要。粗暴对待儿童会使他们对父母产生敌意。这种敌意是无意识的，因为儿童并不情愿这样。这会造成动机性遗忘，或者如弗洛伊德所说的压抑。儿童似乎把父母理想化了，在日后的生活中他们就会对一些权威人士表示服从。不过，被压制的敌意会被歧视没有威胁的小群体所代替。据预测，权威人格的成年人会对大范围的其他群体流露出偏见。

你对"权威"这个词语是怎样理解的？

证据

阿多诺等人设计了多种与该理论相关的问卷。其中一种是种族主义量表（Ethnocentrism Scale，E 量表），种族主义者认为自己的种族比其他种族优越。该量表测量了针对包括黑人和犹太人在内的少数族裔的偏见。不过，最重要的量表是**法西斯主义量表（Fascism Scale，F 量表）**，用来测量权威人格的态度（样本项目："服从和尊重权威是儿童应学的最重要的美德"）。

阿多诺等人发现，在 F 量表上，高分组比低分组更具偏见倾向（例如，F 量表和种族主义量表呈正相关，系数为 + 0.75）。正如该理论预测的，F 量表的高分组被认为比非权威人格个体在儿童时期受到更多的粗暴对待。

F 量表：一种对法西斯主义倾向的测验；高分者是有偏见者、种族主义者和反闪族主义者。

米尔格莱姆（Milgram, 1974）报告了更多证据。他发现，在权威人物的命令下，许多人都准备给他人实施严重的电击（参见第 20 章）。那些有权威人格的人被认为更容易服从权威，结果显示，他们比其他不是权威人格的人实施了更强的电击。

该理论的一个主要预测是，权威人格的成年人将会显示出对少数群体广泛的偏见。这一假设在佩蒂格鲁与米尔滕斯（Pettigrew & Meertens, 1955）对居住在法国、荷兰、英国和德国的人们的一项研究中得到验证。他们发现，在每个国家都是在种族主义测试上得分高的人群对更广范围的外群体表露出相当大的偏见。

权威人格的九种人格特质，引自阿多诺等人的 F 量表

特质：	描述：
保守	因循守旧不喜欢改变
专制——顺从	服从权威
专制——攻击	挑战权威人
反起始性	对错误行为缺乏容忍性
迷信、刻板	相信命运
权力、韧性	独裁和威吓行为
破坏性和犬儒主义	强烈敌视意见不同者
投射性	将自己的无意识念头投射到他人
性行为	对非正常性行为过分感兴趣

奥特迈耶（Altemeyer, 1998）发展了阿多诺等人的观点，并制定了自己的量表（左翼权威人格量表）。他获得证据认为权威主义根源于青春期而非更早的儿童期。父母是权威主义人格的青少年会模仿他们父母的行为，并且经常会因这样做而受到父母的奖励。根据这种观点，权威主义人格的发展很少或根本没有压制对父母的敌意。

所谓的权威人格测量，实际上测量的是社会态度和信念而非人格。人格相对于时间维度很少变化，但个体在权威主义上的得分却会有很大变化。例如，奥特迈耶发现，当给被试呈现关于威胁社会变革的场景时，左翼权威主义人格量表的得分有实质性增长。杜齐特等人（Duckitt, Wagner, du Plessis & Birum, 2002）获得证据表明，社会一致性的人格维度与自治（个体自由），构成了权威主义社会态度的基础。

阿多诺等人假设偏见来源于个体人格。然而，文化规范显然要更重要。例如，佩蒂格鲁（Pettigrew，1958）考察了南非和美国的偏见。两个国家的权威主义水平应该相等，但南非比美国存在更多的偏见。

重大的历史事件会造成实质上的偏见普遍增长。这方面一个很好的例子就是，对美国五角大楼的袭击影响了美国人对日本人的看法。在多数人中，针对日本人的偏见有一个广泛而快速的增长。这种增长很难用权威主义人格来解释。不过有证据表明，感知到的社会威胁会温和地导致权威主义个体在态度上变得更加权威主义（Doty，Peterson & Winter，1991）。

❖ 评价

- ⊕ 人们的偏见水平不同，部分原因是个体权威主义人格不同。
- ⊕ 童年经历影响着一个人是否会发展出权威主义人格。
- ⊖ 社会和文化因素要比人格因素在决定广泛的一致偏见上更重要。
- ⊖ F量表的所有项目都是词语表达，赞同它们就表明有一种权威主义态度。因此，那些有着默认反应（一种不论其意义认同项目的倾向）的人看起来具有专制主义。
- ⊖ 特定的童年经历和权威主义人格相联系的发现，并没有表明是童年经历造成的权威主义人格。

现实群体冲突

根据谢里夫（Sherif，1966）的看法，偏见经常会导致群体间发生冲突。每个群体都有自己为之努力争取的利益和目标。有时两个群体会为同一个目标而竞争，这时就会出现现实的冲突。其结果就是，每个群体中的个体都倾向于对另一个群体中的个体产生偏见。这是现实冲突理论的核心假设。相反，有时两个群体也会有共同的利益并追求相同的目标。当出现这种情况时，两个群体经常会相互合作。这样一来也就出现了一种情形，在这种情境中，两个群体中的成员有着友好的关系并且不存在偏见。

你认为为什么群体间的竞争有时会导致敌意？

证据

现实冲突理论是从知名的罗伯岩洞研究（Sherif，Harvry，White，Hood & Sheri，1961）中发展而来的——参见下面的"关键研究"。

在其他文化里也获得了同样的发现。安德烈瓦（Andreeva，1984）开展了一项俄罗斯研究。当参加少年先锋营的男孩们进行竞争性运动时，针对其他群体的偏好和偏见在小群体内都增加了。布鲁尔与坎贝尔（Brewer & Campbell，1976）在非洲研究了30个部落。部落之间居住得越近，相互的偏见越大，因为这个最近的部落最有可能争夺宝贵的资源（像水）。

竞争总是会导致偏见和群体间冲突这一观念，遭

那些对特定事件抱有强烈信念的人，很可能会与那些没有这一共同价值观的人发生暴力冲突。

到泰尔曼与斯宾塞（Tyerman & Spencer, 1983）的驳斥。他们认为，当涉及其中的那些人完全陌生时，竞争会产生戏剧性效果，就像谢里夫等人及安德烈瓦的研究中出现的那样。泰尔曼与斯宾塞观察了相互之间已经充分了解的少年先锋营队员，在每年的先锋营中他们会以群体形式相互竞争。竞争并没有产生谢里夫等人所发现的负面效果。

进一步的证据来自斯特鲁奇与施瓦茨（Struch & Schwartz, 1989），他们报告指出，已知利益冲突的存在并不一定会产生强烈的偏见。他们在以色列研究了不同宗教群体中内群体敌意和偏见的水平。在这些宗教群体中所感知到的利益冲突，在对内群体宗教有强烈认同的个体中，比在这一认同较少的个体中产生了更严重的偏见和侵犯。因此，现实冲突可能需要与很强的内群体认同相结合，才能产生强有力的对外群体的负面态度和行为。

❖ **评价**

- ⊕ 两个群体为同一目标而竞争会导致偏见。
- ⊕ 现实群体冲突理论为处于战争状态的两个国家（像二战中）彼此间偏见的大量增加，提供了合理的解释。
- ⊖ 根据现实群体冲突理论，当群体利益受到威胁时，冲突就会发生。不过该理论对群体利益的定义非常模糊："对群体安全、经济利益、政治优势、军事战略、威信和一系列其他因素现实的或想象的威胁。"（Sheif, 1966, p.15）
- ⊖ 群体间的现实冲突或竞争并不总是产生偏见的充分条件（Tyerman & Spencer, 1983）。尤其是当个体自身的群体认同不太强烈时，有可能不会发生偏见（Struch & Schwatz, 1989）。
- ⊖ 群体间的竞争不是产生偏见的必要条件。数百万人都对其他文化中的人们抱有偏见态度，尽管他们从来没有见过面，也没有什么冲突可言。
- ⊖ 最小群体范式研究揭示了现实冲突理论的局限性。研究结果显示，即使完全不存在冲突的两个群体之间也会有竞争。

社会认同理论

社会认同理论一直被应用于偏见和歧视的研究中。该理论认为，个体总是想把自己所属的内群体与外群体尽可能地区分开来。为了提升自尊，他们通常会将自己的群体与外群体相比，认为自己所在的群体更具优越性，结果就会对外群体成员产生偏见和歧视。

特纳（Turner, 1999）探讨了社会认同理论方法对偏见的意义。他反对传统观点所认为的：涉及外群体的偏见和社会冲突是非理性的，给个体和社会都留下了坏印象。社会认同理论认为："我们需要将社会冲突理解成在心理上是有意义的，它是人们如何社会地定义他们自己的一种表达方式……它是在与社会生活现实进行互动的过程中产生的一种普遍的、适应性的和功能性的心理过程。"（p.19）

谢里夫等人：罗伯岩洞研究

> **关键研究评价——谢里夫等人**
>
> 谢里夫等人的研究成果非常重要，因为他们研究得出情境决定了男孩们对待对方的态度。竞争导致排斥和敌对，合作带来友谊和好感。试想一下如果被试全是女孩结果会相同吗？这也许是因为在他们的成长过程中，女孩被赋予合作性，男孩被赋予竞争性。另外值得争论的问题是，由于研究中的被试不是随机的，小组的代表性也值得质疑。

在谢里夫等人（1961）的研究中，共有22名男孩在美国的一个夏令营中度过两个星期。研究者把他们分成两组（老鹰和兔子），在体育活动和其他竞争性项目中表现较好的那一组将获得奖品、小刀和奖章。竞争的后果是，两组成员之间发生了战争，兔子小组的旗子被烧毁。

两个小组间产生了偏见，彼此都认为自己的小组成员是友好的、热情的，对方成员则是蠢笨的、不诚实的。当请他们说出自己朋友的名字时，93%是自己所在小组的成员，只有7%来自另一个小组。

为了减少老鹰和兔子两个小组间的冲突，研究者决定切断夏令营的饮用水供应，两个小组必须合作才能恢复饮用水供应。在其他场景中也安排了相似的合作性任务。追求共同目标的结果是加深了双方友谊。当让他们写出自己在营地的朋友的名单时，有30%来自对方小组成员。这是追求共同目标之前的四倍。

讨论要点：
1. 为什么谢里夫等人的研究具有如此大的影响力？
2. 作为偏见成因的群体冲突有多重要？

证据

一些证据表明，社会认同理论和现实群体冲突理论之间存在密切的联系。斯特鲁奇与施瓦茨发现，那些对自己所属宗教团体具有强烈认同感的成员，对其他宗教群体会表现出更多的偏见和歧视。

杜斯齐等人（Doosje, Branscombe, Spears & Manstead, 1998）就荷兰人对印度尼西亚的态度进行了研究，印度尼西亚曾是荷兰的殖民地。一些荷兰被试拥有高水平的国家认同感（为自己是荷兰人而自豪），另一些被试的国家认同感相对较低。就像社会认同理论预测的那样，具有高内群体偏差（有高水平的国家认同感）的个体，对荷兰在印度尼西亚殖民地的做法显示出较少的罪恶感。与那些低内群体偏差的个体相比，他们也较少愿对印度尼西亚人作出补偿。

研究者（Verkuyten, Drabbles & van den Nieuwenhuijzen, 1999）检验了社会认同理论在16—18岁荷兰被试中的预测。通过对下面描述的赞同度来测量他们的国家认同感："我喜欢荷兰的很多方面。"通过对有关少数民族场景描述的情感反映来测量被试的偏见水平（如："越来越多的持不同观点和生活习惯的伊斯兰人移居荷兰，荷兰的社会准则和价值观有被排挤的危险"）。拥有强烈荷兰认同感的个体，对少数民族表现出最强烈的消极情绪。就像社会认同理论预测的那样，群体认同与偏见相关。

> 你如何理解"国家认同感"这一术语？你会怎样描述你自己的国家认同感？

❖ 评价

⊕ 偏见部分取决于群体认同的强度。
⊕ 社会认同理论有助于解释偏见的个体差异。
⊕ 社会认同理论只能对偏见作出有限的解释,它忽略了其他一些重要因素,像群体间竞争和冲突。
⊖ 社会认同理论阐述了偏见和社会冲突存在的原因,但它没有对其形成过程给出详细解释。

减少偏见和歧视

在多数文化中,偏见和歧视都很常见,我们必须找到合适的方法来减少(比较理想的情况是消除)各种形式的偏见和歧视。下面我们就来讨论由心理学家提出的减少偏见的方法。

群际接触假说

奥尔波特(Allport,1954)提出了一个重要理论——群际接触假说。该理论认为,群际接触是减少偏见最有效的方法。不过,想要确保接触成功,必须满足下面四个条件:

1. 在接触发生的情境中,两个群体必须拥有平等的地位。
2. 两个群体向着共同目标努力,实现目标需要群际合作。
3. 群体间接触的次数比较多、时间足够长,使得不同群体成员之间可以发展有意义的关系。
4. 应该有社会及制度支持群体互相接受。

证据

群际接触产生积极效应的关键在于,这种接触给予了个体充分了解其他群体的机会。斯蒂芬夫妇(Stephan & Stephan,1984)测量了盐格鲁和芝加哥两所中学的学生掌握其他群体的文化价值观和风俗习惯的知识量,结果显示:对别的群体文化了解越多的人,越会对那个群体持积极态度。之所以会这样,部分原因在于那些对其他群体持积极态度的人费了很大力气去发现其文化价值。不过,较高的知识量并不预示着偏见的减少,因为随着对其他群体的了解,该群体与自己所属群体间的差异也会凸现出来(Brown, 2000a)。

谢里夫等人在现场研究中使用了奥尔波特的一些观点(如:基于共同目标的群际合作)。就像关键研究中所讲述的,实验者用合作性情境替代竞争性情境,使得对其他群体的偏见明显减少。

让孩子们在群体中学习，可以减少偏见阻碍。

拼图式班级：减少偏见的一种方式。使用这种方式的教师要确信每个学生都为实现班级共同目标发挥了自己的作用。

阿隆森与奥舍罗（Aronson & Osherow，1980）采用了类似于谢里夫等人的方法进行实验。得克萨斯州奥斯汀市的学校近来取消了种族隔离制度，引起了人们对可能会因黑人和白人儿童同班学习而生的种族冲突的关注。一个班级中的黑人和白人儿童被分成不同的学习任务小组，小组内的每一个儿童负责学习任务的不同部分。每一个儿童都把自己所习得的内容传授给组内的其他成员。然后对每个人获得的知识量进行评分。这一方法被叫做**拼图式班级（jigsaw classroom）**，因为每个孩子都作出了自己的贡献，就像在拼图游戏中需要把每一片都聚到一起才能完成它一样。

拼图式班级研究获得了积极成果，儿童的自尊、学业成绩和对同学的喜爱水平都得到了提升，偏见也有所减少。不过，因为这个班级在六个星期里只进行了12个小时的学习，所以效果并不显著。

罗森菲尔德、斯蒂芬与勒克（Rosenfield, Stephan & Lucker, 1981）对拼图式班级提出了质疑。胜任力较低的少数群体成员被认为阻碍了高胜任力学生的学习。它不但没有减少反而强化了原有的偏见态度。

证据表明，在多种族混合的学校中，合作学习环境能够有效地减少歧视和偏见。斯拉文（Slavin, 1983）做了十四项研究，就合作学习方案与传统学习方法进行对比。在合作学习环境下，十一项研究中的儿童都发展了跨种族友谊。米勒等人（Miller & Davidson-Podgorny, 1987）对二十五项研究进行分析后也验证了这一结论。

群际接触假说在美国沃特福德的韦克斯勒中学进行了深入的验证（Brown, 1986）。首先，学校花巨资来配置优质的教学设置。其次，为了不被看做白人或黑人学校，学校的白人和黑人学生人数基本相等。另外，为了让每位学生感觉到平等，将学生按照智力水平分成若干小组。通过让学生一起购买他们可能都用得到的共用物品来培养他们的合作精神。

最初三年的实验取得了令人满意的结果。有很多黑人学生—白人学生之间的友谊，尽管这些友谊很少扩展到互相拜访对方家庭。随着黑人学生和白人学生之间的友好行为增加，歧视现象稳步降低。不过，一些刻板印象信念依然存在。黑人学生和白人学生一致认为：黑人学生比白人学生更坚韧和自

案例研究：新时代学校信任

新时代学校信任计划在海外三所学校进行。该计划的目的不仅是培养高素质人才，而且在于消除种族偏见。为了实现这一目的，从入学第一天起所有种族的学生都要在一起学习和生活。学校教师来自不同种族，男女生人数相同。

在这些学校中，不同种族的学生平等对待，一视同仁，每种文化和价值观都得到应有的尊重。

结果显示，黑人父母比白人父母更希望他们的孩子参加这种学校。白人儿童希望有更多的机会免费清扫寝室的学校，黑人儿童的父母则希望孩子能离家接受更好的教育。不过，由于白人父母渐渐认识到实施该计划的学校也能取得优异的学业成绩，这种不平衡正在减弱。1993年学校的通过率是100%，而白人学校和白人教会学校的通过率则只有90%。

（摘自《时代》杂志，作者 Prue Leith May, 1993）

信，白人学生则要比黑人学生更聪明。

其他有关校园种族隔离消除的研究效果并不太理想。斯蒂芬（Stephan，1987）对有关种族隔离消除的研究做了综述，结果显示这种消除反而经常增加了白人的偏见态度。另外，白人和黑人的接触并不能给黑人带来积极正面的影响。一个问题在于，白人和黑人虽然同校，但他们生活在自己的群体内。斯蒂芬认为，如果参与的学生有平等的地位、有合作性的一对一活动、两群体成员具有相似的价值观念和信仰、接触情境多样化及与多名其他群体成员接触这些条件都能被满足，消除种族隔离的做法才有可能起到减少偏见的作用。

❖ 评价

- ⊕ 群际接触假说确定了一些决定群际接触能否减少偏见的因素。
- ⊕ 大部分实验证据都为群际假说提供了强有力的支持（Pettigrew，1998），尽管对群体某一成员的偏见的转变很容易，但是这种转变很难泛化到该群体的所有成员。
- ⊖ 对于群体接触与偏见的负相关没有给出合理的解释。佩蒂格鲁（Pettigrew，1998，p.80）指出："由于持有偏见的人回避群际接触，因此接触和偏见之间的因果关系是双向的。"
- ⊖ 群际接触假说极少言及接触怎样和为什么能减少偏见。
- ⊖ 群际接触假说也没有就与某群体中一些成员的积极接触怎样泛化到该群体中其他成员身上作出合理的解释。

去归类、突显归类和再归类

假定一个人对某一外群体持有偏见，但却与该外群体的某一成员有着积极的社会交往。这样的互动会很好地改变这个人对这一外群体成员的态度。不过，这种改变不一定会由外群体个人泛化到整个外群体。为了理解群际接触如何减少对整个外群体的偏见，我们这里考察三个方面的理论尝试。所有的理论尝试都起源于社会认同理论，每个理论都认为个人需要群体及社会认同。为了减少产生泛化的偏见，必须改变现有群体认同的突显特点。不过就像我们将要看到的，在如何实现这个目标上有不同的看法

群际接触假设并没有清晰说明群际接触为什么和怎样能减少偏见。下面我们要探讨的方法都会涉及这个问题。可以明确的一点是，一般认为群际接触能激起像去归类、突显归类、再归类这样的过程，这些过程反过来会导致偏见明显减少。

去归类：个性化模型

布鲁尔与米勒（Brewer & Miller，1984）认为，当内群体与外群体认同成为注意的焦点时，刻板印象和偏见就会产生。他们声称，在群体冲突有所缓解的情况下，社会接触是减少冲突的有效方式。换句话说,这时就出现了去归类（decategorisation）的过程。当这一过程发生时，双方群体成员都不太可能再用归类和群体成员资格来

为什么喜欢某一外群体的某个成员，不一定会泛化到该群体中的其他成员？

你如何理解"去归类"？

去归类：群体间差异的减少或模糊化。

看待对方成员。去归类中的关键过程是,群体成员将另一群体的成员当成个体来对待。这可以使他们认识到,自己对外群体的刻板印象过于简单和不正确。

证据

贝滕考特等人(Bettencourt, Brewer, Croak & Miller, 1992)报告了与去归类理论相一致的结果。研究者使用最小群体范式,组建由高估计者和低估计者组成的点估计任务小组。建立四人小组,每个小组分别由两名高估计者和两名低估计者组成。在一系列任务解决的过程中,会进行关键性控制。一些群体会被鼓励其作为个体进行交流,其他群体则被告知要关注任务本身。就像去归类理论所预测的那样,个体化群体中的被试,要比任务取向群体中的被试表现出较少的内群体偏差。

贝滕考特等人(Bettencurt, Charlton & Kernaham, 1997)随后进行的一项研究表明,个人化接触并非总能减少内群体偏差。他们用多数群体的成员复制了贝滕考特等人的结论。不过,少数群体中的成员实际上在个体接触中比在任务取向中显示出了更多的内群体偏差。

汉堡(Hamburger, 1994)综述了与其他群体接触效果的研究。证据表明,与非典型性外群体成员有过个人化接触的人,一般都改变了他们的刻板印象。这主要是采取这样一种形式,即他们都体会到外群体成员比他们想象的要更多样化。不过,因为个人化接触而促使刻板印象发生重大改变这一情况则不大常见。

❖ 评价

- ⊕ 与其他群体成员的个人化接触至少在一些情境中能减少偏差与偏见(Bettencourt et al., 1992, 1997)。
- ⊖ 与一名外群体成员的个人化接触,并不能把偏见的减少泛化到该群体的所有成员身上。存在这样一种危险,即把这一成员视作"规则的一个例外",因而对该外群体的刻板印象并不会改变(Kunda & Oleson, 1995)
- ⊖ 大部分研究使用的都是实验室群体,成员之间感觉不到有太多联系。布朗(Brown, 2000a, p.355)指出:"这可能会使被试在被孤立进行个人化互动时很容易隐藏起他们的群体认同。但在现实的群体背景下,则很难如此轻易地摆脱他们的群体成员资格给其造成的影响。"

突显归类:区分社会认同模型

休斯顿与布朗(Hewstone & Brown, 1986)主要关注偏见的减少如何从个人泛化到他或她所在的群体。他们认为,个人必须被视作是其所在群体的代表或典型,她或他的群体成员身份需要是突显的或明显的。因此,突显归类是关键所在。这些观念构成了有时所称的区分社会认同模型的一个重要组成部分。

证据

怀尔德(Wilder, 1984)报告了与上述模型相一致的结论。学生们与一名来自与本校相竞争的大学的学生有一次愉快的相聚。当这名同学被认为是那所大学的典型代表时，对那所大学的偏见开始减少。相反，当那名学生被认为不具有代表性时，偏见并未减少。

研究者（Van Oudenhouven, Groenewoud & Hewstone, 1996）检验了这样一个观点：如果想要减少偏见，一名外群体个体的群体资格必须是突显的或明显的。在下面三种情境中，荷兰被试分别与土耳其同伴合作两个小时：（1）主试不提供同伴的民族（低突显性），（2）主试在实验结束时提供同伴的民族（中度突显性），（3）整个实验中同伴的民族一直得到强调（高突显性）。结果发现，中度和高度突显性条件下的被试，表现出比低突显性条件下对土耳其同伴更高的喜好度。

布朗等人（Brown, Vivian & Hewstone, 1999）进行了一项实验，在实验中，英国被试与德国同伴为获得一项物质奖励而进行合作。德国同伴要么是典型的刻板印象中的德国人，要么是非典型德国人。另外提供给被试关于德国人一些特征上的同质性（相似）和异质性（不相似）的虚假信息。当德国同伴被当做典型的并且德国人被视为同质的时，从同伴到整体德国人的泛化很容易发生。就像预测的那样，这种情境里的被试对德国人产生了最喜爱的态度。

> 地位、权利及经济差异在偏见形成中起着什么样的作用？

❖ 评价

- ⊕ 基于突显归类减少偏见的方法，比其他做法更易发生从人际到群际的泛化作用。
- ⊖ 人们对外群体经常有明晰的刻板印象，所以由人际到群际的泛化只有当该成员具有外群体的典型特征时才会发生。
- ⊖ "如果合作互动出错……那么在群际层面建构互动会使事情变得更糟……这时会有一种强化对那一外群体负面刻板印象的风险，而这也正是因为那些人被视为该群体的典型代表。"（Brown, 2000a, p.353）

再归类：一般内群体认同模型

现在我们来讨论以社会认同理论关键假设为基础的另一种减少对整个外群体偏见的方法。根据社会认同理论，个体会显示出内群体偏差或偏好，把内群体视作高于一个或多个外群体。正是这种偏见使得运用再归类策略消除偏见成为可能，在这一过程中，内群体和外群体会被重新合并成一个内群体。在这一过程中，外群体成员也被重新定义为内群体成员。准确地说，这是由加特纳等人（Gaertner, Dovidio, Anastasio, Bachman & Rust, 1993）在他们的一般内群体认同模型中所提出的。

> 再归类：内群体和外群体合并成一个群体，形成一个新的类别的过程。

证据

加特纳等人（Gaertner, Rust, Dovidi, Bachman & Anastasio, 1994）在美国一所多种族学生的高中进行了一项再归类研究。他们进行了一项调查，调查的部分项目集中在对校内单个群体的感知（如："尽管校内存在不同的群体，但是我们经常感觉到自己是大群体中的一员"）。那些把学校看成一个大内群体的成员，往往会对其他种族群体持积极态度。

突显归类之后进行再归类，效果会更明显（Dovidio, Gaertner & Validzic, 1998）。

> **电视和偏见的减少**
>
> 儿童电视工作室为"芝麻街系列"做了不少工作,在一项关于以色列电视教育和奥库兹大学现代媒体研究所的研究项目中,研究者在东耶路撒冷地区制作了一系列针对以色列和巴勒斯坦学前儿童的相似的电视教育节目(Rechov Sumsum/Shara'a Simsim symposium, 1999)。研究发现,在4岁儿童中间就发现了对对方文化的偏见态度。项目的目的是在儿童中间强调两种文化的相似性。这一系列节目于1998年分别在以色列和约旦河西岸对听众广播。1999年的后续研究显示,儿童听众的偏见态度发生了虽小但却很真实的改变。

两个群体合做完成一项任务。这些群体的地位或者平等或者不平等,他们的知识领域或者相同或者不同。当两个群体地位相等知识不同时,将它们再归类为一个单一的内群体的数量最多。就像预测的那样,这是消除外群体偏见的唯一条件。正如多维迪奥等人(p.116)总结的那样——他们的结论有力地支持了这一观点——"高包容性、单个群体代表,可以调节群际接触条件和偏差【或偏私】减少之间的关系。"

❖ 评价

- ⊕ 再归类是群际接触对偏见产生有益影响的因素之一。
- ⊕ "再归类策略如何……促进泛化尚不清楚。在某种程度上,可以成功地解散亚群体而促进其合并为一个大群体,但是这种社会益处并不会转移到外在于当下情境的亚群体中的其他成员身上。"(Brown, 2000a, p.356)
- ⊖ 大多数支持突显归类策略和再归类策略的实验证据都来自实验室研究。穆伦等人(Mullen, Anthony, Salas & Driskell, 1994)的元分析研究发现,内群体偏差在现实条件下比在实验室条件下更严重,以至于想要减少偏见变得更加困难。
- ⊖ 去归类、突显归类和再归类都涉及对外群体成员的认知发生重大改变。但就像在现实生活中经常可以看到的那样,面对固有的强烈偏见,很难产生这样的改变。
- ⊖ "去归类和再归类模型的本质局限性在于,它们威胁到要剥夺个体在小的、低包容性群体中有价值的社会认同。"(Hewstone et al., 2002, p.590)因而个体可能会觉得,从去归类或再归类中得到的潜在收益,无法超过他们从其当前内群体成员资格中获得的社会认同的缺失。
- ⊖ 关于去归类、突显归类和再归类减少偏见的有效性,还需做更多的直接对比研究。

小 结

社会认同理论

根据社会认同理论,我们拥有各种建立在我们所属群体基础之上的社会认同。社会认同提升了自尊,也产生了内群体偏差,甚至在最小群体中也存在内群体偏差。如社会认同理论所述,偏差起因于自我利益而不是如群体认同理论所宣称的群体认同。内群体偏差可以提升自尊，但是低自尊的个体并不会表现出理论所预测的强烈内群体偏差。社会认同理论要更适用于个体主义文化而不是集体主义文化，它处理认知因素要比情感及动机因素更有效。

刻板印象

刻板印象常常是不准确的，相比内群体，对外群体的刻板印象准确性更低。刻板印象可用直接和间接测量进行评估。刻板印象提供了一条感知世界的捷径。根据自我归类理论，刻板印象受到当下社会背景的影响。外群体同质性效应是与刻板印象形成有关的因素之一。我们会更多关注与我们的刻板印象相一致的信息，看到和听到刻板印象信息则又会增加刻板印象一致性行为。拥有强烈刻板印象的个体，容易记忆与刻板印象相一致的信息，而忽略与刻板印象不一致的信息。刻板印象与消极行为和歧视仅中度相关。由于我们倾向于把不符合刻板印象特征的个体视作不具有代表性的个体，并把他们看做另一亚群体，所以刻板印象很难改变。

偏见和歧视

由于存在巨大的消除歧视的社会压力，偏见和歧视仅仅中度相关。虽然公然的种族歧视越来越少，但其微妙形式仍很盛行。根据角色一致理论，由于两种偏见（感觉中的领导特质与女性角色之间的差异；女性作出坚定的领导行为时较少受欢迎）的存在，使得女性很难获得领导职位。按照阿多诺等人的看法，童年时受到父母苛刻的对待，会创造出权威人格和敌意，这种敌意日后会转嫁到少数群体身上。事实上，偏见通常更多是由社会和文化因素而非人格因素决定的。按照谢里夫等人的看法，偏见经常起因于现实生活冲突。不过，内群体竞争能在没有群体冲突的情况下发生，对于那些没有强烈内群体认同的个体来说，群体冲突几乎不会产生什么偏见。就像社会认同理论所预测的那样，对内群体有强烈认同感的个体，最有可能对外群体产生偏见。

减少偏见和歧视

根据群际接触假说，当两个群体拥有平等的地位、有群体合作、有意义的关系得到发展、对群体接纳有制度支持时，群际接触能减少偏见和歧视。有证据（像拼图式班级）支持这一假说，但是，接触怎样和为什么会产生积极效果还没有得到研究。突显归类能减少偏见，但它能否从人际层面泛化到群际层面则值得质疑。另一个减少内群体偏差的办法是去归类，将内群体与外群体合并成一个单一的群体。实验室研究支持突显归类之后的再归类能减少偏见。但是，由于现实生活中的群体偏差比实验室条件下强烈得多，所以通过再归类来消除偏见并不是件易事。

深入阅读

- Brown, R. (2002a).*Group processes*. Oxford, UK:Blackwell.Chapters 6, 7, and 8 provide good introductory accounts of several intergroup phenomena.
- Brown, R.(2001).Intergroup relations.In M. Hewstone & W. Stroebe (Eds.), *Introduction to social psychology* (3rd ed.).Various relevant topics (including prejudice and discrimination)are discussed in this well-argued chapter.
- Hewstone, M., Rubin, M., & Willis, H.(2002).Intergroup bias. *Annual Review of psychology*, 53, 575-604.This chapter contains a good account of various theoretical accounts of intergroup bias and conflict.
- Hogg, M.A., & Vaughan, G.M.(2002).*Social psychology* (3rd ed.).Harlow, UK:Prentice Hall.Chapters 10 and 11 of this book provide clear discussions of intergroup phenomena including prejudice.

第 6 部分
变态心理学

- **走近变态**
  什么是变态？
  分类系统
  变态模型
  心理障碍的致病因素
  精神分裂症
  抑郁症
  焦虑症
  进食障碍
  人格障碍
  结论

- **治疗方法**
  躯体疗法
  精神动力学疗法
  行为疗法
  来访者中心疗法
  认知疗法和认知行为疗法
  治疗的有效性
  治疗中的伦理问题

我们生活在一个许多人都想要成功应对各种严重心理问题的时代。正如科默（Comer，2001，p.7）所指出的那样，在美国，

> 19%的成年人患有明显的焦虑症，10%的人患有深度抑郁，5%的人表现出人格障碍的症状……1%的人患有精神分裂症……11%的人滥用酒精或其他药物。除了这些数字之外，每年还有多达60万起企图自杀，50万起强奸案以及300万起儿童虐待事件。显然，异常心理机能已经成为一个无处不在的问题。

来自其他很多国家的切实证据表明，这种流行甚广的严重心理问题的发生，并不仅限于美国。事实上，在一些国家（尤其是工业化国家）中也表现出相同的模式（Comer，2001）。

一个重要问题是，心理问题的发生率是否会随着我们变得越来越有压力的生活而增加。当然，看起来当今生活压力很大这一事实，并无法证明现在的压力就比过去更大。可能更准确的说法是，生活压力源的性质在过去一个世纪左右发生了某些变化。仅仅在100年前，西方国家的平均寿命比现在约少30年。因此，那个时代的年轻人和中年人可能比今天的同龄人更担心身体健康并会因此而感到压力。

只有少数研究提供了最近几十年来发生变化的实证证据，特温格的研究就是其中之一（Twenge，2000；见第13章）。她考察了来自评估儿童和大学生特质焦虑（一种与焦虑易感性有关的人格维度）研究的数据。她的主要发现是，儿童和大学生特质焦虑的平均分数在过去50年间表现出很大的增加。特温格在她引人注目的结论里清晰地表达了这一发现的重要性："1980年代的普通美国儿童比1950年代的儿童精神病患者报告了更多的焦虑。"（Twenge，2000，p.1007）拥有有关其他心理特征（像抑郁）的相似数据也会是有价值的。

很多非心理学家往往认为心理学主要关心变态和心理障碍。事情当然并非如此。不过，由心理学家发展出的各种心理治疗方法在减轻世界各地的人所遭受的痛苦上非常成功这一事实，也赋予变态心理学至关的重要性。如果有人怀疑心理学的价值（真有这样的人吗？），通过考察那些确实患有焦虑、抑郁和其他心理障碍的成千上万个体，以及他们的生活通过基于心理学原理的治疗发生更好的永久性转变，完全可以说服他们。

通过考察过去发生的事例，可以清楚地看到心理学家在变态心理学领域所取得的成就。很多世纪以来，对心理障碍患者的治疗极其野蛮。过去人们认为心理障碍是由恶魔或其他超自然力量引起的。"治疗"心理疾病的流行做法基于如下观点：作出一些尽可能让恶魔不舒服的事情，包括将患者浸入滚烫的水里、鞭打患者、让患者挨饿、折磨患者等。人们通常认为这些"治疗"能驱使恶魔离开患者的身体，从而带走他/她的疾病。

作为一名众所周知的人物，弗洛伊德是第一位强烈主张用心理学方法治疗心理疾病的心理学家。他还是第一位通过发展精神分析提出详细、系统方法的心理学家。由于这些（和其他）贡献，他当之无愧地成为有史以来最知名的心理学家。

这是一幅描述荷兰内科医生布尔哈夫（Hermann Boerhaave, 1668—1738）治疗癔症患者的版画。布尔哈夫（站在画中间）发现，通过使癔症患者（如图所示）受到惊吓能使他们恢复平静。因此，他试图用烧得通红的拨火铁棒威胁他们。

如果我们回到弗洛伊德之前的时代，值得一提的是奥地利神秘主义者及内科医师梅斯迈（Franz Mesmer, 1734—1815）。他通过让患各种疾病的患者围坐在一个木桶旁边进行治疗，木桶中装有沾满带磁铁屑的突出铁棒。他宣称这种异乎寻常的安排所产生的"动物磁力"（animal magnetism）能起到治疗作用。但是，人们后来发现，包含在这个过程中的类似睡眠或催眠的状态（而非动物磁力），才是治疗得以成功的原因。梅斯迈工作的重要性在于，他显示出（尽管他当时并未意识到）心理技术可以治愈心理障碍。

第22章和第23章将致力于探讨一些与心理障碍有关的关键问题。这些关键问题可以通过五个问题进行表述。第一，我们如何对心理障碍进行更好的描述和分类？第二，最近几十年用于治疗心理障碍的主要心理学方法是什么？第三，导致形成各种心理障碍的因素是什么？第四，用于治疗心理障碍患者的主要心理疗法是什么？第五，我们如何评价在患心理障碍的个体中产生有利变化的不同心理疗法的有效性？

我们可以通过考察一个假想人物马修来阐明上述问题。马修非常害羞，不喜欢大多数社交场合。事实上，他对参与社交活动时可能会受到的屈辱感到如此害怕，以至于经常找一些难以服人的借口回避社交。由于他非常关心自己的症状，他前往求助临床心理学家。

马修症状的成功治疗包括几个步骤。第一，我们需要确定问题的确切性质。因此，诊断他的症状很重要。第二，在变态心理学主要模型或理论取向的背景中考虑马修的症状可能很有用。第三，我们需要把对他症状的诊断和适当的模型进行整合，以鉴别引发他问题的因素。第四,我们需要对马修进行治疗,以消除他的症状并防止它们复发。第五,我们需要使用各种测量(例如,评估他的情绪状态、日常生活中履行职责的能力及一般行为)来再次确保治疗是有效的。

第22章论述个体可能经历的各种心理问题和障碍。这个领域也称**精神病理学**(**psychopathology**),它是"与心理障碍的性质及其发展有关的领域"(Davison & Neale, 1998, p.G–19)。目前已经确定200多种心理障碍,大多数障碍(但不是全部)几乎在世界上每个国家都有所发现。更具体来说,第22章为上述前三个问题提供了答案。换言之,这一章关注像心理障碍的诊断、确认变态的主要理论方法以及对主要心理障碍致病因素的理解等问题。

第23章的重点与第22章截然不同,因为第23章关注与临床心理学家、精神病学家和其他研究者所提供的心理治疗方法有关的实践性问题。自弗洛伊德第一次提出治疗心理障碍的系统方法以来已经过去了100多年,其间涌现出的其他心理治疗方式数不胜数。第23章回答了之前提出的第四和第五个问题。也就是说,本章详细讨论了与每种主要的变态取向有关的主要治疗方式。这一部分讨论结束之后,我们将会尝试评价这些治疗方式的有效性。正如我们将要看到的那样,很难对各种治疗方式的相对有效性作出定论。但有一个好消息是,所有的主要治疗方法都已被毋庸置疑地表明在治疗大量心理障碍方面至少具有中等程度的效果。另外还有一些证据表明,某些治疗方式在治疗某些特殊心理障碍时尤为成功和有效。

精神病理学:研究心理障碍的性质及其发展;一种异常的机能模式。

第 22 章　走近变态

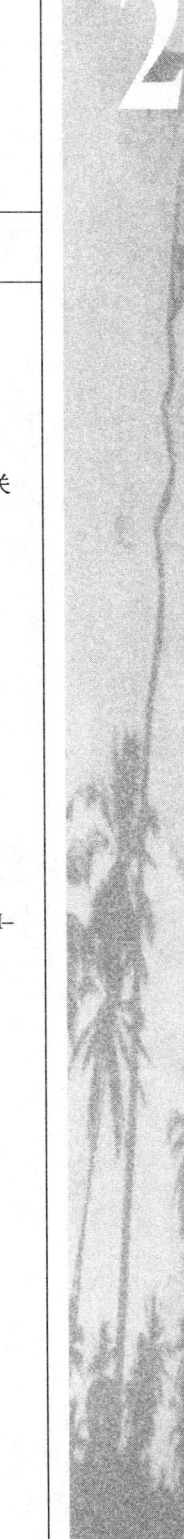

本章概要

- **什么是变态?**
  如何界定变态?
  变态的统计学定义
  心理障碍真的存在吗?
  《心理障碍诊断和统计手册》(DSM) 区分
  罗森汉与塞利格曼的七大特征
  科默的 4D
  韦克菲尔德关于机能障碍的概念

- **分类系统**
  心理障碍的分类
  DSM 系统的演变
  DSM 的结构
  信度和效度
  跨文化差异
  性别偏见问题
  国际疾病分类 (ICD) 系统

- **变态模型**
  不同的模型、治疗方法及启示
  生物学模型
  精神动力学模型
  行为模型
  人本主义模型
  认知模型

- **心理障碍的致病因素**
  遗传 / 生理因素和社会 / 心理因素
  双生子研究揭示的遗传因素
  霍姆斯和拉希的生活事件
  心理和文化因素
  研究方法的差异

- **精神分裂症**
  不同模型关于精神分裂症的风险因素
  生物学、精神动力学及行为模型中关于精神分裂症的风险因素
  其他风险因素

- **抑郁症**
  不同模型关于抑郁和躁郁症的风险因素
  生物学、精神动力学及行为＋认知模型中关于抑郁和躁郁症的风险因素
  社会因素

- **焦虑症**
  对 DSM-IV 中部分焦虑症原因的解释
  惊恐障碍
  创伤后应激障碍
  社交恐惧症
  特定对象恐惧症

- **进食障碍**
  对神经性厌食症和神经性贪食症的讨论
  《心理障碍诊断和统计手册》第 4 版 (DSM-IV) 的标准
  相似性和差异性
  风险因素
  文化因素

- **人格障碍**
  DSM-IV 的 10 种人格障碍
  分类问题
  维迪格和科斯塔的五因素模型
  反社会型人格障碍

- **结论**
  心理障碍致病因素总述
  本章结论
  各种模型的评价

什么是变态？

统计学取向

我们界定"变态"的方式有多种。一种方法是统计学取向，根据该取向，变态是在总体中在统计学意义上较为稀少的状态。例如，考虑一下使用斯皮尔伯格 (Spielberger, Gorsuch & Lushene, 1970; Spielberger, Gorsuch, Lushene, Vagg & Jacobs, 1983) 的状态特质焦虑量表进行评估的特质焦虑（与焦虑体验有关的人格维度）。特质焦虑的平均分是 40 分，并且 50 人中只有 1 人的得分超过 55 分。因此，得分为 55 分或 55 分以上的人就是异常的（变态的），因为他们的分数偏离了总体中大多数人的得分。

统计学取向阐明了部分临床背景中所谓的"变态"。但这远远不够。很多特质焦虑得分非常高的人仍过着心满意足的生活，并且明显未表现出临床上的异常。特质焦虑得分很低的个体（25 分及其以下）在统计学上也属于异常。但对焦虑的低易感性难以表明临床上的异常。

统计学取向未考虑偏离平均水平是可取还是不可取。"变态"在统计学上是指罕见的行为。但是这种行为必须也是不可取的并且对个体有害，因为它是真正的变态行为。

心理疾病是虚构的吗？

有时人们会一直认为变态或心理疾病的完整概念仅仅是社会所使用的一种社会建构。换言之，心理疾病纯属子虚乌有。根据萨斯（Szasz, 1974, p.ix）的观点："严格来讲……疾病仅仅影响身体。因此不可能存在心理疾病这种东西。"达曼（Dammann, 1997, p.736）把握了萨斯观点的本质："身体疾病是某人所拥有的东西，而心理疾病是某人所做的事情……即使表面上看起来稀奇古怪的行为……事实上也是目标指向的、有意义的。"

如果心理疾病或心理障碍不存在，那么精神病学家和临床心理学家为什么还会假设其存在呢？ 萨斯（Szasz, 1974）认为，人类社会会使用各种标签来排斥行为不符合社会规范的人。与"罪犯"、"妓女"等词语一样，各类心理疾病也属于这些标签。

萨斯的极端观点并没有被普遍接受。达曼（Dammann, 1997）指出，萨斯是在非常狭隘的意义上使用"疾病"和"心理疾病"这两个术语。达曼还认为，在身体疾病和心理症状之间进行截然区分是不合理的。例如，一名摔断腿的优秀女运动员很显然受到了身体伤害。但是她也可能因此体验到心理问题。

从萨斯贡献的价值中可以得出什么结论呢？达曼（Dammann, 1997, p.740）认为："显而易见，一个人对疾病的定义将会……决定他对心理疾病存在的立场。虽然对疾病的构成物已达成共识，但是这场争论……似乎更多的是哲学上的而非科学上的。"

证据

罗森汉（Rosenhan，1973）进行了一项著名（在一些人看来则是臭名昭著）的研究，这项研究质疑了心理疾病的客观现实性（参见下面的关键研究）。

罗森汉：对精神病院里正常人的研究

八个正常人（五男三女，均为研究人员）想要得到 12 家不同精神病院的住院批准。他们都抱怨听到了"无意义的"、"空洞的"、"沉闷的"等模糊的声音。尽管这是他们所报告的唯一症状，却有七人被诊断为患了**精神分裂症（schizophrenia）**，一种非常严重的症状，涉及思想、情感和行为的严重扭曲。

在这些正常人被允许进入精神病房后，他们都宣称自己感觉很好，并且不再表现出任何症状。但是，他们还是在平均 19 天后才得以出院。他们中有七人在出院时被精神病医师归类为"精神分裂症缓解期"，这表明他们的精神分裂症可能还会复发。

罗森汉对正常人被诊断为变态个体的发现不满意。他接下来决定考察变态个体是否会被归类为正常人。他告诉精神病院的工作人员，有假患者（假装具有精神分裂症症状的正常人）想要混进精神病院。事实上并没有假患者出现，但却至少有一名工作人员非常自信地断定 41 个真实精神分裂症患者是假患者。其中 19 名真患者被一名精神病医师和另一位工作人员怀疑是在装病。罗森汉得出结论："很明显，在精神病院里我们无法将正常人和非正常人区分开来。"

有很多原因可以反驳罗森汉的结论。凯蒂（Kety，1974）提出了一个令人信服的观点，并提供了如下类比：

> 如果我悄悄喝下一夸脱鲜血，然后到任何一家医院的急诊室开始吐血，我们完全能够预测医院工作人员的行为。如果他们给我贴上出血性胃溃疡的标签并据此来医治，我怀疑我能确信地认为医学并不知道如何诊断这种症状。

我们不能因为精神病医师未完全预料到正常人会试图获准进入精神病院而责备他们。虽然在罗森汉研究的非常特殊的条件下犯了诊断错误，但这并不意味着精神病医师通常不能区分正常人和异常人。

罗森汉的发现并没有它们看起来那么引人注目。"精神分裂症缓解期"的诊断很少使用，这表明精神病医师并不相信患者真的患了精神分裂症。这些正常患者在住院几天后就出院的事实可以证明这一点。

讨论要点：

1. 你认为罗森汉的研究如何？
2. 罗森汉是否表明了精神病医师无法区分正常人和异常人之间的差异？

关键研究评价——罗森汉

罗森汉在 1970 年代早期的研究中揭示了当时精神病诊断的不精确性。精神病医师经常不能鉴定患者的症状，而只能依赖可观察的行为。我们可以从罗森汉的研究中作出大量推论。首先，他的发现证明医学诊断缺乏科学依据——当个体的人身自由处于危险中时，这一问题会显得至关重要。其次，像药物和电休克疗法（ECT）等躯体治疗的使用是 1960 年代和 1970 年代大量讨论的主题。虽然罗森汉的伪患者并未接受这样的治疗，但是该研究强调在进行适当类型的疗法决定时需要谨慎。

对罗森汉研究的主要关注点在于伦理问题。在这两项研究中，研究者故意向医师隐瞒患者的真实症状。其工作是专门治疗心理障碍患者的专家的欺骗，与研究中患者或被试的欺骗在道德上同样是不正当的。但是，一次公开、大家都知晓并得到精神病医师合作的研究可能并不能揭示我们所关心的任何信息。

另一个问题涉及真实患者的福利。在罗森汉的第二项研究中就已经存在这样的可能，即一个行为正常但事实上正患间歇性心理障碍的患者却被错误地停止了治疗。

精神分裂症：一种非常严重的精神障碍，具有幻觉、妄想、情感缺乏和社会功能严重受损等特征。

这棵棕榈树与正常的棕榈树不一样

标签理论：给患者贴上精神病标签，致使他们被当做心理病人对待的观点。

罗森汉是否令人满意地证明了精神病医师不能对心智健全者和心智不健全者进行区分？

谢弗（Scheff, 1996）确认了"变态"或"心理障碍"这一概念的其他问题。根据他的标签理论（labelling theory），获得精神病诊断或标签污点（社会耻辱的标志）的人，将会被作为心理疾病个体来对待。因此，他/她的行为可能会发生变化，使标签看起来比起初更合适。因此，并不是症状导致精神病标签或诊断，而是标签有时在引发症状方面具有一定作用。

罗森汉还获得了某人得到如何治疗受到他所贴标签影响的证据。罗森汉的那些被确诊为精神分裂症的正常患者，经常接近精神病房的工作人员并向他们礼貌地询问信息。这些询问88%被医院护士和助手忽视，71%被精神病医师忽视。精神病院工作人员的毫无回应表明被标签为精神分裂症的患者具有很低的社会地位。这种对待方式明显会增加真实患者症状的严重性。

比恩等人（Bean, Beiser, Zhang Wong & Iacono, 1996）发现，被周围亲近的人贴上精神分裂症患者的负面标签很常见，尤其是对那些在精神分裂症发作之前已有长期病情恶化史的年长患者来说更是如此。但是，标签理论所强调的问题可能没有谢弗（Scheff, 1966）和其他研究者所指出的那么严重。戈夫与费恩（Gove & Fain, 1973）考察了从精神病院出院已满1年的患者。他们对当前工作、社会关系和户外活动的描述，与他们被诊断和住院治疗前生活的描述基本相同。因此，被诊断为患心理障碍的耻辱，并不必然会对个体的生活产生永久性影响，虽然在一些案例中也的确出现过这样的影响（Comer, 2001）。

变态和心理障碍

概念在准确性方面存在很大的差异。"变态"或"心理障碍"就是一个不确切的概念。有研究者（Lilienfeld & Marino, 1999）认为，"心理障碍"这个概念缺乏一系列定义性特征。该概念边界模糊，因此，"在能用来明确区分所有心理障碍的病例和所有非心理障碍的病例上，实际上它缺乏……一系列的判断标准。"（p.400）这使他们得出这样一个结论："某些特定症状属于心理障碍还是非心理障碍的问题，尚缺乏确切的科学答案。"（p.401）

在心理障碍或变态和非心理障碍或正常之间确实缺乏明确的区别吗？答案似乎是"肯定的"——部分因为社会规范和价值观的影响。例如，在《心理障碍诊断与统计手册》（DSM）这部重要的分类系统中，就反映了对同性恋看法的转变。1968年出版的《心理障碍诊断与统计手册》（DSM-II）第二版中将同性恋归类为一种包括性变态在内的心理障碍。而在1980年出版的第三版中，同性恋不再被归类为心理障碍。不过又出现了一种"自我相斥型同性恋"（ego-dystonic homosexuality）的新类别，但仅用于描述希望变成异性恋的同性恋者。在《心理障碍诊断与统计手册》第三修订版（DSM-III-R）（1987）中，自我相斥型同性恋的类别已经消失。但又出现一种"未另作规定的性功能障碍"的类别，表现出"有关性取向的持久而显著的痛苦"。在《心理障碍诊断与统计手册》第四版（DSM-IV）中，仍然保留了这一病例分类（美国精神病协会，1994）。

在1980年版的《心理障碍诊断与统计手册》中，同性恋不再被归类为心理障碍。

七大特征

尽管"变态"或"心理障碍"的概念很模糊,但我们仍能确认经常(但并不总是)与这一概念有关的特征。我们可以采取多种方法来确认这些特征。但这里我们将关注由罗森汉与塞利格曼(Rosenhan & Seligman, 1989)提出的一种方法,他们讨论了七大特征。一个人拥有的这些特征越多,他/她被视为变态的可能性也就越大。

罗森汉与塞利格曼所确认的七个主要变态特征如下:

- **痛苦(suffering)**。大多数明显变态的人都会报告他们正在遭受痛苦,因此痛苦是变态的关键特征。不过,几乎所有的正常人在其深爱的人去世时也会感到悲伤和痛苦。另外,一些变态者(像精神病患者或具有反社会型人格障碍的人)会非常恶劣地对待他人,但自己却不会感到痛苦。

- **适应不良(maladaptiveness)**。不适应行为是指妨碍个体达到像享受与他人之间良好社会关系或有效工作等主要生活目标的行为。大多数变态行为都是适应不良的。但不适应行为之所以会发生,可能是因为变态,也可能是因为缺乏相关知识或技能。

- **新奇反常的行为(vivid and unconventional behaviour)**。新奇反常的行为是指相对与众不同的行为。变态个体在各种情境中的行为方式与我们所期望的大多数人的行为方式完全不同。但是,非墨守成规者和行为古怪者也会表现出相同的行为。

- **不可预测性与失控(unpredictability and loss of control)**。大多数人都会以较可预测及可控的方式行事。相反,变态个体的行为往往非常易变和不可控制,并且这些行为是不当的。但是,大多数人的行为有时也是不可预测和不可控制的(像过度饮酒后的行为)。

- **非理性和不可理解(irrationality and incomprehensibility)**。变态行为的共同特征是不清楚为什么会选择那样的行为方式。因此,这种行为是非理性和不可理解的。但是,行为不可理解仅仅是因为我们不知道行为的原因。例如,偏头痛可能会导致某人以一种难以理解的方式对待他人。

你会如何区分古怪行为和变态行为?

- **旁观者不适(observer discomfort)**。我们的社会行为往往会受到各种不言而喻行为准则的约束。这些行为准则包括与他人保持适度的目光接触以及不要

我们希望心理健康,但是我们都应该成为"完人"吗?

与他人距离太近。那些目睹这些规则被打破的人常常会体验到不适。但是，旁观者不适可能反映了文化差异而非变态。例如，阿拉伯人喜欢与他人站的距离很近，这可能会使欧洲人感到不安。
- **违反道德和规范标准（violation of moral and ideal standards）**。当行为违反道德标准时可能会被判定为变态，即使大多数人都未遵守这些标准。例如，一些宗教领袖宣称手淫是不道德和变态的，尽管事实上这种行为随处可见。

罗森汉与塞利格曼将"正常"界定为"仅仅不变态"(1989, p.17)。因此，个体在日常生活中表现出的这七个变态特征越少，他们越可能被认为是正常的。也许我们应该根据正常和变态的程度来考虑这一问题。

4D

科默（Comer, 2001）认为，大多数"变态"的定义具有一些共同的特征。更具体来讲，他认为变态有四个核心特征（简称4D）：

挖隧道在我们的社会中可能会被认为是变态行为，但是公路抗议者却认为这种行为是可以接受的。这张照片展示的是戴夫（Muppet Dave），他刚从英国公路抗议的露营活动的隧道里钻出来。

- **异常行为（Deviance）**。指那些在特定社会中不被接受的思维方式和行为方式。根据科默（2001, p.3）的观点："当行为、思维和情感违背了社会对它们固有功能的看法时，就会被视为异常。每个社会都制定了行为规范——有关适当行为明确和含蓄的准则……违背心理机能规范的行为、思维和情感被认为是异常的。"
- **苦恼（Distress）**。因为行为偏离常规就将其视为异常行为是不充分的。例如，科默指出，密歇根州有一群人被称为破冰者（ice breaker），每年11月到来年2月他们每个周末会在冰冷的湖水中游泳。这种行为似乎违背了社会标准，但通常并不被认为是异常的。为什么呢？关键原因在于这些破冰者并没有因为自己的行为而体验到苦恼。因此，偏离常规的思想和行为只有在给个人和/或他人招致苦恼的情况下才能被认为是异常的。
- **机能障碍（Dysfunction）**。根据科默（2001, p.4）的观点："变态行为通常会导致机能障碍；也就是说，它会妨碍日常机能的运转。它使人们变得如此苦恼、困惑和混乱，以至于人们完全不能照顾自己，不能参加正常的社会交往或有效地工作。"值得注意的是，大多数人在丧失亲人时都会表现出机能障碍行为，但是这种行为的持续时间远短于大多数变态案例中行为的持续时间。
- **危险（Danger）**。如果个体的行为对自己或他人构成了危险或威胁，那么这种人通常就会被认为是变态的。但是，大多数患心理障碍的人并不会对任何人构成危险。

科默（2001, p.5）总结认为，4D观点并不是一种界定或鉴别变态的精确方法："当我们同意把心理变态定义为异常、苦恼、机能障碍和危险的功能模式时……这些标准经常是含糊的、主观的。异常、苦恼、机能障碍和危险的行为模式何时能被充分地认为是变态的呢？对这一问题可能很难回答。"

有害的机能障碍

正如我们已经看到的，一些专家（例如，Lilienfeld & Matino, 1995; Rosenhan & Seligman, 1998）认为"障碍"或"心理障碍"的概念难免模糊和主观。根据一些研究者（Lilienfeld & Matino, 1995, p.411）的观点，"原则上，明确定义心理障碍是不可能的，因为障碍是一种在现实世界中缺乏明确分界点 [边界] 的心理结构"。相反，韦克菲尔德（Wakefield, 1992, 1999）认为，通过假设障碍的本质就是他所说的"有害的机能障碍"，我们可以较准确地对"障碍"进行界定。更具体来讲，"当个体的内在机制不能执行他们生来就有的功能，并对他们由社会价值和社会意义所界定的幸福感产生有害影响时，就出现了障碍"（Wakefield, 1992, p.373）。他认为该定义既适用于生理障碍或疾病，也适用于心理障碍。

变态行为？

通过考察韦克菲尔德所讨论的两种障碍，我们就可以明白他的想法。第一，心脏不能泵送血液会被认为属于生理障碍。这是一种机能障碍，因为泵送血液是心脏的天然功能。这种机能障碍明显是有害的，因为心脏泵送血液的局部故障有可能会致命。第二，有一种称为创伤后应激障碍的心理障碍，它是指人们在经历创伤事件数月甚至数年以后仍会对创伤事件作出极端的情绪反应。根据韦克菲尔德（p.390）的观点，存在机能障碍是因为"当构成威胁的事物很久不再出现后，个体的恐惧和相关的功能混乱仍然停留在极端受损的水平上，这表明个体的应对机制可能无法执行天然机能"。这种机能障碍是有害的，因为创伤后应激障碍的症状对个体的健康状况具有不利影响。

韦克菲尔德观点的一个显著优势在于，"有害机能障碍"的观点同样适用于生理疾病和心理疾病。但是，确定生理机制的功能比确定心理机制的功能要容易得多。正如韦克菲尔德（1992, p.383）所承认的那样："发现机能正常或机能障碍可能非常困难……尤其是对于心理机制，我们仍然知之甚少。"相反，价值成分对心理障碍似乎比对生理障碍更重要。我们不需要作出复杂的价值判断来断定心脏病或糖尿病等生理障碍是有害的，但当断定心理症状是否有害时我们通常都会需要进行价值判断。

韦克菲尔德观点的另一个明显优势在于比其他观点更为精确和科学。论据是根据内在机制无法发挥功能对机能障碍进行明确定义，因为这种内在机制在进化发展过程中就已设计好了。但是，实际上我们无法使用这种定义确定何时个体的焦虑水平如此之高以至于会产生机能障碍，或者他们的人格是否存在机能障碍。另外，正如迈克纳利（McNally, 2001, p.312）所指出的："引用进化论的观点支持对有害机能障碍的解释似乎既不可行也无必要。如果由于心理机制不能执行当

挽救猫的行为不属于变态行为！

与精神病医生和临床心理学家获得的患者信息相比，医学检查结果提供了更精确的患者信息。

你认为对变态行为进行分类为什么如此重要？分类会导致什么困难？

前应尽的职责而引起机体损伤，那么即使我们证实相关功能是自然选择的结果似乎也不能增加我们对机能障碍的理解。"

分类系统

一旦同意变态的存在，心理障碍分类的起点就是识别个体的症状。但是，很可能会在完全不同的心理障碍中发现相同（或非常相似）的症状。例如，焦虑是广泛性焦虑症（generalised anxiety disorder）、强迫症及恐惧症的主要症状。因此，大多数分类系统并不是强调单一症状，而是强调症候群（通常共同被发现的一系列症状）。

变态的症状—症候群观点主要归功于克瑞佩林（Emil Krarpelin，1856—1926）。在医学中，通常都是根据患者的生理症状诊断生理疾病，克瑞佩林认为同样的方法也适用于心理疾病。他强调使用生理症状或行为症状（像失眠、言语混乱）而非较不精确的症状，像"社会适应能力差"或"内驱力混乱"等。

令人遗憾的是，不同的个体相互间很少表现出恰好相同的症状。因此，给予相同精神病诊断的患者（像精神分裂症）的症状集合面可能不同，只拥有部分界定诊断分类的症状。在诊断症状的过程中存在一个灰色区域，在该区域患者的症状与形成诊断分类症候群的症状之间的符合度相对较差。

大多数主要分类系统在很大程度上都是以西方关于变态和心理障碍的假设为基础，因此代表了一种"精神病学帝国主义"的形式。但是，考虑到文化差异是非常重要的，这一问题稍后我们会进行讨论。目前存在几种分类系统，下面我们主要介绍两种最有影响的分类系统。

诊断和统计手册：DSM

目前最新版本的《心理障碍诊断和统计手册》（DSM-IV）出版于1994年，是使用最为广泛的一种分类系统。DSM的第一版出版于1952年，随后于1968年出版了DSM-II。DSM-II的最大问题是信度低，因为两名精神病医师经常会对同一患者作出截然不同的诊断。斯皮策与弗雷斯（Spitzer & Fleiss, 1974）回顾了关于DSM-II信度的研究。他们的结论认为，只有在智力落后、酒精中毒和器质性大脑综合症等疾病的诊断方面，DSM-II的信度才达到可接受的水平。

DSM-II的信度如此不可靠的关键原因是很多症状的界定不明确。DSM-III（1980）和DSM-III-R（1987）为提供更精确的症状界定做了很多尝试。例如，

DSM–II 在"重度抑郁发作期"(major depressive episode) 的时间长度方面较为模糊。与此相反,DSM–III 明确指出,在两周时间内应该出现五种症状(包括抑郁心境、兴趣或愉悦感丧失)。

DSM–III 和 DSM–III–R 还通过另一种重要方式对较早版本的 DSM 进行了改进。DSM–III 的两个版本均关注诊断患者可观察的症状。但是,在 DSM–I 和 DSM–II 中都非常强调心理障碍的推测原因。因此,这是一种从理论取向向更为描述取向的转变。这是可取的,因为用来建构 DSM–I 和 DSM–II 的理论存在严重缺陷。

在 DSM–II 和 DSM–III 之间还存在另一个重要变化。在 DSM–II 中,诊断是由单一的分类或标签(像精神分裂症)组成的。相反,DSM–III、DSM–III–R 以及 DSM–IV 均以多轴线系统(multi-axial system)为基础,它们基于五个不同的轴线或量表对患者进行诊断。

DSM 的轴线及其特征

DSM–IV 的前三个轴线或量表经常使用,另两个轴线则是备选性的。五个轴线分别是:

轴线 1:临床障碍(clinical disorders)。此轴允许根据症状模式来诊断患者的障碍。

轴线 2:人格障碍和精神发育迟滞(personality disorders and mental retardation)。此轴可以识别由人格障碍或精神发育迟滞造成的受损机能的长期模式。

轴线 3:一般医学症状(general medical conditons)。此轴涉及一些可能影响患者的情绪状态或有效机能能力的生理疾病。

轴线 4:心理社会问题和环境问题(psychosocial and environment problems)。此轴涉及一些发生在心理障碍发作 12 个月内的重大压力事件。

轴线 5:功能的全面评估(global assessment of functioning)。此轴使用百分量表对患者的工作和休息机能进行全面评估。

DSM–IV 包含了可归为各种类别的 200 多种心理障碍。此处需要强调的是 DSM–IV 的广泛性。例如,DSM–IV 既涵盖了婴儿期、儿童期和青春期的心理障碍,性障碍,相关物质滥用障碍(像毒品),进食障碍和认知功能障碍,也涵盖了焦虑症、抑郁症、精神分裂症,以及其他部分或完全丧失与现实接触的障碍。

在对DSM–IV的实用性进行全面评估之前应该提及一些DSM–IV的更一般特征。首先，DSM–IV所识别的障碍主要是通过描述性和可观察的症状进行界定，而不是通过引起每种障碍的要素进行界定。其次，DSM–IV所使用的每种诊断分类均以原型为依据（分类的一系列典型特征）。可以假设有些症状是本质的，而其他症状则是可有可无的。例如，广泛性焦虑症的诊断需要呈现出过度担心和焦虑。但是，除此之外还需要以下症状中的三种：不安、容易疲劳、注意力难以集中、易怒、肌肉紧张和睡眠障碍。

再次，DSM–IV在某种程度上以现场实验为基础，即通过科学程序研究诊断问题。尽管如此，仍涉及一些有争议的分类。其中两种分类是分裂性遗忘症（不能回忆重要的个人事件）和分裂性认同障碍（两种或两种以上分离的身份，或多重人格）。研究者（Pope, Oliva, Hudson, Bodkin & Gruber, 1999, p.321）调查了301名精神病医师，发现：

> 只有约三分之一的精神病医师认为分裂性遗忘症和分裂性认同障碍应该被毫无保留地包括在DSM–IV中。大多数精神病医师都认为，这些分类应该仅作为诊断的建议而被包括在内。只有约四分之一的精神病医师认为分裂性遗忘症和分裂性认同障碍诊断得到了有力的科学效度的支持。

信度和效度

分类系统必须可靠和有效。如果不同的精神病医师对患者的诊断相一致，其信度就高；这被称为评分者信度（**inter-judge reliability**）。效度（**validity**）是指分类系统测量到所欲测量内容的程度。评估效度比评估信度更难。有三种效度与DSM–IV有关：

- **病因效度（aetiological validity）**。对大多数患某种障碍的患者来说，如果引起该障碍的**病因（aetiology）**或原因相同，就说明病因效度高。
- **描述效度**。在各种诊断分类中患者之间存在差异的程度。
- **预测效度**。诊断分类使我们能够预测治疗过程和治疗结果的程度。

评分者信度：不同评分者彼此之间的评分一致性程度（例如，诊断的一致性）。

效度：分类系统测量到所欲测量内容的程度。

病因：心理障碍形成的致病因素。

信度和效度并不是完全独立的。一个无信度的分类系统不可能有效。

有关DSM–III–R信度的较详细证据是存在的。威廉斯等人（Williams et al., 1992）评估了DSM–III–R主要诊断分类的评分者信度。他们使用的信度统计量是卡帕系数（Kappa），用于测量高于机遇水平的评分者一致性（K值等于或大于0.7表明有高信度）。

- 神经性贪食症：0.86
- 酒精滥用：0.75
- 重度抑郁症：0.64
- 惊恐障碍：0.58

如上所列，DSM–III–R的信度在不同分类之间差异较大，但是某些诊断的信度也是较高的。

内森与兰根布彻（Nathan & Langenbucher, 1999）对 DSM-IV 的信度和以前版本的信度进行比较，得出如下结论：

> 一些诊断分类的信度得到适度提高（例如，儿童期和青春期的对立违抗性障碍和品行障碍），但在阐明人格障碍、睡眠障碍、儿童期和青春期障碍以及精神分裂症领域中某些障碍的大量信度问题方面并未取得实质性进步。(p.82)

效度几乎不存在支持证据。大多数心理障碍的病因效度可能很低，因为任何特定心理障碍的致病原因在不同个体之间差异很大（本章稍后进行讨论）。DSM-IV 的描述效度会因**共罹症**（**comorbidity**，同一患者患有两种或多种障碍）的存在而降低。例如，多达三分之二的焦虑症患者同时还被诊断出患有一种或多种焦虑症（Eysenck, 1997）。共罹症的广泛存在，使得各种障碍分类的区别变得模糊不清。至于 DSM-IV 的预测效度，目前尚不清楚。

共罹症：特定个体同时患两种或更多的障碍。

跨文化差异

在全球所有文化中均能普遍地发现相同的心理障碍吗？这些心理障碍在不同文化之间存在差异吗？过去曾假设心理障碍具有普遍性，但是该假设是不正确的。这对于理解潘尼亚瓜（Paniagua, 2000, p.139）提出的原因非常重要：“对不同文化群体精神病理学[异常]症状评估和诊断的不准确性（即，过度诊断、未全面诊断和误诊），可能是由于对文化差异的存在缺乏理解造成的，这些文化差异导致与精神病理学[变态]相似的症状。”换言之，如果我们仅仅根据基于美国的分类系统（例如，DSM）进行考察，我们将不会理解非美国文化背景中个体症状的意义。

实际上，DSM-IV 在考虑文化因素方面也进行了适度的尝试。DSM-IV（p.844）包含有**文化症候群**（**culture-bound syndromes**），指"异常[不正常]行为和痛苦经验的地区特有模式，这种模式可能与特殊的 DSM-IV 诊断分类有关也可能无关"。各种文化症候群在 DSM-IV 的附录里有相应的描述。下面是三个文化特异性障碍的例子：

文化症候群：通常只在某些特定文化中发现的异常行为模式。

- **幽灵症**（**ghost sickness**）。主要症状是过度关注死亡和已经去世的人（常见于美洲本土部落）。
- **恐缩症**（**koro**）。这种障碍过分担心阴茎或乳头会退回体内，并认为可能导致死亡（东南亚）。
- **行凶狂**（**amok**）。这种障碍涉及先是长时间的低迷，然后是强烈的爆发；通常见于男性（最早在马来西亚得到确认）。

在英国，非洲—加勒比后裔比白人更可能被诊断为精神分裂症，而这则可能归咎于文化偏见。

文化症候群的一些例子

国家	综合症	关键特征
加勒比海地区	昏厥症	突然昏厥+癔症性失明
中国	怕风症	害怕风
希腊	Nevra	情绪痛苦、胃部不适、头昏眼花等
日本	大人惊风症 (Taijin kyofusho)	极度害怕自己的身体或部分身体受到他人侵犯
拉丁美洲	凶眼病 (Mal de ojo)	"凶眼"(evil eye)是造成行为问题和健康状况差的原因
南非	amafufunyana	由鬼魂附身导致的暴力行为
西非	脑衰竭(brain fag)	由过度学习导致的注意力和思维问题(!)

心理障碍的文化差异会如何影响移民？

克兰曼与科恩（Kleinman & Cohen, 1997, p.76）认为DSM–IV的附录"与扔给精神病学家和精神患者类学家一块面包片差不多"而对其不予考虑。当我们考虑世界各地文化症候群的范围时，就会发现这是一种公平的评论。

目前尚不清楚所有已提及的文化症候群是否专门针对于一种文化或少数文化。但在这方面也还是取得了某些进展。例如，有研究者（Long & Zietkiewicz, 1998）对南非背景中的"疯狂"这一概念提供了极好的解释。

性别偏见

对DSM的持久批评在于它受到性别偏见的影响。一直有人认为，有关什么可被视为变态的男性偏见假设已经影响了DSM所收编的诊断分类。一些诊断（例如，以夸张情绪为特征的表演型人格障碍）被认为是对刻板女性特质的扭曲，而其他诊断（例如，反社会型人格障碍）则是对刻板男性特质的扭曲。

福特与维迪格（Ford & Widiger, 1989）报告了表明性别偏见存在的证据。他们给心理治疗师呈现了表演型人格障碍患者和反社会型人格障碍患者的书面案例研究。每名患者有时被确认成男性，有时被确认为女性，治疗师必须给出适当的诊断。在诊断反社会型人格障碍患者时，当患者是男性时正确诊断的比例为40%，但当患者是女性时，正确诊断的比例则低于20%。相反，在诊断表演型人格障碍时，当患者是女性时，正确诊断率接近80%，当患者为男性时正确诊

案例研究：是文化症候群吗？——蛰居族

近些年来在日本引起广泛关注的一种疾病是蛰居族（Hikikomori）。这种病例的数量还没有官方统计，但据一些专业人士估计，该症状可能感染了上百万人。这种疾病主要会感染青少年或在其他方面均很健康的20岁左右的中产阶级男性。

患者完全不再参与社会活动，通常将自己锁在房间里，有时长达20年之久。日本媒体曾报道过一些引人注目的案例，在这些案例中，年轻男性离开家庭并进行暴力犯罪活动，包括谋杀等。但是，大多数患者都是非暴力的，更倾向于表现出抑郁和嗜睡。其他症状还可能包括失眠、行为退化、偏执狂、广场恐惧症及某些强迫症状。

日本政府认为蛰居族是一种社会障碍而非心理障碍，并认为它反映了目前国家经济的下滑趋势。（与其类似，过劳死则是1990年代日本经济非常成功时的一种症状。）

断率只有 30%。

根据一些研究者（Funtonwicz & Widiger, 1999, p.195）的观点，"如果经常出现在女性中的人格障碍 [PDs] 的诊断阈限……低于经常出现在男性中的人格障碍的诊断阈限"，那么 DSM-IV 就存在性别偏见。他们深入研究了 DSM-IV 中性别偏见的问题。他们让临床心理学家指出 DSM-IV 所列举的人格障碍诊断标准涉及社会功能障碍、职业功能障碍或主观痛苦感的程度。他们的结论很明确：

> 该研究的结果不支持在 PD[人格障碍] 诊断的阈限方面存在对女性的偏见。男性类型人格障碍（male-typed PDs）和女性类型人格障碍（female-typed PDs）的 PD 诊断标准表明，在总体受损水平上不存在性别差异。

随着时间推移，性别偏见的明显减少可能反映出避免性别偏见的意识越来越强。

抑郁症和性别偏见

在英国，被诊断为抑郁症或单相抑郁症（unipolar disorder）并得到治疗的女性多于男性。这也许是因为女性在某种程度上更容易患抑郁性疾病。另一方面，由于社会化的差异，女性在承认自己的消极情绪、情感或情绪低落时可能会比男性感觉到较少的不适，因此她们也许更可能寻求帮助和治疗。

你认为男性和女性患抑郁症的不同比率还存在其他哪些解释？

❖ 评价

- ⊕ "我们没有理由认为（DSM-IV 的）信度比以前版本的信度低，我们有理由相信效度会更好。"（Nathan & Langenbucher, 1999, p.85）
- ⊕ 尽管治疗师在实践中使用 DSM-IV 时会出现性别偏见，但是 DSM-IV 本身似乎并不存在这种偏见。
- ⊖ DSM-IV 虽然考虑了某些文化症候群，但还有更多的工作要做。
- ⊖ DSM-IV 的合理信度可能远不及其所宣称的那么令人印象深刻。通过对每类障碍使用非常精确的（但主观的）标准可以获得高信度。正如英国心理学家皮尔格里姆（David Pilgrim, 2000, p.303）所指出的那样，"DSM-IV 坚持使用抑郁心境和其他四种症状……诊断重度抑郁症——但是为什么是四种？为什么不是六种或只是一种呢？……这种主观的判断跟傻瓜数天使有什么区别呢？"
- ⊖ DSM-IV 是一种范畴分类，即假设患者患有（或未患）某种特定的心理障碍。这与维度系统（dimensional system）截然不同，维度系统假设个体在拥有各种症状的程度上是不同的。个体在像焦虑和抑郁等症状上具有不同的程度，因此维度取向更占优势。
- ⊖ 使用 DSM-IV 时所发现的大量共罹症之所以会出现，是因为 DSM-IV 的诊断分类过于狭窄。有些患者事实上可能具有某种单一的心理障碍，但是在使用 DSM-IV 进行诊断时却得到了两种或更多的诊断结果。
- ⊖ 皮尔格里姆（Pilgrim, 2000）怀疑包括 DSM-IV 在内的所有诊断系统的价值。根据他的观点，诊断无助于回答核心问题："在特殊的背景中我们如何解释个体的行为和体验？"（p.302）换言之，诊断以症状为基础，忽略了这些症状发生的个人背景和社会背景。

国际疾病分类（ICD）

国际疾病分类由世界卫生组织于1948年首次提出，涵盖了生理疾病和精神（心理）疾病。到目前为止已出到第十版（ICD–10），对心理障碍和行为障碍做了明确的分类（WHO, 1992）。整个欧洲和世界其他地区都在大量使用 ICD–10。根据 ICD–10，心理障碍意味着，"在临床上可识别的一系列症状或行为，在大部分情况下都与痛苦或个人功能冲突有关"。

ICD–10 确认了11类主要的心理障碍：

- 器质性心理障碍，包括症状性障碍。
- 精神分裂症、分裂型障碍及妄想性障碍。
- 由精神刺激物质滥用所导致的心理障碍和行为障碍。
- 心境（情感）障碍。
- 神经症、压力障碍及躯体障碍。
- 通常在儿童期和青春期发作的行为障碍和情绪障碍。
- 心理发展障碍。
- 智力落后。
- 成人人格障碍和行为障碍。
- 与生理性病害及躯体因素有关的行为综合症。
- 待分类心理障碍。

ICD–10 和 DSM–IV 具有明显的相似性。例如，ICD–10 中的精神分裂症、分裂型障碍及妄想性障碍与 DSM–IV 中的精神分裂症和其他心理障碍非常相似；ICD–10 中的精神刺激物质所导致的心理障碍和行为障碍与 DSM–IV 中的物质滥用相关障碍非常相似；ICD–10 中的心境（情感）障碍与 DSM–IV 中的心境障碍也非常相似。

尽管 ICD–10 和 DSM–IV 之间具有相似性，但是它们之间仍存在一些重要差异。与 ICD–10 中的11类主要心理障碍相比，DSM–IV 区分了16类主要心理障碍，主要是因为 ICD–10 的分类更为笼统。另外，DSM–IV 中的一些主要分类（例如，性功能障碍和性别认同障碍、进食障碍）并未在 ICD–10 中得到直接体现。

❖ 评价

- ⊖ ICD–10 具有合理的信度，但是缺乏有关效度的详细信息。根据科斯泰洛等人（Costello, Costello & Holmes, 1995）的观点，与 ICD–9 或 DSM–IV 相比，ICD–10 具有更高的信度。但是值得质疑的是，ICD–10 是否比 DSM–IV 的信度更高。DSM–IV 的分类通常更具体，对症状的界定也更精确。一般来讲，分类具体性和症状精确性的提高与较高的信度有关。
- ⊖ 与 DSM–IV 一样，ICD–10 的病因效度也不高。鉴于 ICD–10 的共罹症诊断的普遍性，其描述效度可能也较低。
- ⊖ 用于决定适当治疗方案基础的 ICD–10 诊断的有效性表明预测效度较理想。

变态模型

模型（**model**）不仅可以提供框架或结构，也可以为一些领域提供一致性的整体解释。多年来，人们提出了一些变态模型。这些模型旨在解释心理障碍发生的原因和机制。这些模型现在颇具影响力，因为任何特定心理障碍的治疗在某种程度上都基于我们对这种心理障碍病因的了解。这里所讨论的每种变态模型还与特定的治疗方法有关。这些疗法及其有效性将会在第 23 章详细讨论。

迄今为止，占据统治地位的模型是生物学模型或生物医学模型。根据这种模型，心理障碍被认为是疾病。大多数精神病医师都接受医学模型，而大多数临床心理学家则更偏爱心理学模型。存在多种基于心理学的变态模型，这里我们主要关注四种最重要的模型：精神分析模型、行为模型、认知模型、人本主义模型。

为什么会存在如此众多的变态模型呢？因为心理障碍是由多种因素引起的，并且每种模型往往都是仅突出强调一些因素而忽视其他因素。每种模型都是部分正确，因此完全理解心理障碍需要我们整合所有模型的信息。

> 模型：一种为某领域（例如，变态心理学）的现象提供整体解释的框架。

生物学模型

生物学模型有时又称生物医学模型（Kendall & Hammen, 1998）。根据肯达尔与哈门（p.32）的观点："生物医学模型认为心理障碍的症状是由生物学因素引起的……[生物医学模型] 将脑部缺陷、传染病传播、生物化学失调和遗传倾向看做导致心理障碍的可能原因。"

根据生物学模型，心理障碍的致病原因和生理疾病的致病原因类似。一种可能的引起变态的原因是致病细菌或微生物。另一种可能的原因是遗传因素，该因素可以通过考察家庭内或双生子之间的心理障碍发病模型进行研究。例如，假设我们获得大量同卵双生子和异卵双生子的信息，这些双生子中至少有一人患有某种心理障碍。如果遗传因素在心理障碍的发展中起作用，那么两人都患这种心理障碍的同卵双生子比异卵双生子要多。这是因为同卵双生子共享 100% 的共同基因，而异卵双生子只共享 50% 的共同基因。

> 如果两名家庭成员患同一种心理障碍，这是否必然意味着遗传因素的影响？其他致病因素又是什么？

第三种可能引起变态的原因是患者的生化特征（**biochemistry**）。例如，人脑中含有大量神经递质（**neurotransmitters**），这些神经递质与神经元之间的电冲动传导有关。已有人认为像精神分裂症和重度抑郁症等心理障碍与患者体内各类神经递质的异常水平有关。第四种可能的原因是神经解剖学，即神经系统的结构。

> 神经递质：通过神经突触并影响相邻神经元受体的化学物质。

生物学模型对用来描述心理障碍及其治疗方法的术语具有巨大的影响。从本质上讲，这种模型的倡导者（例如，Szasz, 1974）认为心理疾病和生理疾病之间存在重要的相似性。正如马厄（Maher, 1966, p.22）所指出的那样，异常的行为：

> 被称为病理学行为，并根据症状及诊断类别进行分类。旨在改变行为的过程称为治疗，[有时] 适用于精神病院的患者。如果不正常行为终止了，就认为患者被治愈了。

如果心理疾病和生理疾病在某些关键方面相似，我们期望可以从中发现什么呢？第一，在几乎所有文化中都应该能够发现大多数心理障碍。换言之，对于心理障碍而言，它的存在应该具有文化普遍性。第二，与任何特定心理障碍或疾病有关的症状模式，在不同的文化中应该非常相似。

证据

与生物学模型有关的大量证据将会在稍后讨论。这里将讨论一些可以表明生物学模型价值的例子。医学研究表明，苯丙酮酸尿症（PKU，一种智力发育障碍）是一种由遗传决定的酶缺乏所致。低苯丙氨酸（一种氨基酸）特殊饮食疗法在防止PKU形成方面非常有效。

也有大量证据表明遗传因素在精神分裂症形成中非常重要。如果一名同卵双生子患有精神分裂症，那么另一名患精神分裂症的概率接近50%（稍后会进行更充分的讨论）。该比例应该与普通人群仅仅1%左右的发病率进行比较。

多巴胺、5-羟色胺和去甲肾上腺素是三种主要神经递质。一些研究者曾认为与精神分裂症有关的一个因素是患者大脑中多巴胺含量过多（见第23章）。有人发现了重度抑郁症患者的去甲肾上腺素和5-羟色胺水平异常（Delgado & Moreno, 2000）。但是，神经递质的异常水平可能并不是引发这些心理障碍的原因，因为这些心理障碍的出现可能会影响神经递质的产生。

根据生物学模型似乎可以推测大多数心理障碍都具有普遍性。但是，一些文化症候群（像幽灵症、缩阳症和行凶狂）只在非西方文化中得到确认。另有一些文化症候群（像神经性厌食症、慢性疲劳综合症）则几乎只发现于西方文化中。

很难对"任何特定心理障碍的症状在所有文化中非常相似"这一生物学模型预测进行检验。精神分裂症的跨文化证据比任何其他心理障碍的跨文化证据要更多，因此我们将考察精神分裂症的跨文化证据。世界卫生组织（1981）考察了九个国家精神分裂症的症状：英格兰、中国、印度、哥伦比亚、美国、丹麦、苏联、尼日利亚和捷克斯洛伐克。有些症状在大多数国家都有发现，其中一些最常见的症状如下（括号里是每种症状的精神分裂症患者的百分比）：缺乏自知力（97%）、幻听（74%）、言语性幻觉（70%）。

其他发现表明，精神分裂症的症状在不同文化中存在差异。例如，阿拉斯加的因纽特人（或爱斯基摩人）有一种"发狂"的概念，类似于精神分裂症，但是因纽特人的概念还包括认为自己是一种动物、饮尿、杀狗和相信爱人被魔法杀害（Eysenck, 2000）。总之，精神分裂症的核心症状在大多数文化中都是非常类似的，但是一些非核心症状在不同文化中则有较大差异。

来自精神分裂症研究的发现能代表所有心理障碍吗？有些论据对此提出质疑。生物学因素（例如，遗传因素）在精神分裂症形成过程中作用尤为

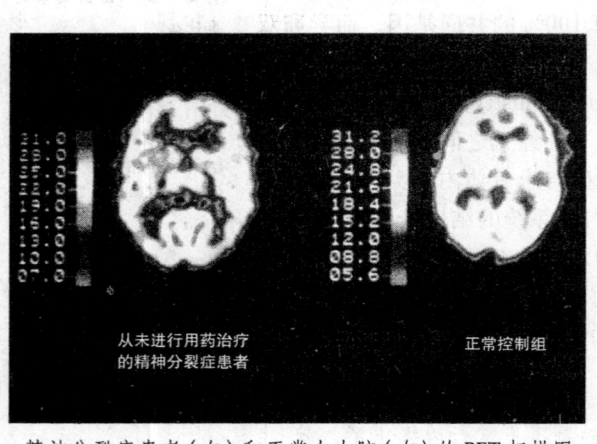

精神分裂症患者（左）和正常人大脑（右）的PET扫描图。最暗的区域表示激活水平低。

强烈（见后文），因此，与仅含有少量遗传成分的心理障碍相比，精神分裂症的症状在不同文化中具有更多的相似性。幸运的是，关于抑郁症我们具有合理的跨文化证据。研究者（Sartorius, Jablensky, Gulbinat & Ernberg, 1983）在四个国家（加拿大、伊朗、日本和瑞士）进行了抑郁症症状的跨文化研究。在所有四个国家的抑郁症患者中，均发现了一些主要的抑郁症症状（例如，悲伤的情感、愉悦感丧失）。但在像睡眠障碍和疑病（对自己的健康状态存在异常焦虑）等其他症状方面，几个国家之间存在着差异。

当我们考虑**躯体化**（**somatisation**，生理症状而非心理症状的体验）时，抑郁症具有更明显的跨文化差异的证据。与抑郁症有关的躯体化在西方文化中相当罕见，但在像中国等一些亚洲文化中却很常见（Zhang, 1995）。

综上所述我们能够得出什么结论呢？正如生物学模型所预测的那样，在很多国家和文化中都发现了某些精神分裂症和抑郁症的症状。但是，其他症状在不同国家之间存在系统的差异，这种差异无法通过生物学模型得到预测。

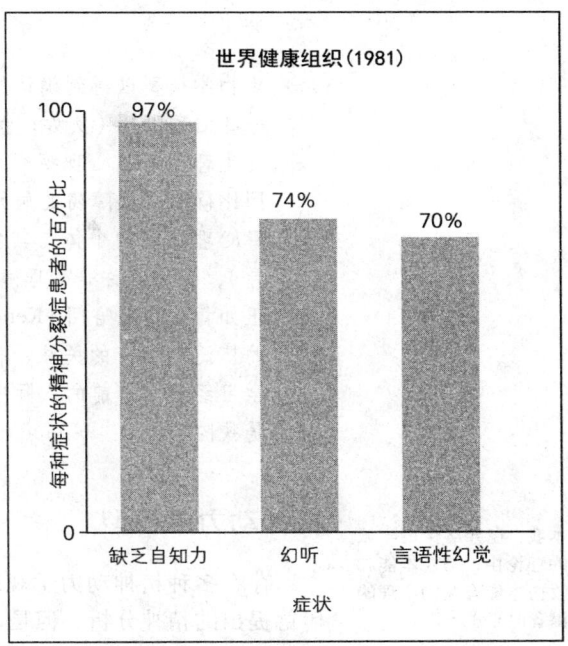

躯体化：生理症状而非心理症状的体验。

治疗启示

生物学模型对治疗具有明确的启示。如果心理障碍基本上属于身体疾病，治疗就应涉及对身体过程的直接操控（例如，药物）。基本逻辑简单明了。例如，如果患有特定心理障碍的个体的某些神经递质处于异常低的水平，我们就可以通过对其提供含有所缺化学物质的药物进行治疗。准确地说，我们可以通过抑郁症的药物治疗实现这个目的。让抑郁症患者服用百忧解等药物，可以提高他们的 5-羟色胺水平。

关于药物治疗我们将考虑以下四点：

1. 我们通常无法很好的理解特定药物为什么对治疗特定心理障碍有效？
2. 我们发现提高患者体内某种化学物质的水平可以减轻心理障碍的症状，但是该发现无法证明是较低水平的化学物质引发了心理障碍。例如，阿司匹林经常能治愈头痛的事实，并不能证明头痛是由缺乏阿司匹林引起的。
3. 大多数药物都具有副作用。例如，用于治疗精神分裂症的药物会导致严重的肌肉颤动、强烈的坐立不安及脸部和身体不舒服的收缩。
4. 治疗中存在患者是否遵照规定按时服药的问题。患者不喜欢服用具有严重副作用的药物，因此当他们应该服用这些药物时，他们往往会不按时服用。

药物治疗（例如，治疗精神分裂）的伦理启示是什么？

❖ 评价

- ⊕ 生物学模型以得到确认的科学为基础（例如，医学、生物化学）。
- ⊕ 一些心理障碍（例如，精神分裂症）在某种程度上是由遗传因素决定的。
- ⊖ 在生理疾病与心理疾病之间只存在不精确的相似性。确定大多数生理疾病的病因比确定心理障碍的病因要更容易。
- ⊖ 患心理障碍的个体与其他个体之间的生物学差异（例如，神经递质的生物学差异），有时也许是心理障碍的副产品而不是引起心理障碍的原因。
- ⊖ 正如肯达尔与哈门（Kendall & Hammen, 1998, p.40）所指出的："对生物学过程的广泛和独有的关注，将会导致治疗师在寻找缺陷基因过程中忽视或轻视个人学习经历、当前的人际冲突或认知错觉的贡献。"因此，生物学取向的研究范围是狭隘的。

精神动力学模型

存在多种精神动力学观点。第一种也是最著名的观点是奥地利心理学家弗洛伊德提出的精神分析。但是，正如韦斯腾（Westen, 1998, p.333）所指出的："自从1939年我们最后一次正式目睹弗洛伊德满是胡须的面容之后，精神动力学理论和疗法发生了显著的变化。"20世纪出现了多种精神动力学观点，稍后我们将会关注其中最重要的一种——客体关系理论。该理论对精神动力学疗法产生了巨大的影响。韦斯腾让86位精神动力学治疗师指出其所赞同的理论观点。最普遍的回答是客体关系理论，其次是精神分析。

精神分析

弗洛伊德认为心灵（mind）可分成三个部分。第一部分是**本我**（**id**）。本我主要由潜意识的性本能和攻击本能构成，性本能也称力比多。第二部分是**自我**（**ego**）。自我是心理的理性和意识的部分。它在出生后最初两年形成。它遵从现实原则，考虑环境中正在发生的事情。第三部分是**超我**（**superego**）。大约在儿童5岁时形成，此时的儿童开始采纳同性父母的很多价值观（认同过程）。超我的一部分是意识层面的，一部分是潜意识层面的。它由良心和自我理想组成。良心作为儿童受到惩罚的结果而形成，使儿童在出现不良行为时感到内疚。自我理想则通过奖赏而形成，使儿童在表现良好时感到自豪。

与变态心理学紧密相关的是人格的三个成分经常处于冲突之中。冲突最常发生在本我和超我之间：本我想得到即时满足，而超我则维持道德标准。冲突引起个体产生焦虑感，并使自我投入大量时间解决这些冲突。自我使用各种**防御机制**（**defence mechanisms**）保护自己，这些防御机制是一些用来减轻个体焦虑的策略。一些主要防御机制如下：

1. 压抑。根据弗洛伊德（Freud, 1915/1957, p.86）的观点："压抑的本质仅仅在于拒绝和将某些事物排除在意识之外的机能。"但是，弗洛伊德拓

本我：在弗洛伊德学派的理论中，与性本能和攻击本能有关的心理的潜意识部分。

自我：在弗洛伊德学派的理论中，心理的理性和意识的部分。

超我：在弗洛伊德学派的理论中，包含良心和自我理想的心理成分。

防御机制：自我用来保护自己的一些策略，可以使自我免于受到威胁性思想和情感的影响，尤其是免于受到本我所产生的焦虑。

弗洛伊德（1856—1939）

展了"压抑"这一术语的内容,认为"压抑"还包括在情绪反应缺乏时对威胁性思想的有意识觉察。

2. 移植。 指个体将冲动从威胁性对象转移到威胁较少对象的无意识过程。例如,由于老板而生气的员工可能会在回家后通过踢自己的猫来进行发泄。

3. 投射。 指个体将自己不受欢迎的特征归咎于其他人或事。例如,一个对别人非常不友好的人可能会谴责别人是不友好的。

4. 否认。 指个体完全拒绝接受威胁性事件的存在或现实。例如,绝症患者经常否认疾病正在威胁到自己的生命(Eysenck, 1998)。

证据

我们首先考察有关主要防御机制的证据。一些关于压抑的研究已在第 9 章有过讨论。最相关的压抑研究是对临床患者的研究,这些患者对童年受虐待的先前被压抑的记忆得到恢复。其中一些研究(例如,Andrews et al., 1999)支持压抑的观点。

另一个得到大量研究的心理防御机制是移植。纳库斯－纽霍尔等人(Narcus-Newhall, Pederson, Carlson & Miller, 2000)对 82 项移植攻击(displaced aggression)研究进行了元分析。他们将移植攻击界定为指向他人的攻击行为,但这些被攻击的人对攻击者的挑衅体验无任何责任。平均效应量(mean effect size)是 0.54,表明移植攻击是一种中等强度且可复制的发现。

纳库斯－纽霍尔等人所分析的研究存在一个重要的局限:在挑衅与表现出移植攻击机会之间的时间间隔通常只有几分钟。正如纳库斯－纽霍尔等人(p.684)所指出的:"如果移植攻击对现实情境中的攻击行为具有解释价值,那么它的出现就需要有在最初的挑衅和随后的移植攻击表现之间存在较长时间间隔的证据。"

弗洛伊德提出的两个核心理论假设如下:

- 成人的心理障碍通常起源于童年期经验。
- 童年期的人格发展与以后的心理障碍有关。

这两个假设均得到某些支持。就第一个假设而言,肯德勒等人(Kendler, Pedersen, Farahmand & Persson, 1996)研究了一些在童年期由于分开抚养而经历丧失父母痛苦的成人女性双胞胎。这些双胞胎在成年生活中患抑郁症和酒精依赖的倾向高于平均水平。

就第二个假设而言,卡斯皮等人(Caspi, Moffitt, Newman & Silva, 1996)实施了一项从 3 岁开始直到 18 岁的纵向研究。3 岁时表现内向的儿童在 21 岁时通常表现出抑郁,而 3 岁时控制不良和冲动的儿童在 21 岁时更可能形成反社会型人格障碍。

弗洛伊德认为，父母和儿童在某个发展阶段产生的冲突会导致对该阶段的固着。

固着：在弗洛伊德学派的理论中，性欲能量附着于儿童心理性欲发展的某个阶段。

退行：在弗洛伊德学派的理论中，个体退回到心理性欲发展的早期阶段。

自知力：个体对受压抑的潜在冲突的有意识理解；是精神分析的结果。

将心理障碍归因于童年期经历会带来什么问题？

但是，童年期与以后成人心理障碍之间的关系通常非常不明确（Comer, 2001）。

治疗启示

弗洛伊德在他的心理性欲发展理论（见第13章）中认为儿童需要经历心理性欲发展的各个阶段。如果儿童在任一阶段体验到过度（或未充分）满足，那么就会出现固着。**固着**（**fixation**）是指基本能量或力比多依附于心理性欲发展的某一阶段。在以后的生活中经历巨大压力情境的成人可能会表现出**退行**（**regression**），即他们的行为变得幼稚，其行为表现类似于所固着的心理性欲阶段的儿童。

就治疗方法而言，弗洛伊德强调**自知力**（**insight**）的重要性，指患者对自己潜在冲突的有意识理解。这些冲突是潜意识的，因为患者会使用各种防御机制防止自己意识到这些冲突。根据弗洛伊德的观点，只有在患者将这些冲突带到意识层面并解决了这些冲突的情况下，精神分析才能成功。

总之，瓦赫特尔（Wachtel, 1977, 引自 Davison & Neale, 1998, p.36）概括了精神分析模型：

> 患者的神经症基本上被认为源于他[原文如此]持续但不成功的应对过去已内化的残留物的努力，这些内化的残留物是由于与他适应性的完整自我（即有意识的自我）相脱离，以及继续作出对现实完全没有反应的基本要求所造成的……一次完全成功的治疗必须创造这些过时的[来自过去的]倾向性可以被有意识地解释并整合到自我的情境，以使它们得到控制和改善。

客体关系理论

一些研究者，如波尔比（Bowlby, 1969）、科胡特（Kohut, 1977）和米切尔（Mitchell, 1988），提出了客体关系理论。该理论的一个关键假设是，人们具有和他人建立成功关系的高度动机。另一个主要假设是，儿童与他人（尤其是母亲）之间的早期交往会对其日后的人际关系产生持久的影响。基于该理论的一些众所周知的研究，涉及母爱剥夺的长期不利的可能影响（见第17章）。

客体关系理论家认为，考虑患者在儿童期所经历的人际关系问题及其解决，对患者来说是至关重要的。部分客体关系疗法需要治疗师设法理解来访者对重要他人表征的性质。治疗师们还很关注这些表征的发展变化。在客体关系疗法中，治疗师要体验来访者的"唤起风格"（evoking style），即他/她与他人互动的典型方式。这能让治疗师了解他人可能以何种方式回应来访者，这也能促进对为什么来访者具有糟糕或充满压力的人际关系原因的理解。

❖ 评价

⊕ 弗洛伊德提出的精神动力学模型是第一个系统性变态模型,主要关注作为心理障碍病因的心理因素以及心理治疗形式。
⊕ 儿童期创伤经历有时是成人心理障碍形成的重要因素。
⊖ 在最初的精神分析模型中,治疗师对来访者当前面临的问题不感兴趣。这种缺陷在客体关系理论中得到了很大程度的纠正。
⊖ 弗洛伊德过于强调心理障碍原因的性欲因素,而忽视了人际和社会因素。精神分析的局限性也在客体关系理论中得到了解决。
⊖ 精神动力学模型忽略了遗传因素在心理障碍发展过程中的作用。
⊖ 弗洛伊德所使用的很多核心概念(像本我、自我、超我、固着)不够精确,这使得很难对其有用性进行评估。

观察学习:基于观察和模仿榜样行为的学习;也称模仿。

模仿:基于观察和模仿榜样行为的学习;也称观察学习。

行为模型

变态的行为模型是在最早由华生(John Watson)于20世纪初在美国提出的行为主义观点基础上发展起来的。行为主义者认为心理学属于科学,应该关注可观察的行为和刺激。他们强调学习的基本形式,尤其是经典条件反射(通过联想而学习)和操作性条件反射(通过强化而学习;见第8章)。

像班杜拉(Bandura, 1965)等随后的新行为主义者确定了另一种被称为观察学习或模仿的基本学习形式。当个体仅仅通过观察他人然后模仿他们的行为来学习某些反应时,就出现了**观察学习**(observational learning)或**模仿**(modelling)(见第8章)。

根据行为模型,心理障碍患者拥有不适当的行为方式。这些不适当的行为方式通过经典条件反射、操作性条件反射或观察学习而习得。行为模型与大多数其他模型不同,因为它主要关注来访者的行为症状,很少考虑来访者的内在思想和情感,也不去探究来访者心理障碍的潜在病因。

证据

行为模型优于精神动力学模型的一个明显优势是,行为模型的一些假设能够(并且已经)在实验室条件下进行检验。学习和成绩受到经典条件反射、操作性条件反射及观察学习的极大影响。在实验室中我们甚至可以创设一些心理障碍的症状(像焦虑)。例如,华生与雷纳(Watson & Rayner, 1920)使用经典条件反射(将一声刺耳的噪音和白鼠的出现进行配对)使一名叫做小阿尔波特的男孩对老鼠产生了恐惧感(参见关键研究)。但是,业已证明很难重复这些发现(例如,Hallam & Rachman, 1976)。

恐惧反应可以通过观察学习而获得。在班杜拉与罗森塔尔(Bandura & Rosenthal, 1966)的一项研究中,被试观察一名实验者的助理对蜂鸣器声音

约翰·华生(John Watson, 1878—1958)

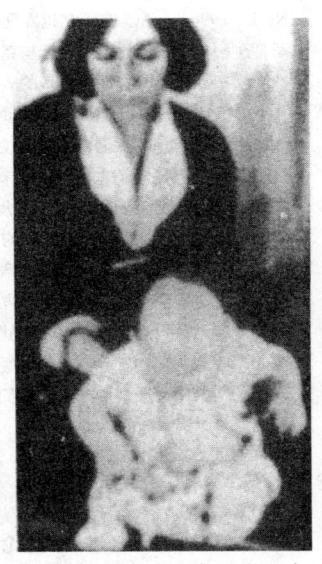

在向阿尔伯特呈现老鼠的同时,让他听到一声巨大的噪音。

你在什么情况下最可能通过观察他人的行为来学习？

假装作出痛苦的反应（例如，抽搐、大叫）。在被试观察这种反应几次后，每当听到蜂鸣器的声音时就会经历恐惧反应。但是，在实验室和现实生活之间可能会存在重要差异。正如科默（Comer, 2001, p.63）所指出的："仍然没有无可争辩的证据证明大多数心理障碍患者是不当条件作用的受害者。"

治疗启示

根据行为模型，心理障碍之所以会发生，是因为主要基于条件反射或观察学习

华生与雷纳：恐惧的经典条件反射

根据行为模型的观点，特定对象恐惧症可以通过经典条件反射来形成。如果一个中性刺激（例如，毛绒绒的兔子）和一个恐惧（无条件）刺激（例如，非常大的噪音）同时呈现，那么这两种刺激就会成为配对刺激，最终使人们对中性刺激产生类似对恐惧刺激一样的恐惧反应。这个华生与雷纳（1920）打算证明的实验，已经成为心理学中的一个经典实验。他们希望显示出情绪能以条件反应的相同方式进行经典条件作用。

他们的被试是一名住院的 11 个月大的孤儿，名叫"小阿尔伯特"。护士认为他是一个健康男孩，无论情绪还是身体都很正常。在实验的开始阶段，华生与雷纳确信像小白鼠、小白兔和白色棉花等刺激不会引起小阿尔伯特的恐惧反应。因为它们是中性刺激。实验的下一个阶段是诱发恐惧反应。恐惧是一种无条件反应，因为不需要习得——恐惧是一种先天反射。华生与雷纳在小阿尔伯特身后 4 英尺远的地方放置一根钢棒，并用锤子敲击。小阿尔伯特受到惊吓并开始哭泣。

接下来，他们让小阿尔伯特和一只小白鼠玩耍，当他伸手触摸小白鼠时，就敲击钢棒惊吓他。他们重复了三次，并在一周后做了相同的实验。华生与雷纳（1920, p.161）认为："婴儿一看到小白鼠就开始哭泣……并且开始爬离小白鼠，他的动作如此迅速，以至于在他到达床边之前要想抓住他都很困难。"

华生与雷纳还发现，小阿尔伯特一看到任何白色和毛茸茸的物体，例如白色的皮外套和圣诞老人的白胡须等，都会激起他的恐惧反应。这称为泛化。小阿尔伯特已习得把对小白鼠的恐惧泛化到其他类似物体上。他们本来打算对小阿尔伯特"重建条件反射"以消除这些恐惧反应，然而在这样做之前小阿尔伯特就已被人带离了医院。

关键研究评价——华生与雷纳

并非所有研究都发现，在实验中通过将中性刺激和不愉快刺激进行配对就可使人形成对中性刺激的条件恐惧（Davison & Neals, 1996）；恐惧症研究也发现，并非所有恐惧症患者都具有早期创伤经历。例如，门齐斯与克拉克（Menzies & Clarke, 1993）研究了恐水症儿童。只有2%的人报告曾有过与水有关的直接条件作用的经历。迪纳多等人（DiNardo et al., 1998）发现，大约50%的恐狗症患者在遇到狗时会变得非常焦虑，这似乎支持条件反射理论。但是他们也发现，在未患恐狗症的正常控制组中，大约50%的人在遇到狗时也会产生焦虑！因此，这些发现表明，恐狗症并不取决于是否有过遇到狗的恐惧经验。

显而易见，这项研究存在伦理方面的问题，尤其是未对小阿尔伯特重建条件反射。华生与雷纳从一开始就承认这些伦理问题。他们说自己在做这项实验时非常犹豫，但是决定做实验也是有理由的，因为儿童在日常生活中会经历恐惧情境，因此他们并未将小阿尔伯特暴露在异常情景中。他们原本也打算对小阿尔伯特重建条件反射以消除他的恐惧。

讨论要点：

1. 根据这些证据，对特定恐惧症的行为解释或条件反射解释的说服力如何？
2. 如何使这个实验在伦理上更容易被接受？

的不适当学习方式。可以假设任何心理障碍的适当治疗都应涉及旨在消除不当行为方式并代之以可取行为方式的更系统的条件反射或观察学习。因此，治疗目标（称为**行为疗法（behaviour therapy）**）是改变来访者的行为而非他/她的内部思想。值得注意的是"行为疗法"这一术语有时仅仅适用于涉及经典条件反射的治疗，而"行为矫正"这个术语则被用来指涉及操作性条件反射的治疗。

我们将考察两种基于行为模型的治疗形式。第一，系统脱敏疗法。**系统脱敏疗法（systematic desensitisation）**的本质在于对恐惧刺激（例如，蜘蛛）的恐惧反应可用不同的反应（例如，放松）来代替。这是一个**逆条件作用（counter-conditioning）**的例子，即对特定刺激的反应由于其他不同的反应而消除。

在系统脱敏疗法中（Wolpe, 1958），患者首先接受特殊的深度放松训练，直到他们能快速地实现肌肉放松。然后，患者和治疗师共同构建恐惧等级（fear hierarchy），在这个等级中会将患者感到恐惧的情境按照从最不能唤起恐惧到最能唤起恐惧的顺序排列。例如，一名蜘蛛恐惧症患者可能会认为五米外一只静止不动的小蜘蛛只有中等程度的威胁，但却认为一米外一只快速移动的大蜘蛛具有高度威胁。患者达到深度放松状态，然后想象最不具威胁的情境。患者反复想象该情境直到根本不能激起任何恐惧，表明逆条件作用已取得成功。治疗需要经历恐惧等级的所有情境，直到对最易引起恐惧的情境不再害怕，治疗即告结束。

第二，**暴露疗法（exposure）**，即向来访者呈现恐惧刺激（见第23章）。该疗法在本质上是系统脱敏疗法的发展，但是不重视逆条件作用。例如，将社会焦虑或社会恐惧症来访者逐渐暴露在越来越具威胁的社交场合中。这种疗法经常会伴之以家庭作业，来访者强迫自己独自面对某些社交场合（例如，当众讲话）。根据行为模型，由于反复接触社交情景，个体会逐渐对社交活动不再感到害怕。其实这是一个**消退（extinction）**过程，在这个过程中，对他人的条件性恐惧反应会逐渐减少。

行为疗法旨在用适和功能性行为方式代替不适应行为。这个目标过于狭隘。大多数来访者不仅存在行为问题，还存在情绪和认知问题。旨在仅仅改变行为的疗法未必能减轻来访者的情绪和认知困扰。

行为疗法：一种基于条件反射和其他学习原理的治疗方式；有时在较为狭窄的含义上仅仅指基于经典条件反射的治疗方式。

系统脱敏疗法：用其他不同反应（例如，放松）代替恐惧反应的一种治疗形式。

逆条件作用：用不同反应代替对特定刺激的反应。

暴露疗法：向来访者呈现恐惧刺激的一种治疗方式。

消退：当条件刺激不再伴随非条件刺激或当反应不再伴随奖赏时，条件反应将会消失。

❖ 评价

- ⊕ 行为模型所确认的基本概念（例如，刺激、反应、强化或奖励）要比其他模型所强调的概念更容易观察和衡量。
- ⊕ 条件反射的经历在一些心理障碍的形成中可能具有一定作用。但这并不意味着条件反射与大多数心理障碍的病因或原因有关。
- ⊖ 行为模型夸大了环境因素在导致障碍方面的重要性，而低估了遗传和其他生物学因素。
- ⊖ 行为模型强调行为而非内部心理过程（例如，思维、情感）。这使它更适用于由特定对象恐惧症患者所表现出的易鉴别行为症状（例如，躲避恐惧刺激，像蜘蛛）的障碍，而非几乎没有明显行为症状（例如，广泛性焦虑症）的障碍。
- ⊖ 很难证明具体条件反射经历与心理障碍之间存在因果联系。例如，如果要证明

马斯洛将爱因斯坦描绘成一个展现出"自我实现"的著名人物。

自我实现：发现和实现自身潜能的需要。

无条件积极关注：无论自己的行为如何，个体都能从重要他人那里获得关爱。

价值条件：只有当个体的行为符合重要他人的期望时，才能得到他们的关爱。

合理化：根据罗杰斯的观点，个体曲解自己的行为以使它与自我概念保持一致。

幻想：根据罗杰斯的观点，个体对自身产生幻想，并否认与幻想不一致的任何体验。

现象学：一种纯粹报告主观体验的方法；那些认为我们的行为取决于我们对世界主观体验的人会使用这种方法。

患者的强化史是造成其心理障碍的原因，我们就需要具有关于患者在过去几年中受到强化或奖励的详细信息。

人本主义模型

人本主义取向是由罗杰斯（Carl Rogers）与马斯洛（Abraham Maslow）于1950年代提出的。它关注个人责任、自由意志及实现个人成长和个人满足的努力。该理论假设个体具有一种**自我实现**（**self-actualisation**）的需要，自我实现涉及个体在所有机能领域发现并实现自己的潜能（见第3章）。人本主义取向是一种积极取向，建立在大多数人本性善良并且在适当的环境中具有实现个人成长潜能的假设之上。

根据罗杰斯（Rogers, 1959）的观点，我们都需要来自自己生命中最重要他人的积极关注（例如，关爱）。在生命早期，通常是父母为我们提供积极关注。至关重要的是，父母或他人可以通过两种主要方式提供积极关注：

1. **无条件积极关注**（**unconditional positive regard**）。不论个体的行为如何，重要他人都会提供关爱。
2. **价值条件**（**conditions of worth**）。只有当个体的行为符合重要他人的期望时，个体才能得到关爱（例如，"只有你在学校刻苦学习，我们才会爱你"）。

罗杰斯（Rogers, 1951, 1959）认为，获得无条件积极关注的儿童会形成自我价值感，能够按照自己的设想自由成长。因此，他们都能很好地发展自己的潜能。相反，获得价值条件的儿童会设法取悦他人，而不是坚守自己的需要和抱负。他们发现自己在扭曲或否认与他们的价值条件不相符的思想和行为。最后，他们形成了扭曲的自我观，阻碍了他们实现自己潜能或达成自我实现。

罗杰斯（1951, 1959）确定了来访者使用扭曲思想进行自我保护的各种方式。一个例子是**合理化**（**rationalisation**），个体歪曲对自己行为的解释以便与个体的自我概念保持一致（例如，"我的行为很糟糕，但这真的不是我的错"）。另一个例子是**幻想**（**fantasy**）——个体对自己产生幻想（例如，"我是拿破仑"），然后否认或拒绝接受反对其幻想的体验（例如，"我不会说法语"）。

证据

与人本主义取向有关的证据已在第13章进行过讨论。但是，通过科学研究评估其价值的尝试却很少，这在某种程度上是因为罗杰斯认为心理学并不是一门科学。他偏爱使用"**现象学**"（**phenomenology**）这一术语，即个体尽可能地用不加修饰和非扭曲的方式报告自己的意识经验。罗杰斯（Rogers, 1959）将这种方法和科学方法进行了比较：

> 这种个人化的、现象学的研究类型——尤其是当个人理解所有的反应时——比传统的、"头脑僵硬的"实证观点更有价值。这类研究常常被心理学

你能想到哪些障碍会妨碍个人实现"理想自我"？这些障碍与"价值条件"有关吗？

家嘲笑为"仅仅是自我报告"，但事实上却能让我们对这些经验的意义产生最深刻的领悟。

治疗启示

人本主义思想对治疗有什么启示呢？根据罗杰斯（Rogers, 1967, p.108）的观点，下述内容至关重要：

> 在来访者所抱怨的问题情境之下——在因学习、妻子或老板而烦恼的背后……隐藏着一种重要的追寻……每个人在内心深处都在追问："我到底是谁？我怎样才能与隐含在所有肤浅行为中的真实自我取得联系？我怎样才能成为我自己？"

来访者中心疗法治疗师的目的是向来访者表现出无条件的积极关注、真诚和共情。

罗杰斯（Rogers, 1975）发展了这些观点，认为当个体的自我概念和他／她的体验之间出现不协调时就会出现严重问题。这些不协调可以通过前面所讨论的否认和扭曲来减少，但是它们阻碍了个体深刻地了解自己。罗杰斯提出了来访者中心疗法（**client-centred therapy**）（现在也称为"以人为中心的疗法"）。主要目标是让来访者形成一种个人动力感（a sense of personal agency），通过坦诚和接受的方式思考自己从而达到自我实现。治疗师通过经常表现出下面三种品质来实现这些目标：

1. **无条件积极关注**。治疗师始终如一地支持来访者。
2. **真诚**。治疗师是自然的、开放的。
3. **共情**。治疗师对来访者的情感和烦恼有良好的理解。

来访者中心疗法：一种旨在使来访者提升自尊并达到自我实现的治疗方法，现在通常称为以人为中心的疗法。

你可以在下面的交谈过程中看到这些品质，这段对话摘自罗杰斯的一次面询，其中罗杰斯是治疗师，蒂尔顿（Mary Jane Tildon）是来访者（Rogers, 1947, pp.138–139)。

蒂尔顿:"我不知道我在寻找什么。只是有时候我在想自己是不是疯了。我想我是疯了。"

罗杰斯:"这让你担心自己变得不正常了。"

蒂尔顿:"没错。他们告诉我只是苦恼而已并让我别担心,这样说真是太愚蠢了。这是我的生活……好吧,我不知道怎样才能改变对自己的看法,因为这就是我的感觉。"

罗杰斯:"你觉得与其他人完全不同,并且你不知道如何改善。"

❖ 评价

⊕ 人本主义模型是第一个可以代替精神分析的基于心理学的模型之一。
⊕ 来访者中心疗法或以人为中心的疗法可以为来访者提供力量并培养独立性和自我实现。
⊕ 来访者中心疗法被证明相当有效,但仅限于不严重的问题(例如,Greenberg, Elliott & Lietaer, 1994)。
⊕ 罗杰斯是第一位充分利用治疗详细信息(例如,录音带)的治疗师。因此,罗杰斯被认为是心理疗法研究领域的开创者。
⊖ 人本主义模型强调个体有意识思想的重要性,而忽视无意识心理过程和行为。
⊖ 人本主义模型是有局限性的,因为它忽略了影响心理障碍的遗传因素和来访者的先前经验。
⊖ 罗杰斯并不想要诊断来访者所患的特定心理障碍。这限制了人本主义模型的价值。

认知模型

变态的认知模型主要由埃利斯(Albert Ellis, 1962)和贝克(Aaron Beck, 1967)提出。这种模型部分基于精神动力学模型,尤其重视心理过程在心理障碍形成和维持中所起的重要作用。但是,正如我们将要看到的,这两种模型之间存在很多重要差异。

认知模型的核心观点是,心理障碍患者拥有扭曲的和非理性的思维及信念。认知模型与很多心理障碍存在潜在的联系,但是主要适用于抑郁症和焦虑症。有研究者(Warren & Zgourides, 1991)论述了扭曲信念在焦虑症个体中要比在未患焦虑症的个体中更常见。相关的例子包括"我必须要做得很好并/或赢得别人的赞许,否则就糟透了",以及"我的生活境遇必须轻易而不费周折地给予我想要的东西……否则生活就是无法忍受的"。

你能想到在其他心理障碍(例如,强迫症、恐惧症)中可能出现的非理性思维吗?

阿尔伯特·埃利斯

埃利斯(Ellis, 1962)是最早提倡认知模型的治疗师之一。他认为焦虑和抑郁作为三阶段序列的最后阶段而出现(见下页图)。

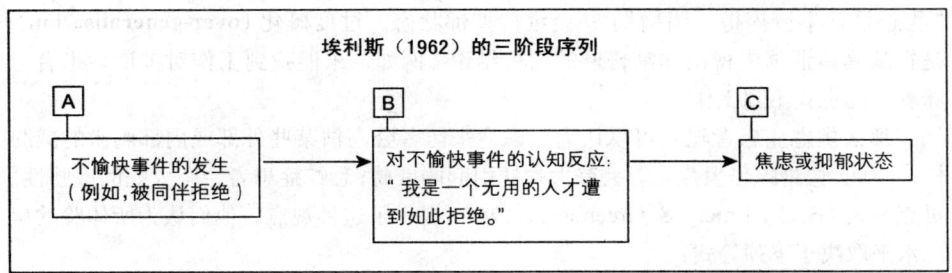

根据 A–B–C 模型，焦虑和抑郁并不是作为不愉快事件的直接后果而出现的，而是由不愉快事件所引起的非理性思维产生的。在阶段 B 形成的解释取决于个体的信念系统。

埃利斯（1962）提出了合理情绪疗法，作为消除非理性和自我挫败思维并代之以更理性和更积极思维的方式。正如埃利斯（Ellis, 1978）所指出的：

> 如果他（来访者）希望成为烦恼最少而心智最健康的人，他最好切实地替换掉所有像"太糟糕了"之类绝对化的词汇——即"糟糕！"或"混蛋！"虽然这些词汇没有被机械重复，或只是口头上说说，但是他已深入思考并接受了这些词汇。

因此，埃利斯（1962）认为焦虑或抑郁的个体应该创造一个阶段 D。这是一个辩论信念系统（dispute belief system），它允许个体以不引起情绪痛苦的方式解释生活事件。

认知三元素：抑郁症患者关于自己、世界及未来的消极观点。

负性自动思维：抑郁症患者中很容易产生的令人沮丧的思想。

阿伦·贝克

贝克发展并扩展了认知模型，主要关注抑郁症和焦虑症。贝克（Beck, 1976）认为，抑郁症患者的很多认知歪曲主要集中于**认知三元素**（**cognitive triad**），它由抑郁症患者关于自己、世界及未来的消极思想组成。抑郁症患者通常会认为自己无能、无价值和不胜任。他们用一种不切实际的消极和挫败的方式解释周围世界的事件，并把世界看做不能应付的障碍。认知三元素的最后一部分涉及抑郁症患者认为未来是无望的，因为他们的无价值感妨碍了他们主动改变其所处境况。

根据贝克的观点，在抑郁症患者中发现的两种不当思维形式是负性自动思维和过度概括化。抑郁症患者在经历失败时很容易激发负性自动思维（**negative automatic thoughts**）（例如，

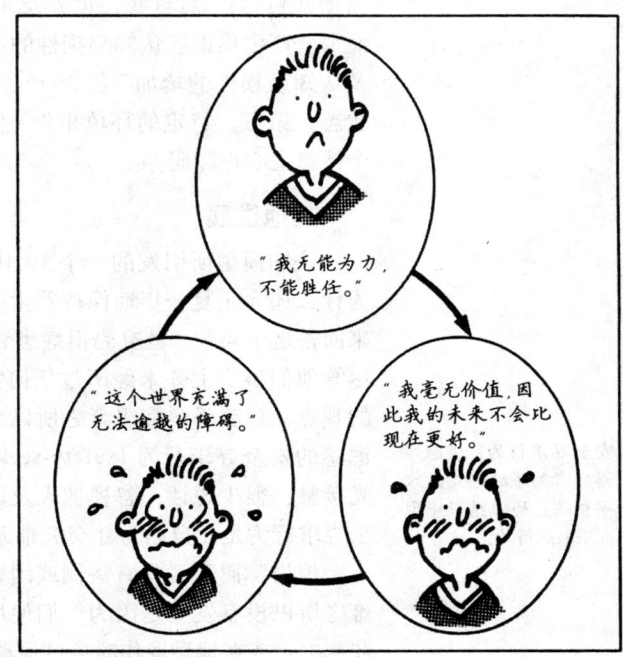

贝克的认知三元素

过度概化：从具体事件中得到的负面结论，常见于抑郁症患者。

"我总是把事情搞得一团糟"）并会维持抑郁状态。**过度概化**（**over-generalisation**）是指从具体证据中得出非常普遍的消极结论（例如，未能找到工作对抑郁症患者意味着永远也找不到工作）。

那么焦虑症患者呢？可以认为焦虑症来访者会高估某些外部或内部刺激的威胁性。因此，像蜘蛛恐惧症患者会夸大蜘蛛引起的威胁，恐蛇症患者会夸大蛇的威胁性。贝克等人（Beck, Emery & Greenberg, 1985）提出了这种观点。他们认为所体验的焦虑水平取决于下列等式：

$$\frac{\text{觉察到的威胁可能性} \times \text{觉察到的事件成本}}{\text{应对能力感} \times \text{觉察到的"补救因素"}}$$

焦虑症患者体验到高焦虑水平的事实可以通过这个等式进行理解。他们夸大了威胁事件（像社会羞辱）发生的可能性和/或事件发生的心理成本。此外，他们低估了处理这种事件的能力，并怀疑补救因素（像得到他人的帮助）是否会马上出现。

焦虑症或抑郁症患者的歪曲思想从何而来呢？贝克与克拉克（Beck & Clark, 1988, p.24）认为："从精神病理学的角度来讲，不当的独特图式主宰了信息加工系统……不当的图式一直潜伏着，直到被适当的环境事件诱发出来……通过拥有潜伏的（隐藏的）不当图式，一些个体显示出形成焦虑或抑郁的认知易损性。"

在贝克与克拉克（1988）的理论陈述中包含各种观点。第一，一些个体拥有焦虑或抑郁的认知易损性，因为他们具有某些特定的认知结构或图式。图式是"一些先前知识和经验的相对持久表征的功能性结构"（p.24）。产生抑郁症认知易损性的不当图式包括："对自我、世界及未来的消极看法，以及个人领域内的迷失"（p.26），而那些产生焦虑症认知易损性的不当图式则包括："对个人领域的生理或心理威胁以及认知易损性的增加"（p.26）。第二，这些不当图式大多数时间都处于潜伏或隐藏状态。第三，特定的环境事件（像严重的生活事件）会激活不当图式，并可能导致个体患上心理障碍。

其他进展

认知模型所引发的一个关键问题是：面对周围世界那些截然相反的事实，患者为什么还会年复一年地保持着歪曲和非理性的思维及信念呢？我们通过社交恐惧症来回答这个问题。社交恐惧症患者害怕自己在社交场合经历灾难（例如，公众羞辱），尽管他们事实上并未经历过任何灾难。根据克拉克与韦尔斯（Clark & Wells, 1995）的观点，社交恐惧症患者之所以会这样，是因为他们使用了旨在减少社交场合中焦虑感的**安全寻求行为**（**safety-seeking behaviors**）。这些安全寻求行为包括：避免目光接触、很少说话、忽视他人及避免谈及自己。社交恐惧症患者错误地认为这些安全寻求行为是让自己与社交灾难无缘的唯一办法。

安全寻求行为：焦虑障碍患者为了减轻焦虑水平和防止恐惧结果出现而采取的行为。

惊恐障碍患者具有昏倒或因害怕而瘫痪的灾难性认知。这些患者认为，这些灾难之所以没有发生是因为他们使用了安全寻求行为，例如，依靠别人、分散自己的注意力，或在惊恐发作时尝试运动（Salkovskis, Clark & Gelder, 1996）。

证据

大量证据表明，抑郁症患者和焦虑症患者具有与威胁信息有关的非理性思维和歪曲加工。例如，纽马克等人（Newmark, Frerking, Cook & Newmark, 1973）发现，65%的焦虑症患者（但只有2%的正常人）赞同以下陈述："受到团体中每个人的真心爱戴或赞许是至关重要的。"与正常人只有25%的赞同相比，80%的焦虑症患者赞同另一种陈述："一个人必须很有能力、能胜任，并认为自己有价值。"

> **常见的不合理信念**
> - 我必须让每一个我见过的重要人士都爱我或喜欢我。
> - 如果我有价值，我必须是完美的。
> - 如果世界不是我所期望的，那么世界末日就到了。
> - 我无法控制自己的不快，我也无力改变这一切。
> - 我应该担忧正在发生的坏事情。
> - 最好是不要理会不愉快的事情，而不是面对它。
> - 我需要依赖更强壮的人。
> - 我的问题是我的过去造成的。

还有令人信服的证据表明，焦虑症患者和抑郁症患者表现出各种认知偏差（Beck & Clark, 1988；Eysenck, 1997）。焦虑症患者会表现出注意偏差：当同时呈现威胁刺激和中性刺激时，他们要比正常人更可能注意威胁刺激而非中性刺激。焦虑症患者和抑郁症患者也会表现出解释偏差：他们倾向于用具有威胁性的方式去解释模棱两可的刺激（例如，"两个男人裸胸相视"）。最后，抑郁症患者还会表现出记忆偏差：他们回忆的消极信息要比积极信息更多。

这些偏差为什么会如此重要呢？注意偏差、解释偏差和记忆偏差有助于维持（甚或是恶化）焦虑症患者或抑郁症患者的心理状态。

治疗启示

认知模型的提倡者认为患有各种心理障碍的个体拥有大量的消极思想、不合理的思维方式、解释偏差等。这些分析直接导致认知疗法的发展。**认知疗法**（cognitive therapy）具有两个核心特征：

- 治疗师协助来访者认识到有助于维持高焦虑和/或抑郁水平的功能障碍思想。
- 治疗师使用各种技术说服来访者挑战自己的功能障碍思想，并代之以更现实和更积极的关于自己和生活的思想。

认知疗法：一种试图改变或重建来访者思维与信念的治疗形式。

例如，考虑一下埃利斯的合理情绪疗法，鼓励来访者对自我挫败的信念进行质疑（例如，"为什么被所有人喜欢是至关重要的？"）。然后教给来访者更现实的信念（例如，"没有人会被所有人喜欢，但是大多数人都喜欢我。"）。最后一步是确保来访者完全接受新的、合理的信念。

如何将这种观点用于治疗厌食症患者？

认知疗法的首要目标是允许来访者形成适应的思维方式，而非他们已习惯的不当思维方式。认知疗法的批评者们认为这一目标过于狭隘。这些批评者们通常会提出以下问题："对于心理功能严重失调的人是否足以改变他们的认知习惯？这些具体的改变能够对个体的感受方式和行为方式产生普遍的持久影响吗？"（Comer, 2001, p.66）

认知—行为疗法（cognitive-behaviour therapy）已获得快速发展，它将认知疗法和直接改变行为的尝试进行了整合。例如，贝克（Beck, 1976）推荐使用家庭作业，

认知—行为疗法：一种将认知疗法和直接改变行为的尝试相结合的治疗方法。

让来访者学会以他/她认为困难的方式表现行为。这种家庭作业的一个重要成分是所谓的假设检验。社交恐惧症患者可能会认为每天与办公室的人交谈会让他们看起来很傻，并因此遭到拒绝。但是，如果他们检验了该假设，他们通常都会发现恐惧被自己夸大了。反驳他们的假设并增加他们的社交行为有助于他们的恢复。

❖ 评价

- ⊕ 焦虑症患者和抑郁症患者的扭曲信念和非理性信念是至关重要的。
- ⊕ 焦虑症和抑郁症患者拥有各种有助于维持心理障碍的认知偏差（例如，注意偏差、解释偏差、记忆偏差）。
- ⊕ 认知—行为疗法（强调改变功能障碍思维和不当行为）整合了认知疗法和行为疗法的优势。
- ⊖ 认知模型的解释性不是很强："一个抑郁症患者有一个消极图式这一点告诉我们，该个体会思考一些悲观的思想。但是每个人都知道这种思维模式实际上是抑郁症诊断的一部分。"（Davison & Neale，1998，p.46）
- ⊖ 扭曲信念在心理障碍患者中很普遍。但是，这些信念也许仅仅是心理障碍的副产品。
- ⊖ 认知模型忽略了遗传因素，并且不重视社会及人际关系因素的作用。

综述

至今为止我们已经考察了变态心理学的五种模型。每种模型都存在两方面的局限性。第一，只强调心理障碍的某些特定的潜在致病因素。第二，与每种模型有关的治疗方法主要旨在实现某些治疗目标（例如，改变行为、改变思维模式）。但是，现如今几乎没有哪位治疗师会坚定地遵从某种单一模型或治疗方式。因此，这些模型几乎可以视作是对当前正在从业的治疗师所持的信仰的一种讽刺。

最近哪种变态取向更为流行呢？**生物心理社会理论**（**biopsychosocial theories**）得到越来越多的支持，这种观点认为心理障碍是几种因素（例如，遗传因素、生物化学因素、行为因素、认知因素和社会因素）交互作用的结果。根据这一理论，需要做的事情是阐明每种因素在心理障碍形成中的相对重要性。

还需要解释各种因素彼此之间是如何相互作用的。一种可能性是一些主要因素会影响其他因素，从而增强其强度（Saudino, Pedersen, Lichtenstein, McClearn & Plomin, 1997）。例如，假设马丁具有形成内向人格的遗传倾向。这可能会使他在社交场合遭到拒绝，由于这种拒绝，他可能会改变自己的行为以免以后再遭到类似的拒绝。最后，这些因素的联合影响意味着马丁形成了社交恐惧症，极度害怕社交场合。

愿意采用更具包容性的观点在治疗师所提供的治疗中非常明显。普罗查斯卡与诺克洛斯（Prochaska & Norcross, 1994）发现，38%的美国治疗师认为他们的理论取向是折衷主义的，这意味着他们整合了各种理论模型的成分。比较而言，33%的治疗师仅采用精神动力学取向，5%仅使用行为疗法，5%只使用认知疗法，3%的治疗

生物心理社会理论：基于生物学因素、心理因素、社会因素均影响心理障碍发展假设的理论。

师仅使用来访者中心疗法。

还有最后一个显著的发展。正如肯德尔与哈门（Kendall & Hammen, 1998, p.59）所指出的：" 在历史上，精神病理学模型一直致力于解释所有的人格理论、病理学和适应……现在，那些最重要的理论被认为如此宽泛，并且众多的小型理论（mini-theories）和亚理论（sub-theories）显得如此必要，因此这些大理论不会再作为整体进行检验。" 现在我们有一种肯德尔与哈门所说的 " 微观模型 "，旨在为特定的心理障碍提供全面的说明和解释。与过去的研究者相比，提出微观模型的研究者为自己设定了更有限但也是更容易实现的目标。

导致心理障碍的因素

确定心理障碍的原因是很重要的，这在某种程度上是因为这些知识有助于减轻未来心理障碍的发生率。在本章这一部分我们将关注病因学，它是一系列与心理障碍发展有关的因果因素。

探寻为什么一些人会患上某种特定心理障碍的任务是非常复杂的。但是，我们可以首先区分单维因果模型和多维因果模型（Barlow & Durand, 1995）。根据单维因果模型，心理障碍的起源可以追溯到单一的潜在原因。例如，可以认为重度抑郁症是由重大损失（例如，心爱的人去世）引起的，或认为精神分裂症是由于遗传因素所致。单维因果模型已被多维因果模型（像生物心理社会理论）所取代，后者认为变态行为通常由若干因素引起。

哪些因素会对心理障碍的产生起作用呢？一般来讲，我们可以区分出两类因素：遗传/生物学因素和社会/心理因素。生物学模型关注遗传/生物学因素，而行为模型、认知模型、人本主义模型及精神动力学模型则重视社会/心理因素。影响心理障碍形成的主要因素（按其所属进行归类）如下：

心爱的人去世被评定为我们所经历的压力最大的事件之一，可能会带来长期的心理后果，像抑郁症。

- **遗传因素**（**genetic factors**）。双生子研究、家庭研究和收养研究都表明，某些人在遗传上要比其他人更容易患心理障碍（遗传/生物学因素）。
- **脑内化学物质**（**brain chemicals**）。脑内化学物质水平非常高或非常低的个体，更容易患心理障碍（遗传/生物学因素）。
- **文化因素**（**cultural factors**）。文化价值观和期望可能会对某些心理障碍的产生有重要影响。例如，大多数西方文化都强调女性苗条的魅力，这可能有助于诱发进食障碍（社会/心理因素）。
- **社会因素**（**social factors**）。经历过严重生活事件（像离婚、失业）的个体可能具有患各种心理障碍的风险，缺乏社会支持或其家庭功能不良的个体也可能具有这种风险。这些不良经历可能会在心理障碍出现之前发生。另外，弗洛伊德认为儿童期的生活事件可能会导致成年期的心理障碍（社会/心理因素）。

与生活在经济宽裕舒适环境中的人相比,生活在贫困线以下的人更可能患某些心理障碍。

- **心理因素**(psychological factors)。具有某种思维或信念的个体或学会特殊的不当行为方式的个体更易患心理障碍。例如,在大多数场合中夸大威胁的个体,可能会形成焦虑症(社会/心理因素)。

上述因素存在交互作用。例如,由于遗传因素的影响或者因为最近经历了严重的生活事件,某人的脑内特定化学物质的水平可能非常高或非常低。另一个例子与文化期望对进食障碍的影响有关。文化期望显然不是导致进食障碍的唯一因素,因为绝大多数西方女性并未患进食障碍。那些受"以瘦为美"文化期望影响的个体以及更易受影响(例如,由于遗传因素)的个体更容易出现进食障碍。

精神病理学的多维取向在**素质—压力模型**(diathesis-stress model)中得到了明确的阐释,该模型认为心理障碍的发生取决于两个因素:

素质—压力模型:认为心理障碍由素质或易损性和压力事件共同引起的观点。

1. **素质**。心理疾病或心理障碍的易损性或倾向性。过去素质常被认为是一种遗传易损性,现在则被认为是"决定致病风险的遗传风险因素和环境风险因素的集合"(Faraone, Tsuang & Tsuang, 1999)。
2. **压力**。一些严重的或令人烦恼的环境事件(例如,离婚)。

该模型的核心观点是,素质或易损性以及压力事件对某种心理障碍的形成是必须的。

影响心理障碍形成的一些因素只对某些特殊心理障碍具有较大的影响,这些因素将会放在这些心理障碍的背景中进行讨论。至于一般重要因素则讨论如下。

遗传因素

对任何特定的心理障碍来说,判断遗传因素是否属于素质组成部分的最好方法就是双生子研究,包括同卵双生子研究和异卵双生子研究。这些被研究的双生子中至少有一人患有某种心理障碍。如果两人都患心理障碍,那么他们就是一致的。**一致率**(concordance rate)是一种可能性:如果一个双生子患有某种心理障碍,那么另一个双生子也会患有这种心理障碍。对同卵双生子而言(来自同一个受精卵),基因相似程度达到100%,异卵双生子(来自两个受精卵)的基因相似性只有50%。如果遗传因素非常重要,那么同卵双生子的一致率将会高于异卵双生子,即使对在不同家庭分开抚养的双生子来说也应该如此。

一致率:一种可能性,如果一个双生子患有某种特定心理障碍,那么另一个双生子也会患有这种心理障碍。

遗传率:在一个特定群体中由遗传引起的特征变异占总变异的比率。

来自双生子的信息可以对遗传因素在众多心理障碍的病因或原因中的重要性进行估计。通常的做法是计算所谓的遗传率。**遗传率**(heritability)是指在一个特定群体中由遗传引起的变异占总变异(遗传变异和环境变异的总和)的比率(更多的讨论见第 12 章）。

对双生子研究的解释存在一些问题。例如，同卵双生子通常会比异卵双生子经历更相似的环境，也许因为他们看起来更相似，因此才会得到更相似的对待。同卵双生子比异性双生子有更高的一致率，这在某种程度上应归因于更相似的环境而非更多的遗传相似性。诊断也可能存在潜在的问题。如果已经知道一名双生子患有广泛性焦虑症，这可能会影响对另一名双生子的诊断。因此，在评估另一个双生子时使用"盲试"是很重要的，也就是说，医生在诊断时不知道另一个双生子的情况。

你也许会认为心理障碍的遗传率在整个生命周期中都会保持恒定，然而情况却并非如此。例如，莱昂斯等人（Lyons et al., 1995）对青少年和成年人的反社会人格实施了一项双生子研究。青少年双生子的遗传率只有 7%，而成年双生子的遗传率则达到 43%。正如研究者（Faraone et al., 1999, pp.35–36）所指出的，评估基因参与程度"是一些由基因和环境的融合 [合并] 所创造出来的不断变化风景的快照"。

双生子研究对于评估遗传因素在心理障碍中的相对重要性是非常重要的

我们也可以通过收养研究来评估遗传因素在心理障碍中的作用。例如，可以把亲生父母患心理障碍的被收养儿童与亲生父母未患心理障碍的被收养儿童进行比较。另外可以确定患心理障碍或未患心理障碍的被收养个体。然后比较这两组个体亲生父母的心理状况。如果遗传因素很重要，那么被收养的个体应该倾向于表现出与亲生父母相同的心理障碍，即使他们不是由亲生父母抚养大。

很多收养研究的解释也都存在一些问题。肯德尔与哈门（Kendall & Hammen, 1998, p.152）确定了以下问题：

> 收养研究不能消除出生前环境对心理障碍形成产生影响的可能性。而且很难确保这些被收养的儿童未与具有血缘关系的亲戚交往，很难确保收养他们的父母自身没有心理障碍，很难确保收养家庭不存在导致心理障碍的其他风险因素。

另外，收养会给父母和儿童都带来压力，并且难以精确地评估亲生父母的情况。

生活事件

素质—压力模式中的压力成分经常包括生活事件等社会因素（见第 5 章）。评估生活事件最知名的尝试之一是霍姆斯和拉希（Holmes & Rahe, 1967）编制的社会再适应等级评定量表（Social Readjustment Rating Scale）。要求被试指出在过去一段时期内（通常为 6 个月或 1 年）发生在他们身上的 43 件生活事件。根据严重程度对这些生活事件赋值（100 以内）。根据霍姆斯和拉希的观点，任何变化（无论满意还是不满意）都会带来压力。例如，在这 43 件生活事件中，变化包括夫妻和解（45 个

失业可能会引发抑郁症,影响个体对自身能力和未来前途的信念。这些失业的男人在约翰内斯堡市区一家工厂的门外等候工作。

你认为这些生活事件在所有的文化中可能会具有相同的影响吗?

生活事件		
等级	生活事件	压力值
1	配偶死亡	100
2	离婚	73
3	夫妻分居	65
13	性生活困难	39
23	子女离开家	29
38	睡眠习惯改变	16
41	放假	13

引自霍姆斯与拉希(1967)。

生活变化单位)、增加一个新家庭成员(30个生活变化单位)。

那些在一年期间所经历的生活事件得分总和超过300个生活变化单位(life-change units)的个体,患一系列生理疾病和心理障碍的风险高于其他人(Martin, 1989)。这些疾病包括心脏病、糖尿病、结核病(TB)、哮喘、焦虑症及抑郁症。但是,生活变化单位与特殊疾病或障碍的易感性之间的相关在大多数情况下相当低,极少超过+0.3。

社会再适应等级量表和其他大多数生活事件量表都存在三点局限性。第一,通常不清楚是生活事件导致了压力性疾病或障碍,还是压力引发了生活事件。例如,压力在产生像夫妻分居、改变睡眠习惯或改变饮食习惯等生活事情中起着重要作用。换言之,该量表的很多题目均是直接询问与健康和/或心理障碍有关的事件。

第二,大多数生活事件的影响因人而异。例如,对那些已经与他人建立亲密关系的人,以及对那些很久以前就不再钟情自己配偶的人来说,夫妻分居可能并不会给其带来太大压力。布朗与哈里斯(Brown & Harris, 1978)通过编制生活事件和困难量表(LEDS)阐明了这一问题。LEDS基于生活事件的半结构化访谈法,包括有关生活事件的详细询问,以了解事件发生的背景。然后评估任一特定事件对此背景中的普通人产生的可能影响。这种方法优于自我报告法,但是更加费时。

第三,记忆错误会降低生活事件测量的有效性。人们经常不能回忆几个月前发生的次要的生活事件。詹金斯等人(Jenkins, Hurst & Rose, 1979)曾要求被试分两次汇报发生在相同时间段(6个月)内的生活事件,前后间隔9个月。第二次报告的总分比第一次低40%。访谈者使用LEDS结构化访谈法询问与事件地点和时间有关的问题。布朗和哈里斯(Brown & Harris, 1982)发现,当使用这种方法时,遗忘大量减少。

心理因素

心理障碍患者(尤其是焦虑症患者或抑郁症患者)经常会扭曲和夸大有关自己和世界的观点和信念。评估扭曲思维方式的测量工具有多种。例如,功能失调态度量表(Dysfunctional Attitudes Scale)(Weissman & Beck, 1978)可以评估一系列功能失调态度（例如，"如果我犯错误，别人就会看扁我"、"除非我成功，否则我的人生就一无是处"）。另一个例子是归因风格问卷（Attributional Style Questionnaire）(Seligman, Abramson, Semmel & von Bayer, 1979)，评估将自身失败归因于长期、全面、个人缺陷的倾向性（例如，"这次考试之所以失败是因为自己太笨了"）。

使用这些测量的大多数研究存在的一个主要问题是，几乎不能解释研究结果。非理性思维方式可能影响心理障碍的形成，或者心理障碍的形成可能改变个体的思维方式。通常无法在这两种可能的解释之间作出判断。

文化因素在很多心理障碍的形成中无疑具有重要作用。如本章前面所述，存在多种似乎是某种文化或少数文化所特有的文化症候群。就西方文化而言，与这些文化症候群最接近的似乎是神经性厌食症和神经性贪食症等进食障碍。这些障碍在西方国家中变得越来越普遍，但在世界上其他大多数地方则并不常见。例如，芒福德等人（Mumford, Whitehouse & Choudry, 1992）发现，在369名巴基斯坦青春期少女中，没有一人患神经性厌食症，只有一人患神经性贪食症。表明文化因素重要性的更清晰的证据来自耶茨（Yates, 1989）的研究。当女性从进食障碍较少的文化进入普遍出现该障碍的文化中，患进食障碍的风险就会增加。

> 先前讨论的哪些模型（认知模型、人本主义模型、精神动力学模型、行为模型）可以解释这一发现？

研究方法：横断研究和纵向研究

研究心理障碍的致病因素通常涉及**横断研究**（**cross-sectional studies**），即同时获得患者的所有信息。因此，我们可以对抑郁症患者群体进行研究，评估他们信念的不合理性以及各种神经递质的水平等。我们也可以从控制组的非抑郁症患者群体获得相同的测量信息。假设我们发现抑郁症患者具有更不理性的信念和异常的神经递质水平。我们是否能够得出结论认为非理性信念和异常神经递质水平在引发抑郁症过程中发挥作用呢？答案是"不"，因为抑郁症可能会导致非理性信念和异常神经递质水平。

> **横断研究**：在特定时间中从一个或多个群体中获得各种测量信息的研究，参见纵向研究。

有时可以通过**纵向研究**（**longitudinal studies**）获得更多关于心理障碍致病因素的信息，纵向研究是指对大型群体进行长期调查研究。例如，我们可以对日常功能正常的大型群体的不合理思维和神经递质水平进行评估。然后对这些个体进行数月或数年的追踪研究，以观察哪些个体会患抑郁症。如果在研究开始时具有最多非理性信念的个体倾向于患抑郁症，那么这将意味着（但不能证明）非理性信念是导致抑郁症的风险因素。

> **纵向研究**：对一个群体进行长期的调查研究。

纵向研究存在的主要问题是通常需要大量被试。假设总体中只有大约1%的人患某种心理障碍。如果我们对1000人的正常样本进行为期一年的纵向研究，那么研究结束时只有10人左右患这种心理障碍。要得到有足够说服力的结论，这个数量是远远不够的。因此，我们需要几千名被试才能开始研究。

通过关注患某种心理障碍高风险的个体，我们可以减少所需被试的人数。例如，父亲或母亲患精神分裂症的儿童要比其他儿童更可能患精神分裂症。帕纳斯（Parnas, 1988）发现，父母患严重精神分裂症的儿童，最可能在以后若干年里患上精神分裂症和实施犯罪。

纵向研究比横断研究具有更明显的优势，但是常常不能说明因果关系。例如，考虑一下我们刚才讨论过的帕纳斯（1988）的研究。也许儿童的心理问题并不能引发父母的精神分裂症。但是，尚不清楚父母患严重精神分裂症的儿童是由于遗传因素还是由于不利的家庭环境而处于更高的风险中。

总结

我们已经讨论了与心理障碍的形成有关的主要因素。也对研究者所使用的一些研究方法进行了分析，并且确认了这些方法的局限性。下面我们开始讨论与各种心理障碍的风险因素或致病因素有关的证据，这些心理障碍包括：精神分裂症、抑郁症、焦虑症、进食障碍和人格障碍。

精神分裂症

精神分裂症是一种非常严重的疾病。术语"精神分裂症"（schizophrenia）源于两个希腊单词：*schizo* 意指"分裂"（split），*phren* 意指"心灵"（mind）。在英国，约有 1% 的人口在其一生中患过精神分裂症，这一数字在其他地区也较为类似。精神分裂症的症状存在某种程度的差异，但通常包括与注意、思维、人际关系、动机和情绪有关的问题。它通常具有妄想、幻觉、情感淡漠和社会功能严重受损等特征。

根据 DSM-IV，精神分裂症的诊断标准包括：

1. 两种或两种以上以下症状：妄想、幻觉、语言混乱、严重混乱或紧张（僵硬）行为，以及阴性症状（情感淡漠、动机缺失、话语很少或无法提供信息）。

2. 症状明显干扰个体活动达六个月以上。

3. 社交和/或职业性功能障碍，或功能缺乏。

精神分裂症患者通常思维混乱，并时常会表现出妄想。很多妄想都涉及所谓的"牵连观念"，即精神分裂症患者为外界事物或事件赋予重要的个人意义。因此，例如，一名看到邻居们正在交谈的精神分裂症患者，可能会认为这些邻居正在密谋杀害他。

案例研究：一名精神分裂症患者

一名 19 岁的年轻人（WG）由于性格发生了剧烈变化而被送到精神治疗机构接受治疗。他父母把他描述为总是非常害羞并缺少亲密朋友，但最近几个月他从一个成绩一般的学生变成一个成绩糟糕的学生，已经从大学退学。以前他擅长游泳和田径运动等不需要团队合作的运动，然而现在他根本不再从事任何运动。WG 以前很少提及健康问题，但现在他却开始抱怨起头部、胸部有问题。入院后，WG 经常花费大量时间凝视窗外，并且一反常态，不再打理自己的容貌。护理人员发现和他交流很困难，他无法提供关于自己的信息，因此不可能对他进行常规诊断面谈。WG 通常会回答直截了当的问题，但是以一种单调的、毫无感情的语气来回答。他的回答有时与问题无关，护理人员发觉自己也会对谈话内容感到困惑。有时 WG 的情感表达与所说的话完全不匹配。例如，在谈到他母亲患严重疾病以至于卧床不起时，他一直痴痴地笑个不停。有一次，WG 变得非常激动不安，认为自己大脑中出现了"电动知觉"。在其他情况下他认为自己受到了外界力量的影响，有一种声音催促他对自己父母实施暴力。他宣称这种声音一直在重复一条命令："你必须这样做"。

引自 Hofling（1974）。

精神分裂症患者经常会出现幻觉。妄想源于对真实事物或事件的错误解释，但是幻觉不需要任何外部刺激就能发生。大多数精神分裂症患者的幻觉都是由声音构成，这些声音通常会说一些与患者切身相关的事情。麦圭根（McGuigan，1966）指出，之所以出现幻听，是因为患者将自己的内部语言误认为他人的声音。他发现，患者在经历幻听的同时其喉部时常也在活动。最近的研究证实了对幻听的这种解释（Frith，1992）。

研究者确定了与精神分裂症形成有关的多种风险因素。我们将根据本章之前所讨论的模型来考察这些风险因素。

生物学模型

正如生物学模型所预料的那样，遗传因素在精神分裂症形成中具有重要作用。戈特斯曼（Gottesman，1991）总结了 40 项双生子研究的发现。如果他/她有一名患精神分裂症的同卵双胞胎兄弟姐妹，一致率为 48%；但是如果他/她有一名患精神分裂症的异卵双生子兄弟姐妹，一致率只有 17%。这些数据表明精神分裂症的发展更多受到遗传因素的影响。事实上，正如研究者（Faraone et al.，1999，p.30）所指出的，"在科学所及的范围内，拥有一个精神分裂症的孪生兄弟（姐妹）是精神分裂症最强有力的预测因子。"但在那些孪生兄弟（姐妹）患精神分裂症的同卵双生子中，50% 的同卵双生子并未患精神分裂症，这表明环境因素在精神分裂症的病因或原因中也起着关键作用。

你能想到任何一些增加或减少个体患精神分裂症几率的环境因素吗？

人们对待同卵双生子的方式通常要比对待异卵双生子的方式更相似（Loehlin & Nichols，1976），这可能有助于解释为什么同卵双生子有着更高水平的一致率。但对这一观点也存在两点争议。第一，相对于异卵双生子，同卵双生子会从父母那里得到更相似的对待（Lytton，1977）。因此，同卵双生子更高的一致率也许是他们获得更相似的父母对待的原因（而不是结果）。第二，分开抚养的同卵双生子和一起抚养的同卵双生子患精神分裂症的一致率是相似的（Shields，1962）。

罗森塔尔（Rosenthal，1963）报告了遗传因素最引人注目的支持证据。他研究了格奈恩（Genain）家的（可怕的基因）四胞胎姐妹，四个女孩彼此非常相似。令人吃

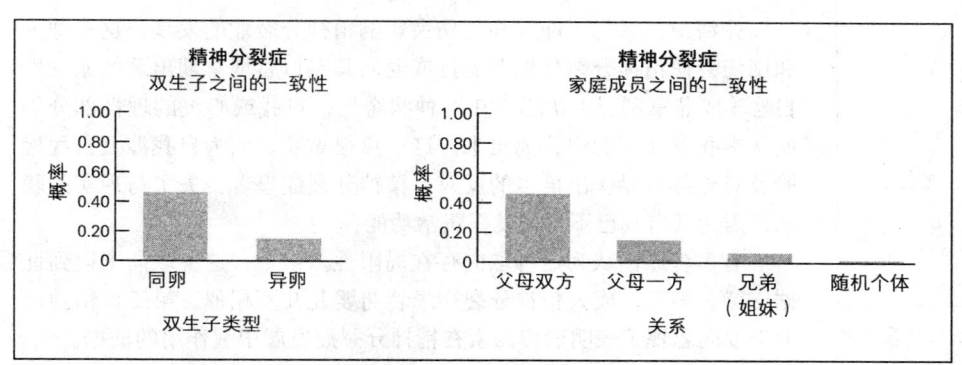

戈特斯曼（1991）的研究表明精神分裂症倾向于在家族中传递。

惊的是，四个人全都患上了精神分裂症。

最后，戈特斯曼与波特尔森（Gottesman & Bertelsen, 198）发现，如果被试的父母一方是同卵双生子并且患有精神分裂症，这些被试就会有17%的几率也患精神分裂症。这一发现既可以归因于遗传也可以归因于环境。但是，戈特斯曼与波特尔森也研究了父母都未患精神分裂症但是父母一方有一个患精神分裂症的同卵双胞胎兄弟（姐妹）的被试。这些被试患精神分裂症的几率也是17%。因此，最重要的是父母所遗传的基因而非环境本身。

遗传因素在精神分裂症形成中非常重要的观点也得到收养研究的支持。一种方法是考察父母一方患精神分裂症的收养儿童。廷纳利（Tienari, 1991）在芬兰进行了这项研究。他找到155名放弃自己的孩子使之被收养的患精神分裂症的母亲，把她们与父母未患精神分裂症的155名收养儿童进行比较。廷纳利发现，亲生母亲患精神分裂症的收养儿童有10.3%患了精神分裂症，而亲生母亲未患精神分裂症的收养儿童中则只有1.1%患了精神分裂症。

支持生物学模型的其他证据来自认为精神分裂症患者的大脑与正常人大脑存在差异的研究。例如，精神分裂症患者的脑室（脑内充满液体的空间）通常会变大（Anderson, Swayze, Flaum, Yates, Arndt & McChesney, 1990b）。这些异常也许在精神分裂症发作之前就已存在，或是作为精神分裂症的结果而形成。前一种可能性得到坎农等人（Cannon, Mednick, Parnas, Schulsinger, Praestholm & Vestergaard, 1994）的支持，他们发现母亲患精神分裂症的儿童脑室偏大。增大的脑室可能反映了早期脑损伤，这可能会影响精神分裂症的发展。

根据多巴胺假设，精神分裂症在某种程度上可能是由神经递质多巴胺分泌过多引起的（Seidman, 1983；见第2章）。使用能够阻断多巴胺的精神抑制剂可以减轻精神分裂症症状的事实支持了上述观点（Seidman, 1983；见第23章）。但是，证据相当不一致，并且完全不清楚过高的多巴胺水平是出现在精神分裂症发作之前还是出现在发作之后。如果出现在精神分裂症发作之后，那么很明显，多巴胺在导致精神分裂症症状方面并不起作用。

精神动力学模型

弗洛伊德认为，冲突和创伤会影响精神分裂症的发展。这些冲突和创伤会使精神分裂症患者退行或返回其在口唇期早期出现的原发性自恋（或非常利己）状态。在这种状态里，自我或心灵的理性部分不能从本我或性本能中分离出来。这一点很重要，因为自我涉及自我检验及对外部世界作出恰当的反应。精神分裂症患者丧失了与现实的联系，因为其自我已不再能发挥正常功能。

有多种原因认为这种取向存在局限性。第一，这种取向未得到证据支持。第二，成人精神分裂症患者与婴儿并不相似。第三，精神动力学取向忽视了表明遗传因素在精神分裂症发展中起作用的证据。

戈特斯曼（1991）的研究表明，精神分裂症倾向于在家族中传递。

行为模型

根据行为模型，学习在引发精神分裂症方面具有关键作用。早期惩罚经历也许会使儿童退缩到受奖励的内心世界。这会导致其他人给他们贴上"古怪"或"奇特"的标签，以后他们则可能会被诊断为"精神分裂症"。根据谢弗（Scheff，1966）的标签理论，被贴上这种标签的个体可能会继续以与标签相符的方式行动（见本章前文）。他们古怪的行为会因表现异乎寻常而得到关注和同情的奖赏；这就是所谓的次级获益。

有各种原因表明标签理论是不够充分的。第一，它并未解释精神分裂症的症状最初从何而来。第二，行为取向忽略了遗传证据。第三，就像以下趣闻轶事所示，它把非常严重的心理障碍看做无足轻重的小事。精神分裂症专家米尔（Paul Meehl）正在发表演讲，此时一名听众表现出对标签理论的喜爱。米尔说："我想起一名患者……他用手指堵住肛门以'防止思想跑出去'，同时他用另一只手试图撕扯头发，因为头发事实上'属于父亲'。这就是那名男子告诉我他所做的事情，因为有人叫他精神分裂症患者。"（Kimble, Robinson & Moon, 1980, p.453）

其他因素

认知模型和人本主义模型因对我们理解精神分裂症的起源贡献甚少故不予讨论。但是，本章所讨论的所有模型都忽视了社会因素。社会阶层较低的个体会比社会阶层较高的个体更可能被诊断为患精神分裂症（Comer, 2001）。这里我们考察三种可能的解释。

第一，有可能存在偏见，当考虑来自较低社会阶层的个体症状时，临床医生更愿将它们诊断为精神分裂症。约翰斯通（Johnstone, 1989）回顾了几项研究，这些研究表明较低阶层的患者比中产阶级的患者更可能得到严重的诊断（像精神分裂症等），甚至当症状几乎不存在（即便有）差异时也是如此。

第二，社会因果关系假设（social causation hypothesis）。根据这种假设，由于贫穷、身体不健康等原因，社会最底层的成员要比其他人过着压力更大的生活。因为在很多文化中少数民族常常属于较低的社会阶层，因此歧视也可能会带来压力。高度的压力使他们比中层阶级成员更易患精神分裂症。这种假设是有道理的，但是很少有证据直接支持该假设。

第三，社会漂浮假设（social drift hypothesis）。根据这种假设，患精神分裂症的个体更可能失去工作，社会地位会因此降低。因此，是精神分裂症导致社会地位降低，而不是较低的社会地位会引发精神分裂症。假如事实如此，精神分裂症患者应该属于比其父母更低的社会阶层。当把精神分裂症患者和他们的父亲进行比较时，特纳和瓦根菲尔德（Turner & Wagonfield, 1967）发现事实确实如此。但是，正如社会因果关系假设所预测的那样，精神分裂症患者的父亲本身通常也都属于较低的社会阶层。

有研究者（Dohrenwend, Levar, Schwartz, Naveh, Link & Skodol, 1992）检验了社会因果关系假设和社会漂浮假设。他们比较了两组以色列移民：(1) 已在以色列定

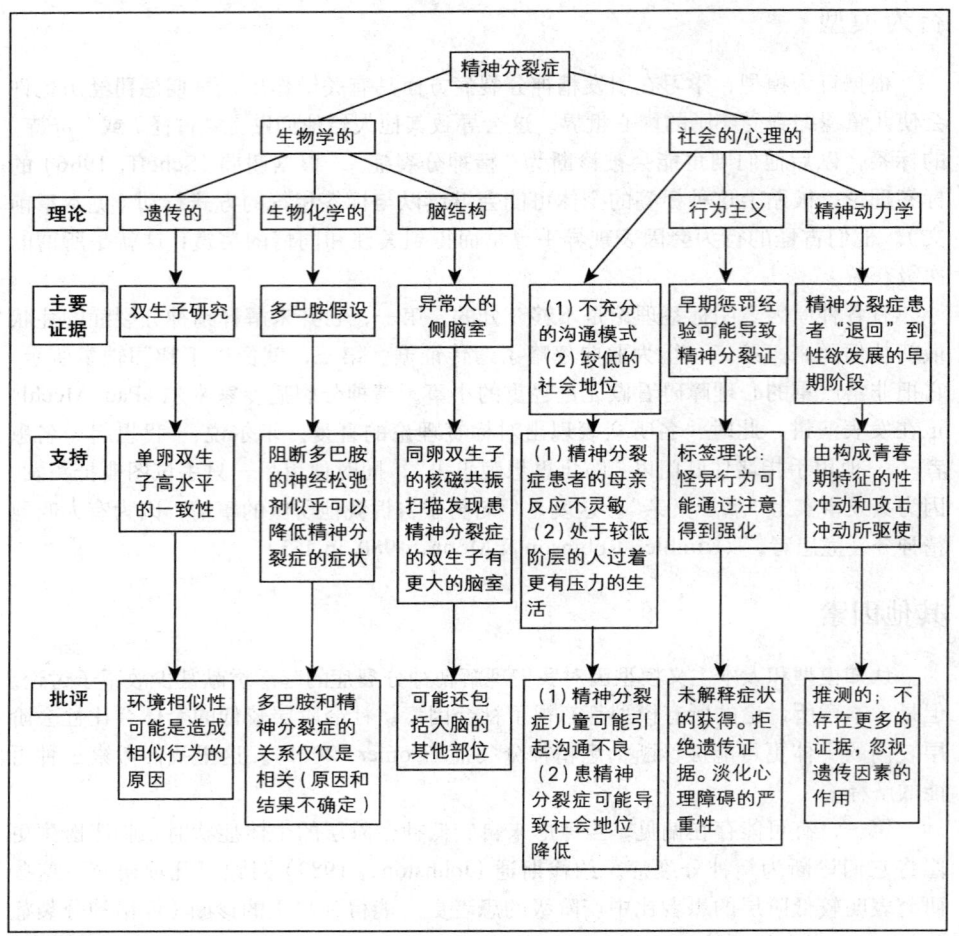

各种精神分裂症理论的优缺点

居一段时间的欧洲犹太人;(2)最近来自北非和中东的移民。根据社会因果关系假设,后一组移民会遭受更多的偏见和歧视,因此应该具有更高的精神分裂症患病率。事实上,有利(前一组)群体具有更高的发病率,尤其是处于社会最底层的个体。如果我们假设有利群体的成员发现自己是因为患精神分裂症而处于社会最底层,就会符合社会漂浮假设的观点。

布朗与伯利(Brown & Birley, 1968)报告了社会因素影响精神分裂症发展的更为有力的证据。他们发现,精神分裂症的发作通常与不久前发生的消极或积极的生活事件有关。这些结果表明,很多患精神分裂症的个体很容易受到生活中突然变故或混乱的影响。

其他社会因素也很重要。例如,家庭内部的交流作用有助于维持试图康复的精神分裂症患者的症状。重要的是家庭成员高情感表达(expressed emotion)的程度,包括批评、敌意和情感过度卷入。研究者(Butzlaff & Hooley, 1998)对22项研究

情感表达:家庭内部的批评、敌意和情感过度卷入的综合状态。

进行了元分析，得出结论认为，高情感表达和精神分裂症复发之间存在重要关系。这些研究大多来自西方国家，因此尚不清楚在非西方国家是否也能获得类似发现（Cheng, 2002）。这里的一个问题是，那些被视为批评、敌意和情感过度卷入的内容在不同文化中存在很大差异（Cheng, 2002）。

在情感表达研究中很难确定因果关系。家庭内部的情感表达可能会导致精神分裂症复发。另外，处于不良心理状态的个体可能会激发家庭其他成员的情感表达。事实上，这种因果关系可能在两个方向上都起作用。

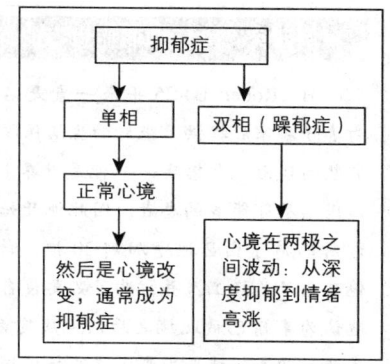

结论

精神分裂症的产生很大程度上取决于遗传因素。但是，同卵双生子的一致率大约只有50%的事实意味着环境因素必定也非常重要。业已证明很难准确地描述这些环境因素。但是，生活事件、贫困、歧视、充满批评和敌意的家庭以及压力通常都可能促进精神分裂症的发作。

你能想起任何可能在这些方面存在差异的文化吗？

抑郁症

抑郁症有各种形式。DSM-IV对**重度抑郁症**（major depressive disorder）和**躁郁症**（bipolar disorder）进行了区分。重度抑郁症发作期的诊断需要持续两周几乎每天都出现下列症状中的五种症状：忧伤、抑郁心境；对平常的活动丧失愉悦感和兴趣；睡眠困难；活动水平改变；体重下降或增加；精力不足和疲倦；负面自我概念、自责；注意力有问题；反复出现死亡或自杀念头。躁郁症患者会经历抑郁期和躁狂期（一种涉及情绪高昂、健谈和无法解释的高自尊的心境状态），因此很容易出现情绪波动。

重度抑郁症：一种以忧伤、抑郁心境、疲倦和丧失各种活动兴趣等症状为特征的心理障碍。

躁郁症：一种包括抑郁期和躁狂（情绪高涨）期的心境障碍。

躁郁症相对来说并不常见。例如，约有10%的男性和20%的女性在一生中的某个时候会被诊断为患有临床抑郁症。他们中超过90%的人患的是重度抑郁症而不是躁郁症。

下面我们将会简要地讨论一下与重度抑郁症和躁郁症产生有关的因素。正如我们将要看到的，一些因素的相对重要性在两种障碍之间存在差异。

生物学模型

根据生物学模型，我们可以预期遗传

抑郁症与饮食

基于生物学因素的抑郁症解释通常与内源性抑郁症有关，即抑郁症是由内部因素引起的。但是，这些内部因素也可能反过来受到我们所吃食物的影响。一些证据表明所吃食物会影响心境，在极端情况下也许还会导致抑郁症。

色氨酸（tryptophan）是一种在某些食物中发现的物质，例如玉米和其他淀粉类食物。德尔加多等人（Delgado et al., 1990）发现，急性色氨酸耗竭（acute tryptophan depletion, ATD）能诱使重度抑郁症患者的暂时性复发。这得到了史密斯等人（Smith et al., 1997）研究的支持，他们发现当把色氨酸从女性的饮食中去除时，她们就会感到抑郁。另外，已经表明5-羟色胺也可能涉及某些进食障碍的病例，神经性贪食症患者常常摄入大量淀粉类食物的原因是为了增加体内色氨酸和5-羟色胺的水平。

> **案例研究：躁狂抑郁症患者的躁狂行为**
>
> B（Robert B）25年来一直是名成功的牙科医生，为妻子和家庭提供了很好的生活保障。一天早晨醒来他突然涌现出一个想法——他是世界上最棒的牙医，他应该医治尽可能多的患者。因此他开始着手扩大诊所，将诊所的椅子由2把增加到20把，计划同时治疗患者。他联系了装修工人并订购了必要设备。当有一天他急躁地认为事情已被耽搁之后，他决定亲自去做这些事情，并开始动手拆墙。当事实证明拆墙很困难时，他遭受到挫折，开始打碎X-射线设备和盥洗池。B的家人直到他的患者在被拒绝进入牙科诊所之后给B的妻子打了电话才知道他的行为。当妻子给他打电话时，B对她"大声叫嚷"了15分钟。她把丈夫描述为"发狂的、怒目而视的和精疲力竭的"并认为他的言语"过于兴奋"。这种行为持续好几天之后，B太太给女儿们打电话，让她们和女婿过来帮忙。在女儿和女婿抵达的当晚，B开始"吹嘘他的性能力，并且充满攻击性地接近他的女儿们"。当一名女婿试图干涉时，他用椅子攻击了这名女婿。B被送进医院，随后发现他具有这种行为史。

哪种模型可以预测相似的治疗会增加同卵双生子的一致性？

因素与抑郁症的形成密切相关。波特尔森等人（Bertelsen, Harvald & Hauge, 1977）实施了一项双生子研究，发现同卵双生子重度抑郁症的一致率是59%，异卵双生子的一致率是30%。而同卵双生子躁郁症的一致率是80%，异卵双生子的一致率是16%。所有这些数据大大高于从群体中随机抽取的样本的一致率。

上述发现表明涉及遗传因素，并且其对躁郁症的参与度高于对重度抑郁症的参与度。最近的研究得出相似的结论。麦古芬等人（McGuffin, Katz, Watkins & Rutherford, 1996）考察了将近200对同卵双生子，发现重度抑郁症的一致率为46%，异卵双生子的一致率为20%。克拉多克与琼斯（Craddock & Jones, 1999）发现，同卵双生子躁郁症的一致率为40%，而异卵双生子、兄弟姐妹和其他近亲的一致率在5%—10%之间。所有这些数据大大低于波特尔森等人（1977）报告的数据。同卵双生子和异卵双生子之间一致率的一些差异也可能是由同卵双生子受对待的相似性造成的。

家庭研究也表明了遗传因素的影响。格申（Gershon, 1990）探讨了大量家庭研究，在这些研究中评估了抑郁症患者一级亲属（first-degree relatives）患抑郁症的情况。结果发现，无论是重度抑郁症还是躁郁症，抑郁症患病率大约是普通人群的2—3倍。

关于遗传因素的其他证据来自收养研究。温德等人（Wender, Kety, Rosenthal,

> **案例研究：重度（单相）抑郁症**
>
> 保罗是名20岁的化学专业大四学生。第一次到学生精神病诊所时，他抱怨头痛和各种不知名的躯体问题。保罗在整个面询过程中看起来非常抑郁，无法唤起足够的精力与治疗师交谈。尽管他的平均成绩维持在B+的水平，他却觉得自己很失败。
>
> 保罗的父母对这个长子一直抱有很高的期望，并且从很小的时候就向他灌输这种思想。他父亲是一名成功的胸外科医生，由衷地希望保罗能成为医生。父母认为学业成绩非常重要，保罗在学校的表现也特别优秀。尽管老师因他是名优秀学生而表扬他，但他父母却似乎认为他的成功是理所当然的。事实上，他们常常对他说"你可以做得更好"之类的话。当他失败时，父母会很明显地向他表明他们不仅感到失望还感到丢脸。这种未认识到成功的失败惩罚模式以及他父母的高期望，最终导致保罗形成一种极其消极的自我概念。
>
> 引自苏等人（Sue, Sue & Sue, 1994）。

Schulsinger, Ortmann & Lunde, 1986）发现，患重度抑郁症的被收养者的直系亲属患重度抑郁症的概率是收养亲属的 8 倍。在后来才患抑郁症的儿童中，他们的亲生父母患临床抑郁症的可能性是养父母的 8 倍。

对于理解遗传因素的影响已进行过初步尝试。例如，贝雷蒂尼（Berrettini, 2000）把躁郁症与 4、6、11、12、13、15、18 和 22 号染色体的基因联系起来。

抑郁症患者的各种神经递质或其他物质的水平可能是异常的。一些证据表明，重度抑郁症患者往往具有较低水平的去甲肾上腺素（**noradrenaline**）和 **5-羟色胺**（**serotonin**）（Comer, 2001）。但是，现实情况要更加复杂。例如，拉姆佩罗等人（Rampello, Nicoletti & Nicoletti, 2000）报告重度抑郁症患者的多种神经递质激活水平不平衡，这些神经递质包括去甲肾上腺素、5-羟色胺、多巴胺和乙酰胆碱。另外，重度抑郁症患者的荷尔蒙皮质醇水平往往也偏高，该激素只有在个体处于压力状态时才会大量出现（Heyaya, 1996）。

躁郁症的情况如何呢？在这种障碍的抑郁阶段和躁狂阶段，患者的 5-羟色胺水平较低（Price, 1990）。这似乎令人吃惊，但是可以根据协同胺理论（permissive amine theory）进行解释（Mandell & Knapp, 1979）。根据这种理论，低水平的 5-羟色胺活动使得去甲肾上腺素等神经递质产生波动，并由此决定患者所体验到的准确症状。

去甲肾上腺素：一种神经递质，有时在抑郁症患者中含量水平会出现异常。

5-羟色胺：一种神经递质，在重度抑郁症及躁郁症患者中含量水平较低。

精神动力学模型

弗洛伊德认为，抑郁类似哀伤，是作为对丧失重要关系的反应而出现的。但是，两者之间存在重要差异，因为抑郁症患者认为自己是无价值的。抑郁症患者认同失去的人，因此原本指向这个人的被压抑的愤怒会指向内部的自我。这种指向内部的愤怒会降低个体的自尊，使其在未来更容易体验到抑郁。

弗洛伊德区分了现实性丧失（例如，亲人死亡）和象征性丧失（例如，失去工作）。这两种丧失可以通过使个体重新体验童年期的经验而产生抑郁症，这些经验与丧失某个重要他人（例如，父亲或母亲）的情感有关。

那么躁郁症呢？根据弗洛伊德的观点，当个体的超我或良心占据主导地位时就会出现抑郁期。比较而言，当个体的自我或理性心理果断地行事，并且他/她感到处于受控状态时就会出现躁狂期。

为了防止丧失转变成抑郁症，个体需要参加一段时期的悼念工作，在悼念期间他/她会回想起有关逝者的记忆。这会使个体将自己与逝者分离，从而减少指向内部的愤怒。但是，出于自尊感而非常依赖他人的个体可能无法做到这一点，因此仍然保持极度抑郁。

正如精神动力学取向所预测的那样，抑郁症与丧失事件有关。研究者（Finlay-Jone & Brown, 1981）发现，在抑郁症发作的前一年里，抑郁症患者比正常控制组会经历更多的压力生活事件，并且大多数压力生活事件都是丧失事件。但是，精神动力学取向的细节是错误的。弗洛伊德预测抑郁症患者压抑的愤怒和敌意出现在梦里，但是贝克与沃德（Beck & Ward, 1961）并未发

玛丽莲·梦露患有单相抑郁症。患躁郁症的名人包括：丘吉尔、伍尔芙。

现这方面的证据。弗洛伊德还预测抑郁症患者主要是对自己表达愤怒和敌意。事实上，他们对周围的人也表现出相当多的愤怒和敌意（Weissman, Klerman & Paykel, 1971）。

最后，由弗洛伊德的理论可以推测，在生命早期经历重大丧失的个体，在成年生活中更容易患临床性抑郁症。儿童期的逆境和创伤性压力对20岁之前就出现的抑郁症具有重大影响（Kessler, 1997）。但是，儿童期的逆境和创伤性压力并不能预测成年晚期才出现的抑郁症。

行为+认知模型

塞利格曼（Seligman, 1975）关于习得性无助的理论及研究颇具影响力。**习得性无助（learned helplessness）**是指动物或人类在错误地认为惩罚不可避免的情况下表现出的消极行为。在最初的研究中，塞利格曼让狗处在一个不可避免的电击环境里。然后将狗放进一个中间有栅栏的箱子中。出现警告信号之后对狗实施电击，它们可以跳过栅栏进入箱子的另一边逃脱电击。但是，大多数狗都是被动地接受电击，并没有学会逃跑。塞利格曼将这种行为描述为"习得性无助"，并认为其与抑郁症患者的行为非常相似。

习得性无助：由认为惩罚不可避免而产生的消极行为。

习得性无助理论后来被阿布拉穆森等人（Abramson, Seligman & Teasdale, 1978）发展为认知理论。最初理论存在的问题是它旨在模仿重度抑郁症患者的行为。事实上，习得性无助的症状更像躁郁症患者在抑郁期表现出的行为（Dupue & Monroe, 1978）。

如何将"习得性无助"的观点应用于"受虐妻子综合症"中？

阿布拉穆森等人（1978）通过关注习得性无助者的思想发展了塞利格曼（1975）的习得性无助理论。他们认为人们会通过各种方式对失败作出反应：

- 把失败归因于内部原因（自己）或外部原因（其他人、环境）。
- 把失败归因于稳定原因（将来可能持续）或不稳定原因（将来可能轻易改变）。
- 把失败归因于普遍原因（适用于多数情况）或具体原因（仅适用于一种情况）。

习得性无助者会把失败归因于内部的、稳定的和普遍的原因。因此，他们拥有一种消极的归因风格：他们认为自己应该对失败负责，他们认为导致失败的因素会持续存在，并认为这些因素会对未来的大多数情境产生影响。因此，习得性无助患者感到抑郁也就不足为奇了。

阿布拉穆森等人（Abramson, Metalsky & Alloy, 1989）修改了上述认知理论。与阿布拉穆森等人（1978）相比，他们未赋予具体归因更多的重要性，而更看重抑郁症患者形成一种普遍无助感的观点。

贝克与克拉克（Beck & Clark, 1988）也认为认知因素很重要。他们提到由储存在长时记忆中结构化信

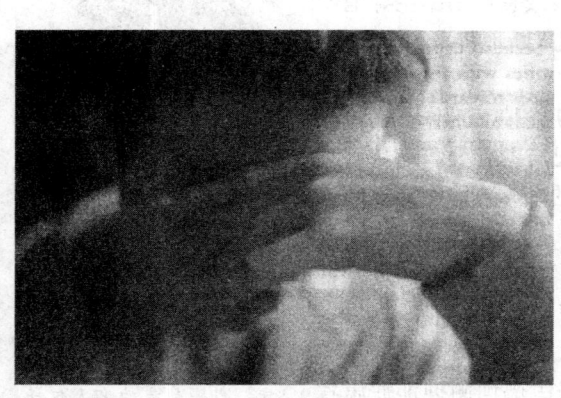

抑郁症个体把自己看成失败者，经常把失败归因于自己无法改变的缺点。

息组成的抑郁图式。根据他们的认知理论："临床抑郁症患者的图式结构受控于无法抗拒的消极性。消极认知特质在抑郁症患者对自己、世界及未来的看法中是显而易见的……由于这些消极的不当图式，抑郁症患者认为自己[原文如此]是不胜任的、被剥夺的和无价值的，认为世界是现存的无法逾越的障碍，认为未来是完全黯淡和无望的。"（p.26）"认知三元素"这一术语用于指代抑郁症患者关于自己、世界和未来的功能失调态度。

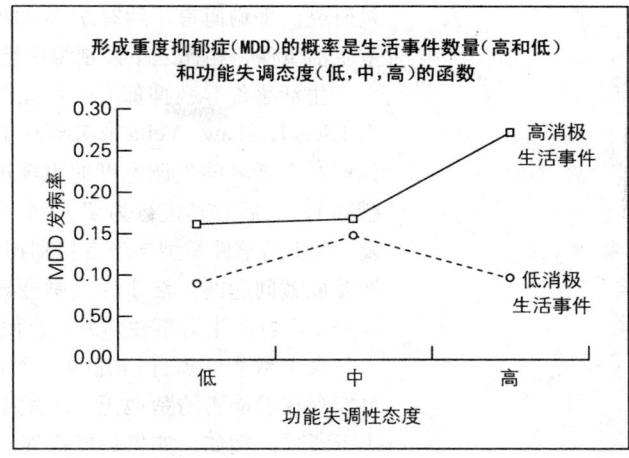

抑郁症患者具有各种阿布拉穆森等人（1978）和贝克与克拉克（1988）所描述的消极思维。那么到底是这些消极思维引发了抑郁症还是它们仅仅是作为抑郁症的结果而出现呢？卢因森等人（Lewinsohn, Steimetz, Larsen & Franklin, 1981）进行了一项前瞻性研究，在这项研究中，在被试患抑郁症之前对他们的消极态度和思维进行评估。他们的结论如下：

> 未来的抑郁症患者并不支持非理性信念，他们不会对积极结果抱较低的期望或对消极结果抱过高的期望，他们不会把成功经验归因于外部原因而将失败经验归因于内部原因……容易患抑郁症的人并不具备稳定的消极认知模式的特征。（p.218）

但是，卢因森等人（Lewinsohn, Joiner & Rohde, 2001）报告了重度抑郁症的形成涉及功能失调态度的合理证据。他们在研究开始阶段测量了未患重度抑郁症青少年的功能失调态度（例如，"除非我成功，否则我就是在浪费生命"；"我应该总是很高兴"）。一年以后，卢因森等人评估了被试在过去12个月中所经历的消极生活事件，同时也评估了他们是否患有重度抑郁症。如果起初的功能失调态度很高，那些经历很多消极生活事件的被试患重度抑郁症的可能性就会增加（见上图）。由于在重度抑郁症发作之前对功能失调态度进行了评估，因此当个体接触压力性生活事件时功能失调态度似乎是形成抑郁症的风险因素。

社会因素

重度抑郁症患者在症状发作之前通常会经历高于平均数量的压力生活事件。例如，布朗和哈里斯（Brown & Harris, 1978）对伦敦的妇女进行了一项访谈研究。他们发现61%的抑郁症妇女在访谈前8个月内至少经历过一次重大的压力生活事件，而非抑郁症妇女的这一比例则为19%。但是，很多妇女在未患临床抑郁症的情况下都能应对重大生活事件。在经历过严重生活事件的妇女中，37%缺少亲密朋友的妇女患有抑郁症，只有10%的拥有一个亲密朋友的妇女患有抑郁症。

布朗与哈里斯（1978）的发现已得到多次重复。布朗（Brown, 1989）回顾了大量研究。平均而言，约有 55% 的抑郁症患者在发作前的几个月中至少经历过一次严重生活事件，相比之下控制组中患抑郁症的比率只有 17%。

生活事件导致抑郁症的可能性在某种程度上取决于每个个体的认知。西格尔等人（Segal, Shaw, Vella & Kratz, 1992）在对抑郁症康复者的研究中证实了这一点。他们对患者功能失调态度的表现进行了评估（例如，认为部分失败和完全失败一样糟糕），然后对其进行为期 12 个月的跟踪研究。经历最多生活事件的患者最可能复发。当生活事件类型与患者特别担心的事情相匹配时，这种情况最常发生。具体来讲，涉及成就问题的生活事件最常会导致自我批评程度较高的患者旧病复发；而涉及人际关系问题的生活事件则最常会使依赖性强的患者旧病复发。

大多数生活事件研究的一个局限性是，信息是几个月后的回顾得到的。因此，可能存在着能否清楚地记得所发生事情的问题。另一个局限性是生活事件的意义取决于背景。例如，如果你要抚养一个大家庭，那么失业就是非常严重的事件。但是如果你接近退休年龄并且有一大笔退休金，那么失业可能就不是太严重的事件。但该局限性并不适用于布朗与哈里斯（1978）的研究，因为他们充分考虑了生活事件发生的背景。

焦虑症

DSM–IV 中包含了几种焦虑症。以下是一些主要的焦虑症：惊恐障碍、伴有广场恐惧症的惊恐障碍、**广泛性焦虑症**（**generalised anxiety disorder**）、社交恐惧症、创伤后应激障碍、特定对象恐惧症、强迫症。很多来访者都患有两种或两种以上不同的焦虑症。巴尔洛等人（Barlow, DiNardo, Vermilyea, Vermilyea & Blanchard, 1986）考察了一个他们诊所 108 人的样本。在整个样本中，66% 的患者被诊断出患有两种或两种以上的焦虑症。

惊恐障碍、创伤后应激障碍、社交恐惧症和特定对象恐惧症将在下面详细讨论。

惊恐障碍

根据 DSM–IV，经历过大量意料不到的惊恐发作的个体被诊断为患**惊恐障碍**（**panic disorder**）。在这些发作中，一种或多种可能会持续一个月或更长时间，在这段时间内个体会持久关注下列事件：(1) 有另外的惊恐发作，(2) 由惊恐发作引起的行为变化，(3) 发作的潜在意义。

惊恐发作的定义是什么呢？根据 DSM–IV，惊恐发作包括强烈的恐惧或不舒适感，同时伴随着四种或四种以上突然出现的躯体症状（像心悸、呼吸短促、心跳加快、窒息感、恶心、出汗、胸痛、眩晕感和害怕死亡）。

很多惊恐障碍患者还会受到广场恐惧症的折磨。**广场恐惧症**（**agoraphobia**）是指个体害怕离开房间，因为他/她非常担心自己在公共场合会出现惊恐发作的症状。在 DSM–IV 中，伴有广场恐惧症的惊恐障碍这一术语就是用来描述这类个体的。

广泛性焦虑症：一种持续几个月或几年对大量事件过分（和无法控制的）担忧的心理障碍。

惊恐障碍：一种精神障碍，个体遭受惊恐发作，非常担心出现更多的发作。

广场恐惧症：一种焦虑障碍，这种障碍的个体害怕公众场合和其他场合，因为他们担心自己万一惊恐发作就难以逃脱。

> **案例研究：萨拉——一个广场恐惧症病例**
>
> 萨拉，一名35岁左右的妇女，正在一月大减价（January sales）时期的拥挤百货商店里讨价还价。没有任何征兆也不知道什么原因，她突然感到焦虑和眩晕。她担心自己马上就会晕倒或心脏病发作。她扔掉商品直接跑回家。快到家时，她发现自己的惊恐感减轻了。
>
> 几天之后，她决定再次购物。一进商店，她就感到自己越来越焦虑。几分钟后，她变得如此焦虑，以至于店员开始询问她是否感觉良好并将她带到了急救室。一到那里，她的惊恐感越来越严重，并且在受到别人关注时会变得特别局促不安。
>
> 从此之后她避免再去大型商店。甚至当走进较小的商店时她也会开始担心，因为她认为自己可能会再次惊恐发作，这种担心演变成强烈的焦虑。最后她完全放弃了购物，让丈夫帮她去买东西。
>
> 接下来的几个月，萨拉发现自己在越来越多的地方都会惊恐发作。典型的模式是，她离家越远焦虑就越多。她试图避免去那些可能导致惊恐发作的地方，可是几个月过去了，她发现这种情况限制了她的行动。有些日子她发现自己根本不能走出屋子。她感到夫妻关系变得紧张，并且丈夫对她的这种依赖很是不满。
>
> 通过文章中的各种描述，萨拉的行为显然是异常的。这种行为在统计学上较为罕见，并且偏离了社会标准。无论从她自己的角度还是从她丈夫的角度来看，这都妨碍了她充分发挥作用的能力。她并未表现出心理健康的迹象。
>
> 引自斯特林与赫利韦尔（J. D. Stirling & J. S. E. Hellewell, 1999）。

生物学模型

遗传因素与惊恐障碍的形成有关。肯德勒等人（Kendler, Neale, Kessler, Heath & Eaves, 1993）进行了一项关于惊恐障碍的双生子研究。在同卵双生子中，如果有一个人患惊恐障碍，那么在24%的病例中另一个双生子也会患惊恐障碍。在异卵双生子中，另一个双生子在11%的病例中会患惊恐障碍。克罗等人（Crowe, Noyes, Pauls & Slyman, 1983）发现，患惊恐障碍来访者的近亲中，约有25%的人表现出惊恐障碍。相比之下，只在大约2%的正常人群中发现了惊恐障碍。但是，其他研究并没有得出这么明确的数据（McNally, 1994）。

遗传因素会影响人格的个体差异，高焦虑敏感性（即，对特定躯体感非常敏感）的人很容易产生惊恐障碍。马勒与雷斯（Maller & Reiss, 1992）发现，1984年高焦虑敏感性个体在1987年患惊恐障碍的可能性是低焦虑敏感性个体的5倍。

认知模型

根据认知模型（Clark, 1986），惊恐障碍患者极度夸大了内在刺激（例如，心率很快）的威胁性。这是如何发生的呢？一种可能性是呼吸道疾病史（例如，支气管炎）使他们对内在状态敏感，并导致他们夸大躯体症状的意义。费尔堡等人（Verburg, Griez, Meijer & Pols, 1995）发现，43%的惊恐障碍患者在一生中至少患一种呼吸道疾病（例如，支气管炎），相比之下在其他焦虑症患者中，只有16%的患者在一生中至少患一种呼吸道疾病。

我们能确保是这种夸大引起了惊恐障碍而非惊恐障碍引起了这种夸大吗？

社会因素

巴雷特（Barrett, 1979）发现，惊恐障碍患者在焦虑症发作前6个月里，会比控制组在相同时间段内报告出更多的令人不愉快的生活事件。在克莱纳与马歇尔（Kleiner & Marshall, 1987）的一项研究中，84%的伴有广场恐惧症的惊恐障碍患者报告，在第一次惊恐发作之前的几个月中，他们曾遭受家庭问题。

创伤后应激障碍

创伤后应激障碍：一种由极痛苦事件引发的心理障碍，其症状是反复体验创伤事件、回避与事件有关的刺激以及增加唤醒。

尽管像"炮弹休克症"（shell shock）和"战斗疲劳症"（combat fatigue）等相关概念提出较早，但创伤后应激障碍（**post-traumatic stress disorder, PTSD**）则是首次在DSM–III（1980）中得到官方认可。根据DSM–IV，PTSD主要有三类症状：

1. 反复体验创伤性事件：经常回忆创伤性事件，经常做与此有关的噩梦。诱发创伤性事件记忆的刺激导致强烈的情绪困扰。

2. 回避与创伤性事件有关的刺激，或选择性地减少对这类刺激的反应：个体试图回避与创伤有关的刺激或想法，在反复体验创伤性事件和对与事件有关刺激的麻木反应之间存在波动。

3. 增加唤醒：存在睡眠问题、注意力困难、惊吓反应增加。

PTSD患者还可能产生愤怒、焦虑、抑郁和罪恶感。另外还存在婚姻问题、头疼、自杀念头和突发性暴力行为（Davison & Neale, 2001）。

根据定义，PTSD是由战争或自然灾害（像地震）等特殊事件引发的。马奇（March, 1991）回顾了最常见的导致PTSD的事件特征的证据。这些事件包括：身体受伤、丧失亲人、参与暴行、目睹离奇死亡、目击或听到死亡消息。正如所预测的那样，如果创伤性事件威胁到生命，那么PTSD产生的几率通常会远远高于不会威胁生命的事件。除了创伤性事件之外，还需要考虑其他因素。如果很多人遭遇相同的创伤性事件（例如，沉船），通常情况是一些人出现PTSD，其他人则不会。这里我们来探讨一下使一些人比其他人更容易患PTSD的因素。例如，布雷姆纳等人（Bremner, Southwick, Johnson, Yehuda & Charney, 1993）发现，儿时受过身体虐待的成年人更可能由于越战经历而患PTSD。

生物学模型

生物学因素的影响在几项双生子研究中进行了探讨。斯科雷等人（Skre, Onstad, Torgersen, Lygren & Kringlen, 1993, p.85）发现，PTSD在同卵双生子中的一致率高于异卵双生子，结论如下："研究结果支持……PTSD病因 [原因] 中遗传因素贡献的假设"。特鲁等人（True et al., 1993）也发现同卵双生子的一致率高于异卵双生子的一致率。他们（p.257）认为："遗传因素在反复体验创伤性事件人群的症状责任中解释了13%—30%的变异；在回避型人群的症状中解释了30%—40%的变异；在唤醒人群的症状中解释了28%—32%的变异。"

福伊等人（Foy et al., 1987）发现，PTSD取决于遗传因素和创伤性事件的严重性之间的交互作用。低水平战争经历更可能在家庭成员患有其他心理障碍的个体中引发PTSD，可能是因为遗传易损性。但是，无论家庭成员是否患有其他心理障碍，

> **案例研究：朱庇特号大灾难（The Jupiter disaster）**
>
> 1988年10月21日，391名英国学生和84名成人在希腊比雷埃夫斯港登上游轮朱庇特号，开始了一次令他们终生难忘的旅行。游轮在离开港口15分钟后灾难就降临了。当时一艘货轮和游轮相撞，在游轮的一侧撞出一个洞。短短40分钟渡轮便沉入了地中海。不可思议的是，仅有4人在这次灾难中丧生，约有70名旅客和船员受伤。但是，对于幸存者来说，随之而来的痛苦却成为他们所有人都要面临的最大挑战。
>
> 当灾难来临时，船上所有人都处在被淹死、电死和踩死的危险中。但是，由于大多数乘客都是十来岁的青少年，他们并未乱做一团，而是受到成人的引导，因此在这种恐慌中所预期的拥挤、打斗和踩踏事件并未发生。这些青少年不得不积极地尝试忍住内心的恐慌感，很多人冷静下来，并帮助船上其他年幼儿童。这次灾难死亡人数如此之少的部分原因应该归功于他们努力将恐慌控制在最小程度，并积极处理当时的危急情况。
>
> 当幸存者回到英格兰，作为康复治疗的一部分，鼓励他们写下他们的经历。这些证据为心理学家提供了通过受害者的视角洞察灾难的信息，这些故事不仅揭露了在那种令人绝望的处境下对自己福祉的关心，也揭示了对他人深深的担忧。13岁的沃林顿（Chloe Warrington）描述了撞击发生时她的反应。
>
> 有人在笑，有人在哭，我们或坐或站，担心吊胆的等待着。我感到内心一阵阵恐惧。我想尖叫但却无法发出声响。船开始倾斜。当我意识到正在发生的事情并不是梦时，木质甲板的线条嵌入了我的记忆。我没有恐惧，没有震惊，只有困惑，不相信所发生的一切。那些我无法回答的问题在我的脑海中漂浮着。
>
> 另一名幸存者，14岁的加德纳（Carole Gardner）回忆了当时船倾斜时的情景："其他人开始滑倒，坐到椅子上……我感到压在我上面的身躯把我体内的空气都挤出来了。在我左侧，一名年长的妇女坐在椅子上。她看起来很茫然，血从她的右侧额头涌出。我很想帮她，但我无法移动。"
>
> 这些证据明显表明灾难所带来的心理冲击是无法抵抗的。很多儿童感到一阵阵精疲力竭、无法睡眠、难以集中精力、忧伤，当其他人死去时甚至产生了罪恶感。根据精神病研究所最近出台的报告，自从1988年的那次海难之后，半数幸存者被诊断患有创伤后应激障碍（PTSD）。PTSD的症状包括：梦魇、记忆闪回、抑郁、焦虑、罪恶感、过度跳跃、关于创伤事件的持续念头。
>
> 有一名幸存者已经自杀，在158名被学院派心理学家访谈过的幸存者中有15人承认也想自杀。很多人现在仍会受到儿时所发生事件的影响。但是一些人通过接受心理咨询学会了各种应对技巧，用来减轻这种恐惧经历给其生活带来的心理阴影。
>
> 引自特斯特（Tester, 1998）。

高水平战争经历都会使三分之二的人患PTSD。这些发现表明，非常严重的创伤性事件在易受伤害和不易受伤害的人中均可能引发PTSD。

精神动力学模型

PTSD的发作可能会在接触创伤性事件后的几个月甚至几年后才出现。霍洛维茨（Horowitz, 1986）通过精神动力学理论解释了这种延迟发作现象，根据精神动力学理论，创伤性事件使得个体感到不知所措，从而产生恐慌或疲倦。这些反应往往是如此痛苦，以至于个体会故意压抑或抑制与创伤性事件有关的思想。这种否认状态并不能解决问题，因为个体无法将创伤性事件的信息整合到他/她的自我感中。

霍洛威茨的精神动力学取向提供了理解PTSD主要症状的方式。但是，该理论并未说明在面临创伤性事件时PTSD的易损性上为什么会存在较大的个体差异。

> 你能想到可能有助于防止这些人患PTSD的其他因素（例如，与文化差异有关的因素）吗？

像地震等生命威胁事件会引发PTSD。这张图片拍摄的是1999年土耳其大地震的幸存者坐在被毁的公寓楼外。

行为模型

根据行为主义取向（Keane, Fairbank, Caddel, Zimmering & Gender, 1985），创伤性事件发生时所形成的经典条件反射会导致个体对当前的中性刺激习得条件性恐惧。例如，一名在公园里被强奸的妇女每当靠近那个公园时都会产生强烈的恐惧。当遇到与创伤性事件有关的刺激，甚至只是想到导致回避学习的刺激时都会产生恐惧。这种回避减轻了焦虑，并会因此受到奖赏或强化。

条件反射的观点预测任何与创伤性事件有关的刺激都会产生高度焦虑，而PTSD患者则能回避这些刺激。但是这一理论并未为正在发生的事情提供详细的说明。此外，这一理论也未清楚地解释为什么一些个体患PTSD是对创伤性事件的反应，而其他人则不是。最后，该理论也未解释为什么一些个体患的是PTSD而非特定对象恐惧症（见下文）。

社交恐惧症

社交恐惧症：一种个体对大多数场合感到过度恐惧并经常回避的心理障碍。

社交恐惧症（social phobia）是指个体过分关注自己的行为和别人的反应。社交恐惧症既可以是泛化的也可以是具体的。在DSM–IV中，社交恐惧症的主要诊断标准如下：

- 对个体暴露于不熟悉人或众人注视下的某种或某些情景具有明显而持久的恐惧。
- 暴露在恐惧社交情境中几乎总是会产生大量的焦虑。
- 个体认识到恐惧感是过度的。
- 要么回避恐惧社交情景，要么通过极度焦虑进行回应。
- 恐惧反应明显干扰了个体的工作或社会生活，或使其出现极度痛苦。

约有 70% 的社交恐惧症患者是女性。社交恐惧症"通常在年轻（18—29 岁）、受教育程度低、单身、社会—经济地位较低的人中更常见"（Barloe & Durand, 1995, p.186）。

生物学模型

社交恐惧症的形成可能与遗传因素有关。弗莱等人（Fyer, Mannuzza, Chapman, Liebowitz & Klein, 1993）发现，16% 的社交恐惧症患者的近亲患有相同的心理障碍，而未患社会恐惧症个体的亲属只有 5%。肯德勒等人（Kendler, Karkowski & Prescott, 1999）对 1708 名女性同卵双生子和异卵双生子进行了一项双生子研究。他们认为各种恐惧症的遗传率在过去被低估了，因为忽略了恐惧症评估的不可靠性。他们考虑了这种不可靠性，得出结论认为社交恐惧症的遗传率是 0.51，属于中等偏上水平。

人格（人格的个体差异在某种程度上取决于遗传因素）也可能与社交恐惧症的形成有关。斯泰姆伯格等人（Stemberger, Turner & Beidel, 1995）发现，大多数社交恐惧症患者都极其内向。对比研究发现，社交恐惧症患者比其他焦虑症患者更加内向（Eysenck, 1997）。非常内向的个体倾向于回避社交场合，因此内向可能是社交恐惧症的风险因素。但是，社交恐惧症和内向之间的强烈联系，在某种程度上也可能是因为社交恐惧症使患者变得更加内向。

怯场：众目睽睽时一个恐惧的例子。

案例研究：恐惧症

一名大一新生在向学生健康中心寻求帮助之后被建议去看心理医生。在初次面谈中，他谈到恐惧感以及当走向教室时常会感到恐慌。他宣称在自己房间时感到很舒服，但是无法专心学习或面对其他人。他承认害怕感染梅毒并因此脱发。这些恐惧如此强烈，以至于他时常强迫性地用力擦洗自己的手、头和生殖器，直到擦出血。他不愿接触门把手，从不使用公用马桶。该学生承认自己知道恐惧是不合理的，但他认为如果不采取这些预防措施会更加"感到精神痛苦"。

在以后与治疗师的接触过程中，该学生的成长史揭示出以前的性别认同问题。当他还是儿童时心底就有了自卑感，因为他不像同龄人那样行动敏捷或强壮。他母亲为了避免他受伤而不让他玩粗暴的游戏，这强化了他的自卑感。到了青春期，他又担心自己也许存在性方面的缺陷。在一次夏令营活动中他发现和其他男孩相比，自己的性发育不足。他甚至担心自己是否正在变成一个女孩。尽管事实上他是一名正在成熟的年轻男性，但他一直担心自己的男性身份，甚至幻想过自己是一名女孩。该学生承认有时候自己的焦虑如此强烈，以至于考虑过自杀。

引自 Kleinmuntz（1974）。

社会因素

父母的教养方式可能也在社交恐惧症的形成中起到一定作用。例如，阿林德尔等人（Arrindell, Kwee, Methorst, van der Ende, Pol & Moritz, 1989）发现，社交恐惧症患者宣称他们的父母是拒绝的、缺乏情感温暖的或过度保护的。但是很难解释这些发现。正如哈德逊与拉比（Hudson & Rapee, 2000, p.115）指出的："具有天生焦虑型气质的儿童可能会影响父母对待他们的方式。这种影响可能会发生在父母焦虑并因此给予过度保护的背景中。"

父母还可以通过其他方式影响社交恐惧症的形成。成人社交恐惧症患者报告其父母过分重视他人的观点，不重视家庭交际的重要性，并倾向于将自己家庭和其他家庭隔离开来（Bruch & Heimberg, 1994）。

特定对象恐惧症

> **特定对象恐惧症**：对特定对象或场合的强烈和非理性的恐惧。

特定对象恐惧症（**specific phobia**）是指对某个特定对象或场合的强烈和非理性的恐惧。特定对象恐惧症包括蜘蛛恐惧症和恐蛇症，但实际上有数百种特定对象恐惧症（例如，幽闭恐惧症或对封闭空间感到恐惧、恐高症）。根据DSM-IV，特定对象恐惧症的主要症状包括：个体对特定对象或场合明显而持久的恐惧、个体认识到自己恐惧过度、回避恐惧刺激或对恐惧刺激作出极度焦虑的反应、恐惧反应是痛苦的并/或会干扰工作或社会生活。

生物学模型

遗传因素与几种特定对象恐惧症的起源或病因有关。弗莱等人（Fyer et al., 1990）发现，有31%的特定对象恐惧症患者的亲属也患有其他恐惧症。奥斯特（Ost, 1989）在恐血症研究中报告了更引人注目的发现。在64%的病例中，这些恐血症患者至少有一个亲属也患有恐血症。肯德勒等人（Kendler et al., 1999）评估了1708名女性双生子的几种恐惧症的遗传率。血伤恐惧症的遗传率是0.59，动物恐惧症的遗传率是0.47，情境恐惧症的遗传率是0.46。值得注意的是，某些家族特定对象恐惧症的倾向很可能是由同一家族成员通常共享很多经验的事实造成的。因此，环境因素可能部分解释了本节中所讨论的一些发现。

精神动力学模型

弗洛伊德认为，恐惧症是对本我或性本能冲动被压抑或被强制进入潜意识时所产生焦虑的防御。该理论源于弗洛伊德对小汉斯的案例研究，小汉斯具有马恐惧症。根据弗洛伊德的观点，小汉斯对母亲产生了

特定对象恐惧症

一些常见的特定对象恐惧症

恐高症	怕高
幽闭恐惧症	怕待在封闭空间里
昆虫恐惧症	怕昆虫
老鼠恐惧症	怕老鼠
恐蛇症	怕蛇
恐狗症	怕狗

一些罕见的恐惧症

高物恐怖症	怕接近高楼
镜子恐惧症	怕镜子
右侧恐惧症	怕身体右边的物体
膝盖恐惧症	怕膝盖
寄生虫恐惧症	怕成为寄生虫
恐鱼症	怕鱼
蔬菜恐惧症	怕蔬菜
丛林恐惧症	怕蛾子
恐云症	怕云
周五13号恐惧症	怕13号星期五这一天
胡须恐惧症	怕胡须
阴影恐惧症	怕阴影
黄色恐惧症	怕黄颜色

性欲望，但他非常害怕父亲会因此惩罚他。马与他父亲相似，因为马的黑色口套和眼罩看起来很像他父亲的胡须和眼镜，因此小汉斯把对父亲的恐惧转移或移植到了马身上。按照这种解释，小汉斯每次看到马的时候都应该表现出恐惧。但事实上，他只在看到拖着马车快速奔跑的马时才表现出恐惧。小汉斯在看到快速移动的马车发生严重的事故后患了恐马症，这可能已形成了条件性恐惧反应（见下文）。

实际上，没有证据支持弗洛伊德对特定对象恐惧症的解释。这里之所以提到精神动力学模型，主要是因为它作为首次对特定对象恐惧症进行系统解释的历史意义。

行为模型

根据行为模型，特定对象恐惧症的形成与经典条件反射有关。条件刺激是恐惧的客体，无条件刺激是一些令人厌恶的事件，条件反应和无条件反应是恐惧或焦虑。华生与雷纳（Waston & Rayner, 1920）报告了支持这一观点的证据，他们研究了一个11个月大的小男孩阿尔伯特。他是一个安静的小孩，但是敲打钢棒发出的声响会使他哭出来。当看到老鼠与巨大的声响配对出现七次后，他变得惧怕老鼠。这就是经典条件反射。

该研究存在伦理问题吗？这些问题是否已经解决？

然后，通过回避中性刺激（即老鼠）可以减轻先前由中性刺激产生的恐惧。琼斯（Jones, 1925）认为："小阿尔伯特不仅看到老鼠时变得极其不安，而且这种恐惧还泛化到像小白兔、棉花、皮大衣和实验者的（白）头发等物体上。"但业已证明在实验室实验中使用儿童和成人很难重复这项经典研究（Hallam & Rachman, 1976）。尽管如此，仍有一些证据支持条件性经验有助于导致特定对象恐惧症的预测。例如，巴尔洛与杜兰特（Barlow & Durand, 1995）指出，几乎每个因窒息恐惧症而接受治疗的个体在过去都曾有过一些非常不愉快的窒息经历。

条件反射的有力证据需要表明，恐惧症患者更可能比其他人拥有对恐惧对象的恐惧经历。但是，极重要的正常控制组往往缺失。例如，考虑一下迪纳多等人（DiNardo, Guzy, Jenkins, Bak, Tomasi & Copland, 1988）的研究。他们发现50%的恐狗症患者在遇到狗时变得非常焦虑，这显然支持条件反射理论。但是，50%的未患恐狗症的正常控制组在遇到狗时也很焦虑！这些发现表明，恐狗症并不取决于是否具有遇到狗的恐惧遭遇。

有研究者（Keuthen, 1980）报告，一半恐惧症患者不记得任何与恐惧对象有关的极不愉快的经历。但是，那些赞同条件反射的人则认为，恐惧症患者经常会忘记多年前发生的条件反射经历。门齐斯与克拉克（Menzies & Clarke, 1993）在一项对恐水症儿童的研究中解决了这一问题。只有2%的儿童报告了与水有关的直接条件反射经历，56%的儿童认为自己一直怕水，哪怕是第一次见到水。

如果恐惧症是由于中性刺激与恐惧刺激或厌恶刺激的偶然匹配形成的，那么人们对任何事物都可能形成恐惧症。事实上，更多的人具有蜘蛛恐惧症和蛇恐惧症而非汽车恐惧症，尽管我们经常见到汽车并且汽车也更危险。塞利格曼（Seligman, 1971）认为，构成大多数恐惧症基础的事物和情境在千百年前就已属于真正危险源，只有那些对这些事物和情境敏感的个体才有利于进化。因此，在面对某些特定刺激而非其他刺激时存在一种变得焦虑的**准备状态**（**preparedness**）或生物学倾向。

准备状态：认为某些学习形式比其他学习形式更容易、更"自然"的观点。

进食障碍

神经性厌食症：一种进食障碍，个体非常害怕变胖，尽管体重已低于标准体重的下限。

进食障碍有多种。在 DSM–IV 中，最常见的进食障碍是神经性贪食症和神经性厌食症（下面讨论）。我们可能会认为肥胖症是最常见的进食障碍（与 S. Cave 的私人通信）。但（无论对或错）在 DSM–IV 中并未将它归入进食障碍。

神经性厌食症

DSM–IV 规定了四条神经性厌食症（anorexia nervosa）诊断标准：

- 个体体重低于标准体重85%。
- 个体非常害怕变胖，尽管体重已低于标准体重下限。
- 个体对自己体重的看法发生扭曲，或夸大体重对自我评价的重要性，或否认低体重的危险性。
- 就女性而言，连续三次或三次以上未来月经（闭经）。

是什么原因导致非裔美国女性:a）起初的低厌食症发病率，b）最近厌食症却增加了？

超过90%的神经性厌食症患者是女性，初发年龄通常在14—18岁（American Psychiatric Association, 2000）。最近几十年，西方社会神经性厌食症的发生率与日俱增，女性的发生率约为0.5%（Cooper, 1994）。神经性厌食症过去在美国非裔女性中非常罕见，但现在已呈现出显著增长的迹象（Hsu, 1990）。

随着时间推移，大多数神经性厌食症患者都会得到康复。但是，神经性厌食症患者强迫自己处于近乎饥饿的状态会产生严重的、甚至危及生命的生理变化。这些生理变化包括体温降低、骨骼矿物质密度下降、血压降低和心率变慢等。

即使神经性厌食症患者的体重显著低于标准体重，他/她们仍害怕自己会变胖。

神经性贪食症

神经性贪食症：一种进食障碍，表现为暴饮暴食以及防止体重增加的补偿行为（例如，自我引吐）。

根据 DSM–IV，神经性贪食症（bulimia nervosa）可以通过以下五个标准进行界定：

- 大量的暴饮暴食，在两个小时内吃下的食物大大多于大多数人在相同时间内吃下的食物，进食者对自己的进食行为缺乏控制。
- 为了防止体重增加经常出现不当补偿行为（例如，自我引吐、过度锻炼、禁食）。
- 暴食和不当补偿行为在持续三个月里至少每周出现两次。
- 个体的自我评价过分依赖自己的体形和体重。
- 暴食和补偿行为不仅仅发生在神经性厌食症发病期间。

强烈的紧张感通常发生在暴饮暴食之前，个体对控制自己吃"被禁止"类食物的强迫性需要感到无能为力。暴饮暴食本身会减轻这种紧张感，但也会使暴食者感到内疚、自责和抑郁（American Psychiatric Association，2000）。

从1970年代后期开始，患神经性贪食症的人数急剧增加。研究者（Garner & Fairburn，1988）报告了来自加拿大进食障碍中心的数据。接受神经性贪食症治疗的患者人数从1979年的15人增加到1986年的140多人。95%以上的神经性贪食症患者是女性，初发年龄通常在15—21岁之间（American Psychiatric Association，2000）。神经性贪食症和神经性厌食症较相似，因为这两种障碍在西方社会比在其他地区出现更多，与工薪阶层家庭相比，它们更常发生在中产阶级家庭中。

在大多数神经性贪食症患者中发现的自我引吐会产生各种健康问题。它可能会通过腐蚀牙釉损坏牙齿。它也可能会改变人体体液中钠和钾的含量，这些变化均具有致命威胁。

神经性厌食症和神经性贪食症的比较

神经性厌食症和神经性贪食症存在某些重叠，很多贪食症患者也有厌食的经历。另外，这两种障碍通常都开始于青春期，并且经常伴随着个体的节食过程，这些个体非常关心自己的体重并常会体验到焦虑感和抑郁感。神经性贪食症和神经性厌食症患者对自己外貌的看法发生了扭曲，他/她们夸大了拥有"理想"体形的重要性。

尽管神经性厌食症和神经性贪食症之间存在相似性，但也具有重要的差异。第一，神经性贪食症要比神经性厌食症更常见。第二，几乎所有神经性贪食症患者的体重都会在标准体重上下10%的范围内波动，而神经性厌食症患者（根据定义）则至少低于标准体重的15%。第三，神经性贪食症患者通常会比神经性厌食症患者更关注自己对他人的吸引力，并会与他人有更多的交往。第四，神经性贪食症患者比神经性厌食症患者更可能具有情绪波动的经历，并会对自己的冲动缺乏控制力（American Psychiatric Association，2000）。

> **案例研究：进食障碍**
>
> JC 在12岁时体重就达到了115磅，朋友和家人都戏弄她为"矮胖子"。起初，JC 通过在正餐少食限制自己的食物摄入量，精心选择食物，在两餐之间不吃零食。最初，JC 渐进式的减肥得到家人和朋友的支持。但当体重减轻后，她又为自己设定了新目标，通过关注每个新目标忽视饥饿感。在节食的第一年，JC 的体重从115磅降到88磅。而她最初的目标是减掉10磅。在JC 开始饮食计划后不久，她的经期就停止了，外表发生了显著变化。第二年，她的瘦身计划失去了控制。她的人格也发生了改变，不再是瘦身之前那个充满活力、无拘无束和快乐的女孩。她的女性朋友失去了去她家的热情，因为 JC 已经变成一个顽固和好争论的人，她为朋友设计严格的活动程序并要求她们完成。
>
> JC 的家人向家庭医生寻求帮助。他对 JC 的身体状况提出警告，并为她设计了高热量食谱。但是，JC 认为自己体内有一些物质不会让她增重。她经常假装吃东西，常常列举她已经吃过的食物，而实际上她已将这些东西扔进马桶用水冲走；或常常将嘴里的食物不吞到肚子里。JC 承认在过去两年中当她感到快崩溃时，她依然对减肥充满动力，因此她常常散步、出差或花很长时间把自己的房间整理得很干净。（Leon，1984。）

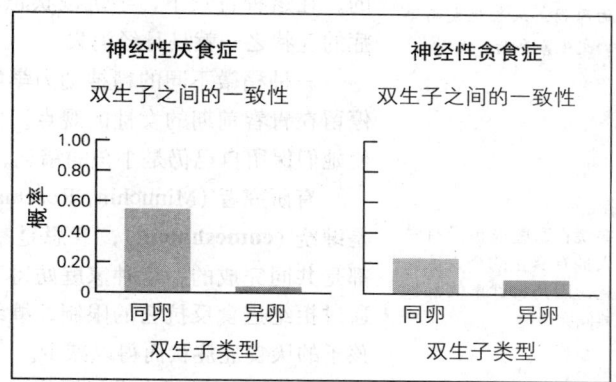

霍兰德等人（1988）和肯德勒等人（1991）研究了双生子的厌食症和贪食症。

生物学模型

遗传因素在进食障碍形成中也具有一定的作用。进食障碍患者的亲属患进食障碍的可能性是其他社会成员的4—5倍（Strober & Humphrey, 1987）。霍兰德等人（Holland, Sicotte & Treasure, 1988）对患神经性厌食症的同卵双生子和异卵双生子进行了研究。同卵双生子的一致率为56%，异卵双生子的一致率仅为7%。肯德勒等人（Kendler et al., 1991）对患神经性贪食症的2163名女性双生子进行了类似的研究，他们发现同卵双生子的一致率为23%，异卵双生子的一致率为9%。

这些发现表明，遗传因素在进食障碍（尤其是神经性厌食症）的形成中具有一定作用。但是，同卵双生子所经历的家庭环境比异卵双生子更相似（Loehlin & Nichols, 1976）。因此，环境因素也对同卵双生子更高的一致率产生了影响。

遗传因素不能解释最近患进食障碍的人数为什么显著增加，因为在过去二三十年间基因并未发生重大变化。遗传因素也不能解释不同文化中进食障碍发病率的较大差异（Comer, 2001）。

神经递质5-羟色胺可能与某些进食障碍患者病例有关。例如，卡拉斯科等人（Carrasco, Diaz-Marsa, Hollander, Cesar & Saiz-Ruiz, 2000）发现，神经性贪食症患者的5-羟色胺活动水平较低。大量摄入含碳水化合物的淀粉类食物能够增加脑内5-羟色胺的水平，这可能会改善那些体内5-羟色胺水平较低个体的精神状态。但是，神经性贪食症患者在暴饮暴食时所关注的并非只有碳水化合物食物（Barlow & Durand, 1995）。较低的5-羟色胺活水平与进食障碍有关的发现并不能证明5-羟色胺在进食障碍形成中具有重要作用。很可能是进食障碍的形成导致体内5-羟色胺的活性降低。

精神动力学模型

> 该模型能解释最近厌食症男性患者人数有所增加、年长妇女患厌食症的原因、厌食症发病率的文化差异吗？

神经性厌食症有多种精神动力学取向（Davison & Neale, 2001）。这种障碍多发生于青春期女孩中的事实表明，厌食症可能是由性欲的不断增加或口服避孕药造成的。在这种背景下，半饥饿状态可能反映了"避免怀孕"的愿望，因为神经性厌食症的症状之一就是月经消失。

一种稍微不同的精神动力学解释基于神经性厌食症发生在潜意识中仍希望自己停留在青春前期的女性的观点。体重减轻会阻止她们发育成成熟女性的体形，从而使她们保留自己仍是小孩的错觉。

> **缠绕**：家庭成员没有一人拥有真正的个人认同感，因为每件事情都是共同完成的。

有研究者（Minuchin, Roseman & Baker, 1978）认为，神经性厌食症女性的特征是**缠绕（enmeshment）**，意思是家庭成员没有一人拥有明确的身份，因为每件事情都是共同完成的。这种家庭妨碍了儿童走向独立。在缠绕家庭中成长的儿童可能会通过拒绝进食反抗它的限制。缠绕家庭很难解决这些冲突。父母冲突由于需要关注孩子的厌食症症状而得以减少。

很难对缠绕理论进行评价。但是，神经性厌食症患者的家庭中经常存在高度的父母冲突（Kalucy, Crisp & Harding, 1977）。研究者（Hsu, 1990）报告神经性厌食症

> **案例研究：厌食症患者**
>
> 布鲁克（Hilde Bruch, 1971）基于自己治疗厌食症患者的经验提出了厌食症理论。下面的案例是根据她的记录改编的。
>
> **案例 1**
>
> 一名来自优越上层家庭的12岁女孩，她母亲为这个小女孩的肥胖姐姐前来咨询时，精神病医师见到了这名小女孩。她母亲认为要惩罚小女孩的姐姐，因为她变胖了。但是母亲却对这个各方面都很完美的小女儿大加赞扬。小女孩的老师也说她是班里"最易相处"的女孩。当其他儿童很难交到朋友时，老师可以利用她的帮助和友好。
>
> 母亲的焦虑和惩罚行为明显影响了小女儿对自己的看法，不久她就患了厌食症。她认为变胖是最可耻的。在青春期的体重开始增加时，她对此感到恐惧。她认为如果想继续得到别人的尊重，就必须保持苗条的身材。这种想法让她开始着手减肥。同时她也开始意识到她没必要成为一名完美的女儿，也不必去做别人期望她做的事，她可以成为自己命运的主人。
>
> **案例 2**
>
> 一名母亲因为感到抑郁前来接受精神分析治疗。她认为女儿是生命中最大的满足。女孩（14岁）总是快快乐乐无忧无虑。她有一名女家庭教师，但是母亲愿意亲自抚养女儿，努力为女儿提供美味可口的食物。
>
> 在母亲接受精神病医师治疗后不久，女儿因为开始发胖而出现了厌食症。当女儿来看精神病医师时，她对自己童年的看法与母亲截然相反。女儿对童年期的记忆是痛苦的，她永远无法拥有自己想要的东西，不得不接受母亲给她的东西，准确地说是母亲自己想要的东西。她知道母亲会和大夫讨论她应该吃什么东西，这让她感到自己吃进嘴里的每一口食物都是被人监视的。父亲特别关注女儿的身材，这强化了女儿对自己肥胖问题的关注。由于家庭富有，因而总是大量浪费粮食。她父亲通过少食表现出优越感，他鄙视那些食量很大的人。
>
> 当女孩在青春期变胖的时候，她试图超越父亲的傲慢控制。她觉得自己欠父亲一份苗条身材和贵族气质。她生活的意义就是使父亲满意。她在学校做得很出色，但是害怕被人看出很愚蠢，这种恐惧一直缠绕着她。她把自己的生活描述为"我不配拥有他们给我的一切"，认为自己是"无用的"。尽可能让自己瘦下来是她能够证明"配拥有这一切"和赢得"尊严"的唯一方式。

儿童的家庭倾向于否认或忽视冲突，并会因出现问题而怪罪其他人。问题在于这些父母冲突更可能是家中有神经性厌食症儿童的结果而非厌食症的原因。

在儿童表现出神经性贪食症和神经性厌食症迹象的家庭中也发现了家庭冲突。这些家庭与正常青少年的家庭相比具有更多的消极互动和更少的积极互动（Humphrey, Apple & Kirschenbaum, 1986）。但是，尚不清楚贫乏的家庭互动是有助于导致疾病的原因还是仅仅是对疾病的一种反应。

上述各种精神动力学解释只存在少量的支持，所有的解释似乎都基于进食障碍只在青少年女性中发生这一错误假设。因此，它们不能解释男性或成人的进食障碍。

布鲁克（Bruch, 1991）提出了另一种观点。她认为患进食障碍的个体通常拥有无能力的父母，他们忽视孩子的需求，对孩子是否饥饿或劳累无法作出正确的判断。这使孩子感到困惑和无助，以至于在饥饿时非常依赖他人告诉他们。布鲁克（Bruch, 1973）发现，厌食症儿童的母亲认为她们总能预期孩子的需要，因此她们的孩子从未挨过饿。神经性厌食症和神经性贪食症患者非常担心别人如何看待自己，并体验到普遍的失控（Vitousek & Manke, 1994）。最后，神经性贪食症患者的父母在孩子焦虑时有时会错误地认为他们饿了（Rebert, Stanton & Schwarz, 1991）。

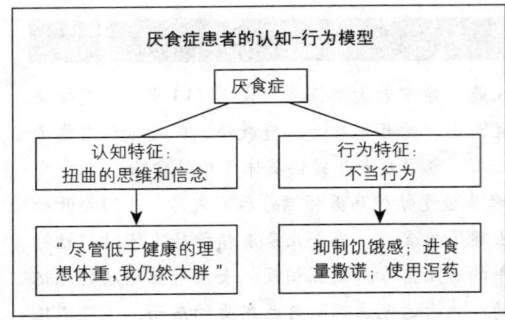

认知模型

进食障碍患者对自己（例如，体形和体重）的看法发生了扭曲。神经性贪食症患者认为自己的体形比相同体形的控制组个体更大，并错误地认为吃少量零食也会对体形产生明显的影响（McKenzie, Williamson & Cublc, 1993）。在神经性贪食症患者中，自己的实际体重和期望体重之间的差异通常与健康年轻女性类似。但是，神经性贪食症患者认为差距更大（Cooper & Taylor, 1988）；神经性贪食症患者更可能夸大自己的体形，并且她们的理想体形小于健康女性的标准体形。

很难对上述发现进行解释，因为我们不知道进食障碍患者的认知扭曲是否出现在该障碍发作之前。认知扭曲也许是进食障碍的副产品，因此它在障碍的形成过程中不起作用。

与进食障碍有关的另一个心理学因素是**完美主义**（**perfectionism**，一种达到优秀的强烈愿望）的人格特征。完美主义倾向高的个体会努力达到不切实际的苗条体形。饮食无规律女孩的母亲往往也有完美主义的倾向（Pike & Rodin, 1991）。这些母亲非常渴望自己的女儿身材苗条，她们自己也会节食并对家庭表现出很低的满意度。斯坦豪森（Steinhausen, 1994）发现，进食障碍女性患者既表现出完美主义者迹象也表现出顺从和依赖的迹象。另外还常会涉及低自尊（Comer, 2001）。

文化因素

西方社会的进食障碍通常要比非西方社会更普遍（Cooper, 1994）。例如，在西欧和美国，每200名妇女中约有一人患进食障碍。相比而言，在香港所抽取的2000多名中国人中，只有1人患进食障碍（Lee, 1994）。纳瑟（Nasser, 1986）比较了在开罗和伦敦学习的埃及妇女。在开罗学习的埃及妇女中无人患进食障碍，相比之下在伦敦学习的埃及妇女中则有12%的人患进食障碍。

对这些文化差异最明显的解释是压力，西方社会要求年轻女性拥有苗条身材，这种压力在最近几十年大幅增加。绝大多数美国小姐竞选者的体重都低于标准体重的15%或更多，这一发现阐明了为什么西方社会强调苗条作为一种理想体形（Barlow & Durand, 1995）。而低于标准体重15%或更多，正是神经性厌食症的诊断标准之一！

贾格等人（Jaeger et al., 2002）研究了12个西方和非西方国家的妇女。对自己的体形最不满意的是地中海国家的妇女，接下来依次是北欧国家、处在西化进程的国家，最后是非西方国家，非西方国家的妇女对体形的不满意度最低。在一个国家

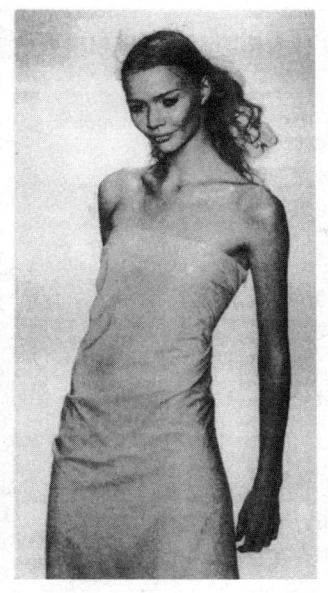

西方时尚体形在最近几十年发生了巨大变化：从1920年代平胸的"涉世未深的少女"（左），到多尔斯（Diana Dors）（中）曲线美的"计时沙漏型"，再到现在流行的以模特基德（Jodie Kidd）（右）为代表的"骨感美"。

的体形满意度和进食障碍水平之间存在紧密联系，是一件很有趣的事情。

科根等人（Cogan, Bhalla, Sefa-Dedeh & Ratehblum, 1996）比较了加纳学生和美国学生的观点："与美国学生相比，加纳学生认为无论女性还是男性，较大的体形较理想，还认为较大的体形应该作为一种理想体形在社会中得到保持。"（p.98）另外，美国学生认为瘦的女性最幸福，而加纳学生则认为，不论男女，胖瘦都是幸福的。

青春期女性感受到最大的文化压力有两个原因。第一，她们已经到了一个希望自己的外表对男孩子有吸引力的阶段。第二，青春期后大多数体重增加是以脂肪的形式获得的，这使她们更难达到理想体形。

神经性厌食症和神经性贪食症患者所持有的大多数歪曲信念（如上所述）仅仅是整个社会所持有的夸大的信念形式之一。库珀（Cooper, 1994）认为进食障碍患者的自我价值"似乎在很大程度上是根据其体形和体重进行评价的：认为肥胖是丑恶的、应受谴责，认为纤瘦是有吸引力和动人的，并认为保持自我控制至关重要。另外还有人认为减肥极其重要……这些信念与广泛受到支持的观点并不存在根本不同。"

文化因素不是进食障碍发生的唯一原因。绝大多数处于追求苗条文化压力下的年轻女性并未患进食障碍。只有那些受到这些文化影响的年轻女性才可能受到这些压力的严重影响。

在科根等人（1996）的研究中，加纳学生认为胖人和瘦人都很幸福，而美国学生则认为瘦人最幸福。

人格障碍

科默（Comer, 2001, p.510）根据DSM–IV把人格障碍（**personality disorders**）定义为"一种持久的内心体验和行为模式，这种模式显著偏离了个体的文化期望，个体至少在两个领域中受到这种模式的影响：认知、情感、人际功能、冲动控制。"另外，人格障碍患者在不同的情境会表现出死板的、持久的内心体验和行为模式。在DSM–IV中，到目前为止所讨论的临床障碍（像焦虑症、抑郁症、精神分裂症）都呈现在轴Ⅰ上（见前文）。比较而言，人格障碍和智力发育迟缓则呈现在轴Ⅱ上。但有越来越多的观点认为轴Ⅰ和轴Ⅱ之间的区分不够清晰，无人尝试在DSM–IV中对此进行明确的区分。在DSM–IV中保留轴Ⅱ是为了提醒临床医师既要考虑长期的人格障碍也要考虑当前心理障碍的症状。需要注意的是，任何特定个体均可以在两个轴上得到诊断。

> **DSM–IV 确定了 10 种人格障碍，可以粗略分成三类**
>
> **古怪型 / 怪癖型**
> - 偏执型：非常怀疑他人及其动机
> - 精神分裂型：情绪冷淡和漠不关心
> - 分裂型：类似精神分裂症的异常思维和行为
>
> **戏剧型 / 情绪化型**
> - 反社会型：违法行为、缺乏同情心、不诚实、冲动
> - 边缘型：情感不稳定、存在人际关系问题
> - 表演型：寻求关注、过于情绪化
> - 自恋型：热切渴望被赞美、缺乏共情
>
> **焦虑型 / 恐惧型**
> - 回避型：在社交场合中有不适感、对负面评价非常敏感
> - 依赖型：顺从和依附行为、自我批评
> - 强迫型：沉迷于控制自我和他人

人格障碍：一种内心体验和行为的持久模式，这种持久模式是稳定的、持续时间长的和僵化的，并且通常会带来痛苦和（或）损伤。

分类问题

试图对人格障碍进行分类会遇到各种困难。第一，诊断常常是不可靠的。这个问题通过使用结构化访谈已得到降低。洛兰格等人（Loranger et al., 1994）报告了一项在世界上11个国家使用结构化访谈的研究。临床医生对所有10种人格障碍的适当诊断之间具有良好的一致性。

第二，与第一点有关，各种人格障碍的症状存在大量重叠。存在人际关系问题是所有人格障碍的共同特征，这一点对于回避型、边缘型、依赖型、精神分裂型和分裂型人格障碍患者是至关重要的。除了精神分裂型人格障碍以外，其他类型的人格障碍均与抑郁感和无助有关，除了依赖型人格障碍之外，自我专注是其他所有人格障碍的特征。因此，误诊很常见，并经常会导致临床医生断定特定个体同时患有多种人格障碍。例如，奥尔德姆等人（Oldham, Skodol, Kellman, Hyler, Rosnick & Davies, 1992）发现，每个患者平均患有3.4种人格障碍。

第三，在DSM–IV中，轴Ⅱ上的人格障碍与轴Ⅰ上的心理障碍之间存在大量重叠。例如，分裂型人格障碍和精神分裂症、回避型人格障碍和社交恐惧症的症状具有很多明显的相似性。研究者（Fabrega et al., 1992）考察了2000多名被诊断为人格障碍的患者，发现79%的患者同时患有一种或一种以上轴Ⅰ上的心理障碍。这些发现对人格障碍与其他心理障碍进行区分的价值提出了怀疑。

第四，正如麦克劳德（MacLeod, 1998, p.558）所指出的："人格是……精神病理学的领域，在该领域可以清楚地观察到社会价值观的更多影响。"因此，很多完全

> 看一下上面所概括的人格障碍，你认为哪些障碍可能不适用于其他文化的个体？

不合乎社会期望的反常个体都被贴上了人格障碍的标签。

人格维度

各种人格障碍通常会被归为不同的类别,这意味着在患某种特定人格障碍的个体和未患某种特定人格障碍的个体之间存在鲜明的界线。这种假设无疑是错误的。正如弗朗西斯等人(Frances et al., 1991, p.408)所指出的:"大自然似乎憎恨清晰的界线。"

将人格障碍与潜在的人格维度相联系可能会更有意义。维迪格与科斯塔(Widiger & Costa, 1994)关注人格的大五或五因素模型(见第13章)。根据这种模型,主要人格维度如下:开放性(openness)、责任心(conscientiousness)、外倾性(extraversion)、宜人性(agreeableness)、神经质(neuroticism)。维迪格与科斯塔提出了三个核心假设:

1. 人格障碍患者在五个维度中的一个或多个维度上具有极高的分数。
2. 五个维度的得分模式在不同人格障碍之间存在差异。
3. 对与人格得分的相似模式有关的人格障碍来说,存在更多的共罹症(同一个体患有两种或两种以上的障碍)。

维迪格与科斯塔的发现为所有三个假设提供了支持证据。精神分裂型人格障碍和回避型人格障碍患者的外倾性维度得分非常低。这两类患者在神经质上的得分很高,但回避型人格障碍患者在此维度上的得分比精神分裂型人格障碍患者的得分要更高。边缘型、偏执型和反社会型人格障碍患者在宜人性维度上的得分非常低。因此,患这些人格障碍之一的患者常常患有一种或两种其他人格障碍丝毫不足为奇。

❖ 评价

- ⊕ 维度取向对共罹症的解释优于分类取向。
- ⊕ 人格研究可能潜在地增加了我们对人格障碍的理解。例如,大五人格因素的个体差异在某种程度上取决于个体的遗传因素(Jang, Lively & Vernon, 1996;见第13章),人格障碍也可能如此。
- ⊖ 我们不知道人格与人格障碍之间为什么存在联系。特殊的人格模式可能会使个体更容易受到特定人格障碍的影响。但也可能是人格障碍的形成导致人格的变化。

反社会型人格障碍

有关反社会型人格障碍的研究,远远多于对其他人格障碍的研究。根据 DSM-IV 的标准,**反社会型人格障碍**(**anti-social personality disorder**)患者在 15 岁前就会表现出品行障碍(例如,逃学、说谎、偷窃)。另外,他们至少具有下列症状中的三个:

反社会型人格障碍:一种涉及攻击行为、违法行为、欺诈及不知悔改的人格障碍。

1. 不遵守有关法律行为的社会规范。
2. 易怒和攻击性。
3. 一贯不负责任。
4. 冲动或事先不作计划。
5. 不知悔改。
6. 欺诈。
7. 鲁莽地不顾自己或他人的安全。

反社会型人格障碍与犯罪行为存在明显的关联。40%—75%的罪犯患有反社会型人格障碍（Widiger & Corbitt, 1995）。法林顿（Farrington, 2000）报告了来自一项英国男性纵向研究的发现。在父母犯罪的10岁儿童中，接近一半儿童到32岁时具有反社会型人格。他们也极可能实施一些犯罪。反社会型人格障碍和犯罪行为之间也存在重要的差异。前者是一个心理学概念，后者是一个法律概念。另外，大多数反社会型人格障碍的个体并不是罪犯。

接下来我们将会讨论与反社会型人格障碍的形成有关的因素。请记住，很多研究都是关注导致犯罪行为的因素，这些因素与反社会型人格障碍仅存在部分相关。

生物学模型

遗传因素对犯罪行为具有一定的影响，也可能会对反社会型人格产生影响。戈特斯曼与哥德史密斯（Gottesman & Goldsmith, 1994）考察了反社会人格特质和犯罪行为在同卵双生子或异卵双生子之间的一致性程度。平均而言，同卵双生子之间的一致性是异卵双生子的两倍多（分别是51.5%和23.1%）。

克洛宁格等人（Cloninger, Sigvardsson, Bohman & von Knorring, 1982）调查了童年时被收养的男性成人的犯罪行为。当他们的亲生父母和养父母都无犯罪记录时，只有3%的人成了罪犯。当养父母有犯罪记录而亲生父母无犯罪记录时，该比例（12%）稍高。最后，当养父母和亲生父母都有犯罪史时，40%的人有犯罪记录。因此，遗传因素和环境因素对犯罪行为均有重大影响，环境因素所起的作用可能比遗传因素的作用更大。

关于反社会型人格障碍和犯罪行为背后的心理过程存在各种推测。例如，有研究者（Virkkunen et al., 1994）认为，低水平的神经递质5-羟色胺可能非常重要。他们发现冲动犯罪的暴力罪犯的5-羟色胺水平远低于计划罪犯的暴力罪犯。该发现的相关意义在于，冲动性是反社会型人格障碍的标准。

精神动力学模型

根据精神动力学取向提倡者的观点，反社会型人格障碍的根源在于生命早期父母关爱的相对缺乏。早期关爱被剥夺的儿童会变得情感冷漠，并发现自己只能通过暴力和破坏与他人发生联系。波尔比关于母爱剥夺的观念与此类似，有一些证据支持这些观点（见第17章）。

这个发现支持反社会型人格障碍的其他解释吗？

证据只为精神动力学观点提供了不一致的支持。但是，反社会型人格障碍的成人经常拥有一个艰辛和充满压力的童年。例如，他们更可能比大多数成人遭受家庭暴力、父母离婚和贫困（Marshall & Cooke, 1999）。法林顿（Farrington, 2000）发现，童年期的一些因素与以后生活中的反社会型人格障碍有关，包括犯过罪的父母、大家庭、年轻妈妈及破裂家庭。一般来讲，较差的父母管教可以预测成人的反社会型人格障碍和犯罪行为。

行为模型

帕特森（Patterson, 1996，见第16章）认为父母所提供的奖励在儿童反社会行为形成中具有一定作用。例如，当儿童表现出攻击行为时，一些父母通过对他/她让步来恢复家里的平静。但是，这样做对儿童的攻击行为具有奖励效应，因此会增加他/她在未来出现攻击行为的几率。另外，一些父母很少关爱孩子，这可能会使儿童通过攻击行为吸引父母的注意。

帕特森（1996）讨论了在不同类型的家庭中研究互动模式的证据。正如所料，反社会行为儿童的家庭要比一般家庭更可能强化孩子的攻击行为。

心理因素

在威胁环境中，反社会型人格障碍的个体可能会比其他人体验到更少的恐惧。莱肯（Lykken, 1995, p.134）将这种低恐惧假设描述如下："由于某些原因，惩罚的恐惧和良知的强制[遏制]力量是无力的或不起作用的。"

帕特里克等人（Patrick, Bradley & Lang, 1993）检验了低恐惧假设。他们让被试观看愉悦的幻灯片（例如，日落）、中性幻灯片（例如，吹风机），以及消极或可怕的幻灯片（例如，意外事故遇难者）。然后出其不意地向被试发出巨大的噪音，使他们产生惊悚反应。在观看消极幻灯片时大多数人都表现出剧烈的惊悚反应，而在观看愉悦的幻灯片时惊悚反应最小。但在反社会型人格障碍测量中得分高的男性罪犯，在观看消极的幻灯片时产生的惊悚反应明显小于观看中性幻灯片时的反应，表明他们并未对消极的幻灯片产生恐惧反应。

结论

我们已经考察了可能引起一系列心理障碍所涉及的因素。在本章这一部分，我们首先关注一般性结论。然后我们将会把本章回顾的证据与本章前述五种变态模型联系到一起。

一般性结论

下面是根据本章所讨论的证据得出的一般性结论：

1．所有的心理障碍都是由多个因素决定的，这意味着生物学因素、社会因素和心理因素均有助于心理障碍的形成。

2．每种特定的心理障碍通常都是由两种或多种因素相互作用而产生的。因此，例如，个体患重度抑郁症可能是因为他/她具有遗传易损性并经历了严重的生活事件，以及缺乏有力的社会支持。

3．在不同因素的相对重要性方面，患相同心理障碍的不同个体之间存在很大的差异。例如，遗传因素通常对躁郁症的形成具有某些作用，但是并非总会涉及遗传因素。

4．文化因素对神经性贪食症和神经性厌食症形成的重要性大于对其他大多数心理障碍的重要性。事实上，神经性厌食症和神经性贪食症在很多社会中几乎都不存在。

5．"社会价值观有助于界定心理障碍"的观点可能与人格障碍最为相关。

变态模型

下面将根据主要变态模型准确确定心理障碍致病因素的程度来评价这些变态模型。

生物学模型

大量证据支持生物学模型。例如，双生子研究、收养研究和家庭研究都表明，遗传因素在我们所考察的大多数心理障碍形成中具有一定作用。需要注意的是，我们几乎没有遗传因素影响人格障碍形成的证据。

遗传因素在精神分裂症、躁郁症、重度抑郁症和神经性厌食症形成中似乎尤为重要。焦虑症的双生子研究提供了相当不一致的发现，但是证据可能最支持社交恐惧症和某些特定对象恐惧症。在神经性贪食症病例中遗传因素的影响程度可能最不明确。

业已证明难以表明生物化学异常与心理障碍的形成直接有关。有三个主要原因。第一，假设患特定心理障碍个体的某种神经递质水平异常。这并未告诉我们是异常的神经递质水平引起了心理障碍，还是心理障碍导致神经递质的异常水平。第二，人体内大多数化学物质以非常复杂的方式彼此交互作用，但是理解这些交互作用非常困难。第三，一些化学物质的异常并不是特定的心理障碍所特有的。例如，躁郁症、重度抑郁症、神经性贪食症、反社会型人格障碍患者都报告了较低水平的 5-羟色胺。我们不清楚 5-羟色胺异常如何与这些不同的心理障碍发生联系。

精神动力学模型

精神动力学模型具有各种优缺点。从积极方面说，有证据支持精神动力学的某些普遍性假设。例如，精神动力学理论家认为童年期的不愉快和创伤性经历往往会增加成年后患心理障碍的几率。我们已经看到那些在 20 岁前患某种抑郁症的人非常可能经历过不幸的童年。另外，患社交恐惧症成人的父母通常是拒绝的或保护过度的，而患反社会型人格障碍的成人通常则具有艰辛的童年（例如，家庭暴力）。

从消极方面说，大多数有关特定心理障碍起源的具体假设或者未被证明或者缺乏实证支持。例如，精神分裂症患者会退行到心理性欲发展口腔期早期阶段的观点是不正确的。同样，神经性厌食症患者试图保持自己的青春前期或避免怀孕的观点也不正确。

行为模型

几乎没有直接证据表明条件反射和观察学习在大多数心理障碍的形成中具有重要作用。我们很少拥有患者条件反射史的详细信息，因此很难将他们当前的障碍与他们的条件反射经历联系起来。最让人信服的证据是条件反射可能会与各种特定对象恐惧症有关。很多特定对象恐惧症个体会回忆起有关恐惧刺激的具体的不愉快经历或厌恶经历。但是，条件反射理论家们认为需要在获得最大条件反射的无条件刺激或厌恶刺激出现之前立即呈现条件刺激或中性刺激（见第8章），这些条件经常不能得到满足。

行为模型还可能与创伤后应激障碍有关。创伤性事件经历导致对同时出现的中性刺激形成条件性恐惧。但是，行为模型仅提供了对创伤后应激障碍几个方面的解释。

行为模型还可能与理解抑郁症的形成有关。动物的习得性无助可能与人类的抑郁症类似。但是，认知因素在习得性无助产生方面的重要性可能远高于行为模型的提倡者最初的认识。

最后，行为模型可能与反社会型人格障碍也有联系。攻击性行为受到奖励的青少年患这种障碍的危险远高于其他青少年。

总之，行为模型可能最适用于行为症状非常明显的心理障碍。例如，回避行为是恐惧症和创伤后应激障碍的关键症状。行为模型可能与具有内部主要症状的心理障碍（例如，担忧、精神痛苦）较无关。

人本主义模型

根据罗杰斯的观点，来访者感到焦虑或抑郁的关键原因是他们在童年期未得到足够的无条件自我关注。因此，他们发现很难达到自我实现或发挥自己的潜力。令人遗憾的是，几乎没有研究表明这些因素确实在心理障碍的形成中起到了作用。心理障碍在导致心理障碍形成的特定因素上存在很大差异，但罗杰斯却强烈认为所有形式的心理障碍都是通过相同的方式引起的。如果真如罗杰斯所言，将不可能预测出缺乏无条件自我价值感和自我实现的个体是否会患精神分裂症、重度抑郁症、惊恐障碍或反社会型人格障碍。

认知模型

尚不清楚认知模型所强调的因素（例如，不当图式）是否在心理障碍形成中发挥着重要的作用。正如科默（Comer, 2001, p.65）指出的："虽然在多种心理障碍中发现了异常的认知过程，但是它们的确切作用尚不能确定。在心理障碍者中看到的认知方式可能是他们心理障碍的结果而非导致心理障碍的原因。"原则上我们可以通过纵向研究考察存在认知扭曲的个体是否比其他无认知扭曲的个体更可能在以后患心理障碍，并以此阐明这种因果关系。纵向研究表明，扭曲的认知功能在重度抑郁症（Lewinsohn et al., 2001）和惊恐障碍（Maller & Reiss, 1992）的形成中具有一定作用。

认知模型的提倡者需要证明心理障碍的形成涉及不当图式的认知易损性和扭曲的认知功能。克拉克（Clark, 1989, p.692）认为：

支持或驳斥易损性假设的证据将会决定认知模型的命运。如果认知机制被证明仅属于临床症状，这些模型的解释价值就会受到很大的限制。另一方面，如果发现认知机制将个体置于患有某种临床障碍的危险中，这些机制的理论价值和临床价值就是显而易见的。

小 结

什么是变态？

变态的统计学取向是有缺陷的。几乎没有证据支持不存在心理疾病的观点，也没有证据支持心理障碍的诊断是用来排除不遵循传统者的观点。"心理障碍"是一个模糊的概念，缺乏精确的定义性特征。与心理障碍有关的特征是异常、苦恼、机能障碍和危险。罗森汉与塞利格曼（Rosenhan & Seligman, 1989）提出了一系列相似的特征：痛苦、适应不良、新奇反常的行为、无法预测和失控、不合理和不可思议、旁观者不适、违反道德和规范标准。韦克菲尔德（1999）认为生理障碍和心理障碍应该界定为有害的机能障碍。但是，他所提出的我们能清楚地区分正常机能和机能障碍的假设并不正确。

分类系统

DSM–IV 是最常用的心理障碍分类系统。它由五个轴组成：临床障碍、人格障碍与智能缺陷、一般医疗情况、社会心理和环境问题、总体评估。障碍可以通过可观察的症状进行识别，每种诊断分类均基于一个原型。DSM–IV 具有良好的信度，但病因效度和描述效度较低。DSM–IV 承认文化症候群的存在。DSM–IV 似乎不存在性别偏见。

变态模型

根据精神动力学模型，成人心理障碍的发生源于童年期的潜意识冲突。治疗可以为患者提供对自己的压抑思维和情感的顿悟。根据生物学模型，心理障碍可能会由遗传因素和/或生物化学的异常所引起；所有的障碍都存在普遍性的观点是不正确的。基于生物学模型的治疗通常会涉及药物。根据行为模型，心理障碍的发生是由不当的学习方式导致的。治疗过程是使用可取的条件反射的行为方式代替不当行为。根据人本主义模型，当个体对自己的看法发生扭曲时就会患有心理障碍。治疗允许来访者诚实地思考自己并控制自己的生活。根据认知模型，扭曲和功能失调的思维在很多心理障碍中至关重要。治疗是说服来访者用更现实和更积极的思维替代功能失调的思维。所有的主要模型都存在局限性，心理障碍涉及一些交互作用的因素，基于此假设的生物心理社会理论是可取的。旨在解释特定心理障碍的"微观模型"应该得到进一步发展。

导致心理障碍的因素

心理障碍的形成受到遗传因素、脑内化学物质、文化因素、社会因素和心理因素的影响。这些因素彼此之间通常相互作用。根据素质—压力模型，当素质或易损性以及严重的或令人困扰的事件出现时，就会出现心理障碍。双生子或收养研究评价了遗传因素的作用。素质—压力模型的压力成分经常会涉及生活事件。通常很难知道是生活事件导致了心理障碍，还是心理障碍促进了生活事件的产生。

精神分裂症

精神分裂症是一种非常严重的心理障碍。精神分裂症患者表现出一系列症状（例如，妄想、很少说语、幻觉、行为僵硬）。双生子研究和家庭研究表明遗传因素在精神分裂症的形成中很重要，该结论得到收养研究的证实。生活事件和家庭内的情感表达等社会因素可能在精神分裂症的形成中具有一定作用，很多处于社会最底层的成员所面临的压力环境也可能在精神分裂症的形成过程中具有一定作用。

抑郁症

抑郁症有多种形式。重度抑郁症是一种非常严重但经常不持久的心理障碍，情绪不良（dysthymia）虽不是很严重但其持续时间却很长。还有躁郁症，表现为抑郁和躁狂的变换。双生子研究和家庭研究表明遗传因素与重度抑郁症、双向障碍有关，与躁郁症的关系可能更大。据称重度抑郁症患者的去甲肾上腺素和5-羟色胺的水平较低，但是实际情况则要更为复杂。也有人认为躁郁症患者在抑郁期和躁狂期5-羟色胺的水平都比较低。与很多抑郁图式一样，习得性无助在抑郁症发展中具有一定作用。严重的生活事件和抑郁症的发作有关，尤其是缺乏亲密朋友的女性。

焦虑障碍

焦虑障碍有多种，包括惊恐障碍、广泛性焦虑症、创伤后应激障碍、社交恐惧症、特定对象恐惧症。惊恐障碍的风险因素可能包括遗传因素、生活事件、呼吸系统疾病史。有强有力的证据表明遗传因素会影响广泛性焦虑症的形成，这种障碍也会受到不可预知的消极生活事件的影响。创伤性事件的存在对于PTSD的形成至关重要，但也涉及其他因素。双生子研究表明遗传因素在PTSD的形成中起作用。把成人暴露于不同的创伤性事件中时，创伤性童年期经历会增加他们患PTSD的几率。遗传因素可能与社交恐惧症的原因有关，高度的内倾向也可能与此有关。缺乏父母关爱和过度保护的养育方式可能是另外的风险因素。遗传因素会对很多特定对象恐惧症产生影响。特定对象恐惧症的形成也会受到条件反射经历的影响。但与其他刺激相比（例如，汽车），人类天生就对特定刺激（例如，蛇）更敏感。

进食障碍

大多数神经性厌食症患者或神经性贪食症患者均为青少年女性。最近这两类障碍正在变得越来越常见。这两类障碍的不同在于，神经性贪食症患者通常与其他人交往更多，更关注自己对他人的吸引力。遗传因素在进食障碍，尤其在神经性厌食症的形成中具有一定作用。缠绕或家庭冲突也可能会影响神经性厌食症的形成。完美主义倾向的个体可能会处于患上某种进食障碍的风险中。进食障碍在西方社会最常见，因为在西方社会中追求苗条的文化压力非常强烈。

人格障碍

DSM–IV 确定了 10 种人格障碍，分为三类：古怪型 / 怪癖型、表演型 / 情绪化型、焦虑型 / 恐惧型。这些人格障碍的症状多有重叠，使得诊断变得很困难。患一种或多种人格障碍的个体通常至少会患一种心理障碍。将人格障碍和潜在的人格维度联系起来是合理的。遗传因素似乎与反社会型人格障碍和罪犯行为有关。反社会型人格障碍患者对惩罚几乎不会感到恐惧，他们在童年期往往经历过家庭暴力和父母离异。

结论

所有的心理障碍都是由多种因素共同决定的，不同因素的相对重要性在不同个体中存在差异。遗传因素会影响大多数心理障碍，尤其是精神分裂症的形成。社会因素对重度抑郁症特别重要，文化因素对神经性贪食症和厌食症至关重要。认知扭曲可能会在重度抑郁症和惊恐障碍的形成中起到一定作用，但是通常我们并不清楚是认知扭曲导致了心理障碍，还是心理障碍引起了认知扭曲。

进一步阅读

- Champion, L., & Power, M.(2000).*Adult psychological problems: An introduction* (2nd ed.).This book, edited by two British clinical psychologists, provides good introductory accounts of numerous topics in abnormal psychology.
- Comer, R.J. (2001). *Abnormal psychology* (4 th ed.).New York:Worth.Most of the most important issues are deale with thoroughly and in an up-to-date way.
- Davison, G.C., & Neale, J.M. (2001). *Abnormal psychology* (8th ed.).New York:Wiley. This well-established textbook has readable accounts of the whole of abnormal psychology.
- Frude, N. (1998).*Understanding abnormal psychology*. Oxford, UK:Blackwell. The main topics and issues are discussed in a clear way in this British textbook.

第 23 章　治疗方法

本章概要

- **躯体疗法**
  治疗心理障碍个体的主要药物

  用于治疗抑郁症的单胺氧化酶抑制剂（MAOIs）、三环类抗抑郁药物（TCAs）、摄取抑制剂（SSRIs）和电休克疗法（ECT）；治疗躁郁症的碳酸锂
  治疗焦虑症的苯二氮类和三环类药物
  治疗精神分裂症的神经抑制剂和非典型抗精神病药物

- **精神动力学疗法**
  弗洛伊德有关神经症的观点，他认为神经症是基于未解决的

  思维和回忆的压抑
  精神动力学治疗：催眠、退行和自由联想
  梦的分析
  移情的证据

- **行为疗法**
  通过经典条件反射和操作条件反射治疗不当学习

  治疗当前问题和行为
  恐惧症的暴露疗法
  厌恶疗法，用于阻止像酗酒等行为
  代币行为矫正法

- **来访者中心疗法**
  心理障碍治疗的人本主义观

  罗杰斯认为建立积极的来访者—治疗师
  关系的条件
  其他研究

- **认知疗法和认知行为疗法**
  基于改变刺激—认知反应过程的治疗

  关注当前顾虑和信念的认知疗法
  基本假设
  埃利斯的理性情绪疗法
  贝克的认知三元素和假设检验
  安全寻求行为

- **治疗的有效性**
  效能测量和恢复评估

  测量效能和评估恢复的问题
  效能和有效性研究
  治疗有效性研究的元分析
  一般因素和特殊因素
  治疗联盟
  各种疗法之间的细微差异
  新取向（折衷主义）

- **治疗的伦理问题**
  很多重要的伦理问题

  知情同意及其移除
  保密问题
  治疗目标的选择
  治疗师与来访者的关系
  治疗的变更

有心理障碍的人会表现出各种各样的症状，可能会是一些与思维和心理（像精神分裂症患者的幻觉）、行为（像恐惧症患者的回避行为）或生理和身体过程（像创伤后应激障碍患者高度激活的生理系统）有关的问题。但要注意的是，思维、行为和生理过程是高度依存的。

心理障碍的治疗方法主要关注在思维、行为或生理机能方面发生的变化。冒着过于简化的风险（事实也确实如此）：精神动力学方法旨在改变思维，人本主义疗法和认知疗法具有相同的目标。顾名思义，行为疗法强调行为改变的重要性。药物疗法和其他基于生物学的治疗方法则关注生理和生物化学的变化。最后，认知行为疗法介于行为疗法和精神动力学疗法之间，因为它尝试使来访者的思维过程和行为发生改变。

很多教科书都强调主要治疗方法之间的区别而非相似性。这些主要的治疗方法有什么共同之处呢？根据布鲁因与鲍尔（Brewin & Power, 1999, p.143）的观点："任何心理治疗获得成功的主要手段在于转变来访者（client）赋予自身症状、人际关系、生活问题意义的能力……我们认为，由于使用不同的术语（及）对意义的不同理解，致使意义转换的共同目标变得模糊不清。"

考察几种主要治疗方法，我们就会理解改变来访者意义的重要性。在精神分析法中，精神分析师会设法将来访者早期的潜意识冲动和回忆带入意识中。然后分析师会尝试着说服来访者应该对这些冲动和回忆进行重新解释以揭示它们的隐含意义，并由此产生领悟。

人本主义疗法强调减少来访者的自我概念及其体验之间的矛盾。通过提供积极的氛围可以在某种程度上达到这一目标，在这样的氛围中，治疗师允许来访者"认识、拥有和表达那些到目前为止还被忽视的情感和个人意义"（Brewin & Power, 1999, p.146）。

认知疗法的核心目标是改变来访者对自身、对各种刺激及对他们当前处境的不适当的消极解释或意义。例如，一些惊恐障碍来访者通常会把自己的身体感受解释为他们正在经历心脏病发作、失控或社会屈辱（Clark, 1986）。认知疗法旨在产生更加现实的（和更少威胁性的）解释。

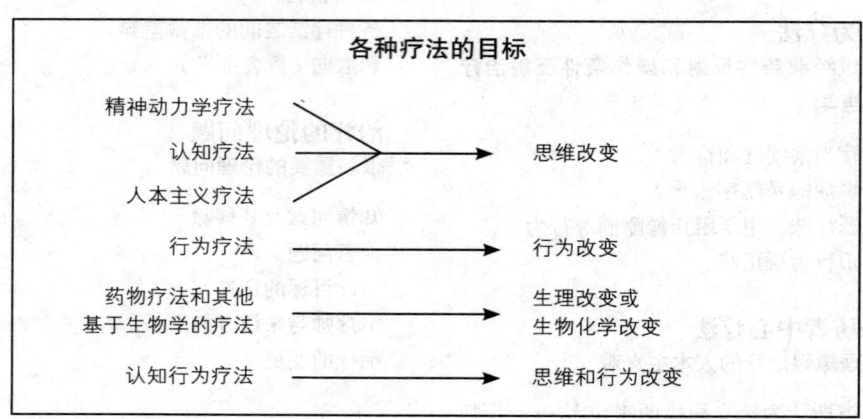

那么行为疗法又如何呢？正如布鲁因与鲍尔（Brewin & Power, 1999, p.146）所指出的："相对来说，行为疗法并不关心意义……精神病理学被认为是外部事件的结果。个体对它们的主观解释被明确排除在情绪和行为的原由之外。因此，与患者讨论他们症状的意义几乎没有任何作用。"

避免出现**治疗病因学谬误（treatment aetiology fallacy）**很重要（MacLoed, 1998）。这种错误的观点认为，任何特定治疗方法的成功，均揭示了心理障碍的病因。这种谬误在解释药物疗法的有效性时可能最为常见，但是在所有的治疗方法中都会出现这样的谬误。例如，阿司匹林能有效治疗头痛，但是没人会认为头痛是由于缺乏阿司匹林引起的。

避免出现治疗病因学谬误。阿司匹林可以治疗头痛，但是阿司匹林的缺乏并不是头痛的原因。

本章我们将会考察几种主要疗法。我们也会考察其适用性和有效性。最后，我们会讨论与这些疗法有关的关键性道德问题。

躯体疗法

躯体疗法（somatic therapy）这个术语特指与身体操控有关的治疗方法。躯体疗法（多数涉及服用药物）与生物学模型有关（见第22章）。根据生物学模型，心理障碍的形成是由于身体机能出现异常，尤其是脑机能出现异常，人们经常会使用药物来减轻或消除这些异常。

除去药物疗法，另两种主要基于生物学的治疗方法是电休克疗法和精神外科手术。电休克疗法将会在下文讨论，这里我们仅仅简单探讨一下精神外科手术。**精神外科手术（psychosurgery）**是指实施脑部外科手术来进行心理障碍治疗。莫尼兹（Antonio Egas Moniz）在这一领域做了一些具有开拓性的工作。他实施了前额白质切除术（prefrontal lobotomy），将与脑部其他部位相连的额叶纤维切除。在电影《飞越疯人院》（One Flew Over the Cuckoo's Nest）中，一次脑叶切除手术终止了麦克墨菲对精神病院权威的反抗。莫尼兹宣称，这种手术能使精神分裂症患者和其他患者减少暴力和激动。但是，脑叶切除手术也具有非常严重的副作用，包括冷漠、智力减退、严重情况下甚至会出现昏迷

治疗病因学谬误：一种由于某次特殊治疗的成功而认为发现了该障碍病因的不正确观念。

躯体疗法：与身体操控有关的治疗方法（例如，药物治疗）。

精神外科手术：使用脑科手术治疗心理障碍。

在电影《飞越疯人院》里，尼克尔森（Jack Nicholson）扮演麦克墨菲（Randle Patrick McMurphy），他激发并唤醒了他的病友，同时与权威发生了争执。最后，主人公的脑叶被切除，开始变得安静和容易控制，然而与此同时他也丧失了所有的智慧之光和活力。

> **案例研究：早期的躯体疗法**
>
> 从放血疗法、腹泻疗法（使用轻泻剂）到冰浴疗法，历史上曾出现过形形色色的治疗心理疾病的方法。1810年，拉什（Benjamin Rush）医生发明了如图所示的限制椅（restraining chair）。赫曼和格林（Herman & Green, 1991）引用了拉什医生关于限制椅有效性的描述：
>
> > 我设计了这种椅子，并把它引入我们的医院用于帮助治疗精神错乱。它可以绑住并限制患者身体的每个部分。通过使患者保持躯干直立，减轻了血液流向脑部的推动力……它对患者的语言、脾气和血液能起到镇静剂的作用。
> >
> > 拉什给他的这一设备创造了个名词"镇静剂"（tranquilliser），患者每次会被捆在椅子上长达24个小时。如今可能已没人会对不管患者心理状态如何这种限制椅会制服他们这一做法感到惊奇。

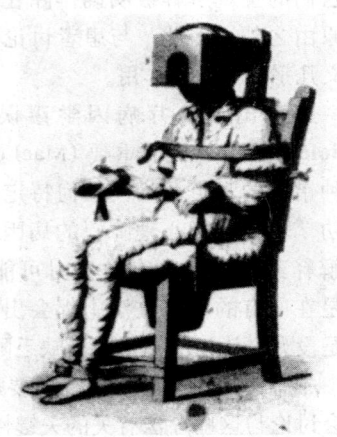

和死亡。另外，精神外科手术还引发了极大的伦理问题。因此，脑叶切除手术在很多年前就已被取消。

抑郁症

人们已经发展出不同形式的药物疗法来治疗重度抑郁症和躁郁症。下面我们就来分别讨论这两种障碍。

重度抑郁症

主要有三种类型治疗重度抑郁症的抗抑郁药物：(1) 单胺氧化酶抑制剂（MAOIs）；(2) 三环抗抑郁剂（TCAs）；(3) 选择性5-羟色胺再摄取抑制剂（SSRIs）。其中，单胺氧化酶抑制剂开发于1950年代，而选择性5-羟色胺再摄取抑制剂则是最近才开发出来。

单胺氧化酶抑制剂可以抑制单胺氧化酶的降解，从而有助于防止去甲肾上腺素的破坏。因此，服用单胺氧化酶抑制剂的抑郁症患者会增强去甲肾上腺素的活性，从而减轻抑郁症状。单胺氧化酶抑制剂在减轻抑郁方面很有效。但它也会产生各种副作用。它会抑制肝脏中单胺氧化酶的产生，导致酪胺（tyramine）发生堆积。这种情况很危险，因为酪胺浓度过高会引发血压升高。因此，服用单胺氧化酶抑制剂的抑郁症患者必须遵守严格的日常饮食，确保不食用含有酪胺成分的食物（例如，奶酪、香蕉）。新型药物（可逆性单胺氧化酶A抑制剂或RIMAs）产生的问题相对较少。

三环抗抑郁剂看起来增强了神经递质去甲肾上腺素和5-羟色胺的活性，并对减少抑郁症症状具有普遍作用。一项大型研究（Elkin, 1994）发现，三环抗抑郁剂（丙

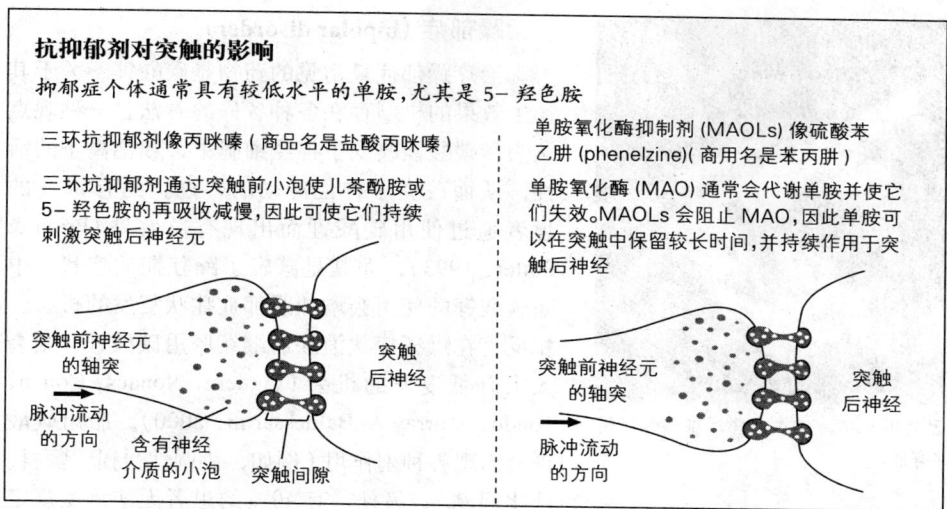

咪嗪）与认知疗法和人际关系心理疗法（interpersonal psychotherapy）对抑郁症的治疗效果是一样的。但是，除非药物疗法持续较长一段时间，否则患者会出现很高的复发率（Franchini, Gasperini, Perez, Smeraldi & Zanardi, 1997）。与单胺氧化酶抑制剂相比，三环抗抑郁剂的危险性更低，但是它们可能会在某种危险的程度上损害患者的操纵能力。

最著名的选择性5-羟色胺再摄取抑制剂（SSRIs）是百忧解（Prozac）。与三环抗抑郁剂相比，这些药物的选择性功能更高，因为它们可以增强5-羟色胺的活性而无需影响像去甲肾上腺素之类的其他神经介质。选择性5-羟色胺再摄取抑制剂的有效性和三环抗抑郁剂相当（Hirschfeld, 1999），但是前者要具有某些优势。相对于服用三环抗抑郁剂的抑郁症患者而言，服用选择性5-羟色胺再摄取抑制剂的抑郁症患者更不可能出现口干和便秘，并且更不容易出现服用过量的情况。不过，选择性5-羟色胺再摄取抑制剂会与其他一些药物治疗相冲突。

电休克疗法

电休克疗法（electroconvulsive therapy，ECT）是一种通过让电流穿过头部产生脑抽搐来治疗抑郁症患者的方法。过去电休克疗法曾引起骨折、恐惧和记忆丧失，现如今，这些问题都已通过各种方式基本被消除。首先给患者注射强烈的肌肉弛缓剂以预防或降低抽搐。其次，电流一般只穿过脑部的非优势半球，而非两个半球都穿过，这减少了记忆丧失的危险。最后，在实施电休克疗法时，会对患者进行麻醉，从而减少了患者体验到恐惧的机会。

电休克疗法：一种通过让电流穿过头部产生脑抽搐来治疗抑郁症患者的方法。

电休克疗法的效果如何呢？约有65%的重度抑郁症患者通过电休克疗法获得了益处（Rey & Walter, 1997），它优于药物疗法之处在于，其功效的出现通常更迅速。电休克疗法对那些有可能企图自杀的严重抑郁者尤为有用。

对电休克疗法有效的原因尚缺乏详细了解。由于电休克疗法对大脑具有多种影响，所以很难证实哪些影响在减轻抑郁症症状方面较为重要。

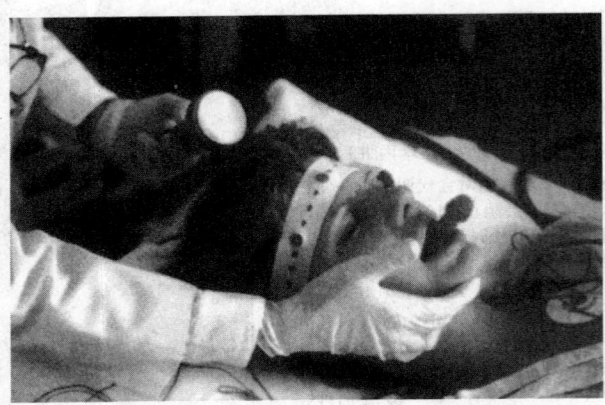

尽管电休克疗法有效的原因尚不清楚,但在一些严重抑郁症病例中发现,电休克疗法非常有效。

躁郁症(bipolar disorder)

治疗躁郁症最常见的药物是碳酸锂。关于其产生效果的机制存在各种各样的看法。一种观点认为,碳酸锂改变了神经细胞中钾和钠离子的活性,从而改变了神经冲动的传递。约有80%的患者通过使用碳酸锂而出现有益效果(Prien & Potter, 1993),尤其是减轻了躁狂期的症状。中断碳酸锂的使用会增加躁郁症症状复发的机会。相反,在躁狂症状消除后继续服用碳酸锂,则会大大降低复发的机会(Viguera, Nonacs, Cohen, Tondo, Murray & Baldessarini, 2000)。服用碳酸锂会出现各种副作用(例如,协调性受损、颤抖、消化问题)。另外,有40%的患者无法承受规定的药物剂量(Basco & Rush, 1996)。

一些人(例如,凡高)在躁郁症的躁狂期表现出更多的创造力。这会如何影响他们是否使用药物来控制疾病的决定呢?

焦虑症

焦虑症患者(尤其是广泛性焦虑症患者)往往会服用特定药物来减轻焦虑。最常用的抗焦虑药物是苯二氮类药物(**benzodiazepines**),包括甲氨二氮(利眠宁)和地西泮(安定)。这些药物和脑内的受体基(receptor sites)相结合,受体基通常会接收神经递质氨基丁酸(GABA)。看起来似乎是苯二氮类药物增强了氨基丁酸与这些

苯二氮类药物:用于减轻焦虑症状的药物(例如,安定)。

案例研究:弗吉尼亚·伍尔芙

受到间歇性抑郁症折磨的作家伍尔芙(Virginia Woolf),自杀于1941年,享年59岁。这一灾难似乎与躁郁症有关,但也伴随着严重的生理症状和精神错乱妄想。在她的传记中,李(Hermione Lee, 1997)阐述了伍尔芙从1895年(她第一次体验到精神崩溃的时间)到1930年间所接受的一系列治疗。后来,伍尔芙的丈夫伦纳德(Leonard)对她的精神崩溃做了详细记录(Lee, 1997, pp.178–179):

在躁狂阶段,她极度兴奋,思维活跃;她喋喋不休,攻击性很强,毫无条理性;她开始出现妄想和幻听……在抑郁阶段,她所有的思维和情绪则完全相反……她深深的处在忧郁和失望之中;她几乎不说话、拒绝吃东西、拒绝相信自己生病,她坚持认为自己目前的状况是自己的罪恶造成的。

1890—1930年间,伍尔芙咨询过十多位医生,但是治疗形式几乎没有改变。他们通常都是用牛奶和肉食来补偿她失去的体重;通过休息来减少她的激动不安;通过睡眠和新鲜空气来帮助她恢复活力。在那个年代,碳酸锂还未被看成是一种治疗躁狂抑郁症的药物。取而代之的是使用溴化物、巴比妥和氯醛,它们大多是镇静剂。李指出,一些药物的神经精神病学效果还非常不明确,因此,伍尔芙的躁狂期很可能是服用了这些化学药品的结果。

受体基结合的能力,从而增强了氨基丁酸抑制躯体唤醒和焦虑的能力。

苯二氮类药物在治疗广泛性焦虑症方面具有一定的有效性(Rickels, DeMartini & Aufdrembrinke, 2000),并且也能被用来治疗社交恐惧症。但是,社交恐惧症患者往往兼有焦虑症状和抑郁症状。格伦特等人(Gelernter et al., 1991)发现,单胺氧化酶抑制剂(用于治疗抑郁症的药物)在治疗社交恐惧症方面比苯二氮类药物要更有效。

苯二氮类药物还有几种不好的作用:

1. 患者停止用药后,其焦虑症状往往会复发。
2. 具有各种副作用(例如,协调性缺失、注意力不集中、记忆丧失)。
3. 可能出现生理依赖,患者发现在没有药物的情况下很难控制焦虑。

丁螺环酮(buspirone)并没有苯二氮类药物那种具有潜在危险的镇静作用。也就是说,它和苯二氮类药物的作用是不同的,它会刺激脑内 5-羟色胺的受体。丁螺环酮与苯二氮类药物在治疗广泛性焦虑症方面都是有效的(Lader & Scotto, 1998),并且它具有极少产生生理依赖的优势。

三环抗抑郁剂(最常用于治疗重度抑郁症)曾被成功地用来治疗惊恐障碍。巴洛等人(Barlow, Gorman, Shear & Woods, 2000)比较了基于三环抗抑郁剂丙咪嗪的药物疗法和认知行为疗法。在治疗中,这两种疗法在减轻惊恐障碍症状方面具有相当的有效性。但在治疗结束后的六个月里,药物疗法的有效性要比认知行为疗法更小。

> **苯二氮类药物**
>
> 苯二氮类药物是世界上使用最广泛的精神处方药物,每年其全球销售额可以达到 210 亿美元(Gordon, 2001)。例如,据报告,2002 年,英国开出了超过 1300 万张苯二氮类药物处方(Garfield, 2003),十分之一的加拿大人至少每年服用过一次苯二氮类药物(Gordon, 2001)。世界卫生组织认为,这些药物过多的处方是一个全球性问题。苯二氮类药物具有多种商品名称,像安定、羟基安定、利眠宁、氟硝西泮,最后一种药物曾涉及约会强暴案,是一种明显违法和使用不当的药物。

精神分裂症

区分精神分裂症的阳性症状和阴性症状是有意义的(见第 22 章)。阳性症状包括妄想和幻觉,阴性症状包括动机缺乏、情感缺失和社会退缩。一些药物在减轻阳性症状方面比减轻阴性症状要更有效。主要有两类药物:(1)传统的或抑制精神的药物(neuroleptic drugs),(2)新型的非典型药物(atypical drugs)。

神经松弛剂

神经松弛剂(**neuroleptic drug**,可以减轻精神病症状,但却会产生一些神经系统疾病症状的药物)是常常用于治疗精神分裂症的传统药物。普通的神经松弛剂包括:氯丙嗪(chlorpromazine)(氯普鲁马嗪, Thorazine)、氟非那嗪(fluphenazine)(氟奋乃静, Prolixin)和氟哌丁苯(haloperidol)(氟哌啶醇, Haldol)。

这些药物是如何发挥所用的呢?它们会阻断神经递质多巴胺的活性,尤其是会阻断位于大脑多巴胺 D-2 受体上的多巴胺。很多精神分裂症患者的多巴胺活动似乎

神经松弛剂:一些用于治疗精神分裂症的传统药物。

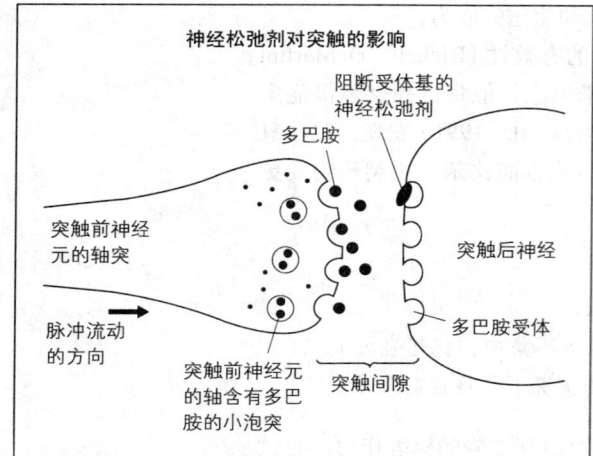

神经松弛剂对突触的影响

过于强烈（见第 22 章）。现在尚不清楚神经松弛剂是如何减轻了精神分裂症的症状。这些药物在 48 小时内就会阻断多巴胺受体，但在症状表现出明显的减轻之前，需要接受几周的药物治疗。

主要的神经松弛剂在治疗精神分裂症方面具有实用价值。但与减轻阴性症状相比，它们在减轻阳性症状上的有效性要更大。科默（Comer, 2000, p.457）认为，这些药物"减轻了大多数精神分裂症患者的症状……对于精神分裂症的治疗似乎比任何其他单独使用的方法都要更有效"。

神经松弛剂会产生某些副作用。温德加森（Windgassen, 1992）发现，服用神经松弛剂的精神分裂症患者有 50% 的人报告出现头晕眼花或过度镇静；18% 的人报告出现注意力方面的问题；16% 的人感觉视力模糊。另外，很多服用神经松弛剂的精神分裂症患者还出现了与帕金森症非常相似的症状（例如，肌肉僵化、颤抖、行走不稳）。

迟发性运动障碍：服用神经松弛剂带来的一些长期影响，包括扭曲的面部运动、痉挛性的肢体运动和不自觉的咀嚼运动。

大多数副作用在药物治疗开始的几周内就会出现。但有超过 20% 的服用神经松弛剂一年以上的患者会出现**迟发性运动障碍**（tardive dyskinesia）症状。这些症状包括不自觉的吮吸和咀嚼、痉挛性的肢体运动、扭曲的口部或面部运动，并且这些副

心理障碍	药物或药物群	它们如何发挥作用	缺点
抑郁症（重度抑郁症）	单胺氧化酶抑制剂（单胺氧化酶抑制剂）	阻断单胺氧化酶，有利于保护去甲肾上腺素被破坏	一系列副作用
	三环抗抑郁剂（TCAs）	增强去甲肾上腺素与 5-羟色胺的活性	除非持续用药很长时间，否则会有较高的复发率
	选择性 5-羟色胺再摄取抑制剂（SSRIs）	增强 5-羟色胺活性	与一些其他药物治疗方法相冲突
抑郁症（躁郁症）	碳酸锂	抗躁狂，但对其机制尚不很了解	各种副作用，包括：协调性受损、颤抖、消化问题
焦虑症	苯二氮类药物（像利眠宁、安定）	增强神经递质氨基丁酸（GABA）抑制躯体唤醒和焦虑的能力	嗜睡、乏力、长时记忆受损。出现退缩症状并可能成瘾
	丁螺环酮	刺激脑内 5-羟色胺受体	无明显的镇静效果，其他副作用尚未证实
精神分裂症	神经松弛剂（像氯丙嗪、氟奋乃静和氟哌丁苯）	阻断多巴胺的活性	一些患者报告出现头晕眼花、过度镇静、注意力难以集中、口干、视力模糊等问题。很多人出现与帕金森氏症非常相似的症状。还有人出现迟发性运动障碍
	非典型抗精神病药物（像氯氮平、利培酮、奥氮平）	与神经松弛剂类似，但副作用更少	费用高。氯氮平会在 1%—2% 患者身上引发致命的血液疾病

作用很可能是永久性的。

非典型抗精神病药物

使用新型药物治疗精神分裂症的情况正在日益增多。这些药物包括氯氮平（其商品名为可致律）、利培酮（维思通）、奥氮平（再普乐）。它们被称为非典型抗精神病药物，以区别于以前或传统的神经松弛剂。

与传统药物相比，非典型抗精神病药物具有很多优势。首先，约有85%的精神分裂症患者通过非典型药物获得了帮助，相比之下通过服用传统药物而获益的患者只有65%（Awad & Voruganti, 1999）。其次，非典型药物在帮助那些主要患阴性症状的精神分裂症患者时要更加有效（Remington & Kapur, 2000）。最后，传统药物的很多副作用（尤其是迟发性运动障碍）在非典型药物中是不存在的。

不过，非典型药物也会产生严重的副作用。例如，服用氯氮平的精神分裂症患者中，有1%—2%的人有患粒细胞缺乏症的危险。这种疾病涉及白血球大量减少，可能会危及生命。但是，奥氮平似乎不会引发粒细胞缺乏症。

a）使用具有严重副作用的药物，b）对这些药物进行强制管理，c）药物敏感性上存在的文化差异，会引发什么样的伦理问题？

❖ **总评**

⊕ 药物疗法在治疗焦虑症、抑郁症和精神分裂症方面往往会产生快速的功效。
⊕ 将药物疗法和其他疗法进行比较，药物疗法似乎在减轻精神分裂症症状方面尤为有效。
⊖ 与其他治疗方法相比，药物治疗后复发的情况更常见。
⊖ 使用药物疗法时，退出率往往相当高。
⊖ 业已证明，发明一种没有任何副作用的药物几乎是不可能的。

精神动力学疗法

第一种形式的精神动力学疗法是精神分析，它是由弗洛伊德在20世纪初期创立的。弗洛伊德的追随者荣格（Carl Jung）和阿德勒（Alfred Adler）等人，通过各种方式发展了精神分析的一些基本原理。

根据弗洛伊德的观点，像焦虑症等神经症的发生，是人格的三种成分自我（理性心理）、本我（性本能和其他本能）和超我（良心）相互冲突的结果。这些冲突（很多都可追溯到童年早期）导致自我使用各种防御机制来进行自我保护（见第22章）。关键的防御机制是压抑。**压抑**（**repression**）是指迫使痛苦的、威胁性的或无法接受的思想和记忆从意识中排出并进入潜意识。

压抑：迫使极具威胁性的思想和记忆从意识中排出并进入潜意识的过程。

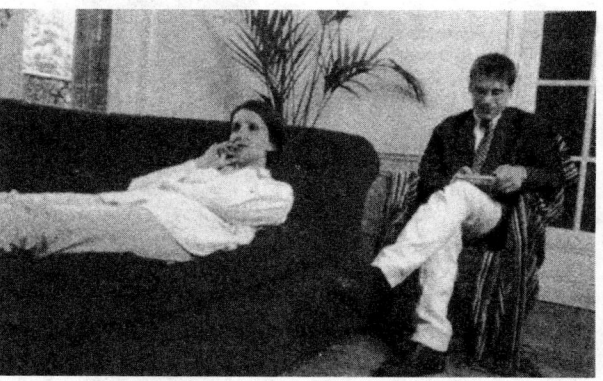

传统意义上的精神分析师或精神动力学治疗师坐在来访者的视野之外，来访者全身放松躺在椅子或长沙发上。分析师或治疗师录下或记录来访者所说的内容，并尽量不打断来访者的叙述或进行引导性评论。

压抑的思想涉及来访者在未感到极度焦虑的情况下不可能会去思考的冲动和回忆。压抑的记忆主要指童年期记忆，还包括儿童的本能（例如，性本能）驱力与父母强加的限制之间存在的冲突。压抑具有减轻来访者所体验的焦虑水平的机能。

根据弗洛伊德的观点，那些经历过重大个人问题的成年人倾向于表现出退行。**退行**（**regression**）是指退回童年期所经历的心理性欲发展阶段（见第13章）。如果儿童在心理性欲发展的某一特定阶段出现冲突或者对该阶段过度满意，那么儿童往往会固着在该特定阶段或者在此阶段耗费过长的时间。退行通常会退回此人曾固着的阶段。

弗洛伊德认为，治愈神经症的方法是允许来访者接触他/她被压抑的思想和冲突，鼓励他/她面对从潜意识中涌现出的任何内容。他坚持认为，来访者应该关注那些与压抑的思想有关的情感，不应仅仅是将其看成是无关紧要的。弗洛伊德使用术语"**领悟**"（**insight**）来指代这些过程。精神分析的最终目标是为来访者提供自知力。在实现这一目标的过程中会遇到很多障碍，因为进入意识的那些非常痛苦的记忆会产生很高的焦虑水平。因此，想要揭露压抑思想的尝试，通常会带来**阻抗**（**resistance**），即来访者在尽力将自己的痛苦思想带入意识层面时所产生的无意识拒绝。

弗洛伊德（Freud，1917，p.289）描述了阻抗可能采取的一些形式：

患者利用一切可能的手段来逃避回忆。他首先认为没有什么东西进

奥地利精神病学家阿德勒（Alfred Adler，1870—1937）。由于受到弗洛伊德思想的影响，他对心理障碍研究深感兴趣。阿德勒认为，儿童期形成的自卑感，是心理疾病的原因。

退行：在严重的应激情境下，退回到心理性欲发展的早期阶段。

领悟：有意识地理解受压抑的创伤性思想和情感。

阻抗：患者在将自己被压抑的记忆带入意识中时产生的一种无意识拒绝。

在精神分析过程中，弗洛伊德会让他的患者躺在沙发上。这是一张他的伦敦家中沙发的照片，那里现在已经变成一座博物馆。

> **案例研究：安娜**
>
> 弗洛伊德的理论在很大程度上基于他对患者进行咨询时所进行的观察。他认为他的工作和考古学家的工作有些相似，考古学家在发现想要寻找的东西之前，都要挖开地的表层。精神分析师会按照相似的方式试图挖掘潜意识并发现个体人格动力学的关键所在。
>
> "安娜21岁，是位非常聪明的女孩。她第一次发病时，正在照料自己默默深爱的父亲，那段时间她父亲患上了最终导致他死亡的恶疾。安娜的右侧身体严重瘫痪，眼动混乱，当她试图服用营养品时出现了强烈的呕吐，同时有几周时间她甚至无法喝东西，尽管口渴的痛苦一直折磨着她。她偶尔会变得心绪混乱或神志不清，喃喃自语。之后在她进入催眠阶段时，如果给她重复相同的话，她会陷入深深的悲伤中，常常会做一些我们称之为如诗般美丽的白日梦，这些梦常被看成讨论坐在父亲病床边的女孩处境的起点。患者开玩笑称这种治疗方法为'扫烟囱'。
>
> "布鲁尔医生（弗洛伊德的同事）很快就发现了一个事实，即通过这种灵魂的扫除，要比暂时消除那些持续出现的心理'乌云'，更可能完成任务。
>
> "患者在一次催眠时回忆起一件事，当时她和自己的女家庭教师在一起，她所憎恶的女教师的小狗喝了一杯水。出于对习俗的尊重，她保持了沉默，但在催眠状态下，她积极表达了内心压抑的愤怒，然后毫无困难地喝下大量的水，并且她从催眠中醒过来时嘴唇还在玻璃杯上。从此以后，这一症状便永远消失了。
>
> "请准许我稍稍停留在这种体验上。在此之前，从来没有人使用这种方法治愈过癔症症状，或如此近距离地了解到癔症的起因。如果我们的期望能够在其他方面得到证实，那么这将是一个意味深长的发现，也许大多数以这种方式起源的症状都可以通过同样的方式得到解除。
>
> "正如我们所发现的那样，情况的确如此，几乎所有的症状都确切地起源于此。患者的疾病起源于她对父亲的照顾，她的症状只能看成她父亲生病和死亡的一种纪念符号。当她坐在父亲的病床前，她很小心的不对患者露出任何焦虑和忧郁的迹象。后来当她在医生面前再现了同样的场景时，她曾被压抑的情感特别强烈地爆发出来，好像这段情感一直被禁锢着一样。
>
> "在正常状态下她对致病的场景以及它们与她症状之间的关系一无所知。她已经忘记了那些场景。当她被催眠并在经历过相当多的困难之后，她可能会回想起这些场景，症状借助回忆得到了消除。"
>
> 改编自 Sigmund Freud（1910）。

入脑海里，接着他又说有太多东西进入脑海里以至于无法将其抓住……最后他承认真的不能将事情说出来，他为这些事情感到羞愧……然后患者就会开始讲述起事情。

弗洛伊德和其他精神分析师使用各种方法来揭示来访者的压抑思想，并帮助来访者对他/她未解决的问题获得领悟。三种主要方法如下：催眠、自由联想、梦的分析。在精神分析历史中首先使用的是催眠。弗洛伊德和布鲁尔（Freud & Breuer, 1895）治疗过一位名叫安娜（Anna O）的年轻女性，她遭受着几种神经症（像瘫痪、神经性咳嗽）症状的折磨。经过催眠揭示出一段被安娜压抑的记忆：安娜在照看临终的父亲时，忽然听到附近一间房子里传来的舞蹈音乐，她为自己当时想去跳舞而不是照看父亲感到内疚。在这段被压抑的记忆被吐露出来之后，她的神经性咳嗽便停止了。

弗洛伊德逐渐对催眠失去了兴趣，部分原因是因为很多来访者很难或不能被催眠。另一个问题是，催眠状态下的个体很容易受到他人暗示的影响（见第4章）。因此，对患者实施催眠后，这些他们宣称在催眠时回忆起来的内容的准确性可能较低。

自由联想（free association）法非常简单。鼓励来访者说出进入头脑里的第一

自由联想：精神分析使用的一种技术，让患者报告进入其脑海中的第一个事物。

> **精神动力学理论和梦的分析**
>
> 弗洛伊德假设我们会在自己的梦中实现那些我们曾经埋藏或从意识中以某种我们接受的方式进行压抑的思想、希望和需要。它们可能不为社会所接受,或出于其他某些原因使我们充满内疚和焦虑。这个例子可能是我们的本我(原始自我)、自我(社会自我)和超我(理想自我)之间的内部冲突,或我们的力比多(生物欲望)和死亡本能(厌恶欢愉)之间的内部冲突,或其他诸如女性的阴茎妒羡或指向异性父母的恋母情结之类的冲突。梦是这些思想、欲望以及以一种既不会威胁我们也不会引起我们痛苦的方式来实现的象征(Freud, 1933)。
>
> 弗洛伊德的追随者荣格后来和弗洛伊德分道扬镳,并形成了自己的精神动力学理论。他认为我们在梦中能够触及可以追溯到远古祖先的所有人类储存的记忆,他称之为"集体潜意识"。这也许可以解释那些无路可逃被人追赶的梦或跌落的梦,这些梦是一些在其他时间来自其他人的高度情绪化的情感事件记忆。他还认为主要动机或驱力不是性而是对心灵和神秘的探索。也许将这种集体潜意识的思想与对敬畏和惊讶的欲望整合到一起能够解释梦中明显不合逻辑的故事。
>
> 引自 Bentley, E. (2000).

个事物。被压抑的记忆片断会在自由联想过程中出现。当然,如果来访者表现出阻抗,不愿说出他/她在思考什么,自由联想就会失去一些有用性。但是,阻抗(例如,过长时间的停顿)的存在表明,来访者正在接近一些重要的受压抑的思想,因此需要分析师做进一步的探索。

根据弗洛伊德的观点,梦的分析提供了"通往潜意识的捷径"。他认为心灵中存在一名审查员,将被压抑的材料保持在意识之外。在人睡眠时,审查员的警觉性会下降,因此来自潜意识的受压抑思想更可能出现在梦中,而不是出现在清醒的思维中。由于具有不被接受的本性,这些思想通常会以伪装的形式出现。例如,这些思想可能会通过凝缩(将各种观念联合成更小的单位)或置换(将情感从适当的客体上转移到其他客体上)过程而被改变。置换最著名的例子涉及性象征,例如有人梦见自己正在骑马而不是梦见正在做爱。

弗洛伊德对真实的梦(**显梦(manifest dream)**)和潜在被压抑的思想(**隐梦(latent dream)**,见第 4 章)进行了区分。隐梦的不被接受性被转变成更被接受的显梦内容。人为什么会做梦?弗洛伊德认为,做梦的主要目的是实现愿望:我们梦到的是希望发生的内容。因此,梦的分析能够揭示神经症患者的基本动机。

显梦:在弗洛伊德理论中,指梦的表面含义或报告出来的含义。

隐梦:在弗洛伊德的理论中,指梦的潜在含义或"真实"含义。

移情:患者把自己与一方或双方父母的强烈情感转移到治疗师身上。

弗洛伊德强调来访者不仅应该接近压抑事件,还应该接近对事件的情感。这可以借助**移情(transference)**来实现,移情是指来访者将之前指向他/她父母(或其他重要他人)的强烈情感反应转移到治疗师身上。弗洛伊德(Freud, 1912/1958)认为,我们具有一种源于与单方或双方父母的关系模板或模式。关于这种模板,弗洛伊德写道:"这种模板在人的一生中——不断地重复——不断地再重复。"(Freud, 1912/1958, p.100)移情提供了"一种患者童年期未解决问题的情绪再体验"(Gleitman, 1986, p.696)。

移情的一个重要方面是,治疗师以中立的方式回应来访者的情感流露。这使得来访者可以自由地表达其内心深处长期压抑的对父母的愤怒或敌意。治疗师保持中立,有助于弄清楚来访者的情感爆发是来自被压抑的记忆而不是来自治疗情境。

证据

与弗洛伊德理论思想有关的一些证据已在其他章节进行过讨论。例如,第 9 章讨论了压抑,第 4 章讨论过弗洛伊德梦的理论。这里我们将会考虑精神分析的其他方面。

没有强有力的证据表明，有关患者父母的弗洛伊德意义上的性意识和其他思想会转移到治疗师身上。但也正如欣克利和安德森 (Hinkley & Andersen, 1996, p.1279) 所指出的那样:"临床上的移情概念的核心在于，对个体的自我具有私人重要性的经历，会以某种形式保留在记忆中，并在以后被新的个体 (new person) 再次体验。"安德森曾进行过多项研究来探讨移情这一关键方面 (Anderson & Miranda, 2000)。欣克利和安德森 (1996) 给被试提供有关新个体的描述，该个体与被试的重要他人相类似。让被试指出遇到这个新人时会对其有何感受。被试的报告表明，他们对新人的感觉与其重要他人出现时的感觉非常相似。

弗里德等人 (Fried, Crits-Christoph & Luborsky, 1992) 研究了精神动力学疗法中的移情。他们记录了患者在治疗期间与治疗师及生活中的重要他人 (像父母、配偶) 交流时所说的话。患者对他人的特定看法与他/她对治疗师的看法存在某些相似性。弗里德等人 (1992, p.328) 得出的结论是:"患者具有相对单一和普遍的关系模式，在对治疗师的体验和对他人的体验之间存在可证明的平行性。"由此他们获得了在治疗情境中存在移情的一些证据。

荣格 (Carl Gustav Jung, 1875—1961)，瑞士精神病学家。他追随弗洛伊德很多年，但在1912年与弗洛伊德发生决裂，因为他拒绝接受弗洛伊德关于所有的心理都能用婴儿性欲进行解释的观点。

很难去检验弗洛伊德认为"领悟"至关重要这一观点，因为这一概念很模糊并且难以界定。例如，我们可以考察一下霍格伦德等人 (Hoglend, Engelstad, Sorbye, Heyerdahl & Amlo, 1994) 的研究。精神病医师对中度困扰的门诊患者所表现出的领悟程度进行等级评定，这些门诊患者中有很多人都患有焦虑症或重度抑郁症。一个关键发现是:精神病医师在患者的领悟程度上表现出较差的一致性。但研究者也发现:在治疗结束后的两年里获得最大领悟的患者，在随后两年里会表现出最大的有益变化。

其他研究通常较少支持弗洛伊德关于领悟的观点。霍格伦德等人回顾了九项以前的研究，得出结论认为，只有三项研究在治疗早期的领悟程度与治疗产生的恢复程度之间获得了中等强度的相关。

艾森克 (Eysenck, 1952) 报告了对精神分析有效性进行评估的早期尝试，他回顾了来访者接受精神分析治疗或者接受非系统治疗的一些研究。报告的数据引人注目:72%未接受适当治疗的来访者在2年内得以恢复 (这是**自然恢复，spontaneous recovery**)，比较而言，接受精神分析治疗的来访者中仅有44%的人恢复。这些发现意味着，精神分析其实对人是有害的!

自然恢复:在未接受任何具体形式治疗的情况下，心理障碍得以恢复。

艾森克 (Eysenck, 1952) 的发现是不能被接受的，因为他把中途退出精神分析治疗的来访者视为治疗失败的来访者。如果把这些来访者排除在外，接受精神分析治疗的来访者的恢复率就是66%。艾森克还将部分恢复的来访者视为根本未恢复的来访者，这毫无道理可言。伯金 (Bergin, 1971) 考察了艾森克所使用的相同信息，但是使用了不同的恢复标准。根据他的分析，精神分析治疗的成功率为83%，而自然恢复率则只有30%。

为什么会出现自然恢复? 这对心理障碍的起源有何启示?

艾森克 (1952) 关于自然恢复的数据也非常可疑。很多声称自己已经自然恢复的来访者在治疗期间从保险公司得到资助，因此保险公司对患者宣称恢复有强烈的兴趣。大多数其他研究报告的自然恢复率约为 30%—40% (Lambert & Bergin, 1994)。

麦克内利与霍华德 (McNeilly & Howard, 1991) 重新分析了来自艾森克 (1952) 所用研究的数据。他们发现，约有 50% 接受治疗的患者在八周内表现出某种程度的好转，而在未接受治疗的患者中，则只有 2% 的人表现出好转。

斯隆等人 (Sloane, Staples, Cristol, Yorkston & Whipple, 1975) 主要针对焦虑症患者实施了一次详细研究。行为疗法和自我分析 (ego analysis，精神动力学疗法的一种形式) 都产生了 80% 的好转率，显著高于在预约名单 (waiting-list) 控制组所发现的 40% 的好转率。但这三组患者在接下来八个月里并不存在差异，因为控制组患者出现了显著好转。因此，以自我分析为形式的精神动力学疗法和行为疗法的有效性是相同的，比最初不进行治疗能产生更快的恢复。

❖ 评价

⊕ 精神分析是第一种系统的心理治疗形式，已经证明具有中度程度的有效性 (Lambert & Bergin, 1994)。
⊕ 精神分析对后出的治疗形式 (像客体关系疗法和认知疗法) 产生了强烈影响。
⊕ 有证据支持类似压抑 (repression-like) 和类似移情 (transference-like) 过程。
⊖ "基于它 [精神动力学模型] 的概念很难进行界定和研究……因为像本我驱力 (id drive)、自我防御、固着等过程是抽象的，并且据称在潜意识层面运行，即使它们出现，我们也无法对其有确切了解。"(Comer, 2001, p.59)
⊖ 弗洛伊德认为产生恢复需要领悟。但是我们可以合理地认为产生领悟需要恢复。还可以认为领悟和恢复是两个较类似 (和重叠) 的概念。
⊖ 弗洛伊德认为，从治疗过程中的来访者那里获得的证据，表明了他的治疗取向的价值。但是，这些证据实际上存在污染的危险：来访者所说的内容可能会受到治疗师之前所说内容的影响。另外，治疗师也可能会用他/她的理论预想去曲解来访者所说的内容。

行为疗法

行为疗法形成于 1950 年代晚期和 1960 年代，但其起源则可一直追溯到在那之前几十年。行为疗法的基本观点认为，大多数形式的心理疾病都是通过学习适应不良 (maladaptive learning) 产生的，因此最佳的治疗也就包括适当的新学习或再教育。行为治疗师认为，异常行为是通过条件作用形成的 (见第 8 章)，通过使用条件作用原理可使来访者恢复。因此，行为疗法基于如下假设：经典条件作用和操作性条件作用能将不良行为转变成一种更可取的行为模式。值得注意的是，一些专家将"行为疗法"这个术语仅限于涉及经典条件作用的治疗，而用术语"行为矫正"(behavior modification) 来指代涉及操作性条件作用的治疗。

如果精神分析师对未解决冲突的重要性的观点是正确的，那么使用行为疗法进行治疗的个体又是什么情况呢？

行为疗法强调的是当前的问题和行为,并强调尝试消除来访者感到棘手的任何症状。这与精神分析形成鲜明对比,精神分析强调设法揭示童年期未解决的冲突。行为疗法的另一个区别性特征在于,它以科学方法为基础。正如麦克劳德(MacLeod, 1998, p.571)所指出的:

> 心理障碍的行为模型和行为是来自实验心理学行为原理的直接应用,与基于实验室的学习研究(条件作用)密切相关,这些研究往往会使用老鼠来完成。就这一点而论,行为疗法一直……与科学的方法论存在密切的联系。

暴露疗法

治疗恐惧症最为有效的行为疗法之一是暴露疗法。**暴露疗法**(exposure therapy)是指将来访者暴露在恐惧的情境中(像把社交恐惧症患者放入社交场合),随着时间推移,恐惧的情境逐渐变得越来越令人愉快。

暴露疗法已被证明对所有类型的恐惧症都有效,包括社交恐惧症和广场恐惧症在内。实际上,有时它会被描述为与其他形式的疗法形成对比的"黄金标准"。费斯克与钱布里斯(Feske & Chambless, 1995)考察了暴露疗法在治疗社交恐惧症方面的有效性。他们对 15 项比较认知行为疗法和暴露疗法的研究进行了元分析:"结果……表明,使用认知矫正的暴露疗法和未使用认知矫正的暴露疗法,在治疗社交恐惧症方面具有相等的效果。"

暴露疗法:一种治疗方法,将来访者暴露于让他们感到非常恐惧的刺激或情境面前。

人们常说,日光之下无新事。马克斯(Marks, 1987)引用了哲学家洛克(John Locke)的《教育漫话》(*Some Thoughts Concerning Education*,1693 年第一版)中的语录,洛克所倡导的方法与暴露疗法非常相似:

> 如果你的孩子一看见青蛙就尖叫着跑开,那就让人捉一只青蛙,放在一个离他很合适的位置上:首先让他习惯看;当他能做到这点时,就让他们之间的距离更近一点,并能不带任何情绪地观看青蛙跳跃;然后,当他能用另一只手抓紧青蛙时,让他轻轻地触摸;直到最好他能自信地对付青蛙,就像对付蝴蝶或麻雀一样。

什么过程决定着暴露疗法的有效性呢?根据传统行为主义者的描述,恐惧症患者的恐惧是通过经典条件作用获得的,在经典条件作用中,条件刺激或恐怖刺激(像蜘蛛)与产生恐惧的痛苦刺激或令人厌恶的刺激相联系。在暴露疗法中,条件刺激的反复呈现会导致恐惧反应的消失或习以为常。不过,认知疗法的治疗师对暴露疗法的效果则作出了不同的解释(Salkovskis, 1996)。他们认为,暴露提供的证据表明,

涌进疗法（flooding）或暴露疗法可用于治疗恐惧症。在一个蜘蛛恐惧症的案例中，来访者会被暴露在一种能唤起极度恐惧的情境中，例如置身于爬满蜘蛛的房间——只是蜘蛛不会有图中这只这么大。

来访者的恐惧缺乏客观基础，由此降低了来访者夸大恐惧刺激威胁的倾向（见本章后文）。

❖ 评价

⊕ 暴露疗法在治疗某些焦虑症方面非常有效（Roth & Fonagy，1996）。
⊖ 尚不清楚暴露疗法之所以有效是否源于行为治疗师所提出的原因。

厌恶疗法

在经典厌恶条件作用中，会将中性或积极刺激与令人不愉快或厌恶刺激（像电击）进行配对。这样做可以使人对中性或积极刺激作出厌恶反应（像焦虑）。厌恶疗法（aversion therapy）是一种基于厌恶条件作用的治疗方法。例如，当酗酒者看见酒或开始饮酒时，给他提供厌恶刺激（像电击）。其用意在于，酒会引起焦虑感从而抑制饮酒。

各种类型的厌恶刺激都曾被用来治疗酗酒。除了电击，还曾用过能引起呕吐的催吐剂和阻碍呼吸的药物。研究发现，厌恶疗法在短期内有时会具有中等有效性，但从长远来看则并没有什么效果（Comer，2001）。

❖ 评价

⊕ 厌恶疗法有时也已被证明是有效的，尤其是在短期内。
⊖ "总的来说，对这种使用化学或电击的厌恶刺激技术几乎未获得支持。鉴于这种方法具有（不足为奇的）很高的损耗率（退出治疗），从而也就使得更难将这种方法在服务背景中的应用推荐给他人。"（Roth & Fonagy，1996，p.226）
⊖ 关于这种可能造成来访者高度不适和痛苦的治疗形式，存在一些严重的伦理问题。

代币制

代币制（token economy）涉及精心选择的积极强化或奖励。该方法被用来治疗专门机构的患者，这些患者会因其作出的正当行为而得到代币（例如，彩色筹码）。这些代币可用于获得各种特权（例如，获得香烟）。研究者（Ayllon & Azrin，1968）进行了一项经典研究。对已住院平均长达16年的女性精神分裂症患者表现出的整理床铺或梳头等行为，使用塑料代币进行奖励。这些代币可以交换令人愉悦的活动（像看电影）。这种代币制的尝试非常成功。当患者完成日常工作的行为得到代币奖励时，他们每天完成日常工作的数量从5件左右增加到40多件。

帕特森发展了一种基于奖励可取行为的治疗儿童反社会行为的方法。正如我们在第22章所看到的那样，帕特森（Patterson，1996）发现，儿童反社会行为的发展，往往是因为儿童的攻击行为以某种顺其自然的方式进行了奖励。治疗涉及奖励儿童的可取行为及当儿童行为表现不良时取消其特权（像零用钱）。帕特森等人

厌恶疗法：行为疗法的一种方式，将厌恶刺激与积极刺激（例如，见到酒）进行配对，以抑制对积极刺激的反应（例如，饮酒）。

代币制：以机构化管理为基础的操作性条件作用，通过精心选择的积极强化或奖励来改变精神障碍患者的行为。

(Patterson, Chamberlain & Reid, 1982) 发现，当家长的行为出现这些变化时，儿童的反社会行为也随之大量减少。

❖ 评价

- ⊕ 业已证明，代币制对那些抵制大多数治疗方法的团体患者（像在专门机构接受治疗的精神分裂症患者）具有中等程度的有效性。对可取行为进行积极强化的程序，在治疗儿童的反社会行为方面也是有效的。
- ⊖ 代币制有时会产生代币（即，最低限度的）学习（token learning）。代币制之所以能够起作用，是因为对环境进行了精心构建，以便只有良好行为才能得到持续奖励。患者发现很难将所学的内容迁移到机构外结构化程度较低的环境中。
- ⊖ 代币制也有其不足之处。正如肯德尔与哈门（Kendall & Hammen, 1998, p.74）所指出的："现如今，操作性程序（例如代币制）本身并不能作为一种治疗方法来使用。相反，它们与很多……其他治疗形式被整合到了一起。"

来访者中心疗法

基于人本主义取向的治疗心理障碍的主要方法，是由罗杰斯提出的来访者中心疗法或以人为中心的疗法（见第22章）。基尔申鲍姆和亨德森（Kirschenbaum & Henderson, 1990, p.xiv）总结了罗杰斯方法的实质："从某种意义上说，所有个体都有能力以一种既满足自己又对社会有益的方式指导自己的生活。在这种特殊类型的帮助关系中，我们若是让个体自由地去寻找他们内心的智慧和信心，他们将会作出越来越多更健康和更有建设性的选择。"

罗杰斯（Rogers, 1957）讨论了治疗所需要的条件。他认为需要六种条件，为了证明治疗是有效的，所有条件都必须具备：

1. 治疗师与来访者彼此进行心理接触。
2. 来访者处于**不协调（incongruence）**状态，这意味着在来访者的自我概念和自我体验之间存在不一致，从而使他/她表现为焦虑或易受伤害。
3. 治疗师以真诚的态度对待来访者。
4. 治疗师体验到对来访者的无条件积极关注。
5. 治疗师对来访者具有良好的共情性理解。
6. 治疗师向来访者传达他/她的共情性理解和无条件积极关注。

上述条件适用于任何心理障碍的来访者。来访者所患的具体心理障碍可能会如何影响来访者中心疗法呢？一般来讲，根本不会产生影响！罗杰斯认为，对心理障碍进行分类是无意义的，并认为这六个条件全都是需要的。

根据罗杰斯的观点，治疗师应该表现出三个关键特征：真诚、无条件个人关注（unconditional personal regard）、共情。可以推测这些特征与治疗成功（或其他方面）

为什么罗杰斯更喜欢术语"帮助者"和"来访者"（或"人"），而不喜欢"治疗师"和"患者"？

不协调：罗杰斯认为，在个体的自我概念和自我体验之间存在的一种冲突状态。

来访者中心疗法旨在创造一种舒适的氛围，在这种氛围中来访者可以与治疗师分享他/她的经验。

有关。奥林斯基等人（Orlinsky, Grave & Parks, 1994）回顾了相关文献。他们在32项研究中发现，治疗师的真诚或协调与治疗结果有关。在11项研究中，治疗师的真诚与治疗结果存在正相关，在1项研究中存在负相关。在其余20项研究中，治疗师的真诚与治疗结果无关。

奥林斯基等人还考察了治疗师的热情或接纳的影响，以及与无条件积极关注有关的品质。他们确定了50项研究，在其中23项研究中，治疗师的热情与来访者的恢复具有正相关。只在1项研究中治疗师的热情与治疗结果为负相关，在其他26项研究中，治疗师的热情没有影响。最后，奥林斯基等人考察了治疗师的共情。纵观45项研究，在26项研究中，治疗师的共情与来访者的恢复具有正相关；在其他19项研究中，治疗师的共情对治疗结果没有影响。

格林伯格等人（Greenberg, Elliott & Lietaer, 1994）对来访者中心疗法的有关研究进行了元分析，发现一般来访者比80%未接受治疗的个体表现出更多的改善。格拉夫等人（Grave, Caspar & Ambuhl, 1990）在治疗主要患人际关系问题的来访者时，比较了来访者中心疗法和其他三种行为疗法。结果发现，所有四种治疗形式具有中等程度和同等的效果。那些在来访者中心疗法中表现最好的来访者，其社交技能和自信水平也较高。

❖ 评价

- ⊕ 治疗师的共情与无条件积极关注有助于治疗过程，治疗师的真诚也很有意义。
- ⊕ 来访者中心疗法在治疗不严重的心理障碍时相当有效。
- ⊖ 来访者中心疗法在治疗严重的心理障碍时价值不大（Rudolph, Langer & Tausch, 1980；Comer, 2001）。
- ⊖ 罗杰斯拒绝接受诊断来访者的心理障碍很重要这一看法，从而使得治疗适应来访者问题的观点未能得到证明。
- ⊖ 罗杰斯认为，成功治疗并不取决于那些对任何特定治疗形式而言唯一的具体因素。不过，对于严重的心理障碍，治疗的有效性仅取决于具体因素而不取决于治疗师的共情（Stevens, Hynan & Allen, 2000）。

认知疗法和认知行为疗法

行为疗法最初关注外部刺激和反应，而忽略了发生在刺激与反应之间的认知过程（像思维、信念）。这种疏忽在1960年代早期随着认知疗法的引入而得到了解决。

根据贝克与维萨（Beck & Weishaar, 1989, p.308）的观点："认知疗法由一些高度具体化的学习经验（learning experiences）组成，旨在教会患者（1）监控自己的消极自动化思维（认知）；（2）认识到认知、情感（情绪）和行为之间的联系；（3）检验支持和反对受到歪曲的自动化思维的证据；（4）用更为现实导向的解释取代有偏差的认知；（5）学会识别和调整容易使他们曲解自己经验的信念。"

认知疗法与精神动力学疗法之间存在两个重要差异：

1．认知疗法治疗师主要关注患者当前的焦虑和信念，而精神动力学疗法治疗师则认为童年期的事件具有重大意义。

2．认知疗法治疗师对探索隐藏在潜意识中至关重要的信息不感兴趣。根据萨克和贝克（Sacco & Beck, 1985, p.5）的观点："潜意识过程的概念与认知疗法在很大程度上是无关的。"

一些认知疗法治疗师（包括贝克）开始认识到，重建来访者的思维和信念，通常并不足以就能使来访者完全恢复。很多来访者承认他们先前的思维不正常，并用现实思维进行代替。但这并非总是就会产生大量的行为变化。社交恐惧症患者也承认在社交场合中不存在他们之前所认为的那些惧怕，但是他们可能仍然不愿置身于难以对付的社交场合。对诸如此类情况的考虑，促进了认知行为疗法的发展。

什么是**认知行为疗法**（**cognitive-behaviour therapy**）？顾名思义，认知行为疗法中同时包括有认知疗法和行为疗法的成分。其基本观点是，来访者需要改变他/她那些不恰当的行为以及不正常的思维。值得注意的是，在认知疗法和认知行为疗法之间，并不存在严格的分界线。

认知行为疗法：由认知疗法发展而来，在重构思维和信念的同时尝试直接改变来访者的行为。

肯德尔与哈门（Kendall & Hammen, 1998）认为，认知行为疗法包括下面四个基本假设：

1．患者通常会根据他们对其自身和周围世界的解释作出反应，而不是根据实际情况作出反应。

2．思维、行为和情感三者之间相互联系并相互影响。因此，认为其中一个因素（像行为）比其他因素更重要可能是错误的。

3．为了让治疗干预取得成功，他们必须阐明并改变人们对自己和周围世界的思考方式。

4．改变来访者的认知过程和行为是非常可取的。因为与仅仅改变认知过程或仅仅改变行为相比，这种治疗的功效可能更大。

通过考察克拉克（Clark, 1996）所提供的一个具体案例，我们能够了解认知行为疗法中所包含的过程。一名患有惊恐障碍的40岁男性，每当惊恐发作，他都会非常害怕自己会得心脏病或中风。患者会通过转移注意力、携带乙酰氨基苯酚及做深呼吸，来让自己免于遭受这种命运。治疗师认为存在两种可能的假设：（1）患者的心脏存在某些严重问题；（2）核心问题是患者认为自己可能会患心脏病的信念。治疗师通过与患者一道轮流绕着足球场疾跑和慢跑，验证了这些假设。另外还要求患者在不要控制呼吸或转移注意力的情况下进行剧烈运动。患者很快便承认，他的问题主要出在自己的错误信念上。

阿尔伯特·埃利斯

埃利斯（Albert Ellis）是第一代提出认知疗法版本的治疗师之一（见第22章）。他认为，焦虑和抑郁是作为三阶段序列中最后一个阶段而出现的：

A．发生不愉快事件（例如，被同伴拒绝）。
B．对不愉快事件的认知反应（例如，"我是一个无用的人才遭到拒绝"）。
C．焦虑或抑郁状态。

根据上面的 A–B–C 模型，焦虑和抑郁并不是作为不愉快事件的直接后果而出现，而是由不愉快事件的发生所产生的非理性思维引起的。在阶段 B 中作出的解释，取决于个体的信念系统。

埃利斯（Ellis, 1962）提出了合理情绪疗法（rational-emotive therapy），作为一种消除非理性思维和自我挫败思维并用更合理更积极的思维代替它们的方法。他认为，焦虑或抑郁个体应该创设一个阶段 D。这是一种辩论信念体系（dispute belief system），它允许个体以一些旨在减少情绪痛苦的方式去解释生活事件。

合理情绪疗法的步骤，首先是治疗师让患者觉察到自己信念中自我挫败的性质，然后鼓励患者猛烈质疑这些信念，以便揭示这些信念是否合理和合乎逻辑。例如，治疗师可能会要求来访者问自己问题（例如，"为什么我必须让每个人都喜欢我？"）。然后，治疗师会教导患者用更现实的信念代替原来不合理的信念（例如，"让每个人都喜欢我是不可能的，但让大多数人喜欢我则是可能的"）。对于患者来讲，关键的最后一步是完全接纳这些新的、合理的信念。

与使用来访者中心疗法的治疗师相比，使用合理情绪疗法的治疗师更具争议性。另外，他们对来访者的敏感性也会表现出较少的关注。因此，合理情绪疗法的治疗师所使用的方法，对那些具有敏感倾向的来访者来说可能并不适合！

一些非西方文化不承认西方的理性思维就是正常的——例如，他们相信超自然现象。对这种文化背景的个体使用合理情绪疗法进行治疗有何难度？

❖ 评价

⊕ 合理情绪疗法对那些由于认识到自己的缺陷而感到内疚的来访者以及对自己要求很高的来访者尤其有效（Brandsma, Maultsby & Welsh, 1978）。

⊕ 与患有严重思维障碍的个体相比，合理情绪疗法对焦虑或抑郁个体要更为适用（Barlow & Durand, 1995）。

⊖ 合理情绪疗法治疗师所设法改变的一些非理性信念是有效的和适应的（Arnkoff & Glass, 1982）。例如，像"取得学术成功对我来说非常重要"这样的信念，对学术成就和职业成功可能都会有所帮助。

⊖ "RET（合理情绪疗法）程序是作为一种治疗各种心理障碍的恰当方法提出来的……但是，这些程序几乎未包括使治疗策略适应目标问题的具体规定。"（Kendall & Hammen, 1998, p.77）

阿伦·贝克

贝克主要关注抑郁症和焦虑症，并从一名认知疗法治疗师转变成一名认知行为疗法治疗师。正如第22章所讨论的，贝克（Beck, 1976）认为，抑郁症患者的很多认知歪曲与**认知三元素**（cognitive triad）有关，认知三元素由有关自身、世界及未来的消极思想组成。抑郁症患者通常都会认为自己无助、无价值和有缺陷。他们把世界看成不可逾越的障碍，并认为未来完全无望——他们的无价值感使得他们不可能去采取行动改善问题。

贝克等人（Beck, Emery & Greenberg, 1985）认为，焦虑症个体高估了某些外部或内部刺激存在威胁的可能性（例如，恐蛇症患者会夸大蛇的威胁性）。对于焦虑症患者来说，认知疗法的一个重要部分就是纠正这些高估。

这些儿童愉快地触摸这条蛇，但是按照贝克的看法，恐蛇症个体会高估蛇的危险性。

贝克（1976）认为，治疗应该不仅仅涉及改变来访者的不正确思想，以及用更合适和更积极的思想代替不正确的思想。他强调家庭作业的使用，要求来访者以某些自己认为很困难的方式表现行为。一名患有社交焦虑的来访者，可能会被要求在以后几天里尝试与他/她办公室里的每个人进行交谈。在这种家庭作业中，一个关键因素是假设检验。来访者通常会预测在完成家庭作业时会感到焦虑或抑郁，因此治疗师要求来访者自己去检验这些预测。来访者的假设通常表现得过于悲观，因此验证这些假设能加快来访者的恢复速度。

通过将其用于抑郁症治疗，我们可以更详细地考察贝克的治疗方法。第一，为了提升来访者的心境，治疗师会鼓励来访者参加越来越多的活动。第二，治疗师会指导来访者辨认并记录自己的消极自动化思想（浮现在脑海里的不愉快思想）。然后，治疗师会和来访者共同质疑这些思想的正确性。第三，治疗师会使来访者相信，大多数消极思想都过于悲观，致使来访者出现抑郁。作出改变这些思想的尝试，可以使它们变得更加现实。第四，治疗师会帮助来访者改变潜在的关于自己的消极态度（例如，"我永远也不会成功"），这种态度在引发抑郁症方面具有重要作用。

关于贝克方法的有效性，稍后我们会在对认知疗法和认知行为疗法的总评中进行讨论。

其他进展

焦虑症患者经常会使用**安全寻求行为**（safety-seeking behaviours），这些行为旨在降低自己的焦虑水平（见第22章）。例如，社交恐惧症患者在社交场合会避免与

安全寻求行为：用来降低焦虑水平和防止恐惧结果出现（例如，心脏病发作）的行为。

> **案例研究：社交恐惧症**
>
> 丹尼斯是名25岁的软件工程师。在工程学院时，他是名成绩优秀的学生。毕业后他找了一份工作，在很短时间内，他的工作质量就给上司留下了深刻的印象。
>
> 虽然丹尼斯取得了成绩，但却面临着社交问题。在社交场合中，他觉得每个人都在注视他，使他认为自己做了什么尴尬的事情。开会时，他非常紧张，不能表达自己的观点。对他来说，最困难的事情就是参加聚会。他极度紧张，不时颤抖，头晕眼花并害怕他人可能嘲笑他。于是他便开始远离这些社交场合。
>
> 丹尼斯患有社交恐惧症，一种对社交场合非理性的害怕。受害者在社交场合表现出惊慌和焦虑。他们之所以会感到焦虑，是因为他们认为有一些糟糕的事情会发生在自己身上，比如他们担心自己可能会作出令人窘迫的行为并因此受到他人的嘲笑。这种担心的后果就是出汗、发抖、心悸并感到头晕眼花。即使个体意识到这样的行为是愚蠢的，他们依然无法克服。他们回避社交场合，这使他们很难完成自己的工作和个人活动。这种恶化的人际交往和个人痛苦，导致了机能水平的下降和低自尊。
>
> 对于这些受到社交恐惧症折磨的人来说，接受药物治疗和非药物治疗都可以。在药物治疗方面，像氟西汀及新出的吗氯贝胺等药物都是有效的。但是药物治疗只能在几周后起作用，并且无法实现永久的治愈。
>
> 认知行为疗法的心理治疗是有效的。其目标旨在运用循序渐进和系统的方式揭示个体的自动消极思想和认知图式，并帮助他们理解和克服这些消极思想。放松疗法在帮助个体克服基本焦虑方面也是有效的。
>
> 让我们回到丹尼斯的例子上，他接受了药物治疗和认知行为疗法治疗。他逐渐克服了恐惧症。现在他已开始参加聚会和出席会议，还可以出门旅行，并且自我感觉也很不错。
>
> 引自 Anandaram, T.S.J. (2001)。

他人有目光接触，并且很少说话（Clark & Wells, 1995）。这些安全寻求行为可能会降低暴露疗法（让患者处于恐惧的社交场合中）对社交恐惧症的价值。根据认知行为疗法治疗师的观点，暴露疗法在治疗社交恐惧症方面是有效的，因为它允许来访者证明自己关于社交场合危险的不实际消极看法是错误的。如果患者能够系统地去避免安全寻求行为，将会产生更好的效果，因为这些行为阻碍了患者对消极看法进行适当的驳斥。相反，行为疗法的治疗师则将暴露疗法的成功归功于条件性恐惧反应的消失。倘若如此，我们就不能确定安全寻求行为的出现是否会影响暴露疗法的有效性。

摩根与拉夫尔（Morgan & Raffle, 1999）指导一些社交恐惧症患者接受暴露疗法（像公开演讲）以避免安全寻求行为，而对其他患者未给出这些指导。正如所预测的那样，接受避免安全寻求行为指导的患者，在治疗中表现出更大的改善。

与其相似，研究者（Salkovskis, Clark, Hackmann, Wells & Gelder, 1999）让患有广场恐惧症的惊恐障碍患者置身于暴露情境中，在该情境中，要求他们使用或避免使用安全寻求行为（像转移自己的注意力、抓住别人不放）。避免使用安全寻求行为的患者，在灾难信念和焦虑方面的症状上，表现出更多的减轻。

❖ **评价**

⊕ 认知疗法在治疗焦虑症和抑郁症方面是有效的。

⊕ 认知行为疗法（得到贝克和其他研究者的发展）往往比认知疗法本身更有效（见

Comer, 2001)。
- ⊕ 正如认知行为疗法治疗师所预测的那样，当患者避免使用安全寻求行为时，暴露疗法的有效性会增加。
- ⊖ 认知疗法与认知行为疗法在治疗重度心理障碍（像精神分裂症）时，只有适度的有效性。
- ⊖ 贝克和其他认知行为疗法治疗师有可能夸大了认知过程的重要性，而轻视了生理过程的重要性。
- ⊖ 来访者有时也会发展出更理性和更少歪曲的思维方式去思考重要问题，但这些变化并未改变他们的不适应行为。

治疗的有效性

你也许会想当然的认为，评估治疗的有效性是件并不复杂的事情，并认为判断一种治疗方式是否比其他治疗方式更有效也很容易。例如，我们可以实施一项包括三组来访者的研究：

- 接受 A 疗法的来访者。
- 接受 B 疗法的来访者。
- 留在预约名单上的控制组。

我们可以通过比较三组来访者的恢复率，来判断 A 疗法和 B 疗法的相对有效性。事实上，评价治疗有效性存在着几个问题，其中六个问题探讨如下：

第一，评估恢复的方法有很多，治疗师在他们所认为的恰当结果测量指标上存在差异。例如，对精神动力学疗法治疗师来说，治疗的主要目标是解决来访者的内心冲突，而行为疗法治疗师的主要目标则是使来访者的外显行为发生可取的改变。在评估治疗的有效性方面，值得注意的是，一些结果测量比其他结果测量更容易改变。霍华德等人（Howard, Lueger, Maling & Martinovitch, 1993）提出了一个阶段模型（phase model），根据该模型，在治疗过程中存在三个连续的改善阶段：

1. 提升主观幸福感（例如，来访者在情绪和心理上感觉更良好）。经常出现在治疗早期。
2. 减轻病态症状（例如，更少的恐惧反应或担忧）。该阶段会在来访者的主观幸福感提高之后出现。
3. 增强生活功能（例如，形成亲密关系、寻找工作）。这是最后一个阶段。

所有这三类改善都与恢复有关。但是，经过治疗，阶段 1 中发生的改善要比阶段 3 中发生的改善更容易产生。

斯特鲁普（Strupp, 1996）指出，任何特定治疗形式的有效性，都可通过三种不同视角进行考察：(1) 社会视角（例如，个体在社会中发挥作用的能力、个体对社会

这会带来什么伦理问题？

> **个案**
>
> 例如，对患进食障碍患者的诊断和治疗，就可能会因人而异，具体取决于患者的症状、症状的严重性及患者的病史。因此，治疗的有效性可能取决于治疗师对每个个案认识和理解的程度，而不是取决于治疗进食障碍的具体心理学方法。

规范的遵守），(2) 来访者自身的视角，涉及他/她的总体主观幸福感，(3) 治疗师的视角，将来访者的思维和行为与治疗师所使用的治疗的理论框架相联系。从不同角度去看来访者的恢复程度，可能会存在很大的差异。

第二，通过不同治疗方式进行治疗的患者，在症状的严重性方面可能存在差异。这在帮助患者确定将要接受何种治疗时，很可能是一个重要因素。

第三，任何治疗形式的明显有效性，都取决于治疗师的技巧和个人品质，以及治疗本身的内容。很难确定这两种因素在产生治疗效果方面的相对重要性。

第四，恢复效果较好的治疗，可能会在防止复发（症状再次出现）上是无效的。因此，在治疗结束后的几个月中，要随访患者以观察治疗的短期功效是否能长期保持。

第五（这一点经常被忽略），大多数预约名单上的来访者，在等待接受治疗时都能积极寻求应对生活的方法。克洛斯等人（Cross, Sheehan & Khan, 1980）发现，大多数预约名单上的来访者，都从其他人那里获得了建议和指导。令人吃惊的是，接受治疗的来访者，甚至会比预约名单上的控制组寻求更多的外界帮助。随着时间推移，在得到治疗的来访者组和未得到治疗的来访者组中发生的变化，在某种不能确定的程度上取决于这些非治疗师资源的帮助。因此，预约名单上的控制组并不等同于未接受治疗的控制组。

第六，这也许是评估治疗有效性的研究者所面临的一个最重要的问题。该问题的产生，是因为大多数研究者都希望按照良好实验设计的科学要求实施研究，试验设计涉及尽可能多地控制治疗的诸多方面。这不仅导致了治疗手册的普遍使用，治疗手册中会详细说明如何实施某种治疗方法；还导致了人们使用相对同质的（相似的）具有相同设计标准手册（DSM）诊断的来访者组。因此，患有一种以上心理障碍的来访者经常会被排除在外，因为他们会使研究发现的解释变得复杂化。另外，科学方法的要求，也会促使治疗师预先确定治疗阶段的数量，并把来访者随机分配到不同的治疗形式中（从伦理上很难判断这是否正当）。

为什么根据完全科学的方法进行治疗效果的研究会存在问题呢？根据塞利格曼（Seligman, 1995）的观点，基于科学的研究，与临床实践中通常出现的事件存在很大差异，因此很难判断所获得的研究发现能否推广到正常的治疗实践中。塞利格曼对效能研究和有效性研究进行了区分。**效能研究**（efficacy studies）是科学的、控制良好的临床试验，关注消除界定良好的问题（例如，社交恐惧症患者对社交场合的回避）。相反，**有效性研究**（effectiveness studies）则涉及具有所有科学缺陷的临床实践，强调结果的主观测量（例如，生活质量改善）。

研究者应该进行效能研究或有效性研究吗？两类研究都有价值。效能研究具有很好的内部效度，这意味着我们能够确定让来访者获益的因素。不过，效能研究只有较低的外部效度，这意味着我们很难将研究结果推广到典型的临床实践中。有效性研究的优点与缺点则与之恰好相反：它们经常具有很好的外部效度，但却缺乏内

效能研究：评估基于界定良好的临床问题的控制良好的研究所取得的治疗效果。

有效性研究：评估基于典型临床实践的治疗效果。

部效度。如果任何特定形式的治疗在效能研究和有效性研究中均能获得良好结果，我们就可以对这种疗法的有效性抱有十足的信心。

治疗有效吗？

大多数治疗有效性的证据都是以元分析的形式呈现的。每项元分析（**meta-analysis**）均整合了来自大量研究的发现，以便对每种治疗形式的有效性提供一个全面的评估。这种方法首先由史密斯和格拉斯（Smith & Glass, 1977）加以系统使用，并由史密斯等人（Smith, Glass & Miller, 1980）进行了更加详细的讨论。他们回顾了475项不同的研究。在很多研究中都使用了不同的结果测量指标，从自我报告测量到各种形式的行为和生理测量。总之，从475项研究中获得了1776种结果测量指标。

史密斯等人（Smith, Glass & Miller, 1980）将他们的综述总结如下："不同类型的（口头或行为的、精神动力学的、来访者中心的或系统脱敏的）精神疗法，并不能产生不同类型或程度的效果。"他们的分析表明，在恢复方面接受任一系统形式精神疗法的普通来访者的状况，要比80%未接受治疗的控制组更好。史密斯等人指出，精神疗法的有效性并不取决于治疗时间长短。由于行为疗法花费的时间通常都会比精神动力学疗法少，因此这是一种支持行为疗法的论据。

史密斯等人报告了另外两点值得注意的发现。第一，一些治疗形式对治疗某些心理障碍尤为有效。例如，认知疗法和认知行为疗法对治疗具体的恐惧症、恐惧、焦虑最为有效，而来访者中心疗法则对治疗低自尊的来访者最为有效。第二，当治疗师非常相信自己所提供的治疗形式时，这种治疗形式将会更加有效。

史密斯等人的元分析存在多种局限性。首先，他们不管质量如何，对所有研究同等看待。其次，很多研究与治疗都存在令人可疑的相关。例如，在这475项研究中，接受治疗的患者中有50%以上是学生（Gross & McIlveen, 1996）。再次，他们故意降低了行为疗法的效果！他们之所以这样做，是因为他们认为与其他治疗师所使用的结果测量相比，行为疗法治疗师所使用的结果测量没有说服力。

在史密斯等人的研究之后，出现了大量的元分析。这些元分析证明，每种治疗形式都有效，并且大多数元分析都表明，在不同治疗形式之间的有效性上并不存在差异（或差异很小）。例如，沃姆鲍尔德等人（Wampold, Mondin, Moody, Stich, Benson & Ahn, 1997）对直接比较两种或两种以上治疗形式的研究，以及对接受不同治疗形式的患者应用相同的改善测量的研究进行了元分析。他们的发现表明，所有治疗形式的有益效果在本质上是相同的。沃姆鲍尔德等人（p.211）总结如下：

> 当研究者知道与其他影响，像治疗师的影响……或治疗与非治疗对比的影响相比，治疗差异的影响很小时，研究者为什么还会坚持尝试寻找治疗差异呢？

可以认为我们不应该只在表面上接受元分析的发现，因为很多有关治疗效果的研究都受到了严格控制并且不能代表典型的临床实践。一些证据（例如，Weisz, Chaiyasit, Weiss, Eastman & Jackson, 1995）表明，正常临床条件下治疗的有效性，

元分析：整合多个研究的数据以获得整体状况。

如果情况就是这样，那么你认为治疗选择（例如，来访者优先选择、治疗师优先选择、成本—效果）最重要的决定因素应该是什么？

小于严格控制临床实验中的治疗效果。但是，沙迪什等人（Shadish, Matt, Navarro & Phillips, 2000, p.512）获得了截然不同的发现。他们关注临床代表性，"当结果研究是在真实的治疗情景中使用真实的来访者和治疗师以及治疗不受像操作手册使用、治疗依从性检查（treatment compliance checks）和特殊治疗前培训（pretherapy training）等常规研究的标准化程序限制时，就出现了临床代表性"。沙迪什等人对在临床代表性条件下进行的治疗研究进行了元分析。他们发现，这种治疗与非临床代表性治疗的有效性相同。

大多数结果研究都关注来访者治疗结束时的状态。但是，我们需要知道在治疗中获得的效果以后是否能够保持。大多数已知证据都是鼓舞人心的。尼古尔森和伯曼（Nicholson & Berman, 1983）考察了 67 项治疗结束后进行 8 个月左右跟踪的研究。治疗结束时获得的治疗效果在以后数月里仍然得以保持。兰伯特和伯金（Lambert & Bergin, 1994）对他们的追踪研究回顾总结如下："长期追踪研究不再需要，因为治疗效果通常至少会持续几个月。"

治疗为什么有效？

大多数治疗形式都具有较好的有效性。卢博斯基等人（Luborsky, Singer & Luborsky, 1975）称之为"渡渡鸟裁定"（dodo bird verdict）。这引用了童话《爱丽丝漫游仙境记》中渡渡鸟的话，它宣称："每个人都是赢家，所有赢家都有奖励。"我们如何来解释渡渡鸟效应呢？最有影响力的观点（例如，Lambert & Bergin, 1994）是，治疗的成功取决于一般因素和特殊因素。**一般因素（common factors）**是指大多数治疗形式的共同方面（例如，治疗师的热情、移情、治疗师与来访者的治疗联盟）。**特殊因素（specific factors）**则是指某种治疗形式的特殊或唯一的方面。如果治疗的有效性主要取决于一般因素而非特殊因素（正如一些专家所建议的），那么这就可以解释不同治疗结果之间为何不存在差异。

斯蒂文斯等人（Stevens et al., 2000）考察了对比三类群体的 80 项结果研究：

1. 特殊疗法组，对他们来说，任何收益均取决于一般因素和特殊因素的组合。
2. 一般因素组，他们获得一般性鼓励和支持，但未得到特殊治疗；任何收益只取决于一般因素。
3. 预约名单控制组，他们无任何收益。

斯蒂文斯等人（p.283）得出如下结论：

> 特殊治疗效应的大小，约是一般因素效应的两倍。只有在我们检验诊断结论的严重性时，才会出现这种模式的例外情况。对于患有较轻心理障碍（以及治疗时间平均较短）的研究被试而言，一般因素效应和特殊治疗效应的大小是相同的。对于患有较重心理障碍（以及治疗时间较长）的研究被试而言，只有特殊治疗成分才是有益的。

一般因素：在大多数治疗形式中发现的有助于来访者恢复的一般因素（例如，治疗师的个人品质）。

特殊因素：有助于来访者恢复的特定治疗形式独有的特征。

在治疗情境中，一般因素有三个主要来源：治疗师与来访者间的关系、治疗师的特征，以及来访者的特征。人们经常认为，心理治疗中为消极的来访者提供治疗的治疗师，就像医生为患者提供药物一样。实际上，正如伯金（Bergin, 2000, p.85）所指出的，真实的心理治疗与此截然不同："我们不仅要说'治疗在发挥作用'，而且还要说'治疗师在发挥作用'以及'来访者在发挥作用'……与治疗师或治疗技术一样，患者也是一个原因。这些影响的整合互动构成了改变过程。"

治疗师与来访者之间互动的一个重要方面（和一个重要的一般因素）是**治疗联盟**（therapeutic alliance）。治疗联盟整合了来访者积极参与到与治疗师合作的治疗过程中的观点。有效的治疗联盟是治疗结果的良好预测因子（Kopta, Lueger, Saunders & Howard, 1999）。例如，研究者（Krupnick et al., 1996）报告了一项比较几种抑郁症治疗方法的大型研究的发现。治疗联盟都预测了所有治疗形式的治疗成功。

治疗联盟：在治疗过程中，治疗师与来访者的合作。

任何治疗形式的有效性都取决于治疗师的各种品质，因此，治疗师的有效性是一种重要的一般因素。研究者（Crits-Christoph, Baranackie, Kurcias, Beck, Carroll & Perry, 1991）对不同治疗类型的治疗师的影响进行了元分析，发现治疗结果更多取决于治疗师的差异，而非治疗形式的差异。

治疗师具有什么特征比较重要？拉弗蒂等人（Lafferty, Beutler & Crago, 1991）阐明了这一问题。最大的发现是，有效的治疗师对来访者具有更好的移情或情感理解。另外，有效的治疗师在治疗期间会提供更多的指导和支持。

研究者（Najavits & Strupp, 1994）考察了治疗过程中有效和无效治疗师的行为。他们对治疗师的积极行为（像热情、理解、帮助）和消极行为（像忽视、拒绝、攻击）进行了区分。有效的治疗师会比无效的治疗师表现出更多的积极行为和更少的消极行为。

来访者的什么特征比较重要？有关该问题的研究得出了相当不一致的发现（Garfield, 1994）。在那些得到治疗的人中，有很大一部分都拒绝接受治疗（在一些研究中多达40%）。社会经济地位较低的来访者更可能拒绝接受治疗（Garfield, 1994），即使他们不可能最先得到治疗。社会经济地位还能预测治疗的持续性。例如，贝里甘与加菲尔德（Berrigan & Garfield, 1981）发现，社会阶层与精神治疗持续性之间存在直接关系，来自较高社会阶层的来访者最可能将治疗持续下去。不过，社会经济地位与持续到治疗结束的来访者的治疗结果通常无关。

在治疗的开始阶段，来访者障碍的严重程度与治疗结果强烈相关，障碍最严重的来访者的治疗结果，通常也是最糟糕的。斯坦梅茨等人（Steinmetz, Lewinsohn & Antonuc-

治疗师表现出的……热情、接纳和共情

文化因素会如何影响治疗效果？

cio, 1983) 在抑郁症治疗中发现, 治疗前的抑郁分数是治疗结果的最好预测因子。正如他们所总结的: "所有抑郁症严重程度水平的被试, 都出现了显著改善, 但是那些原本更抑郁的被试, 在治疗结束后则倾向于维持他们的相对排名。"(Steinmetz et al., 1983)

精神动力学疗法涉及对来访者过去生活的长时间讨论。可能的情况是, 某些来访者会最有成效地参与到这种讨论中。精神动力学疗法似乎对那些年轻的 (young)、有魅力的 (attractive)、善于言辞的 (verbally skilled)、聪明的 (intelligent) 和成功的 (successful) 来访者要最为有效 (Garfield, 1994)。(如果你抽取 young、attractive 等单词的首字母, 你会得到 YAVIS, 这也许有助于你记住这个清单!)

不同疗法的差异

来自元分析的主要发现是, 大多数治疗方法的治疗效果也都大致相同。不过, 这些疗法彼此之间仍可能存在一些细小的差异。例如, 马特与纳瓦罗 (Matt & Navarro, 1997, p.22) 考察了 63 项比较不同治疗方法的元分析 (见下页的关键研究), 发现他们所考察的大约三分之一的元分析的确报告了各种治疗有效性的差异, 并得出结论: 行为疗法和认知疗法比精神动力学疗法和来访者中心疗法要更有效。但是, 马特和纳瓦罗认为, 这些有效性的差异更多属于表面差异, 而非真正的差异。接受行为疗法或认知疗法治疗来访者的很多症状, 在大多数情况下都没有接受精神动力学疗法或来访者中心疗法治疗来访者的情况严重。另外, 与行为疗法和认知疗法治疗师相比, 精神动力学疗法和来访者中心疗法治疗师倾向于使用更严格的结果测量。

罗森汉和塞利格曼 (Rosenhan & Seligman, 1995) 考察了治疗各种障碍最有效的治疗方法的问题。他们所得出的一些结论如下:

- 焦虑、恐怖、恐惧和惊恐障碍: 系统脱敏疗法、认知疗法、药物治疗是最好的治疗方法。
- 抑郁症: 认知疗法、电休克疗法、药物治疗 (像百忧解) 非常有效。
- 精神分裂症: 药物 (像神经松弛剂) 和家庭干预 (涉及沟通技巧) 比较有效。

罗斯与福纳吉 (Roth & Fonagy, 1996) 全面分析了不同治疗形式的有效性 (药物疗法除外)。对于每种心理障碍, 他们都确认了已经表现出明显疗效的治疗方法, 以及目前有前途的和 (或) 得到有限支持的治疗方法:

百忧解是一种抗抑郁药物, 它能抑制脑内的化学神经递质 5-羟色胺的摄取。

障碍	明显疗效	有前途/有限支持
抑郁症	认知行为疗法	精神动力学疗法
特殊恐惧症	暴露疗法	

马特和纳瓦罗：治疗效果综述

马特和纳瓦罗（Matt & Navarro, 1997）考察了来自 63 项治疗效果元分析的证据。在提供相关数据的 28 项元分析中，平均效应量（the mean effect size）为 0.67，这意味着与未接受治疗的控制组患者相比，75% 接受治疗患者的病情出现了更多的好转。

马特和纳瓦罗还阐明了治疗效应应该归因于特殊效应还是共同效应（像安慰剂效应）的问题。他们通过关注比较三类被试的 10 项元分析，解决了上述问题：

1. 特殊疗法组，对他们而言，任何收益都可能取决于特殊效应或共同效应。
2. 安慰剂控制组（涉及一般鼓励但不提供特殊治疗），对他们而言，任何收益都可能取决于共同效应。
3. 预约名单控制组，对他们而言，没有任何收益可言。

有证据表明，57% 的安慰剂控制组患者比一般的预约名单控制组的患者做得更好，这表明存在共同或安慰剂效应。但是，得到特殊治疗的 75% 的患者都要比普通的安慰剂控制组患者做得更好，这表明特殊效应的效应几乎是共同或安慰剂效应的四倍。

不同的治疗形式在一般效果上存在差异吗？马特和纳瓦罗（1997, p.22）考察了相关的元分析，总结如下："大约三分之一的元分析报告了干预的不同效果的证据。这些差异通常支持行为疗法和认知疗法，而非精神动力学疗法和来访者中心疗法。"不过他们也承认，很难解释这些差异，因为无法对心理障碍的严重性、结果测量等进行标准化。

讨论要点：
1. 作为一种揭示治疗有效性的方法，元分析具有什么优势和劣势？
2. 马特和纳瓦罗所揭示的大多数治疗形式的明显有效性给你留下了怎样的印象？

> **关键研究评价——马特和纳瓦罗**
>
> 对马特和纳瓦罗研究的主要批评是缺乏标准化。个案的具体条件在决定治疗有效性方面可谓至关重要。与此相关的是时间量程的使用。回归或复发表明治疗失败，但从马特和纳瓦罗的研究中则不可能发现这些内容。因此，需要一种更长期的研究方法来解决这一问题，该方法能够处理不同的数据集，其方法学是使用详细的案例记录和追踪研究。
>
> 在元分析研究中难以确定精确性，因此考虑使用更多的中心案例研究法（case-study-centred approach）是有价值的。不可避免的潜在成本和时间，妨碍了这种更重要的研究类型。但是，如果心理学家希望对治疗有效性施加任何实际影响，那么把来访者自己的陈述视为有效的数据而非只依赖基于二手观察所获得的记录将会更有意义。也许这样做并不能提供一个有条理的结果，但在清除由元分析产生的归纳方面则可能具有某种程度的改善。

障碍	明显疗效	有前途 / 有限支持
社交恐惧症	暴露疗法 认知疗法 + 暴露疗法	
惊恐障碍	认知行为疗法	
广泛性焦虑症	认知行为疗法	
强迫症（强迫性心理障碍）	暴露疗法	认知重建 合理情绪疗法 + 暴露疗法
创伤后应激障碍	暴露疗法 + 认知疗法	精神动力学疗法
精神分裂症	家庭干预计划	针对妄想的认知疗法
人格障碍	社交技能训练 行为疗法	精神动力学疗法

我们已经讨论了大多数有效的治疗形式，但却尚未提及治疗精神分裂症患者的家庭干预计划（family intervention programmes）。正如我们在第22章所看到的，当精神分裂症患者的家庭表现出高水平的情感表达（敌意、批评、情绪过度卷入）时，他们最有可能出现复发。这使法伦等人（Falloon, Boyd, McGill, Williamson, Razani, Moss, 1985）提出了一套干预计划，即训练精神分裂症患者的家庭成员使用更具建设性和非苛求的方式与患者进行交流。他们还告诉精神分裂症患者的家庭成员，降低自己对患者的期望。与标准化治疗相比，这种治疗大大降低了主要精神分裂症症状复发的机会。

法伦等人（Falloon, Coverdale, Laidlaw, Merry, Kydd & Morosini, 1998）认为，在早期阶段发现精神分裂症的症状非常重要。发现后就要通过各种尝试来提高来访者的社会机能。这些尝试包括家庭教育（例如，改善家庭成员之间的互动）、基于护理员的压力管理（carer-based stress management），以及训练精神分裂症患者的社交技能。在法伦等人所讨论的一项研究中，患有严重精神分裂症来访者人数的百分比，从接受标准化技术治疗后的54%下降到接受家庭干预计划治疗后的14%。在英格兰的一项研究中使用了类似的技术，使得精神分裂症的发生率从每10万人中的7.4例下降到每10万人中只有0.75例。

> 这对于社区护理具有什么启示？

家庭疗法不仅仅只对精神分裂症的治疗有效。业已证明，基于家庭的治疗方法在治疗各种儿童和成人问题时都是成功的（Carr, 2000）。与其相似，在治疗各种成人心理障碍方面，婚姻疗法（marital therapy）与认知行为疗法具有相同的效果（Carr, 2000）。

一般来讲，罗斯和福纳吉的分析最清楚地显示出，一般意义上的认知行为疗法和特殊意义上的暴露疗法，在治疗焦虑症时具有令人印象深刻的有效性。不过他们认为，对于躁郁症，尚没有哪种心理疗法被证明是有效的。

对未来的启示

令人吃惊的是，表面上差异巨大的各种治疗方法的有效性，通常只存在很小的差异。这些发现对治疗师有什么启示呢？可能会有人认为，治疗师应该采取折衷主义（**eclecticism**），即使用源于各种治疗的治疗技术而不是使用单一的治疗方法。正如科普塔等人（Kopta et al., 1999, p.455）所指出的：" 一种日益流行的观点是，主流精神疗法的长期统治地位已经结束，融合主义和折衷主义是当今治疗技术发展的方向。"

> **折衷主义**：治疗师综合使用各种不同的治疗形式。

折衷主义疗法的大量使用已经有很多年的历史。詹森等人（Jensen, Bergin & Greaves, 1990）发现，在800名美国心理治疗师当中，有68%的人使用了折衷主义的治疗方法。折衷主义治疗师在其使用的治疗类型的数量上存在差异，但通常都会使用四种疗法。遗憾的是，很少有研究去考察折衷主义疗法的有效性。

在如何使用折衷主义疗法上也存在争议（Lazzarus & Messer, 1991）。这里仅提及伴随折衷主义疗法而出现的两个问题。第一，一些折衷主义治疗师仅选择他们认为可能有效的治疗技术，而这些选择则并不是根据清楚的理论阐述或理论理解作出的。第二，大多数理论取向可能很难整合到治疗中，因为它们基本上是不相容的。正如戴维森和尼尔（Davison & Neale，1998，p.553）所注意到的："精神分析疗法对事实的定义与行为疗法对事实的定义是不同的。不同的证据标准各自盛行……一个人无法把两种缺乏共同现实定义的理论整合到一起。"

治疗中的伦理问题

存在很多与治疗有关的重要伦理问题，但却很少有人会像马森（Masson，1989）那样考虑那么长远。他非常担心治疗师比来访者处于更有利的地位，这使他得出这样一个结论："精神治疗的真正观点是错误的。精神治疗的结构是，无论一个人多么友善，当这个人成为治疗师时，他/她所从事的必定会是削弱求助者的尊严、自主和自由的行为。"（p.24）

马森对精神治疗的攻击有些言过其实。但也确实有一些重要问题需要澄清，其内容如下：

1. 知情同意。
2. 保密性。
3. 治疗目标的选择。
4. 双重关系。
5. 文化与亚文化因素。

知情同意

看起来似乎是再明白不过的一个事实是，只有在得到来访者完全的知情同意后，才能对其进行治疗。为了实现这个目标，治疗师应该全面告知来访者有关各种可行的治疗方法、各种治疗方法成功的可能性、各种治疗方法可能产生的任何危害或副作用、来访者拥有随时终止治疗的权利，以及各种治疗的可能花费等信息。迪瓦恩和弗纳尔德（Devine & Fernald，1973）报告了关于知情同意重要性的证据。给恐蛇症患者播放四部不同治疗方式的电影。与未提供偏爱的治疗方式的患者相比，提供了偏爱的治疗方式的患者表现出更多的恢复。

知情同意具有强烈的伦理及实践方面的原因。但在实践中却经常不能做到完全的知情同意，具体来说有以下几个方面的原因。

第一，治疗师可能缺乏有关不同治疗方法益处及花费的详细信息。另外，一些治疗方法对某些来访者来说可能会非常有效，但对其他来访者则可能出现严重的副作用。因此，治疗师无法向来访者提供足够的信息，以使他们作出明确的决定。

第二，来访者可能会发现，记住治疗师告诉他或她的信息是很难的。欧文等人（Irwin et al.，1985）对那些声称已经理解治疗方法益处及可能的副作用的来访者进行了详细询问。约有75%的来访者犯了错，因为他们已经忘记了治疗师所说的一些重要信息。

第三，很多来访者（像幼儿、精神分裂症患者）无法提供完全的知情同意。就精神分裂症患者而言，有证据表明，他们作出知情同意的能力存在很大差异（Davison & Neale，2001）。当来访者不能给出知情同意时，通常会由其监护人或亲属提供知情同意。

第四，来访者可能会因为对治疗师专业知识不切实际的尊重而赞同某种治疗形式，而不是因为该治疗方式本身的有关信息而接受治疗。在来访者只有很少或是缺乏有关不同治疗形式的先验知识的情况下，这种情况最有可能出现。

第五，一些来访者可能会因为社会和文化压力而无法提供知情同意。例如，西尔弗斯坦（Silverstein，1972，p.4）明确表达了一些同性恋个体可能存在的困境：

> 建议个体自愿接受改变性取向，忽略了强大的环境压力……那就是多年以来就已经有人告诉过他应该改变……在运动场玩耍时听到的是"同性恋"和"怪胎"这样的词语……上大学时听到的是"有病"，最后到咨询中心时得到的承诺则是"治愈"。这使他/她们很难（生活在）自由和自愿选择的环境中。

免除知情同意

巴洛和杜兰德（Barlow & Durand，1995，p.675）提出了一个关于知情同意的关键问题："是患有心理疾病的人需要帮助及保护自己不受社会的伤害，还是需要保护社会不受到他们的伤害？"根据巴洛和杜兰德的观点，在美国，直到约1980年仍在强调个人的权利和需要。但是从那以后就开始变得更加强调社会的需要，不断要求个体接受违背自己意愿的治疗和/或强制将他们托付给精神病院。换言之，一些患者并未得到允许对治疗作出知情同意。

在英国，一些关键性规定目前包含在《英格兰和威尔士精神健康法案》（*the Mental Health Act for England and Wales*，1983）中。正如麦克劳德（MacLeod，1998）所指出的，该法案的第二部分规定：只要有一名经过认证的社会工作者和两名医生的推荐，就允许强制性承认并收容或拘禁患者多达28天。此类拘禁的理由如下：

- 患者患有需要治疗的心理疾病。
- 为了患者的健康和（或）安全着想，需要将其拘禁起来。
- 为了保护他人，需要将患者拘禁起来。

《1983年精神健康法案》的第三部分与强制性治疗可以延长到六个月的可续期规定有关。当出现下面的情况时，可以将治疗延长到六个月：

- 患者需要接受治疗。
- 提出的治疗方案可能有效。
- 提出的治疗方案对患者的健康和/或安全，或对保护他人是必需的。
- 如果患者被拘禁，只能使用所提出的治疗方案。

在未获得心理障碍患者知情同意的情况下对其进行治疗，你认为正确吗？

《英格兰和威尔士精神健康法案》里各部分所使用的一些标准，很难在实际操作中加以使用。如果未拘禁，应该对个体和他人可能承担的风险作出说明。但对这些风险很难进行精确评估。在这种情况下，犯错误也就是不可避免的：一些没必要被拘禁的患者被拘禁了，而有些应该被拘禁的患者却未被拘禁。

保密性

保密性在治疗中可谓是至关重要。如果希望来访者信任治疗师，并因此能够自由地向治疗师透露自己的私密，那么保密性就是必不可少的。在大多数情况下，法律也都捍卫了保密性。例如，英国的《治安与刑事证据法案》(1984) 规定，在官方认为有权获得来访者的保密性记录之前，必须出具法官书面签字的命令。

麦克劳德 (Macleod, 1998) 指出，极少有绝对的保密性。例如，与在相同的地方（像全国卫生服务信托基金会）工作的其他治疗师讨论案例。这样做是为了确保来访者得到最好的治疗并产生较小的副作用。但是，有关来访者的敏感性信息有时却也会被透露给治疗师工作单位以外的其他人。这方面的一些例子将会在下文进行考察。

> **保密性和匿名性**
>
> 匿名性是保密性的重要组成部分。在公开演讲或公开出版的文章或书籍中，所提到的案例讨论必须不得涉及来访者的身份。违背保密性的这个方面会引起来访者或其亲属对治疗师诉诸法律。在这种情境下，治疗师在获得相关人员的许可后，通常会使用假名或首写字母来代表来访者。

假设在治疗过程中来访者出现了杀人的念头。如果治疗师认为这是一个严重的凶兆，他／她就有责任向有关当局汇报。在两种情况下，英国的治疗师有向相关当局透露来访者信息的法律义务。第一，当来访者的信息与恐怖主义的行动有关时。第二，当来访者的信息与儿童的幸福有关时。

美国的情况与英国的非常相似。美国心理协会详细说明了关于保密性的伦理立场 (1991)：“心理学家只有在法律要求或在法律允许的情况下才能透露保密性信息，并且是为了达到诸如以下的正当目的：(1) 为患者或来访者提供所需的专业服务，(2) 为了得到适当的专业咨询，(3) 为了保护患者或来访者或其他人免受伤害，(4) 为了得到服务费用。"

保密性的一般规则并不包括由所有这些特例所提出的伦理问题。治疗师一旦发现来访者可能会对社会造成危险，就需要向当局进行通报。当立法获得通过之后，怀斯 (Wise, 1978) 对美国加利福利亚的治疗师进行了调查。该立法导致 20% 的治疗师不再向来访者询问关于暴力的问题。这一做法具有可能降低治疗效果的潜在缺陷。

大多数来访者起初都期望自己在治疗中所透露的每件事都能得到保密。治疗师在治疗开始前就应告诉来访者，保密性原则并不包括他们所说的每一件事。另外，治疗师必须向他人透露的信息种类也应具有明确的标准。

治疗目标的选择

由来访者为治疗设定目标是一个最明智的做法。来访者至少应该完全参与到选择合适的目标中。亚历山大与卢博斯基 (Alexander & Luborsky, 1984) 倡导治疗联盟（前面已讨论过），即治疗师和来访者通过合作来确定治疗目标及实现目标的途径。

在实践中，来访者有时并不会完全参与到治疗目标的设定中。例如，幼儿或精神分裂症患者等处于严重混乱状态的患者，他们无法完全参与到决策的制定过程中。

在这些案例中，治疗师应该与患者的亲属进行协商，以确保治疗目标对患者来说是最有利的。

对于与某些治疗目标有关的风险，需要对患者进行详细说明。例如，精神动力学疗法能使患者对自己当前痛苦背后的童年经验产生领悟。不过，这种领悟可能会揭示出令人不安的记忆（像身体虐待或性虐待）。如果被提取的记忆是假的（虚假记忆综合症），也会存在风险。如果记忆是错误的，那么来访者的父母可能会受到虐待自己孩子的不公正指控。在接受领悟作为治疗的主要目标之前，来访者需要清醒地意识到这些潜在的风险。

在夫妻或家庭治疗案例中，还存在一些特殊问题。对其中一方有利的治疗方法，有可能会对另一半或其他家庭成员带来消极影响。例如，一方可能会通过变得更加固执而获利，但是，这样做很可能会破坏家庭内部的交流模式。

治疗师的价值观和信念对来访者的影响，可能会超出来访者的想象。正如哈勒克（Halleck, 1971, p.19）所指出的："精神病学的实践模型基于这样的论点，即治疗师只应帮助人们学会做自己想做的事情，该模型看起来并不复杂并较为可取。但这是一个无法获得的模型……精神病医师无法避免交流，并会不时地把自己的价值观强加给患者。患者……最后想要的事情，正是精神病医师认为他应该需要的。"

不同的治疗类型会在多大程度上被指责为鼓励来访者从众？

双重关系

波普与维特尔（Pope & Vetter, 1992）让治疗师确定他们最近所遇到的伦理问题和其他具有挑战性的问题。在治疗师所提出的问题中，18%的问题与保密性有关，17%的问题与双重关系有关，14%的问题与付费有关。我们将主要关注双重关系，即治疗师不需要与来访者保持私人关系，而应与来访者维持一种职业关系。

一种最具破坏性的私人关系涉及性亲密。男性治疗师和女性来访者之间的亲密关系，要比女性治疗师与男性来访者之间的亲密关系更为常见。这是完全不能接受的，因为来访者可能会受到地位高于他们的治疗师的诱惑。几乎所有的职业心理治疗组织都明确禁止治疗师与来访者之间发生性接触。《1993年心理学家伦理标准》（1993 Ethical Standards of Psychologists）强烈建议治疗师应该避免与以前的来访者保持私人关系或性关系。治疗师至少在治疗结束后两年内不应考虑与任何以前的来访者发展浪漫关系。

文化与亚文化因素

大多数西方社会的治疗师都是白人和中产阶级。因此，白人来访者和中产阶级来访者可能会从治疗中获益最多。苏等人（Sue, Fujino, Hu, Takeuchi & Zane, 1991）认为，当种族和语言相匹配时，即治疗师和来访者有着相同的种族背景和母语，治疗可能会更有效。

治疗师的文化背景会影响特定类型的治疗。邦德等人（Bond, DiCandia & MacKinnon, 1988）比较了具有相似症状的美国白人精神分裂症患者和美国黑人精神

苏等人：文化的回应

苏等人（Sue et al., 1991）考察了美国黑人、墨西哥裔、亚裔和白人门诊部的社区精神健康服务中心，他们通过查看门诊患者的记录发现，治疗师和来访者的种族匹配，使得亚裔和墨西哥裔美国人的治疗中断率变得更低。不过，种族匹配对美国黑人并没有什么影响。

苏等人还发现，对所有非英语母语者来说，语言的匹配与更好的治疗结果有关。这是理所当然的，因为使用相同母语的人彼此之间的交流会变得更加容易。苏等人指出，当治疗师对来访者的价值观和期望很敏感时，治疗可能会最有效。戴维森和尼尔（Davison & Neale, 1998, p.589）总结了他们所确认的某些相关看法：

> 亚洲人尊重人际关系中的结构和礼仪，而西方治疗师则更可能偏爱不拘礼节和不太武断的态度……亚裔美国人对于把精神治疗视为一种解决应激的方法的接受程度可能较低，他们倾向于认为情绪压力应该是自己解决的事情……在与治疗师讨论时，亚裔美国人可能会认为有些领域是不可涉及的……尤其是性。

讨论要点：

1. 对治疗师而言，对文化差异敏感有何重要性？
2. 为了让所有来访者在治疗中获得最好的收益机会，需要进行种族匹配吗？

> **关键研究评价——苏等人**
>
> 治疗师以非苛刻的方式进行共情及为来访者提供无条件支持的能力，似乎受到来访者与治疗师之间文化背景的显著差异的损害。苏等人的研究证明，这可能归因于白人、中产阶级治疗师所处的主导地位。当种族起源本身不是文化价值观的决定因素时，社会阶层成分似乎显得更加重要。
>
> 显而易见，治疗师要想达到有效治疗，必须具有与来访者进行良好沟通的能力。这不仅仅涉及使用相同语言与来访者交谈的能力。他们还必须拥有全面的知识及对来访者世界观的理解，包括理解他们置身其中的文化和社会阶层背景。
>
> 对治疗师来说，一种可能的角色准备的替代方案是，由来自多种社会和文化背景的人为治疗师提供咨询。因为咨询是心理治疗训练中的一个重要部分，无论新治疗师的文化背景如何，这都是形成他们治疗经验的一个绝好机会。

分裂症患者。白人患者被进行身体限制的可能性更小。他们也不可能接受大剂量的药物。这些发现具有多种可能的解释，但是它们显然会引发有关少数民族治疗的伦理问题。

纳兹诺（Nazroo, 1997）在一项对生活在英国的 8000 多名加勒比人、亚洲人和白人的研究中，报告了文化偏见的证据。加勒比人男性患精神分裂症等心理疾病的比率比白人男性更低。但是，他们住院治疗的可能性则是白人的五倍。根据纳兹诺的观点，精神病医生认为患有严重心理疾病的加勒比男性的危险性要更高，因此他们被剥夺了给予选择像心理疗法这种非住院式治疗的权利。

格兰特（Grant, 1994）认为，当由白人治疗师来治疗黑人来访者时，会出现特殊的伦理问题。治疗师可能会错误地认为存在"黑人问题"（black problems），或是认为自己能够理解黑人的想法。无论在哪种情况下，他们都可能不会对单个黑人患者的特殊问题和思考方式作出反应。

我们怎样才能确保不使任何群体处于不利境地呢？首先，治疗师必须对文化问题足够敏感，并且必须形成一套为所有种族群体提供有效治疗的技术。其次，应该增加来自各少数种族群体的治疗师数量。最后，使用**角色准备（role preparation）**，

你能想到在治疗过程中可能遭遇偏见的其他任何一种文化或亚文化群体吗？

角色准备：在治疗开始前为患者提供足够的信息，以便使他们对将要参与的过程形成切实的期望。

苏等人发现，如果治疗师和来访者来自相同的种族背景，那么类似这样的疗程可能会更有效。

即在治疗开始前使用简短的讨论或音频信息来确保来访者对治疗具有切实的期望。兰伯特夫妇（Lambert & Lambert, 1984）发现，角色准备能够提高治疗期间的出席率。角色准备还能增加来访者对治疗的满意度并使治疗取得更有效的结果。

小 结

躯体疗法

　　重度抑郁症往往会使用三环抗抑郁剂或选择性 5- 羟色胺再摄取抑制剂等药物进行治疗。在非常严重的情况下还会使用电休克疗法。电休克疗法通常能够快速发挥作用，但是我们尚不清楚电休克疗法为什么会有效。在治疗躁郁症时，碳酸锂是一种最常用的药物。约有 80% 的患者可以从使用碳酸锂中获益。苯二氮类药物常被用于治疗焦虑症。但是，这些药物均有各种各样的副作用，而且会导致患者对药物形成生理依赖。神经松弛剂被用于治疗精神分裂症，它们在减轻阳性症状方面比在减轻阴性症状方面要更有效。非典型抗精神病药物对治疗精神分裂症是有用的，尤其是治疗精神分裂症的阴性症状。药物治疗通常都是有效的，但也存在复发的危险。

精神动力学疗法

根据弗洛伊德的观点，成人在经历严重的个人问题时会产生心理障碍，并会退行到早期的性心理阶段。精神分析旨在让个体对被压抑的思想和情感有所领悟。催眠、自由联想和梦的分析均可用于揭露被压抑的想法。治疗过程中的移情，即患者将自己对父母的强烈情感转移到治疗师身上，可以确保患者的情感卷入。精神分析影响到了客体关系疗法和认知疗法。恢复可能需要产生领悟，反之则不然。

行为疗法

行为疗法治疗师认为异常行为是通过不适应的条件作用形成的，因此条件作用能够将不当行为转变成更可取的行为模型。暴露疗法在治疗所有类型的恐惧症方面是非常有效的，这些恐惧症包括：社交恐惧症和广场恐惧症。但是，这种疗法的成功可能不能简单归功于来访者习惯了恐惧反应。代币制在控制良好的环境中具有中等效果，但是这种效果往往不能在日常生活中延续下去。

来访者中心疗法

罗杰斯提出了来访者中心疗法，认为治疗师的共情、无条件积极关注和真诚，是治疗取得成功的关键。治疗师的这三个特征都很重要，尤其是共情和无条件积极关注。来访者中心疗法对于治疗病情较不严重的心理障碍是有效的，但对治疗病情非常严重的心理障碍则几乎没什么用。罗杰斯拒绝承认心理障碍诊断价值的做法是不明智的，同时也限制了来访者中心疗法的价值。

认知疗法和认知行为疗法

埃利斯提出了合理情绪疗法，即使用理性的和积极的想法来代替非理性的和自我挫败的想法。埃利斯所提倡的是通用程序，并未根据特定的心理障碍进行精确的量身打造。根据贝克的观点，焦虑症和抑郁症患者拥有不适当的消极和威胁性认知。通过安全寻求行为，这些认知被保持了下来。认知疗法和认知行为疗法通过提供相反的证据证明，这些认知是不正确的。这种否定可以解释暴露疗法的有效性。

治疗的有效性

治疗过程具有三个连续的改善阶段：提升主观幸福感、减轻病态症状和增强生活功能。引起恢复的有效治疗可能会也可能不会防止复发。效能研究具有良好的内部效度和较低的外部效度，有效性研究的情况则刚好相反。大多数元分析都报告，所有主要的治疗形式都具有大致相等的效果。治疗成功与否，取决于该疗法独有的特殊因素和一般因素（像治疗联盟、治疗师的积极性和消极性、治疗师帮助来访者的意愿）。认知行为疗法（尤其是暴露疗法）对治疗焦虑症非常有效，而药物疗法则对治疗精神分裂症和躁郁症最有效。目前已经出现了折衷主义的强烈趋势。

治疗中的伦理问题

有很多强有力的论据支持知情同意，但是很多来访者（像幼儿、精神分裂症患者）

往往无法提供知情同意。对社会构成危害的患者，可能会在违背他们意愿的情况下接受强制性治疗。保密性是受欢迎的，但是治疗师们有时则必须透露来访者的信息（例如，为了保护来访者或其他人免受伤害）。来访者应该完全参与到治疗目标的制定中，但是他们可能会受到治疗师的价值观和信念的过度影响。治疗师和来访者必须保持一种职业关系而非私人关系。当治疗师和来访者具有相同的种族背景和母语时，治疗效果最好。治疗师需要对文化问题保持敏感，并应考虑使用角色准备。

深入阅读

- Comer, R.J.(2001). *Abnormal psychology* (4 th ed.) New York:Worth.Issues relating to the effectiveness of the major forms of therapy are discussed in some detail in this textbook.
- MacLeod, A.(1998).Therapeutic interventions.In M.W. Eysenck(Ed.), *Psychology:An integrated approach* .Harlow, UK: Addison Wesley Longman. This chapter provides good introductory coverage of the main forms of therapy by a Scottish clinical psychologist.
- Shadish, W.R., Matt, G.E., Navarro, A.M., & Phillips, G. (2000).The effects of psychological therapies under clinically representative conditions:A meta-analysis. *Psychological Bulletin*, 126, 512-529. This article provides convincing evidence that all of the main forms of therapy are reasonably effective when carried out in the typical way.

参考文献

Aberson, C.L., Healy, M., & Romero, V. (2000). Ingroup bias and self-esteem: A meta-analysis. *Personality and Social Psychology Review, 4,* 157–173.

Abramov, I., & Gordon, J. (1994). Colour appearance: On seeing red, or yellow, or green, or blue. *Annual Review of Psychology, 45,* 451–485.

Abrams, D., & Hogg, M.A. (1988). Comments on the motivational status of self-esteem in social identity and intergroup discrimination. *European Journal of Social Psychology, 18,* 317–334.

Abrams, D., Wetherell, M., Cochrane, S., Hogg, M.A., & Turner, J.C. (1990). Knowing what to think by knowing who you are: Self-categorization and the nature of norm formation, conformity and group polarization. *British Journal of Social Psychology, 29,* 97–119.

Abramson, L.Y., Alloy, L.B., Hogan, M.E., Whitehouse, W.G., Donovan, P., Rose, D.T., Panzarella, C., & Raniere, D. (1999). Cognitive vulnerability to depression: Theory and evidence. *Journal of Cognitive Psychotherapy, 13,* 5–20.

Abramson, L.Y., Metalsky, G.I., & Alloy, L.B. (1989). Hopelessness depression: A theory-based subtype of depression. *Psychological Review, 96,* 358–372.

Abramson, L.Y., Seligman, M.E., & Teasdale, J. (1978). Learned helplessness in humans: Critique and reformulation. *Journal of Abnormal Psychology, 87,* 49–74.

Ackerman, P.L., Beier, M.E., & Boyle, M.O. (2002). Individual differences in working memory within a nomological network of cognitive and perceptual speed abilities. *Journal of Experimental Psychology: General, 131,* 567–589.

Adams, J.S. (1965). Inequity in social exchange. In L. Berkowitz (Ed.), *Advances in experimental social psychology.* New York: Academic Press.

Adolph, K.E. (2000). Specificity of learning: Why infants fall over a veritable cliff. *Psychological Science, 11,* 290–295.

Adorno, T.W., Frenkel-Brunswik, E., Levinson, D., & Sanford, R. (1950). *The authoritarian personality.* New York: Harper.

Aeschbach, D., Matthews, J.R., Postolache, T.T., Jackson, M.A., Giesen, H.A., & Wehr, T.A. (1997). Dynamics of the human EEG during prolonged wakefulness: Evidence for frequency-specific circadian and homeostatic influences. *Neuroscience Letters, 239,* 121–124.

Aggleton, J.P., & Brown, M.W. (1999). Episodic memory, amnesia, and the hippocampal-anterior thalamic axis. *Behavioral And Brain Sciences, 22,* 425–444; discussion 444–489.

Aglioti, S., Goodale, M.A., & DeSouza, J.F.X. (1995). Size-contrast illusions deceive the eye but not the hand. *Current Biology, 5,* 679–685.

Ahlskog, J.E., Randall, P.K., & Hoebel, B.G. (1975). Hypothalamic hyperphagia: Dissociation from hyperphagia following destruction of noradrenergic neurons. *Science, 190,* 399–401.

Aiello, J.R., & Kolb, K.J. (1995). Electronic performance monitoring and social context: Impact on productivity and stress. *Journal of Applied Psychology, 80,* 339–353.

Ainsworth, M.D.S. (1979). Attachment as related to mother-infant interaction. In J.G. Rosenblatt, R.A. Hinde, C. Beer, & M. Busnel (Eds.), *Advances in the study of behaviour. Vol. 9.* Orlando, FL: Academic Press.

Ainsworth, M.D.S. (1982). Infant-mother attachment. *American Psychologist, 34,* 932–937.

Ainsworth, M.D.S., & Bell, S.M. (1970). Attachment, exploration and separation: Illustrated by the behaviour of one-year-olds in a strange situation. *Child Development, 41,* 49–67.

Ainsworth, M.D.S., Bell, S.M., & Stayton, D.J. (1971). Individual differences in strange situation behaviour of one-year-olds. In H.R. Schaffer (Ed.), *The origins of human social relations.* London: Academic Press.

Ainsworth, M.D.S., Blehar, M.C., Waters, E., & Wall, S. (1978). *Patterns of attachment: A psychological study of* the strange situation. Hillsdale, NJ: Lawrence Erlbaum Associates Inc.

Ajzen, I. (1985). From intentions to actions: A theory of planned behaviour. In J. Kuhl & J. Beckmann (Eds.), Action-control: from cognition to behaviour. Heidelberg, Germany: Springer-Verlag.

Ajzen, I. (1987). Attitudes, traits, and actions: Dispositional prediction of behavior in personality and social psychology. Advances in Experimental Social Psychology, 20, 1–63.

Ajzen, I. (1991). The theory of planned behaviour. Organizational Behavior and Human Decision Processes, 50, 179–211.

Akerstedt, T. (1977). Inversion of the sleep wakefulness pattern: Effects on circadian variations in psychophysiological activation. Ergonomics, 20, 459–474.

Alderfer, C.P. (1969). An empirical test of a new theory of human needs. Organizational Behavior and Human Performance, 4, 142–175.

Alexander, L., & Luborsky, L. (1984). Research on the helping alliance. In L. Greenberg & S. Pinsof (Eds.), The psychotherapeutic process: A research handbook. New York: Guilford Press.

Alibali, M.W. (1999). How children change their minds: Strategy change can be gradual or abrupt. Developmental Psychology, 35, 127–145.

Allen, B.P., & Lindsay, D.S. (1998). Amalgamations of memories: Intrusion of information from one event into reports of another. Applied Cognitive Psychology, 12, 277–285.

Allen, J.J.B., & Iacono, W.G. (2001). Assessing the validity of amnesia in dissociative identity disorder: A dilemma for the DSM and the courts. Psychology, Public Policy, and Law, 7, 311–344.

Allen, V.L., & Levine, J.M. (1971). Social support and conformity: The role of independent assessment of reality. Journal of Experimental Social Psychology, 7, 48–58.

Allison, T., & Cicchetti, D.V. (1976). Sleep in mammals: Ecological and constitutional correlates. Science, 194, 732–734.

Allport, D.A. (1989). Visual attention. In M.I. Posner (Ed.), Foundations of cognitive science. Cambridge, MA: MIT Press.

Allport, D.A., Antonis, B., & Reynolds, P. (1972). On the division of attention: A disproof of the single channel hypothesis. Quarterly Journal of Experimental Psychology, 24, 225–235.

Allport, G.W. (1935). Attitudes. In C.M. Murchison (Ed.), Handbook of social psychology. Worcester, MA: Clark University Press.

Allport, G.W. (1954). The nature of prejudice. Reading, MA: Addison-Wesley.

Allport, G.W., & Odbert, H.S. (1936).Trait-names: A psycho-lexical study. Psychological Monographs, 47, No. 211.

Allport, G.W., & Postman, L. (1947). The psychology of rumour. New York: Holt, Rinehart, & Winston.

Al-Rashid, R.A. (1971). Hypothalamic syndrome in acute childhood leukemia. Clinical Pediatrics, 10, 53–54.

Altamura, C., VanGastel, A., Pioli, R., Mannu, P., & Maes, M. (1999). Seasonal and circadian rhythms in suicide in Cagliari, Italy. Journal of Affective Disorders, 53, 77–85.

Altemeyer, B. (1988). Enemies of freedom: Understanding right-wing authoritarianism. San Francisco: Jossey-Bass.

Altenberg, B. (1990). Speech as linear composition. In G. Caie, K. Haastrup, A.L. Jakobsen, J.E. Nielsen, J. Sevaldsen, H. Sprecht, & A. Zetterstein (Eds.), Proceedings from the fourth Nordic conference for English Studies. Copenhagen, Denmark: Copenhagen University Press.

Alrman, I., & Taylor, D.A. (1973). Social penetration theory: The development of interpersonal relationships. New York: Holt, Rinehart, & Winston.

Amelang, M., & Schmidt-Rathjens, C. (1992). Psychometric properties of modified Grossarth-Maticek and Eysenck Inventories. Psychological Reports, 71, 1251–1263.

Amelang, M., Schmidt-Rathjens, C., & Matthews, G. (1996). Personality, cancer and coronary heart disease: Further evidence on a controversial issue. British Journal of Health Psychology, 1, 191–205.

American Psychiatric Association. (1994). Diagnostic and statistical manual of mental disorders (4th ed.). Washington, DC: Author.

American Psychiatric Association. (2000). DSM-IV text revision. Washington, DC:Author.

American Psychological Association. (1991).Draft of APA ethics code. APA Monitor, 22, 30–35.

Ames, G.J., & Murray, F.B. (1982). When two wrongs make a right: Promoting cognitive change by social conflict. Developmental Psychology, 18, 894–897.

Amir, Y., & Sharon, 1. (1987). Are social-psychological laws cross-culturally valid? Journal of Cross-Cultural Psychology, 18, 383–470.

Anand, B.K., & Brobeck, J.R. (1951). Hypothalamic control of food intake in rats and cats. Yale Journal of Biological Medicine, 24, 123–140.

Anandaram, T.S.J. (2001). Face your phobia. *The Hindu,* 2 September. www.hinduonnet.com/thehindu/

Andersen, S.M., & Miranda, R. (2000). Transference: How past relationships emerge in the present. *The Psychologist, 13,* 608–609.

Anderson, C.A. (1989). Temperature and aggression: Ubiquitous effects of heat on occurrence of human violence. *Psychological Bulletin, 106,* 74–96.

Anderson, C.A., & Anderson, K.B. (1996). Violent crime rate studies in philosophical context: A destructive testing approach to heat and southern culture of violence effects. *Journal of Personality and Social Psychology, 70,* 740–756.

Anderson, C.A., Anderson, K.B., & Deuser, W.E. (1996). A general framework for the study of affective aggression: Effects of weapons and extreme temperatures on accessibility of aggressive thoughts, affect, and attitudes. *Personality and Social Psychology Bulletin, 22,* 366–376.

Anderson, C.A., & Bushman, B.J. (2001). Effects of violent video games on aggressive behavior, aggressive cognition, aggressive affect, physiological arousal, and prosocial behavior: A meta-analytic review of the scientific literature. *Psychological Science, 12,* 353–359.

Anderson, C.A., & Bushman, B.J. (2002). Human aggression. *Annual Review of Psychology, 53,* 27–51.

Anderson, D.R., Huston, A.C., Schmitt, K.L., Linebarger, D.L., & Wright, J.C. (2001). Early childhood television viewing and adolescent behaviour: The recontact study. *Monographs of the Society for Research in Child Development, 66,* vii-147.

Anderson, J.L., Crawford, C.B., Nadeau, J., & Lindberg, T. (1992). Was the Duchess of Windsor right? A cross-cultural review of the socioecology of ideals of female body shape. *Ethology and Sociobiology, 13,* 197–227.

Anderson, J.R. (1983). *The architecture of cognition.* Harvard, MA: Harvard University Press.

Anderson, J.R. (1993). *Rules of the mind.* Hillsdale, NJ: Lawrence Erlbaum Associates Inc.

Anderson, J.R. (1996). ACT: A simple theory of complex cognition. *American Psychologist, 51,* 355–365.

Anderson, R.C., & Pichert, J.W. (1978). Recall of previously unrecallable information following a shift in perspective. *Journal of Verbal Learning and Verbal Behavior, 17,* 1–12.

Anderson, S.J., Holliday, I.E., Singh, K.D., & Harding, G.F.A. (1996). Localisation and functional analysis of human cortical area V5 using magneto-encephalography. *Proceedings of the Royal Society London, Series B, 263,* 423–431.

Andersson, B., Grant, R., & Larsson, S. (1956). Central control of heat loss mechanisms in the goat. *Acta Physiologica Scandinavica, 37,* 261–280.

Andrade, J. (Ed.). (2001). *Working memory in perspective.* Hove, UK: Psychology Press.

Andreasen, N.C., Ehrhardt, J.C., Swayze, V.W., Allinger, R.J., Yuh, W.T.C., Cohen, G., & Ziebell, S. (1990a). Magnetic resonance imaging of the brain in schizophrenia: The pathophysiologic significance of structural abnormalities. *Archives of General Psychiatry, 47,* 35–44.

Andreasen, N.C., Swayze, V.W., Flaum, M., Yates, W.R., Arndt, S., McChesney, C. (1990b). Ventricular enlargement in schizophrenia evaluated with computed tomographic scanning: Effects of gender, age, and stage of illness. *Archives of General Psychiatry, 47,* 1008–1015.

Andreeva, G. (1984). Cognitive processes in developing groups. In L.H., Strickland (Ed.), *Directions in Soviet social psychology.* New York: Springer.

Andrews, B., Brewin, C.R., Ochera, J., Morton, J., Bekerian, D.A., Davies, G.M., & Mollan, P. (1999). Characteristics, context and consequences of memory recovery among adults in therapy. *British Journal of Psychiatry, 175,* 141–146.

Andrisani, P.J., & Nestel, G. (1976). Internal-external control as a contributor to, and outcome of, work experience. *Journal of Applied Psychology, 61,* 156–165.

Annett, M. (1999). Handedness and lexical skills in undergraduates. *Cortex, 35,* 357–372.

Archer, J. (2000). Sex differences in aggression between heterosexual partners: A meta-analytic review. *Psychological Bulletin, 126,* 651–680.

Archer, J. (2001). Evolutionary social psychology. In M. Hewstone & W. Stroebe (Eds.), *Introduction to social psychology* (3rd ed.). Oxford, UK: Blackwell.

Argyle, M. (1988). Social relationships. In M. Hewstone, W. Stroebe, J.-P. Codol, & G.M. Stephenson (Eds.), *Introduction to social psychology.* Oxford, UK: Blackwell.

Argyle, M., & Furnham, A. (1983). Sources of satisfaction and conflict in long-term relationships. *Journal of Marriage and the Family, 45,* 481–493.

Argyle, M., & Henderson, M. (1984). The rules of friendship. *Journal of Social and Personal Relationships, 1,* 211–237.

Argyle, M., Henderson, M., Bond, M., Iizuka, Y., & Contarello, A. (1986). Cross-cultural variations in relationship rules. *International Journal of Psychology, 21,* 287–315.

Argyle, M., Henderson, M., & Furnham, A. (1985). The rules of social relationships. *British Journal of Social Psychology, 24,* 125–139.

Arias, I., & Johnson, P. (1989). Evaluations of physical aggression among intimate dyads. *Journal of Interpersonal Violence, 4,* 298–307.

Arkes, H.R., & Ayton, P. (1999). The sunk cost and Concorde effects: Are humans less rational than lower animals? *Psychological Bulletin, 125,* 591–600.

Armitage, C.J., & Conner, M. (2001). Efficacy of the theory of planned behaviour: A meta-analytic review. *British Journal of Social Psychology, 40,* 471–499.

Arnkoff, D.B., & Glass, C.R. (1982). Clinical cognitive constructs: Examination, evaluation, elaboration. In P.C.Kendall (Ed.), *Advances in cognitive-behavioural research and therapy, Vol. 1.* New York: Academic Press.

Arnold, J., Cooper, C.L., & Robertson, I.T. (1995). *Work psychology: Understanding human behaviour in the workplace* (2nd ed.). London: Pitman Publishing.

Aron, A., & Westbay, L. (1996). Dimensions of the prototype of love. *Journal of Personality and Social Psychology, 70,* 535–551.

Aronoff, J. (1967). *Psychological needs and cultural systems: A case study.* Princeton, NJ: Van Nostrand.

Aronson, E., & Mettee, D.R. (1968). Dishonest behaviour as a function of differential levels of induced self-esteem. *Journal of Personality and Soical Psychology, 9,* 121–127.

Aronson, E., & Osherow, N. (1980). Co-operation, prosocial behaviour, and academic performance: Experiments in the desegregated classroom. In L. Bickerman (Ed.), *Applied social psychology annual.* Beverly Hills, CA: Sage.

Arrindell, W.A., Kwee, M.G., Methorst, G.J., van der Ende, J., Pol, E., & Moritz, B.J. (1989). Perceived parental rearing styles of agoraphobic and socially phobic in-patients. *British Journal of Psychiatry, 155,* 526–535.

Arterberry, M., Yonas, A., & Bensen, A.S. (1989). Self-produced locomotion and the development of responsiveness to linear perspective and texture gradients. *Developmental Psychology, 25,* 976–982.

Asch, S.E. (1946). Forming impressions of personality. *Journal of Abnormal and Social Psychology, 41,* 258–290.

Asch, S.E. (1951). Effects of group pressure on the modification and distortion of judgements. In H. Guetzkow (Ed.), *Groups, leadership and men.* Pittsburgh, PA: Carnegie.

Asch, S.E. (1956). Studies of independence and conformity: A minority of one against a unanimous majority. *Psychological Monographs, 70* (Whole No. 416).

Aserinsky, E., & Kleitman, N. (1953). Regularly occurring periods of eye motility and concurrent phenomena during sleep. *Science. 118,* 273–274.

Ashton, H. (1997). Benzodiazepine dependency. In A. Baum, S. Newman, J. Weinman, R. West, & C. McManus (Eds.), *Cambridge handbook of psychology, health and medicine.* Cambridge, UK: Cambridge University Press.

Association for the Study of Dreams. (2001, July 15). Right-wingers have the scariest dreams. *Sunday Times,* p. 9.

Astington, J.W., & Jenkins, J.M. (1999). A longitudinal study of the relation between language and theory-of-mind development. *Developmental Psychology, 35,* 1311–1320.

Atkinson, J., & Braddick, O. (1981). *Acuity, contrast sensitivity, and accommodation in infancy.* New York: Academic Press.

Atkinson, R.C., & Shiffrin, R.M. (1968). Human memory: A proposed system and its control processes. In K.W. Spence & J.T. Spence (Eds.), *The psychology of learning and motivation, Vol. 2.* London: Academic Press.

Atkinson, R.L., Atkinson, R.C., Smith, E.E., & Bern, D.J. (1993). *Introduction to psychology* (11th ed.). New York: Harcourt Brace College Publishers.

Atkinson, R.L, Atkinson, R.C., Smith, E.E., Bem, D.J., & Nolen-Hoeksema, S. (1996). *Hilgard's introduction to psychology* (12th ed.). New York: Harcourt Brace.

Attridge, M., Berscheid, E., & Simpson, J.A. (1995). Predicting relationship stability from both partners versus one. *Journal of Personality and Social Psychology, 69,* 254–268.

Aubry, T., Tefft, B., & Kingsbury, N. (1990). Behavioural and psychological consequences of unemployment in blue-collar couples. *Journal of Community Psychology, 18,* 99–109.

Augoustinos, M., & Walker, I. (1995). *Social cognition: An integrated introduction.* London: Sage.

Avolio, B.J., Bass, B.M., & Jung, D.I. (1999). Re-examining the components of transformational and transactional leadership using the Multifactor Leadership Questionnaire. *Journal of Occupational and Organizational Psychology, 72,* 441–462.

Awad, A.G., & Voruganti, L.N. (1999). Quality of life and new antipsychotics in schizophrenia: Are patients better off? *International Journal of Social Psychiatry, 45,* 268–275.

Awh, E., & Pashler, H. (2000). Evidence for split attentional foci. *Journal of Experimental Psychology: Human*

Perception and Performance, 26, 834–846

Axelrod, R. (1984). *The evolution of cooperation.* New York: Basic Books.

Axsom, D., & Cooper, J. (1985). Cognitive dissonance and psychotherapy: The role of effort justification in inducing weight loss. *Journal of Experimental Psychology, 53,* 30–40.

Ayllon, T., & Azrin, N.H. (1968). *The token economy: A motivational system for therapy and rehabilitation.* New York: Appleton-Century-Crofts.

Baars, B.J. (1997). Consciousness versus attention, perception, and working memory. *Consciousness and Cognition, 5,* 363–371.

Baars, B.J., & McGovern, K. (1996). Cognitive views of consciousness: What are the facts? How can we explain them? In M. Velmans (Ed.), *The science of consciousnessness: Psychological, neuropsychological, and clinical reviews.* London: Routledge.

Baars, B.J., Motley, M.T., & MacKay, D.G. (1975). Output editing for lexical status from artificially elicited slips of the tongue. *Journal of Verbal Learning and Verbal Behavior, 14,* 382–391.

Bachen, E., Cohen, S., & Marsland, A.L. (1997). Psychoimmunology. In A. Baum, S. Newman, J. Weinman, R. West, & C. McManus (Eds.), *Cambridge handbook of psychology, health, and medicine.* Cambridge, UK: Cambridge University Press.

Baddeley, A.D. (1982). Implications of neuropsychological evidence for theories of normal memory. *Philosophical Transactions of the Royal Society of London B: Biological Science, 25,* 298, 59–72.

Baddeley, A.D. (1986). *Working memory.* Oxford, UK: Oxford University Press.

Baddeley, A.D. (1990). *Human memory: Theory and practice.* Hove, UK: Psychology Press.

Baddeley, A.D. (1996). Exploring the central executive. *Quarterly Journal of Experimental Psychology, 49A,* 5–28.

Baddeley, A.D. (1997). *Human memory: Theory and practice* (Rev. ed.). Hove, UK: Psychology Press.

Baddeley, A.D., Gathercole, S., & Papagno, C. (1998). The phonological loop as a language learning device. *Psychological Review, 105,* 158–173.

Baddeley, A.D., & Hitch, G.J. (1974). Working memory. In G.H. Bower (Ed.), *The psychology of learning and motivation, Vol. 8.* London: Academic Press.

Baddeley, A.D., Thomson, N., & Buchanan, M. (1975). Word length and the structure of short-term memory. *Journal of Verbal Learning and Verbal Behavior, 14,* 575–589.

Baghdoyan, H.A., Sports, J.L., & Snyder, S.G. (1993). Simultaneous pontine and basal forebrain microinjections of carbachol suppress REM sleep. *Journal of Neuroscience, 13,* 229–242.

Bagwell, C.L., Newcomb, A.F., & Bukowski, W.M. (1998). Preadolescent friendship and peer rejection as predictors of adult adjustment. *Child Development, 69,* 140–153.

Bailey, J.M., Dunne, M.P., & Martin, N.G. (2000). Genetic and environmental influences on sexual orientation and its correlates in an Australian twin sample, *Journal of Personality and Social Psychology, 78,* 524–536.

Bailey, J.M., & Pillard, R.C. (1991). A genetic study of male sexual orientation. *Archives of General Psychiatry, 48,* 1089–1096.

Bailey, J.M., Pillard, R.C., Neale, M.C., & Agyei, Y. (1993). Heritable factors influence sexual orientation in women. *Archives of General Psychiatry, 50,* 217–223.

Baillargeon, R. (1987). Object permanence in 3½- and 4½-month-old infants. *Developmental Psychology, 23,* 655–664.

Baillargeon, R., & Graber, M. (1988). Evidence of location memory in 8-month-old infants in a nonsearch AB task. *Developmental Psychology, 24,* 502–511.

Bakeman, R., & Brownlee, J. (1980). The strategic use of parallel play: A sequential analysis. *Child Development, 51,* 873–878.

Bakermans-Kranenburg, M.J., van IJzendoorn, M.H., & Juffer, F. (2003). Less is more: Meta-analyses of sensitivity and attachment interventions in early childhood. *Psychological Bulletin, 129,* 195–215.

Balaz, M.A., Gutsin, P., Cacheiro, H., & Miller, R.R. (1982). Blocking as a retrieval failure: Reactivation of associations to a blocked stimulus. *Quarterly Journal of Experimental Psychology, 34B,* 99–113.

Bales, R.E (1950). *Interaction process analysis: A method for the study of small groups.* Reading, MA: Addison-Wesley.

Bales, R.F., & Slater, P.E. (1955). Role differentiation in small decision-making groups. In T. Parsons & R.F. Bales (Eds.), *Family, socialisation and interaction process.* Glencoe, IL: Free Press.

Balota, D.A., Paul, S., & Spieler, D. (1999). Attentional control of lexical processing pathways during word recognition and reading. In S. Garrod & M.J. Pickering (Eds.), *Language processing.* Hove, UK: Psychology Press.

Baltesen, R. (2000). Maar het Baan-gevoel blijft. *FEM/*

DeWeek, 21, 22–24.

Bandura, A. (1965). Influences of models' reinforcement contingencies on the acquisition of initiative responses. *Journal of Personality and Social Psychology, 1*, 589–593.

Bandura, A. (1973). *Aggression: A social learning analysis*. Englewood Cliffs, NJ: Prentice-Hall.

Bandura, A. (1977a). *Social learning theory*. Englewood Cliffs, NJ: Prentice-Hall.

Bandura, A. (1977b). Self-efficacy: Toward a unifying theory of behavioural change. *Psychological Review, 84*, 191–215.

Bandura, A. (1986). *Social foundations of thought and action: A social cognitive theory*. Englewood Cliffs, NJ: Prentice-Hall.

Bandura, A. (1999). Social cognitive theory of personality. In L.A. Pervin & O.P. John (Eds.), *Handbook of personality: Theory and research* (2nd ed.). New York: Guilford Press.

Bandura, A., & Rosenthal, T.L. (1966). Vicarious classical conditioning as a function of arousal level. *Journal of Personality and Social Psychology, 3*, 54–62.

Bandura, A., Ross, D., & Ross, S.A. (1963). Transmission of aggression through imitation of aggressive models. *Journal of Abnormal and Social Psychology, 66*, 3–11.

Banich, M.T. (1997). *Neuropsychology: The neural bases of mental function*. New York: Houghton Mifflin.

Banks, M.S., Aslin, R.N., & Letson, R.D. (1975). Sensitive periods for the development of human binocular vision. *Science, 190*, 675–677.

Banks, S.M., Salovey, P., Greener, S., Rothman, A.J., Moyer, A., Beuvais, J., & Epel, E. (1995). The effects of message framing on mammography utilisation. *Health Psychology, 14*, 178–184.

Barber, P. (2002). Critical analysis of psychological research: Rationale and design for a proposed course for the undergraduate psychology curriculum. *Psychology Learning and Teaching, 2*, 95–101.

Bard, P., & Mountcastle, V.B. (1948). Some forebrain mechanisms involved in the expression of rage with special reference to suppression of angry behaviour. *Association of Research into Nervous and Mental Disorders, 27*, 362–404.

Barglow, P., Vaughn, B.E., & Molitor, N. (1987). Effects of maternal employment on the quality of infant-mother attachment. *Child Development, 58*, 945–954.

Bar-Heim, Y., Sutton, B., Fox, N.A., & Marvin, R.S. (2000). Stability and change of attachment at 14, 24, and 58 months of age: Behaviour, representation, and life events. *Journal of Child Psychology and Psychiatry, 41*, 381–388.

Barkley, R.A., Ullman, D.G., Otto, L., & Brecht, J.M. (1977). The effects of sex typing and sex appropriateness of modelled behaviour on children's imitation. *Child Development, 48*, 721–725.

Barlow, D.H., Di Nardo, PA., Vermilyea, B.B., Vermilyea, J.A., & Blanchard, E.B. (1986). Comorbidity and depression among the anxiety disorders: Issues in diagnosis and classification. *Journal of Nervous and Mental Disease, 174*, 63–72.

Barlow, D.H., & Durand, V.M. (1995). *Abnormal psychology: An integrative approach*. New York: Brooks/Cole.

Barlow, D.H., Gorman, J.M., Shear, M.K., & Woods, S.W. (2000). Cognitive-behavioral therapy, imipramine, or their combination for panic disorder: A randomized controlled trial. *Journal of the American Medical Association, 283*, 2529–2536.

Barnier, G. (1989). L'effet-tuteur dans des situations mettant en jeu des rapports spatiaux chez des enfants de 7–8 ans en interactions dyadiques avec des pairs de 6–7 ans. *European Journal of Psychology of Education, 4*, 385–399.

Baron, R.A. (1977). *Human aggression*. New York: Plenum.

Baron, R.A., & Bell, PA. (1976). Aggression and heat: The influence of ambient temperature, negative affect, and a cooling drink on physical aggression. *Journal of Personality and Social Psychology, 33*, 245–255.

Baron, R.A., & Byrne, D. (1991). *Social psychology: Understanding human interaction* (6th ed.). Boston: Allyn & Bacon.

Baron, R.A., & Richardson, D.R. (1993). *Human aggression* (2nd ed.). New York: Plenum.

Baron, R.S. (1986). Distraction-conflict theory: Progress and problems. In L. Berkowitz (Ed.), *Advances in experimental social psychology* (Vol. 19). New York: Academic Press.

Baron, R.S., & Roper, G. (1976). Reaffirmation of social comparison views of choice shifts: Averaging and extremity effects in an autokinetic situation. *Journal of Personality and Social Psychology, 33*, 521–530.

Baron, R.S., VanDello, J., & Brunsman, B. (1996). The forgotten variable in conformity research: The impact of task importance on social influence. *Journal of Personality and Social Psychology, 71*, 915–927.

Baron-Cohen, S., Leslie, A.M., & Frith, U. (1985). Does the autistic child have a "theory of mind"? *Cognition, 21*, 37–46.

Barrett, J.E. (1979). The relationship of life events to the onset of neurotic disorders. In J.E. Barrett (Ed.), *Stress and mental disorder*. New York: Raven Press.

Barrett, P.T., & Kline, P. (1982). An item and radial parcel factor analysis of the 16PF questionnaire. *Personality and Individual Differences, 3,* 259–270.

Barrtt, P.T., Petrides, K.V., Eysenck, S.B.G., & Eysenck, H.J. (1998). The Eysenck Personality Questionnaire: An examination of the factorial similarity of P, E, N, and L across 34 countries. *Personality and Individual Differences, 25,* 805–819.

Barrick, M.R., & Mount, M.K. (1991). The Big Five personality dimensions and job performance: A meta-analysis. *Personnel Psychology, 44,* 1–26.

Barren, G., & Yechiam, E. (2002). Private e-mail requests and the diffusion of responsibility. *Computers in Human Behaviour, 18,* 507–520; and *New Scientist* 20 July 2002, p. 9.

Barry, H., Bacon, M.K., & Child, I.L. (1957). A cross-cultural survey of some sex differences in socialisation. *Journal of Abnormal and Social Psychology, 55,* 327–332.

Barry, H., & Schlegel, A. (1984). Measurements of adolescent sexual behaviour in the standard sample of societies. *Ethnology, 23,* 315–329.

Bartlett, F.C. (1932). *Remembering: A study in experimental and social psychology*. Cambridge, UK: Cambridge University Press.

Basco, M.R., & Rush, A.J. (1996). *Cognitive-behavioral therapy for bipolar disorder*. New York: Guilford Press.

Bass, B.M. (1985). *Leadership and performance beyond expectations*. New York: Free Press.

Bates, E., Bretherton, I., & Snyder, L. (1988). *From first words to grammar: Individual differences and dissociable mechanisms*. Cambridge, UK: Cambridge University Press.

Bates, E., & Goodman, J.C. (1999). On the emergence of grammar from the lexicon. In B. MacWhinney (Ed.), *The emergence of language*. Mahwah, NJ: Lawrence Erlbaum Associates, Inc.

Bates, J.E., Maslin, C.A., & Frankel, K.A. (1985). Attachment security, mother-child interaction, and temperament as predictors of behaviour-problem ratings at age three years. In I. Bretherton & E. Waters (Eds.), *Growing points of attachment theory and research. Monographs of the Society for Research in Child Development, 50*.

Batson, C.D. (1987). Prosocial motivation: Is it ever truly altruistic? In L. Berkowitz (Ed.), *Advances in experimental social psychology, Vol. 20*. New York: Academic Press.

Batson, C.D. (1995). Prosocial motivation: Why do we help others? In A.Tesser (Ed.), *Advanced social psychology*. New York: McGraw-Hill.

Batson, C.D., Batson, J.G., Griffitt, C.A., Barrientos, S., Brandt, J.R., Sprengelmeyer, P., & Bayly, M.J. (1989). Negative-state relief and the empathy-altruism hypothesis. *Journal of Personality and Social Psychology, 56,* 922–933.

Batson, C.D., Cochrane, P.J., Biederman, M.F., Blosser, J.L., Ryan, M.J., & Vogt, B. (1978). Failure to help when in a hurry: Callousness or conflict? *Personality and Social Psychology Bulletin, 4,* 97–101.

Batson, C.D., Duncan, B.D., Ackerman, P., Buckley, T., & Birch, K. (1981). Is empathic emotion a source of altruistic motivation? *Journal of Personality and Social Psychology, 40,* 290–302.

Batson, C.D., Dyck, J.L., Brandt, J.R., Batson, J.G., Powell, A.L., McMaster, M.R., & Griffin, C. (1988). Five studies testing new egotistic alternativies to the empathy-altruism hypothesis. *Journal of Personality and Social Psychology, 55,* 52–77.

Batson, C.D., O'Quinn, K., Fultz, J., Vanderplas, N., & Isen, A.M. (1983). Influence of self-reported distress and empathy on egoistic versus altruistic motivation to help. *Journal of Personality and Social Psychology, 45,* 706–718.

Battersby, W.S., Teuber, H.L., & Bender, M.B. (1953). Problem solving behaviour in men with frontal or occipital brain injuries. *Journal of Psychology, 35,* 329–351.

Bauer, P.J. (2002). Long-term recall memory: Behavioural and neuro-developmental changes in the first 2 years of life. *Current Directions in Psychological Science, 11,* 137–141.

Bauer, P.J., & Thal, D.J. (1990). Scripts or scraps: Reconsidering the development of sequential understanding. *Journal of Experimental Child Psychology, 50,* 287–304.

Bauer, R.M. & Verfaellie, M. (1988). Electrodermal recognition of familiar but not unfamiliar faces in prosopagnosia. *Brain and Cognition, 8,* 240–252.

Bauer, P.J., Wenner, J.A., Dropik, P.L., & Wewerka, S.S. (2000). Parameters of remembering and forgetting in the transition from infancy to early childhood. *Monographs of the Society for Research in Child Development, 65* (No. 263).

Baumeister, R.F. (1995). Self and identity: An introduction. In A. Tesser (Ed.), *Advances in social psychology*. New

York: McGraw-Hill.

Baumeister, R.F. (1998). The self. In D.T. Gilbert, S.T. Fiske, & G. Lindzey (Eds.), *Handbook of social psychology, Vol. 1* (4th ed.). Boston: McGraw-Hill.

Baumeister, R.F. (2000). Gender differences in erotic plasticity: The female sex drive as socially flexible and responsive. *Psychological Bulletin, 126,* 347–374.

Baumeister, R.F., Smart, L., & Boden, J.M. (1996). Relation of threatened egotism to violence and aggression: The dark side of high self-esteem. *Psychological Review, 103,* 5–33.

Baumeister, R.F., & Sommer, K.L. (1997). What do men want? Gender differences and two spheres of belongingness: Comment on Cross and Madson (1997). *Psychological Bulletin, 122,* 38–44.

Baumrind, D. (1980). New directions in socialisation research. *American Psychologist, 35,* 639–652.

Baydar, N., & Brooks-Gunn, J. (1991). Effects of maternal employment and child-care arrangments on pre-schoolers' cognitive and behavioural outcomes. *Developmental Psychology, 27,* 932–945.

Baynes, K., & Gazzaniga, M. (2000). Consciousness, introspection, and the split-brain: The two minds/one body problem. In M.S. Gazzaniga (Ed.), *The new cognitive neurosciences.* Cambridge, MA: MIT Press.

Beach, C.M. (1990). The interpretation of prosodic patterns at points of syntactic structure ambiguity: Evidence for cue trading relations. *Journal of Memory and Language, 30,* 644–663.

Beales, S.A., & Parkin, A.J. (1984). Context and facial memory: The influence of different processing strategies. *Human Learning: Journal of Practical Research and Applications, 3,* 257–264.

Bean, G., Beiser, M., Zhang Wong, J., & Iacono, W. (1996). Negative labelling of individuals with first episode schizophrenia: The effects of premorbid functioning. *Schizophrenia Research, 22,* 111–118.

Beauducel, A., & Kersting, M. (2002). Fluid and crystallised intelligence and the Berlin Model of Intelligence Structure (BIS). *European Journal of Psychological Assessment, 18,* 97–112.

Beauvois, M.-F., & Dérouesné, J. (1979). Phonological alexia: Three dissociations. *Journal of Neurology, Neurosurgery and Psychiatry, 42,* 1115–1124.

Beauvois, M.-F., Dérouesné, J., & Bastard, V. (1980, June). Auditory parallel to phonological alexia. Paper presented at the third European conference of the International Neuropsychological Society, Chianciano, Italy.

Beck, A.T. (1967). *Depression: Clinical, experimental and theoretical aspects.* New York: Hoeber Medical Division, Harper & Row.

Beck, A.T. (1976). *Cognitive therapy of the emotional disorders.* New York: New American Library.

Beck, A.T., & Clark, D.A. (1988). Anxiety and depression: An information processing perspective. *Anxiety Research, 1,* 23–36.

Beck, A.T., Emery, G., & Greenberg, R. (1985). *Anxiety disorders and phobias: A cognitive perspective.* New York: Basic Books.

Beck, A.T., & Ward, C.H. (1961). Dreams of depressed patients: Characteristic themes in manifest content. *Archives of General Psychiatry, 5,* 462–467.

Beck, A.T., & Weishaar, M.E. (1989). Cognitive therapy. In R.J. Corsini & D. Wedding (Eds.), *Current psychotherapies.* Itacca, IL: Peacock.

Beck, I.L., & Carpenter, P.A. (1986). Cognitive approaches to understanding reading. *American Psychologist, 41,* 1088–1105.

Becker, J.M.T. (1977). A learning analysis of the development of peer-oriented behaviour in nine-month-old infants. *Developmental Psychology, 13,* 481–491.

Beckers, G., & Zeki, S. (1995). The consequences of inactivating areas V1 and V5 on visual motion perception. *Brain, 118,* 49–60.

Behrend, D.A., Harris, L.L., & Cartwright, K.B. (1992). Morphological cues to verb meaning: Verb inflections and the initial mapping of verb meanings. *Journal of Child Language, 22,* 89–106.

Behrmann, M., & Kimchi, R. (2003). What does visual agnosia tell us about perceptual organization and its relationship to object perception? *Journal of Experimental Psychology: Human Perception and Performance, 29,* 19–42.

Behrmann, M., Nelson, J., & Sekuler, E.B. (1998). Visual complexity in letter-by-letter reading: "Pure" alexia is not pure. *Neuropsychologia, 36,* 1115–1132.

Beidel, D.C., Turner, S.M., & Dancu, C.V. (1985). Physiological, cognitive and behavioural aspects of social anxiety. *Behaviour Research and Therapy, 23,* 109–117.

Bell, D. (2003, August 31). *BBCi news.* Retrieved from http://news.bbc.co.uk/go/pr/fr/-/1/hi/education/3195215.stm

Bell, V.A., & Johnson-Laird, P.N. (1998). A model theory of modal reasoning. *Cognitive Science, 22,* 25–51.

Belloc, N.B., & Breslow, L. (1972). Relationship of physical health status and health practices. *Preventative Medicine, 1,* 409.

Belmore, S.M. (1987). Determinants of attention during impression formation. *Journal of Experimental Psychology: Learning, Memory, and Cognition, 13,* 480–489.

Belsky, J. (1988). Infant day care and socio-emotional development: The United States. *Journal of Child Psychology and Psychiatry, 29,* 397–406.

Belsky, J., & Rovine, M. (1987). Temperament and attachment security in the Strange Situation: A rapprochement. *Child Development, 58,* 787–795.

Bem, D.J. (1972). Self-perception theory. *Advances in Experimental Social Psychology, 1,* 199–218.

Benenson, J.F., Apostolaris, N.H., & Parnass, J. (1997). Age and sex differences in dyadic and group interaction. *Developmental Psychology, 33,* 538–543.

Benenson, J.F., Morash, D., & Petrakos, H. (1998). Gender differences in emotional closeness between preschool children and their mothers. *Sex Roles, 38,* 975–985.

Benenson, J.F., Nicholson, C., Waite, A., Roy, R., & Simpson, A. (2001). The influence of group size on children's competitive behaviour. *Child Development, 72,* 921–928.

Benington, J.H., & Heller, H.C. (1995). Monoaminergic and cholinergic modulation of REM-sleep timing in rats. *Brain Research, 681,* 141–146.

Bentley, E. (2000). *Awareness: Biorhythms, sleep and dreaming.* London: Routledge.

Berenthal, B.I., Campos, J.J., & Barrett, K.C. (1984). Self-produced locomotion: An organiser of emotional, cognitive, and social development in infancy. In R.N. Emde & R.J. Harmon (Eds.), *Continuities and discontinuities in development.* New York: Plenum Press.

Bergeman, C.S., Plomin, R., McClearn, G.E., Pedersen, N.L., & Friberg, L.T. (1988). Genotype-environment interaction in personality development: Identical twins reared apart. *Psychology and Aging, 3,* 399–406.

Bergen, D.J., & Williams, J.E. (1991). Sex stereotypes in the United States revisited. *Sex Roles, 24,* 413–423.

Berger, R.J., & Phillips, N.H. (1995). Energy conservation and sleep. *Behavioural Brain Research, 69,* 65–73.

Berger, S.P, Hall, S., Mickalian, J.D., Reid, M.S., Crawford, C.A., Delucchi, K., Carr, K., & Hall, S. (1996). Haloperidol antagonism of cue-elicited cocaine craving. *The Lancet, 347,* 504–508.

Bergin, A.E. (1971). The evaluation of therapeutic outcomes. In A.E. Bergin & S.L. Garfield (Eds.), *Handbook of psychotherapy and behaviour change.* New York: Wiley.

Bergman, B.M., Rechtschaffen, A., Gilliland, M.A., and Quintans, J. (1996). Effect of extended sleep deprivation on tumor growth in rats. *American Journal of Physiology, 27,* 1460–1464.

Berk, L.E. (1994, November). Why children talk to themselves. *Scientific American,* 60–65.

Berko, J. (1958). The child's learning of English morphology. *Word, 14,* 150–177.

Berkowitz, L. (1968, September). Impulse, aggression and the gun. *Psychology Today,* pp. 18–22.

Berkowitz, L. (1974). Some determinants of impulsive aggression: The role of mediated associations with reinforcements of aggression. *Psychological Review, 81,* 165–176.

Berkowitz, L. (1989). Frustration-aggression hypothesis: Examination and reformulation. *Psychological Bulletin, 106,* 59–73.

Berkowitz, L., Cochran, S., & Embree, M. (1981). Physical pain and the goal of aversively stimulated aggression. *Journal of Personality and Social Psychology, 40,* 687–700.

Berkowitz, L., & Heimer, K. (1989). On the construction of the anger experience: Aversive events and negative priming in the formation of feelings. *Advances in Experimental Social Psychology, 22,* 1–37.

Berkowitz, L., & LePage, A. (1967). Weapons as aggression-eliciting stimuli. *Journal of Personality and Social Psychology, 7,* 202–207.

Berlin, B., & Kay, P. (1969). *Basic colour terms: Their universality and evolution.* Berkeley/Los Angeles: University of California Press.

Berlucchi, G., Maffei, L., Moruzzi, G., & Strata, P. (1964). EEG and behavioural effects elicited by cooling of medulla and pons. In A. Mosso, V. Adusso, & G. Moruzzi (Eds.), *Archives Italiennes de biologic, 102,* 373–392.

Bermond, B., Nieuwenhuyse, B., Fasotti, L., & Schwerman, J. (1991). Spinal cord lesions, peripheral feedback, and intensities of emotional feelings. *Cognition and Emotion, 5,* 201–220.

Berndt, R.S., Mitchum, C.C., & Haendiges, A.N. (1996). Comprehension of reversible sentences in "agrammatism": A meta-analysis. *Cognition, 58,* 289–308.

Berndt, T.J. (1989). Obtaining support from friends during childhood and adolescence. In D. Belle (Ed.), *Children's social networks and social supports.* New York: Wiley.

Berndt, T.J., Hawkins, J.A., & Jiao, Z. (1999). Influences of friends and friendships on adjustment to junior high school. *Merrill-Palmer Quarterly, 45,* 13–41.

Berndt, T.J., & Keefe, K. (1995). Friends' influence on adolescents' adjustment to school. *Child Development, 66,*

1312–1329.

Bernhardt, P.C. (1997). Influences of serotonin and testosterone in aggression and dominance: Convergence with social psychology. *Current Directions in Psychological Science, 6,* 44–48.

Bernstein, W.M., Stephan, W.G., & Davis, M.H. (1979). Explaining attributions for achievement: A path analytic approach. *Journal of Personality and Social Psychology, 37,* 1810–1821.

Berntsen, D. (1998). Voluntary and involuntary access to autobiographical memory. *Memory, 6,* 113–141.

Berrettini, W.H. (2000). Susceptibility loci for bipolar disorder: Overlap with inherited vulnerability to schizophrenia. *Biological Psychiatry, 47,* 245–251.

Berridge, K.C., Venier, I.L., & Robinson, T.E. (1989). Taste reactivity analysis of 6-hydroxydopamine-induced aphagia: Implications for arousal and anhedonia hypotheses of dopamine function. *Behavioral Neuroscience, 103,* 36–45.

Berrigan, L.P., & Garfield, S.L. (1981). Relationship of missed psychotherapy appointments to premature termination and social class. *British Journal of Clinical Psychology, 20,* 239–242.

Berry, D.T.R., & Webb, W.B. (1983). State measures and sleep stages. *Psychological Reports, 52,* 807–812.

Berry, J.W. (1969). On cross-cultural comparability. *International Journal of Psychology, 4,* 119–128.

Berry, J.W. (1974). Radical cultural relativism and the concept of intelligence. In J.W. Berry & P.R. Dasen (Eds.), *Culture and cognition: Readings in cross-cultural psychology.* London: Methuen.

Berscheid, E., & Reis, H.T. (1998). Attraction and close relationships. In D.T. Gilbert, S.T. Fiske, & G. Lindzey (Eds.), *The handbook of social psychology* (Vol. 2, 4th ed.). New York: McGraw-Hill.

Bertelsen, B., Harvald, B., & Hauge, M. (1977). A Danish twin study of manic-depressive disorders. *British Journal of Psychiatry, 130,* 330–351.

Bettencourt, B.A., Brewer, M.B., Croak, M.R., & Miller, N. (1992). Co-operation and the reduction of intergroup bias: The role of reward structure and social orientation. *Journal of Experimental Social Psychology, 28,* 301–309.

Bettencourt, B.A., Charlton, K., & Kernaham, C. (1997). Numerical representation of groups in co-operative settings: Social orientation effects on ingroup bias. *Journal of Experimental Social Psychology, 33,* 630–659.

Biassou, N., Obler, L.K., Nespoulous, J.-L., Dordain, M., & Haris, K.S. (1997). Dual processing of open- and closed-class words. *Brain and Language, 57,* 360–373.

Bickerton, D. (1984). The language bioprogram hypothesis. *Behavioural and Brain Sciences, 7,* 173–221.

Biederman, I. (1987). Recognition-by-components: A theory of human image understanding. *Psychological Review, 94,* 115–147.

Biederman, I. (1990). Higher-level vision. In D.N. Osherson, S. Kosslyn, & J. Hollerbach (Eds.), *An invitation to cognitive science: Visual cognition and action.* Cambridge, MA: MIT Press.

Biederman, I., Ju, G., & Clapper, J. (1985). *The perception of partial objects.* Unpublished manuscript, State University of New York at Buffalo.

Bierhoff, H.W. (1996). Prosocial behaviour. In M. Hewstone, W. Stroebe, & G. Stephenson (Eds.), *Introduction to social psychology* (2nd ed.). Oxford, UK: Blackwell.

Bierhoff, H.W. (1998). Prosocial behaviour. In D.T. Gilbert, S.T. Fiske, & G. Lindzey (Eds.), *The handbook of social psychology* (Vol. 2, 4th ed.). New York: McGraw-Hill.

Bierhoff, H.-W. (2001). Prosocial behaviour. In M. Hewstone & W. Stroebe (Eds.), *Introduction to social psychology* (3rd ed.). Oxford, UK: Blackwell.

Bierhoff, H.W., Klein, R., & Kramp, P. (1991). Evidence for the altruistic personality from data on accident research. *Journal of Personality, 59,* 263–280.

Billy, J.O.G., & Udry, J.R. (1985). Patterns of adolescent friendship and effects on sexual behaviour. *Social Psychology Quarterly, 48,* 27–41.

Binet, A., & Simon, T. (1905). Methodes nouvelles pour le diagnostic du niveau intellectuel des anormaux. *L'Annee Psychologique, 11,* 191–244.

Birch, H.G. (1945). The relationship of previous experience to insightful problem solving. *Journal of Comparative Psychology, 38,* 267–283.

Bishop, D.V.M. (1997). *Uncommon understanding: Development and disorders of language comprehension in children.* Hove, UK: Psychology Press.

Bishop, E.G., Cherny, S.S., Corley, R., Plomin, R., DeFries, J.C., & Hewitt, J.K. (2003). Developmental genetic analysis of general cognitive ability from 1 to 12 years in a sample of adoptees, biological siblings, and twins. *Intelligence, 31,* 31–49.

Bisiach, E., & Geminiani, G. (1991). Anosognosia related to hemiplegia and hemianopia. In G.P. Prigatano & D.L. Schacter (Eds.), *Awareness of deficit after brain injury: Clinical and theoretical issues.* Oxford, UK: Oxford University Press.

Bjork, R.A., & Whitten, W.B. (1974). Recency-sensitive

retrieval processes in long-term free recall. *Cognitive Psychology, 6,* 173–189.

Bjorkqvist, K., Lagerspetz, K.M.J., & Kaukiainen, A. (1992). Do girls manipulate and boys fight? Developmental trends regarding direct and indirect aggression. *Aggressive Behavior, 18,* 157–166.

Blades, M., & Banham, J. (1990). Children's memory in an environmental learning task. *Journal of Environmental Education and Information, 9,* 119–131.

Blake, M.J.F. (1967). Time of day effects on performance on a range of tasks. *Psychonomic Science, 9,* 349–350.

Blakemore, C., & Cooper, G.F. (1970). Development of the brain depends on the visual environment. *Nature, 228,* 477–478.

Blanchard, E.B. (1994). Behavioural medicine and health psychology. In A.E. Bergin & S.L. Garfield (Eds.), *Handbook of psychotherapy and behaviour change* (4th ed.). New York: Wiley.

Blandin, Y., & Proteau, L. (2000). On the cognitive basis of observational learning: Development of mechanisms for the detection and correction of errors. *Quarterly Journal of Experimental Psychology, 53A,* 846–867.

Blazer, D., Hughes, D.C., George, L.K. (1987). The epidemiology of depression in an elderly community population. *The Gerontologist, 27,* 281–287.

Blazer, D., Hughes, D.C., George, L.K., Swartz, M., & Boyer, R. (1991). Generalised anxiety disorder. In L.N. Robbins & D.A. Regier (Eds.), *Psychiatric disorders in America: The epidemiologic catchment area study.* New York: Maxwell Macmillan International.

Block, N. (1995a). How heritability misleads about race. *Cognition, 56,* 99–128.

Block, N. (1995b). On a confusion about a function of consciousness. *Behavioral and Brain Sciences, 18,* 227–287.

Bloj, M.G., Kersten, D., & Hurlbert, A.C. (1999). Perception of three-dimensional shape influences colour perception through mutual illumination. *Nature, 402,* 877–879.

Blumenthal, M., Kahn, R.L., Andrews, F.M., & Head, K.B. (1972). *Justifying violence: The attitudes of American men.* Ann Arbor, MI: Institute for Social Research.

Bodenhausen, G.V. (1988). Stereotypic biases in social decision making: Testing process models of stereotype use. *Journal of Personality and Social Psychology, 55,* 726–737.

Bodner, E., & Mikulincer, M. (1998). Learned helplessness and the occurrence of depressive-like and paranoid-like responses: The role of attentional focus. *Journal of Personality & Social Psychology, 74,* 1010–1023.

Bogdonoff, M.D., Klein, E.J., Shaw, D.M., & Back, K.W. (1961). The modifying effect of conforming behaviour upon lipid responses accompanying CNS arousal. *Clinical Research, 9,* 135.

Bogen, J.E. (1997). An example of access-consciousness without phenomenal consciousness? *Behavioral and Brain Sciences, 20,* 144.

Bohannon, J.N., & Warren-Leubecker, A. (1989). Theoretical approaches to language acquisition. In J.B. Gleason (Ed.), *The development of language.* Columbus, OH: Merrill.

Bohner, G. (2001). Attitudes. In M. Hewstone & W. Stroebe (Eds.), *Introduction to social psychology* (3rd ed.). Oxford, UK: Blackwell.

Boivin, D., Czeisler, C.A., Dijk, D.J., Duffy, J.F., Folkard, S., Minors, D., Totterdell, P., & Waterhouse, J. (1997). Complex interaction of the sleep-wake cycle and circadian phase modulates mood in healthy subjects. *Archives of General Psychiatry, 54,* 145–152.

Boland, J.E., & Blodgett, A. (2001). Understanding the constraints on syntactic generation: Lexical bias and discourse congruency effects on eye movements. *Journal of Memory and Language, 45,* 391–411.

Bolger, N., Foster, M., Vinokur, A.D., & Ng, R. (1996). Close relationships and adjustment to a life crisis: The case of breast cancer. *Journal of Personality and Social Psychology, 70,* 283–294.

Bolles, R.C. (1990). A functionalist approach to feeding. In E. Capaldi & T.L. Powley (Eds.), *Taste, experience and feeding.* Washington, DC: American Psychological Association.

Bonatti, L. (1994). Prepositional reasoning by model? *Psychological Review, 101,* 725–733.

Bond, C.F., DiCandia, C.G., & MacKinnon, J.R. (1988). Responses to violence in a psychiatric setting: The role of the patient's race. *Personality and Social Psychology Bulletin, 14,* 448–458.

Bond, C.F., & Titus, L.J. (1983). Social facilitation: A meta-analysis of 241 studies. *Psychological Bulletin, 94,* 265–292.

Bond, R., & Smith, P.B. (1996). Culture and conformity: A meta-analysis of studies using Asch's line judgement task. *Psychological Bulletin, 119,* 111–137.

Bond, S., & Cash, T.F. (1992). Black beauty: Skin colour and body images among African-American college women. *Journal of Applied Social Psychology, 22,* 874–888.

Booth-Kewley, S., & Friedman, H.S. (1987). Psychological predictors of heart disease: A quantitative review.

Psychological Bulletin, 101, 343–362.

Borkenau, P., Riemann, R., Angleitner, A., & Spinath, F.M. (2001). Genetic and environmental influences on observed personality: Evidence from the German Observational Study of Adult Twins. *Journal of Personality and Social Psychology, 80,* 655–668.

Bornstein, M.H., Toda, S., Azuma, H., Tamis-Lemonda, C., & Ogino, M. (1990). Mother and infant activity and interaction in Japan and in the United States: II. A comparative microanalysis of naturalistic exchanges focused on the organisation of infant attention. *International Journal of Behavioral Development, 13,* 289–308.

Bosma, H., Stansfeld, S.A., & Marmot, M.G. (1998). Job control, personal characteristics, and heart disease. *Journal of Occupational Health Psychology, 3,* 402–409.

Bossard, J. (1932). Residential propinquity as a factor in marriage selection. *American Journal of Sociology, 38,* 219–224.

Bouchard, T.J., Lykken, D.T., McGue, M., Segal, N.L., & Tellegen, A. (1990). Sources of human psychological differences: The Minnesota study of twins reared apart. *Science, 250,* 223–228.

Bouchard, T.J., & McGue, M. (1981). Familial studies of intelligence: A review. *Science, 212,* 1055–1059.

Boucher, J.D., & Carlson, G.E. (1980). Recognition of facial expression in three cultures. *Journal of Cross-Cultural Psychology, 11,* 263–280.

Bourke, P.A., Duncan, J., & Nimmo-Smith, I. (1996). A general factor involved in dual-task performance decrement. *Quarterly Journal of Experimental Psychology, 49A,* 525–545.

Bower, G.H., Black, J.B., & Turner, T.J. (1979). Scripts in memory for text. *Cognitive Psychology, 11,* 177–220.

Bower, T.G.R. (1979). *Human development.* San Francisco: W.H. Freeman.

Bower, T.G.R. (1982). *Development in infancy* (2nd ed.). San Francisco: W.H. Freeman.

Bowers, C.A., Weaver, J.L., & Morgan, B.B. (1996). Moderating the performance effects of stressors. In J.E. Driskell & E. Salas (Eds.), *Stress and human performance.* Mahwah, NJ: Lawrence Erlbaum Associates, Inc.

Bowers, K.S. (1983). *Hypnosis for the seriously curious.* New York: Norton.

Bowlby, J. (1946). *Forty-four juvenile thieves.* London: Bailliere, Tindall & Cox.

Bowlby, J. (1951). *Maternal care and mental health.* Geneva: World Health Organization.

Bowlby, J. (1953). *Child care and the growth of love.* Harmondsworth, UK: Penguin.

Bowlby, J. (1958). The nature of the child's tie to his mother. *International Journal of Psycho-Analysis, 39,* 350–373.

Bowlby, J. (1969). *Attachment and love: Vol. 1. Attachment.* London: Hogarth.

Bowlby, J. (1979). On knowing what you are not supposed to know and feeling what you are not supposed to feel. *Canadian Journal of Psychiatry, 24,* 403–408.

Bowlby, J. (1988). *A secure base: Clinical applications of attachment theory.* London: Routledge.

Bozarth, M.A., & Wise, R.A. (1985). Toxicity associated with long-term intravenous heroin and cocaine self-administration in the rat. *Journal of the American Medical Association, 254,* 81–83.

Brace, C.L. (1996). Review of *The Bell Curve. Current Anthropology, 37,* 5157–5161.

Bradbard, M.R., Martin, C.L., Endsley, R.C., & Halverson, C.F. (1986). Influence of sex stereotypes on children's exploration and memory: A competence versus performance distinction. *Developmental Psychology, 22,* 481–486.

Bradburn, T.N. (1969). *The structure of psychological well-being.* Chicago: Aldine.

Bradbury, T.N., & Fincham, F.D. (1990). Attributions in marriage: Review and critique. *Psychological Bulletin, 107,* 3–33.

Bradbury, T.N., & Fincham, F.D. (1992). Attributions and behavior in marital interaction. *Journal of Personality and Social Psychology, 63,* 613–628.

Braddick, O.J., & Atkinson, J. (1983). Some recent findings on the development of human binocularity: A review. *Behavioural Brain Research, 10,* 141–150.

Bradmetz, J. (1999). Precursors of formal thought: A longitudinal study. *British Journal of Developmental Psychology, 17,* 61–81.

Brain, R. (1976). *Friends and lovers.* New York: Basic Books. Braine, M.D.S. (1978). On the relationship between the natural logic of reasoning and standard logic. *Psychological Review, 85,* 1–21.

Braine, M.D.S. (1994). Mental logic and how to discover it. In J. Macnamara & G.E. Reyes (Eds.), *The logical foundations of cognition.* Oxford: Oxford University Press.

Braine, M.D.S. (1998). Steps toward a mental predicate logic. In M.D.S. Braine & D.P. O'Brien (Eds.), *Mental logic.* Mahwah, NJ: Lawrence Erlbaum Associates Inc.

Braine, M.D.S., Reiser, B.J., & Rumain, B. (1984). Some

empirical justification for a theory of natural prepositional logic. In G.H. Bower (Ed.), *The psychology of learning and motivation, Vol. 18.* New York: Academic Press.

Brainerd, C.J. (1983). Modifiability of cognitive development. In S. Meadows (Ed.), *Developing thinking: Approaches to children's cognitive development.* London: Methuen.

Bramwell, D.I., & Hurlbert, A.C. (1996). Measurements of colour constancy by using a forced-choice matching technique. *Perception, 25,* 229–241.

Brandsma, J.M., Maultsby, M.C., & Welsh, R. (1978). Self-help techniques in the treatment of alcoholism. Cited in G.T. Wilson & K.D. O'Leary, *Principles of behaviour therapy.* Englewood Cliffs, NJ: Prentice-Hall.

Bransford, J.D. (1979). *Human cognition: Learning, understanding and remembering.* Belmont, CA: Wadsworth.

Bransford, J.D., Barclay, J.R., & Franks, J.J. (1972). Sentence memory: A constructive versus interpretive approach. *Cognitive Psychology, 3,* 193–209.

Bransford, J.D., Franks, J.J., Morris, C.D., & Stein, B.S. (1979). Some general constraints on learning and memory research. In L.S. Cermak & F.I.M.Craik (Eds.), *Levels of processing in human memory.* Hillsdale, NJ: Lawrence Erlbaum Associates, Inc.

Bransford, J.D., & Johnson, M.K. (1972). Contextual prerequisites for understanding: Some investigations of comprehension and recall. *Journal of Verbal Learning and Verbal Behavior, 11,* 717–726.

Braun, R., Balkin, T.J., Wesensten, N.J., Carson, R.E., Varga, M., Baldwin, P., Selbie, S., Belenky, M., & Hersovitch, P. (1997). Regional blood flow throughout the sleep-wake cycle: An H215O PET study. *Brain, 120,* 1173–1197.

Bray, G.A. (1969). Effect of caloric restriction on energy expenditure in obese patients. *Lancet, ii,* 397.

Breland, K., & Breland, M. (1961). The misbehaviour of organisms. *American Psychologist, 61,* 681–684.

Bremer, J. (1959). *Asexualization: A follow-up study of 244 cases.* New York: Macmillan.

Bremner, J.D., Southwick, S.M., Johnson, D.R., & Yehuda, R., & Charney, D.S. (1993). Childhood physical abuse and combat-related posttraumatic stress disorder in Vietnam veterans. *American Journal of Psychiatry, 150,* 235–239.

Breslow, L., & Enstrom, J.E. (1980). Persistence of health habits and their relationship to mortality. *Preventative Medicine, 9,* 469–483.

Brewer, K.R., & Wann, D.L. (1998). Observational learning effectiveness as a function of model characteristics: Investigating the importance of social power. *Social Behavior and Personality, 26,* 1–10.

Brewer, M.B. (1968). Determinants of social distance among East African tribal groups. *Journal of Personality and Social Psychology, 20,* 279–289.

Brewer, M.B. (2001). The many faces of social identity: Implications for political psychology. *Political Psychology, 22,* 115–125.

Brewer, M.B., & Brown, R.J. (1998). Intergroup relations. In D.T. Gilbert, S.T. Fiske, & G. Lindzey (Eds), *The handbook of social psychology* (4th Ed.). Boston: McGraw-Hill.

Brewer, M.B., & Campbell, D.T. (1976). *Ethnocentrism and intergroup attitudes: East African evidence.* New York: Halstead Press.

Brewer, M.B., Dull, V., & Lui, L. (1981). Perceptions of the elderly; Stereotypes as prototypes. *Journal of Personality and Social Psychology, 41,* 656–670.

Brewer, M.B., & Miller, N. (1984). Beyond the contact hypothesis: Theoretical perspectives on desegregation. In N. Miller & M.B. Brewer (Eds.), *Groups in contact: The psychology of desegregation.* Orlando, FL: Academic Press.

Brewin, C.R. (1996). Theoretical foundations of cognitive-behaviour therapy for anxiety and depression. *Annual Review of Psychology, 47,* 33–57.

Brewin, C.R., & Power, M.J. (1999). Integrating psychological therapies: Processes of meaning transformation. *British Journal of Medical Psychology, 72,* 143–157.

Brickman, P., Rabinowitz, V.C., Karuza, J., Coates, D., Cohn, E., & Kidder, L. (1982). Models of helping and coping. *American Psychologist, 37,* 368–384.

Brigham, J.C. (1971). Ethnic stereotypes. *Psychological Bulletin, 76,* 15–38.

Brill, N.Q., & Christie, R.L. (1974). A theory of visual stability across saccadic eye movements. *Behavioral and Brain Sciences, 17,* 247–292.

Broadbent, D.E. (1958). *Perception and communication.* Oxford, UK: Pergamon.

Broadbent, D.E. (1982). Task combination and selective intake of information. *Acta Psycholoeica, 50,* 253–290.

Broder, A. (2000). Assessing the empirical validity of the "take-the-best" heuristic as a model of human probabilistic inference. *Journal of Experimental Psychology: Learning, Memory, and Cognition, 26,* 1332–1346.

Brody, G.H., & Shatter, D.R. (1982). Contributions of parents and peers to children's moral socialisation. *Developmental Review, 2,* 31–75.

Bronfenbrenner, U. (1970). *Two worlds of childhood: US and USSR.* New York: Russell Sage Foundation.

Bronfenbrenner, U. (1979). *The ecology of human development: Experiments by nature and design.* Cambridge, MA: Cambridge University Press.

Brooks-Gunn, J., & Lewis, M. (1981). Infant social perception: Responses to pictures of parents and strangers. *Developmental Psychology, 17,* 647–649.

Broverman, I.K., Broverman, D.M., Clarkson, F.E., Rosencrantz, P.S., & Vogel, S.R. (1981). Sex role stereotypes and clinical judgements of mental health. In E. Howell & M. Bayes (Eds.), *Women and mental health.* New York: Basic Books.

Brown, G.W. (1989). Depression. In G.W. Brown & T.O. Harris (Eds.), *Life events and illness.* New York: Guilford Press.

Brown, G.W., & Birley, J.L.T. (1968). Crises and life changes and the onset of schizophrenia. *Journal of Health and Social Behavior, 9,* 203–214.

Brown, G.W., & Harris, T. (1978). *Social origins of depression.* London: Tavistock.

Brown, G.W., & Harris, T. (1982). Fall-off in the reporting of life events. *Social Psychiatry, 17,* 23.

Brown, J. (1991). Staying fit and staying well: Physical fitness as a moderator of life stress. *Journal of Personality and Social Psychology, 60,* 555–561.

Brown, N.R. (1995). Estimation strategies and the judgement of event frequency. *Journal of Experimental Psychology: Learning, Memory, & Cognition, 21,* 1539–1553.

Brown, R. (1973). *A first language: The early stages.* London: George Allen & Unwin.

Brown, R. (1978). Divided we fall: An analysis of relations between sections of a factory work-force. In H. Tajfel (Ed.), *Differentiation between social groups: Studies in the social psychology of intergroup relations.* London: Academic Press.

Brown, R. (1986). *Social psychology* (2nd ed.). New York: The Free Press.

Brown, R. (2000b). Social identity theory: Past achievements, current problems and future challenges. *European Journal of Social Psychology, 30,* 745–778.

Brown, R., & Kulik, J. (1977). Flashbulb memories. *Cognition, 5,* 73–99.

Brown, R., & McNeill, D. (1966). The "tip of the tongue" phenomenon. *Journal of Verbal Learning and Verbal Behavior, 5,* 325–337.

Brown, R.C., & Tedeschi, J.T. (1976). Determinants of perceived *aggression. Journal of Social Psychology, 100,* 77–87.

Brown, R.J. (2000a). *Group processes: Dynamics within and between groups* (2nd ed.). Oxford, UK: Blackwell.

Brown, R.J., Vivian, J., & Hewstone, M. (1999). Changing attitudes through intergroup contact: The effects of group membership salience. *European Journal of Social Psychology, 29,* 741–764.

Brownell, C.A., & Carriger, M.S. (1990). Changes in cooperation and self-other differentiation during the second year. *Child Development, 61,* 1164–1174.

Bruce, V. (1982). Changing faces: Visual and non-visual coding processes in face recognition. *British Journal of Psychology, 73,* 105–116.

Bruce, V., & Young, A.W. (1986). Understanding face recognition. *British Journal of Psychology, 77,* 305–327.

Bruch, H. (1971). Family transactions in eating disorders. *Comprehensive Psychiatry, 12,* 238–248.

Bruch, H. (1973). *Eating disorders: Obesity, anorexia and the person within.* New York: Basic Books.

Bruch, H. (1987). The changing picture of an illness: Anorexia nervosa. In D.P. Schwartz, J.L. Sacksteder, & Y. Akabane (Eds.), *Attachment and the therapeutic process: Essays in honour of Otto Allen Will Jr., M.D.* Madison, CT: International Universities Press.

Bruch, H. (1991). The sleeping beauty: Escape from change. In S.I. Greenspan & G.H. Pollock (Eds.), *The course of life: Vol. 4. Adolescence.* Madison, CT: International Universities Press.

Bruch, M.A., & Heimberg, R.G. (1994). Differences in perceptions of parental and personal between generalized and nongeneralized social phobics. *Journal of Anxiety Disorders, 8,* 155–168.

Bruck, M., & Ceci, SJ. (1999). The suggestibility of children's memory. *Annual Review of Psychology, 50,* 419–439.

Bruck, M., Ceci, S.J., & Hembrooke, H. (1997). Children's reports of pleasant and unpleasant events. In D. Read & S. Lindsay (Eds.), *Recollections of trauma: Scientific research and clinical practice.* New York: Plenum.

Bruno, N., & Cutting, J.E. (1988). Mini-modularity and the perception of layout. *Journal of Experimental Psychology: General, 117,* 161–170.

Bryant, P. (1998). Cognitive development. In M. Eysenck (Ed.), *Psychology: An integrated approach.* Harlow, UK: Addison Wesley Longman.

Bub, D., Cancelliere, A., & Kertesz, A. (1985). Whole-word and analytic translation of spelling to sound in a nonsemantic reader. In K.E. Patterson, J.C. Marshall, & M. Coltheart (Eds.), *Surface dyslexia: Neuropsychological* and cognitive studies of phonological reading. Hove, UK: Psychology Press.

Buehler, R., Griffin, D., & Ross, M. (1994). Exploring the "planning fallacy": Why people underestimate their task completion times. *Journal of Personality and Social Psychology, 67*, 366–381.

Bukowski, W.M., & Hoza, B. (1989). Popularity and friendship: Issues in theory, measurement, and outcome. In T. Berndt & G. Ladd (Eds.), *Peer relationships in child development*. New York: Wiley.

Bukowski, W.M., Hoza, B., & Boivin, M. (1994). Measuring friendship quality during pre- and early adolescence: The development and psychometric properties of the Friendship Qualities Scale. Journal of Social and Personal Relationships, *11*, 471–484.

Bullock, M., & Lutkenhaus, P. (1990). Who am I? Self-understanding in toddlers. *Merrill-P aimer Quarterly, 36*, 217–238.

Bunker-Rohrbaugh, J. (1980). Women: *Psychology's puzzle*. Brighton: Harvester Press.

Burger, J.M. (1993). *Personality* (3rd ed.). Pacific Grove, CA: Brooks/Cole.

Burgess, P.W., & Shallice, T. (1996). Bizarre responses, rule detection and frontal lobe lesions. *Cortex, 32*, 241–259.

Burgess, R.L., & Wallin, P. (1953). Marital happiness of parents and their children's attitudes to them. *American Sociological Review, 18*, 424–431.

Burnstein, E., Crandall, C., & Kitayama, S. (1994). Some neo-Darwinian roles for altruism: Weighing cues for inclusive fitness as function of the biological importance of the decision. *Journal of Personality and Social Psychology, 67*, 773–789.

Burnstein, E., & Vinokur, A. (1973). Testing two classes of theories about group induced shifts in individual choice. *Journal of Experimental Social Psychology, 9*, 123–137.

Burnstein, E., & Vinokur, A. (1977). Persuasive argumentation and social comparison as determinants of attitude polarization, *Journal of Experimental and Social Psychology, 13*, 315–332.

Burt, C. (1955). The evidence for the concept of intelligence. *British Journal of Psychology, 25*, 158–177.

Burton, A.M., & Bruce, V. (1993). Naming faces and naming names: Exploring an interactive activation model of person recognition. *Memory, 1*, 457–480.

Bushman, B.J., & Anderson, C.A. (2001). Is it time to pull the plug on the hostile versus instrumental aggression dichotomy? *Psychological Review, 108*, 273–279.

Bushman, B.J., & Cooper, H.M. (1990). Effects of alcohol on human aggression: An integrative research review. *Psychological Bulletin, 107*, 341–354.

Bushnell, I.W.R. (1998). The origins of face perception. In F. Simion & G. Butterworth (Eds.), *The development of sensory, motor and cognitive capacities in early infancy*. Hove, UK: Psychology Press.

Bushnell, I.W.R., Sai, F., & Mullin, J.T. (1989). Neonatal recognition of the mother's face. *British Journal of Developmental Psychology, 7*, 3–13.

Buss, D.M. (1985). Human mate selection. *American Scientist, 73*, 47–51.

Buss, D.M. (1989). Sex differences in human mate preferences: Evolutionary hypotheses tested in 37 cultures. *Behavioral and Brain Sciences, 12*, 1–49.

Buss, D.M. (1999). *Evolutionary psychology: The new science of the mind*. Boston: Allyn & Bacon.

Buss, D.M., & Schmitt, D.P. (1993). Sexual strategies theory: An evolutionary perspective on human mating. *Psychological Review, 100*, 204–232.

Bussey, K., & Bandura, A. (1999). Social cognitive theory of gender development and differentiation. *Psychological Review, 106*, 676–713.

Butler, B.E. (1974). The limits of selective attention in tachistoscopic recognition. *Canadian Journal of Psychology, 28*, 199–213.

Butters, N., & Cermak, L.S. (1980). *Alcoholic Korsakoff's Syndrome: An information processing approach to amnesia*. New York: Academic Press.

Butterworth, G. (1977). Object disappearance and error in Piaget's stage 4 task. *Journal of Experimental Child Psychology, 23*, 391–401.

Butterworth, G.E., & Cicchetti, D. (1978). Visual calibration of posture in normal and Down's syndrome infants. *Perception, 5*, 155–160.

Butzlaff, R.L., & Hooley, J.M. (1998). Expressed emotion and psychiatric relapse: A meta-analysis. *Archives of General Psychiatry, 55*, 547–552.

Buunk, B.P. (2001). Affiliation, attraction and close relationships. In M. Hewstone & W. Stroebe (Eds.), *Introduction to social psychology* (3rd ed.). Oxford, UK: Blackwell.

Buunk, B.P., Angleitner, A., Oubaid, V, & Buss, D.M. (1996). Sex differences in jealousy in evolutionary and cultural perspective. *Psychological Science, 7*, 359–363.

Buunk, B.P., & Bakker, A.B. (1997). Commitment to the relationship, extradyadic sex, and AIDS prevention behavior. *Journal of Applied Social Psychology, 27*, 1241–1257.

Buunk, B.P., & VanYperen, N.W. (1991). Referential comparisons, relational comparisons and exchange orientation: Their relation to marital satisfaction. *Personality and Social Psychology Bulletin, 17*, 710–718.

Byrne, D. (1971). *The attraction paradigm.* New York: Academic Press.

Byrne, D.G., & Reinhart, M.I. (1989). Work characteristics, occupational achievement and the Type A behaviour pattern. *Journal of Occupational Psychology, 62*, 123–134.

Byrne, R.M.J. (1989). Suppressing valid inferences with conditionals. *Cognition, 31*, 61–63.

Cabanac, M., & Rabe, E.F. (1976). Influence of a monotonous food on body weight regulation in humans. *Physiology and Behavior, 17*, 675–678.

Cacioppo, J.T., & Petty, R.E. (1979). Attitudes and cognitive response: An electrophysiological approach. *Journal of Personality and Social Psychology, 37*, 2181–2199.

Cacioppo, J.T., Petty, R.E., Feinstein, J.A., Jarvis, W., & Blaire, G. (1996). Dispositional differences in cognitive motivation: The life and times of individuals varying in need for cognition. *Psychological Bulletin, 119*, 197–253.

Cahill, L., Babinsky, R., Markowitsch, H.J., & McGaugh, J.L. (1995). The amygdala and emotional memory. *Nature, 377*, 295–296.

Caillies, S., Denhiere, G., & Kintsch, W. (2002). The effect of prior knowledge on understanding from text: Evidence from primed recognition. *European Journal of Cognitive Psychology, 14*, 267–286.

Cairns, R. (1986). Predicting aggression in girls and boys. *Social Science, 71*, 16–21.

Calder, A.J., Young, A.W., Rowland, D., Perrett, D.I., Hodges, J., & Etcoff, N.L. (1996). Facial emotion recognition after bilateral amygdala damage: Differentially severe impairment of fear. *Cognitive Neuropsychology, 13*, 699–745.

Callahan, C.M., Tomlinson, C.A., & Plucker, J. (1997). *Project START using a multiple students intelligences model in identifying and promoting talent in high-risk students* [Tech. Rep.]. Storrs, CT: National Research Center for Gifted Talent, University of Connecticut.

Calvo, M.G. (2001). Working memory and inferences: Evidence from eye fixations during reading. *Memory, 9*, 365–381.

Cameron, C.M., & Gatewood, J.B. (2003). Seeking numinous experiences in the unremembered past (1). (Survey suggests Americans visit heritage sites for spiritual reasons.) *Ethnology, 42*, 55–72.

Campbell, F.A., & Ramey, C.T. (1994). Effects of early intervention on intellectual and academic achievement: A follow-up study of children from low-income families. *Child Development, 65*, 684–698.

Campbell, J.D. (1986). Similarity and uniqueness: The effects of attribute type, relevance, and individual differences in self-esteem and depression. *Journal of Personality and Social Psychology, 50*, 281–294.

Campbell, J.D., Chew, B., & Scratchley, L.S. (1991). Cognitive and emotional reactions to daily events: The effects of self-esteem and self-complexity. *Journal of Personality, 59*, 473–505.

Campbell, S.S., & Murphy, P.J. (1998). Extraocular circadian phototransduction in humans. *Science, 279*, 396–399.

Campbell, W.K., & Sedikides, C. (1999). Self-threat magnifies the self-serving bias: A meta-analytic integration. *Review of General Psychology, 3*, 23–43.

Campbell, W.K., Sedikides, C., Reeder, G.D., & Elliott, A.J. (2000). Among friends? An examination of friendship and the self-serving bias. *British Journal of Social Psychology, 39*, 229–239.

Campfield, L.A., Brandon, P., & Smith, F.J. (1985). On line continuous measurement of blood glucose and meal pattern in free-feeding rats: The role of glucose in meal initiation. *Brain Resolution Bulletin, 14*, 605–616.

Campfield, L.A., & Smith, F.J. (1990). Systemic factors in the control of food intake: Evidence for patterns as signals. In E.M. Stricker (Ed.), *Handbook of behavioural neurobiology: Vol. 10. Neurobiology of food and fluid intake.* New York: Plenum.

Campfield, L.A., Smith, F.J., Guisez, Y., Devos, R., & Burn, P. (1995). Recombinant mouse OB protein: Evidence for a peripheral signal linking adiposity and central neural networks. *Science, 269*, 546–549.

Campos, J.J., Bertenthal, B.I., & Kermoian, R. (1992). Early experience and emotional development: The emergence of wariness of heights. *Psychological Science, 3*, 61–64.

Canavan, A.G., Sprengelmeyer, R., Diener, H.C., & Hömberg, V. (1994). Conditional associative learning is impaired in cerebellar disease in humans. *Behavioral Neuroscience, 108*, 475–485.

Cannon, T.D., Mednick, S.A., Parnas, J., Schulsinger, F., Praestholm, J., & Vestergaard, A. (1994). Developmental brain abnormalities in the offspring of schizophrenic mothers: II. Structural brain characteristics of schizophrenia and schizotypal personality disorder. *Archives of General Psychiatry, 51*, 955–962.

Cannon, W.B. (1932). *The wisdom of the body* (2nd ed.). New York: Norton.

Caprara, G.V., Barbaranelli, C., & Pastorelli, C. (1998). *Comparative test of longitudinal predictiveness of personal self-efficacy and big five factors*. Paper presented at the European conference on Personality, University of Surrey, UK.

Capron, C., & Duyne, M. (1989). Assessment of effects of socio-economic status on IQ in a full cross-fostering study. *Nature, 340,* 552–554.

Cardwell, M., Clark, L., & Meldrum, C. (1996). *Psychology for A level*. London: Collins Educational.

Carey, D.P., Harvey, M., & Milner, A.D. (1996). Visuomotor sensitivity for shape and orientation in a patient with visual form agnosia. *Neuropsychologia, 34,* 329–338.

Carey, D.P., & Milner, A.D. (1994). Casting one's net too widely? *Behavioral and Brain Sciences, 17,* 65–66.

Carey, M.P., Kalra, D.L., Carey, K.B., Halperin, S., & Richard, C.S. (1993). Stress and unaided smoking cessation: A prospective investigation. *Journal of Consulting and Clinical Psychology, 61,* 831–838.

Carlezon, W.A., Jr., & Wise, R.A. (1996). Microinjections of phencyclidine (PCP) and related drugs into nucleus accumbens shell potentiate medial forebrain bundle brain stimulation reward. *Psychopharmacology (Berl.), 128,* 413–420.

Carlson, M., Marcus-Newhall, A., & Miller, N. (1990). Effects of situational aggression cues: A quantitative review. *Journal of Personality and Social Psychology, 58,* 622–633.

Carlson, N.R. (1994). *Physiology of behavior* (5th ed.). Boston: Allyn & Bacon.

Carpenter, G. (1975). Mother's face and the newborn. In R. Lewin (Ed.), *Child alive*. London: Temple Smith.

Carpenter, S.J. (2001). Implicit gender attitudes [Doctoral dissertation, Yale University, 2000]. *Dissertation Abstracts International, 61,* 5619.

Carr, A. (2000). *Family therapy: Concepts, process and practice*. Chichester, UK: Wiley.

Carrasco, J.L., Diaz-Marsa, M., Hollander, E., Cesar, J., & Saiz-Ruiz, J. (2000). Decreased platelet monoamine oxidase activity in female bulimia nervosa. *European Neuropsychopharmacology, 10,* 113–117.

Carroll, J.B. (1986). Factor analytic investigations of cognitive abilities. In S.E. Newstead, S.H. Irvine, & P.L. Dann (Eds.), *Human assessment: Cognition and motivation*. Dordrecht, The Netherlands: Nyhoff.

Carroll, J.B. (1993). *Human cognitive abilities: A survey of factor analytic studies*. New York: Cambridge University Press.

Cartwright, D.S. (1979). *Theories and models of personality*. Dubuque, IQ: Brown Company.

Cartwright, S., & Cooper, C.L. (1997). *Managing workplace stress*. Thousand Oaks, CA: Sage.

Carver, C.S., Pozo, C., Harris, S.D., Noriega, V., Scheier, M., Robinson, D., Ketcham, A., Moffat, F.L., & Clark, K. (1993). How coping mediates the effect of optimism on distress: A study of women with early stage breast cancer. *Journal of Personality and Social Psychology, 65,* 375–390.

Carver, C.S., & Scheier, M.F. (2000). *Perspectives on personality* (4th ed.). Boston: Allyn & Bacon.

Cary, M., & Carlson, R.A. (1999). External support and the development of problem-solving routines. *Journal of Experimental Psychology: Learning, Memory, and Cognition, 25,* 1053–1070.

Case, R. (1974). Structures and strictures: Some functional limitations on the course of cognitive growth. *Cognitive Psychology, 6,* 544–573.

Case, R. (1985). *Intellectual development*. Orlando, FL: Academic Press.

Case, R. (1991). Stages in the development of the young child's first sense of self. *Developmental Review, 11,* 210–230.

Case, R. (1992). Neo-Piagetian theories of intellectual development. In H. Beilin & P.B. Pufall (Eds.), *Piaget's theory: Prospects and possibilities*. Hillsdale, NJ: Lawrence Erlbaum Associates, Inc.

Caspi, A., Moffitt, T.E., Newman, D.L., & Silva, P.A. (1996). Behavioral observations at age 3 years predict adult psychiatric disorders: Longitudinal evidence from a birth cohort. *Archives of General Psychiatry, 53,* 1033–1039.

Casscells, W., Schoenberger, A., & Graboys, T.B. (1978). Interpretation by physicians of clinical laboratory results. *New England Journal of Medicine, 299,* 999–1001.

Cassia, V.M., Simion, F., Milani, I., & Umiltà, C. (2002). Dominance of global visual properties at birth. *Journal of Experimental Psychology: General, 131,* 398–411.

Catalano, R., Novaco, R., & McConnell, W. (1997). A model of the net effect of job loss on violence. *Journal of Personality and Social Psychology, 72,* 1440–1447.

Cate, R., Lloyd, S. & Long, E. (1988). The role of rewards and fairness in developing premarital relationships. *Journal of Marriage and the Family, 50,* 443–452.

Cattell, R.B. (1946). *Description and measurement of personality*. Dubuque, IA: Brown Company Publishers.

Cattell, R.B. (1957). *Personality and motivation structure and measurement*. New York: World Book Company.

Cattell, R.B. (1963). Theory of fluid and crystallised intelligence: A critical experiment. *Journal of Educational Psychology, 54*, 1–22.

Cattell, R.B. (1971). *Abilities: Their structure, growth, and action*. Boston: Houghton-Mifflin.

Cavanagh, P., Tyler, C.W., & Favreau, O.E. (1984). Perceived velocity of moving chromatic gratings. *Journal of the Optical Society of America A, 1*, 893–899.

Ceci, S.J. (1995). Memory distortions in children. *Journal of the Neurological Sciences, 134*, 1–8.

Ceraso, J., & Provitera, A. (1971). Sources of error in syllogistic reasoning. *Cognitive Psychology, 2*, 400–410.

Cermak, L.S., Talbot, N., Chandler, K., & Wolbarst, L.R. (1985). The perceptual priming phenomenon in amnesia. *Neuropsychologia, 23*, 615–622.

Cha, J.-H., & Nam, K.D. (1985). A test of Kelley's cube theory of attribution: A cross-cultural replication of McArthur's study. *Korean Social Science Journal, 12*, 151–180.

Chaiken, S. (1987). The heuristic model of persuasion. In M.P. Zanna, J.M. Olson, & C.P. Herman (Eds.), *Social influence: The Ontario symposium. Vol. 5*. Hillsdale, NJ: Lawrence Erlbaum Associates, Inc.

Chaiken, S., & Eagly, A.H., (1983). Communication modality as a determinant of persuasion: The role of communicator salience. *Journal of Personality and Social Psychology, 45*, 241–256.

Chaiken, S., Giner-Sorolla, R., & Chen, S. (1996). Beyond accuracy: Defence and impression motives in heuristic and systematic information processing. In P.M. Gollwitzer & J.A. Bargh (Eds.), *The psychology of action: Linking cognition and motivation to behaviour*. New York: Guilford Press.

Chaiken, S., & Maheswaran, D. (1994). Heuristic processing can bias systematic processing: Effects of source credibility, argument ambiguity, and task importance on attitude judgement. *Journal of Personality and Social Psychology, 66*, 460—473.

Challis, B.H., & Brodbeck, D.R. (1992). Level of processing affects priming in word fragment completion. *Journal of Experimental Psychology: Human Perception and Performance, 11*, 317–328.

Challman, R.C. (1932). Factors influencing friendships among pre-school children. *Child Development, 3*, 146–158.

Chan, A. (1998). Musical memory. *New Scientist*, 14th November.

Channon, S., Shanks, D., Johnstone, T., Vakili, K., Chin, J., & Sinclair, E. (2002). Is implicit learning spared in amnesia? Rule abstraction and item familiarity in artificial grammar learning. *Neuropsychologia, 40*, 2185–2197.

Chapman, J.L., & Chapman, J.P. (1959). Atmosphere effect re-examined. *Journal of Experimental Psychology, 58*, 220–226.

Charlton, A. (1998, January 12). TV violence has little impact on children, study finds. *The Times*, p. 5.

Chase, W.G., & Simon, H.A. (1973). Perception in chess. *Cognitive Psychology, 4*, 55–81.

Chater, N. (2000). How smart can simple heuristics be? *Behavioral and Brain Sciences, 23*, 745–746.

Chater, N., & Oaksford, M. (1999). Information gain and decision-theoretic approaches to data selection: Response to Klauer (1999). *Psychological Review, 106*, 223–227.

Cheesman, J., & Merikle, P.M. (1984). Priming with and without awareness. *Perception and Psychophysics, 36*, 387–395.

Chen, C., Greenberger, E., Lester, J., Dong, Q., & Guo, M.-S. (1998b). A cross-cultural study of family and peer correlates of adolescent misconduct. *Developmental Psychology, 34*, 770–781.

Chen, D.Y., Deutsch, J.A., Gonzalez, M.F., & Gu, Y. (1993). The induction and suppression of c-fos expression in the rat brain by cholecystokinin and its antagonist L364,718. *Neuroscience Letters, 149*, 91–94.

Chen, J., Paredes, W., Li, J., Smith, D., Lowinson, J., & Gardner, E.L. (1990). Delta-9 tetrahydrocannabinol produces naloxone-blockable enhancement of presynaptic basal dopamine efflux in nucleus accumbens of conscious, freely-moving rats as measured by intracerebral microdialysis. *Psychopharmacology, 102*, 156–162.

Chen, X., Dong, Q., & Zhou, H. (1997). Authoritative and authoritarian parenting practices and social and school performance in Chinese children. *International Journal of Behavioral Development, 21*, 855–873.

Chen, Y.-R., Brockner, J., & Katz, T. (1998a). Toward an explanation of cultural differences in in-group favouritism: The role of individual versus collective primacy. *Journal of Personality and Social Psychology, 75*, 1490–1502.

Chen, Z. (2002). Analogical problem solving: A hierarchical analysis of procedural similarity. *Journal of Experimental Psychology: Learning, Memory, and Cognition, 28*, 81–98.

Cheng, A.T.A. (2002). Expressed emotion: A cross-culturally valid concept? *British Journal of Psychiatry, 181*, 466–467.

Cheng, P.W. (1985). Restructuring versus automaticity: Alternative accounts of skills acquisition. *Psychological Review, 92,* 414–423.

Cherlin, A.J., Furstenberg, F.F., Chase-Lonsdale, P.L., Kiernan, K.E., Robins, P.K., Morrison, D.R., & Teitler, J.O. (1991). Longitudinal studies of effects of divorce on children in Great Britain and the United States. *Science, 252,* 1386–1389.

Cherry, E.C. (1953). Some experiments on the recognition of speech with one and two ears. *Journal of the Acoustical Society of America, 25,* 975–979.

Cheung, F.M., & Leung, K. (1998). Indigenous personality measures: Chinese examples. *Journal of Cross-Cultural Psychology, 29,* 233–248.

Chi, M.T. (1978). Knowledge, structure and memory development. In R.S. Siegler (Ed.), *Children's thinking: What develops?* Hillsdale, NJ: Lawrence Erbaum Associates, Inc.

Child, I.L. (1968). Personality in culture. In E.F. Borgatta & W.W. Lambert (Eds.), *Handbook of personality theory and research.* Chicago: Rand McNally.

Childers, J.B., & Tomasello, M. (2002). Two-year-olds learn novel nouns, verbs, and conventional actions from massed or distributed exposures. *Developmental Psychology, 38,* 967–978.

Chodorow, N. (1978). *The reproduction of mothering.* Berkeley, CA: University of California Press.

Choi, I., Choi, K.W., & Cha, J.-H. (1992). *A cross-cultural replication of Festinger and Carlsmith (1959).* Unpublished manuscript, Seoul National University, Korea.

Choi, I., & Nisbett, R.E. (1998). Situational salience and cultural differences in the correspondence bias and actor-observer bias. *Personality and Social Psychology Bulletin, 24,* 949–960.

Choi, I., Nisbett, R.E., & Norenzayan, A. (1999). Causal attribution across cultures: Variation and universality. *Psychological Bulletin, 125,* 47–63.

Choi, I., Nisbett, R.E., & Smith, E.E. (1997). Culture, category salience, and inductive reasoning. *Cognition, 65,* 15–32.

Chomsky, N. (1965). *Aspects of the theory of syntax.* Cambridge, MA: MIT Press.

Chomsky, N. (1980). *Rules and representations.* New York: Columbia University Press.

Chomsky, N. (1986). *Knowledge of language: Its nature, origin, and use.* New York: Praeger.

Chorney, M.J., Chorney, K., Seese, N., Own, M.J., Daniels, J., McGuffin, P., Thompson, L.A., Detterman, D.K., Benbow, C.P., Lubinski, D., Eley, T.C., & Plomin, R. (1998). A quantitative trait locus (QTL) associated with cognitive ability in children. *Psychological Science, 9,* 159–166.

Church, A.T., & Katigbak, M.S. (2000). Trait psychology in the Philippines. *American Behavioral Science, 44,* 73–94.

Cialdini, R.B., Borden, R.J., Thorne, A., Walker, M.R., Freeman, S., & Sloan, L.R. (1976). Basking in reflected glory: Three (football) field studies. *Journal of Personality and Social Psychology, 34,* 366–375.

Cialdini, R.B., Brown, S.L., Lewis, B.P., Luce, C., & Neuberg, S.L. (1997). Reinterpreting the empathy-altruism relationship: When one into one equals oneness. *Journal of Personality and Social Psychology, 73,* 481–494.

Cialdini, R.B., Cacioppo, J.T., Bassett, R., & Miller, J.A. (1978). Low-balling procedure for producing compliance: Commitment then cost. *Journal of Personality and Social Psychology, 36,* 463–476.

Cialdini, R.B., Schaller, M., Houlihan, D., Arps, K., Fultz, J., & Beaman, A.L. (1987). Empathy-based helping: Is it selflessly or selfishly motivated? *Journal of Personality and Social Psychology, 52,* 749–758.

Cialdini, R.B., & Trost, M.R. (1998). Social influence: Social norms, conformity, and compliance. In D.T. Gilbert, S.T. Fiske, & G. Lindzey (Eds.), *The handbook of social psychology* (Vol. 2, 4th ed., pp. 151–192). New York: McGraw-Hill.

Cicerone, C.M., & Nerger, J.L. (1989). The relative number of long-wavelength-sensitive to middle-wavelength-sensitive cones in the human fovea centralis. *Vision Research, 29,* 115–128.

Cillessen, A.H.N., Van IJzendoorn, H.W., van Lieshout, C.F.M., & Hartup, W.W. (1992). Heterogeneity among peer-rejected boys: Subtypes and stabilities. *Child Development, 63,* 893–905.

Cinnirella, M. (1998). Manipulating stereotype ratings tasks: Understanding questionnaire context effects on measures of attitudes, social identity and stereotypes. *Journal of Community and Applied Social Psychology, 8,* 345–362.

Clancy, S.A., Schacter, D.L., McNally, R.J., & Pitman, R.K. (2000). False recognition in women reporting recovered memories of sexual abuse. *Psychological Science, 11*(1), 26–31. [Erratum, *Psychological Science* (2000), *11*(3), 265.]

Clancy, S.M., & Dollinger, S.J. (1993). Photographic depictions of the self: Gender and age differences in social connectedness. *Sex Roles, 29,* 477–495.

Claparede, E. (1911). Recognition et moitié. *Archives de*

Psychologic, 11, 75-90.

dark, D.A. (1989). Special review of Brewin's "Cognitive Foundations of Clinical Psychology". *Behaviour Research and Therapy, 27,* 691-693.

Clark, D.M. (1986). A cognitive approach to panic. *Behaviour Research and Therapy, 24,* 461-470.

Clark, D.M. (1996). Panic disorder: From theory to therapy. In P. Salkovskis (Ed.), *frontiers of cognitive therapy.* New York: Guilford Press.

Clark, D.M., & Wells, A. (1995). A cognitive model of social phobia. In R.R.G. Heimberg, M. Liehowitz, D.A. Hope, & S. Scheier (Eds.), *Social phobia: Diagnosis, assessment and treatment.* New York: Guilford.

Clark, H.H., & Carlson, T.B. (1981). Context for comprehension. In J. Long & A. Baddeley (Eds.), *Attention and performance IX: Information processing.* Hillsdale, NJ: Lawrence Erlbaum Associates, Inc.

Clark, R.D., & Hatfield, E. (1989). Gender differences in receptivity to sexual offers. *Journal of Psychology and Human Sexuality, 2,* 39-55.

Clarke-Stewart, A. (1989). Infant day care: Maligned or malignant? *American Psychologist, 44,* 266-273.

Clarke-Stewart, K.A., VanderStoep, L.P., & Killian, G.A. (1979). Analysis and replication of mother-child relations at two years of age. *Child Development, 50,* 777-793.

Clifton, C., & Ferreira, F. (1987). Discourse structure and anaphora: Some experimental results. In M. Coltheart (Ed.), *Attention and performance XII: The psychology of reading.* Hove, UK: Psychology Press.

Cloninger, C.R. (1987). Neurogenetic adaptive mechanisms in alcoholism. *Science, 236,* 410-416.

Cloninger, C.R., Bohman, M., Sigvardsson, S., & von Knorring, A.-L. (1985). Psychopathology in adopted-out children of alcoholics: The Stockholm Adoption Study. *Recent Developments in Alcoholism, 3,* 37-51.

Cloninger, C.R., Sigvardsson, S., Bohman, M., & von Knorring, A.-L. (1982). Predisposition to petty criminality in Swedish adoptees: II. Cross-fostering analysis of gene-environment interaction. *Archives of General Psychiatry, 39,* 1242-1247.

Clough, P., & Sewell, D. (2000, March 1). In C. Brooke (Ed.), Why being idle puts us in a good mood. *Daily Mail.*

Coates, S., & Wolfe, S. (1997). Gender identity disorders in children. In P.F. Kernberg & J.R. Bemporad (Eds.), *Handbook of child and adolescent psychiatry. Vol. 2.* New York: Wiley.

Coe, W.C. (1989). Post-hypnotic amnesia: Theory and research. In N.P. Spanos & J.F. Chaves (Eds.), *Hypnosis: The cognitive-behavioural perspective.* Buffalo, NY: Prometheus.

Coenen, A. (2000). The divorce of REM sleep and dreaming. *Behavioral and Brain Sciences, 23,* 922-924.

Cogan, J.C., Bhalla, S.K., Sefa-Dedeh, A., & Rothblum, E.D. (1996). A comparison study of United States and African students on perceptions of obesity and thinness. *Journal of Cross-Cultural Psychology, 27,* 98-113.

Cohen, D., Nisbett, R.E., Bowdle, B.F., & Schwarz, N. (1996). Insult, aggression, and the southern culture of honour: An "experimental ethnography". *Journal of Personality and Social Psychology, 70,* 945-960.

Cohen, F., & Lazarus, R.S. (1973). Active coping processes, coping dispositions, and recovery from surgery. *Psychosomatic Medicine, 35,* 375-389.

Cohen, S., & Herbert, T.B. (1996). Health psychology: Psychological factors and physical disease from the perspective of human psychoneuroimmunology. *Annual Review of Psychology, 47,* 113-142.

Cohen, S., Tyrrell, D.A.J., & Smith, A.P. (1991). Psychological stress and susceptibility to the common cold. *Hew England Journal of Medicine, 325,* 606-612.

Cohen, S., & Williamson, G.M. (1991). Stress and infectious disease in humans. *Psychological Bulletin, 109,* 5-24.

Coie, J.D., Dodge, K.A., & Coppotelli, H. (1982). Dimensions and types of social status: A cross-age perspective. *Developmental Psychology, 18,* 557-570.

Colby, A., Kohlberg, L., Gibbs, J., & Lieberman, M. (1983). A longitudinal study of moral judgement. *Monographs of the Society for Research in Child Development, 48* (Nos. 1-2, Serial No. 200).

Cole, M., & Cole, S.R. (1993). *The development of children* (2nd ed.). New York: Scientific American Books.

Cole, M., & Cole, S.R. (2001). *The development of children* (4th ed.). New York: Worth.

Cole, M., Gay, J., Glick, J., & Sharp, D.W. (1971). *The cultural context of learning and thinking.* New York: Basic Books.

Collaer, M.L., & Hines, M. (1995). Human behavioural sex differences: A role for gonadal hormones during early development? *Psychological Bulletin, 118,* 55-107.

Collins, D.L., Baum, A., & Singer, J.E. (1983). Coping with chronic stress at Three Mile Island: Psychological and biochemical evidence. *Health Psychology, 2,* 149-166.

Collins, N.L., & Miller, L.C. (1994). Self-disclosure and liking: A meta-analytic review. *Psychological Bulletin, 116,* 457-475.

Coltheart, M. (1983). Ecological necessity of iconic memory.

Behavioral and Brain Sciences, 6, 17–18.

Coltheart, M., Rastle, K., Perry, C., Ziegler, J., & Langdon, R. (2001). DRC: A dual route cascaded model of visual word recognition and reading aloud. *Psychological Review, 108,* 204–256.

Colvin, C.R., Block. J., & Funder, D.C. (1995). Overly positive self-evaluation and personality: Negative implications for mental health. *Journal of Personality and Social Psychology, 6,* 1152–1162.

Comer, R.J. (2001). *Abnormal psychology* (4th ed.). New York: Worth.

Comstock, G., & Paik, H. (1991). *Television and the American child.* San Diego: Academic Press.

Condon, J.W., & Crano, W.D., (1988). Inferred evaluation and the relation between attitude similarity and interpersonal attraction. *Journal of Personality and Social Psychology, 54,* 789–797.

Condry, J., & Condry, S. (1976). Sex differences: A study in the eye of the beholder. *Child Development, 47,* 812–819.

Condry, J.C., & Ross, D.F. (1985). The influence of gender label on adults' perceptions of aggression in children. *Child Development, 56,* 225–233.

Conley, J.J. (1984). The hierarchy of consistency: A review and model of longitudinal findings on adult individual differences in intelligence, personality and self-opinion. *Personality and Individual Differences, 5,* 11–25.

Conner, D.B., Knight, D.K., & Cross, D.R. (1997). Mothers' and fathers' scaffolding of their 2-year-olds during problem-solving and literary interactions. *British Journal of Developmental Psychology, 15,* 323–338.

Conner, M., & Armitage, C.J. (1998). Extending the theory of planned behaviour: A review and avenues for further research. *Journal of Applied Social Psychology, 28,* 1429–1464.

Connine, C.M., Blasko, P.J., & Titone, D. (1993). Do the beginnings of spoken words have a special status in auditory word recognition? *Journal of Memory and Language, 32,* 193–210.

Conrad, R. (1979). *The deaf school child: Language and cognitive functions.* London: Harper & Row.

Considine, R.V., Sinha, M.K., Heiman, M.L., Kriauciunas, A., Stephens, T.W., Nyce, M.R. et al. (1996). Serum immunoreactive-leptin concentrations in normal-weight and obese humans. *New England Journal of Medicine, 334,* 292.

Conway, A.R.A., Cowan, N., Bunting, M.F., Therriault, D.J., & Minkoff, S.R.B. (2002). A latent variable analysis of working memory capacity, short-term memory capacity, processing speed, and general fluid intelligence. *Intelligence, 30,* 163–183.

Conway, M.A. (1996). Autobiographical knowledge and autobiographical memories. In D.C. Rubin (Ed.), *Remembering our past: Studies in autobiographical memory.* Cambridge: Cambridge University Press.

Conway, M.A., Anderson, S.J., Larsen, S.F., Donnelly, C.M., McDaniel, M.A., McClelland, A.G.R., & Rawles, R.E. (1994). The formation of flashbulb memories. *Memory and Cognition, 22,* 326–343.

Conway, M.A., & Haque, S. (1999). Overshadowing the reminiscence bump: Memories of a struggle for independence. *Journal of Adult Development, 6,* 35–44.

Conway, M.A., & Pleydell-Pearce, C.W. (2000). The construction of autobiographical memories in the self-memory system. *Psychological Review, 107,* 261–288.

Conway, M.A., Pleydell-Pearce, C.W., & Whitecross, S.E. (2001). The neuroanatomy of autobiographical memory: A slow cortical potential study (SCP) of autobiographical memory retrieval. *Journal of Memory and Language, 45,* 493–524

Conway, M.A. & Rubin, D.C. (1993). The structure of autobiographical memory. In A.F. Collins, S.E. Gathercole, M.A. Conway, & P.E. Morris (Eds.). *Theories of memory.* Hove, UK: Psychology Press.

Cook, M. (1993). *Personnel selection and productivity* (Rev. ed.). New York: Wiley.

Cook, M., & Mineka, S. (1989). Observational conditioning of fear to fear-relevant versus fear-irrelevant stimuli in rhesus monkeys. *Journal of Abnormal Psychology, 98,* 448–459.

Cooley, C.H. (1902). *Human nature and social order.* New York: Charles Scribner.

Cooper, C. (1998). *Individual differences.* London: Arnold.

Cooper, C. (2002). Individual differences (2nd Edition). London: Arnold.

Cooper, P.J. (1994). Eating disorders. In A.M. Colman (Ed.), *Companion encyclopaedia of psychology. Vol. 2.* London: Routledge.

Cooper, P.J., & Taylor, M.J. (1988). Body image disturbance in bulimia nervosa. *British Journal of Psychiatry, 153,* 32–36.

Cooper, R.M., & Zubek, J.P. (1958). Effects of enriched and restricted early environments on the learning ability of bright and dull rats. *Canadian Journal of Psychology, 12,* 159–164.

Cooper, S.J., & Dourish, C.T. (1990). Multiple cholecystokinin (CCK) receptors and CCK-monoamine interactions are instrumental in the control of feeding. *Physiology and Behavior, 48,* 849–857.

Coopersmith, S. (1967). *The antecedents of self-esteem.* San Francisco: W.H. Freeman.

Copeland, B.J. (1993). *Artificial intelligence: A philosophical introduction.* Oxford, UK: Blackwell.

Coren, S., & Girgus, J.S. (1972). Visual spatial illusions: Many explanations. *Science, 179,* 503–504.

Coslett, H.B. (1991). Read but not write "idea": Evidence for a third reading mechanism. *Brain and Language, 40,* 425–443.

Cosmides, L. (1989). The logic of social exchange: Has natural selection shaped how humans reason? Studies with the Wason selection task. *Cognition, 31,* 187–276.

Cosmides, L., & Tooby, J. (1992). Cognitive adaptations for social exchange. In J.H. Barkow Jerome, L. Cosmides, & J. Tooby (Eds.), *The adapted mind: Evolutionary psychology and the generation of culture* (pp. 163–228). New York: Oxford University Press.

Cosmides, L., & Tooby, J. (1996). Are humans good intuitive statisticians after all? Rethinking some conclusions from the literature on Judgement under uncertainty. *Cognition, 58,* 1–73.

Costa, P.T., & McCrae, R.R. (1992). *NEO-PI-R, Professional manual.* Odessa, FL: Psychological Assessment Resources.

Costa, P.T., & Widiger, T.A. (1994). *Personality disorders and the five-factor model of personality.* Washington, DC: American Psychological Association.

Costanzo, P.R., Coie, J.D., Grumet, J., & Famill, D. (1973). A re-examination of the effects of intent and consequence on the quality of child rearing. *Child Development, 57,* 362–374.

Costello, T.W., Costello, J.T., & Holmes, D.A. (1995). *Abnormal psychology.* London: Harper Collins.

Cottrell, N. (1972). Social facilitation. In C. McClintock (Ed.), *Experimental social psychology.* New York: Holt, Rinehart, & Winston.

Council, J.R., & Kenny, D.A. (1992). Expert judgements of hypnosis from subjective state reports. *Journal of Abnormal Psychology, 101,* 657–662.

Cox, T. (1978). *Stress.* London: Macmillan Press.

Craddock, N., & Jones, I. (1999). Genetics of bipolar disorder. *Journal of Medical Genetics, 36,* 585–594.

Craik, F.I.M. (1973). A "levels of analysis" view of memory. In P. Pliner, L. Krames, & T.M. Alloway (Eds.), *Communication and affect: Language and thought.* London: Academic Press.

Craik, F.I.M. (2002). Levels of processing: Past, present ... and future? *Memory, 10,* 305–318.

Craik, F.I.M., & Lockhart, R.S. (1972). Levels of processing: A framework for memory research. *Journal of Verbal Learning and Verbal Behavior, 11,* 671–684.

Craik, F.I.M., & Tulving, E. (1975). Depth of processing and the retention of words in episodic memory. *Journal of Experimental Psychology: General, 104,* 268–294.

Craske, M.G., & Craig, K.D. (1984). Musical performance anxiety: The three-systems model and self-efficacy theory. *Behaviour Research and Therapy, 22,* 267–280.

Crick, N.R., & Dodge, K.A. (1994). A review and reformulation of social information-processing mechanisms in children's social adjustment. *Psychological Bulletin, 115,* 74–101.

Crick, N.R., & Ladd, G.W. (1990). Children's perceptions of the outcomes of aggressive strategies: Do the ends justify being mean? *Developmental Psychology, 26,* 612–620.

Critchley, H.D., & Rolls, E.T. (1996). Hunger and satiety modify the responses of olfactory and visual neurons in the primate orbitofrontal cortex. *Journal of Neurophysiology, 75,* 1673–1686.

Crits-Christoph, P., Baranackie, K., Kurcias, J.S., Beck, A.T., Carroll, K, Perry, K., Luborsky, L., McLellan, A.T., Woody, G., Thompson, L., Gallagher, D., & Zitrin, C. (1991). Meta-analysis of therapist effects in psychotherapy outcome studies. *Psychotherapy Research, 1,* 81–91.

Crocker, J., Thompson, L.L., McGraw, K.M., & Ingerman, C. (1987). Downward comparison, prejudice, and evaluations of others: Effects of self-esteem and threat. *Journal of Personality and Social Psychology, 52,* 907–916.

Cronbach, L.J. (1957). The two disciplines of scientific psychology. *American Psychologist, 12,* 671–684.

Crosby, F., Bromley, S., & Saxe, L. (1980). Recent unobtrusive studies of black and white discrimination and prejudice: A literature review. *Psychological Bulletin, 87,* 546–563.

Cross, D.G., Sheehan, P.W., & Khan, J.A., (1980). Alternative advice and counsel in psychotherapy. *Journal of Consulting and Clinical Psychology, 48,* 615–625.

Cross, S.E., & Madson, L. (1997). Models of the self: Self-construals and gender. *Psychological Bulletin, 122,* 5–37.

Crowe, R.R., Noyes, R., Pauls, D.L., & Slymen, D. (1983). A family study of panic disorder. *Archives of General Psychiatry, 40,* 1065–1069.

Crowe, R.R., Noyes, R., Wilson, A.F., Elston, R.C., & Ward, L.J. (1987). A linkage study of panic disorder. *Archives of General Psychiatry, 44,* 933–937.

Cumberbatch, G. (1990). *Television advertising and sex role stereotyping: A content analysis* [Working paper IV for the Broadcasting Standards Council]. Communications Research Group, Aston University, Birmingham, UK.

Cunningham, M.R. (1986). Measuring the physical in physical attractiveness: Quasi experiments on the sociobiology of female facial beauty. *Journal of Personality and Social Psychology, 50,* 925–935.

Cunningham, W.A., Preacher, K.J., & Banaji, M.R. (2001). Implicit attitude measures: Consistency, stability, and convergent validity. *Psychological Science, 12,* 163–170.

Curtis, A. (2000). *Psychology and health.* London: Routledge.

Curtiss, S. (1977). *Genie: A psycholinguistic study of a modern-day' wild child".* London: Academic Press.

Curtiss, S. (1989). The independence and task-specificity of language. In M.H. Bornstein & J.S. Bruner (Eds.), *Interaction in human development.* Hillsdale, NJ: Lawrence Erlbaum Associates Inc.

Cutler, A., Mehler, J., Norris, D., & Segui, J. (1987). Phonemic identification and the lexicon. *Cognitive Psychology, 19,* 141–177.

Cutting, J.E. (1978). Generation of synthetic male and female walkers through manipulation of a biochemical invariant. *Perception, 7,* 393–405.

Cutting, J.E., Proffitt, D.R., & Kozlowski, L.T. (1978). A biomechanical invariant for gait perception. *Journal of Experimental Psychology: Human Perception and Performance, 4,* 357–372.

Cuvo, A.J. (1975). Developmental differences in rehearsal and free recall. *Journal of Experimental Child Psychology, 29,* 265–278.

Czeisler, C.A., Duffy, J.F., Shanahan, T.L., Brown, E.N., Mitchell, J.F., Rimmer, D.W., Ronda, J.M., Silva, E.J., Emens, J.S., Dijk, D.J., & Kronauer, R.E. (1999). Stability, precision, and near-24-hour period of the human circadian pacemaker. *Science, 284,* 2177–2181.

Czeisler, C.A., Kronauer, R.E., Allan, J.S., Duffy, J.F., Jewett, M.E., Brown, E.N., & Ronda, J.M. (1989). Bright light induction of strong (type 0) resetting of the human circadian pacemaker. *Science, 244,* 1328–1333.

Czeisler, C.A., Moore-Ede, M.C., & Coleman, R.M. (1982). Rotating shift work schedules that disrupt sleep are improved by applying circadian principles. *Science, 217,* 460–463.

Dalgleish, T. (1998). Emotion. In M.W. Eysenck (Ed.), *Psychology: An integrated approach.* Harlow, UK: Longman.

Dalton, K. (1964). *The premenstrual syndrome.* London: Heinemann.

Damasio, A.R. (1999). *The feeling of what happens: Body and emotion in the making of consciousness.* New York: Harcourt Brace.

Damasio, H., Grabowski, T., Frank, R., Galaburda, A.M., & Damasio, A.R. (1994). The return of Phineas Gage: The skull of a famous patient yields clues about the brain. *Science, 264,* 1102–1105.

Dammann, E.J. (1997). "The myth of mental illness": Continuing controversies and their implications for mental health professionals. *Clinical Psychology Review, 17,* 733–756.

Damon, W., & Hart, D. (1988). *Self-understanding in childhood and adolescence.* Cambridge, UK: Cambridge University Press.

Daneman, M., & Carpenter, P.A. (1980). Individual differences in working memory and reading. *Journal of Verbal Learning and Verbal Behavior, 19,* 450–466.

Daniels, D., & Plomin, R. (1985). Origins of individual differences in infant shyness. *Developmental Psychology, 21,* 118–121.

Darley, J.M., & Batson, C.D. (1973). From Jerusalem to Jericho: A study of situational and dispositional variables in helping behaviour. *Journal of Personality and Social Psychology, 27,* 100–108.

Darley, J.M., & Latané, B. (1968). Bystander intervention in emergencies: Diffusion of responsibility. *Journal of Personality and Social Psychology, 8,* 377–383.

Darling, N., & Steinberg, L., (1993). Parenting style as context: An integrative model. *Psychological Bulletin, 113,* 487–496.

Dannall, H.J.A., Bowmaker, J.K., & Mollon, J.D. (1983). Human visual pigments: Microspectrophotometric results from the eyes of seven persons. *Proceedings of the Royal Society of London, Series B, 220,* 115–130.

Darwin, C. (1859). *The origin of species.* London: Macmillan.

Darwin, C.J., Turvey, M.T., & Crowder, R.G. (1972). An auditory analogue of the Sperling partial report procedure: Evidence for brief auditory storage. *Cognitive Psychology, 3,* 255–267.

David, B., & Turner, J.C. (1999). Studies in self-categorization and minority conversion: The in-group minority in intragroup and intergroup contexts. *British Journal of Social Psychology, 38,* 115–134.

Davidoff, J., & Warrington, E.K. (1999). Apperceptive agnosia: A deficit of perceptual categorisation of objects. In G.W. Humphreys (Ed.), *Case studies in the neuropsychology of vision*. Hove, UK: Psychology Press.

Davidson, D. (1994). Recognition and recall of irrelevant and interruptive atypical actions in script-based stories. *Journal of Memory & Language, 33*, 757–775.

Davidson, R. (1996). Act now, think later: Emotions. *New Scientist* (Suppl.).

Davies, D.R., & Parasuraman, R. (1982). *The psychology of vigilance*. London: Academic Press.

Davies, M., Stankov, L., & Roberts, R.D. (1998). Emotional intelligence: In search of an elusive construct. *Journal of Personality and Social Psychology, 75*, 989–1015.

Davis, J.D., Gallagher, R.J., Ladove, R.F., & Turausky, A.J. (1969). Inhibition of food intake by a humoral factor. *Journal of Comparative and Physiological Psychology, 67*, 407–414.

Davis, M. (2001). Tonight's the night. *New Scientist, 170*, 12.

Davis-Kean, P.E., & Sandler, H.M. (2001). A meta-analysis of measures of self-esteem for young children: A framework for future measures. *Child Development, 72*, 887–906.

Davison, G.C., & Neale, J.M. (1996). *Abnormal psychology* (Rev. 6th ed.). New York: Wiley.

Davison, G.C., & Neale, J.M. (1998). *Abnormal psychology* (7th ed.). New York: Wiley.

Davison, G.C., & Neale, J.M. (2001). *Abnormal psychology* (8th ed.). New York: Wiley.

Davison, H.K., & Burke, M.J. (2000). Sex discrimination in simulated employment contexts: A meta-analytic investigation. *Journal of Vocational Behavior, 56*, 225–248.

Dawes, R.M. (1988). *Rational choice in an uncertain world*. San Diego, CA: Harcourt Brace Jovanovich.

De Bleser, R. (1988). Localisation of aphasia: Science or fiction? In G. Denese, C. Semenza, & P. Bisiacchi (Eds.), *Perspectives on cognitive neuropsychology*. Hove, UK: Psychology Press.

De Boysson-Bardies, B., Sagart, L., & Durand, C. (1984). Discernible differences in the babbling of infants according to target language. *Journal of Child Language, 11*, 1–16.

De Castro, J.M., & de Castro, E.S. (1989). Spontaneous meal patterns of humans: Influence of the presence of other people. *American Journal of Clinical Nutrition, 50*, 237–247.

De Groot, A.D. (1965). *Thought and choice in chess*. The Hague, The Netherlands: Mouton.

De Groot, H.P., & Gwynn, M.I. (1989). Trance logic, duality, and hidden-observer responding. In N.P. Spanos & J.F. Chaves (Eds.), *Hypnosis: The cognitive-behavioural perspective*. Buffalo, NY: Prometheus.

De Haan, E.H.F., Young, A.W., & Newcombe, F. (1991). A dissociation between the sense of familiarity and access to semantic information concerning familiar people. *European Journal of Cognitive Psychology, 3*, 51–67.

De Knuif, P. (1945). *The male hormone*. New York: Harcourt Brace & Co.

De Munck, V.C. (1996). Love and marriage in a Sri Lankan Moslem community: Toward an evaluation of Dravidian marriage practices. *American Ethnologist, 23*, 698–716.

De Waal, F.B.M. (2002). Evolutionary psychology: The wheat and the chaff. *Current Directions in Psychological Science, 11*, 187–191.

De Wolff, M.S., & van IJzendoorn, M.H. (1997). Sensitivity and attachment: A meta-analysis on parental antecedents of infant attachment. *Child Development, 68*, 571–591.

Deater-Deckard, K. (2001). Annotation: Recent research examining the role of peer relationships in the development of psychopathology. *Journal of Child Psychology and Psychiatry, 42*, 565–579.

Deaux, K. (1985). Sex and gender. *Annual Review of Psychology, 36*, 49–81.

Deaux, K., & Wrightsman, L.S. (1988). *Social psychology* (5th ed.). Pacific Grove, CA: Brooks/Cole.

Debner, J.A., & Jacoby, L.L. (1994). Unconscious perception: Attention, awareness, and control. *Journal of Experimental Psychology: Learning, Memory, and Cognition, 20*, 304–317.

Dehaene, S., Naccache, L., Le Cle'H, G., Koechlin, E., Mueller, M., Dehaene-Lambertz, G., van de Moortele, P.-F., & Le Bihan, D. (1998). Imaging unconscious semantic priming. *Nature, 395*, 597–600.

Dekovic, M., & Janssens, J.M.A.M. (1992). Parents' child-rearing style and child's sociometric status. *Developmental Psychology, 28*, 925–932.

Delahanty, D.L., Dougall, A.L., Hawken, L., Trakowski, J.H., Schmitz, J.B., Jenkins, F.J., & Baum, A. (1996). Time course of natural killer cell activity and lymphocyte proliferation in healthy men. *Health Psychology, 15*, 48–55.

Delgado, P.L., Charney, D.S., Price, L.H., Aghajanian, G.K., Landis, H., & Heninger, G.R. (1990). Serotonin function and the mechanism of antidepressant action: Reversal of antidepressant induced remission by rapid depletion of plasma tryptophan. *Archives of General Psychiatry, 47*, 411–418.

Delgado, P.L., & Moreno, F.A. (2000). Role of norepinephrine in depression. *Journal of Clinical Psychiatry, 61* (Suppl.1),

5–12.

Delk, J.L., & Fillenbaum, S. (1965). Differences in perceived colour as a function of characteristic colour. *American Journal of Psychology, 78,* 290–293.

Dell, G.S. (1986). A spreading-activation theory of retrieval in sentence production. *Psychological Review, 93,* 283–321.

Dell, G.S., Burger, L.K., & Svec, W.R. (1997). Language production and serial order: A functional analysis and a model. *Psychological Review, 104,* 123–147.

Dell, G.S., & O'Seaghdha, P.G. (1991). Mediated and convergent lexical priming in language production: A comment on Levelt et al. (1991). *Psychological Review, 98,* 604–614.

DeLucia, P.R., & Hochberg, J. (1991). Geometrical illusions in solid objects under ordinary viewing conditions. *Perception and Psychophysics. 50,* 547–554.

Dement, W.C. (1960). The effects of dream deprivation. *Science, 131,* 1705–1707.

Dement, W.C., Kleitman, N. (1957). The relation of eye movement during sleep to dream activity: An objective method for the study of dreaming. *Journal of Experimental Psychology, 53,* 339–346.

Dempster, F.N. (1996). Distributing and managing the conditions of encoding and practice. In E.L. Bjork & R.A. Bjork (Eds.), *Handbook of perception and cognition* (2nd ed.). New York: Academic Press.

Dennett, P. (2003, August 28). Children kept in cages. *Mid-Sussex Times,* p. 20.

Dennis, K.E., & Goldberg, A.P. (1996). Weight control self-efficacy types and transitions affect weight-loss outcomes in obese women. *Addictive Behaviors, 21,* 103–116.

Department of Health, Great Britain. (1992). *The health of the nation: A strategy for health in England.* London: HMSO.

Depue, R.A., & Monroe, S.M. (1978). Learned helplessness in the perspective of the depressive disorders: Conceptual and definitional issues. *Journal of Abnormal Psychology, 87,* 3–20.

Derakshan, N., & Eysenck, M.W. (1997). Interpretive biases for one's own behaviour in high-anxious individuals and repressers. *Journal of Personality and Social Psychology, 73,* 816–825.

Dermer, M., & Pyszczynski, T.A. (1978). Effects of erotica upon men's loving and liking responses for women they love. *Journal of Personality and Social Psychology, 36,* 1302–1309.

DeSteno, D., Bartlett, M.Y., Salovey, P., & Braverman, J. (2002). Sex differences in jealousy: Evolutionary mechanism or artifact of measurement? *Journal of Personality and Social Psychology, 83,* 1103–1116.

Detterman, D.K., Gabriel, L.T., & Ruthsatz, J.M. (1998). Absurd environmentalism. *Behavioral and Brain Sciences, 21,* 411–412.

Deutsch, J.A., & Deutsch, D. (1963). Attention: Some theoretical considerations. *Psychological Review, 70,* 80–90.

Deutsch, J.A., & Deutsch, D. (1967). Comments on "Selective attention: Perception or response?". *Quarterly Journal of Experimental Psychology, 19,* 362–363.

Deutsch, J.A., & Gonzalez, M.F. (1980). Gastric nutrient content signals satiety. *Behavioral and Neural Biology, 30,* 113–116.

Deutsch, M., & Gerard, H.B. (1955). A study of normative and informational influence upon individual judgement. *Journal of Abnormal and Social Psychology, 51,* 629–636.

DeValois, R.L., & DeValois, K.K. (1975). Neural coding of colour. In E.C. Carterette & M.P. Friedman (Eds.), *Handbook of perception. Vol. 5.* New York: Academic Press.

Devine, P.A., & Fernald, P.S. (1973). Outcome effects of receiving a preferred, randomly assigned or non-preferred therapy. *Journal of Consulting and Clinical Psychology, 41,* 104–107.

Devine, P.G. (1989). Stereotypes and prejudice: Their automatic and controlled components. *Journal of Personality and Social Psychology, 56,* 5–18.

DeVries, R. (2000). Vygotsky, Piaget, and education: A reciprocal assimilation of theories and educational practices. *New Ideas in Psychology, 18,* 187–213.

Di Tomaso, E., Beltramo, M., & Plomelli, D. (1996). Brain cannabinoids in chocolate. *Nature, 382,* 677–678.

Di Vesta, F.J. (1959). Effects of confidence and motivation on susceptibility to informational social influence. *Journal of Abnormal and Social Psychology, 59,* 204–209.

Diamond, M. (1982). Sexual identity, monozygotic twins reared in discordant sex roles and a BBC follow-up. *Archives of Sexual Behavior, 11,* 181–186.

Diamond, L.M. (2003). What does sexual orientation orient? A biobehavioural model distinguishing romantic love and sexual desire. *Psychological Review, 110,* 173–192.

Dick, F., Bates, E., Wulfeck, B., Utman, J.A., Dronkers, N., & Gernsbacher, M.A. (2001). Language deficits, localisation, and grammar: Evidence for a distributive model of language breakdown in aphasic patients and neurologically intact individuals. *Psychological Review, 108,* 759–788.

Dickens, W.T., & Flynn, J.R. (2001). Heritability estimates versus large environmental effects: The IQ paradox resolved. *Psychological Review, 108,* 346–369.

Dickinson, A., & Dawson, G.R. (1987). Pavlovian processes in the motivational control of instrumental performance. *Quarterly Journal of Experimental Psychology B, 39,* 201–213.

Diener, E. (1980). Deindividuation: The absence of self-awareness and self-regulation in group members. In P.B. Paulus (Ed.), *Psychology of group influence.* Hillsdale, NJ: Lawrence Erlbaum Associates, Inc.

Diener, E., Suh, E.M., Lucas, R.E., & Smith, H.E. (1999). Subjective well-being: Three decades of progress. *Psychological Bulletin, 125,* 276–302.

Dijksterhuis, A., & van Knippenberg, A. (1998). The relation between perception and behaviour, or how to win a game of trivial pursuit. *Journal of Personality and Social Psychology, 74,* 865–877.

Dill, K.E., Anderson, C.A., & Deuser, W.E. (1997a). Effects of aggressive personality on social expectations and social perception. *Journal of Research in Personality, 31,* 272–292.

Dill, K.E., Craig, A., & Deuser, W.E. (1997b). Effects of aggressive personality on social expectations and social perceptions. *Journal of Research in Personality, 32,* 272–292.

DiNardo, P.A., Guzy, L.T., Jenkins, J.A., Bak, R.M., Tomasi, S.F., & Copland, M. (1988). Aetiology and maintenance of dog fears. *Behaviour Research and Therapy, 26,* 241–244.

Dindia, K., & Allen, M. (1992). Sex differences in self-disclosure: A meta-analysis. *Psychological Bulletin, 112,* 106–124.

Dobzhansky, T. (1973). Nothing in biology makes sense except in the light of evolution. *American Biology Teacher, 35,* 125–129.

Dockrell, J., & Messer, D.J. (1999). *Children's language and communication difficulties: Understanding, identification, and intervention.* London: Cassell.

Dodge, K.A. (1997). Studies identify important variations in violent youth. *A PA Monitor,* March.

Dodge, K.A., Pettit, G.S., McClaskey, C.L., & Brown, M.M. (1986). Social competence in children. *Monographs of the Society for Research in Child Development, 51,* No. 213.

Dodge, K.A., & Price, J.M. (1994). On the relation between social information processing and socially competent behaviour in early school-aged children. *Child Development, 65,* 1385–1397.

Dodson, C.S. & Reisberg, D. (1991). Indirect testing of eyewitness memory: The (non) effect of misinformation. *Bulletin of the Psychonomic Society, 29,* 333–336.

Doerr, K.H., Mitchell, T.R., Klastorin, T.D., & Brown, K.A. (1996). Impact of material flow policies and goals on job outcomes. *Journal of Applied Psychology, 75,* 142–152.

Dohrenwend, B.P., Levav, P.E., Schwartz, S., Naveh, G., Link, B.G., Skodol, A.E., & Stueve, A. (1992). Socioeconomic status and psychiatric disorders: The causation-selection issue. *Science, 255,* 946–952.

Doise, W. (1986). *Levels of explanation in social psychology.* Cambridge, UK: Cambridge University Press.

Doise, W., & Mugny, G. (1984). *The social development of the intellect.* Oxford, UK: Pergamon.

Doise, W., Rijsman, J.B., van Meel, J., Bressers, I., & Pinxten, L. (1981).Sociale markering en cognitieve ontwikkeling. *Pedagogische Studien, 58,* 241–248.

Doll, R., Peto, R., Wheatley, K., Gray, R., & Sutherland, I. (1994). Mortality in relation to smoking—40 years observations on male British doctors. *British Medical Journal, 309,* 901–911.

Dollard, J., Doob, L.W., Miller, N.E., Mowrer, O.H., & Sears, R.R. (1939). *Frustration and aggression.* New Haven, CT: Yale University Press.

Dollard, J., & Miller, N.E. (1950). *Personality and psychotherapy.* New York: McGraw-Hill.

Domhoff, G.W. (2000). Needed: A new theory. *Behavioral and Brain Sciences, 23,* 928–930.

Donahue, E.M., Robins, R.W., Roberts, B., & John, O.P. (1993). The divided self: Concurrent and longitudinal effects of psychological adjustment and self-concept differentiation. *Journal of Personality and Social Psychology, 64,* 834–846.

Doob, L.W., & Sears, R.R. (1939). Factors determining substitute behaviour and the overt expression of aggression. *Journal of Abnormal and Social Psychology, 34,* 293–313.

Doosje, B., Branscombe, N.R., Spears, R., & Manstead, A.S.R. (1998). Guilty by association: When one's group has a negative history. *Journal of Personality and Social Psychology, 75,* 872–886.

Dosher, B.A., & Corbett, A.T. (1982). Instrument inferences and verb schemata. *Memory and Cognition, 10,* 531–539.

Doty, R.M., Peterson, B.E., & Winter, D.G. (1991). Threat and authoritarianism in the United States, 1978–1987. *Journal of Personality and Social Psychology, 61,* 629–640.

Dovidio, J.F., Brigham, J.C., Johnson, B.T., & Gaertner,

S. (1996). Stereotyping, prejudice, and discrimination: Another look. In C.N. Macrae, C. Stangor, & M. Hewstone (Eds.), *Stereotypes and stereotyping.* Guilford Press: New York.

Dovidio, J.F., & Gaertner, S.L. (1991). Changes in the expression and assessment of racial prejudice. In H.J. Knopke, R.J. Norrell, & R.W. Rogers (Eds.), *Opening doors: Perspectives on race relations in contemporary America.* Tuscaloosa, AL: University of Alabama Press.

Dovidio, J.F., Gaertner, S.L., & Validzic, A. (1998). Intergroup bias: Status, differentiation, and a common in-group identity. *Journal of Personality and Social Psychology, 75,* 109–120.

Draycott, S.G., & Kline, P. (1995). The Big Three or the Big Five—The EPQ-R vs. the NEO-PI: A research note, replication and elaboration. *Personality and Individual Differences, 18,* 801–804.

Dreifus, C. (1998). She talks to apes and, according to her, they talk back. *New York Times,* 14th April.

Drew, M.A., Colquhoun, W.P., & Long, M.A. (1958). Effect of small doses of alcohol on a task resembling driving. *British Medical Journal, 1,* 993–998.

Driscoll, M. (1998). Father forgive me. *The Sunday Times.* 29th March.

Driver, J. (2001). A selective review of selective attention research from the past century. *British Journal of Psychology, 92,* 53–78.

Drummond, S.P., Brown, G.G., Gillin, J.C., Stricker, J.L., Wong, E.G., & Buxton, R.B. (2000). Altered brain response to verbal learning following sleep deprivation. *Nature, 403,* 655–657.

Drury, J., & Reicher, S. (2000). Collective action and psychological change: The emergence of new social identities. *British Journal of Social Psychology, 39,* 579–604.

Duck, J.M., Hogg, M.A., & Terry, D.J. (1999). Social identity and perceptions of media persuasion: Are we always less influenced than others? *Journal of Applied Social Psychology, 29,* 1879–1899.

Duck, S. (1992). *Human relationships* (2nd ed.). London: Sage.

Duckitt, J., Wagner, C., du Plessis, I., & Birum, I. (2002). The psychological bases of ideology and prejudice: Testing a dual process model. *Journal of Personality and Social Psychology, 83,* 75–93.

Dunbar, R. (1993). Coevolution of neocortical size, group size and language in humans. *Behavioural and Brain Sciences, 16,* 681–735.

Duncan, J. (1979). Divided attention: The whole is more than the sum of its parts. *Journal of Experimental Psychology: Human Perception and Performance, 5,* 216–228.

Duncan, J., Seitz, R.J., Kolodny, J., Bor, D., Herzog, H., Ahmed, A., Newell, F.N., & Emslie, H. (2000). A neural basis for general intelligence. *Science, 289,* 457–460.

Duncan, S.L. (1976). Differential social perception and attribution of intergroup violence: Testing the lower limits of stereotyping of blacks. *Journal of Personality and Social Psychology, 34,* 590–598.

Duncker, K. (1945). On problem solving. *Psychological Monographs, 58* (Whole No. 270).

Dunn, J. (1987). The beginnings of moral understanding: Development in the second year. In J. Kagan & S. Lamb (Eds.), *The emergence of morality in young children.* Chicago: University of Chicago Press.

Dunn, J., & Plomin, R. (1990). *Separate lives: Why siblings are so different.* New York: Basic Books.

Dunne, M.P., Martin, N.G., Statham, D.J., Slutske, W.S., Dinwiddie, S.H., Bucholz, K.K., Madden, P.A.F., & Heath, A.C. (1997). Genetic and environmental contributions to variance in age at first sexual intercourse. *Psychological Science, 8,* 211–216.

Dunnett, S.B., Lane, D.M., & Winn, P. (1985). Ibotenic acid lesions of the lateral hypothalamus: Comparison with 6-hydroxydopamine-induced sensorimotor deficits. *Neuroscience, 14,* 509–518.

Durkin, K. (1995). *Developmental social psychology: From infancy to old age.* Oxford, UK: Blackwell.

Durrett, M.E., Otaki, M., & Richards, P. (1984). Attachment and the mother's perception of support for the father. *International Journal of Behavioral Development, 7,* 167–176.

Duval, T.S., & Silvia, P.J. (2002). Self-awareness, probability of improvement, and the self-serving bias. *Journal of Personality and Social Psychology, 82,* 49–61.

Dworetzsky, J.P. (1996). *Introduction to child development* (6th ed.). New York: West Publishing Co.

Dzewaltowski, D.A. (1989). Toward a model of exercise motivation. *Journal of Sport and Exercise Psychology, 32,* 11–28.

Eagly, A.H., & Carli, L. (1981). Sex of researchers and sex-typed communications as determinants of sex differences in influenceability: A meta-analysis of social influence studies. *Psychological Bulletin, 90,* 1–20.

Eagly, A.H., & Crowley, M. (1986). Gender and helping behaviour: A meta-analytic review of the social psychological literature. *Psychological Bulletin, 100,* 283–308.

Eagly, A.H., & Johnson, B.T. (1990). Gender and leadership style: A meta-analysis. *Psychological Bulletin, 108,* 233–256.

Eagly, A.H., & Karau, S.J. (2002). Role congruity theory of prejudice toward female leaders. *Psychological Review, 109,* 573–598.

Eagly, A.H., Karau, S.J., & Makhijani, M.G. (1995). Gender and the effectiveness of leaders: A meta-analysis. *Psychological Bulletin, 117,* 125–145.

Eagly, A.H., Makhijani, M.G., & Konsky, B.C. (1992). Gender and the evaluation of leaders: A meta-analysis. *Psychological Bulletin, 111,* 3–22.

Eagly, A.H., & Steffen, V.J. (1986). Gender and aggressive behaviour: A meta-analytic review of the social psychological literature. *Psychological Bulletin, 90,* 1–20.

Eames, D., Shorrocks, D., & Tomlinson, P. (1990). Naughty animals or naughty experimenters? Conservation accidents revisited with video-simulated commentary. *British Journal of Developmental Psychology, 8,* 25–37.

Earley, P.C. (1993). East meets West meets Mid-East: Further explorations of collectivistic and individualistic work groups. *Academy of Management Journal, 36,* 319–348.

Earley, P.C., Connolly, T., & Ekegren, G. (1989). Goals, strategy development and task performance: Some limits on the efficacy of goal-setting. *Journal of Applied Psychology, 74,* 24–33.

Early Child Care Research Network. (1999, October). In new day-care study results undersize need for quality. *APA Monitor.* Available from http://www.apa.org/monitor/oct99/toc.html

East, P., & Rook, K.S. (1992). Compensatory patterns of support among children's peer relationships: A test using school friends, nonschool friends, and siblings. *Developmental Psychology, 28,* 163–172.

Ebbinghaus, H. (1913). *Memory* (H. Ruyer & C.E. Bussenius, Trans.). New York: Teachers College, Columbia University. (Original work published 1885)

Eder, R. (1990). Uncovering young children's psychological selves: Individual and developmental differences. *Child Development, 61,* 849–863.

Edwards, C.P. (1993). Behavioural sex differences in children of diverse cultures: The cause of nurturance to infants. In M.E. Pereira & L.A. Fairbanks (Eds.), *Juvenile primates: Life history, development, and behaviour.* New York: Oxford University Press.

Egan, S.K., & Perry, D.G. (2001). Gender identity: A multidimensional analysis with implications for psychosocial adjustment. *Developmental Psychology, 37,* 451–463.

Eid, M., & Diener, E. (2001). Norms for experiencing emotions in different cultures: Inter- and intranational differences. *Journal of Personality and Social Psychology, 81,* 869–885.

Eisenberg, N. (1989). The development of prosocial values. In N. Eisenberg, J. Reyknowski, & E. Staub (Eds.), *Social and moral values: Individual and societal perspectives.* Hillsdale, NJ: Lawrence Erlbaum Associates, Inc.

Eisenberg, N. (2000). Emotion, regulation, and moral development. *Annual Review of Psychology, 51,* 665–697.

Eisenberg, N., & Fabes, R.A. (1992). Emotion regulation and the development of social competence. In M.S. Clark (Ed.), *Emotion and social behaviour: Vol. 14. Review of personality and social psychology.* Newbury Park, CA: Sage.

Eisenberg, N., Fabes, R.A., Guthrie, I.K., Murphy, B.C., Maszk, P., Holmgren, R., & Suh, K. (1996). The relations of regulation and emotionality to problem behaviour in elementary school children. *Development and Psychopathology, 8,* 141–162.

Eisenberg, N., Fabes, R.A., Shepard, S.A., Murphy, B.C., Guthrie, I.K., Jones, S., Friedman, J., Poulm, R., & Maszk, P. (1997). Contemporaneous and longitudinal prediction of children's social functioning from regulation and emotionality. *Child Development, 68,* 642–664.

Eisenberg, N., & Mussen, P.H. (1989). *The roots of prosocial behaviour in children.* Cambridge, UK: Cambridge University Press.

Eisenberg, N., Pidada, S., & Liew, J. (2001). The relations of regulation and negative emotionality to Indonesian children's social functioning. *Child Development, 72,* 1747–1763.

Eisenberg-Berg, N., & Hand, M. (1979). The relationship of preschoolers' reasoning about prosocial moral conflicts to prosocial behaviour. *Child Development, 50,* 356–363.

Eisenstat, R.A. (1990). Compressor team start-up. In J.R. Hackman (Ed.), *Groups that work (and those that don't).* San Francisco: Jossey-Bass.

Ekman, P. (1993). Facial expression and emotion. *American Psychologist, 48,* 384–392.

Ekman, P., & Davidson, R.J. (1994). *The nature of emotion: Fundamental questions.* New York: Oxford University Press.

Ekman, P., & Friesen, W.V. (1971). Constants acrosss cultures in the face and emotion. *Journal of Personality and Social*

Psychology, 17, 124–129.

Ekman, P., Friesen, W.V., & Ellsworth, P. (1972). *Emotion in the human face: Guidelines for research and an integration of findings.* New York: Pergamon.

Ekman, P., Friesen, W.V., O'Sullivan, M., Chan, A., Diacoyanni-Tarlatzis, I., Heider, K., Krause, R., LeCompte, W.A., Pitcairn, T., Ricci-Bitti, P.E., Scherer, K., & Tomita, M., & Tzavaras, A. (1987). Universals and cultural differences in the judgments of facial expressions of emotion. *Journal of Personality and Social Psychology, 53,* 712–717.

Elder, G.H. (1969). Appearance and education in marriage mobility. *American Sociological Review, 34,* 519–533.

Eley, T.C., Lichtenstein, P., & Stevenson, J. (1999). Sex differences in the aetiology of aggressive and non-aggressive antisocial behaviour: Results from two twin studies. *Child Development, 70,* 155–168.

Elicker, J., Englund, M., & Sroufe, L.A. (1992). Predicting peer competence and peer relationships in childhood from early parent-child relationships. In R.D. Parke & G.W. Ladd (Eds.), *Family-peer relationships: Modes of linkage.* Hillsdale, NJ: Lawrence Erlbaum Associates, Inc.

Elkin, I. (1994). The NIMH Treatment of Depression Collaborative Research Program: Where we began and where we are. In S. Garfield & A. Bergin (Eds.), *Handbook of psychotherapy and behavior change* (4th ed.). New York: John Wiley.

Elkind, D., & Schoenfeld, E. (1972). Identity and equivalence conservation at two age levels. *Developmental Psychology, 6,* 529–533.

Ellemers, N., Spears, R., & Doosje, B. (2002). Self and social identity. *Annual Review of Psychology, 53,* 161–186.

Ellis, A. (1962). *Reason and emotion in psychotherapy.* Secaucus, NJ: Prentice-Hall.

Ellis, A. (1978). The basic clinical theory of rational emotive therapy. In A. Ellis & R. Grieger (Eds.), *Handbook of rational emotive therapy.* New York: Springer.

Ellis, A.W. (1984). *Reading, writing, and dyslexia: A cognitive analysis.* London: Lawrence Erlbaum Associates Ltd.

Ellis, A.W. (1993). *Reading, writing, and dyslexia: A cognitive analysis* (2nd ed.). Hove, UK: Lawrence Erlbaum Associates Ltd.

Ellis, A.W., Miller, D., & Sin, G. (1983). Wernicke's aphasia and normal language processing: A case study in cognitive neuropsychology. *Cognition, 15,* 111–144.

Ellis, A.W., & Young, A.W. (1988). *Human cognitive neuropsychology.* Hove, UK: Lawrence Erlbaum Associates Ltd.

Ellis, R., & Humphreys, G. (1999). *Connectionist psychology: A text with readings.* Hove, UK: Psychology Press.

Ellis, S., & Gauvain, M. (1992). Social and cultural influences on children's collaborative interactions. In L.T. Winegar & J. Valsiner (Eds.), *Children's development within social context: Vol. 2. Research and methodology.* Hillsdale, NJ: Lawrence Erlbaum Associates, Inc.

Ember, C.R. (1978). Myths about hunter-gatherers. *Ethnology, 17,* 439–448.

Empson, J.A.C. (1989). *Sleep and dreaming.* London: Faber & Faber.

Endler, N.S., & Parker, J.D.A. (1990). Multidimensional assessment of coping: A critical evaluation. *Journal of Personality and Social Psychology, 58,* 844–854.

Engle, R.W. (2002). Working memory capacity as executive attention. *Current Directions in Psychological Science, 11,* 19–23.

Epping-Jordan, J.E., Compas, B.E., & Howell, D.C. (1994). Predictors of cancer progression in young adult men and women: Avoidance, intrusive thoughts, and psychological symptoms. *Health Psychology, 13,* 539–547.

Epstein, S. (1977). Traits are alive and well. In D. Magnusson & N.S. Endler (Eds.), *Perspectives in interactional psychology.* New York: Plenum.

Erel, O., Oberman, Y., & Yirmiya, N. (2000). Maternal versus nonmaternal care and seven domains of children's development. *Psychological Bulletin, 126,* 727–747.

Ericsson, K.A. (1996). *The road to excellence.* Mahwah, NJ: Lawrence Erlbaum Associates, Inc.

Ericsson, K.A., & Chase, W.G. (1982). Exceptional memory. *American Scientist, 70,* 607–615.

Ericsson, K.A., Krampe, R.T., & Tesch-Romer, C. (1993). The role of deliberate practice in the acquisition of expert performance. *Psychological Review, 100,* 363–406.

Ericsson, K.A., & Lehmann, A.C. (1996). Expert and exceptional performance: evidence of maximal adaptation to task constraints. *Annual Review of Psychology, 47,* 273–305.

Eriksen, C.W., & St. James, J.D. (1986). Visual attention within and around the field of focal attention: A zoom lens model. *Perception and Psychophysics, 40,* 225–240.

Erikson, E.H. (1950). *Childhood and society.* New York: Norton.

Erikson, E.H. (1968). *Identity: Youth and crisis.* New York: Norton.

Erikson, E.H. (1969). *Gandhi's truth: On the origin of militant nonviolence.* New York: W.W Norton.

Eron, L.D. (1987). The development of aggressive behaviour from the perspective of a developing behaviourism. *American Psychologist, 42*, 435–442.

Eron, L.D., & Huesmann, L.R. (1984). The relation of prosocial behaviour to the development of aggression and psychopathology. *Aggressive Behavior, 10*, 201–211.

Eron, L.D., Huesmann, L.R., & Zelli, A. (1991). The role of parental variables in the learning of aggression. In D.J. Pepler & H.K. Rubin (Eds.), *The development and treatment of childhood aggression*. Hillsdale, NJ: Lawrence Erlbaum Associates, Inc.

Eshel, Y., Sharabany, R., & Friedman, U. (1998). Friends, lovers and spouses: intimacy in young adults. *British Journal of Social Psychology, 37*, 41–57.

Eslinger, P.J., & Damasio, A.R. (1985). Severe disturbance of higher cognition after bilateral frontal lobe ablation: Patient EVR. *Neurology, 35*, 1731–1741.

Essock-Vitale, S.M., & McGuire, M.T. (1985). Women's lives viewed from an evolutionary perspective: II. Patterns of helping. *Ethology and Sociobiology, 6*, 155–173.

Estes, W.K. (1944). An experimental study of punishment. *Psychological Monographs: General and Applied, 54* (No. 263).

Evans, J.St.B.T. (1989). *Bias in human reasoning*. Hove, UK: Psychology Press.

Evans, J.St.B.T. (2000). What could and could not be a strategy in reasoning. In W. Schaeken, G. de Vooght, A. Vandierendonck, & G. d'Ydewalle (Eds.), *Deductive reasoning and strategies*. Hove, UK: Lawrence Erlbaum Associates Ltd.

Evans, J.St.B.T., Clibbens, J., & Rood, B. (1995). Bias in conditional inference: Implications for mental models and mental logic. *Quarterly Journal of Experimental Psychology, 48A*, 644–670.

Evans, J.St.B.T., & Over, D.E. (1997). Are people rational? Yes, no, and sometimes. *The Psychologist, 10*, 403–406.

Evans, P. (1998). Stress and coping. In M. Pitts & K. Phillips (Eds.), *The psychology of health* (2nd ed.). London: Routledge.

Evans, P., Clow, A., & Hucklebridge, F. (1997). Stress and the immune system. *The Psychologist, 10*, 303–307.

Everson, C.A. (1993). Sustained sleep deprivation impairs host defense. *American Journal of Physiology, 265*, 1148–1154.

Everson, C.A., Bergmann, B.M., & Rechtschaffen, A. (1989). Sleep deprivation in the rat: III. Total sleep deprivation. *Sleep, 12*, 13–21.

Eysenck, H.J. (1944). Types of personality: A factorial study of 700 neurotic soldiers. *Journal of Mental Science, 90*, 851–861.

Eysenck, H.J. (1947). *Dimensions of personality*. London: Routledge & Kegan Paul.

Eysenck, H.J. (1952). The effects of psychotherapy: An evaluation. *Journal of Consulting Psychology, 16*, 319–324.

Eysenck, H.J. (1967). *The biological basis of personality*. Springfield, Ill.: C.C. Thomas.

Eysenck, H.J. (1971). *The IQ argument: Race, intelligence and education*. Oxford, UK: Library Press.

Eysenck, H.J. (1978). Superfactors P, E, and N in a comprehensive factor space. *Multivariate Behavioral Research, 13*, 475–482.

Eysenck, H.J. (1979). *The structure and measurement of intelligence*. Berlin: Springer.

Eysenck H.J. (1981). *The intelligence controversy: H.J. Eysenck vs. Leon Kamin*. New York: Wiley.

Eysenck, H.J. (1982). *Personality, genetics and behavior*. New York: Praeger.

Eysenck, H.J., & Eysenck, M.W. (1981). *Mindwatching*. London: Michael Joseph.

Eysenck, H.J., & Eysenck, M.W. (1985). *Personality and individual differences*. New York: Plenum.

Eysenck, M.W. (1982). *Attention and arousal: Cognition and performance*. Berlin, Germany: Springer.

Eysenck, M.W. (1984). *A handbook of cognitive psychology*. London: Lawrence Erlbaum Associates Ltd.

Eysenck, M.W. (1988). Individual differences, arousal, and monotonous work. In J.P. Leonard (Ed.), *Vigilance: Methods, models, and regulation*. Frankfurt, Germany: Peter Lang.

Eysenck, M.W. (1992). *Anxiety: The cognitive perspective*. Hove, UK: Lawrence Erlbaum Associates Ltd.

Eysenck, M.W. (1994a). *Individual differences: Normal and abnormal*. Hove, UK: Psychology Press.

Eysenck, M.W. (1994b). *Perspectives on psychology*. Hove, UK: Psychology Press.

Eysenck, M.W. (1997). *Anxiety and cognition: A unified theory*. Hove, UK: Psychology Press.

Eysenck, M.W. (1998). *Psychology: An integrated approach*. Harlow, UK: Addison Wesley Longman.

Eysenck, M.W. (2000). *Psychology: A student's handbook*. Hove, UK: Psychology Press.

Eysenck, M.W. (2001). *Principles of cognitive psychology* (2nd ed.). Hove, UK: Psychology Press.

Eysenck, M.W. (2002). *Simply psychology* (2nd ed.). Hove, UK: Psychology Press.

Eysenck, M.W., & Keane, M.T. (1995). *Cognitive psychology: A student's handbook* (3rd ed.). Hove, UK: Psychology Press.

Eysenck, M.W., & Keane, M.T. (2000). *Cognitive psychology: A student's handbook* (4th ed.). Hove, UK: Psychology Press.

Eysenck, M.W., MacLeod, C., & Mathews, A. (1987). Cognitive functioning and anxiety. *Psychological Research, 49*, 189–195.

Fabes, R.A., Fultz, J., Eisenberg, N., May-Plumlee, T., & Christopher, F.S. (1989). Effects of rewards on children's pro-social motivation: A socialization study. *Developmental Psychology, 25*, 509–515.

Fabrega, H., Ulrich, R., Pilkonis, P., & Mezzich, J. (1991). On the homogeneity of personality disorder clusters. *Comprehensive Psychiatry, 32*, 373–386.

Fabrega, H., Ulrich, R., Pilkonis, P., & Mezzich, J. (1992). Pure personality disorders in an intake psychiatric setting. *Journal of Personality Disorders, 6*, 153–161.

Fabricius, W.V., & Hagen, J.W. (1984). Use of causal attributions about recall performance to assess metamemory and predict strategic memory behaviour in young children. *Developmental Psychology, 20*, 975–987.

Fagot, B.I. (1985). Beyond the reinforcement principle: Another step toward understanding sex-role development. *Developmental Psychology, 21*, 1097–1104.

Fagot, B.I., & Leinbach, M.D. (1989). The young child's gender schema: Environmental input, internal organisation. *Child Development, 60*, 663–672.

Fahrenberg, J. (1992). Psychophysiology of neuroticism and anxiety. In A.Gale & M.W. Eysenck (Eds.), *Handbook of individual differences: Biological perspectives*. Chichester, UK: Wiley.

Falloon, I.R.H., Boyd, J.L., McGill, C.W., Williamson, M., Razani, J., Moss, H.B., Gilderman, A.M., & Simpson, G.M. (1985). Family management in the prevention of morbidity of schizophrenia. *Archives of General Psychiatry, 42*, 887–896.

Falloon, I.R.H., Coverdale, J.H., Laidlaw, T.M., Merry, S., Kydd, R.R., Morosini, P., & the OTP Collaborative Group. (1998). Early intervention for schizophrenic disorders. *British Journal of Psychiatry, 172*, 33–38.

Fantz, R.L. (1961). The origin of form perception. *Scientific American, 204*, 66–72.

Farah, M.J. (1990). Visual agnosia: *Disorders of object recognition and what they tell us about normal vision*. Cambridge, MA: MIT Press.

Farah, M.J. (1994). Specialisation within visual object recognition: Clues from prosopagnosia and alexia. In M.J. Farah & G. Ratcliff (Eds.), *The neuropsychology of high-level vision: Collected tutorial essays*. Hillsdale, NJ: Lawrence Erlbaum Associates, Inc.

Farah, M.J. (1999). Relations among the agnosias. In G.W. Humphreys (Ed.), *Case studies in the neuropsychology of vision*. Hove, UK: Psychology Press.

Faraone, S.V., Tsuang, M.T., & Tsuang, D.W. (1999). *Genetics of mental disorders: A guide for students, clinicians, and researchers*. New York: Guilford Press.

Farr, J.L. (1976). Task characteristics, reward contingency, and intrinsic motivation. *Organizational Behavior and Human Performance, 16*, 294–307.

Farrar, M.J. (1992). Negative evidence and grammatical morpheme acquisition. *Developmental Psychology, 28*, 90–98.

Farrington, D.P. (1995). The twelfth Jack Tizard Memorial Lecture: The development of offending and anti-social behaviour from childhood: Key findings from the Cambridge Study in Delinquent Development. *Journal of Child Psychology and Psychiatry and Allied Disciplines, 36*, 929–964.

Farrington, D.P. (2000). Psychosocial predictors of adult antisocial personality and adult convictions. *Behavioral Sciences and the Law, 18*, 605–622.

Fausel, D. (1995). Stress inoculation training for step-couples. *Marriage and Family Review, 21*, 135–157.

Fazio, R.H., & Zanna, M.P. (1981). Direct experience and attitude-behaviour consistency. In L. Berkowitz (Ed.)., *Advances in experimental social psychology. Vol. 14*. New York: Academic Press.

Fazio, R.H., Zanna, M.P., & Cooper, J. (1977). Dissonance versus self-perception: An integrative view of each theory's proper domain of application. *Journal of Experimental Social Psychology, 13*, 464–479.

Fein, S., Hilton, J.L., & Miller, D.T. (1990). Suspicion of ulterior motivation and the correspondence bias. *Journal of Personality and Social Psychology, 58*, 753–764.

Feingold, A. (1988). Matching for attractiveness in romantic partners and same-sex friends: A meta-analysis and theoretical critique. *Psychological Bulletin, 104*, 226–235.

Feingold, A. (1990). Gender differences in effects of physical attractiveness on romantic attraction: A comparison across five research paradigms. *Journal of Personality and Social Psychology, 59*, 981–993.

Feingold, A. (1992a). Gender differences in mate selection

preferences: A test of the parental investment model. *Psychological Bulletin, 112*, 125–139.

Feingold, A. (1992b). Good-looking people are not what we think. *Psychological Bulletin, 111*, 304–341.

Feldman, S.S., Rosenthal, D.A., Mont-Reynaud, R., Lau, S., & Leung, K. (1991). Ain't misbehavin': Adolescent values and family environments as correlates of misconduct in Australia, Hong Kong, and the United States. *Journal of Research on Adolescence, 1*, 109–134.

Feldman Barrett, L., & Russell, J.A. (1998). Independence and bipolarity in the structure of affect. *Journal of Personality and Social Psychology, 74*, 967–984.

Fellner, C.H., & Marshall, J.R. (1981). Kidney donors revisited. In J.P. Rushton & R.M. Sorrentino (Eds.), *Altruism and helping behaviour*. Hillsdale, NJ: Lawrence Erlbaum Associates, Inc.

Fenson, L., Dale, P.S., Reznick, J.S., Bates, E., Thal, D.J., & Pethick, S.J. (1994). Variability in early communicative development. *Monographs of the Society for Research in Child Development, 59*, 173.

Fenzel, L.M. (2000). Prospective study of changes in global self-worth and strain during the transition to middle school. *Journal of Early Adolescence, 20*, 93–116.

Ferguson, T.J., & Rule, B.G. (1983). An attributional perspective on anger and aggression. In R. Green & E. Donnerstein (Eds.), *Aggression: Theoretical and empirical reviews: Vol. 1. Method and theory*. New York: Academic Press.

Ferreira, F., & Swets, B. (2002). How incremental is language production? Evidence from the production of utterances requiring the computation of arithmetic sums. *Journal of Memory and Language, 46*, 57–84.

Feske, U., & Chambless, D.L. (1995). Cognitive behavioural versus exposure only treatment for social phobia: A meta-analysis. *Behavioural Therapy, 26*, 695–720.

Festinger, L. (1957). *A theory of cognitive dissonance*. Stanford, CA: Stanford University Press.

Festinger, L., & Carlsmith, J.M. (1959). Cognitive consequences of forced compliance. *Journal of Abnormal and Social Psychology, 47*, 382–389.

Festinger, L., Schachter, S., & Back, K. (1950). *Social pressures in informal groups: A study of a housing community*. New York: Harper.

Fibiger, H.C., LePiane, F.G., Jakubovic, A., & Phillips, A.G. (1987). The role of dopamine in intracranial self-stimulation of the ventral tegmental area. *Journal of Neuroscience, 7*, 3888–3896.

Fiedler, F.E. (1967). *A theory of leader effectiveness*. New York: McGraw-Hill.

Fiedler, F.E. (1978). The contingency model and the dynamics of the leadership process. In L. Berkowitz (Ed.), *Advances in experimental social psychology, Vol. 12*. New York: Academic Press.

Fiedler, F.E., & Potter, E.H. (1983). Dynamics of leadership effectiveness. In H.H. Blumberg, A.P. Hare, V. Kent, & M. Davies (Eds.), *Small groups and social interaction, Vol. 1*. Chichester, UK: Wiley.

Fiedler, K. (1988). The dependence of conjunction fallacy on subtle linguistic factors. *Psychological Research, 50*, 123–129.

Fielding, K.S., & Hogg, M.A. (2000). Working hard to achieve self-defining goals: A social identity analysis. *Zeitschrift füuuml;r Sozialpsychologie, 4*, 191–203.

Fijneman, Y.A., Willemsen, M.E., & Poortinga, Y.H. (1996). Individualism_collectivism: An empirical study of a conceptual issue. *Journal of Cross-Cultural Psychology, 27*, 381–402.

Fincham, F.D., & Bradbury, T.N. (1993). Marital satisfaction, depression, and attributions: A longitudinal analysis. *Journal of Personality and Social Psychology, 64*, 442–452.

Fincham, F.D., & Hewstone, M. (2001). Attribution theory and research: From basic to applied. In M. Hewstone & W. Stroebe (Eds.), *Introduction to social psychology* (3rd ed.). Oxford, UK: Blackwell.

Finkel, D., Wille, D.E., & Matheny, A.P. (1999). *Behaviour genetic analysis of the relationship between attachment and temperament*. Paper presented at the biennial meeting of the Society for Research in Child Development, Albuquerque, NM.

Finlay-Jones, R.A., & Brown, G.W. (1981). Types of stressful life events and the onset of anxiety and depressive disorders. *Psychological Medicine, 11*, 803–815.

Fischhoff, B. (1977). Perceived informativeness of facts. *Journal of Experimental Psychology: Human Perception and Performance, 3*, 349–358.

Fischhoff, B., & Beyth, R. (1975). "I knew it would happen"— Remembered probabilities of once-future things. *Organizational Behaviour and Human Performance, 13*, 1–16.

Fischler, I., Rundus, D., & Atkinson, R.C. (1970). Effects of overt rehearsal procedures on free recall. *Psychonomic Science, 19*, 249–250.

Fishbein, M., & Ajzen, I. (1975). *Belief, attitude, intention and behaviour: An introduction to theory and research*. Reading, MA: Addison-Wesley.

Fishbein, M., & Coombs, F.S. (1974). Basis for decision: An attitudinal analysis of voting behavior. *Journal of Applied Social Psychology, 4,* 95–124.

Fiske, A.P. (2002). Using individualism and collectivism to compare cultures—A critique of the validity and measurement of the constructs: Comment on Oyserman et al. (2002). *Psychological Bulletin, 128,* 78–88.

Fiske, S.T. (1998). Stereotyping, prejudice, and discrimination. In D.T. Gilbert, S.T. Fiske, & G. Lindzey (Eds.), *The handbook of social psychology* (Vol. 2, 4th ed.). New York: McGraw-Hill.

Fiske, S.T. (2000). Stereotyping, prejudice, and discrimination at the seam between the centuries: Evolution, culture, mind, and brain. *European Journal of Social Psychology, 30,* 299–322.

Fiske, S.T. (2002). What we know now about bias and intergroup conflict, the problem of the century. *Current Directions in Psychological Science, 11,* 123–128.

Fitts, P.M. (1964). Perceptual-motor skill learning. In A.W. Melton (Ed.), *Categories of human learning.* New York: Academic Press.

Fitts, P.M., & Posner, M.I. (1967). *Human performance.* Belmont, CA: Brooks/Cole.

Fivush, R., Haden, C., & Reese, E. (1996). Remembering, recounting, and reminiscing: The development of autobiographical memory in social context. In D.C. Rubin (Ed.), *Remembering our past: Studies in autobiographical memory.* New York: Cambridge University Press.

Flavell, J.H. (1999). Cognitive development: Children's knowledge about the mind. *Annual Review of Psychology, 50,* 21–45.

Flavell, J.H., Beach, D.R., & Chinsky, J.M. (1966). Spontaneous verbal rehearsal in a memory task as a function of age. *Child Development, 37,* 283–299.

Flowerdew, J. Tauroza, S. (1995). The effect of discourse markers on second language lecture comprehension. *Studies in Second Language Acquisition, 17,* 455–458.

Flynn, J.R. (1987). Massive IQ gains in 14 nations: What IQ tests really measure. *Psychological Bulletin, 101,* 271–291.

Flynn, J.R. (1994). IQ gains over time. In R.J. Sternberg (Ed.), *Encyclopedia of human intelligence.* New York: Macmillan.

Folkman, S., & Lazarus, R.S. (1985). If it changes it must be a process: Study of emotion and coping during three stages of a college examination. *Journal of Personality and Social Psychology, 48,* 150–170.

Folkman, S., Lazarus, R.S., Dunkel-Schetter, C., DeLongis, A., & Gruen, R.J. (1986). Dynamics of a stressful encounter: Cognitive appraisal, coping, and encounter outcomes. *Journal of Personality and Social Psychology, 50,* 992–1003.

Fonzi, A., Schneider, B.H., Tani, F., & Target, M. (1997). Predicting children's friendship status from their dyadic interaction in structured situations of potential conflict. *Child Development, 68,* 496–506.

Ford, M.E., & Tisak, M.S. (1983). A further search for social intelligence. *Journal of Educational Psychology, 75,* 196–206.

Ford, M.R., & Widiger, T.A. (1989). Sex bias in the diagnosis of histrionic and antisocial personality disorders. *Journal of Consulting and Clinical Psychology, 57,* 301–305.

Forgatch, M.S., & DeGarmo, D.S. (1999). Parenting through change: An effective prevention program for single mothers. *Journal of Consulting and Clinical Psychology, 67,* 711–724.

Forman, E.A., & Cazden, C.B. (1985). Exploring Vygotskian perspectives in education: The cognitive value of peer interaction. In J.V. Wertsch (Ed.), *Culture, communication, and cognition: Vygotskian perspectives.* Cambridge, UK: Cambridge University Press.

Forsterling, F. (1989). Models of covariation and causal attribution: How do they relate to the analysis of variance? *Journal of Personality and Social Psychology, 57,* 615–625.

Fortenberry, J.C., Brown, D.B., & Shevlin, L.T. (1986). Analysis of drug involvement in traffic fatalities in Alabama. *American Journal of Drug and Alcohol Abuse, 12,* 257–267.

Foulkes, D., & Vogel, G. (1965). Mental activity at sleep onset. *Journal of Abnormal Psychology, 70,* 231–243.

Fowles, D.C. (1987). Application of a behavioural theory of motivation to the concepts of anxiety and impulsivity. *Journal of Research in Personality, 21,* 417–435.

Fox Tree, J.E. (2000). Co-ordinating spontaneous talk. In L.R. Wheeldon (Ed.), *Aspects of language production.* Hove, UK: Psychology Press.

Fox, R., & McDaniel, C. (1982). The perception of biological motion by human infants. *Science, 218,* 486–487.

Foy, D.W., Resnick, H.S., Sipprelle, R.C., & Carroll, E.M. (1987). Premilitary, military, and postmilitary factors in the development of combat-related post-traumatic stress disorder. *The Behavior Therapist, 10,* 3–9.

Fraley, R.C., & Spieker, S.J. (2003). Are infant attachment patterns continuously or categorically distributed? A taxometric analysis of Strange Situation behaviour.

Developmental Psychology, 39, 387–404.

Frances, A.J., First, M.B., Widiger, T.A., Miele, G.M., Tilly, S.M., Davis, W.W., & Pincus, H.A. (1991). An A to Z guide to DSM-IV conundrums. *Journal of Abnormal Psychology, 100*, 407–412.

Franchini, L., Gasperini, M., Perez, J., Smeraldi, E., & Zanardi, R. (1997). A double-blind study of long-term treatment with sertraline or fluvoxamine for prevention of highly recurrent unipolar depression. *Journal of Clinical Psychiatry, 58*, 104–107.

Frank, M.G., & Gilovich, T. (1989). Effect of memory perspective on retrospective causal attributions. *Journal of Personality and Social Psychology, 57*, 399–403.

Frankenhaeuser, M. (1975). Sympathetic-adreno medullary activity behavior and the psychosocial environment. In P.H. Venables & M.J. Christie (Eds.), *Research in psychophysiology*. New York: Wiley.

Frankenhaeuser, M. (1983). The sympathetic-adrenal and pituitary-adrenal response to challenges: Comparison between the sexes. In T.M. Dembroski, T.H. Schmidt, & G. Blumchez (Eds.), *Biobehavioural bases of coronary heart disease*. Basel, Switzerland: Karger.

Franklin, S., Turner, J., Ralph, M.A.L., Morris, J., & Bailey, P.J. (1996). A distinctive case of word meaning deafness? *Cognitive Neuropsychology, 13*, 1139–1162.

Franz, C., Weinberger, J., Kremen, W., & Jacobs, R. (1996). *Childhood antecedents of dysphoria in adults: A 36-year longitudinal study*. Unpublished manuscript, Williams College.

Franz, C.E., McClelland, D., & Weinberger, J. (1991). Childhood antecedents of conventional social accomplishment in midlife adults: A 36-year prospective study. *Journal of Personality and Social Psychology, 60*, 586–595.

Franzoi, S.L. (1996). *Social psychology*. Madison, WI: Brown & Benchmark.

Frazier, L., & Rayner, K. (1982). Making and correcting errors in the analysis of structurally ambiguous sentences. *Cognitive Psychology, 14*, 178–210.

Fredrickson, B.L. (1998). What good are positive emotions? *Review of General Psychology, 2*, 300–319.

Fredrickson, B.L., & Levenson, R.W. (1998). Positive emotions speed recovery from the cardiovascular sequelae of negative emotions. *Cognition and Emotion, 12*, 191–220.

Frensch, P.A., & Runger, D. (2003). Implicit learning. *Current Directions in Psychological Science, 12*, 13–18.

Freud, A., & Dann, S. (1951). An experiment in group upbringing. *Psychoanalytic Study of the Child, 6*, 127–168.

Freud, S. (1900). *The interpretation of dreams* (J. Strachey, Trans.). London: Allen & Unwin.

Freud, S. (1910). The origin and development of psychoanalysis. *American Journal of Psychology, 21*, 181–218.

Freud, S. (1915). Repression. In *Collected papers. Vol. IV*. London: Hogarth.

Freud, S. (1917). Introductory lectures on psychoanalysis. In J. Strachey (Ed.), *The complete psychological works, Vol. 16*. New York: Norton.

Freud, S. (1924). *A general introduction to psychoanalysis*. New York: Washington Square Press.

Freud, S. (1933). *New introductory lectures in psychoanalysis*. New York: Norton.

Freud, S. (1943). *A general introduction to psychoanalysis*. New York: Garden City.

Freud, S. (1950). The effects of cocaine on thought processes. In *Collected Papers, Vol. V.* London: Hogarth. (Original work published 1885)

Freud, S. (1957). Repression. In J. Strachey (Ed. & Trans.), *The standard edition of the complete psychological works of Sigmund Freud* (Vol. 14, pp. 146–158). London: Hogarth. (Original work published 1915)

Freud, S. (1958). The dynamics of transference. In J. Strachey (Ed. & Trans.), *The standard edition of the complete psychological works of Sigmund Freud* (Vol. 12, pp. 97–108). London: Hogarth Press. (Original work published 1912)

Freud, S., & Breuer, J. (1895). Studies on hysteria. In J. Strachey (Ed.), *The complete psychological works. Vol. 2*. New York: Norton.

Freud, S., & Breuer, J. (1895). Studies on hysteria. In J. Strachey (Ed.), *The complete psychological works. Vol. 2*. New York: Norton.

Fried, D., Crits-Christoph, P., & Luborsky, L. (1992). The first empirical demonstration of transference in psychotherapy. *Journal of Nervous and Mental Disease, 180*, 326–331.

Friedman, M., & Rosenman, R.H. (1959). Association of specific overt behaviour pattern with blood and cardiovascular findings. *Journal of the American Medical Association, 96*, 1286–1296.

Friedman, M.I., Tordoff, M.G., & Ramirez, I. (1986). Integrated metabolic control of food intake. *Brain Research Bulletin, 17*, 855–859.

Friedrich, L.K., & Stein, A.H. (1973). Aggressive and prosocial television programmes and the natural behaviour of pre-school children. *Monographs of the Society for Research in Child Development, 38,* 1–64.

Frijda, N.H. (1994). Universal antecedents exist, and are interesting. In P. Ekman & R.J. Davidson (Eds.), *The nature of emotion: Fundamental questions.* Oxford, UK: Oxford University Press.

Frijda, N.H., Kuipers, P., & ter Schure, E. (1989). Relations among emotion, appraisal, and emotional action readiness. *Journal of Personality and Social Psychology, 57,* 212–228.

Frith, C.D. (1992). *The cognitive neuropsychology of schizophrenia.* Hove, UK: Psychology Press.

Frith, C.D., Perry, R., & Lumer, E. (1999). The neural correlates of conscious experience: An experimental framework. *Trends in Cognitive Sciences, 3,* 105–114.

Fromkin, V.A. (1993). Speech production. In J.B. Gleason & N.B. Ratner (Eds.), *Psycholinguistics.* Orlando, FL: Harcourt Brace.

Frueh, T., & McGhee, P.E. (1975). Traditional sex-role development and the amount of time spent watching television. *Developmental Psychology, 11,* 109.

Fujii, T, Rukatsu, R., Watabe, S., Ohnura, A., Teramuia, K., Kimura, I., Saso, S., & Kogure, K. (1990). Auditory sound agnosia without aphasia following a right temporal lobe lesion. *Cortex, 26,* 263–268.

Funder, D.C., & Ozer, D.J. (1983). Behaviour as a function of the situation. *Journal of Personality and Social Psychology, 44,* 107–112.

Funnell, E. (1983). Phonological processes in reading: New evidence from acquired dyslexia. *British Journal of Psychology, 74,* 159–180.

Funtowicz, M.N., & Widiger, T.A. (1999). Sex bias in the diagnosis of personality disorders: An evaluation of the DSM-IV criteria. *Journal of Abnormal Psychology, 108,* 195–201.

Furnham, A. (1981). Personality and activity preference. *British Journal of Social and Clinical Psychology, 20,* 57–68.

Fyer, A.J., Mannuzza, S., Chapman, T.F., Liebowitz, M.R., & Klein, D.F. (1993). A direct-interview family study of social phobia. *Archives of General Psychiatry, 50,* 286–293.

Fyer, A.J., Mannuzza, S., Gallops, M.S., Martin, L.Y., Aaronson, C., Gorman, J.M., Liebowitz, M.R., & Klein, D. (1990). Familial transmission of simple phobias and fears: A preliminary report. *Archives of General Psychiatry, 47,* 252–256.

Ffytche, D.H., Guy, C., & Zeki, S. (1995). The parallel visual motion inputs into areas V1 and V5 of the human cerebral cortex. *Brain, 118,* 1375–1394.

Gabrieli, J.D. (1998). Cognitive neuroscience of human memory. *Annual Review of Psychology, 49,* 87–115.

Gaertner, L., & Insko, C.A. (2000). Intergroup discrimination in the minimal group paradigm: Categorisation, reciprocation, or fear? *Journal of Personality and Social Psychology, 79,* 77–94.

Gaertner, S.L., & Dovidio, J.F. (1977). The subtlety of white racism, arousal, and helping behaviour. *Journal of Personality and Social Psychology, 35,* 691–707.

Gaertner, S.L., Dovidio, J.F., Anastasio, P.A., Bachman, B.A., & Rust, M.C. (1993). The common ingroup identity model: Recategorisation and the reduction of intergroup bias. In W. Stroebe & M. Hewstone (Eds.), *European Review of Social Psychology, Vol. 4.* London: Wiley.

Gaertner, S.L., Rust, M.C., Dovidio, J.F., Bachman, B.A., & Anastasio, P.A. (1994). The contact hypothesis: The role of a common ingroup identity on reducing intergroup bias. *Small Group Research, 25,* 224–249.

Gaffan, E.A., Hansel, M., & Smith, L. (1983). Does reward depletion influence spatial memory performance? *Learning and Motivation, 14,* 58–74.

Gale, A. (1983). Electroencephalographic studies of extraversion-introversion: A case study in the psychophysiology of individual differences. *Personality and Individual Differences, 4,* 371–380.

Galiup, G.G. (1979). Self-recognition in chimpanzees and man: A developmental and comparative perspective. In M. Lewis & L.A. Rosenblum (Eds.), *Genesis of behaviour: Vol. 2. The child and its family.* New York: Plenum.

Galton, F. (1869). *Hereditary genius: An inquiry into its laws and consequences.* London: Macmillan & Co.

Galton, F. (1883). *Inquiries into human faculty and its development.* London: Macmillan.

Gangestad, S.W. (1993). Sexual selection and physical attractiveness: Implications for mating dynamics. *Human Nature, 4,* 205–235.

Gangestad, S.W., & Buss, D.M. (1993). Pathogen prevalence and human mate preferences. *Ethology and Sociobiology, 14,* 89–96.

Ganster, D.C., Fox, M.L., & Dwyer, D.J. (2001). Explaining employees' health care costs: A prospective examination of stressful job demands, personal control, and physiological reactivity. *Journal of Applied Psychology, 86,* 954–964.

Ganster, D.C., Schaubroeck, J., Sime, W.E., & Mayes,

B.T. (1991). The nomological validity of the Type A personality among employed adults. *Journal of Applied Psychology, 76,* 143–168.

Garcia, J., Ervin, F.R., & Koelling, R. (1966). Eearning with prolonged delay of reinforcement. *Psychonomic Science, 5,* 121–122.

Garcia, J., & Koelling, R.A. (1966). Relation of cue to consequences in avoidance learning. *Psychonomic Science, 4,* 123–124.

Garcia, S., Stinson, L., Ickes, W., Bissonnette, V., & Briggs, S. (1991). Shyness and physical attractiveness in mixed sex dyads. *Journal of Personality and Social Psychology, 61,* 35–49.

Gardham, K., & Brown, R. (2001). Two forms of intergroup discrimination with positive and negative outcomes: explaining the positive-negative asymmetry effect. *British Journal of Social Psychology, 40,* 23–34.

Gardner, H. (1983). *Frames of mind: The theory of multiple intelligences.* New York: Basic Books.

Gardner, H. (1993). *Multiple intelligences: The theory in practice.* New York: Basic Books.

Gardner, H. (1998). Are there additional intelligences? The case for naturalist, spiritual, and existential intelligences. In J. Kane (Ed.), *Education, information, and transformation.* Englewood Cliffs, NJ: Prentice-Hall.

Gardner, H., Kornhaber, M.L., & Wake, W.K. (1996). *Intelligence: Multiple perspectives.* Orlando, FL: Harcourt Brace.

Gardner, R.A., & Gardner, B.T. (1969). Teaching sign language to a chimpanzee. *Science, 165,* 664–672.

Garfield, S. (2003, February 2). Unhappy anniversary. *The Observer.*

Garfield, S.L. (1994). Research on client variables in psychotherapy. In A.E. Bergin & S.L. Garfield (Eds.), *Handbook of psychotherapy and behavior change* (4th ed.). New York: Wiley.

Garner, D.M., & Fairburn, C.G. (1988). Relationship between anorexia nervosa and bulimia nervosa: Diagnostic implications. In D.M. Garner & P.E. Garfinkel (Eds.), *Diagnostic issues in anorexia nervosa and bulimia nervosa.* New York: Brunner/Mazel.

Garrett, M.F. (1975). The analysis of sentence production. In G.H. Bower (Ed.), *The psychology of learning and motivation. Vol. 9.* San Diego, CA: Academic Press.

Garrett, M.F. (1980). Levels of processing in sentence production. In B. Butterworth (Ed.), *Language production: Vol. 1. Speech and talk.* San Diego, CA: Academic Press.

Garrod, S., & Pickering, M.J. (1999). *Language processing.* Hove, UK: Psychology Press.

Gauld, A., & Stephenson, G.M. (1967). Some experiments relating to Bartlett's theory of remembering. *British Journal of Psychology, 58,* 39–50.

Gauthier, I., Behrmann, M., & Tarr, M.J. (1999). Can face recognition really be dissociated from object recognition? *Journal of Cognitive Neuroscience, 11,* 349–370.

Gavey, N. (1992). Technologies and effects of heterosexual coercion. *Feminism and psychology, 2,* 325–351.

Gazzaniga, M.S., Ivry, R.B., & Mangun, G.R. (1998). *Cognitive neuroscience: The biology of the mind.* New York: W.W. Norton.

Gazzaniga, M.S., & LeDoux, J.E. (1978). *The integrated mind.* New York: Plenum.

Geen, R.G. (1991). Social motivation. *Annual Review of Psychology, 42,* 377–399.

Geiselman, R.E., Fisher, R.P., MacKinnon, D.P., & Holland, H.L. (1985). Eyewitness memory enhancement in police interview: Cognitive retrieval mnemonics versus hypnosis. *Journal of Applied Psychology, 70,* 401–412.

Gelernter, C.S., Uhde, T.W., Cimbolic, P., Arnkoff, D.B., Vittone, B.J., Tancer, M.E., & Bartko, J.J. (1991). Cognitive-behavioral and pharmacological treatments of social phobia: A controlled study. *Archives of General Psychiatry, 48,* 938–945.

Gelfand, M.J., Triandis, H.C., & Chan, D.K.-S. (1996). Individualism versus collectivism or versus authoritarianism? *European Journal of Social Psychology, 26,* 397–410.

Gelles, R.J. (1997). *Intimate violence in families.* Thousand Oaks, CA: Sage.

Genta, M.L., Menesini, E., Fonzi, A., Costabile, A., & Smith, P.K. (1996). Bullies and victims in schools in central and southern Italy. *European Journal of Psychology of Education, 11,* 97–110.

Gentilucci, M., Chieffi, S., Daprati, E., Saetti, M.C., & Toni, I. (1996). Visual illusion and action. *Neuropsychologia, 34,* 369–376.

Gentner, D. (1982). Why nouns are learned before verbs: Linguistic relativity vs. natural partitioning. In S.A. Kuczaj (Ed.), *Language development: Vol. 2. Language, thought, and culture.* Hillsdale, NJ: Lawrence Erlbaum Associates, Inc.

George, J.M. (1995). Asymmetrical effects of rewards and punishments: the case of social loafing. *Journal of Occupational and Organizational Psychology, 68,* 327–338.

Georgopoulos, A.P. (1997). Voluntary movement:

Computational principles and neural mechanisms. In M.D. Rugg (Ed.), *Cognitive neuroscience.* Hove, UK: Psychology Press.

Gergely, G., Bekkering, H., & Kiraly, I. (2002). Rational imitation in preverbal infants. *Nature, 415,* 755.

Gergen, K.J. (1978). Experimentation in social psychology: A reappraisal. *European Journal of Social Psychology, 26,* 309–320.

Gergen, K.J., Morse, S.J., & Gergen, M.M. (1980). Behaviour exchange in cross-cultural perspective. In H.C. Triandis & W.W. Lambert (Eds.), *Handbook of cross-cultural psychology: Vol. 5. Social psychology.* Boston: Allyn & Bacon.

Germain, A., Nielsen, T.A., Zadra, A., & Montplaisir, J. (2000). The prevalence of typical dream themes challenges the specificity of the threat simulation theory. *Behavioral and Brain Sciences, 23,* 940–941.

Gershoff, E.T. (2002). Corporal punishment by parents and associated child behaviours and experiences: A meta-analytic and theoretical review. *Psychological Bulletin, 128,* 539–579.

Gershon, E.S. (1990). Genetics. In F.K. Goodwin & K.R. Jamison (Eds.), *Manic-depressive illness.* Oxford, UK: Oxford University Press.

Gevirtz, R. (2000). Physiology of stress. In D. Kenney, J. Carlson, J. Sheppard, & F.J. McGuigan (Eds.), *Stress and health: Research and clinical applications.* Sydney, Australia: Harwood Academic Publishers.

Ghuman, P.A.S. (1982). An evaluation of Piaget's theory from a cross-cultural perspective. In S. Modgil & C. Modgil (Eds.), *Jean Piaget: Consensus and controversy.* New York: Holt, Rinehart, & Winston.

Gibbons, F.X., Eggleston, T.J., & Benthin, A.C. (1997). Cognitive reactions to smoking relapse: The reciprocal relation between dissonance and self-esteem. *Journal of Personality and Social Psychology, 72,* 184–195.

Gibbs, J., Young, R.C., & Smith, G.P. (1973). Cholecystokinin decreases food intake in rats. *Journal of Comparative and Physiological Psychology, 84,* 488–495.

Gibbs, W.W. (1996, August). Gaming on fat. *Scientific American,* pp.70–76.

Gibson, E.J., & Walk, R.D. (1960). The "visual cliff". *Scientific American, 202* (April), 64–71.

Gibson, J.J. (1979). *The ecological approach to visual perception.* Boston: Houghton Mifflin.

Gick, M.L., & Holyoak, K.J. (1980). Analogical problem solving. *Cognitive Psychology, 12,* 306–355.

Giddens, A. (1982). *Profiles and critiques in social theory.* London: Macmillan.

Gigerenzer, G. (1996). On narrow norms and vague heuristics: A reply to Kahneman and Tversky (1996). *Psychological Review, 103,* 592–596.

Gigerenzer, G., & Hug, K. (1992). Domain-specific reasoning: Social contracts, cheating and perspective change. *Cognition, 43, 127–171.*

Gigerenzer, G., Todd, P.M., & the ABC Research Group (1999). *Simple heuristics that make us smart.* Oxford, UK: Oxford University Press.

Gigone, D., & Hastie, R. (1997). Proper analysis of the accuracy of group judgments. *Psychological Bulletin, 121,* 149–167.

Gilbert, A.N., Fridlund, A.J., & Sabini, J. (1987). Hedonic and social determinants of facial displays to odor. *Chemical Senses, 12,* 355–363.

Gilbert, D.T. (1995). Attribution and interpersonal perception. In A. Tesser (Ed.), *Advanced social psychology.* New York: McGraw-Hill.

Gilbert, D.T., & Malone, P.S. (1995). The correspondence bias. *Psychological Bulletin, 117,* 21–38.

Gilbert, D.T., Pelham, B.W., & Krull, D.S. (1988). On cognitive busyness: When person perceivers meet persons perceived. *Journal of Personality and Social Psychology, 54,* 733–740.

Gilhooly, K.J. (1996). *Thinking: Directed, undirected and creative* (3rd ed.). London: Academic Press.

Gilligan, C. (1977). In a different voice: Women's conception of the self and morality. *Harvard Education Review, 47,* 481–517.

Gilligan, C. (1982). *In a different voice: Psychological theory and women's development.* Cambridge, MA: Harvard University Press.

Gilligan, C., & Wiggins, G. (1987). The origins of morality in early childhood relationships. In J. Kagan & S. Lamb (Eds.), *The emergence of morality in young children.* Chicago: University of Chicago Press.

Glanzer, M., & Cunitz, A.R. (1966). Two storage mechanisms in free recall. *Journal of Verbal Learning and Verbal Behavior, 5,* 351–360.

Glascott Burriss, K. (2003). Motivation, stress, self-control ability, and self-control behavior of preschool children in China. *Childhood Education, 79,* 380.

Glaser, R., Rice, J., Speicher, C.E., Stout, J.C., & Kiecolt-Glaser, J. (1986). Stress depresses interferon production by leucocytes concomitant with a decrease in natural killer cell activity. *Behavioural Neuroscience, 100,* 675–678.

Glaser, W.R. (1992). Picture naming. *Cognition, 42,* 61–105.

Gleaves, D.H. (1996). The sociocognitive model of dissociative identity disorder: A reexamination of the evidence. *Psychological Bulletin, 120*, 42–59.

Gleaves, D.H., Hernandez, E., & Warner, M.S. (1999). Corroborating premorbid dissociative symptomatology in dissociative identity disorder. *Professional Psychology: Research and Practice, 30*, 341–345.

Gleitman, H. (1986). *Psychology* (2nd ed.). London: Norton.

Glenberg, A.M. (1987). Temporal context and recency. In D.S. Gorfein & R.R. Hoffman (Eds.), *Memory and learning: The Ebbinghaus centennial conference*. Hillsdale, NJ: Lawrence Erlbaum Associates, Inc.

Glenberg, A.M., Smith, S.M., & Green, C. (1977). Type 1 rehearsal: Maintenance and more. *Journal of Verbal Learning and Verbal Behavior, 16*, 339–352.

Glenn, N.D., & McLanahan, S. (1982). Children and marital happiness: A further specification of the relationship. *Journal of Marriage and the Family, 44*, 63–72.

Glover, S., & Dixon, P. (2001). Dynamic illusion effects in a reaching task: Evidence for separate visual representations in the planning and control of reaching. *Journal of Experimental Psychology: Human Perception and Performance, 27*, 560–572.

Glover, S., & Dixon, P. (2002a). Dynamic effects of the Ebbinghaus illusion in grasping: Support for a planning/control model of action. *Perception and Psychophysics, 64*, 266–278.

Glover, S., & Dixon, P. (2002b). Semantics affect the planning but not control of grasping. *Experimental Brain Research, 146*, 383–387.

Glushko, R.J. (1979). The organisation and activation of orthographic knowledge in reading aloud. *Journal of Experimental Psychology: Human Perception and Performance, 5*, 674–691.

Goa, K.L., & Ward, A. (1986). Buspirone: A preliminary review of its pharmacological properties and therapeutic efficacy as an anxiolytic. *Drugs, 32*, 114–129.

Gobet, F., & Simon, H.A. (1996). The roles of recognition processes and look-ahead search in time-constrained expert problem solving. *Psychological Science, 7*, 52–55.

Gobet, F., & Simon, H.A. (1998). Expert chess memory: Revisiting the chunking hypothesis. *Memory, 6*(3), 225–255.

Godden, D., & Baddeley, A. (1975). Context dependent memory in two natural environments: In land and under water. *British Journal of Psychology, 79*, 99–104.

Godden, D., & Baddeley, A. (1980). When does context influence recognition memory? *British Journal of Psychology, 71*, 99–104*

Goldberg, L.R. (1990). An alternative "description of personality": The big-five factor structure. *Journal of Personality and Social Psychology, 59*, 1216–1229.

Goldfarb, W. (1947). Variations in adolescent adjustment of institutionally reared children. *American Journal of Orthopsychiatry, 17*, 499–557.

Goldhagen, D.J. (1996). *Hitler's willing executioners: Ordinary Germans and the Holocaust*. New York: Knopf.

Goldstein, D.G., & Gigerenzer, G. (2002). Models of ecological rationality: The recognition heuristic. *Psychological Review, 109*, 75–90.

Goldstein, D.G., & Gigerenzer, G. (2002). Models of ecological rationality: The recognition heuristic. *Psychological Review, 109*, 75–90.

Goldstein, E.B. (1996). *Sensation and perception* (4th ed.). New York: Brooks/Cole.

Goldstein, I. (2000). Oral phentolamine: An alpha-1, alpha-2 adrenergic antagonist for the treatment of erectile dysfunction. *International Journal of Impotence Research, 12*, 75–80.

Goldstein, J.S. (2001). *War and gender: How gender shapes the war system and vice versa*. Cambridge, UK: Cambridge University Press.

Goldwyn, E. (1979, May 24). The fight to be male. *Listener*, pp. 709–712.

Goleman, D. (1991, November 26). Doctors find comfort is a potent medicine. *The New York Times*.

Goleman, D. (1995). *Emotional intelligence*. New York: Bantam Books.

Gollwitzer, P.M. (1999). Implementation intentions. *American Psychologist, 54*, 493–503.

Gollwitzer, P.M., & Brandstatter, V. (1997). Implementation intentions and effective goal pursuit. *Journal of Personality and Social Psychology, 73*, 186–199.

Golombok, S., & Hines, M. (2002). Sex differences in social behaviour. In P.K. Smith & C.H. Hart (Eds.), *Blackwell handbook of childhood social development*. Oxford, UK: Blackwell.

Gomulicki, B.R. (1956). Recall as an abstractive process. *Acta Psychologica, 12*, 77–94.

Goodale, M.A., Milner, A.D., Jakobson, L.S., & Carey, D.P. (1991). A neurological dissociation between perceiving objects and grasping them. *Nature, 349*, 154–156.

Gooding, P.A., Mayes, A.R., & van Eijk R. (2000). A meta-analysis of indirect memory tests for novel material in organic amnesics. *Neuropsychologia, 38*, 666–676.

Goodkin, K., Blaney, T., Feaster, D., Fletcher, M., Baum,

M.K., Mantero-Atienza, E., Klimas, N.G., Millon, C., Szapocznik, J., & Eisdorfer, C. (1992). Active coping style is associated with natural killer cell cytotoxicity in asymptomatic HIV-1 seropositive homosexual men. *Journal of Psychosomatic Research, 36,* 635–650.

Goodman, Y., & Goodman, K. (1990). Vygotsky in a whole language perspective. In L. Moll (Ed.), *Vygotsky and education.* Cambridge, UK: Cambridge University Press.

Goodnow, J.J., & Burns, A. (1985). *Home and school: A child's eye view.* Sydney, Australia: Allen & Unwin.

Gopnik, M. (1990). Feature blindness: A case study. *Language Acquisition, 1,* 139–164.

Gopnik, M. (1994a). Impairments of tense in a familial language disorder. *Journal of Neurolinguistics, 8,* 109–133.

Gopnik, M. (1994b). The perceptual processing hypothesis revisited. In J. Matthews (Ed.), *Linguistic aspects of familial language impairment.* Montreal, Canada: McGill University.

Gordon, A. (2001). Common questions about benzodiazepine risks. *Journal of Addiction and Mental Health,* 4, p.13.

Gordon, N.P. (1986). The prevalence and health impact of shiftwork. *American Journal of Public Health, 76,* 1225–1228.

Gorelick, D.A., & Balster, R.L. (1995). Phencyclidine (PCP). In F.E. Bloom & D.J. Kupfer (Eds.), *Psychopharmacology: The fourth generation of progress.* New York: Raven Press.

Gosling, S.D., & John, O.P. (1999). Personality dimensions in non-human animals: A cross-species review. *Current Directions in Psychological Science, 8,* 69–75.

Gossop, M. (1995). Factors affecting degree of dependence and other drug-related problems. In C.N. Stefanis & H. Hippius (Eds.), *Psychiatry in progress series: Vol. 2. Research in addiction: An update.* Kirkland, WA: Hogrefe & Huber.

Goswami, U. (1998). *Cognition in children.* Hove, UK: Psychology Press.

Gottesman, I.I. (1991). *Schizophrenia genesis: The origins of madness.* New York: W.H. Freeman.

Gottesman, I.I., & Bertelsen, A. (1989). Dual mating studies in psychiatry: Offspring of inpatients with examples from reactive (psychogenic) psychoses. *International Review of Psychiatry, 1,* 287–296.

Gottesman, I.I., & Goldsmith, H.H. (1994). Developmental psychopathology of antisocial behavior: Inserting genes into its ontogenesis and epigenesis. In C.A. Nelson (Ed.), *Threats to optimal development* (pp.69–104). Hillsdale, NJ: Lawrence Erlbaum Associates, Inc.

Gottfredson, L.S. (1997). Why g matters: The complexity of everyday life. *Intelligence, 24,* 79–132.

Gottfried, A.W. (1984). Home environment and early cognitive development: Integration, meta-analyses, and conclusions. In A.W. Gottfried (Ed.), *Home environment and early cognitive development: Longitudinal research.* Orlando, FL: Academic Press.

Gottman, J.M. (1993). The roles of conflict engagement, escalation, and avoidance in marital interaction: A longitudinal view of five types of couples. *Journal of Consulting and Clinical Psychology, 61,* 6–13.

Gottman, J.M. (1998). Psychology and the study of marital processes. *Annual Review of Psychology, 49,* 169–197.

Gough, H.G., Lazzan, R., & Fioravanti, M. (1978). Self versus ideal self: A comparison of five adjective check list indices. *Journal of Consulting and Clinical Psychology, 46,* 1085–1091.

Gove, W.R., & Fain, T. (1973). The stigma of mental hospitalisation: An attempt to evaluate its consequences. *Archives of General Psychiatry, 28,* 494–500.

Gove, W.R., & Fain, T. (1973). The stigma of mental hospitalisation. *Archives of General Psychiatry, 28,* 494–500.

Graesser, A.C., Millis, K.K., & Zwaan, R.A. (1997). Discourse comprehension. *Annual Review of Psychology, 48,* 163–189.

Graesser, A.C., Singer, M., & Trabasso, T. (1994). Constructing inferences during narrative text comprehension. *Psychological Review, 101,* 371–395.

Graf, P., & Schachter, D.L. (1985). Implicit and explicit memory for new associations in normal and amnesic subjects. *Journal of Experimental Psychology: Learning, Memory, and Cognition, 11,* 501–518.

Graf, P., Squire, L.R., & Mandler, G. (1984). The information that amnesic patients do not forget. *Journal of Experimental Psychology: Learning, Memory, and Cognition, 10,* 164–178.

Grafton, S., Hazeltine, E., & Ivry, R. (1995). Functional mapping of sequence learning in normal humans. *Journal of Cognitive Neuroscience, 7,* 497–510.

Graham, W.K., & Balloun, J. (1973). An empirical test of Maslow's need hierarchy theory. *Journal of Humanistic Psychology, 13,* 97–108.

Grammer, K., & Thornhill, R. (1994). Human *(Homo sapiens)* facial attractiveness and sexual selection: The role of symmetry and averageness. *Journal of Comparative Psychology, 108,* 233–242.

Grant, P. (1994). Psychotherapy and race. In P. Clarkson & M. Pokorny (Eds.), *The handbook of psychotherapy*. London: Routledge.

Grave, K., Caspar, F., & Ambuhl, H. (1990). Differentielle Psychotherapieforschung: Vier Therapieformen in Vergleich. *Zeitschrift fur Klinische Psychologic, 19*, 287–376,

Gravetter, F.J., & Forzano, L.-A.B. (2002). *Research methods for the behavioural sciences*. New York: Thomson/Wadsworth.

Gravetter, F.J., & Wallnau, L.B. (1998). *Essentials of statistics for the behavioural sciences*. New York: Thomson/Wadsworth.

Gray, J.A. (1982). *The neuropsychology of anxiety: An enquiry in to the functions of the septo-hippocampal system*. Oxford, UK: Clarendon Press.

Gray, J.A. (1994). Personality dimensions and emotion systems. In P. Ekman & R.J. Davidson (Eds.), *The nature of emotion: Fundamental questions*. Oxford, UK: Oxford University Press.

Gray, J.A., & Wedderburn, A.A. (1960). Grouping strategies with simultaneous stimuli. *Quarterly Journal of Experimental Psychology, 12*, 180–184.

Gray, P. (2002). *Psychology* (4th ed.). New York: Worth.

Green, D.P., Goldman, S.L., & Salovey, P. (1993). Measurement error masks bipolarity in affect ratings. *Journal of Personality and Social Psychology, 64*, 1029–1041.

Green, K.P., Kuhl, P.K., Meltzoff, A.N., & Stevens, E.B. (1991). Integrating speech information across talkers, gender, and sensory modality: Female faces and male voices in the McGurk effect. *Perception and Psychophysics, 50*, 524–536.

Green, M. (1995, October 14). In A. Coghlan, Dieting makes you forget. *New Scientist*.

Green, S. (1994). *Principles of biopsychology*, Hove, UK: Psychology Press.

Greenberg, J., & Ornstein, S. (1983). High status job title as compensation for underpayment: A test of equity theory. *Journal of Applied Psychology, 68*, 285–297.

Greenberg, J.H. (1963). Some universals of grammar with particular reference to the order of meaningful elements. In J.H. Greenberg (Kd.), *Universals of language*. Cambridge, MA: MIT Press.

Greenberg, L., Elliott, R., & Lictaer, G. (1994). Research on experiential psychotherapies. In A.E. Bergin & S.L. Garfield (Eds.), *Handbook of psychotherapy and behavior change* (4th ed., pp. 509–539). New York: Wiley.

Greenfield, P.M., & Lave, J. (1982). Cognitive aspects of informal education. In D.A. Wagner & H.W. Stevenson (Eds.), *Cultural perspectives on child development*. San Francisco: W.H. Freeman.

Greeno, J.G. (1974). Hohbits and orcs: Acquisition of a sequential concept. *Cognitive Psychology, 6*, 270–292.

Greenwald, A.G. (1992). New look 3: Unconscious cognition reclaimed. *The American Psychologist, 47*, 766–779.

Greenwald, A.G., McGhee, D.E., & Schwartz, J.L.K. (1998). Measuring individual differences in implicit cognition: The Implicit Association Test. *Journal of Personality and Social Psychology, 74*, 1464–1480.

Gregor, A.J., & McPherson, D.A. (1965). A study of susceptibility to geometrical illusion among cultural subgroups of Australian aborigines. *Psychology in Africa, 11*, 1–13.

Gregor, T. (1981). A content analysis of Mehinaku dreams. *Ethos, 9*, 353–390.

Gregory, R.L. (1970). *The intelligent eye*. New York: McGraw-Hill.

Gregory, R.L. (1972, June 23). Seeing as thinking. *Times Literary Supplement*.

Gregory, R.L. (1980). Perceptions as hypotheses. *Philosophical Transactions of the Royal Society of London, Series B, 290*, 181–197.

Grice, H.P. (1967). Logic and conversation. In P. Cole & J.L. Morgan (Eds.), *Studies in syntax. Vol. III*. New York: Seminar Press.

Grier, J.W., & Burk, T. (1992). *Biology of animal behaviour* (2nd ed.). Oxford, UK: W.C. Brown.

Griffiths, M.D. (2000). Cyberaffairs. *Psychology Review, 7*, 28–31.

Griggs, R.A., & Cox, J.R. (1982). The elusive thematic-material effect in Wason's selection task. *British Journal of Psychology, 73*, 407–420.

Grilo, C.M., & Pogue-Geile, M.F. (1991). The nature of environmental influences on weight and obesity: A behaviour genetic analysis. *Psychological Bulletin, 110*, 520–537.

Groeger, J.A. (1997). *Memory and remembering: Everyday memory in context*. Harlow, UK: Addison Wesley Longman.

Groos, G., & Hendricks, I. (1982). Circadian rhythms in electrical discharge of rat suprachiasmatic neurons recorded in vitro. *Neuroscience Letters, 34*, 283–288.

Gross, C.G. (1998). *Brain, vision, memory: Tales in the history of neuroscience*. Cambridge, MA: MIT Press.

Gross, C.G., & Graziano, M.S.A. (1995). Multiple

representations of space in the brain. *The Neuroscientist, 1,* 43–50.

Gross, R. (1996). *Psychology: The science of mind and behaviour* (3rd ed.). London: Hodder & Stoughton.

Gross, R., & McIlveen, R. (1996). *Abnormal psychology.* London: Hodder & Stoughton.

Grossarth-Maticek, R., & Eysenck, H.J. (1995). Self-regulation and mortality from cancer, coronary heart disease, and other causes: A prospective study. *Personality and Individual Differences, 19,* 781–795.

Grossarth-Maticek, R., Eysenck, H.J., & Vetter, H. (1988). Personality type, smoking habit and their interaction as predictors of cancer and coronary heart disease. *Personality and Individual Differences, 9,* 479–495.

Grossman, K., Grossman, K.E., Spangler, S., Suess, G., & Unzner, L. (1985). Maternal sensitivity and newborn responses as related to quality of attachment in Northern Germany. In J. Bretherton & E. Waters (Eds.), Growing points of attachment theory. *Monographs of the Society for Research in Child Development, 50,* No. 209.

Grusec, J.E. (1988). *Social development: History, theory, and research.* New York: Springer.

Grusec, J.E., Davidov, M., & Lundell, L. (2002). Prosocial and helping behaviour. In P.K. Smith & C. Hart (Eds.), *Handbook of childhood social development.* Maiden, MA: Blackwell.

Grusec, J.E., Saas-Kortsaak, P., & Simutis, Z.M. (1978). The role of example and moral exhortation in the training of altruism. *Child Development, 49,* 920–923.

Gruzelier, J.H. (1998). A working model of the neurophysiology of hypnosis: A review of evidence. *Contemporary Hypnosis, 15,* 3–21.

Gruzelier, J.H. (2002) http://www.med.ic.ac.uk/divisions/49/JohnModelofHypnoticRela xation.htm

Gudykunst, W.B., Gao, G., & Franklyn-Stokes, A. (1996a). Self-monitoring and concern for social appropriateness in China and England. In J. Pandey, D. Sinha, & D.P.S. Bhawk (Eds.), *Asian contributions to cross-cultural psychology.* New Delhi, India: Sage.

Gudykunst, W.B., Matsumoto, Y., Toomey, T., & Nishida, T. (1996b). The influence of cultural individualism-collectivism, self construals and individual values on communication styles across cultures. *Human Communication Research, 22,* 510–543.

Gunther, H., Gfoerer, S., & Weiss, L. (1984). Inflection, frequency, and the word superiority effect. *Psychological Research, 46,* 261–281.

Gupta, U., & Singh, P. (1982). Exploratory studies in love and liking and types of marriages. *Indian Journal of Applied Psychology, 19,* 92–97.

Guthrie, E.R. (1952). *The psychology of learning* (Rev. ed.). Massachusetts: Harper Bros.

Haber, R.N. (1983). The impending demise of the icon: A critique of the concept of iconic storage in visual information processing. *Behavioral and Brain Sciences, 6,* 1–11.

Haber, R.N., & Levin, C.A. (2001). The independence of size perception and distance perception. *Perception and Psychophysics, 63,* 1140–1152.

Hadjikhani, N., & de Gelder, B. (2002). Neural basis of prosopagnosia: An fMRI study. *Human Brain Mapping, 16,* 176–182.

Haffenden, A.M., & Goodale, M.A. (1988). The effect of pictorial illusion on prehension and perception. *Journal of Cognitive Neuroscience, 10,* 122–136.

Haggbloom, S.J., Warnick, R., Warnick, J.E., Jones, V.K., Yarbrough, G.L., Russell T.M., Borecky, C.M., McGahhey, R., Powell, J.L., Beavers, J., & Monte, E. (2002). The 100 most eminent psychologists of the 20th century. *Review of General Psychology, 6,* 139–152.

Haimov, I., & Lavie, P. (1996). Melatonin—a soporific hormone. *Current Directions in Psychological Science, 5,* 106–111.

Hailman, J. (1992). The necessity of a "show-me" attitude in science. In J.W. Grier & T. Burk, *Biology of animal behaviour* (2nd Edn.). Dubuque, IO: W.C. Brown.

Hains, S.C., Hogg, M.A., & Duck, J.M. (1997). Self-categorisation and leadership: Effects of group prototypicality and leader stereotypicality. *Personality and Social Psychology Bulletin, 23,* 1087–1100.

Haith, M.M. (1980). *Rules that babies look by: The organisation of newborn visual activity.* Hillsdale, NJ: Lawrence Erlbaum Associates, Inc.

Hajek, P., & Belcher, M. (1991). Dreams of absent-minded transgression: An empirical study of a cognitive withdrawal symptom. *Journal of Abnormal Psychology, 100,* 487–491.

Halaas, J.L., Gajiwala, K.S., Mattel, M., Cohen, S.L., Chait, B.T., Rabinowitz, D., Lallone, R., Burley, S.K., & Friedman, J.M. (1995). Weight-reducing effects of the plasma protein encoded by the *obese* gene. *Science, 269,* 543–546.

Halford, W.K., Gravestock, F., Lowe, R., and Scheldt, S. (1992) Toward a behavioural ecology of stressful marital interactions. *Behavioural Assessment, 13,* 135–148.

Halgin, R.P., & Whitbourne, S.K. (1997). *Abnormal psychology: The human experience of psychological disorders.* Madison, WI: Brown & Benchmark.

Hall, C., & van de Castle, R. (1966). *The content analysts of dreams.* New York: Appleton-Century-Crofts.

Hall, C.S. (1966). *The meaning of dreams.* New York: McGraw-Hill.

Hallam, R., & Rachman, S. (1972). Theoretical problems of aversion therapy. *Behaviour Research and Therapy, 10,* 341–353.

Hallam, R.S., & Rachman, S. (1976). Current status of aversion therapy. In M. Hersen, R. Eisler, & P. Miller (Eds.), *Progress in behaviour modification. Vol. 2.* New York: Academic Press.

Halleck, S.L. (1971). *The politics of therapy.* New York: Science House.

Hamburger, Y. (1994). The contact hypothesis reconsidered: Effects of the atypical outgroup member on the outgroup stereotype. *Basic and Applied Social Psychology, 15,* 339–358.

Hamilton, L.W., & Timmons, C.R. (1995). Psychopharmacology. In D. Kimble & A. M. Colman (Eds.), *Biological aspects of behaviour.* London: Longman,

Hampson, P.J., & Morris, P.E. (1996). *Understanding cognition.* Oxford, UK: Blackwell.

Han, P.J., Feng, L.Y, & Kuo, P.T. (1972). Insulin sensitivity of pair-fed, hyperlipemic, obese hypothalamic rats. *American Journal of Physiology, 223,* 1206–1209.

Hardman, D., & Harries, C. (2002). How rational are we? *The Psychologist, 15,* 76–79.

Harley, K., & Reese, E. (1999). Origins of autobiographical memory. *Developmental Psychology, 35,* 1338–1348.

Harley, T. (2001). *The psychology of language: From data to theory* (2nd ed.). Hove, UK: Psychology Press.

Harlow, H. (1959). Love in infant monkeys. *Scientific American, 200,* 68–74.

Harm, M.W., & Seidenberg, M.S. (2001). Are there orthographic impairments in phonological dyslexia? *Cognitive Neuropsychology, 18,* 71–92.

Harris, C.R. (2002). Sexual and romantic jealousy in heterosexual and homosexual adults. *Psychological Science, 13,* 7–12.

Harris, E.L., Noyes, R., Crowe, R.R., & Chaudhry, D.R. (1983). Family study of agoraphobia: Report of a pilot study. *Archives of General Psychiatry, 40,* 1061–1064.

Harris, J.R. (1995). Where is the child's environment? A group socialisation theory of development. *Psychological Review, 102, 458–489.*

Harris, J.R. (2000). Socialisation, personality development, and the child's environments: Comment on Vandell (2000). *Developmental Psychology, 36,* 711–723.

Harris, M., & Butterworth, G. (2002). *Developmental psychology: A student's handbook.* Hove, UK: Psychology Press.

Harris, M., Jones, D., Brookes, S., & Grant, J. (1986). Relations between the non-verbal context of maternal speech and rate of language development. *British Journal of Developmental Psychology, 4,* 261–268.

Harris, P.L. (1992). From simulation to folk psychology: The case for development. *Mind and Language, 7,* 120–144.

Harris, P.L., German, T., & Mills, P. (1996). Children's use of counterfactual thinking in causal reasoning. *Cognition, 61,* 233–259.

Harris, T.O. (1997). Adult attachment processes and psychotherapy: A commentary on Bartholomew and Birtschnell. *British Journal of Medical Psychology, 70,* 281–290.

Harrison, L.J., & Ungerer, J.A. (2002). Maternal employment and infant-mother attachment security at 12 months postpartum. *Developmental Psychology, 38,* 758–773.

Harrison, Y., & Home, J.A. (2000). The impact of sleep deprivation on decision making: A review. *Journal of Experimental Psychology: Applied, 6,* 236–249.

Hart, D., Fegley, S., Chan, Y.H., Mulvey, D., & Fischer, L. (1993). Judgements about personal identity in childhood and adolescence. *Social Development, 2,* 66–81.

Harter, S. (1982). The perceived competence scale for children. *Child Development, 53,* 87–97.

Harter, S. (1987). The determinants and mediational role of global self-worth in children. In N. Eisenberg (Ed.), *Contemporary topics in developmental psychology.* New York: Wiley.

Harter, S., & Monsour, A. (1992). Developmental analysis of conflict caused by opposing attributes in the adolescent self-portrait. *Developmental Psychology, 28,* 251–260.

Harter, S., & Pike, R. (1984). The pictorial scale of perceived competence and social acceptance for young children. *Child Development, 55,* 1969–1982.

Hartup, W.W. (1974). Aggression in childhood: Developmental perspectives. *American Psychologist, 29,* 337–341.

Hartup, W.W. (1996). The company they keep: Friendships and their developmental significance. *Child Development, 67,* 1–13.

Hartup, W.W., & Stevens, N. (1997). Friendships and adaptation in the life course. *Psychological Bulletin, 121,*

355–370.

Harvey, S.M. (1987). Female sexual behaviour: Fluctuations during the menstrual cycle. *Journal of Psychosomatic Research, 31,* 101–110.

Harwood, R.L., & Miller, J.G. (1991). Perceptions of attachment behaviour: A comparison of Anglo and Puerto Rican mothers. *Merrill-Palmer Quarterly, 37,* 583–599.

Haselager, G.J.T., Hartup, W.W., van Lieshout, C.F.M., & Riksen-Walraven, M. (1995). *Friendship similarity in middle childhood as a function of sex and sociometric status.* Unpublished manuscript. University of Nijmegen, The Netherlands.

Hashish, I., Finman, C., & Harvey, W. (1988). Reduction of postoperative pain and swelling by ultrasound: A placebo effect. *Pain, 83,* 303–311.

Haslam, S.A., Turner, J.C., Oakes, P.J., McGarty, C., & Hayes, B.K. (1992). Context-dependent variation in social stereotyping: 1. The effects of intergroup relations as mediated by social change and frame of reference. *European Journal of Social Psychology, 22,* 3–20.

Hatano, G., & Inagaki, K. (1986). Two courses of expertise. In H. Stevenson, H. Azuma, & K. Hatuka (Eds.), *Child development in Japan.* San Francisco: Freeman.

Hatfield, E., Sprecher, S., Traupmann Pillemer, J., Greenberg, D., & Wexler, P. (1988). Gender differences in what is desired in the sexual relationship. *Journal of Psychology and Human Sexuality, 1,* 39–52.

Hatfield, E., Utne, M.K., & Traupmann, J. (1979). Equity theory and intimate relationships. In R.L. Burgess & T.L. Huston (Eds.), *Exchange theory in developing relationships.* New York: Academic Press.

Hathaway, S.R., & McKinley, J.C. (1940). A multiphasic personality schedule (Minnesota): I. Construction of the schedule. *Journal of Psychology, 10,* 249–254.

Haxby, J.V., Horwitz, B., Ungerleider, L.G., Maisog, J.M., Pietrini, P., & Grady, C.L. (1994). The functional organisation of human extrastriate cortex: A PET-rCBF study of selective attention to faces and locations. *Journal of Neuroscience, 14,* 6336–6353.

Hay, D.F. (1994). Prosocial development. *Journal of Child Psychology and Psychiatry and Allied Disciplines, 35,* 29–71.

Hay, D.F., & Vespo, J.E. (1988). Social learning perspectives on the development of the mother-child relationship. In B. Birns & D.F. Hay (Eds.), *The different faces of motherhood.* New York: Plenum Press.

Hay, J.F., & Jacoby, L.L. (1996). Separating habit and recollection: Memory slips, process dissociations, and probability matching. *Journal of Experimental Psychology: Learning, Memory, and Cognition, 22,* 1323–1335.

Hayes, N. (1993). *Principles of social psychology.* Hove, UK: Psychology Press.

Hazan, C., & Shaver, P.R. (1987). Romantic love conceptualised as an attachment process. *Journal of Personality and Social Psychology, 52,* 511–524.

Hazan, C., & Shaver, P.R. (1994). Attachment as an organizational framework for research on close relationships. *Psychological Inquiry, 5,* 1–22.

Hearold, S. (1986). A synthesis of 1043 effects of television on social behaviour. In G. Comstock (Ed.), *Public communication and behaviour. Vol. 1.* Orlando, FL: Academic Press.

Heath, W.P., & Erickson, J.R. (1998). Memory for central and peripheral actions and props after various post-event presentations. *Legal and Criminal Psychology, 3,* 321–346.

Heather, N. (1976). *Radical perspectives in psychology.* London: Methuen.

Hebb, D.O. (1949). *The organisation of behaviour.* New York: Wiley.

Hedaya, R.J. (1996). *Understanding biological psychiatry.* New York: Norton.

Hedegaard, M. (1996). The zone of proximal development as basis for instruction. In H. Daniels (Ed.), *An introduction to Vygotsky.* London: Routledge.

Hedricks, C., Piccinino, L.J., Udry, J.R., & Chimbia, T.H. (1987). Peak coital rate coincides with onset of luteinising hormone surge. *Fertility and Sterility, 48,* 234–238.

Hegarty, M., Shah, P., & Miyake, A. (2000). Constraints on using the dual-task methodology to specify the degree of central executive involvement in cognitive tasks. *Memory and Cognition, 28,* 376–385.

Hegde, J., & van Essen, D.C. (2000). Selectivity for complex shapes in primate visual area V2. *Journal of Neuroscience, 20,* RC61.

Heider, E.R. (1972). Universals in colour naming and memory. *Journal of Experimental Psychology, 93,* 10–20.

Heider, F. (1958). *The psychology of interpersonal relations.* New York: Wiley.

Heine, S.J., & Lehman, D.R. (1997). The cultural construction of self-enhancement: An examination of group-serving biases. *Journal of Personality and Social Psychology, 72,* 1268–1283.

Heine, S.J., Lehman, D.R., Markus, H.R., & Kitayama, S. (1999). Is there a universal need for positive self-regard?

Psychological Review, 106, 766–794.

Heisler, W.J. (1974). A performance correlate of personal control beliefs in an organisational context. *Journal of Applied Psychology, 59,* 504–506.

Hennigan, K.M., Del Rosario, M.L., Cook, T.D., & Calder, B.J. (1982). Impact of the introduction of television on crime in the United States: Empirical findings and theoretical implications. *Journal of Personality and Social Psychology, 42,* 461–477.

Henry, R.A. (1993). Group judgement accuracy: Reliability and validity of postdiscussion confidence judgements. *Organizational Behavior and Human Decision Processes, 56,* 11–27.

Henson, R.N.A., Burgess, N., & Frith, C.D. (2000). Receding, storage, rehearsal and grouping in verbal short-term memory: An fMRI study. *Neuropsychologia, 38,* 426–440.

Herbert, T.B., & Cohen, S. (1993). Stress and immunity in humans: A meta-analytic review. *Psychosomatic Medicine, 55,* 364–379.

Hergenhahn, B.R., & Olson, M.H. (1999). *An introduction to theories of personality.* Upper Saddle River, NJ: Prentice Hall.

Herman, D., & Green, J. (1991). *Madness: A study guide.* London: BBC Education.

Herrnstein, R.J., & Murray, C.A. (1994). *The bell curve: Intelligence and class structure in American life.* New York: Free Press.

Heslin, R. (1964). Predicting group task effectiveness from member characteristics. *Psychological Bulletin, 62,* 248–256.

Hetherington, A.W., & Ranson, S.W. (1940). Hypothalamic lesions and adiposity in the rat. *Anatomical Record, 78,* 149–172.

Hetherington, E.M. (1979). Divorce, a child's perspective. *American Psychologist, 34,* 851–858.

Hetherington, E.M. (1988). Parents, children, and siblings six years after divorce. In R.A. Hinde & J. Stevenson-Hinde (Eds.), *Relationships within families: Mutual influences.* Oxford, UK: Clarendon Press.

Hetherington, E.M. (1989). Coping with family transitions: Winners, losers, and survivors. *Child Development, 60,* 1–14.

Hetherington, E.M. (1993). An overview of the Virginia longitudinal study of divorce and remarriage with a focus on early adolescence. *Journal of Family Psychology, 7,* 39–56.

Hetherington, E.M. (2002, January 27). In B. Summerskill and E. Vulliany, For the sake of the children ... Divorce. *The Observer.*

Hetherington, E.M., Cox, M., & Cox, R. (1982). Effects of divorce on parents and children. In M. Lamb (Ed.), *Non-traditional families.* Hillsdale, NJ: Lawrence Erlbaum Associates, Inc.

Hetherington, E.M., & Stanley-Hagan, M. (1999). The adjustment of children with divorced parents: A risk and resiliency perspective. *Journal of Child Psychology and Psychiatry, 40,* 129–140.

Hewstone, M., & Jaspars, J. (1984). Social dimensions of attribution. In H. Tajfel (Ed.), *The social dimension: European developments in social psychology* (Vol. 2 pp. 379–404). Cambridge, UK: Cambridge University Press.

Hewstone, M., & Jaspars, J. (1987). Covariation and causal attribution: A logical model of the intuitive analysis of variance. *Journal of Personality and Social Psychology, 53,* 663–672.

Hewstone, M., Rubin, M., & Willis, H. (2002). Intergroup bias. *Annual Review of Psychology, 53,* 575–604.

Hewstone, M., & Stroebe, W. (2001). *Introduction to social psychology* (3rd ed.). Oxford, UK: Blackwell.

Hewstone, M.R.C., & Brown, R.J. (1986). Contact is not enough: An intergroup perspective on the contact hypothesis. In M.R.C. Hewstone & R.J. Brown (Eds.), *Contact and conflict in intergroup encounters.* Oxford, UK: Blackwell.

Heywood, C.A., Cowey, A., & Newcombe, F. (1994). On the role of parvocellular P and magnocellular M pathways in cerebral achromatopsia. *Brain, 117,* 245–254.

Hilgard, E.R. (1977). *Divided consciousness: Multiple controls in human thought and action.* New York: Wiley.

Hilgard, E.R. (1986). *Divided consciousness: Multiple controls in human thought and action* (Expanded ed.). New York: Wiley.

Hilgard, E.R., & Hilgard, J.R. (1983). *Hypnosis in the relief of pain.* Los Altos, CA: William Kaufmann.

Hill, J.O., & Peters, J.C. (1998). Environmental contributions to the obesity epidemic. *Science, 280,* 1371–1374.

Hilton, J.L., & von Hippel, W. (1996). Stereotypes. *Annual Review of Psychology, 47,* 237–271.

Hiniker, P.J. (1969). Chinese reactions to forced compliance: Dissonance reduction or national character. *Journal of Social Psychology, 77,* 157–176.

Hinkley, K., & Andersen, S.M. (1996). The working self-concept in transference: Significant-other activation and self change. *Journal of Personality and Social Psychology, 71,* 1279–1295.

Hirschberg, N. (1978). A correct treatment of traits. In H. London (Ed.), *Personality: A new look at metatheories.* New York: Macmillan.

Hirschfeld, R.M. (1999). Efficacy of SSRIs and newer antidepressants in severe depression: Comparison with TCAs. *Journal of Clinical Psychiatry, 60,* 326–335.

Hirsch-Pasek, K., & Golinkoff, R.M. (1996). *The origins of grammar: Evidence from early language comprehension.* Cambridge, MA: MIT Press.

Hirst, W., Speike, E.S., Reaves, C.C., Caharack, G., & Neisser, U. (1980). Dividing attention without alternation or automaticity. *Journal of Experimental Psychology: General, 109,* 98–117.

Hobson, J.A. (1988). *The dreaming brain.* New York: Basic Books.

Hobson, J.A. (1994). Sleep and dreaming. In A.M. Colman (Ed.), *Companion encyclopedia of psychology, Vol. 1.* London: Routledge.

Hobson, J.A., & McCarley, R.W. (1977). The brain as a dream-state generator: An activation-synthesis hypothesis of the dream process. *American Journal of Psychiatry, 134,* 1335–1348.

Hobson, J.A., Pace-Schott, E.F., & Stickgold, R. (2000). Dreaming and the brain: Toward a cognitive neuroscience of conscious states. *Behavioral and Brain Sciences, 23,* 793–842.

Hocken, S. (1977). *Emma and I.* London: Gollancz.

Hockett, C.F. (1960). The origin of speech. *Scientific American, 203,* 89–96.

Hockey, G.R.J. (1983). Current issues and new directions. In R. Hockey (Ed.), *Stress and fatigue in human performance.* Chichester, UK: Wiley.

Hodges, J., & Tizard, B. (1989). Social and family relationships of ex-institutional adolescents. *Journal of Child Psychology and Psychiatry, 30,* 77–97.

Hoebel, E.G., & Hernandez, L. (1993). Basic neural mechanisms of feeding and weight regulation. In A.J. Stunkard & T.A. Wadden (Eds.), *Obesity: Theory and therapy* (2nd ed.). New York: Raven Press.

Hoebel, B.G., & Teitelbaum, P. (1966). Weight regulation in normal and hypothalamic hyperphagic rats. *Journal of Comparative and Physiological Psychology, 61,* 189–193.

Hoffman, C., Lau, I., & Johnson, D.R. (1986). The linguistic relativity of person cognition. *Journal of Personality and Social Psychology, 51,* 1097–1105.

Hoffman, H.S. (1996). *Amorous turkeys and addicted ducklings: A search for the causes of social attachment.* Boston, MA: Author's Cooperative.

Hoffman, M.L. (1970). Moral development. In P.H. Mussen (Ed.), *Carmichael's manual of child psychology, Vol. 1.* New York: Wiley.

Hoffman, M.L. (1975). Altruistic behaviour and the parent-child relationship. *Journal of Personality and Social Psychology, 31,* 937–943.

Hoffman, M.L. (1987). The contribution of empathy to justice and moral judgement. *Cognitive Psychology, 2,* 400–410.

Hoffman, M.L. (1988). Moral development. In M.H. Bornstein & M.E. Lamb (Eds.), *Developmental psychology: An advanced textbook.* Hillsdale, NJ: Lawrence Erlbaum Associates, Inc.

Hoffrage, U., Lindsey, S., Hertwig, R., & Gigerenzer, G. (2000). Communicating statistical information. *Science, 290,* 2261–2262.

Hofling, C.K. (1974). *Textbook of psychiatry for medical practice.* Philadelphia: Lippincott.

Hofling, K.C., Brotzman, E., Dalrymple, S., Graves, N., & Pierce, C.M. (1966). An experimental study in nurse-physician relationship. *Journal of Nervous and Mental Disorders, 143,* 171–180.

Hofstede, G. (1980). *Culture's consequences: International differences in work-related values.* Beverly Hills, CA: Sage.

Hofstede, G. (1983). Dimensions of national cultures in fifty countries and three regions. In J. Derogowski, S. Dzuirawiece, & R. Annis (Eds.), *Explorations in cross-cultural psychology.* Lisse, The Netherlands: Swets & Zeitlinger.

Hogan, R., Curphy, G.J., & Hogan, J. (1994). What we know about leadership: Effectiveness and personality. *American Psychologist, 49,* 493–504.

Hogg, M.A. (2001). A social identity theory of leadership. *Personality and Social Psychology Review, 35,* 184–200.

Hogg, M.A., & Hardie, E.A. (1991). Social attraction, personal attraction and self-categorization: A field study. *Personality and Social Psychology Bulletin, 17,* 175–180.

Hogg, M.A., Turner, J.C., & Davidson, B. (1990). Polarised norms and social frames of reference: A test of the self-categorisation theory of group polarisation. *Basic and Applied Social Psychology, 11,* 77–100.

Hogg, M.A., & Vaughan, G.M. (2002). *Social psychology* (3rd ed.). New York: Prentice Hall.

Hoglend, P., Engelstad, V., Sorbye, O., Heyerdahl, O., & Amlo, S. (1994). The role of insight in exploratory psychodynamic psychotherapy. *British Journal of Medical Psychology, 67,* 305–317.

Hohmann, G.W. (1966). Some effects of spinal cord lesions

on experienced emotional feelings. *Psychophysiology, 3,* 143–156.

Holding, D.H., & Reynolds, J.R. (1982). Recall or evaluation of chess positions as determinants of chess skill. *Memory and Cognition, 10,* 237–242.

Holender, D. (1986). Semantic activation without conscious identification in dichotic listening, parafoveal vision, and visual masking: A survey and appraisal. *Behavioral and Brain Sciences, 9,* 1–66.

Holland, A.J., Sicotte, N., & Treasure, J. (1988). Anorexia nervosa: Evidence for a genetic basis. *Journal of Psychosomatic Research, 32,* 561–572.

Hollis, K.L. (1997). Contemporary research on Pavlovian conditioning: A "new" functional analysis. *American Psychologist, 52,* 956–965.

Holloway, S. (1999, November 2). In N. Nuttall. Toys for the boys image scares off girls. *The Times.*

Holmberg, M.C. (1980). The development of social interchange patterns from 12 to 42 months. *Child Development, 51,* 448–456.

Holmes, T.H., & Rahe, R.H. (1967). The social readjustment rating scale. *Journal of Psychosomatic Research, 11,* 213–218.

Holroyd, K.A., & French, D.J. (1994). Recent developments in the psychological assessment and management of recurrent headache disorders. In A.J. Goreczyny (Ed.), *Handbook of health and rehabilitation psychology.* New York: Plenum Press.

Holroyd, K.A., Penzien, D., Hursey, K., Tobin, D., Rogen, L., Holm, J., Marcille, P., Hall, J., & Chila, A. (1984). Change mechanisms in EMG biofeedback training: Cognitive changes underlying improvements in tension headache. *Journal of Consulting and Clinical Psychology, 52,* 1039–1053.

Holway, A.F., & Boring, E.G. (1941). Determinants of apparent visual size with distance variant. *American Journal of Psychology, 54,* 21–37.

Hooley, J.M., Orley, J., & Teasdale, J.D. (1986). Levels of expressed emotion and relapse in depressed patients. *British Journal of Psychiatry, 148,* 642–647.

Horgan, D.D., & Morgan, D. (1990). Chess expertise in children. *Applied Cognitive Psychology, 4,* 109–128.

Horn, J.L. (1994). Fluid and crystallised intelligence, theory of. In R.J. Sternberg (Ed.), *Encyclopedia of human intelligence.* New York: Macmillan.

Home, J. (1988). *Why we sleep? The functions of sleep in humans and other mammals.* Oxford, UK: Oxford University Press.

Home, J. (2001). State of the art: Sleep. *The Psychologist, 14,* 302–306.

Home, J., & Reyner, L. (1999). Vehicle accidents related to sleep: A review. *Occupational and Environmental Medicine, 56,* 289–294.

Horowitz, M.J. (1986). *Stress-response syndromes* (2nd ed.). Northvale, NJ: Jason Aronson.

Horton, W.S., & Keysar, B. (1996). When do speakers take into account common ground? *Cognition, 59,* 91–117.

House, J.S., Landis, K.R., & Umberson, D. (1988). Social relationships and health. *Science, 241,* 540–545.

Hovland, C., & Sears, R. (1940). Minor studies in aggression: VI. Correlation of lynchings with economic indices. *Journal of Personality, 9,* 301–310.

Hovland, C.I., & Weiss, W. (1951). The influence of source credibility on communication effectiveness. *Public Opinion Quarterly, 151,* 635–650.

Hovland, C.I., Lumsdaine, A.A., & Sheffield, R.D. (1949). *Experiments in mass communication.* Princeton, NJ: Princeton University Press.

Howard, D., & Orchard-Lisle, V. (1984). On the origin of semantic errors in naming: Evidence from the case of a global aphasic. *Cognitive Neuropsychology, 1,* 163–190.

Howard, D., Patterson, K.E., Wise, R.J.S., Brown, W.D., Friston, K., Weiller, C., & Frackowiak, R.S.J. (1992). The cortical localisation of the lexicons: Position emission tomography evidence. *Brain, 115,* 1769–1782.

Howard, D.V., & Howard, J.H. (1992). Adult age differences in the rate of learning serial patterns: Evidence from direct and indirect tests. *Psychology and Aging, 7,* 232–241.

Howard, J.W., & Dawes, R.M. (1976). Linear prediction of marital happiness. *Personality and Social Psychology Bulletin, 2,* 478–480.

Howard, K.I., Lueger, R.J., Mating, M.S., & Martinovich, Z. (1993). A phase model of psychotherapy outcome: Causal mediation of change. *Journal of Consulting and Clinical Psychology, 61,* 678–685.

Howe, C. (1980). Language learning from mothers' replies. *First Language, 1,* 83–97.

Howe, C., Tolmie, A., & Rodgers, C. (1992). The acquisition of conceptual knowledge in science by primary school children: Group interaction and the understanding of motion down an incline. *British Journal of Developmental Psychology, 10,* 113–130.

Howe, M. (1990). Useful word but obsolete construct. *The Psychologist, 3,* 498–499.

Howe, M.J.A. (1997). *IQ in question: The truth about intelligence.* Thousand Oaks, CA: Sage Publications.

Howe, M.J.A. (1999). *Genius explained.* Cambridge, UK: Cambridge University Press.

Howe, M.L., & Courage, M.L. (1997). The emergence and early development of autobiographical memory. *Psychological Review, 104,* 499–523.

Howell, J.M., & Hall-Merenda, K. (1999). The ties that bind: The impact of leader-member exchange, transformational and transactional leadership, and distance on predicting follower performance. *Journal of Applied Psychology, 84,* 680–694.

Howitt, D., & Owusu-Bempah, P. (1990). Racism in a British Journal? *The Psychologist, 3,* 396–400.

Hsu, F. (1981). *Americans and Chinese: Passage to difference* (3rd ed.). Honolulu, AL: University Press of Honolulu.

Hsu, L.K. (1990). *Eating disorders.* New York: Guilford.

Hubel, D.H., & Wiesel, T.N. (1979). Brain mechanisms of vision. *Scientific American, 241,* 150–163.

Hüber-Weidman, H. (1976). *Sleep, sleep disturbances and sleep deprivation.* Cologne, Germany: Kiepenheuser & Witsch.

Hudson, J.L., & Rapee, R.M. (2000). The origins of social phobia. *Behavior Modification, 24,* 102–129.

Huesmann, L.R. (1996). Quoted in N. Seppa, Charlie's Angels made a negative, lasting impression. *APA Monitor,* April.

Huesmann, L.R., Lagerspetz, K., & Eron, L.D. (1984). Intervening variables in the TV violence-aggression relation: Evidence from two countries. *Developmental Psychology, 20,* 746–775.

Hughes, M. (1975). *Egocentrism in preschool children.* Unpublished PhD thesis. University of Edinburgh, UK.

Huguet, P., Galvaing, M.P., Monteil, J.M., & Dumas, F. (1999). Social presence effects in the Stroop task: Further evidence for an attentional view of social facilitation. *Journal of Personality and Social Psychology, 77,* 1011–1025.

Hulin, C.L., Henry, R.A., & Noon, S.L. (1990). Adding a dimension: Time as a factor in the generalisability of predictive relationships. *Psychological Bulletin, 107,* 328–340.

Hull, J.G., & Bond, C.F. (1986). Social and behavioural consequences of alcohol consumption and expectancy: A meta-analysis. *Psychological Bulletin, 99,* 347–360.

Hummel, J.E., & Holyoak, K.J. (1997). Distributed representations of structure: A theory of analogical access and mapping. *Psychological Review, 104,* 427–466.

Humphrey, L.L., Apple, R.F., & Kirschenbaum, D.S. (1986). Differentiating bulimic-anorexic from normal families using interpersonal and behavioural observational systems. *Journal of Consulting and Clinical Psychology, 54,* 190–195.

Humphreys, G.W. (1999a). Integrative agnosia. In G.W. Humphreys (Ed.), *Case studies in the neuropsychology of vision.* Hove, UK: Psychology Press.

Humphreys, G.W., & Bruce, V. (1989). *Visual cognition: Computational, experimental, and neuropsychological perspectives.* Hove, UK: Psychology Press.

Humphreys, G.W., & Riddoch, M.J. (1984). Routes to object constancy: Implications from neurological impairments of object constancy. *Quarterly Journal of Experimental Psychology, 36A,* 385–415.

Humphreys, G.W., & Riddoch, M.J. (1985). Author corrections to "Routes to object constancy". *Quarterly Journal of Experimental Psychology, 37A,* 493–495.

Humphreys, G.W., & Riddoch, M.J. (1987). *To see but not to see: A case study of visual agnosia.* Hove, UK: Psychology Press.

Humphreys, G.W., & Riddoch, M.J. (1993). Interactions between object and space systems revealed through neuropsychology. In D.E. Meyer & S.M. Kornblum (Eds.), *Attention and performance XIV: Synergies in experimental psychology, artificial intelligence, and cognitive neuroscience.* London: MIT Press.

Humphreys, G.W., Riddoch, M.J., Quinlan, P.T., Price, C.J., & Donnelly, N. (1992). Parallel pattern processing in visual agnosia. *Canadian Journal of Psychology, 46,* 377–416.

Humphreys, P.W. (1999b). Culture-bound syndromes. *Psychology Review, 6,* 14–18.

Hunt, E., & Agnoli, F. (1991). The Whorfian hypothesis: A cognitive psychological perspective. *Psychological Review, 98,* 377–389.

Hunter, J.E. (1986). Cognitive ability, cognitive aptitude, job knowledge, and job performance. *Journal of Vocational Behavior, 29,* 340–362.

Huseman, R.C., Hatfield, J.D., & Miles, E.W (1987). A new perspective on equity theory: The equity sensitive construct. *Academy of Management Review, 12,* 222–234.

Huston, A.C. (1985). The development of sex typing: Themes from recent research. *Developmental Review, 5,* 1–17.

Huston, T.L., & Vangelisti, A.L. (1991). Socioemotional behavior and satisfaction in marital relationships: A longitudinal study. *Journal of Personality and Social Psychology, 61,* 721–733.

Huston, T.L., Caughlin, J.P., Houts, R.M., Smith, S.E., & George, L.J. (2001a). The connubial crucible: Newlywed years as predictors of marital delight, distress, and divorce. *Journal of Personality and Social Psychology, 80,* 237–252.

Huston, T.L., Niehuis, S., & Smith, S.E. (2001b). The early marital roots of conjugal distress and divorce. *Current Directions in Psychological Science, 10,* 116–119.

Huston, T.L., Ruggiero, M., Conner, R., & Geis, G. (1981). Bystander intervention into crime: A study based on naturally occurring episodes. *Social Psychology Quarterly, 44,* 14–23.

Hyde, J.S., & Durik, A.M. (2000). Gender differences in erotic plasticity—Evolutionary or sociocultural forces? Comment on Baumeister (2000). *Psychological Bulletin, 126,* 375–379.

Hyde, T.S., & Jenkins, J.J. (1973). Recall for words as a function of semantic, graphic, and syntactic orienting tasks. *Journal of Verbal Learning and Verbal Behavior, 12,* 471–480.

Imperato-McGinley, J., Guerro, L., Gautier, T., & Peterson, R.E. (1974). Steroid 5-reductase deficiency in man: An inherited form of male pseudohermaphroditism. *Science, 186,* 1213–1216.

Indefrey, P., & Levelt, W.J.M. (2000). The neural correlates of language production. In M. Gazzaniga (Ed.), *The new cognitive neurosciences* (2nd ed.). Cambridge, MA: MIT Press.

Inhelder, B., & Piaget, J. (1958). *The growth of logical thinking from childhood to adolescence.* London: Routledge & Kegan Paul.

Irwin, M., Lovitz, A., Marder, S.R., Mintz, J., Winslade, W.J., Van Putten, T., & Mills, M.J. (1985). Psychotic patients' understanding of informed consent. *American Journal of Psychiatry, 142,* 1351–1354.

Isawa, N. (1992). Postconventional reasoning and moral education in Japan. *Journal of Moral Education, 21,* 3–16.

Isenberg, D.J. (1986). Group polarization: A critical review and meta-analysis. *Journal of Personality and Social Psychology, 50,* 1141–1151.

Isozaki, M. (1994). Developmental change of self-evaluation maintenance process and childhood depression. *Japanese Journal of Psychology, 59,* 113–119.

Ito, T.A., Miller, N., & Pollock, V.E. (1996). Alcohol and aggression: A meta-analysis on the moderating effects of inhibitory cues, triggering events, and self-focused attention. *Psychological Bulletin, 120,* 60–82.

Ittelson, W.H. (1951). Size as a cue to distance: Static localisation. *American Journal of Psychology, 64,* 54–67.

Iverson, R.D., & Roy, P.K. (1994). A causal model of behavioural commitment: Evidence from a study of Australian blue-collar *employees. Journal of Management, 20,* 15–41.

Jackson, J.M., & Padgett, V.R. (1982). With a little help from my friend: Social loafing and the Lennon-McCartney songs. *Personality and Social Psychology Bulletin, 8,* 672–677.

Jackson, L.A., Sullivan, L.A., & Hodge, C.N. (1993). Stereotype effects on attributions, predictions, and evaluations: No two social judgements are quite alike. *Journal of Personality and Social Psychology, 65,* 69–84.

Jackson, S.R., & Shaw, A. (2000). The Ponzo illusion affects grip-force but not grip-aperture scaling during prehension movements. *Journal of Experimental Psychology: Human Perception and Performance, 26,* 418–423.

Jacobs, K.C., & Campbell, D.T. (1961). The perpetuation of an arbitrary tradition through several generations of a laboratory microculture. *Journal of Abnormal and Social Psychology, 62,* 649–658.

Jacoby, L.L., Debner, J.A., & Hay, J.F. (2001). Proactive interference, accessibility bias, and process dissociations: Valid subjective reports of memory. *Journal of Experimental Psychology: Learning, Memory, and Cognition, 27,* 686–700.

Jaeger, B., Ruggiero, G.M., Gomez-Peretta, C., Lang, R, Mohammadkhani, P., Sahleen-Veasey, C., Schomer, H., & Lamprecht, F. (2002). Body dissatisfaction and its interrelations with other risk factors for bulimia nervosa in 12 countries. *Psychotherapy and Psychosomatics, 71,* 54–61.

Jaffee, S., & Hyde, J.S. (2000). Gender differences in moral orientation: A meta-analysis. *Psychological Bulletin, 126,* 703–726.

James, W. (1890). *Principles of psychology.* New York: Holt.

Jang, K.L., Livesley, W.J., & Vernon, PA. (1996). Heritability of the Big Five personality dimensions and their facets: A twin study. *Journal of Personality, 64,* 577–591.

Janis, I. (1972). *Victims of groupthink: A psychological study of foreign-policy decisions and fiascos.* Boston: Houghton-Mifflin.

Janis, I. (1982). *Groupthink* (2nd ed.). Boston: Houghton Mifflin.

Jankowiak, J., & Albert, M.L. (1994). Lesion localisation in visual agnosia. In A. Kertesz (Ed.), *Localisation and neuroimaging in neuropsychology.* London: Academic

Press.

Jenkins, C.D., Hurst, M.W., & Rose, R.M. (1979). Life changes: Do people really remember? *Archives of General Psychiatry, 36,* 379–384.

Jenkins, H.M., Barrera, F.J., Ireland, C., & Woodside, B. (1978). Signal-centred action patterns of dogs in appetitive classical conditioning. *Learning and Motivation, 9,* 272–296.

Jensen, A.R. (1969). How much can we boost IQ and scholastic achievement? *Harvard Educational Review, 39,* 1–123.

Jensen, A.R. (1998). *The g factor: The science of mental ability.* Westport, CT: Praeger Publishers/Greenwood Publishing Group.

Jensen, J., Bergin, A., & Greaves, D. (1990). The meaning of eclecticism: New survey and analysis of components. *Professional Psychology: Research and Practice, 21,* 124–130.

Jockin, V., McGue, M., & Lykken, D.T. (1996). Personality and divorce: A genetic analysis. *Journal of Personality and Social Psychology, 71,* 288–299.

Johansson, G. (1975). Visual motion perception. *Scientific American, 232,* 76–89.

John, O.P., & Srivastava, S. (1999). The Big Five trait taxonomy: History, measurement, and theoretical perspectives. In L.A. Pervin & O.P. John (Eds.), *Handbook of personality: Theory and research* (2nd ed.). New York: Guilford Press.

Johnson, J.S., & Newport, E.L. (1989). Critical period effects in second language learning: The influence of maturational state on the acquisition of English as a second language. *Cognitive Psychology, 21,* 60–99.

Johnson, M.H., Dziurawiec, S., Ellis, H., & Morton, J. (1991). Newborns' preferential tracking of face-like stimuli and its subsequent decline. *Cognition, 40,* 1–19.

Johnson, M.K., Hashtroudi, S., & Lindsay, D.S. (1993). Source monitoring. *Psychological Bulletin, 114,* 3–28.

Johnson, R.D., & Downing, L.L. (1979). Deindividuation and valence of cues: Effects on prosocial and antisocial behavior. *Journal of Personality and Social Psychology, 37,* 1532–1538. Johnson-Laird, P.N. (1983). *Mental models.* Cambridge, UK: Cambridge University Press.

Johnson-Laird, P.N. (1999). Deductive reasoning. *Annual Review of Psychology, 50,* 109–135.

Johnson-Laird, P.N., & Byrne, R.M.J. (1991). *Deduction.* Hillsdale, NJ: Lawrence Erlbaum Associates Inc.

Johnson-Laird, P.N., & Goldvarg, Y. (1997). How to make the impossible seem possible. In *Proceedings of the 19th Annual Conference of the Cognitive Science Society.* Mahwah, NJ: Lawrence Erlbaum Associates Inc.

Johnson-Laird, P.N., Legrenzi, P., Girotto, V, Legrenzi, M.S., & Caverni, J.P. (1999). Naive probability: A mental model theory of extensional reasoning. *Psychological Review, 106,* 62–88.

Johnston, J., & Ettema, J.S. (1982). *Positive image: Breaking stereotypes with children's television.* Beverly Hills, CA: Sage.

Johnstone, L. (1989). *Users and abusers of psychiatry: A critical look at traditional psychiatric practice.* London: Routledge.

Jones, B. (1979). Elimination of paradoxical sleep by lesions of the pontine gigantocellular tegmental field in the cat. *Meuroscience Letters, 13,* 285–293.

Jones, E.E. (1998). Major developments in five decades of social psychology. In D.T. Gilbert, S.T. Fiske, & G. Lindzey (Eds.), *Handbook of social psychology* (Vol. 1, 4th ed., pp. 3–57). New York: McGraw-Hill.

Jones, E.E., & Davis, K.E. (1965). From acts to dispositions: The attribution process in person perception. In L. Berkowitz (Ed.), *Advances in Experimental Social Psychology, Vol. 2.* New York: Academic Press.

Jones, E.E., & Harris, V.A. (1967). The attribution of attitudes. *Journal of Experimental Social Psychology, 3,* 1–24.

Jones, E.E., & Nisbett, R.E. (1972). The actor and the observer: Divergent perceptions of the causes of behaviour. In E.E. Jones, D.E. Kanouse, H.H. Kelley, R.E. Nisbett, S. Vlins, & B. Weiner (Eds.), *Attribution: Perceiving the causes of behaviour.* Morristown, NJ: General Learning Press.

Jones, E.E., Rhodewalt, F., Berglas, S., & Skelton, J.A. (1981). Effects of strategic self-presentation on subsequent self-esteem. *Journal of Personality and Social Psychology, 41,* 407–421.

Jones, E.E., & Sigall, H. (1971). The bogus pipeline: A new paradigm for measuring affect and attitude. *Psychological Bulletin, 76,* 349–364.

Jones, M.C. (1925). A laboratory study of fear: The case of Peter. *Pedagogical Seminary, 31,* 308–315.

Jones, N.B. (1972). *Categories of child-child interaction: Ethological studies of child behaviour.* Cambridge, UK: Cambridge University Press.

Josephson, W.L. (1987). Television violence and children's aggression: Testing the priming, social script, and disinhibition predictions. *Journal of Personality and Social Psychology, 53,* 882–890.

Jouvet, M., & Renault, J. (1966). Insomnie persistante apres lesions des noyaux du raphe chez le chat. *Comptes Rendus du la Societe de Biologic (Paris), 160,* 1461–1465.

Judd, C.M., & Park, B. (1993). Definition and assessment of accuracy in social stereotypes. *Psychological Review, 100,* 109–128.

Judge, T.A., & Bono, J.E. (2001). Relationship of core self-evaluation traits—self-esteem, generalised self-efficacy, locus of control, and emotional stability—with job satisfaction and job performance: A meta-analysis. *Journal of Applied Psychology, 86,* 80–92.

Kagan, J. (1984). *The nature of the child.* New York: Basic Books.

Kagan, J., Kearsley, R.B., & Zeiazo, P.R. (1980). *Infancy: Its place in human development.* Cambridge, MA.: Harvard University Press.

Kahneman, D. (1973). *Attention and effort.* Upper Saddle River, NJ: Prentice Hall, Inc.

Kahneman, D., & Henik, A. (1979). Perceptual organisation and attention. In M. Kubovy & J.R. Pomerantz (Eds.), *Perceptual organisation.* Hillsdale, NJ: Lawrence Erlbaum Associates, Inc.

Kahneman, D., & Tversky, A. (1973). On the psychology of prediction. *Psychological Review, 80,* 237–251.

Kahneman, D., & Tversky, A. (1979). Intuitive prediction: Biases and corrective procedures. *TIMS Studies in Management Science, 12,* 313–327.

Kahneman, D., & Tversky, A. (1984). Choices, values and frames. *American Psychologist, 39,* 341–350.

Kahneman, D., Tversky, B., Shapiro, D., & Crider, A. (1969). Pupillary, heart rate and skin resistance changes during a mental task. *Journal of Experimental Psychology, 79,* 164–167.

Kako, E. (1999). Elements of syntax in the systems of three language-trained animals. *Animal Learning and Behavior, 27,* 26–27.

Kalat, J.W. (1998). *Biological psychology* (6th ed.). Pacific Grove, CA: Brooks/Cole Publishing Co.

Kalat, J.W. (2000). *Biological psychology* (7th ed.). Belmont, CA: Wadsworth.

Kalucy, R.S., Crisp, A.H., & Harding, B. (1977). A study of 56 families with anorexia nervosa. *British Journal of Medical Psychology, 50,* 381–395.

Kamin, L. (1981). *The intelligence controversy: H.J. Eysenck vs. Leon Kamin.* New York: Wiley.

Kamin, L.J. (1969). Predictability, surprise, attention and conditioning. In R. Campbell & R. Church (Eds.), *Punishment and aversive behaviour.* New York: Appleton-Century-Crofts.

Kaneko, H., & Uchikawa, K. (1997). Perceived angular and linear size: The role of binocular disparity and visual surround. *Perception, 26,* 17–27.

Kanfer, R., & Ackerman, P.L. (1989). Motivation and cognitive abilities: An integrative/aptitude-treatment interaction approach to skill acquisition. *Journal of Applied Psychology, 74,* 657–690.

Kanizsa, G. (1976). Subjective contours. *Scientific American, 234,* 48–52.

Kanner, A.D., Coyne, J.C., Schaefer, C., & Lazarus, R.S. (1981). Comparison of two modes of stress measurement: Daily hassles and uplifts versus major life events. *Journal of Behavioural Medicine, 4,* 1–39.

Kanner, L. (1943). Autistic disturbances of affective contact. *Nervous Child, 2,* 217–250.

Kanwisher, N., McDermott, J., & Chun, M.M. (1997). The fusiform face area: A module in human extrastriate cortex specialised for face perception. *Journal of Neuroscience, 9,* 605–610.

Kaplan, G.A., & Simon, H.A. (1990). In search of insight. *Cognitive Psychology, 22,* 374–419.

Kaplan, M. (1983). A woman's view of DSM-III. *American Psychologist, 38,* 786–792.

Kapur, N. (1999). Syndromes of retrograde amnesia: A conceptual and empirical synthesis. *Psychological Bulletin, 125,* 800–825.

Karasek, R.A. (1979). Job demands, job decision latitude, and mental strain: Implications for job redesign. *Administrative Science Quarterly, 24,* 285–308.

Karau, S.J., & Williams, K.D. (1993). Social loafing: A meta-analytic review and theoretical integration. *Journal of Personality and Social Psychology, 65,* 681–706.

Karney, B.R., & Bradbury, T.N. (1995). The longitudinal course of marital quality and stability: A review of theory, method, and research. *Psychological Bulletin, 118,* 3–34.

Kashima, Y., & Kashima, E.S. (2003). Individualism, GNP, climate, and pronoun drop: Is individualism determined by affluence and climate, or does language use play a role? *Journal of Cross-Cultural Psychology, 34,* 125–134.

Kashima, Y., Siegal, M., Tanaka, K., & Kashima, E.S. (1992). Do people believe behaviours are consistent with attitudes? Towards a cultural psychology of attribution processes. *British Journal of Social Psychology, 31,* 111–124.

Kashima, Y., & Triandis, H.C. (1986). The self-serving bias in attributions as a coping strategy: A cross-cultural study.

Journal of Cross-Cultural Psychology, 17, 83–97.

Katigbak, M.S., Church, A.T., Guanzon-Lapensa, M.A., Carlota, A.J., & del Pilar, G.H. (2002). Are indigenous personality dimensions culture specific? Philippine inventories and the Five-Factor model. *Journal of Personality and Social Psychology, 82,* 89–101.

Katz, D., & Braly, K.W. (1933). Racial stereotypes of one hundred college students. *Journal of Abnormal and Social Psychology, 28,* 280–290.

Katz, P., & Zigler, E. (1967). Self-image disparity: A developmental approach. *Journal of Personality and Social Psychology, 5,* 186–195.

Kay, J., & Ellis, A.W. (1987). A cognitive neuropsychological case study of anomia: Implications for psychological models of word retrieval. *Brain, 110,* 613–629.

Kay, J., & Marcel, T. (1981). One process not two in reading aloud: Lexical analogies do the work of nonlexical rules. *Quarterly Journal of Experimental Psychology, 39A,* 29–41.

Keane, M.T. (1987). On retrieving analogues when solving problems. *Quarterly Journal of Experimental Psychology, 39A,* 29–41.

Keane, T.M., Fairbank, J.A., Caddell, J.M., Zimmering, R.T., & Gender, M. (1985). A behavioural approach to assessing and treating posttraumatic stress disorder in Vietnam veterans. In C.R. Figley (Ed.), *Trauma and its wake: The study and treatment of post-traumatic stress disorder.* New York: Brunner/Mazel.

Keehn, R.J., Goldberg, I.D., & Beebe, G.W. (1974). Twenty-four-year mortality follow-up of army veterans with disability separations for psychoneurosis in 1944. *Psychosomatic Medicine, 36,* 27–46.

Keesey, R.E., & Boyle, P.C. (1973). Effects of quinine adulteration upon body weight of LH-lesioned and intact male rats. *Journal of Comparative and Physiological Psychology, 84,* 38–46.

Keiley, M.K., Bates, J.E., Dodge, K.A., & Pettit, G.S. (2000). A cross-domain growth analysis: Externalising and internalising behaviours during 8 years of childhood. *Journal of Abnormal Child Psychology, 28,* 161–179.

Keller, H., Scholmerich, A., & Eibl-Eibesfeldt, I. (1988). Communication patterns in adult-infant interactions in Western and non-Western cultures. *Journal of Cross-Cultural Psychology, 19,* 427–445.

Keiley, H.H. (1950). The warm-cold variable in first impressions of people. *Journal of Personality, 18,* 431–439.

Keiley, H.H. (1967). Attribution theory in social psychology. In D. Levine (Ed.), *Hebraska symposium on motivation, Vol. 15.* Lincoln, NE: University of Nebraska Press.

Keiley, H.H. (1973). The processes of causal attribution. *American Psychologist, 28,* 107–128.

Kellman, P.J. (1996) The origins of object perception. In R. Gelman & T.K.F. Au (Eds.), *Perceptual and cognitive development.* New York: Academic Press.

Kellman, P.J., & Speike, E.S. (1983). Perception of partly occluded objects in infancy. *Cognitive Psychology, 15,* 483–524.

Kellogg, R.T. (1994). *The psychology of writing.* Oxford: Oxford University Press.

Keltner, D., & Gross, J.J. (1999). Functional accounts of emotions. *Cognition and Emotion, 13,* 467–480.

Kendall, P.C., & Hammen, C. (1998). *Abnormal psychology: Understanding human problems* (2nd ed.). New York: Houghton Mifflin.

Kendler, K.S. (1995). Adversity, stress and psychopathology: A psychiatric genetic perspective. *International Journal of Method in Psychiatric Research, 5,* 163–170.

Kendler, K.S., Karkowski, L.M., & Prescott, C.A. (1999). Fears and phobias: Reliability and heritability. *Psychological Medicine, 29,* 539–553.

Kendler, K.S., Maclean, C., Neale, M., Kessler, R., Heath, A., & Eaves, L. (1991). The genetic epidemiology of bulimia nervosa. *American Journal of Psychiatry, 148,* 1627–1637.

Kendler, K.S., Neale, M.C., Kessler, R.C., Heath, A.C., & Eaves, L.J. (1992). A population-based twin study of major depression in women: The impact of varying definitions of illness. *Archives of General Psychiatry, 49,* 257–266.

Kendler, K.S., Neale, M.C., Kessler, R.C., Heath, A.C., & Eaves, L.J. (1993). Panic disorder in women: A population-based twin study. *Psychological Medicine, 23,* 397–406.

Kendler, K.S., Neale, M.C., Prescott, C.A., Kessler, R.C., Heath, A.C., Corey, L.A., & Eaves, L.J. (1996). Childhood parental loss and alcoholism in women: A causal analysis using a twin-family design. *Psychological Medicine, 26,* 79–95.

Kendler, K.S., Pedersen, N.L., Farahmand, B.Y, & Persson, P.G. (1996). The treated incidence of psychotic and affective illness in twins compared with population expectation: A study in the Swedish Twin and Psychiatric Registries. *Psychological Medicine, 26,* 1135–1144.

Kenealy, P.M. (1997). Mood-state-dependent retrieval: The effects of induced mood on memory reconsidered.

Quarterly Journal of Experimental Psychology A, 50, 290–317.

Kennedy, J. (1982). Middle LPC leaders and the contingency model of leader effectiveness. *Organizational Behavior and Human Performance, 30,* 1–14.

Kenrick, D.T. (2001). Evolutionary psychology, cognitive science, and dynamical systems: Building an integrative paradigm. *Current Directions in Psychological Science, 10,* 13–17.

Keppel, G., & Underwood, B. (1962). Proactive inhibition in short-term retention or single items. *Journal of Verbal Learning and Verbal Behaviour, 1,* 153–161.

Kessler, R.C. (1997). The effects of stressful life events on depression. *Annual Review of Psychology, 48,* 191–214.

Kettlewell, H.B.D. (1955). Selection experiments on industrial melanism in the Lepidoptera. *Heredity, 9,* 323–342.

Kety, S.S. (1974). From rationalisation to reason. *American Journal of Psychiatry, 131,* 957–963.

Keuthen, N. (1980). *Subjective probability estimation and somatic structures in phobic individuals.* Unpublished manuscript, State University of New York at Stony Brook.

Keysar, B., & Henly, A.S. (2002). Speakers' overestimation of their effectiveness. *Psychological Science, 13,* 207–212.

Kiecolt-Glaser, J.K., Garner, W., Speicher, C.E., Penn, G.M., Holliday, J., & Glaser, R. (1984). Psychosocial modifiers of immunocompetence in medical students. *Psychosomatic Medicine, 46,* 7–14.

Kiecolt-Glaser, J.K., Marucha, P.T., Atkinson, C., & Glaser, R. (2001). Hypnosis as a modulator of cellular immune dysregulation during acute stress. *Journal of Consulting and Clinical Psychology, 69,* 674–682.

Kiecolt-Glaser, R., Rice, J., Speicher, C.E., Stout, J.C., & Kiecolt-Glaser, J. (1986). Stress depresses interferon production by leucocytes concomitant with a decrease in natural killer cell activity. *Behavioural neuroscience, 100,* 675–678.

Kilpatrick, F.P., & Ittelson, W.H. (1953). The size-distance invariance hypothesis. *Psychological Review, 60,* 223–231.

Kim, H., & Markus, H.R. (1999). Uniqueness or deviance, harmony or conformity: A cultural analysis. *Journal of Personality and Social Psychology, 77,* 785–800.

Kimble, D.P, Robinson, T.S., & Moon, S. (1980). *Biological psychology.* New York: Holt, Reinhart, & Winston.

Kimble, D.P., Robinson, T.S., & Moon, S. (1992). *Biological Psychology* (2nd ed.). Orlando, FL: Harcourt Brace Jovanovich.

Kimchi, R. (1992). Primacy of wholistic processing and global/local paradigm: A critical review. *Psychological Bulletin, 112,* 24–38.

King, B.M., Smith, R.L., & Frohman, L.A. (1984). Hyperinsulinemia in rats with ventromedial hypothalamic lesions: Role of hyperphagia. *Behavioral Neuroscience, 98,* 152–155.

King, W.C., Jr., Miles, E.W., & Day, D.D. (1993). A test and refinement of the equity sensitivity construct. *Journal of Organizational Behavior, 14,* 301–317.

Kinnunen, T., Zamanky, H.S., & Block, M.L. (1995). Is the hypnotised subject lying? *Journal of Abnormal Psychology, 103,* 184–191.

Kintsch, W. (1988). The role of knowledge in discourse comprehension: A construction-integration model. *Psychological Review, 95,* 163–182.

Kintsch, W. (1994). The psychology of discourse processing. In M.A. Gernsbacher (Ed.), *Handbook of psycholinguistics.* London: Academic Press.

Kintsch, W., Welsch, D., Schmalhofer, F., & Zimny, S. (1990). Sentence memory: A theoretical analysis. *Journal of Memory and Language, 29,* 133–159.

Kirby, K.N. (1994). Probabilities and utilities of fictional outcomes in Wason's four-card selection task. *Cognition, 51,* 1–28.

Kirkpatrick, S.A., & Locke, E.A. (1996). Direct and indirect effects of three core charismatic leadership components on performance and attitudes. *Journal of Applied Psychology, 81,* 36–51.

Kirschenbaum, H., & Henderson, V.L. (Eds.). (1990). *The Carl Rogers Reader.* London: Constable.

Kisilevsky, B.S., Hains, S.M.J., Lee, K., Xie, X., Huang, H., Ye, H.H., & Wang, Z. (2003). Effects of experience on foetal voice recognition. *Psychological Science, 14,* 220–224.

Kitayama, S., Duffy, S., Kawamura, T., & Larsen, J.T. (2003). Perceiving an object and its context in different cultures: A cultural look at new look. *Psychological Science, 14,* 201–206.

Kitayama, S., Markus, H.R., Matsumoto, H., & Norasakkunkit, V. (1997). Individual and collective processes of self-esteem management: Self-enhancement in the United States and self-depreciation in Japan. *Journal of Personality and Social Psychology, 72,* 1245–1267.

Kitsantas, A. (2000). The role of self-regulation strategies and self-efficacy perceptions in successful weight loss maintenance. *Psychology and Health, 15,* 811–820.

Klaus, M.H., & Kennell, J.H. (1976). *Parent-infant bonding.* St. Louis, MO: Mosby.

Klayman, J., & Ha, Y.-W. (1987). Confirmation, disconfirmation and information in hypothesis testing. *Psychological Review, 94,* 211–228.

Klein, H.J., Wesson, M.J., Hollenbeck, J.R., & Alge, B.J. (1999). Goal commitment and the goal-setting process: Conceptual clarification and empirical synthesis. *Journal of Applied Psychology, 84,* 885–896.

Klein, K.E., Wegman, H.M., & Hunt, B.I. (1972). Desynchronisation of body temperature and performance circadian rhythm as a result of outgoing and homegoing transmeridian flights. *Aerospace Medicine, 43,* 119–132.

Kleiner, L., & Marshall, W.L. (1987). The role of interpersonal problems in the development of agoraphobia with panic attacks. *Journal of Anxiety Disorders, 1,* 313–323.

Kleinman, A., & Cohen, A. (1997, March). Psychiatry's global challenge. *Scientific American,* pp.74–77.

Kleinmuntz, B. (1974). *Essentials of abnormal psychology.* New York: Harper & Row.

Kline, P. (1981). *Fact and fantasy in Freudian theory.* London: Methuen.

Kline, P., & Storey, R. (1977). A factor analytic study of the anal character. *British Journal of Social and Clinical Psychology, 16,* 317–328.

Klohnen, E.G., & Bera, S. (1998). Behavioural and experiential patterns of avoidantly and securely attached women across adulthood: A 31-year longitudinal perspective. *Journal of Personality and Social Psychology, 74,* 211–223.

Kluver, H., & Bucy, P.C. (1937). "Psychic blindness" and other symptoms following bilateral temporal lobectomy. *American Journal of Physiology, 119,* 352–353.

Kluver, H., & Bucy, P. (1939). Preliminary analysis of functions of the temporal lobes in monkeys. *Archives of Neurology and Psychiatry, 42,* 979–1000.

Knoblich, G., Ohisson, S., Haider, H., & Rhenius, D. (1999). Constraint relaxation and chunk decomposition in insight problem solving. *Journal of Experimental Psychology: Learning, Memory, and Cognition, 25,* 1534–1555.

Knowlton, B.J., Ramus, S.J., & Squire, L.R. (1992). Intact artificial grammar learning in amnesia: Dissociation of classification learning and explicit memory for specific instances. *Psychologica Science, 3,* 172–179.

Knox, J.V., Morgan, A.H., & Hilgard, E.R. (1974). Pain and suffering in ischemia: The paradox of hypnotically suggested anaesthesia as contradicted by reports from the "hidden-observer". *Archives of General Psychiatry, 30,* 840–847.

Kochanska, G., de Vet, K., Goldman, M., Murray, K., & Putnam, S.P (1994). Maternal reports of conscience development and temperament in young children. *Child Development, 65,* 852–868.

Koedinger, K.R., & Anderson, J.R. (1990). Abstract planning and perceptual chunks: Elements of expertise in geometry. *Cognitive Science, 14,* 511–550.

Koehler, J.J. (1996). The base rate fallacy reconsidered: Descriptive, normative, and methodological challenges. *Behavioral and Brain Sciences, 19,* 1–53.

Koffka, K. (1935). *Principles of Gestalt psychology.* New York: Harcourt Brace.

Kohlberg, L. (1963). Development of children's orientations toward a moral order. *Vita Humana, 6,* 11–36.

Kohlberg, L. (1966). A cognitive-development analysis of children's sex-role concepts and attitudes. In E.E. Maccoby (Ed.), *The development of sex differences.* Stanford, CA: Stanford University Press.

Kohlberg, L. (1975). The cognitive-developmental approach to moral education. *Phi Delta Kappan,* June, 670–677.

Kohlberg, L. (1976). Moral stages and moralization. In T. Likona (Ed.), *Moral development and behaviour.* New York: Holt, Rinehart, & Winston.

Kohlberg, L. (1981). Essays *on moral development: Vol. 1. The philosophy of moral development.* San Francisco: Harper & Row.

Kohler, I. (1962). Experiments with goggles. *Scientific American, 206,* 62–72.

Kohler, S., & Moscovitch, M. (1997). Unconscious visual processing in neuropsychological syndromes: A survey of the literature and evaluation of models of consciousness. In M.D. Rugg (Ed.), *Cognitive neuroscience.* Hove, UK: Psychology Press.

Kohler, W. (1925). *The mentality of apes,.* New York: Harcourt Brace & World.

Kohut, H. (1977). *The restoration of the self.* Madison, CT: International Universities Press.

Kolb, B., & Whishaw, I.Q. (2001). *An introduction to brain and behaviour.* New York: Worth.

Koluchová, J. (1976). The further development of twins after severe and prolonged deprivation: A second report. *Journal of Child Psychology and Psychiatry, 17,* 181–188.

Koob, G.F., Markou, A., Weiss, F., & Schulteis, G. (1993). Opponent process and drug dependence: Neurobiological mechanisms. *Seminars in Neurosciences, 5,* 351–358.

Kopta, S.M., Lueger, R.J., Saunders, S.M., & Howard, K.I. (1999). Individual psychotherapy outcome and process research: Challenges leading to greater turmoil or a positive transition? *Annual Review of Psychology, 50,* 441–469.

Korchmaros, J.D., & Kenny, D.A. (2001). Emotional closeness as a mediator of the effect of genetic relatedness on altruism. *Psychological Science, 12,* 262–265.

Koriat, A., & Goldsmith, M. (1996). Monitoring and control processes in the strategic regulation of memory accuracy. *Psychological Review, 103,* 490–517.

Korsakoff, S.S. (1889). Uber eine besonderes Form psychischer Storung, kombiniert mit multiplen Neuritis. *Archiv für Psychiatric und Nervenkrankheiten, 21,* 669–704.

Kosslyn, S.M., Thompson, W.L., Costantini-Ferrando, M.F, Alpert, N.M., & Spiegel, D. (2000). Hypnotic visual illusion alters colour processing in the brain. *American Journal of Psychiatry, 157,* 1279–1284.

Kowalski, R.M., & Leary, M.R. (1990). Strategic self-presentation and the avoidance of aversive events: Antecedents and consequences of self-enhancement and self-depreciation. *Journal of Experimental Social Psychology, 26,* 322–336.

Kraft, J.M., & Brainard, D.H. (1999). Mechanisms of colour constancy under nearly natural viewing. *Proceedings of the National Academy of Sciences, USA, 96,* 307–312.

Kramer, R.M. (1998). Revisiting the Bay of Pigs and Vietnam decisions 25 years later: How well has the groupthink hypothesis stood the test of time? *Organizational Behavior and Human Decision Processes, 73,* 236–271.

Kraus, S.J. (1995). Attitudes and the prediction of behaviour: A meta-analysis of the empirical literature. *Personality and Social Psychology Bulletin, 21,* 58–75.

Krebs, J.R., & Davies, N.B. (1993). *An introduction to behavioural ecology* (3rd ed.). Oxford, UK: Blackwell.

Krevans, J., & Gibbs, J.C. (1996). Parents' use of inductive discipline: Relations to children's empathy and prosocial behavior. *Child Development, 67,* 3263–3277.

Kroon, M.B.R., t'Hart, P., & van Kreveld, D. (1991). Managing group decision making processes: Individual versus collective accountability and groupthink. *International Journal of Conflict Management, 2,* 91–115.

Krueger, R.F., Hicks, B.M., & McGue, M. (2001). Altruism and anti-social behaviour: Independent tendencies, unique personality correlates, distinct aetiologies. *Psychological Science, 12,* 397–402.

Krugalanski, A.W., & Webster, D.M. (1996). Motivated closing of the mind: "Seizing" and "freezing". *Psychological Review, 103,* 263–283.

Krupnick, J.L., Sotsky, S.M., Simmens, S., Moyer, J., Elkin, I., Watkins, J., & Pilkonis, P.A. (1996). The role of the therapeutic alliance in psychotherapy and pharmacotherapy outcome: Findings in the National Institute of Mental Health Treatment of Depression Collaborative Research Program. *Journal of Consulting and Clinical Psychology, 64,* 532–539.

Kuhar, M.J., Ritz, M.C., & Boja, J.W. (1991). Cocaine and dopamine reward. *Trends in Neurosciences, 14,* 229–232.

Kuhlman, D.M., & Marshello, A.F. (1975). Individual differences in game motivation as moderators of preprogrammed strategic effects in prisoner's dilemma. *Journal of Personality and Social Psychology, 32,* 922–931.

Kuhn, D. (1995). Microgenetic study of change: What has it told us? *Psychological Science, 6,* 133–139.

Kuhn, T.S. (1962). *The structure of scientific revolutions.* Chicago: Chicago University Press.

Kuhn, T.S. (1977). *The essential tension: Selected studies in scientific tradition and change.* Chicago: Chicago University Press.

Kunda, Z., & Oleson, K.C. (1995). Maintaining stereotypes in the face of disconfirmation: Constructing grounds for subtyping deviants. *Journal of Personality and Social Psychology, 68,* 565–579.

Künnapas, T.M. (1968). Distance perception as a function of available visual cues. *Journal of Experimental Psychology, 77,* 523–529.

Kutnick, P.J., & Brees, P. (1982). The development of co-operation: Explorations in cognitive and moral competence and social authority. *British Journal of Educational Psychology, 52,* 361–365.

Kvavilashvili, L., & Ellis, J. (in press). Ecological validity and twenty years of real-life/laboratory controversy in memory research: A critical (and historical) review. *History and Philosophy of Psychology.*

La Freniere, P., Strayer, F.F., & Gauthier, R. (1984). The emergence of same-sex affiliative preferences among preschool peers: A developmental/aetiological perspective. *Child Development, 55,* 1958–1965.

LaBerge, D. (1983). Spatial extent of attention to letters and words. *Journal of Experimental Psychology: Human Perception and Performance, 9,* 371–379.

LaBerge, S., Greenleaf, W., & Kedzierski, B. (1983). Physiological responses to dreamed sexual activity during lucid REM sleep. *Psychophysiology, 20*, 454–455.

Lacey, J.I. (1967). Somatic response patterning and stress: Some revisions of the activation theory. In M.H. Appley & R. Trumbull (Eds.), *Psychological stress: Issues in research*. New York: Appleton-Century-Crofts.

Ladd, G.W. (1990). Having friends, keeping friends, making friends, and being liked by peers in the classroom: Predictors of children early school adjustment? *Child Development, 61*, 1081–1100.

Lader, M., & Scotto, J.C. (1998). A multicentre double-blind comparison of hydroxyzine, buspirone and placebo in patients with generalized anxiety disorder. *Psychopharmacology, 139*, 402–406.

Lafferty, P., Beutler, L.E., & Crago, M. (1989). Differences between more and less effective psychotherapists: A study of select therapist variables. *Journal of Consulting and Clinical Psychology, 57*, 76–80.

Laine, M., Salmelin, R., Helenius, P., & Marttila, R. (2000). Brain activation during reading in deep dyslexia: An MEG study. *Journal of Cognitive Neuroscience, 12*, 622–634.

Lalljee, M. (1981). Attribution theory and the analysis of explanations. In C. Antaki (Ed.), *The psychology of ordinary explanations of social behaviour*. London: Academic Press.

Lam, R.W., Tarn, E.M., Shiah, I.S., Yatham, L.N., & Zis, A.P. (2000). Effects of light therapy on suicidal ideation in patients with winter depression. *Journal of Clinical Psychiatry, 61*, 30–32.

Lambert, M., & Bergin, A.E. (1994). The effectiveness of psychotherapy. In A.E. Bergin & S.L. Garfield (Eds.), *Handbook of psychotherapy and behavior change* (4th ed., pp. 143–189). New York: Wiley.

Lambert, R.G., & Lambert, M.J. (1984). The effects of role preparation for psychotherapy on immigrant clients seeking mental health services in Hawaii. *Journal of Community Psychology, 12*, 263–275.

Lambon Ralph, M.A., Sage, K., & Roberts, J. (2000). Classical anomia: A neuropsychological perspective on speech production. *Neuropsychologia, 38*, 186–202.

Lamont, A.M. (2001). Retrieved from www.le.ac.uk/pc/aml11/babies.html

Land, E.H. (1977). The retinex theory of colour vision. *Scientific American, 237*, 108–128.

Land, E.H. (1986). Recent advances in retinex theory. *Vision Research, 26*, 7–21.

Lang, P.J. (1971). The application of psychophysiological methods to the study of psychotherapy and behaviour modification. In A. Bergin & S. Garfield (Eds.), *Handbook of psychotherapy and behaviour change*. Chichester, UK: Wiley.

Lang, P.J. (1985). The cognitive psychophysiology of emotion: Fear and anxiety. In A.H. Tuma & J. Maser (Eds.), *Anxiety and the anxiety disorders*. Hillsdale, NJ: Lawrence Erlbaum Associates, Inc.

Langlois, J.H., Kalakanis, L., Rubenstein, A.J., Larson, A., Hallam, M., & Smoot, M. (2000). Maxims or myths of beauty? A meta-analytic and theoretical review. *Psychological Review, 126*, 390–423.

Langlois, J.H., Roggman, L.A., & Musselman, L. (1994). What is average and what is not average about attractive faces. *Psychological Science, 5*, 214–220.

LaPiere, R.T. (1934). Attitudes vs. actions. *Social Forces, 13*, 230–237.

Larivee, S., Normandeau, S., & Parent, S. (2000). The French connection: Some contributions of French-language research in the post-Piagetian era. *Child Development, 71*, 823.

Larsen, J.D., Baddeley, A., & Andrade, J. (2000). Phonological similarity and the irrelevant speech effect: Implications for models of short-term verbal memory. *Memory, 8*, 145–157.

Larson, R.W., Richards, M.H., Moneta, G., Holmbeck, G., & Duckett, E. (1996). Changes in adolescents' daily interactions with their families from ages 10 to 18: Disengagment and transformation. *Developmental Psychology, 32*, 744–754.

Larzelere, R.E. (2000). Child outcomes of nonabusive and customary physical punishment by parents: An updated literature review. *Clinical Child and Family Psychology Review, 3*, 199–221.

Lashley, K.S., Chow, K.L., & Semmes, J. (1951). An examination of the electrical field theory of cerebral integration. *Psychological Review, 58*, 123–136.

Lassiter, G.D. (2000). The relative contributions of recognition and search-evaluation processes to high-level chess performance: Comment on Gobet and Simon. *Psychological Science, 11*, 172–173.

Latané, B., & Darley, J.M. (1970). *The unresponsive bystander: Why doesn't he help?* Englewood Cliffs, NJ: Prentice-Hall.

Latané, B., Williams, K., & Harkins, S. (1979). Many hands make light the work: The causes and consequences of social loafing. *Journal of Personality and Social Psychology, 37*, 823–832.

Latham, G.P., & Yukl, G.A. (1975). Assigned versus participative goal setting with educated and uneducated woods workers. *Journal of Applied Psychology, 60,* 299–302.

Lau, J., Antman, E.M., Jimenez-Silva, J., Kuperlnik, B., Mostpeller, F., & Chalmers, T.C. (1992). Cumulative meta-analysis of therapeutic trials for myocardial infarction. *New England Journal of Medicine, 327,* 248–254.

Lavie, P. (2001). Sleep-wake as a biological rhythm. *Annual Review of Psychology, 52,* 277–303.

Lavin, J.H., Wittert, G., Sun, W.M., Horowitz, M., Morley, J.E., & Read, N.W. (1996). Appetite regulation by carbohydrate: Role of blood glucose and gastrointestinal hormones. *American Journal of Physiology—Endocrinology and Metabolism, 271,* 209–214.

Lazar, I., & Darlington, R. (1982). Lasting effects of early education: A report from the Consortium for Longitudinal Studies. *Monographs of the Society for Research in Child development, 47.*

Lazarus, A.A., & Messer, S.B. (1991). Does chaos prevail? An exchange on technical eclecticism and assimilative integration. *Journal of Psychotherapy Integration, 1,* 143–158.

Lazarus, R.S. (1982). Thoughts on the relations between emotion and cognition. *American Psychologist, 37,* 1019–1024.

Lazarus, R.S. (1991). *Emotion and adaptation.* Oxford, UK: Oxford University Press.

Lazarus, R.S. (1993). Coping theory and research: Past, present, and future. *Psychosomatic Medicine, 55,* 234–247.

Lazarus, R.S., & Launier, R. (1978). Stress related transactions between person and environment. In L.A. Pervin & M. Lewis (Eds.), *Perspectives in interactional psychology.* New York: Plenum.

Le Bon, G. (1895). *The crowd.* London: Ernest Benn.

Le, A.D., Poulos, C.X., & Cappell, H. (1979). Conditioned tolerance to the hypothalamic effect of ethyl alcohol. *American Association for the Advancement of Science, 206,* 1109–1110.

Lea, W.A. (1973). An approach to syntactic recognition without phonemics. *IEEE Transactions on Audio and Electroacoustics, AU-21,* 249–258.

Leake, J. (1999). Scientists teach chimpanzees to speak English. *Sunday Times.*

LeDoux, J.E. (1992). Brain mechanisms of emotion and emotional learning. *Current Opinions in Heurobiology, 2,* 191–198.

LeDoux, J.E. (1996). *The emotional brain: The mysterious underpinnings of emotional life.* New York: Simon & Schuster.

Lee, D.N. (1980). Visuo-motor coordination in space-time. In G.E. Stelmach & J. Requin (Eds.), *Tutorials in motor behaviour.* Amsterdam: North-Holland.

Lee, H. (1997). *Virginia Woolf.* London: Vintage.

Lee, L. (1984). Sequences in separation: A framework for investigating endings of the personal (romantic) relationship. *Journal of Social and Personal Relationships, 1,* 49–74.

Lee, P.N. (1991). Personality and disease: A call for replication. *Psychological Inquiry, 2,* 242–247.

Lee, S. (1994). The heterogeneity of stealing behaviors in Chinese patients with anorexia nervosa in Hong Kong. *Journal of Nervous and Mental Disease, 182,* 304–307.

Lee, V.E., Brooks-Gunn, J., Schnur, E., & Liaw, F. (1990). Are Head Start effects sustained? A longitudinal follow-up comparison of disadvantaged children attending Head Start, no preschool, and other preschool programmes. *Child Development, 61,* 495–507.

Leibowitz, S.F., Hammer, N.J., & Chang, K. (1981). Hypothalamic paraventricular nucleus lesions produce overeating and obesity in the rat. *Physiology and Behavior, 27,* 1031–1040.

Lemerise, E.A., & Arsenio, W.F. (2000). An integrated model of emotion processes and cognition in social information processing. *Child Development, 71,* 107–118.

Lemyre, L., & Smith, P.M. (1985). Intergroup discrimination and self-esteem in the minimal group paradigm. *Journal of Personality and Social Psychology, 49,* 660–670.

Lenneberg, E.H. (1967). *The biological foundations of language.* New York: Wiley.

Lennie, P. (1998). Single units and visual cortical organisation. *Perception, 27,* 889–935.

Leon, G.R. (1984). *Case histories of deviant behaviour* (3rd ed.). Boston: Allyn & Bacon.

Lepage, M., Ghaffar, O., Nyberg, L., & Tulving, E. (2000). Prefrontal cortex and episodic memory retrieval mode. *Proceedings of the National Academy of Sciences, USA, 97,* 506–511.

Lesar, T.S., Briceland, L., & Stein, D.S. (1997). Factors related to errors in medication prescribing. *Journal of the American Medical Association, 277,* 312–317.

Leslie, A.M. (1987). Pretence and representation: The origins of "theory of mind". *Psychological Review, 94,* 412–426.

Leslie, A.M. (1994). ToMM, ToBY and Agency: Core architecture and domain specificity. In L.A. Hirschfeld & S.A. Gelman (Eds.), *Mapping the mind.* New York:

Cambridge.

Leslie, A.M., & Thaiss, L. (1992). Domain specificity in conceptual development: Neuropsychological evidence from autism. *Cognition, 43,* 225–251.

LeVay, S. (1993). *The sexual brain.* Cambridge, MA: MIT Press.

Levelt, W.J.M. (1989). *Speaking: From intention to articulation.* Cambridge, MA: MIT Press.

Levelt, W.J.M., Roelofs, A., & Meyer, A.S. (1999a). A theory of lexical access in speech production. *Behavioral and Drain Sciences, 22,* 1–38.

Levelt, W.J.M., Roelofs, A., & Meyer, A.S. (1999b). Multiple perspectives on word production. *Behavioral and Brain Sciences, 22,* 61–75.

Levenson, R.W. (1999). The intrapersonal functions of emotions. *Cognition and Emotion, 13,* 481–504.

Levenson, R.W., & Ekman, P., & Friesen, W.V. (1990). Voluntary action generates emotion-specific autonomic nervous-system activity. *Psychophysiology, 27,* 363–384.

Leventhal, A.G., Thompson, K.G., Liu, D., Zhou, Y., & Ault, S.J. (1995). Concomitant sensitivity to orientation, direction, and colour of cells in layers 2, 3, and 4 of monkey striate cortex. *Journal of Neuroscience, 15,* 1808–1818.

Leventhal, H.R. (1970). Findings and theory in the study of fear communications. In L. Berkowitz (Ed.), *Advances in experimental social psychology. Vol. 5.* New York: Academic Press.

Leventhal, H.R., Singer, P., & Jones, S. (1965). Effects of fear and specificity of recommendations upon attitudes and behaviour. *Journal of Personality and Social Psychology, 2,* 20–29.

Levine, J., Warrenburg, S., Kerns, R., Schwartz, G., Delaney, R., Fontana, A., Gradman, A., Smith, S., Allen, S., & Cascione, R. (1987). The role of denial in recovery from coronary heart disease. *Psychosomatic Medicine, 49,* 109–117.

Levine, J.M., Moreland, R.L., & Ryan, C.S. (1998). Group socialization and intergroup relations. In C. Sedikides, J. Schopler, & C.A. Insko (Eds.), *Intergroup cognition and intergroup behavior* (pp. 283–308). Mahwah, NJ: Lawrence Erlbaum Associates, Inc.

Levine, M. (2002). *'Walk on by?* [Relational Justice Bulletin]. Cambridge, UK: Relationships Foundation.

Levine, R., Sato, S., Hashimoto, T., & Verma, J. (1995). Love and marriage in eleven cultures. *Journal of Cross-Cultural Psychology, 26,* 554–571.

Levinger, G. (1976). A social psychological perspective on marital dissolution. *Journal of Social Issues, 32,* 21–47.

Levinger, G. (1999). Duty toward whom? Reconsidering attractions and barriers as determinants of commitment in a relationship. In J.M. Adams & W.H. Warren (Eds.), *Handbook of interpersonal commitment and relationship stability: Perspectives on individual differences.* Dordrecht, The Netherlands: Kluwer Academic Publishers.

Levinson, S.C., Kita, S., Haun, D.B.M., & Rasch, B.H. (2002). Returning the tables: Language affects spatial reasoning. *Cognition, 84,* 155–188.

Lewin, K., Lippitt, R., & White, R. (1939). Patterns of aggressive behaviour in experimentally created "social climates". *Journal of Social Psychology, 10,* 271–299.

Lewinsohn, P.M., Joiner, T.E., Jr., & Rohde, P. (2001). Evaluation of cognitive diathesis-stress models in predicting major depressive disorder in adolescents. *Journal of Abnormal Psychology, 110,* 203–215.

Lewinsohn, P.M., Steimetz, J.L., Larsen, D.W., & Franklin, J. (1981). Depression related cognitions: Antecedent or consequences? *Journal of Abnormal Psychology, 90,* 213–219.

Lewis, C., & Osborne, A. (1990). Three-year olds' problems with false belief: Conceptual deficit or linguistic artifact? *Child Development, 61,* 1514–1519.

Lewis, M. (1990). Social knowledge and social development. *Merrill-Palmer Quarterly, 36,* 93–116.

Lewis, M., & Brooks-Gunn, J. (1979). *Social cognition and the acquisition of self.* New York: Plenum.

Lewis, M., & Howland-Jones, J.M. (2000). *Handbook of emotions* (2nd ed.). New York: Guilford Press.

Lewis, M., Sullivan, M.W., Stanger, C., & Weiss, M. (1989). Self-development and self-conscious emotions. *Child Development, 60,* 146–156.

Lewis, R.A., & Spanier, G.B. (1979). Theorizing about the quality and stability of marriage. In W.R. Burr, R. Hill, F.I. Nye, & I.L. Reiss (Eds.), *Contemporary theories about the family* (Vol. 1, pp. 268–294). New York: Free Press.

Lewis, R.A., & Spanier, G.B. (1982). Marital quality, marital stability and social exchange. In F.I. Nye (Ed.), *Family relationships: Rewards and costs.* Beverly Hills, CA: Sage.

Leyens, J.-P., Camino, L., Parke, R.D., & Berkowitz, L. (1975). Effects of movie violence on aggression in a field setting as a function of group dominance and cohesion. *Journal of Personality and Social Psychology, 32,* 346–360.

Libet, B. (1989). Conscious subjective experience vs.

unconscious mental functions: A theory of the cerebral processes involved. In R.M.J. Cotterill (Ed.), *Models of brain function.* Cambridge, UK: Cambridge University Press.

Libet, B. (1996). Neural processes in the production of conscious experience. In M. Velmans (Ed.), *The science of consciousness.* London: Routledge.

Lichtenstein, S., Slovic, P., Fischhoff, B., Layman, M., & Combs, B. (1978). Judged frequency of lethal events. *Journal of Experimental Psychology: Human Learning and Memory, 4,* 551–578.

Lichtman, S., Pisarska, K., Berman, E., Pestone, M., Dowling, H., Offenbacher, E., Weisel, H., Heshka, S., Matthews, D., & Heymsfield, S. (1992). Discrepancy between self-reported and actual caloric intake and exercise in obese subjects. *New England Journal of Medicine, 327,* 1947–1948.

Lied, T.R., & Pritchard, R.D. (1976). Relationships between personality variables and components of the expectancy-valence model. *Journal of Applied Psychology, 61,* 463–467.

Lief, H.I., & Fetkewicz, J.M. (1995). Retractors of false memories: The evolution of pseudomemories. *Journal of Psychiatry and Law, 23,* 411–435.

Light, P., Buckingham, N., & Robbins, A.H. (1979). The conservation task as an interactional setting. *British Journal of Educational Psychology, 49,* 304–310.

Light, P., Littleton, K., Messer, D., & Joiner, R. (1994). Social and communicative processes in computer-based problem solving. *European Journal of Psychology of Education, 9,* 93–109.

Lilienfeld, S.O., Lynn, S.J., Kirsch, I., Chaves, J.F., Sarbin, T.R., Ganaway, G.K., & Powell, R.A. (1999). Dissociative identity disorder and the sociocognitive model: Recalling the lessons of the past. *Psychological Bulletin, 125,* 507–523.

Lilienfeld, S.O., & Marino, L. (1995). Mental disorder as a Roschian concept: A critique of Wakefield's "harmful dysfunction" analysis. *Journal of Abnormal Psychology, 104,* 411–420.

Lilienfeld, S.O., & Marino, L. (1999). Essentialism revisited: Evolutionary theory and the concept of mental disorder. *Journal of Abnormal Psychology, 108,* 400–411.

Lin, Y.C. (1992). *The construction of the sense of intimacy from everyday interaction.* Unpublished PhD thesis, University of Rochester, New York.

Linssen, H., & Hagendorn, L. (1994). Social and geographical factors in the explanations of European nationality stereotypes. *British Journal of Social Psychology, 23,* 165–182.

Locke, E.A. (1968). Toward a theory of task motivation and incentives. *Organizational Behavior and Human Performance, 3,* 157–189.

Locke, E.A., & Henne, D. (1986). Work motivation theories. In C. Cooper & I. Robertson (Eds.), *International review of industrial and organizational psychology.* Chichester, UK: Wiley.

Locke, E.A., & Latham, G.P. (1990). *A theory of goal setting and task performance.* Englewood Cliffs, NJ: Prentice-Hall.

Locke, E.A., Bryan, J.F., & Kendlall, L.M. (1968). Goals and intention as mediators of the effects of monetary incentives on behaviour. *Journal of Applied Psychology, 52,* 104–121.

Locke, E.A., Shaw, K.N., Saari, L.M., & Latham, G.P. (1981). Goal setting and task performance: 1969–1980. *Psychological Bulletin, 90,* 125–152.

Lockhart, R.S., & Craik, F.I.M. (1990). Levels of processing: A retrospective commentary on a framework for memory research. *Canadian Journal of Psychology, 44,* 87–112.

Loehlin, J.C. (1985). Fitting heredity-environment models jointly to twin and adoption data from the California Psychological Inventory. *Behavior Genetics, 15,* 199–221.

Loehlin, J.C., McCrae, R.R., Costa, P.T., & John, O.P. (1998). Heritabilities of common and measure-specific components of the Big Five personality factors. *Journal of Research in Personality, 32,* 431–453.

Loehlin, J.C., & Nichols, R.C. (1976). *Heredity, environment and personality.* Austin, TX: University of Texas Press.

Loftus, E. (1979). *Eyewitness testimony.* Cambridge, MA: Harvard University Press.

Loftus, E.F. (1992). When a lie becomes memory's truth: Memory distortion after exposure to misinformation. *Current Directions in Psychological Science, 1,* 121–123.

Loftus, E.F., & Palmer, J.C. (1974). Reconstruction of automobile destruction: An example of the interaction between language and memory. *Journal of Verbal Learning and Verbal Behavior, 13,* 585–589.

Loftus, E.F., & Zanni, G. (1975). Eyewitness testimony: The influence of the wording of a question. *Bulletin of the Psychonomic Society, 5,* 86–88.

Loftus, E.F., Loftus, G.R., & Messo, J. (1987). Some facts about "weapons focus". *Law and Human Behavior, 11,* 55–62.

Logan, G.D. (1988). Toward an instance theory of

automatisation. *Psychological Review, 95,* 492–527.

Logie, R.H. (1995). *Visuo-spatial working memory.* Hove, UK: Psychology Press.

Logie, R.H. (1999). State of the art: Working memory. *The Psychologist, 12,* 174–178.

Lohman, D.F. (2000). Complex information processing and intelligence. In R.J. Sternberg (Ed.), *Handbook of intelligence.* New York: Cambridge University Press.

Lohman, D.F. (2001). Fluid intelligence, inductive reasoning, and working memory: Where the theory of multiple intelligences falls short. In N. Colangelo & S.G. Assouline (Eds.), *Talent Development IV: Proceedings from the 1998 Henry B. and Jocelyn Wallace National Research Symposium on Talent Development.* Scottsdale, AZ: Great Potential Press.

l.ong, C., & Zietkiewicz, E. (1998, September). *Unsettling meanings of madness: Constructions of South African insanity.* Paper presented at the fourth annual Qualitative Methods conference, University of the Witwatersrand, Johannesburg, South Africa. Available on CD-Rom, *From Method to Madness: Five years of qualitative inquiry.* Johannesburg, South Africa: Loose Method Collective. Also available on http://criticalmethods.org/carol.htm

Long, N.C. (1996). Evolution of infectious disease: How evolutionary forces shape physiological responses to pathogens. *News in Physiological Sciences, 11,* 83–90.

Lopes, L.L. (1987). Between hope and fear: The psychology of risk. In L. Berkowitz (Ed.), *Advances in experimental social psychology. Vol. 20.* San Diego, CA: Academic Press.

Loranger, A.W., Sartorius, N., Andreoli, A., Berger, P., Buchheim, P., Channabasavanna, S.M., Coid, B., Dahl, A., Diekstra, R.F., Ferguson, B., et al. (1994). The International Personality Disorder Examination: The World Health Organization/Alcohol, Drug Abuse, and Mental Health Administration international pilot study of personality disorders. *Archives of General Psychiatry, 51,* 215–224.

Lord, R.G., de Vader, C.L., & Alliger, G.M. (1986). A meta-analysis of the relation between personality traits and leadership perception: An application of validity generalisation procedures. *Journal of Applied Psychology, 71,* 402–410.

Lourenco, O., & Machado, A. (1996). In defence of Piaget's theory: A reply to 10 common criticisms. *Psychological Review, 103,* 143–164.

Lovibond, P.F., & Shanks, D.R. (2002). The role of awareness in Pavlovian conditioning: Empirical evidence and theoretical implications. *Journal of Experimental Psychology: Animal Behavior Processes, 28,* 3–26.

Lowe, K.B., Kroeck, K.G., & Sivasubramiam, N. (1996). Effectiveness correlates of tranformational and transactional leadership: A meta-analytic review of the MLQ literature. *Leadership Quarterly, 7,* 385–425.

Lozoff, B. (1983). Birth and "bonding" in non-industrial societies. *Developmental Medicine and Child Neurology, 25,* 595–600.

Luborsky, L., Singer, B., & Luborsky, L. (1975). Comparative studies of psychotherapies: Is it true that "everywon has one and all must have prizes"? *Archives of General Psychiatry, 32,* 995–1008.

Lucas, M. (1999). Context effects in lexical access: A meta-analysis. *Memory and Cognition, 27,* 385–398.

Luchins, A.S. (1942). Mechanisation in problem solving: The effect of Einstellung. *Psychological Monographs, 54,* 248.

Luck, S.J. (1998). Neurophysiology of selective attention. In H. Pashler (Ed.), *Attention.* Hove, UK: Psychology Press.

Luckow, A., Reifman, A., & McIntosh, D.N. (1998). *Gender differences in caring: A meta-analysis.* Poster presented at 106th annual convention of the American Psychological Association, San Francisco.

Lueck, C.J., Zeki, S., Friston, K.J., Deiber, M.-P, Cope, P., Cunningham, VJ., Lammertsma, A.A., Kennard, C., & Frackowiak, R.S.J. (1989). The colour centre in the cerebral cortex of man. *Nature, 340,* 386–389.

Lugaressi, E., Medori, R., Montagna, P., Baruzzi, A., Cortelli, P., Lugaressi, A., Tinuper, P., Zucconi, M., & Gambetti, P. (1986). Fatal familial insomnia and dysautonomia in the selective degeneration of thalamic nuclei. *New England Journal of Medicine, 315,* 997–1003.

Lumsdaine, A., & Janis, I. (1953).Resistance to counterpropaganda produced by a one-sided versus a two-sided propaganda presentation. *Public Opinion Quarterly, 17,* 311–318.

Lund, M. (1985). The development of investment and commitment scales for predicting continuity of personal relationships. *Journal of Social and Personal Relationships, 2,* 3–23.

Lustig, C., & Hasher, L. (2001). Implicit memory is vulnerable to proactive interference. *Psychological Sciences, 12,* 408–412. OR Lustig, C., & Hasher, L. (2001). Implicit memory is not immune to interference. *Psychological Bulletin, 127,* 618–628.

Lykken, D.T. (1995). *The antisocial personalities.* Hillsdale, NJ: Lawrence Erlbaum Associates, Inc.

Lynam, D.R., & Widiger, T.A. (2001). Using the five-factor

model to represent the DSM-IV personality disorders: An expert consensus approach. *Journal of Abnormal Psychology, 110,* 401–412.

Lyons, M.J., True, W.R., Eisen, S.A., Goldberg, J., Meyer, J.M., Faraone, S.V., Eaves, L.J., & Tsuang, M.T. (1995). Differential heritability of adult and juvenile antisocial traits. *Archives of General Psychiatry, 52,* 906–915.

Lytton, H. (1977). Do parents create, or respond to, differences in twins? *Developmental Psychology, 13,* 456–459.

Lytton, H., & Romney, D.M. (1991). Parents' differential socialisation of boys and girls: A meta-analysis. *Psychological Bulletin, 109,* 267–296.

Maccoby, E.E. (1998). *The two sexes: Growing up apart, coming together.* Cambridge, MA: Harvard University Press.

Maccoby, E.E. (2002). Gender and group process: A developmental perspective. *Current Directions in Psychological Science, 11,* 54–58.

Maccoby, E.E., & Martin, J.A. (1983). Socialisation in the context of the family: Parent-child interaction. In P.H. Mussen (Ed.), *Handbook of child psychology: Vol. 4. Socialisation, personality, and social development.* New York: Wiley.

MacDonald, C.D., & Cohen, R. (1995). Children's awareness of which peers like them and which peers dislike them. *Social Development, 4,* 182–193.

MacDonald, K., & Parke, R.D. (1984). Bridging the gap: Parent-child play interaction and peer interactive competence. *Child Development, 55,* 1265–1277.

MacDonald, M.C., Pearlmutter, N.J., & Seidenberg, M.S. (1994). Lexical nature of syntactic ambiguity resolution. *Psychological Review, 101,* 676–703.

MacDonald, S., Uesiliana, K., & Hayne, H. (2000). Cross-cultural and gender differences in childhood amnesia. *Memory, 8,* 365–376.

MacGregor, J.N., Ormerod, T.C., & Chronicle, E.P. (2001). Information processing and insight: A process model of performance on the nine-dot and related problems. *Journal of Experimental Psychology: Learning, Memory, & Cognition, 27,* 176–201.

MacKay, D. (1987). Divided brains—divided minds. In C. Blakemore & S. Greenfield (Eds.), *Mindwaves: Thoughts, identity and consciousness.* Oxford, UK: Blackwell.

Mackie, D.M., & Cooper, J. (1984). Group polarization: The effects of group membership. *Journal of Personality and Social Psychology, 46,* 575–585.

Mackintosh, N.J. (1986). The biology of intelligence? *British Journal of Psychology, 77,* 1–18.

Mackintosh, N.J. (1998). *IQ and human intelligence.* Oxford, UK: Oxford University Press.

MacLean, P.D. (1949). Psychosomatic disease and the "visceral brain": Recent developments bearing on the Papez theory of emotion. *Psychosomatic Medicine, 11,* 338–353.

MacLeod, A. (1998). Therapeutic interventions. In M.W. Eysenck (Ed.), *Psychology: An integrated approach.* Harlow, UK: Addison Wesley Longman.

Macrae, C.N., & Bodenhausen, G.V. (2000). Social cognition: Thinking categorically about others. *Annual Review of Psychology, 51,* 93–120.

Macrae, C.N., Milne, A.B., & Bodenhausen, G.V. (1994). Stereotypes as energy-saving devices: A peek inside the cognitive toolbox. *Journal of Personality and Social Psychology, 66,* 37–47.

Madison, P. (1956). Freud's repression concept: A survey and attempted clarification. *International Journal of Psychoanalysis, 37,* 75–81.

Maes, M., de Meyer, F., Thompson, P., Peeters, D., & Cosyns, P. (1994). Synchronized annual rhythms in violent suicide rate, ambient temperature and the light-dark span. *Acta Psychiatrica Scandinavica, 90,* 391–396.

Magnus, K., Diener, E., Fujita, F., & Pavot, W. (1993). Extraversion and neuroticism as predictors of objective life events: A longitudinal analysis. *Journal of Personality and Social Psychology, 65,* 1046–1053.

Magoun, H.W., Harrison, F., Brobeck, J.R., & Ranson, S.W. (1938). Activation of heat loss mechanisms by local heating of the brain. *Journal of Neurophysiology, 1,* 101–114.

Maher, B.A. (1966). *Principles of psychopathology: An experimental approach.* New York: McGraw-Hill.

Maher, L.M., Rothi, L.J.G., & Heilman, K.M. (1994). Lack of error awareness in an aphasic patient with relatively preserved auditory comprehension. *Brain and Language, 46,* 402–418.

Maier, N.R.F. (1931). Reasoning in humans: II. The solution of a problem and its appearance in consciousness. *Journal of Comparative Psychology, 12,* 181–194.

Main, M., Si Solomon, J. (1986).Discovery of a disorganised disoriented attachment pattern. In T.B. Brazelton & M.W. Yogman (Eds.), *Affective development in infancy.* Borwood, NJ: Ablex.

Main, M., & Weston, D.R. (1981). The quality of the toddler's relationship to mother and father: Related to conflict behaviour and the readiness to establish new relationships. *Child Development, 52*, 932–940.

Main, M., Kaplan, N., & Cassidy, J. (1985). Security in infancy, childhood, and adulthood: A move to the level of representation. In I. Bretherton & E. Waters (Eds.), Growing points of attachment theory and research. *Monographs of the Society for Research in Child Development, 50*.

Mailer, R.G., & Reiss, S. (1992). Anxiety sensitivity in 1984 and panic attacks in 1987. *Journal of Anxiety Disorders, 6*, 241–247.

Mandell, A.J., & Knapp, S. (1979). Asymmetry and mood, emergent properties of serotonin regulation: A proposed mechanism of action of lithium. *Archives of General Psychiatry, 36*, 909–916.

Mandler, G. (1997). Consciousness redux. In J.D. Cohen & J.W. Schooler (Eds.), *Scientific approaches to consciousness*. Hillsdale, NJ: Lawrence Erlbaum Associates, Inc.

Manetto, V., Medori, R., Cortelli, P., Montagna, P., Tinuper, P., Baruzzi, A., Rancurel, G., Hauw, J.J., Vanderhaeghen, J.J., & Mailleux, P. (1992). Fatal familial insomnia: Clinical and pathologic study of five new cases. *Neurology, 42*, 312–319.

Mann, L. (1981). The baiting crowd in episodes of threatened suicide. *Journal of Personality and Social Psychology, 41*, 703–709.

Mann, L., Newton, J.W., & Innes, J.M. (1982). A test between deindividuation and emergent norm theories of crowd aggression. *Journal of Personality and Social Psychology, 42*, 260–272.

Mann, R.D. (1959). A review of the relationships between personality and performance in small groups. *Psychological Bulletin, 56*, 241–270.

Manstead, A.S.R., & Semin, G.R. (2001). Methodology in social psychology: Tools to test theories. In M. Hewstone & W. Stroebe (Eds.), *Introduction to social psychology* (3rd ed.). Oxford, UK: Blackwell.

Maquet, P. (2000). Functional neuroimaging of normal human sleep by positron emission tomography. *Journal of Sleep Research, 9*, 207–231.

Maquet, P., Peters, J., Aerts, J., Delfiore, G., Degueldre, C., Luxen, A., & Franck, G. (1996). Functional neuroanatomy of human rapid-eye-movement sleep and dreaming. *Nature, 383*, 163–166.

Maranon, G. (1924). Contribution a l'etude de l'éction emotive de l'adrenaline. *Revue Francaise d'Endocrinologie, 2*, 301–325.

Marcel, A.J. (1993). Slippage in the unity of consciousness. In *Ciba Foundation Symposium: No. 174. Experimental and theoretical studies of consciousness*. Chichester, UK: Wiley.

March, J.S. (1991). The nosology of posttraumatic stress disorder. *Journal of Anxiety Disorders, 4*, 61–81.

Marcus-Newhall, A., Pedersen, W.C., Carlson, M., & Miller, N. (2000). Displaced aggression is alive and well: A meta-analytic review. *Journal of Personality and Social Psychology, 78*, 670–689.

Marks, I.M. (1987). *Fears, phobias, and rituals*. Oxford, UK: Oxford University Press.

Marks, M.L., Mirvis, P.H., Hackett, E.J., & Grady, J.F. (1986). Employee participation in a quality circle programme: Impact on quality of work life, productivity, and absenteeism. *Journal of Applied Psychology, 71*, 61–69.

Markus, H. (1977). Self-schemata and processing information about the self. *Journal of Personality and Social Psychology, 35*, 63–78.

Markus, H., & Kitayama, S. (1991). Culture and the self: Implications for cognition, emotion and motivation. *Psychological Review, 98*, 224–253.

Markus, H., & Kunda, Z. (1986). Stability and malleability of the self-concept. *Journal of Personality and Social Psychology, 35*, 63–78.

Marmot, M.G., Bosma, H., Hemingway, H., Brunner, E., & Stansfeld, S. (1997). Contribution of job control and other risk factors to social variations in coronary heart disease incidence. *Lancet, 350*, 235–239.

Marr, D. (1982). *Vision: A computational investigation into the human representation and processing of visual information*. San Francisco: W.H. Freeman.

Marr, D., & Nishihara, K. (1978). Representation and recognition of the spatial organisation of three-dimensional shapes. *Philosophical Transactions of the Royal Society of London, Series B, 200*, 269–294.

Marsh, H.W. (1989). Age and sex effects in multiple dimensions of self-concept: A replication and extension. *Australian Journal of Psychology, 37*, 197–204.

Marsh, P., Rosser, E., & Harré, R. (1978). *The rules of disorder*. London: Routledge & Kegan Paul.

Marshall, G.D., & Zimbardo, P.G. (1979). Affective consequences of inadequately explained physiological arousal. *Journal of Personality and Social Psychology, 7*, 970–988.

Marshall, J., Robson, J., Pring, T., & Chiat, S. (1998). Why does monitoring fail in jargon aphasia? Comprehension, judgment, and therapy evidence. *Brain and Language, 63*,

79–109.

Marshall, J.C., & Newcombe, F. (1973). Patterns of paralexia: A psycholinguistic approach. *Journal of Psycholinguistic Research, 2,* 175–199.

Marshall, L.A., & Cooke, D.J. (1999). The childhood experiences of psychopaths: A retrospective study of familial and societal factors. *Journal of Personality Disorders, 13,* 211–225.

Marslen-Wilson, W.D. (1990). Activation, competition, and frequency in lexical access. In G.T.M. Altmann (Ed.), *Cognitive models of speech processing: Psycholinguistics and computational perspectives.* Cambridge, MA: MIT Press.

Marslen-Wilson, W.D., Moss, H.E., & van Halen, S. (1996). Perceptual distance and competition in lexical access. *Journal of Experimental Psychology: Human Perception and Performance, 22,* 1376–1392.

Marslen-Wilson, W.D., & Tyler, L.K. (1980). The temporal structure of spoken language understanding. *Cognition, 8,* 1–71.

Marslen-Wilson, W.D., & Warren, P. (1994). Levels of perceptual representation and process in lexical access: Words, phonemes and features. *Psychological Review, 101,* 653–675.

Martin, C.L., & Pabes, R.A. (2001). The stability and consequences of young children's same-sex peer interactions. *Developmental Psychology, 37,* 431–446.

Martin, C.L., & Halverson, C.F. (1983). The effects of sex-typing schemas on young children's memory. *Child Development, 54,* 563–574.

Martin, C.L., & Halverson, C.F. (1987). The roles of cognition in sex role acquisition. In D.B. Carter (Ed.), *Current conceptions of sex roles and sex typing: Theory and research.* New York: Praeger.

Martin, C.L., Ruble, D.N., & Szkrybalo, J. (2002). Cognitive theories of early gender development. *Psychological Bulletin, 128,* 903–933.

Martin, R. (1998). Majority and minority influence using the afterimage paradigm: A series of attempted replications. *Journal of Experimental Social Psychology, 34,* 1–26.

Martin, R.A. (1989). Techniques for data acquisition and analysis in field investigations of stress. In R.W.J. Neufeld (Ed.), *Advances in the investigation of psychological stress.* New York: Wiley.

Martin, R.A., Kuiper, N.A., & Westra, H.A. (1989). Cognitive and affective components of the Type A behaviour pattern: Preliminary evidence for a self-worth contingency model. *Personality and Individual Differences, 10,* 771–784.

Maslow, A.H. (1954). *Motivation and personality.* New York: Harper.

Maslow, A.H. (1962). *Toward a psychology of being.* Princeton, NJ: Van Nostrand.

Maslow, A.H. (1968). *Toward a psychology of being* (2nd ed.). New York: Van Nostrand.

Maslow, A.H. (1970). *Toward a psychology of being* (3rd ed.). New York: Van Nostrand.

Mason, J.W. (1975). A historical view of the stress field. *Journal of Human Stress, 1,* 22–36.

Massaro, D.W. (1989). Testing between TRACE and the fuzzy logical model of speech perception. *Cognitive Psychology, 21,* 398–421.

Massaro, D.W. (1994). Psychological aspects of speech perception: Implications for research and theory. In M.A. Gernsbacher (Ed.), *Handbook of psycholinguistics.* San Diego: Academic Press.

Masson, J. (1989). *Against therapy.* Glasgow, UK: Collins.

Mastekaasa, A. (1994). Psychological well-being and marital dissolution: Selection effects? *Journal of Family Issues, 15,* 208–228.

Masters, J.C., Ford, M.E., Arend, R., Grotevant, H.D., & Clark, L.V. (1979). Modelling and labelling as integrated determinants of children's sex-typed imitative behaviour. *Child Development, 50,* 364–371.

Masters, R.S.W. (1992). Knowledge, nerves and know-how: The role of explicit versus implicit knowledge in the breakdown of a complex skill under pressure. *British Journal of Psychology, 83,* 343–358.

Masters, W.H., & Johnson, V.E. (1966). *Human sexual response.* Boston: Little, Brown.

Matheny, A.P. (1983). A longitudinal twin study of the stability of components from Bayley's Infant Behaviour Record. *Child Development, 54,* 356–360.

Mather, G., & Murdoch, L. (1994). Gender discrimination in biological motion displays based on dynamic cues. *Proceedings of the Royal Society of London, Series B, 258,* 273–279.

Mathes, E.W., Zevon, M.A., Roter, P.M., & Joerger, S.M. (1982). Peak experience tendencies: Scale development and theory testing. *Journal of Humanistic Psychology, 22,* 92–108.

Matlin, M.W., & Foley, H.J. (1997). *Sensation and perception* (4th ed.). Boston: Allyn & Bacon.

Matson, C.A., Wiater, M.F., Kuijper, J.L., & Weigle, D.S. (1997). Synergy between leptin and cholecystokinin (CCK) to control daily caloric intake. *Peptides, 18,* 1275–1278.

Matsuda, L.A., Lolait, S.J., Brownstein, M.J., Young, A.C., & Bonner, T.I. (1990). Structure of a cannabinoid receptor and functional expression of the cloned DNA. *Nature, 346*, 561–564.

Matt, G.E., & Navarro, A.M. (1997). What meta-analyses have and have not taught us about psychotherapy effects: A review and future directions. *Clinical Psychology Review, 17*, 1–32.

Matthews, G., Zeidner, M., & Roberts, R.D. (2002). *Emotional intelligence: Science and myth.* Cambridge, MA: MIT Press.

Matthews, K.A. (1988). Coronary heart disease and Type A behaviour: Update on and alternative to the Booth-Kewley and Friedman (1987) quantitative review. *Psychological Bulletin, 104*, 373–380.

Matthews, K.A., Glass, D.C., Rosenman, R.H., & Bortner, R.W. (1977). Competitive drive. Pattern A, and coronary heart disease: A further analysis of some data from the Western Collaborative Group. *Journal of Chronic Diseases, 30*, 489–498.

Maule, A.J., & Hodgkinson, G.P. (2002). Heuristics, biases and strategic decision making. *The Psychologist, 15*, 69–71.

Mayer, J. (1955). Regulation of energy intake and the body weight: The glucostatic theory and the lipostatic hypothesis. *Annals of the Hew York Academy of Sciences, 63*, 15–43.

Mayer, J.D., Caruso, D., & Salovey, P. (1999). Emotional initelligence meets traditional standards for an intelligence. *Intelligence, 27*, 267–298.

Mayer, R.E. (1990). Problem solving. In M.W. Eysenck (Ed.), *The Blackwell dictionary of cognitive psychology.* Oxford, UK: Blackwell.

Mayes, B.T., Sime, W.E., & Ganster, D.C. (1984). Convergent validity of Type A behaviour pattern scales and their ability to predict physiological responsiveness in a sample of female public employees. *Journal of Behavioural Medicine, 7*, 83–108.

McAdams, D.P. (1992). The five-factor model in personality: A critical appraisal. *Journal of Personality, 60*, 329–361.

McAndrew, F.T. (2002). New evolutionary perspectives on altruism: Multilevel selection and costly signalling theories. *Current Directions in Psychological Science, 11*, 79–82.

McArthur, L.A. (1972). The how and what of why: Some determinants and consequences of causal attributions. *Journal of Personality and Social Psychology, 22*, 171–193.

McArthur, L.Z., & Post, D.L. (1977). Figural emphasis and person perception. *Journal of Experimental Social Psychology, 13*, 520–535.

McBnde, D. M., Dosher, B. A., & Gage, N. M. (2001). A comparison of forgetting for conscious and automatic memory processes in word fragment completion. *Journal of Memory and Language, 45*, 585–615.

McBride, D.M., & Dosher, B.A. (1999). Forgetting rates are comparable in conscious and automatic memory: A process-dissociation study. *Journal of Experimental Psychology: Learning, Memory and Cognition, 25*, 583–607.

McBride, P. (1994). *Study skills for success.* Cambridge, UK: Hobsons Publishing.

McBurnett, K. (2000, January 17). Violence hormone identified. *The Times.*

McCarthy, R., & Warrington, E.K. (1984). A two-route model of speech production. *Brain, 107*, 463–485.

McCartney, K., Harris, M.J., & Bernieri, F. (1990). Growing up and growing apart: A developmental meta-analysis of twin studies. *Psychological Bulletin, 107*, 226–237.

McCartney, K., Scarr, S., Phillips, D., & Grajek, S. (1985). Day care as intervention: Comparisons of varying quality programmes. *Journal of Applied Developmental Psychology, 6*, 247–260.

McCauley, C., & Stitt, C.L. (1978). An individual and quantitative measure of stereotypes. *Journal of Personality and Social Psychology, 36*, 929–940.

McClelland, J.L. (1991). Stochastic interactive processes and the effect of context on perception. *Cognitive Psychology, 23*, 1–44.

McClelland, J.L. (1993). Toward a theory of information processing in graded, random, and interactive networks. In D.E. Meyer & S.M. Kornblum (Eds.), *Attention and performance XIV: Synergies in experimental psychology, artificial intelligence, and cognitive neuroscience.* Cambridge, MA: MIT Press.

McClelland, J.L., & Elman, J.L. (1986). The TRACE model of speech perception. *Cognitive Psychology, 18*, 1–86.

McClelland, J.L., & Rumelhart, D.E. (1981). An interactive activation model of context effects in letter perception: Part 1. An account of basic findings. *Psychological Review, 88*, 375–407.

McConaghy, M.J. (1979). Gender permanence and the genital basis of gender: Stages in the development of constancy of gender identity. *Child Development, 50*, 1223–1226.

McConahay, J.B. (1986). Modern racism, ambivalence, and the Modern Racism Scale. In J.F. Dovidio & S.L. Gaertner

(Eds.), *Prejudice, discrimination, and racism*. San Diego, CA: Academic Press.

McCrae, R.R., & Costa, P.T. (1985). Updating Norman's "adequate taxonomy": Intelligence and personality dimensions in natural language and in questionnaires. *Journal of Personality and Social Psychology, 49*, 710–721.

McCrae, R.R., & Costa, P.T. (1990). *Personality in adulthood*. New York: Guilford Press.

McCrae, R.R., & Costa, P.T. (1999). A five-factor theory of personality. In L.A. Pervin & O.P. John (Eds.), *Handbook of personality: Theory and research*. New York: Guilford Press.

McCrae, R.R., Costa, P.T., del Pilar, G.H., Rolland, J.P., & Parker, W.D. (1998). Cross-cultural assessment of the five factor model: The revised NEO personality inventory. *Journal of Cross-Cultural Psychology, 29*, 171–188.

McCrory, M.A., Fuss, P.J., McCallum, J.E., Yao, M., Vinken, A.G., Hays, N.P., & Roberts, S.B. (1999). Dietary variety within food groups: Association with energy intake and body fatness in men and women. *American Journal of Clinical Nutrition, 69*, 440–447.

McGarrigle, J., & Donaldson, M. (1974). Conservation accidents. *Cognition, 3*, 341–350.

McGinty, D.J., & Sterman, M.B (1968). Sleep suppression after basal forebrain lesions in the cat. *Science, 160*, 1253–1255.

McGlinchey-Berroth, R., Milber, W.P., Verfaellie, M., Alexander, M., & Kilduff, P.T. (1993). Semantic processing in the neglected visual field: Evidence from a lexical decision task. *Cognitive Neuropsychology, 10*, 79–108.

McGue, M., Brown, S., & Lykken, D.T. (1992). Personality stability and change in early adulthood: A behavioural genetic analysis. *Developmental Psychology, 29*, 96–109.

McGuffin, P., Katz, R., Watkins, S., & Rutherford, J. (1996). A hospital-based twin register of the heritability of DSM-IV unipolar depression. *Archives of General Psychiatry, 53*, 129–136.

McGuigan, R.J. (1966). Covert oral behaviour and auditory hallucinations. *Psychophysiology, 3*, 421–428.

McGuire, S., Neiderhiser, J., Reiss, D., Hetherington, E.M., & Plomin, R. (1994). Genetic and environmental influences on perceptions of self-worth and competence in adolescence: A study of twins, full siblings and step-siblings. *Child Development, 65*, 785–799.

McGuire, W.J. (1969). The nature of attitudes and attitude change. In G. Lindzey & E. Aronson (Eds.), *Handbook of social psychology. Vol. 3* (2nd ed.). Reading, MA: Addison-Wesley.

McGurk, H., & MacDonald, J. (1976). Hearing lips and seeing voices. *Nature, 264*, 746–748.

McIlveen, R. (1995). Hypnosis. *Psychology Review, 2*, 8–12.

McIlveen, R. (1996). Applications of hypnosis. *Psychology Review, 2*, 24–27.

McIlveen, R., & Gross, R. (1996). *Biopsychology*. London: Hodder & Stoughton.

McKenzie, S.J., Williamson, D.A., & Cubic, B.A. (1993). Stable and reactive body image disturbances in bulimia nervosa. *Behavior Therapy, 24*, 1958–2220.

McKoon, G., & Ratcliff, R. (1986). Inferences about predictable events. *Journal of Experimental Psychology: Learning, Memory, and Cognition, 12*, 82–91.

McKoon, G., & Ratcliff, R. (1992). Inference during reading. *Psychological Review, 99*, 440–466.

McLeod, P. (1977). A dual-task response modality effect: Support for multiprocessor models of attention. *Quarterly Journal of Experimental Psychology, 29*, 651–667.

McNair, D.M., Lorr, M., & Droppelman, L.F. (1971). *Manual: Profile of mood states*. San Diego, CA: Educational and Industrial Testing Service.

McNally, R.J. (1981). Phobias and preparedness: Instructional reversal of electrodermal conditoning to fear-relevant stimuli. *Psychological Reports, 48*, 175–180.

McNally, R.J. (1994). *Panic disorder: A critical analysis*. New York; Guilford Press.

McNally, R.J. (2001). On Wakefield's harmful dysfunction analysis of mental disorder. *Behavioural Research Therapy, 39*, 309–314.

McNeal, E.T., & Cimbolic, P. (1986). Antidepressants and biochemical theories of depression. *Psychological Bulletin, 99*, 361–374.

McNeill, D. (1970). *The acquisition of language: The study of developmental psycholinguistics*. New York: Harper & Row.

McNeilly, C.L., & Howard, K.I. (1991). The effects of psychotherapy: A re-evaluation based on dosage. *Psychotherapy Research, 1*, 74–78.

Mead, G.H. (1934). *Mind, self, and society: From the standpoint of a social behaviourist*. Chicago: University of Chicago Press.

Meade, R.D. (1985). Experimental studies of authoritarian and democratic leadership in four cultures: American, Indian, Chinese and Chinese-American. *High School Journal, 68*, 293–295.

Meadows, S. (1986). *Understanding child development*.

London: Routledge.

Meadows, S. (1994). Cognitive development. In A.M. Colman (Ed.), *Companion encyclopedia of psychology. Vol. 2.* London: Routledge.

Meddis, R. (1979). The evolution and function of sleep. In D.A. Oakley & H.C. Plotkin (Eds.), *Brain, behaviour and evolution,* London: Methuen.

Meddis, R., Pearson, A.J.D., & Langford, G. (1973). An extreme case of healthy insomnia. *Electroencephalography and Clinical Neurophysiology, 35,* 213–224.

Medori, R., Montagna, P., Tritschler, H.J., LeBlanc, A., Cortelli, P., Tinuper, P., Lugaresi, E., & Gambetti, P. (1992). Fatal familial insomnia: A second kindred with mutation of prion protein gene at codon 178. *Neurology, 42,* 669–670.

Mehler, J., Jusczyk, P.W., Dehaene-Lambertz, G., Dupoux, E., & Nazzi, T. (1994). Coping with linguistic diversity: The infant's viewpoint. In J.L. Morgan & K. Demuth (Eds.), *Signal to syntax: Bootstrapping from speech to grammar in early acquisition.* Mahwah, NJ: Lawrence Erlbaum Associates, Inc.

Meichenbaum, D. (1977). *Cognitive-behaviour modification: An integrative approach.* New York: Plenum Press.

Meichenbaum, D, (1985). *Stress inoculation training.* New York: Pergamon.

Meichenbaum, D. (1993). Stress inoculation training: A twenty-year update. In R.L. Woolfolk & P.M. Lehrer (Eds.), *Principles and practices of stress management.* New York: Guilford Press.

Mela, D.J., & Rogers, P.J. (1998). *Food, eating and obesity: The psychobiological basis of appetite and weight control.* London: Chapman & Hall.

Melhuish, E.G., Lloyd, E., Martin, S., & Mooney, A. (1990). Type of child care at 18 months: II. Relations with cognitive and language development. *Journal of Child Psychology and Psychiatry, 31,* 861–879.

Mellanby, J., Martin, M., & O'Doherty, J. (2000). Gender gap examined. *The Psychologist, 13,* 493.

Mellers, B.A., Schwartz, A., & Cooke, A.D.J. (1998). Judgement and decision making. *Annual Review of Psychology, 49,* 447–477.

Meltzoff, A.N. (1985). Immediate and deferred imitation in 14- and 24-month-old infants. *Child Development, 56,* 62–72.

Meltzoff, A.N. (1988). Infant imitation after a 1-week delay: Long-term memory for novel acts and multiple stimuli. *Developmental Psychology, 24,* 470–476.

Menzies, R.G., & Clarke, J.C. (1993). The aetiology of childhood water phobia. *Behaviour Research and Therapy, 31,* 499–501.

Merikle, P.M. (1980). Selection from visual persistence by perceptual groups and category membership. *Journal of Experimental Psychology: General, 109,* 279–295.

Merikle, P.M., Smilek, D., & Eastwood, J.D. (2001). Perception without awareness: Perspectives from cognitive psychology. *Cognition, 79,* 115–134.

Mesquita, B. (2001). Emotions in collectivist and individualist contexts. *Journal of Personality and Social Psychology, 80,* 68–74.

Messer, D. (2000). State of the art: Language acquisition. *The Psychologist, 13,* 138–143.

Metcaife, J., & Weibe, D. (1987). Intuition in insight and noninsight problem solving. *Memory and Cognition, 15,* 238–246.

Mezzacappa, E.S., Katkin, E.S., & Palmer, S.N. (1999). Epinephrine, arousal, and emotion: A new look at two-factor theory. *Cognition and Emotion, 13,* 181–199.

Miceli, G., Silveri, M.C., Romani, C., & Caramazza, A. (1989). Variation in the pattern of omissions and substitutions of grammatical morphemes in the spontaneous speech of so-called agrammatic patients. *Brain and Language, 36,* 447–492.

Michalak, E.E., Wilkinson, C., Hood, K., & Dowrick, C. (2002). Seasonal and nonseasonal depression: How do they differ? Symptom profile, clinical and family history in a general population sample. *Journal of Affective Disorders, 69,* 185–192.

Mickelson, K., Kessler, R.C., & Shaver, P. (1997). Adult attachment in a nationally representative sample. *Journal of Personality and Social Psychology, 73,* 1092–1106.

Miles, D.R., & Carey, G. (1997). Genetic and environmental architecture of human aggression. *Journal of Personality and Social Psychology, 72,* 207–217.

Milgram, S. (1963). Behavioural study of obedience. *Journal of Abnormal and Social Psychology, 67,* 371–378.

Milgram, S. (1974). *Obedience to authority: An experimental view.* New York: Harper & Row.

Miller, G.A. (1956). The magic number seven, plus or minus two: Some limits on our capacity for processing information. *Psychological Review, 63,* 81–93.

Miller, G.A., & McNeill, D. (1969). Psycholinguistics. In G. Lindzey & E. Aronson (Eds.), *The handbook of social psychology. Vol. III.* Reading, MA: Addison-Wesley.

Miller, G.A., & Nicely, P. (1955). An analysis of perceptual confusions among some English consonants. *Journal of* the *Acoustical Society of America, 27,* 338–352.

Miller, H.G., Turner, C.F., & Moses, L.E. (1990). *AIDS: The second decade.* Washington, DC: National Academy.

Miller, J.G. (1984). Culture and the development of everyday social explanation. *Journal of Personality and Social Psychology, 46,* 961–978.

Miller, L.B., & Bizzell, R.P. (1983). Long-term effects of four preschool programs: Sixth, seventh, and eighth grades. *Child Development, 54,* 727–741.

Miller, M.A., & Rahe, R.H. (1997). Life changes: Scaling for the 1990s. *Journal of Psychosomatic Research, 43,* 279–292.

Miller, N., & Davidson-Podgorny, F. (1987). Theoretical models of intergroup relations and the use of co-operative teams as an intervention for desegregated settings. In C. Hendrick (Ed.), *Group process and intergroup relations: Review of personality and social psychology, Vol. 9.* Newbury Park, CA: Sage.

Miller, N.E., Sears, R.R., Mowrer, O.H., Doob, L.W., & Dollard, J. (1941). The frustration-aggression hypothesis. *Psychological Review, 48,* 337–342.

Miller, R.J., Hennessy, R.T., & Leibowitz, H.W. (1973). The effect of hypnotic ablation of the background on the magnitude of the Ponzo perspective illusion. *International Journal of Clinical and Experimental Hypnosis, 21,* 180–191.

Miller, R.R., Barnet, R.C., & Grahame, N.J. (1995). Assessment of the Rescorla-Wagner model. *Psychological Bulletin, 117,* 363–386.

Miller, T.Q., Turner, C.W., Tindale, R.S., Posavac, E.J., & Dugoni, B.L. (1991). Reasons for the trend toward null findings in research on Type A behaviour. *Psychological Bulletin, 110,* 469–485.

Miller-Johnson, S., Coie, J.D., Maumary-Gremaud, A., Lochman, J., & Terry, R. (1999). Relationship between childhood peer rejection and aggression and adolescent delinquency severity and type among African American Youth. *Journal of Emotional and Behavioral Disorders, 7,* 137–146.

Milner, A.D., & Goodale, M.A. (1995). *The visual brain in action* (Oxford Psychology series, no. 27). Oxford, UK: Oxford University Press.

Milner, A.D., & Goodale, M.A. (1998). The visual brain in action. *Psyche, 4,* 1–14.

Minuchin, S., Roseman, B.L., & Baker, L. (1978). *Psychosomatic families: Anorexia nervosa in context.* Cambridge, MA: Harvard University Press.

Mirenowicz, J., & Schultz, W. (1996). Preferential activation of midbrain dopamine neurons by appetitive rather than aversive stimuli. *Nature, 379,* 449–451.

Mischel, W. (1968). *Personality and assessment.* London: Wiley.

Mishkin, M., & Ungerleider, L.G. (1982). Contribution of striate inputs to the visuospatial functions of parieto-preoccipital cortex in monkeys. *Behavioral Brain Research, 6,* 57–77.

Mitchell, S. (1988). *Relational concepts in psychoanalysis.* Cambridge, MA: Harvard University Press.

Mitroff, I.I. (1974). *The subjective side of science.* Amsterdam: Elsevier.

Mlicki, P.P., & Ellemers, N. (1996). Being different or being better? National stereotypes and identifications of Polish and Dutch students. *European Journal of Social Psychology, 26,* 97–114.

Molfese, D.L. (1977). Infant cerebral asymmetry. In S.J. Segalowitz & F.A. Gruber (Eds.), *Human behaviour and the developing brain.* New York: Guilford Press.

Money, J., & Ehrhardt, A.A. (1972). *Man and woman, boy and girl.* Baltimore: John Hopkins University Press.

Monk, T. (2001, December 1). *In space, no one gets to sleep.* Retrieved from www.newscientist.com

Monk, T.H., & Folkard, S. (1983). Circadian rhythms and shiftwork. In R. Hockey (Ed.), *Stress and fatigue in human performance.* Chichester, UK: Wiley.

Monnier, J., Hobfoll, S.E., & Stone, B.K. (1996). Coping resources and social context. In W. Battmann & S. Dutke (Eds.), *Processes of the molar regulation of behavior.* Lengerich, Germany: Pabst Science Publishers.

Montangero, J. (2000). A more general evolutionary hypothesis about dream function. *Behavioral and Brain Sciences, 23,* 972–973.

Monteil, J.-M., & Huguet, P. (1999). *Social context and cognitive performance.* Hove, UK: Psychology Press.

Moore, B.R. (1973). The form of the auto-shaped response with food or water reinforcers. *Journal of the Experimental Analysis of Behavior, 20,* 163–181.

Moore, C., & Frye, D. (1986). The effect of the experimenter's intention on the child's understanding of conservation. *Cognition, 22,* 283–298.

Moore-Ede, M., Suizman, F., & Fuller, C. (1982). *The clocks that time us: Physiology of the circadian timing system.* Cambridge, MA: Harvard University Press.

Moray, N. (1959). Attention in dichotic listening: Affective cues and the influence of instructions. *Quarterly Journal of Experimental Psychology, 11,* 56–60.

Moreland, R.L. (1985). Social categorisation and the

assimilation of "new" group members. *Journal of Personality and Social Psychology, 48,* 1173–1190.

Moreland, R.L., & Levine, J.M. (1982). Socialisation in small groups: Temporal changes in individual-group relations. In L. Berkowitz (Ed.), *Advances in Experimental Social Psychology* (Vol. 15, pp. 137–192). New York: Academic Press.

Morgan, C.D., & Murray, H.A. (1935). A method of investigating fantasies: The thematic apperception test. *Archives of Neurological Psychiatry, 34,* 289–306.

Morgan, H., & Raffle, C. (1999). Does reducing safety behaviours improve treatment response in patients with social phobia? *Australian and New Zealand Journal of Psychiatry, 33,* 503–510.

Moriarty, T. (1975). Crime, commitment, and the responsive bystander: Two field experiments. *Journal of Personality and Social Psychology, 31,* 370–376.

Morley, J.E., Levine, A.S., Gosnell, B.A., Mitchell, J.E., Kratin, D.D., & Nizielski, S.E. (1985). Peptides and feeding. *Peptides, 6,* 181–192.

Morris, C.D., Bransford, J.D., & Franks, J.J. (1977). Levels of processing versus transfer appropriate processing. *Journal of Verbal Learning and Verbal Behavior, 16,* 519–533.

Morris, N.M., Udry, J.R., Khan-Dawood, F., & Dawood, M.Y. (1987). Marital sex frequency and midcycle female testosterone. *Archives of Sexual Behavior, 16,* 27–37.

Morris, P.E. (1979). Strategies for learning and recall. In M.M. Gruneberg & P.E. Morris (Eds.), *Applied problems in memory.* London: Academic Press.

Morrison, A.R., Sanford, L.D., Ball, W.A., Mann, G.L., & Ross, R.J. (1995). Stimulus-elicited behavior in rapid eye movement sleep without atonia. *Behavioral Neuroscience, 109,* 972–979.

Morsella, E., & Miozzo, M. (2002). Evidence for a cascade model of lexical access in speech production. *Journal of Experimental Psychology: Learning, Memory, and Cognition, 28,* 555–563.

Morton, J., & Johnson, M.H. (1991). CONSPEC and CONLEARN: A two-process theory of infant face recognition. *Psychological Review, 98,* 164–181.

Moruzzi, G., & Magoun, H.W. (1949). Brain stem reticular formation and activation of the EEG. *Electroencephalography and Clinical Neurophysiology, 1,* 455–473.

Moscovici, S. (1976). *Social influence and social change.* London: Academic Press.

Moscovici, S. (1980). Toward a theory of conversion behaviour. In L. Berkowitz (Ed.), *Advances in experimental social psychology. Vol. 13.* New York: Academic Press.

Moscovici, S., Lage, E., & Naffrenchoux, M. (1969). Influence of a consistent minority on the responses of a majority in a colour perception task. *Sociometry, 32,* 365–380.

Moscovici, S., & Personnaz, B. (1980). Studies in social influence: V. Minority influence and conversion behaviour in a perceptual task. *Journal of Experimental Social Psychology, 16,* 270–282.

Moscovici, S., & Personnaz, B. (1986). Studies on latent influence by the spectorometer method: 1. The impact on psychologisation in the case of conversion by a minority or a majority. *European Journal of Social Psychology, 16,* 345–360.

Moscovitch, M., Winocur, G., & Behrmann, M. (1997). What is special about face recognition? Nineteen experiments on a person with visual object agnosia and dyslexia but normal face recognition. *Journal of Cognitive Neuroscience, 9,* 555–604.

Moscovitz, S. (1983). *Love despite hate: Child survivors of the Holocaust and their adult lives.* New York: Schocken.

Moskowitz, H., Hulbert, S., & McGlothin, W.H. (1976). Marijuana: Effects on simulated driving performance. *Accident Analysis and Prevention, 8,* 45–50.

Moss, E. (1992). The socioaffective context of joint cognitive activity. In L.T. Winegar & J. Valsiner (Eds.), *Children's development within social context: Vol. 2. Research and methodology.* Hillsdale, NJ: Lawrence Erlbaum Associates, Inc.

Mowrer, O.H. (1947). On the dual nature of learning: A re-interpretation of "conditioning" and "problem-solving". *Harvard Educational Review, 17,* 102–148.

Mueller, E., & Lucas, T. (1975). A developmental analysis of peer interaction among toddlers. In M. Lewis & L. Rosenblum (Eds.), *Friendship and peer relations.* New York: Wiley.

Muir, D., & Field, J. (1979). Newborn infants orient to sounds. *Child Development, 50,* 431–436.

Mukhametov, L.M. (1984). Sleep in marine mammals. In A. Borbely & J.L. Valatx (Eds.), *Sleep mechanisms* [Experimental Brain Research Suppl. 8]. Berlin, Germany: Springer-Verlag.

Mullen, B., Anthony, T., Salas, E., & Driskell, J. E. (1994). Group cohesiveness and quality of decision making: An integration of tests of the groupthink hypothesis. *Small Group Research, 25,* 189–204.

Mullen, B., Brown, R., & Smith, C. (1992). Ingroup bias as a function of salience, relevance and status: An integration. *European Journal of Social Psychology, 22,* 103–122.

Mullen, B., & Copper, C. (1994). The relation between group cohesiveness and performance: An integration. *Psychological Bulletin, 115,* 210–227.

Mumford, D.B., Whitehouse, A.M., & Choudry, I.Y. (1992). Survey of eating disorders in English-medium schools in Lahore, Pakistan. *International Journal of Eating Disorders, 11,* 173–184.

Mumme, R.L. (1992). Do helpers increase reproductive success: an experimental analysis in the Florida scrub jay. *Behavioural Ecology and Sociobiology, 31,* 319–328.

Mummendey, A., Simon, B., Dietze, C., Grunert, M., Haeger, G., Kessler, S., Lettgen, S., & Schaferhoff, S. (1992). Categorisation is not enough: Intergroup discrimination in negative outcome allocations. *Journal of Experimental Social Psychology, 28,* 125–144.

Munroe, R.H., Shimmin, H.S., & Munroe, R.L. (1984). Gender understanding and sex-role preferences in four cultures. *Developmental Psychology, 20,* 673–682.

Murphy, G., & Kovach, J.K. (1972). *Historical introduction to modern psychology.* London: Routledge & Kegan Paul.

Murphy, S., & Zajonc, R. (1996). An unconscious subjective emotional response. In D. Concar (Ed.), Act now, think later: Emotions. *New Scientist* (Suppl.).

Murphy, S.T., & Zajonc, R.B. (1993). Affect, cognition, and awareness: Affective priming with optimal and suboptimal stimulus exposures. *Journal of Personality and Social Psychology, 64,* 723–739.

Murray, S.L., & Holmes, J.G. (1993). Seeing virtues in faults: Negativity and the transformation of interpersonal narratives in close relationships. *Journal of Personality and Social Psychology, 65,* 707–722.

Murstein, B.I., MacDonald, M.G., & Cerreto, M. (1977). A theory and investigation of the effects of exchange-orientation on marriage and friendship. *Journal of Marriage and the Family, 39,* 543–548.

Mussen, P.H., & Rutherford, E. (1963). Parent-child relations and parental personality in relation to young children's sex-role preferences. *Child Development, 34,* 589–607.

Muter, P. (1978). Recognition failure of recallable words in semantic memory. *Memory and Cognition, 6,* 9–12.

Mynatt, C.R., Doherty, M.E., & Tweney, R.D. (1977). Confirmation bias in a simulated research environment: An experimental study of scientific inference. *Quarterly Journal of Experimental Psychology, 29,* 85–95.

Myrtek, M. (1995). Type A behaviour pattern, personality factors, disease, and physiological reactivity: A meta-analytic update. *Personality and Individual Differences, 18,* 491–502.

Nader, K. (1996). Children's traumatic dreams. In D. Barrett (Ed.), *Trauma and dreams.* Cambridge, MA: Harvard University Press.

Nairne, J.S., Whiteman, H.L., & Kelley, M.R. (1999). Short-term forgetting of order under conditions of reduced interference. *Quarterly Journal of Experimental Psychology, 52A,* 241–251.

Naito, M. (1990). Repetition priming in children and adults: Age-related dissociation between implicit and explicit memory. *Journal of Experimental Child Psychology, 23,* 237–251.

Naito, T., Lin, W.Y., & Gielen, U.P. (2001). Moral development in East Asian societies: A selective review of the cross-cultural literature. *Psychologia: An International Journal of the Orient, 44,* 148–160.

Naitoh, P. (1975). Sleep stage deprivation and total sleep loss: Effects on sleep behaviour. *Psychophysiology, 12,* 141–146.

Najavits, L.M., & Strupp, H.H. (1994). Differences in the effectiveness of psychodynamic therapists: A process-outcome study. *Psychotherapy, 31,* 114–123.

Nash, A. (1988). Ontogeny, phytogeny, and relationships. In S. Duck (Ed.), *Handbook of personal relationships: Research and interventions.* Chichester, UK: Wiley.

Nasser, M. (1986). Eating disorders: The cultural dimension. *Social Psychiatry and Psychiatric Epidemiology, 23,* 184–187.

Nathan, P.E., & Langenbucher, J.W. (1999). Psychopathology: Description and classification. *Annual Review of Psychology, 50,* 79–107.

National Commission on Marijuana and Drug Abuse. (1972). *Marijuana: A signal of misunderstanding.* New York: New American Library.

National Institute of Child Health and Human Development (NICHD) Early Child Care Research Network. (1997a). Familial factors associated with characteristics of non-maternal care for infants. *Journal of Marriage and the Family, 59,* 389–408.

National Institute of Child Health and Human Development (NICHD) Early Child Care Research Network. (1997b). The effects of infant child care on infant-mother attachment security: Results of the NICHD study of early child care. *Child Development, 68,* 860–879.

National Institute of Child Health and Human Development (NICHD) Early Child Care Research Network. (2003).

Does quality of child care affect child outcomes at age 4 ½? *Developmental Psychology, 39*, 451–469.

Nazroo, J. (1997, September). Research scotches racial myth. *The Independent*, p. 2.

Neisser, U. (1982). *Memory observed*. San Francisco, CA: Freeman.

Neisser, U. (1996). *Intelligence: Knoivns and unknowns*, [Report]. Washington DC: Board of Scientific Affairs (BSA) of the American Psychological Association.

Nelson, K. (1973). Structure and strategy in learning to talk. *Monographs of the Society for Research in Child Development*, 38(Serial no. 149).

Nemeth, C., Mayseless, O., Sherman, J., & Brown, Y. (1990). Exposure to dissent and recall of information. *Journal of Personality and Social Psychology, 58*, 429–437.

Newcomb, A.F., & Bagwell, C.L. (1995). Children's friendship relations: A meta-analytic review. *Psychological Bulletin, 117*, 306–347.

Newcomb, T.M. (1961). *The acquaintance process*. New York: Holt, Rinehart, & Winston.

Newcomb, T.M., Koenig, K., Flacks, R., & Warwick, D. (1967). *Persistence and change: Bennington College and its students after 25 years*. New York: John Wiley & Sons.

Newell, A., & Simon, H.A. (1972). *Human problem solving*. Englewood Cliffs, NJ: Prentice-Hall.

Newell, K.M., & van Emmerik, R.E.A. (1989). The acquisition of co-ordination: Preliminary analysis of learning to write. *Human Movement Science, 8*, 17–32.

Newmark, C.S., Frerking, R.A., Cook, L., & Newmark, L. (1973). Endorsement of Ellis' irrational beliefs as a function of psychopathology. *Journal of Clinical Psychology, 29*, 300–302.

Newstead, S.E. (2000). What is an ecologically rational heuristic? *Behavioral and Brain Sciences, 23*, 759–760.

Newton, J.T.O., Spence, S.H., & Schotte, D. (1995). Cognitive-behavioural therapy versus EMG biofeedback in the treatment of chronic low back pain. *Behaviour Research and Therapy, 33*, 691–697.

Nicholson, R.A., & Berman, J.S. (1983). Is follow-up necessary in evaluating psychotherapy? *Psychological Bulletin, 93*, 261–278.

Nielsen, T.A. (1999). Mentation during sleep. The NREM/REM distinction. In R. Lydic & H.A. Baghdoyan (Eds.), *Handbook of behavioral state control: Cellular and molecular mechanisms*. Boca Raton, FL: CRC Press.

Nisbett, R.E. (1972). Hunger, obesity and the ventromedial hypothalamus. *Psychological Review, 79*, 433–453.

Nisbett, R.E., Caputo, C., Eegant, P., & Maracek, J. (1973). Behaviour as seen by the actor and as seen by the observer. *Journal of Personality and Social Psychology, 27*, 154–164.

Nisbett, R.E., & Ross, L. (1980). *Human inference: Strategies and shortcomings of social judgment*. Englewood Cliffs, NJ: Prentice Hall.

Nisbett, R.E., & Wilson, T.D. (1977). Telling more than we can know: Verbal reports on mental processes. *Psychological Review, 84*, 231–259.

Norenzayan, A., Choi, I., & Nisbett, R.E. (1999). Eastern and Western perceptions of causality for social behaviour: Lay theories about personalities and situations. In D.A. Prentice & D.T. Miller (Eds.), *Cultural divides: Understanding and overcoming group conflict*. New York: Russell Sage Foundation.

Norman, D.A., & Bobrow, D.G. (1975). On data-limited and resource-limited processes. *Cognitive Psychology, 7*, 44–64.

Norman, D.A., & Shallice, T. (1986). Attention to action: Willed and automatic control of behaviour. In R.J. Davidson, G.E. Schwartz, & D. Shapiro (Eds.), *The design of everyday things*. New York: Doubleday.

Norman, P., & Smith, L. (1995). The theory of planned behaviour and exercise: An investigation into the role of prior behaviour: Behavioural intentions and attitude variability. *European Journal of Social Psychology, 25*, 403–415.

Norman, W.T. (1963). Toward an adequate taxonomy of personality attributes: Replicated factor structure in peer nomination personality ratings. *Journal of Abnormal and Social Psychology, 66*, 574–583.

Nunes, T. (1994). Street intelligence. In R.J. Sternberg (Ed.), *Encyclopedia of human intelligence*. New York: Macmillan.

Nunn, C. (2000, November 15). Programmed for monogamy. *The Scotsman*, p. 5.

Nyberg, L. (2002). Levels of processing: A view from functional brain imaging. *Memory, 10*, 345–348.

Nystedt, L. (1996). *Who should rule? Does personality matter?* [Rep. No. 812]. Stockholm, Sweden: Department of Psychology, Stockholm University, Sweden.

O'Brien, D.P., Braine, M.D.S., & Yang, Y. (1994). Propositional reasoning by mental models? Simple to refute in principle and practice. *Psychological Review, 101*, 711–724.

O'Brien-Malone, A., & Mayberry, M. (1998). Implicit learning. In K. Kirsner, C. Speelman, M. Mayberry,

A. O'Brien-Malone, & C. MacLeod (Eds.), *Implicit and explicit mental processes*. Mahwah, NJ: Lawrence Erlbaum Associates, Inc.

O'Connor, T.G., Caspi, A., DeFries, J.C., & Plomin, R. (2000a). Are associations between parental divorce and children's adjustment genetically mediated? An adoption study. *Developmental Psychology, 36*, 429–437.

O'Connor, T.G., & Croft, C.M. (2001). A twin study of attachment in pre-school children. *Child Development, 72*, 1501–1511.

O'Connor, T.G., Deater-Deckard, K., Fulker, D., Rutter, M., & Plomin, R. (1998). Genotype-environment correlations in late childhood and early adolescence: Antisocial behavioural problems and coercive parenting. *Developmental Psychology, 34*, 970–981.

O'Connor, T.G., Rutter, M., Beckett, C., Keaveney, L., Kreppner, J.M., and the English and Romanian Adoptees Study Team. (2000b). *Child Development, 71*, 376–390.

O'Connor, T.G., Thorpe, K., Dunn, J., & Golding, J. (1999). Parental divorce and adjustment in adulthood: Findings from a community sample. *Journal of Child Psychology and Psychiatry, 40*, 777–789.

O'Craven, K., Downing, P., & Kanwisher, N. (1999). fMRI evidence for objects as the units of attentional selection. *Nature, 401*, 584–587.

O'Malley, P.M., & Bachman, J.G. (1983). Self-esteem: Change and stability between ages 13 and 23. *Developmental Psychology, 19*, 257–268.

O'Neill, D.K. (1996). Two-year-old children's sensitivity to parent's knowledge state when making requests. *Child Development, 67*, 659–677.

Oakes, P.J., Haslam, S.A., & Turner, J.C. (1994). *Stereotyping and social reality*. Maiden, MA: Blackwell.

Oakhill, J., Garnham, A., & Johnson-Laird, P.N. (1990). Belief bias effects in syllogistic reasoning. In K.J. Gilhooly, R.H. Logie, & G. Erdos (Eds.), *Lines of thinking. Vol. 1*. New York: Wiley.

Oaksford, M. (1997). Thinking and the rational analysis of human reasoning. *The Psychologist, 10*, 257–260.

Oatley, K., & Johnson-Laird, P.N. (1987). Towards a cognitive theory of emotions. *Cognition and Emotion, 1*, 29–50.

Ochs, E., & Schieffelin, B. (1995). The impact of language socialisation on grammatical development. In P. Fletcher & B. Macwhinney (Eds.), *The handbook of child language*. Oxford, UK: Blackwell.

Ogden, J. (1996). *Health psychology: A textbook*. Buckingham, UK: Open University Press.

Ohisson, S. (1992). Information processing explanations of insight and related phenomena. In M.T. Keane & K.J. Gilhooly (Eds.), *Advances in the psychology of thinking*. London: Harvester Wheatsheaf.

Ohisson, S. (1996). Learning from performance errors. *Psychological Review, 103*, 241–262.

Ohman, A., & Scares, J.J.F. (1994). "Unconscious anxiety": Phobic responses to masked stimuli. *Journal of Abnormal Psychology, 103*, 231–240.

Okada, S., Hanada, M., Hattori, H., & Shoyama, T. (1963). A case of pure word deafness. *Studio Phonologica, 3*, 58–65.

Oldham, J.M., Skodol, A.E., Kellman, H.D., Hyler, S.E., Rosnick, L., & Davies, M. (1992). Diagnosis of DSM-III-R personality disorders by two structured interviews: Patterns of comorbidity. *American Journal of Psychiatry, 149*(2), 213–220.

Olds, J., & Milner, P. (1954). Positive reinforcement produced by electrical stimulation of septal area and other regions of rat brain. *Journal of Comparative and Physiological Psychology, 47*, 419–427.

Olds, M.E., & Olds, J. (1963). Pharmacological patterns in subcortical reinforcement behavior. *International Journal of Heuropharmacology, 64*, 309–325.

Oliner, S.P., & Oliner, P.M. (1988). *The altruistic personality: Rescuers of Jews in Nazi Europe*. New York: The Free Press.

Oliver, M.B., & Hyde, J.S. (1993). Gender differences in sexuality: A meta-analysis. *Psychological Bulletin, 114*, 29–51.

Olson, D.R. (1980). *The social foundation of language and thought*. New York: W.W. Norton.

Olweus, D. (1980). Familial and temperamental determinants of aggressive behaviour in adolescent boys: A causal analysis. *Developmental Psychology, 16*, 644–660.

Olweus, D. (1985). Aggression and hormones: Behavioural relationships with testosterone and adrenalin. In D. Olweus, J. Block, & M. Radke-Yarrow (Ed.), *The development of antisocial and prosocial behaviour: Research, theories and issues*. New York: Academic Press.

Olweus, D., & Endresen, I.M. (1998). The importance of sex-of-stimulus object: Trends and sex differences in empathic responsiveness. *Social Development, 3*, 370–388.

Ones, D.S., Viswesvaran, C., & Reiss, A.D. (1996). Role of social desirability in personality testing for personnel selection: The red herring. *Journal of Applied Psychology, 81*, 660–679.

Orlinsky, D.E., Grave, K., & Parks, B.K. (1994). Process and outcome in psychotherapy—Noch Einmal. In A.E. Bergin & S.L. Garfield (Eds.), *Handbook of psychotherapy and behavior change* (4th ed., pp. 270–376). New York: Wiley.

Orne, M.T. (1959). The nature of hypnosis: Artifact and essence. *Journal of Abnormal and Social Psychology, 58,* 277–299.

Ornstein, P.A., & Haden, C.A. (2001). *Memory development or the development of memory? Current Directions in Psychological Science, 10,* 202–205.

Ost, L.G. (1989). *Blood phobia: A specific phobia subtype in DSM-IV.* Paper requested by the Simple Phobia subcommittee of the DSM-IV Anxiety Disorders Work Group.

Osterman, K., Bjorkqvist, K., Lagerspetz, K., Landau, S., Fraczek, A., & Pastorelli, C. (1997). Sex differences in styles of conflict resolution: A developmental and cross-cultural study with data from Finland, Israel, Italy, and Poland. In D. Fry & K. Bjorkqvist (Eds.), *Cultural variations in conflict resolution.* Mahwah, NJ: Lawrence Erlbaum Associates, Inc.

Ostrom, T.M., & Sedikides, C. (1992). Outgroup homogeneity effect in natural and minimal groups. *Psychological Bulletin, 112,* 536–552.

Oswald, I. (1980). *Sleep* (4th ed.). Harmondsworth, UK: Penguin Books.

Ouellette, J.A., & Wood, W. (1998). Habit and intention in everyday life: The multiple processes by which past behaviour predicts future behaviour. *Psychological Review, 124,* 54–74.

Owusu-Bempah, P., & Howitt, D. (1994). Racism and the psychological textbook. *The Psychologist, 7,* 163–166.

Oyserman, D., Coon, H.M., & Kemmelmeier, M. (2002). Rethinking individualism and collectivism: Evaluation of theoretical assumptions and meta-analyses. *Psychological Bulletin, 128,* 3–72.

Palincsar, A.S., & Brown, A.L. (1984). Reciprocal teaching of comprehension-fostering and comprehension-monitoring activities. *Cognition and Instruction, 1,* 117–175.

Palinkas, L., Reed, H.L., Reedy, K.R., van Do, N., Case, H.S., & Finney, N.S. (2001). Circannual pattern of hypothalamic-pituitary-thyroid (HPT) function and mood during extended antarctic residence. *Psychoneuroendocrinology, 26,* 421–431.

Palmer, S.E. (1975). The effects of contextual scenes on the identification of objects. *Memory and Cognition, 3,* 519–526.

Palmer, S.E. (2002). Perceptual grouping: It's later than you think. *Current Directions in Psychological Science, 11,* 101–106.

Panda, S., Hogenesch, J.B., & Kay, S.A. (2002). Circadian rhythms from flies to human. *Nature, 417,* 329–335.

Paniagua, F.A. (2000). Culture-bound syndromes, cultural variations, and psychopathology. In J. Cuellar & F.A. Paniagua (Eds.), *Handbook of multicultural mental health: Assessment and treatment of diverse populations.* New York: Academic Press.

Panksepp, J. (1985). Mood changes. In P. Vinken, G. Bruyn, & H. Klawans (Eds.), *Handbook of clinical neurology. Vol. 45.* Amsterdam: Elsevier.

Panksepp, J. (1994). The basic of basic emotion. In P. Ekman & R.J. Davidson (Eds.), *The nature of emotion: Fundamental questions.* Oxford, UK: Oxford University Press.

Panksepp, J. (2000). Emotions as natural kinds within the mammalian brain. In M. Lewis & J.M. Howland-Jones (Eds.), *Handbook of emotions* (2nd ed.). New York: Guilford Press.

Papagno, C., Valentine, T., & Baddeley, A.D. (1991). Phonological short-term memory and foreign-language learning. *Journal of Memory and Language, 30,* 331–347.

Papez, J.W. (1937). A proposed mechanism of emotion. *Archives of Neurology and Psychiatry, 38,* 725–743.

Parkin, A.J. (1996). *Explorations in cognitive neuropsychology.* Oxford, UK: Blackwell.

Parkin, A.J. (2001). The structure and mechanisms of memory. In B. Rapp (Ed.), *The handbook of cognitive neuropsychology: What deficits reveal about the human mind.* Philadelphia, PA: Psychology Press.

Parkinson, B. (1994). Emotion. In A.M. Colman (Ed.), *Companion encyclopedia of psychology, Vol. 2.* London: Routledge.

Parkinson, B., & Manstead, A.S.R. (1992). Appraisal as a cause of emotion. In M.S. dark (Ed.), *Review of personality and social psychology. Vol. 13.* New York: Sage.

Parnas, J. (1988). Assortative mating in schizophrenia: Results from the Copenhagen High-Risk Study. *Psychiatry, 51,* 58–64.

Parten, M. (1932). Social participation among preschool children. *Journal of Abnormal and Social Psychology, 27,* 243–269.

Pascalis, O., de Schonen, S., Morton, J., Deruelle, C., & Fabre-Grenet, M. (1995). Mother's face recognition by neonates: A replication and an extension. *Infant Behavior* and Development, 18, 79–85.

Pascual-Leone, J. (1984). Attentional, dialectic, and mental effort. In M.L. Commons, F.A. Richards, & C. Armon (Eds.), *Beyond formal operations*. New York: Plenum.

Pascual-Leone, J. (2000). Is the French connection neo-Piagetian? Not nearly enough! *Child Development, 71*, 843.

Pashler, H. (1998). *Attention*. Hove, UK: Psychology Press.

Pashler, H., Johnston, J.C., & Ruthruff, E. (2001). Attention and performance. *Annual Review of Psychology, 52*, 629–651.

Pastore, N. (1952). The role of arbitrariness in the frustration-aggression hypothesis. *Journal of Abnormal and Social Psychology, 47*, 728–731.

Patrick, C.J., Bradley, M.M., & Lang, P.J. (1993). Emotion in the criminal psychopath: Startle reflex modulation. *Journal of Abnormal Psychology, 102*, 82–92.

Patterson, D.R., & Jensen, M.P. (2003). Hypnosis and clinical pain. *Psychological Bulletin, 129*, 495–521.

Patterson, G.R. (1982). *Coercive family processes*. Eugene, OR: Castilia Press.

Patterson, G.R. (1996). Some characteristics of a developmental theory for early onset delinquency. In M.F. Lenzenweger & J.J. Haugaard (Eds.), *Frontiers of developmental psychopathology*. Oxford, UK: Oxford University Press.

Patterson, G.R., Chamberlain, P., & Reid, J.B. (1982). A comparative evaluation of a parent training program. *Behavior Therapy, 13*, 638–650.

Patterson, G.R., DeBaryshe, B.D., & Ramsey, E. (1989). A developmental perspective on antisocial behaviour. *American Psychologist, 44*, 329–335.

Patterson, G.R., Reid, J.B., & Dishion, T.J. (1992). *Antisocial boys*. Eugene, OR: Castalia Press.

Pattie, F.A. (1937). The genuineness of hypnotically produced anaesthesia of the skin. *American Journal of Psychology, 49*, 435–443.

Paulhus, D.L., Trapnell, P.D., & Chen, D. (1999). Birth order effects on personality and achievement within families. *Psychological Science, 10*, 482–488.

Paunonen, S.V. (2003). Big Five factors of personality and replicated predictions of behaviour. *Journal of Personality and Social Psychology, 84*, 411–424.

Payne, B.K. (2001). Prejudice and perception: The role of automatic and controlled processes in misperceiving a weapon. *Journal of Personality and Social Psychology, 81*, 181–192.

Peaker, G.F. (1971). *The Plowden children four years later*. Oxford, UK: National Foundation for Educational Research.

Pears, R., & Bryant, P. (1990). Transitive inferences by young children about spatial position. *British Journal of Psychology, 81*, 497–510.

Pecoraro, N., Timberlake, W., & Tinsley, M. (1999). Incentive downshifts evoke search behavior in rats [*Rattus norvegicus*). *Journal of Experimental Psychology: Animal Behavior Processes, 25*, 153–167.

Pedersen, N.L., Plomin, R., McClearn, G.E., & Friberg, I. (1988). Neuroticism, extraversion, and related traits in adult twins reared apart and reared together. *Journal of Personality and Social Psychology, 55*, 950–957.

Pederson, E., Danziger, E., Wilkins, D., Levinson, S., Kita, S., & Senft, G. (1998). Semantic typology and spatial conceptualisation. *Language, 74*, 557–589.

Pengelley, E.T., & Fisher, K.C. (1957). Onset and cessation of hibernation under constant temperature and light in the golden-mantled ground squirrel, *Citellus lateralis*. *Nature, 180*, 1371–1372.

Peper, C.E., Bootsma, R.J., Mestre, D.R., & Bekker, F.C. (1994). Catching balls: How to get the hand to the right place at the right time. *Journal of Experimental Psychology: Human Perception and Performance, 20*, 591–612.

Perenin, M.-T., & Vighetto, A. (1988). Optic ataxia: A specific disruption in visuomotor mechanisms. 1. Different aspects of the deficit in reaching for objects. *Brain, 111*, 643–674.

Perfect, T.J., & Hollins, T.S. (1996). Predictive feeling of knowing judgements and postdictive confidence judgements in eyewitness memory and general knowledge. *Applied Cognitive Psychology, 10*, 371–382.

Perner, J., Leekam, S., & Wimmer, H. (1987). Three-year olds' difficulty with false belief: The case for a conceptual deficit. *British Journal of Developmental Psychology, 5*, 127–137.

Perner, J., & Wimmer, H. (1985). "John thinks that Mary thinks that ...": Attribution of second-order beliefs by 5- to 10-year-old children. *Journal of Experimental Child Psychology, 39*, 437–471.

Perrin, S., & Spencer, C. (1980). The Asch effect: A child of its time. *Bulletin of the British Psychological Society, 33*, 405–406.

Perrin, S., & Spencer, C. (1981). The Asch effect and cultural factors: Further observations and evidence. *Bulletin of the British Psychological Society, 34*, 385–386.

Perry, D.G., & Bussey, K. (1979). The social learning theory of sex differences: Imitation is alive and well. *Journal of*

Pervin, L.A. (1993). *Personality: Theory and research* (6th ed.). Chichester, UK: Wiley.

Pervin, L.A., & John, O.P. (1997). *Personality: Theory and research* (7th ed.). New York: Wiley.

Pervin, L.A., & John, O.P. (Eds.). (1999). *Handbook of personality* (2nd ed.). New York: Guilford Press.

Peterson, C., Seligman, M.E., & Vailliant, G.E. (1988). Pessimistic explanatory style is a risk factor for physical illness: A thirty-five year longitudinal study. *Journal of Personality and Social Psychology, 55*, 23–27.

Peterson, L.R., & Peterson, M.J. (1959). Short-term retention of individual verbal items. *Journal of Experimental Psychology, 58*, 193–198.

Peterson, M.S., Kramer, A.F., Wang, R.F., Irwin, D.E., & McCarley, J.S. (2001). Visual search has memory. *Psychological Science, 12*, 287–292.

Peterson, R.S., Owens, P.D., Tetlock, P.E., Fan, E.T., & Martorana, P. (1998). Group dynamics in top management teams: Groupthink, vigilance, and alternative models of organizational failure and success. *Organizational Behavior and Human Decision Processes, 73*, 272–305.

Pettigrew, T.F. (1958). Personality and sociocultural factors in intergroup attitudes: A cross-national comparison. *Journal of Conflict Resolution, 2*, 29–42.

Pettigrew, T.F. (1998). Intergroup contact theory. *Annual Review of Psychology, 49*, 65–85.

Pettigrew, T.F., & Meertens, R.W. (1995). Subtle and blatant prejudice in Western Europe. *European Journal of Social Psychology, 25*, 57–75.

Pettit, G.S., Bates, J.E., Dodge, K.A., & Meece, D.W. (1999). The impact of after-school peer contact on early adolescent externalising problems is moderated by parental monitoring, perceived neighbourhood safety, and prior adjustment. *Child Development, 70*, 768–778.

Petty, R.E. (1995). Attitude change. In A. Tesser (Ed.), *Advanced social psychology*. New York: McGraw-Hill.

Petty, R.E., & Cacioppo, J.T. (1981). *Attitudes and persuasion: Classic and contemporary approaches*. Dubuque, IA: W.C. Brown.

Petty, R.E., Cacioppo, J.T., & Goldman, R. (1981). Personal involvement as a determinant of argument-based persuasion. *Journal of Personality and Social Psychology, 41*, 847–855.

Petty, R.E., & Wegener, D.T. (1998). Attitude change: Multiple roles for persuasion variable. In D.T. Gilbert, S.T. Fiske, & G. Lindzey (Eds.), *The handbook of social psychology* (4th ed., pp. 323–390). Boston: McGraw-Hill.

Pfeifer, J.E., & Ogloff, J.R.P. (1991). Ambiguity and guilt determinations: A modern racism perspective. *Journal of Applied Social Psychology, 21*, 1713–1725.

Phelps J.A., Davis, J.O., & Schartz, K.M. (1997). Nature, nurture, and twin research strategies. *Current Directions in Psychological Science, 6*, 117–121.

Piaget, J. (1932). *The moral judgement of the child*. Harmondsworth, UK: Penguin.

Piaget, J. (1967). *The child's conception of the world*. Totowa, NJ: Littlefield, Adams.

Piaget, J. (1972). Intellectual evolution from adolescence to adulthood. *Human Development, 15*, 1–12.

Piaget, J., & Szeminska, A. (1952). *The child's conception of number*. London: Routledge & Kegan Paul.

Pickering, M.J., & Traxler, M.J. (1998). Plausibility and recovery from garden paths: An eye-tracking study. *Journal of Experimental Psychology: Learning, Memory, and Cognition, 24*, 940–961.

Pierrel, R., & Sherman, J.G. (1963). Train your pet the Barnabus way. *Brown Alumni Monthly*, February, 8–14.

Pike, K.M., & Rodin, J. (1991).Mothers, daughters, and disordered eating. *Journal of Abnormal Psychology, 100*, 198–204.

Pilcher, J.J., Nadler, E., & Busch, C. (2002). Effects of hot and cold temperature on performance: A meta-analytic review. *Ergonomics, 45*, 682–698.

Pilgrim, D. (2000). Psychiatric diagnosis: More questions than answers. *The Psychologist, 13*, 302–305.

Piliavin, I.M., Rodin, J., & Piliavin, J.A. (1969). Good samaritanism: An underground phenomenon? *Journal of Personality and Social Psychology, 13*, 289–299.

Piliavin, J.A., Dovidio, J.F., Gaertner, S.L., & Clark, R.D. (1981). *Emergency intervention*. New York: Academic Press.

Pillemer, D., Goldsmith, L.R., Panter, A.T., & White, S.H. (1988). Very long-term memories of the first year in college. *Journal of Experimental Psychology: Learning, Memory, and Cognition, 14*, 709–715.

Pilleri, G. (1979). The blind Indus dolphin, *Platanista indi. Endeavour, 3*, 48–56.

Pinel, J.PJ. (1997). *Biopsychology* (3rd ed.). Boston: Allyn & Bacon.

Pinel, J.PJ., Assanand, S., & Lehman, D.R. (2000). Hunger, eating, and ill health. *American Psychologist, 55*, 1105–1116.

Pinker, S. (1984). *Language learnability and language development*. Cambridge, MA: Harvard University Press.

Pinker, S. (1989). Learnability and cognition: *The acquisition of argument structure.* Cambridge, MA: MIT Press.

Pinker, S. (1994). *The language instinct.* Harmondsworth, UK: Allen Lane.

Pinker, S. (1997). *How the mind works.* New York: Norton.

Pisella, L., Grea, H., Tilikete, C., Vighetto, A., Desmurget, M., Rode, G., Boisson, D., & Rossetti, Y. (2000). An "automatic pilot" for the hand in human posterior parietal cortex: Toward reinterpreting optic ataxia. *Nature Neuroscience, 3,* 729–736.

Pi-Sunyer, X., Kissileff, H.R., Thornton, J., & Smith, G.P. (1982). C-terminal octapeptide of cholecystokinin decreases food intake in obese men. *Physiology and Behavior, 29,* 627–630.

Pitts, M., & Phillips, K. (1998). *The psychology of health: An introduction* (2nd ed.). London: Routledge.

Plaks, J.E., & Higgins, E.T. (2000). Pragmatic use of stereotyping in teamwork: Social loafing and compensation as a function of inferred partner-situation fit. *Journal of Personality and Social Psychology, 79,* 962–974.

Planalp, S., & Rivers, M. (1996). Changes in knowledge of close relationships. In G. Fletcher & J. Fitness (Eds.), *Knowledge structures in close relationships: A social psychological approach* (pp. 299–324). Mahwah, NJ: Lawrence Erlbaum Associates, Inc.

Plaut, D.C., McClelland, J.L., Seidenberg, M.S., & Patterson, K. (1996). Understanding normal and impaired word reading: Computational principles in quasi-regular domains. *Psychological Review, 103,* 56–115.

Plomin, R. (1988). The nature and nurture of cognitive abilities. In R.J. Sternberg (Ed.), *Advances in the psychology of human intelligence, Vol. 4.* Hillsdale, NJ: Lawrence Erlbaum Associates, Inc.

Plomin, R. (1990). The role of inheritance in behaviour. *Science, 248,* 183–188.

Plomin, R. (1999). Genetics and general cognitive ability. *Nature, 402,* C25-C29.

Plomin, R., Corley, R., DeFries, J.C., & Fulker, D. (1990). Individual differences in television viewing in early childhood: Nature as well as nurture. *Psychological Science, 1,* 371–377.

Plomin, R., DeFries, J.C., & McClearn, G.E. (1997). *Behavioural genetics: A primer* (3rd ed.). New York: Freeman.

Poldrack, R.A., & Gabrieli, J.D. (2001). Characterizing the neural mechanisms of skill learning and repetition priming: Evidence from mirror reading. *Brain, 124,* 67–82.

Poole, D.A., & Lindsay, D.S. (1996). *Effects of parents' suggestions, interviewing techniques, and age on young children's event reports.* Paper presented at NATO Advanced Study Institute, Port de Bourgenay, France.

Pope, H.G., Oliva, P.S., Hudson, J.I., Bodkin, J.A., & Gruber, A.J. (1999). Attitudes towards DSM-IV dissociative disorders diagnoses among board-certified American psychiatrists. *American Journal of Psychiatry, 156,* 321–323.

Pope, K.S., & Vetter, V.A. (1992). Ethical dilemmas encountered by members of the American Psychological Association. *American Psychologist, 47,* 397–411.

Popper, K.R. (1969). *Conjectures and refutations.* London: Routledge & Kegan Paul.

Popper, K.R. (1972). *Objective knowledge.* Oxford, UK: Oxford University Press.

Postmes, T., & Spears, R. (1998). Deindividuation and antinormative behaviour: A meta-analysis. *Psychological Bulletin, 123,* 238–259.

Postmes, T., Spears, R., & Cihangir, S. (2001). Quality of decision making and group norms. *Journal of Personality and Social Psychology, 80,* 918–930.

Povinelli, D.J., Landau, K.R., & Perilloux, H.K. (1996). Self-recognition in young children using delayed versus live feedback: Evidence of a developmental asynchrony. *Child Development, 67,* 1540–1554.

Power, M.J., & Dalgleish, T. (1997). *Cognition and emotion: From order to disorder.* Hove, UK: Psychology Press.

Pratkanis, A.R., & Aronson, E. (1992). *Age of propaganda: The everyday use and abuse of persuasion.* New York: W.H. Freeman.

Preuss, T.M., Qi, H., & Kaas, J.H. (1999). Distinctive compartmental organisation of human primary visual cortex. *Proceedings of the National Academy of Science, 96,* 11601–11606.

Price, D.D., & Barrell, J.J. (2000). Mechanisms of analgesia produced by hypnosis and placebo suggestions. In E.A. Mayer & C.B. Saper (Eds.), *Progress in brain research, Vol. 122.* New York: Elsevier Science.

Price, L.H. (1990). Serotonin reuptake inhibitors in depression and anxiety: An overview. *Annuals of Clinical Psychiatry, 2,* 165–172.

Price, T.S., Eley, T.C., Dale, P.S., Stevenson, J., Saudino, K., & Plomin, R. (2000). Genetic and environmental covariation between verbal and nonverbal cognitive development in infancy. *Child Development, 71,* 948.

Price-Williams, D., Gordon, W., & Ramirez, M. (1969). Skill and conservation: A study of pottery-making children.

Developmental Psychology, 1, 769.

Prien, R.F., & Potter, W.Z. (1993). Maintenance treatment for mood disorders. In D.L. Dunner (Ed.), Current psychiatric therapy. Philadelphia: Saunders.

Prins, K.S., Buunk, B.P., & van Yperen, N.W. (1993). Equity, normative disapproval and extramarital relationships. Journal of Social and Personal Relationships, 10, 39–53.

Probhakaran, V., Smith, J.A.L., Desmond, J.E., Glover, G., & Gabrieli, J.D.E. (1997). Neural substrates of fluid reasoning: An fMRI study of neocortical activation during performance of the Raven's Progressive Matrices Test. Cognitive Psychology, 33, 43–63.

Prochaska, J.O., & Norcross, J.C, (1994). Systems of psychotherapy: A transtheoretical analysis (3rd ed.). Pacific Grove, CA: Brooks/Cole.

Protopapas, A. (1999). Connectionist modeling of speech perception. Psychological Bulletin, 125, 410–436.

Putnam, B. (1979). Hypnosis and distortions in eyewitness memory. International Journal of Clinical and Experimental Hypnosis, 27, 437–448.

Putnam, F.W. (1984). The psychophysiologic investigation of multiple personality disorder. Psychiatric Clinics of North America, 7, 31–40.

Quattrone, G.A., & Jones, E.E. (1980). The perception of variability within ingroups and outgroups. Journal of Personality and Social Psychology, 38, 141–152.

Quigley-Fernandez, B., & Tedeschi, J.T. (1978). The bogus pipeline as lie detector: Two validity studies. Journal of Personality and Social Psychology, 36, 247–256.

Quinlan, J., & Quinlan, J. (1977). Karen Ann: The Quintans tell their story. Toronto: Doubleday.

Quinlan, P.T., & Wilton, R.N. (1998). Grouping by proximity or similarity? Competition between the Gestalt principles in vision. Perception, 27, 417–430.

Quinn, J.G., & McConnell, J. (1996a). Irrelevant pictures in visual working memory. Quarterly Journal of Experimental Psychology, 49A, 200–215.

Quinn, J.G., & McConnell, J. (1996b). Indications of the functional distinction between the components of visual working memory. Psycholigische Beitrage, 38, 355–367.

Rabain-Jamin, J. (1989). Culture and early social interactions. The example of mother-infant object play in African and native French families. European Journal of Psychology of Education, 4, 295–305.

Rabbie, J.M., Schot, J.C., & Visser, L. (1989). Social identity theory: A conceptual and empirical critique from the perspective of a behavioural interaction model. European Journal of Social Psychology, 19, 171–202.

Radvansky, G.A., & Copeland, D.E. (2001). Working memory and situation model updating. Memory and Cognition, 29, 1073–1080.

Ratal, R., Smith, J., Krantz, J., Cohen, A., & Brennan, C. (1990). Extrageniculate vision in hemianopic humans: Saccade inhibition by signals in the blind field. Science, 250, 118–121.

Rahe, R.H. (1968). Life crisis and health change. In P.R. May & J.R. Wittenborn (Eds.), Psychotropic drug response: advances in prediction. Oxford, UK: C.C. Thomas.

Rainville, P., Hofbauer, R.K., Bushnell, M.C., Duncan, G.H., & Price, D.D. (2001). Hypnosis modulates activity in brain structures involved in the regulation of consciousness. Journal of Cognitive Neuroscience, 14, 887–901.

Ralph, M.R., Foster, R.G., Davis, F.C., & Menaker, M. (1990). Transplanted suprachiasmatic nucleus determines circadian period. Science, 247, 975–978.

Ramey, C.T., Bryant, D.M., & Suarez, T.M. (1985).Preschool compensatory education and the modifiability of intelligence: A critical review. In D.K. Detterman (Ed.), Current topics in human intelligence: Vol. 1. Research methodology. Norwood, NJ: Ablex.

Rampello, L., Nicoletti, F., & Nicoletti, F. (2000). Dopamine and depression: Therapeutic implications. CNS Drugs, 13, 35–45.

Randich, A., & LoLordo, V.M. (1979). Associative and non-associative theories of the UCS pre-exposure phenomenon: Implications for Pavlovian conditioning. Psychological Bulletin, 86, 523–548.

Rank, S.G., & Jacobsen, C.K. (1977). Hospital nurses' compliance with medication overdose orders: A failure to replicate. Journal of Health and Social Behaviour, 18, 188–193.

Raven, J. (1980). Parents, teachers and children: A study of an educational home visiting scheme. London: Hodder & Stoughton.

Ravizza, K. (1977). Peak experiences in sport. Journal of Humanistic Psychology, 17, 35–40.

Rayner, K., Inhoff, A.W., Morrison, R.E., Slowiaczek, M.L., & Bertera, J.H. (1981). Masking of foveal and parafoveal vision during eye fixations in reading. Journal of Experimental Psychology: Human Perception and Performance, 18, 163–172.

Rayner, K., & Sereno, S.C. (1994).Eye movements in reading: Psycholinguistic studies. In M.A. Gernsbacher (Ed.),

Handbook of psycholinguistics. New York: Academic Press.

Raynor, H.A., & Epstein, L.H. (2001). Dietary variety, energy regulation, and obesity. *Psychological Bulletin, 127,* 325–341.

Raz, A., & Shapiro, T. (2002). Hypnosis and neuroscience: A cross talk between clinical and cognitive research. *Archives of General Psychiatry, 59,* 85–90.

Reason, J.T. (1979). Actions not as planned: The price of automatisation. In G. Underwood & R. Stevens (Eds.), *Aspects of consciousness: Vol. 1. Psychological issues.* London: Academic Press.

Reason, J.T. (1992). Cognitive underspecification: Its variety and consequences. In B.J. Baars (Ed.), *Experimental slips and human error: Exploring the architecture of volition.* New York: Plenum Press.

Reber, A.S. (1993). *Implicit learning and tacit knowledge: An essay on the cognitive unconscious.* Oxford, UK: Oxford University Press.

Reber, A.S. (1997). How to differentiate implicit and explicit modes of acquisition. In J.D. Cohen & J.W. Schooler (Eds.), *Scientific approaches to consciousness.* Hillsdale, NJ: Lawrence Erlbaum Associates, Inc.

Reber, A.S., Walkenfeld, F.F., & Hernstadt, R. (1991). Implicit and explicit learning: Individual differences and IQ. *Journal of Experimental Psychology: Learning, Memory, and Cognition, 17,* 888–896.

Rebert, W.M., Stanton, A.L., & Schwarz, R.M. (1991). Influence of personality attributes and daily moods on bulimic eating patterns. *Addictive Behaviors, 16,* 497–505.

Rechov Sumsum/Shara'a Simsim research symposium. (1999). Israel Education Television, Al-Quds University Institute of Modern Media and Children's Television Workshop: New York.

Rechtschaffen, A., Gilliland, M., Bergmann, B., & Winter, J. (1983). Physiological correlates of prolonged sleep deprivation in rats. *Science, 221,* 182–184.

Redelmeier, D., Koehler, D.J., Liberman, V., & Tversky, A. (1995). Probability judgement in medicine: Discounting unspecified alternatives. *Medical Decision Making, 15,* 227–230.

Reed, J.M., & Squire, L.R. (1998). Retrograde amnesia for facts and events: findings from four new cases. *Journal of Neuroscience, 18,* 3943–3954.

Reicher, G.M. (1969). Perceptual recognition as a function of meaningfulness of stimulus material. *Journal of Experimental Psychology, 81,* 274–280.

Reicher, S., Levine, R.M., & Gordijn, E. (1998). More on deindividuation, power relations between groups and the expression of social identity: Three studies on the effects of visibility to the in-group. *British Journal of Social Psychology, 37,* 15–40.

Reicher, S., Spears, R., & Postmes, T. (1995). A social identity model of deindividuation phenomena. In W. Stroebe & M. Hewstone (Eds.), *European review of social psychology, Vol. 6.* Chichester, UK: Wiley.

Reicher, S.D. (1984). The St. Pauls' riot: An explanation of the limits of crowd action in terms of a social identity model. *European Journal of Social Psychology, 14,* 1–21.

Reicher, S.D., Spears, R., & Postmes, T. (1995). A social identity model of deindividuation phenomena. *European Review of Social Psychology, 6,* 161–198.

Redelmeier, D., Koehler, D.J., Liberman, V., & Tversky, A. (1995). Probability judgement in medicine: Discounting unspecified alternatives. *Medical Decision Making, 15,* 227–230.

Reichle, E.D., Pollatsek, A., Fisher, D.L., & Rayner, K. (1998). Toward a model of eye movement control in reading. *Psychological Review, 105,* 125–157.

Reinberg, R. (1967). *Eclairement et cycle menstruel de la femme* [Rapport au Colloque International du CRNS, la photorégulation de la reproduction chez les oiseaux et les mammiferes]. Montpelier, France.

Reis, H.T. & Patrick, B.C. (1996). Attachment and intimacy: Component processes. In E.T. Higgins & A.W. Kruglanski (Eds.), *Social psychology: Handbook of basic principles* (pp. 523–563). New York: Guilford Press.

Reis, H.T., Senchak, M., & Solomon, B. (1985). Sex differences in the intimacy of social interaction: Further examination of potential explanations. *Journal of Personality and Social Psychology, 48,* 1204–1217.

Remington, G., & Kapur, S. (2000). Atypical antipsychotics: Are some more atypical than others? *Psychopharmacology, 148,* 3–15.

Renegar, K.B., Crouse, D., Floyd, R.A., & Krueger, J. (2000). Progression of influenza viral infection through the murine respiratory tract: The protective role of sleep deprivation. *Sleep, 23,* 859–863.

Rescoria, R.A., & Wagner, A.R. (1972). A theory of Pavlovian conditioning: Variations in the effectiveness of reinforcement and nonreinforcement. In A.H. Black & W.F. Prokasy (Eds.), *Classical conditioning: II. Current research and theory.* New York: Appleton-Century-Crofts.

Revonsuo, A. (2000). The reinterpretation of dreams: An evolutionary hypothesis of the function of dreaming.

Behavioral and Brain Sciences, 13, 877–901.

Rey, J.M., & Tennant, C. (2002). Cannabis and mental health: More evidence establishes clear link between use of cannabis and psychiatric illness. *British Medical Journal, 325,*1183.

Rey, J.M., & Walter, G. (1997). Half a century of ECT use in young people. *American Journal of Psychiatry, 154,* 595–602.

Rhee, S.H., & Waldman, I.D. (2002). Genetic and environmental influences on antisocial behaviour: A meta-analysis of twin and adoption studies. *Psychological Bulletin, 128,* 490–529.

Rice, R.W. (1978). Construct validity of the least preferred co-worker score. *Psychological Bulletin, 85,* 1199–1237.

Richards, F.A., & Armon, C. (Eds.), *Beyond formal operations.* New York: Plenum.

Rickels, K., DeMartinis, N., & Aufdrembrinke, B. (2000). A double-blind, placebo-controlled trial of abecarnil and diazepam in the treatment of patients with generalised anxiety disorder. *Journal of Clinical Psychopharmacology, 20,* 12–18.

Rickels, K., Schweizer, E., Case, W.G., & Greenblatt, D.J. (1990). Long-term therapeutic use of benzodiazepines: Effects of abrupt discontinuation. *Archives of General Psychiatry, 47,* 899–907.

Ridley, M. (1996). *Evolution* (2nd ed.). Cambridge, MA: Blackwell Science.

Riggio, R.E. (2000). *Introduction to industrial/organisational psychology* (3rd ed.). Upper Saddle River, NJ: Prentice Hall.

Riggs, KJ., Peterson, D.M., Robinson, E.J., & Mitchell, P. (1998). Are errors in false belief tasks symptomatic of a broader difficulty with counterfactuality? *Cognitive Development, 13,* 73–90.

Ritov, I., & Baron, J. (1990). Reluctance to vaccinate: Omission bias and ambiguity. *Journal of Behavioral Decision Malting, 3,* 263–277.

Ritter, S., & Taylor, J.S. (1990). Vagal sensory neurons are required for lipoprivic but not glucoprivic feeding in rats. *American Journal of Physiology, 258,* R1395-R1401.

Rivera, S.M., Wakeley, A., & Langer, J. (1999). The drawbridge phenomenon: Representational reasoning or perceptual preference? *Developmental Psychology, 35,* 427–435.

Robarchek, C., & Robarchek, C.J. (1992). Cultures of war and peace: A comparative study of the Waorani and Semai. In J. Silverberg & J.P. Gray (Eds.), *Aggression and peacefulness in humans and other primates.* New York: Oxford University Press.

Robbins, T.W., Anderson, E.J., Barker, D.R., Bradley, A.C., Fearnyhough, C., Henson, R., Hudson, S.R., & Baddeley, A. (1996). Working memory in chess. *Memory and Cognition, 24,* 83–93.

Roberson, D., Davies, I., & Davidoff, J. (2000). Colour categories are not universal: Replications and new evidence from a stone-age culture. *Journal of Experimental Psychology: General, 129,* 369–398.

Roberts, R.D., Zeidner, M., & Matthews, G. (2001). Does emotional intelligence meet traditional standards for an intelligence? Some new data and conclusions. *Emotion, 1,* 196–231.

Roberts, W.W., & Mooney, R.D. (1974). Brain areas controlling thermoregulatory grooming, prone extension, locomotion, and tail vasodilation in rats. *Journal of Comparative Physiological Psychology, 86,* 470–480.

Robertson, I.H., Manly, T., Andrade, J., Baddeley, B.T., & Yiend, J. (1997). "Oops!" Performance correlates of everyday attentional failures in traumatic brain injured and normal subjects. *Neuropsychologia, 35,* 747–758.

Robertson, J., & Bowlby, J. (1952). Responses of young children to separation from their mothers. *Courier Centre International de I'Enfance, 2,* 131–142.

Robertson, J.J., & Robertson, J. (1971). Young children in brief separation. *Psychoanalytic Study of the Child, 26,* 264–315.

Robertson, S.I. (2001). *Problem solving.* Hove, UK: Psychology Press.

Robins, R.W., Spranca, M.D., & Mendelsohn, G.A. (1996). The actor-observer effect revisited: Effects of individual differences and repeated social interactions on actor and observer attributions. *Journal of Personality and Social Psychology, 71,* 375–389.

Robinson, J.L., Zahn-Waxler, C., & Emde, R.N. (1994). Patterns of development in early empathic behaviour: Environmental and child constitutional influences. *Social Development, 3,* 125–145.

Robinson, T.E., & Berridge, K.C. (1993). The neural basis of drug craving: An incentive-sensitisation theory of addiction. *Brain Research Reviews, 18,* 247–291.

Rock, I., & Palmer, S. (1990, December). The legacy of Gestalt psychology. *Scientific American,* pp. 48–61.

Roelofs, A. (2000). WEAVER++ and other computational models of lemma retrieval and word-form encoding. In L. Wheeldon (Ed.), *Aspects of language production.* Hove, UK: Psychology Press.

Rogers, B.J., & Collett, T.S. (1989). The appearance of

surfaces specified by motion parallax and binocular disparity. *Quarterly Journal of Experimental Psychology, 41A,* 697–717.

Rogers, C.R. (1947). The case of Mary Jane Tilden. In W.U. Snyder (Ed.), *Casebook of non-directive counseling.* Cambridge, MA: Houghton Mifflin.

Rogers, C.R. (1951). *Client-centred therapy.* Boston: Houghton Mifflin.

Rogers, C.R. (1957). The necessary and sufficient conditions of therapeutic personality change. *Journal of Consulting Psychology, 21,* 95–103.

Rogers, C.R. (1959). A theory of therapy, personality, and interpersonal relationships as developed in the client-centred framework. In S. Koch (Ed.), *Psychology: A study of a science.* New York: McGraw-Hill.

Rogers, C.R. (1967). *On becoming a person.* London: Constable.

Rogers, C.R. (1975). Client-centered psychotherapy. In A.M. Freedman, H.I. Kaplan, & B.J. Sadock (Eds.), *Comprehensive textbook of psychiatry. Vol. II.* Baltimore: Williams & Wilkins.

Rogers, L. (2001, May 6). Cannabis-like molecules in their brains, which trigger hunger pangs: Medical notes. *Sunday Times,* p. 33.

Rogers, R.W. (1983). Cognitive and physiological processes in fear appeals and attitude change; A revised theory of protection motivation. In J.T. Cacioppo & R.E. Petty (Eds.), *Social psycho-physiology: A sourcebook.* New York: Guilford Press.

Rogers, R.W., & Prentice-Dunn, S. (1997). Protection motivation theory. In D. Gochman (Ed.), *Handbook of health behaviour research. Vol. 1.* New York: Plenum.

Rogoff, B. (1990). *Apprenticeship in thinking: Cognitive development in social context.* Oxford, UK: Oxford University Press.

Rohner, R.P. (1975). Parental acceptance-rejection and personality development: A universalist approach to behavioural science. In R.W. Brislin, S. Bochner, & W.J. Lonner (Eds.), *Cross-cultural perspectives on learning.* New York: Sage.

Rohner, R.P. (1986). *The warmth dimension: Foundations of parental acceptance-rejection theory.* Beverly Hills, CA: Sage.

Rohner, R.P., & Pettengill, S.M. (1985). Perceived parental acceptance-rejection and parental control among Korean adolescents. *Child Development, 56,* 524–528.

Rohner, R.P., & Rohner, E.C. (1981). Parental acceptance-rejection and parental control: Cross-cultural codes. *Ethnology, 20,* 245–260.

Rolls, B.J., Rolls, E.T., & Rowe, E.A. (1982). The influence of variety on human food selection and intake. In L.M. Barker (Ed.), *The psychobiology of human food selection.* Westport, CT: AVI.

Rolls, B.J., Rowe, E.A., & Rolls, E.T. (1982). How flavour and appearance affect human feeding. *Proceedings of the Nutrition Society, 41,* 109–117.

Rolls, B.J., van Duijvenvoorde, P.M., & Rolls, E.T. (1984). Pleasantness changes and food intake in a varied four-course meal. *Appetite, 5,* 337–348.

Rolls, E.T. (1981). Central nervous mechanisms related to feeding and appetite. *British Medical Bulletin, 37,* 131–134.

Rolls, E.T., & Rolls, J.H. (1997). Olfactory sensory-specific satiety in humans. *Physiology and Behavior, 61,* 461–473.

Rolls, E.T., & Tovée, M.J. (1995). Sparseness of the neuronal representation of stimuli in the primate temporal visual cortex. *Journal of Neurophysiology, 73,* 713–726.

Ronningstam, E., & Gunderson, J.G. (1990). Identifying criteria for narcissistic personality disorder. *American Journal of Psychiatry, 147,* 918–922.

Rortvedt, A.K., & Miltenberger, R.G. (1994). Analysis of a high-probability instructional sequence and time-out in the treatment of child noncompliance. *Journal of Applied Behavior Analysis, 27,* 327–330.

Rose, G.A., & Williams, R.T. (1961). The psychobiology of meals. *British Journal of Nutrition, 15,* 1–9.

Rosenbaum, D.A., Carlson, R.A., & Gilmore, R.O. (2001). Acquisition of intellectual and perceptual-motor skills. *Annual Review of Psychology, 52,* 453–470.

Rosenbaum, M.E. (1986). The repulsion hypothesis: On the non-development of relationships. *Journal of Personality and Social Psychology, 51,* 1156–1166.

Rosenberg, S., Nelson, C., & Vivekananthan, P.S. (1968). A multidimensional approach to the structure of personality impressions. *Journal of Personality and Social Psychology, 9,* 283–294.

Rosenfield, D., Stephan, W.G., & Lucker, G.W. (1981). Attraction to competent and incompetent members of cooperative and competitive groups. *Journal of Applied Social Psychology, 11,* 416–433.

Rosenhan, D.L. (1973). On being sane in insane places. *Science, 179,* 250–258.

Rosenhan, D.L., & Seligman, M.E.P. (1989). *Abnormal psychology* (2nd ed.). New York: Norton.

Rosenhan, D.L., & Seligman, M.E.P. (1995). *Abnormal psychology* (3rd ed.). New York: Norton.

Rosenman, R.H., Brand, R.J., Jenkins, C.D., Friedman, M., Straus, R. & Wurm, M. (1975). Coronary heart disease in the Western Collaborative Group Study: Final follow-up experience of 8½ years. *Journal of the American Medical Association, 22*, 872–877.

Rosenthal, D. (1963). *The Genain quadruplets: A case study and theoretical analysis of heredity and environment in schizophrenia.* New York: Basic Books.

Rosenthal, R. (1966). *Experimenter effects in behavioural research.* New York: Appleton-Century-Crofts.

Rosenzweig, M.R. (1992). Psychological science around the world. *American Psychologist, 47*, 718–722.

Rosenzweig, M.R., Breedlove, S.M., & Leiman, A.L. (2002). *Biological psychology: An introduction to behavioural, cognitive, and clinical neuroscience* (3rd ed.). Sunderland, MA: Sinauer Associates.

Rosenzweig, M.R., Leiman, A.L., & Breedlove, S.M. (1999). *Biological psychology: An introduction to behavioural, cognitive, and clinical neuroscience* (2nd ed.). Sunderland, MA: Sinauer Associates.

Ross, C.A., Miller, S.D., Reagor, P., Bjornson, L., Fraser, G., & Anderson, G. (1990). Structured interview data on 102 cases of multiple personality disorder from four centres. *American Journal of Psychiatry, 147*, 596–601.

Ross, S.M., & Offermann, L.R. (1997). Transformational leaders: Measurement of personality attributes and work group performance. *Personality and Social Psychology Bulletin, 23*, 1078–1086.

Roth, A., & Fonagy, P. (1996). *What works for whom? A critical review of psychotherapy research.* New York: Guilford Press.

Rothbaum, F., Weisz, T., Pott, M., Miyake, K., & Morelli, G., (2000). Attachment and culture: Security in the United States and Japan. *American Psychologist, 55*, 1093–1104.

Rothman, A.J., & Salovey, P. (1997). Shaping perceptions to motivate healthy behaviour: The role of message framing. *Psychological Bulletin, 121*, 3–19.

Rotter, J.B. (1966). Generalized expectancies for internal versus external control of reinforcement. *Psychological Monographs, 80*, 1–28.

Roy, P., Rutter, M., & Pickles, A. (2000). Institutional care: Risk from family background or pattern of rearing? *Journal of Child Psychology and Psychiatry, 41*, 139–149.

Rubin, D.C. (2000). The distribution of early childhood memories. *Memory, 8*, 265–269.

Rubin, D.C., Rahhal, T.A., & Poon, L.W. (1998). Things learned in early adulthood are remembered best. *Memory and Cognition, 26*, 3–19.

Rubin, D.C., & Wenzel, A.E. (1996). One hundred years of forgetting: A quantitative description of retention. *Psychological Bulletin, 103*, 734–760.

Rubin, D.C., Wetzler, S.E., & Nebes, R.D. (1986). Autobiographical memory across the lifespan. In D.C. Rubin (Ed.), *Autobiographical memory.* Cambridge, UK: Cambridge University Press.

Rubin, K.H., Bukowski, W., & Parker, J.G. (1998b). Peer interactions, relationships, and groups. In W. Damon (Ed.), *Handbook of child psychology: Vol. 3. Social emotional and personality development* (5th ed.). New York: Wiley.

Rubin, M., & Hewstone, M. (1998). Social Identity Theory's self-esteem hypothesis: A review and some suggestions for clarification. *Review of Personality and Social Psychology, 2*, 40–62.

Rubin, Z. (1970). Measurement of romantic *love. Journal of Personality and Social Psychology, 16*, 265–273.

Ruble, D.N. (1987). The acquisition of self-knowledge: A self-socialisation perspective. In N. Eisenberg (Ed.), *Contemporary topics in developmental psychology.* New York: Wiley.

Ruble, D.N., Balaban, T., & Cooper, J. (1981). Gender constancy and the effects of sex-typed televised toy commercials. *Child Development, 52*, 667–673.

Ruble, D.N., Boggiano, A.K., Feldman, N.S., & Loebl, J.H. (1980). A developmental analysis of the role of social comparison in self-evaluation. *Developmental Psychology, 16*, 105–115.

Rudge, P., & Warrington, E.K. (1991). Selective impairment of memory and visual perception in splenial tumours. *Brain, 114*, 349–360.

Rudman, L.A., & Borgida, E. (1995). The afterglow of construct accessibility: The behavioural consequences of priming men to view women as sexual objects. *Journal of Experimental Social Psychology, 31*, 493–517.

Rudolph, J., Langer, I., & Tausch, R. (1980). Demonstrations of the psychic results and conditions of person-centred individual psychotherapy. *Zeitschrift für Klinische Forschung und Praxis, 9*, 23–33.

Rumelhart, D.E., & Ortony, A. (1977). The representation of knowledge in memory. In R.C. Anderson, R.J. Spiro, & W.E. Montague (Eds.), *Schooling and the acquisition of knowledge.* Hillsdale, NJ: Lawrence Erlbaum Associates, Inc.

Rumiati, R.I., Humphreys, G.W., Riddoch, M.J., & Bateman, A. (1994). Visual object agnosia without prosopagnosia or alexia: Evidence for hierarchical theories of visual recognition. *Visual Cognition, 1,* 181–225.

Rundus, D., & Atkinson, R.C. (1970).Rehearsal processes in free recall, a procedure for direct observation. *Journal of Verbal Learning and Verbal Behavior, 9,* 99–105.

Runeson, S., & Frykholm, G. (1983). Kinematic specifications of dynamics as an informational basis for person-and-action perception: Expectation, gender recognition, and deceptive intention. *Journal of Experimental Psychology: General, 122,* 585–615.

Rusak, B. (1977). Involvement of the primary optic tracts in mediation of light efferents on hamster circadian rhythms. *Journal of Comparative Physiology, 118,* 165–172.

Rusak, B., Robertson, H.A., Wisden, W., & Hunt, S.P. (1990). Light pulses that shift rhythms induce gene expression in the suprachiasmatic nucleus. *Science, 248,* 1237–1240.

Rusbult, C. (1983). A longitudinal test of the investment model: The development (and deterioration) of satisfaction and commitment in heterosexual involvements. *Journal of Personality and Social Psychology, 45,* 101–117.

Rusbult, C.E., & Martz, J.M. (1995). Remaining in an abusive relationship: An investment model analysis of nonvoluntary dependence. *Personality and Social Psychology Bulletin, 21,* 558–571.

Rusbult, C.E., Martz, J.M., & Agnew, C.R. (1998). The investment model scale: Measuring commitment level, satisfaction level, quality of alternatives, and investment size. *Personal Relationships, 5,* 357–391.

Rusbult, C.E., van Lange, P.A.M., Wildschut, T., Yovetich, N.A., & Verette, J. (2000). Perceived superiority in close relationships: Why it exists and persists. *Journal of Personality and Social Psychology, 79,* 521–545.

Rushton, J.P. (1975). Generosity in children: Immediate and long-term effects of modelling, preaching, and moral judgement. *Journal of Personality and Social Psychology, 33,* 459–466.

Russek, M. (1971). Hepatic receptors and the neurophysiological mechanisms controlling feeding behaviour. In S. Ehrenpreis (Ed.), *Neurosciences Research, Vol. 4.* New York: Academic Press.

Russell, G.W., & Goldstein, J.H. (1995 (.Personality differences between Dutch football fans and non-fans. *Social Behavior and Personality, 23,* 199–204.

Russell, J.A., & Carroll, J.M. (1999). On the bipolarity of positive and negative affect. *Psychological Bulletin, 125,* 3–30.

Russell, J.A., & Feldman Barren, L. (1999). Core affect, prototypical emotional episodes, and other things called emotion: Dissecting the elephant. *Journal of Personality and Social Psychology, 76,* 805–819.

Russo, R., Nichelli, P., Gibertoni, M., & Cornia, C. (1995). Developmental trends in implicit and explicit memory: A picture completion study. *Journal of Experimental Child Psychology, 59,* 566–578.

Rutter, M. (1981). *Maternal deprivation re-assessed* (2nd ed.). Harmondsworth, UK: Penguin.

Rutter, M., and the English and Romanian Adoptees (ERA) Team. (1998). Developmental catch-up and deficit following adoption after severe global early privation. *Journal of Child Psychology and Psychiatry, 39,* 465–476.

Ryan, J.D., Althoff, R.R., Whitlow, S., & Cohen, N.J. (2000). Amnesia is a deficit in relational memory. *Psychological Science, 11,* 454–461.

Rymer, R. (1993). *Genie: Escape from a silent childhood.* London: Michael Joseph.

Sabey, B.E., & Codling, P.J. (1975). Alcohol and road accidents in Great Britain. In S. Israelstam & S. Lambert (Eds.), *Alcohol, drugs and traffic safety.* Ontario: Liquor Control Board.

Sacco, W.P., & Beck, A.T. (1985). Cognitive therapy for depression. In E.E. Beckham & W.R. Leber (Eds.), *Handbook of depression: Treatment, assessment and research.* Homewood, IL: Dorsey Press.

Saffran, E.M., Mann, O.S.M., & Yeni-Komshian, G.H. (1976). An analysis of speech perception in word deafness. *Brain and Language, 3,* 209–228.

Saffran, E.M., Schwartz, M.F., & Marin, O.S.M. (1980a). Evidence from aphasia: Isolating the components of a production model. In B. Butterworth (Ed.), *Language production, Vol. 1.* London: Academic Press.

Saffran, E.M., Schwartz, M.F., & Marin, O.S.M. (1980b). The word order problem in agrammatism: II. Production. *Brain and Language, 10,* 249–262.

Saffran, J.R., Aslin, R.N., & Newport, E.L. (1996a). Statistical learning by 8-month-old infants. *Science, 274,* 1926–1928.

Saffran, J.R., Newport, E.L., & Aslin, R.N. (1996b). Word segmentation: The role of distributional cues. *Journal of Memory and Language, 35,* 606–621.

Sagi, A., & Lewkowicz, K.S. (1987). A cross-cultural evaluation of attachment research. In L.W.C. Tavecchio & M.H. van IJzendoorn (Eds.), *Attachment in social networks: Contributions to the Bowlby-Ainsworth attachment theory.* Amsterdam: North-Holland.

Sagi, A., van IJzendoorn, M.H., & Koren-Karie, N.

(1991). Primary appraisal of the Strange Situation: A cross-cultural analysis of the pre-separation episodes. *Developmental Psychology, 27,* 587–596.

Sagotsky, G., Wood-Schneider, M., & Konop, M. (1981). Learning to co-operate: Effects of modelling and direct instructions. *Child Development, 52,* 1037–1042.

Salkovskis, P.M. (1996). The cognitive approach to anxiety: Threat beliefs, safety-seeking behaviour, and the special case of health anxiety and obsessions. In P.M. Salkovskis (Ed.), *Frontiers of cognitive therapy.* New York: Guilford.

Salkovskis, P.M., Clark, D.M., & Gelder, M.G. (1996). Cognition-behaviour links in the persistence of panic. *Behavioural Research Therapy, 34,* 453–458.

Salkovskis, P.M., Clark, D.M., Hackmann, A., Wells, A., & Gelder, M.G. (1999). An experimental investigation of the role of safety-seeking behaviours in the maintenance of panic disorder with agoraphobia. *Behaviour Research and Therapy, 37,* 559–574.

Salomon, G., & Globerson, T. (1989). When groups do not function the way they ought to. *International Journal of Educational Research, 13,* 89–99.

Salovey, P., & Mayer, J.D. (1990). Emotional intelligence. *Imagination, Cognition and Personality, 9,* 185–211.

Sameroff, A.J., Seifer, R., Baldwin, A., & Baldwin, C. (1993). Stability of intelligence from preschool to adolescence: The influence of social and family risk factors. *Child Development, 64,* 80–97.

Sameroff, A.J., Seifer, R., Barocas, R., Zax, M., & Greenspan, S. (1987). Intelligence quotient scores of 4-year-old children: Social-environmental risk factors. *Paediatrics, 79,* 343–350.

Samson, H.H., Hodge, C.W., Tolliver, G.A., & Haraguchi, M. (1993). Effect of dopamine agonists and antagonists on ethanol-reinforced behavior: The involvement of the nucleus accumbens. *Brain Research Bulletin, 30,* 133–141.

Samuel, A.G. (1981). Phonemic restoration: Insights from a new methodology. *Journal of Experimental Psychology: General, 110,* 474–494.

Samuel, A.G. (1990). Using perceptual-restoration effects to explore the architecture of perception. In G.T.M. Altmann (Ed.), *Cognitive models of speech processing.* Cambridge, MA: MIT Press.

Samuel, A.G. (1997). Lexical activation produces potent phonemic percepts. *Cognitive Psychology, 32,* 97–127.

Sanders, G.S., & Baron, R.S. (1977). Is social comparison irrelevant for producing choice shifts? *Journal of Experimental Social Psychology, 13,* 303–314.

Sanocki, T., Bowyer, K.W., Heath, M.D., & Sarkar, S. (1998). Are edges sufficient for object recognition? *Journal of Experimental Psychology: Human Perception and Performance, 24,* 340–349.

Santrock, J.W (1975). Moral structure: The interrelations of moral behaviour, moral judgement, and moral affect. *Journal of Genetic Psychology, 127,* 201–213.

Sapolsky, R.M. (1992). Neuroendocrinology of the stress-response. In J.B. Becker, S.M. Breedlove, & D. Crews (Eds.), *Behavioral endocrinology.* Cambridge, MA: MIT Press.

Sarason, I.G., Smith, R.E., & Diener, E. (1975). Personality research: Components of variance attributable to the person and the situation. *Journal of Personality and Social Psychology, 32,*199–204.

Sarbin, T.R., & Slayle, R.W. (1972). Hypnosis and psychophysiological outcomes. In E. Fromm & R.E. Shor (Eds.), *Hypnosis: Research, developments and perspectives.* Chicago: Aldine-Atherton.

Sartorius, N., Jablensky, A., Gulbinat, W., & Emberg, G. (1983). *Depressive disorders in different cultures.* Geneva: World Health Organisation.

Satinoff, E. (1978). Neural organization and evolution of thermal regulation in mammals. *Science, 201,* 16–22.

Saudino, K.J., Pedersen, N.L., Lichtenstein, P., McClearn, G.E., & Plomin, R. (1997). Can personality explain genetic influences on life events? *Journal of Personality and Social Psychology, 72,* 196–206.

Savage-Rumbaugh, E.S., McDonald, K., Sevcik, R.A., Hopkins, W.D., & Rupert, E. (1986). Spontaneous symbol acquisition and communicative use by pygmy chimpanzees (*Pan paniscus*). *Journal of Experimental Psychology: General, 115,* 211–235.

Savage-Rumbaugh, E.S., Murphy, J., Sevcik, R.A., Brakke, K.E., Williams, S.L., & Rumbaugh, D.M. (1993). Language comprehension in ape and child. *Monographs of the Society for Research in Child Development, 58* (Whole Nos. 3–4).

Savelsbergh, G.J.P., Pijpers, J.R., & van Santvoord, A.A.M. (1993). The visual guidance of catching. *Experimental Brain Research, 93,*148–156.

Saville, P., & Blinkhorn, S. (1981). Reliability, homogeneity and the construct validity of Cattell's 16PF. *Personality and Individual Differences, 2,* 325–333.

Sawatari, A., & Callaway, E.M. (1996). Convergence of magno- and parvocellular pathways in layer 4B of macaque primary visual cortex. *Nature, 380,* 442–446.

Saxton, M. (1997). The contrast theory of negative input.

Journal of Child Language, 24, 139–161.

Sayette, M.A. (1993). An appraisal-disruption model of alcohol's effect on stress responses in social drinkers. *Psychological Bulletin, 114,* 459–476.

Scarr, S. (1997). Why child care has little impact on most children's development. *Current Directions in Psychological Science, 6,* 143–148.

Scarr, S., & Weinberg, R.A. (1983). The Minnesota adoption studies: Genetic differences and malleability. *Child Development, 54,* 260–267.

Schachter, S. (1959). The psychology of affiliation: *Experimental studies of the sources of gregariousness.* Stanford, CA: Stanford University Press.

Schachter, S., & Singer, J.E. (1962). Cognitive, social, and physiological determinants of an emotional state. *Psychological Review, 69,* 379–399.

Schachter, S., & Wheeler, L. (1962). Epinephrine, chlorpromazine and amusement. *Journal of Abnormal and Social Psychology, 65,* 121–128.

Schacter, D.L. (1987). Implicit memory: History and current status. *Journal of Experimental Psychology: Learning, Memory, and Cognition, 13,* 501–518.

Schacter, D.L., Savage, C.R., Alpert, N.M., Rauch, S.L., & Albert, M.S. (1996). The role of hippocampus and frontal cortex in age-related memory changes: A PET study. *Neuroreport, 7,* 1165–1169.

Schacter, D.L., Wagner, A.D., & Buckner, R.L. (2000). Memory systems of 1999. In E. Tulving & F.I.M. Craik (Eds.) *Handbook of memory.* New York: Oxford University Press.

Schaefer, C., Coyne, J.C., & Lazarus, R.S. (1981). The health-related functions of social support. *Journal of Behavioral Medicine, 4,* 381–406.

Schaffer, H.R. (1996). *Social development.* Oxford, UK: Blackwell.

Schaffer, H.R., & Emerson, P.E. (1964). The development of social attachments in infancy. *Monographs of the Society for Research on Child Development, 29.*

Schaie, K.W. (1996). *Intellectual development in adulthood: The Seattle Longitudinal Study.* Cambridge, UK: Cambridge University Press.

Schank, R.C., & Abelson, R.P. (1977). *Scripts, plans, goals and understanding.* Hillsdale, NJ: Lawrence Erlbaum Associates, Inc.

Scheerer, M. (1963). Problem-solving. *Scientific American, 208,* 118–128.

Scheff, T.J. (1966). *Being mentally ill: A sociological theory.* Chicago: Aldine.

Scheper-Hughes, N. (1992). *Death without weeping: The violence of everyday life in Brazil.* Berkeley, CA: University of California Press.

Schermerhorn, J.R., Hunt, J.G., & Osborn, R.N. (2000). *Organizational behaviour* (7th ed.). New York: Wiley.

Schieffelin, B.B. (1990). *The give and take of everyday life: Language socialisation of Kaluli children.* Cambridge, UK: Cambridge University Press.

Schieffelin, B.B. (1990). *The give and take of everyday life: Language socialisation of Kaluli children.* Cambridge, UK: Cambridge University Press.

Schiff, B.B., & Lamon, M. (1994). Inducing emotion by unilateral contraction of face muscles. *Cortex, 30,* 247–254.

Schiffman, H.R. (1967). Size estimations of familiar objects under informative and reduced conditions of viewing. *American Journal of Psychology, 80,* 229–235.

Schlegel, A., & Barry, H. (1986). The cultural consequences of female contribution to subsistence. *American Anthropologist, 88,* 142–150.

Schlenker, B.R., Dlugolecki, D.W., & Doherty, K. (1994). The impact of self-presentations on self-appraisals and behaviour: The roles of commitment and biased scanning. *Personality and Social Psychology Bulletin, 20,* 20–33.

Schliefer, S.J., Keller, S.E., Camerino, M., Thornton, J.C., & Stein, M. (1983). Suppression of lymphocyte stimulation following bereavement. *Journal of the American Medical Association, 250,* 374–377.

Schmidt, R.A., & Lee, T.D. (1999). *Motor control and learning—a behavioural emphasis* (3rd ed.). Champaign, IL: Human Kinetics.

Schmitt, B.H., Gilovich, T., Goore, N., & Joseph, L. (1986). Mere presence and social facilitation: One more time. *Journal of Experimental Social Psychology, 22,* 242–248.

Schneider, W. (1986). The role of conceptual knowledge and metamemory in the development of organisational processes in memory. *Journal of Experimental Child Psychology, 42,* 218–236.

Schneider, W., Gruber, H., Gold, A., & Opwis, K. (1993). Chess expertise and memory for chess positions in children and adults. *Journal of Experimental Child Psychology, 56,* 328–349.

Schneider, W., & Pressley, M. (1989). *Memory development between two and twenty.* New York: Springer.

Schneider, W., & Pressley, M. (1997). *Memory development between two and twenty* (2nd ed.). New York: Springer.

Schneider, W., & Shiffrin, R.M. (1977). Controlled and automatic human information processing: I. Detection, search and attention. *Psychological Review, 84,* 1–66.

Schooler, J.W., Ohlsson, S., & Brooks, K. (1993). Thoughts beyond words: When language overshadows insight, *Journal of Experimental Psychology: General, 122,* 166–183.

Schriesheim, C.A., Tepper, B.J., & Tetrault, L.A. (1994). Least preferred co-worker score, situational control, and leadership effectiveness: A meta-analysis of contingency model performance predictions. *Journal of Applied Psychology, 79,* 561–573.

Schumacher, E.H., Seymour, T.L., Glass, J.M., Fencsik, D.E., Lauber, E.J., Kieras, D.E., & Meyer, D.E. (2001). Virtually perfect sharing in dual-task performance: Uncorking the central cognitive bottleneck. *Psychological Science, 12,* 101–108.

Schwanz, M.F., Saffran, E.M., & Marin, O.S.M. (1980). Fractionating the reading process in dementia: Evidence for word-specific print-to-sound associations. In M. Coltheart, K.E. Patterson, & J.C. Marshall (Eds.), *Deep dyslexia*. London: Routledge & Kegan Paul.

Schwartz, S.H. (1977). Normative influences on altruism. In L. Berkowitz (Ed.), *Advances in experimental social psychology, Vol. 10*. New York: Academic Press.

Schweinhart, L.J., & Weikart, D.P. (1985). Evidence that good early childhood programs work. *Phi Delta Kappa, 66,* 545–551.

Sclafini, A., Springer, D., & Kluge, L. (1976). Effects of quinine adulteration on the food intake and body weight of obese and non-obese hypothalamic hyperphagic rats. *Physiology and Behavior, 16,* 631–640.

Scott, S.K., Young, A.W., Calder, A.J., Hellawell, D.J., Aggleton, J.P., & Johnson, M. (1997). Impaired auditory recognition of fear and anger following bilateral amygdala lesions. *Nature, 385,* 254–257. Searcy, J.H., & Bartlett, J.C. (1996). Inversion and processing of component and spatial-relational information in faces. *Journal of Experimental Psychology: Human Perception and Performance, 22,* 904–915.

Searle, L.V. (1949). The organisation of hereditary maze-brightness and maze-dullness. *Genetic Psychology Monographs, 39,* 279–325.

Seashore, S.E. (1954). *Group cohesiveness in the industrial work group*. Ann Arbor, MI: Institute for Social Research, University of Michigan.

Segal, S.J., & Fusella, V. (1970). Influence of imaged pictures and sounds on detection of visual and auditory signals. *Journal of Experimental Psychology, 83,* 458–464.

Segal, Z.V., Shaw, B.F., Vella, D.D., & Kratz, R. (1992). Cognitive and life stress predictors of relapse in remitted unipolar depressed patients: Test of the congruency hypothesis. *Journal of Abnormal Psychology, 101,* 26–36.

Segall, M.H., Campbell, D.T., & Herskovits, M.J. (1963). Cultural differences in the perception of geometrical illusions. *Science, 139,* 769–771.

Seidenberg, M.S., & Petitto, L.A. (1987). Communication, symbolic communication, and language: Comment on Savage-Rumbaugh, McDonald, Sevcik, Hopkis, and Rupert (1986). *Journal of Experimental Psychology: General, 116,* 279–287.

Seidman, L.J. (1983). Schizophrenia and brain dysfunction: An integration of recent neurodiagnostic findings. *Psychological Bulletin, 94,* 195–238.

Seifer, R., Schiller, M., Sameroff, A.J., Resnick, S., & Riordan, K. (1996). Attachment, maternal sensitivity, and infant temperament during the first year of life. *Developmental Psychology, 32,* 12–25.

Sekuler, R., & Blake, R. (2002). *Perception* (4th ed.). New York: McGraw-Hill.

Seife, L. (1983). *Normal and anomalous representational drawing ability in children*. London: Academic Press.

Seligman, M.E. (1995). The effectiveness of psychotherapy: The Consumer Reports study. *American Psychology, 50,* 965–974.

Seligman, M.E.P. (1971). Phobias and preparedness. *Behavior Therapy, 2,* 307–320.

Seligman, M.E.P. (1975). *Helplessness: On depression, development and death*. San Francisco: W.H. Freeman.

Seligman, M.E.P., Abramson, L.Y., Semmel, A., & von Baeyer, C. (1979). Depressive attributional style. *Journal of Abnormal Psychology, 88,* 242–247.

Sellen, A.J., & Norman, D.A. (1992). The psychology of slips. In B.J. Baars (Ed.), *Experimental slips and human error: Exploring the architecture of volition*. New York: Plenum Press.

Selman, R.L. (1980). *The growth of interpersonal understanding*. New York: Academic Press.

Selye, H. (1950). *Stress*. Montreal, Canada: Acta.

Selye, H. (1956). *The stress of life*. New York: McGraw-Hill.

Semin, G.R., & Glendon, A.I. (1973). Polarisation and the established group. *British Journal of Social and Clinical Psychology, 12,* 113–121.

Serbin, L.A., Powlishta, K.K., & Guiko, J. (1993). The development of sex-typing in middle childhood. *Monographs of Society for Research in Child Development, 58,* 1–74.

Sereno, S.C., Rayner, K., & Posner M.I. (1998). Establishing a time-line of word recognition: Evidence from eye movements and event-related potentials. *Neuroreport, 9,* 2195–2200.

Sergent, J., & Poncet, M. (1990). From covert to overt recognition of faces in a prosopagnosic patient. *Brain, 113,* 989–1004.

Serpell, R. (1982). Measures of perception, skills, and intelligence. In W.W. Hartup (Ed.), *Review of child development research.* Chicago: University of Chicago Press.

Servan-Schreiber, D., & Perlstein, W.M. (1998). Selective limbic activation and its relevance to emotional disorders. *Cognition and Emotion, 12,* 331–352.

Shadish, W.R., Matt, G.E., Navarro, A.M., & Phillips, G. (2000). The effects of psychological therapies under clinically representative conditions: A meta-analysis. *Psychological Bulletin, 126,* 512–529.

Shaffer, D.R. (1993). *Developmental psychology: Childhood and adolescence* (3rd ed.). Pacific Grove, CA: Brooks/Cole.

Shatter, D.R. (2000). *Social and personality development* (4th ed.). Belmont, CA: Wadsworth.

Shatter, L.H. (1975). Multiple attention in continuous verbal tasks. In P.M.A. Rabbitt & S. Domic (Eds.), *Attention and performance V: Information processing.* London: Academic Press.

Shafir, E., & LeBoeuf, R.A. (2002). Rationality. *Annual Review of Psychology, 53,* 491–517.

Shafir, E., Simonson, I., & Tversky, A. (1993). Reason-based choice. *Cognition, 49,* 11–36.

Shah, P., & Miyake, A. (1996). The separability of working memory resources for spatial thinking and language processing: An individual difference approach. *Journal of Experimental Psychology: General, 125,* 4–27.

Shallice, T., & Burgess, P. (1993). Supervisory control of action and thought selection. In A. Baddeley & L. Weiskrantz (Eds.), *Attention: Selection, awareness and control.* Oxford, UK: Clarendon Press.

Shallice, T., & Burgess, P. (1996). The domain of supervisory processes and temporal organisation of behaviour. *Philosophical Transactions of the Royal Society of London B, 351,* 1405–1412.

Shallice, T., & Warrington, E.K. (1970). Independent functioning of verbal memory stores: A neuropsychological study. *Quarterly Journal of Experimental Psychology, 22,* 261–273.

Shallice, T., & Warrington, E.K. (1974). The dissociation between long-term retention of meaningful sounds and verbal material. *Neuropsychologia, 12,* 553–555.

Shafir, E., & LeBoeuf, R.A. (2002). Rationality. *Annual Review of Psychology, 53,* 491–517.

Shafir, E., Simonson, I., & Tversky, A. (1993). Reason-based choice. *Cognition, 49,* 11–36.

Shanks, D.R., & St. John, M.F. (1994). Characteristics of dissociable human learning systems. *Behavioral and Brain Sciences, 17,* 367–394.

Shapiro, C.M., Bortz, R., Mitchell, D., Bartel, P., & Jooste, P. (1981). Slow-wave sleep: A recovery period after exercise. *Science, 214,* 1253–1254.

Shatz, M., & Gelman, R. (1973). The development of communication skills: Modifications in the speech of young children as a function of the listener. *Monographs of the Society for Research in Child Development, 38.*

Shaver, P., Hazan, C., & Bradshaw, D. (1988). Love as attachment: The integration of three behavioural systems. In R.J. Sternberg & M. Barnes (Eds.), *The psychology of love.* New Haven, CT: Yale University Press.

Shavitt, S. (1989). Operationising functional theories of attitude. In A.R. Pratkanis, S.J. Breckler, & A.G. Greenwald (Eds.), *Attitude structure and function.* Hillsdale, NJ: Lawrence Erlbaum Associates, Inc.

Shaw, G. (1997, October 12). In Norton, C. Early music lessons boost brain power. *Sunday Times.*

Shea, C.H., Wulf, G., Whitacre, C.A., & Park, J.-H. (2001). Surfing the implicit wave. *Quarterly Journal of Experimental Psychology, 54A,* 841–862.

Shea, J.D.C. (1981). Changes in interpersonal distances and categories of play behaviour in the early weeks of preschool. *Developmental Psychology, 17,* 417–425.

Shekelle, R.B., Raynor, W.J., Ir., Ostfeld, A.M., Garron, D.C., Bieliauskas, L.A., Liu, S.C., Maliza, C., & Paul, O. (1981). Psychological depression and 17-year risk of death from cancer. *Psychosomatic Medicine, 43,* 117–125.

Sheridan, C.L., & King, K.G. (1972). Obedience to authority with an authentic victim. In *Proceedings of the 80th annual convention of the American Psychological Association, 7,* 165–166.

Sherir, M. (1936). *The psychology of social norms.* New York: Harper & Row.

Sherif, M. (1966). *Group conflict and co-operation: Their social psychology.* London: Routledge & Kegan Paul.

Sherif, M., Harvey, O.J., White, B.J., Hood, W.R., & Sherif, C.W. (1961). *Intergroup conflict and co-operation: The robber's cave experiment.* Norman, OK: University of Oklahoma.

Sherif, M., & Sherif, C.W. (1964). *Reference groups:*

Exploration into conformity and deviation of adolescents. New York: Harper & Row.

Sherwin, B.B. (1985). Changes in sexual behaviour as a function of plasma sex steroid levels in post-menopausal women. *Maturitas, 7,* 225–233.

Sherwin, B.B. (1988). A comparative analysis of the role of androgen in human male and female sexual behaviour: Behavioural specificity, critical thresholds, and sensitivity. *Psychobiology, 16,* 416–425.

Sherwin, B.B., Gelfand, M.M., & Brender, W. (1985). Androgen enhances sexual motivation in females: A prospective, crossover study of sex steroid administration in the surgical menopause. *Psychosomatic Medicine, 47,* 339–351.

Shields, J. (1962). *Monozygotic twins.* Oxford, UK: Oxford University Press.

Shiffrin, R.M., & Schneider, W. (1977). Controlled and automatic human information processing: II. Perceptual learning, automatic attending, and a general theory. *Psychological Review, 84,* 127–190.

Shifren, J.L., Braunstein, G.D., Simon, J.A., Casson, P.R., Buster, J.E., Redmond, G.P, Burki, R.E., Ginsburg, E.S., Rosen, R.C., Leiblum, S.R., Caramelli, K.E., Mazer, N.A., Jones, K.P., & Daugherty, C.A. (2000). Transdermal testosterone treatment in women with impaired sexual function after oophorectomy. *New England Journal of Medicine, 343,* 682–688.

Shipp, S., de Jong, B.M., Zihl, J., Frackowiak, R.S.J., & Zeki, S. (1994). The brain activity related to residual activity in a patient with bilateral lesions of V5. *Brain, 117,* 1023–1038.

Shochat, T., Luboshitzky, R., & Lavie, P. (1997). Noctural melatonin onset is phase locked to the primary sleep gate. *American Journal of Physiology, 273,* R364-R370.

Shetland, R.L., & Straw, M.K. (1976). Bystander response to an assault: When a man attacks a woman. *Journal of Personality and Social Psychology, 34,* 990–999.

Shrauger, J.S. (1975). Responses to evaluation as a function of initial self-perceptions. *Psychological Bulletin, 82,* 581–596.

Shweder, R.A. (1990). Cultural psychology: What is it? In J.W. Stigler, R.A. Shweder, & G. Herdt (Eds.), *Cultural psychology.* Cambridge, UK: Cambridge University Press.

Shweder, R.A. (1994). "You're not sick, you're just in love": Emotion as an interpretative system. In P. Ekman & R.J. Davidson (Eds.), *The nature of emotion: Fundamental questions.* Oxford, UK: Oxford University Press.

Shweder, R.A., Mahapatra, M., & Miller, J.G. (1990). Culture and moral development. In J. Stigler, R.A. Shweder, & G. Herdt (Eds.), *Cultural psychology: Essays in comparative human development* (pp. 130–204). New York: Cambridge University Press.

Siegel, J.M. (1994). Brainsteam mechanisms generating REM sleep. In M.H. Kryger, T. Roth, & W.C. Dement (Eds.), *Principles and practice of sleep medicine* (2nd ed.). Philadelphia: Saunders.

Siegler, R.S. (1976). Three aspects of cognitive development. *Cognitive Psychology. 8,* 481–520.

Siegler, R.S. (1998). *Children's thinking* (3rd ed.). Upper Saddle River, NJ: Prentice Hall.

Siegler, R.S., & Chen, Z. (1998). Developmental differences in rule learning: A microgenetic analysis. *Cognitive Psychology, 36,* 273–310.

Siegler, R.S., & Chen, Z. (2002). Development of rules and strategies: Balancing the old and the new. *Journal of Child Psychology, 81,* 446–457.

Siegler, R.S., & Jenkins, E.A. (1989). *How children discover new strategies.* Hillsdale, NJ: Lawrence Erlbaum Associates, Inc.

Siegler, R.S., & Stern, E. (1998). A microgenetic analysis of conscious and unconscious strategy discoveries. *Journal of Experimental Psychology: General, 127,* 377–397.

Siegler, R.S., & Svetina, M. (2002). A microgenetic/cross-sectional study of matrix completion: Comparing short-term and long-term change. *Child Development, 73,* 793–809.

Silverstein, C. (1972). *Behaviour modification and the gay community.* Paper presented at the annual convention of the Association for Advancement of Behaviour Therapy, New York.

Simion, F., Valenza, E., Macchi Cassia, V., Turati, C., & Umiltà, C. (2002). Newborns' preference for up-down asymmetrical configurations. *Developmental Science, 5,* 427–434.

Simon, H.A. (1955). A behavioural model of rational choice. *Quarterly Journal of Economics, 69,* 99–118.

Simmons, R.G., Burgeson, R., & Careton-Ford, S. (1987). The impact of cumulative change in early adolescence. *Child Development, 58,* 1220–1234.

Simmons, W.W. (2001). *When it comes to choosing a boss, Americans still prefer me.* Retrieved from http://www.gallup.com/poll/releases/pr010111.asp

Simon, H.A. (1974). How big is a chunk? *Science, 183,* 482–488.

Simon, H.A. (1990). Invariants of human behaviour. *Annual Review of Psychology, 41,* 1–19.

Simon, H.A., & Reed, S.K. (1976). Modelling strategy shifts on a problem solving task. *Cognitive Psychology, 8,* 86–97.

Simonson, I, & Staw, B.M. (1992). Deescalation strategies: A comparison of techniques for reducing commitment to losing courses of action. *Journal of Applied Psychology, 77,* 419–426.

Sinclair, L., & Kunda, Z. (1999). Reactions to a black professional: Motivated inhibition and activation of conflicting stereotypes. *Journal of Personality and Social Psychology, 77,* 885–904.

Sing, L. (1994). The Diagnostic Interview Schedule and anorexia nervosa in Hong Kong. *Archives of General Psychiatry, 51,* 251–252.

Singer, J.F., & Kolligan, J.J. (1987). Developments in the study of private experience. *Annual Review of Psychology, 38,* 533–574.

Singer, M. (1994). Discourse inference processes. In M.A. Gernsbacher (Ed.), *Handbook of psycholinguistics*. San Diego: Academic Press.

Singh, R., & Ho, S.Y. (2000). Attitudes and interaction: A new test of the attraction, repulsion, and similarity-dissimilarity asymmetry hypotheses. *British Journal of Social Psychology, 39,* 197–211.

Singh, R., Bohra, K.A., & Dalal, A.K. (1979). Favourableness of leadership situations studies with information integration theory. *European Journal of Social Psychology, 9,* 253–264.

Siqueland, E.R., & DeLucia, C.A. (1969). Visual reinforcement of non-nutritive sucking in human infants. *Science, 165,* 1144–1146.

Skinner, B.F. (1938). *The behaviour of organisms*. New York: Appleton-Century-Crofts.

Skinner, B.F. (1948). *Walden two*. New York: Macmillan.

Skinner, B.F. (1953). *Science and human behavior*. New York: Macmillan.

Skinner, B.F. (1957). *Verbal behavior*. New York: Appleton-Century-Crofts.

Skre, I., Onstad, S., Torgersen, S., Lygren, S., & Kringlen, E. (1993). A twin study of DSM-III-R anxiety disorders. *Acta Psychiatrica Scandinavica, 88,* 85–92.

Skuse, D. (1984). Extreme deprivation in early childhood: II. Theoretical issues and a comparative review. *Journal of Child Psychology and Psychiatry, 25,* 543–572.

Slaby, R.G., & Frey, K.S. (1975). Development of gender constancy and selective attention to same-sex models. *Child Development, 46,* 849–856.

Slamecka, N.J. (1966). Differentiation versus unlearning of verbal associations. *Journal of Experimental Psychology, 71,* 822–828.

Slater, A. (1998). The competent infant: Innate organisation and early learning in infant visual perception. In A. Slater (Ed.), *Perceptual development: Visual, auditory and speech perception in infancy*. Hove, UK: Psychology Press.

Slater, A., & Morison, V. (1985). Shape constancy and slant perception at birth. *Perception, 14,* 337–344.

Slater, A., Brown, E., & Badenoch, M. (1997). Intermodal perception at birth: Newborn infants' memory for arbitrary auditory-visual pairings. *Early Development and Parenting, 6,* 99–104.

Slater, A., Mattock, A., & Brown, E. (1990). Newborn infants' responses to retinal and real size. *Journal of Experimental Child Psychology, 49,* 314–322.

Slater, A.M. (1990). Perceptual development. In M.W. Eysenck (Ed.), *The Blackwell dictionary of cognitive psychology*. Oxford, UK: Blackwell.

Slavin, R.E. (1983). When does cooperative learning increase student achievement? *Psychological Bulletin, 94,* 429–445.

Sloane, R.B., Staples, F.R., Cristol, A.H., Yorkston, N.J., & Whipple, K. (1975). *Psychotherapy versus behaviour therapy*. Cambridge, MA: Harvard University Press.

Sloboda, J.A., Davidson, J.W., Howe, M.J.A., & Moore, D.G. (1996). The role of practice in the development of performing musicians. *British Journal of Psychology, 87,* 287–309.

Sloman, A. (1997). *What sorts of machine can love? Architectural requirements for human-like agents both natural and artificial*. Retrieved from http://www.sbc.org.uk/literate.htm

Sloman, A., & Logan, B. (1998, April). *Architectures for human-like agents*. Paper presented at the European conference on Cognitive Modelling, Nottingham, UK.

Slovic, P., & Fischhoff, B. (1977). On the psychology of experimental surprises. *Journal of Experimental Psychology: Human Perception and Performance, 3,* 544–551.

Smetana, J.G., & Adler, N.E. (1980). Fishbein's value X expectancy model: An examination of some assumptions. *Personality and Social Psychology Bulletin, 6,* 89–96.

Smith, C.A., & Lazarus, R.S. (1993). Appraisal components, core relational themes, and the emotions. *Cognition and Emotion, 7,* 233–269.

Smith, E.E., & Jonides, J. (1997). Working memory: A view from neuroimaging. *Cognitive Psychology, 33,* 5–42.

Smith, E.R., & Mackie, D.M. (2000). *Social psychology* (2nd ed.). Philadelphia, PA: Psychology Press.

Smith, J., & Campfield, L.A. (1993). Meal initiation occurs after experimental induction of transient declines in blood glucose. *American Journal of Physiology—Regulatory, Integrative and Comparative Physiology, 265*, 1423–1429.

Smith, K.A., Clifford, E.M., Hockney, R.A., & Clark, D.M. (1997). Effect of tryptophan depletion on mood in male and female volunteers: A pilot study. *Human Psychopharmacology, Clinical and Experimental, 12*, 111–117.

Smith, M. (2000). Conceptual structures in language production. In L. Wheeldon (Ed.), *Aspects of language production*. Hove, UK: Psychology Press.

Smith, M.L., & Glass, G.V. (1977). Meta-analysis of psychotherapy outcome measures. *American Psychologist, 32*, 752–760.

Smith, M.L., Glass, G.V., & Miller, T.I. (1980). *The benefits of psychotherapy*. Baltimore: John Hopkins Press.

Smith, P.B., & Bond, M.H. (1998). *Social psychology across cultures* (2nd ed.). New York: Harvester Wheatsheaf.

Smith, P.B., Misumi, J., Tayeb, M., Peterson, M., & Bond, M. (1989). On the generality of leadership style measures across cultures. *Journal of Occupational Psychology, 62*, 97–109.

Smith, P.B., & Schwartz, S.H. (1997). Values. In J.W. Berry, M.H. Segall, & C. Kagitcibasi (Eds.), *Handbook of cross-cultural psychology* (2nd ed., Vol. 3). Boston: Allyn & Bacon.

Smith, P.K. (1983). Human sociobiology. In J. Nicholson & B. Foss (Eds.), *Psychology survey*. No. 4. Leicester: British Psychological Society.

Smith, P.K., Cowie, H., & Blades, M. (1998). *Understanding children's development* (3rd ed.). Oxford, UK: Blackwell.

Smith, P.K., Cowie, H., & Blades, M. (2003). *Understanding children's development* (4th ed.). Oxford, UK: Blackwell.

Smith, S.S., O'Hara, B.F., Persico, A.M., Gorelick, D.A., Newlin, D.B., Vlahov, D., Solomon, L., Pickens, R., & Uhl, G.R. (1992). Genetic vulnerability to drug abuse. The D2 dopamine receptor Taq I Bl restriction fragment length polymorphism appears more frequently in polysubstance abusers. *Archives of General Psychiatry, 49*, 723–727.

Snarey, J.R. (1985). Cross-cultural universality of social-moral development: A critical review of Kohlbergian research. *Psychological Bulletin, 97*, 202–232.

Solms, M. (1997). *The neuropsychology of dreams*. Mahwah, NJ: Lawrence Erlbaum Associates, Inc.

Solms, M. (2000a). Dreaming and REM sleep are controlled by different brain mechanisms. *Behavioral and Brain Sciences, 23*, 843–850.

Solms, M. (2000b). Freudian dream theory today. *The Psychologist, 13*, 618–619.

Solomon, R.L., & Wynne, L.C. (1953). Traumatic avoidance learning: Acquisition in normal dogs. *Psychological Monographs, 67*, 1–19.

Solso, R.L. (1994). *Cognition and the visual arts*. Cambridge, MA: MIT Press.

Sorrentino, R.M., & Field, N. (1986). Emergent leadership over time: The functional value of positive motivation. *Journal of Personality and Social Psychology, 50*, 1091–1099.

Spangler, G. (1990). Mother, child, and situational correlates of toddlers' social competence. *Infant Behavior and Development, 33*, 405–419.

Spanos, N.P. (1982). A social psychological approach to hypnotic behaviour. In G. Weary & H.L. Mirels (Eds.), *Integrations of clinical and social psychology*. New York: Oxford University Press.

Spanos, N.P. (1989). Experimental research on hypnotic analgesia. In N.P. Spanos & J.F. Cahves (Eds.), *Hypnosis: The cognitive-behavioural perspective*. Buffalo, NY: Prometheus.

Spanos, N.P., Perlini, A.H., Patrick, L., Bell, S., & Gwynn, M.I. (1990). The role of compliance in hypnotic and nonhypnotic analgesia. *Journal of Research in Personality, 24*, 433–453.

Spearman, C. (1923). *The nature of intelligence and the principles of cognition*. London: Macmillan.

Speareman, C. (1927). *The abilities of man*. New York: Macmillan.

Spector, P. (1982). Behavior in organizations as a function of employees' locus of control. *Psychological Bulletin, 91*, 482–497.

Spector, P.E. (1988). Development of a work locus of control scale. *Journal of Occupational Psychology, 61*, 335–340.

Spector, P.E. (2000). *Industrial and organizational psychology: Reasearch and practice* (2nd ed.). New York: John Wiley & Sons.

Spector, P.E. (2002). Employee control and occupational stress. *Current Directions in Psychological Science, 11*, 133–136.

Spector, P.E., Dwyer, D.J., & Jex, S.M. (1988). The relationship of job stressors to affective, health, and performance outcomes: A comparison of multiple data sources. *Journal of Applied Psychology, 73*, 11–19.

Speisman, J.C., Lazarus, R.S., Mordkoff, A., & Davison, L. (1964). Experimental reduction of stress based on ego-defence theory. *Journal of Abnormal and Social Psychology, 68,* 367–380.

Speike, E.S., Breinlinger, K., Jacobson, K., & Phillips, A. (1993). Gestalt relations and object perception: A developmental study. *Vision Research, 22,* 531–544.

Speike, E.S., Hirst, W.C., & Neisser, U. (1976). Skills of divided attention. *Cognition, 4,* 215–230.

Spence, S., Shapiro, D., & Zaidel, E. (1996). The role of the right hemisphere in the physiological and cognitive processing of emotional stimuli. *Psychophysiology, 33,* 112–122.

Sperling, G. (1960). The information available in brief visual presentations. *Psychological Monographs, 74* (Whole No. 498), 1–29.

Spielberger, C.D., Gorsuch, R., & Lushene, R. (1970). *The State—Trait Anxiety Inventory (STAI) Test Manual Form X.* Palo Alto, CA: Consulting Psychologists Press.

Spielberger, C.D., Gorsuch, R.L., Lushene, R., Vagg, P.R., & Jacobs, G.A. (1983). *Manual for the State-Trait Anxiety Inventory (Form Y).* Palo Alto, CA: Consulting Psychologists Press.

Spiers, H.J., Maguire, E.A., & Burgess, N. (2001). Hippocampal amnesia. *Neurocase, 7,* 357–382.

Spinoza, B. (1677). *On the improvement of the understanding, the ethics, correspondence* (R.H.M. Elwes, Trans.). New York: Dover Publications. (Original work published 1955)

Spitz, R.A. (1945). Hospitalism: An inquiry into the genesis of psychiatric conditions in early childhood. *Psychoanalytic Study of the Child, 1,* 113–117.

Spitzer, R.L., & Fleiss, J.L. (1974). A re-analysis of the reliability of psychiatric diagnosis. *British Journal of Psychiatry, 125,* 341–347.

Sporer, S.L., Penrod, S., Read, D., & Cutler, B. (1995). Choosing, confidence and accuracy: A meta-analysis of the confidence-accuracy relation in eyewitness identification studies. *Psychological Bulletin, 118,* 315–327.

Sprafkin, J.N., Liebert, R.M., & Poulos, R.W. (1975). Effects of a pro-social televised example on children's helping. *Journal of Experimental Child Psychology, 20,* 119–126.

Sprecher, S. (1989). The importance to males and females of physical attractiveness, earning potential and expressiveness in initial attraction. *Sex Roles, 21,* 591–607.

Sprecher, S. (1998). Insider's perspectives on reasons for attraction to a close other. *Social Psychology Quarterly, 61,* 287–300.

Stajkovic, A.D., & Luthans, F. (1998). Self-efficacy and work-related performance: A meta-analysis. *Psychological Bulletin, 124,* 240–261.

Stams, G.-J.J.M., Juffer, F., & van IJzendoorn, M.H. (2002). Maternal sensitivity, infant attachment, and temperament in early childhood predict adjustment in middle childhood: The case of adopted children and their biologically unrelated parents. *Developmental Psychology, 38,* 806–821.

Stangor, C., & McMillan, D. (1992). Memory for expectancy-congruent and expectancy-incongruent information: A review of the social and social developmental literatures. *Psychological Bulletin, 111,* 42–61.

Stanislaw, H., & Rice, F.J. (1988). Correlation between sexual desire and mentstrual cycle characteristics. *Archives of Sexual Behavior, 17,* 499–508.

Stanley, B.G., Kyrkouli, S.E., Lampert, S., & Leibowitz, S.F. (1986). Neuropeptide Y chronically injected into the hypothalamus: A powerful neurochemical inducer of hyperphagia and obesity. *Peptides, 7,* 1189–1192.

Stanovich, K.E., & West, R.F. (1998). Individual differences in framing and conjunction effects. *Thinking and Reasoning, 4,* 289–317.

Stanovich, K.E., & West, R.F. (2000). Individual differences in reasoning: Implications for the rationality debate? *Behavioral and Brain Sciences, 23,* 645–726.

Stasser, G., & Titus, W. (1985). Pooling of unshared information in group decision making: Biased information sampling during discussion. *Journal of Personality and Social Psychology, 48,* 1467–1478.

Steblay, N.M. (1987). Helping behaviour in rural and urban environments: A meta-analysis. *Psychological Bulletin, 102,* 346–356.

Steel, P., & Ones, D.S. (2002). Personality and happiness: A national-level analysis. *Journal of Personality and Social Psychology, 83,* 767–781.

Steele, C.M., & Josephs, R.A. (1990). Alcohol myopia: Its prized and dangerous effects. *American Psychologist, 45,* 921–933.

Stein, J.A., Newcomb, M.D., & Bender, P.M. (1992). The effect of agency and communality on self-esteem: Gender differences in longitudinal data. *Sex Roles, 26,* 465–481.

Steinberg, M.D., & Dodge, K.A. (1983). Attributional bias in aggressive adolescent boys and girls. *Journal of Social and Clinical Psychology, 1,* 312–321.

Steinhausen, H.C. (1994). Anorexia and bulimia nervosa. In M. Rutter, E. Taylor, & L. Hersov (Eds.), *Child and adolescent psychiatry.* Oxford, UK: Blackwell.

Steinmetz, J.L., Lewinsohn, P.M., & Antonuccio, D.O. (1983). Prediction of individual outcome in a group intervention for depression. *Journal of Consulting and Clinical Psychology, 51,* 331–337.

Stemberger, J.P. (1982). The nature of segments in the lexicon: Evidence from speech errors. *Lingua, 56,* 235–259.

Stemberger, R.T., Turner, S.M., & Beidel, D.C. (1995). Social phobia: An analysis of possible developmental factors. *Journal of Abnormal Psychology, 104,* 526–531.

Stephan, F. (1992). Resetting of a circadian clock by food pulses. *Physiology and Behavior, 52,* 997–1008.

Stephan, F.K., & Nunez, A.A. (1977). Elimination of circadian rhythms in drinking, activity, sleep, and temperature by isolation of the suprachiasmatic nuclei. *Behavioral Biology, 20,* 1–61.

Stephan, W., Berscheid, E., & Walster, E. (1971). Sexual arousal and heterosexual perception. *Journal of Personality and Social Psychology, 20,* 93–101.

Stephan, W.G. (1987). The contact hypothesis in intergroup relations. In C. Hendrick (Ed.), *Review of personality and social psychology: Vol. 9. Group processes in intergroup relations.* Newbury Park, CA: Sage.

Stephan, W.G., & Stephan, C.W. (1984). The role of ignorance in intergroup relations. In N. Miller & M.B. Brewer (Eds.), *Groups in contact: The psychology of desegregation.* New York: Academic Press.

Stephens, T.W., Basinski, M., Bristow, P.K., Bue-Valleskey, J.M., Burgett, S.G., Craft, L., Hale, J., Hoffman, J., Hsiung, H.M., Kriauciunas, A., MacKellar, W., Rosteck, P.R., Jr., Schoner, B., Smith, D., Tinsley, F.C., Zhang, W.-Y., & Heiman, M. (1995). The role of neuropeptide Y in the antiobesity action of the *obese* gene product. *Nature, 377,* 530–532.

Steptoe, A. (1997). Stress management. In A. Baum, S. Newman, J. Weinman, R. West, & C. McManus (Eds.), *Cambridge handbook of psychology, health, and medicine.* Cambridge, UK: Cambridge University Press.

Steptoe, A., & Vogele, C. (1986). Are stress responses influenced by cognitive appraisal? An experimental comparison on coping strategies. *British Journal of Psychology, 77,* 243–255.

Steptoe, A., & Wardle, J. (1992). Cognitive predictions of health behaviour in contrasting regions of Europe. *British Journal of Clinical Psychology, 31,* 485–502.

Sterman, M.B., & Clemente, C.D. (1962). Forebrain inhibitory mechanisms: Sleep patterns induced by basal forebrain stimulation in the behaving cat. *Experimental Neurology, 6,* 103–117.

Stern, K., & McClintock, M.K. (1998). Regulation of ovulation by human pheromones. *Nature, 392,* 177–179.

Sternberg, R.J. (1985). *Beyond IQ: A triarchic theory of human intelligence.* Cambridge, UK: Cambridge University Press.

Sternberg, R.J. (1986). A triangular theory of love. *Psychological Review, 93,* 119–135.

Sternberg, R.J. (1994). Intelligence and cognitive styles. In A.M. Colman (Ed.), *Companion encyclopedia of psychology, Vol. 1.* London: Routledge.

Sternberg, R.J. (1995). *In search of the human mind.* Orlando, FL: Harcourt Brace College Publishers.

Sternberg, R.J. (1997). *Successful intelligence.* New York: Plenum.

Sternberg, R.J. (2003, April). The other three Rs: Part two, reasoning. *APA Monitor.*

Sternberg, R.J., & Ben-Zeev, T. (2001). *Complex cognition: The psychology of human thought.* Oxford, UK: Oxford University Press.

Sternberg, R.J., Conway, B.E., Ketron, J.L., & Bernstein, M. (1981). People's conceptions of intelligence. *Journal of Personality and Social Psychology, 41,* 37–55.

Sternberg, R.J., & Detterman, D.K. (1986). *What is intelligence? Contemporary viewpoints on its nature and definition.* Norwood, NJ: Ablex.

Sternberg, R.J., & Grajek, S. (1984). The nature of love. *Journal of Personality and Social Psychology, 47,* 312–329.

Sternberg, R.J., Grigorenko, E.L., Ngorosho, D., Tantufuye, E., Mbise, A., Nokes, C., Jukes, M., & Bundy, D.A. (2002). Assessing intellectual potential in rural Tanzanian school children. *Intelligence, 30,* 141–162.

Sternberg, R.J., & Kaufman, J.C. (1998). Human abilities. *Annual Review of Psychology, 49,* 479–502.

Sternberg, R.J., & Weil, E.M. (1980). An aptitude X strategy interaction in linear syllogistic reasoning. *Journal of Educational Psychology, 72,* 226–239.

Stevens, R. (1989). *Freud and psychoanalysis.* Milton Keynes: Open University Press.

Stevens, S., Hynan, M.T., & Allen, M. (2000). A meta-analysis of common factor and specific treatment effects across the outcome domains of the phase model of psychotherapy. *Clinical Psychology: Science and Practice, 7,* 273–290.

Stevenson, M.R., & Black, K.N. (1988). Paternal absence and sex-role development: A meta-analysis. *Child Development, 59,* 793–814.

Stewart, D.D., & Stasser, G. (1995). Expert role assignment and information sampling during collective recall and decision making. *Journal of Personality and Social Psychology, 69,* 619–628.

Stigler, J.W., Lee, S.Y, & Stevenson, H.W. (1987). Mathematics classrooms in Japan, Taiwan, and the United States. *Child Development, 60,* 521–538.

Stirling, J.D., & Hellewell, J.S.E. (1999). *Psychopathology.* London: Routledge.

Stogdill, R.M. (1974). *Handbook of leadership: A survey of theory and research.* New York: Free Press.

Stone, A.A., Reed, B.R., & Neale, J.M. (1987). Changes in daily life event frequency precede episodes of physical symptoms. *Journal of Human Stress, 13,* 70–74.

Storms, M.D. (1973). Videotape and the attribution process: Reversing actors' and observers' points of view. *Journal of Personality and Social Psychology, 27,* 165–175.

Strack, F., Martin, L.L., & Stepper, S. (1988). Inhibiting and facilitating conditions of facial expressions: A non-obtrusive test of the facial feedback hypothesis. *Journal of Personality and Social Psychology, 54,* 768–776.

Strassberg, Z., & Dodge, K.A. (1987). *Focus of social attention among children varying in peer status.* Paper presented at the annual meeting of the Association for the Advancement of Behaviour Therapy, Boston.

Straus, M.A. (1990). The Conflict Tactics Scales and its critics: An evaluation and new data on validity and reliability. In M.A. Straus & R.J. Gelles (Eds.), *Physical violence in American societies: Risk factors and adaptations to violence in 8,145 families.* New Brunswick, NJ: Transaction Publications.

Straus, M.A. (1993). Physical assault by wives: A major social problem. In R.J. Gelles & D.R. Loseke (Eds.), *Current controversies on family violence* (pp. 67–87). Newbury Park, CA: Sage.

Straus, M.A., Gelles, R.J., & Steinmetz, S.K. (1980). *Behind closed doors: Violence in the American family.* New York: Doubleday.

Strayer, J., & Cohen, D. (1988). In N. Eisenberg and J. Strayer (Eds.), *Empathy and its development. Cambridge studies in social and emotional development.* New York: Cambridge University Press.

Strayer, D.L., & Johnston, W.A. (2001). Driven to distraction: Dual-task studies of simulated driving and conversing on a cellular telephone. *Psychological Science, 12,* 462–466.

Strober, M., & Humphrey, L.L. (1987). Familial contributions to the aetiology and course of anorexia nervosa and bulimia. *Journal of Consulting and Clinical Psychology, 55,* 654–659.

Stroebe, W., & Diehl, M. (1994). Why groups are less effective than their members: On productivity losses in idea-generating groups. *European Review of Social Psychology, 5,* 271–303.

Stroebe, W., & Insko, C.A. (1989). Stereotype, prejudice, and discrimination: Changing conceptions in theory and research. In D. Bar-Tal, C.F. Graumann, A.W. Kruglanski, & W. Stroebe (Eds.), *Stereotyping and prejudice: Changing conceptions.* New York: Springer-Verlag.

Stroop, J.R. (1935). Studies of interference in serial verbal reactions. *Journal of Experimental Psychology, 18,* 643–662.

Struch, N., & Schwartz, S.H. (1989). Intergroup aggression: Its predictors and distinctness from ingroup bias. *Journal of Personality and Social Psychology, 56,* 364–373.

Strupp, H.H. (1996). The tripartite model and the Consumer Reports study. *American Psychologist, 51,* 1017–1024.

Stryker, S. (1995). "In the begging there is society": Lessons from a sociological social psychology. In C. McGarty & S.A. Haslam (Eds.), *The message of social psychology.* Oxford, UK: Blackwell.

Stryker, S. (1997). "In the beginning there is society": Lessons from a sociological social psychology. In C. McGarty, S. Haslam, & S. Alexander (Eds.), *The message of social psychology: Perspectives on mind in society.* Malden, MA: Blackwell.

Stunkard, A.J., Sorensen, T.I.A., Hanis, C., Teasdale, T.W., Chakraborty, R., Schull, W.J., & Schulsinger, F. (1986). An adoption study of human obesity. *New England Journal of Medicine, 314,* 193–198.

Sturges, J.W., & Rogers, R.W. (1996). Preventive health psychology from a developmental perspective: An extension of protection motivation theory. *Health Psychology, 15,* 158–166.

Styles, E.A. (1997). *The psychology of attention.* Hove, UK: Psychology Press.

Sue, S., Fujino, D.C., Hu, L., Takeuchi, D.T., & Zane, N.S.W. (1991). Community mental health services for ethnic minority groups: A test of the cultural responsiveness hypothesis. *Journal of Consulting and Clinical Psychology, 59,* 533–540.

Sue, D., Sue, D., & Sue, S. (1994). *Understanding abnormal behaviour.* Boston, MA: Houghton Mifflin.

Sugase Y., Yamane, S., Ueno, S., & Kawano, K. (1999). Global and fine information coded by single neurons in the temporal visual cortex. *Nature, 400,* 869–873.

Suh, E., Diener, E., Oishi, S., & Triandis, H.C. (1998). The shifting basis of life satisfaction judgements across cultures: Emotions versus norms. *Journal of Personality and Social Psychology, 74,* 482–493.

Suinn, R.M., Osborne, D., & Winfree, P. (1962). The self concept and accuracy of recall of inconsistent self-related information. *Journal of Clinical Psychology, 18,* 473–474.

Sulin, R.A., & Dooling, D.J. (1974). Intrusion of a thematic idea in retention of prose. *Journal of Experimental Psychology, 103,* 255–262.

Sullivan, L. (1976). Selective attention and secondary message analysis: A reconsideration of Broadbent's filter model of selective attention. *Quarterly Journal of Experimental Psychology, 28,* 167–178.

Sussman, H.M., Hoemeke, K.A., & Ahmed, F.S. (1993). A cross-linguistic investigation of locus equations as a phonetic descriptor for place of articulation. *Journal of the Acoustical Society of America, 94,* 1256–1268.

Swann, W.B. (1987). Identity negotiation: Where two roads meet. *Journal of Personality and Social Psychology, 53,* 1038–1051.

Swanson, H.L. (1999). What develops in working memory? A life span perspective. *Developmental Psychology, 35,* 986–1000.

Swim, J.K., Aikin, K.J., Hall, W.S., & Hunter, B.A. (1995). Sexism and racism: Old-fashioned and modern prejudices. *Journal of Personality and Social Psychology, 68,* 199–214.

Symington, T., Currie, A.R., Curran, R.S., & Davidson, J. (1955). The reaction of the adrenal cortex in conditions of stress. *Ciba Foundations Colloquia on Endocrinology, 20,* 156–164.

Szasz, T.S. (1962). *The myth of mental illness: Foundations of a theory of personal conduct.* New York: Hoeber-Harper.

Szasz, T.S. (1974). *The age of madness: The history of involuntary hospitalisation.* New York: Jason Aronson.

Tache, J., Selye, H., & Day, S. (1979). *Cancer, stress, and death.* New York: Plenum Press.

Tager-Flusberg, H. (1999). Language development in atypical children. In M. Barrett (Ed.), *The development of language.* Hove, UK: Psychology Press.

Tajfel, H. (1969). Social and cultural factors in perception. In G. Lindzey & E. Aronson (Eds.), *Handbook of social psychology. Vol. 3.* Reading, MA: Addison-Wesley.

Tajfel, H. (1978). Intergroup behaviour: Vol. 1. Individualistic perspectives. In H. Tajfel & C. Eraser (Eds.), *Introducing social psychology.* Harmondsworth, UK: Penguin.

Tajfel, H. (1979). Individuals and groups in social psychology. *British Journal of Psychology, 18,* 187–190.

Tajfel, H. (1981). *Human groups and social categories: Studies in social psychology.* Cambridge, UK: Cambridge University Press.

Tajfel, H., Flament, C., Billig, M.G., & Bundy, R.P. (1971). Social categorisation and intergroup behaviour. *European Journal of Social Psychology, 1,* 149–178.

Tajfel, H., & Turner, J.C. (1986). The social identity theory of intergroup behaviour. In S. Worchel & W.G. Austin (Eds.), *Psychology of intergroup relations.* Chicago: Nelson-Hall.

Takahashi, K. (1990). Are the key assumptions of the "strange situation" procedure universal? A view from Japanese research. *Human Development, 33,* 23–30.

Takahashi, Y. (1979). Growth hormone secretion related to the sleep and waking rhythm. In R. Doncker-Colin, M. Shkurovich, & M.B. Sterman (Eds.), *The functions of sleep.* New York: Academic Press.

Tanenhaus, M.K., Spivey-Knowlton, M.J., Eberhard, K.M., & Sedivy, J.C. (1995). Integration of visual and linguistic information in spoken language comprehension. *Science, 268,* 1632–1634.

Tarr, MJ., & Bülthoff, H.H. (1995). Is human object recognition better described by geon structural descriptions or by multiple views? Comment on Biederman and Gerhardstein (1993). *Journal of Experimental Psychology: Human Perception and Performance, 21,* 1494–1505.

Tarr, M.J., & Bülthoff, H.H. (1998). Image-based object recognition in man, monkey and machine. *Cognition, 67,* 1–20.

Tarr, M.J., Williams, P., Hayward, W.G., & Gauthier, I. (1998). Three-dimensional object recognition is viewpoint-dependent. *Nature Neuroscience, 1,* 195–206.

Taubes, G. (1998). As obesity rates rise, experts struggle to explain why. *Science, 280,* 1367–1368.

Taylor, A., Sluckin, W., Davies, D.R., Reason, J.T., Thomson, R., & Colman, A.M. (1982). *Introducing psychology* (2nd ed.). Harmondsworth, UK: Penguin.

Taylor, S.E., Klein, L.C., Greendale, G., Seeman, T.E. (1999). Oxytocin and HPA response to acute stress in women with or without HRT. Cited in Taylor et al. (2000)—article in *Psychological Review.*

Taylor, M.S., Locke, F.A., Lee, C., & Gist, M. (1984). Type A behavior and faculty research productivity: What are the mechanisms? *Organizational Behavior and Human Performance, 34,* 402–418.

Taylor, S.E., Klein, L.C., Lewis, B.P., Gruenewald, T.L., Gurung, R.A.R., & Updegraff, J.A. (2000). Biobehavioural responses to stress in females: Tend-and-befriend, not fight-or-flight. *Psychological Review, 107*, 411–429.

Teasdale, J.D. (1999). Multi-level theories of cognition-emotion relations. In T. Dalgleish & M.J. Power (Eds.), *Handbook of cognition and emotion*. Chichester, UK: Wiley.

Teitelbaum, P. (1957). Random and food-directed activity in hyperphagic and normal rats. *Journal of Comparative and Physiological Psychology, 50*, 486–490.

Teitelbaum, P., & Stellar, E. (1954). Recovery from the failure to eat produced by hypothalamic lesions. *Science, 120*, 894–895.

Tellegen, A., Watson, D., & Clark, L.A. (1999). On the dimensional and hierarchical structure of affect. *Psychological Science, 10*, 297–303.

Teller, D.Y. (1997). First glances: the vision of infants. The Friedenwald lecture. *Investigative Ophthalmology and Visual Science, 38*, 2183–2203.

Terman, M. (1988). On the question of mechanism in phototherapy for seasonal affective disorder: Considerations of clinical efficacy and epidemiology. *Journal of Biological Rhythms, 3*, 155–172.

Terrace, H.S. (1989). *Nim*. New York: Alfred Knopf.

Terrace, H.S., Petitto, L.A., Sanders, D.J., & Bever, T.G. (1979). On the grammatical capacities of apes. In K. Nelson (Ed.), *Children's language. Vol. 2*. New York: Gardner Press.

Terrace, H.S., Petitto, L.A., Sanders, R.J., & Bever, T.G. (1979). Can an ape create a sentence? *Science, 206*, 891–902.

Tesser, A. (1988). Toward a self-evaluation maintenance model of social behaviour. In L. Berkowitz (Ed.), *Advances in Experimental Social Psychology, Vol. 21*. San Diego, CA: Academic Press.

Tesser, A., Campbell, J., & Smith, M. (1984). Friendship choice and performance: Self-evaluation maintenance in children. *Journal of Personality and Social Psychology, 46*, 561–574.

Tester, N. (1998, October 10). Forty minutes that changed everything. *The Independent Magazine*.

Tetlock, P.E. (2002). Social functionalist frameworks for judgment and choice: Intuitive politicians, theologians, and prosecutors. *Psychological Review, 109*, 451–471.

Tetlock, P.E., Peterson, R.S., McGuire, C., Chang, S., & Feld, P. (1992). Assessing political group dynamics: A test of the groupthink model. *Journal of Personality and Social Psychology, 63*, 403–425.

Teuting, P., Rosen, S., & Hirschfeld, R. (1981). *Special report on depression research*. NIMH-DHHS Publication No. 81–1085: Washington, DC.

Thomas, J.C. (1974). An analysis of behaviour in the hobbits-orcs problem. *Cognitive Psychology, 6*, 257–269.

Thomas, M., Sing, H., Belenky, G., Holcomb, H., Mayberg, H., Dannals, R., Wagner, H., Thorne, D., Popp, K., Rowland, L., Welsh, A., Balwinski, S., & Redmond, D. (2000). Neural basis of alertness and cognitive performance impairments during sleepiness. I. Effects of 24h of sleep deprivation on waking human regional brain activity. *Journal of Sleep Research, 9*, 335–352.

Thompson, W.C., Clarke-Stewart, K.A., & Lepore, S. (1997). What did the janitor do? Suggestive interviewing and the accuracy of children's accounts. *Law and Human Behavior, 21*, 405–426.

Thompson, W.C., Cowan, C.L., & Rosenhan, D.L. (1980). Focus of attention mediates the impact of negative affect on altruism. *Journal of Personality and Social Psychology, 38*, 291–300.

Thomson, R. (1968). *The Pelican history of psychology*. Harmondsworth, UK: Penguin.

Thorndike, E.L. (1898). Animal intelligence: An experimental study of the associative processes in animals. *The Psychological Review Monograph Supplements*, 2, No. 4 (Whole No. 8).

Thorndike, R.L. (1987). Stability of factor loadings. *Personality and Individual Differences, 8*, 585–586.

Thurstone, L.L. (1938). *Primary mental abilities*. Chicago, IL: University of Chicago Press.

Tice, D.M. (1992). Self-presentation and self-concept change: The looking glass self as magnifying glass. *Journal of Personality and Social Psychology, 63*, 435–451.

Tice, D.M., Butler, J.L., Muraven, M.B., & Stillwell, A.M. (1995). When modesty prevails: Differential favourability of self-presentation to friends and strangers. *Journal of Personality and Social Psychology, 69*, 1120–1138.

Tieger, T. (1980). On the biological basis of sex differences in aggression. *Child Development, 51*, 943–963.

Tienari, P. (1991). Interaction between genetic vulnerability and family environment: The Finnish adoptive family study of schizophrenia. *Acta Psychiatrica Scandinavica, 84*, 460–465.

Tizard, B. (1977). *Adoption: A second chance*. London: Open Books.

Tizard, B. (1986). *The care of young children*. London:

Institute of Education.

Tizard, B., Cooperman, A., & Tizard, J. (1972). Environmental effects on language development: A study of young children in long-stay residential nurseries. *Child Development, 43,* 337–358.

Tizard, B., & Hodges, J. (1978). The effect of early institutional rearing on the development of eight-year-old children. *Journal of Child Psychology and Psychiatry, 19,* 99–118.

Tobin, J.J., Wu, D.Y.H., & Davidson, D.H. (1989). *Preschool in three cultures: Japan, China, and the United States.* New Haven, CT: Yale University Press.

Todd, P.M., & Gigerenzer, G. (2000). Precis of "Simple heuristics that make us smart". *Behavioral and Brain Sciences, 23,* 727–780.

Tolman, E.C. (1959). Principles of purposive behaviour. In S. Koch (Ed.), *Psychology: A study of a science: Vol. 2. General systematic formulations, learning, and special processes.* New York: McGraw-Hill.

Tolman, E.C., & Honzik, C.H. (1930). Introduction and removal of reward and maze learning in rats. *University of California Publications in Psychology, 4,* 257–275.

Tomarken, A.J., Davidson, R.J., Wheeler, R.E., & Dass, R.C. (1992). Individual differences in anterior brain asymmetry and fundamental dimensions of emotion. *Journal of Personality and Social Psychology, 62,* 676–677.

Tomarken, A.J., Mineka, S., & Cook, M. (1989). Fear-relevant selective associations and covariation bias. *Journal of Abnormal Psychology, 98,* 381–394.

Tomasello, M. (1992). *First verbs: A case study of early grammatical development.* Cambridge, UK: Cambridge University Press.

Tomasello, M., Akhtar, N., Dodson, K., & Rekau, L. (1997). Differential productivity in young children's use of nouns and verbs. *Journal of Child Language, 24,* 373–387.

Tomasello, M., & Brooks, P.J. (1999). Early syntactic development: A construction grammar approach. In M. Barrett (Ed.), *The development of language.* Hove, UK: Psychology Press.

Tomasello, M., & Farrar, M.J. (1986). Object permanence and relational words: A lexical training study. *Journal of Child Language, 13,* 495–505.

Tomlinson-Keasey, C., Eisert, D.C., Kahle, L.R., Hardy-Brown, K., & Keasey, B. (1979). The structure of concrete-operational thought. *Child Development, 57,* 1454–1463.

Tomlinson-Keasey, C., & Keasey, C.B. (1974). The mediating role of cognitive development in moral judgement. *Child Development, 45,* 291–298.

Tourangeau, R., Smith, T.W., & Rasinski, K.A. (1997). Motivation to report sensitive behaviors on surveys: Evidence from a bogus pipeline experiment. *Journal of Applied Social Psychology, 27,* 209–222.

Treisman, A.M. (1960). Contextual cues in selective listening. *Quarterly Journal of Experimental Psychology, 12,* 242–248.

Treisman, A.M. (1964). Verbal cues, language, and meaning in selective attention. *American Journal of Psychology, 77,* 206–219.

Treisman, A.M. (1988). Features and objects: The fourteenth Bartlett memorial lecture. *Quarterly Journal of Experimental Psychology, 40A,* 201–237.

Treisman, A.M. (1992). Spreading suppression or feature integration? A reply to Duncan and Humphreys (1992). *Journal of Experimental Psychology: Human Perception and Performance, 18,* 589–593.

Treisman, A.M., & Davies, A. (1973). Divided attention to ear and eye. In S. Kornblum (Ed.), *Attention and performance IV: Information processing.* London: Academic Press.

Treisman, A.M., & Geffen, G. (1967). Selective attention: Perception or response? *Quarterly Journal of Experimental Psychology, 19,* 1–18.

Treisman, A.M., & Gelade, G. (1980). A feature integration theory of attention. *Cognitive Psychology, 12,* 97–136.

Treisman, A.M., & Riley, J.G.A. (1969). Is selective attention selective perception or selective response: A further test. *Journal of Experimental Psychology, 79,* 27–34.

Treisman, A.M., & Sato, S. (1990). Conjunction search revisited. *Journal of Experimental Psychology: Human Perception and Performance, 16,* 459–478.

Treisman, A.M., & Schmidt, H. (1982). Illusory conjunctions in the perception of objects. *Cognitive Psychology, 14,* 107–141.

Tremblay-Leveau, H., & Nadel, J. (1996). Exclusion in triads: Can it serve "metacommunicative" knowledge in 11 and 24 months children? *British Journal of Developmental Psychology, 14,* 145–158.

Tresilian, J.R. (1995). Perceptual and cognitive processes in time-to-contact estimation: Analysis of prediction-motion and relative judgement tasks. *Perception and Psychophysics, 57,* 231–245.

Trevarthen, C. (1980). Development of interpersonal and cooperative understanding in infants. In D. Olson (Ed.), *The social foundations of language and thought: Essays in honor of J.S. Bruner.* New York: W.W. Norton.

Triandis, H.C. (1993). The contingency model in cross-cultural perspective. In M.M. Chemers & R. Ayman (Eds.), *Leadership theory and research: Perspectives and directions*. San Diego, CA: Academic Press.

Triandis, H.C. (1994). *Culture and social behaviour*. New York: McGraw-Hill.

Triandis, H.C., Carnevale, P., Gelfand, M., Robert, C., Wasti, A., Probst, T.M., Kashima, E.S., Dragonas, T., Chan, D., Chen, X.P., Kim, U., Kim, K., de Dreu, C., van de Vliert, E., Iwao, S., Ohbuchi, K., & Schmitz, P. (2001). Culture, personality and deception in intercultural management negotiations. *International Journal of Cross-Cultural Management, 1*, 73–90.

Triandis, H.C., McCusker, C., Betancourt, H., Iwao, S., Leung, K., Salazar, J.M., Setiadi, B., Sinha, J.B.P., Touzard, H., Wang, D., & Zaieski, S. (1993). An etic-emic analysis of individualism and collectivism. *Journal of Cross-Cultural Psychology, 24*, 366–384.

Triandis, H.C., McCusker, C., & Hui, C.H. (1990). Multimethod probes of individualism and collectivism. *Journal of Personality and Social Psychology, 59*, 1006–1020.

Triandis, H.C., & Suh, E.M. (2002). Cultural influences on personality. *Annual Review of Psychology, 53*, 133–160.

Triandis, H.C., & Vassiliou, V. (1967). A comparative analysis of subjective culture. In H.C. Triandis (Ed.), *The analysis of subjective culture*. New York: Wiley.

Trivers, R.L. (1971). The evolution of reciprocal altruism. *Quarterly Review of Biology, 46*, 35–57.

Trivers, R.L. (1972). Parental investment and sexual selection. In B. Campbell (Ed.), *Sexual selection and the descent of man, 1871–1971*. Chicago: Aldine.

Trope, Y., & Gaunt, R. (2000). Processing alternative explanations of behaviour: Correction or integration? *Journal of Personality and Social Psychology, 79*, 344–354.

True, M.M., Pisani, L., & Oumar, F. (2001). Infant-mother attachment among the Dogon of Mali. *Child Development, 72*, 1451–1466.

True, W.R., Rice, J., Eisen, S.A., Heath, A.C., Goldberg, J., Lyons, M.J., & Nowak, J. (1993). A twin study of genetic and environmental contributions to liability for posttraumatic stress symptoms. *Archives of General Psychiatry, 50*, 257–264.

Tryon, R.C. (1940). Genetic differences in maze learning ability in rats. *Yearbook of the National Society for the Study of Education, 39*, 111–119.

Tuckman, J. (1965). College students' judgment of the passage of time over the life span. *Journal of Genetic Psychology, 107*, 43–48.

Tulving, E. (1972). Episodic and semantic memory. In E. Tulving & W. Donaldson (Eds.), *Organisation of memory*. Hillsdale, NJ; Lawrence Erlbaum Associates, Inc.

Tulving, E. (1974). Cue-dependent forgetting. *American Scientist, 62*, 74–82.

Tulving, E. (1979). Relation between encoding specificity and levels of processing. In L.S. Cermak & F.I.M. Craik (Eds.), *Levels of processing in human memory*. Hillsdale, NJ: Lawrence Erlbaum Associates, Inc.

Tulving, E. (2002). Episodic memory: From mind to brain. *Annual Review of Psychology, 53*, 1–25.

Tulving, E., & Psotka, J. (1971). Retroactive inhibition in free recall: Inaccessibility of information available in the memory store. *Journal of Experimental Psychology, 87*, 1–8.

Tulving, E., Schachter, D.L., & Stark, H.A. (1982). Priming effects in word-fragment completion are independent of recognition memory. *Journal of Experimental Psychology: Learning, Memory, and Cognition, 17*, 595–617.

Tulving, E., & Thomson, D.M. (1973). Encoding specificity and retrieval processes in episodic memory. *Psychological Review, 8*, 352–373.

Turati, C., Simion, F., Milani, I., & Umilta, C. (2002). Newborns' preference for faces: What is crucial? *Developmental Psychology, 38*, 875–882.

Turiel, E. (1998). The development of morality. In N. Eisenberg (Ed.), *Handbook of child psychology: Vol. 3. Social, emotional, and personality development*. New York: Wiley.

Turner, J.C. (1985). Social categorisation and the self-concept: A social cognitive theory of group behaviour. In E.J. Lawler (Ed.), *Advances in group processes: Theory and research. Vol. 2*. Greenwich, CT: JAI Press.

Turner, J.C. (1987). *Rediscovering the social group: A self-categorisation theory*. Oxford, UK: Blackwell.

Turner, J.C. (1999). Some current issues in research on social identity and self-categorisation theories. In N. Ellemers, R. Spears, & B. Doosje (Eds.), *Social identity*. Oxford, UK: Blackwell.

Turner, J.C., Hogg, M.A., Oakes, P.J., Reicher, S.D., & Wetherell, M.S. (1987). *Rediscovering the social group: A self-categorization theory*. Oxford, UK: Blackwell.

Turner, J.C., & Oakes, P.J. (1997). The social structured mind. In C. McGarty & S. Alexander (Eds.), *The message of social psychology: Perspectives on mind in society*. Malden, MA: Blackwell.

Turner, R.A., Altemus, M., Enos, T., Cooper, B., &

McGuinness, T. (1999). Preliminary research on plasma oxytocin in normal cycling women: Investigating emotion and interpersonal distress. *Psychiatry, 62*, 97–113.

Turner, R.H., & Killian, L.M. (1972). *Collective behaviour* (2nd ed.). Englewood Cliffs, NJ: Prentice-Hall.

Turner, R.J., & Wagonfeld, M.O. (1967). Occupational mobility and schizophrenia. *American Sociological Review, 32*, 104–113.

Tversky, A., & Kahneman, D. (1973). Availability: A heuristic for judging frequency and probability. *Cognitive Psychology, 5*, 207–232.

Tversky, A., & Kahneman, D. (1980). Causal schemas in judgements under uncertainty. In M. Fishbein (Ed.), *Progress in social psychology.* Hillsdale, NJ: Lawrence Erlbaum Associates, Inc.

Tversky, A., & Kahneman, D. (1981). The framing of decisions and the psychology of choice. *Science, 211*, 453–458.

Tversky, A., & Kahneman, D. (1983). Extensional versus intuitive reasoning: The conjunction fallacy in probability judgement. *Psychological Review, 90*, 293–315.

Tversky, A., & Koehler, D.J. (1994). Support theory: A nonextensional representation of subjective probability. *Psychological Review, 101*, 547–567.

Tversky, A., & Shafir, E. (1992). The disjunction effect in choice under uncertainty. *Psychological Science, 3*, 305–309.

Tweney, R.D., Doherty, M.E., Worner, W.J., Pliske, D.B., Mynatt, C.R., Gross, K.A., & Arkelin, D.L. (1980). Strategies for rule discovery in an inference task. *Quarterly Journal of Experimental Psychology, 32*, 109–123.

Twenge, J.M. (2000). The age of anxiety? Birth cohort change in anxiety and neuroticism, 1952–1993. *Journal of Personality and Social Psychology, 79*, 1007–1021.

Tyerman, A., & Spencer, C. (1983). A critical test of the Sherifs' Robbers' Cave experiment: Intergroup competition and co-operation between groups of well-acquainted individuals. *Small Group Behaviour, 14*, 515–531.

Tyrell, J.B., & Baxter, J.D. (1981). Glucocorticoid therapy. In P. Felig, J.D. Baxter, A.E. Broadus, & L.A. Frohman (Eds.), *Endocrinology and metabolism.* New York: McGraw-Hill.

Uchino, B.N., Cacioppo, J.T., & Kiecolt-Glaser, K.G. (1996). The relationships between social support and physiological processes: A review with emphasis on underlying mechanisms and implications for health. *Psychological Bulletin, 119*, 488–531.

Uchino, B.N., Uno, D., & Holt-Lunstad, J. (1999). Social support, physiological processes, and health. *Current Directions in Psychological Science, 8*, 145–148.

Udry, J.R. (1981). Maritial alternatives and marital disruption. *Journal of Marriage and the Family, 43*, 889–898.

Underwood, B.J. (1957) Interference and forgetting. *Psychological Review, 64*, 49–60.

Underwood, B.J., & Postman, L. (1960). Extra-experimental sources of interference in forgetting. *Psychological Review, 67*, 73–95.

Underwood, G. (1974). Moray vs. the rest: The effect of extended shadowing practice. *Quarterly Journal of Experimental Psychology, 26*, 368–372.

Uvnäs-Moberg, K. (1996). Neuroendocrinology of the mother-child interaction. *Trends in Endocrinology and Metabolism, 7*, 126–131.

Vandello, J.A., & Cohen, D. (1999). Patterns of individualism and collectivism across the United States. *Journal of Personality and Social Psychology, 77*, 279–292.

Vaillant, C.O., & Vaillant, G.E. (1993). Is the U-curve of marital satisfaction an illusion? A 40-year study of marriage. *Journal of Marriage and the Family, 55*, 230–239.

Vaina, L.M. (1998). Complex motion perception and its deficits. *Current Opinion in Neurobiology, 8*, 494–502.

Valdois, S., Carbonnel, S., David, D., Rousset, S., & Pellat, J. (1995). Confrontation of PDP models and dual-route models through the analysis of a case of deep dysphasia. *Cognitive Neuropsychology, 12*, 681–724.

Valentine, E.R. (1982). *Conceptual issues in psychology.* London: Routledge.

Valentine, E.R. (1992). *Conceptual issues in psychology* (2nd ed.). London: Routledge.

Valentine, T., Bredart, S., Lawson, R., & Ward, G. (1991). What's in a name? Access to information from people's names. *European Journal of Cognitive Psychology, 3*, 147–176.

VanLehn, K. (1996). *Cognitive skill acquisition.* Annual Review of Psychology, 47, 513–539.

Van Avermaet, E. (2001). Social influence in small groups. In M. Hewstone & W. Stroebe (Eds.), *Introduction to social psychology* (3rd ed., pp. 403–443). Oxford, UK: Blackwell.

Van den Putte, B. (1993). *On the theory of reasoning action.* Unpublished doctoral dissertation, University of

Amsterdam, The Netherlands.
Van Essen, D., & DeYoe, E.A. (1995). Concurrent processing in the primate visual cortex. In M.S. Gazzaniga (Ed.), *The cognitive neurosciences*. Cambridge, MA: MIT Press.
Van Goozen, S.H.-M., Cohen-Kettenis, P.T., Gooren, L.J.G., Frijda, N.H., & van de Poll, N.E. (1995a). Gender differences in behaviour: Activating effects of cross-sex hormones. *Psychoneuroendocrinology, 20*, 343–363.
Van Goozen, S.H.-M., Frijda, N.H., & van de Poll, N.E. (1995b). Anger and aggression during role-playing: Gender differences between hormonally treated male and female transsexuals and controls. *Aggressive Behavior, 21*, 257–273.
Van Goozen, S.H.-M., Wiegant, V., Endert, E., Helmond, F., & van de Poll, N. (1997). Psychoendocrinological assessment of the menstrual cycle: The relationship between hormones, sexuality, and mood. *Archives of Sex Behavior, 26*, 359–382.
Van IJzendoorn, M.H., & de Wolff, M.S. (1997). In search of the absent father—Meta-analyses of infant-father attachment: A rejoinder to our discussants. *Child Development, 68*, 604–609.
Van IJzendoorn, M.H., & Kroonenberg, P.M. (1988). Cross-cultural patterns of attachment: A meta-analysis of the Strange Situation. *Child Development, 59*, 147–156.
Van Marken-Lichenbelt, W.D., Westerterp-Plantenga, M.S., & van Hoydonck, P. (2001). Individual variation in the relation between body temperature and energy expenditure in response to elevated ambient temperature. *Physiology and Behavior, 73*, 235–242.
Van Oudenhouven, J.P., Groenewoud, J.T., & Hewstone, M. (1996). Co-operation, ethnic salience and generalisation of inter-ethnic attitudes. *European Journal of Social Psychology, 26*, 649–662.
Van Selst, M.V., Ruthruff, E., & Johnston, J.C. (1999). Can practice eliminate the Psychological Refractory Period effect? *Journal of Experimental Psychology: Human Perception and Performance, 25*, 1268–1283.
Van Zoren, J.G., & Stricker, E.M. (1977). Effects of preoptic, lateral hypothalamic, or dopamine-depleting lesions on behavioural thermoregulation in rats exposed to the cold. *Journal of Comparative and Physiological Psychology, 91*, 989–999.
Vanbeselaere, N. (1991). The impact of in-group and out-group homogeneity/heterogeneity upon intergroup relations. *Basic and Applied Social Psychology, 12*, 291–301.
Vance, E.B., & Wagner, N.D. (1976). Written descriptions of orgasm: A study of sex differences. *Archives of Sexual Behavior, 5*, 87–98.
Vandell, D.L. (2000). Parents, peer groups, and other socialising influences. *Developmental Psychology, 36*, 699–710.
Vandell, D.L., & Mueller, E.C. (1980). Peer play and friendships during the first two years. In H.C. Foot, A.J. Chapman, & J.R. Smith (Eds.), *Friendship and social relations in children*. Chichester, UK: Wiley.
Vandell, D.L., & Wilson, K.S. (1987). Infants' interactions with mother, sibling, and peer: Contrasts and relations between interaction systems. *Child Development, 59*, 1286–1292.
VanLehn, K. (1996). Cognitive skill acquisition. *Annual Review of Psychology, 47*, 513–539.
Vanrie, J., Béatse, E., Wagemans, J., Sunaert, S., & van Hecke, P. (2002). Mental rotation versus invariant features in object perception from different viewpoints: An fMRI study. *Neuropsychologia, 40*, 917–930.
Vargha-Khadem, F., Gadian, D.G., & Mishkin, M. (2001). Dissociations in cognitive memory: The syndrome of developmental amnesia. *Philosophical Transactions of the Royal Society of London, Series B: Biological Science, 356*, 1435–1440.
Vargha-Khadem, F., Gadian, D.G., Watkins, K.E., Connelly, A., van Paesschen, W., & Mishkin, M. (1997). Differential effects of early hippocampal pathology on episodic and semantic memory. *Science, 277*, 376–380.
Vecera, S.P., & Farah, M.J. (1997). Is visual image segmentation a bottom-up or an interactive process? *Perception and Psychophysics, 59*, 1280–1296.
Velmans, M. (1996a). *The science of consciousness*. London: Routledge.
Velmans, M. (1996b). An introduction to the science of consciousness. In M. Velmans (Ed.), *The science of consciousness*. London: Routledge.
Velmans, M. (2000). *Understanding consciousness*. London: Routledge.
Veniegas, R., & Conley, T. (2000). Biological research on women's sexual orientations: Evaluating the scientific evidence. *Journal of Social Issues, 56*, 267.
Verburg, K., Griez, E., Meijer, J. & Pols, H. (1995). Respiratory disorders as a possible predisposing factor for panic disorder. *Journal of Affective Disorders, 33*, 129–134.
Verkuyten, M., Drabbles, M., & van den Nieuwenhuijzen, K. (1999). Self-categorisation and emotional reactions to ethnic minorities. *European Journal of Social Psychology,*

29, 605–619.

Vernon, P.E. (1971). *The structure of human abilities.* London: Methuen.

Victor, R., Mainardi, J.A., & Shapiro, D. (1978). Effects of biofeedback and voluntary control procedures on heart rate and perception of pain during the cold pressor test. *Psychosomatic Medicine, 40,* 216–225.

Viguera, A.C., Nonacs, R., Cohen, L.S., Tondo, L., Murray, A., & Baldessarini, R.J. (2000). Risk of recurrence of bipolar disorder in pregnant and nonpregnant women after discontinuing lithium maintenance. *American Journal of Psychiatry, 157,* 179–184.

Viguera, A.C., Nonacs, R., Cohen, L.S., Tondo, L., Murray, A., & Baldessarini, R.J. (2000). Risk of recurrence of bipolar disorder in pregnant and nonpregnant women after discontinuing lithium maintenance. *American Journal of Psychiatry, 157,* 179–184.

Virkkunen, M., Rawlings, R., Tokola, R., Poland, R.E., Guidotti, A., Nemeroff, C., Bissette, G., Kalogeras, K., Karonen, S.L., & Linnoila, M. (1994). CSF biochemistries, glucose metabolism, and diurnal activity in alcoholic, violent offenders, fire setters, and healthy volunteers. *Archives of General Psychiatry, 51,* 20–27.

Vitousek, K., & Manke, F. (1994). Personality variables and disorders in anorexia nervosa and bulimia nervosa. *Journal of Abnormal Psychology, 103,* 137–147.

Vogel, G.W. (2000). Critique of current dream theories. *Behavioral and Brain Sciences, 23,* 1014.

von Neumann, J., & Morgenstern, O. (1947). *Theory of games and economic behaviour* (2nd Rev. ed.). Princeton, NJ: Princeton University Press.

Von Wright, J.M., Anderson, K., & Stenman, U. (1975). Generalisation of conditioned GSRs in dichotic listening. In P.M.A. Rabbitt & S. Dornič (Eds.), *Attention and performance* V: *Information processing.* New York: Academic Press.

Vonk, R. (1993). Individual differences and universal dimensions in Implicit Personality Theory. *British Journal of Social Psychology, 32,* 209–226.

Vonk, R. (1996). Negativity and potency effects in impression formation. *European Journal of Social Psychology, 26,* 851–865.

Vuchinich, S., Hetherington, E.M., Vuchinich, R.A., & Clingempeel, W.G. (1991). Parent-child interaction and gender differences in early adolescents' adaptation to stepfamilies. *Developmental Psychology,* 27, 618–626.

Vygotsky, L.S. (1962). *Thought and language.* Cambridge, MA: MIT Press.

Vygotsky, L.S. (1976). Play and its role in the mental development of the child. In J.S. Bruner, A. Jolly, & K. Sylva (Eds.), *Play.* Harmondsworth, UK: Penguin.

Vygotsky, L.S. (1978). *Mind in society: The development of higher psychological processes.* Cambridge, MA: MIT Press.

Vygotsky, L.S. (1981). The genesis of higher mental functions. In J.V. Wertsch (Ed.), *The concept of activity in Soviet psychology.* Armonk, NY: Sharpe, Inc. (Original work published 1930)

Vygotsky, L.S. (1987). Thinking and speech. In *The collected works of L.S. Vygotsky: Vol 1. Problems of general psychology* (N. Minick, Trans.). New York: Plenum Press. (Original work published 1934)

Waddington, D., Jones, K., & Critcher, C. (1987). Flashpoints of public disorder. In G. Gaskell & R. Benewick (Eds.), *The crowd in contemporary Britain.* London: Sage.

Wade, A.R., Brewer, A.A., Rieger, J.W., & Wandell, B.A. (2002). Functional measurements of human ventral occipital cortex: Retinotopy and colour. *Philosophical Transactions of the Royal Society of London, Series B, 357,* 963–973.

Wade, N. (1997, June 24). Dainty worm tells secrets on the human genetic code. *New York Times.*

Wade, NJ., & Swanston, M.T. (2001). *Visual perception* (2nd ed.). Hove, UK: Psychology Press.

Wagenaar, W.A. (1986). My memory: A study of autobiographical memory over six years. *Cognitive psychology, 18,* 225–252.

Wagenaar, W.A. (1994). Is memory self-serving? In U. Neisser & R. Fivish. *The remembering self* (pp. 191–204). Cambridge, UK: Cambridge University Press.

Wagner, H.L., MacDonald, C.J., & Manstead, A.S.R. (1986). Communication of individual emotions by spontaneous facial expressions. *Journal of Personality and Social Psychology, 50,* 737–743.

Wagstaff, G.F. (1977). An experimental study of compliance and post-hypnotic amnesia. *British Journal of Social and Clinical Psychology, 16,* 225–228.

Wagstaff, G.F. (1991). Compliance, belief and semantics in hypnosis: A non-state sociocognitive perspective. In S.J. Lynn & J.W. Rhue (Eds.), *Theories of hypnosis: Current models and perspectives.* New York: Guilford.

Wagstaff, G.F. (1994). Hypnosis. In A.M. Colman (Ed.), *Companion encyclopaedia of psychology. Vol. 2.* London: Routledge.

Wakefield, J.C. (1992). The concept of mental disorder: On

the boundary between biological facts and social values. *American Psychologist, 47*, 373–377.

Wakefield, J.C. (1999). Evolutionary versus prototype analyses of the concept of disorder. *Journal of Abnormal Psychology, 108*, 374–399.

Walker, L.J., Gustafson, P., & Hennig, K.H. (2001). The consolidation/transition model in moral reasoning development. *Developmental Psychology, 37*, 187–197

Wallace, A.R. (1858). On the tendency of varieties to depart indefinitely from the original type. *Journal of the Proceedings of the Linnean Society (Zoology), 3*, 53–62.

Wallen, K. (2001). Sex and context: Hormones and primate sexual motivation. *Hormones and Behavior, 40*, 339–357.

Wallerstein, J.S. (1987). Children of divorce: Report of a ten-year follow-up of early latency-age children. *American Journal of Orthopsychiatry, 57*, 199–211.

Walster, E., Aronson, V., Abrahams, D., & Rottman, L. (1966). The importance of physical attractiveness in dating behaviour. *Journal of Personality and Social Psychology, 4*, 508–516.

Walster, E., & Walster, G.W. (1969). *A new look at love.* Reading, MA: Addison Wesley.

Walster, E., Walster, G.W., & Berscheid, E. (1978). *Equity: Theory and research.* Boston: Allyn & Bacon.

Walters, J., & Gardner, H. (1986). The crystallizing experience: Discovering an intellectual gift. In R.J. Sternberg & J.E. Davidson (Eds.), *Conceptions of giftedness.* New York: Cambridge University Press.

Walton, G.E., Bower, NJ.A., & Bower, T.G.R. (1992). Recognition of familiar faces by newborns. *Infant Behaviour and Development, 15*, 265–269.

Waltz, J.A., Knowlton, B.J., Holyoak, K.J., Boone, K.B., Mishkin, F.S., Santos, M. de M., Thomas, C.R., & Miller, B.L. (1999). A system for relational reasoning in human prefrontal cortex. *Psychological Science, 10*, 119–125.

Wampold, B.E., Mondin, G.W., Moody, M., Stich, F., Benson, K., & Ahn, H. (1997). A meta-analysis of outcome studies comparing bona fide psychotherapies: Empirically, "All must have prizes". *Psychological Bulletin, 122*, 203–215.

Wang, X.T. (1996). Domain-specific rationality in human choices: Violations of utility axioms and social contexts. *Cognition, 60*, 31–63.

Wann, J.P. (1996). Anticipating arrival: Is the tau margin a specious theory? *Journal of Experimental Psychology: Human Perception and Performance, 22*, 1031–1048.

Wann, J.P., & Rushton, S.K. (1995). Grasping the impossible: Stereoscopic virtual balls. In B.G. Bardy, R.J. Bootsma, & Y. Guiard (Eds.), *Studies in perception and action. Vol. III.* Hillsdale, NJ: Lawrence Erlbaum Associates, Inc.

Wanous, J.P., & Zwany, A. (1977). A cross-sectional test of need hierarchy theory. *Organizational Behavior and Human Performance, 18*, 78–97.

Warr, P.B. (1964). The relative importance of proactive interference and degree of learning in retention of paired associate items. *British Journal of Psychology, 55*, 19–30.

Warr, P. (1996). *Psychology at work* (3rd ed.). Harmondsworth, UK: Penguin.

Warren, R., & Zgourides, G.D. (1991). *Anxiety disorders: A rational-emotive perspective.* New York: Pergamon Press.

Warren, R.M., & Warren, R.P. (1970). Auditory illusions and confusions. *Scientific American, 223*, 30–36.

Warrington, E.K., & James, M. (1988). Visual apperceptive agnosia: A clinico-anatomical study of three cases. *Cortex, 24*, 13–32.

Warrington, E.K., & Taylor, A.M. (1978). Two categorical stages of object recognition. *Perception, 7*, 695–705.

Warmer, U.G., Grossmann, K., Fremmer-Bombik, E., & Suess, G. (1994). Attachment patterns at age 6 in south Germany: Predictability from infancy and implications for pre-school behaviour. *Child Development, 65*, 1014–1027.

Wason, P.C. (1960). On the failure to eliminate hypotheses in a conceptual task. *Quarterly Journal of Experimental Psychology, 12*, 129–140.

Wason, P.C. (1968). Reasoning about a rule. *Quarterly Journal of Experimental Psychology, 20*, 273–281.

Wason, P.C., & Shapiro, D. (1971). Natural and contrived experience in reasoning problems. *Quarterly Journal of Experimental Psychology, 23*, 63–71.

Waters, E., Wippman, J., & Sroufe, L.A. (1979). Attachment, positive affect, and competence in the peer group: Two studies in construct validation. *Child Development, 50*, 821–829.

Watson, D., & Clark, L.A. (1984). Negative affectivity: The disposition to experience aversive emotional states. *Psychological Bulletin, 96*, 465–490.

Watson, D., & Clark, L.A. (1992). Affects separable and inseparable: On the hierarchical arrangement of the negative affects. *Journal of Personality and Social Psychology, 62*, 489–505.

Watson, D., & Clark, L.A. (1994). *The PANAS-X: Manual for the Positive and Negative Affect Schedule—expanded form.* Unpublished manuscript. University of Iowa, Iowa City.

Watson, D., & Pennebaker, J.W. (1989). Health complaints, stress, and distress: Exploring the central role of negative affectivity. *Psychological Review, 96,* 234–254.

Watson, D., & Tellegen, A. (1985). Toward a consensual structure of mood. *Psychological Bulletin, 98,* 219–235.

Watson, D., Wiese, D., Vaidya, J., & Tellegen, A. (1999). The two general activation systems of affect: Structural findings, evolutonary considerations, and psychobiological evidence. *Journal of Personality and Social Psychology, 76,* 82–88.

Watson, J. (1930). *Behaviorism* (Rev. ed.). New York: Norton.

Watson, J.B. (1913). Psychology as the behaviourist views it. *Psychological Review, 20,* 158–177.

Watson, J.B., & Rayner, R. (1920). Conditioned emotional reactions. *Journal of Experimental Psychology, 3,* 1–14.

Webb, W.B. (1968). *Sleep: An experimental approach.* New York: Macmillan.

Weber, R., & Crocker, J. (1983). Cognitive processes in the revision of stereotypic beliefs. *Journal of Personality and Social Psychology, 45,* 961–977.

Wechsler, D. (1981). The psychometric tradition: Developing the Wechsler Adult Intelligence Scale. *Contemporary Educational Psychology, 6, 82–85.*

Weinberger, D.A., Schwartz, G.E., & Davidson, J.R. (1979). Low-anxious, high-anxious, and repressive coping styles: Psychometric patterns and behavioural and physiological responses to stress. *Journal of Abnormal Psychology, 88,* 369–380.

Weingarten, H.P., & Kulikovsky, O.T. (1989). Taste-to-postingestive consequence conditioning: Is the rise in sham feeding with repeated experience a learning phenomenon? *Physiology and Behavior, 45,* 471–476.

Weir, W. (1984, October 15). Another look at subliminal "facts". *Advertising Age,* p. 46.

Weisberg, R.W., & Suls, J. (1973). An information-processing model of Duncker's candle problem. *Cognitive Psychology, 4,* 255–276.

Weiskrantz, L. (1986). *Blindsight: A case study and its implications.* Oxford, UK: Oxford University Press.

Weiskrantz, L. (2002). Prime-sight and blindsight. *Consciousness and Cognition, 11,* 568–581.

Weiskrantz, L., Barbur, J.L., & Sahraie, A. (1995). Parameters affecting conscious versus unconscious visual discrimination with damage to the visual cortex V1. *Proceedings of the National Academy of Sciences, USA, 92,* 6122–6126.

Weiskrantz, L., Warrington, E.K., Sanders, M.D., & Marshall, J. (1974). Visual capacity in the hemianopic field following a restricted occipital ablation. *Brain, 97,* 709–728.

Weisner, T.S., & Gallimore, R. (1977). My brother's keeper: Child and sibling caretaking. *Current Anthropology, 18,* 169–190.

Weissman, A.N., & Beck, A.T. (1978). *Development and validation of the Dysfunctional Attitude Scale.* Paper presented at the annual meeting of the Association for the Advancement of Behaviour Therapy, Chicago, IL.

Weissman, M.M., Klerman, G.L., & Paykel, E.S. (1971). Clinical evaluation of hostility in depression. *American Journal of Psychiatry, 39,* 1397–1403.

Weisstein, N., & Wong, E. (1986). Figure-ground organisation and the spatial and temporal responses of the visual system. In E.C. Schwab & H.C. Nusbaum (Eds.), *Pattern recognition by humans and machines. Vol. 2.* New York: Academic Press.

Weisz, J.R., Chaiyasit, W., Weiss, B., Eastman, K., & Jackson, E. (1995). A multimethod study of problem behaviour among Thai and American children in school: Teacher reports versus direct observations. *Child Development, 66,* 402–415.

Weizman, Z.O., & Snow, C.E. (2001). Lexical input as related to children's vocabulary acquisition: Effects of sophisticated exposure and support for meaning. *Developmental Psychology, 37,* 265–279.

Welford, A.T. (1952). The psychological refractory period and the timing of high-speed performance. *British Journal of Psychology, 43,* 2–19.

Welter, A., & Weller, L. (1993). Human menstrual synchrony: A critical assessment. *Neuroscience and Biobehavioral Reviews, 17,* 427–439.

Wellman, H.M., Cross, D., & Watson, J. (2001). Meta-analysis of theory-of-mind development: The truth about false belief. *Child Development, 72,* 655–684.

Wellman, H.M., & Gelman, S.A. (1987). Children's understanding of the nonobvious. In R.J. Sternberg (Ed.), *Advances in the psychology of human intelligence. Vol. 4.* Hillsdale, NJ: Lawrence Erlbaum Associates, Inc.

Wells, C.G. (1981). *Learning through interaction: The study of language development.* Cambridge, UK: Cambridge University Press.

Wells, G.L. (1993). What do we know about eyewitness identification? *American Psychologist, 48,* 553–571.

Wender, P.H., Kety, S.S., Rosenthal, D., Schulsinger, F., Ortmann, J., & Lunde, I. (1986). Psychiatric disorders in the biological and adoptive families of adopted individuals with affective disorders. *Archives of General Psychiatry, 43,* 923–929.

Wertsch, J.V., McNamee, G.D., Mclane, J.B., & Budwig, N.A.

(1980). The adult-child dyad as a problem-solving system. *Child Development, 51,* 1215–1221.

Weisner, T.S., & Gallimore, R. (1977). My brother's keeper: Child and sibling caretaking. *Current Anthropology, 18,* 169–190.

West, D.B., Fey, D., & Woods, S.C. (1984). Cholecystokinin persistently suppresses meal size but not food intake in free-feeding rats. *American Journal of Physiology—Regulatory Integrative and Comparative Physiology, 246,* 776–787.

Westen, D. (1996). *Psychology: Mind, brain, and culture.* New York: Wiley.

Westen, D. (1998). The scientific legacy of Sigmund Freud: Toward a psychodynamically informed psychological science. *Psychological Bulletin, 124,* 333–371.

Westen, D., & Gabbard, G.O. (1999). Psychoanalytic approaches to personality. In L.A. Pervin & O.P. John (Eds), *Handbook of personality: Theory and research.* New York: Guilford Press.

Weston, D.R., & Main, M. (1981). The quality of the toddler's relationship to mother and to father: Related to conflict behaviour and the readiness to establish new relationships. *Child Development, 52,* 932–940.

Wever, R. (1979). *Circadian rhythms system of man: Results of experiments under temporal isolation.* New York: Springer.

Wharton, C. M., Grafman, J., Flitman, S. K., Hansen, E. K., Brauner, J., Marks, A., & Honda, M. (1998). The neuroanatomy of analogical reasoning. In K.J. Holyoak, D. Gentner, & B. Kekinar (Eds.), *Analogy 98.* Sofia, Bulgaria: New University of Bulgaria.

Wheatstone, C. (1838). Contributions to the physiology of vision: Part I. On some remarkable and hitherto unobserved phenomena of binocular vision. *Philosophical Transactions of the Royal Society of London, 128,* 371–394.

Wheeler, M.A., Stuss, D.T., & Tulving, E. (1997). Toward a theory of episodic memory: the frontal lobes and autonoetic consciousness. *Psychological Bulletin, 121,* 331–354.

Wheldall, K., & Poborca, B. (1980). Conservation without conversation: An alternative, non-verbal paradigm for assessing conservation of liquid quantity. *British Journal of Psychology, 71,* 117–134.

White, L.E., & Hain, R.F. (1959). Anorexia in association with a destructive lesion of the hypothalamus. *Archives of Pathology, 43,* 443–471.

White, L.K., & Booth, A. (1991). Divorce over the life course: The role of marital happiness. *Journal of Family Issues, 12,* 5–21.

Whitehouse, W.G., Dinges, D.F., Orne, E.C., Keller, S.E., Bates, B.L, Bauer, N.K., Morahan, P., Haput, B.A., Carlin, M.M., Bloom, P.B., Zaugg, L., & Orne, M.T. (1996). Psychosocial and immune effects of self-hypnosis training for stress management throughout the first semester of medical school. *Psychosomatic Medicine, 58,* 249–263.

Whiting, B.B., & Whiting, J.W.M. (1975). *Children of six cultures: A psychocultural analysis.* Cambridge, MA: Harvard University Press.

Whorf, B.L. (1956). *Language, thought, and reality: Selected writings of Benjamin Lee Whorf.* New York: Wiley.

Whyte, M.K. (1978). *The status of women in preindustrial societies.* Princeton, NJ: Princeton University Press.

Wickelgren, I. (1998). Obesity: how big a problem? *Science, 280,* 1364–1367.

Wickens, A. (2000). *Foundations of biopsy chology.* Harlow, UK: Prentice-Hall.

Wickens, C.D. (1984). Processing resources in attention. In R. Parasuraman & D.R. Davies (Eds.), *Varieties of attention.* London: Academic Press.

Wickens, C.D. (1992). *Engineering psychology and human performance* (2nd ed.). New York: HarperCollins.

Wicker, A.W. (1969). Attitudes versus actions: The relationship of verbal and overt behavioural responses to attitude objects. *Journal of Social Issues, 25,* 41–78.

Wicklund, R.A., & Gollwitzer, P.M. (1982). *Symbolic self-completion.* Hillsdale, NJ: Lawrence Erlbaum Associates, Inc.

Widiger, T.A., & Corbitt, E.M. (1995). Are personality disorders well-classified in DSM-IV? In W.J. Lively (Ed.), *The DSM-IV personality disorders* (pp. 103–134). New York: Guilford.

Widiger, T.A., & Costa, P.T., Jr. (1994). Personality and personality disorders. *Journal of Abnormal Psychology, 103,* 78–91.

Widiger, T.A., Verheui, R., & van den Brink, W. (1999). Personality and psychopathology. In L.A. Pervin & O.P. John (Eds.), *Handbook of personality: Theory and research* (2nd ed.). New York: Guilford Press.

Wiegman, O., & van Schie, E.G. (1998). Video game playing and its relations with aggressive and prosocial behaviour. *British Journal of Social Psychology, 37,* 367–378.

Wieselquist, J., Rusbult, C.E., Foster, C.A., & Agnew, C.R. (1999). Commitment, pro-relationship behaviour, and trust in close relationships. *Journal of Personality and Social Psychology, 77,* 942–966.

Wilder, D.A. (1984). Intergroup contact: The typical member and the exception to the rule. *Journal of Experimental Social Psychology, 20,* 177–194.

Wilkinson, R.T. (1969). Sleep deprivation: Performance tests for partial and selective sleep deprivation. In L.A. Abt & J.R. Reiss (Eds.), *Progress in clinical psychology.* New York: Grune & Stratton.

Willerman, L. (1979). *The psychology of individual and group differences.* San Francisco: W.H. Freeman.

Williams, J.B.W., Gibbon, M., First, M.B., Spitzer, R.L., Davies, M., Borus, J., Howes, M.J., Kane, J., Harrison, G.P.Jr., Rounsaville, B., & Wittchen, H.U. (1992). The Structured Clinical Interview for DSM-III-R (SCID): II. Multisite test-retest reliability. *Archives of General Psychiatry, 49,* 630–636.

Williams, J.E., & Best, D.L. (1990). *Measuring sex stereotypes: A multination study.* Newbury Park, CA: Sage.

Williams, J.M.G., Watts, F.N., MacLeod, C., & Mathews, A. (1997). *Cognitive psychology and emotional disorders* (2nd ed.). Chichester, UK: Wiley.

Williams, R.L. (1972). *The BITCH Test (Black Intelligence Test of Cultural Homogeneity).* St. Louis, MI: Washington University.

Williams, T.M. (Ed.). (1986). *The impact of television: A national experiment in three communities.* New York: Academic Press.

Williams, T.P., & Sogon, S. (1984). Group composition and conforming behaviour in Japanese students. *Japanese Psychological Research, 26,* 231–234.

Willingham, D.B., & Goedert-Eschmann, K. (1999). The relation between implicit and explicit learning: Evidence for parallel development. *Psychological Science, 10,* 531–534.

Wills, S., & Mackintosh, N.J. (1998). Peak shift on an artificial dimension. *Quarterly Journal of Experimental Psychology B, 32,* 1–32.

Wills, T.A. (1985). Supportive function of interpersonal relationships. In S. Cohen & S.L. Syme (Eds.), *Social support and health.* Orlando, FL: Academic Press.

Wilson, B.A., & Wearing, D. (1995). Prisoner of consciousness: A state of just awakening following herpes simplex encephalitis. In R. Campbell & M. Conway (Eds.), *Broken memories.* Oxford, UK: Blackwell.

Wilson, E.O. (1975). *Sociobiology: The new synthesis.* Cambridge, MA: Harvard University Press.

Wilson, G.T., & O'Leary, K.D. (1978). *Principles of behaviour therapy.* Englewood Cliffs, NJ: Prentice-Hall.

Wilson, S.R., & Spencer, R.C. (1990). Intense personal experiences: Subjective interpretations, and after-effects. *Journal of Clinical Psychology, 46,* 565–573.

Wimmer, H., & Perner, J. (1983). Beliefs about beliefs: Representation and the constraining function of wrong beliefs in young children's understanding of deception. *Cognition, 13,* 103–128.

Winch, R.F. (1958). *Mate selections: A study of complementary needs.* New York: Harper.

Windgassen, K. (1992). Treatment with neuroleptics: The patient's perspective. *Acta Psychiatrics Scandinavica, 86,* 405–410.

Winner, E. (1998). Talent: Don't confuse necessity with sufficiency, or science with policy. *Behavioral and Brain Sciences, 21,* 430–431.

Winningham, R.G., Hyman, I.E., & Dinnel, D.L. (2000). Flashbulb memories? The effects of when the initial memory report was obtained. *Memory, 8,* 209–216.

Winter, D.G., & Barenbaum, N.B. (1999). History of modern personality theory and research. In L.A. Pervin & O.P. John (Eds.), *Handbook of personality: Theory and research* (2nd ed.). New York: Guilford Press.

Wirz-Justice, A., Graw, P., Krauchi, K., Sarrafzadeh, A., English, J., Arendt, J., & Sand, L. (1996). "Natural" light treatment of seasonal affective disorder, *Journal of Affective Disorders, 37,* 109–120.

Wise, R.A. (1996). Addictive drugs and brain stimulation reward. *Annual Review of Neuroscience, 19,* 319–340.

Wise, R.A., & Bozarth, M.A. (1984). Brain reward circuitry: Four circuit elements "wired" in apparent series. *Brain Research Bulletin, 12,* 203–208.

Wise, T. (1978). Where the public peril begins: A survey of psychotherapists to determine the effects of Tarasoff. *Stanford Law Review, 31,* 165–190.

Wittenbrink, B., Judd, C.M., & Park, B. (1997). Evidence for racial prejudice at the implicit level and its relationship with questionnaire measures. *Journal of Personality and Social Psychology, 72,* 262–274.

Wittgenstein, L. (1953). *Philosophical investigations.* New York: Macmillan.

Woike, B., Gershkovich, I., Piorkowski, R., & Polo, M. (1999). The role of motives in the content and structure of autobiographical memory. *Journal of Personality and Social Psychology, 76,* 600–612.

Wojciulik, E., Kanwisher, N., & Driver, J. (1998). Modulation of activity in the fusiform face area by covert attention: An fMRI study. *Journal of Neurophysiology, 79,* 1574–1579.

Woldorff, M.G., Gallen, C.C., Hampson, S.A., Hillyard, S.A.,

Pantev, C., Sobel, D., & Bloom, F.E. (1993). Modulation of early sensory processing in human auditory cortex during auditory selective attention. *Proceedings of the National Academy of Sciences, 90,* 8722–8726.

Wolfe, J.M. (1998). Visual search. In H. Pashler (Ed.), *Attention.* Hove, UK: Psychology Press.

Wolpe, J. (1958). *Psychotherapy by reciprocal inhibition.* New York: Pergamon Press.

Wood, D. (1998). *How children think and learn* (2nd ed.). Oxford, UK: Blackwell.

Wood, D.J., Bruner, J.S., & Ross, G. (1976). The role of tutoring in problem solving. *Journal of Child Psychology and Psychiatry, 17,* 89–100.

Wood, J.T., & Duck, S. (Eds.). (1995). *Understanding relationships: Off the beaten track.* Thousand Oaks, CA: Sage.

Wood, R.E., Mento, A.J., & Locke, E.A. (1987). Task complexity as a moderator of goal effects: A meta-analysis. *Journal of Applied Psychology, 72,* 416–425.

Wood, W., & Eagly, A.H. (2002). A cross-cultural analysis of the behaviour of women and men: Implications for the origins of sex differences. *Psychological Bulletin, 128,* 699–727.

Wood, W., & Kallgren, C.A. (1988). Communicator attributes and persuasion: Recipients' access to attitude-relevant information in memory. *Personality and Social Psychology Bulletin, 14,* 172–182.

Wood, W., Lundgren, S., Ouellette, J.A., Busceme, S., & Blackstone, T. (1994). Minority influence: A meta-analytic review of social influence processes. *Psychological Bulletin, 115,* 323–345.

Wood, W., Rhodes, N., & Whelan, M. (1989). Sex differences in positive well-being: A consideration of emotional style and marital status. *Psychological Bulletin, 106,* 249–264.

Wood, W., Wong, F.Y., & Chachere, J.G. (1991). Effects of media violence on viewers' aggression in unconstrained social interaction. *Psychological Bulletin, 109,* 371–383.

Woods, K.A., Camacho-Hubner, C., Savage, M.O., & Clark, A.J.L. (1996). Intrauterine growth retardation and postnatal growth failure associated with deletion of the insulin-like growth factor I gene. *New England Journal of Medicine, 335,* 1363–1367.

Woods, S.C., Letter, E.G., McKay, L.D., & Porte, D. (1979). Chronic intracerebroventricular infusion of insulin reduces food intake and body weight of baboons. *Nature, 282,* 503–505.

Woods, S.C., Seeley, R.J., Porte, D., Jr., & Schwartz, M.W. (1998). Signals that regulate food intake and energy homeostasis. *Science, 280,* 1378–1383.

Woodworth, R.S., & Sells, S.B. (1935). An atmosphere effect in formal syllogistic reasoning, *Journal of Experimental Psychology, 18,* 451–460.

Worchel, S., Morales, J.F., Páez, D., & Deschamps, J.-C. (1998). *Social identity: International perspectives.* London: Sage Publications.

Worchel, S., Rothgerber, H., Day, E.A., Hart, D., & Butemeyer, J. (1998). Social identity and individual productivity within groups. *British Journal of Social Psychology, 37,* 389–413.

World Health Organization (1992). *The ICD-10 Classification of Mental and Behavioural Disorders.* Geneva: WHO.

Wright, D.B., Gaskell, G.D., & O'Muircheartaigh, C.A. (1998). Flashbulb memory assumptions: Using national surveys to explore cognitive phenomena. *British Journal of Psychology, 89,* 103–122.

Wynn, V.E., & Logie, R.H. (1998). The veracity of long-term memories: Did Bartlett get it right? *Applied Cognitive Psychology, 12,* 1–20.

Yammarino, F.J., Spangler, W.D., & Bass, B.M. (1993). Transformational leadership and performance: A longitudinal investigation. *Leadership Quarterly, 4,* 81–102.

Yang, S., & Sternberg, R.J. (1997). Conceptions of intelligence in ancient Chinese philosophy. *Journal of Theoretical and Philosophical Psychology, 17,* 101–119.

Yaniv, I., & Meyer, D.E. (1987). Activation and metacognition of inaccessible information: Potential bases for incubation effects in problem solving. *Journal of Experimental Psychology: Learning, Memory and Cognition, 13,* 187–205.

Yates, A. (1989). Current perspectives on the eating disorders: I. History, psychological and biological aspects. *Journal of the American Academy of Child and Adolescent Psychiatry, 28,* 813–828.

Yearta, S., Maitlis, S., Briner, R.B. (1995). An exploratory study of goal setting in theory and practice: A motivational technique that works? *Journal of Occupational and Organisational Psychology, 68,* 237–252.

Yeates, K.O., MacPhee, D., Campbell, F.A., & Ramey, C.T. (1983). Maternal IQ and home environment as determinants of early childhood intellectual competence: A developmental analysis. *Developmental Psychology, 19,* 731–739.

Yelsma, P., & Athappily, K. (1988). Marital satisfaction and communication practices: Comparisons among Indian and American couples. *Journal of Comparative Family Studies, 19*, 37–54.

Yerkes, R.M., & Morgulis, S. (1909). The method of Pavlov in animal psychology. *Psychological Bulletin, 6*, 257–273.

Young, A.W. (1996). Dissociable aspects of consciousness. In M. Velmans (Ed.), *The science of consciousness*. London: Routledge.

Young, A.W., Hay, D.C., & Ellis, A.W. (1985). The faces that launched a thousand slips: Everyday difficulties and errors in recognising people. *British Journal of Psychology, 76*, 495–523.

Young, A.W., McWeeny, K.H., Hay, D.C., & Ellis, A.W. (1986a). Matching familiar and unfamiliar faces on identity and expression. *Psychological Research, 48*, 63–68.

Young, A.W., McWeeny, K.H., Hay, D.C., & Ellis, A.W. (1986b). Naming and categorisation latencies for faces and written names. *Quarterly Journal of Experimental Psychology, 38A*, 297–318.

Young, A.W., Newcombe, F., de Haan, E.H.F., Small, M., & Hay, D.C. (1993). Face perception after brain injury: Selective impairments affecting identity and expression. *Brain, 116*, 941–959.

Young, W.C., Goy, R.W., & Phoenix, C.H. (1964). Hormones and sexual behaviour. *Science, 143*, 212–219.

Yuille, J.C., & Cutshall, J.L. (1986). A case study of eyewitness memory of a crime. *Journal of Applied Psychology, 71*, 291–301.

Yussen, S.R., & Levy, V.M. (1975). Developmental changes in predicting one's own span of short-term memory. *Journal of Experimental Child Psychology, 19*, 502–508.

Zadra, A.L. (1996). Recurrent dreams: Their relation to life events. In D. Barrett (Ed.), *Trauma and dreams*. London: Harvard University Press.

Zahn-Waxler, C., Radke-Yarrow, M., & King, R.A. (1979). Child rearing and children's prosocial initiations toward victims of distress. *Child Development, 50*, 319–330.

Zahn-Waxler, C., Robinson, J., & Emde, R.N. (1992). The development of empathy in twins. *Developmental Psychology, 28*, 1038–1047.

Zaitchik, D. (1990). When representations conflict with reality: The preschoolers' problem with false beliefs and "false" photographs. *Cognition, 35*, 41–68.

Zajonc, R.B. (1965). Social facilitation. *Science, 149*, 269–274.

Zajonc, R.B. (1980). Feeling and thinking: Preferences need no inferences. *American Psychologist, 35*, 151–175.

Zajonc, R.B. (1984). On the primacy of affect. *American Psychologist, 39*, 117–123.

Zanna, M.P., & Cooper, J. (1974). Dissonance and the pill: An attribution approach to studying the arousal properties of dissonance. *Journal of Personality and Social Psychology, 29*, 703–709.

Zarbatany, L., Hartmann, D.P., & Gelfand, D.M. (1985). Why does children's generosity increase with age: Susceptibility to experimenter influence or altruism? *Child Development, 56*, 746–756.

Zbrodoff, N.J. (1995). Why is 9 + 7 harder than 2 + 3? Strength and interference as explanations of the problem-size effect. *Memory and Cognition, 23*, 689–700.

Zeichner, A., Pihl, R.O., Niaura, R., & Zacchia, C. (1982). Attentional processes in alcohol-mediated aggression. *Journal of Studies on Alcohol, 43*, 714–724.

Zeier, H., Brauchli, P., & Joller-Jemelka, H.I. (1996). Effects of work demands on immunoglobin A and cortisol in air-traffic controllers. *Biological Psychology, 42*, 413–423.

Zeki, S. (1992). The visual image in mind and brain. *Scientific American, 267*, 43–50.

Zeki, S. (1993). *A vision of the brain*. Oxford, UK: Blackwell.

Zhang, D. (1995). Depression and culture—A Chinese perspective. *Canadian Journal of Counselling, 29*, 227–233.

Zihl, J., von Cramon, D., & Mai, N. (1983). Selective disturbance of movement vision after bilateral brain damage. *Brain, 106*, 313–340

Zihl, J., von Cramon, D., Mai, N., & Schmid, C. (1991). Disturbance of movement vision after bilateral posterior brain damage: Further evidence and follow up observations. *Brain, 114*, 2135–2252.

Zillmann, D. (1988). Cognition-excitation interdependencies in aggressive behaviour. *Aggressive Behavior, 14*, 51–64.

Zillmann, D., & Bryant, J. (1984). Effects of massive exposure to pornography. In N.M. Malamuth & E. Donnerstein (Eds.), *Pornography and sexual aggression* (pp. 115–138). New York: Academic Press.

Zillmann, D., Johnson, R.C., & Day, K.D. (1974). Attribution of apparent arousal and proficiency of recovery from sympathetic activation affecting excitation transfer to aggressive behaviour. *Journal of Experimental Social Psychology, 10*, 503–515.

Zimbardo, P. (1969). The human choice: Individuation, reason, and order versus deindividuation, impulse, and chaos. In W.J. Arnold & D. Levine (Eds.), *Nebraska Symposium on Motivation, 17*. Lincoln, NE: University of

Nebraska Press.

Zimbardo, P. (1970). The human choice: Individuation, reason, and order versus deindividuation, impulse, and chaos. In W.J. Arnold & D. Levine (Eds.), *Nebraska Symposium on Motivation, 17* (pp. 237–307). Lincoln, NE: University of Nebraska Press.

Zimbardo, P., McDermott, M., Jansz, J., & Metaal, N. (1995). *Psychology: A European text.* London: HarperCollins.

Zuber, J.A, Crott, H.W., & Werner, H. (1992). Choice shift and group polarization: An analysis of the status of arguments and social decision schemes. *Journal of Personality and Social Psychology, 62,* 50–61.

Zubin, J., Eron, L.D., & Shumer, F. (1965). *An experimental approach to protective techniques.* New York: Wiley.

Zuckerman, M. (1989). Personality in the third dimension: A psychobiological approach. *Personality and Individual Differences, 10,* 391–418.

Zwaan, R.A. (1994). Effects of genre expectations on text comprehension. *Journal of Experimental Psychology: Learning, Memory and Cognition, 20,* 920–933.

Zwaan, R.A., Langston, M.C., & Graesser, A.C. (1995a). The construction of situation models in narrative comprehension: An event-indexing model. *Psychological Science, 6,* 292–297.

Zwaan, R.A., Magliano, J.P., & Graesser, A.C. (1995b). Dimensions of situation-model construction in narrative comprehension. *Journal of Experimental Psychology: Learning, Memory, and Cognition, 21,* 386–397.

Zwaan, R.A., & van Oostendorp, U. (1993). Do readers construct spatial representations in naturalistic story comprehension? *Discourse Processes, 16,* 125–143.

Zwitserlood, P. (1989). The locus of the effects of sentential-semantic context in spoken-word processing. *Cognition, 32,* 25–64.